Sascha Kersken

# IT-Handbuch für Fachinformatiker
Der Ausbildungsbegleiter

# Liebe Leserin, lieber Leser,

Sie haben sich für eine Ausbildung als Fachinformatiker entschieden? Dann benötigen Sie dieses praxisorientierte Lehr- und Nachschlagewerk, das Sie von Anfang an begleitet und unterstützt. Es ist genau auf die Bedürfnisse von Fachinformatikern der Fachrichtungen Anwendungsentwicklung und Systemintegration ausgerichtet. Der Autor, Sascha Kersken, ist nicht nur mit den verschiedenen Ausbildungsmöglichkeiten vertraut, sondern kennt auch alle relevanten Inhalte aus eigener Anschauung. Seine jahrelange Ausbildungserfahrung garantiert, dass theoretische Grundlagen sowie praktische Beispiele optimal ausgewählt und erklärt sind. Er hat die faszinierende Gabe, auch komplizierte Sachverhalte einfach zu vermitteln: Auf jeder Zeile werden Sie ihm gerne und mit großem Vergnügen durch die Welt der modernen Informationstechnik folgen.

Diese achte Auflage wurde wieder gründlich aktualisiert und an die neuesten Entwicklungen im IT-Bereich angepasst. Auch die zahlreichen Rückmeldungen der Leserinnen und Leser sind in die Überarbeitung eingeflossen. Um Sie beim Lernen und bei der Prüfungsvorbereitung optimal zu unterstützen, enthält jedes Kapitel Übungsaufgaben. Die Lösungen finden Sie auf der Website zum Buch unter: *https://www.rheinwerk-verlag.de/it-handbuch-fuer-fachinformatiker_4285*.

Das Buch ist der ideale Unterrichtsbegleiter – auch zum Selbststudium oder im Informatikstudium. Ich bin mir sicher, dass Sie sich immer wieder »festlesen« werden. Es macht einfach Spaß, dieses Buch in die Hand zu nehmen.

Sollten nach der Lektüre noch Fragen offen geblieben sein, oder wenn Sie uns einfach Ihre kritischen Anmerkungen, Ihr Lob oder Ihre Verbesserungsvorschläge zukommen lassen möchten, dann freue ich mich, wenn Sie sich an mich wenden oder den Kontakt zum Autor unter *http://buecher.lingoworld.de/fachinfo* suchen.

**Ihr Stephan Mattescheck**
Lektorat Rheinwerk Computing


stephan.mattescheck@rheinwerk-verlag.de
www.rheinwerk-verlag.de
Rheinwerk Verlag · Rheinwerkallee 4 · 53227 Bonn

# Auf einen Blick

| | | |
|---|---|---|
| 1 | Einführung | 25 |
| 2 | Mathematische und technische Grundlagen | 59 |
| 3 | Hardware | 115 |
| 4 | Netzwerkgrundlagen | 179 |
| 5 | Betriebssystemgrundlagen | 287 |
| 6 | Windows | 323 |
| 7 | Linux | 369 |
| 8 | macOS | 447 |
| 9 | Grundlagen der Programmierung | 467 |
| 10 | Konzepte der Programmierung | 589 |
| 11 | Mobile Development | 673 |
| 12 | Software-Engineering | 703 |
| 13 | Datenbanken | 745 |
| 14 | Server für Webanwendungen | 801 |
| 15 | Weitere Internet-Serverdienste | 857 |
| 16 | XML | 881 |
| 17 | Weitere Datei- und Datenformate | 937 |
| 18 | Webseitenerstellung mit HTML und CSS | 967 |
| 19 | Webserveranwendungen | 1037 |
| 20 | JavaScript und Ajax | 1125 |
| 21 | Computer- und Netzwerksicherheit | 1201 |

## Impressum

Wir hoffen, dass Sie Freude an diesem Buch haben und sich Ihre Erwartungen erfüllen. Bitte teilen Sie uns doch Ihre Meinung mit. Eine E-Mail mit Ihrem Lob oder Tadel senden Sie direkt an den Lektor des Buches: *stephan.mattescheck@rheinwerk-verlag.de*. Im Falle einer Reklamation steht Ihnen gerne unser Leserservice zur Verfügung: *service@rheinwerk-verlag.de*. Informationen über Rezensions- und Schulungsexemplare erhalten Sie von: *hendrik.wevers@rheinwerk-verlag.de*.

Informationen zum Verlag und weitere Kontaktmöglichkeiten finden Sie auf unserer Verlagswebsite *www.rheinwerk-verlag.de*. Dort können Sie sich auch umfassend und aus erster Hand über unser aktuelles Verlagsprogramm informieren und alle unsere Bücher versandkostenfrei bestellen.

An diesem Buch haben viele mitgewirkt, insbesondere:

**Lektorat**  Stephan Mattescheck, Anne Scheibe
**Korrektorat**  Marita Böhm, München
**Herstellung**  Melanie Zinsler
**Einbandgestaltung**  Barbara Thoben, Köln
**Typografie und Layout**  Vera Brauner
**Satz**  III-satz, Husby
**Druck und Bindung**  C.H. Beck, Nördlingen

Dieses Buch wurde gesetzt aus der TheAntiquaB (9,35/13,7 pt) in FrameMaker. Gedruckt wurde es auf chlorfrei gebleichtem Offsetpapier (80 g/m²).

Bibliografische Information der Deutschen Nationalbibliothek:
Die Deutsche Nationalbibliothek verzeichnet diese Publikation in der Deutschen Nationalbibliografie; detaillierte bibliografische Daten sind im Internet über *http://dnb.d-nb.de* abrufbar.

ISBN 978-3-8362-4426-8
© Rheinwerk Verlag GmbH, Bonn 2017
8., aktualisierte Auflage 2017

Das vorliegende Werk ist in all seinen Teilen urheberrechtlich geschützt. Alle Rechte vorbehalten, insbesondere das Recht der Übersetzung, des Vortrags, der Reproduktion, der Vervielfältigung auf fotomechanischem oder anderen Wegen und der Speicherung in elektronischen Medien.

Ungeachtet der Sorgfalt, die auf die Erstellung von Text, Abbildungen und Programmen verwendet wurde, können weder Verlag noch Autor, Herausgeber oder Übersetzer für mögliche Fehler und deren Folgen eine juristische Verantwortung oder irgendeine Haftung übernehmen.

Die in diesem Werk wiedergegebenen Gebrauchsnamen, Handelsnamen, Warenbezeichnungen usw. können auch ohne besondere Kennzeichnung Marken sein und als solche den gesetzlichen Bestimmungen unterliegen.

# Inhalt

Vorwort ............................................................................................................ 17

## 1 Einführung 25

**1.1 Informationstechnik, Informatik und EDV** ............................................ 25
  1.1.1 Fachrichtungen der Informatik ................................................... 26
  1.1.2 Überblick über die IT-Ausbildung .............................................. 27

**1.2 Die Geschichte der Rechenmaschinen und Computer** ........................ 33
  1.2.1 Die Vorgeschichte ...................................................................... 35
  1.2.2 Die Entwicklung der elektronischen Rechner ........................... 37
  1.2.3 Entwicklung der Programmiersprachen ..................................... 46

**1.3 Digitale Speicherung und Verarbeitung von Informationen** ............... 52
  1.3.1 Digitale Bilddaten ....................................................................... 54
  1.3.2 Digitale Audiodaten .................................................................... 55
  1.3.3 Digitale Speicherung von Text ................................................... 56

**1.4 Übungsaufgaben** ................................................................................... 56

## 2 Mathematische und technische Grundlagen 59

**2.1 Einführung in die Logik** ........................................................................ 59
  2.1.1 Aussagen .................................................................................... 60
  2.1.2 Aussageformen ........................................................................... 61
  2.1.3 Logische Verknüpfungen ............................................................ 61
  2.1.4 Mengenoperationen .................................................................... 68
  2.1.5 Weitere wichtige Berechnungsverfahren ................................... 72

**2.2 Informationsspeicherung im Computer** ............................................... 74
  2.2.1 Zahlensysteme ........................................................................... 74
  2.2.2 Bits und Bytes ............................................................................ 79

**2.3 Elektronische Grundlagen** .................................................................... 84
  2.3.1 Einfache Schaltungen ................................................................. 85
  2.3.2 Zusammengesetzte Schaltungen ............................................... 88

| 2.4 | **Automatentheorien und -simulationen** | 91 |
|------|------|------|
| | 2.4.1 Algorithmen | 92 |
| | 2.4.2 Die Turing-Maschine | 96 |
| | 2.4.3 Der virtuelle Prozessor | 100 |
| 2.5 | **Übungsaufgaben** | 107 |
| | 2.5.1 Praktische Übungen | 107 |
| | 2.5.2 Kontrollfragen | 108 |

# 3   Hardware
115

| 3.1 | **Grundlagen** | 115 |
|------|------|------|
| 3.2 | **Die Zentraleinheit** | 119 |
| | 3.2.1 Aufbau und Aufgaben des Prozessors | 121 |
| | 3.2.2 Der Arbeitsspeicher | 130 |
| | 3.2.3 Das BIOS | 132 |
| | 3.2.4 Bus- und Anschlusssysteme | 137 |
| 3.3 | **Die Peripherie** | 146 |
| | 3.3.1 Massenspeicher | 147 |
| | 3.3.2 Eingabegeräte | 161 |
| | 3.3.3 Ausgabegeräte | 164 |
| | 3.3.4 Soundhardware | 170 |
| 3.4 | **Übungsaufgaben** | 171 |

# 4   Netzwerkgrundlagen
179

| 4.1 | **Einführung** | 179 |
|------|------|------|
| | 4.1.1 Was ist ein Netzwerk? | 179 |
| | 4.1.2 Entstehung der Netzwerke | 181 |
| 4.2 | **Funktionsebenen von Netzwerken** | 186 |
| | 4.2.1 Das OSI-Referenzmodell | 186 |
| | 4.2.2 Das Schichtenmodell der Internetprotokolle | 189 |
| | 4.2.3 Netzwerkkommunikation über die Schichten eines Schichtenmodells | 192 |
| 4.3 | **Klassifizierung von Netzwerken** | 195 |
| | 4.3.1 Die Reichweite des Netzwerks | 195 |
| | 4.3.2 Die Netzwerktopologie | 197 |
| | 4.3.3 Der Zentralisierungsgrad des Netzwerks | 198 |

| 4.4 | **Netzwerkkarten, Netzwerkkabel und Netzzugangsverfahren** | 204 |
| | 4.4.1 Die verschiedenen Ethernet-Standards | 206 |
| | 4.4.2 Drahtlose Netze | 211 |
| 4.5 | **Datenfernübertragung** | 216 |
| | 4.5.1 Netzwerkzugang per Modem (analoge Telefonleitung) | 217 |
| | 4.5.2 ISDN | 218 |
| | 4.5.3 DSL-Dienste | 220 |
| | 4.5.4 Internetzugänge über Mobilfunk | 222 |
| 4.6 | **Die TCP/IP-Protokollfamilie** | 223 |
| | 4.6.1 Netzzugang in TCP/IP-Netzwerken | 225 |
| | 4.6.2 IP-Adressen, Datagramme und Routing | 226 |
| | 4.6.3 Transportprotokolle | 252 |
| | 4.6.4 Das Domain Name System (DNS) | 258 |
| | 4.6.5 Verschiedene Internetanwendungsprotokolle | 262 |
| 4.7 | **Übungsaufgaben** | 275 |

# 5 Betriebssystemgrundlagen

287

| 5.1 | **Entwicklung der Betriebssysteme** | 288 |
| | 5.1.1 Die Geschichte von Unix | 290 |
| | 5.1.2 PC-Betriebssysteme | 291 |
| 5.2 | **Aufgaben und Konzepte** | 296 |
| | 5.2.1 Allgemeiner Aufbau von Betriebssystemen | 296 |
| | 5.2.2 Prozessverwaltung | 303 |
| | 5.2.3 Speicherverwaltung | 308 |
| | 5.2.4 Dateisysteme | 310 |
| 5.3 | **Übungsaufgaben** | 317 |

# 6 Windows

323

| 6.1 | **Allgemeine Informationen** | 323 |
| | 6.1.1 Die verschiedenen Windows-Versionen | 323 |
| | 6.1.2 Windows-Dateisysteme | 328 |
| 6.2 | **Windows im Einsatz** | 329 |
| | 6.2.1 Die Windows-Benutzeroberfläche | 330 |
| | 6.2.2 Die Windows-Konsole | 337 |

| | 6.2.3 | Die Windows PowerShell | 340 |
|---|---|---|---|
| | 6.2.4 | Windows-Konfiguration | 352 |
| **6.3** | **Windows-Netzwerkkonfiguration** | | **356** |
| | 6.3.1 | Allgemeine Einstellungen | 356 |
| | 6.3.2 | TCP/IP-Dienstprogramme | 358 |
| | 6.3.3 | Datei- und Druckserver unter Windows | 361 |
| | 6.3.4 | Windows-Server | 363 |
| **6.4** | **Übungsaufgaben** | | **364** |

# 7    Linux
369

| **7.1** | **Arbeiten mit der Shell** | | **371** |
|---|---|---|---|
| | 7.1.1 | Booten und Log-in | 371 |
| | 7.1.2 | Virtuelle Terminals | 375 |
| | 7.1.3 | Grundfunktionen der Shell | 376 |
| | 7.1.4 | Hilfefunktionen | 382 |
| | 7.1.5 | Pipes und Ein-/Ausgabeumleitung | 385 |
| | 7.1.6 | Die wichtigsten Systembefehle | 389 |
| **7.2** | **Konfigurations- und Administrationsaufgaben** | | **403** |
| | 7.2.1 | Syslog und Log-Dateien | 403 |
| | 7.2.2 | Programme automatisch starten | 404 |
| | 7.2.3 | Software installieren | 406 |
| **7.3** | **Automatisierung** | | **408** |
| | 7.3.1 | Shell-Skripte | 408 |
| | 7.3.2 | Weitere Hilfsmittel | 412 |
| **7.4** | **Editoren** | | **415** |
| | 7.4.1 | vi | 415 |
| | 7.4.2 | Emacs | 423 |
| **7.5** | **Grafische Benutzeroberflächen** | | **429** |
| | 7.5.1 | Der X-Server | 429 |
| | 7.5.2 | Desktops | 431 |
| **7.6** | **Netzwerkkonfiguration unter Linux** | | **435** |
| | 7.6.1 | Grundeinstellungen | 435 |
| | 7.6.2 | TCP/IP-Dienstprogramme | 437 |
| | 7.6.3 | Datei- und Druckserver unter Linux | 437 |

| 7.7 | **Übungsaufgaben** | 442 |
|---|---|---|
| | 7.7.1 Praktische Übungen | 442 |
| | 7.7.2 Kontrollfragen | 442 |

# 8   macOS

447

| 8.1 | **Mit Aqua arbeiten** | 451 |
|---|---|---|
| | 8.1.1 Die Menüleiste | 453 |
| | 8.1.2 Das Dock | 455 |
| | 8.1.3 Der Finder | 455 |
| | 8.1.4 Mission Control und Dashboard | 457 |
| 8.2 | **Systemkonfiguration** | 459 |
| | 8.2.1 Besonderheiten der Mac-Dateisysteme | 460 |
| 8.3 | **macOS-Netzwerkkonfiguration** | 461 |
| | 8.3.1 Serverdienste unter macOS | 463 |
| 8.4 | **Übungsaufgaben** | 464 |

# 9   Grundlagen der Programmierung

467

| 9.1 | **Die Programmiersprache C** | 469 |
|---|---|---|
| | 9.1.1 Das erste Beispiel | 470 |
| | 9.1.2 Elemente der Sprache C | 473 |
| | 9.1.3 Die C-Standardbibliothek | 492 |
| 9.2 | **Java** | 497 |
| | 9.2.1 Grundlegende Elemente der Sprache Java | 500 |
| | 9.2.2 Objektorientierte Programmierung mit Java | 505 |
| | 9.2.3 Weitere Java-Elemente | 511 |
| 9.3 | **Python** | 520 |
| | 9.3.1 Das erste Beispiel | 521 |
| | 9.3.2 Grundelemente von Python | 522 |
| | 9.3.3 Objektorientierung in Python | 557 |
| | 9.3.4 Die Python-Standardbibliothek | 580 |
| 9.4 | **Übungsaufgaben** | 585 |

# 10 Konzepte der Programmierung 589

| | | |
|---|---|---|
| **10.1** | **Algorithmen und Datenstrukturen** | 589 |
| | 10.1.1 Ein einfaches Praxisbeispiel | 589 |
| | 10.1.2 Sortieralgorithmen | 592 |
| | 10.1.3 Suchalgorithmen | 597 |
| | 10.1.4 Ausgewählte Datenstrukturen | 598 |
| **10.2** | **Reguläre Ausdrücke** | 610 |
| | 10.2.1 Muster für reguläre Ausdrücke | 612 |
| | 10.2.2 Programmierung mit regulären Ausdrücken | 615 |
| **10.3** | **Systemnahe Programmierung** | 628 |
| | 10.3.1 Prozesse und Pipes | 628 |
| | 10.3.2 Threads | 634 |
| **10.4** | **Einführung in die Netzwerkprogrammierung** | 637 |
| | 10.4.1 Die Berkeley Socket API | 638 |
| | 10.4.2 Ein praktisches Beispiel | 644 |
| **10.5** | **GUI- und Grafikprogrammierung** | 647 |
| | 10.5.1 Zeichnungen und Grafiken erstellen | 649 |
| | 10.5.2 Animation | 654 |
| | 10.5.3 Programmierung fensterbasierter Anwendungen | 658 |
| **10.6** | **Übungsaufgaben** | 671 |

# 11 Mobile Development 673

| | | |
|---|---|---|
| **11.1** | **iOS-Apps mit Xcode und Swift** | 674 |
| | 11.1.1 iOS im Schnellüberblick | 674 |
| | 11.1.2 Xcode und Swift | 675 |
| | 11.1.3 Swift-Grundlagen | 677 |
| | 11.1.4 Eine iOS-App entwickeln | 683 |
| **11.2** | **Eine einfache Android-App** | 693 |
| | 11.2.1 Android im Überblick | 693 |
| | 11.2.2 Eine App mit Android Studio entwickeln | 694 |
| **11.3** | **Übungsaufgaben** | 701 |

# 12   Software-Engineering

703

| 12.1 | **Überblick** | 704 |
| 12.1.1 | Der Entwicklungszyklus | 704 |
| 12.1.2 | Planung und Analyse | 706 |
| 12.1.3 | Entwurf | 712 |
| 12.1.4 | Implementierung und Test | 713 |
| 12.1.5 | Dokumentation | 715 |
| 12.1.6 | Konkrete Entwicklungsverfahren | 716 |
| 12.2 | **Werkzeuge** | 720 |
| 12.2.1 | UML | 720 |
| 12.2.2 | Entwurfsmuster | 726 |
| 12.2.3 | Unit-Tests | 734 |
| 12.2.4 | Weitere nützliche Software | 738 |
| 12.3 | **Übungsaufgaben** | 741 |

# 13   Datenbanken

745

| 13.1 | **Die verschiedenen Datenbanktypen** | 746 |
| 13.1.1 | Einzeltabellendatenbanken | 747 |
| 13.1.2 | Relationale Datenbanken | 749 |
| 13.1.3 | Objektorientierte Datenbanken | 757 |
| 13.2 | **MySQL – ein konkretes RDBMS** | 760 |
| 13.2.1 | MySQL installieren und konfigurieren | 760 |
| 13.2.2 | Erste Schritte mit dem »mysql«-Client | 763 |
| 13.3 | **SQL-Abfragen** | 764 |
| 13.3.1 | Datenbanken und Tabellen erzeugen | 765 |
| 13.3.2 | Auswahlabfragen | 769 |
| 13.3.3 | Einfüge-, Lösch- und Änderungsabfragen | 773 |
| 13.3.4 | Transaktionen | 774 |
| 13.4 | **MySQL-Administration** | 776 |
| 13.4.1 | »mysqladmin« | 776 |
| 13.4.2 | Benutzerverwaltung | 777 |
| 13.4.3 | Import und Export von Daten, Backups | 782 |
| 13.4.4 | Konfigurationsdateien | 785 |
| 13.4.5 | Log-Dateien | 786 |
| 13.4.6 | Replikation | 787 |

| 13.5 | **Grundlagen der Datenbankprogrammierung** | 789 |
|------|---|-----|
| 13.6 | **CouchDB im Überblick** | 793 |
| 13.6.1 | Das Konzept von CouchDB | 793 |
| 13.6.2 | Praktischer Einstieg in CouchDB | 794 |
| 13.7 | **Übungsaufgaben** | 796 |
| 13.7.1 | Praktische Übungen | 796 |
| 13.7.2 | Kontrollfragen | 797 |

# 14 Server für Webanwendungen 801

| 14.1 | **HTTP im Überblick** | 801 |
|------|---|-----|
| 14.1.1 | Ablauf der HTTP-Kommunikation | 802 |
| 14.1.2 | HTTP-Statuscodes | 805 |
| 14.1.3 | HTTP-Header | 809 |
| 14.2 | **Der Webserver Apache** | 814 |
| 14.2.1 | Apache im Überblick | 815 |
| 14.2.2 | Apache-Module | 816 |
| 14.2.3 | Apache installieren | 818 |
| 14.2.4 | Apache-Konfiguration | 821 |
| 14.3 | **PHP installieren und einrichten** | 836 |
| 14.3.1 | Installation | 837 |
| 14.3.2 | Die PHP-Konfigurationsdatei »php.ini« | 840 |
| 14.4 | **Virtualisierung und Container** | 843 |
| 14.4.1 | Virtualisierungslösungen im Überblick | 844 |
| 14.4.2 | VirtualBox als konkretes Beispiel | 845 |
| 14.4.3 | Container-Virtualisierung mit Docker | 848 |
| 14.5 | **Übungsaufgaben** | 852 |
| 14.5.1 | Praktische Übungen | 852 |
| 14.5.2 | Kontrollfragen | 853 |

# 15 Weitere Internet-Serverdienste 857

| 15.1 | **Namens- und Verzeichnisdienste** | 857 |
|------|---|-----|
| 15.1.1 | Der DNS-Server BIND | 857 |
| 15.1.2 | Der Verzeichnisdienst OpenLDAP | 864 |

| | | |
|---|---|---|
| **15.2** | **Sonstige Server** | 873 |
| | 15.2.1 »vsftpd«, ein FTP-Server | 873 |
| | 15.2.2 »inetd« und »xinetd« | 875 |
| **15.3** | **Übungsaufgaben** | 878 |

# 16  XML
881

| | | |
|---|---|---|
| **16.1** | **Der Aufbau von XML-Dokumenten** | 883 |
| | 16.1.1 Die grundlegenden Bestandteile von XML-Dokumenten | 884 |
| | 16.1.2 Wohlgeformtheit | 891 |
| **16.2** | **DTDs und XML Schema** | 893 |
| | 16.2.1 Document Type Definitions (DTDs) | 894 |
| | 16.2.2 Namensräume | 905 |
| | 16.2.3 XML Schema | 906 |
| **16.3** | **XSLT** | 909 |
| | 16.3.1 Ein einfaches Beispiel | 910 |
| | 16.3.2 Wichtige XSLT- und XPath-Elemente | 913 |
| **16.4** | **Grundlagen der XML-Programmierung** | 916 |
| | 16.4.1 SAX | 918 |
| | 16.4.2 DOM | 925 |
| | 16.4.3 Das Python-Modul »xml.etree« | 927 |
| **16.5** | **Übungsaufgaben** | 930 |
| | 16.5.1 Praktische Übungen | 930 |
| | 16.5.2 Kontrollfragen | 931 |

# 17  Weitere Datei- und Datenformate
937

| | | |
|---|---|---|
| **17.1** | **Textdateien und Zeichensätze** | 937 |
| | 17.1.1 Das Problem des Zeilenumbruchs | 938 |
| | 17.1.2 Zeichensätze | 939 |
| | 17.1.3 Textbasierte Dateiformate | 946 |
| **17.2** | **Binäre Dateiformate** | 949 |
| | 17.2.1 Bilddateiformate | 952 |
| | 17.2.2 Multimedia-Dateiformate | 956 |
| | 17.2.3 Archivdateien verwenden | 958 |
| **17.3** | **Übungsaufgaben** | 962 |

# 18   Webseitenerstellung mit HTML und CSS     967

**18.1   HTML und XHTML** ........................................................................... 968
    18.1.1   Die Grundstruktur von HTML-Dokumenten ........................... 969
    18.1.2   Textstrukturierung und Textformatierung ............................. 972
    18.1.3   Listen und Aufzählungen ...................................................... 979
    18.1.4   Hyperlinks ........................................................................... 982
    18.1.5   Bilder in Webseiten einbetten .............................................. 987
    18.1.6   Tabellen ............................................................................... 990
    18.1.7   Formulare ............................................................................ 996
    18.1.8   Einbetten von Multimedia-Dateien ...................................... 1004
    18.1.9   Meta-Tags und Suchmaschinen ............................................ 1005

**18.2   Cascading Style Sheets (CSS)** ....................................................... 1008
    18.2.1   Platzieren von Stylesheets ................................................... 1009
    18.2.2   Stylesheet-Wertangaben ...................................................... 1011
    18.2.3   Stylesheet-Eigenschaften ..................................................... 1013
    18.2.4   Layer erzeugen und positionieren ........................................ 1017
    18.2.5   Die wichtigsten Neuerungen in CSS3 ................................... 1023

**18.3   Übungsaufgaben** ......................................................................... 1028


# 19   Webserveranwendungen     1037

**19.1   PHP** ............................................................................................. 1037
    19.1.1   Sprachgrundlagen ............................................................... 1038
    19.1.2   Klassen und Objekte ............................................................ 1055
    19.1.3   Include-Dateien, Autoloader und Namespaces ..................... 1070
    19.1.4   Webspezifische Funktionen ................................................. 1073
    19.1.5   Zugriff auf MySQL-Datenbanken .......................................... 1078
    19.1.6   Unit-Tests mit PHPUnit ....................................................... 1090

**19.2   Eine REST-API implementieren** .................................................... 1099
    19.2.1   Die API im Überblick ............................................................ 1099
    19.2.2   Die Grundarchitektur der API ............................................... 1102
    19.2.3   Der komplette Quellcode ..................................................... 1104
    19.2.4   Die API testen ..................................................................... 1120

**19.3   Übungsaufgaben** ......................................................................... 1121

# 20 JavaScript und Ajax
1125

**20.1 Grundlagen** .................................................................................................... 1126
20.1.1 JavaScript im HTML-Dokument ..................................................... 1126
20.1.2 Formulare und Event Handler ........................................................ 1131
20.1.3 Datums- und Uhrzeit-Funktionen ................................................. 1144
20.1.4 Manipulation von Bildern .............................................................. 1147
20.1.5 Browser- und Fensteroptionen ...................................................... 1150

**20.2 Das Document Object Model (DOM)** ................................................... 1156
20.2.1 W3C-DOM im Überblick .................................................................. 1156
20.2.2 Eine DOM-Baum-Anzeige ............................................................... 1159
20.2.3 DOM-Anwendung in der Praxis ..................................................... 1162
20.2.4 Dokumentinhalte verändern und austauschen .......................... 1165
20.2.5 »data«-Attribute verwenden .......................................................... 1167

**20.3 Ajax** ..................................................................................................................... 1168
20.3.1 Die erste Ajax-Anwendung ............................................................. 1168
20.3.2 Datenaustauschformate: XML und JSON ..................................... 1175
20.3.3 Größeres Beispiel: eine interaktive Länderliste ......................... 1176

**20.4 jQuery** ............................................................................................................... 1185
20.4.1 jQuery im Überblick .......................................................................... 1185
20.4.2 Ein REST-Client mit jQuery ............................................................. 1189

**20.5 Übungsaufgaben** ......................................................................................... 1199


# 21 Computer- und Netzwerksicherheit
1201

**21.1 PC-Gefahren** ................................................................................................... 1202
21.1.1 Viren und Würmer ............................................................................ 1202
21.1.2 Trojaner und Backdoors ................................................................... 1208
21.1.3 Weitere Schädlinge ........................................................................... 1209

**21.2 Netzwerk- und Serversicherheit** ........................................................ 1214
21.2.1 Servergefahren .................................................................................. 1214
21.2.2 Wichtige Gegenmaßnahmen .......................................................... 1216
21.2.3 Kryptografie ....................................................................................... 1222

**21.3 Übungsaufgaben** ......................................................................................... 1225

# Anhang

1227

| | | |
|---|---|---|
| **A** | **Glossar** | 1229 |
| **B** | **Zweisprachige Wortliste** | 1241 |
| | B.1 Englisch-Deutsch | 1241 |
| | B.2 Deutsch-Englisch | 1244 |
| **C** | **Kommentiertes Literatur- und Linkverzeichnis** | 1247 |
| | C.1 Allgemeine Einführungen und Überblicke | 1247 |
| | C.2 Mathematische und technische Grundlagen | 1248 |
| | C.3 Hardware | 1248 |
| | C.4 Netzwerktechnik | 1248 |
| | C.5 Betriebssystemgrundlagen | 1249 |
| | C.6 Windows | 1249 |
| | C.7 Linux | 1250 |
| | C.8 macOS | 1250 |
| | C.9 Grundlagen der Programmierung | 1251 |
| | C.10 Konzepte der Programmierung | 1251 |
| | C.11 Mobile Development | 1252 |
| | C.12 Software-Engineering | 1252 |
| | C.13 Datenbanken | 1253 |
| | C.14 Server für Webanwendungen | 1254 |
| | C.15 Weitere Internet-Serverdienste | 1254 |
| | C.16 XML | 1254 |
| | C.17 Webseitenerstellung mit HTML und CSS | 1255 |
| | C.18 Webserveranwendungen | 1255 |
| | C.19 JavaScript und Ajax | 1255 |
| | C.20 Computer- und Netzwerksicherheit | 1256 |

Index ............................................................................................................. 1257

# Vorwort

*You cannot escape the responsibility of tomorrow*
*by evading it today.*[1]
*– Abrahm Lincoln*

Liebe Leserin, lieber Leser, herzlich willkommen zur 1000. Auflage des IT-Handbuches für Fachinformatiker.

Vielleicht fragen Sie sich jetzt, wieso das nach 14 Jahren bereits die tausendste sein soll, und natürlich haben Sie Recht. Die Ziffernfolge 1000 repräsentiert hier nicht den Wert $10^3$, sondern die Dualzahl $2^3 = 8$. Auf dem Cover dieses Buches ist wieder eine andere Art der Zahlendarstellung zu sehen: das Hexadezimalsystem oder Sechzehnersystem.

Die unterschiedliche Repräsentation von Daten wie beispielsweise Zahlen ist eines der vielen faszinierenden Themen, mit denen Sie es in der IT-Ausbildung und in diesem Buch zu tun bekommen. Zahlensysteme werden konkret in Kapitel 2, »Mathematische und technische Grundlagen«, behandelt.

Als Nächstes werden Sie beim Lesen und Durcharbeiten dieses Buches bemerken, wie vielfältig die Informationstechnik ist, aus wie vielen verschiedenen Geräten, Systemen und Softwaretools sie besteht. Und wo das lokale Gerät zu Ende ist, fangen Netzwerk und Internet gerade erst an und bieten wieder unzählige Möglichkeiten. Aus dieser schwer überschaubaren Menge an Themen muss im Lehrplan der Berufsschule, im Grundstudium und natürlich auch in einem Buch wie diesem eine sinnvolle Auswahl getroffen werden.

Aus diesem Grund frage ich mich alle zwei Jahre wieder: Was gibt es interessantes Neues, und was kann man dafür künftig weglassen (denn zumindest das gedruckte Buch kann nicht noch dicker werden)? Was es diesmal vor allen Dingen war, lesen Sie im nächsten Abschnitt im Kasten »Neu in dieser Auflage«.

Dennoch ist es wichtig, neben konkreten Geräten, Tools und Techniken, die oft innerhalb weniger Jahre kommen und gehen, die allgemeinen Prinzipien zu verstehen, die der Informatik zugrunde liegen. Mathematik ist dabei nur einer von vielen Aspekten; sie teilt sich die Logik mit der Philosophie (Näheres dazu gibt es wiederum in Kapitel 2). Manche Ansätze sind völlig anderen Wissenschaften entlehnt. Beispielsweise stammen Sprachen zur Beschreibung von Mustern ursprünglich aus der Linguistik (siehe Abschnitt 10.2, »Reguläre Ausdrücke«).

---

1 Deutsch: Man kann der Verantwortung für morgen nicht entkommen, indem man ihr heute ausweicht.

Schließlich sollte noch etwas zum Spannungsfeld Informationstechnik und gesellschaftliche Verantwortung gesagt werden. Nicht alles, was technisch möglich ist, sollte auch gemacht werden, und nicht jedes Problem der Welt ist mit technischen Mitteln allein lösbar. Beispielsweise ist das Internet zum einen ein zutiefst demokratisierendes Medium, denn erstmals in der Geschichte der Menschheit kann so gut wie jeder mit überschaubarem finanziellem Aufwand nicht nur Inhalte konsumieren, sondern auch welche publizieren: in sozialen Netzwerken, Blogs, Diskussionsforen und auf privaten Websites werden jeden Tag unzählige Terabytes an neuen Informationen eingespeist.

Andererseits lässt sich das Internet gerade deshalb auch praktisch ideal missbrauchen, um Propaganda, Lügen und demokratiefeindliche Agenden unter einem Massenpublikum zu verbreiten. Denn je marktschreierischer manche vermeintlichen Meldungen aufgemacht sind, desto eher scheinen viele Menschen bereit zu sein, sie viel zu eifrig freiwillig zu teilen, ohne ihrem Wahrheitsgehalt auf den Grund zu gehen. Medienkompetenz ist hier das wesentliche Stichwort: Wie kann ich erkennen, ob eine Nachricht seriös ist, und warum ist es wichtig, dies stets gründlich zu überprüfen? Auch mancher Politiker scheint auf diesem Gebiet massiven Nachhilfeunterricht zu benötigen, denn Zensur ist hier keinesfalls die Lösung, sondern letztlich sogar Teil des ursprünglichen Problems. Sie schützt am Ende nicht vor Manipulation, sondern begünstigt diese sogar. Lobbyisten, die der Politik technische Lösungen für gesellschaftliche Probleme versprechen, sind in diesem Zusammenhang äußerst gefährlich für die Stabilität und den Frieden in einer Gesellschaft.

## Worum geht es in diesem Buch?

Dieses Buch beschreibt die wesentlichen Ausbildungsinhalte im Fachkunde-Unterricht in den Ausbildungsberufen Fachinformatiker Anwendungsentwicklung und Systemintegration, IT-Systemelektroniker, IT-Systemkaufleute und Informatikkaufleute. Anders als herkömmliche Bücher handelt es sich jedoch nicht um eine Tabellensammlung zum Auswendiglernen, sondern um praxisorientierte Anleitungen, die Sie weit über Ihre Ausbildung hinaus bei Ihrer alltäglichen Arbeit mit Computersystemen einsetzen können.

Sie lernen in den folgenden Kapiteln zahlreiche Geräte, Betriebssysteme, Programmiersprachen und Anwendungsprogramme kennen und erfahren viel Wissenswertes über Netzwerke und das Internet. Bei allen Themen habe ich versucht, die Balance zwischen Theorie und Praxis zu wahren: Es werden weder die technischen und theoretischen Details verschwiegen, wie in zahlreichen Büchern für absolute Einsteiger, noch kommen die praktischen Anwendungsbeispiele zu kurz, was in manchen akademischen Lehrwerken der Fall ist.

Soweit es möglich ist, habe ich versucht, konkrete Software aus dem Open-Source-Bereich auszuwählen. Zum einen, weil ich selbst seit Jahren Open-Source-Software einsetze und entwickle, vor allem aber auch, weil Sie auf diese Weise fast jedes in diesem Buch behandelte

Programm kostenlos und ohne jegliche Einschränkungen herunterladen, installieren und benutzen können.

Die Ausbildung zum Fachinformatiker oder für andere IT-Berufe enthält neben den fachspezifischen Inhalten auch Aspekte wie Wirtschafts- und Sozialwissenschaften, Rechtskunde oder Betriebsorganisation. Solche Themen können in diesem Buch nicht berücksichtigt werden. Für das Fach Technisches Englisch finden Sie in Anhang B, »Zweisprachige Wortliste«, immerhin eine Stichwortliste in beiden Richtungen.

---

**Neu in dieser Auflage**

Vieles Bewährte aus früheren Auflagen ist natürlich auch in dieser erhalten geblieben, aber einige Dinge haben sich – wie ich hoffe, zum Besseren – geändert oder sind hinzugekommen. Dazu gehören insbesondere:

▶ *Umfangreiche Renovierung der Kapitel zur Frontend-Webseitenerstellung.* HTML5, CSS3 und JavaScript können inzwischen erheblich mehr als ältere Versionen dieser Websprachen. In Kapitel 18, »Webseitenerstellung mit HTML und CSS« und Kapitel 20, »JavaScript und Ajax«, wurden daher große Teile neu geschrieben, um diesen Neuerungen Rechnung zu tragen.

▶ *Neues zu Virtualisierung und Software-Containern.* Das Thema Virtualisierung, das immer noch weiter an Bedeutung gewinnt, wurde aus Kapitel 5, »Betriebssystemgrundlagen«, in Kapitel 14, »Server für Webanwendungen«, verschoben und dort modernisiert sowie um einen Abschnitt zu Software-Containern mit Docker erweitert.

▶ *Swift 3.* Apples Programmiersprache für iOS- und macOS-Anwendungen, Swift, wurde im Herbst 2016 auf die neue Version 3 aktualisiert, die zahlreiche Neuerungen enthält. Der entsprechende Abschnitt in Kapitel 11, »Mobile Development«, wurde stark angepasst.

---

### Kapitelübersicht

Die einzelnen Kapitel dieses Buches widmen sich den folgenden Themen:

▶ Kapitel 1, »Einführung«, behandelt die Geschichte und die grundlegende Funktionsweise des Computers. Außerdem werden einige wichtige Grundlagen der Informationstechnik erläutert; sie bilden die Voraussetzung für das Verständnis späterer Kapitel.

▶ In Kapitel 2, »Mathematische und technische Grundlagen«, werden zunächst die mathematischen und logischen Prinzipien erläutert, auf denen der Computer basiert. Anschließend lernen Sie die wichtigsten elektrotechnischen Grundbausteine kennen. Abgerundet wird das Kapitel durch die Vorstellung von Automatentheorien und Rechnersimulationen.

▶ Kapitel 3, »Hardware«, beschäftigt sich mit den diversen Bauteilen, aus denen ein Computer besteht, sowie mit zahlreichen wichtigen Peripheriegeräten. Sie erfahren nicht nur die wichtigsten technischen Details über Elemente wie den Mikroprozessor, verschiedene

Laufwerke und Datenträger oder andere Ein- und Ausgabegeräte, sondern es werden auch praktische Informationen vermittelt. Zum Beispiel werden Einbau und Anschluss von Komponenten oder das BIOS-Setup angesprochen.

▶ In Kapitel 4, »Netzwerkgrundlagen«, wird die Entwicklung der Netzwerke und des Internets beschrieben, und Sie erhalten eine Einführung in die Begriffswelt der Netzwerke. Beispielsweise werden Schichtenmodelle und Netzwerkarchitekturen vorgestellt. Danach wird die genaue Funktionsweise verschiedener Arten von Netzwerkkarten und -anschlüssen erläutert; außerdem werden diverse Netzwerkprotokolle beschrieben. Den Schwerpunkt bildet die TCP/IP-Protokollfamilie, die für das Internet entwickelt wurde und inzwischen der wichtigste Kommunikationsstandard für alle Arten von Netzwerken ist.

▶ In Kapitel 5, »Betriebssystemgrundlagen«, werden allgemeine Konzepte des Betriebssystemaufbaus erklärt, zum Beispiel die Verwaltung von Prozessen, das Speichermanagement oder die Dateiverwaltung.

▶ Kapitel 6, »Windows«, beschreibt die theoretischen und praktischen Grundlagen des verbreitetsten PC-Betriebssystems der Welt; den Schwerpunkt bildet die aktuelle Version Windows 10. Neben der grafischen Benutzeroberfläche wird auch die Arbeit mit der klassischen Windows-Kommandozeile sowie mit der neueren Windows PowerShell behandelt. Den Abschluss bildet ein Einstieg in die Windows-Konfiguration.

▶ In Kapitel 7, »Linux«, wird eine zweite Betriebssystemfamilie praktisch beleuchtet. Schwerpunktmäßig wird die Arbeit mit der Linux-Shell bash und den zahlreichen Systemprogrammen behandelt; daneben werden die Grundlagen der Administration und des Umgangs mit klassischen Linux/Unix-Texteditoren beschrieben.

▶ Kapitel 8, »macOS«, beschäftigt sich mit dem Betriebssystem, mit dem Apple seine diversen Macintosh-Rechner liefert. Besonders die komfortable Benutzeroberfläche und ihre Einstellungsmöglichkeiten kommen zur Sprache, da macOS ein Unix-System ist und der Konsolenbereich somit demjenigen von Linux sehr ähnlich ist.

▶ In Kapitel 9, »Grundlagen der Programmierung«, werden drei verschiedene wichtige Programmiersprachen eingeführt, die unterschiedliche Entwicklungsstufen und Aspekte des Programmierens abdecken: C, Java und Python.

▶ Kapitel 10, »Konzepte der Programmierung«, baut auf diese Grundlagen auf und erläutert verschiedene Aspekte, die die Programmierung in der Praxis ausmachen: Algorithmen und Datenstrukturen, reguläre Ausdrücke (mächtige Suchmuster), Elemente der systemnahen Programmierung oder die Entwicklung von Programmen für grafische Oberflächen. Zudem erfahren Sie in Grundzügen, wie Netzwerkanwendungen programmiert werden.

▶ In Kapitel 11, »Mobile Development«, werden die Grundlagen der Entwicklung von Apps für die Mobil-Betriebssysteme Apple iOS und Google Android erläutert. Der iOS-Teil enthält zudem eine Einführung in Apples Programmiersprache Swift 3 und baut die erste Stufe eines mobilen Clients zu der REST-API aus Kapitel 19, »Webserveranwendungen«.

▶ Das in Kapitel 12 behandelte »Software-Engineering« geht weit über reine Programmier-techniken hinaus: Sie lernen viele unterschiedliche Methoden zur Bearbeitung und Verwaltung von Softwareprojekten kennen. Unter anderem werden die Anwendungsmo-dellierung mit der UML, Grundlagen des Projektmanagements und verschiedene Ansätze des Software-Engineerings wie Extreme Programming oder Scrum vorgestellt. Für die in den IT-Ausbildungsberufen fällige Projektarbeit sind diese Themen überlebenswichtig.

▶ Kapitel 13, »Datenbanken«, befasst sich mit einer der wichtigsten Funktionsgrundlagen vieler Programmierprojekte und Anwendungen. Nach der üblichen Erläuterung von Begriffen und Konzepten wird als konkretes Datenbanksystem der weitverbreitete Open-Source-Datenbankserver MySQL eingeführt. Am Ende des Kapitels findet sich noch ein kurzer praktischer Einstieg in die NoSQL-Datenbank CouchDB.

▶ In Kapitel 14, »Server für Webanwendungen«, wird zunächst das Webprotokoll HTTP beschrieben. Danach geht es um die Installation und Konfiguration des verbreiteten Open-Source-Webservers Apache 2 mitsamt der Webprogrammiersprache PHP. Auch die Themen Virtualisierung und Software-Container, die gerade für die Webentwicklung inte-ressant sind, werden hier behandelt.

▶ Kapitel 15, »Weitere Internet-Serverdienste«, befasst sich mit diversen weiteren Servern für TCP/IP-basierte Netzwerke: dem Nameserver BIND, dem Verzeichnisdienst-Server OpenLDAP, dem FTP-Server vsftpd sowie dem Universal- oder Metaserver xinetd.

▶ Kapitel 16, »XML«, stellt die eXtensible Markup Language vor, eine Sprache, die der Definiti-on beliebiger hierarchisch gegliederter Dokumentformate dient. In zahlreichen Anwen-dungen wird XML inzwischen eingesetzt, sodass es nützlich ist, die Konzepte dieses Formats zu kennen. Sie erfahren das Wichtigste über wohlgeformte Dokumente, über For-matbeschreibungen mithilfe von DTDs und XML Schema, die Umwandlung von XML-Dokumenten mit XSLT sowie über die Programmierung XML-basierter Anwendungen.

▶ Kapitel 17, »Weitere Datei- und Datenformate«, widmet sich den wichtigsten Formaten für Text, Bild und Multimedia. Es geht zunächst um Text und Zeichensätze, anschließend werden verschiedene textbasierte und binäre Dateiformate konkret erläutert.

▶ In Kapitel 18, »Webseitenerstellung mit HTML und CSS«, wird zunächst HTML5 vorge-stellt, die Sprache, in der Webseiten verfasst werden. Hier werden verschiedene konkrete Aspekte der Webseitenerstellung erläutert, etwa die Textstrukturierung, der Listen- und Tabellensatz, das Einbetten von Bildern oder der Einsatz von Hyperlinks und Webformu-laren. Der zweite Teil beschreibt das konsistente Layout von Webseiten mit Cascading Style Sheets (CSS3) inklusive einer Einführung in Responsive Web Design.

▶ In Kapitel 19, »Webserveranwendungen«, erfahren Sie, wie Sie Websites erstellen, die nicht nur aus statischen HTML-Dokumenten, sondern auch aus dynamisch generierten Inhalten bestehen. Zuerst wird die Programmiersprache PHP 7 behandelt. Neben den all-gemeinen Konzepten wird die Programmierung konkreter datenbankbasierter Anwen-dungen beschrieben. Anschließend wird – ebenfalls mit PHP – ein REST-Webservice implementiert, und zum Schluss erhalten Sie einen Schnellüberblick über verschiedene andere Technologien.

- Kapitel 20, »JavaScript und Ajax«, stellt die wichtigste clientseitige Programmiersprache vor, mit der Sie die Inhalte einer Webseite »zum Leben erwecken« können. Zunächst werden die klassischen Anwendungen wie die Ausgabe ins Dokument selbst, die Verarbeitung von Formularen oder der Austausch von Bildern behandelt, anschließend erfahren Sie das Wichtigste über DOM, die Standardtechnik, mit der Sie die Elemente eines Dokuments nachträglich modifizieren können, sowie Ajax, um die Inhalte für diese Änderungen ohne Neuaufbau der Seite vom Server nachzuladen. Zuletzt wird jQuery als Beispiel für eine der immer häufiger verwendeten komfortablen JavaScript-Ajax-Bibliotheken behandelt, und mithilfe dieses Frameworks wird ein Client für die REST-API aus Kapitel 19 entwickelt.

- Kapitel 21, »Computer- und Netzwerksicherheit«, befasst sich mit verschiedenen Themen der lebenswichtigen IT-Sicherheit: Der Schutz vor Viren, Würmern und Trojanern wird ebenso behandelt wie Kryptografie, Firewalls oder Fragen der Datensicherheit.

Nach den Kapiteln folgen noch drei Anhänge:

- Anhang A, »Glossar«, enthält kurze Beschreibungen der wichtigsten IT-Stichwörter.

- In Anhang B, »Zweisprachige Wortliste«, finden Sie ein deutsch-englisches und ein englisch-deutsches Verzeichnis wichtiger Fachbegriffe.

- Anhang C, »Kommentiertes Literatur- und Linkverzeichnis«, empfiehlt weiterführende Bücher und Webressourcen zu den Themen der verschiedenen Kapitel.

## Für wen ist dieses Buch geeignet?

In erster Linie können Sie mit diesem Handbuch etwas anfangen, wenn Sie eine Ausbildung im IT-Bereich oder in verwandten Berufen absolvieren. Es wurde insbesondere für den im Titel genannten Ausbildungsberuf des Fachinformatikers in den beiden Fachrichtungen Anwendungsentwicklung und Systemintegration geschrieben, dürfte aber auch für IT-Systemelektroniker oder IT-Systemkaufleute gut geeignet sein. Genau wie in Ihrer Ausbildung werden auch in diesem Buch viele verschiedene Themenbereiche behandelt: Da Computer sehr komplexe Maschinen sind, ist es erforderlich, sich ein großes Spektrum verschiedener Kenntnisse anzueignen, selbst dann, wenn Sie nur in einem bestimmten Fachbereich arbeiten möchten.

Auch für Studenten im Grundstudium der Informatik oder in den Informatikkursen anderer Studienrichtungen ist das Buch durchaus geeignet. Gerade der Mittelweg zwischen der Darstellung der theoretischen Grundlagen und praktischer Anleitung dürfte für Sie eine wichtige Lücke schließen.

Zu guter Letzt ist dieses Buch aber natürlich auch für alle anderen geeignet, die an Computern, Programmierung oder Netzwerken interessiert sind. Es eignet sich nicht nur als Unterrichtsbegleiter, sondern auch zum Selbststudium einzelner Themen. Die einzige Voraussetzung ist im Grunde genommen, dass Sie einen Computer zur Verfügung haben und grundsätzlich wissen, wie Sie damit umgehen.

Zum Komplexitätsniveau ist noch anzumerken, dass dies weder ein Buch für absolute Neueinsteiger noch ein Begleiter für vollkommene Experten ist. Wenn Sie noch nie mit einem Computer gearbeitet haben, benötigen Sie eine grundlegendere Anleitung; im vorliegenden Buch erfahren Sie nicht, wie Sie das Gerät in Betrieb nehmen, Ihre Arbeit als Datei speichern, einen Ordner anlegen oder einen Webbrowser bedienen. All diese Dinge (und noch einige mehr) müssen klar sein, bevor Sie etwas Sinnvolles mit diesem Handbuch anfangen können. Wenn Sie dagegen bereits Erfahrung haben, gibt es wahrscheinlich einige Themen, über die Sie noch nicht Bescheid wissen. In diesem Fall finden Sie möglicherweise hier, was Sie suchen.

## Danksagung

Zunächst einmal danke ich Ihnen, dass Sie sich für dieses Buch interessieren, es möglicherweise sogar gekauft haben oder noch kaufen werden. Wenn es Ihnen gefällt oder wenn Sie es nützlich finden, zögern Sie nicht, es anderen mitzuteilen. Ein paar Zeilen als Leserfeedback beim Rheinwerk Verlag oder als Kundenrezension bei Amazon sind manchmal wertvoller und erfreulicher als Geld. Falls Ihnen ein Fehler auffällt oder Sie Verbesserungsvorschläge haben, können Sie mir gern eine E-Mail an *it-handbuch@sascha-kersken.de* schicken – viele Fehler in früheren Auflagen sind durch Leserfeedback aufgefallen, für das ich ebenfalls herzlich danken möchte. Exemplarisch hebe ich hier einmal Jörg-Michael Grassau hervor, dessen umfangreiche Fleißarbeit beim Auffinden von Errata und Stellen, die man noch verständlicher formulieren könnte, wahrlich beeindruckend ist.

Großer Dank gebührt auch Stefan Macke, einem sehr engagierten IT-Ausbilder. In seinem sehr empfehlenswerten Podcast hat er jedes einzelne Kapitel der vorigen Auflage in Form eines Buchclubs behandelt, insbesondere im Hinblick auf die Relevanz der verschiedenen Themen für die IHK-Abschlussprüfung. Den Buchclub finden Sie unter *fachinformatiker-anwendungsentwicklung.net/serie/buchclub/*, aber auch der Rest von Podcast und Blog ist eine wahre Fundgrube für IT-Azubis.

Weiterhin wie immer mein Dank an das Team beim Rheinwerk Verlag, besonders an meinen langjährigen Lektor Stephan Mattescheck und seine Kollegin Anne Scheibe, die so freundlich war, diesmal beim Lektorat mitzuwirken, um den engen Zeitplan einzuhalten. Vielen Dank auch an die Korrektorin Marita Böhm für die Beseitigung meiner Fehler und das Auffinden von Ungereimtheiten sowie an das Herstellungsteam für ein einfach wunderschönes Buch.

Bleibt wie üblich der Dank an meine Familie – danke, Tülay und Leon, dass ihr mich bestärkt habt, das hier durchzuziehen und nicht aufzugeben, und dass ihr mir den Freiraum gegeben habt, es zu vollenden.

**Sascha Kersken**

# Kapitel 1
# Einführung

*In der Informatik geht es genauso wenig um Computer*
*wie in der Astronomie um Teleskope.*
*– Edsger W. Dijkstra*

In diesem Kapitel erhalten Sie einen Überblick über die wichtigsten Grundlagen der Informationstechnik: eine Abgrenzung der verschiedenen Fachrichtungen und Ausbildungsgänge der Informatik, die Entwicklungsgeschichte der Computer sowie eine allgemeine Übersicht über die digitale Speicherung verschiedener Arten von Informationen.

## 1.1 Informationstechnik, Informatik und EDV

Allgemein gesprochen, geht es in diesem Buch um *Informationstechnik* (englisch: *information technology* oder kurz IT). Der traditionelle Begriff für diese Art der Technik lautet *elektronische Datenverarbeitung* (EDV). *Daten* oder *Informationen* sind Werte, die im Zusammenhang mit beliebigen Sachverhalten angelegt werden oder die im Rahmen von Mess- oder Rechenvorgängen anfallen. *Datenverarbeitung* ist der Vorgang der Sammlung, Speicherung und Manipulation dieser Informationen. Im Laufe der Zeit haben sich unterschiedliche Verfahren der Datenverarbeitung entwickelt:

► Die *manuelle Datenverarbeitung* führt Berechnungen und Datenmanipulationen ohne jegliche Hilfsmittel durch; sie basiert auf Kopfrechnen und Auswendiglernen. Das äußerste erlaubte Hilfsmittel ist ein Schreibblock, um Daten oder Zwischenergebnisse zu notieren.

► Die *mechanische Datenverarbeitung* verwendet mechanische Hilfsmittel für die Verarbeitung von Informationen, beispielsweise eine mechanische Schreibmaschine oder einen Rechenschieber.

► Bei der *elektrischen Datenverarbeitung* werden elektrisch betriebene Geräte als Hilfsmittel eingesetzt, zum Beispiel elektrische Schreibmaschinen oder klassische Registrierkassen.

► Die *elektronische Datenverarbeitung* verwendet schließlich elektronisch gesteuerte Arbeitsmittel, also Elektronenrechner oder Computer.

### 1.1.1 Fachrichtungen der Informatik

Die wissenschaftliche Fachrichtung, die sich mit den verschiedenen Aspekten der Computertechnik auseinandersetzt, wird seit den 60er-Jahren des 20. Jahrhunderts als *Informatik* (englisch: *computer science*) bezeichnet; es handelt sich um ein Kunstwort aus Information und Mathematik. Die akademische Informatik wird üblicherweise in vier Fachrichtungen unterteilt:

- Die *theoretische Informatik* betrachtet insbesondere die mathematisch-logischen Grundlagen, die der Verwendung und Programmierung von Computern zugrunde liegen. Es geht beispielsweise um die *Berechenbarkeit* (Ist ein Problem überhaupt durch Berechnung lösbar?) und um *Automatentheorien* – die mathematisch-formalen Modelle, auf denen Rechner unabhängig von der elektronischen Machbarkeit aufbauen.

- Die *technische Informatik* beschreibt die elektronisch-technischen Eigenschaften der Bauteile, aus denen Computer zusammengesetzt sind. Ein wichtiges Teilgebiet der technischen Informatik ist die *Schaltalgebra*, die Umsetzung logischer Operationen durch elektronische Schaltungen.

- In der *praktischen Informatik* geht es im Großen und Ganzen um die *Programmierung* von Computern und die Mittel, die dazu erforderlich sind. Die Erforschung des Aufbaus von Betriebssystemen und Programmiersprachen-Compilern sowie deren Implementierung (praktische Umsetzung) sind die wichtigsten Teilgebiete.

- Die *angewandte Informatik* kümmert sich gewissermaßen um alles andere, nämlich um sämtliche Nutzanwendungen von Computern. Das reicht von Datenbanken über die Netzwerkkommunikation bis hin zu Grafik, Animation und Audio-/Videobearbeitung.

Da es sich bei diesem Buch um ein Praxisbuch handelt, das nicht für das trockene Auswendiglernen von Lehrsätzen geschrieben wurde, sondern für die alltägliche Nutzung von Computern, ist es kaum verwunderlich, dass sich fast alle Kapitel mit Aspekten der angewandten Informatik beschäftigen. In Kapitel 5, »Betriebssystemgrundlagen«, bis Kapitel 10, »Konzepte der Programmierung«, werden auch die wichtigsten Ansätze der praktischen Informatik, nämlich Betriebssysteme und diverse Themen der Programmierung, behandelt.

Einige grundlegende Aspekte der theoretischen Informatik lernen Sie in Kapitel 2, »Mathematische und technische Grundlagen«, kennen: Dort werden die wichtigsten mathematischen und logischen Operationen besprochen, die Computer ausführen. Außerdem wird beispielhaft auf die Realisierung einiger dieser Funktionen durch elektronische Bauteile eingegangen, also auf einige Ansätze der technischen Informatik.

Im Übrigen gibt es noch ein eigenes Kapitel zum Thema Hardware, die ebenfalls dem Gebiet der technischen Informatik zugeordnet werden kann: Kapitel 3, »Hardware«.

### 1.1.2 Überblick über die IT-Ausbildung

Das Berufsfeld der Informationstechnik ist vielfältig. Deshalb gibt es zahlreiche unterschiedliche Möglichkeiten einer Ausbildung in diesem Bereich. Sie lassen sich zum einen nach Fachgebieten wie Anwendungsentwicklung, Systemintegration oder kaufmännischem EDV-Einsatz unterscheiden. Zum anderen gibt es zwei grundlegende Ausbildungsformen: Berufsausbildung und Studium.

Aus diesen beiden Unterteilungen ergeben sich unter anderem folgende konkrete Ausbildungsgänge:

- Ausbildungsberufe
  - Fachinformatiker/in mit den Fachrichtungen Anwendungsentwicklung und Systemintegration
  - IT-Systemelektroniker/in
  - IT-Systemkaufmann/-frau
  - Informatikkaufmann/-frau
- Studiengänge
  - Informatik
  - Informatik (FH)
  - Wirtschaftsinformatik
  - Medieninformatik
  - Bioinformatik
  - medizinische Informatik

#### Ausbildungsberufe

Bis etwa Mitte der 90er-Jahre des 20. Jahrhunderts galt die Informationstechnik als zu komplex, um in einer praxisorientierten Berufsausbildung im klassischen Dualen System (Ausbildungsbetrieb – Berufsschule) gelehrt zu werden. Die beiden angebotenen Ausbildungen zum EDV-Kaufmann und Büromaschinenelektroniker hatten andere Schwerpunkte, nämlich einen kaufmännischen beziehungsweise elektrotechnischen Fokus.

Erst 1996 wurden die IT-Berufe in der Bundesrepublik durch ein Übereinkommen von Arbeitgeberverbänden und Gewerkschaften unter Beratung des Bundesinstituts für Berufsbildung (BiBB) neu geordnet. Seitdem gibt es vier verschiedene IT-Ausbildungsberufe. Sie bereiten auf Tätigkeiten im Bereich der Informations- und Telekommunikationstechnik vor, die früher Bewerbern mit Studienabschluss vorbehalten waren oder in Einzelfällen an qualifizierte Quereinsteiger vergeben wurden. Nach fast 20 Jahren Erfahrung hat sich das System bewährt, und ein signifikanter Anteil von Mitarbeitern in der IT rekrutiert sich aus Absolventen dieser Ausbildungsgänge.

Im Einzelnen handelt es sich um folgende Ausbildungsgänge:

▶ Fachinformatiker/in (Fachrichtungen Anwendungsentwicklung und Systemintegration)

▶ IT-Systemelektroniker/in

▶ IT-Systemkaufmann/-frau

▶ Informatikkaufmann/-frau

Aufgabe der *Fachinformatiker* ist es gemäß offizieller Definition, »fachspezifische Anforderungen in komplexe Hard- und Softwaresysteme« umzusetzen. Diese recht ungenaue Beschreibung läuft in der Praxis auf sehr vielfältige Anforderungen hinaus, da sich nicht nur die beiden Fachrichtungen Anwendungsentwicklung und Systemintegration, sondern vor allem auch Ausbildungsbetriebe und Einsatzumgebungen oft stark voneinander unterscheiden. Gemeinsam ist ihnen allen lediglich der Umgang mit Computersystemen, mit Netzwerken, mit der unterschiedlichsten Software und dem komplexen Zusammenspiel dieser Komponenten. Verallgemeinert kann man sagen, dass der Ausbildungsgang Anwendungsentwicklung auf den Beruf des Entwicklers oder Programmierers vorbereitet, während sich aus den Absolventen der Systemintegration vor allem Systemadministratoren rekrutieren.

Die beiden Berufsbilder sollen sich im Laufe der drei Ausbildungsjahre allmählich auseinanderentwickeln. Bei Ausbildungsbeginn stehen gemeinsame Grundlagen im Vordergrund. Dazu gehören nicht nur fachspezifische Themen, wie sie in diesem Buch behandelt werden, sondern auch wichtige Informationen zum Arbeitsablauf und zum betrieblichen Umfeld. Dies sind insbesondere Grundlagen der Betriebswirtschaftslehre, der Projekt- und Betriebsorganisation, des Arbeits- und Ausbildungsrechts sowie der betrieblichen Buchführung. Diese Kenntnisse werden vor allem in der Berufsschule (60 Tage pro Ausbildungsjahr) vermittelt.

Der Schwerpunkt des *Fachbereichs Anwendungsentwicklung* ist die Erstellung von Software für den eigenen Betrieb oder für Kunden. Der erste Schritt ist die Entwicklung neuer oder die Anpassung vorhandener Programme nach den Anforderungen der späteren Anwender. Es folgt die Einrichtung der Software auf den gewünschten Systemen, die gegebenenfalls dafür angepasst werden müssen. Anschließend sollen die Benutzer informiert oder gar geschult werden. In das Umfeld des Berufsbildes gehört demzufolge auch die Erstellung brauchbarer Dokumentationen für Entwickler, Administratoren und Endanwender.

Im *Fachbereich Systemintegration* liegen die Hauptaufgaben im Bereich der Hardware-, Software- und Netzwerkeinrichtung. Hier sind gute Kenntnisse der verschiedenen Hardwarekomponenten, Betriebssysteme sowie der Netzwerkgeräte, -dienste und -protokolle gefragt. Auch die Schnittstellen zwischen der Informations- und der Telekommunikationstechnik spielen in diesem Beruf eine wichtige Rolle. Die Fachinformatiker im Fachbereich Systemintegration müssen das projektorientierte Arbeiten beherrschen und dabei alle Aufgaben planen, durchführen, testen und dokumentieren.

Ein weiteres, sehr wichtiges Arbeitsgebiet ist die Automatisierung administrativer Aufgaben. Dazu benötigen die Fachinformatiker der Fachrichtung Systemintegration umfangreiche Kenntnisse der Shells (Kommandozeileninterpreter) der jeweiligen Betriebssysteme sowie in verschiedenen Skriptsprachen. Unter Windows beginnt dies mit DOS/Windows-Batch-Dateien und CMD-Dateien; für komplexere Aufgaben sind auch der Windows Scripting Host und die Windows PowerShell nützlich. Im Unix-Bereich ist die bash-Shell das grundlegende Werkzeug; größere Aufgaben werden dagegen mit Editor- und Skriptsprachen wie sed, awk, Perl oder Python gelöst, wobei Perl und Python die wichtigsten dieser Sprachen sind und bei fortgeschrittenen Kenntnissen alle anderen ersetzen können. In Kapitel 6, »Windows«, bis Kapitel 10, »Konzepte der Programmierung«, dieses Buches werden die wichtigsten Kenntnisse zu den Shells und einer der Sprachen (Python) vermittelt.

Der Beruf des *IT-Systemelektronikers* ist elektrotechnischer orientiert als der des Fachinformatikers. Mehr als beim Fachinformatiker der Fachrichtung Systemintegration liegt der Schwerpunkt hier im Bereich der Hardware. Zu den wichtigsten Aufgaben gehört die Verkabelung von Computern und Netzwerken, angefangen bei der Stromversorgung über den Anschluss von Peripheriegeräten bis hin zu Besonderheiten der Netzwerkinfrastruktur. Dazu benötigen IT-Systemelektroniker ein umfangreiches Know-how über Hardwarekomponenten und Treiber sowie über deren Zusammenarbeit mit Betriebssystemen und Anwendungsprogrammen. Hinzu kommen Kenntnisse über DSL, ISDN und andere Telekommunikationstechniken. Zu den wichtigsten Arbeitgebern für Systemelektroniker gehören große Telefongesellschaften, sodass deren spezifische Anforderungen dieses Berufsbild wesentlich geprägt haben.

*IT-Systemkaufleute* sind im Wesentlichen die Kundenberater für Hard- und Softwareprojekte. Sie verfügen über technisches Know-how, sodass sie die Einzelheiten von IT-Projekten verstehen und den Kunden erklären können, und benötigen umfangreiche betriebswirtschaftliche und kaufmännische Kenntnisse, um die Kalkulation für ein solches Projekt durchführen zu können. Sie sind für alle Phasen der Kundenbetreuung von IT-Lösungen zuständig: angefangen bei der Marktanalyse über Beratung und Marketing bis hin zum Vertrieb sowie zur Einarbeitung und Schulung.

Bei den *Informatikkaufleuten* stehen die kaufmännischen Aufgaben stärker im Vordergrund, während die technischen Aspekte etwas weniger ausgeprägt sind. Sie bilden das Bindeglied zwischen wirtschaftlichen und technischen Abteilungen. Typischerweise vermitteln sie zwischen den Kunden, die vor allem wirtschaftliche Fragen haben, und den Beratern der Hard- und Softwarehersteller (oft den zuvor genannten IT-Systemkaufleuten), die eine eher technische Sicht auf Vorgänge benötigen. Beispielsweise könnten Informatikkaufleute die technische Umsetzung von Geschäftsprozessen anleiten und entsprechende Pflichtenhefte erstellen. Eine weitere Aufgabe wäre es, die Unterschiede verschiedener IT-Lösungen in kaufmännisch kalkulierbaren Zahlen auszudrücken.

Alle IT-Ausbildungen – mit Ausnahme zweijähriger Umschulungsmaßnahmen – beinhalten eine (ausschließlich theoretische) Zwischenprüfung. Es besteht Teilnahmepflicht, aber das Ergebnis ist rein informativ – sowohl für die Auszubildenden als auch für die Betriebe.

Die Abschlussprüfung besteht aus einer selbst gewählten Projektarbeit, die von der jeweils zuständigen Industrie- und Handelskammer genehmigt werden muss. Ihre Dauer beträgt bei den Fachinformatikern des Fachbereichs Anwendungsentwicklung 70 Stunden, wobei auch ein Pflichtenheft erstellt werden muss. Bei den anderen Ausbildungsgängen beträgt die Dauer lediglich 35 Stunden, und der Projektablauf beschränkt sich hier auf die vier Phasen Planung, Durchführung, Test und Abnahme.

Innerhalb der veranschlagten Zeit müssen sowohl das Projekt selbst als auch eine umfangreiche Dokumentation dazu erstellt werden; Letzteres sollte etwa acht Stunden der Projektdauer ausmachen. Die Dokumentation wird bei der IHK eingereicht; zudem müssen die Auszubildenden ihre Projekte dort präsentieren und ein Fachgespräch dazu führen (insgesamt 30 Minuten, 50 % der Gesamtnote für den praktischen Prüfungsteil). Wichtige Hinweise zum projektorientierten Arbeiten erhalten Sie in Kapitel 12, »Software-Engineering«.

Die zweite Säule der Abschlussprüfung bildet die bundeseinheitliche schriftliche Prüfung. Sie besteht aus drei Teilen:

▶ Zwei *ganzheitliche Aufgaben* (GA) beschreiben je ein virtuelles IT-Szenario und stellen sechs komplexe Fragen dazu. Die Auszubildenden dürfen eine dieser Fragen, mit deren Thema sie sich am wenigsten auskennen, streichen und müssen die übrigen fünf ausführlich beantworten. Maximal sind dabei für jede beantwortete Frage 20 Punkte, also insgesamt 100 für jede GA, erreichbar. Die GA 1 enthält fachspezifische Fragen für den jeweiligen Ausbildungsgang, während die GA 2 die für alle IT-Ausbildungsberufe identische Kernqualifikation abfragt. Für jede GA sind 90 Minuten angesetzt.

▶ Der dritte Teil ist eine 60 Minuten dauernde Prüfung zu den Themen Wirtschaft und Soziales einschließlich Arbeits- und Ausbildungsrecht. Diese Prüfung besteht aus isolierten Fragen, wobei einige offen, viele dagegen im Multiple-Choice-Verfahren zu beantworten sind.

---

### Andere Aus- und Weiterbildungswege

Neben den IT-Ausbildungsberufen im Dualen System gibt es übrigens auch noch rein staatlich-schulische Aus- und Weiterbildungswege: die Ausbildung zum Informationstechnischen Assistenten und die Weiterqualifikation zum Staatlich geprüften Techniker (FS) für Informatik mit den Fachrichtungen Netzwerktechnik, Softwaretechnologie und Datenbanktechnologie.

Die Weiterqualifikation zum Staatlich geprüften Techniker endet mit einem Staatsexamen, das der Meisterprüfung in Handwerksberufen gleichgestellt ist. Die genauen Regelungen für diese Bildungsgänge sind Ländersache, sodass es gewisse Abweichungen in Ablauf, Inhalten und Dauer zwischen verschiedenen Bundesländern gibt.

In Tabelle 1.1 sehen Sie, welche Kapitel dieses Buches für die Auszubildenden der einzelnen Fachrichtungen besonders nützlich (×) oder unerlässlich (+) sind. Wenn ein Kapitel für Ihren Beruf nicht angekreuzt wurde, bedeutet dies nicht, dass Sie sich gar nicht mit diesem Thema beschäftigen sollten! Wie bereits im Vorwort erwähnt, ist ein möglichst gründliches Allgemeinwissen eine der wichtigsten Voraussetzungen für den beruflichen Erfolg. Zudem verstehen Sie Zusammenhänge der IT- und Medienwirtschaft umso besser, je größer Ihr Überblick ist.

| Kapitel | Kurzname | Fachinf. Anwend. | Fachinf. Systemint. | Kaufleute | IT-System-elektroniker |
|---------|----------|------------------|---------------------|-----------|------------------------|
| 1 | Einführung | + | + | + | + |
| 2 | Mathematische und technische Grundlagen | + | + | × | + |
| 3 | Hardware | × | + | × | + |
| 4 | Netzwerk | + | + | × | + |
| 5 | Betriebssystemgrundlagen | + | + | × | + |
| 6 | Windows | + | + | × | + |
| 7 | Linux | + | + | × | + |
| 8 | macOS | + | + | × | + |
| 9 | Grundlagen der Progr. | + | + | × | + |
| 10 | Konzepte der Progr. | + | × | | × |
| 11 | Mobile Development | + | × | | × |
| 12 | Software-Engineering | + | + | + | + |
| 13 | Datenbanken | + | + | × | × |
| 14 | Webserver | × | + | | × |
| 15 | Internet-Serverdienste | × | + | | × |
| 16 | XML | + | + | × | × |
| 17 | Datei- u. Datenformate | + | + | × | × |
| 18 | HTML/CSS | + | × | × | × |

**Tabelle 1.1** Die einzelnen Kapitel dieses Buches und ihre Relevanz für die verschiedenen Ausbidungsberufe

| Kapitel | Kurzname | Fachinf. Anwend. | Fachinf. Systemint. | Kaufleute | IT-System-elektroniker |
|---------|----------|------------------|---------------------|-----------|------------------------|
| 19 | Webserveranwendung | + | × | | |
| 20 | JavaScript u. Ajax | + | × | | |
| 21 | Sicherheit | + | + | | × |

**Tabelle 1.1** Die einzelnen Kapitel dieses Buches und ihre Relevanz für die verschiedenen Ausbidungsberufe (Forts.)

### Studiengänge

Die Studiengänge im Bereich der Informationstechnik sind wesentlich gründlicher, dafür aber auch viel theoretischer orientiert als die betrieblichen Ausbildungsgänge. Neben den hier behandelten Studienfächern der Informatik gibt es übrigens auch angrenzende Fachgebiete wie Telematik, Elektrotechnik, Mechatronik oder angewandte Mathematik.

Das allgemeinste Spektrum bietet das Studium der *Informatik*. Das Grundstudium umfasst Einführungen in alle vier Disziplinen des Faches (theoretische, technische, praktische und angewandte Informatik). Im Hauptstudium ist dagegen eine Spezialisierung auf einen bestimmten Bereich innerhalb eines dieser Zweige vorgesehen. Denkbar wären etwa Betriebssysteme aus dem Gebiet der praktischen Informatik oder Datenbanken, die zur angewandten Informatik zählen.

Das Informatikstudium wird sowohl an Universitäten als auch an Fachhochschulen angeboten. Naturgemäß ist Letzteres etwas praktischer orientiert; das Lernen erfolgt besonders im Grundstudium schulähnlicher. In beiden Lehreinrichtungen erwerben Studieneinsteiger anstelle des klassischen Diplomabschlusses seit einigen Jahren nur noch die internationalen Abschlüsse Bachelor und Master.

Wie in jedem mathematisch-naturwissenschaftlichen Studium müssen auch bei der Informatik Nebenfächer belegt werden. Die Auswahl ist so vielfältig, wie es die Anwendungsbereiche der Informationstechnik sind: Für theoretischer ausgerichtete Forschungen ist etwa die Mathematik interessant; ein Fach aus dem Bereich der Wirtschaftswissenschaften eröffnet den Zugang zur Entwicklung kaufmännischer Systeme und Anwendungen. In diversen Bereichen der angewandten Informatik könnten auch Fächer wie Biologie oder Physik von Interesse sein. Spannend ist auch die Kombination mit philologischen Fächern, besonders mit den Sprachwissenschaften oder der philosophischen Logik.

Umgekehrt kann Informatik auch für Studiengänge in allen genannten Fächern als Nebenfach belegt werden.

Einen Schritt weiter als die Wahl eines bestimmten Nebenfachs gehen gezielte Kombinationsstudienfächer. Die wichtigsten von ihnen sind folgende:

▶ *Wirtschaftsinformatik*: eine gezielte Kombination aus Themen der (insbesondere angewandten) Informatik und der Betriebswirtschaftslehre. Wirtschaftsinformatiker können
in allen Bereichen der kaufmännischen IT-Anwendung arbeiten, vor allem in Banken, Versicherungen oder den Fachabteilungen großer Unternehmen, aber auch in der Entwicklung kaufmännischer Softwarelösungen.

▶ *Medieninformatik*: Dieser Studiengang stellt den Bereich der multimedialen IT-Anwendung in den Mittelpunkt. Neben den Grundlagen der Informatik lernen die Studierenden
vor allem den praktischen IT-Einsatz kennen: Grafik- und Bildbearbeitung, Audio- und
Videoschnitt und die Erstellung multimedialer Präsentationen. Von allen IT-Studiengän-
gen erfordert dieser das größte kreative Potenzial.

▶ *Bioinformatik*: Die Forschungsergebnisse der modernen Biologie, besonders der Mikro-
biologie und der Gentechnik, könnten ohne umfangreiche IT-Unterstützung nicht ausgewertet werden. Bioinformatiker bilden die Schnittstelle zwischen Biologie und Informationstechnik; sie erstellen die Anwendungen zur Analyse biologischer Forschungen, etwa
der Sequenzanalyse von Genen. Die Bioinformatik ist möglicherweise der wachstums-
stärkste Sektor in der gesamten IT-Landschaft.

▶ *Medizinische Informatik*: Auch in der modernen Medizin spielt Computertechnik eine
überaus wichtige Rolle – von der Verwaltung der Patienten- und Diagnosedaten über die
automatisierte Analyse von Laborproben bis hin zum halbautonom arbeitenden OP-
Roboter ist der Praxis- und Klinikalltag ohne IT nicht mehr denkbar. In der medizinischen
Informatik erwerben die Studierenden sowohl fundierte medizinische als auch wichtige
informationstechnische Fachkenntnisse, sodass sie in den verschiedensten Bereichen der
Medizintechnik und -praxis arbeiten können.

Die Tiefe des für ein Studium erforderlichen Wissens geht weit über das hinaus, was ein einzelnes allgemeines Grundlagenbuch wie das vorliegende leisten kann. Dennoch kann dieses
Buch auch im Studium ein unentbehrlicher Begleiter sein: Hier können Sie die Grundlagen
der Theorie und Praxis der unterschiedlichen Themen schnell und übersichtlich nachschlagen – als letzte Absicherung vor der entscheidenden Fachklausur oder auch als Anleser für
die Veranstaltungsplanung des kommenden Semesters.

## 1.2    Die Geschichte der Rechenmaschinen und Computer

In diesem Buch ist von Computern die Rede, und natürlich wissen Sie ganz genau, was das
ist. Wenn Sie allerdings den Versuch machen sollten, einen Computer mit allen Dimensionen seiner heutigen Möglichkeiten griffig zu definieren – wie würde diese Definition lauten?
Vergangene Generationen sprachen etwa von *programmgesteuerten Rechenautomaten*, und
gerade Fachleute scheinen noch heute lieber *Rechner* als *Computer* zu dieser Maschine zu
sagen.

Aber ist Rechnen heutzutage die wichtigste Aufgabe der Computer? Es scheinen schließlich mehr Leute einen Webbrowser zu verwenden als die Tabellenkalkulation Excel, und das Bildbearbeitungsprogramm Photoshop ist erheblich populärer als spezielle Mathematiksoftware wie Mathematica oder Maple.

Trotzdem ist ein Computer ein Gerät, das Probleme durch Berechnungen löst: Er kann nur diejenigen Sachverhalte »verstehen«, die man in Form von Zahlen und mathematischen Formeln darstellen kann. Dass es sich dabei heute auch um Bilder, Töne, Animationen, 3D-Welten oder Filme handeln kann, liegt einfach an der enormen Rechengeschwindigkeit und Kapazität moderner Rechner.

Sehen Sie sich den Begriff *programmgesteuerter Rechenautomat* noch einmal genau an: Ein *Rechenautomat* ist ein Gerät, das automatisch etwas berechnet, sodass man dies nicht manuell erledigen muss. Das kann auch ein Taschenrechner oder sogar eine mechanische Rechenmaschine. Das Besondere, was ein Computer zu bieten hat, beschreibt der Begriff *programmgesteuert*. Ein Computerprogramm ist eine Abfolge von Rechenvorschriften, die aufeinander aufbauen können und Schritt für Schritt ausgeführt werden.

Mit anderen Worten, ein Computer ist nicht nur ein Rechenautomat, sondern ein Algorithmenautomat. Ein *Algorithmus*, benannt nach dem arabischen Mathematiker *Mohamed Ibn Musa Al Chwarismi*, ist eine Schritt-für-Schritt-Anleitung zur Lösung mathematischer Probleme. Jeder Computer versteht eine oder mehrere formale Sprachen, in denen man ihm solche Algorithmen einprogrammieren kann. Ist ein Algorithmus erst einmal im Computer gespeichert, kann er immer wieder mit anderen Daten ausgeführt werden. Betrachten Sie etwa den folgenden Algorithmus aus dem Alltagsleben, der die Internetnutzungskosten verschiedener Kunden eines Providers berechnet:

1. Eingabe Tarif: Flatrate oder minutenbasiert?
2. War es die Flatrate? Macht 19,99 €. Berechnung beendet.
3. Minutenbasiert: Eingabe der Minuten
4. Multipliziere die Minuten mit 0,01 €.
5. Addiere die Grundgebühr von 2,49 € hinzu. Berechnung beendet.

Dieser einfache Algorithmus kann natürlich ohne Weiteres von einem Menschen abgearbeitet werden. Er wird zwar langsamer rechnen als ein heutiger Computer, aber durchaus innerhalb einer annehmbaren Zeit damit fertig werden. Andererseits kann der Computer Millionen solcher Berechnungen in der Sekunde ausführen. Zwar wird er gewisse Leistungen des menschlichen Geistes wahrscheinlich niemals erreichen, aber schneller rechnen kann er allemal.

Darüber hinaus gibt es Algorithmen, an denen wir Menschen schlichtweg verzweifeln würden – oder hätten Sie Lust, jedes einzelne Pixel eines 10 × 10 cm großen hochauflösenden Bildes anhand der Farben seiner acht umgebenden Pixel neu zu berechnen, um das Bild zu vergrößern oder zu verkleinern? Ohne Sie entmutigen zu wollen: Ein solches Bild besteht, wenn es für den Druck geeignet sein soll, aus etwa 1.392.400 Pixeln – viel Spaß beim Rechnen![1]

So macht der Computer sich selbst immer unentbehrlicher: Sobald Computersysteme eine gewisse Komplexität erreichen, wird eine Anwendung erfunden, die ohne sie nicht zu bearbeiten wäre. Um diese Anwendung dann schneller und effizienter ausführen zu können, entsteht die nächste Computergeneration, für die dann wieder neue Anwendungsgebiete gefunden werden. Auf diese Weise ist der Fortschritt in der Computerentwicklung nicht aufzuhalten, und was auch immer als unüberwindbare Grenze galt, wurde von cleveren Ingenieuren irgendwann überschritten. Der vorliegende Abschnitt versucht, diesen Weg ein wenig konkreter zu beschreiben.

### 1.2.1 Die Vorgeschichte

Seit Menschen überhaupt sesshaft in größeren Gemeinschaften zusammenleben, sind sie zum Rechnen gezwungen, um diese Gemeinschaften zu organisieren. Zu diesem Zweck wurden im Laufe der Zeit immer komplexere und ausgeklügeltere Geräte erfunden.

Das erste Rechenhilfsmittel in der Geschichte war die Rechentafel oder der Abakus. Ähnliche Geräte wurden unabhängig voneinander zum Beispiel in China und im alten Rom entwickelt. Es handelte sich um eine Tafel mit verschiebbaren Steinen, die in mehreren Spalten angeordnet waren. Das Ganze ähnelte den heutigen kugelbestückten Rechenhilfen, wie sie etwa in Grundschulen eingesetzt werden. Interessant ist, dass die Römer gar nicht erst versuchten, ihr recht umständliches Zahlensystem auf den Abakus zu übertragen, sondern ein modernes Stellenwertsystem darauf verwendeten.

Überhaupt kann die Erfindung der Stellenwertsysteme zum Schreiben von Zahlen als eine der wichtigsten Errungenschaften auf dem Weg zum Computer betrachtet werden: Die brillante Idee, den Wert einer Ziffer von ihrer Position innerhalb der ganzen Zahl abhängig zu machen, hatten die Inder; die heutigen »arabischen« Zahlen wurden in Indien erfunden und später von den Arabern – erstmals durch den bereits genannten Al Chwarismi im 9. Jahrhundert – übernommen. Die wichtigste Erfindung überhaupt ist in diesem Zusammenhang die Null. Die indischen Mathematiker notierten sie zunächst als Punkt und dann bis heute als Kreis. Ohne die Null ist es nicht möglich, den Wert einer einzelnen Ziffer zu vervielfachen: Auch wenn sie für sich allein keinen mathematischen Wert besitzt, werden Sie zugeben, dass 2.000 etwas völlig anderes bedeutet als 2.

Die Erfindung der Stellenwertsysteme war der Ausgangspunkt für die Konstruktion immer ausgefeilterer mechanischer Rechenmaschinen: Im 17. Jahrhundert konstruierte der französische Mathematiker und Philosoph *Blaise Pascal* eine Addiermaschine, um 1690 erfand

---

1 Zugrunde gelegt wurde hier die gängige Druckauflösung von 300 Pixeln/Inch, was etwa 118 Pixeln/cm entspricht (1 Inch = 2,54 cm).

*Gottfried Wilhelm Leibniz* eine komplexere Maschine, die bereits sämtliche Grundrechenarten beherrschte. Solche mechanischen Rechenapparaturen arbeiteten mit einem komplexen Gefüge aus Zahnrädern, Walzen und ähnlichen Bauteilen, die aus der Uhrmacherei übernommen wurden.

Erst im 19. Jahrhundert entstand die Idee zu einer Apparatur, die mit heutigen Computern vergleichbar ist. Der britische Wissenschaftler *Charles Babbage* hatte bereits eine klassische mechanische Rechenmaschine namens *Differential Engine* gebaut und plante um 1850 den Bau eines weiteren mechanischen Geräts namens *Analytical Engine*. Es sollte der erste frei programmierbare Rechenautomat der Welt werden. Ohne es zu ahnen, nahm Babbage einige der wichtigsten Designprinzipien des Computers vorweg: Das Gerät sollte aus einem Rechenwerk namens *mill*, einem Programm- und Datenspeicher und einer Ein- und Ausgabeeinheit bestehen. Auch wenn spätere Rekonstruktionen auf der Basis von Babbages Aufzeichnungen ergaben, dass die Maschine funktioniert hätte, war Babbage selbst nicht in der Lage, sie fertigzustellen, weil die damalige Mechanik keine Bauteile in ausreichender Präzision liefern konnte.

Interessant ist dagegen, dass es Grundideen einer Programmiersprache für die Analytical Engine gab. Babbage engagierte *Ada Lovelace*, die Tochter des berühmten Dichters Lord Byron, für die Entwicklung einer solchen Sprache. Ihr zu Ehren wurde eine in den 70er-Jahren des 20. Jahrhunderts entwickelte Programmiersprache *Ada* genannt.

Während die Rechenmaschinen in der zweiten Hälfte des 19. Jahrhunderts immer leistungsfähiger und komplexer wurden, beachtete dennoch niemand den Gedanken der Programmierbarkeit. Alle Rechenmaschinen bis etwa 1940, auch die elektrischen, waren auf die Berechnung einzelner eingegebener Rechenaufgaben beschränkt. Erst um diese Zeit erfand der Bauingenieur *Konrad Zuse* in Berlin programmierbare elektromechanische Rechenautomaten. Sein dritter Versuch, die Z3, funktionierte tatsächlich. Die Maschine arbeitete mit Relais, elektromagnetischen Schaltern aus der Telefontechnik. Sie verwendete eine binäre Fließkommaarithmetik mit einer Wortbreite von 22 Bit: 1 Bit für das Vorzeichen, 14 Bit für die Mantisse und 7 Bit für den Exponenten. Der Hauptspeicher besaß eine Kapazität von 64 Maschinenwörtern, also 64 × 22 Bit. Programmiert wurde die Maschine (und einige ihrer Nachfolger) in einer von Zuse entwickelten Sprache namens *Plankalkül*.

---

### Elektrizität, Elektromechanik und Elektronik

Bereits Anfang des 20. Jahrhunderts wurden die ersten elektrischen Rechenmaschinen konstruiert. Die Rechner, die Konrad Zuse ab den 30er-Jahren baute, waren elektromechanisch. In den 40er-Jahren begann man in den USA und Großbritannien mit der Entwicklung elektronischer Rechner.

In diesem Zusammenhang ist es wichtig, den Unterschied zwischen Elektrizität, Elektromechanik und Elektronik herauszustellen:

> ▶ Ein *elektrisches* Gerät ist jede Maschine, bei der mechanische Bauteile durch elektrischen Strom angetrieben werden.
>
> ▶ *Elektromechanisch* werden alle Schaltelemente genannt, die durch einen Elektromagneten gesteuert werden, beispielsweise die Relais, die Zuse für seine ersten Computer verwendete. Mit anderen Worten, die Steuerung des Geräts erfolgt durch elektrischen Strom, allerdings indirekt durch mechanische beziehungsweise magnetische Bauteile.
>
> ▶ *Elektronische Geräte* schließlich werden allein durch elektrischen Strom gesteuert – Bauteile wie die klassische Elektronenröhre oder der neuere Transistor dienen als elektrisch gesteuerte Schalter ohne mechanische Teile.

### 1.2.2 Die Entwicklung der elektronischen Rechner

Computer im heutigen Sinne sind alle programmierbare Rechner, die elektronisch arbeiten. Die elektronischen Computer lassen sich grob in vier Generationen einteilen:

▶ 1. Generation: *Röhrenrechner*
Ab den 40er-Jahren wurden Rechner auf der Basis von *Elektronenröhren* entwickelt.

▶ 2. Generation: *Transistorrechner*
Ab den 50er-Jahren wurden die teuren, stromhungrigen und störungsanfälligen Röhren durch *Transistoren* ersetzt.

▶ 3. Generation: *Rechner mit integrierten Schaltkreisen*
In den 60er-Jahren gelang es, durch fotolithografische Verfahren große Mengen von Transistorschaltungen auf Halbleiterplatten unterzubringen – es begann die Entwicklung der *integrierten Schaltkreise* (englisch: *integrated circuits*, abgekürzt ICs, auch *Chips* genannt).

▶ 4. Generation: *Rechner mit Mikroprozessor*
Die frühen ICs waren fest verdrahtet – sie konnten nur eine einzelne festgelegte Aufgabe erfüllen. Solche Chips für spezielle Anwendungszwecke gibt es noch heute. Anfang der 70er-Jahre wurden zusätzlich frei programmierbare ICs entwickelt, die man *Mikroprozessoren* nannte. Es dauerte allerdings noch über fünf Jahre, bis die ersten Computer mit diesen Prozessoren konstruiert wurden.

#### Röhrenrechner

Auf der Grundlage der Forschungen von *John von Neumann*, der das theoretische Modell eines Computers formulierte, wurden in den USA Geräte wie Harvard Mark I und Mark II oder der berühmte ENIAC gebaut. Diese erste Generation elektronischer Computer arbeitete mit *Elektronenröhren* als Schaltelementen. Diese mit den Glühlampen verwandten Vakuumbauteile wurden ab Ende des 19. Jahrhunderts entwickelt und dienten verschiedenen Zwecken – denken Sie beispielsweise an das Röhrenradio, in dem die Elektronenröhre als Verstärkerelement eingesetzt wird. Abbildung 1.1 zeigt eine Auswahl verschiedener Elektronenröhren, die zwischen 1927 und 1960 hergestellt wurden. Das Bild stammt übrigens aus dem virtuellen Physikmuseum der Universität Innsbruck (*http://physik.uibk.ac.at/museum/de/start.html*); Herr Professor Denoth stellte es mir freundlicherweise zur Verfügung. Auf der angegebenen Website finden Sie noch viele weitere interessante Bilder und Informationen zur Physikgeschichte, darunter auch weitere Röhren, die ab 1870 entwickelt wurden.

**Abbildung 1.1** Eine kleine Auswahl verschiedener Elektronenröhren

Das für die Computertechnik interessanteste Röhrenmodell war die *Triode*, die mit ihren drei Anschlüssen die früheste Umsetzung eines rein elektronischen Schalters darstellt: Einer der drei Anschlüsse dient der Steuerung; wenn dort Spannung anliegt, fließt Strom durch die beiden anderen Anschlüsse.

Programmiert wurden die meisten Röhrenrechner durch Schalter und Steckverbindungen an großen Schalttafeln. Die einzige Möglichkeit, ein bestimmtes Programm für die spätere erneute Ausführung zu »speichern«, bestand darin, den Zustand der Schalttafel aufzumalen oder zu fotografieren. So dauerte es oft mehrere Stunden, den Computer in die Lage zu versetzen, komplexe Aufgaben zu erfüllen.

Erst allmählich begann man mit der Verwendung von *Lochkarten* zur Programm- und Dateneingabe. Die Lochkarte selbst wurde im 19. Jahrhundert erfunden, um mechanische Webstühle zu steuern. Der Ingenieur *Hermann Hollerith*, ein Mitbegründer der späteren IBM, setzte sie um 1900 zur Speicherung von Daten einer US-Volkszählung ein, was die Dauer der Ergebnisberechnung mithilfe von Rechenmaschinen von den erwarteten Jahren auf wenige Wochen reduzierte.

### Transistorrechner

Röhrenrechner hatten einige gravierende Nachteile: Sie waren zu groß, zu stromhungrig und wegen der gewaltigen Hitzeentwicklung zu störanfällig. Aus diesen Gründen wurde bald der 1947 erfundene *Transistor* für die Computerentwicklung eingesetzt. Transistoren sind

*Halbleiterbauteile*, die prinzipiell dieselben Schaltaufgaben erledigen können wie die verschiedenen Arten von Röhren, aber kleiner, billiger und weniger stromhungrig sind. Der Begriff *Halbleiter*, der im Zusammenhang mit Computern immer wieder genannt wird, bezeichnet übrigens ein Material, dessen elektrische Leitungsfähigkeit etwa in der Mitte zwischen den Leitern (vielen Metallen) und Isolatoren liegt. Das beliebteste chemische Element zur Fertigung von Halbleiterbauteilen ist Silizium, was der berühmten Gegend in Kalifornien, in der sich in den 60er-Jahren zahlreiche Elektronikfirmen ansiedelten, den Namen *Silicon Valley* eingebracht hat.

Erst durch die Einführung des Transistors gelangte die Elektronik zu ihrer vollen Blüte. Dies zeigte sich vor allem an den Transistorradios, die ab den 50er-Jahren zuhauf verkauft wurden. Auch für die entstehende Computerindustrie ergaben sich neue Impulse: Durch die Transistortechnik ließen sich kleinere, leistungsfähigere und weniger störanfällige Rechner konstruieren. Natürlich ist »klein« und »leistungsfähig« relativ. Angesichts eines heutigen PCs oder gar Notebooks waren auch die Transistorrechner monströs, mindestens jedoch so groß wie eine ganze Reihe gewaltiger Kleiderschränke.

Auch die Transistorrechner wurden anfangs vor allem durch Lochkarten gesteuert. Mitte der 60er-Jahre begann man allerdings mit der Entwicklung von *Terminals* für den direkten Dialog mit dem Computer. Ein Programmierer konnte über eine Tastatur Befehle eingeben und ein unmittelbares Feedback erhalten, anfangs über einen Fernschreiber-Endlosdrucker, später über einen Monitor. Die Geschichte der Steuerung von Computern wird in Kapitel 5, »Betriebssystemgrundlagen«, genauer behandelt.

### Computer mit integrierten Schaltkreisen

Der Übergang von Transistorrechnern zu Computern mit ICs verlief unspektakulär und allmählich. Bereits in den frühen 70er-Jahren waren deshalb Computer in verschiedenen Größen verfügbar: Die Großrechner oder Mainframes – vor allem von IBM produziert – bildeten die Rechenzentren großer Behörden, Versicherungskonzerne oder Universitäten. Daneben kamen die sogenannten *Kleincomputer* auf (noch immer größer als die meisten Kleiderschränke); einer der führenden Hersteller war die Digital Equipment Corporation (DEC). Die Kleincomputer waren zwar nicht ganz so leistungsfähig wie Mainframes, dafür aber flexibler und sogar – mit entsprechend großen Lkws – transportfähig. Besonders wichtige Beispiele für Kleincomputer sind die Geräte der DEC-PDP-Baureihe, die untrennbar mit der Geschichte des Betriebssystems Unix verknüpft ist.

Durch die Verwendung von ICs kam eine weitere Klasse von Geräten hinzu: die sogenannten *Minicomputer*. Sie waren etwa so groß wie eine größere Kommode und verhältnismäßig leicht, aber durch die fortschreitende Miniaturisierung nicht viel weniger leistungsfähig als Kleincomputer. Ein herausragendes Beispiel für den Minicomputer sind spätere Ausgaben der ebenfalls von DEC stammenden VAX-Baureihe (ein älteres Modell sehen Sie in Abbildung 1.2).

**Abbildung 1.2** Eine VAX von Digital Equipment mit Terminals verschiedener Generationen (Quelle: Wikipedia)

Für Klein- und Minicomputer wurden übrigens die ersten standardisierten Betriebssysteme und Anwendungsprogramme entwickelt. Dies erforderte die Entwicklung leicht kopierbarer Speichermedien. Ein wichtiger Schritt in diese Richtung war die Verwendung von Magnetbandspulen als Datenspeicher; ihr Aussehen und ihre Funktionsweise entsprachen den etwa zur selben Zeit verbreiteten Tonbändern.

### Mikrocomputer

1971 wurde der erste programmierbare Mikrochip entwickelt, genannt *Mikroprozessor*. Allgemein wird der Intel 4004 als erster Prozessor betrachtet; später stellte sich aber heraus, dass ein anderes Unternehmen bereits einige Monate vor Intel einen ähnlichen Chip entwickelt hatte. Allerdings wussten die Intel-Entwickler nichts davon.

Der 4004 war ein 4-Bit-Mikroprozessor. Er konnte also Informationen verarbeiten, die aus einer Abfolge von vier Einsen oder Nullen bestanden. Mit dieser *Wortbreite* lassen sich sechzehn verschiedene Werte darstellen, zum Beispiel die Zahlen 0 bis 15. Der Prozessor verstand verschiedene Arten von grundlegenden Befehlen: Er beherrschte arithmetische Operationen, also Berechnungen in den Grundrechenarten, und konnte logische Verknüpfungen und Vergleiche durchführen und auf der Basis ihrer Ergebnisse die »Entscheidung« treffen, an einer anderen Stelle im Programm fortzufahren. Die mathematisch-logischen Grundlagen und ihre Umsetzung durch elektronische Bauteile werden in Kapitel 2, »Mathematische und technische Grundlagen«, vorgestellt.

Intel unterschätzte zu Anfang die Möglichkeiten des Mikroprozessors; er wurde in Rechenmaschinen und Ampelanlagen eingebaut, aber nicht in einen Computer. Erst 1975 baute die

Rechenmaschinenfirma MITS einen einfachen Mikrocomputer-Bausatz, den Altair 8800. Er war mit einer Reihe von DIP-Schaltern für die Eingabe der einzelnen Bits und einer Reihe von Leuchtdioden zur Anzeige der Ergebnisse ausgestattet. Der verwendete Mikroprozessor war der Intel 8080, der bereits 8 Bit verarbeiten konnte. Für dieses zunächst nicht besonders nützliche Gerät entwarfen Bastler Schnittstellen für Monitor und Tastatur, und ein junger Programmierenthusiast schrieb einen Interpreter (zeilenweisen Übersetzer) für die einfache Großrechner-Programmiersprache BASIC, der auf dem Gerät lief. Der Programmierer war *Bill Gates*. Die Entwicklung von Programmiersprachen-Paketen für die beginnende Personal- und Homecomputer-Industrie war das erste Geschäftsfeld seiner 1975 gegründeten Firma *Microsoft*.

Große Verdienste im Zusammenhang mit der PC-Entwicklung haben übrigens die Forscherinnen und Forscher des *Xerox PARC* (der Name PARC steht für *Palo Alto Research Center*). Diese Forschungseinrichtung in Kalifornien hat eine interessante Geschichte: Zu Beginn der 70er-Jahre bekamen die Manager der renommierten Papier-, Druckmaschinen- und Kopiererfirma Xerox langsam Angst, denn sie sahen angesichts der schnellen Weiterentwicklung der Computer das Schreckgespenst des »papierlosen Büros« auf sich zukommen. Natürlich weiß man es heute besser; der Papierverbrauch in den Büros hat sich seitdem vervielfacht, weil es einfach und billig ist, Dokumente mal eben auszudrucken und dann auf Papier zu kontrollieren.

Aber damals konnte das natürlich niemand ahnen. Und so beschloss die Firma Xerox: Wenn die Leute im Büro kein Papier mehr brauchen, dann müssen wir ihnen eben das liefern, was sie stattdessen dort benötigen. Dies war der Grundgedanke für die Einrichtung dieses Forscherparadieses. Einige der brillantesten Köpfe der Computertechnik und Informatik wurden eingeladen, jeweils fünf Jahre lang, mit fast unbegrenzten finanziellen Mitteln ausgestattet, zu erforschen, was immer sie wollten. So kam es, dass hier schon Mitte der 70er-Jahre Neuerungen wie eine grafische Benutzeroberfläche, die Dokumentenbearbeitung nach dem Prinzip *WYSIWYG* (*What You See Is What You Get*) oder ein Laserdrucker entwickelt wurden.

Im Prinzip existierte dort ein marktreifes Personal-Computer-System, dessen technische Fähigkeiten erst über 15 Jahre später zum allgemeinen Standard wurden. Der einzige Nachteil dieses Systems, des *Alto*, war sein außerordentlich hoher Preis von ca. 100.000 US$. Jedenfalls wurde Xerox PARC so auch die Wiege des lokalen Netzwerks: Die Vision war, dass jeder Mitarbeiter eines Unternehmens ein solches Gerät auf seinem Schreibtisch stehen hat und der Austausch von Daten ganz einfach ist. So entstand Ethernet, diejenige Form des lokalen Netzes, die heute – neben dem drahtlosen WLAN – am häufigsten genutzt wird.

Sollten Sie sich jetzt wundern, warum keine dieser bahnbrechenden Entwicklungen heute den Namen *Xerox* trägt – das liegt daran, dass die Führungsetage des Unternehmens im fernen New York deren Brillanz und zukunftsweisende Eigenschaften nicht erkannte. So wurden die Entwicklungsergebnisse der meisten Forscher von diesen mitgenommen, jahrelang in die Schublade gelegt und später oftmals zur Gründung anderer Firmen verwendet.

*John Warnock* etwa, eine Zeit lang Forschungsleiter von PARC, gründete die Firma *Adobe* und konzentrierte sich besonders auf die Bereiche WYSIWYG und den Laserdrucker. Andere Ergebnisse wurden freimütig an Fremde weitergegeben, so etwa die Geheimnisse der grafischen Oberfläche an den *Apple*-Mitbegründer Steve Jobs, der darin die Grundlage für den Computer der Zukunft erkannte. Zusammen mit dem Bastelgenie *Steve Wozniak* entwarf er den ersten verbreiteten »richtigen« Personal Computer auf Mikroprozessorbasis: *Apple II* hieß das 1977 entstandene Gerät, das sich in seinen verschiedenen Versionen bis 1984 Millionen Mal verkaufte. Dieser Computer definierte für fast zehn Jahre, was ein Homecomputer haben musste: einen eingebauten BASIC-Interpreter, eine fest in das Gerät integrierte Tastatur, gewöhnliche Audiokassetten und später Disketten als Datenspeicher sowie einen Anschluss für die Bildausgabe auf einem gewöhnlichen Fernseher (private Anwender oder kleine Unternehmen konnten sich nicht auch noch einen Monitor leisten, zumal es ihn zu diesem Zeitpunkt nur einfarbig gegeben hätte).

1981 stieg auch der Großrechner-Multi *IBM* in das Geschäft mit Personal Computern ein. Es war zwar untypisch für dieses Unternehmen, nicht alle Bauteile eines Computers selbst zu entwickeln, aber aufgrund des Zeitdrucks kauften sie sich die Bestandteile ihres Geräts auf dem freien Markt zusammen. Der IBM-PC war nicht unbedingt besser als seine Vorgänger, aber allein der gute Name des Herstellers schuf das Vertrauen der Wirtschaft und der Industrie, dass PCs eine solide und zukunftsträchtige Technologie seien.

Einige Jahre war IBM Marktführer im Bereich der *Personal Computer*. Da jedoch immer mehr Hersteller kompatible Nachbauten auf den Markt brachten, die zunehmend billiger wurden, verlor der Konzern irgendwann den ersten Platz. Zudem zerstritten sie sich 1990 mit ihrem Betriebssystemlieferanten Microsoft. Seitdem wurde nicht mehr von IBM definiert, wie ein »richtiger PC« auszusehen hatte, sondern von Intel und Microsoft – wegen der Kombination aus Intel-Prozessoren und Microsoft-Windows-Betriebssystemen wurden PCs in den 90er-Jahren mitunter als *WinTel*-PCs bezeichnet.

Parallel blühte in der ersten Hälfte der 80er-Jahre der Markt mit reinen Homecomputern ohne professionelle Ambitionen. Interessant war auf diesem Gebiet zunächst der *ZX81* (siehe Abbildung 1.3), den der Brite *Clive Sinclair* entwickelt hatte. Trotz seiner bescheidenen Ausstattung mit 1 KByte Arbeitsspeicher, Schwarz-Weiß-Grafik und Folientastatur verkaufte sich das Gerät vorzüglich, weil es der erste Computer war, der weniger als 100 £ (damals etwa 400 DM, also ca. 200 €) kostete.

Der beliebteste Homecomputer der 8-Bit-Generation wurde allerdings der 1983 auf den Markt gebrachte *Commodore C64*. Eines der wichtigsten Verkaufsargumente war die reichhaltige Auswahl an Software, vor allem Computerspielen. In Abbildung 1.4 wird dieses Gerät gezeigt. Ein nicht ganz so beliebtes, aber durchaus konkurrenzfähiges Gerät war der *Atari 800 XL*; für diesen gab es zwar weniger Spiele, aber dafür war er besser programmierbar. Die

Unterschiede zwischen diesen beiden Geräten waren allerdings relativ gering. Beide waren mit dem 8-Bit-Prozessor 6502 von MosTek ausgestattet, verfügten über 64 KByte RAM, eine Grafik mit 320 × 240 Pixeln und 16 Farben (Atari bei einer geringeren Auflösung sogar 256) sowie mehrstimmigen Synthesizer-Sound, der an das angeschlossene Fernsehgerät übertragen wurde. Obwohl die beiden Rechner sich also technisch sehr ähnlich waren, tobten zu jener Zeit »Systemkriege«, die sich ohne Weiteres mit den heutigen PC/Apple- oder Linux/Windows-»Glaubenskriegen« vergleichen lassen.[2]

**Abbildung 1.3** Der Sinclair ZX81 (Quelle: Wikipedia)

Die nächste Generation von Homecomputern, die in der zweiten Hälfte der 80er-Jahre erschien, basierte auf dem 16-Bit-Prozessor 68000 von Motorola und seinen Nachfolgern und war mit »richtigen« Betriebssystemen mit grafischer Benutzeroberfläche ausgestattet. Wieder stritten sich Commodore und Atari um den ersten Platz; auch die verschiedenen Modelle von Commodore Amiga und Atari ST waren mit vergleichbaren Features ausgestattet. Schon früher, nämlich 1984, war der ähnlich gestaltete *Apple Macintosh* erschienen; allerdings war er nicht für Heimanwender konzipiert.

Bemerkenswert ist, dass Standard-PCs erst viele Jahre später mit Multimedia-Fähigkeiten ausgestattet wurden, die auch nur ansatzweise mit Geräten wie Amiga oder ST vergleichbar waren. Noch heute sind diese Rechner bei manchen Künstlern oder Musikern beliebt, und

---

2 Um mich selbst zu outen: Mein erster eigener Rechner war ein ZX81, dem ein Atari 800 XL folgte. Später hatte ich dann sehr lange nur noch IBM-kompatible PCs. Seit 2008 verwende ich überwiegend Apple-Rechner, genauer gesagt, verschiedene Generationen von MacBooks, aber auch weiterhin PCs. Sämtliche in diesem Buch beschriebenen Betriebssysteme sind auf meinen Rechnern im Einsatz und kommen prima miteinander aus.

zumindest im Fall des Amiga gibt es immer wieder Gerüchte um eine Wiederbelebung durch verschiedene Firmen.

**Abbildung 1.4** Commodore C64, der berühmte »Brotkasten« (Quelle: Wikipedia)

Zu Beginn der 90er-Jahre wurden die Home- und Personal Computer nach und nach mit 32-Bit-Prozessoren ausgestattet. Den Anfang machte der IBM-PC/AT mit Intels 80386-Prozessor, dem wie bei den Vorgängermodellen wieder zahlreiche kompatible Nachbauten folgten. Apple ersetzte dagegen die Motorola-680xx-Prozessoren der frühen Macs durch PowerPC-Prozessoren, was die Familie der PowerMacs einleitete. Bemerkenswerterweise wurde die Macintosh-Prozessorbasis ab 2005 nochmals gewechselt; anstelle von PowerPC- werden nun Intel-Multicore-Prozessoren eingesetzt.

Die Leistungssteigerung der PC- und Mac-Prozessoren sorgte dafür, dass diese Rechner – besonders die günstigeren IBM-kompatiblen PCs – die klassischen Homecomputer verdrängten und nach den Büros auch den Heimbereich eroberten. Dazu wurden insbesondere im Bereich der Multimedia-Fähigkeiten große Fortschritte erzielt. Ein gewisses Problem bestand allerdings darin, dass die Betriebssysteme der frühen 90er-Jahre nicht für die modernen 32-Bit-Architekturen ausgelegt waren. 1995 brachte Microsoft mit Windows 95 ein massentaugliches Kompromiss-System auf den Markt, das zwar noch immer einen MS-DOS-Unterbau besaß, aber innerhalb der grafischen Oberfläche echtes 32-Bit-Multitasking beherrschte. Erst im Jahr 2001 verabschiedete sich Microsoft mit Windows XP ganz von der MS-DOS-Vergangenheit im Heimsektor; im selben Jahr erschien die erste Version von Apples Neuentwicklung Mac OS X.[3]

Beide Systemwelten hatten übrigens viel weniger Schwierigkeiten beim Wechsel von 32- auf die immer weiter verbreiteten 64-Bit-Architekturen, genauso wenig wie das freie, für viele

---

[3] Die Geschichte der Umbenennungen dieses Betriebssystems, das zuerst Mac OS X, dann nur noch OS X und nun macOS heißt, wird in Kapitel 8, »macOS«, genauer erzählt.

Plattformen verfügbare Betriebssystem Linux. Näheres zur Geschichte der Betriebssysteme erfahren Sie übrigens in Kapitel 5, »Betriebssystemgrundlagen«.

### Ausblick in die nähere Zukunft

Offiziell zählen alle heutigen Computer zur vierten Generation, zu den Computern mit Mikroprozessoren. Selbst mächtige Servermaschinen oder Großrechner werden durch zahlreiche parallel betriebene Prozessoren realisiert. Eine offizielle fünfte Generation ist niemals ausgerufen worden.

Dennoch zeichnen sich zurzeit verschiedene Entwicklungen ab, die in Zukunft zu einem Wandel auf dem Computermarkt führen könnten. Die wichtigsten sind folgende:

► Es entstehen immer mehr spezielle mobile Geräte, die Teile der Funktionen des universellen PCs übernehmen. Dazu gehören Mobiltelefone mit Internet- und Multimedia-Funktionen (*Smartphones*) wie Apples iPhone oder die zahlreichen Google-Android- und Windows-Phone-Geräte, Tablets (iPad, Samsung Galaxy Tab & Co.), PDAs oder spezielle Geräte, die wie eine Armbanduhr oder ein Gürtel getragen werden können oder in Kleidungsstücke eingebaut sind (*Wearable Computers*). In gleichem Maße wird das Internet, besonders in seiner drahtlosen Form, immer wichtiger.

► Über die klassische binäre Elektronik hinaus entstehen neue Ansätze für den Bau von Computern. Dazu gehören beispielsweise DNA-basierte *Biorechner* oder Computer auf der Basis von *Lichtwellenleitern* – diese auch als *Glasfaserkabel* bezeichneten Leitungen transportieren Licht anstelle elektrischen Stroms und kommen bereits seit Langem bei der Datenübertragung zum Einsatz (Kabelfernsehen, Netzwerke etc.). Ein weiteres interessantes Projekt ist der *Quantencomputer*: Da die Quantenmechanik besagt, dass ein Teilchen mehrere Zustände zur selben Zeit aufweisen kann, können sogenannte *QBits (Quanten-Bits)* codiert werden, die »1 und 0 gleichzeitig« enthalten – das Durchprobieren zahlreicher verschiedener Fälle muss nicht mehr nacheinander geschehen, sondern kann gleichzeitig erfolgen.

► Nach einer Welle der Euphorie in den Kindertagen der Computer war es um die *künstliche Intelligenz* (kurz KI oder auch AI für das englische *artificial intelligence*) lange Zeit ruhig geworden, aber allmählich wird das Thema wieder interessant. Zwar hat sich die Forschung vorläufig von dem Gedanken verabschiedet, das komplexe menschliche Gehirn nachzuahmen. Stattdessen betreibt man erst einmal Grundlagenforschung und simuliert beispielsweise das Zusammenspiel weniger einzelner Nervenzellen in sogenannten *neuronalen Netzen*.

Eine Art Revival der KI ist in jüngster Zeit in Form des *Maschinellen Lernens* (englisch: *machine learning*) entstanden. Es handelt sich um einen Sammelnamen für Verfahren, in denen Computerprogramme nach erster Anleitung selbstständig den Umgang mit bestimmten Daten erlernen; die Verfahren werden im Zusammenhang mit *Big Data* (sehr umfangreichen Datenmengen, die zum Beispiel im Umfeld viel benutzter Webanwendungen oder der Online-Werbung entstehen) verwendet.

## 1.2.3 Entwicklung der Programmiersprachen

Damit ein Computer nützliche Aufgaben erledigen kann, muss er programmiert werden. Da in der kurzen Übersicht über die Computergeschichte bereits von Programmiersprachen die Rede war, folgt hier ein kurzer Abriss über deren Entwicklung.

### Die Maschinensprache des Prozessors

Die einzige Sprache, die ein Mikroprozessor wirklich versteht, ist seine *Maschinensprache*. Sie besteht aus nichts weiter als aus Zahlen: Jeder Befehl, den der Prozessor »versteht«, besitzt einen bestimmten numerischen Code. Je nach Art des Befehls folgen auf die Befehlsnummer ein oder mehrere Argumente verschiedener Länge.

Ein Maschinenprogramm ist für Menschen so gut wie unlesbar und schon gar nicht schreibbar. Wenn Sie eine binäre Programmdatei mit einem Texteditor öffnen, werden die gespeicherten Zahlen als Zeichen interpretiert; es erscheint merkwürdiger Zeichensalat, an manchen Stellen unterbrochen von kleinen Textblöcken, wenn das Programm normalen Text enthält.

Angenommen, ein Programm enthält den folgenden (fiktiven) Befehl:

```
65 0 0 0 98
```

Bei dem Befehl 65 könnte es sich beispielsweise um die Anweisung handeln, einen bestimmten Wert auf einen Speicherstapel zu legen; der Wert wird als 32-Bit-Ganzzahl angegeben, hier 98. Im Texteditor sähe dies etwa so aus:

```
A   b
```

Das große A besitzt den Zeichencode 65, das kleine b den Code 98. Die drei Nullbytes werden in manchen Editoren als merkwürdige Sonderzeichen, in anderen als Leerzeichen angezeigt. Ein Rückschluss auf die tatsächlichen Befehle ist so gut wie unmöglich.

Wenn Sie überhaupt jemals gezwungen sein sollten, Maschinensprachdateien von Hand zu modifizieren (zum Beispiel um ein Computerspiel zu überlisten), verwenden Sie besser einen *Hex-Editor*, der die einzelnen Werte nicht nur als ASCII-Zeichen, sondern zusätzlich hexadezimal darstellt. Hier könnte das Ganze folgendermaßen aussehen:

```
41 00 00 00 62   A   b
```

### Assembler – die »benutzerfreundliche« Maschinensprache

Um Maschinensprache halbwegs benutzbar zu machen, wurde der *Assembler* entwickelt. Anstatt die Befehle mit ihren tatsächlichen Zahlencodes zu schreiben, werden sie durch Kürzel dargestellt, die man sich mehr oder weniger gut merken kann – daher auch der Name *Mnemonics*. In der Regel werden diese Namen für die jeweiligen Assembler-Befehle unmittelbar vom Prozessorhersteller selbst festgelegt, um jegliches Chaos zu vermeiden.

Die Assembler-Sprache ist von Prozessor zu Prozessor völlig verschieden. Jede Prozessorarchitektur versteht ihre ganz eigenen Arten von Befehlen, die entsprechend unterschiedlich in Assembler umgesetzt werden.

Assembler ist sowohl der Name für diese vereinfachte Schreibweise der Maschinensprache als auch der Name für das Programm, das diese Sprache in die eigentliche Maschinensprache umsetzt (im Englischen wird die Sprache allerdings eher als *assembly language* bezeichnet).

Das Assembler-Programm führt gegenüber der eigentlichen Maschinensprache oft eine Reihe von Erleichterungen ein. Viele Assembler beherrschen etwa die Definition sogenannter *Makros*: Immer wiederkehrende Abfolgen von Befehlen erhalten einen eindeutigen Namen und können dann später unter diesem Namen aufgerufen werden.

Assembler wird heutzutage kaum noch zur Programmierung verwendet, zumindest nicht zur Erstellung vollständiger Programme. Wichtige Ausnahmen sind folgende:

1. In Betriebssystemen sind einige der besonders hardwarenahen Kernroutinen in Assembler des jeweiligen Prozessors geschrieben, und zwar vor allem deswegen, damit der gesamte Rest des Systems so weit von der Hardware abstrahiert wird, dass er vollständig in einer höheren Sprache – meist C – geschrieben werden kann. Diese Vorgehensweise wurde in den 70er-Jahren bei der Implementierung von Unix entwickelt und gilt noch heute.

2. Auch Gerätetreiber, die zu den wichtigsten Bestandteilen der Betriebssysteme gehören, müssen manchmal in Assembler geschrieben werden.

3. Bestimmte Teile von Computerspielen werden hin und wieder in Assembler geschrieben. Spieleprogrammierern, besonders von schnellen 3D-Spielen, kommt es vor allem auf Geschwindigkeit an.

4. Besonders systemnahe Computerviren (Bootsektorviren, die den Startbereich eines Datenträgers infizieren, und Programmviren, die ausführbare Programme befallen) sind meistens vollständig in Assembler geschrieben.

### Die ersten höheren Programmiersprachen (Fortran, Cobol, BASIC)

Als praktischer Ersatz für die maschinenorientierten Sprachen wurden Mitte der 50er-Jahre die problem- oder benutzerorientierten Programmiersprachen eingeführt. Ihr Vorrat an möglichen Befehlen und ihre Syntax orientierten sich eher an den Bedürfnissen der Programmierer als an denen des Rechners.

Diese Programmiersprachen müssen in die Maschinensprache des konkreten Prozessors übersetzt werden. Dazu wurden zwei grundlegende Vorgehensweisen entwickelt:

▶ Der *Compiler* erzeugt ein dauerhaft lauffähiges Maschinensprachprogramm und speichert es als ausführbares Programm (*Binary Executable*) ab.

▶ Der *Interpreter* übersetzt den Quellcode dagegen Zeile für Zeile; der Code wird also während der Ausführung (zur Laufzeit) übersetzt. Interpretierte Sprachen werden häufig auch als *Skriptsprachen* bezeichnet.

### Compiler und Interpreter: moderne Mischformen

In der Praxis vermischen sich Compiler- und Interpreter-Verfahren heute immer häufiger. Einerseits übersetzen Compiler den Code oft nicht mehr in den Binärcode eines bestimmten Prozessors, sondern in Byte-Code für eine virtuelle Maschine, die als Programm auf unterschiedlicher Hardware ausgeführt werden kann. Andererseits werden Skriptsprachen immer häufiger durch sogenannte *Just-in-Time-Compiler* komplett übersetzt, bevor das Programm ausgeführt wird, und der entstandene Byte-Code wird oftmals in einem Cache zwischengespeichert.

Die erste Generation der höheren Programmiersprachen war sehr einfach. Beispielsweise gab es noch keine echte Programmstrukturierung. Das ursprüngliche BASIC verwendete etwa Zeilennummern, zu denen gesprungen werden konnte; Fortran benutzte spezielle Sprungmarken.

Jede dieser frühen Sprachen hatte eine spezielle Ausrichtung oder einen besonderen Verwendungszweck:

▶ *Fortran*, entwickelt in den 50er-Jahren, ist die Abkürzung für *Formula Translator*. Es handelt sich um eine besonders im Hinblick auf mathematische Bedürfnisse geschriebene Sprache. Sie wird zum Teil auch heute noch von Ingenieuren oder Mathematikern gern verwendet.

▶ *Cobol* wurde ebenfalls in den 50er-Jahren entwickelt. Der Name ist die Abkürzung für *Common Business-oriented Language*; es handelt sich also um eine Sprache, die vorwiegend für kaufmännische Anwendungszwecke, für Handel und Wirtschaft, geeignet ist. Cobol ist eine ziemlich »geschwätzige« Sprache. Es braucht relativ viele Wörter, um verhältnismäßig kurze Anweisungen auszudrücken. Beispielsweise können Sie in fast jeder Programmiersprache folgendermaßen den Wert der Variablen b durch 7 teilen und das Ergebnis in einer zweiten Variablen namens a speichern:

```
a = b / 7
```

In Cobol wird dagegen folgende Anweisung verwendet:

```
DIVIDE B BY 7 GIVING A
```

▶ *BASIC* wurde 1960 am Dartmouth College entwickelt. Der Name steht für *Beginner's All-Purpose Symbolic Instruction Code*. Es handelt sich also um eine eher einfache Sprache für Anfänger. Die Sprache fand ab der zweiten Hälfte der 70er-Jahre, als die neu gegründete Firma Microsoft sie zum ersten Mal für Personal Computer anpasste, eine gewaltige Verbreitung. Fast jeder Homecomputer in den 80er-Jahren hatte irgendeine BASIC-Variante im ROM eingebaut.

Zur Verdeutlichung sehen Sie hier ein kleines Beispielprogramm in »allgemeinem« BASIC, das fast jeder klassische BASIC-Interpreter verstehen würde:

```
10 PRINT "Wie heißt du?"
20 INPUT A$
30 PRINT A$; " ist ein interessanter Name."
40 PRINT "Noch mal (j/n)?"
50 INPUT J$
60 IF J$ = "j" THEN GOTO 10
```

Die einzelnen Programmzeilen bedeuten Folgendes:

- (10) Ausgabe des Textes »Wie heißt du?«
- (20) Eingabe der Variablen A$, die durch das Dollarzeichen als String-Variable (Textinhalt) gekennzeichnet wird
- (30) Der eingegebene Name wird ausgegeben, gefolgt von »ist ein interessanter Name.«.
- (40) Der Benutzer wird gefragt, ob er einen weiteren Durchgang wünscht.
- (50) Eingabe der Variablen J$
- (60) Hat J$ den Wert »j«, geht es weiter bei Zeile 10; das Programm wird erneut ausgeführt. Andernfalls endet das Programm, da keine weiteren Befehle mehr folgen.

### Imperative oder prozedurale Programmiersprachen (Pascal, C)

Diese Programmiersprachen erlauben eine *Strukturierung* von Programmen, darüber hinaus ist eine gewisse *Modularisierung* möglich: Programme können in kleinere logische Einheiten eingeteilt werden, *Prozeduren* oder *Funktionen* genannt. Diese sind bis zu einem gewissen Grad wiederverwendbar.

*Pascal* wurde ab 1968 von dem Schweizer Mathematikprofessor *Niklaus Wirth* ausdrücklich als Lehrsprache entwickelt. Noch heute ist Pascal eine der beliebtesten Sprachen, um Schülern oder Studenten das Programmieren beizubringen, weil die Sprache zu einer klaren Programmstrukturierung zwingt.

Die Programmiersprache *C* wurde 1971 von *Dennis Ritchie* und *Brian Kernighan* bei AT&T entwickelt, insbesondere um eine portierbare (auf andere Rechnerplattformen übertragbare) Version des Betriebssystems Unix zu schreiben. Ursprünglich wurde C für einen ganz bestimmten Computer und dessen Besonderheiten entwickelt, den DEC PDP-7. Aus diesem Grund ist C erstaunlich nah an den Fähigkeiten von Assembler, ohne so benutzerunfreundlich zu sein wie dieses.

Hier sehen Sie zunächst ein einfaches Pascal-Programm:

```pascal
PROGRAM tagesgruss;
VAR name: STRING;
    zeit: INTEGER;

BEGIN
   writeln ('Hallo. Gib deinen Namen ein!');
   readln (name);
   writeln ('Gib die Uhrzeit ein - nur Stunde!');
   readln (zeit);
   IF zeit < 12 THEN
      writeln ('Guten Morgen ', name)
   ELSE
      IF zeit < 18 THEN
         writeln ('Guten Tag ', name)
      ELSE
         writeln ('Guten Abend ', name);
END.
```

Das Programm begrüßt den Benutzer freundlich mit »Hallo«, und dieser wird aufgefordert, seinen Namen einzugeben. Daraufhin wartet es auf die Eingabe, die in der Variablen name gespeichert wird. Als Nächstes fragt das Programm nach der Uhrzeit oder – genauer – nach der Stunde.

In den verschachtelten IF-ELSE-Bedingungen wird dann je nach Tageszeit »Guten Morgen«, »Guten Tag« oder »Guten Abend« ausgegeben.

Die Programmiersprache C wird in Kapitel 9, »Grundlagen der Programmierung«, ausführlich behandelt. Trotzdem sehen Sie hier als Kontrast zu Pascal bereits ein kleines C-Beispielprogramm:

```c
#include <stdio.h>

int main ()
{
   int a, b;
   printf ("Geben Sie die erste Zahl ein: ");
   scanf ("%d", &a);
   printf ("Geben Sie die zweite Zahl ein: ");
   scanf ("%d", &b);
   if (a < b)
      printf ("%d ist kleiner als %d.\n", a, b);
   else if (a > b)
      printf ("%d ist groesser als %d.\n", a, b);
```

50

```
    else
        printf ("Zweimal die Zahl %d.\n", a);
    return 0;
}
```

Es wird die Eingabe zweier Zahlen erwartet. Anschließend werden die beiden Zahlen verglichen; je nach Größe der beiden Zahlen wird eine entsprechende Meldung ausgegeben.

Die wichtigste Besonderheit ist, dass es kein *Hauptprogramm* gibt wie in Pascal, sondern nur die spezielle Funktion main(), die vom Betriebssystem aufgerufen wird. Die weiteren Eigenheiten von C werden, wie gesagt, in Kapitel 9, »Grundlagen der Programmierung«, erläutert.

### Objektorientierte Programmiersprachen (Smalltalk, C++, Java, C#)

In einer *objektorientierten Sprache* wird in wiederverwendbaren Paketen programmiert, den sogenannten *Klassen*. Eine Klasse ist eine allgemeine Vorlage für die Konstruktion von Objekten. Ein *Objekt* ist eine Datenstruktur, die selbst Funktionen enthält, um sich auf die gewünschte Art und Weise zu »verhalten«.

Die wichtigsten Vorteile dieser Art der Programmierung sind die folgenden:

▶ *Kapselung*: Datenstrukturen außerhalb eines Objekts können nicht direkt dessen innere Daten manipulieren, sondern nur seine offiziellen Methoden (Schnittstellen nach außen) benutzen. Dies sorgt für ein klares Programmdesign und schützt vor vielen Fehlern.

▶ *Vererbung*: Klassen können ihre Eigenschaften und Methoden an »Kindklassen« abgeben, in denen nur noch die Unterschiede programmiert werden müssen. Dies beschleunigt die Softwareentwicklung und macht Programme noch einmal erheblich übersichtlicher.

Zu den wichtigsten objektorientierten Programmiersprachen gehören folgende:

▶ *Smalltalk* war die erste vollständig objektorientierte Sprache überhaupt. Sie wurde in den 70er-Jahren zur Programmierung der ersten grafischen Benutzeroberfläche entwickelt.

▶ *C++* ist die objektorientierte Erweiterung der Programmiersprache C und wurde von *Bjarne Stroustrup* entwickelt. Da C++ abwärtskompatibel mit C ist, wurde die Sprache bald von C-Programmierern eingesetzt; ihre besonderen Vorteile als objektorientierte Sprache wurden aber erst langsam angenommen.

▶ *Java* besitzt vor allem die Besonderheit, dass es sich um eine plattformunabhängige Sprache handelt. Sie brauchen ein Java-Programm nur einmal zu kompilieren, es läuft innerhalb eines speziellen Programms für die verschiedenen Plattformen, der virtuellen Java-Maschine (JVM).

▶ *C#* ist eine objektorientierte Sprache von Microsoft. Es handelt sich um eine der Sprachen, mit denen Anwendungen für das .NET Framework entwickelt werden können. Zwar betonte Microsoft bei der Einführung der Sprache aus Marketingerwägungen stets die Verwandtschaft mit C++, aber dennoch hat C# mehr mit Java gemeinsam als mit C++.

**Logische und funktionale Programmiersprachen (LISP, Prolog, Logo)**

Einen völlig anderen Ansatz als die bisher behandelten Sprachen versprechen die *logischen Programmiersprachen*: Die Grundidee besteht darin, nicht den fertigen Algorithmus einzutippen und mit wechselnden Wertbelegungen vom Computer berechnen zu lassen, sondern das Grundproblem selbst zu formulieren und die Erzeugung einer möglichst optimalen Lösung dem Compiler zu überlassen.

Die Idee der logischen Programmierung stammt bereits aus den 60er-Jahren. Wegweisend waren die Arbeiten des Linguisten *Noam Chomsky*, der als Erster eine Verbindung zwischen Sprachwissenschaft und Informationstechnik herstellte. Auf dieser Grundlage entwickelten sich sogenannte *Expertensysteme*, die Fragen durch logische Schlussfolgerungen aus bereits bekannten Informationen beantworten können. Die logischen Programmiersprachen erwiesen sich als ideales Hilfsmittel zur Implementierung solcher Systeme.

Logische Sprachen im engeren Sinne verwenden die *Prädikatenlogik* zur Formulierung von Ausdrücken oder Termen; der wichtigste Vertreter ist *Prolog*.

Sprachen mit ähnlichem Ansatz, aber anderer Syntax werden auch als *funktionale Sprachen* bezeichnet; dazu gehört vor allem *LISP*, aber auch die Sprache *Logo*, die hauptsächlich entworfen wurde, um Kindern die Denkweise der Computerprogrammierung beizubringen. Als gemeinsamen Oberbegriff verwendet man manchmal die Bezeichnung *deklarative Programmiersprachen*.

In den letzten Jahren kommen logische und funktionale Programmiersprachen allmählich wieder in Mode, weil sich der Ansatz besonders gut zur Programmierung moderner Mehrkernprozessoren eignet. So entstanden die moderneren funktionalen Sprachen *Erlang* (logische Sprache, von Prolog inspiriert), *Clojure* (funktional, im Grunde ein moderner LISP-Dialekt) und *Scala* (eine sogenannte *Multiparadigmen-Sprache*, die neben funktionalen auch objektorientierte und imperative Aspekte enthält).

Weitere Multiparadigmen-Sprachen sind übrigens *Ruby* und das in Kapitel 9, »Grundlagen der Programmierung«, ausführlich behandelte *Python*. Anders als Scala entstammen diese jedoch ursprünglich der objektorientierten (Ruby) beziehungsweise imperativen Programmierung (Python).

## 1.3 Digitale Speicherung und Verarbeitung von Informationen

In diesem Abschnitt wird kurz erläutert, wie ein Computer Informationen speichert und verarbeitet. Es besteht dabei ein grundsätzlicher Unterschied zwischen analogen und digitalen Daten: Analoge Informationen lassen sich in einer kontinuierlichen Wellenform wie in Abbildung 1.5 darstellen, die in immer kleinere Einheiten unterteilt werden können.

In der Natur liegen alle Informationen zunächst in analoger Form vor: Das Bild, das Sie sehen, oder der Ton, den Sie hören, besitzt prinzipiell keine kleinste Informationseinheit oder Auflösung. Mit dieser Art von Informationen kann ein Computer heutiger Bauart nichts anfangen. Die besonderen Eigenschaften der Elektronik haben dazu geführt, dass Computer digital entworfen wurden. *Digital* stammt vom englischen Wort *digit* (Ziffer); dieses Wort ist wiederum vom lateinischen *digitus* (Finger) abgeleitet, da die Finger von jeher zum Zählen eingesetzt wurden.

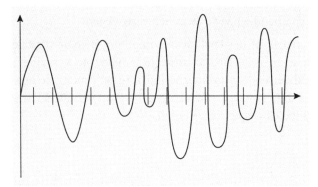

**Abbildung 1.5** Schematische Darstellung von Analogdaten als Welle

Digital sind Informationen also immer dann, wenn sie in Form von Zahlen dargestellt werden können. Genauer gesagt, werden die Daten *binär* gespeichert, also als Abfolge von Einsen und Nullen. Das ist nicht genau dasselbe wie *dual*. Das Dualsystem ist das mathematische Zweiersystem, während binär allgemein die Speicherung beliebiger Daten durch zwei verschiedene Zustände bezeichnet.

Die Speicherung von Zahlen erfolgt übrigens in der Tat dual, solange es sich um ganze Zahlen handelt. Eine Besonderheit gilt dabei für vorzeichenbehaftete (positive oder negative) Zahlen, bei denen das vorderste Bit für das Vorzeichen steht. Kompliziert wird es dagegen bei Fließkommazahlen, die in Exponentialschreibweise gespeichert werden. Auf die Darstellung von Zahlen im Computer wird in Kapitel 2, »Mathematische und technische Grundlagen«, näher eingegangen.

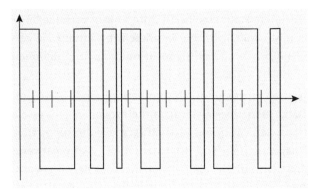

**Abbildung 1.6** Schematische Darstellung binärer Digitaldaten

Charakteristisch für digitale Daten ist, dass es eine kleinste Informationseinheit gibt und dass die Information nicht mehr weiter aufgelöst werden kann. Während Analogdaten also durch die Wellenform gekennzeichnet sind, lassen sich Digitaldaten durch eine rechteckige Form darstellen (siehe Abbildung 1.6). In der Mathematik werden Objekte mit einem solchen »Mindestabstand« als *diskrete Mengen* bezeichnet. Ein Alltagsbeispiel ist die Folge der ganzen Zahlen – im Unterschied zu den rationalen oder gar reellen Zahlen –, bei denen zwischen zwei beliebigen Elementen immer noch unendlich viele Zwischenwerte liegen.

Die Umwandlung der analogen Eindrücke aus der Realität in computergeeignete digitale Daten wird als *Digitalisierung* bezeichnet. Je nach Datenart wird sie zum Beispiel von einem Scanner oder einer Digitalkamera bei Bildern oder von einer Soundkarte bei Tönen durchgeführt. Die folgenden Abschnitte sollen Ihnen einen groben Eindruck davon vermitteln, wie verschiedene Arten von Daten grundsätzlich gespeichert werden.

### 1.3.1 Digitale Bilddaten

Wie Hardware zur Bilddigitalisierung funktioniert, also Scanner und Digitalkameras, wird kurz in Kapitel 3, »Hardware«, angeschnitten. Beachten Sie, dass es zwei grundlegende Arten von Computergrafik gibt: Die *Pixelgrafik* (auch *Bitmap-Grafik* genannt), von der hier die Rede ist, speichert ein Bild als rechteckiges Raster quadratischer Farbinformationen ab, den sogenannten *Pixeln*. Die *Vektorgrafik* speichert dagegen Umrisslinien und Kurven von Zeichnungen in Form mathematischer Formeln.

Die Qualität eines gespeicherten Pixelbildes lässt sich durch die folgenden Sachverhalte charakterisieren:

▸ Die *Auflösung* gibt die Größe der einzelnen Pixel an. Die Angabe besagt, wie viele Pixel pro Zentimeter oder Inch gespeichert werden. Beachten Sie, dass für den Druck erheblich höhere Auflösungen erforderlich sind (etwa 300 Pixel pro Inch) als für eine gleich große Bildschirmfläche (gerechnet wird hier – unabhängig von der tatsächlichen Monitorgröße – mit 72 Pixeln pro Inch).

▸ Die *Farbtiefe* gibt an, wie viele Bits zur Speicherung der Informationen eines einzelnen Pixels verwendet werden. Je nach Farbtiefe kann eine bestimmte Anzahl verschiedener Farben eingesetzt werden. Beispielsweise ermöglicht eine Farbtiefe von 8 Bit nur 256 verschiedene Farben, 16 Bit bieten 65.536 Farben und 24 Bit sogar mehr als 16,7 Millionen (genauer gesagt: 16.777.216).

▸ In der Regel werden die einzelnen Farben nicht stur durchnummeriert, sondern aus einzelnen Grundfarben zusammengesetzt. Ohne hier näher darauf einzugehen, gibt es die *additive Farbmischung* der Lichtfarben Rot, Grün und Blau (RGB) sowie die *subtraktive Mischung* der Druckfarben Cyan, Magenta, Gelb und Schwarz (CMYK). Normalerweise wird für die Intensität jeder einzelnen Grundfarbe ein *Farbkanal* gespeichert. Die Farbtiefe wird dann pro Kanal angegeben, bei einem RGB-Bild mit 24 Bit Farbtiefe also beispielsweise 8 Bit (oder 256 Intensitätsstufen) pro Kanal.

## 1.3.2 Digitale Audiodaten

Töne werden mithilfe eines Verfahrens digitalisiert, das man *Sampling* nennt. Das Audiosignal wird in bestimmten Zeitabständen immer wieder abgetastet, genauer gesagt, wird die Amplitude (das Volumen) zum jeweiligen Zeitpunkt gemessen. Die Frequenz (Tonhöhe) ergibt sich dabei aus der zeitlichen Verteilung der Amplituden. Jeder einzelne Abtastvorgang (*Sample*) wird als numerischer Wert abgespeichert.

In der Folge erweist sich die digitalisierte Tonabfolge als diskret in zweifacher Hinsicht: auf der x-Achse *zeitdiskret* durch das gleichbleibende Intervall zwischen den Messungen; auf der y-Achse *wertdiskret* durch die Beschränkung auf einzelne herausgegriffene (Mittel-)Werte.

Genau wie bei Bildern gibt es auch hier verschiedene Merkmale, die die Datenmenge und die Qualität der gespeicherten Daten betreffen:

- ▶ Die *Sampling-Rate* gibt die Anzahl der Messvorgänge pro Sekunde an. Je höher die Frequenz dieser Messungen, desto höher ist die Tonqualität. Audio-CDs haben beispielsweise eine Sampling-Rate von 44,1 kHz (Kilohertz), es wird also 44.100-mal pro Sekunde gemessen. Multimedia-Produktionen wie Computerspiele oder Infotainment-Titel verwenden dagegen häufig die halbe Sampling-Rate von 22,05 kHz.

- ▶ Die *Sampling-Tiefe* gibt die Datenbreite des einzelnen gespeicherten Tons an, legt also fest, wie viele verschiedene Amplituden unterschieden werden. Bei Audio-CDs sorgt eine Sampling-Tiefe von 16 Bit (65.536 unterschiedliche Werte) für guten Ton; niedrigere Sampling-Tiefen klingen nicht besonders gut.

- ▶ Die Anzahl der *Tonkanäle* besagt, ob irgendeine Art von Raumklang gespeichert wird oder nicht. Wenn Audiodaten mono gespeichert werden, gibt es nur einen einzigen Kanal. Stereo verwendet zwei getrennte Kanäle, die über einen linken und einen rechten Lautsprecher ausgegeben werden können. Eine noch höhere Anzahl von Kanälen wie bei Quadrofonie, Dolby Surround oder 5.1-Sound bewirkt ein noch realistischeres Hörerlebnis.

Tabelle 1.2 stellt die verschiedenen Merkmale von Bilddaten den vergleichbaren Eigenschaften von Tondaten gegenüber, um die entsprechenden Beziehungen zwischen verschiedenen Arten von Digitaldaten zu verdeutlichen.

| Informationsart | Bilddaten | Audiodaten |
|---|---|---|
| Auflösung | Bildauflösung, in Pixeln pro Zentimeter oder Inch | Sampling-Rate, in Samples pro Sekunde (kHz) |
| Datenbreite | Farbtiefe | Sampling-Tiefe |
| Anzahl Kanäle | Farbkanäle | Tonkanäle |

**Tabelle 1.2** Vergleich der Merkmale von Bild- und Audiodaten

## 1 Einführung

### 1.3.3 Digitale Speicherung von Text

Reiner Text (nicht der formatierte Text in Textverarbeitungsprogrammen!) wird als Abfolge nummerierter Zeichen eines *Zeichensatzes* gespeichert. Je nach Datenbreite des verwendeten Zeichensatzes können unterschiedlich viele verschiedene Zeichen verwendet werden. Der grundlegende Computerzeichensatz ist noch heute *ASCII*. Es handelt sich um einen 7 Bit breiten Zeichensatz; er enthält also 128 Zeichen. Es sind sämtliche Zeichen für die Darstellung englischsprachiger Texte verfügbar.

Um auch Texte mit den Sonderzeichen der diversen europäischen Sprachen darstellen zu können, werden verschiedene Erweiterungen des ASCII-Codes verwendet. Da die 7 Bit der ASCII-Zeichen gewöhnlich in 8 Bit breiten Feldern gespeichert werden, steht Platz für weitere 128 Zeichen zur Verfügung. Auf diese Weise lassen sich lateinisch geschriebene Sprachen mit Sonderzeichen wie deutschen Umlauten darstellen, aber auch andere Buchstabenalphabete wie Arabisch, Russisch oder Griechisch. Silbenschriften wie Chinesisch oder Japanisch lassen sich dagegen auf diese Weise nicht speichern.

Um viele verschiedene Zeichensätze »unter einen Hut zu bringen«, wurde der *Unicode*-Standard eingeführt. Es handelt sich um einen Zeichensatz mit 16 bis 32 Bit breiten Zeichen; es können also mindestens 65.536 verschiedene Zeichen, in neueren Versionen sogar noch mehr, gespeichert werden. Auf diese Weise bietet Unicode genügend Platz für die Schriftzeichen der meisten Sprachen der Welt sowie für mathematische, technische und andere Sonderzeichen.

Die verschiedenen Zeichensätze werden in Kapitel 17, »Weitere Datei- und Datenformate«, genauer besprochen.

## 1.4 Übungsaufgaben

In einem theoretischen Kapitel wie diesem gibt es nur Multiple-Choice-Kontrollfragen; in späteren, praxisorientierteren Kapiteln finden Sie dagegen auch viele Übungen zum Programmieren. In beiden Fällen finden Sie die Lösungen online unter *buecher.lingoworld.de/fachinfo/aufgaben.html*.

Im Folgenden ist jeweils genau eine Antwort richtig.

1. Welche der folgenden Aussagen über Algorithmen ist falsch?

   ☐ Schritt-für-Schritt-Anleitung

   ☐ mathematisches Lösungsverfahren

   ☐ Der Wortbestandteil Alg- steht für Algebra.

   ☐ kann auf unterschiedliche Arten formuliert werden

2. Welcher Aspekt führte zur Einführung der Stellenwertsysteme?

☐ die Erfindung der Ziffernzeichen

☐ die Weiterentwicklung der Keilschrift

☐ die Einführung der Null

☐ die Entdeckung der Arithmetik

3. Was baute Blaise Pascal?

☐ eine Universalrechenmaschine

☐ eine Addiermaschine

☐ einen Sextanten

☐ eine Digitaluhr

4. Welcher frühe Vorläufer des modernen Computers wurde nie fertiggestellt?

☐ die Analytical Engine

☐ die Differential Engine

☐ die Z3

☐ der Eniac

5. Welches Bauelement wurde für die ersten elektronischen Rechner eingesetzt?

☐ der Transistor

☐ der integrierte Schaltkreis

☐ der Kondensator

☐ die Elektronenröhre

6. Wie viele Generationen elektronischer Rechner werden unterschieden?

☐ drei

☐ vier

☐ fünf

☐ sechs

7. Nach welchem Prinzip funktionierten die ersten Rechner von Konrad Zuse?

☐ elektromagnetisch

☐ elektrochemisch

☐ elektromechanisch

☐ elektrolytisch

8. Wie viele Werte lassen sich mit 4 Bit Wortbreite darstellen?

☐ 4

☐ 8

☐ 16

☐ 32

## 1 Einführung

9. Welche der folgenden Programmiersprachen ist nicht objektorientiert?

☐ C++

☐ Smalltalk

☐ Java

☐ Cobol

10. Welcher der folgenden Namen steht in keiner Verbindung zur Entwicklung einer Programmiersprache?

☐ Brian Kernighan

☐ Kai Krause

☐ Niklaus Wirth

☐ Dennis Ritchie

11. Auf welcher Grundlage basiert die Arbeitsweise des Computers?

☐ Dualsystem

☐ Dezimalsystem

☐ Analogelektronik

☐ Binärlogik

# Kapitel 2
# **Mathematische und technische Grundlagen**

*Unser Dasein liegt zwischen zwei Ewigkeiten.*
*— Blaise Pascal*

Dieses Kapitel bildet die Grundlage für das Verständnis von Computerprogrammen. Wer die Logik versteht, die den einzelnen Vorgängen in Computersystemen zugrunde liegt, wird geringere Schwierigkeiten haben, mit Software umzugehen. Die konkrete Umsetzung maßgeblicher logischer Funktionen durch elektronische Bauteile wird hier ebenfalls behandelt. Das Kapitel wird durch eine einfache Prozessorsimulation abgerundet, die sowohl auf dem Papier als auch als Programm auf einem gewöhnlichen PC mit einer einfachen Sprache programmiert werden kann.

Die grundlegenden Arbeitsschritte, die ein Computer ausführt, sind mathematische und logische Operationen: Der Mikroprozessor verknüpft Werte, die ihm ein Programm übergibt oder die er auf Anweisung aus dem Speicher oder von einem Eingabegerät liest, nach verschiedenen Vorschriften. Dazu gehören Grundrechenarten, Vergleiche und Wenn-dann-Beziehungen.

## 2.1   Einführung in die Logik

Der Begriff *Logik* ist von dem griechischen Wort λόγος (*logos*) abgeleitet. Die Bedeutung dieses Wortes hat eine lange Geschichte und ist nicht ganz eindeutig. Die Wurzel des Wortes stammt von dem altgriechischen Verb λεγειν (*legéin*), das zunächst für *sammeln* oder *auflesen* steht; es ist verwandt mit dem lateinischen *legere* und dem deutschen *lesen*.

Aus der Sicht der Informatik ist die wichtigste Form der Logik die *formale Logik*. Ihre klassische Form ist die *Aussagenlogik*, die Wissenschaft von der Verknüpfung und Wechselwirkung von Aussagen. Eine *Aussage* ist dabei ein beliebiger Satz, der *eindeutig wahr* oder *eindeutig falsch* ist, dessen Wahrheit also überprüft werden kann. Für die Mathematik wurde die Aussagenlogik erst nutzbar, als *Gottlob Frege* 1879 die *Prädikatenlogik* entwickelte, eine mathematisch-formale Schreibweise für Aussagen, auf der einige der im Folgenden verwendeten mathematischen Sätze basieren. Typische Formulierungen der Prädikatenlogik sind die bekannten Satzanfänge »Für alle x gilt: ...« (∀x) oder »Es gibt (mindestens) ein x, für das gilt: ...« (∃x).

## 2 Mathematische und technische Grundlagen

### 2.1.1 Aussagen

*Aussagen* sind beispielsweise die folgenden Sätze:

- »Der Kölner Dom ist 157 Meter hoch.«
- »Der Kölner Dom ist 17 Meter hoch.«
- »Ich bin 17 Meter groß.«

Die folgenden Sätze sind dagegen aus verschiedenen Gründen *keine* Aussagen:

- »Der Kölner Dom ist schön.« – Dies ist eine subjektive Meinungsäußerung, die für den einen wahr und für den anderen falsch sein kann.
- »Ist heute Freitag?« – Eine Frage ist keine Aussage; in diesem Fall kann die Antwort eine Aussage sein.
- »Wie geht es dir?« – Das ist ebenfalls eine Frage, allerdings ist hier auch die Antwort keinesfalls eine Aussage (sie ergibt wieder eine subjektive Meinungsäußerung).

Die Art von Aussagen, die im Zusammenhang mit Informatik und Computern besonders interessant ist, sind die mathematischen Aussagen. Eine *mathematische Aussage* ist ein System, das aus Termen (mathematischen Ausdrücken) besteht. Ein *Term* ist im einfachsten Fall eine numerische Konstante wie beispielsweise 100 oder –3,25, in komplexeren Fällen eine arithmetische Verknüpfung wie etwa 3 + 5, die sich in einen konkreten Wert auflösen lassen muss. Eine vollständige mathematische Aussage ist ein Vergleich zwischen Termen, der zwei mögliche Formen annehmen kann:

- Die *Gleichung* ist eine wahre Aussage, wenn die beiden verknüpften Terme den gleichen Wert haben.
- Die *Ungleichung* ist dagegen dann eine wahre Aussage, wenn die Werte der beiden verknüpften Terme auf eine vorgegebene Weise unterschiedlich sind.

Beispiele für mathematische Aussagen sind folgende:

- 5 + 6 = 6 + 5 ist eine Gleichung.
- 5 + 6 < 6 + 5 ist eine Ungleichung; die Beziehung lautet in diesem Fall »ist kleiner als«.

Sowohl sprachliche als auch mathematische Aussagen können, wie bereits erwähnt, wahr oder falsch sein. Hier sehen Sie einige Beispiele für wahre und falsche Aussagen:

- »Der Kölner Dom ist 17 Meter hoch.« – falsche sprachliche Aussage
- »Ein Tag hat 24 Stunden.« – wahre sprachliche Aussage
- 5 > 7 – falsche mathematische Aussage (Ungleichung)
- 7 > 5 – wahre mathematische Aussage (Ungleichung)
- 3 + 4 = 34 – falsche mathematische Aussage (Gleichung)
- 3 + 4 = 7 – wahre mathematische Aussage (Gleichung)

### 2.1.2 Aussageformen

Die in der Mathematik weitverbreiteten Formeln und verallgemeinerten Gleichungen mit Platzhaltern (Variablen oder Unbekannten) sind *keine* Aussagen. Schließlich gilt für sie die Bedingung nicht, dass sie eindeutig wahr oder falsch sein müssen. Beispielsweise lässt sich die allgemeine Gleichung a + b = 3 mit unendlich vielen Werten zu einer wahren oder auch zu einer falschen Aussage machen:

▶ a = 2; b = 1 oder a = 3,5; b = −0,5 ergeben eine wahre Aussage.

▶ a = 3; b = 5 oder a = 0,75; b = 0,2 ergeben eine falsche Aussage.

Ein Wert, der in eine *Aussageform* eingesetzt wird und diese zu einer wahren Aussage macht, wird als *Lösung* dieser Aussageform oder – genauer – als Teil ihrer *Lösungsmenge* bezeichnet.

Das folgende Beispiel zeigt, wie die Lösungsmenge einer linearen Gleichung mit einer Unbekannten bestimmt wird:

$$2x + 7 = 21 \mid -7$$
$$2x = 14 \mid :2$$
$$x = 7$$

Lineare Gleichungen besitzen in der Regel genau eine Lösung. Komplexere Gleichungssysteme können dagegen auch Lösungsmengen besitzen, die aus keiner, aus mehreren oder aus unendlich vielen Lösungen bestehen.

Das Lösen von Ungleichungen ist der Versuch, eine Menge von Werten zu bestimmen, die in die Aussageform einer Ungleichung eingesetzt werden können, um eine wahre Aussage zu erhalten:

$$2x + 7 < 21 \mid -7$$
$$2x < 14 \mid :2$$
$$x < 7$$

Die Lösungsmenge der Ungleichung ist die Menge aller x, für die gilt, dass x kleiner als 7 ist. Mathematisch wird dies folgendermaßen ausgedrückt:

$$L = \{x \mid x < 7\}$$

### 2.1.3 Logische Verknüpfungen

Nicht immer werden nur einzelne Aussagen betrachtet. Es ist üblich und oft notwendig, mehrere Aussagen mithilfe verschiedener logischer Verknüpfungen zu verbinden. Dazu gehören sowohl logische Schlussfolgerungen (Wenn-dann-Beziehungen) als auch einfache Und- sowie Oder-Verknüpfungen.

Das gesamte Fachgebiet der logischen Verknüpfungen wird auch als *boolesche Algebra* bezeichnet, benannt nach dem britischen Mathematiker *George Boole*, der bereits im 19. Jahrhundert eine Algebra der binären logischen Verknüpfungen entwickelte.

**Logische Schlussfolgerungen**

Die Schlussfolgerung, das Lieblingsspielzeug der philosophischen Logik, ist eine Wenn-dann-Beziehung zwischen Aussagen; sie wird auch als *Implikation* bezeichnet. Auch Computerprogramme arbeiten mit dieser Art der Logik, weil sie oft anhand bestimmter Bedingungen Entscheidungen treffen müssen.

In der sprachlichen Aussagenlogik sieht eine Schlussfolgerung beispielsweise folgendermaßen aus:

1. Es regnet.

2. Die Straße wird nass.

Schlussfolgerung: Wenn es regnet, wird die Straße nass.

Oder in formaler Schreibweise: Es regnet. ⇒ Die Straße wird nass.

Das Zeichen ⇒ wird als »daraus folgt« aufgelöst.

Die direkte Umkehrung einer solchen Schlussfolgerung ist nicht automatisch zulässig: Eine Aussage wie

$A \Rightarrow B$ (aus A folgt B)

bedingt nicht den folgenden Schluss:

$B \Rightarrow A$ (aus B folgt A)

Sprachlich formuliert, gilt also nicht die folgende Schlussfolgerung: Wenn die Straße nass wird, regnet es. Schließlich kann es zahlreiche Gründe dafür geben, warum eine Straße nass wird.

Den korrekten, zulässigen Umkehrschluss bildet dagegen die verneinte Umkehrung:

$\neg B \Rightarrow \neg A$ (aus Nicht-B folgt Nicht-A)

Auf das Sprachbeispiel übertragen: Wenn die Straße nicht nass wird, dann regnet es nicht. Dieser Satz ist intuitiv einleuchtend und richtig.

Zur Verdeutlichung sehen Sie hier alle erlaubten Umkehrschlüsse im Überblick:

1. $A \Rightarrow B$; Umkehrung: $\neg B \Rightarrow \neg A$

    Beispiel: Wenn es regnet, wird die Straße nass.
    Umkehrung: Wenn die Straße nicht nass wird, dann regnet es nicht.

2. $A \Rightarrow \neg B$; Umkehrung: $B \Rightarrow \neg A$

    Beispiel: Wenn die Sonne scheint, ist es nicht Nacht.
    Umkehrung: Wenn es Nacht ist, scheint nicht die Sonne.[1]

---

1 Natürlich gibt es Gegenden auf der Welt, wo dieser Bezug nicht zutrifft. Wie bei den meisten Aussagen gibt es Nebenbedingungen, die stillschweigend gelten – hier beispielsweise: »Wenn die Sonne *außerhalb des Polarsommers* scheint, dann ist nicht Nacht.«

3. $\neg A \Rightarrow B$; Umkehrung: $\neg B \Rightarrow A$

Beispiel: Wenn nicht Wochenende, Feiertag oder Urlaub ist, dann muss ich arbeiten.

Umkehrung: Wenn ich nicht arbeiten muss, dann ist Wochenende, Feiertag oder Urlaub.

4. $\neg A \Rightarrow \neg B$; Umkehrung: $B \Rightarrow A$

Beispiel: Wenn ich keinen Führerschein habe, darf ich nicht Auto fahren.

Umkehrung: Wenn ich Auto fahren darf, habe ich den Führerschein.

### Und- und Oder-Verknüpfungen

Die beiden Verknüpfungen *Und* und *Oder* (*AND* und *OR*) sind die wichtigsten Mittel zur Verbindung mehrerer Aussagen oder Bedingungen. Werden mehrere Aussagen durch Und ($\wedge$) verknüpft (*Konjunktion*), ergibt sich nur dann eine wahre Aussage, wenn alle Teilaussagen wahr sind.

Die Verknüpfung $A \wedge B$ ist also nur dann wahr, wenn sowohl A als auch B wahre Aussagen sind.

Sprachlich kann dies sehr gut durch zusammengesetzte Wenn-Bedingungen bei der Schlussfolgerung gezeigt werden. Zum Beispiel:

Wenn die Glühbirne funktioniert *und* der Lichtschalter eingeschaltet wird, dann leuchtet das Licht.

Oder als einzelne Aussagen:

1. Die Glühbirne funktioniert.
2. Der Lichtschalter ist eingeschaltet.
3. Das Licht leuchtet.

Die erste und die zweite Aussage werden hier durch Und verknüpft und ergeben so die dritte Aussage:

*Die Glühbirne funktioniert.* $\wedge$ *Der Lichtschalter ist eingeschaltet.* $\Rightarrow$ *Das Licht leuchtet.*

Schematisch lassen sich solche Verknüpfungen am einfachsten durch eine sogenannte *Wahrheitswertetabelle* darstellen. In einer solchen Tabelle (wie übrigens auch bei den Abläufen innerhalb eines Computers) wird eine wahre Aussage durch den Wert 1 und eine falsche Aussage durch die 0 dargestellt. Die Wahrheitswertetabelle für Und ($\wedge$) sieht also folgendermaßen aus:

| $\wedge$ | 0 | 1 |
|---|---|---|
| 0 | 0 | 0 |
| 1 | 0 | 1 |

**Tabelle 2.1** Wahrheitswertetabelle für die Und-Verknüpfung

Logische Operationen wie die Und-Verknüpfung können im Computer auf zweierlei Arten genutzt werden:

▶ Die *logische Und-Operation* dient tatsächlich, wie zuvor dargestellt, der Verkettung verschiedener Bedingungsprüfungen: Ein Programm soll einen bestimmten Schritt nur dann ausführen, wenn mehrere Teilbedingungen zutreffen.

▶ Demgegenüber verknüpft die *bitweise Und-Operation* die *einzelnen Bits* gespeicherter Werte, bevorzugt ganzer Zahlen. Dies wird beispielsweise genutzt, um aus einer Teilnetzmaske und einer IP-Adresse die Adresse des Netzwerks zu ermitteln (siehe Kapitel 4, »Netzwerkgrundlagen«).

In der Programmiersprache C und allen Sprachen, die ihre grundlegende Syntax erben, wird das logische Und beispielsweise durch && dargestellt, bitweises Und dagegen durch &. Einzelheiten zur Verwendung bei der Programmierung erfahren Sie in Kapitel 9, »Grundlagen der Programmierung«.

Eine Und-Verknüpfung und die im Anschluss dargestellte Oder-Verknüpfung lassen sich hardwaretechnisch durch recht simple Schaltungen realisieren. Genaues erfahren Sie in Abschnitt 2.3.1, »Einfache Schaltungen«.

Werden dagegen mehrere Aussagen durch Oder (∨) verknüpft (*Disjunktion*), dann ist die Gesamtaussage wahr, wenn mindestens eine der Teilaussagen zutrifft.

Die Beziehung A ∨ B ist also wahr, wenn A wahr ist, falls B wahr ist, oder auch, wenn A und B wahr sind. Hier sehen Sie zunächst wieder ein sprachliches Beispiel:

Wenn ich eine Million im Lotto *oder* bei einer Quiz-Sendung gewinne, dann bin ich Millionär. Die einzelnen Aussagen sind folgende:

1. Ich gewinne eine Million im Lotto.
2. Ich gewinne eine Million bei einer Quiz-Sendung.
3. Ich bin Millionär.

Formal sieht diese Oder-Verknüpfung der beiden ersten Aussagen so aus:

*Ich gewinne eine Million im Lotto.* ∨ *Ich gewinne eine Million bei einer Quiz-Sendung.* ⇒ *Ich bin Millionär.*

Es ist egal, ob nur eine der beiden Voraussetzungen zutrifft oder ob beide wahr sind – in beiden Fällen stimmt die Schlussfolgerung.

Auch die Oder-Verknüpfung kann logisch oder bitweise eingesetzt werden; C und syntaktisch ähnliche Sprachen verwenden für das logische Oder die Zeichen ||, für das bitweise Oder dagegen |.

In Tabelle 2.2 sehen Sie wieder die entsprechende schematische Darstellung als Wahrheitswertetabelle.

| V | 0 | 1 |
|---|---|---|
| 0 | 0 | 1 |
| 1 | 1 | 1 |

**Tabelle 2.2** Wahrheitswertetabelle
für die Oder-Verknüpfung

Tabelle 2.3 zeigt eine Übersicht über die Und- und Oder-Verknüpfungen aller vier möglichen logischen Belegungen zweier Wahrheitswerte A und B sowie all ihrer Verneinungen.

| Verknüpfung | A=0, B=0 | A=0, B=1 | A=1, B=0 | A=1, B=1 |
|---|---|---|---|---|
| A ∧ B | 0 | 0 | 0 | 1 |
| A ∨ B | 0 | 1 | 1 | 1 |
| ¬A ∧ B | 0 | 1 | 0 | 0 |
| ¬A ∨ B | 1 | 1 | 0 | 1 |
| A ∧ ¬B | 0 | 0 | 1 | 0 |
| A ∨ ¬B | 1 | 0 | 1 | 1 |
| ¬A ∧ ¬B | 1 | 0 | 0 | 0 |
| ¬A ∨ ¬B | 1 | 1 | 1 | 0 |
| ¬(A ∧ B) | 1 | 1 | 1 | 0 |
| ¬(A ∨ B) | 1 | 0 | 0 | 0 |

**Tabelle 2.3** Wahrheitswertetabelle aller normalen und verneinten
Und- und Oder-Verknüpfungen

Aus den Verhältnissen in Tabelle 2.3 ergeben sich die beiden folgenden wichtigen Äquivalenzen, die nach dem schottischen Mathematiker Augustus De Morgan als *De-Morgan-Theoreme* bezeichnet werden:

$$\neg A \wedge \neg B \Leftrightarrow \neg (A \vee B)$$
$$\neg A \vee \neg B \Leftrightarrow \neg (A \wedge B)$$

Diese Beziehungen müssen Sie beim Programmieren beachten, wenn Sie verknüpfte Wenn-dann-Bedingungen formulieren.

Zu guter Letzt gibt es eine dritte wichtige logische Verknüpfung, die als *Exklusiv-Oder* bezeichnet wird. Da sie in der Mathematik nicht verwendet wird, besitzt sie kein traditionelles

Zeichen, sondern wird in der Regel durch den abgekürzten englischen Namen *XOR* (*eXclusive OR*) bezeichnet.

Eine *XOR-Verknüpfung* zweier Aussagen ist nur dann wahr, wenn genau eine Teilaussage wahr ist. Es ist recht schwierig, ein anschauliches sprachliches Beispiel für diese Verknüpfung zu finden. Das XOR steht im Grunde für ein »Entweder-Oder«: Wenn ich entweder mit dem Bus oder mit dem Auto den richtigen Weg fahre, gelange ich zur Arbeit (ich kann auf keinen Fall mit Bus und Auto gleichzeitig fahren).

Tabelle 2.4 zeigt die möglichen Ergebnisse der XOR-Verknüpfung.

| XOR | 0 | 1 |
|-----|---|---|
| 0 | 0 | 1 |
| 1 | 1 | 0 |

**Tabelle 2.4** Wahrheitswertetabelle für die XOR-Verknüpfung

Viele Programmiersprachen besitzen keine eingebaute XOR-Operation. In diesen lässt sie sich durch den folgenden komplexeren Ausdruck simulieren:

$$A \text{ XOR } B = (\neg A \wedge B) \vee (A \wedge \neg B)$$

In der Programmiersprache C gibt es XOR nur als Bit-Operator, nicht aber als logischen Operator. Das Symbol dafür ist ^. Das bitweise XOR wird insbesondere für Verschlüsselungs- und Prüfsummenoperationen eingesetzt, denn eine interessante Besonderheit der XOR-Operation besteht darin, dass ihre Umkehrung wieder eine XOR-Operation ist – es gilt:

$$A \text{ XOR } B = C \Leftrightarrow (C \text{ XOR } A = B) \wedge (C \text{ XOR } B = A)$$

Eine wichtige Beispielanwendung ist die Berechnung der Prüfsumme (*Parity*) in bestimmten RAID-Arrays. Es handelt sich um eine Zusammenfassung mehrerer Festplatten, die einer Steigerung der Performance und/oder Datensicherheit insbesondere bei Serversystemen dienen (siehe Kapitel 3, »Hardware«). RAID 3, 4 und 5 verknüpfen dabei zwei oder mehr gleich lange Bit-Folgen mit einer XOR-Operation. Wenn eine der beteiligten Festplatten versagt, lässt sich somit aus der umgekehrten XOR-Operation mit der intakten Folge beziehungsweise den intakten Folgen einerseits und der Prüfsumme andererseits die defekte Folge rekonstruieren.

### Vergleichsoperationen

Diese Art logischer Verknüpfungen erzeugt Aussagen durch die Überprüfung von Termen auf Gleichheit oder Ungleichheit. Die resultierenden Aussagen können also wahr oder falsch sein.

▶ Gleichheit:

A = B (A gleich B) ist wahr, wenn A den gleichen Wert hat wie B.

▶ Ungleichheit:

A ≠ B (A ungleich B) ist wahr, wenn A einen anderen Wert hat als B.

▶ Ungleichheit mit Richtungsangabe:

– A < B (A ist kleiner als B) ist wahr, wenn A einen geringeren Wert hat als B.

– A > B (A ist größer als B) ist wahr, wenn A einen höheren Wert hat als B.

– A ≤ B (A ist kleiner oder gleich B) ist wahr, wenn A entweder einen geringeren Wert als B oder den gleichen Wert wie B hat.

– A ≥ B (A ist größer oder gleich B) ist wahr, wenn A entweder einen höheren Wert als B oder den gleichen Wert wie B hat.

A ≤ B ist eine Kurzfassung für: A < B ∨ A = B.

A ≥ B ist entsprechend eine Kurzfassung für: A > B ∨ A = B.

Die Umkehrungen (gegenteilige Aussagen) der Vergleichsoperationen sollten Sie sich merken:

▶ Die Umkehraussage von A = B ist A ≠ B.

▶ A < B besitzt die Umkehraussage A ≥ B.

▶ A > B hat schließlich die Umkehraussage A ≤ B.

Tabelle 2.5 verdeutlicht dies an Beispielen für den Vergleich verschiedener ganzzahliger Werte. Beachten Sie, dass die verknüpften Werte ganze Zahlen, die Ergebnisse (1 oder 0) aber Wahrheitswerte sind.

| Verknüpfung | A=2, B=2 | A=2, B=3 | A=3, B=2 |
|-------------|----------|----------|----------|
| A = B       | 1        | 0        | 0        |
| A ≠ B       | 0        | 1        | 1        |
| A < B       | 0        | 1        | 0        |
| A > B       | 0        | 0        | 1        |
| A ≤ B       | 1        | 1        | 0        |
| A ≥ B       | 1        | 0        | 1        |

**Tabelle 2.5** Beispiele für Vergleichsoperationen

### Logische Verknüpfungen in Computerprogrammen

Da Zeichen wie ≠, ≤ oder ∨ nicht zum ASCII-Zeichensatz (dem ursprünglichen Standard-Computerzeichensatz) gehören, haben sich die Entwickler der verschiedenen Programmiersprachen andere Zeichen beziehungsweise Zeichenkombinationen ausgedacht. Ärgerlicherweise sind diese Bezeichnungen in den verschiedenen Sprachen nicht einheitlich. Tabelle 2.6 zeigt die Schreibweisen der Programmiersprachen C und Pascal im Vergleich. Beachten Sie, dass die C-Schreibweise in einer ganzen Reihe von Sprachen verwendet wird, beispielsweise C++, Java, JavaScript, Python, Perl, Ruby, PHP etc. Die Pascal-Schreibweise nutzen dagegen auch einige BASIC-Dialekte.

| Mathematik | C-Schreibweise | Pascal-Schreibweise |
|---|---|---|
| a = b (Vergleich) | a == b | a = b |
| a = b (Wertzuweisung) | a = b | a := b |
| a ≠ b | a != b | a <> b |
| a < b | a < b | a < b |
| a > b | a > b | a > b |
| a ≤ b | a <= b | a <= b |
| a ≥ b | a >= b | a >= b |
| a ∧ b | a && b (logisch) a & b (bitweise) | a AND b |
| a ∨ b | a \|\| b (logisch) a \| b (bitweise) | a OR b |

**Tabelle 2.6** Schreibweisen logischer Operationen in verschiedenen Programmiersprachen

Die in der Tabelle aufgeführte Wertzuweisung betrifft eine Besonderheit von Variablen in Programmiersprachen: Während eine Variable in der Mathematik lediglich ein Platzhalter ist, der für beliebige Werte stehen kann, ist sie in einer Programmiersprache ein Speicherplatz, der bei der Ausführung des Programms einen bestimmten wohldefinierten Wert enthält. Die Wertzuweisungsoperation dient dazu, ihr einen solchen Wert zuzuteilen.

### 2.1.4 Mengenoperationen

Eine spezielle Form der logischen Verknüpfung beschäftigt sich mit den Beziehungen zwischen einem einzelnen Element und einer Menge beziehungsweise zwischen zwei Mengen. Eine Menge ist eine Gruppe mehrerer Werte, die entweder als Abfolge einzelner Zahlen oder durch bestimmte Regeln definiert wird.

Beachten Sie für die Umsetzung im Computer, dass Mengenoperationen nicht in jeder Programmiersprache eingebaut sind. In Kapitel 10, »Konzepte der Programmierung«, lernen Sie allerdings einige Strategien kennen, wie Sie Listen oder Mengen in verschiedenen Sprachen erzeugen und damit arbeiten.

### Beziehungen zwischen Mengen und einzelnen Werten

Ein Wert ist *Element* einer Menge, wenn dieser Wert in der Menge vorkommt. Ein Wert ist *nicht Element* einer Menge, wenn dieser Wert nicht in der Menge vorkommt.

Betrachten Sie zum Beispiel die Menge M, für die die folgende Definition gilt:

$M := \{3, 4, 5\}$

Es gelten die folgenden Elementbeziehungen:

▸ 3 ist Element von M. Formale Schreibweise: $3 \in M$.

▸ 2 ist nicht Element von M. Formale Schreibweise: $2 \notin M$.

Eine weitere Menge P ist folgendermaßen definiert:

$P := \{x | x < 5 \wedge x \in \mathbb{R}\}$

P ist also die Menge aller x, für die gilt: x ist kleiner als 5, und x ist Element der Menge der reellen Zahlen. Für diese Menge gelten die folgenden Elementbeziehungen:

$4 \in P$, aber $5 \notin P$

### Beziehungen zwischen zwei Mengen

Eine Menge M heißt *Teilmenge* einer Menge N, wenn jedes Element von M auch Element von N ist, wenn also für jedes $x \in M$ auch $x \in N$ gilt.

Eine Menge M ist *nicht Teilmenge* einer Menge N, wenn es in M mindestens ein Element gibt, das nicht auch Element von N ist. Es gibt also mindestens ein $x \in M$, für das gilt: $x \notin N$.

Betrachten Sie beispielsweise die folgenden Mengendefinitionen:

$M := \{3, 4, 5, 6\}$
$N := \{2, 4, 5, 6\}$
$P := \{3, 4, 5, 6, 7\}$

Es gelten die folgenden Mengenbeziehungen:

$M \subset P$ (M ist Teilmenge von P)
$N \not\subset P$ (N ist nicht Teilmenge von P)

Übrigens ist die angegebene Teilmengendefinition ungenau: Die zuvor beschriebene Beziehung könnte ebenso gut bedeuten, dass zwei identische Mengen beschrieben werden. Deshalb heißt eine Menge M *echte Teilmenge* einer Menge N, wenn folgende Bedingungen gelten:

▸ Für jedes $x \in M$ gilt auch $x \in N$.

▸ Es existiert mindestens ein $x \in N$, für das $x \notin M$ gilt.

Wenn man es genau nimmt, wird nur für diese echte Teilmenge die Schreibweise M ⊂ N verwendet. Für die weiter vorne definierte allgemeine Teilmenge, bei der M = N als Variante zulässig ist, wird stattdessen die Formulierung M ⊆ N (Teilmenge oder gleich) eingesetzt.

Wenn M ⊆ N gilt, wird N übrigens umgekehrt als *Obermenge* von M bezeichnet. Geschrieben wird dies als N ⊇ M (N ist Obermenge von oder gleich M). Die strengere Form M ⊂ N (echte Teilmenge) bedeutet entsprechend, dass N *echte Obermenge* von M ist: N ⊃ M.

Eine Abfolge von Beziehungen echter Teilmengen beziehungsweise Obermengen lässt sich hervorragend an den Zahlenmengen der Mathematik demonstrieren. Dies sind im Einzelnen (von der speziellsten bis zur allgemeinsten) folgende:

1. *Die Menge der natürlichen Zahlen.* Natürliche Zahlen sind alle Zahlen, mit denen sich Anzahlen ausdrücken lassen. Intuitiv ist diese Menge folgendermaßen definiert:

   $\mathbb{N} = \{1, 2, 3, 4, ...\}$

   Die 0 gehört übrigens nicht zur Menge der natürlichen Zahlen, allerdings gibt es die spezielle Menge $\mathbb{N}_0$, die zusätzlich die 0 enthält.

2. *Die Menge der ganzen Zahlen.* Ebenso wie die natürlichen Zahlen sind auch die ganzen Zahlen, intuitiv betrachtet, Zahlen ohne Nachkommastellen, allerdings mitsamt 0 und negativen Zahlen. Es handelt sich um die folgende Menge:

   $\mathbb{Z} = \{..., -3, -2, -1, 0, 1, 2, 3, ...\}$

3. *Die Menge der rationalen Zahlen.* Es handelt sich um sämtliche Zahlen, die durch die Division zweier ganzer Zahlen gebildet werden können. Dies sind neben den ganzen Zahlen selbst alle abbrechenden und alle periodischen Dezimalbrüche. Formal lautet die Definition dieser Menge folgendermaßen:

   $\mathbb{Q} = \{x \mid x = p/q \wedge p \in \mathbb{Z} \wedge q \in \mathbb{Z} \wedge q \neq 0\}$

   Bemerkenswert an dieser Menge ist, dass zwischen zwei rationalen Zahlen immer unendlich viele weitere rationale Zahlen liegen. Bei den natürlichen und ganzen Zahlen ist das anders: Da zwei Elemente dieser Mengen jeweils einen festgelegten numerischen Abstand (nämlich 1) voneinander haben, ist die Anzahl der Elemente zwischen zweien von ihnen jeweils endlich und steht fest.

4. *Die Menge der reellen Zahlen.* Neben den abbrechenden und den periodischen Dezimalbrüchen gibt es auch unendlich viele nicht abbrechende, nicht periodische. Es handelt sich also um Zahlen mit unendlich vielen Nachkommastellen ohne Wiederholung (Periode). Beispiele sind etwa die Kreiszahl π (3,1415926...), die Eulersche Zahl e (2,718281828...) – die Basis des natürlichen Logarithmus – oder √2 (1,41421356...).

   Formal haben diese Zahlen miteinander gemeinsam, dass ihr Quadrat eine positive Zahl oder 0 ist:

   $\mathbb{R} := \{x \mid x^2 \geq 0\}$

   Beachten Sie, dass reelle Zahlen im Computer nicht dargestellt werden können, übrigens ebenso wenig wie periodische Dezimalbrüche. Wie im Folgenden ausgeführt, verwenden

Rechner für jede Zahl eine festgelegte Anzahl von Bits und können Fließkommazahlen auf diese Weise mit einer bestimmten Genauigkeit, also nur mit einer endlichen Anzahl von Stellen, speichern.

5. *Die Menge der komplexen Zahlen.* Eine Zahl mit negativem Quadrat ist intuitiv nicht vorstellbar (da sowohl positive als auch negative Zahlen, wenn man sie mit sich selbst multipliziert, zu einem positiven Ergebnis führen). Dennoch ist es zum Beispiel für mathematische Gedankenexperimente oder bestimmte Berechnungen aus der theoretischen Physik erforderlich, die Wurzeln negativer Zahlen zu berechnen.

Zu diesem Zweck wurden die *imaginären Zahlen* eingeführt. Sie reduzieren das Problem der Wurzel aus negativen Zahlen auf die nicht reelle Komponente $i$, die als Lösung der Gleichung $i^2 = -1$ definiert ist (und natürlich nicht durch eine normale Berechnung aufgelöst werden kann). Jede imaginäre Zahl ist deshalb als Summe eines Vielfachen von $i$ (Imaginärteil) und einer reellen Zahl (Realteil) definiert.

Die reellen und die imaginären Zahlen werden zusammengenommen als komplexe Zahlen ($\mathbb{C}$) bezeichnet.

Jede der fünf hier genannten Mengen enthält die vorangegangene. Die verkettete Beziehung von Teil- beziehungsweise Obermengen lautet also:

$$\mathbb{N} \subset \mathbb{Z} \subset \mathbb{Q} \subset \mathbb{R} \subset \mathbb{C}$$
$$\mathbb{C} \supset \mathbb{R} \supset \mathbb{Q} \supset \mathbb{Z} \supset \mathbb{N}$$

### Verknüpfungen von Mengen

Ähnlich, wie Sie einzelne Werte durch arithmetische Operatoren oder durch logische Verknüpfungen miteinander verbinden können, existieren spezielle Mengenoperationen, deren Ergebnis eine Verknüpfung der ursprünglichen Mengen ist.

▶ Die *Schnittmenge.* Die Schnittmenge $M \cap N$ zweier Mengen M und N enthält all diejenigen Elemente x, für die $x \in M$ und gleichzeitig $x \in N$ gilt. Hier sehen Sie ein Beispiel:

$M := \{1, 2, 3, 4\}$
$N := \{4, 5, 6, 7\}$
$M \cap N = \{4\}$

Beachten Sie, dass das Ergebnis nicht 4 lautet, sondern »die Menge, in der nur die 4 enthalten ist«. Eine Schnittmenge ist also auch dann eine Menge, wenn sie nur ein Element enthält. Wenn die beiden verknüpften Mengen keine gemeinsamen Elemente besitzen, geschieht sogar Folgendes:

$M := \{1, 2, 3\}$
$N := \{4, 5, 6\}$
$M \cap N = \{\} = \varnothing$

$\{\}$ beziehungsweise $\varnothing$ wird dabei als *leere Menge* bezeichnet.

► Die *Vereinigungsmenge*. Die Vereinigungsmenge M ∪ N zweier Mengen M und N ist die »verbundene« Menge aller x ∈ M und aller y ∈ N. Hier ein Beispiel:

M := {1, 2, 3, 4}
N := {4, 5, 6, 7}
M ∪ N = {1, 2, 3, 4, 5, 6, 7}

► Die *Differenzmenge* (Restmenge). Wenn aus der Menge M alle Elemente einer Menge N, die auch in M vorkommen, entfernt werden, dann ist das Ergebnis die Differenzmenge M \ N, gesprochen »M ohne N«. Beispiel:

M := {1, 2, 3, 4}
N := {3, 4, 5}
M \ N = {1, 2}

### 2.1.5 Weitere wichtige Berechnungsverfahren

Bei der Implementierung von Computerprogrammen, aber auch bei der Lösung anderer Probleme des täglichen (Berufs-)Lebens sind einige weitere mathematische Verfahren wichtig. Dazu gehören unter anderem der Dreisatz und die Lösung von Gleichungssystemen. Zu diesen beiden Themen finden Sie hier je ein kurzes Beispiel mit Erläuterung.

#### Dreisatz

Der *Dreisatz* dient der Umrechnung von Verhältnissen: Wenn das Verhältnis zweier Werte zueinander bekannt und ein dritter Wert gegeben ist, kann daraus ein vierter Wert berechnet werden, der dasselbe Verhältnis zum dritten hat wie der zweite zum ersten. Mit anderen Worten, in einer Gleichung wie der folgenden wird der Wert x gesucht:

$$\frac{a}{b} = \frac{c}{x}$$

Um das Problem zu lösen, wird die Formel wie folgt nach x aufgelöst:

$$x = \frac{b \times c}{a}$$

Hier ein konkretes Beispiel – wie die meisten Dreisatzprobleme als Textaufgabe formuliert und dem erweiterten IT-Umfeld entnommen: 25 m Netzwerkkabel von der Rolle kosten 13,95 €. Wie viel kosten 45 m?

Die ursprüngliche Formel lautet hier:

$$\frac{25}{13{,}95} = \frac{45}{x}$$

Nach x aufgelöst, ergibt sich daraus:

$$x = \frac{13{,}95 \times 45}{25}$$

Dies kann nun leicht berechnet werden, und so erfährt man, dass 45 m Netzwerkkabel für 25,11 € zu haben sind – es sei denn, der Händler gewährt Mengenrabatt.

**Lösen von Gleichungssystemen**

Zuvor wurde bereits gezeigt, wie man eine einzelne Gleichung mit einer Unbekannten löst. Etwas schwieriger, aber keineswegs unmöglich ist es, Gleichungssysteme mit mehreren Unbekannten zu lösen. Dabei gilt als Faustregel, dass ein Gleichungssystem mit n Unbekannten nur dann eindeutig gelöst werden kann, wenn auch mindestens n Gleichungen vorhanden sind.

Die einfachste Lösungsmöglichkeit ist in der Regel das sogenannte *Einsetzungsverfahren*: Eine der Gleichungen wird nach einer Unbekannten aufgelöst; der Wert auf der anderen Seite des Gleichheitszeichens wird anstelle dieser Unbekannten in eine andere Gleichung eingesetzt. Auf diese Weise lässt sich die Anzahl der Unbekannten schrittweise reduzieren, bis sich eine Gleichung mit nur noch einer Unbekannten ergibt. Diese wird gelöst, und nun kann der konkrete Wert dieser Unbekannten zur Lösung der anderen Gleichungen verwendet werden.

Hier ein einfaches Beispiel, ein lineares Gleichungssystem mit zwei Unbekannten:

I $x + y = 7$
II $2x - y = 2$

Zuerst wird eine der Gleichungen durch Umformungen nach einer der Unbekannten aufgelöst; hier die erste Gleichung nach y:

Ia $x + y = 7 \mid -x$
$\Leftrightarrow y = 7 - x$

Jetzt kann der Ausdruck 7–x anstelle von y in die andere Gleichung eingesetzt werden; daraus wird dann durch erneutes Umformen der konkrete Wert von x berechnet:

Ia in II $2x - (7 - x) = 2$
$\Leftrightarrow 2x - 7 + x = 2$
$\Leftrightarrow 3x - 7 = 2 \mid +7$
$\Leftrightarrow 3x = 9 \mid :3$
$\Leftrightarrow x = 3$

Da eine der Unbekannten nun einen konkreten Wert besitzt, kann dieser in eine der Gleichungen eingesetzt werden, um durch eine letzte Umformungsfolge auch den Wert der anderen Unbekannten zu erhalten:

$x + y = 7$
$3 + y = 7 \mid -3$
$y = 4$

Daraus ergibt sich die Lösungsmenge:

$L = \{3,4\}$

2  Mathematische und technische Grundlagen

Komplexer als die bisher behandelten linearen Gleichungen und Gleichungssysteme sind die Gleichungen höheren Grades, bei denen die Unbekannte die Basis einer Potenz bildet; der Grad gibt dabei die höchste in der Gleichung vorkommende Potenz an.

Das einfachste Beispiel ist die *quadratische Gleichung* (Gleichung zweiten Grades), die folgende Normalform aufweist:

$$ax^2 + bx + c = 0$$

Für solche Gleichungen existieren diverse Lösungsverfahren, deren Betrachtung hier allerdings zu weit führen würde.

## 2.2   Informationsspeicherung im Computer

Wie Sie bereits in der Einführung erfahren haben und wahrscheinlich schon vorher wussten, speichern Computer Informationen als Abfolge von Einsen und Nullen ab. Diese Darstellungsform wird als *binäre Codierung* bezeichnet. Die duale Darstellung ganzer Zahlen im entsprechenden Zahlensystem, nämlich dem dualen oder Zweiersystem, ist nur ein Sonderfall der binären Darstellung.

### 2.2.1   Zahlensysteme

Für das Verständnis der Speicherung von Werten im Computer benötigen Sie Kenntnisse der verschiedenen Zahlensysteme. Bereits in Kapitel 1, »Einführung«, wurde die Bedeutung der Stellenwertsysteme als Voraussetzung für die Erfindung von Rechenmaschinen und Computern hervorgehoben.

In einem Stellenwertsystem hängt der Wert einer einzelnen Ziffer von zwei Faktoren ab: ihrem Eigenwert und ihrer Position innerhalb der Zahl. Jede Stelle besitzt einen festen Grundwert, mit dem der Wert der einzelnen Ziffer multipliziert wird. Die Basis B gibt an, wie viele verschiedene Ziffern nötig sind, denn der Grundwert jeder Stelle ist das B-Fache der rechts von ihr befindlichen Stelle. Auf diese Weise werden Ziffern von 0 bis B–1 benötigt, um alle möglichen ganzen Zahlen darstellen zu können. Der Wert B selbst wird durch eine 1 auf der nächsthöheren Stelle ausgedrückt.

Nach diesen Kriterien ist etwa das römische Zahlensystem kein Stellenwertsystem. Das folgende Beispiel zeigt anschaulich, warum nicht:

In den beiden Zahlen II (2) und IV (4) steht die vordere Ziffer I (Wert 1) an derselben Stelle, nämlich der zweiten von rechts. Aber im ersten Fall bedeutet sie, dass 1 addiert werden soll, während sie bei der zweiten Zahl aussagt, dass 1 abgezogen wird. Die (absolute) Position des Zahlzeichens innerhalb der Zahl ist also kein Kriterium für seinen Wert.

Für die Arbeit mit Computern haben die folgenden Zahlensysteme eine besondere Bedeutung:

▶ Das *Dezimalsystem:* Computer haben eigentlich überhaupt nichts mit dem Dezimalsystem (Zehnersystem) zu tun, das im Alltag verwendet wird. Allerdings erfolgt die Ein- und Ausgabe von Zahlen üblicherweise in dieser Form, weil sie für die Benutzer am angenehmsten ist.

Das Dezimalsystem verwendet die Basis B = 10, sodass der Wert der ersten Stelle (ganz rechts) 1 ist und sich mit jeder Stelle verzehnfacht. Natürlich machen Sie sich diese Gedanken beim Dezimalsystem nicht, weil Sie als kleines Kind gelernt haben, damit umzugehen. Formal betrachtet, könnte man eine Dezimalzahl dennoch so analysieren, wie es in Tabelle 2.7 am Beispiel der Zahl 3.479 gezeigt wird.

| Ziffer | 3 | 4 | 7 | 9 |
|---|---|---|---|---|
| Stellenwert | 1000 | 100 | 10 | 1 |
| Schema | $10^3$ | $10^2$ | $10^1$ | $10^0$ |
| Gesamtwert | 3000 | 400 | 70 | 9 |

**Tabelle 2.7** Schematische Darstellung einer Dezimalzahl

▶ Das *Dualsystem:* Dieses System ist für den Computer selbst das wichtigste, weil er intern damit arbeitet. Wie Sie im Abschnitt »Binäre Speicherung verschiedener Daten« in Abschnitt 2.2.2 genauer sehen werden, betrifft dies allerdings bei Weitem nicht alle binär codierten Daten.

Das Dualsystem verwendet die Basis B = 2. Demzufolge hat eine Stelle immer den doppelten Wert der weiter rechts gelegenen Stelle, und es werden zwei verschiedene Ziffern benötigt: 0 und 1. Genau aus diesem Grund ist das System gut für einen digitalen Rechner geeignet, dessen elektronische Bauteile binär arbeiten (fließt Strom oder nicht?). Tabelle 2.8 zeigt ein Beispiel für den Aufbau einer Dualzahl. Den dezimalen Wert der Zahl 101011 erhalten Sie, wenn Sie die Werte in der Zeile »Gesamtwert« addieren – das Ergebnis ist 43.

| Ziffer | 1 | 0 | 1 | 0 | 1 | 1 |
|---|---|---|---|---|---|---|
| Stellenwert | 32 | 16 | 8 | 4 | 2 | 1 |
| Schema | $2^5$ | $2^4$ | $2^3$ | $2^2$ | $2^1$ | $2^0$ |
| Gesamtwert | 32 | 0 | 8 | 0 | 2 | 1 |

**Tabelle 2.8** Schematische Darstellung einer Dualzahl

Das Dualsystem ist das einfachste aller Zahlensysteme, da der Stellenwert hier nie mit einem Ziffernwert multipliziert werden muss: Die Stelle ist entweder gesetzt (Wert 1), sodass der Stellenwert selbst gilt, oder nicht gesetzt (Wert 0) – in diesem Fall gilt eben die 0.

2 Mathematische und technische Grundlagen

▶ Das *Oktalsystem:* Es ist recht unbequem, Dualwerte ins Dezimalsystem umzurechnen und umgekehrt. Größere Dualzahlen sind dagegen äußerst unhandlich. Daher verwenden Informatiker gern Zahlensysteme, deren Zahlen sich leicht in Dualzahlen umwandeln lassen. Das ist bei Systemen der Fall, deren Basis in der Folge der Zweierpotenzen vorkommt, die die Stellenwerte des Dualsystems bilden. Eines dieser beiden Systeme ist das Oktalsystem (Achtersystem), das andere das als Nächstes vorgestellte Hexadezimalsystem (Sechzehnersystem).

Das Oktalsystem hat die Basis B = 8. Es gibt demzufolge acht verschiedene Ziffern (0 bis 7), und jede Stelle besitzt den achtfachen Stellenwert der weiter rechts stehenden. In Tabelle 2.9 sehen Sie ein Beispiel für die systematische Analyse einer Oktalzahl. Der dezimale Wert der Oktalzahl 4361 ist übrigens 2.289.

| Ziffer | 4 | 3 | 6 | 1 |
|---|---|---|---|---|
| Stellenwert | 512 | 64 | 8 | 1 |
| Schema | $8^3$ | $8^2$ | $8^1$ | $8^0$ |
| Gesamtwert | 2.048 | 192 | 48 | 1 |

**Tabelle 2.9** Schematische Darstellung einer Oktalzahl

▶ Das *Hexadezimalsystem:* Das beliebteste Zahlensystem zur Darstellung von Speicheradressen, Zeichencodes und sonstigen Byte-Inhalten ist das Hexadezimalsystem (Sechzehnersystem). Der Name ist ein wenig inkonsequent aus dem griechischen Partikel *hexa* (sechs) und dem lateinischen *dezimal* (zu *decem* für zehn) zusammengesetzt; eine rein aus dem Lateinischen abgeleitete, allerdings weniger gebräuchliche Bezeichnung ist *Sedezimalsystem*.

Es handelt sich um ein Stellenwertsystem mit der Basis 16. Eine Stelle hat immer den sechzehnfachen Wert der weiter rechts stehenden Stelle. Etwas problematisch ist die Tatsache, dass 16 verschiedene Ziffern mit den Werten 0 bis 15 benötigt werden: Da es nur die Ziffern 0 bis 9 gibt, werden die restlichen durch A bis F (für 10 bis 15) dargestellt. Tabelle 2.10 zeigt ein Beispiel für die Analyse der Hexadezimalzahl 3AB4, deren dezimaler Wert 15.028 beträgt.

| Ziffer | 3 | A | B | 4 |
|---|---|---|---|---|
| Einzelwert | 3 | 10 | 11 | 4 |
| Stellenwert | 4.096 | 256 | 16 | 1 |
| Schema | $16^3$ | $16^2$ | $16^1$ | $16^0$ |
| Gesamtwert | 12.288 | 2.560 | 176 | 4 |

**Tabelle 2.10** Schematische Darstellung einer Hexadezimalzahl

### Methoden zur Umrechnung von Zahlensystemen

Auch wenn es zahlreiche Computerprogramme gibt, die Ihnen das Umrechnen der Zahlensysteme abnehmen, ist es nützlich, die entsprechenden Rechenverfahren zu kennen – beispielsweise bildet die Kenntnis dieser Methoden die Grundlage dafür, solche Programme selbst schreiben zu können!

Dezimalzahlen können Sie folgendermaßen in Dualzahlen umrechnen – als Beispiel wird die Zahl 374 verwendet:

1. Suchen Sie die größte in der Zahl vorkommende Zweierpotenz ($2^n$), eventuell durch Ausprobieren (fortgesetztes Verdoppeln von 2). Bei 374 wäre dies 256 ($2^8$). Damit wissen Sie auch bereits, dass das Ergebnis neun Stellen hat ($2^8$ bis $2^0$).

2. Ziehen Sie die entsprechende Zweierpotenz von der Gesamtzahl ab, und notieren Sie im Ergebnis als vorderste Stelle eine 1. Von 374 bliebe nach diesem Schritt noch 118 übrig.

3. Kommt die nächstniedrigere Zweierpotenz in der Zahl vor? Falls das zutrifft, notieren Sie wieder eine 1 und ziehen die Zweierpotenz von der Zahl ab. Kommt sie dagegen nicht vor, notieren Sie eine 0. In der 118, die im letzten Schritt als Rest geblieben ist, kommt die 128 nicht vor. Der bisher notierte Teil des Ergebnisses lautet also 10.

4. Gehen Sie nach dem Schema in Punkt 3 die Reihe der Zweierpotenzen bis hinunter zur 1 durch beziehungsweise bis zu dem Punkt, wo die umzurechnende Zahl 0 geworden ist. In letzterem Fall müssen Sie natürlich noch die Stellen von der aktuellen Zweierpotenz bis hinunter zur 1 mit Nullen füllen. Die nächsten Schritte beim Zerlegen der Zahl 118 sehen folgendermaßen aus:

   - 64 kommt in 118 vor. Bisheriges Ergebnis: 101; Rest: 54.
   - 32 kommt in 54 vor. Ergebnis: 1011; Rest: 22.
   - 16 kommt in 22 vor. Ergebnis: 10111; Rest: 6.
   - 8 kommt in 6 nicht vor. Ergebnis: 101110.
   - 4 kommt in 6 vor. Ergebnis: 1011101; Rest 2.
   - 2 kommt in 2 vor. Ergebnis: 10111011; Rest 0.
   - Zum Schluss wird noch eine 0 für die nicht besetzte Stelle $2^0$ angehängt. Endergebnis: 101110110.

Das Umrechnen von Dualzahlen in Dezimalzahlen funktioniert sogar noch einfacher: Addieren Sie einfach die Stellenwerte derjenigen Stellen, die den Wert 1 haben – am einfachsten geht das, wenn Sie rechts bei $2^0$ anfangen.

Beispiel: 1010101 soll ins Dezimalsystem umgerechnet werden. Mit 1 besetzt sind hier die Stellen $2^0$, $2^2$, $2^4$ und $2^6$. Dies ergibt die folgende Addition:

$1 + 4 + 16 + 64 = 85$

Dezimalzahlen in Oktal- oder Hexadezimalzahlen umzurechnen ist ein wenig komplizierter als das Umrechnen in Dualzahlen. Die Schwierigkeit besteht darin, dass jede Stelle mit unter-

2  Mathematische und technische Grundlagen

schiedlichen Ziffern besetzt werden kann und deshalb die einfache Überprüfung, ob der jeweilige Stellenwert in der Zahl vorkommt, nicht ausreicht.

Als Beispiel sehen Sie hier das Verfahren der Umrechnung von Dezimalzahlen in Hexadezimalzahlen; bei Oktalzahlen funktioniert es schematisch gesehen genauso. Als Beispiel soll die Zahl 2.345 in eine Hexadezimalzahl umgerechnet werden.

1. Finden Sie die kleinste Sechzehnerpotenz, die größer als die umzurechnende Zahl ist – dadurch wissen Sie, dass die höchste besetzte Hexadezimalstelle Ihrer Zahl um einen Schritt darunterliegt. Bei 2.345 ist die erste größere Hexadezimalstelle $16^3$ (4.096). Begonnen wird also bei $16^2$ (256).

2. Dividieren Sie die Zahl durch den soeben ermittelten höchsten Stellenwert. Das ganzzahlige Ergebnis dieser Division ist der gesuchte Ziffernwert, den Sie an der vordersten Stelle notieren können – denken Sie daran, dass Werte ab 10 als A bis F geschrieben werden. Mit dem Rest der Division wird im nächsten Schritt weitergearbeitet. 2.345 ÷ 256 = 9, Rest 41. Der Ziffernwert für die Stelle ist also 9, mit 41 wird weitergerechnet.

3. Führen Sie Schritt 2 wiederholt für die restlichen Stellen bis hinunter zu $16^0$ (1) durch. Bei 41 ergeben sich die folgenden Schritte:

   – 41 ÷ 16 = 2, Rest 9. Der Wert der nächsten Stelle ist 2, sodass das bisherige Ergebnis 92 lautet.

   – Den Rest aus dem vorangegangenen Schritt, 9, können Sie einfach als Ziffernwert hinschreiben, da es sich um die Einerstelle handelt. Das Endergebnis ist also 929.

Wenn Sie umgekehrt Hexadezimalzahlen in Dezimalzahlen umrechnen möchten, müssen Sie nur dem Schema aus Tabelle 2.10 folgen: Multiplizieren Sie den jeweiligen Ziffernwert einfach mit dem Wert seiner Stelle, und addieren Sie die Ergebnisse. Beispielsweise lässt sich die Zahl ABCD folgendermaßen umrechnen:

ABCD

$= 10 \times 16^3 + 11 \times 16^2 + 12 \times 16^1 + 13 \times 16^0$

$= 10 \times 4096 + 11 \times 256 + 12 \times 16 + 13$

$= 40960 + 2816 + 192 + 13$

$= 43981$

Oktalzahlen lassen sich übrigens sehr leicht in Dualzahlen umrechnen und umgekehrt, was schließlich der Hauptgrund für die Verwendung des Oktalsystems ist: Von rechts aus gesehen, entsprechen je drei Dualstellen einer Oktalstelle; die Umrechnung dieser Dreiergruppen erfolgt nach dem folgenden festen Schema:

| Dual | 000 | 001 | 010 | 011 | 100 | 101 | 110 | 111 |
|-------|-----|-----|-----|-----|-----|-----|-----|-----|
| Oktal | 0 | 1 | 2 | 3 | 4 | 5 | 6 | 7 |

Tabelle 2.11 Schema der Umrechnung von Dualzahlen in Oktalzahlen und umgekehrt

78

Die Umrechnung von Hexadezimalzahlen in Dualzahlen und umgekehrt ist genauso einfach – je vier Dualstellen von rechts ab entsprechen jeweils einer Hexadezimalstelle, umgerechnet wird nach dem folgenden Schema:

| Dual | 0000 | 0001 | 0010 | 0011 | 0100 | 0101 | 0110 | 0111 |
|------|------|------|------|------|------|------|------|------|
| Hexadezimal | 0 | 1 | 2 | 3 | 4 | 5 | 6 | 7 |
| Dual | 1000 | 1001 | 1010 | 1011 | 1100 | 1101 | 1110 | 1111 |
| Hexadezimal | 8 | 9 | A | B | C | D | E | F |

**Tabelle 2.12** Schema der Umrechnung von Dualzahlen in Hexadezimalzahlen und umgekehrt

### Schreibweise der Zahlen verschiedener Systeme

In der Mathematik wird die Basis des jeweiligen Zahlensystems in der Regel als *Index* (kleine tiefgestellte Zahl) angegeben. Hier einige Beispiele:

$(1010101)_2$

$(7654)_8$

$(9AB2)_{16}$

In der Programmiersprache C und allen davon abstammenden Sprachen werden Oktalzahlen durch eine vorangestellte 0 gekennzeichnet:

0234 bedeutet $(234)_8$, also dezimal 156.

Python verwendet – anders als die meisten anderen Sprachen – das Präfix 0o für Oktalzahlen:

0o77 ist die Python-Schreibweise für $(77)_8$, was 63 im Dezimalsystem entspricht.

Hexadezimalzahlen werden in C durch ein vorangestelltes 0x gekennzeichnet:

0x234 steht für $(234)_{16}$ oder umgerechnet $(564)_{10}$.

In den Programmiersprachen Python und Ruby gibt es eine ähnliche Schreibweise für Dualzahlen, die in den meisten anderen Sprachen nicht vorhanden ist: Stellen Sie dem Dualwert 0b voran. Beispiel:

0b10101 bedeutet $(10101)_2$ beziehungsweise $(21)_{10}$.

### 2.2.2 Bits und Bytes

Eine einzelne Binärstelle, die ein Rechner speichert, wird als *Bit* bezeichnet. Das ist die Abkürzung für **bin**ary dig**it**, also Binärziffer. Es handelt sich um die kleinste Informationseinheit, die ein Computer verarbeiten kann – gleichzeitig ist es auch die kleinste vorstellbare Informationseinheit. Um überhaupt Daten darstellen zu können, benötigt man einen Zeichencode oder ein »Alphabet« aus mindestens zwei Elementen.

Natürlich könnte man Zahlen oder andere Daten auch einfach durch »Strichlisten« darstellen – eine bestimmte Anzahl des immer gleichen Informationselements steht für das jeweilige Symbol. Aber spätestens zur Darstellung der Lücke zwischen zwei auf diese Weise codierten Symbolen wäre dann doch wieder eine zweite Informationsart erforderlich.

### Bytes und Maschinenwörter

Die Speicherstellen, in denen Daten im Computer verwahrt werden, können durch Nummern angesprochen (adressiert) werden. Es wäre ineffizient und schwer realisierbar, jedem einzelnen Bit eine eigene Speicheradresse zuzuweisen. Aus diesem Grund werden mehrere von ihnen zu einer Einheit zusammengefasst, die eine gemeinsame Adresse erhält. Wenn der Prozessor den Inhalt einer Speicherstelle lesen möchte, erhält er jeweils den Wert all dieser Bits; genauso muss er beim Schreiben Werte für alle Bits eines solchen Speicherbereichs liefern.

Im Laufe der Computergeschichte war man sich lange Zeit nicht darüber einig, wie groß eine adressierbare Speicherstelle sein soll. Es gab im Grunde alle Varianten von 4 bis 36 Bit – darunter auch Werte, die man aus der Binärperspektive als »schräg« bezeichnen muss, wie die im vorangegangenen Kapitel erwähnten 22 Bit der Z3 von Konrad Zuse oder die 18 Bit des berühmten PDP-7-Rechners von DEC, auf dem die ursprüngliche Version des Betriebssystems Unix entwickelt wurde. Die Speicherblöcke der individuellen Größe, mit denen ein bestimmter Computer arbeitet, werden als *Maschinenwörter* bezeichnet. Die Anzahl der Bits eines solchen Maschinenworts wird die *Wortbreite* des jeweiligen Prozessors genannt.

Erst in den 70er-Jahren einigte man sich darauf, bei jedem Computer die Adressierung 8 Bit großer Blöcke zu ermöglichen. Diese Blöcke werden als *Bytes* bezeichnet. Dennoch besitzt jeder Prozessor seine eigene Wortbreite – es handelt sich um die Anzahl der Datenleitungen, mit denen er Bits parallel mit seiner Umgebung austauschen kann, sowie um die Anzahl der Bits innerhalb seiner Register (Rechenzellen). Die Wortbreiten von Prozessoren werden in Kapitel 3, »Hardware«, genau erläutert.

Die nächsten Vielfachen des standardisierten 8 Bit großen Bytes haben ebenfalls festgelegte Namen: 16 Bit werden als *Word* bezeichnet (nicht zu verwechseln mit dem individuell unterschiedlichen Maschinenwort), während 32 Bit *DoubleWord* (*DWord*) heißen.

### Messung von Speichermengen

Genau wie die physikalischen Maßeinheiten werden auch für das Byte Vervielfältigungen verwendet, die große Mengen mit einer speziellen Vorsilbe zusammenfassen. Allerdings sind Kilobyte, Megabyte etc. nicht jeweils das Tausendfache (Faktor $10^3$) der vorangegangenen Einheit, sondern es wird mit dem binärverträglicheren Wert $2^{10}$ (1.024) gerechnet.[2] Tabelle 2.13 zeigt eine Übersicht über die Vervielfältigungen des Bytes.

| Maßeinheit | Wert (Byte) | Wert (KByte) | Wert (MByte) |
|---|---|---|---|
| Byte | 1 | – | – |
| Kilobyte (KByte) | 1.024 | 1 | – |
| Megabyte (MByte) | 1.048.576 | 1.024 | 1 |
| Gigabyte (GByte) | 1.073.741.824 | 1.048.576 | 1.024 |
| Terabyte (TByte) | 1.099.511.627.776 | 1.073.741.824 | 1.048.576 |
| Petabyte (PByte) | $> 1{,}1258999 \times 10^{15}$ | 1.099.511.627.776 | 1.073.741.824 |
| Exabyte (EByte) | $> 1{,}152921 \times 10^{18}$ | $> 1{,}1258999 \times 10^{15}$ | 1.099.511.627.776 |

**Tabelle 2.13** Übersicht über die Vervielfältigungseinheiten des Bytes

Die Hersteller von Laufwerken und Datenträgern führen ihre Kunden übrigens in gewisser Weise in die Irre: Sie verwenden dezimale Abkürzungen wie MB und GB für die Angabe der Kapazität ihrer Geräte, um diese als Vielfache von 1.000 angeben zu können: 1 »MB« ist kein Megabyte im Sprachgebrauch der Informatik, sondern in der Angabe der technischen Daten von Festplatten 1 Million Byte; 1 »GB« ist 1 Milliarde Byte etc. Aus diesem Grund ist beispielsweise eine Festplatte mit der Größenangabe 300 GB tatsächlich nur etwa 286 Gigabyte groß.

Anders verhält es sich übrigens mit den Vielfachen des Bits, die für die Speicherkapazität einzelner Mikrochips sowie als Bit pro Sekunde zur Angabe der Geschwindigkeit serieller Leitungen verwendet werden: 1 Kilobit (KBit) beträgt 1.000 Bit, 1 Megabit (MBit) ist eine Million Bit groß, und 1 Gigabit (GBit) sind 1 Milliarde Bit.

### Binäre Speicherung verschiedener Daten

Die nächstliegende Verwendung der Bits einer Speicherzelle ist natürlich die Speicherung von Dualzahlen. Für ganze Zahlen wird dieses Verfahren tatsächlich eingesetzt. Allerdings gibt es zwei Arten der Speicherung solcher Zahlen: mit Vorzeichen (*signed*) und ohne Vorzeichen (*unsigned*). Wenn eine Dualzahl ohne Vorzeichen in einem Feld mit einer bestimmten Anzahl von Bits gespeichert wird, ist der Wertebereich unmittelbar erkennbar: Bei 8 Bit sind

---

2 Da die Vorsilben Kilo-, Mega- etc. gemäß dem Internationalen Maßeinheitensystem (SI) als dezimal genormt sind, wurden vor einigen Jahren die Bezeichnungen Kibi-, Mebi-, Gibi- etc. für die 1.024er-Stufen eingeführt. (Das *bi* steht darin für *binary*.) Die entsprechenden Abkürzungen erhalten ein zusätzliches i (KiB, MiB etc.). Dies ist zwar offizieller Standard, hat sich aber im Alltag der Informatik nicht durchgesetzt.

es beispielsweise $2^8 = 256$ verschiedene Werte, die als Zahlen von 0 bis 255 interpretiert werden. Die Belegung 0000 0000 bedeutet dabei 0, 1111 1111 steht für 255. Allgemeiner können Sie mit $n$ Bit $2^n$ verschiedene Werte darstellen, in diesem Fall die Zahlen von 0 bis $2^n-1$.

Komplizierter wird es bei vorzeichenbehafteten Zahlen. Unmittelbar einzusehen ist, dass das vorderste, also höchstwertige Bit für das Vorzeichen stehen sollte. Wenn dieses Bit auf 0 steht, um eine positive Zahl auszudrücken, und 1 wird, wenn die Zahl negativ ist, können bei $n$ Bit die Zahlen 0 bis $2^{n-1}-1$ durch dieselbe Bit-Belegung dargestellt werden wie bei einer vorzeichenlosen Speicherung; bei 8 Bit sind dies die Zahlen 0 bis 127. Um nun den restlichen Platz auf praktische Weise auf die negativen Zahlen zu verteilen, kehrt man die Bit-Belegung des jeweiligen Absolutwerts um und addiert dann 1 – in einem 8 Bit großen Speicherbereich, in dem eine vorzeichenbehaftete Zahl gespeichert wird, steht 1111 1111 auf diese Weise für –1; vom Wert 1 (die sieben Bits 000 0001) wird die Umkehrung gebildet (111 1110). Die anschließende Addition von 1 ergibt 111 1111. Der Vorteil dieses Verfahrens, das als *Zweierkomplement* bezeichnet wird, besteht darin, dass die Zahlen in korrekter Reihenfolge aufeinanderfolgen.[3] Abbildung 2.1 verdeutlicht dies an den Verhältnissen in einer 4 Bit breiten Speicherzelle. In Abbildung 2.2 wird dasselbe Phänomen erheblich unterhaltsamer für 16-Bit-Ganzzahlen demonstriert.

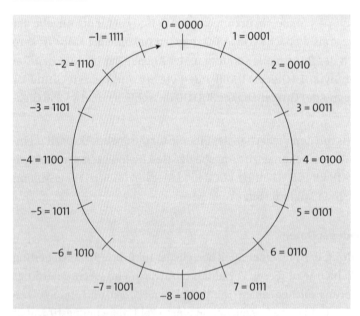

**Abbildung 2.1** Die Verwendung von 4 Bit zur Speicherung positiver und negativer ganzer Zahlen

---

3 Noch genauer gesagt, hat wirklich jede Zahl einen eindeutigen Nachfolger; deshalb wird eine solche Art der Zahlendarstellung auch als *Raumfolgearithmetik* (*Sequence Space Arithmetics*) bezeichnet.

**Abbildung 2.2** Die Raumfolgearithmetik in humorvoller Darstellung, hier mit 16-Bit-Ganzzahlen. Quelle: »http://www.xkcd.com/571/«, mit freundlicher Genehmigung des Autors

In Tabelle 2.14 sehen Sie, welche Wertebereiche man mit diversen Wortbreiten abdecken kann, jeweils einmal für vorzeichenlose und für vorzeichenbehaftete Werte.

| Bits | Anzahl Zustände | Vorzeichenloser Wertebereich | Vorzeichenbehafteter Wertebereich |
|---|---|---|---|
| 4 | 16 | 0 bis 15 | −8 bis +7 |
| 8 | 256 | 0 bis 255 | −128 bis +127 |
| 16 | 65.536 | 0 bis 65.535 | −32.768 bis +32.767 |
| 24 | 16.777.216 | 0 bis 16.777.215 | −8.388.608 bis +8.388.607 |
| 32 | 4.294.967.296 | 0 bis 4.294.967.295 | −2.147.483.648 bis +2.147.483.647 |
| 64 | > $1,8446744 \times 10^{19}$ (über 18 Trillionen) | Zu groß, um im Normalfall sinnvoll zu sein. Speicherbereiche dieser Breite werden viel häufiger zur Darstellung besonders genauer Fließkommazahlen eingesetzt. |  |
| 128 | > $3,402824 \times 10^{38}$ | | |

**Tabelle 2.14** Darstellungsmöglichkeiten von Ganzzahlen mit verschiedenen Bit-Anzahlen

Daneben kennen Computer auch andere Arten der binären Codierung. Es gibt beispielsweise unterschiedliche Verfahren zur Speicherung von Fließkommazahlen. Diese Zahlen werden so genannt, weil das Komma in ihnen frei verschiebbar ist und sie auf diese Weise eine unterschiedliche Anzahl von Nachkommastellen haben. Die Alternative sind Festkommazahlen (mit einer festgelegten Anzahl von Nachkommastellen), deren Verwendung sich beispielsweise für das Rechnen mit Währungsbeträgen anbietet.

*Fließkommazahlen*, manchmal auch *Gleitkommazahlen* genannt (*Floating Point Numbers*), werden grundsätzlich in der *wissenschaftlichen Schreibweise* (*Exponentialschreibweise*) gespeichert. In einigen Beispielen weiter oben wurde diese Art der Zahlendarstellung bereits intuitiv verwendet. In der Mathematik wird eine Zahl in dieser Form als Vielfaches einer Zehnerpotenz dargestellt. Beispielsweise könnte man 0,0000378 auch als $3{,}78 \times 10^{-5}$ schreiben; 2.451.000.000 ließe sich dagegen etwa als $2{,}451 \times 10^{9}$ darstellen. Der Wert vor dem Multiplikationszeichen wird übrigens als *Mantisse* bezeichnet, die Hochzahl heißt *Exponent*. Bei einer bekannten Basis (hier 10) genügen diese beiden Angaben zur Darstellung einer Zahl. In vielen Programmiersprachen kann $3{,}78 \times 10^{-5}$ deshalb zum Beispiel als 3.78E–5 geschrieben werden; $2{,}451 \times 10^{9}$ wäre 2.451E+9 (das *E* steht für Exponent).

Aufgrund der binären Natur des Rechners werden zur internen Speicherung natürlich keine Zehnerpotenzen eingesetzt, sondern Zweierpotenzen. Die gesamte Bit-Breite wird dazu aufgeteilt: 1 Bit für das Vorzeichen der Mantisse, eine beliebige Bit-Anzahl für deren Nachkommastellen, 1 Bit für das Vorzeichen des Exponenten und die restlichen Bits für dessen Wert (für beide Komponenten wird wiederum die Zweierkomplementschreibweise eingesetzt).

Die Größe des Exponenten wird dabei so gewählt, dass die Mantisse *normalisiert* wird, also genau eine Stelle vor dem Komma bildet. Da die Darstellung im Computer dual ist, ist der Wert der Mantisse immer 1 und braucht daher nicht gespeichert zu werden.

Da einige Zahlen, die im Dezimalsystem abbrechend wären, im Dualsystem periodisch sind (und umgekehrt), kommt es beim Rechnen mit Fließkommazahlen mitunter zu Rundungsfehlern.

Eine weitere Art der binären Codierung sind *BCD*-Werte (*Binary Coded Decimals*): Es handelt sich um eine ineffektive, da Speicherplatz verschwendende Art der Speicherung von Dezimalzahlen, die aber mitunter das Rechnen im Dezimalsystem beschleunigt. Dabei machen vier Bits jeweils eine Dezimalzahl aus. Betrachten Sie als Beispiel die Zahl 354: In dualer Darstellung hat sie den Wert 101100010. Als BCD-Zahl werden die drei Ziffern der Zahl dagegen einzeln als 4 Bit große Dualzahlen geschrieben, sodass sich 0011.0101.0100 ergibt (die Punkte dienen nur der Verdeutlichung).

## 2.3   Elektronische Grundlagen

Die bisher in diesem Kapitel besprochenen mathematischen und logischen Funktionen werden in einem realen Computer durch elektronische Schaltungen realisiert. Das Kernstück von Logikschaltkreisen ist naturgemäß irgendeine Art von Schalter, der aber nicht von einem Menschen betätigt wird, sondern durch einen Steuerstrom. Wie im vorangegangenen Kapitel dargelegt, wurden dazu in der Frühzeit der Computergeschichte elektromagnetische Relais verwendet, später Elektronenröhren und schließlich Transistoren. Auch bei modernen integrierten Schaltkreisen handelt es sich um Transistortechnik, die einfach nur auf Mikrometergröße verkleinert wurde. Ein moderner Mikroprozessor besteht aus Hunderten Millionen Transistoren.

Wie ebenfalls bereits erwähnt, heißt das Fachgebiet der Informatik, zu dem der Umgang mit elektronischen Schaltungen gehört, *technische Informatik*. Da es sich um die technische Umsetzung der booleschen Algebra handelt, wird sie auch als *Schaltalgebra* bezeichnet.

## 2.3.1 Einfache Schaltungen

Die grundlegenden Funktionen, die im Computer stattfinden, lassen sich sehr leicht als elektrische Schaltpläne darstellen. Die beiden einfachsten Schaltungen, die man sich vorstellen kann und die sich beispielhaft durch einfaches Elektrozubehör realisieren lassen, sind die Und- sowie die Oder-Schaltung: Um diese Elemente isoliert (ohne vollständigen Rechner) zu bauen, benötigen Sie lediglich eine Batterie, eine Glühlampe, zwei Schalter und etwas Draht.

Die Und-Schaltung lässt sich durch Reihenschaltung der beiden Schalter realisieren. Die Schalter entsprechen dabei den beiden Werten, die miteinander verknüpft werden sollen. Ein geöffneter Schalter steht für 0, ein geschlossener bedeutet 1. Die Lampe zeigt das Ergebnis an: Bei einer Reihenschaltung leuchtet sie natürlich nur dann, wenn beide Schalter geschlossen sind. Abbildung 2.3 zeigt den Aufbau dieser Schaltung.

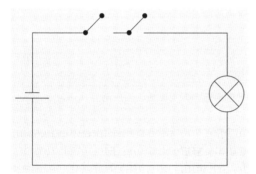

**Abbildung 2.3** Logisches Und durch einfache Schalter

Wenn Sie die beiden Schalter dagegen parallel zueinander setzen, erhalten Sie eine Oder-Schaltung: Es genügt, dass einer der beiden Schalter geschlossen ist, um die Lampe zum Leuchten zu bringen (siehe Abbildung 2.4).

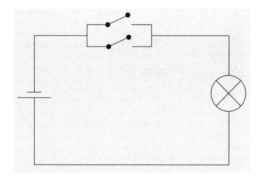

**Abbildung 2.4** Logisches Oder durch einfache Schalter

In der Praxis werden die Schalter natürlich durch Transistoren ersetzt; anstelle der Glühlampe führt der Ausgang einer solchen Schaltung zur nächsten, um auf diese Weise komplexere logische Schaltkreise zu realisieren.

Ein *MOS-Transistor* (*Metal Oxide Semiconductor* oder deutsch: Metalloxidhalbleiter) besitzt drei Anschlüsse: einen Stromeingang (Emitter oder *source*), einen Stromausgang (Kollektor oder *drain*) und einen Steuerungseingang (*gate*). Es fließt nur Strom zwischen Emitter und Kollektor, wenn eine Steuerspannung anliegt, sodass sich der Transistor als Schalter betrachten lässt, der durch eine Steuerspannung ein- und ausgeschaltet wird. Eine sinnvolle Anwendung ist die NOT-Schaltung, die den Eingangswert verneint. Sie wird realisiert, indem der Transistor mit einem Widerstand gekoppelt wird, wie in Abbildung 2.5 gezeigt.

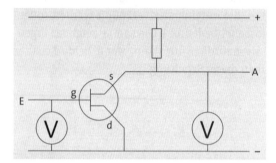

**Abbildung 2.5** NOT-Schaltung durch Transistor und Widerstand

Die einfachsten Schaltungen, die sich jeweils mithilfe von zwei Transistoren und einem Widerstand realisieren lassen, sind die *NAND*- und die *NOR*-Schaltung. Es handelt sich um die Umkehrungen der Und- beziehungsweise Oder-Schaltungen: NAND (*Not AND*) realisiert die Schaltfunktion $\neg(A \land B)$ oder $\neg A \lor \neg B$, bei der die folgende Wertetabelle entsteht:

| NAND | 0 | 1 |
|---|---|---|
| 0 | 1 | 1 |
| 1 | 1 | 0 |

**Tabelle 2.15** Wertetabelle der NAND-Schaltung

NOR (*Not OR*) stellt dagegen die Schaltfunktion $\neg(A \lor B)$ beziehungsweise $\neg A \land \neg B$ dar, für die die folgende Wertebelegung gilt:

| NOR | 0 | 1 |
|---|---|---|
| 0 | 1 | 0 |
| 1 | 0 | 0 |

**Tabelle 2.16** Wertetabelle der NOR-Schaltung

Abbildung 2.6 zeigt, wie die NAND- und die NOR-Schaltung durch zwei Transistoren und einen Widerstand realisiert werden.

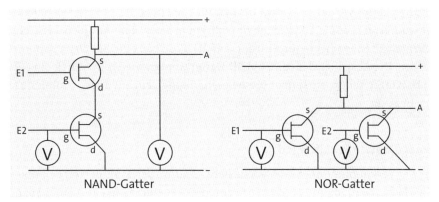

**Abbildung 2.6** NAND- und NOR-Schaltung durch je zwei Transistoren und einen Widerstand

Durch Kombination mit der zuvor gezeigten NOT-Schaltung lassen sich diese Schaltungen zu den bekannten AND- und OR-Funktionen ausbauen.

Für die bisher dargestellten Schaltungen gelten die vereinfachenden Symbole in Abbildung 2.7, weil sich auf diese Weise komplexere Gefüge aus solchen Schaltungen übersichtlich darstellen lassen. In diesem Zusammenhang werden die grundlegenden Schaltungen wie AND und OR als *Gatter* (Gates) bezeichnet.

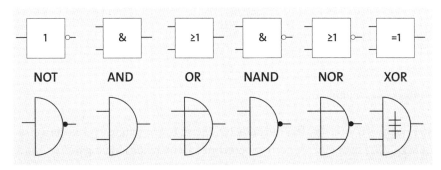

**Abbildung 2.7** Gattersymbole der Logikschaltungen – oben die aktuelle DIN-Norm, unten die traditionellen Symbole

Die Negation eines Werts wird übrigens in der Regel nicht durch ein vollständiges NOT-Symbol dargestellt, sondern durch den kleinen Kreis, der auch bei den Symbolen für NAND und NOR zu finden ist. Genauso, wie bei diesen Schaltungen der Ausgang negiert wird, wird bei anderen ein Eingang negiert, das heißt, ein NOT-Gatter wird vor einen der beiden Eingänge eines anderen Elements gesetzt. Beachten Sie, dass die tatsächliche technische Realisation von Schaltungen nicht mit der schematischen Darstellung übereinstimmen muss. Wie Sie zuvor gesehen haben, werden beispielsweise nicht etwa NAND und NOR durch Verneinung von AND und OR gebaut, sondern in Wirklichkeit ist es gerade umgekehrt. Im Übrigen gibt es für komplexere Verknüpfungen von Schaltungen oft eine Reihe äquivalenter Lösungen.

Die XOR-Schaltung (Exklusiv-Oder), die etwa für den im Folgenden besprochenen Halbaddierer benötigt wird, ist ein wenig komplexer zu realisieren. Sie besteht beispielsweise aus zwei AND-Gattern mit je einem negierten Eingang, auf die dieselben eingehenden Spannungen verteilt werden. Die Ausgänge der beiden AND-Gatter werden wiederum durch ein OR-Gatter verknüpft. Wie Sie sehen, entspricht diese Beschreibung dem zuvor erwähnten Ausdruck $(\neg A \wedge B) \vee (A \wedge \neg B)$.

### 2.3.2 Zusammengesetzte Schaltungen

Ein Beispiel für die Verknüpfung mehrerer einfacher Gatter ist der Multiplexer. Er implementiert eine einfache Wenn-dann-Beziehung: Wenn der Steuereingang c mit einer Spannung belegt ist (Wert 1), wird der Wert des Eingangs x durchgeschaltet, andernfalls der Wert des Eingangs y. Abbildung 2.8 zeigt den schematischen Aufbau des Multiplexers, daneben sein Schaltsymbol. Die schrittweise Zusammenfassung immer komplexerer Schaltungen durch neue Symbole ist eine wichtige Voraussetzung für die effiziente Arbeit bei der Entwicklung elektronischer Bauteile.

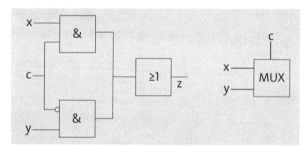

**Abbildung 2.8** Aufbau eines Multiplexers

Ein weiteres interessantes Bauteil ist der *Halbaddierer*. Dieser Name leitet sich aus der Tatsache her, dass die Schaltung zwar einen Übertrag berechnet, wenn beide Eingangswerte 1 sind, aber nicht in der Lage ist, den Übertrag eines vorgeschalteten Addierers entgegenzunehmen. Diese Fähigkeit besitzt nur der komplexere, im Folgenden dargestellte *Volladdierer*. Beim Halbaddierer werden die Werte der beiden Eingänge x und y addiert. Der Ausgang s (*sum*, also Summe) liefert das einstellige Ergebnis der Addition, das der Verknüpfung x XOR y entspricht, während c (*carry*, der Übertrag) den Wert 1 für die nächste Stelle liefert, wenn x und y beide 1 sind. Die Funktion, die zum Ergebnis von c führt, ist demzufolge $x \wedge y$. Abbildung 2.9 zeigt den Aufbau des Halbaddierers und sein Schaltsymbol.

Der Volladdierer enthält zwei Halbaddierer. Die einstellige Summe setzt sich aus der Summe der beiden eigentlichen Summanden x und y und aus dem hereinkommenden Übertrag ci (*Carry-in*) zusammen. Der ausgehende Übertrag co (*Carry-out*) wird durch die Oder-Verknüpfung der beiden Summen gebildet. In Abbildung 2.10 sehen Sie den Aufbau des Volladdierers und sein Schaltsymbol.

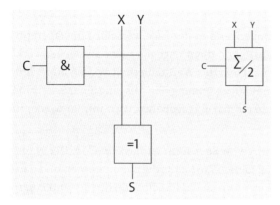

**Abbildung 2.9** Aufbau eines Halbaddierers

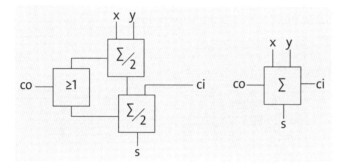

**Abbildung 2.10** Aufbau eines Volladdierers

Aus einer Reihe dieser 1-Bit-Volladdierer lässt sich ein n-Bit-Addierwerk realisieren. Der Übertrag eines dieser Addierer wird dabei jeweils in den nächsten übertragen. Beachten Sie, dass der Baustein ganz rechts ein Halbaddierer ist, weil die kleinste Stelle natürlich kein Carry-in zu verarbeiten hat. Wenn Sie sämtliche s-Ausgänge von links nach rechts lesen, erhalten Sie das duale Rechenergebnis; ganz links kommt zusätzlich das Carry-out der höchsten Stelle heraus. In Abbildung 2.11 sehen Sie beispielsweise einen 4-Bit-Addierer, mit dem sich zwei Werte von 0000 bis 1111 (0 bis 15) addieren lassen.

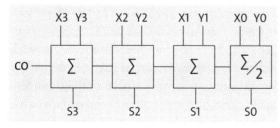

**Abbildung 2.11** Aufbau eines 4-Bit-Addierwerks

### Speicherbausteine

Die bisher untersuchten komplexen Schaltungen sind in der Lage, verschiedene Operationen durchzuführen. Eine andere Art von Bausteinen dient dagegen nicht als Rechenwerkzeug, sondern als Speicher, bei dem ein einmal gesetzter Wert dauerhaft vorgehalten wird. Erreicht wird dies durch verschiedene Arten der Rückkopplung: Ein Ausgang einer Schaltung wird mit einem Eingang verbunden, um einen einmal eingegebenen Wert immer wieder in die Schaltung zurückzuschreiben.

Der wichtigste Grundbaustein zur Realisierung von Speichern ist das *Flip-Flop*. Der Name dieses Bausteins beschreibt die beiden verschiedenen Zustände, die er einnehmen und dauerhaft halten kann. Die bekannteste Art des Flip-Flops ist das RS-Flip-Flop (für *Set* und *Reset*). Es handelt sich um zwei NOR-Gatter, die über je einen freien Eingang (*r* und *s* genannt) verfügen. Die beiden anderen Eingänge der NOR-Gatter werden mit den Ausgängen des jeweils anderen Gatters verbunden. In Abbildung 2.12 sehen Sie die Schaltzeichnung des RS-Flip-Flops sowie sein vereinfachtes Schaltsymbol zur weiteren Verwendung.

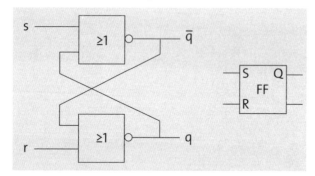

**Abbildung 2.12** Aufbau eines RS-Flip-Flops

Der schaltlogisch interessante Ausgang des RS-Flip-Flops ist q: Wenn über s (Set) auch nur kurzzeitig der Wert 1 übergeben wird, liefert q diese 1 dauerhaft. Wird dagegen r (Reset) mit einer 1 belegt, dann wird q zurückgesetzt und liefert auf Dauer eine 0. Auf diese Weise dient das RS-Flip-Flop als wichtigste Komponente von Speicherbausteinen; es handelt sich um einen 1-Bit-Speicher.

Um vollständige Speicherbausteine zu realisieren, müssen außerhalb des RS-Flip-Flops noch einige weitere Schaltelemente hinzugefügt werden, die dazu dienen, den Eingabewert aus einer einzelnen Leitung als Wert zu interpretieren, der in der Speicherzelle abgelegt werden soll. Dazu muss ein Schalter verwendet werden, der bestimmt, dass das aktuelle Signal des Eingangs im RS-Flip-Flop gespeichert werden soll. Außerdem muss je nach zu speicherndem Wert zwischen dem Eingang s und dem Eingang r gewählt werden: Eine 1 kann einfach an die Leitung s durchgeschaltet werden, eine 0 bedeutet dagegen, dass eine 1 auf r eingegeben werden soll – der Wert muss nach Auswahl von r zusätzlich negiert werden.

Abbildung 2.13 zeigt den Aufbau einer Speicherzelle, die die beschriebene Funktionalität zur Verfügung stellt, sowie ihr Schaltsymbol. Wenn auf SELECT eine 1 eingegeben wird, kann über den mit Q AND-verknüpften Ausgang OUT der aktuelle Wert gelesen werden. Dieser Mechanismus dient in einem großen Gefüge von Speicherzellen der Adressierung, also der Auswahl einer bestimmten Speicherzelle oder einer Gruppe von Speicherzellen. Werden SELECT = 1 und WRITE = 1 gesetzt, wird der an INPUT anliegende Wert auf die beschriebene Weise im Flip-Flop abgelegt.

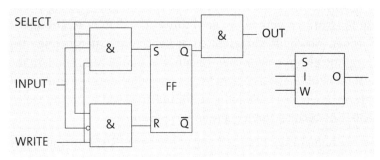

**Abbildung 2.13** Aufbau einer Speicherzelle

Mehrere Speicherzellen lassen sich zu einem Register zusammenschließen. Dazu werden die SELECT- und WRITE-Eingänge aller beteiligten Zellen zusammengeschlossen, da stets das gesamte Register auf einmal gelesen oder geschrieben wird. Auf diese Weise werden die Rechenregister im Mikroprozessor realisiert, aber auch die adressierbaren Speicherblöcke im Arbeitsspeicher (RAM). Abbildung 2.14 zeigt ein Beispiel eines 4-Bit-Registers. In der Praxis sind die meisten heutigen Register 32 oder gar 64 Bit breit, funktionieren aber nach demselben Prinzip.

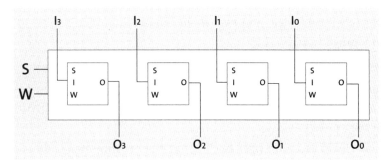

**Abbildung 2.14** Aufbau eines 4-Bit-Registers

## 2.4 Automatentheorien und -simulationen

Um die Funktionsweise von Computern nachvollziehen zu können, wurden im Lauf ihrer Entwicklungsgeschichte zahlreiche mathematisch-theoretische Modelle entworfen, die die

2 Mathematische und technische Grundlagen

grundlegenden Arbeitsschritte einer solchen Maschine verdeutlichen sollen. In diesem Abschnitt werden zwei der wichtigsten Theorien vorgestellt: der *endliche Automat* nach Turing sowie eine Modifikation einer *Von-Neumann-Registermaschine* (mehr über Letztere erfahren Sie in der Einleitung des nächsten Kapitels).

### 2.4.1 Algorithmen

Wie bereits in Kapitel 1, »Einführung«, erwähnt, verarbeitet ein Computer Abfolgen von Rechenvorschriften. Diese Vorschriften verarbeitet der Prozessor, indem er elektronische Schaltungen wie die im letzten Abschnitt vorgestellten bedient. Automatentheorien beschreiben ausdrücklich nicht die elektrotechnischen Details von Computern, sondern die mathematischen Aspekte ihrer Funktionsweise. Gerade dies macht die Automatentheorien zum geeigneten Mittel, Algorithmen allgemeingültig zu formulieren, sodass sie auf vielen verschiedenen konkreten Rechnerarchitekturen realisiert werden können.

Algorithmen dienen in der Mathematik der Beschreibung von Rechen-, Konstruktions- oder Beweisverfahren. In der Informatik sind sie die allgemeine Grundlage für das Schreiben von Computerprogrammen. Umgekehrt dienen sie manchmal auch der Verallgemeinerung eines bestehenden Computerprogramms aus einer konkreten Programmiersprache auf eine allgemeinere Ebene, um das Programm zum Beispiel in einer anderen Sprache neu schreiben oder einige schlecht implementierte Teilfunktionen ersetzen zu können.

Neben einem Algorithmus wird in der Regel auch eine Datenstruktur benötigt. Datenstrukturen dienen der Speicherung der Informationen, die ein Algorithmus verarbeitet. Je nachdem, wie effizient eine Datenstruktur ist und wie gut sie an ein bestimmtes Problem angepasst ist, trägt sie entscheidend zu besseren oder schlechteren Algorithmen bei. Das Thema Algorithmen und Datenstrukturen wird in diesem Buch noch einmal aus der Sicht konkreter Programmiersprachen behandelt, und zwar im ersten Abschnitt von Kapitel 10, »Konzepte der Programmierung«.

Es gibt verschiedene konkrete Darstellungsformen für Algorithmen:

▶ *Algebraische Darstellung:* Die streng mathematisch-algebraische Darstellungsform beschreibt die Datenstruktur als Algebra und die Rechenverfahren als Verknüpfungsvorschriften der Elemente dieser Algebra.

Eine *Algebra* besteht aus einem Satz zulässiger Zeichen mit einer bestimmten Ordnung oder Abfolge sowie aus verschiedenen erlaubten Verknüpfungen dieser Zeichen. Zum Beispiel beschreibt die *lineare Algebra* sämtliche Aspekte linearer Gleichungssysteme, die Vektorrechnung und ihre Anwendungen wie etwa die euklidische Geometrie. Die Zeichen der linearen Algebra sind die reellen Zahlen beziehungsweise mehrdimensionale Vektoren aus reellen Zahlen. Die Verknüpfungsvorschriften sind die Grundrechenarten, die auf die Vektorrechnung ausgeweitet werden.

Ein anderes Beispiel ist die eingangs dargestellte *boolesche Algebra*, deren Zeichenvorrat aus 1 und 0 besteht; die wichtigsten zulässigen Verknüpfungen haben Sie ebenfalls bereits kennengelernt.

Für einen neu zu programmierenden Algorithmus eine eigene Algebra zu entwickeln ist eine schwierige Aufgabe und erfordert umfangreiche Kenntnisse der mathematischen Formelsprache. In diesem Buch wird aus konzeptionellen Gründen nicht weiter darauf eingegangen – es ist kein Mathematikbuch. In der Literaturliste in Anhang C finden Sie jedoch Hinweise auf Bücher, in denen diese Thematik näher erläutert wird.

▶ *Anschaulich-sprachliche Darstellung:* Überraschend häufig ist es am sinnvollsten, einen Algorithmus als Abfolge von Schritten in normaler Alltagssprache zu formulieren. Ein Beispiel sind die Umrechnungsanleitungen für die verschiedenen Zahlensysteme, die in diesem Kapitel bereits erläutert wurden. Der Ansatz, aus einer solchen Beschreibung ein Computerprogramm zu entwickeln, besteht darin, zunächst eine passende Datenstruktur auszuwählen und die einzelnen Schritte anschließend in Programmbefehle umzusetzen.

▶ *Diagrammdarstellung:* Eine beliebte Darstellungsform für Algorithmen ist das Flussdiagramm oder der konkretere, aus mehr Einzelschritten bestehende Programmablaufplan. In Kapitel 10, »Konzepte der Programmierung«, finden Sie Beispiele für einfache Flussdiagramme nach DIN 66001. Ein anderes Verfahren, das vor allem im Informatikunterricht gern eingesetzt wird, ist das Nassi-Shneiderman-Struktogramm; es bildet die Funktionen moderner Programmiersprachen besser ab und lässt sich auf einfache Weise in Tabellenform darstellen.

Eine spezielle Variante der Diagrammdarstellung ist die *Unified Modeling Language* (UML). Sie dient nicht nur der Darstellung der unmittelbaren Computeralgorithmen, sondern kann darüber hinaus auch ganze Geschäftsprozesse mitsamt beteiligten Ressourcen und Arbeitsabläufen abbilden. Auf diese Weise ist die UML eines der beliebtesten Instrumente im modernen Software-Engineering; sie dient dem objektorientierten Design und der Entwicklung verteilter Anwendungen. Genaueres erfahren Sie in Kapitel 12, »Software-Engineering«.

▶ *Pseudocode-Darstellung:* Es handelt sich um die Formulierung des Algorithmus in einer »verallgemeinerten Programmiersprache«. Diese Schreibweise kommt dem endgültigen Computerprogramm am nächsten, ist aber noch immer allgemein genug, um das Programm später in verschiedenen konkreten Sprachen implementieren zu können. Viele formalisierte Sprachen sind an Pascal oder BASIC angelehnt. Ein Beispiel auf einer anderen Ebene ist die Maschinensprache des in Abschnitt 2.4.3, »Der virtuelle Prozessor«, vorgestellten virtuellen Prozessors.

### Berechenbarkeit und Komplexität

Die theoretische Informatik beschäftigt sich neben Automatentheorien vor allem mit den Problemen der Berechenbarkeit und der Komplexität.

## 2 Mathematische und technische Grundlagen

Die *Berechenbarkeit* beantwortet die Frage, ob ein bestimmtes Problem überhaupt durch Berechnungen gelöst werden kann. Ein Teilproblem der Berechenbarkeit ist das *Halteproblem*, das sich mit der Frage beschäftigt, ob ein Algorithmus bei bestimmten Eingabewerten jemals terminiert (beendet wird). Manche Programme bleiben nämlich in einer Endlosschleife hängen, entweder aufgrund eines logischen Fehlers oder eben weil das gestellte Problem – zumindest für die eingegebenen Werte – gar nicht berechenbar ist.

Betrachten Sie als anschauliches Beispiel einen Algorithmus, der zwei Eingabewerte a und b entgegennimmt, a durch b dividiert und das Ergebnis ausgibt. Dargestellt werden könnte dieser Algorithmus etwa durch die folgende mathematische Funktion:

$$f(a,b) = a \div b$$

Wie Ihnen bekannt sein dürfte, ist keine Zahl durch 0 teilbar, das heißt, für b = 0 ist die Funktion nicht berechenbar. Ein solcher Eingabewert heißt *Undefiniertheitsstelle* einer Funktion und wird so angegeben:

$$f(a,0) = \perp$$

Intuitiv können Sie allerdings erkennen, dass die Funktion allgemein berechenbar ist – es gibt unendlich viele Paare (a, b), für die sie eine definierte Lösung besitzt. Genauer gesagt, ist sie für alle $a \in \mathbb{R}$ und alle $b \in \mathbb{R}\backslash\{0\}$ definiert.

Es ist schwieriger, ein nicht berechenbares Problem zu finden, also eine Aufgabenstellung, die sich nicht durch Berechnung lösen lässt. Es gibt grundsätzlich zwei Kategorien nicht berechenbarer Probleme:

▶ Das Problem ist seiner Natur nach nicht berechenbar.

▶ Eine Berechnung zur Lösung des Problems ist so komplex, dass es nicht in annehmbarer Zeit gelöst werden kann (die Berechnung würde mit vertretbarer Rechenkapazität viele Jahre oder gar Jahrhunderte dauern).

Beispiele für den ersten Fall enthalten meist einen unauflösbaren logischen Widerspruch. Der Klassiker in dieser Hinsicht ist die folgende Aussage:

*Dieser Satz ist eine falsche Aussage.*

Ein Prozessor würde eher durchschmoren, als Ihnen mit Gewissheit sagen zu können, ob diese Aussage wahr ist oder nicht. Falls sie nämlich tatsächlich wahr sein sollte, träfe es zu, dass sie falsch ist. Damit ist sie aber eben nicht wahr. Falls sie dagegen tatsächlich falsch ist, trifft das Gegenteil zu, nämlich dass sie wahr ist ...

Die beliebte Geschichte vom Kreter, der behauptet, dass alle Kreter Lügner seien, ist dagegen kein echtes Paradoxon: Er muss ja lediglich selbst ein Lügner sein, und schon ist seine Aussage ohne jeden Widerspruch null und nichtig.

Einen viel zu hohen Aufwand stellt dagegen beispielsweise der Versuch dar, einen Algorithmus zu programmieren, der ein umfangreiches Kreuzworträtsel durch reines Ausprobieren löst oder sämtliche möglichen Züge bei einem Schachspiel durchprobiert. Letzteres scheint

94

ein Widerspruch zu der Tatsache zu sein, dass es hervorragende Schachprogramme gibt, die sogar menschliche Weltmeister besiegen. Aber auch diese Programme versuchen gar nicht erst, jeden Zug durchzurechnen, sondern basieren auf einer Reihe von Wahrscheinlichkeitsregeln, Vereinfachungen und nicht zuletzt einer Datenbank mit sinnvollen Zügen.

Um die Rechenzeit zu bestimmen, die ein Algorithmus benötigt, wird dessen *Komplexität* ermittelt. Die Komplexitätsklasse gibt eine Größenordnung für die Anzahl der Durchläufe an, die bis zur Lösung des Problems notwendig sind. Für die tatsächliche Anzahl von Durchläufen werden drei exemplarische Werte angegeben: Der *Best Case* gibt die minimale Anzahl von Durchläufen an, der *Average Case* ist der Durchschnittswert und der *Worst Case* die maximale Durchlaufzahl.

Betrachten Sie als Beispiel einen Algorithmus, der die Elemente einer Menge nacheinander mit einem vorgegebenen Wert vergleicht und anhält, sobald ein Element diesem Wert entspricht oder alle Elemente verglichen wurden. Dieser Algorithmus wird als *lineare Suche* bezeichnet; in Kapitel 10, »Konzepte der Programmierung«, finden Sie eine Beispielimplementierung in einer echten Programmiersprache.

Der Best Case ist das Finden des Werts beim ersten Versuch. Beim Worst Case müssen alle Elemente der Menge mit dem Suchwert verglichen werden. Der Average Case ist in diesem Fall die Hälfte der Elementanzahl. Die Komplexitätsklasse richtet sich grundsätzlich nach dem Worst Case, weil man bei der Programmierplanung berücksichtigen muss, wie lange die Ausführung eines Programms maximal dauern kann.

Der Algorithmus für die lineare Suche benötigt im Höchstfall eine Anzahl von Versuchen, die der Anzahl der Elemente entspricht. Bei n Elementen werden also maximal n Versuche gebraucht. Dies wird als lineare Komplexität (des Algorithmus) bezeichnet. Man sagt auch, dass die Komplexität »von der Ordnung *n*« ist.

Definition: Eine Funktion *f(n)* ist höchstens von der Ordnung der Funktion *g(n)*, falls es eine Konstante C gibt, sodass für »große N« gilt:

$$f(N) \leq C \times g(N)$$

Dies wird symbolisch auch als *f(N) = O(g(N))* geschrieben – die sogenannte *O-Notation (Big-O-Notation)*.

Bei der linearen Suche ist *g(N) = N*, sodass für die Funktion *f(N)* gilt:

$$f(N) = O(N)$$

Übrigens spricht man auch dann von ein und derselben Komplexitätsklasse, wenn sich die Anzahl der Durchläufe zweier Algorithmen um einen konstanten Faktor voneinander unterscheidet. Benötigt ein anderer Algorithmus für n Elemente beispielsweise *2n* Versuche, wird dies ebenfalls als lineare Komplexität angegeben.

Bei anderen Algorithmen kann es völlig andere Komplexitätsklassen geben. Stellen Sie sich beispielsweise ein Programm vor, das nacheinander alle erdenklichen Reihenfolgen einer

Folge von *n* verschiedenen Werten ausgeben soll – dieses Verfahren wird als *Suche nach Permutationen* bezeichnet. Für die Zahlenfolge *1, 2, 3* gibt es beispielsweise die folgenden Permutationen:

| 1 | 2 | 3 |
|---|---|---|
| 1 | 3 | 2 |
| 2 | 1 | 3 |
| 2 | 3 | 1 |
| 3 | 1 | 2 |
| 3 | 2 | 1 |

**Tabelle 2.17** Alle Permutationen der Zahlenfolge 1, 2, 3

Drei Elemente ermöglichen sechs verschiedene Permutationen, bei vier Elementen sind es bereits *24 (= 1 × 2 × 3 × 4)*. Bei n Elementen sind n! (sprich *n Fakultät*, also *1 × 2 × 3 × ... × n*) verschiedene Permutationen möglich. Die Komplexitätsklasse ist demnach n!.

Andere typische Komplexitätsklassen sind etwa folgende:

▶ O(1) – *statische* Komplexität: Die Rechenzeit bleibt ungeachtet der Quantität N immer etwa gleich; dies ist ein Idealzustand, der selten erreicht wird. Der Linux-Kernel enthält seit Version 2.6 einen O(1)-Scheduler. Es dauert also unabhängig von der Anzahl der laufenden Prozesse immer ungefähr gleich lang, auszuwählen, welcher Prozess als Nächster an der Reihe ist.

▶ O(log(N)) – die *logarithmische* Komplexität entsteht beispielsweise bei Teile-und-herrsche-Verfahren wie der in Kapitel 10, »Konzepte der Programmierung«, erläuterten binären Suche.

▶ $O(N^2)$ – *quadratische* Komplexität entsteht zum Beispiel bei Problemen, die die tabellarische Verknüpfung von Werten enthalten.

▶ $O(N^K)$ – die *polynomielle* Komplexität herrscht bei zahlreichen mehrdimensionalen Algorithmen.

▶ $O(K^N)$ – *exponentielle* Komplexität kommt bei Problemen vor, die durch mehrfaches Ausprobieren verschiedener Kombinationsmöglichkeiten gelöst werden.

### 2.4.2 Die Turing-Maschine

Eine der ältesten Automatentheorien wurde 1936, also noch vor der Umsetzung echter Computer, von dem britischen Mathematiker, Kryptologen und Informatikpionier *Alan Turing* aufgestellt. Turing ist vor allem deshalb berühmt, weil er im Zweiten Weltkrieg die entscheidende Rolle bei der Entschlüsselung des Codes der deutschen Chiffriermaschine *Enigma* spielte.

Außerdem ist der von ihm erdachte *Turing-Test* bekannt. Dieses Konzept gilt als Maßstab dafür, wann ein Computer wirklich intelligent ist: Ein Mensch muss sich mit ihm über Monitor und Tastatur unterhalten können, ohne den Unterschied zu einer elektronischen Unterhaltung mit einem Menschen zu bemerken.

Einer der ersten Kandidaten für das Bestehen des Turing-Tests war übrigens das Programm *Eliza*, das in den 60er-Jahren von *Joseph Weizenbaum* geschrieben wurde. Es handelt sich um die Simulation eines Gesprächs zwischen einem Patienten und einem Psychotherapeuten, der die Eingaben des »Patienten« in Rückfragen umwandelt. Außerdem enthält das Programm eine Sammlung von Schlüsselwörtern, auf die es mit speziellen Antworten reagiert. Hier ein kurzer Beispieldialog:

*User: I am afraid of computers.*
*Eliza: You have your mind on computers, it seems.*
*User: Yes.*
*Eliza: I see ... Well, why do you say this is so?*
*User: Because computers make me nervous.*
*Eliza: Is it because computers make you nervous that you came to me?*
*User: Yes.*
*Eliza: Yes, hmmm ... so, what makes you believe this is so?*
*User: Because I don't trust them.*
*Eliza: Does it bother you that you do not trust them?*
*etc.*

Mit Intelligenz hat das Ganze allerdings nichts zu tun; Eliza lässt sich leicht überlisten. Im Internet finden Sie zahlreiche Online-Implementierungen sowie Downloads für die verschiedensten Plattformen, oft mitsamt Quellcode, sodass Sie das Programm selbst analysieren können.

Übrigens kann man nicht über Alan Turing sprechen, ohne sein tragisches Schicksal zu erwähnen, zumal es ein beschämendes Beispiel dafür ist, wie weit Intoleranz getrieben werden kann: Als durch einen Zufall öffentlich bekannt wurde, dass Turing homosexuell war, wurde er vom Gericht zu einer seltsamen Hormon-»Therapie« gezwungen. Dies zermürbte ihn letztlich so sehr, dass er sich 1954 das Leben nahm.[4]

---

4 Nach einigen Quellen behauptete Turings Mutter allerdings, dass es sich bei seiner Vergiftung ganz bestimmt um einen Unfall gehandelt habe. Plausibel wäre diese Variante deshalb, weil er sich trotz der entwürdigenden Behandlung bis zum letzten Tag seines Lebens voll in allerlei Forschungsprojekten engagierte.

Eine der größten Leistungen Turings ist die Entwicklung des nach ihm benannten Automatenmodells, der *Turing-Maschine*. Eine allgemeinere Bezeichnung für solche Modelle ist *endlicher Automat*.

Eine Turing-Maschine besitzt den folgenden Aufbau:

- Der Speicher ist ein in einzelne Felder unterteiltes Band, das sich nach links oder rechts bewegen lässt. Aus diesem Grund wird die Turing-Maschine übrigens auch als *Bandmaschine* bezeichnet.
- Jedes Feld des Bandes kann einen bestimmten Wert aus dem Zeichenvorrat der Maschine enthalten.
- Es befindet sich jeweils genau ein Feld des Bandes unter einem Schreib-/Lesekopf. Dieser liest die Inhalte der einzelnen Felder zeichenweise als Eingabe oder schreibt als Ausgabe neue Werte hinein.
- Je nach gelesenem Zeichen und je nach bisherigem Zustand wird die Maschine in verschiedene definierte Zustände versetzt. Die Zustände bestehen beispielsweise aus der Bewegung des Bandes in eine der beiden Richtungen, dem Lesen des jeweils nächsten Zeichens, dem Schreiben eines Zeichens etc. Ein spezielles Zeichen muss die Maschine jeweils in den Zustand »Programmende« schalten.

Die Tatsache, dass es endlich viele verschiedene Zustände gibt, in denen sich eine solche Maschine befinden kann, begründet die Bezeichnung *endlicher Automat*.

Abbildung 2.15 zeigt den schematischen Aufbau einer Turing-Maschine. Beachten Sie, dass es neben der hier vorgestellten Ein-Band-Maschine auch Maschinen mit mehreren Bändern geben kann, die Aufgaben parallel erledigen können. Vorstellbar wäre etwa eine Turing-Maschine mit drei Bändern: Eingabeband, Rechenband und Ausgabeband.

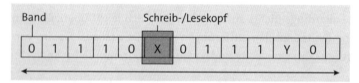

**Abbildung 2.15** Aufbau einer Turing-Maschine

Das Prinzip lässt sich am besten anhand einer einfachen Maschine verdeutlichen, die einen kleinen Zeichenvorrat und wenige Zustände besitzt. Deshalb wird an dieser Stelle eine Turing-Maschine vorgestellt, die mit einem Alphabet aus drei Zeichen auskommt. Ihr Programm dient dazu, eine Dualzahl – bestehend aus den Symbolen 1 und 0 – bitweise zu invertieren, also aus jeder Null eine Eins zu machen und umgekehrt. Das Ende ist erreicht, wenn das spezielle Zeichen X angetroffen wird.

Das »Programm«, also die Definition der Zustandswechsel für diese Maschine, finden Sie in Tabelle 2.18.

| Zustand | 0 | 1 | X |
|---|---|---|---|
| 1 | 1;1;R | 0;1;R | X;2;– |
| 2 | Ende | | |

**Tabelle 2.18** Zustandswechselvorschriften einer einfachen Turing-Maschine

Jede Zelle in der Tabelle entspricht einer möglichen Kombination eines Zustands mit einem Wert, der zurzeit auf dem Band liegt. Jeder »Befehl« besteht aus dem neuen Wert, der geschrieben werden soll, aus dem neuen Zustand, in den gewechselt wird, sowie aus der Richtung, in die sich der Schreib-/Lesekopf auf dem Band weiterbewegen soll. Der Anfangszustand ist 1, der Zustand 2 steht dagegen für das Programmende.

Wird im Zustand 1 eine 0 auf dem Band gelesen, dann wird eine 1 geschrieben, die Maschine verbleibt im Zustand 1 und wandert weiter nach rechts (R). Bei einer 1 wird der Wert 0 geschrieben, abgesehen davon, geschieht dasselbe. Wenn ein X gelesen wird, wechselt die Maschine in den Zustand 2, in dem die Berechnung beendet ist.

Angenommen, das Band enthält die Werte 1011X: Die Maschine führt somit nacheinander die in Abbildung 2.16 gezeigten Arbeitsschritte durch.

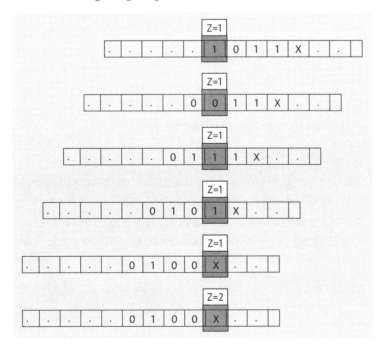

**Abbildung 2.16** Arbeitsablauf eines einfachen Turing-Maschinenprogramms

Eine Maschine mit einem etwas größeren Zeichenvorrat – hinzu kommt ein Y – soll nun eine andere Aufgabe ausführen: Die einzelnen gelesenen Werte, die sich anfangs links vom X befinden, sollen hinter das X gestellt werden, und zwar in umgekehrter Reihenfolge. Dazu bewegt die Maschine den Schreib-/Lesekopf zunächst immer weiter nach rechts, bis sie beim X ankommt. Rechts vom X trägt sie ein Y als Stoppmarkierung ein. Hier geht sie einen Schritt zurück, um den am weitesten rechts stehenden Wert zu holen. Je nachdem, welcher Wert das ist, gibt es zwei verschiedene Zustände, die den Wert beide mit einem X überschreiben und dann immer weiter nach rechts wandern, bis das Y gelesen wird. Dort legen sie den Wert (1 oder 0) ab, für den sie zuständig sind, und notieren das Y dahinter. Anschließend geht das Ganze von vorn los.

Tabelle 2.19 zeigt die Programmvorschriften, die zur Lösung dieses Problems erforderlich sind. Das »fünfte Zeichen« mit der symbolischen Beschriftung ».« steht für eine leere Zelle auf dem Band.

| Zustand | 0 | 1 | X | Y | . |
|---------|---|---|---|---|---|
| 1 | 0;1;R | 1;1;R | X;2;R | – | – |
| 2 | – | – | – | – | Y;3;L |
| 3 | 0;3;L | 1;3;L | X;4;L | – | .;7;– |
| 4 | X;5;R | X;6;R | X;4;L | – | – |
| 5 | 0;5;R | 1;5;R | X;5;R | 0;2;R | – |
| 6 | 0;6;R | 1;6;R | X;6;R | 1;2;R | – |
| 7 | Ende | | | | |

Tabelle 2.19 Ein Turing-Maschinenprogramm, das die Reihenfolge einer Sequenz von Binärstellen umkehrt

Auf der Website zum Buch finden Sie Links zu einigen Turing-Maschinensimulationen, in denen Sie die hier dargestellten Beispiele und andere Programme ausprobieren können.

Turing-Maschinen sind in der Lage, jedes beliebige berechenbare Problem zu lösen. Deshalb ist ein wichtiges Kriterium für die Funktionalität einer Programmiersprache die Frage, ob sie *Turing-vollständig* ist, ob sie also alle Probleme lösen kann, mit denen auch die Turing-Maschine zurechtkommt.

### 2.4.3 Der virtuelle Prozessor

Eine andere Art der Computersimulation ist die Registermaschine, die das Modell des Von-Neumann-Rechners simuliert. In diesem Abschnitt wird sie durch einen einfachen *virtuellen Prozessor* dargestellt. Es handelt sich um die stark vereinfachte Simulation eines Mikroprozessors. Er kann einige, aber bei Weitem nicht alle Operationen durchführen, die ein echter Prozessor auch ausführen kann. Allerdings ließe sich mit etwas Mühe nachweisen, dass er Turing-vollständig ist, also alle berechenbaren Probleme lösen kann.

Auf der Website zum Buch finden Sie unter der Adresse *http://buecher.lingoworld.de/fachinfo/vprocessor.html* eine Flash-Simulation dieses Prozessors. In Abbildung 2.17 sehen Sie diese Simulation bei der Ausführung eines Programms, das die Fakultät von 5 berechnet. Alternativ können Sie die Arbeit dieses Prozessors auch mit Bleistift und Papier nachvollziehen.

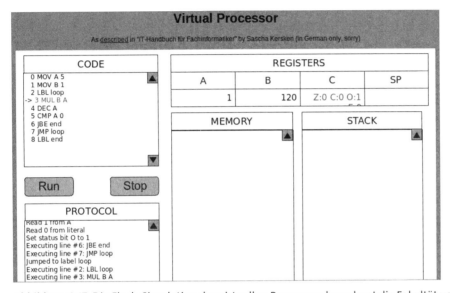

**Abbildung 2.17** Die Flash-Simulation des virtuellen Prozessors berechnet die Fakultät von 5.

In der sehr einfachen »Maschinensprache« des virtuellen Prozessors wird ein Programm geschrieben, das dann – in der Papierversion von Ihnen, in der Computersimulation durch den Rechner – ausgeführt wird.

Es gelten die folgenden Designprinzipien für den Prozessor und den umgebenden Computer (der nur durch seinen Arbeitsspeicher vertreten ist):

- Der Prozessor besitzt nur zwei Rechenregister A und B sowie ein Statusregister C und einen Stack Pointer S.
- Der adressierbare Arbeitsspeicher besitzt die Adressen 0–199. Das Programm als solches wird nicht als Bestandteil des Arbeitsspeichers gehandhabt (bei echten Prozessoren kann es zu Abstürzen kommen, wenn versehentlich oder absichtlich der Programmspeicher überschrieben wird). Programmstellen werden nicht durch Speicheradressen, sondern durch spezielle Sprungmarken (Labels) angegeben.
- Die Speicherstellen 100 bis 199 bilden übrigens den sogenannten *Stack*, der im Rahmen der Befehlsreferenz erläutert wird, und sollten deshalb nicht als normale Einzelspeicherstellen verwendet werden.

▶ Der Prozessor behandelt Ganzzahlen und Fließkommazahlen gleich und macht keine Unterschiede zwischen ihnen. Soll ein Speicherbereich als Adresse interpretiert werden (indirekte Adressierung), wird nur der ganzzahlige Anteil vor dem Komma betrachtet.

▶ Es gibt im Speicher keine maximale Wortlänge, er ist also nicht in Einheiten wie Bytes oder 32-Bit-Blöcke eingeteilt. Eine Speicherstelle kann eine beliebig große Zahl aufnehmen.

Eine Einschränkung ergibt sich natürlich bei der Simulation auf einem echten Computer: Hier entspricht die maximale Aufnahmekapazität einer Speicherstelle der jeweiligen Computerarchitektur. Typischerweise können zum Beispiel 32 Bit für Ganzzahlen gespeichert werden, es sind also Werte zwischen etwa −2 Milliarden und +2 Milliarden möglich.

▶ Eine Ebene der echten Maschinensprache, auf der jeder Befehl einer Zahl (OpCode) entspricht, wurde gar nicht erst realisiert. Die unterste Ebene ist der »Assembler« des virtuellen Prozessors, der die Befehle als benannte Kürzel – sogenannte *Mnemonics* – abbildet. Soweit es bei einer so einfachen CPU möglich ist, wurden die Namen und Funktionen der Befehle dem Intel-Assembler angepasst.

Zum Einstieg sehen Sie hier als Erstes ein Programmbeispiel. Die Nummern in Klammern beziehen sich auf die anschließenden Erläuterungen:

```
MOV A, $0   ;(1)
ADD A, $1   ;(2)
MOV $2, A   ;(3)
HLT         ;(4)
```

Hier die Erläuterung des Programms:

1. MOV A, $0. Der Inhalt der Speicheradresse 0 wird in das Rechenregister A kopiert.
2. ADD A, $1. Der Inhalt von Adresse 1 wird zum Inhalt von Register A addiert.
3. MOV $2, A. Der Inhalt des Registers A wird in die Speicherstelle 2 kopiert.
4. HLT. Das Programm wird beendet.

Um die Simulation durchführen zu können, werden die Speicheradressen 0 und 1 mit den Anfangswerten 3 und 4 belegt. Die Ausführung des Programms kann wie folgt in einer Wertetabelle dargestellt werden.

| Befehl | A | 0 | 1 | 2 |
|---|---|---|---|---|
| – | – | 3 | 4 | – |
| MOV A, $0 | 3 | 3 | 4 | – |
| ADD A, $1 | 7 | 3 | 4 | – |
| MOV $2, A | 7 | 3 | 4 | 7 |

**Tabelle 2.20** Darstellung eines Programmablaufs des virtuellen Prozessors in einer Wertetabelle

**Befehlsreferenz**

In der folgenden Referenz werden einige wichtige Abkürzungen verwendet:

▶ `reg` ist ein Rechenregister (A oder B).

▶ `addr` ist eine Datenspeicheradresse (0 bis 199).

▶ `val` steht für einen beliebigen numerischen Wert.

▶ `lbl` gibt eine Sprungmarke an.

Einer der wichtigsten Befehle ist `MOV`. Die Bezeichnung ist eigentlich unglücklich gewählt, da der fragliche Wert nicht an eine andere Stelle verschoben, sondern dorthin kopiert wird. Die allgemeine Schreibweise ist `MOV ziel, quelle` und bedeutet, dass ein Wert von `quelle` nach `ziel` kopiert werden soll. Im Einzelnen existieren die folgenden Varianten des `MOV`-Befehls:

▶ `MOV reg, reg` – kopiert den Inhalt eines Registers in das andere. Beispiel: `MOV A, B` legt den Inhalt des Rechenregisters B auch im Register A ab.

▶ `MOV reg, $addr` – Dieser Befehl kopiert den Inhalt der angegebenen Adresse `addr` in das Register `reg`. Das Dollarzeichen dient der Unterscheidung zwischen einer Speicheradresse und einem konstanten Wert. Beispiel: `MOV A, $4` legt den Inhalt der Speicheradresse 4 im Register A ab.

▶ `MOV reg, val` – kopiert den konstanten Wert `val` in das Register `reg`. Beispiel: `MOV B, 7` speichert den Wert 7 im Rechenregister B.

▶ `MOV $addr, reg` – Der Inhalt des Registers `reg` wird in die Adresse `addr` kopiert. Beispiel: `MOV $9, A` – der Inhalt von A wird in die Speicheradresse 9 kopiert.

▶ `MOV $addr, $addr` – Der Befehl kopiert den Inhalt einer Adresse in eine andere Adresse. Beispiel: `MOV $10, $11` – Der Wert aus der Speicheradresse 11 wird in Adresse 10 kopiert.

▶ `MOV $addr, val` – kopiert den konstanten Wert `val` in die Adresse `addr`. Beispiel: `MOV $99, 22` kopiert den Wert 22 in die Adresse 99.

Die folgenden Rechenbefehle funktionieren mit denselben Optionen:

▶ `ADD ziel, quelle` – Der Inhalt von `quelle` wird zu `ziel` addiert.

▶ `SUB ziel, quelle` – Der Inhalt von `quelle` wird von `ziel` abgezogen.

▶ `MUL ziel, quelle` – `ziel` wird mit dem Inhalt von `quelle` multipliziert.

▶ `DIV ziel, quelle` – `ziel` wird durch den Inhalt von `quelle` dividiert. Ist der Inhalt von `quelle` 0, bleibt der Wert von `ziel` erhalten, und das ERROR-Flag E des Statusregisters wird auf 1 gesetzt.

Die beiden folgenden speziellen Rechenbefehle funktionieren nur mit einem Register oder einer Adresse als Ziel.

▶ `INC ziel` (*increment*) erhöht den Wert von `ziel` um 1.

▶ `DEC ziel` (*decrement*) vermindert den Wert von `ziel` um 1.

Die nächste Kategorie von Befehlen sind die *Vergleichsoperationen*. Sie alle verändern die Flags im Statusregister C. Dieses Register ist folgendermaßen aufgebaut:

Jedes der vier Flags Z (*zero*), C (*carry*), O (*overflow*) und E (*error*) ist 1 Bit groß und kann demzufolge einen der Werte 1 oder 0 annehmen.

Wie bei echten Prozessoren wird der eigentliche Vergleich als Subtraktion ausgeführt und verändert die Werte der Flags entsprechend: Bei Vergleichsoperationen wird das Zero-Flag auf 1 gesetzt, wenn die beiden Werte gleich sind (Ergebnis 0), das Carry-Flag auf 1, wenn der erste Operand kleiner als der zweite ist, und das Overflow-Flag auf 1, wenn der erste Operand größer ist. Die beiden jeweils anderen Vergleichs-Flags werden auf 0 gesetzt. Das Overflow-Flag zeigt außer seiner Aufgabe bei Vergleichen einen Stack Overflow an.

Bei echten Prozessoren bedeutet Carry übrigens *Übertrag*; dieses Flag hat dort also die Aufgabe, anzuzeigen, dass das Ergebnis einer Operation nicht mehr in den ursprünglichen Speicherplatz der Operanden hineinpasst. Bei diesem virtuellen Prozessor kann das nicht passieren, da es keine maximale Wortbreite gibt.

Der Vergleich zweier Werte wird durch den folgenden Befehl durchgeführt: CMP operand1, operand2. Die beiden Operanden können alle möglichen Kombinationen sein, die auch für Rechenoperationen gelten. Zusätzlich können Sie hier zwei konstante Werte miteinander vergleichen, da nirgendwo ein Rechenergebnis abgelegt werden muss.

Hinter dem Vergleichsbefehl, der die Flags in einen bestimmten Zustand versetzt, steht meist unmittelbar ein *Sprungbefehl*. Zu unterscheiden ist zwischen bedingten und unbedingten Sprüngen:

- Unbedingte Sprünge finden auf jeden Fall statt.
- Bedingte Sprünge finden nur dann statt, wenn die Flags aufgrund eines Vergleichs oder eines Fehlers bestimmte Werte besitzen.

Wichtig ist in diesem Zusammenhang der Befehl zum Setzen einer Sprungmarke: LBL lbl definiert eine Stelle im Programmspeicher, die Ziel eines Sprungs sein kann. lbl ist eine beliebige Kombination aus Buchstaben und Ziffern; das erste Zeichen muss ein Buchstabe sein. Es wird nicht auf Groß- und Kleinschreibung geachtet.

Die folgenden Sprungbefehle sind definiert:

- JMP lbl – Der Befehl führt einen unbedingten Sprung zu der Stelle durch, die durch das Label lbl bezeichnet wird.
- JA label – Der Befehl steht für *jump if above* und springt zu lbl, wenn beim davor ausgeführten Vergleich der erste Operand größer als der zweite war (O-Flag auf 1).
- JAE lbl – Der Befehl *jump if above or equals* springt zu lbl, wenn der erste Operand größer oder gleich dem zweiten war, wenn also das O-Flag oder das Z-Flag auf 1 steht.

- JB lbl – Der Befehl *jump if below* springt zu lbl, wenn der erste Operand kleiner als der zweite war (C-Flag auf 1).

- JBE lbl – Der Befehl *jump if below or equals* springt zu lbl, wenn der erste Operand kleiner oder gleich dem zweiten war (C-Flag auf 1 oder Z-Flag auf 1).

- JE lbl – Der Befehl *jump if equals* springt zu lbl, wenn die beiden Operanden gleich waren (Z-Flag auf 1).

- JNE lbl – Der Befehl *jump if not equals* springt zu lbl, wenn die beiden Operanden unterschiedlich waren (C-Flag auf 1 oder O-Flag auf 1).

- JR lbl – Der Befehl *jump if error* springt zu lbl, wenn zuvor ein Fehler aufgetreten ist (E-Flag auf 1). Wird der Fehler (zum Beispiel die Division durch 0) nicht unmittelbar nach der fraglichen Operation auf diese Weise abgefangen, kommt es zum automatischen Programmhalt.

- JO lbl – Der Befehl *jump if overflow* ist im Prinzip synonym mit JA, wird aber verwendet, um Stack Overflows nach PUSH-Befehlen abzufangen.

Die Stack-Befehle dienen der Arbeit mit einem speziellen Speicherbereich, dem *Stack* (Stapel), um Werte nacheinander daraufzulegen und wieder herunterzunehmen. Der Stack-Befehl arbeitet nach dem *LIFO*-Prinzip, also *Last In – First Out*. Schematisch ist der Stack bei diesem virtuellen Prozessor genauso organisiert wie bei echten Computerarchitekturen: Ab der Speicherstelle 199 wächst der Stack nach unten. Das spezielle Register S (*Stack Pointer*) zeigt den obersten (also in Wirklichkeit untersten) Speicherplatz an, der zurzeit vom Stack belegt wird.

Beachten Sie, dass der Stack bei diesem virtuellen Prozessor lediglich für die Lösung von Programmieraufgaben verwendet wird. Einige solcher Probleme werden in Kapitel 10, »Konzepte der Programmierung«, näher erläutert. Bei einem echten Prozessor besitzt der Stack zusätzlich die Aufgabe, Rücksprungadressen für Unterprogramme aufzunehmen – siehe Kapitel 3, »Hardware«.

Der Stack kann mithilfe der beiden folgenden Operationen bedient werden:

- PUSH quelle – Der Inhalt von quelle wird oben auf den Stack gelegt. quelle kann wie üblich reg, $addr oder val sein. Ist der Stack voll (er fasst maximal 100 Werte), wird das O-Flag gesetzt. Deshalb sollte nach PUSH-Befehlen aus Sicherheitsgründen stets ein JO-Befehl stehen.

- POP ziel – Der oberste Wert wird vom Stack genommen und in ziel abgelegt; dieses Ziel kann reg oder $addr sein. Ist der Stack leer, bleibt der Inhalt von ziel unverändert, und das E-Flag wird gesetzt. Sinnvollerweise sollte also direkt nach jeder POP-Operation ein JR-Befehl stehen.

Zu guter Letzt bedeutet der Befehl HLT (ohne Argumente), dass das Programm gestoppt werden soll. Beim letzten Befehl hält es übrigens von selbst an. HLT ist vor allem dazu gedacht, es an einer bestimmten Stelle zu beenden, an der noch Befehle folgen.

## 2 Mathematische und technische Grundlagen

**Zwei Beispiele**

Zum Schluss finden Sie hier noch zwei Beispielprogramme, die auf dem virtuellen Prozessor ausgeführt werden können. Wenn Sie selbst ein gutes Programm für den virtuellen Prozessor schreiben, können Sie mir dieses gern per E-Mail, über die Facebook-Seite zum Buch oder über das Feedback-Formular auf meiner Website zukommen lassen. Die schönsten Beispiele veröffentliche ich gern mit Autorenangaben auf der Site.

Beachten Sie, dass ein Semikolon in einer Zeile einen Kommentar einleitet – auch bei der Computersimulation des virtuellen Prozessors können Sie Erläuterungen dahinterschreiben.

Das erste Beispiel addiert sämtliche Werte, die auf dem Stack liegen, in der Speicherstelle 3:

```
MOV $3, 0     ; Speicherstelle 3 zurücksetzen
LBL start     ; Sprungmarke setzen
POP B         ; Wert vom Stack in B
JR  ende      ; Ende, wenn Stack leer
ADD $3, B     ; Inhalt von B zu $3 addieren
JMP start     ; Schleife: nächsten Wert verarbeiten
LBL ende
HLT
```

Falls Sie das Programm auf dem Papier ausprobieren möchten, können Sie den Stack einfach mit einigen Beispielwerten belegen und sich anschließend eine Wertetabelle zeichnen. In der Flash-Simulation können Sie ein paar PUSH-Befehle vor das hier abgedruckte Programm setzen, um Werte auf den Stack zu legen. Anschließend können Sie das Programm laufen lassen und beobachten, was passiert.

Das zweite Beispiel löst die in Kapitel 1, »Einführung«, erwähnte Aufgabe, die Online-Kosten eines Internetnutzers zu berechnen. Der Provider bietet zwei Tarife an: Im Tarif 1, der Flatrate, zahlt der Kunde pauschal 29,99 €. Der Tarif 2 ist zeitbasiert; es gibt eine Grundgebühr von 2,49 € und einen Minutenpreis von 0,01 €. An Speicherstelle 10 steht der Tarif (1 oder 2); Adresse 11 enthält die Minuten, die der Kunde online verbracht hat. Das Ergebnis der Berechnung wird in Adresse 20 geschrieben.

```
MOV A, $10      ; Tarif in Register A
CMP A, 1        ; Ist es Tarif 1?
JE  flat        ; - dann zum Label flat springen
MOV B, $11      ; Minuten in Register B
MUL B, 0.01     ; B mit dem Minutenpreis multiplizieren
ADD B, 5        ; Grundgebühr addieren
MOV $20, B      ; Ergebnis in Adresse 20
HLT
LBL flat        ; Hier Flatrate-Berechnung
MOV $20, 19.99  ; Pauschalpreis in Adresse 20
HLT
```

Die Flash-Simulation meldet manchmal »Invalid Mnemonic in ‹Zeile›«, wobei ‹Zeile› der ab 0 gezählten letzten Zeile entspricht – vor allem, wenn Sie ein Programm aus der Zwischenablage einfügen. Das liegt daran, dass das Programm in der gegenwärtigen Fassung keine leeren Zeilen enthalten darf und sich am Ende ein Zeilenumbruch befindet. Klicken Sie in diesem Fall einfach mit der Maus in die Zeile unter dem Code, und drücken Sie die ⌫-Taste.

## 2.5 Übungsaufgaben

### 2.5.1 Praktische Übungen

1. Rechnen Sie die Dezimalzahl 4.321 in die duale, oktale und hexadezimale Schreibweise um.

2. Rechnen Sie die Dualzahl 11001100 in die dezimale, oktale und hexadezimale Schreibweise um.

3. Rechnen Sie die Oktalzahl 4567 in die dezimale, duale und hexadezimale Schreibweise um.

4. Rechnen Sie die Hexadezimalzahl DCEF in die dezimale, duale und oktale Schreibweise um.

5. Konzipieren Sie eine Turing-Maschine mit den Wörtern 0, 1, X und leer. Der Schreib-/Lesekopf soll so lange nach links bewegt werden, bis das angetroffene Zeichen eine leere Stelle ist. Danach wird er nach rechts bewegt. Wird eine 0 gefunden, dann wird sie durch ein X ersetzt. Wenn eine 1 gefunden wird, dann wird der Kopf nach rechts bewegt, bis eine leere Stelle angetroffen wird. Nach dieser leeren Stelle wird nach rechts gewandert, solange Einser gefunden werden, und dahinter (leere Stelle) wird eine weitere 1 eingetragen. Danach geht es wieder nach links bis zum ersten Auftreten eines X. So geht es weiter hin und her, bis für jede 1 aus der ursprünglichen Sequenz eine 1 in der neuen Sequenz notiert wurde und die fortlaufende neue Liste von Einsern die Gesamtzahl der Einser in der ursprünglichen anzeigt.

   Lassen Sie diese Turing-Maschine auf dem Papier oder in einem Simulator verschiedene Sequenzen durchprobieren. Überlegen Sie, ob es eine sinnvolle Abbruchbedingung geben kann, die für beliebige Werte am Ende der ursprünglichen Sequenz gilt. Falls nicht: Was müsste man an Zeichenvorrat oder Algorithmus ändern, um eine solche Abbruchbedingung zu erreichen?

6. Schreiben Sie die folgenden beiden Beispielprogramme für den virtuellen Prozessor:

   – Zu dem Wert in Register A, hier n genannt, soll in Register B die Fakultät berechnet werden (n × n–1 × n–2 × ... × 1).

   – Die Werte aus den Speicherstellen ab 0 bis zum Auftreten des Werts 0 sollen in aufsteigend sortierter Reihenfolge auf den Stack gelegt werden.

## 2 Mathematische und technische Grundlagen

### 2.5.2 Kontrollfragen

Im Folgenden ist jeweils genau eine Antwort richtig.

1. Welcher der folgenden Sätze ist eine Aussage?

   ☐ Der Kölner Dom ist schön.

   ☐ Ist der Kölner Dom 157 Meter hoch?

   ☐ Der Kölner Dom ist 1 Meter hoch.

   ☐ $a^2 + b^2 = c^2$

2. Welcher der folgenden Sätze ist eine mathematische Aussage?

   ☐ 3 + 4 + 5

   ☐ 3 + a = 5

   ☐ 3 + 4 = 5

   ☐ 3 + 4 = b

3. Was gilt für jede echte Aussage?

   ☐ Es muss sich um einen mathematischen Satz handeln.

   ☐ Es muss sich um eine Gleichung handeln.

   ☐ Sie muss wahr sein.

   ☐ Es muss sich entscheiden lassen, ob sie wahr oder falsch ist.

4. Wie lautet der Umkehrschluss des Satzes »Wenn es regnet, wird die Straße nass«?

   ☐ Wenn es nicht regnet, wird die Straße nass.

   ☐ Wenn es regnet, wird die Straße nicht nass.

   ☐ Wenn die Straße nicht nass wird, regnet es nicht.

   ☐ Wenn die Straße nass wird, regnet es.

5. Für welche der folgenden Belegungen von A und B ergibt $A \wedge B$ eine wahre Aussage?

   ☐ A=1, B=0

   ☐ A=0, B=1

   ☐ A=0, B=0

   ☐ A=1, B=1

6. Für welche der folgenden Belegungen von A und B ergibt $A \vee B$ eine falsche Aussage?

   ☐ A=0, B=1

   ☐ A=0, B=0

   ☐ A=1, B=0

   ☐ A=1, B=1

7. Welche der folgenden Belegungen von A und B ergibt bei A ∨ B ein anderes Ergebnis als bei A XOR B?

☐ A=0, B=0

☐ A=1, B=0

☐ A=1, B=1

☐ A=0, B=1

8. Welche der folgenden Beziehungen gilt nicht?

☐ A < B <=> B > A

☐ A > B <=> B ≤ A

☐ A = B <=> B = A

☐ A != B <=> B != A

9. Welche der folgenden Mengen ist echte Teilmenge von M := {2; 3; 4}?

☐ N := {3; 4}

☐ O := {4; 5}

☐ P := {2; 3; 4; 5}

☐ Q := {2; 3; 4}

10. Welche der folgenden Mengen ist keine Teilmenge von {x|x >= 0 ^ x < 4}?

☐ M := {0; 1; 2; 3}

☐ N := {1; 2; 3}

☐ O := {1; 2; 3; 4}

☐ P := {0,1; 0,2; 0,3; 0,4}

11. Welche der folgenden Zahlen gehört nicht zur Menge der rationalen Zahlen?

☐ ⅓

☐ 0,456456456

☐ 0

☐ π

12. Was ist die Schnittmenge von M := {1; 2} und N := {3; 4}?

☐ {1; 2; 3; 4}

☐ {}

☐ {1; 3}

☐ {1; 2}

13. Was ist die Vereinigungsmenge von M := {1; 2} und N := {3; 4}?

☐ {1; 2; 3; 4}

☐ {}

☐ {1; 3}

☐ {1; 2}

14. Welches ist die kleinste speicherbare Einheit im Computer?

☐ Byte

☐ Bit

☐ Word

☐ DWord

15. Wie lautet die Dezimalzahl 1.234 im Hexadezimalsystem?

☐ 42D

☐ 123D

☐ 4D2

☐ 124D

16. Wie lautet die Hexadezimalzahl 1234 im Dezimalsystem?

☐ 4.660

☐ 5.660

☐ 4.320

☐ 4.664

17. Wie lautet die Dualzahl 1001001001 im Dezimalsystem?

☐ 558

☐ 555

☐ 588

☐ 585

18. Wie lautet die Dezimalzahl 300 im Dualsystem?

☐ 100010000

☐ 100101100

☐ 110000000

☐ 101001001

19. Wie lautet die Oktalzahl 1234 im Dezimalsystem?

☐ 668

☐ 666

☐ 664

☐ 662

20. Wie lautet die Dezimalzahl 1.234 im Oktalsystem?

☐ 2233

☐ 2234

☐ 2322

☐ 2232

21. Wie viele Bytes sind 1 Megabyte?

☐ 1.024.000 Byte

☐ 1.000.000 Byte

☐ 1.048.576 Byte

☐ 1.024 Byte

22. Wie heißt die häufigste Art der binären Darstellung negativer Ganzzahlen?

☐ Komplementärsystem

☐ Zweierkomplement

☐ Fließkommazahlen

☐ Dualsystem

23. Was sind BCD-Werte?

☐ negative Dualzahlen

☐ Fließkommazahlen in wissenschaftlicher Schreibweise

☐ Dezimalzahlen in Binärcodierung

☐ Hexadezimalzahlen

24. Was bedeutet 5.21E6?

☐ $5.21 \times 10^6$

☐ 521.000

☐ 521.000.000

☐ 0.00000521

25. Wie muss man zwei Schalter anordnen, um ein logisches Und zu erhalten?

☐ Logisches Und geht nicht, nur logisches Oder ist möglich.

☐ parallel

☐ in Reihe

☐ Zwei Schalter genügen nicht, man benötigt zusätzlich einen Widerstand.

26. Welche logische Wirkung besitzen zwei parallel geschaltete Schalter?

☐ logisches Und

☐ logisches XOR

☐ Es funktioniert nicht.

☐ logisches Oder

## 2 Mathematische und technische Grundlagen

27. Wie heißen die drei Anschlüsse eines Transistors?

    ☐ Masse, Nullleiter, Erde

    ☐ Gate, Source, Drain

    ☐ Pluspol, Minuspol, Spannung

    ☐ Gate, Source, Input

28. Für welche der folgenden Belegungen von A und B ergibt A NAND B eine falsche Aussage?

    ☐ A=0, B=1

    ☐ A=0, B=0

    ☐ A=1, B=0

    ☐ A=1, B=1

29. Womit ist das Und-Gatter in einer modernen Schaltzeichnung beschriftet?

    ☐ =1

    ☐ ≥1

    ☐ &

    ☐ 1

30. Welche Einschränkung besitzt ein Halbaddierer gegenüber einem Volladdierer?

    ☐ Er gibt keinen Übertrag aus.

    ☐ Er empfängt keinen Eingabeübertrag.

    ☐ Er kann nur zwei Binärwerte addieren.

    ☐ Er ist lediglich eine Vorstufe des Volladdierers und hat selbst keine Bedeutung.

31. Bei einem RS-Flip-Flop wird an S der Spannungswert 1 angelegt. Was geschieht?

    ☐ Q liefert dauerhaft den Wert 0.

    ☐ Q liefert dauerhaft den Wert 1.

    ☐ Q liefert den Wert 1, solange die 1 an S anliegt.

    ☐ Q liefert den Wert 0, solange die 1 an S anliegt.

32. Wie heißt die Stelle x=0 in der Funktion $f(x) = 3/x$?

    ☐ Undefiniertheitsstelle

    ☐ Nullstelle

    ☐ Unberechenbarkeitsstelle

    ☐ Nullpunkt

33. Welche Aussage über die O-Notation für die Komplexität von Algorithmen trifft zu?

☐ Die Funktion f(N) gehört zur Komplexitätsklasse O(g(N)), wenn für »große N« gilt: f(N) = g(N).

☐ Die Funktion f(N) gehört zur Komplexitätsklasse O(g(N)), wenn für »große N« gilt: f(N) < g(N).

☐ Die Funktion f(N) gehört zur Komplexitätsklasse O(g(N)), wenn für »große N« gilt: f(N) ≤ g(N).

☐ Die Funktion f(N) gehört zur Komplexitätsklasse O(g(N)), wenn für »große N« gilt: f(N) ≥ g(N).

34. Zu welcher Komplexitätsklasse gehört die lineare Suche, die ein Element nach dem anderen mit dem Suchwert vergleicht?

☐ $O(N^2)$

☐ $O(N!)$

☐ $O(2^N)$

☐ $O(N)$

# Kapitel 3
# Hardware

*I've come up with a set of rules that describe our reactions to technologies:*
*1. Anything that is in the world when you're born is normal and ordinary and is just a natural part of the way the world works.*
*2. Anything that's invented between when you're fifteen and thirty-five is new and exciting and revolutionary and you can probably get a career in it.*
*3. Anything invented after you're thirty-five is against the natural order of things.*
*— Douglas Adams[1]*

Dieses Kapitel beschäftigt sich mit dem Aufbau von Computersystemen und ihren Bestandteilen. Als Erstes werden die grundlegende Struktur und das Zusammenwirken der verschiedenen Bestandteile von Computern beschrieben. Anschließend werden die Elemente der Zentraleinheit vorgestellt und danach die wichtigsten Peripheriegeräte.

Auch in diesem Kapitel wurde Wert darauf gelegt, Ihnen neben dem unvermeidlichen Prüfungswissen vor allem nützliche Informationen zu bieten. Sie erfahren zum Beispiel auf praktische Art und Weise, wie Sie Komponenten anschließen können, wie Sie eine CD oder DVD brennen und wie Sie das BIOS konfigurieren oder mit Massenspeichern umgehen.

Die wichtigste Art der Hardware, die in diesem Kapitel konsequent nicht behandelt wird, ist sämtliches Netzwerkzubehör. Netzwerkgeräte wie Netzwerkkarten, Modems oder verschiedene Netzwerkkabel werden ausführlich im nächsten Kapitel besprochen.

## 3.1 Grundlagen

Computerhardware lässt sich nach einem einfachen Schema in verschiedene Bestandteile aufteilen. Dieses Schema sehen Sie in Abbildung 3.1. Die Hardware besteht grundsätzlich aus Zentraleinheit und Peripherie. Zur Zentraleinheit zählen vor allem der Mikroprozessor, der

---

1 »Ich habe einen Satz von Regeln aufgestellt, die unsere Reaktion auf Technologien beschreiben: 1. Alles, was existierte, bevor du geboren wurdest, ist normal, gewöhnlich und einfach ein natürlicher Bestandteil der Art und Weise, wie die Welt funktioniert. 2. Alles, was zwischen deinem fünfzehnten und fünfunddreißigsten Lebensjahr erfunden wird, ist neu, aufregend und revolutionär, und vielleicht wirst du damit sogar beruflich erfolgreich. 3. Alles, was nach deinem fünfunddreißigsten Geburtstag erfunden wird, widerspricht der natürlichen Ordnung der Dinge.«

Arbeitsspeicher (RAM), die verschiedenen Bus- und Anschlusssysteme sowie das BIOS. Zur Peripherie gehören sämtliche Bauteile, die zusätzlich an die Zentraleinheit angeschlossen werden; sie dienen der Ein- und Ausgabe sowie der dauerhaften Speicherung von Daten.

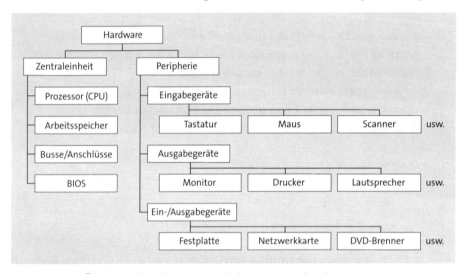

**Abbildung 3.1** Überblick über die Systematik der Computerhardware

Computer arbeiten, schematisch gesehen, nach einem Verfahren, das als *EVA-Prinzip* (für **E**ingabe, **V**erarbeitung und **A**usgabe) bezeichnet wird: Über eine Eingabeeinheit wie die Tastatur, die Maus oder einen Datenträger gelangen Daten in den Computer, werden durch den eigentlichen Rechenkern verarbeitet und über ein Ausgabegerät wie Monitor oder Drucker wieder ausgegeben. Ein- und Ausgabe sind Sache der Peripheriegeräte, für die Verarbeitung sind die Komponenten der Zentraleinheit zuständig.

Dieses Verfahren lässt sich durch die gesamte in Kapitel 1, »Einführung«, skizzierte Geschichte der Computer verfolgen. Tabelle 3.1 zeigt eine Übersicht über die verschiedenen Computergenerationen und ihre typischen Umsetzungen von Eingabe, Verarbeitung und Ausgabe. Beachten Sie, dass dies lediglich eine schematische Übersicht ist; der Wechsel der dominierenden Ein- und Ausgabegeräte erfolgte allmählich und nicht genau mit dem Wechsel der Rechnergenerationen.

| Rechnergeneration | Eingabeeinheit | Verarbeitungseinheit | Ausgabeeinheit |
|---|---|---|---|
| 1. Röhrenrechner | Schalttafeln | Röhrenschaltungen, Trommelspeicher | Leuchtanzeigen, Endlosdrucker |
| 2. Transistorrechner | Lochkarten | Transistorschaltungen, Magnetkernspeicher | Endlosdrucker |

**Tabelle 3.1** Generationswechsel bei der Eingabe-, Verarbeitungs- und Ausgabeeinheit

| Rechnergeneration | Eingabeeinheit | Verarbeitungseinheit | Ausgabeeinheit |
|---|---|---|---|
| 3. IC-Rechner | Terminal, Magnetband | IC-Schaltungen | Terminal, Endlos-drucker, Magnetband |
| 4. Mikrocomputer | Tastatur, Maus, Scanner, CD-Lauf-werk, Festplatte etc. | Mikroprozessor, IC-basierter Speicher | Monitor, Drucker, CD-Laufwerk, Festplatte etc. |

**Tabelle 3.1** Generationswechsel bei der Eingabe-, Verarbeitungs- und Ausgabeeinheit (Forts.)

Die grundlegende Beschreibung der Funktionsweise eines Computers lieferte das Konzept, das John von Neumann bereits 1946 aufstellte. Mit gewissen Abwandlungen durch neuere Entwicklungen gilt dieses Prinzip auch noch heute. Ein Von-Neumann-Rechner besteht aus den folgenden schematisch beschriebenen Komponenten:

▶ Das *Steuerwerk* liest einen Befehl und seine Operanden nach dem anderen und interpretiert ihn anhand einer Befehlstabelle.

▶ Das *Rechenwerk* führt die diversen arithmetischen und logischen Operationen durch.

▶ Der *Hauptspeicher* enthält die Befehle des zurzeit ausgeführten Programms und die Daten, die gerade verarbeitet werden.

▶ *Ein- und Ausgabeeinheit* kommunizieren mit der Umwelt, um neue Programme und Daten entgegenzunehmen und fertig verarbeitete Daten wieder auszugeben.

Rechen- und Steuerwerk sind noch heute die wichtigsten Komponenten von Mikroprozessoren. Diese Elemente bestehen zwar heutzutage genau wie der Hauptspeicher aus völlig anderen Bauteilen, als man sich zu von Neumanns Zeiten vorstellen konnte, erfüllen aber nach wie vor die gleiche Funktion. Ein- und Ausgabeeinheit werden im Von-Neumann-Konzept ohnehin nur abstrakt beschrieben und können durch völlig beliebige Geräte umgesetzt werden.

Personal Computer gibt es in verschiedenen Varianten:

▶ *Desktop-PCs* sind die seit fast dreißig Jahren übliche Standardvariante. Sie werden heute fast immer als aufrecht stehende Tower-Gehäuse realisiert. Vorn befinden sich die – inzwischen seltener werdenden – Wechsellaufwerke (beispielsweise DVD-Brenner und -Laufwerk, Blu-ray-Laufwerk und manchmal zusätzliche USB-Anschlüsse oder SD-Card-Slots). Hinten sind zahlreiche weitere Anschlüsse zu finden, unter anderem für Stromversorgung, Monitor, Netzwerk und Ähnliches. Im Inneren des Rechners befinden sich einige Steckplätze für Erweiterungskarten, deren Anschlüsse ebenfalls auf der hinteren Seite nach außen geführt werden.

▶ *Kompakt-Desktop-Rechner* (inspiriert durch Apples Mac mini) sind kaum größer als eine DVD und etwa 10 cm hoch. Sie verfügen meist über eine Festplatte und einen einzelnen DVD-Brenner. Im Gegensatz zu gewöhnlichen Desktop-PCs sind sie aus Platzgründen so gut wie gar nicht erweiterbar, aber meist billiger. Eine andere Variante sind Rechner, die in den zugehörigen Monitor integriert sind. Auch hier machte Apple den Anfang mit dem iMac (ursprünglich mit Röhrenmonitor, seit einigen Jahren mit Flachbildschirm).

- *Laptops*, auch *Notebooks* genannt, sind All-in-one-Rechner für unterwegs. In aller Regel können sie aufgeklappt werden und verfügen dann über eine Tastatur, die auf dem Tisch oder einer anderen Unterlage liegt, sowie über ein ungefähr hochkant stehendes LCD-Display. Die Displaydiagonale beträgt 12 bis 17 Zoll, das heißt, es gibt sehr kompakte und damit gut transportierbare Laptops und solche, deren Ausstattung einen Desktop-PC ersetzen kann.

  Immer häufiger kommen auch *Hybridgeräte* zwischen Laptop und Tablet zum Einsatz, beispielsweise das Microsoft Surface Pro. Sie verfügen wie Tablets über einen Touchscreen, und die Tastatur kann an- und abgestöpselt sowie ganz nach hinten umgeklappt werden.

- Eine relative Neuentwicklung waren die seit 2008 verfügbaren *Netbooks*. Das erste Modell war der Asus Eee PC; seitdem ziehen zahlreiche Hersteller nach. Netbooks sind kleiner und sparsamer ausgestattet als Notebooks; ein DVD-Laufwerk passt nicht in das Gehäuse. Die Displaygröße beträgt 8 bis 10 Zoll.

Abbildung 3.2 zeigt die Vorder- und die Rückseite eines gut ausgestatteten modernen Desktop-PCs. Auf der Vorderseite erkennen Sie oben ein Blu-ray-Laufwerk, das natürlich auch DVDs und CDs verarbeiten kann.

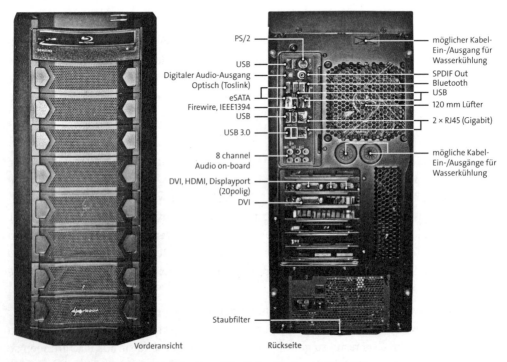

**Abbildung 3.2** Vorder- und Rückseite eines PCs (Foto: Benjamin Philipp)

Auf der Geräterückseite finden Sie zahlreiche Anschlüsse. Links oben liegen die verschiedenen Buchsen der Onboard-Komponenten: mehrere USB- und USB-3.0-Anschlüsse, FireWire, eSATA, zwei Gigabit-Ethernet-Anschlüsse, Audio etc. Unten sind die nach außen geführten Anschlüsse der Einsteckkarten zu finden, vor allem eine Grafikkarte mit DVI-, HDMI- und Displayport-Anschlüssen.

In Abbildung 3.3 sehen Sie das Innenleben desselben Rechners. Auch hier wurden die verschiedenen Komponenten im Bild beschriftet, um das Ganze übersichtlicher zu machen. In den folgenden Abschnitten werden die einzelnen Bestandteile genauer beschrieben.

**Abbildung 3.3** Das Innenleben eines PCs (Foto: Benjamin Philipp)

## 3.2 Die Zentraleinheit

Die Zentraleinheit besteht bei einem modernen PC im Wesentlichen aus den Komponenten der Hauptplatine, die auch *Mainboard* oder *Motherboard* genannt wird. Im Einzelnen gehören die folgenden wesentlichen Bestandteile dazu:

▶ Der *Mikroprozessor* (*Central Processing Unit*, kurz CPU) ist das eigentliche Herzstück des Computers, das für die Ausführung der Programme sowie für die zentrale Steuerung und Verwaltung der Hardware zuständig ist. Die meisten Desktop-PCs besitzen nur einen Mikroprozessor, maximal sind es in diesem Bereich zwei. Die neueren PC-Mikroprozessoren von Intel und AMD sind im Übrigen Dualcore- oder auch Multicore-Prozessoren, die zwei oder mehr komplette CPU-Kerne in einem Gehäuse vereinen. Wichtig ist in diesem Fall, dass das verwendete Betriebssystem und die Anwendungsprogramme die Verteilung der Arbeit auf mehrere Prozessoren überhaupt unterstützen.

▶ Der *Arbeitsspeicher* (das *Random Access Memory*, kurz *RAM*) enthält während der Laufzeit die Programme, die gerade ausgeführt werden, sowie die von ihnen verwendeten Daten. Die meisten modernen Betriebssysteme unterstützen die virtuelle Speicheradressierung, die die von Programmen verwendeten Speicheradressen von den physikalischen Adressen abstrahiert und auf diese Weise das Auslagern nicht benötigter Inhalte auf die Festplatte ermöglicht.

▶ Das *ROM* (für *Read-only Memory*, also Nur-Lese-Speicher) ist bei modernen PCs nicht mehr so wichtig wie früher. Anstelle des gesamten Betriebssystems und anderer Programme enthält es heutzutage in der Regel nicht viel mehr als ein Programm, das beim Einschalten die wichtigsten Hardwarekomponenten überprüft und dann das Booten des Betriebssystems von einem Datenträger in Gang setzt. Dieses Programm wird bei Intel-PCs traditionell *BIOS* genannt, bei älteren Macintosh-Rechnern einfach *ROM*. Inzwischen kommt jedoch auf beiden Plattformen eine modernere Firmware namens *UEFI* (*United Extensible Firmware Interface*) zum Einsatz.

Bei 80er-Jahre-Heimcomputern war das ROM erheblich wichtiger: Fast alle hatten ein einfaches Betriebssystem sowie einen Editor und einen Interpreter für die Programmiersprache BASIC fest im ROM eingebaut. Der Vorteil solcher Systeme war, dass sie unmittelbar nach dem Einschalten verfügbar waren. Der Nachteil bestand natürlich darin, dass es kaum möglich war, ein anderes Betriebssystem zu verwenden als das eingebaute.

Fest ins ROM eingebaute Betriebssysteme oder Anwendungsprogramme besitzen heute nur noch Spezialcomputer: kleine, leicht konfigurierbare Router-Boxen, Industrie-PCs, die aufgrund der unwirtlichen Umgebung ohne mechanische Teile auskommen müssen, oder auch die weitverbreiteten *Embedded Systems*, also die eingebauten Computer etwa in Automotoren, Spülmaschinen oder Produktionsanlagen.

▶ Der *Chipsatz* (englisch: *chipset*) ist in der Regel fest auf dem Mainboard verlötet. Es handelt sich um eine Gruppe von Schaltkreisen, die spezielle Steuerungsaufgaben übernehmen. Sie enthalten vor allem die Steuerfunktionen für sämtliche Anschlüsse, die das Mainboard zu bieten hat. Die Qualität der unterschiedlichen Chipsätze hat einen erheblichen Einfluss auf die Performance eines Rechners.

▶ Die verschiedenen Busse und Schnittstellen dienen zum einen der Kommunikation zwischen den Bestandteilen des Mainboards, zum anderen dem Anschluss aller Arten von Peripheriekomponenten, angefangen bei den diversen Steckkarten wie Sound-, Grafik- oder Netzwerkkarten über verschiedene Arten von Laufwerken bis hin zu Druckern, Scannern oder Digitalkameras.

Bitte beachten Sie, dass die auf vielen Mainboards enthaltenen Onboard-Komponenten, also die fest verlöteten Grafik-, Sound- oder Netzwerkanschlüsse samt Steuerchips, formal kein Bestandteil der Zentraleinheit sind; sie gehören trotz ihrer Unterbringung auf der Hauptplatine zur Peripherie.

In älterer Literatur werden die Begriffe *Zentraleinheit* und *Central Processing Unit* (CPU) manchmal synonym gebraucht; laut einer solchen Begriffsverwendung besteht diese »CPU« aus Mikroprozessor und Arbeitsspeicher. Der Fehler kommt zustande, weil die Autoren die Verhältnisse bei Großrechenanlagen der 60er- und 70er-Jahre des 20. Jahrhunderts vor Augen hatten. Diese Geräte besaßen noch keine Mikroprozessoren, das Rechenwerk und der Arbeitsspeicher (*Core*) ließen sich tatsächlich nicht ohne Weiteres voneinander trennen.

### 3.2.1 Aufbau und Aufgaben des Prozessors

Mikroprozessoren sind komplexe integrierte Schaltkreise, die anfangs aus einigen Tausend Transistoren bestanden. Heute setzen sie sich sogar aus mehreren Millionen Transistoren zusammen, sind aber nicht viel größer als die ursprünglichen Prozessoren. Wegen des Fortschritts der fotolithografischen Verfahren, mit denen die Schaltungen auf die Siliziumscheiben aufgebracht werden, wird die Integrationsdichte immer höher.

Der Mikroprozessor wird auf die Hauptplatine aufgesteckt. Es gibt zahlreiche verschiedene Bauformen und Prozessorsockel, die sich im Laufe der Jahre stark verändert haben. Selbst innerhalb der Welt der Intel-kompatiblen PCs passt bei Weitem nicht jeder Prozessor auf jedes Mainboard.

Bis zum Pentium Pro steckten alle Intel-Prozessoren waagerecht in einem Sockel; sie waren rechteckig (bis zum 386er-Prozessor) und später quadratisch und besaßen unterschiedliche Anzahlen von Pins (Anschlüssen). Der Pentium II, die ersten Pentium-III-Modelle und manche älteren AMD-Athlon-CPUs waren erheblich größer und wurden senkrecht in einen Slot gesteckt. Das liegt daran, dass bei diesen Prozessoren der Level-2-Cache, ein schneller Zwischenspeicher, in das Prozessorgehäuse integriert wurde.

Da die Integrationsdichte der Transistoren auf dem Prozessor jedoch immer noch weiter gesteigert werden konnte, gelang es, spätere Pentium-III-Modelle, den Pentium 4, den AMD Athlon XP und neuere Modelle mitsamt L2-Cache wieder in die klassische Sockelform zu bringen, die weniger Strom verbraucht und besser zu kühlen ist.

### Technischer Überblick

Schematisch gesehen, besitzt ein Mikroprozessor die folgenden Bestandteile:

▶ Die *ALU* (*Arithmetic-Logical Unit* oder auf Deutsch: arithmetisch-logische Einheit) ist die moderne Umsetzung eines Rechenwerks. Dieser Teil des Prozessors führt mathematische Operationen und logische Verknüpfungen durch. Heutige Prozessoren besitzen in der Regel getrennte ALUs oder ALU-Teile für ganzzahlige Operationen und für Fließkommaoperationen; die Fließkommakomponente wird dabei als *Floating Point Unit* (FPU) bezeichnet. Bei früheren Prozessoren mussten die Fließkommaoperationen durch komplexe Ganzzahlberechnungen simuliert werden; später verwendete man externe Fließkommaeinheiten, die als *arithmetische Koprozessoren* bezeichnet wurden.

Bei den Intel-Prozessoren besaß erst der 486 DX eine eingebaute Fließkommaeinheit, das Vorgängermodell 486 SX konnte optional durch den Koprozessor 487 ergänzt werden. Dieses Verfahren hatte Intel bereits ab dem 8086-Prozessor und dem separat erhältlichen Koprozessor 8087 verwendet.

▶ Die *Register* sind einzelne spezialisierte Speicherstellen innerhalb des Prozessorkerns. Die ALU rechnet vor allem mit Werten, die innerhalb der Register abgelegt sind. Verwechseln Sie die Register nicht mit dem Arbeitsspeicher; ein typischer Prozessor besitzt nur relativ wenige Register (zum Beispiel 32 Stück) und verwendet sie nicht zur längerfristigen Ablage von Informationen.

▶ Das *Steuerwerk* (*Control Unit*) übernimmt die Kontrolle über die Ausführung des Programmcodes und initiiert andere Steuerungsfunktionen. Der *Befehlszeiger*, ein spezielles Register, verweist auf die Speicheradresse, aus der der nächste Programmbefehl gelesen wird. Bei einem Sprung im Programm muss der Befehlszeiger auf die richtige, neue Adresse gesetzt werden. Ein weiteres Register, das vom Steuerwerk verwaltet wird, ist der *Stack-Zeiger* (*Stack Pointer*), der die aktuelle Position auf dem Stack anzeigt.

Heutzutage sind Steuerwerke recht komplizierte Bauteile, weil bereits auf Prozessorebene Unterstützung für die abwechselnde, scheinbar gleichzeitige Ausführung mehrerer Prozesse (Multitasking) eingebaut ist. Aus diesem Grund genügt es nicht, dass das Steuerwerk sich um den Gang eines linear ablaufenden, höchstens durch Sprünge verzweigenden Programms kümmert, sondern es muss in Zusammenarbeit mit Mechanismen des Betriebssystems dafür sorgen, dass ein sauberer Wechsel zwischen den verschiedenen Prozessen stattfindet. Das Konzept wird in Kapitel 5, »Betriebssystemgrundlagen«, genauer erläutert.

▶ Die *Befehlstabelle* (*Instruction Table*) ermöglicht die Decodierung der verschiedenen Maschinenbefehle in einem Computerprogramm: Jeder Befehl, der aus dem laufenden Programm gelesen wird, besitzt einen bestimmten numerischen Wert. Je nach Befehlsnummer werden unterschiedliche Schaltungen aktiviert, die für ein bestimmtes Verhalten des Prozessors sorgen.

▶ Über verschiedene Busse (Datenleitungen) ist der Prozessor mit der Außenwelt, also mit den anderen Komponenten des Mainboards, verbunden: Der Datenbus dient dem Austausch von Dateninhalten mit dem Arbeitsspeicher, der Adressbus überträgt die zugehörigen Speicheradressen, und der Steuerbus kümmert sich um die Ansteuerung der Peripherieanschlüsse.

In heutigen Prozessoren sind darüber hinaus die sogenannten *Caches* untergebracht. Es handelt sich um kleine, aber sehr schnelle Zwischenspeicher, in denen Befehle oder Daten abgelegt werden können, die bald wieder benötigt werden. Die Verwendung von Caches macht den Bau von PCs erheblich wirtschaftlicher. Es wäre schlicht zu teuer, den gesamten Hauptspeicher aus den schnellen Bausteinen aufzubauen, aus denen der Cache besteht, und würde darüber hinaus zu viel Strom verbrauchen. Deshalb wird eine mehrstufige Speicherarchitektur verwendet:

▶ Der Level-1-Cache ist unmittelbar im Prozessorkern untergebracht und wird mit derselben Taktrate (siehe den nächsten Unterabschnitt, »Leistungsmerkmale von Prozessoren«) betrieben wie der Prozessor selbst. Er ist sehr klein; beim Intel Pentium 4 war er beispielsweise nur 16 KByte (12 KByte für Befehle, 4 KByte für Daten) groß, beim AMD Athlon 128 KByte (je 64 KByte für Befehle und Daten), und beim aktuellen Intel i7 sind es 4 × 64 KByte (jeder der vier Kerne hat einen eigenen L1-Cache mit je 32 KByte für Befehle und Daten). Den L1-Cache verwendet der Prozessor vornehmlich bei der Ausführung sehr kurzer Schleifen aus wenigen Befehlen.

▶ Der Level-2-Cache war bis zum ursprünglichen Pentium-Prozessor außerhalb des eigentlichen Prozessorgehäuses auf dem Mainboard untergebracht. Seit dem Pentium II befindet er sich im Prozessorinneren, ohne zu dessen Kern zu gehören. Er wird mit einem Vielfachen der Geschwindigkeit des normalen Arbeitsspeichers betrieben, aber mit einem Bruchteil der Prozessorgeschwindigkeit. Dafür ist er erheblich größer als der L1-Cache, beispielsweise 256, 512 oder gar 1.024 KByte.

Ein erheblich kleinerer Level-2-Cache war übrigens der wichtigste Unterschied zwischen den vor einigen Jahren vorherrschenden »normalen« Prozessoren Intel Pentium 4 und AMD Athlon auf der einen Seite und den abgespeckten Varianten Intel Celeron und AMD Duron auf der anderen. Dies führte zu CPUs, die langsamer arbeiten, aber erheblich billiger sind, darüber hinaus Strom sparen und deshalb gut für den Ausbildungsbereich oder für Notebooks geeignet sind.

▶ Einige Systeme verfügen auch über einen Level-3-Cache, der entsprechend noch weiter vom Prozessorkern entfernt ist und wiederum langsamere Speicherbausteine verwendet als der L2-Cache.

▶ Der eigentliche Arbeitsspeicher (RAM) dient der normalen Speicherung der Programme, die aktuell ausgeführt werden, und der von ihnen verarbeiteten Daten. Die RAM-Bausteine, aus denen der Arbeitsspeicher zusammengesetzt ist, arbeiten bei älteren PCs mit derselben Taktrate wie das Mainboard, bei modernen Computern dagegen mit dem 2-, 4- oder sogar 8-Fachen davon.

▶ Falls auch der normale Arbeitsspeicher nicht mehr ausreicht, um alle Daten der aktuell geladenen Programme aufzunehmen, werden Inhalte aus dem RAM, die nicht besonders dringend benötigt werden, auf die Festplatte ausgelagert. Dieser Vorgang wird je nach Prozessorarchitektur und Betriebssystem als *Swapping* oder *Paging* bezeichnet und in Kapitel 5, »Betriebssystemgrundlagen«, näher beschrieben. Moderne Prozessoren unterstützen eine solche virtuelle Speicherverwaltung durch eine eingebaute Komponente namens *Memory Management Unit* (MMU).

Programmierer haben übrigens so gut wie keinen Einfluss darauf, welche Daten der Prozessor in einem der Caches ablegt. Eine wichtige Entscheidungsgrundlage ist dagegen eine Einheit in der CPU, die als *Sprungvorhersage* (*Branch Prediction*) bezeichnet wird: Während der Ausführung von Programmen berechnet der Prozessor, wohin der nächste Sprung im Programm am wahrscheinlichsten führen wird. Anhand dieser Daten kann der Prozessor jeweils entscheiden, ob es sich lohnt, bestimmte Programmteile oder Daten im Cache abzulegen oder nicht.

### Leistungsmerkmale von Prozessoren

Dass Prozessoren im Lauf der Jahre immer leistungsfähiger wurden, dürfte allgemein bekannt sein und ist für technische Geräte fast selbstverständlich. Als Maßstab bei Prozessoren – oder allgemein bei integrierten Schaltkreisen – gilt hier das *mooresche Gesetz*, das *Gordon Moore*, einer der Gründer von Intel, 1965 formulierte. Danach verdoppelt sich die Integrationsdichte von ICs alle 18 bis 24 Monate. Bisher trifft dies in etwa zu. Die Integrationsdichte ist allerdings nicht der einzige Faktor, der die Leistungsfähigkeit eines Prozessors bestimmt. Daher ist es wichtig, die verschiedenen Leistungsmerkmale zu kennen und zuordnen zu können.

Die wichtigste Information über die Leistungsfähigkeit eines Mikroprozessors ist seine Wortbreite. Dieser Wert gibt an, aus wie vielen Bits ein Maschinenwort dieses Prozessors besteht. Je breiter ein solches Maschinenwort ist, desto mehr unterschiedliche Zustände oder Werte kann der Prozessor im gleichen Durchgang bearbeiten. Dies beeinflusst unter anderem die Größe des direkt adressierbaren Arbeitsspeichers, die Größe von Ganzzahlen und die Genauigkeit von Fließkommazahlen. Verschiedene Komponenten eines Prozessors können unterschiedliche Wortbreiten aufweisen (auch wenn dies seit Langem unüblich geworden ist):

▶ Die Wortbreite der Register betrifft die Rechenfähigkeiten der ALU, nämlich die mögliche Größe von Ganzzahlen und die Genauigkeit von Fließkommawerten.

▶ Die Breite des Datenbusses bestimmt, wie viele Bits gleichzeitig aus dem Arbeitsspeicher gelesen oder in ihn geschrieben werden können. Da dieser Wert also den Datenaustausch mit Programmen betrifft, ist er für Programmierer relevant und wird deshalb als Wertangabe für die Datenbreite des Prozessors selbst verwendet.

▶ Die Breite des Adressbusses regelt die maximale Größe von Speicheradressen und bestimmt deshalb, wie viel Arbeitsspeicher ein Prozessor überhaupt adressieren kann.

▶ Die Breite des Steuerbusses ist schließlich relevant dafür, mit welchen Arten von Peripherieanschlüssen ein Prozessor umgehen kann. Erst die Einführung der 32-Bit-Prozessoren ermöglichte deshalb die Entwicklung leistungsfähiger Peripherieschnittstellen wie PCI und AGP.

3.2 Die Zentraleinheit

In Tabelle 3.2 finden Sie eine Übersicht über die verschiedenen Prozessorgenerationen. Das angegebene Entwicklungsjahr bezeichnet jeweils die Entstehung des ersten verfügbaren Prozessors mit der entsprechenden Wortbreite.

| Jahr | Wortbreite | Anzahl Zustände | Beispiele |
|------|-----------|-----------------|-----------|
| 1971 | 4 Bit | 16 | Intel 4004 |
| 1974 | 8 Bit | 256 | Intel 8080<br>Zilog Z80<br>MosTek 6502 |
| 1978 | 16 Bit | 65.536 | Intel 8086<br>Motorola 68000 |
| 1985 | 32 Bit | > 2 Milliarden | Intel 80386*<br>PowerPC |
| 1992 | 64 Bit | > 18 Trillionen | DEC Alpha<br>Intel Itanium<br>AMD64-Architektur<br>PowerPC G5 |

*) Der Intel 80386 SX besaß zwar 32 Bit breite Register, aber nur einen 16-Bit-Datenbus. Er konnte also schneller rechnen, aber nach außen nicht anders programmiert werden als ein 16-Bit-Prozessor. Aufgehoben wurde dies erst beim 386 DX.

**Tabelle 3.2** Übersicht über die Entwicklung der verschiedenen Prozessorgenerationen

Neben der Wortbreite gibt es verschiedene andere Kriterien, die die Geschwindigkeit von Prozessoren bestimmen. Die bekannteste Angabe ist die vom Intel- und AMD-Marketing gern zum Hauptgesichtspunkt erklärte *Taktfrequenz* (*Clock Rate*). Die Taktfrequenz wird nicht vom Prozessor selbst bestimmt, sondern ist ein Vielfaches des Mainboard-Taktes (*Front Side Bus Clock Rate*). Auf dem Mainboard befindet sich eine *Steckbrücke* (*Jumper*) oder ein DIP-Schalter, mit dem der Multiplikator eingestellt wird. Er gibt an, mit dem Wievielfachen der FSB-Taktrate der Prozessor arbeitet.

Ist das Mainboard beispielsweise mit 133 MHz getaktet, dann führt die Einstellung eines Multiplikators von 20 zu einer CPU-Taktrate von 2,66 GHz. Auch wenn es technisch möglich ist, sollten Sie davon absehen, einen Prozessor durch Erhöhung des Multiplikators über den vom Hersteller angegebenen Wert zu takten (*Overclocking*). Dies kann nämlich zu einem vorzeitigen Ende des Prozessors führen.

Die Einteilung der Prozessoren in verschiedene Taktklassen kommt durch eine Qualitätskontrolle der verwendeten Siliziumscheiben zustande: Je hochwertiger der Grundstoff, desto höher kann die daraus hergestellte CPU gefahrlos getaktet werden. Wenn Sie einen

125

Prozessor unbedingt übertakten möchten, müssen Sie sich genau über spezielle Kühlsysteme informieren – es ist allerdings in der Regel teurer und aufwendiger, eine solche Kühlung einzubauen, als einfach den für die gewünschte Taktrate ausgelegten Prozessor zu kaufen.

Ganz davon abgesehen, sagt die Taktrate viel weniger über die tatsächliche Arbeitsgeschwindigkeit einer CPU aus, als die Intel-Werbung glauben machen möchte. Je nach Komplexität bestimmter Befehle dauert ihre Ausführung mehrere Taktzyklen; unterschiedliche Prozessorfamilien lösen verschiedene Aufgaben nicht immer mit derselben Effizienz. Außerdem verbringen Prozessoren einen Großteil ihrer Zeit mit Warten. Da Ein- und Ausgabe verhältnismäßig langsam stattfinden, hat ein Prozessor häufig nichts zu tun, weil die erforderlichen Daten nicht schnell genug nachkommen.

Insofern führt zu wenig Arbeitsspeicher beispielsweise zu erheblich größeren Geschwindigkeitseinbußen als ein etwas langsamerer Prozessor: Das Auslagern nicht benötigter Speicherinhalte auf die Festplatte und das Laden der als Nächstes erforderlichen Inhalte verbrauchen sehr viel Zeit. Beispielsweise ist es vollkommen unsinnig, ein speicherhungriges Programm wie die Bildbearbeitung Adobe Photoshop auf einem Rechner mit nur 512 oder 1.024 MByte RAM zu verwenden und zu erwarten, es würde in einigermaßen erträglicher Geschwindigkeit arbeiten.

Die tatsächliche Effizienz von Prozessoren lässt sich übrigens durch andere Werte besser angeben als durch die Taktrate:

▶ Die Anzahl der Befehle, die in einer Sekunde ausgeführt werden können, wird als *MIPS* (*Million Instructions per Second*) bezeichnet. Dieser Wert wird durch Benchmark-Tests (möglichst an realistische Anwendungen angelehnte Abfolgen von Befehlen) gemessen. Wichtig ist, dass für einen realistischen Vergleich unabhängige Benchmark-Programme verwendet werden und nicht diejenigen der Prozessorhersteller.

▶ Insbesondere für die Multimedia-Fähigkeiten eines Prozessors liefert die Anzahl der pro Sekunde durchführbaren Fließkommaoperationen, *FLOPS* (*Floating Point Operations per Second*), einen guten Anhaltspunkt: 3D-Grafik, Audio- und Videoperformance sind auf die Fähigkeit zu möglichst schnellen Fließkommaberechnungen angewiesen.

### Prozessorarchitekturen

Es lassen sich zwei grundlegende Prozessorarchitekturen voneinander unterscheiden. Der Unterschied besteht in der Ausstattung der Befehlstabelle:

▶ Das klassische Modell, das auf Entwicklungen aus den 70er-Jahren basiert, versucht tendenziell, immer mehr und immer komplexere Anweisungen unmittelbar durch einzelne Prozessorinstruktionen zu verwirklichen. Aus diesem Grund wurde es – zur Unterscheidung vom später entwickelten zweiten Modell – nachträglich als *CISC* (*Complex Instruction Set Computer*), also als Rechner mit komplexem Befehlssatz, bezeichnet.

▶ Ein modernerer, in den 80er-Jahren entwickelter Ansatz versucht im Gegenteil, die Struktur des Prozessors zu vereinfachen. Dazu wird der Befehlssatz auf wenige, besonders schnell und einfach auszuführende Befehle vermindert. Komplexere Funktionen lassen sich durch mehrere solcher einfachen Instruktionen verwirklichen. Dieser Konstruktionsansatz beschleunigt die Ausführung der einfachen Befehle erheblich. Sie lassen sich durch ihre simple Struktur in Pipelines (Warteschlangen) anordnen. Dadurch kann auf effiziente Weise ein Befehl nach dem anderen ausgeführt werden. Beim klassischen Prozessordesign konnte dagegen selbst das Lesen des folgenden Befehls erst beginnen, wenn der vorherige vollständig abgeschlossen war. Diese Architektur wird als *RISC* (*Reduced Instruction Set Computer*) bezeichnet.

Die Hauptvertreter der CISC-Architektur sind die Prozessoren von Intel und dazu kompatible CPUs wie der AMD Athlon. Allerdings wurden bereits in den im Jahre 1993 vorgestellten Pentium-Prozessor einige Funktionen eingebaut, die bis dahin nur in RISC-Prozessoren verwirklicht worden waren, beispielsweise die zuvor genannten Pipelines.

Dennoch verfolgen Intel und AMD den Weg des komplexen Befehlssatzes konsequent weiter: Der 1995 erschienene Pentium Pro wurde als erster Prozessor mit speziellen Befehlen für die Verarbeitung von Multimedia-Daten ausgestattet (MMX = *MultiMedia eXtensions*); AMD stattete seinen K6, den Vorläufer des Athlon, erstmals mit einer ähnlichen Erweiterung namens *3D Now!* aus. Anstatt also die Komplexität der Befehlssätze zu beschränken, ging man den gegenteiligen Weg und stattete die Prozessoren sogar noch mit zusätzlichen Spezialbefehlen aus. In der Tat laufen grafikintensive Anwendungen wie Spiele oder Simulationen um einiges schneller, wenn sie unter Berücksichtigung dieser zusätzlichen Befehle kompiliert werden. Dafür sind sie anschließend nicht mehr kompatibel mit allgemeinem »386er-Code«. Aus diesem Grund wird Software, die von diesen Erweiterungen Gebrauch macht, zunächst einmal überprüfen, auf welchem konkreten Prozessor sie gerade läuft, und je nachdem unterschiedliche Fassungen des Programmcodes ausführen.

Die aktuellen 64-Bit-Desktop-Prozessoren von Intel und AMD basieren auf der AMD64-Architektur. Diese wurde unter dem Namen *Intel64* auch von Intel übernommen. Intels eigene IA64-Architektur wird dagegen nur für Serverprozessoren verwendet.

Fast alle anderen heute erhältlichen Prozessoren verwenden eine RISC-Architektur. Dazu gehören beispielsweise die von Apple, IBM und Motorola gemeinsam entwickelten PowerPC-Prozessoren, die bis 2005 das Herzstück der PowerMacs bildeten. Auch die Prozessoren der Sun-SPARC-, Digital-Alpha- oder MIPS-Baureihen sind RISC-CPUs. Trotz ihres unbestreitbaren Performancevorteils besitzen sie auch einige Nachteile. Beispielsweise benötigt eine RISC-CPU mehr Arbeitsspeicher, weil ein Maschinenprogramm aus zahlreicheren Einzelbefehlen besteht und deshalb mehr Speicher belegt als ein CISC-Programm.

Abgesehen davon, gelang es Intel und AMD nach und nach, einige der RISC-Vorzüge in ihre Prozessoren einzubauen. Vor allem werden die komplexen CISC-Befehle in einzelne RISCartige Mikroinstruktionen zerlegt, die anschließend vom eigentlichen Prozessorkern mit erheblich höherer Effizienz ausgeführt werden.

### Wie Prozessoren arbeiten

Nach dieser theoretischen Aufbaubeschreibung von Mikroprozessoren ist es natürlich auch interessant, zu erfahren, wie ein Prozessor eigentlich arbeitet. Ein etwas konkreteres Beispiel erhalten Sie in Kapitel 2, »Mathematische und technische Grundlagen«, anhand eines virtuellen Prozessors und seiner verschiedenen Maschinenbefehle. Schematisch betrachtet, geschieht bei der Ausführung eines Programms durch den Prozessor Folgendes:

1. Der aktuelle Befehl wird aus dem Programm gelesen; die Stelle wird durch den Befehlszeiger des Prozessors angezeigt.

2. Der Prozessor schlägt die Nummer des erhaltenen Befehls in der Befehlstabelle nach und liest je nach Befehl die passende Anzahl darauffolgender Bytes als Parameter dieses Befehls. Dabei rückt der Befehlszeiger hinter das letzte Parameter-Byte, um für das Lesen des nächsten Befehls bereit zu sein.

3. Der Befehl wird ausgeführt. Dies ist der komplexeste Teil der Prozessortätigkeit, denn je nach konkretem Befehl können das Lesen von Daten aus dem Arbeitsspeicher, die Ansteuerung von Peripherieschnittstellen, das Rechnen in der ALU oder die Durchführung eines Sprungs im Programm dazugehören.

4. Falls ein Sprung stattfindet, wird der Befehlszeiger an die entsprechende neue Position gesetzt. Andernfalls geht es an der nach dem Lesen der Parameter ermittelten Stelle weiter.

Es lohnt sich übrigens, die Funktionsweise von Sprüngen etwas genauer zu betrachten. Prozessoren beherrschen nämlich grundsätzlich zwei verschiedene Arten von Sprüngen: Ein unbedingter Sprung wird immer ausgeführt, sobald der entsprechende Befehl gelesen wird. Bedingte Sprünge werden dagegen nur dann ausgeführt, wenn bestimmte Bedingungen zutreffen. Diese Bedingungen betreffen meist die Zustände eines *Flag-Registers*. Flags sind Status-Bits, deren Werte durch Vergleichsoperationen, Fehler oder direkte Manipulation durch ein Programm gesetzt werden.

Eine noch etwas komplexere Variante betrifft den Aufruf von Unterprogrammen: Anstatt ohne Wiederkehr zu einer bestimmten Programmstelle zu springen, wird hier die auf den Sprungbefehl folgende Adresse gespeichert. Dazu dient ein Last-in-first-out-Speicher, der als *Stack* (Stapel) bezeichnet wird. Wenn am Ende des Unterprogramms der Rücksprungbefehl erfolgt, holt sich das Programm den obersten Wert vom Stack und springt zur angegebenen Programmadresse. Die Adresse, die zurzeit den Abschluss des Stacks bildet, wird von einem speziellen Steuerregister angezeigt, dem *Stack Pointer*.

Ein weiterer Grund, warum Programme nicht immer linear nacheinander ausgeführt werden, sind die zuvor bereits erwähnten Prozesse: Eine CPU führt üblicherweise abwechselnd

Befehle mehrerer Programme aus. Vor dem Wechsel zu einem anderen Prozess wird dessen Zustand gespeichert, das heißt, die Inhalte der Prozessorregister werden gesichert, um sie bei der späteren Wiederaufnahme dieses Prozesses zurückzusetzen – aus der Sicht des Prozesses findet seine Ausführung also ohne Unterbrechung statt.

---

**Der gefürchtete Stack Overflow**

Der Stack sorgt übrigens für eines der häufigsten Sicherheitsprobleme, das von Crackern oder Virenprogrammierern beim Einbruch in Computersysteme genutzt wird: Rekursiver Programmcode (der sich selbst als Unterprogramm aufruft, um verschachtelte Probleme zu lösen) enthält mitunter keine korrekte Abbruchbedingung, sodass der Stack irgendwann voll ist – es kommt zum *Stack Overflow* (Stapelüberlauf). In diesem Moment kann ein Angreifer die oberste Adresse auf dem Stack durch die Startadresse seines schädlichen Programms ersetzen, sodass der nächste Rücksprungbefehl direkt in die Katastrophe führt.

In manchen schlecht abgesicherten Programmen können auch andere Umstände für einen Stack Overflow oder andere Speicherüberläufe sorgen. Beispielsweise überprüfen die String-Funktionen der C-Standardbibliothek (siehe Kapitel 9, »Grundlagen der Programmierung«) nicht, ob der Speicherplatz zur Aufnahme einer Zeichenfolge genügt, sodass ungeprüfte Benutzereingaben den Stack überschreiben könnten.

---

Im Zusammenhang mit Ein- und Ausgabevorgängen werden darüber hinaus sogenannte *Interrupts* verwendet: Da die Anfragen, die die Hardware an den Prozessor stellt, asynchron auftreten, muss der Prozessor sich immer wieder darüber informieren, ob ein Gerät auf eine Antwort wartet. Deshalb fragt er die verschiedenen Geräte in regelmäßigen Abständen ab und unterbricht unter Umständen den laufenden Prozess zugunsten der Hardwarekommunikation.

### Maschinenbefehle

Die Maschineninstruktionen, von denen hier die Rede ist, lassen sich nicht mit den mächtigen Befehlen höherer Programmiersprachen vergleichen. Sie bewegen sich auf einem viel niedrigeren Niveau. Der Prozessor »weiß« nicht, dass er den Buchstaben A in 16-Punkt-Garamond auf den Bildschirm zeichnet, einen Videoclip abspielt oder das Spielprogramm »Tomb Raider« ausführt. Aus der Sicht der CPU geht es immer nur um Rechenschritte, also um die Manipulation irgendwelcher numerischen Werte.

Typische Maschinenbefehle lauten beispielsweise folgendermaßen:

▶ Hole den Wert aus der Speicherstelle mit der Nummer 9A33, und lege ihn im Rechenregister BX ab. In Intel-Assembler lautet diese Anweisung übrigens folgendermaßen: MOV BX, $9A33.

▶ Addiere den Wert 10 zum Inhalt des Rechenregisters BX: ADD BX, 10.

▶ Vergleiche das Register BX mit dem Wert 20: CMP BX, 20.

▶ Falls der Vergleichsbefehl »gleich« ergeben hat (ein bestimmtes Flag enthält den Wert 0), springe zur Programmadresse C9A4: `JE $C9A4` (`JE` steht für *jump if equals*, also »Sprung, falls gleich«).

Beachten Sie, dass die Assembler-Sprache bereits eine vereinfachende Abstraktion der Maschinensprache ist; in Wirklichkeit bestehen alle Befehle aus Zahlen. Es gibt zum Beispiel nicht »den« `MOV`-Befehl zum Verschieben von Speicherinhalten. Es handelt sich um eine ganze Sammlung von Befehlen, die lediglich gemeinsam haben, dass sie einen bestimmten Wert an einer bestimmten Stelle ablegen sollen: Das an erster Stelle angegebene Ziel kann ein Prozessorregister, eine Speicheradresse oder eine indirekte Adresse (eine Speicheradresse, deren Inhalt als Speicheradresse interpretiert werden soll) sein. Ebenso kann der Wert, der an der angegebenen Stelle gespeichert werden soll, ein konkreter Wert, ein Register oder eine Speicheradresse sein.

Andere Prozessorhersteller haben ihre Assembler-Sprachen nicht notwendigerweise genauso definiert wie Intel, die Aufteilung der Befehle in Gruppen mit demselben Namen kann vollkommen anders geregelt sein. Letzten Endes interessiert das alles den Prozessor ohnehin nicht, weil er gar kein Assembler versteht. Es handelt sich lediglich um eine bequemere Schreibweise der Maschinensprache für Menschen. Programme, die in Assembler geschrieben werden, müssen von einem geeigneten Programm in die eigentliche Maschinensprache übertragen (assembliert) werden. Natürlich ist dieser Vorgang einfacher als die Übersetzung einer höheren Programmiersprache, weil in der Regel jeder Assembler-Befehl für genau eine wohldefinierte Maschineninstruktion steht.

Was die Übersetzung von Hochsprachen angeht, ist zudem noch folgender Umstand interessant: Wenn Sie ein Programm schreiben und mit einem Compiler übersetzen, entsteht ein Programm, das nur auf einem bestimmten Prozessor läuft, weil es Maschinenbefehle für diesen Prozessor enthält. Allerdings funktioniert dieses Programm nicht über Betriebssystemgrenzen hinweg: Wenn Sie auf Ihrem Intel-PC beispielsweise Linux und Windows installieren, unter Linux ein C-Programm schreiben und kompilieren und anschließend Windows booten, kann das Programm dort nicht funktionieren. Programme, die in Hochsprachen geschrieben werden, bestehen nämlich nicht nur aus neutralen Maschinensprachanweisungen. Zahlreiche Funktionen, etwa zur Ein- und Ausgabe, werden durch Routinen des Betriebssystems bereitgestellt, die das Programm durch sogenannte *Systemaufrufe* anspricht. Dieser Mechanismus wird in den nächsten Kapiteln über Betriebssysteme und Programmierung noch genauer erläutert.

### 3.2.2  Der Arbeitsspeicher

Der Arbeitsspeicher eines Computers enthält die Programme, die aktuell ausgeführt werden, und die Daten, die von ihnen aktuell verarbeitet werden. Eingangs wurde bereits die mehrstufige Speicherarchitektur angesprochen, die vom Prozessor in Zusammenarbeit mit dem

Betriebssystem verwaltet wird. In diesem Abschnitt geht es dagegen konkret um den Arbeitsspeicher als Hardwarekomponente.

Der Arbeitsspeicher besteht aus Speicherbausteinen, die als *RAM* bezeichnet werden; die Abkürzung steht für *Random Access Memory* (Speicher mit wahlfreiem Zugriff). Der Begriff *Random Access* bedeutet in diesem Zusammenhang zweierlei:

► Die Inhalte dieses Speichers können sowohl gelesen als auch verändert werden. Den Gegenbegriff bildet das *ROM* (*Read-only Memory*), das im Abschnitt »ROM« in Abschnitt 3.2.3 näher behandelt wird.

► Auf jedes Byte des Speichers kann einzeln in beliebiger Reihenfolge zugegriffen werden. In diesem Zusammenhang ist *Random Access* der Gegenbegriff zum sequenziellen Zugriff, der beispielsweise bei Magnetbandspeichern eingesetzt wird.

Alle RAM-Bausteine haben gemeinsam, dass ihr Inhalt flüchtig ist. Sie müssen ständig mit Strom versorgt werden, weil es ansonsten zum vollständigen Datenverlust kommt. Es gibt allerdings zwei verschiedene Bauformen:

► Das Dynamic RAM (DRAM) benötigt nicht nur das Anliegen einer Spannung, sondern der Inhalt jeder einzelnen Speicherstelle muss mit jedem Taktzyklus aufgefrischt werden (Refresh). Es ist vergleichsweise günstig herzustellen und hat einen niedrigeren Stromverbrauch.

► Das Static RAM (SRAM) bedarf lediglich einer Spannung. Es arbeitet erheblich schneller als DRAM, verbraucht aber mehr Strom und ist viel teurer. SRAM-Bausteine werden deshalb nicht zur Realisation des ganzen Arbeitsspeichers eingesetzt, sondern nur für die Caches.

RAM ist stets in einzelnen Speicherzellen organisiert, die 1 Byte groß sind und jeweils eine eigene Adresse haben. Die Art und Weise, wie Speicher konkret adressiert wird, hängt vom Prozessor und indirekt vom Betriebssystem ab. Der Mechanismus der Speicheradressierung bei Intel-CPUs wird in Kapitel 5, »Betriebssystemgrundlagen«, kurz erläutert.

Der eigentliche Arbeitsspeicher wird in Slots senkrecht auf dem Mainboard aufgesteckt. Es handelt sich um kleine rechteckige Platinen, die mit mehreren konkreten Chips versehen sind. Auf einer Seite befindet sich eine Reihe von Kontakten, die in den entsprechenden Slot gehören. Bei aktuellen DIMM-Modulen (*Double Inline Memory Modules*) für DDR-RAM (oder auch schon für das ältere SD-RAM) müssen Sie dazu einen Hebel zur Seite ziehen und das Speichermodul fest (aber vorsichtig!) in den Slot drücken, bis es merklich einrastet und der Hebel sich automatisch in die aufrechte Position begibt.

Die veralteten SIMM-Module (*Single Inline Memory Modules*) für EDO- oder FP-RAM, die bei Pentium-I-Rechnern bis etwa 1996 verbreitet waren, müssen Sie dagegen schräg ansetzen und im Slot gerade rücken, bis sie ebenfalls einrasten. SIMM-Module sind daran zu erkennen, dass sie kürzer sind als DIMMs.

Es existieren verschiedene Bauformen von RAM-Bausteinen. Gängig sind zurzeit vor allem folgende:

▶ Das etwas unglücklich bezeichnete DDR-RAM (die Abkürzung steht für *Double Data Rate*) besteht aus DIMM-Modulen (Double Inline Memory Module), die 168 Kontakte besitzen. Die Besonderheit besteht – wie der Name schon sagt – darin, dass diese Speicherbausteine mit der doppelten Datenrate gegenüber herkömmlichen SD-RAMs arbeiten. Pro Taktzyklus können sie mit anderen Worten doppelt so viel Inhalt aufnehmen oder abgeben und beschleunigen so einen der schlimmsten Engpässe des PC-Designs. Inzwischen ist die dritte Generation dieser Bausteine üblich, das DDR3-RAM.

▶ Das inzwischen aussterbende SD-RAM (*Synchronous Dynamic RAM*) wird ebenfalls in Form von DIMM-Modulen geliefert, ist äußerlich also baugleich mit dem DDR-RAM. Der Zugriff auf diesen Speicher erfolgt mit der Taktfrequenz des Mainboards. Entsprechend ist die neueste Form PC133-SD-RAM, das auf Mainboards mit einer Taktfrequenz von 133 MHz eingesetzt werden kann. Ältere Formen sind PC66- und PC100-SD-RAMs. PC100- und PC133-Module sind abwärtskompatibel: Werden sie auf einem langsameren Mainboard aufgesteckt, passen sie sich dessen Taktrate an.

▶ Noch etwas schneller als SD-RAM und das ursprüngliche DDR-RAM ist das RD-RAM oder Rambus-RAM. Es wird in Form sogenannter *RIMM-Module* (*Rambus Inline Memory Module*) geliefert, die mit 184 Pins etwas breiter sind als DIMMs.

Ähnlich wie ein Prozessor wird Rambus-RAM mit einem (festen) Multiplikator betrieben, wodurch es erheblich schneller arbeitet als der Mainboard-Takt. Allerdings sind spezielle Mainboards mit besonderem Datenbus erforderlich, die nicht so verbreitet und daher teurer sind als Boards für DDR-RAM. Hinzu kommt, dass diese Speichersorte nur von der Firma Rambus hergestellt wird, sodass auch sie selbst erheblich teurer ist als ein DDR-RAM-Modul mit der gleichen Kapazität.

Für die Performance eines Rechners ist die Menge des Arbeitsspeichers erheblich wichtiger als die Speicherbausteintechnologie. Für einen gewöhnlichen Büro-PC sind 4 GByte RAM ein tolerierbarer Wert. Falls Sie dagegen Multimedia- oder DTP-Anwendungen benutzen oder neuere Spiele spielen möchten, sollten es mindestens 8 GByte sein, besser sogar 16. Moderne Serversysteme brauchen sogar noch erheblich mehr Arbeitsspeicher. Denken Sie daran, dass all diese Werte einem sehr starken Wandel unterworfen sind – die vorliegenden Angaben gelten für Mitte 2017 und werden bald überholt sein.

### 3.2.3 Das BIOS

Ein besonderer Baustein, der sich seit dem ursprünglichen IBM-PC auf dem Mainboard jedes PCs befindet, ist das BIOS (*Basic Input/Output System*, also etwa »grundlegendes Ein-/Ausgabesystem«). Dieser Chip enthält die Firmware (in Hardware gegossene Software) mit der Basis-Steuerlogik des PCs. Bei jedem Start des Rechners sehen Sie eine Reihe von Kontrollmeldungen, die das BIOS ausgibt.

Inzwischen wird das BIOS bei Intel-Rechnern immer häufiger durch EFI (*Enhanced Firmware Interface*) oder die standardisierte Variante UEFI (Unified EFI) ersetzt. Bei Apple-Rechnern kommt diese moderne Alternative schon seit dem Umstieg auf Intel-Prozessoren im Jahr 2005 zum Einsatz, und auch die neuesten PCs werden immer häufiger mit UEFI geliefert. Die aktuellen Versionen der Betriebssysteme macOS, Windows und Linux unterstützen die Zusammenarbeit mit UEFI problemlos.

### ROM

Der BIOS-Baustein ist ein ROM (*Read-only Memory*), also von der Idee her ein Speicher, der nur gelesen werden kann. Vorsichtiger muss man heute Folgendes sagen: Der Inhalt dieses Speichers kann nicht durch normale Schreibzugriffe des Betriebssystems verändert werden. Jedenfalls bleibt der Inhalt eines solchen Speichers aber auch dann erhalten, wenn er nicht mehr mit Strom versorgt wird.

Im Laufe der Zeit wurden verschiedene Arten von ROM-Bausteinen entwickelt. Die Entwicklung dieser Speichersorte soll hier in einer kurzen Übersicht dargestellt werden:

▶ Das ursprüngliche ROM besitzt ab Werk eine fest verdrahtete Funktionalität, die nicht verändert werden kann.

▶ Der Inhalt eines PROM-Bausteins (*Programmable ROM*) kann genau einmal programmiert werden und bleibt dann für immer unverändert erhalten. Technisch gesehen, enthalten alle Speicher-Bits im Auslieferungszustand den Wert 1, und eine besonders hohe Programmierspannung verdampft das Metall an den Schaltstellen zu denjenigen Bits, die 0 werden sollen.

▶ Das EPROM (*Erasable PROM*) ist wiederbeschreibbar: Der Inhalt kann mit einem EPROM-Brenner geschrieben und durch Ultraviolettlicht-Einwirkung auch wieder gelöscht werden.

▶ Das EEPROM (*Electronically Erasable PROM*) ist eine Weiterentwicklung des EPROMs, bei dem auch die Löschung elektronisch erfolgen kann. Gegenüber RAM besitzt es aber immer noch den Vorteil, dass der Inhalt nicht verloren geht, wenn es nicht mit Strom versorgt wird.

▶ Die modernste Form ist das Flash-EEPROM, auch *Flash-EPROM* genannt. Wie beim EEPROM kann sein Inhalt mithilfe von Software verändert werden, es ist jedoch kostengünstiger und verbraucht weniger Strom. Dafür ist der Zugriff etwas langsamer als beim Standard-EEPROM. Heutzutage werden nicht nur BIOS-Bausteine meist als Flash-EPROMs realisiert. Verschiedene Arten von Flash-ROMs sind auch beliebt als Speicherkarten für Digitalkameras, und sie arbeiten in den allgegenwärtigen USB-Sticks sowie den modernen SSDs (*Solid State Disks*), die allmählich beginnen, die klassische Festplatte zu verdrängen.

In den 80er-Jahren gab es viele Baureihen von Homecomputern, bei denen ein rudimentäres »Betriebssystem« sowie ein BASIC-Interpreter fest im ROM eingebaut waren. Nur der IBM-

PC hat dieses Verfahren schon frühzeitig aufgegeben; bei ihm wurde das Betriebssystem fast von Anfang an vom Datenträger (damals einer 5 ¼-Zoll-Diskette) gestartet. Das einzige Überbleibsel war eben das BIOS.

Heute gibt es nur noch wenige Arten von Rechnern, bei denen das Betriebssystem oder gar Anwendungsprogramme im ROM untergebracht sind:

▶ In manchen besonders unwirtlichen Umgebungen, in denen keine mechanischen Bauteile verwendet werden können, werden spezielle Industrie-PCs mit Betriebssystem und Programmen im ROM eingesetzt.

▶ Es gibt im Netzwerkbereich eine Reihe kompakter Spezialcomputer, nämlich Router-, Webserver- oder Firewall-Boxen. Sie enthalten in aller Regel ein rudimentäres Linux als Betriebssystem und können über das Netzwerk per Terminal-Programm oder Browser konfiguriert werden.

### Das klassische BIOS eines PCs

Das BIOS besitzt die folgenden elementaren Aufgaben:

▶ Der im BIOS gespeicherte Code ist ein Programm in der Maschinensprache des Computers. Es wird beim Einschalten automatisch auf einer bestimmten Adresse im Arbeitsspeicher abgebildet; der Prozessor weiß, dass er genau dieses Programm ausführen muss.

▶ Als Erstes wird die wichtigste Hardware getestet. Zunächst wird die Grafikkarte überprüft, anschließend das RAM. Dann wird geprüft, ob ein Laufwerk vorhanden ist, von dem ein Betriebssystem gestartet werden kann. Schließlich werden noch die Tastatur und manchmal auch die Maus überprüft. Dieser Prüfungsvorgang wird als *POST* bezeichnet (*Power-on Self Test*, also Selbsttest beim Einschalten).

Falls es größere Probleme gibt, die verhindern, dass der PC ordnungsgemäß gestartet werden kann (zum Beispiel wenn die Grafikkarte oder das RAM defekt ist), ertönen bestimmte Abfolgen von Tonsignalen aus dem kleinen Lautsprecher, der in die meisten PCs eingebaut ist. Die Bedeutung dieser Tonsignale können Sie der Dokumentation Ihres Mainboards entnehmen oder im Internet recherchieren, indem Sie Ihre BIOS-Version oder die Bezeichnung Ihres Mainboards in eine Suchmaschine eingeben.

▶ Das BIOS bietet grundlegende Funktionen zur Kommunikation mit der Hardware an; Betriebssysteme oder Anwenderprogramme können auf diese Funktionen zugreifen. Das Betriebssystem MS-DOS, das mit dem ursprünglichen IBM-PC geliefert wurde, machte regen Gebrauch davon. Moderne Betriebssysteme umgehen dagegen die vielfältigen Einschränkungen der BIOS-Routinen und kommunizieren über Gerätetreiber direkt mit der Hardware.

▶ Nach dem (erfolgreichen) POST übergibt das BIOS die Kontrolle über den Rechner an den Datenträger, von dem das System gestartet werden soll: Das im *Master Boot Record* (Startsektor) des Laufwerks enthaltene Programm wird gestartet. Hier befindet sich in der Regel ein Bootloader für ein bestimmtes Betriebssystem oder ein Bootmanager, der Ihnen die Auswahl zwischen verschiedenen Systemen und/oder Konfigurationen überlässt.

**Das BIOS-Setup**

Beim Einschalten des Rechners gelangen Sie durch einen speziellen Tastendruck (je nach BIOS meist [F1] oder [Entf]) in das BIOS-Setup, ein eingebautes kleines Programm zur Konfiguration der BIOS-Parameter und der Hardware. Beachten Sie, dass es verschiedene BIOS-Varianten gibt, bei denen der genaue Inhalt dieses Programms unterschiedlich sein kann. Die wichtigsten BIOS-Marken sind Award BIOS von der gleichnamigen Firma, AMI BIOS von American Megatrends Inc. sowie Phoenix BIOS (dieses Unternehmen wurde allerdings inzwischen von Award aufgekauft).

Alle Setup-Einstellungen werden im sogenannten *CMOS-RAM* gespeichert. *CMOS* ist der Name einer Fertigungstechnik für Speicherbausteine, die bei der Erfindung des PC-BIOS etwas Besonderes war. Heute wird dagegen jedes RAM in CMOS-Technik hergestellt, sodass der Name eigentlich unpräzise ist. Dieses RAM wird durch eine Batterie gepuffert, die nebenbei auch die eingebaute Uhr des PCs am Laufen hält, damit jederzeit Datum und Uhrzeit verfügbar sind.

Durch vorübergehendes Ausbauen der Batterie können Sie das CMOS löschen, um schwerwiegende Probleme wie ein vergessenes BIOS-Passwort zu lösen; allerdings wird dabei auch die Uhrzeit zurückgesetzt. Manche Boards besitzen auch einen speziellen Clear-CMOS-Jumper. Um ihn zu verwenden, müssen Sie ihn auf die Clear-Position setzen, den Rechner einmal ein- und wieder ausschalten und den Jumper anschließend wieder zurücksetzen. Dies löscht ebenfalls das CMOS, lässt aber die Uhr in Ruhe.

Wenn Sie nicht genau wissen, was eine bestimmte Einstellung im BIOS-Setup bedeutet, gilt: Finger weg! Womöglich versetzen Sie den Rechner in einen Zustand, in dem das System nicht mehr startet oder sonstige Schwierigkeiten bereitet. Zwar gibt es in jedem BIOS-Setup eine »Notbremse« namens *Load Setup Defaults* oder *Load BIOS Defaults*, um die Standardeinstellungen des Mainboard- oder BIOS-Herstellers wiederherzustellen. Beachten Sie aber, dass das Resultat fast immer viel zu konservativ und vorsichtig ausfällt und so den Rechner ausbremst.

Die folgenden Beschreibungen gelten für das Award BIOS eines Pentium-4-PCs. In anderen BIOS-Versionen oder bei älteren oder aktuelleren PC-Generationen gibt es natürlich andere Einstellungsmöglichkeiten. Das BIOS-Setup des besagten PCs verfügt über die folgenden Hauptkategorien:

▶ STANDARD CMOS FEATURES: Hier können Datum und Uhrzeit der Systemuhr eingestellt werden (was allerdings kein Mensch im BIOS-Setup vornimmt, weil jedes Betriebssystem über entsprechende Funktionen verfügt). Außerdem erhalten Sie eine Übersicht über alle installierten Laufwerke. Bezeichnungen wie *IDE Primary Master* werden bei der Beschreibung der Schnittstellen noch genauer erläutert. Darüber hinaus wird hier die BIOS-Version angezeigt, und Sie erhalten einige nicht änderbare Informationen über den Prozessor, das RAM und Ähnliches.

▶ ADVANCED BIOS FEATURES: Hier wird vor allem eingestellt, wie sich der Rechner beim Einschalten beziehungsweise beim Booten verhalten soll. Der *Quick Power On Self Test* führt den POST schneller, aber weniger gründlich durch – in der Regel genügt der schnellere Test jedoch.

Die wichtigste Einstellung in diesem Bereich ist die Bootsequenz, die bestimmt, auf welchen Datenträgern und in welcher Reihenfolge nach einem startfähigen Betriebssystem gesucht werden soll. Die üblichste Einstellung wählt das CD-ROM-Laufwerk als erstes Gerät (First Boot Device), das Diskettenlaufwerk als zweites und die erste Festplatte als drittes. Falls sich alle von Ihnen verwendeten Betriebssysteminstallationen und Datenrettungsprogramme von CD-ROM oder DVD starten lassen, sollten Sie das Diskettenlaufwerk weglassen, weil dies den Start erheblich beschleunigt – sofern Sie eine solche Antiquität überhaupt noch besitzen.

Es ergibt dagegen keinen Sinn, die Festplatte als erstes Gerät anzugeben: Da sich dort grundsätzlich ein Betriebssystem befindet, können Sie in diesem Fall gar nicht mehr von einem anderen Datenträger booten!

▶ Unter ADVANCED CHIPSET FEATURES können Sie genaue Einstellungen für Ihr RAM und Ihren Chipsatz vornehmen. Für diesen Teil des BIOS-Setups müssen Sie die Dokumentation Ihres Mainboards ganz genau beachten, um keine Fehler zu machen.

▶ INTEGRATED PERIPHERALS dient dazu, die Anschlüsse für Peripheriegeräte ein- oder auszuschalten und zu konfigurieren. Beispielsweise können Sie den altmodischen Parallelport abschalten, wenn Sie einen modernen USB-Drucker verwenden, und so Hardwareressourcen für andere Geräte zur Verfügung stellen. Darüber hinaus wird in diesem Dialog eventuell vorhandene Onboard-Peripherie konfiguriert.

▶ Mithilfe des POWER MANAGEMENT SETUPS lässt sich einstellen, wie sich der Rechner bei längeren Arbeitspausen verhalten soll. Es gibt diverse Optionen, die Monitorausgabe, die Festplatten und andere Hardwarekomponenten nach einiger Zeit »schlafen zu legen«, um Strom zu sparen. Die meisten dieser Einstellungen lassen sich einfacher und übersichtlicher innerhalb moderner Betriebssysteme vornehmen.

▶ PNP/PCI CONFIGURATIONS fragt zunächst, ob ein Plug & Play-Betriebssystem installiert ist. *Plug & Play* ist eine Technologie, die die automatische Erkennung neu angeschlossener Hardwarekomponenten und die automatische Zuweisung von Systemressourcen an diese Geräte ermöglicht. Falls Sie hier mit »No« antworten, weil ein historisches, nicht Plug & Play-fähiges System wie Windows NT 4.0 installiert ist, können Sie eine Reihe von Einstellungen von Hand vornehmen. Bei aktuellen Betriebssystemen besitzt dieser Dialog dagegen keine praktische Bedeutung mehr.

▶ LOAD FAIL-SAFE DEFAULTS ist ein anderer Name für das klassische *Load BIOS Defaults*. Es werden die sehr vorsichtigen Einstellungen des BIOS-Herstellers geladen.

- LOAD OPTIMIZED DEFAULTS (früherer Name *Load Setup Defaults*) lädt dagegen die besser an die konkrete Hardware angepassten Voreinstellungen des Mainboard- oder PC-Herstellers.

- SET SUPERVISOR PASSWORD ermöglicht es, ein Passwort einzustellen, das eingegeben werden muss, um wieder ins BIOS-Setup zu gelangen.

- Mit SET USER PASSWORD dagegen legen Sie ein Passwort für den normalen Start des Rechners fest.

- SAVE & EXIT SETUP speichert die Änderungen, die Sie eingestellt haben, und verlässt das BIOS-Setup.

- EXIT WITHOUT SAVING verlässt dagegen das Setup, ohne zu speichern.

Beachten Sie, dass Sie eine Frage nur mit »Ja« beantworten können, indem Sie die Taste ⃞Z drücken, weil das BIOS-Setup keinen deutschen Tastaturtreiber lädt; auf einer englischen Tastatur sind Z und Y vertauscht.

### 3.2.4  Bus- und Anschlusssysteme

Ein weiterer wichtiger Aspekt der Hardware – die Schnittstelle zwischen Zentraleinheit und Peripherie – sind die diversen Bus- und Anschlusssysteme. Dazu gehören die Slots für Erweiterungskarten, die internen Anschlüsse für Laufwerke sowie die zahlreichen externen Anschlüsse für Tastatur, Maus, Monitor, Modem und viele andere Geräte.

#### Serielle und parallele Datenübertragung

Das relevanteste Unterscheidungsmerkmal zwischen den verschiedenen Arten von Anschlüssen ist die Frage, ob diese Daten seriell oder parallel übertragen.

Bei der seriellen Datenübertragung werden die einzelnen Bits nacheinander übertragen, bei der parallelen Übertragung dagegen auf mehreren nebeneinanderliegenden Leitungen gleichzeitig (je nach Anschlussart sind es 8, 16, 32 oder 64 Bit).

Auf der untersten Ebene muss zwischen »Sender« und »Empfänger« zunächst einmal Einigkeit darüber herrschen, wie die transportierten Ströme als Daten interpretiert werden sollen. Es geht um die Frage, welche elektrischen Ereignisse (zum Beispiel Spannungswechsel oder Spannungszustände) überhaupt als 1 oder als 0 interpretiert werden sollen. Anstelle von »Strom« müsste man allgemeiner eigentlich von »Energie« sprechen; beispielsweise übertragen Lichtwellenleiter keinen Strom, sondern Licht.

Bei seriellen Leitungen muss als Nächstes die Frage geklärt werden, in welcher Reihenfolge die aufeinanderfolgenden Einsen und Nullen zu ganzen Bytes zusammengesetzt werden sollen (bei parallelen Leitungen ist dies natürlich irrelevant).

Angenommen, der Wert 77 soll als 8-Bit-Sequenz (binär 01001101) übertragen werden. Falls der Sender die Sequenz in dieser »natürlichen« Reihenfolge (die üblicher ist) überträgt, der

Empfänger sie aber falsch herum interpretiert, erhält Letzterer anstelle von 77 den Wert 178 (10110010)!

Abgesehen davon, werden in der Regel nicht nur aufeinanderfolgende Daten-Bits übertragen, sondern dazwischen zusätzliche Kontroll-Bits. Es existieren drei grundsätzliche Arten solcher Zusatz-Bits:

▶ Ein *Start-Bit* zeigt den Beginn einer neuen Übertragungssequenz an, wenn es den Wert 1 hat. Start-Bits werden nur noch sehr selten verwendet.

▶ Ein *Stopp-Bit* kennzeichnet entsprechend das Ende einer Sequenz, wenn es den Wert 1 besitzt.

▶ Ein *Prüf-Bit* oder *Parity-Bit* sorgt für eine Plausibilitätskontrolle auf der untersten Ebene: Die Anzahl der Einsen in den Daten-Bits wird gezählt. Das Parity-Bit (wörtlich: Geradheits-Bit) wird derart auf 1 oder 0 gesetzt, dass sich insgesamt immer eine gerade Anzahl von Einsen ergibt. Falls die Paritätsprüfung beim Empfänger einen Fehler ergibt (beispielsweise drei empfangene Einsen, Parity 0), liegt auf jeden Fall ein Übertragungsfehler vor. Andererseits bedeutet ein korrektes Parity-Bit nicht unbedingt, dass die Übertragung fehlerfrei funktioniert hat. Aus diesem Grund verwenden die meisten Übertragungsverfahren Prüfsummen auf einer höheren Ebene.

Die Verwendung von Parity-Bits ist mittlerweile eher unüblich geworden. Sie war vor allen Dingen für die Datenübertragung über analoge Telefonleitungen mit geringer Qualität (starken Nebengeräuschen) wichtig, weil Übertragungsfehler bei ihnen recht häufig vorkamen und auf diese Weise verringert werden konnten.

Die Leitungskonventionen werden üblicherweise durch drei aufeinanderfolgende Werte ausgedrückt, und zwar folgendermaßen:

▶ Wie viele Daten-Bits werden pro Sequenz verwendet? In der Regel sind es acht. Das früher übliche Telex-Verfahren verwendete dagegen nur fünf Bits; manchmal gibt es auch Übertragungsverfahren mit sieben oder neun Daten-Bits.

▶ Ein N (*No Parity*) zeigt an, dass keine Paritätsprüfung verwendet wird, während ein P für *Parity* steht.

▶ Der dritte Wert gibt an, wie viele Stopp-Bits verwendet werden (0, 1 oder sogar 2).

Ein übliches Verfahren ist beispielsweise das ursprünglich für Modemverbindungen entwickelte 8N1 (acht Daten-Bits, kein Parity, ein Stopp-Bit). Eine Sequenz, die mithilfe dieser Methode übertragen wird, könnte zum Beispiel so aussehen:

```
01001000 0 01000001 0 01001100 0 01001100 0 01001111 1
```

Es handelt sich um die Werte 72, 65, zweimal 76 und 79 – als ASCII-Zeichen interpretiert, ist es der Text »HALLO«. Die 1 hinter dem letzten Daten-Bit ist das gesetzte Stopp-Bit und besagt, dass die Übertragung nun beendet ist.

In den letzten Jahren ist zu beobachten, dass die Hersteller immer stärker auf serielle Daten-leitungen setzen. So werden Drucker fast nur noch an die serielle USB-Schnittstelle anstelle des alten Parallelports angeschlossen; der SCSI-Anschluss, der früher häufig für externe Laufwerke verwendet wurde, wird immer häufiger durch FireWire oder USB 2.0 ersetzt. Selbst der interne Festplattenanschluss EIDE oder internes SCSI werden nach und nach durch ihre seriellen Varianten Serial ATA beziehungsweise SAS (*Serial Attached SCSI*) ersetzt.

Für diesen Wechsel zu seriellen Leitungen gibt es gute Gründe: Sie benötigen vor allem weni-ger Strom und können längere Entfernungen überwinden als parallele Leitungen. Das Pro-blem der geringeren Datenübertragungsleistung, das die Entwickler früher in manchen Bereichen zur Verwendung der parallelen Datenübertragung zwang, konnte dadurch gelöst werden, dass die hervorragende Verarbeitungsqualität heutiger Leitungen den Transport von Daten mit hoher Frequenz ermöglicht.

Noch ein Wort zur Angabe der Übertragungsgeschwindigkeiten verschiedener Leitungen: Bei parallelen Leitungen lässt sie sich einfach in Bytes pro Sekunde oder in den entsprechen-den höheren Einheiten (Kilobyte/s, Megabyte/s etc.) angeben. Diese Einheiten werden jeweils mit $2^{10}$ (1.024) multipliziert, um zur nächsthöheren zu gelangen – 1 Kilobyte sind also 1.024 Byte, 1 Megabyte 1.024 Kilobyte etc.

Serielle Leitungen verwenden, wie zuvor erläutert, unterschiedliche Bit-Folgen zur Darstel-lung der Daten-Byte. Ein tatsächliches Daten-Byte kann je nach Übertragungsstandard durch eine Bit-Folge von acht, neun oder sogar zehn Bits dargestellt werden. Deshalb lässt sich die Geschwindigkeit einer seriellen Leitung nicht in Bytes/s oder Vielfachen davon angeben. Sie wird stattdessen in Bits pro Sekunde (bps) gemessen. Beachten Sie, dass die Vervielfälti-gungseinheiten von Bits (Kilobits, Megabits, Gigabits) nicht mit dem Faktor 1.024, sondern mit der (dezimalen) 1.000 gebildet werden.

Hat zum Beispiel ein Modem eine Übertragungsrate von 56,6 kbps (Kilobits pro Sekunde), dann bedeutet dieser Wert, dass in einer Sekunde 56.600 Bit übertragen werden. Wird der Übertragungsstandard 8N1 verwendet, muss dieser Wert durch 9 geteilt werden, um auf die maximal transportierbaren Bytes zu kommen: Es sind etwa 6.289 Byte oder 6,14 Kilobyte. In der Praxis vereinfacht man solche Rechnungen allerdings häufig und legt acht Daten-Bits zugrunde. 56.600 Bit wären demnach 7.075 Byte beziehungsweise 6,91 Kilobyte.

### Hardwareressourcen

Zur Regelung der geordneten Kommunikation zwischen Prozessor, Arbeitsspeicher und Peripheriegeräten werden verschiedene Kommunikationsressourcen verwendet. Es handelt sich um Kanäle für Hardware-Interrupts, um Speicheradressen, über die der Datenaustausch geregelt wird, und um sogenannte *DMA-Kanäle* für die direkte Übertragung von Daten in den Arbeitsspeicher und zurück.

Damit sich die Anfragen der verschiedenen Geräte nicht in die Quere kommen und der Pro-zessor sie unterscheiden kann, werden verschiedene IRQs (*Interrupt Requests*) verwendet.

Dafür benutzt jedes Gerät, das kommunizieren möchte, ein einmaliges und eindeutiges Signal. Von diesen Signalen gibt es 16 verschiedene, die von 0 bis 15 durchnummeriert werden. Der Prozessor untersucht sie jeweils der Reihe nach, um festzustellen, ob über den jeweiligen IRQ Kommunikation gewünscht wird.

Bei modernen PCI-Mainboards ist IRQ-Sharing möglich. Zwei oder mehr moderne Geräte können sich denselben IRQ teilen und mithilfe anderer Techniken erkennbar machen, um welches dieser Geräte es sich tatsächlich handelt. Zu diesem Zweck enthält der Chipsatz eine Komponente, die als *programmierbarer Interrupt-Controller* (PIC) bezeichnet wird. Bei Motherboards mit der veralteten ISA-Architektur war IRQ-Sharing dagegen vollkommen ausgeschlossen.

Einige IRQs sind standardmäßig reserviert. Bei manchen von ihnen kann die voreingestellte Belegung verändert werden, andere sind dagegen fest zugewiesen. Tabelle 3.3 zeigt eine Übersicht.

| IRQ | Gerät | Änderung möglich |
|-----|-------|------------------|
| 0 | Systemtaktgeber | nein |
| 1 | Tastatur | nein |
| 2 | programmierbarer Interrupt-Controller | nein |
| 3 | serieller Port COM 2 | ja |
| 4 | serieller Port COM 1 | ja |
| 6 | Diskettenlaufwerk | ja |
| 7 | Parallelport | ja |
| 8 | Echtzeituhr | nein |
| 12 | PS/2-Maus | ja |
| 13 | Koprozessor | nein |
| 14 | erster IDE-Controller | ja |
| 15 | zweiter IDE-Controller | ja |

**Tabelle 3.3** Fest belegte IRQs

Eine weitere wichtige Kommunikationsressource ist die I/O-Basisadresse: Diese Speicheradresse markiert den Beginn eines Adressblocks, der für den Austausch von Konfigurations- und Steuerungsinformationen zwischen dem Prozessor und dem jeweiligen Gerät verwendet wird. Die jeweiligen Adressen werden hexadezimal angegeben und liegen ganz unten im adressierbaren Bereich. Die Adressbereiche werden in der Regel im Abstand von 0x20 (dezimal 32 Byte) belegt, also zum Beispiel 0x0200, 0x0220, 0x0240 etc. Beachten Sie, dass es sich nicht wirklich um Adressen im Arbeitsspeicher handelt, sondern um spezielle Geräteschnittstellen, die vom Prozessor nach derselben Logik angesprochen werden wie Speicheradressen.

Eine nicht mehr besonders wichtige Ressource sind die DMA-Kanäle (*Direct Memory Access*). Bei DMA handelt es sich um ein Verfahren zur direkten Übertragung von Gerätedaten in den Arbeitsspeicher und umgekehrt, ohne dass jedes einzelne Daten-Byte den Prozessor passieren muss. Diese Technik beseitigt einen der bedeutendsten Engpässe der klassischen Ein- und Ausgabesteuerung, ist also alles andere als unwichtig. Allerdings wird die DMA-Steuerung der meisten Geräte heute nicht mehr über die klassischen DMA-Kanäle durchgeführt, sondern über ein verbessertes Verfahren, das als *Bus Mastering* bezeichnet wird. DMA-Kanäle werden eigentlich nur noch für Soundkarten und Diskettenlaufwerke verwendet, vor allem, weil es sich nur um 8- und 16-Bit-Kanäle handelt.

Ressourcen mussten früher umständlich von Hand zugewiesen werden. Zunächst mussten sie am Gerät selbst eingestellt werden – anfangs durch Jumper, später per Software. Anschließend wurde dem Betriebssystem mitgeteilt, welche Ressourcen das jeweilige Gerät verwendete. Allzu oft kam es zu Ressourcenkonflikten, vor allem waren chronisch zu wenige IRQs vorhanden.

Besser wurde es erst mit der Einführung von Windows 95, das über – anfangs kein sehr gutes – Plug & Play verfügte, und vor allem mit der Abschaffung der alten ISA-Schnittstellen. »ISA Plug & Play« ist nämlich im Grunde ein Widerspruch in sich. Es funktionierte so schlecht, dass es allgemein als »Plug & Pray« bezeichnet wurde.

Beim Mac funktioniert die Verwaltung der Hardwareressourcen übrigens erheblich einfacher als beim PC. Vor allen Dingen findet sie vollautomatisch statt, ohne dass Sie sich darum kümmern müssen. Dies ist einer der großen Vorteile von Hardware, die aus demselben Haus stammt wie das Betriebssystem – sie ist optimal darauf abgestimmt.

### Steckplätze für Erweiterungskarten

Viele wichtige Peripheriegeräte werden schon seit den Anfangstagen der PCs als Einsteckkarten realisiert. Dies hat vor allen Dingen den Vorteil, dass diese Karten Anschlüsse nach außen führen können: Grafikkarten, Netzwerkkarten oder Soundkarten sind jeweils mit spezialisierten Schnittstellen ausgestattet, an die ein Monitor, ein Netzwerkkabel oder Ton-Ein- und -Ausgabegeräte angeschlossen werden.

Eine Karte verfügt am unteren Rand über eine lange Reihe von Anschlüssen, mit denen sie in den jeweils passenden Slot auf dem Mainboard gesteckt wird. Den Abschluss nach außen, zur Geräterückseite, bildet ein Slotblech, auf dem sich die genannten externen Anschlüsse befinden. Der obere Rand des Slotblechs ist nach außen gebogen und wird mit einer Schraube fixiert.

Es gibt folgende verschiedene Arten von Kartenschnittstellen:

▶ Der *PCI-Anschluss* (*Peripheral Component Interface*) ist der Standardkartenanschluss für PC und Mac. Der PCI-Bus wird mit einer Taktfrequenz von 33 MHz betrieben und besitzt eine Datenbreite von 32 Bit; neuere PCI-Varianten bieten sogar 64 Bit. Die Konfiguration erfolgt bei entsprechend ausgestatteten Betriebssystemen per Plug & Play.

▶ Das neu entwickelte *PCI Express* (PCIe) bietet noch eine erheblich höhere Leistung. Die eigentliche Besonderheit ist hier jedoch, dass es sich dabei nicht mehr um einen Shared Bus für alle Geräte, sondern um einzelne Punkt-zu-Punkt-Verbindungen handelt. Das heißt, PCIe-Geräte können mit dem Prozessor, dem RAM oder miteinander kommunizieren, ohne die Geschwindigkeit anderer Geräte zu beeinflussen.

▶ Der *AGP-Anschluss* (*Accelerated Graphics Port*) war vor der Einführung von PCI Express ein spezieller Anschluss für Grafikkarten. Die Taktfrequenz ist höher als bei klassischem PCI, sie beträgt mindestens 66 MHz. Es gibt inzwischen auch Varianten mit 100 und 133 MHz. Die Datenbreite wurde auf 64 Bit verdoppelt.

▶ Der veraltete *ISA-Anschluss* (*Industry Standard Architecture*) wird seit vielen Jahren nicht mehr auf Mainboards eingebaut. Im Vergleich zu heutigen Schnittstellen war er sehr viel langsamer. Seine Datenbreite betrug lediglich 16 Bit, die Taktfrequenz nur 16,7 MHz.

Notebooks besitzen keine internen Kartenschnittstellen. Dafür waren sie früher häufig mit einem externen Anschluss für spezielle kleine Einsteckkarten ausgestattet, dem PCMCIA-Anschluss (*Personal Computer Memory Card International Association*[2]) oder auch PC-Card-Anschluss. Ursprünglich handelte es sich um einen Anschluss für Flash-ROM-Speicherkarten; später wurde er für unterschiedliche Peripherie wie Netzwerkkarten, Modems oder externe Laufwerke genutzt und inzwischen zugunsten von USB aufgegeben.

**Laufwerksanschlüsse**

Für Festplatten, CD-ROM-Laufwerke und andere Massenspeicher gibt es zwei wichtige Arten von Anschlüssen: *EIDE* und *SCSI*.

EIDE (*Enhanced Integrated Device Electronics*) wird auch *ATA* (*Advanced Technology Attachments*) genannt und war bis vor einiger Zeit auf den meisten Mainboards integriert. In der Regel sind zwei Anschlüsse (*Primary* und *Secondary IDE*) für 40-polige Flachbandkabel vorhanden; ein neuerer Standard namens *Ultra DMA* ermöglicht höhere Datenraten, benötigt aber spezielle 80-polige Kabel. Mit jedem der beiden Anschlüsse können je zwei Geräte verbunden werden. Eines der beiden Geräte wird als *Master* bezeichnet, das andere als *Slave*. Der Master hat beim Datenaustausch Priorität, im Zweifelsfall muss der Slave auf Daten warten.

---

2 Die Langform dieses Akronyms kann sich kein Mensch merken; ich habe, ehrlich gesagt, ebenfalls bei Google recherchiert. Aus diesem Grund wurde die Abkürzung häufig mit »People Can't Memorize Computer Industry Acronyms« – »die Leute können sich die Abkürzungen der Computerindustrie nicht merken« – aufgelöst.

Deshalb sollten CD- und DVD-Brenner niemals als Slave betrieben werden, weil ein Abreißen des Schreibdatenstroms den zu beschreibenden Datenträger zerstören kann.

Die Unterscheidung zwischen Master und Slave hat übrigens nichts mit der Reihenfolge am Kabel zu tun, auch wenn es bei manchen Geräten noch die historische Einstellungsmöglichkeit *Cable Select* gibt. Die Einstellung, ob ein Gerät als Master oder als Slave betrieben wird, erfolgt durch einen Jumper oder DIP-Schalter am Gerät selbst.

Damit die Stecker der Flachbandkabel korrekt eingesteckt werden, besitzt das Kabel eine rote Ader; diese Seite gehört an den Pin mit der Nummer 1. Sowohl das Mainboard als auch die Geräte sind meist entsprechend beschriftet. Bei den Laufwerken befindet sich die 1 meistens neben dem Stromanschluss.

Der wichtigste Vorteil gegenüber SCSI besteht darin, dass EIDE-Geräte erheblich günstiger sind. Im normalen Alltagsbetrieb an PCs ist die Leistungsfähigkeit darüber hinaus vergleichbar; SCSI ist nicht schneller, sondern nur belastbarer, und daher für Server und andere Hochleistungsmaschinen besser geeignet. Der größte Nachteil von EIDE besteht dagegen darin, dass der Anschluss elektrisch instabil ist und die maximale Kabellänge somit nur 60 cm beträgt, weshalb es keine externen EIDE-Geräte gibt.

Vor einigen Jahren begann man mit der Entwicklung einer seriellen Variante des EIDE-Anschlusses, genannt *Serial ATA* (SATA). Um Verwechslungen vorzubeugen, wurde das herkömmliche ATA inzwischen in *Parallel ATA* (P-ATA) umbenannt. Die aktuelle Version des SATA-Standards, SATA 3, erreicht sehr hohe Datenübertragungsraten.

Hauptvorteile der neuen Version sind die Möglichkeit längerer Kabel (bis zu einem Meter), eine vereinfachte Anschlusstechnik mit dünneren, flexibleren Kabeln und kleineren Steckern sowie die von USB oder FireWire bekannten Hot-Plugging-Fähigkeiten (Gerätewechsel im laufenden Betrieb, mehr darüber erfahren Sie in den nächsten Abschnitten).

SCSI ist die Abkürzung für *Small Computer System Interface*. Wie der Name vermuten lässt, wurde diese Schnittstelle ursprünglich nicht für PCs konzipiert, sondern eben für Kleincomputer (die etwa so groß wie Kleiderschränke sind).

Eine SCSI-Schnittstelle bietet die Möglichkeit, sieben Geräte anzuschließen; der neuere Wide-SCSI-Standard erlaubt sogar 15. Bei allen älteren Macs bis zum ersten G3-PowerMac von Mitte 1998 war SCSI integriert und wurde auch für die bereits eingebauten Festplatten und CD-ROM-Laufwerke verwendet. Bei PCs ist SCSI nur sehr selten onboard und wird meist als PCI-Einsteckkarte nachgerüstet. Die meisten dieser SCSI-Karten stammen von der Firma Adaptec.

Ein SCSI-Controller verfügt in der Regel über drei Anschlüsse: zwei interne für 50-polige Flachbandkabel sowie einen externen, an den entweder ein 25-poliges Centronics-Kabel (optisch identisch mit dem klassischen Parallelport eines PCs, aber technisch abweichend) oder ein modernes SUB-D-Kabel angeschlossen werden kann.

Beachten Sie, dass Sie von diesen drei Anschlüssen nur zwei verwenden dürfen! Am SCSI-Controller dürfen Geräte nur busförmig angeschlossen werden, also hintereinander in einer Kette, und nicht etwa sternförmig (mit drei Abzweigungen).

Das erste und das letzte Gerät in der Kette benötigen jeweils einen Abschlusswiderstand, auch *Terminator* genannt. Dieser sieht je nach Geräteart unterschiedlich aus: Die meisten internen Geräte wie Festplatten oder CD-ROM-Laufwerke verwenden dafür einen Jumper. Bei externen Geräten (Scanner, externe Festplatten, CD-Brenner etc.) gibt es hingegen oft die Möglichkeit, über einen durchgeschleiften Anschluss ein weiteres Gerät anzuschließen. In diesem Fall ist der Terminator oftmals nur ein großer Stecker, der auf diesen Anschluss gesetzt wird, oder manchmal auch ein DIP-Schalter.

Wenn der SCSI-Controller selbst ein Ende der Kette bildet, weil nur einer der drei Anschlüsse genutzt wird, dann muss er ebenfalls terminiert werden: Dies geschieht oft mithilfe eines Jumpers oder DIP-Schalters, bessere Controller terminieren sich in diesem Fall automatisch selbst.

Damit SCSI-Geräte angesteuert werden können, benötigen sie eine eindeutige Nummer, die als *SCSI-ID* bezeichnet wird. Sie hat nichts mit der Reihenfolge in der Kette zu tun; wichtig ist nur, dass jede verwendete Nummer einmalig ist. Beim klassischen SCSI existieren die IDs 0 bis 7, bei Wide SCSI dagegen 0 bis 15. Je höher die Nummer eines Geräts, desto höher ist seine Priorität. Der Controller selbst hat daher meist die ID 7 beziehungsweise 15.

Je nach Gerätesorte wird die ID auf unterschiedliche Weise eingestellt: Bei den meisten externen Geräten gibt es einen Drehschalter mit vielen Auswahlmöglichkeiten oder einen DIP-Schalter, der nur zwei Optionen bietet. Bei internen SCSI-Geräten wird die ID oft durch einen oder zwei Jumper eingestellt. Manchmal besitzen sie auch einfach eine festgelegte ID. Vor dem Kauf eines weiteren Geräts müssen Sie deshalb darauf achten, dass Sie keines mit derselben festen SCSI-ID kaufen. Bei neueren Geräten erfolgt die Konfiguration meist bequem per Software.

Auch SCSI steht inzwischen in einer seriellen Variante namens *SAS* (*Serial Attached SCSI*) zur Verfügung. Die Kabel sind identisch mit den S-ATA-Anschlüssen, und die Konfiguration erfolgt im Gegensatz zum herkömmlichen SCSI weitgehend automatisch.

### USB, FireWire und Light Peak

Alle modernen Rechner sind mit neuartigen seriellen Schnittstellen für externe Geräte ausgestattet. Gegenüber dem schwierig einzurichtenden, fehleranfälligen SCSI-Anschluss besitzen sie den Vorteil, dass sie völlig ohne Konfigurationsaufwand benutzt werden können.

Der USB-Anschluss (*Universal Serial Bus*) existiert in verschiedenen Versionen: USB 1.0 und 1.1 arbeiten mit einer Datenübertragungsrate von 12 MBit/s, USB 2.0 vervielfacht diesen Wert auf 480 MBit/s. Die Version USB 3.0 unterstützt sogar Datenraten von mindestens 4,8 GBit/s. An die USB-Anschlüsse eines Rechners können insgesamt 127 Geräte angeschlossen werden, wozu allerdings sogenannte *USB-Hubs* als Verteilungsgeräte erforderlich sind.

Während USB-Anschlüsse der Versionen 1–3 auf der Seite des Computers immer dieselbe Größe und Form haben, gibt es auf der Seite der anzuschließenden Geräte viele verschiedene Typen wie Mini-USB oder Micro-USB. Es sind also oft immer noch unterschiedliche Kabel erforderlich, um mehrere Geräte anzuschließen.

Ein weiteres Ärgernis herkömmlicher USB-Anschlüsse ist, dass der Stecker eine Ober- und eine Unterseite hat, man ihn also nicht umdrehen kann. Da man dies jedoch nicht erkennt, wenn man den Stecker von der Seite betrachtet, versucht man oft, ihn verkehrt herum einzustecken. Bei der neu entwickelten Variante USB-C hat der Anschluss daher eine andere Form als alle herkömmlichen USB-Anschlüsse; der Stecker lässt sich problemlos umdrehen.

Die neueste Generation von Apples MacBooks besitzt nur noch USB-C-Anschlüsse; diverse Adapter stellen die Buchsen für externe Monitore, Ethernet oder klassische USB-Geräte bereit.

Die IEEE-1394-Schnittstelle, die (zunächst nur von Apple) unter dem Namen *FireWire* vermarktet wird, arbeitet mit einer Übertragungsrate von 400 MBit/s. Die neuere Variante FireWire 800 unterstützt die doppelte Geschwindigkeit. Der Hauptverwendungszweck dieses Anschlusses ist der digitale Videoschnitt, deshalb wird er auch als *DV-Schnittstelle* bezeichnet. An den FireWire-Port lassen sich bei entsprechender Vervielfältigung bis zu 63 Geräte anschließen.

Eine neuere Schnittstelle für externe Geräte ist das von Intel und Apple entwickelte Light Peak, das bis zu 10 Gigabyte pro Sekunde erreicht. Apple hat MacBooks, die bis Mitte 2016 gebaut wurden, mit solchen Anschlüssen ausgestattet, die hier den Namen *Thunderbolt* tragen.

Alle modernen externen Schnittstellen unterstützen das sogenannte *Hot-Plugging-Verfahren*: Es ist vorgesehen, dass Geräte im laufenden Betrieb ein- und ausgesteckt werden können. Das Betriebssystem lädt dann automatisch die passenden Treiber und sollte sie nach Gebrauch auch wieder entfernen.

USB wird nicht nur für Drucker, Modems, Scanner, Digitalkameras, externe Festplatten und DVD-Brenner sowie für die allgegenwärtigen USB-Sticks eingesetzt, sondern auch für Tastatur und Maus. Bei Apple ist dies schon länger der Fall; bei PCs wurden dagegen bis vor wenigen Jahren die sogenannten *PS/2-Anschlüsse* für Tastatur und Maus verwendet. Zu beachten ist, dass PS/2-Kabel niemals im laufenden Betrieb ein- oder ausgestöpselt werden dürfen, dies kann das Mainboard ernsthaft beschädigen!

Früher waren PCs neben USB und FireWire noch mit den klassischen seriellen und parallelen Schnittstellen ausgestattet. Die ersten PCs, die diese Anschlüsse sowie PS/2 nicht aufwiesen, wurden als *legacy-free* bezeichnet.

Die alte serielle Schnittstelle (RS-232 oder V.24) wurde ursprünglich für den Anschluss von Terminals an Kleincomputer konzipiert. Beim PC diente sie lange Jahre als Maus- und Modemanschluss. Heute hat ihre praktische Bedeutung dagegen stark nachgelassen. (Am ehesten wird sie vielleicht noch für Messgeräte verwendet, die ihre Daten zur Auswertung an spezielle Software übermitteln. Alte Macs verfügten über eine technisch sehr ähnliche Schnittstelle, die als *RS-422* bezeichnet wurde. Optisch war dieser runde Anschluss allerdings eher mit der PS/2-Schnittstelle eines PCs vergleichbar.)

Ein weiterer klassischer Anschluss ist der Centronics-Parallelport (benannt nach einem längst vergessenen Druckerhersteller). Er wurde bis vor einigen Jahren vor allem für Drucker eingesetzt, inzwischen aber zugunsten von USB völlig aufgegeben.

### Drahtlose Schnittstellen

Ein moderner Rechner mit seinen zahlreichen Peripheriegeräten verursacht ein kaum zu bändigendes Durcheinander von Kabeln. Aus diesem Grund – sowie für die immer weiter verbreiteten Mobilgeräte – wächst die Beliebtheit von Lösungen, die den Anschluss von Geräten ohne Kabel ermöglichen. Grundsätzlich gibt es zwei verschiedene Ansätze: Infrarot- und Funkanschlüsse.

Die Infrarottechnologie ist von der Fernsehfernbedienung her bekannt. Sie benötigt Sichtkontakt zwischen Gerät und Empfangsstation und arbeitet verhältnismäßig langsam. Andererseits kann es bei Infrarotschnittstellen nicht zu den Störungen kommen, denen Funkverbindungen ausgesetzt sein können. Infrarotanschlüsse sind vor allem für Tastaturen und Mäuse geeignet. Der verbreitetste Standard für Infrarotanschlüsse, der auch bei Handys und PDAs verbreitet ist, wird *IrDA* genannt.

Funkanschlüsse arbeiten fast immer mit Mikrowellen im Frequenzbereich von 2,4 GHz – dieses Frequenzband hat den Vorteil, dass es lizenzfrei ist, weil es auch von Mikrowellenöfen genutzt wird. Inzwischen gibt es fast nur noch einen einheitlichen Datenfunkstandard für den Anschluss von Peripheriegeräten: die Bluetooth-Technologie. Es handelt sich um Funkverbindungen mit einer maximalen Reichweite von etwa zehn Metern und einer Übertragungsrate von 1 MBit/s. Es gibt inzwischen Unmengen von Geräten, die über Bluetooth angeschlossen werden können, beispielsweise Tastaturen, Mäuse, Modems oder Mobiltelefone.

Sowohl Infrarot- als auch Bluetooth-Anschlüsse sind nicht auf allen Mainboards eingebaut, aber inzwischen recht günstig als PCI-Erweiterungskarten oder USB-Stecker erhältlich. Erheblich höhere Datenübertragungsraten bieten übrigens die drahtlosen Netzwerke, die in Kapitel 4, »Netzwerkgrundlagen«, ausführlich behandelt werden.

## 3.3   Die Peripherie

Wie bereits erwähnt, gehören zur Peripherie sämtliche Geräte, die zusätzlich an den Computer angeschlossen werden. Peripheriegeräte sind Eingabegeräte, Ausgabegeräte oder gleichzeitig Ein- und Ausgabegeräte. Falls sie zur Datenspeicherung eingesetzt werden, bezeichnet man sie zusätzlich als *Massenspeicher*. Tabelle 3.4 zeigt eine Übersicht über die wichtigsten Peripheriegeräte und ihre Eigenschaften.

| Gerät | Eingabe | Ausgabe | Massenspeicher |
|---|---|---|---|
| Festplatte | × | × | × |
| Diskettenlaufwerk | × | × | × |
| DVD-/CD-ROM-Laufwerk | × | | × |
| DVD-/CD-Brenner | × | × | × |
| Tastatur | × | | |
| Maus | × | | |
| Grafikkarte | | × | |
| Monitor | | × | |
| Drucker | | × | |
| Modem | × | × | |
| Netzwerkkarte | × | × | |
| Soundkarte | × | × | |
| Lautsprecher | | × | |
| Mikrofon | × | | |

**Tabelle 3.4** Die Eigenschaften der wichtigsten Peripheriegeräte

Einige Arten der Ein- und Ausgabe verwenden zwei aufeinanderfolgende Stufen von Geräten, die man gewissermaßen in einen Digital- und einen Analogteil untergliedern kann. Beispielsweise wird das anzuzeigende Monitorbild von der Grafikkarte generiert, aber erst auf dem Monitor tatsächlich angezeigt. Auf ähnliche Weise werden Töne von der Soundkarte erzeugt und von den angeschlossenen Lautsprechern oder Kopfhörern abgespielt. Andersherum werden sie durch ein Mikrofon analog eingegeben und von der Soundkarte in digitales Audio umgewandelt.

### 3.3.1 Massenspeicher

Die diversen Arten von Massenspeichern lassen sich in mehreren Hinsichten unterscheiden, zum Beispiel trennt man in drei Arten von physikalischen Schreib- und Leseverfahren:

- *Magnetische Datenträger* verwenden eine magnetisierbare Fläche als Datenspeicher; das Bit-Muster wird durch magnetische Bereiche mit gegensätzlicher Polarität dargestellt. Beispiele sind etwa die Festplatte, Bandlaufwerke für Backups oder allerlei veraltete, exotische Gerätschaften wie Diskettenlaufwerke, ZIP- oder Jaz-Laufwerke.

- Bei *optischen Datenträgern* ist der Datenspeicher eine reflektierende Metallfläche, die von einem Laserstrahl abgetastet wird. Das Bit-Muster wird durch hineingebohrte Vertiefungen (Pits) und unveränderte Stellen (Land) gebildet, die jeweils unterschiedlich stark reflektieren. Die wichtigsten Beispiele sind CDs und DVDs, die jeweils in nur lesbarer, einmal beschreibbarer und wiederbeschreibbarer Form erhältlich sind.

- *Magneto-optische Datenträger* verwenden ein Mischverfahren aus magnetischen und optischen Schreib- und Lesevorgängen: Die Oberfläche wird durch Hitzeeinwirkung, die durch einen starken Laserstrahl erzeugt wird, magnetisch veränderbar. Anschließend kann sie optisch durch einen Laserstrahl gelesen und später wiederbeschrieben werden.

  Magneto-optische Datenträger und die zugehörigen Laufwerke – zum Beispiel von SyQuest – waren eine Zeit lang unter Mac-Usern recht weit verbreitet, bevor in der zweiten Hälfte der 90er-Jahre der Siegeszug der beschreibbaren CDs (und später DVDs) begann. Heute ist ihre Bedeutung stark zurückgegangen. Die mit anderen wiederbeschreibbaren DVDs inkompatible DVD-RAM hat Ähnlichkeiten mit einer MO-Disc, ist aber keine (nähere Informationen dazu finden Sie unter *http://de.wikipedia.org/wiki/Magneto_Optical_Disk#Unterschiede_der_MO_zu_einer_DVD-RAM*).

Weitere wichtige Unterscheidungsmerkmale betreffen nur die magnetischen Datenträger. Jeder von ihnen verwendet eines von zwei verschiedenen Grundkonzepten:

1. Der Datenträger ist eine rotierende runde Scheibe; der Schreib-/Lesekopf kann sich nach außen und innen bewegen. Eine bestimmte Region der Platte kann also gelesen oder beschrieben werden, sobald sie unter der Achse des Kopfes vorbeirotiert und der Kopf gerade den korrekten Abstand vom Mittelpunkt hat. Genau wie beim Arbeitsspeicher wird dieses Zugriffsverfahren auch hier als *Random Access* bezeichnet.

   Es gibt wiederum zwei Arten von Datenträgern in Scheibenform: Bei der Festplatte bilden Laufwerk und Datenträger eine untrennbare Einheit, während die diversen Wechseldatenträger (Diskette und Ähnliche) zum Arbeiten ins Laufwerk gesteckt und später wieder herausgenommen werden können. Dies macht sie zwar flexibler als Festplatten, aber dafür sind Letztere mit viel mehr Speicherkapazität ausgestattet und überdies erheblich schneller.

2. Die andere Form magnetischer Datenträger sind die verschiedenen Arten von Magnetbändern. Ein langes, dünnes Band wird unter dem statischen Schreib-/Lesekopf entlanggezogen. Der Zugriff auf die Daten findet nicht, wie bei den Platten, beliebig statt, sondern nur der Reihe nach hintereinander (sequenziell). Deshalb werden sie auch nicht für die normale Gebrauchsspeicherung von Daten verwendet, sondern dienen vor allem der Datensicherung (Backup).

Früher wurden große Spulen mit Magnetbändern eingesetzt, die den alten Tonbandrollen entsprachen. Genau wie die Tonbänder nach und nach durch kompakte Audio- und später Videokassetten ersetzt wurden, in denen die beiden stark verkleinerten Spulen fest untergebracht waren, wurden auch entsprechende Magnetbandkassetten zur Datenspeicherung entwickelt, die man *Streamer-Tapes* nennt. Die bisher neueste Form ist der DAT-Streamer, bei dem die aus dem Audiobereich stammende Digitalkassette DAT als Datenspeicher eingesetzt wird. Der Vorteil ist, dass bei diesen speziellen Kassetten durch schnelles Spulen zu wiedererkennbaren Markierungen eine Art Random Access möglich wird.

Vorübergehend – von den späten 70er- bis zur ersten Hälfte der 80er-Jahre – gab es für Homecomputer auch die Möglichkeit, gewöhnliche Audiokassetten als Datenspeicher zu verwenden (*Datasette* genannt).

### Festplatten

Der mit Abstand wichtigste Massenspeicher in einem Computer ist die Festplatte. Es handelt sich um einen Stapel runder Metallplatten, die auf einer gemeinsamen drehbaren Achse angeordnet sind. Wie eine Gabel fahren die übereinander angeordneten Schreib-/Leseköpfe zwischen diese Platten. Das ganze Gebilde ist vakuumverschweißt und muss es auch bleiben, weil die Köpfe in einer Entfernung über der Platte schweben, die einem Bruchteil der Dicke eines menschlichen Haares entspricht – ein Staubkorn hätte auf dieses sensible Gefüge die Wirkung eines Felsbrockens.

Die einzelnen Speicherregionen der Festplatte werden traditionell nach einem Schema nummeriert, das man als *CHS-Verfahren* (*Cylinder, Head, Sector*) bezeichnet: Die Zylinder, auch *Spuren* genannt, sind konzentrische Kreise auf den einzelnen Scheiben, die von innen nach außen durchnummeriert werden. Mit den Kopfnummern werden nacheinander die einzelnen Seiten der Platten bezeichnet. Die Sektoren sind schließlich Einteilungen der Zylinder – traditionell in Form von »Kuchenstücken«, sodass die Datendichte nach außen immer weiter abnimmt und auf diese Weise Speicherplatz vergeudet wird. Jeder Sektor besitzt nämlich eine feste Größe von 512 Byte.

Aus diesem Grund wurde für neuere Festplatten ein Verfahren entwickelt, das den Platz ökonomischer ausnutzt: Jeder Zylinder wird individuell in verschieden viele gleich große Sektoren unterteilt. Die Sektoren aller Platten werden nacheinander durchnummeriert. Dieses Verfahren wird als *LBA* (*Logical Block Addressing*) bezeichnet. Abbildung 3.4 zeigt schematisch den Unterschied zwischen CHS und LBA an je einer einzelnen Platte.

Die Größe aktueller Festplatten liegt üblicherweise zwischen 250 Gigabyte und 4 Terabyte. Wie bereits im vorangegangenen Kapitel erwähnt, sind die Angaben der Festplattenhersteller, die beispielsweise »250 GB« lauten, leicht irreführend: Es handelt sich tatsächlich um 250 Milliarden Byte.

Um diese relativ großen Platten effizienter nutzen zu können, lohnt es sich, sie zu partitionieren. Eine Partition ist eine Unterteilung der Festplatte; sie wird vom Betriebssystem wie ein eigenständiges Laufwerk behandelt. Auf diese Weise können Sie zum Beispiel Ihre Daten und Programme logisch sortieren und sparen Zeit beim Defragmentieren (Aufräumen zerstückelter Dateien), weil Sie dieses reihum mit einzelnen Partitionen durchführen können. Falls Sie mehrere Betriebssysteme auf demselben Rechner installieren möchten, sind Sie in den meisten Fällen sogar zur Partitionierung gezwungen.

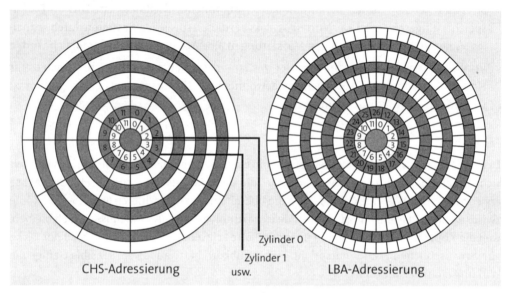

**Abbildung 3.4** Schematische Darstellung des Unterschieds zwischen CHS- und LBA-Festplattenadressierung

Es gibt verschiedene Arten von Partitionen; wichtig ist vor allem der Unterschied zwischen primären, erweiterten und logischen Partitionen.

Die Partitionsdaten werden auf der Festplatte selbst in der sogenannten *Partitionstabelle* gespeichert. Diese Tabelle befindet sich am Ende des allerersten Sektors einer jeden Festplatte. Dieser Sektor – CHS 0,0,1 oder LBA 0 – ist der Haupt-Bootsektor (*Master Boot Record* oder kurz MBR). In Tabelle 3.5 wird sein Aufbau gezeigt.

| Startadresse | Maximale Länge (Byte) | Inhalt |
| --- | --- | --- |
| 0x0000 (0) | 440 | Bootloader |
| 0x01B8 (440) | 4 | Disk-Signatur |
| 0x01BC (444) | 2 | zwei Null-Bytes (0x0000) |
| 0x01BE (446) | 64 | Partitionstabelle |
| 0x01FE (510) | 2 | MBR-Signatur (Magic Number) |

**Tabelle 3.5** Schematischer Aufbau eines Master Boot Records

Der Bootloader wird beim Start des PCs von dessen BIOS aufgerufen. Er dient dazu, das Betriebssystem zu starten oder – als Bootmanager – eines von mehreren zur Auswahl zu stellen.

Die eigentliche Partitionstabelle beginnt bei Byte 446 (hexadezimal 0x01BE) und ist maximal 64 Byte groß – für jeden der maximal vier Partitionseinträge stehen also 16 Byte zur Verfügung. Der Aufbau eines solchen Eintrags wird in Tabelle 3.6 gezeigt.

| Relative Startadresse | Länge (Byte) | Inhalt |
|---|---|---|
| 0x00 (0) | 1 | aktive (bootfähige) Partition: 0x80; nicht aktive 0x00 |
| 0x01 (1) | 3 | Startsektor der Partition (CHS) |
| 0x04 (4) | 1 | Partitionstyp (siehe im Folgenden) |
| 0x05 (5) | 3 | Endsektor der Partition (CHS) |
| 0x08 (8) | 4 | Startsektor (LBA oder relativ) |
| 0x0C (12) | 4 | Anzahl der Sektoren |

**Tabelle 3.6** Aufbau eines Eintrags in einer Partitionstabelle

Das Byte 0x04 eines Partitionseintrags legt den Partitionstyp fest. Die wichtigsten bekannten Typen sind:

▶ 0x00: leer
▶ 0x01: *FAT12* (Disketten)
▶ 0x04: *FAT16* (bis 32 MB)
▶ 0x05: erweiterte Partition
▶ 0x06: *FAT16* (ab 32 MB)
▶ 0x07: *HPFS* (OS/2), *NTFS* (Windows NT)
▶ 0x0B: *FAT32*
▶ 0x0C: *FAT32*, BIOS-Erweiterung
▶ 0x0E: *FAT16* (ab 32 MB, BIOS-Erweiterung)
▶ 0x0F: erweiterte Partition, BIOS-Erweiterung
▶ 0x12: EISA-Partition
▶ 0x42: dynamisches Volume
▶ 0x82: Linux Swap
▶ 0x83: Linux Native
▶ 0x8E: Linux LVM
▶ 0xA0: Hibernation

- 0xA5: FreeBSD
- 0xA6: OpenBSD
- 0xA9: NetBSD
- 0xFD: RAID

Auch erweiterte Partitionen werden in die Partitionstabelle des MBR eingetragen. An der darin angegebenen Adresse befindet sich eine weitere Partitionstabelle mit nur zwei Einträgen: Der erste verweist auf eine logische Partition, der zweite wiederum auf eine solche verkürzte Partitionstabelle etc. Auf diese Weise wird eine einfach verkettete Liste (siehe Abschnitt 10.1, »Algorithmen und Datenstrukturen«) aus logischen Partitionen erstellt.

Aktuelle Betriebssysteme können nur eine erweiterte Partition verwalten, aber diese kann theoretisch beliebig viele logische Partitionen enthalten. In der Praxis findet die Anzahl ihre Grenze in der Anzahl der Sektoren, da eine logische Partition stets ganze Sektoren und keine Teile davon belegt. Zudem können einige Betriebssysteme wie MS-DOS oder ältere Windows-Versionen nur eine begrenzte Anzahl logischer Partitionen verwalten; typischerweise sind es dort 16. In Microsoft-Betriebssystemen werden die logischen Partitionen übrigens als *logische Laufwerke* bezeichnet.

Für die Partitionierung können je nach Betriebssystem unterschiedliche Programme eingesetzt werden. MS-DOS und die von ihm abgeleiteten Betriebssysteme Windows 95, 98 und Me enthielten ein einfaches Konsolen-Dienstprogramm namens `fdisk`; unter Linux steht ein gleichnamiges Programm zur Verfügung, das allerdings mehr Komfort bietet. Windows 10 und seine Vorgänger aus der Windows-NT-Familie enthalten ein grafisches Programm namens *Datenträgerverwaltung*. Unter macOS wird schließlich ein Programm namens *Festplattendienstprogramm* mitgeliefert.

Alle genannten Systemprogramme für die Partitionierung haben einen Nachteil: Sie können Änderungen nur vornehmen, indem Sie eine bestehende Partition mit allen Daten vollständig löschen und an ihrer Stelle eine oder mehrere neue anlegen. Wenn Sie dagegen bestehende Partitionen verkleinern, vergrößern, zusammenfassen oder trennen möchten, benötigen Sie einen kommerziellen Partitionsmanager wie Partition Master. Vor dem Einsatz eines solchen Programms ist es allerdings dringend zu empfehlen, alle wichtigen Daten zu sichern – durch diverse Fehler oder durch einen Stromausfall während der Partitionsänderung kann es zu einem vollständigen Datenverlust kommen.

Einen Schritt weiter als die Partitionierung von Festplatten geht übrigens die Verwendung sogenannter *RAID-Systeme*, die häufig im Serverbereich anzutreffen sind: Das *Redundant Array of Independent* (oder *Inexpensive*) *Disks* fasst mehrere physikalische Festplatten zu einer Einheit zusammen, entweder aus Performancegründen oder für eine Verbesserung der Datensicherheit. RAID wird entweder von einer speziellen Hardwarekomponente namens *RAID-Controller* bereitgestellt oder als SoftRAID über Treiber des Betriebssystems – in den Windows-Server-Systemen ist es beispielsweise bereits eingebaut.

Man unterscheidet acht verschiedene einfache RAID-Levels, die von 0 bis 7 durchnummeriert werden, sowie zahlreiche Kombinationen aus diesen. Die Levels unterscheiden sich bezüglich der Art, wie sie die einzelnen Festplatten nutzen, voneinander. Die wichtigsten Levels sind 0, 1, 5, 6, 01 und 10:

▸ *RAID 0: Stripe Set*, mindestens zwei Festplatten. Die Speicherkapazitäten mehrerer Festplatten werden in einzelne »Streifen« zerschnitten. Die Daten werden abwechselnd auf den verschiedenen Platten gespeichert, wobei die Streifen jeder Platte fortlaufend beschrieben werden. Diese Methode steigert nur die Performance des Systems, aber nicht die Sicherheit.

▸ *RAID 1: Mirroring*, mindestens zwei Festplatten. Die Daten einer ganzen Festplatte werden jeweils komplett auf einer zweiten Platte gespeichert. Diese Variante bietet die höchstmögliche Sicherheit, aber keinerlei Steigerung der Performance.

▸ *RAID 5: Stripe Set mit Parity*, mindestens drei Festplatten. Diese RAID-Version bietet einen Kompromiss zwischen Geschwindigkeits- und Sicherheitsverbesserung: Es wird ein Stripe Set erzeugt wie bei Level 0; allerdings wird zusätzlich ein Bereich auf jeder Platte für Prüfsummen (Parity) verwendet, um nachträglich Fehler beseitigen zu können. Die Parity wird mithilfe einer bitweisen XOR-Operation berechnet: Eine Bit-Folge von Festplatte 1 und eine gleich lange Bit-Folge von Platte 2 werden durch XOR (Exklusiv-Oder) verknüpft und auf Festplatte 3 gespeichert. Beim nächsten Durchgang werden die Daten auf Platte 2 und 3 abgelegt und die Parity auf der ersten. Dies erhöht den Brutto-Speicherbedarf je nach Anzahl verwendeter Festplatten: Bei drei Festplatten steigt er um $\frac{1}{3}$, bei vier Festplatten um $\frac{1}{4}$ etc.

▸ *RAID 6: Advanced Data Guarding*, mindestens vier Festplatten. Das Verfahren funktioniert im Prinzip wie RAID 5, allerdings werden zwei verschiedene Parity-Werte berechnet. Dadurch verkraftet ein RAID-6-Array den Ausfall von bis zu zwei Festplatten.

▸ *RAID 01 (oder 0+1)*, mindestens drei Festplatten. Eine Kombination aus RAID 0 und 1, bei der die Daten zuerst in ein Stripe Set zerlegt und dann auf zwei RAID-0-Arrays (oder ein RAID-0-Array und eine Einzelplatte) verteilt werden.

▸ *RAID 10*, mindestens vier Festplatten. Dies ist die umgekehrte Kombination aus RAID 1 und 0; die Daten werden zuerst vom RAID-Controller gespiegelt und dann auf zwei RAID-1-Arrays gespeichert.

Moderne Storage-Systeme verwenden ein interessantes Zusatzfeature: Die sogenannten *Hot-Swap-Festplatten* können im laufenden Betrieb ausgetauscht werden, um sofort Ersatz für ausgefallene Platten zu schaffen.

Die Geschwindigkeit von Festplatten wird durch unterschiedliche Werte angegeben. Die erste wichtige Information ist die Umdrehungsgeschwindigkeit. Sie beträgt bei vielen aktuellen Festplatten 7.200 Umdrehungen pro Minute; einige Modelle arbeiten auch nur mit 5.400 U/min, während manche ganz neuen Platten oder SCSI-Festplatten für Server mit

10.000 U/min laufen. Es handelt sich hier um die Angabe einer konstanten Winkelgeschwindigkeit (*Constant Angular Velocity* oder kurz CAV). Bei der klassischen CHS-Adressierung werden Daten auf den Außenbezirken der Platte deutlich langsamer gelesen und geschrieben als innen, weil dieselbe Datenmenge auf einem erheblich längeren Ringabschnitt untergebracht ist.

Alle anderen Geschwindigkeitsangaben sind statistische Werte und werden durch Benchmark-Tests ermittelt. Die mittlere Zugriffszeit gibt an, wie lange es dauert, einen zufällig gewählten Sektor anzusteuern – man verwendet sehr viele Messungen, um die unterschiedlichsten aufeinanderfolgenden Sektorpositionen zu messen. Die Größenordnung der Werte liegt in einem Bereich von 10 Millisekunden. Neben der mittleren Zugriffszeit wird die Geschwindigkeit des Schreib- und des Leseflusses gemessen. Die Werte wurden in den letzten Jahren erheblich gesteigert; bei SATA 3 werden beispielsweise bis zu 4,8 Gigabit (oder 600 Megabyte) pro Sekunde übertragen. In der aktuellen Spezifikation SATA 3.2 oder SATA Express wurden diese Werte nochmals fast verdoppelt (SATA Express 8,0 GBit/s) beziehungsweise verdreifacht (SATA Express 16,0 GBit/s).

Zu guter Letzt sind alle modernen Festplatten mit einem internen Cache ausgestattet, dessen Größe meist zwischen 64 und 256 MByte beträgt. Er beschleunigt Zugriffe auf die Festplatte durch Pufferung des Datenstroms. Sie können davon ausgehen, dass ein größerer Cache die Schreib- und Lesezugriffe noch ein wenig schneller macht.

Als Alternative zur Festplatte gewinnt seit Jahren ein neuer Datenträgertyp an Bedeutung: die *Solid State Disk* (SSD). Im Inneren befinden sich etwa 64 bis 512 GByte Flash-EPROM, und nach außen weist das Gerät einen gewöhnlichen Festplattenanschluss auf (SATA 3 für interne, USB 2, 3 oder USB-C für externe Festplatten). Vorreiter für diese Entwicklung waren die seit den späten 90er-Jahren verfügbaren USB-Sticks, die anfangs über 16 bis 32 MByte Speicher verfügten und inzwischen bei 16 bis 64 GByte angelangt sind, wobei die Preise, langfristig betrachtet, immer weiter fallen. Da SSDs und USB-Sticks im Gegensatz zu anderen internen oder externen Datenträgern keinerlei mechanische Komponenten besitzen, sind sie recht schnell und stromsparend. Man kann davon ausgehen, dass die mechanische Festplatte im PC-Bereich in den nächsten Jahren fast flächendeckend durch die SSD ersetzt werden wird.

### Magnetische Wechseldatenträger

In den letzten Jahren sind magnetische Wechseldatenträger fast völlig aus der Mode gekommen. USB-Sticks oder kleine, günstige externe USB-Festplatten, die keine zusätzliche Stromversorgung benötigen, erledigen die entsprechende Aufgabe viel problemloser und praktischer. Insofern sind die nachfolgenden Informationen eher historischer Natur.

Sowohl PCs als auch Macs werden heute ohne das klassische Diskettenlaufwerk ausgeliefert. Das 1980 von Sony entwickelte 3,5-Zoll-Laufwerk besitzt eine maximale Speicherkapazität von 1,44 Megabyte (zwei Seiten × 80 Spuren × 18 Sektoren × 512 Byte pro Sektor) und ist recht langsam. Früher gab es 3,5-Zoll-Disketten mit noch weniger Speicherkapazität; außerdem waren in der Frühzeit der PCs 5,25-Zoll-Modelle mit höchstens 1,2 Megabyte Kapazität üblich.

Eine *Diskette* oder *Floppy Disk* ist eine mit magnetisierbarem Metallstaub versetzte runde Kunststoffscheibe, die zum Schutz in einer quadratischen Kunststoffhülle steckt, die vollständig in das Laufwerk geschoben wird. Die 3,5-Zoll-Diskette ist mit einem kleinen Schiebeschalter ausgestattet. Wird er geöffnet, ist die Diskette schreibgeschützt; in geschlossenem Zustand kann sie dagegen beschrieben werden.

Es wurden einige Versuche unternommen, Nachfolger für das Diskettenlaufwerk mit höherer Kapazität und Geschwindigkeit zu etablieren. Die wichtigsten dieser Versuche waren die ZIP- und Jaz-Laufwerke von Iomega, die 100 oder 250 Megabyte beziehungsweise ein oder zwei Gigabyte fassten. Eine weitere Alternative war das LS-120-Laufwerk, dessen eigene Spezialdisketten eine Kapazität von 120 Megabyte aufwiesen und das zusätzlich normale 3,5-Zoll-Disketten lesen konnte. Gegen die Konkurrenz der (wieder-)beschreibbaren CDs und DVDs und vor allem der USB-Sticks, die höhere Kapazitäten ermöglichen und erheblich billiger sind, kommen sie aber alle nicht an.

### CD, DVD und Blu-ray-Disc

Die eigentliche Informationsfläche einer CD oder DVD besteht jeweils aus einer hauchdünnen Metallschicht, die von einem Laserstrahl mit einer bestimmten Brennweite abgetastet wird. Die verschiedenen Farben (Gold, Silber, Blau oder Grün) kommen durch unterschiedliche Metalllegierungen zustande. Vertiefungen in dieser Oberfläche (Pits) wechseln sich mit der normalen, unversehrten Fläche (Land) ab und bilden so das Bit-Muster. Die unterschiedlichen Reflexionseigenschaften der Pit- und Land-Bereiche werden vom Lesekopf des CD- oder DVD-Players als Daten, Musik oder Video interpretiert. Zum Schutz vor Beschädigung wird die empfindliche Metallschicht durch eine verhältnismäßig dicke Schutzschicht aus durchsichtigem Kunststoff abgedeckt.

Die Compact Disc (CD) wurde 1982 von Sony und Philips vorgestellt, zunächst lediglich als neuartiger Tonträger (Audio-CD). Nach gut zehn Jahren war es der Musikindustrie gelungen, fast den gesamten Tonträgermarkt auf CDs umzustellen. Eigentlich kein Wunder: Mit ihrer kompakten Größe, ihrer Unempfindlichkeit, den guten Digitalaudio-Eigenschaften (44,1 kHz Sampling-Rate, 16 Bit Sampling-Tiefe, Stereo) und Platz für 74 Minuten Musik war sie für den normalen Konsumentenmarkt besser geeignet als die klassische Vinyl-LP – obwohl analoge Aufnahmen für bestimmte Musikrichtungen passender oder zumindest beliebter sind und professionelle DJs natürlich nach wie vor oft Vinyl verwenden, zumal die Sampling-Rate aufgrund der analogen Natur des Mediums sogar höher ist als bei der CD.

Die CD auch als Speichermedium für Daten zu verwenden lag aufgrund ihrer Eigenschaften nah. Die erste Variante war die CD-ROM, eine ab Werk mit vorgegebenem Inhalt versehene

Daten-CD, die für die Lieferung von Software oder für Multimedia-Präsentationen verwendet wird. Seit etwa 1995 wird beinahe jeder PC mit einem CD-ROM-Laufwerk ausgestattet, das diese Datenträger lesen kann. Eine CD-ROM besitzt eine maximale Speicherkapazität von 650 Megabyte, bei neueren Versionen sind es 700 oder gar 800. Da Audio-CDs mit weniger Verwaltungsdaten auskommen, passt etwas mehr Musik darauf, als die direkte Umrechnung dieser Werte in 10 MByte pro Minute Musik vermuten lassen würde, nämlich 74, 80 oder 90 Minuten. Beachten Sie, dass ältere Audio-CD-Player keine CDs mit einer längeren Spieldauer als 74 Minuten abspielen können.

Die Spezifikationen für die verschiedenen CDs werden in den sogenannten *bunten Büchern* (englisch: *rainbow books*) dokumentiert:

▶ Das Red Book spezifiziert die Audio-CD, die aus einem Inhaltsverzeichnis (*Table of Contents*) und bis zu 99 Audiotracks besteht. Beachten Sie, dass eine Audio-CD, auf der die ärgerlichen Kopierschutzmaßnahmen der Musikindustrie verwendet werden, nicht dem Red Book entspricht und deshalb eigentlich gar keine richtige Audio-CD ist.

Eine aktuelle Ergänzung der Audio-CD ist dagegen ein Format, das als CD-Text bezeichnet wird: Neben den reinen Audiodaten können kurze Textinformationen wie Interpreten und Titel in die Tracks geschrieben werden. Neue CD-Player und CD-Abspielprogramme für Computer zeigen diese Informationen an; aktuelle Brennsoftware kann sie auch auf beschreibbare CDs schreiben.

▶ Das Yellow Book ist der Standard für die CD-ROM, die ursprüngliche Daten-CD. Sie war von Anfang an als Mixed-Mode-CD ausgelegt, kann also neben den Computerdaten auch Audiotracks enthalten.

▶ Im Green Book wurde das Format der Philips CDi (für *interactive*) festgelegt. Der CDi-Player war ein an den Fernseher anschließbares Gerät zum Abspielen von Multimedia-Präsentationen. Es kam kurz vor dem Siegeszug der Multimedia-CD-ROM und des Webs auf den Markt und verkaufte sich schlecht.

▶ Das Orange Book standardisiert die beschreibbare CD (CD-R, für *recordable*) und die wiederbeschreibbare CD (CD-RW, *rewritable*).

▶ Das White Book definiert das Format der Video-CD (nicht etwa der DVD).

▶ Das Blue Book ist eine Erweiterung des Yellow-Book-Standards im Hinblick auf Mixed-Mode-CDs: Es wird genauer festgelegt, wie Audio- und Datentracks aufeinanderfolgen sollen, damit die CD sowohl von einem alten Audio-CD-Player als auch von einem modernen CD-ROM-Laufwerk in einem Computer abgespielt werden kann.

Die Geschwindigkeit eines CD-ROM-Laufwerks wird als Vielfaches der Datenübertragungsrate eines Audio-CD-Players angegeben: Audio-CDs werden mit 150 KByte/s abgespielt; ein 48x-CD-ROM-Laufwerk schafft entsprechend 48 × 150 KByte/s = 7.200 KByte/s oder etwa 7,03 MByte/s. Anders als bei den Festplatten handelt es sich bei diesen Geschwindigkeitsangaben um eine konstante lineare Geschwindigkeit (*Constant Linear Velocity*, abgekürzt CLV) – trotz der unterschiedlichen Radien der verschiedenen Spuren geschieht das Lesen und Schreiben immer gleich schnell.

Bei den beschreibbaren CD-Rs werden die Pits durch einen besonders starken Laserstrahl in die Metalloberfläche gebohrt. Die wiederbeschreibbare CD-RW verwendet dagegen Pits mit einer viel geringeren Tiefe, die beim Überschreibvorgang wieder »abgeschliffen« werden können. Auf diese Weise lässt sich eine CD-RW bis zu 1.000-mal beschreiben. Beachten Sie, dass CD-ROM-Laufwerke und Audio-CD-Player, die ungefähr vor Ende 1998 gebaut wurden, keine CD-RWs lesen können.

Da das Wiederbeschreiben einer CD-RW aufwendiger ist, geschieht es beim gleichen Brenner langsamer als das Beschreiben einer normalen CD-R. Aus diesem Grund enthalten CD-RW-Brenner in der Regel drei Geschwindigkeitsangaben in ihrer Spezifikation oder gar aufgedruckt auf dem Gerät selbst: *40x/12x/48x* bedeutet zum Beispiel, dass der CD-Brenner CD-Rs mit 40-facher Geschwindigkeit beschreibt, CD-RWs 12-fach wiederbeschreibt und sämtliche CDs mit 48-facher Geschwindigkeit liest.

Als die beschreibbaren CDs eingeführt wurden, musste übrigens sämtlicher Inhalt in einem einzigen Durchgang darauf gebrannt werden. Bei Audio-CDs heißt dieses Verfahren *Disc-at-once*. Erst etwas später wurde ein Verfahren entwickelt, das man als *Multisession-Format* bezeichnet: Eine CD kann in mehreren Durchgängen (Sessions) gebrannt werden. Nach jeder neuen Session wird ein neues Inhaltsverzeichnis geschrieben. Sie können sich aussuchen, ob die Dateien der alten Sessions darin enthalten sein sollen, sodass sie weiterhin lesbar sind, oder ob sie weggelassen werden sollen – es ist, als seien sie nie auf der CD enthalten gewesen. Das spezielle Multisession-Verfahren für Audio-CDs wird als *Track-at-once* bezeichnet.

Jede Session besteht aus einem Anfangsbereich namens *Lead-in-Area*, den eigentlichen Daten und einem Abschlussbereich, der *Lead-out-Area*. Da diese Grenzbereiche eine gewisse Größe haben, steht auf einer CD mit vielen Sessions etwas weniger Speicherplatz für Daten zur Verfügung als auf einer CD, die in einem einzigen Durchgang gebrannt wurde.

Für das Brennen einer CD ist spezielle Software erforderlich. Für Windows ist das Programm Nero Burning ROM zu empfehlen; das bekannteste Programm für den Mac ist Toast von Roxio. Allerdings beherrschen die Betriebssysteme Windows (ab XP) und macOS auch selbst das Beschreiben von CD-Rs und CD-RWs. Wirklich empfehlenswert ist der Zugriff auf diese Bordmittel allerdings nicht; sie bieten nur sehr wenige Einstellungsmöglichkeiten und überlassen Ihnen so keine richtige Kontrolle über den Brennvorgang.

Welche Software Sie auch immer verwenden wollen – achten Sie darauf, dass sie mit der BURN-Proof-Technologie moderner Brenner umgehen kann, die den CD-Rohling davor schützt, durch ein Abreißen des Schreibstroms (*Buffer Underrun*) zerstört zu werden.

## CD-Datenformate und -Dateisysteme

Eigentlich gehört dieses Thema nicht in das vorliegende Kapitel – die theoretischen Grundlagen der Dateisysteme für Festplatten werden in Kapitel 5, »Betriebssystemgrundlagen«, ausführlich beschrieben; in Kapitel 6, »Windows«, Kapitel 7, »Linux«, und Kapitel 8, »macOS«, folgen jeweils konkrete Beispiele. Da für CDs und DVDs jedoch besondere Bedingungen gelten, wird das Thema hier an Ort und Stelle vorweggenommen.

Wenige Möglichkeiten für Fehler entstehen, wenn Sie eine reine Audio-CD brennen. Ihre Spezifikation nach dem Red-Book-Standard hat sich seit über 30 Jahren nicht geändert und wird von jedem CD-Brennprogramm beherrscht. Einige ältere Audio-CD-Player mögen möglicherweise keine Track-at-once-CDs und bestehen auf der Disk-at-once-Variante oder spielen die CD erst ab, wenn Sie sie abschließen – mit einem endgültigen Lead-out-Bereich versehen, der keine weiteren Sessions mehr gestattet.

Bei Daten-CDs sah die Sache lange Zeit erheblich komplizierter aus. Das ursprüngliche CD-ROM-Dateiformat für PCs wird *ISO 9660* genannt. Für die damaligen DOS-/Windows-3.1-Rechner waren seine vielfältigen Einschränkungen kein Problem: Genau wie ISO 9660 konnten auch die Dateisysteme dieser Betriebssysteme beispielsweise nur mit kurzen Dateinamen im *8.3-Format* umgehen: bis zu acht Zeichen für den eigentlichen Dateinamen und drei Zeichen für die durch einen Punkt getrennte Erweiterung, die unter Windows den Dateityp angibt.

Problematisch wurde ISO 9660 erst mit der Einführung von Windows 95: Dieses Betriebssystem war das erste weitverbreitete PC-System, das mit langen Dateinamen (bis zu 255 Zeichen) umgehen konnte. Aus diesem Grund entwickelte Microsoft eine ISO-9660-Erweiterung namens *Joliet*, die bald von sämtlichen CD-ROM-Treibern unter Windows 95 und seinen Nachfolgern unterstützt wurde.

Unter dem klassischen Mac OS konnte dagegen zum Beispiel das hauseigene *HFS*-Dateisystem auf die CD gebrannt werden. Problematisch wurde es erst, wenn man eine CD benötigte, die unter dem klassischen Mac OS 9 und unter Windows laufen sollte. Zwar konnte der Mac das ISO-9660-Format lesen, allerdings nur ohne Joliet-Erweiterung – die langen Dateinamen einer Windows-CD wurden zerstückelt. Erfreulicherweise gab es Abhilfe durch Drittanbieter-Tools.

Eine andere Lösung waren Mac-OS-/Windows-Hybrid-CDs mit zwei Partitionen. Der Windows-Rechner konnte dabei nur die ISO-Session lesen, während den Mac nur der HFS-Teil interessierte. Üblicherweise wurden die eigentlichen Daten in Wirklichkeit nur einmal auf die CD geschrieben, und zwar in die ISO-Partition; die HFS-Partition enthielt eine Verknüpfung, die dorthin verwies.

Seit einigen Jahren steht nun jedoch das *Universal Disk Format* (*UDF*) zur Verfügung. Es handelt sich um eine Erweiterung von ISO 9660, die plattformübergreifend lange Dateinamen unterstützt. Es wurde ursprünglich vor allem für DVDs entwickelt, kann – und sollte – aber auch für CDs eingesetzt werden.

### DVDs

Die *Digital Versatile Disc* (DVD) ist äußerlich nicht von einer CD zu unterscheiden. Es handelt sich ebenfalls um einen optischen Datenträger, allerdings mit einer erheblich höheren Speicherdichte. Die sogenannten *Double-Layer-DVDs* besitzen anstelle der einen Metallschicht zwei übereinander angeordnete, die von einem Laser mit unterschiedlicher Brennweite abgetastet werden. Zudem gibt es auch doppelseitige DVDs. Die Speicherkapazität beträgt 4,7 Gigabyte pro Schicht. Um einen abendfüllenden Spielfilm in hoher Qualität mitsamt Surround-Tonspuren in mehreren Sprachen, Untertiteln und einer interaktiven Menüsteuerung zu speichern, werden aber in der Regel Double-Layer-DVDs verwendet.

DVDs werden für die Verbreitung von Verleih- und Verkaufsvideos eingesetzt; der Wohnzimmer-DVD-Player hat den VHS-Videorekorder praktisch vollständig verdrängt, soweit er nicht selbst durch einen Blu-ray-Player ersetzt wurde, der ebenfalls DVDs abspielen kann. Auch für die Datensicherung waren (beschreibbare) DVDs eine Zeit lang recht verbreitet. Betriebssystemdistributionen oder aufwendige Computerspiele werden in der Regel auf DVD ausgeliefert, weil die Arbeit mit einem Stapel CDs allmählich genauso lästig wurde wie vor Jahrzehnten die Windows-3.11-Installation mithilfe von acht Disketten.[3]

Um DVD-ROMs zu verwenden, benötigen Sie ein DVD-ROM-Laufwerk (das grundsätzlich auch CDs lesen kann). Die Geschwindigkeit wird als Vielfaches der Datenrate eines Video-DVD-Players (etwa 1,3 MByte/s) angegeben. Ein 16x-DVD-Laufwerk erreicht also eine Datenübertragungsleistung von gut 20,8 MByte/s. Es werden grundsätzlich zwei Geschwindigkeitswerte wie 16x/48x angegeben, wobei der zweite Wert für die Geschwindigkeit steht, mit der das Laufwerk CD-ROMs liest (natürlich als Vielfaches der CD-Player-Rate).

Wenn Sie auf Ihrem PC Video-DVDs ansehen möchten, benötigen Sie zusätzlich eine entsprechende Software wie WinDVD oder PowerDVD. Sowohl für Wohnzimmer-DVD-Player als auch für DVD-ROM-Laufwerke gilt übrigens Folgendes: Jede Video-DVD ist mit einem sogenannten *Region-Code* ausgestattet; jedes Laufwerk kann offiziell nur DVDs mit einem einzigen Code abspielen. Die DVD-Industrie hat die Welt zu diesem Zweck in acht Regionen unterteilt (zur Region eins gehören beispielsweise die USA; Europa und Japan bilden gemeinsam die Region zwei etc.).

Die Begründung für diesen merkwürdigen »Schutz« ist ein wenig abenteuerlich: Es soll verhindert werden, dass man sich im Ausland die DVD-Version eines Films beschafft, der im eigenen Land womöglich noch im Kino läuft. Für die Kunden ist der Region-Code allerdings nichts weiter als eine lästige Einschränkung. Es ist zum Beispiel ärgerlich, wenn man sich nicht die oft viel besser ausgestatteten US-Versionen seiner Lieblingsfilme beschaffen kann – abgesehen von der Schwierigkeit, einen DVD-Player dazu zu bringen, einen Film mit fremdem Region-Code abzuspielen, ist der Import solcher Filme auch noch rechtlich fragwürdig (bis hin zu Versuchen der Hersteller, ihn ganz zu verbieten)!

---

3  Die Krönung war dann Windows 95, das auf 45 (!) Disketten geliefert wurde.

Das Chaos der Datei- und Datenformate, das bei den CDs immer wieder für Verwirrung sorgt, herrscht bei DVDs nicht. Alle DVDs, ob sie nun Video- oder Programmdaten enthalten, verwenden dasselbe formale Datenformat, das als *UDF* (*Universal Disk Format*) bezeichnet wird. Es kann von allen aktuellen Betriebssystemen ohne Schwierigkeiten bei den Dateinamen gelesen werden. Für beschreibbare beziehungsweise wiederbeschreibbare DVDs gibt es insgesamt drei miteinander inkompatible Formate:

▶ Die DVD-R und die zugehörige DVD-RW bilden das älteste Format. Diese Datenträger können von einem normalen DVD-ROM-Laufwerk oder DVD-Player gelesen werden. Wenn Sie Video-DVDs brennen möchten, ist dieses Format vorzuziehen, weil die Videoqualität etwas besser ist als bei den anderen Formaten.

▶ Etwas später wurde der DVD+R- beziehungsweise DVD+RW-Standard entwickelt. Auch diese Scheiben sind für normale Player geeignet. In puncto Geschwindigkeit und Fehlervermeidung sind diese »Plus«-Formate dem »Minus«-Standard überlegen.

▶ Völlig inkompatibel mit den beiden anderen Formaten, aber auch mit normalen DVD-ROM-Laufwerken und Video-DVD-Playern, ist die DVD-RAM. Andererseits stellt sie von allen drei Formaten die schnellste und zuverlässigste Datenspeicherung zur Verfügung. Wenn Sie also eine verlässliche, moderne Datensicherungslösung benötigen, aber keinen Wert auf Kompatibilität legen, ist die DVD-RAM das Richtige für Sie.

Damit Sie mit allen Formaten zurechtkommen, sollten Sie sich einfach einen Kombibrenner kaufen, wie er beispielsweise von Sony, NEC oder LG angeboten wird. Die meisten können Plus- und Minus-Datenträger beschreiben; die sogenannten *Super-Multi-Brenner* können allerdings auch mit DVD-RAMs umgehen.

Inzwischen hat sich die Blu-ray-Disc als DVD-Nachfolger durchgesetzt. Sie wurde von Elektronikunternehmen wie Philips, Sony und LG entwickelt. Ihre Kapazität beträgt 25 GByte beziehungsweise 50 GByte im Dual-Layer-Format. Weitgehend aufgegeben wurde dagegen die von Firmen wie Microsoft, IBM und Toshiba entwickelte HD DVD. Diese verwendet eine andere Laser-Wellenlänge; sie besitzt eine Kapazität von 15 GByte im Single- und 30 GByte im Dual-Layer-Format. Die für beide Formate verfügbaren Stand-alone-Player, Computerlaufwerke und Brenner können auch mit normalen DVDs umgehen, aber in der Regel nicht mit dem jeweils anderen Format (die wenigen verfügbaren Hybrid-Geräte sind um ein Vielfaches teurer als diejenigen für eines der beiden Formate). Da die HD DVD praktisch ausgestorben ist, spielt dies jedoch keine Rolle mehr. Genau wie DVDs wurden auch Blu-ray-Discs ursprünglich nur als Kauf- oder Leihmedien für Filme angeboten. Auch für Blu-rays wurden Region-Codes eingeführt, allerdings nur drei verschiedene. Viele Studios verzichten inzwischen glücklicherweise auf ihre Verwendung. Als beschreibbare Blu-rays gibt es die nur einmal beschreibbare BR-R sowie die wiederbeschreibbare BR-RE.

Die allmählich einsetzende Verbreitung von 4K-Heimvideo oder noch höheren Auflösungen hat die Suche nach einem Blu-ray-Nachfolger (oder einer Blu-ray mit höherer Speicherkapazität) beschleunigt. Andererseits wird die Verbreitung von Heimunterhaltung auf physischen Datenträgern insgesamt immer unwichtiger, da immer mehr Haushalte über Breitband-Internetanschlüsse verfügen und – zusätzlich zum klassischen Fernsehen – Streaming-Dienste wie Netflix oder Amazon Prime abonnieren.

### 3.3.2 Eingabegeräte

Im Wesentlichen sind die bisher behandelten Massenspeicher sowohl Eingabe- als auch Ausgabegeräte (mit Ausnahme der CD-ROM- und der DVD-ROM-Laufwerke). In diesem Abschnitt geht es dagegen um eine kurze Übersicht über die wichtigsten reinen Eingabegeräte.

**Tastatur und Maus**

Diese Geräte sind derart selbstverständlich und alltäglich, dass sich wohl kaum jemand Gedanken über sie macht. Dennoch lohnt sich eine kurze Übersicht über ihre Funktionen.

Die Tastatur dient der Eingabe von Text und Zahlen, Satz- und Sonderzeichen, aber auch der Steuerung von Anwendungsprogrammen oder Spielen durch Tastenkürzel. Eine ausgewachsene PC- oder Mac-Tastatur ist in mehrere funktionale Blöcke unterteilt:

▶ In der obersten, abgesetzten Reihe befinden sich die Funktionstasten $\boxed{\texttt{F1}}$ bis $\boxed{\texttt{F12}}$ (beim Mac bis $\boxed{\texttt{F15}}$), die in verschiedenen Programmen mit speziellen Befehlen belegt sind. Die ganz links befindliche $\boxed{\texttt{Esc}}$-Taste (*escape*) dient in vielen Zusammenhängen dem Abbruch von Befehlen.

▶ Den größten Block bildet der alphanumerische Block. In der obersten Reihe sind die Ziffern untergebracht; ganz rechts in dieser Reihe liegt die Taste $\boxed{\leftarrow}$ (Rückschritt-Taste), die unter den meisten Betriebssystemen das Zeichen links vom Cursor löscht. Darunter liegen sämtliche Buchstaben, flankiert von den diversen Modifikator-Tasten, die Sie beim Drücken anderer Tasten festhalten können: $\boxed{\upshift}$ (zweite Reihe von unten, ganz links und ganz rechts) erzeugt Großbuchstaben und die Sonderzeichen auf den Zifferntasten. $\boxed{\texttt{Strg}}$ und $\boxed{\texttt{Alt}}$ sowie die $\boxed{\texttt{Cmd}}$-Taste beim Mac dienen der Aktivierung zahlreicher Sonderfunktionen in Programmen. Beim PC liegt rechts neben der Leertaste die spezielle Taste $\boxed{\texttt{Alt Gr}}$, die einige Sonderzeichen erzeugt. Zum Beispiel liefert $\boxed{\texttt{Alt Gr}}$ + $\boxed{\texttt{Q}}$ das @-Zeichen, und $\boxed{\texttt{Alt Gr}}$ + $\boxed{\texttt{E}}$ erzeugt das €-Zeichen.

▶ Rechts neben dem alphanumerischen Block liegen ganz oben einige Sondertasten, darunter sechs Navigationstasten: $\boxed{\texttt{Einfg}}$ schaltet in manchen Anwendungen zwischen dem Einfüge- und dem Überschreibmodus um. $\boxed{\texttt{Entf}}$ löscht das Zeichen unter dem Cursor. $\boxed{\texttt{Pos1}}$ bewegt den Cursor zum Zeilenanfang, $\boxed{\texttt{Ende}}$ zum Zeilenende. Die Tasten $\boxed{\texttt{Bild}\uparrow}$ und $\boxed{\texttt{Bild}\downarrow}$ bewegen den Text in vielen Programmen um einen ganzen Bildschirm oder einen ganzen Fensterinhalt nach oben beziehungsweise unten. Ganz unten befinden sich die Pfeiltasten, die den Cursor in Textprogrammen um jeweils ein Zeichen beziehungsweise eine Zeile bewegen und in vielen Bild- und Grafikprogrammen für das präzise Verschieben von Bildinhalten sorgen.

► Ganz rechts liegt der Ziffernblock, der besonders für die schnelle Eingabe langer Zahlenkolonnen geeignet ist; er verfügt sogar über eine separate ⏎-Taste. Auf dem PC kann durch die Taste Num zwischen dem Ziffernmodus und einem zweiten Satz Pfeil- und Navigationstasten hin- und hergeschaltet werden.

Die Maus ist das Eingabegerät für grafische Benutzeroberflächen: Indem Sie sie über den Tisch bewegen, wird auf dem Bildschirm ein kleiner Pfeil in die entsprechende Richtung verschoben. Mithilfe der Tasten können Sie an der jeweiligen Stelle Befehle geben. Mac-Mäuse besitzen nur eine Taste, während PC-Mäuse über zwei bis drei Tasten verfügen. Unter Windows wird die linke Maustaste standardmäßig für normale Befehle genutzt, während die rechte Taste an der aktuellen Mauszeigerposition ein Menü mit den wichtigsten Befehlen anzeigt, das sogenannte *Kontextmenü*. Als Linkshänder können Sie diese Belegung umkehren.

Geändert hat sich in den letzten Jahren nur die Technik der Maus: Klassische Mäuse besitzen an der Unterseite eine frei bewegliche Kugel, deren Drehbewegungen von Achsen mit Sensoren gemessen wird. Der Nachteil besteht darin, dass die Kugel recht anfällig auf Verschmutzung reagiert. Aus diesem Grund wurde die optische Maus als Alternative eingeführt: Der Untergrund wird angeleuchtet; eine kleine eingebaute Kamera nimmt ihn immer wieder auf und berechnet aus der Differenz der Bilder die Bewegung.

### Scanner und Digitalkameras

Mit Scannern und Digitalkameras können Sie Bilder in den Computer einspeisen. Hier wird kurz die Technik dieser Geräte beschrieben.

Ein Scanner dient dazu, eine Bildvorlage abzutasten und in digitale Daten umzurechnen. Zu diesem Zweck wird zeilenweise jeder einzelne Punkt der Vorlage mit einem Lichtstrahl beleuchtet. Die Stärke des reflektierten Lichts wird von einer Einheit namens *CCD* (*Charged Coupled Device*) gemessen und in ein entsprechendes Digitalsignal umgewandelt.

Im Gegensatz zu diesem sogenannten *Auflichtscanner* wird der *Durchlichtscanner* für transparente Vorlagen verwendet: Sie werden nicht von unten mit Licht angestrahlt, das reflektiert wird, sondern von oben durchleuchtet. Das hindurchscheinende Licht wird daraufhin wiederum von einer CCD-Einheit ausgewertet.

Es gibt drei Varianten von Scannern:

► Der *Flachbettscanner* ist das übliche Desktop-Gerät zum Scannen von Fotos oder Drucken. Die Scanfläche ist eine flache Glasplatte, auf die die Vorlage gelegt wird; sie besitzt eine Größe zwischen A4 und A3. Das Scannen erfolgt zeilenweise durch einen beweglichen Schlitten, auf den Lampe und Spiegel montiert sind.

Die mögliche Auflösung liegt normalerweise zwischen 1.200 und 2.400 Pixeln pro Zoll. Die Farbtiefe beträgt bis zu 16 Bit für Graustufen (65.536 Abstufungen) und 48 Bit für Farbe (je 16 Bit für die primären Lichtfarben Rot, Grün und Blau).

Neben der angegebenen optischen Auflösung kann ein Flachbettscanner höhere Auflösungen durch Interpolation (Berechnung von Farbdurchschnittswerten) bilden. Beachten Sie, dass dadurch nicht mehr Details in das Bild aufgenommen werden; es handelt sich um eine rein rechnerische Erhöhung der Auflösung.

Alle Flachbettscanner beherrschen den Auflichtmodus, über eine eingebaute Durchlichteinheit verfügen nur manche von ihnen. Für einige andere Modelle ist sie als Zubehör erhältlich und wird durch Austauschen des normalen Deckels angeschlossen.

▶ *Trommelscanner* bestehen aus einer zylinderförmigen Glastrommel, auf der die Auf- oder Durchlicht-Scanvorlage befestigt wird, zum Beispiel mit Klebeband. Die Trommel rotiert mit hoher Geschwindigkeit (300 bis 1.300 U/min). Die Auflösung beträgt 3.000 Pixel pro Zoll oder noch mehr. Die Messung erfolgt nicht durch CCDs, sondern durch erheblich präziser arbeitende Foto-Multiplier.

Der Trommelscanner ist ein professionelles, sehr teures Gerät, das in Werbeagenturen oder grafischen Betrieben verwendet wird. Er kommt mit erheblich größeren Vorlagen zurecht als der Flachbettscanner und erzielt genauere Ergebnisse.

▶ Der *Kleinbild-* oder *Diascanner* ist ein spezialisiertes Gerät, das lediglich für das Einscannen von Farbfilmvorlagen (Dias oder Negative) geeignet ist. Da die Vorlage mit ihren 36 × 24 mm sehr klein ist, arbeitet das Gerät mit einer hohen Auflösung von ca. 2.800 Pixeln pro Inch (Zoll). Die Ergebnisse werden erheblich besser als Scans vom Fotopapier, dessen Reflexionseigenschaften schädlich für den Scanvorgang sind. Natürlich sind sie durch die höhere Auflösung und die präzise Führung der Vorlage auch dem Scan eines Dias über die Durchlichteinheit eines Flachbettscanners überlegen.

Ein weiteres interessantes Gerät, um Bildmaterial für die Weiterverarbeitung im Computer zu sammeln, ist die Digitalkamera. Die optische Ausstattung dieses Geräts entspricht vom Prinzip her einem herkömmlichen, also analogen Fotoapparat; die Kamera ist mit einem Objektiv aus mehreren Sammellinsen ausgestattet. Sie enthält allerdings als lichtempfindliche Einheit keinen chemisch reagierenden Film, sondern ein CCD.

Da die meisten CCDs eine kleinere Fläche besitzen als der 36 × 24 mm große Kleinbildfilm, arbeitet eine Digitalkamera mit einem etwas kleineren Brennweitenbereich als ein Kleinbildfotoapparat. Um mit der Digitalkamera also denselben Bildausschnitt zu fotografieren wie mit einer Kleinbildkamera, wird eine kleinere Brennweite verwendet. Um der Kleinbildgröße nahezukommen, wird ein möglichst großer CCD benötigt, den nur professionellere Kameras bieten; einige High-End-Modelle bieten tatsächlich die Original-Kleinbildgröße.

Die Auflösung von Digitalkameras wird in Millionen Pixeln (Megapixeln) angegeben. Standardmodelle bieten zurzeit 7 bis 16 Megapixel; um die Kleinbildgröße zu erreichen, sind etwa 11 Megapixel erforderlich (allerdings auch nur dann, wenn das CCD selbst Vollformat, also Kleinbildgröße besitzt).

Um aus der Megapixel-Anzahl die Bildgröße zu berechnen, können Sie das 4:3-Verhältnis zugrunde legen. Bei einer (veralteten) Kamera mit 3,34 Megapixeln (genau 3.338.400 Pixeln) ergibt sich beispielsweise ein Bild von 2.140 × 1.560 Pixeln Größe. Selbst für die größten zurzeit verwendeten Bildschirmauflösungen ist es zu groß. Wenn Sie es auf einer Webseite oder in einer Multimedia-Präsentation einsetzen möchten, müssen Sie es entsprechend verkleinern. Um zu berechnen, wie groß es maximal gedruckt werden kann, müssen Sie es durch die Druckauflösung teilen – üblicherweise 300 dpi. Dies ergibt eine maximale Druckgröße von 7,13 × 5,2 Zoll oder 18,11 × 13,2 cm.

### 3.3.3 Ausgabegeräte

In diesem Abschnitt werden die wichtigsten reinen Ausgabegeräte behandelt: Grafikkarten, Monitore und Drucker.

#### Grafikkarten

Die Grafikkarte ist dafür zuständig, das Bild zu erzeugen, das auf dem Monitor ausgegeben werden soll. Sie verfügt über einen eigenen Mikroprozessor, der verschiedene Arten der Bildberechnung durchführt, sowie eigenes RAM zur Speicherung des Monitorbildes. Alte Grafikkarten konnten lediglich 2D-Grafik darstellen, also bestimmen, welche Farbe an welcher Pixelposition gesetzt werden soll. Seit etwa 1996 enthalten die meisten Grafikkarten 3D-Beschleuniger, die das sogenannte *Echtzeit-Rendering* von 3D-Szenen unterstützen. Sie sind somit in der Lage, die Tiefeninformation der dritten Dimension in unterschiedliche Darstellungsgrößen umzurechnen und Beleuchtungseffekte, gegenseitiges Verdecken »hintereinanderliegender« Objekte oder Transparenzen zu bestimmen.

Im Lauf der PC-Geschichte wurden viele verschiedene Grafikkartenstandards mit unterschiedlicher maximaler Auflösung und Farbtiefe entwickelt. Diese Werte hängen insbesondere davon ab, wie viel eingebautes RAM die Grafikkarte besitzt. Tabelle 3.7 zeigt einige typische Auflösungen und Farbtiefen, ihre klassischen (kaum noch verwendeten) Bezeichnungen und den erforderlichen Mindestspeicherbedarf für die 2D-Darstellung (für 3D-Features wird natürlich ein Vielfaches an Speicher benötigt). Der Speicherbedarf wird als technisch realisierbarer Wert angegeben. Beispielsweise steht bei VGA »256 KByte« anstelle der rechnerischen 150, die nicht als Speicherbaustein erhältlich sind.

| Bezeichnung | Auflösung | Farbtiefe | Speicherbedarf |
|---|---|---|---|
| VGA | 640 × 480 | 4 Bit (16 Farben) | 256 KByte |
| SVGA | 800 × 600<br>1.024 × 768 | 8 Bit (256 Farben)<br>4 Bit (16 Farben) | 512 KByte |
| XGA | 1.024 × 768 | 16 Bit (65.536 Farben) | 2 MByte |
| SXGA | 1.280 × 1.024 | 24 Bit (16,7 Mio. Farben) | 4 MByte |

**Tabelle 3.7** Einige wichtige Auflösungen und Farbtiefen von Grafikkarten

Grafikkarten können auf verschiedene niedrigere Auflösungen und Farbtiefen herunterge-stellt werden, um zum Beispiel ältere Monitore oder alte Software zu unterstützen, die mit den höchsten einstellbaren Werten der Karte nicht zurechtkommen. Tabelle 3.7 ist ein guter Anhaltspunkt für die Werte, die bei den meisten Karten verfügbar sind (allerdings können Sie in der Regel alle genannten Auflösungen und Farbtiefen beliebig mischen). Viele neuere Karten bieten noch höhere Werte (mit denen allerdings nicht alle Monitore zurechtkom-men). Manche unterstützen auch noch Zwischenwerte wie 1.152 × 864, außerdem werden mitunter andere Formate wie 16:10 oder gar 16:9 angeboten, die für bestimmte Monitore oder Notebook-Displays erforderlich sind. Die Auflösungen reichen dabei inzwischen bis zu Full HD (1.920 × 1.080) oder sogar darüber hinaus, was besonders bei sehr großen Monitoren wie etwa dem eingebauten Display des 27-Zoll-iMac wichtig ist.

Im Übrigen können Sie an viele Grafikkarten zwei Monitore anschließen, was natürlich wie-derum mehr Speicher benötigt. Mit dem Grafiktreiber wird dazu ein Konfigurationspro-gramm geliefert, in dem Sie das Bild je nach Position der beiden Monitore auf dem Schreibtisch auf diese verteilen können. Für viele umfangreiche Programme mit vielen Paletten, Werkzeugen und Hilfsmitteln – beispielsweise die Bildbearbeitung Adobe Pho-toshop oder eine integrierte Entwicklungsumgebung für Programmierer – ist die Arbeit mit zwei Monitoren erheblich übersichtlicher und effizienter. Im Grunde können Sie das bear-beitete Dokument exklusiv auf dem einen Bildschirm platzieren und sämtliches Werkzeug auf dem anderen.

Die Geschwindigkeit der Grafikkarte hängt von mehreren Faktoren ab:

- Eine Rolle spielt die Leistungsfähigkeit des Grafikprozessors selbst.
- Das RAM von Grafikkarten wird durch viele unterschiedliche Speicherbausteintypen (SD-RAM, DDR-RAM oder grafikoptimierte Varianten) realisiert. Je besser die Speichersorte, desto höher die Geschwindigkeit.
- Der verwendete Anschluss hat ebenfalls Bedeutung: Wird eine Grafikkarte am PCI-Bus betrieben, muss sie sich dessen Datenkanäle mit vielen anderen Geräten teilen. Der neu-ere AGP-Anschluss steht der Grafikkarte dagegen exklusiv zur Verfügung und ist oben-drein schneller und leistungsfähiger als PCI. Der beste Anschluss für Grafikkarten ist heutzutage jedoch PCI Express.
- Zudem ist die Taktfrequenz des RAMDAC wichtig. Es handelt sich um den Chip, der den digitalen Inhalt des Videospeichers in das analoge Bildsignal umwandelt, das am Moni-toranschluss ausgegeben wird.

### Monitore

Es gibt zwei Grundtypen von Computermonitoren: Röhrenmonitore und LCD-Displays. Hinzu kommen speziellere Anzeigegeräte wie beispielsweise Beamer (LCD-Projektoren), die für Vorträge oder im Unterricht verwendet werden, um die Ausgabe eines Computers einer größeren Zuschauergruppe zu zeigen.

Der klassische (und inzwischen praktisch ausgestorbene) Röhrenmonitor (CRT für *Cathode Ray Tube* oder auf Deutsch Kathodenstrahlröhre) funktioniert nach demselben Prinzip wie ein alter Fernseher: Ein Elektronenstrahl in einer Vakuumröhre stimuliert eine Phosphorschicht, auf die er das Bild zeichnet, indem er jeden einzelnen Punkt in jeder Zeile nacheinander abtastet – in Wirklichkeit sehen Sie auf einem Röhrenmonitor zu einer Zeit immer nur ein einziges Pixel! Dass das Bild dennoch kontinuierlich als Ganzes wahrgenommen wird, liegt an der Trägheit des Auges. Sobald etwas schneller als etwa 24-mal pro Sekunde neu gezeichnet wird, erscheint es als fortlaufende Bewegung beziehungsweise als Standbild.

Ein Fernseher arbeitet mit 50 Halbbildern pro Sekunde: In einem Durchgang werden die Zeilen 1, 3, 5 etc. gezeichnet, im nächsten Durchgang dann 2, 4, 6 und so fort. Dieses als *Interlacing* bezeichnete Verfahren erscheint weniger flimmernd als 25 ganze Bilder pro Sekunde. Heutige CRT-Monitore arbeiten mit höheren Bildraten und ohne Interlacing. Bei 75 Hz zeichnet ein Monitor beispielsweise 75-mal pro Sekunde den gesamten Bildschirminhalt neu. Ab etwa diesem Wert wird das Bild als vollkommen flimmerfrei wahrgenommen.

Um zu berechnen, welche Bildwiederholrate ein Röhrenmonitor bei einer bestimmten Auflösung erreichen kann, müssen Sie seine Zeilenfrequenz kennen. Dieser in kHz angegebene Wert gibt an, wie viele einzelne Zeilen der Kathodenstrahl pro Sekunde zeichnen kann. Wenn Sie diesen Wert durch die Zeilenzahl der gewünschten Auflösung teilen, erhalten Sie die maximale Bildrate. Beispielsweise kann bei einer Auflösung von 1.280 × 1.024 Pixeln – also 1.024 Zeilen – und einer Zeilenfrequenz von 80 kHz eine Bildwiederholrate von etwa 78 Hz erreicht werden.

Das LCD-Verfahren (*Liquid Crystal Display*, also Flüssigkristallanzeige) gibt es schon lange. Für Taschenrechner, Digitaluhren und Messgeräte wird es seit Jahrzehnten eingesetzt, aber seit Jahren auch für Notebooks und Desktop-Monitore. Das Prinzip funktioniert folgendermaßen:

Im Hintergrund leuchtet eine gleichmäßig helle Fläche. Dieses Licht wird durch einen ersten Polarisationsfilter geschickt, der nur noch horizontale Lichtstrahlen durchlässt. Als Nächstes passiert das Licht eine Flüssigkristallschicht. Die Flüssigkristalle können durch Spannung gedreht werden, sodass sie die Polarität des Lichts an manchen Stellen um 90 Grad drehen, an anderen dagegen nicht. Verschiedene Helligkeitswerte werden nun dadurch erreicht, dass das Licht daraufhin durch einen weiteren Polarisationsfilter muss – diesmal einen, der nur vertikale Lichtstrahlen passieren lässt. Es kommt also nur an denjenigen Stellen Licht an, wo der Flüssigkristall die Polarität gekippt hat. Zu guter Letzt wird diese Hell-dunkel-Verteilung noch durch eine RGB-Folie gefiltert, die die Grundfarben Rot, Grün und Blau erzeugt, aus denen das Monitorbild zusammengesetzt wird.

Die modernste Form des LCD-Displays, die bei fast allen Notebooks und LCD-Monitoren eingesetzt wird, ist das TFT-Verfahren (*Thin Flat Transistor*). Hier wird jeder Flüssigkristall durch einen eigenen Transistor angesteuert, wodurch die genauesten Ergebnisse erzielt werden.

Die größten Vorteile von LCD-Displays gegenüber Röhrenmonitoren sind folgende:

▸ Ein solches Display kann aufgrund seiner Bauweise nicht flimmern (jedes Pixel erstrahlt so lange gleichmäßig in seiner Farbe, bis diese geändert wird). Aus diesem Grund werden LCDs mit vergleichsweise niedriger Bildrate betrieben, oft zum Beispiel 60 Hz.

▸ Die LCD-Anzeige ist absolut flach und rechteckig, während bei Röhren trotz aller Bemühungen noch immer eine kleine Wölbung verbleibt, die einen Teil der sichtbaren Bildfläche abzieht. Auf diese Weise erreicht beispielsweise ein 17-Zoll-TFT-Monitor fast die Anzeigegröße eines 19-Zoll-Röhrengeräts.

▸ Die Strahlungsbelastung, der Sie bei der ständigen Arbeit mit einem Röhrenmonitor ausgesetzt sind, ist trotz TCO-2003-Norm für Strahlungsarmut noch immer um ein Vielfaches höher als bei einem Flatscreen.

▸ Schließlich ist auch ein wichtiger praktischer Grund ausschlaggebend: Ein Röhrenmonitor benötigt durch die Tiefe der Bildröhre eine ganze Menge Platz auf dem Schreibtisch, während ein LCD-Display so flach ist wie das Telefonbuch einer Kleinstadt und so auch noch auf den kleinsten Schreibtisch passt, ohne Ihnen Freiheit für Tastatur und Maus zu nehmen.

### Drucker

Mithilfe eines Druckers werden Dokumente, Bilder und andere Dateien auf Papier ausgegeben. Es wurden verschiedene Arten von Druckern entwickelt – angefangen bei den Nadeldruckern über Tintenstrahl- bis zu den Laserdruckern.

Die aus der Mode gekommenen Nadel- oder Matrixdrucker verwendeten sieben bis 24 übereinanderliegende kleine Nadeln, die jeweils gegen ein Farbband gedrückt wurden, um eine einzelne Punktspalte einer Druckzeile auszugeben. Ihr Druckbild war eher bescheiden; das Beste, was sie produzierten, war die durch mehrmaliges versetztes Übereinanderdrucken erreichte *Near Letter Quality* (NLQ). Heute werden Nadeldrucker nur noch für Spezialanwendungen eingesetzt, beispielsweise für den schnellen und effizienten Druck von Belegen. Immerhin hatten sie gegenüber den heute dominierenden Tintenstrahl- und Laserdruckern zwei unbestreitbare Vorteile: Sie konnten auf Endlospapierrollen drucken und waren in der Lage, Durchschläge herzustellen, weil die Nadeln mit ausreichendem Druck auf das Papier gedrückt wurden.

Noch seltener sind Typenrad- und Kugelkopfdrucker geworden. Diese der Schreibmaschinentechnik entlehnten Geräte waren mit einem Rad oder einer Kugel ausgestattet, die mit einzelnen erhabenen Lettern versehen waren. Diese wurden ebenfalls gegen ein Farbband und dann auf das Papier gedrückt. Die Schriftqualität dieser Drucker war hervorragend, aber dafür konnten sie nur eine einzige Schriftart drucken (es sei denn, man wechselte das Typenrad) und keinerlei Grafik erzeugen.

Tintenstrahldrucker schießen durch feine Düsen winzige Tintentropfen auf das Papier. Die ältesten von ihnen druckten nur mit schwarzer Tinte, die durch unterschiedlich große Rasterpunkte verschiedene Graustufen erzeugen konnte. Später kamen die ersten Farbtintenstrahldrucker auf den Markt. Viele alte Modelle waren nur mit den drei subtraktiven Grundfarben Cyan, Magenta und Gelb ausgestattet. Sie stellten das fehlende Schwarz durch Übereinanderdrucken der drei anderen Farben her. Dieser Vorgang ergibt zwar rein rechnerisch Schwarz, in der Praxis war das Ergebnis aber zu blass und kontrastarm. Aus diesem Grund sind moderne Farbtintenstrahldrucker zusätzlich mit Schwarz als vierter Druckfarbe ausgestattet und entsprechen damit dem Vierfarbdruck. Die meisten Modelle besitzen eine Patrone für Schwarz und eine für die drei anderen Farben. Nur die Farbtintenstrahler der Firma Canon sind seit jeher mit vier einzelnen Tintenkartuschen versehen.

Die Auflösung von Tintenstrahldruckern beträgt zwischen 300 und 1.440 dpi (*Dots per Inch* = Punkte pro Zoll). Die besonders hohe Auflösung mancher Drucker wird besonders für den Fotodruck eingesetzt. Für diesen gibt es neben den Vierfarbdruckern übrigens auch spezielle Sechsfarbsysteme, die mit den beiden zusätzlichen Druckfarben Hell-Cyan und Hell-Magenta ausgestattet sind. Dies ermöglicht einen farbtreueren Ausdruck bestimmter heller Farben und Pastelltöne.

Es gibt zwei etwas unterschiedliche Verfahren für den Tintenstrahldruck: die Bubble-Technik und die Piezo-Technik. Bei einem *Bubble-Drucker* wird ein kleiner Draht sehr stark erhitzt und erzeugt dadurch eine Tintendampfblase, die durch die Düse auf das Papier »geschossen« wird. Beim *Piezo-Verfahren* wird dagegen ein sogenannter *Piezo-Kristall* verwendet, der sich durch elektrische Spannung ausdehnt und auf diese Weise einen Tintentropfen auf das Papier drückt.

Eine noch höhere Druckqualität als der Tintenstrahldrucker bietet der Laserdrucker. Dieses Gerät arbeitet mit einer Technik, die vom Fotokopierer stammt: Eine rotierende, elektrisch leitfähige Trommel wird nach und nach an verschiedenen Stellen durch einen Laserstrahl belichtet, der ihre elektrische Ladung an diesen Stellen ändert. Anschließend wird die Trommel mit Toner bedeckt, der jedoch nur an den geladenen Stellen haftet und von anderen wieder abfällt. Daraufhin wird die Trommel auf einen Bogen Papier abgerollt. Anschließend wird der Toner durch Hitze fixiert. Die enthaltenen Kunststoffanteile schmelzen und verbinden sich mit dem Papier. Deshalb ist das Papier so warm, wenn es aus dem Laserdrucker kommt.

Eine günstigere, aber nicht ganz so hochwertige Alternative sind LED-Drucker, bei denen kein Laserstrahl auf einem beweglichen Schlitten die Belichtung übernimmt, sondern eine feste Reihe von Leuchtdioden.

Bei Farblaserdruckern wird der ganze Vorgang für die vier Druckfarben insgesamt viermal wiederholt; jedes Mal wird Toner einer anderen Farbe aufgetragen. Im Gegensatz zu Farbtintenstrahldruckern sind diese Geräte bisher noch recht teuer.

Exotischere Druckerarten sind die beiden Arten von Thermodruckern: Beim Thermotransferdrucker wird spezielles Papier durch Hitzeeinwirkung an bestimmten Stellen dunkel; diese Art des Drucks wird sehr häufig für Verkaufsbelege verwendet. Dies ist für Kunden übrigens ziemlich ärgerlich, weil die Farbe auf diesem Papier mit der Zeit verblasst und nicht mehr lesbar ist.

Der Thermosublimationsdrucker verwendet ein etwas anderes Verfahren: Die Druckfarbe wird durch Erhitzen gasförmig und dringt in ein spezielles kunststoffhaltiges Papier ein. Dort kühlt sie ab und verbindet sich mit der Struktur dieses Papiers.

Ein weiteres Unterscheidungsmerkmal für Drucker ist die Frage, durch welche Sprache oder Treibertechnik sie angesteuert werden. Die billigsten Modelle sind sogenannte *GDI-Drucker*. Sie verlassen sich auf die eingebaute Windows-Grafikbibliothek und erhalten ein fertig aufbereitetes Bild, das sie eins zu eins ausdrucken. Aus diesem Grund funktionieren diese Drucker definitiv nur unter Windows.

Die Mittelklasse bilden Drucker, die eine vom Hersteller selbst definierte Druckseitenbeschreibungssprache verstehen. Dazu gehören Sprachen wie HPGL von Hewlett-Packard oder entsprechende Lösungen anderer Hersteller. Allerdings unterscheiden sich die einzelnen Sprachen erheblich in ihren Möglichkeiten und in der Exaktheit des Seitenaufbaus.

Die Lösung mit der höchsten Qualität bietet die Druckseitenauszeichnungssprache PostScript. Sie wurde von der Firma Adobe erfunden, nicht nur, um Drucker anzusteuern, sondern auch High-End-Belichter und Digitaldruckmaschinen. PostScript ist in der Lage, Text, Vektorgrafik und eingebettete Bilder zu beschreiben, und zwar wesentlich exakter als andere Druckersprachen.

Bei Druckern, die über eine Seitenbeschreibungssprache angesteuert werden, ist ein weiteres wichtiges Kriterium die Frage, wie viele und welche Schriftarten unmittelbar in die Druckerhardware eingebettet sind. Wenn Schriften nicht integriert sind, müssen sie nämlich vom Druckertreiber in Vektor- oder gar Bitmap-Daten umgerechnet werden. Dies verlängert die Druckdauer und führt obendrein zu einer geringeren Schriftqualität.

Schließlich soll noch der *3D-Drucker* erwähnt werden, wenngleich es sich dabei nicht um einen Drucker im herkömmlichen Sinne handelt. Dieses Gerät ist stattdessen in der Lage, dreidimensionale Modelle durch einen erhitzten Werkstoff (meist irgendeine Form von Kunststoff) Schicht für Schicht als physische Objekte herzustellen. Die Einsatzgebiete gehen von privatem Spaß (Familienmitglieder als Actionfiguren, eigene Schachfiguren oder was auch immer Ihnen noch so einfällt) über die Maker-Szene (Hardwarebastler, die nützliche Gegenstände oder elektronische Geräte selbst herstellen und sich darüber austauschen) bis hin zur professionellen industriellen Herstellung von Werkstücken oder gar angepassten Zahn- und Knochenprothesen.

Kurz gesagt: Die Revolution, die der 3D-Drucker noch auslösen wird, steht gerade erst an ihrem Anfang. Er ist zwar keine direkte Vorstufe eines Materie-Replikators wie bei Star Trek, aber bisher das Gerät, das diesem am nächsten kommt.

### 3.3.4 Soundhardware

So gut wie jeder Rechner ist heute in der Lage, Audiodaten zu verarbeiten. Dies umfasst das Abspielen von Sounddateien, die Digitalisierung aufgenommener Töne sowie einen per Hard- oder Software realisierten eingebauten Synthesizer. Immer mehr Mainboards enthalten integrierte Soundunterstützung in ihrem Chipsatz. Wenn Sie ein Mainboard besitzen, das nicht damit ausgestattet ist, oder erweiterte Soundfähigkeiten benötigen, müssen Sie sich eine Soundkarte anschaffen. Sie werden in vielen verschiedenen Qualitäts- und Preisklassen angeboten. Achten Sie darauf, ob die Optionen, die Sie benötigen, von der gewählten Karte angeboten werden. Außerdem ist es zu empfehlen, Markenware zu kaufen, da die Treiberunterstützung bei No-Name-Karten oft mangelhaft ist.

Eine Soundkarte beziehungsweise die Onboard-Soundhardware ist mit einer unterschiedlichen Anzahl von Anschlüssen für die Audio-Ein- und -Ausgabe ausgestattet. Beim Eingang muss zwischen Line-in und Microphone-in unterschieden werden. Ein Line-in-Eingang dient der Eingabe vorverstärkter Töne, beispielsweise aus einer Stereoanlage oder dem Verstärker eines elektronischen Musikinstruments. Microphone-in leitet die über ein Mikrofon hereingekommenen Töne dagegen zunächst an den internen Verstärker weiter. Umgekehrt sieht es bei den Ausgängen aus: Der Line-out-Ausgang dient dem Anschluss an einen externen Verstärker oder an Aktivboxen, während Speaker-out vorverstärkten Sound an einen Kopfhörer ausgibt.

Um Audio-CDs über die Ausgänge der Soundkarte verstärken und abspielen zu können, benötigen Sie ein spezielles Audiokabel vom CD-ROM-Laufwerk zur Soundkarte. Bei den meisten externen Soundkarten wird es mitgeliefert, während es bei vielen Komplettrechnern mit Onboard-Sound bereits vorinstalliert ist.

Viele aktuelle Mainboards oder Soundkarten unterstützen mehr als bloßen Stereosound: Sie können ein sogenanntes *5.1-Boxenset* anschließen, das mit einem Subwoofer, einem Mittellautsprecher und vier Satelliten ausgestattet ist. Dieser Surround-Sound ist beispielsweise von Vorteil, wenn Sie auf dem Computer mit entsprechender Software Video-DVDs ansehen möchten, da diese mit solchen Tonspuren ausgestattet sind.

Höherwertige Soundkarten sind nicht nur mit analogen Klinkenbuchsen versehen, sondern zusätzlich mit sogenannten *SP-DIF-Ein- und -Ausgängen*. Diese ermöglichen den Anschluss an moderne digitale Audiogeräte.

Eine weitere Komponente von Soundkarten ist ein eingebauter MIDI-Synthesizer. MIDI ist ein in den 80er-Jahren definierter Standard zur Steuerung elektronischer Musikinstrumente. Ältere Soundkarten verwendeten zur Erzeugung von MIDI-Klängen die sogenannte *FM-Synthese*, eine durch und durch künstliche Klangerzeugung. Das Ergebnis war wenig überzeugend. Egal, ob Klassik, Rock oder Jazz abgespielt wurde – alles klang wie frühe 80er-Jahre-Synthesizer. Bei neueren Soundkarten wird die sogenannte *Wavetable-Synthese* verwendet: Ein eingebauter Speicher enthält digitalisierte Klänge von Originalinstrumenten, die zum Abspielen der MIDI-Daten verwendet werden.

Außerdem sind die meisten externen Soundkarten und manche Onboard-Lösungen mit einem externen MIDI-Anschluss ausgestattet, der dem Austausch von MIDI-Informationen mit einem externen Gerät dient. Auf diese Weise können Sie MIDI-Klänge über ein Keyboard einspielen, um sie in einem Sequencer-Programm weiterzuverarbeiten, oder aber einen hochwertigeren externen Synthesizer zum Abspielen von MIDI-Dateien verwenden. Derselbe Anschluss wird übrigens auch für Joysticks verwendet.

## 3.4 Übungsaufgaben

Im Folgenden ist jeweils genau eine Antwort richtig.

1. Welche beiden Bestandteile machen die Hardware eines Computers aus?
   - ☐ Ein- und Ausgabegeräte
   - ☐ Zentraleinheit und Peripherie
   - ☐ Eingabegeräte und Peripherie
   - ☐ Zentraleinheit und Ausgabegeräte

2. Welches der folgenden Elemente ist kein Bestandteil der Zentraleinheit?
   - ☐ CPU
   - ☐ BIOS
   - ☐ Ausgabegeräte
   - ☐ Chipsatz

3. Nach welchem Prinzip arbeiten Computer?
   - ☐ ADAM-Prinzip
   - ☐ EVA-Prinzip
   - ☐ NOAH-Prinzip
   - ☐ MOSES-Prinzip

4. Welche Speichertechnologie wurde zur Zeit der Transistorrechner am häufigsten verwendet?
   - ☐ CMOS-Speicher
   - ☐ Trommelspeicher
   - ☐ Magnetkernspeicher
   - ☐ Massenspeicher

5. Welche der folgenden Komponenten gehört nicht zum ursprünglichen Von-Neumann-Konzept?
   - ☐ Steuerwerk
   - ☐ Prozessor
   - ☐ Hauptspeicher
   - ☐ Rechenwerk

6. Welcher der folgenden Mikroprozessoren war kein 8-Bit-Prozessor?

   ☐ Intel 8080

   ☐ Zilog Z80

   ☐ MosTek 6502

   ☐ Intel 80286

7. Wie heißt das Rechenwerk in einer modernen CPU?

   ☐ FSB

   ☐ ALU

   ☐ Cache

   ☐ CMOS

8. Die Wortbreite welcher Komponente bestimmt die Wortbreite der CPU selbst?

   ☐ Datenbus

   ☐ Register

   ☐ Adressbus

   ☐ Steuerbus

9. Welcher Wert misst die Geschwindigkeit, mit der eine CPU Fließkommaoperationen durchführt?

   ☐ MIPS

   ☐ FLOPS

   ☐ FSB

   ☐ CISC

10. Welche Aussage über RISC-Prozessoren ist zutreffend?

    ☐ Der vergrößerte Befehlssatz steigert die Geschwindigkeit.

    ☐ Der vergrößerte Befehlssatz verringert die Geschwindigkeit.

    ☐ Der verkleinerte Befehlssatz steigert die Geschwindigkeit.

    ☐ Der verkleinerte Befehlssatz verringert die Geschwindigkeit.

11. Zu welcher Prozessorarchitektur gehört die MMX-Erweiterung?

    ☐ nur CISC

    ☐ nur RISC

    ☐ beide Architekturen

    ☐ alle CISC- und manche RISC-CPUs

12. Welche Aussage über RAM-Speicher trifft zu?

    ☐ RAM behält seinen Inhalt auch ohne Stromzufuhr.

    ☐ Auf RAM-Speicher kann nur sequenziell zugegriffen werden.

☐ Auf RAM-Speicher kann in beliebiger Reihenfolge zugegriffen werden.

☐ RAM-Speicher kann nur gelesen, aber nicht geändert werden.

13. Welcher Speicher im modernen PC ist der schnellste?

☐ der Arbeitsspeicher

☐ die Swap-Partition

☐ der Level-2-Cache

☐ der Level-1-Cache

14. Welche der folgenden Aussagen über SRAM ist falsch?

☐ Es ist ein flüchtiger Speicher.

☐ Das CMOS-RAM des BIOS ist ein SRAM-Baustein.

☐ SRAM behält seinen Inhalt auch ohne Stromzufuhr.

☐ SRAM ist teurer als DRAM.

15. Welche der folgenden Arten von ROM-Speicher kann nur einmal beschrieben werden?

☐ klassisches ROM

☐ PROM

☐ EPROM

☐ Flash-EPROM

16. Wie heißt der Test, den das BIOS beim Einschalten des Rechners durchführt?

☐ POST

☐ BANK

☐ BAHN

☐ BUS

17. Welche der folgenden Komponenten überprüft das BIOS beim Einschalten des Rechners nicht?

☐ RAM

☐ Grafikkarte

☐ Soundkarte

☐ Tastatur

18. Was bedeutet das serielle Datenübertragungsschema 8N1?

☐ acht Daten-Bits, keine Parität, ein Stopp-Bit

☐ acht Daten-Bits, Parität, ein Stopp-Bit

☐ acht Daten-Bits, keine Parität, ein Start-Bit

☐ acht Daten-Bits, kein Stopp-Bit, ein Start-Bit

## 3 Hardware

19. Welcher serielle Datenübertragungsstandard ist für Modemverbindungen ins Internet üblich?

    ☐ 9N1

    ☐ 8P1

    ☐ 7N2

    ☐ 8N1

20. Welche Taktfrequenz besitzt der klassische PCI-Bus?

    ☐ 16 MHz

    ☐ 33 MHz

    ☐ 66 MHz

    ☐ 100 MHz

21. Für welche Geräte wurde der AGP-Port verwendet?

    ☐ Soundkarten

    ☐ Netzwerkkarten

    ☐ Grafikkarten

    ☐ SCSI-Controller-Karten

22. Wie viele Geräte lassen sich an einen einzelnen EIDE-Anschluss anschließen?

    ☐ eins

    ☐ zwei

    ☐ drei

    ☐ vier

23. Wie lässt sich üblicherweise einstellen, ob ein EIDE-Gerät Master oder Slave sein soll?

    ☐ durch einen Jumper am Gerät selbst

    ☐ durch die Reihenfolge der Verkabelung

    ☐ per Software

    ☐ gar nicht; es ist ab Werk voreingestellt

24. Wie viele Geräte lassen sich an einen Wide-SCSI-Anschluss anschließen?

    ☐ 15

    ☐ 16

    ☐ 7

    ☐ 8

25. Welche der folgenden Aussagen über SCSI ist falsch?

    ☐ Das erste und das letzte Gerät in der Kette benötigen einen Abschlusswiderstand.

    ☐ Jedes Gerät benötigt eine eindeutige ID.

174

☐ An jeden der drei Anschlüsse des SCSI-Controllers dürfen gleichzeitig Geräte angeschlossen werden.

☐ An klassische SCSI-Schnittstellen lassen sich bis zu sieben Geräte anschließen.

26. Welche Datenübertragungsrate besitzt der USB-2.0-Anschluss?

☐ 12 MBit/s

☐ 400 MBit/s

☐ 480 MBit/s

☐ 800 MBit/s

27. Was bedeutet die Eigenschaft *Hot Plugging* der USB- und FireWire-Anschlüsse?

☐ Geräte benötigen keine Treiber.

☐ Geräte können im laufenden Betrieb angeschlossen und entfernt werden.

☐ Treiber werden automatisch installiert.

☐ Daten können gleichzeitig gelesen und geschrieben werden.

28. Wie viele Geräte lassen sich (theoretisch) maximal an USB anschließen?

☐ 7

☐ 15

☐ 63

☐ 127

29. Welchen Funkfrequenzbereich verwendet Bluetooth?

☐ 1,3 GHz

☐ 5 GHz

☐ 2,4 GHz

☐ 4,5 GHz

30. Welche Besonderheit besitzt die Festplattenadressierung LBA?

☐ Alle Sektoren werden nacheinander durchnummeriert.

☐ Die Nummerierung erfolgt anhand von Zylindern, Köpfen und Sektoren.

☐ Jeder Sektor besitzt dieselbe Speicherkapazität.

☐ Die Nummerierung muss nicht in der physischen Reihenfolge erfolgen.

31. Wie viele Partitionen kann eine PC-Festplatte besitzen?

☐ zwei

☐ vier

☐ acht

☐ sechzehn

## 3 Hardware

32. Wie viele logische Laufwerke kann eine erweiterte Partition enthalten?

- [ ] zwei
- [ ] vier
- [ ] acht
- [ ] sechzehn

33. Welches RAID-Level ist ein Stripe Set mit Parity?

- [ ] 0
- [ ] 1
- [ ] 5
- [ ] 7

34. Welche Eigenschaft trifft auf die Umdrehungsgeschwindigkeit einer Festplatte zu?

- [ ] Sie beträgt immer 7.200 U/min.
- [ ] Es handelt sich um eine konstante lineare Geschwindigkeit (Constant Linear Velocity, CLV).
- [ ] Bei der CHS-Adressierung werden Daten in den Außenbezirken langsamer gelesen als innen.
- [ ] Sie ist immer langsamer als bei CD-ROM-Laufwerken.

35. Welche Speicherkapazität besitzt eine klassische CD-ROM?

- [ ] 740 MByte
- [ ] 700 MByte
- [ ] 650 MByte
- [ ] 800 MByte

36. Wie heißt der Standard für die Audio-CD?

- [ ] Yellow Book
- [ ] Blue Book
- [ ] Green Book
- [ ] Red Book

37. Welche Datenübertragungsrate besitzt ein 48x-CD-ROM-Laufwerk etwa?

- [ ] 700 KByte/s
- [ ] 7 MByte /s
- [ ] 48 MByte /s
- [ ] 70 MByte/s

38. Was bedeutet die Angabe 40x/16x/48x auf einem CD-R(W)-Brenner?

☐ 40-fach lesen, 16-fach wiederbeschreiben, 48-fach schreiben

☐ 40-fach schreiben, 16-fach wiederbeschreiben, 48-fach lesen

☐ CD-ROMs 40-fach lesen, 16-fach schreiben, CD-Rs 48-fach lesen

☐ CD-Rs 40-fach schreiben, CD-RWs 16-fach schreiben, Audio-CDs 48-fach schreiben

39. Welchen Nachteil des ISO-9660-Dateisystems beseitigt die Joliet-Erweiterung?

☐ Die Speicherkapazität der CD wird von 650 auf 800 MByte erhöht.

☐ Es können lange Dateinamen eingesetzt werden.

☐ Die CD wird auch auf dem Mac lesbar.

☐ Die CD kann Daten und Audiotracks enthalten.

# Kapitel 4
# Netzwerkgrundlagen

*Jeder wandle für sich und wisse nichts von dem andern.*
*Wandern nur beide gerad', finden sich beide gewiss.*
*– Johann Wolfgang Goethe/Friedrich Schiller, Xenien*

Internet und lokale Netzwerke haben die Bedeutung des Computers in den letzten Jahren revolutioniert. Viele Anwendungsprogramme kooperieren über das Netzwerk miteinander. Der Datenaustausch in und zwischen Unternehmen erfolgt fast ausschließlich per Vernetzung, und immer mehr Geschäftsabläufe erfolgen online. Da die Netzwerkfähigkeit zudem eine Grundfunktionalität aller modernen Betriebssysteme geworden ist, steht diese Einführung noch vor dem Kapitel über allgemeine Systemkonzepte.

Nach einer historischen und technischen Einführung erfahren Sie in diesem Kapitel das Wichtigste über gängige Netzwerkhardware; somit wird die Betrachtung der Hardware aus dem vorangegangenen Kapitel hier vervollständigt. Anschließend werden die Netzwerkprotokolle mit dem Hauptaugenmerk auf die seit Jahren dominierenden Internetprotokolle (TCP/IP) beleuchtet.

## 4.1 Einführung

In diesem Abschnitt erfahren Sie zunächst einmal, was Netzwerke eigentlich sind und was verschiedene Netzwerktypen voneinander unterscheidet. Anschließend wird die Entstehungsgeschichte lokaler Netze, der Datenfernübertragung und des Internets betrachtet.

### 4.1.1 Was ist ein Netzwerk?

Ein Netzwerk ist eine Verbindung mehrerer Computer zum Zweck des Datenaustauschs, für verteilte Anwendungen oder auch für die Kommunikation zwischen ihren Benutzern.

Im Lauf der Computergeschichte haben sich viele verschiedene Möglichkeiten der Verkabelung und der Kommunikationsstrukturen sowie zahlreiche Anwendungsgebiete entwickelt:

▶ Die Verkabelung oder allgemein die Hardwaregrundlage reicht von der Verwendung gewöhnlicher Telefonleitungen mit besonderen Verbindungsgeräten, den Modems, über speziell für die Anwendung in lokalen Netzwerken entwickelte Netzwerkkarten und Netzwerkkabel bis hin zu Hochgeschwindigkeitsnetzen, etwa über Glasfaserkabel. Auch die diversen Möglichkeiten der drahtlosen Übertragung werden immer wichtiger.

▶ Kommunikationsstrukturen, definiert durch sogenannte *Netzwerkprotokolle*, gibt es unzählige. Viele sind von einem bestimmten Hersteller, einer Plattform oder einem Betriebssystem abhängig, andere – wie die Internetprotokollfamilie TCP/IP – sind offen, unabhängig und weitverbreitet.

▶ Was die Anwendungsgebiete angeht, reichen diese vom einfachen Dateiaustausch in Arbeitsgruppen über die gemeinsame Nutzung teurer Hard- und Software bis hin zu hochkomplexen, spezialisierten und verteilten Anwendungen.

### Paketvermittelte Datenübertragung

Ein wesentliches Merkmal der meisten Netzwerkformen ist die Übertragung von Daten mithilfe sogenannter *Datenpakete*.

Um die *Paketvermittlung* (*Packet Switching*) zu verstehen, sollten Sie zunächst ihr Gegenteil, die *Schaltkreisvermittlung* (*Circuit Switching*) der herkömmlichen Telefonleitungen, betrachten. (Hinweis: Inzwischen gilt dies nicht mehr zwingend; durch die Einführung neuer Technik laufen auch immer mehr Telefonverbindungen hinter den Kulissen paketvermittelt ab – per *Voice over IP*, kurz: VoIP, sogar bis zum Endkunden. Durch geeignete Kommunikationsprotokolle wird aber dafür gesorgt, dass die Nutzer dies nicht bemerken.) Durch das Wählen einer bestimmten Rufnummer (oder früher durch die Handvermittlung) werden bestimmte Schalter geschlossen, die für die gesamte Dauer des Telefongesprächs eine feste Punkt-zu-Punkt-Verbindung zwischen beiden Stellen herstellen. Über diese dauerhafte Leitung können Sprache oder Daten in Echtzeit und in der korrekten Reihenfolge ohne Unterbrechung übertragen werden. Nachdem die Übertragung beendet ist, wird die Verbindung wieder abgebaut, und die betroffenen Leitungen stehen für andere Verbindungen zur Verfügung.

Ganz anders sieht es bei der Paketvermittlung aus: Zu keinem Zeitpunkt der Datenübertragung wird eine direkte Verbindung zwischen den beiden beteiligten Stellen hergestellt. Stattdessen sind beide nur indirekt über ein loses Netz von Vermittlungsstellen, *Router* genannt, miteinander verbunden. Damit auf diesem Weg Daten übertragen werden können, wird folgender Mechanismus verwendet:

▶ Die Daten werden in kleinere Einheiten unterteilt, die Datenpakete.

▶ Jedes einzelne Datenpaket wird mit der Absender- und der Empfängeradresse versehen.

▶ Der Absender übergibt jedes Datenpaket an den nächstgelegenen Router.

▶ Jeder beteiligte Router versucht, das Paket anhand der Empfängerangabe an den günstigsten Router weiterzuleiten, damit es letztlich an seinem Ziel ankommt.

▶ Der Empfänger nimmt die Datenpakete entgegen und interpretiert sie je nach Daten- und Übertragungsart auf irgendeine zwischen den beiden Stellen vereinbarte Art und Weise.

Zur reinen Paketvermittlung gehört zunächst einmal kein Mechanismus, der die vollständige Auslieferung aller Datenpakete garantiert. Es wird standardmäßig weder der Erfolg noch das Ausbleiben einer Paketlieferung gemeldet. Im Übrigen wird auch keine verbindliche Reihenfolge festgelegt. Da jedes einzelne Paket einen beliebigen Weg durch das Netzwerk nehmen kann, kommt mitunter ein später abgesendetes Paket noch vor einem früher versandten beim Empfänger an.

Um die potenziell unsichere Datenübertragung per Paketvermittlung für bestimmte Anwendungen zuverlässiger zu machen, wird zusätzlich eine Erfolgskontrolle implementiert. Außerdem werden die Pakete oft durchnummeriert, um die korrekte Reihenfolge wiederherzustellen. Allerdings haben solche Maßnahmen nichts mit der eigentlichen Paketvermittlung zu tun und müssen in diesem Zusammenhang nicht beachtet werden. In der Regel sind die Softwarekomponenten, die sich um die Übertragung der Datenpakete kümmern, gar nicht in der Lage, diese zusätzlichen Kontrollinformationen selbst auszuwerten.

### 4.1.2 Entstehung der Netzwerke

Wenn Sie sich die Geschichte der Computer anschauen, die in Kapitel 1, »Einführung«, skizziert wurde, fällt auf, dass die Verwendung von Netzwerken anfangs keinen Sinn ergeben hätte: Bei den frühen Großrechnern gab es keine standardisierte Software, die miteinander hätte kommunizieren können. Darüber hinaus wurden sie zunächst über Schalttafeln und später über Lochkarten bedient. Es gab also keine Echtzeitinteraktion zwischen Benutzer und Programm, sodass es erst recht abwegig war, verschiedene Computer miteinander interagieren zu lassen. Frühestens als der Dialogbetrieb über Terminals (siehe Kapitel 3, »Hardware«, und Kapitel 5, »Betriebssystemgrundlagen«) eingeführt wurde, war an eine Vernetzung zu denken.

### Geschichte des Internets

Der Anstoß für die Entwicklung eines Computernetzwerks kam aus einer eher unerwarteten Richtung: Die atomare Bedrohung des Kalten Krieges schürte die Angst der Verantwortlichen in Politik und Militär in den USA, im Fall eines Atomkriegs handlungsunfähig zu werden, weil die Übermittlung von Informationen nicht mehr funktionieren könnte. Es war schlichtweg zu riskant, sich auf einen einzigen Zentralcomputer mit Terminals zu verlassen. Deshalb begann 1969 der Betrieb eines experimentellen Netzes aus vier Computern an verschiedenen US-amerikanischen Universitäten. Federführend für das Projekt war die (Defense Department's) Advanced Research Projects Agency (ARPA, später auch DARPA), eine Forschungskommission des amerikanischen Verteidigungsministeriums, die 1957 als Reaktion auf den ersten sowjetischen Satelliten Sputnik gegründet worden war. Die USA wollten den Anschluss auf verschiedenen wichtigen Gebieten der Wissenschaft nicht verpassen – und neben der Raumfahrt gehörte auch die Computertechnik zu diesen Gebieten. Folgerichtig hieß dieses erste Netzwerk ARPANET.

Allgemein sind bei der Betrachtung von Netzwerken immer mindestens zwei Ebenen zu unterscheiden: zum einen der Anwendungszweck des Netzwerks, zum anderen dessen technische Realisierung. Bei näherem Hinsehen sind sogar noch weitere solcher Ebenen auszumachen; diese sogenannten *Schichtenmodelle* werden in Abschnitt 4.2, »Funktionsebenen von Netzwerken«, besprochen. Interessanterweise stellt sich im Entwicklungsverlauf von Netzwerken manchmal heraus, dass der gewünschte Anwendungszweck technisch anders realisierbar ist, aber auch oft, dass eine bestimmte technische Realisation völlig anderen Anwendungen als der ursprünglich geplanten dienlich sein kann. Besonders in der Geschichte des Internets, dessen Vorläufer das ARPANET war, ist dies oft festzustellen.

Die ursprüngliche Anwendung dieses Netzes bestand lediglich darin, Datenbestände auf den unterschiedlichen angeschlossenen Computern automatisch zu synchronisieren, also einfach aus Sicherheitsgründen den gleichen Informationsbestand auf mehreren Rechnern bereitzuhalten.[1]

Grundgedanke der Vernetzung selbst war dabei besonders die Fähigkeit jedes beteiligten Computers, Daten, die nicht für ihn selbst bestimmt waren, sinnvoll weiterzuleiten. Daraus ergeben sich zwei unschätzbare organisatorische und technische Vorteile:

▶ Ein Computer muss nicht direkt mit demjenigen verbunden sein, mit dem er Daten austauschen soll.

▶ Der Ausfall oder die Überlastung eines bestimmten Verbindungswegs kann durch Alternativen kompensiert werden.

Auf diese Weise konnte das ursprüngliche Ziel, nämlich die Angriffs- und Ausfallsicherheit des Netzes zu gewährleisten, erreicht werden.

Schon unmittelbar nach der Einrichtung des ARPANETs begann die eingangs erwähnte Weiterentwicklung. Man stellte schnell fest, dass die technische Infrastruktur dieses Netzes für weit mehr Anwendungen zu nutzen war als das vergleichsweise langweilige automatische Synchronisieren von Datenbeständen. So kam bald eine benutzerorientierte Möglichkeit des Dateiaustauschs hinzu. Außerdem war es schon für gewöhnliche Konfigurationsaufgaben unerlässlich, einem entfernten Computer unmittelbar Anweisungen erteilen zu können. Dies war der Ausgangspunkt für die Entwicklung der *Terminal-Emulation*, also der Benutzung des eigenen Terminals für einen Computer, an den es nicht unmittelbar, sondern nur indirekt über das Netzwerk angeschlossen ist. Auch wenn diese Anwendungen noch nicht sofort ihre späteren Namen – FTP und Telnet – erhielten und die technischen Details ihrer Implementierung sich noch weiterentwickelten, sind sie dennoch nach wie vor wichtige Nutzungsschwerpunkte des Internets.

Alles in allem wurde dieses Netzwerk schnell populär. Zwei Jahre nach seiner Einrichtung, im Jahr 1971, waren bereits 40 Computer an verschiedenen Universitäten und anderen staatli-

---

1 Auch heutige Serversysteme vervielfältigen wichtige Daten auf diese Weise automatisch. Das Verfahren wird *Replikation* genannt und kommt insbesondere bei Datenbank- oder Verzeichnisdienstservern zum Einsatz. In Kapitel 13, »Datenbanken«, wird es am Beispiel von MySQL beschrieben.

chen Forschungseinrichtungen angeschlossen, und es war bei Weitem nicht nur die militärische Nutzung von Interesse. Auch akademisch hatte das Netz viel zu bieten: Wissenschaftler sind darauf angewiesen, Daten auszutauschen; hier ergab sich eine Möglichkeit, dies sehr schnell und effektiv zu tun.

1972 wurde dann der bis dahin bedeutendste Dienst dieses Netzes erfunden: Ray Tomlinson, ein Mitarbeiter eines Ingenieurbüros in Kalifornien, verschickte die erste *E-Mail*. Bis heute zählt die E-Mail zu den erfolgreichsten und verbreitetsten Anwendungen des Netzes; sie kann sich nach dem viel jüngeren World Wide Web noch immer auf einem guten zweiten Platz in puncto Beliebtheit von Internetdiensten halten, und es ist auch nicht zu sehen, warum sich dies in absehbarer Zeit ändern sollte. Zwar gibt es offensichtliche Probleme wie das massenhafte Aufkommen von Spam (unerwünschten Werbemails) und Phishing (Mails, die dem Empfänger vorgaukeln, sie seien von bekannten Firmen, und ihn zum Beispiel zur Passworteingabe verleiten), aber es gibt auch noch immer keine allgemein verbreitete Alternative.

Das ursprüngliche ARPANET wuchs immer weiter. Zudem wurden nach dem gleichen Prinzip andere, ähnliche Netze konstruiert. Dies ist nicht zuletzt der Tatsache zu verdanken, dass alle Schritte, die zur Entwicklung des Netzes beigetragen haben, von Anfang an sorgfältig dokumentiert und der Öffentlichkeit zugänglich gemacht wurden. Dieser Dokumentationsstil ist bis heute beibehalten worden; die entsprechenden Dokumente heißen *RFC* (*Request For Comments*, etwa »Bitte um Kommentare«).

Es gibt bis heute über 8.000 solcher RFC-Dokumente, die alle online zur Verfügung stehen, zum Beispiel unter *http://www.rfc-editor.org/rfc-index2.html*. Die meisten sind technische Beschreibungen von Entwürfen, Protokollen und Verfahrensweisen; nur wenige (in der Regel mit dem Datum 1. April) nehmen sich nicht ganz so ernst – zum Beispiel RFC 2324, in dem das Protokoll HTCPCP zur Steuerung vernetzter Kaffeemaschinen vorgeschlagen wird, oder RFC 1300, ein nettes Gedicht über Namen und Begriffe, die im Zuge der Computer- und Netzwerkentwicklung ihre ursprüngliche Bedeutung verändert haben.

Alle Personen, Institutionen und Unternehmen, die etwas Entscheidendes zum ARPANET und späteren Internet beigetragen haben, haben dies in solchen Dokumenten erläutert. Dies ermöglicht es jedem beliebigen Hersteller von Hard- oder Software, mit seinen Produkten diese Standards zu unterstützen, denn sie gehören keinem einzelnen Hersteller und keiner bestimmten Person, und niemand kann den Zugriff darauf beschränken oder Lizenzgebühren fordern – ein entscheidender Grund dafür, warum die Protokolle des Internets heute vom Personal Computer bis zum Großrechner überall dominieren.

In den 80er-Jahren schließlich wurde der militärisch genutzte Teil des ARPANETs als MilNet von ihm abgetrennt, und das restliche ARPANET wurde mit dem NSFNet, dem Netz der National Science Foundation, und einigen anderen Netzwerken zum Internet zusammengeschlossen. Die kommerzielle Nutzung, heute Hauptverwendungsgebiet des Internets, ließ danach aber noch fast 15 Jahre auf sich warten. Denn die Anwendungen des Internets waren zwar robust und wenig störanfällig, aber alles andere als benutzerfreundlich. Abgesehen

davon, waren die ersten Personal Computer, die in der zweiten Hälfte der 70er-Jahre auf-
tauchten, weder konzeptionell noch von der Leistung her in der Lage, mit den Internetprotokollen etwas anzufangen.

Recht früh wurde dagegen die Datenfernübertragung (DFÜ), also der Datenaustausch über
Telefonleitungen, für Home- und Personal Computer eingeführt. Seit Ende der 70er-Jahre
wurden sogenannte *Akustikkoppler* verwendet: Geräte, die an den Computer angeschlossen
wurden und auf die einfach der Telefonhörer gelegt werden musste. Diese langsamen und
störanfälligen Apparate wurden bald durch Modems ersetzt, die eine direkte Verbindung
zwischen Computer und Telefonleitung zuließen und im Laufe der Jahre allmählich schneller und zuverlässiger wurden. Hauptanwendungsgebiete waren auf der einen Seite die sogenannten *Mailboxen*, also Informations- und Datenangebote für Computer, die eine direkte
Telefonverbindung zum Mailboxrechner herstellten. Auf der anderen Seite entstanden in
den 80er-Jahren die meisten kommerziellen *Online-Dienste* wie CompuServe, AOL oder in
Deutschland BTX (Vorläufer von T-Online), das zunächst über spezielle Terminals anstelle
von PCs mit einer bestimmten Software genutzt wurde.

Die Entwicklung des Internets vom exklusiven Wissenschaftlernetz zum Massenmedium
nahm ihren Anfang erst 1989 in der Schweiz, am Europäischen Forschungsinstitut für Kern-
physik (CERN) in Genf. Dort machte sich der britische Informatiker *Tim Berners-Lee* Gedanken darüber, wie man Netzwerke, besonders das Internet, für den einfachen und effizienten
Zugriff auf wissenschaftliche Dokumente nutzen könnte. Ergebnis dieser Arbeit war die
Grundidee des *World Wide Web*, eines hypertextbasierten Informationssystems, das die Infrastruktur des Internets zur Datenübermittlung nutzen sollte.

*Hypertext* ist nichts anderes als Text mit integrierten Querverweisen, die automatisch funktionieren. Mit anderen Worten: Durch Anklicken des Querverweises, der in diesem Zusammenhang *Hyperlink* heißt, stellt der Text selbst – beziehungsweise das System, das diesen
darstellt – die Verbindung mit dem verknüpften Dokument her.

Nun war Hypertext 1989 gewiss nichts Neues. Versuche damit reichen zurück bis in die 50er-
Jahre, in Hilfesystemen war er in den 80er-Jahren bereits Alltag. Neu war nur seine Nutzung
über ein Netzwerk, genauer gesagt, über das Internet.

So entstand ein äußerst effektives Informationssystem für Wissenschaftler, die auf diese
Weise ihre Forschungsergebnisse miteinander austauschten. Der Prototyp dieses Systems,
das World Wide Web heißen sollte, umfasste im Einzelnen die folgenden Bestandteile:

- ein spezielles neues Anwendungsprotokoll, das *Hypertext Transfer Protocol* (HTTP)
- einen Serverdienst, der in der Lage ist, Anfragen, die in der Sprache des HTTP formuliert
  sind, auszuliefern
- eine neu geschaffene Formatierungs- und Beschreibungssprache für solche Hypertext-
  Dokumente, die *Hypertext Markup Language* (HTML)
- ein Anzeigeprogramm für entsprechend formatierte Dokumente, den Browser

1991 wurde das System der Öffentlichkeit vorgestellt. Es wurde praktisch von Anfang an nicht nur zu ernsthaften wissenschaftlichen Zwecken genutzt, sondern allgemein zur Veröffentlichung von Text, Bildern und den verschiedensten Themen. Zunächst war die Nutzung des Systems beschränkt auf wissenschaftliches Personal sowie interessierte Studenten. Sie störten sich nicht am mangelnden Komfort der ersten Browser oder den geringen Layoutfähigkeiten der ersten HTML-Versionen. Als jedoch immer mehr private Benutzer dazukamen – was durch das allmähliche Entstehen kommerzieller Internetprovider und Browser für PC-Betriebssysteme wie Windows oder Mac OS gefördert wurde –, änderte sich dies. Der berühmt gewordene »Browserkrieg« zwischen Netscape und Microsoft schuf letztlich Fakten, die niemand für möglich oder auch nur wünschenswert gehalten hätte, die jedoch bis heute das Wesen des World Wide Web bestimmen.

Zwei Merkmale sind hier besonders wichtig:

▶ Die Seitenbeschreibungssprache HTML wurde immer mehr für die Definition des Seitenlayouts statt nur für die Struktur genutzt. Für Websites, die ein möglichst großes Publikum erreichen sollen, das weniger technisch und mehr inhaltlich interessiert ist, ist das Layout wichtiger als die Struktur. (Inzwischen kommt für das Layout allerdings praktisch nur noch CSS zum Einsatz, und HTML konzentriert sich wieder – wie ursprünglich beabsichtigt – auf die Dokumentstruktur.)

▶ Der Anteil kommerzieller Websites am gesamten Bestand wurde immer größer und überwiegt heute bei Weitem; das Angebot im Web ist den Rundfunkmedien wie etwa dem Fernsehen ähnlicher geworden. Während Tim Berners-Lee sich ursprünglich ein Netz vorgestellt hatte, in dem alle Teilnehmer sowohl Anbieter als auch Konsumenten von Inhalten sein sollten, wird das Web heutzutage von vielen weitgehend passiv als Medium genutzt. Erst die kollaborativen *Web 2.0*-Tools wie Blogs, Wikis, soziale Netzwerke und andere kommen Berners-Lees eigentlichen Ideen näher, wobei die gleichzeitig zu beobachtende Kommerzialisierung samt Aufkauf der wichtigsten Sites durch große Medienkonzerne sicherlich nicht in seinem Sinne ist.

### Lokale Netze

Einen vollkommen anderen Anstoß zur Entwicklung von Netzwerken gab das Aufkommen des sogenannten *Outsourcings* in der Computertechnik, also der Verlagerung der Rechenleistung von einem Zentralcomputer auf den einzelnen Schreibtisch.

Die fortschreitende Ausstattung von Büros mit Personal Computern führte mangels anderer Optionen zunächst zur Blüte des *Turnschuhnetzwerks* (englisch: *Sneakernet*): Anwender liefen mit Datenträgern bewaffnet durch das ganze Gebäude, um Daten miteinander auszutauschen oder zum Beispiel einen speziellen Drucker zu verwenden. Auch zwischen verschiedenen Unternehmen erfreute sich der sogenannte *Datenträgeraustausch* großer Beliebtheit: Die Datensätze von Geschäftsvorfällen wurden auf Disketten oder Magnetbändern zwischen den einzelnen Unternehmen hin und her gereicht.

Lokale Firmennetzwerke wurden zwar bereits Mitte der 70er-Jahre bei XEROX PARC erfunden, aber erst Ende der 80er-Jahre rückten sie stärker ins allgemeine Interesse. Es war ein Bedürfnis der Anwender von PCs, miteinander Daten auszutauschen, einfach deshalb, weil die meisten Vorgänge der Datenverarbeitung von mehreren Mitarbeitern erledigt werden. So entstanden viele verschiedene Arten der Netzwerkhardware. Neben dem bereits genannten Ethernet mit seinen vielfältigen Varianten gab es beispielsweise auch Token Ring von IBM, ARCnet oder auch einfache serielle Direktverbindungen zwischen Computern über die sogenannten *Nullmodemkabel*.

Was die Software angeht, wurden die eigentlich nicht dafür geeigneten PC-Betriebssysteme um Netzwerkfähigkeiten erweitert. Hinzu kamen spezielle Betriebssysteme für Server, also solche Rechner, die anderen im Netzwerk verschiedene Ressourcen zur Verfügung stellen. Bekannt sind hier etwa Novell NetWare, IBM OS/2 oder später auch Windows NT Server.

Wenn Sie in diesem Zusammenhang Linux und andere Unix-Varianten vermissen, dann liegt das daran, dass Unix als PC-Betriebssystem und als Serversystem für PC-Netzwerke erst einige Jahre später populär wurde. Ein gewisses Grundverständnis für Unix ist übrigens unerlässlich, um die Funktionsweise der Internetprotokolle nachvollziehen zu können. Einige Grundlagen dieses Systems werden in Kapitel 5, »Betriebssystemgrundlagen«, und Kapitel 7, »Linux«, erläutert.

## 4.2    Funktionsebenen von Netzwerken

Wie bereits in der Einleitung mehrfach angedeutet wurde, besteht ein gewisses Problem beim Verständnis von Netzwerken darin, dass einige sehr verschiedene Aspekte zu ihrem Funktionieren beitragen. Schon ganz zu Beginn haben Sie eine grobe Unterteilung in die drei Ebenen Verkabelung oder allgemeine Netzwerkhardware, Kommunikationsstrukturen oder Netzwerkprotokolle und schließlich Anwendungen eines Netzwerks kennengelernt.

Eine so ungenaue Einteilung lässt die grundsätzliche Schwierigkeit erkennen, reicht aber nicht ganz aus, um Netzwerke in all ihren Bestandteilen zu begreifen, und schon gar nicht, um verschiedene Arten von Netzwerken miteinander zu vergleichen. Auch die Tatsache, dass ein und dieselbe Komponente auf einer bestimmten Ebene wahlweise mit mehreren unterschiedlichen Elementen einer anderen Funktionsebene zusammenarbeiten kann, wird so noch nicht transparent genug.

### 4.2.1    Das OSI-Referenzmodell

Um die Ebenen, die ein Netzwerk ausmachen, ganz genau auseinanderhalten zu können, bedient man sich sogenannter *Schichtenmodelle* (*Layer Models*). Das bekannteste und verbreitetste von ihnen ist das OSI-Referenzmodell der internationalen Standardisierungsorganisation ISO. OSI steht für *Open Systems Interconnect*, also etwa »Verbindung zwischen offenen Systemen«. Das Modell wurde 1978 entworfen und besteht aus sieben übereinander angeordneten Schichten, die jeweils einen Aspekt der Netzwerkkommunikation beschreiben. Ganz unten ist die Hardware angesiedelt, ganz oben befindet sich die Anwendung des Netzes. Hier zunächst die Schichten des OSI-Modells im Überblick, die Beschreibung folgt im Anschluss daran:

1. Bit-Übertragungsschicht (*Physical Layer*)

2. Sicherungsschicht (*Data Link Layer*)

3. Vermittlungsschicht (*Network Layer*)

4. Transportschicht (*Transport Layer*)

5. Kommunikationssteuerungsschicht (*Session Layer*)

6. Darstellungsschicht (*Presentation Layer*)

7. Anwendungsschicht (*Application Layer*)

Die Bezeichnung *OSI-Referenzmodell* deutet bereits darauf hin, dass es sich nicht um einen Standard handelt, der konkrete Netzwerkprotokolle definiert. Das OSI-Modell definiert nur die Funktionen der einzelnen Schichten und ist somit ein Schema zur Definition solcher Standards, beispielsweise für die im weiteren Verlauf des Kapitels vorgestellten IEEE-802.3-Standards. Jeder Standard deckt dabei immer nur Teilaspekte des OSI-Modells ab.

### Die Bedeutung der einzelnen Schichten des OSI-Modells

1. Die *Bit-Übertragungsschicht* oder auch *physikalische Schicht* beschreibt nur, wie die reine Übertragung der Daten elektrisch beziehungsweise allgemein physikalisch erfolgt. OSI-basierte Netzwerkstandards beschreiben in dieser untersten Schicht die Struktur der Signale. Dazu gehören unter anderem die folgenden Aspekte:

   – zulässiger Amplitudenbereich

   – Versand- und Empfangsmethoden für Bit-Folgen

   – Operationen zur Umwandlung dieser Bit-Folgen in Daten für die nächsthöhere Schicht (und umgekehrt)

   – Verarbeitungsgeschwindigkeit der Bit-Folgen

   – Start- und Stoppsignale

   – Erkennung beziehungsweise Unterscheidung der Signale bei gemeinsam genutzten Medien

   – Übertragungseigenschaften der Medien (Kabel, Lichtwellenleiter, Funk oder Ähnliches)

   Die Medien selbst sowie Netzwerkkarten oder Onboard-Netzwerkchips sind kein Bestandteil der Definitionen auf der ersten Schicht. Die Hersteller müssen selbst dafür Sorge tragen, dass ihre Produkte den Spezifikationen genügen.

2. Die *Sicherungsschicht* beschreibt alle Vorkehrungen, die dafür sorgen, dass aus den einzelnen zu übertragenden Bits, also dem reinen physikalischen Stromfluss, ein verlässlicher

Datenfluss wird. Dazu gehören die beiden Teilaufgaben *Media Access Control* (MAC) – die Regelung des Datenverkehrs, wenn mehrere Geräte den gleichen Kanal verwenden – sowie *Logical Link Control* (LLC), wobei es um die Herstellung und Aufrechterhaltung von Verbindungen zwischen den Geräten geht.

Viele Protokolle dieser Schicht implementieren eine Fehlerkontrolle, bei Ethernet wird zum Beispiel CRC verwendet. In manchen Fällen wird auch *Quality of Service* (QoS), eine Art Prioritätsinformation, benutzt. In der Sicherungsschicht werden die Bit-Folgen in Einheiten einer bestimmten Größe unterteilt und mit einem Header aus Metainformationen versehen. Je nach Standard werden auf dieser Ebene unterschiedliche Namen für diese Datenpakete verwendet. Bei Ethernet und Token Ring ist beispielsweise von *Frames* die Rede, bei ATM von *Zellen*. Der Payload (Nutzdateninhalt) eines Frames beziehungsweise einer Zelle beginnt in aller Regel mit dem Header eines hineinverschachtelten Pakets der nächsthöheren Schicht. Es kann aber auch vorkommen, dass Pakete verschiedener Protokolle der zweiten Schicht ineinander verschachtelt werden. Dies ist zum Beispiel bei PPP over Ethernet, PPP over ATM oder ATM over SDH der Fall.

3. Die *Netzwerkschicht* oder *Vermittlungsschicht* definiert diejenigen Komponenten und Protokolle des Netzwerks, die an der indirekten Verbindung von Computern beteiligt sind. Hier ist sogenanntes *Routing* erforderlich, das Weiterleiten von Daten in andere logische oder auch physikalisch inkompatible Netzwerke. So gehören zum Beispiel auch alle diejenigen Protokolle zur Netzwerkschicht, die die logischen Computeradressen der höheren Schichten in die physikalischen Adressen umsetzen, bei Ethernet zum Beispiel ARP. Auch auf der Netzwerkschicht werden die Daten in Pakete unterteilt, deren Namen sich je nach konkretem Protokoll unterscheiden. Das mit Abstand verbreitetste Protokoll dieser Ebene, das im weiteren Verlauf des Kapitels noch ausführlich vorgestellte IP-Protokoll, bezeichnet sie als *IP-Datagramme*.

4. Die Protokolle der *Transportschicht* lassen sich in verbindungsorientierte Protokolle wie TCP und verbindungslose Protokolle wie etwa UDP unterteilen. Auf dieser Schicht werden vielfältige Aufgaben erledigt. Ein wichtiger Aspekt sind Multiplex-Mechanismen, die die Anbindung der Datenpakete an konkrete Prozesse auf den kommunizierenden Rechnern ermöglichen, bei TCP und UDP beispielsweise über Portnummern, bei SPX über Connection-IDs. Verbindungsorientierte Transportprotokolle wie TCP oder SPX sind zudem meist mit einer Fluss- und Fehlerkontrolle ausgestattet, um zu gewährleisten, dass Pakete vollständig am Ziel ankommen und dort in der richtigen Reihenfolge verarbeitet werden. Auch auf der vierten Schicht verwenden verschiedene Protokolle jeweils eigene Bezeichnungen für die Datenpakete; so ist etwa von *UDP-Datagrammen*, *TCP-Sequenzen* und *SPX-Paketen* die Rede.

5. Die *Kommunikationssteuerungsschicht* oder *Sitzungsschicht* stellt die Kommunikation zwischen kooperierenden Anwendungen oder Prozessen auf verschiedenen Rechnern sicher.

6. Die *Darstellungs-* oder *Präsentationsschicht* dient der Konvertierung und Übertragung von Datenformaten, Zeichensätzen, grafischen Anweisungen und Dateidiensten.

7. Die *Anwendungsschicht* schließlich definiert die unmittelbare Kommunikation zwischen den Benutzeroberflächen der Anwendungsprogramme, kümmert sich also um die Verwendung derjenigen Dienste über das Netzwerk, die Benutzer unmittelbar zu Gesicht bekommen.[2]

Da das OSI-Modell eine Zusammenstellung von möglichen Fähigkeiten für viele verschiedene Arten von Netzwerken darstellt, kann es natürlich vorkommen, dass die eine oder andere Schicht in einem bestimmten Netzwerk wichtiger ist als eine andere oder dass zum Beispiel ein Protokoll Funktionen zweier Schichten abdeckt oder auch nur eine Teilfunktion einer Schicht erbringt. Um diese Umstände deutlich zu machen, wendet man häufig anders aufgeteilte Schichtenmodelle mit meist weniger, selten mehr Schichten an – dies gerade dann, wenn es um die konkrete Beschreibung einer bestimmten Art von Netzwerk geht.

### 4.2.2 Das Schichtenmodell der Internetprotokolle

Im Bereich der TCP/IP-Netzwerkprotokolle, die unter dem Betriebssystem Unix und im Internet den Standard darstellen, wird zum Beispiel häufig ein Modell aus nur vier Schichten verwendet. Dies wird dem Wesen dieser Protokolle auch wesentlich eher gerecht als das OSI-Modell, denn die Internetprotokolle sind bereits einige Jahre älter als OSI. Es handelt sich um das Schichtenmodell des ursprünglichen ARPANETs, das vom US-Verteidigungsministerium finanziert wurde. Deshalb wird es meist als *DoD-Modell* (*Department of Defense*), manchmal auch als *DDN-Modell* (*Department of Defense Network*) bezeichnet.

Die vier Schichten bei TCP/IP-Netzwerken nach dem DDN Standard Protocol Handbook sind:

1. Netzzugangsschicht (*Network Access Layer* oder *Link Layer*)

2. Internetschicht (*Internet Layer*)

3. Host-zu-Host-Transportschicht (*Host-to-Host Transport Layer* oder einfach *Transport Layer*)

4. Anwendungsschicht (*Application Layer*)

Diese vier Schichten sind den konkreten Gegebenheiten von TCP/IP-Netzwerken angepasst, bei denen es zum Beispiel nur theoretisch möglich ist, von einer separaten Sitzungsschicht zu sprechen.

Das OSI-Referenzmodell kann mit dem DDN-Schichtenmodell deshalb nur grob in Beziehung gesetzt werden. Tabelle 4.1 zeigt, wie ein solcher Vergleich ungefähr aussehen könnte.

---

2 Halb scherzhaft wird der Anwender des vernetzten Rechners manchmal als *achte Schicht* bezeichnet, und Probleme, die durch fehlerhafte Benutzung entstehen, nennt man entsprechend *Layer-8-Fehler*.

| OSI-Modell | DDN-Modell |
|---|---|
| 7. Anwendungsschicht | 4. Anwendungsschicht |
| 6. Darstellungsschicht | |
| 5. Sitzungsschicht | |
| 4. Transportschicht | 3. Host-zu-Host-Transportschicht |
| 3. Vermittlungsschicht | 2. Internetschicht |
| 2. Sicherungsschicht | 1. Netzzugangsschicht |
| 1. Bit-Übertragungsschicht | |

**Tabelle 4.1** Vergleich zwischen dem OSI-Referenzmodell und dem DDN-Schichtenmodell der Internetprotokolle

### Die Bedeutung der Schichten des DDN-Modells

1. Die Netzzugangsschicht (*Network Access Layer* oder *Link Layer*) beschreibt, wie die physikalische Datenübertragung erfolgt. Die Aufgaben, die auf dieser Schicht zu erledigen sind, werden durch viele recht unterschiedliche Protokolle erbracht, einfach deshalb, weil es kaum eine Sorte von Netzwerkhardware gibt, auf der die Internetprotokolle noch nicht implementiert worden wären. Die eigentlichen Kernprotokolle, zu denen besonders die Namensgeber der Protokollfamilie gehören – also das Transmission Control Protocol (TCP) und das Internet Protocol (IP) –, kümmern sich überhaupt nicht um die physikalischen Verhältnisse. Damit dies möglich ist, müssen auf dieser untersten Schicht die Bit-Übertragung und die Transportsicherung zuverlässig zur Verfügung gestellt werden.

   Auf diese Weise entspricht die Netzzugangsschicht der Internetprotokolle den beiden untersten Schichten von OSI.

2. Die Internetschicht (*Internet Layer*), die im Wesentlichen der Vermittlungsschicht des OSI-Modells ähnelt, kümmert sich um die logische Adressierung der Rechner im Netz, durch die die grundsätzliche Identifizierbarkeit des jeweiligen Rechners sichergestellt wird. Eine weitere wichtige Aufgabe auf dieser Ebene ist das Routing, also die Weiterleitung von Daten über verschiedene physikalisch und/oder logisch getrennte Netze hinweg. Grundlage dieser Tätigkeiten ist das IP-Protokoll (Internet Protocol). Es definiert die IP-Adressen, 32 (in einer neueren Version 128) Bit breite Nummern, die den einzelnen Rechnern zugewiesen werden und die der Unterscheidung der einzelnen Netzwerke und der Rechner in diesen Netzen dienen. Außerdem versieht es jedes Datenpaket mit einem Header, also einer Zusatzinformation, die insbesondere die Quelladresse des sendenden Rechners und die Zieladresse des empfangenden Hosts enthält. Ein Datenpaket dieser Ebene wird als *Datagramm* bezeichnet.

3. Die Host-zu-Host-Transportschicht (*Host-to-Host Transport Layer*) kümmert sich um den zuverlässigen Datenaustausch zwischen den kommunizierenden Rechnern. Im Wesentlichen sind hier zwei verschiedene Protokolle verantwortlich (neben anderen, selten verwendeten). Diese beiden Protokolle werden jedoch niemals gleichzeitig, sondern immer alternativ verwendet. Das einfachere und weniger robuste *UDP* (*User Datagram Protocol*) stellt einen schlichten und wenig datenintensiven Mechanismus zur Verfügung, der die direkte Nutzung der IP-Datagramme für die Host-zu-Host-Kommunikation erlaubt. Dabei wird keine virtuelle Verbindung zwischen den beiden Rechnern hergestellt; es findet also keine Kontrolle über einen kontinuierlichen Datenstrom statt. Das erheblich komplexere *TCP* (*Transmission Control Protocol*) hat zwar einen deutlich größeren Overhead (Daten-Mehraufwand durch Verwaltungsinformationen) als UDP, stellt aber dafür einen zuverlässigen Transportdienst dar: Es wird eine virtuelle Verbindung zwischen den beiden Hosts hergestellt. Sie besteht darin, dass die Datenpakete durchnummeriert werden und eine Übertragungskontrolle und eventuelle Neuübertragung jedes einzelnen Pakets stattfinden. Ob eine Anwendung nun UDP oder TCP verwendet, ist ihre eigene Entscheidung. Allgemein benutzen Dienste, die kontinuierlich größere Datenmengen transportieren müssen, eher TCP, während etwa Verwaltungs- und Konfigurationsdienste zu UDP tendieren.

   Im Vergleich zum OSI-Modell nimmt die Host-zu-Host-Transportschicht insbesondere die Aufgaben der OSI-Transportschicht wahr; je nach konkretem Protokoll können auch Funktionen der Sitzungsschicht ausgemacht werden.

   Der Begriff *Host* (Gastgeber) bezeichnet übrigens jeden Computer, der an ein Netzwerk angeschlossen ist und mit anderen Geräten kommuniziert. Es ist keine Bezeichnung für einen expliziten Dienstleistungsrechner, dieser (oder vielmehr die darauf ausgeführte Software) wird *Server* genannt. Der Host muss lediglich vom Router abgegrenzt werden, der Pakete nicht für sich selbst entgegennimmt, sondern an andere Netze weiterleitet. Da das Routing jedoch eine Ebene weiter unten stattfindet, ist es ein auf dieser Schicht unsichtbares Detail – die Transportschicht ist nur für Rechner relevant, die Daten für den Eigenbedarf benötigen.[3]

4. Die Anwendungsschicht (*Application Layer*) schließlich definiert die Kommunikation zwischen den Anwendungsprogrammen auf den einzelnen Rechnern; hier arbeiten Protokolle wie HTTP für Webserver, FTP zur Dateiübertragung oder SMTP für den E-Mail-Versand. Die Schicht entspricht im Wesentlichen der gleichnamigen obersten Schicht des OSI-Referenzmodells, wobei auch einige Komponenten von dessen Darstellungsschicht mit hineinspielen. Beispielsweise bedarf HTML-Code, der von einer Webserveranwendung ausgeliefert wird, der Interpretation durch einen Browser; hier entspräche der HTML-Code selbst eher der Darstellungsschicht, die Browseranwendung aber der OSI-

---

3 Router verständigen sich allerdings auch mithilfe der im weiteren Verlauf dieses Kapitels vorgestellten Routing-Protokolle miteinander; diese Protokolle werden durchaus auf der Host-zu-Host-Transportschicht ausgeführt. Trotzdem ist dieses technische Detail für die eigentlichen Anwendungshosts uninteressant und unsichtbar.

Anwendungsschicht. Sitzungsmanagement ist dagegen vom ursprünglichen Design her gar nicht vorgesehen; falls es benötigt wird, muss es durch die Anwendungen selbst bereitgestellt werden. In Kapitel 19, »Webserveranwendungen«, erfahren Sie beispielsweise, wie Sie mithilfe der Programmiersprache PHP Websessions verwalten.

### 4.2.3 Netzwerkkommunikation über die Schichten eines Schichtenmodells

In diesem Abschnitt wird erläutert, wie die Kommunikation über die Schichten von Schichtenmodellen funktioniert. Dazu werden zwei Beispiele angeboten: Das erste ist ein Alltagsbeispiel, das mit Computernetzwerken nichts zu tun hat, während das zweite ein einfaches Beispiel der Netzwerkkommunikation darstellt.

#### Ein Alltagsbeispiel

Neben der Datenübertragung im Netzwerk lassen sich auch völlig andere Arten der Kommunikation in Schichten gliedern. Beispielsweise kann die Kommunikation zwischen Gesprächspartnern am Telefon folgendermaßen unterteilt werden:

1. Die beiden Telefone sind physikalisch über eine Telefonleitung miteinander verbunden.

2. Die Verbindung zwischen den Telefonanschlüssen kommt dadurch zustande, dass einer der beiden Teilnehmer die eindeutige Nummer des anderen wählt und der andere das Gespräch annimmt.

3. Über die Telefonleitung werden Informationen in Form von elektromagnetischen Impulsen übertragen, beim klassischen Telefonnetz analog, bei ISDN, Mobilfunk oder VoIP dagegen digital.

4. An den beiden Endpunkten der Kommunikation sprechen die Gesprächspartner in ihre jeweilige Sprechmuschel hinein; die akustischen Signale werden in elektromagnetische Impulse umgewandelt (bei den digitalen Varianten kommt noch die Analog-Digital-Wandlung hinzu). Umgekehrt hört ein Teilnehmer aus der Hörmuschel wiederum akustische Signale, die aus den übertragenen Impulsen zurückverwandelt wurden.

5. Die akustischen Signale, die die Gesprächspartner miteinander austauschen, werden zu Silben, Wörtern und schließlich Sätzen kombiniert.

6. Aus den einzelnen Bestandteilen der Sprache ergibt sich schließlich der eigentliche Inhalt der Nachrichten, die miteinander ausgetauscht werden.

Möglicherweise besteht dieses Kommunikationsmodell sogar aus noch mehr Schichten: Angenommen, die beiden Gesprächspartner sind leitende Angestellte oder gar Direktoren eines großen Unternehmens. Dann wird in aller Regel auf beiden Seiten eine Sekretärin die Gesprächsvermittlung vornehmen, möglicherweise ist sogar noch eine Telefonzentrale involviert. Noch komplizierter wird es beispielsweise, wenn Dolmetscher mitwirken.

Dieses einfache Beispiel zeigt deutlich, dass alle Ebenen, die sich oberhalb der untersten, also der physikalischen Ebene befinden, nur Abstraktionen darstellen, durch die den übertragenen Signalen jeweils ein neuer Sinnzusammenhang zugeordnet wird. Die eigentliche Verbindung erfolgt nämlich stets nur auf dieser untersten Ebene! Für jedes Schichtenmodell gilt daher zusammenfassend Folgendes:

Die Daten, die über einen Kommunikationskanal übertragen werden sollen, werden auf der Seite des Senders zunächst Schicht für Schicht nach unten weitergereicht und jeweils mit den spezifischen Zusatzinformationen für diese Schicht versehen. Schließlich werden sie über die unterste Schicht, die eigentliche physikalische Verbindung, übertragen. Auf der Empfängerseite werden sie dann wieder schichtweise nach oben weitergeleitet. Jede Schicht ermittelt die für sie bestimmten Informationen und regelt die Weiterleitung an die nächsthöhere Schicht.

Was in dem Telefonbeispiel geschieht, wird schematisch in Abbildung 4.1 dargestellt: Während die Gesprächspartner den Eindruck haben, in einem direkten Gespräch miteinander zu kommunizieren, geschieht in Wirklichkeit etwas erheblich Komplexeres: Die gesprochene Sprache (die eigentlich aus Silben beziehungsweise einzelnen Lauten besteht, die letztlich einfach nur Schallwellen sind) wird in eine andere Form von Information umgewandelt, über eine elektrische Leitung übertragen und auf der Empfängerseite wieder zusammengesetzt.

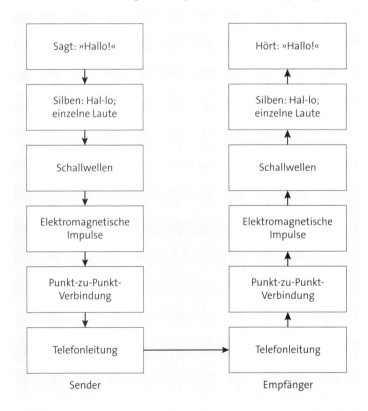

**Abbildung 4.1** Schichtenmodell eines Telefongesprächs. Die tatsächliche Verbindung besteht nur auf der Ebene der Telefonleitung!

Wichtig ist außerdem, dass jede Schicht immer nur die für sie selbst bestimmten Informationen auswertet. Beim Empfang von Daten haben die niedrigeren Schichten überhaupt erst dafür gesorgt, dass die Informationen auf der entsprechenden Schicht angekommen sind, die Spezialinformationen der höheren Schichten sind der aktuellen Schicht dagegen unbekannt. Sie muss lediglich anhand ihrer eigenen Informationen dafür sorgen, dass die Daten an die korrekte Stelle einer höheren Schicht ausgeliefert werden. Auf diese Weise ist jede Schicht virtuell mit der Schicht der gleichen Stufe auf der anderen Seite verbunden; das tatsächliche Zustandekommen dieser Verbindung ist für die jeweilige Schicht dagegen absolut unsichtbar.

### Ein Netzwerkbeispiel

Dieses zweite Beispiel – der Versand einer E-Mail an den Rheinwerk Verlag – zeigt, wie sich die beim Telefonbeispiel erläuterten Sachverhalte wieder auf Netzwerke übertragen lassen. Schematisch geschieht Folgendes:

1. In meinem E-Mail-Programm, zum Beispiel Mozilla Thunderbird, verfasse ich den eigentlichen Inhalt der Mail, als Empfänger setze ich *info@rheinwerk-verlag.de* ein. Nachdem ich alles fertig geschrieben habe, drücke ich auf den Absendebutton.

2. Da eine E-Mail eine in sich geschlossene Dateneinheit darstellt, die in ihrer ursprünglichen Reihenfolge beim Empfänger ankommen muss, wird der Transport durch das TCP-Protokoll übernommen, dessen eingebaute Datenflusskontrolle dafür sorgt, dass alle Daten vollständig und in der richtigen Reihenfolge übertragen werden.

3. Die Datenpakete, die durch das TCP-Protokoll angelegt wurden, werden nun durch das IP-Protokoll mit der korrekten Absender- und Empfängeradresse versehen. Diese Adressen haben nichts mit den nur auf der Anwendungsebene wichtigen E-Mail-Adressen zu tun. Vielmehr geht es darum, dass mein Rechner die Daten an den zuständigen Mailserver beziehungsweise an einen Vermittlungsrechner versendet.

4. Die fertig adressierten Datenpakete werden nun dem eigentlichen physikalischen Netzwerk anvertraut und entsprechend übertragen.

Auf der Empfängerseite – also auf dem Serverrechner, der das Postfach *info@rheinwerk-verlag.de* verwaltet – kommen die Daten dann folgendermaßen an:

1. Über die physikalische Netzwerkverbindung des Serverrechners treffen Datenpakete ein.

2. Auf der Ebene des IP-Protokolls werden die Datenpakete nach den zuständigen Transportdiensten sortiert und an diese weitergereicht – die E-Mail wird dem TCP-Dienst übergeben.

3. Der TCP-Dienst stellt fest, dass die entsprechenden Datenpakete für den Mailserver (gemeint ist das Programm, nicht der Rechner selbst) bestimmt sind, und reicht sie an diesen weiter.

4. Der Mailserver wertet die E-Mail-Adresse des Empfängers aus und speichert die Mail in dem Postfach *info@rheinwerk-verlag.de*. Dort kann sie jederzeit vom berechtigten Empfänger abgeholt werden.

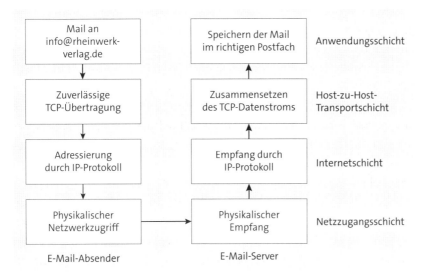

**Abbildung 4.2** Übertragung einer E-Mail vom E-Mail-Programm des Absenders auf den Postfachserver des Empfängers. In der Regel sind allerdings mehrere Zwischenstationen beteiligt.

Die Übertragung der E-Mail vom empfangenden Server an das E-Mail-Programm des eigentlichen Empfängers funktioniert im Großen und Ganzen genauso, obwohl auf der Anwendungsebene ein anderes Protokoll zum Einsatz kommt.

Abbildung 4.2 zeigt noch einmal schematisch, wie die Übertragung funktioniert. Mehr über die grundlegenden E-Mail-Protokolle erfahren Sie in Abschnitt 4.6.5, »Verschiedene Internetanwendungsprotokolle«.

## 4.3 Klassifizierung von Netzwerken

Nachdem Sie nun mithilfe der Schichtenmodelle eine Möglichkeit kennengelernt haben, unterschiedliche Netzwerke in ihren Funktionen miteinander zu vergleichen, sollten Sie auch verstehen, worin sie sich unterscheiden. Es gibt diverse Unterscheidungsmerkmale, die zwar nicht genau den Schichten der Modelle entsprechen, aber doch ebenfalls mehrere Aspekte der einzelnen Netzwerke betreffen. Es handelt sich um die Unterscheidung nach der Reichweite des Netzwerks, der physikalischen Grundstruktur oder Topologie und zuletzt nach der zentralen oder dezentralen Verwendung des jeweiligen Netzes.

### 4.3.1 Die Reichweite des Netzwerks

Bei der Unterteilung der Netzwerke entsprechend der Reichweite – also nach der geografischen Größenordnung, die das Netzwerk überbrückt – werden insgesamt vier Stufen unterschieden:

- Das *Local Area Network* (LAN) – lokales Netzwerk – beschreibt ein Netzwerk, das an ein einzelnes zusammenhängendes Areal gebunden ist, also etwa einen Raum, ein Gebäude oder maximal ein zusammenhängendes (Firmen-)Gelände. LANs sind heutzutage in Wirtschaftsunternehmen, Schulen und Universitäten oder anderen Organisationen und Instituten weitverbreitet.

- Das *Metropolitan Area Network* (MAN) – Stadtgebietsnetzwerk – bezeichnet ein Netz, das eine Stadt, Gemeinde oder auch eine Region umfasst. Ein Beispiel wären die verschiedenen eigenen Netze von NetCologne in Köln. Die Ausdehnung für ein MAN liegt bei 100 km und mehr.

- Das *Wide Area Network* (WAN) – Fernnetzwerk – ist ein Netz, das mehrere Städte, eine ganze Region oder sogar ein ganzes Land umfasst. In Deutschland gibt es beispielsweise das Deutsche Forschungsnetz (DFN).

- Das *Global Area Network* (GAN) – weltweites Netzwerk – ist über mehrere Länder, einen ganzen Kontinent oder sogar die ganze Welt verbreitet. Das bei Weitem größte GAN ist heutzutage natürlich das Internet – im engeren Sinne ist ein GAN allerdings ein homogenes Netzwerk, während das Internet aus zahllosen Einzelnetzen mit unterschiedlichen Architekturen zusammengesetzt ist.

Es sei noch angemerkt, dass die drei Netzwerkarten, die größere Entfernungen überbrücken – also MAN, WAN und GAN – oftmals einfach unter dem Sammelnamen WAN zusammengefasst werden. Dies umso mehr, als alle drei Typen von Fernnetzen im Wesentlichen die gleiche Art von Technologie verwenden – oder genauer gesagt: Alle Arten von Technologien für Fernnetze werden von allen drei Netzarten verwendet.

Es gibt Fernnetze, die Wählleitungen, also einfache Telefonverbindungen, verwenden, sowohl das klassische Analog- als auch das digitale ISDN-Netz. In größeren Städten sind die diversen DSL-Dienste am verbreitetsten, bei denen durch die Verwendung besonders hochfrequenter Signale über die normalen Kupferdrähte der Telefonleitungen wesentlich höhere Datenübertragungsraten erzielt werden. Zu einer besonderen Form der Wählleitung zählen Verbindungen über die digitalen GSM-Mobilfunknetze und deren Nachfolger GPRS, EDGE, UMTS und LTE. Daneben existieren unterschiedliche Arten von Standleitungen, die für besonders häufig beanspruchte oder besonders zuverlässige Leitungen verwendet werden. Dabei gibt es unter anderem spezielle DSL-Standleitungen oder Glasfasernetze. Auch drahtlose Übertragung, etwa über Funk- oder Satellitenverbindungen, spielt eine immer größere Rolle.

Zu beachten ist allerdings, dass DSL, Wireless LAN und Mobilfunknetze im Wesentlichen die Technologien für den Zugang einzelner Hosts zu einem MAN oder WAN darstellen. Im Backbone-Bereich, also in der eigentlichen Netzwerkinfrastruktur, kommen vor allem Zeitmultiplexing-Verfahren über Glasfasernetze zum Einsatz. Sprache, Video und sonstige Daten werden dabei über Gigabit-Ethernet, SDH/SONET, ATM oder manchmal auch Frame-Relay übertragen. Eine zunehmende Bedeutung erlangten in den letzten Jahren auch DWDM-Verfahren (*Dense Wavelength Division Multiplexing*). Dabei werden über ein und denselben

Lichtwellenleiter mehrere Signale mit unterschiedlicher Wellenlänge gleichzeitig versandt, was für extrem hohe Datenraten sorgt.

Lokale Netzwerke verwenden ebenfalls viele unterschiedliche technische Übertragungsarten. Allein für Ethernet, die häufigste Form der lokalen Vernetzung, werden unterschiedliche Arten von Koaxial-, Twisted-Pair- oder Glasfaserkabeln benutzt. Diese zeichnen sich durch verschiedene Übertragungsgeschwindigkeiten, mögliche maximale Entfernungen und natürlich auch unterschiedliche Kosten aus. Wireless LAN – der Betrieb von lokalen Netzwerken ohne Kabel über Funk, Infrarot oder Mikrowellen – erfreut sich auch zunehmender Beliebtheit. Abgesehen davon, gibt es neben Ethernet viele andere Formen lokaler Netzwerke.

Die technologischen Grundlagen der Verkabelung, der Signalübermittlung und des Netzzugangs werden in Abschnitt 4.4, »Netzwerkkarten, Netzwerkkabel und Netzzugangsverfahren«, ausführlicher besprochen.

### 4.3.2 Die Netzwerktopologie

Die *Topologie* eines Netzwerks beschreibt, in welcher physikalischen Grundform die einzelnen Geräte organisiert sind. Manche Arten von Netzwerkhardware setzen eine bestimmte Topologie voraus, andere überlassen dem Einrichtenden die Entscheidung zwischen mehreren Möglichkeiten. Topologie ist normalerweise eine Eigenschaft lokaler Netzwerke oder gar einzelner Netzsegmente. Die meisten Fernnetze verbinden ohnehin nicht einzelne Rechner, sondern ganze Netzwerke an unterschiedlichen Orten miteinander.

Es werden im Wesentlichen folgende Grundformen unterschieden:

▶ Die *Bustopologie* beschreibt ein Netzwerk, bei dem die einzelnen Knoten (Anschlüsse) hintereinander an einem einzelnen Kabelstrang angeschlossen sind, dessen Enden nicht miteinander verbunden werden dürfen (sonst würde es sich um eine Ringtopologie handeln!). Häufig werden die beiden Enden des Kabelstrangs durch Abschlusswiderstände (Terminatoren) abgeschlossen. Ein Beispiel für echte busförmige Netzwerke ist Ethernet über Koaxialkabel.

▶ Die *Sterntopologie* ist die Form eines Netzes, bei dem alle Knoten mit jeweils eigenem Kabel an einem zentralen Gerät miteinander verbunden werden. Dieses zentrale Bindeglied heißt, je nach seiner genauen Funktionsweise, *Hub* oder *Switch*. Die Sterntopologie wird zum Beispiel von Ethernet über Twisted-Pair-Kabel verwendet.

▶ Die *Ringtopologie* ähnelt der Bustopologie insofern, als auch hier alle Knoten an einem zentralen Strang aufgereiht sind. Dieser zentrale Kabelstrang bildet jedoch einen geschlossenen Ring. Daraus ergibt sich automatisch eine Datenstromrichtung, in die die Datenpakete grundsätzlich weitergereicht werden. Bekanntestes Beispiel der ringförmigen Vernetzung ist *Token Ring*.

> ▶ Die *Baumtopologie* schließlich ist eher ein Standard für den Zusammenschluss verschiedener Netzsegmente. Von einem zentralen Kabelstrang, gewissermaßen dem »Stamm« des Baums, gehen nach beliebigen Richtungen einzelne Verästelungen ab, an denen entweder eine einzelne Station oder ein ganzes Netz hängt.

Wichtig ist zu guter Letzt, dass ein Unterschied zwischen einer physikalischen und einer logischen Topologie bestehen kann, denn die äußere Form der Verkabelung (physikalische Topologie) kann einfach aus praktischen Erwägungen heraus gewählt worden sein, obwohl von der Funktion her eine völlig andere Struktur herrscht, nämlich die logische Topologie.

Ein gutes Beispiel für eine unterschiedliche physikalische und logische Struktur sind neuere Token-Ring-Varianten: Die eigentliche Vernetzung erfolgt sternförmig, logisch gesehen, handelt es sich jedoch um einen Ring. Auch Ethernet über Twisted-Pair-Kabel verwendet – physikalisch gesehen – die Sterntopologie, die logische Funktionsweise hängt von der Art des zentralen Verteilers ab: Ein Hub erzeugt letztlich die Funktion eines busförmigen Netzes, da es einen durchgehenden Strang enthält, an dem alle Stationen angeschlossen sind. Ein Switch dagegen stellt jeweils eine gesonderte Verbindung zwischen zwei Stationen her, die miteinander Daten austauschen; mithin handelt es sich hier auch logisch um die echte Sternform.

### 4.3.3 Der Zentralisierungsgrad des Netzwerks

Ein weiteres wichtiges Kriterium bei der Einteilung von Netzwerken in unterschiedliche Gruppen ist die Frage nach der Arbeitsaufteilung in ihnen. Kleine Arbeitsgruppen, die jeweils mit ihren Arbeitsplatzrechnern untereinander Dateien austauschen möchten, haben hier sicherlich andere Bedürfnisse als riesige Organisationen, in denen Tausende von Anwendern auf bestimmte Datenbestände zugreifen müssen. Deshalb werden die sogenannten *Client-Server-Netzwerke*, in denen zentrale Dienstleistungsrechner, die Server, arbeiten, von den Peer-to-Peer-Netzwerken unterschieden, in denen die einzelnen Computer gleichberechtigt Ressourcen freigeben und verwenden können.

> ▶ Das *Client-Server-Netzwerk* unterscheidet generell zwei Arten von beteiligten Rechnern: Der Server (Dienstleister) ist ein Computer, der den Arbeitsstationen der einzelnen Anwender an zentraler Stelle Ressourcen und Funktionen zur Verfügung stellt; der Client (Kunde) nimmt diese Dienstleistungen in Anspruch. Die Dienste, die von Servern angeboten werden, sind sehr vielfältig: Sie reichen vom einfachen Dateiserver, der Dateien im Netzwerk verteilt oder Festplattenplatz für andere freigibt, über Druckserver, Mail- und andere Kommunikationsserver bis hin zu ganz speziellen Diensten wie Datenbank- oder Anwendungsserver.

> ▶ Das *Peer-to-Peer-Netzwerk* besteht aus prinzipiell gleichberechtigten Arbeitsplatzrechnern (*peer* heißt etwa »Kollege«). Jeder Anwender ist in der Lage, Ressourcen seines eigenen Rechners an andere im Netzwerk freizugeben. Das heißt, dass alle Rechner im Netz bis zu einem gewissen Grad Serverdienste wahrnehmen.

In der Praxis sind allerdings Mischformen häufiger anzutreffen als reine Client-Server- oder absolute Peer-to-Peer-Netze. Beispielsweise könnte man sich in einem Unternehmen die folgende Situation vorstellen: Aufgaben wie die direkte Kommunikation (E-Mail), der Zugang zum Internet (über einen Proxyserver oder einfach einen Router) oder Lösungen zum Backup (Datensicherung) werden durch zentrale Server zur Verfügung gestellt; der Zugang zu Dateien innerhalb der Abteilungen oder auf Drucker der Kollegen innerhalb eines Büros wird dagegen im Peer-to-Peer-Verfahren, unter Umgehung von Servern, geregelt.

Wichtig ist außerdem, zu verstehen, dass die Begriffe *Client* und *Server* im engeren Sinne nicht unbedingt spezifische Rechner, sondern besondere Softwarekomponenten bezeichnen.

Ein Server ist einfach ein Programm, das meist automatisch gestartet wird und im Hintergrund darauf »lauert«, irgendeine Dienstleistung zur Verfügung zu stellen. Allgemeiner werden solche Programme zum Beispiel im Unix-Umfeld als *Daemon* bezeichnet, unter Windows NT und seinen Nachfolgern (Windows 2000, XP, Vista, Windows 7, 8 und 10) heißen sie Dienst (*Service*). Grundsätzlich kann ein solcher Serverdienst auf jedem beliebigen Rechner laufen – vorausgesetzt natürlich, er ist für die Hardwareplattform und das Betriebssystem dieses Rechners bestimmt. Der Grund für den Einsatz besonders leistungsfähiger Hardware (eben der Serverhardware) und spezialisierter Betriebssysteme liegt einfach in ihrer höheren Belastbarkeit, wenn viele Benutzer gleichzeitig diese Dienste benötigen.

Ein Client ist zunächst eine Software, die in der Lage ist, mit der Serversoftware zu kommunizieren; üblicherweise stellt sie dem Benutzer auch eine Schnittstelle zur Verfügung, um diese Kommunikation in Anspruch zu nehmen. So ist beispielsweise ein Webbrowser ein Client für das HTTP-Anwendungsprotokoll, er kommuniziert also mit HTTP-Servern. Interessanterweise können Webserver und Browser auch beide auf demselben Rechner laufen. Dies ist nützlich, um Webanwendungen zunächst lokal auszuprobieren.

### Arten von Servern

Im Folgenden sollen einige Serverarten genauer vorgestellt werden. Sie sollten auf jeden Fall das zuvor Gesagte im Hinterkopf behalten: Es spielt überhaupt keine Rolle für die allgemeine Funktion, ob ein Serverdienst, also die Software, die diesen Dienst zur Verfügung stellt,

- ▶ mit anderen Diensten zusammen auf dem gleichen Rechner läuft,
- ▶ allein auf einem separaten Serverrechner ausgeführt wird oder
- ▶ sogar auf mehrere Server verteilt ist, weil ansonsten die Belastung zu groß wäre.

Letzteres ist insbesondere im Bereich öffentlicher WWW-Server sehr häufig zu finden, da populäre Sites wie etwa Suchmaschinen, Nachrichtenportale oder große Webshops sehr viel Datenverkehr zu verkraften haben. Hier werden sogenannte *Load-Balancing-Systeme* eingesetzt, die die hereinstürmenden Anfragen automatisch möglichst gerecht auf mehrere physikalische Server verteilen.

Im Wesentlichen gibt es die folgenden wichtigen Arten von Serverdiensten:

► Fileserver

► Printserver

► Mailserver

► Webserver

► Verzeichnisdienst-Server

► Anwendungsserver und Serveranwendungen

In den folgenden Abschnitten wird jeder dieser Servertypen kurz vorgestellt; in späteren Kapiteln erhalten Sie auch konkrete Beispiele für viele von ihnen.

### Fileserver

Der Fileserver (*Dateiserver*) stellt anderen Rechnern im Netzwerk freigegebene Verzeichnisse zur Verfügung. Auf diese Weise können sich die Anwender über einen zentralen Austauschpunkt gegenseitig Dateien zukommen lassen. Der Fileserver ist relativ stark an ein bestimmtes Betriebssystem oder eine Plattform gebunden. Erst allmählich setzen sich neuere Möglichkeiten durch, die in der Lage sind, auch unterschiedliche Rechner gleichzeitig zu bedienen. Denn die Besonderheit eines Fileservers ist, dass die Benutzer ihn völlig transparent genau so benutzen können wie die lokalen Dateisysteme ihres Arbeitsplatzrechners. In einem idealen (lokalen) Netzwerk sollte es dem normalen Anwender vollkommen egal sein, ob seine Dateien am Arbeitsplatz oder auf einem Fileserver zu finden sind.

Sehr wichtig ist im Zusammenhang mit Fileservern die Verwaltung von Zugriffsrechten, da nicht jede Datei für alle Benutzer gedacht ist.

Der Internetdienst FTP (*File Transfer Protocol*) ist übrigens kein vollwertiger Fileserver, sondern dient lediglich der einfachen Dateiübertragung. Die Informationen über die Dateien des entfernten Rechners sind nicht vollständig genug, um das Äquivalent eines Dateisystems abzubilden.

Informationen über Fileserver für die verschiedenen Systemplattformen finden Sie in Kapitel 6, »Windows«, Kapitel 7, »Linux«, und Kapitel 8, »macOS«. FTP wird dagegen zusammen mit anderen Arten von Internetservern in Kapitel 15, »Weitere Internet-Serverdienste«, behandelt.

### Printserver

Der Printserver (oder *Druckserver*) erlaubt mehreren Anwendern beziehungsweise Arbeitsstationen den gemeinsamen Zugriff auf einen Drucker. Die größte Herausforderung besteht darin, den einzelnen Arbeitsstationen automatisch den passenden Druckertreiber für ihr jeweiliges Betriebssystem zur Verfügung zu stellen, sodass diese den Drucker einfach verwenden können, ohne dass der Treiber zuvor noch einmal lokal installiert werden müsste.

Der Betrieb von Printservern ist besonders in Windows-Netzwerken weitverbreitet, da hier der Drucker gewöhnlich über ein USB-Kabel an einen einzelnen Rechner angeschlossen wird. Dieser Rechner wird dann so eingerichtet, dass er den Zugriff auf den Drucker auch den anderen Computern erlaubt.

Bei anderen Plattformen gibt es das Problem in dieser Form seltener. In klassischen Macintosh-Netzwerken ist es beispielsweise üblich – und viel bedienungsfreundlicher –, den Drucker unmittelbar per Ethernet ans Netzwerk anzuschließen, denn damit ist er automatisch für alle freigegeben.

In heterogenen Netzen war es bis vor wenigen Jahren verhältnismäßig schwierig, über Betriebssystemgrenzen hinweg gemeinsam auf einen Drucker zuzugreifen. Inzwischen ist jedoch beispielsweise das Drucksystem CUPS für alle Unix-Varianten verfügbar, das sogar Windows-Clients relativ problemlos bedienen kann.

Da Druckserver, genau wie Dateiserver, an das jeweilige Betriebssystem gebunden sind, werden die wichtigsten Varianten in Kapitel 6, »Windows«, und Kapitel 7, »Linux«, beschrieben.

### Mailserver

Ein Server für elektronische Post (E-Mail) muss nicht immer bei einem Internetprovider installiert sein, sondern kann auch im lokalen Netz seinen Dienst verrichten. Denn erstens ist es in Unternehmen oder Organisationen oft von Vorteil, wenn die Mitarbeiter untereinander per E-Mail kommunizieren können, und zweitens ist es manchmal schon allein deshalb erforderlich, einen internen Mailserver zu betreiben, weil der Zugang zum Internet aus Sicherheitsgründen stark eingeschränkt ist und etwa die Kommunikation eines Arbeitsplatzrechners mit einem externen Mailserver gar nicht zulässt.

Obwohl im Lauf der Netzwerkentwicklungsgeschichte verschiedene Formen der elektronischen Post entstanden sind, gibt es heute eigentlich keine Alternative mehr zu Internet-E-Mail. Diese verwendet verschiedene Serverdienste zum Senden und Empfangen der E-Mail: Das SMTP-Protokoll (*Simple Mail Transport Protocol*) bestimmt, wie zu versendende E-Mails zu transportieren sind; POP3 (*Post Office Protocol Version 3*) oder das modernere, komfortablere IMAP (*Internet Message Access Protocol*) beschreiben ein Benutzerkonto (Postfach) für eingehende E-Mails sowie den Vorgang der »Abholung«.

Rein theoretisch kann Internet-E-Mail direkt zum einzelnen Host gesendet werden. Das ist aber insofern problematisch, als normale Arbeitsplatzrechner manchmal ausgeschaltet werden und private Einzelplatzrechner meist nur temporär über Wählleitungen mit dem Internet verbunden sind. Dies ist überhaupt der wichtigste Grund dafür, warum sich Posteingangsserver etabliert haben, auf denen die Mail für einen bestimmten Anwender im Prinzip vorgehalten wird, bis dieser sie abruft.

Da die gewöhnliche Form der E-Mail auf den Standard-Internetprotokollen aufsetzt, gibt es übrigens kein Problem, sie plattform- und betriebssystemübergreifend zu verwenden.

**Webserver**

Ein Webserver (die exakte Bezeichnung ist eigentlich *HTTP-Server*) liefert auf Anfrage Webseiten über ein Netzwerk aus. In der Regel ist dieses Netzwerk das Internet. In den lokalen Netzen von Unternehmen und Institutionen setzt sich diese Form der Informationsübermittlung aber auch immer mehr durch. Ein solches lokales Netz, das Technologien und Dienste der Internetprotokolle verwendet, wird *Intranet* genannt. Der Anwender verwendet ein Anzeigeprogramm für Webseiten, den sogenannten *Browser*, um Webseiten anzufordern, zu betrachten und um die enthaltenen Hyperlinks – also Verknüpfungen zu anderen Dokumenten auf dem gleichen oder einem anderen Server – per Mausklick zu folgen.

Webseiten sind prinzipiell Textdokumente, die in der Strukturierungssprache HTML geschrieben werden. Viele dieser Dokumente liegen statisch auf dem Server und werden einfach auf Anfrage ausgeliefert. Eine wachsende Anzahl solcher Dokumente wird aber auch aus Vorlagen und dynamischen Daten, etwa aus einer Datenbank, kombiniert und dann an den anfragenden Host geschickt. Diese Entwicklung ist für Websites mit umfangreichem, schnell wechselndem Inhalt, etwa Online-Tageszeitungen oder die Kataloge in E-Commerce-Sites, unvermeidlich.

Webserver sind im Übrigen schon von ihrer Grundidee her dafür gedacht, Clients unter vielen verschiedenen Betriebssystemen zu bedienen. Falls es Inkompatibilitäten geben sollte, liegt das höchstens daran, dass bei der Erstellung des HTML-Codes Steuerbefehle verwendet wurden, die nicht jeder Browser versteht.

Der praktische Einsatz eines Webservers wird in Kapitel 14, »Server für Webanwendungen«, am wichtigsten Beispiel Apache beschrieben; die Kapitel 18, »Webseitenerstellung mit HTML und CSS«, bis 20, »JavaScript und Ajax«, kümmern sich dagegen um die Erstellung von Webinhalten und -anwendungen.

**Verzeichnisdienst-Server**

Verzeichnisdienste (*Directory Services*) gewinnen in der IT seit längerer Zeit stark an Bedeutung. Ein Verzeichnis ist in diesem Zusammenhang kein Dateisystem, sondern ein datenbankähnlicher standardisierter Katalog von Benutzern, Computern, Peripheriegeräten und Rechten in einem Netzwerk. Durch den Eintrag in das Verzeichnis können diese Informationen netzwerkweit abgerufen werden, sodass Verzeichnisdienste eine praktische Grundlage für zahlreiche Dienste legen, die in einer größeren Netzwerkumgebung die Arbeit der Administratoren und das Leben der Anwender erleichtern. Hier nur einige Beispiele:

- automatisierte Softwareverteilung und -installation
- mobile Benutzerprofile (Roaming User Profiles)
- zentralisierte Anmeldedienste (Single Sign-on)
- rechner-, benutzer- und eigenschaftsbasierte Rechtekontrolle

In Kapitel 15, »Weitere Internet-Serverdienste«, wird OpenLDAP als Praxisbeispiel für einen Verzeichnisdienst vorgestellt.

### Anwendungsserver und Serveranwendungen

Ein Anwendungsserver (*Application Server*) erlaubt den Benutzern die Verwendung von Anwendungsprogrammen, die sich eigentlich auf dem Server befinden, über das Netzwerk.

Bei der einfachsten Form des Anwendungsservers liegt der Datenbestand der Anwendung auf den Datenträgern des Servers, die Anwendung wird über das Netzwerk in den Arbeitsspeicher des Clients geladen und dort lokal ausgeführt. Der Unterschied zum Fileserver ist hier minimal: Es muss der Anwendung lediglich klar sein, dass eventuell notwendige Zusatzkomponenten oder Konfigurationsdaten nicht auf dem Rechner liegen, auf dem sie ausgeführt wird, sondern auf der Maschine, von der sie geladen wurde.

Bei vielen normalen Einzelplatz-Anwendungsprogrammen kann eine solche Einstellung vorgenommen werden. Diese Verwendung von Software hat vor allem zwei Vorteile: Erstens kann es weniger Arbeit bedeuten, ein Programm einmal auf dem Server statt auf mehreren Arbeitsplatzrechnern zu installieren, und zweitens können Kosten gespart werden – die meisten Softwarelizenzen gelten jeweils pro Rechner, auf dem das jeweilige Programm installiert ist. Wird eine Anwendung auf mehreren Rechnern genutzt, aber nicht gleichzeitig, kann die Software auf dem Server installiert werden; damit werden die Lizenzgebühren dann nur einmal fällig.

Bei komplexeren Formen von Anwendungsservern werden Teile des Programms – oder unter Umständen auch das ganze Programm – direkt auf dem Server ausgeführt. Die möglichen Gründe dafür sind im Einzelfall genauso vielfältig wie die verschiedenen Formen der Umsetzung. Beispielsweise ist es bei großen Datenbanken üblich, dass der Datenbestand als solcher auf einem Server liegt, ebenso die grundlegende Datenverwaltungssoftware. Auf den Clients existieren dann in der Regel sogenannte *Frontends*, also Softwarekomponenten, die den Benutzern eine Bedienoberfläche für die eigentliche Datenbank bereitstellen. (Den Gegenbegriff zum Frontend bildet das *Backend*, wobei es sich um einen nur für spezielle angemeldete Benutzer zugänglichen Teil des Clients handelt, der der Verwaltung des Servers dient.)

Noch einen Schritt weiter gehen die sogenannten *verteilten Anwendungen* oder *Enterprise-Anwendungen*. Sie basieren in der Regel auf einem oder mehreren Datenbankservern für den Datenbestand, einem Anwendungsserver für die Geschäftsabläufe und diversen Client-Frontends (sowohl native Programme für bestimmte Betriebssysteme als auch Webanwendungen).

Eine andere Form der Serveranwendung existiert bei der Verwendung der sogenannten *Terminal-Server*. Die einfachste Form, der Internetdienst Telnet, stellt dem Anwender eine Konsolenoberfläche zur Verfügung, über die sich von fern auf dem Server selbst mithilfe von Kommandoeingabe arbeiten lässt. Das heißt, die Ein- und Ausgabe zeilenorientierter Kommandos und Anwendungsprogramme erfolgt auf dem Client, die eigentliche Ausführung auf dem Server – der eigene Rechner wird so zu einem Terminal für den entfernten Server.

Eine sehr merkwürdige Form der Serversoftware ist in diesem Zusammenhang der aus dem Unix-Bereich stammende *X-Window-Server* oder einfach X-Server (siehe Kapitel 7, »Linux«). Die Bezeichnung *Server* für diese Software erscheint zunächst sehr irreführend, handelt es sich doch einfach um die Grundlage der grafischen Benutzeroberfläche (GUI) unter Unix. Der X-Server stellt den Anwendungsprogrammen seine Dienste zur Verfügung, die darauf zugreifen, um Fenster und andere Komponenten des GUIs darzustellen.

Die Tatsache, dass hier ein Dienst verfügbar gemacht wird, ist es übrigens, die den Begriff *Server* rechtfertigt. Dabei müssen Anwendung und X-Server auch nicht unbedingt auf dem gleichen Rechner laufen. Erstaunlicherweise läuft aber der X-Server auf dem Anwendungsclient! Denn da die Programmausführung auf dem entfernten Rechner stattfindet, aber die grafische Darstellung auf dem lokalen Rechner, muss dieser Dienst hier angeboten werden.

Terminal-Server gibt es auch unter Windows Server 2012 R2, dem angekündigten Server 2016 und anderen Microsoft-Systemen; auch hier läuft die eigentliche Anwendung auf dem Server, der Client erlaubt deren Bedienung und Anzeige. Das Angebot solcher Anwendungsdienste über das Internet wird allmählich beliebter. Ein ASP (*Application Service Provider*) lässt Anwendungen wie beispielsweise Bürosoftware auf seinen Servern laufen; über eine spezielle Clientsoftware oder sogar über einen Webbrowser kann der Kunde darauf zugreifen und die angebotene Software von der ganzen Welt aus benutzen. Eine wesentlich einfachere Form solcher Serveranwendungen, die über das Web verwendet werden und die Sie wahrscheinlich gut kennen, ist der weitverbreitete webbasierte E-Mail-Dienst mit diversen Zusatzfunktionen, wie ihn GMX, Google Mail oder WEB.DE anbieten.

Die Quintessenz der Verwendung von Anwendungsservern ist die von einigen Firmen (Sun Microsystems, Oracle) seit Jahren angestrebte Abschaffung der gewöhnlichen Personal Computer und deren Ersatz durch sogenannte *Thin Clients* – Rechner ohne Festplatte, die ihr Betriebssystem und die Anwendungsprogramme vollständig aus dem Netzwerk oder aus dem Internet beziehen. Allerdings konnte sich das Konzept bisher nicht recht durchsetzen. Das Hauptargument der entsprechenden Unternehmen, nämlich die geringeren Kosten, lässt sich angesichts des massiven Preisverfalls bei den »ausgewachsenen« PCs nicht aufrechterhalten.

Inzwischen sind es auf der Clientseite eher die Tablets, die den gewöhnlichen PCs den Rang ablaufen. Zudem bieten immer mehr Hardware- und Betriebssystemhersteller bereits ab Werk Cloud-Dienste zur Daten- und Anwendungsspeicherung.

## 4.4   Netzwerkkarten, Netzwerkkabel und Netzzugangsverfahren

Im Laufe der Entwicklungsgeschichte der Netzwerke, die in diesem Kapitel bereits skizziert wurde, haben sich viele verschiedene Formen der Netzwerkhardware entwickelt. Jede von ihnen hatte zum Zeitpunkt ihrer Entstehung ihre Berechtigung, und dennoch haben sich einige auf breiter Front durchgesetzt, während andere schnell wieder vom Markt verschwunden sind. Die verbreitetste Art der Netzwerkhardware ist heute Ethernet in seinen vielfältigen Varianten.

Analog zu den zuvor beschriebenen Schichtenmodellen – vor allem dem standardisierten OSI-Referenzmodell – gibt es auch Standards, die speziell die Netzwerkhardware und den Netzzugang betreffen, also die beiden untersten Ebenen des OSI-Modells. Die umfangreichste Sammlung ist IEEE 802 des Institute of Electrical and Electronical Engineers. Die Nummer 802 bezeichnet Jahr und Monat der ursprünglichen Festlegung, nämlich den Februar 1980. Innerhalb dieser Sammlung existiert eine Reihe verschiedener Unterstandards beziehungsweise Arbeitsgruppen. Zu den wichtigsten gehören 802.1 (allgemeine Netzwerkstandards), 802.3 (Netzzugangsverfahren CSMA/CD, besonders Ethernet) und 802.11 (drahtlose Netze). Tabelle 4.2 zeigt die vollständige Liste. Einige dieser Standards werden im Folgenden näher beschrieben.

| IEEE-Gruppe | Bezeichnung |
|---|---|
| 802.1 | Internetworking |
| 802.2 | Logical Link Control (LLC) |
| 802.3 | CSMA/CD, Ethernet |
| 802.3u | Fast Ethernet |
| 802.3z | Gigabit Ethernet über Glasfaser |
| 802.3ab | Gigabit Ethernet über Twisted Pair |
| 802.4 | Token-Bus-Zugriffsverfahren |
| 802.5 | Token-Ring-Zugriffsverfahren |
| 802.6 | Metropolitan Area Network (MAN) |
| 802.7 | Breitbandübertragungstechnologie |
| 802.8 | Glasfaserübertragungstechnologie |
| 802.9 | integrierte Sprach- und Datendienste |
| 802.10 | Netzwerksicherheit |
| 802.11 | drahtlose Netze |
| 802.12 | Demand-Priority-Verfahren |
| 802.14 | Breitband-Kabelfernsehen (CATV) |
| 802.15 | Wireless Personal Area Network (WPAN) |

**Tabelle 4.2** Die IEEE-802-Arbeitsgruppen im Überblick

| IEEE-Gruppe | Bezeichnung |
|---|---|
| 802.16 | Broadband Wireless Access (BWA) |
| 802.17 | Resilient Packet Ring (RPR) |
| 802.18 | Radio Regulatory Technical Advisory Group (RRTAG) |
| 802.19 | Coexistence TAG |
| 802.20 | drahtlose Breitbandnetze |
| 802.21 | medienunabhängiges Handover |
| 802.22 | drahtlose Regionalnetze (WRAN) |
| 802.23 | Emergency Services Working Group |
| 802.24 | Smart Grid TAG |
| 802.25 | Omni-Range Area Network (Gruppe im Aufbau) |
| 802.30 | 100BaseX, 100BaseT, Fast Ethernet |

**Tabelle 4.2** Die IEEE-802-Arbeitsgruppen im Überblick (Forts.)

### 4.4.1 Die verschiedenen Ethernet-Standards

Ethernet ist heute der verbreitetste Standard für lokale Netze (LANs). Zehntausende von Herstellern weltweit unterstützen diese Art von Netzwerken mit ihrer Hard- und Software.

Jede Ethernet-Schnittstelle, also die Netzwerkkarte oder der fest eingebaute Anschluss, ist mit einer weltweit einmaligen Identifikationsnummer ausgestattet, der sogenannten *MAC-Adresse* (für *Media Access Control*, einer der beiden Bestandteile der OSI-Netzzugangsschicht). Es handelt sich um eine 48 Bit lange Zahl, die in sechs hexadezimalen Blöcken zwischen 0 und 255 (00 bis FF hex) geschrieben wird, zum Beispiel 00-A0-C9-E8-5F-64.

Die Datenpakete – auf der Netzzugangsschicht *Frames* genannt – werden mit den MAC-Adressen der sendenden und der empfangenden Station versehen und in der Regel an alle Stationen im Segment versandt. Jede Station überprüft daraufhin, ob die Daten für sie bestimmt sind. Im Übrigen kann man Ethernet-Schnittstellen auch in den *Promiscuous Mode* schalten, in dem sie ohne Unterschied alle Daten entgegennehmen. Auf diese Weise kann der gesamte Datenverkehr in einem Netzsegment überwacht werden.

Die MAC-Adresse wird normalerweise nicht über das jeweilige Teilnetz hinaus weiter verbreitet.[4] Nach außen ergäbe ihre Verwendung auch keinen Sinn, da das nächste Teilnetz auf einer Route womöglich noch nicht einmal zum Ethernet-Standard gehört.

---

4 Ausnahme: Die IP-Weiterentwicklung IPv6 benutzt die MAC-Adresse als Teil der 128 Bit langen IP-Adresse.

**Das Netzzugangsverfahren CSMA/CD**

Es ist wichtig, zu verstehen, dass mit dem Namen *Ethernet* gar keine einheitliche Netzwerkhardware bezeichnet wird. Vielmehr handelt es sich um einen Sammelnamen für diverse Netzwerkstandards, die ein bestimmtes Netzzugangsverfahren verwenden. Insofern sind alle Ethernet-Varianten auf der OSI-Schicht 2 identisch, unterscheiden sich aber auf der untersten Schicht.

Als der Vorläufer von Ethernet Ende der 60er-Jahre des letzten Jahrhunderts an der Universität von Hawaii konzipiert wurde (anfangs unter dem geografisch passenden Namen ALOHANet), handelte es sich zunächst um Datenfunk. Diesem Umstand ist übrigens auch der endgültige Name zu verdanken: *ether*, zu Deutsch Äther, ist das gedachte Medium, durch das sich Funkwellen fortpflanzen. Erst in den 70er-Jahren wurde dasselbe Netzzugangsverfahren auch für die Datenübertragung per Kabel eingesetzt, und zwar zunächst über Koaxialkabel.

Das gemeinsame Netzzugangsverfahren aller Ethernet-Formen trägt den Namen CSMA/CD: *Carrier Sense Multiple Access with Collision Detection*. Schematisch gesehen, funktioniert dieses Verfahren wie folgt:

1. Ein Gerät, das Daten senden möchte, lauscht den Netzabschnitt ab, um festzustellen, ob dieser gerade frei ist, ob also gerade kein anderes Gerät sendet (*Carrier Sense*).

2. Wurde in Schritt 1 festgestellt, dass der Netzabschnitt frei ist, beginnt die Station mit dem Senden der Daten. Möglicherweise hat auch eine andere Station festgestellt, dass das Netz frei ist, und beginnt gleichzeitig ebenfalls mit dem Senden (*Multiple Access*).

3. Falls auf die beschriebene Art und Weise zwei Stationen gleichzeitig mit dem Senden begonnen haben, findet eine sogenannte *Datenkollision* statt, die von den beteiligten Stationen entdeckt wird (*Collision Detection*). Eine Station, die eine Kollision bemerkt, stellt das Senden von Nutzdaten ein und versendet stattdessen eine Warnmeldung (*Jam Signal*).

4. Eine Station, die wegen einer Datenkollision das Senden abgebrochen hat, beginnt nach einer zufällig gewählten Zeitspanne von wenigen Millisekunden erneut mit dem Senden. Genau diese Zufälligkeit der Zeitspanne, die nach einem komplizierten Verfahren berechnet wird, ist enorm wichtig, damit die beiden Stationen beim nächsten Versuch nicht wieder genau gleichzeitig mit dem Senden beginnen.

Das große Problem von Ethernet besteht darin, dass das CSMA/CD-Verfahren umso ineffektiver wird, je frequentierter der jeweilige Netzabschnitt ist: Ab einem gewissen Grenzwert überschreitet die Anzahl der Datenkollisionen die Menge der Nutzdaten. Heutzutage umgeht man dieses Problem in der Regel durch die Verwendung sogenannter *Switches*, die für zwei miteinander kommunizierende Stationen jeweils eine exklusive Punkt-zu-Punkt-Verbindung einrichten. Wo diese Möglichkeit aufgrund veralteter, inkompatibler Hardware nicht zur Verfügung steht, muss ein Netz mit viel Datenverkehr stattdessen segmentiert, also in kleinere Abschnitte unterteilt werden.

**Ethernet-Hardware**

Die Bezeichnungen der verschiedenen Arten der Hardware, die für Ethernet-Netzwerke verwendet werden, setzen sich aus der Übertragungsgeschwindigkeit des jeweiligen Netzes in MBit/s und einer spezifischen Bezeichnung für den Kabeltyp oder die maximal zulässige Kabellänge zusammen.

Wie bereits erwähnt, waren Koaxialkabel die ersten für Ethernet verwendeten Kabel.[5] Der Aufbau dieser Kabel ist folgender: Im Zentrum befindet sich ein leitender Draht, der von einer Isolationsschicht umgeben ist, darüber befindet sich ein weiterer Ring aus leitendem Metall und außen natürlich wiederum eine Isolationsschicht. Das bekannteste Alltagsbeispiel für ein Koaxialkabel ist ein handelsübliches Fernsehantennenkabel.

Es gibt zwei Arten von Koaxialkabeln, die für Ethernet eingesetzt wurden:

▶ **10Base2: dünnes schwarzes Koaxialkabel**

Die 10 steht für die maximale Datenübertragungsgeschwindigkeit des Netzes, in diesem Fall 10 MBit/s. Die nähere Spezifikation, die durch die 2 angegeben wird, betrifft die maximal zulässige Gesamtlänge eines 10Base2-Netzsegments von etwa 200 Metern (eigentlich 200 Yard, was ca. 185 Metern entspricht). In einem Segment dürfen sich maximal 30 Stationen befinden. Um eine größere Entfernung zu überbrücken oder mehr Stationen zu betreiben, muss eine Signalverstärkung durch sogenannte *Repeater* vorgenommen werden.

Alternative Bezeichnungen für diese Ethernet-Form sind *Thinnet Coaxial* oder *Cheapernet*, weil es sich früher um die billigste Art der Vernetzung handelte.

An der Netzwerkkarte wird an eine BNC-Buchse ein T-Adapter angeschlossen. An dessen beiden Seiten werden wiederum über BNC-Stecker die Koaxialkabel angeschlossen, die zu den T-Stücken der Netzwerkkarten der benachbarten Rechner führen. Der Mindestabstand zwischen zwei T-Stücken, also die minimale Länge eines einzelnen Kabels, beträgt 50 cm. Das Netzwerk ist in einer Bustopologie organisiert; die T-Stücke des ersten und des letzten Rechners im Netzwerk werden auf je einer Seite mit einem Abschlusswiderstand oder Terminator versehen.

▶ **10Base5: dickes gelbes Koaxialkabel**

Der Vorteil dieser auch *Thicknet Coaxial* genannten Variante besteht in der größeren zulässigen Länge des Netzsegments, nämlich – wie die Zahl 5 vermuten lässt – 500 Yard (knapp 460 m). Andererseits ist dieses erheblich dickere Kabel weniger flexibel als das dünnere 10Base2. Beispielsweise ist es schwieriger, solche Kabel durch verwinkelte Kabelkanäle zu ziehen.

Auf dem Kabel sitzen bei dieser Ethernet-Form sogenannte *Transceiver*, die über 15-polige Buchsen an die Netzwerkkarten angeschlossen werden. Zwischen zwei Transceivern muss ein Mindestabstand von 2,5 Metern eingehalten werden; das Kabel enthält ab Werk Mar-

---

5  Die Verwendung von Koaxialkabeln für Ethernet ist weitgehend historisch – aus Gründen des Leseflusses habe ich mich aber entschlossen, die Beschreibungen im Präsens zu belassen. Interessant ist die Entwicklung allemal; sie erklärt, warum bei Ethernet viele Dinge so und nicht anders gelöst wurden.

kierungen in diesem Abstand. Die Transceiver werden an diesen Stellen einfach in das Kabel hineingebohrt (deshalb werden sie als *Vampirabzweige* bezeichnet). In einem Segment dürfen sich maximal 100 davon befinden. Auch dieses Netz ist busförmig, und beide Enden müssen durch Abschlusswiderstände terminiert werden.

Heutzutage wird Ethernet fast immer über Twisted-Pair-Kabel betrieben. Bei dieser Kabelsorte handelt es sich um einen verdrillten Kupfer-Zweidrahtleiter: Je zwei isolierte Kupferdrähte werden umeinandergewickelt. Dies verhindert die gegenseitige Beeinträchtigung der Signalqualität, die bei parallel zueinander verlaufenden Kabeln durch die elektromagnetischen Felder aufträte. In einem Twisted-Pair-Kabel verlaufen üblicherweise vier, manchmal auch acht solcher Doppeladern nebeneinander. Sie enden auf beiden Seiten in einem RJ-45-Stecker, der auch für ISDN-Anschlüsse verwendet wird. Bekannt sind solche Kabel vor allem durch ihre Verwendung als Telefonleitungen.

Man unterscheidet zwei verschiedene Grundarten von Twisted-Pair-Kabeln: UTP oder *Unshielded Twisted Pair* ist ein nicht abgeschirmter Zweidrahtleiter, STP (*Shielded Twisted Pair*) ein abgeschirmter, der eine höhere Signalqualität aufweist, sodass er zum Beispiel größere Entfernungen überbrücken kann.

Außerdem werden Twisted-Pair-Kabel in verschiedene Kategorien unterteilt, die unterschiedliche Bandbreiten (gemessen in Megahertz) und entsprechend verschiedene maximale Übertragungsraten zulassen. Diese sind in Tabelle 4.3 aufgelistet.

| Kategorie | Bandbreite | Verwendungszweck |
|-----------|----------------|------------------------------------|
| 1 | nicht festgelegt | Telefonie |
| 2 | 4 MHz | ISDN |
| 3 | 10 MHz | Ethernet; Token Ring |
| 4 | 16 MHz | verschiedene |
| 5 | 100 MHz | Fast Ethernet; allgemeiner Standard |
| 6 | 200 MHz | verschiedene |
| 7 | 600 MHz | verschiedene |

**Tabelle 4.3** Die verschiedenen Kategorien von Twisted-Pair-Kabeln

Alle über Twisted Pair verkabelten Arten von Ethernet weisen eine sternförmige Topologie auf, zumindest im physischen Sinn: Alle Stationen werden jeweils über ein eigenständiges Kabel an einen zentralen Verteiler angeschlossen. Der Vorteil dieser Form der Vernetzung besteht grundsätzlich darin, dass der Ausfall einer einzelnen Verbindung zwischen einem Rechner und dem Verteiler nicht zur Unterbrechung des gesamten Netzes führt, wie es beim busförmigen Koaxialkabel-Ethernet der Fall ist.

**4** Netzwerkgrundlagen

Der zentrale Verteiler wird in seiner einfacheren Form *Hub* genannt, die etwas teurere, aber leistungsfähigere Bauweise heißt *Switching Hub* oder kurz *Switch*. Die innere Struktur des Hubs ist letztlich busförmig, sodass es genau wie bei der Vernetzung über Koaxialkabel zu Datenkollisionen kommen kann. Ein Switch stellt dagegen für zwei Stationen, die miteinander kommunizieren möchten, eine exklusive Punkt-zu-Punkt-Verbindung bereit. Dies geschieht dadurch, dass ein Switch die MAC-Adressen aller Schnittstellen zwischenspeichert, an die er bereits Daten ausgeliefert hat, und auf diese Weise die restlichen Stationen nicht mehr mit Daten behelligen muss, die gar nicht für sie bestimmt sind. Da die Preise für Netzwerkzubehör in den letzten Jahren stark gesunken sind, gibt es eigentlich keinen Grund mehr, etwas anderes als einen Switch einzusetzen.

Bei einem Hub teilen sich alle Stationen die gesamte Übertragungsgeschwindigkeit, beim Switch steht sie dagegen jeder einzelnen Verbindung zur Verfügung.

Im Übrigen gibt es besondere Hubs, die als *Bridges* bezeichnet werden. Sie verbinden Ethernet-Netzwerke verschiedenen Typs miteinander, beispielsweise besitzen sie eine Reihe von RJ-45-Ports für Twisted-Pair-Kabel und zusätzlich einen Anschluss für 10Base2-BNC-Kabel; oder sie unterstützen einfach verschiedene maximale Übertragungsgeschwindigkeiten.

Hubs oder Switches weisen in der Regel 5 bis 24 Anschlüsse (Ports) auf, an die jeweils ein Gerät angeschlossen werden kann. Um Netzwerke mit mehr Geräten zu betreiben, sind diese Geräte kaskadierbar: Die meisten Hubs oder Switches besitzen einen speziellen Port, den sogenannten *Uplink-Port*, der über ein Kabel mit einem normalen Port eines weiteren Verteilers verbunden werden kann. Bei vielen Hubs/Switches kann ein einzelner Port über einen Schalter zwischen *Normal* und *Uplink* umgeschaltet werden.

Die einzige Ausnahme von der allgemeinen Regel, dass ein Hub oder Switch benötigt wird, bildet der Sonderfall, in dem nur zwei Rechner miteinander vernetzt werden sollen: Die beiden Stationen können unmittelbar über ein sogenanntes *Crosslink-Kabel* verbunden werden. Dieses spezielle Kabel besitzt überkreuzte Anschlusspaare anstelle der geradlinig verlaufenden bei normalen Twisted-Pair-Kabeln.

---

**Virtual LAN**

Standardmäßig gehören alle Stationen, die an ein einzelnes Hub oder Switch angeschlossen sind, zum selben Netzsegment, und alle, die an einem anderen Hub oder Switch hängen, bilden ihr eigenes Segment. *Virtual LAN* oder *VLAN* ist eine Möglichkeit, diese starre Einteilung durch intelligente Switches zu überwinden: entweder kann derselbe Switch mehrere getrennte Netzsegmente verwalten (und bei Bedarf auch gleich als Router zwischen ihnen fungieren), oder es können mehrere Switches ein gemeinsames logisches Netzsegment bilden. Es sind zwei Arten von Virtual LAN zu unterscheiden:

▶ *Portbasiertes Virtual LAN*: Bei dieser rein hardwaregesteuerten Variante gehören verschiedene Ports (gemeint sind hier die physischen Anschlüsse) des Switches zu unterschiedlichen Netzsegmenten. Gegebenenfalls besitzt der Switch eine Konfigurationsoberfläche, über die sich die konkrete Einteilung modifizieren lässt, aber danach wählt man das Netzsegment für eine bestimmte Station, indem man sie mit einem bestimmten Port verkabelt.

> ▸ *Tagged Virtual LAN*: Hier handelt es sich um die modernere und flexiblere, aber auch komplexere Variante. Statt die Ports des Switches bestimmten Netzsegmenten zuzuordnen, werden die Datenpakete selbst gekennzeichnet (Englisch: *tagged*). Je nach verwendetem Tag gehört ein Datenpaket damit zu einem anderen Segment. Diese Variante wird vor allem verwendet, um mehrere Switches zu einem gemeinsamen größeren Segment zusammenzuschalten.

Historisch betrachtet, existieren zwei Arten von Ethernet über Twisted Pair, die unterschiedliche Übertragungsgeschwindigkeiten unterstützen:

▸ 10BaseT: Die Datenübertragungsrate beträgt 10 MBit/s.

▸ 100BaseT (auch *Fast Ethernet* genannt): Daten werden mit bis zu 100 MBit/s übertragen; dazu sind mindestens UTP-Kabel der Kategorie 5 erforderlich. Genauer gesagt, gibt es zwei Unterarten: 100BaseTX ist voll kompatibel mit 10BaseT, sodass das Netz schrittweise umgerüstet werden kann. 100BaseT4 verwendet dagegen alle vier Kupferdrahtpaare eines Twisted-Pair-Kabels und ist mit den anderen Standards inkompatibel; in der Praxis spielt es keine Rolle mehr.

Die meisten Netzwerkkarten, Hubs und Switches, die heute verkauft werden, unterstützen beide Übertragungsraten. Der zu verwendende Wert kann bei vielen Netzwerkkarten per Software eingestellt werden, häufiger wird er automatisch gewählt. Natürlich sollten Sie prinzipiell darauf achten, keine reine 10-MBit-Hardware mehr zu kaufen. Aber möglicherweise hat 100-MBit-Hardware der ersten Generation, die nicht auf 10 MBit/s heruntergeschaltet werden kann, sogar noch schlimmere Einschränkungen zur Folge. Zwar ist es bei normalen Standard-PCs ein Leichtes, die Netzwerkkarte gegen ein neueres Modell auszutauschen, um die Kompatibilität zu einer aktualisierten Netzwerkumgebung aufrechtzuerhalten, aber bei anderen Geräten wie beispielsweise Netzwerkdruckern oder kompakten Router-Boxen ist das eventuell nicht möglich. Solche Geräte sind mit einem reinen 100er-Netz eventuell nicht mehr kompatibel.

Noch neuere Formen von Ethernet erreichen Übertragungsraten von 1.000 MBit/s (Gigabit-Ethernet), entweder über Lichtwellenleiter (1000BaseFL für *Fiber Logic*) oder über mehradrige Twisted-Pair-Kabel (1000BaseTX). Bereits entwickelt, aber noch nicht weitverbreitet, sind Ethernet-Varianten mit 10 oder gar 100 GBit/s – anfangs nur über verschiedene Arten von Lichtwellenleitern, aber inzwischen ebenfalls über Twisted Pair.

### 4.4.2 Drahtlose Netze

Schon seit sehr langer Zeit werden über drahtlose Technologien wie Funk, Mikrowellen, Satellit oder Infrarot nicht nur Sprache, Radio- und Fernsehsignale, sondern auch Daten übertragen. Die digitale (!) Datenübertragung per Funk war sogar die erste Anwendung der drahtlosen Nachrichtentechnik überhaupt: Der Funkpionier Guglielmo Marconi erfand die drahtlose Telegrafie mithilfe des binären Morsealphabets[6] lange vor dem Sprechfunk.

Im Bereich der Netzwerke gibt es immer mehr Anwendungsfälle, bei denen sich der Einsatz drahtloser Techniken anbietet. Die folgenden Beispiele können als Anhaltspunkte dienen:

▶ In Privathaushalten wird WLAN inzwischen häufiger eingesetzt als kabelbasierte Netze. Da viele Menschen Laptops und/oder WLAN-fähige Mobiltelefone und Tablets haben, ist dies auch viel praktischer. Für den Internetzugang kommen entsprechend oft WLAN-DSL-Router zum Einsatz, die eine Verbindung zwischen dem Internet und den Endgeräten vermitteln.

▶ In einem Unternehmen werden viele Außendienstmitarbeiter beschäftigt. Sie sind mit Notebooks ausgestattet und kommen nur gelegentlich in die Firmenzentrale.

▶ Eine Firma zieht in ein denkmalgeschütztes Haus ein, an dessen Bausubstanz nichts geändert werden darf – an das Verlegen von Kabelkanälen oder gar das Aufstemmen von Wänden für die Vernetzung ist nicht zu denken.

▶ Zwischen zwei Gebäuden eines Unternehmens verläuft eine öffentliche Straße; für die Überbrückung durch ein Kabel müsste ein langfristiges Genehmigungsverfahren mit ungewissem Ausgang eingeleitet werden.

▶ Auf LAN-Partys (Treffen von Netzwerkspielern), Messen, Kongressen oder ähnlichen Veranstaltungen müssen Unmengen von Computern für kurze Zeit vernetzt werden.

Für den Betrieb drahtloser Netzwerke kommen die verschiedensten Übertragungsmethoden zum Einsatz. Sie lassen sich nach folgenden Kriterien unterscheiden oder für den praktischen Einsatz auswählen:

▶ Welche maximale Entfernung zwischen zwei Stationen muss überbrückt werden?

▶ Besteht zwischen den einzelnen Standorten Sichtkontakt, oder befinden sich Wände oder andere Hindernisse zwischen ihnen?

▶ Soll eine freie Funkfrequenz genutzt werden, oder kann es auch eine lizenzpflichtige sein (Letzteres kann teuer werden)?

▶ Sind die vernetzten Geräte selbst stationär oder mobil?

Diese diversen Auswahlkriterien zeigen bereits, dass es so etwas wie »das« drahtlose Netz nicht gibt. Für jeden Anwendungszweck bieten sich verschiedene Lösungen an, die sorgfältig geprüft werden müssen.

Genau wie bei der verkabelten Konkurrenz lassen sich auch hier verschiedene Kategorien von Reichweiten unterscheiden. Das WLAN (Wireless LAN, auch *WiFi* genannt) nach IEEE 802.11 ist ein drahtloses Netz für den Nahbereich, also für die Vernetzung innerhalb einer

---

6 Ganz und gar binär ist das Morsealphabet übrigens nicht: Neben *Lang* und *Kurz* muss die Pause zwischen zwei Zeichen als drittes mögliches Signal betrachtet werden, da die einzelnen Zeichen (übrigens gemäß ihrer Häufigkeit in englischen Texten) aus unterschiedlich vielen Einzelsignalen bestehen.

einzelnen Institution. Das WWAN (Wireless Wide Area Network) dagegen ist ein drahtloses Fernnetzwerk. Dazu zählen unter anderem Satellitenverbindungen.

In diesem Abschnitt wird nur das 802.11-kompatible WLAN beschrieben, da es sich seit seiner Einführung 1997 sehr schnell verbreitet hat und heute von allen Wireless-Technologien am häufigsten eingesetzt wird. 802.11 besteht aus mehreren Unterstandards, die sich in den Punkten Frequenzspektrum, Übertragungsrate und Funktechnologie unterscheiden. Sie alle werden jedoch über Funk betrieben; eine ursprünglich ebenfalls spezifizierte Infrarotvariante hat sich nicht durchgesetzt. Infrarot wird größtenteils für den drahtlosen Anschluss von Peripheriegeräten wie Mäusen oder Tastaturen verwendet. Tabelle 4.4 zeigt eine Übersicht über die wichtigsten gebräuchlichen 802.11-Varianten.

| Standard | Frequenzbereich | Übertragungsrate | Funktechnik |
|----------|-----------------|------------------|-------------|
| 802.11   | 2,4 GHz         | 1 oder 2 MBit/s  | FHSS/DSSS   |
| 802.11a  | 5 GHz           | bis zu 54 MBit/s | OFDM        |
| 802.11b  | 2,4 GHz         | 5,5/11/22 MBit/s | HR/DSSS     |
| 802.11g  | 2,4 GHz         | bis zu 54 MBit/s | OFDM        |
| 802.11n  | 2,4 und 5 GHz   | bis zu 600 MBit/s | MIMO       |

**Tabelle 4.4** Verschiedene Varianten von IEEE 802.11

Die Trägerfrequenz von 2,4 GHz wird vor allem deshalb am häufigsten verwendet, weil sie nicht lizenzpflichtig ist. Es handelt sich nämlich um diejenige Frequenz, mit der die Mikrowellenherde arbeiten, da diese Wellenlänge Wassermoleküle am effektivsten erhitzt.

Die diversen Funkverfahren arbeiten alle mit verschiedenen Varianten der Frequency-Hopping-Methode, die auch im Mobilfunk eingesetzt wird: Nach einem bestimmten Schema werden die Funkwellen über mehrere Frequenzen übertragen, die mehrmals in der Sekunde wechseln. Dies ist erheblich weniger störanfällig als die Verwendung einer einzelnen Frequenz. Die grundlegende Technik wurde Mitte der 30er-Jahre von der österreichischen Schauspielerin Hedy Lamarr erfunden. Ihr damaliger Ehemann war Rüstungsfabrikant, und diese Funktechnik sollte helfen, Torpedos der Alliierten fernzusteuern, ohne dass die Signale abgefangen und verfälscht werden konnten. Im Einzelnen werden folgende Verfahren unterschieden:

▶ FHSS (*Frequency Hopping Spread Spectrum*): Die Frequenzen wechseln nach einem zufälligen Muster.

▶ DSSS (*Direct Sequence Spread Spectrum*): Es werden erheblich mehr Einzelfrequenzen verwendet; die Verteilung erfolgt nach einem komplexen mathematischen Verfahren.

▶ HR/DSSS (*High Rate Direct Sequence Spread Spectrum*): Entspricht DSSS mit speziellen Erweiterungen, die eine höhere Übertragungsrate ermöglichen.

▶ OFDM (*Orthogonal Frequency Division Multiplexing*): Jeder Kanal wird in mehrere Teilkanäle unterteilt, die Signale werden über alle Teilkanäle parallel übertragen. Aus diesem

Grund ist OFDM das Übertragungsverfahren mit der höchsten Datenrate, andererseits aber auch das aufwendigste, sodass die entsprechende Hardware noch vor wenigen Jahren vergleichsweise teuer war.

▶ MIMO (*Multiple Input/Multiple Output*): Im Wesentlichen eine nochmals verbesserte OFDM-Variante, die wiederum erheblich höhere Übertragungsraten ermöglicht. Die Datenübertragung kann gleichzeitig über mehrere Frequenzbänder erfolgen.

Der größte Teil der Wireless-LAN-Hardware, der momentan verkauft wird, basiert auf den Standards 802.11b und 802.11g (die meisten Geräte unterstützen wahlweise beide). Die Preise für Hardware dieser Variante sind in den letzten Jahren stark gefallen. Ein WLAN-Adapter ist inzwischen ab etwa 20 € erhältlich, sowohl als PCI-Karte als auch als PCMCIA- oder USB-Adapter. Außerdem sind Notebooks (und meist auch Desktop-PCs) ab Werk standardmäßig mit einer WLAN-Schnittstelle ausgestattet. Vorreiter dürften das PowerBook und das iBook von Apple gewesen sein; Apple fördert diese Technologie unter dem Namen AirPort seit vielen Jahren.

Als Netzzugangsverfahren in 802.11-Netzen kommt CSMA/CA zum Einsatz (*Carrier Sense Multiple Access with Collision Avoidance*) – wie der Name vermuten lässt, werden Datenkollisionen von vornherein vermieden. Anders als bei CSMA/CD sendet eine Station, die ein freies Übertragungsmedium (in diesem Fall den entsprechenden Funkkanal) vorfindet, nicht einfach ihre Daten, sondern eine Sendeanforderung (RTS). Daraufhin warten andere sendebereite Stationen; und die erste Station, die das RTS gesendet hat, sendet ihre Daten, nachdem ihr die Empfängerstation ihre Empfangsbereitschaft (CTS) signalisiert hat. Abgeschlossen wird die Datenübertragung durch ein ACK-Signal, daraufhin kann die nächste Station ihren Sendewunsch bekannt geben.

Das einfachste denkbare 802.11-WLAN besteht nur aus mehreren Rechnern mit entsprechender Schnittstelle, die auf direktem Weg miteinander kommunizieren. Ein solcher Aufbau wird als *Basic Service Set* (BSS) bezeichnet. Die Entfernung zwischen zwei beliebigen Stationen darf die maximale Reichweite des Funksignals nicht überschreiten, da jede Station die Signale nur senden und empfangen, aber nicht verstärken und weiterleiten kann. Da ein solches Netzwerk nicht mit anderen Netzen kommunizieren kann, wird es als *unabhängiges BSS* (Independent BSS oder kurz IBSS) bezeichnet. Derartige Netzwerke sind sinnvoll für die sogenannte *Ad-hoc-Vernetzung* temporärer Zusammenkünfte wie Messen oder LAN-Partys.

Ein wenig komplexer wird der Aufbau eines BSS, wenn ein *Access Point* hinzugefügt wird. Im Grunde funktioniert ein Access Point wie ein Ethernet-Hub, denn sobald er vorhanden ist, kommunizieren die Stationen nicht mehr direkt miteinander, sondern senden die Frames an den Access Point, der sie an den gewünschten Empfänger weitergibt. Die Identifikation der einzelnen Stationen erfolgt wie bei Ethernet anhand einer 48 Bit langen MAC-Adresse. Ein BSS mit einem Access Point wird als *Infrastruktur-BSS* bezeichnet. Für die Reichweite des Netzes ist nur noch die Entfernung zwischen einer Station und dem Access Point ausschlaggebend.

Die wichtigste Aufgabe eines Access Points besteht in seiner Funktion als Bridge. Er verbindet das WLAN mit einem Backbone-Netzwerk – meistens Twisted-Pair-Ethernet. Auf diese

Weise kann das WLAN mit stationären Teilen des Netzes verbunden werden oder Zugang zu Servern und Routern erhalten, ohne dass diese selbst mit WLAN-Schnittstellen ausgestattet werden müssten.

Im Übrigen bildet ein Verbund aus miteinander vernetzten Access Points (entweder ebenfalls über Funk oder über Ethernet) ein sogenanntes *Extended Service Set* (ESS). Eine Station kann sich innerhalb eines ESS frei bewegen, weil die Access Points einander darüber auf dem Laufenden halten, welche Stationen sich gerade in ihrem Bereich befinden. Eine Station kann immer nur genau mit einem Access Point verbunden sein; sobald das Signal eines anderen Access Points stärker wird als das des bisherigen, meldet die Station sich bei ihrem alten Access Point ab und bei dem neuen an. Auf diese Weise werden Frames immer über den jeweils aktuellen Access Point an eine Station gesendet.

Ein zusätzlicher Nutzen von Access Points besteht darin, dass sie in der Lage sind, Frames zu puffern, die an bestimmte Stationen adressiert sind. Gerade Notebooks schalten im Standby-Modus oft auch die WLAN-Schnittstelle ab, um Strom zu sparen; sobald die Verbindung wieder aufgebaut wird, werden die zwischengespeicherten Frames ausgeliefert.

Das ESS-Modell wird immer häufiger für öffentlich verfügbare Netzwerkzugänge eingesetzt. In Bahnhöfen, Flughäfen oder Gaststätten stehen öffentlich zunehmend WLAN-Access-Points (auch *Hotspots* genannt) zur Verfügung, in die sich Notebook-Benutzer ohne Weiteres einwählen können. Mittlerweile werden sogar die ersten Innenstädte fast flächendeckend mit einander überlappenden Access Points ausgestattet. Irgendwann könnte ein ähnlich dichtes Netz entstehen, wie es die Mobilfunkzellen inzwischen bilden.

Eine der größten Herausforderungen beim Einsatz von Wireless-Technologien bleibt die Sicherheit. Es ist zwar auch nicht weiter schwierig, das Signal von Ethernet-Kabeln abzuhören, aber immerhin ist es vergleichsweise einfach, den physikalischen Zugang zu ihnen zu kontrollieren. Bei WLAN kann dagegen im Grunde genommen jeder die Signale mit einer kompatiblen Antenne auffangen und analysieren, um unberechtigt Informationen zu erhalten oder gar zu manipulieren. Das gilt umso mehr, als man die Grenzen der Funkreichweite niemals ganz genau auf die Größe des zu vernetzenden Gebäudes oder Geländes abstimmen kann; es ist also durchaus möglich, die Funkwellen außen zu empfangen.

Um ein Mindestmaß an Sicherheit zu gewährleisten, bot die ursprüngliche 802.11-Spezifikation eine optionale Verschlüsselung der Frames an. Allerdings ist diese Methode nicht besonders sicher; Sicherheitsexperten haben bereits bewiesen, dass die Verschlüsselung verhältnismäßig leicht zu knacken ist. Schon der Name dieser Technik, *WEP* (*Wired Equivalent Privacy*), sagt allzu deutlich aus, dass es nicht um mehr geht, als etwa dasselbe Maß an Sicherheit zu gewährleisten wie beim rein physikalischen Schutz verkabelter Netzwerke. Der Hauptverwendungszweck besteht auch gar nicht in der Geheimhaltung, sondern in der Abgrenzung eines Wireless-Netzes von benachbarten Netzen: Es ist ärgerlich, wenn jedes vorbeifahrende Fahrzeug, in dem sich zufälligerweise ein Laptop mit 802.11-Schnittstelle befindet, diesen vorübergehend automatisch ins Netz einbucht und wieder daraus verschwindet. Dies lässt sich allerdings zuverlässiger verhindern, indem der Access Point mit einer Whitelist zugelassener MAC-Adressen konfiguriert wird.

Inzwischen stehen mit WPA und WPA2 (*WiFi Protected Access*) stark verbesserte WLAN-Verschlüsselungsverfahren zur Verfügung.

## 4.5 Datenfernübertragung

Nachdem im vorangegangenen Abschnitt die verschiedenen Formen der LAN-Vernetzung und der WANs über Standleitungen beschrieben wurden, sollen nun diverse Verfahren der Datenfernübertragung (DFÜ) geschildert werden. Wie bereits angesprochen, wurde DFÜ bereits eingesetzt, als sie lediglich der Punkt-zu-Punkt-Kommunikation zwischen einzelnen Rechnern über eine direkte Telefonverbindung diente. Heute geht es in der Regel darum, den Zugang zu einem bestehenden Netzwerk oder (über einen kommerziellen Provider) zum Internet herzustellen.

Die erste Generation der DFÜ-Hardware, der umständliche und störanfällige Akustikkoppler, muss hier nicht mehr beschrieben werden. Die drei wesentlichen Technologien sind heute Modems für den Netzwerkzugang über analoge Telefonleitungen, der Zugang über die digitale Telefonleitung ISDN sowie Hochfrequenz-Verbindungen über verschiedene DSL-Dienste. Diese verschiedenen Zugangsverfahren werden im Folgenden dargestellt.

Eine Gemeinsamkeit aller DFÜ-Netzwerkverbindungen besteht in der Notwendigkeit, die Datenübertragung über diese Leitungen zu standardisieren und bestimmte Grundlagen für die Protokolle der Vermittlungsschicht zu schaffen. Dafür werden spezielle Protokolle verwendet, die den Netzzugang über relativ langsame serielle Leitungen ermöglichen. Das traditionelle Protokoll für die Vernetzung über Wählleitungen war SLIP (*Serial Line Interface Protocol*). Allerdings besitzt es eine Reihe organisatorischer und technischer Mängel und wurde deshalb weitgehend durch PPP (*Point-to-Point Protocol*) ersetzt.

PPP kümmert sich um die Authentifizierung des Benutzers nach der Einwahl, indem Benutzername und Passwort übermittelt werden; anschließend verhandeln die beiden direkt miteinander verbundenen Punkte die eigentlichen Netzwerkdetails. Eine der wesentlichsten Fähigkeiten des Protokolls für Internetverbindungen besteht darin, dass der Einwahlknoten dem anwählenden Rechner automatisch eine IP-Adresse zuweisen kann, über die diese Netzwerkschnittstelle im gesamten Internet identifiziert wird.

Im Einzelnen erfolgen bei PPP also die folgenden Schritte:

▶ Wird eine Wählleitung (analog oder ISDN) verwendet, stellt der Rechner des Benutzers über die entsprechende Schnittstelle eine Telefonverbindung her. Falls die Leitung besetzt sein sollte, werden spezielle frei konfigurierbare Maßnahmen getroffen; in der Regel erfolgt nach einer gewissen Wartezeit ein erneuter Wählversuch. Bei DSL-Leitungen wird ebenfalls die Verbindung aktiviert, auch wenn man dies nicht als *Wählen* im klassischen Sinne bezeichnen kann.

▶ Der Einwahlknoten verlangt eine Authentifizierung, in der Regel in Form von Benutzername und Passwort. Die meisten PPP-Implementierungen in modernen Betriebssystemen übermitteln diese Daten nach einmaliger Konfiguration automatisch ohne Zutun des Benutzers.

▶ Nachdem die Daten überprüft wurden, erfolgen entweder die Ablehnung des Benutzers und der Verbindungsabbau, oder die Netzwerkparameter werden ausgehandelt. Auch wenn PPP als Netzzugangsgrundlage für alle möglichen Protokolle der Vermittlungsschicht dienen kann, wird heute fast nur noch TCP/IP aufgesetzt. Zu diesem Zweck weist der PPP-Knotenpunkt des Internetproviders der seriellen Verbindung auf der Einwahlseite eine IP-Adresse zu, eine im gesamten Internet einmalige Identifikationsnummer. Ihr Konzept wird im nächsten Abschnitt genau beschrieben.

### 4.5.1 Netzwerkzugang per Modem (analoge Telefonleitung)

Für Modems wurden im Laufe der Zeit viele verschiedene Standards entwickelt, die sich insbesondere bezüglich ihrer maximalen Datenübertragungsrate voneinander unterscheiden. Der aktuelle Standard heißt V.90 und überträgt bis zu 56.600 Bit/s. Gemessen an den üblichen Geschwindigkeiten fest verdrahteter Netzwerke, ist das natürlich sehr langsam, aber kein Vergleich zu den Modemgeschwindigkeiten vergangener Jahrzehnte. Rein physikalisch scheint mit 56,6 KBit/s die Leistungsgrenze erreicht zu sein; etwas höhere Übertragungsraten lassen sich durch die heutzutage häufig verwendete Datenkomprimierung erzielen – je nach übertragener Datenart etwa bis zur doppelten Leistung.

Das Wort *Modem* ist eine Zusammensetzung aus den Abkürzungen für *Modulator* und *Demodulator*, weil es die digitalen Signale des Computers in frequenzmodulierte Analogimpulse umwandelt, diese über die Telefonleitung überträgt und am Ziel wieder zurückverwandelt. Zu diesem Zweck muss es auf der einen Seite mit dem Computer verbunden werden, zum Beispiel über USB, klassisch auch über die alte serielle Schnittstelle oder als PCI-Steckkarte. Auf der anderen Seite wird das Modem über einen TAE-Stecker an die Telefonbuchse angeschlossen. Praktisch sind in diesem Zusammenhang Dreifach-TAE-Dosen, die leicht nachgerüstet werden können: Sie verfügen über einen speziellen Anschluss (TAE-F) für ein Telefon in der Mitte und zwei Anschlüsse (TAE-N) für Zusatzgeräte – Faxgerät, Anrufbeantworter oder eben Modem – außen.

Das Modem wird vom Computer über ein einfaches ASCII-basiertes Protokoll gesteuert. Heutzutage verwenden praktisch alle Modems den sogenannten *Hayes-Befehlssatz* (benannt nach einem längst vergessenen Modemhersteller). Da die Befehle dieses Protokolls alle mit der Zeichenfolge *AT* beginnen, wird dies mitunter auch als *AT-Befehlssatz* bezeichnet. Wichtige Befehle sind etwa folgende:

▶ `ATDT <Rufnummer>`: DT steht für *Dial Tone* – eine Rufnummer wird im Tonwahlverfahren (Mehrfrequenzverfahren) angewählt.

▶ `ATDP <Rufnummer>`: *Dial Pulse* – eine Rufnummer wird im Pulswahlverfahren angewählt (heute sehr selten).

- ▶ ATH: *Hangup* – die Telefonverbindung wird unterbrochen, es wird »aufgelegt«.

- ▶ ATZ: Das Modem wird auf den Einschaltzustand zurückgesetzt (Reset).

Das Tonwahlverfahren verwendet mehrere Töne unterschiedlicher Frequenzen, die zusammen die verschiedenen Ziffern und Funktionen des Telefons repräsentieren. Das Pulswahlverfahren sendet dagegen eine Reihe von »Klicktönen« – einen für eine 1, zwei für eine 2 etc., bis zehn für eine 0. Seitdem alle Vermittlungsstellen in den deutschen Telefonnetzen digital sind, benötigt niemand mehr das langsamere und unzuverlässigere Pulswahlverfahren. Verwechseln Sie übrigens digitale Vermittlung nicht mit digitaler Signalübertragung – Letztere findet beispielsweise bei ISDN statt, das im nächsten Abschnitt behandelt wird.

Bevor eine Datenkommunikation überhaupt denkbar ist, müssen sich beide Seiten darüber einig sein, auf welche Weise sie die aufeinanderfolgenden einzelnen Bits überhaupt als Daten-Bits interpretieren sollen, was Daten-Bits, Stopp-Bits und eventuelle Parity-Bits angeht. Die meisten Interneteinwahlpunkte verwenden heutzutage den Standard 8N1 (acht Daten-Bits, kein Parity-Bit, ein Stopp-Bit). Dies muss in den Modemkonfigurationsdaten eingetragen werden. Eine Beschreibung der verschiedenen Formen der seriellen Datenübertragung finden Sie in Kapitel 3, »Hardware«.

Nach der Herstellung der eigentlichen Telefonverbindung findet der sogenannte *Handshake* (Handschlag) zwischen den beiden Gegenstellen statt. Es wird eine Übertragungskapazität ausgehandelt, die beide Seiten verwenden können. Erst nachdem die grundlegende Datenübertragung funktioniert, wird PPP eingesetzt, um die eigentliche Netzwerkverbindung über die Telefonverbindung herzustellen, wie hier bereits beschrieben wurde.

### 4.5.2  ISDN

Das *Integrated Services Digital Network* (etwa »Digitalnetzwerk mit integrierten Diensten«) oder kurz ISDN wurde in den 80er-Jahren von verschiedenen europäischen Telefongesellschaften eingeführt; die aktivste von ihnen dürfte die in Deutschland damals noch zuständige Deutsche Bundespost gewesen sein. Es handelt sich im Prinzip um die Übertragung digitaler Signale über klassische Kupferdraht-Telefonleitungen. Einem reinen Telefonkunden bietet ISDN zunächst die folgenden unmittelbaren Vorteile:

- ▶ Es werden zwei voneinander unabhängige Kanäle zur Verfügung gestellt; über beide kann gleichzeitig telefoniert, gefaxt oder Datenfernübertragung betrieben werden.

- ▶ Die Rufnummer eines Anrufers, der ebenfalls ISDN verwendet, wird übermittelt und im Display eines entsprechend ausgerüsteten Telefons angezeigt (dies funktioniert natürlich auch bei Standardtelefonleitungen mit Digitalvermittlung).

- ▶ Während eine Verbindung besteht, kann ein weiterer Anruf angenommen werden. Entweder wird der jeweils andere Gesprächspartner in den Wartezustand versetzt (Makeln), oder der neue Anrufer wird mit dem bisherigen in dieselbe Verbindung aufgenommen (Dreierkonferenz).

Inzwischen stehen die meisten dieser Dienste dank der flächendeckend digitalen Vermittlung in Deutschland auch Analogkunden zur Verfügung; lediglich die beiden separaten Kanäle bleiben ISDN vorbehalten. Im Übrigen erhalten ISDN-Benutzer üblicherweise drei unabhängige Rufnummern (bei einigen Telefongesellschaften sogar noch mehr), die frei auf die jeweiligen Geräte verteilt werden können.

Technisch betrachtet, werden sogar drei Kanäle zur Verfügung gestellt; die beiden B-Kanäle übertragen Telefongespräche, Faxe oder Daten mit jeweils 64 KBit/s, während der D-Kanal Dienstinformationen wie Rufnummernübermittlung oder Anklopfen mit 16 KBit/s überträgt. Für Internetverbindungen und andere Datenübertragungsmethoden besteht die Möglichkeit, beide B-Kanäle zu bündeln und auf diese Weise insgesamt eine Datenübertragungsrate von 128 KBit/s zu gewährleisten; natürlich entstehen dafür auch doppelte Kosten.

In der Praxis funktioniert ISDN folgendermaßen: An die normale TAE-Telefonsteckdose wird ein spezielles ISDN-Endgerät namens *NTBA* angeschlossen. Es stellt zwei sogenannte *S0-Basisanschlüsse* zur Verfügung. Diese verwenden die auch vom Twisted-Pair-Ethernet bekannten RJ-45-Stecker. An jeden dieser Anschlüsse kann ein ISDN-Endgerät angeschlossen werden, beispielsweise ein Telefon, ein Faxgerät oder ein ISDN-Adapter zur Computerdatenübertragung. Damit niemand seinen kompletten Telekommunikations-Gerätepark umstellen muss, werden als spezielle Form von ISDN-Endgeräten sogenannte *TK-Anlagen* angeboten, die wiederum den Anschluss analoger Endgeräte ermöglichen. Einige TK-Anlagen bieten auch durchgeschleifte $S_0$-Anschlüsse an, beispielsweise um ISDN-Geräte an einer praktischeren Stelle anzuschließen.

Natürlich sollten Sie nicht versuchen, ein Analogmodem an eine TK-Anlage anzuschließen – es würde nicht etwa nur den eigentlichen Vorteil der ISDN-Datenübertragung zunichtemachen, sondern funktioniert gar nicht. Da die übertragenen Daten nach außen wie ISDN aussehen, würde die Gegenstelle ihre Antworten mit einer Übertragungsgeschwindigkeit übermitteln, die das Modem nicht verarbeiten kann.

Um einen Computer mit ISDN zu verbinden, werden stattdessen verschiedene Formen von ISDN-Adaptern angeboten: als PCI-Steckkarten (früher gab es sogar ISA-Modelle) oder externe USB-Geräte. Mittlerweile werden einige externe ISDN-Geräte auch mit integrierter TK-Anlagen-Funktion angeboten. Eine interne ISDN-Karte sieht genauso aus wie eine moderne Ethernet-Karte, und es kann leicht passieren, dass man das Twisted-Pair-Netzwerkkabel mit seinem baugleichen Stecker in die ISDN-Karte steckt und umgekehrt (selbstverständlich geschieht in diesem Fall gar nichts). Jedenfalls muss normalerweise ein ISDN-Kabel vom Anschluss des ISDN-Adapters zu einem SO-Anschluss verlaufen.

Der Unterschied zwischen den Übertragungsraten eines heutigen Modems (56,6 KBit/s) und Ein-Kanal-ISDN (64 KBit/s) mag Ihnen nicht besonders groß erscheinen. Als jedoch das Internet für Privatkunden interessant zu werden begann, lag die Übertragungsrate der meisten Modems bei 9.600 oder 14.400 Bit/s; erst allmählich kamen Geräte mit 28.800 Bit/s hinzu. Abgesehen davon, besitzt ISDN noch heute einen weiteren Vorteil gegenüber Modemverbindungen: Der Verbindungsaufbau geht fast ohne Verzögerung vonstatten, während es bei Modems zu Wartezeiten von etlichen Sekunden kommen kann, bis die Leitung bereit ist.

Neben der Verbindung zu einem Internetprovider, die mittlerweile wohl die häufigste über ISDN genutzte Dienstleistung ist, war über Jahre hinweg auch die direkte Verbindung zwischen Computern für die ISDN-Datenübertragung üblich. Sehr viele Macintosh-Benutzer verwendeten dafür regelmäßig die Software Leonardo, während Windows-Benutzern beispielsweise das Programm Fritz!Data zur Verfügung stand, das mit der in Deutschland besonders populären Fritz!Card der Berliner Firma AVM geliefert wurde. Auch viele Mailbox/BBS-Systeme wurden in der zweiten Hälfte der 90er-Jahre auf ISDN umgestellt oder um eine ISDN-Einwahlmöglichkeit erweitert.

Insgesamt lässt sich feststellen, dass ISDN erst mit dem Aufkommen von Internetzugängen in Firmen und Privathaushalten wirklich populär wurde. Zuvor wurde es manchmal als Telefonleitung für Firmen eingesetzt, allerdings nicht annähernd so häufig, wie die Telefongesellschaften sich dies erhofft hatten. Als ISDN dann schließlich immer öfter benutzt wurde, reichte seine Übertragungsrate immer mehr Nutzern nicht mehr aus; das Bedürfnis nach multimediafähigen Breitbandverbindungen wuchs deutlich. Dies führte zur Einführung der im nächsten Abschnitt vorgestellten DSL-Dienste.

### 4.5.3 DSL-Dienste

*DSL* ist die Abkürzung für *Digital Subscriber Line* (etwa »digitale Abonnement-Leitung«). Der Name soll verdeutlichen, dass es sich de facto um eine Standleitung anstelle einer Wählleitung handelt. Zur Einführung von DSL kam es, da es durch die allmähliche Verbesserung der Qualität von Telefonleitungen möglich wurde, Signale hoher Frequenz zu übertragen. Auch die meisten DSL-Dienste verwenden also genau wie Modem- und ISDN-Verbindungen die klassischen Kupferleitungen der Telefongesellschaften, die allerdings immer häufiger durch Glasfaserleitungen ersetzt oder ergänzt werden.

#### DSL-Varianten

Es existieren zwei grundsätzliche Varianten von DSL: Bei *Symmetric DSL* (SDSL) sind die Übertragungsraten für ankommende und ausgehende Daten identisch, bei *Asymmetric DSL* (ADSL) ist die ankommende Übertragungsrate höher als die ausgehende. SDSL ist eher für mittlere bis große Unternehmen geeignet, die nicht nur permanent auf das Internet zugreifen, um im Web zu recherchieren oder ihre E-Mails zu lesen, sondern bei denen auch eine Menge Datenausgänge stattfinden – beispielsweise für den Vor-Ort-Betrieb eigener Web- oder Mailserver oder für den Direktzugriff auf das Firmennetzwerk durch externe Mitarbeiter. ADSL dagegen wird häufiger von Privatkunden oder kleineren Firmen eingesetzt, die recht hohe Datenmengen aus dem Internet herunterladen, aber nur verhältnismäßig wenige und eher kleine Uploads durchführen.

Übliche ADSL-Angebote wie T-DSL der Deutschen Telekom stellten ursprünglich eine Download-Rate von 1.024 KBit/s und eine Upload-Rate von 128 KBit/s zur Verfügung, teilweise sogar noch weniger. Aktuelle ADSL-Anschlüsse des klassischen Typs sind dagegen mit Download-Geschwindigkeiten von 2 bis 8 MBit/s ausgestattet. Auch die umgekehrte Datenrate wurde entsprechend vervielfacht. Die neueren Typen ADSL2 und ADSL2+, die allerdings eine nicht überall verfügbare hohe Leitungsqualität und spezielle Hardware benötigen, schaffen sogar 16 beziehungsweise 25 MBit/s im Download.

SDSL-Lösungen werden von sehr vielen kommerziellen Providern angeboten und stellen je nach Bedarf viele verschiedene Übertragungsraten von 1.024 KBit/s bis hin zu mehreren MBit/s zur Verfügung. Sie sind deutlich teurer als ADSL-Angebote mit der gleichen oder gar mit einer höheren Übertragungsrate, weil die entsprechende Technik aufwendiger ist.

Anders als bei Modem- oder ISDN-Angeboten werden die Gebühren für DSL-Anschlüsse in der Regel nicht nach der Nutzungsdauer berechnet, sondern als sogenannte *Flatrate* für beliebig lange Online-Zeiten. Einige Provider verwenden allerdings eine Volumenbeschränkung, das heißt, ohne Aufpreis darf monatlich nur eine bestimmte Datenmenge transferiert werden.

Neben den DSL-Angeboten, die über normale Telefonleitungen laufen, werden seit einiger Zeit auch spezielle Lösungen angeboten. Eine davon ist die Internetverbindung über das Glasfaserkabel des Kabelfernsehens. Da dieses Kabel für das Passivmedium Fernsehen erfunden wurde, besitzt es in seiner ursprünglichen Version keine Rückkanal-Fähigkeit. Es können Daten empfangen, aber nicht gesendet werden; noch nicht einmal die Anforderung einer URL kann abgesetzt werden. Erst allmählich wird der Rückkanal derjenigen Kabelnetze nachgerüstet, die die Deutsche Telekom bereits verkauft hat.

Eine andere Lösung ist besonders interessant für kleine Gemeinden, die so weit von der nächsten größeren Stadt entfernt liegen, dass sich eine Nachrüstung der bestehenden Telefonleitungen oder Fernsehkabelnetze nicht lohnt: die Kommunikation mit einem Satelliten über eine Parabolantenne. Diese Lösung bietet beispielsweise die Firma Teles unter dem Namen skyDSL an. Die Datenübertragungsrate beträgt bis zu 24.000 KBit/s. Über den Satelliten ist allerdings nur der Datenempfang möglich; Anfragen und andere Sendevorgänge erfolgen über Analogmodem, ISDN oder GSM-Mobilfunk.

### ADSL anschließen

An den TAE-Anschluss eines ADSL-Kunden wird ein sogenannter *Splitter* angeschlossen – eine Frequenzweiche, die die hochfrequenten DSL-Signale und die niedrigfrequenten normalen Telefonsignale voneinander trennt. Den Ausgang für die Telefonsignale bietet wiederum ein TAE-Anschluss, an den entweder ein Analogtelefon oder ein NTBA angeschlossen wird, je nachdem, ob ADSL mit einem Analog- oder mit einem ISDN-Telefonanschluss kombiniert wird.

Den Ausgang für die speziellen ADSL-Signale bietet eine Twisted-Pair-Buchse vom Typ RJ-11. An diesen Anschluss wird in der Regel ein ADSL-Modem angeschlossen, das dann über USB oder Twisted-Pair-Ethernet mit dem Computer verbunden wird. Natürlich ist die Bezeichnung *ADSL-Modem*, technisch gesehen, Unfug. Bei DSL findet keinerlei Analog-Digital-Umwandlung statt. Dennoch ist der Begriff *Modem* für das Gerät weitverbreitet, weil es den Computer mit einer seriellen Fernleitung verbindet. Beim Anschluss über eine Ethernet-Schnittstelle kommt eine spezielle PPP-Variante namens *PPPoE* (*PPP over Ethernet*) zum Einsatz.

Anstelle der reinen ADSL-Modems zum Anschluss eines einzelnen Rechners werden inzwischen meist DSL-Router verwendet, die gleich einem gesamten Netzwerk per Ethernet, WLAN oder beidem den Internetzugang bereitstellen. Inzwischen erlauben auch die meisten Provider den Einsatz solcher Router; früher waren die günstigsten Tarife dagegen vielfach auf einen Einzelrechner beschränkt. Die jüngste Generation von DSL-Routern verzichtet auch gleich auf einen externen Splitter und bringt diese Funktion selbst mit; eventuelle Analog- oder ISDN-Telefone werden direkt an den Router angeschlossen.

### 4.5.4 Internetzugänge über Mobilfunk

Neben den hier behandelten stationären DFÜ-Verbindungen werden auch diejenigen über Mobilfunk immer wichtiger. Über die seit den 90er-Jahren errichteten GSM-Netze (in Deutschland beispielsweise D1, D2, E-Plus etc.) kam ursprünglich vor allem ein Verfahren namens *GPRS* (*General Packet Radio Service*) zum Einsatz; es wurde mehrfach in Details verbessert, bietet aber noch immer keine allzu hohen Datentransferraten – sie liegen bei 53,6 KBit/s im Download und 26,8 KBit/s im Upload. Neuere Verfahren sind zum Teil erheblich schneller:

▶ EDGE: Download 217,6 KBit/s, Upload 108,8 KBit/s

▶ UMTS: Download und Upload 384 KBit/s

▶ HSPA: Download (HSDPA) 7,2 MBit/s, Upload (HSUPA) 1,4 MBit/s

▶ LTE (*Long-Term Evolution*) ist ein neuer Standard, den die meisten Geräte der neuesten Generation und viele Mobilfunkanbieter, insbesondere in den Industrieländern, unterstützen. In der ersten Ausbaustufe wurden Übertragungsraten bis 100 MBit/s realisiert, die später auf 150 MBit/s erhöht wurden. Seit 2014 sind im Rahmen der nächsten Ausbaustufe (LTE-Advanced) auch Übertragungen im Gigabit-Bereich möglich.

Alternativ werden die verschiedenen mobilen Datenübertragungsstandards mit Generationsnummern bezeichnet: 1G bezeichnet historische Mobilfunknetze vor der Handy-Revolution der 90er-Jahre, 2G ist der GSM-Mobilfunk, 2.5G ist GPRS, und 3G steht für EDGE, UMTS und HSPA. LTE wurde im Marketing zwar mit dem Modebegriff *4G* beworben, streng genommen handelte es sich jedoch um 3.9G als Weiterentwicklung von 3G. Erst LTE-Advanced erfüllt die volle 4G-Spezifikationen.

Eine mögliche 5G-Spezifikation für die nächste Generation ist noch nicht abgeschlossen. Es laufen jedoch bereits verschiedene Forschungs- und Entwicklungsprojekte.

Mobilfunkzugänge können entweder für Web-, E-Mail- und andere Netzwerksoftware auf dem Mobiltelefon selbst verwendet werden, oder aber das Handy dient – beispielsweise über Bluetooth – als Mobilfunkmodem für einen Laptop oder ein Nur-WLAN-Tablet (der Fachbegriff dafür lautet *Tethering*). Speziell für UMTS oder HSPA gibt es auch eigenständige Netzwerkzugangsgeräte, die per USB an den Rechner angeschlossen werden und beinahe überall einen Internetzugang mit annehmbarer Geschwindigkeit bieten.

Um die Vorteile eines solchen Anschlusses wirklich zu nutzen, sollte aus Kostengründen ein Datenflatrate-Vertrag mit dem Mobilfunkanbieter abgeschlossen werden. Beachten Sie aber, dass diese Zugänge sehr oft eine Transfervolumenbeschränkung enthalten. Nachdem das Volumen für den entsprechenden Monat aufgebraucht ist, steht in der Regel nur noch eine langsamere Verbindung wie etwa EDGE zur Verfügung.[7] Glücklicherweise verfügen praktisch alle modernen Smartphones (und Tablets sowieso) auch über WLAN, sodass zu Hause oder am Arbeitsplatz meist keine Datenübertragung über Mobilfunk erforderlich ist.

Für den Urlaub oder ähnliche Gelegenheiten werden auch Prepaid-SIM-Karten oder USB-Sticks angeboten. Auf keinen Fall sollten Sie den Fehler machen, im Ausland ungeprüft das sogenannte *Daten-Roaming* Ihres Mobiltelefons zu aktivieren, da die Zusatzkosten innerhalb der EU erst im Juli 2017 ganz wegfallen werden, während ihnen außerhalb der EU keine Grenzen gesetzt sind. Früher waren die Preise selbst EU-intern geradezu irrational (zum Beispiel 1 Euro pro 50 Kilobyte übertragener Daten), aber aufgrund von Vorschriften der EU-Kommission wurden die Preise nun schrittweise gesenkt, von 0,70 € pro Megabyte im Jahr 2012 bis 0,05 € pro Megabyte im Jahr 2016.

## 4.6    Die TCP/IP-Protokollfamilie

Nach einigen halbherzigen Versuchen, das OSI-Referenzmodell durch konkrete Protokolle tatsächlich zu implementieren, bemerkte man letzten Endes, dass die bereits Jahre zuvor entwickelten Internetprotokolle hervorragend als flexible, skalierbare und universelle Netzwerkprotokollfamilie einsetzbar sind. Die rasante Ausbreitung des Internets und die freie Verfügbarkeit sorgten dafür, dass diese Protokolle heute häufiger als jeder andere Protokollstapel eingesetzt werden.

Abbildung 4.3 zeigt eine konkrete Version des zuvor bereits vorgestellten TCP/IP-Protokollstapels: Auf jeder Ebene sind einige der Protokolle zu erkennen, die dort arbeiten können. Die meisten davon werden in den folgenden Abschnitten genau erläutert; die Netzzugangsprotokolle der untersten Schicht wurden ebenfalls bereits vorgestellt. Ganz zuletzt habe ich zusätzlich einige Beispiele für die Hardware angegeben, auch wenn sie kein Teil des eigentlichen TCP/IP-Stapels ist.

---

7  Die Telekom kündigte im Frühjahr 2013 an, solche Regelungen künftig auch für DSL-Anschlüsse einführen zu wollen. Für Empörung sorgte dabei insbesondere, dass sie ihre eigenen Web-TV- und Unterhaltungsangebote nicht in dieses Volumen einzurechnen gedenkt (mögliche Verletzung der Netzneutralität). Nach sehr viel Kritik und Spott hat die Telekom die Pläne im Dezember 2013 wieder aufgegeben und die Drossel-Klausel aus allen Festnetzverträgen gestrichen. Unverbesserliche – meist kleinere – Provider, die daran festhalten, gibt es aber noch; einen Überblick erhalten Sie unter *http://werdrosselt.de*.

# 4   Netzwerkgrundlagen

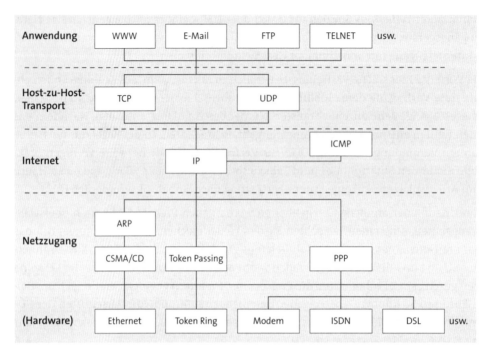

**Abbildung 4.3**  Der TCP/IP-Protokollstapel

Zwischen der Hardware und dem Netzzugang auf der einen und den anwendungsorientierten Protokollen auf der anderen Seite befinden sich die Protokolle der Vermittlungs- und der Transportschicht. Insgesamt werden alle Protokolle, die auf den verschiedenen Ebenen eines Schichtenmodells zusammenarbeiten, als *Protokollstapel* oder auch *Protokollfamilie* bezeichnet. Allerdings konzentriert sich der Schwerpunkt von TCP/IP auf die beiden mittleren Ebenen des Internetprotokollstapels. Sie können zum einen auf fast jeden beliebigen Netzzugang aufsetzen, zum anderen wurde beinahe jede ernst zu nehmende Netzwerkanwendung inzwischen für diesen Protokollstapel umgesetzt – abgesehen von den klassischen Internetanwendungen, die ohnehin dafür geschrieben wurden.

Die Protokolle der mittleren Schichten sind dafür verantwortlich, dass Daten zuverlässig über verschiedene Teilnetze oder Netzwerksegmente hinweg übertragen werden können oder auch über Netze, die verschiedene Hardware oder Netzzugangsverfahren verwenden:

- Die Protokolle der Internetschicht regeln die Adressierung der Rechner und die Übertragung der Daten an den korrekten Rechner im Netzwerk. Darüber hinaus kümmern sie sich darum, dass Daten bei Bedarf in andere Teilnetze weitergeleitet werden, übernehmen also das sogenannte *Routing*.

- Auf der Host-zu-Host-Transportschicht werden die Daten in Pakete unterteilt und mit der Information versehen, welche Anwendung auf dem einen Host diese Daten an welche Anwendung auf dem anderen sendet.

Die Bezeichnung *TCP/IP* kombiniert die Namen der beiden wichtigsten Bestandteile des Protokollstapels: das *Internet Protocol* (IP) auf der Internetschicht und das *Transmission Control Protocol* (TCP), das am häufigsten verwendete Protokoll der Transportebene. In den folgenden Abschnitten werden diese Protokolle näher vorgestellt, anschließend wird die technische Seite einiger wichtiger Internetanwendungsprotokolle beleuchtet.

### 4.6.1 Netzzugang in TCP/IP-Netzwerken

Die unterste Ebene des Internetschichtenmodells ist der Netzzugang, nicht die Netzwerkhardware. Dies garantiert, dass sich die Internetprotokolle auf fast jeder beliebigen Hardware implementieren lassen, und in der Tat ist dies geschehen: In allen Formen von LANs wie Ethernet oder Token Ring, in WANs über Wähl- und Standleitungen wie auch über die meisten Formen drahtloser Netze – überall laufen diese Protokolle. Dies ist ein weiterer guter Grund dafür, dass sich die Protokolle des Internets als Standard für die Netzwerkkommunikation durchsetzen konnten.

Im Grunde wird innerhalb der Spezifikation der TCP/IP-Protokolle nicht einmal der Netzzugang im OSI-Sinn beschrieben, sondern lediglich die Zusammenarbeit des IP-Protokolls, das sich innerhalb des Internetprotokollstapels um Adressierung und Routing kümmert, mit verschiedenen Netzzugangsverfahren.

An dieser Stelle sollen nur zwei der wichtigsten Internetnetzzugangsverfahren genannt werden: das für den Zugriff auf Ethernet verwendete *Address Resolution Protocol* (ARP) und das *Point-to-Point Protocol* (PPP), das für serielle Verbindungen über Modem, ISDN oder DSL eingesetzt wird. PPP wurde in diesem Kapitel bereits ausführlich beschrieben. Hier das Wichtigste zu ARP:

Das Address Resolution Protocol, beschrieben in RFC 826, übernimmt – kurz gesagt – die Umsetzung der vom Netzwerkadministrator vergebenen IP-Adressen in die vorgegebenen Hardwareadressen der Netzwerkschnittstellen.

Da die IP-Adresse den einzelnen Hosts willkürlich zugeteilt wird, kann sie auf der Netzzugangsschicht nicht bekannt sein: Auf einer bestimmten Schicht eines Protokollstapels werden die Steuerdaten der höher gelegenen Ebenen nicht ausgewertet, sondern als gewöhnliche Nutzdaten betrachtet. Deshalb kann beispielsweise eine Netzwerkkarte oder ein Hub nicht anhand der IP-Adresse entscheiden, für welche Station ein Datenpaket bestimmt ist; die Netzwerkhardware nimmt diese Adresse nicht einmal wahr.

Nachdem die IP-Software auf einem Host oder Router anhand der Empfänger-IP-Adresse festgestellt hat, dass die Daten überhaupt für das eigene Netz bestimmt sind, wird der ARP-Prozess gestartet, um diese IP-Adresse in die MAC-Adresse der Empfängerschnittstelle umzusetzen. Zu diesem Zweck sendet ein Rechner, der das ARP-Protokoll ausführt (beinahe jeder Rechner, der TCP/IP über Ethernet betreibt), ein sogenanntes *Broadcast-Datenpaket* in das Netzwerk. Es handelt sich um ein Datenpaket mit einer speziellen Empfängeradresse, das an alle Rechner im Netzwerk übertragen wird. Der Rechner, der seine eigene IP-Adresse im Inhalt dieses Pakets erkennt, antwortet als Einziger auf diese Anfrage und versendet seine eigene MAC-Adresse. Auf diese Weise wird ermittelt, für welchen Rechner das Datenpaket bestimmt ist.

In Ausnahmefällen kann ein Rechner auch die MAC-Adressen anderer Stationen zwischenspeichern und in Vertretung antworten.

### 4.6.2 IP-Adressen, Datagramme und Routing

Auf der Internet- oder Vermittlungsschicht des Internetprotokollstapels arbeitet das Internet Protocol (IP). Als *Internet* wird in diesem Zusammenhang jedes Netzwerk bezeichnet, das diese Protokollfamilie verwendet. Dies verdeutlicht den Umstand, dass die Internetprotokolle dem Datenaustausch über mehrere physikalische Netzwerke hinweg dienen können. Spezielle Rechner, die mindestens zwei Netzwerkschnittstellen besitzen, leiten die Daten zwischen diesen Netzen weiter. Sie werden als *IP-Router* oder *IP-Gateways* bezeichnet. Im engeren Sinne ist ein Router ein Rechner, der Daten zwischen zwei Netzen des gleichen physikalischen Typs weiterleitet; ein Gateway verbindet dagegen zwei physikalisch verschiedene Netze oder arbeitet gar auf Anwendungsebene (*Application Level Gateway*). Die beiden Begriffe werden jedoch oft synonym verwendet.

Eine IP-Adresse des klassischen Typs – der Version IPv4 gemäß RFC 791 – ist eine 32 Bit lange Zahl. Sie wird üblicherweise in vier durch Punkte getrennte Dezimalzahlen zwischen 0 und 255 geschrieben. Allerdings ist die Logik, die einer solchen Adresse zugrunde liegt, besser verständlich, wenn diese binär notiert wird:

Eine typische IP-Adresse wäre etwa 11000010000100010101000111000001, in 8-Bit-Gruppen getrennt, ergibt sich daraus 11000010 00010001 01010001 11000001; dies lautet in der gängigen Schreibweise dann 194.17.81.193.

### IP-Adressklassen

IP-Adressen bestehen aus zwei Komponenten: dem Netzwerkteil und dem Hostteil. Der Netzwerkteil gibt an, in welchem Netz sich der entsprechende Rechner befindet, während der Hostteil den einzelnen Rechner innerhalb dieses Netzes identifiziert.

Es gibt verschiedene Arten von IP-Adressen, die sich bezüglich der Länge des Netzwerkbeziehungsweise Hostteils voneinander unterscheiden. Traditionell wurden die verfügbaren Adressen in feste Klassen unterteilt. Bereits 1993 wurde die Klasseneinteilung aufgegeben und durch CIDR ersetzt (RFC 1518 und 1519), da sie für die rasant steigende Anzahl von Hosts erheblich zu unflexibel war. Aus diesem Grund wurde das CIDR-Verfahren entwickelt, das dynamisch zwischen dem Netzwerk- und dem Hostteil einer Adresse trennt. Dennoch sollen an dieser Stelle zuerst die ursprünglichen Klassen vorgestellt werden, denn auf diese Weise wird vieles leichter verständlich. Beachten Sie aber, dass IP-Adressen heutzutage immer über CIDR vergeben werden. Dabei wird neben der IP-Adresse auch die im Folgenden definierte Teilnetzmaske mitgeliefert, die in der historischen Klassenlogik nicht benötigt wurde.

Zu welcher Klasse eine IP-Adresse gehörte, zeigte sich an den Bits, die am weitesten links standen:

▶ Klasse A: Das erste Bit ist 0, folglich liegt die erste 8-Bit-Gruppe zwischen 0 und 127.

▶ Klasse B: Die ersten beiden Bits lauten 10; die erste Gruppe liegt im Bereich 128 bis 191.

▶ Klasse C: Die ersten drei Bits sind 110, sodass die erste Gruppe zwischen 192 bis 223 liegt.

▶ Klasse D: Die ersten vier Bits sind 1110; die Adressen beginnen mit 224 bis 239.

Die restlichen Adressen, die mit 240 bis 255 anfangen, wurden weder im Klassenbereich noch über CIDR vergeben und sind für zukünftige Anwendungszwecke reserviert. Diejenigen mit der Anfangssequenz 11110 (Start-Byte 240 bis 247) wurden manchmal trotzdem als *Klasse E* bezeichnet.

Je nach Klasse ist der Teil, der das Netzwerk kennzeichnet, unterschiedlich lang, entsprechend existieren unterschiedlich viele Netze der verschiedenen Klassen. Die Bits, die ganz rechts in der Adresse stehen und nicht zum Netzwerkteil gehören, sind die Host-Bits. Je nach Länge des Netzwerkteils bleiben unterschiedlich viele Bits für den Hostteil übrig, sodass die Höchstzahl der Rechner in einem Netz variiert.

Tabelle 4.5 zeigt die wichtigsten Informationen zu den einzelnen Klassen im Überblick. In der Spalte »Netzwerk-Bits« stehen jeweils zwei Werte. Der erste stellt die Anzahl von Bits dar, die insgesamt den Netzwerkteil bilden. Da die Grenzen zwischen Netzwerk- und Hostteil an den Byte-Grenzen verlaufen, handelt es sich je nach Klasse um 1 bis 3 Byte. Da jedoch die Bits am Anfang der Adresse – wie zuvor gezeigt – die Klasse angeben, besteht die praktisch nutzbare Netzwerkangabe nur aus 7, 14 beziehungsweise 21 Bit. Der Rest der Adresse bildet den Hostteil, der je nach Klasse unterschiedlich groß ausfällt.

| Klasse | Adressbereich | Netzwerk-Bits | Host-Bits | Anzahl Netze | Adressen pro Netz |
|--------|---------------|---------------|-----------|--------------|-------------------|
| A | 0.0.0.0 bis 127.255.255.255 | 8 (7) | 24 | 128 | 16,7 Mio. |
| B | 128.0.0.0 bis 191.255.255.255 | 16 (14) | 16 | 16.384 | 65.536 |
| C | 192.0.0.0 bis 223.255.255.255 | 24 (21) | 8 | 2.097.152 | 256 |
| D | 224.0.0.0 bis 239.255.255.255 | spezieller Bereich der Multicast-Adressen | | | |

**Tabelle 4.5** Die IP-Adressklassen

Innerhalb eines einzelnen Netzes – egal, welcher Klasse – stehen die erste und die letzte mögliche Adresse nicht als Hostadressen zur Verfügung: Die niedrigste Adresse identifiziert das gesamte Netz als solches nach außen hin, aber keinen speziellen Host; die höchste Adresse ist die sogenannte *Broadcast-Adresse*: Werden Datenpakete innerhalb des Netzes an diese Adresse gesendet, werden sie von jedem Host empfangen.

Zum Beispiel bilden die Adressen, die mit 18.x.x.x beginnen, das Klasse-A-Netzwerk 18.0.0.0 mit der Broadcast-Adresse 18.255.255.255 und Hostadressen von 18.0.0.1 bis 18.255.255.254. Dieses Netz kann theoretisch bis zu 16.777.214 Hosts beherbergen ($2^{24}$–2).

Die Adressen, die mit 162.21.x.x anfangen, befinden sich in dem Klasse-B-Netzwerk 162.21.0.0, dessen Broadcast-Adresse 162.21.255.255 lautet. Es kann bis zu 65.534 Hosts ($2^{16}$–2) mit den Adressen 162.21.0.1 bis 162.21.255.254 enthalten.

Letztes Beispiel: Adressen, die mit 201.30.9.x beginnen, liegen in dem Klasse-C-Netz 201.30.9.0 mit der Broadcast-Adresse 201.30.9.255; die 254 möglichen Hostadressen ($2^{8}$–2) sind 201.30.9.1 bis 201.30.9.254.

Die sogenannten *Multicast-Adressen* der Pseudoklasse D nehmen eine Sonderstellung ein: Eine Multicast-Gruppe ist eine auf beliebige Netze verteilte Gruppe von Hosts, die sich dieselbe Multicast-IP-Adresse teilen. Dies ermöglicht einen erheblich ökonomischeren Versand von Daten, da sie nicht mehr je einmal pro empfangendem Host versendet werden, sondern nur noch kopiert werden müssen, wo Empfängerrechner in unterschiedlichen Teilnetzen liegen. Aus diesem Grund ist Multicasting eine zukunftsträchtige Technologie für datenintensive Anwendungen wie etwa Videokonferenzen. Im Gegensatz dazu werden die individuellen Hostadressen als *Unicast-Adressen* bezeichnet.

### Die Verteilung der IP-Adressen

Alle Adressen des IPv4-Adressraums werden von der Internet Assigned Numbers Association (IANA) verwaltet. Falls Sie jedoch für bestimmte Anwendungen in Ihrem Unternehmen eine oder mehrere feste IP-Adressen benötigen, dann sollten Sie sich in der Regel an einen Internetprovider und nicht an die IANA selbst wenden.

Die 128 Netze der Klasse A sind bereits alle vergeben; in der Regel an große internationale Unternehmen aus dem Elektronik- und Computerbereich sowie an US-amerikanische Staats-, Militär- und Bildungsinstitutionen. Beispielsweise gehört das Netz 17.0.0.0 der Firma Apple, 18.0.0.0 dem Massachusetts Institute of Technology (MIT) und 19.0.0.0 der Ford Motor Company.

Die 16.384 Klasse-B-Netze sind ebenfalls weitgehend vergeben, insbesondere an US-amerikanische Unternehmen und Internetprovider.

Die mehr als zwei Millionen Netze der Klasse C schließlich sind inzwischen ebenfalls überwiegend belegt. Die meisten von ihnen gehören Unternehmen und Internetprovidern, die nicht in den USA ansässig sind, sondern etwa in Europa oder Asien. Da solche Institutionen oft mehr als 254 Hosts in ihrem Netz betreiben, wird ihnen häufig ein größerer Block aufeinanderfolgender Klasse-C-Netze zugewiesen.

Die aktuelle Verteilung der IPv4-Adressen können Sie auf der Website der IANA unter *http://www.iana.org/assignments/ipv4-address-space* einsehen.

Als das Konzept der IP-Adressen entstand, konnte niemand auch nur ansatzweise erahnen, welche Dimensionen das Internet einmal annehmen würde. Deshalb glaubten die ursprünglichen Entwickler, dass sie es sich leisten könnten, den Adressraum relativ großzügig aufzuteilen – bedenken Sie etwa, dass die Hälfte des Adressraums für die überaus ineffektiven Klasse-A-Adressen vergeudet wird. Um die drohende Verknappung der IP-Adressen zu verhindern oder zumindest zu verzögern, bis eine Alternative gefunden würde, wurden einige Adressbereiche zur Verwendung in privaten Netzwerken freigegeben, die nicht (oder nicht direkt) mit dem Internet verbunden sind. Es handelt sich um die folgenden Blöcke:

▶ das Klasse-A-Netz 10.0.0.0

▶ die 16 Klasse-B-Netze 172.16.0.0 bis 172.31.0.0

▶ die 256 Klasse-C-Netze 192.168.0.0 bis 192.168.255.0

Ein weiterer Block, der erst später freigegeben wurde, ist das Klasse-B-Netz 169.254.0.0, das einem besonderen Verwendungszweck vorbehalten ist: Moderne TCP/IP-Implementierungen in fast allen Betriebssystemen verwenden dieses Netz für *link local* – eine Möglichkeit, sich automatisch selbst IP-Adressen zuzuweisen, falls wider Erwarten keine Verbindung zu einem DHCP-Server hergestellt werden kann, der eigentlich für die automatische Zuweisung von Adressen zuständig wäre.

Zu guter Letzt existieren noch einige Netze mit anderen speziellen Bedeutungen:

▶ Die Adresse 0.0.0.0 kann innerhalb eines Netzes verwendet werden, um sich auf das aktuelle Netz selbst zu beziehen.

▶ Das Klasse-A-Netz 127.0.0.0 beherbergt den sogenannten *Loopback-Bereich*: Über das Loopback-Interface, eine virtuelle Netzwerkschnittstelle mit der Adresse 127.0.0.1, kann ein Host mit sich selbst Netzwerkkommunikation betreiben. Dies ist zum Beispiel nützlich, um während der Programmierung von Client-Server-Anwendungen sowohl das Client- als auch das Serverprogramm auf dem lokalen Host laufen zu lassen.

▶ Schließlich wird die Adresse 255.255.255.255 als universelle Broadcast-Adresse verwendet: Ein Datenpaket, das an diese Adresse gesendet wird, wird wie beim normalen Broadcast von allen Hosts im Netzwerk empfangen. Nützlich ist diese Einrichtung für Schnittstellen, die ihre IP-Adresse dynamisch beziehen, da sie bei Inbetriebnahme in der Regel noch nicht einmal wissen, in welchem Netz sie sich eigentlich befinden. Auf diese Weise erhalten sie überhaupt erst die Möglichkeit, die Zuteilung einer Adresse anzufordern.

Die Vergabe der privaten Adressbereiche ist in RFC 1918 geregelt; die Festlegung der anderen speziellen Adressbereiche findet sich in RFC 3330.

## Supernetting, Subnetting und CIDR

In der neueren Entwicklungsgeschichte des Internets hat sich herausgestellt, dass die traditionellen Adressklassen nicht für alle Anwendungsbereiche flexibel genug sind. Deshalb wurde ein neues Schema entwickelt, das die Trennlinie zwischen Netz- und Hostteil der Adressen an einer beliebigen Bit-Grenze ermöglicht. Das in RFC 1519 beschriebene Verfahren heißt *Classless Inter-Domain Routing* (CIDR).

Die folgenden beiden Anwendungsbeispiele verdeutlichen typische Probleme mit der alten Klassenlogik, die mithilfe von CIDR gelöst werden können:

▶ Ein Unternehmen besitzt das Klasse-B-Netzwerk 139.17.0.0. Es wäre jedoch wünschenswert, wenn die vier Filialen des Unternehmens jeweils unabhängige Netze betreiben könnten. Dazu soll das vorhandene Netz in vier Teile unterteilt werden – ein Fall für das sogenannte *Subnetting*.

▶ Ein vor Kurzem neu gegründeter europäischer Internetprovider hat die 1.024 Klasse-C-Netze 203.16.0.0 bis 203.19.255.0 erhalten. Das Unternehmen möchte diese Netze als ein großes Netz verwalten, da dies die dynamische Zuteilung an Kunden bei der Einwahl erheblich vereinfacht. Eine solche Zusammenfassung von Netzen wird *Supernetting* genannt.

Das Prinzip von CIDR basiert darauf, dass die traditionellen Byte-Grenzen zwischen Netz- und Hostteil völlig aufgehoben werden. Deshalb ist die Größe des Netzes bei einem CIDR nicht mehr am Beginn der Adresse zu erkennen. Stattdessen wird die Anzahl der Bits, die den Netzwerkteil der Adresse bilden, durch einen Slash getrennt hinter der Netzwerkadresse notiert. Zum Beispiel wird das Klasse-A-Netz 14.0.0.0 zu 14.0.0.0/8.

Eine alternative Darstellungsform für die Grenze zwischen Netz- und Hostteil bei CIDR-Adressen – insbesondere in der IP-Konfiguration der meisten Betriebssysteme – stellt die Teilnetzmaske (*Subnet Mask*) dar. In dieser Maske werden für die Bits des Netzwerkteils am Anfang der Adresse Einsen notiert, für die Bits des Hostteils am Ende der Adresse dagegen Nullen. Genau wie die IP-Adresse selbst wird auch die Teilnetzmaske in vier dezimalen 8-Bit-Blöcken geschrieben.

Wie bereits erwähnt, wird die Klasseneinteilung bereits seit Mitte der 90er-Jahre nicht mehr verwendet. Deshalb sind alle modernen Netzwerke auf die Teilnetzmaske angewiesen, da sie allein den Netzwerkteil einer Adresse kennzeichnet. Alle modernen Betriebssysteme verwenden Protokollaufrufe mit Teilnetzmaske. Die Netzwerkadresse wird dabei mithilfe einer Bitweise-Und-Operation aus IP-Adresse und Teilnetzmaske berechnet. Hier ein Beispiel:

IP-Adresse: 192.168.0.37
Teilnetzmaske: 255.255.255.0
Berechnete Netzwerkadresse: 192.168.0.0

Hier zum Vergleich die Binärdarstellung:

```
  11000000 10101000 00000000 00100101
& 11111111 11111111 11111111 00000000
-------------------------------------
  11000000 10101000 00000000 00000000
```

Tabelle 4.6 zeigt Beispiele für die Schreibweise der ursprünglichen klassenbasierten Adressen nach CIDR-Logik sowie ihre Teilnetzmasken.

| Klasse | Beispielnetz | CIDR-Adresse | Teilnetzmaske |
|--------|--------------|--------------|---------------|
| A | 17.0.0.0 | 17.0.0.0/8 | 255.0.0.0 |
| B | 167.18.0.0 | 167.18.0.0/16 | 255.255.0.0 |
| C | 195.21.92.0 | 195.21.92.0/24 | 255.255.255.0 |

**Tabelle 4.6** Die traditionellen IP-Adressklassen in CIDR-Darstellung

Das Subnetting aus dem ersten Beispiel, die Unterteilung des Netzes 139.17.0.0/16 in vier gleich große Teilnetze, kann folgendermaßen durchgeführt werden:

▶ Da die 65.536 rechnerischen Adressen in vier Teile unterteilt werden sollen, sind zwei weitere Bits für den Netzwerkteil der Adresse erforderlich ($4 = 2^2$).

▶ Da das ursprüngliche Klasse-B-Netz einen 16 Bit (zwei Byte) langen Netzwerkteil besitzt, erfolgt die Unterteilung der vier Adressbereiche nach Bit 18, also nach dem zweiten Bit des dritten Bytes; die vier neuen Netze sind demnach 139.17.0.0/18, 139.17.64.0/18, 139.17.128.0/18 sowie 139.17.192.0/18.

Tabelle 4.7 zeigt die Eigenschaften der vier neuen Netze.

| Netzwerk | Erste Hostadresse | Letzte Hostadresse | Broadcast-Adresse | Teilnetzmaske |
|----------|-------------------|--------------------|-------------------|---------------|
| 139.17.0.0/18 | 139.17.0.1 | 139.17.63.254 | 139.17.63.255 | 255.255.192.0 |
| 139.17.64.0/18 | 139.17.64.1 | 139.17.127.254 | 139.17.127.255 | 255.255.192.0 |
| 139.17.128.0/18 | 139.17.128.1 | 139.17.191.254 | 139.17.191.255 | 255.255.192.0 |
| 139.17.192.0/18 | 139.17.192.1 | 139.17.255.254 | 139.17.255.255 | 255.255.192.0 |

**Tabelle 4.7** Subnetting – Unterteilung des Netzes 139.17.0.0/16 in vier gleich große Teilnetze

Im zweiten Beispiel geht es um Supernetting, also um die Zusammenfassung einzelner Netze zu einem größeren Gesamtnetz. Die Netze 203.16.0.0/24 bis 203.19.255.0/24 sollen zu einem einzigen Netz verbunden werden. Diese Aufgabe lässt sich auf folgende Weise lösen:

**4**  Netzwerkgrundlagen

▶ Es werden 1.024 Klasse-C-Netze miteinander verbunden. 256 Netze der Klasse C ergäben einfach ein Gesamtnetz von der Größe eines Klasse-B-Netzwerks. Beispielsweise würde die Vereinigung der Netze 203.16.0.0/24 bis 203.16.255.0/24 das neue Netz 203.16.0.0/16 erzeugen. Um das gewünschte Netz der vierfachen Größe zu erhalten, muss die Grenze zwischen Netz- und Hostteil noch um zwei Bits weiter nach links verschoben werden.

▶ Die Adresse wird zwei Bits links von der Klasse-B-Grenze, also vor dem vorletzten Bit des zweiten Bytes, unterteilt. Daraus ergibt sich die Netzwerkadresse 203.16.0.0/14 mit der Teilnetzmaske 255.252.0.0. Die Broadcast-Adresse des neuen Netzes ist 203.19.255.255; die möglichen Hostadressen reichen von 203.16.0.1 bis 203.19.255.255.

Im Allgemeinen bietet es sich an, die Teilnetzmaske des ursprünglichen Netzes, das aufgeteilt oder mit mehreren verbunden werden soll, zunächst in die Binärdarstellung umzurechnen. In dieser Schreibweise fällt es am leichtesten, die Grenze zwischen Netz- und Hostteil um die gewünschte Anzahl von Bits nach links oder nach rechts zu verschieben. Anschließend können Sie die Maske wieder in die vier üblichen 8-Bit-Gruppen unterteilen und in Dezimalzahlen umrechnen.

Diese Vorgehensweise soll im Folgenden an zwei weiteren Beispielen demonstriert werden. Das Klasse-B-Netzwerk 146.20.0.0/16 soll in acht Teilnetze unterteilt werden:

▶ Die ursprüngliche Netzmaske ist 255.255.0.0.

▶ In binärer Darstellung entspricht dies 11111111 11111111 00000000 00000000.

▶ Eine Aufteilung in acht Netze erfolgt durch eine Verschiebung der Grenze zwischen den beiden Adressteilen um drei Stellen ($8 = 2^3$) nach rechts.

▶ Die neue Netzmaske in binärer Schreibweise ist 11111111 11111111 11100000 00000000.

▶ Nach der erneuten Umrechnung in die dezimale Vierergruppen-Darstellung ergibt sich 255.255.224.0.

▶ Entsprechend ergeben sich die folgenden acht Netze:

  – 146.20.0.0/19

  – 146.20.32.0/19

  – 146.20.64.0/19

  – 146.20.96.0/19

  – 146.20.128.0/19

  – 146.20.160.0/19

  – 146.20.192.0/19

  – 146.20.224.0/19

Die vier Klasse-C-Netzwerke 190.16.0.0/24 bis 190.16.3.0/24 sollen zu einem gemeinsamen Netz verbunden werden:

▶ Die Teilnetzmaske der vier Netze lautet jeweils 255.255.255.0.

▶ Binär geschrieben, ergibt sich daraus 11111111 11111111 11111111 00000000.

4.6 Die TCP/IP-Protokollfamilie

▶ Die Zusammenfassung vier solcher Netze erfordert eine Verschiebung der Adressgrenze um zwei Bits ($4 = 2^2$) nach links.

▶ In Binärdarstellung lautet die neue Maske 11111111 11111111 11111100 00000000.

▶ Wird diese Maske wieder in Dezimalschreibweise umgerechnet, resultiert daraus 255.255.252.0.

▶ Das neue Netz besitzt die CIDR-Adresse 190.16.0.0/22.

Die folgenden Tabellen zeigen in übersichtlicher Form, wie die Aufteilung der alten IP-Adressklassen in verschiedene Anzahlen von Teilnetzen funktioniert. In Tabelle 4.8 wird die Klasse A behandelt. Die – rein rechnerisch mögliche – Zusammenfassung mehrerer Klasse-A-Netze durch Supernetting wird in der Praxis nicht durchgeführt, weil erstens wohl niemand mehr als 16,7 Millionen Hosts in einem Teilnetz betreiben möchte und zweitens bereits alle Klasse-A-Netze an einzelne Betreiber vergeben wurden.

| Netzwerk-Bits | Host-Bits | Anzahl Teilnetze | Anzahl Hosts | Teilnetzmaske |
|---|---|---|---|---|
| 8 | 24 | 1 | 16.777.214 | 255.0.0.0 |
| 9 | 23 | 2 | 8.388.606 | 255.128.0.0 |
| 10 | 22 | 4 | 4.194.302 | 255.192.0.0 |
| 11 | 21 | 8 | 2.097.150 | 255.224.0.0 |
| 12 | 20 | 16 | 1.048.574 | 255.240.0.0 |
| 13 | 19 | 32 | 524.286 | 255.248.0.0 |
| 14 | 18 | 64 | 262.142 | 255.252.0.0 |
| 15 | 17 | 128 | 131.070 | 255.254.0.0 |
| 16 | 16 | 256 | 65.534 | 255.255.0.0 |
| 17 | 15 | 512 | 32.766 | 255.255.128.0 |
| 18 | 14 | 1.024 | 16.382 | 255.255.192.0 |
| 19 | 13 | 2.048 | 8.190 | 255.255.224.0 |
| 20 | 12 | 4.096 | 4.094 | 255.255.240.0 |
| 21 | 11 | 8.192 | 2.046 | 255.255.248.0 |
| 22 | 10 | 16.384 | 1.022 | 255.255.252.0 |
| 23 | 9 | 32.768 | 510 | 255.255.254.0 |

Tabelle 4.8 Bildung von CIDR-Teilnetzen aus einem Klasse-A-Netz

| Netzwerk-Bits | Host-Bits | Anzahl Teilnetze | Anzahl Hosts | Teilnetzmaske |
|---|---|---|---|---|
| 24 | 8 | 65.536 | 254 | 255.255.255.0 |
| 25 | 7 | 131.072 | 126 | 255.255.255.128 |
| 26 | 6 | 262.144 | 62 | 255.255.255.192 |
| 27 | 5 | 524.288 | 30 | 255.255.255.224 |
| 28 | 4 | 1.048.576 | 14 | 255.255.255.240 |
| 29 | 3 | 2.097.152 | 6 | 255.255.255.248 |
| 30 | 2 | 4.194.302 | 2 | 255.255.255.252 |

**Tabelle 4.8** Bildung von CIDR-Teilnetzen aus einem Klasse-A-Netz (Forts.)

Tabelle 4.9 zeigt die Aufteilung eines Klasse-B-Netzes in beliebig kleine Teilnetze.

| Netzwerk-Bits | Host-Bits | Anzahl Teilnetze | Anzahl Hosts | Teilnetzmaske |
|---|---|---|---|---|
| 16 | 16 | 1 | 65.534 | 255.255.0.0 |
| 17 | 15 | 2 | 32.766 | 255.255.128.0 |
| 18 | 14 | 4 | 16.382 | 255.255.192.0 |
| 19 | 13 | 8 | 8.190 | 255.255.224.0 |
| 20 | 12 | 16 | 4.094 | 255.255.240.0 |
| 21 | 11 | 32 | 2.046 | 255.255.248.0 |
| 22 | 10 | 64 | 1.022 | 255.255.252.0 |
| 23 | 9 | 128 | 510 | 255.255.254.0 |
| 24 | 8 | 256 | 254 | 255.255.255.0 |
| 25 | 7 | 512 | 126 | 255.255.255.128 |
| 26 | 6 | 1.024 | 62 | 255.255.255.192 |
| 27 | 5 | 2.048 | 30 | 255.255.255.224 |
| 28 | 4 | 4.096 | 14 | 255.255.255.240 |
| 29 | 3 | 8.192 | 6 | 255.255.255.248 |
| 30 | 2 | 16.384 | 2 | 255.255.255.252 |

**Tabelle 4.9** Bildung von CIDR-Teilnetzen aus einem Klasse-B-Netz

Tabelle 4.10 demonstriert schließlich, wie die Unterteilung eines Klasse-C-Netzes erfolgt. In kleineren Unternehmen könnte es durchaus praktisch sein, ein solches – ohnehin kleines – Netzwerk weiter zu unterteilen.

| Netzwerk-Bits | Host-Bits | Anzahl Teilnetze | Anzahl Hosts | Teilnetzmaske |
|---|---|---|---|---|
| 24 | 8 | 1 | 254 | 255.255.255.0 |
| 25 | 7 | 2 | 126 | 255.255.255.128 |
| 26 | 6 | 4 | 62 | 255.255.255.192 |
| 27 | 5 | 8 | 30 | 255.255.255.224 |
| 28 | 4 | 16 | 14 | 255.255.255.240 |
| 29 | 3 | 32 | 6 | 255.255.255.248 |
| 30 | 2 | 64 | 2 | 255.255.255.252 |

Tabelle 4.10  Bildung von CIDR-Teilnetzen aus einem Klasse-C-Netz

In der Praxis ermöglicht CIDR bereits einen erheblich flexibleren Netzwerkaufbau als die Verwendung der alten Klassen. Doch auch diese Verfahrensweise kann immer noch ungünstige Ergebnisse zur Folge haben, wenn Teilnetze mit erheblich unterschiedlichen Größen benötigt werden: Das größte benötigte Teilnetz bestimmt die Größe aller anderen; selbst das kleinste belegt eine Menge von Adressen, die es womöglich niemals benötigen wird.

Aus diesem Grund wurde das VLSM-Konzept (*Variable Length Subnet Mask*) eingeführt. Es handelt sich um ein spezielles Subnetting-Verfahren, bei dem ein vorhandenes Netz nicht mehr in gleich große, sondern in verschieden große Teilnetze unterteilt wird. Jedem dieser Teilnetze wird eine individuelle Teilnetzmaske zugewiesen.

Das grundlegende Prinzip von VLSM besteht darin, vom kleinsten benötigten Teilnetz auszugehen und die entsprechenden größeren Netze aus Blöcken solcher kleinsten Teilnetze zu bilden, denen dann höhere Teilnetzmasken zugewiesen werden. Angenommen etwa, bei der Aufteilung eines Klasse-B-Netzes mit seinen 65.534 Hostadressen besitzt das kleinste gewünschte Teilnetz zwölf Hosts, das größte etwa 500. Für die zwölf Hosts ist mindestens ein Netz mit der Teilnetzmaske 255.255.255.240 erforderlich, das 14 Hostadressen bietet. Aus diesen kleinen Teilnetzen können dann entsprechend größere aufgebaut werden, wobei die Grenzen zwischen den Netzen der Logik der jeweiligen Netzmaske entsprechen müssen.

An dieser Stelle soll ein einfaches Beispiel genügen: Ein Unternehmen betreibt das öffentliche Klasse-C-Netz 196.17.41.0/24. Dieses Netz soll auf die drei Abteilungen der Firma aufgeteilt werden; die beiden Router und die drei Server sollen ein viertes separates Teilnetz bilden. Tabelle 4.11 zeigt die klassische Aufteilung des Netzes in vier gleich große Teile nach CIDR-Logik.

| Bereich | Anzahl Hosts | Teilnetz | Maximale Hosts | Freie Adressen |
|---|---|---|---|---|
| Server/Router | 5 | 196.17.41.0/26 | 62 | 57 |
| Verwaltung | 20 | 196.17.41.64/26 | 62 | 42 |
| Programmierung | 61 | 196.17.41.128/26 | 62 | 1 |
| Design | 30 | 196.17.41.192/26 | 62 | 32 |

**Tabelle 4.11** Aufteilung des Netzes 196.17.41.0/24 in vier Teile nach dem CIDR-Schema

Es ist leicht zu erkennen, dass zwei der Teilnetze – Server/Router und Verwaltung – vollkommen überdimensioniert sind, während zumindest das Teilnetz der Programmierabteilung beinahe seine Belastungsgrenze erreicht hat. Stellen Sie sich vor, es werden noch zwei weitere Hosts in diese Abteilung aufgenommen: Schon wäre das Teilnetz zu klein, und es müsste über eine andere Verteilung nachgedacht werden. In diesem Beispiel könnte sie nur noch darin bestehen, zwei der anderen Bereiche zusammenzulegen, um den Programmierbereich zu vergrößern.

Eine komplexere, aber für den konkreten Anwendungsfall sinnvollere Aufteilung des Netzes mithilfe der VLSM-Technik zeigt Tabelle 4.12.

| Bereich | Anzahl Hosts | Teilnetz | Maximale Hosts | Freie Adressen |
|---|---|---|---|---|
| Server/Router | 5 | 196.17.41.0/27 | 30 | 25 |
| Verwaltung | 20 | 196.17.41.32/27 | 30 | 10 |
| Design | 30 | 196.17.41.64/26 | 62 | 32 |
| Programmierung | 61 | 196.17.41.128/25 | 126 | 65 |

**Tabelle 4.12** Flexible Aufteilung des Netzes 196.17.41.0/24 in vier Teile nach dem VLSM-Schema

Für die IP-Konfiguration eines einzelnen Hosts macht es keinen Unterschied, ob das Teilnetz, in dem er sich befindet, nach der alten Klassenlogik, nach dem CIDR-Verfahren oder nach der VLSM-Methode konfiguriert wurde: In jedem Fall wird im Konfigurationsdialog des jeweiligen Betriebssystems die korrekte Teilnetzmaske eingestellt. Spezielle Unterstützung für VLSM benötigen lediglich Router, die in dem betroffenen Netz eingesetzt werden. Die meisten neueren Routing-Protokolle bieten diese Unterstützung.

### Die Übertragung von IP-Datagrammen

Auf der Internetschicht des TCP/IP-Protokollstapels, auf der das IP-Protokoll arbeitet, werden die Datenpakete, wie bereits erwähnt, als *Datagramme* bezeichnet. Um die Datenübertragung mithilfe des IP-Protokolls genau zu erläutern, soll an dieser Stelle zunächst der IP-

Header vorgestellt werden. Er enthält die Steuerdaten, die das IP-Protokoll zu einem Datenpaket hinzufügt, das ihm vom übergeordneten Transportprotokoll übergeben wird.

Der IPv4-Protokoll-Header wird wie das gesamte Protokoll in RFC 791 definiert. Seine Länge beträgt mindestens 20 Byte, dazu können bis zu 40 Byte Optionen kommen. Tabelle 4.13 zeigt den genauen Aufbau.

| Byte | 0 | | 1 | 2 | 3 |
|---|---|---|---|---|---|
| 0 | Version | IHL | Type of Service | Paketgesamtlänge | |
| 4 | Identifikation | | | Flags | Fragment-Offset |
| 8 | Time to Live | | Protokoll | Header-Prüfsumme | |
| 12 | Quelladresse | | | | |
| 16 | Zieladresse | | | | |
| 20 | Optionen | | | Padding | |
| ... | eventuell weitere Optionen | | | | |

**Tabelle 4.13** Aufbau des IPv4-Datagramm-Headers

Die einzelnen Daten des IP-Headers sind folgende:

▶ Version (4 Bit): Die Versionsnummer des IP-Protokolls, die das Paket verwendet – bei IPv4, wie der Name schon sagt, die Version 4.

▶ IHL (4 Bit): Internet Header Length; die Länge des Internet-Headers in 32-Bit-Wörtern (entsprechen den Zeilen in Tabelle 4.13). Der kleinste mögliche Wert beträgt 5.

▶ Type of Service (8 Bit): Ein Code, der die Art des Datenpakets bestimmt. Bestimmte Sorten von Paketen, etwa für den Austausch von Routing- oder Statusinformationen, werden von bestimmten Netzen bevorzugt weitergeleitet.

▶ Paketgesamtlänge (16 Bit): Die Gesamtlänge des Datagramms in Bytes, Header und Nutzdaten.

▶ Identifikation (16 Bit): Ein durch den Absender frei definierbarer Identifikationswert, der beispielsweise das Zusammensetzen fragmentierter Datagramme ermöglicht.

▶ Flags (3 Bit): Kontrollflags, die die Paketfragmentierung regeln. Das erste Bit ist reserviert und muss immer 0 sein, das zweite (DF) bestimmt, ob das Paket fragmentiert werden darf (Wert 1) oder nicht (0), das dritte (MF) regelt, ob dieses Paket das letzte Fragment (0) ist oder ob weitere Fragmente folgen (1).

▶ Fragment-Offset (13 Bit): Dieser Wert (angegeben in 64-Bit-Blöcken) legt fest, an welcher Stelle in einem Gesamtpaket dieses Paket steht, falls es sich um ein Fragment handelt. Das erste Fragment oder ein nicht fragmentiertes Paket erhält den Wert 0.

- Time to Live (8 Bit): Der TTL-Mechanismus sorgt dafür, dass Datagramme nicht endlos im Internet weitergeleitet werden, falls die Empfängerstation nicht gefunden wird. Jeder Router, der ein Datagramm weiterleitet, zieht von diesem Wert 1 ab; wird der Wert 0 erreicht, leitet der betreffende Router das Paket nicht mehr weiter, sondern verwirft es.

- Protokoll (8 Bit): Die hier gespeicherte Nummer legt fest, für welches Transportprotokoll der Inhalt des Datagramms bestimmt ist, zum Beispiel 6 für TCP oder 17 für UDP. Diese beiden wichtigsten Transportprotokolle werden im nächsten Abschnitt beschrieben.

- Header-Prüfsumme (16 Bit): Die Prüfsumme stellt eine einfache Plausibilitätskontrolle für den Datagramm-Header zur Verfügung. Ein Paket, dessen Header-Prüfsumme nicht korrekt ist, wird nicht akzeptiert und muss erneut versendet werden.

- Quelladresse und Zieladresse (je 32 Bit): Die IP-Adressen von Absender und Empfänger. IP-Adressen wurden zuvor bereits ausführlich behandelt.

- Optionen (variable Länge): Die meisten IP-Datagramme werden ohne zusätzliche Optionen versandt, da Absender- und Empfängerhost sowie alle auf dem Weg befindlichen Router die jeweils verwendeten Optionen unterstützen müssen. Zu den verfügbaren Optionen gehören unter anderem Sicherheitsfeatures und spezielle Streaming-Funktionen.

Das Problem der Paketfragmentierung entsteht dadurch, dass verschiedene physikalische Netzarten unterschiedliche Maximallängen für Datenpakete erlauben. Dieser Wert, der als *Maximum Transmission Unit* (MTU) bezeichnet wird, kann bei einigen Netzwerkschnittstellen per Software konfiguriert werden, bei anderen ist er vom Hersteller vorgegeben. Werden nun Datagramme aus einem Netz mit einer bestimmten MTU in ein anderes Netz mit einer kleineren MTU weitergeleitet, dann müssen die Daten in kleinere Pakete »umgepackt« werden. Wie bereits beschrieben, werden sie dazu mit Fragmentierungsinformationen versehen, damit sie später wieder richtig zusammengesetzt werden können.

Solange Quell- und Zieladresse im gleichen Netzwerk liegen, ist die Übertragung der Datagramme sehr einfach: Je nach Netzwerkart wird auf die passende Art (bei Ethernet zum Beispiel über ARP) diejenige Schnittstelle ermittelt, für die die Daten bestimmt sind. Anschließend wird das Datagramm an den korrekten Empfänger übermittelt. Dieser liest den IP-Header des Pakets, setzt eventuelle Fragmente wieder richtig zusammen und übermittelt das Paket an das Transportprotokoll, dessen Nummer im Header angegeben ist. Wie der Transportdienst mit den Daten umgeht, erfahren Sie im nächsten Abschnitt.

### IPv6

Bereits in der ersten Hälfte der 90er-Jahre wurde damit gerechnet, dass sehr bald keine weiteren IPv4-Adressen mehr verfügbar sein würden. Dass dies viel länger als gedacht noch nicht der Fall war, lag an der Einführung von CIDR, VLSM und NAT (Letzteres wird im übernächsten Unterabschnitt, »Weitere IP-Dienste«, beschrieben). Da das Internet aber weiterhin wächst, ist es nur noch eine Frage der Zeit, bis die Anzahl der Adressen endgültig erschöpft ist; was die Zuteilung an Dienstleister angeht, ist dies sogar jetzt schon der Fall.

Deshalb wurde schon vor einigen Jahren mit der Arbeit an einem Nachfolger für das IPv4-Protokoll begonnen, der vor allem einen größeren Adressraum durch längere IP-Adressen besitzen sollte. Letzten Endes entschieden die Entwickler sich für Adressen von 128 Bit Länge. Dies ergibt theoretisch mehr als $3,4 \times 10^{38}$ verschiedene Adressen! Damit erscheint der Adressraum mehr als überdimensioniert; offensichtlich kann man damit jedem einzelnen Sandkorn auf unserem Planeten mehrere eigene IP-Adressen zuweisen. Letzten Endes geht es allerdings eher darum, beinahe beliebig viele Netze von sehr unterschiedlicher Größe einrichten zu können. Abgesehen davon, werden immer mehr tragbare Geräte entwickelt, die mit Netzwerken verbunden werden – etwa dynamisch über öffentliche WLAN-Access-Points.

Die aktuelle Version des neuen IP-Protokolls wird in RFC 2460 beschrieben. Da die Version 5 für Experimente mit Multicasting verwendet wurde, lautet die Versionsnummer des Protokolls IPv6; während seiner Entwicklung wurde es auch manchmal als *IPng* (für *next generation*) bezeichnet, zum Beispiel in RFC 1752, das den ersten Arbeitsentwurf beschreibt. Die IPv6-Adresse wird nicht in 8-Bit-Dezimalgruppen geschrieben wie bei IPv4; mit 16 Gruppen wäre sie ein wenig unhandlich. Stattdessen schreibt man acht vierstellige Hexadezimalgruppen, die durch Doppelpunkte getrennt werden. Eine IPv6-Adresse sieht zum Beispiel folgendermaßen aus:

4A29:30B4:0031:0000:0000:0092:1A3B:3394

Eine zulässige Verkürzung besteht darin, führende Nullen in einem Block wegzulassen sowie Blöcke, die nur aus Nullen bestehen, durch zwei aufeinanderfolgende Doppelpunkte zu ersetzen. Kurz gefasst, lautet die Beispieladresse also 4A29:30B4:31::92:1A3B:3394. Um die Adresse eindeutig zu halten, darf eine solche Verkürzung innerhalb einer Adresse nur einmal vorgenommen werden.

Genau wie IPv4-Adressen werden auch die neuen IPv6-Adressen in zwei Teile unterteilt: Links steht ein Präfix, dahinter ein Individualteil, der dem Hostteil der IPv4-Adresse entspricht. Das Präfix gibt allerdings nicht das einzelne Netz an, zu dem die Adresse gehört, sondern informiert über den Adresstyp. Da die Präfixe wie bei IPv4 unterschiedliche Längen aufweisen können, wird das Präfix zusammen mit seiner Bit-Anzahl angegeben. Tabelle 4.14 gibt Ihnen einen Überblick über die verschiedenen Adressblöcke und ihre Verwendung.

| Präfix | Verwendung |
|--------|------------|
| 0::0/8 | Reserviert für spezielle Anwendungen. |
| 100::0/8 | noch nicht zugeordnet |
| 200::0/7 | Abbildung von NSAP-Adressen |
| 400::0/7 | Abbildung von IPX-Adressen |
| 600::0/7 | noch nicht zugeordnet |

Tabelle 4.14 IPv6-Adressbereiche und -Präfixe

| Präfix | Verwendung |
|---|---|
| 800::0/5 | noch nicht zugeordnet |
| 1000::0/4 | noch nicht zugeordnet |
| 2000::0/3 | global eindeutige Adressen |
| 6000::0/3 | noch nicht zugeordnet |
| 8000::0/3 | noch nicht zugeordnet |
| A000::0/3 | noch nicht zugeordnet |
| C000::0/3 | noch nicht zugeordnet |
| E000::0/4 | noch nicht zugeordnet |
| F000::0/5 | noch nicht zugeordnet |
| F800::0/6 | noch nicht zugeordnet |
| FE00::0/7 | noch nicht zugeordnet |
| FE00::0/9 | noch nicht zugeordnet |
| FE80::0/10 | auf eine Verbindung begrenzte Adressen |
| FEC0::0/10 | auf eine Einrichtung begrenzte Adressen |
| FF00::0/8 | Multicast-Adressen |

**Tabelle 4.14** IPv6-Adressbereiche und -Präfixe (Forts.)

Die typischste Form von IPv6-Adressen, deren Stil am ehesten den öffentlich gerouteten IPv4-Adressen entspricht, ist die globale Unicast-Adresse. Ihre Struktur ist in RFC 2374 festgelegt und sieht folgendermaßen aus:

► externes Routing-Präfix (48 Bit)

► Site-Topologie (üblicherweise 16 Bit)

► Schnittstellen-Identifikationsnummer (normalerweise 64 Bit); wird in der Regel automatisch generiert, oft aus der MAC-Adresse der Schnittstelle oder aus der bisherigen IPv4-Adresse

Der IPv6-Datagramm-Header wurde gegenüber dem IPv4-Header erheblich vereinfacht. Durch die Auslagerung eventueller Optionen in sogenannte *Erweiterungs-Header* wird die Länge des Basis-Headers auf genau 320 Bit (40 Byte) festgelegt; einige Felder des IPv4-Headers wurden entfernt, weil sie keine Bedeutung mehr haben. Tabelle 4.15 zeigt den genauen Aufbau des IPv6-Headers.

| Byte | 0 | 1 | 2 | 3 |
|------|---|---|---|---|
| 0 | Version | Klasse | Flow Label | |
| 4 | Payload Length | | Next Header | Hop Limit |
| 8 | Quelladresse | | | |
| 12 | | | | |
| 16 | | | | |
| 20 | | | | |
| 24 | Zieladresse | | | |
| 28 | | | | |
| 32 | | | | |
| 36 | | | | |

**Tabelle 4.15** Aufbau des IPv6-Datagramm-Headers

Hier die Bedeutung der einzelnen Felder des Headers:

▶ Version (4 Bit): die Versionsnummer des IP-Protokolls; hier natürlich 6

▶ Klasse (8 Bit): Dieses Feld gibt die Priorität an, mit der das Datagramm übertragen werden soll. Es ist noch nicht abschließend geklärt, wie die entsprechenden Werte aussehen sollen.

▶ Flow Label (20 Bit): Ein Erweiterungsfeld, in das ein von 0 verschiedener Wert eingetragen wird, wenn IPv6-Router das Datagramm auf besondere Weise behandeln sollen. Es dient vor allem der Implementierung der Quality-of-Service-Funktionalität, mit deren Hilfe Paketsorten voneinander unterschieden werden, um beispielsweise Echtzeitanwendungen wie Streaming, Multimedia oder Videokonferenzen zu unterstützen.

▶ Payload Length (16 Bit): die Länge der Nutzdaten, die auf den Header folgen

▶ Next Header (8 Bit): Der Wert in diesem Feld gibt den Typ des ersten Erweiterungs-Headers an, falls einer vorhanden ist. Es gibt bisher sechs Arten von Erweiterungs-Headern; eine Übersicht finden Sie in Tabelle 4.16.

▶ Hop Limit (8 Bit): Ein neuer Name für die Time-to-Live-Funktion: Jeder Router zieht von dem ursprünglichen Wert 1 ab; bei Erreichen des Werts 0 wird das Paket verworfen.

▶ Quell- und Zieladresse (je 128 Bit): die Adresse des Absenders und des Empfängers; genau wie bei IPv4, nur entsprechend der Protokollspezifikation 128 statt 32 Bit lang

| Header | Next-Header-Code | Beschreibung |
|--------|-----------------|--------------|
| Hop-by-Hop Options Header | 0 | Optionen, die bei jedem Routing-Schritt ausgeführt werden müssen |

**Tabelle 4.16** Die verschiedenen Typen von IPv6-Erweiterungs-Headern

| Header | Next-Header-Code | Beschreibung |
|---|---|---|
| Routing Header | 43 | Festlegung der Router, über die das Paket geleitet werden soll |
| Fragment Header | 44 | Der Absender muss bei IPv6 die MTU herausfinden und Fragmente selbst bilden; die Fragmentinformationen befinden sich hier. |
| Authentication Header | 51 | Authentifizierung des Absenders gegen-über dem Empfänger |
| Encapsulating Security Payload Header | 50 | Dient der Verschlüsselung des Datagramms (IPv6). |
| Destination Options Header | 60 | Optionen, die nur für den Zielhost bestimmt sind |
| Upper-Layer Header | 59 | Header einer höheren Schicht; aus IPv6-Sicht also Nutzdaten |

**Tabelle 4.16** Die verschiedenen Typen von IPv6-Erweiterungs-Headern (Forts.)

Das größte Problem, das der sofortigen Einführung von IPv6 noch im Wege steht, ist ein organisatorisches: Zum einen kann man nicht einfach über Nacht flächendeckend umsteigen, da in diesem Fall die IP-Treiber aller Hosts und Router weltweit gewechselt werden müssten, was vollkommen illusorisch ist – zumal viele ältere Hardwarekomponenten, Betriebssysteme und Programme IPv6 gar nicht unterstützen und ihre Hersteller auch nicht vorhaben, diese Unterstützung nachträglich zu implementieren. Zum anderen ist es aber auch nicht möglich, gleichzeitig einen Teil des Internets mit IPv4 und einen anderen mit IPv6 zu betreiben und auf diese Weise allmählich auf die neue Version umzusteigen, da die beiden Adressierungs-schemata miteinander inkompatibel sind.

Die Lösung, die letzten Endes gefunden wurde, besteht in der *Tunnelung* von IPv6-Paketen durch das klassische IPv4-Netzwerk. Tunnelung bedeutet nichts anderes, als dass jedes IPv6-Datagramm in ein IPv4-Datagramm verpackt wird. Das heißt, das IPv6-Paket bildet aus der Sicht des IPv4-Pakets die Nutzdaten, die mit einem v4-Header versehen werden. Am jeweiligen Zielpunkt, an dem wiederum IPv6 verfügbar ist, wird das Version-4-Datagramm »ausgepackt« und gemäß den Header-Daten weiterverarbeitet. IPv6-Tunnel-Dienste werden mittlerweile auch von mehreren kommerziellen und verschiedenen freien Anbietern, den Tunnel-Brokern, zur Verfügung gestellt.

### IP-Routing

Komplizierter, aber auch interessanter wird es, wenn IP-Datagramme nicht für einen Host im lokalen Netz bestimmt sind, sondern für ein anderes Netzwerk. In diesem Fall muss das

Paket an einen Router übergeben werden, der es weiterleitet. Die meisten Daten, die im Internet übertragen werden, passieren eine Vielzahl solcher Router, bis sie schließlich ihr Ziel erreichen. Um das Konzept des IP-Routings verstehen zu können, müssen Sie verschiedene Aspekte betrachten. Insbesondere ist die Frage von Bedeutung, auf welche Art und Weise überhaupt das korrekte Empfängernetzwerk gefunden wird.

Wichtig ist, dass man zwei Arten der Paketweiterleitung unterscheiden muss. Die reine Weiterleitung wird als *IP-Forwarding* bezeichnet; dabei sind nur zwei mögliche Netzwerkschnittstellen betroffen, sodass Quelle und Ziel jeweils feststehen. *Routing* im engeren Sinne beschreibt dagegen Verfahren, bei denen Entscheidungen zur Weiterleitung über verschiedene Wege an ein bestimmtes Ziel getroffen werden. Ein Router muss beide Verfahren beherrschen, sodass im Alltag oft nicht zwischen ihnen unterschieden wird. In LANs findet jedoch oft nur Forwarding, aber kein echtes Routing statt, da meist ohnehin nicht mehrere Router zur Auswahl stehen. Sowohl Forwarding als auch Routing lässt sich übrigens entweder statisch über festgelegte Tabellen oder dynamisch mithilfe von Protokollen erledigen.

Bei einem einzelnen Host können üblicherweise zwei Arten von Routern angegeben werden: zum einen die Router, die Daten in ein bestimmtes Fremdnetzwerk weiterleiten, und zum anderen das Default-Gateway (der Standard-Router), das alle Daten entgegennimmt, die weder für das lokale Netz noch für ein Netz mit einem speziellen Router bestimmt sind.

Beachten Sie übrigens, dass der Begriff *Gateway* zweideutig ist: Das Wort *Default-Gateway* beim IP-Forwarding oder Routing bezeichnet wie erwähnt den Standard-Router. Im Allgemeinen steht Gateway dagegen für einen Verbindungsrechner, der über sämtliche OSI-Schichten arbeitet und deshalb genauer als *Application Level Gateway* bezeichnet wird.

Bei einem privaten PC oder DSL-Router, der über eine Wählleitung mit dem Internet verbunden ist, besteht in der Regel nur eine Verbindung zu einem einzelnen Router des Providers. Welcher das ist, wird jedoch bei der Einwahl in das Netzwerk des Providers bestimmt, da auch die IP-Adresse bei jeder Einwahl dynamisch zugeteilt wird. Je nachdem, welche Adresse dem Host zugeteilt wird, ist möglicherweise ein anderer Router zuständig. Deshalb wird der Router bei der IP-Konfiguration des DFÜ-Netzwerkzugangs nicht fest angegeben, sondern durch das Einwahlprotokoll (üblicherweise PPP) mitgeteilt.

Anders sieht es dagegen oft bei Workstations in Unternehmen aus, die an ein lokales Netzwerk angeschlossen sind: Sämtliche Netzwerkkommunikation, sowohl mit dem lokalen Netz als auch mit dem Internet, findet über ein und dieselbe LAN-Schnittstelle statt, meistens über Ethernet. Innerhalb des LAN besitzt der Router für die Verknüpfung zum Internet eine bekannte IP-Adresse, die bei der IP-Konfiguration des Hosts angegeben wird. Mitunter besteht die Netzwerkinfrastruktur eines größeren Unternehmens auch aus mehreren Einzelnetzen, die über interne Router miteinander vernetzt werden. In einem solchen Fall wird häufig der Router, der zu dem anderen lokalen Netz führt, als Router für dieses konkrete Netz angegeben, während der Internetrouter (dessen Zielnetz »alle anderen Netze« sind) als Standard-Router eingerichtet wird. Für den letzteren – routingtechnisch relativ interessanten – Fall sehen Sie hier ein Beispiel:

In einem Unternehmen bestehen die beiden lokalen Netze 196.87.98.0/24 und 196.87.99.0/24. Das erste Netz wird von der Grafikabteilung verwendet, das zweite von den Softwareentwicklern. In Abbildung 4.4 wird der Aufbau dieses Netzes dargestellt.

Das Netzwerk der Grafikabteilung enthält die folgenden drei Rechner:

- *zeus* (196.87.98.3)
- *aphrodite* (196.87.98.4)
- *hermes* (196.87.98.5)

Zum Netzwerk der Entwicklungsabteilung gehören die drei folgenden Hosts:

- *newton* (196.87.99.7)
- *curie* (196.87.99.8)
- *einstein* (196.87.99.9)

Zwischen den beiden lokalen Netzen befindet sich ein Router, dessen Schnittstelle im Netz der Grafikabteilung die IP-Adresse 196.87.98.1 besitzt. Seiner anderen Schnittstelle für die Entwicklungsabteilung wurde die Adresse 196.87.99.2 zugewiesen. Ein zweiter Router verbindet die Entwicklungsabteilung mit dem Internet. Seine lokale Schnittstelle wurde mit der IP-Adresse 196.87.99.1 konfiguriert; die Adresse für die Internetschnittstelle wird vom Internetprovider dynamisch zugewiesen.

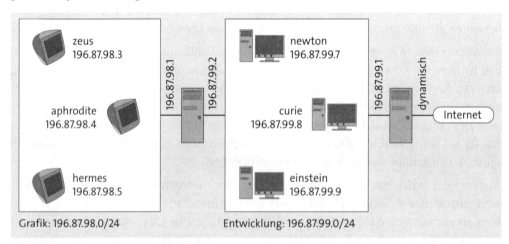

**Abbildung 4.4** Verbindung zwischen zwei verschiedenen lokalen Netzen und dem Internet über zwei Router

Interessant ist nun die Routing-Konfiguration der einzelnen Hosts. Die drei Rechner im Entwicklernetzwerk kennen zwei verschiedene Router: Der Standard-Router ist 196.87.99.1, als spezieller Router für Datenpakete an das Netz 196.87.98.0 wird 196.87.99.2 angegeben. Dagegen kennen die drei Hosts im Grafiknetzwerk nur einen einzigen Router, nämlich 196.87.98.1, der als Standard-Router eingerichtet wird. Ob Datenpakete jenseits dieses Routers für das Netz 196.87.99.0 oder für das Internet bestimmt sind, muss der Router selbst entscheiden; die Rechner schicken ihm einfach alle Datagramme, die nicht für das lokale Netz verwendet werden sollen.

Angenommen, *aphrodite* möchte auf Daten zugreifen, die *newton* bereitstellt. Die Daten sind offensichtlich nicht für das Netz 196.87.98.0 bestimmt, deshalb werden sie dem Router übergeben. Dieser erkennt, dass sie für das Netz 196.87.99.0 bestimmt sind, an das er unmittelbar angeschlossen ist. Er kann die Daten direkt an den Zielhost ausliefern.

Will dagegen *zeus* auf Daten aus dem Internet zugreifen, muss der Standard-Router des Grafiknetzes erkennen, dass die Daten nicht für das andere Netz bestimmt sind, an das er selbst angeschlossen ist, und sie an den nächsten Router weiterreichen.

Ein wenig anders verhält es sich, wenn ein Rechner aus dem Entwicklernetz wie *curie* auf *zeus* zugreifen möchte. Es ist bereits in der Routing-Konfiguration von *curie* bekannt, dass ein bestimmter Router, nämlich 196.87.99.2, verwendet werden soll. Ebenso weiß beispielsweise *einstein*, dass Zugriffe auf das Internet über den Router 196.87.99.1 erfolgen müssen.

Damit ein Host weiß, wohin er Datenpakete eigentlich schicken muss, um ein bestimmtes Netz zu erreichen, müssen die einzelnen Router in seiner Netzwerkkonfiguration angegeben werden – dies funktioniert je nach Betriebssystem unterschiedlich. Das Ergebnis dieser Konfiguration ist eine Routing-Tabelle, die ebenfalls je nach System unterschiedlich aussieht. Angenommen, alle Rechner im zuvor gezeigten Beispielnetzwerk liefen unter Unix-Varianten (die Grafikrechner unter macOS, die Entwicklercomputer unter Linux). Dann sähe die Routing-Tabelle von *curie*, die durch den Unix-Befehl `netstat rn` angezeigt werden kann,[8] so aus:

```
$ netstat -rn
Routing Tables
Destination Gateway FlagsRefcntUseInterface
127.0.0.1 127.0.0.1 UH 1 132loO
196.87.99.0 196.87.99.8 U2649041leO
196.87.98.0 196.87.99.2 UG 0 0leO
default 196.87.99.1 UG 0 0leO
```

Die erste Zeile (Zieladresse 127.0.0.1) beschreibt das Erreichen der Loopback-Adresse: Das Interface (Netzwerkschnittstelle) ist loO (*local loopback*). Das Flag H zeigt an, dass es sich um eine Route zum Erreichen eines einzelnen Hosts handelt. Das Flag U dagegen steht für *up* und bedeutet, dass die Route zurzeit intakt ist.

---

8 Näheres über die einfachen TCP/IP-Dienstprogramme erfahren Sie für die jeweilige Systemplattform in Kapitel 6, »Windows«, beziehungsweise Kapitel 7, »Linux«.

In der nächsten Zeile wird das lokale Netzwerk angegeben, in dem sich *curie* selbst befindet. Deshalb wird als Gateway einfach die IP-Adresse von *curie* ausgegeben. Das Interface le0 ist die erste (und in diesem Fall einzige) Ethernet-Schnittstelle des Rechners.

Die dritte Zeile beschreibt die Route in das Grafiknetzwerk über den Router, dessen Adresse im Entwicklernetz 196.87.99.2 lautet. Das Flag G steht für *Gateway*, also für die Tatsache, dass für diese Route die Dienste eines Routers in Anspruch genommen werden.

In der letzten Zeile wird schließlich 196.87.99.1 als Default-Gateway angegeben, also als Router für alle Ziele, die nicht explizit in der Routing-Tabelle auftauchen.

Die Routing-Tabelle von *hermes* sieht einfacher aus:

```
Routing Tables
Destination GatewayFlagsRefcnt UseInterface
127.0.0.1 127.0.0.1UH 1 132lo0
196.87.98.0 196.87.98.5U2649041le0
default 196.87.98.1UG 0 0le0
```

Da das Grafiknetz nur einen Router kennt, gibt es nur den Loopback-Eintrag, die Information für das lokale Netz und schließlich den Default-Eintrag für alle anderen Netze.

Auf diese Weise werden Daten durch das gesamte Internet geroutet. Jedes Mal, wenn ein Router passiert wird, erfolgt ein sogenannter *Hop* der Daten. Wegen des TTL-Feldes von 8 Bit Größe, das im IP-Header enthalten ist und bereits beschrieben wurde, erreicht ein Datagramm sein Ziel stets mit höchstens 255 Hops – oder eben gar nicht.

Damit IP-Datenpakete ihr Ziel überhaupt erreichen können, muss im Prinzip jeder einzelne Router im gesamten Internet darüber Bescheid wissen, wie er jedes beliebige Netz erreichen kann. Zu diesem Zweck unterhält auch jeder Router Routing-Tabellen, die den bereits für die einzelnen Hosts gezeigten ähnlich sehen. Da das Internet ein Zusammenschluss von vielen einzelnen Netzwerken ist, müssen diese Tabellen jedoch ständig aktualisiert werden, denn es ergeben sich häufig Konfigurationsänderungen, weil neue Netze hinzukommen oder vorhandene geändert oder aufgegeben werden. Es wäre absolut unzumutbar, diese Konfigurationsänderungen ständig manuell auf dem aktuellen Stand zu halten, was deshalb auch seit vielen Jahren nicht mehr üblich ist (außer innerhalb sehr kleiner Netze wie in dem Beispiel zuvor, in denen sich die Routing-Einstellungen selten ändern müssen).

Die Router im Internet müssen deshalb ständig Informationen darüber austauschen, an welche anderen Netzwerke sie jeweils Daten vermitteln. Sie müssen komplexe Routing-Entscheidungen treffen, indem sie den Aufwand und die Kosten verschiedener Routen vergleichen und die Pakete eben nicht direkt ans Ziel, sondern auf dem derzeit günstigsten Weg weiterleiten, damit diese nicht nur sicher, sondern auch möglichst schnell ihr Ziel erreichen. Dieses eigentliche Routing ist erheblich dynamischer als das einfache Forwarding, sodass die Routing-Informationen ständig aktualisiert werden müssen. Auf diese Weise kann ein Paket bei

Ausfall oder auch nur starker Belastung einer bestimmten Route über eine andere Route umgeleitet werden. Zu diesem Zweck wurde eine Reihe verschiedener Routing-Protokolle entwickelt, mit deren Hilfe dies möglich wird. Jedes dieser Routing-Protokolle besitzt andere Eigenschaften, außerdem wird nicht jedes dieser Protokolle von jedem Hersteller unterstützt.

Zunächst muss zwischen zwei Arten von Routing unterschieden werden: dem Routing inner-halb zusammenhängender Netze eines einzelnen Betreibers (*Interior Routing*), der innerhalb dieses Bereichs frei über die Konfiguration entscheiden kann, und dem Routing zwischen voneinander unabhängigen derartigen Bereichen (*Exterior Routing*). Alle zusammenhängen-den Netze eines Betreibers werden als *autonome Systeme* (*Autonomous Systems*, abgekürzt AS) bezeichnet. Einige Routing-Protokolle, etwa das veraltete RIP oder das aktuellere OSPF, dienen dem Routing innerhalb von autonomen Systemen, während andere, vor allem BGP, für das Routing zwischen den Grenzen autonomer Systeme zuständig sind. Diese drei ge-nannten Routing-Protokolle werden im weiteren Verlauf des Kapitels kurz vorgestellt.

Wenn ein Router ein Routing-Protokoll ausführt, dann teilt er den benachbarten Routern mit, an welche Netze er Daten weiterleitet. Die meisten Routing-Protokolle machen außer-dem Angaben über die »Kosten«, die für das Erreichen eines bestimmten Netzes kalkuliert werden müssen. Der Begriff *Kosten* hat nichts mit dem Preis zu tun, sondern bestimmt vor allem, über wie viele Hops ein bestimmtes Netzwerk durch den jeweiligen Router erreicht werden kann. Allerdings gibt es auch die Möglichkeit, die Kostenangaben willkürlich zu manipulieren – je nachdem, wie »gern« ein Router Daten an ein bestimmtes Netzwerk über-mitteln soll. Wenn ein Router bestimmen muss, an welchen benachbarten Router er die Daten für ein bestimmtes Netz übergeben soll, sucht er sich denjenigen aus, der für dieses Netz geringere Kosten angibt. Diese Kostendaten werden auch als die *Metrik* des Routings bezeichnet.

Auf diese Weise wird versucht, die Datenströme zwischen den verschiedenen Backbone-Netzwerken möglichst gleichmäßig zu verteilen, außerdem bestehen verschiedene Arten von Verträgen oder Vereinbarungen zwischen den Netzbetreibern, was die Weiterleitung von Daten bestimmter anderer Netzwerke betrifft. Beispielsweise gab es in Deutschland in den 90er-Jahren einen mehrjährigen Streit zwischen dem Deutschen Forschungsnetz (DFN), dem Betreiber der deutschen Universitätsnetze, und den kommerziellen Internetprovidern. Es ging um die Frage, wer wem mehr Datenverkehr aus dem jeweils anderen Netz zumutete. Erst durch die Einführung neuer zentraler Datenaustauschpunkte wie dem DE-CIX konnte der Konflikt beigelegt werden.

Hier einige wichtige Routing-Protokolle im Überblick:

▸ **Routing Information Protocol (RIP)**
Das Routing Information Protocol (RIP) wird auf Unix-Routern durch den *Routing Daemon* (routed) ausgeführt. Beim Start von routed wird eine Anfrage ausgesendet. Alle anderen Router, die innerhalb desselben autonomen Systems ebenfalls routed ausführen, beant-

worten diese Anfrage durch Update-Pakete. Darin sind die Zieladressen aus den Routing-Tabellen der anderen Router und deren jeweilige Metrik enthalten.

Enthält ein Update-Paket die Routen zu Netzen, die noch gar nicht bekannt sind, fügt der Router sie seiner Routing-Tabelle hinzu. Außerdem werden Routen ersetzt, falls ein Update-Paket die Information enthält, dass ein bestimmtes Netzwerk über einen anderen Router mit geringeren Kosten zu erreichen ist.

Ein Router, auf dem `routed` läuft, sendet ebenfalls Update-Pakete, und zwar in der Regel alle 30 Sekunden. Erhält ein Router von einem anderen Router mehrere Male keine Update-Pakete mehr (häufig beträgt die Wartezeit 180 Sekunden), löscht er alle Einträge aus seiner Routing-Tabelle, die diesen Router verwenden. Außerdem werden diejenigen Einträge gelöscht, deren Kosten mehr als 15 Hops betragen. Letzteres beschränkt RIP auf kleinere autonome Systeme.

RIP interpretiert IP-Adressen streng nach der alten Klassenlogik und beherrscht weder CIDR noch VLSM. Dies ist der Hauptgrund, warum es immer seltener verwendet wird.

Außerdem besteht das Problem, dass durch den plötzlichen Ausfall von Routern Konfigurationsfehler entstehen können: Alle Netze, die ursprünglich nur durch den ausgefallenen Router erreicht werden konnten, sind nun gar nicht mehr erreichbar. Dies spricht sich jedoch nur allmählich herum, da ein Router zwar zunächst alle Routen entfernt, die durch den ausgefallenen Router führten, von den anderen jedoch wieder die Route zu dem Netz lernt, das nun nicht mehr erreichbar ist. Bei einem Update-Intervall von 30 Sekunden kann es recht lange dauern, bis die Router die Entfernung zu dem nicht mehr verfügbaren Netz auf die nicht mehr relevanten 16 Hops »hochgeschaukelt« haben.

Um dieses Szenario zu verhindern, wird eine Technik namens *Split Horizon* verwendet: Ein Router bietet Routing-Informationen nicht über die Verbindung an, über die er sie gelernt hat. Eine Erweiterung dieses Verfahrens ist *Poison Reverse*; hier wird den Routern, von denen eine bestimmte Verbindung gelernt wurde, aktiv die *Unendlich-Metrik* 16 angegeben.

Einige Probleme von RIP werden in der neueren Version RIP-2, die in RFC 1723 beschrieben wird, beseitigt; vor allem arbeitet diese Version mit CIDR-Adressierung.

▶ **Open Shortest Path First (OSPF)**
Das in RFC 2178 beschriebene Open-Shortest-Path-First-Protokoll (OSPF) ist ein sogenanntes *Link-State-Protokoll*: Der einzelne Router speichert einen gerichteten Graphen des Netzwerks aus seiner jeweiligen Sicht. Ein gerichteter Graph ist eine Art Baumdiagramm mit dem lokalen Router als Wurzel; sein Aufbau erfolgt nach dem Shortest-Path-First-Algorithmus von Dijkstra: Die Kosten des lokalen Routers selbst werden mit 0 angegeben; von diesem zweigen die Routen zu den Nachbarn baumförmig ab, dann wiederum zu deren Nachbarn etc. In einem zweiten Schritt wird der Link-State-Graph optimiert. Falls mehrere Routen zu einem Ziel vorhanden sind, beispielsweise eine direkte und eine indirekte, wird jeweils die weniger kostengünstige Route entfernt.

Um die Link-State-Datenbank klein zu halten, werden größere autonome Systeme in kleinere Einheiten unterteilt, die *Areas*. Nur vereinzelte Router, die sogenannten *Bereichsgrenzrouter*, werden von den Routern innerhalb einer Area als Verbindung in andere Areas betrachtet.

Ein OSPF-Router gewinnt seine Erkenntnisse über die benachbarten Router, indem er sogenannte *Hello-Pakete* aussendet. Diese enthalten seine eigene Adresse und die Information, von welchen benachbarten Routern er bereits Routing-Daten erhalten hat. Ein Router, der ein Hello-Paket erhält, trägt den Absender dieses Pakets als Nachbarn in seinen eigenen Link-State-Graphen ein. Die Hello-Pakete werden in regelmäßigen Abständen ausgesandt, um den Nachbarn mitzuteilen, dass der Router noch bereit ist. Erhält ein Router keine weiteren Pakete von einem bestimmten Nachbarn, geht er davon aus, dass dieser nicht mehr zur Verfügung steht, entfernt ihn aus seiner Link-State-Datenbank und informiert das Netzwerk darüber.

OSPF-Router geben Daten über ihre Nachbarn an das gesamte Netzwerk weiter, indem sie *Link State Advertisements* (LSA) über alle ihre Netzwerkschnittstellen versenden. Der Empfänger eines LSA-Pakets leitet es weiter, indem er es ebenfalls über alle seine Schnittstellen versendet – mit Ausnahme derjenigen, über die er es empfangen hat. Dieses Verfahren der schnellen Verbreitung von Informationen über ein Netzwerk wird als *Flooding* bezeichnet.

▶ **Border Gateway Protocol (BGP)**
Anders als bei den beiden zuvor behandelten Routing-Protokollen handelt es sich beim Border Gateway Protocol (BGP) um ein externes Routing-Protokoll, das Verbindungen zwischen verschiedenen autonomen Systemen regelt. Vom Standpunkt des externen Routings aus erscheinen die autonomen Systeme selbst als in sich geschlossene Gebilde, die nicht näher differenziert werden. BGP wird nur von den Bereichsgrenzroutern der autonomen Systeme ausgeführt, also in der Regel lediglich bei Internetprovidern oder großen Backbone-Netzbetreibern. Die meisten Firmennetze sind dagegen Teil eines autonomen Systems, das von einem Provider betrieben wird, führen also lediglich interne Routing-Protokolle wie OSPF aus.

Die benachbarten BGP-Router, *Peers* genannt, kommunizieren über eine zuverlässige TCP-Verbindung, die über den dafür vorgesehenen TCP-Port 179 abgewickelt wird. Es wird stets eine vollständige Route mit allen ihren Knotenpunkten angegeben. Dies unterscheidet BGP von den meisten internen Routing-Protokollen, die nur die Verbindungen zu ihren unmittelbaren Nachbarn angeben. Aus diesem Grund wird BGP als *Pfadvektor-Protokoll* bezeichnet.

Wird das erste Mal eine Verbindung zu einem Peer hergestellt, dann werden über sogenannte *Update-Pakete* die vollständigen Routing-Tabellen ausgetauscht, danach werden nur noch Änderungen mitgeteilt. Außerdem werden in regelmäßigen Abständen *KEEPALIVE*-Pakete versandt, falls keine Änderungen vorliegen, um den Peers mitzuteilen, dass der Router noch einsatzbereit ist.

## Weitere IP-Dienste

In fast allen modernen TCP/IP-Netzwerken – insbesondere in lokalen Firmennetzen, die mit dem Internet verbunden sind – spielen zwei weitere Protokolle eine wichtige Rolle: DHCP dient dazu, den Rechnern im Netzwerk automatisch IP-Adressen zuzuweisen, während das NAT-Protokoll meist vom Standard-Router ausgeführt wird und die im Internet unbrauchbaren privaten IP-Adressen mit öffentlichen überschreibt und umgekehrt. Diese beiden Protokolle sollen hier näher vorgestellt werden.

Das in RFC 2131 und 2132 definierte *Dynamic Host Configuration Protocol* (DHCP) dient dazu, einem Host automatisch TCP/IP-Konfigurationsdaten zuzuweisen. Es ist eine Erweiterung des älteren *Bootstrap Protocol* (BOOTP). Ein Host, der seine Netzwerkparameter über DHCP beziehen möchte, sendet bei Inbetriebnahme eine Broadcast-Anfrage namens *BOOTREQUEST* an die allgemeine Broadcast-Adresse 255.255.255.255. Der Rechner muss also noch nicht einmal wissen, in welchem Netzwerk er sich befindet – das ist beispielsweise ideal für ein Notebook, das manchmal an ein Heim- und manchmal an ein Büro-Netzwerk angeschlossen wird. Läuft in dem Netz ein DHCP-Server, antwortet er mit einem Satz von Konfigurationsparametern, mit denen der Host seine TCP/IP-Konfiguration vornimmt.

Das wichtigste Merkmal von DHCP besteht in der dynamischen Vergabe von IP-Adressen, die Netzwerkadministratoren das Leben erheblich erleichtert – insbesondere in solchen Netzwerken, in denen häufig Änderungen auftreten. Diese automatische Vergabe erfolgt in Form einer *Lease* (Pacht) mit beschränkter Gültigkeit. Ein Host, der ordnungsgemäß vom Netz abgemeldet wird (ein normaler Vorgang beim Herunterfahren moderner Betriebssysteme), gibt seine IP-Adresse selbst an den DHCP-Server zurück. Das Lease-Verfahren sorgt dagegen dafür, dass IP-Adressen auch dann wieder für den Server verfügbar werden, wenn ein Host unerwartet vom Netz getrennt oder unsachgemäß abgeschaltet wird. Bleibt ein Rechner über den Lease-Zeitraum hinaus im Netz aktiv, erfolgt in der Regel eine Verlängerung der Lease.

Auf dem DHCP-Server muss ein Teil der Adressen des Netzwerks, in dem er sich befindet, als DHCP-Pool konfiguriert werden, aus dem die Adressen automatisch an die anfragenden DHCP-Clients vergeben werden. Es muss darauf geachtet werden, genügend Adressen aus diesem Pool auszuschließen, weil eine Reihe von Internetdiensten eine feste IP-Adresse benötigt oder zumindest besser damit funktioniert.

*Network Address Translation* (NAT) ist eine relativ neue Entwicklung und löst dementsprechend ein modernes Problem: Immer mehr Netzwerke benötigen permanenten oder auch nur temporären Zugang zum Internet, obwohl sie mit den zuvor vorgestellten privaten IP-Adressen konfiguriert wurden. Es wäre bei der heutigen Anzahl von Internethosts und angeschlossenen Netzen auch gar nicht mehr möglich, allen angeschlossenen Netzwerken öffentliche IP-Adressen zuzuweisen. Da die privaten IP-Adressen jedoch nicht eindeutig sind, müssen sie beim Übergang ins Internet mit einer öffentlichen Adresse überschrieben werden und umgekehrt.

Eine aktuelle Form von NAT, die im Kernel moderner Unix-Systeme konfiguriert werden kann, wird auch als *IP-Masquerading* bezeichnet und geht noch einen Schritt weiter als NAT: Es ist nur eine externe IP-Adresse erforderlich; alle lokalen Adressen werden auf diese eine Adresse abgebildet. Unterschieden werden die Rechner in diesem Fall anhand der Client-Portnummer der Datenpakete, die zur Transportebene gehört und im nächsten Abschnitt näher beschrieben wird. Aus diesem Grund wird das echte Masquerading manchmal auch als *PAT* (*Port Address Translation*) bezeichnet. Diese spezielle Form von NAT verbirgt die Details des internen Netzwerks vor dem Internet, die einzelnen Rechner sind von außen nicht erreichbar. Dies ist ein angenehmer Nebeneffekt dieses Verfahrens, der zusätzlich der Sicherheit im Netzwerk dient.

Tabelle 4.17 zeigt ein Beispiel für klassisches NAT in einem privaten Netzwerk mit der Adresse 192.168.1.0/24. Jede interne IP-Adresse wird auf eine individuelle externe Adresse abgebildet.

| Hostname | Interne IP-Adresse | Externe IP-Adresse |
|----------|--------------------|--------------------|
| gandalf  | 192.168.1.4        | 204.81.92.6        |
| Frodo    | 192.168.1.5        | 204.81.92.3        |
| Bilbo    | 192.168.1.6        | 204.81.92.5        |

**Tabelle 4.17** Beispiel für klassisches NAT

In Tabelle 4.18 wird dagegen für dasselbe Netzwerk ein Beispiel für IP-Masquerading (PAT) gezeigt. Das Konzept der Portnummern wird im weiteren Verlauf des Kapitels noch genauer beschrieben.

| Hostname | Interne IP-Adresse | Externe IP-Adresse | Externe Portnummer |
|----------|--------------------|--------------------|--------------------|
| Gandalf  | 192.168.1.4        | 204.81.92.4        | 22.191             |
| Frodo    | 192.168.1.5        |                    | 22.192             |
| Bilbo    | 192.168.1.6        |                    | 22.193             |

**Tabelle 4.18** Beispiel für IP-Masquerading

Der Rechner, der NAT ausführt, ist üblicherweise derjenige Router, der das lokale Netz mit dem Netzwerk eines Providers und demzufolge mit dem Internet verbindet. NAT wird von allen gängigen Unix-Versionen sowie von Windows NT und seinen Nachfolgern unterstützt. Außerdem können die meisten ISDN- oder DSL-Kompakt-Router NAT ausführen. Eine nähere Beschreibung vieler Aspekte von NAT findet sich in RFC 3022.

Auf einem Linux-System kann NAT beispielsweise durch die Kernel-Firewall *Netfilter/ iptables* bereitgestellt werden. Dieser Aspekt wird auch in Kapitel 21, »Computer- und Netzwerksicherheit«, erwähnt.

Die Windows-Desktop-Systeme enthalten einen eigenen NAT-Dienst namens *Internet Connection Sharing* (ICS). Dadurch fungiert eine Workstation als NAT-Router und ermöglich so die Nutzung ihres Internetzugangs durch andere Maschinen. Diese NAT-Variante gilt allerdings als unsicher und ist zudem erheblich unflexibler als IP-Masquerading, da sie automatisch erfolgt und keinerlei Einstellungen ermöglicht.

In manchen Netzwerken erfolgt der Zugriff auf Internetdienste nicht über Router, sondern über Gateways auf Anwendungsebene, die in der Öffentlichkeit als Stellvertreter (Proxys) des eigenen Rechners arbeiten. Solche Proxyserver gibt es für fast alle Dienste. Am bekanntesten sind Webproxys, die oft auch als Cache (Zwischenspeicher) für häufig aufgerufene Websites dienen. Die bekannteste Proxy- und Webcache-Software ist der Open-Source-Proxy *squid*; Microsoft bietet ebenfalls ein entsprechendes Produkt namens *ISA Server* an. Auch der Webserver Apache (siehe Kapitel 14, »Server für Webanwendungen«) kann optional als Caching-Proxy für verschiedene Protokolle konfiguriert werden. Eine Anleitung dazu finden Sie in der Online-Dokumentation des Webservers Apache; konkret unter *http://httpd.apache.org/ docs/2.4/en/mod/mod_proxy.html*.

### 4.6.3  Transportprotokolle

Eine Anwendung, die Daten über ein TCP/IP-Netzwerk wie das Internet übertragen möchte, beauftragt zu diesem Zweck ein Transportprotokoll, also ein Protokoll der Host-zu-Host-Transportschicht des Internetschichtenmodells. Nachdem im letzten Abschnitt das IP-Routing erläutert wurde, sollten Sie auch verstehen, warum der Vorgang als *Host-zu-Host-Transport* bezeichnet wird: Router betrachten von den Datenpaketen, die sie weiterleiten sollen, immer nur den IP-Header und werten dessen Informationen aus. Aus der Sicht des IP-Protokolls existieren die Daten der Transportschicht nicht. Umgekehrt ist also das Routing ein Implementierungsdetail, das für die Protokolle der Transportschicht nicht sichtbar ist. Aus ihrer Sicht kann der Zielhost immer unmittelbar erreicht werden.

Um den Bedürfnissen verschiedener Anwendungen gerecht zu werden, wurden zwei verschiedene wichtige Transportprotokolle definiert. Das häufiger verwendete *TCP-Protokoll* (definiert in RFC 793), das einen Teil des Namens der Protokollfamilie ausmacht, stellt den zuverlässigen Transport von Datenpaketen in einer definierten Reihenfolge zur Verfügung. Dagegen bietet das *UDP-Protokoll* (RFC 768) die Möglichkeit, Daten auf Kosten der Zuverlässigkeit möglichst schnell zu transportieren.

Ein wenig zwischen Vermittlungs- und Transportschicht liegt das ICMP-Protokoll (*Internet Control Message Protocol*), das für den Versand spezieller Datagramme verwendet wird, mit deren Hilfe überprüft werden kann, ob ein entfernter Host im Netzwerk aktiv ist. Das entsprechende Dienstprogramm heißt *ping* und wird in Kapitel 6, »Windows«, und in Kapitel 7, »Linux«, für die jeweilige Systemplattform vorgestellt.

Die beiden Protokolle werden in den folgenden Abschnitten genauer beschrieben.

## Das Transmission Control Protocol (TCP)

Wie Sie im letzten Abschnitt erfahren haben, werden IP-Datagramme jeweils individuell durch das Netzwerk geleitet. Deshalb kann auf der Basis von Datagrammen kein zuverlässiger Transport kontinuierlicher Datenströme erfolgen, weil es vollkommen normal ist, dass Datagramme nicht in der Reihenfolge ankommen, in der sie abgeschickt wurden. Außerdem ist es auch möglich, dass sie gar nicht ankommen, weil auf der Ebene des IP-Protokolls keine entsprechende Kontrolle durchgeführt wird.

Um nun über den potenziell unsicheren Weg der IP-Datagramme Daten zuverlässig durch das Netzwerk zu transportieren, wird auf dieser höher gelegenen Ebene eine Flusskontrolle implementiert: Im Wesentlichen werden die Datenpakete durch das TCP-Protokoll durchnummeriert, um die korrekte Reihenfolge aufrechtzuerhalten. Im Übrigen erwartet der ursprüngliche Absender für jedes einzelne Datenpaket eine Bestätigung; bleibt sie zu lange aus, versendet der Absender das entsprechende Paket einfach erneut.

Als Erstes sollten Sie sich den TCP-Paket-Header ansehen, der in Tabelle 4.19 gezeigt wird.

| | 0 | 1 | 2 | 3 |
|---|---|---|---|---|
| 0 | Quellport | | Zielport | |
| 4 | Sequenznummer | | | |
| 8 | Bestätigungsnummer | | | |
| 12 | Offset | reserviert | Flags | Fenster |
| 16 | Prüfsumme | | Urgent-Zeiger | |
| 20 | Optionen | | | Padding |

**Tabelle 4.19** Aufbau des TCP-Datenpaket-Headers

Ein TCP-Datenpaket-Header besteht aus den folgenden Bestandteilen:

▶ Quellport (16 Bit): Ports stellen eine Methode zur Identifikation der konkreten Anwendungen zur Verfügung, die auf den beteiligten Hosts miteinander kommunizieren. Der Quellport ist die Portnummer des Absenders.

▶ Zielport (16 Bit): Dies ist entsprechend die Portnummer des Empfängers.

▶ Sequenznummer (32 Bit): Normalerweise gibt diese Nummer an, dem wievielten Byte der zu übertragenden Sequenz das erste Nutzdaten-Byte des Pakets entspricht. Ausnahme: Ist das SYN-Flag gesetzt, wird die Anfangssequenznummer (*Initial Sequence Number*, ISN) angegeben.

▶ Bestätigungsnummer (32 Bit): Das Start-Byte der Sequenz, deren Übertragung als Nächstes erwartet wird; ist nur bei gesetztem ACK-Bit von Bedeutung.

▶ Offset (4 Bit): Anzahl der 32-Bit-Wörter, aus denen der Header besteht; gibt entsprechend den Beginn der Nutzdaten im Paket an.

▶ Reserviert (6 Bit): Reserviert für zukünftige Anwendungen; muss 0 sein.

▶ Flags (6 Bit): verschiedene Status-Bits; im Einzelnen:

   – URG: Urgent Data wird versandt; der Inhalt des Urgent-Zeigers muss beachtet werden.

   – ACK: Acknowledgement – das Bestätigungsfeld muss berücksichtigt werden.

   – PSH: Push-Funktion – ist dieses Bit gesetzt, wird die Pufferung des Pakets verhindert; es wird unmittelbar gesendet.

   – RST: Reset – Verbindung zurücksetzen

   – SYN: Sequenznummern synchronisieren

   – FIN: Ende der Sequenz; keine weiteren Daten vom Absender

▶ Fenster (16 Bit): Die Anzahl von Daten-Bytes, die der Absender des Pakets zu empfangen bereit ist; basiert unter anderem auf der IP-MTU der verwendeten Schnittstelle.

▶ Prüfsumme (16 Bit): Anhand dieser einfacheren Plausibilitätskontrolle kann die Korrektheit der übertragenen Daten überprüft werden.

▶ Urgent-Zeiger (16 Bit): Ein Zeiger auf das Byte der aktuellen Sequenz, das Urgent Data enthält. Wird nur ausgewertet, wenn das URG-Flag gesetzt ist.

▶ Optionen (variable Länge): Enthält verschiedene hersteller- und implementierungsabhängige Zusatzinformationen; stets ein Vielfaches von 8 Bit lang.

Zwischen den beiden Hosts, die über TCP kommunizieren, wird eine virtuelle Punkt-zu-Punkt-Verbindung hergestellt; aus diesem Grund wird TCP auch als *verbindungsorientiertes Protokoll* bezeichnet. Dies ermöglicht den Transport eines kontinuierlichen Datenstroms über die potenziell unzuverlässigen IP-Datagramme, in die die TCP-Pakete verpackt werden. Um die Datenübertragung einzuleiten, findet zunächst ein sogenannter *Drei-Wege-Handshake* statt: Drei spezielle Datenpakete ohne Nutzdateninhalt werden ausgetauscht. Der Host, der die Verbindung initiiert, sendet ein Paket mit gesetztem SYN-Bit an den Empfänger. Dieser schickt ein Paket zurück, bei dem SYN und ACK gesetzt sind, und erwartet wiederum eine Antwort, bei der nur das ACK-Flag gesetzt ist. Erst nachdem dies geschehen ist, beginnt die eigentliche Übertragung von Nutzdaten. Dieses Vorgehen garantiert, dass beide Hosts bereit sind, miteinander zu kommunizieren.

Anschließend sendet der Absender ein Paket nach dem anderen an den Empfängerhost, wobei die Sequenznummer stets um die im vorangegangenen Paket versandte Nutzdatenmenge erhöht wird. Der Empfänger beantwortet jedes empfangene Paket, dessen Prüfsumme mit dem Inhalt übereinstimmt, mit einem Bestätigungspaket, dessen ACK-Flag also gesetzt ist. Der Wert des Bestätigungsfeldes ist der Byte-Offset der nächsten Datensequenz, die der Empfänger erwartet, ist also die Summe aus Sequenznummer und Nutzdatenlänge des soeben empfangenen Pakets.

Erhält der Absender die Bestätigung nicht innerhalb einer definierten Zeit (Timeout), sendet er das entsprechende Paket unaufgefordert erneut. Dieses Verfahren wird *positive Bestätigung* (*Positive Acknowledgement*) genannt, da lediglich der Erfolg gemeldet wird; von einem Misserfolg wird automatisch ausgegangen, wenn keine Meldung erfolgt. Dieses Verfahren ist zuverlässiger als das Arbeiten mit Misserfolgsmeldungen: Kommt die Erfolgsmeldung nicht an, wird das Paket einfach erneut versandt, ansonsten gibt es aber keine schädlichen Folgen (außer dem geringen Mehraufwand für ein überflüssig versandtes Paket, falls einmal lediglich die Bestätigung verloren gegangen ist). Käme dagegen eine Misserfolgsmeldung nicht an, würde das betreffende Paket nicht erneut versandt und den Empfänger niemals erreichen.

Ein weiterer wichtiger Bestandteil von TCP-Paketen sind die beiden 16 Bit langen Portnummern. Jedes Paket kann anhand des Portnummern-Paares als zu einer bestimmten Sequenz und Anwendung gehörig identifiziert werden. Das ist auch absolut notwendig: Stellen Sie sich vor, Sie haben zwei Browserfenster geöffnet; in beiden werden gleichzeitig verschiedene Seiten von *www.rheinwerk-verlag.de* geladen. Anhand der IP-Adressen können die beiden Datenübertragungen nicht voneinander unterschieden werden, da die beiden Hosts, die hier miteinander kommunizieren, identisch sind. Es könnte also sehr leicht passieren, dass die Daten fehlerhaft zugeordnet werden und Sie zwei seltsame Mischungen der beiden Dokumente erhalten – ein Effekt wie in dem Horror-Klassiker »Die Fliege«!

Dieses Szenario kann deshalb nicht eintreten, weil die beiden Datenübertragungen nicht über dasselbe Paar von Portnummern erfolgen. In der Regel ist die Portnummer des Servers festgelegt, während der Client irgendeinen Port wählt, der gerade frei ist. Die untersten 1.024 Portnummern sind als sogenannte *Well-known Ports* für Standard-Serverdienste fest vergeben; für Clients wird eine zufällige Nummer (ein sogenannter *Ephemeral Port*) zwischen 1.024 und 65.535 verwendet. Beispielsweise benutzen Webserver, also HTTP-Server, üblicherweise den TCP-Port 80, FTP-Server den Port 21 und Telnet-Server den Port 23. Eine kleine Liste, die auch UDP betrifft, finden Sie in Tabelle 4.21.

In dem Beispiel mit den beiden Browserfenstern ist der Server-Port jeweils 80; die Client-Ports sind dagegen unterschiedlich, beispielsweise 16832 und 16723. Dies ist eine Verdeutlichung der Formulierung, dass nur die Portpaare und nicht die beiden einzelnen Ports unterschiedlich sein müssen, um Sequenzen voneinander abzugrenzen.

Gewöhnlich »lauscht« ein TCP-Serverdienst an seinem speziellen Port auf ankommende Verbindungsversuche. Unternimmt ein Client den Versuch, eine TCP-Verbindung mit dieser speziellen Portnummer als Empfängerport und einer zufälligen Nummer als Absender herzustellen, akzeptiert der Server dies nach den Regeln des Drei-Wege-Handshakes; eine Verbindung für den gegenseitigen Datenaustausch ist hergestellt.

Interessant ist schließlich das Thema Urgent Data: Manchmal muss ein Host einen anderen über einen besonderen Zustand informieren, beispielsweise eine Konfigurationsänderung oder einen vom Benutzer initiierten Abbruch mitteilen. Zu diesem Zweck wird das URG-Flag gesetzt; der Empfänger ermittelt daraufhin aus dem Urgent-Zeiger-Feld des Paket-Headers die Byte-Nummer innerhalb der Sequenz, in der sich diese dringlichen Daten befinden. Es handelt sich stets nur um ein einziges Byte, das auch als *Out-of-Bound-Byte* bezeichnet wird, weil es nicht zum gewöhnlichen Datenstrom gehört. Es ist also unmöglich, auf diesem Weg eine längere dringende Mitteilung zu versenden, aber immerhin besteht die Möglichkeit, bestimmte zwischen den Anwendungen vereinbarte Signale auszutauschen.

### Das User Datagram Protocol (UDP)

Manche Anwendungen möchten auf den Komfort und die Sicherheit von TCP getrost verzichten, wenn sie die Daten dafür schneller ans Ziel befördern können. Die Möglichkeit eines solchen möglichst schnellen Versands bietet das UDP-Protokoll. Ob eine Anwendung für ihre Datenübertragung nun TCP, UDP oder beide verwenden möchte, entscheidet sie selbst.

Stellen Sie sich als Beispiel ein Netzwerkspiel vor, eine virtuelle 3D-Umgebung, in der Sie gegen Ihre Mitspieler »kämpfen« können. Ein solches Spiel ist ideal für die Erklärung des Nutzens beider Übertragungsarten geeignet: Bestimmte grundlegende Konfigurationsdaten (Lebt der Gegner überhaupt noch? Hat er auf mich geschossen?) sind entscheidend für den eigentlichen Spielverlauf und sollten deshalb zuverlässig über TCP übertragen werden. Dagegen sind bestimmte Details (Pose und Gesichtsausdruck der gegnerischen Spielfigur; die Position von Gegnern außerhalb des »Gesichtsfeldes« etc.) nicht so wichtig. Wenn überhaupt, sollten sie möglichst schnell übertragen werden. Fallen sie vorübergehend aus, schadet das auch nichts – ideale Kandidaten für die Übertragung mithilfe des schnelleren, aber weniger zuverlässigen UDP-Protokolls.

Der Hauptgrund, warum sich Daten über UDP schneller übertragen lassen als über TCP, ist der erheblich kleinere und weniger komplexe Paket-Header. Der Aufbau dieses Headers, der gerade einmal (unveränderlich) 64 Bit groß ist, wird in Tabelle 4.20 dargestellt.

| Byte | 0 | 1 | 2 | 3 |
|------|---|---|---|---|
| 0 | Quellport | | Zielport | |
| 4 | Länge | | Prüfsumme | |

**Tabelle 4.20** Aufbau des UDP-Headers

Die einzelnen Header-Felder haben dieselbe Bedeutung wie die gleichnamigen Felder beim TCP-Protokoll. Mit der Länge ist hier die Länge des gesamten Pakets inklusive dieses Headers gemeint. Der Quellport wird häufig einfach auf 0 gesetzt: Da UDP dem schnellen Versand einer einzelnen Nachricht dient, auf die in der Regel keine Antwort erwartet wird, ist es nicht nötig, diese Information festzulegen. Der Zielport ist dagegen meist der festgelegte Port des UDP-Servers, an den das Paket verschickt wird. UDP wird für viele einfache Internetdienste

256

verwendet: die Uhrzeitsynchronisation über ein Netzwerk, den Echo-Dienst zur Kontrolle der Funktionstüchtigkeit von Verbindungen oder entfernten Hosts etc.

Im Gegensatz zum verbindungsorientierten TCP wird UDP als *nachrichtenorientiertes Protokoll* bezeichnet, da es dem schnellen verbindungslosen Versand einzelner Pakete in Form kurzer Meldungen dient. Dies erklärt auch den Namen des Protokolls: Einer Anwendung, die von diesem Transportdienst Gebrauch macht, wird der unmittelbare und leichtgewichtige Zugriff auf IP-Datagramme ermöglicht.

Die Portnummern für gängige Serverdienste (bei UDP spricht man häufig auch von *Servicenummern*) liegen wie bei TCP zwischen 0 und 1.023. Sie werden genau wie öffentliche IP-Adressen von der IANA vergeben. In der Regel wird dieselbe Portnummer für beide Transportprotokolle verwendet, obwohl die meisten Anwendungen nur auf jeweils einem der beiden Protokolle laufen. Tabelle 4.21 zeigt einige häufig verwendete Beispiele mit ihrem offiziellen Namen und dem am häufigsten verwendeten Transportprotokoll. Die vollständige Liste aller öffentlichen Serverdienste finden Sie unter *http://www.iana.org/assignments/portnumbers*. Falls Sie ein Unix-System verwenden, steht eine ähnliche, möglicherweise weniger vollständige Liste in der Konfigurationsdatei */etc/services*.

| Nummer | Transportprotokoll | Name | Beschreibung |
|--------|--------------------|------|--------------|
| 7 | TCP, UDP | echo | genaue Rückgabe der übermittelten Daten zur Kontrolle |
| 13 | TCP, UDP | daytime | Datum und Uhrzeit (RFC 867) |
| 20 | TCP | ftp | FTP-Datenstrom |
| 21 | TCP | ftp | FTP-Steuerung |
| 22 | TCP | ssh | Secure Shell – Telnet-Alternative mit Verschlüsselung |
| 23 | TCP | telnet | Terminal-Emulation |
| 25 | TCP | smtp | E-Mail-Versand |
| 53 | TCP, UDP | domain | Nameserver-Abfragen |
| 80 | TCP | http | Webserver |
| 110 | TCP | pop3 | E-Mail-Postfach-Server (klassisch) |
| 143 | TCP | imap | E-Mail-Postfach-Server (modern) |
| 443 | TCP, UDP | https | SSL-verschlüsselte Webserverkommunikation |

**Tabelle 4.21** Einige TCP/UDP-Portnummern für gängige Dienste

### 4.6.4  Das Domain Name System (DNS)

Die Verwendung von IP-Adressen zum Erreichen entfernter Rechner ist ideal, solange in die Datenübertragung nur Computer involviert sind. Für die Verwendung durch Menschen sind sie weniger gut geeignet (es gibt zum Beispiel nur wenige Menschen, die sich Telefonnummern auf Anhieb besser merken können als die zugehörigen Namen). Aus diesem Grund ist es seit den Anfängen des Internets und seiner Vorläufer üblich, einen Mechanismus einzurichten, der den beteiligten Menschen die Verwendung benutzerfreundlicher Namen anstelle der unhandlichen IP-Adressen ermöglicht.

Als das ARPANET entwickelt wurde, behalf man sich mit einer einfachen Textdatei, die pro Zeile einen Hostnamen und eine IP-Adresse nebeneinander auflistete. Noch heute verwenden Unix-Rechner eine ähnliche Datei namens */etc/hosts*. Auch unter Windows ist das Verfahren bekannt. Hier befindet sich die Datei in *<Windows-Verzeichnis>\system32\drivers\etc* und heißt – untypisch für Windows – ebenfalls nur *hosts*, ohne Dateiendung. Allerdings wird dieses Verfahren heute immer seltener für die Namenszuordnung in lokalen Netzen eingesetzt, weil in immer mehr Firmennetzen DHCP verwendet wird.

Findet der Rechner einen Namenseintrag in seiner */etc/hosts*-Datei, wird er die entsprechende Adresse nicht mehr bei einem Nameserver nachfragen. Auf diese Weise können Sie natürlich Ihre Kollegen ein wenig ärgern: Machen Sie beispielsweise die IP-Adresse ausfindig, die zu *www.yahoo.de* gehört (aktuell 106.10.212.24), und tragen Sie in die Datei */etc/hosts* eines Kollegen etwa folgende Zeile ein:

```
106.10.212.24 www.google.de
```

Jedes Mal, wenn der Kollege nun die Suchmaschine Google anwenden möchte, wird er stattdessen bei Yahoo! landen, kann sich das aber zunächst beim besten Willen nicht erklären.

Früher wurde die Datei namens *hosts.txt* zentral verwaltet und regelmäßig unter den teilnehmenden Hosts im ARPANET ausgetauscht, um die Namensdaten aktuell zu halten. Als das Netz jedoch immer größer wurde, funktionierte dieses System nicht mehr, weil man mit den häufigen Änderungen nicht mehr nachkam und weil die gesamte Datei außerdem sehr umfangreich war und ihr Versand eine erhebliche Menge an Netzwerkverkehr erzeugte.

Schließlich wurde anstelle der einfachen Textdatei eine hierarchische, vernetzte Datenbank eingeführt, die bis heute ein verteiltes Netz von Nameservern bildet. Diese Server geben auf Anfrage Auskunft über die zu einem Hostnamen gehörende IP-Adresse oder umgekehrt. Außerdem leiten sie die Anfrage automatisch weiter, wenn sie selbst keine Antwort wissen. Das System wird als *Domain Name System* (DNS) bezeichnet und ist Thema einer ganzen Reihe von RFCs. Die wesentlichen Grundlagen werden in RFC 1034 und 1035 beschrieben.

Damit Hostnamen im gesamten Internet eindeutig sind, werden sie hierarchisch als sogenannte *Domainnamen* vergeben. Zu diesem Zweck wird ein Name aus immer spezialisierteren Bestandteilen zusammengesetzt; das System lässt sich mit einem Pfad in einem Dateisystem vergleichen. Allerdings besteht ein wesentlicher Unterschied: Beim Dateisystempfad steht der allgemeinste Name vorn und der speziellste hinten, während es beim Domainnamen genau umgekehrt ist.

Beispielsweise bedeutet der Unix-Pfad */home/sascha/hb_fachinfo/netzwerk/protokolle.txt*, dass sich die Datei *protokolle.txt* im Verzeichnis *netzwerk* befindet, einem Unterverzeichnis von *hb_fachinfo*, das wiederum dem Verzeichnis *sascha* untergeordnet ist. *sascha* ist seinerseits ein Unterverzeichnis von *home*, das schließlich direkt unter der Wurzel des Dateisystems (/) liegt.

Dagegen ist der Domainname *www.buecher.lingoworld.de* genau umgekehrt aufgebaut: Der Host/Dienst *www* liegt in der Domain *buecher*, einer Subdomain von *lingoworld* in der Top-Level-Domain *de*. Die Wurzel des DNS-Systems selbst ist nicht sichtbar, weil ihr Name der leere String ist.

Auf der jeweiligen Ebene des DNS-Systems muss ein bestimmter Name einmalig sein. Beispielsweise kann es *buecher.lingoworld.de* nur einmal geben. Unterhalb dieser Domain können untergeordnete Domains (Subdomains) oder die Namen einzelner Hosts oder Serverdienste bestehen, beispielsweise *www.buecher.lingoworld.de*, *ftp.buecher.lingoworld.de* oder *neuheiten.buecher.lingoworld.de*. Im Übrigen dürfen dieselben Namen natürlich auf über- oder untergeordneten oder auch auf »Geschwister-Ebenen« existieren: Es kann die Website *www.lingoworld.de* ebenso geben wie etwa *www.download.lingoworld.de*. Selbstverständlich ist auch *www.buecher.de* kein Problem – es handelt sich um eine andere Domain unterhalb der Top-Level-Domain *de*.

Aus der Sicht der DNS-Administration wird jede Ebene eines solchen Namens auch als *Zone* bezeichnet, weil eine solche Ebene jeweils unabhängig von den übergeordneten Ebenen verwaltet wird. Beispielsweise kann der Administrator der Domain *lingoworld.de* Subdomains wie *buecher.lingoworld.de* oder *download.lingoworld.de* einrichten. Er kann die Verantwortung für eine Subdomain auch an jemand anderen delegieren, für den dann beispielsweise *buecher.lingoworld.de* wieder eine unabhängige Zone darstellt. Andererseits kann der Zonenverantwortliche für *lingoworld.de* nicht auf andere Zonen in der Domain *.de* zugreifen; beispielsweise geht ihn die Konfiguration der Zone *google.de* nichts an.

Die Infrastruktur der Domainnamen wird von den über das gesamte Internet verbreiteten Nameservern verwaltet. Diese führen alle ein Programm aus, das Anfragen nach Name-Adresse-Zuordnungen beantwortet, unbekannte Zuordnungen bei anderen Nameservern erfragt und dann meistens dauerhaft speichert. Die am häufigsten verwendete derartige Software heißt BIND (*Berkeley Internet Name Domain*) und läuft unter allen Unix-Varianten; sie wird in Kapitel 15, »Weitere Internet-Serverdienste«, vorgestellt.

Auf der obersten Ebene des DNS existiert die spezielle Zone, deren Name der leere String ist. Diese Zone wird durch die Root-Nameserver der ICANN verwaltet und enthält Verweise auf alle Top-Level-Domains. Davon gibt es, organisatorisch gesehen, zwei Sorten (auch wenn es keinen technischen Unterschied gibt):

▶ Die *Generic TLDs* (allgemeine Top-Level-Domains) wie *.com* oder *.org* unterteilen die jeweiligen Domains, die unter ihnen liegen, nach der Funktion ihrer Betreiber.

► Die *Country TLDs* oder *ccTLDs* (Länder-TLDs) sind dagegen für eine geografische Einteilung vorgesehen.

In der Praxis kommt es ohnehin zu einer Vermischung: Zum einen sind viele Generic TLDs mittlerweile für beliebige Betreiber verwendbar, zum anderen gibt es einige Länder-TLDs, die wegen ihrer spezifischen Abkürzung für bestimmte Branchen interessant sind – am bekanntesten ist in diesem Zusammenhang wohl der Südsee-Inselstaat Tuvalu mit seiner bei Fernsehsendern und Web-Videodiensten beliebten TLD *.tv*.

Tabelle 4.22 listet einige häufig verwendete Top-Level-Domains auf. Die mit Abstand meisten Betreiber-Domains enthält die Generic TLD *.com*, gefolgt von der länderspezifischen Domain *.de* (Deutschland).

| Top-Level-Domain | Bedeutung |
|---|---|
| **Generic Top-Level-Domains** | |
| *.com* | *commercial* (Firmen) |
| *.org* | *organization* (Organisationen und Vereine) |
| *.net* | *network* (Netzwerkbetreiber; Internetinfrastruktur) |
| *.edu* | *educational* (US-Schulen und -Universitäten) |
| *.gov* | *government* (US-Regierung, US-Behörden, öffentlicher Dienst) |
| *.mil* | *military* (US-Militär) |
| *.info* | *information* (allgemeine Informationsdienste) |
| *.aero* | *aeronautics* (Luftfahrtindustrie, Fluggesellschaften) |
| **Länder-Top-Level-Domains** | |
| *.at* | Österreich |
| *.ch* | Schweiz |
| *.cn* | Volksrepublik China |
| *.de* | Deutschland |
| *.es* | Spanien |
| *.fr* | Frankreich |
| *.it* | Italien |
| *.jp* | Japan |

**Tabelle 4.22** Übersicht über einige wichtige Top-Level-Domains

| Top-Level-Domain | Bedeutung |
|---|---|
| .ru | Russland |
| .tr | Türkei |
| .uk | Vereinigtes Königreich |
| .us | USA |
| .va | Vatikanstadt |

**Tabelle 4.22** Übersicht über einige wichtige Top-Level-Domains (Forts.)

Der jeweilige Haupt-Nameserver einer Top-Level-Domain enthält Verweise auf sämtliche unterhalb dieser Domain befindlichen Second-Level-Domains. Je nach konkreter TLD handelt es sich dabei entweder unmittelbar um die einzelnen Domains, die von Betreibern angemeldet werden können, oder eine Domain ist in sich noch einmal in Organisationsstrukturen unterteilt. Bei allen Generic TLDs und den meisten Länder-TLDs ist Ersteres der Fall. Nur einige Länder-TLDs werden noch einmal organisatorisch unterteilt: Zum Beispiel verwendet das Vereinigte Königreich Unterteilungen wie *.co.uk* für Firmen, *.ac.uk* für Universitäten oder *.org.uk* für Vereine und Organisationen; auch die Türkei verwendet die entsprechenden Unterteilungen *.com.tr*, *.edu.tr* und *.org.tr*.

Aus Sicherheitsgründen sollten die Zonendaten für die Domain eines einzelnen Betreibers auf mindestens zwei voneinander unabhängigen (das heißt in verschiedenen autonomen Systemen befindlichen) Nameservern vorliegen. Die Daten müssen dafür nur auf einem der beiden Server erstellt werden, der als *primärer Master-Nameserver* bezeichnet wird; der andere – *Slave-Nameserver* genannt – repliziert sie automatisch. Größere Unternehmen und Institutionen verwalten in der Regel ihre eigenen Zonen. Der externe Slave-Nameserver mit denselben Zonendaten befindet sich in diesem Fall meist beim zuständigen Backbone-Provider, über den diese Betreiber mit dem Internet verbunden sind. Privatanwender oder kleinere Firmen besitzen dagegen zwar häufig eine eigene Domain (*www.meinname.de* ist werbewirksamer als so etwas wie *home.t-online.de/users/meinname*), unter dieser Domain laufen allerdings oft lediglich eine beim Provider gehostete Website und einige E-Mail-Adressen. In diesem Fall werden die Zonendaten meist beim Hosting-Provider und einem anderen Provider verwaltet; die beiden Provider stellen sich den Slave-Name-Service dann gegenseitig zur Verfügung.

Bei den meisten Einzelrechnern oder kleineren Firmennetzwerken besteht die ganze DNS-Konfiguration oft lediglich aus der Eingabe der IP-Adresse eines Nameservers des eigenen Providers; in vielen Fällen ist sogar dies unnötig, weil die Standard-Nameserver beim Verbindungsaufbau bekannt gegeben werden. Die Nameserver werden stets befragt, wenn Namensdaten erforderlich sind.

Gebe ich zum Beispiel in meinem Webbrowser »www.google.de« ein, überprüft dieser zunächst, ob er die IP-Adresse vielleicht bereits kennt. Andernfalls fragt er den Standard-

Nameserver des Providers. Dieser weiß die Antwort entweder selbst und liefert sie unmittelbar zurück oder wendet sich an den übergeordneten Nameserver – in diesem Fall den für die Top-Level-Domain *.de* zuständigen Server. Der wiederum kennt die für die Domain *google.de* zuständigen Nameserver und leitet die Anfrage an den ersten von ihnen weiter. Dieser ermittelt die IP-Adresse des Dienstes *www.google.de* und gibt sie zurück. Nun weiß der Browser, welche IP-Adresse er verwenden muss. Außerdem speichert der Nameserver des Providers die gefundene Adresse ebenfalls in seinem Cache ab, um die nächste entsprechende Anfrage schneller beantworten zu können.

Insgesamt stellt das DNS ein leistungsfähiges, flexibles und effizientes System zur Verwaltung benutzerfreundlicher Hostnamen zur Verfügung. Es wird im gesamten Internet eingesetzt und zumindest clientseitig von jedem beliebigen Betriebssystem unterstützt. Allerdings handelt es sich nicht um die einzige Art und Weise der Namensverwaltung. Gerade in herstellerabhängigen lokalen Netzen werden Dienste wie der Windows-Namensdienst WINS oder das *Network Information System* (NIS) von Sun eingesetzt. Letzteres ist nicht nur ein Namens-, sondern auch ein einfacher Verzeichnisdienst.

### 4.6.5 Verschiedene Internetanwendungsprotokolle

Genau wie beinahe jede Hardware die TCP/IP-Protokolle unterstützt, laufen auf der Anwendungsschicht des Internetprotokollstapels auch fast alle Arten von Netzwerkanwendungen. Dazu gehören unter anderem auch Anwendungsprotokolle, die ursprünglich für bestimmte herstellerabhängige Netzwerke konzipiert wurden, beispielsweise die Standard-Fileserver-Protokolle der diversen Betriebssysteme: Das unter Windows verwendete SMB-Protokoll (*Server Message Blocks*) wurde zunächst auf Microsofts eigenes NetBEUI-Netzwerk aufgesetzt; das von Apple konzipierte AppleShare lief ursprünglich nur unter AppleTalk. Mittlerweile werden diese speziellen Anwendungsprotokolle praktisch exklusiv auf TCP/IP aufgesetzt.

An dieser Stelle geht es lediglich darum, die grundlegende Funktionsweise einiger typischer Internetdienste auf der Ebene ihrer Protokolle zu beschreiben. Falls Sie also Details über die Verwendung von Internet-Client-Server-Diensten oder deren Konfiguration unter einem bestimmten Betriebssystem suchen, sollten Sie Kapitel 14, »Server für Webanwendungen«, und Kapitel 15, »Weitere Internet-Serverdienste«, lesen. Hier erfahren Sie dagegen eher, was hinter den Kulissen wirklich passiert, wenn Sie eine E-Mail versenden oder eine Webseite anfordern.

Das (für Administratoren und Programmierer) Angenehme an den meisten Internetanwendungsprotokollen ist, dass die Protokollbefehle in Form von Klartextwörtern in Englisch verschickt werden. Wenn Sie mit einem Packet-Sniffer oder einfach mit *telnet* die Inhalte der über das Netzwerk übertragenen Datenpakete kontrollieren, können Sie deshalb unmittelbar verstehen, was die verschiedenen Hosts miteinander »reden«. Auf diese Weise ist es verhältnismäßig einfach, Konfigurations- oder Programmierfehler auf der Ebene der Anwendungsprotokolle zu entdecken und zu beseitigen.

In der Regel bestehen die Anforderungen eines Internetanwendungsclients aus einzeiligen Befehlen, die vom Server mit einer Statusmeldung und manchmal auch mit der Lieferung konkreter Daten beantwortet werden. Sie können das Verhalten eines Clients simulieren, indem Sie mit einem Terminal-Programm wie telnet eine Verbindung zu dem passenden Host und Port aufbauen und die entsprechenden Befehle von Hand eintippen.

### Telnet

Eine der ältesten Anwendungen des Internets ist die Terminal-Emulation: Ein Programm ermöglicht Ihnen über ein Terminal, das an Ihren Computer angeschlossen ist, die Arbeit an einem anderen Computer, zu dem eine Netzwerkverbindung besteht. Telnet ist eines der wichtigsten Werkzeuge für Systemadministratoren, die auf diese Weise entfernte Rechner verwalten, ohne sich physikalisch dorthin zu begeben (insbesondere an Wochenenden oder nach Feierabend schätzen Admins diese Möglichkeit, weil sie eventuelle Pannenhilfe von zu Hause aus erledigen können). Die Telnet-Spezifikation ist in RFC 854 festgelegt.

Fast alles, was an dieser Stelle über Telnet gesagt wird, gilt sinngemäß auch für SSH, die *Secure Shell*. Im Grunde genommen, handelt es sich dabei um eine sichere Variante von Telnet, die mit Verschlüsselung arbeitet. Der gravierendste Schönheitsfehler des klassischen Telnets besteht nämlich darin, dass es Daten im Klartext überträgt – und das gilt unter anderem auch für Passwörter und ähnlich sensible Daten. SSH ist nicht in einem RFC spezifiziert, denn obwohl es sich aus frei verfügbaren Komponenten zusammensetzt, ist die ursprüngliche Implementierung kommerziell. Nähere Informationen dazu erhalten Sie auf der Website *http://www.ssh.com*. Eine freie Implementierung, die in den meisten Linux- und anderen Unix-Systemen zum Einsatz kommt, ist OpenSSH (*http://www.openssh.com*).

Der Telnet-Server lauscht auf dem TCP-Port 23 auf eingehende Verbindungen (SSH verwendet Port 22). Wenn ein TCP-Verbindungsversuch erfolgt, wird der Benutzer am entfernten Host zunächst nach Benutzernamen und Passwort gefragt, bevor er tatsächlich arbeiten kann. Im Grunde genommen wird dem jeweiligen Benutzer seine Standard-Unix-Shell zur Verfügung gestellt, an der er auch lokal auf dem entsprechenden Rechner arbeiten würde.

Telnet und SSH sind daher beliebig flexibel, was den Inhalt der in beide Richtungen übermittelten Daten angeht. Wenn Sie erst einmal mit dem Telnet-Server verbunden sind, können Sie jedes beliebige Programm auf dem entfernten Host ausführen, für das Sie Benutzerrechte besitzen. Dazu gehören auch solche Programme, die nicht zeilenorientiert, sondern mit einer Vollbildmaske arbeiten – zum Beispiel die klassischen Unix-Texteditoren *vi* und *Emacs*. Deshalb genügt die zeilenorientierte Kommunikation zwischen Client und Server bei Telnet nicht: In einem Vollbildprogramm kann jeder einzelne Tastendruck eine Bedeutung haben, die unmittelbar umgesetzt werden muss. Falls Sie Beispiele dafür sehen möchten, was Sie in einer SSH- oder Telnet-Sitzung eingeben können, lesen Sie einfach die Abschnitte über die Shell in Kapitel 7, »Linux«. Alles, was dort steht, gilt auch für den Fernzugriff.

Die einzige Art von Programmen, die nicht über Telnet ausgeführt werden können, sind solche, die auf einer grafischen Benutzeroberfläche laufen. Allerdings bietet die Unix-Welt auch für dieses Problem die passende Lösung: Sie benötigen auf Ihrem lokalen Rechner zusätzlich zu dem Telnet-Client einen X-Window-Server, der die grundlegenden Zeichenfunktionen für das GUI zur Verfügung stellt. Sobald dieser X-Server läuft, können Sie ein X-basiertes Anwendungsprogramm auf dem entfernten Server starten und Ihren eigenen Rechner als Ziel der grafischen Darstellung angeben (in der Regel mit dem Parameter display). Angenommen, Ihr eigener Rechner besitzt im lokalen Netz die IP-Adresse 192.168.0.9. Dann können Sie in das Telnet-Programm, in dem eine Sitzung auf einem anderen Rechner läuft, Folgendes eingeben, um in Ihrem X-Server ein *xterm* (ein X-basiertes Terminal) zu starten:

```
# xterm -display 192.168.0.9:0.0
```

Der Zusatz 0.0 hinter der IP-Adresse bedeutet sinngemäß »erster X-Server, erster Bildschirm«. Wichtig ist, dass Sie den Begriff *X-Server* nicht falsch verstehen: Hier läuft der Server, der die grafische Oberfläche als Dienstleistung zur Verfügung stellt, auf Ihrem eigenen Rechner, während der Client das auf dem entfernten Rechner laufende Programm ist, dessen Ausgabe in Ihrem lokalen X-Window-System erfolgt. Näheres über die Konfiguration von X-Servern unter Unix erfahren Sie in Kapitel 7, »Linux«. Allerdings gibt es auch X-Server für andere Systeme, beispielsweise für Windows. Sie sind natürlich nicht für die grafische Darstellung lokaler Programme gedacht (das können die eingebauten GUIs von macOS oder Windows selbst gut genug), sondern für grafisch orientierte Programme, die auf entfernten Unix-Rechnern laufen.

Im Übrigen sollten Sie das Telnet-Protokoll, das die Terminal-Emulation bereitstellt, nicht mit dem Unix- und Windows-Dienstprogramm *telnet* verwechseln. Letzteres kann nämlich – wie bereits erwähnt – mit fast jedem Internetserver kommunizieren, wenn Sie die passenden Parameter (IP-Adresse beziehungsweise Hostname und Portnummer beziehungsweise Standarddienstname) eingeben.

### FTP

Das *File Transfer Protocol* (FTP) ist beinahe das genaue Gegenteil von Telnet: ein aus ganz wenigen Befehlen bestehendes klartextbasiertes, zeilenorientiertes Protokoll. Es gehört zu den frühesten Internetanwendungen überhaupt. Seine erste Definition steht in RFC 172 von 1971, die aktuelle Spezifikation befindet sich in RFC 959. Den reinen Datei-Download über FTP beherrscht heutzutage fast jeder Webbrowser; die meisten stellen auch die Verzeichnisansicht des entfernten Rechners übersichtlich und angenehm dar.

In der Praxis wird jedoch überwiegend ein grafisch orientierter FTP-Client verwendet, der dem lokalen Dateinavigator Ihres Betriebssystems idealerweise möglichst ähnlich sieht. Die häufigste Anwendung für ein solches Programm dürfte die Pflege einer eigenen Website sein. Dabei bearbeiten Sie die Daten in der Regel auf Ihrem eigenen Rechner und laden sie anschließend mithilfe eines solchen FTP-Programms auf den Server Ihres Hosting-Providers hoch, um sie zu veröffentlichen. Bekannte FTP-Clients sind beispielsweise WS_FTP für Windows oder Fetch für macOS. Auch in gängige Website-Editoren wie Adobe Dreamweaver sind FTP-Module eingebaut.

Falls Sie jedoch genau sehen möchten, wie FTP-Client (auf Ihrem eigenen Rechner) und -Server (auf dem entfernten Rechner) miteinander kommunizieren, können Sie das in Unix und Windows eingebaute Konsolenprogramm *ftp* verwenden. Die Befehle, die Sie auf der Clientseite eingeben, sind jeweils einzeilig und bestehen aus einem Schlüsselwort mit eventuellen Parametern, gefolgt von einem Zeilenumbruch. Die Antwort des Servers ist zunächst eine Statusmeldung, die aus einer dreistelligen dezimalen Codenummer und einem Meldungstext besteht; häufig folgen auf die Statusmeldung zusätzliche Datenzeilen. Um dem Client das Ende einer solchen Datensequenz zu signalisieren, beginnt die letzte Zeile der Antwort des Servers wieder mit derselben Codenummer wie die erste.

Die folgenden Zeilen zeigen den Mitschnitt einer FTP-Sitzung mit dem Host *www.lingoworld.de*. Der Name www besagt natürlich, dass es sich eigentlich um einen Webserver handelt. Es ist durchaus üblich, dass Hosting-Provider den Webserver unmittelbar per FTP zugänglich machen, um die eigene Website hochzuladen:

```
> ftp www.lingoworld.de
Verbunden zu www.lingoworld.de.
220 FTP Server ready.
Benutzer (www.lingoworld.de:(none)): XXXXX
331 Password required for XXXXX.
Kennwort: [Eingabe wird nicht angezeigt]
230 User XXXXX logged in.
Ftp> pwd
257 "/" is current directory.
Ftp> cd extra
250 CWD command successful.
Ftp> ls
200 PORT command successful.
150 Opening ASCII mode data connection for file list.
test.txt
info.txt
226-Transfer complete.
226 Quotas off
21 Bytes empfangen in 0,01 Sekunden (2,10 KB/s)
Ftp> get test.txt
200 PORT command successful.
150 Opening ASCII mode data connection for test.txt (2589 bytes).
226 Transfer complete.
2718 Bytes empfangen in 0,04 Sekunden (67,95 KB/s)
Ftp> quit
221 Goodbye.
```

In dieser Sitzung wird zunächst die Anmeldung durchgeführt (der Benutzername wird angezeigt, allerdings habe ich ihn hier geändert; die Passworteingabe hat kein grafisches Feedback), anschließend werden die folgenden Befehle eingesetzt (die ersten drei entsprechen gleichnamigen Unix-Shell-Befehlen, siehe Kapitel 7, »Linux«):

- pwd: *print working directory* – aktuelles Arbeitsverzeichnis ausgeben
- cd: *change directory* – Verzeichnis auf dem entfernten Server wechseln
- ls: *list* – Verzeichnisinhalt anzeigen
- get: die angegebene Datei in das aktuelle lokale Verzeichnis herunterladen
- quit: die Sitzung und das FTP-Programm beenden
- Weitere wichtige Befehle sind folgende:
- put: die angegebene Datei in das aktuelle entfernte Verzeichnis hochladen
- binary: umschalten in den Binärmodus
- ascii: umschalten in den ASCII-Modus
- help: eine Liste aller verfügbaren Befehle anzeigen

Es ist wichtig, dass Sie den Unterschied zwischen dem ASCII- und dem Binärmodus verstehen. Das ganze Problem hat damit zu tun, dass die verschiedenen Betriebssystementwickler sich nicht auf einen gemeinsamen Standard für Zeilenumbrüche in Textdateien einigen konnten. Wie in Kapitel 17, »Weitere Datei- und Datenformate«, genau erläutert wird, verwendet Unix das ASCII-Zeichen mit dem Code 10 (LF, *Line Feed* oder Zeilenvorschub), klassisches Mac OS das ASCII-Zeichen 13 (CR, *Carriage Return* oder Wagenrücklauf), und Windows sowie die meisten Netzwerkanwendungsprotokolle benutzen beide Zeichen hintereinander.

Im ASCII-Modus werden die Zeilenumbrüche innerhalb einer Datei bei der Übertragung jeweils umgewandelt, sodass beispielsweise die auf Ihrem Windows-Rechner gespeicherten Textdateien mit CR/LF auf dem entfernten Unix-Server mit dem für dessen Verhältnisse korrekten (Nur-)LF ankommen und umgekehrt. Sie sollten jedoch begreifen, dass dieses bei Textdateien recht segensreiche Feature bei Binärdateien wie Bildern oder Programmen den sicheren Tod zur Folge hat. Wird jedes Vorkommen des Byte-Werts 10 durch die beiden Bytes 13 und 10 ersetzt oder umgekehrt, werden die Bytes in einer solchen Datei verändert und planlos verschoben! Natürlich ist eine auf diese Weise behandelte Bild-, Audio- oder Programmdatei unbrauchbar.

Die meisten grafisch orientierten FTP-Programme entscheiden je nach Dateityp passend selbst, ob sie ASCII- oder Binärübertragung verwenden sollen. Bei dem Konsolen-FTP-Programm müssen Sie für jede einzelne Datei selbst in den richtigen Modus umschalten. Das ist ein – aber nicht der einzige – Grund dafür, dass die Arbeit mit der Konsolenversion von FTP in der Praxis fast unzumutbar ist.

### E-Mail

Die E-Mail, die sich unter dem Dach eines Mailclients wie Thunderbird, Google Mail oder Apple Mail so einheitlich präsentiert, bedarf in Wirklichkeit der Zusammenarbeit mit mindestens zwei verschiedenen Servern. Der eine ist für den Versand von E-Mails zuständig und führt zu diesem Zweck das Protokoll SMTP (*Simple Mail Transport Protocol*) aus. Ein anderer enthält das E-Mail-Postfach, in dem an Sie adressierte Nachrichten ankommen; dieser Dienst wird entweder von dem weitverbreiteten POP3-Protokoll (*Post Office Protocol Version 3*) oder dem komfortableren IMAP (*Internet Message Access Protocol*) versehen.

Wenn Sie eine E-Mail versenden möchten, wird diese an einen SMTP-Server übermittelt, der sich um die Weiterleitung der Nachricht an den Empfänger kümmert. SMTP, definiert in RFC 2821 (Neufassung von RFC 821), ist ähnlich wie FTP ein einfaches textbasiertes Protokoll aus wenigen Befehlen; der zuständige Server wartet am TCP-Port 25 auf Verbindungen.

Einige SMTP-Server von Internetprovidern kontrollieren bis heute nicht die Identität des Absenders. Das Problem dabei ist, dass solche Server dadurch leicht für das Versenden von Spam verwendet werden können oder dass sogar jemand eine falsche Identität vortäuschen kann. Dabei sieht die SMTP-Spezifikation durchaus mehrere mögliche Authentifizierungsverfahren vor:

▶ Manche SMTP-Server überprüfen die IP-Adresse des Hosts, von dem die Verbindung initiiert wurde – ein ideales Verfahren für normale Internetprovider, die nur ihren eigenen Kunden Zugriff auf ihre SMTP-Server gewähren möchten.

▶ Eine andere Möglichkeit besteht darin, die Anmeldung am E-Mail-Empfangsserver desselben Providers als Voraussetzung für den E-Mail-Versand zu verlangen. Dieses Verfahren wird *SMTP after POP* genannt. Nachteil: Manche E-Mail-Clients können nicht damit umgehen, sodass man jedes Mal vor dem E-Mail-Versand auf MAIL EMPFANGEN klicken muss.

▶ Das sicherste Verfahren wurde erst nachträglich SMTP hinzugefügt (inzwischen ist es aber glücklicherweise flächendeckend verbreitet): die persönliche Anmeldung beim SMTP-Server mit Benutzernamen und Passwort.

Sie können die Kommunikation mit einem SMTP-Server über das Programm telnet abwickeln. Eine solche Sitzung sieht beispielsweise folgendermaßen aus (die konkreten Namens- und Adressdaten habe ich anonymisiert):

```
> telnet smtp.myprovider.de smtp
220 smtp.myprovider.de ESMTP Thu, 13 Apr 2017 12:37:21 +0100
HELO
250 smtp.myprovider.de Hello[203.51.81.17]
MAIL From: absender@myprovider.de
250 <absender@myprovider.de> is syntactically correct
RCPT To: empfaenger@elsewhere.com
250 <empfaenger@elsewhere.com> verified
DATA
354 Enter message, ending with "." on a line by itself
FROM: Sascha <absender@myprovider.de>
To: Jack <empfaenger@elsewhere.com>
```

```
Subject: Gruesse

Hallo Jack,
hier ist wieder einmal Post für dich.
Viel Spaß damit!
Gruss, Sascha
.
250 OK id=18QdIY-00048Y-00
QUIT
221 smtp.myprovider.de closing connection.
```

In dieser kurzen Konversation werden die folgenden SMTP-Befehle verwendet:

▶ HELO: Mit diesem Befehl meldet sich der Client beim Server an; eventuell findet in diesem Zusammenhang die bereits beschriebene Überprüfung der Client-IP-Adresse statt. Manche SMTP-Server verlangen auch die Angabe eines Domainnamens hinter dem Befehl.

▶ MAIL: Dieser Befehl leitet die Erzeugung einer neuen Nachricht ein; der Absender muss im Format From: E-Mail-Adresse oder From: Name <E-Mail-Adresse> angegeben werden.

▶ RCPT: Gibt einen Empfänger im Format To: E-Mail-Adresse oder To: Name <E-Mail-Adresse> an.

▶ DATA: Alle folgenden Zeilen des Clients werden als Teil der eigentlichen E-Mail-Nachricht aufgefasst, bis eine Zeile folgt, die nur einen Punkt (.) enthält.

▶ QUIT: Die Sitzung wird hiermit beendet; alle bis zu diesem Zeitpunkt erzeugten E-Mail-Nachrichten werden versandt.

Die E-Mail-Nachricht selbst (zwischen DATA und der Abschlusszeile mit dem Punkt) ist eine klassische Textnachricht, deren Aufbau in RFC 822 (aktualisiert in RFC 2822) beschrieben wird. Prinzipiell besteht sie aus mehreren Header-Zeilen im Format Feldname: Wert, gefolgt von einer Leerzeile und dem eigentlichen Text. Der minimale Header enthält den Absender (From), den Empfänger (To) und einen Betreff (Subject). Absender und Empfänger dürfen wie bei den SMTP-Befehlen MAIL und RCPT diverse Formate besitzen. Weitere häufige Header-Felder sind die Kopienempfänger (Cc für *Carbon Copy*) sowie die unsichtbaren Kopienempfänger (Bcc für *Blind Carbon Copy*). Die normalen Kopienempfänger werden in der Nachricht angezeigt, die unsichtbaren nicht.

Ein alternatives Format für E-Mails, das heutzutage bereits häufiger verwendet wird als RFC 822, ist das MIME-Format. Die verschiedenen Aspekte von MIME werden in RFC 2045 bis 2049 dargelegt. Die Abkürzung MIME steht für *Multipurpose Internet Mail Extensions*. Es handelt sich um ein Format, das für den Versand beliebiger Text- und Binärdaten geeignet ist, sogar von verschiedenen Datentypen innerhalb derselben Nachricht.

Der MIME-Header ist eine Erweiterung des RFC-822-Headers. Die wichtigsten neuen Felder sind Content-type, das den Datentyp angibt, und Content-Transfer-Encoding, mit dessen

Hilfe das Datenformat festgelegt wird. Ersteres beschreibt also den Inhalt der Nachricht, Letzteres die Form, in der sie versandt wird. Der Inhaltstyp (Content-Type), meist *MIME-Type* genannt, besteht aus zwei Bestandteilen, die durch einen Slash (/) voneinander getrennt werden: dem Haupttyp und dem genaueren Untertyp. Haupttypen sind beispielsweise text (ASCII-Text), image (Bilddaten), audio (Audiodaten), video (Digitalvideo) oder application (proprietäres Datenformat eines bestimmten Anwendungsprogramms). Tabelle 4.23 listet einige gängige MIME-Types auf. Die vollständige Liste aller registrierten Typen finden Sie online unter *http://www.iana.org/assignments/media-types/index.html*.

| Typ | Beschreibung |
|---|---|
| text/plain | reiner Text ohne Formatierungsbefehle |
| text/html | HTML-Code |
| text/xml | XML-Code |
| image/gif | Bild vom Dateityp GIF |
| image/jpeg | Bild vom Dateityp JPEG |
| image/png | Bild vom Dateityp PNG |
| audio/wav | Sounddatei vom Typ Microsoft Wave |
| audio/aiff | Sounddatei vom Typ Apple AIFF |
| audio/mpeg | komprimierte Sounddatei vom Typ MP3 |
| video/avi | Digitalvideo vom Typ Microsoft Video for Windows |
| video/mov | Digitalvideo vom Typ Apple QuickTime |
| video/mpeg | Digitalvideo vom Typ MPEG |
| application/ x-shockwave-flash | komprimierter Adobe-Flash-Film (Dateiendung *.swf*) |
| application/ x-director | komprimierter Adobe-Director-Film (Dateiendung *.dcr*) |
| application/ x-www-form-urlencoded | POST-Formulardaten bei HTTP-Anfragen an Webserver (Näheres dazu erfahren Sie in Kapitel 13, »Datenbanken«, Kapitel 17, »Weitere Datei- und Datenformate«, und Kapitel 18, »Webseitenerstellung mit HTML und CSS«.) |
| multipart/mixed | »Umschlag« für mehrere MIME-Unterabschnitte |

**Tabelle 4.23** Einige gängige MIME-Datentypen

| Typ | Beschreibung |
|---|---|
| multipart/alternative | »Umschlag« für denselben Inhalt in mehreren Alternativformaten |
| multipart/form-data | »Umschlag« für POST-Formulardaten einschließlich Datei-Uploads (siehe Kapitel 18, »Webseitenerstellung mit HTML und CSS«) |

**Tabelle 4.23** Einige gängige MIME-Datentypen (Forts.)

Die drei letzten Typen in der Tabelle machen MIME besonders interessant: Ein MIME-Dokument vom Typ multipart/mixed kann beliebig viele Teile enthalten, die jeweils einen vollständigen MIME-Header besitzen und wiederum beliebige MIME-Types aufweisen können. Mithilfe dieser Technik werden in modernen E-Mail-Programmen Attachments (Dateianhänge) der Mail hinzugefügt. Dagegen wird ein Abschnitt vom Typ multipart/alternative eingesetzt, um denselben Inhalt in verschiedenen alternativen Darstellungsformen zu umschließen, beispielsweise ein Bild im GIF- und im PNG-Format oder (wahrscheinlich die häufigste Anwendung) den Text einer E-Mail-Nachricht einmal im einfachen Text- und einmal im HTML-Format. Abbildung 4.5 zeigt beispielhaft, wie eine MIME-Nachricht mit zwei Dateianhängen aufgebaut sein könnte.

**Abbildung 4.5** Beispiel für eine E-Mail im MIME-Multipart-Format

Dasselbe Verfahren – in diesem Fall mit dem MIME-Type `multipart/form-data` – kommt bei Webformularen zum Einsatz, wenn diese außer gewöhnlichen Auswahl- oder Eingabefeldern auch Datei-Uploads unterstützen.

Der `Content-Transfer-Encoding`-Header gibt dem Empfängerclient einen Hinweis, auf welche Weise die ankommenden Daten zu interpretieren sind. Häufig verwendete Werte sind etwa folgende:

- `7bit`: keine Codierung; eignet sich für 7-Bit-ASCII (englischer Text); automatischer Zeilenumbruch nach spätestens 1.000 Zeichen
- `8bit`: keine Codierung; eignet sich für 8-Bit-Text (internationaler Text); ebenfalls automatischer Zeilenumbruch nach spätestens 1.000 Zeichen
- `binary`: Keine Codierung, es erfolgt kein automatischer Zeilenumbruch.
- `quoted-printable`: Spezielle Codierung von Sonderzeichen, die über 7-Bit-ASCII hinausgehen. Beispiel: »größer« wird zu »gr=FC=DFer«. (Die Codierung besteht aus einem Gleichheitszeichen, gefolgt von hexadezimalem Zeichencode.)
- `base64`: Bevorzugte Codierung für Binärdateien. Ein spezieller Algorithmus packt die Daten 7-Bit-kompatibel um. Dieses Format ist auch dann nicht von Menschen lesbar, wenn Klartext codiert wird – aus »Hallo Welt!« wird beispielsweise `SGFsbG8gV2VsdCE=`.

Die Codierungsformen `quoted-printable` und `base64` besitzen den Vorteil, dass die Mailnachricht formal kompatibel mit RFC 822 bleibt und entsprechend auch über alte Mailserver versandt und empfangen werden kann.

Der E-Mail-Empfang über einen POP3-Server erfolgt auf textbasierte Art, ähnlich wie bei SMTP. Der Server kommuniziert über den TCP-Port 110. Die Beschreibung von POP3 steht in RFC 1939. Zur Verdeutlichung hier wiederum eine Telnet-basierte Konversation mit einem (unkenntlich gemachten) POP3-Server:

```
# telnet pop.myprovider.de pop3
+OK POP3 server ready
USER absender
+OK
PASS XXXXX
+OK
LIST
1898
.
RETR 1
+OK 953 octets
Return-path: <empfanger@elsewhere.com>
Envelope-to: absender@myprovider.de
Delivery-date: Mon, 24 Apr 2017 03:08:24 +0100
Received: from [207.18.31.76] (helo=smtp.elsewhere.com)
```

```
by mxng13.myprovider.de with esmtp (Exim 3.35 #1)
id 18QeUU-000270-00
for absender@myprovider.de; Mon, 24 Apr 2017
03:08:18 +0100
Received: from box (xdsl-202-21-109-17.elsewhere.com
[202.21.109.17])
by smtp.elsewhere.com (Postfix) with SMTP id
CA500866C1
for <absender@myprovider.de>; Mon, 24 Apr 2017
03:08:14 +0100 (MET)
Message-ID: <001901c2aaf2$31ce81e0$0200a8c0@box>
From: "Jack" <empfaenger@elsewhere.com>
To: "Sascha" <absender@provider.de>
Subject: Gruesse
Date: Mon, 24 Apr 2017 03:14:30 +0100
MIME-Version: 1.0
Content-Type: text/plain;
charset="iso-8859-1"
Content-Transfer-Encoding: quoted-printable

Hi!
Wie geht's?
Alles klar?
Ciao.

.
DELE 1
+OK
QUIT
+OK
```

In dieser Sitzung kommen die folgenden POP3-Befehle zum Einsatz:

► USER: Angabe des Benutzernamens für die Anmeldung

► PASS: Angabe des Passworts für die Anmeldung

► LIST: nummerierte Liste der verfügbaren E-Mails mit der jeweiligen Länge in Bytes

► RETR: E-Mail mit der angegebenen Nummer empfangen

► DELE: E-Mail mit der angegebenen Nummer vom Server löschen

► QUIT: Sitzung beenden

Die meisten E-Mail-Programme führen RETR und DELE standardmäßig unmittelbar nacheinander durch, die Nachrichten verbleiben also in der Regel nicht auf dem Server. Bei IMAP-Servern ist es dagegen meist anders: Der besondere Vorteil des IMAP-Protokolls besteht darin, dass auf dem Mailserver selbst verschiedene Ordner eingerichtet werden können, um

Mails dort zu verwalten. Auf diese Weise erleichtert IMAP die E-Mail-Verwaltung für mobile Benutzer. Die aktuelle Version von IMAP ist das in RFC 2060 dargestellte IMAP4. Ein IMAP-Server funktioniert ähnlich wie ein POP3-Server, verwendet allerdings den TCP-Port 142.

Eine weitere beliebte Form der E-Mail-Nutzung sind webbasierte Freemail-Dienste wie GMX oder Hotmail. Dabei handelt es sich um gewöhnliche POP-SMTP-Kombinationen, die über eine Website mit persönlicher Anmeldung zugänglich gemacht werden. Das Programm, das mit den E-Mail-Servern kommuniziert, läuft auf dem Webserver und wird dem Kunden per Browser zur Verfügung gestellt.

### Newsgroups

Newsgroups als virtuelle *Schwarze Bretter* wurden 1979 eingeführt, um Gruppendiskussionen zwischen der Duke University und der University of North Carolina zu ermöglichen. Das System entwickelte sich im Laufe der Jahre zum weltweiten *Usenet* mit mehreren Zehntausend Newsgroups.

Das Usenet besteht aus einem losen Verbund von weltweit verteilten Newsservern, die das in RFC 977 festgelegte Protokoll NNTP (*Network News Transport Protocol*) ausführen. Wer einen Artikel in einer Newsgroup veröffentlichen möchte, sendet diesen an den TCP-Port 119 des nächstgelegenen Newsservers (in der Regel den des eigenen Providers); innerhalb von spätestens 24 Stunden dürfte die Nachricht jeden Newsserver weltweit, der die betreffende Newsgroup bereitstellt, erreicht haben.

Um Nachrichten in einer bestimmten Newsgroup zu lesen, müssen Sie diese abonnieren: Sie verbinden sich über Ihren Newsreader mit einem Newsserver, der diese Group anbietet, und aktivieren das Abonnement für die Group. Bei jedem Start Ihres Newsreaders werden nun zunächst die Header-Daten aller aktuellen Nachrichten in der Group heruntergeladen und angezeigt. Sobald Sie eine solche Kopfzeile anklicken, wird der eigentliche Inhalt der Nachricht geladen.

Eine Newsgroup-Nachricht ist ein RFC-822-kompatibles Dokument. Allerdings definiert das NNTP-Protokoll einige spezielle Header-Felder, die erforderlich sind, um die Nachrichten den verschiedenen Groups zuzuordnen und ihre Position in einem *Thread*, einem Diskussionsstrang, festzulegen. Die meisten Newsserver beherrschen im Übrigen die MIME-Erweiterungen, allerdings sind MIME-basierte HTML- oder gar Multimedia-Nachrichten in traditionellen Usenet-Newsgroups verpönt; es ist üblich, nur reinen Text zu verwenden.

Zu einer Newsgroup-Nachricht gehören die folgenden wichtigen Header-Felder (abgesehen von denjenigen, die bereits beim Thema SMTP beschrieben wurden):

► `Article`: Eine ID des Beitrags, bestehend aus einer Nummer und dem Namen der Newsgroup, in die der Beitrag gepostet wird. Diese Nummern können auf verschiedenen Newsservern unterschiedlich sein, da sie in der Reihenfolge vergeben werden, in der Nachrichten eintreffen.

- Message-ID: Eine unveränderliche und weltweit einmalige ID für diesen einen Beitrag über alle Newsgroups hinweg. Ermöglicht das quellgenaue Zitieren und Verlinken eines Postings.

- Referrers: Die Message-ID des ursprünglichen Newsgroup-Beitrags, auf den geantwortet wurde. Anhand dieses Feldes wird die Nachricht in einen Thread einsortiert.

Das Usenet besteht aus einer Reihe von Newsgroups mit hierarchisch gegliederten Namen. Ganz links steht dabei die allgemeine Oberkategorie, die nach rechts immer weiter spezialisiert wird (ähnlich wie in einem Dateisystem und andersherum als bei Domainnamen). Die Hauptkategorien sind beispielsweise *comp* für computerbezogene Themen, *rec* (*recreation*) für Freizeit, Sport und Spiel, *soc* für gesellschaftspolitische Themen oder *sci* (*science*) für die Welt der Naturwissenschaft und Technik. Innerhalb dieser Kategorien bestehen einzelne Groups wie *comp.lang.perl.modules* (Computer – Programmiersprachen – Perl – Module), *rec.autos.vw* (Freizeit – Autos – Volkswagen), *soc.religion.islam* (Gesellschaft – Religion – Islam) oder *sci.crypt.random-numbers* (Wissenschaft – Kryptografie – Zufallsgeneratoren). Im Übrigen gibt es Hauptkategorien, die auf ein bestimmtes Länderkürzel lauten, für Newsgroups, in denen eine bestimmte Sprache gesprochen wird (etwa die *de.\**-Hierarchie für deutschsprachige Groups).

Da das traditionelle Usenet recht schwerfällig und konservativ ist, bedarf es beinahe endloser Diskussionen, bevor unter einer der klassischen Hauptkategorien eine neue Newsgroup eingerichtet wird. Aus diesem Grund wurde die spezielle *alt.\**-Hierarchie eingeführt, unter der jeder neue Groups anlegen kann. Diese Hierarchie gehört nicht zum eigentlichen Usenet und enthält die bizarrsten, aber auch einige der interessantesten Newsgroups.

Die Beliebtheit der Newsgroups unter den Internetnutzern scheint allerdings bereits vor einigen Jahren ihren Zenit überschritten zu haben. Die größte Konkurrenz bilden heutzutage webbasierte Foren, in denen über speziellere Themen diskutiert wird und die nicht ganz so strenge Verhaltensregeln besitzen wie die Newsgroups oder insbesondere das klassische Usenet. Dennoch besteht die Möglichkeit, ohne spezielles News-Programm auf beliebige Newsgroups zuzugreifen: Der Suchmaschinenbetreiber Google kaufte vor einigen Jahren den webbasierten News-Dienst Deja.com und dessen Usenet-Archiv auf. Unter *http:// groups.google.com* können Sie in fast allen jemals geschriebenen Newsgroup-Beiträgen recherchieren und sich darüber hinaus anmelden, um aktiv an Newsgroup-Diskussionen teilzunehmen.

### Das World Wide Web

Das Web ist heute die dominierende Internetanwendung überhaupt, und zwar in einem solchen Maße, dass viele Leute das WWW mit dem gesamten Internet gleichsetzen. Wer auf das Web zugreifen möchte, verwendet dazu eine spezielle Clientsoftware, den sogenannten *Webbrowser*. Nach der Eingabe einer Dokumentadresse stellt der Browser eine TCP-Verbindung zu dem gewünschten Webserver her und fordert über das HTTP-Protokoll das gewünschte

Dokument an. Das Dokument ist üblicherweise in der Seitenbeschreibungssprache HTML verfasst (unterstützt durch CSS und JavaScript), die der Browser interpretiert und in eine auf bestimmte Art und Weise formatierte Webseite umwandelt.

Eine solche Seite kann außerdem Verweise auf eingebettete Dateien wie Bilder oder Multimedia enthalten, die der Browser auf dieselbe Art anfordert wie das HTML-Dokument selbst und an der passenden Stelle auf der Seite platziert. Ein weiteres wichtiges Element von Webseiten sind die Hyperlinks, anklickbare Verknüpfungen zu anderen Dokumenten. Wenn Sie einen Hyperlink aktivieren, wird die entsprechende Datei angefordert und in den Browser geladen.

Damit das Web funktionieren kann, wirken einige wesentliche Konzepte zusammen:

▶ Das Anwendungsprotokoll HTTP, über das Dokumente beim Server angefordert und von diesem ausgeliefert werden. Die aktuelle Version des Protokolls, HTTP 1.1, wird in RFC 2616 beschrieben; in Kapitel 14, »Server für Webanwendungen«, erhalten Sie genauere Informationen darüber.

▶ Ein spezielles Format für Dokumentadressen, das als *Uniform Resource Locator* (URL) bezeichnet wird und dessen Definition sich in RFC 1738 befindet. Die URL wird beispielsweise in die Adresszeile des Browsers eingegeben; sie sieht zum Beispiel so aus: *http://www.rheinwerk-verlag.de/*.

▶ Die Seitenbeschreibungssprache HTML, in der Hypertext-Dokumente für das WWW geschrieben werden. Neuere HTML-Versionen werden nicht mehr in RFCs definiert; eine genaue Beschreibung von HTML finden Sie in Kapitel 18, »Webseitenerstellung mit HTML und CSS«.

## 4.7 Übungsaufgaben

Im Folgenden ist jeweils genau eine Antwort richtig.

1. Was ist keine Aufgabe eines Netzwerks?

    ☐ Kommunikation zwischen seinen Benutzern

    ☐ gemeinsame Stromversorgung mehrerer Rechner

    ☐ Austausch von Daten

    ☐ verteilte Anwendungen

2. Welches der folgenden Merkmale gehört nicht zwangsläufig zur paketvermittelten Datenübertragung?

    ☐ Absender- und Empfängeradresse in jedem Paket

    ☐ die Unterteilung der Daten in kleinere Einheiten

    ☐ ein Bestätigungsverfahren, das die Datenauslieferung garantiert

    ☐ die Fähigkeit zur Weiterleitung der Datenpakete über verschiedene Wege

3. Welcher bis heute bedeutende Internetdienst wurde 1972 erfunden?

☐ CGI

☐ World Wide Web

☐ Newsgroups

☐ E-Mail

4. Wie werden die Standards des Internets dokumentiert?

☐ in Patentschriften

☐ in IEEE-Drafts

☐ in Diplom- und Doktorarbeiten

☐ in öffentlich verfügbaren RFC-Dokumenten

5. Welche Geräte wurden als Erste zur Datenfernübertragung verwendet?

☐ Funkgeräte

☐ Akustikkoppler

☐ Telegraphen

☐ Modems

6. Was war die entscheidende Neuerung am World Wide Web?

☐ die Einführung von Hypertext

☐ wissenschaftliche Internetanwendung

☐ die Verwendung eines textbasierten Kommunikationsprotokolls

☐ die Anwendung von Hypertext über ein Netzwerk

7. Wie heißt das Protokoll, das für die WWW-Kommunikation verwendet wird?

☐ LWP

☐ WWWP

☐ HTTP

☐ HTML

8. Welche OSI-Schicht ist Nummer 3?

☐ Bit-Übertragungsschicht

☐ Vermittlungsschicht

☐ Sicherungsschicht

☐ Transportschicht

9. Welche Nummer hat die OSI-Darstellungsschicht?

☐ 6

☐ 5

☐ 7

☐ 4

10. Was ist eine Aufgabe der OSI-Sicherungsschicht?

☐ Datenstromverschlüsselung

☐ Erzeugung von Datenpaketen

☐ Steuerung des Zugriffs auf das Übertragungsmedium

☐ Routing

11. Welches ist keine Schicht im Internetschichtenmodell (DoD- oder DDN-Modell)?

☐ Netzzugangsschicht

☐ Internetschicht

☐ Sitzungsschicht

☐ Anwendungsschicht

12. Welcher OSI-Schicht entspricht die Internetschicht des Internetschichtenmodells in etwa?

☐ Sicherungsschicht

☐ Vermittlungsschicht

☐ Transportschicht

☐ Sitzungsschicht

13. Welches der folgenden Protokolle arbeitet auf der Transportschicht des Internetschichtenmodells?

☐ FTP

☐ TCP

☐ IP

☐ ARP

14. Welche Netzwerkart hat die größte Reichweite?

☐ MAN

☐ WAN

☐ GAN

☐ LAN

15. Bei welcher Netzwerktopologie sind alle Stationen mit einem zentralen Verteiler verbunden?

☐ Baum

☐ Stern

☐ Ring

☐ Bus

16. Welche der folgenden Aussagen über Server ist zutreffend?

☐ Ein Server ist ein spezieller, sehr teurer Computer.

☐ Ein Server ist ein Programm, das eine bestimmte Dienstleistung bereitstellt.

## 4 Netzwerkgrundlagen

☐ Ein Server muss stets in einen 19-Zoll-Schrank montiert werden.

☐ Ein Server ist ein Programm, das eine Benutzeroberfläche für Netzwerkdienste bereitstellt.

17. Welche der folgenden Aussagen über Clients ist zutreffend?

☐ Ein Client ist ein Programm, das eine bestimmte Dienstleistung bereitstellt.

☐ Client ist lediglich eine andere Bezeichnung für einen Desktop-PC.

☐ Ein Client ist ein Programm, das eine Benutzeroberfläche für Netzwerkdienste bereitstellt.

☐ Client ist lediglich eine andere Bezeichnung für einen Browser.

18. Wie nennt man es, wenn die Aufgaben eines Webservers auf mehrere physikalische Rechner verteilt werden?

☐ Web Caching

☐ Proxy Service

☐ Load Balancing

☐ Round Robin

19. Welcher der folgenden Server ist kein klassischer Netzwerkserver?

☐ Mailserver

☐ X-Window-Server

☐ File-Server

☐ Print-Server

20. Welcher IEEE-802-Standard beschreibt drahtlose Netzwerke?

☐ IEEE 802.3

☐ IEEE 802.5

☐ IEEE 802.11

☐ IEEE 802.15

21. Wodurch wird eine bestimmte Ethernet-Karte eindeutig gekennzeichnet?

☐ durch die MAC-Adresse

☐ durch die IP-Adresse

☐ durch den Domainnamen

☐ Die Ethernet-Karte selbst besitzt kein eindeutiges Identifikationsmerkmal.

22. Was bedeutet der *Promiscuous Mode* bei einer Ethernet-Karte?

☐ Sie erhält mehrere IP-Adressen.

☐ Sie dient als DHCP-Provider.

☐ Sie empfängt alle Datenpakete aus ihrem Netzsegment.

☐ Sie wird IP-Multicast-fähig.

23. Was geschieht beim CSMA/CD-Verfahren, wenn eine Datenkollision auftritt?

☐ Aufgrund der Funktionsweise kann es in CSMA/CD-Netzen nicht zu Kollisionen kommen.

☐ Der Verteiler (Hub oder Switch) regelt, welches Gerät als Erstes erneut senden darf.

☐ Der Verteiler (Hub oder Switch) versendet nacheinander Kopien der kollidierten Pakete.

☐ Jedes an der Kollision beteiligte Gerät sendet nach einer individuellen Zufallswartezeit erneut.

24. Wie setzt sich die Bezeichnung 10 Base 2 zusammen?

☐ 10 mm dickes Kabel mit maximal 2 MBit/s

☐ maximal 10 MBit/s, maximal 200 m langes Netzsegment

☐ maximal 10 MBit/s, mindestens 2 m Abstand zwischen zwei Stationen

☐ höchstens zehn Stationen pro maximal 200 m langem Netzsegment

25. Welcher Steckertyp wird für Twisted-Pair-Ethernet, aber auch etwa für ISDN verwendet?

☐ RG-58

☐ RJ-45

☐ RJ-11

☐ Cinch

26. Welche UTP-Kabel-Kategorie wird mindestens für Fast Ethernet benötigt?

☐ 3

☐ 4

☐ 5

☐ 6

27. Was ist der entscheidende Unterschied zwischen einem Hub und einem Switch?

☐ Für Fast Ethernet ist auf jeden Fall ein Switch notwendig.

☐ Nur ein Switch kann Ethernet-Schnittstellen unterschiedlicher Geschwindigkeiten miteinander verbinden.

☐ Ein Switch besitzt mehr Ports als ein Hub.

☐ Ein Switch verhindert Datenkollisionen durch direkte Verbindungen zwischen den Stationen.

28. Welche maximale Datenübertragungsrate unterstützt Fast Ethernet?

☐ 10 MBit/s

☐ 52 MBit/s

☐ 100 MBit/s

☐ 480 MBit/s

## 4 Netzwerkgrundlagen

29. Zu welchem Zweck wurde das im WLAN-Bereich übliche Frequency-Hopping-Verfahren ursprünglich entwickelt?

☐ Mobiltelefonie

☐ Satellitenkommunikation

☐ Flugnavigation

☐ Torpedofernsteuerung

30. Welches Netzzugangsverfahren wird für WLAN verwendet?

☐ CSMA/CD

☐ Token Passing

☐ CSMA/CA

☐ PPP

31. Welchen Sicherheitsstandard für WLAN sollte man mindestens verwenden?

☐ WEP

☐ WPA2

☐ WPA1

☐ SSL

32. Welche technische Besonderheit sorgt für die hohen DSL-Übertragungsraten über normale Telefonleitungen?

☐ Datenkomprimierung

☐ Kanalbündelung

☐ hochfrequente Signale

☐ DSL verwendet nie normale Telefonleitungen, sondern Lichtwellenleiter.

33. Was ist der entscheidende Unterschied zwischen ADSL und SDSL?

☐ SDSL bietet ein anderes Abrechnungsmodell, das für Geschäftskunden interessanter ist.

☐ SDSL ist schneller als ADSL.

☐ ADSL kann gewöhnliche Telefonleitungen verwenden, SDSL nicht.

☐ SDSL bietet identische Datenübertragungsraten in beide Richtungen, ADSL ist im Upload langsamer als im Download.

34. Welche der folgenden Angaben ist keine gültige IPv4-Adresse?

☐ 197.17.8.21

☐ 212.211.210.209

☐ 31.310.30.13

☐ 0.7.8.9

280

35. Mit welchem Bit-Muster beginnt eine IP-Adresse der historischen Klasse C?

☐ 0

☐ 10

☐ 110

☐ 1110

36. In welchem Bereich liegt das erste Byte einer IP-Adresse der Klasse B?

☐ 64 bis 127

☐ 128 bis 191

☐ 192 bis 223

☐ 128 bis 159

37. Welche der folgenden IP-Adressen ist keine private frei verfügbare Adresse gemäß RFC 1918?

☐ 192.168.27.11

☐ 172.21.47.11

☐ 10.0.8.15

☐ 172.47.11.12

38. Zu welchem der folgenden Netze gehört die IP-Adresse 196.17.8.92 nicht?

☐ 196.17.0.0/16

☐ 196.17.0.0/17

☐ 196.17.8.0/26

☐ 196.17.8.0/25

39. Das Netz 156.19.0.0/16 wird per CIDR in vier gleich große Netze unterteilt. Welches der folgenden ist eines der neuen Teilnetze?

☐ 156.19.0.0/20

☐ 156.19.16.0/18

☐ 156.19.64.0/18

☐ 156.19.128.0/19

40. Wie viele Hosts kann jedes Teilnetz maximal enthalten, wenn ein IPv4-Netz mit der Teilnetzmaske 255.255.255.0 in vier Teile unterteilt wird?

☐ 62

☐ 128

☐ 127

☐ 64

4   Netzwerkgrundlagen

41. Was ist der Vorteil von VLSM gegenüber CIDR?

☐ Die Teilnetzmaske kann auch zwischen ganzen Bytes der Adressen verlaufen.

☐ Mehrere Netze lassen sich zu einem größeren Netz zusammenfassen (Supernetting).

☐ Ein Netz lässt sich in Teilnetze unterschiedlicher Größe unterteilen.

☐ Es gibt keinen Vorteil; CIDR ist flexibler als VLSM.

42. Wie lang ist der IPv4-Header mindestens?

☐ 16 Byte

☐ 20 Byte

☐ 24 Byte

☐ 32 Byte

43. Welche Bedeutung besitzt der TTL-Wert (*Time To Live*) im IP-Datagramm?

☐ Er gibt die Uhrzeit an, wann das Datagramm erzeugt wurde.

☐ Er gibt die Uhrzeit an, bis zu der das Datagramm bestehen wird.

☐ Er zählt die Sekunden, die das Datagramm bereits existiert.

☐ Er zählt die Hops, die das Datagramm erlebt, bis 0 herunter.

44. Zu welchem Problem können unterschiedliche MTUs verschiedener Netzwerkschnitt-stellen bei IP-Datagrammen führen?

☐ Die Datagramme können nicht weitergeleitet werden.

☐ Die Datagramme werden fragmentiert.

☐ Die Datagramme müssen erneut gesendet werden.

☐ Die Datagramme werden langsamer transportiert.

45. Was ist die genaue Definition eines Default Gateways?

☐ der Router ins nächstgelegene Netz

☐ der Router ins Internet

☐ der Router für Verbindungen in alle Netze, für die kein separater Router existiert

☐ der Router in einem Netz, in dem kein weiterer Router existiert

46. Welche Adresse ist vom Netzwerk 156.81.0.0/19 aus nur über einen Router zu erreichen?

☐ 156.81.9.18

☐ 156.81.18.9

☐ 156.81.81.9

☐ 156.81.0.9

47. Das Netzwerk 152.17.0.0/17 ist über drei Router mit anderen Netzen verbunden: r1 für das Netzwerk 152.17.128.0/17, r2 für 152.18.0.0/16 und r3 für alle anderen Netze. Welcher Router wird für eine Verbindung zur Adresse 152.18.210.22 verwendet?

☐ r1

☐ r2

☐ r3

☐ Keiner; die Adresse befindet sich im aktuellen Teilnetz.

48. Was wird im Zusammenhang mit IP-Routing als autonomes System bezeichnet?

☐ ein Rechner, der nicht an ein Netzwerk angeschlossen ist

☐ ein lokales Netzwerk ohne Verbindung zu anderen Teilnetzen

☐ die Gesamtheit aller Netzwerke eines Betreibers

☐ ein allein stehender Router

49. Zu welchem Zweck wird ein internes Routing-Protokoll eingesetzt?

☐ für das Routing innerhalb eines Teilnetzes

☐ für das Routing innerhalb eines autonomen Systems

☐ für das Routing innerhalb eines Netzes ohne Außenverbindung

☐ für das Routing zwischen mehreren virtuellen Netzwerkschnittstellen auf einem einzelnen Rechner

50. Welches der folgenden Routing-Protokolle ist ein externes Routing-Protokoll?

☐ RIP

☐ OSPF

☐ BGP

☐ keines der genannten

51. Welcher TCP/IP-Dienst ermöglicht die automatische Vergabe von IP-Adressen?

☐ BOOTP

☐ NAT

☐ DHCP

☐ ARP

52. Wie lang ist eine IPv6-Adresse?

☐ 64 Bit

☐ 128 Bit

☐ 32 Bit

☐ variabel

53. Welches Transportprotokoll verwendet das Verbindungstestprogramm Ping?

☐ UDP

☐ ICMP

☐ TCP

☐ keins, sondern RawIP

## 4   Netzwerkgrundlagen

54. Welche Flags sind (nacheinander) bei den drei Datenpaketen gesetzt, die den Drei-Wege-Handshake bei TCP bilden?

☐ SYN, ACK, SYN

☐ SYN, SYN, ACK

☐ SYN, SYN/ACK, ACK

☐ SYN, ACK, SYN/ACK

55. Welche TCP-Portnummern sind Well-known Ports – festgelegte Portnummern für Serverdienste?

☐ 0 bis 255

☐ 0 bis 1023

☐ variiert je nach Betriebssystem

☐ 0 bis 32767

56. Was ist der Vorteil von UDP gegenüber TCP als Transportprotokoll?

☐ schnellere Übertragung auf Kosten der Zuverlässigkeit

☐ schnellere Übertragung durch höhere Übertragungsraten

☐ sichere Übertragung durch Verschlüsselung

☐ Möglichkeit der Übertragung in Nicht-IP-Netze

57. Welchen TCP-Port verwendet ein Webserver standardmäßig?

☐ 21

☐ 53

☐ 80

☐ 110

58. Welcher Serverdienst verwendet standardmäßig den TCP-Port 23?

☐ echo

☐ ftp

☐ smtp

☐ telnet

59. Aus welcher Datei können auf einem Unix-System Adressauflösungen von Hostnamen gelesen werden?

☐ /var/hosts.txt

☐ /etc/services.txt

☐ /etc/hosts

☐ /var/addresses

60. Welche der folgenden Aussagen über DNS ist zutreffend?

☐ Das System besteht aus einer Textdatei, die bei Änderungen auf jeden Nameserver kopiert wird.

☐ Ein DNS-Administrator kann Subdomains seiner Zone entweder selbst verwalten oder als untergeordnete Zonen delegieren.

☐ Ein Webserver muss den Hostnamen *www* erhalten, damit er funktioniert.

☐ Jeder Internetteilnehmer benötigt einen eigenen Nameserver.

61. Welche der folgenden Generic Top-Level-Domains gibt es nicht?

☐ .com

☐ .net

☐ .doc

☐ .info

62. Welche Länder-Top-Level-Domain verwendet Großbritannien?

☐ .bn

☐ .uk

☐ mehrere: .en für England, .sc für Schottland, .wa für Wales und .ni für Nordirland

☐ .bi für die gesamten Britischen Inseln

63. Welchen Vorteil besitzt SSH gegenüber Telnet?

☐ sichere Datenübertragung durch Verschlüsselung

☐ SSH verwendet TCP, Telnet dagegen UDP.

☐ Telnet-Server funktionieren nur unter Unix, SSH-Server auch unter Windows.

☐ Die Texteingabe ist bei SSH komfortabler.

64. Welchen der folgenden FTP-Befehle gibt es nicht?

☐ binary

☐ get

☐ decimal

☐ put

65. Für welche Dateien braucht bei der FTP-Übertragung nicht der Binärmodus verwendet zu werden?

☐ Bilddateien

☐ ausführbare Programme

☐ HTML-Dokumente

☐ Videodateien

## 4 Netzwerkgrundlagen

66. Wie wird einem SMTP-Server mitgeteilt, dass der eigentliche E-Mail-Text beendet ist?

☐ durch eine Leerzeile

☐ durch den Befehl END

☐ durch ein EOF (entspricht der Tastenkombination Strg + D )

☐ durch einen einzelnen Punkt in einer Zeile

67. Welcher MIME-Type wird für ein JPEG-Bild verwendet?

☐ application/x-jpeg

☐ image/jpeg

☐ image/jpg

☐ application/image-jpg

68. Welcher RFC-822-Header gibt den MIME-Type an?

☐ Content-type

☐ Content-transfer-encoding

☐ Mime-type

☐ File-type

69. In welcher E-Mail-Codierung wird »Köln« als »K=FCln« wiedergegeben etc.?

☐ 7bit

☐ quoted-printable

☐ base64

☐ binary

70. Was ist der Vorteil von IMAP gegenüber POP3?

☐ IMAP-Server bieten mehr Speicherplatz pro Postfach.

☐ Auf einem IMAP-Server kann ein Benutzer mehrere E-Mail-Adressen haben.

☐ Auf IMAP-Servern werden die Daten länger aufbewahrt.

☐ Auf einem IMAP-Server kann ein Benutzer Ordner zur E-Mail-Verwaltung anlegen.

71. Welche Header-Zeile ist eine NNTP-Ergänzung zu den klassischen RFC-822-Headern?

☐ Subject

☐ From

☐ Message-ID

☐ Content-type

286

# Kapitel 5
# Betriebssystemgrundlagen

*In einem geschlossenen System nimmt das Chaos mit der Zeit zu.*
*– Zweiter Hauptsatz der Thermodynamik*

Damit Anwendungsprogramme auf Computern laufen können, ist ein Betriebssystem erforderlich. Dieses Kapitel beschreibt die historischen und theoretischen Grundlagen dieser Systeme. Der praktische Einsatz verschiedener Systeme wird in Kapitel 6, »Windows«, Kapitel 7, »Linux«, und Kapitel 8, »macOS«, erläutert.

Das Betriebssystem ist das grundlegende Computerprogramm. Es steuert die Hardware, koordiniert die Ressourcenzugriffe der Anwendungsprogramme und stellt dem Benutzer Steuerungsmöglichkeiten zur Verfügung. Im Einzelnen erfüllen Betriebssysteme vor allem die folgenden Aufgaben:

▶ *Prozessmanagement.* Die Ressourcen des Computersystems müssen zwischen den verschiedenen laufenden Programmen und Systemaufgaben verteilt werden. Zu diesem Zweck werden die einzelnen Aufgaben als sogenannte *Prozesse* ausgeführt, die vom Betriebssystem als übergeordnetem Steuerprozess verwaltet werden.

▶ *Speichermanagement.* Obwohl Computersysteme heutzutage über einen vergleichsweise großen Arbeitsspeicher verfügen, finden dennoch oftmals nicht alle Programme und Daten auf einmal Platz darin. Das Speichermanagement sorgt dafür, dass immer die gerade benötigten Speicherinhalte zur Verfügung stehen, ohne dass die Programmierer der Anwendungssoftware sich sonderlich darum kümmern müssten.

▶ *Steuerung und Abstraktion der Hardware.* Computersysteme sind hochgradig modular aufgebaut; jede Aufgabe kann durch viele verschiedene Geräte unterschiedlicher Hersteller erledigt werden. Betriebssysteme lösen dieses Problem durch den Einsatz der sogenannten *Gerätetreiber*, die die Steuerlogik für bestimmte Hardware enthalten. Vor dem Programmierer werden die konkreten Einzelheiten bestimmter Geräte verborgen, weil es vollkommen unzumutbar wäre, beim Schreiben eines Anwendungsprogramms auf die Besonderheiten Hunderter möglicher Geräte einzugehen.

▶ *Ein- und Ausgabesteuerung.* Computerprogramme sind auf die Eingabe von Daten angewiesen, ihre Benutzer erwarten die Ausgabe von Ergebnissen. Betriebssysteme steuern die Zusammenarbeit mit vielen verschiedenen Ein- und Ausgabekanälen wie Tastatur und Bildschirm, Datenträgern oder Netzwerken.

▶ *Dateiverwaltung.* Programme und Daten müssen auf einem Computer dauerhaft gespeichert werden, weil der Arbeitsspeicher zu klein ist und vor allem, weil sein Inhalt beim Ausschalten verloren geht. Aus diesem Grund werden Daten in Form von *Dateien* auf Datenträgern wie Festplatten, CDs oder DVDs gespeichert. Die Logik der Dateiverwaltung wird in Form sogenannter *Dateisysteme* vom Betriebssystem zur Verfügung gestellt, damit alle Programme auf dieselbe Art und Weise darauf zugreifen.

▶ *Bereitstellen der Benutzeroberfläche.* Ein Spezialfall der Ein- und Ausgabesteuerung besteht im Bereitstellen der Benutzeroberfläche. Das Betriebssystem selbst und alle Programme müssen mit dem Benutzer kommunizieren, um nach dessen Wünschen Aufgaben zu erledigen. Es existieren zwei Arten von Benutzeroberflächen: Die *Konsole* ermöglicht das dialogbasierte Arbeiten; Benutzer geben per Tastatur Befehle ein und erhalten Antworten. Die *grafische Benutzeroberfläche* ermöglicht dagegen die intuitive Erledigung von Aufgaben über das Aktivieren von Schaltflächen, Menüs und Symbolen mit der Maus. So gut wie alle modernen Betriebssysteme besitzen unterschiedlich leistungsfähige Varianten beider Arten von Oberflächen.

## 5.1 Entwicklung der Betriebssysteme

In diesem Abschnitt wird kurz die Entstehung und Weiterentwicklung der Betriebssysteme nachgezeichnet. Betriebssysteme im heutigen Sinn wurden erst erforderlich, als Menschen begannen, direkt mit Computern zu kommunizieren.

Die allerersten Computersysteme der 40er- und 50er-Jahre des letzten Jahrhunderts wurden über Schalter und Steckverbindungen programmiert. Dem einzigen Programm, das zu einer bestimmten Zeit auf dem Computer lief, standen sämtliche Ressourcen ungeteilt zur Verfügung. Diese Ressourcen waren den Programmierern unmittelbar bekannt, es musste keine Abstraktion der Hardwareressourcen stattfinden. Solche Rechner besaßen überhaupt kein Betriebssystem.

Als die Lochkarten Einzug in die Rechenzentren hielten, war es üblich, dass ein Programmierer dem Operator den mithilfe eines mechanischen Geräts gestanzten Kartenstapel übergab. Die Programmierer selbst bekamen den eigentlichen Computer möglicherweise nicht einmal zu Gesicht, weil nur die mit weißen Kitteln bekleideten Operatoren das »Allerheiligste« betreten durften. Der Operator war dafür verantwortlich, den Inhalt des Lochkartenstapels in den Computer einzulesen, und händigte dem Programmierer einen Stapel Endlospapier mit den Ergebnissen aus, falls das Programm keine Fehler enthielt.

Erst in den 60er-Jahren wurden bestimmte häufig verwendete Programmteile oder Hilfsmittel wie Interpreter für höhere Programmiersprachen auf Magnetbändern statt auf Lochkarten abgespeichert. In der ersten Zeit waren wieder die Operatoren dafür zuständig, das richtige Band einzulesen, um die Programmlochkarten eines bestimmten Programmierers korrekt zu verarbeiten.

Allmählich wurden übergeordnete Steuerprogramme eingeführt, die in der Lage waren, auf Lochkarten mit speziellen Metabefehlen zu reagieren, die nicht zum Programm selbst gehörten, sondern organisatorische Informationen enthielten. Auf diese Weise konnten einige der Aufgaben von Operatoren automatisiert werden, sodass die Steuerprogramme als *Operating Systems* bezeichnet wurden – noch heute das englische Wort für Betriebssystem. Diese allerersten Systeme ermöglichten die automatisierte Abarbeitung mehrerer Lochkartenstapel; diese Form der Verarbeitung wird deshalb als *Stapelverarbeitung* (*Batch Processing*) bezeichnet. Dieses Verfahren kommt auch heute noch zum Einsatz, obwohl es sich längst nicht mehr um einen Stapel von Lochkarten, sondern um einen Stapel von Befehlen handelt.

»Richtige« Betriebssysteme, wie sie bis heute verwendet werden, wurden allerdings erst eingeführt, als die *Dialogverarbeitung* entwickelt wurde. Seit Mitte der 60er-Jahre wurden immer mehr Rechenzentren mit *Terminals* ausgestattet. Ein Terminal (wegen seiner fehlenden eigenen Rechenfähigkeiten auch »dummes Terminal« – *dumb terminal* – genannt) ist eine Ein- und Ausgabeeinheit, die direkt am Arbeitsplatz eines Programmierers steht und mit dem eigentlichen Computer verbunden ist.

Das Betriebssystem muss die Eingabe des Benutzers in den Computer transportieren und die Antwort des Computers an das Terminal zurückmelden. Die besondere Herausforderung für die Entwickler der frühen Betriebssysteme bestand darin, die Benutzer mehrerer Terminals zeitgleich zu bedienen. Die damaligen Computersysteme waren nämlich erheblich zu selten und zu teuer, um einem einzelnen Benutzer sämtliche Ressourcen zu überlassen.

Aus dieser Anforderung entwickelte sich das sogenannte *Timesharing*-Verfahren, das die Anfragen mehrerer Benutzer scheinbar gleichzeitig verarbeitet, indem es die Rechenzeit in kleine Einheiten (Zeitscheiben, *Time Slices*) unterteilt und den Anforderungen der einzelnen Benutzer der Reihe nach zuweist. Aus diesem grundsätzlichen Prinzip entwickelte sich beispielsweise das moderne Multitasking, das die Ausführung mehrerer Programme auf demselben Rechner ermöglicht. Außerdem wurden allmählich Mechanismen eingeführt, um die Arbeit verschiedener Benutzer im Speicher des Rechners voneinander zu trennen. Die Grundlagen der Zugriffsrechte, der persönlichen Anmeldung und des Speicher- und Ressourcenmanagements wurden damit entwickelt.

Die ersten Timesharing-Betriebssysteme wurden für einzelne Computer und ihre Anwender in Universitäten und anderen großen Institutionen hergestellt. Eines der wenigen frühen Beispiele, die relativ bekannt geworden sind, ist das am MIT (Massachusetts Institute of Technology) entwickelte *ITS* (*Incompatible Timesharing System*) – es wurde von Richard M. Stallman mitentwickelt, dem Begründer der Idee der freien Software.[1] Einige der Fähigkeiten von ITS wurden später in Unix aufgenommen.

---

1 Zuvor hatte es ein – inzwischen längst in Vergessenheit geratenes – System namens *Compatible Time-Sharing System* (CTSS) gegeben, auf das sich die Namenswahl bezog.

Der erste Versuch, ein kommerzielles Timesharing-System zu schreiben, erfolgte Ende der 60er-Jahre: Die Bell Laboratories, das Entwicklungszentrum der US-Telefongesellschaft AT&T, arbeiteten mit einigen anderen Firmen an einem System namens *MULTICS*. Die Idee war, viele Hundert Terminals an einem für damalige Verhältnisse recht mächtigen Rechner anzuschließen. Leider wurde MULTICS erst viel später fertiggestellt, als es kaum noch jemanden interessierte.

### 5.1.1 Die Geschichte von Unix

Einige Ideen von MULTICS inspirierten jedoch *Ken Thompson* von den Bell Labs dazu, mit der Arbeit an einem eigenen Betriebssystem zu beginnen. Anfangs war es als Einzelplatzsystem geplant und wurde auf einem PDP-7-Kleincomputer von Digital Equipment (DEC) entwickelt, der, verglichen mit der für MULTICS verwendeten Maschine, nicht besonders leistungsfähig war. Thompson und sein späterer Mitstreiter *Dennis Ritchie* nannten ihr Betriebssystem in einer Anspielung auf MULTICS *Unics*; nach einiger Zeit wurde daraus *Unix*. Die ursprünglich nicht geplante Mehrbenutzerfähigkeit wurde übrigens sehr schnell nachgerüstet, nachdem die ersten Versionen von Unix gut funktionierten.

Eines der wichtigsten Designmerkmale des Betriebssystems Unix ist seine Modularität: Jeder (als eigenständiges Programm realisierte) Befehl und jeder Bestandteil des Systems kann einzeln ausgetauscht werden, ohne das Gesamtsystem ändern zu müssen. Unix wurde zunächst in der Maschinensprache der PDP-7 programmiert. Ab 1971 entwickelten Dennis Ritchie und *Brian Kernighan* dann die Programmiersprache C, in der Unix schließlich neu geschrieben wurde. Da C-Compiler bald für verschiedene Computersysteme verfügbar waren, fand Unix schnell Verbreitung.

Eine kommerzielle Verbreitung von Unix war anfangs nicht möglich. Da AT&T in den 70er-Jahren noch das US-Telekommunikationsmonopol innehatte, durfte das Unternehmen keine Geschäfte in anderen Branchen wie etwa dem Computerbereich tätigen. Deshalb wurden Lizenzen für den Unix-Quellcode unter sehr lockeren Bedingungen an Universitäten vergeben. Das ist der Grund, warum die Grundlagen des Betriebssystemaufbaus bis heute vornehmlich am Beispiel von Unix und seinen Nachfolgesystemen gelehrt werden.

Die aktivste aller Universitäten, die den Unix-Quellcode erhielten, war die University of California in Berkeley. Die dortigen Programmierer erweiterten das ursprüngliche Unix und brachten schließlich eine eigene Version heraus, die *Berkeley System Distribution* (BSD). Als AT&T schließlich in den 80er-Jahren die Lizenz erhielt, Unix kommerziell zu vertreiben, hatten sich die AT&T-Version, genannt *System V*, und die BSD bereits erheblich auseinanderentwickelt. Zudem wurde die Berkeley University verpflichtet, sämtliche Bestandteile des AT&T-Unix aus der BSD zu entfernen.

Seitdem ist jede kommerzielle und jede freie Unix-Version eine mehr oder weniger starke Mischung aus BSD- und System-V-Features. Allerdings haben System V und BSD wieder zahlreiche Fähigkeiten voneinander übernommen, sodass es nicht immer ganz leicht ist, sie auseinanderzuhalten.

Heute existiert eine Vielzahl unterschiedlicher Unix-kompatibler Betriebssysteme. Dazu gehören oder gehörten kommerzielle Systeme wie *Sun Solaris*[2], *IBM AIX*, *HP UX* und freie Varianten wie etwa *Linux* oder *FreeBSD*. Eine Sonderstellung nimmt Apples Betriebssystem *macOS* (vormals Mac OS X, zwischenzeitlich nur OS X) ein: Es basiert auf einer Version der BSD, der Betriebssystemkern *Darwin* ist Open-Source-Software und läuft auf verschiedenen Plattformen. Die grafische Benutzeroberfläche *Aqua* ist dagegen eine kommerzielle Eigenproduktion von Apple und funktioniert nur auf Macs mit PowerPC- oder Intel-Prozessoren.

Die Mindestanforderung dessen, was ein Unix-System leisten muss, ist in einem Standard namens *POSIX* (*Portable Operating System Interface*) festgeschrieben. Allerdings werden von einem »richtigen« Unix heute auch einige weitere Quasistandards verlangt, die nicht im POSIX-Standard festgelegt sind. Am wichtigsten ist dieser Standard für Programmierer. Wenn Sie ein Programm POSIX-konform schreiben, können Sie davon ausgehen, dass es sich unter jeder beliebigen Unix-Version kompilieren lässt.

Anfang der 90er-Jahre sah es übrigens bereits fast so aus, als würde Unix nicht mehr lange überleben: Die verschiedenen Varianten entwickelten sich zunehmend auseinander. Auf dem Desktop dominierte Microsoft Windows, während Server für die immer häufiger eingesetzten PC-Netzwerke vor allem unter Novell NetWare betrieben wurden.

Zwei wichtige Umstände haben Unix gerettet und machen es heute, über 40 Jahre nach seiner Entwicklung, zu einem der gefragtesten Betriebssystemkonzepte: Der eine Grund ist die immense Ausbreitung des Internets, dessen wichtigste Konzepte unter Unix entwickelt wurden. Der zweite Anlass für die Verbreitung von Unix ist die Erfolgsgeschichte des freien Betriebssystems Linux, das 1991 von dem finnischen Informatikstudenten *Linus Torvalds* entwickelt wurde und inzwischen das Betriebssystem mit dem größten jährlichen Wachstum ist. Mehr über die Entwicklung von Linux erfahren Sie im weiteren Verlauf dieses Kapitels.

## 5.1.2 PC-Betriebssysteme

Eine völlig andere Entwicklungslinie im Bereich der Betriebssysteme begann mit der Entwicklung der Personal Computer ab Mitte der 70er-Jahre. Auf das Timesharing und den Mehrbenutzerbetrieb wurde bei den ersten Versionen von PC-Betriebssystemen zugunsten der Performancesteigerung zunächst völlig verzichtet.

Der erste weitverbreitete PC war der von *Steve Wozniak* und *Steve Jobs* 1977 entwickelte Apple II. Er erlaubte es, an einer wenig komfortablen Konsole BASIC- und Systembefehle einzutip-

---

2 Später wurde auch eine Open-Source-Variante namens *OpenSolaris* entwickelt, die heute jedoch keine große Rolle mehr spielt (das letzte Update fand 2009 statt).

pen. Wurde einem Befehl eine Zeilennummer vorangestellt, dann wurde er Teil eines im Arbeitsspeicher abgelegten Programms, das beispielsweise mithilfe von RUN gestartet und über LIST auf dem Bildschirm angezeigt werden konnte. Befehle ohne Zeilennummer wurden dagegen unmittelbar ausgeführt.

Dieses Konzept wurde in den 80er-Jahren von unzähligen Homecomputern wie dem Commodore C64, dem Atari 800XL oder dem Sinclair ZX81 und ZX Spectrum nachgeahmt. Diese in das ROM eingebauten BASIC-Editoren und -Interpreter lassen sich allerdings nicht als vollwertige Betriebssysteme bezeichnen.

Das erste »richtige« Betriebssystem für Personal Computer wurde von *Gary Kildall* entwickelt. Es hieß *CP/M* (*Control Program for Microcomputers*). Im Vergleich zu den bereits weit fortgeschrittenen Betriebssystemen für Großrechner und Kleincomputer war es ziemlich primitiv, hatte aber mehrere Vorteile: Es lief auf zwei verschiedenen, zu jener Zeit weitverbreiteten Prozessorplattformen, dem Intel 8080 und dem Zilog Z80. Außerdem besaß es eine Dateiverwaltungsfunktion für Diskettenlaufwerke und konnte über verschiedene Konsolenbefehle gesteuert werden.

### DOS und Windows

1981 kam dann der IBM-PC auf den Markt, der bald zum erfolgreichsten Personal Computer wurde. IBM wollte ein CP/M-ähnliches Betriebssystem für diesen Rechner haben. Gary Kildall war jedoch nicht bereit, IBMs Verschwiegenheitserklärungen zu unterschreiben. Deshalb wandte sich IBM an die junge Firma Microsoft, die in Seattle arbeitete und Programmiersprachen-Pakete für verschiedene PCs produzierte. *Bill Gates*, der die Firma 1975 mit seinem Schulfreund *Paul Allen* gegründet hatte, fand bei einem Unternehmen namens *Seattle Computer Products* einen halb fertigen CP/M-Nachbau namens *QDOS – Quick and Dirty Operating System*. Angeblich kaufte Bill Gates alle Rechte an diesem System für 50.000 US$.

Microsoft verbesserte das System und lieferte es als *MS-DOS* (*Microsoft Disk Operating System*) an IBM. Eine leicht modifizierte Fassung wurde unter dem Namen *IBM PC DOS* mit jedem IBM-PC ausgeliefert. Die meisten später erschienenen kompatiblen Geräte enthielten dann ab Werk das eigentliche MS-DOS. Auf diese Weise entstand das bis heute andauernde Kerngeschäft von Microsoft, denn weltweit wird noch immer fast jeder neue PC mit einem Microsoft-Betriebssystem ausgeliefert.

CP/M, MS-DOS und einige andere Versuche besaßen allesamt nur eine Konsole, keine grafische Benutzeroberfläche. Dabei war diese bereits ab 1963 als Designstudie von *Douglas Engelbart* entwickelt worden. Im Forschungszentrum *Xerox PARC* wurde sie etwa Mitte der 70er-Jahre fertiggestellt. Allerdings waren die Manager von Xerox nicht in der Lage, die Entwicklungen der PARC-Forscher zu verstehen und zur Marktreife zu bringen. Erst Anfang der 80er-Jahre besichtigte *Steve Jobs* von Apple das PARC und verliebte sich auf den ersten Blick in die grafische Oberfläche. Daraufhin erschien im Jahr 1983 der teure Flop *Apple Lisa*; 1984 kam schließlich der *Macintosh* auf den Markt. Beide waren mit Maus und grafischer Oberfläche ausgestattet.

Auf den IBM-PCs hielt die grafische Benutzeroberfläche erst Jahre später Einzug. Da der Macintosh einen gewissen, wenn auch anfangs noch keinen überwältigenden Erfolg hatte, beschloss Bill Gates, dass auch der PC ein *Graphical User Interface* (GUI) erhalten sollte. 1990 erschien schließlich die erste brauchbare Version von *Microsoft Windows*; zunächst als grafischer Aufsatz für MS-DOS.

Ebenfalls im Jahr 1990 wurde der Prozessor Intel 80386 eingeführt. Es handelte sich um den ersten 32-Bit-Prozessor der Intel-Baureihe. Der IBM PC/AT und kompatible Geräte anderer Hersteller wurden bald damit ausgestattet. Ärgerlicherweise war MS-DOS jedoch ein reines 16-Bit-Betriebssystem, das bestimmte eingebaute Fähigkeiten des 386er wie Speicherschutz, Multitasking und die Adressierung von mehr Arbeitsspeicher nicht nutzen konnte.

In dieser Situation wurde bei IBM ein neues Betriebssystem konzipiert. Das 32-Bit-System OS/2 sollte zusammen mit dem neuartigen PC-System PS/2 verkauft werden. Dieses Computersystem sollte durch patentierte, inkompatible Schnittstellen die Hersteller IBM-kompatibler PCs ausbooten. Die Programmierung von OS/2 wurde zunächst in Zusammenarbeit mit Microsoft in Angriff genommen. Schließlich gerieten die beiden Firmen jedoch in Streit, weil IBM Windows nicht unterstützen wollte und voll auf OS/2 setzte. Letztlich setzte sich Windows als wichtigstes PC-Betriebssystem durch. Dennoch besaß OS/2, dessen bisher letzte Version Warp 4 im Jahr 1996 erschien, einige hervorragende Konzepte.

Microsoft blieb dagegen noch jahrelang bei DOS als Betriebssystem und Windows als grafischer Erweiterung, wobei DOS jedoch allmählich zum Windows-Starter verkam und Windows – zumindest teilweise – mit 32-Bit-Fähigkeiten ausgestattet wurde. Parallel entwickelte Microsoft ein völlig neues Betriebssystem namens *Windows NT* (*New Technology*). Als Chefentwickler konnte Microsoft *David Cutler* gewinnen, der das Betriebssystem *VMS* für die legendären VAX-Rechner von DEC entwickelt hatte. 1993 erschien die erste Version, die aufgrund der Windows-3.0-Benutzeroberfläche als Windows NT 3.0 bezeichnet wurde.

1995 kam Windows 95 auf den Markt, die Privatkunden-Version eines 32-Bit-Windows-Systems mit modernisierter, stärker von Mac OS beeinflusster grafischer Oberfläche. Unter der Oberfläche war es noch immer ein DOS-Betriebssystem, das die Windows-Umgebung startete. Allerdings waren die meisten 32-Bit-Errungenschaften nun auch in Windows 95 verfügbar, beispielsweise auch die sehnsüchtig erwarteten langen Dateinamen. 1996 wurde Windows NT 4.0 vorgestellt, das die neue Oberfläche von Windows 95 auch in der NT-Welt einführte.

Erst das 2001 eingeführte Windows XP brachte schließlich auch in der Privatkunden-Welt den Umstieg auf NT-Technologie. Das System wurde in einer Home- und einer Professional-Version angeboten.

Zuvor waren noch zwei Nachfolger von Windows 95 namens *Windows 98* und *Windows Me* (Millenium Edition) erschienen; das ursprünglich Windows NT 5.0 genannte System kam 1999 als Windows 2000 auf den Markt.

Anfang 2007 stellte Microsoft mit Windows Vista endlich den seit Langem entwickelten XP-Nachfolger bereit. Das System wurde in sieben verschiedenen Versionen verkauft, vom minimalen Vista Home Basic über mehrere Home- und Business-Varianten bis hin zum voll ausgestatteten Vista Ultimate.

Im Oktober 2009 erschien Windows 7, und 2012 wurde Windows 8 vorgestellt – beide ebenfalls in verschiedenen Editionen. In Windows 8 wurde erstmals versucht, eine einheitliche Bedienoberfläche für PCs, Tablets und Smartphones zu etablieren; unter anderem wurde der Desktop durch ein erweitertes Startmenü mit konfigurierbaren rechteckigen Kacheln ersetzt. Viele Benutzer hielten diesen ersten Versuch für nicht sonderlich gelungen, sodass das bald darauf erschienene Windows 8.1 einige der Änderungen wieder rückgängig machte: Genau wie bei der aktuellen Version Windows 10 wird hier nach dem Start erst einmal wieder der klassische Desktop angezeigt, und eine durch die Windows-8-Kacheln erweiterte Version des Startmenüs erscheint erst nach Klick auf die START-Schaltfläche.

Die Merkmale der diversen Windows-Versionen werden im nächsten Kapitel genauer erläutert.

### Linux

Der 386er-PC brachte nicht nur der Windows-Familie den Durchbruch, sondern war auch der Anlass für Linus Torvalds, das Betriebssystem Linux zu entwickeln. Er war ein wenig enttäuscht von den eingeschränkten Möglichkeiten des zu Lehrzwecken entwickelten abgespeckten Unix-Systems Minix und wollte auf keinen Fall Windows benutzen. Aus diesem Grund begann er mit der Entwicklung seines eigenen Systems.

Das Betriebssystem Linux ist ein voll ausgestattetes POSIX-konformes Unix-Betriebssystem, dessen Kernel allerdings von seinem Erfinder Linus Torvalds vollkommen neu entwickelt wurde. Seit seiner ursprünglichen Entwicklung im Jahr 1991 wurde der Linux-Kernel durch die Mitarbeit zahlloser Freiwilliger immer weiter ausgebaut. Heute unterstützt er beinahe jede erdenkliche Hardware und läuft nicht etwa nur auf der Intel-PC-Architektur, sondern wurde auf viele verschiedene Plattformen portiert, beispielsweise PowerPC, Alpha, Sun SPARC oder diverse IBM-Großrechner. In Form von Google Android läuft eine Variante auch auf zahllosen Smartphones und Tablets.

Selbstverständlich besteht ein Unix-System wie Linux aber nicht nur aus dem Kernel. Um damit arbeiten zu können, wird eine Benutzeroberfläche in Form einer Shell oder eines grafischen Desktops benötigt (alle aktuellen Linux-Distributionen bieten beides). Ein weiterer wichtiger Bestandteil eines Unix-Systems sind die zahlreichen Systemprogramme. Die Linux-Versionen dieser Programme sind kompatibel mit den entsprechenden Befehlen kommerzieller Unix-Versionen, entstammen aber größtenteils dem *GNU*-Projekt (*http://www.gnu.org*). Diese Abkürzung steht für *GNU's Not Unix*; es handelt sich um ein *rekursives Akronym*[3], in dem der erste Buchstabe immer wieder für den Namen des Ganzen steht – eine beliebte Form der Unterhaltung in der Unix- und Open-Source-Szene. Aus diesem Grund müsste ein vollständiges Linux-System aus Kernel und Dienstprogrammen korrekterweise als *GNU/Linux* bezeichnet werden, aber daran hält sich nur die Distribution Debian.

Das GNU-Projekt wurde 1984 von *Richard Stallman* ins Leben gerufen und setzte sich zum Ziel, freie Versionen sämtlicher Unix-Systemprogramme zu entwickeln. Deshalb gründete Stallman gleichzeitig die *Free Software Foundation* (FSF, *http://www.fsf.org*). Als Linus Torvalds mit der Arbeit an Linux begann, existierte bereits ein C-Compiler (der GNU C Compiler oder GCC); auch die meisten Standardbefehle waren bereits verfügbar. Die meisten GNU-Varianten der Unix-Programme sind inzwischen sogar leistungsfähiger als die ursprünglichen Versionen. Lediglich der lange geplante GNU-Kernel Hurd ist bis heute nicht als finale Version erschienen, zumal er durch die Entwicklung von Linux im Grunde überflüssig wurde.

Freie Software hat nicht nur etwas damit zu tun, dass die Programme kostenlos erhältlich sind, sondern auch damit, dass Sie den Quellcode erhalten und damit fast alles machen dürfen, was Sie möchten. Deshalb lautet ein Motto der Free Software Foundation »Free software is a matter of liberty, not price« (»Freie Software ist eine Frage der Freiheit, nicht des Preises«). Kommerzielle Softwarelizenzen enthalten nämlich in der Regel eine Reihe von Einschränkungen und erlauben im Grunde nichts weiter, als die Software für ihren offiziellen Anwendungszweck einzusetzen. Die FSF hat dafür eine eigene Softwarelizenz ausgearbeitet, die vor allem verhindern soll, dass kommerzielle Softwareentwickler freie Softwareprojekte an sich binden und die ursprüngliche Freiheit beeinträchtigen. Unter dieser Lizenz, der *GNU General Public License* (GPL), wird übrigens auch Linux selbst verbreitet.

Zu Beginn seiner Entstehung war Linux vor allem im Kreis der Entwickler verbreitet, die daran arbeiteten. Es war schwierig, den Linux-Kernel zu installieren und die GNU-Versionen aller erforderlichen Systemprogramme zu beschaffen und miteinander zu koordinieren. In den ersten Jahren wurde Linux deshalb vornehmlich von Informatikern und interessierten Studenten weitergereicht, da die Universitäten bereits über Internetanbindungen verfügten, als der Rest der Welt noch nichts damit zu tun hatte.

Einige der Studenten, die mit Linux arbeiteten, begannen allmählich, den Kernel und die Systemprogramme zusammenzustellen und Installationsprogramme für diese Betriebssystempakete zu schreiben. Aus diesen ersten Bemühungen entstanden allmählich verschiedene *Linux-Distributionen*, die anfangs auf Disketten, später auf CD-ROMs, noch später

---

3 Rekursion ist ein beliebtes Verfahren in der Programmierung, das Sie in Kapitel 9, »Grundlagen der Programmierung«, kennenlernen werden. Es geht darum, dass eine Funktion sich selbst aufruft, um ineinander verschachtelte Probleme zu lösen.

auf DVDs und in den letzten Jahren vorwiegend als Download verbreitet wurden, oft zusammen mit mehr oder weniger ausführlichen gedruckten Dokumentationen. Firmen wurden gegründet, die solche Distributionen erstellten und zu vergleichsweise günstigen Preisen verkauften.

Beachten Sie, dass der Kauf einer Distribution nichts mit dem Erwerb kommerzieller Software gemeinsam hat: Sie dürfen die Software, die Sie erhalten, auf beliebig vielen Rechnern installieren und an alle Ihre Bekannten weitergeben. Die Distributoren erhalten das Geld nicht für die Software selbst oder für ein Nutzungsrecht daran, sondern lediglich für ihre Arbeit an Installationsprogrammen und Dokumentationen. Eine Distribution kann allerdings einzelne kommerzielle Programme enthalten, für die andere Bedingungen gelten. Beachten Sie die Beschreibung, die der Distributor mitliefert.

Heute ist eine Reihe verschiedener Distributionen erhältlich, die sich bezüglich ihres Umfangs, ihres Anwendungsschwerpunkts und ihres Preises unterscheiden. In Kapitel 7, »Linux«, finden Sie eine Übersicht über die wichtigsten Distributionen und ihre Bezugsquellen im Web.

## 5.2 Aufgaben und Konzepte

Dieser Abschnitt geht näher auf die eingangs skizzierten Hauptaufgaben eines Betriebssystems ein. Hier lernen Sie nicht, wie Sie mit einem bestimmten Betriebssystem arbeiten können (das steht in den nächsten drei Kapiteln), sondern Sie erfahren, was »unter der Haube« vorgeht.

In den folgenden Abschnitten wird jedes wichtige Konzept zunächst allgemein und theoretisch vorgestellt. Anschließend wird skizziert, wie zwei verbreitete Betriebssysteme das jeweilige Problem lösen: Linux und Windows. Für einige der dargestellten Sachverhalte sind Programmierkenntnisse von Vorteil, auch wenn in diesem Kapitel kein Quellcode enthalten ist. Wenn Sie mit der Programmierung überhaupt noch nicht vertraut sind, sollten Sie zunächst Kapitel 9, »Grundlagen der Programmierung«, und Kapitel 10, »Konzepte der Programmierung«, lesen.

### 5.2.1 Allgemeiner Aufbau von Betriebssystemen

Die Überschrift dieses Abschnitts ist eine recht kühne Übertreibung. Sie enthält ein Versprechen, das niemand einhalten kann: Selbstverständlich gibt es gar keine allgemeine Art und Weise, wie Betriebssysteme aufgebaut sind. Die verschiedenen Systemfamilien unterscheiden sich gerade durch ihren recht andersartigen Aufbau.

Dennoch soll kurz skizziert werden, aus welchen Bestandteilen Betriebssysteme aufgebaut sind beziehungsweise sein können, bevor in den folgenden Abschnitten auf die einzelnen Aufgaben eingegangen wird. Gewisse Grundbestandteile besitzt tatsächlich jedes Betriebssystem, denn alle Systeme müssen Computer verwalten, die bestimmte Gemeinsamkeiten aufweisen.

Beinahe jedes neuere Betriebssystem besteht aus dem Kernel, den mehr oder weniger fest zu diesem gehörenden Gerätetreibern, den Systemprogrammen, einer Schnittstelle für Anwendungsprogramme und einer Benutzeroberfläche.

### Der Kernel

Der *Kernel* (das englische Wort für Kern, beispielsweise ein Obstkern) ist das grundlegende Computerprogramm, das unmittelbar auf dem Prozessor des Rechners ausgeführt wird. Er läuft bis zum Herunterfahren des Systems permanent im Hintergrund und steuert alle anderen Betriebssystemkomponenten sowie den Start und den Ablauf der Anwendungsprogramme. Der Kernel initialisiert die Zusammenarbeit mit der Hardware, indem er die Treiber lädt und koordiniert. Aus einer technischen Perspektive können Sie sich vorstellen, dass der Kernel das einzige echte Programm ist, das permanent ausgeführt wird, während alle anderen Programme, die später geladen werden, nur Unterprogramme sind, die vom Kernel aufgerufen werden und die Kontrolle durch einen Rücksprung wieder abgeben.

Es gibt unterschiedlich konzipierte Kernels. Das ältere Kernelkonzept ist der sogenannte *monolithische Kernel*, der so viele Funktionen wie möglich selbst ausführt. Moderner ist das Konzept des *Mikrokernels*, der so wenig wie möglich selbst tut und die meisten Aufgaben an Prozesse delegiert, die im Benutzermodus laufen wie gewöhnliche Anwendungsprogramme.

Da Mikrokernels kleine und elegante Programme sind und die einzelnen Teile des Betriebssystems nur bei Bedarf im Speicher halten, müssten Betriebssysteme auf Mikrokernel-Basis theoretisch schneller und effizienter laufen als Systeme mit monolithischen Kernels. Allerdings wird dabei oft vergessen, dass der ständige Wechsel zwischen Benutzer- und Kernelmodus Zeit und Ressourcen verbraucht. Außerdem können auch monolithische Kernel inzwischen häufig von einem der entscheidenden Vorteile des Mikrokernels profitieren: Die meisten Gerätetreiber sind modular, können also je nach Bedarf geladen und wieder aus dem Speicher entfernt werden. Dies ist besonders wichtig für hot-plugging-fähige Schnittstellen wie USB, FireWire oder Bluetooth.

Ein weiterer Fortschritt ist das *Threading-Modell*, das in immer mehr Betriebssystemen zum Einsatz kommt. Die schwerfälligen Prozesse werden durch eine leichtgewichtige Alternative namens *Threads* ergänzt, was die Arbeit des Kernels weiter beschleunigt.

Anfang der 90er-Jahre schienen die Mikrokernel sich allmählich durchzusetzen, es wurden um diese Zeit kaum noch völlig neue Betriebssysteme auf der Basis eines monolithischen Kernels konzipiert. Eine wichtige Ausnahme ist Linux – sein Kernel ist bis heute monolithisch, verwendet aber modulare Gerätetreiber und inzwischen auch Threads. *Andrew Tanenbaum*, der Entwickler von Minix und Autor mehrerer brillanter Fachbücher über Betriebssysteme und andere Informatikthemen, verfasste aus diesem Grund in der Minix-Newsgroup einen berühmt gewordenen Beitrag mit dem Titel »Linux is obsolete« (»Linux ist überholt«).[4] Inzwischen gehört Linux allerdings zu denjenigen Systemen, die in seinem Lehrbuch »Moderne Betriebssysteme« als Anschauungsbeispiele dienen.

Ein wichtiges Betriebssystem mit Mikrokernel, und zwar dem bekannten *Mach-Mikrokernel*, ist macOS. Die meisten anderen Unix-Systeme besitzen dagegen wie Linux einen monolithischen Kernel. In gewisser Weise lässt sich der Kernel von Windows NT und seinen Nachfolgern auch als Mikrokernel beschreiben.

Wenn ein Computer eingeschaltet wird, führt das BIOS des Rechners zunächst einige Überprüfungen durch und übergibt die Kontrolle anschließend dem Bootloader eines Betriebssystems. Dieser Teil des Systemstarts wurde bereits in Kapitel 3, »Hardware«, beschrieben. Der Bootloader ermöglicht entweder die Auswahl mehrerer Betriebssysteme, die auf den Datenträgern des Rechners installiert sind, oder startet unmittelbar ein bestimmtes System. Das *Booten* (kurz für *Bootstrapping* –»die Stiefel schnüren«) eines Betriebssystems bedeutet zunächst, dass der Kernel geladen und ausgeführt wird. Dieser erledigt alle weiteren erforderlichen Aufgaben.

Wichtig ist es, die bei den meisten Betriebssystemen (insbesondere Unix und Windows) zu beobachtende Trennung zwischen *Kernelmodus* und *Benutzermodus* zu verstehen. Ein Prozess, der im Kernelmodus läuft, besitzt gewisse Privilegien, die im Benutzermodus nicht vorhanden sind. Bei den meisten Computern werden für die beiden Modi unterschiedliche Betriebsmodi des Prozessors selbst verwendet. Beispielsweise besitzen Intel-Prozessoren und damit kompatible Prozessoren seit dem 386er vier verschiedene Modi, die sich durch einen unterschiedlich starken Schutz vor *Interrupts*, das heißt Unterbrechungsanforderungen durch Hardware oder bestimmte Programmschritte, unterscheiden. Für gewöhnlich wird der Modus mit dem stärksten Schutz als Kernelmodus und der mit dem geringsten als Benutzermodus verwendet.

Prozesse im Kernelmodus erledigen wichtige Betriebssystemaufgaben, die nicht durch Prozesse im Benutzermodus unterbrochen werden dürfen. Beispielsweise sorgen sie für die eigentliche Verarbeitung von Hardware-Interrupts, das Öffnen und Schließen von Dateien oder die Speicherverwaltung. Auch wenn ein Prozess im Kernelmodus nicht von außen unterbrochen werden kann, kann er freiwillig die Kontrolle an einen anderen Prozess abgeben. In der Regel ruft er den *Task Scheduler* auf, der ebenfalls im Kernelmodus läuft und für die Verteilung der Rechenzeit an die verschiedenen Prozesse zuständig ist.

Ein Prozess im Benutzermodus kann jederzeit unterbrochen werden, etwa durch einen Hardware-Interrupt, durch einen aufwachenden Kernelprozess oder dadurch, dass er selbst einen Befehl aufruft, der nur im Kernelmodus ausgeführt werden kann. Letzteres sind die sogenannten *Systemaufrufe* (*System Calls*), die es Programmierern ermöglichen, die eingebauten Funktionen des Betriebssystems zu nutzen.

---

4 Unter *http://oreilly.com/catalog/opensources/book/appa.html* können Sie die gesamte Diskussion zwischen Tanenbaum und Torvalds aus der Newsgroup nachlesen.

Mikrokernel-basierte Betriebssysteme versuchen, so gut wie alle Aufgaben im Benutzermodus auszuführen. Der Kernel selbst nimmt im Wesentlichen nur noch die Prozessverwaltung vor; selbst das Speichermanagement und die Ein-/Ausgabekontrolle finden im Benutzermodus statt. Auf diese Weise kann ein Mikrokernel-System zwar flexibler auf Anforderungen reagieren, muss dafür aber häufiger zwischen Kernel- und Benutzermodus hin- und herschalten, was zusätzliche Performance kostet.

Windows NT und seine Nachfolger (einschließlich Vista, Windows 7, 8 und 10) verwenden einen Mittelweg zwischen Mikrokernel-System und monolithischem Kernelsystem: Gewisse Teile wurden aus dem Kernel ausgelagert und bilden sogenannte *Subsysteme*, die im Benutzermodus laufen und verschiedene Teilfunktionen anbieten, die kernelartige Aufgaben erledigen. Andere Teile des Betriebssystems laufen dagegen im Kernelmodus.

Es gibt in der Praxis keine Betriebssysteme mehr, die keine richtige Trennung zwischen Kernel- und Benutzermodus durchführen. Die letzten waren MS-DOS in Kombination mit Windows 3.11, der letzten Windows-Version, die kein vollständiges Betriebssystem war, und Mac OS bis zur Version 9 (das aktuelle macOS ist dagegen eine völlige Neuentwicklung, die von dem UNIX-System NeXTSTEP abstammt).

Der auffälligste Unterschied zwischen einem modernen System und solchen altmodischen Betriebssystemen besteht darin, dass Letztere nur das veraltete *kooperative Multitasking* verwenden – ein Prozess entscheidet selbst, wann er die Kontrolle an das Betriebssystem zurückgeben möchte. Stürzt ein Programm ab, das in einem solchen Prozess läuft, dann ist sehr wahrscheinlich das gesamte Betriebssystem instabil geworden. Das in modernen Systemen eingesetzte *präemptive Multitasking* entscheidet dagegen selbst, wie lange Prozesse im Benutzermodus die Rechenzeit behalten dürfen, und entzieht ihnen diese bei Bedarf wieder.

Außerdem besitzen veraltete Betriebssysteme kein richtiges Speichermanagement; Prozesse können gegenseitig auf ihre Speicherbereiche zugreifen und diese versehentlich überschreiben.

Weitere Informationen über Aufgaben des Kernels finden Sie in späteren Abschnitten bei den Themen Prozessverwaltung, Speichermanagement und Dateisysteme.

### Gerätetreiber

Die *Gerätetreiber* (*Device Drivers*) sind spezielle kleine Programme, die sich um die Steuerung einzelner Hardwarekomponenten kümmern. In manchen Betriebssystemen sind Treiber ein fester Bestandteil des Kernels, während sie in den meisten neueren Systemen als Module vorliegen, die sich bei Bedarf laden und wieder aus dem Speicher entfernen lassen.

Es ist eine der schwierigsten Aufgaben für Programmierer, Gerätetreiber zu schreiben. Der Treiber bildet die Schnittstelle zwischen Betriebssystem und Hardware. Er muss die allgemeinen Anforderungen des Betriebssystems an eine bestimmte Geräteklasse in die spezifische Sequenz von Steuerbefehlen umsetzen, die das Gerät eines bestimmten Herstellers versteht, und umgekehrt die Antworten des Geräts wieder in eine allgemein verständliche Form bringen.

Aus der Sicht von Treibern lassen sich zwei grundsätzliche Arten von Geräten unterscheiden: *Zeichengeräte* (*Character Devices* oder kurz *Char Devices*) tauschen Daten mit ihrer Umgebung als sequenzielle Datenströme aus. Die Daten werden also Zeichen für Zeichen nacheinander ausgelesen. Typische Beispiele sind die Tastatur, ein Drucker oder ein Bandlaufwerk. *Blockgeräte* (*Block Devices*) stellen sich dagegen ähnlich dar wie der Arbeitsspeicher: Der Zugriff auf den Inhalt des Geräts kann in beliebiger Reihenfolge blockweise erfolgen. Zu den Blockgeräten zählen vornehmlich die meisten Laufwerke wie die Festplatte oder ein CD-ROM-Laufwerk, aber auch zum Beispiel Grafikkarten.

Damit ein Treiber für ein bestimmtes Gerät geschrieben werden kann, muss der Hersteller die Schnittstellen dieses Geräts veröffentlichen. Einige Hersteller wollen dies nicht und bieten stattdessen lieber selbst Treiber für die wichtigsten Betriebssysteme an. Bevor Sie sich ein bestimmtes Gerät anschaffen, müssen Sie also sicherstellen, dass ein Treiber für Ihr Betriebssystem verfügbar ist.

### Systemprogramme

Diejenigen Bestandteile des Betriebssystems, die nicht zum Kernel gehören, liegen in der Regel als unabhängige Programme vor, die willkürlich geladen, ausgeführt und wieder beendet werden können. Bei einem Betriebssystem mit Konsolenoberfläche müssen Sie die Namen dieser Programme kennen, weil sie durch Eingabe ihres Namens aufgerufen werden. In einer grafischen Benutzeroberfläche werden sie dagegen hinter den Kulissen automatisch aufgerufen, wenn Sie die entsprechenden Menübefehle aufrufen, auf ein Dateisymbol doppelklicken oder Aufgaben per Drag & Drop erledigen, also durch das Ziehen von Symbolen und ihre Ablage an einer bestimmten Stelle.

Verschiedene Betriebssysteme verfügen über unterschiedlich mächtige *Systemprogramme*. Unix-Systeme sind mit besonders leistungsfähigen Systemprogrammen ausgestattet, weshalb Unix-Benutzer häufiger als die Anwender anderer Betriebssysteme die Konsole verwenden, obwohl auch Unix-Systeme inzwischen mit sehr überzeugenden grafischen Oberflächen ausgestattet sind.

Bei einem Unix-System können Sie jede beliebige Verwaltungsaufgabe über die Konsole erledigen, während unter Windows einige Werkzeuge nur unter der grafischen Oberfläche zur Verfügung stehen. Aus diesem Grund können Unix-Rechner auch von fern über ein Netzwerk bedient werden. Die Konsole kann über eine Terminal-Emulation zur Verfügung gestellt werden, ein Programm auf einem anderen Rechner übernimmt also die Funktion eines Terminals. Das einzige System, bei dem Sie Systemprogramme nicht ohne Weiteres direkt aufrufen konnten, weil es überhaupt keine Konsole besaß, war das veraltete Mac OS bis einschließlich Version 9.

Typische Systemprogramme sind beispielsweise Befehle zur Manipulation von Dateien und Verzeichnissen, etwa für das Umbenennen, Löschen oder Kopieren. Außerdem gehören allerlei Steuerungs- und Analysewerkzeuge dazu. Systemprogramme werden in den nächsten drei Kapiteln für die einzelnen Betriebssysteme besprochen.

Verwechseln Sie Systemprogramme übrigens nicht mit den im folgenden Abschnitt besprochenen *Systemaufrufen*. Letztere werden von Prozessen in Gang gesetzt, die auf Dienstleistungen des Kernels zugreifen müssen. Viele Systemprogramme verwenden letztlich Systemaufrufe, um ihre Aufgabe zu erfüllen, aber nicht alle. Ebenso wenig sollten Sie Systemprogramme mit den einfachen *Anwendungsprogrammen* durcheinanderbringen, die mit vielen Betriebssystemen geliefert werden. Ein einfacher Taschenrechner, ein Texteditor oder ein MP3-Player ist kein Systemprogramm, sondern eine Anwendung.

### Die Schnittstelle für Anwendungsprogramme

Jedes Betriebssystem bietet Anwendungsprogrammen die Möglichkeit, seine Dienstleistungen in Anspruch zu nehmen. Dies ermöglicht es Programmierern, bestimmte aufwendige und hardwareabhängige Aufgaben an das Betriebssystem zu delegieren. Bei den meisten aktuellen Systemen bleibt ihnen auch gar nichts anderes übrig, weil der direkte Zugriff auf die Hardware durch Anwendungsprogramme verhindert wird.

Um eine Funktion des Betriebssystems zu verwenden, muss ein Programm einen *Systemaufruf (System Call)* durchführen. Das Betriebssystem reagiert darauf, indem es den aktuellen Prozess unterbricht, den geforderten Systembefehl im Kernelmodus ausführt und dessen Ergebnis an den aufrufenden Prozess zurückliefert.

Unix-Systeme bieten nur verhältnismäßig wenige, dafür aber sehr mächtige Systemaufrufe an. Einige von ihnen sind auf Dateien und andere Ein- und Ausgabekanäle bezogen, beispielsweise create() zum Erzeugen einer neuen Datei, open() zum Öffnen, read() zum Lesen, write() zum Schreiben oder close() zum Schließen. Andere Systemaufrufe beschäftigen sich mit der Prozessverwaltung; zum Beispiel erzeugt fork() einen neuen Prozess als Kopie des bestehenden, kill() sendet Signale an Prozesse, und shmget() fordert das *Shared Memory* (gemeinsame Speicherbereiche, die sich mehrere Prozesse zum Datenaustausch teilen) an.

Neben den eigentlichen Systemaufrufen basiert jedes Betriebssystem auf der *Bibliothek* der Programmiersprache, in der es geschrieben wurde. Nach wie vor werden die meisten Betriebssysteme zu großen Teilen in der Programmiersprache C geschrieben (nur einige sehr hardwarenahe Teile des Kernels werden in Assembler verfasst). Aus diesem Grund basiert die Arbeitsweise vieler Systembereiche auf Funktionen der *C-Standardbibliothek*. Unix, Windows und viele andere Systeme behandeln vieles aus der Sicht von Anwendungsprogrammierern recht ähnlich, weil es mithilfe der entsprechenden Bibliotheksroutinen realisiert wurde.

Ein Beispiel soll an dieser Stelle genügen, um einen Eindruck vom Einfluss der C-Standard-bibliothek zu geben (konkret lernen Sie sie in Kapitel 9, »Grundlagen der Programmierung«, kennen): Fast alle Betriebssysteme speichern Datum und Uhrzeit als die Anzahl der Sekunden seit dem 01. Januar 1970, 00:00 Uhr UTC.[5] Dieses Datum wird als *EPOCH* bezeichnet, weil es als der »epochemachende« Erfindungszeitpunkt von Unix gilt. Diese Art der Speicherung von Datum und Uhrzeit ist in der C-Bibliotheksdatei *time.h* definiert.

Unter Windows gibt es eine äußerst umfangreiche Betriebssystemschnittstelle, die *Win32 API*. Sie besteht aus Tausenden von Befehlen, von denen allerdings nicht alle echte Systemaufrufe sind. Viele von ihnen sind Bibliotheksfunktionen, die beispielsweise den Zugriff auf die Bestandteile der grafischen Benutzeroberfläche ermöglichen. *Win32* steht übrigens für *32-Bit-Windows*, in Abgrenzung zu dem längst untergegangenen 16-Bit-Windows, dessen letzte Version Windows 3.11 war. Alle Privatkunden-Versionen seit Windows 95 und alle professionellen Versionen seit der ersten NT-Version gehören zur Win32-Familie; Windows XP, Windows Vista, Windows 7, 8 und 10 sowie die zugehörigen Server-Versionen sind auch in 64-Bit-Versionen für neuere Generationen der Intel- und AMD-Prozessoren verfügbar.

In Kapitel 10, »Konzepte der Programmierung«, gibt es einen Abschnitt über systemnahe Programmierung. Dort erfahren Sie Näheres über den Einsatz von Systemaufrufen.

### Die Benutzeroberfläche

Es gibt zwei grundlegende Arten von Benutzeroberflächen: die *Konsole* oder *Kommandozeile* und die *grafische Oberfläche*. Beide dienen dazu, mit dem Betriebssystem zu kommunizieren, und stellen ihre Ein- und Ausgabefähigkeiten auch Anwendungsprogrammen zur Verfügung.

Eine *Kommandozeilenoberfläche* wird (in Abgrenzung zum Kernel) auch *Shell* genannt. Wenn Sie die Shell verwenden möchten, müssen Sie zunächst wissen, welche Befehle unterstützt werden und wie sie funktionieren. Zu diesem Zweck hält die Windows-Konsole einen Befehl namens `help` bereit, der eine Liste aller Befehle mit einer kurzen Beschreibung anzeigt. `help BEFEHL` zeigt dagegen eine ausführliche Beschreibung eines einzelnen Befehls an. Unter Unix heißt die entsprechende Anweisung `man BEFEHL`. Das hat übrigens nichts mit dem dummen Klischee zu tun, dass Unix »nur was für Männer« sei – *man* ist einfach die Abkürzung für englisch: *manual*, also Handbuch.

Die unter Windows verwendete Konsole entspricht noch heute weitgehend der Benutzeroberfläche von MS-DOS. Die Befehle, die Sie eingeben können, sind fast alle kompatibel mit den alten DOS-Befehlen. Allerdings wurde inzwischen eine Reihe von Komfortfunktionen eingebaut, die die Arbeit mit der Windows-Kommandozeile erleichtern.

---

5 UTC (Universal Time Coordinated) ist im Prinzip identisch mit der Greenwich Mean Time (GMT), verwendet allerdings keine Sommerzeit. In der UTC ist es eine Stunde früher als in Deutschland, wo die MEZ (Mitteleuropäische Zeit) gilt. Bei Sommerzeit beträgt der Unterschied entsprechend zwei Stunden.

Unix-Shells sind allerdings im Vergleich zur Windows-Shell erheblich komfortabler. Das liegt natürlich zum Teil daran, dass die zugrunde liegenden Systembefehle, die Sie aufrufen können, mächtiger sind als die Windows-Konsolenbefehle. Aber auch die Shell selbst hat mehr Bequemlichkeit zu bieten als unter Windows. Beispielsweise wird unter Unix schon seit Langem die Eingabevervollständigung angeboten – wenn Sie Befehle oder Dateinamen eingeben, können Sie die ⇆-Taste drücken, um einen begonnenen Namen zu ergänzen, falls er bereits eindeutig ist. Microsoft hat dieses Feature erst unter Windows 2000 eingeführt.

Grafische Benutzeroberflächen gibt es inzwischen für jedes Betriebssystem, und auch unter Linux und anderen Unix-Systemen ist es heutzutage üblich, dass Sie gleich das GUI starten, wenn Sie den Rechner booten. In einer grafischen Oberfläche werden die einzelnen Programme und Dokumente in Fenstern dargestellt, die frei über den Bildschirm verschoben, vergrößert und verkleinert und in einer beliebigen Stapelreihenfolge angeordnet werden können. Mit einer Maus bewegen Sie einen Zeiger über diese Oberfläche und können Menübefehle auswählen, Schaltflächen anklicken oder Symbole verschieben.

Unter Linux können Sie sich eine von vielen verschiedenen grafischen Oberflächen aussuchen. Die grundlegenden Grafikfähigkeiten werden von einer Komponente namens *XWindow-Server* oder kurz *X-Server* bereitgestellt, darauf aufbauend läuft ein Window-Manager oder ein moderner, voll ausgestatteter Desktop. Die beiden häufigsten Desktops sind KDE und GNOME (sie werden in Kapitel 7, »Linux«, kurz vorgestellt).

Windows und macOS lassen Ihnen dagegen keine Wahl bei der Entscheidung für ein bestimmtes GUI, weil es ein fester Bestandteil des Betriebssystems selbst ist. Selbst einige der elementarsten Programme sind so geschrieben, dass sie diese eine Oberfläche voraussetzen. Beide Hersteller haben ihre grafischen Oberflächen in der neuesten Version ihrer Betriebssysteme modernisiert; macOS verwendet eine elegante Oberfläche namens *Aqua*, die Windows-10-Oberfläche (seit Windows 8 verfügbar) wird *Metro* genannt.

Für macOS ist auch ein X-Server verfügbar, sodass der reichhaltige Bestand X-basierter Software, der für andere Unix-Versionen vorhanden ist, bei Bedarf auch unter macOS zur Verfügung steht. Bis Mac OS X 10.5 wurde die Software offiziell von Apple selbst angeboten und danach als Community Edition weitergeführt. Sie können sie unter *http://xquartz.macosforge.org/landing/* herunterladen. Auch für Windows gibt es übrigens verschiedene X-Server von Drittanbietern.

### 5.2.2 Prozessverwaltung

Jedes moderne Betriebssystem ist in der Lage, scheinbar mehrere Aufgaben gleichzeitig auszuführen. Diese Fähigkeit wird allgemein als *Multitasking* bezeichnet. Es geht dabei nicht nur um den bequemen Nebeneffekt, dass Sie mehrere Anwendungsprogramme geöffnet halten und zwischen ihnen hin- und herschalten können, sondern vor allem um Aufgaben, die das Betriebssystem im Hintergrund erledigen muss, während Sie nur eines dieser Programme verwenden.

Jede der einzelnen gleichzeitig stattfindenden Aufgaben wird unter den meisten Betriebssystemen durch einen *Prozess* realisiert. Einem Prozess stehen aus seiner eigenen Sicht alle Ressourcen des Rechners exklusiv zur Verfügung: die gesamte ungeteilte Rechenzeit des Prozessors, der vollständige Arbeitsspeicher und der alleinige Zugriff auf sämtliche Ein- und Ausgabekanäle. Es ist Sache des Betriebssystems, die Ressourcen hinter den Kulissen zu verteilen. Ein Prozess, der auf eine Ressource wartet, muss in einen Wartezustand versetzt und später wieder aufgerufen werden.

Dieser Service eines Betriebssystems erleichtert es Anwendungsprogrammierern, sich auf ihre eigentlichen Aufgaben zu konzentrieren. Wenn eine Bedingung eintritt, für die ein bestimmter Prozess nicht zuständig ist, übernimmt das System automatisch die Kontrolle, legt den Prozess schlafen, löst das anstehende Problem und ruft den Prozess anschließend wieder auf.

Stellen Sie sich zur Verdeutlichung dieses Sachverhalts vor, Sie wohnten in einem Haus, in dem es für alle Wohnungen nur einen einzigen Klingelknopf an der Haustür gäbe. Ein Druck auf diesen Knopf würde dafür sorgen, dass es in allen Wohnungen klingelt. In diesem Haus müssten alle Mieter auf das Klingeln reagieren und überprüfen, ob es für sie bestimmt ist.

Ähnlich sähe es auf einem Computer aus, wenn es kein Prozessmanagement gäbe: Jedes einzelne Programm müsste sämtliche Bedingungen überprüfen, die auf dem Rechner eintreten können, und keines könnte sich mehr auf seine Tätigkeit konzentrieren.

### Das Unix-Prozessmodell

Besonders gut verständlich ist das Prozessverwaltungssystem von Unix, weshalb es hier näher erläutert werden soll. Für Unix-Prozesse gelten die folgenden Aussagen:

▶ Jeder Prozess ist durch eine eindeutige ganzzahlige Nummer gekennzeichnet, seine *Prozess-ID* (PID).

▶ Der erste Prozess, der auf dem Rechner gestartet wird, heißt init, hat die PID 1 und erzeugt alle anderen Prozesse direkt oder indirekt.

▶ Jeder Prozess läuft entweder im Kernelmodus oder im Benutzermodus, und zwar ein für alle Mal. Keiner kann den Modus nachträglich wechseln. Ein Anwendungsprogramm kann niemals selbst einen Prozess starten, der im Kernelmodus läuft – dafür gibt es Systemaufrufe.

▶ Ein neuer Prozess wird durch einen speziellen Systemaufruf namens fork() erzeugt. Dieser Systemaufruf erzeugt eine identische Kopie des Prozesses, der ihn gestartet hat – der neue Prozess kann sich sogar daran »erinnern«, fork() aufgerufen zu haben. Lediglich die PID ist eine andere. In der Regel wird der neue Prozess anschließend für eine neue Aufgabe eingesetzt.

▶ Jeder Prozess besitzt einen Parent-Prozess. Dabei handelt es sich um denjenigen Prozess, der ihn aufgerufen hat. Wenn der Parent-Prozess vor dem Child-Prozess beendet wird, wird das Child dem Ur-Prozess init zugewiesen. Auf diese Weise wird sichergestellt, dass Prozesse auch weiterhin einen Parent-Prozess besitzen.

▶ Wird ein Child-Prozess dagegen beendet, wird er nicht komplett aus dem Speicher und aus der Prozesstabelle entfernt, sondern bleibt mit dem speziellen Status *defunct* (außer Betrieb) als sogenannter *Zombie-Prozess* bestehen. In diesem Zustand bleiben die Zombies, bis der Parent-Prozess den Systemaufruf waitpid() durchführt; dies wird als *Reaping* (Ernte) bezeichnet. Auf diese Weise kann der Parent den Exit-Status seiner Child-Prozesse untersuchen.

▶ Jeder Prozess reagiert auf eine Reihe verschiedener *Signale*. Diese Signale sind durchnummeriert, in der Praxis werden jedoch symbolische Namen für diese Signale verwendet, die irgendwo in der Betriebssystembibliothek definiert sind. Signale werden mithilfe des Systemaufrufs kill() an einen Prozess gesandt. Der etwas seltsame Name rührt daher, dass das Standardsignal den Prozess auffordert, sich zu beenden, falls kein anderes Signal angegeben wird. Wichtige Signale sind etwa folgende: SIGTERM beendet den Prozess normal, SIGKILL erzwingt einen sofortigen Abbruch, SIGHUP (*Hangup*) weist darauf hin, dass eine Verbindung unterbrochen wurde (etwa eine Netzwerkverbindung), und SIGALRM zeigt an, dass ein Timer-Alarm ausgelöst wurde, den Programmierer wiederum verwenden können, um einen Prozess nach einer definierten Zeit wieder zu wecken.

▶ Ein Prozess kann jederzeit selbst die Kontrolle abgeben, indem er den Systemaufruf pause() durchführt. In diesem Fall kann er durch ein Signal wieder geweckt werden.

▶ Prozesse im Benutzermodus können auch von außen unterbrochen und später wieder aufgenommen werden.

Wenn ein Prozess unterbrochen wird, muss der Systemzustand, der derzeit herrscht, gespeichert werden, um ihn bei Wiederaufnahme erneut herzustellen. Dazu gehören vor allem die Inhalte der Prozessorregister und der Flags sowie eine Liste aller geöffneten Dateien. Wenn ein Prozess weiterläuft, findet er die Systemumgebung also genau so vor, wie er sie verlassen hat.

Neben der Prozess-ID besitzt jeder Prozess in einem Unix-System eine *User-ID* (UID) und eine *Group-ID* (GID). Diese beiden Informationen sind für die Systemsicherheit wichtig: Die User-ID kennzeichnet den Benutzer, dem der Prozess gehört, die Group-ID die Benutzergruppe. Ein Benutzer ist entweder eine bestimmte Person oder eine vom Betriebssystem definierte Einheit; einer Gruppe können beliebig viele Benutzer angehören. Ein Prozess reagiert nur auf Signale, die von einem anderen Prozess mit derselben UID und GID aus versandt wurden. Die einzige Ausnahme sind die UID und GID 0, die dem Superuser *root* vorbehalten sind. Dieser spezielle Benutzer darf auf einem Unix-System alles, also auch jeden Prozess beenden, unterbrechen oder anderweitig steuern.

Mithilfe des Befehls ps können Sie sich auf einer Unix-Konsole anzeigen lassen, welche Prozesse gerade laufen. Angezeigt werden die PID, die UID, die GID und der Pfad des Prozesses. Der Pfad ist die genaue Ortsangabe der Programmdatei, die in dem entsprechenden Prozess ausgeführt wird. Die Verwendung von ps und anderen prozessbezogenen Befehlen wird in Kapitel 7, »Linux«, genauer erläutert.

Windows verwendet ein etwas komplexeres Prozessmodell. Vor allem wird ein neuer Prozess durch einen Systemaufruf namens CreateProcess() erzeugt, der keine exakte Kopie des aufrufenden Prozesses erzeugt, sondern einen »leeren« Prozess, dem anschließend eine Aufgabe zugewiesen werden muss. Außerdem ist jeder Prozess im Benutzermodus mit einer numerischen Priorität ausgestattet. Diese entscheidet im Zweifelsfall, welcher Prozess Vorrang hat. Die Liste der laufenden Prozesse können Sie auf der Registerkarte PROZESSE des Task-Managers sehen. Hier besteht auch die Möglichkeit, abgestürzte Prozesse zwangsweise zu beenden.

Prozesse haben den Vorteil, dass sie vollkommen voneinander abgeschirmt laufen können: Sie besitzen getrennte Speicherbereiche und können einander nicht in die Quere kommen. Manchmal kann dieser Vorteil jedoch auch ein Nachteil sein, denn mitunter müssen Prozesse miteinander kommunizieren. Eine einfache, aber auf wenige »Wörter« beschränkte Möglichkeit ist die bereits erwähnte Verwendung von Signalen.

Eine andere Option besteht in der Verwendung sogenannter *Pipes*, die die Ausgabe eines Programms und damit eines Prozesses mit der Eingabe eines anderen verknüpfen. Pipes werden in den Konsolen von Unix und Windows häufig eingesetzt, um die Ausgabe eines Programms durch ein anderes zu filtern, können aber auch aus Programmen heraus geöffnet werden. Beispiele finden Sie in den entsprechenden Abschnitten der nächsten beiden Kapitel; der Einsatz von Pipes in eigenen Programmen wird in Kapitel 10, »Konzepte der Programmierung«, beschrieben.

Die effizienteste Möglichkeit der Kommunikation zwischen Prozessen heißt *Inter Process Communication* oder *System V IPC*. Obwohl sie mit System V eingeführt wurde und nicht zum POSIX-Standard gehört, ist sie inzwischen in fast allen Unix-Varianten verfügbar, zum Beispiel auch unter Linux. Im Wesentlichen verwendet die IPC zwei verschiedene Mechanismen: In sogenannte *Nachrichtenwarteschlangen* (*Message Queues*) kann ein Prozess schreiben; ein anderer kann sequenziell daraus lesen. Gemeinsame Speicherbereiche (*Shared Memory*) sind dagegen einfacher zu handhaben: Was ein Prozess in diesem Speicherbereich ablegt, können andere beliebig oft lesen oder ändern.

Eine eingeschränkte Form der Verständigung zwischen Prozessen findet schließlich durch *Semaphore* statt. Dabei handelt es sich im Grunde um einen Zähler in einem gemeinsamen Speicherbereich, der von verschiedenen Prozessen reserviert beziehungsweise freigegeben werden kann. Beim Reservieren wird der Zähler um 1 heruntergezählt, sofern er noch größer als 0 ist, beim Freigeben wird 1 bis zu einem festgelegten Maximalwert addiert. So können mehrere Prozesse beispielsweise eine beschränkte Anzahl von Ressourcen gemeinsam nutzen.

## Deadlocks

Eines der Probleme, die bei der Verwendung mehrerer Prozesse auftreten können, ist eine Situation, in der mehrere Prozesse im Wartezustand gefangen bleiben, weil sie aufeinander oder auf dieselben Ressourcen gewartet haben. Das Wettrennen um den Zugriff auf Ressourcen wird als *Race Condition* bezeichnet. Zu einem *Deadlock* (Verklemmung) kommt es, wenn eine solche Race Condition unentschieden ausgeht. Beispielsweise könnten zwei Prozesse in einen Deadlock geraten, weil sie den Zugriff auf ein und dieselbe Datei zu sperren versuchen, um anderweitige Änderungen dieser Datei zu verhindern. Ein Deadlock führt mindestens zum Absturz der betroffenen Prozesse, möglicherweise sogar zum Absturz des gesamten Systems.

Ein gutes Betriebssystemdesign vermeidet Deadlocks durch eine Reihe von Verfahren. Insbesondere reicht das normale Verfahren zum Sperren von Ressourcen nicht immer aus, um Deadlocks zu vermeiden. Das gewöhnliche Sperren einer Datei oder einer Hardwareressource überprüft zunächst, ob die Ressource nicht anderweitig gesperrt ist. Falls sie gesperrt ist, wird der Prozess blockiert und wartet, bis die andere Sperre gelöst ist. Anschließend sperrt der aktuelle Prozess selbst die Ressource, sodass andere Prozesse, die sie ihrerseits sperren möchten, wiederum warten müssen.

Anstelle dieses Modells sollte eine mehrstufige Anmeldung für die Verwendung von Ressourcen eingesetzt werden:

▶ Ein Prozess, der eine bestimmte Ressource benötigt, versucht nicht einfach, eine Sperre für diese Ressource zu errichten, sondern überprüft zunächst, ob sie nicht bereits gesperrt ist. Falls doch, gibt er die Kontrolle ab, um nicht aktiv auf das Ende der Sperre warten zu müssen, was Ressourcen kosten würde. Er sollte nach einer gewissen Zeit erneut überprüfen, ob die Ressource noch gesperrt ist.

▶ Wenn die Ressource frei ist, errichtet der Prozess eine Sperre, die andere Prozesse daran hindert, diese Ressource zu verwenden.

▶ Nachdem der Prozess die Ressource nicht mehr benötigt, löst er die Sperre und gibt die Ressource dadurch wieder frei.

## Threads

Einige Prozesse müssen gemeinsam dasselbe Problem bearbeiten und ununterbrochen miteinander kommunizieren. Dies gilt insbesondere für Prozesse, die nebeneinander im gleichen Anwendungsprogramm laufen. IPC oder andere Methoden der Prozesskommunikation sind zwar möglich, verschwenden aber auf die Dauer Systemressourcen. Interessanter ist eine Prozessvariante, bei der sich mehrere Abläufe von vornherein dieselben Ressourcen teilen.

Zu diesem Zweck werden in vielen Betriebssystemen die leichtgewichtigen und schnell zu wechselnden *Threads* verwendet. Diese besitzen innerhalb desselben übergeordneten Prozesses keine voneinander getrennten Speicherbereiche, sondern greifen auf dieselbe Stelle des Speichers zu. Windows unterstützt Threads bereits seit den ersten Versionen von Windows NT, in Unix-Systemen wurden sie erst später eingeführt. Zuletzt wurden sie unter Linux nachgerüstet; seit dem Kernel 2.4 können sie als stabil bezeichnet werden.

Threads übernehmen häufig Aufgaben, die parallel innerhalb desselben Programms ausgeführt werden müssen. Besonders anschaulich lässt sich dies anhand eines in Echtzeit laufenden 3D-Computerspiels erläutern: Eingaben zur Steuerung der eigenen Spielfigur müssen gleichzeitig entgegengenommen werden, die Umgebung muss ständig neu gezeichnet werden, und es müssen permanente Zustandskontrollen stattfinden. Es wäre für einen Programmierer ein Ärgernis, wenn er sich selbst Gedanken darüber machen müsste, in welcher Reihenfolge die einzelnen Schritte wann stattfinden sollen. Werden die verschiedenen Aufgaben dagegen in Threads verpackt, führt der Prozessor sie abwechselnd in kurzen Zeitintervallen aus.

Die Verwendung von Prozessen und Threads aus Programmierersicht wird übrigens in Kapitel 10, »Konzepte der Programmierung«, erläutert.

### 5.2.3 Speicherverwaltung

Eine der wichtigsten Aufgaben eines Betriebssystems besteht in der Verwaltung des fast immer zu kleinen Arbeitsspeichers. So gut wie alle aktuellen Betriebssysteme verwenden eine echte virtuelle Speicheradressierung, bei der die von den Programmen angesprochenen Speicheradressen nicht identisch mit den Hardwareadressen des RAM-Speichers sein müssen.

Genau wie Gerätetreiber und Prozessmanagement entbindet das Speichermanagement einen Programmierer von einer recht frustrierenden Aufgabe, nämlich von der Verteilung des Arbeitsspeichers an die einzelnen Prozesse beziehungsweise Programme. Da eine richtig funktionierende Speicherverwaltung jedem Programm vorgaukelt, ihm stünde der gesamte Arbeitsspeicher zur Verfügung, müssen Sie sich beim Programmieren nicht mehr viele Sorgen machen, ob der Arbeitsspeicher reicht.

In der Regel wird der virtuelle Speicherraum vom Betriebssystem in sogenannte *Segmente* unterteilt. Bei modernen Computersystemen beherrscht bereits der Prozessor selbst die Speichersegmentierung und kann dadurch mehr Speicher adressieren, als im physikalischen RAM zur Verfügung steht. Zu diesem Zweck enthalten aktuelle Prozessoren ein Bauteil namens *Memory Management Unit* (MMU). Spricht ein Programm eine bestimmte Speicheradresse an, dann nimmt die MMU sie entgegen und rechnet sie in die aktuell zugeordnete physikalische Speicheradresse um.

Aus der Sicht des Speichermanagements im Betriebssystem wird der Speicher in einzelne *Seiten* unterteilt, die durch das sogenannte *Paging* auf die Festplatte ausgelagert werden, wenn ein Programm sie gerade nicht benötigt, und in den Arbeitsspeicher zurückgeholt werden, wenn es sie wieder braucht. Die Datei, in der sich die ausgelagerten Speicherseiten befinden, wird als *Auslagerungsdatei* (*Page File*) bezeichnet. Unix-Systeme verwenden häufig keine einzelne Datei dafür, sondern eine Plattenpartition eines speziellen Typs, die als *Swap-Partition* bezeichnet wird.

Die MMU unterhält zu diesem Zweck eine *Seitentabelle*, die zu jedem Zeitpunkt darüber Auskunft gibt, welche virtuelle Speicherseite sich gerade wo befindet, sei es im Arbeitsspeicher oder in der Auslagerungsdatei. Dass eine Speicherseite benötigt wird, die zurzeit ausgelagert ist, wird dabei durch einen *Page Fault* (Seitenfehler) zum Ausdruck gebracht.

Da das Speichermanagement auf den Fähigkeiten der zugrunde liegenden Hardware aufbaut, funktioniert es unter Windows und Linux, sofern sie auf Intel-Rechnern oder Kompatiblen laufen, recht ähnlich. Auf einem solchen x86-System ist eine Speicheradresse 32 Bit lang – es handelt sich schließlich um einen 32-Bit-Prozessor. Allerdings werden nicht einfach die verfügbaren physikalischen Speicheradressen durchnummeriert. Stattdessen ist die Adresse in drei Bereiche unterteilt (siehe auch Abbildung 5.1):

- Die zehn obersten Bits (31 bis 22) geben den Eintrag im *Page Directory* (Seitenverzeichnis) an, verweisen also auf eine Adresse in einem Speicherbereich, der eine Liste von Seitentabellen enthält.
- Die nächsten zehn Bits (21 bis 12) enthalten die Nummer des Eintrags in der genannten *Page Table* (Seitentabelle). Dieser Eintrag verweist auf eine einzelne Speicherseite.
- Die letzten zwölf Bits (11 bis 0) geben schließlich den *Offset* an, also das konkrete Byte innerhalb der Speicherseite. Dies führt dazu, dass eine Speicherseite eine Größe von $2^{12}$ oder 4.096 Byte besitzt.

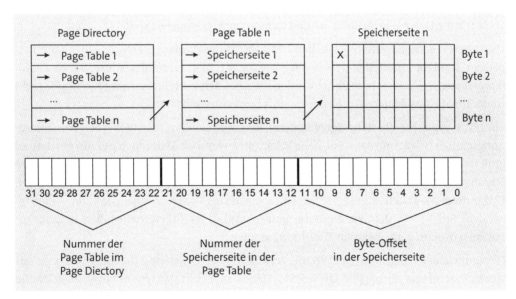

**Abbildung 5.1** Schema der x86-Speicherverwaltung

Auf diese Struktur der Hardware baut die Speicherverwaltung des Betriebssystems auf. Jedes Programm kann dynamisch mehr Speicher anfordern und erhält ihn, indem zurzeit nicht benötigte Speicherseiten ausgelagert werden. Es kommt daher bei einem modernen System nicht oft vor, dass eine Anwendung wegen Speichermangels abgebrochen werden muss oder gar nicht erst startet. Allerdings wird ein Rechner, der zu wenig physikalischen Arbeitsspeicher besitzt, zu langsam, weil er mehr mit dem Paging beschäftigt ist als mit der eigentlichen Arbeit.

Da es inzwischen mehr 64- als 32-Bit-Architekturen gibt und sich dies bereits seit Jahren abzeichnete, wurde auch die Speicherverwaltung entsprechend angepasst. Beispielsweise verwendet Linux schon seit Kernel 2.2 intern ein dreistufiges Paging-Modell: Das Page Directory zeigt nicht gleich auf eine Page Table, sondern zunächst auf ein weiteres Verzeichnis, genannt *Middle Directory*. Da unter 32-Bit-Architekturen keine Verwendung dafür besteht, wird der Middle-Directory-Eintrag im Page Directory dadurch stillgelegt, dass er immer den Wert 0 besitzt, also immer auf dasselbe vermeintliche Middle Directory zeigt. Da praktisch alle Linux-Versionen auf 64-Bit-Prozessoren laufen beziehungsweise in entsprechenden Versionen verfügbar sind, ermöglicht dieses Vorgehen die Verwendung desselben Speicherverwaltungsmodells für alle Linux-Versionen.

### 5.2.4 Dateisysteme

Eine der wichtigsten Aufgaben eines Betriebssystems ist die Verwaltung von *Dateien*. Eine Datei ist eine benannte Einheit, die auf einem Datenträger gespeichert wird. Die verschiedenen Arten von Datenträgern wurden in Kapitel 3, »Hardware«, vorgestellt. Dort erfahren Sie auch, wie die Daten physikalisch auf den Datenträgern organisiert sind.

Die meisten Betriebssysteme sprechen nicht direkt die Hardwaresektoren eines Datenträgers an, sondern unterteilen den Datenträger logisch in größere Abschnitte, die als *Zuordnungseinheiten* (*Cluster*) bezeichnet werden. Dies hat den Vorteil, dass das System sich nicht weiter um die tatsächliche Größe des Datenträgers kümmern muss.

Ein gewisser Nachteil besteht dagegen darin, dass jede Datei mindestens eine ganze Zuordnungseinheit belegt und dass eine neue belegt wird, wenn die Datei auch nur um ein Byte zu groß ist – das Verfahren ist vergleichbar mit einem Parkhaus, in dem Sie für »angefangene Stunden« bezahlen müssen: 61 Minuten werden dort bereits als zwei Stunden gewertet. Einige moderne Dateisysteme wie das Linux-eigene *ext3* oder *ext4* speichern die »überstehenden« Stücke von Dateien, die keine ganze Zuordnungseinheit mehr füllen, deshalb zusammen in einer gemeinsamen Zuordnungseinheit.

Die unterschiedlichen Betriebssysteme verwenden verschiedene Modelle, um Daten auf einem Datenträger abzulegen. Ein solches Modell wird als *Dateisystem* bezeichnet. Da die meisten Betriebssysteme mit mehreren Dateisystemen umgehen können, verwenden sie eine zweistufige Dateiverwaltung: Das eigentliche Dateisystem greift auf den Treiber für das

Laufwerk zu und organisiert die Daten auf dem eigentlichen Datenträger, während ein *virtuelles Dateisystem* den Zugriff des Betriebssystems auf die verschiedenen tatsächlichen Dateisysteme und Datenträgerarten vereinheitlicht. Unter Unix geht die Abstraktion von Dateien so weit, dass selbst der Zugriff auf Geräte über *Special Files* (Spezialdateien) oder *Gerätedateien* erfolgt, die normalerweise im Verzeichnis */dev* liegen.

Als Benutzer eines Betriebssystems werden Sie vornehmlich mit dem virtuellen Dateisystem konfrontiert. Hier wird vor allem geklärt, wie die einzelnen Datenträger und Partitionen angesprochen werden, wie Verzeichnisse organisiert sind, welche Zeichen in Dateinamen erlaubt sind, wie lang diese Namen sein dürfen etc.

Das virtuelle Dateisystem, das alle Unix-Systeme miteinander gemeinsam haben, unterstützt außerdem verschiedene Sicherheitsaspekte, insbesondere die Zugriffsrechte für einzelne Benutzer und Gruppen. Windows bietet ähnliche Fähigkeiten, allerdings nur für das Dateisystem *NTFS*.

---

### »Verzeichnis« oder »Ordner«?

In diesem Kapitel war bisher die ganze Zeit die Rede von *Verzeichnissen*. Wenn Sie seit weniger als etwa zehn Jahren mit Computern arbeiten und Windows oder OS einsetzen, werden Sie wahrscheinlich eher *Ordner* kennen. Das liegt daran, dass die symbolische Darstellung (das Icon) eines Verzeichnisses auf dem Desktop des GUIs eine Aktenmappe (englisch: *folder*) zeigt, was in den deutschen Versionen als Ordner lokalisiert wurde.

In Wirklichkeit finden Sie im Dateisystem immer Verzeichnisse (englisch: *directories*). Sie sind die Ordnungs- und Organisationseinheiten des Dateisystems.

---

### Das virtuelle Unix-Dateisystem

Die in diesem Buch näher besprochenen Unix-Systeme Linux und macOS haben mit allen anderen Unix-Systemen dasselbe virtuelle Dateisystem gemeinsam. Konkrete Dateisysteme gibt es unter Unix dagegen unzählige. Beispielsweise unterstützt macOS das klassische Apple-Dateisystem *HFS+*, das Unix-Dateisystem *UFS*, das CD-ROM-Dateisystem ISO 9660 und andere, während Linux mit seinem eigenen Dateisystem *ext3* oder *ext4*, *btrfs*, den Windows-Dateisystemen *FAT* und *NTFS* sowie mit weiteren zusammenarbeitet.

Die Gemeinsamkeiten der Unix-Dateisysteme betreffen die Art und Weise, wie Dateien, Verzeichnisse und Datenträger organisiert sind. Außerdem sind die Zugriffsrechte für alle unter Unix unterstützten Dateisysteme verfügbar.

Auf einem Unix-Rechner existiert nur ein einziger Verzeichnisbaum, unabhängig davon, auf wie viele konkrete Datenträger er verteilt ist. Die Wurzel des gesamten Baums wird als / bezeichnet. Unterhalb dieses obersten Verzeichnisses liegen einzelne Dateien und Unterverzeichnisse; jedes von ihnen kann wiederum in Unterverzeichnisse unterteilt sein.

Die meisten Verzeichnisse, die direkt unterhalb der Wurzel des Unix-Dateisystems liegen, haben spezielle Aufgaben, die in allen gängigen Unix-Systemen identisch oder zumindest ähnlich sind:

▶ *bin* (*binaries*) enthält die Systemprogramme.

▶ *sbin* (*start binaries*) enthält Initialisierungsprogramme, die beim Systemstart aufgerufen werden.

▶ *dev* (*devices*) enthält Gerätedateien, also Dateien, die auf die einzelnen Hardwarekomponenten verweisen. Der Vorteil dieser Methode ist, dass sich der Zugriff auf Geräte genau wie bei einzelnen Dateien über Benutzerrechte regeln lässt.

▶ *usr* (*user*) enthält die wichtigsten Anwendungsprogramme.

▶ *opt* (*optional*) enthält zusätzliche Anwendungen, die nicht ganz so häufig benötigt werden.

▶ *etc* enthält allerlei Konfigurationsdateien.

▶ *var* enthält variable Daten, vor allen Dingen Log-Dateien, in die Systemmeldungen eingetragen werden.

▶ *home* enthält für jeden Benutzer, der im System angemeldet ist, ein *Home-Verzeichnis*. Hier werden alle Anwendungsdaten dieses Benutzers abgelegt. Zusätzlich werden die persönlichen Einstellungen dieses Benutzers für die verschiedenen Anwendungs- und Systemprogramme gespeichert. Unter macOS heißt dieses Verzeichnis übrigens *Users*.

▶ *root* ist das spezielle Home-Verzeichnis des Superusers. Es liegt nicht im Verzeichnis *home* wie die anderen Benutzerverzeichnisse. *home* könnte nämlich so eingerichtet werden, dass es auf einem anderen physikalischen Datenträger oder einer anderen Partition liegt als der Rest des Betriebssystems. Möglicherweise steht es also nicht zur Verfügung, wenn ein Fehler auftritt, den *root* beheben muss.

Der Pfad zu einer Datei wird von der Wurzel aus angegeben, indem die Namen der entsprechenden Ordner jeweils durch einen Slash voneinander getrennt werden. Die folgende Pfadangabe wäre beispielsweise der Pfad einer Datei in meinem Home-Verzeichnis: */home/ sascha/fachinformatiker/betriebssysteme.txt*.

Da jedes Programm ein *Arbeitsverzeichnis* besitzt, in dem es mit der Suche nach Dateien beginnt, kann ein Pfad auch relativ angegeben werden, also vom aktuellen Verzeichnis aus. Angenommen, eine Anwendung hat das Arbeitsverzeichnis */home/user* und möchte auf die Datei *info.txt* in */home/sascha* zugreifen. Der Pfad dieser Datei kann entweder absolut als */home/sascha/info.txt* oder relativ (von */home/user* aus) als *../sascha/info.txt* angegeben werden. Die Angabe *..* spricht jeweils das übergeordnete Verzeichnis an; untergeordnete Verzeichnisse werden einfach mit ihrem Namen angegeben.

»Geschwister«-Verzeichnisse, also nebengeordnete – in diesem Fall *user* und *sascha* –, können einander nie direkt ansprechen, sondern müssen mithilfe von *..*-Angaben so weit nach oben wandern, bis ein gemeinsamer Vorfahr gefunden wurde. Im Falle von *user* und *sascha* müssen Sie nicht weit nach oben gehen; *home* ist bereits der Elternordner beider.

Eine Abkürzung für das Home-Verzeichnis des aktuell angemeldeten Benutzers ist die Tilde
(~). Sie können durch Angabe der Tilde von überall aus in Ihr Home-Verzeichnis wechseln.
Auf dem PC wird eine Tilde übrigens mithilfe der Tastenkombination `Alt Gr` + `+` erzeugt,
auf dem Mac müssen Sie zunächst `Alt` + `N` und anschließend die Leertaste drücken: Das
Zeichen funktioniert wie ein Akzent und kann auf ein n gesetzt werden.

Im Übrigen sollten Sie daran denken, dass Unix bei Datei- und Verzeichnisnamen zwischen
Groß- und Kleinschreibung unterscheidet. Die Namen *hallo.txt*, *Hallo.Txt* und *HALLO.TXT*
bezeichnen drei verschiedene Dateien, die alle im gleichen Verzeichnis liegen könnten. Aus
Gründen der Kompatibilität mit alten Macintosh-Anwendungen ist dies ein wichtiger Unterschied zwischen macOS und anderen Unix-Varianten: Auf *HFS+*-Partitionen unterscheidet
macOS nicht zwischen Groß- und Kleinschreibung, auf *UFS*-Partitionen dagegen schon.

Ein Dateiname, der mit einem Punkt (.) beginnt, wird in der normalen Verzeichnisansicht
standardmäßig ausgeblendet (versteckt). Ein wirkliches Verstecken ist auf diese Weise nicht
möglich; effektiver ist die Verwendung von Zugriffsrechten (diese werden in Kapitel 7,
»Linux«, genauer besprochen).

Intern werden Dateien auf dem Datenträger nicht durch ihren Namen dargestellt, sondern
durch eine ganzzahlige Nummer namens *inode*. Die Einträge in einem Verzeichnis sind Verweise auf solche inodes. Interessanterweise können mehrere Verzeichniseinträge auf dieselbe inode zeigen. Ein Verzeichniseintrag wird deshalb auch als *Hard Link* bezeichnet, der
fest auf eine bestimmte inode verweist. Eine Datei wird auf einem Unix-System erst
gelöscht, wenn Sie alle Einträge im Verzeichnisbaum entfernt haben, die auf die entsprechende inode zeigen.

Im Gegensatz zu den Hard Links werden auch *symbolische Links* oder *Symlinks* unterstützt,
die nicht direkt auf eine inode zeigen, sondern auf einen anderen Verzeichniseintrag. Anders
als die Hard Links können Symlinks auch auf Verzeichnisse verweisen sowie auf Dateien, die
auf einem anderen physikalischen Datenträger liegen.

Die verschiedenen Datenträger und Partitionen können übrigens an einer beliebigen Stelle
im Verzeichnisbaum eingehängt werden. Dieser Vorgang wird als *Mounten* bezeichnet.
Solange ein Datenträger nicht gemountet ist, können die Verzeichnisse und Dateien, die darauf liegen, nicht angesprochen werden. Das Mounten geschieht entweder manuell durch
Eingabe des Kommandos `mount` oder aber automatisch beim Booten durch einen Eintrag in
eine Konfigurationsdatei. Beides wird in Kapitel 7, »Linux«, gezeigt.

Eine weitere wichtige Eigenschaft der Dateien unter Unix sind die *Benutzerrechte*. Jede Datei
gehört einem bestimmten Benutzer und einer bestimmten Gruppe (berechtigte Benutzer
können diese Besitzverhältnisse ändern). Da ein Benutzer beliebig vielen Gruppen angehören kann, lassen sich die Rechte an bestimmten Dateien sehr effizient über das Gruppenzu-
griffsrecht ändern.

Der Verzeichniseintrag einer Datei enthält die Zugriffsrechte für den Besitzer, für die Gruppe
und für alle anderen Benutzer. Die drei möglichen Zugriffsrechte sind Lesen (r für *read*),

Schreiben (w für *write*) und Ausführen (x für *execute*). Ein typischer Verzeichniseintrag enthält beispielsweise die folgende Angabe von Zugriffsrechten:

```
-rwxr-xr-x
```

Die erste Stelle gibt den Dateityp an: – für eine gewöhnliche Datei, d für ein Verzeichnis oder l für einen Symlink. Die neun folgenden Informationen zeigen in Dreiergruppen die Zugriffsrechte an – drei Stellen für den Eigentümer, drei für die Gruppe und drei für alle anderen Benutzer. Ein Buchstabe steht dafür, dass ein Zugriffsrecht gewährt wird, ein Strich bedeutet, dass es nicht gewährt wird. Im vorliegenden Fall darf der Eigentümer die Datei lesen, schreiben (dazu gehören auch Löschen und Umbenennen) und ausführen. Die Gruppe und der Rest der Welt dürfen nur lesen und ausführen. Das Recht der Ausführung ist nur für Programme und für Verzeichnisse sinnvoll (Letztere lassen sich ansonsten nicht als Arbeitsverzeichnis auswählen).

Intern werden die Zugriffsrechte als dreistellige Oktalzahl gespeichert. Die erste Stelle enthält die Benutzerrechte des Eigentümers, die zweite die der Gruppe und die dritte die der anderen Benutzer. Der Wert jeder Stelle ist die Summe aus den gewährten Benutzerrechten: 4 steht für Lesen, 2 für Schreiben und 1 für Ausführen. Das Zugriffsrecht rwxr-xr-x lässt sich also als 0755 darstellen (die vorangestellte 0 steht für eine Oktalzahl). Eine einfache Textdatei könnte dagegen beispielsweise die Zugriffsrechte 0640 aufweisen, was rw-r----- entspricht – der Eigentümer darf die Datei lesen und schreiben, die Gruppe darf sie lesen, und alle anderen dürfen gar nichts.

### Das virtuelle Windows-Dateisystem

Windows-Dateisysteme unterscheiden sich durch mehrere Merkmale von Unix-Dateisystemen. Insbesondere ist auffallend, dass es keine gemeinsame Wurzel für alle Dateisysteme gibt, sondern dass jeder Datenträger beziehungsweise jede Partition einen eigenen Verzeichnisbaum bildet. Die einzelnen Partitionen werden durch Laufwerksbuchstaben bezeichnet; die automatisch gewählte Reihenfolge gehorcht traditionell einigen seltsamen Regeln:

- *A:* ist das erste Diskettenlaufwerk, das es kaum noch gibt.
- *B:* ist das zweite Diskettenlaufwerk, das erst recht kein Mensch mehr einsetzt.
- *C:* ist die erste Partition auf der ersten physikalischen Platte (bei einem EIDE-System der Primary Master).
- *D:* ist die erste Partition auf der zweiten physikalischen Platte (dem Primary Slave). Falls das zweite EIDE-Gerät ein CD-ROM- oder DVD-Laufwerk ist, bekommt es einen höheren Buchstaben, und es geht zunächst mit den anderen Festplatten weiter.
- Die weiteren Buchstaben werden jeweils der ersten Partition der folgenden Platten zugewiesen, falls weitere vorhanden sind.
- Nun folgen Platte für Platte sämtliche restlichen Partitionen.

▶ Als Nächstes werden die CD-ROM- und DVD-Laufwerke in ihrer eigenen Anschlussreihenfolge berücksichtigt.

▶ Wenn Netzwerkressourcen als virtuelle Laufwerke eingebunden werden, ist der Laufwerksbuchstabe frei wählbar, sofern er nicht bereits belegt ist.

Windows-Versionen ab Vista bezeichnen dagegen automatisch die Partition, auf der sich das Betriebssystem befindet, als *C:*. Auch andere Abweichungen von der genannten Reihenfolge sind möglich, beispielsweise dann, wenn Sie nachträglich die Partitionierung ändern oder ein zusätzliches Laufwerk einbauen. Unter Windows 10 und früheren Systemen der Windows-NT-Familie können Sie die Zuordnung ohnehin mithilfe der Datenträgerverwaltung (VERWALTUNG • COMPUTERVERWALTUNG • DATENTRÄGERVERWALTUNG) ändern. Bei den Privatkunden-Versionen bis Windows Me war die freie Wahl der Laufwerksreihenfolge dagegen nur eingeschränkt möglich.

Pfade werden unter Windows so ähnlich angegeben wie bei Unix. Das Trennzeichen zwischen den Verzeichnisnamen sowie zwischen Verzeichnis und Datei ist allerdings der Backslash (\), der umgekehrte Schrägstrich. Die Wurzel innerhalb eines bestimmten Laufwerks ist ein einzelner Backslash, während ein vollständiger absoluter Pfad mit dem Laufwerksbuchstaben beginnt. Das jeweils übergeordnete Verzeichnis wird auch unter Windows durch zwei Punkte (..) angegeben.

Hier sehen Sie einen Auszug aus einem Windows-Verzeichnisbaum einer Festplatte mit dem Laufwerkbuchstaben *D:*

```
[D:]
 |
 +-- [dokumente]
     |
     +-- [fachinfo8]
     |   |
     |   +-- betriebssysteme.doc
     |
     +-- [sonstige]
```

Wenn Sie die Datei *betriebssysteme.doc* absolut ansprechen möchten, müssen Sie ihren vollständigen Pfad *D:\dokumente\fachinfo8\betriebssysteme.doc* angeben. Falls Sie sich dagegen bereits auf Laufwerk *D:* befinden, und zwar in einem beliebigen Verzeichnis, können Sie auch *\dokumente\fachinfo8\betriebssysteme.doc* schreiben. Ein relativer Zugriff aus dem Verzeichnis *sonstige* auf *betriebssysteme.doc* erfolgt über *..\fachinfo8\betriebssysteme.doc*.

Das Konzept des Home-Verzeichnisses wird unter Windows bei Weitem nicht so konsequent verfolgt wie in Unix-Systemen. Zwar existiert unter Windows Vista auf der Systempartition ein Verzeichnis namens *Users* (in deutschen XP-Versionen heißt es dagegen *Dokumente und Einstellungen*), das für jeden Benutzer ein Unterverzeichnis enthält. In diesem Verzeichnis befindet sich beispielsweise das Unterverzeichnis *Eigene Dateien*, in dem standardmäßig die Dateien gespeichert werden sollten, die der Benutzer in Anwendungsprogrammen anlegt. Konfigurationsdaten werden dagegen nicht an dieser Stelle abgespeichert – die meisten befinden sich ohnehin nicht in Dateien, sondern in der Windows-Registry, die im nächsten Kapitel behandelt wird.

Zwar unterstützen nicht alle Windows-Dateisysteme die Verwaltung von Benutzerrechten, aber für jede Datei können vier verschiedene *Attribute* eingestellt werden: Das Attribut *r* steht für *read only*, also schreibgeschützt; *s* bezeichnet Systemdateien, die einen noch stärkeren Schutz genießen als schreibgeschützte. *h* oder *hidden* ist das Attribut für versteckte Dateien, die in der normalen Windows-Grundkonfiguration nicht angezeigt werden. *a* schließlich ist das Archivattribut, das immer dann gesetzt wird, wenn die Datei seit dem letzten Systemstart geändert wurde. Archivieren müssen Sie also nur diejenigen Dateien, bei denen *a* gesetzt ist. Wie Sie die Attribute modifizieren können, erfahren Sie im folgenden Kapitel.

Dateinamen können unter Windows bis zu 255 Zeichen lang sein; zwischen Groß- und Kleinschreibung wird nicht unterschieden. Allerdings werden die Dateien genau mit der Groß- und Kleinbuchstabenkombination gespeichert, die Sie angegeben haben. Eine Reihe von Zeichen ist in Dateinamen nicht zulässig, vor allem :, \, /, ?, *, <, > und |. Alle diese Zeichen besitzen in Pfadangaben oder auf der Windows-Konsole besondere Bedeutungen.

Ein wesentlicher Bestandteil des Dateinamens ist unter Windows die *Dateierweiterung* oder *-endung* (Extension). Dieses Anhängsel, das durch einen Punkt vom restlichen Dateinamen getrennt wird und traditionell drei Buchstaben lang war, zeigt nämlich den Dateityp an: Wenn Sie unter Windows auf ein Datei-Icon doppelklicken, wird die Datei mit demjenigen Programm geöffnet, mit dem diese Endung verknüpft ist. Beispielsweise bezeichnet die Erweiterung *.txt* eine einfache Textdatei, *.jpg* ist eine Bilddatei im JPEG-Format, und *.exe* kennzeichnet ein ausführbares Programm.

Unglücklicherweise wird die Dateiendung in allen Windows-Versionen seit Windows 95 standardmäßig ausgeblendet, obwohl sie im Grunde ein normaler Bestandteil des Dateinamens ist. Sie können also nur noch an den mehr oder weniger aussagefähigen Datei-Icons erkennen, um welche Art von Datei es sich handelt. Dies lässt sich allerdings in den Ordneroptionen ändern und sollte eine der ersten Handlungen nach Inbetriebnahme einer neuen Windows-Installation sein.

Bei alten Windows-Versionen bis 3.11 waren Dateinamen auf acht Zeichen für den eigentlichen Namen und drei Zeichen für die Erweiterung begrenzt. Aus Gründen der Kompatibilität erzeugte Windows hinter den Kulissen noch lange Zeit für jeden Dateinamen, der länger ist, einen passenden Kurznamen. Dieser besteht aus folgenden Bestandteilen: den ersten fünf bis sechs Zeichen des eigentlichen Namens ohne Leerzeichen, einer Tilde und einer Nummer (um den Fall abzudecken, dass mehrere Dateien im gleichen Verzeichnis denselben Kurznamen erhalten würden) sowie der auf drei Zeichen gekürzten Erweiterung. Aus *Der Name ist zu lang.doc* würde nach diesem Schema *DERNAM~1.DOC*.

## 5.3 Übungsaufgaben

Im Folgenden ist jeweils genau eine Antwort richtig.

1. Wie hieß das Betriebssystem, das die Entwicklung von Unix inspirierte?
   - [ ] TIMICS
   - [ ] MULTICS
   - [ ] COMPLICS
   - [ ] ULTRICS

2. Welche Programmiersprache wurde 1971 zur Neuimplementierung von Unix entwickelt?
   - [ ] Pascal
   - [ ] BASIC
   - [ ] C
   - [ ] Smalltalk

3. An welcher Universität wurde Unix entscheidend weiterentwickelt?
   - [ ] Massachusetts Institute of Technology
   - [ ] University of California, Berkeley
   - [ ] University of Illinois
   - [ ] Harvard

4. Was ist POSIX?
   - [ ] eine Unix-Variante
   - [ ] eine Programmiersprache
   - [ ] der kleinste gemeinsame Nenner aller Unix-Systeme
   - [ ] eine jährliche Unix-Entwicklerkonferenz in San Francisco

5. Welches Betriebssystem gilt als das erste echte PC-Betriebssystem?
   - [ ] Windows
   - [ ] Linux
   - [ ] CP/M
   - [ ] MS-DOS

6. Was ist ein GUI?
   - [ ] Graphical User Interface (grafische Benutzeroberfläche)
   - [ ] Generic Unix Interface (Unix-Standard-Systemschnittstelle)

☐ Globally Unique Identity (weltweit einmalige Registriernummer)

☐ Gate Undefined Issue (Sicherheitslücke in Betriebssystemen)

7. Wofür steht die Abkürzung GNU?

☐ Georgia Newton University

☐ GNU's Not Unix

☐ Graphical Network Usage

☐ Global Networking Union

8. Welche Windows-Version war als erste ein echtes Betriebssystem?

☐ Windows 3.0

☐ Windows NT 3.0

☐ Windows 3.11

☐ Windows 95

9. Welche der folgenden Windows-Versionen basierte nicht auf MS-DOS, sondern auf der Windows-NT-Architektur?

☐ Windows Me

☐ Windows 98 SE

☐ Windows 2000

☐ Windows 98

10. Welche der folgenden Aussagen über Windows ist falsch?

☐ Alle Windows-Versionen unterstützen das NTFS-Dateisystem.

☐ Alle Windows-Versionen unterstützen das FAT16-Dateisystem.

☐ Alle Windows-Versionen besitzen eine Eingabeaufforderung.

☐ Alle Windows-Versionen sind 32-Bit-Systeme.

11. Welche der folgenden Aussagen über den Kernel trifft zu?

☐ Monolithische Kernel sind schneller als Mikrokernel.

☐ Alle modernen Kernel sind Mikrokernel.

☐ Der Kernel nimmt die Prozess- und Speicherverwaltung vor.

☐ Der Kernel stellt die grafische Benutzeroberfläche bereit.

12. Welche modernere Alternative ergänzt die Prozesse?

☐ Swap-Partitionen

☐ Threads

☐ Dienste

☐ Gerätetreiber

13. Was bedeutet »Bootstrapping« beim Betriebssystem?

    ☐ Kontrolle des Bootvorgangs eines PCs über das Netzwerk

    ☐ Installation eines Gerätetreibers

    ☐ im Hintergrund laufende Programme während des Bootvorgangs

    ☐ anderes Wort für das Booten des Betriebssystems

14. Welche Aussage über die Betriebsmodi eines Betriebssystems trifft zu?

    ☐ Es gibt vier verschiedene Betriebsmodi.

    ☐ Prozesse im Kernelmodus können jederzeit unterbrochen werden.

    ☐ Prozesse im Benutzermodus genießen einen stärkeren Zugriffsschutz.

    ☐ Prozesse im Kernelmodus haben Priorität.

15. Welche der folgenden Aussagen über Multitasking ist falsch?

    ☐ Man unterscheidet präemptives und kooperatives Multitasking.

    ☐ Mac OS 9 unterstützte gar kein Multitasking.

    ☐ Windows 3.11 unterstützte nur kooperatives Multitasking.

    ☐ Alle aktuellen Betriebssysteme sind multitaskingfähig.

16. Welches Signal beendet einen Unix-Prozess normal?

    ☐ SIGHUP

    ☐ SIGINT

    ☐ SIGKILL

    ☐ SIGTERM

17. Mit welchem Unix-Systemaufruf wird ein Signal an einen Prozess gesendet?

    ☐ `signal()`

    ☐ `kill()`

    ☐ `send()`

    ☐ `term()`

18. Welche Aussage über Unix-Prozesse ist zutreffend?

    ☐ Der Prozess `init` hat die PID 0.

    ☐ Neue Prozesse werden durch den Systemaufruf `CreateProcess()` gebildet.

    ☐ Der Child-Prozess ist eine identische Kopie des Parent-Prozesses.

    ☐ Mit einem `fork()`-Aufruf lassen sich beliebig viele Child-Prozesse auf einmal ableiten.

19. Welche der folgenden Aussagen über die UID und GID eines Unix-Prozesses ist falsch?

    ☐ Um einem Prozess ein Signal zu senden, muss die UID des Absenders der PID des Prozesses entsprechen.

☐ Um einem Prozess ein Signal zu senden, muss die UID des Absenders der UID des Prozesses entsprechen.

☐ Um einem Prozess ein Signal zu senden, muss die GID des Absenders der GID des Prozesses entsprechen.

☐ Der User *root* (UID 0, GID 0) darf jedem Prozess Signale senden.

20. Was ist kein Bestandteil einer Speicheradresse der Memory Management Unit (MMU) eines Intel-Prozessors?

☐ Offset

☐ Page Directory

☐ Page Table

☐ Page File

21. Was ist kein typisches Verzeichnis im Unix-Verzeichnisbaum?

☐ */bin*

☐ */usr*

☐ */usw*

☐ */etc*

22. Wie lautet der relative Pfad, um von */home/user1/test/* aus die Datei */home/user2/hallo.txt* anzusprechen?

☐ *../user2/hallo.txt*

☐ *../../hallo.txt*

☐ *user2/hallo.txt*

☐ *../../user2/hallo.txt*

23. Für welches Verzeichnis im Unix-Verzeichnisbaum steht die Abkürzung ~ ?

☐ das Systemverzeichnis

☐ das Home-Verzeichnis des aktuellen Benutzers

☐ das Wurzelverzeichnis

☐ das Verzeichnis */usr/sbin*

24. Welche Aussage über Symlinks im Unix-Dateisystem ist zutreffend?

☐ Wird der letzte Symlink gelöscht, der auf eine inode zeigt, dann wird die entsprechende Datei gelöscht.

☐ Ein Symlink verweist auf eine inode.

☐ Ein Symlink verweist auf einen Verzeichniseintrag.

☐ Symlinks können nur auf Dateien auf demselben physikalischen Datenträger verweisen.

25. Was bedeutet das Unix-Dateizugriffsrecht -rwxr-xr--?

- ☐ Der Eigentümer darf lesen, schreiben und ausführen; die Gruppe darf lesen und ausführen; alle anderen dürfen nur lesen.

- ☐ Der Eigentümer darf lesen, schreiben und ausführen; andere lokale Benutzer dürfen lesen und ausführen; Netzwerkbenutzer dürfen nur lesen.

- ☐ Der Eigentümer darf lesen, schreiben und ausführen; andere Benutzer dürfen lesen und ausführen; Gäste dürfen nur lesen.

- ☐ Der Eigentümer darf lokal lesen, schreiben und ausführen; meldet er sich über das Netzwerk an, darf er nur lesen und ausführen; alle anderen dürfen nur lesen.

26. Wie lautet das Dateizugriffsrecht -rw-rw-r-- numerisch?

- ☐ 0775
- ☐ 0664
- ☐ 0441
- ☐ 0442

27. Ein Windows-Rechner besitzt zwei Festplatten mit je zwei Partitionen; es ist kein CD-ROM- oder DVD-Laufwerk installiert. Welche Laufwerksbuchstaben werden den vier Partitionen (in der Reihenfolge Platte 1, beide Partitionen und dann Platte 2, beide Partitionen) in der Regel automatisch zugewiesen?

- ☐ C:, D:, E:, F:
- ☐ C:, E:, D:, F:
- ☐ A:, B:, C:, D:
- ☐ nicht festgelegt

28. Welcher der folgenden Windows-Dateinamen ist ungültig?

- ☐ *[test].txt*
- ☐ *(test).txt*
- ☐ *<test>.txt*
- ☐ *_test_.txt*

# Kapitel 6
# Windows

*Mancher kann nicht aus dem Fenster hinausdenken.*
*– Wilhelm Busch*

Microsoft Windows ist das am häufigsten eingesetzte PC-Betriebssystem überhaupt, vor allem, weil fast jeder neue PC mit einer OEM-Version von Windows verkauft wird.[1] Die Geschichte dieses Systems wurde im vorangegangenen Kapitel bereits skizziert. In diesem Kapitel wird vornehmlich Windows 10 behandelt; viele Informationen gelten allerdings auch für andere Windows-Versionen.

## 6.1 Allgemeine Informationen

Bevor es im nächsten Abschnitt um den praktischen Einsatz von Windows geht, sollen zwei theoretische Themen vorweggenommen werden: ein Überblick über die verschiedenen Windows-Versionen sowie eine Erklärung der konkreten Windows-Dateisysteme.

### 6.1.1 Die verschiedenen Windows-Versionen

Es lassen sich insgesamt vier Arten von Windows-Systemen unterscheiden:

▶ Das ursprüngliche Windows, von der in den 80er-Jahren des letzten Jahrhunderts erschienenen Version 1.0 bis zur letzten derartigen Version 3.11, war kein eigenständiges Betriebssystem, sondern erforderte ein separat installiertes MS-DOS und bildete lediglich dessen grafische Benutzeroberfläche. In der ersten Hälfte der 90er-Jahre erschienen allerdings nach und nach immer weniger Programme für DOS, die meiste Software lief nur noch unter Windows.

Wegen ihrer 16-Bit-Architektur werden diese Versionen von Windows zusammenfassend als *Win16* bezeichnet (obwohl Windows 3.11 bereits eine 32-Bit-Erweiterung besaß), alle anderen sind dagegen Spielarten von Win32 und neuerdings Win64.

▶ Die direkten Nachfolger der klassischen DOS-Windows-Kombination waren Windows 95, Windows 98 und Windows Me. Nach langen Jahren der Ankündigung stellte Microsoft die

---

1 OEM steht für *Original Equipment Manufacturer*, also Hersteller von Originalausstattung. OEM-Software ist vergünstigte Software, die nur zusammen mit neuer Hardware verkauft werden darf.

Weiterentwicklung dieser Produktreihe im Jahr 2001 endgültig ein. Sie alle brachten ihr zugrunde liegendes DOS selbst mit, funktionierten aber, technisch gesehen, – mit einigen Verbesserungen – ähnlich wie DOS mit aufgesetztem Windows 3.11.

▶ Die seit 1993 neu konzipierte Windows-NT-Familie bietet dagegen echte 32- und inzwischen auch 64-Bit-Betriebssysteme, die nicht mehr auf DOS basieren. Allerdings enthalten sie alle neben der grafischen Benutzeroberfläche noch immer eine Konsole, deren Befehle weitgehend kompatibel mit DOS sind. Zu dieser Familie gehören Windows NT, Windows 2000, Windows XP, Windows Vista, Windows 7, Windows 8 und Windows 10. Windows XP wurde in einer Home- und einer Professional-Edition angeboten; Windows XP Home ersetzte die bisherigen DOS-basierten Versionen für Privatkunden. Von Vista gab es sogar sieben verschieden üppig ausgestattete Editionen, von Windows 7 gab es immerhin noch sechs, und Windows 8 brachte es auf vier verschiedene Editionen. Bei Windows 10 ist die Sache wieder etwas komplizierter; eine Übersicht über die verschiedenen Editionen finden Sie am Ende dieses Abschnitts.

▶ Ein weiterer Zweig der NT-Produktreihe sind die Server-Betriebssysteme. Sie werden auf speziellen Serverrechnern installiert, die in Netzwerken und im Internet Ressourcen zur Verfügung stellen oder zentrale Verwaltungsaufgaben wahrnehmen. Zu dieser speziellen Reihe gehören Windows NT Server, Windows 2000 Server, Windows Server 2003 und die bisher neueste Version, Windows Server 2008. Ein Update dieser Version, das einige der Neuerungen von Windows 7 übernimmt und nur noch 64-Bit-Hardware unterstützt, ist unter dem Namen Windows Server 2008 R2 erschienen. Die nächste Version, mit Unterstützung für alle Windows-7-Features, war Windows Server 2012; auch dieses System wurde durch eine R2-Version ergänzt. Der Nachfolger Windows Server 2016 erschien im September 2016.

Die diversen Windows-Betriebssysteme unterscheiden sich nicht nur darin, ob sie zum DOS- oder zum NT-Entwicklungszweig gehören. Weitere wichtige Unterschiede sind die unterstützten Dateisysteme, der Umgang mit dem Multitasking zwischen den Windows-Anwendungen und die jeweils verwendete grafische Benutzeroberfläche. Tabelle 6.1 zeigt diese Eigenschaften der meisten Versionen auf einen Blick.

| Jahr | System | Architektur | Familie | GUI | Datei-systeme | Multitasking |
|------|--------|-------------|---------|-----|--------------|--------------|
| vor 1995 | Windows 3.11 | 16/32 Bit | DOS | Programm-Manager | FAT16 | kooperativ |
| | Windows NT 3.x | 32 Bit | NT | Programm-Manager | NTFS, FAT16 | präemptiv |

**Tabelle 6.1** Eigenschaften der wichtigsten Windows-Versionen

| Jahr | System | Architektur | Familie | GUI | Datei-systeme | Multitasking |
|------|--------|-------------|---------|-----|---------------|--------------|
| 1995 | Windows 95 | 32 Bit | DOS | neu entwickelt | FAT16 | präemptiv; 16-Bit-Programme: kooperativ |
| 1996 | Windows NT 4.0 | 32 Bit* | NT | Win 95 | NTFS, FAT16 | präemptiv |
| 1998 | Windows 98 | 32 Bit | DOS | weiter-entwickeltes Win-95-GUI | FAT16**, FAT32 | siehe Windows 95 |
| 1999 | Windows 2000 | 32 Bit | NT | weiter-entwickeltes Win-95-GUI | NTFS, FAT16, FAT32 | präemptiv |
| 2000 | Windows Me | 32 Bit | DOS | weiter-entwickeltes Win-98-GUI | FAT16, FAT32 | siehe Windows 95 |
| 2001 | Windows XP | 32/64 Bit | NT | Luna | NTFS, FAT16, FAT32 | präemptiv |
| 2003 | Windows Server 2003 | 32/64 Bit | NT | »Kompromiss« zwischen Luna und Windows 2000 | NTFS, FAT16, FAT32 | präemptiv |
| 2007 | Windows Vista | 32/64 Bit | NT | Aero/Aero Glass*** | NTFS, FAT16, FAT32 | präemptiv |
| 2008 | Windows Server 2008 | 32/64 Bit | NT | »Kompromiss« zwischen Aero und klassischem Windows | NTFS, FAT16, FAT32 | präemptiv |
| 2009 | Windows 7 | 32/64 Bit | NT | Aero-Weiter-entwicklung | NTFS, FAT32 | präemptiv |

**Tabelle 6.1** Eigenschaften der wichtigsten Windows-Versionen (Forts.)

| Jahr | System | Architektur | Familie | GUI | Datei-systeme | Multitasking |
|------|--------|-------------|---------|-----|---------------|--------------|
| 2009 | Windows Server 2008 R2 | 64 Bit | NT | wie Windows Server 2008 | NTFS, FAT32 | präemptiv |
| 2012 | Windows 8 | 32/64 Bit | NT | Metro (komplett neue Oberfläche, die Touchscreen-Geräte und PCs gleichermaßen unterstützen soll) | NTFS, FAT32 | präemptiv |
| 2012 | Windows Server 2012 | 64 Bit | NT | wie Windows Server 2008 | NTFS, FAT32 | präemptiv |
| 2013 | Windows 8.1 | 32/64 Bit | NT | Metro, aber mit Teilrückkehr zum klassischen Desktop | NTFS, FAT32 | präemptiv |
| 2013 | Windows Server 2012 R2 | 64 Bit | NT | wie Windows Server 2012 | NTFS, FAT32 | präemptiv |
| 2015 | Windows 10 | 32/64 Bit | NT | unbenannt (klassischer Desktop und Startmenü mit einigen Metro-Features) | NTFS, FAT32 | präemptiv |
| 2016 | Windows Server 2016 | 32/64 Bit | NT | Mischung aus Windows 10 und Server 2012 | NTFS, FAT32 | präemptiv |

*) Es gab eine spezielle NT-4.0-Version, die auf dem 64-Bit-Prozessor DEC Alpha lief.
**) Die spezielle FAT-16-Version in Windows 95, VFAT 16, unterstützte bereits lange Dateinamen. Spätere Versionen von Windows 95 konnten zusätzlich FAT32 verwenden.
***) Die erweiterte Version Aero Glass mit Transparenz- und 3D-Effekten ist nicht in allen Versionen von Vista verfügbar.

**Tabelle 6.1** Eigenschaften der wichtigsten Windows-Versionen (Forts.)

Da bei Windows 95 und seinen Nachfolgern ein 32-Bit-Windows auf ein leicht modifiziertes MS-DOS aufsetzt, werden alte 16-Bit-Anwendungen für DOS oder Windows 3.11 dort an diese DOS-Ebene weitergereicht. Diese Ebene des Betriebssystems verhält sich genau wie das alte MS-DOS, sie verwendet beispielsweise nur kooperatives Multitasking. Diese Eigenschaft macht das System potenziell instabil.

Die Windows-NT-Familie führt DOS- und Win16-Anwendungen dagegen auf einer virtuellen 16-Bit-Maschine aus. Sie können sogar wählen, ob Sie ein bestimmtes altes Programm auf einer eigenen virtuellen Maschine ausführen möchten (rechte Maustaste, Menü EIGEN-SCHAFTEN, GETRENNTER SPEICHERBEREICH ankreuzen) oder ob es mit anderen zusammen in einem gemeinsamen Speicherbereich für 16-Bit-Programme laufen soll. In jedem Fall sind 16-Bit-Anwendungen in ihrer sicheren Umgebung von allen anderen Programmen abgetrennt und können auf diese Weise nicht das System in Mitleidenschaft ziehen.

Neuere Windows-Versionen sind auch für die 64-Bit-Prozessorarchitekturen von AMD und Intel verfügbar. Die Integration von 32-Bit-Anwendungen in diese Systeme gelingt allerdings meist nahtlos und ohne Beeinträchtigungen der Systemstabilität, zumal die betreffenden Prozessoren mit einem x86-Kompatibilitätsmodus ausgestattet sind.

Die wichtigste Neuerung in Windows 8 (2012) war die Benutzeroberfläche *Metro* – im Prinzip eine Weiterentwicklung der Oberfläche von Windows Phone 7 für Mobiltelefone, die die Windows-Bedienung auf Mobiltelefonen, Tablets, Touchscreen-PCs und herkömmlichen PCs vereinheitlichen sollte. Anstelle des klassischen Startmenüs gab es einen Startscreen, der aus frei definierbaren rechteckigen Kacheln bestand. Der herkömmliche Windows-Desktop konnte ebenfalls aufgerufen werden, er enthielt aber kein Startmenü mehr.

Da viele User die Oberfläche auf Nicht-Touchscreen-PCs unbequem fanden, führte Microsoft bereits 2013 die Nachfolgeversion Windows 8.1 (Codename Windows Blue) ein. Hier wurde beim Start wieder automatisch der Desktop angezeigt, und ein Klick auf die wieder eingeführte START-Schaltfläche öffnete das mit Metro-Kacheln ausgestattete Startmenü. In der neuesten Version, Windows 10, enthält das Startmenü sowohl klassische Einträge als auch konfigurierbare Kacheln.

Windows 10 erscheint in folgenden verschiedenen Editionen:

▶ *Windows 10 Home* ist die Heimanwender-Version für PCs und größere Tablets.

▶ *Windows 10 Pro* ergänzt die Home-Edition um Features, die für den Einsatz in Unternehmen wichtig sind, etwa in den Bereichen Netzwerk und Groupware.

▶ *Windows 10 Enterprise* enthält nochmals mehr Funktionen als Pro; es ist für den Einsatz in großen Organisationen optimiert. Eine spezielle Variante, *LTSB* (*Long Term Service Branch*), wird keine Feature-Upgrades, sondern nur Sicherheitsupdates erhalten, um Unternehmen mit einer großen Installationsbasis mehr Planungssicherheit zu geben.

- *Windows 10 Education* bietet alle Funktionen der Enterprise-Version, aber wird in einer speziellen, kostengünstigeren Volumenlizenz für Schulen, Universitäten und andere Ausbildungsstätten angeboten.

- *Windows 10 Mobile* ist die Spezialversion für Smartphones wie die Microsoft-Lumia-Reihe (vormals Nokia) und für kleinere Tablets.

- *Windows 10 Mobile Enterprise* ergänzt das Standard-Mobile-System um Firmennetzwerk-Funktionen und andere nützliche Features für größere Organisationen.

- *Windows 10 IoT Core* ist eine abgespeckte Embedded-Version für weniger leistungsfähige Mobilgeräte.

Die Editionen Home, Pro, Enterprise und Education gibt es in der EU und in der Schweiz in sogenannten *N-Versionen* (zum Beispiel Windows 10 Home N); sie werden ab Werk ohne Windows Media Player und andere Multimedia-Software ausgeliefert. Das liegt an einer kartellrechtlichen Entscheidung der EU-Kommission aus dem Jahr 2004. Die fehlende Software kann kostenlos über das Internet nachinstalliert werden.

Das Upgrade auf Windows 10 war für alle Benutzer von Windows 7 und 8 ab dem 29. Juli 2015 für ein Jahr kostenlos; die Edition wurde dabei entsprechend zur passenden Edition des früheren Betriebssystems ausgewählt.

Windows 10 wird mithilfe des Windows-Update-Service laufend um neue Features ergänzt; die Ausnahme bildet die Enterprise-LTSB-Edition. Welche Features neu hinzugekommen sind oder bald hinzukommen werden, erfahren Sie online in der Windows 10 Roadmap unter *https://www.microsoft.com/de-de/WindowsForBusiness/windows-roadmap.*

### 6.1.2 Windows-Dateisysteme

Im vorangegangenen Kapitel haben Sie bereits die wichtigsten allgemeinen Informationen über Windows-Dateisysteme erhalten. Hier finden Sie dagegen die bedeutendsten Besonderheiten der drei Dateisysteme, die von den verschiedenen Windows-Versionen verwendet werden:

- *FAT16* ist das ursprüngliche Dateisystem von MS-DOS und Windows 3.11; früher gab es sogar eine noch eingeschränktere Variante namens *FAT12*. FAT ist die Abkürzung für *File Allocation Table* – Dateizuordnungstabelle. In Form einer solchen Tabelle speichert dieses Dateisystem jeweils die Nummer des ersten Clusters, bei dem eine bestimmte Datei beginnt.

  Jede Zuordnungseinheit enthält einen Verweis auf den nächsten Cluster der Datei. Dateien liegen nämlich nicht unbedingt als zusammenhängende Kette von Clustern auf der Festplatte, sondern sind bisweilen ziemlich weit verstreut. Sie fragmentieren im Laufe der Zeit, weil die Lücken, die durch das Löschen kleiner Dateien entstehen, mit einzelnen

Teilen größerer Dateien gefüllt werden. Dies ist bei moderneren Dateisystemen zwar auch der Fall, aber diese verwenden intelligentere Verfahren zur Verwaltung der einzelnen Zuordnungseinheiten und räumen das Dateisystem im Hintergrund ständig auf. Bei FAT-Dateisystemen ist es deshalb noch wichtiger als bei anderen, die Datenträger regelmäßig mit geeigneter Software zu defragmentieren, weil sie sonst immer langsamer werden.

Da es sich bei FAT16 um ein 16-Bit-Dateisystem handelt, beträgt die maximale Anzahl von Zuordnungseinheiten auf einer Partition 65.536. Dies macht große Datenträger sehr ineffizient, da jede Datei immer ganze Zuordnungseinheiten belegt. Darüber hinaus ist die Größe einer FAT16-Partition auf 2 Gigabyte begrenzt.

▶ *FAT32* wurde zum ersten Mal mit der zweiten Windows-95-Neuauflage ausgeliefert, Windows 95B. Das Dateisystem besitzt exakt dieselbe Funktionsweise wie FAT16. Durch die 32-Bit-Adressierung wurde allerdings die Anzahl der Cluster pro Partition auf über 4 Milliarden erhöht, die Gesamtgröße einer Partition kann bis zu 4 Terabyte betragen.

▶ *NTFS*, das *New Technology File System,* existiert in verschiedenen leicht unterschiedlichen Versionen. Die Zuordnungseinheiten werden nicht mehr in einer einfachen Tabelle verwaltet, sondern in einer komplexen Baumstruktur, die erheblich schnellere Zugriffe ermöglicht und mehr Schutz vor Fehlern bietet. NTFS-Partitionen können komprimiert und verschlüsselt werden. Darüber hinaus stellt das Dateisystem eine Unix-ähnliche Verwaltung von Benutzerrechten für den Eigentümer, die Gruppe und sonstige Benutzer bereit. Diese Rechte lassen sich leider nicht in jeder Windows-Version über die grafische Oberfläche einstellen.

Der einzige Nachteil von NTFS besteht darin, dass es für einige ältere Betriebssysteme nicht zugänglich ist. Linux konnte NTFS früher nur lesen und nicht beschreiben. Windows 95, 98 und Me konnten gar nicht auf NTFS-Partitionen zugreifen, aber dieses Problem dürfte sich inzwischen erledigt haben, da diese Versionen praktisch ausgestorben sind. Aber falls Sie mehrere Betriebssysteme auf demselben Rechner installiert haben, müssen Sie sich genau überlegen, welches dieser Systeme auf welche Daten zugreifen können soll, bevor Sie sich für die Verteilung der Dateisysteme auf die verschiedenen Partitionen entscheiden.

Windows NT und seine Nachfolger bieten die Möglichkeit, FAT-Dateisysteme nachträglich in NTFS zu konvertieren – die umgekehrte Möglichkeit besteht dagegen nicht.

## 6.2 Windows im Einsatz

In diesem Abschnitt erfahren Sie das Wichtigste über den praktischen Einsatz von Windows mit dem Schwerpunkt Windows 10. Zunächst wird das Arbeiten mit der grafischen Oberfläche vorgestellt, danach geht es kurz um die Eingabeaufforderung, und zum Schluss wird die Windows-Konfiguration beleuchtet.

### 6.2.1 Die Windows-Benutzeroberfläche

Im Laufe der Versionen hat sich die Oberfläche von Windows immer weiterentwickelt. Die klassischen DOS-Ergänzungen und die ersten Versionen von Windows NT verwendeten eine Anwendung namens *Programm-Manager* als Oberfläche. Er bestand im Wesentlichen aus einer Sammlung sogenannter *Programmgruppen*, die per Doppelklick jeweils ein Fenster mit Verknüpfungen verschiedener Anwendungsprogramme öffneten. Die Gruppen und Verknüpfungen des Programm-Managers wurden in neueren Windows-Versionen durch das Menü PROGRAMME im Startmenü ersetzt.

Die Dateiverwaltung wurde mit einem ähnlich spartanischen Programm durchgeführt, dem *Datei-Manager*. Im Gegensatz zu späteren Windows-Versionen unterstützte er keine verschiedenen Icons für unterschiedliche Dateitypen. Anstelle des Datei-Managers wird heute der erheblich komfortablere Explorer eingesetzt.

Die Oberfläche, die mit Windows 95 eingeführt wurde, war erheblich komfortabler als die alte und sehr stark von Mac OS inspiriert. Echte eigene Ideen – die Apple wiederum für spätere Mac-OS-Versionen übernommen beziehungsweise variiert hat – waren die Taskleiste mit dem Startmenü und die Arbeit mit Kontextmenüs: Wenn Sie unter Windows ein beliebiges Objekt oder eine Markierung mit der rechten Maustaste anklicken, finden Sie die wichtigsten Befehle für die aktuelle Auswahl auf einen Blick.

Spätere Versionen von Windows brachten nach und nach weitere Verbesserungen der Benutzeroberfläche. In Windows 98 wurde der Windows-Explorer, also der Datei-Manager, mit dem Internet Explorer, dem Webbrowser, verknüpft. Das ist für die Anwender relativ komfortabel, brachte Microsoft aber wegen seiner Monopolstellung vor Gericht.

Windows XP war mit einer erweiterten Benutzeroberfläche namens *Luna* ausgestattet. Mit ihren abgerundeten und zum Teil halb transparenten Elementen erinnerte sie ein wenig an Apples Aqua-Oberfläche, war aber erheblich bunter als diese. Alternativ ließ sich das nüchternere Aussehen der alten Windows-Oberflächen wieder einschalten; die verbesserten Funktionen wie zum Beispiel das erweiterte Startmenü blieben dabei erhalten.

In Windows Vista wurde die Oberfläche nochmals aufwendig renoviert. Sie trug den Namen *Aero* und bot noch immer abgerundete, aber wesentlich elegantere Fenster und Bedienelemente als Windows XP. Die Versionen Home Premium, Business und Ultimate enthielten die erweiterte Fassung *Aero Glass*, die durch halb transparente Fenstertitelleisten, einen 3D-Effekt beim Fensterwechsel und andere Spielereien besticht.

Die Oberfläche von Windows 7 brachte gegenüber Vista eher Detailverbesserungen mit sich. Windows 8 wurde dagegen, wie bereits beschrieben, vollständig überarbeitet; in Abbildung 6.1 sehen Sie den Startbildschirm, der das Startmenü aller früheren Windows-Versionen ersetzte. Der Desktop von Windows 10 mit geöffnetem Startmenü wird in Abbildung 6.2 gezeigt.

**Abbildung 6.1** Der Startscreen von Windows 8

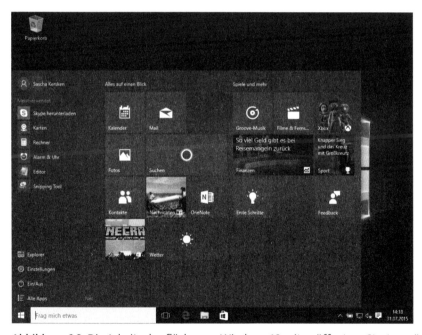

**Abbildung 6.2** Die Arbeitsoberfläche von Windows 10 mit geöffnetem Startmenü

**Fenster und Menüs**

Jedes Fenster besitzt rechts oben bis zu drei Bedienelemente; sie dienen dem Minimieren, dem Umschalten zwischen Vollbild und benutzerdefinierter Größe sowie dem Schließen. Sie können ein Windows-Fenster an allen vier Seiten und allen vier Ecken ziehen, um es in die entsprechende Richtung zu vergrößern oder zu verkleinern. Als Beispiel für ein Fenster sehen Sie in Abbildung 6.3 einen geöffneten Windows-Ordner.

**Abbildung 6.3** Ein geöffneter Ordner in Windows 10

Windows-Anwendungsprogramme gibt es in zwei verschiedenen Formen: Einige Anwendungen sind mit einem *Single Document Interface* (*SDI*) ausgestattet. Sie können innerhalb einer solchen Anwendung nur ein Dokument auf einmal bearbeiten. Das Programmfenster ist gleichzeitig das Dokumentfenster, durch Schließen des Fensters wird das gesamte Programm beendet. Das *Multi Document Interface* (*MDI*) bietet dagegen ein Hauptfenster für das eigentliche Programm, in diesem Rahmen können beliebig viele Dokumentfenster geöffnet werden. Das Schließen des Hauptfensters beendet das Programm. Sie können aber auch die einzelnen Dokumentfenster schließen, ohne das eigentliche Programm zu beenden.

Noch vor einigen Jahren galten MDI-Anwendungen als fortschrittlichste Form von Windows-Programmen und wurden allgemein eingesetzt, inzwischen verwenden viele Programme stattdessen eine Art intelligente SDI-Technologie: Wenn Sie aus einem Fenster heraus eine neue Datei öffnen, wird diese in einem weiteren unabhängigen Fenster geöffnet; das Schließen des letzten dieser Fenster beendet das Programm. Diese Technologie wird beispielsweise von Microsoft Office und von den meisten Webbrowsern benutzt. Der Vorteil ist eigentlich klar: Wenn jedes Dokument ein eigenes Hauptfenster bildet, können Sie über die Taskleiste zwischen ihnen hin- und herwechseln. Anwender brauchen sich somit nicht an eine programminterne Art und Weise des Umschaltens zwischen verschiedenen Fenstern zu gewöhnen.

Eine weitere Variante sind die *Tabs* oder *Registerkarten*, die in Webbrowsern und immer mehr Programmen den übersichtlichen Wechsel zwischen verschiedenen Dokumenten ermöglichen. Auch der mit Windows gelieferte Browser Edge und sein Vorgänger Internet Explorer (seit Version 7) sind damit ausgestattet.

### Taskleiste und Startmenü

Das wichtigste Bedienelement der Windows-Oberfläche ist die *Taskleiste*, vor allem das integrierte Startmenü. Hier wird die Version ab Windows XP beschrieben; in älteren Versionen verhalten sich diese Bedienelemente ein wenig anders.

Auf der Taskleiste befindet sich für jedes unabhängig geöffnete Fenster eine Schaltfläche. Sie können durch Klick auf diese Schaltflächen zwischen den einzelnen Fenstern umschalten. Schneller funktioniert dies allerdings über die Tastatur: Wenn Sie die [Alt]-Taste gedrückt halten, können Sie mit [⇆] bequem durch die Liste der geöffneten Fenster blättern; das Loslassen von [Alt] schaltet schließlich zum gewählten Fenster um. Mit der rechten Maustaste können Sie außerdem ein Kontextmenü für jedes Element in der Taskleiste öffnen, beispielsweise um das Fenster schnell zu schließen.

Die Variante [⊞] + [⇆] stellt alle geöffneten Fenster leicht schräg in einer 3D-Ansicht hintereinander. Sie können diese dann mit der [⇆]-Taste oder dem Mausrad durchblättern.

Das *Startmenü* (in Abbildung 6.4 wird die Windows-10-Version gezeigt) ist seit Windows 95 in allen Windows-Varianten enthalten; lediglich Windows 8 versuchte, einen eigenen Weg zu gehen. Das Menü enthält folgende wichtige Einträge:

▶ Links oben finden Sie unter MEISTVERWENDET eine Liste der am häufigsten geöffneten Programme.

▶ Mit EXPLORER erhalten Sie schnellen Zugriff auf die Datei- und Ordnerverwaltung. Wenn Sie auf die Hauptschaltfläche klicken, wird der virtuelle Stammordner DIESER PC (in älteren Windows-Versionen COMPUTER oder ARBEITSPLATZ) angezeigt; der kleine Pfeil rechts erlaubt die sofortige Navigation zu einigen wichtigen Ordnern.

▶ EINSTELLUNGEN öffnet das Verwaltungszentrum des Systems; es führt die Bereiche Systemsteuerung, Verwaltung und einige andere aus älteren Versionen an einem Ort zusammen.

▶ Unter ALLE APPS (in älteren Versionen: ALLE PROGRAMME) befindet sich eine alphabetische Liste, die Zugang zu fast allen auf Ihrem System installierten Programmen bietet. Ein Klick auf einen der Anfangsbuchstaben öffnet eine Übersicht über das Alphabet und andere dort vorkommende Anfangszeichen für die schnelle Navigation. Per Rechtsklick können Sie Elemente aus dem Menü entfernen oder anderweitig konfigurieren.

▶ Der gesamte rechte Bereich des Startmenüs besteht aus den frei konfigurierbaren Metro-Kacheln. Sie können Programme, Dateien oder Ordner dorthin ziehen, um sie in dieser Form verfügbar zu machen. Klicken Sie eine Kachel mit der rechten Maustaste an, um ihre relative Größe zu ändern oder sie aus dem Menü zu entfernen.

**Abbildung 6.4** Das Windows-10-Startmenü

Je nachdem, wie Ihr System konfiguriert ist, befinden sich eventuell weitere Elemente im Startmenü.

Ganz rechts in der Taskleiste befindet sich das *Systray*. In diesem Bereich werden von einigen Anwendungen Schnellzugriffs-Icons abgelegt. Unter anderem können Sie hier oft auf Knopfdruck die Lautstärke regeln oder die Darstellungsoptionen Ihrer Grafikkarte ändern. Außerdem wird an dieser Stelle die aktuelle Uhrzeit angezeigt. Wenn Sie darauf doppelklicken, können Sie Datum und Uhrzeit einstellen.

**Der Explorer**

Der Datei-Manager unter Windows heißt *Explorer*. Hier werden die Ordnerinhalte angezeigt und sämtliche Dateioperationen durchgeführt. Wenn Sie auf ein Laufwerk im Arbeitsplatz oder einen Ordner auf dem Desktop doppelklicken, öffnet sich ein Explorer-Fenster. Anders als in älteren Windows-Versionen gibt es seit XP keinen Unterschied mehr zwischen Ordner-Ansichtsfenstern und »richtigen« Explorer-Fenstern. Abbildung 6.5 zeigt als Beispiel das Windows-10-Ordnerfenster DIESER PC.

Wenn Sie im Explorer eine Datei oder einen Ordner ziehen, werden je nach Ziel unterschiedliche Befehle ausgeführt: Lassen Sie das Objekt im gleichen Ordner los, wird eine Kopie mit dem Namenszusatz *Kopie von ...* erstellt. Wenn Sie einen anderen Ordner auf demselben Laufwerk als Ziel wählen, wird die Datei automatisch dorthin verschoben. Bei einem anderen Laufwerk oder einer Netzwerkfreigabe wird sie dorthin kopiert.

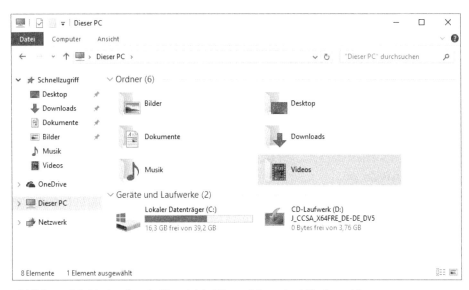

**Abbildung 6.5** Die Laufwerksübersicht »Dieser PC« unter Windows 10

All diese Regeln gelten nicht, wenn es sich bei dem gezogenen Objekt um ein Programm – erkennbar an der Dateiendung *.exe* – handelt. In diesem Fall wird eine Verknüpfung mit diesem Programm erstellt. Verknüpfungen sind Verweise auf beliebige Dateien, Ordner oder Programme. Beispielsweise sind die Einträge im Menü ALLE PROGRAMME des Startmenüs Verknüpfungen. Falls Sie explizit eine Verknüpfung erstellen möchten, können Sie dies mit der rechten Maustaste erledigen.

Es ist empfehlenswert, Dateien, Ordner und andere Explorer-Auswahlen mit der rechten Maustaste zu ziehen statt mit der linken – dies bewirkt, dass nach dem Loslassen das Kontextmenü eingeblendet wird. Sie können dann jeweils im Einzelfall entscheiden, ob Sie die Auswahl kopieren oder verschieben möchten oder ob eine Verknüpfung erstellt werden soll.

Im Menü ANSICHT oder in der Symbolleiste eines Explorer-Fensters können Sie sich eine von fünf möglichen Ansichten der enthaltenen Dateien und Ordner aussuchen:

- SYMBOLE zeigt jedes Objekt als Icon mit Beschriftung darunter an; die Symbole können frei verschoben werden.
- KACHELN verwendet ebenfalls Icons, die Beschriftung mit einigen Details steht bei dieser Option daneben. Auch diese Ansicht ermöglicht das freie Verschieben der einzelnen Icons.
- LISTE zeigt die kleinen Symbole in einer bestimmten Reihenfolge untereinander an, es werden mehrere Spalten gebildet. Wenn Sie sie verschieben, wird zwar ihre Reihenfolge geändert, aber sie können nicht frei positioniert werden.
- DETAILS verwendet für jeden einzelnen Eintrag eine ganze Zeile. Für jedes Element werden Informationen wie Größe, Dateityp oder Datum und Uhrzeit der letzten Änderung

angezeigt. Wenn Sie auf eine der Spaltenbeschriftungen klicken, wird die Liste nach dieser Kategorie sortiert – beim ersten Klick aufsteigend, beim nächsten absteigend.

▶ Die MINIATURANSICHT wurde erst in Windows XP eingeführt: Jede Datei wird in einer kleinen Box angezeigt. Für alle Bilder, mit deren Dateiformat das Betriebssystem selbst umgehen kann, zeigt es eine Vorschau.

Unabhängig von der Ansicht, die Sie gewählt haben, können Sie die Inhalte auch über das Menü ANSICHT • SORTIEREN NACH nach verschiedenen Schlüsseln sortieren. Die Option AM RASTER AUSRICHTEN sortiert dagegen gar nichts, sondern ordnet die Icons lediglich genau unter- und nebeneinander an.

Auf dem Desktop werden immer große Symbole angezeigt. Die Optionen zum Sortieren dieser Symbole finden Sie, wenn Sie mit der rechten Maustaste auf den Desktop klicken. In diesem Kontextmenü erreichen Sie übrigens auch den Befehl NEU, der dem Anlegen neuer Ordner und verschiedener Arten von Dateien dient.

Auswählen können Sie Objekte durch einfaches Anklicken mit der Maus. Wenn Sie die [Strg]-Taste gedrückt halten, können Sie weitere Objekte zur Auswahl hinzufügen oder wieder abwählen. [⇧] dient dagegen dem Auswählen zusammenhängender Blöcke.

Eine interessante Neuerung seit Windows Vista ist die verbesserte Suchfunktion. Sie können über das Startmenü oder über jedes Ordnerfenster darauf zugreifen. Sie durchsucht nicht nur Dateien und Ordner, sondern beispielsweise auch E-Mails und im Cache abgelegte Webseiten. Das Suchen erfolgt praktisch ohne Wartezeit, da im Hintergrund eine leistungsfähige Indexfunktion ständig aktiv ist (diese kann auch auf bestimmte Bereiche beschränkt oder ganz abgeschaltet werden, falls sie das System zu sehr ausbremsen sollte). Abbildung 6.6 zeigt das Ergebnis einer Suche nach »windows«.

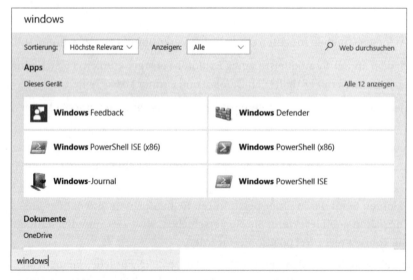

**Abbildung 6.6** Die Suchfunktion in Windows 10 im Einsatz

## 6.2.2 Die Windows-Konsole

Gewissermaßen als Erbe des Betriebssystems MS-DOS enthalten alle Windows-Versionen eine Konsole oder Eingabeaufforderung. Verglichen mit dem im nächsten Kapitel vorgestellten Komfort einer Unix-Shell ist sie ziemlich spartanisch, ermöglicht aber dennoch den schnellen Zugriff auf einige Systemfunktionen. In Abbildung 6.7 wird die Windows-7-Eingabeaufforderung gezeigt; unter Windows XP und Vista sah sie bereits genauso aus.

Windows 95, 98 und Me verwendeten die Original-Shell der eingebauten MS-DOS-Variante, *COMMAND.COM*. Die NT-basierten Systeme benutzen dagegen eine erweiterte Version namens *Cmd.exe*.

In ihrer aktuellen Fassung unterstützt diese Anwendung History und Befehlsvervollständigung. Die History (Microsoft nennt sie *Befehlsspeicher*) ermöglicht die Wiederholung früherer Befehle mithilfe der Tasten ↑ und ↓. Die Eingabevervollständigung ergänzt Datei-, Verzeichnis- und Befehlsnamen, sofern diese eindeutig sind, wenn Sie ⇆ drücken. Bild↑ springt zum ältesten Eintrag in der History, Bild↓ zum neuesten. Mit F7 öffnen Sie ein kleines Zusatzfenster, in dem die History als nummerierte Liste angezeigt wird. Sie können mit ↑ und ↓ sowie Bild↑ und Bild↓ darin blättern, mit ↵ den aktuell markierten Befehl auswählen oder das Fenster mit Esc unverrichteter Dinge schließen. Nützlich ist beispielsweise auch die Taste F4: Sie blendet einen Dialog ein, der nach einem Zeichen fragt, und löscht den Inhalt der aktuellen Zeile bis zum ersten Vorkommen dieses Zeichens.

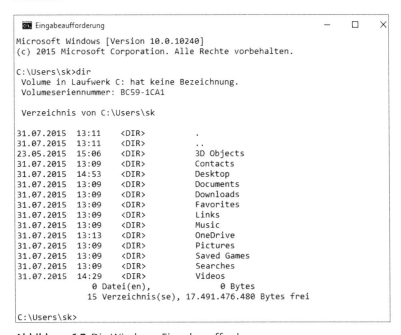

**Abbildung 6.7** Die Windows-Eingabeaufforderung

Wenn Sie die Titelleiste des Fensters mit rechts anklicken und EIGENSCHAFTEN wählen, gelangen Sie in ein Einstellungsfenster mit den folgenden vier Registerkarten:

▶ OPTIONEN: Stellen Sie hier die Cursorgröße und die Anzahl der Befehle im Befehlsspeicher ein. Besonders interessant ist zudem der QUICKEDIT-MODUS: Er ermöglicht das Markieren von Inhalten mit gedrückter linker Maustaste und kopiert diese mit ⏎ in die Zwischenablage. Ein Klick mit der rechten Maustaste fügt dagegen den aktuellen Inhalt der Zwischenablage ein. Der standardmäßig aktive *Einfügemodus* sorgt dafür, dass vorhandener Text bei der Eingabe nicht ersetzt, sondern nach rechts weitergeschoben wird. Mit der Taste Einfg können Sie stets zwischen dem hier festgelegten Standardverhalten und dem jeweils anderen wechseln.

▶ SCHRIFTART: Auf dieser Registerkarte bestimmen Sie Schriftart und -größe.

▶ LAYOUT: Hier legen Sie die FENSTERGRÖSSE (sichtbarer Bereich) und FENSTERPUFFERGRÖSSE (insgesamt durch Scrollen verfügbarer Bereich) fest, und zwar jeweils in Zeichen.

▶ FARBEN: Stellen Sie hier zu guter Letzt Ihre bevorzugte Hintergrund- und Textfarbe ein.

Wenn Sie Ihre Einstellungen mit OK bestätigen, gelten diese unter Windows Vista bis 10 für die Eingabeaufforderung als solche. Windows XP fragt Sie dagegen, ob sie nur für das aktuelle Fenster oder als Voreinstellung verwendet werden sollen.

Bereits in sehr alten DOS-Versionen wurden dagegen die von Unix übernommenen Ein- und Ausgabeumleitungen sowie Pipes unterstützt:

▶ Wenn Sie ein Kommando mit der Sequenz >Dateiname ergänzen, wird seine Ausgabe in die angegebene Datei umgeleitet; der bisherige Inhalt der Datei wird dabei überschrieben.

▶ Die Variante >>Dateiname ersetzt den bisherigen Dateiinhalt dagegen nicht, sondern hängt die neuen Zeilen an ihrem Ende an.

▶ <Dateiname liest die Eingabe eines Befehls aus der entsprechenden Datei statt von der Tastatur.

▶ Befehl1|Befehl2 ist eine sogenannte *Pipe*; sie leitet die Ausgabe von Befehl1 als Eingabe an Befehl2 weiter.

Da diese Funktionen auf Unix-Systemen eine wesentlich wichtigere Rolle spielen als unter Windows, werden sie im nächsten Kapitel vertieft.

Die Windows-Konsole verwendet darüber hinaus eine einfache Mustererkennung für Dateinamen: Ein * steht für beliebig viele beliebige Zeichen; ein ? für genau ein beliebiges Zeichen. Die Dateiendung wird getrennt vom eigentlichen Dateinamen betrachtet. Aus diesem Grund müssen Sie *.* schreiben, wenn Sie alle Dateien meinen.

Ein wichtiger Unterschied zwischen Windows und Unix betrifft übrigens die Suche nach dem Verzeichnis, in dem sich eine auszuführende Datei befindet: Wenn Sie an der Eingabeaufforderung einen bestimmten Dateinamen eingeben, wird als Erstes im aktuellen

Arbeitsverzeichnis danach gesucht. Erst danach werden die Verzeichnisse in der Umgebungsvariablen PATH überprüft.

Umgebungsvariablen wie PATH können Sie in Windows 10 und Vorgängerversionen übrigens einfach über die grafische Benutzeroberfläche einstellen: Klicken Sie mit der rechten Maustaste auf ARBEITSPLATZ beziehungsweise COMPUTER, und wählen Sie EIGENSCHAFTEN. Klicken Sie in ERWEITERBARE SYSTEMEINSTELLUNGEN auf die Schaltfläche UMGEBUNGS-VARIABLEN, um PATH und andere Variablen einzustellen. Die Variablen in diesem Dialog werden in zwei Kategorien unterteilt: SYSTEMVARIABLEN gelten unabhängig vom angemeldeten Benutzer für das gesamte System, BENUTZERVARIABLEN dagegen nur für den aktuellen Benutzer.

Sie öffnen das Konsolenprogramm unter Windows 10 über START • ALLE APPS • WINDOWS-SYSTEM • EINGABEAUFFORDERUNG und in älteren Versionen über START • ALLE PROGRAMME • ZUBEHÖR • EINGABEAUFFORDERUNG. Falls Sie die Konsole häufig benötigen, lohnt es sich also, eine Verknüpfung auf dem Desktop oder weniger tief verschachtelt im ALLE-APPS-beziehungsweise PROGRAMME-Menü anzulegen.

Der *Prompt* besteht in der Windows-Konsole standardmäßig aus dem aktuellen Pfad, der mit dem Laufwerksbuchstaben des aktiven Laufwerks beginnt, dahinter steht ein >-Zeichen. Wenn Sie sich beispielsweise auf der Festplatte C: befinden und Ihr Arbeitsverzeichnis Dokumente ist, sieht der Prompt folgendermaßen aus:

```
C:\Dokumente>
```

Das aktuelle Laufwerk wechseln Sie einfach, indem Sie seinen Laufwerksbuchstaben (gefolgt von dem üblichen Doppelpunkt) eintippen.

Im Folgenden werden die wichtigsten Konsolenbefehle aufgelistet. Bei den traditionellen DOS-Befehlen werden Optionen typischerweise durch einen vorangestellten Slash (/) angegeben. Da das Pfadtrennzeichen unter Windows der Backslash (\) ist, hat der Slash ansonsten keine besondere Bedeutung.

▶ dir (*directory*) listet den Inhalt des aktuellen Verzeichnisses auf. Die Option /p zeigt den Inhalt seitenweise an, /w lässt die ausführlichen Informationen weg und verwendet dafür mehrere Spalten für Dateien. Die Option /s gibt zusätzlich die Inhalte aller verschachtelten Unterverzeichnisse aus. Sie können ein Dateimuster angeben, damit nur bestimmte Dateien angezeigt werden.

▶ cd wechselt das Verzeichnis. Um in ein untergeordnetes Verzeichnis zu gelangen, brauchen Sie nur seinen Namen anzugeben. Das übergeordnete Verzeichnis erreichen Sie mit .., und einen absoluten Pfad unterhalb des aktuellen Laufwerks geben Sie an, indem Sie ihm einen Backslash voranstellen.

▶ mkdir Verzeichnisname oder md Verzeichnisname legt ein neues Verzeichnis an.

- `del` `Datei[muster]` löscht die angegebene Datei beziehungsweise alle Dateien, die dem angegebenen Muster entsprechen. Die Option `/s` löscht zusätzlich die betreffenden Inhalte aller Unterverzeichnisse des aktuellen Verzeichnisses.

- `rmdir` `Verzeichnis` oder `rd` `Verzeichnis` löscht das angegebene Verzeichnis. Standardmäßig muss das Verzeichnis leer sein, es sei denn, Sie verwenden die Option `/s`.

- `copy` kopiert Dateien. Die genaue Syntax ist `copy` `Quelle` `Ziel`. Die `Quelle` ist ein beliebiges Dateimuster, das `Ziel` ist bei einer einzelnen Datei ein nicht existierender Dateiname, bei mehreren Dateien ein Ordnername.

- `move` `Quelle` `Ziel` verschiebt Dateien. Die `Quelle` ist ein beliebiges Dateimuster, das `Ziel` muss dagegen ein Verzeichnis sein.

- `rename` benennt Dateien um. Die Syntax lautet `rename` `AlterName` `NeuerName`. Die angegebenen Namen dürfen keine Muster, sondern müssen einzelne Dateien sein.

- `attrib` ändert die bereits im vorangegangenen Kapitel besprochenen Windows-Dateiattribute. Sie können einem Attribut eines der Zeichen + oder – voranstellen, um es einbeziehungsweise auszuschalten. Die einzelnen Attribute sind `R` für *read only* (schreibgeschützt), `S` für eine Systemdatei, `H` für *hidden* (versteckt) und `A` für Archiv (geändert). Die Option `/s` verarbeitet auch Unterverzeichnisse.

  Bis auf das Attribut *Systemdatei* können alle auch in der grafischen Oberfläche geändert werden: Klicken Sie dazu die gewünschte Datei mit der rechten Maustaste an, und wählen Sie die Option EIGENSCHAFTEN. In diesem Dialog erhalten Sie eine Reihe von Informationen über die Datei und können ihre Attribute durch einfaches Ankreuzen oder Deaktivieren ändern.

- `type` zeigt den Inhalt einer Textdatei an. Das Argument ist ein Dateiname.

Sie können eine Abfolge von DOS-Befehlen in eine Datei schreiben, um diese Befehle nacheinander auszuführen. Eine solche Datei benötigt die Dateiendung *.bat* und wird als *Batch-Datei* (*Stapelverarbeitungsdatei*) bezeichnet. Sie wird einfach durch Eingabe ihres Namens gestartet, wobei Sie die Endung weglassen können.

### 6.2.3 Die Windows PowerShell

Microsoft hat vor einigen Jahren eine völlig neue Shell entwickelt, die die alte Eingabeaufforderung ersetzen soll: die *Windows PowerShell*. Sie basiert auf der .NET-Bibliothek und erlaubt so einen objektorientierten Zugriff auf Dateien, Verzeichnisse und andere Elemente; außerdem ist sie mit einem vollständigen Satz von Programmier-Features wie Variablen und Kontrollstrukturen ausgestattet. Damit ist sie den im nächsten Kapitel vorgestellten Unix-Shells mindestens ebenbürtig.

In diesem Abschnitt erhalten Sie eine kurze Einführung in die PowerShell. Viele Begriffe entstammen dem Fachbereich der Programmierung. Falls Sie sich damit noch nicht gut auskennen, sollten Sie zuerst Kapitel 9, »Grundlagen der Programmierung«, durcharbeiten.

**Erste Schritte**

Die PowerShell 5.1 gehört zum Lieferumfang des aktuellen Builds von Windows 10; in Windows 8 war die Version 3.0 enthalten. Für ältere Systeme ab XP kann die Version 1.0 kostenlos bei Microsoft heruntergeladen werden. Anschließend finden Sie sie unter START • ALLE APPS • WINDOWS POWERSHELL.

Das Fenster sieht fast genauso aus wie die klassische Windows-Eingabeaufforderung, da die PowerShell ein darin ausgeführtes Programm ist. Als Eingabeaufforderung wird auch hier das aktuelle Arbeitsverzeichnis angezeigt, ihm wird allerdings noch PS vorangestellt, um die PowerShell zu kennzeichnen. Die zuvor erläuterten Hilfsmittel wie History, Eingabevervollständigung oder QuickEdit-Modus stehen auch hier zur Verfügung.

Die eingebauten Befehle der PowerShell werden als *Cmdlets* (Abkürzung für *Commandlets*) bezeichnet. Sie bestehen jeweils aus einem Verb, einem Bindestrich und einem Substantiv. Geben Sie zum Testen Folgendes ein:

```
> Get-ChildItem
```

Wie Sie sehen, wird der Inhalt des aktuellen Verzeichnisses eingeblendet, und zwar übersichtlicher und ausführlicher als in der normalen Eingabeaufforderung. Die Spalte MODE besteht aus fünf Zeichen: d oder – für Verzeichnisse beziehungsweise normale Dateien, a oder – für den Status des Archivattributs, r oder – für das Schreibschutz-Attribut, h oder – für versteckt und a oder – für Archiv.

Get-ChildItem steht allgemein übrigens für die Ausgabe aller Kindelemente des aktuellen Kontextes – auch wenn dieser kein Verzeichnis, sondern beispielsweise ein Registry-Pfad oder eine Datenbankabfrage ist.

Mit Get-Command erhalten Sie eine Liste aller verfügbaren Cmdlets. Da sie zu lang ist, können Sie sie wie gehabt mithilfe einer Pipe an more schicken:

```
> Get-Command |more
```

Da die Namen der Cmdlets recht lang sind, unterstützt die PowerShell eine Reihe von Aliassen. Deren Liste können Sie mithilfe von Get-Alias – oder dessen Alias alias – ermitteln. Um die verfügbaren Aliasse für Get-ChildItem zu ermitteln, können Sie diese Liste durch eine Pipe filtern. Dazu wird das Cmdlet Where-Object (Alias: where) verwendet, das Suchkriterien auf eine Liste anwendet. In diesem Fall sollen alle Aliasse ausgegeben werden, bei denen die Definition Get-ChildItem lautet. Dies funktioniert wie folgt:

```
> Get-Alias | Where-Object {$_.definition -eq "Get-ChildItem"}

CommandType     Name.       Definition
-----------     ----        ----------
Alias           gci         Get-ChildItem
Alias           ls          Get-ChildItem
Alias           dir         Get-ChildItem
```

$_ ist eine automatische Variable, die nacheinander die einzelnen Elemente einer Schleife oder Liste enthält. Dahinter wird, durch einen Punkt getrennt, ihr Bestandteil definition (eine Listenspalte) notiert. -eq ist der Gleichheitsoperator, der True zurückgibt, wenn die Operanden davor und dahinter gleich sind, hier also, wenn die Definition "Get-ChildItem" lautet.

Wie Sie sehen, besitzt Get-ChildItem die Aliasse dir, ls (dies ist der Unix-Standardname für diesen Befehl) und gci. Auf ähnliche Weise sind alle zuvor besprochenen klassischen Eingabeaufforderungsbefehle Synonyme für die entsprechenden Cmdlets. Wenn Sie ihre echten Namen herausfinden möchten, können Sie Get-Alias auch nach dem Attribut name, also der Bezeichnung des Alias, filtern. Das folgende Beispiel sucht nach dem Alias cd, also einem Befehl zum Wechseln des Arbeitsverzeichnisses – hier die Schreibweise mit Kurzbefehlen:

```
> alias | where { $_.name -eq "cd" }
CommandType     Name.              Definition
-----------     ----               ----------
Alias           cd                 Set-Location
```

### Ausdrücke, Operationen und Variablen

Wenn Sie einen Ausdruck eingeben und ⏎ drücken, gibt die PowerShell einfach dessen Wert aus. Sie können sie also unter anderem als einfachen Konsolen-Taschenrechner benutzen. Probieren Sie es aus:

```
> 20 * 2 + 2
42
```

Neben den Grundrechenarten +, -, * und / unterstützt die PowerShell den Modulo-Operator %, der den Rest einer ganzzahligen Division liefert. Sie können sowohl Ganzzahlen als auch Fließkommazahlen verwenden. Letztere werden in der deutschen Version mit Komma ausgegeben, müssen aber in der englischen Schreibweise mit Punkt eingegeben werden:

```
> 3 / 2
1,5
> 1.5 * 2
3
```

Wenn Sie versehentlich 1,5 schreiben, wird dies als Liste der beiden Ziffern 1 und 5 interpretiert, und die Operation *2 dupliziert diese Liste:

```
> 1,5 * 2
1
5
1
5
```

Der \*-Operator kann neben Listen auch Strings vervielfältigen. Beispiel:

```
> "ha" * 3
hahaha
```

Auch das + hat zusätzliche Aufgaben. Es kann Strings verketten und Elemente an Listen anhängen. Schauen Sie sich dazu die folgenden Beispiele an:

```
> 3 + 4
7
> "3" + "4"
34
> "Test " + 3 + 4
Test 34
> 1, 2, 3 + 4
1
2
3
4
> 1, 2, 3 + 4, 5
1
2
3
4
5
```

Eine weitere interessante Klasse von Operatoren sind die Vergleichsoperatoren. Ihr Ergebnis ist True (wahr), wenn die Aussage stimmt, oder False (falsch), wenn dies nicht der Fall ist. Hier die wichtigsten im Überblick:

- -eq (*equals*) – Gleichheit
- -ne (*not equals*) – Ungleichheit
- -lt (*less than*) – kleiner als
- -gt (*greater than*) – größer als
- -le (*less than or equals*) – kleiner oder gleich
- -ge (*greater than or equals*) – größer oder gleich
- -like – Mustervergleich: Links steht ein beliebiges Element, rechts ein Suchmuster, das den zuvor beschriebenen Dateimustern entspricht, das heißt, \* steht für beliebig viele beliebige Zeichen und ? für genau ein beliebiges Zeichen.
- -notlike – das Gegenteil von -like: Der Ausdruck ist also True, wenn das überprüfte Element dem Suchmuster nicht entspricht.
- -match – vergleicht ein Element mit einem regulären Ausdruck. Diese mächtigen Suchmuster werden ausführlich in Kapitel 10, »Konzepte der Programmierung«, vorgestellt.

Das folgende Beispiel überprüft, ob der String "hallo" mindestens einen Vokal enthält (was natürlich True ergibt):

```
"hallo" -match "[aeiou]"
```

▶ -notmatch – gibt True zurück, wenn das überprüfte Element dem regulären Ausdruck nicht entspricht.

▶ -contains – erwartet als linken Operanden eine Liste wie 1, 2, 3 oder "a", "b", "c" – oder auch einen Bereich wie 1..9 – und als rechten Operanden ein beliebiges Element. Ergibt True, wenn das Element in der Liste oder in dem Bereich enthalten ist.

▶ -notcontains – ist True, wenn das fragliche Element nicht in der Liste enthalten ist.

▶ -and – (logisches Und) verkettet zwei oder mehr Vergleiche und liefert nur dann True, wenn jeder Einzelvergleich True ist.

▶ -or – (logisches Oder) verkettet ebenfalls Vergleiche und ergibt True, wenn mindestens einer der Teilvergleiche True ist.

Wenn Sie Operationen wie -lt auf Strings anwenden, halten sich diese an die Zeichensatzreihenfolge des ersten unterschiedlichen Zeichens. Beispiele:

```
> "a" -lt "b"
True
> "a" -lt "aa"
True
> "hello" -lt "hallo"
False
```

Die Vergleichsoperatoren unterscheiden normalerweise nicht zwischen Groß- und Kleinschreibung. Allerdings gibt es jeden von ihnen noch zweimal mit vorangestelltem c für *case sensitive*, das heißt für die explizite Unterscheidung zwischen Groß- und Kleinschreibung, aber auch mit vorangestelltem i (*ignore case*) für die ausdrückliche Nichtunterscheidung, falls Sie den Standard ändern sollten. Hier ein Beispiel:

```
> "a" -eq "A"
True
> "a" -ceq "A"
False
```

Alle bisher gezeigten Arten von Werten können Sie auch in Variablen speichern, um später wieder darauf zuzugreifen. Variablennamen beginnen mit einem Dollarzeichen ($), sodass sie in Strings automatisch durch ihren Wert ersetzt (substituiert) werden können. Zur Wertzuweisung wird der Operator = verwendet. Hier ein Beispiel mit anschließender Anwendung in einem String:

```
> $planet = "Welt"
> "Hallo, $planet!"
Hallo, Welt!
```

Sie können auch die in Kapitel 9, »Grundlagen der Programmierung«, für die Programmiersprache C erläuterten Wertänderungsoperatoren verwenden. Das folgende Beispiel weist der Variablen $zahl den Wert 3 zu und addiert anschließend 5:

```
> $a = 3
> $a += 5
> $a
8
```

Auf Umgebungsvariablen greifen Sie übrigens zu, indem Sie ihrem Namen ein $env: voranstellen. Hier ein Beispiel, das den Inhalt der zuvor besprochenen Umgebungsvariablen PATH anzeigt:

```
> $env:path
c:\ruby\bin;C:\Perl\bin\;C:\WINDOWS\system32;C:\WINDOWS;
C:\WINDOWS\System32\Wbem;C:\php52;C:\cygwin\bin
```

Beachten Sie zum Thema Ausdrücke noch Folgendes: Wenn Sie einen Ausgabebefehl verwenden, in der Regel Write-Host (Alias: echo), wird dessen Argument standardmäßig als String interpretiert. Die folgende Anweisung gibt beispielsweise den Text 2 * 4 aus, anstatt die beiden Zahlen zu multiplizieren:

```
> Write-Host 2 * 4
2 * 4
```

Um klarzumachen, dass der Ausdruck zuerst ausgewertet werden soll, müssen Sie ihn deshalb in runde Klammern setzen:

```
> Write-Host (2 * 4)
8
```

### Kontrollstrukturen

Um den Schritt vom einzelnen Cmdlet zur ausführbaren Skriptdatei zu gehen, brauchen Sie einige Hilfsmittel, um den Programmablauf zu steuern, die sogenannten *Kontrollstrukturen*. Sie werden in Fallentscheidungen und Schleifen unterteilt. Eine Fallentscheidung führt bestimmte Anweisungen nur aus, falls eine Bedingung erfüllt ist, während eine Schleife eine Anweisungsfolge mehrmals ausführt – entweder eine bestimmte Anzahl von Durchläufen oder aufgrund einer Bedingung.

Die wichtigste Fallentscheidung lautet if und hat folgende Syntax:

```
if (Ausdruck) {
  Anweisung(en)
}
```

Optional können Sie auch einen else {}-Block hinzufügen, der ausgeführt wird, wenn die Bedingung nicht zutrifft.

Falls der Ausdruck den Wert True hat (das gilt für alle korrekten Vergleiche, alle Zahlen außer 0 und alle Strings außer dem leeren, also ""), wird der Anweisungsblock in den geschweiften Klammern ausgeführt. Hier ein einfaches Beispiel: Wenn die Variable $a einen Wert hat, der größer als 100 ist, wird "Gewonnen!" ausgegeben:

```
if ($a -gt 100) { Write-Host "Gewonnen!" }
```

Besonders praktisch zum Testen von Fallentscheidungen (und natürlich erst recht für die praktische Nutzanwendung) ist die interaktive Eingabe von Werten. Dazu wird das Cmdlet Read-Host verwendet. Das folgende Beispiel lässt den Benutzer eine Zeile eingeben und speichert die Eingabe in der Variablen $input:

```
> $input = Read-Host
```

Die Daten werden immer als Strings gespeichert, auch dann, wenn eine Zahl eingegeben wird. Falls Sie versuchen, mit Benutzereingaben zu rechnen, ist dies natürlich ein Problem:

```
> $zahl = Read-Host
20
> $zahl + 3
203
```

Um einen Ausdruck als Wert eines bestimmten Datentyps zu interpretieren, können Sie dem Ausdruck diesen Typ in eckigen Klammern voranstellen. Der Typ für Ganzzahlen heißt beispielsweise System.Int32 (32-Bit-Integer; siehe Kapitel 2, »Mathematische und technische Grundlagen«, für den Wertebereich); Strings haben dagegen den Typ System.String; True und False sind System.Boolean, Fließkommazahlen System.Double etc. Hier also die numerisch korrekte Fassung des vorigen Beispiels:

```
> $zahl = Read-Host
20
> [System.Int32]$zahl + 3
23
```

An dieser Stelle ergibt sich allerdings ein neues Problem: Falls die Eingabe keine Zahl ist, liefert die Typkonvertierung eine Fehlermeldung. Sie sollten die Eingabe also vor dem Umwandlungsversuch filtern – dazu bietet sich ein regulärer Ausdruck an. Im folgenden Beispiel wird einer verwendet, der positive und negative Ganzzahlen zulässt:

```
^\-?\d+$
```

Genaueres über reguläre Ausdrücke erfahren Sie, wie gesagt, in Kapitel 10, »Konzepte der Programmierung«. Hier nur ein kurzer Überblick über das verwendete Muster: ^ steht für den Anfang des getesteten Ausdrucks. \- ist ein Minuszeichen, das durch \ geschützt wird, da es in regulären Ausdrücken eine besondere Bedeutung hat. Das anschließende Fragezeichen setzt dieses Vorzeichen optional. \d steht für eine beliebige Ziffer; das Pluszeichen besagt, dass eine oder mehrere Ziffern vorkommen dürfen. Das $-Zeichen steht schließlich für das Ende des Ausdrucks. \-?\d+ hieße, dass irgendwo im untersuchten String eine ganze Zahl vorkommt; ^ und $ erfordern dagegen, dass der gesamte Ausdruck betrachtet wird.

Hier nun das verbesserte Eingabe- und Rechenbeispiel, in dem durch if ein möglicher Fehler abgefangen wird:

```
> $eingabe = Read-Host; if ($eingabe -match "^\-?\d+$") { Write-Host
    ([System.Int32]$eingabe + 3) } else { Write-Host "Bitte nur Zahlen eingeben!" }
20
23
```

Das Semikolon hinter Read-Host ermöglicht übrigens die Eingabe einer weiteren Anweisung in derselben Zeile. Dadurch können Sie den gesamten Skriptblock nochmals mithilfe von ⬆ zurückholen. Geben Sie zur Abwechslung etwas ein, was keine Zahl ist. Sie sollten die Fehlermeldung "Bitte nur Zahlen eingeben!" erhalten.

Die wichtigsten Schleifentypen sind while, for und foreach. while führt einen Anweisungs-block aus, solange die überprüfte Bedingung zutrifft. Hier ein Beispiel, das weiter ausgeführt wird, solange Sie "j" eingeben:

```
> $i = 1; While ((Read-Host "Noch mal?") -eq "j") {Write-Host
    "Dies ist Durchlauf Nr. $i"; $i++}
Noch mal?: j
Dies ist Durchlauf Nr. 1
Noch mal?: j
Dies ist Durchlauf Nr. 2
Noch mal?: j
Dies ist Durchlauf Nr. 3
Noch mal?: n
```

Wie Sie sehen, nimmt Read-Host optional einen String entgegen und zeigt ihn als Eingabeauf-forderung an. Außerdem kann das Ergebnis ohne den Umweg über eine Variable in einem Ausdruck verwendet werden.

Der Kopf der for-Schleife besitzt drei durch Semikolon getrennte Teile:

```
for (Initialisierung; Bedingung; Wertänderung) {
  Anweisung(en)
}
```

Die Initialisierung wird einmal zu Beginn ausgeführt. Vor jedem Durchlauf wird die Bedingung geprüft; falls sie nicht zutrifft, wird die Schleife nicht (mehr) ausgeführt. Nach jedem Durchlauf wird schließlich die Wertänderung durchgeführt. Im Prinzip können Initialisierung und Wertänderung beliebige Anweisungen sein und die Bedingung ein beliebiger Ausdruck, aber typischerweise wird ein und dieselbe Variable auf einen Anfangswert gesetzt, überprüft und verändert. Das folgende Beispiel weist der Variablen $i nacheinander die Zahlen 1 bis 10 zu und gibt jeweils deren Quadrat aus:

```
> for ($i = 1; $i -le 10; $i++) { $quadrat = $i * $i; Write-Host "$i^2 = $quadrat" }
1^2 = 1
2^2 = 4
3^2 = 9
4^2 = 16
5^2 = 25
6^2 = 36
7^2 = 49
8^2 = 64
9^2 = 81
10^2 = 100
```

foreach schließlich iteriert über die Elemente einer Liste. Das folgende Beispiel gibt für die Zahlen von 1 bis 10 aus, ob sie durch 3 teilbar sind oder nicht:

```
> foreach ($i in 1..10) { if ($i % 3) { Write-Host "$i ist nicht durch 3 teilbar." }
    else { Write-Host "$i ist durch 3 teilbar." } }
1 ist nicht durch 3 teilbar.
2 ist nicht durch 3 teilbar.
3 ist durch 3 teilbar.
4 ist nicht durch 3 teilbar.
5 ist nicht durch 3 teilbar.
6 ist durch 3 teilbar.
7 ist nicht durch 3 teilbar.
8 ist nicht durch 3 teilbar.
9 ist durch 3 teilbar.
10 ist nicht durch 3 teilbar.
```

Die Fallunterscheidung if ($i % 3) macht es sich zunutze, dass 0 (kein Rest bei der Division, also Teilbarkeit) als False gilt und jeder andere Wert als True.

Eine `foreach`-Schleife kann übrigens auch über eine Pipe auf die Zeilen der Ausgabe eines beliebigen Cmdlets angewendet werden. Das folgende Beispiel geht auf diese Weise die Liste von `Get-ChildItem` für das aktuelle Verzeichnis durch. Falls `$_.mode`, die Attributliste, mit d anfängt, handelt es sich um ein Unterverzeichnis, und ein Zähler wird erhöht. Auf diese Weise wird die Anzahl der (direkten) Unterverzeichnisse gezählt:

```
> $i = 0; Get-ChildItem | foreach { if ($_.mode -like "d*") { $i++ } };
  echo "Das aktuelle Verzeichnis hat $i Unterverzeichnisse."
Das aktuelle Verzeichnis hat 34 Unterverzeichnisse.
```

### PowerShell-Skriptdateien

Wirklich nützlich sind solche Beispiele natürlich vor allem dann, wenn Sie sie als Skriptdateien abspeichern. PowerShell-Skripte erhalten die Dateiendung *.ps1*. Aus der PowerShell selbst können Sie sie durch Eingabe ihres Pfades aufrufen. Im aktuellen Verzeichnis genügt dazu allerdings nicht der einfache Name, sondern es muss `.\` vorangestellt werden, weil die PowerShell nur den PATH, nicht aber das aktuelle Verzeichnis nach ausführbaren Programmen durchsucht. Die Angabe `./` funktioniert übrigens auch, weil die PowerShell anstelle des Windows-Backslashs auch den von Unix bekannten Slash als Pfadtrenner akzeptiert. Genauso kann das Sternchen (*) als Platzhalter für alle Dateien in einem Verzeichnis eingesetzt werden.

Starten Sie also Ihren Lieblingseditor, geben Sie das folgende Skript ein, und speichern Sie es unter dem Namen *hallo.ps1* ab. Es handelt sich um ein Beispiel, das im nächsten Kapitel auch für die Unix-Shell *bash* und im übernächsten Kapitel in drei verschiedenen Programmiersprachen präsentiert wird. Nach der Begrüßung »Hallo, Welt!« und der Ausgabe von Datum und Uhrzeit wird der Benutzer nach seinem Namen gefragt und nochmals persönlich begrüßt:

```
Write-Host "Hallo, Welt!"
$date = Get-Date
Write-Host "Es ist $date"
$name = Read-Host "Deinen Namen, bitte"
Write-Host "Hallo, $name!"
```

Geben Sie nun im entsprechenden Verzeichnis Folgendes ein:

```
> ./hallo.ps1
The file C:\hallo.ps1 cannot be loaded. The file C:\hallo.ps1
is not digitally signed. The script will not execute on the
system. Please see "get-help about_signing" for more details..
```

Dies ist offensichtlich eine Fehlermeldung. Die PowerShell verlangt nämlich aus Sicherheitsgründen standardmäßig, dass alle Skripte digital signiert sind. Im Grunde genügt es aber, wenn Skripte aus dem Internet signiert sind – über lokale können Sie selbst entscheiden. Diese Einstellung erreichen Sie, indem Sie die PowerShell als Administrator starten (mit der rechten Maustaste anklicken, ALS ADMINISTRATOR AUSFÜHREN wählen und die Sicherheitsfrage bestätigen) und dann Folgendes eingeben:

```
> Set-ExecutionPolicy RemoteSigned
```

Nun kann das Skript ausgeführt werden:

```
> ./hallo.ps1
Hallo, Welt!
Es ist 31.05.2017 13:36:18
Deinen Namen, bitte: Sascha
Hallo, Sascha!
```

**Liste nützlicher Cmdlets**

In Tabelle 6.2 sehen Sie eine Liste wichtiger Cmdlets mit ihren Aliassen und einem kurzen Hinweis zu ihrer Bedeutung.

| Cmdlet | Aliasse | Bedeutung |
|---|---|---|
| Clear-Host | cls<br>clear | Bildschirm löschen; in neueren PowerShell-Versionen können Sie auch einfach [Strg] + [L] drücken. |
| Compare-Object | Diff | Vergleicht zwei als Parameter angegebene Textdateien miteinander. |
| Copy-Item | copy<br>cp<br>cpi | Dateien kopieren |
| Format-List | Fl | Tabellen in Form von »Titel: Wert«-Zeilen ausgeben; nützlich als Pipe für Cmdlets wie Get-ChildItem |
| Format-Table | Ft | als Tabelle formatieren (bei Get-ChildItem und ähnlichem Standard) |
| Format-Wide | Fw | nur die wichtigste Spalte einer Tabelle wählen; Inhalte spaltenweise ausgeben |
| Get-Alias | Alias | Liste aller Alias-Definitionen |
| Get-ChildItem | dir<br>ls<br>gci | Alle direkten Unterelemente des aktuellen Kontextes ausgeben (standardmäßig Verzeichnisinhalt). Die Option -r (*recursive*) gibt auch alle verschachtelten Inhalte aus; als Parameter kann zudem der Name des gewünschten Verzeichnisses angegeben werden. |
| Get-Command | Gcm | Liste aller Cmdlets |

**Tabelle 6.2** Die wichtigsten Cmdlets der Windows PowerShell im Schnellüberblick

| Cmdlet | Aliasse | Bedeutung |
|---|---|---|
| Get-Content | type<br>cat<br>gc | Inhalt einer Datei ausgeben |
| Get-Help | help* | Hilfe anzeigen. help Cmdlet zeigt Hilfe zu einem bestimmten Cmdlet an; help* eine Liste von Themen, zu denen ausführliche Hilfedateien existieren. |
| Get-Item | Gi | Informationen über eine einzelne Datei oder ein Verzeichnis |
| Get-Location | pwd<br>gl | aktuelles Arbeitsverzeichnis |
| Get-Member | Gm | per Pipe auf ein beliebiges Element angewendet: Datentyp und alle unterstützten Methoden |
| Get-Process | gps<br>ps | Liste aller laufenden Prozesse; Kommandozeilenvariante des Task-Managers |
| Get-PSDrive | Gdr | Liste aller Laufwerke, inklusive der Registry-Keys HKLM und HKCU (siehe nächsten Abschnitt) und anderer Spezial-Laufwerke. Der Wechsel erfolgt mithilfe von cd Laufwerk:. |
| Get-Service | Gsv | Liste aller Dienste und ihres Status (siehe nächsten Abschnitt) |
| Get-Variable | Gv | Liste aller PowerShell-Variablen inklusive der selbst definierten |
| Move-Item | move<br>mv<br>mi | Dateien verschieben |
| Remove-Item | del<br>rm<br>ri etc. | Dateien löschen; die Option -r löscht Verzeichnisse rekursiv. |
| Rename-Item | ren<br>rni | Dateien umbenennen |
| Set-Location | cd<br>chdir<br>sl | Verzeichnis wechseln; kann anders als bei der klassischen Eingabeaufforderung auch für einen Wechsel des Laufwerks verwendet werden (bei den virtuellen Laufwerken sogar ausschließlich). |
| Sort-Object | Sort | Listen oder Tabellen sortieren (meist per Pipe) |
| Stop-Process | kill<br>spps | einen Prozess beenden |

*) Formal ist help kein echtes Alias zu Get-Help, weil es den zusätzlichen Nutzen erfüllt, die Hilfeseiten durch eine Pipe an more zu senden und so seitenweise anzuzeigen.

**Tabelle 6.2** Die wichtigsten Cmdlets der Windows PowerShell im Schnellüberblick (Forts.)

### 6.2.4 Windows-Konfiguration

Das Betriebssystem Windows verfügt über verschiedene Dialoge zur Systemkonfiguration. Die wichtigsten befinden sich in der *Systemsteuerung*. Wählen Sie START • EINSTELLUNGEN, um die im Folgenden genannten Konfigurationsprogramme zu finden. In Abbildung 6.8 sehen Sie das Hauptfenster EINSTELLUNGEN von Windows 10.

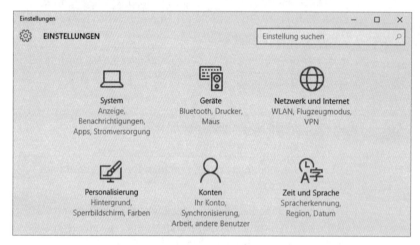

**Abbildung 6.8** Das Fenster »Einstellungen« in Windows 10

Die einzelnen Elemente in dem Fenster können mit einem einfachen Mausklick geöffnet werden und haben folgende Aufgaben:

▶ SYSTEM enthält diverse Grundeinstellungen:
  - ANZEIGE steuert das Erscheinungsbild der grafischen Oberfläche; hier können Sie die Bildschirmauflösung einstellen, gegebenenfalls die Reihenfolge mehrerer Monitore konfigurieren etc.
  - Unter BENACHRICHTIGUNGEN UND AKTIONEN können Sie festlegen, für welche Apps Schnellbenachrichtigungen angezeigt werden sollen und wie die Buttons für SCHNELLE AKTIONEN in der Taskleiste belegt werden sollen.
  - APPS UND FEATURES ermöglicht die Verwaltung und gegebenenfalls saubere Deinstallation installierter Programme.
  - MULTITASKING steuert das Andocken von Fenstern sowie das Verhalten der Taskleiste bei der Verwendung mehrerer virtueller Desktops.
  - Der TABLET-MODUS ermöglicht die Verwendung einer auf dem Bildschirm angezeigten Touch-Tastatur; dies ist natürlich nur bei Touchscreens, bei echten Tablets oder Hybridgeräten wie dem Microsoft Surface Pro nützlich.
  - STROMSPARMODUS sowie NETZBETRIEB UND ENERGIESPAREN bieten Einstellungen für das Deaktivieren des Bildschirms und anderer Geräte nach einer gewissen Zeit der Inaktivität.

– SPEICHER gibt einen Überblick über belegten und freien Speicher auf den Datenträgern und bestimmt, in welchen Ordnern bestimmte Dateitypen automatisch gespeichert werden.

– OFFLINEKARTEN ermöglicht es, Landkarten für bestimmte Gebiete herunterzuladen, um sie auch ohne Internetverbindung verwenden zu können. Diese Einstellung bezieht sich auf die mit Windows gelieferte App KARTEN, die Sie über ALLE APPS im Startmenü aufrufen können.

– STANDARD-APPS bestimmt, welche Programme sich automatisch um bestimmte Aufgaben und Dateitypen kümmern.

– INFO zeigt Informationen über den PC und die verwendete Windows-Version an.

▶ GERÄTE ermöglicht die Installation von Treibern für neu angeschlossene Geräte beziehungsweise das Aktualisieren von Treibern, die Probleme bereiten. Da Windows 10 und seine Vorgänger mit der Plug & Play-Funktion ausgestattet sind, wird neue Hardware aber in der Regel automatisch beim Start erkannt, und Sie werden gebeten, eine Treiber-CD einzulegen, falls Windows selbst keinen Treiber bereitstellt.

▶ NETZWERK UND INTERNET dient der Netzwerkkonfiguration und wird im nächsten Abschnitt genauer beschrieben.

▶ Unter PERSONALISIERUNG können Sie das Design Ihres Systems einstellen, beispielsweise Hintergrundbild oder -farbe, das allgemeine Layout oder die Aufmachung des Startbildschirms.

▶ KONTEN ermöglicht die Einrichtung und Verwaltung mehrerer Benutzer. Es gibt zwei Arten von Benutzern: *Computeradministratoren* sind berechtigt, Verwaltungsaufgaben wie die hier beschriebenen zu übernehmen. *Eingeschränkte Benutzer* haben dieses Recht nicht, sie dürfen nur normale Anwendungsprogramme und Systemfunktionen benutzen.

▶ ZEIT UND SPRACHE ermöglicht die Einstellung der Systemzeit (wobei diese standardmäßig über einen Zeitserver im Internet synchronisiert wird), der Zeitzone sowie der Sprache und Region. Zu den Regionaleinstellungen (LOCALE) gehören etwa die Darstellung von Datum und Uhrzeit, Zahlen und Währungsbeträgen.

▶ ERLEICHTERTE BEDIENUNG enthält alle Einstellungen zur *Barrierefreiheit*: die SPRACHAUSGABE kann ausgewählte Texte vorlesen, BILDSCHIRMLUPE und HOHER KONTRAST helfen Menschen mit eingeschränktem Sehvermögen, und schließlich gibt es noch UNTERTITEL FÜR HÖRGESCHÄDIGTE sowie besondere Tastatur- und Mauseinstellungen.

▶ DATENSCHUTZ versammelt die wichtigsten Einstellungen zur Privatsphäre – hier können Sie etwa KAMERA und MIKROFON ein- und ausschalten, festlegen, ob Standortdaten übermittelt werden sollen (wichtig etwa für Karten- und Navigationsdienste) etc.

▶ Mit UPDATE UND SICHERHEIT steuern Sie die manuelle oder automatische Installation von WINDOWS-UPDATES, den Anti-Schadsoftware-Filter WINDOWS DEFENDER sowie die Datensicherung und -wiederherstellung.

**Die Microsoft Management Console**

Die professionellen Varianten der Microsoft-Betriebssysteme seit Windows XP sowie die im Folgenden vorgestellten Windows-Serversysteme sind mit einer erweiterten Verwaltungskonsole ausgestattet, der *Microsoft Management Console* (MMC).

Sie starten die MMC, indem Sie im Suchfeld den Befehl mmc eingeben. Es erscheint ein zunächst weitgehend leeres Fenster. Die eigentlichen Verwaltungsfenster heißen *Snap-Ins*. Sie können sie über DATEI • SNAP-IN HINZUFÜGEN/ENTFERNEN in die Liste unter KONSOLENSTAMM einfügen. Einige dieser Snap-Ins stehen auch im Bereich VERWALTUNG der Systemsteuerung zur Verfügung und wurden bereits erwähnt, beispielsweise die Computerverwaltung und die Datenträgerverwaltung.

Hier die wichtigsten weiteren Snap-Ins im Überblick:

▶ GRUPPENRICHTLINIENOBJEKT-EDITOR: *Gruppenrichtlinienobjekte* (*Group Policy Objects*) sind Optionen für Computer und Benutzer, die zahllose Aspekte regeln. Dazu gehören Zugriffs- und Ausführungsberechtigungen, Passwortänderungspolitik, die Verfügbarkeit von Ordnern und Anwendungen. Das Besondere an Gruppenrichtlinien ist, dass sie in einer Windows-Domäne für beliebig viele Benutzer und/oder Computer gelten können. Zudem können lokale Gruppenrichtlinien diese globalen Voreinstellungen ergänzen. Wenn Sie dieses Snap-In hinzufügen, müssen Sie wählen, ob es die Gruppenrichtlinien für den lokalen Computer, für die Domäne oder ein anderes Objekt anzeigen und verwalten soll; natürlich benötigen Sie jeweils die entsprechenden Berechtigungen.

▶ GRUPPENRICHTLINIENVERWALTUNG: ein moderneres Tool, mit dem Administratoren auf komfortable Weise die Gruppenrichtlinien für die Domäne bearbeiten können

▶ IP-SICHERHEITSMONITOR: ermöglicht die Überwachung verschiedener Sicherheitsaspekte für TCP/IP-basierte Netzwerkdienste.

▶ IP-SICHERHEITSRICHTLINIEN: Sicherheitseinstellungen für TCP/IP-basierte Netzwerkdienste. Beim Einbinden des Snap-Ins müssen Sie wählen, ob es für den lokalen Computer oder für einen anderen eingesetzt werden soll.

▶ LOKALE BENUTZER UND GRUPPEN: ermöglicht die übersichtliche Verwaltung aller Anmelde- und Berechtigungsaspekte für Benutzer und Gruppen des lokalen Computers.

▶ RICHTLINIENERGEBNISSATZ: Die zuvor erwähnte Kombination aus globalen und lokalen Gruppenrichtlinien liefert für jeden Computer oder Benutzer einen bestimmten Satz tatsächlich gültiger Gruppenrichtlinien, der als *Richtlinienergebnissatz* (*Resultant Set of Policy*, kurz RSoP) bezeichnet wird. Mit diesem Snap-In können Sie solche Richtlinienergebnissätze erstellen und überprüfen. Wählen Sie dazu ganz rechts unter RICHTLINIENERGEBNISSATZ • AKTIONEN • WEITERE AKTIONEN den Eintrag RSOP-DATEN GENERIEREN. Sie können sich für den PROTOKOLLIERUNGSMODUS entscheiden, der die aktuellen Einstellungen sammelt, oder den PLANUNGSMODUS wählen, der die Überprüfung von »Was-wäre-wenn«-Szenarien ermöglicht.

## Die Registry

In alten Windows-Versionen besaß jede Systemkomponente und jedes Programm ihre beziehungsweise seine eigenen Konfigurationsdateien, meist im Textformat, die über die ganze Festplatte verstreut und oft inkompatibel miteinander waren. Aus diesem Grund wurde in Windows 95 ein völlig neues Modell der Konfigurationsdatenverwaltung eingeführt: die *Registrierdatenbank* oder *Registry*. Das Betriebssystem selbst nutzt diese Datenbank konsequent. Darüber hinaus steht allen Anwendungsentwicklern die Option zur Verfügung, die Einstellungen ihrer Programme hier abzulegen – die meisten gängigen Anwendungen nutzen diesen Service.

Die Registry ist eine verschachtelte Datenbank in Baumform. Da es normalerweise nicht vorgesehen ist, dass Endanwender die Inhalte der Registry manuell ändern, sind die dafür erforderlichen Programme nirgendwo im Startmenü eingebunden. Geben Sie in SUCHE STARTEN im Startmenü (in älteren Versionen unter AUSFÜHREN) regedit ein, um den in Abbildung 6.9 gezeigten *Registrierungs-Editor* zu starten.

Im linken Bereich des Fensters finden Sie die hierarchische Struktur der Registrierungsschlüssel, die sich aufklappen lässt wie die Ordner im Explorer. Manche Schlüssel besitzen nur Unterschlüssel, andere enthalten mehrere Name-Wert-Paare, die im rechten Bereich des Fensters angezeigt werden. Wenn Sie dort auf einen Namen doppelklicken, können Sie den entsprechenden Wert ändern. Allerdings sollten Sie dabei genau wissen, was Sie tun – das Ändern der Registry kann das System beschädigen.

**Abbildung 6.9** Der Registrierungs-Editor (»regedit.exe«)

Falls Sie Änderungen vorgenommen haben, die dazu führen, dass Windows gar nicht mehr startet, müssen Sie nach dem Neustart die Taste F8 drücken und die LETZTE ALS FUNKTIONIEREND BEKANNTE KONFIGURATION auswählen.

Die Registry besteht aus den folgenden Schlüsselkategorien:

▶ *HKEY_CLASSES_ROOT* enthält für jeden bekannten Dateityp einen Schlüssel. Hier wird unter anderem vermerkt, mit welchem Programm der jeweilige Typ geöffnet werden soll oder welches Icon angezeigt wird. In der Regel lassen sich diese Einstellungen einfacher vornehmen, indem Sie mit der rechten Maustaste auf eine Datei klicken und ÖFFNEN MIT wählen. Weitere derartige Einstellungen können Sie auf der Registerkarte DATEITYPEN treffen, wenn Sie in einem Ordner EXTRAS • ORDNEROPTIONEN wählen.

▶ *HKEY_CURRENT_USER* enthält alle wichtigen Einstellungen, die den zurzeit angemeldeten Benutzer betreffen. Beispielsweise enthält der Schlüssel *Software* die individuellen Einstellungen dieses Benutzers für alle Anwendungsprogramme.

▶ *HKEY_LOCAL_MACHINE* enthält die gesamte Konfiguration des Rechners, die wichtigsten Schlüssel sind *Hardware* (Treiberkonfiguration), *Software* (allgemeine Einstellungen für Anwendungsprogramme) und *System* (Betriebssystemkonfiguration).

▶ *HKEY_USERS* enthält die Einstellungen für alle existierenden Benutzer, die Daten des zurzeit angemeldeten Benutzers werden jeweils nach *HKEY_CURRENT_USER* gespiegelt.

▶ *HKEY_CURRENT_CONFIG* enthält Kopien verschiedener Einstellungen, die das System aktuell benötigt.

## 6.3 Windows-Netzwerkkonfiguration

Alle Windows-Versionen seit Windows 2000 nehmen die Netzwerkinstallation normalerweise bereits während der Installation des Betriebssystems vor, sofern Sie dies nicht ausdrücklich verhindern. Für die meisten gängigen Ethernet-Karten, WLAN-Schnittstellen, Modems und ISDN-Adapter werden Treiber auf der Windows-Installations-CD mitgeliefert. Falls Ihr Gerät nicht unterstützt wird, die Windows-Version aber mit dem Rechner geliefert wurde, hat der Hersteller oder Händler in der Regel eine separate Treiber-CD beigelegt.

### 6.3.1 Allgemeine Einstellungen

Falls Sie die Netzwerkeinrichtung während der Systeminstallation abgewählt haben oder nachträglich Netzwerkhardware hinzufügen, können Sie die Konfiguration über START • EINSTELLUNGEN • NETZWERK UND INTERNET (vor Windows 10 START • SYSTEMSTEUERUNG • NETZWERKVERBINDUNGEN) aufrufen. In Abbildung 6.10 sehen Sie den entsprechenden Windows-10-Dialog, wobei der Menüpunkt DFÜ ausgewählt ist.

## 6.3 Windows-Netzwerkkonfiguration

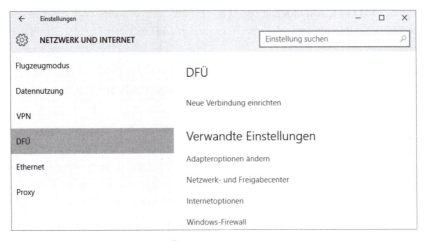

**Abbildung 6.10** Der Bereich »DFÜ« im Windows-10-Einstellungsdialog »Netzwerk und Internet«

Im Einzelnen hat der Dialog folgende Menüpunkte:

- Im FLUGZEUGMODUS schalten Sie mit einem einzigen Klick sämtliche drahtlose Kommunikation ab (WLAN, Bluetooth etc.).
- Die DATENNUTZUNG zeigt eine Statistik der Datenübertragung über verschiedene Netzwerkverbindungen an; dies ist besonders bei mobilen Netzwerkverbindungen wichtig, die pro Monat nur ein bestimmtes ungedrosseltes Datenvolumen bieten.
- VPN (*Virtual Private Network*) erlaubt den Fernzugriff auf Firmen- oder Heimnetzwerke über das Internet, als sei der eigene Computer physisch in das jeweilige Netzwerk eingebunden.
- DFÜ (Datenfernübertragung) dient der Konfiguration eines Internetzugangs. Mit dem Befehl NEUE VERBINDUNG ERSTELLEN konfigurieren Sie eine Schnittstelle für eine neue Netzwerkverbindung. Es wird ein komfortabler Dialog angezeigt, in dem Sie Schritt für Schritt die entsprechenden Einstellungen vornehmen:
  - Wählen Sie VERBINDUNG MIT DEM INTERNET HERSTELLEN, um eine Modem-, ISDN- oder DSL-Verbindung EINZURICHTEN.
  - Über VERBINDUNG MIT DEM NETZWERK AM ARBEITSPLATZ HERSTELLEN erstellen Sie eine DFÜ-VERBINDUNG zu einem einzelnen privaten Netzwerk, um beispielsweise von zu Hause auf Ihr Firmennetzwerk zuzugreifen.
  - Über den Punkt NEUES NETZWERK EINRICHTEN richten Sie das LAN ein oder treten einem vorhandenen LAN bei.

  Unter VERWANDTE EINSTELLUNGEN finden Sie die folgenden weiteren Punkte:
  - ADAPTEROPTIONEN ÄNDERN ermöglicht das Einstellen des Treibers, der Netzwerkprotokolle und anderer Aspekte der verschiedenen Netzwerkkarten.

357

– Das NETZWERK- UND FREIGABECENTER regelt die Einbindung des eigenen Rechners in das lokale Netzwerk sowie die Freigabe von Ressourcen wie Ordnern, Dateien und Druckern für andere Benutzer im Netzwerk.

– Die INTERNETOPTIONEN erlauben genauere Einstellungen für den Internetzugang; viele davon wirken sich auf den Webbrowser *Microsoft Edge* (in älteren Windows-Versionen: *Internet Explorer*) aus.

– Die WINDOWS-FIREWALL funktioniert auf Anwendungsebene: Wenn sie aktiviert ist – dies ist standardmäßig der Fall –, werden Sie für jede Anwendung, die Netzwerkzugriff benötigt, automatisch gefragt, ob Sie die Verbindung zulassen möchten; Ihre Auswahl kann bei Bedarf dauerhaft gespeichert werden. Nähere Informationen zu Firewall-Technologien und anderen Sicherheitsthemen finden Sie in Kapitel 21, »Computer- und Netzwerksicherheit«.

▶ ETHERNET versammelt alle Einstellungen zu kabelgebundenen Netzwerkverbindungen; die wichtigsten von ihnen sind auch unter dem Menüpunkt DFÜ verlinkt und wurden dort bereits beschrieben.

▶ PROXY ermöglicht den indirekten Internetzugang über einen Proxyserver. Dies ist beispielsweise in manchen Firmennetzwerken wichtig, um erwünschte Verbindungen durch eine netzwerkweite Firewall zuzulassen, oder etwa auch, um *Geoblocking* (die Einschränkung von Websites nach Land oder Region der Besucher) zu umgehen.

### 6.3.2  TCP/IP-Dienstprogramme

Wenn Sie die grundlegende Netzwerkeinrichtung nach dieser Anleitung vorgenommen haben, ist es Zeit, Ihre Netzwerk- und Internetanbindung zu testen. Natürlich können Sie unmittelbar einen Browser starten und versuchen, eine Webseite zu öffnen oder auf lokale Netzwerkressourcen zuzugreifen. Interessanter und oft aufschlussreicher ist es jedoch, das Funktionieren des Netzwerks auf einer etwas niedrigeren Ebene zu überprüfen. Zu diesem Zweck enthalten fast alle TCP/IP-Implementierungen eine Reihe kleiner Dienstprogramme zum Testen des Netzwerks; hier wird die Windows-Version dieser Tools beschrieben.

#### »ping«

Das Dienstprogramm *ping* überprüft, ob ein bestimmter Host grundsätzlich erreichbar ist. Über das ICMP-Protokoll werden Test-Datenpakete an den Host geschickt, der diese automatisch beantwortet. Dies sagt noch nichts darüber aus, ob bestimmte Netzwerkdienste auf dem Rechner funktionieren; es sollte aber der erste Test sein, falls ein Dienst nicht arbeitet. Der Name *ping* ist kein Akronym, sondern steht für das Geräusch eines Echolots, mit dem seine Funktionalität durchaus vergleichbar ist. Die Bedienung des Programms ist denkbar einfach. Geben Sie auf der Konsole beispielsweise Folgendes ein, um zu testen, ob Sie eine Verbindung zum Webserver von Heise Online herstellen können:

```
> ping www.heise.de

Ping www.heise.de [193.99.144.85] mit 32 Byte Daten:

Antwort von 193.99.144.85: Bytes=32 Zeit=44ms TTL=248
Antwort von 193.99.144.85: Bytes=32 Zeit=45ms TTL=248
Antwort von 193.99.144.85: Bytes=32 Zeit=45ms TTL=248
Antwort von 193.99.144.85: Bytes=32 Zeit=44ms TTL=248

Ping-Statistik für 193.99.144.85:
    Pakete: Gesendet = 4, Empfangen = 4, Verloren = 0
  (0% Verlust),
Ca. Zeitangaben in Millisek.:
    Minimum = 44ms, Maximum = 45ms, Mittelwert = 44ms
```

Die Windows-Version von *ping* sendet vier Datenpakete und gibt anschließend die Statistik aus. Um dieses Verhalten zu ändern, können Sie die Option -t verwenden. Dann sendet *ping* immer weiter Pakete, bis Sie die Tastenkombination ⌷Strg⌷ + ⌷C⌷ zum Abbruch drücken.

Falls ein Host über *ping* nicht erreichbar ist, wird eine Timeout-Meldung angezeigt. Je nachdem, mit welchen Hosts Sie es versuchen, erhalten Sie ein aufschlussreiches Bild vom Zustand Ihrer Netzwerkverbindung: Wenn Sie gar keinen anderen Rechner erreichen, ist Ihre Netzwerkverbindung fehlerhaft. In diesem Fall sollten Sie zuerst die Verkabelung und dann die Softwarekonfiguration überprüfen.

Falls Sie dagegen Rechner in Ihrem lokalen Netzwerk erreichen können, aber keine im Internet, hängt die Interpretation dieses Ergebnisses von der Art Ihrer Internetanbindung ab: Falls Sie über eine separate Modem-, ISDN- oder DSL-Verbindung auf das Internet zugreifen, müssen Sie diese Verbindung überprüfen. Greifen Sie dagegen über das LAN zu, dann stimmt entweder etwas an Ihrer Routing-Konfiguration nicht, oder das gesamte Netzwerk besitzt aktuell keinen Internetzugang.

### »tracert«

Das Programm *tracert* gibt die einzelnen Router aus, die auf dem Weg zum angegebenen Zielhost passiert werden. Zu diesem Zweck wird ein ICMP-Paket nach dem anderen auf den Weg zum Zielhost gebracht und nacheinander mit einem immer höheren TTL-Wert ausgestattet, sodass es nacheinander von den beteiligten Routern bearbeitet wird. Eine typische Ausgabe sieht so aus:

```
>tracert www.rheinwerk-verlag.de
Routenverfolgung zu www.rheinwerk-verlag.de [46.235.24.168]
über maximal 30 Hops:

  1    <1 ms    <1 ms    <1 ms  10.0.2.2
```

```
2      3 ms      1 ms      2 ms   fritz.box [192.168.178.1]
3     20 ms     19 ms     35 ms   e320lns-eup1.netcologne.de [195.14.226.6]
4      *         *         *      Zeitüberschreitung der Anforderung.
5      *         *         *      Zeitüberschreitung der Anforderung.
6     31 ms     20 ms     18 ms   rtkds-eup-po5.netcologne.de [87.79.17.162]
7     29 ms     18 ms     19 ms   backbone-nc-cgn.surfplanet.de [85.88.20.62]
8     20 ms     20 ms     19 ms   www.rheinwerk-verlag.de [46.235.24.168]
```

Ablaufverfolgung beendet.

Dass sich in der Ausgabe von *tracert* ein Timeout befinden kann, bedeutet nicht, dass der entsprechende Router ausgefallen ist – schließlich leitet er die nächste Anfrage ordnungsgemäß an den folgenden Router weiter. Manche Betreiber schalten aber explizit die Beantwortung von *tracert*-Anfragen aus, um *Denial-of-Service-Attacken* (Angriffe, die den Server oder Router überlasten) zu verhindern.

### »netstat«

*netstat* gibt Auskunft über die derzeitigen Netzwerkverbindungen. Es wird also eine Liste aller aktiven TCP- und UDP-Verbindungen ausgegeben. Da der Begriff *UDP-Verbindung* ein Widerspruch in sich ist – es werden die Kanäle angezeigt, über die kürzlich UDP-Datagramme übertragen wurden –, ist es ratsam, die Liste auf TCP-Verbindungen zu beschränken. Dies funktioniert unter Windows mit der Option -p tcp:

```
> netstat -p tcp
```

Aktive Verbindungen

```
Proto   Lokale Adresse    Remoteadresse     Status
TCP     PREFECT2:1049     localhost:1050    HERGESTELLT
TCP     PREFECT2:1050     localhost:1049    HERGESTELLT
TCP     PREFECT2:1051     localhost:1052    HERGESTELLT
TCP     PREFECT2:1052     localhost:1051    HERGESTELLT
TCP     PREFECT2:3348     localhost:1053    WARTEND
TCP     PREFECT2:3350     localhost:1053    WARTEND
TCP     PREFECT2:3352     localhost:1053    WARTEND
TCP     PREFECT2:3354     localhost:1053    WARTEND
TCP     PREFECT2:3356     localhost:1053    WARTEND
TCP     PREFECT2:3358     localhost:1053    WARTEND
TCP     PREFECT2:3360     localhost:1053    WARTEND
```

Die Verbindungen zwischen PREFECT (dem Hostnamen des Rechners) und localhost dienen übrigens der Bindung der Loopback-Schnittstelle.

Mithilfe anderer Optionen kann *netstat* übrigens weitere Informationen ausgeben. Beispielsweise werden mit `netstat -rn` die Routing-Tabellen angezeigt (ein Beispiel dafür wurde bereits in Kapitel 4, »Netzwerkgrundlagen«, aufgeführt).

**»nslookup«**

Das Hilfsprogramm *nslookup* dient dazu, explizit einen Nameserver nach einer Adressauskunft zu befragen. Wie Sie an den vorangegangenen Beispielen bemerkt haben werden, erledigen die meisten TCP/IP-Programme dies automatisch. Manchmal ist es aber hilfreich, eine Adressauskunft zu erhalten. Wenn Sie in Ihrer TCP/IP-Konfiguration feste Nameserver eingetragen haben, brauchen Sie nur den zu suchenden Host anzugeben. Andernfalls müssen Sie hinter den Hostnamen den zu befragenden Nameserver setzen. Das folgende Beispiel zeigt, wie sich mithilfe des ersten Nameservers von Google (8.8.8.8) die IP-Adresse von *www.heise.de* ermitteln lässt:

```
> nslookup www.heise.de 8.8.8.8
Server:   google-public-dns-a.google.com
Address:  8.8.8.8


Nicht-autorisierte Antwort:
Name:    www.heise.de
Address:  193.99.144.71
```

Die Formulierung »nicht-autorisierte Antwort« bedeutet nicht etwa, dass die Antwort falsch wäre, sondern nur, dass der Google-Nameserver nicht der zuständige (autoritative) Server für die DNS-Zone *heise.de* ist. Sie können übrigens mithilfe von `nslookup` auch die umgekehrte Aufgabe ausführen, nämlich den Hostnamen zu einer gegebenen IP-Adresse ermitteln (*Reverse Lookup*). Dies ist manchmal nützlich, um Einträge in Log-Dateien zu analysieren, etwa bei Zugriffen auf den eigenen Webserver (siehe unter anderem Kapitel 14, »Server für Webanwendungen«). Beispiel:

```
> nslookup 193.99.144.71 8.8.8.8
Server:   google-public-dns-a.google.com
Address:  8.8.8.8

Name.:    www.heise.de
Address:  193.99.144.71
```

### 6.3.3 Datei- und Druckserver unter Windows

Unter Windows müssen zwei Komponenten aktiviert sein, damit die Freigabe von Dateien und Ordnern und der Zugriff darauf funktionieren: Überprüfen Sie in den Netzwerkeinstellungen der entsprechenden Schnittstelle, ob die beiden Dienste CLIENT FÜR MICROSOFT-NETZWERKE sowie DATEI- UND DRUCKERFREIGABE FÜR MICROSOFT-NETZWERKE vorhanden und angekreuzt sind. Falls nicht, müssen Sie sie über den Button INSTALLIEREN hinzufügen.

Der Client dient dem Zugriff auf andere Rechner, während die Datei- und Druckerfreigabe die Möglichkeit bietet, anderen Computern oder Benutzern Ressourcen zur Verfügung zu stellen. Beide Komponenten besitzen keine erwähnenswerten Optionen, sondern müssen nur installiert sein.

Wenn Sie unter Windows ein Verzeichnis freigeben möchten, klicken Sie es mit der rechten Maustaste an und wählen FREIGABE UND SICHERHEIT. Wählen Sie DIESEN ORDNER FREIGEBEN, um den Ordner Benutzern im Netzwerk zur Verfügung zu stellen. Standardmäßig ist das Verzeichnis damit nur zum Lesen freigegeben. Um Benutzern Schreibzugriff oder gar Vollzugriff (auch Verschieben und Löschen) zu erteilen, müssen Sie auf die Schaltfläche BERECHTIGUNGEN klicken und die gewünschten Optionen ankreuzen.

Die Art der Freigabe von Dateien und Ordnern ist einer der wichtigsten Unterschiede zwischen den Home- und Professional-Versionen von Windows: Während die Home-Versionen die von Windows 9x übernommene Sicherheit auf Freigabeebene (*Share Level Security*) verwenden, benutzen die Professional-Versionen automatisch die NT-typische Sicherheit auf Benutzerebene (*User Level Security*). Bei der Share Level Security können Sie zwar jeder freigegebenen Ressource bei Bedarf ein eigenes Passwort zuweisen, es darf aber im Prinzip jeder Benutzer zugreifen. Die User Level Security wendet dagegen die lokalen Benutzerrechte auch auf das Netzwerk an: Je nach Benutzernamen dürfen Sie dann auf manche Ressourcen nicht zugreifen.

Falls Sie auf Verzeichnisse anderer Rechner zugreifen möchten, die im Netzwerk freigegeben sind, können Sie die NETZWERKUMGEBUNG öffnen, die sich entweder als Icon auf dem Desktop oder im Startmenü befindet. Hier sehen Sie zunächst alle kürzlich verwendeten und automatisch gefundenen Freigaben anderer Rechner. Falls das gesuchte Verzeichnis nicht darunter ist, können Sie auf ARBEITSGRUPPENCOMPUTER ANZEIGEN klicken, um explizit eine Liste der benachbarten Computer zu erhalten und den gewünschten Rechner auszuwählen.

Einen Drucker im Netzwerk freizugeben ist ebenfalls recht einfach: Öffnen Sie das Modul GERÄTE UND DRUCKER in der Systemsteuerung. Hier können Sie den gewünschten Drucker mit der rechten Maustaste anklicken und FREIGABE wählen. Nun können Sie ankreuzen, dass der Drucker freigegeben werden soll, und einen Freigabenamen festlegen. Unter ZUSÄTZLICHE TREIBER können Sie bestimmen, für welche Betriebssysteme bei einem Zugriff auf den Druckserver automatisch Druckertreiber zur Verfügung gestellt werden sollen.

Wenn Sie auf einen freigegebenen Drucker im Netzwerk zugreifen möchten, geschieht dies ebenfalls über das Programm DRUCKER UND FAXGERÄTE. Wählen Sie hier zunächst DRUCKER HINZUFÜGEN. In diesem Dialog müssen Sie NETZWERKDRUCKER auswählen. Auf der nächsten Seite des Dialogs können Sie sich aussuchen, ob der Drucker automatisch gesucht werden soll oder nicht. Falls Sie sich für das Suchen entscheiden, sehen Sie nach einiger Zeit eine Liste aller freigegebenen Drucker im LAN und können sich einen aussuchen. Ist ein Druckertreiber für das aktuelle Betriebssystem vorhanden, müssen Sie weiter nichts tun. Ansonsten müssen Sie sich möglicherweise selbst auf die Suche nach einem passenden Treiber machen.

### 6.3.4 Windows-Server

Möchten Sie Windows-Datei- und Druckdienste einem größeren Netzwerk zur Verfügung stellen, sollten Sie die hier beschriebenen Verzeichnis- und Druckerfreigaben nicht auf einem Desktop-Rechner vornehmen, sondern die Verwendung eines eigenen Serverrechners in Betracht ziehen. Im Grunde stehen zwei mögliche Lösungen zur Auswahl: Sie können einen Windows-Server von Microsoft verwenden oder einen Unix-Rechner (in der Regel unter Linux) mit dem Samba-Server ausstatten. In diesem Abschnitt werden kurz die Windows-Server beschrieben; Samba wird im nächsten Kapitel besprochen.

Microsoft bietet seit etlichen Jahren eigene, spezielle Serverbetriebssysteme an. Im Laufe der Jahre wurden Windows NT Server, Windows 2000 Server, Windows Server 2003, Windows Server 2008, Windows Server 2008 R2, Windows Server 2012 und Windows Server 2012 R2 entwickelt. Die neueste Version, Windows Server 2016, erschien im Herbst 2016. Seit Windows 2000 Server ist *Active Directory*, ein sogenannter *Verzeichnisdienst*, enthalten.

Verstehen Sie den Begriff *Verzeichnisdienst* nicht falsch: Ihr lokales Dateisystem enthält zwar jede Menge Verzeichnisse, ist aber trotzdem lediglich ein Namensdienst, da den hierarchisch geordneten Einträgen keine Attribute zugeordnet sind. In Kapitel 15, »Weitere Internet-Serverdienste«, wird der Open-Source-Verzeichnisdienst OpenLDAP vorgestellt, der genau wie Active Directory auf dem LDAP-Protokoll basiert. Windows Server 2016 enthält die neuen *Active Directory Federation Services*, die die Verwaltung anderer Verzeichnisdienste beziehungsweise Speicherorte (zum Beispiel alternative LDAP-Verzeichnisse oder SQL-Datenbanken) mit Active-Directoy-Tools möglich machen.

Neben dem Datei- und Druckdienst erfüllen Windows Server 2016 und seine Vorgängerversionen eine Reihe weiterer sogenannter *Serverrollen*. Einige der wichtigsten sind folgende:

▶ Webserver (über die Microsoft Internet Information Services)

▶ DNS-Server

▶ DHCP-Server

▶ einfacher E-Mail-Server für SMTP und IMAP

▶ Terminal-Server – Seit Windows 2000 werden die Terminal-Dienste, die früher von der Firma Citrix geliefert wurden, in die Windows-Server integriert. Mithilfe des Terminal-Servers können Sie über das Netzwerk auf dem Windows-Server arbeiten, als säßen Sie davor. Anders als bei den Internetdiensten Telnet oder SSH betrifft dies auch die grafische Oberfläche.

- Streaming-Media-Server – Server für Windows Media Services
- Knoten in einem Servercluster – Cluster sind Verbindungen mehrerer Computer zu einem virtuellen Superrechner. In der Unix-Welt sind Cluster sehr weit verbreitet. Sie führen komplexe mathematische, meteorologische oder andere Berechnungen durch oder rendern 3D-Szenen für Hollywood-Filme. Der Microsoft Cluster Server, der eine ähnliche Funktionalität für einen Verbund von Windows-Rechnern bietet, war früher ein separates Produkt; erst in den Windows Server 2003 (Enterprise Edition) wurde er integriert.

Der Windows Server 2016 wird in drei Varianten angeboten:

- Die *Essentials Edition* ist für kleinere und mittlere Firmennetze geeignet; sie unterstützt Rechner mit bis zu zwei Prozessoren und 64 Gigabyte RAM.
- Die *Standard Edition* eignet sich für größere Unternehmen und Institutionen: Sie ist mit dem Cluster-Service und den Services for Macintosh ausgestattet. Windows Server 2016 Standard Edition unterstützt bis zu 512 Prozessorkerne und 24 Terabyte RAM, aber es gibt lizenzrechtliche Einschränkungen zu beachten.
- Die *Datacenter Edition* wird nicht als Softwarepaket im Handel verkauft, sondern nur zusammen mit spezieller Serverhardware. Prozessor- und Speicherlimit sind identisch mit der Standard Edition.

Andere Serverdienste sind dagegen nicht in die Windows-Serversysteme integriert, sondern Microsoft vertreibt sie als separate Softwarepakete. Dazu gehören zum Beispiel folgende Produkte:

- *Microsoft Exchange Server* – ein Server für erweiterte Maildienste und Groupware-Funktionen
- *Microsoft SQL Server* – ein verbreiteter Datenbankserver
- *Systems Management Server* – ein spezielles Serverprodukt, das die Fernverwaltung zahlreicher Rechner in großen Netzwerken ermöglicht
- *BizTalk Server* – ein Server für verteilte Enterprise-Anwendungen

## 6.4 Übungsaufgaben

Im Folgenden ist jeweils genau eine Antwort richtig.

1. Welches Windows war das erste 32-Bit-System?
   - ☐ Windows 3.11
   - ☐ Windows 95
   - ☐ Windows NT 3.x
   - ☐ Windows 2000

2. Welches der folgenden Dateisysteme wurde nie nativ von Windows unterstützt?

☐ FAT32

☐ NTFS

☐ FAT16

☐ ext4

3. Wie heißt die seit Windows 8 unterstützte Benutzeroberfläche mit rechteckigen Kacheln?

☐ Metro

☐ Luna

☐ Aqua

☐ Aero Glass

4. Welche der folgenden Editionen von Windows 10 gibt es nicht?

☐ Windows 10 Pro

☐ Windows 10 Enterprise

☐ Windows 10 Small Business

☐ Windows 10 Mobile

5. Welche der folgenden Aussagen über das Dateisystem NTFS ist falsch?

☐ Es wird von allen Systemen der Windows-NT-Familie unterstützt.

☐ Es ist voll abwärtskompatibel mit FAT32.

☐ FAT32 lässt sich nachträglich in NTFS konvertieren.

☐ NTFS-Partitionen können komprimiert werden.

6. Welche der folgenden Funktionen wird nicht durch einen der Buttons bereitgestellt, die in Windows am rechten oberen Rand von Fenstern liegen?

☐ Schließen

☐ auf die Taskleiste minimieren

☐ Verschieben

☐ Wechsel zwischen Vollbild und benutzerdefinierter Größe

7. Welches war die einzige Windows-Version seit Windows 95, die kein Startmenü enthielt?

☐ Windows 2000

☐ Windows 8

☐ Windows Me

☐ Windows NT 4.0

8. Wie heißt der Windows-Dateimanager?

☐ Conqueror

☐ Finder

☐ Explorer

☐ Registry

9. Wie können Sie mehrere nicht nebeneinanderliegende Dateien auswählen?

☐ mit gedrückter `Alt`-Taste und Mausklick

☐ mit gedrückter `Strg`-Taste und Mausklick

☐ Rechtsklick, Menüpunkt ZUR AUSWAHL HINZUFÜGEN

☐ Leider gar nicht; Sie müssen ein Suchmuster eingeben, das den gewünschten Dateien entspricht.

10. Welcher Windows-Konsolenbefehl gibt die Dateien im aktuellen Verzeichnis und allen Unterverzeichnissen seitenweise aus?

☐ `dir /p/s`

☐ `dir /a`

☐ `ls -R |less`

☐ `subdir |more`

11. Wie wechseln Sie aus dem Verzeichnis *C:\Users\User\Music* per relativer Pfadangabe in das Verzeichnis *C:\Users\User\Documents\Letters*?

☐ `cd ..\Letters`

☐ `cd Documents\Letters`

☐ `cd ..\Documents\Letters`

☐ `cd \Documents\Letters`

12. Welche Einschränkung hat der Konsolenbefehl `rmdir` gegenüber `del /s`?

☐ `rmdir` löscht nur leere Verzeichnisse.

☐ `rmdir` löscht nur Dateien, keine Verzeichnisse.

☐ `rmdir` löscht nur Dateien und Verzeichnisse, die dem aktuellen Benutzer gehören.

☐ Keine; die beiden Kommandos sind synonym.

13. Wie benennen Sie die Datei *alter-name.txt* auf der Konsole in *neuer-name.txt* um?

☐ `mv alter-name.txt neuer-name.txt`

☐ `del alter-name.txt |create neuer-name.txt`

☐ `rename alter-name.txt neuer-name.txt`

☐ Umbenennen geht leider nur in der grafischen Oberfläche, nicht auf der Konsole.

14. Wie zeigen Sie in der Windows PowerShell eine Liste der Dateien im aktuellen Verzeichnis an?

☐ `Get-Files`

☐ `Get-Filenames`

☐ Get-ChildItem

☐ Get-Children

15. Welcher Ausdruck überprüft in der PowerShell, ob die Variable $a den Wert "test" enthält?

☐ $a = "test"

☐ $a == "test"

☐ $a -eq "test"

☐ $a.equals("test")

16. Wie erreichen Sie unter Windows 10 am schnellsten den Dialog EINSTELLUNGEN?

☐ im Suchfeld »Settings« eingeben

☐ STARTMENÜ • EINSTELLUNGEN

☐ auf der Konsole »C:\Windows\settings.exe« eingeben

☐ In Windows 10 gibt es EINSTELLUNGEN nicht mehr.

17. Welches Barrierefreiheits-Feature gehört nicht zu Windows 10?

☐ Bildschirmlupe

☐ Untertitel für Hörgeschädigte

☐ Telefon-Support

☐ hoher Kontrast

18. Welche der folgenden Kategorien ist nicht in EINSTELLUNGEN zu finden?

☐ NETZWERK UND INTERNET

☐ POSTLEITZAHLEN

☐ KONTEN

☐ DATENSCHUTZ

19. Wie heißt das Programm zum Einsehen und Bearbeiten der Windows-Registry?

☐ *regeditor.exe*

☐ *registry.exe*

☐ *regedit.exe*

☐ *registryeditor.exe*

20. Welchen der folgenden Registry-Hauptschlüssel gibt es nicht?

☐ HKEY_LOCAL_MACHINE

☐ HKEY_CURRENT_USER

☐ HKEY_REMOTE_NETWORK

☐ HKEY_CURRENT_CONFIG

21. Was bewirkt der FLUGZEUGMODUS in den Windows-Netzwerkeinstellungen?

☐ Alle kabelbasierten Verbindungen werden deaktiviert.

☐ Alle drahtlosen Verbindungen werden deaktiviert.

☐ Das Gerät wird mit dem Bordunterhaltungssystem der wichtigsten Fluggesellschaften gekoppelt.

☐ Die Flugbegleiterin oder der Flugbegleiter kann per Bluetooth-Verbindung kontaktiert werden.

22. In welchem Hauptbereich der Windows-Netzwerkeinstellungen wird der Internetzugang konfiguriert?

☐ VPN

☐ ETHERNET

☐ DFÜ

☐ DATENNUTZUNG

23. Welches TCP/IP-Dienstprogramm kann verwendet werden, um zu überprüfen, ob grundsätzlich Verbindung zu einem bestimmten Host besteht?

☐ netstat

☐ ping

☐ nslookup

☐ tcpdump

24. Welche der folgenden Windows-Server-Versionen gab es nie?

☐ Windows 2000 Server

☐ Windows NT Server 4.0

☐ Windows Server 2012 R2

☐ Windows 95 Server

# Kapitel 7
# Linux

*Really, I'm not out to destroy Microsoft.*
*That will just be a completely unintentional side effect.*[1]
*– Linus Torvalds*

Nachdem Sie im vorangegangenen Kapitel das Wichtigste über Windows erfahren haben, geht es hier um eine andere gängige Systemplattform: *Linux*, inzwischen das am weitesten verbreitete System der Unix-Familie. Viele der Informationen in diesem Kapitel gelten auch für andere Unix-Varianten. Apples Betriebssystem macOS, dessen Unterbau eine BSD-Unix-Version namens *Darwin* ist, wird im nächsten Kapitel vorgestellt. Die meisten Informationen über die Unix-Grundlagen in diesem Kapitel gelten aber auch für macOS.

Der Begriff Linux bezeichnet eigentlich nur den Kernel, also die Funktionsgrundlage für sämtliche Anwendungssoftware (Details zu diesem Thema finden Sie in Kapitel 5, »Betriebssystemgrundlagen«). Das Gesamtsystem aus Kernel und System-Tools wird traditionell als *GNU/Linux* bezeichnet, da die Tools in der Regel aus dem GNU-Projekt der Free Software Foundation stammen. In aller Regel ist aber von einem lauffähigen Gesamtsystem die Rede, wenn jemand »Linux« sagt.

Die neueste Version des Linux-Kernels ist zurzeit (Ende April 2017) 4.10.13. Seit Kernel 3.0 wurde das alte Versionierungsschema (gerade Unterversionen wie 2.4.x und 2.6.x für stabile und ungerade wie 2.5.x für Entwicklerversionen) aufgegeben, und die Versionsnummern wurden um einen Block verkürzt. Ein neuer Hauptversionszweig (3.x, 4.x) wird nun also erzeugt, wo früher ein Unterversionswechsel wie etwa 2.4 zu 2.6 genügte.

Das Betriebssystem Linux wird in verschiedenen *Distributionen* angeboten. Einige der wichtigsten sind:

▶ *openSUSE*, früher *SUSE Linux* genannt, wurde von der Nürnberger Firma SUSE AG entwickelt, die inzwischen zu Novell gehört. Novell wiederum wurde vor einigen Jahren von Attachmate aufgekauft; die Unterstützung für openSUSE wurde seitdem vermindert, aber nicht eingestellt. Die Distribution wurde früher in zwei verschiedenen Versionen angeboten: der Personal Edition für Privatanwender, die vorzugsweise mit Desktop-Anwendungen ausgestattet war, und der Professional Edition für Entwickler, Systemadministratoren oder Unternehmen, die zahlreiche Netzwerkanwendungen, Server, Entwicklungswerkzeuge und

---

1 Wirklich, ich habe nicht vor, Microsoft zu zerstören. Dies wird nur ein vollkommen unbeabsichtigter Nebeneffekt sein.

andere professionelle Programme enthielt. Inzwischen wird die Distribution als Community-Projekt unter dem Namen *openSUSE* weitergepflegt. Auch die von SUSE bereitgestellten Installations- und Verwaltungsprogramme wurden dafür unter der GPL freigegeben. Zusätzlich gibt es kommerzielle Produkte, etwa den SUSE Linux Enterprise Server.

▶ *Red Hat Linux* stammt von dem gleichnamigen amerikanischen Unternehmen und ist die beliebteste Distribution in den USA. Die Entwicklung verlief schon vor einigen Jahren wie bei openSUSE: Ursprünglich wurden eine Personal Edition und eine Professional Edition angeboten. Aus der stark erweiterten Personal-Variante ging das freie Community-Projekt *Fedora Linux* (früher Fedora Core Linux) hervor, während Unternehmenslösungen weiterhin unter dem Namen *Red Hat* verkauft werden.

▶ *Debian GNU/Linux* ist in den letzten Jahren immer wichtiger geworden. Die Distribution hat den besonderen Vorteil, dass alle Bestandteile voll und ganz aus freier Software unter der GPL bestehen, auch das Installationsprogramm. Dafür ist die Installation komplizierter als bei den anderen Distributionen, für Linux-Einsteiger ist diese Distribution daher nicht zu empfehlen. Fortgeschrittene Anwender können die Distribution dagegen am stärksten an ihre eigenen Bedürfnisse anpassen. Es gibt allerdings besonders einsteigerfreundliche Distributionen wie *Ubuntu Linux*, die wiederum auf Debian basieren. Auch das direkt von CD bootende Live-System *Knoppix* besitzt einen Debian-Unterbau.

Neben diesen häufigsten Distributionen werden unzählige weitere angeboten, jede von ihnen besitzt ihre besonderen Eigenschaften, Vor- und Nachteile. Die Unterschiede treten nicht so sehr beim normalen Arbeiten mit dem System zutage, sondern nur bei der Installation neuer Programme und bei Konfigurationsarbeiten.

Einen Sonderweg im Vergleich zu allen anderen Distributionen geht etwa *Gentoo*: Hier werden die Installationspakete nicht wie üblich im Binärformat geliefert oder heruntergeladen, sondern als Quellcode, und mithilfe der Installationsskripte automatisch kompiliert. Dies macht Gentoo flexibler als andere Distributionen – sogar so flexibel, dass sich anstelle des Linux- ein BSD-Kernel installieren lässt – und bietet eine sehr große Auswahl an Software, da praktisch jede Open-Source-Software installiert werden kann.

Die meisten hier genannten Linux-Distributionen können Sie frei aus dem Internet herunterladen. Bei den Download-Dateien handelt es sich meist um die ISO-Images der Installations-DVDs oder -CDs. Jede handelsübliche Brennsoftware kann diese auf einen Datenträger brennen. In Tabelle 7.1 sehen Sie die URLs der wichtigsten Distributionen.

| Distribution | Website |
| --- | --- |
| openSUSE | http://de.opensuse.org |
| Fedora Linux | http://fedoraproject.org/wiki |
| Debian GNU/Linux | http://www.debian.org |

**Tabelle 7.1** Wichtige Linux-Distributionen und ihre Websites

| Distribution | Website |
|---|---|
| Ubuntu Linux | *http://www.ubuntulinux.org* |
| Knoppix | *http://www.knopper.net/knoppix* |
| Gentoo | *http://www.gentoo.org* |

**Tabelle 7.1** Wichtige Linux-Distributionen und ihre Websites (Forts.)

Eine andere Variante freier Unix-Derivate bilden die verschiedenen BSD-Systeme. Hier die wichtigsten, jeweils mit ihrer Projekt-Website für Informationen und Downloads:

- FreeBSD (*http://www.freebsd.org*)
- OpenBSD (*http://www.openbsd.org*)
- NetBSD (*http://www.netbsd.org*)

Eine weitere interessante kostenlose Alternative ist OpenSolaris, die Community-Variante von Oracle (früher Sun) Solaris. Sie können es unter *https://www.oracle.com/solaris* herunterladen.

Viele der hier genannten Distributionen und Systeme bieten übrigens Live-CDs oder Live-DVDs. Sie können die entsprechenden Images herunterladen, auf einen Datenträger brennen und direkt davon booten, um die Betriebssysteme risikolos auszuprobieren. Eine andere interessante Lösung besteht darin, sie in einer Virtualisierungssoftware wie VMware oder Xen zu starten; in diesem Fall kann das Image sogar ohne Brennvorgang als virtueller Datenträger eingestellt werden.

## 7.1 Arbeiten mit der Shell

Auch wenn so gut wie alle Distributionen inzwischen schon bei der Installation eine grafische Benutzeroberfläche einrichten, sollten Sie sich den Umgang mit der Konsole angewöhnen. Die mächtigsten Funktionen des Systems werden nach wie vor über die Kommandozeile aufgerufen; grafische Steuerprogramme dafür stehen nicht flächendeckend und schon gar nicht durchgehend als Open Source zur Verfügung.

### 7.1.1 Booten und Log-in

Die meisten Linux- oder Unix-Versionen verfügen über irgendeine Art von Bootmenü, das gleich nach dem Einschalten des Rechners und den BIOS-Meldungen angezeigt wird. Falls mehrere Betriebssysteme installiert sind, können Sie hier eines auswählen; ansonsten stehen nur verschiedene Optionen für das System selbst zur Verfügung. In Abbildung 7.1 sehen Sie als Beispiel den Startbildschirm des Bootmanagers von Ubuntu. Wählen Sie in Ihrem entsprechenden Menü das gewünschte System aus, oder warten Sie, bis die automatische Vorauswahl aktiv wird.

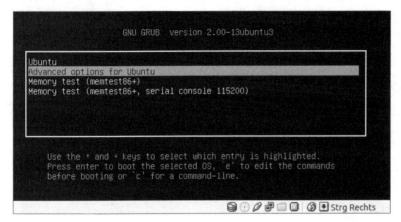

**Abbildung 7.1** Das Bootmenü von Ubuntu

Nach dem eigentlichen Booten gelangen Sie zu einem Anmeldebildschirm, sofern Sie keinen automatischen Log-in eingestellt haben. Dieser Bildschirm kann entweder textbasiert sein wie in Abbildung 7.2 oder aber grafisch wie in Abbildung 7.3. In jedem Fall müssen Sie Ihren Benutzernamen und Ihr Passwort eingeben und anschließend ⏎ drücken. Bei einem textbasierten Log-in gibt die Passworteingabe übrigens keinerlei optisches Feedback, während bei den meisten grafischen Anmeldebildschirmen Sternchen (***) angezeigt werden.

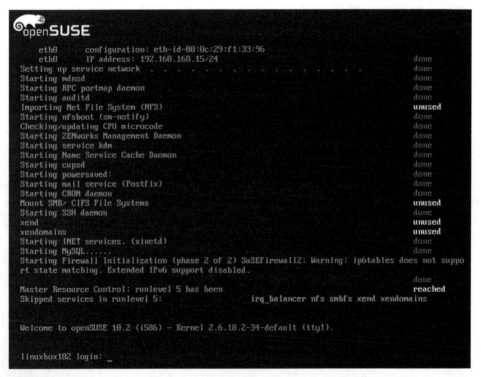

**Abbildung 7.2** Textbasierter Boot- und Log-in-Bildschirm von openSUSE

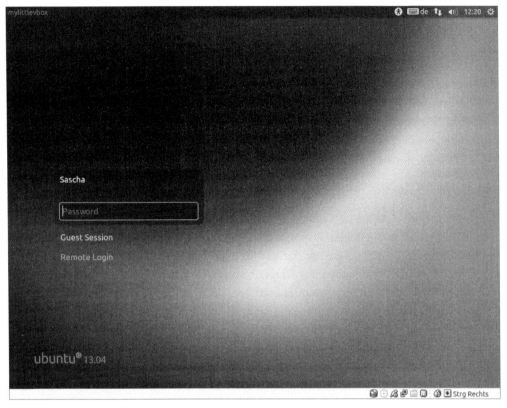

**Abbildung 7.3** Grafischer Log-in bei Ubuntu

In der Regel wird bei der Installation des Systems ein Passwort für den *Superuser* mit dem vorgegebenen Benutzernamen *root* eingerichtet. Sie sollten sich niemals als *root* anmelden, wenn Sie mit dem System nur normal arbeiten möchten, weil Sie als *root* wirklich **alles** dürfen und so versehentlich das gesamte System beschädigen könnten. Die Hauptaufgabe des Benutzers *root* ist die Systemadministration. Aus diesem Grund wird bei fast jeder Linux-Installation automatisch ein normaler Benutzer eingerichtet.

Einige Systeme – zum Beispiel Ubuntu und macOS – gehen einen anderen Weg: Hier wird kein separater *root*-Account eingerichtet, sondern die Systeme erlauben dem Standardbenutzer, über die im weiteren Verlauf des Kapitels besprochenen Kommandos su oder sudo *root*-Rechte zu erlangen.

Für jeden Benutzer, dessen Anmeldedaten auf traditionelle Weise lokal gespeichert werden, existiert ein Eintrag in der Datei */etc/passwd*. Dieser Eintrag enthält verschiedene jeweils durch Doppelpunkt getrennte Informationen:

```
Username:Passwort:UID:GID:Info:Home:Shell
```

Username und Passwort erklären sich von selbst. Die UID ist die numerische User-ID des Benutzers, die GID entsprechend die Nummer der Gruppe, der er angehört. Info enthält eine Klartextinformation über den Benutzer wie den vollständigen Namen, eine Telefonnummer oder E-Mail-Adresse (der Originalname des Feldes lautet *GECOS*[2]). Diese Informationen können über das Netzwerk mit einem Programm namens *finger* ermittelt werden. Home gibt das bereits zuvor besprochene Home-Verzeichnis dieses Benutzers an (in der Regel */home/Username*). Shell gibt schließlich an, welche Shell dem Benutzer nach dem Log-in präsentiert wird – die verschiedenen Shells werden in Abschnitt 7.1.3, »Grundfunktionen der Shell«, besprochen. Ein konkreter Eintrag könnte beispielsweise folgendermaßen aussehen:

```
user:x:102:100:Irgendjemand:/home/user:/bin/bash
```

Der Username und das Passwort sind die wichtigsten Informationen. Nur eine korrekt eingegebene Kombination aus beiden ermöglicht die Anmeldung eines Benutzers. Das Passwort steht an dieser Stelle nicht etwa im Klartext (es ließe sich leicht von jedem Benutzer oder sogar von einem externen Angreifer stehlen), sondern verschlüsselt – aus im Folgenden erläuterten Gründen ist im Beispieleintrag übrigens gar kein Passwort zu sehen, sondern nur die Markierung x. Das eingesetzte Verschlüsselungsverfahren ist bei korrekter Implementierung so beschaffen, dass die Einträge nicht wieder entschlüsselt werden können (*Einwegverschlüsselung*). Das Passwort, das ein Benutzer eingibt, wird vielmehr auf dieselbe Art und Weise verschlüsselt wie die */etc/passwd*-Einträge. Anschließend wird das Ergebnis mit dem gespeicherten verschlüsselten Passwort verglichen. Eine Übereinstimmung bedeutet, dass das Passwort wohl korrekt sein muss.

Da der Verschlüsselungsweg bekannt ist, könnte ein Angreifer, dem ein Diebstahl der Datei */etc/passwd* gelingt, einfach nacheinander eine Liste von Wörtern verschlüsseln und mit den gespeicherten Passwörtern vergleichen. Es gibt sogar ein Programm namens *crack*, das diesen Job automatisch durchführt, und die passenden Wortlisten für die verschiedensten Sprachen erhalten Sie leicht aus dem Internet.

Die Schlussfolgerung sollte klar sein: Verwenden Sie als Passwort niemals ein Wort, das in einem Wörterbuch vorkommen könnte. Eine beliebige Kombination aus Großbuchstaben, Kleinbuchstaben und Ziffern ist dagegen ziemlich sicher. Die Frage ist nur, wie Sie sich ein solches Passwort merken können – aus naheliegenden Gründen sollten Sie es nirgendwo aufschreiben. Das wäre in etwa so klug, als würden Sie die Geheimzahl für Ihre EC-Karte mit einem Folienstift auf die Karte selbst schreiben.

Eine einfache Methode, ein sicheres Passwort zu erfinden und es sich zu merken, besteht darin, die Anfangsbuchstaben eines beliebigen Satzes als Passwort zu verwenden. Visuell

---

2  Der Name stammt von einem gleichnamigen Großrechner-Betriebssystem der 60er-Jahre des 20. Jahrhunderts.

passende Buchstaben können Sie durch Ziffern ersetzen (zum Beispiel 1 statt i); Groß- und Kleinschreibung ergeben sich in deutschen Sätzen automatisch.

Beispielsweise würde aus dem Satz »Mit Linux wär' das nicht passiert«[3] die Buchstabenkombination MLwdnp, auf die niemand kommen kann. Allerdings ist es am sichersten, die acht Zeichen, die in klassischen Unix-Passwörtern zulässig sind, auch auszunutzen.[4] Eine *Brute-Force-Attacke* (englisch für rohe Gewalt), bei der ein Angreifer jede erdenkliche Zeichenkombination durchprobiert, würde dadurch nämlich so lange dauern, dass sie sich nicht lohnt.

Modernere Unix-Systeme führen übrigens einen zusätzlichen Schutzmechanismus ein: Die eigentlichen Passwörter werden gar nicht mehr in der Datei */etc/passwd* verwahrt, sondern in */etc/shadow*. Diese Datei besitzt einen ähnlichen Aufbau wie */etc/passwd*, ist aber nur für den User *root* lesbar und nicht für alle Benutzer.

### 7.1.2 Virtuelle Terminals

Falls Ihr System mit einer grafischen Oberfläche startet, befinden Sie sich nach der Anmeldung auf dem *Desktop*, der Schreibtischoberfläche. Hier sehen Sie verschiedene Symbole, Menüs und andere Bedienelemente, die in Abschnitt 7.5.2, »Desktops«, behandelt werden. Wechseln Sie an dieser Stelle zunächst in eine Textmodus-Konsole, indem Sie die Tastenkombination `Strg` + `Alt` + `F1` drücken.

Jedes Linux-System bietet mehrere *virtuelle Terminals* zum Arbeiten an, in jedem von ihnen können Sie sich unter einem beliebigen Benutzernamen anmelden und jeweils andere Programme ausführen. Standardmäßig sind sechs virtuelle Terminals eingerichtet, die über `Strg` + `F1` bis `Strg` + `F6` aufgerufen werden können. Mit `Strg` + `F7` wechseln Sie dagegen wieder zur grafischen Oberfläche, falls diese gestartet wurde. Aus dem GUI heraus müssen Sie zusätzlich die `Alt`-Taste festhalten, um wieder in eines der Text-Terminals zu wechseln.

Alternativ können Sie auch innerhalb der grafischen Oberfläche ein *Terminal-Fenster* öffnen, beispielsweise das Programm *xterm* oder eine modernere, komfortablere Variante. Halten Sie einfach Ausschau nach einem Icon, das einen schwarzen Textbildschirm zeigt. In KDE heißt das zuständige Programm beispielsweise Konsole, in GNOME einfach Terminal. Zusätzlich gibt es Drittanbieter-Terminals wie Terminator, dessen Fläche in mehrere unabhängige Teile unterteilt werden kann.

---

3  Seien Sie froh, wenn Sie den Satz nicht kennen – er bildete schon oft den Auftakt zu den sinnlosen Mein-Betriebssystem-ist-besser-als-deins-Debatten im Heise-Forum.

4  Diese Beschränkung gilt für die veraltete *crypt*-Verschlüsselung. Bei moderneren Einwegverschlüsselungsverfahren wie MD5, SHA1 oder Blowfish kann das Passwort beliebig lang sein.

Wenn Sie sich an der Konsole erfolgreich angemeldet haben, erhalten Sie eine *Eingabeaufforderung* (*Prompt*). Der Prompt kann je nach Konfiguration sehr unterschiedlich aussehen. In der Regel sehen Sie etwa Folgendes:

```
user@rechner: ~ $
```

Anstelle von user wird der Benutzername angezeigt, unter dem Sie sich angemeldet haben; hinter dem @ steht der Name des Rechners, auf dem Sie gerade arbeiten. Auf diese Angaben folgt der Pfad des aktuellen Arbeitsverzeichnisses. Im zuvor gezeigten Beispiel befindet sich der Benutzer in seinem Home-Verzeichnis (auf dieses Beispiel bezogen */home/user*), das durch die Tilde gekennzeichnet wird. Das Dollarzeichen bildet schließlich den Abschluss; dahinter blinkt der Cursor für die Befehlseingabe. Anstelle des Dollarzeichens erscheint bei manchen Shells > oder ein anderes Zeichen.

Wenn Sie als Benutzer *root* angemeldet sind, bekommen Sie einen etwas anderen Prompt zu sehen; beispielsweise folgenden:

```
rechner: ~ #
```

Es wird also kein Benutzername angezeigt, und hinter der Pfadangabe folgt eine Raute (#) anstelle des Dollarzeichens. Auch *root* befindet sich in diesem Beispiel in seinem Home-Verzeichnis, standardmäßig */root*.

In den folgenden Beispielen wird der Prompt einfach als Dollarzeichen dargestellt. Wenn für einen Befehl *root*-Rechte erforderlich sind, wird dagegen die Raute verwendet. Benutzereingaben sind in den Beispielen jeweils fett gesetzt, um sie vom Prompt und von der Ausgabe des Systems abzusetzen.

### 7.1.3 Grundfunktionen der Shell

Das Programm, das Ihre Befehle entgegennimmt und zu interpretieren versucht, wird *Shell* genannt. Es gibt nicht *die* Linux-Shell, sondern eine Reihe verschiedener Shell-Programme, die sich bis zu einem gewissen Grad voneinander unterscheiden. Höchstwahrscheinlich läuft in Ihrem System eine Shell, die als *bash* bezeichnet wird. Geben Sie den folgenden Befehl ein, um herauszufinden, welche Shell Sie ausführen:

```
$ echo $0
```

$0 ist eine spezielle Variable, die jeweils den Namen des zurzeit laufenden Programms enthält. Die Ausgabe dürfte zum Beispiel /bin/bash oder /bin/sh lauten. Die gängigsten Shells werden in der folgenden Liste aufgeführt:

▶ *sh* oder *bsh*, die *Bourne Shell*, benannt nach ihrem Entwickler, war die ursprüngliche Shell des Bell-Labs-Unix. Sie beherrscht die kleinste gemeinsame Menge der Fähigkeiten aller anderen Shells.

- *csh*, die *C-Shell*, und ihre Erweiterung *tcsh* enthalten eine Reihe spezieller Funktionen, die von der Programmiersprache C beeinflusst wurden und besonders den Bedürfnissen von C-Programmierern entgegenkommen.

- *bash*, die *Bourne Again Shell* (ein nettes Wortspiel), ist die GNU-Weiterentwicklung der ursprünglichen Bourne Shell mit vielen interessanten Zusatzfunktionen. Diese Shell ist in allen Linux-Distributionen und zum Beispiel auch unter macOS als Standard voreingestellt. Trotzdem werden alle hier genannten und meist noch weitere mitgeliefert.

- *ksh*, die *Korn Shell*, ist der offizielle, bei AT&T entwickelte Nachfolger der *bsh*. Sie vereint einige Vorteile von Bourne und C-Shell mit eigenen Erweiterungen. Die *ksh* selbst ist nicht frei verfügbar, es gibt aber eine freie Variante namens *pdksh* (*Public Domain Korn Shell*).

- *sash*, die *Stand-alone-Shell*, ist ein nützliches Hilfsmittel zur Fehlerbehebung: Viele Standard-POSIX-Dienstprogramme sind direkt in die Shell selbst eingebaut und brauchen nicht zusätzlich bereitgestellt zu werden. Ihre Namen beginnen normalerweise mit einem Minuszeichen, um sie von der voll ausgestatteten GNU-Version dieser Tools zu unterscheiden. Für Rettungssysteme, die vom USB-Stick oder sogar von der Diskette starten, ist die *sash* ideal.

Um Missverständnissen vorzubeugen, sollten Sie zunächst verstehen, dass über 90 % der Eingaben, die Sie an der Kommandozeile vornehmen, unter allen Shells identisch sind: Es handelt sich nämlich bei diesen Eingaben überhaupt nicht um Shell-Kommandos. Die meisten »Unix-Befehle« sind separate Systemprogramme, die sich für gewöhnlich im Verzeichnis */bin* befinden und mit der Shell nichts zu tun haben. Die Shells unterscheiden sich insbesondere in der Art und Weise, wie die Funktionen der Systemprogramme durch intelligente Verknüpfungen erweitert werden können.

Die Konfiguration, mit der die Shell (und übrigens auch jedes andere Programm) ausgeführt wird, heißt *Umgebung* (*Environment*). Sie besteht aus der User- und Group-ID, unter der das Programm läuft, aus dem aktuellen Arbeitsverzeichnis sowie aus einer Reihe von *Umgebungsvariablen*, die von dem Programm ausgelesen werden. Die Shell bezieht ihre Umgebung aus diversen Konfigurationsdateien, insbesondere aus:

- */etc/profile*: zentrale Konfigurationsdatei für alle Shells und alle User. Diese Datei sollte nicht editiert werden; ändern Sie stattdessen *~/.bashrc*, oder erstellen Sie eine benutzerspezifische *~/profile.local*.

- */etc/profile.d/\**: zentrale Konfigurationsdateien für bestimmte Aspekte einzelner Shells

- *~/.bashrc*: *bash*-spezifische Einstellungen für einen einzelnen Benutzer in dessen Home-Verzeichnis

Beispielsweise wurde erst in der *csh* die Möglichkeit eingeführt, Programme im Hintergrund zu starten: Wenn Sie ein &-Zeichen an einen Befehl anhängen, gelangt dessen Ausgabe nicht auf den Bildschirm, und Sie können sofort den nächsten Befehl eingeben. Es wird beim Aufruf des Befehls lediglich dessen Prozess-ID ausgegeben. Inzwischen bieten fast alle Shells diese Option an. Hier sehen Sie ein einfaches Beispiel, in dem die Suche nach Dateien, deren Name mit einem a beginnt, in den Hintergrund verbannt wird:

```
$ find . -name a* &
[1] 3125
$
```

Die Funktion des Befehls find wird im weiteren Verlauf des Kapitels noch genauer erläutert.

In eckigen Klammern wird eine Job-Nummer angezeigt; dahinter erscheint die PID. Anstelle von 3125 werden Sie wahrscheinlich eine andere zu sehen bekommen. Mithilfe des Befehls fg (für *foreground* – nicht etwa »fat grin«, wie in Chats und Foren üblich) können Sie die Ausgabe des Befehls im Vordergrund fortsetzen. Falls sich mehrere Prozesse im Hintergrund befinden, müssen Sie die Job-Nummer angeben. Beispiel:

```
$ fg 1
```

Ebenso können Sie ein bereits laufendes Programm nachträglich in den Hintergrund stellen, indem Sie die Tastenkombination [Strg] + [Z] drücken. Auch in diesem Fall werden Job-Nummer und PID angezeigt, und Sie können das Programm mit fg zurückholen.

In der Regel bestehen die Befehle, die Sie eingeben, aus dem Namen des gewünschten Systemprogramms und einer durch Leerzeichen getrennten Liste von Parametern. Einige der Parameter sind *Optionen*, die bei den meisten Befehlen mit einem Minuszeichen beginnen, andere geben dagegen konkrete Werte wie Pfad- oder Dateinamen, Bezeichnungen und Ähnliches an.

Anweisungen werden durch das Drücken von [↵] abgeschlossen und unmittelbar ausgeführt. Zu lange Eingaben können Sie aber durch einen Backslash (\) und [↵] auf mehrere Zeilen aufteilen. Hier ein Beispiel, das in allen Dateien des aktuellen Verzeichnisses und allen Unterverzeichnissen nach dem Text "in diesem Fall werden Job-Nummer und PID angezeigt" sucht:

```
$ grep -r \
> "in diesem Fall werden Job-Nummer und PID angezeigt" \
> *
```

Die Shell sucht nach der Eingabe eines Kommandos in der folgenden Reihenfolge nach einer Möglichkeit, es auszuführen:

1. alias-Definitionen (siehe Abschnitt 7.3, »Automatisierung«)

2. Shell-Built-ins, das heißt Kommandos, die in das Shell-Binary selbst eingebaut sind

3. Externe Programme – die in der Umgebungsvariablen PATH angegebenen Verzeichnisse werden der Reihe nach durchsucht.

Falls der eingegebene Befehl an keinem der genannten Orte gefunden wird, erhalten Sie eine Fehlermeldung. Falls Sie die *bash* verwenden und irrtümlich das Windows-Kommando `cls` zum Bildschirmlöschen eingeben, erhalten Sie beispielsweise diese Ausgabe:

```
bash: cls: command not found
```

Möchten Sie wissen, ob es sich bei einem Kommando um ein Alias, ein Shell-Built-in oder ein Programm handelt, können Sie `type Kommando` eingeben. Hier für jeden Typ ein Beispiel:

```
$ type ls
ls is aliased to `/bin/ls $LS_OPTIONS'
$ type alias
alias is a shell builtin
$ type mkdir
mkdir is hashed (/bin/mkdir)
```

Wenn Sie den Namen eines Programms eingeben, sucht die Shell in ganz bestimmten Verzeichnissen nach diesem Programm. Diese Verzeichnisse sind in einer Umgebungsvariablen namens PATH festgelegt. Möchten Sie diese Liste lesen, geben Sie Folgendes ein:

```
$ echo $PATH
/bin:/usr/bin:/usr/sbin:/usr/local/bin:/usr/share/bin
```

Der Befehl `echo` gibt sämtlichen folgenden Text in der nächsten Zeile aus. Das Dollarzeichen sorgt dafür, dass die Shell das folgende Wort als den Namen einer Variablen auffasst, deren Wert ausgegeben werden soll. Beachten Sie, dass Unix-Systeme, anders als Windows, auch bei Variablennamen zwischen Groß- und Kleinschreibung unterscheiden und dass diese Variable PATH heißt, nicht etwa Path oder path.

Der Wert der Variablen PATH besteht aus einer Liste von absoluten Pfadangaben (mit / beginnend), die durch Doppelpunkte voneinander getrennt werden. In der Praxis ist die Liste meist erheblich länger als im zuvor gezeigten Beispiel.

Im Folgenden soll ein Verweis auf das aktuelle Verzeichnis hinzugefügt werden. Üblicherweise wird ein Programm nämlich nicht einfach ausgeführt, wenn Sie sich in seinem Verzeichnis befinden, sondern nur, wenn dieses Verzeichnis auch in PATH steht. Um dies zu ändern, können Sie die spezielle Verzeichnisangabe . (einen einzelnen Punkt) hinzufügen, da dieser Punkt jeweils das aktuelle Verzeichnis repräsentiert.

Falls Sie den Inhalt der Variablen ändern möchten, funktioniert das in den verschiedenen Shells unterschiedlich. Hier sehen Sie Beispiele für die zuvor genannten Shells:

- *sh*, *bsh*, *bash* und *ksh*: `export PATH=$PATH:.`
- *csh* und *tcsh*: `set PATH=$PATH:.`

Der Wert, der PATH in den beiden Beispielen zugewiesen wird, nämlich $PATH:., bedeutet: bisheriger Wert von PATH, Doppelpunkt, anschließender Punkt. Die vollständige Pfadliste aus dem zuvor gezeigten Beispiel sähe nach dieser Änderung folgendermaßen aus:

```
/bin:/usr/bin:/usr/sbin:/usr/local/bin:/usr/share/bin:.
```

In der Praxis sollten Sie sich gut überlegen, ob Sie diese Änderung durchführen möchten, da sie ein gewisses Sicherheitsrisiko darstellt. Wenn Sie den Punkt angeben möchten, gehört er auf jeden Fall ans Ende von PATH, weil Ihnen ein Angreifer ansonsten ein Programm unterjubeln könnte, das denselben Namen trägt wie ein Systemprogramm und deshalb stattdessen ausgeführt würde, falls Sie sich im entsprechenden Verzeichnis befinden. Die Verzeichnisse in PATH werden nämlich der Reihe nach durchprobiert, bis ein Programm mit dem angeforderten Namen gefunden wird. Wird es nirgendwo gefunden, erscheint eine Fehlermeldung.

Alle modernen Unix-Shells beherrschen die sehr bequeme Funktion der *Eingabevervollständigung*: Wenn Sie einen Befehl oder den Pfad einer Datei eintippen, können Sie zwischenzeitlich die ⇥-Taste drücken. Wenn der Befehl oder Pfad zu diesem Zeitpunkt bereits eindeutig ist, also nur noch eine Interpretation zulässt, wird er komplett ausgeschrieben. Bei Zweideutigkeiten wird er nur zum Teil ergänzt, und es ertönt ein Warnton. Das folgende Beispiel zeigt, wie Sie aus Ihrem Home-Verzeichnis schnell in das darunterliegende Verzeichnis *dokumente* wechseln:

```
user@rechner: ~ # cd do ⇥
user@rechner: ~/dokumente #
```

Angenommen, in Ihrem Home-Verzeichnis befindet sich ein weiteres Verzeichnis namens *dokumente2*. In diesem Fall wird durch ⇥ zwar das Wort »dokumente« ergänzt, aber die Shell weiß noch nicht, ob Sie wirklich das Verzeichnis *dokumente* meinen oder *dokumente2*. Deshalb wird der besagte Warnton ausgegeben. Wenn Sie zweimal ⇥ drücken, wird in den meisten modernen Shells eine Liste der möglichen Alternativen angezeigt.

Ähnlich komfortabel ist die *History* aller bereits eingegebenen Befehle. Mit den Pfeiltasten auf der Tastatur können Sie darin nach oben oder nach unten blättern; die früheren beziehungsweise späteren Befehle werden dadurch wieder angezeigt. Wenn der gewünschte Befehl erscheint, können Sie ihn ändern und anschließend mithilfe von ⏎ ausführen.

Neuere Versionen der *bash* speichern die History übrigens in einer Datei namens *.bash_history* in Ihrem Home-Verzeichnis, sodass sie beim nächsten Log-in wieder zur Verfügung steht.

In der *bash* können Sie außerdem viele praktische Tastenkürzel verwenden. Es gibt zwei verschiedene Modi, die nach den im weiteren Verlauf des Kapitels vorgestellten Texteditoren *Emacs* und *vi* benannt sind. Im standardmäßig eingestellten *Emacs*-Modus können Sie unter anderem folgende Tastenkombinationen verwenden:

▶ ← oder `Strg` + `B` bewegt den Cursor ein Zeichen nach links; → oder `Strg` + `F` navigiert ein Zeichen nach rechts.

▶ `Alt` + `B` wandert um ein Wort nach links und `Alt` + `F` eines nach rechts; als Grenze gilt jeweils ein Leerzeichen.

▶ Mit `Strg` + `A` oder `Pos1` gelangen Sie zum Zeilenanfang, mit `Strg` + `E` oder `Ende` zum letzten Zeichen der Zeile.

▶ `Entf` oder `Strg` + `D` löscht das Zeichen unter dem Cursor, während ← oder `Strg` + `H` das links davon befindliche Zeichen entfernt.

▶ Mit `Strg` + `W` entfernen Sie ein Wort.

▶ `Strg` + `K` löscht den Text von der Cursorposition bis zum Zeilenende.

▶ `Strg` + `U` entfernt den gesamten Inhalt der Zeile.

▶ `Strg` + `R` startet die inkrementelle Suche nach einem History-Eintrag (inkrementell bedeutet, dass die Eingabe eines Zeichens jeweils sofort zum ersten infrage kommenden Text springt).

▶ `Strg` + `Bild ↑` beziehungsweise `Strg` + `Bild ↓` ermöglichen das Blättern im Puffer des Terminal(-Fenster)s.

▶ `Strg` + `L` löscht den Bildschirm.

In modernen Terminal-Emulationen können Sie einen beliebigen Text durch Ziehen mit gedrückter linker Maustaste markieren. Ein Klick mit der mittleren Maustaste oder dem Scrollrad fügt diesen Text dann an der Textcursorposition wieder ein. Mäuse mit zwei Tasten lassen sich dabei so konfigurieren, dass ein Klick auf beide Tasten gleichzeitig die mittlere Taste emuliert. Bei den meisten modernen Systemen funktioniert das Verfahren auch distributionsweit; in GUI-Programmen wird aber zusätzlich auch die Variante über die Zwischenablage unterstützt – `Strg` + `C` zum Kopieren beziehungsweise `Strg` + `X` zum Ausschneiden und `Strg` + `V` zum Einfügen.

Unter macOS, das sich ansonsten in vielen Belangen wie Linux und andere Unix-Varianten verhält, wird übrigens auch im Terminal die normale Zwischenablage verwendet – es wird also mit `Cmd` + `C` kopiert oder mit `Cmd` + `X` ausgeschnitten und mit `Cmd` + `V` eingefügt.

Wie bereits erwähnt, sollten Sie nicht permanent als User *root* arbeiten. Mitunter müssen Sie aber zwischendurch eine Konfigurationsaufgabe erledigen, die nur dem Superuser gestattet ist. Es ist sicherlich keine sehr bequeme Lösung, sich mithilfe von logout abzumelden und als *root* wieder anzumelden. Angenehmer ist zu diesem Zweck der Befehl su, der für *substitute user* oder auch *superuser* steht: Wenn Sie als gewöhnlicher Benutzer su eingeben, werden Sie nach dem *root*-Passwort gefragt. Falls Sie es korrekt eingeben, können Sie nun einzelne Befehle als *root* ausführen. Mit exit oder `Strg` + `D` erhalten Sie Ihre normale Shell zurück.

Als *root* können Sie mit su auch im Namen eines anderen Users agieren, ohne dessen Passwort zu kennen. Dazu müssen Sie lediglich su Benutzername eingeben.

Wenn Sie nur einen einzigen Befehl als *root* ausführen möchten, können Sie auch einfach sudo Kommando eingeben – auch hier werden Sie nach dem Passwort gefragt.

Wie bereits erwähnt, existiert auf Ubuntu, macOS und einigen anderen Systemen kein echter *root*-User mehr. Deshalb müssen Sie hier als Standardbenutzer (der bei der Systeminstallation angelegt wurde) stattdessen Ihr eigenes Passwort eingeben, um mit su oder sudo *root*-Rechte zu bekommen. Das einfache su wird hier konsequenterweise durch sudo su ersetzt, da Sie schon für su selbst *root*-Rechte benötigen.

### 7.1.4  Hilfefunktionen

Traditionell ist jedes Unix-System mit einem eingebauten Hilfesystem ausgestattet, den im vorletzten Kapitel erwähnten *Manpages* (kurz für *manual pages*, also Handbuchseiten). Bei Linux-Systemen kommt ein neueres, komfortableres System namens *GNU info* hinzu. Bei den GNU-Tools, also praktisch allen Systemprogrammen, sind die *info*-Seiten in der Regel aktueller und ausführlicher als die Manpages.

#### Manpages

Eine Manpage liefert Informationen über einen bestimmten Befehl, ein Hilfsprogramm oder eine Konfigurationsdatei. Um sie anzuzeigen, wird das Programm *man* verwendet. Geben Sie beispielsweise Folgendes ein, falls Sie Hilfe zum Befehl ls benötigen, der Verzeichnisinhalte auflistet:

```
$ man ls
```

Zuerst formatiert *man* die Hilfeseite, was eine Weile dauern kann. Danach wird die Seite angezeigt (siehe Abbildung 7.4), und Sie können mithilfe der folgenden Tasten, die vom im Folgenden angesprochenen Pager-Programm *less* bereitgestellt werden, darin blättern und navigieren:

- ▶ E, ↵ oder ↓ – eine Zeile weiter
- ▶ Y oder ↑ – eine Zeile zurück
- ▶ F, Leertaste oder Bild↓ – eine Fensterseite weiter
- ▶ B oder Bild↑ – eine Fensterseite zurück
- ▶ Pos1 – zum Textanfang
- ▶ Ende – zum Textende
- ▶ / Suchbegriff ↵ – vorwärts nach dem angegebenen Begriff suchen
- ▶ ? Suchbegriff ↵ – rückwärts suchen
- ▶ N – nächstes Vorkommen des Suchbegriffs
- ▶ ⇧ + N – nächstes Vorkommen des Suchbegriffs in der jeweils anderen Richtung

- H – Hilfeseite zur Bedienung von less
- Q – Programm beenden

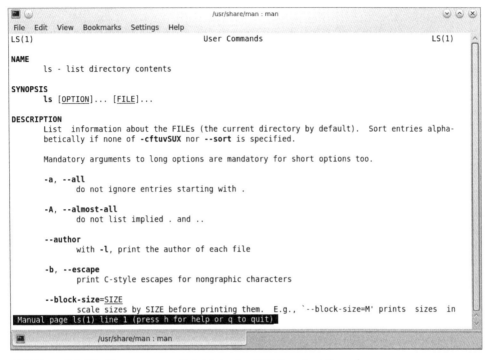

**Abbildung 7.4** Die Manpage zum Befehl »ls« im KDE-Terminal Konsole

Jede Manpage gehört zu einer bestimmten Kategorie, die jeweils durch eine der folgenden Nummern oder Buchstaben gekennzeichnet wird:

- 0: Include-Dateien für eigene C-Programme (siehe Kapitel 9, »Grundlagen der Programmierung«)
- 1: Shell-Programme
- 2: Systemaufrufe (Kerneldienste)
- 3: Bibliotheksfunktionen (C-Standardbibliothek etc.)
- 4: Beschreibung der Gerätedateien (*/dev/\**) und anderer Spezialdateien
- 5: Konfigurationsdatei-Formate
- 6: Spiele
- 7: Makros (kombinierte Programme)
- 8: Administrationsbefehle (in der Regel *root* vorbehalten)
- 9: Kernelroutinen
- n: (*new*) neue Tools

- l: (*local*) lokale Tools
- p: (*public*) öffentliche Tools
- o: (*old*) veraltete Tools

Die Buchstaben-Sektionen sind veraltet und werden üblicherweise nicht mehr verwendet. Einige optionale Programme benutzen auch eigene Kategorien. Sie müssen die Kategorie immer dann angeben, wenn es mehrere Einträge mit dem gewünschten Namen gibt.

In diesem Fall lautet die Syntax man Kategorie Eintrag. Beispiel:

```
$ man 1 passwd
```

Der Befehl whatis Eintrag oder man -f Eintrag zeigt sämtliche Manpages mit dem angegebenen Namen an; die Sektionen stehen in Klammern:

```
$ whatis passwd
passwd (lssl)        - compute password hashes
passwd (1)           - change user password
passwd (5)           - password file
```

Die Option man -k String oder das gleichbedeutende Kommando apropos verwendet den eingegebenen Text dagegen als Teil-String:

```
$ apropos passwd
htpasswd2 (1)  - Manage user files for basic authentication
ldappasswd (1) - change the password of an LDAP entry
passwd (1)       - change user password
gpasswd (1)      - change group password
[...]
```

### »GNU info«

Das Hilfesystem *GNU info* wird durch den Befehl info aktiviert. Wenn Sie kein Stichwort eingeben, wird der Directory Node angezeigt, in dem Sie eine Übersicht über die verschiedenen Themen erhalten. Die Tastenkürzel, mit denen Sie in *GNU info* navigieren können, entsprechen im Großen und Ganzen dem in Abschnitt 7.4.2 vorgestellten Editor GNU *Emacs*. Hier die wichtigsten im Überblick:

- Strg + F (*forward*) – ein Zeichen weiter
- Strg + B (*backward*) – ein Zeichen zurück
- Strg + N (*next*) – eine Zeile weiter
- Strg + P (*previous*) – eine Zeile zurück
- Strg + A – zum Zeilenanfang
- Strg + E – zum Zeilenende

- Leertaste – eine Bildschirmseite weiter
- ⌦ Entf oder ← – eine Bildschirmseite zurück
- M Thema ↵ (*menu*) – ruft die *info*-Seite zum angegebenen Thema auf. Falls es zu dem Wort unter dem Cursor eine Seite gibt, wird diese automatisch eingetragen.
- N (*next*) – eine Seite im aktuellen Oberthema weiterblättern
- P (*previous*) – eine Seite zurückblättern
- U (*up*) – eine Ebene nach oben; die oberste Ebene ist der Directory Node
- L (*last*) – zurück zur vorher angezeigten Seite
- H (*help*) – Hilfe zu *info* selbst; zurück mit L
- ? – tabellarische Kurzübersicht über *info*; zurück mit L
- Q – *info* beenden

In Abbildung 7.5 sehen Sie als Beispiel die *GNU info*-Seite zum Befehl ls.

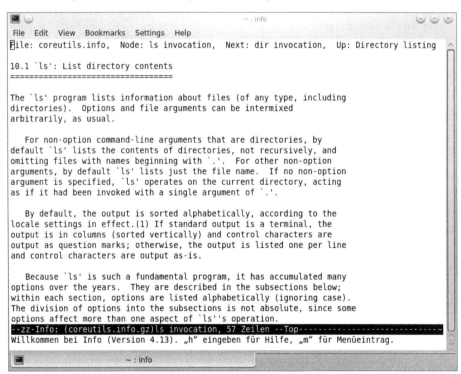

**Abbildung 7.5** Die »GNU info«-Seite zu »ls« im KDE-Terminal »Konsole«

### 7.1.5 Pipes und Ein-/Ausgabeumleitung

Eine der praktischsten Eigenschaften der Unix-Shells besteht in der Umleitung von Ein- und Ausgabe sowie deren Verkettung. Mit der Ausgabe eines Befehls können Sie mehr tun, als sie einfach auf dem Bildschirm darzustellen, und die Eingabe muss nicht unbedingt von der Tastatur stammen: Sie können die Eingabe für einen Befehl aus einer Datei holen, die Ausgabe in eine Datei schreiben und schließlich die Ausgabe des einen Befehls als Eingabe für den nächsten verwenden. Auf diese Weise können Sie die einfachen Bausteine der Systembefehle zur Erledigung komplexer Aufgaben einsetzen.

---

### Die Standard-I/O-Kanäle

Die Standardbibliothek der Programmiersprache C kennt drei Standardkanäle (*Streams*) zur Ein- und Ausgabe (*Input/Output* oder kurz *I/O*):

- stdin ist die *Standardeingabe*. Sie ist normalerweise mit der Tastatur verknüpft.
- stdout, die *Standardausgabe*, wird per Voreinstellung auf die Konsole geleitet.
- stderr schließlich ist die *Standardfehlerausgabe*. Auch sie landet für gewöhnlich auf der Konsole. Vorteil: Wenn Sie stdout in eine Datei umleiten, werden Fehlermeldungen noch immer angezeigt.

Da Unix und andere Betriebssysteme in C geschrieben sind, besitzen auch sie diese Eigenschaften (unter Windows ist es beispielsweise genauso): Die Ein- und Ausgabeumleitung basiert auf einer Verknüpfung von stdin, stdout beziehungsweise stderr mit anderen Dateien oder Geräten.

---

Der Befehl ls dient beispielsweise dazu, den Inhalt des aktuellen Verzeichnisses auszugeben. Möchten Sie diesen Inhalt lieber in eine andere Datei schreiben, können Sie folgendermaßen vorgehen:

```
$ ls >inhalt.txt
```

In diesem einfachen Beispiel wird der Inhalt des aktuellen Verzeichnisses nicht auf den Bildschirm geschrieben, sondern in die Datei *inhalt.txt*. Diese Datei wird automatisch neu angelegt, falls sie noch nicht existiert, ansonsten wird sie überschrieben. Wenn Sie die Ausgabe eines Befehls lieber an eine bestehende Datei anhängen möchten, können Sie anstelle des einen >-Zeichens zwei verwenden (sollte die Datei noch nicht existieren, wird sie dadurch dennoch angelegt):

```
$ ls >>inhalt.txt
```

Auf ähnliche Weise können Sie die Eingabe für einen Befehl aus einer Datei lesen. Zum Beispiel gibt der Befehl grep alle Zeilen eines eingegebenen Textes zurück, in denen ein Suchmuster vorkommt. Falls Sie alle Zeilen der Datei *inhalt.txt* suchen möchten, die mindestens ein a enthalten, funktioniert das folgendermaßen:

```
$ grep a <inhalt.txt
```

Für den Befehl `grep` ist diese Schreibweise eigentlich überflüssig, da auch `grep Muster Datei-name` unterstützt wird – im vorliegenden Beispiel also:

```
$ grep a inhalt.txt
```

Eine interessante Variante der Eingabeumleitung ist das *HIER-Dokument* (englisch: *HERE document*). Diese Art der Eingabe stammt nicht aus einer Datei, sondern nimmt alle eingegebenen Zeilen bis zu einer speziellen Markierung (»bis hierhin«, daher der Name) entgegen. Das folgende Beispiel sucht mithilfe von `grep` nach allen Zeilen in der Eingabe, die mindestens ein `a` enthalten:

```
% grep a <<ENDE
> Hallo
> liebe
> Welt
> ENDE
```

Die Ausgabe dieser eingegebenen Sequenz lautet folgendermaßen:

```
Hallo
```

Die Markierung `ENDE` bildet das Ende der Eingabe. Die `grep`-Suchmuster werden im nächsten Abschnitt behandelt.

Eine weitere Variante der Ein- und Ausgabeumleitung ist die sogenannte *Pipe* (Röhre). Es geht darum, die Ausgabe eines Befehls als Eingabe für den nächsten zu verwenden. Eine der gängigsten Kombinationen ist die Weiterleitung der umfangreichen Ausgabe bestimmter Befehle an einen Pager – ein Programm, das Inhalte seitenweise ausgibt. Der ursprüngliche Unix-Pager wird *more* genannt, die erheblich mächtigere Open-Source-Alternative heißt *less* (Anspielung auf *less is more*, »weniger ist mehr«).

Angenommen, der Inhalt des aktuellen Verzeichnisses ist länger als die Anzahl der Zeilen Ihres Terminals. In diesem Fall können Sie diesen Inhalt an *less* weiterleiten:

```
$ ls |less
```

Das Pipe-Zeichen `|` wird auf einer deutschen PC-Tastatur mit der Tastenkombination ⎇`Alt Gr` + `<` erzeugt; auf dem Mac ist es die Tastenkombination `Alt` + `7`.

Das Programm *less* kann auch den Inhalt einer Datei anzeigen und ist auf diese Weise ein komfortabler Ersatz für *cat*, das der Anzeige einer oder mehrerer Dateien im Terminal dient. Im Grunde ist `ls |less` also eine Kurzfassung für die beiden folgenden Einzelbefehle:

```
$ ls >temp.txt
$ less temp.txt
```

Auf ähnliche Weise lässt sich jede Pipe durch zwei Einzelbefehle ersetzen, wobei der zweite Befehl oft nicht direkt mit einem Dateinamen als Argument aufgerufen wird, sondern mit einer Eingabeumleitung.

Eine Pipe hat allerdings zwei bedeutende Vorteile gegenüber der Verwendung einzelner Befehle: Erstens muss keine Zwischendatei erzeugt werden, und zweitens beginnt der zweite Befehl einer Pipe bereits zu arbeiten, wenn er die erste Zeile aus der Ausgabe des ersten Befehls erhält.

Eine weitere verbreitete Anwendung für Pipes besteht in der unmittelbaren Filterung einer Ausgabe mithilfe von grep. Das folgende Beispiel gibt nur diejenigen Dateien im aktuellen Verzeichnis aus, die die Zeichenfolge txt enthalten:

```
$ ls |grep txt
```

Hier noch ein Beispiel: Es reicht die Ausgabe von ls an das Kommando wc (Wortzähler) weiter; die Option -l sorgt dafür, dass nur Zeilen gezählt werden. Das Ergebnis ist somit die Anzahl der Einträge im aktuellen Verzeichnis:

```
$ ls |wc -l
```

Sie können mehrere Kommandos auch durch ein Semikolon getrennt hintereinanderschreiben. Dadurch werden sie einfach nacheinander ausgeführt. Das folgende Beispiel kommt sehr häufig vor. Die meisten Programme, die Sie selbst aus dem Sourcecode kompilieren können, verwenden diese Sequenz dafür:

```
# ./configure [Optionen]; make; make install
```

Ein Nachteil des Semikolons besteht darin, dass auch dann versucht wird, den nächsten Befehl auszuführen, wenn der vorherige fehlschlägt. Abhilfe schafft hier die Verknüpfung mithilfe von && (logisches Und) – der zweite Befehl wird dann nur bei Erfolg des ersten ausgeführt. Schreiben Sie die Sequenz also am besten wie folgt, um ein Programm unbeaufsichtigt zu kompilieren:

```
# ./configure [Optionen] && make && make install
```

Das Gegenteil besorgt die Verknüpfung durch || (logisches Oder) – hier wird der zweite Befehl nur dann ausgeführt, wenn der erste fehlschlägt.

Eine letzte Möglichkeit besteht darin, ein Kommando in *Backticks* (``) einzuschließen, um seine Ausgabe in einem anderen Zusammenhang zu verwenden. Hier ein Beispiel, das die Ausgabe von whoami (Name des aktuell angemeldeten Benutzers) in einen ganzen Satz integriert:

```
$ echo "Zurzeit ist `whoami` angemeldet."
Zurzeit ist sascha angemeldet.
```

### 7.1.6 Die wichtigsten Systembefehle

In Linux und andere Unix-Varianten wurden Unmengen von Systemprogrammen einge-baut. Es ist vollkommen aussichtslos, an dieser Stelle auch nur die Hälfte davon zu behan-deln. In diesem Abschnitt lernen Sie stattdessen die wichtigsten Kommandos mit ihren gängigsten Optionen kennen. Weitere Linux- beziehungsweise Unix-Befehle werden in rei-nen Linux- oder Unix-Büchern behandelt; einige empfehlenswerte Titel zu diesem Thema werden in Anhang C, »Kommentiertes Literatur- und Linkverzeichnis«, genannt.

Bevor es losgeht, sollten Sie sich einige wichtige Fakten über die meisten Unix-Systempro-gramme merken:

▶ Im Erfolgsfall erhalten Sie keinerlei Rückmeldung, sondern nur den nächsten Prompt.

▶ Dateien werden standardmäßig gelöscht oder überschrieben, ohne zuvor nachzufragen.

▶ Die meisten Kommandos können mit einer Vielzahl von Optionen aufgerufen werden, die in der Regel aus einem Minuszeichen und einem Buchstaben (mit Unterscheidung von Groß- und Kleinschreibung) bestehen. Die GNU-Versionen der Tools kennen auch Optio-nen im Langformat – zwei Minuszeichen, gefolgt von einem ganzen Wort (oder mehreren durch weitere Minuszeichen getrennten Wörtern).

#### Arbeiten mit Dateien und Verzeichnissen

Einige der grundlegenden Befehle in einem Betriebssystem dienen der Manipulation von Dateien und Verzeichnissen. Wenn Sie eine Übersicht über die Grundbegriffe eines Linux-Dateisystems benötigen, lesen Sie bitte den Abschnitt »Das virtuelle Unix-Dateisystem« in Abschnitt 5.2.4, »Dateisysteme«.

Alle Unix-Shells bieten die Möglichkeit, Datei- und Verzeichnisnamen in vielen Befehlen durch Muster anzugeben, die auf mehrere Dateien passen. In diesen Mustern gibt es die fol-genden wichtigen Sonderzeichen (die in Dateinamen verboten oder zumindest problema-tisch sind):

▶ Das * ersetzt beliebig viele Zeichen. h*o steht beispielsweise für »hallo«, »hello« oder »ho«.

▶ Das ? steht für genau ein Zeichen. Zum Beispiel bezeichnet te?t sowohl »test« als auch »text«.

▶ Mehrere Zeichen in eckigen Klammern wie [abc] bedeuten, dass genau eines dieser Zei-chen gemeint ist. Durch einen Bindestrich können Bereiche wie a-z gebildet werden; mehrere Listen werden einfach hintereinandergeschrieben. Beispielsweise bedeutet die Liste [a-zA-Z0-9], dass alle Kleinbuchstaben, alle Großbuchstaben und alle Ziffern zuläs-sig sind.

▶ Ein Ausrufezeichen vor der Liste in den eckigen Klammern bedeutet, dass jedes Zeichen außer den nachfolgenden Zeichen in dieser Liste zulässig ist. [!Bb] bedeutet etwa, dass auf keinen Fall ein B erlaubt ist – weder ein groß- noch ein kleingeschriebenes.

389

- Eine durch Kommata getrennte Liste von Zeichenketten in geschweiften Klammern bedeutet, dass eine dieser Zeichenketten erwartet wird. Zum Beispiel bedeutet {info,hinweis,hilfe}.txt, dass eine der drei Dateien *info.txt*, *hilfe.txt* oder *hinweis.txt* gesucht wird.

- Durch ein Pipe-Zeichen (|) können Sie schließlich mehrere Muster angeben, die durch *Oder* verknüpft werden. Trifft eines dieser Muster auf eine Datei zu, passt sie zum Gesamtmuster. Der Ausdruck b*|info* bedeutet beispielsweise: alle Dateien, die mit »b« oder mit »info« beginnen.

Beachten Sie bitte, dass die *Dateierweiterung* (die Abkürzung hinter dem letzten Punkt wie etwa txt) unter Unix ein normaler Bestandteil des Dateinamens ist, falls Sie die Dateimuster unter Windows kennen sollten. In einem Unix-Befehl steht * für alle Dateien. Unter Windows ist ein * dagegen nur der Platzhalter für Dateien ohne Erweiterung, während *.* dort für alle Dateien steht (außer in der im vorangegangenen Kapitel beschriebenen Windows PowerShell).

Diese einfachen Suchmuster für Dateien werden übrigens nicht mit dem bereits erwähnten Befehl grep verwendet. Die dort zulässigen Muster bieten noch erheblich mehr Möglichkeiten.

Die folgende Übersicht zeigt die gängigsten Linux-Datei- und Verzeichnisbefehle mit ihren wichtigsten Optionen:

- cp (steht für *copy*) kopiert eine oder mehrere Dateien an den angegebenen Ort. Die Syntax ist grundsätzlich folgende:

  ```
  cp Quelle Ziel
  ```

  Die Quelle kann eine einzelne Datei oder ein Muster sein; Sie können alternativ auch einen Pfad angeben. Das Ziel ist entweder ein einzelner Dateiname (falls Sie nur eine Datei kopieren) oder ein Verzeichnis, falls im Zielordner bereits ein Verzeichnis mit diesem Namen existiert oder falls Sie als Quelle keine einzelne Datei, sondern ein Muster angegeben haben. Das folgende Beispiel kopiert die Datei *hallo.txt* in eine neue Datei namens *hi.txt*:

  ```
  $ cp hallo.txt hi.txt
  ```

  Das nächste Beispiel kopiert alle Dateien aus dem Verzeichnis *briefe* in das Verzeichnis *dokumente*, das im gleichen Verzeichnis liegt wie *briefe*:

  ```
  $ cp briefe/* dokumente
  ```

  Die Option -R (rekursiv) kopiert das angegebene Verzeichnis mit allen Unterverzeichnissen und darin enthaltenen Dateien.

- mv (*move*) dient dazu, Dateien umzubenennen oder in ein anderes Verzeichnis zu verschieben. Die Syntax lautet folgendermaßen:

  ```
  mv Quelle Ziel
  ```

Die Quelle ist wieder eine einzelne Datei oder ein Muster, das Ziel ist ein völlig neuer Name oder der Name eines bestehenden Verzeichnisses.

Die folgende Anweisung benennt die Datei *vorher.txt* in *nachher.txt* um:

```
$ mv vorher.txt nachher.txt
```

Wenn Sie als Quelle ein Muster anstelle einer einzelnen Datei angeben, muss das Ziel ein bestehendes Verzeichnis sein. Sie können mehrere Dateien auf einmal nicht umbenennen, sondern nur verschieben.

▶ rm (*remove*) löscht die angegebene Datei, und zwar endgültig. Eine Einrichtung wie der Windows- oder Mac-Papierkorb ist nicht vorgesehen – lediglich einzelne Desktop-Manager wie KDE oder GNOME sind damit ausgestattet.

Das folgende Beispiel löscht alle Dateien aus dem aktuellen Verzeichnis, deren Name nicht mit a beginnt:

```
$ rm [!a]*
```

rm löscht Dateien nur im aktuellen Verzeichnis, aber nicht in dessen Unterverzeichnissen. Wenn Sie auch die Inhalte der Unterverzeichnisse löschen möchten, müssen Sie die Option -r (*recurse*) einsetzen. Noch effizienter (und gefährlicher!) ist die zusätzliche Option -f (*force*), die das Löschen schreibgeschützter Dateien erzwingt. Der folgende Befehl löscht alle Dateien im aktuellen Verzeichnis und alle Unterverzeichnisse und sollte nur mit äußerster Vorsicht eingesetzt werden:

```
$ rm -rf *
```

Wie hier können Sie übrigens auch bei den meisten anderen Befehlen mehrere Optionen hinter einem einzelnen Minuszeichen platzieren.

Beachten Sie, dass es sich beim Löschen, Umbenennen oder Verschieben um *Schreibzugriffe* handelt, die Sie nur ausführen dürfen, wenn Sie Schreibrechte für die jeweiligen Verzeichnisse und Dateien besitzen.

▶ ls (*list*) zeigt den Inhalt des aktuellen oder des angegebenen Verzeichnisses an, also alle enthaltenen Dateien und Unterverzeichnisse. Wenn Sie ein Muster angeben, wird es als Filter verwendet. Existieren Dateien, deren Namen zu diesem Muster passen, dann werden nur diese angezeigt. Andernfalls werden zusätzlich zum aktuellen Verzeichnis auch die Inhalte der Unterverzeichnisse angezeigt, auf deren Namen das Muster passt.

Die folgende Anweisung zeigt beispielsweise alle Dateien an, die mit b beginnen. Falls es keine gibt, werden alternativ die Inhalte aller Verzeichnisse angezeigt, die mit b anfangen:

```
$ ls b*
```

Eine wichtige Option dieses Befehls ist -l (*long*), die anstelle der einfachen Namen ausführliche Informationen über jeden Verzeichniseintrag ausgibt. Auch -a (*all*) wird relativ häufig verwendet, weil es versteckte Dateien und Verzeichnisse einblendet, das heißt diejenigen, deren Namen mit einem Punkt beginnen. Interessant ist schließlich noch -h (*human-readable*), das die Dateigrößen nicht in Bytes anzeigt, sondern je nach Größenordnung in Kilobyte oder Megabyte mit Einheiten wie K beziehungsweise M.

▶ pwd (*print working directory*) gibt den vollständigen Pfad des aktuellen Arbeitsverzeichnisses an. Dies ist beispielsweise nützlich, um den tatsächlichen Pfad des eigenen Home-Verzeichnisses zu ermitteln, der im Prompt durch ~ abgekürzt wird.

▶ cd (*change directory*) wechselt in das angegebene Arbeitsverzeichnis. Sie können den gewünschten Pfad entweder relativ zum aktuellen Arbeitsverzeichnis oder absolut durch einen vorangestellten Slash (/) angeben. Die folgende Anweisung wechselt beispielsweise aus */home/user/dokumente* in das Verzeichnis */home/user/briefe*:

```
user@rechner: ~/dokumente $ cd ../briefe
user@rechner: ~/briefe $
```

Das folgende Beispiel wechselt dagegen mithilfe einer absoluten Angabe von */home/user/dokumente* nach */etc*:

```
user@rechner: ~/dokumente $ cd /etc
user@rechner: /etc $
```

▶ mkdir (*make directory*) legt ein neues Verzeichnis mit dem angegebenen Pfad an. So richtet etwa die folgende Anweisung unterhalb des aktuellen Verzeichnisses das neue Verzeichnis *test* ein:

```
$ mkdir test
```

Beachten Sie, dass bei der Angabe eines mehrgliedrigen Pfads alle Verzeichnisse außer dem hintersten bereits existieren müssen. Die Option -p (*parents*) erzeugt dagegen auch verschachtelte Pfade. Das folgende Beispiel legt im aktuellen Verzeichnis die ineinander verschachtelten Verzeichnisse *neu*, *texte*, *briefe* an:

```
$ mkdir -p neu/texte/briefe
```

▶ rmdir (*remove directory*) löscht Verzeichnisse, allerdings nur leere. Zum Löschen verschachtelter Verzeichnisbäume wird rm mit der Option -r verwendet.

▶ chmod (*change mode*) ändert die Zugriffsrechte für Dateien und Verzeichnisse. Das Konzept der Dateizugriffsrechte wurde in diesem Kapitel bereits angesprochen. Es gibt grundsätzlich zwei Möglichkeiten, Rechte für die gewünschten Dateien oder Verzeichnisse anzugeben: symbolisch oder numerisch.

Die symbolische Schreibweise verwendet zunächst einen Buchstaben für die Benutzerart, für die ein Recht geändert werden soll: u für den Eigentümer (*user*), g für die Gruppe (*group*), o für andere Benutzer (*others*) und a für alle genannten auf einmal. Darauf folgt ein +, um ein bestimmtes Recht einzuräumen, ein -, um es zu entfernen, oder ein =, um die angegebenen Rechte zu setzen und die anderen zu entfernen. Zum Schluss werden die eigentlichen Rechte selbst angegeben: r für Lesen (*read*), w für Schreiben (*write*) und x für Ausführen (*execute*).

Die folgende Anweisung erlaubt beispielsweise allen Benutzern das Lesen der Datei *inhalt.txt*:

```
$ chmod a+r inhalt.txt
```

Numerische Angaben setzen dagegen den gesamten Rechteblock für die Datei auf einmal: Die Stellen einer dreistelligen Oktalzahl (gekennzeichnet durch eine vorangestellte Null) geben von links nach rechts die Zugriffsrechte für den Besitzer, die Gruppe und alle anderen an. Der Wert jeder Stelle ist dabei die Summe der Rechte, die gewährt werden: 4 für Lesen, 2 für Schreiben und 1 für Ausführen.

Das folgende Beispiel erlaubt dem Eigentümer das Lesen, Schreiben und Ausführen, allen anderen nur das Lesen und Ausführen des Verzeichnisses *test*:

```
$ chmod 0755 test
```

Die Option -R (großgeschrieben!) führt die gewünschte Änderung nicht nur im aktuellen Verzeichnis durch, sondern auch in allen Unterverzeichnissen.

▶ chown (*change owner*) weist der angegebenen Datei einen neuen Eigentümer zu. Die Syntax des Befehls ist folgende:

```
chown User Datei(-muster)
```

Der User muss ein existierender Benutzer sein; außerdem können Sie diese Änderung nur durchführen, wenn Sie selbst Schreibrechte an dieser Datei haben. Das folgende Beispiel teilt die Datei *info* dem Benutzer user zu:

```
$ chown user info
```

Wenn Sie gleichzeitig die Gruppe ändern möchten, können Sie den Gruppennamen durch einen Doppelpunkt getrennt hinter den Benutzernamen schreiben:

```
$ chown user:users info
```

▶ chgrp (*change group*) ändert die Gruppe, zu der eine Datei gehört, und funktioniert genau wie chown.

**Textanzeige und Textmanipulation**

Viele der Arbeiten, die Sie im Betriebssystem durchführen, haben in irgendeiner Weise mit der Manipulation von Textdateien zu tun. In diesem Abschnitt werden einige der wichtigsten Befehle vorgestellt, die Ihnen die Arbeit mit solchen Dateien ermöglichen.

▶ Der bereits erwähnte Befehl echo gibt sämtlichen folgenden Text auf der Konsole aus. Sie können den gesamten Text oder einen Teil davon in Anführungszeichen setzen, müssen es aber nicht. Wenn Sie doppelte ("") oder gar keine Anführungszeichen verwenden, werden Variablen mit führendem Dollarzeichen durch ihren aktuellen Wert substituiert oder Befehle in Backticks ausgeführt. Beispiele:

```
$ echo Hallo, $USER!
Hallo, sascha!
$ echo Dateien im aktuellen Verzeichnis: `ls -m`
Dateien im aktuellen Verzeichnis: test.txt, hallo.sh, ...
```

Die ls-Option -m gibt übrigens nur die Dateinamen durch Komma getrennt hintereinander aus.

Einfache Anführungszeichen verhindern dagegen die Substitution:

```
$ echo '`Backticks` liefern die Befehlsausgabe'
`Backticks` liefern die Befehlsausgabe
$ echo '$USER' ist zurzeit $USER
$USER ist zurzeit sascha
```

Die Option -n verhindert den Zeilenumbruch nach der Ausgabe:

```
$ echo -n "Hier kommt der Prompt: "
Hier kommt der Prompt: $
```

▶ cat (*concatenate* oder auch *catalog*) ist der wichtigste aller Textdatei-Befehle: Er zeigt einfach den Inhalt der Datei an. Wenn Sie durch Leerzeichen getrennt eine Liste von Dateien angeben (oder ein Muster), werden die Inhalte aller genannten Dateien hintereinander angezeigt. Dies ist übrigens eine einfache Möglichkeit, mehrere Textdateien in eine einzige zusammenzufassen. Die folgende Anweisung schreibt die Dateien *teil1* und *teil2* in eine neue Datei namens *kapitel*:

```
$ cat teil1 teil2 >kapitel
```

Sie können cat mithilfe der Ausgabeumleitung und mit einem HIER-Dokument sogar als einfachen Editor für eine neue Textdatei verwenden. Allerdings können Sie die einzelnen Zeilen nach dem Abschluss durch ⏎ nicht mehr ändern. Die folgende Anweisung startet die Eingabe der Datei *neu.txt*, der Befehl ENDE schließt sie ab:

```
$ cat > neu.txt << ENDE
> Neuer Text
> Noch mehr Text
> ENDE
```

▶ Der Befehl head Textdatei zeigt nur den Beginn einer Datei an, standardmäßig die ersten zehn Zeilen. Mit der Option -Anzahl können Sie die Zeilenzahl auch wählen. Das folgende Beispiel gibt die ersten sieben Zeilen der Datei *test.txt* aus:

```
$ head -7 test.txt
```

▶ Das Kommando tail zeigt umgekehrt das Ende einer Datei an. Dies ist ideal, um in einer Log-Datei nach einem kürzlich aufgetretenen Fehler zu suchen. Hier ein Beispiel, das die letzten 20 Zeilen der Haupt-Log-Datei */var/log/messages* ausgibt:

```
$ tail -20 /var/log/messages
```

Die Option -f zeigt die letzten zehn Zeilen an und hält danach die Ausgabe offen, um jede neu hinzukommende Zeile automatisch auszugeben.

▶ less ist die erweiterte GNU-Version des Unix-Pagers *more*. Das Programm gibt seine Eingabedaten bildschirmseitenweise aus. Das folgende Beispiel gibt die Datei *roman* auf diese Weise aus:

```
$ less roman
```

Wenn das untere Ende des Bildschirms beziehungsweise des Terminal-Fensters erreicht ist, erscheint ein entsprechender Hinweis. An dieser Stelle haben Sie verschiedene Möglichkeiten, unter anderem folgende:

- Die Leertaste blättert eine ganze Bildschirmseite weiter.
- ⏎ blättert nur eine einzelne Zeile weiter.
- B blättert eine Bildschirmseite zurück.
- Q beendet less.

Weitere Optionen finden Sie zuvor in der Beschreibung zu man, da es die Manpages mithilfe von less anzeigt.

Anstatt eine oder mehrere Dateien als Parameter anzugeben, wird less auch häufig über eine Pipe zur seitenweisen Ausgabe der Ergebnisse anderer Befehle eingesetzt. Das folgende Beispiel gibt den Inhalt der ausführlichen Verzeichnisanzeige ls-l seitenweise aus:

```
$ ls -l |less
```

▶ grep (*General Regular Expression Print*) sucht in Dateien oder in seiner Eingabe nach Mustern und gibt nur diejenigen Zeilen aus, die das entsprechende Muster enthalten. Bei den verwendeten Mustern handelt es sich um sogenannte *reguläre Ausdrücke* (*Regular Expressions*, *RegExp*). Diese mächtige Syntax für die Formulierung von Suchmustern wird in zahlreichen Programmiersprachen, Editoren und Tools verwendet. In Kapitel 10, »Konzepte der Programmierung«, werden die RegExp-Optionen der Programmiersprachen Python und Java ausführlich vorgestellt.

Wenn Sie beispielsweise in der Datei *test* nach Zeilen suchen möchten, die das Wort »hallo« enthalten, funktioniert dies folgendermaßen:

```
$ grep hallo test
```

Die Option -r erlaubt die rekursive Suche im aktuellen Verzeichnis und allen Unterverzeichnissen. Dabei wird jeweils der Pfad der Datei angezeigt, in der das gesuchte Muster gefunden wird. Das folgende Beispiel sucht in allen Dateien des aktuellen Verzeichnisbaums nach dem Wort »Linux«:

```
$ grep -r Linux *
```

Mit der Option -i sorgen Sie dafür, dass bei der Suche nicht zwischen Groß- und Kleinschreibung unterschieden wird; der vorangegangene Befehl lautet in diesem Fall so:

```
$ grep -ri linux *
```

7 Linux

Alternativ wird grep häufig über eine Pipe als Filter eingesetzt. Möchten Sie zum Beispiel alle Dateien im aktuellen Verzeichnis angezeigt haben, deren Name mit a beginnt, können Sie Folgendes eingeben:

```
$ ls |grep ^a
```

Beachten Sie, dass es bei den Mustern größere Unterschiede zu den Dateimustern der meisten Befehle gibt; RegExp-Muster sind erheblich vielseitiger als Letztere. Tabelle 7.2 zeigt eine Übersicht der wichtigsten.

| Muster (Beispiel) | Erläuterung |
|---|---|
| abc | der Text »abc« |
| [abc] | eines der Zeichen a, b oder c |
| [a-z] | eines der Zeichen von a bis z |
| [a-mz0-9] | eines der Zeichen von a bis m oder z oder eine der Ziffern von 0 bis 9 |
| [^abc] | keines der angegebenen Zeichen |
| . | ein beliebiges Zeichen |
| ? | das davorstehende Muster oder nicht |
| * | das davorstehende Muster beliebig oft |
| + | das davorstehende Muster einmal oder öfter |
| {2} | das davorstehende Muster genau zweimal |
| {2,5} | das davorstehende Muster mindestens zweimal, höchstens fünfmal |
| ^[Aa] | Am Zeilenbeginn (^) steht ein großes A oder ein kleines a. |
| [0-9]$ | Am Zeilenende ($) steht eine Ziffer. |

**Tabelle 7.2** Die wichtigsten RegExp-Muster für »grep«

Wenn Sie irgendeins der Zeichen aus der Tabelle als Literal benötigen, also als tatsächliches Zeichen in einem Text, müssen Sie ihm einen Backslash (\) voranstellen. \+ steht beispielsweise für ein Pluszeichen. Derartige Konstrukte werden in der Shell und in vielen Programmiersprachen als *Escape-Sequenzen* bezeichnet.

Angenommen, Sie suchen in einem Text nach deutschen Postleitzahlen. Das passende Muster lautet [0-9]{5}, weil genau fünf Ziffern (Zahlen zwischen 0 und 9) benötigt werden. Wenn Sie sicher sind, dass die Postleitzahl jeweils am Anfang der Zeile steht, können Sie präziser ^[0-9]{5} schreiben.

396

Wichtig ist, dass * und ? nicht dasselbe bedeuten wie bei den Dateimustern: Sie beziehen sich stets auf das links daneben stehende Zeichen oder Teilmuster und geben an, wie oft es vorkommen darf.

Das folgende Beispiel zeigt, wie Sie in der Datei *adressen.txt* nach Personen suchen können, die »Meier« heißen, und zwar in allen erdenklichen Schreibweisen:

```
grep M[ae][iy]e?r adressen.txt
```

Der reguläre Ausdruck bedeutet: Zuerst kommt ein M, dann ein a oder e, anschließend ein i oder y, dann ein e oder auch nicht und zum Schluss ein r. Dieses Suchmuster findet die Varianten »Maier«, »Mayer«, »Mayr«, »Meier« und »Meyer« sowie drei weitere, die aber wohl nicht häufig in einer Adressliste auftauchen (»Mair«, »Meir« und »Meyr«).

▶ diff vergleicht die Inhalte zweier Textinhalte miteinander. Als Argumente werden die Namen der beiden Dateien genannt; die Ausgabe besteht aus denjenigen Zeilen, die in den beiden Dateien unterschiedlich sind. Dies ermöglicht die Analyse der Unterschiede zwischen verschiedenen Versionen eines Dokuments. Außerdem können Sie eine diff-Datei als Update für eine Datei auf eine neuere Version (einen sogenannten *Patch*) verbreiten. Mit dem Kommando patch kann ein Benutzer sie dann auf die alte Datei anwenden.

▶ wc (*word count*) zählt die Zeichen, Wörter und Zeilen in einer Textdatei. Standardmäßig werden alle drei Werte angezeigt; alternativ kann die Ausgabe mithilfe der Optionen -c (*characters*), -w (*words*) oder -l (*lines*) auf einen von ihnen beschränkt werden. Sie können den Befehl auch über eine Pipe auf eine beliebige Ausgabe anwenden.

**Befehle zur Systemverwaltung**

Die Befehle in diesem Abschnitt sind wichtig für die Wartung und Verwaltung des Betriebssystems.

▶ mount wurde in Kapitel 5, »Betriebssystemgrundlagen«, bereits angesprochen. Der Befehl hängt einen Datenträger in den Verzeichnisbaum ein. Anders können Datenträger nicht verwendet werden. Die grundlegende Syntax lautet folgendermaßen:

```
mount [Dateisystemtyp] Gerätedatei Verzeichnis
```

Das angegebene Verzeichnis muss existieren und leer sein – notfalls müssen Sie mithilfe von mkdir ein neues erzeugen. Die wichtigsten Gerätedateien – alle im Verzeichnis */dev* – sind folgende:

– *hda* bis *hdd* sind die vier EIDE-Geräte in der Reihenfolge Primary Master, Primary Slave, Secondary Master und Secondary Slave. Falls es sich um Festplatten handelt, muss zusätzlich die Nummer der gewünschten Partition angegeben werden (*hda1* ist beispielsweise die erste Partition der ersten Festplatte).

– *cdrom* ist eine alternative Methode, das CD-ROM-Laufwerk anzusprechen.

– *sda*, *sdb* etc. sind die entsprechenden SCSI-Festplatten in der Reihenfolge ihrer SCSI-IDs. Auch USB-Sticks und externe Festplatten besitzen meist *sd\**-Gerätenamen.

– *fd0* ist das Diskettenlaufwerk. Theoretisch steht *fd1* für das zweite Laufwerk, allerdings benutzt kaum noch jemand zwei Diskettenlaufwerke (die meisten aktuellen Rechner haben gar keines mehr).

Das folgende Beispiel bindet die aktuell im Diskettenlaufwerk befindliche Diskette als Verzeichnis */disk* in das Dateisystem ein:

```
$ mount /dev/fd0 /disk
```

Die Datei */etc/fstab* enthält übrigens eine Liste derjenigen Laufwerke, die beim Systemstart automatisch gemountet werden. Moderne Linux-Distributionen mounten übrigens auch CDs, DVDs, USB-Sticks oder externe Festplatten beim Einlegen oder Anschließen automatisch, oft unter dem Pfad */media/Datenträgername*.

▶ umount entfernt die Verknüpfung mit einem bestimmten Laufwerk wieder. Vorher wird noch dafür gesorgt, dass alle Daten geschrieben werden, die eigentlich auf dieses Laufwerk gehören, sich aber zurzeit im RAM-Cache befinden. Vor dem Entfernen von Wechseldatenträgern sollten Sie umount auf jeden Fall aufrufen.

Als Argument für den Befehl kann sowohl das Verzeichnis angegeben werden, in dem der gewünschte Datenträger gemountet ist, als auch die Gerätedatei selbst.

▶ du (*disk usage*) gibt in Kilobyte an, wie viel Speicher in den angegebenen Verzeichnissen belegt ist.

Die Option -c gibt zusätzlich eine Gesamtsumme für die verschiedenen Verzeichnisse aus, während -h (*human-readable*) das Ganze in angenehmerer Form darstellt.

▶ fsck (*file system check*) überprüft den angegebenen Datenträger auf Fehler. Als Argument muss eine Gerätedatei angegeben werden. Vor jedem Reparaturversuch wird nachgefragt.

Beim Systemstart wird fsck in regelmäßigen Abständen (zum Beispiel jedes zwanzigste Mal) aufgerufen, um eine gelegentliche Prüfung zu gewährleisten. Außerdem wird es auf jeden Fall nach einem Systemabsturz gestartet.

Moderne Linux-Dateisysteme wie *ext4* (das *Extended File System 4*) besitzen eine sogenannte *Journaling*-Funktionalität: Es wird ständig über Änderungen an Dateien und Verzeichnissen Buch geführt. Nach einem Absturz kann daraus der letzte Zustand des Dateisystems rekonstruiert werden.

▶ mkfs (*make file system*) dient dem Formatieren eines Datenträgers mit einem bestimmten Dateisystem. Der gewünschte Typ des Dateisystems kann mithilfe der Option -t angegeben werden. Beispiele sind etwa das traditionelle Linux-Dateisystem *ext2* sowie die neueren Typen *ext3* oder *ext4*. Der Datenträger wird als Gerätedatei oder über sein Mount-Verzeichnis angegeben.

Im Grunde handelt es sich um einen Starter für die konkreten Formatierprogramme der einzelnen Dateisysteme wie *mke2fs*, *mke3fs*, *mke4fs* oder *mkisofs* (Letzteres erzeugt ISO-9660-Images, die zum Brennen auf CD verwendet werden).

▶ date dient der Ausgabe und der Änderung von Systemdatum und Systemuhrzeit. Wie Sie in Kapitel 3, »Hardware«, erfahren haben, enthalten PC-Mainboards eine batteriegepufferte Uhr.

Wenn Sie Datum und Uhrzeit einfach lesen möchten, genügt die Eingabe von date. Alternativ geben Sie hinter einem Pluszeichen ein Format an, in dem eine Reihe von Formatangaben für die einzelnen Komponenten von Datum und Uhrzeit steht. Alle diese Angaben beginnen mit einem Prozentzeichen. Die wichtigsten sind in Tabelle 7.3 aufgelistet.

| Formatangabe | Bedeutung |
|---|---|
| %d | Tag im Monat (01 bis 31) |
| %m | numerischer Monat (01 bis 12) |
| %y | zweistellige Jahreszahl |
| %Y | vierstellige Jahreszahl |
| %a | Kurzfassung des Wochentags (zum Beispiel Tue) |
| %A | ausgeschriebener Wochentag (etwa Tuesday) |
| %H | Stunden im 24-Stunden-Format |
| %I | Stunden im 12-Stunden-Format |
| %p | AM und PM für das Zwölf-Stunden-Format |
| %M | Minuten |
| %S | Sekunden |

**Tabelle 7.3** Die wichtigsten Formatangaben für den »date«-Befehl

Sehen Sie sich als Beispiel den folgenden Befehl an:

```
$ date +"Es ist jetzt %H:%M:%S Uhr."
```

Die Ausgabe sieht etwa folgendermaßen aus:

```
Es ist jetzt 17:52:31 Uhr.
```

Sie können die Bestandteile von Datum und Uhrzeit also in einem beliebigen Ausgabetext verwenden.

Falls Sie Datum und Uhrzeit ändern möchten, müssen Sie anstelle des Formats eine Zeitangabe hinzufügen. Eine solche Angabe hat das folgende Format:

```
MMDDhhmm[YY]YY[.ss]
```

Es werden also nacheinander der zweistellige Monat, der zweistellige Tag, die zweistellige Stunde im 24-Stunden-Format, die zweistellige Minute, das zwei- oder vierstellige Jahr und optional die durch einen Punkt abgetrennten zweistelligen Sekunden angegeben. Das folgende Beispiel setzt Datum und Uhrzeit auf den 09. April 2017, 16:40 Uhr:

```
$ date 040916402017
```

▶ useradd erstellt ein neues Benutzerkonto unter Linux. Auf den meisten anderen Unix-Systemen gibt es sehr ähnliche Kommandos, die manchmal anders heißen. Standardmäßig ist das Home-Verzeichnis dieses Benutzers */home/Username*. Mithilfe der Option -d Pfad können Sie ein anderes Verzeichnis angeben. In jedem Fall sorgt die Option -m dafür, dass das Home-Verzeichnis neu angelegt wird, falls es noch nicht existiert.

Die numerische User-ID wird standardmäßig automatisch eingestellt; es wird der erste freie Wert größer oder gleich 100 gewählt. UIDs unter 100 sind für Systemkonten vorgesehen, das heißt für Benutzerkonten, die für die Ausführung von System- und Serverdiensten verwendet werden; die 0 steht für *root*. Wenn Sie die UID manuell angeben möchten, funktioniert das mithilfe von -u UID. Falls die angegebene User-ID bereits existiert, erscheint eine Fehlermeldung, es sei denn, Sie geben zusätzlich die Option -o an, die den bisherigen User mit dieser UID überschreibt.

Mithilfe der Option -g Gruppe wird die Gruppe angegeben, der der Benutzer standardmäßig angehören soll – ohne Angabe wird automatisch users eingestellt. Mithilfe von -G Gruppe1, Gruppe2,... können Sie eine durch Kommata getrennte Liste weiterer Gruppen angeben, denen der Benutzer zusätzlich angehören soll. Diese Liste darf keine Leerzeichen enthalten.

Die Option -s Pfad gibt die Shell an, die dem User präsentiert werden soll; der Standardwert ist /bin/bash.

Das folgende Beispiel zeigt, wie das Verzeichnis */home/neuer* angelegt wird und wie Sie anschließend den Benutzer neuer mit der Log-in-Shell */bin/tcsh* einrichten können:

```
# mkdir /home/neuer
# useradd -g users -s /bin/tcsh neuer
```

Beachten Sie, dass Sie den neuen User anschließend zum Besitzer seines Home-Verzeichnisses machen müssen, damit er es überhaupt benutzen kann:

```
# chown neuer /home/neuer
```

▶ userdel Benutzername entfernt den angegebenen Benutzer.

▶ groupadd fügt unter Linux eine neue Gruppe hinzu. Die einzige Option ist -g GID, mit deren Hilfe Sie die (ansonsten automatisch vergebene) Group-ID manuell einstellen können. Wie bei useradd dient in diesem Zusammenhang die Option -o dazu, eine eventuell bestehende Gruppe mit derselben Group-ID zu überschreiben.

- passwd dient zum Ändern von Passwörtern. Wenn Sie den Befehl ohne Argument aufrufen, dient er zum Ändern Ihres eigenen Passworts: Sie müssen zunächst Ihr altes und anschließend zweimal hintereinander das neue Passwort eingeben. Die Eingabe wird jeweils nicht angezeigt.

  Eine weitere Möglichkeit, die dem User *root* vorbehalten ist, besteht darin, passwd Username aufzurufen, um das Passwort eines anderen Benutzers zu ändern. Sie müssen das alte Passwort dieses Users nicht kennen, sondern werden nur aufgefordert, zweimal ein neues einzugeben. Beachten Sie die in diesem Kapitel bereits gegebenen Informationen über sichere Passwörter. Der Befehl passwd gibt zwar bei vielen zu einfachen Passwörtern die Warnmeldung »Bad Password. Too simple« aus, akzeptiert das Passwort aber dennoch.

- ps gibt eine Tabelle aller laufenden Prozesse aus. Falls Sie keine Parameter angeben, werden nur die Prozesse des aktuellen Terminals angezeigt. Für eine vollständige Liste aller Prozesse müssen Sie ps aux verwenden. Abbildung 7.6 zeigt ein Beispiel für die Ausgabe dieses Befehls.

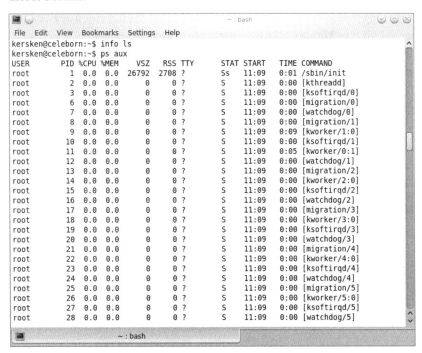

**Abbildung 7.6** Beispielausgabe von »ps aux«

Die wichtigste Information, die Sie der Tabelle entnehmen können, sind die PIDs der einzelnen Prozesse, weil Sie sie verwenden können, um einem Prozess mithilfe des Befehls kill ein Signal zu senden.

Die meisten Prozesse, die Sie in der Liste sehen, sind keine Programme, die Sie manuell gestartet haben. Viele von ihnen laufen unbemerkt im Hintergrund und stellen ihre

Dienste bestimmten Anwendungen zur Verfügung. Diese Prozesse werden *Daemons* genannt, ihre Dateinamen enden meist auf *d*: Beispielsweise ist `syslogd` der im weiteren Verlauf des Kapitels beschriebene Protokoll-Daemon, der über die wichtigsten Ereignisse Buch führt.

▶ Eine interessante Variante von `ps` ist `pstree`: Anstelle ausführlicher Informationen über die einzelnen Prozesse werden nur deren Namen angezeigt, dafür aber in einem Baumdiagramm. Auf diese Weise können Sie die Hierarchie von Elternprozessen und ihren Kindern ermitteln.

▶ Wenn Sie den Eindruck haben, dass der Rechner besonders langsam läuft, können Sie das Kommando `top` eingeben – es zeigt eine Live-Statistik der laufenden Prozesse an, geordnet nach ihrem prozentualen CPU-Verbrauch. Mit Q wird das Programm wieder beendet.

▶ `kill` dient dazu, einem Prozess ein Signal zu senden. Das gewünschte Signal wird dabei hinter der Option `-s` angegeben; entweder numerisch oder mit seinem Namen. Wichtige Signale sind beispielsweise `TERM` zum regulären Beenden, `KILL` für einen erzwungenen Abbruch oder `INT` für eine Unterbrechung (*Interrupt*). Wenn Sie kein Signal angeben, wird automatisch `TERM` gesendet. Der Befehl `kill -l` gibt eine Liste sämtlicher Signale aus, die Ihre Version von `kill` unterstützt.

Der Prozess wird durch seine numerische PID angegeben, wie sie von `ps` zurückgegeben wurde. Viele Anwendungen, besonders Daemons, schreiben ihre aktuelle PID in eine PID-Datei, entweder unter */var/run/Programmname.pid* oder in einem anwendungsspezifischen Verzeichnis wie */usr/local/Programmname/logs*. Diese Datei können Sie auslesen und ihren Inhalt in Backticks (``` `` ```) an `kill` weiterreichen. Das folgende Beispiel beendet auf diese Weise einen unter */usr/local/apache2* installierten Apache-Webserver:

```
# kill -TERM `cat /usr/local/apache2/logs/httpd.pid`
```

Als gewöhnlicher Benutzer können Sie nur Prozesse beenden, die unter Ihrer User-ID laufen, für alle anderen benötigen Sie *root*-Rechte.

▶ `shutdown` fährt das Betriebssystem herunter oder startet es neu. Für das Herunterfahren wird die Option `-h` (*halt*) verwendet, für einen Neustart `-r` (*restart*). Dahinter wird angegeben, wann die Aktion durchgeführt werden soll. Dafür stehen drei mögliche Optionen zur Verfügung:

– als Uhrzeit im Format `hh:mm`, zum Beispiel `13:45`

– als Anzahl von Minuten in der Schreibweise `+m`, etwa `+5`

– `now` (jetzt sofort)

Für den Befehl benötigen Sie *root*-Rechte. Das folgende Beispiel fährt den Rechner sofort herunter:

```
$ shutdown -h now
```

## 7.2 Konfigurations- und Administrationsaufgaben

Nachdem Sie sich mithilfe der in diesem Kapitel bereits erläuterten Anleitungen ein wenig im Linux-System umgeschaut haben, sollten Sie noch einige fortgeschrittene administrative Aufgaben kennenlernen. In diesem Abschnitt erfahren Sie, wie Sie mit Log-Dateien umgehen, Programme automatisch starten, Software installieren und einen Kernel kompilieren.

### 7.2.1 Syslog und Log-Dateien

Das Betriebssystem selbst und viele Programme, vor allem Daemons, schreiben Statusinformationen und Fehlermeldungen in *Log-Dateien*, auch *Protokolldateien* genannt. Dafür ist der *Syslog-Daemon* (syslogd) zuständig. Er erhält Protokollinformationen vom System und von diversen Programmen und entscheidet darüber, ob er sie ignoriert, in bestimmte Log-Dateien schreibt oder per Mail versendet.

Syslog-Meldungen bestehen aus drei Komponenten:

- ▶ Facility (Fehlerquelle)
- ▶ Priority (Dringlichkeitsstufe)
- ▶ Message (Warnmeldung)

Die Facility gibt an, von welcher Art Programm oder welcher Systemfunktion der Eintrag stammt. Hier die Standardquellen im Überblick:

- ▶ auth – Authentifizierung
- ▶ authpriv – privilegierte Authentifizierung (*root*)
- ▶ cron – cron-Daemon
- ▶ daemon – sonstige Daemons
- ▶ ftp – FTP-Server
- ▶ kern – Kernel
- ▶ local0 bis local7 – frei verfügbar für beliebige Programme
- ▶ lpr – Drucker-Subsystem
- ▶ mail – Mail-Subsystem
- ▶ news – News-Subsystem
- ▶ syslog – interne Syslog-Meldungen
- ▶ uucp – UUCP-Subsystem[5]
- ▶ user – Anwendungsprogramme

---

5 Unix-to-Unix-Copy ist ein altmodisches Verfahren für Mail und Datenübertragung im Netzwerk, das noch vor der Internet-E-Mail erfunden wurde.

Die Priority bestimmt die Wichtigkeit der jeweiligen Meldung:

- emerg – Notfall, System unbrauchbar
- alert – Alarm, sofortiges Eingreifen erforderlich
- crit – kritischer Fehler
- error – normaler Fehler
- warn – Warnung
- notice – Hinweis
- info – normale Information
- debug – Debugging-Information

Die Message ist ein beliebiger Beschreibungstext.

In eigenen Shell-Skripten können Sie den Befehl logger benutzen, um Syslog-Meldungen zu erzeugen. Die allgemeine Syntax lautet:

```
logger [-p [facility:]priority] message
```

Geben Sie Folgendes ein, um es zu testen:

```
$ logger -p info Nur Test, kein Fehler
```

Da Sie keine Facility angegeben haben, steht die Meldung in */var/log/messages* (in manchen Systemen auch */var/log/syslog*):

```
$ tail -1 /var/log/messages
Apr 23 18:51:32 linuxbox sascha: Nur Test, kein Fehler
```

### 7.2.2 Programme automatisch starten

Linux und andere moderne Unix-Systeme verfügen über die Möglichkeit, beliebige Programme beim Booten automatisch zu starten. Ein kleines Problem besteht nur darin, dass dieses Verfahren in den verschiedenen Systemvarianten unterschiedlich realisiert wurde. Historisch betrachtet, lässt sich der Unterschied auf die beiden Unix-Grundströmungen *System V* und *BSD* zurückführen, inzwischen zieht er sich aber – und dann auch noch mit einigen Variationen bezüglich der Verzeichniswahl – quer durch die Systeme und Distributionen (zumal es immer schwieriger wird, zu unterscheiden, welche aktuellen Systeme von System V abstammen und welche von der BSD).

Hier wird zunächst jedes der beiden grundsätzlichen Verfahren kurz vorgestellt; anschließend wird es konkret am Beispiel des Webservers Apache demonstriert.

- *System V Init*. Diese Bootmethode wird von immer mehr Betriebssystemen der Unix-Familie verwendet, unter anderem auch von Linux. Systeme, die System V Init einsetzen, arbeiten mit unterschiedlichen *Runlevels*. Ein Runlevel ist ein Systemzustand, in dem

jeweils nur bestimmte Prozesse laufen. Beim Wechsel des Runlevels über den Befehl `init`
`LEVELNUMMER` werden bestimmte Skripte aufgerufen, die manche Programme starten und
andere beenden. Einige Runlevels haben eine spezielle Bedeutung:

- **0**: heruntergefahrener Zustand
- **S** (manchmal auch 1): Single-User-Modus (für Wartungsarbeiten)
- **1** (bei vielen Systemen): Multi-User-Modus ohne Netzwerk
- **2**: Multi-User-Modus mit Netzwerk; nur Konsole
- **3**: Multi-User-Modus mit Netzwerk und GUI (klassisch)
- **5**: Multi-User-Modus mit Netzwerk und GUI (Linux)
- **6**: Systemneustart (Reboot)

Betriebssysteme dieser Bauart besitzen für jedes Runlevel ein spezielles Init-Verzeichnis.
Diese Verzeichnisse heißen */etc/rcLEVELNUMMER.d*, also etwa */etc/rc1.d* für Runlevel 1
oder */etc/rc5.d* für Runlevel 5. Die Shell-Skripte in diesen Verzeichnissen werden bei Erreichen des entsprechenden Levels automatisch ausgeführt, und zwar in alphabetischer Reihenfolge. Deshalb verwendet die übliche Konvention Namen, die mit *K* beginnen, für Kill-
Skripte (die einen Prozess beenden) und solche mit *S* für Start-Skripte. Darüber hinaus
bauen viele Daemons aufeinander auf. Deshalb wird hinter dem Anfangsbuchstaben eine
zweistellige Zahl verwendet, die für eine bestimmte Reihenfolge sorgt.

In aller Regel sind die Einträge in diesen Verzeichnissen lediglich Symlinks auf Skripte, die
sich eigentlich in einem anderen Verzeichnis befinden; meist in */etc/init.d* oder */sbin/
init.d*. Für den Start und das Beenden des jeweiligen Prozesses wird normalerweise dasselbe Skript verwendet: Ein `S`-Symlink ruft es automatisch mit der Kommandozeilenop-
tion `start` auf, ein `K`-Symlink mit `stop`. Im Falle von Apache erfüllt das mitgelieferte Shell-
Skript `apachectl` die Voraussetzungen für diese Aufgabe.

Aus diesem Grund brauchen Sie lediglich für Ihr Standard-Runlevel (3 oder 5) einen `S`-
Symlink auf dieses Skript zu erzeugen. Für die Runlevels 0 und 6 (Herunterfahren beziehungsweise Neustart) können Sie entsprechend einen `K`-Link anlegen. Da von Apache in
der Regel keine anderen Dienste abhängen, können Sie ihn recht spät starten (wählen Sie
einen Symlink-Namen wie *S95apache*) und ziemlich früh beenden (*K15apache* dürfte in
Ordnung gehen).

Wechseln Sie also in das jeweilige Runlevel-Init-Verzeichnis, und erstellen Sie die nötigen
symbolischen Links. Falls Sie Apache mit Standardoptionen installiert haben und ein
Linux-System mit dem Standard-Runlevel 5 verwenden, müssen Sie den folgenden Befehl
für den Startskript-Link eingeben:

```
# ln -s /usr/local/apache2/bin/apachectl \
/etc/rc5.d/S95apache
```

Als Nächstes werden die Stopp-Links für die Runlevels 0 und 6 erzeugt. Wenn Sie das Layout `Apache` verwenden, sehen die beiden Befehle so aus:

```
# ln -s /usr/local/apache2/bin/apachectl \
/etc/rc0.d/K15apache
# ln -s /usr/local/apache2/bin/apachectl \
/etc/rc6.d/K15apache
```

In modernen Linux-Distributionen lässt sich dieser Vorgang weitgehend automatisieren, zumal die meisten wichtigen Programme bereits passende Startskripte mitbringen. Erzeugen Sie unter */etc/init.d* einen Symlink zum passenden Startskript, und rufen Sie anschließend chkconfig -a mit dem Namen des Links auf, um das Skript in seinen Standard-Runlevels zu aktivieren. Das folgende Beispiel zeigt die Vorgehensweise für den Datenbankserver MySQL, wenn er unter */usr/local/mysql* installiert ist (siehe Kapitel 13, »Datenbanken«):

```
# ln -s /usr/local/mysql/support-files/mysql.server \
> /etc/init.d/mysql
# chkconfig -a mysql
```

▶ *BSD-Startskript.* BSD-basierte Unix-Systeme verwenden im Gegensatz zur System-V-Methode einige zentrale Startskripte. Sie befinden sich in Verzeichnissen wie */etc* oder */etc/rc.d* und heißen *rc.boot*, *rc.local* etc. Interessant ist in diesem Zusammenhang das Skript *rc.local*, das Sie nach Belieben um weitere Startbefehle erweitern können.

Unter einem solchen Betriebssystem brauchen Sie *rc.local* also nur mit einem Texteditor zu öffnen und können dann den Aufruf des entsprechenden Steuerskripts (in diesem Fall apachectl) mit dem Parameter start hinzufügen. In *rc.local* wird normalerweise mit einer Fallunterscheidung nach dem Schema if [-xPFAD] überprüft, ob das aufzurufende Programm oder Skript überhaupt existiert. An diese Konvention sollten Sie sich halten. Falls Sie eine Apache-Standardinstallation verwenden, können Sie folgende Zeilen an *rc.local* anfügen:

```
# Apache 2 starten
if [ -x /usr/local/apache2/bin/apachectl ]; then
    echo "Starting Apache httpd..."
    /usr/local/apache2/bin/apachectl start
fi
```

### 7.2.3  Software installieren

Wenn Sie Softwarepakete von den CDs Ihrer Distribution installieren möchten, funktioniert dies mithilfe des *Paketmanagers*. Der verbreitetste Linux-Paketmanager ist *rpm* (der Red Hat Packet Manager, der unter anderem auch von openSUSE übernommen wurde). Sie installieren ein solches Paket mithilfe der folgenden Anweisung:

```
# rpm -i Paketname.rpm
```

**7.2  Konfigurations- und Administrationsaufgaben**

Debian und darauf basierende Distributionen wie Ubuntu verwenden einen anderen Paket-manager. Hier erfolgt die Installation eines Pakets wie folgt:

```
# apt-get install Paketname
```

Der wichtigste Vorteil gegenüber *rpm* besteht darin, dass benötigte Pakete und eventuelle Abhängigkeiten automatisch aus einer Online-Quelle heruntergeladen werden.

Open-Source-Software wird häufig auch als Quellcode-Archiv mit der Dateiendung *.tar.gz* verbreitet. Dabei handelt es sich um eine Archivdatei (*tar* für *tapearchive*), die mit GNU zip (*gzip*) komprimiert wurde. Ein solches Paket wird sinnvollerweise in einen leeren Ordner kopiert und anschließend folgendermaßen entpackt und installiert:

```
# tar xzvf paket.tar.gz
# ./configure
# make
# make install
```

In manchen Fällen ist die Endung nicht *.tar.gz*, sondern *.tar.bz2*. Das bedeutet, dass die Datei mit *bzip2* anstelle von *gzip* komprimiert wurde; die entsprechende tar-Option zum Entpacken ist xjvf anstelle von xzvf.

Das Programm make dient allgemein dazu, automatische Kompilier- und Installationsanweisungen auszuführen: Da die meisten größeren Programmierprojekte aus vielen einzelnen Quelldateien bestehen, muss ein *Makefile* angeben, wie sie jeweils kompiliert und zusammengestellt werden sollen.

Beachten Sie, dass einige moderne Linux-Distributionen bei einer Standardinstallation die Entwicklungswerkzeuge *GCC* (*GNU C Compiler*) und *make* weglassen. Das ist ärgerlich, weil diese benötigt werden, um Quellcode-Pakete installieren zu können.

### Einen Kernel kompilieren

Mithilfe verschiedener make-Anweisungen können Sie übrigens auch Ihren eigenen Linux-Kernel kompilieren, falls der allgemeine Kernel, den der Distributor mitliefert, Ihre spezielle Hard- oder Software nicht unterstützt.

In den meisten Fällen ist es heutzutage nicht mehr nötig, den Kernel neu zu kompilieren. Verwenden Sie stattdessen das Kommando modprobe Modulname, um das Kernelmodul für die betreffende Hardware dynamisch zu laden. In den meisten Distributionen lässt sich dies auch über grafische Hilfsmittel erledigen und sogar automatisieren.

Wenn Sie dennoch einen Kernel kompilieren möchten oder müssen, prüfen Sie zuerst mithilfe Ihres Paketmanagers, ob die Kernelquellen installiert sind. Danach müssen Sie das Konfigurationsprogramm für die Kernelanpassung aufrufen:

```
# cd /usr/src/linux
# make xconfig
```

In einem komfortablen GUI-Programm können Sie sich nun eine Kernelkonfiguration zusammenstellen. Es gibt eine Reihe von Kategorien wie Optimierung für bestimmte Prozessortypen, Netzwerk- oder SCSI-Unterstützung. Falls *xconfig* in Ihrer Distribution nicht enthalten ist, geben Sie make menuconfig ein – es öffnet sich ein ähnliches Programm auf der Konsole.

Im Konfigurationsprogramm können Sie sich bei den meisten Gerätetreibern entscheiden, ob Sie sie fest in den Kernel einkompilieren oder als Module hinzufügen möchten. Letzteres ist für Hardware nützlich, die nicht permanent benötigt wird.

Nachdem die Konfiguration fertiggestellt ist, geben Sie an der Konsole (noch immer im Verzeichnis */usr/src/linux*) nacheinander die folgenden Befehle ein:

```
# make all
# make modules_install
```

Sollte Ihr Linux-System noch einen älteren Kernel bis Version 2.4.x verwenden, müssen Sie dagegen alle folgenden Kommandos eingeben:

```
# make dep
# make clean
# make modules
# make modules_install
# make bzImage
```

Nach der Fertigstellung befindet sich der Kernel in jedem Fall im Verzeichnis */usr/src/linux/ arch/i386/boot* und heißt bzImage. Er muss nun an die Stelle des bisherigen Kernels kopiert werden, normalerweise in die Datei */boot/vmlinux*. Alternativ können Sie ihn auch unter einem neuen Namen ins Verzeichnis */boot* kopieren, um beim Booten zwischen mehreren Kernels auswählen zu können. Danach müssen Sie den Bootmanager (GRUB oder LILO) neu konfigurieren. Näheres erfahren Sie in der Dokumentation Ihrer Distribution.

## 7.3  Automatisierung

Unix-Systeme enthalten zahlreiche Möglichkeiten, Routineaufgaben zu automatisieren. In diesem Abschnitt lernen Sie zunächst Shell-Skripte kennen, in denen Sie programmgesteuerte Kommandoabfolgen zusammenfassen können. In einem weiteren Abschnitt geht es um Hilfsmittel wie Aliasse und Cronjobs.

### 7.3.1  Shell-Skripte

Eine besondere Eigenschaft von Unix-Shells sind die eingebauten Befehle, mit deren Hilfe sich bestimmte Aufgaben automatisieren lassen. Im Grunde ist dieser Abschnitt ein Vorgriff auf das Thema des übernächsten Kapitels, die Programmierung. Dennoch sollen hier einige Worte zum Shell-Scripting gesagt werden. Falls Sie noch nie programmiert haben, sollten Sie sich allerdings zuerst Kapitel 9, »Grundlagen der Programmierung«, vornehmen. Konzepte, die an dieser Stelle nur ganz kurz und knapp angesprochen werden können, werden dort ausführlich erläutert.

### Übersicht

Ein Shell-Skript ist im Grunde eine einfache Textdatei, die eine Abfolge von Shell- und Systembefehlen enthält. Diese Befehle werden beim Aufruf dieses Skripts nacheinander abgearbeitet. Für gewöhnlich erhalten Shell-Skripte die Dateiendung *.sh*. Der Name spielt aber eigentlich keine Rolle; wichtig ist, dass Sie das Skript mithilfe von chmod ausführbar machen.

Wie jedes Konsolenprogramm kann ein Shell-Skript Kommandozeilenparameter entgegennehmen. Hinter dem Namen des Skripts kann also beim Aufruf eine durch Leerzeichen getrennte Liste von Zeichenfolgen stehen, die das Skript verarbeiten kann.

Die erste Zeile eines Shell-Skripts enthält die sogenannte *Shebang*-Angabe – ein Kurzwort für die Zeichen # (*sharp*) und ! (*bang*), mit denen sie beginnt. An dieser Stelle steht, welche Shell dieses Skript ausführen soll, da sich verschiedene Shells in ihrer Skript-Syntax voneinander unterscheiden. Hier sehen Sie ein Beispiel für eine Shebang-Zeile; das zugehörige Skript wurde für die *bash* geschrieben:

```
#!/bin/bash
```

Nach dieser Zeile können Sie einen Befehl nach dem anderen untereinanderschreiben. Alle bisher besprochenen Systembefehle sind zulässig, darüber hinaus werden einige spezielle programmiertechnische Erweiterungen verwendet.

Die wichtigsten zusätzlichen Befehle und Elemente für Shell-Skripte sind folgende (hier konkret für die *bash*; bei anderen Shells kann die Syntax leicht abweichen):

▶ *Fallunterscheidungen.* Anweisungen, die zwischen if Bedingung then und fi stehen, werden nur ausgeführt, wenn die Bedingung zutrifft. In der Regel besteht die Bedingung aus dem Vergleich zwischen einer Variablen oder einem Dateinamen und einem bestimmten Wert. Ein solcher Ausdruck steht bei Text- und Dateivergleichen in eckigen Klammern. Dabei stehen unter anderem folgende Vergleichsmöglichkeiten zur Verfügung:

- [ -e Pfad ] – Verzeichniseintrag existiert.
- [ -f Pfad ] – Verzeichniseintrag ist eine Datei.
- [ -d Pfad ] – Verzeichniseintrag ist ein Verzeichnis.
- [ -s Pfad ] – Verzeichniseintrag ist ein Symlink.
- [ str1 = str2 ] – Strings sind identisch.
- [ str1 != str2 ] – Strings sind verschieden.
- [ -z str ] – String ist leer (*zero*).

- [ -n str ] – String hat Inhalt (*nonzero*).

- [ expr1 -a expr2 ] – Beide Ausdrücke sind wahr (*and*).

- [ expr1 -o expr2 ] – Mindestens ein Ausdruck ist wahr (*or*).

Für numerische Vergleiche werden doppelte runde Klammern verwendet: ((...)). Darin stehen die bekannten Vergleichsoperatoren ==, !=, <, >, <= und >= zur Verfügung.

Alternativ kann auch der Erfolg eines Kommandos getestet werden. Dazu wird der Befehl mit seinen Parametern und Argumenten ohne weitere Kennzeichnung zwischen if und then geschrieben. Befehle werden mit einem Exit-Code beendet. 0 bedeutet in der Regel, dass alles in Ordnung ist, andere Werte deuten auf Fehler hin. Die Anweisungen werden bearbeitet, wenn der Befehl korrekt ausgeführt wird, weil der Exit-Code 0 als wahr gilt und jeder andere Wert als falsch.[6]

Hinter else können Sie alternative Anweisungen definieren, die ausgeführt werden sollen, falls die Bedingung nicht zutrifft, mit elif (Abkürzung für else if) können sogar eine oder mehrere zusätzliche Bedingungsprüfungen eingesetzt werden.

▶ *Einzelfallentscheidungen.* Zwischen case und esac können Sie verschiedene Muster aufführen, denen eine angegebene Variable oder ein String mit Variablen entsprechen kann. Die vollständige Schreibweise ist case String in. Hinter jedem Muster, das überprüft wird, steht eine schließende Klammer ). Darauf folgen beliebig viele Anweisungen, die nur ausgeführt werden, wenn das angegebene Muster auf den überprüften String passt. Vor dem nächsten Muster muss eine Befehlssequenz durch ;; abgeschlossen werden. Am Schluss kann *) stehen, um sämtliche noch nicht anderweitig gefundenen Werte zu verarbeiten – etwa um ungültige Argumente per Fehlermeldung abzufangen.

▶ *Schleifen.* Mitunter müssen bestimmte Anweisungen mehrfach ausgeführt werden. Dafür sind Schleifen zuständig. Die *bash* definiert verschiedene Arten von Schleifen; die wichtigsten sind die for-Schleife und die while-Schleife.

Eine for-Schleife geht automatisch alle Kommandozeilenparameter durch, die Parameter werden nacheinander der angegebenen Schleifenvariablen zugewiesen. Alternativ können Sie mithilfe von for ... in ein Dateimuster angeben. Die Variable nimmt dann nacheinander den Namen jeder Datei an, auf die dieses Muster passt.

Die while-Schleife verwendet dagegen eine Bedingung wie if, mit dem Unterschied, dass die Anweisungen mehrmals ausgeführt werden, solange die Bedingung noch zutrifft.

Die Anweisungen, die in jedem Durchlauf der Schleife ausgeführt werden sollen, stehen in beiden Fällen zwischen do und done.

▶ *Variablen.* Mithilfe der Anweisung var = Wert wird einer Variablen innerhalb eines Shell-Skripts ein Wert zugewiesen. Es kann sich dabei sowohl um eine der Umgebungsvariablen

---

6 Übrigens ganz im Gegensatz zu fast allen Programmiersprachen, in denen nämlich 0 als falsch gilt und jeder andere Wert als wahr. In Shell-Skripten gilt diese Besonderheit allerdings auch nur für den Exit-Code.

wie PATH handeln als auch um beliebige temporäre Variablen, die nur innerhalb des Skripts verwendet werden, um Ihnen die Arbeit zu erleichtern.

Wenn die Variablendefinition in einer Shell und allen in ihr aufgerufenen Skripten gültig bleiben soll, müssen Sie in der *bash* übrigens das Kommando export var = Wert verwenden.

Innerhalb von Befehlen, die Sie in einem Shell-Skript aufrufen, wird eine Variable durch ein vorangestelltes $-Zeichen vor der Ausführung des Befehls durch ihren aktuellen Wert ersetzt (substituiert). Innerhalb eines komplexen Ausdrucks steht der Variablenname hinter dem Dollarzeichen zusätzlich in geschweiften Klammern {...}.

Spezielle Variablen sind $0 bis $9 für die einzelnen Kommandozeilenparameter, $* für die gesamte Liste dieser Parameter zur Verwendung in einer Schleife und $# für die Anzahl der übergebenen Parameter.

### Beispiele

Es folgen zwei kleine Beispiele, die die praktische Verwendung der zuvor erläuterten Anweisungen demonstrieren. Zuerst sehen Sie hier ein Skript, das im übernächsten Kapitel (ohne Datum und Uhrzeit) auch in allen drei ausführlicher vorgestellten Programmiersprachen gezeigt wird. Es gibt den klassischen Programmiereinstiegssatz »Hallo, Welt!« aus, fügt Datum und Uhrzeit hinzu, fragt den Benutzer nach dessen Namen und begrüßt ihn anschließend damit. Hier der Code:

```
#!/bin/bash
echo Hallo, Welt!
echo Es ist `date +"%d.%m.%Y, %H:%M"`
echo -n "Wie heisst du? "
read name
echo Hallo, $name!
```

Speichern Sie das Skript, zum Beispiel unter dem Namen *hallo.sh*, und machen Sie es wie folgt ausführbar:

```
$ chmod +x hallo.sh
```

Danach können Sie es ausführen. Hier ein komplettes Ein- und Ausgabebeispiel:

```
$ ./hallo.sh
Hallo, Welt!
Es ist 07.05.2017, 17:43
Wie heisst du? Sascha
Hallo, Sascha!
```

Die meisten in dem Skript verwendeten Anweisungen wurden bereits erläutert.

Das folgende kurze Beispiel definiert ein Skript namens backup, das alle Dateien, die auf ein angegebenes Dateimuster passen, in Dateien mit der zusätzlichen Endung .*tmp* sichert:

```
#!/bin/bash
if (( $# < 1 ))
then
    echo "Verwendung: backup Dateimuster"
    exit 1
fi
for i in $*
do
  echo "Verarbeite ${i}"
  if [ -f $i ]
  then
    cp $i ${i}.tmp
  fi
done
```

Wenn kein Dateimuster angegeben wird, erscheint eine Warnmeldung, und das Skript wird mit einem Fehlercode beendet. Andernfalls werden alle gewöhnlichen Dateien (Test -f), die zum angegebenen Dateimuster passen, in einer Schleife nacheinander in entsprechenden .*tmp*-Dateien gesichert. Der folgende Aufruf sichert alle Dateien mit der Endung .*txt* im aktuellen Verzeichnis:

```
$ ./backup *.txt
```

Im übernächsten Kapitel wird übrigens die Skriptsprache Python vorgestellt, die mit einer eingängigeren Syntax und erheblich umfangreicheren Möglichkeiten eine hervorragende Ergänzung oder gar Alternative zu Shell-Skripten bietet.

### 7.3.2 Weitere Hilfsmittel

Für die Arbeit mit Shell-Skripten, aber auch unabhängig davon, bieten Unix-Systeme einige weitere Automatisierungsmöglichkeiten, die hier kurz besprochen werden.

**Aliasse**

Aliasse sind eine Möglichkeit der *bash*, längere Befehlseingaben, etwa mit zahlreichen Parametern, zu einer Art Makro zu verkürzen. Grundsätzlich geschieht dies mithilfe einer Eingabe nach dem Schema:

```
$ alias Aliasname='Kommando [Argumente]'
```

Hier ein Beispiel, das `ls` mit den Optionen `-l` (Detailinformationen) und `-a` (auch versteckte Dateien anzeigen) unter dem Alias `l` bereitstellt:

```
$ alias l='ls -la'
```

Aufgerufen wird ein solcher Alias wie ein gewöhnliches Kommando. Beispiel:

```
$ l
```

Auch Aliassen können Sie Optionen oder Argumente übergeben, solange der zugrunde liegende Befehl diese unterstützt. Das folgende Beispiel ruft den Alias `l` mit der zusätzlichen Option `-X` (nach Dateiendungen sortieren) sowie dem Dateimuster `a*` (mit a beginnende Dateien und Verzeichnisse) auf:

```
$ l -X a*
```

Die Definition eines Alias können Sie sich mit `alias Name` anschauen, also etwa:

```
$ alias l
```

`alias` ohne Argumente zeigt alle aktuellen Alias-Definitionen an. `unalias Name` löscht den angegebenen Alias. Genau wie Umgebungsvariablen sind auch Aliasse in vielen Distributionen in den Shell-Konfigurationsskripten vorkonfiguriert.

### Cronjobs

Manche Administrationsaufgaben oder Aufräumarbeiten müssen regelmäßig erledigt werden. Mit *Cronjobs* bieten Unix-Systeme eine flexible Möglichkeit, solche Aufgaben zu automatisieren.

Die einfachere Methode besteht darin, einen Symlink auf das auszuführende Programm oder Shell-Skript in einem der folgenden Verzeichnisse anzulegen:

▶ */etc/cron.hourly* (stündlich)

▶ */etc/cron.daily* (täglich)

▶ */etc/cron.weekly* (wöchentlich)

▶ */etc/cron.monthly* (monatlich)

Das folgende Beispiel sorgt dafür, dass ein Skript namens *taeglich.sh* jeden Tag ausgeführt wird:

```
# ln -s /usr/bin/skripten/taeglich.sh \
> /etc/cron.daily/taeglich.sh
```

Erheblich flexibler, aber etwas komplizierter in der Handhabung ist die Arbeit mit sogenannten *Crontabs*, die für jeden User einzeln angelegt werden. Es handelt sich um Textdateien, in denen jede Zeile einen Eintrag in folgendem Format darstellt:

```
Min Std Tag Mon Wochentag Kommando
```

Für die Zeit-Felder gelten folgende Wertebereiche:

- ▶ Minute: 0–59
- ▶ Stunde: 0–23
- ▶ Tag im Monat: 1–31
- ▶ Monat: 1–12
- ▶ Wochentag: 0–6 (0 = Sonntag, 1 = Montag ... 6 = Samstag)

Ein * in einem der Felder sorgt dafür, dass der Cronjob für jeden Wert in diesem Feld gilt. Hier ein Beispiel, das ein Skript namens *cleanup.sh* jeden Freitag um 18:00 Uhr ausführt:

```
0 18 * * 5 /usr/bin/skripten/cleanup.sh
```

Das folgende Beispiel ruft zu jeder vollen Stunde das Skript *stuendlich.sh* auf:

```
0 * * * * /usr/bin/skripten/stuendlich.sh
```

Auch Bereiche in der Form Start-Ende sind für ein Feld möglich. Das folgende Beispiel führt montags bis samstags von 8 bis 18 Uhr jeweils stündlich ein Skript namens *arbeit.sh* aus:

```
0 8-18 * * 1-6 /usr/bin/skripten/arbeit.sh
```

Hinter * oder Start-Ende können Sie optional einen / und ein Intervall angeben. Das folgende Beispiel führt alle zwei Stunden who -a aus, um eine vollständige Liste der angemeldeten Benutzer und virtuellen Terminals zu erzeugen:

```
0 */2 * * * who -a
```

Eventuelle Ausgaben der betreffenden Skripte werden mithilfe des Kommandos mail an den betreffenden Benutzer geschickt. Optional fügen Sie als erste Zeile der Crontab eine Anweisung wie diese ein, um die Mails an einen anderen User zu schicken (sinnvoll beispielsweise für die *root*-Crontab):

```
MAILTO=sascha
```

Geben Sie mail ein, um solche Nachrichten zu lesen. Die jeweilige Nummer zeigt eine bestimmte Nachricht an; ⓠ beendet sowohl die einzelne Nachricht als auch das Programm.

Der Befehl crontab mit der Option -e ermöglicht die Bearbeitung der Crontab im Editor *vi*, der im nächsten Abschnitt vorgestellt wird. crontab -l liefert die aktuelle Crontab, und crontab -r entfernt sie. Als *root* können Sie auch die Option -u Username hinzufügen, um die Crontab eines anderen Benutzers zu lesen oder zu ändern.

## 7.4 Editoren

Es wurden in diesem Kapitel bereits einige Programme vorgestellt, mit deren Hilfe sich Textdateien manipulieren lassen. Allerdings wurde bisher noch keine Möglichkeit gezeigt, solche Dateien einzugeben oder zu bearbeiten. Die grafischen Oberflächen für Linux sind reichlich mit mausgesteuerten und fensterbasierten Editoren ausgestattet. Dennoch ist es nützlich, den Umgang mit einem klassischen Kommandozeileneditor zu beherrschen.

In diesem Abschnitt werden die entscheidenden Funktionen der beiden wichtigsten Editoren vorgestellt. Der *vi* (gesprochen: »wie ei«) ist der ursprüngliche Unix-Editor und steht deshalb in jeder beliebigen Unix-Umgebung zur Verfügung. *Emacs* wurde ursprünglich von Richard Stallman geschrieben und verfügt über eine Reihe komfortabler Fähigkeiten.

### 7.4.1 vi

Der eigentliche *vi*-Texteditor wurde von *Bill Joy* an der UC Berkeley programmiert. Es gibt eine Reihe mehr oder weniger kompatibler Editoren, die die Funktionalität des ursprünglichen *vi* verbessern. Unter Linux kommt beispielsweise häufig *Vim* (*ViImproved*) von *Bram Molenaar* zum Einsatz.

Der *vi*-Texteditor wird durch die Eingabe von `vi` beziehungsweise `vi Dateiname` gestartet; bei modernen Distributionen ist `vi` in der Regel ein Symlink auf `vim`. Wenn Sie einen Dateinamen angeben, wird diese Datei zum Bearbeiten geöffnet beziehungsweise neu angelegt.

Nachdem der *vi* gestartet wurde, befindet er sich im Befehlsmodus. Hier können Sie in der untersten Zeile Befehle eingeben, die in der Regel aus einem oder zwei Buchstaben bestehen. Einige dieser Befehle wechseln in den Editiermodus, in dem Sie Text eingeben oder ändern können, andere dienen dem Verschieben, Löschen oder Kopieren von Text. Mit [Esc] wechseln Sie aus dem Editiermodus wieder zurück in den Befehlsmodus.

Anders als bei den meisten anderen Editoren werden Befehle also nicht durch spezielle Tastenkombinationen mit der [Strg]- oder [Alt]-Taste getätigt, sondern durch normale Tasten, solange Sie sich im Befehlsmodus befinden.

Im Folgenden werden jeweils genau die Tasten angegeben, die Sie auf der Tastatur drücken müssen – beispielsweise bedeutet [A] nicht, dass Sie ein großes A eingeben sollen, sondern dass die Taste [A] gedrückt werden soll. Ein großes A würde dagegen als [⇧] + [A] angegeben. Wenn mehrere Tasten nacheinander gedrückt werden müssen, werden diese einfach der Reihe nach aufgeführt. Lediglich einige ganz eindeutige Sonderzeichen werden so aufgeführt, als seien sie einzelne Tasten – [)] bedeutet beispielsweise, dass Sie [⇧] + [9] drücken müssen.

Bei einigen selteneren Sonderzeichen wird außerdem einmal erklärt, wie Sie sie eingeben können. Da der *vi* auch bei macOS (siehe nächster Abschnitt) mitgeliefert wird und Sie Linux natürlich auch auf dem Macintosh installieren können, finden Sie die Tastenkombinationen für PC und Mac, falls diese sich unterscheiden.

Die wichtigste Taste im Befehlsmodus ist [I] – sie wechselt in den Einfügemodus, in dem Sie Text eingeben können. In diesem Modus können Sie sich grundsätzlich mit den Pfeiltasten durch den Text bewegen. Die Löschtasten funktionieren dagegen je nach Terminal nicht immer. Statt mit [I] gelangen Sie auch mit anderen Tasten in den Eingabemodus, die den Cursor unterschiedlich platzieren und gegebenenfalls Text ersetzen: [A] startet die Eingabe hinter der Cursorposition. [O] fügt unter der Cursorposition zunächst eine neue Zeile ein, während [⇧] + [O] zunächst die aktuelle Zeile nach unten verschiebt. [C][W] ersetzt das nächste Wort und [C][C] die aktuelle Zeile. Ersetzen heißt in diesem Fall, dass der jeweilige Text vor der Aktivierung des Eingabemodus entfernt wird.

Im Befehlsmodus können Sie sich mit folgenden Tasten schrittweise durch den Text bewegen: [H] nach links, [J] nach unten, [K] nach oben und [L] nach rechts. Wie Sie sehen, liegen diese vier Tasten nebeneinander, was ihre Verwendung sehr bequem macht. In den meisten Terminal-Emulationen funktionieren zwar auch die Pfeiltasten, aber allgemein kompatibel sind nur diese vier Buchstabentasten.

Den meisten Befehlen können Sie eine Zahl voranstellen, um sie mehrmals auszuführen. Beispielsweise geht [3][H] um drei Schritte nach links und [4][J] um vier Zeilen nach unten. [C][3][W] entfernt drei Wörter und schaltet dann den Eingabemodus ein.

[W] bewegt den Cursor um ein Wort nach rechts; [B] um ein Wort nach links. Auch diese Tasten lassen sich mit einer Zahl kombinieren, um mehrere Wörter weiter- beziehungsweise zurückzugehen.

[0] (Null) springt zum Zeilenanfang; [$] ([⇧] + [4]) zum Zeilenende. Runde Klammern dienen dem Bewegen zwischen Sätzen: Beispielsweise bewegt [⇧] + [8] sich zum Anfang des vorangegangenen Satzes oder [⇧] + [9] zum nächsten. Geschweifte Klammern – [{] und [}] – springen zum Anfang des nächsten beziehungsweise des letzten Absatzes. Auf einem PC werden sie mithilfe der Tastenkombinationen [Alt Gr] + [7] beziehungsweise [Alt Gr] + [0] erzeugt, auf dem Mac mithilfe von [Alt] + [8] beziehungsweise [Alt] + [9].

Eine Zahl mit einem Pipe-Zeichen [|] (PC: [Alt Gr] + [<], Mac: [Alt] + [7]) dahinter springt zum angegebenen Zeichen in der aktuellen Zeile: [7][|] bewegt sich beispielsweise zur Position 7. Hat eine Zeile weniger Zeichen als den Wert, den Sie angeben, dann bewegt sich der Cursor zum letzten Zeichen.

[-] bewegt den Cursor zum Anfang der vorigen Zeile, während [+] oder [↵] zum ersten Nichtleerzeichen in der nächsten Zeile springen.

Besonders angenehm sind die eingebauten Suchfunktionen, die Sie im Befehlsmodus durchführen können: [/] leitet einen regulären Ausdruck im grep-Format ein. Wenn Sie [↵] drücken, wird vorwärts danach gesucht. Der Cursor bewegt sich auf das erste Zeichen der Fundstelle. [?] Suchmuster [↵] sucht rückwärts nach dem angegebenen beziehungsweise vorangegangenen Muster. [N] sucht nach dem nächsten Vorkommen des aktuellen Suchmusters in der jeweiligen Suchrichtung; [⇧] + [N] sucht dagegen in der anderen Richtung.

Beispielsweise sucht ⌷/⌷ [0-9] ⏎ vorwärts nach der nächsten Ziffer; ⌷N⌷ sucht erneut danach. ⌷?⌷ [a-z] ⏎ sucht rückwärts nach dem nächstgelegenen Kleinbuchstaben, ein anschließendes ⌷N⌷ sucht wiederum den vorherigen.

Die Befehle zum automatischen Suchen und Ersetzen beginnen mit einem ⌷:⌷, weil es sich um Befehle des Zeileneditors *ex* handelt, auf dem *vi* basiert. Alle *ex*-Befehle werden mit ⏎ abgeschlossen, deshalb ist es im Folgenden nicht aufgeführt. Mit ⌷:⌷⌷S⌷⌷/⌷ Suchmuster ⌷/⌷ Ersatztext ⌷/⌷ ersetzen Sie das Suchmuster in der aktuellen Zeile durch den Ersatztext. Für globales Ersetzen im gesamten Text ist die etwas komplexere Form ⌷:⌷⌷%⌷⌷S⌷⌷/⌷ Suchmuster ⌷/⌷ Ersatztext ⌷/⌷⌷G⌷ zuständig; die Option G steht hier für *global*. Verwenden Sie ⌷C⌷ als zusätzliche Option, wenn Sie aus Sicherheitsgründen jede einzelne Änderung bestätigen möchten. Anstelle des Prozentzeichens können Sie auch zwei durch Komma getrennte Zeilennummern angeben, um das Ersetzen auf den entsprechenden Bereich des Dokuments zu beschränken.

Für das Löschen im Befehlsmodus sind die folgenden Tasten und Tastenfolgen definiert: ⌷X⌷ löscht das aktuelle Zeichen, ⌷⇧⌷ + ⌷X⌷ das Zeichen vor dem Cursor. ⌷D⌷⌷W⌷ löscht das ganze Wort, während ⌷D⌷⌷D⌷ die gesamte aktuelle Zeile entfernt. Wenn Sie beispielsweise drei Wörter löschen möchten, müssen Sie ⌷D⌷⌷3⌷⌷W⌷ eingeben, für vier Zeilen lautet die Eingabe dagegen ⌷D⌷⌷4⌷⌷D⌷. Die Tastenkombination ⌷⇧⌷ + ⌷D⌷ löscht den Text bis zum Ende der Zeile. ⌷P⌷ oder ⌷⇧⌷ + ⌷P⌷ setzen den zuletzt gelöschten Text hinter beziehungsweise vor dem Cursor wieder ein. Der jeweilige Löschvorgang stellt den gelöschten Text nacheinander in nummerierte Löschpuffer. Mit ⌷1⌷⌷P⌷ fügen Sie zum Beispiel den Text aus dem Löschpuffer Nummer 1 – dem ältesten – ein. Insgesamt existieren neun nummerierte Löschpuffer.

Wenn Sie Text kopieren möchten, können Sie ⌷Y⌷ (Abkürzung für *yank*) und ein Navigationskommando verwenden, beispielsweise ⌷Y⌷⌷W⌷ für ein Wort oder ⌷Y⌷⌷5⌷⌷Y⌷ für fünf Zeilen. Der Text landet – genau wie beim Löschen – nacheinander in den nummerierten Puffern 1 bis 9 und kann durch die entsprechenden ⌷P⌷-Sequenzen wieder eingefügt werden. Wenn Sie ⌷"⌷ drücken, dann einen Buchstaben von ⌷A⌷ bis ⌷Z⌷ und schließlich zweimal ⌷⇧⌷ + ⌷Y⌷, wird die aktuelle Zeile dagegen in einen von 26 benannten Puffern kopiert. Wird der Name des Puffers mit ⌷⇧⌷ kombiniert (Großbuchstabe), dann wird der Inhalt des Puffers nicht überschrieben, sondern um die neu kopierte Zeile ergänzt. Mit ⌷"⌷, dem Buchstaben eines benannten Puffers und ⌷P⌷ oder ⌷⇧⌷ + ⌷P⌷ können Sie den Text des entsprechenden Puffers wieder einfügen.

Die Taste ⌷U⌷ macht den letzten Lösch-, Einfüge- oder Änderungsbefehl rückgängig. Beachten Sie, dass nur in *Vim* mehrere Schritte rückgängig gemacht werden können; beim klassischen *vi* ist lediglich ein Schritt möglich. ⌷⇧⌷ + ⌷U⌷ stellt die gesamte zuletzt modifizierte Zeile wieder her, und der Punkt ⌷.⌷ wiederholt den letzten Editierbefehl beliebig oft.

Wichtig sind schließlich noch die Dateioperationen. Auch bei ihnen handelt es sich um *ex*-Befehle. Geben Sie ⌷:⌷⌷W⌷ Dateiname ein, um die aktuell bearbeitete Datei unter einem neuen Namen zu speichern; beachten Sie aber, dass Sie danach mit der alten Datei weiterarbeiten.

⌈:⌉⌈W⌉⌈!⌉ speichert sie nach erfolgten Änderungen erneut unter diesem Namen – das ⌈!⌉ dient jeweils dem Umgehen von Schutzmaßnahmen. ⌈:⌉⌈R⌉ Dateiname öffnet die angegebene Datei und fügt ihren Inhalt an der aktuellen Cursorposition ein. ⌈:⌉⌈Q⌉ beendet den *vi*, aber nur, wenn die aktuelle Datei gespeichert wurde. ⌈:⌉⌈Q⌉⌈!⌉ erzwingt das Beenden und verwirft Änderungen. ⌈:⌉⌈X⌉ ist eine Kurzfassung für ⌈:⌉⌈W⌉⌈Q⌉: Beide bedeuten, dass *vi* zuerst speichern und anschließend beendet werden soll.

Diese kurze Übersicht ermöglicht es Ihnen, sich grundsätzlich im *vi* zurechtzufinden und effizient Texte zu bearbeiten. In Wirklichkeit verfügt er über Unmengen weiterer Befehle, immerhin gibt es ganze Bücher über die Arbeit mit diesem Editor. Tabelle 7.4 zeigt eine Übersicht über die wichtigsten dieser Kommandos; zum Teil kamen diese nicht in der Beschreibung vor. Aber ob Sie nun mit der vorliegenden kurzen Anleitung oder mit einem umfangreichen Tutorial arbeiten – Geläufigkeit erreichen Sie nur, wenn Sie ständig üben.

| Tastenkürzel/Befehl | Bedeutung |
|---|---|
| **Moduswechsel** | |
| ⌈I⌉ | Wechsel in den Eingabemodus an aktuelle Position |
| ⌈A⌉ | Wechsel in den Eingabemodus nach aktueller Position |
| ⌈⇧⌉ + ⌈I⌉ | Wechsel in den Eingabemodus am Zeilenanfang |
| ⌈⇧⌉ + ⌈A⌉ | Wechsel in den Eingabemodus am Zeilenende |
| ⌈O⌉ (Oh, nicht Null) | Wechsel in den Eingabemodus unter aktuelle Zeile |
| ⌈⇧⌉ + ⌈O⌉ (Oh) | Wechsel in den Eingabemodus über aktuelle Zeile |
| ⌈Esc⌉ | Wechsel aus Eingabemodus in den Befehlsmodus |
| **Navigation im Text** | |
| ⌈H⌉ | Cursor um ein Zeichen nach links bewegen |
| ⌈J⌉ | Cursor um ein Zeichen nach unten bewegen |
| ⌈K⌉ | Cursor um ein Zeichen nach oben bewegen |
| ⌈L⌉ | Cursor um ein Zeichen nach rechts bewegen |
| ⌈0⌉ (Null, nicht Oh) | Cursor an den Zeilenanfang |
| ⌈⇧⌉ + ⌈4⌉, d. h. ⌈$⌉ | Cursor ans Zeilenende |
| ⌈⇧⌉ + ⌈8⌉, d. h. ⌈(⌉ | Cursor zum vorangegangenen Satzanfang |
| ⌈⇧⌉ + ⌈9⌉, d. h. ⌈)⌉ | Cursor zum nächsten Satzanfang |

**Tabelle 7.4** Die wichtigsten »vi«-Kommandos im Überblick

| Tastenkürzel/Befehl | Bedeutung |
| --- | --- |
| `Alt Gr` + `7` (Windows) oder `Alt` + `8` (Mac), d. h. `{` | Cursor zum vorangegangenen Absatzanfang |
| `Alt Gr` + `0` (Windows) oder `Alt` + `9` (Mac), d. h. `}` | Cursor zum nächsten Absatzanfang |
| n `Alt Gr` + `<` (Windows) bzw. n `Alt` + `7` (Mac), d. h. n `\|` | Cursor zu Zeichen n in der aktuellen Zeile |
| `-` | Cursor zum Anfang der vorangegangenen Zeile |
| `+` oder `↵` | Cursor zum ersten Nichtleerzeichen der nächsten Zeile |
| `⇧` + `H` | Cursor zum Anfang der ersten sichtbaren Zeile |
| `⇧` + `M` | Cursor zum Anfang der Zeile in der Bildschirmmitte |
| `⇧` + `L` | Cursor zum Anfang der letzten sichtbaren Zeile |
| n `⇧` + `5`, d. h. n `%` | Cursor in die Zeile, die dem angegebenen prozentualen Anteil des Textes entspricht |
| `W` | Cursor ein Wort weiter (Satzzeichen als eigene Wörter) |
| `⇧` + `W` | Cursor ein Wort weiter (inklusive Satzzeichen) |
| `B` | Cursor ein Wort zurück (Satzzeichen als eigene Wörter) |
| `⇧` + `B` | Cursor ein Wort zurück (inklusive Satzzeichen) |
| `E` | Cursor zum nächsten Wortende |
| `G` `E` | Cursor zum vorangegangenen Wortende |
| n `G` oder `:` n | Cursor in Zeile n |
| `G` `G` | Cursor an den Textanfang |
| `⇧` + `G` | Cursor an den Anfang der letzten Zeile |
| n Tastenkürzel | die angegebene Funktion n-mal ausführen (z. B. `3` `H` für drei Zeichen nach links; nicht nur für Navigation verfügbar) |

**Tabelle 7.4** Die wichtigsten »vi«-Kommandos im Überblick (Forts.)

| Tastenkürzel/Befehl | Bedeutung |
|---|---|
| **Scrollen (Bildschirm bewegen, ohne den Cursor zu verschieben)** | |
| `Strg` + `Y` | eine Zeile nach oben scrollen |
| `Strg` + `E` | eine Zeile nach unten scrollen |
| `Strg` + `U` | einen halben Bildschirm nach oben scrollen |
| `Strg` + `D` | einen halben Bildschirm nach unten scrollen |
| `Strg` + `B` | einen ganzen Bildschirm nach oben scrollen |
| `Strg` + `F` | einen ganzen Bildschirm nach unten scrollen |
| `Z` `Z` | die Zeile mit dem Cursor in die Bildschirmmitte scrollen |
| `Z` `T` | die Zeile mit dem Cursor an den oberen Bildschirmrand scrollen |
| `Z` `B` | die Zeile mit dem Cursor an den unteren Bildschirmrand scrollen |
| **Zeichen suchen** | |
| `F` Zeichen | erstes Vorkommen des angegebenen Zeichens in der aktuellen Zeile suchen |
| n `F` Zeichen | das n. Vorkommen des angegebenen Zeichens in der aktuellen Zeile suchen |
| `⇧` + `F` Zeichen | rückwärts in der aktuellen Zeile nach dem angegebenen Zeichen |
| `;` | den vorherigen Suchbefehl wiederholen |
| `,` | vorherigen Suchbefehl in die andere Richtung wiederholen |
| `%` | zwischen korrespondierenden Klammern (auch eckigen oder geschweiften) hin- und herspringen; mit Zähler völlig andere Bedeutung (siehe unter »Navigation«) |
| **Volltextsuche und Ersetzen** | |
| `/` RegExp `↵` | vorwärts im Text nach dem angegebenen regulären Ausdruck suchen |
| `?` RegExp `↵` | rückwärts im Text nach dem angegebenen regulären Ausdruck suchen |

**Tabelle 7.4** Die wichtigsten »vi«-Kommandos im Überblick (Forts.)

| Tastenkürzel/Befehl | Bedeutung |
|---|---|
| N | in die aktuelle Richtung erneut nach dem vorherigen regulären Ausdruck suchen |
| ⇧ + N | in die entgegengesetzte Richtung erneut nach dem vorherigen regulären Ausdruck suchen |
| : wrapscan ↵ | Suche darf Dokumentende/-anfang überschreiten (Standard). |
| : nowrapscan ↵ | Suche darf Dokumentende/-anfang nicht mehr überschreiten. |
| : sethlsearch ↵ | künftig alle gefundenen Ergebnisse hervorheben |
| : nohlsearch ↵ | die aktuelle Hervorhebung ausblenden |
| : setnohlsearch ↵ | die gefundenen Ergebnisse nicht mehr hervorheben |
| : setincsearch ↵ | inkrementelle Suche – bereits während der Eingabe zu suchen beginnen |
| : setnoincsearch ↵ | die inkrementelle Suche abschalten |
| : S / Text1 / Text2 / ↵ | das nächste Vorkommen von Text1 in der aktuellen Zeile durch Text2 ersetzen |
| : S / Text1 / Text2 / G ↵ | alle Vorkommen von Text1 in der aktuellen Zeile durch Text2 ersetzen |
| : % S / Text1 / Text2 / ↵ | das erste Vorkommen von Text1 in jeder Zeile durch Text2 ersetzen |
| : % S / Text1 / Text2 / G ↵ | alle Vorkommen von Text1 in jeder Zeile (das heißt alle Vorkommen im gesamten Text) durch Text2 ersetzen |
| : % S / Text1 / Text2 / G C ↵ | wie der vorherige Befehl, aber vor jedem einzelnen Ersetzungsvorgang nachfragen (die Option C steht auch für alle anderen Optionen zur Verfügung) |
| **Sprungmarken** | |
| `` ` ` `` | Sprung zur letzten Sprungmarke (Ergebnis einer Suche oder eines G -Sprungbefehls) |
| Strg + O (Oh) | in der Liste der Sprungmarken schrittweise rückwärts blättern |

**Tabelle 7.4** Die wichtigsten »vi«-Kommandos im Überblick (Forts.)

# 7 Linux

| Tastenkürzel/Befehl | Bedeutung |
|---|---|
| `Strg` + `I` | in der Liste der Sprungmarken schrittweise vorwärts blättern |
| `M` `A` bis `M` `Z` | an der aktuellen Cursorposition eine der benannten Marken A bis Z einrichten |
| `` ` `` `A` bis `` ` `` `Z` | zu einer der benannten Marken A bis Z springen |
| `'` `A` bis `'` `Z` | zum Anfang der jeweiligen Zeile springen, in der sich eine der benannten Marken A bis Z befindet |
| `:` marks `⏎` | Liste aller Marken ausgeben |
| **Löschen, Kopieren und Einfügen** | |
| `X` | das Zeichen unter dem Cursor ausschneiden (löschen und in einem Puffer speichern) |
| `⇧` + `X` | das Zeichen links neben dem Cursor ausschneiden |
| `D` Navigationsbefehl | Die dem Navigationsbefehl entsprechende Menge Text ausschneiden. `D` `3` `H` löscht beispielsweise drei Zeichen nach links. |
| `D` `D` | ganze Zeile ausschneiden |
| `C` Navigationsbefehl | wie `D`, aber anschließend in den Eingabemodus wechseln |
| `C` `C` | wie `D` `D`, aber anschließend in den Eingabemodus wechseln |
| `Y` Navigationsbefehl | die dem Navigationsbefehl entsprechende Menge Text in den Puffer kopieren (*yank*) |
| `Y` `Y` | ganze Zeile kopieren |
| `P` | den Text aus dem Puffer an der aktuellen Cursorposition einfügen |
| `⇧` + `P` | den Text aus dem Puffer hinter der aktuellen Cursorposition einfügen |
| `X` `P` | das aktuelle und das folgende Zeichen vertauschen |
| **Wiederholen, Rückgängigmachen, Wiederherstellen** | |
| `U` | den letzten Befehl rückgängig machen (in *vi* nur einmal, in *Vim* mehrmals möglich – auch mit Zähler) |

**Tabelle 7.4** Die wichtigsten »vi«-Kommandos im Überblick (Forts.)

| Tastenkürzel/Befehl | Bedeutung |
|---|---|
| `Strg` + `R` | den zuletzt rückgängig gemachten Befehl wiederherstellen (nur *Vim*) |
| `.` | den vorangegangenen Befehl wiederholen |
| **Datei- und Fensterverwaltung** | |
| `↵` | die aktuelle Datei speichern |
| `:` `W` Neuer Name `↵` | eine Kopie der aktuellen Datei unter NeuerName speichern; mit der aktuellen weiterarbeiten |
| `:` edit Dateiname `↵` | das Editieren der aktuellen Datei beenden (muss gespeichert sein) und die angegebene laden |
| `:` edit `!` Dateiname `↵` | das Editieren der aktuellen Datei abbrechen (wird nicht gespeichert!) und die angegebene laden |
| `:` wedit Dateiname `↵` | die aktuelle Datei automatisch speichern und schließen und die angegebene laden |
| `:` hide edit Dateiname `↵` | die aktuelle Datei verbergen und die angegebene laden |
| `:` buffers `↵` | nummerierte Liste aller Puffer (geöffneten Dateien) |
| `:` buffer Nummer `↵` | zum Puffer mit der angegebenen Nummer wechseln |
| `:` `Q` | *vi* beenden (Alle Dateien müssen gespeichert sein.) |
| `:` `Q` `!` | Beenden von *vi* erzwingen (Nicht gespeicherte Dateien werden verworfen.) |

**Tabelle 7.4** Die wichtigsten »vi«-Kommandos im Überblick (Forts.)

### 7.4.2 Emacs

Der Name *Emacs* steht für *Editor Macros*, weil er ursprünglich als Satz von Makrobefehlen für einen älteren Editor entworfen wurde. Inzwischen ist er ein eigenständiger Editor, der in vielen verschiedenen Varianten für etliche Plattformen verfügbar ist, nicht nur für alle erdenklichen Unix-Arten, sondern beispielsweise auch für Windows. Die Hauptentwicklungslinie ist der *GNUEmacs*, den Sie von der Website des GNU-Projekts (*www.gnu.org*) oder den zahlreichen weltweiten Mirror-Sites herunterladen können. Die aktuelle Hauptversion ist 25.x, was Ihnen einen Eindruck davon vermitteln mag, wie lange diese Software bereits existiert[7] – das

---

7 Heutzutage vielleicht nicht mehr so ganz wie früher, da Versionsnummern inzwischen recht inflationär vergeben werden. Beispielsweise sind die aktuellen Versionen (Ende April 2017) der Browser Chrome und Mozilla Firefox 58.0 beziehungsweise 53.0.

Programm ist ausgereift und sehr stabil. Daneben gibt es den sogenannten *XEmacs*, was ein wenig verwirrend ist, weil beide Varianten sowohl auf der Konsole als auch in einer grafischen X-Window-Oberfläche laufen.

*Emacs* verfügt über einen erheblich größeren Befehlsumfang als *vi*; es handelt sich letzten Endes nicht nur um einen Editor, sondern um einen vollwertigen Shell-Ersatz mit zusätzlichen Funktionen wie E-Mail, unzähligen Betriebsmodi für diverse Textsorten und sogar Spielen.

Die meisten *Emacs*-Befehle werden durch Tastenkombinationen mit `Strg` (auf englischen PC-Tastaturen und auf dem Mac `Ctrl`) oder `Meta` gebildet. Wenn Sie auf Ihre Tastatur schauen, werden Sie feststellen, dass Sie gar keine `Meta`-Taste haben; die gibt es nur an einigen alten Terminals und verschiedenen Unix-Workstations. In den meisten Terminal-Programmen oder in der GUI-Version von *Emacs* kann die `Alt`-Taste dafür verwendet werden. Einige Terminal-Emulationen bestehen dagegen darauf, dass Sie `Meta`-Tastenkombinationen durch Drücken der Taste `Esc` und anschließendes Drücken der entsprechenden Kombinationstaste eingeben.

Die *Emacs*-Dokumentation verwendet eine etwas eigenwillige Schreibweise für die Tastenkombinationen. Diese Schreibweise wird hier kurz erläutert und anschließend verwendet, damit Sie sich nicht umzugewöhnen brauchen, wenn Sie die zahlreichen Hilfeseiten im *Emacs* selbst lesen. `Strg`-Tastenkombinationen werden durch C- (*control*), gefolgt von dem entsprechenden Zeichen, angegeben, beispielsweise steht C-x für `Strg` + `X`. `Meta`-Tastenkürzel werden dagegen mit vorangestelltem M- dargestellt. M-x bedeutet also je nach der Umgebung, in der Sie arbeiten, entweder `Alt` + `X` oder `Esc`, gefolgt von `X`. Letzteres funktioniert übrigens immer.

Der *Emacs* wird durch Eingabe von emacs oder emacs Dateiname gestartet. Wenn Sie ihn nicht in einem GUI-Fenster, sondern in der aktuellen Konsole aufrufen möchten, lautet das Kommando emacs -nw [Dateiname]. Sie können mehrere Dateien auf einmal bearbeiten; die einzelnen Arbeitsbereiche für Dateien werden als *Buffer* bezeichnet. Falls Sie keinen Dateinamen angegeben haben, befinden Sie sich zunächst im Scratch-Buffer (Notizblock), der für ungespeicherte Notizen vorgesehen ist. Wenn Sie eine speicherbare Datei editieren möchten, müssen Sie diese zunächst mit C-x C-f Dateiname »besuchen« (die Original-*Emacs*-Dokumentation verwendet den Ausdruck »visit«). Falls diese Datei bereits existiert, wird sie geöffnet, ansonsten neu angelegt.

Wenn mehrere Buffer geöffnet sind, können Sie mithilfe der Tastenkombination C-x b Buffername `↵` zum Buffer mit dem angegebenen Namen wechseln (ohne Angabe eines Buffers wird reihum zum jeweils nächsten gewechselt). Eine Liste aller verfügbaren Buffer erhalten Sie mit C-x C-b in einem abgetrennten Bereich, der als *Fenster* bezeichnet wird. Mit C-x 2 können Sie ein solches Fenster selbst erzeugen; C-x 4 f Dateiname `↵` öffnet eine neue Datei in einem separaten Fenster. Mit C-x o wechseln Sie zwischen den beiden Fenstern hin und her. Mit M-C-v können Sie den Inhalt des Fensters scrollen, in dem Sie zurzeit nicht arbeiten. C-x 1 schließt das nicht aktive Fenster und behält nur das aktuelle.

Je nach Dateityp (den *Emacs*, ähnlich wie Windows, an der Dateiendung erkennt) befinden Sie sich in einem der verschiedenen *Emacs*-Arbeitsmodi, die vor allem Programmierern das Leben erleichtern. Einige der wichtigsten Modi sind Fundamental (der grundlegende Modus für einfachen Text), C (für die gleichnamige Programmiersprache) oder HTML (zum Editieren von Webseiten). Jeder dieser Modi verfügt über besondere Funktionen wie automatische Einrückung, Anzeigen der korrespondierenden Klammer beim Schließen oder Ähnliches.

Sie können den Modus auch manuell über M-x Modusname wechseln: M-x fundamental wechselt beispielsweise in den Fundamental Mode, M-x c-mode in den C-Modus oder M-x html-mode in den HTML-Modus. M-x Schlüsselwort dient allgemein der Eingabe eines Befehls in der Langform und muss jeweils mit ↵ abgeschlossen werden. Wenn Sie einfach M-x ↵ eingeben, wird eine Liste aller möglichen Befehle angeboten; alternativ können Sie auch einen oder mehrere Anfangsbuchstaben eines Befehls eintippen und erhalten dann eine Liste der passenden Befehle.

Der einzeilige Bereich am unteren Bildschirm- oder Fensterrand, in den Sie mit M-x gelangen, wird *Minibuffer* genannt. Sie können ihn durch dreimaliges Drücken von Esc wieder verlassen.

Zeichenweise durch den Text navigieren Sie mit den Pfeiltasten oder alternativ mit C-f (nach rechts, *forward*), C-b (nach links, *backward*), C-p (nach oben, *previous line*) und C-n (nach unten, *next line*). C-a bewegt den Cursor zum Zeilenbeginn und C-e zum Zeilenende. C-v scrollt um einen ganzen Bildschirm nach unten, M-v nach oben. M-f wandert um ein Wort nach rechts, M-b nach links. M-< springt zum Anfang der gesamten Datei, M-> (Alt + ⇧ + <) zu ihrem Ende.

C-d löscht das Zeichen unter dem Cursor, während ← das vorherige Zeichen entfernt. M-d löscht das folgende Wort, M-← das vorangegangene. C-k tilgt den Bereich vom Cursor bis zum Ende der Zeile.

C-Leertaste setzt eine Markierung. Der markierte Bereich reicht automatisch von der gesetzten Markierung bis zur aktuellen Cursorposition. Um den gesamten Bereich zu löschen, genauer gesagt, auszuschneiden, wird die Tastenkombination C-w verwendet. M-w kopiert den Bereich dagegen zum späteren Einfügen. In beiden Fällen können Sie ihn mithilfe von C-y wieder einfügen.

C-s leitet eine inkrementelle Suche ein – während der Eingabe des Suchbegriffs springt der Cursor zur jeweils nächstgelegenen Stelle, die diesem Begriff entspricht. Entsprechend sucht C-r rückwärts. C-s C-s wiederholt die letzte Suche. ↵ verlässt das Suchprogramm vollständig. M-C-s sucht nach einem regulären Ausdruck anstelle einer einfachen Zeichenfolge. Die Syntax der regulären Ausdrücke entspricht *grep*.

M-% ist der Befehl zum Suchen und Ersetzen. Zunächst wird nach der zu ersetzenden Zeichenfolge gefragt, anschließend nach dem Ersetzungstext. Die Eingabe beider Zeichenfolgen muss mit ↵ abgeschlossen werden. An jeder einzelnen Fundstelle werden Sie gefragt, ob Sie die Ersetzung durchführen möchten. Y oder Leertaste bedeutet Ja, N oder Entf steht für Nein, und $\boxed{!}$ heißt, dass alle künftigen Fundstellen ohne weitere Rückfrage ersetzt werden sollen.

Wenn Sie Ihre aktuelle Arbeit speichern möchten, verwenden Sie dazu den Befehl C-x C-s. C-x s speichert alle geänderten Buffer auf einmal. C-x C-w Dateiname $\boxed{\leftarrow}$ sichert die Datei dagegen unter dem angegebenen neuen Namen. Mit C-x C-c beenden Sie *Emacs*. Vorher werden Sie gefragt, ob Sie die modifizierten Buffer speichern möchten.

Was bereits über den *vi* gesagt wurde, gilt für *Emacs* erst recht: Es gibt Unmengen weiterer Befehle, für die in diesem Buch leider kein Platz ist. Mit dem hier gebotenen Ausschnitt aus der Funktionsvielfalt von *Emacs* können Sie beliebige Textdateien bearbeiten. Mit etwas Übung werden Sie damit irgendwann schneller arbeiten können als mit einem grafisch orientierten Editor, in dem Sie oft zur Maus greifen müssen, um spezielle Befehle zu verwenden. Dennoch ist auch der *Emacs* mit einem umfangreichen Menü ausgestattet, solange er in einem GUI läuft. Da die Tastenkürzel jeweils neben den einzelnen Menübefehlen stehen, können Sie mithilfe des Menüs leicht neue Befehle erlernen.

Auch für *Emacs* folgt in Tabelle 7.5 eine etwas ausführlichere Kommandoliste.

| Tastenkürzel/Befehl | Bedeutung |
| --- | --- |
| **Dateien, Buffer und Fenster** | |
| C-x C-f Dateiname | Die angegebene Datei laden (*Emacs*-Begriff *visit*). Falls sie noch nicht existiert, wird sie neu angelegt. |
| C-x C-v | den Namen der aktuellen Datei im Minibuffer anzeigen, um ihn zu editieren und die resultierende Datei zu laden/anzulegen |
| C-x i Dateiname | die angegebene Datei an der aktuellen Cursorposition in die derzeitige Datei einfügen |
| C-x b Buffername | zum Buffer mit dem angegebenen Namen wechseln |
| C-x k [Buffername] | den angegebenen bzw. den aktuellen Buffer schließen |
| C-x C-b | Liste aller derzeit geöffneten Buffer in separatem Fenster (Abschnitt) |
| e oder f | in der Bufferliste den aktiven Buffer im anderen Fenster öffnen |
| d | in der Bufferliste einen Buffer zum Löschen markieren |
| s | in der Bufferliste einen Buffer zum Speichern markieren |
| u | in der Bufferliste eine Markierung aufheben |
| x | in der Bufferliste alle markierten Lösch- und Speichervorgänge ausführen |

**Tabelle 7.5** Die wichtigsten Emacs-Kommandos im Überblick

| Tastenkürzel/Befehl | Bedeutung |
|---|---|
| C-x 2 | ein zweites Fenster erzeugen |
| C-x 4 f Dateiname | die angegebene Datei in einem neuen Fenster öffnen/erstellen |
| C-x o | Wechsel zum jeweils anderen Fenster (auch in die Bufferliste) |
| C-x v | im jeweils anderen Fenster scrollen |
| C-x 1 | das nicht aktive Fenster schließen |
| **Zähler** | |
| C-u n Befehl | den angegebenen Befehl so oft durchführen, wie durch die Anzahl *n* angegeben |
| M-n Befehl | den angegebenen Befehl so oft durchführen, wie durch die Anzahl *n* angegeben |
| **Navigation im Text** | |
| C-f | Cursor um ein Zeichen nach rechts bewegen (*forward*) |
| C-b | Cursor um ein Zeichen nach links bewegen (*backward*) |
| C-p | Cursor um eine Zeile nach oben bewegen (*previous line*) |
| C-n | Cursor um eine Zeile nach unten bewegen (*next line*) |
| M-b | Cursor um ein Wort nach rechts bewegen |
| M-f | Cursor um ein Wort nach links bewegen |
| C-a | Cursor zum Zeilenanfang bewegen |
| C-e | Cursor zum Zeilenende bewegen |
| M-a | Cursor zum vorangegangenen Satzbeginn bewegen |
| M-e | Cursor zum nächsten Satzbeginn bewegen |
| C-v | um einen ganzen Bildschirm nach unten scrollen |
| M-v | um einen ganzen Bildschirm nach oben scrollen |
| M-< | Cursor zum Textanfang bewegen |
| M-> | Cursor zum Textende bewegen |

**Tabelle 7.5** Die wichtigsten Emacs-Kommandos im Überblick (Forts.)

| Tastenkürzel/Befehl | Bedeutung |
|---|---|
| **Löschen** | |
| C-d | das Zeichen unter dem Cursor löschen |
| ← | das Zeichen links vom Cursor löschen |
| M-d | das folgende Wort löschen |
| M-← | das vorangegangene Wort löschen |
| C-k | vom Cursor bis zum Ende der Zeile löschen |
| M-k | vom Cursor bis zum Satzende löschen |
| C-t | das aktuelle und das vorangegangene Zeichen vertauschen |
| **Markieren, Kopieren und Einfügen** | |
| C-Leertaste | Markierung setzen |
| C-w | den Text von der Markierung bis zur aktuellen Cursorposition ausschneiden |
| M-w | den Text von der Markierung bis zur aktuellen Cursorposition kopieren |
| C-y | den zuletzt ausgeschnittenen oder kopierten Text an der aktuellen Cursorposition einfügen |
| M-y | durch die zuvor ausgeschnittenen oder kopierten Texte »blättern«, um den richtigen auszusuchen |
| **Suchen und Ersetzen** | |
| C-s | inkrementelle Suche vorwärts einleiten |
| C-r | inkrementelle Suche rückwärts einleiten |
| C-s C-s | erneut nach dem vorangegangenen Suchbegriff suchen |
| ↵ | den Suchmodus verlassen |
| M-C-s | nach einem regulären Ausdruck anstelle eines einfachen Strings suchen |
| M-% | interaktives Suchen und Ersetzen: Suchbegriff eingeben, Ersetzungsstring eingeben, für jede Stelle mit Y oder Leertaste bestätigen, mit N oder Entf ablehnen oder mit ! für alle Fundstellen bestätigen |

**Tabelle 7.5** Die wichtigsten Emacs-Kommandos im Überblick (Forts.)

| Tastenkürzel/Befehl | Bedeutung |
|---|---|
| **Speichern und Beenden** | |
| C-x C-s | den aktuellen Buffer speichern |
| C-x s | alle Buffer (mit Nachfrage) speichern |
| C-x C-w Dateiname | die aktuelle Datei unter dem angegebenen neuen Namen speichern |
| C-x C-c | *Emacs* beenden (mit Nachfrage, ob die geänderten Buffer gespeichert werden sollen) |
| **Spiel und Spaß** | |
| M-x doctor | Startet eine Sitzung mit dem eingebauten Psychotherapeuten (eine Variante von Joseph Weizenbaums Eliza). |
| M-x tetris | Startet das gleichnamige Spiel; je nach *Emacs*-Variante und -Umgebung mit ASCII-Zeichen oder Farbgrafik. |

**Tabelle 7.5** Die wichtigsten Emacs-Kommandos im Überblick (Forts.)

Abgesehen davon, können Sie diesen Editor völlig frei konfigurieren. Zum einen können Sie die Tastenkürzel selbst frei belegen, zum anderen ist der *Emacs* beliebig erweiterbar: Er ist mit einer eigenen Variante der Programmiersprache LISP ausgestattet. Diese Sprache könnte Programmierer durch ihren eigenwilligen Ansatz abschrecken, sie ist aber speziell an die Funktionen von *Emacs* angepasst und erleichtert so das Programmieren von Zusatzfunktionen.

## 7.5    Grafische Benutzeroberflächen

Neben der bis jetzt behandelten Konsole sind alle modernen Linux-Distributionen auch mit einer grafischen Benutzeroberfläche ausgestattet. Diese Oberfläche besteht aus zwei verschiedenen Bestandteilen, die aufeinander aufbauen: dem *X-Window-Server* oder kurz *X-Server* und dem *Window-Manager*.

### 7.5.1    Der X-Server

Ein *X-Server* ist das grundlegende Programm, das die allgemeinen Zeichenfunktionen zur Verfügung stellt. Er kann mit anderen Worten die verschiedensten Grafikobjekte wie Rechtecke, Linien oder Bilddateien auf den Bildschirm zeichnen, außerdem verarbeitet er die grundlegende Steuerung mit der Maus. Dem X-Server ist es übrigens egal, ob die Anwendung, die er anzeigt und für die er Befehle entgegennimmt – der *X-Client* –, auf demselben Rechner läuft oder irgendwo im Netzwerk.

Der traditionelle X-Server für kommerzielle Unix-Varianten heißt X11; die derzeitige Version ist X11R7. Da dieses Produkt kommerziell war, wurde vor vielen Jahren eine freie Alternative begründet: Das XFree86-Projekt stellte freie X-Server zur Verfügung; anfangs für Intel x86-Prozessoren und damit kompatible (daher der Name), später auch für andere Plattformen. Inzwischen ist der »offizielle« X-Server X11R7 ebenfalls frei und wird von einer Organisation namens *X.org Foundation* weiterentwickelt, während XFree86 wegen Streitigkeiten der Entwickler eingestellt wurde.

### Den X-Server auswählen und konfigurieren

Heutzutage ist es ein Leichtes, den richtigen X-Server auszuwählen, weil es in vielen Fällen automatisch geschieht. Bereits bei der Installation analysieren die meisten Linux-Distributionen Ihre Hardware und starten meistens den korrekten X-Server, der zu Ihrer Grafikkarte passt.

In einigen wenigen Fällen funktioniert die Installation des richtigen X-Servers allerdings nicht; möglicherweise erhalten Sie lediglich den VGA-X-Server mit 640 × 480 Pixeln und 256 Farben, vielleicht sogar gar keinen. Im letzteren Fall müssen Sie Linux zunächst im Textmodus installieren und X11 später manuell konfigurieren.

Wenn der X-Server falsch konfiguriert oder gar nicht installiert wurde, wird das wahrscheinlich daran liegen, dass Ihre Grafikkarte entweder zu alt oder zu neu ist. Sehr alte Grafikkarten werden mitunter nicht unterstützt, wenn sie nicht besonders weitverbreitet waren, mit neueren arbeiten die X-Server dagegen oft erst einige Zeit nach der Einführung zusammen. Das Problem ist, dass zunächst einmal Treiber für neue Grafikkarten entwickelt werden müssen, falls der Hersteller das nicht selbst tut.

Bei openSUSE wird ein praktisches Hilfsprogramm namens *SaX* (*SUSE Advanced X Configuration Utility*) mitgeliefert. In einem nützlichen Dialog können Sie die Parameter Ihrer Maus, Ihrer Tastatur, Ihrer Grafikkarte und Ihres Monitors eingeben. SaX bemüht sich, Ihre Konfiguration automatisch zu ermitteln; nur in wenigen Fällen müssen Sie selbst eingreifen. Auf jeden Fall sollten Sie die Handbücher Ihres Monitors und Ihrer Grafikkarte bereithalten, weil Sie eventuell Werte wie den RAMDAC der Grafikkarte oder die Zeilenfrequenz des Monitors manuell eingeben müssen. Geben Sie sax2 ein, um die aktuelle Version zu starten.

Die meisten anderen Linux-Distributionen besitzen inzwischen ähnliche Hilfsprogramme, bei Fedora gibt es beispielsweise den *Xconfigurator*. Nur in wenigen Fällen müssen Sie die X-Konfigurationsdateien manuell bearbeiten. In der Regel liegen diese unter */etc/X11*.

Meistens ist Ihr Linux so konfiguriert, dass X-Server und Window-Manager automatisch gestartet werden. Falls das nicht der Fall ist, können Sie den X-Server folgendermaßen nachträglich starten:

```
$ startx
```

Der automatische Start der grafischen Oberfläche lässt sich dagegen am einfachsten im Systemverwaltungsprogramm einstellen, das je nach Distribution unterschiedlich ist – bei openSUSE zum Beispiel das Programm *YaST*. Zuständig ist ein Log-in-Manager, beispielsweise *kdm* aus dem KDE-Projekt oder der Klassiker *xdm*.

### 7.5.2 Desktops

Erst der *Window-Manager*, der auf den X-Server aufsetzt, stellt die eigentliche Arbeitsumgebung mit Fenstern, Menüs und Icons zur Verfügung. Es gibt inzwischen mehr verschiedene Window-Manager als Unix-Versionen. Einige traditionelle Window-Manager sind CDE von Sun oder fvwm2, der klassische Linux-Window-Manager.

Die verbreitetsten Projekte sind seit Jahren die freien Desktop-Umgebungen KDE und GNOME. Beide bieten im Gegensatz zu den spartanisch ausgestatteten alten Modellen den gesamten Bedienkomfort von Benutzeroberflächen wie Windows oder macOS (oft sogar noch mehr als das) und werden inzwischen durch zahlreiche Anwenderprogramme unterstützt. Genau diese beiden Desktop-Varianten werden in diesem Abschnitt kurz vorgestellt.

Tabelle 7.6 zeigt zunächst einen vergleichenden Überblick über die beiden Desktops; anschließend wird jeder von ihnen näher beschrieben.

| Eigenschaft | KDE | GNOME |
|---|---|---|
| Vollständiger Name | K Desktop Environment | GNU Network Object Model Environment |
| Offizielle Website | *www.kde.org* | *www.gnome.org* |
| Aktuelle Version | Plasma 5.9.4 | 3.24.1 |
| Entwicklungsteam | The KDE Project | The GNOME Foundation |
| Gründungsjahr | 1996 | 1997 |
| Projektgründer | Matthias Ettrich | Miguel de Icaza, Federico Mena |
| Grundlegende Programmiersprache | C++ | C |
| Grafikbibliothek | Qt | GtK+ |
| Lizenz | GPL/LGPL | GPL/LGPL |
| Dateimanager | KDE 4: Dolphin KDE 3: Konqueror | Nautilus |
| Terminal-Emulation | Konsole | GNOME Terminal |

**Tabelle 7.6** Die wichtigsten Eigenschaften von KDE und GNOME im Vergleich

| Eigenschaft | KDE | GNOME |
|---|---|---|
| Weitere zugehörige Anwendungen (Beispiele) | KOffice (Office-Suite) KMail (E-Mail) Krita (Bildbearbeitung) Kate (leistungsstarker Editor) amaroK (Audio-Player) | Gnumeric (Tabellenkalkulation) und andere Einzel-Office-Komponenten Evolution (E-Mail, Groupware) GIMP (Bildbearbeitung) |

**Tabelle 7.6** Die wichtigsten Eigenschaften von KDE und GNOME im Vergleich (Forts.)

### KDE

Das *K Desktop Environment* (*KDE*) ist eine moderne grafische Benutzeroberfläche für Linux und andere Unix-Systeme. Es handelt sich um ein Open-Source-Projekt, das von einer großen Entwicklergemeinde gepflegt wird. Neben dem eigentlichen Desktop bietet das KDE-Projekt eine Vielzahl nützlicher Anwendungsprogramme, beispielsweise den Webbrowser Konqueror, auf dem auch der eingebaute Datei-Manager basiert, sowie das Office-Programmpaket KOffice.

In Abbildung 7.7 sehen Sie einen KDE-Desktop mit geöffneten Fenstern des Terminal-Programms KDE Konsole und des Dateimanagers Dolphin.

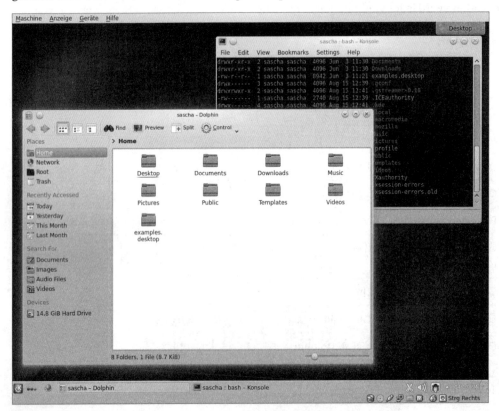

**Abbildung 7.7** KDE-Desktop mit Terminal-Fenster und Dateimanager

KDE basiert auf der Grafikbibliothek Qt, die von der norwegischen Firma Trolltech entwickelt wurde. Angenehmerweise laufen Qt-Anwendungen nicht nur unter Linux, sondern lassen sich auch unter allen anderen X11-Implementierungen, Windows und macOS kompilieren.

Die Leiste am Fuß des Bildschirms heißt *Panel*, ist mit der Windows-Taskleiste vergleichbar und bietet die Möglichkeit, schnell auf die häufigsten Anwendungen und Tools zuzugreifen. Der *K*-Button ganz links öffnet ein umfangreiches verschachteltes Menü, in dem fast alle Programme zu finden sind, die unter KDE oder allgemein unter X11 laufen. Daneben sehen Sie unter anderem Schaltflächen für ein Terminal, für Ihr Home-Verzeichnis, für das KDE-Kontrollzentrum (die Steuerzentrale für Ihre persönlichen Einstellungen) etc.

Weiter rechts finden Sie eine Schaltfläche für jedes geöffnete Programm oder Fenster; durch Anklicken dieser Schaltflächen können Sie schnell zwischen den Fenstern wechseln.

Wenn Sie auf bestimmte Programme oder Daten, die Sie häufig verwenden, besonders schnell zugreifen möchten, können Sie eine Verknüpfung auf dem Desktop anlegen. Am schnellsten erstellen Sie eine solche Verknüpfung, indem Sie mit der rechten Maustaste eine leere Stelle auf dem Desktop anklicken und aus dem Kontextmenü den Befehl NEU ERSTELLEN • VERKNÜPFUNG ZU PROGRAMM auswählen. Im erscheinenden Dialog können Sie die Eigenschaften der Verknüpfung bequem einstellen. Abgespeichert werden diese Informationen schließlich in einer Textdatei mit der Endung *.desktop* im Verzeichnis *Desktop* in Ihrem Home-Verzeichnis.

Vom Desktop können Sie eine Verknüpfung in das Panel ziehen, um sie dort dauerhaft für den Schnellstart abzulegen. Hier kommen Sie auch dann an eine Anwendung heran, wenn der gesamte Desktop mit offenen Fenstern übersät ist.

Die Funktion von Dolphin ist im Grunde genommen selbsterklärend. Er verhält sich als Datei-Manager ähnlich wie die Pendants in anderen Betriebssystemen und ist als Browser mit einigen der modernsten Fähigkeiten ausgestattet. Standardmäßig brauchen Sie Dateisymbole nicht doppelt anzuklicken, sondern es genügt ein einfacher Klick wie bei Hyperlinks auf Webseiten.

Im KDE-Kontrollzentrum finden Sie eine Vielzahl von Einstellungsmöglichkeiten, mit denen Sie den Desktop und die verschiedenen KDE-Komponenten Ihren Bedürfnissen und Wünschen anpassen können. Beispiele für solche Einstellungen sind der Desktop-Hintergrund, die automatische Anordnung von Icons, die zu benutzenden Schriften, die Sprache oder die Browser-Konfiguration. Da KDE mit einer umfangreichen HTML-basierten Hilfe ausgestattet ist, die alle Optionen genau erklärt, müssen diese Einstellungsmöglichkeiten hier nicht näher behandelt werden.

### GNOME

Das *GNU Object Model Environment* (*GNOME*) ist ebenfalls ein Open-Source-Projekt, das auf der Grafikbibliothek GtK+ basiert. Anders als bei KDE wird zwischen der Desktop-Verwaltung und dem X-Server ein herkömmlicher Window-Manager für die grundlegende Bereitstellung der Fenster und Menüs eingesetzt. Der Standard-Window-Manager ist Sawfish, andere GNOME-kompatible Window-Manager sind Enlightenment, AfterStep oder WindowMaker.

In Abbildung 7.8 sehen Sie den GNOME-Desktop mit dem GNOME Terminal und dem Dateimanager Nautilus.

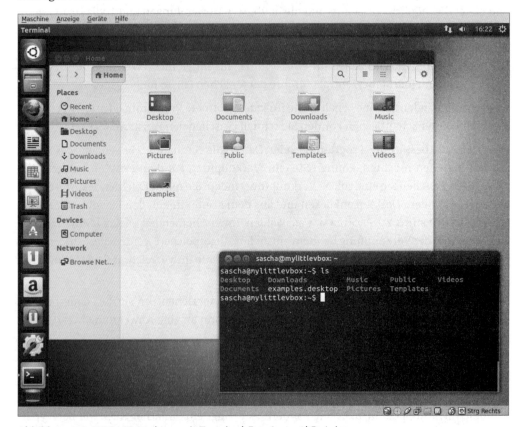

**Abbildung 7.8** GNOME-Desktop mit Terminal-Fenster und Dateimanager

Die Leiste am linken Rand des Desktops wird *Panel* genannt. Sie enthält unter anderem den Desk Guide (deutsch: *Arbeitsflächenumschalter*): Die GNOME-Oberfläche lässt sich in mehrere virtuelle Desktops aufteilen, zwischen denen Sie per Klick auf die Buttons des Desk Guides hin und her wechseln können. Falls der Arbeitsflächenumschalter bei Ihrer GNOME-Installation nicht angezeigt wird, klicken Sie mit der rechten Maustaste ins Panel, wählen dann die Option ZUM PANEL HINZUFÜGEN und danach den Listeneintrag ARBEITSFLÄCHENUMSCHALTER. Mit einem weiteren Rechtsklick und der Auswahl EIGENSCHAFTEN können Sie ihn anschließend konfigurieren.

Auch eine Taskliste ist im Panel vorhanden; sie enthält für jedes geöffnete Programm beziehungsweise Fenster einen Button.

Der Button COMPUTER im Panel öffnet das Hauptmenü des GNOME-Desktops. Hier finden Sie eine Reihe von Einträgen, beispielsweise PROGRAMME (Verknüpfungen mit den wichtigsten GNOME- und X-Anwendungen), FAVORITEN (eine anfangs leere Liste Ihrer bevorzugten Dateien, Ordner oder Internetressourcen) und SYSTEM (Sperren des Desktops bei Abwesenheit, Abmelden).

Auch bei GNOME können Sie den Desktop mit Verknüpfungs-Icons versehen. Wählen Sie dazu aus dem Kontextmenü des Desktops (rechte Maustaste) die Option STARTER ANLEGEN. Es erscheint ein Dialog für die Einstellung aller Eigenschaften der Verknüpfung.

Falls Sie eine Verknüpfung zum Panel hinzufügen möchten, klicken Sie mit der rechten Maustaste auf das Panel, und wählen Sie ZUM PANEL HINZUFÜGEN • STARTER. Die möglichen Einstellungen sind dieselben wie bei einem Desktop-Starter.

Alle zentralen Einstellungen für das Erscheinungsbild und das Verhalten des GNOME-Desktops werden im GNOME-Kontrollzentrum festgelegt. Wie bei KDE können Sie hier beispielsweise Hintergrundbilder, Farben, Schriften oder Bildschirmschoner einstellen. Zusätzlich wird an dieser Stelle der zugrunde liegende Window-Manager ausgewählt und konfiguriert.

## 7.6 Netzwerkkonfiguration unter Linux

In den meisten modernen Linux-Systemen gibt es praktische grafische Tools zur Netzwerkkonfiguration. Da diese in jeder Distribution anders heißen und funktionieren, wird an dieser Stelle nur kurz erläutert, wie sich das Netzwerk mithilfe von Konsolen-Tools einrichten lässt.

### 7.6.1 Grundeinstellungen

Unter Linux können Sie Gerätetreiber auf zwei Arten installieren: Entweder werden sie fest in den Kernel einkompiliert oder als dynamisch lad- und entfernbare Module eingerichtet. Beide Varianten wurden in diesem Kapitel bereits allgemein angesprochen.

Falls Sie einer Schnittstelle eine IP-Adresse zuweisen möchten, funktioniert dies ebenfalls über die grafischen Konfigurationsprogramme Ihrer Distribution oder über den Befehl ifconfig (für *interface configuration*). Wenn Sie ifconfig ohne Parameter eingeben, erhalten Sie eine Übersicht über die aktuelle Konfiguration, die zum Beispiel folgendermaßen aussieht:

```
$ ifconfig
eth0      Link encap:Ethernet  HWaddr 00:00:CB:53:17:64
          inet addr:192.168.1.2  Bcast:192.168.1.255
              Mask:255.255.255.0
          inet6 addr: fe80::200:cbff:fe53:1764/10
              Scope:Link
          inet6 addr: fe80::cb53:1764/10 Scope:Link
```

```
EtherTalk Phase 2 addr:65280/53
UP BROADCAST RUNNING MULTICAST  MTU:150
    Metric:1
RX packets:8908250 errors:0 dropped:8242
    overruns:0 frame:0
TX packets:7453081 errors:0 dropped:0
    overruns:0 carrier:0
collisions:2829807


lo        Link encap:Local Loopback
          inet addr:127.0.0.1  Mask:255.0.0.0
          inet6 addr: ::1/128 Scope:Host
          EtherTalk Phase 2 addr:0/0
          UP LOOPBACK RUNNING  MTU:3924  Metric:1
          RX packets:994 errors:0 dropped:0 overruns:0
              frame:0
          TX packets:994 errors:0 dropped:0 overruns:0
              carrier:0
          collisions:0
```

Wie Sie sehen, besitzt der Computer eine Ethernet-Karte mit dem Gerätenamen *eth0* und der IP-Adresse 192.168.1.2 sowie natürlich ein Loopback-Interface. Einige der anderen Informationen sollten Sie wiedererkennen und verstehen, wenn Sie Kapitel 4, »Netzwerkgrundlagen«, gründlich gelesen haben. Wenn der Rechner noch weitere Ethernet-Karten hätte, würden ihre Gerätenamen entsprechend *eth1*, *eth2* etc. lauten.

Falls Sie der Schnittstelle *eth0* eine andere IP-Adresse zuweisen möchten, müssen Sie Folgendes eingeben:

```
# ifconfig eth0 192.168.0.7 netmask 255.255.255.0
```

Beachten Sie, dass diese Zuweisung nur für die Dauer einer Sitzung gilt. Damit sie dauerhaft gültig bleibt, muss der Konfigurationsbefehl in einem Skript stehen, das beim Systemstart automatisch ausgeführt wird. Die beiden grundsätzlichen Varianten – System V Init und BSD-Startskripte – wurden hier bereits erläutert. In der Regel ist es aber einfacher, das Konfigurationsprogramm Ihrer Linux-Distribution einzusetzen – insbesondere für erweiterte TCP/IP-Optionen wie Nameserver, den Bezug der Konfigurationsdaten über DHCP oder den Netzzugang über Wählleitungen.

Wenn Sie über das LAN auf andere Netzwerkbereiche oder auf das Internet zugreifen, müssen Sie als Nächstes eine Routing-Konfiguration erstellen. Angenommen, Ihre eigene (feste) IP-Adresse sei 192.168.0.9. Um das Default-Gateway 192.168.0.1, einen DSL-Router für Internetverbindungen, einzurichten, können Sie den folgenden Befehl eingeben:

```
# route add default gw 192.168.0.1
```

default gw besagt, dass hier das Default-Gateway eingestellt wird. Beachten Sie, dass auch diese Einstellung in ein Startskript gehört.

Die Verwendung anderer Netzwerkprotokolle als TCP/IP ist unter Unix nur in absoluten Ausnahmefällen erforderlich. Falls Sie AppleTalk, NetBEUI oder ein anderes Protokoll auf Ihrem Linux-System verwenden möchten, müssen Sie es zunächst in den Kernel einkompilieren. Aber selbst die im Folgenden behandelten Datei- und Druckserver, über die Linux Windows- und macOS-Clients bedienen kann, arbeiten standardmäßig über IP.

### 7.6.2 TCP/IP-Dienstprogramme

Linux enthält im Wesentlichen dieselben TCP/IP-Testprogramme wie Windows, nur ihre Syntax unterscheidet sich in Details.

*ping* sendet in der Linux-Version ein Paket nach dem anderen, bis Sie $\boxed{\text{Strg}}$ + $\boxed{\text{C}}$ drücken; danach wird die Statistik angezeigt. Das folgende Beispiel testet die Loopback-Schnittstelle:

```
$ ping localhost
PING localhost (127.0.0.1) 56(84) bytes of data.
64 bytes from localhost (127.0.0.1): icmp_seq=1 ttl=64 time=0.318 ms
64 bytes from localhost (127.0.0.1): icmp_seq=2 ttl=64 time=0.151 ms
64 bytes from localhost (127.0.0.1): icmp_seq=3 ttl=64 time=0.165 ms
64 bytes from localhost (127.0.0.1): icmp_seq=4 ttl=64 time=0.154 ms
^C
--- localhost ping statistics ---
4 packets transmitted, 4 received, 0% packet loss, time 3001ms
rtt min/avg/max/mdev = 0.151/0.197/0.318/0.070 ms
```

Das Programm zur Routenverfolgung heißt auf Unix-Systemen *traceroute*. netstat funktioniert wie unter Windows, nur heißt die Option zum Beschränken der Ausgabe auf TCP-Pakete hier einfach -t.

Auch *nslookup* funktioniert wie die Windows-Version. Sie sollten aber überprüfen, ob bei Ihnen das Programm *dig* vorhanden ist – es erfüllt im Wesentlichen dieselbe Aufgabe wie *nslookup*, liefert aber erheblich aussagekräftigere Antworten.

### 7.6.3 Datei- und Druckserver unter Linux

Unter Unix gibt es eine Reihe von Möglichkeiten, Dateisysteme und Drucker im Netzwerk freizugeben. In diesem Abschnitt werden die folgenden Systeme kurz vorgestellt: das Unix-File-Sharing-System *NFS*, die Druckerumgebung CUPS sowie Samba als freier Server für Windows-Netzwerke.

Beachten Sie, dass alle hier und in den späteren Kapiteln besprochenen Konfigurationsdateien einfache ASCII-Textdateien sind, die Sie mit einem beliebigen Editor bearbeiten können. Ärgerlicherweise besitzt jede dieser Dateien über die erforderlichen unterschiedlichen Konfigurationsbefehle hinaus noch eine andere Syntax, die man sich jeweils aneignen muss. Die meisten neueren Softwareprojekte entscheiden sich glücklicherweise immer häufiger für das standardisierte XML-Format.

### NFS

Die klassische, unter allen gängigen Unix-Systemen standardisierte Form der Dateifreigabe ist das *Network File System* (*NFS*). Es gibt zwar zahlreiche modernere, leistungsfähigere Netzwerkdateisysteme, aber noch immer bildet *NFS* eine Menge der gemeinsamen Eigenschaften.

Wenn Sie auf Ihrem Rechner Dateien über *NFS* freigeben möchten, müssen Sie zunächst den *NFS*-Server starten, dessen eigentlicher Name nfsd (*Network File System Daemon*) lautet. Was hier bereits über die TCP/IP-Konfiguration gesagt wurde, gilt auch für den nfsd und andere Serverdienste: Damit sie beim Booten automatisch gestartet werden, müssen sie in ein Bootskript eingetragen werden, das je nach Unix-Version oder Linux-Distribution unterschiedlich aufgebaut ist. Das Einfachste ist es also auch hier, den Start des *NFS*-Servers über das Konfigurationsprogramm Ihrer Distribution zu konfigurieren.

Welche Verzeichnisse Sie für den Netzwerkzugriff freigeben möchten, regelt die Konfigurationsdatei */etc/exports*. Ein Eintrag zur Freigabe eines Verzeichnisses besitzt unter Linux das folgende Format:

```
Pfad Host(Optionen) Host(Optionen)
```

Wenn Sie also beispielsweise das Verzeichnis */test* ohne besondere Einstellungen an die Rechner 192.168.0.3 und 192.168.0.4 in Ihrem lokalen Netzwerk freigeben möchten, lautet die Zeile in der Konfigurationsdatei:

```
/test 192.168.0.3 192.168.0.4
```

Beachten Sie, dass die Konfigurationsdatei bei anderen Unix-Versionen eine andere Syntax besitzt als unter Linux. In Sun Solaris heißt sie sogar anders, nämlich */etc/dfs/dfstab*.

Um die für den Export bestimmten Verzeichnisse tatsächlich freizugeben, müssen Sie die folgende Anweisung verwenden, die ebenfalls in einem Startskript stehen sollte:

```
# exportfs -a
```

Wenn Sie auf ein freigegebenes *NFS*-Verzeichnis eines anderen Rechners zugreifen möchten, müssen Sie es mithilfe des mount-Befehls in Ihren Verzeichnisbaum importieren. Das funktioniert beispielsweise folgendermaßen:

```
$ mount -t nfs server:/export/pub /pub
```

Die Option -t nfs gibt den Dateisystemtyp *NFS* an. Das zu mountende Verzeichnis beginnt mit dem Namen des gewünschten Hosts, der durch einen Doppelpunkt vom entfernten Pfad getrennt wird; die letzte Angabe ist wie gehabt das lokale Verzeichnis, in das der importierte Pfad eingebunden werden soll.

## CUPS

Das Drucken unter Unix und erst recht die Freigabe von Druckern im Netzwerk gehörten in früheren Zeiten zu den kompliziertesten Themen. Seit einigen Jahren steht mit dem *Common Unix Printing System* (*CUPS*) eine sehr praktische Schnittstelle zu vielen verschiedenen Druckern, Druckertreibern und Seitenbeschreibungssprachen zur Verfügung. Es handelt sich um ein GNU-basiertes Open-Source-Projekt, das von der Firma Easy Software Products entwickelt wird.

Systeme wie der BSD-lpd (*Line Printer Daemon*) oder ein ähnliches Paket aus System V wurden in den 1970er-Jahren entworfen und dienen lediglich der zeilenweisen Ausgabe von Text. Für Grafik, PostScript-Druck etc. wurden in der Folgezeit zahlreiche proprietäre Lösungen eingeführt. CUPS fasst die Funktionen der klassischen Unix-Druckumgebungen zusammen und fügt allgemeingültige Lösungen für den Grafikdruck hinzu.

Die Schaltzentrale von CUPS ist der *Scheduler*, der die verschiedenen Druckjobs entgegennimmt und in die Warteschlangen (*Queues*) der verschiedenen Drucker stellt. Der Scheduler ist ein kleiner HTTP-Server und kann Druckjobs deshalb sowohl vom lokalen Rechner als auch aus dem Netzwerk entgegennehmen; er lauscht am TCP-Port 631. Die Druckjobs werden als HTTP-PUT-Anfragen in einem bestimmten Format übermittelt, das als *Internet Printing Protocol* (IPP) in RFC 2911 und anderen RFCs definiert ist. Außerdem kann der Scheduler natürlich als gewöhnlicher Webserver verwendet werden, was zum Beispiel manchmal genutzt wird, um die CUPS-Dokumentation im HTML-Format im Intranet bereitzustellen.

Das bekannte und weitverbreitete HTTP-Protokoll sorgt dafür, dass es sehr leicht ist, CUPS-Clients zu schreiben. Aus diesem Grund verbreiten sie sich schnell in der Unix-Welt. Innerhalb weniger Jahre hat sich CUPS zu einer der führenden Drucklösungen entwickelt.

Wenn an Ihren Rechner ein Drucker angeschlossen ist, der sich über CUPS ansteuern lässt (das System ist mit Treibern für fast alle gängigen Druckermodelle ausgestattet), können Sie den CUPS-Server cupsd starten, um selbst darauf zu drucken oder anderen Benutzern im Netzwerk den Zugriff auf den Drucker zu erlauben. Auch für den Zugriff auf die CUPS-Drucker anderer Hosts müssen Sie cupsd auf Ihrem eigenen Rechner einrichten.

Die Konfiguration des Daemons steht normalerweise in der Konfigurationsdatei */etc/cups/cupsd.conf*. Die wichtigsten Befehle sind Allow und Deny, mit denen Sie den jeweils angegebenen Hosts den Zugriff gewähren beziehungsweise verweigern können. BrowseAllow und BrowseDeny ermöglichen dagegen die Angabe von Hosts, deren Druckerinformationen Sie erhalten oder nicht erhalten möchten.

**Samba**

Der Dateiserver *Samba* ermöglicht die Freigabe von Verzeichnissen und Druckern an Windows-Clients. Der Name leitet sich von SMB ab, dem File-Sharing-Protokoll der Windows-Betriebssysteme.

Wenn Sie Samba benutzen möchten, muss der Samba-Server smbd laufen. Die Konfiguration des Servers ist in der Datei */etc/smb.conf* festgelegt. Sie verfügt über Dutzende möglicher Konfigurationsbefehle, die auf der Manpage man smb.conf dokumentiert sind. Die Datei ähnelt eher einer Windows-*ini*-Datei als einer typischen Unix-Konfigurationsdatei: In verschiedenen Abschnitten, deren Namen in eckigen Klammern stehen, werden die Konfigurationsbefehle zeilenweise als Name=Wert-Paare gesetzt.

Die folgende kurze *smb.conf*-Datei ermöglicht beliebigen Windows-Benutzern den anonymen Vollzugriff auf das Verzeichnis */export/pub* und auf einen Drucker vom Typ HP LaserJet:

```
[global]
netbios name  = Server
workgroup     = Workgroup
hosts allow   = 192.168.1.
log file      = /var/log/samba/log.%m
printing      = cups
guest account = nobody
security      = share


[pub]
comment      = Serververzeichnis für alle
path         = /export/pub
public       = yes
writable     = yes
printable    = yes
browseable   = yes
create mask = 0775


[hplj]
comment      = HP LaserJet
printer name = hplj
writable     = yes
public       = yes
printable    = yes
browseable   = yes
```

Die Gruppe [global] enthält zunächst die allgemeine Konfiguration: Der netbios name ist der Rechnername, der in der Windows-Netzwerkumgebung angezeigt werden soll. Wenn Sie ihn weglassen, wird stattdessen der TCP/IP-Hostname exportiert. Die workgroup gibt an, in welcher Windows-Netzwerk-Arbeitsgruppe der Samba-Server auftauchen soll. hosts allow enthält eine Liste von IP-Adress-Schemata, die auf den Server zugreifen dürfen – in diesem Beispiel das LAN mit der Adressgruppe 192.168.1.x. Die Angabe %m hinter dem log file gibt an, dass pro Monat eine neue Log-Datei angelegt werden soll, die mit der Nummer des laufenden Monats endet. security bestimmt die in diesem Kapitel bereits besprochene Windows-Freigabeebene. share steht für *Share Level Security*, während user für *User Level Security* verwendet wird. Wenn Gäste zugreifen, werden ihre Aktionen unter dem lokalen Benutzerkonto nobody ausgeführt.

Unter dem selbst gewählten Namen [pub] wird das Verzeichnis */export/pub* freigegeben. Das Setzen sämtlicher Optionen auf den Wert yes bedeutet, dass der vollständige Zugriff auf das Verzeichnis möglich ist. Die create mask gibt an, mit welchen Benutzerrechten neu angelegte Dateien gespeichert werden sollen. Ähnliche Einstellungen gelten auch für den Drucker.

Die Samba-Distribution enthält neben dem Server übrigens einen SMB-Client, mit dessen Hilfe Sie umgekehrt auf Windows-Freigaben im Netzwerk zugreifen können. Er wird über den Konsolenbefehl smbclient aufgerufen und bildet eine Art eigene Shell. Zunächst können Sie testen, welche Freigaben ein bestimmter Windows-Host überhaupt zur Verfügung stellt:

```
$ smbclient -L winbox
```

Sie erhalten eine Liste aller freigegebenen Ordner auf dem angegebenen Host, in diesem Fall winbox. Angenommen, die Liste enthält eine Freigabe namens PUB vom Typ Disk (Festplatte; eigentlich Verzeichnis). Sie können folgendermaßen auf dieses Verzeichnis zugreifen:

```
$ smbclient \\\\winbox\\pub
```

Der NetBIOS-Freigabename des Verzeichnisses lautet eigentlich \\winbox\pub. Da die Unix-Shell den Backslash aber für Escape-Sequenzen einsetzt, müssen Sie je einen durch zwei von ihnen darstellen. Anschließend können Sie eine Reihe verschiedener Befehle eingeben, um Dateioperationen an den Inhalten der Freigabe vorzunehmen. Viele von ihnen entsprechen den Windows-Konsolenbefehlen, die im vorangegangenen Kapitel erläutert wurden. Der Befehl h listet alle verfügbaren Befehle auf. Mithilfe von quit oder exit können Sie den *smbclient* beenden.

Noch einfacher ist es, die SMB-Freigabe mithilfe von mount als Volume zu mounten; danach können Sie sie benutzen wie jedes andere Verzeichnis. Das folgende Beispiel macht die vorangegangene Freigabe unter dem Verzeichnis */media/smb* verfügbar, das zuvor angelegt worden sein muss:

```
# mount -t cifs //winbox/pub /media/smb
```

Bei älteren Samba-Versionen musste das Dateisystem als smbfs anstelle von cifs (*Common Internet File System*) angegeben werden.

## 7.7 Übungsaufgaben

### 7.7.1 Praktische Übungen

1. Falls Sie noch keine Linux-Installation haben, installieren Sie eine Linux-Distribution Ihrer Wahl. Wenn kein Rechner und keine Partition frei ist, können Sie auch eine virtuelle Maschine verwenden und Linux darin installieren, etwa mit VirtualBox oder der in Kapitel 5, »Betriebssystemgrundlagen«, beschriebenen VMWare Workstation.

2. Machen Sie sich vor allem mit der Shell vertraut, indem Sie alle in diesem Kapitel beschriebenen Anweisungen durchprobieren (zumindest sofern sie keine wichtigen Daten löschen oder anderen Schaden anrichten).

### 7.7.2 Kontrollfragen

Im Folgenden ist jeweils genau eine Antwort richtig.

1. Welche Linux-Distribution installiert Pakete in der Regel durch Kompilieren des Quellcodes?

   ☐ openSUSE

   ☐ Gentoo

   ☐ Debian

   ☐ RedHat

2. Wie heißt die Datei, in der bei einem Unix-System die Benutzerkonten gespeichert sind?

   ☐ /etc/users

   ☐ /etc/accounts

   ☐ /etc/passwd

   ☐ Es handelt sich nicht um eine einfache Datei, sondern um eine Datenbank in verschiedenen Dateien.

3. Mit welcher Tastenkombination gelangen Sie aus der grafischen Oberfläche auf das zweite virtuelle Terminal?

   ☐ Strg + Alt + F2

   ☐ Strg + 2

   ☐ Alt + F2

   ☐ Strg + ⇧ + 2

4. Welches Verzeichnis im Unix-Verzeichnisbaum wird durch ~ abgekürzt?

   ☐ das Wurzelverzeichnis

   ☐ /usr/local/bin

   ☐ /tmp

   ☐ das Home-Verzeichnis des aktuellen Benutzers

## 7.7 Übungsaufgaben

5. Wie holen Sie ein im Hintergrund laufendes Programm zurück aufs Terminal?

   ☐ durch Drücken von ⌷Strg⌷ + ⌷Z⌷

   ☐ durch Eingabe von `fg`

   ☐ Der Vorgang ist leider irreversibel; das Programm muss mit `kill` beendet und dann neu gestartet werden.

   ☐ durch Auswahl in der Prozessliste

6. In welcher Reihenfolge sucht die Shell nach einem eingegebenen Befehl?

   ☐ Aliasse, Shell-Built-ins, externe Programme

   ☐ Shell-Built-ins, Aliasse, externe Programme

   ☐ Aliasse, lokale Programme, Netzwerkprogramme

   ☐ Shell-Built-ins, externe Programme, nicht installierte Pakete

7. Wie lassen sich alle Bilddateien mit dem Namensschema *bild1.jpg* ansprechen, wobei die 1 für eine beliebig lange Zahl stehen kann?

   ☐ `bild[0-9].jpg`

   ☐ `bild\n.jpg`

   ☐ `Bild?.jpg`

   ☐ `bild*.jpg`

8. Mit welcher Shell-Anweisung werden alle Dateien im aktuellen Verzeichnis gelöscht, deren Name mit a beginnt?

   ☐ `rm |grep ^a`

   ☐ `rm [!a]`

   ☐ `rm a*`

   ☐ `rm -rf a`

9. Wie lassen sich alle Dateien im aktuellen Verzeichnis (einschließlich versteckte) mit ausführlichen Informationen ausgeben?

   ☐ `ls -a`

   ☐ `ls --show-hidden`

   ☐ Dies geht nur in der grafischen Benutzeroberfläche, nicht auf der Konsole.

   ☐ `ls -la`

10. Wie erteilen Sie allen Benutzern das Recht, die Datei *listdir.sh* auszuführen?

   ☐ `chmod a+x listdir.sh`

   ☐ `chmod o+x listdir.sh`

   ☐ `chown 0 listdir.sh`

   ☐ `cp listdir.sh /usr/bin`

## 7 Linux

11. Wie suchen Sie im Inhalt der Dateien des aktuellen Verzeichnisses und allen Unterverzeichnissen nach "handbuch" (Groß- und Kleinschreibung egal)?

☐ find . -name handbuch

☐ grep -i handbuch *

☐ find -ri handbuch *

☐ grep -ri handbuch *

12. Wie können Sie ein Programm mit der Prozess-ID 4711 sofort, also ohne Rücksicht auf dessen Status, beenden?

☐ kill -TERM 4711

☐ shutdown -rp 4711

☐ kill -KILL 4711

☐ exit 4711

13. Was ist keine Komponente von Syslog-Meldungen?

☐ Facility

☐ Message

☐ Error

☐ Priority

14. Welches Runlevel steht bei modernen Linux-Systemen für Multi-User-Modus mit GUI und Netzwerk?

☐ 4

☐ 5

☐ 0

☐ 3

15. Wie installieren Sie unter Ubuntu das Paket python3?

☐ rpm -i python3

☐ install python3

☐ apt-get python3

☐ apt-get install python3

16. Welches der folgenden Kommandos wird nicht beim Kompilieren und Installieren typischer Open-Source-Software verwendet?

☐ make install

☐ make

☐ configure

☐ compile

444

17. Wann wird der durch … symbolisierte Code in folgendem Ausschnitt eines *bash*-Shell-Skripts ausgeführt?

```
if [ -f ~/.lock ]
then
   ...
fi
```

- ☐ wenn im Home-Verzeichnis des Users der Verzeichniseintrag *.lock* existiert
- ☐ wenn im *root*-Verzeichnis die reguläre Datei *.lock* existiert
- ☐ wenn im Home-Verzeichnis des Users die reguläre Datei *.lock* existiert
- ☐ Gar nicht; der Code enthält einen Syntaxfehler.

18. Wie wird ein Alias namens lh definiert, das den Befehl ls -lah enthält?

- ☐ alias lh 'ls -lah'
- ☐ alias lh='ls -lah'
- ☐ alias 'ls -lah':lh
- ☐ alias lh:'ls -lah'

19. Zu welchen Zeiten wird ein Cronjob mit folgendem Crontab-Eintrag ausgeführt?

```
*/15 8-18 * * *
```

- ☐ werktags, einmal stündlich, von 8:15 bis 18:15 Uhr
- ☐ jeden Tag, einmal stündlich, von 8:15 bis 18:15 Uhr
- ☐ alle 15 Tage, stündlich, von 8:00 bis 18:15 Uhr
- ☐ jeden Tag, viertelstündlich, von 8:00 bis 18:45 Uhr

20. Was bewirkt die Eingabe d7d im *vi(m)*-Befehlsmodus?

- ☐ Es werden sieben Zeilen ab der aktuellen gelöscht.
- ☐ Die aktuelle Zeile und sieben weitere werden gelöscht.
- ☐ Der Editor wechselt in den Eingabemodus, und der User kann bis zu sieben Zeilen überschreiben.
- ☐ Die Meldung Syntax error wird angezeigt, denn der Befehl muss 7dd lauten.

21. Wie wird der Editor *Emacs* beendet?

- ☐ C-x C-x
- ☐ Esc
- ☐ C-x C-c
- ☐ C-x M-c

## 7 Linux

22. Wie lässt sich unter Linux die Konfiguration der Netzwerkschnittstellen anzeigen?

☐ ifconfig

☐ ipconfig

☐ netstat --config

☐ cat /proc/networking

# Kapitel 8
# macOS

*An apple a day keeps the doctor away.*
*– Sprichwort*

Nachdem das vorangegangene Kapitel Linux beschrieben hat, geht es hier um ein anderes Betriebssystem aus der Unix-Familie: *macOS* (vormals *Mac OS X* und dann *OS X*), seit 2001 das Standardsystem für Apple-Macintosh-Computer. Im Grunde ist die Bezeichnung *macOS* etwas irreführend, da es mit dem klassischen Mac-Betriebssystem *Mac OS* nicht allzu viel zu tun hat. Der neue Name wurde jedoch analog zu den Betriebssystemen *iOS* (für iPhones und iPads) und *watchOS* (für die Apple Watch) gewählt.

In diesem Kapitel werden die Grundlagen von macOS vorgestellt; manches bezieht sich auf die aktuelle Version 10.12 (Sierra), aber in der Übersichtstabelle werden die jeweiligen Neuerungen aller bisherigen Versionen zusammengefasst.

Das ursprüngliche Mac OS war schon seit langer Zeit erneuerungsbedürftig, weil es mit dem technischen Fortschritt der zugrunde liegenden Hardware nicht mithalten konnte. Fähigkeiten wie präemptives Multitasking oder Speicherschutz waren nicht vorhanden und ließen sich aufgrund der altmodischen Architektur des Systems auch nicht nachrüsten.

Aus dieser Motivation heraus wurde das damalige Mac OS X als vollkommen neuer Ansatz eingeführt. Die Entwicklungsgrundlage war das Betriebssystem NextStep, das Anfang der 90er-Jahre des 20. Jahrhunderts von der Firma NeXT entwickelt worden war. Es handelte sich um ein mikrokernelbasiertes Unix-System mit fortschrittlicher grafischer Oberfläche. Auf einer NextBox, der zugehörigen Workstation, wurde übrigens das World Wide Web entwickelt.

NeXT wurde in den 90er-Jahren von Apple aufgekauft.[1] Einige Zeit später kündigte Apple sein neues NextStep-basiertes Betriebssystem unter dem Codenamen *Rhapsody* an. Im Jahr 2001 erschien es schließlich unter dem Namen Mac OS X. Das X stand sowohl für die Versionsnummer 10 als auch für die Unix-Kompatibilität. Die offizielle Aussprache lautete »Mac OS ten«; dennoch war es weitverbreitet, das X als Buchstaben zu sprechen.

Bisher erschienen insgesamt 13 offizielle Versionen des Systems. Von Mac OS X 10.0 (Cheetah) bis OS X 10.8 (Mountain Lion) trug jedes Release den Namen einer Großkatze; danach

---

1 Mit diesem Schritt holte Apple übrigens auch den inzwischen verstorbenen Steve Jobs zurück an Bord, der während der Jahre seiner Abwesenheit von Apple unter anderem NeXT mitbegründet hatte.

wurden Regionen mit bemerkenswerter Natur und Nationalparks in Kalifornien zur Namensgrundlage (Mavericks, Yosemite, El Capitan, Sierra). Tabelle 8.1 zeigt die Versionen im Überblick.

| Version | Name | Jahr | Wichtige Neuerungen |
| --- | --- | --- | --- |
| Mac OS X Public Beta | – | 2000 | öffentliche Betaversion |
| Mac OS X 10.0 | Cheetah | 2001 | erste offizielle Version; recht stabil, aber sehr langsam |
| Mac OS X 10.1 | Puma | 2001 | Geschwindigkeitssteigerung, DVD-Unterstützung |
| Mac OS X 10.2 | Jaguar | 2002 | Unterstützung für Grafikbeschleuniger, CUPS |
| Mac OS X 10.3 | Panther | 2003 | schneller Benutzerwechsel, iChat (Videochat), Exposé |
| Mac OS X 10.4 | Tiger | 2005 | 64-Bit-Unterstützung, seit 10.4.4 auch für die damals neuen Intel-Macs, Dashboard |
| Mac OS X 10.5 | Leopard | 2007 | modernisierte Oberfläche, Time Machine (Datensicherung), Boot Camp (offizielle Unterstützung für Windows in eigener Partition) |
| Mac OS X 10.6 | Snow Leopard | 2009 | vor allem Beschleunigung und Sicherheitsverbesserungen, keine Unterstützung mehr für PowerPC, in späteren Updates Mac App Store |
| Mac OS X 10.7 | Lion | 2011 | iCloud-Unterstützung, Launchpad, Mission Control (Fenster finden; mehrere virtuelle Desktops), verbessertes Vollbildverhalten etc. |
| OS X 10.8 | Mountain Lion | 2012 | Unterstützung zahlreicher iOS-Features (Reminders, Notes, iMessage, Notification, Game Center); verbesserter Schlafmodus *Power Nap*, eingebaute Social-Media-Unterstützung, AirPlay (drahtlose AV-Übertragung auf HDTV) |
| OS X 10.9 | Mavericks | 2013 | iBooks (E-Book-App, bisher nur für iOS), Maps, verbesserter Kalender, iCloud Keychain (gesicherter zentraler Passwortspeicher), Multi-Tab-Finder, Tags zum einfacheren Auffinden von Dateien |

**Tabelle 8.1** Übersicht über die macOS- bzw. (Mac-)OS-X-Versionen

| Version | Name | Jahr | Wichtige Neuerungen |
|---------|------|------|---------------------|
| OS X 10.10 | Yosemite | 2014 | simpleres und »flacheres« Design analog zu iOS ab Version 7 (ressourcenschonend und einheitlicher), verbesserte Zusammenarbeit mit iOS-Geräten, Vollbildmodus durch den grünen Fenster-Button, zahlreiche neue iCloud- und Connectivity-Features |
| OS X 10.11 | El Capitan | 2015 | weitere Performanceverbesserung, noch weiter gehende Vereinfachung und Vereinheitlichung der Benutzeroberfläche, Split View (Aufteilung des Bildschirms in Bereiche für verschiedene Aktivitäten), verbesserte Mission Control |
| macOS 10.12 | Sierra | 2016 | die bisher nur unter iOS verfügbare Sprachassistentin Siri nun auch für macOS, iCloud Drive (automatische Synchronisation mit anderen Geräten über iCloud-Speicherung), Auto Unlock (Anmeldung durch die in der Nähe befindliche Apple Watch des Benutzers), Universal Clipboard (gemeinsame Zwischenablage mit eigenen iOS-Geräten), neues Dateisystem Apple File System (in Vorbereitung) |

**Tabelle 8.1** Übersicht über die macOS- bzw. (Mac-)OS-X-Versionen (Forts.)

Im erweiterten Sinn lässt sich auch *iOS*, das System von iPhone, iPad und iPod Touch, als Variante von macOS bezeichnen. Allerdings läuft es nicht auf Intel-Hardware, sondern auf den in diesen Geräten verwendeten ARM-Prozessoren, und wurde stark modifiziert für den optimalen Einsatz auf mobilen Geräten. Seit iOS 5 beziehungsweise Mac OS X 10.7 unterstützen beide Systeme Apples Cloud-Computing-Dienst *iCloud*. Die aktuelle Version von iOS ist 10.3; sie läuft auf iPhones ab dem iPhone 5, auf iPads ab dem iPad der 4. Generation, auf dem iPad Mini ab Version 2, auf allen iPad-Air- und iPad-Pro-Modellen sowie auf dem iPod Touch ab der 6. Generation. Einen Überblick über iOS erhalten Sie in Kapitel 11, »Mobile Development«.

Manche ursprünglich für iOS entwickelten Features wie die Sprachassistentin Siri, der App Store, Notifications oder die E-Book-Software iBooks (für die im iTunes Store Bücher erworben werden können) finden nach und nach ihren Weg in das System für »richtige« Computer.

macOS besitzt eine recht interessante, komplexe Architektur. Den innersten Bestandteil bildet der *Mach-Mikrokernel*, der bereits die Grundlage von NextStep war, inzwischen aber erheblich weiterentwickelt wurde. macOS verwendet die Version 3.0. Wie bereits in Kapitel 5, »Betriebssystemgrundlagen«, besprochen, stellen Mikrokernels nicht viel mehr als eine effiziente Prozessverwaltung zur Verfügung, alle anderen Aufgaben werden an Prozesse im Benutzermodus delegiert.

Die nächste Ebene bildet ein BSD-basiertes Unix-System namens *Darwin*. Dieses System selbst ist unter der GPL freigegeben und läuft auch auf PCs.

Auf Darwin setzen verschiedene Bibliotheken auf, die für die Präsentation der verschiedenen visuellen und multimedialen Inhalte sorgen:

▸ *Quartz* ist die Bibliothek zur Darstellung von Grafiken und hochwertiger geglätteter Schrift. Die Präsentation dieser Komponenten basiert auf dem PDF-Format von Adobe, das einen einheitlichen Standard für die Verbreitung von Dokumenten mit hoher Darstellungsqualität sowohl für den Bildschirm als auch für den Druck gewährleistet.

▸ *OpenGL* kommt für die Darstellung von 3D-Grafik zum Einsatz, wie sie in vielen Anwendungen und Spielen eingesetzt wird. Diese Bibliothek ist plattformübergreifend verfügbar und wird beispielsweise auch unter Windows verwendet.

▸ *QuickTime* ist Apples eigene Multimedia-Technologie. Es wird in macOS zur Darstellung von Bilddateien, Videos, Sounds und Streaming-Inhalten aus dem Internet eingesetzt.

Diese verschiedenen Präsentationsbibliotheken werden von mehreren Programmierschnittstellen genutzt, die die Entwicklung von Anwendungsprogrammen für macOS ermöglichen. Das Betriebssystem unterstützt die folgenden *Application Programming Interfaces* (APIs):

▸ *Cocoa* ist die Schnittstelle für reine macOS-Anwendungen. Die API wird von Entwicklungswerkzeugen für die Programmiersprachen Swift, Objective-C und Java unterstützt. macOS enthält die Entwicklungsumgebung Xcode, mit der Sie Cocoa-basierte Anwendungen für Macs und iOS-Geräte entwickeln können.

▸ *Carbon* war eine bis Version 10.4 vorhandene gemeinsame Bibliothek für Anwendungsprogramme, die unter Mac OS 9 und Mac OS X liefen. Bevor das neue Betriebssystem überall verbreitet war, wurden wichtige Anwendungen bevorzugt mit Carbon entwickelt.

▸ *Java* ist eine plattformunabhängige Programmiersprache von Sun Microsystems. Zahlreiche Server-, Datenbank- oder auch Multimedia-Anwendungen werden in dieser Sprache geschrieben. macOS enthält eingebaute Unterstützung für die Ausführung von Java-Anwendungen in Form einer virtuellen Maschine.

Über all diesen Systembestandteilen befindet sich schließlich die neu gestaltete grafische Oberfläche *Aqua*, die durch ihre abgerundeten und halb transparenten Bedienelemente auffällt. Bis Mac OS X 10.4 (Tiger) wurde auch die sogenannte *Classic*-Umgebung unterstützt. Sie war speziell für klassische Mac-Anwendungen gedacht, die nicht mit Mac OS X kompatibel waren. Mac OS 9 wurde dabei in der Umgebung einer virtuellen Maschine gestartet, und die Anwendung wurde unter diesem System ausgeführt. Da Mac OS 9 nur auf PowerPC- und nicht auf Intel-Macs läuft, ist die Classic-Umgebung nun Geschichte, zumal es keine wichtigen Anwendungen mehr gibt, von denen noch keine OS-X-Version erschienen wäre.

Auf die Unix-Komponenten von macOS wird in diesem Kapitel nicht weiter eingegangen, da die Funktionsweise eines modernen Unix-Systems bereits im letzten Kapitel am Beispiel von Linux beschrieben wurde. Wenn Sie das Programm *Terminal* im Ordner APPLICATIONS/ PROGRAMME starten, steht Ihnen eine voll ausgestattete Unix-Shell zur Verfügung (seit einigen Jahren standardmäßig die *bash*; frühe Versionen von Mac OS X verwendeten die *tcsh*).

Zwei wichtige Befehle aus dem Linux-Kapitel, die Sie an dieser Stelle nicht verwenden können, sind useradd und groupadd, da macOS die Benutzerverwaltung grafisch über die Systemeinstellungen vornimmt. Im Übrigen ist die Verwendung von mount und umount unnötig: Wenn Sie einen Wechseldatenträger einlegen, erscheint sein Icon automatisch auf dem Desktop. Um ihn sicher auszuwerfen, genügt es, dieses Icon nach dem Schließen auf den Papierkorb zu ziehen, die Tastenkombination [Cmd] + [E] zu drücken oder bei neueren Macs den Auswurfknopf ganz rechts oben auf der Tastatur zu drücken.

## 8.1 Mit Aqua arbeiten

In diesem Abschnitt werden die wichtigsten Bedienelemente und Konfigurationsmöglichkeiten der Benutzeroberfläche Aqua vorgestellt. Abbildung 8.1 zeigt den Desktop von macOS mit einigen Fenstern.

**Abbildung 8.1** Der Desktop von macOS 10.12 Sierra. Oben befindet sich die Menüleiste, unten das Dock; außerdem sind das Programm iTunes sowie der Systemordner »Programme« (»Applications«) zu sehen.

Auf dem Bildschirm finden Sie die folgenden Bedienelemente:

► Ganz oben befindet sich die Menüleiste. Diese Besonderheit wurde aus alten Mac-OS-Versionen übernommen: In den grafischen Oberflächen der meisten anderen Betriebssysteme besitzt jedes Anwendungsfenster seine eigene Menüleiste; unter macOS wird dagegen nur eine Menüleiste angezeigt, deren Inhalt je nach aktivem Fenster wechselt.

Ganz links in der Menüleiste finden Sie das Apple-Menü, das einige wichtige Systembefehle wie ABMELDEN, HERUNTERFAHREN oder NEUSTART anbietet. Daneben liegt das Programm-Menü, das jeweils den Namen der aktiven Anwendung trägt. Es bietet grundlegende Funktionen zur Steuerung des jeweils aktiven Programms wie BEENDEN oder Aufrufen des Voreinstellungen-Dialogs.

► Auf dem Desktop selbst befindet sich eine Reihe diverser Icons, die etwa die vorhandenen Datenträger, die verschiedenen Drucker sowie dort abgelegte Dateien und Ordner anzeigen.

► Am unteren Bildschirmrand sehen Sie das *Dock*. Es enthält Icons für alle zurzeit laufenden Programme sowie für diejenigen, die Sie dauerhaft dort ablegen. Ganz links befindet sich stets der *Finder*, der Datei-Manager des Systems; ganz rechts ist der Papierkorb angeordnet.

Aqua-Fenster besitzen die folgenden Bedienelemente:

► Der rote Button links oben dient dem Schließen des Fensters. Programme werden dadurch übrigens nicht beendet.

► Der gelbe Button verkleinert das Fenster und stellt seine Miniatur im rechten Abschnitt des Docks dar. Durch einen Klick auf diese Miniatur können Sie das Fenster wiederherstellen.

Eine Alternative ist die Option AUSBLENDEN im Anwendungsmenü oder die Tastenkombination ⎡Cmd⎤ + ⎡H⎤. Die Option ⎡Cmd⎤ + ⎡Alt⎤ + ⎡H⎤ blendet übrigens alle anderen geöffneten Fenster aus.

► Der grüne Button wechselt zwischen der eingestellten benutzerdefinierten Größe und dem Vollbild hin und her.

► Die gesamte Leiste oben, die den Namen der Anwendung oder den Pfad des angezeigten Dokuments oder Ordners anzeigt, wird *Titelleiste* genannt. Durch Ziehen an dieser Leiste können Sie das Fenster selbst verschieben, und per Doppelklick wechseln Sie jeweils zwischen Ihrer selbst eingestellten Fenstergröße und der Vorgabe des Programms.

► Rechts unten befindet sich ein Feld, an dem Sie ziehen können, um die Größe des Fensters zu ändern.

### 8.1.1 Die Menüleiste

Mithilfe der Menüleiste werden die meisten Befehle in Anwendungsprogrammen ausgewählt. Sofern gerade kein Anwendungsprogramm aktiv ist, wird das Menü des Finders angezeigt.

Ganz links im Apple-Menü sind die folgenden Einträge besonders wichtig:

- ▶ ÜBER DIESEN MAC zeigt Informationen über die Hardware und Systemsoftware des Rechners an; weitere Registerkarten bieten Zugriff auf Hilfe und Support.

- ▶ SYSTEMEINSTELLUNGEN öffnet einen umfangreichen Dialog, in dem die verschiedensten Aspekte des Betriebssystems konfiguriert werden können (siehe Abschnitt 8.2, »Systemkonfiguration«). Diese Funktion lässt sich auch über das Dock erreichen.

- ▶ BENUTZTE OBJEKTE bietet einen schnellen Zugriff auf die Programme, Dokumente und Netzwerkserver, mit denen Sie zuletzt gearbeitet haben.

- ▶ SOFORT BEENDEN ist eine bequeme `kill`-Variante für alle GUI-Anwendungen. Wenn ein Programm abgestürzt ist oder sonstige Probleme bereitet, können Sie mit diesem Dialog erzwingen, dass es beendet wird.

- ▶ NEUSTART startet das Betriebssystem neu. Sie können alternativ den Befehl `shutdown` (siehe Kapitel 7, »Linux«) im Terminal verwenden.

- ▶ AUSSCHALTEN fährt den Rechner herunter und schaltet ihn aus. Auch dieser Befehl kann durch `shutdown` ersetzt werden.

- ▶ ABMELDEN schließt alle Programme und meldet den aktuellen Benutzer ab. Im Anmeldedialog kann sich daraufhin ein anderer Benutzer anmelden.

Der nächste Menüpunkt ist das Anwendungsmenü. Der Name wechselt je nach aktiver Anwendung, heißt also beispielsweise FINDER oder ITUNES. Die Befehle, die dort zur Auswahl stehen, sind allerdings immer ungefähr dieselben. Sie können den Voreinstellungsdialog des aktiven Programms aufrufen, sofern es einen zur Verfügung stellt. Dies beseitigt ein Ärgernis, das in alten Mac-OS-Versionen bestand und zum Beispiel unter Windows noch heute existiert: Je nach Programm befinden sich die Voreinstellungen in unterschiedlichen Menüpunkten, beispielsweise DATEI, BEARBEITEN oder ANSICHT. Außerdem können Sie das Programm an dieser Stelle ausblenden oder beenden.

Anschließend folgen diverse anwendungsspezifische Menüpunkte, die an dieser Stelle natürlich nicht weiter behandelt werden.

Rechts neben dem eigentlichen Menü, nach der Hilfe, die für verschiedene Programme unterschiedlich ausführlich ist und in verschiedenen Formaten angeboten wird, befindet sich das Sprachmenü. Hier können Sie schnell zwischen verschiedenen internationalen Tastaturbelegungen und Zeichensätzen wechseln, die Sie zuvor in den Systemeinstellungen konfiguriert haben.

Ganz rechts in der Leiste befinden sich schließlich einige kleine Programme für den schnellen Zugriff auf bestimmte Funktionen, die sogenannten *Menulets* (*Menu Applets*). Die Symbole haben *von rechts nach links* folgende Bedeutung (sie werden hier aufgelistet, sofern sie auf jedem Mac Standard sind und nicht durch spezielle Anwendungsprogramme installiert wurden):

- *Mitteilungen*: öffnet eine Sidebar im rechten Bereich des Bildschirms, die wichtige Meldungen in einer Liste anzeigt, etwa die neuesten E-Mails, den aktuell in iTunes abgespielten Titel oder iMessages. Auch Websites können hier auf Wunsch Links zu den neuesten Nachrichten ausgeben; bei der Technologie handelt es sich um einen RSS- und Atom-Feedreader.

- *Spotlight-Suche*: durchsucht Dokumente auf dem lokalen Rechner, E-Mails, Webseiten aus dem Browserverlauf und andere Orte nach dem eingegebenen Suchbegriff. Dabei wird eine Suggest-Suche durchgeführt, das heißt, es wird schon während der Eingabe gesucht. Ein einfacher Klick auf ein Suchergebnis stellt im rechten Bereich eine Vorschau dar; ein Doppelklick öffnet das verknüpfte Ergebnis im passenden Programm.

- *Uhrzeit*: Wenn Sie daraufklicken, wird das Datum angezeigt, und Sie können zwischen Analog- und Digitaluhr umschalten sowie die Systemeinstellung DATUM/UHRZEIT öffnen. Ein Mac synchronisiert die Uhrzeit normalerweise automatisch über einen Zeitserver im Internet, aber in der Systemeinstellung können Sie etwa zwischen 12- und 24-Stunden-Modus wechseln oder die Zeitzone anpassen.

- *Batterie-Ladeanzeige*: Bei MacBooks wird hier der Ladestand der Batterie angezeigt. Im Menü, das Sie per Klick erreichen, können Sie die zusätzliche Anzeige des Prozentwerts ein- und ausblenden; eine Liste informiert Sie über APPS MIT ERHEBLICHEM ENERGIEVERBRAUCH, und Sie können die Systemeinstellung ENERGIE SPAREN öffnen.

- *Tastatursprache*: Ein Klick auf die Flagge ermöglicht es Ihnen, zwischen den verschiedenen installierten Tastatursprachen zu wechseln, einen Überblick über die Tastatur und den Zeichensatz anzuzeigen und die Systemeinstellung TASTATUR zu öffnen, in der Sie zum Beispiel weitere Tastaturbelegungen nachinstallieren können.

- *Lautstärke*: einfacher Regler für die globale Systemlautstärke; in der Regel können Sie aber einfach die Tasten *Ton an/aus*, *Leiser* und *Lauter* auf der Tastatur drücken; es handelt sich um die primären Belegungen der Tasten [F10], [F11] und [F12].

- *WLAN*: zeigt an, ob eine WLAN-Verbindung besteht und wie stark sie ist (mehr Kreissegmente stehen für eine bessere Verbindung). Das Menü zeigt eine Liste aller erreichbaren drahtlosen Netzwerke an, Sie können das WLAN mit einem Klick deaktivieren und wieder reaktivieren oder die entsprechende Systemeinstellung öffnen.

- *Bluetooth*: zeigt alle verbundenen Bluetooth-Geräte an und ermöglicht deren Konfiguration oder Inbetriebnahme.

### 8.1.2   Das Dock

Im linken Bereich des Docks finden Sie für jedes Programm, das in der Aqua-Oberfläche geöffnet ist oder das Sie dort permanent abgelegt haben, ein Icon. Im rechten Bereich, hinter der Trennlinie, sehen Sie dagegen eine Reihe von Miniaturen der Fenster, die Sie verkleinert haben. Ganz links außen befindet sich der Finder, der Datei-Manager von macOS, ganz rechts finden Sie den Papierkorb.

Durch längeres Gedrückthalten der Maustaste auf einem Icon können Sie das Dock-Menü des jeweiligen Programms aktivieren. Hier befinden sich Befehle zum Ein- und Ausblenden oder zum Beenden des Programms. Außerdem können Sie hier bestimmen, dass ein Programm auch nach dem Beenden permanent im Dock gehalten werden soll. Im Fall des Papierkorbs dient der wichtigste Eintrag dem LEEREN, also dem dauerhaften Löschen der darin befindlichen Inhalte.

Sobald Sie ein Programm starten, erscheint sein Icon im Dock und zeigt durch regelmäßiges Hüpfen an, dass das Programm gerade geladen wird. Wenn es fertig geladen ist, erscheint ein kleiner Lichtkreis darunter. Falls während der Ausführung eines Programms, das sich gerade nicht im Vordergrund befindet, Probleme oder wichtige Ereignisse auftreten, hüpft es dagegen arrhythmisch, um darauf aufmerksam zu machen.

Sie können jedes beliebige Programm- oder Dokument-Icon in das Dock ziehen, um eine dauerhafte Verknüpfung einzurichten. Falls Sie ein Dock-Icon dagegen nach oben wegziehen, wird es dauerhaft aus dem Dock entfernt.

### 8.1.3   Der Finder

Wenn Sie das Finder-Icon im Dock anklicken oder eines der Laufwerk- oder Ordnersymbole auf dem Desktop doppelklicken, wird ein Finder-Fenster geöffnet. Es handelt sich dabei um den Datei-Manager von macOS. Gegenüber dem Finder der alten Mac-OS-Versionen wurde er stark verbessert. In der Symbolleiste des Finders befindet sich ganz links die Schaltfläche ZURÜCK, mit deren Hilfe Sie in den jeweils zuvor angezeigten Ordner wechseln können. Die nächsten vier Schaltflächen dienen dem Wechsel zwischen den vier möglichen Ansichten:

▶ Die *Symbolansicht* zeigt für jeden Unterordner und jede Datei im aktuellen Ordner ein eigenes großes Icon an. Die Symbole können Sie frei anordnen oder über die Befehle im Menü DARSTELLUNG sortieren.

▶ Die *Listenansicht* zeigt Unterverzeichnisse und Dateien des aktuellen Ordners untereinander in einer Liste mit zusätzlichen Informationen an (beispielsweise Dateityp, Größe oder Datum und Uhrzeit der letzten Änderung). Neben jedem Ordner befindet sich ein kleines Dreieck, das Sie durch Anklicken auf- oder zuklappen können, um seine Inhalte verschachtelt ein- oder auszublenden.

▶ Die *Spaltenansicht* zeigt die Hierarchie ineinander verschachtelter Ordner spaltenweise an. Klicken Sie in einer Spalte einen bestimmten Ordner an, werden in der rechts daneben liegenden Spalte seine Inhalte eingeblendet. Abbildung 8.2 zeigt eine Ordnerstruktur, ausgehend von der Macintosh HD (Hauptfestplatte), in der Spaltenansicht.

**Abbildung 8.2** Die »Macintosh HD« und eine untergeordnete Ordnerstruktur in der Spaltenansicht des Finders

▶ Die *Cover-Flow-Ansicht* wurde in Mac macOS 10.5 neu eingeführt; zuvor hatte es sie bereits zum Durchblättern von Albumcovern in iTunes gegeben. Die Objekte des aktuellen Ordners können in einer virtuellen 3D-Ansicht durchgeblättert werden. Dabei erscheinen Vorschauen von Dokumenten und Bildern. Unter dem Cover Flow finden Sie zusätzlich die Listenansicht. In Abbildung 8.3 sehen Sie einen Ordner in der Cover-Flow-Ansicht.

**Abbildung 8.3** Ein Ordner in der Cover-Flow-Ansicht des Finders

Die einzelnen Icons können Sie durch Ziehen mit der Maus (Drag & Drop) in andere Ordner verschieben. Wenn Sie gleichzeitig Alt gedrückt halten, werden sie sogar kopiert. Wenn Sie ein Symbol anklicken, um es zu markieren, können Sie mit gedrückter Apfel-Taste weitere aus- und wieder abwählen, während die ⇧-Taste die Auswahl eines Blocks aller Icons vom zuerst bis zum zuletzt angeklickten Symbol ermöglicht.

Da die Mac-Maus nur eine Maustaste hat, wird das Kontextmenü – ein Menü mit den wichtigsten Optionen für das aktuell angeklickte Element – geöffnet, indem Sie ein Objekt mit zwei Fingern oder mit gedrückter Ctrl-Taste anklicken; alternativ können Sie unter Systemeinstellungen • Maus beziehungsweise Trackpad auch einstellen, dass ein Klick auf einer bestimmten Seite (rechts oder links) als Rechtsklick gewertet wird.

Mit Cmd + N können Sie ein neues Finder-Fenster öffnen, was die gleichzeitige Ansicht verschiedener Ordner ermöglicht. Ein neuer Ordner wird dagegen mit dem Tastenkürzel Cmd + ⇧ + N angelegt.

Mithilfe der Tastenkombination Cmd + L erzeugen Sie ein Alias des angeklickten Elements (Datei oder Ordner). Es handelt sich dabei um die grafische Form eines Symlinks. Der Vorteil besteht darin, dass Sie es beliebig in andere Ordner verschieben oder umbenennen können – es zeigt weiter auf die ursprüngliche Originaldatei. Umbenannt werden Dateien übrigens, indem Sie mit der Maus auf ihren Namen klicken.

### 8.1.4 Mission Control und Dashboard

Weitere fortschrittliche Bedienelemente von macOS sind *Mission Control* und *Dashboard*.

Mission Control (in älteren Versionen Exposé) wird über die Doppelbelegung der Taste F3 gestartet: Alle zurzeit geöffneten Fenster werden als Miniaturen angezeigt und können durch einen einfachen Mausklick aktiviert werden (siehe Abbildung 8.4). Wenn Sie rechts oben auf das +-Symbol klicken, können Sie einen weiteren virtuellen Desktop hinzufügen. Virtuelle Desktops sind eine gute Möglichkeit, mehrere komplette Arbeitsumgebungen parallel offen zu halten. Sie können durch Ziehen mit drei Fingern auf dem Trackpad oder über Mission Control selbst zwischen den verschiedenen Desktops wechseln. Ein weiterer Klick auf F3 schließt Mission Control wieder.

Durch Ziehen mit drei Fingern nach rechts oder über Mission Control aktivieren Sie das Dashboard. Über dem Desktop werden einige kleine Hilfsprogramme (sogenannte *Widgets*) eingeblendet. Standardmäßig handelt es sich um Taschenrechner, Analoguhr, Kalender und eine 7-Tage-Wettervorhersage für den Wohnort, der bei der Installation von macOS festgelegt wurde. Ganz links unten auf dem Bildschirm befindet sich ein Plus-Icon, das eine Auswahl weiterer Widgets öffnet. Über die Schaltfläche Weitere Widgets können Sie noch mehr von Apples Website herunterladen. Beachten Sie, dass viele Widgets eine aktive Internetverbindung benötigen, um sinnvoll zu funktionieren. In Abbildung 8.5 sehen Sie das Dashboard von macOS 10.12 (Sierra).

8 macOS

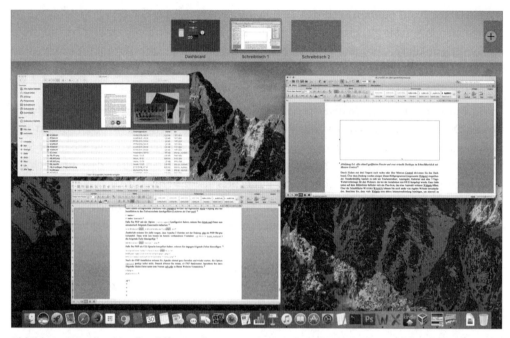

**Abbildung 8.4** Alle aktuell geöffneten Fenster und zwei virtuelle Desktops im Schnellüberblick mit Mission Control

**Abbildung 8.5** Das Dashboard mit den Standard-Widgets

## 8.2 Systemkonfiguration

Fast alle Einstellungen für das Betriebssystem werden im Dialog SYSTEMEINSTELLUNGEN (siehe Abbildung 8.6) vorgenommen. Diesen erreichen Sie entweder über das Apple-Menü oder über das entsprechende Icon im Dock. Der Dialog ist mit einer Reihe von Symbolen für die einzelnen einstellbaren Kategorien ausgestattet. Wenn Sie eines dieser Symbole anklicken, öffnet sich ein spezieller Unterdialog, wobei die in der obersten Zeile stehenden wichtigsten Einstellungen immer stehen bleiben.

**Abbildung 8.6** Der macOS-Dialog »Systemeinstellungen«

Hier werden nur einige der wichtigsten Einstellungsmöglichkeiten kurz erläutert:

▶ STARTVOLUME dient der Auswahl des Betriebssystems, das nach dem nächsten Neustart des Computers gebootet werden soll. Sie können beispielsweise eine System-CD-ROM für ein Update oder eine Reparatur einlegen und hier festlegen, dass der Start von diesem Datenträger erfolgen soll. Außerdem können Sie Windows auswählen, wenn Sie es über Boot Camp nachträglich als Zweitsystem installiert haben.

Falls Sie sich an dieser Stelle einmal für den Start von Windows entschieden haben, wird dieses System bei jedem Neustart automatisch gebootet. Um danach wieder macOS zu starten, müssen Sie beim Einschalten [Alt] gedrückt halten und können dann das Startvolume interaktiv auswählen.

► ALLGEMEIN enthält die wichtigsten Einstellungen für das Verhalten der Aqua-Oberfläche, beispielsweise für das Verhalten von Cursor, Menüs und Rollbalken.

► SPRACHE UND REGION dient der Anpassung von Tastaturlayout, Zahlenformaten, Datum und Uhrzeit sowie Zeichensätzen an die Gegebenheiten verschiedener Länder. Neben Sprachen, die unterschiedliche Formen der lateinischen Schrift verwenden, unterstützt macOS auch völlig andere Systeme wie Chinesisch oder Japanisch.

► MONITORE ermöglicht die Einstellung der Bildschirmauflösung und der Farbtiefe. Genau wie ältere Mac-OS-Versionen bietet auch macOS die Möglichkeit, mehrere Monitore zu verwenden. Da das System die Anordnung der Monitore auf Ihrem Schreibtisch nicht kennen kann, müssen Sie hier außerdem einstellen, wie die Anzeige auf die diversen Bildschirme verteilt werden soll.

► BENUTZER & GRUPPEN ist der grafische Ersatz für Unix-Konsolenbefehle wie useradd. In diesem Dialog lassen sich auf einfache Art und Weise zusätzliche Benutzer und Gruppen anlegen.

Für die Verwendung dieses Dialogs benötigen Sie Administratorrechte und müssen deshalb das entsprechende Kennwort eingeben. Der Administrator ist derjenige Benutzer, der das System installiert hat. Anders als der User *root* darf er nicht alle Unix-Befehle ausführen.

### 8.2.1 Besonderheiten der Mac-Dateisysteme

Da macOS ein Unix-System ist, gelten die meisten Aussagen, die in Abschnitt 5.2.4, »Dateisysteme«, im Abschnitt »Das virtuelle Unix-Dateisystem« getroffen wurden. Wegen der zusätzlichen Fähigkeiten des Systems unterscheidet sich die Verzeichnishierarchie allerdings ein wenig von traditionellen Unix-Systemen. Der Verzeichnisbaum kann auf unterschiedliche Dateisysteme aufgesetzt werden: auf das ursprüngliche Mac-OS-Dateisystem *HFS* (*Hierarchical File System*), genauer gesagt, die bereits mit Mac OS 8 eingeführte Version *HFS+*, sowie auf das *Unix File System*, *UFS*. Letzteres ist heutzutage Standard.

Bei Datei- und Verzeichnisnamen auf *HFS+*-Volumes wird nicht zwischen Groß- und Kleinschreibung unterschieden. Dies gewährleistete die Kompatibilität mit der Classic-Umgebung und einem parallel installierten Mac-OS-9-System, was heutzutage natürlich keine Rolle mehr spielt. Die maximale Länge von Dateinamen beträgt 256 Zeichen. Der Doppelpunkt (:) sowie der Slash (/) sind in Dateinamen verboten, weil es sich um das Pfadtrennzeichen des klassischen beziehungsweise des neuen macOS handelt.

Die wesentliche Besonderheit von Mac-Dateisystemen besteht allerdings darin, dass für jede Datei zwei verschiedene Informationszweige gespeichert werden: Der Datenzweig (*Data Fork*) enthält den eigentlichen Inhalt der Datei, der Ressourcenzweig (*Resource Fork*) enthält dagegen die mit der Datei verknüpften Systemressourcen – beispielsweise das Icon, bei Programmdateien auch Menüinhalte, GUI-Elemente oder Versionsinformationen.

Eine weitere Eigenschaft der Resource Fork betrifft die Art und Weise, wie Dateitypen registriert werden. Für jede Datei werden zwei Werte namens *File Type ID* und *Creator ID* gespeichert. Die File Type ID ist ein vier Zeichen langer Code, der den Dateityp angibt – etwa `text` für eine Textdatei oder `tiff` für ein Bild im Dateiformat TIFF. Die Creator ID ist ein ebenfalls vier Zeichen langes Kürzel für das Programm, mit dem die Datei erzeugt wurde. Beide Informationen zusammen bestimmen, mit welchem Programm die Datei bei einem Doppelklick geöffnet wird.

Auf *UFS*-Volumes werden die Resource Fork und andere Metadaten nicht mehr in einem völlig getrennten Bereich des Dateisystems gespeichert, sondern als versteckte Dateien (mit Punkt beginnend) im selben Verzeichnis wie die eigentlichen Dateien; dasselbe gilt beim Speichern auf Fremddateisystemen wie FAT32, das sich als besonders kompatibles Austauschformat für externe Festplatten anbietet. Diesen Umstand bemerken Sie manchmal, wenn Sie Dateien von einem Mac per Netzwerk oder Datenträger auf einen Windows- oder Linux-Rechner kopieren.

Zurzeit ist bei Apple ein neues Dateisystem namens *Apple File System* (APFS) in Arbeit. Es soll viele Features modernerer Dateisysteme, etwa aus der Linux-Welt, integrieren und Funktionen wie die Verschlüsselung von Partitionen nativ statt über Plug-ins anbieten.

Solange Sie nur mit einem Mac arbeiten, benötigen Sie keine Dateiendungen. Allerdings werden Dateien heutzutage häufig mit Windows-Benutzern oder über das Internet ausgetauscht. In diesen beiden Umgebungen ist die Dateierweiterung sehr wichtig, sodass Sie sie auch unter macOS stets verwenden sollten. Die meisten modernen Anwendungen fügen ihre passenden Endungen daher automatisch den Dateien hinzu.

## 8.3    macOS-Netzwerkkonfiguration

Auch unter macOS können Sie im Prinzip *ifconfig* verwenden, um das TCP/IP-Netzwerk zu konfigurieren. Allerdings werden Sie dies in der Regel nicht tun wollen, weil in den Systemeinstellungen standardisierte und bequeme Module für die Netzwerkeinrichtung existieren. Ein weiterer Grund ist, dass in Mac-Netzen neben TCP/IP bis heute das AppleTalk-Protokoll eine gewisse Rolle spielt. Dieses Protokoll können Sie nur über die Systemeinstellungen und nicht über Unix-Terminal-Befehle konfigurieren.

Alle Befehle, die der Netzwerkkonfiguration dienen, finden Sie unter dem Punkt NETZWERK in den Systemeinstellungen. In diesem Dialog können Sie oben die Schnittstelle auswählen, die Sie konfigurieren möchten, etwa Ethernet-Schnittstelle oder Modem. Unten finden Sie je nach gewählter Verbindung verschiedene Registerkarten. Bei einer ETHERNET-SCHNITTSTELLE (auf MacBooks Baujahr 2014–2016 THUNDERBOLT BRIDGE, danach entsprechend UCB-C, da Ethernet über einen Adapter für den Thunderbolt-Anschluss bzw. die UCS-C-Schnittstelle bereitgestellt wird) sind es beispielsweise folgende (siehe Abbildung 8.7):

▶ TCP/IP. In diesem Bereich wird die IP-Adresse der zurzeit konfigurierten Schnittstelle eingestellt. Zunächst können Sie unter KONFIGURATION wählen, ob Sie die IP-Adresse selbst eintragen (manuell) oder auf irgendeine Weise automatisch beziehen möchten (zum Beispiel über einen DHCP-Server). Falls Sie die IP-Parameter manuell eingeben, können Sie folgende wichtige Einstellungen vornehmen:

- IP-ADRESSE: zum Beispiel 192.168.0.9
- TEILNETZMASKE: die CIDR-Maske des Netzwerks, etwa 255.255.255.0
- ROUTER: das Default-Gateway, beispielsweise 192.168.0.1
- DNS-SERVER: eine Rangfolge der IP-Adressen von Nameservern, die konsultiert werden sollen. Bei den meisten direkten Internetverbindungen können Sie diese Einstellung weglassen. Falls Ihre Verbindung dagegen über ein LAN stattfindet, müssen Sie hier in der Regel die IP-Adresse von mindestens einem Nameserver eintragen.
- SUCHDOMÄNEN: Falls sich Ihr Rechner innerhalb einer DNS-Zone befindet, die durch einen Nameserver verwaltet wird, sollten Sie hier das entsprechende Domainnamen-Suffix eintragen – zum Beispiel »meine-firma.de«, falls der Rechner den DNS-Hostnamen *mac.meine-firma.de* trägt. Sie können einen Rechner innerhalb derselben Domain dadurch ohne Angabe des Suffixes ansprechen: Wenn Sie etwa mit *mail.meine-firma.de* kommunizieren möchten, genügt es, »mail« einzugeben.

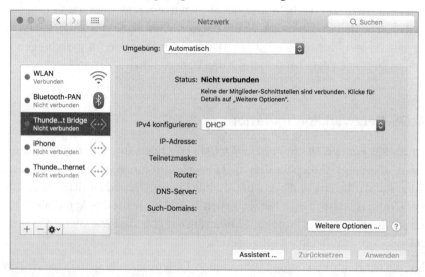

**Abbildung 8.7** Konfiguration der Thunderbolt-Bridge für die Ethernet-Schnittstelle unter OS X

► PPPoE-Dienst. In diesem Bereich wird *PPP over Ethernet* konfiguriert, falls die entsprechende Ethernet-Schnittstelle nicht für den Anschluss an ein LAN, sondern für ein DSL-Modem verwendet werden soll. Die näheren Einstellungen müssen Sie mit Ihrem Provider klären.

► Proxies. An dieser Stelle werden Proxyserver konfiguriert. Sie können entweder für jeden Internetdienst einen anderen Proxy angeben oder – was häufiger der Fall ist – denselben für alle. Beachten Sie aber, dass nicht jeder Proxy alle Anwendungsprotokolle unterstützt. Der weitverbreitete Unix-Proxyserver *squid* kann beispielsweise nur mit HTTP(S) und FTP umgehen.

Die Einrichtung eines HTTP-Proxyservers kann sich übrigens auch dann lohnen, wenn Sie über einen vollwertigen Internetzugang verfügen: Durch Caching-Fähigkeiten kann er den Zugriff auf häufig verwendete Websites beschleunigen. Deshalb betreiben auch manche Provider eigene Proxys.

Falls innerhalb Ihres LAN ein Proxy betrieben wird, befindet sich seine IP-Adresse innerhalb Ihres Teilnetzes; der Port ist oft 3128, wenn es sich um *squid* handelt. Wenn Sie den Proxy Ihres Providers konfigurieren möchten, müssen Sie die Parameter dort erfragen.

### 8.3.1 Serverdienste unter macOS

Unter macOS ist es sehr einfach, Dateien und Ordner für andere Benutzer freizugeben. Zunächst müssen Sie grundsätzlich das File Sharing aktivieren. Dies geschieht unter Freigaben in den Systemeinstellungen. Hier müssen Sie zuerst einen eindeutigen Gerätenamen bestimmen.

Neben der Möglichkeit der Verzeichnisfreigabe in den normalen Desktop-Varianten von macOS bietet Apple seit vielen Jahren auch vollwertige Serverprogramme beziehungsweise Serverbetriebssysteme an. Wenn viele Benutzer auf einen gemeinsamen Datenbestand zugreifen sollen oder die entsprechenden Dateien sehr groß sind – beispielsweise im Bereich des Desktop-Publishings mit seinen enormen Bildauflösungen –, ist die Einrichtung eines separaten Serverrechners mit einem solchen System ratsam. Die klassische Mac-OS-9-basierte Lösung war das Programm *AppleShareIP*. Einen moderneren Ansatz bildet das Betriebssystem *macOS Server*. Macs können aber auch auf Unix-Fileserver (NFS) oder Windows-Freigaben (SMB oder dessen Unix-Emulation Samba) zugreifen.

Um anderen Macs unter macOS den Zugriff auf Dateien und Ordner zu gewähren, müssen Sie die Option Dateifreigabe aktivieren. Mac OS X 10.2 (Jaguar) bot erstmals auch die Möglichkeit der Dateifreigabe für Windows-Rechner; diese ist durch die Verwendung von Microsofts SMB-Protokoll inzwischen Standard. Mithilfe von Druckerfreigabe können Sie Drucker freigeben, die an Ihren Rechner angeschlossen sind, während Internetfreigabe den Webserver Apache startet, der in Kapitel 14, »Server für Webanwendungen«, ausführlich besprochen wird.

Beachten Sie, dass das Windows File Sharing nur Benutzern gewährt werden kann, für die ein lokaler Benutzer-Account existiert: Richten Sie unter BENUTZER in den Systemeinstellungen einen neuen Benutzer ein, oder öffnen Sie einen vorhandenen zur Bearbeitung. Hier müssen Sie die Option WINDOWS-BENUTZER DÜRFEN SICH ANMELDEN aktivieren.

Die konkrete Freigabe bestimmter Dateien und Verzeichnisse wird nicht einzeln eingestellt, sondern hängt von lokalen Benutzerrechten ab: Wenn Sie sich über das Netzwerk an einem macOS-Rechner anmelden, stehen Ihnen genau diejenigen Verzeichnisse zur Verfügung, die Sie zu nutzen berechtigt sind.

Wenn Sie umgekehrt über macOS auf Freigaben eines entfernten Rechners zugreifen möchten, müssen Sie im Menü des Finders GEHE ZU • MIT SERVER VERBINDEN auswählen. Es erscheint ein Dialog mit einer Übersicht über alle Rechner im lokalen Netz, die als Dateiserver fungieren. Dabei werden macOS- und Windows-Rechner durch unterschiedliche Symbole gekennzeichnet. Wählen Sie einfach den gewünschten Rechner per Doppelklick aus. Anschließend werden Sie gebeten, sich anzumelden. Abhängig vom eingegebenen Benutzernamen verfügen Sie auf dem entfernten Rechner, wie bereits erwähnt, über unterschiedliche Zugriffsrechte.

## 8.4 Übungsaufgaben

Im Folgenden ist jeweils genau eine Antwort richtig.

1. Wie hieß die von Apple aufgekaufte Firma, auf deren Ideen Mac OS X basierte?
   - ☐ Microsoft
   - ☐ NeXT
   - ☐ ToMorrow
   - ☐ iTunes

2. Welche Version von macOS trägt den Namen Mavericks?
   - ☐ 10.9
   - ☐ 10.10
   - ☐ 10.11
   - ☐ 10.12

3. Welchen Namen hat die derzeit (Ende April 2017) aktuelle macOS-Version 10.12?
   - ☐ El Capitan
   - ☐ Yosemite
   - ☐ Sierra
   - ☐ Mavericks

8.4 Übungsaufgaben

4. Wie heißt der Mikrokernel, der den innersten Bereich von macOS bildet?

☐ Tu

☐ Geh

☐ Mach

☐ Arbeite

5. Welchen Namen trägt die BSD-basierte Open-Source-Unix-Grundlage von macOS?

☐ Darwin

☐ Copernicus

☐ Newton

☐ Einstein

6. Wie heißt die API, die modernen macOS-Anwendungen zugrunde liegt?

☐ Coffee

☐ Cocoa

☐ Lemon

☐ Quark

7. Wie heißt die Entwicklungsumgebung für Mac- und iOS-Anwendungen, die mit macOS geliefert wird?

☐ Netbeans

☐ Eclipse

☐ Mac Studio

☐ Xcode

8. Welchen der folgenden aus Linux bekannten Konsolenbefehle können Sie unter macOS nicht einsetzen?

☐ ls

☐ pwd

☐ useradd

☐ man

9. Welcher der folgenden Befehle befindet sich nicht im Apple-Menü ganz links in der Menüleiste?

☐ AUSSCHALTEN

☐ ÜBER DIESEN MAC

☐ FENSTER AUSBLENDEN

☐ NEUSTART

465

10. Wozu dient das Länderflaggen-Symbol im linken Bereich der Menüleiste?

☐ Umschaltung der Tastatursprache

☐ Anzeige des Landes, in dem sich der User gerade befindet

☐ Umschaltung der Sprache, in der die Bedienelemente des Systems angezeigt werden

☐ Es ist ein Schmuckelement, das auch durch ein anderes kleines Bild ersetzt werden kann.

11. Was erreichen Sie, wenn Sie ein Symbol im Dock länger anklicken?

☐ Das zugehörige Programm wird beendet.

☐ Das Symbol wird auch nach Beenden des Programms im Dock behalten.

☐ Ein Kontextmenü für das aktuelle Element wird angezeigt.

☐ gar nichts

12. Was ist die Aufgabe der Spaltenansicht im Finder?

☐ Für jede Spalte kann ein anderer Ordner ausgewählt werden.

☐ Der Inhalt eines ausgewählten Ordners wird in der Spalte rechts daneben angezeigt.

☐ Jede Spalte enthält die Vorschau eines Elements.

☐ Die Spaltenansicht wurde in OS X 10.8 (Mountain Lion) abgeschafft.

13. Was ist keine Aufgabe von Mission Control?

☐ Übersicht über alle geöffneten Fenster

☐ Anzeige des aktuellen Browserverlaufs

☐ Verwaltung mehrerer virtueller Desktops

☐ Miniaturanzeige der Fensterinhalte

14. Wie schließen Sie ein MacBook (Sommer 2014 bis 2016) an eine Ethernet-Schnittstelle an?

☐ WLAN bis zum Router, von dort Ethernet

☐ über die Thunderbolt-Bridge mit einem entsprechenden Adapter

☐ mit einer Bluetooth-Verbindung zu einem drahtlosen Ethernet-Verteiler

☐ Gar nicht; moderne MacBooks sind nicht mehr Ethernet-kompatibel.

# Kapitel 9
# Grundlagen der Programmierung

*There are 10 kinds of people: Those who understand binary notation*
*and those who do not.*
*– Anonym*

Ein Computer ist immer nur so nützlich wie die verfügbare Software. Heutzutage gibt es vorgefertigte Programme für beinahe jeden Verwendungszweck; viele von ihnen lernen Sie in den folgenden Kapiteln dieses Buches kennen. Dennoch gibt es – neben der Tatsache, dass Ihre Ausbildung es vielleicht verlangt – eine Reihe guter Gründe, Software selbst zu entwickeln:

▶ Trotz der immensen Fülle an Standardsoftware ist manchmal nicht genau das passende Programm verfügbar.

▶ Manche Software ist so teuer, dass sie das Budget von Privatpersonen oder auch kleineren Unternehmen bei Weitem übersteigt.

▶ Open-Source-Software löst das Preisproblem in vielen Fällen, aber gerade Open-Source-Software lässt sich oft mithilfe eingebauter Programmierschnittstellen noch besser an die eigenen Bedürfnisse anpassen.

▶ Es gibt kaum eine verlässlichere Möglichkeit, die Funktionsweise eines Computers zu verstehen, als ihn zu programmieren.

Um Software entwickeln zu können, benötigen Sie Programmierkenntnisse. Je nach Art und Einsatzgebiet von Programmen sind die verschiedenen Programmiersprachen unterschiedlich gut geeignet. Beispielsweise sind einige Sprachen besonders auf Geschwindigkeit optimiert, andere dagegen sind benutzerfreundlicher und leichter zu erlernen, wieder andere sind nur für spezielle Arten von Programmen geeignet oder funktionieren nur innerhalb eines bestimmten Anwendungsprogramms. In diesem Buch beschäftigen sich mehrere Kapitel oder Teile von ihnen mit verschiedenen Aspekten der Programmierung:

▶ In Kapitel 1, »Einführung«, finden Sie einen kurzen Abriss über die Geschichte der Programmiersprachen.

▶ In Kapitel 2, »Mathematische und technische Grundlagen«, wird ein virtueller Prozessor erläutert, der über eine einfache Maschinensprache (genauer gesagt, eine Assembler-Sprache) mit wenigen Instruktionen verfügt.

- Kapitel 6, »Windows«, bietet einen Einstieg in die Programmierung mit der Windows PowerShell.

- Kapitel 7, »Linux«, enthält einen kurzen Abschnitt über Shell-Skripte.

- Das vorliegende Kapitel bietet einen allgemeinen Einstieg in die Programmierung. Anhand dreier verschiedener gängiger Sprachen werden die wichtigsten Komponenten von Computerprogrammen vorgestellt.

- In Kapitel 10, »Konzepte der Programmierung«, werden zahlreiche fortgeschrittene Programmiertechniken behandelt. Unter anderem werden Sie in die Programmierung grafischer Oberflächen eingeführt und lernen einige Grundlagen der System- und Netzwerkprogrammierung kennen.

- Kapitel 11, »Mobile Development«, führt in die Entwicklung von Mobile Apps ein; hier werden die Programmiersprache Swift für iOS und die Java-Entwicklung mit Googles SDK für Android behandelt.

- Kapitel 12, »Software-Engineering«, geht den wichtigen Schritt von der einzelnen Programmdatei zum Softwareprojekt. Sie lernen verschiedene nützliche Techniken kennen, um größere Programme zu planen und den Überblick in ihnen zu behalten.

- In Kapitel 13, »Datenbanken«, wird am Ende kurz auf die Verwendung von Schnittstellen zur Programmierung datenbankgestützter Anwendungen eingegangen.

- In Kapitel 16, »XML«, erhalten Sie einen kurzen Überblick über wichtige Schnittstellen zur XML-Programmierung.

- In Kapitel 19, »Webserveranwendungen«, wird die Programmiersprache PHP 5 vorgestellt.

- In Kapitel 20, »JavaScript und Ajax«, wird die Skriptsprache JavaScript eingeführt, mit der sich Webseiten im Browser »zum Leben erwecken« lassen. Sie lernen die Grundlagen der Sprache, das dynamische Nachladen von Inhalten mit Ajax und die komfortable Java-Script-Bibliothek jQuery kennen.

Das vorliegende Kapitel dient als grundlegendes Tutorial für fortgeschrittene Computeranwender, die bisher noch nicht programmiert haben. Es ist aber auch nützlich, wenn Sie grundsätzlich Programmierkenntnisse haben, aber eine oder mehrere der vorgestellten Sprachen noch nicht kennen. Im Einzelnen lernen Sie in diesem Kapitel zwei Compiler- und eine Skriptsprache kennen. Eine der Sprachen ist rein imperativ, eine objektorientiert, und eine ist eine Multiparadigmen-Sprache, das heißt, sie bietet Aspekte beider – und weiterer – Programmiersprachenarten (siehe »Entwicklung der Programmiersprachen« in Kapitel 1, »Einführung«). Im Einzelnen handelt es sich um folgende Sprachen:

- C – imperative Compilersprache

- Java – objektorientierte Compilersprache

- Python – Multiparadigmen-Skriptsprache

## 9.1 Die Programmiersprache C

In gewisser Weise ist es ein wenig gewagt, einen Programmierkurs mit der Sprache *C* zu beginnen: Da diese Sprache sehr große Freiheiten bezüglich der Strukturierung von Programmen erlaubt, besteht die Gefahr, sich von Anfang an einen »schlampigen« Programmierstil anzugewöhnen. Andererseits ist C die älteste Programmiersprache, die noch heute von vielen Entwicklern genutzt wird. Außerdem hat die Syntax von C eine Vielzahl neuerer Sprachen stark beeinflusst – die Mehrheit aller in diesem Buch erwähnten Sprachen benutzt die grundlegenden Konstrukte von C.

Die Programmiersprache C wurde ab 1971 von Dennis Ritchie und Brian Kernighan entwickelt, um das Betriebssystem Unix neu zu implementieren. Aus diesem Grund sind Unix und C untrennbar miteinander verbunden; dennoch sind C-Compiler für fast jedes Betriebssystem verfügbar. Seit 1983 wurde eine Neufassung von C als ANSI- und später auch ISO-Standard entwickelt, die nach ihrem endgültigen Veröffentlichungsjahr C90 heißt. 1999 wurde eine weitere Version namens C99 eingeführt, die ein paar weitere Freiheiten erlaubte. 2011 schließlich wurde die Spezifikation der Sprache in ihrer bis heute gültigen Fassung C/11 verabschiedet – die wenigen Unterschiede zu C99 beziehen sich vor allem auf einige Neuerungen, die durch moderne Compiler bereits zuvor zu De-facto-Standards geworden waren.

Wie bereits erwähnt wurde, ist C eine Compilersprache. Ein C-Programm wird also zuerst vollständig in die Maschinensprache des jeweiligen Rechners (mit ein paar Betriebssystem-Bibliotheksaufrufen) übersetzt und dann ausgeführt. Bevor Sie mit dem Programmieren in C beginnen können, müssen Sie sich deshalb einen C-Compiler besorgen. Wenn Sie Linux oder eine andere Unix-Variante einsetzen, ist in der Regel bereits der GNU-C-Compiler GCC auf Ihrem System installiert oder zumindest auf dem Installationsdatenträger oder im Web verfügbar. Bei macOS wird GCC als Teil der Entwicklungsumgebung Xcode mitinstalliert (siehe Kapitel 11, »Mobile Development«).

Wenn Sie dagegen Windows verwenden, stehen im Internet verschiedene Compiler zum kostenlosen Download bereit. Daneben existieren zahlreiche kommerzielle Angebote, in der Regel im Rahmen komplexer Entwicklungsumgebungen. Um die Beispiele in diesem Abschnitt ohne Änderungen nachvollziehen zu können, sollten Sie sich eine Windows-Version des GCC beschaffen.

Besonders empfehlenswert ist in diesem Zusammenhang der *CygWin-Compiler*, da er auch gleich eine vollständige Unix-Arbeitsumgebung für Windows mitbringt, inklusive *bash* und der wichtigsten Unix-Systemprogramme. Herunterladen können Sie diese Software unter *www.cygwin.com*. Falls Sie unter Windows einen anderen Compiler einsetzen, funktionieren zwar alle Beispiele in diesem Abschnitt, aber die Compileraufrufe selbst können sich unterscheiden.

### 9.1.1 Das erste Beispiel

Am einfachsten erlernen Sie eine Programmiersprache, indem Sie möglichst viele Beispielprogramme ausprobieren, nachvollziehen und anschließend modifizieren. Daher beginnt dieser Abschnitt sofort mit dem ersten Beispiel, das anschließend genau erläutert wird. Öffnen Sie Ihren bevorzugten Texteditor, geben Sie den folgenden Code ein, und speichern Sie ihn unter dem Dateinamen *hallo.c*:

```
#include <stdio.h>
#include <stdlib.h>

int main() {
    char name[20];
    puts("Hallo Welt!");
    printf("Ihr Name, bitte: ");
    gets(name);
    printf("Hallo %s!\n", name);
    return EXIT_SUCCESS;
}
```

Wechseln Sie aus dem Editor in die Konsole, gehen Sie in das Verzeichnis, in dem Sie die Datei *hallo.c* gespeichert haben, und geben Sie Folgendes ein:

```
$ gcc hallo.c
```

Wenn Sie nicht den GCC verwenden, müssen Sie in der Bedienungsanleitung Ihres Compilers nachschlagen, wie der Befehl für die Kompilierung lautet.

Falls Sie das Listing korrekt abgetippt haben, wird der Prompt einfach kommentarlos wieder angezeigt. Andernfalls liefert der Compiler eine oder mehrere Fehlermeldungen, bequemerweise mit Angabe der jeweiligen Zeilennummer. Falls Sie eine Unix-Version verwenden, sollten Sie besser die folgende Variante des Befehls eingeben:

```
$ gcc -o hallo hallo.c
```

Die Option `-o Dateiname` legt einen verbindlichen Dateinamen für das fertig kompilierte Programm fest; ohne diese Angabe trägt das Programm auf Unix-Rechnern je nach konkretem Binärformat einen Namen wie *a.out*. Unter Windows heißt das Resultat automatisch *hallo.exe*.

Unter Unix besteht der nächste Schritt darin, das Programm ausführbar zu machen:

```
$ chmod +x hallo
```

Geben Sie nun unter Unix `./hallo` ein; unter Windows genügt die Eingabe `hallo`. Der Grund für diesen Unterschied wurde in Kapitel 6, »Windows«, und Kapitel 7, »Linux«, erwähnt –

unter Windows ist das aktuelle Verzeichnis . standardmäßig im Suchpfad enthalten, unter Unix nicht. Das Programm wird ausgeführt und erzeugt folgende Ausgabe:

```
Hallo Welt!
Ihr Name, bitte: Sascha
Hallo Sascha!
```

Es handelt sich bei diesem Programm um eine erweiterte Fassung des klassischen »Hello World«-Beispiels. Es ist Tradition, das Erlernen einer Programmiersprache mit einem Programm zu beginnen, das diese Begrüßung ausgibt. Unter *http://www.roesler-ac.de/wolfram/hello.htm* finden Sie übrigens eine Website mit »Hello World«-Programmen in über 400 Programmiersprachen.[1]

Im Folgenden wird das erste Programmierbeispiel Zeile für Zeile erläutert:

▶ `#include <stdio.h>`
Diese Zeile ist keine richtige C-Anweisung, sondern eine Präprozessor-Direktive. Der Präprozessor ist ein Bestandteil des Compilers, der vor der eigentlichen Kompilierung verschiedene organisatorische Aufgaben erledigt. An dieser Stelle lädt er die Header-Datei *stdio.h*, die die Deklarationen der wichtigsten Funktionen für die Ein- und Ausgabe bereitstellt (Standard Input/Output).

▶ `#include <stdlib.h>`
Diese zweite `#include`-Direktive importiert die Header-Datei *stdlib.h*. Sie enthält wichtige Funktionen zur Laufzeit- und Speicherkontrolle.

▶ `int main()`
In dieser Zeile wird eine Funktion definiert. *Funktionen* sind benannte Codeblöcke, die über ihre Namen aufgerufen werden können. Die spezielle Funktion `main()` übernimmt in einem C-Programm die Aufgabe eines Hauptprogramms: Sie wird beim Start des Programms automatisch vom Betriebssystem aufgerufen.

Der Datentyp beziehungsweise Rückgabewert der Funktion `main()` sollte `int` (ganzzahlig) sein, um dem System einen Wert zurückgeben zu können, der Erfolg oder Fehler anzeigt. Die beiden Klammern hinter dem Funktionsnamen sind Platzhalter für mögliche Parametervariablen. Der Rumpf der Funktion, also die eigentlichen Anweisungen, steht in geschweiften Klammern.

▶ `char name[20];`
Diese Zeile deklariert eine Variable mit der Bezeichnung `name`. Eine Variable ist ein benannter Speicherplatz. Wenn Sie den Namen der Variablen in einem Ausdruck (zum Beispiel in einer Berechnung) verwenden, wird automatisch ihr aktueller Wert eingefügt.

Die Variable `name` hat den Datentyp `char[]`. Es handelt sich dabei um einen Verbund einzelner Zeichen, der in C als Ersatz für einen String-Datentyp (eine Zeichenkette) verwen-

---

1 Noch beeindruckender ist die Website *http://99-bottles-of-beer.net*, die zurzeit 1.500 verschiedene Implementierungen zur Ausgabe des Saufliedes »99 Bottles of Beer« enthält.

**9** Grundlagen der Programmierung

det wird. Der Wert [20] in den eckigen Klammern bedeutet, dass die Textlänge maximal 20 Zeichen betragen darf.

Diese Anweisung wird durch ein Semikolon (;) abgeschlossen. In C muss jede Anweisung mit einem Semikolon enden.

▶ `puts("Hallo Welt!");`
Die Funktion `puts()` hat die Aufgabe, den angegebenen Text, gefolgt von einem Zeilenumbruch, auszugeben. Text in Anführungszeichen ist ein sogenanntes *Zeichenketten-* oder *String-Literal*, das heißt Text, der »wörtlich gemeint« ist: Er wird unverändert wiedergegeben.

▶ `printf("Ihr Name, bitte: ");`
Die Anweisung `printf()` dient der Ausgabe von Text oder einer Formatierung für verschiedene Ausdrücke. Im vorliegenden Fall wird auch wieder nur einfacher Text ausgegeben, allerdings ohne abschließenden Zeilenumbruch, damit die folgende Eingabe in derselben Zeile stattfindet.

▶ `gets(name);`
Mithilfe von `gets()` wird eine Zeichenkette von der Standardeingabe gelesen und in der als Argument angegebenen Variablen `name` gespeichert. Die Standardeingabe (`stdin`) ist für gewöhnlich die Tastatur, es sei denn, Sie leiten die Eingabe um, wie in Kapitel 6, »Windows«, und Kapitel 7, »Linux«, für die jeweilige Systemplattform beschrieben.

▶ `printf("Hallo %s!\n", name);`
In dieser Anweisung wird der Befehl `printf()` zum ersten Mal für seinen eigentlichen Verwendungszweck eingesetzt: Die Zeichenfolge `%s` ist ein Platzhalter für einen String-Ausdruck. Das `\n` steht für einen Zeilenumbruch. Es gibt eine Reihe solcher speziellen Zeichenfolgen, die als *Escape-Sequenzen* bezeichnet werden. Der durch `%s` ersetzte Ausdruck wird durch ein Komma von der Formatangabe getrennt. In diesem Fall ist der Ausdruck die Variable `name` – der Benutzer wird also mit seinem zuvor eingegebenen Namen begrüßt.

▶ `return EXIT_SUCCESS;`
Die Anweisung `return` beendet die Ausführung einer Funktion und gibt gegebenenfalls den Wert des angegebenen Ausdrucks an die aufrufende Stelle zurück. Wenn die Funktion `main()` den Wert `EXIT_SUCCESS` zurückliefert (auf den meisten Plattformen besitzt diese `stdlib.h`-Konstante den Wert 0), signalisiert sie dem Betriebssystem damit, dass alles in Ordnung ist. Um ein Programm mit einem Fehlerzustand zu beenden, wird dagegen die Konstante `EXIT_FAILURE` verwendet, die in der Regel den Wert 1 hat.

---

**Syntax- und Laufzeitfehler**

Bei Fehlern in Computerprogrammen unterscheidet man zwischen *Syntaxfehlern*, die bereits bei der Übersetzung abgefangen werden, und *Laufzeitfehlern*, die erst bei der Ausführung auftreten. Beispielsweise ist eine Anweisung wie

`str = "Dies ist ein Text;`

syntaktisch falsch (das Anführungszeichen, das den String abschließen müsste, fehlt), und der Compiler fängt sie ab. Dividieren Sie dagegen zum Beispiel im Verlauf Ihres Programms durch eine Variable, deren Wert zufälligerweise 0 ist, bricht die Programmausführung mit einer Fehlermeldung ab. Um Laufzeitfehler zu verhindern, müssen Sie die Werte, mit denen Sie arbeiten, stets gründlich überprüfen – insbesondere Benutzereingaben, denn diese können sogar Auswirkungen auf die Sicherheit Ihrer Softwareumgebung haben.

### 9.1.2 Elemente der Sprache C

Im letzten Abschnitt wurden bereits einige Merkmale der Programmiersprache C angesprochen. In diesem Abschnitt werden nun die wichtigsten Elemente von C systematisch behandelt.

#### Die grundlegende Syntax

Ein C-Programm besteht grundsätzlich aus einer Abfolge von *Anweisungen*. Eine Anweisung entspricht einem einzelnen Verarbeitungsschritt, den Ihr Programm durchführen soll. Jede Anweisung steht in einer eigenen Zeile und endet mit einem Semikolon. Falls Ihnen eine Zeile zu lang erscheint, dürfen Sie an einer sinnvollen Stelle einen Backslash (\) einfügen und in der nächsten Zeile weiterschreiben. Dies darf allerdings nicht innerhalb der Anführungszeichen eines String-Literals geschehen.

Es gibt verschiedene Typen von Anweisungen. Die wichtigsten sind Funktionsaufrufe, Deklarationen, Wertzuweisungen und Kontrollstrukturen. Diese Anweisungsarten weisen folgende Eigenschaften auf:

- *Funktionsaufrufe* bestehen aus dem Namen der aufgerufenen Funktion und den zugehörigen Argumenten. Es kann sich sowohl um eingebaute als auch um selbst definierte Funktionen handeln. Beispiel:

```
printf("hallo");
```

- *Deklarationen* sind Variablen- oder Funktionsvereinbarungen. Beide Arten der Deklaration bestehen aus einem Datentyp und einem selbst gewählten Bezeichner (dem Namen des Elements). Variablen können auf Wunsch schon bei der Deklaration einen Wert erhalten. Funktionen besitzen optional beliebig viele Parameter, die als Variablen mit Datentypangabe in die Klammern hinter den Funktionsnamen geschrieben werden. Der Funktionsrumpf steht in geschweiften Klammern und besteht aus beliebig vielen Anweisungen. Beispiele:

```
int wert;         /* Variablendeklaration */
float zahl = 2.75;  /* Deklaration mit Wertzuweisung */
int summe (int a, int b)
{...}             /* Funktionsdefinition */
```

▶ *Wertzuweisungen* dienen dazu, einer Variablen einen Wert zuzuordnen. Eine Zuweisung hat die Form `variable = ausdruck`. Der Ausdruck wird zunächst ausgewertet, anschließend wird sein Wert in der Variablen gespeichert. Beispiele:

```
wert = 7;
zahl = 5 / 2;
```

▶ *Kontrollstrukturen* sind eine Sammelbezeichnung für Anweisungen, die der Flusskontrolle des Programms dienen, dazu gehören beispielsweise Fallunterscheidungen und Schleifen. Beispiel:

```
if (a < 0) {
    printf("a ist negativ");
}                   /* Fallunterscheidung */
```

Neben den Anweisungen kann ein C-Programm *Kommentare* enthalten. Ein Kommentar steht zwischen den Zeichenfolgen /* und */ und kann beliebig viele Zeilen umfassen. Der Compiler ignoriert Kommentare; sie dienen dazu, Ihnen die Orientierung im Programmcode zu erleichtern. Kommentare dürfen nicht ineinander verschachtelt werden, da das erste Auftreten von */ den Kommentar bereits aufhebt.

Seit dem 1999 veröffentlichten Standard C99 dürfen auch einzeilige Kommentare verwendet werden, die ursprünglich in C++ eingeführt wurden und auch in Java und anderen Programmiersprachen bekannt sind. Diese beginnen mit den beiden Zeichen // und reichen bis zum Ende der aktuellen Zeile.

Leere Zeilen im Programmcode werden ignoriert, auch vor Anweisungen und zwischen den einzelnen Elementen einer Programmzeile dürfen beliebig viele Leerzeichen stehen. Der Ausdruck a + b ist äquivalent zu a+b. Allerdings dürfen Sie innerhalb von Bezeichnern keine Leerzeichen einfügen; auch einige Operatoren bestehen aus mehreren Zeichen, die nicht voneinander getrennt werden dürfen (beispielsweise <= oder &&).

---

**Gängige Formatierungsregeln**

Bei der Verwendung von Leerzeichen im Code sollten Sie vor allem konsistent sein. Weitverbreitete Praxis sind folgende Regeln:

▶ je ein Leerzeichen vor und hinter einen Operanden setzen, zum Beispiel a = b * c + d

▶ Zwischen Funktionsnamen und der öffnenden Klammer dahinter steht kein Leerzeichen, also etwa `printf(...)`.

▶ Bei Kontrollstruktur-Anweisungen wie `if` steht dagegen ein Leerzeichen zwischen dem Schlüsselwort und der geklammerten Bedingung, beispielsweise `if (...)`.

---

Bezeichner für Variablen und Funktionen dürfen aus Buchstaben, Ziffern und _ (Unterstrich) bestehen. Sie dürfen allerdings nicht mit einer Ziffer beginnen. Der ANSI-C-Standard, an den sich im Prinzip alle aktuellen C-Versionen halten, schreibt vor, dass mindestens die ersten

31 Zeichen der Bezeichner ausgewertet werden müssen. Sollten zwei Bezeichner erst beim 32. Zeichen voneinander abweichen, halten manche Compiler sie für ein und denselben. Bei Bezeichnern wird zwischen Groß- und Kleinschreibung unterschieden.

### Variablen

Wie bereits erwähnt, ist eine *Variable* ein benannter Speicherplatz. Anders als in der Mathematik besitzt eine Variable in einer Programmiersprache jederzeit einen definierten Wert. Es handelt sich also zur Laufzeit des Programms nicht um einen Platzhalter.

Variablen müssen zu Beginn jeder Funktion deklariert werden. Dies geschieht durch die Angabe des *Datentyps* und des *Bezeichners*; optional kann ein Anfangswert zugewiesen werden. Das folgende Beispiel deklariert die beiden Variablen a und b, wobei nur b ein Wert zugewiesen wird:

```
int a;
double b = 2.5;
```

a wird als int (Integer oder Ganzzahl) deklariert, dient also der zukünftigen Speicherung einer ganzen Zahl. b erhält den Datentyp double, der zur Ablage doppelt genauer Fließkommazahlen verwendet wird.

Tabelle 9.1 zeigt eine Übersicht über die wichtigsten einfachen Datentypen und ihre Bedeutung.

| Datentyp | Bedeutung | Erläuterung |
|---|---|---|
| int | Integer (Ganzzahl) | eine ganze Zahl mit der Wortbreite des Prozessors: auf den meisten Rechnern 32 oder 64 Bit |
| short | kurzer Integer | Integer mit geringerer Speichergröße (oft 16 Bit) |
| long | langer Integer | Integer mit der größten Bit-Zahl (mindestens 32 Bit) |
| char | einzelnes Byte | 8-Bit-Integer; wird oft zur Darstellung von ASCII-Zeichen verwendet – daher der Name char (für *character*). |
| float | Fließkommawert | Speichert Fließkommazahlen mit einfacher Genauigkeit (meist 32 Bit). |
| double | Fließkommawert | doppelt genauer Fließkommawert (in der Regel 64 Bit) |

**Tabelle 9.1** Die elementaren C-Datentypen

Die ganzzahligen Datentypen int, short, long und char speichern einen Integer-Wert je nach Bedarf mit oder ohne Vorzeichen. Sie können der Deklaration signed voranstellen, um Werte mit Vorzeichen zu speichern, oder unsigned für Werte ohne Vorzeichen. Dies bedeutet beispielsweise für einen 32-Bit-Integer, dass bei signed Werte zwischen −2.147.483.648 und +2.147.483.647 möglich sind, während unsigned die Werte 0 bis 4.294.967.295 zulässt. Eine Erläuterung dieser Werte finden Sie in Kapitel 2, »Mathematische und technische Grundlagen«.

Standardmäßig sind alle Integer-Werte signed, ein Sonderfall ist lediglich char: Da dieser Typ in der Regel zur Darstellung einzelner ASCII-Zeichen eingesetzt wird, ist er zumindest in diesem Zusammenhang unsigned. Für die Zeichen modernerer Zeichensätze wie Unicode, die mehr Speicher benötigen als 8 Bit, könnten Sie einfach unsigned int benutzen, empfehlenswerter ist jedoch die Verwendung des speziellen Typs wchar_t, wofür Sie allerdings mithilfe von #include die Header-Datei *stddef.h* einbinden müssen. Die verschiedenen Zeichensätze werden in Kapitel 17, »Weitere Datei- und Datenformate«, besprochen.

Auffällig ist, dass es in C keinen separaten Datentyp für boolesche Wahrheitswerte gibt. Folgerichtig gelten Ausdrücke mit dem Wert 0 als falsch und alle anderen als wahr.

Ein weiteres Merkmal von Variablen ist ihr *Gültigkeitsbereich* (*Scope*), der festlegt, in welchen Programmteilen eine Variable definiert bleibt. Grundsätzlich werden zwei verschiedene Arten von Variablen unterschieden:

▶ *Lokale Variablen*, auch *automatische Variablen* genannt, gelten nur innerhalb der Funktion, in der sie deklariert wurden. Dies gilt sowohl für Variablen, die zu Beginn des Funktionsrumpfes definiert werden, als auch für Parametervariablen, die in den Klammern hinter dem Funktionsnamen aufgeführt werden.

▶ *Globale Variablen* werden zu Beginn des Programmcodes (hinter eventuellen Präprozessor-Direktiven) deklariert und gelten im gesamten Programm. Falls Sie allerdings innerhalb einer Funktion eine gleichnamige Variable neu deklarieren, wird dort nur diese lokale Variable verwendet.

Eine besondere Form der lokalen Variablen sind die *statischen Variablen*: Wenn Sie in einer Funktion eine Variablendeklaration mit dem Schlüsselwort static einleiten, gilt die Variable zwar nur innerhalb dieser Funktion, behält aber ihren Wert bis zum nächsten Aufruf der Funktion bei.

### Ausdrücke und Operationen

Zu den wichtigsten Fähigkeiten von Programmiersprachen gehört die Auswertung beziehungsweise Berechnung von *Ausdrücken*. An jeder Stelle, an der ein bestimmter Wert erwartet wird, kann stattdessen ein komplexer Ausdruck stehen, der zunächst ausgewertet und anschließend als Wert eingesetzt wird. Voraussetzung ist allerdings, dass der Ausdruck einen passenden Datentyp besitzt.

Die einfachsten Bestandteile von Ausdrücken sind die *Literale*. Es handelt sich dabei um Werte, die nicht weiter berechnet oder ersetzt werden müssen. C unterscheidet die folgenden vier Arten von Literalen:

▶ *Integer-Literale* dienen der Darstellung ganzzahliger Werte. Normalerweise werden sie dezimal notiert; dazu wird einfach die entsprechende Zahl mit optionalem Vorzeichen geschrieben. Wenn Sie einem Integer-Wert eine 0 voranstellen, wird er als Oktalzahl interpretiert: 033 bedeutet demzufolge nicht 33, sondern 27. Ein vorangestelltes 0x kennzeichnet dagegen eine Hexadezimalzahl: 0x33 steht also für den (dezimalen) Wert 51.

▶ *Fließkommaliterale* repräsentieren Fließkommawerte. Beachten Sie, dass in C und anderen Programmiersprachen nicht das Komma als Dezimaltrennzeichen verwendet wird, sondern ein Punkt. Alternativ können Sie Fließkommaliterale in wissenschaftlicher Schreibweise (Exponentialschreibweise) angeben: 3.5E+5 steht beispielsweise für $3,5 \times 10^5$ (350.000); 4.78E-4 hat dagegen den Wert $4,78 \times 10^{-4}$ (0,000478).

▶ *Zeichen-Literale* enthalten ein einzelnes Zeichen aus einem Zeichensatz, mit dem der Compiler umgehen kann. Ein Zeichen-Literal muss in einfachen Anführungszeichen stehen, beispielsweise 'a'.

▶ *String-Literale* enthalten Zeichenketten, das heißt beliebig lange Textblöcke. Sie müssen in doppelten Anführungszeichen stehen, etwa "hallo". Ein Sonderfall ist die leere Zeichenkette, die durch zwei unmittelbar aufeinanderfolgende Anführungszeichen dargestellt wird: "". Sie wird bei Fallunterscheidungen wie der Wert 0 als falsch betrachtet.

Ein weiterer Bestandteil von Ausdrücken sind Variablen, die bei der Auswertung jeweils durch ihren aktuellen Wert ersetzt werden:

```
a = 5;
b = a + 7;          /* b hat nun den Wert 12 */
```

Mitunter besitzt eine Variable, die Sie in einem Ausdruck verwenden möchten, den falschen Datentyp. C konvertiert den Datentyp immer dann automatisch, wenn keine Gefahr besteht, dass dabei Werte verloren gehen oder verfälscht werden. Beispielsweise wird int ohne Weiteres akzeptiert, wo eigentlich ein Fließkommatyp erwartet wird. In Fällen, in denen diese Gefahr besteht, müssen Sie die Typumwandlung dagegen explizit anordnen. Dies geschieht durch das sogenannte *Typecasting*. Dabei wird der gewünschte Datentyp in Klammern vor die umzuwandelnde Variable oder auch vor ein Literal geschrieben:

```
double a = 4.7;
printf("%d", (int)a);
                    /* Ausgabe: 4 */
```

Sie können innerhalb eines Ausdrucks sogar eine Funktion aufrufen, vorausgesetzt, sie liefert einen Wert mit dem passenden Datentyp zurück:

```
a = sin(b);         /* a enthält den Sinus von b */
```

Neben all diesen Elementen, die jeweils einen einzelnen Wert ergeben, können Ausdrücke auch *Operatoren* enthalten. Diese dienen dazu, verschiedene Werte arithmetisch oder logisch miteinander zu verknüpfen. Beachten Sie, dass nicht jeder Operator zu jedem Datentyp passt.

Die *arithmetischen Operatoren* sind + (Addition), − (Subtraktion), * (Multiplikation), / (Division) und % (Modulo; der Rest einer ganzzahligen Division).

Die nächste Gruppe bilden die *logischen Operatoren*. Sie dienen dazu, Werte nach logischen Kriterien miteinander zu verknüpfen:

▶ Das *logische Und* (geschrieben &&) erzeugt den Wert 0, wenn mindestens einer der verknüpften Ausdrücke 0 (logisch falsch) ist, andernfalls erhält der Gesamtausdruck einen von 0 verschiedenen Wert und gilt damit als wahr.

▶ Das *logische Oder* wird als || notiert und erhält einen von 0 verschiedenen Wert, sobald mindestens einer der verknüpften Ausdrücke von 0 verschieden ist.

▶ Das *logische Nicht* wird durch ein ! dargestellt, das dem zu negierenden Ausdruck vorangestellt wird. Der Ausdruck erhält dadurch den Wert 0, wenn er zuvor einen anderen Wert hatte, und 1, wenn sein ursprünglicher Wert 0 war.

Ähnlich wie die logischen Operatoren, aber auf einer anderen Ebene, arbeiten die *Bit-Operatoren*: Sie manipulieren den Wert ihrer Operanden bitweise, betrachten also jedes einzelne Bit. Im Einzelnen sind die folgenden Bit-Operatoren definiert:

▶ Das *bitweise Und* (geschrieben &) setzt im Ergebnis diejenigen Bits auf den Wert 1, die in beiden Operanden 1 sind, alle anderen auf 0. Beispiel: 94 & 73 führt zu dem Ergebnis 72. Erläutern lässt sich dieses Ergebnis nur anhand der binären Darstellung:

```
  0101 1110
& 0100 1001
- - - - - - - - - - -
  0100 1000
```

▶ Das *bitweise Oder* (|) setzt alle Bits auf 1, die in mindestens einem der Operanden den Wert 1 haben. 94 | 73 ergibt demzufolge 95:

```
  0101 1110
| 0100 1001
- - - - - - - - - - -
  0101 1111
```

▶ Das *bitweise exklusive Oder* (^) setzt nur diejenigen Bits auf 1, die in genau einem Operanden den Wert 1 haben, alle anderen dagegen auf 0. 94 ^ 73 liefert das Ergebnis 23:

```
  0101 1110
^ 0100 1001
- - - - - - - - - - -
  0001 0111
```

▶ Die *Bit-Verschiebung nach links* (<<) verschiebt die Bits des ersten Operanden um die Anzahl von Stellen nach links, die der zweite Operand angibt. Beispiel: 73 << 2 ergibt 292, entspricht also einer Multiplikation mit $2^2$ (4).

▶ Die *Bit-Verschiebung nach rechts* (>>) verschiebt die Bits des ersten Operanden dagegen um die angegebene Anzahl von Stellen nach rechts. Beispiel: 94 >> 3 führt zu dem Ergebnis 11, da die letzten drei Binärstellen wegfallen.

▶ Die *bitweise Negation* oder das *Bit-Komplement* (eine vorangestellte Tilde ~) setzt alle Bits mit dem Wert 1 auf 0 und umgekehrt. Das Ergebnis ist abhängig von der Bit-Breite des entsprechenden Werts. Beispiel: ~73 ergibt als `unsigned` 8-Bit-Integer den Wert 182.

Für die Ablaufsteuerung von Programmen sind die *Vergleichsoperatoren* von besonderer Bedeutung: Sie vergleichen Ausdrücke miteinander und liefern je nach Ergebnis 0 oder einen wahren Wert. Es sind folgende Vergleichsoperatoren definiert:

▶ == ist der Gleichheitsoperator; das Ergebnis ist wahr, wenn die beiden verglichenen Ausdrücke gleich sind.

▶ != überprüft die Ungleichheit von Ausdrücken, ist also wahr, wenn sie verschieden sind.

▶ < ist wahr, wenn der linke Operand kleiner ist als der rechte.

▶ > ist wahr, wenn der linke Operand größer als der rechte ist.

▶ <= ist wahr, wenn der linke Operand kleiner oder gleich dem rechten ist. Diese Operation ist die Negierung von >.

▶ >= ist wahr, wenn der linke Operand größer oder gleich dem rechten ist. Dies ist die Negierung von <.

Zu guter Letzt gibt es noch den *Wertzuweisungsoperator* =, der dem Operanden auf der linken Seite den Wert des Ausdrucks auf der rechten Seite zuweist. Bei dem linken Operanden handelt es sich in der Regel um eine Variable. Allgemein werden Elemente, die auf der linken Seite einer Wertzuweisung stehen können, als *LVALUE* bezeichnet.

Sehr häufig kommt es vor, dass eine Wertzuweisung den ursprünglichen Wert des LVALUE ändert, sodass der LVALUE selbst in dem Ausdruck auf der rechten Seite auftaucht. Für diese speziellen Fälle wurden einige Abkürzungen definiert; die wichtigsten sind in Tabelle 9.2 aufgeführt.

| Langfassung | Kurzfassung | Erläuterung |
|---|---|---|
| a = a + 5; | a += 5; | LVALUE um den angegebenen Wert erhöhen |
| a = a + 1; | a += 1;<br>a++;<br>++a; | LVALUE um 1 erhöhen (Beachten Sie dabei die Erläuterung im Anschluss an die Tabelle.) |

**Tabelle 9.2** Die wichtigsten Abkürzungen für kombinierte Wertzuweisungen

| Langfassung | Kurzfassung | Erläuterung |
|---|---|---|
| a = a - 5; | a -= 5; | LVALUE um den angegebenen Wert vermindern |
| a = a - 1; | a -= 1;<br>a--;<br>--a; | LVALUE um 1 vermindern |
| a = a * 5; | a *= 5; | LVALUE mit dem angegebenen Wert multiplizieren |
| a = a / 5; | a /= 5; | LVALUE durch den angegebenen Wert dividieren |

**Tabelle 9.2** Die wichtigsten Abkürzungen für kombinierte Wertzuweisungen (Forts.)

Neben den in der Tabelle angegebenen Abkürzungen gibt es auch für die logischen Operatoren und die Bit-Operatoren entsprechende Schreibweisen.

Eine Sonderstellung nehmen die Operatoren ein, die einen LVALUE um 1 erhöhen oder vermindern: Sie können ++ oder -- entweder vor oder hinter den LVALUE schreiben. Wenn Sie dies als einzelne Anweisung hinschreiben, besteht zwischen diesen Varianten kein Unterschied. Werden sie dagegen im Rahmen eines komplexen Ausdrucks verwendet, dann ist der Unterschied folgender:

▶ Das vorangestellte ++ wird *Prä-Inkrement* genannt. Es erhöht den LVALUE um 1 und verwendet den neuen Wert innerhalb des Ausdrucks:

```
a = 1;
b = ++a;          /* a hat den Wert 2, b auch. */
```

Entsprechend heißt ein vorangestelltes -- *Prä-Dekrement*. Der LVALUE wird um 1 vermindert, bevor er in einem Ausdruck verwendet wird.

▶ Ein nachgestelltes ++ wird als *Post-Inkrement* bezeichnet. Ein LVALUE mit Post-Inkrement wird in einem Ausdruck mit seinem alten Wert verwendet und erst danach um 1 erhöht:

```
a = 2;
b = a++;          /* a hat den Wert 3, b bleibt 2 */
```

Das nachgestellte -- heißt *Post-Dekrement*. Der alte Wert des LVALUE wird im Ausdruck verwendet, bevor es um 1 vermindert wird.

Ein besonderer Operator ist der *Fallunterscheidungsoperator*: Die Schreibweise Ausdruck1 ? Ausdruck2 : Ausdruck3 hat Ausdruck2 als Ergebnis, wenn Ausdruck1 wahr ist, ansonsten ist der Wert Ausdruck3. Da er als einziger Operator drei Operanden hat, wird er auch als *ternärer* (dreigliedriger) Operator bezeichnet; entsprechend heißen die meisten Operatoren *binär* (zwei Operanden, zum Beispiel alle arithmetischen Operationen) beziehungsweise *unär* (ein Operand, etwa Vorzeichen). Hier zwei Beispiele:

```
a = 2;
b = (a == 1 ? 3 : 5);
/* a ist nicht 1, also erhält b den Wert 5 */

a = 1;
b = (a == 1 ? 3 : 5);
/* a ist 1, also erhält b den Wert 3 */
```

Bei der Arbeit mit Operatoren ist zu beachten, dass sie mit unterschiedlicher Priorität ausgewertet werden. Die folgende Liste stellt die Rangfolge der Operatoren in absteigender Reihenfolge dar. Die weiter oben stehenden Operatoren binden also stärker und werden zuerst aufgelöst:

- !, ~, ++, --, + (Vorzeichen), – (Vorzeichen)
- *, /, %
- + und - (arithmetische Operatoren)
- << und >>
- <, <=, >, >=
- == und !=
- & (bitweises Und)
- ^ (bitweises Exklusiv-Oder)
- | (bitweises Oder)
- && (logisches Und)
- || (logisches Oder)
- ?: (Operator für Fallunterscheidungen)
- =, +=, -= etc.

Sie können die Rangfolge der Operatoren durch die Verwendung von Klammern verändern. Beispielsweise besitzt der Ausdruck 3 * 4 + 7 den Wert 19, während 3 * (4 + 7) das Ergebnis 33 liefert. Beachten Sie, dass zu diesem Zweck – anders als in der Mathematik – immer nur runde Klammern verwendet werden dürfen, egal, wie tief sie verschachtelt werden!

### Kontrollstrukturen

Eine der wesentlichen Aufgaben von Computerprogrammen besteht darin, den Programmablauf in Abhängigkeit von bestimmten Bedingungen zu steuern. Dazu definiert C eine Reihe sogenannter *Kontrollstrukturen*, die man grob in Fallunterscheidungen und Schleifen unterteilen kann. Eine *Fallunterscheidung* überprüft die Gültigkeit einer Bedingung und führt abhängig davon bestimmte Anweisungen aus; eine *Schleife* sorgt dagegen dafür, dass bestimmte Anweisungsfolgen mehrmals hintereinander ausgeführt werden.

**9    Grundlagen der Programmierung**

Die einfachste und wichtigste Kontrollstruktur ist die Fallunterscheidung mit if(). Der Ausdruck, der hinter dem Schlüsselwort if in Klammern steht, wird ausgewertet. Wenn er wahr
(nicht 0) ist, wird die auf das if folgende Anweisung ausgeführt. Das folgende Beispiel überprüft, ob die Variable a größer als 100 ist, und gibt in diesem Fall »Herzlichen Glückwunsch!«
aus:

```
if (a > 100)
    printf("Herzlichen Glückwunsch!\n");
```

Mitunter hängen mehrere Anweisungen von einem einzelnen if() ab. In diesem Fall müssen
Sie hinter der Bedingungsprüfung einen *Anweisungsblock* schreiben, also eine Sequenz von
Anweisungen in geschweiften Klammern. Das folgende Beispiel überprüft, ob die Variable b
kleiner als 0 ist. In diesem Fall setzt sie b auf 100 und gibt eine entsprechende Meldung aus:

```
if (b < 0) {
    b = 100;
    printf("b auf 100 gesetzt.\n");
}
```

Die öffnende geschweifte Klammer schreiben manche Programmierer lieber in die nächste
Zeile. Beide Varianten sind üblich und zulässig, Sie sollten sich allerdings konsequent an eine
davon halten. In diesem Buch wird die Klammer stets in dieselbe Zeile gesetzt, allein schon
aus Platzgründen.

> **Verwenden Sie stets geschweifte Klammern!**
> Letzten Endes lohnt es sich übrigens, auch bei if-Abfragen, von denen nur eine einzige An-
> weisung abhängt, geschweifte Klammern zu verwenden. Erstens kann Ihnen so nicht der
> Fehler passieren, dass Sie die Klammern vergessen, wenn später weitere Anweisungen dazu-
> kommen. Zweitens gibt es andere Programmiersprachen wie etwa Perl, bei denen die Klam-
> mern zwingend vorgeschrieben sind.

Für die Formulierung des Bedingungsausdrucks bieten sich einige Abkürzungen an, die mit
der logischen Interpretation von 0 und anderen Werten zu tun haben. Wollen Sie beispielsweise Anweisungen ausführen, wenn die Variable a den Wert 0 hat, können Sie entweder die
ausführliche Bedingung a == 0 schreiben oder die Abkürzung !a verwenden: Die Negation
von a ist genau dann wahr, wenn a gleich 0 ist. Sollen dagegen Anweisungen ausgeführt werden, wenn a nicht 0 ist, genügt sogar ein einfaches a als Bedingung. Diese Nachlässigkeit bei
der Überprüfung von Datentypen macht C zu einer sogenannten *schwach typisierten Sprache*: Variablen besitzen festgelegte Datentypen, diese werden aber bei Bedarf sehr großzügig
ineinander konvertiert.

Es kommt sehr häufig vor, dass auch bei Nichtzutreffen einer Bedingung spezielle Anweisungen ausgeführt werden sollen. Zu diesem Zweck besteht die Möglichkeit, hinter einer if-
Abfrage einen else-Teil zu platzieren. Die Anweisung oder der Block hinter dem else wird

genau dann ausgeführt, wenn die Bedingung der if-Abfrage nicht zutrifft. Das folgende Beispiel gibt »a ist positiv.« aus, wenn a größer als 0 ist, ansonsten wird »a ist nicht positiv.« zurückgegeben:

```
if (a > 0)
   printf("a ist positiv.\n");
else
   printf("a ist nicht positiv.\n");
```

Auch hinter dem else kann alternativ ein Block von Anweisungen in geschweiften Klammern folgen:

```
if (a > 0) {
   /* Ausgabe: a ist positiv. */
   printf("a ist positiv.\n");
} else {
   /* Ausgabe: a ist nicht positiv. */
   printf("a ist nicht positiv.\n");
}
```

Sie können hinter dem else sogar wieder ein weiteres if unterbringen, falls eine weitere Bedingung überprüft werden soll, wenn die ursprüngliche Bedingung nicht erfüllt ist. Die folgende Abfrage erweitert das vorangegangene Beispiel so, dass auch die Fälle 0 und negativer Wert unterschieden werden:

```
if (a > 0)
   printf("a ist positiv.\n");
else if (a < 0)
   printf("a ist negativ.\n");
else
   printf("a ist 0.\n");
```

Alternativschreibweise mit geschweiften Klammern:

```
if (a > 0) {
   printf("a ist positiv.\n");
} else if (a < 0) {
   printf("a ist negativ.\n");
} else {
   printf("a ist 0.\n");
}
```

Das folgende kleine Beispielprogramm verwendet verschachtelte if-else-Abfragen, um aus einer eingegebenen Punktzahl in einer Prüfung die zugehörige Note nach dem IHK-Notenschlüssel zu berechnen:

```c
#include <stdio.h>

int main() {
   int punkte;
   int note;
   printf("Ihre Punktzahl, bitte: ");
   scanf("%d", &punkte);
   if (punkte < 30)
      note = 6;
   else if (punkte < 50)
      note = 5;
   else if (punkte < 67)
      note = 4;
   else if (punkte < 81)
      note = 3;
   else if (punkte < 92)
      note = 2;
   else
      note = 1;

   printf("Sie haben die Note %d erreicht.\n", note);
   return 0;
}
```

Die Funktion scanf() dient übrigens dazu, Daten verschiedener Formate einzulesen – im Gegensatz zu der zuvor verwendeten Funktion gets(), die nur zum Einlesen von Strings verwendet wird. Die Formatangabe %d steht für einen Integer (die Abkürzung d bedeutet *decimal*). Wichtig ist die Angabe des &-Zeichens vor dem Variablennamen – damit wird die Adresse und nicht der Wert angegeben, denn scanf() muss wissen, wo der eingelesene Wert gespeichert werden soll. Näheres zu diesem Thema finden Sie im übernächsten Unterabschnitt »Zeiger und Arrays«.

In anderen Fällen kommt es vor, dass Sie eine Variable nacheinander mit verschiedenen festen Werten vergleichen müssen, nicht mit Wertebereichen wie im vorangegangenen Beispiel. Für diesen Verwendungszweck bietet C die spezielle Struktur switch/case an. Das Argument von switch muss ein LVALUE sein, das nacheinander mit einer Liste von Werten verglichen wird, die hinter dem Schlüsselwort case stehen. Die einzelnen case-Unterscheidungen stellen dabei Einstiegspunkte in den switch-Codeblock dar. Wenn das LVALUE einem der Werte in der Liste entspricht, wird von dieser Stelle an der gesamte Block ausgeführt. Da dieses Verhalten oft unerwünscht ist, wird der Block vor jedem neuen case meist mithilfe von break verlassen.

Das folgende Beispiel ermittelt aus einer numerischen Note die entsprechende Zensur in Textform:

```c
switch (note) {
    case 6:
        printf("ungenügend\n");
        break;
    case 5:
        printf("mangelhaft\n");
        break;
    case 4:
        printf("ausreichend\n");
        break;
    case 3:
        printf("befriedigend\n");
        break;
    case 2:
        printf("gut\n");
        break;
    case 1:
        printf("sehr gut\n");
        break;
    default:
        printf("unzulässige Eingabe\n");
}
```

Hinter der optionalen Markierung default können Anweisungen stehen, die ausgeführt werden, wenn der geprüfte LVALUE keinen der konkreten Werte hat. Dies eignet sich insbesondere, um Fehleingaben abzufangen.

Eine grundlegend andere Art von Kontrollstrukturen sind *Schleifen*. Sie sorgen dafür, dass ein bestimmter Codeblock mehrmals ausgeführt wird, entweder abhängig von einer Bedingung oder mit einer definierten Anzahl von Durchläufen.

Die einfachste Form der Schleife ist die while()-Schleife. In den Klammern hinter dem Schlüsselwort while wird genau wie bei if() eine Bedingung geprüft. Trifft sie zu, wird der *Schleifenrumpf* (die Anweisung oder der Block hinter dem while) ausgeführt. Nach der Ausführung wird die Bedingung erneut überprüft. Solange sie zutrifft, wird der Schleifenrumpf immer wieder ausgeführt. Das folgende Beispiel überprüft vor jedem Durchlauf, ob die Variable i noch kleiner als 10 ist, und erhöht sie innerhalb des Schleifenrumpfes jeweils um 1:

```c
i = 0;
while (i < 10) {
    printf("%d\t", i);
    i++;
}
```

i ist der bevorzugte Name für Schleifenzählervariablen. Diese Tradition stammt aus der Mathematik, wo i oft als Zähler bei Summenformeln oder Ähnlichem eingesetzt wird (Abkürzung für *index*). Wenn mehrere Schleifen ineinander verschachtelt werden, heißen deren Zählervariablen j, k, l und so fort.

Die Ausgabe dieses kurzen Beispiels (\t steht für einen Tabulator) sieht folgendermaßen aus:

```
0   1   2   3   4   5   6   7   8   9
```

Da die Überprüfung der Bedingung vor dem jeweiligen Durchlauf erfolgt, findet der Abbruch statt, sobald i nicht mehr kleiner als 10 ist. Eine solche Schleifenkonstruktion wird als *kopfgesteuerte* Schleife bezeichnet.

Eine andere Art der Schleife überprüft die Bedingung erst nach dem jeweiligen Durchlauf und heißt deshalb *fußgesteuert*. In C wird sie durch die Schreibweise do ... while() realisiert. Diese Art der Schleife ist nützlich, wenn die zu überprüfende Bedingung sich erst aus dem Durchlauf selbst ergibt, beispielsweise bei der Prüfung von Benutzereingaben. Das vorangegangene Beispiel sieht als fußgesteuerte do-while-Schleife so aus:

```
i = 0;
do {
    printf("%d\t", i);
    i++;
} while (i < 10);
```

Interessanterweise stellt sich die Ausgabe dieser Schleife etwas anders dar:

```
0   1   2   3   4   5   6   7   8   9   10
```

Da die Bedingung erst nach der Ausgabe geprüft wird, erfolgt der Abbruch erst einen Durchlauf später. Anders als die kopfgesteuerte Schleife wird die fußgesteuerte immer *mindestens einmal* ausgeführt. Beachten Sie, dass hinter dem while() in diesem Fall ein Semikolon stehen muss.

Eine alternative Schreibweise für Schleifen ist die for-Schleife. Sie wird bevorzugt in Fällen eingesetzt, in denen eine festgelegte Anzahl von Durchläufen erwünscht ist. Die allgemeine Syntax dieser Schleife ist folgende:

```
for (Initialisierung; Wertüberprüfung; Wertänderung)
    Anweisung;
```

Die Initialisierung wird genau einmal vor dem Beginn der Schleife ausgeführt. Die Wertüberprüfung findet vor jedem Durchlauf statt. Wenn sie einen wahren Wert ergibt, wird der Schleifenrumpf ein weiteres Mal ausgeführt. Nach jedem Durchlauf findet die Wertänderung statt. Beispiel:

```
for (i = 0; i < 10; i++) {
   printf("%d\t", i);
}
```

Dies erzeugt exakt dieselbe Ausgabe wie das vorangegangene kopfgesteuerte `while`-Beispiel; der Code ist sogar absolut äquivalent. Jede `for`-Schleife lässt sich auf diese Weise durch eine `while`-Schleife ersetzen. Es handelt sich lediglich um eine spezielle Formulierung, die für determinierte Schleifen (Schleifen mit festgelegter Anzahl von Durchläufen) besser geeignet ist.

### Funktionen

Wie bereits erwähnt, besteht ein C-Programm aus beliebig vielen Funktionen, die Sie innerhalb Ihres Programms von jeder Stelle aus aufrufen können. Die wichtigste Funktion ist `main()`, weil sie die Aufgabe des Hauptprogramms übernimmt.

Eine Funktion kann jeden der eingangs für Variablen genannten Datentypen innehaben. Es wird erwartet, dass eine Funktion mit einem bestimmten Datentyp mithilfe von `return` einen Wert dieses Typs an die aufrufende Stelle zurückgibt. Eine Funktion, die »nur« bestimmte Anweisungen ausführen, aber keinen Wert zurückgeben soll, kann den speziellen Datentyp `void` haben.

Die wichtigste Aufgabe von Funktionen ist die Strukturierung des Programms. Es lohnt sich, häufig benötigte Anweisungsfolgen in separate Funktionen zu schreiben und bei Bedarf aufzurufen. Eine solche *Modularisierung* des Codes macht das Programm übersichtlicher, weil Sie sich in jeder Funktion auf eine einzelne Aufgabe konzentrieren können. Auf diese Weise lassen sich mehrere Abstraktionsebenen in ein Programm einführen: Grundlegende Bausteine können einmal implementiert und zu immer komplexeren Einheiten zusammengesetzt werden.

Eine Funktion kann nicht nur einen Rückgabewert haben, sondern auch einen oder mehrere Eingabewerte, die in Form von Parametervariablen in die Klammern hinter dem Funktionsnamen geschrieben werden. Eine Funktion mit Parametern erwartet die Übergabe entsprechend vieler Werte mit dem korrekten Datentyp. Aus Sicht der aufrufenden Stelle werden diese Werte als *Argumente der Funktion* bezeichnet, innerhalb der Funktion können sie wie normale lokale Variablen verwendet werden.

Das folgende Beispiel zeigt eine Funktion namens `verdoppeln()`, die einen Wert vom Datentyp `int` entgegennimmt und das Doppelte dieses Werts zurückgibt:

```
int verdoppeln(int wert) {
   return 2 * wert;
}
```

Diese Funktion kann von einer beliebigen Programmstelle aus innerhalb eines Ausdrucks aufgerufen werden, wo ein Integer-Wert zulässig ist. Im folgenden Beispiel wird `verdoppeln()`

aus einer `printf()`-Anweisung heraus aufgerufen, um das Doppelte der Variablen b auszugeben:

```
printf("%d\n", verdoppeln(b));
```

Eine Funktion vom Datentyp `void` wird dagegen als einzelne Anweisung aufgerufen. Das folgende Beispiel definiert eine Funktion namens `begruessen()`, die einen Gruß für den angegebenen Namen ausgibt:

```
void begruessen(char[] name) {
    printf("Hallo, %s!\n", name);
}
```

Ein Aufruf dieser Funktion sieht etwa folgendermaßen aus:

```
begruessen("Klaus");
```

Die Ausgabe sieht natürlich so aus:

```
Hallo, Klaus!
```

Übrigens kann auch die Funktion `main()` so geschrieben werden, dass sie Argumente entgegennimmt. Dies dient der Annahme von Kommandozeilenparametern. Die standardisierte Syntax für die Parameter von `main()` lautet folgendermaßen:

```
int main(int argc, char *argv[])
```

Die Variable `argc` enthält dabei die Anzahl der übergebenen Argumente, während das Array `argv[]` die einzelnen Argumentwerte als Strings aufnimmt. `argv[0]` enthält dabei kein echtes Argument, sondern den Namen des aufgerufenen Programms. Arrays werden im folgenden Abschnitt näher erläutert.

### Zeiger und Arrays

Der wichtigste Grund, warum C als schwierig zu erlernen und zu benutzen gilt, ist die Tatsache, dass in dieser Sprache mit *Zeigern* operiert werden kann. Ein Zeiger ist eine spezielle Variable, deren Wert eine Speicheradresse ist. Im Grunde handelt es sich dabei also um eine Art indirekte Variable: Eine »normale« Variable ist ein benannter Speicherplatz, in dem unmittelbar ein konkreter Wert abgelegt wird; ein Zeiger verweist dagegen auf den Ort, an dem sich der konkrete Wert befindet.

Zeiger sind unter anderem wichtig, damit Funktionen einander den Speicherort bestimmter Werte mitteilen können, um diese Werte gemeinsam zu manipulieren. Ein Zeiger verweist jeweils auf einen Speicherplatz mit einem bestimmten Datentyp. Er unterscheidet sich von einer Variablen dieses Datentyps durch ein vorangestelltes *:

9.1 Die Programmiersprache C

```
int a;              /* normale int-Variable */
int *b;             /* Zeiger auf int */
```

Der Wert, der einer Zeigervariablen zugewiesen wird, ist normalerweise die Adresse einer anderen Variablen. Diese wird durch den Dereferenzierungsoperator, ein vorangestelltes &, ermittelt. Im folgenden Beispiel wird der Zeigervariablen a die Adresse von b als Wert zugewiesen:

```
int b = 9;
int *a = &b;        /* a zeigt auf b */
```

Wenn Sie daraufhin versuchen würden, den Wert von a selbst auszugeben, wäre das Ergebnis die unvorhersagbare und völlig sinnfreie Nummer einer Speicheradresse. Wenn Sie dagegen den Wert von *a ausgeben, erhalten Sie den Inhalt von b.

Die interessante Frage ist natürlich, wozu man so etwas überhaupt benötigt. Ein gutes Beispiel ist eine Funktion, die den tatsächlichen Wert einer Variablen ändert, die ihr als Argument übergeben wird. Ein solcher Funktionsaufruf wird als *Call by Reference* bezeichnet im Gegensatz zur einfachen Wertübergabe, die auch *Call by Value* heißt. Die folgenden beiden Funktionen demonstrieren diesen Unterschied:

```
/* Call by reference */
void doppel1(int *a) {
    *a *= 2;
}

/* Call by value */
void doppel2(int a) {
    a *= 2;
}
```

Wenn die zweite Funktion mit einer Variablen als Argument aufgerufen wird, ändert diese Variable selbst ihren Wert nicht:

```
b = 3;
doppel2(b);         /* Wert von b: 3 */
```

Die erste Funktion wird dagegen mit der Adresse einer Variablen aufgerufen und manipuliert unmittelbar den Inhalt dieser Speicherstelle:

```
b = 3;
doppel1(&b);        /* Wert von b: 6 */
```

Nahe Verwandte der Zeiger sind die *Arrays*. Es handelt sich dabei um Variablen, die mehrere durch einen numerischen Index ansprechbare Werte besitzen. Realisiert werden Arrays

489

durch hintereinanderliegende Speicherstellen, in denen die einzelnen Werte abgelegt werden. Jedes Array lässt sich alternativ durch einen Zeiger auf die Speicherstelle des ersten Elements beschreiben. Die weiteren Elemente können angesprochen werden, indem zu dieser Adresse die Anzahl der Bytes addiert wird, die ein einzelnes Element einnimmt.

Ein Array wird deklariert, indem hinter dem Variablennamen die gewünschte Anzahl von Elementen in eckigen Klammern angegeben wird:

```
int a[10];          /* 10 int-Werte */
```

Die zehn Elemente des Arrays a[ ] werden als a[0] bis a[9] angesprochen. Alternativ können Sie die Zeiger-Schreibweise wählen: Die Elemente heißen dann *a bis *(a + 9).

Sie können einem Array bei der Deklaration auch Anfangswerte zuweisen und dabei die Anzahl der Elemente weglassen, weil sie implizit feststeht:

```
int test[] = {1, 2, 3, 4, 5};
```

Das folgende Beispiel definiert ein Array mit zehn Werten vom Datentyp int, die nacheinander vom Benutzer eingegeben werden. Anschließend gibt das Programm das gesamte Array sowie den kleinsten und den größten enthaltenen Wert aus:

```c
#include <stdio.h>

int main() {
  int werte[10];
  int ein;
  int i, min, max;
  printf("Bitte zehn Werte zwischen 1 und 100!\n");
  for (i = 0; i < 10; i++) {
    printf("%d. Wert: ", i + 1);
    scanf("%d", &ein);
    werte[i] = ein;
  }
  /* max und min auf das Anfangselement setzen: */
  min = werte[0];
  max = werte[0];
  printf("Ihre Werte: ");
  for (i = 0; i < 10; i++) {
    printf("%d ", werte[i]);
    if (werte[i] > max)
      max = werte[i];
    if (werte[i] < min)
      min = werte[i];
  }
```

```
   printf("\n");
   printf("Kleinster Wert: %d\n", min);
   printf("Größter Wert: %d\n", max);
   return 0;
}
```

Eine der wichtigsten Aufgaben von Arrays besteht darin, den nicht vorhandenen String-Datentyp zu ersetzen. Anstelle eines Strings verwendet C ein Array von char-Werten, dessen Ende durch das Zeichen \0 (ASCII-Code 0) gekennzeichnet wird. Das Byte für diese Endmarkierung müssen Sie bei der Deklaration des char-Arrays mit einplanen: Ein char[10] ist ein String mit maximal neun nutzbaren Zeichen.

### Strukturen

Mitunter ist es nützlich, mehrere Werte verschiedener Datentypen »unter einem gemeinsamen Dach« zu verwalten. Zu diesem Zweck stellt C einen speziellen komplexen Datentyp namens struct bereit. In einer *Struktur* können sich beliebig viele Variablen verschiedener Datentypen befinden, was besonders nützlich ist, um komplexe Datenstrukturen zwischen Funktionen hin- und herzureichen.

Das folgende Beispiel definiert eine Struktur namens person, die verschiedene Daten über Personen verwaltet:

```
struct person {
   char vorname[20];
   char nachname[30];
   int alter;
};
```

Beachten Sie, dass eine struct-Definition mit einem Semikolon enden muss, anders als andere Blöcke in geschweiften Klammern.

Eine Variable dieses Datentyps wird folgendermaßen deklariert:

```
struct person klaus;
```

Wenn Sie die einzelnen Elemente innerhalb einer Strukturvariablen ansprechen möchten, wird dafür die Form variable.element verwendet. Hier sehen Sie beispielsweise, wie die soeben definierte Variable klaus mit Inhalt versehen wird:

```
klaus.vorname = "Klaus";
klaus.nachname = "Schmitz";
klaus.alter = 42;
```

Oftmals werden Zeiger auf Strukturen als Funktionsargumente eingesetzt. Für die relativ unhandliche Schreibweise (*strukturvariable).element, die Sie verwenden müssten, um aus der Funktion heraus auf die Elemente einer Strukturvariablen zuzugreifen, wird die Kurzfassung `strukturvariable->element` definiert. Die folgende Funktion kann beispielsweise aufgerufen werden, um die angegebene Person ein Jahr älter zu machen:

```
void geburtstag(struct person *wer) {
    wer->alter++;
}
```

Der Aufruf dieser Funktion erfolgt beispielsweise so:

```
geburtstag(&klaus);
```

### 9.1.3  Die C-Standardbibliothek

Wie Sie möglicherweise bemerkt haben, stehen viele Funktionen, die man von einer Programmiersprache erwartet, im bisher besprochenen Sprachkern von C nicht zur Verfügung. Vor allem die Ein- und Ausgabefunktionen sind nicht darin enthalten, weil die Ein- und Ausgabe sich je nach verwendeter Rechnerplattform erheblich unterscheidet. Diese Funktionen werden stattdessen in externen Dateien zur Verfügung gestellt. Es handelt sich dabei um vorkompilierte Bibliotheksdateien, die vom Compiler mit dem eigenen Programmcode verknüpft werden. Die Schnittstellen der Bibliothek sind in sogenannten *Header-Dateien* definiert, die über die Präprozessor-Direktive `#include` eingebunden werden.

Die Laufzeitbibliothek der Programmiersprache C ist je nach Hardwareplattform und Betriebssystem unterschiedlich aufgebaut. Allerdings definiert der ANSI-Standard der Sprache eine Reihe vorgeschriebener Bibliotheksfunktionen, die von jeder beliebigen C-Implementierung unterstützt werden. Die Gesamtheit dieser standardisierten Funktionen wird als *C-Standardbibliothek* bezeichnet. Da so gut wie alle Betriebssysteme zu großen Teilen in C geschrieben sind, wird ihr Verhalten in erheblichem Maße von dieser Standardbibliothek beeinflusst.

Die Standardbibliothek besteht aus einer Reihe thematisch gegliederter Header-Dateien. Drei der wichtigsten werden im vorliegenden Abschnitt kurz vorgestellt.

#### Ein- und Ausgabe: »stdio.h«

In dieser wichtigsten aller Bibliotheksdateien, *stdio.h*, sind sämtliche Ein- und Ausgabefunktionen der Programmiersprache C zusammengefasst. Viele dieser Funktionen betreffen die Standardeingabe und Standardausgabe, also die Eingabe über die Tastatur und die Ausgabe auf der Konsole – falls sie nicht auf Dateien umgeleitet wurden. Andere Funktionen beschäftigen sich mit dem Öffnen, Lesen oder Schreiben von Dateien.

▶ `puts(String-Ausdruck)`
  Die Funktion `puts()` schreibt den Wert des angegebenen String-Ausdrucks auf die Standardausgabe, gefolgt von einem Zeilenumbruch.

▶ printf(Format, Wert1, Wert2, ...)

Auch diese Funktion dient der Ausgabe von Inhalten auf die Konsole. Das erste Argument ist ein String mit Formatplatzhaltern, die für die anschließend aufgelisteten Werte stehen. Die wichtigsten Formatplatzhalter sind %s für einen String, %d für einen Integer und %f für Fließkommawerte.

▶ sprintf(String-Variable, Format, Wert1, Wert2, ...)

sprintf() funktioniert genauso wie printf() – allerdings wird der formatierte String nicht ausgegeben, sondern in der als erstes Argument übergebenen String-Variablen gespeichert.

▶ scanf(Format, Adresse)

scanf() dient der Eingabe eines Werts über die Standardeingabe (meist Tastatur); der eingegebene Wert wird unter der angegebenen Speicheradresse abgelegt. Die Adresse wird in der Regel durch Dereferenzierung einer Variablen (vorangestelltes &) angegeben, um die Eingabe in der entsprechenden Variablen zu speichern. Die Formatangabe besteht normalerweise nur aus einem einzelnen Formatplatzhalter (siehe printf()).

▶ gets(Variable)

Mithilfe von gets() wird ein String von der Standardeingabe gelesen und in der angegebenen Variablen gespeichert.

▶ getchar()

Diese Funktion liest ein einzelnes Zeichen von der Standardeingabe. Beachten Sie, dass die Eingabe mit den Mitteln der Standardbibliothek dennoch immer zeilenorientiert verläuft: Sie können zwar in einer Schleife einzelne Zeichen einlesen, erhalten aber erst bei einem Zeilenende (wenn der Benutzer ⏎ drückt) ein Ergebnis. Echte zeichenorientierte Eingabe ist eine Angelegenheit plattformabhängiger Bibliotheken.

▶ fopen(Dateiname, Modus)

Diese Funktion öffnet eine Datei auf einem Datenträger. Damit Sie auf diese Datei zugreifen können, wird das Funktionsergebnis von fopen() einer Variablen vom Typ FILE zugewiesen – der Wert ist ein eindeutiger Integer, der als *Dateideskriptor* oder *Dateihandle* bezeichnet wird. Der Dateiname kann ein beliebiger Pfad im lokalen Dateisystem sein. Beachten Sie unter Windows lediglich, dass das Pfadtrennzeichen \ in einem C-String verdoppelt werden muss, weil es normalerweise Escape-Sequenzen wie \n einleitet. Der Modus kann unter anderem eines der Zeichen "r" (lesen), "w" (schreiben) oder "a" (anfügen) sein. Beispiel:

```
fh = fopen ("test.txt", "r");
                /* test.txt zum Lesen öffnen */
```

▶ fclose(Dateideskriptor) schließt die angegebene Datei.

▶ fputs(Deskriptor, String-Ausdruck) schreibt den Wert des übergebenen String-Ausdrucks mit anschließendem Zeilenumbruch in die gewünschte Datei.

▶ fprintf(Deskriptor, Format, Werte) besitzt dieselbe Syntax wie printf(), schreibt aber in die angegebene Datei.

9 Grundlagen der Programmierung

▶ fscanf(Deskriptor, Format, Variable) funktioniert wie scanf(), liest aber aus der angegebenen Datei.

▶ fgets(Variable, Zeichenzahl, Deskriptor) liest einen String aus der angegebenen Datei mit der entsprechenden maximalen Zeichenzahl oder bis zum ersten Zeilenumbruch.

▶ fflush(Deskriptor) leert den Puffer eines Eingabedatenstroms. Dies ist manchmal vor Eingabeoperationen wie fscanf() erforderlich, damit diese nicht »automatisch« aus der vorherigen Eingabe bedient werden. Für die Standardeingabe können Sie übrigens fflush(stdin) schreiben.

**String-Funktionen: »string.h«**

Die Header-Datei *string.h* enthält verschiedene Funktionen zur Manipulation und Analyse von Strings in ihrer einfachsten Form, also char-Arrays. Zu den wichtigsten gehören folgende:

▶ strcmp(String1, String2) vergleicht die beiden angegebenen Strings miteinander. Das Ergebnis ist 0, wenn sie gleich sind, negativ, wenn String1 alphanumerisch vor String2 kommt, und positiv, wenn es umgekehrt ist. Die Variante stricmp() unterscheidet nicht zwischen Groß- und Kleinschreibung.

▶ strncmp(String1, String2, n) und strnicmp(String1, String2, n) vergleichen nur die ersten n Zeichen der beiden Strings, wiederum mit beziehungsweise ohne Rücksicht auf Groß- und Kleinschreibung.

▶ strcpy(String1, String2) kopiert den Wert von String2 an die Adresse von String1. Dies ist die einzige korrekte Methode, um einer String-Variablen den Wert einer anderen zuzuweisen!

▶ strcat(String1, String2) hängt den Wert von String2 an das Ende von String1 an.

> **Überprüfen Sie stets alle String-Längen!**
> Sie müssen selbst vor jeder String-Operation die Länge der beteiligten Zeichenketten überprüfen, insbesondere bei Eingaben von Benutzern oder aus anderen unsicheren Quellen: Da diese Funktionen keinen integrierten Schutz vor Überläufen bieten, sind sie eines der bevorzugten Angriffsziele für Cracker.

**Datum und Uhrzeit: »time.h«**

Die Header-Datei *time.h* definiert verschiedene Funktionen für die Arbeit mit Datum und Uhrzeit:

▶ time(NULL) fragt die aktuelle Systemzeit ab und liefert sie als Wert vom Typ time_t zurück. Als Argument in den Klammern wird eigentlich ein Zeiger auf time_t erwartet; da das Ergebnis aber bereits die Zeit enthält, wird in der Regel der spezielle Wert NULL (Zeiger auf gar nichts!) übergeben.

▶ localtime(*Zeitangabe) wandelt die Rückgabe von time() – die Sekunden seit EPOCH – in eine vorformatierte Ortszeit um. Das Argument ist ein Zeiger auf time_t, der Rückgabewert eine komplexe Struktur namens struct tm. Oft wird localtime() nur als »Zwischenwert« für strftime() verwendet.

▶ strftime(String, Zeichenzahl, Format, *localtime-Wert) formatiert die Zeitangabe nach der Vorschrift des angegebenen Formats und speichert das Ergebnis in der String-Variablen ab, die als erstes Argument vorliegt. Die Formatangaben entsprechen dem in Kapitel 7, »Linux«, besprochenen Unix-Befehl date. Das folgende Beispiel liest das aktuelle Datum und gibt es formatiert aus:

```
time_t jetzt;
char zeit[20];
...
jetzt = time(NULL);
strftime(zeit, 19, "%d.%m.%Y, %H:%M",
    localtime(&jetzt));
printf("Heute ist der %s.\n", zeit);
```

Die Ausgabe lautet beispielsweise folgendermaßen:

```
Heute ist der 01.05.2015, 14:47.
```

▶ difftime (Zeitangabe1, Zeitangabe2) gibt die Differenz zwischen zwei time_t-Zeitangaben in Sekunden an.

### Der Präprozessor

Formal hat der *Präprozessor* zwar nichts mit der Standardbibliothek zu tun, wird aber trotzdem hier kurz angeschnitten, weil er unter anderem für das Einbinden der Header-Dateien mithilfe von #include zuständig ist. Viele C-Programme bestehen aus mehr Präprozessor-Direktiven als aus gewöhnlichen Anweisungen, weil der Präprozessor die Definition bestimmter Abkürzungen ermöglicht.

Die wichtigste Präprozessor-Direktive haben Sie bereits kennengelernt: #include bindet eine Header-Datei ein, die Schnittstellendefinition einer Bibliothekskomponente. Sie können auch eigene häufig genutzte Funktionen in selbst geschriebene Header-Dateien auslagern, müssen dabei aber Folgendes beachten: #include <Datei> sucht in den standardisierten Include-Verzeichnissen Ihres Compilers oder Betriebssystems nach der angegebenen Header-Datei. Wenn Sie auf eine Datei im Verzeichnis des C-Programms selbst verweisen möchten, wird stattdessen die Schreibweise #include "Datei" verwendet.

---

**Eigene Header-Dateien schreiben**

Wenn Sie eigene Header-Dateien schreiben möchten, um Programmfunktionalität auszulagern, beachten Sie Folgendes: In der Header-Datei mit der Endung *.h* werden Funktionen nur deklariert, es werden also nur ihre Köpfe hineingeschrieben und mit einem Semikolon abgeschlossen. Die Implementierung erfolgt dagegen in einer ansonsten gleichnamigen Datei mit der Endung .c.

Angenommen, in einer Datei namens *func.h* steht folgende Deklaration:

```
int is_prime(int number);
```

Die Funktion soll überprüfen, ob das Argument number eine Primzahl ist oder nicht, und entsprechend 1 für wahr beziehungsweise 0 für falsch zurückgeben. Eine mathematisch primitive Implementierung könnte so aussehen und in der Implementierungsdatei *func.c* stehen:

```
int is_prime(int number) {
  if (number == 0 || number == 1) {
    return 0;
  }
  if (number == 2) {
    return 1;
  }
  for (int i = 2; i <= number / 2; i++) {
    if (number % i == 0) {
      return 0;
    }
  }
  return 1;
}
```

In der Programmdatei, beispielsweise *main.c*, können Sie dann Ihre Header-Datei einbinden und die Funktion aufrufen. Hier eine sehr kurze Beispielimplementierung, die überprüft, ob ein vom Benutzer eingegebener Integer eine Primzahl ist oder nicht:

```
#include <stdio.h>
#include "func.h"

int main(int argc, char* argv[]) {
  int input;
  printf("Ganze Zahl: ");
  scanf("%d", &input);
  if (is_prime(input)) {
    printf("%d ist eine Primzahl.\n", input);
  } else {
    printf("%d ist keine Primzahl.\n", input);
  }
  return 0;
}
```

Beim Kompilieren müssen Sie die beiden .c-Dateien angeben. Beispiel:

```
$ gcc -o main main.c func.c
```

Eine weitere wichtige Funktion des Präprozessors ist die Definition symbolischer Konstanten mithilfe der Direktive #define. Diese werden vor allem verwendet, um konstante Werte tief im Inneren des Programms zu vermeiden, wo sie sich später nur schwer auffinden und ändern lassen. Angenommen, Sie möchten in Ihrem Programm den Umrechnungsfaktor von DM nach € verwenden, dann können Sie ihn folgendermaßen als symbolische Konstante festlegen:

```
#define DM 1.95583
```

In Ihrem Programm wird nun jedes Vorkommen von DM noch vor der eigentlichen Kompilierung durch 1.95583 ersetzt – außer innerhalb der Anführungszeichen von String-Literalen. Beachten Sie, dass am Ende einer Konstantendefinition kein Semikolon stehen darf.

Diese Fähigkeit des Präprozessors wird auch oft zur bedingten Kompilierung eingesetzt: Die Direktive #ifdef fragt ab, ob die angegebene symbolische Konstante existiert, und kompiliert nur in diesem Fall alle Zeilen bis zum Auftreten von #endif. Dies wird zum Beispiel zur Unterscheidung verschiedener Rechnerplattformen verwendet. Im folgenden Beispiel wird eine zusätzliche Anweisung mitkompiliert, falls eine symbolische Konstante namens DEBUG definiert ist:

```
#ifdef DEBUG
printf("Debug-Modus aktiviert.\n");
#endif
```

Die gegenteilige Variante #ifndef (nicht definiert) wird häufig verwendet, um zu überprüfen, ob eine bestimmte Header-Datei bereits irgendwo in den Programmdateien eines Projekts eingebunden wurde. Dazu wird der gesamte Deklarationsblock von #ifndef und #endif umschlossen, und die Konstante wird darin – oft ohne konkreten Wert – definiert. Eine solche Version der eben beschriebenen Header-Datei *func.h* sähe wie folgt aus:

```
#ifndef FUNCTIONS

#define FUNCTIONS

int is_prime(int number);

#endif
```

## 9.2 Java

Die Programmiersprache Java wurde 1995 von dem bekannten Server- und Workstation-Hersteller *Sun Microsystems* vorgestellt. Zu den wichtigsten Entwicklern des Projekts gehören *James Gosling* und *Bill Joy*. Java hat vor allen Dingen die Besonderheit, dass der kompilierte

Programmcode auf verschiedenen Rechnern und Betriebssystemen ausgeführt werden kann. Für diese Systeme ist lediglich Java-Unterstützung in Form einer *virtuellen Maschine* (JVM – *Java Virtual Machine*) erforderlich. Virtuelle Java-Maschinen sind für zahlreiche verschiedene Plattformen verfügbar, unter anderem für Windows, Linux, macOS und alle anderen Unix-Varianten. Dieser Ansatz wurde von Sun als *Write once, run everywhere* bezeichnet.

Im Jahr 2009 wurde Sun vom Datenbankkonzern *Oracle* übernommen. Die Bedeutung dieses Ereignisses für die Zukunft von Java war eine Zeit lang unklar, aber da auch Oracle schon vor der Übernahme von Sun massiv in Java-Technologien investiert hat, erscheint diese Zukunft auch weiterhin gewährleistet.

Anfangs wurde Java vor allen Dingen eingesetzt, um sogenannte *Applets* zu schreiben. Dabei handelt es sich um kleine Java-Programme, die in einem Webbrowser ausgeführt werden, der eine JVM enthält. Da für Multimedia-Angebote im Web inzwischen erheblich bessere Lösungen verfügbar sind, hat sich der Schwerpunkt der Java-Verwendung auf andere Bereiche verlagert: Java-Anwendungen werden im professionellen Serverbereich eingesetzt, weil sie aufgrund ihrer Plattformunabhängigkeit mit den verschiedensten Systemen kooperieren können; auch zur Entwicklung von Desktop-Anwendungen wie Office- oder Grafikprogrammen wird Java gern genutzt.

Wenn Sie Java-Programme schreiben möchten, brauchen Sie das *Java Software Development Kit* (*Java SDK* oder kurz *JDK*), das Sie unter *http://www.oracle.com/technetwork/java/index.html* für mehrere Plattformen herunterladen können. Falls Ihr System dort nicht zu finden ist, hilft in der Regel eine Suchmaschine wie etwa Google weiter.

Das Java SDK wird in drei verschiedenen Varianten angeboten:

▶ Die *Standard Edition (Java SE)*, auf die sich dieser Abschnitt bezieht, ist für sämtliche Desktop-Anwendungen geeignet. Die aktuelle Version ist 8 Update 131.

▶ Die *Enterprise Edition (Java EE)* enthält Unterstützung für die Entwicklung verteilter datenbankgestützter Serveranwendungen; es handelt sich um eine Sammlung von Standards, die kompatible Server bereitstellen müssen. Einzelne Aspekte von Java EE, nämlich Datenbankzugriffe und XML-Verarbeitung, werden in Kapitel 13, »Datenbanken«, beziehungsweise Kapitel 16, »XML«, vorgestellt.

▶ Die *Micro Edition (Java ME)* dient der Entwicklung von Anwendungen für mobile Geräte wie Smartphones oder Tablets sowie für Embedded Systems. Insbesondere Android-Apps werden vorwiegend in Java geschrieben, allerdings in der Regel mit Googles eigenem Android SDK (Näheres dazu erfahren Sie in Kapitel 11, »Mobile Development«).

Die Installation des JDK SE ist sehr einfach: Sie laden einfach ein für Ihre Plattform geeignetes Archiv oder ausführbares Programm herunter, das sich in den meisten Fällen per Doppelklick installieren lässt. Das einzige kleine Problem besteht darin, dass Sie zwei Umgebungsvariablen setzen beziehungsweise anpassen müssen, um mit Java arbeiten zu können. Wie Systemvariablen unter verschiedenen Betriebssystemen manipuliert werden, haben Sie bereits in Kapitel 6, »Windows«, und Kapitel 7, »Linux«, erfahren.

Um den Java-Compiler und die JVM von überall her aufrufen zu können, müssen Sie das Unterverzeichnis *bin* Ihrer Java-Installation zur Umgebungsvariablen PATH hinzufügen. Außerdem müssen Sie eine weitere Systemvariable namens CLASSPATH einrichten, die auf die Java-Klassenbibliothek verweist – in der Regel das Verzeichnis *lib* innerhalb der Java-Installation. Zu CLASSPATH werden, durch Semikolon getrennt, auch andere Verzeichnisse (oder Archivdateien wie *.zip* oder *.jar*) hinzugefügt, in denen weitere Java-Klassen enthalten sind. Es empfiehlt sich, auch . als Synonym für das aktuelle Arbeitsverzeichnis hinzuzufügen, damit auch Ihre eigenen Java-Programme überall gefunden werden.

Der wichtigste Unterschied zwischen Java und C besteht darin, dass Java *objektorientiert* ist, während C zu den *prozeduralen* oder *imperativen* Programmiersprachen zählt (zur Systematik siehe Kapitel 1, »Einführung«). Das *objektorientierte Programmieren* (*OOP*) ist ein modernerer Ansatz der Softwareentwicklung. Während in imperativen Sprachen wie C zunächst eine Datenstruktur entwickelt wird, die mit den Programmfunktionen nicht näher verbunden ist, bilden Funktionen und Datenstrukturen bei der OOP eine untrennbare Einheit.

Ein Java-Programm ist immer eine *Klassendefinition*. Eine *Klasse* ist das übergeordnete Bauelement der Objektorientierung. Sie besteht aus einer Reihe von Variablen, die als *Eigenschaften* oder *Attribute* bezeichnet werden, und aus mehreren Funktionen, die *Methoden* genannt werden. Durch die *Kapselung* der Eigenschaften und Methoden zu Klassen lassen sich die verschiedenen Bestandteile der realen Welt oder der zu verwaltenden Daten realitätsnäher nachbilden: Beispielsweise müsste die imperative Nachbildung eines Autos durch externe Funktionen zum »Fahren« (Änderung von Daten wie Tankfüllung oder Kilometerstand) gebracht werden. Ein »objektorientiertes Auto« enthält dagegen einfach eine entsprechende Methode, die aufgerufen wird, sodass das Auto »selbst fährt«.

Die Klassendefinition selbst ist lediglich eine Vorlage für die Erzeugung konkreter *Objekte*. Es können beliebig viele Objekte einer Klasse erzeugt werden; jedes dieser Objekte besitzt alle Eigenschaften, die in der Klasse definiert wurden. Objekte werden auch als *Instanzen* einer Klasse bezeichnet.

Einer der wichtigsten Vorteile der Kapselung besteht darin, dass Detaildaten immer nur an einer Stelle verwaltet und verändert werden, was die Häufigkeit von Fehlern erheblich verringert. Außerhalb einer bestimmten Klasse dürfen die Werte von Daten, die Sie »nichts angehen«, nicht manipuliert werden. Um bei dem Auto-Beispiel zu bleiben, sollte beispielsweise der Kilometerstand nur durch die offizielle Methode »Fahren« geändert werden und nicht durch eine direkte Wertzuweisung.

Seit ihrer Entwicklung in den 70er-Jahren des letzten Jahrhunderts wurde die OOP in vielen verschiedenen Programmiersprachen realisiert. Eine der ersten von ihnen war *Smalltalk*, die das Konzept erstmalig bekannt machte. Die verbreitetsten objektorientierten Sprachen sind heute C++, eine objektorientierte Erweiterung von C, Java und C# (*C sharp*) von Microsoft. Da C++ nicht konsequent objektorientiert ist, um die Kompatibilität mit C aufrechtzuerhalten, wird an dieser Stelle die Sprache Java besprochen, die sich zwar an C++ anlehnt, aber einen

Großteil des imperativen Erbes von C weglässt. C# ist laut Angabe von Microsoft ebenfalls eine Weiterentwicklung von C++, erinnert aber in vielen Aspekten eher an Java.

---

**Dies ist nur der Anfang**

Dieser Abschnitt ist nur eine kurze Einführung in die Sprachgrundlagen von Java. Was diese Sprache besonders leistungsfähig macht, sind die Unmengen von mitgelieferten und auch separat erhältlichen Klassenbibliotheken. In verschiedenen späteren Kapiteln lernen Sie einige von ihnen kennen, beispielsweise zur Grafikprogrammierung, für Datenbankzugriffe oder auch zur XML-Verarbeitung.

---

### 9.2.1 Grundlegende Elemente der Sprache Java

Um einen Einstieg in die Java-Programmierung zu finden, sehen Sie hier gleich das erste Beispielprogramm. Es handelt sich dabei um die Java-Entsprechung des ersten C-Beispielprogramms, was die Unterschiede deutlich macht. Geben Sie das Programm in Ihren bevorzugten Texteditor ein, und speichern Sie es unter *Hallo.java*. Eine Java-Quellcode-Datei muss so heißen wie die Klasse, die darin definiert wird, und die Endung *.java* aufweisen. Dabei müssen Sie die Groß- und Kleinschreibung des Klassennamens genau übernehmen; üblicherweise beginnen Klassennamen mit einem Großbuchstaben. Hier das Listing:

```java
import java.io.*;

public class Hallo {
    public static void main(String args[]) {
        BufferedReader eingabe = new BufferedReader(
            new InputStreamReader (System.in)
        );
        String name = "";
        System.out.println("Hallo Welt!");
        System.out.print("Ihr Name, bitte: ");
        try {
            name = eingabe.readLine();
        } catch(IOException e) {}
        System.out.println("Hallo " + name + "!");
    }
}
```

Wenn Sie zuvor Ihre path- und CLASSPATH-Einstellungen korrekt vorgenommen haben, können Sie das Programm nun folgendermaßen kompilieren, sofern Sie sich im entsprechenden Verzeichnis befinden:

```
$ javac Hallo.java
```

Falls Sie keine Fehlermeldung erhalten, finden Sie im aktuellen Verzeichnis die fertig kompilierte Datei *Hallo.class* vor. Sie können das Programm anschließend folgendermaßen starten:

```
$ java Hallo
```

Das ausführbare Programm `java` aktiviert die JVM. Als Kommandozeilenargument wird der Name einer kompilierten Java-Klasse ohne Dateiendung angegeben.

Wie Sie sehen, ist dieses Programm erheblich komplexer als die C-Version, obwohl es dieselbe Aufgabe erfüllt. Im Folgenden wird das Programm zeilenweise erläutert:

▶ `import java.io.*;`

Mithilfe der Anweisung `import` werden bestimmte Teile der Java-Klassenbibliothek importiert. Der Vorgang ist vergleichbar mit dem Einbinden von Header-Dateien mithilfe von `#include`. Allerdings ist `import` eine normale Java-Anweisung; einen Präprozessor gibt es nicht. Außerdem unterscheiden sich die importierten Klassen formal nicht von Ihren eigenen Programmen. Eine Aufteilung in Header- und Programmdatei ist in Java ebenfalls nicht vorgesehen.

`java.io.*` bezeichnet alle Klassen, die im Verzeichnis `io` der grundlegenden Klassenbibliothek liegen. Es handelt sich um eine Sammlung von Klassen für die Ein- und Ausgabe. Solche Bestandteile der Klassenbibliothek werden als *Packages* bezeichnet.

Anstatt alle Klassen (*) eines Namensraums zu importieren, können Sie auch einzelne Klassen importieren – im obigen Fall würde die Anweisung `import java.io.*` durch die folgenden drei Zeilen ersetzt:

```
import java.io.InputStreamReader;
import java.io.FileReader;
import java.io.IOException;
```

---

**Namensräume in Java**

Die durch Punkte getrennten Namensräume und Unternamensräume werden übrigens durch die Verzeichnisstruktur des Quellcodes vorgegeben. Die Konvention für eigene Namensräume besagt, dass der umgekehrte eigene Domainname die Wurzel bildet, darunter folgen der Projektname und ganz unten die verschiedenen Teilaspekte des Projekts. Angenommen, der Domainname lautet *lingoworld.de*, das Projekt heißt *javatutorial* und der aktuelle Bereich *examples*. Dann würden sich die entsprechenden Klassen im Unterverzeichnis *de/lingoworld/ javatutorial/examples* des Quellcode-Verzeichnisses befinden, und der Namensraum hieße `de.lingoworld.javatutorial.examples`.

---

▶ `public class Hallo`

Mit dem Schlüsselwort `class` wird eine Klassendefinition eingeleitet. Mithilfe von `public` wird die definierte Klasse für sämtliche anderen Klassen, also für alle Programme, zugänglich.

**9** Grundlagen der Programmierung

▶ `public static void main(String args[])`
Wie in C steht `main()` für das Hauptprogramm. Allerdings gibt es in einem Java-Programm einige wichtige formale Unterschiede: Da die JVM diese Methode von außen aufrufen muss, wird das Schlüsselwort `public` benötigt. Alle Bestandteile einer Klasse, die nicht `public` sind, stehen außerhalb der Klasse selbst nicht zur Verfügung. `static` wird benötigt, weil von dieser Klasse kein konkretes Objekt abgeleitet wird. Eine Klasse ist eigentlich nur eine Art Bauanleitung für Objekte; ihre `static`-Bestandteile können aber ohne Existenz eines konkreten Objekts verwendet werden. In der Regel hat `main()` in Java den Datentyp `void`. Das Array `args[]` nimmt Kommandozeilenargumente entgegen.

▶ `BufferedReader eingabe = new BufferedReader(`
    `new InputStreamReader(System.in));`
Diese verschachtelte Operation sorgt für ein Objekt namens `eingabe`, das zeilenweise von der Standardeingabe lesen kann. Im Kern von Java ist leider keine Möglichkeit gegeben, ganze Zeilen einzulesen. Deshalb wird die Standardeingabe – repräsentiert durch `System.in` – in ein Objekt vom Typ `InputStreamReader` (Lesevorrichtung für kontinuierliche Datenströme) verpackt, das wiederum von einem `BufferedReader` (zuständig für die Zwischenspeicherung von Eingabedaten) umhüllt wird. Solche verschachtelten Objektkonstruktionen machen Java relativ kompliziert, aber durch die große Auswahl spezialisierter Klassen auch sehr flexibel.

▶ `String name = "";`
Im Gegensatz zu C stellt Java einen echten String-Datentyp zur Verfügung, der als Klasse realisiert ist. Diese Anweisung erzeugt eine String-Variable mit der Bezeichnung `name`; ihr wird als Anfangswert der leere String zugewiesen, weil es beim späteren Eingabeversuch passieren könnte, dass sie gar keinen Wert erhält.

▶ `System.out.println("Hallo Welt!");`
Die Methode `println()` der Standardausgabe (`System.out`) gibt einen übergebenen String mit anschließendem Zeilenumbruch aus.

▶ `System.out.print("Ihr Name, bitte: ");`
Die Methode `print()` gibt dagegen einen String ohne Zeilenumbruch aus.

▶ `try {...}`
In einen try-Block werden Anweisungen immer dann geschrieben, wenn sie einen möglichen Fehler produzieren könnten. Laufzeitfehler werden in Java als sogenannte *Ausnahmen* (*Exceptions*) betrachtet, die mithilfe von `try`/`catch` (siehe unten) abgefangen und sinnvoll behandelt werden können.

▶ `name = eingabe.readLine();`
Die Methode `readLine()` der Klasse `BufferedReader` liest eine Zeile aus einem Eingabestrom, in diesem Fall von der Standardeingabe.

▶ `catch(IOException e) {}`
Mithilfe von `catch()` kann eine Ausnahme abgefangen werden, die innerhalb des vorangegangenen try-Blocks ausgelöst wurde. In diesem Fall handelt es sich um eine `IOException`,

502

also einen Ein-/Ausgabefehler. In den geschweiften Klammern kann Code für spezielle Maßnahmen zur Fehlerbehandlung stehen. Die wichtigste Aufgabe von try/catch besteht darin, den sofortigen Programmabbruch bei einem Fehler zu verhindern.

▶ `System.out.println("Hallo " + name + "!");`
  Das Besondere an dieser Ausgabeanweisung ist die Verkettung mehrerer Strings durch den Operator +.

### Unterschiede zu C

Erfreulicherweise müssen viele grundlegende Konzepte von Java nicht mehr erläutert werden, weil sie mit C übereinstimmen. Beispielsweise sind die einfachen Datentypen, Ausdrücke, Operatoren und Kontrollstrukturen nahezu identisch, deshalb werden an dieser Stelle nur die wesentlichen Unterschiede aufgezählt. Hier ist nicht die Tatsache gemeint, dass Java objektorientiert ist, sondern es geht nur um die Unterschiede bei vergleichbaren Elementen.

▶ Im Gegensatz zu C haben die Integer-Datentypen in Java eine festgelegte Bit-Breite: `int` ist 32 Bit groß, `short` 16 Bit, `long` 64 Bit.

▶ Java definiert einen separaten Datentyp für 8-Bit-Integer namens `byte`; `char` wird dagegen nur zur Darstellung eines einzelnen Zeichens verwendet und besitzt eine Breite von 16 Bit, um die wichtigsten Unicode-Zeichen darzustellen.

▶ Java kennt einen Datentyp für boolesche Wahrheitswerte: `boolean`. Er kann nur die vorgegebenen Wahrheitswerte `true` oder `false` annehmen. Sämtliche Bedingungsprüfungen für Kontrollstrukturen müssen in Java einen `boolean`-Wert haben. Wenn Sie also beispielsweise prüfen möchten, ob die Variable a den Wert 0 hat, müssen Sie den Vergleich a == 0 explizit hinschreiben! Die typische C-Kurzschreibweise !a ist nicht zulässig. Aus diesem Grund wird Java als *stark typisierte Sprache* bezeichnet, weil sehr streng über die Einhaltung der korrekten Datentypen gewacht wird.

▶ Die Syntax für die Deklaration eines Arrays mit einer festgelegten Anzahl von Elementen unterscheidet sich von C: Es erfolgt ein Aufruf der Objekterzeugungsanweisung `new`, gefolgt vom Datentyp und der Elementanzahl:

```
int werte[] = new int[20];
```

▶ Variablen können in Java an einer beliebigen Stelle deklariert werden. Beachten Sie allerdings, dass eine Variable, die innerhalb des Anweisungsblocks einer Kontrollstruktur deklariert wird, nur in diesem Block gilt. Beispielsweise produziert der folgende Code einen Fehler:

```
for (int i = 0; i < 10; i++) {
    ...
}
System.out.println(i);
                // i existiert hier nicht mehr!
```

## 9 Grundlagen der Programmierung

▶ Der einzige wichtige Operator, den Java zusätzlich zu C definiert, ist der String-Verkettungsoperator + (siehe entsprechendes Beispiel zuvor). Er ist zwar praktischer als die umständliche C-Funktion strcat(), aber dafür sorgt er mitunter für Verwirrung, weil er mit dem arithmetischen + verwechselt werden kann. Beispielsweise gibt die folgende Anweisung Summe: 35 aus:

```
System.out.println("Summe: " + 3 + 5);
```

▶ Andere Operationen mit Strings werden über Methoden der Klasse String realisiert. Jeder String-Ausdruck ist automatisch eine Instanz dieser Klasse, auch ohne formale objektorientierte Instanzerzeugung.

Sie können zum Beispiel zwei Strings miteinander vergleichen, indem Sie string1.equals(string2) aufrufen; string1 und string2 können dabei Variablen, Literale oder Ausdrücke mit dem Datentyp String sein. Eine Variante ist string1.equalsIgnoreCase(string2) für einen Vergleich ohne Berücksichtigung von Groß- und Kleinschreibung. Das Ergebnis ist jeweils true, wenn die Strings gleich sind, oder false, wenn sie verschieden sind.

Einen allgemeineren Vergleich von Strings – analog zur C-Funktion strcmp() – bietet die Methode string1.compareTo(string2). Wie dort ist das Ergebnis kleiner als 0, wenn string1 im Zeichensatz vor string2 steht, 0, wenn die beiden Strings gleich sind, und größer als 0, wenn string1 nach string2 kommt.

Weitere interessante String-Methoden sind folgende:

– string1.charAt(pos) gibt das Zeichen an der Position pos zurück (Positionen beginnen bei 0). Zum Beispiel gibt "Köln".charAt (1) das 'ö' zurück. Beachten Sie, dass der Datentyp des Rückgabewerts char und nicht String ist.

– string1.substring(anfang, ende) liefert die Zeichen von der Position anfang bis ausschließlich ende zurück. Beispielsweise ergibt "Köln".substring (1, 3) den String "öl".

– string1.indexOf(ch) gibt die erste Position in string1 zurück, an der das Zeichen ch (Typ char) vorkommt, oder –1, wenn ch gar nicht vorkommt. Eine alternative Form sucht nach dem Vorkommen eines Teil-Strings: string1.indexOf (string2). lastIndexOf() gibt dagegen die Position des letzten Vorkommens des gesuchten Zeichens oder Teil-Strings zurück.

– string1.length() liefert die Länge des Strings in Zeichen.

▶ Im Unterschied zu C verwendet Java keine Zeiger. Dies entfernt eine der wichtigsten Quellen für Fehler und Sicherheitsprobleme aus der Sprache. Für einen Call by Reference werden stattdessen Objektreferenzen verwendet (mehr darüber erfahren Sie in den nächsten Abschnitten).

▶ In Java gibt es zusätzliche Arten von Kommentaren. Der mit C++ eingeführte einzeilige Kommentar beginnt mit // und reicht bis zum Ende der Zeile. Daneben existiert der spezielle JavaDoc-Kommentar, der mit /** beginnt und mit */ endet. Das mit dem JDK gelieferte Programm javadoc kann aus diesen Kommentaren automatisch eine Programmdokumentation generieren.

504

### 9.2.2 Objektorientierte Programmierung mit Java

Sämtliche Klassen der Java-Klassenbibliothek und alle, die Sie selbst definieren, stammen direkt oder indirekt von der Klasse Object ab. Object gehört zum Kern-Package java.lang, das nicht mithilfe von import eingebunden werden muss. Wie der Name schon sagt, stellt lang den Sprachkern von Java zur Verfügung, darunter wichtige Klassen wie String, Math (mathematische Konstanten und Funktionen) oder System (wichtige Betriebssystemschnittstellen).

Objektorientierte Programmierung lässt sich am besten anhand eines Beispiels veranschaulichen. Da das eingangs erwähnte Auto-Beispiel in fast jedem Buch über OOP verwendet wird, soll hier zur Abwechslung ein anderes zum Einsatz kommen: Es werden die verschiedenen Arten von Personen in einer Ausbildungsumgebung modelliert. Die grundlegende Klasse, von der alle anderen abgeleitet werden, heißt Person und definiert diejenigen Eigenschaften, die alle beteiligten Personen gemeinsam haben:

```java
public class Person {
    // Eigenschaften:
    private String name;
    private String vorname;
    private int alter;

    // Konstruktor:
    public Person(String n, String v, int a) {
        this.name = n;
        this.vorname = v;
        this.alter = a;
    }

    // Methoden:
    public void geburtstag() {
        this.alter++;
    }

    public String getName() {
        return this.vorname + " " + this.name;
    }

    public int getAlter() {
        return this.alter;
    }
}
```

Speichern Sie diese Klassendefinition zunächst unter *Person.java*. Sie lässt sich ohne Weiteres kompilieren, aber natürlich nicht ausführen, da sie wegen der fehlenden main()-Methode kein ausführbares Programm ist.

Wie Sie möglicherweise bemerkt haben, handelt es sich bei diesem Beispiel um die Java-Entsprechung der C-Struktur, in der ebenfalls Personendaten abgelegt wurden. In Java gibt es struct übrigens nicht, weil es sich dabei aus der Sicht der OOP lediglich um den Sonderfall einer Klasse ohne Methoden handelt.

Die einzelnen Bestandteile der Klassendefinition werden nun kurz erläutert:

▸ Als Erstes werden die verschiedenen Eigenschaften der Klasse deklariert. Sie haben die Geheimhaltungsstufe private, sind also außerhalb eines Objekts dieser Klasse nicht sichtbar. Innerhalb der Methoden der Klasse können die Eigenschaften mit einem vorangestellten this. angesprochen werden; Sie können es aber auch weglassen, solange die Bezeichner eindeutig sind. this repräsentiert während der Ausführung der Konstruktoren und Methoden einer Klasse die aktuelle Instanz selbst.

▸ Der *Konstruktor* ist eine spezielle Methode, die immer dann aufgerufen wird, wenn eine Instanz der Klasse erzeugt wird. Konstruktoren tragen stets den Namen der Klasse und haben keinen Datentyp. Sie werden typischerweise verwendet, um das neu erzeugte Objekt zu initialisieren, etwa um den Eigenschaften Anfangswerte zuzuweisen. Falls Sie keine Konstruktoren definieren, besitzt die Klasse automatisch einen *Standardkonstruktor*, der nichts Besonderes tut.

▸ Die drei Methoden dieser Klasse besitzen alle die Geheimhaltungsstufe public, damit sie von außen für Instanzen der Klasse aufgerufen werden können. Diese Methoden sind die offiziellen Schnittstellen, über die die Werte der Eigenschaften gelesen oder geändert werden können. Über dieses erlaubte Maß hinaus besteht keine weitere Möglichkeit dazu.

Um die Klasse Person ausprobieren zu können, wird das folgende kleine Programm verwendet:

```java
public class PersonenTest {
  public static void main(String args[]) {
    Person klaus = new Person("Schmitz", "Klaus", 42);
    System.out.println("Person: " + klaus.getName());
    klaus.geburtstag();
    System.out.println("Neues Alter: " +
        klaus.getAlter());
  }
}
```

Eine *Instanz* ist formal eine Variable, deren Datentyp die entsprechende Klasse ist. Der Konstruktor der Klasse wird mithilfe von new aufgerufen. Die Methoden werden durch einen . (Punkt) vom Instanznamen (in diesem Beispiel: klaus) getrennt.

### Überladen von Konstruktoren und Methoden

Mitunter ist es nützlich, ein Objekt mithilfe verschiedener Eingabewerte zu erzeugen. Daher besteht die Möglichkeit, mehrere Konstruktoren zu definieren. Auch bestimmte Methoden könnten ihre Funktionalität auf verschiedene Art und Weise zur Verfügung stellen, die ebenfalls von unterschiedlichen Parametern abhängt. Die mehrfache Definition eines Konstruktors oder einer Methode mit verschiedenen Parametern wird als *Überladen* bezeichnet.

Innerhalb der Klasse Person könnten Sie beispielsweise einen alternativen Konstruktor definieren, der aufgerufen wird, wenn der Vorname unbekannt ist:

```java
public Person(String n, int a) {
    this.name = n;
    this.alter = a;
    this.vorname = "";
}
```

Da bereits ein anderer Konstruktor definiert ist, können Sie ihn innerhalb des neuen Konstruktors aufrufen. Dadurch lässt sich der zweite Konstruktor erheblich kürzer fassen:

```java
public Person(String n, int a) {
    this(n, "", a);
}
```

Je nachdem, wie Sie eine Instanz der Klasse Person erzeugen, wird einer der beiden Konstruktoren aufgerufen:

```java
Person klaus = new Person("Schmitz", "Klaus", 42);
    // ruft den ersten Konstruktor auf
Person meyer = new Person("Meyer", 32);
    // ruft den zweiten Konstruktor auf
```

Das Überladen von Methoden funktioniert genauso. Beispielsweise könnte eine weitere Version der Methode geburtstag() existieren, die das Alter explizit einstellt:

```java
public void geburtstag(int a) {
    this.alter = a;
}
```

Wenn Sie einfach geburtstag() aufrufen, wird die Person wie gehabt ein Jahr älter; ein Aufruf wie geburtstag(33) ruft dagegen die neue Methode auf und setzt das Alter auf den angegebenen Wert. Ein standardkonformerer Name für eine Methode, die explizit den Wert des Attributs alter setzt, wäre allerdings setAlter().

### Vererbung

Eines der wichtigsten Merkmale der OOP besteht darin, dass Sie speziellere Klassen von allgemeineren ableiten können. Dies wird als *Vererbung* bezeichnet. Die allgemeine übergeordnete Klasse heißt *Elternklasse* (*Parent Class*), während die speziellere untergeordnete Klasse *Kindklasse* (*Child Class*) oder *abgeleitete Klasse* genannt wird. In der abgeleiteten Klasse müs-

9 Grundlagen der Programmierung

sen nur diejenigen Eigenschaften und Methoden definiert werden, die in der Elternklasse noch nicht vorhanden waren oder geändert wurden.

In Java wird die Vererbung durch das Schlüsselwort extends gekennzeichnet. Beachten Sie, dass die abgeleitete Klasse nur diejenigen Bestandteile der Elternklasse verwenden kann, deren Geheimhaltungsstufe nicht private ist. Da es nicht empfehlenswert ist, allzu viele Komponenten einer Klasse als public zu definieren, bietet Java die spezielle Geheimhaltungsstufe protected an. Eigenschaften und Methoden, die protected sind, werden nicht nach außen veröffentlicht, können aber in Kindklassen eingesetzt werden.

Bevor Sie die folgenden Klassen von Person ableiten können, sollten Sie dort jedes Vorkommen von private durch protected ersetzen und die Datei neu kompilieren.

Die folgenden beiden Klassen Lehrer und Schueler müssen in gleichnamigen Dateien gespeichert werden. Sie können dann kompiliert werden:

```java
public class Lehrer extends Person {
    // zusätzliche Eigenschaft:
    private String fach;

    // Konstruktor:
    public Lehrer(String n, String v, int a, String f) {
        super(n, v, a);
        this.fach = f;
    }

    // Neue Methode:
    public String getFach() {
        return this.fach;
    }
}

public class Schueler extends Person {
    // zusätzliche Eigenschaft:
    private int klasse;

    // Konstruktor:
    public Schueler(String n, String v, int a, int k) {
        super(n, v, a);
        this.klasse = k;
    }

    // Neue Methoden:
    public int getKlasse() {
```

508

```
      return this.klasse;
   }

   public void versetzung() {
      this.klasse++;
   }
}
```

Die einzige erklärungsbedürftige Besonderheit in den abgeleiteten Klassen dürfte das Schlüsselwort super sein. Es ruft explizit den durch die Auswahl der Argumente spezifizierten Konstruktor der Elternklasse auf.

In einem Programm können diese beiden Klassen beispielsweise folgendermaßen verwendet werden:

```
Lehrer welsch = new Lehrer("Welsch", "Jo", 64, "Mathe");
System.out.println(welsch.getName() + " unterrichtet " +
    welsch.getFach());

Schueler tim = new Schueler("Witt", "Tim", 16, 11);
tim.versetzung();
System.out.println(tim.getName()
    + " versetzt in Klasse " + tim.getKlasse());
```

Die Ausgabe dieser beiden Beispiele sollte so aussehen:

```
Jo Welsch unterrichtet Mathe
Tim Witt versetzt in Klasse 12
```

### Interfaces

Anders als in C++ und anderen Sprachen ist in Java keine *Mehrfachvererbung* erlaubt; eine Klasse kann also immer nur von genau einer anderen abgeleitet werden. Mitunter kann dies sehr lästig sein: Zwei verschiedene Klassen, die ansonsten nichts miteinander zu tun haben, könnten einen gewissen gemeinsamen Aspekt aufweisen und von einer anderen Stelle aus unter diesem Aspekt betrachtet werden. Beispielsweise ist ein Buch ein völlig anderes Objekt als eine Suppenschüssel. Beide könnten aber als Artikel im gleichen Supermarkt verkauft werden und als solche gemeinsame Eigenschaften wie eine Artikelnummer oder einen Preis aufweisen.

Um Objekte beliebiger Klassen unter einem bestimmten Gesichtspunkt als die gleiche Art von Objekt betrachten zu können, verwendet Java das Verfahren der *Interfaces*. Ein Interface ähnelt einer Klassendefinition, enthält aber lediglich Methodendeklarationen, die nicht implementiert werden, also keine Anweisungen enthalten. Eine Klasse, die ein Objekt dieser Art sein soll, muss alle im Interface deklarierten Methoden implementieren.

Das folgende Beispiel definiert ein Interface namens Artikel, das verschiedene Methoden deklariert:

```
public interface Artikel {
    public int getArtikelNummer();
    public int getPreis();
}
```

Die Klasse Buch implementiert das Interface Artikel und definiert daher die Methoden getArtikelNummer() und getPreis():

```
public class Buch implements Artikel {
    private int artikelNummer;
    private int preis;
    ...

    public int getArtikelNummer() {
        return artikelNummer;
    }

    public int getPreis() {
        return preis;
    }
}
```

Der Hauptnutzen dieser Interface-Implementierung besteht darin, dass eine Methode, die mit verschiedenen Artikeln arbeitet, diese alle als Daten vom gleichen Typ ansprechen kann, nämlich Artikel.

In der Java-Klassenbibliothek sind Unmengen von Interfaces enthalten, die Sie in Ihren eigenen Programmen implementieren können. Bekannte Beispiele dafür sind die Interfaces Serializable oder Runnable. Serializable wird für Klassen verwendet, deren Datenbestand sich als sequenzieller Datenstrom darstellen (serialisieren) lässt, während Runnable von Programmen implementiert wird, die als Thread laufen sollen (siehe Kapitel 10, »Konzepte der Programmierung«).

Wenn Sie ein Interface implementieren, müssen Sie auch jede enthaltene Methode implementieren, selbst wenn Sie glauben, sie nicht zu benötigen. Eine nicht implementierte Methode führt bereits beim Kompilieren zu einer Fehlermeldung wie dieser:

```
error: Class is not abstract and does not override abstract method run() in Runnable
```

Eine abstrakte Klasse ist übrigens eine Klasse, die nicht instanziiert werden darf. Sie dient als allgemeine Vorlage für konkretere Klassen, die durch Vererbung die grundlegende Funktionalität der abstrakten Klasse übernehmen und erweitern. Da erst die Instanz einer Klasse die Methoden eines Interface benötigt, brauchen Sie sie in einer abstrakten Klasse nicht unbedingt zu implementieren.

Wenn Sie eine abstrakte Klasse schreiben möchten, müssen Sie das Schlüsselwort `abstract` zur Deklaration hinzufügen:

```
public abstract class AbstractExample {
  // ...
}
```

Anders als in Interfaces können Sie in abstrakten Klassen Methoden implementieren, die dann von abgeleiteten Klassen geerbt werden – oder bei Bedarf natürlich auch überschrieben werden können.

### 9.2.3   Weitere Java-Elemente

In diesem Unterabschnitt werden noch einige Spezialitäten der Java-Klassenbibliothek und der Spracharchitektur vorgestellt, die Ihnen bei der Arbeit mit der Sprache von Nutzen sein können: Collections stellen eine überlegene Alternative zu Arrays dar, Enums sind spezielle Klassen, in denen symbolische Konstanten gesammelt werden, und zum Schluss werden Dateizugriffe erläutert.

#### Collections

Zusätzlich zu einfachen Arrays gibt es in der Java-Klassenbibliothek eine Reihe von Klassen, die das *Java Collections Framework* (JCF) bilden. Die Klassen befinden sich im Package `java.util`. Collections bieten leistungsfähigere Möglichkeiten zur Verarbeitung von Datensammlungen als Arrays. Beispielsweise wird zwischen Listen (mit festgelegter Reihenfolge), Mengen (ohne Duplikate, aber ohne bestimmte Reihenfolge) und Maps (Schlüssel-Wert-Zuordnungen) unterschieden, und es ist sehr einfach, Schleifen zu schreiben, die jedes Element einer Collection nacheinander bearbeiten.

Der Datentyp der Elemente in einer Collection wird mithilfe einer speziellen Syntax angegeben:

*Collection-Klasse<Datentyp>*

Genau genommen, enthält eine Collection keine Werte, sondern Referenzen – das ist zu beachten, weil Sie keine primitiven Datentypen wie `int` verwenden können, sondern nur echte Objekte; für ganze Zahlen wäre dies die Klasse `Integer`. Wenn Sie also beispielsweise eine Liste mit ganzen Zahlen erzeugen wollen, wird dies so geschrieben:

`List<Integer>`

List<...> selbst ist ein Interface, und es gibt verschiedene Implementierungen. Die gängigste ist die ArrayList<...> mit allen wichtigen Eigenschaften eines Arrays. Um die Integer-Liste also konkret als ArrayList zu definieren, können Sie Folgendes schreiben:

```
List<Integer> intList = new ArrayList<>();
```

Wie Sie sehen, können Sie den enthaltenen Datentyp (hier Integer) beim Aufruf von new weglassen, da er bereits durch die Deklaration feststeht, und dies ist auch weitverbreitete Praxis.

Einige wichtige Methoden von Listen und teilweise auch von anderen Collections sind folgende:

- ▶ liste.add(element) fügt ein Element hinzu.
- ▶ liste.addAll(collection) fügt alle Elemente der Collection zur bestehenden Liste hinzu.
- ▶ liste.remove(index|element) entfernt ein Element; als Argument können Sie entweder den numerischen Index oder das zu entfernende Objekt angeben.
- ▶ liste.removeAll(collection) entfernt alle Elemente der Collection aus der Liste.
- ▶ liste.get(index) liefert das Element an der angegebenen Indexposition zurück.
- ▶ liste.set(index, element) ersetzt das Element am angegebenen Index durch das neue Element.
- ▶ liste.contains(element) gibt true zurück, wenn die Liste das Element enthält, andernfalls false.
- ▶ liste.containsAll(collection) gibt true zurück, wenn die Liste alle Elemente der Collection enthält, andernfalls false.
- ▶ liste.size() gibt die Anzahl der Elemente zurück.

Beachten Sie, dass nicht jede Implementierung der Collection-Interfaces alle diese Methoden enthält. Genaueres können Sie in der Java-Dokumentation zu Collections nachlesen; das Interface List wird beispielsweise unter *https://docs.oracle.com/javase/7/docs/api/java/util/List.html* beschrieben.

Um über die Elemente einer Liste zu iterieren, jedes Element also in einer Schleife zu verarbeiten, wird folgende Schreibweise verwendet:

```
for (Typ element:liste) {
  // element enthält pro Durchlauf das jeweils nächste Element
}
```

Bei der eben definierten intList sieht dies beispielsweise wie folgt aus:

```
for (int i:intList) {
  // i ist das jeweilige Element
}
```

Wie Sie sehen, ist int als Typ für die Schleifenvariable erlaubt, obwohl die Liste die objektorientierte Variante Integer enthält.

Das folgende Beispiel fügt die Kommandozeilenargumente einer Liste hinzu, sofern es sich um Integer handelt, und gibt anschließend die Anzahl der Elemente, die Summe und den Mittelwert aus:

```java
import java.util.List;
import java.util.ArrayList;

public class ListTest {
  public static void main(String[] args) {
    if (args.length < 1) {
      System.out.println("Verwendung: java ListTest integer [...]");
      System.exit(1);
    }
    List<Integer> intList = new ArrayList<>();
    for (int i = 0; i < args.length; i++) {
      try {
        int value = Integer.parseInt(args[i]);
        intList.add(value);
        System.out.println("- Element hinzugefügt: " + value);
      } catch(NumberFormatException e) {
        System.out.println("! '" + args[i] + "' ist kein gültiger Integer.");
      }
    }
    int sum = 0;
    for (int i:intList) {
      sum += i;
    }
    double average = (double)sum / intList.size();
    System.out.println();
    System.out.println("Anzahl Elemente: " + intList.size());
    System.out.println("Summe:           " + sum);
    System.out.println("Mittelwert:      " + average);
  }
}
```

Kompilieren Sie *ListTest.java*, und führen Sie das Programm aus, etwa so:

```
$ java ListTest 6 8 9 2 3 hallo 7
- Element hinzugefügt: 6
- Element hinzugefügt: 8
- Element hinzugefügt: 9
```

9  Grundlagen der Programmierung

```
- Element hinzugefügt: 2
- Element hinzugefügt: 3
! 'hallo' ist kein gültiger Integer.
- Element hinzugefügt: 7

Anzahl Elemente: 6
Summe:          35
Mittelwert:     5.833333333333333
```

Da Kommandozeilenargumente Strings sind, müssen sie zunächst in Integer umgewandelt werden. Dazu wird die statische Methode Integer.parseInt(...) verwendet, die eine Number-FormatException auslöst, wenn der Wert nicht umgewandelt werden kann. Diese Exception wird abgefangen, und eine Warnmeldung wird ausgegeben.

Bei der Berechnung des Mittelwerts ist es wichtig, mindestens einen der beiden Integer-Werte in einen Fließkommawert umzuwandeln, da ansonsten auch das Ergebnis ganzzahlig wäre:

```
double average = (double)sum / intList.size();
```

Wie bereits erwähnt, enthält eine Menge (Set) jedes Element nur einmal. Auch Set ist ein Interface; eine mögliche Implementierung ist die Klasse HashSet, die intern eine Schlüssel-Wert-Liste (HashMap) verwendet, um die Einmaligkeit der Elemente zu garantieren. Das folgende kleine Beispiel demonstriert, dass Elemente nicht doppelt vorkommen:

```java
import java.util.Set;
import java.util.HashSet;

public class SetTest {
  public static void main(String[] args) {
    Set<String> stringSet = new HashSet<>();
    stringSet.add("Hallo");
    stringSet.add("Welt");
    stringSet.add("Welt");
    for (String str:stringSet) {
      System.out.println(str);
    }
  }
}
```

Wenn Sie *SetTest.java* kompilieren und ausführen, erhalten Sie wie erwartet folgende Ausgabe:

```
$ java SetTest
Hallo
Welt
```

514

Es ist übrigens auch möglich, collection-ähnliche Klassen mit Datentyp-Platzhaltern zu schreiben. Dazu verwenden Sie für die Datentypen symbolische Bezeichner wie T. Die Platzhalter werden als *Generics* bezeichnet; sie wurden in Version 5 von Java eingeführt.

Das folgende Beispiel implementiert eine Klasse Pair, die zwei Elemente desselben Datentyps enthält, sowie eine Methode equal(), die true zurückgibt, wenn die beiden Elemente identisch sind, und ansonsten false. Dies könnte beispielsweise die Grundlage für ein Memory-Spiel sein, die die beiden aufgedeckten Karten vergleicht:

```java
public class Pair<T> {
  private T value1;
  private T value2;

  public Pair(T _value1, T _value2) {
    value1 = _value1;
    value2 = _value2;
  }

  public boolean areValuesEqual() {
    return value1.equals(value2);
  }
}
```

Die folgende Beispielklasse definiert zwei Paare verschiedenen Datentyps und vergleicht ihre Elemente:

```java
public class PairTest {
  public static void printEqual(Pair pair, String title) {
    if (pair.areValuesEqual()) {
      System.out.println("Gleiches Paar in " + title);
    } else {
      System.out.println("Ungleiches Paar in " + title);
    }
  }

  public static void main(String[] args) {
    Pair<Integer> pair1 = new Pair<>(4, 5);
    PairTest.printEqual(pair1, "pair1");
    Pair<String> pair2 = new Pair<>("Hallo", "Hallo");
    PairTest.printEqual(pair2, "pair2");
  }
}
```

Führen Sie *PairTest.java* nach dem Kompilieren aus; Sie erhalten die folgende naheliegende Ausgabe:

```
$ java PairTest
Ungleiches Paar in pair1
Gleiches Paar in pair2
```

## Enums

Eine ganz andere Art von Aufzählung ist das enum-Konstrukt: Es handelt sich um eine Sammlung garantiert voneinander verschiedener symbolischer Konstanten. Ein enum wird wie eine Klasse in einer eigenen Datei definiert, die den Namen des enum trägt. Im einfachsten Fall ist nur die Liste von Konstanten enthalten wie im folgenden Beispiel, das die vier grundlegenden Himmelsrichtungen enthält:

```
public enum Direction {
  NORTH,
  EAST,
  SOUTH,
  WEST
}
```

Andere Klassen können mit enum-Name.Konstantenname auf die Konstanten zugreifen, also etwa Direction.NORTH für den Norden. Das folgende kleine Beispielprogramm verwendet die Himmelsrichtungen, um einige interessante Orte aus George R. R. Martins Fantasy-Reihe »A Song of Ice And Fire« (die Grundlage der beliebten Fernsehserie »Game of Thrones«) zu lokalisieren, und stellt die HashMap als weitere Collection vor:

```
import java.util.Map;
import java.util.HashMap;

public class WesterosTest {
  public static void main(String[] args) {
    Map<String, Direction> locations = new HashMap<>();
    locations.put("The Wall", Direction.NORTH);
    locations.put("Vale of Arryn", Direction.EAST);
    locations.put("Dorne", Direction.SOUTH);
    locations.put("Iron Islands", Direction.WEST);
    for (Map.Entry<String, Direction> entry:locations.entrySet()) {
      System.out.printf("%s is in the %s.\n", entry.getKey(), entry.getValue());
    }
  }
}
```

Das Interface Map und seine Implementierung HashMap benötigen zwei Datentypen, einen für die Schlüssel und einen für die Werte. Während die Schlüssel alle verschieden sein müssen, können beliebig viele identische Werte vorhanden sein – ideal also, um die Orte als Schlüssel und ihre Himmelsrichtungen als Werte zu verwenden. Die Methode `map.put(Schlüssel, Wert)` fügt einen Wert für den angegebenen Schlüssel hinzu oder ändert diesen, falls der Schlüssel bereits existiert. Mit `map.get(Schlüssel)` können Sie einen einzelnen Wert auslesen.

In diesem Beispiel sollen allerdings alle Schlüssel und Werte ausgegeben werden. Die Schleifenvariable hat dafür den Typ `Map.Entry<>` mit denselben Datentypen für Schlüssel und Wert wie die `Map` selbst; die `Map`-Methode `entrySet()` liefert diese Einträge. Aus dem `Entry` können Sie mit `getKey()` und `getValue()` den Schlüssel beziehungsweise den Wert extrahieren. Zur Ausgabe kommt hier übrigens die Methode `System.out.printf()` zum Einsatz; sie hat dieselbe Syntax wie die gleichnamige C-Funktion.

Speichern Sie *Directions.java* und *WesterosTest.java* im selben Verzeichnis. Anschließend können Sie die letztere Datei kompilieren und ausführen; die Ausgabe sieht etwa so aus:

```
$ java WesterosTest
Iron Islands is in the WEST.
Dorne is in the SOUTH.
Vale of Arryn is in the EAST.
The Wall is in the NORTH.
```

Wie Sie sehen, entspricht die Reihenfolge der Ausgabe nicht derjenigen, in der Sie die Schlüssel und Werte hinzugefügt haben – Sortierung ist nicht die Aufgabe einer `Map`, sodass sie die Reihenfolge eher für möglichst schnelles Auslesen optimiert. Wenn Ihnen die Reihenfolge wichtig ist, können Sie anstelle einer `HashMap` eine `SortedMap` verwenden.

Ein `enum` kann übrigens nicht nur passive Konstanten enthalten, sondern auch Attribute und Methoden für diese Konstanten. Anders als gewöhnliche Klassen kennt dieses Konstrukt allerdings keine Vererbung, und Sie dürfen für den Konstruktor und andere Methoden nicht das Schlüsselwort `public` verwenden. Schauen Sie sich als Beispiel das folgende `enum` an, das auch Zwischenhimmelsrichtungen enthält und auf Wunsch deren Gradzahlen auf dem Kompass liefert:

```java
public enum FineDirection {
  NORTH (0),
  NORTHEAST (45),
  EAST (90),
  SOUTHEAST (135),
  SOUTH (180),
  SOUTHWEST (225),
  WEST (270),
  NORTHWEST (315);

  private final Integer degrees;

  FineDirection(Integer _degrees) {
```

9   Grundlagen der Programmierung

```
      degrees = _degrees;
    }

    int getDegrees() {
      return degrees;
    }
}
```

Ein Zugriff auf eine der Konstanten ruft den Konstruktor auf und übergibt ihm die Argumente, die hinter der jeweiligen Konstanten in Klammern stehen. Anschließend können Sie die Methoden aufrufen. FineDirection.SOUTHWEST.getDegrees() liefert beispielsweise die Gradzahl für Südwesten (225) zurück.

Sie können übrigens auch über die Konstanten eines enum iterieren, indem Sie mit dessen Methode values() die Liste der Konstanten auslesen. Das folgende Beispielprogramm gibt alle acht Hauptwindrichtungen und ihre Gradzahlen aus:

```
public class EnumTest {
  public static void main(String[] args) {
    for (FineDirection dir:FineDirection.values()) {
      System.out.printf("%s has %d degrees.\n", dir, dir.getDegrees());
    }
  }
}
```

Die Ausgabe des Programms sieht natürlich so aus:

```
NORTH has 0 degrees.
NORTHEAST has 45 degrees.
EAST has 90 degrees.
SOUTHEAST has 135 degrees.
SOUTH has 180 degrees.
SOUTHWEST has 225 degrees.
WEST has 270 degrees.
NORTHWEST has 315 degrees.
```

### Dateizugriffe

In Java stehen, wie bereits erwähnt, verschiedene Klassen für die unterschiedlichsten Aspekte der Ein- und Ausgabe zur Verfügung. Dies betrifft auch den Umgang mit Dateien. Hier sehen Sie nur ein kurzes Beispiel. Das folgende Programm liest sämtliche Zeilen aus der als Kommandozeilenargument angegebenen Textdatei und gibt sie in umgekehrter Reihenfolge aus.

```
import java.io.*;
import java.util.*;
```

518

```java
public class FileTurner {
   public static void main (String args[]) {
      try {
         turnFile (args[0]);
      }
      catch (FileNotFoundException e) {
         System.out.println("Datei nicht gefunden!");
      }
      catch (IOException e) {
         System.out.println("Dateifehler!");
      }
   }

   static void turnFile (String filename) throws
         FileNotFoundException, IOException {
      BufferedReader reader = new BufferedReader
         (new FileReader (filename));
      String zeile = "";
      Stack zeilen = new Stack();
      while ((zeile = reader.readLine()) != null) {
         zeilen.push (zeile);
      }
      while (!zeilen.empty()) {
         zeile = (String)zeilen.pop();
         System.out.println(zeile);
      }
   }
}
```

Das Programm demonstriert allerdings nicht nur, wie Sie in Java aus einer Textdatei lesen können, sondern zeigt noch einige andere interessante Aspekte der Java-Programmierung:

▶ Innerhalb der Methode turnFile() werden verschiedene Methoden aufgerufen, die Ausnahmen auslösen können. Damit nicht jede dieser Anweisungen innerhalb eines try/catch-Blocks stehen muss, werden sämtliche möglichen Ausnahmen mithilfe einer throws-Klausel an die aufrufende Stelle delegiert. Aus diesem Grund steht der Aufruf von turnFile() von main() innerhalb eines try-Blocks; die anschließenden catch-Blöcke fangen die entsprechenden Ausnahmen ab: java.io.FileNotFoundException (Datei nicht gefunden) und java.io.IOException (Schreib-/Lesefehler).

▶ Für das Umkehren der Zeilen aus der Textdatei wird die spezielle Datenstruktur java.util.Stack verwendet, mit deren Hilfe in Java die im nächsten Kapitel besprochene Stack-Funktionalität implementiert wird: Die Methode push() fügt ein beliebiges Objekt (eine Instanz der allgemeinsten Klasse `java.lang.Object`) am Ende des Stacks hinzu, `pop()` entnimmt das letzte Objekt und gibt es zurück. Mithilfe von Typecasting kann es in ein Objekt seiner ursprünglichen Klasse zurückverwandelt werden: im vorliegenden Fall `(String)zeilen.pop()`.

▶ Zum Lesen ganzer Zeilen aus der Textdatei wird der `java.io.FileReader`, der dem Lesen aus einer Datei dient, von einem `java.io.BufferedReader` umhüllt, dessen Methode `read-Line()` jeweils eine Zeile aus dem zugrunde liegenden Eingabestrom liest. Die Bedingung der `while()`-Schleife macht es sich übrigens zunutze, dass `readLine()` am Dateiende `null` zurückgibt: Die Wertzuweisung `zeile = reader.readLine()` wird dazu unmittelbar mit `null` verglichen.

## 9.3 Python

Zeit für die dritte Programmiersprache in diesem Kapitel: *Python*. Anders als bei C und Java handelt es sich dabei um eine *interpretierte Sprache*, das heißt, Programme werden im Quellcode ausgeliefert und zur Laufzeit von einem speziellen Programm, dem *Python-Interpreter*, übersetzt. Hinter den Kulissen findet, wie bei den meisten modernen Skriptsprachen, eine sogenannte *Just-in-Time-Kompilierung* statt – der Code wird keineswegs Zeile für Zeile während der Ausführung übersetzt, sondern in der Regel viel schneller, und die übersetzte Form wird im Arbeitsspeicher oder sogar auf einem Datenträger zwischengespeichert.

Python ist eine sogenannte *Multiparadigmen-Sprache*. Es handelt sich also nicht um eine rein imperative, objektorientierte oder funktionale Sprache, sondern Python bietet Aspekte dieser und anderer Programmiersprachen.

Die erste Version der Sprache wurde seit 1989 von dem niederländischen Programmierer *Guido van Rossum* entwickelt; die fertige Version 1.0 erschien 1994. Der Name bezieht sich nicht auf das gleichnamige Tier, sondern auf die britische Comedy-Gruppe *Monty Python*, von der van Rossum ein großer Fan ist. In der offiziellen Python-Dokumentation wimmelt es daher von Bezügen auf Monty-Python-Filme und -Sketche (der vorliegende Abschnitt hält an dieser Tradition fest). Inzwischen arbeiten zahlreiche Programmierer an der Weiterentwicklung von Python, aber Guido van Rossum hat als »Benevolent Dictator for Life« (BDFL) noch immer das letzte Wort.

Im Jahr 2000 wurde Python 2.0 vorgestellt; die wichtigsten neuen Features waren Unicode-Unterstützung und eine voll ausgestattete Garbage Collection. Python 3.0, veröffentlicht im Jahr 2008, ist eine ausführliche Neuimplementierung der Sprache und nicht zu Version 2 abwärtskompatibel. Allerdings wurden zahlreiche Features seitdem für die Verwendung mit 2.x rückportiert. Da es noch immer diverse weitverbreitete Bibliotheken gibt, die nicht mit Python 3 kompatibel sind, und da Python in vielen Softwareprojekten eine wichtige Rolle als eingebettete Skriptsprache spielt, wird auch Python 2 noch immer weitergepflegt, zumindest mit Sicherheitsupdates und Bugfixes. Die aktuellen Releases sind 3.6.0 und 2.7.13. Dieser Abschnitt behandelt ausschließlich Python 3.

Auf den meisten Linux-Distributionen ist Python bereits vorinstalliert oder kann mithilfe des Paketmanagers nachinstalliert werden. Oft verbirgt sich hinter dem Kommando `python` die Version 2.x, während Python 3 als `python3` aufgerufen wird. macOS enthält ebenfalls Python 2 ab Werk, während Python 3 nachinstalliert werden kann. Installer mit ausführlicher Anleitung für macOS, Windows und andere Betriebssysteme finden Sie auf der Python-Website *www.python.org*.

Im Folgenden wird der Interpreter-Aufruf stets als `python3` geschrieben, um klarzustellen, dass Sie diese Version benötigen, um alle Beispiele ausprobieren zu können. Um ein Python-Skript auszuführen, geben Sie Folgendes ein:

```
$ python3 Dateiname
```

Die Dateiendung für Python-Skripte ist üblicherweise *.py*.

Wenn Sie den Interpreter ohne Angabe eines Dateinamens starten, erhalten Sie eine interaktive Shell. Hier zum Beispiel die Ausgabe unter macOS:

```
$ python3
Python 3.6.0 (v3.6.0:41df79263a11, Dec 22 2016, 17:23:13)
[GCC 4.2.1 (Apple Inc. build 5666) (dot 3)] on darwin
Type "help", "copyright", "credits" or "license" for more information.
>>>
```

Hier können Sie Python-Ausdrücke und Kommandos eingeben, die sofort ausgewertet werden, was eine sehr praktische Methode ist, Python auszuprobieren. In den folgenden Unterabschnitten wird die Python-Shell oft zum Einsatz kommen; die entsprechenden Beispiele werden durch ihren Prompt gekennzeichnet: >>>.

Sie können die Shell unter anderem als einfachen Taschenrechner verwenden:

```
>>> 3+4
7
```

Wenn Sie die Shell wieder beenden möchten, können Sie

```
>>> exit()
```

eingeben. Auf Unix-Systemen genügt es auch, ⌈Strg⌉ + ⌈D⌉ (End of File) zu drücken.

### 9.3.1 Das erste Beispiel

Wie üblich folgt hier zunächst das erweiterte »Hallo Welt«-Programm. Geben Sie es in einem Editor Ihrer Wahl ein, und speichern Sie es unter *hello.py*:

```
print("Hallo Welt!")
name = input("Ihr Name bitte: ")
print("Hallo " + name + "!")
```

Anschließend können Sie das Skript wie folgt ausführen:

```
$ python3 hello.py
Hallo Welt!
Ihr Name bitte: Sascha
Hallo Sascha!
```

Wie Sie sehen, ist das Programm in Python viel kürzer als in den bisher behandelten Sprachen. Wie viele Skriptsprachen beschränkt sich Python auf das Wesentliche; beispielsweise ist keine formale Hauptprogramm-Deklaration erforderlich, um eine Folge von Anweisungen auszuführen.

Im Einzelnen bedeuten die drei Zeilen Folgendes:

▶ `print("Hallo Welt!")`

Die Methode `print()` gibt einen String aus, gefolgt von einem Zeilenumbruch. Die Methode hat zusätzliche Parameter, die beispielsweise die Ersetzung des Zeilenumbruchs durch ein anderes Trennzeichen erlauben, wobei auch ein leerer String möglich ist, um mehrere Strings ohne Unterbrechung auszugeben.

▶ `name = input("Ihr Name bitte: ")`

Diese Anweisung definiert eine Variable mit der Bezeichnung `name`. Der Methodenaufruf `input()` ermöglicht dem Benutzer die Eingabe einer Textzeile zur Laufzeit. Durch die Wertzuweisung wird die Eingabe, ohne den abschließenden Zeilenumbruch, in der Variablen `name` gespeichert.

▶ `print("Hallo " + name + "!")`

Auch dieser Aufruf von `print()` dient der Ausgabe; der einzige Unterschied zur ersten Zeile des Skripts besteht darin, dass hier ein String aus zwei Literalen und dem Wert einer Variablen zusammengesetzt wird. Genau wie in Java werden Strings in Python mithilfe des Operators + verkettet.

### 9.3.2 Grundelemente von Python

Dieser Unterabschnitt betrachtet die grundlegenden Bestandteile von Python und konzentriert sich dabei besonders auf diejenigen Aspekte, die sich grundlegend von C und Java unterscheiden. In weiteren Unterabschnitten werden die Objektorientierung sowie einige ausgewählte Elemente der Python-Standardbibliothek behandelt.

**Besonderheiten der Syntax**

Anders als in Java und C enden Anweisungen in Python nicht mit einem Semikolon, sondern mit einem Zeilenumbruch:

```
>>> print("Hallo")
Hallo
>>> print("Welt")
Welt
```

Allerdings können Sie das Semikolon optional verwenden, um mehrere Anweisungen in dieselbe Zeile zu schreiben:

```
>>> print("Hallo"); print("Welt")
Hallo
Welt
```

Dies ist jedoch nur in Ausnahmefällen empfehlenswert, da es nicht zu lesbaren Programmen beiträgt.

Umgekehrt können Sie Anweisungen wie in C über mehrere Zeilen verteilen, wenn Sie vor dem jeweiligen Zeilenumbruch einen Backslash setzen:

```
>>> 2 * \
... 3 \
... * 4
24
```

---

**Die Einrückung macht den Unterschied**

Die wichtigste Besonderheit von Python ist, dass *allein die Einrückung* darüber bestimmt, in welchen Zusammenhang eine Anweisung gehört. Dies wurde von einer ebenfalls in den Niederlanden entwickelten Sprache namens ABC übernommen, an der Guido van Rossum mitarbeitete, bevor er Python entwickelte.

Betrachten Sie dazu das folgende Beispiel:

```
print("Allgemeine Anweisung") # Wird immer ausgeführt
if a > 0:
    print("a ist positiv.")   # Nur, wenn a > 0
    print("Noch eine Zeile.") # Nur, wenn a > 0
print("Ende.")                # Wird immer ausgeführt
```

Dieses Konzept ist gewöhnungsbedürftig und zwingt zu äußerster Disziplin beim Einrücken, aber es folgt dem allgemeinen Konzept von Python, möglichst sparsam und pragmatisch zu sein. Außerdem schadet Disziplin beim Einrücken ohnehin nicht, da sie Programme auch in Sprachen, in denen sie keine syntaktische Bedeutung hat, lesbarer macht.

---

Python bietet zwei verschiedene Arten von Kommentaren. Die Raute (#) leitet einen einzeiligen Kommentar ein, der bis zum nächsten Zeilenumbruch reicht. Beispiel:

```
print("Test")  # Anweisung und Kommentar
# Nur Kommentar
```

9 Grundlagen der Programmierung

Ein mehrzeiliger Kommentar beginnt und endet jeweils mit drei doppelten Anführungszeichen. Dieser Kommentarstil wird vor allem zur Generierung von Programmdokumentationen aus dem Quellcode verwendet. Hier ein Beispiel:

```
"""Mehrzeiliger Kommentar
Wird üblicherweise zur Programmdokumentation verwendet.
"""
```

### Literale

Wie in den anderen bereits behandelten Sprachen bestehen Ausdrücke auch in Python aus Literalen, Variablen, Operatoren und Funktions- beziehungsweise Methodenaufrufen.

Die verfügbaren *Literale* sind denjenigen in den anderen Sprachen ähnlich; es gibt nur wenige Besonderheiten. Jedes Literal, und natürlich auch der Wert jedes Ausdrucks, gehört in Python zu einer bestimmten Klasse; Sie können diese mithilfe der Funktion type(ausdruck) ermitteln. Beispiele:

```
>>> type(42)
<class 'int'>
>>> type(3.1415926)
<class 'float'>
>>> type("Camelot")
<class 'str'>
>>> type([1,2,3])
<class 'list'>
```

Numerische Literale sind weitgehend mit denjenigen in C identisch. Sie können ganze Zahlen dezimal angeben (Standard), also beispielsweise -23 oder 42. Hexadezimalzahlen werden wie in C durch vorangestelltes 0x gekennzeichnet:

```
>>> 0xABCD
43981
```

Oktalzahlen werden seit Python 3.0 anders geschrieben als in C, nämlich mit vorangestelltem 0o (Ziffer Null, kleiner Buchstabe o) anstelle einer einfachen Null:

```
>>> 0o27
23
```

Zusätzlich können Sie Dualzahlen als Literale schreiben, indem Sie ihnen die Zeichenfolge 0b voranstellen:

```
>>> 0b101010
42
```

524

Fließkommaliterale können wie üblich mit Dezimalpunkt geschrieben werden, beispielsweise 0.23 oder -1.03, oder mithilfe der Exponentialschreibweise, etwa 4e4 für $4 * 10^4$ (40000) oder 3e-3 für $3 * 10^{-3}$ (0.003).

Eine Besonderheit von Python ist, dass bereits in der Grundausstattung *komplexe Zahlen* enthalten sind. Eine komplexe Zahl besteht aus einem *Realteil*, also einer beliebigen reellen Zahl, und einem hinzuaddierten *Imaginärteil* (ein Vielfaches von i, definiert als eine Zahl, deren Quadrat −1 ist, also i := $i^2$ = −1). Da das Quadrat sowohl positiver als auch negativer Zahlen für reelle Zahlen positiv ist, werden Zahlen mit negativem Quadrat, die beispielsweise in der Physik eine Rolle spielen, als imaginär bezeichnet. Komplexe Zahlen werden wie folgt geschrieben:

```
>>> complex(3, 4)
(3+4j)
```

In den Klammern von complex() wird also zuerst der Real- und dann der Imaginärteil angegeben. Die interne Darstellung besteht, wie Sie sehen, aus Klammern, dem Realteil, einem Plus- oder Minuszeichen (je nachdem, ob der Imaginär-Multiplikator positiv oder negativ ist), dem Multiplikator selbst und dem Buchstaben j. Die eingebauten Attribute real und imag liefern den Imaginär- beziehungsweise Realteil zurück:

```
>>> complex(3, 5).real
3.0
>>> complex(4, -4).imag
-4.0
```

Ansonsten können Sie mit komplexen Zahlen gemäß den für sie geltenden mathematischen Regeln rechnen, auch gemischt mit anderen Zahlentypen. Beispiele:

```
>>> complex(1, 2) + complex(3, 4)
(4+6j)
>>> complex(3, 5) + 7
(10+5j)
```

Auch für Strings gibt es verschiedene Schreibweisen:

▶ doppelte Anführungszeichen, zum Beispiel "The Holy Grail"

▶ einfache Anführungszeichen, etwa 'Dead Parrot'

▶ Sogenannte *Here Documents* (auf Deutsch manchmal Hier-Dokumente), die mit drei einfachen Anführungszeichen beginnen, sich über beliebig viele Zeilen erstrecken können und wieder mit drei einfachen Anführungszeichen enden. Der Name bezieht sich darauf, dass diese Strings »bis hierhin« reichen. Dies ist ein Beispiel aus der interaktiven Shell, das zeigt, wie die Zeilenumbrüche Teil des Strings werden:

```
>>> '''Arthur
... Galahad
```

```
...  Lancelot
...  Robin'''
'Arthur\nGalahad\nLancelot\nRobin'
```

Anders als in manchen anderen Skriptsprachen gibt es keinen funktionalen Unterschied zwischen einfachen und doppelten Anführungszeichen, und auch ein einzelnes Zeichen in einfachen Anführungszeichen ist kein Zeichen-Literal, sondern immer noch ein String. Sie können innerhalb eines Strings mit einer bestimmten Sorte von Anführungszeichen die jeweils andere Sorte ohne Escaping verwenden:

```
>>> "'We have Spam, bacon, sausage and Spam,' the waitress said."
"'We have Spam, bacon, sausage and Spam,' the waitress said."
>>> '"We have Spam, egg, Spam, Spam, bacon and Spam," she added.'
'"We have Spam, egg, Spam, Spam, bacon and Spam," she added.'
```

Möchten Sie dagegen dieselbe Sorte Anführungszeichen verschachteln, müssen Sie sie mithilfe eines Backslashs (\) escapen:

```
>>> '"\'Tis but a scratch," the Black Knight roared.'
'"\'Tis but a scratch," the Black Knight roared.'
>>> "\"It's just a flesh wound,\" he added."
'"It\'s just a flesh wound," he added.'
```

Besondere Literale sind True und False, die zur Klasse bool gehören, sowie None, die einzige Instanz der Klasse NoneType. Beachten Sie, dass alle diese Werte mit großen Anfangsbuchstaben geschrieben werden müssen. True und False sind boolesche Wahrheitswerte, also zum Beispiel die Ergebnisse von Vergleichsoperationen:

```
>>> 2 < 3
True
>>> 2 > 3
False
```

None ist die Python-Variante von null in Java, also eine leere Referenz.

Variablen, die noch nicht definiert wurden, haben nicht den Wert None, sondern der Zugriff auf sie führt zu einer Fehlermeldung, wie das folgende Beispiel zeigt:

```
>>> print(x)
Traceback (most recent call last):
  File "<stdin>", line 1, in <module>
NameError: name 'x' is not defined
```

Neben den bisher besprochenen skalaren (einwertigen) Literalen gibt es noch verschiedene Arten von Listen und weitere zusammengesetzte Literale, etwa eine einfache Liste wie [1, 2, 3]. Diese werden später in ihrem eigenen Unterabschnitt behandelt.

**Variablen**

Variablen werden in Python durch einfache Wertzuweisung definiert. Beispiele:

```
>>> a = 1
>>> b = "Hallo"
>>> a
1
>>> b
'Hallo'
```

Der Typ ist dabei ausschließlich an den enthaltenen Wert gebunden, nicht an die Variable selbst. Sie können derselben Variablen daher nacheinander Werte verschiedener Typen zuweisen:

```
>>> x = 1
>>> type(x)
<class 'int'>
>>> x = "Test"
>>> type(x)
<class 'str'>
```

In Bezeichnern sind Buchstaben, Ziffern und Unterstriche erlaubt, und wie üblich dürfen sie nicht mit einer Ziffer beginnen. Es wird zwischen Groß- und Kleinschreibung unterschieden, wie der folgende Versuch durch die Fehlermeldung zeigt:

```
>>> test = 3
>>> test
3
>>> Test
Traceback (most recent call last):
  File "<stdin>", line 1, in <module>
NameError: name 'Test' is not defined
```

---

**Regeln für Bezeichner in Python**

Es gibt einige Konventionen für Bezeichner in Python:

▸ Variablen und Funktionen beginnen mit einem Kleinbuchstaben: Wenn sie aus mehreren Wörtern bestehen, werden diese durch Unterstriche getrennt. Beispiele: `value`, `number_of_elements`

▸ Klassennamen werden großgeschrieben (mit Ausnahme von Datentypen und vielen Basisklassen der Standardbibliothek), und mehrere Wörter werden durch Binnenmajuskeln voneinander getrennt (CamelCase). Beispiele: `Book`, `BookPublisher`

> ▶ Elemente, die als privat gelten, also nicht Teil der öffentlichen Schnittstelle eines Programms sind, sollten mit einem einzelnen Unterstrich beginnen. Beispiele: _internal_value, _InternalClass
>
> ▶ Viele interne Elemente von Python selbst beginnen und enden mit je zwei Unterstrichen, etwa die Methode __init__() – der Konstruktor einer Klasse – oder die Konstante __name__ (Name des aktuellen Moduls oder Ausführungskontextes).

Variablen sind grundsätzlich Referenzen, das heißt, sie verweisen auf Objekte, die sich irgendwo im Speicher befinden. Wo sich das Objekt im Speicher befindet (beziehungsweise ob zwei identisch aussehende Objekte dasselbe Objekt sind), können Sie mithilfe der Identitätsfunktion id() herausfinden:

```
>>> id(42)
4297372000
>>> id("Hallo")
4338199216
```

Es wird zwischen *unveränderlichen Objekten* (*immutable objects*) und *veränderlichen Objekten* (*mutable objects*) unterschieden. Veränderliche Objekte behalten ihren Speicherort auch dann, wenn ihr Wert verändert wird, während eine Wertänderung einer Variablen mit einem unveränderlichen Objekt nach der Wertänderung auf eine andere Speicherstelle verweist.

Skalare Datentypen sind in der Regel unveränderlich, wie das folgende Beispiel zeigt – der Identitätswert verändert sich:

```
>>> a = 23
>>> id(a)
4297371392
>>> a += 1    # a um 1 erhöhen
>>> id(a)
4297371424
```

Zusammengesetzte Datentypen wie Listen oder Objekte komplexer Klassen sind dagegen meist veränderlich; sie behalten ihre Identität auch über eine Wertänderung hinaus:

```
>>> a = [1, 2, 3]  # Einfache Liste
>>> id(a)
4338176968
>>> a.append(4)    # Weiteres Element hinzufügen
>>> a
[1, 2, 3, 4]
>>> id(a)
4338176968
```

Wenn eine Variable auf ein veränderliches Objekt verweist und Sie einer weiteren Variablen den Wert der ersten zuweisen, dann verweisen beide auf dasselbe Objekt, und ihr Wert verändert sich entsprechend. Hier ein Beispiel mit zwei Variablen, die auf dieselbe Liste verweisen:

```
>>> ref1 = ['ham', 'eggs', 'bacon']
>>> ref2 = ref1
>>> ref2.append('Spam')    # Element an ref2 anhängen
>>> ref1
['ham', 'eggs', 'bacon', 'Spam']
```

Wie Sie sehen, verändert das Hinzufügen des Elements zu ref2 auch den Wert von ref1, da sie auf dasselbe Objekt verweisen (was Sie bei Bedarf wieder mithilfe von id() überprüfen können).

Bei unveränderlichen Objekten kann es durchaus vorkommen, dass verschiedene Variablen auf dasselbe interne Objekt verweisen, wenn derselbe Wert gespeichert wird, da dieses Vorgehen speicherschonend ist. Dies muss jedoch nicht der Fall sein. In jedem Fall modifiziert die Änderung der einen Variablen aber nicht den Wert der anderen. Sehen Sie sich dazu folgendes Beispiel an:

```
>>> var1 = 23
>>> var2 = var1
>>> id(var1)
4297371392
>>> id(var2)
4297371392
>>> var2 += 1     # um 1 erhöhen
>>> var2
24
>>> var1
23
>>> id(var2)
4297371424
```

Wie Sie sehen, hatten var1 und var2 in meiner Sitzung dieselbe Identität, solange sie denselben Wert speicherten. Sobald var2 verändert wird, hat dieser eine neue Identität und einen neuen Wert, während var1 den ursprünglichen Wert behält.

### Operatoren

Die meisten Operatoren für einfache Datentypen sind mit denjenigen in C und Java identisch. Beispielsweise stehen für numerische Datentypen die arithmetischen Operatoren + (Addition), - (Subtraktion), * (Multiplikation), / (Division) und % (Modulo, also der Rest der ganzzahligen Division) zur Verfügung.

Der normale Divisionsoperator / gibt unabhängig vom Datentyp der Operanden immer eine Fließkommazahl (Klasse float) zurück, wie das folgende Beispiel zeigt:

```
>>> 6 / 3
2.0
>>> type(6 / 3)
<class 'float'>
```

Die spezielle Variante // gibt dagegen eine Ganzzahl (int) zurück, solange beide Operanden ebenfalls int sind:

```
>>> 6 // 3
2
>>> 7 // 3
2
>>> type(7 // 3)
<class 'int'>
```

Ist mindestens einer der Operanden ein float, gibt allerdings auch // ein Ergebnis vom Typ float zurück:

```
>>> 6.5 // 3
2.0
>>> type(6.5 // 3)
<class 'float'>
```

Eine weitere Ergänzung gegenüber C und Java ist der Potenzoperator **, wobei a ** b für $a^b$ steht. Hier einige Beispiele:

```
>>> 2 ** 10
1024
>>> 3 ** 3
27
>>> 9 ** 0.5
3.0
```

Auch die Bit-Operatoren sind mit denjenigen in den anderen Programmiersprachen identisch. Eine detaillierte Erläuterung mitsamt Binärdarstellungen finden Sie in Abschnitt 9.1 zur Programmiersprache C; hier sehen Sie nur je ein kommentiertes Beispiel für jeden dieser Operatoren:

```
>>> 3 & 7    # bitweise Und
3
>>> 3 | 8    # bitweise Oder
11
```

```
>>> 3 ^ 7    # bitweise Exklusiv-Oder
4
>>> ~7        # Bit-Umkehrung
-8
>>> 17 << 2 # Bit-Verschiebung nach links
68
>>> 17 >> 2 # Bit-Verschiebung nach rechts
4
```

Alle arithmetischen und Bit-Operatoren können mit einem Gleichheitszeichen kombiniert werden, um als spezielle Wertzuweisungsoperatoren eine Variable zu modifizieren. Hier nur zwei Beispiele:

```
>>> a = 7
>>> a += 6          # Wert von a um 6 erhöhen
>>> a
13
>>> a <<= 2         # Wert von a um 2 Bit nach links verschieben
>>> a
52
```

Vergleichsoperatoren gibt es in Python natürlich ebenfalls, und auch sie sind denjenigen in den anderen Programmiersprachen ähnlich: < (kleiner als), > (größer als), <= (kleiner oder gleich), >= (größer oder gleich) und == (gleich) sind identisch; für != (ungleich) existiert <> als gleichberechtigte alternative Schreibweise. Der Rückgabewert jeder Vergleichsoperation ist True, wenn sie zutrifft, und andernfalls False.

Bei numerischen Werten verhalten sich diese Operatoren wie erwartet; dabei wird bei Bedarf automatisch zwischen Fließkomma- und Ganzzahlen konvertiert:

```
>>> 23 == 23
True
>>> 23 < 23
False
>>> 42 == 42.0
True
```

Eine weitergehende Konvertierung, etwa zwischen Strings und numerischen Werten, erfolgt nicht, wie das folgende Beispiel zeigt:

```
>>> 3 == "3"
False
```

Vergleiche, die eine Ordnung der Elemente erfordern, ergeben sogar eine Fehlermeldung, wenn die Typen inkompatibel sind:

```
>>> 3 < "3"
Traceback (most recent call last):
  File "<stdin>", line 1, in <module>
TypeError: unorderable types: int() < str()
```

Ansonsten können Vergleichsoperatoren auch für Strings, Listen und andere Typen verwendet werden, solange die verglichenen Objekte denselben Typ haben. Bei Strings ist die Ordnung die Position der enthaltenen Zeichen im Zeichensatz, während bei Listen sowohl die Anzahl der Elemente als auch deren interne Ordnung betrachtet werden. Hier einige Beispiele:

```
>>> "hallo" == "hello"
False
>>> "hallo" < "hello"
True
>>> "comp" < "computer"
True
>>> [1, 2, 3] == [1, 2, 3]
True
>>> [1, 2, 3] == [1, 2, 3, 4]
False
>>> [1, 2, 3] < [1, 2, 3, 4]
True
>>> ["a", "b", "c"] < ["b", "c", "d"]
True
```

Bei gerichteten Vergleichen von Listen müssen alle Elemente beider Listen denselben (oder einen konvertierbaren) Typ haben, ansonsten führt der Versuch wiederum zu Fehlermeldungen:

```
>>> [1, 2, 3] == [1.0, 2.0, 3.0]    # konvertierbar
True
>>> [1, 2, 3] < ["a", "b", "c"]
Traceback (most recent call last):
  File "<stdin>", line 1, in <module>
TypeError: unorderable types: int() < str()
>>> [1, "a"] < ["a", 1]
Traceback (most recent call last):
  File "<stdin>", line 1, in <module>
TypeError: unorderable types: int() < str()
```

Eine Besonderheit von Python ist, dass die logischen Operatoren nicht durch Sonderzeichen, sondern mithilfe der Wörter and (logisches Und), or (logisches Oder) beziehungsweise not (logische Verneinung) ausgedrückt werden. Ansonsten funktionieren sie wie in den anderen bisher behandelten Sprachen.

Ein Python-spezifischer Operator ist der *Identitätsoperator* is, der nur dann True ergibt, wenn dasselbe Objekt referenziert wird. Hier ein Beispiel dafür, wie er funktioniert:

```
>>> var1 = [1, 2, 3]
>>> var2 = var1
>>> var1 is var2
True
>>> [1, 2, 3] is [1, 2, 3]
False
```

Da var1 und var2 auf dasselbe veränderliche Objekt verweisen, sind sie identisch, sodass var1 is var2 den Wert True zurückliefert. Die beiden identisch aussehenden veränderlichen Literale mit dem Wert [1, 2, 3] sind dagegen nicht dasselbe Objekt, und is liefert False zurück. Aus Bequemlichkeitsgründen ist auch der Umkehroperator is not definiert; a is not b ist dabei die Umkehrung von a is b und eine alternative Schreibweise für not(a is b).[2]

Schließlich gibt es noch den Element-Operator in, der True zurückgibt, wenn der linke Operand im rechten enthalten ist. Er funktioniert sowohl zum Testen von Teil-Strings in anderen Strings als auch für skalare Werte als Elemente in Listen und anderen zusammengesetzten Typen. Hier sehen Sie ein paar Beispiele:

```
>>> "al" in "Hallo"
True
>>> "ha" in "Hallo"
False
>>> "Hallo" in "Hallo"
True
>>> 3 in [1, 2, 3, 4]
True
>>> 3 in ["1", "2", "3", "4"]
False
```

Wie Sie sehen, wird bei Strings zwischen Groß- und Kleinschreibung unterschieden: "ha" in "Hallo" ergibt False. Werden zwei identische Strings verglichen, gilt der linke als Teil-String des rechten; "Hallo" in "Hallo" ergibt True. Und wie üblich werden Ziffern nicht automatisch in Strings konvertiert oder umgekehrt, sodass der String "3" nicht in der Liste [1, 2, 3, 4] enthalten ist. Bei Listen kann der Operator übrigens nur zum Prüfen auf einzelne Elemente verwendet werden; zum Testen auf Teilmengen kommen < beziehungsweise <= zum Einsatz.

---

[2] Tatsächlich können Sie sogar not a is b schreiben, also die Klammern weglassen, da die logischen Operatoren in Python die niedrigste Priorität haben.

Genau wie beim Identitätsoperator ist auch hier eine Umkehrung definiert; sie heißt not in und liefert jeweils das Gegenteil von in zurück.

Die Rangfolge der Operatoren ist in Python wie folgt (je weiter oben ein Operator steht, desto stärker bindet er und desto früher wird er ausgewertet):

- Exponent (\*\*)
- Bit-Komplement (~), Plus als Vorzeichen (+) und Minus als Vorzeichen (-)
- Multiplikation (\*), Division (/), ganzzahlige Division (//) und Modulo (%)
- Addition (+) und Subtraktion (-)
- Bit-Verschiebung nach links (<<) und nach rechts (>>)
- bitweise Und (&)
- bitweise Oder (|) und Exklusiv-Oder (^)
- kleiner als (<), kleiner oder gleich (<=), größer als (>) und größer oder gleich (>=)
- gleich (==) und ungleich (!= oder <>)
- Zuweisungs- und Modifikationsoperatoren (=, +=, -=, \*=, /= etc.)
- Identität (is) und Nichtidentität (is not)
- Element (in) und Nichtelement (not in)
- logisches Und (and), logisches Oder (or) und logische Verneinung (not)

Wie üblich kann die Rangfolge mithilfe von Klammern verändert werden. Beispiel:

```
>>> 23 + 42 * 2
107
>>> (23 + 42) * 2
130
```

### Listen, Mengen und andere Typen mit mehreren Elementen

Neben den bisher hauptsächlich behandelten skalaren Datentypen bietet Python einige sehr praktische Typen mit mehreren Elementen. Einige der wichtigsten dieser Typen werden in diesem Unterabschnitt behandelt; im nächsten erfahren Sie dann, wie Sie diese Objekte elementweise durchlaufen (iterieren) können.

### Viele Sammlungstypen sind immer verfügbar

Anders als die Collections in Java gehören die meisten mehrgliedrigen Datentypen in Python zum Sprachkern. Es muss also nichts importiert werden, um sie zu benutzen.

Die einfache *Liste* ist der gängigste dieser Datentypen. Es handelt sich um eine index-sortierte Sammlung beliebig vieler Elemente beliebigen Typs. *Index-sortiert* bedeutet, dass die Ordnung nicht in der Größe der Elemente selbst begründet ist, sondern in der Reihenfolge, in der sie sich in der Liste befinden. Eine Liste wird durch ein Paar eckiger Klammern gekennzeichnet, und die Elemente darin werden durch Kommata voneinander getrennt. Das folgende Beispiel erzeugt eine Liste verschiedener ganzer Zahlen:

```
>>> list1 = [7, 4, 9, 16, 1, 7]
>>> list1
[7, 4, 9, 16, 1, 7]
```

Der Zugriff auf einzelne Elemente erfolgt durch den Indexoperator, der ebenfalls durch eckige Klammern dargestellt wird. Der Index des ersten Elements ist dabei 0. Hier zwei Beispiele:

```
>>> list1[0]
7
>>> list1[4]
1
```

Mit negativen Indexwerten lässt sich übrigens vom Ende her gerechnet auf eine Liste zugreifen; der Indexwert -1 entspricht dabei dem letzten Element:

```
>>> satz = ["Das", "ist", "ja", "wohl", "das", "Letzte"]
>>> satz[-1]
'Letzte'
>>> satz[-3]
'wohl'
```

Sie können den Indexoperator auch benutzen, um dem entsprechenden Element einer Liste einen anderen Wert zuzuweisen. Beispiel:

```
>>> peoples_front_of_judea = ["Reg", "Stan", "Judith", "Brian"]
>>> peoples_front_of_judea
['Reg', 'Stan', 'Judith', 'Brian']
>>> peoples_front_of_judea[1] = "Loretta"
>>> peoples_front_of_judea
['Reg', 'Loretta', 'Judith', 'Brian']
```

Indizes können auch verwendet werden, um Teillisten zurückzuliefern; in diesem Fall werden sie als *Slice-Operator* (Scheibe oder Ausschnitt) bezeichnet. Die Schreibweise dafür ist [Startindex:Endindex], wobei der Endindex dem Index des ersten Elements entspricht, das nicht mehr in der Teilliste enthalten sein soll. Das folgende Beispiel beginnt bei Index 1, also dem zweiten Element der Liste, und schließt das fünfte Element aus, sodass die Indizes 1 bis 3 enthalten sind, die den Elementen 2 bis 4 entsprechen:

```
>>> list1
[7, 4, 9, 16, 1, 7]
>>> list1[1:4]
[4, 9, 16]
```

9  Grundlagen der Programmierung

Wenn zwei aufeinanderfolgende Indizes angegeben werden, ist das Ergebnis nicht etwa ein einzelnes Element, sondern eine Liste mit einem Element – beachten Sie die eckigen Klammern um das erste Ergebnis in diesem vergleichenden Beispiel:

```
>>> list1[2:3]    # Teilliste mit einem Element
[9]
>>> list1[2]      # einzelnes Element
9
```

Sie können noch ein drittes Argument hinter einen weiteren Doppelpunkt setzen; es gibt eine Schrittweite an. Sehen Sie sich dazu ein Beispiel mit einer Liste aufeinanderfolgender Elemente an:

```
>>> list2 = [0, 1, 2, 3, 4, 5, 6, 7, 8, 9]
>>> list2[2:8:2]
[2, 4, 6]
```

Teillisten sind Kopien der ursprünglichen Liste anstelle von Referenzen auf diese, das heißt, wenn sie Variablen zugewiesen werden, können sie unabhängig von der ursprünglichen Liste manipuliert werden. Die spezielle Schreibweise [:], ganz ohne numerische Werte, erzeugt eine Kopie der gesamten Liste. Das folgende Beispiel erzeugt auf diese Weise eine Kopie von list2, hängt mithilfe der Methode append() ein weiteres Element an und zeigt anschließend, dass die beiden Listen verschieden sind:

```
>>> list3 = list2[:]
>>> list3.append(10)
>>> list3
[0, 1, 2, 3, 4, 5, 6, 7, 8, 9, 10]
>>> list2
[0, 1, 2, 3, 4, 5, 6, 7, 8, 9]
```

Auch der Slice-Operator kann zur Wertzuweisung an den entsprechenden Ausschnitt der Liste verwendet werden; der zugewiesene Wert muss in diesem Fall ebenfalls eine Liste sein. Bei einem einfachen Slice ohne Schrittweite können Sie unabhängig von der Größe des Ausschnitts beliebig viele Elemente einfügen. Hier ein Beispiel, das ein einzelnes Element durch drei neue ersetzt:

```
>>> liste = [0, 1, 2, 3]
>>> liste[1:2] = ["Neues Element 1", "Neues Element 2", "Neues Element 3"]
>>> liste
[0, 'Neues Element 1', 'Neues Element 2', 'Neues Element 3', 2, 3]
```

Wenn Sie dem Ausschnitt eine leere Liste zuweisen, können Sie auf diese Weise Elemente aus der Liste löschen:

536

```
>>> liste = ["Bleibt da", "kann weg", "kann auch weg", "bleibt auch da"]
>>> liste[1:3] = []
>>> liste
['Bleibt da', 'bleibt auch da']
```

Umgekehrt können Sie Elemente einfügen, ohne eines zu löschen, indem Sie denselben Index für das Start- und das ausschließende Endelement angeben:

```
>>> liste = ["vor den neuen", "nach den neuen"]
>>> liste[1:1] = ["neues Element 1", "neues Element 2"]
>>> liste
['vor den neuen', 'neues Element 1', 'neues Element 2', 'nach den neuen']
```

Wenn Sie Slices mit Schrittweite zur Wertzuweisung verwenden, dann muss die Anzahl der Elemente in der ersetzenden Liste mit der Anzahl der ersetzten Elemente übereinstimmen. Dies kann zum Beispiel so aussehen:

```
>>> liste = [0, 9, 2, 9, 4, 9, 6, 9]
>>> liste[1:8:2] = [1, 3, 5, 7]
>>> liste
[0, 1, 2, 3, 4, 5, 6, 7]
```

Wenn Sie nicht auf die korrekte Anzahl von Elementen achten, erhalten Sie eine Fehlermeldung:

```
>>> liste = ["a", "b", "c", "d", "e", "f", "g"]
>>> liste[1:7:2] = ["x", "x"]
Traceback (most recent call last):
  File "<stdin>", line 1, in <module>
ValueError: attempt to assign sequence of size 2 to extended slice of size 3
```

Die Operanden + und * haben besondere Bedeutungen für Listen: Liste + Liste hängt die beiden Listen aneinander, und Liste * Integer erzeugt eine neue Liste, die die enthaltenen Elemente so oft wiederholt wie angegeben. In beiden Fällen werden Kopien der ursprünglichen Liste(n) erzeugt, falls Sie nicht die Modifikationsoperatoren += beziehungsweise *= verwenden. Beispiele:

```
>>> list_a = [1, 2, 3]
>>> list_b = [4, 5, 6]
>>> list_a + list_b
[1, 2, 3, 4, 5, 6]
>>> list_a * 2
[1, 2, 3, 1, 2, 3]
>>> list_a += list_b
>>> list_a
```

9   Grundlagen der Programmierung

```
[1, 2, 3, 4, 5, 6]
>>> list_a *= 2
>>> list_a
[1, 2, 3, 4, 5, 6, 1, 2, 3, 4, 5, 6]
```

Ein anderer Datentyp mit mehreren Elementen ist das *Tupel* (englisch: *tuple*). Es kann als unveränderliche Liste betrachtet werden, ist aber eher eine Art Datensatz mit einer festgelegten Anzahl von Elementen. Ein Tupel-Literal wird als durch Kommata getrennte Liste in runde Klammern geschrieben, beispielsweise wie folgt:

```
>>> tuple1 = (1, 4, 9, 16, 25)
>>> tuple1
(1, 4, 9, 16, 25)
```

Soll ein Tupel nur ein Element haben, müssen Sie trotzdem ein Komma hinter dem Element einfügen, denn ein einzelner skalarer Wert in runden Klammern wird nicht als Tupel interpretiert:

```
>>> tuple2 = (1,)
>>> type(tuple2)
<class 'tuple'>
>>> test_tuple = (1)
>>> type(test_tuple)
<class 'int'>
```

Alternativ können Sie die eingebaute Funktion tuple() verwenden, um eine Standardliste in ein Tupel umzuwandeln:

```
>>> list = ["Brian", "Reg", "Loretta"]
>>> tuple(list)
('Brian', 'Reg', 'Loretta')
>>> tuple([4,5,6])
(4, 5, 6)
```

Auf Elemente eines Tupels wird wie bei Listen mit dem Index- oder Slice-Operator zugegriffen. Hier einige Beispiele:

```
>>> pfoj = ("Reg", "Loretta", "Judith", "Brian")
>>> pfoj[3]
'Brian'
>>> pfoj[2:4]
('Judith', 'Brian')
>>> pfoj[0:4:2]
('Reg', 'Judith')
```

538

Da ein Tupel eine unveränderliche Liste ist, können diese Operatoren natürlich nicht zur Wertzuweisung verwendet werden; der Versuch erzeugt eine Fehlermeldung:

```
>>> pfoj[1] = "Stan"
Traceback (most recent call last):
  File "<stdin>", line 1, in <module>
TypeError: 'tuple' object does not support item assignment
```

Die Operatoren + und * beziehungsweise += und *= können allerdings genau wie bei Listen verwendet werden. Betrachten Sie dazu die folgenden Beispiele:

```
>>> round_table = ("Arthur", "Lancelot")
>>> round_table * 2                      # modifizierte Kopie
('Arthur', 'Lancelot', 'Arthur', 'Lancelot')
>>> round_table
('Arthur', 'Lancelot')
>>> round_table + ("Galahad", "Robin")   # modifizierte Kopie
('Arthur', 'Lancelot', 'Galahad', 'Robin')
>>> round_table
('Arthur', 'Lancelot')
>>> round_table += ("Galahad", "Robin")  # modifiziertes Original
>>> round_table
('Arthur', 'Lancelot', 'Galahad', 'Robin')
>>> round_table *= 2                      # modifiziertes Original
>>> round_table
('Arthur', 'Lancelot', 'Galahad', 'Robin', 'Arthur', 'Lancelot', 'Galahad', 'Robin')
```

Ein anderer Typ mit mehreren Elementen ist die Menge (Klassenname set). Sie enthält eine ungeordnete Sammlung unterschiedlicher Elemente, das heißt, der Zugriff kann nicht mithilfe von Indexoperationen erfolgen. Mengen werden hauptsächlich verwendet, um zu prüfen, ob bestimmte Werte darin enthalten sind oder nicht, sowie für Mengenoperationen wie Vereinigungs-, Schnitt- oder Teilmenge.

Ein Mengen-Literal wird als kommaseparierte Liste von Werten in geschweiften Klammern geschrieben. Hier ein Beispiel:

```
>>> primes = {2, 3, 5, 7, 11, 13, 17, 19}
```

Diese Menge enthält alle Primzahlen unter 20, sie kann also verwendet werden, um zu überprüfen, ob eine Zahl eine solche Primzahl ist oder nicht. Dazu kommt der bereits besprochene Operator in zum Einsatz (beziehungsweise not in, um zu prüfen, ob eine Zahl keine Primzahl kleiner als 20 ist):

```
>>> primes = {2, 3, 5, 7, 11, 13, 17, 19}
>>> 11 in primes
True
```

```
>>> 15 in primes
False
>>> 9 not in primes
True
>>> 7 not in primes
False
```

Falls Sie bei der Wertzuweisung dasselbe Element mehrfach aufführen, wird es nur einmal in die Menge übernommen:

```
>>> test_set = {1, 1, 2, 2, 3, 3}
>>> test_set
{1, 2, 3}
```

Es wurde bereits erwähnt, dass die Elemente einer Menge ungeordnet sind; das bedeutet, dass die folgende Prüfung für Mengen True ergibt:

```
>>> {1, 2} == {2, 1}
True
```

Für geordnete Sammlungen wie Listen oder Tupel gilt dies selbstverständlich nicht, wie dieses Beispiel mit Listen zeigt:

```
>>> [1, 2] == [2, 1]
False
```

Beachten Sie, dass leere Mengen nicht als {} geschrieben werden dürfen; dies ist der Datentyp Dictionary, der im Anschluss behandelt wird. Die korrekte Schreibweise für leere Mengen ist set(). Die eingebaute Funktion set() kann auch verwendet werden, um die Elemente anderer Sammlungen in eine Menge zu übernehmen; betrachten Sie dazu das folgende Beispiel mit einem Tupel:

```
>>> tuple1 = (1, 2, 3, 4, 1)
>>> set1 = set(tuple1)
>>> set1
{1, 2, 3, 4}
```

Das im Tupel doppelt vorhandene Element 1 wird wie gehabt aus der Menge entfernt.

Wenn Sie prüfen möchten, ob eine Menge Teilmenge einer anderen ist, wenden Sie den Operator < an; entsprechend wird > für eine Obermenge eingesetzt. Beispiele:

```
>>> set1 = {1, 2, 3, 4}
>>> {1, 2} < set1
True
>>> {5} < set1
```

```
False
>>> set1 > {3}
True
>>> set1 > {5}
False
```

Da < und > für echte Teil- beziehungsweise Obermengen verwendet werden, ist eine Menge nicht Teil- oder Obermenge ihrer selbst. Die Operatoren <= und >= ergeben jedoch True, denn sie stehen für »Teilmenge oder gleich« beziehungsweise »Obermenge oder gleich«.

Weitere interessante Mengenoperationen sind schließlich Vereinigungs-, Schnitt- und Differenzmenge. Die Vereinigungsmenge wird mithilfe des Operators | gebildet, der bei numerischen Werten für bitweise Oder steht; sie enthält jedes Element beider ursprünglicher Mengen. Hier ein Beispiel:

```
>>> set1 = {1, 2, 3, 4}
>>> set2 = {4, 5, 6, 7}
>>> set1 | set2
{1, 2, 3, 4, 5, 6, 7}
```

Die Schnittmenge, dargestellt durch den Bitweise-Und-Operator &, enthält nur diejenigen Elemente, die in beiden Mengen vorkommen:

```
>>> set_a = {1, 2, 3, 4, 5}
>>> set_b = {4, 5, 6, 7, 8}
>>> set_a & set_b
{4, 5}
```

Die Differenz- oder Restmengenoperation schließlich entfernt aus der linken Menge alle diejenigen Elemente, die auch in der rechten Menge vorkommen; der zuständige Operand ist das Minuszeichen (-):

```
>>> original_set = {1, 2, 3, 4, 5}
>>> removal_set = {3, 4, 6, 7}
>>> original_set - removal_set
{1, 2, 5}
```

Alle drei Operanden können auch in der Wertzuweisungsvariante mit nachgestelltem Gleichheitszeichen verwendet werden, um die linke Menge selbst gemäß der gewünschten Operation zu verändern. Beispiele:

```
>>> test_set = {1, 2, 3, 4, 5, 6, 7, 8, 9}
>>> test_set
{1, 2, 3, 4, 5, 6, 7, 8, 9}
>>> test_set |= {9, 10, 11}              # Vereinigungsmenge
```

```
>>> test_set
{1, 2, 3, 4, 5, 6, 7, 8, 9, 10, 11}
>>> test_set &= {1, 3, 5, 7, 8, 12, 14} # Schnittmenge
>>> test_set
{8, 1, 3, 5, 7}
>>> test_set -= {8, 1, 2}                # Differenzmenge
>>> test_set
{3, 5, 7}
```

Die unveränderliche Variante der Menge heißt frozenset. Für diese gibt es keine eigene Literal-Schreibweise; sie wird stets mithilfe des Funktionsaufrufs frozenset() gebildet, wobei Sie eine konventionelle Menge, eine Liste oder ein Tupel als Argument verwenden können. Der einzige Unterschied zur normalen Menge besteht darin, dass Sie bei einer unveränderlichen Menge keine Elemente hinzufügen oder entfernen können – dafür sind bei gewöhnlichen Mengen die Methoden add() und remove() zuständig. Die Modifikation per Vereinigungs-, Schnitt- oder Differenzmengenoperator (|=, &= beziehungsweise -=) funktioniert dagegen auch beim frozenset. Hier ein kurzes Beispiel, das zunächst eine Menge erstellt, dann ein frozenset mit dessen Elementen erzeugt und anschließend versucht, beiden mittels add() ein Element hinzuzufügen:

```
>>> set1 = {1, 2, 3}
>>> set2 = frozenset(set1)
>>> set1.add(4)
>>> set1
{1, 2, 3, 4}
>>> set2.add(4)
Traceback (most recent call last):
  File "<stdin>", line 1, in <module>
AttributeError: 'frozenset' object has no attribute 'add'
>>> set2
frozenset({1, 2, 3})
```

Ein besonderer Sammlungsdatentyp ist das *Dictionary*. Es handelt sich um eine beliebig lange Liste von Schlüssel-Wert-Paaren, wobei die Schlüssel eindeutig sein müssen, die Werte jedoch nicht. In manchen anderen Programmiersprachen wird das Konzept als Hash oder als assoziatives Array bezeichnet.

Das Dictionary-Literal steht wie eine Menge in geschweiften Klammern; Schlüssel und Wert werden durch Doppelpunkte voneinander getrennt und die einzelnen Paare durch Kommata.

Anders als bei Listen muss ein Schlüssel kein numerischer Index sein, sondern kann jeder unveränderliche Datentyp sein. Am häufigsten werden Strings als Schlüssel verwendet. Das folgende Beispiel verwendet die Abkürzungen der Wochentage als Schlüssel und die ausgeschriebenen Varianten als Werte:

```
>>> {"Mo":"Montag", "Di":"Dienstag", "Mi":"Mittwoch",
... "Do":"Donnerstag", "Fr":"Freitag", "Sa":"Samstag",
... "So":"Sonntag"}
{'So': 'Sonntag', 'Do': 'Donnerstag', 'Mi': 'Mittwoch', 'Fr': 'Freitag',
'Mo': 'Montag', 'Sa': 'Samstag', 'Di': 'Dienstag'}
```

Wie Sie sehen, hat das Ergebnis keineswegs die Reihenfolge, die Sie ursprünglich angegeben haben (Python legt sie möglichst speicheroptimierend ab). Bei einem Dictionary geht es eben nicht um eine bestimmte Anordnung, sondern um die Beziehung zwischen den Schlüsseln und Werten.

Um anhand des Schlüssels auf ein Element zuzugreifen, wird der Schlüssel als Index verwendet:

```
>>> wochentage = {"Mo": "Montag", "Di": "Dienstag",
... "Mi": "Mittwoch", "Do": "Donnerstag", "Fr": "Freitag",
... "Sa": "Samstag", "So": "Sonntag"}
>>> wochentage["Sa"]
'Samstag'
```

Wenn Sie versuchen, auf ein nicht vorhandenes Element zuzugreifen, erhalten Sie eine Fehlermeldung wie in diesem Beispiel:

```
>>> wochentage["X"]
Traceback (most recent call last):
  File "<stdin>", line 1, in <module>
KeyError: 'X'
```

Um diesen Fehler zu vermeiden, können Sie vor dem Zugriffsversuch über den Index den Operator in verwenden, um zu testen, ob ein bestimmter Schlüssel vorhanden ist. Beispiele:

```
>>> "Sa" in wochentage
True
>>> "X" in wochentage
False
```

Mit einem einfachen in können Sie allerdings nur das Vorhandensein von Schlüsseln überprüfen; die Suche nach einem bestimmten Wert hat nicht das gewünschte Ergebnis:

```
>>> "Samstag" in wochentage
False
```

Um nach Werten zu suchen, können Sie aber die Methode values() eines Dictionarys aufrufen; sie liefert eine spezielle Liste vom Typ dict_values zurück, in der Sie wiederum mittels in suchen können:

9 Grundlagen der Programmierung

```
>>> "Samstag" in wochentage.values()
True
>>> "Pythontag" in wochentage.values()
False
>>> wochentage.values()
dict_values(['Freitag', 'Mittwoch', 'Sonntag',
'Dienstag', 'Donnerstag', 'Samstag', 'Montag'])
```

Genau wie bei Listen kann der Indexoperator übrigens auch beim Dictionary zum Hinzufügen oder Ändern von Werten verwendet werden. Beispiele:

```
>>> dict = {}                 # leeres Dictionary
>>> dict["banana"] = "yellow" # Neu-Wertzuweisung
>>> dict
{'banana': 'yellow'}
>>> dict["apple"] = "red"
>>> dict
{'banana': 'yellow', 'apple': 'red'}
>>> dict["apple"] = "green"    # Wertänderung
>>> dict
{'banana': 'yellow', 'apple': 'green'}
```

Strings sind eine Art Mischtyp; ihr Inhalt kann als einzelner Wert oder als Abfolge einzelner Zeichen betrachtet werden. Deshalb können Sie auf Strings auch mit dem Index- oder Slice-Operator zugreifen, allerdings nur lesend. Hier einige Beispiele:

```
>>> text = "Dies ist ein Test-String."
>>> text[5]
'i'
>>> text[5:8]
'ist'
>>> text[0:10:2]
'De s '
>>> text[-1]
'.'
```

Die Funktion range() stellt keine richtige Liste bereit, sondern einen Wertebereich, auf den Sie jedoch ebenfalls mit dem Indexoperator zugreifen können. Es können ein bis drei Argumente übergeben werden:

- range(n) umfasst den Bereich von 0 bis n-1.
- range(m, n) umfasst den Bereich von m bis n-1.
- range(m, n, step) umfasst den Bereich von m bis n-1 mit der Schrittweite step beziehungsweise von m bis n+1 bei negativer Schrittweite.

544

Mit list(range(...)) können Sie alle im Bereich enthaltenen Zahlen in eine Liste übernehmen, wodurch sich die Elemente am einfachsten untersuchen lassen. Hier einige Beispiele:

```
>>> list(range(10))        # 0 bis 10-1
[0, 1, 2, 3, 4, 5, 6, 7, 8, 9]
>>> list(range(5, 10))     # 5 bis 10-1
[5, 6, 7, 8, 9]
>>> list(range(2, 20, 2))  # 2 bis 20-1, Schrittweite 2
[2, 4, 6, 8, 10, 12, 14, 16, 18]
>>> list(range(20, 2, -2)) # 20 bis 2+1, Schrittweite -2
[20, 18, 16, 14, 12, 10, 8, 6, 4]
```

Ein praktisches Hilfsmittel für alle Aufzählungstypen ist die Funktion len(), die die Anzahl der Elemente zurückgibt. Hier zwei Beispiele, eines für eine Liste und eines für einen String, bei dem entsprechend die Anzahl der Zeichen ermittelt wird:

```
>>> len([1, 2, 3, 4])
4
>>> len("Hello world")
11
```

### Kontrollstrukturen

Um den Programmablauf zu steuern, besitzt Python wie jede Programmiersprache *Kontrollstrukturen*. Diese lassen sich wie üblich in Fallentscheidungen und Schleifen unterteilen – eine Fallentscheidung verzweigt nur einmal aufgrund des Wahrheitswerts eines Ausdrucks, während eine Schleife unter Umständen mehrmals durchlaufen wird.

Die einfachste *Fallentscheidung* hat folgende Struktur:

```
if Ausdruck:
    Anweisung
    ...
# Normaler Programmablauf geht hier weiter
```

Wenn der überprüfte Ausdruck True ist oder als True interpretiert wird, werden die abhängigen Anweisungen ausgeführt, andernfalls geht der Programmablauf direkt in derjenigen Zeile weiter, die wieder die Einrückung der if-Anweisung aufweist. Die Zahl 0, der leere String "", leere Aufzählungstypen wie die leere Liste [] oder das leere Dictionary {} sowie None werden als False interpretiert, alle anderen Nicht-Boolean-Ausdrücke als True.

Wie bereits erwähnt, bestimmt die Einrückung, welche Zeilen von der Fallentscheidung abhängen und welche nicht. Dabei ist es wichtig, dass die Einrückung aller betroffenen Zeilen identisch ist. Empfehlenswert sind vier Leerzeichen pro Stufe; die Hauptsache ist aber, dass Sie sich konsequent an die einmal gewählte Form halten.

Das folgende Beispiel überprüft, ob die Variable favorite_color den Wert "red" hat, und gibt in diesem Fall die Meldung "You may pass!" aus:

```
>>> favorite_color = "red"
>>> if favorite_color == "red":
...     print("You may pass!")
...
You may pass!
```

Da favorite_color zuvor der Wert "red" zugewiesen wurde, erfolgt die erwartete Ausgabe aus der abhängigen Codezeile. Wenn Sie dasselbe Beispiel erneut mit einem anderen Wert für favorite_color ausführen, erfolgt keine Ausgabe:

```
>>> favorite_color = "blue"
>>> if favorite_color == "red":
...     print("You may pass!")
...
>>>
```

---

**Besonderheit der interaktiven Shell**

Beachten Sie, dass Sie den if-Block in der interaktiven Python-Shell mit einer Leerzeile abschließen müssen, sodass er sofort ausgeführt wird. In einem gespeicherten Skript können Sie dagegen mit einer nicht mehr eingerückten Zeile fortfahren, bei der der Programmablauf unabhängig von der Fallentscheidung in jedem Fall weitergeht.

---

Wie in den meisten Programmiersprachen kann die if-Fallentscheidung auch in Python einen else-Zweig haben, dessen abhängige Anweisungen ausgeführt werden, wenn der überprüfte Ausdruck nicht True ist. Sehen Sie sich dazu dieses erweiterte Beispiel an:

```
>>> favorite_color = "red"
>>> if favorite_color == "red":
...     print("You may pass!")
... else:
...     print("You shall not pass!")
...
You may pass!
```

Wie im ersten Beispiel erfolgt die Ausgabe des if-Zweigs, aber die Gegenprobe zeigt, dass für eine andere Lieblingsfarbe der else-Zweig ausgeführt wird:

```
>>> favorite_color = "blue"
>>> if favorite_color == "red":
...     print("You may pass!")
... else:
```

546

```
...     print("You shall not pass!")
...
You shall not pass!
```

Für den Fall, dass das erste if nicht zutrifft, können Sie einen weiteren Ausdruck überprüfen; das Schlüsselwort dafür heißt elif (Abkürzung für *else if*). Trifft der darin überprüfte Ausdruck zu, werden die zugehörigen Anweisungen ausgeführt, andernfalls geht es bei einem eventuell vorhandenen else-Zweig, beim nächsten elif oder im normalen Programmablauf weiter. Das folgende Beispiel überprüft eine weitere potenzielle Lieblingsfarbe und gibt einen eigenen Kommentar dazu aus:

```
>>> favorite_color = "pink"
>>> if favorite_color == "red":
...     print("You may pass!")
... elif favorite_color == "pink":
...     print("Close, but not close enough -- you failed!")
... else:
...     print("You shall not pass!")
...
Close, but not close enough -- you failed!
```

Eine spezielle Schreibweise von if und else – ohne elif – ist der *konditionale Ausdruck* (englisch: *conditional expression*), der am ehesten dem aus C bekannten ternären Fallentscheidungsoperator Ausdruck ? Dann-Wert : Sonst-Wert entspricht. Das Format ist wie folgt:

*Dann-Wert* if *Ausdruck* else *Sonst-Wert*

Der else-Teil darf dabei nicht weggelassen werden. Hier zwei einfache Beispiele, je eines für den Dann-Fall und eines für den Sonst-Fall:

```
>>> a = 5
>>> "Ja, 5" if a == 5 else "Nein, keine 5"
'Ja, 5'
>>> "Ja, 4" if a == 4 else "Nein, keine 4"
'Nein, keine 4'
```

Sie können diese Art von Ausdrücken einer Variablen zuweisen; beachten Sie aber, dass der konditionale Ausdruck in diesem Fall in Klammern stehen muss:

```
>>> monster = "Jabberwocky"
>>> what_to_do = ("Run!" if monster == "Jabberwocky" else "Never mind")
>>> what_to_do
'Run!'
>>> monster = "Killer Rabbit"
```

```
>>> what_to_do = ("Run!" if monster == "Jabberwocky" else "Never mind")
>>> what_to_do
'Never mind'
```

Auch in zusammengesetzten Ausdrücken können Sie dieses Format verwenden, ebenfalls in Klammern:

```
>>> holy_grail = True
>>> "You have found" + (" the Holy Grail" if holy_grail else " nothing special")
'You have found the Holy Grail'
>>> holy_grail = False
>>> "You have found" + (" the Holy Grail" if holy_grail else " nothing special")
'You have found nothing special'
```

Die einfachste *Schleife* ist die while-Schleife, deren Syntax folgendermaßen aussieht:

```
while Ausdruck:
    Anweisung
    ...
# Normaler Programmablauf
```

Die verschachtelten Anweisungen werden immer wieder ausgeführt, solange der überprüfte Ausdruck True ergibt. Hier ein interaktives Beispiel, das mittels input() Benutzereingaben entgegennimmt und dies wiederholt, bis die gewünschte Eingabe erfolgt ist:

```
>>> passwort = "geheim"
>>> eingabe = ""
>>> while eingabe != passwort:
...     eingabe = input("Passwort bitte: ")
...
Passwort bitte: pass
Passwort bitte: test
Passwort bitte: geheim
>>>
```

Natürlich können Sie die while-Schleife beispielsweise auch zum Zählen verwenden, wenn Sie die Zählervariable innerhalb des Schleifenrumpfs, also in den abhängigen Anweisungen, manipulieren (allerdings gibt es wesentlich elegantere Konstrukte zum Zählen, wie Sie bald sehen werden). Das folgende Beispiel listet die Zahlen von 0 bis 4 auf:

```
>>> i = 0
>>> while i < 5:
...     print(i)
...     i += 1
...
```

0
1
2
3
4

---

**»else«-Blöcke in »while«-Schleifen**

Eine Python-Besonderheit ist die Tatsache, dass while-Schleifen einen else-Block haben können. Dieser wird ausgeführt, falls der geprüfte Ausdruck von Anfang an False war, sodass
der Schleifenrumpf niemals ausgeführt wird. Beispiel:

```
>>> a = 10
>>> while a < 10:
...     print(a)
...     a += 1
... else:
...     print("a war nie kleiner als 10.")
...
a war nie kleiner als 10.
```

---

Die for-Schleife wird in Python verwendet, um über die Elemente eines Objekts zu *iterieren*,
das bedeutet, diese Elemente der Reihe nach durchzugehen. Deshalb wird for auch als *Iterator* bezeichnet. Die Syntax ist wie folgt:

```
for Variable in Aufzählung:
    Anweisung  # Variable hat nacheinander die Werte der Elemente in der Aufzählung
    ...
# Normaler Programmablauf
```

Betrachten Sie als erstes Beispiel die Iteration über die folgende Liste (es handelt sich um die
römisch-dekadenten Snacks, die Brian in Monty Pythons »Life of Brian« im Amphitheater
verkauft):

```
>>> snacks = [
... "Wolf Nipple Chips",
... "Dromedary Pretzels",
... "Jaguar Ear Lobes",
... "Tuscany Fried Bat",
... "Otter Noses"]
>>> for snack in snacks:
...     print("Get your " + snack + " while supplies last!")
...
Get your Wolf Nipple Chips while supplies last!
```

Get your Dromedary Pretzels while supplies last!
Get your Jaguar Ear Lobes while supplies last!
Get your Tuscany Fried Bat while supplies last!
Get your Otter Noses while supplies last!

Mit einer for-Schleife können Sie über jeden Aufzählungstyp iterieren, außerdem über einige andere Typen – beispielsweise die einzelnen Zeichen eines Strings:

```
>>> for letter in "letters":
...     print("Das Wort enthält den Buchstaben " + letter)
...
Das Wort enthält den Buchstaben l
Das Wort enthält den Buchstaben e
Das Wort enthält den Buchstaben t
Das Wort enthält den Buchstaben t
Das Wort enthält den Buchstaben e
Das Wort enthält den Buchstaben r
Das Wort enthält den Buchstaben s
```

Bei einem Dictionary wird über die Schlüssel iteriert; der Zugriff auf die Werte erfolgt wie üblich durch den Indexoperator. Beispiel:

```
>>> countries = {"de": "Deutschland", "at": "Österreich", "fr": "Frankreich"}
>>> for tld in countries:
...     print(countries[tld] + " hat die Top-Level-Domain " + tld)
...
Frankreich hat die Top-Level-Domain fr
Österreich hat die Top-Level-Domain at
Deutschland hat die Top-Level-Domain de
```

Die for-Schleife kann auch innerhalb eines Ausdrucks in eckigen Klammern verwendet werden, um eine neue Liste zu erzeugen; ein solches Konstrukt wird als *List Comprehension* bezeichnet. Die Syntax ist wie folgt:

*neue_liste = [ausdruck for element in original_liste]*

Die Liste neue_liste wird mit den Elementen befüllt, die aus der Iteration über original_liste befüllt werden. Hier ein Beispiel, das die Quadrate der Zahlen von 1 bis 10 berechnet und sie in einer neuen Liste speichert:

```
>>> zahlen = list(range(1, 11))
>>> quadrate = [zahl ** 2 for zahl in zahlen]
>>> quadrate
[1, 4, 9, 16, 25, 36, 49, 64, 81, 100]
```

Die Konstruktion kann auch zusammen mit `if` verwendet werden, um Listen nach bestimmten Kriterien zu filtern. Das Ganze sieht schematisch so aus:

```
gefilterte_liste = [ausdruck for element in original_liste if ausdruck]
```

Die neue Liste `gefilterte_liste` enthält danach den berechneten Ausdruck für alle diejenigen Elemente von `original_liste`, auf die der überprüfte Ausdruck zutrifft. Das folgende Beispiel filtert nur die geraden Zahlen aus einer fortlaufenden Liste natürlicher Zahlen heraus:

```
>>> zahlen = list(range(1, 11))
>>> gerade = [zahl for zahl in zahlen if zahl % 2 == 0]
>>> gerade
[2, 4, 6, 8, 10]
```

**Ein- und Ausgabe auf der Konsole**

Ein weiteres Hilfsmittel zum Bilden von Ausdrücken und Anweisungen sind die verschiedenen aufrufbaren Funktionen und Methoden. Als Beispiel werden hier einige beschrieben, die der Ein- und Ausgabe dienen.

Eine *Funktion* ist alleinstehend, also nicht auf ein Objekt bezogen. Die Funktion `print()` dient beispielsweise dazu, Text auf der Konsole auszugeben:

```
>>> print("Hallo Python")
Hallo Python
```

Eine *Methode* ist dagegen eine Funktion innerhalb eines Objekts, die in dessen Klasse definiert ist. Sie wird durch einen Punkt getrennt hinter das Objekt geschrieben. Ein Beispiel ist die Methode `append()` einer Liste; sie dient dazu, Elemente anzuhängen. Beispiel:

```
>>> list = [1, 2, 3, 4, 5]
>>> list
[1, 2, 3, 4, 5]
>>> list.append(6)
>>> list
[1, 2, 3, 4, 5, 6]
```

Zum Schreiben von Programmen werden stets Funktionen zur Ein- und Ausgabe benötigt. Soweit die Konsole betroffen ist, sind diese im Sprachkern von Python enthalten (einige Dateizugriffsfunktionen sind ebenfalls eingebaute Funktionen, aber nicht alle). Es handelt sich im Wesentlichen um die Funktionen `print()` zur Ausgabe und `input()` zur Eingabe.

`print()` nimmt im einfachsten Fall einen String oder ein als String interpretierbares Objekt entgegen und gibt dessen Wert, gefolgt von einem Zeilenumbruch, auf der Konsole aus:

```
>>> print("Hello Python")
Hello Python
```

9   Grundlagen der Programmierung

```
>>> print(4 + 3)
7
>>> print(1 == 2)
False
```

Sie können beliebig viele durch Komma getrennte Ausdrücke ausgeben lassen, wobei diese standardmäßig durch ein Leerzeichen und nicht durch einen Zeilenumbruch voneinander getrennt werden. Beispiele:

```
>>> print("Hello", "World,", "hello", "Python!")
Hello World, hello Python!
>>> print(3, "+", 4, "=", 3 + 4)
3 + 4 = 7
```

Sie können das Leerzeichen zwischen den einzelnen durch Komma getrennten Argumenten sowie den Zeilenumbruch am Ende durch andere Zeichen oder Zeichenfolgen ersetzen. Dazu werden *benannte Argumente* eingesetzt, eine Besonderheit von Python: Nach einer definierten oder auch beliebigen Anzahl nicht benannter Argumente können solche in der Form Schlüsselwort = Wert folgen, die meistens für Konfigurationsaufgaben verwendet werden.

Zwei der möglichen benannten Argumente für print() sind sep (kurz für Separator) als Trenn-String zwischen den einzelnen Standardargumenten und end für den String am Ende. Das folgende Beispiel verwendet ein Komma und ein Leerzeichen als Separator und einen Punkt, gefolgt von einem Zeilenumbruch, als Endmarkierung:

```
>>> print("Arthur", "Galahad", "Lancelot", "Robin", sep = ", ", end = ".\n")
Arthur, Galahad, Lancelot, Robin.
```

Für Benutzereingaben kommt die Funktion input() zum Einsatz. Sie wartet, bis der Benutzer zur Laufzeit des Programms eine Eingabe vorgenommen und diese mit ⏎ abgeschlossen hat. Anschließend gibt sie den Inhalt der Benutzereingabe (ohne den abschließenden Zeilenumbruch) als Wert zurück. Dadurch kann dieser Wert beispielsweise einer Variablen zugewiesen werden. Das folgende Beispiel nimmt eine Eingabe entgegen und speichert sie in der Variablen eingabe:

```
>>> eingabe = input()
hallo
>>> eingabe
'hallo'
```

Optional können Sie der Funktion ein Argument übergeben, dessen String-Wert als Eingabeaufforderung ausgegeben wird:

```
>>> name = input("Ihr Name? ")
Ihr Name? Sascha
```

```
>>> name
'Sascha'
```

**Mit Dateien arbeiten**

Für den Zugriff auf Dateien werden diese zunächst mit open() geöffnet; das Ergebnis ist im Erfolgsfall ein Objekt, dessen Methoden etwa zum Lesen und Schreiben von Daten in der Datei verwendet werden. Die wichtigsten Parameter von open() sind der Dateiname als erstes, unbenanntes Argument sowie der Modus (Lesen, Schreiben etc.) als zweites Argument oder – empfehlenswerter – als benanntes Argument mode.

Das folgende Beispiel öffnet die Datei *test.txt* im aktuellen Verzeichnis zum Lesen (mode = "r"; dies ist eigentlich Standard und könnte daher weggelassen werden) und weist das erhaltene Objekt der Variablen file zu; *test.txt* muss dazu natürlich existieren:

```
>>> file = open("test.txt", mode = "r")
```

Um den gesamten Inhalt der Datei auszulesen, wird die Methode read() des Objekts file aufgerufen:

```
>>> content = file.read()
>>> content
'Dies ist eine Textdatei\nSie hat drei Zeilen\nDie letzte endet nicht mit
einem Zeilenumbruch\n'
```

Wie Sie sehen, fügt read() am Ende des ausgelesenen Textes einen Zeilenumbruch ein, obwohl die Originaldatei in der letzten Zeile keinen enthält, wie der Inhalt vermuten lässt.

Wenn Sie ein zweites Mal read() auf dieselbe Datei aufrufen, erhalten Sie einen leeren String als Ergebnis:

```
>>> file.read()
''
```

Das liegt daran, dass intern ein *Dateizeiger* (englisch: *file cursor*) verwendet wird, der die aktuelle Position markiert. Mithilfe der Methode seek(Position) können Sie den Zeiger auf eine andere Position setzen. Hier ein Beispiel, das zum dritten Zeichen der Datei (Position 2) springt und von dort erneut liest:

```
>>> file.seek(2)
2
>>> file.read()
'es ist eine Textdatei\nSie hat drei Zeilen\nDie letzte endet nicht mit
einem Zeilenumbruch\n'
```

Das File-Objekt stellt (zumindest für Textdateien) auch einen Iterator bereit, mit dem Sie die Datei zeilenweise auslesen können. Das folgende Beispiel kehrt zum Anfang der Datei zurück, liest sie in einer for-Schleife zeilenweise ein und gibt die Zeilen aus; die String-Methode strip() entfernt dabei den jeweiligen Zeilenumbruch am Ende:

```
>>> for line in file:
...     print(line.strip())
...
Dies ist eine Textdatei
Sie hat drei Zeilen
Die letzte endet nicht mit einem Zeilenumbruch
```

Neben mode = "r" gibt es diverse weitere Modi, um die Datei zum Lesen, zum Schreiben oder für diverse Mischungen daraus mit verschiedenen Optionen zu öffnen. Mit mode = "w" (write) öffnen Sie die Datei nur zum Schreiben; falls sie existiert, wird sie überschrieben, ansonsten neu angelegt. Auch mode = "a" (append) öffnet die Datei zum Schreiben und legt sie gegebenenfalls neu an; falls sie jedoch existiert, wird der Dateizeiger an ihr Ende gesetzt, sodass Sie weiteren Inhalt hinzufügen können.

Um in eine Datei zu schreiben, wird die Methode write() des File-Objekts verwendet. In diesem Fall müssen Sie sich selbst um die abschließenden Zeilenumbrüche kümmern, falls Sie welche benötigen. Alternativ können Sie die Funktion print() verwenden, wenn Sie darin den benannten Parameter file auf Ihr Dateiobjekt setzen.

Das folgende Beispiel öffnet die Datei *ausgabe.txt* zum Schreiben und schreibt mit beiden Verfahren je eine Zeile hinein. Anschließend wird die Datei mit close() geschlossen, dann erneut zum Lesen geöffnet und ihr Inhalt eingelesen:

```
>>> file = open("ausgabe.txt", "w")
>>> file.write("Erste Zeile, mit write() geschrieben.\n")
38
>>> print("Zweite Zeile, mit print() geschrieben.", file = file)
>>> file.close()
>>> file = open("ausgabe.txt", "r")
>>> file.read()
'Erste Zeile, mit write() geschrieben.\nZweite Zeile, mit print() geschrieben.\n'
```

Die speziellen Modi "r+", "w+" und "a+" öffnen eine Datei zum kombinierten Lesen und Schreiben. "r+" führt zu einer Fehlermeldung, falls die Datei nicht existiert, während "w+" und "a+" sie in diesem Fall neu anlegen. "w+" ersetzt eine eventuell vorhandene Datei; "r+" und "a+" lassen sie bestehen. "a+" schreibt stets ans Ende der vorhandenen Datei – unabhängig von der Position des Dateizeigers, an der gelesen wird. "r+" und "w+" setzen den Dateizeiger dagegen zunächst an den Anfang und beachten dessen Position sowohl beim Lesen als auch beim Schreiben.

Hier ein Beispiel, das "w+" verwendet und in einer Datei schreibt, liest und den Zeiger positioniert, um die (durch ihre Position gekennzeichneten) ungeraden Ziffern durch Leerzeichen zu ersetzen:

```
>>> file = open("even.txt", "w+")
>>> file.write("01234567890")
11
>>> file.seek(0)
0
>>> file.read()
'01234567890'
>>> for i in [1, 3, 5, 7, 9]:
...     file.seek(i)
...     file.write(" ")
...
1
1
3
1
5
1
7
1
9
1
>>> file.seek(0)
0
>>> file.read()
'0 2 4 6 8 0'
```

Die vielen Ausgabezeilen der Schleife sind die jeweiligen Positionen von seek() und die Anzahl der von jedem write() geschriebenen Zeichen (1). Es handelt sich nicht um Ausgaben, die in einem regulären Python-Skript auf der Konsole erscheinen würden, sondern um die übliche Anzeige von Funktionsrückgabewerten innerhalb der interaktiven Shell.

### Strings formatieren

Besonders interessant für die Ausgabe ist die String-Formatierungsmethode format() der String-Klasse (interner Name str). Die Methode ähnelt der C-Funktion sprintf(), ist jedoch noch praktischer und vielseitiger als diese. Das allgemeine Format lautet:

*Format-String*.format(*Wert1, Wert2, ...*)

Der Format-String enthält Platzhalter, die durch die Werte ersetzt werden. Der einfachste Platzhalter ist {}; er wird gemäß seiner Position im String durch das entsprechende Argument in seiner Standard-String-Darstellung ersetzt. Hier ein einfaches Beispiel mit zwei derartigen Platzhaltern:

```
>>> "{}, {}!".format("Hello", "world")
'Hello, world!'
```

Wenn Sie die Reihenfolge bestimmen möchten, in der die Argumente eingesetzt werden, können Sie deren bei 0 beginnenden Index in die geschweiften Klammern schreiben. Dadurch können Sie auch dasselbe Argument mehrfach verwenden. Beispiel:

```
>>> "It's a {1}, {1} {0}!".format("world", "mad")
"It's a mad, mad world!"
```

Noch praktischer sind mitunter benannte Argumente, die beliebige Namen tragen können und deren Namen dann anstelle der numerischen Indizes in die geschweiften Klammern gesetzt werden:

```
>>> "{dividend} / {divisor} = {quotient}".format(
... dividend = 20,
... divisor = 5,
... quotient = 20 // 5)
'20 / 5 = 4'
```

Hinter einem Doppelpunkt können Sie innerhalb der geschweiften Klammern eine printf()-Formatangabe eintragen – und zwar unabhängig davon, ob davor ein numerischer Index, ein benanntes Argument oder gar nichts steht. Diese Formatangaben bestehen aus mehreren Elementen, von denen nur das letzte Pflicht ist:

1. Ein Füllzeichen – wenn der zu formatierende Wert kürzer ist als die angegebene Stellenzahl, wird mit dem hier angegebenen Zeichen aufgefüllt, ansonsten mit Leerzeichen.

2. die Mindestanzahl der Stellen als ganze Zahl

3. Ein Ausrichtungszeichen: < für explizit linksbündig, > für explizit rechtsbündig, = für rechtsbündige numerische Werte mit Vorzeichen zu Beginn des verfügbaren Platzes oder ^ für zentriert. Wenn Sie das Zeichen weglassen, werden Zahlen rechtsbündig und Strings linksbündig ausgerichtet.

4. Ein Vorzeichen: Wenn Sie hier ein + einsetzen, werden auch positive Zahlen explizit durch ihr Vorzeichen (+) gekennzeichnet, andernfalls nur negative.

5. Die Anzahl der Nachkommastellen hinter einem Punkt – hier wird bei Bedarf gerundet, oder es werden Nullen hinzugefügt.

6. das gewünschte Format, zum Beispiel s für einen String, d für eine ganze Zahl oder f für eine Fließkommazahl

Hier drei Beispiele, die einige denkbare Fälle demonstrieren, nämlich Währungsformatierung (zwei Nachkommastellen), linksbündige String-Tabelle sowie rechtsbündige String-Tabelle mit speziellem Füllzeichen:

```
>>> "{:.2f} EUR, inkl. 19% Mwst.: {:.2f} EUR".format(1000, 1000 / 1.19 * 0.19)
'1000.00 EUR, inkl. 19% Mwst.: 159.66 EUR'
>>> "{0:15s} {1:15s} {2:15s}".format("iOS", "Android", "Windows Phone")
'iOS             Android         Windows Phone  '
>>> "{0:->15s}{1:->15s}{2:->15s}".format("iOS", "Android", "Windows Phone")
'------------iOS--------Android--Windows Phone'
```

Eine Neuerung in Python 3.6 sind formatierte String-Literale, die eingebettete Ausdrücke enthalten können. Dazu wird den Anführungszeichen, die den String einleiten, der Buchstabe f vorangestellt. Python wird daraufhin Ausdrücke in geschweiften Klammern innerhalb des Strings auswerten. Hier zwei Beispiele:

```
>>> f"20 + 22 = {20 + 22}"
'20 + 22 = 42'
>>> monster = 'Jabberwocky'
>>> f"We have to fight the {monster}!"
'We have to fight the Jabberwocky!'
```

### 9.3.3 Objektorientierung in Python

Das Erstellen von Klassen, Attributen und Methoden funktioniert in Python etwas anders als in C; im Wesentlichen ist es weniger Schreibarbeit, da viele Details automatisch ablaufen. Beispielsweise werden Attribute nicht deklariert, da Python ohnehin keine fest typisierte Sprache ist, sondern sie entstehen durch Wertzuweisung innerhalb der Methoden beziehungsweise des Konstruktors.

**Einführungsbeispiel**

Am einfachsten lassen sich einige Grundlagen an einem Beispiel zeigen. Speichern Sie das folgende Listing unter dem Namen *buch.py*, und führen Sie es wie folgt auf der Konsole aus:

```
$ python3 buch.py
```

Das Beispiel definiert eine Klasse namens Buch mit diversen Eigenschaften, einem Konstruktor und einer speziellen Methode, erzeugt zwei Instanzen davon und gibt diese aus. Hier zunächst das vollständige Listing:

```
class Buch:
    # Konstruktor
    def __init__(self, autor, titel, jahr):
        self.autor = autor
        self.titel = titel
        self.jahr = jahr
    # String-Darstellung
```

# 9 Grundlagen der Programmierung

```python
    def __str__(self):
        return "{autor}: '{titel}' ({jahr})".format(
            autor = self.autor,
            titel = self.titel,
            jahr = self.jahr
        )

# Hauptprogramm

# Instanzen von Buch erzeugen
buch1 = Buch("Douglas Adams", "The Hitchhiker's Guide to the Galaxy", 1979)
buch2 = Buch("George R. R. Martin", "A Game of Thrones", 1996)

# Ausgabe
print(buch1)
print(buch2)
```

Wenn Sie das Skript ausführen, lautet die Ausgabe wie folgt:

```
$ python3 buch.py
Douglas Adams: 'The Hitchhiker's Guide to the Galaxy' (1979)
George R. R. Martin: 'A Game of Thrones' (1996)
```

Die Klassendefinition beginnt mit dem Schlüsselwort class (Geheimhaltungsstufen wie in Java gibt es in Python grundsätzlich nicht); hinter dem Klassennamen steht – wie in Blockstrukturen üblich – ein Doppelpunkt, und der Klassenrumpf wird darunter eingerückt:

```python
class Buch:
    # Klassendefinition
```

Der Konstruktor ist in Python eine Methode mit dem speziellen Namen __init__() – vor und hinter dem Namen stehen je zwei Unterstriche. Methoden werden mit dem Schlüsselwort def gekennzeichnet; außerhalb von Klassen können Sie damit auch alleinstehende Funktionen definieren. Jede Methode erhält mindestens einen Parameter, der gemäß Konvention stets den Bezeichner self erhält, aber theoretisch jeden Namen haben kann. Das automatisch übergebene Argument ist dabei die aktuelle Instanz der Klasse, für die die Methode aufgerufen wird, beziehungsweise im Fall des Konstruktors die neu erzeugte Instanz.

Der Konstruktor der Klasse Buch sieht wie folgt aus:

```python
def __init__(self, autor, titel, jahr):
    self.autor = autor
    self.titel = titel
    self.jahr = jahr
```

Die Attribute werden durch die Schreibweise `self.Attributname` gekennzeichnet und entstehen automatisch durch Wertzuweisung. Wie hier gezeigt, werden sie häufig durch die Werte von Parametern mit denselben Namen ohne vorangestelltes `self` initialisiert.

---

**Private Attribute und Methoden in Python?**

Auch für Attribute und Methoden gibt es in Python keine Geheimhaltungsstufen; Sie können mittels `objekt.attribut` von außen auf jedes beliebige Attribut zugreifen und mit `objekt.methode(...)` jede Methode aufrufen. Sie können sogar neue Attribute eines einzelnen Objekts erzeugen, indem Sie ihnen einen Wert zuweisen.

Allerdings gibt es die Konvention, dass Methoden oder Attribute, die mit einem einzelnen Unterstrich beginnen, als privat betrachtet werden sollten – das heißt nicht, dass sie nicht von außen zugänglich sind, aber als Benutzer der Klasse sollten Sie damit rechnen, dass sie in einer späteren Version der Klasse jederzeit entfernt oder geändert werden können.

---

Die einzige Methode der Beispielklasse, `__str__()`, hat folgenden Inhalt:

```python
def __str__(self):
    return "{autor}: '{titel}' ({jahr})".format(
        autor = self.autor,
        titel = self.titel,
        jahr = self.jahr
    )
```

Es handelt sich wie beim Konstruktor um eine spezielle Methode: Sie wird automatisch aufgerufen, wenn das Objekt in einem String-Kontext verwendet wird, im Verwendungsbeispiel geschieht dies durch den Aufruf als Argument von `print()`. Explizit können Sie auch `Instanz.__str__()` schreiben oder die lesefreundlichere Variante `str(Instanz)` verwenden, um den Rückgabewert dieser Funktion zu erhalten.

Die Methode `__str__()` gibt hier lediglich eine speziell formatierte String-Darstellung der jeweiligen Instanz zurück – wie in den anderen bisher vorgestellten Programmiersprachen mithilfe des Schlüsselworts `return`.

Eine Instanz wird durch den Aufruf von `Klassenname(Argument, ...)` erzeugt, wie etwa in der ersten Instanziierung aus dem Beispielskript:

```python
buch1 = Buch("Douglas Adams", "The Hitchhiker's Guide to the Galaxy", 1979)
```

Üblicherweise wird das Ergebnis, also die neue Instanz, in einer Variablen gespeichert. Wie Sie sehen, wird das `self`-Argument nicht explizit übergeben, sondern nur alle nachfolgenden Argumente.

Zum Schluss wird die Methode `__str__()` implizit aufgerufen, da `print()` stets die String-Darstellung seiner Argumente ausgibt:

```python
print(buch1)
```

Die String-Darstellung greift auf die \_\_str\_\_()-Methode zurück, falls diese vorhanden ist. Andernfalls ist der String wesentlich weniger informativ. Sehen Sie sich dazu das folgende kurze Beispiel aus der interaktiven Shell an, in der eine Klasse definiert und instanziiert wird; anschließend wird die neue Instanz mit print() ausgegeben:

```
>>> class Test:
...     pass
...
>>> test = Test()
>>> print(test)
<__main__.Test object at 0x10073ac18>
```

Die spezielle Anweisung pass tut übrigens nichts; sie dient wie in diesem Beispiel als spezieller Platzhalter für einen Anweisungsblock, in dem kein Code ausgeführt werden soll.

### Methoden und Funktionen definieren

Im Einführungsbeispiel wurden bereits der Konstruktor und eine weitere Methode definiert. In diesem Unterabschnitt erhalten Sie einige weitere Informationen über das Implementieren von Methoden und alleinstehenden Funktionen.

Wie bereits erwähnt, wird eine Methode beziehungsweise Funktion mit dem Schlüsselwort def eingeleitet. Dahinter folgt der Name der Methode, dann runde Klammern mit optionalen Parametern und schließlich ein Doppelpunkt. Darunter wird der Funktionsrumpf eingerückt. Schematisch sieht das Ganze wie folgt aus:

```
def Bezeichner(Parameter, ...):
    Anweisung
    ...
```

Um eine Methode sinnvoll nutzen zu können, muss stets mindestens ein Parameter vorhanden sein, und Sie sollten diesen ersten Parameter stets self nennen, da ihm automatisch eine Referenz auf die aktuelle Instanz selbst übergeben wird. Für alleinstehende Funktionen gilt dies nicht; diese können auch ganz ohne Parameter sinnvoll sein.

Da Python eine interpretierte Sprache ist, die traditionell während der Ausführung übersetzt wurde, muss eine Funktion definiert werden, bevor sie aufgerufen werden kann. Ihre Definition muss also über dem ersten Aufruf im Skript stehen. Auch der Import einer anderen Datei, in der die Funktion definiert wird, muss entsprechend vorher stattfinden (Importe werden später behandelt).

Sie können Parametern optional einen Standardwert im Format Parametername = Wert zuweisen. Dabei müssen alle Parameter ohne Standardwerte links von denjenigen mit Standardwert stehen. Wenn Sie die Funktion aufrufen, können Sie die Argumente mit Standardwert weglassen. Hier ein einfaches Beispiel mit einer alleinstehenden Funktion in der interaktiven Shell:

```
>>> def funktion(a, b = 1):
...     print("a = {:d}, b = {:d}".format(a, b))
...
>>> funktion(3, 4)
a = 3, b = 4
>>> funktion(7)
a = 7, b = 1
```

Wenn Sie versuchen, ein Argument ohne Standardwert beim Aufruf wegzulassen, erhalten Sie eine Fehlermeldung:

```
>>> funktion()
Traceback (most recent call last):
  File "<stdin>", line 1, in <module>
TypeError: funktion() missing 1 required positional argument: 'a'
```

Wie Sie sehen, wird das fehlende Argument in der Fehlermeldung als *Positionsargument* (*positional argument*) bezeichnet. Das liegt daran, dass alle Argumente ohne Standardwert ausschließlich durch ihre Position in der Definition und im Aufruf gekennzeichnet werden. Argumente mit Standardwert sind dagegen automatisch *Schlüsselwortargumente* (*keyword arguments*), das heißt, sie können beim Aufruf in beliebiger Reihenfolge in der Form Name = Wert angegeben und aufgrund ihres Standardwerts auch weggelassen werden. Hier ein Beispiel mit einer Funktion, die nur Schlüsselwortargumente besitzt, und diversen gültigen Aufrufen:

```
>>> def funktion2(a = 1, b = 2):
...     print("a = {:d}, b = {:d}".format(a, b))
...
>>> funktion2(3, 4)
a = 3, b = 4
>>> funktion2(3, b = 7)
a = 3, b = 7
>>> funktion2(b = 12)
a = 1, b = 12
>>> funktion2(a = 2, b = 1)
a = 2, b = 1
>>> funktion2(b = 17, a = 18)
a = 18, b = 17
```

Wenn Sie möchten, können Sie Funktionen auch so schreiben, dass sie beliebig viele Positions- und beliebig benannte Schlüsselwortargumente annehmen. In diesem Fall sind die Positionsargumente eine Liste und die Schlüsselwortargumente ein Dictionary; traditionell werden die entsprechenden Parameter als args beziehungsweise kwargs bezeichnet. Damit sie als Liste und Dictionary behandelt werden, müssen Sie ihnen in der Funktionsdefinition

**9**  Grundlagen der Programmierung

ein beziehungsweise zwei Sternchen voranstellen, also *args und **kwargs. Im Fall einer Methode steht der Parameter self vor beiden.

Das folgende Beispiel, eine alleinstehende Funktion, gibt die Positions- und Schlüsselwortparameter geordnet aus:

```
>>> def any_argument(*args, **kwargs):
...     print("Positional arguments:")
...     for arg in args:
...         print("- {}".format(arg))
...     print()
...     print("Keyword arguments:")
...     for key in kwargs:
...         print("- {}: {}".format(key, kwargs[key]))
...
>>> any_argument("Brian", "Reg", "Loretta", "Judith",
... team = "People's Front of Judea", place = "Judea")
Positional arguments:
- Brian
- Reg
- Loretta
- Judith

Keyword arguments:
- place: Judea
- team: People's Front of Judea
```

Natürlich können Sie die Funktion auch mit nur einer der beiden Argumentsorten aufrufen. Beispiele:

```
>>> any_argument("Arthur", "Galahad", "Lancelot", "Robin")
Positional arguments:
- Arthur
- Galahad
- Lancelot
- Robin

Keyword arguments:
>>> any_argument(team = "Round Table", place = "Camelot")
Positional arguments:

Keyword arguments:
- place: Camelot
- team: Round Table
```

562

Wenn eine Funktion oder Methode einen Wert zurückgeben soll, geschieht dies wie in den anderen hier behandelten Programmiersprachen mithilfe des Schlüsselworts return. Dabei verlässt diese Anweisung die Funktion unmittelbar; im Fall eines return, das von einem if abhängt, können Sie sich also beispielsweise das else sparen und einfach ein weiteres, ausgerücktes return hinzufügen. Allerdings kann ein explizites else die Angelegenheit klarer machen. Hier als Beispiel eine Methode, die mithilfe der Modulo-Operation eine übergebene Zahl prüft und True zurückgibt, wenn diese gerade ist, und ansonsten False:

```
>>> def gerade(zahl):
...     if zahl % 2 == 0:
...         return True
...     return False
...
>>> gerade(8)
True
>>> gerade(9)
False
```

### Lambda-Funktionen

Eine spezielle Form der Funktion ist die *Lambda-Funktion*, deren Konzept aus der funktionalen Programmierung stammt. Es handelt sich um anonyme Funktionen, die beispielsweise einer Variablen zugewiesen, als Rückgabewert einer regulären Funktion verwendet oder auch als Argumente an andere Funktionen übergeben werden können.

Die allgemeine Syntax einer Lambda-Funktion sieht so aus:

```
lambda argument1, argument2, ...: ausdruck
```

Dies definiert eine Funktion, die die angegebenen Argumente entgegennimmt, den Ausdruck auswertet und dessen Wert zurückgibt. Das folgende einfache Beispiel speichert eine Lambda-Funktion in der Variablen quadrat. Die Funktion nimmt ein Argument entgegen und gibt dessen Quadrat zurück:

```
>>> quadrat = lambda x: x ** 2
```

Da die Lambda-Funktion in einer Variablen gespeichert ist, können Sie sie in diesem Fall mithilfe dieser Variablen aufrufen:

```
>>> quadrat(7)
49
```

Hier ein weiteres Beispiel – eine reguläre Funktion, die je nach Argument eine unterschiedliche Lambda-Funktion zurückgibt, nämlich eine Berechnungsfunktion, die auf einem übergebenen Operator basiert:

```
>>> def operation(operator):
...     if operator == '+':
...         return lambda a, b: a + b
...     if operator == '-':
...         return lambda a, b: a - b
...     if operator == '*':
...         return lambda a, b: a * b
...     if operator == '/':
...         return lambda a, b: a / b
...     raise ValueError("'{}' is not a valid operator.".format(operator))
...
```

Wie Sie sehen, wird je nach Rechenzeichen eine Lambda-Funktion erzeugt und zurückgegeben, die die entsprechende Operation ausführt. Sie können das Ergebnis der Funktion in einer Variablen speichern, um die entsprechende Operation dauerhaft zur Verfügung zu haben:

```
>>> plus = operation("+")
>>> plus(3, 5)
8
```

Am Ende der Funktion wird für ungültige Rechenzeichen eine Ausnahme ausgelöst (siehe den übernächsten Unterabschnitt »Ausnahmebehandlung« für Details). Das Ganze sieht beispielsweise so aus, wenn Sie operation() mit einem falschen Zeichen aufrufen:

```
>>> unknown = operation("?")
Traceback (most recent call last):
  File "<stdin>", line 1, in <module>
  File "<stdin>", line 10, in operation
ValueError: '?' is not a valid operator.
```

Lambda-Funktionen können auch verwendet werden, um Listen zu sortieren, zu filtern oder neue Listen aus Berechnungen zu erzeugen. Während sich Filterung und Umrechnung leichter mithilfe von List Comprehensions erledigen lassen, wird für komplexe Sortierungen in jedem Fall eine Funktion benötigt, entweder eine benannte externe oder eben eine Lambda-Funktion. Betrachten Sie etwa die folgende Liste von Tupeln, die jeweils den Namen und das Alter von Personen angeben:

```
>>> people = [('Klaus', 28),
...     ('Anna', 39),
...     ('Zacharias', 23),
...     ('Theresa', 25)
... ]
```

Angenommen, Sie möchten diese Liste nach dem Alter der Personen sortieren, also dem Element jedes Tupels mit dem Index 1. Dazu wird jedes Element der Liste an eine Lambda-Funktion übergeben, die dann das entsprechende Element als Sortierschlüssel extrahiert. Dies sieht so aus:

```
>>> sorted(people, key = lambda person: person[1])
[('Zacharias', 23), ('Theresa', 25), ('Klaus', 28), ('Anna', 39)]
```

Die Funktion sorted() gibt allgemein eine sortierte Kopie eines Aufzählungsobjekts zurück. Zusätzlich gibt es auch eine Methode namens sort(), die die enthaltenen Elemente in der Liste selbst sortiert. Beispiel:

```
>>> list = [5, 1, 4, 2, 3]
>>> list
[5, 1, 4, 2, 3]
>>> list.sort()
>>> list
[1, 2, 3, 4, 5]
```

**Magische Methoden**

Methoden wie der Konstruktor __init__() oder der String-Umwandler __str__() werden als *magische Methoden* (englisch: *magic methods*) bezeichnet, da sie in bestimmten Zusammenhängen automatisch aufgerufen werden. Neben Typumwandlungen können Sie mithilfe magischer Methoden beispielsweise auch Operatoren für Ihre eigenen Klassen implementieren, etwa arithmetische Operationen, Vergleichsoperationen oder den Indexoperator.

Das Thema würde hier zu weit führen, aber hier als kleines Beispiel eine Implementierung des Additionsoperators + für eine Klasse, die einen einfachen numerischen Wert namens value kapselt:

```
>>> class TestNumber:
...     def __init__(self, value):
...         self.value = value
...     def __add__(self, other):
...         return TestNumber(self.value + other.value)
...
>>> t1 = TestNumber(23)
>>> t2 = TestNumber(42)
>>> sum = t1 + t2
>>> sum
<__main__.TestNumber object at 0x10063ae10>
>>> sum.value
65
```

Näheres zu diesem interessanten Thema erfahren Sie in der Python-Online-Dokumentation im Kapitel »Data Model« unter *https://docs.python.org/3/reference/datamodel.html*.

**Vererbung**

Wie im Abschnitt zu Java bereits ausgeführt wurde, ist die Vererbung ein wichtiges Hilfsmittel der Objektorientierung. Sie ermöglicht es, aus allgemeineren Klassen speziellere abzuleiten, ohne die gemeinsamen Grundlagen mehrfach implementieren zu müssen.

In Python wird die Vererbung durchgeführt, indem der Name der gewünschten Elternklasse in der class-Anweisung in Klammern hinter dem Klassennamen angegeben wird; schematisch sieht dies also wie folgt aus:

```
class AbgeleiteteKlasse(Elternklasse):
    # Klassendefinition
```

Das folgende einfache Beispiel aus der interaktiven Shell definiert zunächst eine Klasse namens Parent und leitet dann eine Klasse namens Child davon ab. Eine der beiden Methoden wird in Child überschrieben; zur Kontrolle geben alle Methoden aus, zu welcher Klasse sie gehören:

```
>>> class Parent:
...     def override_me(self):
...         print("override_me() in Parent")
...     def dont_override(self):
...         print("dont_override() in Parent")
...
>>> class Child(Parent):
...     def override_me(self):
...         print("override_me() in Child")
...
```

Wenn Sie nun Instanzen beider Klassen erzeugen und die Methoden aufrufen, sehen Sie, dass die Methode override_me() der abgeleiteten Klasse wie erwartet die gleichnamige Methode der Elternklasse überlagert:

```
>>> child = Child()
>>> child.override_me()
override_me() in Child
>>> child.dont_override()
dont_override() in Parent
>>> parent = Parent()
>>> parent.override_me()
override_me() in Parent
>>> parent.dont_override()
dont_override() in Parent
```

Unter Umständen kann es sinnvoll sein, den Konstruktor oder die gleichnamige Methode der Elternklasse aufzurufen. Dafür stellt Python 3 die Funktion super() bereit, die die aktuelle Instanz stets als Instanz der übergeordneten Klasse betrachtet und so deren Elemente zugänglich macht. Die folgende von Child abgeleitete Klasse Grandchild zeigt, wie es funktioniert – ihre Methode override_me() ruft zunächst die gleichnamige Methode von Child auf, bevor sie ihre eigene Funktionalität hinzufügt:

```
>>> class Grandchild(Child):
...     def override_me(self):
...         super().override_me()
...         print("override_me() in Grandchild")
...
```

Instanziierung und Methodenaufruf erzeugen daraufhin die folgende Ausgabe:

```
>>> grandchild = Grandchild()
>>> grandchild.override_me()
override_me() in Child
override_me() in Grandchild
```

Der Konstruktor der Elternklasse wird entsprechend als super().__init__(...) aufgerufen; ein Beispiel dazu gibt es später.

Eine Besonderheit von Python gegenüber Java und vielen anderen objektorientierten Sprachen ist die Möglichkeit der *Mehrfachvererbung* (*multiple inheritance*); das bedeutet, dass eine Klasse von mehreren anderen Klassen abgeleitet werden kann. Das Syntaxschema ist wie folgt:

```
class Klassenname(Elternklasse1, Elternklasse2, ...):
    # Code der abgeleiteten Klasse
```

Im folgenden kleinen Beispiel wird eine Klasse namens Kid von den beiden Klassen Mother und Father abgeleitet; die Kindklasse selbst hat keinen eigenen Inhalt (daher die leere Operation pass). Jede der beiden Elternklassen vererbt ihr eine Methode:

```
>>> class Mother:
...     def mother_method(self):
...         print("Mother's method")
...
>>> class Father:
...     def father_method(self):
...         print("Father's method")
...
>>> class Kid(Mother, Father):
...     pass
...
```

```
>>> kid = Kid()
>>> kid.mother_method()
Mother's method
>>> kid.father_method()
Father's method
```

Interessant wird es natürlich, wenn mehrere Elternklassen gleichnamige Methoden besitzen. In diesem Fall wird die Methode aus der ersten Klasse in die Liste der übergeordneten Klassen übernommen, wie das folgende Beispiel zeigt:

```
>>> class Mom:
...     def parent_method(self):
...         print("Mom's method")
...
>>> class Dad:
...     def parent_method(self):
...         print("Dad's method")
...
>>> class LittleOne(Mom, Dad):
...     pass
...
>>> little_one = LittleOne()
>>> little_one.parent_method()
Mom's method
```

### Ausnahmebehandlung

Ähnlich wie Java kann auch Python Ausnahmen (Exceptions) auslösen beziehungsweise abfangen. Das Abfangen funktioniert dabei schematisch mithilfe einer try/except-Konstruktion:

```
try:
    # Anweisungen, die eine Ausnahme auslösen können
except Ausnahmetyp:
    # Code für den Ausnahmefall
```

Das folgende Beispiel fängt einen ZeroDivisionError ab, also den Fehler, der auftritt, wenn man versucht, durch 0 zu dividieren:

```
>>> dividend = 10
>>> divisor = 0
>>> try:
...     result = dividend / divisor
... except ZeroDivisionError:
```

```
...     print("Divisor darf nicht 0 sein!")
...
Divisor darf nicht 0 sein!
```

Falls ein anderer Fehler auftritt als der mit except abgefangene, führt er wie gehabt zu einer Standardfehlermeldung. Beispiel:

```
>>> dividend = "KeineZahl"
>>> divisor = "AuchKeineZahl"
>>> try:
...     result = dividend / divisor
... except ZeroDivisionError:
...     print("Divisor darf nicht 0 sein!")
...
Traceback (most recent call last):
  File "<stdin>", line 2, in <module>
TypeError: unsupported operand type(s) for /: 'str' and 'str'
```

Sie können aber beliebig viele except-Blöcke verwenden, um verschiedene Fehlertypen abzufangen. Das obige Beispiel lässt sich so wie folgt erweitern:

```
>>> dividend = "KeineZahl"
>>> divisor = "AuchKeineZahl"
>>> try:
...     result = dividend / divisor
... except ZeroDivisionError:
...     print("Divisor darf nicht 0 sein!")
... except TypeError:
...     print("Operanden müssen Zahlen sein!")
...
Operanden müssen Zahlen sein!
```

Um in eigenem Code eine Ausnahme auszulösen, wird das Schlüsselwort raise verwendet; dabei können Sie entweder vorhandene Ausnahmeklassen verwenden oder Ihre eigenen von diesen ableiten, um verschiedene Fehlerzustände besser unterscheiden zu können. Optional können Sie dabei einen eigenen Fehlermeldungstext übergeben.

Das folgende Beispiel leitet die Ausnahme NoIntError von TypeError ab (ohne spezifische Anweisungen) und definiert anschließend die Funktion double_value(), die das Doppelte eines Integers zurückgibt oder einen NoIntError auslöst, wenn das Argument kein Integer ist:

```
>>> class NoIntError(TypeError):
...     pass
...
```

```
>>> def double_value(int_number):
...     if type(int_number) is not int:
...         raise NoIntError("Argument must be an integer.")
...     return int_number * 2
...
>>> double_value(8)
16
>>> double_value(9.2)
Traceback (most recent call last):
  File "<stdin>", line 1, in <module>
  File "<stdin>", line 3, in double_value
__main__.NoIntError: Argument must be an integer.
```

### Ein ausführliches Beispiel

Nachdem die diversen Grundlagen der Objektorientierung beschrieben wurden, folgt hier ein etwas umfangreicheres Beispiel. Es bildet Bücher und E-Books als Python-Klassen mitsamt Helferklassen für Autoren und Genres ab. Hier zunächst einmal das komplette Listing, das Sie unter *library.py* speichern können; Ausgabe und Erläuterungen neuer Konzepte folgen danach:

```
class Author:
    """Represents a book's author

    Attributes:
      firstname (str): the author's first name
      lastname (str): the author's last name
    """

    def __init__(self, firstname, lastname):
        """Constructor for Author instances

        Args:
          firstname (str): the new author's first name
          lastname (str): the new author's last name
        """
        self.firstname = firstname
        self.lastname = lastname
    def __str__(self):
        """Represents an Author instance in string context
        """
        return "{} {}".format(self.firstname, self.lastname)
```

9.3 Python

```python
class Genre:
    """Represents a book's genre

    Genres can be nested using their parent attribute

    Attributes:
      title (str): the genre's name
      parent (Genre): the parent genre, or None for top-level genres
    """
    def __init__(self, title, parent = None):
        """Constructor for Genre instances

        Args:
          title (str): the new genre's name
          parent (Genre, optional): the parent genre, if any
        """
        self.title = title
        self.parent = parent
    def __str__(self):
        """Represents a Genre instance in string context
        """
        result = self.title
        if self.parent is not None:
            result = "{} > {}".format(self.parent.__str__(), result)
        return result

class Book:
    """Represents a book

    All attributes except for the title are optional and default to None

    Attributes:
      title (str): the book's title
      authors (Author or list of Author objects): the book's author(s)
      genre (Genre): the book's genre
      year (int): the book's publication year
    """
    def __init__(self, title, authors = None, genre = None, year = None):
        """Constructor for Book instances

        Args:
          title (str): the new book's title
```

571

# 9 Grundlagen der Programmierung

```python
        authors (Author or list of Author objects, optional):
            the new book's author(s)
        genre (Genre, optional): the new book's genre
        year (int, optional): the new book's publication year
    """
    self.title = title
    self.authors = authors
    self.genre = genre
    self.year = year
def has_author(self, author):
    """Checks whether a specific author is among the book's authors

    Args:
        author (Author): the author to search for
    """
    result = False
    if hasattr(self.authors, "__getitem__") and author in self.authors:
        result = True
    elif self.authors is author:
        result = True
    return result
def in_genre(self, genre):
    """Checks whether the book belongs to a specific genre/subgenre

    Args:
        genre (Genre): the genre to search for
    """
    result = False
    current_genre = self.genre
    while result == False and current_genre is not None:
        if current_genre is genre:
            result = True
        current_genre = current_genre.parent
    return result
def __str__(self):
    """Represents a Book instance in string context
    """
    result = ""
    if self.authors is not None:
        if hasattr(self.authors, "__getitem__"):
            author_strings = [author.__str__() for author in self.authors]
            result += ", ".join(author_strings)
```

```python
        else:
            result += self.authors.__str__()
        result += ": "
    result += "'{}'".format(self.title)
    if self.year is not None:
        result += ", {}".format(self.year)
    if self.genre is not None:
        result += " ({})".format(self.genre)
    return result

class Ebook(Book):
    """Represents an ebook as a specialization of a book

    See parent class for details; only additional features are described here

    Attributes:
      tech (str): the ebook's technology or file format,
        e.g. "PDF", "mobi", or "Kindle"
    """
    def __init__(self, title, authors = None, genre = None, year = None,
        tech = None):
        """Constructor for Ebook instances

        See parent constructor for details; only additional
        features are described here

        Args:
          tech (str, optional): the new ebook's technology or file format
        """
        super().__init__(title, authors, genre, year)
        self.tech = tech
    def __str__(self):
        """Represents an Ebook instance in string context
        """
        result = super().__str__()
        if self.tech is not None:
            result += " [{}]".format(self.tech)
        return result

class Library:
    """Represents a collection of books
```

```
Provides a method to filter the list, e.g. by genre

Attributes:
    books (list): the list of books/ebooks in the collection
"""
def __init__(self, books = []):
    """Constructor for Library instances

    Args:
        books (list, optional): the initial list of books
    """
    self.books = books
def add(self, book):
    """Adds a book to the collection

    Args:
        book (Book): the book to add
    """
    self.books.append(book)
def remove(self, book):
    """Removes a book from the collection

    Args:
        book (Book): the book to remove
    """
    try:
        self.books.remove(book)
    except ValueError:
        pass
def filter(self, field, value):
    """Returns a list of books that match a filter

    Args:
        field (str): field to filter for, one of "author", "genre", or "year"
        value (mixed): value to match the field against
    """
    if field == "author":
        return [book for book in self.books if book.has_author(value)]
    if field == "genre":
        return [book for book in self.books if book.in_genre(value)]
    if field == "year":
        return [book for book in self.books if book.year == value]
```

```
        raise ValueError("{} is not a valid field.".format(field))

if __name__ == "__main__":
    author_martin = Author("George R. R.", "Martin")
    author_tuttle = Author("Lisa", "Tuttle")
    author_weir = Author("Andy", "Weir")
    genre_fiction = Genre("Fiction")
    genre_scifi = Genre("Science Fiction", genre_fiction)
    genre_hardscifi = Genre("Hard Science Fiction", genre_scifi)
    genre_fantasy = Genre("Fantasy", genre_fiction)
    book_windhaven = Book("Windhaven", authors = [author_martin, author_tuttle],
      genre = genre_scifi, year = 1981)
    book_clash_of_kings = Book("A Clash of Kings", authors = author_martin,
      genre = genre_fantasy, year = 1998)
    ebook_silverbough = Ebook("The Silver Bough", authors = author_tuttle,
      genre = genre_fantasy, year = 2012, tech = "Kindle")
    book_martian = Book("The Martian", authors = author_weir,
      genre = genre_hardscifi, year = 2014)
    library = Library([book_windhaven, book_clash_of_kings, ebook_silverbough])
    library.add(book_martian)
    print("All books:")
    for book in library.books:
        print("- {}".format(book))
    print()
    print("Books in the Science Fiction genre:")
    for book in library.filter("genre", genre_scifi):
        print("- {}".format(book))
    print()
    print("Books co-written by Lisa Tuttle:")
    for book in library.filter("author", author_tuttle):
        print("- {}".format(book))
```

Führen Sie das Skript folgendermaßen aus:

```
$ python3 library.py
```

Sie erhalten folgende Ausgabe:

```
All books:
- George R. R. Martin, Lisa Tuttle: 'Windhaven', 1981 (Fiction > Science Fiction)
- George R. R. Martin: 'A Clash of Kings', 1998 (Fiction > Fantasy)
- Lisa Tuttle: 'The Silver Bough', 2012 (Fiction > Fantasy) [Kindle]
- Andy Weir: 'The Martian', 2014 (Fiction > Science Fiction > Hard Science Fiction)
```

```
Books in the Science Fiction genre:
- George R. R. Martin, Lisa Tuttle: 'Windhaven', 1981 (Fiction > Science Fiction)
- Andy Weir: 'The Martian', 2014 (Fiction > Science Fiction > Hard Science Fiction)

Books co-written by Lisa Tuttle:
- George R. R. Martin, Lisa Tuttle: 'Windhaven', 1981 (Fiction > Science Fiction)
- Lisa Tuttle: 'The Silver Bough', 2012 (Fiction > Fantasy) [Kindle]
```

Wie Sie sehen, enthält das Listing zahlreiche Python-Doc-Kommentare, die mit drei Anführungszeichen beginnen und wieder enden. Über das Konsolen-Tool pydoc können Sie sich wie folgt die daraus generierte Dokumentation anzeigen lassen, wenn Sie sich im Verzeichnis der Datei *library.py* befinden:

```
$ pydoc library
```

Beachten Sie, dass die Dateiendung *.py* in diesem Fall nicht mit angegeben werden darf. Die Dokumentation wird seitenweise mithilfe von less (Unix) oder more (Windows) angezeigt; Sie können darin mit ↑ und ↓ zeilenweise blättern, mit der Leertaste eine ganze Seite vorwärts blättern und die Hilfe mit Q beenden.

Der hier verwendete konkrete Stil für die Dokumentation wurde von Google eingeführt und ist inzwischen weitverbreitet. Dabei wird der Dokumentationsblock unter der jeweiligen Klasse oder Methode eingerückt und hat folgende Eigenschaften:

```
"""Kurzbeschreibung (eine Zeile)

Längere Beschreibung (optional, darf mehrzeilig sein)

Attributes [Klasse] beziehungsweise Args [Methode]:
  Bezeichner (Typ ...): Beschreibung; kann in die nächste Zeile übergehen
    und wird dort weiter eingerückt
"""
```

In dem Skript werden insgesamt fünf Klassen und ein Hauptprogramm definiert. Die Klassen sind:

▶ Author (Darstellung eines Autors mit Vor- und Nachnamen)

▶ Genre (Darstellung eines Genres mit einem Titel und einem optionalen übergeordneten Genre für Hierarchien)

▶ Book (Darstellung eines Buches mit einem Titel, einem oder mehreren Autoren, Genre und Erscheinungsjahr)

▶ Ebook (abgeleitet von Book; enthält zusätzlich eine Angabe zur Technologie beziehungsweise dem Dateiformat)

▶ Library (Darstellung einer Büchersammlung)

Es ist übrigens kein Problem, beliebig viele Klassen innerhalb derselben Datei zu definieren; eine Regel bezüglich der Übereinstimmung von Datei- und Klassennamen wie in Java gibt es in Python nicht.

Das Hauptprogramm wird in Abhängigkeit von folgender if-Fallentscheidung ausgeführt:

```
if __name__ == "__main__":
    # Anweisungen des Hauptprogramms
```

Die Systemkonstante __name__ enthält den Namen des aktuellen Moduls, also des Ausführungskontextes. Der Name des Hauptprogramms ist dabei "__main__", sodass dieser Code nur ausgeführt wird, wenn das Skript direkt aufgerufen wird. Importieren Sie es dagegen, um seine Klassenbibliothek zu nutzen, wird der Codeblock ignoriert. So können Sie auf praktische Weise Testcode für Ihre Klassen einfügen, der bei der Nutzung der Klassen nicht stört.

Jede der hier definierten Klassen hat einen Konstruktor, und alle bis auf Library haben eine __str__()-Methode. Beides wurde bereits im Einführungsbeispiel zur Objektorientierung erläutert. Die erste Besonderheit finden Sie in der __str__()-Methode der Klasse Genre, die hier nochmals ohne Doc-Kommentar wiedergegeben wird:

```
def __str__(self):
    result = self.title
    if self.parent is not None:
        result = "{} > {}".format(self.parent.__str__(), result)
    return result
```

Wie Sie sehen, wird zunächst der Titel des aktuellen Genres als Ergebnis festgelegt. Anschließend wird geprüft, ob die Eigenschaft parent gesetzt ist, und falls das so ist, wird das Ergebnis von deren __str__()-Methode vor das bisherige Ergebnis gesetzt. Da es sich bei parent in diesem Fall wieder um eine Instanz von Genre handelt, kann gegebenenfalls auch dessen parent hinzugefügt werden etc. Auf diese Weise wird eine komplette Kette hierarchisch geordneter Genre-Bezeichnungen zusammengefügt.

Die Klasse Book besitzt außer dem Konstruktor und __str__() noch zwei weitere Methoden, die jeweils eine Prüfung von Attributen vornehmen: has_author(author) geht die Liste der Autoren durch und gibt True zurück, falls der gesuchte Autor darin gefunden wird, und andernfalls False. in_genre(genre) prüft dagegen, ob das Buch dem gesuchten Genre oder einem von dessen untergeordneten Genres angehört, und gibt ebenfalls ein Boolean-Ergebnis zurück.

Da die Eigenschaft authors der Klasse Book sowohl ein einzelnes Author-Objekt als auch eine Liste solcher Objekte sein kann, muss dies zunächst überprüft werden. Der entsprechende Code – der auch in __str__() wieder ähnlich zum Einsatz kommt – sieht so aus:

```
if hasattr(self.authors, "__getitem__") and author in self.authors:
    result = True
elif self.authors is author:
    result = True
```

Die Funktion `hasattr(Objekt, String)` überprüft, ob das Objekt ein Attribut mit dem angegebenen Namen besitzt, wobei auch eine Methode eine spezielle Art von Attribut ist. Da `__getitem__()` der interne Name des Indexoperators ist, kann man davon ausgehen, dass es sich bei einem Objekt mit dieser Methode um einen Listentyp oder zumindest um ein Objekt handelt, dessen Inhalt sich mit `in` durchsuchen lässt.

Die Methode `in_genre()` beginnt beim Genre des Buches selbst und durchsucht so lange die Kette von Eltern-Genres, bis das gesuchte gefunden wird oder kein weiteres Genre mehr vorhanden ist (`parent` mit dem Wert `None`, also ein Top-Level-Genre):

```
result = False
    current_genre = self.genre
    while result == False and current_genre is not None:
        if current_genre is genre:
            result = True
        current_genre = current_genre.parent
```

Die Klasse `Ebook` ist von `Book` abgeleitet; die einzige Besonderheit ist hier der Aufruf des Konstruktors der übergeordneten Klasse, um die Eigenschaften zu initialisieren, die `Book` und `Ebook` gemeinsam haben:

```
super().__init__(title, authors, genre, year)
```

Die letzte Klasse in der Datei, `Library`, stellt eine Büchersammlung dar. Neben dem Konstruktor besitzt sie die drei Methoden `add()` zum Hinzufügen eines Buches, `remove()` zum Entfernen und `filter()` zum Filtern der Sammlung nach diversen Kriterien. `add()` und `remove()` sind recht kurz und simpel, außer dass `remove()` stillschweigend eine Exception ignoriert, die beim Entfernen eines nicht vorhandenen Buches auftreten würde.

Die Methode `filter()` erwartet einen der Feldnamen "author", "genre" oder "year" sowie einen Wert, nach dem gesucht werden soll. Jeder Filtervorgang verwendet eine List Comprehension zum Filtern der internen Bücherliste. Die Filterung nach Autor oder Genre ruft für jedes Buch dessen Methode `has_author()` beziehungsweise `is_genre()` auf, während für das Jahr ein einfacher Vergleich genügt. Für ungültige Feldnamen wird eine Ausnahme ausgelöst.

Das Hauptprogramm definiert einige Genres, Autoren, Bücher und eine Bibliothek, in der Letztere gesammelt werden. Danach werden sowohl die gesamte Bücherliste als auch zwei gefilterte Listen ausgegeben.

Wenn Sie die Klassen des Beispiels für eigene Experimente benutzen möchten, können Sie sie in ein anderes Python-Skript oder in die interaktive Shell importieren. Dazu kommt das Schlüsselwort `import` zum Einsatz, das auf verschiedene Arten verwendet werden kann. Schematisch gesehen, gibt es die drei folgenden Möglichkeiten:

- `import Modulname` – alle Klassen des Moduls unter einem eigenen Namensraum importieren
- `from Modulname import *` – alle Klassen des Moduls in den Namensraum des aktuellen Moduls importieren
- `from Modulname import Klassenname` – eine bestimmte Klasse aus dem Modul in den Namensraum des aktuellen Moduls importieren

Hier sind einige Erläuterungen nötig. Ein *Modul* ist ein Ausführungskontext; das Standardmodul ist jeweils das Hauptprogramm, dessen Name – wie bereits erwähnt – `"__main__"` lautet. Wenn Sie eine Datei importieren, stellt diese ein eigenes Modul dar; der Modulname ist der Dateiname ohne die Endung *.py*.

Ein einfaches `import` ohne `from` stellt das importierte Modul als eigenen Namensraum zur Verfügung; in diesem Fall müssen Sie den entsprechenden Klassen den Modulnamen und einen Punkt voranstellen. Angenommen, Sie befinden sich in dem Verzeichnis, in dem die Datei *library.py* liegt, und importieren diese wie folgt in die interaktive Shell:

```
>>> import library
```

Dann müssen Sie beispielsweise Folgendes eingeben, um ein neues Genre zu definieren:

```
>>> superheroes = library.Genre("Superheroes")
```

Importieren Sie *library.py* dagegen in den Namensraum des aktuellen Moduls, dann funktioniert das Definieren eines Genres wie folgt:

```
>>> from library import *
>>> horror = Genre("Horror")
```

Der Vorteil eines eigenen Namensraums ist, dass die Klassennamen aus dem importierten Modul anderen Bezeichnern nicht in die Quere kommen. Der Nachteil ist natürlich, dass Sie mehr schreiben müssen und die Skripte unter Umständen schlechter lesbar sind.

Falls sich die zu importierende Datei nicht im aktuellen Verzeichnis befindet, müssen Sie den Pfad angeben. Dabei wird der / zwischen Verzeichnisnamen durch einen Punkt (.) ersetzt. Angenommen, *library.py* befindet sich im Unterverzeichnis *lib* des aktuellen Verzeichnisses. Dann würde der Import der Klasse `Author` in den aktuellen Namensraum so aussehen:

```
>>> from lib.library import Author
```

### 9.3.4 Die Python-Standardbibliothek

Im letzten Abschnitt des Python-Tutorials werden einige interessante Bestandteile der Standardbibliothek vorgestellt. Module der offiziellen Python-Klassenbibliothek werden genau auf dieselbe Weise importiert wie Ihre eigenen Module. Python durchsucht das Bibliotheksverzeichnis dabei automatisch, egal, in welchem Verzeichnis Sie sich befinden.

In späteren Kapiteln lernen Sie weitere Module der Python-Klassenbibliothek kennen, die zu den verschiedenen dort behandelten Themen passen.

#### Kommandozeilenargumente

Das Modul sys stellt eine Schnittstelle zu Funktionen des Betriebssystems bereit, genauer gesagt: Funktionen der Shell. Die folgende Anweisung importiert das Element argv aus diesem Modul in den aktuellen Namensraum; es dient zur Verarbeitung von Kommandozeilenargumenten:

```
>>> from sys import argv
```

Hier ein kleines Beispielskript, das die Verwendung von Kommandozeilenargumenten demonstriert:

```
from sys import argv

print("{} arguments:".format(len(argv)))
print()

for index, arg in enumerate(argv):
    print("{}. {}".format(index, arg))
```

Die Funktion enumerate(Liste) ermöglicht es, wie gezeigt, auf die Indizes von Listen zuzugreifen. Speichern Sie das Skript als *args.py*, und führen Sie es mit einigen Argumenten auf der Konsole aus:

```
$ python3 args.py Test 1 2 3
5 arguments:

0. args.py
1. Test
2. 1
3. 2
4. 3
```

Wie Sie sehen, ist argv[0] stets der Name des Skripts selbst; die eigentlichen Argumente beginnen bei Index 1.

**Verzeichnisse auslesen**

Die Klassen zum Lesen von Verzeichnisinhalten befinden sich im Modul os und seinen Untermodulen; dieses Modul ermöglicht den Zugriff auf die hardwarenäheren Teile des Systems. Wenn Sie einfach nur den Inhalt des aktuellen Verzeichnisses auslesen möchten, funktioniert dies wie folgt:

```
>>> from os import listdir
>>> for file in listdir("."):
...     print(file)
...
__pycache__
args.py
ausgabe.txt
author.py
author.pyc
[etc.]
```

---

**Der Byte-Code-Cache**

Dateien mit der Endung *.pyc* sind übrigens kompilierter Python-Byte-Code, der bei der ersten Ausführung nach jeder Änderung erzeugt wird und künftig die Ausführung beschleunigt. Auch das Unterverzeichnis *__pycache__* dient dem Caching von Byte-Code.

---

Es ist oft von Interesse, ob es sich bei Verzeichniseinträgen um normale Dateien oder um Unterverzeichnisse handelt. Entsprechende Prüfungsmethoden sind im Untermodul os.path enthalten; sie heißen isfile() für Dateien und isdir() für Verzeichnisse. Hier ein Beispiel, das Unterverzeichnissen ein d, Dateien ein f und anderen Einträgen (zum Beispiel mit mkfifo erzeugte Named Pipes) ein Fragezeichen voranstellt. Um den Code wiederverwenden zu können, ist er als Funktion definiert, der ein Verzeichnispfad übergeben wird:

```
>>> from os import listdir
>>> from os.path import isfile, isdir
>>> def ls(path):
...     for entry in listdir(path):
...         if isdir(entry):
...             print("d {}".format(entry))
...         elif isfile(entry):
...             print("f {}".format(entry))
...         else:
...             print("? {}".format(entry))
...
>>> ls(".")
d __pycache__
```

```
? __test
f args.py
[etc.]
```

Die Funktion walk(Pfad) ermöglicht das rekursive Auslesen eines Verzeichnisses und der gesamten Unterverzeichnisstruktur. Der Iterator liefert in jedem Durchgang ein Tupel mit dem relativen Pfadnamen des jeweiligen Verzeichnisses, einer Liste der Unterverzeichnisse und einer Liste der Dateien. Das folgende Beispiel gibt diese Daten aus:

```
>>> from os import walk
>>> for (dir, subdirs, files) in walk("testdir"):
...     print("Dir: {}, subdirectories: {}, files: {}".format(dir, subdirs, files))
...
Dir: testdir, subdirectories: ['othersub', 'sub'], files: ['file1.txt', 'file2.txt']
Dir: testdir/othersub, subdirectories: ['subsub'], files: [
'file1.txt', 'file2.txt', 'file3.txt']
Dir: testdir/othersub/subsub, subdirectories: [], files: ['file1.txt']
Dir: testdir/sub, subdirectories: [], files: ['file1.txt']
```

### Reguläre Ausdrücke

In Kapitel 7, »Linux«, wurde das Shell-Kommando grep vorgestellt, das Dateien und andere Textquellen nach komplexen Suchmustern durchsucht, die als *reguläre Ausdrücke* (*regular expressions*) bezeichnet werden. Python besitzt ein Modul, das die Suche in Strings und andere nützliche Operationen mit regulären Ausdrücken unterstützt; Sie können es wie folgt importieren:

```
>>> import re
```

Danach stehen Ihnen diverse Operationen für reguläre Ausdrücke zur Verfügung. Die einfachste ist re.search(regex, string) – sie sucht im gesamten String nach einem Treffer für den regulären Ausdruck regex. Wird einer gefunden, dann erhalten Sie ein Match-Objekt zurück, andernfalls None. Im einfachsten Fall können Sie also ein if re.search()-Konstrukt verwenden, da das Match-Objekt als True gilt und None als False. Aber Sie können das Match-Objekt auch genauer analysieren. Das folgende Beispiel sucht in einem String nach einem Vokal und speichert das Match-Objekt in einer Variablen:

```
>>> first_vowel = re.search("[aeiou]", "Hello")
>>> first_vowel
<_sre.SRE_Match object; span=(1, 2), match='e'>
```

Das Konstrukt [aeiou] in einem regulären Ausdruck bedeutet, dass eines der in eckigen Klammern angegebenen Zeichen erwartet wird. Das Match-Objekt hat einige nützliche Methoden zur Untersuchung des Treffers. Die Methode group() gibt den Teil-String zurück, auf den der reguläre Ausdruck passt:

```
>>> first_vowel.group()
'e'
```

Mit span() erhalten Sie ein Tupel, das die Anfangsposition und die erste nicht mehr dazuge-hörige Position des Treffers enthält:

```
>>> first_vowel.span()
(1, 2)
```

Die Funktion re.finditer(regex, String) stellt einen Iterator bereit, der alle Treffer als Match-Objekte zurückliefert. Hier ein Beispiel, das nacheinander alle Vokale in dem String "Hello World" findet:

```
>>> for match in re.finditer("[aeiou]", "Hello World"):
...     print("{} found at position {}.".format(match.group(), match.span()[0]))
...
e found at position 1.
o found at position 4.
o found at position 7.
```

Weitere Beispiele für die Verwendung regulärer Ausdrücke finden Sie in Kapitel 10, »Konzepte der Programmierung«.

**Datum und Uhrzeit**

Die wichtigsten Methoden für Datum und Uhrzeit finden Sie in den Modulen datetime und time. Sie können zum Beispiel alle Klassen des Moduls datetime importieren, um sie ohne Namensraum-Präfix zu benutzen:

```
>>> from datetime import *
```

Eine einfache Klasse aus dem Modul datetime heißt wiederum datetime; ein Objekt dieser Klasse speichert eine Datums- und Uhrzeitangabe. Wenn Sie einen konkreten Zeitpunkt speichern möchten, lautet die Konstruktor-Syntax wie folgt:

```
datetime(year, month, day, hour, minute, second, microsecond)
```

Jahr, Monat und Tag sind dabei Pflichtfelder, alle anderen sind optional und haben den Standardwert 0. Das folgende Beispiel speichert ein konkretes Datum und eine konkrete Uhrzeit ohne Mikrosekunden in einer Variablen:

```
>>> dt = datetime(2017, 4, 18, 13, 37, 25)
```

Die String-Darstellung des gespeicherten Zeitpunkts ist ein ISO-Zeitstempel:

```
>>> print(dt)
2017-04-18 13:37:25
```

Die einzelnen Bestandteile der Zeitangabe lassen sich über öffentliche Attribute abrufen:

```
>>> dt.year        # Jahr
2017
>>> dt.month       # Monat
4
>>> dt.day         # Tag im Monat
18
>>> dt.hour        # Stunde
13
>>> dt.minute      # Minute
37
>>> dt.second      # Sekunde
25
>>> dt.microsecond # Mikrosekunde
0
```

Der Wochentag für die Zeitangabe kann über eine der Methoden `weekday()` oder `isoweekday()` ermittelt werden; es handelt sich um einen numerischen Wert, der bei `weekday()` mit 0 für Montag und bei `isoweekday()` mit 1 für Montag beginnt. Der 18. April 2017 war ein Dienstag, sodass die folgenden Ergebnisse herauskommen:

```
>>> dt.weekday()
1
>>> dt.isoweekday()
2
```

Mit `datetime.today()` oder `datetime.now()` können Sie die aktuelle Systemzeit als Datumsobjekt speichern; der Unterschied ist, dass `now()` im Gegensatz zu `today()` eine optionale Zeitzonenangabe enthalten kann. Beispiel:

```
>>> print(datetime.today())
2017-05-14 12:49:21.125654
```

Die Methode `strftime()` wandelt die Zeitangabe gemäß einer Formatierungsvorschrift in einen String um. Die Syntax der Formatierungsvorschrift entspricht der gleichnamigen Funktion, die bereits im Abschnitt zur Programmiersprache C erwähnt wurde. Das folgende Beispiel formatiert die aktuelle Systemzeit in deutscher Schreibweise und wandelt dabei auch den Wochentag in Text um:

```
>>> wochentage = ["Montag", "Dienstag", "Mittwoch", "Donnerstag", "Freitag",
"Samstag", "Sonntag"]
>>> dt = datetime.today()
>>> print("{}, {}".format(wochentage[dt.weekday()], dt.strftime("%d.%m.%Y, %H:%M")))
Freitag, 14.05.2017, 13:44
```

Interessant ist auch die Klasse `timedelta`. Sie definiert eine Zeitspanne, die zu einer Zeitangabe addiert oder von dieser abgezogen werden kann. Der Konstruktor kann beliebig viele der folgenden benannten Argumente entgegennehmen (wenn Sie keines verwenden, ist die Differenz 0 und das `timedelta`-Objekt recht nutzlos):

```
timedelta(
    days = n,
    seconds = n,
    microseconds = n,
    milliseconds = n,
    minutes = n,
    hours = n,
    weeks = n
)
```

Hier ein Beispiel, das drei Wochen und zwei Tage zum aktuellen Zeitpunkt hinzuaddiert beziehungsweise von diesem abzieht:

```
>>> dt = datetime.today()
>>> delta = timedelta(weeks = 3, days = 2)
>>> dt
datetime.datetime(2017, 5, 14, 13, 54, 27, 443589)
>>> dt + delta
datetime.datetime(2017, 6, 6, 13, 54, 27, 443589)
>>> dt - delta
datetime.datetime(2017, 4, 21, 13, 54, 27, 443589)
```

## 9.4 Übungsaufgaben

1. Welche der folgenden Strings sind gültige C-Bezeichner?

   ☐ variable1

   ☐ 1variable

   ☐ _variable

   ☐ binärzahl

2. Finden Sie den Fehler im folgenden C-Programm, möglichst ohne es abzutippen und zu kompilieren:

```
#include <stdio.h>
int ergebnis() {
  return a + b;
}
```

```c
int main(int argc, char* argv[]) {
  int a = 17;
  int b = 29;
  printf("%d + %d = %d", a, b, ergebnis());
  return 0;
}
```

3. Wie prüfen Sie in C, ob die int-Variable a größer als 0 und kleiner als 10 ist?

  ☐  0 < a < 10

  ☐  a > 0 & a < 10

  ☐  0 < a && < 10

  ☐  a > 0 && a < 10

4. Welchen Wert hat die Variable ergebnis nach Ausführung der folgenden C-Operationen?

```c
int a = 7;
int b = 9;
int ergebnis = ++a + b++;
```

5. Der folgende C-Codeausschnitt soll von 10 bis 1 herunterzählen. Tut er dies? Falls nicht, was tut er stattdessen?

```c
for (int i = 10; i > 1; i++) {
  printf("%d\n", i);
}
```

6. Schreiben Sie ein kleines C-Programm mit folgender Spezifikation: Der User soll drei ganze Zahlen eingeben, und das Programm berechnet die Summe und den Mittelwert (Summe geteilt durch Anzahl) dieser Zahlen und gibt diese Werte aus.

7. Das folgende kleine Java-Programm soll die beiden Zahlen 23 und 42 addieren und das Ergebnis ausgeben. Tut es dies? Falls nicht, was gibt es stattdessen aus?

```java
public class Rechentest {
  public static void main(String[] args) {
    int a = 23;
    int b = 42;
    System.out.println("23 + 42 = " + a + b);
  }
}
```

8. Wie prüfen Sie in Java, ob die beiden Strings str1 und str2 denselben Inhalt haben?

  ☐  str1 == str2

  ☐  str1 = str2

  ☐  str1.equals(str2)

  ☐  str1 - str2 == 0

9.4 Übungsaufgaben

9. Finden Sie alle Fehler in der folgenden Java-Klassendefinition:

```java
public class TestKlasse() {
  private int wert = "Hallo Welt";

  // Konstruktor
  public void TestKlasse(int _wert) {
    wert = _wert;
  }

  public int getWert() {
    return _wert;
  }

  public int setWert(int _wert) {
    wert = _wert;
  }
}
```

Zur Kontrolle: Es sind fünf Fehler, der Compiler beschwert sich aber nur über vier von ihnen.

10. Schreiben Sie eine Java-Klasse namens Kontakt, die die String-Attribute vorname, nachname, email und phone, Getter- und Setter-Methoden für diese Attribute sowie einen Konstruktor mit einem Argument für jedes Attribut enthält. Schreiben Sie anschließend ein Beispielprogramm, das mehrere Elemente vom Typ Kontakt zu einem Set<Kontakt> hinzufügt und anschließend die Liste aller Kontakte ausgibt.

Jeder Kontakt soll dabei in einer eigenen Zeile stehen und folgendes Format haben (Beispiel):

Müller, Anna; E-Mail: anna.mueller@example.com; Telefon: 0161/12345678

11. Welche der folgenden (in C gültigen) Ausdrücke sind auch in Python erlaubt?

☐ a & b

☐ a && b

☐ a == 1 ? b : c

☐ a++

☐ b -= 3

12. Was enthält die Python-Liste list nach Ausführung der folgenden Anweisungen (versuchen Sie, es vorherzusagen, bevor Sie es ausprobieren)?

```python
list = [1, 2, 3, 4]
list[2:2] = [5, 6, 7]
```

587

9    Grundlagen der Programmierung

13. Schreiben Sie in Python eine List Comprehension, die aus den Zahlen von 1 bis 100 alle diejenigen auswählt, die weder durch 2 noch durch 3 teilbar sind.

14. Schreiben Sie ein Python-Skript, das die Zahlen von 1 bis 100 untereinander rechtsbündig in eine Datei namens *zahlen.txt* schreibt.

15. Was gibt das folgende Python-Skript aus?

```
class A:
  def ausgabe(self):
    print("Ich bin A.")

class B(A):
  def ausgabe(self):
    print("Ich bin B.")

class C(B, A):
  pass

c = C()
c.ausgabe()
```

16. Schreiben Sie eine Python-Klasse namens Tier mit den Eigenschaften name und beine, die den Namen der Tierart beziehungsweise die Anzahl ihrer Beine enthält. Erstellen Sie dann im Hauptprogramm eine Liste von Tieren mit unterschiedlicher Beinanzahl, und geben Sie diese, sortiert nach der Anzahl der Beine, aus.

588

# Kapitel 10
# Konzepte der Programmierung

*Intelligente Fehler zu machen ist eine große Kunst.*
*– Federico Fellini*

Nachdem Sie im vorangegangenen Kapitel die grundlegende Syntax der Programmierung in drei verschiedenen Sprachen erlernt haben, ist es nun an der Zeit, dieses Handwerkszeug in der Praxis einzusetzen. In diesem Kapitel werden deshalb verschiedene konkrete Aspekte der Programmierung vorgestellt, von der Implementierung wichtiger Algorithmen und Datenstrukturen über eine Einführung in die systemnahe Programmierung und Netzwerkprogrammierung bis hin zur GUI-Anwendungsentwicklung und zur Arbeit mit einer integrierten Entwicklungsumgebung.

Die Implementierung der verschiedenen Beispiele erfolgt jeweils in einer (in seltenen Fällen auch mehreren) der drei im letzten Kapitel vorgestellten Programmiersprachen; es wird für jede Aufgabe eine passende Sprache ausgewählt.

## 10.1 Algorithmen und Datenstrukturen

Wenn Sie Programmieraufgaben lösen müssen, genügt es nicht, die einzelnen Befehle und Datentypen der gewählten Programmiersprache zu kennen. Sie benötigen vor allem ein Gespür dafür, wie sich Informationen und Aufgaben aus der realen Welt am effektivsten in einem Computerprogramm darstellen lassen. Für die Speicherung der verschiedenen Arten von Informationen werden mithilfe der Datentypen einer Programmiersprache sogenannte *Datenstrukturen* entwickelt. Die Strategien zur Verarbeitung der Datenstrukturen werden als *Algorithmen* bezeichnet – der theoretische Hintergrund der Algorithmik wurde bereits in Kapitel 2, »Mathematische und technische Grundlagen«, angesprochen. In diesem Abschnitt werden einige verbreitete Standardalgorithmen und Datenstrukturen dargestellt.

### 10.1.1 Ein einfaches Praxisbeispiel

Die Entwicklung eines Algorithmus soll hier zunächst Schritt für Schritt an einem Beispiel erläutert werden. Bevor Sie nämlich konkreten Programmcode hinschreiben, sollten Sie sich zunächst mit Papier und Bleistift theoretische Gedanken über den Ablauf des gewünschten Programms machen. Das Ergebnis solcher Überlegungen ist ein Flussdiagramm.

Es soll ein Algorithmus entwickelt werden, um den *größten gemeinsamen Teiler* (GGT) zweier ganzzahliger Werte zu ermitteln. Dies ist eine der wichtigsten Aufgaben im Bereich der Bruchrechnung. Der GGT zweier Werte *m* und *n* ist im günstigsten Fall *m/2* oder *n/2*, im ungünstigsten Fall 1. Hat er den Wert 1, werden die beiden Zahlen als *teilerfremd* bezeichnet.

Abbildung 10.1 zeigt ein Flussdiagramm, das einen Ansatz für eine mögliche Lösung beschreibt. In einem solchen Diagramm steht ein Rechteck für einen einfachen linearen Arbeitsschritt, eine Raute für eine Ja-Nein-Fallunterscheidung und ein abgerundetes Rechteck für Start oder Ende.

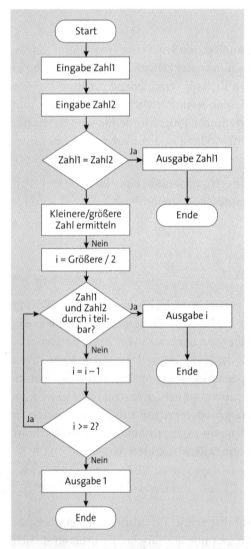

**Abbildung 10.1** Flussdiagramm für einen einfachen Algorithmus zur Berechnung des größten gemeinsamen Teilers (GGT)

Es gibt erheblich effizientere Verfahren zur GGT-Berechnung. Hier geht es aber nur um das grundlegende Prinzip.

Erheblich mehr Darstellungsmöglichkeiten bieten die im nächsten Kapitel vorgestellten Diagrammtypen der UML. Sie beziehen nicht nur Algorithmus und Programmablauf ein, sondern zum Beispiel auch die Aktionen verschiedener beteiligter Personen, Geräte und Programme.

Wie die Diagramme zeigen, werden Schritt für Schritt alle infrage kommenden Werte ausprobiert. Begonnen wird bei der Hälfte der größeren Zahl. Hier sehen Sie eine Implementierung dieses Algorithmus in Java:

```java
static int ggt(int m, int n) {
    // Trivialer Fall: m und n gleich:
    if (m == n)
        return m;
    // Größeren und kleineren Wert ermitteln:
    int gr = (m > n) ? m : n;
    int kl = (m < n) ? m : n;
    // Jeden möglichen Teiler testen:
    for (int i = gr / 2; i >= 2; i--) {
        // Sind beide Werte durch i teilbar?
        if (gr % i == 0 && kl % i == 0)
            return i;
    }
    // Hier bleibt nur noch die 1:
    return 1;
}
```

Da die Methode ggt() als static deklariert wurde, kann sie innerhalb einer Programmklasse von der Methode main() aus aufgerufen werden, ohne dass ein Objekt der Klasse bestehen muss. static-Methoden sind gewissermaßen der Java-Ersatz für imperative Funktionen. Hier sehen Sie ein Beispiel für eine main()-Methode, die den GGT zweier Kommandozeilenparameter ausgibt:

```java
public static void main (String args[]) {
    int m = Integer.parseInt (args[0]);
    int n = Integer.parseInt (args[1]);
    System.out.println ("Der GGT von " + m + " und "
        + n + " ist " + ggt(m, n));
}
```

Nach dem Kompilieren können Sie das Programm beispielsweise folgendermaßen aufrufen, falls die Klasse GGTtest heißt:

```
$ java GGTtest 18 24
Der GGT von 18 und 24 ist 6.
```

Die statische Methode parseInt() der Klasse Integer (einer objektorientierten Umhüllung für einen int-Wert) wandelt den übergebenen String in eine Ganzzahl um.

### 10.1.2 Sortieralgorithmen

Zu den häufigsten Aufgaben bei der Programmierung gehört die Sortierung von Daten nach einem bestimmten Kriterium. Im Laufe der Informatikgeschichte wurden Dutzende verschiedener Sortieralgorithmen entwickelt, die für unterschiedliche Einsatzzwecke geeignet sind. In diesem Abschnitt werden zwei davon vorgestellt. Der erste ist intuitiv verständlich, der zweite gerade für größere Datenmengen besonders effizient.

#### BubbleSort

Dieser einfachste aller Sortieralgorithmen durchwandert ein Array elementweise: Er vergleicht jedes Element mit seinem direkten Nachbarn. Falls die beiden Nachbarn in der falschen Reihenfolge stehen, ist es erforderlich, sie zu vertauschen – und dies so lange, bis das Verhältnis zum Nachbarelement stimmt. Der Name *BubbleSort* kommt übrigens daher, dass alle falsch einsortierten Elemente dabei in dieselbe Richtung verschoben werden – wie die Gasblasen, die in einem kohlensäurehaltigen Getränk aufsteigen. Sobald mindestens ein Element verschoben werden muss, steht fest, dass das Array noch nicht fertig sortiert ist, sodass ein weiterer Durchgang erforderlich ist. Hier sehen Sie eine Implementierung von Bubble-Sort als Python-Funktion, die eine Liste entgegennimmt und an Ort und Stelle sortiert (das heißt, die ursprüngliche Liste selbst ist anschließend sortiert):

```python
def bubblesort(list):
    # Endlosschleife bis auf Weiteres:
    while True:
        is_sorted = True  # Annahme: bereits sortiert
        for i in range(0, len(list) - 1):
            # Element i größer als Element i + 1?
            if list[i] > list[i + 1]:
                # Die beiden Elemente vertauschen:
                list[i], list[i + 1] = list[i + 1], list[i]
                # Aha, also noch nicht sortiert:
                is_sorted = False
        # Bereits sortiert?
        if is_sorted:
            # Endlosschleife verlassen:
            break
```

```python
# Test
if __name__ == '__main__':
    l = [9, 1, 8, 2, 7, 3, 6, 4, 5]
    bubblesort(l)
    print(l)
    l = ["Zebra", "Affe", "Marabu", "Elefant"]
    bubblesort(l)
    print(l)
```

Der Sortiervorgang findet in einer Endlosschleife statt, die durch die immer wahre Bedingung while True eingeleitet wird. Am Ende der Schleife wird geprüft, ob die Liste im aktuellen Durchgang sortiert geblieben ist, und in diesem Fall wird sie mittels break verlassen.

Die innere Schleife durchläuft die Schleife elementweise. Da hier Nachbarn miteinander verglichen werden, kommt kein Iterator über die Listenelemente zum Einsatz (etwa for i in list), sondern es wird über den Bereich der numerischen Indizes iteriert. So kann das jeweils aktuelle Element list[i] mit seinem Nachfolger list[i + 1] verglichen werden.

Der eigentliche Tauschvorgang funktioniert in Python in einer Zeile, da Sie einer Liste von Variablen (oder hier Listenelementen) eine Liste von Werten zuweisen können:

```python
list[i], list[i + 1] = list[i + 1], list[i]
```

In C oder Java müssten Sie einen Zwischenschritt wie diesen einschieben, um den Tausch durchzuführen:

```c
// list ist hier ein Array von int-Werten
int helper = list[i];
list[i] = list[i + 1];
list[i + 1] = helper;
```

Die Ausgabe des Beispiels lautet natürlich wie folgt:

```
[1, 2, 3, 4, 5, 6, 7, 8, 9]
['Affe', 'Elefant', 'Marabu', 'Zebra']
```

Zu Vergleichszwecken sehen Sie hier eine weitere Implementierung von BubbleSort als Java-Methode, die ein Array von int-Werten sortiert:

```java
static int[] bubbleSort(int[] liste) {
    boolean sortiert;
    do {
        sortiert = true;
        for (int i = 0; i < liste.length - 1; i++) {
            if (liste[i] > liste[i + 1]) {
                // Tauschen:
                int temp = liste[i];
```

10   Konzepte der Programmierung

```
            liste[i] = liste[i + 1];
            liste[i + 1] = temp;
            // Nicht sortiert!
            sortiert = false;
         }
      }
   } while (!sortiert);
   return liste;
}
```

Die folgende main()-Methode generiert ein Array mit unsortierten Werten, ruft bubbleSort()
auf und gibt anschließend die sortierte Liste aus:

```
public static void main (String args[]) {
   int[] werte = {3, 7, 1, 9, 2, 5, 2};
   werte = bubbleSort(werte);
   for (int i = 0; i < werte.length; i++) {
      System.out.print(werte[i] + " ");
   }
}
```

Die Ausgabe sieht natürlich folgendermaßen aus:

```
1 2 2 3 5 7 9
```

### Rekursion

Im nächsten Abschnitt wird ein sehr komplexer, aber erheblich effizienterer Sortieralgorithmus vorgestellt. Dieser verwendet die besondere Technik der *Rekursion*, bei der eine Funktion sich selbst mit geänderten Parametern aufruft. Rekursion ist immer dann nützlich,
wenn Sie gleichartige, ineinander verschachtelte Aufgaben lösen müssen.

Beispielsweise lässt sich die *Fakultät* eines Werts sehr leicht rekursiv berechnen. Die Fakultät
n! einer natürlichen Zahl n ist das Ergebnis der Multiplikation $1 \times 2 \times 3 \times \ldots \times n$. Durch Rekursion lässt sich das Problem schrittweise reduzieren, beispielsweise gilt im ersten Schritt: n! =
$n \times (n - 1)!$

Das folgende Beispiel zeigt eine rekursive C-Funktion, die auf diese Weise die Fakultät eines
übergebenen Werts berechnet:

```
int fakultaet(int n) {
   if (i > 1)
      return n * fakultaet(n - 1);
   else
      return 1;
}
```

594

Solange das übergebene n noch größer als 1 ist, wird das Problem an einen weiteren Aufruf von `fakultaet()` delegiert; das aktuelle n wird mit dem Rückgabewert dieses Aufrufs multipliziert. Die Aufrufe werden schließlich von innen nach außen abgearbeitet: Der letzte oder innerste Aufruf gibt 1 zurück, die mit der 2 des darüberliegenden Aufrufs multipliziert wird etc.

Der Gegenbegriff zur Rekursion ist übrigens *Iteration*. Natürlich lässt sich die Fakultät auch iterativ (in einer Schleife) berechnen, allerdings ist der Aufwand größer und die Schreibweise umständlicher:

```
int fakultaet(int n) {
   int fak = 1;
   for (int i = 2; i <= n; i++) {
      fak *= i;
   }
   return fak;
}
```

## QuickSort

Wie der Name vermuten lässt, handelt es sich bei *QuickSort* um einen besonders geschwindigkeitsoptimierten Sortieralgorithmus. Für eine ausreichend große Anzahl von Elementen ist er tatsächlich eines der schnellsten verfügbaren Sortierverfahren. Bei einer zu kleinen Elementanzahl kann er seinen theoretischen Geschwindigkeitsvorteil wegen der relativ aufwendigen Initialisierung nicht ausspielen.

QuickSort funktioniert nach dem Verfahren »Teile und herrsche«: Das gesamte zu sortierende Array wird in zwei Teile unterteilt (partitioniert), die an rekursive Aufrufe der Funktion übergeben werden. Dazu wird zunächst ein Vergleichselement namens *Median* gesucht; die Daten rechts neben dem Median müssen größer sein, die Daten links von ihm kleiner. Dies geschieht für jede Partition so lange immer wieder, bis jeweils nur noch zwei Elemente übrig sind, die in die richtige Reihenfolge gebracht werden. Hier eine QuickSort-Implementierung in Java:

```
static int[] quickSort(int[] liste) {
   /* quickSort ist nur ein bequemer Starter für die
      eigentliche Arbeitsmethode qSort().          */
   // qSort mit dem gesamten Array aufrufen:
   qSort (liste, 0, liste.length - 1);
   return liste;
}

static void qSort(int[] liste, int lo, int hi) {
   int median;
```

```
   if (lo < hi) {
      // Vergleichselement Median ermitteln:
      median = liste[hi];
      int i = lo - 1;
      int j = hi;
      for ( ; ; ) {
         // Werte von beiden Enden aus vergleichen:
         while (liste[++i] < median);
         while (j > 0 && liste[--j] > median);
         // Schleife verlassen, falls sortiert:
         if (j <= i) {
         break;
         }
         // Tauschen
         int temp = liste[i];
         liste[i] = liste[j];
         liste[j] = temp;
      }
      liste[hi] = liste[i];
      liste[i] = median;

      // Linke/rechte Partition sortieren:
      qSort (liste, lo, i - 1);
      qSort (liste, i + 1, hi);
   }
}
```

Die Verwendung von `quickSort()` könnte beispielsweise genauso aussehen wie der eingangs gezeigte Aufruf von `bubbleSort()`; Sie müssten lediglich den Namen der aufgerufenen Methode ändern und könnten alles andere stehen lassen.

Auffällig sind an dieser Implementierung von QuickSort die etwas gewöhnungsbedürftigen Schleifenkonstruktionen. `for ( ; ; )` ist eine *Endlosschleife*, die allerdings durch den gezielten Aufruf von `break`; verlassen wird. Eine solche Schreibweise ist immer dann nützlich, wenn sich erst während der Ausführung des Schleifenrumpfs herausstellt, dass der weitere Ablauf nicht mehr erforderlich ist. Alternativ lässt sich eine Endlosschleife auch wie folgt schreiben:

```
while (true) {
   // Abhängige Anweisung(en)
}
```

Ähnlich seltsam sind die beiden in sich geschlossenen `while()`-Schleifen wie diese:

```
while (liste[++i] < median);
```

Da nichts weiter getan werden muss, als die Elemente der Liste nacheinander mit dem Median zu vergleichen, ist dies eine erheblich kompaktere Schreibweise für die folgende Fassung:

```
do {
   ++i;
} while (liste[i] < median);
```

### 10.1.3  Suchalgorithmen

Eine weitere häufig gestellte Aufgabe bei der Entwicklung von Computerprogrammen ist die Suche nach Elementen in Arrays. Es gibt zwei grundsätzliche Arten dieser Suche: Die *lineare Suche* durchsucht nacheinander die einzelnen Elemente des Arrays, die *binäre Suche* erfordert dagegen ein bereits sortiertes Array und sucht darin durch fortgesetztes Halbieren und rekursives Durchsuchen der einzelnen Teilbereiche.

**Lineare Suche**

Die einfachste Art der Suche ist die *lineare*. Der Algorithmus besteht einfach darin, die Elemente eines Arrays nacheinander mit einem Suchwert zu vergleichen. Sobald der gesuchte Wert das erste Mal gefunden wird, wird dessen Index zurückgegeben; eine andere Variante würde alle Fundstellen zurückliefern. Es folgt eine Implementierung dieses Algorithmus in Java. Die Methode suchen() erwartet die Übergabe eines Arrays von int-Werten und den gesuchten Wert. Sie gibt den Index des ersten Vorkommens dieses Werts im Array zurück oder –1, falls der gesuchte Wert nicht im Array vorkommt. Hier der Code:

```
static int suchen(int[] liste, int wert) {
   for (i = 0; i < liste.length; i++) {
      if (liste[i] == wert)
         return i;
   }
   // Nicht gefunden:
   return -1;
}
```

Dieser Code sollte im Großen und Ganzen selbsterklärend sein. Ein Aufruf dieser Methode könnte folgendermaßen aussehen:

```
public static void main (String args[]) {
   int zahlen[] = {5, 1, 8, 3, 9, 2, 7};
   int suchwert = 8;
   System.out.println (suchwert +
      " kommt in der Liste an Position " +
      suchen (zahlen, suchwert) + " vor.");
}
```

10   Konzepte der Programmierung

Die Ausgabe dieses Hauptprogramms sieht natürlich so aus:

```
8 kommt in der Liste an Position 2 vor.
```

**Binäre Suche**

Bei der *binären* Suche muss zunächst ein sortiertes Array vorliegen. Dieses sortierte Array wird anschließend durch eine rekursive Methode immer weiter unterteilt, dadurch kann der gesuchte Wert sehr schnell gefunden werden.

Hier sehen Sie eine Implementierung dieses Algorithmus in Java. Die Methode binSuche() erwartet die Übergabe eines sortierten Arrays (die Sortierung wird nicht überprüft!) und den gesuchten Wert. Der Rückgabewert ist wieder der Index des gesuchten Elements oder –1, falls das Element nicht gefunden wird:

```
int binSuche (int[] liste, int wert) {
   //Initialisierung der eigentlichen Methode bSuche()
   return bSuche (liste, wert, 0, liste.length);
}

int bSuche (int[] liste, int wert, int lo, int hi) {

   // Nicht gefunden?
   if (lo > hi)
      return -1;
   int m = (lo + hi) / 2;
   int mwert = liste[m];
   if (mwert == wert)
      return wert;
   if (wert < mwert)
      return bSuche (liste, wert, lo, m - 1);
   if (wert > mwert)
      return bSuche (liste, wert, m + 1, hi);
}
```

### 10.1.4   Ausgewählte Datenstrukturen

Auf der Basis der grundlegenden Datentypen, die im vorangegangenen Kapitel vorgestellt wurden, lassen sich diverse komplexe Datenstrukturen für die Darstellung der verschiedensten Arten von Informationen aus der Realität einrichten. Einige wichtige Datenstrukturen, die häufig für Programmieraufgaben verwendet werden, werden im Folgenden vorgestellt.

### Stacks und Queues

Bei *Stacks* (Stapeln) und *Queues* (Warteschlangen) handelt es sich um Arrays mit einer dynamischen Anzahl von Elementen. Bei einem Stack werden Elemente nacheinander am Ende angehängt und bei Bedarf von diesem Ende wieder entfernt. Es handelt sich also um einen sogenannten *LIFO-Speicher* (*Last In, First Out*). Eine Queue ist dagegen ein *FIFO-Speicher* (*First In, First Out*): Elemente werden am Anfang der Liste hineingeschoben und am Ende nacheinander entnommen (oder umgekehrt).

In Python ist die Unterstützung für Stacks bereits im Kern eingebaut, und eine Queue-Datenstruktur wird mit der Standard Library mitgeliefert. Die Standardliste kann einfach als Stack verwendet werden: Mit `liste.append(element)` wird ein Element am Ende angehängt, und `liste.pop()` entfernt das letzte Element aus der Liste und liefert es zurück.

Um Queues zu verwenden, importieren Sie die Klasse `deque` aus dem Modul `collections`. Der Konstruktor wird mit einer gewöhnlichen Liste aufgerufen und erweitert diese um die Methode `popleft()`, die das erste Element entfernt und zurückliefert. Wenn Sie nun wie beim Stack Elemente mit `append()` anhängen, aber mit `popleft()` entfernen, haben Sie eine (umgekehrte) Queue. Falls Ihnen diese Richtung nicht behagt, können Sie die Elemente stattdessen auch mit `appendleft()` am Anfang einfügen und mit `pop()` am Ende entnehmen. Hier ein Beispiel:

```
>>> from collections import deque
>>> warteschlange = deque([])
>>> warteschlange.append("Kunde 1")
>>> warteschlange.append("Kunde 2")
>>> warteschlange.append("Kunde 3")
>>> warteschlange.popleft()
'Kunde 1'
>>> warteschlange.popleft()
'Kunde 2'
>>> warteschlange.popleft()
'Kunde 3'
```

In anderen Programmiersprachen ist die Implementierung dieser Datenstrukturen dagegen ein wenig schwieriger. In C und Java haben die eingebauten Arrays eine feste Anzahl von Elementen, sind also zur Darstellung dynamischer Listen nicht geeignet. In Java sind die diversen Listenklassen des Collection Frameworks besser geeignet, um solche Datenstrukturen zu implementieren.

In C wird in der Regel ein `struct` definiert, der jeweils einen einzelnen Wert und einen Zeiger auf das nächste dieser Elemente enthält. Eine solche Struktur sieht also beispielsweise so aus:

10   Konzepte der Programmierung

```c
struct element {
    int wert;
    struct element *nachfolger;
}
```

Auch wenn es ein wenig seltsam aussieht, dass innerhalb der struct-Definition ein Zeiger auf diesem Datentyp selbst steht, ist dies überhaupt kein Problem. Zwar kann eine Struktur keine Variable enthalten, deren Datentyp die Struktur selbst ist, aber ein Zeiger darauf funktioniert.

Hier ein kleines C-Beispielprogramm, in dem eine Liste verwendet wird, um zehn eingegebene Werte aufzunehmen, die anschließend durch sequenzielles Durchwandern der Liste wieder ausgegeben werden:

```c
#include <stdio.h>
#include <stdlib.h>

struct liste {
    int wert;
    struct liste *nachfolger;
};

int main (int argc, char *argv[]) {
    int i;
    int w;
    /* Element erzeugen */
    struct liste *aktuell = malloc(sizeof *aktuell);
    struct liste *erster = aktuell; /* Anfang merken */
    printf ("Bitte 10 int-Werte!\n");
    for (i = 0; i < 10; i++) {
        scanf ("%d", &w);
        aktuell->wert = w;
        aktuell->nachfolger = malloc(sizeof *aktuell);
        aktuell = aktuell->nachfolger;
    }
    aktuell = erster;
    printf ("\n");
    printf ("Ihre Eingaben:\n");
    for (i = 0; i < 10; i++) {
        printf ("%d\n", aktuell->wert);
        aktuell = aktuell->nachfolger;
    }
    return 0;
}
```

**600**

Die Funktion `malloc()` dient dazu, dynamisch Speicher zu allozieren. Das bedeutet, dass ein Bereich im Arbeitsspeicher für einen neuen Wert reserviert wird. Die Speicherverwaltungsfunktionen sind in der Header-Datei *stdlib.h* definiert. `malloc()` besitzt einen etwas merkwürdigen Datentyp: `void *`. Dies ist nicht etwa ein »Zeiger auf gar nichts«, sondern einfach ein Zeiger auf einen beliebigen Datentyp. Damit die richtige Menge Speicher reserviert wird, benötigt `malloc()` die gewünschte Speichermenge (Datentyp `size_t`) als Argument. Dazu bietet sich der Operator `sizeof` an, der die Speichergröße einer Variablen oder eines Datentyps angibt.

In robusten Programmen für echte Anwendungszwecke sollten Sie `malloc()` stets mithilfe von `if` überprüfen, damit Sie Fälle abfangen können, in denen die Speicherzuteilung nicht möglich ist (etwa wenn insgesamt zu wenig Speicher zur Verfügung steht).

In diesem Beispielprogramm werden zwei verschiedene Zeiger auf ein Listenelement verwendet, damit das erste Element der Liste auch dann noch verfügbar ist, falls der andere Zeiger zum Durchwandern der Liste genutzt wird.

In Java lässt sich eine Liste noch erheblich einfacher realisieren: Wegen der Objektorientierung können Sie leicht eine Klasse implementieren, die ein Listenelement und einen Verweis auf seinen Nachfolger darstellt. Eine solche Klasse könnte beispielsweise so aussehen:

```java
public class Element {
    private int wert;
    private Element nachfolger;
}
```

Es ist leicht vorstellbar, dass sich Funktionen zum Hinzufügen oder Entfernen von Elementen als Methoden einer solchen Klasse implementieren lassen.

Es folgt ein kleines Beispiel für die praktische Anwendung von Listen. Das Programm ist in Python geschrieben, weil Listen in dieser Sprache bereits eingebaut sind und keinen komplexen Programmieraufwand erfordern. Das Beispiel verwendet einen Stack, um die Wörter in einem String umzukehren:

```python
import re

line = input("Bitte eine Zeile eingeben:")
words = re.compile("\s+").split(line)
rwords = []
while words:
  rwords.append(words.pop())
print(" ".join(rwords))
```

Die Ausgabe des Programms sieht beispielsweise so aus:

```
Bitte eine Zeile eingeben: Diese Liste wird nun umgekehrt
umgekehrt nun wird Liste Diese
```

Die wichtige Anweisung in diesem Programm ist folgende:

```
rwords.append(words.pop())
```

Mithilfe von `pop()` wird jeweils das letzte Zeichen der Liste `words` entnommen und mithilfe von `append()` an die Liste `rwords` angehängt.

Interessant ist noch die folgende Zeile:

```
words = re.compile("\s+").split(line)
```

Hier wird zunächst mittels `compile()` ein regulärer Ausdruck erzeugt, der auf ein oder mehrere Whitespace-Zeichen passt. Anschließend wird die Methode `split()` verwendet, um den String `line` zu zerlegen und die einzelnen Wörter in der Liste `words` zu speichern. Die Arbeit mit regulären Ausdrücken wird ausführlich im nächsten Abschnitt behandelt.

### Bäume

Eine weitere interessante Datenstruktur ist der *Baum*. Die einzelnen Elemente eines Baums ähneln denjenigen einer Liste mit dem Unterschied, dass ein Element eines Baums jeweils mehrere Nachfolger haben kann. Die wichtigste Art der Baumstruktur ist der *Binärbaum*. Jedes Element dieses Baums kann genau zwei Nachfolger besitzen. Mithilfe von Binärbäumen werden beispielsweise schnelle Such- und Sortierverfahren implementiert.

In der Sprache C sieht die Datenstruktur für ein einzelnes Element eines Binärbaums beispielsweise so aus:

```
struct baum {
    int wert;
    struct baum *links;
    struct baum *rechts;
}
```

Hier sehen Sie eine Variante des zuvor gezeigten Listenbeispiels, bei der Eingabewerte zwischen 1 und 100 erwartet werden. Sie werden jeweils nach ihrer Größe in den Binärbaum einsortiert; bei der Ausgabe wird der Baum rekursiv von ganz links nach ganz rechts durchwandert.

```
#include <stdio.h>
#include <mem.h>

struct baum {
    int wert;
    struct baum *links;
    struct baum *rechts;
};
```

10.1 Algorithmen und Datenstrukturen

```c
void zeige_baum (struct baum *aktuell) {
    if (aktuell->links)
        zeige_baum (aktuell->links);
    printf ("%d\n", aktuell->wert);
    if (aktuell->rechts)
        zeige_baum (aktuell->rechts);
}

int main (int argc, char *argv[]) {
    int i;
    int w;
    /* Element erzeugen: */
    struct baum *aktuell = malloc (sizeof *aktuell);
    /* Anfangsposition merken: */
    struct baum *erster = aktuell;
    /* mittleren Wert speichern: */
    aktuell->wert = 50;
    printf ("Bitte 10 Werte von 1 bis 100 eingeben.\n");
    for (i = 0; i < 10; i++) {
        printf ("%2d. ", i + 1);
        scanf ("%d", &w);
        /* Wert einsortieren */
        aktuell = erster;
        for ( ; ; ) {
            if (w <= aktuell->wert) {
                if (aktuell->links) {
                    aktuell = aktuell->links;
                } else {
                    aktuell->links =
                        malloc (sizeof *aktuell);
                    aktuell = aktuell->links;
                    break;
                }
            }
            else {
                if (aktuell->rechts) {
                    aktuell = aktuell->rechts;
                } else {
                    aktuell->rechts =
                        malloc (sizeof *aktuell);
                    aktuell = aktuell->rechts;
                    break;
```

10    Konzepte der Programmierung

```
            }
        }
    }
    aktuell->wert = w;
}
printf ("\n");
printf ("Ihre Eingaben:\n");
zeige_baum (erster);
return 0;
}
```

Interessant ist, wie dieses Programm die einzelnen Werte in den Baum einsortiert. Für jedes einzelne Element wird bei der Wurzel des Baums begonnen: Wenn das Element kleiner oder gleich dem Wert an der Wurzel ist, wird weiter nach links gewandert, andernfalls weiter nach rechts. Auf diese Weise sucht sich jeder Wert seinen passenden Platz im Baum. Je kleiner ein Wert ist, desto weiter links steht er im fertigen Baum.

Die rekursive Funktion zeige_baum() wird zunächst mit der Wurzel des Baums aufgerufen. Falls das Baumelement, mit dem sie aufgerufen wurde, einen linken Nachfolger hat, wird sie zuerst für diesen aufgerufen. Anschließend wird der Wert für das Element selbst ausgegeben, schließlich wird die Funktion noch einmal für den rechten Nachfolger aufgerufen, falls er existiert. Auf diese Weise wird der Baum nacheinander von links nach rechts ausgegeben.

Es folgt noch eine weitere Implementierung des Binärbaums, und zwar in Java. Sie besteht aus insgesamt drei Klassen:

▶ Branch ist ein einzelner Zweig eines Baums mit einem Wert (in diesem Fall int) und je einem möglichen linken und rechten Nachfolger, die den Wert null haben, solange sie nicht explizit gesetzt werden.

▶ BranchSort stellt zwei öffentliche Methoden bereit: addValue() dient dem korrekten Einsortieren eines neuen Werts in einen sortierten Binärbaum, und getSorted() liefert alle Elemente in korrekter Reihenfolge als ArrayList<Integer> zurück. Die eigentliche Arbeit erledigen zwei private, rekursive Helfermethoden.

▶ BranchSortTest ist ein Beispielprogramm zum Testen von BranchSort. Es interpretiert alle Kommandozeilenparameter, bei denen dies möglich ist, als int, fügt diese in ein BranchSort-Objekt ein und gibt anschließend das Ergebnis von dessen getSorted()-Methode aus.

Speichern Sie jede der Klassen in einer Datei mit dem Klassennamen und der Endung *.java*. Wenn alle im selben Verzeichnis liegen, genügt es anschließend, *BranchSortTest.java* zu kompilieren. Hier zunächst das ausführlich mit JavaDoc und Inline-Kommentaren dokumentierte Listing:

```java
/**
 * Einzelner Zweig eines Binärbaums
 */
public class Branch {
    /**
     * Wert des aktuellen Knotens
     */
    private int value;

    /**
     * Linker Nachfolger, falls gesetzt, sonst null
     */
    private Branch left = null;

    /**
     * Rechter Nachfolger, falls gesetzt, sonst null
     */
    private Branch right = null;

    /**
     * Konstruktor, der nur einen Wert entgegennimmt
     *
     * @param _value Der zu speichernde Wert
     */
    public Branch(int _value) {
        value = _value;
    }

    /**
     * Konstruktor mit Wert und Nachfolgern
     *
     * @param _value Der zu speichernde Wert
     * @param _left Der linke Nachfolger
     * @param _right Der rechte Nachfolger
     */
    public Branch(int _value, Branch _left, Branch _right) {
        value = _value;
        left = _left;
        right = _right;
    }

    /**
     * Den Wert ändern
```

```java
 *
 * @param _value Der neue zu speichernde Wert
 */
public void setValue(int _value) {
    value = _value;
}


/**
 * Den linken Nachfolger setzen
 *
 * @param _left Der linke Nachfolger
 */
public void setLeft(Branch _left) {
    left = _left;
}


/**
 * Den rechten Nachfolger setzen
 *
 * @param _right Der rechte Nachfolger
 */
public void setRight(Branch _right) {
    right = _right;
}


/**
 * Den Wert auslesen
 *
 * @return Aktueller Wert
 */
public int getValue() {
    return value;
}


/**
 * Den linken Nachfolger auslesen
 *
 * @return Linker Nachfolger
 */
public Branch getLeft() {
    return left;
}
```

```java
    /**
     * Den rechten Nachfolger auslesen
     *
     * @return Rechter Nachfolger
     */
    public Branch getRight() {
        return right;
    }
}


import java.util.List;
import java.util.ArrayList;

/**
 * Werte sortiert in einem Binärbaum speichern
 *
 * Sie können mit addValue(int) beliebig viele Werte hinzufügen.
 * Die Methode getSorted() liefert die Werte jederzeit
 * aufsteigend sortiert zurück.
 */
public class BranchSort {
    /**
     * Wurzelknoten des internen Binärbaums
     */
    private Branch root = null;

    /**
     * Einen Wert hinzufügen
     *
     * Wenn der Wurzelknoten noch nicht gesetzt ist, wird der Wert
     * als Wurzelknoten gesetzt, ansonsten wird er mithilfe der
     * internen Helfermethode recursiveInsert() einsortiert
     *
     * @param value Der einzufügende Wert
     */
    public void addValue(int value) {
        if (root == null) {
            root = new Branch(value);
        } else {
            recursiveInsert(root, value);
        }
    }
```

```java
/**
 * Rekursive Helfermethode zum Einsortieren eines Wertes
 *
 * @param branch Der aktuelle Knoten
 * @param value Der einzusortierende Wert
 */
private void recursiveInsert(Branch branch, int value) {
    // Größe des einzusortierenden Wertes überprüfen
    if (value <= branch.getValue()) {
        // Kleiner oder gleich aktueller Wert: nach links
        if (branch.getLeft() != null) {
            // Rekursiver Aufruf, falls linker Nachfolger
            recursiveInsert(branch.getLeft(), value);
            // Und Schluss
            return;
        }
        // Ansonsten neuen Knoten erzeugen und als linken Nachfolger setzen
        Branch newBranch = new Branch(value);
        branch.setLeft(newBranch);
        // Und Schluss
        return;
    } else {
        // Größer als aktueller Wert: nach rechts
        if (branch.getRight() != null) {
            // Rekursiver Aufruf, falls rechter Nachfolger
            recursiveInsert(branch.getRight(), value);
            // Und Schluss
            return;
        }
        // Ansonsten neuen Knoten erzeugen und als rechten Nachfolger setzen
        Branch newBranch = new Branch(value);
        branch.setRight(newBranch);
        // Und Schluss
        return;
    }
}

/**
 * Alle Elemente aufsteigend sortiert auslesen
 *
 * Intern wird eine neue Liste erzeugt, anschließend wird die interne
 * Helfermethode mit dem Wurzelknoten und der leeren Liste aufgerufen
 *
```

```
    * @return Die Liste der sortierten Werte
    */
   public ArrayList<Integer> getSorted() {
       ArrayList<Integer> sorted = new ArrayList<>();
       recursiveRead(root, sorted);
       return sorted;
   }

   /**
    * Interne Helfermethode zum Auslesen der sortierten Werte
    *
    * @param branch Der aktuelle Knoten
    * @param list Die Liste, in die die Werte geschrieben werden
    */
   private void recursiveRead(Branch branch, ArrayList<Integer> list) {
       // Rekursiver Aufruf für einen eventuellen linken Nachfolger
       if (branch.getLeft() != null) {
           recursiveRead(branch.getLeft(), list);
       }
       // Den aktuellen Wert an die Liste anfügen
       list.add(branch.getValue());
       // Rekursiver Aufruf für einen eventuellen rechten Nachfolger
       if (branch.getRight() != null) {
           recursiveRead(branch.getRight(), list);
       }
   }
}

import java.util.List;
import java.util.ArrayList;

public class BranchSortTest {
    public static void main(String[] args) {
        // Neues BranchSort-Objekt erzeugen
        BranchSort branchSort = new BranchSort();
        // Argumente einsortieren, falls in int umwandelbar
        for (int i = 0; i < args.length; i++) {
            try {
                branchSort.addValue(Integer.parseInt(args[i]));
            } catch(NumberFormatException e) {
            }
        }
        // Die sortierte Liste holen und elementweise ausgeben
```

```
        List<Integer> sortedIntList = branchSort.getSorted();
        for (int i:sortedIntList) {
            System.out.println(i);
        }
    }
}
```

Wenn Sie das kompilierte Programm BranchSortTest ausführen, erhalten Sie eine Ausgabe wie diese:

```
$ java BranchSortTest 67 2 83 9 21 15 99 3 46 21 23
2
3
9
15
21
21
23
46
67
83
99
```

## 10.2   Reguläre Ausdrücke

Bereits in Kapitel 7, »Linux«, haben Sie Beispiele für die Mustererkennung im Konsolen-Dienstprogramm *grep* kennengelernt. In der Softwareentwicklung spielt die Arbeit mit Textmustern eine sehr wichtige Rolle. Denken Sie nur einmal an die Verarbeitung zahlreicher Personendaten oder Verwaltungsinformationen bei Behörden oder großen Unternehmen. Es wäre mehr als mühselig, solche Datenbestände mithilfe konventioneller Einzeltextvergleiche in den Griff bekommen zu wollen.

Deshalb wurde ein besonderes Verfahren entwickelt: die Arbeit mit *regulären Ausdrücken*. Der Begriff regulärer Ausdruck ist eigentlich ein wenig unglücklich gewählt. Es handelt sich um die Übersetzung des englischen Begriffs *regular expression* (abgekürzt *RegExp* oder *RegEx*), den man besser als »regelgerechten Ausdruck« wiedergeben würde.

Da reguläre Ausdrücke das Programmieren erheblich erleichtern können, wird ihnen an dieser Stelle ein ganzer Abschnitt gewidmet; er konzentriert sich auf Python und Java. Zusätzlich erfahren Sie in Kapitel 19, »Webserveranwendungen«, und in Kapitel 20, »JavaScript und Ajax«, kurz, wie Sie in PHP beziehungsweise JavaScript mit regulären Ausdrücken umgehen.

Die grundlegende Verwendung regulärer Ausdrücke in Python wurde bereits im vorangegangenen Kapitel beschrieben; alle beteiligten Klassen sind im Modul re enthalten; hier werden noch einige weitere Verfahren wie etwa die Ersetzung von Text aufgrund regulärer Ausdrücke behandelt.

In Java ist das Package java.util.regex für die Arbeit mit regulären Ausdrücken zuständig – wichtig sind hier insbesondere die Klassen Pattern für das Suchmuster selbst und Matcher für die Verarbeitung der Treffer.

Hier ein kleines Einführungsbeispiel, das alle Vokale in einem String und ihre Positionen auflistet; es entspricht dem Python-Einführungsbeispiel aus dem letzten Kapitel:

```
import java.util.regex.Pattern;
import java.util.regex.Matcher;

public class VowelFinderTest {
    public static void main(String[] args) {
        String regexBase = "[aeiou]";
        String text = "Alle Vokale finden!";
        Pattern pattern = Pattern.compile(regexBase);
        Matcher matcher = pattern.matcher(text);
        while (matcher.find()) {
            System.out.printf(
                "%s gefunden an Position %d.\n",
                matcher.group(),
                matcher.start()
            );
        }
    }
}
```

Die statische Methode Pattern.compile(string) wird verwendet, um aus einem String einen regulären Ausdruck zu bilden. Die Zeichenklasse [aeiou] steht für ein beliebiges Zeichen aus der Auswahl, in diesem Fall also für einen beliebigen Vokal. Die Methode matcher(string) des Pattern-Objekts wendet den regulären Ausdruck auf den angegebenen String an und enthält anschließend Informationen über den oder die Treffer. Die Methode find() kann dabei in einer Schleife verwendet werden, um nacheinander alle Treffer zu durchlaufen. Die Methoden group() und start() liefern den jeweils gefundenen Text beziehungsweise dessen Anfangsposition im untersuchten String.

Die Ausgabe des Programms sieht so aus:

```
$ java VowelFinderTest
e gefunden an Position 3.
o gefunden an Position 6.
a gefunden an Position 8.
```

e gefunden an Position 10.
i gefunden an Position 13.
e gefunden an Position 16.

Wie Sie sehen, wird der Großbuchstabe A am Anfang der Textzeile nicht gefunden. Das liegt daran, dass reguläre Ausdrücke standardmäßig zwischen Groß- und Kleinschreibung unterscheiden. Mithilfe von Flags können Sie das Verhalten regulärer Ausdrücke verändern, unter anderem auch die Unterscheidung von Groß- und Kleinschreibung abschalten. Die konkrete Ausgestaltung der Flags variiert je nach Programmiersprache; in Java handelt es sich um numerische Konstanten der Klasse Pattern, die Sie mithilfe der Operation Bitweise-Oder (|) verknüpfen und als zweites Argument einer anderen Version von Pattern.compile() verwenden können. Die Konstante für die Abschaltung der Groß-/Kleinschreibungsprüfung heißt Pattern.CASE_INSENSITIVE und wird durch folgende Änderung im obigen Programm gesetzt:

```
Pattern pattern = Pattern.compile(regexBase, Pattern.CASE_INSENSITIVE);
```

Wenn Sie das Programm danach erneut kompilieren und ausführen, wird die Ausgabe wie folgt ergänzt:

```
$ java VowelFinderTest
A gefunden an Position 0.
e gefunden an Position 3.
...
```

Es ist nicht so schwierig, das Funktionieren der Regexp-Klassen und -Funktionen der diversen Programmiersprachen zu verstehen und anzuwenden. Wichtiger ist es, zu lernen und sich zu merken, welche Formulierungen in regulären Ausdrücken zulässig sind.

### 10.2.1 Muster für reguläre Ausdrücke

Zuerst müssen Sie verstehen, dass ein regulärer Ausdruck standardmäßig keinen kompletten String beschreibt, sondern bereits als Treffer gilt, wenn er auf einen beliebigen Teil-String zutrifft. Wichtig ist dies bei sicherheitsrelevanten Anwendungen, etwa bei der Überprüfung von Benutzereingaben: Die Tatsache, dass die Eingabe einem bestimmten Muster entspricht, heißt noch nicht automatisch, dass sie frei von schädlichen Inhalten sein muss. Deshalb gibt es spezielle Elemente, die den Anfang und das Ende eines Strings bezeichnen.

Dazu ein Beispiel vorweg: a bedeutet, dass der Buchstabe a an einer beliebigen Stelle im untersuchten Text stehen darf. ^a steht dagegen für ein a am String-Anfang.

Grundsätzlich existieren unter anderem die folgenden Komponenten für einzelne Zeichen, aus denen Sie in Python, Java und anderen Programmiersprachen reguläre Ausdrücke zusammensetzen können:

> abc steht einfach für die genannten Zeichen selbst. ee passt auf »Tee« und »See«, aber nicht auf »Tea«.

> [abc] steht für ein beliebiges Zeichen aus der Liste. [MH]aus passt also auf »Haus« und »Maus«, aber nicht auf »raus«. Alle Alternativen-Auflistungen in eckigen Klammern werden auch als *Zeichenklassen* bezeichnet.

> [a-z] steht für die gesamte angegebene Zeichenfolge im Zeichensatz. Beispielsweise bedeutet [a-z], dass alle kleinen Buchstaben gemeint sind, [0-9] steht dagegen für alle Ziffern und etc. Natürlich müssen Sie nicht immer eine ganze Zeichenkategorie angeben: [A-K] repräsentiert zum Beispiel alle großen Buchstaben von A bis K. Außerdem können Sie innerhalb desselben Paares eckiger Klammern sowohl einen Bereich als auch einzelne Zeichen eingeben. [a-dp] trifft etwa auf alle Zeichen von a bis d sowie auf das p zu. Auch mehrere Bereiche sind möglich: Beispielsweise stellt [0-9a-fA-F] sämtliche Hexadezimal-ziffern dar.

> [^abc] steht für jedes beliebige Zeichen außer denjenigen in der Liste. So trifft [^M]aus auf »Haus« und »raus«, aber nicht auf »Maus« zu. Übrigens passt dieser Ausdruck auch nicht auf »aus«, weil auf jeden Fall ein Zeichen davor erwartet wird – es darf nur kein M sein.

> . (ein Punkt) steht für genau ein beliebiges Zeichen; es handelt sich um die allgemeinste aller Zeichenklassen.

Diese und alle komplexeren RegExp-Konstrukte lassen sich durch sogenannte *Quantifizierer* (*Quantifiers*) modifizieren; diese stehen hinter einem bestimmten Element und geben jeweils an, wie oft es vorkommen darf. Die drei einfachen Quantifizierer sind:

> ? bedeutet, dass das links davon stehende Zeichen beziehungsweise die Liste optional ist, also vorkommen darf oder auch nicht. Hau?se kann also für »Hase« oder für »Hause« stehen, aber nicht für »Hanse«.

> * bedeutet, dass das links davon stehende Zeichen beziehungsweise die Liste beliebig oft vorkommen darf, also gar nicht, einmal oder öfter. 12*3 könnte also etwa 13, 123 oder 12223 heißen. .* steht übrigens für beliebig viele beliebige Zeichen.

> + bedeutet, dass das links davon stehende Zeichen beziehungsweise die Liste mindestens einmal vorkommen muss, aber auch öfter vorkommen darf. 0,3+ kann also etwa für 0,3, 0,333 oder 0,333333333 stehen.

Die Quantifizierer * und + sind »gierig« (*greedy*): Wenn sie die Wahl haben, passen sie auf die maximal mögliche Anzahl von Zeichen. Falls Sie etwa mithilfe von ".*" nach Text in Anführungszeichen suchen, passt dieser Ausdruck auf sämtlichen Text zwischen dem ersten und dem allerletzten Anführungszeichen im aktuellen Bereich! Deshalb existiert alternativ eine »nicht gierige« (*non-greedy*) Variante: Schreiben Sie *? oder +?, wenn Sie nur jeweils den kleinstmöglichen Treffer erhalten möchten. Für einen einzelnen Textblock in Anführungszeichen müsste der Ausdruck also ".*?" lauten.

- {n} bedeutet, dass das links davon stehende Zeichen beziehungsweise die Liste genau n-mal vorkommen muss. Beispielsweise ist [0-9]{5} das Muster für eine deutsche Postleitzahl: fünf Ziffern zwischen 0 und 9.

- {m,n} bedeutet, dass das links davon stehende Zeichen beziehungsweise die Liste mindestens m-mal und höchstens n-mal vorkommen darf. Ein sinnvolles Muster für Telefonnummern ohne Vorwahl ist zum Beispiel [0-9]{4,8}. Eine der beiden Ziffern, diejenige vor oder diejenige nach dem Komma, können Sie übrigens weglassen. {4,} besagt, dass das erwartete Element mindestens viermal vorkommen darf, {,2} dagegen, dass es höchstens zweimal vorkommen darf.

Damit Sie die bisherigen Informationen leichter verarbeiten können, sehen Sie hier zunächst ein kurzes Beispiel. Das folgende Python-Programm überprüft bei einer eingegebenen Zeile, ob sie das Wort »Python« enthält:

```
import re

zeile = input("Bitte Text eingeben: ")
if re.compile("Python").search(zeile):
    print("Danke für Python!")
else:
    print("Kein Python gefunden!")
```

Falls Sie in regulären Ausdrücken bestimmte Zeichen als solche verwenden möchten, müssen Sie ihnen einen Backslash (\) voranstellen, weil sie eine spezielle Bedeutung haben. Es handelt sich um folgende Zeichen: - + ? * ( ) [ ] { } / \ | , . ^ $.

Neben den bisher besprochenen Formen für einzelne Zeichen existieren etliche interessante Kurzfassungen und spezielle Formulierungen, von denen hier nur die wichtigsten wiedergegeben werden:

- \s steht für beliebigen *Whitespace*, das heißt für Leerzeichen, Tabulatoren oder Zeilenumbrüche (falls überhaupt mehr als eine Zeile auf einmal verarbeitet wird; dies kann für den jeweiligen regulären Ausdruck konfiguriert werden).

- \w repräsentiert sämtliche Arten von Zeichen, die in Wörtern vorkommen können. Genauer gesagt, sind alle Zeichen zulässig, die in Bezeichnern vorkommen können: Buchstaben, Ziffern und _ (Unterstrich). Ob Unicode-Buchstaben wie Umlaute (ä, ö, ü), diakritische Zeichen (zum Beispiel è oder ç) und Buchstaben nicht lateinischer Alphabete wie α, β, γ (griechische Buchstaben) oder 您好 (Chinesisch) dazugehören oder nur ASCII-Zeichen, kann in vielen Regexp-Implementierungen konfiguriert werden.

- \W ist das Gegenteil von \w: Es trifft auf sämtliche anderen Zeichen zu.

- \d steht für sämtliche Ziffern, ist also eine Abkürzung für [0-9].

- \D stellt dagegen sämtliche Zeichen dar, die keine Ziffern sind; dies ist eine Abkürzung für [^0-9].

▶ \b trifft auf Wortgrenzen zu. Diese Komponente ist also überall dort zu finden, wo ein Wort beginnt oder aufhört. Zum Beispiel findet \ber die Wörter »er« oder »erklären«, aber nicht »lernen«.

▶ \B betrifft dagegen sämtliche Stellen innerhalb von Wörtern. Ein Muster, das Sie mit \B kombinieren, wird also nur dann gefunden, wenn es nicht am Anfang oder am Ende eines Wortes steht. \Ber findet also etwa »lernen«, aber nicht »erklären«.

▶ () dient dazu, einen Teilausdruck zu einer Gruppe zusammenzufassen. Dies hat zum einen den Zweck, ganze Gruppen mit Zählern wie +, ? und * zu versehen oder mithilfe von | Optionen anzugeben; zum anderen merkt sich die RegExp-Engine geklammerte Ausdrücke in den speziellen Platzhaltern $1 bis $9 (Java) beziehungsweise \1 bis \9 (Python), um sie beim Ersetzen in den Ersatztext aufzunehmen.

▶ ^ außerhalb eckiger Klammern steht für den String-Anfang. ^H trifft also beispielsweise auf den Text »Hallo Welt!« zu, aber nicht auf den Satz »Sag' Hallo zur Welt!«.

▶ $ steht entsprechend für das String-Ende. Beispielsweise trifft \d+0$ nur auf Zahlen zu, die mit einer 0 enden.

Der folgende Ausdruck trifft nur zu, wenn die gesamte Zeile aus einer Ganzzahl besteht:

`^\-?\d+$`

^ markiert den String-Anfang, \-? steht für ein optionales Minuszeichen, dahinter bezeichnet \d+ eine oder mehrere Ziffern, und das Zeilenende wird durch $ gekennzeichnet.

▶ Der Operator | innerhalb einer geklammerten Untergruppe bedeutet, dass jedes der durch | voneinander getrennten Konstrukte zulässig ist. Beispielsweise passt der nächste Ausdruck auf »Hund«, »Katze« oder »Maus«:

`(Hund|Katze|Maus)`

### 10.2.2 Programmierung mit regulären Ausdrücken

Nachdem Sie nun die einzelnen Bestandteile regulärer Ausdrücke kennengelernt haben, müssen Sie als Nächstes die verschiedenen Python- und Java-Funktionen erlernen, in denen reguläre Ausdrücke verwendet werden können. Die drei wichtigsten Anwendungsfälle, die hier für beide Sprachen behandelt werden sollen, sind folgende:

▶ einfache Suche nach einem oder mehreren Vorkommen von Treffern für reguläre Ausdrücke

▶ Ersetzen der Fundstellen durch anderen Text, sowohl durch statische Strings als auch unter Verwendung von Teilen des regulären Ausdrucks selbst

▶ Auftrennen von Strings an jeder Stelle, an der ein bestimmter regulärer Ausdruck auftritt, und Speichern der Rest-Strings in einem Array beziehungsweise einer Liste

Nebenbei werden die in der jeweiligen Sprache verfügbaren Flags zur Modifikation regulärer Ausdrücke beschrieben.

### Reguläre Ausdrücke in Python verwenden

Für die Suche nach einem regulären Ausdruck in einem String stellt Python zwei verschiedene Funktionen bereit. Beide lassen sich – genau wie der Rest der Regexp-Funktionalität – entweder als alleinstehende Funktionen unter dem Modul re oder aber als Methoden eines kompilierten regulären Ausdrucks aufrufen. Im ersteren Fall müssen Sie einen regulären Ausdruck und den zu durchsuchenden String als Argumente übergeben, im letzteren Fall nur den String, da der reguläre Ausdruck bereits das Objekt ist, dessen Methode Sie aufrufen.

Die Funktion oder Methode search() sucht im gesamten String nach einem Treffer für den regulären Ausdruck, während match() nur den Anfang des Strings betrachtet. Letzteres ist wesentlich schneller und sollte immer dann eingesetzt werden, wenn Sie es sich leisten können, am Anfang des Strings mit der Suche zu beginnen.

Hier ein einfaches Beispiel: Es sucht in dem String "Hallo" nach einem kleingeschriebenen Vokal. Ganz offensichtlich würde match() hier fehlschlagen, denn der String beginnt mit einem großgeschriebenen Konsonanten. Hier daher alle Varianten der Suche mit search():

```
>>> import re
>>> # Alleinstehende Funktion mit Regex-Literal
... re.search(r"[aeiou]", "Hallo")
<_sre.SRE_Match object; span=(1, 2), match='a'>
>>> # Kompilierten regulären Ausdruck erzeugen
... vokal = re.compile("[aeiou]")
>>> # Alleinstehende Funktion mit kompiliertem Regex
>>> re.search(vokal, "Hallo")
<_sre.SRE_Match object; span=(1, 2), match='a'>
>>> # Methode des kompilerten Regex
... vokal.search("Hallo")
<_sre.SRE_Match object; span=(1, 2), match='a'>
```

Wie Sie sehen, können Sie bei der Funktionsschreibweise entweder ein Regex-Literal (einen String, der den regulären Ausdruck enthält, mit vorangestelltem r) oder aber einen kompilierten regulären Ausdruck verwenden. Bei der Methodenschreibweise muss der reguläre Ausdruck dagegen zuvor kompiliert werden, was aber auch anonym, also ohne Zwischenspeicherung in einer Variablen, funktioniert:

```
>>> re.compile("[aeiou]").search("Hallo")
<_sre.SRE_Match object; span=(1, 2), match='a'>
```

Hier die Gegenprobe mit allen Schreibweisen von match() – Sie erhalten keine Ausgabe, da kein Treffer gefunden wird und das Ergebnis somit None ist:

```
>>> re.match(r"[aeiou]", "Hallo")
>>> vokal = re.compile("[aeiou]")
>>> re.match(vokal, "Hallo")
>>> vokal.match("Hallo")
```

Wenn Sie die Fundstellen selbst untersuchen möchten, speichern Sie das Ergebnis von search() oder match() am besten in einer Variablen. Anschließend können Sie vier Methoden des Objekts verwenden, um den Treffer zu untersuchen: group() liefert den Teil-String, auf den der reguläre Ausdruck zutrifft; span() liefert ein Tupel aus der ersten Position des Treffers und der ersten, die nicht mehr zum Treffer gehört; start() liefert nur die Startposition und end() die ausgeschlossene Endposition. Beispiele:

```
>>> m = re.search(r"[aeiou]", "Hallo")
>>> m
<_sre.SRE_Match object; span=(1, 2), match='a'>
>>> m.group()
'a'
>>> m.span()
(1, 2)
>>> m.start()
1
>>> m.end()
2
```

Interessanter wird es, wenn Sie innerhalb Ihres regulären Ausdrucks geklammerte Teilausdrücke verwenden. Betrachten Sie den folgenden kompilierten regulären Ausdruck, der auf eine deutsche Postleitzahl und die meisten deutschen Ortsnamen passen dürfte und der die Postleitzahl sowie den Ortsnamen durch Klammern jeweils zu Untergruppen macht:

```
plz_ort = re.compile("(\d{5})\s+([A-ZÄÖÜa-zäöüß -]+)")
```

Der reguläre Ausdruck selbst, "(\d{5})\s+([A-ZÄÖÜa-zäöü -]+)", besteht aus folgenden Elementen:

▶ Der erste geklammerte Teilausdruck \d{5} steht für genau fünf beliebige Ziffern.

▶ Darauf folgt \s+ für ein oder mehr Whitespace-Zeichen.

▶ Schließlich repräsentiert der zweite geklammerte Ausdruck [A-ZÄÖÜa-zäöüß -]+ ein oder mehrere Zeichen aus der angegebenen Zeichenklasse (große oder kleine Buchstaben, Umlaute, ß, Leerzeichen oder Bindestrich). Dies dürfte praktisch alle deutschen Ortsnamen abdecken. Das - am Ende der Zeichenklasse braucht übrigens nicht escaped zu werden, denn seine Position ohne folgendes Zeichen besagt, dass das Zeichen selbst gemeint ist und keine Zeichenfolge.

Wenn Sie den regulären Ausdruck auf einen String anwenden, in dem eine entsprechende Zeichenfolge vorkommt, erhalten Sie zunächst einen gewöhnlichen Treffer:

```
>>> plz_ort = re.compile("(\d{5})\s+([A-ZÄÖÜa-zäöüß -]+)")
>>> m = plz_ort.search("Peter Schmitz, 50678 Köln, Tel.: 0221/1234567")
>>> m
<_sre.SRE_Match object; span=(15, 25), match='50678 Köln'>
```

Die bisher besprochenen Treffermethoden wie group() enthalten also einen Treffer für den gesamten regulären Ausdruck; im vorliegenden Fall "50678 Köln". Wenn Sie diesen Gesamttreffer meinen, können Sie alternativ auch group(0), span(0) etc. schreiben, denn die Treffer für Teilausdrücke werden von außen nach innen und von links nach rechts durchnummeriert, wobei der Index 0 stets den Gesamttreffer bezeichnet:

```
>>> m.group(0)
'50678 Köln'
```

Die Treffer für die geklammerten Teilausdrücke können Sie entsprechend über höhere Indizes abrufen, im vorliegenden Beispiel also 1 und 2:

```
>>> m.group(1)
'50678'
>>> m.group(2)
'Köln'
>>> m.span(1)
(15, 20)
>>> m.span(2)
(21, 25)
```

Die Methode groups() liefert ein Tupel mit allen Teiltreffern zurück:

```
>>> m.groups()
('50678', 'Köln')
```

Die bisher beschriebenen Methoden finden maximal einen Haupttreffer für Ihren regulären Ausdruck. Wenn Sie mehrere Treffer finden möchten, können Sie stattdessen die Methode findall() verwenden. Auch diese lässt sich entweder als alleinstehende Funktion re.findall(regex, string) oder als Methode eines kompilierten regulären Ausdrucks aufrufen. Hier zwei Beispiele für den regulären Ausdruck plz_ort:

```
>>> re.findall(plz_ort, "50678 Köln, 40456 Düsseldorf, 51465 Bergisch Gladbach")
[('50678', 'Köln'), ('40456', 'Düsseldorf'), ('51465', 'Bergisch Gladbach')]
>>> plz_ort.findall("80789 München, 10345 Berlin, 53543 Bonn")
[('80789', 'München'), ('10345', 'Berlin'), ('53543', 'Bonn')]
```

Wie Sie sehen, ist das Ergebnis ein Array, in dem jedes Element für einen Treffer steht. Die Treffer selbst sind wiederum Tupel, die die Teiltreffer für die geklammerten Ausdrücke auflisten. Diese Ergebnisse können Sie also ideal mithilfe von Iteratoren verarbeiten.

Wenn Sie einen einfachen regulären Ausdruck ohne Teilausdrücke verwenden, erhalten Sie übrigens ein Array aus einfachen Strings, die die verschiedenen Treffer repräsentieren. Hier sehen Sie ein Beispiel, das Postleitzahl und Ort als ganzen String findet:

```
>>> plz_ort_easy = re.compile("\d{5}\s+[A-ZÄÖÜa-zäöüß -]+")
>>> plz_ort_easy.findall("60468 Frankfurt, 20765 Hamburg")
['60468 Frankfurt', '20765 Hamburg']
```

Beim Kompilieren regulärer Ausdrücke können Sie als optionales zweites Argument diverse Flags angeben; es handelt sich um Konstanten aus dem Modul re, die mit Bitweise-Oder (|) kombiniert werden können. Hier die beiden wichtigsten Flags, jeweils mit Beispiel:

► re.I oder re.IGNORECASE
Normalerweise unterscheiden reguläre Ausdrücke zwischen Groß- und Kleinschreibung. Dieses Flag sorgt dafür, dass sie dies nicht mehr tun. Betrachten Sie zum Vergleich die folgenden beiden Beispiele:

```
>>> nur_klein = re.compile("[a-z]+")
>>> nur_klein.search("GROSSklein")
<_sre.SRE_Match object; span=(5, 10), match='klein'>
>>> egal = re.compile("[a-z]+", re.I)
>>> egal.search("GROSSklein")
<_sre.SRE_Match object; span=(0, 10), match='GROSSklein'>
```

► re.M oder re.MULTILINE
Normalerweise trifft ^ auf den Anfang des gesamten untersuchten Strings zu und $ auf dessen Ende. Wenn Sie den Multiline-Modus aktivieren, wird damit jede Zeile einzeln behandelt. Für den Anfang und das Ende des Gesamt-Strings gibt es in diesem Fall die Konstrukte \A beziehungsweise \Z. Hier sehen Sie ein Beispiel für das unterschiedliche Verhalten mit einem mehrzeiligen Here-Document-String:

```
>>> str = """Hallo
... Welt
... wie
... geht
... es
... dir?
... """
>>> komplett = re.compile("^[a-z]+", re.I)  # Buchstaben am String-Anfang
>>> komplett.findall(str)
['Hallo']
```

10   Konzepte der Programmierung

```
>>> zeilen = re.compile("^[a-z]+", re.I | re.M) # Zeilenanfang
>>> zeilen.findall(str)
['Hallo', 'Welt', 'wie', 'geht', 'es', 'dir']
>>> multiline_anfang = re.compile("\A[a-z]+", re.I | re.M)
>>> multiline_anfang.findall(str)
['Hallo']
```

Es folgt ein etwas ausführlicheres Praxisbeispiel für das Finden von Treffern: ein einfacher Parser für mathematische Ausdrücke im Format Operand1 Operator Operand2, wobei die zulässigen Operatoren +, -, * und / sind. Der Benutzer kann Rechenaufgaben eingeben, und das Programm berechnet sie oder gibt eine Fehlermeldung aus, wenn die Aufgabe nicht korrekt formatiert ist.

Beachten Sie, dass komplexere Parser in aller Regel nicht mit regulären Ausdrücken programmiert werden, sondern mithilfe speziellerer Tools, aber für etwas so Einfaches genügen reguläre Ausdrücke. Hier zunächst der vollständige Quellcode:

```python
import re

def parsemath(statement):
    pattern = re.compile("^(\-?\d+(\.\d+)?)\s*([+*/-])\s*(\-?\d+(\.\d+)?)$")
    m = pattern.match(statement)
    if m:
        operand1 = float(m.group(1))
        operator = m.group(3)
        operand2 = float(m.group(4))
        if operator == "+":
            return operand1 + operand2
        if operator == "-":
            return operand1 - operand2
        if operator == "*":
            return operand1 * operand2
        if operator == "/":
            if operand2 == 0:
                raise ValueError("Division durch 0 ist verboten.")
            return operand1 / operand2
    else:
        raise ValueError("Invalid statement.")

print("Rechenaufgaben im Format <Operand1> <+,-,*,/> <Operand2> oder x = Ende.")
while True:
    statement = input("> ")
    if statement == "x":
```

620

```
        break
    try:
        print(parsemath(statement))
    except ValueError as e:
        print(e)
```

Insgesamt dürften Sie diesen Code problemlos verstehen, wenn Sie das vorangegangene Kapitel durchgearbeitet haben. Betrachten Sie daher vor allem den regulären Ausdruck selbst:

```
^(\-?\d+(\.\d+)?)\s*([+*/-])\s*(\-?\d+(\.\d+)?)$
```

Die Verankerungen ^ und $ sorgen dafür, dass der gesamte String auf den regulären Ausdruck passen muss; ein Teiltreffer genügt nicht. Den Beginn-Anker ^ könnten Sie sich theoretisch sparen, da die Methode match() ohnehin nur am Anfang des Strings sucht, aber die explizite Erwähnung macht die Bedeutung des regulären Ausdrucks deutlicher.

Der erste geklammerte Teilausdruck ist (\-?\d+(\.\d+)?) – am Anfang kann also ein Minuszeichen stehen oder auch nicht, gefolgt von einer oder mehreren Ziffern. Der Rest des Teilausdrucks wird durch das Fragezeichen optional gemacht – ein Punkt, gefolgt von mindestens einer Ziffer. Der erste Operand kann also eine positive oder negative Ganz- oder Fließkommazahl sein. Wie Sie sehen, wird der exakt identische Teilausdruck am Ende nochmals wiederholt, da der zweite Operand genauso aufgebaut ist wie der erste.

In der Mitte versucht ein weiterer Teilausdruck, den Operator zu finden: ([+*/-]) findet genau eines der vier angegebenen Zeichen. Das - ans Ende zu schreiben ist ein Trick, um es nicht escapen zu müssen – da kein weiteres Zeichen folgt, ist klar, dass kein Von-bis-Bereich gemeint ist, sondern das Minuszeichen selbst.

Zwischen den geklammerten Ausdrücken ist durch die Verwendung von \s* beliebig viel Whitespace möglich.

Wenn Sie das Programm ausführen und einige Rechenausdrücke eingeben, erhalten Sie eine Ausgabe wie diese:

```
$ python3 mathparser.py
Rechenaufgaben im Format <Operand1> <+,-,*,/> <Operand2> oder x = Ende.
> 7+2
9.0
> 77 * 99
7623.0
> 923.23 - 239.39
683.84
> 6 / 0
Division durch 0 ist verboten.
```

```
> a + b
Invalid statement.
> x
```

Die zweite wichtige Aufgabe regulärer Ausdrücke neben der Suche, nämlich das Ersetzen von Fundstellen, wird in Python durch die Methode sub() erledigt. Ihre allgemeine Syntax ist:

```
regex.sub(replacement, string[, count])
```

Dabei ist regex ein kompilierter regulärer Ausdruck, replacement der gewünschte Ersatztext, string der zu durchsuchende Text und der optionale Parameter count die maximale Anzahl gewünschter Ersetzungen. Wenn Sie count weglassen, werden alle Treffer ersetzt. Der Rückgabewert der Methode ist der vollständige, gemäß den Vorgaben modifizierte Text.

Das folgende Beispiel ist nicht sonderlich sinnvoll, aber es zeigt, wie die Ersetzung funktioniert – es ersetzt alle Vokale in einem String durch *:

```
>>> vokale = re.compile("[aeiou]", re.I)
>>> vokale.sub("*", "Hallo Welt, was ist los?")
'H*ll* W*lt, w*s *st l*s?'
```

Die folgende Variante setzt einen konkreten Wert für count und ersetzt so nur die ersten drei Vokale im Text:

```
>>> vokale.sub("*", "Nur drei Vokale ersetzen", 3)
'N*r dr** Vokale ersetzen'
```

Wenn Sie geklammerte Teilausdrücke verwenden, können Sie die entsprechenden Treffer in den Ersatztext übernehmen. Sie werden genau wie die group()-Ergebnisse durchnummeriert und als \1, \2 etc. geschrieben. Da der \ in einem regulären String dem Escaping dient, müssen Sie in der Praxis \\1, \\2 etc. schreiben. Das folgende Beispiel ersetzt in einer mehrzeiligen Namensliste mit dem Format »Vorname Nachname« die Namen so, dass das neue Format »Nachname, Vorname« lautet:

```
>>> vorname_nachname = """Peter Schmitz
... Hanna Meyer-Becker
... Cengiz Toprak
... Karl-Heinz Müller"""
>>> muster = re.compile("^([^\s]+)\s+([^\s]+)$", re.M)
>>> nachname_vorname = muster.sub("\\2, \\1", vorname_nachname)
>>> print(nachname_vorname)
Schmitz, Peter
Meyer-Becker, Hanna
Toprak, Cengiz
Müller, Karl-Heinz
```

Für komplexere Ersetzungen können Sie anstelle eines einfachen Ersetzungsstrings auch eine Lambda-Funktion verwenden, die den Ersatztext mithilfe beliebiger Operationen erzeugt. Die Lambda-Funktion nimmt ein Argument entgegen, üblicherweise `match` genannt; es handelt sich um ein Trefferobjekt, das die Methoden `group()`, `span()` etc. bereitstellt.

Das folgende Beispiel ersetzt alle Ganzzahlen in einem Text durch ihre Hexadezimalentsprechung samt führendem `0x`:

```
>>> numbers = re.compile("\d+")
>>> text = """256 Programmierer schreiben 1024 Programme in 32 Wochen.
    Wie viele Programme schaffen 512 Programmierer in 64 Wochen?"""
>>> hextext = numbers.sub(lambda match: hex(int(match.group())), text)
>>> print(hextext)
0x100 Programmierer schreiben 0x400 Programme in 0x20 Wochen.
Wie viele Programme schaffen 0x200 Programmierer in 0x40 Wochen?
```

Die Lambda-Funktion liest zunächst den aktuellen Treffer `match.group()` aus, wandelt diesen String mit `int()` in eine Ganzzahl und schließlich mit `hex()` in einen Hexadezimal-String um.

Zu guter Letzt soll noch das Auftrennen von Strings mithilfe regulärer Ausdrücke beschrieben werden. Dafür kommt die Funktion oder Methode `split()` zum Einsatz. Sie findet alle Treffer für den regulären Ausdruck im untersuchten String und fügt die Rest-Strings in eine Liste ein. Hier ein geradezu klassisches Beispiel, das einen String an Nicht-Wort-Bestandteilen trennt, um nur die Wörter in die Liste zu übernehmen:

```
>>> satz = "Dies ist ein Satz, aber mich interessieren nur die enthaltenen Wörter."
>>> woerter = re.split("\W+", satz)
>>> woerter
['Dies', 'ist', 'ein', 'Satz', 'aber', 'mich', 'interessieren', 'nur', 'die',
'enthaltenen', 'Wörter', '']
```

### Reguläre Ausdrücke in Java verwenden

Die Java-Implementierung regulärer Ausdrücke funktioniert erstaunlich ähnlich wie diejenige in Python, sodass sie Ihnen wenig Schwierigkeiten machen dürfte.

Ein regulärer Ausdruck wird durch ein Objekt der Klasse `java.util.regex.Pattern` repräsentiert und wie folgt erzeugt:

```
Pattern pattern = Pattern.compile(string[, flags]);
```

Der String ist die Rohfassung des regulären Ausdrucks, der gesucht oder ersetzt werden soll. Beachten Sie, dass Sie bei Spezialgruppen, die mit \ beginnen, \\ schreiben müssen, da der Backslash in Strings dem Escaping dient und daher auch selbst escaped werden muss.

Das zweite optionale Argument flags ist ein numerischer Wert, der durch die Bitweise-Oder-Kombination (|) diverser Konstanten der Klasse Pattern erzeugt werden kann und das konkrete Verhalten des regulären Ausdrucks steuert. Die beiden wichtigsten Flags sind folgende:

▶ Pattern.CASE_INSENSITIVE sorgt dafür, dass der reguläre Ausdruck nicht zwischen Groß- und Kleinschreibung unterscheidet.

▶ Pattern.MULTILINE betrachtet die Zeilen eines Strings einzeln, sodass ^ und $ nicht mehr den Anfang beziehungsweise das Ende des gesamten untersuchten Strings, sondern den Anfang und das Ende jeder Zeile finden. Ergänzend treffen die Konstrukte \A und \Z in diesem Fall auf den Anfang beziehungsweise das Ende des Strings zu.

Das folgende Beispiel kompiliert einen regulären Ausdruck, der auf jede Folge von Groß- und/oder Kleinbuchstaben passt:

```
Pattern buchstaben = Pattern.compile("[a-z]+", Pattern.CASE_INSENSITIVE);
```

Um in einem String nach Treffern für den regulären Ausdruck zu suchen, wird nach folgendem Schema ein java.util.regex.Matcher-Objekt dafür erzeugt:

```
Matcher matcher = pattern.matcher(string);
```

Hier ein Beispiel, das das Pattern buchstaben auf einen gemischten String anwendet:

```
Matcher letterMatch = buchstaben.matcher("1, zwei und 3 - nur Buchstaben dabei!");
```

Die Klasse Matcher enthält die Methode find(), die nacheinander jeden Treffer findet, sodass Sie sie einfach in einer while-Schleife verwenden können. Das sieht schematisch wie folgt aus:

```
while (matcher.find()) {
    // Methoden von matcher beziehen sich auf den aktuellen Treffer
}
```

Das folgende Beispiel wendet eine solche Schleife auf den Matcher letterMatch an und gibt verschiedene Informationen über jeden Treffer aus:

```
while (letterMatch.find()) {
    System.out.printf(
        "Treffer '%s' von %d bis (ausschließlich) %d.",
        letterMatch.group(),
        letterMatch.start(),
        letterMatch.end()
    );
}
```

Die Methoden group(), start() und end() entsprechen den gleichnamigen Python-Methoden – sie liefern den gefundenen Text, seine Anfangsposition und seine nicht mehr dazugehörende Endposition zurück. Hier das gesamte Buchstaben-Beispiel als Programm:

```java
import java.util.regex.Pattern;
import java.util.regex.Matcher;

public class BuchstabenTest {
    public static void main(String[] args) {
        Pattern buchstaben = Pattern.compile("[a-z]+", Pattern.CASE_INSENSITIVE);
        Matcher letterMatch = buchstaben.matcher(
            "1, zwei und 3 - nur Buchstaben dabei!"
        );
        while (letterMatch.find()) {
            System.out.printf(
                "Treffer '%s' von %d bis (ausschließlich) %d.\n",
                letterMatch.group(),
                letterMatch.start(),
                letterMatch.end()
            );
        }
    }
}
```

Wenn Sie das Programm kompilieren und ausführen, erhalten Sie folgende Ausgabe:

```
Treffer 'zwei' von 3 bis (ausschließlich) 7.
Treffer 'und' von 8 bis (ausschließlich) 11.
Treffer 'nur' von 16 bis (ausschließlich) 19.
Treffer 'Buchstaben' von 20 bis (ausschließlich) 30.
Treffer 'dabei' von 31 bis (ausschließlich) 36.
```

Die Methoden group(), start() und end() gibt es auch jeweils in einer Version mit einem int-Argument, um Treffer für geklammerte Teilausdrücke zu finden; das Argument 0 liefert dabei wie gehabt den Gesamttreffer. Da Sie mit groupCount() die Anzahl der Untergruppen ermitteln können, ist es einfach möglich, auch die Teiltreffer in einer Schleife auszulesen. Hier eine Java-Entsprechung des Postleitzahl/Ort-Beispiels aus dem Python-Unterabschnitt:

```java
import java.util.regex.Pattern;
import java.util.regex.Matcher;

public class ZipPlaceFinderTest {
    public static void main(String[] args) {
        Pattern zipPlace = Pattern.compile("(\\d{5})\\s+([A-ZÄÖÜa-zäöüß -]+)");
```

```
String text = "Peter Schmitz, 50678 Köln; Maria Müller, 40456 Düsseldorf";
Matcher matcher = zipPlace.matcher(text);
while (matcher.find()) {
    for (int i = 0; i <= matcher.groupCount(); i++) {
        System.out.println(matcher.group(i));
    }
}
```

Die Ausgabe dieses Programms sieht so aus:

```
50678 Köln
50678
Köln
40456 Düsseldorf
40456
Düsseldorf
```

Um Fundstellen durch anderen Text zu ersetzen, werden die beiden Matcher-Methoden replaceFirst() oder replaceAll() verwendet, die an der ersten Fundstelle beziehungsweise an allen Fundstellen des regulären Ausdrucks den als Argument angegebenen String einfügen. Hier ein erstes kleines Beispiel, das alle Nicht-Buchstaben-Folgen durch ein einfaches Leerzeichen ersetzt:

```
import java.util.regex.Pattern;
import java.util.regex.Matcher;

public class ReplaceNonLettersTest {
    public static void main(String[] args) {
        String txt = "Ach - Wörter, mehr wollen wir nicht!";
        Pattern nonLetters = Pattern.compile("[^\\p{L}]+");
        Matcher findNonLetters = nonLetters.matcher(txt);
        String newTxt = findNonLetters.replaceAll(" ");
        System.out.println(newTxt);
    }
}
```

Als regulärer Ausdruck für Nichtbuchstaben wird hier übrigens kein einfaches \W+ verwendet, da dies in Java auf alle Zeichen zutrifft, die keine lateinischen Buchstaben, Ziffern oder Unterstriche sind – damit wäre etwa der Umlaut ö betroffen. \p{...} ist eine Java-Erweiterung für spezielle Zeichenklassen, wobei \p{L} für alle Unicode-Buchstaben steht. Durch das Konstrukt [^...] wird diese Klasse verneint, das heißt, es werden alle Zeichen gefunden, die keine Unicode-Buchstaben sind.

Die Ausgabe des Programms sieht natürlich so aus:

```
Ach Wörter mehr wollen wir nicht
```

Auch in Java können Sie Teiltreffer aus Klammern im Ersatztext verwenden; hier werden sie als $1, $2 etc. bezeichnet. Das folgende kleine Beispiel ersetzt Postleitzahl und Ort durch eine ausführlichere Beschreibung:

```
import java.util.regex.Pattern;
import java.util.regex.Matcher;

public class ReplaceWithGroupsTest {
    public static void main(String[] args) {
        Pattern zipPlace = Pattern.compile("(\\d{5})\\s+([\\p{L} -]+)");
        Matcher zipPlaceFound = zipPlace.matcher("50678 Köln; 40456 Düsseldorf");
        String result = zipPlaceFound.replaceAll("PLZ: $1, Ort: $2");
        System.out.println(result);
    }
}
```

Wenn Sie das Programm kompilieren und ausführen, erhalten Sie folgende Ausgabe:

```
PLZ: 50678, Ort: Köln; PLZ: 40456, Ort: Düsseldorf
```

Sie können `replaceFirst()` und `replaceAll()` übrigens auch einfach als Methoden eines Strings aufrufen; die schematische Syntax lautet wie folgt:

```
String replaced = str.replaceFirst(regex, replacement);
```

Der String `str` ist dabei der Originaltext, in dem die Ersetzungen vorgenommen werden sollen, `regex` ist der nicht kompilierte reguläre Ausdruck im String-Format und `replacement` der Ersatz-String. Das Ergebnis der Methode, hier `replaced` genannt, ist ebenfalls ein String.

Das Zerlegen eines Strings mithilfe eines regulären Ausdrucks ist ebenfalls eine Methode der Klasse `String` namens `split()`. Es gibt zwei Varianten dieser Methode:

```
str.split(regex)
```

zerlegt den String `str` an allen Stellen, an denen der reguläre Ausdruck `regex` (im einfachen String-Format) zutrifft, und gibt die restlichen Teile des ursprünglichen Strings als `String[]`-Array zurück. In der Schreibweise

```
str.split(regex, limit)
```

wird zusätzlich der `int`-Wert `limit` übergeben, der die maximale Anzahl von Elementen des Ergebnis-Arrays festlegt. Der gesamte Rest des Strings landet dabei im letzten Element, auch wenn es darin weitere Treffer für den regulären Ausdruck geben sollte.

Das folgende kleine Beispiel zerlegt einen String in seine einzelnen Wörter, indem alle Nicht-Wort-Zeichen herausgefiltert werden:

```
public class SplitNonLettersTest {
    public static void main(String[] args) {
        String text = "Punkt, Komma, Strich - will ich nich'!";
        String[] elements = text.split("\\W+");
        for (int i = 0; i < elements.length; i++) {
            System.out.println(elements[i]);
        }
    }
}
```

Anstelle des komplexeren [^\p{L}]+ kommt hier das einfachere \W+ zum Einsatz, weil der Test-String ohnehin keine Umlaute enthält. Behalten Sie jedoch in Erinnerung, dass dies bei realen nicht englischen Texten selten der Fall ist.

Hier zum Abschluss noch die (leicht vorhersagbare) Ausgabe des Beispiels:

```
Punkt
Komma
Strich
will
ich
nich
```

## 10.3   Systemnahe Programmierung

Einige Programmieraufgaben erfordern Zugriffe auf Funktionen, die das Betriebssystem bereitstellt. In Unix-Systemen werden solche Anweisungen als *Systemaufrufe* (*System Calls*) bezeichnet. In diesem Abschnitt werden einige der wichtigsten Aspekte der systemnahen Programmierung behandelt: die gleichzeitige Ausführung mehrerer Aufgaben, die soge-nannte *Nebenläufigkeit*, durch Prozesse und Threads sowie die Kommunikation zwischen ihnen.

### 10.3.1   Prozesse und Pipes

Das Prinzip des Prozesses wurde bereits in Kapitel 5, »Betriebssystemgrundlagen«, ange-sprochen: Jedes unter einem modernen Betriebssystem laufende Programm wird als separa-ter Prozess oder Task ausgeführt, der seinen eigenen Speicherbereich und seine eigenen Ein- und Ausgabeschnittstellen besitzt. Threads dagegen stellen eine einfache Möglichkeit zur Verfügung, innerhalb desselben Prozesses mehrere Aufgaben parallel zu erledigen. In die-sem Abschnitt werden beide Verfahren kurz praktisch vorgestellt.

**10.3  Systemnahe Programmierung**

Das Erzeugen neuer Prozesse ist das herkömmliche Verfahren, um in Unix-Programmen mehrere parallele Verarbeitungseinheiten zu realisieren: Zwei verschiedene Aufgaben müssen nicht aufeinander warten, um ausgeführt zu werden. Dies ermöglicht beispielsweise die effektive Nutzung von Wartezeiten, die durch die verhältnismäßig langsamen I/O-Operationen entstehen können.

Das Unix-Prozessmodell erzeugt einen neuen Prozess durch den Systemaufruf fork(), der eine absolut identische Kopie des ursprünglichen Prozesses erzeugt. Jede Codezeile, die hinter einem Aufruf von fork() steht, wird in nicht vorhersagbarer Reihenfolge doppelt ausgeführt. Da der ursprüngliche Prozess (Parent-Prozess) in der Regel etwas anderes tun soll als der neu erzeugte (Child-Prozess), müssen diese beiden irgendwie voneinander unterschieden werden. In diesem Zusammenhang ist es nützlich, dass fork() im Parent-Prozess die Prozess-ID (PID) des Child-Prozesses zurückgibt und im Child-Prozess 0. Folglich sehen praktisch alle fork()-Aufrufe in C-Programmen unter Unix schematisch so aus:

```
int f;
...
if (f = fork()) {
   ...
   /* Parent-Prozess:
      Hier werden die Parent-Aufgaben erledigt;
      f enthält PID des Childs.              */
} else {
   ...
   /* Child-Prozess:
      Hier werden die Child-Aufgaben erledigt;
      getppid() liefert PID des Parents.    */
}
```

Um die Forking-Funktionalität in C-Programmen verwenden zu können, müssen Sie die Header-Datei *sys/types.h* einbinden:

```
#include <sys/types.h>
```

Unter Windows wird dieses Verfahren von Haus aus nicht unterstützt; die Win32 API definiert stattdessen eine Funktion namens CreateProcess(), die einen neuen leeren Prozess erzeugt.

Das folgende Beispiel zeigt ein kleines Python-Programm, das im Parent- und im Child-Prozess jeweils eine Schleife von 1 bis 10.000 durchzählt und anzeigt. Im Child-Prozess werden die Ausgaben ein wenig eingerückt, damit sie leichter zu unterscheiden sind:

```
import os

pid = os.fork()
```

```
if pid == 0:
    print("Child process")
    for i in range(1, 10000):
        print("   Child: {}".format(i))
else:
    print("Parent process. Child: {}".format(pid))
    for i in range(1, 10000):
        print("Parent: {}".format(i))
```

Der fork()-Aufruf ist in Python im Modul os enthalten, da es sich um die Benutzerschnittstelle eines Systemaufrufs handelt. Beachten Sie, dass diese Funktionalität in Python nur auf Unix-Systemen wie Linux und macOS, aber nicht unter Windows verfügbar ist, wo die Erzeugung neuer Prozesse auf Systemebene anders funktioniert. Einige andere Programmiersprachen stellen dennoch ein öffentliches fork() für Windows bereit, das intern den Windows-Systemaufruf zur Prozesserzeugung vornimmt. Für beide Systemumgebungen geeignet sind allerdings die komfortablen Module subprocess und multiprocessing, für die es ausführliche Erläuterungen in der Python-Online-Dokumentation gibt.

Das if/else-Konstrukt in diesem Skript hat gegenüber gewöhnlichem if/else eine Besonderheit: Es wird nicht entweder der eine oder der andere Zweig ausgeführt, sondern beide – der if-Zweig im neu erzeugten Child-Prozess, der else-Zweig im Parent-Prozess. Wenn Sie das Programm ausführen, werden Sie den Wechsel zwischen ein- und ausgerückten Zahlen bemerken. Sie können die Ausgabe auch genauer untersuchen, indem Sie sie mithilfe von >Dateiname in eine Datei umleiten.

Natürlich ist dieses Beispiel nicht besonders sinnvoll. Zu den bedeutendsten Aufgaben von fork() gehört die Implementierung von Netzwerkservern, die mit mehreren Clients zur gleichen Zeit kommunizieren. Beispiele finden Sie im nächsten Abschnitt.

### Kommunikation zwischen Prozessen durch Pipes

Mithilfe von fork() können Sie zwar beliebig viele Prozesse erzeugen, aber diese Prozesse laufen völlig beziehungslos nebeneinander. In der bisher vorgestellten Form sind sie also nicht dafür geeignet, mehrgliedrige Aufgaben kooperativ zu erledigen. Da Programme und Tasks in der Praxis jedoch auf vielfältige Weise miteinander interagieren müssen, sind Mittel zur Kommunikation zwischen den verschiedenen Prozessen erforderlich. In Kapitel 5, »Betriebssystemgrundlagen«, wurde bereits angedeutet, dass es vielerlei Möglichkeiten dafür gibt, unter anderem Shared Memory, Signale, Semaphoren oder Pipes. Als praktisches Beispiel wird hier die Verwendung von Pipes angesprochen.

Die Verwendung von Pipes zur Kommunikation wird hier am Beispiel von C demonstriert, da sie in diesem Fall besonders nah an der Funktionsweise des Betriebssystems selbst ist. Im Grunde gibt es keinen Unterschied zwischen der Anwendung einer Pipe auf der Kommandozeile und aus einem C-Programm heraus.

Um eine Pipe zu öffnen, wird die Funktion pipe() aus der Header-Datei *unistd.h* aufgerufen. Das einzige Argument ist ein int[2]-Array; es enthält nach dem Erzeugen der Pipe numerische Dateideskriptoren, wobei Index 0 die schreibende und Index 1 die lesende Seite repräsentiert. Schauen Sie sich dazu folgendes Beispiel an:

```
#include <unistd.h>

int main(int argc, char* argv[]) {
  int fd[2];
  pipe(fd);
  /* fd[0] repräsentiert die lesende Seite der Pipe,
     fd[1] die schreibende
  */
  ...
}
```

Einer der beiden Prozesse verwendet das schreibende Ende der Pipe, der andere das lesende. Das jeweils andere Ende sollten Sie schließen. Angenommen, der Child-Prozess soll schreiben und der Parent-Prozess lesen, funktioniert dies wie folgt:

```
if (fork() == 0) {
  /* Child-Prozess schreibt nur: lesende Seite der Pipe schließen */
  close(fd[0]);
  ...
} else {
  /* Parent-Prozess liest nur; schreibende Seite schließen */
  close(fd[1]);
  ...
}
```

Um aus dem Child-Prozess in die Pipe zu schreiben, wird folgende Anweisung verwendet:

```
write(fd[1], string, strlen(string) + 1);
```

Die drei Argumente sind der Dateideskriptor, der zu schreibende String und die Länge in Zeichen, die um 1 erhöht wird, um den String korrekt abzuschließen.

Der Parent-Prozess liest wie folgt aus seiner Seite der Pipe:

```
read(fd[0], buffer, sizeof(buffer));
```

Das erste Argument ist wieder der Dateideskriptor, das zweite eine String-Variable, in der sich anschließend der aus der Pipe gelesene Text befindet, und das dritte die Gesamtlänge dieses Strings in Bytes. Stellen Sie sicher, dass diese Länge ausreicht, um alle vom Child geschriebenen Strings korrekt auslesen zu können.

10 Konzepte der Programmierung

Das folgende Beispielprogramm schreibt im Child-Prozess nacheinander die Zahlen von 0 bis 99 in die Pipe; der Parent-Prozess liest sie aus und gibt sie mitsamt ihrem Quadrat aus:

```
#include <stdio.h>     /* Ein-/Ausgabe */
#include <stdlib.h>    /* atoi(), size_t: Rückgabewert von sizeof() */
#include <string.h>    /* String-Funktionen wie strlen() */
#include <unistd.h>    /* Stellt pipe() bereit */
#include <sys/types.h> /* Typdefinitionen wie pid_t für Prozess-IDs */

int main(int argc, char* argv[]) {
  int fd[2];           /* Dateideskriptoren für die Pipe */
  pid_t childpid;      /* Prozess-ID */
  char message[10];    /* In die Pipe zu schreibender String */
  char buffer[100];    /* Lesepuffer, um aus der Pipe zu lesen */
  int value;           /* In int umgewandelter, aus der Pipe gelesener Wert */
  int length;          /* Länge des gelesenen Strings, zur Kontrolle */

  /* Pipe erzeugen */
  pipe(fd);

  /* fork(); mit Fehler beenden, falls kein Erfolg */
  if ((childpid = fork()) == -1) {
    perror("Fork error.");
    exit(1);
  }

  if (childpid == 0) {
    /* Child schreibt nur: lesende Seite der Pipe schließen */
    close(fd[0]);
    /* Zwei Sekunden Vorbereitungszeit für den Parent-Prozess */
    sleep(2);
    for (int i = 0; i < 100; i++) {
      /* Aktuellen Wert in einem String zwischenspeichern */
      sprintf(message, "%d", i);
      /* In die Pipe schreiben */
      write(fd[1], message, strlen(message) + 1);
      /* Eventuelle Zwichenspeicherung verhindern; sofort schreiben */
      fsync(fd[1]);
      /* Kontrollausgabe */
      printf("    Child: Bin jetzt bei %d.\n", i);
      /* Eine Sekunde Pause, um dem Parent Zeit zu lassen */
      sleep(1);
    }
```

632

```
    } else {
      /* Parent liest nur: schreibende Seite schließen */
      close(fd[1]);
      /* Aus der Pipe lesen, solange Vorrat reicht */
      while ((length = read(fd[0], buffer, sizeof(buffer)))) {
        /* Fehlermeldung, falls Lesefehler */
        if (length < 0) {
          perror("Read error.");
        }
        /* Gelesenen Wert in int umwandeln */
        value = atoi(buffer);
        /* Quadrat berechnen und ausgeben */
        printf("Parent: Das Quadrat von %d ist %d.\n", value, value * value);
      }
    }
  }
}
```

Das Skript ist sehr ausführlich kommentiert, sogar der Verwendungszweck der diversen Header-Dateien und Variablen wurde angegeben. Es folgen dennoch einige Erläuterungen zu besonders wichtigen Anweisungen.

Falls fork() den Wert −1 zurückgibt, hat das Erzeugen des neuen Prozesses nicht funktioniert – beispielsweise weil der Speicher nicht ausreicht. In diesem Fall wird mit perror() eine Fehlermeldung nach stderr ausgegeben, und das Programm wird mit einem Exit-Code ungleich 0 verlassen.

Bevor der Child-Prozess überhaupt beginnt, Zahlen in die Pipe zu schreiben, wartet er zwei Sekunden, um dem Parent Zeit zu geben, sich zu initialisieren und zum Lesen bereit zu sein:

```
sleep(2);
```

Auch innerhalb der Schleife wartet das Child eine Sekunde nach jeder Ausgabe. Andernfalls kann es gut vorkommen, dass der Parent zu langsam liest und einige vom Child gesendeten Nachrichten verpasst, sodass Lücken in der Parent-Ausgabe entstehen.

Aus demselben Grund ruft der Child-Prozess unmittelbar nach dem Schreiben in die Pipe

```
fsync(fd[1]);
```

auf; diese Anweisung sorgt dafür, dass die zu schreibenden Daten nicht im Arbeitsspeicher zwischengespeichert, sondern sofort in die entsprechende Datei – oder hier in die Pipe – geschrieben werden.

Da der mit write() geschriebene Wert ein String sein muss, verwendet das Child sprintf(), um die jeweilige Zahl in eine String-Variable zu schreiben, die dann wiederum in die Pipe ausgegeben wird. Umgekehrt benutzt der Parent-Prozess `atoi()`, um den jeweils gelesenen String wieder in einen Integer zurückzuverwandeln.

Beim Lesen aus der Pipe wird auf eine negative Länge geprüft, da diese ein Zeichen für einen Lesefehler ist.

### 10.3.2  Threads

Eine ähnliche Technik wie das Erzeugen mehrerer Prozesse ist das Erzeugen mehrerer Threads innerhalb eines Prozesses. Genauso wie das Betriebssystem dafür sorgt, dass die verschiedenen Prozesse abwechselnd abgearbeitet werden, findet auch die Verarbeitung der Threads im Wechsel statt; in den meisten Fällen kann wie bei Prozessen eine Priorität gewählt werden. Der Hauptunterschied zwischen Prozessen und Threads besteht darin, dass Threads im selben Speicherraum laufen und gemeinsamen Zugriff auf Ressourcen besitzen.

Inzwischen unterstützen alle modernen Betriebssysteme Threads, unter Umständen wird diese Unterstützung auch von der Bibliothek der verwendeten Programmiersprache statt vom System selbst zur Verfügung gestellt. Allerdings ist das Programmieren von Multithreading-Anwendungen nicht in allen Sprachen einfach, weil das Verfahren noch nicht in allen Sprachen standardisiert ist.

Am praktischsten lässt sich die Programmierung von Threads am Beispiel von Java erläutern, weil die Thread-Funktionalität in dieser Sprache von Anfang an verankert wurde. Sie wird im Wesentlichen durch die Klasse `java.lang.Thread` bereitgestellt, die einen einzelnen lauffähigen Thread repräsentiert.

Wenn eine Java-Instanz als Thread ausgeführt werden soll, muss die zugrunde liegende Klasse eine der beiden folgenden Bedingungen erfüllen:

▶ Sie muss von `java.lang.Thread` abgeleitet sein. Innerhalb dieser Klasse können Sie die Methode `run()` überschreiben, die die eigentlichen Anweisungen enthält, die als Thread ausgeführt werden sollen.

▶ Alternativ kann sie das Interface `Runnable` implementieren. Zu diesem Zweck muss sie ebenfalls eine Methode namens `run()` bereitstellen.

Wenn Sie eine Klasse von `Thread` ableiten, können Sie eine Instanz davon erzeugen; ein Aufruf ihrer Methode `start()` beginnt mit der Ausführung der Anweisungen in `run()`. Eine Instanz einer Klasse, die `Runnable` implementiert, wird dagegen als Argument an den Konstruktor der Klasse `Thread` übergeben. Auch dieser neue Thread wird mithilfe von `start()` gestartet. Letzteres ist besonders nützlich, falls Sie innerhalb des aktuellen Programms einen zweiten Thread starten möchten, ohne eine externe Instanz zu verwenden: Sie können `Runnable` einfach durch Ihr aktuelles Programm implementieren.

In beiden Fällen läuft das aktuelle Hauptprogramm ebenfalls als Thread weiter. Dass jedes Java-Programm automatisch ein Thread ist, bemerken Sie besonders gut an Fehlermeldungen. Diese lauten häufig derart, dass ein Fehler im `Thread main` aufgetreten sei.

Das folgende Beispiel zeigt eine von Thread abgeleitete Klasse namens BGSearcher, die im Hintergrund ein als Argument übergebenes Array von int-Werten linear nach einem ebenfalls übergebenen Wert durchsucht. Die Klasse BGSearchTest ist ein Testprogramm für BGSearcher, das ein Array mit Zufallswerten füllt und an den Hintergrundsucher übergibt. Schließlich benötigen Sie noch das Interface SearchInfo, das von einer Klasse, die den BGSearcher verwenden möchte, implementiert werden muss. Tippen Sie alle drei Klassen ab, und speichern Sie sie in entsprechenden *.java*-Dateien im gleichen Verzeichnis. Es genügt, anschließend die Datei *BGSearchTest.java* zu kompilieren – die beiden anderen werden automatisch mitkompiliert.

```java
public class BGSearcher extends Thread {
   private int[] liste;
   private int wert;
   private SearchInfo info;

   public BGSearcher (int[] l, int w, SearchInfo n) {
      this.liste = l;
      this.wert = w;
      this.info = n;
   }

   public void run () {
      for (int i = 0; i < liste.length; i++) {
         if (liste[i] == wert)
            info.searchinfo (i);
      }
   }
}

public class BGSearchTest implements SearchInfo {
   public static void main (String args[]) {
      int werte[] = new int[10000];
      System.out.println ("Erzeuge Zufallswerte!");
      for (int i = 0; i < 10000; i++) {
         werte[i] = (int)(Math.random() * 10) + 1;
      }
      // Programminstanz zur Übergabe an BGSearcher:
      BGSearchTest test = new BGSearchTest();
      // Sucher erzeugen und aufrufen
      BGSearcher searcher =
            new BGSearcher (werte, 4, test);
      searcher.start();
      // Eigenen Aufgaben nachgehen
```

```
      for (int i = 0; i < 1000; i++) {
         System.out.println ("Bin jetzt bei " + i);
      }
   }

   public void searchinfo (int pos) {
      System.err.println ("Gefunden bei " + pos);
   }
}

public interface SearchInfo {
   public void searchinfo (int pos);
}
```

Auch für dieses Beispiel sind wieder einige Erklärungen erforderlich:

▶ Die Klasse BGSearcher ist von Thread abgeleitet, damit die Methode run() in einem Thread laufen kann. Die Methode start(), die ein Programm aufrufen muss, damit eine Instanz von BGSearcher mit der Arbeit beginnt, muss hier nicht explizit definiert werden; sie wird von Thread geerbt.

▶ Der Konstruktor von BGSearcher erwartet drei Argumente: das zu durchsuchende int-Array, den gesuchten Wert und eine Instanz von SearchInfo. Letzteres kann eine Instanz einer beliebigen Klasse sein, die das Interface SearchInfo implementiert – in der Regel, wie im vorliegenden Fall, das Programm, das die Hintergrundsuche einsetzt.

Die Übergabe der SearchInfo-Instanz ist erforderlich, damit BGSearcher jedes Mal eine Methode des implementierenden Programms aufrufen kann, wenn der gesuchte Wert im Array gefunden wird. Eine solche Methode, die Sie in einem eigenen Programm bereitstellen, damit sie bei Bedarf von außen aufgerufen wird, heißt *Callback-Methode*. Der Einsatz von Callbacks ist immer dann sinnvoll, wenn Sie ein externes, asynchron auftretendes Ereignis (hier zum Beispiel einen Sucherfolg) in Ihrem eigenen Code verarbeiten möchten.

▶ Die Klassendefinition des Testprogramms BGSearchTest enthält die Klausel implements SearchInfo. Mit dieser Klausel garantiert die Klasse, dass sie Implementierungen der Methoden des genannten Interface (in diesem Fall nur die eine Methode searchinfo()) bereitstellt. Dies gibt anderen Klassen die Sicherheit, ein Objekt der Klasse, die das Interface implementiert, als Instanz dieses Interface betrachten zu können. Gerade die hier gezeigte Verwendung einer Callback-Methode ist ein hervorragendes Beispiel für die Nützlichkeit eines Interface: Ein Programm kann BGSearcher einsetzen, wenn es SearchInfo implementiert, und darf ansonsten von einer beliebigen Klassenhierarchie abstammen.

▶ In der Methode main() erzeugt BGSearchTest ein 10.000 Elemente großes Array, das mit zufälligen int-Werten gefüllt wird. Für die Erzeugung von Zufallszahlen zwischen 1 und 10 wird die Zufallsgenerator-Methode `Math.random()` verwendet, die pseudozufällige Fließkommawerte zwischen 0 und 1 zurückgibt. Mithilfe von Multiplikation, Addition und Typecasting (explizite Datentypumwandlung) wird der erhaltene Wert in den richtigen Bereich umgerechnet.

► Die Anweisung in `BGSearchTest`, die vielleicht am merkwürdigsten erscheint, ist die Erzeugung einer Instanz der Klasse selbst:

```
BGSearchTest test = new BGSearchTest();
```

Die erzeugte Instanz `test` ist erforderlich, um sie als Referenz auf das aktuelle Programm an das als Nächstes erzeugte `BGSearcher`-Objekt zu übergeben, damit es wiederum die Callback-Methode `searchinfo()` aufrufen kann.

► Nachdem das `BGSearcher`-Objekt erzeugt ist, muss übrigens seine Methode `start()` aufgerufen werden, damit es mit der eigentlichen Suche beginnt. Anschließend kann sich das Programm um seine eigenen Aufgaben kümmern, weil der Wechsel zwischen den beiden Threads automatisch erfolgt.

► Die Callback-Methode `searchinfo()` wird automatisch jedes Mal aufgerufen, wenn der gesuchte Wert im Array gefunden wird. Sie erhält als Übergabewert die Suchposition. Im vorliegenden Beispielprogramm macht die Methode nichts besonders Interessantes mit dem Wert, sie gibt ihn nur aus.

Bemerkenswert ist lediglich, dass die Ausgabe auf den Ausgabestrom `System.err` erfolgt, die Standardfehlerausgabe (in Unix und C `stderr` genannt). Dieser alternative Konsolen-Ausgabekanal dient speziell zum Anzeigen von Warnungen und Fehlermeldungen. Er ist besonders nützlich, wenn Sie die Standardausgabe mithilfe von `>Dateiname` in eine Datei umgeleitet haben: Die Ausgabe auf `stderr` garantiert, dass wichtige Meldungen nicht mit der normalen Ausgabe eines Programms in der Umleitung landen, sondern auf dem Bildschirm angezeigt werden.

► Das Interface `SearchInfo` deklariert, wie bei Interfaces üblich, lediglich den leeren Header der Methode `searchinfo()`. Diese Methode muss von einer Klasse bereitgestellt werden, die das Interface implementieren möchte.

## 10.4    Einführung in die Netzwerkprogrammierung

Die Programmierung von Netzwerkanwendungen ist ein spannendes und sehr umfangreiches Thema. Es gibt zahlreiche gute Bücher, die diese faszinierende Disziplin der Softwareentwicklung ausführlich beschreiben; in Anhang C, »Kommentiertes Literatur- und Linkverzeichnis«, werden einige von ihnen vorgestellt. In diesem Abschnitt wird speziell die Programmierung von TCP/IP-Netzwerkanwendungen beschrieben; die herausragende Bedeutung dieser Protokollfamilie muss nicht noch einmal betont werden.

**10**   Konzepte der Programmierung

Die konkrete Programmiersprache, in der die Grundlagen der Netzwerkprogrammierung erklärt werden, ist Python – allerdings lassen sich die Beispiele leicht in anderen Programmiersprachen nachvollziehen, weil die verwendete Programmierschnittstelle für fast alle Sprachen und Plattformen in ähnlicher Art verfügbar ist.

### 10.4.1   Die Berkeley Socket API

Die Grundlage für die Programmierung von TCP/IP-Anwendungen ist die Verwendung von *Sockets*. Die TCP/IP-Kommunikation zwischen zwei Programmen findet stets über zwei Sockets statt, die man als die beiden Enden einer Netzwerkverbindung verstehen kann, vergleichbar mit dem aus Hör- und Sprechmuschel bestehenden Telefonhörer: Wenn eine Netzwerkanwendung einer verbundenen Anwendung etwas mitteilen möchte, schreibt sie in ihr lokales Socket hinein; die Anwendung an der Gegenstelle kann die Information aus ihrem eigenen Socket lesen. Anders als die zuvor beschriebenen Pipes ist ein Socket-Paar stets bidirektional, kann also zum Lesen und zum Schreiben gleichzeitig verwendet werden.

Erfreulicherweise ist die Socket-Programmierung schon vor langer Zeit standardisiert worden. An der University of California in Berkeley, an der auch Unix zu seiner vollen Blüte gereift ist, wurde eine Programmierschnittstelle für die Programmierung von TCP/IP-Netzwerkanwendungen geschrieben, die *Berkeley Socket API*. Eine *API* (*Application Programming Interface*) ist eine standardisierte Sammlung von Funktionen und Schnittstellen für die Programmierung bestimmter Anwendungen.

Die ursprüngliche Fassung der Berkeley Socket API wurde als Sammlung von Bibliotheken und Header-Dateien für die Programmiersprache C unter BSD-Unix geschrieben. Genau dieser Umstand sorgt dafür, dass C, Unix und das Internet bis heute eine untrennbare Einheit bilden. Dennoch wurden in der Folgezeit Fassungen der Socket API für viele verschiedene Programmiersprachen und Betriebssysteme geschrieben. Beispielsweise verfügen alle Windows-Systeme über die leicht angepasste *Windows Socket Library* (*WinSock*). In diesem Abschnitt wird die Netzwerkprogrammierung am Beispiel der Programmiersprache Python vorgestellt, da es eine Reihe interessanter Python-Module gibt, die die Entwicklung von Netzwerkanwendungen erleichtern.

Bevor Sie die Funktionen der Berkeley Socket API in Python verwenden können, müssen Sie mithilfe von `import socket` das Modul `socket` importieren. Die im Folgenden genannten Funktionen – die in C genauso lauten und ähnliche Parameter haben – dienen dem Einrichten und Konfigurieren von Sockets.

### Sockets erzeugen

Der Befehl zur Erzeugung eines Sockets hat die folgende grundlegende Syntax:

```
sock = socket.socket(domain, type, protocol)
```

Diese Anweisung erzeugt ein neues Socket, dem die Variable `sock` für Lese- und Schreiboperationen zugeordnet ist (natürlich können Sie anstelle von `sock` einen beliebigen Bezeichner verwenden).

Der Parameter `domain` enthält einen Wert für das Einsatzgebiet des Sockets. Die entsprechenden Konstanten werden im Modul `socket` definiert: `socket.AF_INET` bezeichnet ein Socket für eine TCP/IP-Verbindung, während `socket.AF_UNIX` ein sogenanntes *Unix-Domain-Socket* erzeugt. Unix-Domain-Sockets sind ein beliebtes Mittel für die Inter-Prozess-Kommunikation auf Unix-Systemen. Sie verwenden als Kommunikationsbasis keine Netzwerkverbindung, sondern eine pipe-ähnliche Datei im Dateisystem. Im Folgenden werden nur `AF_INET`-Sockets behandelt.

In `type` wird eine Konstante für den Socket-Typ angegeben. Es existieren die beiden grundsätzlichen Typen `socket.SOCK_STREAM` für ein Stream-Socket und `socket.SOCK_DGRAM` für ein Datagramm-Socket (und einige andere spezielle Typen, die an dieser Stelle nicht so wichtig sind). Stream-Sockets werden in aller Regel für TCP-Verbindungen verwendet, weil sie eine dauerhafte Verbindung zwischen zwei Netzwerkknoten erzeugen. Datagramm-Sockets sind dagegen für die UDP- und ICMP-Netzwerkkommunikation vorgesehen, weil sie verbindungslos sind.

Der dritte Parameter, `protocol`, erwartet schließlich einen Integer, der das zu benutzende Kommunikationsprotokoll angibt. Zwar existieren zur Angabe des Protokolls keine Konstanten, aber dafür können Sie die Funktion `socket.getprotobyname()` verwenden. Genau wie die gleichnamige C-Bibliotheksfunktion beziehungsweise der entsprechende Unix-Systemaufruf wandelt sie ein durch seinen Namen angegebenes Protokoll in die entsprechende Nummer um, indem sie es in der Standarddatei */etc/protocols* nachschlägt. Für Unix-Domain-Sockets wird dagegen die Konstante `socket.PF_UNSPEC` (»kein bestimmtes Protokoll«) angegeben.

Die folgenden beiden Beispielzeilen erzeugen ein TCP-Stream-Socket beziehungsweise ein UDP-Datagramm-Socket:

```
tcp_sock = socket.socket(
    socket.AF_INET,
    socket.SOCK_STREAM,
    socket.getprotobyname('tcp')
)
udp_sock = socket.socket(
    socket.AF_INET,
    socket.SOCK_DGRAM,
    socket.getprotobyname('udp')
);
```

**Adressen und Ports**

Wie die IP-Adressierung funktioniert und was TCP- und UDP-Ports zu bedeuten haben, wurde in Kapitel 4, »Netzwerkgrundlagen«, ausführlich erläutert. Für die Socket-Programmierung müssen Adressen und Ports in speziellen Strukturen gespeichert werden, die der C-Standardbibliothek entstammen. Zu diesem Zweck werden verschiedene Bibliotheksfunktionen zur Verfügung gestellt, die der Umwandlung von Hostnamen, Adressen und Ports in das korrekte Format dienen:

▶ socket.gethostbyname(hostname)
Diese Funktion wandelt den angegebenen Hostnamen in die entsprechende IP-Adresse um. Damit dies korrekt funktioniert, benötigen Sie Zugriff auf einen Namensdienst, der in der Lage ist, den entsprechenden Hostnamen aufzulösen, im Internet also beispielsweise auf einen DNS-Server. Das Ergebnis ist eine Struktur, die den Hostnamen und die in ASCII-Zeichen gepackte IP-Adresse enthält.

▶ socket.getservbyname(service, proto)
Anstelle der numerischen Angabe des Ports können Sie die sogenannten *Well-known Ports* mit Nummern bis 1023, die bei gängigen Serverdiensten eingesetzt werden, auch durch ihren Namen angeben und per socket.getservbyname() umwandeln. Als zweites Argument benötigen Sie dazu das Transportprotokoll ('tcp' oder 'udp'). Zum Beispiel können Sie folgendermaßen eine Verbindung zu dem FTP-Server *ftp.uni-koeln.de* herstellen:

```
port = socket.getservbyname('ftp', 'tcp')
sock = socket.socket(socket.AF_INET, socket.SOCK_STREAM,
    socket.getprotobyname('tcp'))
sock.connect(('ftp.uni-koeln.de', port))
```

**Verbindungen herstellen, Daten senden und empfangen**

Was als Nächstes mit dem Socket geschieht, hängt zum einen davon ab, ob Sie ein Stream- oder ein Datagramm-Socket erzeugt haben und, falls es ein Stream-Socket ist, ob Sie gerade einen Client oder einen Server schreiben.

UDP-Datagramm-Sockets können Sie nach dem Erstellen ohne weitere Formalitäten verwenden, um einfache Nachrichten zu versenden oder von anderen UDP-Anwendungen zu empfangen. Dazu werden die Anweisungen send() und recv() verwendet:

▶ sock.sendto(message, receiver)
Diese Anweisung sendet den Dateninhalt message über das Socket sock an den Empfänger receiver. Der Empfänger wird als Tupel aus IP-Adresse und Port angegeben, also beispielsweise ("127.0.0.1", 8000) für UDP-Port 8000 auf localhost.

▶ sock.bind(peer)
data, addr = sock.recvfrom(buffersize)

Die Anweisung `bind()` stellt die Verbindung zu einem bestimmten UDP-Host her; auch hier ist das Argument wieder ein Tupel aus IP-Adresse und Port. `recvfrom()` empfängt ein UDP-Datagramm, wobei der Integer-Wert `buffersize` die Größe des Lesepuffers in Bytes angibt. Der gelesene Wert wird in der Variablen `data` gespeichert, während `addr` den Absender des Datagramms angibt. Von den meisten UDP-Servern können Sie Daten nur dann empfangen, wenn Sie zuvor mithilfe von `sendto()` eine Anfrage an sie geschickt haben.

Auf UDP-Anwendungen wird hier nicht weiter eingegangen. Bei TCP-Sockets sieht die Angelegenheit etwas komplizierter aus: Falls Sie einen Server programmieren, der eine Dienstleistung zur Verfügung stellt, müssen Sie das Socket zum lauschenden (*listening*) Socket machen. Schreiben Sie dagegen einen Client, müssen Sie mit `connect()` eine Verbindung zu einem Server-Socket herstellen; anschließend können Sie mit den Methoden `send()` und `recv()` Ihres Sockets Daten senden beziehungsweise empfangen.

Beispielsweise können Sie folgendermaßen eine Verbindung zu dem Webserver *www.heise.de* herstellen und ihm eine `GET`-Anfrage schicken; anschließend wird sämtlicher Inhalt der Antwort gelesen und am Bildschirm angezeigt:

```python
import socket

sock = socket.socket(
    socket.AF_INET,
    socket.SOCK_STREAM,
    socket.getprotobyname("tcp")
)
ip = socket.gethostbyname("www.heise.de")
port = socket.getservbyname("http", "tcp")
sock.connect((ip, port))
sock.send(b"GET / HTTP/1.1\nHost: www.heise.de\nConnection: close\n\n")
result = sock.recv(10000)
while (len(result) > 0):
    print(result)
    result = sock.recv(10000)
```

Dieses Programm übernimmt tatsächlich die Hälfte der Funktionalität eines Browsers: Es richtet eine HTTP-Anfrage an einen Webserver und liest das erhaltene Dokument. Der kompliziertere Teil eines Browsers ist freilich nicht enthalten, nämlich derjenige, der den erhaltenen HTML-Code interpretiert und ein formatiertes Dokument daraus macht. Stattdessen wird die gesamte Ausgabe des Servers einfach angezeigt, und zwar nicht nur das eigentliche HTML-Dokument (die Startseite von Heise Online), sondern auch sämtliche HTTP-Header.

In diesem Programm werden einige neue Methoden verwendet (`sock` ist jeweils das zuvor mittels `socket.socket()` erzeugte Socket):

▶ `sock.connect(dest)`

Diese Anweisung stellt eine Verbindung zu einem TCP-Server her, der mithilfe des IP-Adress- und Port-Tupels `dest` angegeben wird.

▶ `sock.send(binary)`

Diese Methode sendet über das Socket Daten an den Host, mit dem zuvor eine Verbindung hergestellt wurde. Der Inhalt ist kein (Unicode-)String, sondern ein Binär-String, der nur aus ASCII-Zeichen bestehen darf; dies wird in Python durch ein vorangestelltes `b` gekennzeichnet.

▶ `data = sock.recv(buffersize)`

Die Methode `recv()` wartet darauf, dass der andere Host Daten zurücksendet, und nimmt diese bis zur maximalen Länge von `buffersize` Byte entgegen. Genau wie bei den mit `send()` verschickten Daten handelt es sich wieder um einen Binär-String.

Interessant ist noch die eigentliche GET-Anfrage, die an den Webserver geschickt wird:

```
GET / HTTP/1.1
Host: www.heise.de
Connection: close
```

Es wird also die Startseite der Website (/) über das Protokoll HTTP 1.1 angefordert. Der Host-Header – Pflicht bei HTTP 1.1 – gibt an, welcher konkrete (virtuelle) Host unter der Serveradresse die Anfrage beantworten soll. Der Header `Connection: close` fordert an, dass der Server die Verbindung gleich nach dem Senden der Daten schließen soll – dies sorgt hier dafür, dass das Programm nach der Ausgabe der Serverantwort unmittelbar beendet wird. Wie üblich endet der Header-Block mit zwei Zeilenumbrüchen; danach folgt nichts weiter, da GET-Anfragen grundsätzlich keinen Body besitzen.

Für einen Server sind zusätzlich die folgenden Anweisungen wichtig:

▶ `sock.bind(addr)`

Diese Anweisung bindet ein zuvor erzeugtes Socket an eine (lokale) Adresse; `addr` ist wie üblich ein Tupel aus IP-Adresse und Port. Sie können jede Ihrer lokalen Schnittstellenadressen, die Loopback-Adresse (127.0.0.1) oder den leeren String `""` (für jede beliebige Adresse) verwenden. Noch wichtiger als die Adresse selbst ist hier übrigens der Port, weil es der spezifische Port ist, auf dem der Server lauschen soll. Beachten Sie, dass Sie unter Unix *root*-Rechte benötigen, um einen der Well-known Ports unter 1024 anzusprechen. Darüber hinaus ist es ein erhebliches Sicherheitsrisiko, ein selbst geschriebenes und nicht sicherheitsoptimiertes Programm auf einem solchen Port laufen zu lassen, den die Schnüffel-Tools potenzieller Angreifer standardmäßig auf Angriffsmöglichkeiten überprüfen.

Das folgende Beispiel bindet das Socket `sock` an jede beliebige Adresse des Servers und lauscht an Port 11111:

```
sock.bind(("", 11111))
```

10.4   Einführung in die Netzwerkprogrammierung

▶ `sock.listen(max_queue)`

Die Anweisung `listen` benötigt ein mithilfe von `bind` gebundenes Socket und wandelt es in ein lauschendes Socket um: Dieses Socket wartet auf den Verbindungsversuch eines Clients mithilfe von `connect`, wie er eingangs erläutert wurde. Das Argument `max_queue` gibt die maximale Größe der Warteschlange dieses Sockets an, bestimmt also, wie viele Clientverbindungen darauf warten können, akzeptiert zu werden. Oft wird dafür die Konstante `socket.SOMAXCONN` verwendet, die den maximalen Wert enthält, den das Betriebssystem zulässt.

▶ `(clientsocket, remote_addr) = sock.accept()`

Sobald auf dem lauschenden Socket eine Verbindung eingeht, wird die nächste Programmzeile ausgeführt – normalerweise enthält sie einen solchen `accept`-Befehl. `clientsocket` ist ein neues, mit dem Client verbundenes Socket, das durch diese Anweisung erzeugt wird. Das Adress-Port-Tupel des Clients steht in der Variablen `remote_addr`.

Das folgende Beispiel zeigt einen kleinen Webserver, der allerdings jede Clientanfrage mit demselben String beantwortet:

```
import socket

serversocket = socket.socket(socket.AF_INET, socket.SOCK_STREAM)
serversocket.bind(("", 8000))
serversocket.listen(5)
while True:
    (clientsocket, address) = serversocket.accept()
    print("Incoming connection from", address)
    data = clientsocket.recv(10000)
    response = b"HTTP/1.1 200 OK\n"
    response += b"Content-type: text/plain\n"
    response += b"Content-length: 32\n"
    response += b"Connection: close\n\n"
    response += b"Hello from the Python web server"
    clientsocket.send(response)
    clientsocket.close()
```

Starten Sie das Skript; es gibt zunächst nichts aus. Aber sobald Sie in einem Webbrowser *http://localhost:8000/* eingeben, erscheint in diesem die Ausgabe `Hello from the Python web server`, und der Server gibt auf der Konsole die IP-Adresse und den (zufälligen) Port des Clients aus.

Werfen Sie noch kurz einen Blick auf die komplette Serverantwort:

```
HTTP/1.1 200 OK
Content-type: text/plain
Content-length: 32
```

```
Connection: close

Hello from the Python web server
```

Die Antwort beginnt mit der Statusmeldung »Erfolg« (200 OK) und mehreren Headern, danach folgt nach einer Leerzeile der Body mit dem eigentlichen Ausgabetext. Der Header Content-type ist ein absolutes Pflichtfeld, da es dem Client ermöglicht, die Antwort sinnvoll zu interpretieren. Content-length (Länge des Bodys in Bytes) und Connection: close sorgen dafür, dass die Anfrage zügig abgearbeitet und die Verbindung zum Client geschlossen wird; dies wird durch clientsocket.close() nochmals verschärft. Das ist hier wichtig, weil dieser Server nicht für die gleichzeitige Verarbeitung mehrerer Anfragen ausgelegt ist.

### 10.4.2  Ein praktisches Beispiel

Mit dem Wissen aus dem letzten Abschnitt ist es eigentlich kein Problem, beliebige Server und Clients in Python zu programmieren. Falls Sie wohlbekannte Protokolle implementieren möchten, müssen Sie die entsprechenden RFCs lesen und Punkt für Punkt abarbeiten. Für das Buch »Apache 2« habe ich zur Verdeutlichung des Grundprinzips einen kleinen Webserver in Perl geschrieben, der einen winzigen Ausschnitt der HTTP-Spezifikation erfüllt – die einfache Auslieferung statischer Dokumente funktioniert unproblematisch. Eine Beschreibung sowie eine Download-Möglichkeit finden Sie unter *http://buecher.lingoworld.de/apache2/server.html*.

In früheren Auflagen dieses Buches gab es auch einen selbst geschriebenen Webserver, und zwar in Ruby. Ich habe mich entschlossen, keinen Python-Webserver in dieses Buch aufzunehmen, sondern den gewonnenen Platz für andere Themen zu nutzen. Es wird aber eine Expertenübungsaufgabe zu diesem Thema geben, und die Lösung ist wie üblich im Web verfügbar. Den Ruby-Webserver samt Beschreibung finden Sie bei Interesse allerdings ebenfalls online unter *buecher.lingoworld.de/fachinfo/ruby/webserver.html*.

### Der Server

Das folgende Beispiel implementiert einen einfachen Server, der nach einer Clientanmeldung jede Anfrage mit der Anzahl der bisherigen Anfragen dieses Clients sowie mit Datum und Uhrzeit beantwortet. Falls der Dateninhalt der Anfrage "reset" lautet, wird die Anzahl zurückgesetzt; bei "exit" wird die Verbindung beendet. Hier zunächst der Quellcode:

```python
import socket
import os
import time
import datetime


# Eine einzelne Clientverbindung verarbeiten
```

_10.4   Einführung in die Netzwerkprogrammierung_

```python
def handle_conn(clientsocket, address):
    anzahl = 0
    # Anfragen lesen
    while True:
        request = clientsocket.recv(1000)
        if request == b"exit":
            # Beenden bei 'exit'
            break
        if request == b"reset":
            # Reset? Anzahl zurücksetzen
            anzahl = 0
        # Datum und Uhrzeit
        ts = datetime.datetime.fromtimestamp(
            time.time()
        ).strftime("%Y-%m-%d %H:%M:%S")
        # Anzahl erhöhen
        anzahl += 1
        # Ausgabe an den Client
        clientsocket.send(bytes("{}. Anfrage: '{}'".format(anzahl, ts), "UTF-8"))
        # Log-Ausgabe (Konsole)
        print("{}: {} ({})".format(address[0], request, ts))
    clientsocket.send(b"Bye.\n")
    print("Connection closed by peer.")


# Lauschendes Socket erzeugen und konfigurieren
serversocket = socket.socket(socket.AF_INET, socket.SOCK_STREAM)
serversocket.bind(("", 11111))
serversocket.listen(socket.SOMAXCONN)
print("Server lauscht an Port 11111 ...")
# Accept-Schleife
while True:
    (clientsocket, address) = serversocket.accept()
    # Verbindungsaufbau? Child-Prozess erzeugen
    child = os.fork()
    if child == 0:
        # Im Child-Prozess Verbindung verarbeiten
        handle_conn(clientsocket, address)
        # Wieder da? Child-Prozess beenden
        exit(0)
```

Das lauschende Socket wird nach dem eingangs gezeigten Schema erstellt; der Server lauscht an Port 11111. Die `accept()`-Schleife wartet, bis ein Verbindungswunsch eines Clients eintrifft.

Ist dies der Fall, wird zunächst mithilfe von fork() ein Child-Prozess erstellt, der sich exklusiv um den neuen Client kümmert. Auf diese Weise kann der Server mehrere Clients gleichzeitig bedienen. Dieses einfache Nebenläufigkeitsmodell wird als *Forking-Server* bezeichnet; für Hochleistungsserver ist es nicht geeignet, da das Erstellen neuer Prozesse im laufenden Betrieb zu lange dauert.

Der Child-Prozess ruft die Funktion handle_conn() auf. Sie liest die Clientanfragen zeilenweise aus dem akzeptierten Socket. Der Server reagiert je nach Befehl auf die Anfragen, wie zuvor dargestellt. Bei "exit" wird die Schleife mit break beendet.

Wie es sich für einen Server gehört, protokolliert er alle Clientzugriffe; wenn Sie diese nicht auf der Konsole, sondern in einer Datei haben möchten, leiten Sie die Ausgabe entsprechend um. Jeder Eintrag hat das Format Client-IP: 'Anfrage' (Datum/Uhrzeit). **Beispiel:**

```
127.0.0.1: 'reset' (Wed May 06 23:02:16 2015)
```

Wichtig ist in diesem Beispiel noch die Funktion bytes(string, zeichensatz), die den UTF-8-String für die Ausgabe an den Client in einen Byte-String umwandelt.

### Der Client

Der Client ist noch trivialer als der Server und soll vor allem demonstrieren, dass es üblich ist, hinter den Kulissen andere Befehle zu verwenden als die Benutzereingaben. Er akzeptiert eine Eingabe nach der anderen, sendet sie – eventuell in modifizierter Form – an den Server und gibt dessen Antworten aus. Nach der Eingabe von 'x' – dem Serverbefehl "exit" – wird er beendet. Hier das kurze Listing:

```
import socket
import sys

# Host von Kommandozeile, sonst localhost
host = "localhost"
if len(sys.argv) > 1:
    host = sys.argv[1]
# Serververbindung
sock = socket.socket(
    socket.AF_INET,
    socket.SOCK_STREAM,
    socket.getprotobyname("tcp")
)
ip = socket.gethostbyname(host)
port = 11111
sock.connect((ip, port))
print("<O> Zurücksetzen, <X> Beenden, Sonstige Eingabe: Info.")
# Kommunikationsschleife
```

```
while True:
    eingabe = input("> ")
    # Je nach Eingabe Befehle an den Server senden
    if eingabe == "0":
        # Zähler zurücksetzen
        sock.send(b"reset")
    elif eingabe == "x" or eingabe == "X":
        # Beenden
        sock.send(b"exit")
    else:
        # Standard: Anzahl/Datum erfragen
        sock.send(bytes(eingabe, "UTF-8"))
    # Serverantwort lesen und ausgeben
    antwort = sock.recv(1000).decode("UTF-8")
    print("Antwort von {}: {}".format(host, antwort))
    # Beenden?
    if eingabe == "x" or eingabe == "X":
        break
```

Beachten Sie in diesem Listing noch das Gegenstück zu `bytes()`: die Byte-String-Methode `bytestr.decode(zeichensatz)` wandelt einen Byte-String in einen regulären String mit dem gewünschten Zeichensatz um, in diesem Fall UTF-8.

## 10.5   GUI- und Grafikprogrammierung

Anwendungen für grafische Benutzeroberflächen unterscheiden sich von Konsolenanwendungen dadurch, dass kein geordnetes Nacheinander von Ein- und Ausgabe stattfindet, sondern dass mehrere Bedienelemente parallel zur Verfügung stehen. Ein GUI-Programm muss also flexibel auf Befehle reagieren können, die in nicht vorhersagbarer Reihenfolge erfolgen.

Grafische Oberflächen und objektorientierte Programmierung passen vorzüglich zueinander: Die Bedienelemente des GUIs (in den gängigen Grafikbibliotheken meist *Widgets* genannt[1]) lassen sich sehr bequem als autonome Objekte realisieren, die wie in einem Baukastensystem zusammengefügt werden können. Die Benutzerbefehle werden den einzelnen Komponenten als *Ereignisse* (*Events*) mitgeteilt, auf die jedes Widget individuell reagieren oder über die es *Nachrichten* (*Messages*) an andere Elemente versenden kann. Eine der ersten objektorientierten Programmiersprachen, Smalltalk, wurde sogar eigens zur Implementierung des ersten GUIs bei Xerox PARC entwickelt.

---

1 Der Begriff *widget* selbst bedeutet eigentlich so viel wie »Dingsda«; die Verwendung im Bereich der GUIs wird allerdings meistens als Abkürzung für *window gadget*, also »Fenster-Apparatur«, erklärt.

Trotz der unbestreitbaren Vorteile der OOP existieren einige GUI-Bibliotheken für imperative Programmiersprachen, vor allem für C. Sie verwenden verschiedene Tricks, um objektorientierte Verfahren wie die *Nachrichtenübermittlung* (*Message-Passing*) oder die *Ereignisbehandlung* (*Event Handling*) adäquat nachzubilden. Allerdings sind die weitaus meisten GUI-Toolkits objektorientiert.

In diesem Abschnitt wird eine besonders nützliche Bibliothek zur Programmierung grafischer Anwendungen vorgestellt: die plattformunabhängigen *Java Foundation Classes* (JFC). Mithilfe dieser Sammlung von Klassen zur Programmierung grafischer Oberflächen und Zeichnungen lassen sich zwar nicht alle Raffinessen der plattformspezifischen Desktops nutzen, aber dafür laufen JFC-Anwendungen unter den verschiedensten konkreten GUIs.

Die JFC bestehen im Wesentlichen aus den folgenden Packages und Bestandteilen:

- `java.awt`. Das *Abstract Windowing Toolkit* (AWT) ist der älteste Bestandteil der JFC, der bereits in der allererten Java-Version enthalten war. Das AWT stellt sowohl grundlegende Zeichenfunktionen als auch einfache Widgets für grafische Benutzeroberflächen bereit. Der GUI-Teil wird inzwischen weitgehend durch das Swing-Toolkit ersetzt, die Zeichenfunktionalität durch die Java2D-API.

- `java.awt.event`. Dieses Unter-Package des AWT stellt grundlegende Interfaces zur Ereignisbehandlung für AWT-Komponenten zur Verfügung.

- `javax.swing`. Das umfangreiche Swing-Toolkit und seine Unter-Packages (zum Beispiel `javax.swing.event` zur erweiterten Ereignisbehandlung oder `javax.swing.table` mit mächtigen Funktionen zur Tabellendarstellung) bilden den Rahmen für die zeitgemäße Programmierung grafischer Oberflächen in Java. Alle Swing-Klassen sind von entsprechenden AWT-Vorfahren abgeleitet, aber erheblich flexibler und leistungsfähiger.

- `Java2D`. Die zentrale Java2D-Klasse `Graphics2D` wurde irritierenderweise im Package `java.awt` untergebracht. Dennoch handelt es sich um eine völlige Neuentwicklung, die erheblich mehr Funktionen zu bieten hat als die Vorgängerklasse `java.awt.Graphics`.

- `java.applet`. Formal gesehen, gehören die Java-Applets zwar nicht zu den JFC, machen aber regen Gebrauch von deren Bestandteilen. Ein Java-Applet ist ein kleines Java-Programm, das in einem Webbrowser ausgeführt werden kann und auf jeden Fall aus einer grafischen Zeichenfläche besteht.

In der Praxis werden die alten AWT-Klassen oft mit den neuen Swing- und Java2D-Klassen gemischt angewandt, weil nicht alle Aspekte in den aktuelleren Modellen völlig neu entworfen wurden. Beispielsweise sind die Klassen, die in `java.awt.event` enthalten sind, in den meisten Fällen völlig ausreichend für das Event Handling.

Dieser Abschnitt konzentriert sich im Wesentlichen auf das AWT und die klassische Zeichen-API. Diese älteren Klassen sind zwar nicht so leistungsfähig wie Swing und Java2D, aber dafür mit beliebigen Java-Versionen kompatibel und einfacher zu verstehen.

## 10.5  GUI- und Grafikprogrammierung

### 10.5.1  Zeichnungen und Grafiken erstellen

Das Zeichnen von Linien, Füllungen und geometrischen Figuren ist eine recht einfache Angelegenheit. Die benötigten Zeichenfunktionen sind Methoden einer Instanz der Klasse java.awt.Graphics (beziehungsweise der abgeleiteten Klasse javax.swing.Graphics2D für erweiterte Funktionen). Um diese Methoden zu verwenden, benötigen Sie allerdings zunächst ein Container-Objekt, auf dessen Untergrund gezeichnet werden kann. Sämtliche Flächenobjekte wie java.awt.Frame (einfaches Fenster) oder java.awt.Panel (eine rechteckige Fläche) sind von der grundlegenden AWT-Container-Klasse java.awt.Canvas abgeleitet und besitzen deshalb ein integriertes Graphics-Objekt, auf das Sie mithilfe von container.getGraphics() zugreifen können. Ebenso ist jede Swing-Komponente mit einer Graphics2D-Instanz ausgestattet.

Die einfachste Art und Weise, eine Zeichenfläche zu erstellen und statische Zeichnungen hineinzumalen, besteht in der Erweiterung der Klasse Frame beziehungsweise JFrame (Swing-Fenster mit erweitertem Funktionsumfang). Wenn Sie in Ihrem eigenen Programm die Methode paint() der Elternklasse überschreiben, werden die darin enthaltenen Zeichenanweisungen automatisch ausgeführt, sobald ein Objekt der aktuellen Klasse erstellt und dessen Methode setVisible(true) aufgerufen wird. Diese Instanziierung erledigen Sie am sinnvollsten in der Methode main().

Hier sehen Sie ein Beispiel, das ein Fenster auf den Bildschirm zeichnet und ein rotes Rechteck, ein grünes Dreieck und einen blauen Kreis hineinzeichnet:

```java
import java.awt.*;

public class EinfacheZeichnung extends Frame {
    public static void main (String args[]) {
        // Eine Instanz von EinfacheZeichnung erstellen
        EinfacheZeichnung z = new EinfacheZeichnung();
        // Größe und Titel des Fensters festlegen
        z.setSize (480, 360);
        z.setTitle ("Die erste Java-Zeichnung");
        // Das Fenster anzeigen
        z.setVisible(true);
    }

    public void paint (Graphics g) {
        // Rotes Rechteck zeichnen
        g.setColor (Color.RED);
        g.fillRect (10, 10, 400, 150);
        // Grünes Dreieck zeichnen
        int[] xcoords = {150, 270, 30};
        int[] ycoords = {180, 350, 350};
```

649

```
        g.setColor (Color.GREEN);
        g.fillPolygon (xcoords, ycoords, xcoords.length);
        // Blauen Kreis zeichnen
        g.setColor (Color.BLUE);
        g.fillOval (250, 220, 120, 120);
    }
}
```

Abbildung 10.2 zeigt zunächst das Ergebnis. Wie Ihnen beim Testen des Programms wahrscheinlich aufgefallen ist, lässt sich das erzeugte GUI-Fenster nicht durch Klick auf seinen Schliessen-Button entfernen. Erst wenn Sie das zugehörige Konsolenprogramm per Tastenkombination [Strg] + [C] beenden, verschwindet auch das Fenster. Das liegt daran, dass AWT-Objekte nur dann Nachrichten wie Mausklicks oder Tastaturcodes verarbeiten, wenn Sie explizit das entsprechende Event Handling einrichten. Wie das funktioniert, erfahren Sie weiter hinten im Abschnitt »Event Handling« in Abschnitt 10.5.3.

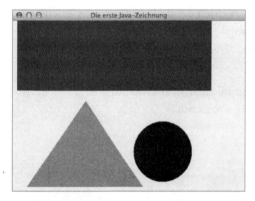

**Abbildung 10.2** Eine einfache Zeichnung mithilfe von AWT-Klassen

Die Methode main() erzeugt zunächst eine neue Instanz der Klasse, in der sie definiert wurde. Diese Vorgehensweise wurde auch schon an entsprechender Stelle bei der Hintergrundsuche eingesetzt; sie dient vor allem dazu, ein großes Problem zu lösen: Die Methode main() muss static deklariert werden, weil das laufende Programm selbst keine Instanz ist. Andererseits benötigen Sie eine Instanz, um mit den nicht statischen Eigenschaften und Methoden der Klasse arbeiten zu können. Wenn es Ihnen lieber ist, können Sie diese Funktionalität auch auf zwei Klassen in separaten Dateien verteilen, also eine separate »Programm«-Klasse mit einer main()-Methode schreiben, die eine Instanz der anderen Klasse erzeugt.

Da die Klasse EinfacheZeichnung von Frame abgeleitet wurde, erbt sie die Methoden, die anschließend für die Instanz z aufgerufen werden: setSize(int breite, int hoehe) stellt die Fenstergröße in Pixeln ein, setTitle(String fenstertitel) bestimmt den Text, der in der Titelleiste angezeigt wird, und setVisible(true) zeigt das fertige Objekt auf dem Bildschirm an.

Interessanter sind die verschiedenen Methoden der Klasse Graphics, die in der Zeichenmethode paint() aufgerufen werden. Die wichtigsten werden in Tabelle 10.1 erläutert. Es handelt sich hier lediglich um die grundlegenden Methoden der AWT-Klasse Graphics, nicht um die erweiterten aus der Swing-Klasse Graphics2D.

| »Graphics«-Methode | Erläuterung |
|---|---|
| drawLine (int x1, int y1, int x2, int y2) | Zeichnet eine Linie vom angegebenen Anfangspunkt (x1\|y1) bis zum Endpunkt (x2\|y2). |
| drawRect (int x, int y, int breite, int hoehe) | Zeichnet die Kontur eines Rechtecks mit der angegebenen Breite und Höhe, dessen linke obere Ecke sich auf (x\|y) befindet. |
| fillRect (int x, int y, int breite, int hoehe) | wie drawRect(), zeichnet aber ein gefülltes Rechteck |
| drawOval (int x, int y, int breite, int hoehe) | Zeichnet die Kontur eines Ovals. (x\|y) gibt die Koordinaten der linken oberen Ecke des Begrenzungsrechtecks an, breite und hoehe seine Ausdehnung. |
| fillOval (int x, int y, int breite, int hoehe) | wie drawOval(), zeichnet aber ein gefülltes Oval |
| drawPolygon (int[] x, int[] y, int anzahl) | Zeichnet die Kontur eines beliebigen Vielecks. Je zwei Elemente der beiden Arrays bilden zusammen die Koordinaten eines Punktes; die Anzahl bestimmt die Zahl der Punkte und kann in der Regel durch x.length angegeben werden. |
| fillPolygon (int[] x, int[] y, int anzahl) | wie drawPolygon(), zeichnet aber ein gefülltes Vieleck |
| drawArc (int x, int y, int breite, int hoehe, int winkel1, int winkel2) | Zeichnet einen Kreis- beziehungsweise Ovalbogen von winkel1 bis winkel2. Die beiden Winkel werden im Winkelmaß (0°–360°) angegeben und verlaufen von rechts entgegen dem Uhrzeigersinn. |
| fillArc (int x, int y, int breite, int hoehe, int winkel1, int winkel2) | wie drawArc(), zeichnet aber einen gefüllten Bogen |
| setColor (int farbe) setColor (Color farbe) | Stellt die Zeichenfarbe auf den angegebenen Wert (mehr darüber erfahren Sie im Anschluss an die Tabelle). |

**Tabelle 10.1** Die wichtigsten Zeichenmethoden der Klasse »Graphics«

Die Methode setColor() zum Einstellen der Zeichenfarbe existiert in zwei verschiedenen Varianten: Die Version, die einen int-Wert entgegennimmt, wird üblicherweise mit den symbolischen Konstanten der Grundfarben aufgerufen, die in der Klasse Color definiert sind, beispielsweise Color.RED, Color.WHITE oder Color.MAGENTA. Die andere Variante erwartet eine Instanz der Klasse Color als Argument; häufig wird mithilfe von new() eine anonyme Instanz erzeugt und übergeben. Der wichtigste Konstruktor von Color erwartet drei int-Werte, die den Rot-, den Grün- und den Blau-Anteil der gewünschten RGB-Farbe zwischen 0 und 255 angeben:

```
g.setColor (new Color (255, 153, 0));    // Orange
```

Listing 10.1 enthält ein komplexeres Beispiel: Zunächst wird ein Koordinatensystem erstellt, anschließend werden eine Sinus- und eine Cosinuskurve hineingezeichnet. In Abbildung 10.3 sehen Sie die Ausgabe des Programms.

```java
import java.awt.*;

public class SinusCosinus extends Panel {

    public static void main (String args[]) {
        SinusCosinus sc = new SinusCosinus();
        Frame f = new Frame ("Sinus und Cosinus");
        f.setSize (420, 420);
        f.add (sc);
        f.setVisible(true);
    }
    public void paint (Graphics g) {
        // Grundlinien des Koordinatensystems zeichnen
        g.setColor (Color.BLACK);
        g.drawLine (200, 0, 200, 400);
        g.drawLine (0, 200, 400, 200);
        // Unterteilungen der Achsen zeichnen
        for (int i = 20; i < 400; i += 20) {
            g.drawLine (i, 198, i, 202);
            g.drawLine (198, i, 202, i);
        }
        // Pfeilspitzen der Achsen zeichnen
        g.drawLine (400, 200, 395, 195);
        g.drawLine (400, 200, 395, 205);
        g.drawLine (200, 0, 195, 5);
        g.drawLine (200, 0, 205, 5);
        g.setColor (Color.BLUE);
        g.drawString ("y = sin (x)", 10, 30);
        g.setColor (Color.RED);
        g.drawString ("y = cos (x)", 10, 50);
        // die eigentlichen Kurven zeichnen
        double oldSinus = Math.sin (-10) * 20;
```

```
        double oldCosinus = Math.cos (-10) * 20;
        for (int i = 1; i < 400; i++) {
            g.setColor (Color.BLUE);
            double sinus = Math.sin
                        ((double) (i - 200) / 20);
            sinus *= 20;
            g.drawLine (i-1, 200 -
                        (int)oldSinus, i,
                200 - (int)sinus);
            oldSinus = sinus;
            g.setColor (Color.RED);
            double cosinus = Math.cos
                        ((double) (i - 200) / 20);
            cosinus *= 20;
            g.drawLine (i-1, 200 - (int)oldCosinus,
                        i, 200 - (int)cosinus);
            oldCosinus = cosinus;
        }
    }
}
```

**Listing 10.1** Koordinatensystem, Sinus- und Cosinuskurve in AWT

Beachten Sie zunächst, dass die Klasse SinusCosinus nicht von Frame abgeleitet ist, sondern von java.awt.Panel, einer rechteckigen Zeichenfläche. Das benötigte Fensterobjekt wird separat als Instanz von Frame erstellt. Der hier verwendete Konstruktor new Frame (String titel) setzt automatisch den Fenstertitel. Anschließend wird die SinusCosinus-Instanz mithilfe der Frame-Methode add() in das Fenster gesetzt. Diese Vorgehensweise garantiert, dass die linke obere Ecke des Zeichenbereichs auf jeden Fall innerhalb des Fensters zu sehen ist; bei einer direkten Ableitung von Frame wäre dies womöglich anders.

Die paint()-Methode benutzt nur wenige neue Anweisungen: Die statischen Methoden sin() und cos() der Klasse Math berechnen den Sinus beziehungsweise Cosinus eines Werts. Die Argumente müssen Winkel im Bogenmaß sein (360° = 2π). Die Graphics-Methode drawString() schreibt den angegebenen Text auf eine Grafikfläche.

Verwirrend ist dagegen womöglich die erforderliche Umrechnung des Maßstabs: Der Wert 1 wird durch 20 Pixel dargestellt. Aus diesem Grund werden die Einteilungen des Koordinatensystems in Zwanzigerschritten gezeichnet; außerdem werden sämtliche Berechnungen mit 20 multipliziert. Ein weiteres Problem ergibt sich dadurch, dass die y-Werte in der Grafikprogrammierung Kopf stehen: Während sie beim kartesischen Koordinatensystem nach oben wachsen, liegt der Nullpunkt beim Computer in der linken oberen Ecke und wächst nach unten. Dass der Ursprung des Koordinatensystems auf (200|200) platziert wurde, ergibt weiteren Umrechnungsbedarf.

Das Zeichnen der Kurven selbst funktioniert folgendermaßen: In jedem Schleifendurchlauf wird mithilfe von drawLine() eine Linie vom Punkt des vorangegangenen Durchlaufs (oldSinus beziehungsweise oldCosinus) zum aktuellen Punkt gezeichnet. Während die trigonometrischen Funktionen ziemlich exakt ausgerechnet werden müssen, um sie im Maßstab möglichst korrekt darzustellen, akzeptieren die AWT-Methoden nur ganzzahlige Werte. Deshalb finden einige Typecasting-Operationen von int nach double und umgekehrt statt.

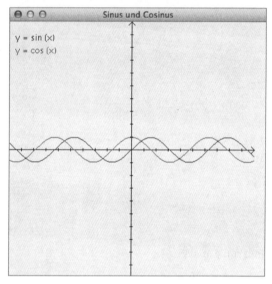

**Abbildung 10.3** Die Ausgabe des Sinus- und Cosinusprogramms

### 10.5.2 Animation

Ein weiterer Nutzen der AWT- und Swing-Zeichenklassen besteht in der Erstellung von Animationen. Das Grundprinzip ist leicht zu verstehen: Im zeitlichen Verlauf wird die Zeichenfläche erst mit einer Zeichnung versehen, die anschließend wieder von einer Füllung in Hintergrundfarbe verdeckt wird. Dies geschieht immer wieder.

Dieser theoretische Ansatz wird in der Praxis noch verbessert. Würden die verdeckende Füllung und die neue Zeichnung nacheinander auf eine sichtbare Fläche gezeichnet, würde die Animation flackern. Aus diesem Grund wird eine Technik namens *Double-Buffering* eingesetzt. Die nächste Phase der Animation, bestehend aus Lösch- und Neuzeichnungsvorgang, wird zunächst auf eine nicht sichtbare Zeichenfläche aufgetragen, den *Buffer* (eine Instanz der Klasse Image). Erst nach Fertigstellung wird das gesamte neue Bild auf die sichtbare Fläche kopiert.

Die Klasse Image können Sie übrigens auch zu einem anderen Zweck einsetzen: In eine Image-Instanz kann eine Bilddatei hineingeladen werden, die sich auf diese Weise in einer AWT-Anwendung anzeigen lässt. Unterstützt werden die klassischen Internet-Bilddateitypen GIF und JPEG. Beispielsweise sehen Sie hier, wie das Bild *test.gif* geladen und mithilfe der Graphics-Instanz g gezeichnet wird:

```
Toolkit tk = Toolkit.getDefaultToolkit();
Image test = tk.getImage ("test.gif");
g.drawImage (test, 0, 0, this);
```

Da der Umgang mit Bilddateien plattformspezifisch ist, wird zunächst eine Toolkit-Instanz erzeugt, die eine Referenz auf die konkreten Grafikfunktionen des verwendeten Betriebssystems bildet.

Im Übrigen wird für gewöhnlich ein eigener Thread mit der Ausführung der Animation beauftragt, damit sie möglichst gleichmäßig und unbeeindruckt von anderen Ereignissen ablaufen kann.

Listing 10.2 ist ein kleines Beispielprogramm, bei dem ein blauer »Ball« jeweils an den Fensterrändern abprallt, das heißt, die Richtung wird bei jedem Aufprall umgekehrt.

```
import java.awt.*;

public class BouncingBall extends Panel implements Runnable {
    // Thread- und Buffer-Variablen:
    private Image buffer;
    private Graphics bg;
    private Thread animation;
    // die Eigenschaften der "Kugel":
    private int x;
    private int y;
    private int xdir;
    private int ydir;
    private int sfaktor;

    public static void main (String args[]) {
        BouncingBall b = new BouncingBall();
        b.init();
        b.start();
        Frame f = new Frame ("Bouncing Ball");
        f.setSize (420, 420);
        f.add (b);
        f.setVisible(true);
    }

    private int getSFaktor () {
        int xvm = Math.abs (x - 200);
        int yvm = Math.abs (y - 200);
```

```java
            int f = (xvm + yvm) / 2;
            int sf = f / 20 + 1;
            return sf;
    }

    public void init () {
        // Werte initialisieren
        /* Anmerkung: x und y dürfen nicht gleich sein,
           sonst bewegt sich die "Kugel" nur zwischen
           den Diagonalen, was langweilig wäre!      */
        x = 71;
        y = 191;
        xdir = 1;
        ydir = 1;
    }

    public void start () {
        animation = new Thread (this);
        animation.start ();
    }

    public void run () {
        while (true) {
            try {
                Thread.sleep (30);
            }
            catch (InterruptedException e) {
            }
            repaint ();
        }
    }

    public void update (Graphics g) {
        // Buffer bei Bedarf erzeugen
        if (buffer == null) {
            buffer = createImage (400, 400);
            bg = buffer.getGraphics ();
        }
        // Auf den Buffer zeichnen
        paint (bg);
        // Den Buffer einblenden
        g.drawImage (buffer, 0, 0, this);
```

```
        }

    public void paint (Graphics g) {
        g.setColor (Color.YELLOW);
        g.fillRect (0, 0, 400, 400);
        g.setColor (Color.BLUE);
        // die "Kugel" zeichnen
        g.fillOval (x, y, 20, 20);
        // Werte verändern
        sfaktor = getSFaktor ();
        g.setColor (Color.BLACK);
        g.drawString ("" + sfaktor, 20, 20);
        x += (xdir * sfaktor);
        y += (ydir * sfaktor);
        // Ränder prüfen und eventuell Richtungen umkehren
        if (x <= 0 || x >= 380)
            xdir = -xdir;
        if (y <= 0 || y >= 380)
            ydir = -ydir;
    }
}
```

**Listing 10.2** Eine AWT-Animation, »BouncingBall.java«

Der Schlüssel zur Double-Buffering-Technik ist die Methode update(): Sie wird automatisch von der Methode repaint() aufgerufen. Als Erstes erfolgt hier ein Aufruf der Methode paint(), und zwar mit dem Graphics-Objekt des Buffers. Anschließend wird der Buffer mithilfe der Graphics-Methode drawImage() auf der eigentlichen Zeichenfläche platziert.

Damit die Animation nicht zu schnell abläuft, wird in run() zunächst die statische Thread-Methode sleep() aufgerufen. Das Argument ist eine Wartezeit in Millisekunden, die der Thread »schlafen« soll. Der Aufruf muss stets in einem try/catch-Block stehen, weil der Thread unter Umständen vorzeitig unterbrochen wird, was eine InterruptedException auslöst.

Die gezeigte Animation dürfte selbsterklärend sein. Interessant ist allenfalls die Methode getSFaktor(), die den Geschwindigkeitsfaktor in Abhängigkeit vom Abstand zu den Wänden berechnet, sodass der Ball zu den Rändern hin schneller zu werden scheint: Die Wände wirken ein wenig »magnetisch«. Zur Kontrolle wird der aktuelle Geschwindigkeitsfaktor jeweils angezeigt. Hier die entscheidenden Zeilen:

```
int f = (int)(xvm + yvm) / 2;
int sf = f / 20 + 1;
```

xvm und yvm sind dabei die Absolutwerte der Abstände von den Wänden.

## 10.5.3 Programmierung fensterbasierter Anwendungen

Die Hauptaufgabe von Fenstern besteht natürlich nicht darin, Zeichnungen oder Animationen anzuzeigen. Fenster stellen vielmehr den Rahmen zur Platzierung verschiedener Widgets dar, die mit Funktionen versehen werden müssen.

Im AWT und in Swing stehen die einzelnen Arten von GUI-Komponenten als Klassen zur Verfügung. In der Regel werden entsprechende Instanzen erzeugt, anschließend wird die Methode add() der jeweils übergeordneten Komponente aufgerufen, um sie dieser hinzuzufügen. Auf diese Weise entsteht ein ineinander verschachteltes Gefüge von GUI-Bestandteilen.

Die wichtigsten AWT-Klassen werden in Tabelle 10.2 dargestellt. Zu vielen von ihnen gibt es abgeleitete Swing-Klassen, die durch ein vorangestelltes J gekennzeichnet werden (zum Beispiel JFrame zu Frame oder JButton zu Button).

| Klasse | Wichtige Konstruktoren | Erläuterung |
|---|---|---|
| Frame | Frame()<br>Frame (String titel) | Fenster |
| Button | Button()<br>Buton (String label) | Schaltfläche |
| TextField | TextField()<br>TextField (String txt) | einzeiliges Textfeld |
| TextArea | TextArea()<br>TextField (String txt) | mehrzeiliger Textbereich |
| MenuBar | MenuBar() | Menüleiste |
| Menu | Menu()<br>Menu (String label) | einzelnes Menü |
| MenuItem | MenuItem()<br>MenuItem (String txt) | Menüelement |
| Panel | Panel() | Anzeigefläche |
| Label | Label()<br>Label (String txt) | Beschriftungsfeld |

**Tabelle 10.2** Wichtige AWT-Klassen und ihre gängigen Konstruktoren

Am Beispiel eines Fensters mit Menüleiste und zwei Buttons sehen Sie hier, wie eine solche Objekthierarchie aufgebaut wird:

10.5   GUI- und Grafikprogrammierung

```java
import java.awt.*;

public class Test2 {
    public static void main(String args[]) {
        // Objekte erzeugen
        Frame f = new Frame ("Menü und Buttons");
        MenuBar mb = new MenuBar();
        Menu m = new Menu ("Test");
        MenuItem mi1 = new MenuItem ("Probe 1");
        MenuItem mi2 = new MenuItem ("Probe 2");
        Button b1 = new Button ("Info 1");
        Button b2 = new Button ("Info 2");
        // Objekte verknüpfen
        // Menüpunkte zum Menü hinzufügen
        m.add (mi1);
        m.add (mi2);
        // Menü zur Menüleiste hinzufügen
        mb.add (m);
        // Menüleiste und Buttons zum Frame hinzufügen
        f.setMenuBar (mb);
        f.add (b1);
        f.add (b2);
        f.setSize (400, 400);
        f.setVisible(true);
    }
}
```

Wenn Sie diesen Code ausführen, werden Sie feststellen, dass nicht beide Buttons zuverlässig angezeigt werden (wahrscheinlich wird sogar nur einer angezeigt). Das liegt daran, dass nicht festgelegt wurde, wie die beiden Buttons im Fenster angeordnet werden sollen. Für diese Anordnung sind spezielle Klassen zuständig, die als *LayoutManager* bezeichnet werden. Um die beiden Buttons beispielsweise nebeneinanderzusetzen, müssen Sie über der Zeile f.add(b1); folgende Ergänzung vornehmen:

```java
f.setLayout (new GridLayout (1, 2));
```

Um die Buttons dagegen untereinanderzustellen, lautet die Layoutanweisung so:

```java
f.setLayout (new GridLayout (2, 1));
```

Das erste Argument des `GridLayout`-Konstruktors gibt also die Anzahl der Zeilen an, das zweite die Anzahl der Spalten. Nach der Einrichtung des LayoutManagers können Sie einfach nacheinander Elemente hinzufügen, die von links nach rechts und von oben nach unten nacheinander in das `GridLayout` eingesetzt werden.

**10** Konzepte der Programmierung

Ein anderer bedeutender LayoutManager ist das BorderLayout. Es besteht aus fünf verschiedenen Anzeigebereichen, die durch die statischen symbolischen Konstanten BorderLayout.NORTH (oben), BorderLayout.SOUTH (unten), BorderLayout.WEST (links), BorderLayout.EAST (rechts) und BorderLayout.CENTER (Mitte) angegeben werden. Die Elemente, die sich oben und unten befinden, werden bis zum linken und rechten Rand durchgezogen; das linke, mittlere und rechte Element teilen sich den Platz dazwischen. Zum Beispiel:

```
Button b1 = new Button ("oben");
Button b2 = new Button ("unten");
Button b3 = new Button ("links");
Button b4 = new Button ("rechts");
Button b5 = new Button ("Mitte");
f.setLayout (new BorderLayout());
f.add (b1, BorderLayout.NORTH);
f.add (b2, BorderLayout.SOUTH);
f.add (b3, BorderLayout.WEST);
f.add (b4, BorderLayout.EAST);
f.add (b5, BorderLayout.CENTER);
```

Dies sind natürlich nur wenige Beispiele für die Verwendung von LayoutManagern; es gibt zahlreiche weitere Varianten, deren Behandlung hier zu weit führen würde.

LayoutManager können übrigens leicht ineinander verschachtelt werden: Erzeugen Sie eine Panel-Instanz, und weisen Sie ihr den zu verschachtelnden LayoutManager zu. Anschließend können Sie Elemente zu diesem Panel hinzufügen. Zu guter Letzt lässt sich das Panel auf einer übergeordneten Anzeigefläche platzieren, die ihr eigenes Layout besitzt. Die Beispiele im nächsten Abschnitt verwenden solche verschachtelten Layouts.

### Event Handling

Nun wissen Sie zwar bereits, wie sich Buttons hinzufügen lassen, aber noch nicht, wie Sie Code schreiben können, der darauf reagiert. Sämtliches Event Handling wird im AWT durch sogenannte *Listener* erledigt, die im Hintergrund auf bestimmte Ereignisse »lauschen« und diese verarbeiten.

Konkret bedeutet das für die Programmierung, die passenden Listener-Interfaces zu implementieren und die in diesen Interfaces deklarierten Callback-Methoden bereitzustellen, die aufgerufen werden, wenn das entsprechende Ereignis eintritt. Einige gängige Listener-Interfaces sind:

▶ java.awt.ActionListener verarbeitet Button- und Menübefehle sowie Tastaturereignisse. Das Interface deklariert nur eine einzige Methode: void actionPerformed (ActionEvent e). Das übermittelte ActionEvent können Sie mithilfe von e.getActionCommand() untersuchen – Sie erhalten den String zurück, mit dem der Button oder das Menüelement beschriftet ist.

**660**

▶ `java.awt.MouseListener` ist für die Verarbeitung von Mausklicks und Rollover-Operationen zuständig. Leider müssen Sie eine ganze Reihe von Methoden implementieren, um die Anforderungen dieses Interface zu erfüllen. Falls Sie die Funktionalität einer dieser Methoden nicht benötigen, kann der Methodenrumpf allerdings leer bleiben. Die einzelnen Methoden sind folgende:

  – void `mousePressed` (`MouseEvent e`) – Die Maustaste wurde gedrückt.

  – void `mouseReleased` (`MouseEvent e`) – Die Maustaste wurde wieder losgelassen.

  – void `mouseClicked` (`MouseEvent e`) – Ein vollständiger Mausklick aus der Kombination Drücken und Loslassen hat stattgefunden.

  – void `mouseEntered` (`MouseEvent e`) – Der Mauszeiger hat den Bereich der Komponente berührt.

  – void `mouseExited` (`MouseEvent e`) – Der Mauszeiger hat den Bereich der Komponente wieder verlassen.

  Der konkrete Umgang mit diesen Methoden wird in den folgenden beiden Beispielen erläutert.

▶ `MouseMotionListener` registriert einfache Mausbewegungen in einer Komponente. Es müssen zwei Methoden implementiert werden:

  – void `mouseMoved` (`MouseEvent e`) – Die Maus wurde bewegt.

  – void `mouseDragged` (`MouseEvent e`) – Die Maus wurde mit gedrückter Maustaste bewegt, also gezogen.

▶ Die wichtigsten Methoden der erhaltenen `MouseEvent`-Instanz sind `getX()` und `getY()`; sie liefern die Koordinaten des Mauszeigers.

▶ `WindowListener` enthält eine Reihe von Methoden für die Behandlung wichtiger Fensterereignisse:

  – void `windowOpened` (`WindowEvent e`) – wird unmittelbar nach der Erzeugung des Fensters aufgerufen.

  – void `windowActivated` (`WindowEvent e`) – wird aufgerufen, wenn das Fenster durch Anklicken oder eine andere Methode zum aktiven Fenster wird.

  – void `windowDeactivated` (`WindowEvent e`) – wird aufgerufen, sobald ein anderes Fenster aktiv wird.

  – void `windowIconified` (`WindowEvent e`) – wird beim Minimieren des Fensters (eine plattformabhängige Funktion) aktiviert.

  – void `windowDeiconified` (`WindowEvent e`) – wird beim Wiederherstellen des Fensters nach der Minimierung aufgerufen.

  – void `windowClosing` (`WindowEvent e`) – wird aufgerufen, wenn der Schließen-Button des Fensters gedrückt wird. Meist erfolgt an dieser Stelle ein Aufruf der Methode `dispose()` des entsprechenden Fensters, um es tatsächlich zu schließen.

**10** Konzepte der Programmierung

– void windowClosed (WindowEvent e) – wird automatisch nach einem Aufruf von dis-
pose() aufgerufen, also nachdem das Fenster bereits geschlossen wurde. Eine gute
Gelegenheit, um »aufzuräumen« und – falls dies das eigentliche Programmfenster war
– das Programm durch Aufruf von System.exit(0) zu beenden.

Nachdem Sie einen Listener implementiert haben, müssen Sie ihn zu den Komponenten
hinzufügen, deren Ereignisse er verarbeiten soll. Dafür gibt es eine Reihe von Methoden,
etwa addActionListener(), addMouseListener, addMouseMotionListener() oder addWindow-
Listener(). Das Argument dieser Methoden ist die jeweilige Instanz, die den Listener implementiert – sehr häufig this, wenn die aktuelle Klasse selbst den Listener bildet.

Das Beispiel in Listing 10.3 ist ein einfacher Rechner: In zwei Textfelder können Sie die beiden Zahlen eingeben, mit denen gerechnet werden soll. Ein Klick auf einen von vier Opera-
tions-Buttons führt die entsprechende Grundrechenart mit den beiden Zahlen aus und
schreibt das Ergebnis in ein drittes Textfeld. Dank der Implementierung von WindowListener
lässt sich das Programm einfach durch Schließen des Fensters beenden.

```java
import java.awt.*;
import java.awt.event.*;

public class Rechner extends Frame implements ActionListener, WindowListener {
    // GUI-Komponenten
    private Panel eingabe1;
    private Panel eingabe2;
    private Panel ausgabe;
    private TextField einTF1;
    private TextField einTF2;
    private TextField ausTF;
    private Label ein1;
    private Label ein2;
    private Label aus;
    private Panel buttonLeiste;
    private Button plus;
    private Button minus;
    private Button mal;
    private Button durch;

    public static void main (String args[]) {
        Rechner r = new Rechner();
        r.setTitle ("AWT-Taschenrechner");
        r.setSize (320, 240);
        r.setVisible(true);
    }
```

```
// Konstruktor
public Rechner() {
    // Komponenten erzeugen
    eingabe1 = new Panel();
    eingabe2 = new Panel();
    ausgabe = new Panel();
    einTF1 = new TextField();
    einTF2 = new TextField();
    ausTF = new TextField();
    ein1 = new Label ("Zahl 1:");
    ein2 = new Label ("Zahl 2:");
    aus = new Label ("Ergebnis:");
    buttonLeiste = new Panel();
    plus = new Button ("+");
    minus = new Button ("-");
    mal = new Button ("*");
    durch = new Button ("/");
    // Komponenten platzieren
    eingabe1.setLayout (new GridLayout (1, 2));
    eingabe1.add (ein1);
    eingabe1.add (einTF1);
    eingabe2.setLayout (new GridLayout (1, 2));
    eingabe2.add (ein2);
    eingabe2.add (einTF2);
    ausgabe.setLayout (new GridLayout (1, 2));
    ausgabe.add (aus);
    ausgabe.add (ausTF);
    buttonLeiste.setLayout (new GridLayout (1, 4));
    buttonLeiste.add (plus);
    buttonLeiste.add (minus);
    buttonLeiste.add (mal);
    buttonLeiste.add (durch);
    this.setLayout (new GridLayout (4, 1));
    this.add (eingabe1);
    this.add (eingabe2);
    this.add (buttonLeiste);
    this.add (ausgabe);
    // Event Handler registrieren
    plus.addActionListener (this);
    minus.addActionListener (this);
    mal.addActionListener (this);
    durch.addActionListener (this);
    this.addWindowListener (this);
}
```

```java
// ActionListener-Implementierung
public void actionPerformed (ActionEvent e) {
    // Eingabewerte lesen
    int z1 = Integer.parseInt (einTF1.getText());
    int z2 = Integer.parseInt (einTF2.getText());
    int erg = 0;
    // Berechnung je nach Button
    String cmd = e.getActionCommand();
    if (cmd.equals ("+"))
        erg = z1 + z2;
    if (cmd.equals ("-"))
        erg = z1 - z2;
    if (cmd.equals ("*"))
        erg = z1 * z2;
    if (cmd.equals ("/"))
        erg = z1 / z2;
    // Ergebnis anzeigen
    ausTF.setText ("" + erg);
}

// WindowListener-Implementierung
public void windowOpened (WindowEvent e) {
    // Wird hier nicht benötigt
}

public void windowActivated (WindowEvent e) {
    // Wird hier nicht benötigt
}

public void windowDeactivated (WindowEvent e) {
    // Wird hier nicht benötigt
}

public void windowIconified (WindowEvent e) {
    // Wird hier nicht benötigt
}

public void windowDeiconified (WindowEvent e) {
    // Wird hier nicht benötigt
}

public void windowClosing (WindowEvent e) {
    // Fenster schließen
    this.dispose();
```

```
    }

    public void windowClosed (WindowEvent e) {
        // Programm beenden
        System.exit (0);
    }
}
```

**Listing 10.3** Ein AWT-basierter Taschenrechner, »Rechner.java«

Wenn Sie den Code lesen, werden Sie feststellen, dass die aktuelle Instanz der Klasse (this) im Konstruktor jeweils als Event Handler registriert wird: als ActionListener für die vier Buttons und als WindowListener für sich selbst. Der Rest des Programms sollte sich nach den vorangegangenen Ausführungen und mithilfe der Kommentare von selbst erklären. In Abbildung 10.4 sehen Sie den fertigen Rechner.

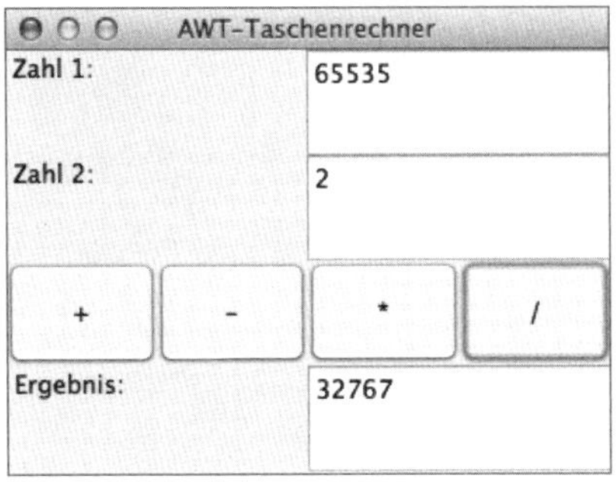

**Abbildung 10.4** Der AWT-Rechner bei der Division von 65.535 durch 2

Die Klassendeklaration des Rechners enthält die Implementierungen der beiden Interfaces ActionListener und WindowListener:

```
public class Rechner extends Frame
        implements ActionListener, WindowListener {
```

Auf diese Weise können Sie den gewünschten Komponenten einfach this als Listener zuweisen. Beachten Sie, dass dies nicht in der Methode main() geschehen darf – da sie statisch ist, existiert hier keine Instanz. Erzeugen Sie also innerhalb von main() eine Instanz der aktuellen Klasse selbst:

```
Rechner r = new Rechner();
```

Schreiben Sie den Code zum Hinzufügen der Listener anschließend in einen Konstruktor. Beispielsweise stellt die folgende Zeile aus dem Konstruktor Rechner() den Action-Listener für den PLUS-Button ein:

```
plus.addActionListener (this);
```

Noch deutlicher wird die Mausabfrage in Listing 10.4. Es handelt sich um ein kleines Programm zum Zeichnen mit der Maus, wobei Sie über ein Menü die Farbe wechseln, die Zeichenfläche löschen und das Programm beenden können.

```java
import java.awt.*;
import java.awt.event.*;

public class Malen extends Frame implements Runnable, MouseMotionListener,
ActionListener, WindowListener {
    // GUI-Komponenten
    private MenuBar mbar;
    private Menu bild;
    private MenuItem loeschen;
    private MenuItem beenden;
    private Menu farben;
    private MenuItem rot;
    private MenuItem gruen;
    private MenuItem blau;
    private MenuItem cyan;
    private MenuItem magenta;
    private MenuItem gelb;
    private MenuItem schwarz;

    // Thread, Buffer
    private Thread mal;
    private Image buffer;
    private Graphics bg;

    // Globale Variablen
    private int xnew, ynew;  // Neue Koordinaten
    private int xold, yold;  // Alte Koordinaten
    private boolean malt;    // Maustaste oben/unten?
    private Color farbe;     // Aktuelle Malfarbe

    public static void main (String args[]) {
        Malen m = new Malen();
        m.start();                // Thread starten
        m.setTitle ("Kleines Malprogramm");
        m.setSize (500, 500);
        m.setVisible(true);
    }

    // Konstruktor
    public Malen() {
        // Komponenten erzeugen
```

```
mbar = new MenuBar();
bild = new Menu ("Bild");
loeschen = new MenuItem ("Löschen");
beenden = new MenuItem ("Beenden");
farben = new Menu ("Farbe");
rot = new MenuItem ("Rot");
gruen = new MenuItem ("Grün");
blau = new MenuItem ("Blau");
cyan = new MenuItem ("Cyan");
magenta = new MenuItem ("Magenta");
gelb = new MenuItem ("Gelb");
schwarz = new MenuItem ("Schwarz");
// Komponenten montieren
bild.add (loeschen);
bild.add (beenden);
mbar.add (bild);
farben.add (rot);
farben.add (gruen);
farben.add (blau);
farben.add (cyan);
farben.add (magenta);
farben.add (gelb);
farben.add (schwarz);
mbar.add (farben);
this.setMenuBar (mbar);

// Event Handler registrieren
this.addMouseMotionListener (this);
loeschen.addActionListener (this);
beenden.addActionListener (this);
rot.addActionListener (this);
gruen.addActionListener (this);
blau.addActionListener (this);
cyan.addActionListener (this);
magenta.addActionListener (this);
gelb.addActionListener (this);
schwarz.addActionListener (this);
this.addWindowListener (this);

// Werte initialisieren
xnew = 0;
ynew = 0;
xold = 0;
yold = 0;
malt = false;
```

```java
            farbe = Color.BLACK;
    }

    public void start() {
        mal = new Thread (this);
        mal.start();
    }


    public void run() {
        while (true) {
            try {
                mal.sleep (3);
            }
            catch (InterruptedException e) {
            }
            repaint();
        }
    }

    public void update (Graphics g) {      // Buffer bei Bedarf erzeugen
        if (buffer == null) {
            buffer = createImage (500, 500);
            bg = buffer.getGraphics();
        }
        // Auf den Buffer zeichnen
        paint (bg);
        // Den Buffer einblenden
        g.drawImage (buffer, 0, 0, this);
    }

    public void paint (Graphics g) {
        if (malt) {
            g.setColor (farbe);
            g.drawLine (xold, yold, xnew, ynew);
            g.drawLine (xold + 1, yold, xnew + 1, ynew);
            g.drawLine (xold, yold + 1, xnew, ynew + 1);
            g.drawLine (xold + 1, yold + 1, xnew + 1, ynew + 1);
        }
    }

    // MouseMotionListener-Implementierung
    public void mouseMoved (MouseEvent e) {
        malt = false;
        // "Alten" X- und Y-Wert setzen
```

```
   xold = e.getX();
   yold = e.getY();
}

public void mouseDragged (MouseEvent e) {
   if (malt) {
      // Alten X- und Y-Wert merken
      xold = xnew;
      yold = ynew;
   } else {
      // Ab hier neu malen
      xold = e.getX();
      yold = e.getY();
   }
   malt = true;
   // Neuen X- und Y-Wert setzen
   xnew = e.getX();
   ynew = e.getY();
}

// ActionListener-Implementierung
public void actionPerformed (ActionEvent e) {
   String cmd = e.getActionCommand();
   if (cmd.equals ("Löschen")) {
      bg.setColor (Color.WHITE);
      bg.fillRect (0, 0, 500, 500);
   }
   if (cmd.equals ("Beenden")) {
      this.dispose();
   }
   if (cmd.equals ("Rot")) {
      farbe = Color.RED;
   }
   if (cmd.equals ("Grün")) {
      farbe = Color.GREEN;
   }
   if (cmd.equals ("Blau")) {
      farbe = Color.BLUE;
   }
   if (cmd.equals ("Cyan")) {
      farbe = Color.CYAN;
   }
   if (cmd.equals ("Magenta")) {
      farbe = Color.MAGENTA;
   }
```

```java
            if (cmd.equals ("Gelb")) {
                farbe = Color.YELLOW;
            }
            if (cmd.equals ("Schwarz")) {
                farbe = Color.BLACK;
            }
        }


        // WindowListener-Implementierung
        public void windowOpened (WindowEvent e) {
            // Wird hier nicht benötigt
        }

        public void windowActivated (WindowEvent e) {
            // Wird hier nicht benötigt
        }

        public void windowDeactivated (WindowEvent e) {
            // Wird hier nicht benötigt
        }

        public void windowIconified (WindowEvent e) {
            // Wird hier nicht benötigt
        }

        public void windowDeiconified (WindowEvent e) {
            // Wird hier nicht benötigt
        }

        public void windowClosing (WindowEvent e) {
            // Fenster schließen
            this.dispose();
        }

        public void windowClosed (WindowEvent e) {
            // Programm beenden
            System.exit (0);
        }
    }
```

**Listing 10.4** Ein AWT-basiertes Malprogramm, »Malen.java«

Das eigentliche Malen findet wie bei der Animation auf einem Buffer statt, der jeweils eingeblendet wird. Die Wartezeit des Mal-Threads ist mit drei Millisekunden sehr kurz gewählt,
damit auch relativ schnelle Mausbewegungen registriert werden. Andernfalls könnten in

den gezeichneten Linien auffällige Lücken entstehen. Damit die Linien nicht zu dünn aussehen, werden übrigens vier im Quadrat nebeneinanderliegende Linien gezeichnet. Abbildung 10.5 zeigt das Malprogramm in Aktion.[2]

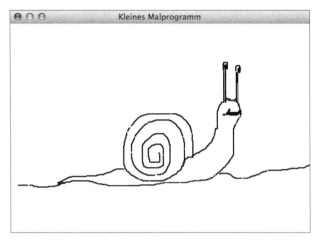

**Abbildung 10.5** Das Malprogramm im Einsatz

## 10.6 Übungsaufgaben

1. Schreiben Sie eine Implementierung des GGT-Einführungsbeispiels in Python.
2. Implementieren Sie analog zu dem GGT-Beispiel das KGV (kleinstes gemeinsames Vielfaches) in Java und Python – es handelt sich um die kleinste mögliche Zahl, die ein Vielfaches zweier natürlicher Zahlen m und n ist, und sie ist kleiner als m * n, wenn die beiden Zahlen nicht teilerfremd sind.
3. Schreiben Sie eine Python-Version von QuickSort.
4. Welche zwei Fehler enthält dieser Versuch einer Implementierung der linearen Suche in Python? (Versuchen Sie, sie zu finden, ohne das Skript auszuführen!)

```python
def linearsearch(item, list_to_search):
    result = []
    for index, element in enumerate(list_to_search):
        if element == item:
            result.append(element)

if __name__ == "__main__":
    list_to_search = [1, 2, 3, 4, 5, 6, 7, 6, 5, 4, 3, 2, 1]
```

---

[2] Die hübsche Schnecke hat meine Frau gezeichnet. Sie gibt Aufschluss über die Kompilier- und Ausführungsgeschwindigkeit des Programms, die Sie neben dessen eingeschränkter Feature-Liste noch einmal überdenken sollten, bevor Sie Ihr Adobe Photoshop bei eBay verkaufen und durch dieses Tool ersetzen.

```
threes = linearsearch(3, list_to_search)
print("3 gefunden an folgenden Positionen:")
print(threes)
```

5. Schreiben Sie eine Methode zur binären Suche in Python, die die übergebene Liste zunächst sortiert.

6. Fügen Sie zur Java-Klasse `BranchSort` eine Methode `getSortedDescending()` hinzu, die die Liste der Werte absteigend sortiert zurückliefert, und ändern Sie das Beispielprogramm so, dass es diese Methode aufruft.

7. Schreiben Sie ein Python-Programm, das einen potenziellen regulären Ausdruck und einen String als Benutzereingaben entgegennimmt, den regulären Ausdruck auf den String anwendet und alle Treffer und Teiltreffer ausgibt.

8. Schreiben Sie ein Python-Programm, das ähnlich wie der Rechenaufgaben-Parser die folgenden Maßeinheiten ineinander umrechnen kann: mm, cm, dm, m, km (Millimeter, Zentimeter, Dezimeter, Meter, Kilometer). Die Eingabe soll das Format `<Wert> <aktuelle Maßeinheit> <gewünschte Maßeinheit>` haben, also beispielsweise `6 m cm`, um 6 Meter in 600 Zentimeter umzurechnen. Fehleingaben sollen eine Fehlermeldung zur Folge haben. Beachten Sie, dass der Whitespace zwischen aktueller und gewünschter Maßeinheit nicht optional sein darf; mindestens ein Leerzeichen wird an dieser Stelle benötigt.

9. Schreiben Sie ein Java-Programm, das zwei Threads startet und in einem von ihnen von 1 bis 10.000 hochzählt, im anderen von 10.000 bis 1 hinunter. Beide Threads sollen die Zahlen auf der Konsole ausgeben; unterscheiden Sie die Ausgaben durch geeignete Mittel wie etwa verschiedene Einrückungstiefen.

10. Fortgeschrittene Aufgabe: Schreiben Sie einen kleinen Python-Webserver; ein Beispiel mit statischer Ausgabe finden Sie in diesem Kapitel. Beim Start sollen auf der Kommandozeile ein TCP-Port und ein Wurzelverzeichnis angegeben werden (Standardwerte: Port 8000 und Wurzelverzeichnis ".", also das aktuelle Verzeichnis). Der Server soll für jede Anfrage einen neuen Prozess starten. Wenn der gewünschte Dateipfad verfügbar ist, soll diese Datei zurückgegeben werden; für den `Content-type` können Sie ein einfaches Dateiendung-zu-Typ-Schema verwenden: `.htm` oder `.html` ergibt `text/html`, `.txt` wird zu `text/plain`, alles andere ist `application/octet-stream` (Binärdatei zum Download). Wenn Sie möchten, können Sie weitere Typen definieren. Beachten Sie, dass Sie nach dem Einlesen der Datei deren Größe für die `Content-length` bestimmen müssen, und Sie sollten die Verbindung mit dem Header `Connection: close` schließen, um nicht zahlreiche Prozesse offen zu halten. Wenn die Datei nicht gefunden wird, geben Sie den Status "404 Not Found" zurück.

# Kapitel 11
# Mobile Development

*Was wäre der Mensch ohne Telefon? Ein armes Luder.*
*Was ist er aber mit Telefon? Ein armes Luder.*
*– Kurt Tucholsky*

Internetdienstleistungen aller Art werden immer häufiger über mobile Geräte wie Smartphones oder Tablets genutzt. Die meisten von ihnen verwenden eines der folgenden drei Betriebssysteme:

▶ *Apple iOS* ist das Mobilbetriebssystem für iPhones, iPads und iPod touch.

▶ *Android* wurde von Google entwickelt und läuft auf zahlreichen Geräten verschiedener Hersteller wie Samsung oder LG.

▶ *Windows Mobile* von Microsoft ist die spezielle Mobilvariante von Windows. Seit Microsoft die Mobiltelefonsparte von Nokia übernommen hat, werden Smartphones unter dem Namen Microsoft Lumia verkauft, und das System wird ebenfalls immer wichtiger.

Webseiten werden immer häufiger für den Mobileinsatz optimiert. Hier sei besonders das Stichwort *Responsive Design* genannt, also der Versuch, CSS-Angaben so zu schreiben, dass sich das Layout an unterschiedliche Displaygrößen und andere Besonderheiten anpasst. Der grundlegende Einsatz von HTML und CSS wird in Kapitel 18, »Webseitenerstellung mit HTML und CSS«, beschrieben, und im Grunde verhalten sich Browser auf Mobilgeräten nicht anders als diejenigen auf Computern.

Interessanter sind die nativen Apps für die verschiedenen Mobilbetriebssysteme, die gegenüber Standard-Webseiten mehr Möglichkeiten bieten, etwa 3D-Grafik, Spielinteraktion oder lokale Datenspeicherung.[1] In diesem Kapitel wird die Entwicklung je einer kleinen App für iOS und Android beschrieben.

---

**Erforderliches Vorwissen**

Die iOS-App in diesem Kapitel greift auf eine selbst entwickelte REST-API zu. Einige wissenswerte Aspekte dazu werden erst in späteren Kapiteln dieses Buches beschrieben: der Umgang mit XML-Daten in Kapitel 16, »XML«, und die REST-Architektur und die konkrete API in Kapitel 19, »Webserveranwendungen«. Wenn Sie möchten, können Sie diese Kapitel zuerst durcharbeiten und dann hierhin zurückkehren.

---

1 Mit einigen Tricks können viele der genannten Funktionen auch in (mobilen) Webseiten eingesetzt werden, aber nativer Code ist immer noch schneller und leistungsfähiger als HTML und JavaScript.

## 11.1 iOS-Apps mit Xcode und Swift

*iOS* ist das Betriebssystem für die Mobilgeräte von Apple. Das System wurde 2007 unter dem Namen *iPhone OS* mit dem ersten iPhone eingeführt. Version 4 aus dem Jahr 2010 war die erste mit dem Namen iOS, da zu diesem Zeitpunkt die Tablet-Serie iPad als unterstütztes Gerät hinzukam. Die aktuelle Version des Systems ist iOS 10.3; sie erschien im März 2017.

Neue iOS-Versionen sind kostenlos, und das System kann automatisch upgedatet werden, solange das entsprechende Gerät mit einer weiteren Version kompatibel ist. Bis einschließlich iOS 4 musste das Gerät dafür an einen Mac oder PC mit iTunes angeschlossen werden, aber seit Version 5 werden die Updates auf dem jeweiligen Gerät selbst heruntergeladen und installiert. Bevor Sie das jeweilige Update initiieren, sollten Sie dafür sorgen, dass das Gerät WLAN-Internetzugang hat und mit einer Stromquelle verbunden ist, denn der Vorgang kann eine gehörige Datenmenge und recht viel Zeit benötigen.

### 11.1.1 iOS im Schnellüberblick

In Abbildung 11.1 sehen Sie den Homescreen von iOS 10. Wie Sie sehen, befinden sich im Hauptbereich des Bildschirms zahlreiche App-Icons. Es kann mehrere Bildschirme mit Icons geben; die kleinen runden Punkte unter dem Hauptbereich zeigen an, wie viele es gibt und auf welcher Seite Sie sich gerade befinden. Sie wechseln den Bildschirm, indem Sie mit dem Finger waagerecht über den Bildschirm wischen (*Swipe*). Wenn Sie den ersten Bildschirm nach rechts verschieben, landen Sie in der iOS-Version der Spotlight-Suche.

**Abbildung 11.1** Der Homescreen von iOS 10

Die Leiste ganz oben zeigt die Stärke von Mobil- und WLAN-Signal, den Namen des Mobilfunknetzbetreibers, die aktuelle Uhrzeit und den Ladezustand der Batterie an.

Ganz unten befinden sich vier Icons, die immer an Ort und Stelle bleiben, auch wenn Sie den Bildschirm wechseln. Standardmäßig handelt es sich um die Telefonfunktion, den Browser Safari, die E-Mail-App und Music für die iTunes-Musikwiedergabe und den neuen Streaming-Dienst Apple Music. Sie können selbst konfigurieren, ob Sie diese oder andere Apps in diesem bevorzugten Bereich haben möchten.

Um eine App zu starten, brauchen Sie nur mit dem Finger daraufzutippen. Wenn Sie den Finger länger liegen lassen, beginnen die App-Symbole zu wackeln und werden mit einem kleinen Kreuzchen ausgestattet. Dieses dient dazu, nicht mehr benötigte Apps zu löschen. Außerdem können Sie zwei App-Icons aufeinanderschieben, um einen Ordner zu erzeugen, in dem sich beide befinden, und Sie können einen Namen für den Ordner eingeben. Natürlich können Sie Apps auch in bereits vorhandene Ordner hineinziehen.

Die gestarteten Apps werden im Hintergrund weiter ausgeführt. Wenn Sie den Speicher bereinigen möchten, können Sie auf den Startbutton des Geräts doppelklicken, um eine Liste aller ausgeführten Apps anzuzeigen. Schieben Sie dann diejenigen, die nicht weiter ausgeführt werden sollen, nach oben.

iOS-Geräte sind mit bis zu fünf Hardwaretasten ausgestattet: In der Mitte unter dem Bildschirm befindet sich der Home-Button, der aus jeder App heraus wieder zurück auf den Homescreen führt. Am oberen Rand ist der Einschaltbutton; Sie können ihn auch länger gedrückt halten, um das Gerät auszuschalten. Am linken Rand befindet sich bei iPhones ein Kippschalter, mit dem Sie den Klingelton auf lautlos umschalten können. Darunter hat das iPhone wie alle iOS-Geräte zwei Knöpfe für die Lautstärkeregelung.

Seit iOS 5 ist das System mit der Sprachassistentin *Siri* ausgestattet, die die Spracheingabe für wichtige Befehle und Suchanfragen beherrscht und auch per Sprachausgabe antwortet. Die Mindest-Hardwarevoraussetzung zur Nutzung von Siri ist ein iPhone 4S.

### 11.1.2 Xcode und Swift

Die Entwicklungsumgebung für iOS-Apps ist *Xcode*. Sie benötigen einen halbwegs aktuellen Mac, um damit Anwendungen für neuere iOS-Versionen zu erstellen. Die Software selbst ist kostenlos, aber Sie benötigen eine Apple-Developer-Mitgliedschaft für 99 US$ im Jahr, um Apps an den offiziellen *App Store* zu übermitteln. Jede App wird einem Prüfungsverfahren unterzogen, bevor sie veröffentlicht wird; dies soll die Verbreitung von Schadcode unterbinden und Apps ausschließen, die gegen Apples Richtlinien verstoßen. Während Ihrer Mitgliedschaft erhalten Sie außerdem ein digitales Zertifikat, mit dem Sie Ihre Apps signieren müssen, bevor Sie sie auf Ihrem eigenen Gerät und bis zu 99 weiteren installieren können.

Solange Sie die Mitgliedschaft nicht abschließen, können Sie Ihre Apps lediglich in einem Emulator testen, der Teil von Xcode ist.[2]

Apps für OS X und iOS wurden bis 2014 praktisch grundsätzlich in der Programmiersprache *Objective-C* erstellt. Es handelt sich um eine objektorientierte Erweiterung von C, ähnlich C++, aber die Mechanismen der Objektorientierung sind eher von Smalltalk inspiriert. Obwohl Objective-C recht brauchbar ist, kritisierten Entwickler besonders die eigenwillige Syntax.

Im Sommer 2014 veröffentlichte Apple deshalb *Swift* als völlig neu entwickelte Sprache. Sie bietet eine schlankere und übersichtlichere Syntax als Objective-C, hat aber im Wesentlichen dieselben Fähigkeiten. Inzwischen stehen auch die meisten wichtigen Bibliotheken für Swift zur Verfügung, und notfalls kann Swift auch auf Objective-C-basierte Bibliotheken zugreifen.

Seit Version 2 (Ende 2015) ist Swift Open Source. Seit September 2016 ist die aktuelle Version Swift 3, an der zahlreiche Verbesserungen und – so hofft Apple – Vereinfachungen vorgenommen wurden, sodass in künftigen neuen Versionen wahrscheinlich weniger gravierende Änderungen zu erwarten sind. Swift 3 ist jedoch nicht abwärtskompatibel mit älteren Versionen, sodass an älterem Code eine gewisse Menge an Anpassungen erforderlich ist. Swift bietet beim Import eines älteren Projekts an, die Konvertierung automatisch vorzunehmen, aber es ist erfahrungsgemäß meist zusätzliche Handarbeit erforderlich.

In diesem Abschnitt erhalten Sie zunächst eine kurze Einführung in die Sprachgrundlagen von Swift; anschließend wird eine kleine iOS-App entwickelt, die auf die REST-API aus Kapitel 19, »Webserveranwendungen«, zugreift.

Xcode enthält sogenannte *Playgrounds* zum praktischen Ausprobieren von Swift. Wenn Sie einen Playground erstellen möchten, wählen Sie FILE • NEW • PLAYGROUND aus dem Menü. Geben Sie einen Namen für Ihren Playground ein, und wählen Sie unter PLATFORM das System IOS aus. Nachdem Sie auf NEXT geklickt haben, können Sie auswählen, wo der Playground gespeichert werden soll.

Code, den Sie in einem Playground eingeben, wird in der rechten Spalte sofort ausgewertet, und der Wert jedes Ausdrucks wird dort angezeigt. Bei Schleifen wird beispielsweise auch angezeigt, wie oft sie ausgeführt werden. In Abbildung 11.2 sehen Sie einen Playground mit eingeblendeter Konsole und einigen Codebeispielen.

---

2 Manche Leute unterziehen ihre iOS-Geräte einem sogenannten *Jailbreak*. Eine Drittanbietersoftware umgeht dabei bestimmte Beschränkungen des Systems, sodass Sie beispielsweise frei auf das Dateisystem des Geräts zugreifen und unzertifizierte Apps installieren können. Da die entstandene Lücke auch von Crackern genutzt werden kann, rate ich Ihnen von diesem Vorgehen für Geräte im aktiven Einsatz dringend ab.

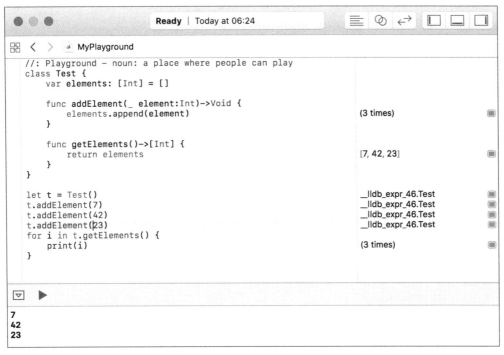

**Abbildung 11.2** Ein Swift-Playground in Xcode mit Beispielcode (links), Auswertung von Ausdrücken (rechts) und eingeblendeter Konsole (unten)

### 11.1.3 Swift-Grundlagen

Swift fühlt sich ein wenig wie eine Mischung aus Java, JavaScript und Python an. Die Sprache verwendet beispielsweise geschweifte Klammern zur Blockbildung wie C und davon abgeleitete Sprachen, kennt Klassen mit Java-ähnlicher Syntax, beendet Zeilen aber nicht mit einem Semikolon. Zudem bietet sie einige Konstrukte, die an Python erinnern, und andere, die JavaScript ähneln.

Erstellen Sie in Xcode einen Playground, um die nachfolgenden Beispiele auszuprobieren. Links oben können Sie Code eingeben, rechts daneben wird der aktuelle Wert des jeweiligen Ausdrucks angezeigt, und unten erscheint die Konsole, in der die Werte von Ausgabebefehlen sowie eventuelle Fehlermeldungen angezeigt werden.

**Variablen, Konstanten und Ausdrücke**

In Swift wird zwischen Variablen und Konstanten unterschieden. Eine Variable definieren Sie mithilfe einer Anweisung wie dieser:

```
var a = 42
```

Beachten Sie, dass der Datentyp der Variablen durch den angegebenen Wert ein für allemal festgelegt wird. Wenn Sie nach der obigen Zeile etwa

```
a = "Hallo"
```

eingeben, wird folgende Fehlermeldung angezeigt:

```
Cannot assign a value of type 'String' to a variable of type 'Int'
```

Wenn Sie möchten, können Sie den Datentyp auch explizit festlegen, etwa so:

```
var text:String = "Hallo, Welt"
```

Wenn Sie der Variablen an der entsprechenden Stelle noch keinen Wert zuweisen möchten, können Sie stattdessen den Konstruktor der jeweiligen Datentyp-Klasse aufrufen. Beispiel:

```
var i:Int = Int()
```

Wie Sie erkennen können, werden Konstruktoren in Swift so aufgerufen wie in Python, nämlich ohne das Schlüsselwort new.

Konstanten werden mit dem Schlüsselwort let erzeugt. Der Versuch, ihnen anschließend einen anderen Wert zuzuweisen, führt zu einer Fehlermeldung:

```
let c = 42
c = 23     // error: cannot assign to 'let' value 'c'
```

Hier einige wichtige Swift-Datentypen im Überblick:

▶ Int ist der allgemeine ganzzahlige Datentyp. Es handelt sich um einen vorzeichenbehafteten Integer, der auf 32-Bit-Systemen 32 Bit und auf 64-Bit-Systemen 64 Bit breit ist. Wenn Sie sichergehen möchten, dass Ihr Integer die richtige Kapazität hat, können Sie die Bit-Breite spezifisch angeben: Int8, Int16, Int32 und Int64 sind Integer-Typen der entsprechenden Breite. Ihre Wertebereiche wurden detailliert in Kapitel 2, »Mathematische und technische Grundlagen«, beschrieben.

▶ UInt steht für *unsigned integer*. Es handelt sich um Integer, die nur positive Werte enthalten können und entsprechend einen größeren positiven Wertebereich abdecken. Auch diesen Typ gibt es mit spezifischen Größenangaben: UInt8, UInt16, UInt32 und UInt64. Ein Int16 kann beispielsweise Werte von −32.768 bis +32.767 aufnehmen, während UInt16 den Wertebereich 0 bis 65.535 umfasst.

▶ Float und Double sind Fließkommatypen. Float ist eine Kurzfassung für Float32, also eine Fließkommazahl mit 32-Bit-Präzision, während Double auch als Float64 geschrieben werden kann. Wenn Sie eine noch größere Genauigkeit benötigen, können Sie Float80 verwenden.

► String ist, wie der Name schon sagt, der Datentyp für Zeichenketten. String-Literale müssen in Swift immer in "doppelten Anführungszeichen" stehen. Strings und Zeichen unterstützen den vollen Unicode-Zeichensatz (UTF-8).

► Character enthält ein einzelnes Zeichen, das ebenfalls in doppelten Anführungszeichen angegeben werden muss.

► Bool ist ein boolescher Wahrheitswert mit den zulässigen Werten true und false.

*Arrays* enthalten in Swift stets Werte eines einzelnen Typs. Es gibt zwei Arten, sie zu erzeugen; hier beide Möglichkeiten für ein Array mit Int-Werten:

```
var array1:Array<Int> = [1, 2, 3]
var array2:[Int] = [4, 5, 6]
```

Mit append() können Sie einen Wert an ein Array anhängen:

```
array1.append(4)
```

Ein *Dictionary* besteht in Swift aus Schlüsseln und Werten bestimmter Datentypen, die bei der Erzeugung angegeben werden. Auch dafür gibt es wieder eine kurze und eine lange Schreibweise. Hier zwei entsprechende Beispiele:

```
var beine:Dictionary<String, Int> = [
    "Schlange": 0,
    "Vogel": 2,
    "Säugetier": 4,
    "Insekt": 6,
    "Spinne": 8
]
var sprachen:[String:String] = [
  "en": "English",
  "de": "Deutsch",
  "fr": "Français"
]
```

Die unterstützten *Operatoren* sind weitgehend mit denjenigen in Java identisch – genau wie dort wird + sowohl zum Addieren von Zahlen als auch zum Verketten von Strings verwendet.

Beachten Sie, dass die Inkrement- und Dekrement-Operatoren ++ und -- mit Version 3 abgeschafft wurden. Sie können aber weiterhin

```
variable += 1
```

oder

```
variable -= 1
```

schreiben.

**Kontrollstrukturen**

*Kontrollstrukturen* wie if, switch/case oder while werden ähnlich wie in anderen Sprachen gebildet, allerdings steht der zu prüfende Ausdruck nicht in Klammern. Das folgende Beispiel zählt auf der Konsole von 1 bis 10:

```
var i:Int = 1
while i <= 10 {
    print(i)
    i += 1
}
```

Die for-Schleife dient in Swift dem Iterieren über die Elemente eines Arrays, Bereichs oder von ähnlichen Konstrukten. Hier ein Beispiel für das Iterieren über ein Array:

```
var programmiersprachen:[String] = ["C", "Java", "Python", "Swift"]
for sprache in programmiersprachen {
    print(sprache)
}
```

Wie Sie sehen, braucht die Schleifenvariable, die nacheinander mit den einzelnen Elementen des Arrays befüllt wird, nicht deklariert zu werden, da ihr Datentyp implizit feststeht.

print() gibt einen String auf der Konsole aus, gefolgt von einem Zeilenumbruch.

Über ein Dictionary wird ähnlich iteriert, aber es wird ein Tupel aus zwei Variablen erwartet, um die Schlüssel und Werte aufzunehmen. Beispiel:

```
var raeder:[String:Int] = [
  "Fahrrad": 2,
  "Dreirad": 3,
  "Auto": 4
]
for (fahrzeug, radzahl) in raeder {
    print("\(fahrzeug): \(radzahl) Räder")
}
```

Wie Sie sehen, wertet das Konstrukt \(...) einen Ausdruck aus, der in einen String eingebettet ist. Die Ausgabe des Beispiels sieht etwa so aus (wie in vielen Sprachen ist die Reihenfolge, in der die Werte in das Dictionary geschrieben werden, nicht bindend):

```
Dreirad: 3 Räder
Auto: 4 Räder
Fahrrad: 2 Räder
```

## Klassen und Methoden

Swift ist eine objektorientierte Programmiersprache; ihre Klassensyntax ähnelt derjenigen von Java. Eine Klassendefinition wird mit dem Schlüsselwort class eingeleitet:

```
class Hello {
    // Inhalt der Klasse
}
```

*Attribute* werden außerhalb von Methoden mit var deklariert:

```
class Hello {
    var planet:String = "World"
}
```

*Methoden* werden mit dem Schlüsselwort func deklariert. Die Parameter werden dabei wie in Variablendeklarationen durch einen Doppelpunkt und den nachgestellten Datentyp deklariert. Der Typ der Methode wird hinter den Argumentklammern nach der Zeichenfolge -> angegeben.

Wie in Java können Methoden mehrfach mit unterschiedlichen Parametern deklariert werden. Das folgende Beispiel ergänzt die Klasse Hello um zwei Versionen der Methode greetings(); wenn Sie eine Stunde vom Typ Int übergeben, wird ein Gruß gemäß der Tageszeit zurückgegeben, andernfalls ein einfaches »Hello«:

```
class Hello {
    var planet:String = "World"

    func greetings(_ hour:Int)->String {
        var result:String = String()
        if hour < 12 {
            result = "Good morning, \(planet)!"
        } else if hour < 18 {
            result = "Good afternoon, \(planet)!"
        } else {
            result = "Good evening, \(planet)!"
        }
        return result
    }

    func greetings()->String {
        return "Hello, \(planet)!"
    }
}
```

Der durch ein Leerzeichen vom Parameternamen getrennte Unterstrich in der Deklaration

```
func greetings(_ hour:Int)->String
```

hat eine wichtige Bedeutung: In Swift 3 wurde im Allgemeinen die Möglichkeit anonymer Argumente abgeschafft. Beim Aufruf einer Funktion müssen also stets name:wert-Paare angegeben werden. Die einzige Ausnahme bilden Funktionen, Methoden oder Konstruktoren mit nur einem Parameter und auch nur dann, wenn Sie den hier gezeigten Unterstrich zur Kennzeichnung als anonymen Parameter verwenden.

Ein expliziter Konstruktor trägt den Namen init() ohne das Schlüsselwort func. Konstruktoren verhielten sich auch in älteren Swift-Versionen bereits so wie alle Methoden in Version 3: Wenn Sie einfach einen Parameternamen mit Datentyp angeben, wird bei der Instanziierung ein benannter Parameter erwartet; init(value:String) in der Klasse Example würde also einen Konstruktoraufruf wie Example(value:"Test") benötigen. Wenn Sie unbenannte Parameter bevorzugen, können Sie ihnen einen Unterstrich und ein Leerzeichen voranstellen. Auch der Konstruktor kann mehrfach mit verschiedenen Parametern deklariert werden. Probieren Sie es aus, indem Sie Hello um die folgenden beiden Konstruktoren ergänzen (gleich unter der Attributdeklaration):

```
init(_ world:String) {
    planet = world
}

init() {
    // Nothing to do here
}
```

Sie können Hello() nun also entweder mit oder ohne den Namen des gewünschten Planeten aufrufen. Wie Sie sehen, ist der Rumpf des Konstruktors ohne Argument leer; er muss jedoch vorhanden sein, da andernfalls immer ein String übergeben werden müsste, wenn eine Instanz erzeugt wird.

Hier einige Beispiele für die Verwendung von Instanzen der Klasse; Sie können diese gleich unter die Klassendefinition schreiben:

```
var helloWorld:Hello = Hello()
print(helloWorld.greetings())     // Konsolenausgabe: Hello, World!
print(helloWorld.greetings(7))    // Good morning, World!

var helloMars:Hello = Hello("Mars")
print(helloMars.greetings(14))    // Good afternoon, Mars!
```

Vererbung wird durch einen Doppelpunkt hinter dem Klassennamen, gefolgt vom Namen der Elternklasse, gekennzeichnet. Mehrfachvererbung ist wie in Python möglich; dabei werden die Namen der gewünschten Elternklassen durch Kommata voneinander getrennt. Die folgende Klasse ist von Hello abgeleitet und definiert eine zusätzliche Methode:

```swift
class HelloHowAreYou:Hello {
    func howAreYou()->String {
        return "How are you, \(planet)?"
    }
}
```

Eine Instanz dieser Klasse können Sie beispielsweise so verwenden:

```swift
var jupiter:HelloHowAreYou = HelloHowAreYou("Jupiter")
print(jupiter.greetings(19))    // Good evening, Jupiter!
print(jupiter.howAreYou())      // How are you, Jupiter?
```

### 11.1.4    Eine iOS-App entwickeln

Nach dieser sehr kurzen allgemeinen Einführung in Swift wird es Zeit, eine kleine iOS-App zu erstellen: Aus einer REST-API sollen Informationen über verschiedene Programmiersprachen im XML-Format gelesen werden, und diese werden in einer Tabellenansicht auf dem Display des iPhones oder iPads angezeigt. Die zugehörige API wird übrigens in Kapitel 19, »Webserveranwendungen«, entwickelt.

**Das Projekt einrichten**

Beginnen Sie, indem Sie FILE • NEW • PROJECT aus dem Menü wählen. Der Dialog aus Abbildung 11.3 wird angezeigt. Klicken Sie im Bereich APPLICATION auf dem Reiter iOS die SINGLE VIEW APPLICATION an, und klicken Sie anschließend auf NEXT. Der Dialog CHOOSE OPTIONS FOR YOUR NEW PROJECT wird angezeigt. Füllen Sie die Felder des Dialogs wie folgt aus:

▶ PRODUCT NAME: LanguageInfo

▶ TEAM: Hier können Sie sich mit Ihrer Apple-ID anmelden, um die neue App digital zu signieren. Sie benötigen neben dem Mac, auf dem Sie entwickeln, ein weiteres Gerät (iPhone oder iPad), an das ein Bestätigungscode versendet wird, den Sie hier wieder eingeben müssen.

▶ ORGANIZATION NAME: Geben Sie einfach Ihren Namen ein, wenn Sie Xcode als Einzelperson verwenden, ansonsten den Namen Ihrer Firma oder Organisation. In der Regel wurde der Name bereits bei der Inbetriebnahme von Xcode vorausgewählt, aber Sie können ihn bei Bedarf überschreiben.

▶ ORGANIZATION IDENTIFIER: Hier wird ähnlich wie bei Java-Namespaces der umgekehrte Domainname angegeben. Falls Ihre Organisation also die Domain *beispiel.de* hat, geben Sie de.beispiel an; der Bundle Identifier wird dadurch automatisch als de.beispiel.LanguageInfo eingetragen.

683

- LANGUAGE: Wählen Sie SWIFT aus.
- DEVICES: Die Vorauswahl UNIVERSAL steht für beliebige iOS-Geräte; behalten Sie sie bei, da die hier entwickelte App keine spezifischen iPhone- oder iPad-Funktionen benutzt.
- USE CORE DATA: Diese Option brauchen Sie nicht anzukreuzen; es handelt sich um eine Abstraktionsschicht für Datenbanken, und die hier entwickelte App verwendet keine Datenbank.
- INCLUDE UNIT TESTS: Wenn Sie diese Option ankreuzen, haben Sie die Möglichkeit, Unit-Tests für Ihren Code zu schreiben (dieser und der folgende Punkt werden allgemein im nächsten Kapitel, »Software-Engineering«, besprochen).
- INCLUDE UI TESTS: Bindet entsprechend ein Framework für automatisierte Frontend-Tests ein.

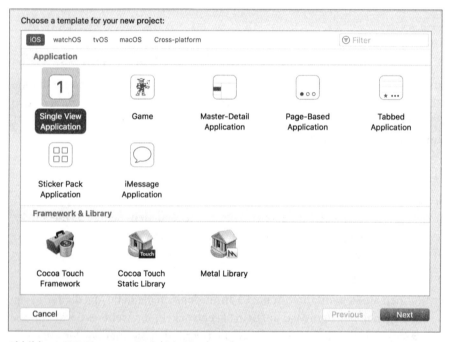

**Abbildung 11.3** Ein neues Projekt in Xcode anlegen

Klicken Sie erneut auf NEXT, nachdem Sie den Dialog ausgefüllt haben. Anschließend können Sie wählen, wo Ihr Projekt gespeichert werden soll. Interessant ist die Option CREATE GIT REPOSITORY – sie stellt den Quellcode Ihres Projekts unter Versionskontrolle (siehe nächstes Kapitel); dies ist besonders wichtig, wenn mehrere Personen an dem Projekt arbeiten. Für dieses Beispielprojekt brauchen Sie die Option nicht zu aktivieren. Klicken Sie zum Schluss auf CREATE.

Ihr neues Projekt wird nun in Xcode angezeigt; das Fenster sieht anfangs so aus wie in Abbildung 11.4.

11.1 iOS-Apps mit Xcode und Swift

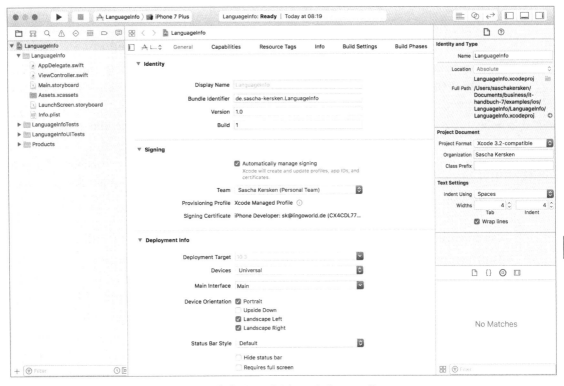

**Abbildung 11.4** Ein Xcode-Projekt mit Swift für iOS gleich nach der Erstellung

Der linke Bereich des Fensters zeigt standardmäßig den Verzeichnisbaum und die Dateien des Projekts an; über die kleinen Schaltflächen darüber können Sie bei Bedarf zu anderen Ansichten wechseln. Der Hauptbereich in der Mitte ist der Editor für die jeweils ausgewählte Datei; es handelt sich je nach Bedarf um einen Dialog für Einstellungen wie in der Abbildung, einen Quellcode-Editor oder eine visuelle Umgebung für Komponenten der grafischen Benutzeroberfläche. Rechts werden je nach Kontext weitere Konfigurationsdialoge angezeigt.

Die anfangs angezeigten Einstellungen für das Projekt haben folgende Abschnitte:

▶ IDENTITY: Bundle Identifier und Version der App; den Bundle Identifier haben Sie bereits bei der Projekterstellung festgelegt; mit Versionsangaben können Sie mehrere Versionen Ihrer App verwalten, um Updates über den App Store zu verteilen.

▶ SIGNING: An dieser Stelle wird die Signatur für die App verwaltet. Wenn Sie beim Erstellen des Projekts wie erwähnt die Einstellung TEAM vorgenommen haben, ist dieses hier bereits ausgewählt, und Sie können AUTOMATICALLY MANAGE SIGNING angekreuzt lassen.

▶ DEPLOYMENT INFO: Hier legen Sie die iOS-Zielversion Ihrer App fest (DEPLOYMENT TARGET). Neuere Versionen bieten mehr Features, schränken aber den Nutzerkreis ein, bei älteren ist es umgekehrt. Für das Beispielprojekt können Sie die Voreinstellung 10.3 (neu-

685

**11   Mobile Development**

este Version) beibehalten. Außerdem können Sie unter anderem die zu unterstützenden Geräte einstellen (bleiben Sie, wie gesagt, bei UNIVERSAL) und wählen, in welche Richtungen Ihre App automatisch gekippt werden soll (DEVICE ORIENTATION).

▶ APP ICONS AND LAUNCH IMAGES: In diesem Abschnitt können Sie das Icon für Ihre App verwalten und festlegen, ob beim Start ein Bild anstelle eines einfachen Textbildschirms angezeigt werden soll.

▶ EMBEDDED BINARIES: An dieser Stelle können Sie Binärdateien wie Bilder, Audio- und Videodateien hinzufügen, die Sie in Ihrer App verwenden möchten.

▶ LINKED FRAMEWORKS AND LIBRARIES: Wenn Ihr Projekt selbst geschriebene oder von Drittanbietern bereitgestellte Codebibliotheken verwenden soll, können Sie diese hier angeben.

### Die Benutzeroberfläche vorbereiten

Ein *View Controller* ist eine Klasse, die mit einer bestimmten Art von Ansicht in einer grafischen Benutzeroberfläche verknüpft ist. Eine Single View Application verwendet zunächst einen generischen View Controller; dieser soll durch einen *Table View Controller* ersetzt werden, weil die Namen der Programmiersprachen in einer Tabelle dargestellt werden sollen.

Wählen Sie dazu in der Navigation im linken Bereich von Xcode die Ressource MAIN.STORYBOARD aus. Das Storyboard bestimmt die Zusammensetzung der verschiedenen Bildschirmansichten.

Klicken Sie den äußeren Rahmen des bestehenden View Controllers an, und drücken Sie die Löschtaste; löschen Sie auch die Datei *ViewController.swift* aus der Ordnerübersicht – am einfachsten mit Ctrl + Klick und der Auswahl DELETE aus dem Kontextmenü.

In der rechten Spalte finden Sie ganz unten einen Dialog zum Hinzufügen von Ressourcen. Wählen Sie den dritten Button von links, dessen Symbol ein Quadrat in einem Kreis ist und der den Tooltip SHOW THE OBJECT LIBRARY zeigt. Ziehen Sie daraus einen TABLE VIEW CONTROLLER in das leere Storyboard. Wählen Sie anschließend EDITOR • EMBED IN • NAVIGATION CONTROLLER, um eine Navigation zu erstellen, die nach dem Start der App automatisch zu dem Table View Controller springt.

### Die Swift-Klasse für die Datenausgabe erstellen

Als Nächstes muss eine Swift-Klasse erstellt werden, die die Informationen über die Programmiersprache über den REST-Webservice lädt und in die Tabelle einträgt. Klicken Sie dazu mit gedrückter Ctrl -Taste auf das Ordnersymbol LANGUAGEINFO im linken Arbeitsbereich, und wählen Sie NEW FILE aus dem Kontextmenü. Wählen Sie den Bereich SOURCE unter der Rubrik iOS aus, klicken Sie auf COCOA TOUCH CLASS und anschließend auf NEXT.

Im Dialog CHOOSE OPTIONS FOR YOUR NEW FILE geben Sie den Klassennamen TableViewController ein. Wählen Sie unter SUBCLASS den Eintrag UITABLEVIEWCONTROLLER aus. Lassen

Sie die restlichen Einstellungen, wie sie sind, und klicken Sie erneut auf NEXT. Da Sie bereits durch den Klick ins Kontextmenü gewählt haben, wo Ihre Datei gespeichert werden soll, können Sie im folgenden Auswahldialog einfach auf CREATE klicken. Stellen Sie aber zuvor sicher, dass unter TARGETS das Projekt LANGUAGEINFO angekreuzt ist.

Ersetzen Sie den Quellcode im Editor durch folgenden, der im Anschluss genau erläutert wird:

```swift
import UIKit

class LITableViewController: UITableViewController, XMLParserDelegate {
    var parser: XMLParser = XMLParser()
    var languages: [String] = []
    var languageTitle: String = String()
    var counter: Int = 0
    var eName: String = String()

    override func viewDidLoad() {
        super.viewDidLoad()

        let url:NSURL = NSURL(string: "http://languages.local/Language/")!
        parser = XMLParser(contentsOf: url as URL)!
        parser.delegate = self
        parser.parse()
    }

    func parser(_ parser: XMLParser,
                didStartElement elementName: String, namespaceURI: String?,
                qualifiedName qName: String?,
                attributes: [String:String]) {
        eName = elementName
        if elementName == "name" {
            languageTitle = String()
        }
    }

    func parser(_ parser: XMLParser, foundCharacters string: String) {
        let data = string.trimmingCharacters(in: .whitespaces)
        if (!data.isEmpty) {
            if eName == "name" {
                languageTitle += data
            }
        }
```

```
        }
    }

    func parser(_ parser: XMLParser, didEndElement elementName: String,
                namespaceURI: String?, qualifiedName qName: String?) {
        if elementName == "name" {
            languages.append(languageTitle)
        }
    }

    override func didReceiveMemoryWarning() {
        super.didReceiveMemoryWarning()
        // Dispose of any resources that can be recreated.
    }

    override func numberOfSections(in tableView: UITableView) -> Int {
        return 1
    }

    override func tableView(_ tableView: UITableView,
                            numberOfRowsInSection section: Int) -> Int {
        return languages.count
    }

    override func tableView(_
  tableView: UITableView, cellForRowAt indexPath: IndexPath) -> UITableViewCell {

        let cell = tableView.dequeueReusableCell(
            withIdentifier: "Cell",
            for: indexPath)

        let currentTitle: String = languages[indexPath.row]
        cell.textLabel!.text = currentTitle
        return cell
    }

}
```

Die Anweisung `import UIKit` importiert die Klassenbibliothek für die iOS-Benutzeroberfläche, die in dieser Klasse verwendet wird. Die Klassendefinition selbst sieht so aus:

```
class TableViewController: UITableViewController, XMLParserDelegate {
    // ...
}
```

Wie Sie sehen, erbt die Klasse von den beiden Elternklassen `UITableViewController` und `XML-ParserDelegate`. `UITableViewController` liefert alle Komponenten zur tabellarischen Ausgabe von Daten, während `XMLParserDelegate` Ihre Klasse zum »Beauftragten« (*Delegate*) eines XML-Parsers macht.

Innerhalb der Klasse werden als Erstes die folgenden Attribute deklariert:

```
var parser: XMLParser = XMLParser()
var languages: [String] = []
var languageTitle: String = String()
var eName: String = String()
```

Das Attribut `parser` wird als Instanz der Klasse `XMLParser` erzeugt. In Kapitel 16, »XML«, lernen Sie verschiedene Varianten von XML-Parsern kennen; es handelt sich um Software, die die hierarchische Struktur von XML-Dokumenten zerlegt und zur weiteren Verarbeitung bereitstellt. Die beiden Grundtypen sind baumbasierte Parser, die den gesamten XML-Baum als Objekthierarchie zur Verfügung stellen, und event-basierte Parser, die auf Ereignisse wie den Beginn eines XML-Tags reagieren. Da mobile Geräte tendenziell weniger RAM als Computer besitzen, ist ein event-basierter Parser die logische Wahl; ein baumbasierter Parser muss die gesamte Hierarchie nämlich im Arbeitsspeicher ablegen.

`XMLParser` ruft von Ihnen bereitgestellte Callback-Methoden auf, wenn ein Tag beginnt, wenn eines endet oder wenn gewöhnlicher Text dazwischen angetroffen wird (es gibt noch weitere Ereignisse, die hier jedoch keine Rolle spielen). *Delegate* ist ein Entwurfsmuster (siehe nächstes Kapitel), das Ihre Klasse zum »Auftragnehmer« des Parsers macht, der die entsprechenden Methoden bereitstellt.

Hinter den Kulissen sieht eine Antwort der REST-API übrigens zum Beispiel so aus:

```
<?xml version="1.0" encoding="utf-8" standalone="yes"?>
<languages>
  <language id="1">
    <id>1</id>
    <name>C</name>
    <architecture>imperative</architecture>
    <implementation>compiler</implementation>
    <system>Unix,Windows,other</system>
    <description>
      Sprache zur Neuimplementierung von Unix;
      Syntax wird in vielen anderen verwendet.
```

```
    </description>
    <year>1970</year>
  </language>
  <!-- Weitere Sprachen -->
</languages>
```

Das Attribut `languages` ist ein Array von Strings, in dem die verschiedenen vom Parser herausgelesenen Sprachennamen gespeichert werden. `languageTitle` ist dabei der jeweils aktuelle Sprachenname, und `eName` ist der aktuelle XML-Tag-Name, der zur Unterscheidung ebenfalls zwischengespeichert wird, weil hier nur das Tag `<name>...</name>` beziehungsweise dessen Textinhalt interessiert.

Die erste Methode der Klasse ist `viewDidLoad()`; sie wird automatisch aufgerufen, nachdem der entsprechende View geladen wurde. Das Schlüsselwort `override` besagt, dass eine Methode einer übergeordneten Klasse überschrieben wird. Die Anweisung `super.viewDid-Load()` ruft zunächst die gleichnamige Methode der Elternklasse auf, da diese verschiedene Initialisierungsaufgaben erledigt.

In der URL vom Typ `NSURL` müssen Sie gegebenenfalls den String ändern, falls die API bei Ihnen unter einem anderen Hostnamen bereitgestellt wird. Anschließend wird der Parser erneut initialisiert; der Parameter `contentsOf` fordert ihn dabei auf, die von der angegebenen URL zurückgelieferten Daten zu lesen.

---

**Gepackte optionale Werte**

Beachten Sie die Ausrufezeichen hinter den Werten für die URL und den Parser; sie kommen im Code der Klasse `LITableViewController` noch mehrfach vor. Dabei handelt es sich um einen sogenannten *Unpack*-Mechanismus: Bestimmte Attribute und Variablen werden mit einem nachgestellten Fragezeichen deklariert, und sie können dann einen Wert vom gewünschten Datentyp oder `nil` (die Swift-Variante von `null`) enthalten. Der eigentliche Wert muss dabei mit dem Ausrufezeichen entpackt werden, wenn er nicht `nil` ist. Wenn Sie möchten, können Sie folgenden Code in einen Playground eingeben, um es auszuprobieren:

```
// Alleinstehende Funktion außerhalb einer Klasse:
func hello(planet:String?)->String {
    if planet != nil {
        return "Hello, \(planet!)."
    }
    return "No planet to greet."
}
println(planet: hello("Saturn"))     // Ausgabe: Hello, Saturn.
println(planet: hello(nil))          // Ausgabe: No planet to greet.
```

Die Zeilen

```
parser.delegate = self
parser.parse()
```

ernennen die jeweils aktuelle Instanz der eigenen Klasse zum Delegate für den XML-Parser und starten dann das Parsen des erhaltenen XML-Codes. Dadurch hält der Parser nach bestimmten Methoden in der Instanz Ausschau und ruft diese auf, wenn die besagten Ereignisse eintreten.

Anschließend werden drei Versionen der XMLParserDelegate-Methode parser() überschrieben; sie unterscheiden sich durch ihre benannten Parameter. Diese Methoden werden automatisch vom XML-Parser aufgerufen, wenn die gewünschten Ereignisse eintreten.

Die erste Version enthält den Parameter didStartElement mit einigen Details wie Namespace und XML-Attributen, wobei hier nur der Name des Elements, also elementName, interessant ist. Die Methode wird aufgerufen, wenn der Parser den Beginn eines XML-Elements vorfindet. Ist dies der Fall, wird der Elementname im Attribut eName gespeichert, und wenn er "name" lautet, wird das Attribut languageTitle geleert, da an dieser Stelle ein neuer Sprachenname beginnt.

Eine weitere Variante von parser() hat den Parameter foundCharacters und reagiert auf einfachen Text außerhalb von XML-Tag-Namen. Mit Methoden der Swift-Klassenbibliothek werden zunächst umgebender Whitespace und Zeilenumbrüche aus dem String entfernt, und wenn er dann noch Zeichen enthält und der aktuelle Elementname "name" lautet, werden diese Zeichen an languageTitle angehängt. Dieses Vorgehen ist notwendig, da unter Umständen nicht alle Textzeichen aus einem Bereich in einem Durchgang geparst werden.

Die dritte und letzte parse()-Version reagiert auf das Ende eines XML-Elements (didEndElement), also auf ein schließendes Tag wie </name>. Ist der aktuelle Tag-Name "name", dann ist klar, dass ein Sprachname vollständig vorliegt, und er kann zum Array languages hinzugefügt werden.

Es folgt die Methode numberOfSections(in tableView: ...) zur Rückgabe der Anzahl von Tabellenabschnitten (hier einfach unveränderlich 1); sie überschreibt die gleichnamige Methode von UITableViewController, die eine im vorliegenden Fall unbrauchbare 0 zurückgibt.

Schließlich werden noch zwei Versionen der UITableViewController-Methode tableView() überschrieben. Die einfachere mit dem Argument numberOfRowsInSection gibt die Anzahl der Zeilen in der jeweiligen Tabellensektion zurück, die hier identisch mit der Anzahl der gefundenen Programmiersprachen ist. Die zweite übergibt einen Indexwert, der der Nummer einer einzelnen Zeile entspricht, und erwartet die Rückgabe einer fertig aufbereiteten Tabellenzelle, die in diesem Fall mit dem entsprechenden Programmiersprachennamen gefüllt wird.

## Letzte Schritte

Um aus dem Storyboard und der Cocoa-Klasse eine lauffähige iOS-App zu machen, sind noch einige abschließende Arbeitsschritte erforderlich. Wechseln Sie zunächst wieder in Ihr Storyboard, also den Eintrag MAIN.STORYBOARD im Verzeichnisbaum links.

Scrollen Sie zum Table View Controller, klicken Sie ihn an, und klicken Sie anschließend in der Navigation links auf TABLE VIEW. Gegebenenfalls müssen Sie auf das kleine Dreieck klicken, um die Hierarchie zu öffnen und das Unterelement TABLE VIEW CELL zu erreichen. Klicken Sie Letzteres an, um die Tabellenzellen mit dem passenden Element aus Ihrem Code zu verknüpfen.

Wechseln Sie im Dialog links auf den *Attributes Inspector* (vierter Button ganz oben mit dem Tooltip SHOW THE ATTRIBUTES INSPECTOR). Geben Sie unter IDENTIFIER das Wort »Cell« (großgeschrieben) ein.

Wählen Sie anschließend wieder den Table View selbst aus. Kreuzen Sie im Attributes Inspector die Checkbox IS INITIAL VIEW CONTROLLER an, damit der Table View gleich nach dem Laden der App automatisch angezeigt wird. Wechseln Sie dann in den *Identities Inspector* (links neben dem Attributes Inspector; Tooltip SHOW THE IDENTITIES INSPECTOR). Geben Sie neben CLASS Ihren Klassennamen LITableViewController ein.

Der letzte Schritt besteht darin, der App zu erlauben, die XML-Daten über Klartext-HTTP und nicht nur über verschlüsseltes HTTPS zu laden. Klicken Sie dazu in der Projektstruktur den Eintrag *Info.plist* an; es handelt sich um eine Datei mit Voreinstellungen. Berühren Sie in der Spalte KEY den Haupteintrag INFORMATION PROPERTY LIST mit der Maus, und klicken Sie auf das +-Symbol, um einen neuen Eintrag hinzuzufügen. Wählen Sie APP TRANSPORT SECURITY SETTINGS. Klicken Sie neben diesem neuen Eintrag wiederum auf das +, um einen Untereintrag vom Typ ALLOW ARBITRARY LOADS hinzuzufügen, und wählen Sie in der Spalte VALUE den Wert YES dafür aus.

---

### Ein weiterer, unerwarteter Fallstrick

Bei dieser neuen Swift-3-Version der App habe ich ungewöhnlich viel Zeit benötigt, um sie wieder zum Laufen zu bekommen. Erst nach längeren überflüssigen Debug-Versuchen habe ich gemerkt, dass es gar nicht an den zahlreichen Änderungen von Swift 3 gegenüber früheren Versionen, sondern an der Serverseite lag: Die API läuft bei mir in einer virtuellen Maschine unter Ubuntu, und der darin installierte Apache-Webserver komprimiert per Voreinstellung seine Antworten im GZIP-Format. Damit kann Swift nichts anfangen, gibt aber auch keinen verständlichen Grund dafür an.

Sollten Sie also unerklärliche Fehlermeldungen erhalten, überprüfen Sie einmal, ob Sie in der Apache-Konfiguration nicht einige Zeilen auskommentieren (oder löschen) müssen, in denen es um das Komprimierungsmodul mod_deflate geht. Näheres zur Apache-Konfiguration erfahren Sie in Kapitel 14, »Server für Webanwendungen«.

Nun können Sie die App im iOS-Emulator starten, indem Sie den PLAY-Button in der Fenster-Titelleiste, gleich neben den farbigen Fenster-Steuerelementen, anklicken. Wenn Sie alles richtig gemacht haben, wird der Emulator gestartet, und nach dem recht schmucklosen Startscreen der App sehen Sie eine Tabelle wie in Abbildung 11.5.

**Abbildung 11.5** Die fertige App im iOS-Emulator

## 11.2 Eine einfache Android-App

Nachdem die iOS-Entwicklung recht detailliert beschrieben wurde, wird in diesem Abschnitt eine kleine App für Android entwickelt, das andere wichtige Mobil-Betriebssystem.

### 11.2.1 Android im Überblick

*Android* ist ein Linux-basiertes Betriebssystem für Mobiltelefone, Tablets und andere mobile Geräte, das im September 2008 von Google vorgestellt wurde. Anders als iOS, das nur auf Geräten von Apple läuft, gibt es zahlreiche verschiedene Firmen, die Android-Devices herstellen. Ganz so einheitlich wie iOS gestaltet sich Android daher nicht; die Geräte unterscheiden sich viel stärker bezüglich ihrer Funktionen, Bildschirmauflösungen und in den vom Hersteller mitgelieferten Apps.

Das System selbst wird von Google unter der Open-Source-Lizenz Apache License 2.0 herausgegeben, aber die auf konkreten Geräten installierten Versionen werden von deren Herstellern oft durch proprietäre Komponenten ergänzt.

Die aktuelle Version von Android ist 7.1.2 (Nougat), das im April 2017 erschien. Genau wie bei der iOS-Entwicklung gilt aber auch hier, dass Apps, die mit älteren Versionen kompatibel sind, ein größeres Publikum erreichen. In Abbildung 11.6 sehen Sie den Startscreen von Android 7.

**Abbildung 11.6** Der Startscreen von Android 7 (Quelle: Wikipedia)

Die Bedienung von Android ist derjenigen von iOS ähnlich, allerdings gibt es einige Unterschiede wie beispielsweise die folgenden:

- Nicht alle Apps befinden sich auf dem Homescreen oder weiteren Bildschirmen, sondern nur diejenigen, die Sie explizit dort hinziehen, um besonders schnell darauf zugreifen zu können. Alle anderen finden Sie im Menü ALLE APPS, das sich über den Button öffnen lässt, der in der Abbildung in der Mitte der unteren Reihe zu sehen ist.
- Die drei kleinen Buttons ganz unten dienen der Navigation über das gesamte System und sind sowohl auf dem Homescreen als auch in jeder App vorhanden. Der linke springt jeweils einen Bildschirm zurück, der mittlere wechselt zum Homescreen, und der rechte zeigt eine Übersicht über die zuletzt geöffneten Apps an, über die Sie schnell zu jeder der Apps navigieren können.
- In neueren Versionen ist auf dem Homescreen stets eine Google-Suchleiste zu sehen, die per Text- oder Spracheingabe bedient werden kann.

### 11.2.2 Eine App mit Android Studio entwickeln

In diesem Abschnitt wird eine *Hello-Android*-App entwickelt; ihre Funktion entspricht dem ersten Programmbeispiel in C, Java und Python aus Kapitel 9, »Grundlagen der Programmierung«: Die App gibt die Begrüßung »Hallo, Welt!« aus, fragt den User nach dessen Namen und begrüßt ihn anschließend auch persönlich.

Android-Apps werden in Java geschrieben; genauer gesagt, wird das Verhalten durch Java-Klassen gesteuert, während das Layout in XML-Dokumenten festgelegt wird. Google stellt für die App-Entwicklung ein Software Development Kit (SDK) und die Entwicklungsumgebung *Android Studio* bereit. Diese können Sie unter *developer.android.com/tools/studio/* für Windows, macOS und Linux herunterladen.

### Das Projekt einrichten

Wählen Sie nach dem Start von Android Studio die Option START A NEW ANDROID STUDIO PROJECT auf dem Willkommensbildschirm aus. Der Dialog aus Abbildung 11.7 wird angezeigt. Geben Sie unter APPLICATION NAME den Namen »HelloAndroid« ein und unter COMPANY DOMAIN Ihren Domainnamen. Klicken Sie anschließend auf NEXT.

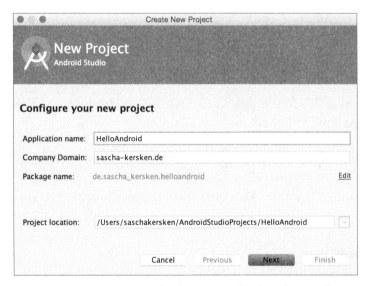

**Abbildung 11.7** Eine neue Android-App in Android Studio erstellen

Als Nächstes wird der Dialog TARGET ANDROID DEVICES angezeigt. Kreuzen Sie PHONE AND TABLET an, und wählen Sie unter MINIMUM SDK den Kompromiss API 15: ANDROID 4.0.3 (ICECREAMSANDWICH) aus. Klicken Sie dann erneut auf NEXT.

Wählen Sie auf dem Bildschirm ADD AN ACTIVITY TO MOBILE die Option BLANK ACTIVITY aus, und klicken Sie nochmals auf NEXT. Auf dem letzten Bildschirm, CUSTOMIZE THE ACTIVITY, können Sie die Voreinstellungen beibehalten. Der ACTIVITY NAME ergibt den Namen der Java-Klasse, die das Verhalten Ihrer App steuert. Der LAYOUT NAME steht dagegen für eine XML-Datei, die ihr Aussehen festlegt. Klicken Sie nun auf FINISH; die Vorbereitungen für Ihre erste App sind abgeschlossen.

## 11 Mobile Development

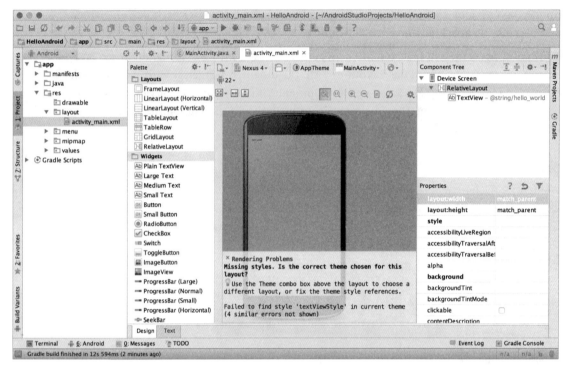

**Abbildung 11.8** Ein neues Projekt in Android Studio

Android Studio zeigt nun alle Komponenten Ihrer App an; der Bildschirm sieht dabei so aus wie in Abbildung 11.8. Wie Sie sehen, sind die beiden Dateien *MainActivity.java* und *activity_main.xml* geöffnet; Letztere wird nicht im XML-Quellcode, sondern in einem grafischen Vorschaumodus angezeigt.

### Layout und Textinhalte vorbereiten

Eine Android-App enthält eine XML-Datei namens *strings.xml*, die Ihnen die Speicherung wiederverwendbarer Texte unter bestimmten Labels ermöglicht. Dies erlaubt eine konsistente Beschriftung von Bedienelementen und eine einfache Lokalisierung der App für andere Sprachen. Suchen Sie die Datei in der Navigation am rechten Bildschirmrand unter *app/res/values*, und öffnen Sie sie per Doppelklick zum Bearbeiten. Ersetzen Sie ihren Inhalt durch den folgenden:

```
<resources>
    <string name="app_name">HelloAndroid</string>

    <string name="hello">Hallo, Welt!</string>
    <string name="question">Wie heißen Sie?</string>
```

```
    <string name="button">Los</string>
    <string name="action_settings">Settings</string>
</resources>
```

Diese Texte werden anschließend im Layout verwendet, um Textfelder und den Button zu beschriften. Wechseln Sie nun wieder zur Layout-Datei *activity_main.xml*. Im Editor können Sie zwischen DESIGN und TEXT wechseln; klicken Sie auf TEXT, um das XML direkt zu bearbeiten. Ersetzen Sie den gesamten Inhalt der Datei durch folgendes XML:

```
<LinearLayout xmlns:android="http://schemas.android.com/apk/res/android"
    xmlns:tools="http://schemas.android.com/tools"
    android:orientation="vertical"
    android:layout_width="match_parent"
    android:layout_height="match_parent"
    android:paddingLeft="@dimen/activity_horizontal_margin"
    android:paddingRight="@dimen/activity_horizontal_margin"
    android:paddingTop="@dimen/activity_vertical_margin"
    android:paddingBottom="@dimen/activity_vertical_margin"
    tools:context=".MainActivity">

    <TextView android:text="@string/hello"
        android:layout_width="wrap_content"
        android:layout_height="wrap_content" />
    <TextView android:text="@string/question"
        android:layout_width="wrap_content"
        android:layout_height="wrap_content" />
    <EditText android:id="@+id/username"
        android:layout_width="match_parent"
        android:layout_height="wrap_content" />
    <Button android:id="@+id/button"
        android:text="@string/button"
        android:layout_width="match_parent"
        android:layout_height="wrap_content" />
    <TextView android:id="@+id/greeting"
        android:layout_width="match_parent"
        android:layout_height="wrap_content" />

</LinearLayout>
```

Die Formalitäten der XML-Auszeichnung lernen Sie in Kapitel 16, »XML«, kennen. Für den Moment genügt es, zu wissen, dass ein LinearLayout die GUI-Elemente untereinander anordnet. Wie Sie sehen, werden folgende Elemente hinzugefügt:

► Ein `TextView` mit dem Inhalt `@string/hello` – dies bezieht sich auf den String mit dem Label `hello` aus *strings.xml*, übernimmt hier also den Text »Hallo, Welt!«. TextView-Elemente dienen, wie der Name vermuten lässt, der Anzeige von Text.

► ein weiterer `TextView`, der den String mit dem Label `question` aus *strings.xml* übernimmt, hier also den Text »Wie heißen Sie?«

► Ein `EditText`-Element mit der ID `username`. Mithilfe der Bezeichnung `@+id/beliebiger_name` kann ein Element im Java-Programmcode gefunden und interaktiv verwendet werden. `EditText`-Elemente dienen der Eingabe von Text durch den Benutzer.

► Ein `Button` mit der ID `button` und dem String mit dem Label `button` (die Beschriftung aus *strings.xml* lautet »Los«). Buttons können mit einem Event-Handler versehen werden, der bei einem Klick eine Aktion auslöst.

► Ein weiteres `TextView`-Element, das zunächst leer ist, aber die ID `greeting` hat; es soll nach einem Klick auf den Button mit der persönlichen Begrüßung gefüllt werden.

► Die Attribute `layout_width` und `layout_height` legen die Breite beziehungsweise Höhe eines Elements fest. Der Wert `mach_parent` bedeutet dabei, dass das Element die vom übergeordneten Element bereitgestellte Größe voll einnehmen soll, und `wrap_content` besagt, dass das Element groß genug sein soll, damit sein Inhalt hineinpasst.

**Den Java-Code erstellen**

Wechseln Sie nun in die Datei *MainActivity.java*. Wie Sie sehen, wurde hier bereits automatisch Code generiert. Ersetzen Sie ihn durch diesen:

```
package de.sascha_kersken.helloandroid;

import android.support.v7.app.ActionBarActivity;
import android.os.Bundle;
import android.view.Menu;
import android.view.MenuItem;
import android.view.View;
import android.widget.Button;
import android.widget.EditText;
import android.widget.TextView;


public class MainActivity extends ActionBarActivity {
    private Button button;
    private EditText username;
    private TextView greeting;

    @Override
    protected void onCreate(Bundle savedInstanceState) {
```

```
super.onCreate(savedInstanceState);
setContentView(R.layout.activity_main);
button = (Button)findViewById(R.id.button);
username = (EditText)findViewById(R.id.username);
greeting = (TextView)findViewById(R.id.greeting);
button.setOnClickListener(new View.OnClickListener() {
    @Override
    public void onClick(View v) {
        greeting.setText("Hallo, " + username.getText() + "!");
    }
});
}


@Override
public boolean onCreateOptionsMenu(Menu menu) {
    // Inflate the menu; this adds items to the action bar if it is present.
    getMenuInflater().inflate(R.menu.menu_main, menu);
    return true;
}


@Override
public boolean onOptionsItemSelected(MenuItem item) {
    // Handle action bar item clicks here. The action bar will
    // automatically handle clicks on the Home/Up button, so long
    // as you specify a parent activity in AndroidManifest.xml.
    int id = item.getItemId();

    //noinspection SimplifiableIfStatement
    if (id == R.id.action_settings) {
        return true;
    }

    return super.onOptionsItemSelected(item);
}
}
```

Ein Großteil des Codes wurde aus der automatisch generierten Vorlage beibehalten; er steuert das Verhalten der App in ihrer Android-Umgebung. Neu ist zunächst die Deklaration der Attribute, die den im Layout festgelegten Elementen mit IDs entsprechen. Übrigens werden die import-Anweisungen für die verschiedenen Klassen halb automatisch eingefügt, wenn Sie nach der Eingabe der jeweiligen Zeile [Alt] + [↵] drücken; dies wird auch automatisch als Tooltip angezeigt.

Alle anderen Erweiterungen des vorgefertigten Codes befinden sich innerhalb der Methode onCreate(), die nach dem Laden der App ausgeführt wird. Zunächst werden die GUI-Elemente mithilfe der Methode findByViewId() gesucht und in den passenden Attributvariablen gespeichert. Anschließend wird der Klick-Handler für den Button hinzugefügt. Wie Sie sehen, wird der Text eines Texteingabefelds über dessen getText()-Methode gelesen, und mit setText() können Sie in ein TextView hineinschreiben.

Nun ist die App fertig, und Sie können sie ausprobieren. Klicken Sie dazu auf den grünen RUN-Button in der Symbolleiste. Wählen Sie LAUNCH EMULATOR, um ein emuliertes Android-Gerät zu starten. Falls Sie noch keins eingerichtet haben, klicken Sie auf den Button mit der Beschriftung ... neben der Auswahl, und fügen Sie eins hinzu. In Abbildung 11.9 sehen Sie die App im Einsatz.

**Abbildung 11.9** Die fertige Android-App im Emulator

## 11.3  Übungsaufgaben

Wenn Sie die folgenden Übungsaufgaben meistern wollen, kommen Sie nicht umhin, sich ein wenig mehr Kenntnisse im Erstellen von Smartphone-Apps anzueignen, indem Sie beispielsweise die sehr ausführlichen Online-Dokumentationen zu Swift beziehungsweise dem Android SDK konsultieren – aber das macht Spaß und bringt Ihnen etwas.

1. Erweitern Sie die iOS-App so, dass jede Programmiersprache angeklickt werden kann. Der Klick öffnet einen weiteren View, in dem alle Details über die entsprechende Sprache angezeigt werden.

2. Erstellen Sie analog zu der *Hello-Android*-App einen kleinen Rechner. Der Benutzer soll die Möglichkeit haben, zwei Zahlen einzugeben, und ein Klick auf einen der Buttons +, −, * oder / soll das Ergebnis der entsprechenden Operation in einem Ergebnis-`TextView` anzeigen.

# Kapitel 12
# Software-Engineering

*Nicht mit Erfindungen, sondern mit Verbesserungen*
*macht man Vermögen.*
*– Henry Ford*

Unter dem Oberbegriff *Software-Engineering* (auf Deutsch manchmal auch *Softwaretechnik* genannt) werden sämtliche Arbeitsschritte der professionellen Softwareentwicklung zusammengefasst. Die in den beiden vorangegangenen Kapiteln behandelte Programmierung ist dabei nur eine Teilaufgabe (wenn auch die wichtigste).

Die Bezeichnung *Engineering* legt nahe, dass hier die in über hundert Jahren gesammelte Erfahrung der Ingenieurwissenschaften auf die Erstellung von Software angewendet werden soll. In gewisser Weise arbeitet ein Softwareentwickler tatsächlich wie ein Produktingenieur: Anders als der Hacker oder Geek, für den der Rechner und die Programme Selbstzweck sind, muss er Anwendungen schreiben, die Gegenstände und Sachverhalte aus der realen Welt abbilden und verarbeiten; diese werden in der Regel von Benutzern eingesetzt, die keine IT-Profis sind.

Der heutige Stand des Software-Engineerings ist eine langfristige Konsequenz aus Überlegungen zur Überwindung der sogenannten *Softwarekrise*: Mitte der 60er-Jahre des letzten Jahrhunderts überstiegen die Entwicklungskosten für Software immer häufiger die Anschaffungskosten der Hardware (obwohl Letztere gigantisch waren). Als Grund wurde vor allem erkannt, dass die Methoden der Programmierung nicht mit der exponentiellen Weiterentwicklung der Hardware Schritt halten konnten. Auf den Punkt gebracht wurde dies 1972 von Edsger Dijkstra:

»As long as there were no machines, programming was no problem at all; when we had a few weak computers, programming became a mild problem, and now that we have gigantic computers, programming has become an equally gigantic problem.«[1]

Als Ausweg aus diesen eher pessimistischen Überlegungen wurden vor allem die seit den 70er-Jahren entwickelten Verfahren der Objektorientierung gesehen. Letztlich entstammen die meisten modernen Entwicklungsmodelle dem Denkansatz der Objektorientierung, die hier nicht nur auf die reine Programmierung, sondern auf den gesamten Entwicklungsprozess

---

1  Übersetzung: »Als es noch keine Maschinen gab, war Programmierung überhaupt kein Problem; als wir ein paar schwache Computer hatten, wurde die Programmierung zu einem kleinen Problem, und nun, da wir gigantische Computer haben, ist die Programmierung zu einem ebenso gigantischen Problem geworden.«

angewendet wird: Ein beliebtes Softwareentwicklungsverfahren besteht etwa aus objektorientierter Analyse (OOA), objektorientiertem Design (OOD) und schließlich objektorientierter Programmierung (OOP). Viele Entwickler, die das moderne Software-Engineering geprägt haben, stammen aus dem Umfeld der ersten objektorientierten Sprache *Smalltalk*.

Gerade für praxistaugliche Anwendungssoftware liegt der objektorientierte Ansatz nahe, weil sich Elemente der realen Welt auf diese Weise besonders »naturgetreu« in Computerprogrammen darstellen lassen (Näheres dazu erfahren Sie im Java-Abschnitt von Kapitel 9, »Grundlagen der Programmierung«).

In diesem Kapitel werden die Grundzüge des Software-Engineerings erläutert. Es besteht aus zwei Teilen:

▶ Abschnitt 12.1, »Überblick«, stellt die verschiedenen Phasen des Entwicklungsprozesses vor. Außerdem erhalten Sie einen kurzen Überblick über zwei beliebte – und ziemlich unterschiedliche – Modelle der Softwareentwicklung: den *Unified Process* und *Extreme Programming* (XP).

▶ In Abschnitt 12.2, »Werkzeuge«, werden wichtige Helfer für das Software-Engineering beschrieben: die Diagrammspezifikation UML (*Unified Modeling Language*), der Einsatz von Entwurfsmustern und die Testautomatisierung durch Unit-Tests.

Wenn Sie die Ausbildung zum Fachinformatiker absolvieren – in welcher der beiden Fachrichtungen spielt keine Rolle –, sind die Informationen in diesem Kapitel auch von praktischem Interesse für Sie: Ihre Abschlussprojektarbeit ist so umfangreich, dass Sie sich keinesfalls mit der (in der Praxis leider verbreiteten) Methode »Erst Code runterhacken, dann Konzept und Dokumentation daraus entwickeln« abplagen sollten! Abgesehen davon, müssen Sie bereits vor Projektbeginn eine Vorstufe des Konzepts bei der IHK einreichen und genehmigen lassen – insofern ist zumindest der Beginn der hier vorgestellten Reihenfolge ohnehin bindend für Sie.

## 12.1 Überblick

Im Folgenden wird zunächst der Gesamtablauf des Entwicklungsprozesses beschrieben, anschließend werden die einzelnen Phasen näher beleuchtet. Soweit möglich, geschieht dies ohne Beschränkung auf ein bestimmtes Entwicklungsmodell. Hier geht es eher darum, die allgemeinen Anforderungen des Entwicklungsprozesses darzustellen; konkrete Lösungen durch bestimmte Modelle lernen Sie im weiteren Verlauf des Kapitels kennen.

### 12.1.1 Der Entwicklungszyklus

Bis zu einem gewissen Grad funktioniert die Entwicklung von Software immer gleich. Es spielt keine Rolle, ob einer oder hundert Programmierer daran arbeiten und ob es sich um ein Zehn-Zeilen-Skript oder ein umfassendes Anwendungspaket handelt: Immer besteht der Prozess mindestens aus den Schritten Entwurf – Implementierung – Test. Sie bestimmen also zuerst die Aufgaben des Programms und wie sie erfüllt werden sollen, fassen sie in Anweisungen und Ausdrücke der Sprache Ihrer Wahl und überprüfen zum Schluss, ob das Programm wie erwartet funktioniert.

In größeren Projekten, an denen mehrere Entwickler arbeiten, lassen sich die folgenden Projektphasen unterscheiden:

- *Planung*: Klärung der Projektvorgaben und Zusammenfassung in einem Lasten- oder Pflichtenheft. An dieser Stelle beginnt auch die Arbeit des Projektmanagements, die über den gesamten Projektverlauf weitergeführt werden muss.

- *Analyse*: Genaue Untersuchung des Projektgegenstands. Die Geschäftsprozesse, Elemente und Daten, für die die geplante Software zuständig sein soll, müssen möglichst genau definiert und verstanden werden.

- *Entwurf*: Entwicklung eines Modells für die gewünschte Implementierung. Dies ist die unmittelbare Arbeitsvorlage für die Programmierer, weil auf diese Weise auch einheitliche Schnittstellen und andere gemeinsame Konventionen definiert werden.

- *Implementierung*: Der eigentliche Programmcode wird geschrieben.

- *Test*: Überprüfung auf technische Korrektheit, auf Erfüllung der Vorgaben sowie auf Benutzbarkeit durch die Zielgruppe. Je nachdem, welches Ziel wie stark verfehlt wurde, erfolgt der Rücksprung in eine frühere Entwicklungsphase.

- *Dokumentation*: Informationen oder Handbücher für Entwickler (zur Weiterentwicklung der Software), Administratoren (für die Installation, Konfiguration und Anpassung) sowie Endanwender (Erläuterung der Programmfunktionen) werden erstellt.

Es gibt zwei grundlegende Möglichkeiten, diese Phasen zu durchlaufen: linear oder iterativ. Bei der *linearen* Entwicklungsreihenfolge – beispielsweise dem klassischen *Wasserfallmodell* – ist die Idealvorstellung, jeden der Schritte nacheinander in sich abzuschließen, um am Ende ein fertiges Produkt zu besitzen. Bei den moderneren *iterativen* Entwicklungsverfahren werden diese Phasen dagegen mehrfach durchlaufen. Jeder Durchlauf erweitert und vervollständigt das Produkt – man spricht auch von einem *Spiralmodell*. Die sogenannten *agilen Entwicklungsverfahren* wie etwa *Extreme Programming* versuchen, die einzelnen Durchläufe so kurz wie möglich zu halten. Auf diese Weise wird häufig ein »fertiges« Produkt veröffentlicht, und Änderungswünsche lassen sich beinahe jederzeit berücksichtigen.

Beachten Sie, dass sich Projekte in der Praxis oft nicht an die klare zeitliche Abfolge der genannten Phasen halten können. Einige Aufgaben werden von unterschiedlichen Teammitgliedern ausgeführt, andere sollten den gesamten Entwicklungsprozess umfassen und begleiten. Beispielsweise ist es weltfremd und gefährlich, erst nach Fertigstellung eines ganzen Programmpakets oder -bestandteils mit dem Testen zu beginnen: Wenn Sie erst in dieser späten Phase merken, dass ein elementares Projektziel verfehlt wurde, gefährden (oder zerstören) Sie das gesamte Projekt. Den extremsten Schluss aus diesem Problem zieht das *Test-driven Development* (testgetriebene Entwicklung): Hier wird zuerst ein Test geschrieben und erst danach der Programmcode, der diesen Test erfüllt.

## 12 Software-Engineering

### 12.1.2 Planung und Analyse

In der *Planungsphase* stellt der Entwickler oder Projektverantwortliche sich – bei Auftragsarbeiten natürlich in Zusammenarbeit mit dem (potenziellen) Kunden – zunächst die Frage, welchen Zweck die zu entwickelnde Software erfüllen soll. Diese Grundanforderung wird zu einem Katalog von Leistungen ausgearbeitet, die die künftige Software erbringen soll. Durch das Hinzufügen von Details geht die Planung fließend in die wesentlich exaktere Analyse über.

Bei kleinen Skripten erfolgen Planung und Analyse oft während des »Hackens«. Bereits ab etwa 100 Zeilen Programmcode sollten Sie den Plan aber in irgendeiner Form schriftlich fixieren. Bei überschaubaren Kleinprojekten genügt eine einfache Textdatei mit Notizen, die Sie später durch Kopieren und Einfügen als Kommentare in Ihr Programm aufnehmen können.

Sobald auch nur eine weitere Person an dem Projekt mitarbeitet, wird diese Empfehlung zur Pflicht. Die Fehleranfälligkeit durch mangelnde Absprachen ist beträchtlich und wächst exponentiell mit der Teamgröße. Der Mindeststandard für die Zusammenarbeit sind daher Absprachen über einen bestimmten Kommentarstil.

Bedenken Sie, dass die schriftliche Fixierung aller Informationen ab dem Projektbeginn unter anderem die Grundlage für eine benutzbare Dokumentation ist.

### Projektmanagement

Bereits zu Beginn der Planungsphase sollte die wichtige Tätigkeit des *Projektmanagements* aufgenommen werden. Diese Koordinations- und Kontrollaufgabe muss während des gesamten Projektablaufs kontinuierlich durchgeführt werden, um Projektziele, Zeit und Ressourcen im Griff zu behalten und gegebenenfalls rechtzeitig gegenzusteuern, bevor es zu Problemen kommt.

Projektmanagement (PM) ist natürlich nicht auf Softwareprojekte beschränkt, sondern wirkt im Grunde überall, wo Menschen gemeinsam Aufgaben lösen. Es handelt sich um einen Sammelbegriff für alle organisatorischen Maßnahmen, die ein Projekt zum Erfolg führen sollen. Laut DIN-Norm 69901 ist Projektmanagement die »Gesamtheit von Führungsaufgaben, -organisation, -techniken und -mitteln für die Abwicklung eines Projekts«.

Die Aufgaben des Projektmanagements lassen sich in neun sogenannte *Wissensfelder* unterteilen; Tabelle 12.1 zeigt eine Übersicht.

| Integrationsmanagement | Umfangsmanagement | Zeitmanagement |
|---|---|---|
| Kostenmanagement | Qualitätsmanagement | Personalmanagement |
| Kommunikationsmanagement | Risikomanagement | Beschaffungsmanagement |

**Tabelle 12.1** Die neun Wissensfelder des Projektmanagements

Im Einzelnen lassen sich die Aufgaben der verschiedenen Wissensfelder etwa folgendermaßen zusammenfassen:

▶ Das *Integrationsmanagement* kümmert sich um die Koordination der verschiedenen Projektbestandteile und -beteiligten.

▶ Beim *Umfangsmanagement* (*Scope Management*) geht es um die Überwachung des Projektzustands in Bezug auf die Ziele und Vorgaben. Gelegentlich wird auch erst während des Projektablaufs die Notwendigkeit einer Zieländerung erkannt.

▶ Das *Zeitmanagement* achtet auf die Einhaltung des Projektzeitplans. Eine praktische Technik, um Aufgaben in eine zeitliche Beziehung zueinander zu setzen, ist beispielsweise der im Folgenden angesprochene Netzplan.

▶ Das *Kostenmanagement* muss durch ständige Kontrolle und eventuell geeignete Kostendämpfungsmaßnahmen dafür sorgen, dass sich die Projektkosten im Rahmen des Budgets halten.

▶ Durch *Qualitätsmanagement* soll sichergestellt werden, dass alle Elemente und Teilergebnisse des Projekts einem bestimmten Standard genügen. Dazu wird unter anderem die ausführliche Dokumentation aller Projektphasen benötigt.

▶ Das *Ressourcenmanagement* verteilt die vorhandenen Arbeitsmittel und Teammitglieder möglichst effizient auf die verschiedenen Projektteile und -phasen.

▶ Ohne ein funktionierendes *Kommunikationsmanagement* scheitert ein Projekt leicht. Es ist immer zu bedenken, dass Projekte über Abteilungs- und Hierarchiegrenzen hinweg bearbeitet werden. Wer bei der Kommunikation im Projektteam starre Dienstwege einhalten möchte, gefährdet das Projekt, weil es auf diese Weise gar kein »Team« gibt. Auch die Kommunikationsmittel und -standards selbst sollten bereits in der Planungsphase festgelegt werden, um spätere Missverständnisse auszuschließen.

▶ Das *Risikomanagement* umfasst einerseits eine möglichst weitsichtige Notfallplanung, andererseits muss beim konkreten Ausfall von Arbeitsmitteln oder Teammitgliedern flexibel reagiert werden.

▶ Das *Beschaffungsmanagement* muss Kapazitäten, Nachbestellungen und Lieferzeiten von Arbeitsmitteln so koordinieren, dass möglichst keine Verzögerungen durch das Warten auf Nachschub entstehen.

Ein gutes Beispiel für die Tätigkeit des Projektmanagements ist das Erstellen von *Netzplänen*, die der Zeitplanung und -koordination dienen. Im Netzplan kann übersichtlich dargestellt werden, in welcher Reihenfolge die einzelnen Schritte eines Projekts durchgeführt werden und welche von ihnen einander bedingen.

Als Beispiel zur Erstellung eines Netzplans soll die folgende kurze Liste dienen, die einige Aufgaben zur Erstellung einer kleinen statischen Firmen-Website mit Zeitangaben in Tagen auflistet. Die optionalen Angaben A und B beziehen sich auf die beiden Mitglieder eines

Zweierteams mit unterschiedlichen Kernkompetenzen; bei Aufgaben, die jeder der beiden ausführen könnte, wurden sie weggelassen:

- inhaltliche Planung (ein Tag)
- A, B: Entwurf (ein Tag)
- A: Schreiben der Textinhalte (zwei Tage)
- B: Erstellen von Grafiken und Bildern (drei Tage)
- A: Erstellen des HTML-Codes (zwei Tage)
- Test und Fehlerkorrekturen (ein Tag)
- Buchung von Webspace mit Domain bei einem Hoster (drei Tage) – da der Namenswunsch sich erst aus dem Konzept ergibt, frühestens nach Abschluss des Entwurfs möglich
- Veröffentlichung (ein Tag)

Abbildung 12.1 zeigt den Netzplan für dieses Projekt. Vorgänge wurden so weit wie möglich parallelisiert, um die Projektdauer kurz zu halten. Jeder Vorgang wird auf einer »Karte«[2] nach folgendem Schema notiert:

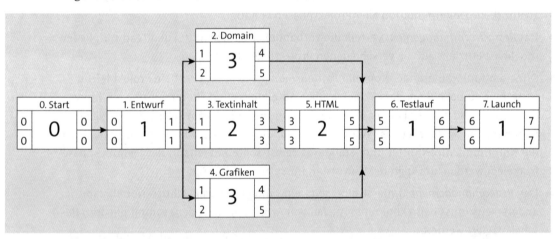

**Abbildung 12.1** Netzplandarstellung eines kleinen Website-Projekts

```
+------------------------+
|  Vorgangsname/-nummer  |
+---+----------------+---+
|FAZ|     Dauer      |FEZ|
+---+      des       +---+
|SAZ|    Vorgangs    |SEZ|
+---+----------------+---+
```

---

2 Es kann praktisch sein, die einzelnen Vorgänge tatsächlich auf kleine Karten zu schreiben. So können Sie sie zunächst frei verschieben, um verschiedene Optionen zu testen.

Oben stehen der Name und praktischerweise auch eine eindeutige Nummer des jeweiligen Vorgangs. In der Mitte wird die Dauer des Vorgangs in einer für alle Karten identischen Zeiteinheit notiert – je nach Projektumfang zum Beispiel in Stunden, Tagen oder Monaten. Die vier Felder links und rechts neben der Dauer werden erst ausgefüllt, wenn die Reihenfolge feststeht. Hier werden (relativ zum Projektstart 0) die folgenden Zeitpunkte eingetragen: frühester Anfangszeitpunkt (FAZ), spätester Anfangszeitpunkt (SAZ), frühester Endzeitpunkt (FEZ) sowie spätester Endzeitpunkt (SEZ).

Vorgänge, bei denen FAZ und SAZ sowie FEZ und SEZ jeweils identisch sind, liegen auf dem sogenannten *kritischen Pfad* (*Critical Path*). Eine Verzögerung dieses Vorgangs hat unweigerlich zur Folge, dass auch das Gesamtprojekt länger dauert. In der Abbildung wurde der kritische Pfad durch dickere Pfeillinien markiert.

Die Hauptkritik am Netzplan ist, dass die tatsächliche Dauer der Abläufe nicht grafisch dargestellt wird. Für Fälle, in denen dies erforderlich ist, gibt es aber noch zahlreiche andere Darstellungsformen für zeitliche Abläufe.

Ein Beispiel ist das *Gantt-Diagramm*, das die einzelnen Abläufe durch Balken symbolisiert, deren Länge ihre Dauer kennzeichnen. Praktisch jede Projektmanagementsoftware – ein Beispiel ist Microsoft Project – ermöglicht die Darstellung der Aufgabenliste in Form von Gantt-Diagrammen. Abbildung 12.2 zeigt das zuvor dargestellte Beispiel in dieser Form.

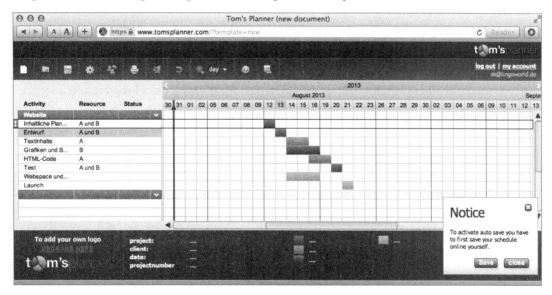

**Abbildung 12.2** Das Website-Projekt als einfaches Gantt-Diagramm
(Quelle: kostenloser Basis-Account bei Tom's Planner, »http://www.tomsplanner.com«)

### Analyseverfahren

Um einen detaillierten Plan über Umfang, Voraussetzungen, Dauer und Kosten eines Projekts erstellen zu können, muss zunächst genau untersucht werden, welches Problem das

Projekt lösen soll, auf welche Weise dies geschehen soll und welche Mittel dazu erforderlich sind. Solche Untersuchungen werden mit dem Oberbegriff *Analyse* bezeichnet. Die wichtigsten Formen der Analyse sind die folgenden:

▶ Die *Systemanalyse* untersucht ein System mithilfe eines Modells. In der Softwareentwicklung sollte dieses Modell beschreiben, wie sich das System – also das geplante Softwareprodukt – aus der Sicht der künftigen Benutzer verhält. Dies geschieht durch die Definition von Anwendungsfällen (*Use Cases*) oder beim Extreme Programming durch *User Stories*. Das Modell sollte möglichst keine Implementierungsentscheidungen vorwegnehmen.

▶ Die *Datenanalyse* dient der systematischen Auswertung umfangreicher Informationssammlungen. Diese können neu erstellt werden – zum Beispiel durch Messungen oder auch durch Kundenbefragungen – oder aber bereits vorliegen.

▶ Bei der *Prozessanalyse* wird der Ablauf von Prozessen untersucht. Dabei kann es sich um beliebige Geschäftsvorfälle, Kommunikationsabläufe, Verwaltungs- oder Verarbeitungsaufgaben handeln. Ziel der Prozessanalyse ist es, die beobachteten Prozesse zu optimieren. In der Softwareentwicklung geht es besonders um diejenigen Vorgänge, die durch die neue Software erledigt oder vereinfacht werden sollen.

Es gibt unterschiedliche Analysemethoden für Softwareprojekte; einige sind Teil spezieller Entwicklungsmethoden, die im weiteren Verlauf des Kapitels vorgestellt werden. Hier nur kurz zwei Beispiele:

▶ Die *strukturierte Analyse*, bereits in den 60er-Jahren von *Tom De Marco* entwickelt, entspricht dem Denkmodell der imperativen Programmiersprachen jener Zeit. Kern dieser Methode sind die bekannten Flussdiagramme und Programmablaufpläne. Einfache Beispiele für Flussdiagramme finden Sie in Kapitel 10, »Konzepte der Programmierung«.

▶ Die *objektorientierte Analyse* (OOA) folgt dagegen dem Paradigma der Objektorientierung und ist somit Bestandteil der meisten modernen Softwareentwicklungsprozesse. Ein wichtiges weitverbreitetes Hilfsmittel der OOA ist die in Abschnitt 12.2.1 näher vorgestellte *Unified Modeling Language* (UML), deren diverse Diagrammtypen übrigens alle Phasen des Entwicklungsprozesses begleiten können.

In der Analysephase werden möglichst noch keine Implementierungsdetails festgelegt. Entscheidungen über die Hard- und Softwarebasis sowie die einzusetzende Programmiersprache sollten offenbleiben, um zu Beginn der Entwurfsphase die richtige Entscheidung zu treffen. Allerdings kann es natürlich sein, dass externe Vorgaben einzuhalten sind: Möglicherweise existiert beim Kunden bereits eine bestimmte Infrastruktur, mit der Ihr Produkt zusammenarbeiten muss. Ähnliches gilt, wenn es sich bei dem Projekt um die Erweiterung oder Anpassung vorhandener Software handelt.

### Lasten- und Pflichtenheft

Die Zwischenergebnisse der Projektplanungsphase werden in einem sogenannten *Lastenheft* (*Statement of Work*) festgeschrieben. Bei Auftragsarbeiten wird es vom Kunden oder in

Zusammenarbeit mit ihm erstellt. Gemäß DIN 69905 beschreibt es die »Gesamtheit der Forderungen an die Lieferungen und Leistungen eines Auftragnehmers«. Das Heft ist natürlich keineswegs nur auf Softwareprojekte beschränkt. Im Wesentlichen enthält es folgende Punkte:

- Definition des Projektziels
- Anforderungen an den Einsatz des Produkts
- allgemeine Informationen zum Produkt
- Beschreibung der Funktionen des Produkts
- Bestimmung der Leistungen, die der Auftragnehmer zu erbringen hat
- Qualitätsstandards, denen das Produkt genügen soll – unter anderem hinsichtlich seiner Zuverlässigkeit, Benutzbarkeit, Effizienz und Änderbarkeit
- weitere Informationen oder Anmerkungen

Auf der Basis des Lastenhefts entwickelt der Auftragnehmer das wesentlich präzisere *Pflichtenheft* (*Proposal*). Es beschreibt die technischen Eigenschaften des zu erstellenden Produkts. Je nach Art des Projekts gibt es viele Gliederungsmöglichkeiten für das Pflichtenheft. Hier nur ein Beispiel[3]:

- Projektziele
- Projektvorgaben
  - Hardwarebasis
  - Softwarevoraussetzungen
  - einzusetzende Arbeitsmittel
  - Nebenbedingungen
- Projektanforderungen
  - Aufgaben und Funktionen des Produkts
  - Benutzerschnittstelle
  - Lieferumfang
  - Kompatibilität und Portierbarkeit
  - Erweiterbarkeit und Änderbarkeit
- weitere Leistungen
  - geplante Testreihen
  - Qualitätssicherung
  - Support-Vereinbarungen

---

3 Es handelt sich um die leicht abgewandelte Form eines Industriebeispiels.

- Kostenkalkulation
- Literatur

### 12.1.3 Entwurf

Nach Abschluss der Analyse wird der *Entwurf* (*Design*) des Systems angefertigt. Er bildet die unmittelbare Implementierungsvorlage und sollte umso konkreter und exakter sein, je größer Team und Projektumfang sind.[4] In der Entwurfsphase muss unter anderem eine Entscheidung über die einzusetzenden Technologien (Hardware, Betriebssystem, Programmiersprache und Softwareumgebung) getroffen werden, sofern diese nicht von vornherein durch die zuvor diskutierten Vorgaben festgelegt sind.

Extreme Programming und andere agile Entwicklungsprozesse verzichten übrigens fast vollständig auf einen expliziten Entwurf. Die Entwickler begeben sich mit den Analyseergebnissen unmittelbar an die Implementierungsarbeit; die Projektkoordination erfolgt vornehmlich über gut strukturierten und kommentierten Quellcode.

Der Entwurf kümmert sich im Wesentlichen um die Architektur des Produkts. Diese beschreibt den Aufbau und das Zusammenwirken der beteiligten Hard- und Softwarekomponenten. Im Wesentlichen muss die Architekturbeschreibung folgende Fragen beantworten:

1. Welche Elemente gehören zum System selbst, und welche stehen außerhalb?
2. Über welche Ein- und Ausgabeschnittstellen kommuniziert das System mit seiner Umgebung?
3. Über welche Schnittstellen kommunizieren die verschiedenen Komponenten des Systems miteinander?
4. Welche Aufgaben muss das System selbst erfüllen, und für welche greift es auf vorhandene Komponenten zurück?
5. Wird das System auf einem einzelnen Rechner ausgeführt (Stand-alone-System), oder kooperieren verschiedene Teile über ein Netzwerk (verteiltes System)?

Gerade der letzte Punkt bedingt zahlreiche umfassendere Architekturentscheidungen: Das Stand-alone-System kann relativ frei gestaltet werden; eventuelle Einschränkungen existieren ausschließlich aufgrund der Hard- und Softwarebasis des Zielsystems. Verteilte Systeme sind dagegen erheblich komplexer – gerade dann, wenn sie in heterogenen Hardware-, Betriebssystem- und Netzwerkinfrastrukturen funktionieren sollen. Diese Interoperabilität wird immer häufiger verlangt. Es gibt unterschiedliche Arten verteilter Systeme. Zum Beispiel lassen sich die beiden folgenden grundlegenden Arten von Systemen unterscheiden:

---

4 Wichtige Ausnahme: Populäre Open-Source-Projekte haben besonders viele Mitarbeiter, müssen aber aufgrund der verteilten und asynchronen Teamzusammensetzung ohne Entwurf auskommen. Neue Features werden oft ad hoc eingebaut und dann durch Votings angenommen oder abgelehnt.

▶ Bei der *Client-Server-Architektur* erbringt die Serveranwendung eine zentrale Dienstleistung, während die Clientanwendungen darauf zugreifen und etwa Benutzeroberflächen bereitstellen. Beispiele sind etwa ein Datenbankserver, auf den mehrere Anwendungen und Benutzer zugreifen, oder ein Printserver, der einer ganzen Abteilung einen hochwertigen Drucker zur Verfügung stellt.

▶ Eine *Peer-to-Peer-Architektur* besteht aus gleichartigen Anwendungen, die miteinander kooperieren. Beispiele sind etwa die einfachen Dateifreigaben der meisten modernen Betriebssysteme oder auch Netzwerkspiele.

Bei der Softwareentwicklung in Teams ist die Schnittstellendefinition ein besonders wichtiger Faktor. Andernfalls ergeht es dem Team wie zwei Gruppen, die von den beiden Seiten eines Berges aus mit dem Graben eines Tunnels beginnen und erst viel zu spät feststellen, dass sie sich nicht in der Mitte treffen, sondern aneinander vorbeigebuddelt haben.[5]

Das Endprodukt der Entwurfsphase ist, wie bei der Analyse, ein Modell des Systems. Auch hier kann beispielsweise die UML eingesetzt werden, um es darzustellen. Allerdings ist das Entwicklungsmodell erheblich konkreter und detailreicher als das Analysemodell.

Die verschiedenen Entwicklungsverfahren stellen diverse Methoden und Darstellungsarten für den Entwurf zur Verfügung; einige Beispiele lernen Sie in Abschnitt 12.1.6, »Konkrete Entwicklungsverfahren«, im Rahmen der einzelnen Modelle kennen.

### 12.1.4  Implementierung und Test

Die *Implementierung*, das heißt die eigentliche Programmerstellung, braucht hier im Grunde nicht mehr näher betrachtet zu werden. Schließlich war sie bereits Thema der beiden vorangegangenen Kapitel. Dennoch ist es wichtig, sich für größere Projekte – besonders im Team – an einige Regeln zu halten:

▶ *Konsistenz*: Halten Sie sich durchgehend an einmal festgelegte Konventionen für Bezeichner, Schnittstellen, Reihenfolgen, Codestruktur und Kommentare. Zumindest bei Teamprojekten gehört die Definition dieser Konventionen (der *Coding Style*) bereits zum Entwurf.

▶ *Modularisierung*: Sorgen Sie für Überschaubarkeit – eine Klasse darf keine »eierlegende Wollmilchsau« sein, sondern sollte genau eine Aufgabe erfüllen und mit anderen Klassen zusammenarbeiten. Dies verbessert die Wiederverwendbarkeit der einzelnen Klassen, ermöglicht häufiger den Abschluss definierter Arbeitsschritte und trägt so zu einer höheren Codequalität bei.

▶ *Versionsverwaltung*: Es ist ungemein wichtig, über alle Änderungen im Code Buch zu führen, damit mögliche Nebeneffekte auf andere Programmteile erkannt werden und damit

---

5  Das ist keineswegs ein akademisches Konstrukt; in der Eisenbahngeschichte ist dies durchaus schon vorgekommen.

die Änderungen sich in Problemfällen auch wieder rückgängig machen lassen. Die praktischste Möglichkeit ist der Einsatz einer automatischen Versionsverwaltung wie Subversion oder git. Änderungen durch unterschiedliche Teammitglieder werden automatisch verzeichnet; verschiedene Versionen lassen sich vergleichen, zusammenführen und notfalls auf einen früheren Stand zurücksetzen. Näheres über Versionsverwaltungssysteme erfahren Sie am Ende dieses Kapitels.

▶ *Kommentare*: Es ist zeitraubend und unbequem, Code nach mehreren Wochen oder gar Monaten zu lesen und herausfinden zu müssen, welche Aufgabe er erfüllt. Schon dies ist ein guter Grund für Kommentare. Diese sollten weder zu ausführlich (jeden trivialen Schritt erklärend) noch zu spärlich sein. Das im vorangegangenen Kapitel erwähnte Javadoc generiert unmittelbar aus speziell formatierten Kommentaren die Dokumentation; in Kapitel 19, »Webserveranwendungen«, wird phpdox für PHP angesprochen. Für viele andere Sprachen sind ähnliche Lösungen verfügbar. Wer im Hinblick darauf noch immer nicht kommentiert und die Dokumentation mühevoll nachträglich erstellt, ist selbst schuld.

In vielen modernen Entwicklungsprozessen – insbesondere den agilen – gehen die *Tests* unmittelbar mit der Implementierung einher. Im Wesentlichen sind in dieser Phase zwei Arten von Tests wichtig:

▶ *Unit-Tests* (oder Klassentests) sind automatisierte, programmgesteuerte Tests, die die ordnungsgemäße Funktionalität von Klassen und ihren Bestandteilen überprüfen. Zu diesem Zweck stehen für viele Programmiersprachen *xUnit*-Frameworks zur Verfügung; das prominenteste Beispiel – JUnit für Java – wird im weiteren Verlauf des Kapitels noch vorgestellt. Das Test-first-Verfahren des Extreme Programming oder das Test-driven Development gehen so weit, dass der Unit-Test noch vor der eigentlichen Klasse geschrieben wird; erst dann wird der Code implementiert, der diesen Test (hoffentlich) erfüllt.

▶ Da Unit-Tests nur kleinste Einheiten der Software automatisch testen, kann die Zusammenarbeit der verschiedenen Komponenten durch sogenannte *Integrationstests* überprüft werden. Auch dafür stellen die xUnit-Frameworks Hilfsmittel bereit.

▶ Das Frontend oder die Benutzeroberfläche eines Systems kann in Grenzen ebenfalls automatisch getestet werden. Dafür gibt es Testsysteme wie etwa *Selenium* für Webprojekte, bei denen bestimmte Erwartungen an Bestandteile und Reaktionen des Systems formuliert und anschließend automatisch durchlaufen werden. Diese Tests werden als *Frontend-Tests* oder *End-to-End-Tests* bezeichnet.

▶ Eine weitere beliebte Testmethode sind *Code-Reviews*: Die Programmierer eines Teams lesen ihren Code gegenseitig und stellen so dessen Qualität sicher; gleichzeitig wird die Kompatibilität der Schnittstellen verbessert. In agilen Prozessen ist der Code-Review ein integrierter Bestandteil der Implementierung. Beim Extreme Programming wird beispielsweise grundsätzlich in wechselnden Paaren programmiert, sodass immer zwei Programmierer für jeden Codeteil verantwortlich sind.

Natürlich gibt es auch Testarten, die erst nach Abschluss des Projekts oder eines einzelnen Moduls ausgeführt werden können. Dazu gehören besonders die Lasttests, die die Stabilität und Performance der Software unter realistischer Arbeitsbelastung testen.

### 12.1.5 Dokumentation

Die *Dokumentation* wird in der Regel als der letzte Schritt eines Entwicklungsprozesses bezeichnet. Dieses Denken ist gefährlich, weil es dazu verführt, tatsächlich erst am Ende damit zu beginnen. Durch den entstehenden Zeitdruck werden manche Aspekte des Projekts dann schlampig, falsch oder gar nicht dokumentiert. Wie bereits erwähnt, gibt es heute praktische Werkzeuge, die die Dokumentation aus Kommentaren extrahieren. Da Sie aus Ihrem ersten oder spätestens zweiten längeren Programm (womöglich schmerzlich) lernen oder schon gelernt haben, dass Kommentare sich lohnen, können Sie diese auch gleich konform mit einem solchen Dokumentationsstandard anlegen. Moderne Entwicklungsumgebungen wie Eclipse erleichtern dies zusätzlich.

Beachten Sie, dass es mehrere Arten beziehungsweise Stufen der Dokumentation gibt:

▶ Die *Entwicklerdokumentation* dient zunächst der Arbeit des Projektteams selbst. Sie beschreibt Klassen, Module, Schnittstellen und Erweiterungsmöglichkeiten der Software und bildet damit die Arbeitsgrundlage für Änderungen und Erweiterungen. Dieser Teil der Dokumentation ist die Hauptaufgabe von Dokumentationsgeneratoren wie Javadoc. Letztlich sollte auch der Kunde die Entwicklerdokumentation erhalten, da oft nur der Einblick in innere Zusammenhänge die genaue Funktionsweise von Programmen offenbart. Besonders wichtig ist diese Ebene der Dokumentation bei Open-Source-Projekten: Der Quellcode mit den entsprechenden Kommentaren ist das Hauptkommunikationsmittel zwischen den verteilt arbeitenden Mitgliedern der Gruppe.

▶ Eine *Administratorendokumentation* ist für technisches Fachpersonal vorgesehen, das die neue Software installieren und in Betrieb nehmen soll. Bei Einzelplatzanwendungen ist diese Person oft mit dem Endanwender identisch, sodass die Installations- und Konfigurationsanleitung hier besonders ausführlich und allgemein verständlich sein muss. Verteilte Systeme werden dagegen häufiger von IT-Fachleuten eingerichtet; diese benötigen zwar nicht unbedingt Grundlageninformationen, aber dafür besonders umfassende Auskunft über mögliche Spezialfälle.

▶ Die *Anwenderdokumentation* schließlich beschreibt den Einsatz der Software, das heißt deren Aufgaben und die Verwendung der Benutzeroberfläche. Sie ist mit der Bedienungsanleitung technischer Geräte vergleichbar: Der Endanwender braucht nicht alle Informationen, besonders nicht über Details, die »unter der Haube« liegen, muss sich aber genau auf die Anwendungsbeschreibung verlassen können. Deshalb sollte die Anwenderdokumentation besonders verständlich geschrieben werden und sich sehr genau an der Arbeitsweise von Benutzern orientieren. Beachten Sie aber, dass auch die beste Dokumen-

## 12  Software-Engineering

tation kein Ersatz für eine schlecht gestaltete, also unergonomische oder umständliche Benutzeroberfläche sein kann.

### 12.1.6  Konkrete Entwicklungsverfahren

Damit Sie eine Vorstellung davon erhalten, wie Entwicklerteams in der Praxis arbeiten könnten, werden hier kurz zwei bekannte Softwareentwicklungsprozesse vorgestellt: der Unified Process und Extreme Programming.

#### Der Unified Process

Der *Unified Software Development Process* wurde von den Entwicklern der in Abschnitt 12.2.1 beschriebenen UML definiert und verwendet deren Mittel zur Darstellung von Anwendungsfällen, Abläufen und Entwürfen. Eine konkrete Implementierung des Verfahrens ist der *Rational Unified Process* (RUP), der Tools der Firma Rational Software einsetzt. Die Arbeitsweise des Unified Process wird vor allem durch drei Merkmale gekennzeichnet:

- *Anwendungsfälle* (*Use Cases*): Die Analyse stützt sich beim Unified Process vor allem auf die Bedürfnisse der künftigen Benutzer des Systems. Diese werden durch sogenannte *Anwendungsfälle* dargestellt. Sie setzen die Benutzer (Akteure) in Beziehung zu verschiedenen Vorgängen und Geschäftsvorfällen. Aufgrund der Anwendungsfälle werden die Aufgaben der Software modelliert. Beachten Sie, dass der Begriff *Benutzer* nicht unbedingt Menschen bezeichnen muss; es kann sich auch um interagierende Geräte oder Programme handeln. Falls Sie beispielsweise die Anwendungsfälle eines Webservers darstellen würden, wäre sein »Gesprächspartner« ein Browser. In Abschnitt 12.2.1 erfahren Sie, wie Anwendungsfälle durch UML-Diagramme dargestellt werden.

- *Iterativer Prozess*: Der Unified Process gehört zu den bereits angesprochenen iterativen oder inkrementellen Softwareprozessen; der Entwicklungszyklus wird mehrfach durchlaufen, wobei das Produkt schrittweise erweitert und verbessert wird.

- *Architekturzentriert*: Neben den Anwendungsfällen konzentriert sich der Unified Process vor allem auf die Beschreibung der Architektur des geplanten Systems. Zunächst werden anwendungsfallunabhängige Teile modelliert, beispielsweise die Schnittstellen zur Zielplattform. Anschließend werden auch die erarbeiteten Anwendungsfälle in eine Architektur umgesetzt. Auch für die Beschreibung der Architektur werden verschiedene UML-Diagrammtypen verwendet.

Um die Aufgaben der Teammitglieder zu beschreiben, verwendet der Unified Process vier Begriffe:

- *Rollen* (wer?): Aufgaben und Zuständigkeitsbereiche von Gruppen und ihren Mitgliedern werden durch Rollen beschrieben.

- *Aktivitäten* (wie?): Jede Rolle besteht aus einer Abfolge von Aktivitäten, also von Handlungen, die ein bestimmtes Teilziel erreichen sollen.

716

- *Artefakte* (was?): Die durch Aktivitäten verarbeiteten Projektteile werden als *Artefakte* bezeichnet; der Startpunkt eines Verarbeitungsschrittes wird *Eingangsartefakt* genannt, der Abschluss *Endartefakt*. Im Verlauf der Iterationsschritte werden manche Artefakte immer wieder weiterentwickelt.

- *Vorgehen* (wann?): Die zeitliche Abfolge der Aktivitäten wird durch ein Vorgehensmodell beschrieben.

Die einzelnen (durch die Iteration mehrmals durchlaufenen) Phasen des Unified Process ähneln denjenigen, die eingangs allgemein für die Softwareentwicklung erarbeitet wurden:

- *Konzeptionsphase*: Entspricht im Wesentlichen der Planungs- und Analysephase des allgemeinen Software-Engineerings: Die Anwendungsfälle werden gesammelt, geordnet und ausgewertet; hier fällt eine Vorentscheidung über den Projektfokus und -umfang. Auch mit dem Entwurf der Architektur wird bereits in dieser Phase begonnen.

- *Entwurfsphase*: In dieser zweiten Phase wird der Architekturentwurf fertiggestellt. Wichtige Kernkomponenten werden bereits implementiert, um mögliche Schwierigkeiten frühzeitig abschätzen zu können. Die Teilergebnisse werden eingehend mit dem Kunden besprochen, damit Zielkorrekturen durchgeführt werden können. Auch Tests und Dokumentation werden bereits begonnen.

- *Konstruktionsphase*: Alle Teile des Systems werden fertig implementiert, ausgiebig getestet und dokumentiert. Schließlich müssen die einzelnen Bestandteile zum Gesamtsystem verknüpft werden.

- *Übergangsphase*: Das System wird zu einem veröffentlichungsfähigen Paket zusammengestellt und beim Kunden installiert. Die Endanwender müssen in die Benutzung des Systems eingewiesen, bei komplexen Produkten sogar ausführlich geschult werden. Erst nach der Inbetriebnahme zeigt sich letztlich, ob das System die geplanten Aufgaben in der Praxis erfüllt. Nun sind alle Anwender und Administratoren aufgefordert, noch vorhandene Fehler zu beschreiben und erst aus der Praxis ersichtliche Funktionsverbesserungen für die nächste Version zusammenzutragen.

### Extreme Programming

*Extreme Programming* (XP) wurde vor allem von *Kent Beck* entwickelt, der aus dem Smalltalk-Umfeld stammt und auch zahlreiche Publikationen zu diesem Thema (und anderen Aspekten der Softwareentwicklung) verfasst hat. Die Bezeichnung *Extreme Programming* erklärt sich daher, dass sich dieser Softwareentwicklungsprozess insbesondere auf die eigentliche Programmierung konzentriert; Planung, Analyse und Entwurf werden kürzer gefasst. XP wird häufiger für kleinere Teams und für kleine bis mittlere Projekte eingesetzt. Dort kann es durch den erheblich geringeren Verwaltungsaufwand dieses Verfahrens zu einem entscheidenden Produktivitätsgewinn kommen. Allerdings wurden auch Großprojekte bereits erfolgreich nach diesem Verfahren durchgeführt.

XP gehört zu den sogenannten *agilen* oder *leichtgewichtigen Entwicklungsprozessen*: Es existieren nur wenige feste Vorgaben; das Projekt befindet sich permanent im Fluss und kann jederzeit Änderungen der Vorgaben und Anforderungen verkraften.

Die Beschreibung von Extreme Programming erfolgt am besten über seine wichtigsten Prinzipien:

- *Kurze Release-Zyklen*: XP erstellt keine großen, monolithischen Projekte, sondern definiert jeweils naheliegende, innerhalb weniger Tage oder höchstens Wochen erreichbare Iterationsziele. Dies bringt häufiger Erfolgserlebnisse und vor allem mehr Dynamik – auf jeder Stufe können Ziele geändert werden. Dafür kann Extreme Programming auf starre Kundenvorgaben verzichten.

- *Häufige Integration*: Mit den kurzen Zyklen geht die häufige Zusammenfügung der einzelnen Komponenten zu einem (möglichst) lauffähigen Gesamtsystem einher; das »Aneinandervorbeibuddeln« wird so nahezu ausgeschlossen.

- *Einbeziehung des Kunden*: Der Kunde wird nicht nur als Auftraggeber wahrgenommen, der einen einmal festgelegten Anforderungskatalog vorgelegt hat. Stattdessen wird jeder einzelne Entwicklungsschritt mit dem Kunden zusammen getestet; anschließend wird das weitere Vorgehen mit ihm abgestimmt.

- *Programmierung in Paaren*: Die Programmierer sitzen stets zu zweit an einer Aufgabe – einer tippt, beide überlegen. Da die Paare möglichst mit jeder Einzelaufgabe wechseln, erhöht dies die Teambindung, verbessert das Zusammenwirken der Programmteile und integriert Code-Reviews in den unmittelbaren Arbeitsablauf.

- *Test-first-Verfahren*: Es wird stets zuerst ein automatisierter Test (Unit-Test) geschrieben und ausgeführt. Nur wenn er scheitert, wird neuer Code hinzugefügt. Näheres erfahren Sie in Abschnitt 12.2.3, »Unit-Tests«.

- *Integriertes Refactoring*: Durch das Test-first-Verfahren und die häufigen Releases ergibt sich beinahe von selbst, dass der Code regelmäßig aufgeräumt und an die neuen Gegebenheiten angepasst wird. So wird »Zombiecode« vermieden, der Programme verlangsamt sowie die Lesbarkeit und Wartbarkeit verschlechtert.

- *40-Stunden-Woche*: Das Ziel soll ohne Überstunden erreicht werden, da es sich sonst negativ auf die Konzentrationsfähigkeit und Zufriedenheit des Teams auswirkt – dies verursacht auf lange Sicht Mehrkosten.

### Scrum

Ein weiteres Organisationsmodell der agilen Softwareentwicklung ist *Scrum*. Das Wort ist kein Akronym, sondern ein englischer Begriff für Gedränge; es soll beschreiben, dass Scrum auf weitgehende Selbstorganisation des Teams setzt.

Scrum definiert drei verschiedene, klar voneinander getrennte Rollen:

▸ Der *Product Owner* ist eine Art klassischer Projektmanager, der die allgemeinen Projektziele vorgibt und gegenüber dem Kunden verantwortlich ist. Er hält sich jedoch aus der Selbstorganisation des Teams heraus.

▸ Das *Team*, idealerweise bestehend aus fünf bis neun Mitgliedern, setzt die Anforderungen des Projekts selbstverwaltet um. Dabei entscheidet jedes Teammitglied – in Absprache mit dem Rest des Teams – selbst über seine Aufgaben. Vor dem Beginn eines jeden Projektschritts (beim Scrum als *Sprint* bezeichnet) bestimmen die Teammitglieder ihre Ziele.

▸ Der *Scrum Master* überwacht die Produktivität des Teams und sorgt dabei für die Klärung von Problemen, die das Team am Erreichen der Projektziele hindern.

Ein Sprint oder Projektzyklus dauert im Allgemeinen zwei bis vier Wochen. Zu Beginn des Sprints finden zwei Meetings statt. Das erste Planungstreffen wird vom Product Owner organisiert; hier definiert er zusammen mit dem Team die Anforderungen des aktuellen Sprints. Das zweite Meeting wird vom Team selbst organisiert, um die Aufgaben nach Neigungen und Kenntnissen möglichst gleichmäßig auf die Teammitglieder zu verteilen.

Die einzelnen Aufgaben werden meist in Form sogenannter *User Stories* (Anforderungen in Alltagssprache, ein bis zwei Sätze lang) formuliert. Die Teammitglieder schätzen, wie aufwendig die Umsetzung jeder Aufgabe sein könnte. Dabei werden nicht Manntage, sondern Story Points als Maßeinheit gewählt, wobei die Umrechnung in Manntage je nach Erfahrung des Teams und Vertrautheit mit dem Projekt flexibel ist.

Alle Aufgaben des aktuellen Sprints werden in einem *Sprint Backlog* gesammelt – idealerweise als einzelne Papiere auf einer Tafel, die in drei Bereiche unterteilt ist: »zu erledigen«, »in Arbeit« und »erledigt«. In einem separaten Bereich werden Probleme gesammelt, die zu Verzögerungen führen können – beispielsweise wenn der Kunde notwendige Entscheidungen zu treffen oder Daten zu liefern hat.

Jeden Tag – idealerweise jeweils zur selben Uhrzeit – führt das Team ein Daily Scrum durch, ein kurzes Meeting von maximal 15 Minuten Dauer. Hier werden eventuelle Verzögerungen und Probleme erörtert, es findet ein Austausch statt, und es wird definiert, welche Aufgaben erledigt sind. Aus Letzterem ergibt sich ein Burndown Chart – eine grafische Darstellung, die die lineare Abwärtsbewegung der zu erledigenden Story Points mit dem Ist-Zustand vergleicht.

Nach dem Abschluss eines Sprints findet eine Retrospektive statt, bei der jedes Teammitglied kurz die Ereignisse des Sprints aus seiner Sicht schildert. Die entscheidenden Fragen, die auch schriftlich fixiert werden sollten, sind »Was war gut?« (Best Practices) und »Was könnte verbessert werden?«.

## 12.2 Werkzeuge

In diesem Abschnitt werden einige wichtige Hilfsmittel für die Softwareentwicklung vorgestellt:

▶ Die Diagrammspezifikation *UML (Unified Modeling Language)* bietet verschiedene standardisierte Diagrammtypen zur Darstellung diverser Projektbestandteile in den verschiedenen Phasen des Entwicklungsprozesses.

▶ *Entwurfsmuster* katalogisieren erfolgreiche Lösungsmodelle für die einfache Übernahme in späteren Projekten.

▶ *Unit-Tests* ermöglichen den automatisierten Test der Funktionalität einer Klasse.

▶ *Versionskontrollsysteme* und *Bugtracker* ermöglichen die Zusammenarbeit im Entwicklungsteam in der Praxis.

Diese Hilfsmittel können in vielen unterschiedlichen Entwicklungsmodellen zum Einsatz kommen, obwohl einige von ihnen im Zusammenhang mit konkreten Verfahren entwickelt wurden.

### 12.2.1 UML

Der Begriff *Sprache* für die *Unified Modeling Language* (UML) ist ein wenig irreführend: Zwar handelt es sich um eine bestimmte Ausdrucksweise, aber ihr Vokabular sind keine Wörter, sondern verschiedene Arten von Diagrammen. Die UML ist gut dazu geeignet, die diversen Aspekte der Softwareentwicklung übersichtlich darzustellen. Ihr Arbeitsschwerpunkt sind die Analyse- und die Entwurfsphase.

Die UML wurde in den 90er-Jahren von den »drei Amigos« *Grady Booch, Ivar Jacobson* und *James Rumbaugh* durch Zusammenführung einiger früherer Ansätze entwickelt. Zunächst wurde sie vor allem von dem Entwicklungstool-Hersteller *Rational* gefördert und weiterentwickelt. Später wurde sie von der *Object Management Group* (OMG) standardisiert und fand allgemeine Verbreitung. Ende 2003 wurde die neue Version 2.0 veröffentlicht, die einige Erweiterungen und Verbesserungen bietet.

Die wichtigsten *Diagrammtypen* der UML sind die Folgenden:

▶ *Anwendungsfalldiagramme (Use Case Diagrams)* stellen die Anforderungen der Benutzer dar. Sie prägen das Bild der UML in der Öffentlichkeit, weil sie die typischen »Strichmännchen« (Akteure) definieren.

▶ *Klassendiagramme (Class Diagrams)* verdeutlichen die Klassenstruktur und damit die Grundarchitektur des Systems.

▶ In *Kollaborationsdiagrammen (Collaboration Diagrams)* wird das Zusammenwirken verschiedener Objekte dargestellt.

- *Sequenzdiagramme* (*Sequence Diagrams*) stellen besonders den zeitlichen Ablauf dieser Zusammenarbeit dar.

- In *Zustandsdiagrammen* (*State Diagrams*) werden die verschiedenen Zustände eines Objekts und die Übergänge zwischen diesen Zuständen dargestellt.

- *Pakete* (*Packages*) dienen der Verdeutlichung hierarchischer Objektstrukturen.

- *Aktivitätsdiagramme* (*Activity Diagrams*) stellen den logischen und zeitlichen Ablauf verschiedener Aktivitäten dar.

Es ist nicht Sinn der Sache, UML-Diagramme auf Dauer mit dem Stift auf Papier zu malen (außer für erste Ideensammlungen oder bei Projektbesprechungen). Sie sollten die Diagramme auch nicht mühevoll in einem allgemeinen Grafikprogramm wie Illustrator zeichnen. Viel verbreiteter und erheblich produktiver sind UML-Tools, mit denen sich die Diagramme einfach, schnell und übersichtlich erstellen lassen. Solche Programme werden auch als *CASE-Tools* (*Computer-Aided Software Engineering*) bezeichnet. Es gibt sowohl Open-Source-Lösungen als auch sehr teure kommerzielle Produkte.

Ein praktisches, zurzeit jedoch leider defektes Open-Source-Tool ist *ArgoUML* (*http://argouml.tigris.org*). Es ist in Java geschrieben und läuft somit auf den meisten wichtigen Systemen. Eine Installation ist nicht erforderlich. Sie benötigen lediglich eine funktionierende Java-Installation (siehe Kapitel 9, »Grundlagen der Programmierung«). Laden Sie die Archivdatei herunter, entpacken Sie sie in ein beliebiges neues Verzeichnis, und geben Sie Folgendes ein, um das Programm zu starten:

```
$ java -jar argouml.jar
```

Alternativ lässt sich das Tool in neueren Browsern auch durch einen Java-Web-Start-Link auf der Website direkt starten.

Abbildung 12.3 zeigt das Programm beim Erstellen eines Klassendiagramms. Die obere der beiden Symbolleisten enthält Schaltflächen für die verschiedenen Diagrammtypen, die untere bietet Werkzeuge für die einzelnen Bestandteile des aktuellen Diagramms. Nachdem Sie einen dieser Buttons angeklickt haben, können Sie das Element mit einem weiteren Klick auf der Arbeitsfläche platzieren und im unteren Feld seine Eigenschaften einstellen. Aus dem jeweils ausgewählten Element lassen sich automatisch Verbindungslinien herausziehen, um es mit anderen Elementen zu verknüpfen.

Im Folgenden werden vier UML-Diagrammarten näher vorgestellt: Anwendungsfalldiagramme, Klassendiagramme, Sequenzdiagramme und Aktivitätsdiagramme.

Sollte mittelfristig keine funktionierende Version von ArgoUML mehr bereitgestellt werden, bietet sich etwa *Modelio* als Alternative an. Es ist ebenfalls in Java geschriebene Open-Source-Software. Den Download und weitere Informationen finden Sie unter *www.modelio.org*.

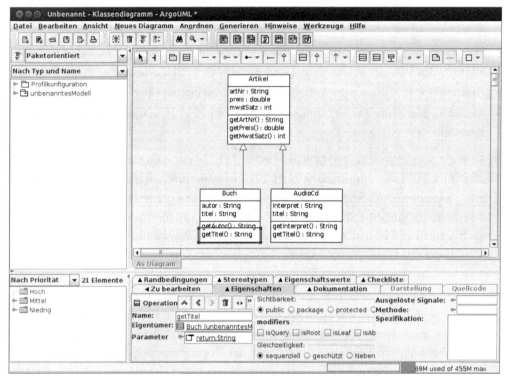

**Abbildung 12.3** ArgoUML beim Erstellen eines Klassendiagramms

**Anwendungsfalldiagramme**

In einem *Anwendungsfalldiagramm* werden Anwendungsfälle (*Use Cases*) aus der Sicht der Beteiligten, der sogenannten *Akteure*, dargestellt. Dieser Diagrammtyp ist vornehmlich ein Bestandteil der Analyse. Abbildung 12.4 zeigt ein Beispiel mit zwei Akteuren, einem Kunden und einem Verkäufer. Die drei möglichen Geschäftsvorfälle, die zwischen ihnen stattfinden können, sind Information, Verhandlung und Kauf.

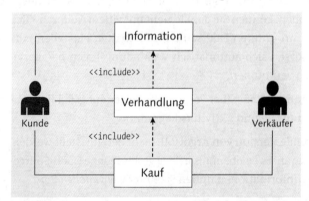

**Abbildung 12.4** Ein einfaches UML-Anwendungsfalldiagramm

Die <<include>>-Beziehung zwischen Kauf und Verhandlung bedeutet, dass der Verkauf eine Verhandlung umfassen kann; ebenso verhält es sich mit der Beziehung zwischen Verhandlung und Information. Andere mögliche Beziehungen sind:

- Eine durchgehende Linie mit einer hohlen Pfeilspitze steht für eine *Generalisierung*; der Anwendungsfall am Pfeilanfang ist eine Spezialisierung desjenigen am Pfeilende.
- Ein gestrichelter Pfeil mit der Beschriftung <<extend>> besagt, dass der Anwendungsfall am Pfeilursprung denjenigen, auf den gezeigt wird, erweitert.

Bei der späteren Implementierung können sich aus diesen Beziehungen Vererbungsverhältnisse ergeben.

#### Klassendiagramme

*Klassendiagramme* stellen die Elemente einer Klasse sowie die Beziehungen zwischen verschiedenen Klassen dar. Jede Klasse wird durch ein Rechteck dargestellt; es gibt drei Detailstufen:

- nur Klassenname
- Klassenname und Attribute (Eigenschaften)
- Klassenname, Attribute und Methoden

Die (bis zu) drei Kategorien werden durch waagerechte Linien voneinander getrennt. Abstrakte Klassen (ohne Methodenimplementierung) werden durch <> unter dem Klassennamen gekennzeichnet, Interfaces durch <<interface>>.

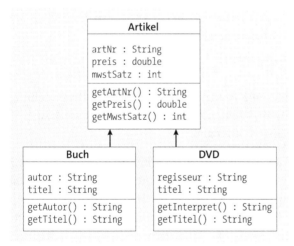

**Abbildung 12.5** Ein UML-Klassendiagramm mit einer Elternklasse und zwei abgeleiteten Klassen

Die Vererbung wird durch einen Pfeil mit leerer Spitze dargestellt, der von der abgeleiteten auf die übergeordnete Klasse zeigt. In Abbildung 12.5 sehen Sie die Beziehungen zwischen der Oberklasse Artikel und den abgeleiteten Klassen Buch und DVD, jeweils mit allen drei

**12  Software-Engineering**

Informationen. Die zusätzliche Angabe der Datentypen von Methoden und Attributen ermöglicht die automatische Erzeugung des Codegrundgerüsts für die Klassen. In ArgoUML erfolgt dies beispielsweise über GENERIEREN • ALLE KLASSEN GENERIEREN, sofern gerade ein Klassendiagramm angezeigt wird.

Neben den Vererbungslinien gibt es auch komplexere Beziehungen zwischen Klassen beziehungsweise Instanzen. Allgemein spricht man bei der Vererbung von »IS A«-Beziehungen, denn eine speziellere Klasse »ist« auch immer die Elternklasse. Im vorliegenden Beispiel gilt etwa, dass ein Buch unter anderem ein Artikel ist. Enthält eine Klasse Attribute, die Instanzen einer anderen Klasse sind, spricht man dagegen von einer »HAS A«-Beziehung – ein Objekt »hat« oder enthält ein anderes.

In der UML werden »HAS A«-Beziehungen durch eine Verbindungslinie zwischen den beiden Klassen dargestellt. Auf der Seite der Klasse, die die andere enthält, wird die Linie durch eine Raute gekennzeichnet. Hier gibt es zwei Möglichkeiten:

▶ *Aggregation*: Die enthaltenen Elemente existieren unabhängig von der enthaltenden Klasse; dies wird durch eine leere Raute gekennzeichnet.

▶ *Komposition*: Die enthaltenen Elemente existieren nur in Abhängigkeit von der enthaltenden Klasse, sind also eher abstrakte Eigenschaften als konkrete Gegenstände; diese Beziehung wird durch eine gefüllte Raute dargestellt.

Die *Kardinalität* (Häufigkeit) der beteiligten Elemente kann durch Zahlen an den Verbindungsstellen dargestellt werden:

▶ Eine einfache Zahl (zum Beispiel 1) bedeutet, dass genauso viele Elemente dieses Typs beteiligt sind. Beispielsweise könnte man die Beziehung zwischen einem Pkw und seinen Rädern durch die festen Zahlen 1 beziehungsweise 4 kennzeichnen.

▶ Ein Sternchen (*) steht für beliebig viele, also kein Element, ein Element oder mehrere Elemente.

▶ Ein Zahlenbereich (m..n) bedeutet mindestens m und höchstens n Elemente. Die Beziehung zwischen einem allgemeinen Fahrzeug und seinen Rädern ist beispielsweise 1 zu 1..* (von der Schubkarre bis zum beliebig langen Güterzug).

Neben den »HAS A«-Beziehungen gibt es auch diverse lockere Verbindungen zwischen Klassen, genannt *Assoziationen*. Sie werden durch eine Verbindungslinie dargestellt. Eine offene Pfeilspitze oder ein daneben gezeichnetes Richtungsdreieck sowie eine Textbezeichnung beschreiben die Beziehung näher. Auch hier können die Kardinalitätsbezeichnungen verwendet werden.

In Abbildung 12.6 finden Sie zwei Beispiele für solche Klassenbeziehungen: Ein Supermarkt kann eine oder mehrere Kassen enthalten; da diese unabhängig vom Supermarkt existieren, bleibt die Raute leer (Aggregation). Die zweite Beziehung zeigt, dass ein Kassierer beliebig viele Artikel registrieren kann. Die Kardinalität 1 bei Supermarkt beziehungsweise

Kassierer wurde als »Standardfall« einfach weggelassen; dies ist eine (zulässige) Eigenart von ArgoUML.

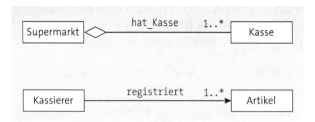

**Abbildung 12.6** Klassenbeziehungen in UML-Klassendiagrammen: Aggregation (oben) und Assoziation (unten)

#### Sequenzdiagramme

In einem *Sequenzdiagramm* wird der zeitliche Ablauf einer Anwendung als Abfolge von Nachrichten zwischen den Objekten dargestellt. Die beteiligten Objekte werden waagerecht auf *Swim Lanes* (Schwimmbahnen) nebeneinander platziert. Der Arbeitsablauf wird von oben nach unten dargestellt. Auf jeder Bahn wird eine gestrichelte Linie gezeichnet, solange ein Objekt existiert, oder ein schmales Rechteck, wenn das Objekt gerade den Programmfluss kontrolliert. Methodenaufrufe werden mithilfe von durchgezogenen Pfeilen gekennzeichnet, Nachrichten durch gestrichelte Pfeile. Abbildung 12.7 zeigt das einfache Beispiel eines Einkaufsvorgangs.

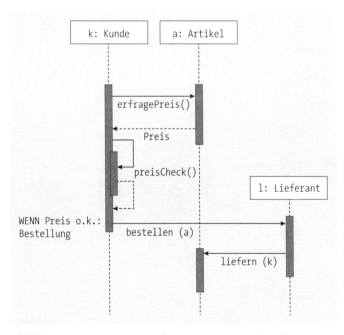

**Abbildung 12.7** UML-Sequenzdiagramm eines Einkaufsvorgangs

### Aktivitätsdiagramme

*Aktivitätsdiagramme* lassen sich als Weiterentwicklung der klassischen Flussdiagramme betrachten. Sie dienen der Darstellung des Zusammenspiels verschiedener Aktivitäten, die durch seitlich abgerundete Kästen dargestellt werden. Andere wichtige Symbole sind diese:

- Ein dicker gefüllter Kreis markiert den Startzustand.
- Ein hohler Kreis, der einen kleineren, gefüllten enthält, kennzeichnet den Endzustand, der alle Aktivitäten abschließt.
- Fallentscheidungen werden durch eine Raute mit mehreren abgehenden Pfeilen dargestellt.
- Eine dicke horizontale Linie dient entweder der Aufteilung (*Forking*) eines Ablaufs in mehrere parallele Verarbeitungsstränge oder der Zusammenführung zuvor verzweigter Abläufe.

In Abbildung 12.8 werden mögliche Abläufe des Anwendungsfalls »Information« aus dem Anwendungsfalldiagramm in Abbildung 12.3 verdeutlicht. In ArgoUML können Sie ein Aktivitätsdiagramm eines Anwendungsfalls erstellen, sobald dieser markiert ist.

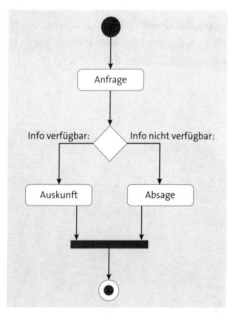

**Abbildung 12.8** UML-Aktivitätsdiagramm des Anwendungsfalls »Information«

#### 12.2.2 Entwurfsmuster

*Entwurfsmuster* (*Design Patterns*) sind ursprünglich ein Konzept aus der (Gebäude-)Architektur, das im Rahmen der Programmiersprache und -umgebung Smalltalk für die Softwareentwicklung übernommen wurde. Im Wesentlichen geht es um die übersichtliche Katalogisierung einmal gefundener Lösungen für die spätere Wiederverwendung. Beachten Sie, dass Entwurfsmuster keine fertig programmierten Komponenten oder Codeschnipsel sind. Wie der Name schon sagt, gehören sie zur Phase des Entwurfs und nicht zur Implementierung von Software. Dennoch enthält ein Muster neben vielen anderen Komponenten auch Codebeispiele.

In der Softwareentwicklung wurden die Entwurfsmuster durch die »Gang of Four« (GoF) *Erich Gamma* (der ehemalige Eclipse-Entwicklungsleiter), *Richard Helm*, *Ralph Johnson* und *John Vlissides* eingeführt. Ihr Buch »Design Patterns« (siehe Anhang C) ist die wichtigste Informationsquelle und gewissermaßen der ursprüngliche Hauptkatalog für Entwurfsmuster. Daneben wurden zahlreiche weitere Musterkataloge entwickelt, beispielsweise sogenannte *Enterprise Design Patterns*, die auch Geschäftsvorfälle einbeziehen.

Ein bekanntes Entwurfsmuster, das nicht im GoF-Katalog vorkommt, ist zum Beispiel das *MVC Pattern* (*Model*, *View*, *Controller*). Es handelt sich um eine praktische Vorgehensweise zur sauberen Trennung von Datenmodell, Programmlogik und Präsentation. Es wurde bereits in den 70er-Jahren im Smalltalk-Umfeld entwickelt und beschreibt den Idealzustand von APIs für grafische Benutzeroberflächen. Inzwischen wird es aber auch für Web-Frameworks wie Ruby on Rails genutzt.

### Schema für Entwurfsmuster

Jedes Entwurfsmuster besteht aus vier wesentlichen Komponenten:

- *Name*: Das Muster sollte eine möglichst griffige Bezeichnung erhalten, die möglichst genau auf seinen Verwendungszweck hindeutet.

- *Problem*: eine genaue Beschreibung der Situation, in der das Entwurfsmuster eingesetzt werden kann

- *Lösung*: die abstrakte Beschreibung eines Entwurfs, der das Problem löst

- *Konsequenzen*: eine Beschreibung der Folgen und möglichen Nebeneffekte, die der Einsatz des Patterns mit sich bringt

Pattern-Kataloge wie derjenige in dem zuvor genannten Buch »Design Patterns« verwenden allerdings eine erheblich genauere Struktur zur Beschreibung jedes Musters. Es handelt sich um eine Auflistung der folgenden Punkte (in Klammern jeweils die Originalbezeichnungen aus dem GoF-Buch):

- *Name und Einordnung* (*Pattern Name and Classification*): Die Bedeutung eines sprechenden Namens braucht unter Programmierern nicht weiter betont zu werden. Die Einordnung beschreibt das Einsatzgebiet (*Purpose*) und den Geltungsbereich (*Scope*) des Musters. Man unterscheidet drei grundlegende Einsatzgebiete: *Erzeugungsmuster* (*Creational Patterns*) sind Lösungen für verschiedene Probleme der Objekterzeugung; *Strukturmuster* (*Structural Patterns*) beschäftigen sich mit Problemstellungen der Datenstruktur, und *Ver-*

haltensmuster (*Behavioral Patterns*) beschreiben die Implementierung häufig benötigter Verhaltensweisen von Objekten. Der Geltungsbereich ist *Klasse* für statische, durch Vererbung angewendete Muster oder *Objekt* für Muster, die Objektbeziehungen betreffen. Letztere kommen wesentlich häufiger vor.

▶ *Absicht* (*Intent*); kurze Beschreibung der Aufgabe des Entwurfsmusters und mögliche Gründe für seinen Einsatz

▶ *Alias* (*Also Known As*): Viele Muster sind unter verschiedenen Namen bekannt; andere gängige Bezeichnungen werden hier aufgelistet.

▶ *Motivation*: ein konkretes Beispielszenario, das den Einsatzzweck des Musters deutlich macht

▶ *Verwendungszweck* (*Applicability*): Beschreibung der Situationen, in denen das Pattern eingesetzt werden kann, und der Probleme, die es lösen hilft

▶ *Struktur* (*Structure*): grafische Darstellung der Klassen des Entwurfsmusters, meist UML-basiert

▶ *Beteiligte* (*Participants*): Klassen und Objekte, die in die Anwendung des Musters involviert sind

▶ *Zusammenspiel* (*Collaborations*): Beschreibung der Zusammenarbeit zwischen den Beteiligten

▶ *Konsequenzen* (*Consequences*): Ergebnisse sowie Vor- und Nachteile der Anwendung des Musters

▶ *Implementierung* (*Implementation*): Beschreibung von Besonderheiten und möglichen Problemen bei einer Implementierung des Musters

▶ *Codebeispiele* (*Sample Code*): Das GoF-Buch verwendet C++ und/oder Smalltalk; in neueren Büchern und Websites wird meist Java oder C# benutzt. Prinzipiell kann jede objektorientierte Programmiersprache zum Einsatz kommen.

▶ *Einsatzbeispiele* (*Known Uses*): Beispiele für die Anwendung dieser Muster in realen Softwaresystemen

▶ *Querverweise* (*Related Patterns*): Zusammenarbeit dieses Entwurfsmusters mit anderen Mustern; gegebenenfalls Gemeinsamkeiten und Unterschiede

### Der Originalkatalog aus dem Gang-of-Four-Buch

Das Buch »Design Patterns« enthält einen Katalog von 23 Mustern, die nach diesem Schema aufgelistet werden. Es handelt sich um Probleme, vor denen eines Tages jeder steht, der größere objektorientierte Programme schreiben möchte. Es hält Sie allerdings nichts davon ab, Ihre eigenen gelungenen Lösungsansätze ebenfalls nach diesem Schema zu katalogisieren. Wenn Sie einem Entwicklungsteam angehören, könnten Ihre Kollegen Ihnen eines Tages dafür dankbar sein.

In Tabelle 12.2 sehen Sie eine Kurzübersicht über die 23 GoF-Muster. Die Reihenfolge hält sich an diejenige im Buch: Die Muster werden innerhalb jeder der drei Purpose-Bereiche alphabetisch sortiert. Die Inhalte der Spalten »Name (Aliasse)« und »Einordnung« entsprechen der Beschreibung aus der zuvor dargestellten Aufzählung; die Spalte »Beschreibung« schildert kurz und knapp, was das jeweilige Muster leistet, enthält also die Informationen aus dem Katalogabschnitt »Absicht« und gegebenenfalls ein paar zusätzliche Hinweise. Im folgenden Abschnitt finden Sie ein vollständig ausgeführtes Beispiel für ein GoF-Entwurfsmuster.

In den Pattern-Beschreibungen taucht häufiger der Begriff *Client* auf. Dabei handelt es sich in aller Regel nicht um einen Netzwerkclient, sondern um diejenige Klasse oder das Objekt, das sich der Dienstleistung des jeweiligen Patterns bedient.

| Name (Aliasse) | Einordnung | Beschreibung |
| --- | --- | --- |
| Abstract Factory (Kit) | Erzeugung Objekt | Interface zur Erzeugung verwandter Objekte, ohne ihre konkrete Klasse angeben zu müssen |
| Builder | Erzeugung Objekt | Hilfsmittel zur Erzeugung komplexer Strukturen aus verschiedenartigen Einzelobjekten durch Trennung von Erzeugung und Objektspeicherung |
| Factory Method (Virtual Contructor) | Erzeugung Klasse | Interface zur Erzeugung von Objektes, bei dem die abgeleiteten Klassen im Gegensatz zur Abstract Factory über die zu instanziierende Klasse entscheiden können |
| Prototype | Erzeugung Objekt | vorgefertigte Instanz einer Klasse mit bestimmten Wunscheigenschaften, aus der durch Klonen weitere Objekte erzeugt werden |
| Singleton | Erzeugung Objekt | Sicherstellen, dass eine Klasse nur genau eine einzige Instanz hat, und den globalen Zugriff auf diese ermöglichen |
| Adapter (Wrapper) | Struktur Objekt, Klasse | Das Interface einer Klasse in ein anderes Interface umwandeln, damit inkompatible Klassen zusammenarbeiten können. Klassenadapter verwenden die (nicht in allen Sprachen verfügbare) Mehrfachvererbung, Objektadapter benutzen Komposition. |
| Bridge (Handle, Body) | Struktur Objekt | eine Abstraktion und ihre Implementierung voneinander trennen, damit jede von ihnen separat modifiziert oder ausgetauscht werden kann |

**Tabelle 12.2** Der vollständige Katalog der Entwurfsmuster aus dem Gang-of-Four-Buch »Design Patterns«

| Name (Aliasse) | Einordnung | Beschreibung |
| --- | --- | --- |
| Composite | Struktur Objekt | ein gemeinsames Interface für alle Einzelklassen einer Objekthierarchie sowie für Sammlungen dieser Klassen bereitstellen, damit der Zugriff auf beides in identischer Weise erfolgen kann |
| Decorator (Wrapper) | Struktur Objekt | Zusätzliche Eigenschaften einem Objekt hinzufügen, indem ein Decorator-Objekt für diese Eigenschaft erzeugt wird, das die ursprüngliche Instanz als Eigenschaft enthält — ermöglicht dynamische Erweiterungen der Funktionalität ohne Vererbung. |
| Facade | Struktur Objekt | ein verallgemeinertes Interface für den vereinfachten Zugriff auf die spezielleren Interfaces von Subsystemen bereitstellen, wenn deren Detailtiefe bei den meisten Zugriffen nicht benötigt wird |
| Flyweight | Struktur Objekt | Sehr viele Instanzen einer bestimmten Klasse mit wenig objektspezifischem Verhalten werden aus Performancegründen durch eine einzige virtuelle Instanz und eine Verwaltungsinstanz für die Daten der bisherigen Einzelinstanzen ersetzt. |
| Proxy (Surrogate) | Struktur Objekt | ein Platzhalter für ein anderes Objekt (das sich beispielsweise auf einem Remote-Rechner oder Datenträger befindet), der stellvertretend den Zugriff auf das eigentliche Objekt kontrolliert |
| Chain of Responsibility | Verhalten Objekt | Anfragen nicht an das eigentliche Empfängerobjekt senden, sondern von diesem abkoppeln und Handler bereitstellen, die einen Zugriff durch beliebig viele Verarbeitungsschritte ermöglichen |
| Command (Action, Transaction) | Verhalten Objekt | Anfragen als Objekte kapseln, um sie von verschiedenen Stellen aus verarbeiten oder zur späteren Verarbeitung speichern zu können (bekanntes Beispiel: Menü- oder Button-Befehle in GUIs) |
| Interpreter | Verhalten Klasse | formale Darstellung einer (Programmier-)Sprache und ihrer Grammatik, um Sätze in dieser Sprache sequenziell zu verarbeiten |

**Tabelle 12.2** Der vollständige Katalog der Entwurfsmuster aus dem Gang-of-Four-Buch »Design Patterns« (Forts.)

| Name (Aliasse) | Einordnung | Beschreibung |
|---|---|---|
| Iterator (Cursor) | Verhalten Objekt | eine Möglichkeit, die Elemente eines Aggregatobjekts der Reihe nach abzuarbeiten, ohne die zugrunde liegende Speicherform kennen zu müssen |
| Mediator | Verhalten Objekt | die verschiedenen Formen der Interaktion zwischen einem größeren Satz von Objekten als eigenständiges Objekt kapseln, um die Komplexität dieser Interaktion aus den Einzelobjekten selbst herauszuziehen |
| Memento (Token) | Verhalten Objekt | den internen Zustand eines Objekts auslesen und extern abspeichern, um ihn später wiederherstellen zu können |
| Observer (Dependents, Publish-Subscribe) | Verhalten Objekt | einem bestimmten Objekt (dem Subject) eine Schnittstelle hinzufügen, die eingesetzt wird, um beliebig viele andere Objekte (die Observer) über eine Zustandsänderung zu informieren, damit diese Objekte automatisch aktualisiert werden (Beispiel: In MVC kann man das Model als Subject und die Views als Observer betrachten.) |
| State (Objects for States) | Verhalten Objekt | Das Verhalten eines Objekts in Abhängigkeit von seinem internen Zustand ändern; das Objekt scheint nach der Änderung einer anderen Klasse anzugehören (bekanntestes Beispiel: die verschiedenen Stadien einer TCP-Netzwerkverbindung). |
| Strategy (Policy) | Verhalten Objekt | mehrere Algorithmen aus einer Gruppe in Klassen kapseln und unter einer gemeinsamen Elternklasse verfügbar machen, um sie jederzeit austauschen zu können |
| Template Method | Verhalten Klasse | die Grundstruktur eines Algorithmus in einer Elternklasse vorgeben und einige konkrete Einzelschritte in untergeordneten Klassen modifizieren |
| Visitor | Verhalten Objekt | Eine Operation, die für alle Elemente einer Objektstruktur ausgeführt werden soll, wird nicht als neue Methode in jeder der Klassen implementiert, sondern als separate Klasse, damit keine nachträglichen Änderungen an den Klassen der zu untersuchenden Elemente erforderlich sind. |

**Tabelle 12.2** Der vollständige Katalog der Entwurfsmuster aus dem Gang-of-Four-Buch »Design Patterns« (Forts.)

**Beispiel: das Singleton Pattern**

Beim *Singleton Pattern* handelt es sich um ein Muster zur Verwirklichung eine Klasse, von der nur genau eine einzige Instanz existieren darf.

- *Name*: Singleton
- *Einordnung*: Erzeugungsmuster, Objekt
- *Absicht*: Sicherstellen, dass eine Klasse nur genau eine einzige Instanz hat, und den globalen Zugriff auf diese ermöglichen
- *Alias*: keines (deutsche Bezeichnung: *Einzelstück*)
- *Motivation*: Bestimmte Objekte darf es selbst im größten System nur ein einziges Mal geben. Denken Sie beispielsweise an eine zentrale Warteschlange für Datei-, Drucker- oder Netzwerkzugriffe oder an eine globale Log-Datei für Ereignisse aus verschiedenen Programmbereichen. Praktischerweise wird ein solches Element als Klasse erstellt, die nur beim ersten Aufruf eine neue Instanz erzeugt und bei späteren Aufrufen immer wieder einen Verweis auf diese Instanz zurückgibt. So brauchen Sie beim Aufruf nicht mehr zu überprüfen, ob die Instanz bereits existiert.

  Daneben kann der Singleton auch als bessere globale Variable dienen, weil die Instanz auf einfache Weise global verfügbar ist.
- *Verwendungszweck*: Benutzen Sie dieses Muster, wenn Sie eine erweiterbare Klasse brauchen, die ohne Modifikation des aufrufenden Codes nur genau eine Instanz besitzen darf.
- *Struktur*: Die Struktur der Klasse Singleton wird in Abbildung 12.9 dargestellt.

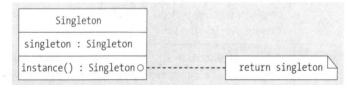

**Abbildung 12.9** UML-Struktur der Klasse »Singleton« und ihrer einzigen Instanz

- *Beteiligte*: Das einzige Element ist die Klasse Singleton selbst, die auf Anforderung ihre einzige Instanz zurückgibt und gegebenenfalls neu erzeugt.
- *Zusammenspiel*: Andere Klassen rufen die Methode instance() auf, um die einzige Instanz der Klasse zu erhalten.
- *Konsequenzen*: Das Entwurfsmuster Singleton bietet eine Reihe von Vorteilen gegenüber anderen Lösungen. Hier die wichtigsten Vorteile:
  - Die Verwendung einer globalen Variablen wird vermieden; dies beseitigt eine potenzielle Fehlerquelle.
  - Anstelle genau einer Instanz können Sie mithilfe dieses Musters auch eine beliebige andere (festgelegte) Anzahl oder auch Höchstzahl von Instanzen zulassen.

– Die Klasse bleibt erweiterbar – im Gegensatz zu anderen Lösungsansätzen für dieses Problem können problemlos abgeleitete Klassen gebildet werden.

▶ *Implementierung*: Die Instanz wird zum statischen Attribut der Klasse selbst und mit null (noch keine Instanz vorhanden) initialisiert. Der Konstruktor wird mit der Veröffentlichungsstufe private versehen, sodass er nicht von außen aufgerufen werden kann. Die öffentliche Methode instance(), die Clients stattdessen aufrufen können, überprüft zunächst, ob die Instanz bereits erzeugt wurde; falls nicht, ruft sie den Konstruktor auf. Anschließend wird in jedem Fall eine Referenz auf die Instanz zurückgegeben.

▶ *Codebeispiele*: Die Implementierung der Klasse Singleton ist nicht besonders umfangreich. Hier eine vollständige Java-Klasse, die dem Entwurfsmuster genügt:

```java
public class Singleton {

    // Die Instanz - zunächst noch nicht vorhanden
    private static Singleton singleton = null;

    // der private Konstruktor
    private Singleton() {
    }

    // die Clientmethode instance()
    public static synchronized Singleton instance() {
        // Instanz erzeugen, falls noch keine existiert
        if (singleton == null) {
            singleton = new Singleton();
        }
        // Instanz auf jeden Fall zurückgeben
        return singleton;
    }
}
```

Der Modifikator synchronized bei der Methode instance() ist wichtig: Wenn mehrere Threads die Methode parallel aufrufen, könnten sonst versehentlich doch mehrere Instanzen erzeugt werden.

Wenn Sie die Singleton-Instanz in Ihrem Code benötigen, sieht der entsprechende Aufruf so aus:

```java
Singleton instance = Singleton::instance();
```

▶ *Einsatzbeispiele*: Unzählige – alle künstlichen »Engpässe« wie beispielsweise Warteschlangen folgen diesem Schema.

▶ *Querverweise*: Entwurfsmuster wie Abstract Factory, Builder und Prototype lassen sich mithilfe des Singleton Patterns implementieren.

Das Singleton Pattern wurde hier nur als einfaches Beispiel für die Darstellung eines Entwurfsmusters verwendet. In der Praxis sollten Sie sich genau überlegen, ob Sie es verwenden möchten, denn ein Singleton ist eine feste Abhängigkeit in Ihrem Code und somit beispielsweise nicht einfach zu testen. Alternativen lernen Sie an anderen Stellen dieses Buches kennen. Die nicht in der Original-GoF-Liste auftauchenden Patterns *Dependency Injection* und *Lazy Initialization* werden beispielsweise in Kapitel 19, »Webserveranwendungen«, behandelt.

### 12.2.3 Unit-Tests

Wenn die Zeit in Softwareentwicklungsprozessen eng wird, verzichten die Entwickler am ehesten auf ausgiebige Tests. Das ist fatal für die Qualität der veröffentlichten Anwendungen – der Extremfall ist sogenannte *Banana Ware*, die »grün« ausgeliefert wird und erst »beim Kunden reift«. Teure kommerzielle Software ist sogar häufiger von diesem Problem betroffen als Open-Source-Projekte, weil die Marketing- und Vertriebsabteilungen oftmals massiven Druck auf die Entwicklungsteams ausüben, um angekündigte Veröffentlichungstermine einzuhalten.

Natürlich haben Entwickler sich seit Jahrzehnten Gedanken darüber gemacht, wie sich die unbefriedigende Situation im Bereich der Softwaretests verbessern ließe. Eine wichtige Erkenntnis ist, dass Programmcode sich am exaktesten durch weiteren Programmcode überprüfen lässt. Anstatt sich also den Kopf darüber zu zerbrechen, welche Fehler auftreten könnten, und mühsam von Hand entsprechende Zustände herbeizuführen, sollten Sie einen automatisierten Test schreiben und mit verschiedenen Werten durchlaufen lassen.

Die neueste Lösung zur Testautomatisierung sind die sogenannten *Unit-Tests* oder auch Klassentests. Für beinahe jede wichtige Programmiersprache steht inzwischen ein xUnit-Framework zur Verfügung, das die Durchführung von Tests vereinfacht und beschleunigt und diese so zu einem integralen Bestandteil der Programmierarbeit macht. Der Klassiker ist das hier vorgestellte *JUnit*-Framework für Java, das von Erich Gamma und Kent Beck geschrieben wurde.

Der erste Schritt besteht darin, JUnit herunterzuladen und in Betrieb zu nehmen. Besuchen Sie die Projekt-Website *http://www.junit.org*, und laden Sie das aktuelle Paket herunter (zurzeit *junit4.9.zip*). Entpacken Sie das Archiv in ein beliebiges Verzeichnis, und erweitern Sie Ihren CLASSPATH so, dass er *junit.jar* aus diesem Verzeichnis enthält. Nun können Sie das Framework direkt einsetzen.

### Ein einfaches Testbeispiel

Betrachten Sie als Beispiel die folgende Klasse Artikel. Sie enthält drei Methoden, die den Bruttopreis, den Mehrwertsteuerbetrag und den Nettopreis zurückgeben sollen:

```
public class Artikel {

    private double preis;
    private int mwst;
```

```
   public Artikel () {
      this.preis = 0;
      this.mwst = 19;
   }

   public Artikel (double p, int m) {
      this.preis = p;
      this.mwst = m;
   }

   public double getBrutto () {
      return this.preis;
   }

   public double getMwst () {
      return this.preis / (100 + this.mwst) * this.mwst;
   }

   public double getNetto () {
      return this.preis - this.getMwst();
   }
}
```

Angenommen, Sie möchten die ordnungsgemäße Funktion der Methode getNetto() testen. Dazu können Sie mithilfe von JUnit folgenden Unit-Test schreiben:

```
import junit.framework.*;

public class ArtikelTest extends TestCase {
   public ArtikelTest (String name) {
      super (name);
   }

   public void testNetto() {
      Artikel a1 = new Artikel (119, 19);
      assertTrue (a1.getNetto() == 100);
   }

   public static void main(String[] args) {
      junit.swingui.TestRunner.run (ArtikelTest.class);
   }
}
```

Das Package `junit.framework` enthält die JUnit-Testklassen, die hier verwendet werden. Jeder Test sollte die Klasse `TestCase` erweitern. Wichtig ist hier ein Konstruktor, der einen String als Parameter erwartet. Sie können ihn, wie im Beispiel, einfach an den entsprechenden Konstruktor der übergeordneten Klasse weiterreichen.

`main()` ruft die Methode `run()` von `junit.swingui.TestRunner` auf, sodass beim Ausführen der Klasse automatisch die GUI-Variante von JUnit ausgeführt wird. `run()` sorgt automatisch für die Ausführung sämtlicher Methoden, die mit `test*()` beginnen. Dabei gibt es ein sehr deutliches Zeichen für Erfolg oder Misserfolg:

▸ Ein *grüner* Balken zeigt, dass der Test bestanden wurde.

▸ Ein *roter* Balken bedeutet Misserfolg; im unteren Fensterabschnitt werden die entsprechenden Fehlermeldungen angezeigt.

Der Test selbst funktioniert folgendermaßen: Die Annahme ist, dass ein Bruttopreis von 119 € beim üblichen Mehrwertsteuersatz von 19 % zu einem Nettopreis von 100 € führt. Also wird die Testmethode `assertTrue()` mit dem Vergleich zwischen dem Ergebnis von `getNetto()` und dem Wert 100 aufgerufen. Falls die Vermutung richtig sein sollte, führt sie zu einem grünen Balken (in Abbildung 12.10 wird dieses erfreuliche Ergebnis gezeigt). Das Framework definiert übrigens noch weitere `assert*()`-Methoden, weil Erfolg nicht in jedem Fall durch ein »richtiges« (oder besser: »wahres«) Ergebnis angezeigt wird.

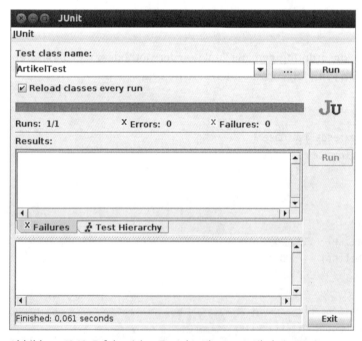

**Abbildung 12.10** Erfolgreicher Test der Klasse »Artikel« in JUnit

**Das Test-first-Verfahren**

Damit der Test auf keinen Fall »vergessen« werden kann, empfiehlt es sich, ihn nicht etwa nach der Implementierung eines Features, sondern vorher zu schreiben. Das hat natürlich zur Folge, dass er zunächst nicht bestanden wird. Daraus ergibt sich die Arbeitsweise von *Test-driven Development* (TDD), auf Deutsch: *testgetriebene Entwicklung*:

▶ *Red* – einen Test schreiben, der zunächst fehlschlägt (roter Balken)

▶ *Green* – Code schreiben, der den Test mit den einfachsten möglichen Mitteln besteht

▶ *Refactor* – den neuen Code durch Refactoring vernünftig integrieren, zum Beispiel unnötige Doppelanweisungsfolgen vermeiden

Anstelle von viel Theorie lässt sich der Test-first-Ansatz am einfachsten an einem Beispiel zeigen: Die Klasse Artikel aus dem vorigen Abschnitt soll um eine Methode namens getDMBrutto() erweitert werden, die den Bruttopreis in DM ausgibt (auch wenn diese Information keinerlei praktische Relevanz mehr hat).

Zunächst wird also ein einfacher Test geschrieben:

```
import junit.framework.*;

public class DMTest extends TestCase {

   public DMTest (String name) {
      super (name);
   }


   public void testDMBrutto() {
      Artikel a = new Artikel (100, 19);
      assertTrue (a.getDMBrutto() == 195.583);
   }

   public static void main(String[] args) {
      junit.swingui.TestRunner.run (DMTest.class);
   }
}
```

Da der Umrechnungsfaktor bekannt ist, lässt es sich leicht vorhersagen, welcher Wert für 100 € herauskommen muss. Diese Vermutung wird als Testfall formuliert.

Damit der Test sich überhaupt kompilieren lässt, wird zumindest ein »Dummy« der Artikel-Methode getDMBrutto() benötigt. Dieser könnte beispielsweise so aussehen:

```
public double getDMBrutto () {
    return 0;
}
```

In einem so offensichtlichen Fall bräuchten Sie den Test noch nicht einmal auszuführen, um zu wissen, dass er scheitern wird. Tun Sie es trotzdem – nur so gewöhnen Sie sich an den Test-first-Ablauf.

Der nächste Schritt besteht darin, sicherzustellen, dass der Test bestanden wird. Der erste Ansatz darf ruhig eine *Brute-Force-Methode* (rohe Gewalt) sein. Wenn beispielsweise 195.583 verlangt wird, kann dieser Wert einfach zurückgegeben werden:

```
public double getDMBrutto () {
    return 195.583;
}
```

Nun erscheint der erwartete grüne Balken. Jetzt braucht die Methode nur noch verallgemeinert zu werden, damit sie für beliebige Werte das richtige Ergebnis liefert; das ist die für diesen Fall geeignete Form des Refactorings. So ergibt sich folgende Endfassung:

```
public double getDMBrutto () {
    return this.preis * 1.95583;
}
```

Nach dem Refactoring sollten Sie den Test natürlich noch einmal durchführen, um sicherzustellen, dass Sie sich nicht vertan haben.

Auf diese Weise können Sie ein Projekt Test für Test aufbauen. In seinem Buch »Test-driven Development by Example« vergleicht Kent Beck diese Arbeitsweise mit dem Heraufziehen eines Eimers aus einem Brunnen, bei dem die Kurbelwelle mit Zähnen ausgestattet ist, die beim Loslassen einrasten. Genau dies verspricht das Test-driven Development: zu jeder Zeit »clean code that works«, also jederzeit ein so gut wie releasefähiges Projekt.

Einen guten Einstieg in die Arbeit mit JUnit bietet der lesenswerte Aufsatz »Test-Infected: Programmers Love Writing Tests« (*http://junit.sourceforge.net/doc/testinfected/testing.htm*), der übrigens auch mit der Offline-Dokumentation von JUnit mitgeliefert wird.

Weitere Beispiele zur testgetriebenen Entwicklung finden Sie übrigens in Kapitel 19, »Webserveranwendungen«; dort kommt das PHP-Test-Framework PHPUnit zum Einsatz.

### 12.2.4   Weitere nützliche Software

Für die erfolgreiche Abwicklung von Softwareprojekten werden in der Praxis noch zwei weitere Hilfsmittel eingesetzt: *Versionskontrollsysteme* für die Softwareentwicklung im Team und *Bugtracker* für die Aufgabenverteilung und -übersicht.

**Versionskontrolle**

Wenn mehrere Entwickler dasselbe Softwareprojekt bearbeiten, muss es einen vernünftigen Weg geben, ihre Arbeit am Quellcode zu koordinieren. In keinem Fall genügt ein zentrales Verzeichnis auf einem Server, in das alle beteiligten Programmierer ihren Code hineinkopieren, denn selbstverständlich würden auf diese Weise vorherige Änderungen an derselben Datei einfach überschrieben, und es gäbe kein Zurück mehr, wenn eine Änderung sich als fehlerhaft erweist.

Deshalb werden seit Jahren *Versionskontrollsysteme* verwendet. Bei diesen liegt die zentrale, für alle gültige Kopie des Codes in einem sogenannten *Repository*, und jeder Entwickler besorgt sich durch einen *Checkout* eine *Arbeitskopie* (*working copy*). Die Arbeitskopie kann durch einen Update-Vorgang auf den neuesten zentralen Stand gebracht werden, wobei lokale Änderungen nicht einfach überschrieben, sondern mit den Modifikationen aus dem Repository zusammengeführt werden – dieser Vorgang wird als *Merging* bezeichnet. Das funktioniert in der Regel automatisch, solange nicht dieselbe Codezeile auf verschiedene Arten geändert wurde. Sollte dies der Fall sein, wird ein *Merge-Konflikt* angezeigt, den der Entwickler in seiner Arbeitskopie beseitigen muss, indem er die gültige Fassung der Änderung auswählt.

Die eigenen Änderungen werden durch einen *Commit*-Vorgang in das Repository kopiert; durch jedes Commit entsteht eine neue *Revision* des Codes. Das Repository führt ein einsehbares Protokoll über die Revisionen, und die Entwickler können sich die Änderungen zwischen verschiedenen Versionen anzeigen lassen.

Es besteht auch die Möglichkeit, mehrere voneinander abgeleitete Kopien eines Repositorys anzulegen und die Änderungen aus einem von ihnen wiederum per Merge-Vorgang in ein anderes zu übernehmen. In traditionellen Versionskontrollsystemen werden drei Typen von Unter-Repositorys für ein Projekt unterschieden:

▶ Der *Trunk* ist die zentrale Haupt-Entwicklungsversion.

▶ Ein *Branch* wird vom Trunk abgeleitet, um eine bestimmte Unterversion zu entwickeln.

▶ Ein *Tag* ist ein bestimmter Versionsstand, der nicht mehr geändert wird – beispielsweise ein konkretes *Release*, das auf Produktivsysteme verteilt wird.

Zwei Versionskontrollsysteme sind besonders verbreitet:

▶ *Subversion* (abgekürzt *svn*) wird schon seit vielen Jahren verwendet; es bietet alle oben genannten Funktionen. Für stark verteilte Projekte ist es nicht so gut geeignet, da es nur zentrale Repositorys und Arbeitskopien, aber keine Zwischenstufen kennt. svn ist ein Projekt der Apache Software Foundation; unter *subversion.apache.org* können Sie die Open-Source-Software herunterladen und erhalten weitere Informationen.

▶ *git* wurde ursprünglich von Linus Torvalds für die Arbeit am Linux-Kernel entwickelt und behebt den zentralen Mangel von Subversion: Durch einen *Clone*-Vorgang wird nicht einfach eine Arbeitskopie ausgecheckt, sondern ein abhängiges Repository erzeugt. Ein Commit übernimmt den Code nur ins lokale Repository; für das übergeordnete wird ein zusätzlicher Vorgang namens *Push* verwendet. So kann eine beliebig lange Hierarchie von Repositorys entstehen.

Um git zu verwenden, können Sie die Software *GitLab* (*www.gitlab.com*) auf einem eigenen Server installieren oder aber einen Account bei dem Repository-Hoster *GitHub* (*www.github.com*) anlegen. GitHub ist für öffentliche Open-Source-Repositorys kostenlos, während für private Projekte ein monatlicher Beitrag erhoben wird.

Beide Versionskontrollsysteme können über die Kommandozeile bedient werden, es gibt aber auch zahlreiche Clients mit grafischer Benutzeroberfläche. git bringt sogar seine eigene Weboberfläche mit, die auch als Bugtracker für das jeweilige Projekt verwendet werden kann.

### Bugtracker

Ein *Bugtracker*, auch *Issue-Tracker* oder *Ticket-System* genannt, bietet einen bequemen Überblick über die verschiedenen Aufgaben bei der Entwicklung eines Softwareprojekts. Dabei wird jede einzelne Aufgabe als sogenanntes *Ticket* angelegt.

Tickets können im Lauf ihres Lebenszyklus verschiedenen beteiligten Personen zugewiesen werden und haben einen Bearbeitungsstatus, der anzeigt, ob daran gerade gearbeitet wird, ob das entsprechende Problem behoben ist oder ob es sich anderweitig erledigt hat. Falls es sich um Softwarefehler (Bugs) handelt, wird auch deren Schwere angegeben (von trivial bis kritisch). In jedem Ticket wird für gewöhnlich eine Diskussion angezeigt, das heißt eine Abfolge von Kommentaren verschiedener beteiligter Personen wie Projektleiter, Entwickler oder Tester. Außerdem wird die Bearbeitungsgeschichte eines Tickets gespeichert und kann bei Bedarf eingesehen werden.

Praktisch alle Bugtracker-Systeme werden in Form von Webanwendungen betrieben, deren Benutzeroberfläche in einem gewöhnlichen Browser zur Verfügung steht. Dabei gibt es verschiedene Benutzer mit unterschiedlichen Projektzugehörigkeiten und Berechtigungen. Viele Open-Source-Projekte betreiben öffentliche Bugtracker, in die Benutzer der Software neue Probleme eintragen können.

Einige wichtige Bugtracker-Systeme sind:

► *Mantis* (*www.mantisbt.org*) ist ein in PHP geschriebener Open-Source-Bugtracker.

► *Redmine* (*www.redmine.org*) wurde mit dem Web-Framework Ruby on Rails entwickelt und enthält neben dem reinen Bugtracker auch Projektmanagement- und Wiki-Aspekte. Es ist ebenfalls Open-Source-Software.

► Wie bereits erwähnt, enthält git eingebaute Bugtracker-Funktionen, sodass Versionskontrolle und Bugtracking bei git-Projekten gemeinsam betrieben werden können.

## 12.3 Übungsaufgaben

Im Folgenden ist jeweils genau eine Antwort richtig.

1. Wie heißt das klassische Modell der Softwareentwicklung?

   ☐ Stauseemodell

   ☐ Binnenmeermodell

   ☐ Wasserfallmodell

   ☐ Schleusenmodell

2. Was ist kein Wissensfeld des Projektmanagements?

   ☐ Integrationsmanagement

   ☐ Urlaubsmanagement

   ☐ Kostenmanagement

   ☐ Zeitmanagement

3. Wie heißt der Pfad in einem Netzplan, bei dem Verzögerungen zu einer Zeitüberschreitung im Gesamtprojekt führen können?

   ☐ kritischer Pfad

   ☐ Kriegspfad

   ☐ Verzögerungspfad

   ☐ Hauptpfad

4. Was ist der Hauptvorteil von Gantt-Diagrammen gegenüber Netzplänen?

   ☐ Die verschiedenen Aufgaben werden farblich gekennzeichnet.

   ☐ Das Gantt-Diagramm kann mithilfe von Software erstellt werden.

   ☐ Die relative Dauer von Vorgängen geht aus der grafischen Darstellung hervor.

   ☐ Es gibt keinen Vorteil; beide Darstellungsformen haben denselben Informationsgehalt.

5. Welche Darstellungsform ist ein typisches Werkzeug der objektorientierten Analyse (OOA)?

   ☐ Netzplan

   ☐ UML-Diagramm

   ☐ Flussdiagramm

   ☐ Pseudocode

6. Welches der folgenden Verfahren kann kein automatisierter Softwaretest sein?

   ☐ Integrationstest

   ☐ Frontend-Test

   ☐ Usability-Test

   ☐ Unit-Test

## 12 Software-Engineering

7. Welcher Teil der Softwaredokumentation kann automatisch aus dem Quellcode generiert werden?

☐ Benutzerdokumentation

☐ Entwicklerdokumentation

☐ Administratorendokumentation

☐ gar keine

8. Welche der folgenden Rollen ist in Scrum nicht definiert?

☐ Investor

☐ Product Owner

☐ Team Member

☐ Scrum Master

9. Wie wird ein einzelner, möglichst kurzer Entwicklungszyklus im Scrum-Verfahren genannt?

☐ Loop

☐ Leap

☐ Sprint

☐ Run

10. Welchen der folgenden Diagrammtypen gibt es in der UML nicht?

☐ Klassendiagramm

☐ Anwendungsdiagramm

☐ Flussdiagramm

☐ Sequenzdiagramm

11. Welcher der folgenden Begriffe ist kein Entwurfsmuster aus dem Katalog der »Gang of Four«?

☐ Singleton

☐ Decorator

☐ Factory Method

☐ Forum

12. Was ist keine Phase der testgetriebenen Entwicklung?

☐ Red

☐ Refactor

☐ Green

☐ Blue

13. Was ist der Hauptvorteil von git gegenüber svn?

☐ git ist Open Source, während svn Geld kostet.

☐ Auf einem git-Server können beliebig viele Repositorys liegen; bei svn brauchen Sie für jedes Repository einen eigenen.

☐ git kann eine beliebig lange Hierarchie voneinander abgeleiteter Repositorys bilden.

☐ git hat keinen Vorteil, denn es ist älter und weniger modern als svn.

14. Was ist ein Ticket in einem Bugtracker?

☐ ein Strafzettel für faule Entwickler

☐ der Gesamtüberblick über ein Softwareprojekt

☐ eine Fehlermeldung

☐ eine einzelne Aufgabe für den Entwicklungsprozess

# Kapitel 13
# Datenbanken

*Sammle erst die Fakten, dann kannst du sie verdrehen, wie es dir passt.*
*– Mark Twain*

Zu den wichtigsten Rechneranwendungen gehören die Speicherung, Verwaltung und Manipulation beliebiger Informationen. *Datenbanken* erfüllen diesen Verwendungszweck am besten. In diesem Kapitel werden zunächst die verschiedenen Arten von Datenbanken vorgestellt. Anschließend werden die Installation und die Anwendung der beliebten Open-Source-Datenbank MySQL behandelt. Danach erhalten Sie einen Überblick über die bedeutendsten Optionen und Funktionen der in den meisten Datenbanksystemen verwendeten Abfragesprache SQL. Als Beispiel für die Datenbankprogrammierung wird schließlich JDBC vorgestellt, eine allgemeine Schnittstelle für den Zugriff auf Datenbanken aus Java-Programmen.

Zunächst ist es wichtig, genau zu definieren, was eine Datenbank eigentlich ist. Der Begriff bezeichnet nämlich zwei verschiedene Dinge: zum einen die Datensammlung selbst, zum anderen das Programm, das diese Daten verwaltet. Bei den Daten handelt es sich um eine nach bestimmten Regeln strukturierte Ansammlung von Informationen zu verschiedenen Themengruppen, beispielsweise Kundendaten von Unternehmen, Diagnose- und Behandlungsinformationen von Ärzten oder die private CD-Sammlung eines Musikfans.

Das Anwendungsprogramm, mit dem diese Daten verwaltet werden können, enthält mehr oder weniger mächtige Funktionen zum Suchen, Sortieren, Filtern und formatierten Ausgeben dieser Daten. Ein solches Programm wird als *Database Management System* (DBMS), also *Datenbankverwaltungssystem*, bezeichnet.

Die Daten, die von einem DBMS verwaltet werden, lassen sich nach verschiedenen Kriterien unterscheiden – übrigens ein beliebtes Thema für IHK-Fragen, insbesondere im EDV-Bereich kaufmännischer Berufe.

Jede Information, die in einer Datenbank gespeichert wird, ist Stammdatum oder Bewegungsdatum und gleichzeitig Rechendatum oder Ordnungsdatum. Die folgenden Definitionen können Ihnen helfen, diese Begriffe zu unterscheiden:

▶ *Stammdaten* sind unveränderliche (oder zumindest selten veränderte) Informationen, die dauerhafte Auskunft über die Objekte oder Sachverhalte geben, die in der Datenbank gespeichert sind. Beispiele sind etwa der Name einer Person oder die Bestellnummer eines Artikels.

- *Bewegungsdaten* sind dagegen Informationen, die sich ständig im Fluss befinden und die Dynamik von Geschäftsabläufen und anderen Prozessen abbilden. Der Saldo auf einem Konto oder die Körpertemperatur eines Patienten sind gute Beispiele dafür.

- *Rechendaten* sind Daten, die entweder selbst als Glied in einer Berechnung stehen oder aber als Berechnungsgrundlage dienen. Dazu gehören etwa Preise, Zinssätze oder gefahrene Kilometer.

- *Ordnungsdaten* dienen dagegen der Einteilung, Klassifizierung und Filterung von Informationen. Zu den Ordnungsdaten zählen beispielsweise Namen, Postleitzahlen oder Kfz-Kennzeichen.

Wichtig ist, wie bereits erwähnt, dass jedes Datum stets zwei der zuvor genannten Eigenschaften aufweist. Die folgende Liste zeigt Beispiele für jede der vier möglichen Kombinationen:

- Stammdatum und Rechendatum sind beispielsweise der Preis einer Ware, das Grundgehalt eines Mitarbeiters oder der effektive Jahreszins eines Kredits.

- Stammdatum und Ordnungsdatum sind etwa der Name eines Kunden, die Bestellnummer eines Artikels oder der Titel eines Buches.

- Bewegungsdatum und Rechendatum sind zum Beispiel die Anzahl der abgeleisteten Überstunden eines Mitarbeiters, die Anzahl der gefahrenen Kilometer oder der aktuelle Wechselkurs für eine Fremdwährung.

- Bewegungsdatum und Ordnungsdatum sind unter anderem das aktuelle Kalenderdatum, die Anzahl der Resturlaubstage eines Mitarbeiters oder die auf Lager befindliche Stückzahl eines Artikels.

## 13.1    Die verschiedenen Datenbanktypen

Da Daten zu vielen verschiedenen Zwecken gespeichert werden müssen, existieren unterschiedliche Arten von Datenbanken. Das wichtigste Modell ist die relationale Datenbank, zu der auch das in diesem Kapitel ausführlich vorgestellte MySQL gehört. In diesem Abschnitt werden die verschiedenen Datenbanktypen vorgestellt. Dies sind im Wesentlichen folgende:

- *Einzeltabellendatenbanken* dienen der einfachen Verwaltung von Daten eines bestimmten Typs, beispielsweise Anschriften oder Briefmarkensammlungen.

- *Relationale Datenbanken* bieten die Möglichkeit, mehrere Einzeltabellen miteinander zu verknüpfen, um die Daten konsistent zu halten: Informationen, die an verschiedenen Stellen vorkommen, müssen nur einmal aufgeführt werden.

- *Objektorientierte Datenbanken* arbeiten auf der Grundlage von Klassen und Objekten wie die objektorientierten Programmiersprachen C++ oder Java. Im Gegensatz zu relationalen Datenbanken sind sie in der Lage, sehr komplexe, nicht lineare Beziehungen zwischen den gespeicherten Informationen abzubilden.

▶ *Volltextdatenbanken* sind nicht unbedingt ein eigener Datenbanktyp. Speziell geht es hier um die Implementierung einer effektiven Volltextsuche in vorhandenen Textarchiven. Inzwischen sind auch relationale und objektorientierte Datenbanken mit Volltext-Such-funktionen ausgestattet.

▶ *XML-Datenbanken* speichern die Informationen in Form von XML-Dokumenten ab. XML ist eine Metasprache für die Definition von Dokumentstrukturen und wird in Kapitel 16, »XML«, ausführlich behandelt.

▶ *Bild- und Multimedia-Datenbanken* sind meist erweiterte relationale Datenbanken, die die Verwaltung von Mediadaten wie Bildern, Sounddateien oder Digitalvideos realisieren. In der Regel ermöglichen sie die Suche nach Media-Dateien auf den diversen Datenträgern sowie deren Katalogisierung nach verschiedenen Kriterien. Bekannte Beispiele sind Canto Cumulus, das häufig von DTP- oder Presse-Profis eingesetzt wird, oder das kostengünstige Programm ThumbsPlus, das eher für kleine Büros oder Privatleute geeignet ist, die Ord-nung in ihr Mediadaten-Chaos bringen möchten. Inzwischen verfügen die Desktops der meisten Betriebssysteme allerdings auch selbst über Bildvorschaufunktionen und zusätz-liche Informationen zu Mediendateien.

▶ *NoSQL-Datenbanken oder dokumentenbasierte Datenbanken* bilden einen recht neuen Ansatz in der Datenbanktechnik. Es handelt sich um Datenbanken, die auf die traditio-nelle Datenbankabfrage SQL und meist auch auf den relationalen Ansatz verzichten. Stattdessen speichern viele von ihnen die Daten als Dokumente mit beliebigen, frei defi-nierbaren Metadatenfeldern, über die sie gesucht und gegebenenfalls auch verknüpft werden können. Ein bekanntes Beispiel ist CouchDB; am Ende dieses Kapitels erhalten Sie einen Überblick über die Möglichkeiten dieser Datenbank.

Neben diesen Grundtypen gibt es auch konkrete Datenbanksoftware, die verschiedene Misch- oder Übergangsformen bildet. Beispielsweise verwenden XML-Datenbanken oft keine reinen XML-Dokumente, sondern legen diese in einer relationalen Grundstruktur ab. Umge-kehrt bieten die meisten modernen relationalen Datenbanksysteme spezielle Funktionen für Daten im XML-Format.

In den folgenden Abschnitten werden nur die Einzeltabelle, die relationale Datenbank und die objektorientierte Datenbank näher vorgestellt. Volltext- und Media-Datenbanken sind zu speziell und zu unterschiedlich, um sie allgemein zu beschreiben, und die Behandlung von XML-Datenbanken ohne XML-Kenntnisse ergibt keinen Sinn.

### 13.1.1    Einzeltabellendatenbanken

Die einfachste Datenbankart verwendet nur eine einzige Tabelle zur Abspeicherung aller Informationen. Die Einzeltabelle ist das Grundprinzip aller einfachen Adressverwaltungs- oder CD-Sammlungsprogramme. Die meisten Eigenschaften von Einzeltabellendatenbanken gelten auch für die professionelleren und erheblich vielseitigeren relationalen Datenbanken, schließlich handelt es sich bei Letzteren um eine Sammlung miteinander verknüpfter Einzeltabellen.

In den Spalten einer Datenbanktabelle stehen die verschiedenen Informationskategorien. Die einzelnen Zellen werden *Datenfelder* genannt und sind die kleinste Informationseinheit der Datenbank: Sie enthalten je eine Einzelinformation über ein Element der Datenbank. Eine ganze Zeile ist die Kombination aller Informationen über ein Element und wird *Datensatz (Record)* genannt. Übrigens wird das jeweilige Element, über das ein Datensatz Informationen enthält, als *Entität (Entity)* bezeichnet.

In Tabelle 13.1 sehen Sie ein Beispiel für eine Datenbanktabelle, die verschiedene Informationen über die Mitarbeiter eines Unternehmens enthält.

| Name | Vorname | Eintrittsdatum | Abteilung | Grundgehalt |
|------|---------|----------------|-----------|-------------|
| Becker | Wolfgang | 01.05.1987 | Einkauf | 3.800 € |
| Huber | Angelika | 01.12.1996 | Geschäftsleitung | 5.900 € |
| Juarez | Manolo | 01.10.1999 | Verkauf | 4.200 € |
| Klein | Franziska | 01.09.2006 | Auszubildende | 635 € |

**Tabelle 13.1** Beispiel für eine einfache Einzeltabellendatenbank

Von einer Einzeltabellendatenbank dürfen Sie nicht den komplexen Funktionsumfang eines relationalen DBMS erwarten, aber von den folgenden Grundfunktionen sollten Sie dennoch ausgehen können:

▶ Sortieren der Tabelle auf- und absteigend nach einer beliebigen Kategorie (im Beispiel sind die Datensätze aufsteigend nach Namen sortiert). Eine absteigende Sortierung nach Gehältern würde beispielsweise die folgende Reihenfolge erzeugen: Huber, Juarez, Becker, Klein.

▶ Suchen nach einem beliebigen Feldinhalt und Ausgabe der relevanten Datensätze. Beispielsweise würde die Suche nach dem Eintrittsjahr 1996 Frau Huber zurückgeben.

▶ Einen Schritt weiter als die einfache Suche geht die Filterung der Tabelle. Dies bedeutet, dass nur noch diejenigen Zeilen angezeigt werden, die bestimmten Kriterien entsprechen. Beispielsweise enthielte eine Liste aller Mitarbeiter, die mehr als 4.000 € verdienen, nur noch Frau Huber und Herrn Juarez.

Darüber hinaus enthalten die meisten Einzeltabellendatenbanken je nach Verwendungszweck zahlreiche Formatierungsoptionen, um Eingabemasken oder ausdruckbare Berichte und Ähnliches zu erzeugen. Schließlich gibt es nicht allzu viele universelle Einzeltabellen-DBMS, sondern viel häufiger Programme, die für die Verwaltung einer bestimmten Datenart wie Adressen oder DVD-Sammlungen geeignet sind.

## Die Grenzen der Einzeltabelle

Wenn Sie eine Weile mit einer Einzeltabellendatenbank arbeiten, werden Sie feststellen, dass vor allem eine Einschränkung besonders stört: Es gibt keine Möglichkeit, Inkonsistenzen auszugleichen. Wird beispielsweise die zuvor gezeigte Mitarbeitertabelle um fünf Kollegen erweitert, die alle in der Abteilung Verkauf arbeiten, dann gibt es keine Möglichkeit des Schutzes davor, dass der Name »Verkauf« in einem dieser fünf Datensätze falsch geschrieben wird. Daraus ergäbe sich natürlich eine vollkommen falsche Tabellenlogik mit Auswirkungen auf Such- und Filterfunktionen.

Noch schwieriger wird es, wenn Daten benötigt werden, die im Grunde gar nicht das Entity betreffen, das im Datensatz beschrieben wird, sondern zusätzliche Informationen über eines der anderen Felder enthalten. Beispielsweise könnten Sie es nützlich finden, neben der Abteilung auch deren Leiter zu erwähnen. Stellen Sie sich den Aufwand vor, wenn dieser Leiter wechselt, oder die Probleme, wenn Sie den Namen irgendwo falsch schreiben.

Einzeltabellen sind also nur für ganz einfache Anwendungszwecke geeignet: Eine kleine Adress- oder Briefmarkensammlungsverwaltung geht gerade noch, während sämtliche Unternehmensanwendungen nur mit relationalen Datenbanken vernünftig funktionieren. Diese ermöglichen es nämlich, dass Sie verschiedene Arten von Daten jeweils in eigenständigen Tabellen ablegen und sie anschließend über sogenannte *Schlüssel* miteinander verknüpfen.

### 13.1.2 Relationale Datenbanken

Genau wie Einzeltabellen verwenden auch relationale Datenbanken ein Tabellenmodell zum Ablegen von Daten. Eine relationale Datenbank besteht allerdings aus beliebig vielen Einzeltabellen, die auf vielfältige Weise miteinander verknüpft werden können. Dieser Aufbau sorgt dafür, dass die Daten in der Datenbank konsistent sind: Jede Information muss nur ein einziges Mal gespeichert werden, sodass es nicht zu Mehrdeutigkeiten kommen kann.

Technisch gesehen, basieren relationale Datenbanken auf der relationalen Algebra. Danach wird eine einzelne Tabelle als *Relation* bezeichnet. Jeder Datensatz ist ein Tupel (also geordnete Sammlung einer festgelegten Anzahl von Werten), in dem die Tabellenspalten die Attribute $A_1$ bis $A_n$ bilden. Das Relationenschema $R = (A_1, ..., A_n)$ legt Anzahl und Datentyp der Attribute fest. Eine Relation $r(R)$ ist formal eine Relation mit dem Relationenschema $R$, besteht also aus Tupeln, für die gilt:

$$r(R) = r(A_1, ..., A_n)$$

Die Verknüpfungen zwischen den Spalten einer Tabelle und zwischen den einzelnen Tabellen werden als *Beziehungen* oder *Verknüpfungen* (englisch: *relationships*) bezeichnet. Auch der Begriff *Relationen* kommt dafür häufig zum Einsatz, obwohl er hier nichts mit Relationen im Sinne der relationalen Algebra zu tun hat. Eine Beziehung entsteht durch die Verwendung von Schlüsseln: Der *Primärschlüssel* des Datensatzes einer Tabelle wird als Wert in ein Feld einer anderen Tabelle eingetragen. Der Primärschlüssel ist ein spezielles Datenfeld oder eine Kombination der Werte mehrerer Felder, die innerhalb der Tabelle einen einmaligen Wert besitzen und den Datensatz somit eindeutig kennzeichnen. Der Primärschlüssel einer Tabelle, auf den in einer anderen Tabelle verwiesen wird, heißt dort *Fremdschlüssel*.

Der Primärschlüssel ist übrigens ein Sonderfall eines sogenannten *Indexes*. Indizes ermöglichen den schnellen Zugriff auf bestimmte Tabelleninhalte, indem sie die Informationen einer Datenbankspalte separat in geordneter Form abspeichern. Um einen Datensatz anhand eines indizierten Feldes zu finden, muss nicht die gesamte Datenbanktabelle sequenziell durchsucht werden.

Es gibt drei Arten von Beziehungen, die je nach Art der gespeicherten Information nützlich sind:

▸ Eine *1:1-Beziehung* (oft, erneut abweichend von der relationalen Algebra, auch *1:1-Relation* genannt) verknüpft einen Datensatz einer Tabelle mit genau einem Datensatz einer anderen Tabelle. Dies ist immer dann nützlich, wenn bestimmte Informationsaspekte über ein Entity nicht so oft benötigt werden wie andere Aspekte. Die seltener oder in einem anderen Zusammenhang verwendeten Informationen lassen sich auf diese Weise einfach ausblenden. Beispielsweise könnte eine Tabelle Informationen über angebotene Artikel wie Bezeichnung, Preis und Mehrwertsteuersatz enthalten, eine andere dagegen den Lagerbestand.

▸ Eine *1:n-Beziehung* oder *Eins-zu-viele-Beziehung* verbindet einen Datensatz einer Tabelle mit beliebig vielen Datensätzen einer anderen Tabelle. Dies ist der häufigste und nützlichste Verknüpfungstyp, weil er den größten Beitrag zur Vermeidung von Inkonsistenzen leistet: Detailinformationen über Werte, die in einer Spalte einer Tabelle beliebig oft vorkommen können, werden in einer separaten Tabelle erfasst. Die erste Tabelle enthält in dem entsprechenden Feld nur noch einen Verweis auf einen bestimmten Datensatz der zweiten Tabelle.

▸ Eine *m:n-Beziehung*, auch *Viele-zu-viele-Beziehung* genannt, kombiniert beliebig viele Vorkommen eines bestimmten Werts mit beliebig vielen Vorkommen eines anderen. Stellen Sie sich beispielsweise eine Tabelle vor, die eine Liste lieferbarer Waren enthält, und eine weitere Tabelle, in der die Adressen von Kunden erfasst werden. Jeder Artikel kann von beliebig vielen Kunden gekauft werden, und jeder Kunde kann beliebig viele unterschiedliche Artikel kaufen. Das relationale Datenbankmodell verlangt allerdings, dass diese Art von Beziehung indirekt dargestellt wird: Eine dritte Tabelle listet die einzelnen Kaufaktionen auf; jeder Datensatz enthält dabei eine Verknüpfung zu einem bestimmten Kunden und eine weitere zu einem einzelnen Artikel. Jeder dieser beiden Fremdschlüssel für sich bildet eine 1:n-Beziehung; die m:n-Beziehung zwischen Kunden und Artikeln besteht nicht direkt.

### Ein einfaches Beispiel

Das unter den m:n-Beziehungen angedeutete Beispiel soll im Folgenden konkret ausgeführt werden: Eine Tabelle enthält Daten über Käufer, die zweite Informationen über die Artikel, und die dritte Tabelle listet jeden einzelnen Kauf auf. Die Beziehung zwischen den drei Tabellen *ADRESSEN*, *KAEUFE* und *ARTIKEL* wird in Abbildung 13.1 dargestellt.

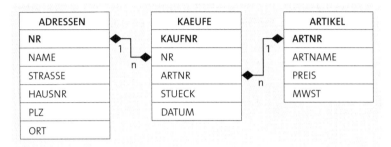

**Abbildung 13.1** Beziehungen zwischen den Tabellen einer einfachen relationalen Datenbank

Das oberste, fett gesetzte Feld jeder Tabelle ist der Primärschlüssel. Die Tabelle *ADRESSEN* enthält die Kundendaten mit dem Primärschlüssel *NR*. *ARTIKEL* hat den Primärschlüssel *ARTNR* (Artikelnummer). Die Tabelle *KAEUFE* schließlich verwendet einen Primärschlüssel namens *KAUFNR*. Da keine andere Tabelle auf einzelne Käufe zugreift, benötigt die Tabelle momentan eigentlich keinen Primärschlüssel.

Die Beschriftungen an den kleinen Rauten, von denen die Beziehungen ausgehen, zeigen den Beziehungstyp an. Beide Beziehungen in der Datenbank sind 1:n-Beziehungen. Die m:n-Beziehungen zwischen den Tabellen *ADRESSEN* und *ARTIKEL* können natürlich nicht eingezeichnet werden, weil sie nur indirekt besteht.

Konkret kann die Tabelle *ADRESSEN* zum Beispiel mit den Werten aus Tabelle 13.2 gefüllt werden.

| NR | NAME | STRASSE | HAUSNR | PLZ | ORT |
|---|---|---|---|---|---|
| 1 | Schmidt | Kleiner Weg | 1 | 50678 | Köln |
| 2 | Müller | Alte Str. | 78 | 80543 | München |
| 3 | Becker | Störtebekerweg | 45 | 20567 | Hamburg |
| 4 | Heinze | Grüne Allee | 36 | 10345 | Berlin |

**Tabelle 13.2** Die Datenbanktabelle ADRESSEN

Natürlich müssen Sie die Kunden nicht durchnummerieren, sondern können sich Ihr eigenes individuelles Schema für Kundennummern ausdenken. Wichtig ist lediglich, dass jede dieser Nummern nur ein einziges Mal in der Tabelle vorkommt und dass jeder Kunde eine (eindeutige) Nummer bekommt.

Die Tabelle *ARTIKEL* enthält Informationen über die angebotenen Artikel (siehe Tabelle 13.3). Beachten Sie, dass das Feld *MWST* nicht etwa einen konkreten Wert enthält, sondern den Mehrwertsteuersatz, also den Wert 7 oder den Wert 19. Noch praktischer wären allerdings 1:n-Relationen zu einer weiteren Tabelle, die die konkreten Mehrwertsteuersätze enthält; schließlich können sich diese ändern. Die Preise werden aus im weiteren Verlauf näher erläuterten Gründen in Cent angegeben.

| ARTNR | ARTNAME | PREIS | MWST |
|-------|---------|-------|------|
| 1 | Cola | 119 | 19 |
| 2 | Vollmilch | 79 | 7 |
| 3 | Toastbrot | 149 | 7 |
| 4 | Zahnpasta | 179 | 19 |

**Tabelle 13.3** Die Datenbanktabelle ARTIKEL

Nachdem diese beiden Tabellen eingerichtet sind, können nun Käufe getätigt werden. In der Tabelle *KAEUFE* könnten etwa die folgenden Geschäftsvorfälle erfasst werden (siehe Tabelle 13.4):

| KAUFNR | NR | ARTNR | STUECK | DATUM |
|--------|-----|-------|--------|------------|
| 1 | 3 | 3 | 2 | 2017-04-15 |
| 2 | 2 | 1 | 4 | 2017-04-16 |
| 3 | 2 | 2 | 1 | 2017-04-16 |
| 4 | 1 | 4 | 1 | 2017-04-18 |
| 5 | 1 | 3 | 1 | 2017-04-18 |

**Tabelle 13.4** Die Datenbanktabelle KAEUFE

Die Einträge in der Tabelle *KAEUFE* sind in dieser Form für Menschen so gut wie unlesbar. Es geht auch gar nicht darum, sie in einer Form vorzuhalten, in der sie sofort lesbar sind, sondern darum, die Daten redundanzfrei und kompakt zu speichern. Für die lesbare Ausgabe beherrscht jedes relationale Datenbankverwaltungssystem (RDBMS, *Relational Database Management System*) sogenannte *Auswahlabfragen*, mit deren Hilfe Sie anhand der Relationen Daten aus verschiedenen Tabellen zusammenstellen können.

Tabelle 13.5 zeigt das Ergebnis einer solchen Auswahlabfrage. Hier werden die Käufe mit den eigentlichen Kunden- und Artikelnamen aufgeführt, alphabetisch nach Kunden und anschließend alphabetisch nach Artikelbezeichnungen sortiert. Damit Sie das Ergebnis nachvollziehen können, wird die Kaufnummer aus der Tabelle *KAEUFE* übernommen. Die letzte Spalte enthält den errechneten Gesamtpreis für jeden einzelnen Kauf (das Produkt aus Stückzahl und Einzelpreis).

| KAUFNR | NAME | ARTNAME | STUECK | GESAMTPREIS |
|--------|------|---------|--------|-------------|
| 1 | Becker | Toastbrot | 2 | 298 |
| 2 | Müller | Cola | 4 | 476 |
| 3 | Müller | Vollmilch | 1 | 079 |
| 5 | Schmidt | Toastbrot | 1 | 149 |
| 4 | Schmidt | Zahnpasta | 1 | 179 |

**Tabelle 13.5** Eine Auswahlabfrage, die die Käufe in lesbarer Form darstellt

Beachten Sie, dass die Ergebnisse von Auswahlabfragen normalerweise nicht abgespeichert werden. Schließlich basieren sie auf Daten, die sich durch die nachträgliche Änderung oder Ergänzung von Datensätzen in den zugrunde liegenden Tabellen jederzeit ändern können.

Die meisten relationalen Datenbanksysteme verwenden für Abfragen eine standardisierte Sprache namens *SQL* (*Structured Query Language*). Diese Abfragesprache wird in Abschnitt 13.3, »SQL-Abfragen«, vorgestellt.

### Normalisierung

Das wichtigste Ziel beim Erstellen relationaler Datenbanken ist – wie bereits erwähnt – die Beseitigung von Redundanzen zur Vermeidung von Inkonsistenzen. Dieser Vorgang wird als *Normalisierung* der Datenbank bezeichnet. Insgesamt sind fünf, eigentlich sogar sechs sogenannte *Normalformen* definiert, die aufeinander aufbauen und schrittweise den Weg zu einem fertigen relationalen Datenbankmodell weisen:

▶ Die erste Normalform (1NF) verlangt, dass die Information in jedem Feld einer Datenbank *atomar* ist – also eine nicht weiter zerlegbare Einzelinformation. *Einzelinformation* hängt allerdings vom Anwendungszweck ab: Ein Zustelldienst müsste Anschriften beispielsweise in all ihre Einzelteile zerlegen, während eine Anschrift als reine Endkundeninformation durchaus als Gesamtwert in einem einzelnen Feld stehen könnte. Verboten sind gemäß der 1NF insbesondere auch listenartige Wiederholungen gleichartiger Informationen – etwa mehrere Telefonnummern einer Person.

- Die zweite Normalform (2NF) fordert zusätzlich, dass Datensätze nur direkte Informationen über ein und denselben Sachverhalt enthalten. Formal gesagt, dürfen alle Felder in einer Tabelle, die die zweite Normalform erfüllt, nur vom Primärschlüssel dieser Tabelle abhängen. Beispielsweise dürfte eine Person mit zwei Wohnsitzen nicht zweimal in eine Kundentabelle aufgenommen werden. In diesem Fall müssten die Wohnorte in eine separate Tabelle geschrieben werden; der Bezug auf die Kunden müsste in dieser Tabelle als Fremdschlüssel eingetragen werden.

- Die dritte Normalform (3NF) ist erfüllt, wenn alle Felder funktional unabhängig voneinander sind. Der Unterschied zur zweiten Normalform erscheint geringfügig. Eine Tabelle, die zwar die zweite, aber nicht die dritte Normalform erfüllt, belässt eine eindeutig zu einem bestimmten Feld gehörende Zusatzinformation innerhalb einer Tabelle, in der dieses Feld keinen Schlüssel bildet. Beispielsweise hat in der Personaltabelle einer Unternehmensdatenbank, in der in einem Feld die Abteilung eines Mitarbeiters steht, der Name des Abteilungsleiters nichts zu suchen, weil er nur von der Abteilung, aber nicht vom Mitarbeiter abhängt.

- Die Boyce-Codd-Normalform (BCNF), benannt nach Pionieren des relationalen Datenbankmodells, ist eine strengere Variante der dritten Normalform. Eine Tabelle, die sich in der dritten Normalform befindet, kann die BCNF verletzen, wenn der Primärschlüssel aus mehreren Feldern zusammengesetzt ist und der Wert irgendeines Feldes nicht vom gesamten Primärschlüssel, sondern nur von einem seiner Felder abhängt. Um die Boyce-Codd-Normalform zu erreichen, muss eine solche Tabelle in zwei Einzeltabellen aufgeteilt werden, die jeweils eines dieser Felder als Primärschlüssel aufweisen.

- Die vierte Normalform (4NF) betrifft sogenannte *mehrwertige Abhängigkeiten* (*multivalued dependencies*). Eine mehrwertige Abhängigkeit liegt vor, wenn eine Beziehung zwischen verschiedenen Informationen nicht so in zwei Tabellen unterteilt werden kann, dass eine 1:n- oder die umgekehrte n:1-Relation entsteht.

  Angenommen, in einer zweispaltigen Tabelle werden durch einen Fremdschlüssel Personen referenziert und in der zweiten Spalte durch einen weiteren Fremdschlüssel die von diesen Personen verwendeten Betriebssysteme. Da eine Person mehrere Betriebssysteme einsetzen kann, kann sowohl jede Person als auch jedes Betriebssystem mehrmals vorkommen.

  Die vierte Normalform wird verletzt, sobald eine weitere Spalte hinzukommt, die beispielsweise die von diesen Personen beherrschten Programmiersprachen auflistet: In diesem Fall entstehen Redundanzen durch die mehrfache Nennung der Betriebssysteme und Programmiersprachen für denselben Benutzer. Eine andere Ausprägung wären beliebige, nicht zusammenhängende Paare von Betriebssystem und Programmiersprache. Wenn sich die Anzahl der von einer Person verwendeten Betriebssysteme und der Programmiersprachen unterscheidet, bleiben sogar Felder leer.

Tabelle 13.6 zeigt schematisch, wie das aussieht. Die Lösung besteht natürlich darin, eine solche Tabelle in zwei Einzeltabellen zu unterteilen, deren Primärschlüssel jeweils die Person ist.

| Name | Betriebssystem | Programmiersprache |
|---|---|---|
| Schmitz | Windows XP | Java |
| Schmitz | Windows XP | Perl |
| Müller | OS X | C++ |
| Müller | Windows 2000 | C++ |
| Becker | FreeBSD | Perl |
| Becker | FreeBSD | Java |
| Becker | Linux | Perl |
| Becker | Linux | Java |

**Tabelle 13.6** Eine Datenbanktabelle, die die vierte Normalform verletzt: Es treten Redundanzen auf, weil eine Person mehrere Betriebssysteme oder Programmiersprachen verwenden kann.

▶ Die fünfte Normalform (5NF) erfordert schließlich, dass innerhalb einer Tabelle nur triviale *Join-Abhängigkeiten* existieren dürfen. Eine Join-Abhängigkeit besteht in jeder Tabelle, die sich in mehrere Einzeltabellen aufteilen ließe, indem derselbe Schlüssel jeweils auf einzelne Spalten der Tabelle angewandt wird. Trivial ist eine Join-Abhängigkeit dann, wenn durch eine Verknüpfung zweier solcher Einzeltabellen keine Redundanz durch einen verdoppelten Datensatz vorkäme.

Wenn Sie beispielsweise zwei Tabellen vereinigen, von denen die eine einzelne Personen und deren Wohnort und die andere dieselben Personen und deren Bundesland auflistet, würde auch die entstehende Join-Tabelle die fünfte Normalform erfüllen, da jede Person in genau einem Ort und genau einem Bundesland wohnt.

Ein Join der Wohnorte-Tabelle und einer Tabelle, in der jede Zeile eine Person und eine ihrer Telefonnummern enthält, verletzt die fünfte Normalform dagegen: Da eine Person mehrere Telefonnummern besitzen kann, würde ihr Wohnort mehrfach genannt. Diese Informationen müssen also getrennt voneinander gespeichert bleiben.

Die Bezeichnung *Normalisierung* könnte als kontinuierlicher Prozess missverstanden werden, der auf eine bereits bestehende Datenbank angewendet wird. In Wirklichkeit müssen Sie sich bereits bei der Datenbankmodellierung Gedanken darüber machen, also bevor Sie eine Datenbank in der Praxis einrichten.

## Transaktionen

Ein fortgeschrittenes Feature relationaler Datenbanksysteme ist die Unterstützung von *Transaktionen*. Es handelt sich um die Möglichkeit, ein »Paket« aus beliebig vielen Änderungen in der Datenbank insgesamt zu bestätigen (*Commit*) oder rückgängig zu machen (*Rollback*).

Stellen Sie sich zur Verdeutlichung ein Online-Einkaufssystem vor: Ein Kunde kann beliebig viele Artikel zum Warenkorb hinzufügen und wieder daraus entfernen. Zum Schluss kann er die ausgewählten Waren bestellen oder den gesamten Vorgang abbrechen. Transaktionen sind die ideale Lösung für solche Aufgaben: Sobald der Kunde auf das System zugreift, wird eine neue Transaktion gestartet. Daraufhin merkt sich das Datenbanksystem alle Bewegungen im Warenkorb und alle sonstigen Einstellungen. Kommt es zu einer Bestellung, wird der Commit der Transaktion durchgeführt; bei einem Abbruch erfolgt dagegen der Rollback.

Da die Transaktionsfähigkeit die Performance eines RDBMS beeinträchtigt, handhabt der in Abschnitt 13.2, »MySQL – ein konkretes RDBMS«, behandelte MySQL-Server sie auf pragmatische Weise: Er bietet unterschiedliche Tabellentypen an; die neueren InnoDB-Tabellen unterstützen Transaktionen, während die klassischen MyISAM-Tabellen schneller verarbeitet werden.

### RDBMS-Arten

Da relationale Datenbankverwaltungssysteme das verbreitetste Datenbankmodell sind, gibt es eine riesige Menge von Produkten, die diesem Standard entsprechen. Man kann sie grob in folgende Gruppen unterteilen:

▶ *Desktop-Datenbanken* sind Datenbankanwendungen, die für die Datenverwaltung am Einzelplatz oder in kleinen Arbeitsgruppen geeignet sind. Sie bieten in der Regel eine grafische Benutzeroberfläche, die die Tabellen und Abfragen übersichtlich und einfach darstellt, und ermöglichen das einfache Erzeugen von Eingabemasken und ausdruckbaren Berichten. Bekannte Beispiele für Desktop-Datenbanksysteme sind das in der Microsoft-Office-Familie integrierte Programm Access, OpenOffice.org Base oder die aus dem Mac-Bereich stammende und inzwischen auch für Windows verfügbare Datenbank FileMaker.

▶ *Kommerzielle Datenbankserver* werden insbesondere für verteilte Unternehmensanwendungen eingesetzt. Es handelt sich um komplexe und sehr teure modular erweiterbare Systeme. Bekannte Beispiele sind Oracle, Microsoft SQL Server oder IBM DB2. Im erweiterten Sinn gehören auch Branchenlösungen oder Warenwirtschaftssysteme wie SAP ERP dazu, weil sie alle auf speziell angepassten Datenbanken basieren.

▶ *Freie Datenbankserver* sind eine günstige Alternative zu den kommerziellen Produkten. Die bekanntesten Open-Source-Datenbanksysteme sind das in Abschnitt 13.2, »MySQL – ein konkretes RDBMS«, vorgestellte MySQL sowie PostgreSQL.

### 13.1.3 Objektorientierte Datenbanken

Trotz der soeben besprochenen Normalisierung lassen sich gewisse komplexe Datenstrukturen nur unzureichend mithilfe einer relationalen Datenbank modellieren. Aus diesem Grund wurde das objektorientierte Datenbankmodell eingeführt, das eine völlig freie und beliebige Strukturierung der Daten ermöglicht. Eine objektorientierte Datenbank besteht aus Klassen und Objekten und ähnelt damit der objektorientierten Programmierung, die in Kapitel 9, »Grundlagen der Programmierung«, erläutert wird.

Ein gutes Beispiel für ein Gefüge, das sich durch relationale Modellierung nicht vernünftig darstellen lässt, wären Verbindungen und Entfernungen zwischen verschiedenen Orten, wie sie beispielsweise für ein Speditionsunternehmen benötigt werden. Tabelle 13.7 unternimmt dennoch den Versuch, diese Informationen nach relationalem Muster darzustellen.

| VON_ORT | NACH_ORT | ENTFERNUNG |
|---------|----------|------------|
| Köln | Berlin | 570 |
| Köln | Hamburg | 370 |
| Köln | München | 594 |
| Hamburg | München | 781 |
| Hamburg | Berlin | 286 |
| München | Berlin | 585 |

**Tabelle 13.7** Eine für das relationale Datenbankdesign ungeeignete Tabelle

Diese Tabelle ist aus verschiedenen Gründen ungeeignet. Erstens enthalten zwei Spalten Informationen der gleichen Art; es gibt kein Kriterium, das bestimmt, welche Stadt unter *VON_ORT* aufgeführt wird und welche unter *NACH_ORT*. Die Darstellung der Entfernung in beide Richtungen ist auch keine Alternative, weil es dadurch zu Redundanzen käme. Durch die Normalisierungsregeln für relationale Datenbanken lässt sich dieses Modell nicht weiter verbessern.

Übrigens ist es auch keine Lösung, die durchaus relational darstellbaren Entfernungen von einer bestimmten Stadt zu allen anderen zu verwenden. Dies verhindert nämlich die Aufnahme günstigerer Verbindungen in die Datenbank. Angenommen, eine Tabelle listet die Entfernungen von Köln zu den anderen Städten auf. Sicherlich würde niemand, der von Hamburg nach Berlin muss, den Umweg über Köln wählen.[1]

---

1  Obwohl ich allen Hamburgern versichern kann, dass es sich lohnen würde ;-).

Mithilfe der objektorientierten Modellierung ist die Darstellung dieser Entfernungen dagegen ein Leichtes. Hier lässt sich eine Klasse namens Ort einrichten, die einfach ein Array von Zielen enthält, zu denen Verbindungen bestehen.

Es gibt verschiedene Sprachen, in denen sich objektorientierte Datenbanken formulieren lassen. Einige Lösungen verwenden die Syntax objektorientierter Programmiersprachen wie C++, während andere Systeme ihre eigenen Sprachen benutzen. Einen allgemeinen Standard für objektorientierte Datenbankverwaltungssysteme (OODBMS), wie ihn SQL für relationale Datenbanken bildet, gibt es noch nicht. Dennoch arbeitet ein Gremium namens *Object Database Management Group* (ODMG) an einer solchen Standardisierung. Eine einigermaßen verbreitete Objektmodellierungssprache ist die von dieser Gruppe definierte *Object Definition Language* (ODL).

Eine übergeordnete Datenstruktur, am ehesten vergleichbar mit einer Tabelle in einer relationalen Datenbank, wird durch eine Klasse gebildet, deren Definition das Schlüsselwort class einleitet. Eine Informationskategorie, die in etwa einer Spalte in einer relationalen Datenbanktabelle entspricht, wird durch das Schlüsselwort attribute, die Angabe eines Datentyps und eine Bezeichnung eingerichtet. Das folgende Beispiel entspricht der zuvor dargestellten relationalen Tabelle *ADRESSEN*:

```
class Adresse {
    attribute long Nr;
    attribute string Name;
    attribute string Strasse;
    attribute string Hausnr;
    attribute short Plz;
    attribute string Ort;
}
```

Die atomaren Datentypen string, long und short sollten sich von selbst erklären. Es existieren keine separaten Typen für ganzzahlige und für Fließkommazahlen. Eine objektorientierte Umsetzung der Tabelle *ARTIKEL* sieht folgendermaßen aus:

```
class Artikel {
    attribute long ArtNr;
    attribute string ArtName;

    attribute long Preis;
    attribute short MWSt;
}
```

Eine Beziehung wird in der ODL durch das Schlüsselwort relationship dargestellt. Da jeder Datensatz eine Instanz einer Klasse ist, müssen Sie nicht mit Schlüsseln arbeiten, sondern können ein Objekt dieser Klasse direkt referenzieren. Die Darstellung der Tabelle in einer OO-Datenbank lautet demnach:

```
class Kauf {
    attribute long KaufNr;
    relationship Adressen Kunde;
    relationship Artikel Ware;
    attribute short Stueck;
    attribute struct Datum {
        short Tag;
        short Monat;
        short Jahr;
    } KaufDatum;
}
```

Der Datentyp `struct` bietet die Möglichkeit, eine nicht atomare Information als verschachtelte Gruppe einzufügen. Dies garantiert im vorliegenden Fall die leicht handhabbare Darstellung eines Datums. Die Syntax für `struct` entspricht dabei dem in der Programmiersprache C üblichen Standard: Vor der öffnenden geschweiften Klammer steht der Datentypname der Struktur, hinter der schließenden wird ein konkretes Element dieses Typs deklariert.

Die ursprüngliche Aufgabe, die Entfernungstabelle darzustellen, lässt sich nun mithilfe der ODL-Syntax recht einfach lösen:

```
class Ort {
    attribute string Name;
    struct Entfernung {
        relationship Ort Zielort;
        attribute short Kilometer;
    };
    array (struct Entfernung) Entfernungen;
}
```

Ein `array` ist – wie in Programmiersprachen – eine Liste beliebig vieler Elemente eines bestimmten Datentyps. In diesem Fall wird eine Entfernung als Struktur aus einer Verknüpfung mit einem Ort und der Kilometeranzahl gebildet. Die entsprechenden Entfernungen werden in einem Array dargestellt.

Um objektorientierte Datenstrukturen mit Werten zu füllen und um diese Werte später nach verschiedenen Kriterien zu lesen und auszuwerten, wird eine zweite Sprache benötigt. Die von der ODMG vorgeschlagene Version einer solchen objektorientierten Abfragesprache heißt *OQL* (*Object Query Language*). Sie verwendet weitgehend dieselben Befehle und die gleiche Syntax wie die in Abschnitt 13.3, »SQL-Abfragen«, vorgestellte relationale Abfragesprache SQL.

# 13  Datenbanken

## 13.2  MySQL – ein konkretes RDBMS

In diesem Abschnitt werden die Installation, die Konfiguration und die ersten Schritte mit einem relationalen Datenbanksystem besprochen. Es handelt sich um die weitverbreitete, beliebte Datenbank MySQL. Dieses System habe ich ausgewählt, weil Sie es kostenlos herunterladen und leicht installieren können und weil es in Zusammenarbeit mit der Programmiersprache PHP die Grundlage vieler dynamischer Websites bildet. Die MySQL-Programmierung mit PHP wird in Kapitel 19, »Webserveranwendungen«, erläutert.

Der ursprüngliche Entwickler von MySQL, *Michael »Monty« Widenius*, entwickelt seit 2009 eine alternative Implementierung der Datenbank unter dem Namen *MariaDB*. Sie ist weitgehend mit MySQL kompatibel und kann unter *www.mariadb.com* heruntergeladen werden. Hauptsächlich geht es bei MariaDB um eine strengere Open-Source-Auslegung, als sie von Oracle zu erwarten ist, aber die alternative Datenbank bietet auch einige neue Features wie zusätzliche Storage-Engines und Geschwindigkeitsoptimierungen. Eine steigende Anzahl von Linux-Distributionen wird mit MariaDB statt MySQL ausgeliefert.

### 13.2.1  MySQL installieren und konfigurieren

In diesem Abschnitt wird die Installation von MySQL in der aktuellen stabilen Version 5.6 erläutert. Zusätzlich erfahren Sie, wie Sie die beiden nützlichen Zusatzprogramme *MySQL Administrator* und *MySQL Query Browser* installieren können.

#### Installation unter Unix

Überprüfen Sie zunächst, ob MySQL nicht bereits Bestandteil Ihrer Systemdistribution ist; in der Regel dürfte dies der Fall sein. Auf der Website *http://www.mysql.com* finden Sie für zahlreiche Unix-Varianten Binärpakete. Laden Sie die passenden herunter, entpacken Sie sie, und erstellen Sie der Bequemlichkeit halber einen Symlink von dem relativ langen Pfadnamen nach */usr/local/mysql*.

Für so gut wie alle Unix-Versionen ist natürlich die Quellcode-Distribution geeignet. Diese müssen Sie wie üblich als Erstes entpacken; anschließend können Sie in das neu erstellte Verzeichnis wechseln:

```
# tar -xzvf mysql-5.7.18.tar.gz
# cd mysql-5.7.18
```

Aus Sicherheitsgründen sollten Sie einen neuen Benutzer und eine neue Gruppe erstellen; der MySQL-Server wird dann unter dieser User- und Group-ID ausgeführt. Dazu können Sie auf einem Linux-System beispielsweise die folgenden Befehle verwenden:

```
# groupadd mysql
# useradd -g mysql mysql
```

760

Da dieser »Benutzer« sich niemals persönlich anmelden wird, können Sie sich als Passwort einen vollkommen unmöglichen Zeichensalat ausdenken, den Sie sich nicht einmal zu merken brauchen.

Nun wird die folgende Befehlsfolge zur Konfiguration und Kompilierung eingegeben:

```
# ./configure --prefix=/usr/local/mysql \
--with-mysqld-user=mysql
# make
# make install
```

Sie können configure vorher auch mit der Option --help aufrufen, um Informationen über weitere Einstellungen zu erhalten. Die hier verwendeten Optionen legen */usr/local/mysql* als Stammverzeichnis fest und sorgen dafür, dass der Server unter der soeben angelegten User-ID ausgeführt wird.

Nach dem Entpacken der Binärvariante beziehungsweise der Installation der Source-Version müssen Sie die sogenannten *MySQL Grant Tables* erstellen, die die Authentifizierungs- und Berechtigungsdaten enthalten. Dazu können Sie folgendes Skript im *bin*-Verzeichnis Ihrer MySQL-Installation ausführen:

```
# ./mysql_install_db --user=mysql
```

Als Nächstes sollten Sie einige Besitzrechte setzen: Die ausführbaren MySQL-Programme sollten auf *root* übertragen werden, das Datenverzeichnis auf den neu angelegten User *mysql*. Wenn Sie MySQL mit dem PREFIX /usr/local/mysql installiert haben und sich in diesem Verzeichnis befinden, können Sie dies folgendermaßen tun:

```
# chown -R root.
# chown -R mysql data
# chgrp -R mysql.
```

Nun können Sie den mysql-Server starten:

```
# /usr/local/mysql/bin/mysqld_safe --user=mysql &
```

Das angehängte & führt dazu, dass der Befehl im Hintergrund ausgeführt wird, sodass Sie das entsprechende Terminal für andere Aufgaben weiterverwenden können. Falls Sie MySQL beim Hochfahren des Systems automatisch starten möchten, können Sie sich an die ausführliche Anleitung halten, die in Kapitel 7, »Linux«, teils für den Apache-Webserver und teils für MySQL selbst gegeben wurde. Das Skript *support-files/mysql.server* im MySQL-Verzeichnis kann dabei als Startskript dienen.

Zusätzlich zum MySQL-Grundpaket, das nur mit dem Kommandozeilen-Client *mysql* ausgeliefert wird, empfiehlt sich die Installation grafischer Steuer-Tools. Empfehlenswert ist beispielsweise der webbasierte Client phpMyAdmin (Download und Installationsanleitung unter *http://www.phpmyadmin.net*). Daneben gibt es zwei Programme bei *mysql.com*: MySQL Administrator ermöglicht die grafische Konfiguration des Servers, während der MySQL Query Browser vor allem dem Erstellen und Durchsuchen von Datenbanken mithilfe von SQL-Abfragen dient.

Für Linux können Sie Binärpakete der beiden Programme herunterladen. Alle anderen Unix-Versionen müssen mit der Quellcode-Distribution vorliebnehmen. Die Binärvarianten können Sie nach dem Entpacken sofort einsetzen; die Quellcode-Distributionen werden mit dem *Automake-Dreisatz* (configure; make; make install) kompiliert und installiert.

### Installation unter Windows

Die Download-Seite für den MySQL-Server 5.6 bietet zwei verschiedene Pakete für Windows, je einmal für 32- und für 64-Bit-Systeme: Unter dem Link Windows MSI Installer finden Sie den MySQL-Installer. Windows ZIP Archive ist dagegen ein Paket, das Sie einfach ohne Installation entpacken können (am sinnvollsten nach *C:\MySQL*), was schneller geht, aber weniger Einstellungsmöglichkeiten bietet.

Die beste Wahl ist der Standard-Installer. Führen Sie die heruntergeladene MSI-Datei (zurzeit *mysql-5.7.18-win32.msi* oder *mysql-5.7.18-win64.msi*) per Doppelklick aus. Anschließend werden auf mehreren Dialogseiten Fragen gestellt, unter anderem nach Installationsumfang und Installationsverzeichnis. Näheres über diesen Installer enthält der Online-Artikel unter *http://dev.mysql.com/tech-resources/articles/4.1/installer.html* (wie die Nummer in der URL andeutet, wurde er für MySQL 4.1 geschrieben, die erste Version, die mit diesem Installer geliefert wurde).

Zum Schluss der eigentlichen Installation können Sie Configure MySQL Server now wählen, um den MySQL Instance Configuration Wizard aufzurufen. Alternativ finden Sie ihn nachträglich unter MySQL im Startmenü.

In diesem Dialog werden nacheinander folgende Dialogseiten angezeigt:

- Welcome: zeigt eine kurze Information über die MySQL-Konfiguration.

- Konfigurationsdetails: Wählen Sie Detailed Configuration (diese Variante wird hier beschrieben) oder Standard Configuration für weniger Optionen.

- Servertyp: Wählen Sie Developer Machine für einen Arbeitsrechner, auf dem MySQL neben vielen Anwendungsprogrammen ausgeführt wird. Für den Praxiseinsatz können Sie sich zwischen Server Machine (Installation auf einem allgemeinen Serverrechner) oder Dedicated MySQL Server Machine (exklusiver Serverrechner für MySQL) entscheiden.

- Tabellentypen: Normalerweise sollten Sie Multifunctional Database wählen, um einfach zwischen transaktionsorientierten InnoDB- und performanceoptimierten MyISAM-Tabellen wählen zu können. Transactional Database Only optimiert den MySQL-Server für den InnoDB-Support, während Non-Transactional Database ausschließlich MyISAM installiert.

► INNODB TABLESPACE SETTINGS. Hier wird das temporäre Verzeichnis für Transaktionsdaten ausgewählt. Stellen Sie sicher, dass Sie die Festplatte oder Partition mit dem meisten freien Platz auswählen; in der Regel geschieht dies automatisch.

► Anzahl der gleichzeitigen Clientverbindungen: Wählen Sie für einen Arbeitsplatzrechner DECISION SUPPORT (DSS)/OLAP mit maximal 20 Verbindungen. Für einen praxistauglichen Server ist ONLINE TRANSACTION PROCESSING (OLTP) geeignet. Unter MANUAL SETTING • CONCURRENT CONNECTIONS können Sie die Höchstzahl der Verbindungen manuell eingeben.

► Um den Datenbankserver über ein Netzwerk zu nutzen (Standard), müssen Sie ENABLE TCP/IP NETWORKING aktivieren. Der Standard-TCP-Port 3306 ist in der Regel die richtige Wahl, es sei denn, Sie möchten mehrere MySQL-Instanzen auf demselben Rechner betreiben. Beachten Sie gegebenenfalls auch Ihre Firewall-Einstellungen.

► Als Zeichensatz ist in der Regel STANDARD CHARACTER SET (LATIN1) zu empfehlen – zumindest für die meisten lateinisch geschriebenen europäischen Sprachen. Wenn Sie viel mit internationalen Sprachen arbeiten oder vorwiegend moderne (Web-)Software einsetzen, empfiehlt sich dagegen UTF8. Die dritte Möglichkeit ist die manuelle Auswahl eines Zeichensatzes.

► Damit der MySQL-Server automatisch gestartet wird, sollten Sie auf der nächsten Registerkarte INSTALL AS WINDOWS SERVICE wählen. Solange auf demselben Rechner nicht mehrere MySQL-Server-Instanzen ausgeführt werden, ist der vorgeschlagene Dienstname MYSQL in Ordnung. LAUNCH THE MYSQL SERVER AUTOMATICALLY schaltet den üblichen automatischen Start für den Dienst ein.

► Unter MODIFY SECURITY SETTINGS sollten Sie zunächst ein gutes, das heißt ausreichend langes und nicht im Wörterbuch vorkommendes Passwort für den MySQL-Administrator *root* auswählen. Außerdem empfiehlt es sich, die Einstellung ENABLE ROOT ACCESS FROM REMOTE MACHINES (Administratorzugriff von entfernten Rechnern aus) zu deaktivieren.

► Die Einrichtung eines anonymen, also benutzernamen- und passwortlosen Kontos mithilfe von CREATE AN ANONYMOUS ACCOUNT ist übrigens nicht zu empfehlen, sofern Sie keine Anwendung benutzen, die es unbedingt benötigt.

► Nachdem Sie alles eingestellt haben, führt EXECUTE die gewünschten Arbeitsschritte durch.

Für die Windows-Versionen von MySQL Administrator und MySQL Query Browser werden übrigens bequeme Binär-Installer angeboten. Die wenigen einfachen Installationsschritte sind im Prinzip selbsterklärend.

### 13.2.2  Erste Schritte mit dem »mysql«-Client

Nach der Installation können Sie Ihren MySQL-Datenbankserver am einfachsten über den Kommandozeilen-Client *mysql* ansprechen. Wenn Sie ein anonymes Konto eingerichtet haben, starten Sie ihn einfach durch die folgende Eingabe:

```
$ mysql
```

Andernfalls müssen Sie über die Option `-u <Username>` den Benutzernamen angeben und mithilfe von `-p` festlegen, dass das Passwort abgefragt werden soll. Als Beispiel hier der MySQL-Verwaltungsbenutzer *root*:

```
$ mysql -u root -p
Enter password: *********
```

Nachdem die Verbindung zum Datenbankserver hergestellt wurde, sehen Sie den Prompt des `mysql`-Clients:

```
mysql>
```

Nun können Sie spezifische Steuerbefehle wie `help` (Anzeigen der Hilfe) oder `quit` (Beenden) eintippen oder aber die im nächsten Abschnitt besprochenen SQL-Abfragen. SQL-Abfragen können beliebig viele Zeilen lang sein (einschließlich ⏎); sie werden erst ausgeführt, wenn Sie sie mit einem Semikolon abschließen.

Bevor Sie mit einer Datenbank arbeiten können, müssen Sie diese auswählen. Dies geschieht mithilfe der Anweisung `use <Datenbank>`. Beispiel:

```
mysql> use kaufhaus
```

Im Auslieferungszustand enthält MySQL nur die Verwaltungsdatenbank *mysql* sowie die leere Demo-Datenbank *test*. Bevor Sie also ernsthafte Experimente unternehmen können, müssen Sie eine Datenbank anlegen. Dies geschieht mithilfe einer `CREATE DATABASE`-Abfrage, die im nächsten Abschnitt erläutert wird.

Praktisch ist außerdem die Möglichkeit, SQL-Anweisungen aus einer externen Textdatei zu importieren. Dazu dient die Anweisung `source <Pfad>`. Beispiel:

```
mysql> source test.sql
```

## 13.3 SQL-Abfragen

In diesem Abschnitt werden einige Einzelheiten der Datenbankabfrage SQL näher erläutert. So gut wie alle relationalen Datenbanksysteme verstehen irgendeine Version dieser Sprache. Die hier vorgestellten SQL-Funktionen und -Merkmale funktionieren allesamt unter MySQL und sind, falls nicht anders vermerkt, konform mit dem SQL99-Standard. Beachten Sie jedoch, dass SQL99 einige weitere Fähigkeiten besitzt, die von MySQL bisher noch immer nicht voll unterstützt werden. Um die Beispiele im vorliegenden Abschnitt unter anderen RDBMS wie PostgreSQL, Microsoft SQL Server oder Oracle auszuführen, sind gegebenenfalls Anpassungen erforderlich, die Sie der Dokumentation Ihres Datenbanksystems entnehmen müssen.

Die Bezeichnung *Abfrage* (*Query*) ist ein wenig irreführend, weil Sie mithilfe von Abfragen nicht nur die Inhalte von Datenbanktabellen lesen, sondern auch ändern können. SQL unterstützt im Wesentlichen vier Arten von Datenbankabfragen:

▶ Auswahlabfragen (*Select Queries*) liefern ausgesuchte Felder einer oder mehrerer Tabellen zurück; optional können Kriterien angegeben werden, nach denen die Datensätze gefiltert werden sollen.

▶ Einfügeabfragen (*Insert Queries*) fügen neue Datensätze in eine Tabelle ein.

▶ Änderungsabfragen (*Update Queries*) ändern die Werte bestimmter Felder nach bestimmten Regeln und Kriterien.

▶ Löschabfragen (*Delete Queries*) entfernen Datensätze, die bestimmte Bedingungen erfüllen.

Neben diesen grundlegenden Abfragetypen, die bereits bestehende Tabellen betreffen, bietet SQL Befehle zum Anlegen und Entfernen von Datenbanken und von Tabellen innerhalb dieser Datenbanken.

Da SQL-Datenbanken zumindest auf Unix-Systemen zwischen Groß- und Kleinschreibung bei Tabellennamen unterscheiden, sollten Sie die Schreibung Ihrer Tabellen- und Feldbezeichnungen stets konsistent halten. Bei den SQL-Anweisungen und -Funktionen selbst wird dagegen nicht zwischen Groß- und Kleinschreibung unterschieden; traditionell werden sie komplett in Großbuchstaben geschrieben. Übrigens ist es egal, in wie viele Zeilen Sie eine Abfrage unterteilen. Falls sie mehrzeilig ist, muss sie allerdings durch ein Semikolon abgeschlossen werden.[2]

### 13.3.1 Datenbanken und Tabellen erzeugen

Um über SQL eine ganz neue Datenbank anzulegen, wird der Befehl CREATE DATABASE verwendet. Beispielsweise erzeugt die folgende Abfrage eine neue Datenbank namens *supermarkt*, die anschließend die bereits besprochenen Tabellen *adressen*, *artikel* und *kaeufe* enthalten soll:

```
CREATE DATABASE supermarkt;
```

Eine Tabelle wird per SQL über die Funktion CREATE TABLE angelegt. In Klammern werden – durch Komma getrennt – die einzelnen Feldnamen, ihre Datentypen und Optionen aufgelistet. Indizes, mit Ausnahme des Primärschlüssels, werden nicht beim Erstellen des jeweiligen Feldes, sondern separat über das Schlüsselwort INDEX angelegt.

Die SQL-Abfrage, mit deren Hilfe die Tabelle *adressen* eingerichtet wird, sieht folgendermaßen aus:

---

2 Der Kommandozeilen-Client *mysql* benötigt das Semikolon immer, weil er sonst davon ausgeht, dass eine Abfrage nach dem Zeilenumbruch weitergeht.

## 13 Datenbanken

```
CREATE TABLE adressen (
    adressnr INT AUTO_INCREMENT PRIMARY KEY,
    name VARCHAR(50) NOT NULL,
    strasse VARCHAR(50) NOT NULL,
    hausnr CHAR(10) NOT NULL,
    plz CHAR(5) NOT NULL,
    ort VARCHAR(40) NOT NULL,
    INDEX (name),
    INDEX (ort)
);
```

Die Tabelle *artikel* wird mithilfe der folgenden Abfrage erstellt:

```
CREATE TABLE artikel (
    artnr INT AUTO_INCREMENT PRIMARY KEY,
    artname VARCHAR (30),
    preis INT,
    mwst ENUM ('7', '19'),
    INDEX (artname)
);
```

Schließlich wird noch die Tabelle *kaeufe* benötigt, die durch die folgende Abfrage erstellt werden kann:

```
CREATE TABLE kaeufe (
    kaufnr INT AUTO_INCREMENT PRIMARY KEY,
    adressnr INT,
    artnr INT,
    stueck INT,
    datum DATE
);
```

Falls Sie eine Tabelle wieder löschen möchten, wird die Funktion DROP TABLE verwendet. Die folgende SQL-Anweisung entfernt beispielsweise die Tabelle unwichtig:

```
DROP TABLE unwichtig;
```

Analog dazu können Sie mithilfe von DROP DATABASE eine ganze Datenbank löschen.

### Felddatentypen und -optionen

Für jede Tabellenspalte, die Sie über eine CREATE TABLE-Abfrage einrichten, müssen Sie die folgenden Informationen angeben:

▶ Einen selbst gewählten Feldnamen. Dieser Name darf Buchstaben, Ziffern und Unterstriche enthalten, aber nicht mit einer Ziffer beginnen.

766

▶ Einen Felddatentyp. Die diversen möglichen Datentypen werden im weiteren Verlauf des Kapitels aufgezählt.

▶ Weitere Optionen. Hier können Sie besondere Eigenschaften der Spalte angeben, beispielsweise PRIMARY KEY (Primärschlüssel), AUTO_INCREMENT (automatisches Durchnummerieren) oder NOT NULL (das Feld muss einen Wert besitzen).

Die verschiedenen in SQL definierten Datentypen sind folgende:

▶ Ganzzahlen verschiedener Wortbreite
Je nach Bedarf können Sie sich einen der folgenden ganzzahligen Datentypen aussuchen. Die tatsächliche Wortbreite ist allerdings abhängig von der Implementierung. Die Angaben gelten für MySQL und können je nach konkretem Datenbanksystem abweichen:

  – TINYINT (8 Bit)

  – SMALLINT (16 Bit)

  – MEDIUMINT (24 Bit)

  – INT (32 Bit)

  – BIGINT (64 Bit)

▶ Fließkommazahlen verschiedener Genauigkeit
SQL bietet zwei verschieden genaue Datentypen für Fließkommawerte an. In MySQL gelten die folgenden Wortbreiten:

  – FLOAT (4 Byte)

  – DOUBLE (8 Byte)

  – Ein zulässiges Synonym für DOUBLE ist REAL.

  – Der Datentyp DECIMAL definiert eine Festkommazahl. Die Gesamtzahl der Stellen sowie die Anzahl der Nachkommastellen werden durch Komma getrennt in Klammern geschrieben. Beispielsweise wäre DECIMAL (6,2) für Währungsbeträge in Supermärkten geeignet.

▶ Datums- und Uhrzeitwerte
SQL bietet verschiedene Datentypen für die Angabe von Kalenderdaten und Uhrzeiten:

  – DATE ist ein Datum im Format "2017-04-11". Der zulässige Bereich ist "0001-01-01" bis "9999-12-31".

  – TIME enthält eine Uhrzeitangabe im Format "18:59:37".

  – DATETIME kombiniert eine Datums- und eine Uhrzeitangabe in der Schreibweise "2017-04-11 18:59:37".

  – YEAR enthält eine Jahreszahl zwischen 1900 und 2155.

  – TIMESTAMP ist ein spezielles Feld, das beim Erstellen oder Ändern des zugehörigen Datensatzes automatisch ausgefüllt wird; es ist damit ideal für die nützliche Information, wann der Datensatz zuletzt geändert wurde. Das Format entspricht DATETIME.

**13  Datenbanken**

- Textdatentypen

  Für Textinformationen existieren verschiedene Datentypen, die hier aufgelistet werden:

  - CHAR(n) ist eine Zeichenkette mit einer festen Länge von n Zeichen. Der angegebene Wert darf höchstens 255 sein. *Feste Länge* bedeutet, dass auf jeden Fall die angegebene Anzahl von Zeichen gespeichert wird, selbst wenn der eigentliche Text kürzer sein sollte. Dies erhöht die Verarbeitungsgeschwindigkeit, aber auch den Speicherbedarf.

  - VARCHAR(n) gibt eine Zeichenkette variabler Länge mit bis zu n (maximal 65.535) Zeichen an. Ein VARCHAR-Feld belegt nur so viel Speicher, wie es tatsächlich Zeichen enthält. Dafür werden VARCHAR-Felder langsamer gefunden als CHAR-Felder.

  - TINYTEXT ist ein Synonym für VARCHAR (255).

  - TEXT gibt Text variabler Länge mit bis zu 65.535 Zeichen an.

  - MEDIUMTEXT darf maximal über 16,7 Millionen Zeichen enthalten.

  - LONGTEXT darf sogar über 4 Milliarden Zeichen enthalten.

- Binärdaten

  Zum sicheren Abspeichern von Binärdaten wie Bildern, Audiodaten und sonstigen proprietären Datenformaten wird von SQL das BLOB-Format (**B**inary **L**arge **Ob**ject) angeboten. Es gibt folgende Ausprägungen von BLOBs unterschiedlicher Größe:

  - TINYBLOB (bis zu 255 Byte)

  - BLOB (bis zu 65.535 Byte)

  - MEDIUMBLOB (über 16,7 Millionen Byte)

  - LONGBLOB (über 4 Milliarden Byte)

- Aufzählungstypen

  Mitunter ist es effektiver, eine Liste vorgefertigter Werte anzugeben, als ein frei ausfüllbares Textfeld einzurichten. MySQL definiert zu diesem Zweck die beiden folgenden Aufzählungstypen:

  - ENUM ist eine Aufzählung von maximal 65.535 verschiedenen Zeichenketten. Intern wird der Wert eines Feldes als Nummer des jeweiligen Aufzählungselements gespeichert.

  - SET enthält dagegen eine Aufzählung von maximal 255 verschiedenen Zeichenketten. Der Wert eines Feldes in einer solchen Spalte kann aus beliebig vielen kommagetrennten Werten aus der Aufzählung bestehen. Dazu besetzt jeder mögliche Wert ein eigenes Bit (1, 2, 4, 8, 16 etc.), und die Wertemischung in einem Feld ist die Summe dieser Bits.

Beide Arten von Listen werden hinter dem Datentyp in Klammern und durch Komma getrennt angegeben. Das folgende Beispiel zeigt, wie es funktioniert:

```
steuerklasse ENUM ('I', 'II', 'III', 'IV', 'V', 'VI')
```

Hinter der Angabe des Datentyps können unter anderem folgende Optionen für Felder angegeben werden:

▶ BINARY ist eine Option, die Textdatentypen in Binärtypen umwandelt, in denen das Abspeichern binärer Daten unabhängig von Zeichensätzen und Zeilenumbruchlogik sicher möglich ist.

▶ UNSIGNED sorgt dafür, dass der Wertebereich eines ganzzahligen Typs ohne Vorzeichen betrachtet wird. Beispielsweise besitzt ein TINYINT dadurch nicht mehr den Wertebereich –128 bis +127, sondern 0 bis 255.

▶ ZEROFILL füllt alle Felder bis zur angegebenen Maximallänge nach links mit Nullen auf. Die Option impliziert automatisch UNSIGNED.

▶ NULL oder NOT NULL legen fest, ob ein Feld leer sein darf (NULL) oder nicht (NOT NULL). Der Standard ist NULL.

▶ DEFAULT gibt einen Standardwert für jedes Feld einer Spalte vor, das keinen sonstigen Wert besitzt.

▶ AUTO_INCREMENT richtet eine Spalte so ein, dass diese Spalte bei der Erzeugung neuer Zeilen automatisch fortlaufende Werte erhält. Dies ist beispielsweise für Primärschlüssel gut geeignet.

▶ PRIMARY KEY richtet ein Feld als Primärschlüssel ein, und zwar nur genau eines pro Tabelle. Für zusammengesetzte Primärschlüssel muss stattdessen die Option PRIMARY KEY(Feld1, Feld2, ...) außerhalb der Felddefinitionen genutzt werden.

Wie bereits erwähnt, werden Indizes außer dem Primärschlüssel erst nach dem Erstellen der Spalten eingerichtet. Neben dem Schlüsselwort INDEX, das einen einfachen Index einleitet, werden die alternativen Angaben UNIQUE (ein bestimmter Feldwert darf nur einmal in der Tabelle vorkommen) und FULLTEXT für die Volltextsuche unterstützt.

### 13.3.2 Auswahlabfragen

Um Daten aus einer Datenbank zu lesen, wird die SQL-Anweisung SELECT verwendet. Schematisch sieht ein solcher Aufruf folgendermaßen aus:

```
SELECT feld1, feld2, ...
FROM tabelle1, tabelle2, ...
WHERE kriterium;
```

Diese Abfrage wählt die Felder feld1, feld2 etc. derjenigen Datensätze aus den Tabellen tabelle1, tabelle2 und folgenden aus, auf die die Kriterien zutreffen.

Anstelle der einzelnen Felder können Sie auch * schreiben, um alle Felder einer Tabelle auszuwählen. Die folgende Abfrage zeigt beispielsweise die gesamte Tabelle *adressen* an:

```
SELECT * FROM adressen;
```

Benötigen Sie dagegen nur die Namen und die Postleitzahlen der Kunden, wird die folgende Schreibweise verwendet:

```
SELECT name, plz FROM adressen;
```

Wenn Sie nur ein Feld auswählen, ist manchmal der Modifikator `DISTINCT` nützlich: Er zeigt doppelt vorkommende Feldinhalte nur jeweils einmal an. Die folgende Abfrage zeigt jede unterschiedliche Postleitzahl aus *adressen* genau einmal an:

```
SELECT DISTINCT plz FROM adressen;
```

Wenn Sie Werte aus mehreren Tabellen auswählen (bevorzugt über die Verknüpfung durch Joins; siehe den nächsten Abschnitt), müssen Sie denjenigen Spaltenbezeichnungen den Tabellennamen voranstellen, die in mehreren Tabellen identisch vorkommen. Beispielsweise müssten Sie `adressen.nr` und `kaeufe.nr` schreiben, wenn beide in derselben Abfrage vorkämen.

Um dies zu umgehen, empfiehlt es sich in der Praxis, allen Feldnamen jeder Tabelle ein Kürzel für die jeweilige Tabellenbezeichnung voranzustellen. Beispielsweise könnten die Felder der Tabelle *adressen* mit *ad_* beginnen, also etwa *ad_nr*, *ad_name* oder *ad_plz*.

Häufiger werden Auswahlabfragen verwendet, bei denen über die `WHERE`-Klausel Bedingungen angegeben werden. Die Bedingungen vergleichen in der Regel die Werte einzelner Felder mit bestimmten Ausdrücken oder miteinander. Beispielsweise liefert die folgende Abfrage den Namen, die Postleitzahl und den Ort aller Kunden aus der Tabelle *adressen*, die in Köln wohnen:

```
SELECT name, plz, ort
FROM adressen
WHERE ort="Köln";
```

Die folgende Abfrage wählt dagegen die vollständigen Daten aller Kunden mit Postleitzahlen aus, die mit einer 5 beginnen:

```
SELECT *
FROM adressen
WHERE plz LIKE "5%"
```

Die `LIKE`-Klausel vergleicht den Wert eines Feldes mit einem einfachen Muster, in dem ein % für beliebig viele Zeichen und ein _ für genau ein Zeichen steht. Hier sehen Sie einige Beispiele für solche Muster:

► `name LIKE "a%"` liefert alle Personen, deren Name mit a anfängt.

► `name LIKE "%b%"` gibt alle Personen zurück, in deren Namen mindestens ein b vorkommt.

► `strasse LIKE "%weg"` liefert alle Straßenangaben, die auf »-weg« enden.

► `name LIKE "Me_er"` steht für alle Kunden, die Meier oder Meyer heißen.

► `name LIKE "M%r"` gibt alle Leute zurück, die Maier, Mayer, Meier, Meyer oder Mayr heißen; natürlich werden auch Müller, Mecker, Monster etc. gefunden.

Für einfache Wertüberprüfungen, die keinen Mustervergleich verwenden, können Sie die Operatoren =, <, >, <=, >= und <> (ungleich) benutzen. Mehrere Überprüfungen können Sie mit AND oder OR verknüpfen.

Übrigens können Sie sowohl bei der SELECT-Anweisung selbst als auch bei der WHERE-Klausel beliebige Berechnungen ausführen. Bei WHERE müssen Sie allerdings darauf achten, dass das Endergebnis ein boolescher Wahrheitswert sein muss. Beispielsweise ist die Klausel WHERE preis * 2 unvollständig und damit verboten; WHERE preis * 2 < 10 ist dagegen zulässig und gibt alle Felder zurück, deren doppelter Preis kleiner als 10 ist.

Wenn Sie in der SELECT-Anweisung keine einzelnen Felder auswählen, sondern Berechnungen anstellen, können Sie der Ergebnisspalte über die AS-Klausel einen Namen zuweisen (wobei Sie das Schlüsselwort AS selbst auch weglassen können). Beispielsweise könnten Sie folgendermaßen die Nettopreise aller Waren in der Tabelle *artikel* ermitteln:

```
SELECT artname, preis / (100 + mwst) * 100
AS netto
FROM artikel;
```

Der entsprechende Mehrwertsteuersatz wird also zu 100 addiert; das Teilen des Preises durch diesen Gesamtwert und die Multiplikation mit 100 ergibt natürlich den Nettopreis. Die Spalte in der Ergebnistabelle der Abfrage wird als *netto* bezeichnet, was erheblich lesefreundlicher ist als »preis / (100 + MWST) * 100«.

Neben den einfachen arithmetischen Berechnungen bietet SQL auch eine Reihe von Funktionen an. Die wichtigsten von ihnen werden als *Aggregatfunktionen* bezeichnet, da sie die Anzahl der zurückgegebenen Datensätze verkleinern können, indem sie mehrere zusammenfassen. Hier einige Aggregatfunktionen im Überblick:

▶ SUM gibt die Summe der Werte in der Spalte zurück, auf die SUM angewendet wird. Wenn Sie weitere Spalten in das SELECT aufnehmen, erhalten Sie so viele Einzelergebnisse, wie es unterschiedliche Wertekombinationen in diesen Spalten gibt. Beispielsweise ergibt die folgende Abfrage die Summe aller Artikelpreise in der Tabelle artikel:

```
SELECT SUM(preis) AS summe FROM artikel;
```

Diese Abfrage liefert dagegen die Summen der beiden Artikelgruppen mit unterschiedlicher Mehrwertsteuer getrennt:

```
SELECT SUM(preis) AS summe, mwst FROM ARTIKEL;
```

Sinnvollere Beispiele erfordern die Kombination mehrerer Tabellen; Sie finden sie im folgenden Unterabschnitt »Joins«.

▶ MIN gibt den kleinsten Wert eines Feldes innerhalb einer Gruppe zurück.

▶ MAX liefert entsprechend das Feld mit dem höchsten Wert.

▶ COUNT schließlich gibt die Anzahl der Felder einer Spalte oder Gruppe zurück. Beispielsweise gibt die folgende Abfrage die Anzahl aller Kunden zurück:

```
SELECT COUNT(*) AS kundenzahl FROM adressen;
```

Wenn Sie die Anzahlen der Artikel mit den beiden unterschiedlichen Mehrwertsteuersätzen getrennt voneinander erhalten möchten, funktioniert dies folgendermaßen:

```
SELECT COUNT(artnr) AS anzahl, mwst FROM artikel GROUP BY mwst
```

Wichtig ist noch, wie Sie die Ergebnisdatensätze in einer Auswahlabfrage sortieren können. Dies funktioniert mithilfe der ORDER BY-Klausel. Anzugeben ist dabei die Spalte, nach deren Werten sortiert werden soll, sowie ASC (*ascending*) für aufsteigende Reihenfolge und DESC (*descending*) für absteigende Reihenfolge. Das folgende Beispiel zeigt, wie Sie die Kunden nach ihren Namen alphabetisch sortieren:

```
SELECT * FROM adressen
ORDER BY name ASC;
```

### Joins

Für die praktische Anwendung von Beziehungen ist es wichtig, das Konzept der Joins zu verstehen. Der Beziehungstyp, der bei einer 1:n-Beziehung zwischen dem Primärschlüssel der einen und einem Fremdschlüssel in einer anderen Tabelle besteht, wird als *Inner Join* bezeichnet, wenn nur diejenigen Ergebnisse gewünscht werden, die aus Datensätzen beider Tabellen stammen.

Um beispielsweise die Namen aller Kunden auszugeben, die überhaupt etwas gekauft haben, wird folgende Syntax verwendet:

```
SELECT name FROM adressen
INNER JOIN  kaeufe ON adressen.adressnr = kaeufe.adressnr;
```

Dies gibt eine Liste der Kundennamen in der Reihenfolge aus, in der die Kunden in der Tabelle *kaeufe* über das Feld *nr* referenziert werden. Eine alternative Schreibweise, die auch mit älteren und seltener verwendeten Datenbanksystemen kompatibel ist, verwendet eine WHERE-Klausel anstelle der INNER JOIN-Angabe. Die zuvor formulierte Abfrage lässt sich also auch folgendermaßen formulieren:

```
SELECT name FROM adressen
WHERE adressen.adressnr = kaeufe.adressnr;
```

Auf dieselbe Art und Weise erhalten Sie auch den Gesamtpreis jedes einzelnen Kaufs:

```
SELECT preis * stueck FROM artikel, kaeufe
WHERE artikel.artnr = kaeufe.artnr;
```

Auch Aggregatfunktionen lassen sich mit Joins kombinieren. Das folgende Beispiel gibt den Gesamtumsatz jedes einzelnen Tages aus:

```
SELECT SUM(preis * stueck) AS tagesumsatz, datum
FROM artikel.kaeufe GROUP BY datum
WHERE artikel.artnr = kaeufe.artnr;
```

Das folgende, etwas komplexere Beispiel stellt jeden Kauf jedes Kunden mit allen interessanten Zusatzdaten dar:

```
SELECT kaufnr, name, artname, stueck,
       stueck * preis AS gesamtpreis
  FROM adressen, artikel, kaeufe
 WHERE adresssen.adressnr = kaeufe.adressnr
   AND artikel.artnr = kaeufe.artnr;
```

Das Ergebnis dieser Abfrage können Sie sich in Tabelle 13.5 ansehen.

Neben dem Inner Join existieren auch Left (Outer) Join und Right (Outer) Join. Der Unterschied besteht darin, dass das Ergebnis auf jeden Fall alle infrage kommenden Datensätze der links beziehungsweise rechts von der Join-Klausel stehenden Tabelle enthält und für die Felder der jeweils anderen Tabelle gegebenenfalls NULL.

### 13.3.3    Einfüge-, Lösch- und Änderungsabfragen

Mithilfe von INSERT werden Daten in eine Datenbanktabelle eingefügt. Die Syntax lautet folgendermaßen:

```
INSERT INTO tabelle (spalte1, spalte2, ...)
VALUES (WERT1, WERT2, ...);
```

Beachten Sie, dass Sie mindestens alle Spalten nennen müssen, die die Bedingung NOT NULL aufweisen. Die folgende Anweisung fügt beispielsweise einen neuen Artikel hinzu:

```
INSERT INTO artikel (artname, preis, mwst)
    VALUES ("Gurke", 39, "7");
```

Falls alle Spalten der Tabelle einen Wert erhalten sollen, funktioniert auch die folgende Kurzfassung:

```
INSERT INTO tabelle
VALUES (wert1, wert2, ...);
```

Sie können sogar das aktuelle Ergebnis einer SELECT-Abfrage permanent in einer neuen Tabelle ablegen. Das folgende Beispiel speichert jede einzelne Postleitzahl aufsteigend sortiert in der neuen einspaltigen Tabelle *plzs*:

```
CREATE TABLE plzs (
    plz INT
);
INSERT INTO plzs
SELECT DISTINCT plz FROM adressen
ORDER BY plz ASC;
```

Um Datensätze aus einer Tabelle zu löschen, wird die Anweisung DELETE verwendet. Welche Datensätze Sie entfernen möchten, können Sie wie bei einer Auswahlabfrage über eine WHERE-Klausel angeben:

```
DELETE FROM tabelle
 WHERE kriterium;
```

Wenn Sie beispielsweise alle Kunden aus der Tabelle *adressen* löschen möchten, die nicht im PLZ-Gebiet 5 wohnen, funktioniert dies folgendermaßen:

```
DELETE FROM adressen
 WHERE plz NOT LIKE "5%"
```

Wenn Sie die Werte von Feldern ändern möchten, geschieht dies durch die Anweisung UPDATE. Wichtig ist auch hier die WHERE-Klausel, damit Sie dem gewünschten Feld nicht einfach in allen Datensätzen einen neuen Wert zuweisen. Angenommen, der Kunde Schmidt ist aus dem Kleinen Weg 1 in die Große Allee 25 gezogen. Eine entsprechende Änderungsabfrage sieht folgendermaßen aus:

```
UPDATE adressen
    SET strasse="Große Allee", hausnr="25"
 WHERE adressnr=1;
```

Selbstverständlich müssen Sie auf den Kunden über den Primärschlüssel (hier die Kundennummer) zugreifen, da der Name doppelt vorkommen könnte.

Die folgende Abfrage zeigt dagegen ein Beispiel, in dem bewusst mehrere Datensätze geändert werden: Alle Artikel mit 19 % Mehrwertsteuer werden für eine Sonderaktion um 20 % billiger:

```
UPDATE artikel
SET preis = 0.8 * preis
WHERE mwst = "19";
```

### 13.3.4 Transaktionen

Moderne relationale Datenbanksysteme bieten eine interessante Erweiterung normaler SQL-Abfragen: Transaktionen ermöglichen es, beliebig viele Einzelschritte zusammenzufassen und am Ende zu bestätigen (Commit) oder rückgängig zu machen (Rollback). Eine vollwertige Implementierung von Datenbanktransaktionen genügt einem Standard namens *ACID*, bestehend aus den folgenden vier Komponenten:

▶ *Atomicity* – die Transaktion verbindet alle enthaltenen MySQL-Anweisungen zu einer atomaren Einheit, die nach außen hin einer einzelnen Anweisung entspricht.

▶ *Consistency* – wenn die Transaktion durch Commit oder Rollback abgeschlossen wird, muss die Datenbank in einem konsistenten Zustand verbleiben.

▶ *Isolation* – jede Transaktion muss gegenüber allen anderen Datenbankoperationen und Transaktionen isoliert ausgeführt werden; während sie abläuft, bemerken andere Operationen nichts von ihren Änderungen und umgekehrt.

▶ *Durability* – nach einem Commit müssen die Änderungen durch die Transaktion dauerhaft in der Datenbank gespeichert bleiben.

In MySQL werden Transaktionen bisher nur durch den speziellen Tabellentyp InnoDB unterstützt. InnoDB gehört schon seit Jahren zum Oracle-Konzern, der 2009 auch den MySQL-Besitzer Sun Microsystems aufgekauft hat. Damit gehören MySQL und InnoDB seit einigen Jahren derselben Firma.

Um eine InnoDB-Tabelle zu erzeugen, müssen Sie eine CREATE TABLE-Abfrage folgendermaßen ergänzen:

```
CREATE TABLE tabellenname (
  ...
) ENGINE=InnoDB
```

In MySQL für Windows ist InnoDB der Standardtabellentyp. Unter Unix wird dagegen automatisch die MySQL-eigene Engine MyISAM gewählt. Da diese performanter ist als InnoDB, lohnt es sich, Engine=MyISAM explizit anzugeben, wann immer Sie keine Transaktionen oder andere InnoDB-spezifischen Features benötigen.

Die Durchführung von Transaktionen ist sehr einfach. Geben Sie zunächst

```
START TRANSACTION;
```

ein, um eine neue Transaktion zu beginnen. Wenn Sie alle zur Transaktion gehörenden Anweisungen ausgeführt haben, können Sie entweder

```
COMMIT;
```

eingeben, um die Änderungen endgültig zu bestätigen, oder aber

```
ROLLBACK;
```

falls Sie alle Modifikationen auf den Ursprungszustand zurücksetzen wollen. Mit der Anweisung

```
SAVEPOINT name;
```

können Sie übrigens einen benannten Zwischenspeicherstand der Transaktion erstellen, zu dem Sie jederzeit mithilfe von

```
ROLLBACK TO name;
```

zurückgehen können.

Wenn Sie Transaktionen in Ruhe ausprobieren möchten, öffnen Sie einfach zwei `mysql`-Client-Fenster, und starten Sie in einem der Fenster eine Transaktion. Wie Sie feststellen werden, können Sie die Veränderungen aus der Transaktion in dem anderen Fenster bis zum `COMMIT` nicht sehen.

## 13.4 MySQL-Administration

Ebenso wichtig wie die Pflege der im RDBMS gespeicherten Daten ist die Administration des Datenbankservers selbst. Dazu gehören unter anderem Benutzerverwaltung, Datensicherung und Konfiguration. In diesem Abschnitt erhalten Sie eine Einführung in die Aufgaben der Datenbankadministration, wieder am Beispiel von MySQL.

Für die MySQL-Administration stehen im Wesentlichen drei Arten von Werkzeugen zur Verfügung:

- mit dem Server gelieferte Konsolen-Tools wie *mysql*, *mysqladmin* und *mysqldump*
- MySQL Administrator, ein grafisches Administrationstool der MySQL-Entwickler. Sie können es von der MySQL-Website herunterladen. Es wird hier nicht beschrieben, da es weitgehend intuitiv und selbsterklärend ist – erst recht, wenn Sie den folgenden Informationen zur manuellen Administration folgen.
- grafische Clients, die nicht auf die Administration spezialisiert sind (zum Beispiel php-MyAdmin)

### 13.4.1 »mysqladmin«

Einige Verwaltungsaufgaben lassen sich mithilfe des Kommandozeilen-Tools *mysqladmin* erledigen. Genau wie den Konsolen-Client *mysql* müssen Sie es mit `-u` Benutzername (in der Regel `root`) und `-p` für die Passwortanforderung aufrufen, sodass seine Syntax so aussieht:

```
mysqladmin Befehl -u Benutzername -p
```

Die wichtigsten Befehle, die Sie eingeben können, sind:

- `create` Datenbank – Erzeugt die angegebene Datenbank wie die SQL-Anweisung `CREATE DATABASE`.
- `drop` Datenbank – Löscht die gewünschte Datenbank.

- extended-status – erweiterte Statusinformationen. Da die Liste sehr lang ist, sollten Sie sie durch |less (Unix) oder |more (Windows) filtern.

- ping – Überprüft, ob der MySQL-Server läuft.

- reload – Lädt die Benutzerinformationen neu (siehe nächsten Abschnitt).

- shutdown – Beendet den MySQL-Server.

- version – Gibt die Version des MySQL-Servers aus.

Hier ein Beispiel, das den Server beendet:

```
$ mysqladmin shutdown -u root -p
```

### 13.4.2 Benutzerverwaltung

Die Benutzeridentifikation in MySQL erfolgt anhand der drei Komponenten Host, Benutzername und Passwort. Die entsprechenden Daten werden in der Verwaltungsdatenbank *mysql* gespeichert. Hier dienen insbesondere folgende Tabellen der Verwaltung von Benutzerrechten:

- *user* – Enthält Benutzernamen und verschlüsselte Passwörter zur Überprüfung der Anmeldung sowie globale Benutzerrechte.

- *host* – hostbasierte Berechtigungen

- *db* – Berechtigungen an einzelnen Datenbanken

- *tables_priv* – Rechte an einzelnen Tabellen

- *columns_priv* – Benutzerrechte an einzelnen Tabellenspalten

Sie können sich die Inhalte und Strukturen dieser Tabellen mithilfe der zuvor vorgestellten Abfragen in Ruhe anschauen. Wie Sie sehen, besitzt in *user*, *host* und *db* jedes Recht eine eigene ENUM-Spalte mit den möglichen Werten 'Y' (Recht gewährt) oder 'N' (Recht verweigert – dies ist aus naheliegenden Gründen der Standardwert). In *tables_priv* und *columns_priv* gibt es dagegen für alle Rechte je eine einzelne SET-Spalte; die darin für den einzelnen User aufgelisteten Rechte werden gewährt, alle anderen verweigert.

Die Überprüfung jedes Datenbankzugriffs erfolgt in zwei Stufen:

1. Prüfung, ob der fragliche Benutzer sich vom entsprechenden Host aus anmelden darf (Tabellen *user* und *host*). Scheitert dies aus einem der möglichen Gründe (unbekannter Benutzer, unberechtigter Host, falsches Passwort), bricht der Anmeldeversuch mit einer Fehlermeldung ab. Beispiel:

```
$ mysql -u wronguser -p
ERROR 1045 (28000): Access denied for 'wronguser'@'localhost' (using
password: YES)
```

2. War die grundlegende Legitimationsprüfung erfolgreich, wird als Nächstes getestet, ob der nunmehr angemeldete Benutzer die gewünschte Operation vornehmen darf. Dies geht schrittweise von oben nach unten: Hat er das entsprechende Recht global (in der Tabelle *user*), dann ist bereits alles klar. Wenn nicht, wird in der Tabelle *db* überprüft, ob der Benutzer die entsprechende Berechtigung für die gesamte aktuelle Datenbank besitzt. Ist auch dies nicht der Fall, dann geht es mit der Tabelle und schließlich mit den einzelnen Spalten weiter. Erst wenn alle diese Prüfungen versagen sollten, erhalten Sie eine Fehlermeldung wie diese:

```
mysql> SHOW TABLES FROM test;
ERROR 1044 (42000): Access denied for user 'darfnix'@'localhost' to
database 'test'
```

Es ist sehr wichtig, dieses Verfahren richtig zu verstehen: Wenn ein Recht auf einer übergeordneten Ebene besteht, ist die Berechtigungsüberprüfung unwiderruflich abgeschlossen. Es gibt also keine Möglichkeit, einem Benutzer zuerst eine allgemeine Erlaubnis zu erteilen und diese dann im Einzelnen wieder einzuschränken. Es ist also umso unerlässlicher, hier »geizig« zu sein und Benutzern stets nur die unbedingt notwendigen Berechtigungen zu erteilen.

Um einen neuen Benutzer zu erzeugen, starten Sie zunächst den Kommandozeilen-Client als User *root*:

```
$ mysql -u root -p
```

Wie es nun weitergeht, hängt von der MySQL-Version ab. Seit Version 5.0 verwendet MySQL die Anweisung CREATE USER, um ein Benutzerkonto anzulegen. Die allgemeine Syntax lautet:

```
CREATE USER username@hostname IDENTIFIED BY 'Passwort'
```

Hier ein konkretes Beispiel:

```
mysql> CREATE USER someuser@localhost
    -> IDENTIFIED BY 'AnyPa55';
```

Diese Anweisung erzeugt einen neuen Datensatz in der Verwaltungstabelle *mysql.user*, in der User- und Hostname, verschlüsseltes Passwort und keinerlei Rechte (alles auf 'N') eingetragen sind:

```
mysql> SELECT * from mysql.user WHERE user='someuser'\G
*********************** 1. row ***********************
       Host: localhost
       User: someuser
   Password: *426A9DFF6005EE6609101D651C4E70F51F52E12B
Select_priv: N
```

```
Insert_priv: N
Update_priv: N
[...]
```

Um ein Passwort nachträglich zu ändern, wird die Anweisung SET PASSWORD verwendet. Dabei wird für das eigentliche Passwort die Verschlüsselungsfunktion PASSWORD() aufgerufen. Hier ein Beispiel:

```
SET PASSWORD FOR user@localhost = PASSWORD('geheim');
```

Um bestehenden Benutzern neue Rechte zuzuweisen, wird in jedem Fall die Anweisung GRANT verwendet, deren allgemeine Syntax so aussieht:

```
GRANT Recht [(Spalte)][, Recht [(Spalte)] ...]
ON Datenbank.Tabelle
TO username@hostname
```

Die wichtigsten Rechte, die Sie Benutzern erteilen können, sind in Tabelle 13.8 aufgelistet. Eine Liste aller möglichen Privilegien erhalten Sie übrigens mit der folgenden MySQL-Anweisung:

```
mysql> SHOW PRIVILEGES;
```

| MySQL-Benutzerrecht | Bedeutung |
|---|---|
| USAGE | nur Anmeldung; keine Rechte |
| SELECT | Auswahlabfragen |
| INSERT | Einfügeabfragen |
| UPDATE | Datenänderungsabfragen |
| DELETE | Datenlöschabfragen |
| CREATE | Tabellenerstellungsabfragen |
| DROP | Tabellenlöschabfragen |
| ALTER | Strukturänderungsabfragen |
| INDEX | Indexverwaltung mit CREATE/DROP INDEX |
| CREATE VIEW | Erstellen von Views |
| FILE | Import/Export mit Textdateien |
| SHOW DATABASES | Anzeigen der Datenbankliste |

**Tabelle 13.8** Benutzerrechte für »GRANT«- und »REVOKE«-Anweisungen

| MySQL-Benutzerrecht | Bedeutung |
|---|---|
| SHOW VIEW | Anzeigen einer View-Definition (SHOW CREATE VIEW) |
| CREATE ROUTINE | Erstellen von Stored Procedures/Functions |
| ALTER ROUTINE | Ändern von Stored Procedures/Functions |
| EXECUTE | Ausführen von Stored Procedures/Functions |
| CREATE USER | Benutzer erstellen |
| SHUTDOWN | MySQL-Server beenden |
| REPLICATION CLIENT | Replikationseinstellungen ermitteln |
| REPLICATION SLAVE | als Replikations-Slave fungieren |
| SUPER | Prozessverwaltung (CHANGE MASTER, KILL etc.) |
| ALL [PRIVILEGES] | alle Rechte außer GRANT |
| GRANT OPTION | Rechteverwaltung mit GRANT/REVOKE – wird über die Zusatzoption WITH GRANT OPTION vergeben |

**Tabelle 13.8** Benutzerrechte für »GRANT«- und »REVOKE«-Anweisungen (Forts.)

Das folgende Beispiel erteilt dem zuvor erstellten Benutzer *someuser@localhost* das Recht, Daten aus beliebigen Datenbanken und Tabellen auszuwählen:

```
mysql> GRANT SELECT ON *.* TO someuser@localhost;
```

Zusätzlich soll er die Berechtigung erhalten, Datensätze in beliebige Tabellen der Datenbank *supermarkt* einzufügen:

```
mysql> GRANT INSERT ON supermarkt.*
    -> TO someuser@localhost;
```

In der Tabelle *artikel* soll er auch Datensätze löschen dürfen:

```
mysql> GRANT DELETE ON supermarkt.artikel
    -> TO someuser@localhost;
```

Schließlich soll er auch noch das Recht haben, den Inhalt der Spalte *artname* in der Tabelle *artikel* (den Artikelnamen) zu ändern:

```
mysql> GRANT UPDATE (artname) ON supermarkt.artikel
    -> TO someuser@localhost;
```

Angenommen, dieser Benutzer meldet sich an und führt folgende Abfrage durch:

```
mysql> UPDATE artikel SET artname="PC"
    -> WHERE artname="Computer";
```

Dann überprüft der MySQL-Server nacheinander folgende Werte:

- Besitzt der User *someuser@localhost* das globale Recht zum Ändern (Update_priv) in der Tabelle *user*? – Nein.
- Besitzt er das allgemeine Änderungsrecht (Update_priv) für die Datenbank *supermarkt* in der Tabelle *db*? – Nein.
- Besitzt er das Recht, beliebige Spalten in der Tabelle *artikel* zu ändern (Wert Update in der Spalte *Table_priv* der Tabelle *Tables_priv*)? – Nein.
- Besitzt er die Berechtigung, die Spalte *artname* in der Tabelle *artikel* zu ändern (Wert Update in der Spalte *Column_priv* – sowohl in der Tabelle *Tables_priv* als auch in *Columns_priv*; in Letzterer mit dem Spaltennamen)? – Ja.

Um einem User dieselben Privilegien wie *root* zu erteilen (wovon Sie in der Praxis in der Regel absehen sollten), genügt die folgende Anweisung übrigens nicht:

```
mysql> GRANT ALL PRIVILEGES ON *.*
    -> TO verwalter@localhost;
```

Dieser Benutzer besitzt nämlich nicht das Recht, seinerseits mithilfe von GRANT Benutzerrechte zu erteilen. Soll dies der Fall sein, ist folgende Variante erforderlich:

```
mysql> GRANT ALL PRIVILEGES ON *.*
    -> TO verwalter@localhost WITH GRANT OPTION;
```

Um einem Benutzer ein zuvor erteiltes Recht wieder zu entziehen, wird eine REVOKE-Anweisung verwendet. Ihre allgemeine Syntax lautet:

```
REVOKE Recht [(Spalte)][, Recht [(Spalte)] ...]
ON datenbank.tabelle FROM username@hostname
```

Das folgende Beispiel entzieht dem Benutzer *someuser@localhost* das zuvor erteilte Recht, in alle Tabellen der Datenbank *supermarkt* Daten einzufügen:

```
mysql> REVOKE INSERT ON supermarkt.*
    -> FROM someuser@localhost;
```

Möchten Sie dagegen einen Benutzer mit allen seinen Berechtigungen entfernen, können Sie in MySQL 5 folgende Anweisung verwenden:

```
mysql> DROP USER ex_user@localhost;
```

Falls Sie den Client nach dem Ändern von Benutzerrechten nicht beenden (oder zur Sicherheit sogar auch dann), sollten Sie die folgende Anweisung ausführen:

```
mysql> FLUSH PRIVILEGES;
```

Dies lädt die Benutzerinformationen neu; alternativ funktioniert auch folgende Konsolenanweisung:

```
$ mysqladmin reload -u root -p
```

### 13.4.3 Import und Export von Daten, Backups

Für einfache, manuelle Backups von MySQL-Datenbanken und -Tabellen kann das Konsolenprogramm *mysqldump* verwendet werden. Es erzeugt SQL-Dumps der entsprechenden Strukturen und Daten, also Dateien mit SQL-Anweisungen, die die entsprechenden Tabellen erstellen und die Daten einfügen.

Die Syntax dieser Anweisung ist etwas unterschiedlich, je nachdem, ob Sie einzelne Tabellen, einzelne Datenbanken oder alle Datenbanken Ihres Servers exportieren möchten. Für einzelne Tabellen lautet die Syntax:

```
mysqldump [Optionen] Datenbank [Tabelle ...]
```

Wenn Sie keine Tabellenbezeichnungen angeben, wird die gesamte Datenbank exportiert.

Falls Sie mehrere Datenbanken exportieren möchten, müssen Sie folgende Schreibweise verwenden:

```
mysqldump [Optionen] --databases Datenbank
          [Datenbank ...]
```

Für einen Export des gesamten Datenbestands des Servers gilt schließlich diese Syntax:

```
mysqldump [Optionen] --all-databases
```

Wie alle MySQL-Konsolenhilfsprogramme benötigt auch *mysqldump* Benutzername und Passwort, sodass Sie unter den Optionen auf jeden Fall -u Benutzername (hier meist root) und -p (Passworteingabeaufforderung) angeben müssen.

Angenommen, Sie möchten die Datenbank *supermarkt* exportieren. Dazu ist folgende Eingabe erforderlich:

```
$ mysqldump -u root -p supermarkt
```

Wie Sie feststellen werden, erfolgt die Ausgabe auf STDOUT, sodass Sie sie in eine Datei umleiten müssen, um etwas Sinnvolles damit anfangen zu können:

```
$ mysqldump -u root -p supermarkt >supermarkt.sql
```

Die Dateiendung *.sql* ist keine Bedingung, bietet sich aber an, da die entstehende Datei eben SQL-Anweisungen enthält.

Wenn Sie »Live-Datenbanken« betreiben, die in frequentierten Netzwerk- oder Webanwendungen eingesetzt werden, genügt der einfache Aufruf von `mysqldump` nicht mehr. Das Problem ist, dass sich noch während des Backup-Vorgangs Daten ändern können, was zu Inkonsistenzen führt. Hier müssen Sie dafür sorgen, dass der Backup-Vorgang vor Änderungen geschützt abläuft. Wie das im Einzelnen funktioniert, hängt davon ab, welche Storage Engine die Tabelle der entsprechenden Datenbank verwendet.

InnoDB-Tabellen sind transaktionsfähig und können daher innerhalb einer Transaktion exportiert werden, die komplett vor eventuellen gleichzeitigen Änderungen geschützt abläuft. Dazu wird die Option `--single-transaction` verwendet. Insgesamt hat ein solcher Aufruf folgende Syntax:

```
mysqldump -u root -p --single-transaction \
Datenbank >Datei
```

Ein korrektes Backup von MyISAM-Tabellen bei einem frequentierten Server benötigt dagegen zusätzliche Anweisungen, um während des Dump-Vorgangs Sperren (Locks) auf die entsprechenden Tabellen zu setzen:

```
mysql -e "flush tables with read lock" -u root -p
mysqldump -u root -p DATENBANK >DATEI
mysql -e "unlock tables" -u root -p
```

Die `mysql`-Option `-e` startet den `mysql`-Client nicht interaktiv, sondern führt die angegebene Anweisung aus. Die MySQL-Anweisung FLUSH TABLES WITH READ LOCK schreibt alle zurzeit »schwebenden« Änderungen ordnungsgemäß auf die Festplatte und sperrt dann alle Tabellen sämtlicher Datenbanken vollständig. UNLOCK TABLES setzt die Sperren wieder zurück.

Leider müssen Sie bei dieser Anweisungsfolge dreimal das *root*-Passwort des MySQL-Servers eingeben. Daher lässt es sich in dieser Form auch nicht per Cronjob automatisieren (siehe Kapitel 7, »Linux«). Zwar können Sie das Passwort notfalls im Klartext ohne Abstand hinter die Option `-p` schreiben – aber das sollten Sie auf keinen Fall mit dem *root*-Passwort machen! Dafür empfiehlt es sich eher, einen speziellen Backup-Benutzer mit eingeschränkten Rechten zu erstellen. Er benötigt die globalen Rechte RELOAD (für FLUSH TABLES), LOCK TABLES (für das Sperren und Entsperren) sowie SELECT für das Auslesen der Daten zum eigentlichen Backup:

```
mysql> CREATE USER backupuser@localhost
    -> IDENTIFIED BY '84ckUp2';
mysql> GRANT RELOAD, LOCK TABLES, SELECT ON *.*
    -> TO backupuser@localhost;
```

**13**  Datenbanken

Anschließend können Sie die drei Anweisungen für MyISAM-Backups wie folgt als Shell-Skript speichern:

```
mysql -e "flush tables with read lock" \
-u backupuser -p84ckUp2
mysqldump -u backupuser -p84ckUp2 Datenbank >Datei
mysql -e "unlock tables" -u backupuser -p84ckUp2
```

Alternativ können Sie `mysqldump` auch gleich mit der zusätzlichen Option `-x` (Langform: `-lock-all-tables`) aufrufen, um alle Tabellen während des gesamten Backup-Vorgangs zu sperren. Dies sollte allerdings eher in Stunden mit relativ geringfügigem Zugriff geschehen.

Um eines der zuvor angelegten Backups wieder zurückzuspielen, gibt es zwei Möglichkeiten. Die erste wird auf der Konsole angewendet:

```
$ mysql -u root -p <Datei
```

Innerhalb des `mysql`-Clients können Sie dagegen die bereits besprochene Syntax

```
mysql> source Datei
```

oder kurz

```
mysql> \. Datei
```

verwenden.

Eine etwas andere Möglichkeit bietet das SQL-Anweisungspaar `SELECT ... INTO OUTFILE` und `LOAD DATA INFILE`: Hier werden die Daten in sogenannte *CSV-Textdateien* (*Comma-separated Values*) exportiert beziehungsweise aus diesen importiert. CSV ist ein beliebtes Datenaustauschformat für Tabellenkalkulationsprogramme wie Excel oder Open-Office.org Calc.

Um Daten in eine CSV-Datei zu exportieren, hängen Sie an eine beliebige `SELECT`-Abfrage `INTO OUTFILE` Dateiname an. Beispiel:

```
mysql> SELECT * FROM artikel INTO OUTFILE
    -> "supermarkt.csv";
```

Der Import aus einer entsprechenden Datei erfolgt dagegen so:

```
mysql> LOAD DATA INFILE "supermarkt.csv"
    -> INTO TABLE artikel;
```

Über diverse Parameter, deren Erläuterung hier allerdings zu weit führen würde, können Sie jeweils den genauen Aufbau der CSV-Dateien bestimmen.

**784**

### 13.4.4 Konfigurationsdateien

Wie bereits erwähnt, kommt MySQL im Standardbetrieb recht gut ohne Konfigurationsdateien aus. Sollten Sie dennoch irgendwelche Aspekte seines Verhaltens ändern wollen, können Sie eine der folgenden Dateien anlegen:

▶ */etc/my.cnf* – globale Konfigurationsdatei

▶ *~/.my.cnf* – benutzerspezifische Konfigurationsdatei

Der Aufbau dieser Dateien entspricht den bekannten Windows-INI-Dateien (ähnlich wie *smb.conf* oder *php.ini*, siehe Kapitel 7, »Linux«, beziehungsweise Kapitel 14, »Server für Webanwendungen«): Abschnitte in eckigen Klammern kennzeichnen die Themen (in diesem Fall die einzelnen MySQL-Programme); die einzelnen Konfigurationsanweisungen werden im Format `Parameter = Wert` angegeben.

Der wichtigste Abschnitt ist `[mysqld]` mit Parametern für den Server selbst. Aber auch alle anderen mit MySQL gelieferten Programme lesen die für sie geschriebenen Abschnitte in diesen Dateien aus, zum Beispiel `[mysqladmin]`, `[mysqldump]` oder der Client `[mysql]`.

Hier einige wenige Parameter für den Server im Überblick:

▶ `port` – der TCP-Port, an dem der Server lauscht (Standard 3306; kann geändert werden, um mehrere MySQL-Server auf einem Host zu betreiben)

▶ `socket` – das Unix-Domain-Socket (Dateipfad) für die lokale Kommunikation (Standard: `/tmp/mysql.sock`)

▶ `character-set-server` – der Zeichensatz des Servers selbst

▶ `collation-server` – die Sortierfolge des Servers

▶ `language` – die Sprache für Fehlermeldungen und Warnungen (Sie können beispielsweise auf `german` umschalten.)

▶ `sql-mode` – der SQL-Kompatibilitätsmodus; zum Beispiel `mysql` (Standard) oder `ansi` (ändert etwa die Bedeutung der verschiedenen Anführungszeichen)

In den Konfigurationsdateien können Sie jeden Wert ändern, dessen aktuelle Einstellung die folgende MySQL-Anweisung zeigt:

```
mysql> SHOW VARIABLES;
```

MySQL wird mit einigen Vorlagen für mögliche Konfigurationsdateien geliefert, von *my-small.cnf* (optimiert für sehr kleine Datenbanken) bis hin zu *my-huge.cnf* für gigantische Datenbanken. Sie können bei Bedarf eine dieser Dateien nach */etc/my.cnf* kopieren und sie noch etwas an Ihre Bedürfnisse anpassen.

## 13   Datenbanken

### 13.4.5   Log-Dateien

MySQL ist in der Lage, verschiedene Log-Dateien anzulegen, die eine wichtige Basis zur Wiederherstellung verlorener Daten, für die Replikation (siehe nächsten Abschnitt) oder zur Fehlersuche bilden.

Standardmäßig wird nur eine Error-Log-Datei angelegt. Sie befindet sich – wie alle Log-Dateien – im MySQL-Datenverzeichnis (weil das *mysql*-Systembenutzerkonto nur dort Schreibrechte besitzt) und trägt den aktuellen Hostnamen und die Endung *.log* (Beispiel: *tux.log*). Mit folgendem Eintrag unter dem Abschnitt [mysqld] in der Datei *my.cnf* können Sie ihren Ort ändern:

```
log-error = Pfad
```

Eine weitere sehr wichtige Log-Datei ist das binäre Update-Log. Es protokolliert alle Änderungsabfragen und dient somit als Basis für die Replikation oder auch für die Wiederherstellung seit dem letzten richtigen Backup.

Der entsprechende Eintrag in */etc/my.cnf* lautet:

```
[mysqld]
...
log-bin = mylog
```

Dies legt im MySQL-Datenverzeichnis die Dateien *mylog.000001* und *mylog.index* an (anstelle von *mylog* können Sie auch einen beliebigen anderen Namen eingeben). Bei jedem Neustart des Servers, bei explizitem Flush oder wenn die Datei eine bestimmte Größe überschreitet, wird die nächste Datei (*mylog.000002* etc.) angelegt.

Um geplant die nächste Log-Datei zu beginnen, können Sie im mysql-Client Folgendes eingeben:

```
mysql> FLUSH LOGS;
```

Eine Konsolenalternative ist:

```
$ mysqladmin flush-logs -u root -p
```

Wenn Sie eine automatische Log-Rotation per Cronjob (siehe Kapitel 7, »Linux«) durchführen möchten, legen Sie zunächst einen speziellen MySQL-User an, der nur das globale Recht RELOAD besitzt. Danach können Sie ein Skript mit folgender Zeile erstellen:

```
mysqladmin -u reloaduser flush-logs -p Reloadpasswort
```

Da die Update-Log-Datei binär ist, können Sie sie nicht in einem Texteditor lesen. Wenn Sie sie im Klartext einsehen möchten, müssen Sie das mit MySQL gelieferte Tool *mysqlbinlog* verwenden. Beispiel:

```
$ mysqlbinlog -u root -p mylog.000001
```

Es gibt noch einige andere mögliche Logs, die Sie durch folgende Einträge in */etc/my.cnf* erzeugen können (die Bedeutung wird jeweils durch #-Kommentare beschrieben):

```
[mysqld]
...
# Zu langsame Abfragen unter HOSTNAME-slow.log
# protokollieren:
log-slow-queries
# Dazu muss definiert werden, wie lange ZU LANGE ist
# (variiert stark je nach Datenbankgröße):
long_query_time = SEKUNDEN
# Ganz allgemein Abfragen protokollieren, die
# keinen Index verwenden (und daher oft optimierbar sind)
log-queries-not-using-indexes
```

### 13.4.6 Replikation

Die MySQL-Replikation ermöglicht die automatische Übernahme aller Datenbankänderungen von einem MySQL-Server, dem Master, auf beliebig viele andere MySQL-Server, die Replikations-Slaves. Dies dient zum einen der Ausfallsicherheit – Sie haben stets ein oder gar mehrere sekundenaktuelle Backups zur Hand –, zum anderen auch dem *Load-Balancing* (Lastverteilung) frequentierter Datenbankanwendungen: Schreibvorgänge müssen zwar weiterhin auf den Master erfolgen, aber Auswahlabfragen können auf die Slaves verteilt werden.

Zur Einrichtung der Replikation sind einige Schritte erforderlich, aber danach läuft diese vollautomatisch. Selbst wenn ein Slave vorübergehend ausfällt, bringt er sich nach einem Neustart des MySQL-Servers selbstständig wieder auf den neuesten Stand.

Auf dem Rechner, der Master werden soll (dieser kann seinerseits auch durchaus Slave eines anderen Masters sein), müssen Sie folgende Schritte ausführen:

▶ Erstellen Sie einen User für den Replikations-Slave:

```
mysql> CREATE USER repl_user@Slave-Host
    -> IDENTIFIED BY "Passwort";
```

Ob Sie den Slave-Host als einfachen Hostnamen (etwa *heartofgold*) angeben können oder ob Sie seinen vollen Domainnamen (*heartofgold.test.local*) benötigen, hängt von Ihrer Netzwerkkonfiguration ab; im Zweifelsfall funktioniert Letzteres immer.

▶ Erteilen Sie dem neuen User das Recht REPLICATION SLAVE:

```
mysql> GRANT REPLICATION SLAVE ON *.*
    -> TO repl_user@Slave-Host;
```

13  Datenbanken

▶ Richten Sie eine Update-Log-Datei ein, falls Sie noch keine haben. Nehmen Sie in beiden Fällen folgende Schritte vor, um sich die aktuelle Datei und deren Position zu notieren:

```
mysql> FLUSH TABLES WITH READ LOCK;
mysql> SHOW MASTER STATUS;
```

Merken Sie sich die Angaben File (zum Beispiel *mylog.000003*) und Position (etwa 345).

▶ Stoppen Sie den MySQL-Server, zum Beispiel so:

```
# mysqladmin shutdown -u root -p
```

▶ Erstellen Sie einen Snapshot des gesamten Datenverzeichnisses; hier ein Unix-Beispiel:

```
# cd <MySQL-Datenverzeichnis>
# tar czvf snapshot.tgz */* ibdata*
```

Die ibdata*-Dateien existieren übrigens nur, wenn Sie InnoDB-Tabellen verwenden.

▶ Nehmen Sie die folgende Änderung in */etc/my.cnf* vor:

```
[mysqld]
...
server-id = 1
```

Anstelle der 1 ist auch eine beliebige andere Nummer möglich, solange sie sich von den IDs aller Slaves unterscheidet; beim ersten Master ist 1 aber Standard.

▶ Zum Schluss müssen Sie den MySQL-Server wieder starten.

Auf dem Slave sind dagegen folgende Vorbereitungen erforderlich:

▶ Stoppen Sie den MySQL-Server.

▶ Sichern Sie Ihre bisherigen Daten; unter Unix beispielsweise wie folgt:

```
# mv <MySQL-Datenverzeichnis> <NeuerVerzeichnisName>
```

▶ Spielen Sie den Snapshot des Masters ein (den Sie zuvor per SCP, NIS, FTP, E-Mail oder wie auch immer auf den Slave kopiert haben):

```
# cd <Verzeichnis-über-MySQL-Datenverzeichnis>
# tar xzvf snapshot.tgz
```

▶ Passen Sie die Rechte des neuen Datenverzeichnisses an (nur Unix):

```
# chown -R mysql:mysql <MySQLDaten>
```

▶ Nehmen Sie die folgende Änderung in */etc/my.cnf* vor:

```
[mysqld]
...
server-id = 2
```

Auch hier kann die ID im Grunde beliebig sein; sie muss sich nur vom Master und von allen anderen Slaves unterscheiden.

788

Nun können Sie den MySQL-Server wieder starten.

Geben Sie im MySQL-Kommandozeilen-Client schließlich noch folgende Anweisungen ein:

```
mysql> CHANGE MASTER TO
    -> MASTER_HOST =      'Master-Host',
    -> MASTER_USER =      'repl_user',
    -> MASTER_PASSWORD = 'Passwort',
    -> MASTER_LOG_FILE = 'ermittelte Log-Datei'
    -> MASTER_LOG_POS =   ermittelte Position;
mysql> START SLAVE;
```

Natürlich müssen Sie die Platzhalter wie `'Master-Host'` oder `'ermittelte Log-Datei'` durch konkrete Werte ersetzen.

Ob die Replikation nun funktioniert, können Sie leicht überprüfen, indem Sie auf dem Master Daten ändern und dann versuchen, diese auf dem Slave zu lesen. Wenn Sie alles richtig gemacht haben, müsste es funktionieren. Falls nicht, überprüfen Sie noch einmal alle Schritte; gegebenenfalls müssen Sie auch nachschauen, ob die Firewall auf einem der beteiligten Hosts den MySQL-Port (standardmäßig 3306) blockiert.

## 13.5   Grundlagen der Datenbankprogrammierung

Beinahe jede bedeutende Programmiersprache besitzt eine Schnittstelle zu einer oder sogar mehreren Datenbanken. Es ist erheblich praktischer, Daten für verteilte Anwendungen zentral in einer Datenbank abzulegen und aus Programmen darauf zuzugreifen, als diese Daten in einer selbst entwickelten Datenstruktur zu speichern.

Die meisten Datenbankanbindungen für Programmiersprachen sind in der Lage, auf mehrere unterschiedliche SQL-Datenbanken zuzugreifen. In diesem Abschnitt finden Sie eine kurze Einführung in die Datenbankschnittstelle JDBC, über die Sie aus Java-Programmen heraus Zugriff auf beinahe beliebige Datenbanken haben.

JDBC ist keine Schnittstelle zu einer bestimmten Datenbank, sondern eine unabhängige, allgemeine API, die mit vielen unterschiedlichen Treibern zusammenarbeitet. Die meisten dieser Treiber stammen von den jeweiligen Datenbankanbietern selbst, andere werden von Drittanbietern geliefert. An dieser Stelle sollen zwei dieser Treiber explizit erwähnt werden:

Die JDBC-ODBC-Bridge ist bereits von Haus aus in das Java SDK eingebaut und bietet Zugriff auf beliebige Datenbanken mit ODBC-Anbindung. ODBC (*Open Database Connectivity*)[3] ist eine von Microsoft entwickelte Technologie, die seit Langem in alle Windows-

---

3  Die Entwickler von Java werden nicht müde zu betonen, dass JDBC nicht für »Java Database Connectivity« steht, sondern für nichts Konkretes.

Versionen eingebaut ist und den Zugriff auf unzählige Datenbanken bereitstellt. Die JDBC-ODBC-Bridge war vor allem bei der Einführung von JDBC wichtig, weil dadurch indirekt eine Vielzahl von Datenbanktreibern zur Verfügung stand.

Wenn Sie ODBC verwenden möchten, müssen Sie zunächst über die Windows-Systemsteuerung eine Datenbank als ODBC-Datenquelle einrichten.

▶ MySQL Connector/J stammt von den MySQL-Entwicklern, ist ein Open-Source-Projekt wie MySQL selbst und kann von der MySQL-Website heruntergeladen werden. Nachdem Sie das Archiv entpackt haben, finden Sie im äußersten Verzeichnis eine Datei namens *mysql-connector-java-5.1.36.tar.gz* (oder eine höhere Version als 5.1.36). Nach dem Entpacken müssen Sie den Pfad zum entsprechenden Verzeichnis zu Ihrem CLASSPATH hinzufügen (siehe dazu Kapitel 9, »Grundlagen der Programmierung«).

Um JDBC in Ihrem Java-Programm zu verwenden, müssen Sie zuerst die JDBC-Klassen importieren:

```
import java.sql.*;
```

Einen JDBC-Treiber können Sie über Class.forName() laden. Das sieht für die JDBC-ODBC-Bridge folgendermaßen aus:

```
try {
    Class.forName ("sun.jdbc.odbc.JdbcOdbcDriver");
}
catch (ClassNotFoundException e) {
    System.out.println
        ("JDBC-ODBC-Treiber nicht gefunden.");
}
```

Die entscheidende Zeile für das Laden von MySQL Connector/J sieht entsprechend so aus:

```
Class.forName("com.mysql.jdbc.Driver");
```

Ein einfaches Class.forName ("Treiber") funktioniert unter Umständen nicht richtig. Sicherer ist folgende Variante:

```
Class.forName("Treiber").newInstance();
```

Der nächste Schritt besteht darin, über den Treiber eine Verbindung zur gewünschten Datenbank herzustellen. Dafür besitzt jeder JDBC-Treiber sein eigenes JDBC-URL-Schema. Eine Verbindung über die JDBC-ODBC-Bridge, in diesem Beispiel zu einer Datenbank namens *supermarkt*, funktioniert folgendermaßen:

```
Connection conn = DriverManager.getConnection
    ("jdbc:odbc:supermarkt", "user", "pass");
```

Anstelle von `user` und `pass` müssen Sie selbstverständlich Ihren Usernamen und Ihr Passwort eintragen, die Sie zum Zugriff auf die Datenbank berechtigen. Einige Datenbanksysteme besitzen keinen Passwortschutz; hier müssen Sie zwei leere Strings ("") übergeben.

MySQL-Connector/J-URLs sehen ein wenig anders aus. Hier müssen Sie den Netzwerknamen des Rechners angeben, auf dem die Datenbank läuft. Wenn der MySQL-Server auf Ihrem eigenen Rechner läuft, erfolgt ein Zugriff auf die Datenbank *supermarkt* (in diesem Fall ohne Benutzernamen und Passwort) wie folgt:

```
Connection conn = DriverManager.getConnection
    ("jdbc:mysql://localhost/supermarkt", "", "");
```

`localhost` ist die Netzwerkbezeichnung für den lokalen Rechner. Falls sie auf Ihrem Rechner nicht unterstützt wird, können Sie stattdessen die numerische Adresse 127.0.0.1 verwenden.

Nachdem die Verbindung hergestellt wurde, benötigen Sie ein `Statement`-Objekt, das dazu verwendet wird, SQL-Abfragen an die Datenbank weiterzugeben. Das Objekt wird folgendermaßen eingerichtet:

```
Statement st = conn.createStatement();
```

Über das `Statement`-Objekt (hier `st`) können Sie SQL-Abfragen ausführen. Es besitzt die Methoden `executeQuery()` für Auswahlabfragen und `execute()` für alle Abfragen, die Änderungen an der Datenbank vornehmen. Beispielsweise können Sie folgendermaßen einen Datensatz in die Tabelle *artikel* einfügen:

```
try {
    st.execute ("INSERT INTO artikel (artname, preis,
        mwst) VALUES (\"Tomaten\", 199, \"7\")");
}

catch (SQLException e) {
    // SQL-Abfrage-Ausnahme behandeln
}
```

Die Methode `executeQuery()` liefert ein `ResultSet`-Objekt zurück, aus dem Sie die Ergebnisdatensätze auslesen können. Die folgende Auswahlabfrage liest alle Datensätze aus der Tabelle *artikel*:

```
ResultSet rs = st.executeQuery ("SELECT * FROM artikel");
```

Mit der `ResultSet`-Methode `next()` können Sie das Ergebnis nun Zeile für Zeile abarbeiten. Um die einzelnen Felder eines Datensatzes auszulesen, bietet `ResultSet` eine Reihe verschiedener `get`-Methoden an, die die verschiedenen SQL-Datentypen in passende Java-Datenty-

13   Datenbanken

pen umsetzen. Beispielsweise können Sie die Inhalte von *artikel* aus dem soeben ermittelten ResultSet folgendermaßen auf der Konsole ausgeben:

```
while (rs.next()) {
    System.out.print ("Artikel: "
        + rs.getString ("artname") + "    ");
    System.out.print ("Preis: "
        + rs.getInt ("preis") + "    ");
    System.out.println ("MWSt-Satz: "
        + rs.getString ("mwst"));
}
```

Tabelle 13.9 zeigt die wichtigsten SQL-Datentypen, die korrespondierenden Java-Datentypen und die zuständigen get-Methoden, um sie aus einem ResultSet zu lesen.

| SQL-Datentyp | Java-Datentyp | »get«-Methode |
|---|---|---|
| CHAR | String | getString() |
| VARCHAR | String | getString() |
| INT | int | getInt() |
| FLOAT | double | getDouble() |
| DOUBLE | double | getDouble() |
| DATE | java.sql.Date | getDate() |
| TIME | java.sql.Time | getTime() |
| TIMESTAMP | java.sql.Timestamp | getTimestamp() |
| BLOB | java.sql.Blob | getBlob() |

**Tabelle 13.9** Wichtige SQL-Datentypen, ihre Java-Entsprechung und die passenden »ResultSet-get«-Methoden

Falls Sie die Datenbankressourcen in Ihrem Java-Programm nicht mehr benötigen, sollten Sie sie nacheinander mithilfe ihrer close()-Methoden schließen, und zwar zuerst das ResultSet, dann das Statement und zum Schluss die Datenbankverbindung selbst:

```
rs.close();
st.close();
conn.close();
```

Ein zusammenhängendes Beispiel für die JDBC-Programmierung finden Sie übrigens in Kapitel 16, »XML«, wo die aus einer XML-Datei gelesenen Daten in einer Datenbank gespeichert werden. Weitere Beispiele für Datenbankschnittstellen befinden sich in Kapitel 19, »Webserveranwendungen«, in dem die MySQL-Datenbankanbindungen der Webprogrammiersprache PHP erläutert werden.

## 13.6 CouchDB im Überblick

Einen ganz anderen Weg als relationale Datenbanken gehen die dokumentbasierten Datenbanken. Es gibt sie im Grunde seit vielen Jahren; ein bekanntes kommerzielles Beispiel ist etwa Lotus Notes. Erst in letzter Zeit beginnt sich dieses Paradigma jedoch auch im Bereich der Webanwendungen zu verbreiten. Hier kommt vor allem das Open-Source-Projekt *Apache CouchDB* zum Einsatz. Die Datenbank wurde 2005 veröffentlicht und kurz darauf von der Apache Software Foundation als Projekt aufgenommen. Die Software ist in der funktionalen Programmiersprache Erlang geschrieben.

### 13.6.1 Das Konzept von CouchDB

In einer dokumentenbasierten Datenbank wie CouchDB gibt es keine Datensätze, sondern nur einzelne Dokumente. Es handelt sich um eine Sammlung frei definierbarer Felder, die jeweils einen Namen und einen Wert mit einem bestimmten Datentyp enthalten. Selbstverständlich besteht die Möglichkeit, beliebig viele Dokumente mit identischer Struktur zu erstellen. Auf diese Weise lassen sich im Grunde auch relationale Abfragen abbilden, allerdings ohne die Flexibilität des dokumentenbasierten Ansatzes einzubüßen.

CouchDB kommuniziert als eigenständiger Webserver mit der Außenwelt; sein Standard-TCP-Port ist 5984. Anfragen werden im REST-Format gestellt, das heißt, es kommen je nach Anfragetyp verschiedene HTTP-Methoden zum Einsatz:

▶ PUT zum Erzeugen von Datenbanken und Dokumenten

▶ POST zum Ändern von Datenbanken und Dokumenten

▶ DELETE zum Löschen von Datenbanken und Dokumenten

▶ GET zum Lesen von Informationen, zum Beispiel für Abfragen

Alle Antworten von CouchDB erfolgen im JSON-Format (*JavaScript Object Notation*). Dieses Format wird in Abschnitt 20.3, »Ajax«, genau erläutert. Aufgrund der HTTP-REST-JSON-Architektur wird CouchDB auch als *NoSQL-Datenbank* bezeichnet.

Obwohl praktisch alle wichtigen Programmiersprachen mit Bordmitteln HTTP-Anfragen stellen und JSON verarbeiten können, stellen die CouchDB-Entwickler Bibliotheken für eine Reihe wichtiger Sprachen bereit, zum Beispiel für JavaScript, Java, PHP, Python und Ruby. In Kapitel 20, »JavaScript und Ajax«, wird allgemein gezeigt, wie Sie mit einer REST-API kommunizieren können. Mit CouchDB funktioniert es genauso.

## 13.6.2 Praktischer Einstieg in CouchDB

Die meisten CouchDB-Installationen sind mit einer Administrationsoberfläche namens *Futon* ausgestattet, die sich im Browser über den besagten Port 5984 und den Pfad *_utils* ansprechen lässt. Ansonsten kann Futon leicht nachinstalliert werden.

Innerhalb von Futon finden Sie ein Hauptmenü mit folgenden Punkten vor:

- Databases: Eine Liste der vorhandenen Datenbanken, aus denen Sie eine auswählen können, um damit zu arbeiten. Sie können auch eine neue erstellen.

- Setup: Einrichtung Ihrer CouchDB-Instanz(en). Hier können Sie sich zwischen Cluster (Kombination mehrerer CouchDB-Server zur Steigerung von Performance und Ausfallsicherheit) und Single Node (einer einzelnen Instanz) entscheiden.

- Active Tasks: Zeigt eine filterbare Liste der auf dem Server ausgeführten Tasks an; als Administrator können Sie auf Wunsch einige von ihnen beenden, wenn sie zu viel Speicher oder Prozessorzeit verbrauchen.

- Configuration: Eine detaillierte Liste von Optionen, deren Werte Sie einsehen und bei Bedarf verändern können, um das Verhalten von CouchDB anzupassen.

- Replication: Genau wie MySQL bietet auch CouchDB die Möglichkeit der Replikation an. Hier kann sie konfiguriert werden.

Klicken Sie im Bereich Databases zunächst auf Create Database, um eine neue Datenbank zu erstellen; Sie brauchen nur den gewünschten Namen einzugeben. Anschließend befinden Sie sich automatisch innerhalb der neu erstellten Datenbank. Rechts neben dem Hauptmenü öffnet sich eine zweite Menüebene mit folgenden Einträgen:

- All Documents: Eine Liste der in der Datenbank vorhandenen Dokumente. Mit einem Klick auf das +-Symbol können Sie ein neues Dokument hinzufügen.

- Run a Query with Mango: Unter diesem Punkt haben Sie die Möglichkeit, Datenbankabfragen zu erstellen. Mango ist eine neue und verbesserte Abfragesprache für CouchDB, die von MongoDB, einer anderen beliebten NoSQL-Datenbank, inspiriert ist. Das Format ist JSON genau wie bei den Dokumenten.

- Permissions: Standardmäßig sind CouchDB-Datenbanken für jeden anonymen Benutzer voll zugänglich. Im Produktiveinsatz ist das natürlich inakzeptabel, sodass Sie an dieser Stelle definierte Benutzer, Rollen und Rechte konfigurieren sollten.

- Changes: Zeigt ein Protokoll der letzten Änderungen in der Datenbank an.

- Design Documents: Hier können Sie Vorlagen für bestimmte Dokumenttypen, Views (limitierte Ansichten von Dokumenten) und Indizes einrichten.

Um ein erstes Dokument hinzuzufügen, klicken Sie das + neben All Documents an, und wählen Sie New Doc. Es wird der JSON-Code eines noch leeren Dokuments angezeigt – das einzige vorhandene Feld ist "_id" mit einem MD5-Zufallswert. Dieser Wert dient der eindeutigen Identifikation des Dokuments in der gesamten Datenbank. Das Ganze sieht beispielsweise so aus:

```
{
  "_id": "8e31cf918831d547d77845b157003823"
}
```

Sie können das Ganze nun mit beliebigen weiteren durch Komma getrennten Name:Wert-Paaren erweitern. Ergänzen Sie das Dokument beispielsweise folgendermaßen, um einige Daten über eine Person zu speichern:

```
{
  "_id": "8e31cf918831d547d77845b157003823",
  "lastname": "Müller",
  "firstname": "Angelika",
  "email": "angelika.mueller@example.org"
}
```

Geben Sie nach demselben Schema weitere Dokumente ein – zum Beispiel folgende:

```
{
  "_id": "8e31cf918831d547d77845b157000696",
  "lastname": "Schmitz",
  "firstname": "Peter",
  "email": "peterschmitz@example.com"
}
```

```
{
  "_id": "8e31cf918831d547d77845b157000b5b",
  "lastname": "Müller",
  "firstname": "Jürgen",
  "email": "jmuller@example.net"
}
```

```
{
  "_id": "8e31cf918831d547d77845b1570015bf",
  "lastname": "Schmitz",
  "firstname": "Jasmin",
  "email": "js@example.net"
}
```

Anschließend können Sie den Menüpunkt RUN A QUERY WITH MANGO auswählen, um eine Abfrage über die vorhandenen Dokumente der Datenbank zu erstellen. Die vorgegebene Beispielabfrage lautet:

## 13 Datenbanken

```
{
  "selector": {
    "_id": {
      "$gt": null
    }
  }
}
```

Es sollen hier also alle Dokumente ausgewählt werden, bei denen die ID größer als (gt für *greater than*) null ist, das heißt alle gültigen Dokumente.

Ändern Sie die Abfrage wie folgt, um alle Dokumente auszuwählen, in denen das Feld last-name vorkommt und den Wert Schmitz hat:

```
{
  "selector": {
    "lastname": "Schmitz"
  }
}
```

Wenn Sie die obigen Beispieldokumente eingegeben haben, sollten Sie zwei Dokumente als Ergebnis erhalten. In der Ergebnisanzeige können Sie zwischen den Optionen JSON (internes Dokumentformat) und TABLE (lesefreundliche Tabellenansicht) umschalten. In der JSON-Ansicht werden Sie feststellen, dass die Dokumente ein weiteres automatisch hinzugefügtes Feld enthalten: _rev steht für *revision* und weist auf die Tatsache hin, dass CouchDB die gespeicherten Dokumente versioniert: Wenn Sie ein Dokument ändern, wird die geänderte Fassung als neue Revision gespeichert, aber die vorigen bleiben ebenfalls erhalten.

Weitere Informationen über CouchDB und Mango-Abfragen erhalten Sie in der Dokumentation, die unter anderem lokal mitinstalliert wird und über das Hauptmenü von Futon im Browser aufgerufen werden kann.

## 13.7    Übungsaufgaben

### 13.7.1    Praktische Übungen

1. Erstellen Sie eine MySQL-Datenbank, in der Informationen über Musikalben gespeichert werden. Für jedes Album sollen der Titel, das Erscheinungsjahr, die vollständige Trackliste mit Titeln und Spieldauern in Sekunden sowie der Interpret erfasst werden. Auch einzelne Tracks können eine Interpreten-Information haben, wenn es sich um ein Album von mehreren Interpreten handelt. Überlegen Sie zunächst im Sinne der Normalisierung, auf wie viele Tabellen Sie die Informationen sinnvollerweise aufteilen sollten, und erzeugen Sie erst danach die konkreten Tabellen. Erfassen Sie darin einige Beispieldatensätze.

2. Schreiben Sie `JOIN`-Abfragen, um die kombinierten Informationen über die Alben aus der Datenbank herauslesen zu können.

3. Implementieren Sie eine Java-Anwendung, die die Informationen aus der Musikdatenbank auf der Konsole anzeigt, sortiert nach Interpretennamen und anschließend nach Albentiteln. Über Kommandozeilenargumente soll ein optionaler Suchbegriff übergeben werden können, nach dem in den Alben- und Track-Titeln sowie Interpretennamen gefiltert wird. Dabei soll der Suchbegriff automatisch mit %-Zeichen umgeben werden, falls noch keine vorhanden sind, und die jeweilige Suche soll mit `LIKE` erfolgen, um auch Teiltreffer zu finden.

### 13.7.2 Kontrollfragen

Im Folgenden ist jeweils genau eine Antwort richtig.

1. Welche Art von Daten gehört nicht zu denjenigen, die im Zusammenhang mit einer Datenbank unterschieden werden?

   ☐ Rechendaten

   ☐ Bewegungsdaten

   ☐ Stammdaten

   ☐ Messdaten

2. Welche Kombination von Datenarten ist der Einzelpreis eines Artikels?

   ☐ Bewegungsdatum und Messdatum

   ☐ Stammdatum und Messdatum

   ☐ Stammdatum und Rechendatum

   ☐ Bewegungsdatum und Rechendatum

3. Welche der folgenden Informationen ist Bewegungsdatum und Rechendatum?

   ☐ Kalendertag

   ☐ Stückzahl auf Lager

   ☐ Skonto

   ☐ Börsenkurs

4. Welche Information in einer Datenbanktabelle ist der Datensatz?

   ☐ ein einzelnes Feld

   ☐ eine Zeile

   ☐ eine Spalte

   ☐ zusammengehörende Felder

5. Welche Bedeutung hat der Primärschlüssel in einer relationalen Datenbank?

☐ eindeutige Kennzeichnung einer Tabelle

☐ Schutz der Datenbank durch Verschlüsselung

☐ eindeutige Kennzeichnung eines Datensatzes

☐ Vorlage für neue Datensätze

6. Welche Beziehung kann in einer relationalen Datenbank nur indirekt bestehen?

☐ die m:n-Beziehung

☐ die 1:n-Beziehung

☐ die 1:1-Beziehung

☐ Alle Beziehungen können direkt bestehen.

7. Welche Bedeutung hat die zweite Normalform (2NF) einer relationalen Datenbank?

☐ Die Information innerhalb eines Feldes muss atomar sein.

☐ Die Felder eines Datensatzes müssen funktional unabhängig sein.

☐ Ein Datensatz darf nur direkte Informationen über denselben Sachverhalt enthalten.

☐ Bei mehrteiligen Primärschlüsseln muss jeder Datensatz von allen Elementen dieses Schlüssels abhängen.

8. Welche Normalform enthält die Forderung, dass eine Tabelle nur triviale Join-Abhängigkeiten enthalten darf?

☐ die dritte Normalform (3NF)

☐ die Boyce-Codd-Normalform (BCNF)

☐ die fünfte Normalform (5NF)

☐ die vierte Normalform (4NF)

9. Was ist ein Vorteil der objektorientierten gegenüber der relationalen Datenbank?

☐ Nur in einer OO-Datenbank können die Felder verschiedene Datentypen besitzen.

☐ Die Beziehungen sind nicht auf Schlüssel beschränkt und können freier gestaltet werden.

☐ Nur die OO-Datenbank ist programmierbar.

☐ In OO-Datenbanken funktioniert die Suche schneller.

10. Was benötigen Sie, um eine MySQL-Datenbank über phpmyadmin zu verwalten?

☐ einen Windows-Rechner mit PHP

☐ einen Webserver und PHP

☐ einen Browser und PHP

☐ einen zweiten Rechner, auf dem die Serversoftware läuft

11. Welche Indexart besitzt die Einschränkung, dass jedes Feld einer Spalte einen individuellen Wert benötigt?

☐ INDEX

☐ FULLTEXT

☐ AUTO_INCREMENT

☐ UNIQUE

12. Welche der folgenden "Abfragen" gibt es in SQL nicht?

☐ Auswahlabfrage

☐ Einfügeabfrage

☐ Erweiterungsabfrage

☐ Löschabfrage

13. Welchen Fehler enthält die folgende SQL-Anweisung zur Erstellung der Tabelle TEST-CREATE TABLE TEST (NR PRIMARYKEY, NAME CHAR(50) NOT NULL)?

☐ Die Felder müssen durch ein Semikolon anstelle eines Kommas getrennt werden.

☐ PRIMARYKEY muss in zwei Wörtern geschrieben werden: PRIMARY KEY.

☐ Die Angabe der Zeichenanzahl bei CHAR muss in eckigen Klammern stehen.

☐ Bei NOT NULL fehlt der Unterstrich; es heißt NOT_NULL.

14. Welche Wortbreite besitzt der MySQL-Datentyp MEDIUMINT?

☐ 16 Bit

☐ 24 Bit

☐ 32 Bit

☐ 48 Bit

15. Welcher der folgenden SQL-Datentypen ist kein Fließkommatyp?

☐ FLOAT

☐ REAL

☐ DOUBLE

☐ DECIMAL

16. Was ist der Unterschied zwischen den SQL-Datentypen CHAR und VARCHAR?

☐ VARCHAR kann beliebig viele Zeichen enthalten, CHAR nur eine bestimmte Anzahl.

☐ VARCHAR belegt nur Speicherplatz für die tatsächlich verwendeten Zeichen, CHAR für alle Zeichen der vereinbarten Gesamtgröße.

☐ VARCHAR kann mehr Zeichen enthalten als CHAR.

☐ Die beiden Typen sind synonym.

17. Wie lassen sich alle Felder aller Datensätze der Tabelle INFO auswählen?

☐ SELECT () FROM INFO

☐ SELECT ALL FROM INFO

☐ SELECT * FROM INFO

☐ SELECT FROM INFO WHERE *

18. Was ist zu beachten, wenn Sie alle Elemente einer Tabelle mittels COUNT zählen möchten?

☐ Sie müssen alle Felder auswählen.

☐ Sie dürfen jedes Feld außer dem Primärschlüssel auswählen.

☐ Sie dürfen nur den Primärschlüssel auswählen.

☐ Sie können jedes beliebige Feld auswählen, aber nur eines.

19. Wie lässt sich die folgende SQL-Join-Abfrage mittels WHERE darstellen?
SELECT * FROM TEST, INFO INNER JOIN TEST.NR ON INFO.NR

☐ SELECT * FROM TEST, INFO WHERE NR=NR

☐ SELECT * FROM TEST, INFO WHERE NR

☐ SELECT * FROM TEST, INFO WHERE NR.NR

☐ SELECT * FROM TEST, INFO WHERE TEST.NR=INFO.NR

20. Welche der folgenden Angaben ist eine formal gültige MySQL-Connector/J-URL?

☐ *jdbc.mysql://host/database*

☐ *jdbc:mysql://host:database*

☐ *jdbc.mysql://host.database*

☐ *jdbc:mysql://host/database*

21. Was ist der Unterschied zwischen den Methoden st.execute() und st.executeQuery() eines JDBC-Statement-Objekts?

☐ execute() funktioniert nur mit der JDBC-ODBC-Bridge.

☐ executeQuery() wird für Einfügeabfragen verwendet, execute() für die anderen.

☐ executeQuery() gibt ein ResultSet zurück und wird daher für Auswahlabfragen einge-setzt.

☐ execute() ist veraltet.

# Kapitel 14
# Server für Webanwendungen

*Missionare müssen Indianisch lernen –*
*mit Lateinisch bekehrt man keine Indianer.*
*– Kurt Tucholsky*

Bereits in Kapitel 6, »Windows«, Kapitel 7, »Linux«, und Kapitel 8, »macOS«, haben Sie einige Netzwerkserverdienste kennengelernt. Dort ging es um Datei- und Druckserver, die vornehmlich im lokalen Netzwerk von Firmen und Organisationen eingesetzt werden. In diesem und dem nächsten Kapitel werden dagegen Internetserver behandelt, die für den systemunabhängigen Fernzugriff durch viele, oft anonyme Benutzer konzipiert wurden, aber auch oft im lokalen Intranet eingesetzt werden.

In diesem Kapitel erfahren Sie, wie Sie eine Infrastruktur für datenbankgetriebene PHP-Webanwendungen einrichten – ein LAMP- oder WAMP-System aus Linux beziehungsweise Windows, Apache, MySQL und PHP.[1] Die Entwicklung der zugehörigen Anwendungen wird in Kapitel 19, »Webserveranwendungen«, beschrieben.

## 14.1 HTTP im Überblick

Wie bereits erwähnt, kommunizieren Webserver und Browser über das TCP/IP-Anwendungsprotokoll *HTTP* (*Hypertext Transfer Protocol*). Wie die meisten Internetprotokolle der Anwendungsebene ist es klartextbasiert und besteht aus einigen Clientbefehlen sowie Serverantworten in einem bestimmten Format. Es handelt sich also um ein *Request-Response-Verfahren* (Anfrage und Antwort).

Die aktuell verbreitete Version des Protokolls ist HTTP/1.1. Diese Version wurde erstmals 1999 in RFC 2616 beschrieben; ihre aktuelle Revision finden Sie in RFC 7230 bis 7235 von 2014. Im Mai 2015 wurde die neue Version HTTP/2 als RFC 7540 verabschiedet, die auf Googles HTTP-Erweiterung SPDY (»speedy«) basiert. Syntaktisch ist sie mit HTTP/1.1 identisch; die Verbesserungen liegen vor allem in den Bereichen der parallelen Verarbeitung von Anfra-

---

1  Wenn Sie ein BSD-Unix verwenden, müsste die Konstellation »BAMP« heißen, mit macOS »MAMP« etc. Deshalb heißt ein verbreitetes Entwickler-Kompaktpaket aus all diesen Anwendungen XAMPP – X für das austauschbare Betriebssystem sowie Apache, MySQL, PHP und Perl.

801

14    Server für Webanwendungen

gen, des Streamings und der Datenkomprimierung. Bisher unterstützen noch längst nicht alle Browser und Webserver die neue Protokollversion.

### 14.1.1    Ablauf der HTTP-Kommunikation

Die HTTP-Kommunikation läuft von der Dokumentanforderung durch den Browser bis zur Darstellung oder Speicherung des empfangenen Dokuments wie folgt ab:

1. Der Browser zerlegt die URL in Schema, Hostname, gegebenenfalls Portnummer und Ressourcenteil (Pfad). Er ermittelt per DNS die IP-Adresse zum Hostnamen und stellt eine TCP-Verbindung zu ihr her. Falls keine Portnummer angegeben wurde, wird je nach Schema 80 (*http:*) oder 443 (*https:*, das heißt HTTP über eine gesicherte Verbindung) gewählt. Bei der URL *http://buecher.lingoworld.de/fachinfo/index.html* ist das Schema beispielsweise *http:*, woraus sich Port 80 ergibt; der Hostname ist *buecher.lingoworld.de* und der Pfad */fachinfo/index.html*.

2. Über die TCP-Verbindung sendet der Browser eine HTTP-Anfrage. Die erste Zeile besteht aus HTTP-Methode, Pfad und Protokollversion. Wenn Sie eine URL in den Browser eintippen, ist die Methode immer GET; das bedeutet, dass eine Ressource geliefert werden soll. Eine andere wichtige Methode ist POST; sie wird zum Versenden umfangreicherer Formulardaten oder gar für Datei-Uploads aus dem Browser verwendet. Tabelle 14.1 zeigt eine Übersicht über die verfügbaren Methoden.

| HTTP-Methode | Seit HTTP-Version | Bedeutung |
|---|---|---|
| GET | 0.9 | Dokument anfordern |
| HEAD | 1.0 | nur Header anfordern |
| POST | 1.0 | Formulardaten oder Dateien senden |
| PUT | 1.0 | Datei auf dem Server speichern |
| DELETE | 1.0 | Datei vom Server löschen |
| LINK | 1.0 | Verknüpfung erzeugen |
| UNLINK | 1.0 | Verknüpfung löschen |
| TRACE | 1.1 | Proxys anzeigen |
| CONNECT | 1.1 | Proxy-Zugriff auf gesicherte Server |
| OPTIONS | 1.1 | Liste verfügbarer Optionen anfordern |

**Tabelle 14.1** Alle HTTP-Methoden im Überblick

POST und PUT enthalten im Gegensatz zu anderen Anfragemethoden einen Body, der genau wie bei einer HTTP-Antwort durch eine Leerzeile von den Headern getrennt wird. Dazu sollte der Client auch die Header Content-type (Datentyp des Bodys) und Content-length (Länge des Bodys in Bytes) senden. GET kann ebenfalls Formulardaten transportieren; diese werden jedoch durch ein Fragezeichen getrennt an die URL angehängt und haben das Format feld1=wert1&feld2=wert2 etc. Dieses Konstrukt wird als *Query-String* bezeichnet.

Im vorliegenden Beispielfall lautet die Startzeile der Anfrage:

```
GET /fachinfo/index.html HTTP/1.1
```

Auf diese Anforderung folgen mehrere Header-Zeilen im Format *Header-Name: Wert*. Ab Version 1.1 muss stets der Header Host gesendet werden, da unter derselben IP-Adresse mehrere virtuelle Hosts betrieben werden können; andere Anfrage-Header sind freiwillig.

3. Der Server empfängt die Clientanfrage und reagiert darauf. Bei einer GET-Anfrage liefert er in den meisten Fällen einfach die angeforderte Datei aus. Falls es sich dagegen um ein serverseitiges Skript oder Programm im Rahmen einer Webanwendung handelt, wird dieses zunächst vom zuständigen Servermodul oder externen Interpreter ausgeführt, anschließend wird seine Ausgabe (meist ein HTML-Dokument, manchmal auch ein anderer Dateityp wie etwa ein dynamisch generiertes Bild) als Antwort an den Browser geschickt.

Auch die Serverantwort besitzt einen Header-Bereich. Die erste Zeile besteht aus der Protokollversion sowie einer Statusinformation aus Codenummer und standardisiertem Text. Falls das angeforderte Dokument geliefert werden kann, lautet diese Zeile:

```
HTTP/1.1 200 OK
```

Ein weiterer häufiger Statuscode ist 404 Not Found; er besagt, dass die angeforderte Ressource nicht gefunden wurde. Nach der Statuszeile folgen diverse Antwort-Header. Der wichtigste ist Content-Type; er gibt den MIME-Type des mitgelieferten Dokuments an. Eine Leerzeile trennt die Header vom Body, der die eigentliche Ressource enthält.[2]

Zum Schluss nimmt der Browser den Body der Serverantwort entgegen und zeigt ihn je nach Datentyp selbst an (zum Beispiel HTML-Dokumente und bestimmte Bild- oder Multimedia-Dateien) oder bietet ihn zum Speichern auf Datenträger an. Außerdem speichert er viele gelieferte Dokumente in seinem Cache, damit zuvor angeforderte Dateien nicht nochmals heruntergeladen werden müssen.

Hier ein Beispiel für eine komplette GET-Anfrage:

```
GET /fachinfo/index.html HTTP/1.1
Accept: */*
Accept-Language: de, en-US
```

---

2 Verwechseln Sie die Header und den Body der HTTP-Antwort nicht mit Head und Body eines HTML-Dokuments. Letztere sind beide Bestandteile eines HTML-Dokuments und damit des Antwort-Bodys.

```
Accept-Encoding: gzip, deflate
User-Agent: Mozilla/5.0 (Macintosh; Intel Mac OS X 10_7_5) AppleWebKit/
536.26.17 (KHTML, like Gecko) Version/6.0.2 Safari/536.26.17
Host: buecher.lingoworld.de
Connection: Keep-Alive
```

Die Header dieser Anfrage haben folgende Bedeutung:

▶ `Accept: */*`
Jeder beliebige MIME-Type (Typ/Untertyp) wird akzeptiert. Das heißt lediglich, dass der Browser keinen bestimmten Datentyp bevorzugt, aber nicht, dass er auch jeden verarbeiten könnte.

▶ `Accept-Language: de, en-US`
Wenn der Server mehrere Sprachvarianten einer Ressource zur Wahl stellt, bevorzugt dieser Browser Deutsch und US-Englisch in der angegebenen Reihenfolge.

▶ `Accept-Encoding: gzip, deflate`
Der Browser ist in der Lage, GNU-zip- oder ZIP-komprimierte Ressourcen anzunehmen und selbst zu entpacken; wenn ein Server dies unterstützt, spart das Netzwerkbandbreite.

▶ `User-Agent: Mozilla/5.0 (Macintosh; Intel Mac OS X 10_7_5) AppleWebKit/536.26.17 (KHTML, like Gecko) Version/6.0.2 Safari/536.26.17`
Dies ist die Angabe der Browserversion, die der Server zum Umgang mit Inkompatibilitäten auswerten kann und zu statistischen Zwecken in seine Log-Dateien schreibt. Dabei handelt es sich um den Browser Safari 6.0.2 unter Mac OS X 10.7 Lion.[3]

▶ `Host: buecher.lingoworld.de`
Wie bereits erwähnt, ist dies ein Pflicht-Header, der bestimmt, welcher virtuelle Host angesprochen wurde.

▶ `Connection: Keep-Alive`
Der Browser fordert an, dass der Server die TCP-Verbindung nach dem Versand der aktuellen Antwort offen halten soll. Dies beschleunigt den Seitenaufbau, weil beispielsweise für jedes eingebettete Bild eine weitere Anfrage erforderlich ist, die über eine bereits geöffnete Verbindung schneller bearbeitet werden kann.

Bei einer erfolgreichen Anfrage könnte die Serverantwort beispielsweise so aussehen:

```
HTTP/1.1 200 OK
Date: Sun, 16 Apr 2017 12:18:57 GMT
Server: Apache/2.2.9 (Unix)
Last-Modified: Sat 22 Sep 2012 10:21:37 GMT
ETag: "1b380f2-1ba9-454723b1"
```

---

3 Der interne Name vieler Browser lautet *Mozilla*, weil die gleichnamige Echse das Maskottchen des ersten grafischen Browsers NCSA Mosaic war, von dem sowohl der Internet Explorer als auch Netscape und die heutigen Mozilla-Browser abstammen.

```
Accept-Ranges: bytes
Content-Length: 7081
Content-Type: text/html

<!DOCTYPE HTML PUBLIC "-//W3C//DTD HTML
4.0//Transitional//EN">
<html>
<head>
[...]
```

Hier die Bedeutung der Antwort-Header:

- Date: Sun, 16 Apr 2017 12:18:57 GMT
  Datum und Uhrzeit des Servers

- Server: Apache/2.2.9 (Unix)
  Versionsinformationen des Servers; die Ausführlichkeit kann mithilfe der im weiteren Verlauf des Kapitels vorgestellten Direktive ServerTokens geändert werden.

- Last-Modified: Sat, 16 Sep 2012 10:21:37 GMT
  Datum und Uhrzeit der letzten Änderung; wird vom Browser verwendet, um – zum Beispiel per HEAD-Anfrage – zu entscheiden, ob eine eventuell noch im Cache befindliche Version aktuell ist.

- ETag: "1b380f2-1ba9-454723b1"
  Ein Hash-Wert aus Metadaten wie Änderungsdatum und Dateigröße, der Aufschluss über die Identität einer Ressource gibt und so ebenfalls für Cache-Entscheidungen verwendet werden kann.

- Accept-Ranges: bytes
  Der Server kann auf Wunsch Teile eines Dokuments ausliefern, wenn der Browser in einem Range-Header die gewünschten Byte-Grenzen mitteilt – dies ist etwa praktisch, um abgebrochene Downloads später fortzusetzen.

- Content-Length: 7081
  Länge des gelieferten Bodys in Bytes

- Connection: keep-alive
  Der Server bestätigt die Bitte des Browsers, die Verbindung offen zu halten.

- Content-Type: text/html
  Der bereits erwähnte MIME-Type des Bodys, der wichtigste Antwort-Header. Im vorliegenden Beispiel handelt es sich um den Haupttyp *Text* und den Untertyp *HTML*.

### 14.1.2 HTTP-Statuscodes

Es wurde bereits erwähnt, dass jede HTTP-Antwort eine Statusmeldung enthält, bestehend aus Codenummer und Beschreibungstext. Die Codes werden anhand ihrer ersten Ziffer in folgende Gruppen unterteilt:

- 1xx – Information
- 2xx – Erfolgsmeldungen
- 3xx – Umleitungsmeldungen
- 4xx – Clientfehler
- 5xx – Serverfehler

Zur ersten Gruppe, den informativen Meldungen, gehören nur zwei Statuscodes: 100 Continue besagt, dass der Server eine vorbereitende Anfrage erhalten hat und auf eine Fortsetzung wartet. 101 Switching Protocols gibt an, dass der Server auf die im Header-Upgrade angegebene HTTP-Version wechseln möchte. Beides kommt relativ selten vor.

Statuscodes, die mit 2 beginnen, zeigen eine erfolgreiche Verarbeitung der Anfrage an. Die häufigste dieser Antworten ist 200 OK; sie wird bei fast allen erfolgreichen GET-, HEAD-, POST- und DELETE-Anfragen zurückgeliefert.

3xx-Statuscodes sind für Weiterleitungen zuständig. Diese werden unter anderem verwendet, wenn ein serverseitiges Skript zwar Formulardaten verarbeitet, aber keine eigene Ausgabe erzeugt. In diesem Fall kann es einen Location-Header mit einer Weiterleitungs-URL senden, zusammen mit einem der Statuscodes 301 Moved Permanently, 302 Found, 303 See Other oder 307 Temporary Redirect. Der Status 304 Not Modified dient dagegen als Antwort auf HEAD-Anfragen, die es dem Browser erlaubt, ein Dokument aus seinem Cache anzuzeigen.

4xx-Statuscodes zeigen verschiedene Fehlerzustände an, die aufgrund einer fehlerhaften oder unvollständigen Clientanfrage zustande gekommen sind. Der häufigste Header dieser Gruppe ist sicherlich 404 Not Found; er kommt sowohl bei Tippfehlern im Ressourcenteil einer eingegebenen URL als auch bei fehlerhaften oder veralteten Links vor. 401 Unauthorized wird gesendet, wenn der Server eine Benutzeranmeldung erwartet; dies wird im Abschnitt »Konfigurationsbeispiele« in Abschnitt 14.2.4 erläutert. Bei 403 Forbidden ist der Zugriff dagegen grundsätzlich verboten; auch eine Authentifizierung würde nichts daran ändern.

5xx-Statuscodes schließlich bezeichnen Fehler, die aufgrund eines serverseitigen Problems entstanden sind. Der häufigste dieser Fehler, 500 Internal Server Error, kommt unter anderem oft vor, wenn Sie bei der Programmierung eigener Webanwendungen Fehler machen. Einzelheiten über den Fehler stehen in diesem Fall in der Error-Log-Datei Ihres Webservers.

In Tabelle 14.2 sehen Sie noch einmal alle Statuscodes im Überblick.

| Statuscode | Übliche Meldung | Beschreibung |
|---|---|---|
| 100 | Continue | Anfrage erhalten; der Server erwartet Fortsetzung. |
| 101 | Switching Protocol | Der Server möchte auf die angegebene Protokollversion wechseln. |

**Tabelle 14.2** Übersicht über die HTTP-Statuscodes

| Statuscode | Übliche Meldung | Beschreibung |
|---|---|---|
| 200 | OK | Die Anfrage war erfolgreich; die angeforderte Ressource wird geliefert. |
| 201 | Created | PUT-Anfrage zur Speicherung einer Datei auf dem Server war erfolgreich. |
| 202 | Accepted | Die Anfrage wurde erfolgreich verarbeitet. |
| 203 | Non-Authoritative | Die gelieferten Informationen stammen von einem Proxy; ihre Gültigkeit wurde nicht verifiziert. |
| 204 | No Content | Anfrage OK; die Antwort enthält keinen Body. |
| 205 | Reset Content | Der Client soll ein Formular zurücksetzen. |
| 206 | Partial Content | Die Anfrage enthält nur einen Teil der Ressource; der Header Content-Range gibt den Bereich an. |
| 300 | Multiple Choices | Es sind mehrere Alternativen der gewünschten Ressource verfügbar; der Body enthält eine Liste mit entsprechenden Links. |
| 301 | Moved Permanently | Ressource wurde dauerhaft an die im Header Location angegebene Stelle verschoben. |
| 302 | Found | vorübergehend verschoben |
| 303 | See Other | Die Ressource ist unter der angegebenen URL zu finden. |
| 304 | Not Modified | Die Ressource wurde nicht geändert. |
| 305 | Use Proxy | Der Client wird aufgefordert, die Anfrage an den angegebenen Proxy zu senden. |
| 307 | Temporary Redirect | vorübergehend verschoben |
| 400 | Bad Request | Syntaxfehler in der Anfrage |
| 401 | Unauthorized | Die Authentifizierung wird angefordert. |
| 402 | Payment Required | Micropayment (automatisierte Sammellastschrift für Kleinbeträge wie bei PayPal oder ClickandBuy) wird benötigt (als Statuscode noch nicht implementiert). |
| 403 | Forbidden | Zugriff verweigert |

**Tabelle 14.2** Übersicht über die HTTP-Statuscodes (Forts.)

| Statuscode | Übliche Meldung | Beschreibung |
|---|---|---|
| 404 | Not Found | Die Ressource existiert nicht. |
| 405 | Method Not Allowed | unerlaubte HTTP-Methode (Ein Allow-Header gibt die zulässigen Methoden an.) |
| 406 | Not Acceptable | Der Datentyp der Ressource ist nicht akzeptabel. |
| 407 | Proxy Authentication Requested | Ein Proxyserver fordert Authentifizierung an. |
| 408 | Request Timeout | zulässige Wartezeit überschritten |
| 409 | Conflict | Ein Konflikt verhindert die Ausführung der Anfrage, etwa beim Versuch, mithilfe von PUT eine ältere als die vorhandene Version zu speichern. |
| 410 | Gone | Die Ressource ist nicht mehr vorhanden. |
| 411 | Length Required | Für den Anfrage-Body wird ein Content-Length-Header benötigt. |
| 412 | Precondition Failed | Eine vom Client geforderte Vorbedingung konnte nicht erfüllt werden. |
| 413 | Request Entity Too Long | zu großer Anfrage-Body |
| 414 | Request-URI Too Long | Die Anfrage-URL selbst ist zu lang (kann bei GET-Anfragen mit angehängten Formulardaten vorkommen). |
| 415 | Unsupported Media Type | Der Server akzeptiert den Datentyp des Anfrage-Bodys nicht. |
| 416 | Request Range Not Satisfiable | Im Range-Header wurde ein Bereich angefordert, der nicht existiert. |
| 417 | Expectation Failed | Eine Erwartung aus dem Expect-Header konnte nicht erfüllt werden. |
| 426 | Upgrade Required | Der Server verlangt vom Client, eine neuere Protokollversion zu verwenden; Details müssen im Upgrade-Header angegeben werden. |
| 500 | Internal Server Error | Fehler in einem serverseitigen Programm |
| 501 | Not Implemented | Die Methode oder Funktionalität wird vom Server nicht unterstützt. |

**Tabelle 14.2** Übersicht über die HTTP-Statuscodes (Forts.)

| Statuscode | Übliche Meldung | Beschreibung |
|---|---|---|
| 502 | Bad Gateway | fehlerhafte Server- oder Proxy-Antwort |
| 503 | Service Unavailable | Ein Dienst steht zurzeit nicht zur Verfügung. |
| 504 | Gateway Timeout | Timeout einer Proxy-Anfrage |
| 505 | HTTP Version Not Supported | Der Server unterstützt die angegebene HTTP-Version nicht. |

**Tabelle 14.2** Übersicht über die HTTP-Statuscodes (Forts.)

### 14.1.3 HTTP-Header

Wie bereits erwähnt, enthalten HTTP-Anfrage und -Antwort verschiedene Header im Format

```
Header-Name: Wert[, Wert ...]
```

Die Namen der Header bestehen aus Buchstaben und Bindestrichen; Groß- und Kleinschreibung spielt keine Rolle. Falls ein Header mehrere Werte besitzt, werden diese jeweils durch ein Komma getrennt.

Neben dem in RFCs definierten offiziellen HTTP-Header können Server und Clients auch beliebige zusätzliche Header senden. Gemäß der Konvention sollten solche Erweiterungs-Header stets mit X- beginnen, also beispielsweise X-My-Header heißen.

Tabelle 14.3 zeigt alle offiziellen HTTP-Standard-Header. Die einzelnen Spalten der Tabelle haben folgende Bedeutung:

- *Header*
  der Name des jeweiligen Headers
- *Seit Version*
  Gibt die HTTP-Version an, in der der jeweilige Header eingeführt wurde: HTTP/1.0 gemäß RFC 1945 oder HTTP/1.1 (RFC 2616 beziehungsweise 7230-7235). Die nachträglich so benannte Vorabversion HTTP/0.9 besaß noch keine Header, sondern nur die Anfrage- beziehungsweise Statuszeile, und die neue Version HTTP/2 (RFC 7540) definiert gegenüber 1.1 keine neuen.
- *Anfr.* (Anfrage)
  angekreuzt, wenn der Header in einer HTTP-Anfrage stehen kann
- *Antw.* (Antwort)
  angekreuzt für Header, die in einer HTTP-Antwort vorkommen können
- *Ent.* (Entity)
  angekreuzt für Header, die den Body der Anfrage beziehungsweise der Antwort beschreiben
- *Bedeutung*
  kurze Beschreibung der Aufgaben des Headers

| Header | Seit Version | Anfr. | Antw. | Ent. | Bedeutung |
|---|---|---|---|---|---|
| Accept | 1.0 | × | | | MIME-Types, die der Client akzeptiert |
| Accept-Charset | 1.0 | × | | | Zeichensätze, die der Client akzeptiert |
| Accept-Encoding | 1.0 | × | | | Komprimierungsformate, die der Client akzeptiert |
| Accept-Language | 1.0 | × | | | Sprachen, die der Client akzeptiert |
| Accept-Ranges | 1.1 | | × | | Server kann Anfragen nach Dokumentteilen beantworten. |
| Age | 1.1 | | × | | Zeitspanne seit der letzten Änderung |
| Allow | 1.0 | | × | × | erlaubte HTTP-Methoden (mit Status 405) |
| Authorization | 1.0 | × | | | Anmeldedaten für geschützte Bereiche (Antwort auf WWW-Authenticate) |
| Cache-Control | 1.1 | × | × | | Einstellungen für Caching der Ressource |
| Connection | 1.0 | × | × | | Verbindung geöffnet halten (keep-alive) oder schließen (close) |
| Content-Encoding | 1.0 | × | × | × | Komprimierungsformat des Body-Inhalts |
| Content-Language | 1.0 | × | × | × | Sprache des Body-Inhalts |
| Content-Length | 1.0 | × | × | × | Länge des Body-Inhalts in Bytes |
| Content-Location | 1.1 | | × | × | alternative URL der angeforderten Ressource |
| Content-MD5 | 1.1 | × | × | × | MD5-Hash des Body-Inhalts zur Konsistenzprüfung |

**Tabelle 14.3** Alle offiziellen HTTP-Header im Überblick

| Header | Seit Version | Anfr. | Antw. | Ent. | Bedeutung |
|---|---|---|---|---|---|
| Content-Range | 1.1 | × | × | × | Start- und End-Byte des gelieferten Bereichs bei Teillieferungen |
| Content-Type | 1.0 | × | × | × | MIME-Type der gelieferten Ressource |
| Cookie | 1.0 | × | | | Lieferung eines Cookies, das der Browser zuvor von der angeforderten URL empfangen hatte |
| Date | 1.0 | × | × | | Serverdatum und -uhrzeit bei Auslieferung |
| ETag | 1.1 | | × | | eine aus diversen Metainformationen berechnete ID, zum Beispiel zur Aktualitätsprüfung |
| Expect | 1.1 | × | | | Ankündigung des Clients, dass vor einer Anfrage mit Body 100 Continue erwartet wird |
| Expires | 1.0 | | × | × | »Verfallsdatum« der gelieferten Ressource (für Caching) |
| From | 1.0 | × | | | E-Mail-Adresse des Anfragenden (spielt in der Praxis keine Rolle) |
| Host | 1.1 | × | | | Hostname, an den die Anfrage gerichtet ist (Pflicht-Header wegen namensbasierter virtueller Hosts) |
| If-Match | 1.1 | × | | | Fordert eine Ressource unter der Bedingung an, dass das ETag (siehe oben) einem bestimmten Wert entspricht. |

**Tabelle 14.3** Alle offiziellen HTTP-Header im Überblick (Forts.)

| Header | Seit Version | Anfr. | Antw. | Ent. | Bedeutung |
|---|---|---|---|---|---|
| If-Modified-Since | 1.0 | × | | | Fordert die Ressource nur an, falls sie seit dem angegebenen Datum geändert wurde. |
| If-None-Match | 1.1 | × | | | Fordert die Ressource an, falls das ETag nicht dem angegebenen Wert entspricht. |
| If-Range | 1.1 | × | | | Fordert einen bestimmten Bereich unter einer Bedingung (ETag oder Änderungsdatum) an. |
| If-Unmodified-Since | 1.1 | × | | | Fordert die Ressource an, falls sie seit dem angegebenen Datum nicht geändert wurde. |
| Last-Modified | 1.0 | | × | × | Gibt Datum und Uhrzeit der letzten Änderung an. |
| Location | 1.0 | | × | | geänderte URL, unter der die Ressource erreichbar ist (Weiterleitung) |
| Max-Forwards | 1.1 | × | | | maximal erlaubte Anzahl von Proxy-Weiterleitungen (vor allem für TRACE-Anfragen) |
| Negotiate | 1.1 | × | | | Fordert eine Liste von Alternativdokumenten (300 Multiple Choices) an, die verschiedenen Sprach-, Zeichensatz- und Dateitypwünschen genügen. |
| Pragma | 1.0 | × | × | | Veraltete Einstellung für Caching-Verbot (Wert: no-cache); wurde durch Cache-Control ersetzt. |
| Proxy-Authenticate | 1.1 | | × | | Proxy-Authentifizierungsanforderung |

**Tabelle 14.3** Alle offiziellen HTTP-Header im Überblick (Forts.)

| Header | Seit Version | Anfr. | Antw. | Ent. | Bedeutung |
|---|---|---|---|---|---|
| Proxy-Authorization | 1.0 | × | | | Proxy-Anmeldedaten (Antwort auf Proxy-Authenticate) |
| Range | 1.1 | × | | | Anforderung eines Teilbereichs einer Ressource (Start- und End-Byte) |
| Referer* | 1.0 | × | | | URL des Dokuments, das auf das aktuelle verwies (in der Regel ein Hyperlink) |
| Retry-After | 1.0 | | × | | Information bei Ausfällen, wann der Server oder die gewünschte Ressource wieder verfügbar sein wird |
| Server | 1.0 | | × | | Selbstidentifikation der Serversoftware – etwa Apache/2.2.2 (Unix) |
| Set-Cookie | 1.0 | | × | | Cookie, das der Browser im Namen des Servers speichern soll |
| TE | 1.1 | × | | | Ein Client kann mithilfe von TE: trailers melden, dass er mehrteilige Antworten mit jeweils eigenen Headern akzeptiert. |
| Trailer | 1.1 | × | × | | Liste der Header, die in einem späteren Block folgen |
| Transfer-Encoding | 1.1 | × | × | | Der einzige übliche Wert, chunked, bedeutet, dass die Antwort mehrteilig ist. |
| Upgrade | 1.1 | × | × | | Angabe der unterstützten HTTP-Version (1.1); der Server kann dies per 101 Switching Protocols akzeptieren. |

**Tabelle 14.3** Alle offiziellen HTTP-Header im Überblick (Forts.)

| Header | Seit Version | Anfr. | Antw. | Ent. | Bedeutung |
|---|---|---|---|---|---|
| User-Agent | 1.0 | × | | | Selbstidentifikation der Clientsoftware |
| Vary | 1.1 | | × | | Gibt an, welche Aspekte (MIME-Type, Zeichensatz etc.) an Clientvorlieben angepasst wurden (Content-Negotiation). |
| Via | 1.1 | × | × | | Liste der Proxys, über die die Anfrage oder Antwort weitergeleitet wurde |
| Warning | 1.1 | × | × | | Warnungen über den Body-Inhalt, die das Caching betreffen (veraltet) |
| WWW-Authenticate | 1.0 | | × | | Authentifizierungsanforderung für geschützte Verzeichnisse |

*) Das englische Wort heißt zwar *referrer*, aber der Name dieses Headers wird mit nur einem r geschrieben.

**Tabelle 14.3** Alle offiziellen HTTP-Header im Überblick (Forts.)

## 14.2 Der Webserver Apache

Der *Apache HTTP Server* (kurz *Apache*) ist die mit Abstand verbreitetste Webserversoftware mit einem Marktanteil von 60 bis 70 %. Er entstand ab 1995, zunächst als Weiterentwicklung des NCSA-Webservers durch Detailverbesserungen (Patches), sodass der Name oft mit »a patchy web server« erklärt wird. Um seine Entwickler bildete sich die Apache Software Foundation, die neben dem Webserver auch zahlreiche andere bekannte Open-Source-Programme begleitet, beispielsweise den Spam-Filter SpamAssassin, die Java-Servlet-Engine Tomcat (nebenbei ebenfalls ein Webserver) oder den XSLT-Prozessor Xalan (siehe Kapitel 16, »XML«).

Apache ist stabil, sicher und läuft auf den verschiedensten Plattformen. Ein Großteil seiner Funktionalität wird durch Module bereitgestellt. So kann er leicht durch Drittanbieter oder gar eigene Programmierung erweitert werden; außerdem können Sie nicht benötigte Teile deaktivieren, sodass Sie nicht unnötig Ressourcen verschwenden.

### 14.2.1 Apache im Überblick

Es gibt zurzeit zwei verschiedene aktive Apache-Entwicklungszweige. Neue Features werden zwar nur noch für den aktuell stabilen Zweig 2.4.x implementiert, aber es gibt bei Bedarf noch Bugfixes für den 2.2-Zweig. Die früheren Versionen 1.3 und 2.0 wurden inzwischen mit je einem finalen Bugfix-Release eingestellt. Tabelle 14.4 zeigt die drei letzten Versionen im Überblick.

| Versionszweig | Aktuelles Release | Eigenschaften |
|---|---|---|
| 2.0.x | 2.0.65 | ▶ Neuentwicklung, inkompatibel mit den alten 1.x-Versionen<br>▶ Netzwerk- und andere Systemfunktionen werden jeweils plattformoptimiert durch die Abstraktionsschicht Apache Portable Runtime (APR) bereitgestellt.<br>▶ Module dynamisch ladbar<br>▶ verschiedene Laufzeitverhalten durch Multi-Processing-Module (MPM)<br>▶ Versionszweig wurde mit 2.0.65 eingestellt. |
| 2.2.x | 2.2.32 | Detailverbesserungen gegenüber Version 2.0.x, etwa:<br>▶ Neuordnung der Authentifizierungsmodule<br>▶ eingebaute Datenbankschnittstelle<br>▶ Einige Betriebssystemdistributionen werden noch mit 2.2.x ausgeliefert. |
| 2.4.x | 2.4.25 | ▶ Auch MPM sind nun dynamisch ladbar.<br>▶ Neuordnung der Autorisierungsmodule (Zugriffskontrolle)<br>▶ aktueller Entwicklungszweig |

**Tabelle 14.4** Die verschiedenen Apache-Versionszweige

Im Folgenden wird vorwiegend die aktuelle, stabile Version 2.4 besprochen – mit ein paar Hinweisen auf den vorangegangenen Entwicklungszweig 2.2. Die in der Tabelle bereits kurz angedeuteten Eigenschaften von Apache 2 sind:

▶ *Abstraktionsbibliothek APR*
Bis zur Version 1.3.x verwendete Apache die auf Unix-Systemen üblichen POSIX-Systemaufrufe zur Verwaltung von Netzwerkverbindungen, Speicher, Dateizugriffen etc. Auf Nicht-Unix-Systemen kam deshalb eine POSIX-Emulationsschicht zum Einsatz, die Apache auf diesen Plattformen allerdings langsamer und weniger stabil machte. Deshalb wur-

den solche systemnahen Funktionen für die neue Version 2 in die Abstraktionsbibliothek *Apache Portable Runtime* (APR) ausgelagert, die sie für jedes System nach dessen besten Möglichkeiten bereitstellt. Inzwischen wird die APR daher auch als Grundlage anderer Software eingesetzt.

▶ *Unterschiedliche Laufzeitmodelle durch MPM*
Ein Netzwerkserver muss in der Lage sein, mehrere Clientanfragen gleichzeitig zu beantworten. Dafür gibt es je nach System unterschiedliche Prozess- oder Thread-Verfahren. Apache 1.x verwendete ausschließlich ein Preforking-Modell, das heißt, er erzeugte einige Child-Prozesse auf Vorrat. Apache 2 ermöglicht dagegen die Auswahl verschiedener sogenannter *Multi-Processing-Module* (MPM), die auf Prozessen, Threads oder einer Mischung aus beiden basieren, sodass für jedes System die vorteilhafteste Auswahl getroffen werden kann.

In der aktuellen Version 2.4 sind die MPM sogar erstmalig dynamisch zur Laufzeit ladbar, genau wie alle anderen Module; bis einschließlich 2.2 mussten Benutzer sich bei der Kompilierung entscheiden.

▶ *Dynamische Module*
Die bereits in der Einleitung erwähnten Apache-Module mussten früher statisch einkompiliert werden. Apache musste also für jeden Wechsel der Modulauswahl ganz neu kompiliert werden. In Apache 2 besteht dagegen die Möglichkeit, Module als *Dynamic Shared Objects* (DSO) zu kompilieren und über die Konfigurationsdatei ein- oder auszuschalten. Somit braucht der Server nur neu gestartet zu werden, wenn Sie neue Module hinzufügen oder vorhandene entfernen möchten.

▶ *Eingebaute SSL-Unterstützung*
Sicherheitsbedürftige Webanwendungen wie E-Commerce oder gar Homebanking benötigen gesicherte Verbindungen, die die Identität des Servers und die Integrität der Daten garantieren und die Kommunikation verschlüsseln. Die Lösung für diese Anforderung ist HTTP über SSL, kurz HTTPS. Bis Apache 1.3 gab es dafür diverse Erweiterungen, teilweise von Drittanbietern. Apache 2 ist dagegen ab Werk mit dem Modul `mod_ssl` ausgestattet, das die SSL-Funktionalität nahtlos integriert.

## 14.2.2 Apache-Module

Zum Lieferumfang von Apache gehören gut 70 verschiedene Module. Daneben gibt es unzählige Erweiterungen von unabhängigen Anbietern, sowohl als Open Source als auch kommerziell. Einige dieser Zusatzmodule stehen unter *http://httpd.apache.org/modules/* zur Verfügung.

Tabelle 14.5 enthält eine Übersicht über die wichtigsten mitgelieferten Module. Die Spalte »Aktiv« informiert darüber, ob das jeweilige Modul in einer Standardinstallation von Apache automatisch mitinstalliert und aktiviert wird oder nicht.

| Modul | Aktiv | Beschreibung |
| --- | --- | --- |
| mod_authz_host | ja | Zugriffsschutz anhand von Client-Hostnamen und/oder -IP-Adressen |
| mod_alias | ja | Einbinden externer Verzeichnisse in den URL-Namensraum der Website; interne und externe Weiterleitungen |
| mod_auth_basic | ja | Grundmodul zur Authentifizierung, das die Anmeldedaten vom Client (klartextbasiert) entgegennimmt und anschließend mithilfe verschiedener Provider-Module auf ihre Gültigkeit überprüft |
| mod_auth_digest | nein | wie mod_auth_basic, allerdings MD5-verschlüsselt |
| mod_authn_dbd | nein | Authentifizierungs-Provider-Modul, das eine SQL-Abfrage an eine externe Datenbank sendet, um die Anmeldedaten zu überprüfen |
| mod_authn_dbm | nein | Authentifizierungs-Provider; verwendet datenbankähnliche DBM-Dateien. |
| mod_authn_file | ja | Authentifizierungs-Provider; verwendet einfache Textdateien. |
| mod_authnz_ldap | nein | Authentifizierungs-Provider; befragt ein externes LDAP-Verzeichnis (vergleiche Kapitel 15). |
| mod_authz_dbm | nein | Vergleicht Gruppenzugehörigkeiten mithilfe von DBM-Dateien. |
| mod_authz_groupfile | ja | Vergleicht Gruppenzugehörigkeiten mithilfe einfacher Textdateien. |
| mod_autoindex | ja | automatisch generierte Verzeichnisindizes für Verzeichnisse ohne Startseite |
| mod_cgi | ja | Unterstützung für CGI-Skripte, also externe Programme oder interpretierte Skripte als Webanwendungen |
| mod_dbd | nein | Integrierte Datenbankschnittstelle; wird u. a. für mod_authn_dbd benötigt. |
| mod_dir | ja | Definition des Startseitennamens sowie Verarbeitung von Anfragen, die ein Verzeichnis anstelle einer Datei anfordern |
| mod_env | ja | Setzen und Ändern von Serverumgebungsvariablen |

**Tabelle 14.5** Die wichtigsten Module in Apache 2.4

| Modul | Aktiv | Beschreibung |
|---|---|---|
| mod_headers | nein | Manipulation der Anfrage- und Antwort-Header |
| mod_imagemap | ja | Unterstützung serverseitiger Image Maps, also Bildern mit verschiedenen anklickbaren Bereichen |
| mod_include | ja | Server Side Includes, eine der ältesten Technologien zum Einbinden dynamischer Daten in Webseiten |
| mod_ldap | nein | LDAP-Verbindung und erweiterte Optionen (zum Beispiel Caching) für LDAP-basierte Module wie mod_authnz_ldap |
| mod_log_config | ja | Formatierung von Server-Log-Dateien mithilfe zahlreicher Platzhalter |
| mod_mime | ja | Setzt Entity-Header wie Content-Type inklusive Zeichensatz anhand der Dateiendung(en) einer Ressource. |
| mod_mime_magic | nein | Ermittelt den MIME-Type aufgrund des Dateiinhalts, wie das Unix-Kommando file. |
| mod_negotiation | ja | Content-Negotiation, also Lieferung verschiedener Varianten einer Ressource anhand der Accept*-Anfrage-Header |
| mod_rewrite | nein | beliebige URL-Manipulationen auf der Basis regulärer Ausdrücke |
| mod_setenvif | ja | Setzen und Ändern von Serverumgebungsvariablen je nach den Werten bestimmter Anfrage-Header |
| mod_ssl | nein | gesicherte HTTPS-Verbindungen |
| mod_userdir | ja | Ermöglicht persönliche Websites für die Benutzerkonten des Servers unter *http://servername/~username*. |

**Tabelle 14.5** Die wichtigsten Module in Apache 2.4 (Forts.)

### 14.2.3 Apache installieren

Wenn Sie eine Unix-Variante verwenden, können Sie zunächst überprüfen, ob Apache zum Lieferumfang Ihrer Distribution gehört – dies wird meist der Fall sein. Falls Sie aber mehr Kontrolle über den Installationsumfang ausüben möchten oder die aktuellste Version brauchen, sollten Sie Apache mithilfe des offiziellen Sourcecode-Pakets selbst kompilieren. Für Windows liefert die Apache Software Foundation dagegen einen offiziellen Binär-Installer.

**Installation auf Unix-Systemen**

Laden Sie zunächst das neueste Release von Apache 2.4 (zurzeit 2.4.25 von Dezember 2016) von *http://httpd.apache.org/* herunter. Falls bereits ein neueres Release verfügbar ist, wenn Sie dieses Buch lesen, wird Ihnen dieses automatisch angeboten. Die Download-Site wählt automatisch einen nahe gelegenen Mirror, sodass Sie nach dem Download die Integrität des Pakets überprüfen sollten. Dazu müssen Sie die MD5-Prüfsumme der heruntergeladenen Datei ermitteln und mit dem Wert auf der Apache-Website vergleichen. Geben Sie dazu beispielsweise dieses Kommando ein:

```
$ md5sum httpd-2.4.25.tar.gz
```

Unter macOS heißt das Kommando md5 anstelle von md5sum.

Als Nächstes können Sie das Paket auspacken. Geben Sie für die *.tar.gz*-Variante Folgendes ein:

```
$ tar xzvf httpd-2.4.25.tar.gz
```

Haben Sie dagegen ein *.tar.bz2*-Archiv heruntergeladen, lautet die Eingabe:

```
$ tar xjvf httpd-2.4.25.tar.bz2
```

Nun müssen Sie in das neu erstellte Verzeichnis wechseln:

```
$ cd httpd-2.4.25
```

Der erste Schritt besteht darin, das Skript configure auszuführen, das die Makefiles an Ihr System und mithilfe von Kommandozeilenparametern an Ihre Wünsche anpasst. Eine vollständige Liste aller verfügbaren Optionen erhalten Sie durch Eingabe von:

```
$ ./configure --help |less
```

Hier einige der wichtigsten Optionen im Überblick:

- --prefix=/Verzeichnispfad
  übergeordnetes Verzeichnis, in das Apache installiert wird (Standard */usr/local/apache2*)
- --enable-layout=Layoutname
  Auswahl eines benannten Verzeichnislayouts aus der Datei *layout.config*; kann als Ersatz für oder zusätzlich zu --prefix angegeben werden.
- --with-mpm=MPM-Modul
  Auswahl des passenden MPM – die wichtigsten sind prefork (rein prozessbasiert, Standard) und worker (gemischtes Prozess-/Thread-Modell). worker arbeitet auf Plattformen mit guter Thread-Unterstützung etwas speicherschonender, sollte aber nicht mit Drittanbietermodulen wie PHP eingesetzt werden.

▶ `--enable-so`
Aktiviert die grundsätzliche Unterstützung für Module als Dynamic Shared Objects; inzwischen ist diese Option Standard.

▶ `--enable-modules="modul1 modul2 ..."`
Kompiliert die angegebenen Module (ohne das Präfix `mod_`) statisch ein.

▶ `--enable-mods-shared="modul1 modul2 ..."`
Kompiliert die angegebenen Module als Shared Objects.

▶ `--enable-modules=most`
Kompiliert fast alle Module (außer die experimentellen sowie diejenigen, die Schwierigkeiten bereiten würden) statisch ein.

▶ `--enable-mods-shared=most`
Kompiliert fast alle Module als Shared Objects.

▶ `--disable-modules="modul1 modul2 ..."`
Lässt die angegebenen Module explizit weg.

Das folgende Kommando bereitet Apache zur Installation ins Standardverzeichnis */usr/local/apache2* sowie zur Kompilierung fast aller Module als DSOs vor:

```
$ ./configure --enable-layout=Apache \
  --enable-mods-shared=most
```

Danach müssen Sie die beiden folgenden Kommandos eingeben, um die eigentliche Kompilierung sowie die Installation in das Zielverzeichnis durchzuführen:

```
$ make
# make install
```

Mindestens den letzten Schritt müssen Sie als User *root* ausführen, da ein normaler User nicht in Verzeichnisse wie */usr/local* schreiben darf.

Nach der Installation können Sie Apache starten und anderweitig steuern. Dazu dient das Skript *apachectl* im Unterverzeichnis *bin*. Es besitzt unter anderem folgende Aufrufoptionen:

▶ `apachectl start`
Apache starten

▶ `apachectl stop`
Apache beenden

▶ `apachectl graceful-stop`
Apache beenden, aber erst nach Bearbeitung aller laufenden Clientanfragen
(seit Version 2.2 verfügbar)

▶ `apachectl restart`
Apache neu starten – wichtig nach Konfigurationsänderungen

▶ `apachectl graceful`

Apache nach Fertigstellung der aktuellen Anfragen neu starten; manche Änderungen benötigen allerdings einen »richtigen« Neustart.

Im Übrigen eignet sich *apachectl* auch als Startskript, das den automatischen Start von Apache beim Booten ermöglicht. Einzelheiten dazu finden Sie in Kapitel 7, »Linux«. Auf den meisten Linux-Systemen genügt es, einen Symlink auf *apachectl* in */etc/init.d* abzulegen und diesen anschließend per `chkconfig -a` zu aktivieren. Beispiel:

```
# ln -s /usr/local/apache2/bin/apachectl \
 /etc/init.d/apache2
# chkconfig -a apache2
```

### Installation unter Windows

Die Apache Software Foundation selbst stellt seit Version 2.4 keine offiziellen Windows-Binaries mehr bereit. Sie können es entweder selbst kompilieren (Anleitung in der offiziellen Apache-Dokumentation) oder von Drittanbieter-Websites wie *http://apachelounge.com* erhalten; einige der wichtigsten Download-Sites sind unter DOWNLOADS auf der Apache-Website verlinkt.

Da es so viele verschiedene Download-Pakete gibt, kann hier keine allgemeine Installationsanleitung für Windows gegeben werden. Bitte folgen Sie der Installationsanleitung des jeweiligen Anbieters.

### 14.2.4 Apache-Konfiguration

Einstellungen für den Apache-Webserver werden in diversen Konfigurationsdateien vorgenommen. Bei Apache 2.0 befanden sich alle Einstellungen in der zentralen Datei *httpd.conf*, die standardmäßig unter */usr/local/apache2/conf* (Unix) oder *C:\Program Files\Apache Software Foundation\Apache2.4\conf* (Windows) liegt.

Seit Apache 2.2 wurden einige Einstellungen dagegen in separate Dateien im Unterverzeichnis *extra* ausgelagert. Um sie zu aktivieren, müssen Sie das Kommentarzeichen (#) vor der jeweiligen `Include`-Direktive in der Konfigurationsdatei *httpd.conf* entfernen. Im Einzelnen handelt es sich um folgende Dateien:

▶ *httpd-mpm.conf* – Einstellungen für das jeweilige MPM, deren Änderung je nach Serverlast die Performance verbessern kann

▶ *httpd-multilang-errordoc.conf* – Fehlermeldungsseiten in unterschiedlichen Sprachen

▶ *httpd-autoindex.conf* – Einstellungen für automatisch generierte Verzeichnisseiten

▶ *httpd-languages.conf* – Zuordnung zusätzlicher Dateiendungen zu Inhaltssprachen für Content-Negotiation

- *httpd-userdir.conf* – benutzerspezifische Webverzeichnisse (*http://servername/~username*)

- *httpd-info.conf* – Veröffentlichung von Serverinformationen unter einer speziellen URL

- *httpd-vhosts.conf* – Konfiguration virtueller Hosts, das heißt verschiedener Websites für unterschiedliche Hostnamen oder IP-Adressen

- *httpd-manual.conf* – Veröffentlichung der Apache-Dokumentation unter dem URL-Pfad */manual*

- *httpd-dav.conf* – Einstellungen für WebDAV (*Web-based Distributed Authoring and Versioning*), ein HTTP-basiertes Repository

- *httpd-default.conf* – optionale Standardeinstellungen für den Server

- *httpd-ssl.conf* – SSL-Konfiguration

Der mit Ihrer Distribution gelieferte Apache verwendet oft eine andere Dateiaufteilung. Mitunter hilft es dann auch nichts, diese Dateien direkt zu editieren, da ihr Inhalt durch distributionseigene Tools oder Konfigurationsdateien bestimmt wird.

Jede Apache-Konfigurationseinstellung (Direktive) hat das folgende Format:

```
Direktive Wert [Wert ...]
```

Außerdem existieren Container-Direktiven wie etwa `<Directory>` ... `</Directory>`, die die Wirkung der enthaltenen Apache-Direktiven auf bestimmte Verzeichnisse, Dateien oder andere Spezialwerte beschränken.

### Wichtige Konfigurationsdirektiven

Es folgt eine Beschreibung der wichtigsten Apache-Direktiven. Für jede von ihnen wird das Modul mitgeteilt, das sie bereitstellt; core ist dabei kein Modul, sondern der immer verfügbare Funktionskern des Servers. Zudem erfahren Sie durch eine oder mehrere der folgenden Abkürzungen diejenigen Kontexte, in denen eine Direktive stehen darf:

- *S – Serverkontext*
  Diese Direktive gilt serverweit.

- *V – virtueller Host*
  Die Direktive kann in einem `<VirtualHost>`-Container stehen und gilt dann nur für den betreffenden virtuellen Host.

- *D – Verzeichnis-Kontext*
  Die Direktive gilt für einen Verzeichnisbereich und darf sich in einem `<Directory>`-, `<Location>`- oder `<Files>`-Container befinden.

- *H – .htaccess-Dateien*
  Die Direktive darf in einer *.htaccess*-Datei stehen, über die Sie Konfigurationsdaten in die einzelnen Verzeichnisse der Website selbst auslagern können. *.htaccess*-Dateien werden nur benötigt, falls Sie bei einem Hoster Webspace angemietet haben oder umgekehrt vir-

tuelle Hosts für andere User zur Verfügung stellen. Auf Ihrem eigenen Server sollten Sie dagegen alle Direktiven in die Datei *httpd.conf* beziehungsweise die mit ihr verknüpften Konfigurationsdateien schreiben.

Ausführlichere Informationen zu diesen Direktiven sowie zu allen anderen finden Sie in der Apache-Originaldokumentation (*http://httpd.apache.org/docs/2.4*) sowie in meinem Buch »Apache 2.4« (4. Auflage, Bonn: Galileo Press 2012).

Die Werte mancher Direktiven sind Pfadangaben. Auch unter Windows müssen Sie in diesem Fall den Unix-Slash (/) als Pfadtrennzeichen verwenden. Falls Pfadangaben oder andere Werte Leerzeichen enthalten, müssen Sie sie in Anführungszeichen setzen.

▶ `Alias URL-Pfad Verzeichnispfad`

Kontext: SV; Modul: `mod_alias`

Ein Verzeichnispfad, der sich außerhalb der `DocumentRoot` (mehr darüber erfahren Sie im Folgenden) befindet, wird an der angegebenen Stelle in den URL-Pfad eingebunden. Beispiel:

```
Alias /info /var/webdata/info
```

Die Eingabe von `http://servername/info/...` liefert daraufhin die entsprechenden Inhalte aus dem Verzeichnis */var/webdata/info*.

▶ `Allow from all | IP-Adresse | Hostname`

Kontext: DH; Modul: `mod_authz_host`

Die traditionelle Art, Hosts anzugeben, denen der Zugriff auf eine bestimmte Ressource erlaubt wird. Als Wert hinter `Allow from` können Hostnamen, ganze IP-Adressen oder Teile von ihnen eingetragen werden; alternativ auch das Schlüsselwort `all` für jeden Host.

Das folgende Beispiel erlaubt allen Hosts den Zugriff auf URLs unter `http://servername/public`:

```
<Location /public>
    Order allow,deny
    Allow from all
</Location>
```

In Apache 2.4 wird diese Syntax zwar noch unterstützt, gilt aber als veraltet. Hier wird sie von dem Modul `mod_access_compat` bereitgestellt, während `mod_authz_host` keine eigenen Direktiven mehr definiert, sondern `Require ip` für IP-Adressen beziehungsweise `Require host` für Hostnamen verwendet.

Die zuvor dargestellte Konfiguration wird für Apache 2.4 wie folgt angegeben:

```
<Location /public>
    Require all granted
</Location>
```

▶ AllowOverride None|All|Direktiventyp [Direktiventyp ...]

Kontext: D; Modul: core

Legt fest, welche Direktiven im aktuellen Kontext und in seinen Unterverzeichnissen durch *.htaccess*-Dateien überschrieben werden dürfen. Diese Direktive ist nur in `<Directory>`-Abschnitten erlaubt, nicht in `<Location>` oder `<Files>`. Eine Voreinstellung für alle Verzeichnisse kann in einem Container für das Wurzelverzeichnis, also

```
<Directory />
    ...
</Directory>
```

vorgenommen werden.

Die möglichen Werte sind:

– None: Apache wertet im angegebenen Kontext keine *.htaccess*-Dateien aus; empfiehlt sich als Vorgabewert für /.

– FileInfo: Direktiven für Dateitypen und -inhalte

– Indexes: Direktiven für automatisch generierte Verzeichnisindizes

– Limit: Direktiven zur Zugriffskontrolle, insbesondere Order, Allow und Deny

– AuthConfig: Direktiven zur Authentifizierung

– Options: Direktiven für Verzeichnisoptionen, zum Beispiel Options

– All: alle bisher genannten sowie einige zusätzliche Direktiven

▶ AuthBasicProvider provider

Kontext: DH; Modul: mod_auth_basic

Gibt das Provider-Modul (mod_authn_*) an, das die Vergleichsdaten für die klartextbasierte Authentifizierung liefern soll. Hier ein Beispiel, das einfache Textdateien (Modul mod_authn_file) auswählt:

```
AuthBasicProvider file
```

▶ AuthDigestProvider provider

Kontext: DH; Modul: mod_auth_digest

Wie AuthBasicProvider, allerdings für die verschlüsselte Digest-Authentifizierung

▶ AuthName Bereichsname

Kontext: DH; Modul: core

Bestimmt den Namen eines Authentifizierungsbereichs, den sogenannten *Realm*. Nach einmaliger erfolgreicher Anmeldung senden Browser die Anmeldedaten für denselben Realm innerhalb einer Sitzung automatisch. Außerdem zeigen Browser den Realm im Anmeldefenster an. Beispiel:

```
AuthName "Privater Bereich"
```

▶ AuthType Basic | Digest

Kontext: DH; Modul: `core`

Legt fest, auf welche Weise ein Browser die Anmeldedaten an den Server senden soll: `Basic` steht für Klartext, `Digest` dagegen für MD5-Verschlüsselung. Letzteres ist natürlich sicherer, funktioniert aber nicht mit allen Provider-Modulen und bereitet sehr alten Browsern Schwierigkeiten.

▶ AuthUserFile Dateipfad

Kontext: DH; Modul: `mod_authn_file`

Gibt eine Textdatei an, in der sich Benutzerdaten zur Überprüfung bei der Anmeldung befinden. Für die Erzeugung solcher Dateien ist das im *bin*-Verzeichnis von Apache befindliche Kommandozeilen-Tool *htpasswd* zuständig. Beispiel:

```
# htpasswd [-c] .htuser username
```

Nach dieser Eingabe wird zweimal nach dem neuen Passwort für den angegebenen Usernamen gefragt; daraufhin wird es verschlüsselt in der Datei *.htuser* im aktuellen Verzeichnis gespeichert. Die Option `-c` (*create*) muss zum Anlegen einer neuen Datei verwendet werden.

In der Direktive wird der Dateipfad relativ zur `ServerRoot` (mehr darüber erfahren Sie im Folgenden) interpretiert, es sei denn, Sie geben einen absoluten Pfad an. Hier ein Beispiel, das die Datei *.htuser* aus dem Verzeichnis *credentials* im Apache-Installationsverzeichnis auswählt:

```
AuthUserFile credentials/.htuser
```

Aus Sicherheitsgründen sollte die angegebene Datei sich auf keinen Fall innerhalb des Website-Verzeichnisses selbst befinden. Falls Sie gemieteten Webspace verwenden und daher keine andere Möglichkeit haben, müssen Sie den Zugriff auf die entsprechende Datei ganz verbieten. Dies funktioniert in Apache 2.4 für den Dateinamen *.htuser* zum Beispiel so:

```
<Files .htuser>
  Require all denied
</Files>
```

In den Versionen bis 2.2 wird dagegen folgende Variante verwendet:

```
<Files .htuser>
    Order deny,allow
    Deny from all
</Files>
```

▶ Deny from all|IP-Adresse|Hostname

Kontext: DH; Modul: `mod_authz_host`

Traditionelle Art und Weise, den angegebenen Rechnern den Zugriff auf Ressourcen in dem Kontext zu verweigern, in dem die Direktive steht. Das folgende Beispiel untersagt zunächst allen Hosts den Zugriff auf den URL-Pfad *geheim* und erlaubt anschließend den Zugriff vom lokalen Rechner aus:

```
<Location /geheim>
    Order deny,allow
    Deny from all
    Allow from 127.0.0.1
</Location>
```

Für die Änderungen in Apache 2.4 beachten Sie bitte die Anmerkungen zur Direktive Allow. Das 2.4-Äquivalent zur eben dargestellten Konfiguration lautet:

```
<Location /geheim>
    Require ip 127.0.0.1
</Location>
```

▶ `<Directory Verzeichnis> ... </Directory>`

Kontext: SV; Modul: core

Umschließt Einstellungen für ein bestimmtes Verzeichnis der Website. Das folgende Beispiel verbietet *.htaccess*-Dateien auf dem gesamten Server (kann für einzelne Verzeichnisse aber wieder überschrieben werden):

```
<Directory />
    AllowOverride None
</Directory>
```

▶ `DirectoryIndex Dateiname [Dateiname ...]`

Kontext: SVDH; Modul: mod_dir

Gibt Namen für Startseiten an – also für Dateien, nach denen Apache in der angegebenen Reihenfolge suchen soll, wenn nur ein Verzeichnis ohne konkreten Dateinamen angefordert wurde. Der Vorgabewert ist *index.html*; das folgende Beispiel erlaubt zusätzlich *index.htm* und *index.php*:

```
DirectoryIndex index.html index.htm index.php
```

▶ `DocumentRoot Verzeichnis`

Kontext: SV; Modul: core

Das Wurzelverzeichnis der Website, dem der URL-Pfad / zugeordnet ist. Die Voreinstellung ist */htdocs* im Apache-Verzeichnis.

Unix-Standard:

```
DocumentRoot /usr/local/apache2/htdocs
```

Windows-Standard:

```
DocumentRoot "C:/Programme/Apache Software Foundation/Apache2.2/htdocs"
```

▶ `FallbackResource disabled|Dateipfad`

Kontext: SVDH; Modul: `mod_dir`

Die angegebene Datei (unterhalb der `DocumentRoot`) wird ausgeliefert, wenn die vom Client angefragte URL nicht existiert; es wird in diesem Fall also keine `404 Not Found`-Fehlermeldung ausgegeben. Der Standardwert `disabled` schaltet dieses Verhalten für den entsprechenden Kontext ab.

▶ `<IfModule Modul> ... </IfModule>`

Kontext: SVDH; Modul: `core`

Direktiven in diesem Container werden nur dann ausgeführt, wenn das betreffende Modul verfügbar ist. Der Modulname wird so angegeben wie das erste Argument von `LoadModule` (mehr darüber erfahren Sie im Folgenden); für `mod_mime` wird beispielsweise `mime_module` geschrieben. Das folgende Beispiel, das so in der Original-Konfigurationsdatei steht, stellt nur dann die Startseite *index.html* ein, wenn `mod_dir` aktiv ist:

```
<IfModule dir_module>
    DirectoryIndex index.html
</IfModule>
```

▶ `Listen [IP-Adresse:]Port`

Kontext: S; Modul: MPM-Module

Bestimmt den TCP-Port, an dem Apache auf eingehende Clientverbindungen lauscht. Wenn eine IP-Adresse angegeben wird, gilt die Einstellung nur für die betreffende Netzwerkschnittstelle, ansonsten für alle. Standard:

```
Listen 80
```

Falls Apache an mehreren Ports lauschen soll, müssen mehrere `Listen`-Direktiven angegeben werden, zum Beispiel 443 für SSL-verschlüsselte Verbindungen.

▶ `LoadModule Modulname Dateipfad`

Kontext: S; Modul: `mod_so`

Module, die als Dynamic Shared Objects (DSOs) kompiliert wurden (unter Windows ist dies grundsätzlich der Fall), werden mithilfe dieser Direktive geladen und aktiviert. Der erste Parameter, der Modulname, entspricht dem Grundnamen mit angehängtem `_module` (zum Beispiel `rewrite_module` für `mod_rewrite`); der Dateipfad verweist meist auf eine *.so*-Datei im Verzeichnis *modules* relativ zur `ServerRoot` (mehr darüber erfahren Sie im weiteren Verlauf dieses Kapitels). Das folgende Beispiel lädt `mod_autoindex`:

```
LoadModule autoindex_module modules/mod_autoindex.so
```

▶ `<Location URL-Pfad> ... </Location>`

Kontext: SV; Modul: `core`

Umschließt die Konfiguration für einen bestimmten URL-Pfad. Hier ein Beispiel, das für alle Dateien in Verzeichnissen unter der URL *http://servername/info* die Startseite *start.html* einstellt:

```
<Location /info>
    DirectoryIndex start.html
</Location>
```

▶ `NameVirtualHost IP-Adresse[:Port]`

Kontext: S; Modul: `core`

Konfiguriert eine IP-Adresse und/oder einen TCP-Port für den Einsatz namensbasierter virtueller Hosts, das heißt, dass bei Zugriffen auf diese Adresse oder diesen Port je nach `Host`-Header der Anfrage unterschiedliche Sites geliefert werden. Wenn alle Netzwerkschnittstellen angesprochen werden sollen, können Sie anstelle einer konkreten Adresse * benutzen. Um virtuelle Hosts einzurichten, müssen Sie anschließend mehrere `<VirtualHost>`-Container definieren, in denen die Direktive `ServerName` die unterschiedlichen möglichen Hostnamen angibt.

**Wichtig**: Für die betreffende Adresse beziehungsweise den Port gibt es danach keinen »Hauptserver« mehr. Auch die bisherige Hauptserverkonfiguration muss in einen `<VirtualHost>`-Container verschoben werden.

In Apache 2.4 wurde diese Direktive ersatzlos gestrichen; der Server erkennt die Konfiguration anhand der `<VirtualHost>`-Container selbst.

Hier zwei Beispiele:

```
NameVirtualHost 196.23.17.42
NameVirtualHost *:8080
```

▶ `Options None|All|[+|-]Optionstyp [[+|-]Optionstyp ...]`

Kontext: SVDH; Modul: `core`

Diese Direktive stellt Optionen für ein Verzeichnis ein. `None` deaktiviert alle Optionen, während `All` alle außer `MultiViews` einschaltet. Die verfügbaren Optionen sind:

– `Indexes`: Wenn ein Verzeichnis angefordert wurde, wird die Startseite (`DirectoryIndex`) beziehungsweise der automatisch generierte Index geliefert.

– `FollowSymLinks`: Falls die angeforderte URL ein symbolischer Link ist, wird deren Ziel geliefert.

– `SymLinksIfOwnerMatch`: Verfolgt ebenfalls symbolische Links, aber nur, wenn der Eigentümer des Symlinks demjenigen der Zieldatei entspricht.

– ExecCGI: CGI-Skripte werden ausgeführt.

– Includes: Server Side Includes (SSI) werden ausgeführt.

– IncludesNOEXEC: Aktiviert ebenfalls SSI, allerdings mit Ausnahme von #exec (Programm-ausführung) und #exec cgi (CGI-Ausführung).

– MultiViews: Content Negotiation wird automatisch anhand bestimmter Dateiendun-gen durchgeführt.

In untergeordneten Kontexten stehen die speziellen Schreibweisen +Option und Option zur Verfügung, um Optionen zu den Einstellungen des übergeordneten Kontextes hinzu-zufügen beziehungsweise daraus zu entfernen.

▶ Order allow,deny | deny,allow

Kontext: DH; Modul: mod_authtz_host

Legt die Reihenfolge fest, in der Allow- und Deny-Direktiven ausgewertet werden. Der vor-dere Wert gilt dabei als Voreinstellung (meist mit dem Wert All), der hintere als Aus-nahme von dieser Regel.

**Wichtig**: In allow,deny beziehungsweise deny,allow darf kein Leerzeichen hinter dem Komma stehen.

Hier ein Komplettbeispiel, das nur Rechnern aus dem Netzwerk 192.168.1.0/24 den Zugriff auf den URL-Pfad *intranet* gestattet:

```
<Location /intranet>
    Order deny,allow
    Deny from all
    Allow from 192.168.1
</Location>
```

In Apache 2.4 gilt Order zusammen mit Allow und Deny als veraltet; in der Beschreibung der Direktive Allow steht mehr dazu. Die entsprechende Konfiguration lautet hier folgender-maßen:

```
<Location /intranet>
    Require ip 192.168.1
</Location>
```

▶ Redirect [Status] URL-Pfad URL

Kontext: SVDH; Modul: mod_alias

Anfragen für den angegebenen URL-Pfad werden an die (externe) URL weitergeleitet. Das folgende Beispiel leitet alle Anfragen für *http://servername/extern* an entsprechende Res-sourcen unter *http://externerserver* weiter:

```
Redirect /extern http://externerserver
```

**14** Server für Webanwendungen

▶ Require user Username | group Groupname | valid-user

Kontext: DH; Modul: core

Gibt im Rahmen von Authentifizierungsdirektiven an, welche Benutzer (user) oder Gruppen (group) sich anmelden dürfen. valid-user steht für alle Benutzer aus der aktuellen Datenquelle, zum Beispiel dem AuthUserFile (siehe Erläuterungen zuvor).

In Apache 2.4 wird Require auch verwendet, um Clients anhand ihrer IP-Adressen (Require ip) beziehungsweise Hostnamen (Require host) den Zugriff zu erlauben beziehungsweise zu verweigern. Außerdem stehen verschachtelbare Require-Container zur Verfügung, um zu bestimmen, wie mehrere Require-Direktiven zusammenwirken sollen:

- <RequireAll>...</RequireAll> ist eine logische Und-Verknüpfung, legt also fest, dass alle enthaltenen Require-Direktiven erfüllt sein müssen.

- <RequireAny>...</RequireAny> ist dagegen logisches Oder, das heißt, mindestens eine der enthaltenen Require-Direktiven muss erfüllt sein.

- <RequireNone>...</RequireNone> gilt nur als bestanden, wenn keine der enthaltenen Require-Direktiven zutrifft.

▶ Satisfy Any | All

Kontext: DH; Modul: core

Falls Authentifizierung und Zugriffskontrolle über Order/Allow/Deny für dasselbe Verzeichnis eingesetzt werden, gibt diese Direktive an, ob beide Kriterien erfüllt sein müssen (All) oder ob eines von ihnen genügt (Any). Der Vorgabewert ist All.

In Apache 2.4 entfällt Satisfy, weil die Require-Container eine viel genauere Festlegung erlauben.

▶ ScriptAlias URL-Pfad Verzeichnispfad

Kontext: SV; Modul: mod_alias

Entspricht der Funktionsweise von Alias (siehe Erläuterungen zuvor), betrachtet aber zusätzlich die Dateien im angegebenen Verzeichnis als CGI-Skripte. In der Standardkonfiguration gibt es ein Verzeichnis *cgi-bin* unter der ServerRoot (nicht etwa der DocumentRoot!), das als solches CGI-Verzeichnis dient. Der betreffende Eintrag sieht unter Unix so aus:

```
ScriptAlias /cgi-bin /usr/local/apache2/cgi-bin
```

Die Windows-Variante lautet:

```
ScriptAlias /cgi-bin \
"C:/Programme/Apache Software Foundation/Apache2.2/cgi-bin"
```

▶ ServerAdmin E-Mail-Adresse

Kontext: SV; Modul: core

Die E-Mail-Adresse des Serveradministrators, an die Benutzer Fehlermeldungen schicken können. Beispiel:

```
ServerAdmin webmaster@test.local
```

▶ ServerName Domainname

Kontext: SV; Modul: core

Gibt den Domainnamen des Servers oder des virtuellen Hosts an. Beachten Sie, dass der Server in der Öffentlichkeit nur dann tatsächlich unter diesem Namen verfügbar ist, wenn entsprechende Nameserver-Einträge existieren. Die nötigen Einzelheiten zur Nameserver-Konfiguration werden im nächsten Kapitel erläutert. Beispiel:

```
ServerName www.test.local
```

▶ ServerRoot Verzeichnispfad

Kontext: S; Modul: core

Dies ist das Stammverzeichnis, in dem Apache installiert wurde. Verzeichnisangaben in vielen Direktiven werden relativ zu diesem Wert interpretiert. Unter Unix wird standardmäßig der folgende Wert verwendet:

```
ServerRoot /usr/local/apache2
```

Hier zum Vergleich die übliche Windows-Voreinstellung:

```
ServerRoot \
"C:/Programme/Apache Software Foundation/Apache2.2"
```

▶ ServerSignature On|Off|E

Kontext: SVDH; Modul: core

Bestimmt die Fußzeile mit Informationen über den Server, den Hostnamen und eventuell die E-Mail-Adresse des Administrators. Die drei möglichen Werte sind: Off – keine Fußzeile; On – Fußzeile ohne E-Mail-Adresse (Beispiel: Apache/2.4.25 (Unix) Server at www.test.local Port 80); EMail – wie On, aber als Link auf die ServerAdmin-E-Mail-Adresse.

▶ ServerTokens Major|Minor|Minimal|ProductOnly|OS|Full

Kontext: S; Modul: core

Bestimmt, wie ausführlich die Serversoftware im Server-Header und auf automatisch generierten Seiten genannt wird. Angenommen, es handelt sich um Apache 2.4.25 auf einem Unix-System, dann lautet ProductOnly: Apache, Major: Apache/2, Minor: Apache/2.4, Minimal: Apache/2.4.25 und OS: Apache/2.4.25 (Unix). Full hängt noch die Selbstbeschreibungen diverser Module an, zum Beispiel Apache/2.4.25 (Unix) Dav/2 PHP/7.1.0.

▶ <VirtualHost Host[:Port]> ... </VirtualHost>

Kontext: S; Modul: core

Umschließt die Konfiguration eines virtuellen Hosts, der durch eine IP-Adresse, einen Hostnamen und/oder einen TCP-Port angegeben wird. Die zugehörigen Listen- und eventuellen NameVirtualHost-Direktiven müssen allerdings im Serverkontext stehen.

**Konfigurationsbeispiele**

Nachdem soeben diverse Apache-Direktiven vorgestellt wurden, sollten Sie sich einige von ihnen im größeren Konfigurationszusammenhang anschauen.

Als Erstes sollten restriktive Voreinstellungen für das Wurzelverzeichnis – und damit für jedes beliebige Verzeichnis – vorgenommen werden:

```
<Directory />
    # Alle Optionen ausschalten
    Options None
    # .htaccess ausschalten (f. Sicherheit & Performance)
    AllowOverride None
    # ALLE Zugriffe verbieten
    Require all denied
</Directory>
```

Für Apache 2.2 sieht der entsprechende Container so aus:

```
<Directory />
    # Alle Optionen ausschalten
    Options None
    # .htaccess ausschalten (f. Sicherheit & Performance)
    AllowOverride None
    # ALLE Zugriffe verbieten
    Order deny,allow
    Deny from all
</Directory>
```

Die DocumentRoot benötigt dagegen großzügigere Einstellungen, beispielsweise diese:

```
<Directory /usr/local/apache2/htdocs>
    # Einige Optionen aktivieren
    Options Indexes FollowSymLinks
    # Alle Zugriffe gestatten
    Require all granted
</Directory>
```

Hier die Variante für Apache bis einschließlich Version 2.2:

```
<Directory /usr/local/apache2/htdocs>
    # Einige Optionen aktivieren
```

```
    Options Indexes FollowSymLinks
    # Alle Zugriffe gestatten
    Order allow,deny
    Allow from all
</Directory>
```

Wenn Sie Aliasse verwenden, müssen Sie für die betreffenden Verzeichnisse übrigens auch derartige Angaben machen.

Hier ein etwas umfangreicheres Beispiel, das zwei namensbasierte virtuelle Hosts für den Port 8080 bereitstellt:

```
# An Port 8080 lauschen
Listen 8080

# Namensbasierte virtuelle Hosts für Port 8080 aktivieren
NameVirtualHost *:8080
# (in Apache 2.4 entfällt NameVirtualHost ersatzlos)

# Erster VHost, server1.test.local:8080
<VirtualHost *:8080>
    # ServerName, mit dem der Host-Header
    # einer Anfrage verglichen wird
    ServerName server1.test.local
    # Spezifische Webmaster-E-Mail-Adresse
    ServerAdmin webmaster@server1.test.local
    # Wurzelverzeichnis der Website
    DocumentRoot /var/www/vhosts/server1
    # Zugriffe auf dieses Verzeichnis erlauben
    <Directory /var/www/vhosts/server1>
        Options All
        Require all granted
        # Variante für Apache 2.2 (# entfernen):
        # Order allow,deny
        # Allow from all
    </Directory>
    # Fehler-Log-Datei
    ErrorLog logs/server1.test.local-error_log
    # Zugriffs-Log-Datei

    CustomLog logs/server1.test.local-access_log common
</VirtualHost>
```

```
# Zweiter VHost, server2.test.local:8080
<VirtualHost *:8080>
    ServerName server2.test.local
    ServerAdmin webmaster@server1.test.local
    DocumentRoot /var/www/vhosts/server1
    <Directory /var/www/vhosts/server1>
        Options All
        Require all granted
        # Variante für Apache 2.2 (# entfernen):
        # Order allow,deny
        # Allow from all
    </Directory>
    ErrorLog logs/server1.test.local-error_log
    CustomLog logs/server1.test.local-access_log common
</VirtualHost>
```

Je nachdem, ob ein Besucher eine Adresse unter *http://server1.test.local:8080* oder unter *http://server2.test.local:8080* eingibt, wird die gewünschte Ressource aus der jeweiligen DocumentRoot geliefert.

Um eine solche Konfiguration auf Ihrem lokalen Rechner zu testen, müssen Sie die entsprechenden Hostnamen in Ihrer */etc/hosts*-Datei der lokalen IP-Adresse 127.0.0.1 zuweisen. Die entsprechende Zeile sieht dann beispielsweise wie folgt aus:

```
127.0.0.1 localhost server1.test.local server2.test.local
```

Als Nächstes sehen Sie hier ein vollständiges Beispiel für ein geschütztes Verzeichnis, dessen Inhalte Benutzer nur nach Anmeldung mit Benutzernamen und Passwort aufrufen dürfen. Die gewünschten Benutzerdaten müssen sich dabei in der *htpasswd*-Datei *.htuser* im Apache-*conf*-Verzeichnis befinden:

```
<Location /privat>
    # Klartextbasierte Übertragung der Anmeldedaten
    AuthType Basic
    # Anmeldedaten in einfacher htpasswd-Textdatei
    AuthBasicProvide file
    # Realm
    AuthName "Privater Bereich"
    # Pfad der htpasswd-Datei
    AuthUserFile conf/.htuser
    # Alle User aus der Datei haben Zutritt
    Require valid-user
</Location>
```

Dies akzeptiert alle Benutzer-Passwort-Kombinationen aus der Datei *.htuser*. Wenn ein User einen URL-Pfad aus diesem Verzeichnis anfordert, erhält sein Browser den Status 401 Unauthorized als Antwort und zeigt einen Anmeldedialog an. Wenn die Anmeldung innerhalb einer Sitzung einmal korrekt erfolgt ist, sendet der Browser bei weiteren Zugriffen auf denselben Bereich die Anmeldedaten automatisch.

Hier zu guter Letzt noch eine Standardkonfiguration für einen virtuellen Host unter dem SSL-Standardport 443. Anfragen, die an https://servername gesendet werden, erzeugen dadurch gesicherte Verbindungen und werden mit Dateien aus der DocumentRoot */var/www/secure* beantwortet:

```
# An Port 443 (SSL-Standard) lauschen
Listen 443

# Die wichtigsten allgemeinen SSL-Voreinstellungen
# Standardverhalten bei der SSL-Serialisierung
# (geordnete Verarbeitungsreihenfolge)
SSLMutex default
# Den eingebauten Startwertalgorithmus für
# den Zufallsgenerator verwenden
SSLRandomSeed startup builtin
# Kein Cache für SSL-Sitzungsdaten
SSLSessionCache none

# Virtueller Host für Port 443
<VirtualHost *:443>
    # SSL-Funktionalität einschalten
    SSLEngine On
    # Pfad zum Serverzertifikat
    SSLCertificateFile conf/ssl/test.cert
    # Pfad zum Public Key des Serverzertifikats
    SSLCertificateKeyFile conf/ssl/test.key
    # Pfad der gesicherten Website
    DocumentRoot /var/www/secure
</VirtualHost>
```

Das Zertifikat können Sie mithilfe von openssl erzeugen, müssen es für den Praxiseinsatz aber von einer anerkannten Zertifizierungsstelle durch eine digitale Signatur beglaubigen lassen, damit Browser es ohne Fehlermeldung akzeptieren. Eine solche Signatur kostet Geld; in der Regel ist es aber günstiger, sich dafür an Ihren Hoster zu wenden als direkt an eine Zertifizierungsstelle.

## Andere Webserver im Überblick

Neben dem ausführlich vorgestellten Marktführer Apache gibt es zahlreiche weitere Webserver. Drei bekannte Modelle sind:

▶ *Microsoft Internet Information Services (IIS)*
Der Microsoft-Webserver gehört zum Lieferumfang aller Windows-Server seit Windows NT 4.0 Server. In Windows Server 2016 ist Version 10 enthalten. Für Windows 10 existiert IIS 10 als optionaler Download. Mit älteren IIS-Versionen war es unter den Vorgängerbetriebssystemen genauso.

Der Leistungsumfang von IIS reicht an denjenigen von Apache heran; hinzu kommen eingebaute FTP-Server- und Mailserver-Funktionen. Die Konfiguration erfolgt nicht über eine textbasierte Konfigurationsdatei, sondern ausschließlich über die grafische Benutzeroberfläche.

IIS ist außerdem ein Web Application Server für ASP.NET, Microsofts eigene Technologie für Webanwendungen. Gemäß der .NET-Spezifikation können diese Anwendungen in allen Sprachen der Common Language Runtime geschrieben werden, zum Beispiel in VB.NET, C# oder C++.

▶ *Lighttpd*
Dieser Webserver ist ein Open-Source-Produkt. Wie der Name vermuten lässt, handelt es sich um eine leichtgewichtige Alternative zu einem umfangreichen HTTP-Server wie Apache. Der »Lighty« wurde vor allem im Hinblick auf geringen Ressourcenverbrauch geschrieben. Dafür bietet er natürlich weniger Features als Apache, ist aber ebenfalls durch Module erweiterbar. Ein recht ähnliches Produkt, das auch gern als Webcache-Vorschaltproxy verwendet wird, ist *nginx*.

▶ *Apache Tomcat*
Tomcat stammt ebenfalls von der Apache Software Foundation. Es handelt sich in erster Linie um einen Application Server für Java Servlets und Java Server Pages (JSP), der aber auch statische HTML-Seiten ausliefern kann. Dies erledigt er natürlich nicht ganz so performant und flexibel wie der Apache HTTP Server, aber für eine größtenteils Java-basierte Webapplikation mit nur wenigen statischen Seiten genügt er auch in dieser Rolle. Falls nötig, lässt er sich aber auch als Backend-Server mit einem Apache verknüpfen.

## 14.3 PHP installieren und einrichten

Die nächste Komponente Ihres LAMP/WAMP-Systems nach Apache ist der Datenbankserver MySQL, dessen Installation bereits in Kapitel 13, »Datenbanken«, erläutert wurde. Deshalb geht es an dieser Stelle mit der Installation und Konfiguration der Webprogrammiersprache PHP weiter. Die Grundlagen der PHP-Programmierung werden in Kapitel 19, »Webserveranwendungen«, beschrieben.

### 14.3.1 Installation

Es gibt grundsätzlich zwei unterschiedliche PHP-Installationsvarianten: Sie können den Interpreter extern über die CGI-Schnittstelle aufrufen oder aber als Webservermodul installieren. Im Folgenden werden beide Methoden beschrieben; die Modulvariante natürlich am Beispiel von Apache 2.

#### Installation unter Unix

Als Erstes müssen Sie das aktuelle PHP-Sourcecode-Archiv herunterladen. Die Projektwebsite lautet *http://www.php.net/*. Das aktuelle Release von Mitte April 2017 ist 7.1.4. Genau wie bei Apache sollten Sie den MD5-Hash der heruntergeladenen Datei mit dem auf der Website angegebenen Wert vergleichen. Danach können Sie das Archiv entpacken:

```
$ tar xzvf php-7.1.4.tar.gz
```

beziehungsweise

```
$ tar xjvf php-7.1.4.tar.bz2
```

Nun können Sie in das neu erzeugte Source-Verzeichnis wechseln:

```
# cd php-7.1.4
```

Als Nächstes wird das *configure*-Skript aufgerufen. Verschaffen Sie sich zunächst einen Überblick über die verfügbaren Optionen:

```
$ ./configure --help |less
```

Da Sie ein LAMP-System installieren möchten, muss mindestens eine der MySQL-Schnittstellen von PHP konfiguriert werden. Dazu muss MySQL bereits auf Ihrem Rechner installiert sein. Es gibt insgesamt drei verschiedene solcher Schnittstellen; die Unterschiede werden in Kapitel 19, »Webserveranwendungen«, näher erläutert. Für die klassische MySQL-Schnittstelle müssen Sie die Option `--with-mysql=MySQL-Installationsverzeichnis` angeben. Die beiden anderen Schnittstellen, `mysqli` oder PDO, benötigen den Pfad zu dem Skript *mysql_config* im *bin*-Verzeichnis der MySQL-Installation.

Wenn PHP als Apache-2-Modul laufen soll, ist außerdem die Option `--with-apxs2[= /Pfad/ zu/apxs]` erforderlich. Das *APache eX-tenSion tool* liegt im *bin*-Verzeichnis von Apache.

Hier sehen Sie einen *configure*-Aufruf, der die Makefiles zur Installation als Apache-2-Modul mit allen drei MySQL-Schnittstellen in dem Basisverzeichnis */usr/local/php7* erstellt, wobei sich *apxs* unter */usr/local/apache2/bin* und MySQL unter */usr/local/mysql* befindet:

```
$ ./configure --prefix=/usr/local/php7 \
 --with-mysql=/usr/local/mysql \
 --with-mysqli=/usr/local/mysql/bin/mysql_config \
```

```
--with-pdo \
--with-pdo-mysql=/usr/local/mysql/bin/mysql_config \
--with-apxs2=/usr/local/apache2/bin/apxs
```

Nach einem erfolgreichen Durchlauf von *configure* werden der eigentliche Build-Vorgang und die Installation in das Zielverzeichnis durchgeführt (Letzteres als User *root*):

```
$ make
# make install
```

Falls Sie PHP mit der Option `--with-apxs2` konfiguriert haben, müsste Ihre *httpd.conf*-Datei nun automatisch folgende Zusatzzeile enthalten:

```
LoadModule php7_module modules/libphp7.0.so
```

Zusätzlich müssen Sie dafür sorgen, dass Apache 2 Dateien mit der Endung *.php* als PHP-Skripte behandelt. Dazu wird (am besten im bereits vorhandenen Container `<If-Module mime_module>`) die folgende Zeile hinzugefügt:

```
AddHandler php7-script .php
```

Falls Sie PHP als CGI-Sprache kompiliert haben, müssen Sie dagegen folgende Zeilen hinzufügen:

```
ScriptAlias /php/ /usr/local/php7/bin/
AddType application/x-httpd-php .php
Action application/x-httpd-php "/php/php"
```

Nach der PHP-Installation müssen Sie Apache einmal ganz beenden und wieder starten; die Option `restart` genügt leider nicht. Danach können Sie testen, ob PHP funktioniert. Speichern Sie dazu die folgende kleine Datei unter dem Namen *info.php* in Ihrem Website-Verzeichnis:

```
<?php
phpinfo();
```

Öffnen Sie dann Ihren Browser, und geben Sie die URL *http://localhost/info.php* ein. Wenn alles funktioniert hat, müssten Sie ausführliche Informationen über Ihre PHP-Installation erhalten, wie in Abbildung 14.1 gezeigt.

### Installation unter Windows

Für Windows gibt es PHP als offizielles Binärpaket. Das jeweils aktuelle PHP-Release (zurzeit 7.1.4) wird jeweils in zwei verschiedenen Varianten angeboten. Es handelt sich um ein ZIP-Archiv, das Sie entpacken müssen; anschließend sind einige Konfigurationsschritte erforderlich.

Führen Sie folgende Schritte aus, um PHP aus der ZIP-Datei zu installieren:

1. Laden Sie die aktuelle Version der Datei herunter (zurzeit *php-7.1.4-Win32-VC11-x86.zip* beziehungsweise *php-7.1.4-Win32-VC11-x64.zip* für 64-Bit-Systeme). Entpacken Sie sie mit den Bordmitteln des Betriebssystems, mit WinZip oder einem anderen ZIP-fähigen Programm. Als Verzeichnis empfiehlt sich beispielsweise *C:\php7*. Die Beschreibung der restlichen Schritte geht davon aus, dass Sie dieses Verzeichnis gewählt haben; andernfalls müssen Sie die Angaben entsprechend anpassen.

2. Falls Sie PDO und viele weitere interessante PHP-Erweiterungen benötigen, können Sie viele von ihnen unter der URL *https://pecl.php.net* herunterladen; an direkten DLL-Downloads wird auf der PECL-Website zurzeit noch gearbeitet.

3. Das PHP-Verzeichnis enthält eine Datei namens *php.ini-dist*. Es handelt sich um die Standardversion der Konfigurationsdatei *php.ini*. Kopieren Sie sie nach %SystemRoot% (meist *C:\Windows*), und benennen Sie sie in *php.ini* um.

4. Nehmen Sie an Ihrer neuen *php.ini*-Datei folgende Änderungen vor (die entsprechenden Zeilen sind bereits enthalten, aber noch nicht mit Pfadangaben versehen):

```
doc_root = C:\Programme\Apache Software
Foundation\Apache2\htdocs  ; Ihre DocumentRoot
extension_dir = C:\php7\ext ; PHP-Extension-Verzeichnis
```

Wie Sie sehen, wird in der Windows-Version dieser Datei der systemübliche Backslash (\) als Pfad-Trennzeichen verwendet. Das Semikolon leitet einen Kommentar ein, der bis zum Zeilenende reicht. Wie die Kommentare schon andeuten, müssen Sie die Angaben an Ihr Apache- beziehungsweise PHP-Verzeichnis anpassen.

5. Fügen Sie das Verzeichnis *C:\php7* zur Umgebungsvariablen PATH hinzu. Dies geschieht unter START • SYSTEMSTEUERUNG • SYSTEM • ERWEITERT • UMGEBUNGSVARIABLEN.

6. Falls es Startschwierigkeiten gibt, müssen Sie die Datei *php7ts.dll* aus Ihrem PHP-Verzeichnis nach *%SystemRoot%\System32* kopieren. Möglicherweise befindet sich dort nämlich eine ältere Version dieser Datei.

7. Nehmen Sie zum Schluss folgende Ergänzungen an Ihrer *httpd.conf*-Datei vor, um PHP als Apache-Modul zu betreiben:

```
LoadModule php7_module "C:/php7/php7apache2.dll"
AddHandler php7-script .php
```

Für die CGI-Variante werden dagegen folgende Zeilen benötigt:

```
ScriptAlias /php/ "C:/php7/"
AddType application/x-httpd-php .php
Action application/x-httpd-php "/php/php.exe"
```

Beenden Sie Apache zum Schluss, und starten Sie ihn wieder. Im Apache-Monitor müsste er sich nun mit einer Versionsangabe wie `Apache/2.4.25 (Win32) PHP/7.1.4` melden. Auch den zuvor bei der Unix-Installation beschriebenen Test mit `phpinfo()` können Sie durchführen; das Ergebnis sollte etwa so aussehen wie in Abbildung 14.1.

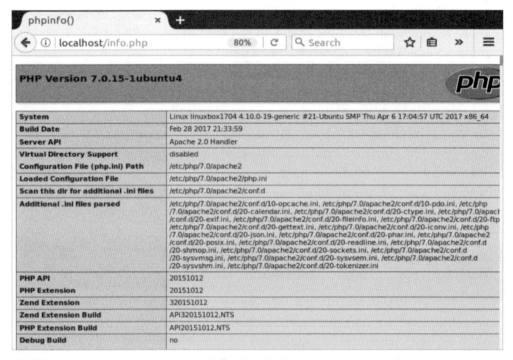

**Abbildung 14.1** Die Ausgabe von »phpinfo()«, hier für die PHP-Version 7.0.15, die mit Ubuntu 17.04 geliefert wird

> **Apache und PHP unter macOS**
>
> Unter macOS und seit Mac OS X 10.6 (Snow Leopard) sind Apache 2 und PHP bereits ab Werk installiert. Um sie zu aktivieren, brauchen Sie nur das Terminal zu öffnen und Folgendes einzugeben:
>
> `# sudo apachectl start`

### 14.3.2 Die PHP-Konfigurationsdatei »php.ini«

Wie bereits im Zusammenhang mit der Installation angesprochen wurde, besitzt PHP seine eigene Konfigurationsdatei *php.ini*. Wie der Dateiname bereits vermuten lässt, wurde ihre Syntax (auch unter Unix) den klassischen Windows-INI-Dateien nachempfunden:

▶ Sie enthält verschiedene Abschnitte, die durch Schlüsselwörter in eckigen Klammern gekennzeichnet sind. Beispiel:

```
[PHP]
```

▶ Jede Einstellung steht in einer eigenen Zeile und hat das Format Name=Wert.
Beispiel:

```
doc_root = /usr/local/apache2/htdocs
```

Unter Windows wird in Pfaden übrigens, wie bereits erwähnt, der plattformspezifische Backslash (\) verwendet.

▶ Ein Semikolon leitet einen Kommentar ein, der bis zum Ende der jeweiligen Zeile reicht. Beispiel:

```
; doc_root: Die DocumentRoot der Website
doc_root = "C:\Programme\Apache Group\Apache2\htdocs" ; Win32
```

In Tabelle 14.6 sehen Sie die wichtigsten Optionen für die Datei. Beachten Sie, dass die Syntax in der Regel toleranter ist, als es in der Tabelle den Anschein erweckt. Die Boolean-Alternativen On|Off, "On"|"Off" und "1"|"0" sind beispielsweise in der Regel synonym. Die Angaben stammen aber aus der Originaldokumentation, sodass Sie auf der sicheren Seite sind, wenn Sie sich daran halten.

| Einstellung | Standardwert | Erläuterungen |
|---|---|---|
| short_open_tag = On\|Off | On | Bestimmt, ob <? ... ?> anstelle von <?php ... ?> erlaubt ist. |
| asp_tags = On\|Off | Off | Bestimmt, ob die ASP-Syntax <% ... %> anstelle von <?php ... ?> zulässig ist. |
| max_execution_time | 30 | maximale Ausführungsdauer von PHP-Skripten in Sekunden, bevor sie abgebrochen werden |
| precision = "INT" | "14" | Genauigkeit von Fließkommazahlen als Ziffernanzahl |
| expose_php = On\|Off | On | Bestimmt, ob die PHP-Existenz zum Beispiel in den Apache-ServerTokens veröffentlicht wird. |
| memory_limit = "...M\|K\|B" | "8M" (8 Megabyte) | Maximale Speichermenge, die ein Skript verbrauchen darf. Existiert nur, wenn PHP mit enable-memory-limit kompiliert wurde. |

**Tabelle 14.6** Die wichtigsten Optionen für die Datei »php.ini«

| Einstellung | Standardwert | Erläuterungen |
| --- | --- | --- |
| track-vars = "On"\|"Off" | "On" | Anfrage- und Serverdaten werden in $\$\_ENV$, $\$\_GET$, $\$\_POST$, $\$\_COOKIE$ und $\$\_SERVER$ zur Verfügung gestellt. |
| arg_separator.output = "STRING" | "&" | Trennzeichen in Query-Strings, die von PHP erzeugt wurden |
| arg_separator.input = "STRING" | "&" | Trennzeichen für die Auswertung von Query-Strings (jedes Zeichen des Wertes wird einzeln geprüft, zum Beispiel "&;") |
| variables_order = "STRING" | "EGPCS" | Reihenfolge, in der Variablenarten für register_globals und $\$\_REQUEST$ ausgewertet werden: E = Umgebungsvariablen, G = GET-Felder, P = POST-Felder, C = Cookies, S = Servervariablen |
| register_argc_argv = "On"\|"Off" | "On" | Stellt GET-Variablen und Kommandozeilenargumente als C-ähnliche argc/argv bereit. |
| register_long_arrays = "On"\|"Off" | "On" | Definiert $HTTP_POST_VARS und $HTTP_GET_VARS zusätzlich zu $\$\_POST$ und $\$\_GET$ (seit Version 5.0 konfigurierbar; davor immer eingeschaltet). |
| post_max_size = "...M\|K\|B" | "8M" | maximale Größe von POST-Daten |
| auto_prepend_file = "DATEIPFAD" | "" | Include-Datei, die automatisch am Kopf jeder Datei importiert wird |
| auto_append_file = "DATEIPFAD" | "" | Include-Datei, die automatisch am Fuß jeder Datei importiert wird |
| default_mimetype = "TYPE/SUBTYPE" | "text/html" | Standardtyp für den Header Content-Type |
| default_charset = "ZEICHENSATZ" | "iso-8859-1" | Standardzeichensatz für den Header Content-Type |

**Tabelle 14.6** Die wichtigsten Optionen für die Datei »php.ini« (Forts.)

| Einstellung | Standardwert | Erläuterungen |
|---|---|---|
| always_populate_raw_post_data = "0"\|"1" | "0" | Bestimmt, ob $HTTP_RAW_POST_DATA (POST-Daten ohne Variablenaufteilung) immer erzeugt wird. |
| allow_webdav_methods = "0"\|"1" | "0" | Bestimmt, ob WebDAV-HTTP-Methoden zulässig sind. |
| include_path = "PFAD1[:PFAD2:...]" | Umgebungsvariablen PHP_INCLUDE_PATH | Verzeichnisse, in denen nach Include-Dateien gesucht wird |
| doc_root = "PFAD1[:PFAD2:...]" | PHP_INCLUDE_PATH | übergeordnetes Verzeichnis für PHP-Skripte (etwa Apache-DocumentRoot) |
| user_dir = "VERZEICHNIS" | NULL | Name des Benutzerverzeichnisses mit PHP-Dateien (entspricht dem Konzept des Apache-Moduls mod_userdir) |
| extension_dir = "PFAD" | Umgebungsvariablen PHP_EXTENSION_DIR | Verzeichnis mit Extension-Dateien, die beim PHP-Start geladen werden |
| extension = "DATEI" | – | Fügt die angegebene PHP-Erweiterung hinzu, zum Beispiel extension=php_mysqli.dll für mysqli. |
| cgi.rfc2616_headers = "0"\|"1" | "0" | ausgeschaltet Status:-Header; eingeschaltet RFC-2616-Header |
| file_uploads = "0"\|"1" | "1" | Datei-Uploads zulässig |
| upload_tmp_dir = "PFAD" | NULL (Systemvorgabe) | Temp-Verzeichnis für Uploads |
| upload_max_filesize = "...M\|K\|B" | "2M" | maximale Größe für Upload-Datei |

**Tabelle 14.6** Die wichtigsten Optionen für die Datei »php.ini« (Forts.)

## 14.4    Virtualisierung und Container

Es mag seltsam klingen, aber viele Computer haben die meiste Zeit nichts zu tun. Wenn Sie sich die in den meisten Betriebssystemen eingebauten grafischen Statistiken zu Prozessor- und Speicherauslastung anschauen, werden Sie feststellen, dass diese oft nur sehr niedrige Prozentwerte erreichen, außer zum Beispiel beim Starten von Programmen.

Diesen Umstand macht sich die *Virtualisierung* zunutze, die insbesondere im Bereich der Serversysteme, aber nicht selten auch auf Desktop-Betriebssystemen eingesetzt wird. Ein Programm emuliert dabei entweder einen vollständigen Rechner, oder aber Zugriffe auf die reale Hardware werden so gesteuert, dass es innerhalb des Programms so wirkt, als stünde ein weiterer, unabhängiger Computer zur Verfügung. Auf dem virtuellen Computer kann dann ein weiteres Betriebssystem installiert werden, das womöglich aus einer völlig anderen Familie stammt als das System des echten Rechners. So lässt sich beispielsweise Linux auf einer virtuellen Maschine unter Windows ausführen und umgekehrt.

Bei Servern dient die Virtualisierung dazu, mehrere voneinander unabhängige Serversysteme zur Verfügung zu stellen. Auf dem Desktop ermöglicht sie dagegen unter anderem das risikolose Ausprobieren anderer Systeme oder die Zusammenarbeit zwischen zwei verschiedenen Systemen.

Bei einer Virtualisierungslösung wird das Betriebssystem des eigentlichen Rechners als *Wirts-* oder *Hostbetriebssystem* bezeichnet, während das auf der virtuellen Maschine ausgeführte *Gastbetriebssystem* heißt. Die Festplatte für das Gastbetriebssystem ist in der Regel eine einfache Datei im Dateisystem des Hostbetriebssystems; manche Virtualisierungsprogramme können allerdings auch reale Partitionen zur Verfügung stellen. Bei den meisten virtuellen Maschinen kann das Gastbetriebssystem sowohl auf echte Wechseldatenträger, etwa DVDs, zugreifen als auch ISO-Images solcher Datenträger mounten. So können Sie beispielsweise jede beliebige Linux-Distribution aus dem Internet herunterladen und aus der Image-Datei in einer virtuellen Maschine installieren, ohne eine CD oder DVD daraus zu brennen.

Moderne Virtualisierungsprogramme bieten unter anderem Drag & Drop sowie andere Formen des Datenaustauschs zwischen Host- und Gastbetriebssystem.

Einen anderen Weg als die Emulation vollständiger Computersysteme gehen *Software-Container*. Sie stellen abgeschlossene Anwendungscontainer zur Verfügung, die sich in praktischer Hinsicht wie virtuelle Maschinen verhalten, aber wesentlich weniger Ressourcen benötigen, da sie einfach das Betriebssystem des Hosts verwenden und kein eigenes installieren, geschweige denn einen eigenen virtuellen Computer bereitstellen. Die bekannteste Container-Verwaltungssoftware ist *Docker*.

### 14.4.1 Virtualisierungslösungen im Überblick

Es gibt zahlreiche verschiedene Angebote an Virtualisierungssoftware – sowohl kommerzielle als auch Open-Source-Lösungen. Hier die wichtigsten im Überblick:

▶ Die Firma *VMware* bietet verschiedenste Produkte an – angefangen bei der Desktop-Lösung *VMware Workstation* über den kostenlosen *VMware Server* bis hin zu High-End-Produkten wie *ESX Server*.

- *Xen* ist eine Linux-spezifische Open-Source-Lösung, die an der Universität Cambridge entwickelt wurde. Der Linux-Kernel des Hostsystems wird dabei von vornherein mit Xen-Unterstützung gebootet. Genauer gesagt, handelt es sich bei diesem ersten Kernel um die Domäne 0, die den sogenannten *Xen-Hypervisor* enthält (Hypervisor ist ein Fachausdruck für eine Management-Software für virtuelle Maschinen). Dieser steuert den Hardwarezugriff der verschiedenen gleichzeitig ausgeführten Betriebssysteme (*Domänen* genannt). Xen emuliert keine Hardware, sondern stellt den verschiedenen Systemen abwechselnd den Zugriff auf die reale Hardware des Hostrechners zur Verfügung – ähnlich wie der Scheduler eines einzelnen Systems den Prozessen ihre Rechenzeit zuteilt.

- Microsoft bietet eine Software namens *Virtual PC* an; es handelt sich um eine Desktop-Lösung, die der VMware Workstation ähnelt. Auch für andere Windows-Versionen ist Virtual PC kostenlos verfügbar; Sie können das Programm unter *http://www.microsoft.com/windows/virtual-pc/* herunterladen.

  Im Serverbereich ist Microsoft ebenfalls vertreten und bietet hier *Hyper-V* an.

- Speziell für macOS gibt es *Parallels Desktop*. Diese Software kann neben speziell auf virtuellen Festplattendateien installierten Systemen auch ein Windows-System parallel zu macOS booten, das mithilfe von Apples Boot Camp (siehe Kapitel 8, »macOS«) in einer eigenen Partition installiert wurde.

- *VirtualBox* von Oracle (ehemals Sun Microsystems) ist eine Open-Source-Desktop-Lösung. Sie läuft auf den Hostbetriebssystemen Windows, macOS, Linux und Solaris. Den Download und die Dokumentation finden Sie unter *www.virtualbox.org*.

Sehr hilfreich für die Verwendung virtueller Maschinen ist übrigens die Software *Vagrant*, die in der Lage ist, die Konfiguration bestimmter VMs mitsamt Betriebssystem und spezifischer Software zu speichern und auf andere Systeme oder sogar andere VM-Management-Programme zu übertragen. Grundlage ist ein in der Programmiersprache Ruby geschriebenes Vagrant-File, das die Konfiguration angibt. Downloads, weitere Informationen und die ausführliche Dokumentation der Software finden Sie unter *www.vagrantup.com*.

### 14.4.2 VirtualBox als konkretes Beispiel

Ein einfacher und kostenloser Weg, Virtualisierung und virtuelle Maschinen auszuprobieren, besteht darin, VirtualBox herunterzuladen und zu installieren. Auf der besagten Website finden Sie Installer für Ihr jeweiliges Wirtsbetriebssystem. Wie bei modernen Installationsprogrammen üblich, werden Sie automatisch durch den Installationsprozess geführt, sodass dieser hier nicht näher beschrieben werden muss. Nach der Installation und dem Start der Software sehen Sie einen Verwaltungsbildschirm wie in Abbildung 14.2.

Wie Sie sehen, existieren in der gezeigten Installation bereits zwei virtuelle Maschinen. Klicken Sie links oben auf Neu, um eine weitere hinzuzufügen. Anschließend werden nacheinander folgende Dialogbildschirme angezeigt:

- Name und Betriebssystem: Geben Sie einen Namen für die Virtual Machine ein, und wählen Sie den Betriebssystemtyp und die genaue Version, die Sie installieren möchten. Wenn der Name einem bestimmten Betriebssystem entspricht, wird die Auswahl sogar automatisch getroffen.

  Beachten Sie, dass Sie das gewählte System selbst bereitstellen und auf der VM installieren müssen. Die Auswahl dient lediglich dazu, die beste Konfiguration zu ermitteln und weitgehend automatisch zur Verfügung zu stellen.

**Abbildung 14.2** Der VirtualBox-Manager mit zwei virtuellen Maschinen, von denen eine ausgewählt ist

- Speichergrösse: Wählen Sie aus, wie viel RAM Sie der VM zur Verfügung stellen möchten. Dies hängt natürlich zuerst einmal vom insgesamt verfügbaren RAM Ihres Computers ab, und in zweiter Linie vom Mindestbedarf des zu installierenden Systems und davon, ob Sie gegebenenfalls mehrere virtuelle Maschinen parallel betreiben möchten oder nur eine.
- Platte: Als Nächstes wird die virtuelle Festplatte für das System eingerichtet. Sie haben die Auswahl zwischen Keine Festplatte (wenn Sie eine von CD bootfähige Betriebssystemversion ausprobieren möchten), Festplatte erzeugen (Standard) und Vorhandene Festplatte verwenden, um eine bereits erzeugte virtuelle Platte zu benutzen. Im Folgenden wird von der Option Festplatte erzeugen ausgegangen. Eine empfohlene Größe wird bereits angezeigt, aber erst in einem späteren Schritt abgefragt. Klicken Sie auf Erzeugen, um die neue virtuelle HD einzurichten – Sie landen in folgendem Unterdialog:

- DATEITYP DER FESTPLATTE: Wählen Sie zwischen dem VirtualBox-eigenen Format VDI (VIRTUAL BOX DISK IMAGE) oder den beiden Formaten VHD (VIRTUAL HARD DISK) und VDMK (VIRTUAL MACHINE DISK), die von Microsoft Virtual PC beziehungsweise VMWare bereitgestellt werden. VDI ist der Vorgabewert und in den meisten Fällen die passende Wahl, solange Sie die virtuelle Platte nicht mit einem anderen Virtual-Machine-Manager als VirtualBox gemeinsam benutzen.

- STORAGE ON PHYSICAL HARD DISK (in der aktuellen Version 5.1.22 irrtümlich nicht übersetzt): Wählen Sie, ob die gewünschte Festplattengröße von Anfang an komplett auf der physischen Festplatte oder SSD bereitgestellt werden soll (FESTE GRÖSSE) oder ob nur der tatsächlich benötigte Speicherbedarf belegt werden soll (DYNAMISCH ALLOZIERT). Die Verwendung einer festen Größe bietet eine etwas bessere Performance, belegt aber natürlich sofort mehr Platz auf der eigentlichen Festplatte.

- DATEINAME UND GRÖSSE: Als Name wird zunächst der Name der virtuellen Maschine selbst vorgeschlagen, was im Grunde die beste Option ist, solange Sie die Platte nicht für mehrere VMs gleichzeitig einsetzen. Darunter wird die Größe eingestellt; der Vorgabewert entspricht der Empfehlung für das gewünschte Betriebssystem.

Nach diesen Schritten steht die neue virtuelle Maschine zur Verfügung. Wie Sie der linken Spalte der Übersicht entnehmen können, hat sie den Zustand AUSGESCHALTET. Rechts daneben, im Hauptbereich des Fensters, sehen Sie die Details der jeweils ausgewählten VM.

Um ein Betriebssystem zu installieren, können Sie eine physische CD/DVD oder ein ISO-Image mit der Installationssoftware verwenden. Klicken Sie dazu im Bereich MASSENSPEICHER auf den Eintrag neben SEKUNDÄRER MASTER, der zunächst [DVD] LEER lautet. Klicken Sie in dem Menü, das sich öffnet, AUF ABBILD AUSWÄHLEN, und suchen Sie das Laufwerk oder die Datei mit dem Installer.

Anschließend können Sie in der oberen Symbolleiste auf STARTEN klicken, um die virtuelle Maschine einzuschalten. Wenn Sie vorher alles richtig gemacht haben, bootet sie vom Installationsmedium; folgen Sie der darauf befindlichen Installationsanleitung, um das Betriebssystem Ihrer Wahl auf der VM zu installieren. Wird Ihnen im Rahmen dieser Installation angeboten, die gesamte Festplatte zu verwenden und sie zu diesem Zweck zu partitionieren, zu löschen oder zu formatieren, können Sie dies getrost tun. Es handelt sich natürlich nicht um die physische Festplatte Ihres Computers, sondern um die zuvor erstellte virtuelle Platte.

Die meisten modernen Wirtsbetriebssysteme bieten *Mouse Capturing* an. Das bedeutet, dass Sie nicht in das Fenster der VM hineinzuklicken brauchen, um diese mit der Maus zu benutzen (sofern sie überhaupt eine grafische Oberfläche hat), und dass Sie auch einfach wieder mit dem Mauszeiger hinausfahren können, um mit Ihrem eigentlichen Betriebssystem weiterzuarbeiten.

Falls Ihr Betriebssystem kein Mouse Capturing anbietet oder in der VM keine grafische Oberfläche läuft, muss eine (konfigurierbare) Taste gedrückt werden, um von der virtuellen

Maschine zurück zur physischen zu wechseln. Standardmäßig wird die linke $\boxed{\texttt{Strg}}$-Taste (PC) beziehungsweise $\boxed{\texttt{Cmd}}$-Taste (Mac) verwendet.

Der einfachste Weg, eine VirtualBox-VM herunterzufahren, besteht übrigens darin, ihr Fenster zu schließen. Wenn Sie dies tun, haben Sie drei verschiedene Optionen zur Auswahl:

- SAVE THE MACHINE STATE (Standard): Der aktuelle Speicherinhalt der VM wird als Datei gespeichert, sodass Sie sie beim späteren Wiedereinschalten genau im selben Zustand weiterbenutzen können.
- SEND THE SHUTDOWN SIGNAL: Der Prozess des auf der VM installierten Betriebssystems zum ordnungsgemäßen Herunterfahren wird in Gang gesetzt.
- POWER OFF THE MACHINE: Die virtuelle Maschine wird ohne Rücksicht auf das laufende System einfach ausgeschaltet; dies entspricht dem Gedrückthalten des Ein-/Ausschaltknopfs eines Computers.

In ein fertig installiertes laufendes Betriebssystem sollten Sie schließlich die *VirtualBox Guest Additions* installieren. Es handelt sich um eine Sammlung zusätzlicher Treiber und Hilfsprogramme, mit denen die Ausführung verschiedener Betriebssysteme innerhalb der VM optimiert wird. Wählen Sie dazu den Menüpunkt DEVICES • INSERT GUEST ADDITIONS CD IMAGE. Je nach Gastsystem wird das CD-Image daraufhin in einen bestimmten Pfad (Linux oder Unix) beziehungsweise den ersten freien Laufwerksbuchstaben (Windows) gemountet. Oft wird der Installer für die Guest Additions auch gleich automatisch gestartet. Ansonsten müssen Sie zum gemounteten Disk-Image navigieren und die Installation selbst starten.

Nützlich ist schließlich noch die Möglichkeit, sogenannte *Snapshots* oder *Sicherungspunkte* vom aktuellen Zustand der VM zu erstellen. Dabei werden, ähnlich wie bei der Option SAVE THE MACHINE STATE, alle aktuellen Speicher-, aber auch Festplatteninhalte gespeichert. So können Sie verschiedene Sicherungspunkte erstellen, um Experimente durchzuführen, die sich danach leicht wieder rückgängig machen lassen. Wählen Sie den Menüpunkt MACHINE • TAKE SNAPSHOT, um einen Snapshot zu erstellen. Später können Sie im Hauptfenster von VirtualBox auf den Reiter SNAPSHOTS oder SICHERUNGSPUNKTE wechseln, um eine Liste aller Snapshots zu sehen und gegebenenfalls zu diesen zurückzukehren.

### 14.4.3 Container-Virtualisierung mit Docker

Wie bereits erwähnt, kann es sinnvoll sein, keine ganzen Maschinen mit eigenen Betriebssystemen zu emulieren, sondern auf dem vorhandenen System verschiedene abgeschlossene Einheiten zu verwenden, die sich nach außen hin wie virtuelle Maschinen verhalten. Prozess- und Speichermanagement moderner Prozessoren machen dies möglich, unterstützt durch die entsprechenden Fähigkeiten heutiger Betriebssysteme.

Eine Vorstufe zum Container war die im nächsten Kapitel und in Kapitel 21, »Computer- und Netzwerksicherheit«, beschriebene chroot-Umgebung, bei der lediglich die einer Software vorgegaukelte Dateisystemwurzel in ein vom Administrator definiertes Unterverzeichnis geändert wird. Beim Container geschieht dasselbe auch mit vermeintlichen System- und Netzwerkressourcen, sodass sich der Container bedienen lässt wie eine echte VM, aber erheblich ressourcenschonender ist. Der offensichtliche Nachteil ist natürlich, dass Sie das innerhalb des Containers ausgeführte Betriebssystem nicht frei wählen können.

Die verbreitetste Software für Container-Virtualisierung ist *Docker*; sie wird in der Praxis auf verschiedene Arten eingesetzt:

► Es gibt zahlreiche vorgefertigte und per Konsolenbefehl installierbare Docker-Container mit gängiger Serversoftware, etwa Webservern oder Datenbanken.

► Entwickler oder Entwicklungsteams können eigene Container erstellen, in denen bestimmte Software installiert ist, um Testumgebungen für die von ihnen entwickelten Programme bereitzustellen.

► Automatisierte Build-Prozesse in der Softwareentwicklung, die Tools wie Jenkins verwenden, können fertig kompilierte und erfolgreich automatisch getestete Programme selbstständig als Docker-Container erzeugen, die sich anschließend an den gewünschten Einsatzort kopieren und dort starten lassen. Das funktioniert vor allem deshalb so gut, weil es Docker für die verschiedensten Desktop- und Serverbetriebssysteme sowie für die beiden führenden Cloud-Computing-Architekturen, Amazon AWS und Microsoft Azure, gibt (Näheres zum Cloud Computing erfahren Sie im Kasten am Ende dieses Kapitels).

Wenn Sie Docker auf Ihrem System installieren möchten, besuchen Sie die Website *docker.com* und laden sich die kostenlose Community Edition für Ihr Betriebssystem herunter. Folgen Sie der mitgelieferten Installationsanleitung, um das Programm zu installieren; beachten Sie, dass Sie auf dem Rechner, auf dem Sie das tun, *root*- oder Administratorrechte benötigen.

Nach der Installation können Sie Docker je nach den Gepflogenheiten Ihres Betriebssystems starten. Der sehr kleine GUI-Teil, der als Docker-Symbol an Orten wie der Menüleiste (Mac) oder dem Systray (Windows) residiert, ermöglicht Ihnen einige Voreinstellungen. Sie können hier beispielsweise festlegen, dass Docker beim Systemstart automatisch ausgeführt werden soll, was empfehlenswert ist.

Der Großteil der Docker-Funktionalität wird über den Konsolenbefehl `docker` zugänglich gemacht. Wenn Sie einfach `docker` ohne weitere Parameter eingeben, wird eine Liste der möglichen Befehle angezeigt. Wenn Sie Hilfe zu einem bestimmten Befehl erhalten möchten, geben Sie `docker Befehlsname --help` ein, also zum Beispiel Folgendes für `docker run`:

```
$ docker run --help
```

Wenn Sie ausprobieren möchten, ob die gesamte Funktionalität von Docker verfügbar ist, geben Sie als Nächstes den folgenden Befehl ein:

```
$ docker run hello-world
```

Dies lädt ein Docker-Image namens `hello-world` herunter, sofern es noch nicht installiert ist, und führt den entsprechenden Container aus. Wie der Name vermuten lässt, tut der Container nichts Produktives, sondern gibt nur einen Infotext aus und beendet sich wieder. Das bedeutet aber, dass Sie Zugriff auf die öffentlichen Docker-Image-Repositorys haben und Container starten und beenden können.

In den besagten Repositorys können Sie mit `docker search` String suchen; geben Sie etwa Folgendes ein, um nach *mysql* zu suchen:

```
$ docker search mysql
```

Es wird eine Liste öffentlich verfügbarer Images angezeigt, deren Name *mysql* enthält. Es gibt die verschiedensten MySQL-Installationen, entweder einen reinen MySQL-Server mit Hilfsprogrammen oder Installationen, die für bestimmte Einsatzzwecke optimiert sind.

Geben Sie Folgendes ein, um eines der Images herunterzuladen und als Container zu starten (hier ein Image mit dem einfachen Namen `mysql`, das offiziell von Oracle bereitgestellt wird und die aktuelle MySQL-Version enthält):

```
$ docker run mysql
```

Der Download gibt an, dass die Version `mysql:latest` verwendet wird. Sie können optional auch eine bestimmte Version angeben, beispielsweise `mysql:5.6`.

Nach dem Download erhalten Sie im Fall von MySQL die Fehlermeldung, dass kein *root*-Passwort für den Datenbankserver gesetzt sei (siehe voriges Kapitel für eine detaillierte Betrachtung von MySQL-Benutzerrechten). Geben Sie stattdessen Folgendes ein, um einen MySQL-Container mit dem Containernamen *mysql-test*, dem (sehr schlechten!) *root*-Passwort *geheim* und der Software MySQL zu starten:

```
$ docker run --name mysql-test -e MYSQL_ROOT_PASSWORD=geheim -d mysql
```

Als Zeichen des erfolgreichen Starts wird eine hexadezimale Zufallszahl ausgegeben; es handelt sich um die automatisch generierte ID des neu gestarteten Containers.

Wenn Sie folgenden Befehl eingeben, wird eine Liste aller laufenden Container angezeigt:

```
$ docker ps
CONTAINER ID        IMAGE             COMMAND [...]
9183418f66b7        mysql             "docker-entrypoint..." [...]
```

Die in der Liste angezeigte ID ist eine Kurzfassung der langen Hexadezimalzahl. Um mit dem Container zu arbeiten, können Sie als Nächstes eine Shell in diesem öffnen:

```
$ docker exec -it 9183418f66b7 /bin/bash
```

Innerhalb des Containers sind Sie automatisch `root`. Da innerhalb dieses spezifischen Containers MySQL läuft, können Sie wie folgt den Kommandozeilen-Client starten und damit, wie im vorigen Kapitel beschrieben, arbeiten:

```
# mysql-u root -p
[Geben Sie das Passwort aus Ihrer Konfiguration ein]
```

Drücken Sie nach getaner Arbeit zweimal $\boxed{\text{Strg}}$ + $\boxed{\text{D}}$, um zuerst den mysql-Client und anschließend den Container zu verlassen.

Das einzige Problem besteht darin, dass dieser Container beim Beenden Ihres Betriebssystems gelöscht wird; als dauerhafte Datenbank können Sie diese MySQL-Installation also nicht einsetzen. Um dies zu ändern, können Sie ein sogenanntes *Dockerfile* anlegen, in dem die Konfiguration für den Container steht, einschließlich eines Docker-Storage-Volumes (aus der Sicht Ihres regulären Betriebssystems ein einfaches Verzeichnis im Dateisystem), in dem die Daten des Containers dauerhaft gespeichert werden. Wie man Dockerfiles schreibt, wird ausführlich in der Online-Dokumentation unter *docs.docker.com* beschrieben.

---

**Cloud Computing**

In den letzten Jahren wird immer häufiger der Begriff *Cloud Computing* verwendet. Darunter versteht man die Möglichkeit, Server, Software und Datenspeicherplatz dynamisch zu mieten, oft auf stündlicher Basis. Im Einzelnen werden drei verschiedene Dienstleistungen unterschieden:

▶ *Infrastructure as a Service* (IaaS) stellt virtualisierte Hardware, also Serverrechner mit Betriebssystem, bereit. Kunden können meist zwischen diversen Linux- und Windows-Versionen wählen.

▶ *Platform as a Service* (PaaS) bietet gezielt bestimmte Serverdienste an, beispielsweise Datenbanken, Streaming-Server oder auch Storage.

▶ *Software as a Service* (SaaS) schließlich ermöglicht es dem Kunden, bestimmte, oft sehr teure Software flexibel zu mieten, anstatt zu kaufen. Dies ist unter Umständen billiger, als eigene Lizenzen zu erwerben, und zudem werden neue Versionen umgehend bereitgestellt, ohne dass der Kunde mehr bezahlen muss.

Wichtige Anbieter von Cloud-Computing-Diensten sind unter anderem:

▶ *Amazon Web Services* (AWS) mit Angeboten wie EC2 (IaaS und PaaS) und S3 (Storage)

▶ Microsoft mit der Cloud-Plattform *Azure*. Hier gibt es aus naheliegenden Gründen nur Windows- und keine Linux-Server.

▶ *Rackspace*, ursprünglich ein klassischer Hoster, hat seit einigen Jahren auch verschiedene Cloud-Dienste im Angebot. Eine Besonderheit ist die Möglichkeit, Cloud-Server gegen Aufpreis als Managed Service zu mieten, bei dem Mitarbeiter von Rackspace die Administration weitgehend übernehmen.

▶ Einen besonderen Weg geht NewServers mit der *Bare Metal Cloud*: Hier können anstelle der üblichen virtuellen Serverinstanzen dedizierte Server auf Stundenbasis gemietet werden.

Bei Cloud-Server-Angeboten können die Kunden zwischen verschiedenen Leistungsmerkmalen zu unterschiedlichen Preisen wählen – da es sich außer bei NewServers um virtuelle Instanzen handelt, bezieht sich die Leistung auf den zugesicherten Anteil an CPU, RAM und Festplattenspeicher.

Ein ernst zu nehmendes Cloud-Angebot für Enterprise-Anwendungen ist komplett über eine API steuerbar. In aller Regel kommen dabei REST-basierte *XML Web Services* zum Einsatz. Der Benutzer des Dienstes kann über die API Serverinstanzen in Betrieb nehmen oder freigeben, Daten mit ihnen austauschen, Programme starten und beenden, Daten zur Speicherung in einem Cloud-Storage-Service hochladen oder Statistikdaten erhalten.

Cloud-Anbieter garantieren in der Regel eine hohe Ausfallsicherheit; normalerweise werden 99 bis 100 % Uptime pro Jahr angeboten (geplante und angekündigte Unterbrechungen nicht mitgerechnet). Sollte der Dienstleister diese Quote nicht einhalten können, wird dem Kunden die entsprechende Zeit beziehungsweise Kapazität meist zur späteren Verwendung gutgeschrieben.

Dass Cloud Computing nicht unfehlbar ist (und stets durch lokale Backups ergänzt werden sollte), zeigte sich jedoch beispielsweise, als Amazons Storage-Service Anfang 2011 ausfiel und zum Teil unwiederbringliche Datenverluste verursachte. Auch auf die Sicherheit sollten die Nutzer solcher Dienste achten. Zwar erfolgt die Kommunikation mit den Cloud-Diensten in der Regel über eine gesicherte HTTPS-Verbindung, aber auf den Storage-Servern selbst werden die Daten unverschlüsselt gespeichert. Der Kunde sollte sie also selbst verschlüsseln und erst dann in der Cloud ablegen.

Gute Cloud-Computing-Dienste verfügen über mehrere Rechenzentren an verschiedenen wichtigen Orten der Welt, mindestens in Nordamerika, Europa und Ostasien. Die Kunden können dabei jeweils wählen, auf welche Rechenzentren sie die Last verteilen möchten.

Neben diesen Cloud-Computing-Diensten, die sich fast ausschließlich an Firmenkunden richten, gibt es auch Cloud-Dienste für Privatanwender. Meistens handelt es sich um Storage-Lösungen. Ein bekanntes Beispiel ist etwa iCloud von Apple, das allen Benutzern von macOS und iOS automatisch und kostenlos zur Verfügung steht.

## 14.5  Übungsaufgaben

### 14.5.1  Praktische Übungen

1. Installieren Sie Apache 2.4 und PHP 7.1 gemäß der Anleitung in diesem Kapitel für Ihr jeweiliges Betriebssystem. Stellen Sie sicher, dass die Apache-Startseite und eine PHP-Info-Seite korrekt in einem Browser angezeigt werden.

2. Richten Sie mehrere virtuelle Hosts in Ihrem Webserver ein; Sie können sie entweder nach Port oder nach Hostnamen (mit entsprechenden Einträgen in */etc/hosts*) unterscheiden. Jeder der virtuellen Hosts soll eine andere DocumentRoot erhalten.

3. Installieren Sie VirtualBox, und laden Sie sich das ISO-Image einer Linux-Distribution Ihrer Wahl herunter, um es wiederum innerhalb einer virtuellen Maschine zu installieren. Wenn Sie möchten, können Sie Apache und PHP dann auch innerhalb dieser VM statt auf Ihrem eigentlichen Betriebssystem installieren; informieren Sie sich dazu online, ob die Distribution die gewünschte Software auch in Form speziell für diese geeigneter Pakete enthält.

### 14.5.2 Kontrollfragen

Im Folgenden ist jeweils genau eine Antwort richtig.

1. Welche Versionsnummer trägt die üblicherweise eingesetzte HTTP-Spezifikation?

   ☐ HTTP/1.0

   ☐ HTTP/1.1

   ☐ HTTP/2.0.49

   ☐ HTTP/4.01

2. Welche der folgenden HTTP-Anfragemethoden gibt es nicht?

   ☐ GET

   ☐ POST

   ☐ META

   ☐ PUT

3. Welches Zeichen in der URL einer GET-Anfrage leitet einen Query-String ein?

   ☐ &

   ☐ ;

   ☐ ?

   ☐ #

4. Welche Gruppe von HTTP-Statusnummern bezeichnet Clientfehler?

   ☐ 1xx

   ☐ 3xx

   ☐ 4xx

   ☐ 5xx

5. Wofür stehen HTTP-Statusnummern der Gruppe 2xx?

   ☐ allgemeine Informationen

   ☐ Erfolgsmeldungen

   ☐ Umleitungen

   ☐ Serverfehler

6. Welcher Meldungstext begleitet üblicherweise den HTTP-Statuscode 200?

☐ Created

☐ Not Found

☐ No Content

☐ OK

7. Mit welchem HTTP-Statuscode wird ein Benutzer zur Authentifizierung aufgefordert?

☐ 401

☐ 403

☐ 303

☐ 202

8. Welcher HTTP-Header entscheidet darüber, ob eine Verbindung persistent sein soll?

☐ Cache-Control

☐ Connection

☐ Expires

☐ Max-Forwards

9. Was gibt der HTTP-Header Content-Type an?

☐ den MIME-Type der gelieferten Ressource

☐ die Bit-Breite des Zeichensatzes

☐ die Sprachversion des Dokuments

☐ die HTML-Version der Datei

10. Welchen Header benötigen HTTP/1.1-Anfragen unbedingt?

☐ Content-Type

☐ If-Match

☐ Host

☐ Accept

11. Wie geben HTTP-Weiterleitungen (Status 3xx) die URL des Weiterleitungsziels an?

☐ durch HTML-Hyperlinks

☐ durch einen Via-Header

☐ durch ein <meta>-Tag

☐ durch einen Location-Header

12. Welches Ziel verfolgt die Apache Portable Runtime (APR)?

☐ Abstraktion von Betriebssystem- und Netzwerkfunktionen

☐ POSIX-Emulation auf Nicht-Unix-Systemen

☐ Export der Webserver-Kernfunktionen für externe Programme

☐ verschiedene Modelle zur Nebenläufigkeit

13. Wie werden in der Direktiven gekennzeichnet, die nur für den URL-Pfad *test* gelten sollen?

☐ `<Directory /test> ... </Directory>`

☐ `<Location /test> ... </Location>`

☐ `<Files /test/*> ... </Files>`

☐ `<DirectoryMatch ^/test> ... </DirectoryMatch>`

14. Welche Direktive gibt das Stammverzeichnis der Website an?

☐ `ServerRoot`

☐ `DirectoryIndex`

☐ `DocumentRoot`

☐ `<Directory> ... </Directory>`

# Kapitel 15
# Weitere Internet-Serverdienste

*Im Internet ist gar nichts. Außer Elektromagnetismus.*
*– Frieder Nake*

Nachdem im vorangegangenen Kapitel recht ausführlich die gängigsten Serverdienste für Webanwendungen vorgestellt wurden, geht es hier mit einigen anderen Servern weiter. Den Anfang machen die Namens- und Verzeichnisdienstserver, die am Beispiel von BIND beziehungsweise OpenLDAP vorgestellt werden. Danach folgt ein kurzer Überblick über FTP und (x)inetd.

## 15.1  Namens- und Verzeichnisdienste

Bereits in Kapitel 4, »Netzwerkgrundlagen«, wurde die Theorie des *Domain Name Systems* (DNS) erläutert. Es sorgt dafür, dass die für Menschen bequemeren Internet-Hostnamen in die hinter den Kulissen verwendeten numerischen IP-Adressen umgewandelt werden. In diesem Abschnitt lernen Sie BIND als bekannteste Implementierung eines Nameservers kennen.

Noch einen Schritt weiter gehen Verzeichnisdienste: Sie enthalten hierarchisch organisierte Informationen über Benutzer, Computer und andere Netzwerkressourcen. Die meisten modernen Verzeichnisse genügen einem Standard namens *LDAP*, beispielsweise auch Microsoft Active Directory. Im zweiten Abschnitt wird der Open-Source-Verzeichnisserver OpenLDAP vorgestellt.

### 15.1.1  Der DNS-Server BIND

Es gibt verschiedene Implementierungen von Serversoftware, die den DNS-Dienst versieht. Die wichtigste von ihnen ist *BIND (Berkeley Internet Naming Domain)*. Es handelt sich um Open-Source-Software des Internet Software Consortium (ISC). Sie können BIND und entsprechende Informationen darüber von der Website *www.isc.org/products/BIND* und zahlreichen dort verzeichneten Mirror-Sites herunterladen. Die zurzeit aktuelle Version ist BIND 9.10.4-P6.

Bitte installieren Sie in jedem Fall eine aktuelle Version von BIND. Dieser Hinweis gilt aus Sicherheitsgründen für jede Software, aber im Fall von Nameservern ist es besonders wichtig, sich daran zu halten: Eine 2008 entdeckte Schwachstelle in der DNS-Konzeption – nämlich die zu leicht vorhersagbare Abfolge der Sequenznummern von Zonendaten – führte dazu, dass sich der Cache von DNS-Servern mit gefälschten Informationen befüllen ließ. Da sich praktisch sämtliche Internetfunktionalität auf DNS verlässt, ist dies sehr gefährlich. Beispielsweise könnten Webbenutzer auf perfekt gefälschte Websites umgeleitet werden, die dann Viren und Trojaner verbreiten.

Eine andere weitverbreitete Nameserver-Software ist der Microsoft DNS Server. Er ist in die Windows-Server-Betriebssysteme (Windows Server 2016 und seine Vorgängerversionen) integriert. Selbstverständlich erfüllt er nach außen dieselbe Funktion wie BIND, da er mit dem globalen DNS kompatibel ist.

In aktuellen Unix- oder Linux-Distributionen ist BIND normalerweise bereits enthalten. Sie können den Server also problemlos über den Paketmanager Ihres Systems installieren. Wenn Sie nicht genau wissen, wie das funktioniert, konsultieren Sie die Dokumentation Ihres Systems.

Falls BIND nicht mit Ihrem System geliefert wird oder wenn Sie die neueste Version installieren möchten, sollten Sie BIND im Sourcecode herunterladen und selbst kompilieren. Das funktioniert, wie bei *autoconf/automake-Software* üblich, nach dem folgenden bewährten Schema:

▶ Entpacken Sie das BIND-Archiv, und wechseln Sie in das dadurch angelegte Verzeichnis:

```
# tar -zxvf /tmp/bind-9.10.4-P6.tar.gz
# cd bind-9.10.4-P6
```

▶ Rufen Sie das Konfigurationsprogramm und anschließend make auf, um BIND mit den passenden Optionen für Ihr System zu kompilieren:

```
# ./configure
# make
```

▶ Rufen Sie zum Schluss den Installationsbefehl auf:

```
# make install
```

Normalerweise sollten Sie anschließend dafür sorgen, dass der Nameserver – das Programm *named* – beim Booten automatisch gestartet wird. Eine entsprechende Anleitung finden Sie in Kapitel 7, »Linux«.

Die Konfigurationsdaten von BIND bestehen aus zwei verschiedenen Arten von Dateien: Die Datei */etc/named.conf* enthält die Konfigurationsinformationen über den Nameserver selbst, während sogenannte *Zonendaten-Dateien* die eigentlichen Namensdaten in Form von *Resource Records* enthalten. Beide Dateiarten sind einfache Textdateien, die Sie mit Ihrem bevorzugten Editor bearbeiten können.

Die erste wichtige Angabe in der Datei *named.conf* beschreibt das Arbeitsverzeichnis, in dem sich die Zonendaten-Dateien befinden. Da diese Anweisung global ist und keine bestimmte Zone betrifft, wird sie in einen options-Block gesetzt:

```
options {
   directory "/var/named";
};
```

Anschließend folgen ein oder mehrere zone-Blöcke. Sie enthalten die Konfiguration der Zonen, für die der Nameserver zuständig sein soll.

Falls Ihr Nameserver beispielsweise primärer Master-Nameserver für die Zone *lingoworld.de* sein soll, sieht der entsprechende *named.conf*-Eintrag so aus:

```
zone "lingoworld.de" {
   type master;
   file "db.lingoworld.de";
};
```

Der Dateiname *db.lingoworld.de* ist nicht vorgeschrieben. Sie können jeden beliebigen Namen wählen, aber *db.name-der-zone* ist üblich. Natürlich müssen Sie die entsprechende Datei auch anlegen.

Für jede Zone, für die Ihr Nameserver als primärer Master dient, benötigen Sie zusätzlich eine *Reverse-Lookup-Zone*. Dies ist eine Zone, die den umgekehrten Dienst leistet: die Umwandlung einer gegebenen IP-Adresse in einen Domainnamen. Der Name dieser Zone hängt von der Größe des Subnets ab, in dem sie sich befindet: Es handelt sich um den umgekehrten Netzwerkteil der IP-Adresse mit dem reservierten Domainnamen *inaddr.arpa*. Angenommen, *lingoworld.de* verwendet das Netz 196.23.17.0/24, dann wird die folgende Reverse-Lookup-Zone konfiguriert:

```
zone "17.23.196.in-addr-arpa" {
   type master;
   file "db.196.23.17";
};
```

Wenn Ihr Nameserver als Slave dienen soll, beispielsweise für die Zone *othernet.de*, sieht die entsprechende zone-Anweisung so aus:

```
zone "othernet.de" {
   type slave;
   masters { 138.19.47.3; };
   file "bak.othernet.de";
};
```

Unter masters wird eine Liste von Nameservern angegeben, von denen der Slave die Replikationsdaten erhält. Sie brauchen keine primären Master-Nameserver zu sein; der Begriff *masters* bezieht sich auf übergeordnete Nameserver aus der Perspektive des Slaves.

Schließlich benötigen Sie auf jeden Fall noch einen Eintrag für die *Root-Hints-Datei*. Diese spezielle Datei enthält Informationen über die Server, die den Stamm des DNS bilden und auf die Root-Nameserver der verschiedenen TLDs verweisen. Die entsprechende Datei (zum Beispiel *named.root*) ist entweder in Ihrer BIND-Distribution enthalten, oder Sie müssen sie per FTP unter der Adresse *ftp.rs.internic.net/domain/named.root* herunterladen. Der Eintrag in *named.conf* sieht so aus:

```
zone "." {
    type hint;
    file "named.root";
};
```

Die Konfiguration für einen Caching-only-Nameserver, der lediglich die Antworten externer Nameserver zwischenspeichert, lautet beispielsweise wie folgt:

```
forwarders {
    8.8.8.8;
    81.173.194.77;
    194.8.194.60
};
forward only;
```

Die Anweisung forward only verhindert, dass diese BIND-Installation selbst versucht, Namen aufzulösen. In den geschweiften Klammern stehen die Adressen der Nameserver, deren Daten der Caching-only-Server zwischenspeichern soll. Im vorliegenden Beispiel sind es diejenigen von Google und NetCologne; verwenden Sie am besten die Nameserver Ihres eigenen Providers.

Bitte beachten Sie, dass die Syntax der Datei *named.conf* ganz exakt eingehalten werden muss. (Aus eigener Erfahrung weiß ich, dass Programmierer besonders gern das Semikolon hinter der schließenden geschweiften Klammer vergessen.)

Falls Ihr Nameserver als primärer Master für eine Zone dient, müssen Sie nun die entsprechende Zonendaten-Datei anlegen. Sie enthält Resource Records für die einzelnen Hosts, Serverdienste und andere Elemente der Zone. Die erste Zeile einer Zonendaten-Datei ist eine $TTL-Anweisung (*Time To Live*). Sie gibt an, wie lange andere Nameserver die aus dieser Datei enthaltenen Informationen maximal im Cache halten dürfen. Sie können den Wert entweder komplett in Sekunden angeben oder mit den folgenden Maßeinheiten arbeiten: w (Wochen), d (Tage), h (Stunden), m (Minuten) und s (Sekunden). Soll der Wert 28 Stunden betragen, gibt es beispielsweise die folgenden drei Möglichkeiten:

```
$TTL 100800
$TTL 28h
$TTL 1d4h
```

Die nächste Information ist ein *SOA-Record* (*Start of Authority*). Er enthält die folgenden Konfigurationsinformationen über die Zone selbst:

- *MNAME*: Repräsentiert den Hostnamen des primären Master-Nameservers.
- *RNAME*: Die E-Mail-Adresse des Verantwortlichen; das @ wird durch einen Punkt ersetzt.
- *Die Seriennummer der Zone*: Sie sollte bei jeder Aktualisierung erhöht werden. Ein praktisches Format für manuell gepflegte Zonendaten ist JJJJMMDDVV (Letzteres ist eine zweistellige Versionsnummer, die bei 00 beginnt und wichtig ist, wenn mehrere Änderungen an einem Tag stattfinden).
- *Der Refresh-Wert*: Gibt das Intervall an, in dem die Slave-Nameserver anfragen sollen, ob die Zonendaten aktualisiert wurden.
- *Der Retry-Wert*: Bestimmt, wie lange ein Slave warten soll, bevor er nach einem Verbindungsfehler erneut nach Aktualisierungen fragt.
- *Der Expire-Wert*: Legt fest, wie lange die Slaves antworten sollen, wenn der primäre Master nicht erreichbar ist. Dieser Wert sollte recht hoch sein, weil er für Ausfallschutz sorgt.
- *Der Negative-Caching-Wert*: Gibt an, wie lange die Slaves negative Antworten (»nicht gefunden« etc.) im Cache speichern dürfen. Der Wert sollte recht klein sein, da es sich um einen vorübergehenden Ausfall handeln könnte.

Ein vollständiger SOA-Record für *lingoworld.de* sieht zum Beispiel so aus:

```
lingoworld.de.  IN  SOA  ns1.lingoworld.de.  (
                hostmaster.lingoworld.de.
                2006112501
                30m
                10m
                30d
                30m )
```

Die (runden!) Klammern sind nur dann erforderlich, wenn Daten der Übersicht halber auf mehrere Zeilen verteilt werden.

Falls Sie einen Host zu einer Zonendaten-Datei hinzufügen möchten, benötigen Sie einen *A-Record* (*Address*). Für *pc1.lingoworld.de* mit der IP-Adresse 196.17.23.24 sieht ein solcher Eintrag so aus:

```
pc1.lingoworld.de.   IN   A   196.23.17.24
```

Außerdem benötigen Sie einen *PTR-Record* (*Pointer*) in der Zonendaten-Datei der Reverse-Lookup-Zone (in diesem Beispiel in `db.196.17.23`). Für *pc1.lingoworld.de* sieht dieser Eintrag so aus:

```
24.23.17.196.in-addr.arpa.  IN  PTR  pc1.lingoworld.de.
```

Zur Vereinfachung kann die Zonendaten-Datei für den Reverse Lookup einen $ORIGIN-Eintrag mit dem gemeinsamen Präfix aller IP-Adressen enthalten und dann für die einzelnen Adressen selbst nur den variablen Teil auflisten. Beispiel:

```
$ORIGIN 23.17.196.in-addr.arpa.
24    IN    PTR    pc1.lingoworld.de
25    IN    PTR    pc2.lingoworld.de
```

Auf diese Weise müssen Sie alle Rechner in Ihrer Domain, die öffentlich über Hostnamen verfügbar sein sollen, angeben – natürlich auch Ihre eigenen Nameserver, Webserver, Mailserver etc.

Für Webserverbetreiber ist es oft nützlich, wenn der reine Domainname (*lingoworld.de*) ebenso auf den Webserver verweist wie *www.lingoworld.de*. Viele Benutzer versuchen den Zugriff ohne das Präfix *www*, weil sie das von großen Sites wie *google.com* gewohnt sind. Zu diesem Zweck brauchen Sie nur einen zusätzlichen A-Record einzurichten, der auf die IP-Adresse des Webservers verweist. Beide Möglichkeiten zusammen sehen also so aus:

```
www.lingoworld.de.    IN    A    196.23.17.3
lingoworld.de.        IN    A    196.23.17.3
```

Einen *CNAME-Record* (*Canonical Name*; ein Alias, der auf einen anderen Hostnamen verweist) dürfen Sie in diesem Zusammenhang nicht verwenden, denn ein A-Record und ein zugehöriger CNAME-Record müssen sich auf derselben Domain-Hierarchiestufe befinden. Nützlich ist der CNAME-Record aber beispielsweise dann, wenn Ihr Webserver intern anders heißt als *www*:

```
www    IN    CNAME    box.lingoworld.de.
```

Falls sich das Ziel des Alias-Records (der Hostname auf der rechten Seite) in einer anderen Zone befindet als der Alias, muss dieser Record in der Zone stehen, in die der Alias gehört.

Sie können über die Zonendaten eine triviale Form von *Load-Balancing* (Lastverteilung auf mehrere physikalische Server) betreiben, indem Sie für jeden Server einen A-Record schreiben:

```
www.lingoworld.de.    IN    A    196.23.17.3
www.lingoworld.de.    IN    A    196.23.17.4
www.lingoworld.de.    IN    A    196.23.17.5
```

Die IP-Adressen der Webserver werden dann im sogenannten *Round-Robin-Verfahren* (»reihum«) ausgegeben. Professionelles Load-Balancing benötigt allerdings eine komplexere Konfiguration, die nicht nur DNS betrifft, da eine gerechte Verteilung von Serverressourcen beispielsweise auch von der Dateigröße der ausgelieferten Dokumente abhängt und nicht nur von der reinen Anzahl der Namensanfragen.

Die spezielle Variante eines A-Records für IPv6 wird als AAAA-Record bezeichnet, um anzudeuten, dass die Adresse viermal so viele Bytes lang ist wie eine IPv4-Adresse. Solche Einträge sehen beispielsweise so aus:

```
lingoworld.de.      IN    AAAA    fdeb:2439:3691:a675::1
pc1.lingoworld.de.  IN    AAAA    fdeb:2439:3691:a675::18
pc2.lingoworld.de.  IN    AAAA    fdeb:2439:3691:a675::19
```

Der Reverse Lookup für IPv6 funktioniert schematisch ähnlich wie für IPv4, wobei hier der $ORIGIN-Eintrag noch wichtiger ist, um das Ganze einigermaßen übersichtlich zu halten:

```
$ORIGIN 5.7.6.a.1.9.6.3.9.3.4.2.b.e.d.f.IP6.ARPA
1.0.0.0.0.0.0.0.0.0.0.0.0.0.0.0     IN    PTR    lingoworld.de.
18.0.0.0.0.0.0.0.0.0.0.0.0.0.0.0    IN    PTR    pc1.lingoworld.de.
19.0.0.0.0.0.0.0.0.0.0.0.0.0.0.0    IN    PTR    pc2.lingoworld.de.
```

Ein weiterer wichtiger Typ von Resource Records sind die *NS-Records* (*Nameserver*). Sie geben sämtliche autoritativen (zuständigen) Nameserver für die Zone an. Wie bereits erwähnt, sollte mindestens einer dabei sein, der sich nicht innerhalb des eigenen Netzwerks befindet. Für die Domain *lingoworld.de* könnten die NS-Records also beispielsweise so aussehen:

```
lingoworld.de.    IN    NS    ns1.lingoworld.de.
lingoworld.de.    IN    NS    ns2.lingoworld.de.
lingoworld.de.    IN    NS    ns1.provider.de.
```

Mithilfe von NS-Records delegieren Sie übrigens auch untergeordnete Zonen: Für eine Subdomain geben Sie einfach einen anderen Nameserver an. Sofern dieser Nameserver sich innerhalb der Zone befindet, die in der aktuellen Zonendaten-Datei konfiguriert wird, muss zusätzlich ein A-Record für diesen Nameserver hinterlegt werden:

```
mail.lingoworld.de.     IN    NS    ns.mail.lingoworld.de.
mail.lingoworld.de.     IN    NS    ns2.provider.de.
ns.mail.lingoworld.de.  IN    A     196.23.17.9
```

Zu guter Letzt benötigen Sie noch *MX-Records* (*Mail Exchange*) für die Angabe von Mailzielen. Schließlich sollen Benutzer E-Mails an Adressen wie *user@lingoworld.de* schicken können statt an *user@mail.lingoworld.de*. MX-Records enthalten eine Prioritätsangabe, die festlegt, welcher Mailserver bevorzugt werden soll. Ein Server mit einem höheren Wert wird nur dann gewählt, wenn derjenige mit dem nächstkleineren offline oder aus anderen Gründen nicht verfügbar ist:

```
lingoworld.de.    IN    MX    0 mail.lingoworld.de.
lingoworld.de.    IN    MX    10 snailmail.lingoworld.de.
lingoworld.de.    IN    MX    20 mail.provider.de.
```

**15 Weitere Internet-Serverdienste**

Es gibt noch zahlreiche andere Typen von Resource Records, von denen viele für den Betrieb eines Nameservers praxisrelevant sind. Wenn Sie selbst für die Verwaltung Ihrer DNS-Zonen verantwortlich sind und öffentliche Nameserver betreiben müssen, kommen Sie nicht umhin, sich entsprechende Literatur zu beschaffen.

### 15.1.2 Der Verzeichnisdienst OpenLDAP

Immer größer werdende Netzwerke und IT-Infrastrukturen erfordern neue Verwaltungs-möglichkeiten. Verzeichnisdienste bieten eine solche allgemeine Lösung für die Verwaltung von Rechnern und Ressourcen sowie für die zentralisierte Benutzerkontenpflege. Der Verzeichnisdienst stellt eine spezielle Art von Datenbank bereit, in der sämtliche Teilnetze, Computer, Benutzer und Gruppen der Organisation gespeichert werden.

Es gibt unzählige konkrete Verzeichnisdienste. Ein Klassiker ist *NIS* von Sun; inzwischen besitzt er einen Nachfolger namens *NIS+*. Die meisten anderen modernen Verzeichnisdienste basieren auf dem *Lightweight Directory Access Protocol* (LDAP). Es wurde zunächst als abgespeckte, leichter implementierbare und vor allem TCP-fähige Methode für den Zugriff auf Verzeichnisse der alten Spezifikation X.500 entworfen. LDAP setzte sich so flächendeckend durch, dass schließlich Verzeichnisse entwickelt wurden, die kein vollständiges X.500 mehr implementierten, sondern nur noch die für LDAP nötigen Features.

Wichtige Beispiele für LDAP-basierte Server sind *Novell Directory Services* (NDS) beziehungsweise *eDirectory*, *Microsoft Active Directory* und *OpenLDAP*. Die Open-Source-Implementierung OpenLDAP wird im Folgenden beschrieben.

#### LDAP-Grundwissen

In LDAP-Verzeichnissen werden die Daten hierarchisch gespeichert und bilden eine Baumstruktur, den *LDAP Directory Information Tree* (DIT). Für Dateneingabe, -ausgabe und -austausch kommt das textbasierte *LDAP Interchange Format* (LDIF) zum Einsatz. Jeder LDAP-Eintrag im LDIF-Format besitzt die Struktur `Name=Wert`. Die meisten dieser Knoten besitzen Unterobjekte sowie Attribute im Format `Attributname: Wert`.

Sowohl die Objekt- als auch die Attributnamen sind standardisiert im sogenannten *LDAP-Schema* festgelegt. Jeder Schema-Eintrag besitzt einen Namen und eine eindeutige Nummer, zudem bestimmt das Schema die Verschachtelungsstruktur. Das Schema der LDAP-Spezifikation lässt sich bei Bedarf um eigene Objekt- und Attributklassen erweitern.

Als Wurzel des LDAP-Baums werden `dc`-Einträge verwendet (*domain component*). Sie bilden die verschiedenen, normalerweise durch Punkte getrennten Elemente eines Domainnamens ab. Der Wurzeleintrag für die Domain `lingoworld.de` wäre demzufolge `dc=lingoworld,dc=de`. Der Gesamt-Domainname bildet in diesem Fall den sogenannten *Distinguished Name* (DN) des LDAP-Knotens.

Unter der Wurzel wird der LDAP-Baum in eine oder mehrere Stufen von Organisationseinheiten (ou als Abkürzung für *organizational units*) unterteilt. Zu den bekanntesten gehören ou=people für Benutzer (oder allgemein Personen) sowie ou=devices für Computer und andere Geräte.

Die Organisationseinheit ou=people könnte in einer Firma beispielsweise in die untergeordneten Organisationseinheiten ou=sales, ou=marketing und ou=accounting unterteilt werden, um die verschiedenen Abteilungen abzubilden.

Um Benutzer-Datensätze zu kennzeichnen, wird ein cn-Knoten verwendet (*common name*). Sein Inhalt besteht in der Regel aus dem Vor- und Nachnamen der betreffenden Person, kann aber bei Bedarf auch um weitere Unterscheidungsmerkmale ergänzt werden. Der gesamte DN eines Users in der Abteilung Entwicklung unter der Organisationseinheit people im Netzwerk *lingoworld.de* könnte beispielsweise wie folgt lauten:

```
cn=Sascha Kersken,ou=developers,ou=people,
dc=lingoworld,dc=de
```

Personendaten gehören zur Objektklasse person und können aus zahlreichen Attributen bestehen. Für moderne Netzwerke verwenden Sie besser zusätzlich die erweiterte Objektklasse inetOrgPerson, da person selbst beispielsweise keinen Standardeintrag für eine E-Mail-Adresse enthält (inetOrgPerson allein funktioniert übrigens nicht, da stets mindestens eine sogenannte *strukturelle Objektklasse* verwendet werden muss; person ist eine solche).

Zur Verwaltung von Log-in-Daten gibt es je nach Betriebssystem unterschiedliche Objektklassen. Für alle Unix-Systeme kann beispielsweise posixAccount verwendet werden. Diese Objektklasse bildet alle Felder eines */etc/passwd*-Eintrags ab; analog gibt es die Klasse shadow-Account für */etc/shadow*-Passwortdaten. Wenn Sie auch Windows-Log-ins verwalten möchten, bietet sich dafür sambaAccount an. Beachten Sie, dass auch diese Objektklassen im Gegensatz zu person nicht strukturell sind.

Wenn netzwerkweite User-Log-ins die wichtigste Aufgabe eines LDAP-Servers sind, bietet sich die Verwendung von uid anstelle von cn im DN an. Beispiel:

```
uid=sascha,ou=developers,ou=people,dc=lingoworld,dc=de
```

Beachten Sie, dass jeder Knoten mehreren Objektklassen angehören kann. Dazu muss er allerdings die Pflichtattribute all dieser Klassen enthalten (die sich teilweise überschneiden, insbesondere bei voneinander abgeleiteten Objektklassen).

Hier ein komplettes Beispiel für einen User-Eintrag, der den drei Objektklassen person, inetOrgPerson und posixAccount angehört:

```
dn: uid=sascha,ou=developers,ou=people,
    dc=lingoworld,dc=de
objectClass: person
objectClass: inetOrgPerson
```

```
objectClass: posixAccount
cn: Sascha Kersken
sn: Kersken
givenName: Sascha
l: Köln
o: Lingoworld IT Services
telephoneNumber: 0221-7654321
facsimileTelephoneNumber: 0221-7654322
mail: sk@lingoworld.de
uid: sascha
uidNumber: 1001
gidNumber: 100
userPassword: {MD5}WY1MIARhuBUiozKFZcJffA==
homeDirectory: /home/sascha
loginShell: /bin/bash
```

Hier die Bedeutung der einzelnen Attribute:

- dn (*distinguished name*): der komplette Pfad des Eintrags im LDAP-Verzeichnisbaum

- objectClass: Die Kategorie des Eintrags, die festlegt, welche Felder vorgeschrieben beziehungsweise zulässig sind; der Beispieleintrag gehört wie erwähnt zu drei verschiedenen Klassen.

- cn (*common name*): Der eindeutige Eigenname des Knotens; bei Personen werden meist Vor- und Nachname verwendet.

- sn (*surname*): Nachname

- givenName: Vorname

- l (*location*): Wohnort

- o (*organization*): Firmen- oder Institutionsname

- telephoneNumber: Telefonnummer der Person

- facsimileTelephoneNumber: Faxnummer der Person

- mail: E-Mail-Adresse

- uid: User-ID für die Benutzeranmeldung

- uidNumber: die numerische User-ID

- gidNumber: die numerische ID der primären Gruppe dieses Benutzers

- userPassword: Zunächst steht in geschweiften Klammern der verwendete Verschlüsselungsalgorithmus, dahinter das entsprechend verschlüsselte Passwort selbst. (Im nächsten Abschnitt werden die Tools genannt, mit denen Sie Ihr Passwort selbst verschlüsseln können.)

- homeDirectory: das Home-Verzeichnis des Users

- loginShell: die Shell, die dem Benutzer nach der Anmeldung zur Verfügung steht

Jeder Knoten kann beliebig viele untergeordnete Knoten enthalten. Der DN wird dazu um den cn des übergeordneten Objekts ergänzt. Wenn Sie den inetOrgPerson-Eintrag beispielsweise lieber als Unterknoten des User-Accounts speichern möchten, dann lautet dessen DN wie folgt:

```
dn: cn=Sascha Kersken,uid=sascha,ou=people,
dc=lingoworld,dc=de
```

### openLDAP verwenden

Die meisten Linux- und Unix-Versionen enthalten den OpenLDAP-Server bereits ab Werk. Falls nicht, müssen Sie ihn von *http://www.openldap.org* herunterladen und selbst kompilieren.

Für Windows gibt es inzwischen einen binären Installer in der aktuellen Version 2.4; Sie können ihn unter *http://www.userbooster.de/en/download/openldap-for-windows.aspx* herunterladen. Wenn Sie den Installer mit Standardeinstellungen ausführen, wird OpenLDAP automatisch als Dienst installiert. Sie sollten das Installationsverzeichnis anschließend zu Ihrem PATH hinzufügen, damit Sie von überall Zugriff auf die LDAP-Kommandozeilen-Tools haben.

Der OpenLDAP-Serverdienst trägt den Namen slapd. Seine Haupt-Konfigurationsdatei befindet sich unter */etc/openldap/slapd.conf*.

Damit ein Zugriff auf den LDAP-Server überhaupt möglich ist, müssen Sie die beiden Einträge suffix (die Wurzel des LDAP-Baums) und rootdn (DN des Verwaltungs-Users) editieren. Im Allgemeinen ist es üblich, dass der rootdn den Common Name Manager trägt; darauf folgen dieselben Domainkomponenten wie beim suffix. Beispiel:

```
suffix      "dc=lingoworld,dc=de"
rootdn      "cn=Manager,dc=lingoworld,dc=de"
```

Zudem benötigt der rootdn ein Passwort. Standardmäßig lautet die betreffende Zeile:

```
rootpw      secret
```

Sie sollten das Passwort secret mindestens ändern; für den Produktiveinsatz empfiehlt sich zudem die Verwendung eines verschlüsselten Passworts. Dazu wird der Name des Verschlüsselungsalgorithmus in geschweiften Klammern angegeben, dahinter das Base64-codierte Passwort in der entsprechenden Verschlüsselung. Hier ein Beispiel für das MD5-verschlüsselte Passwort "geheim" (in der Praxis natürlich keine gute Wahl[1]):

```
rootpw      {MD5}6GNuoBPmgvr2H1bOHLGrXA==
```

---

1 MD5 selbst ist auch schon lange nicht mehr die beste Wahl für die Einwegverschlüsselung von Passwörtern. Details dazu werden in Kapitel 21, »Computer- und Netzwerksicherheit«, beschrieben.

Sie können das Passwort mit den Konsolen-Tools `ldappasswd` oder `slappasswd` verschlüsseln, die mit neueren OpenLDAP-Versionen geliefert werden.

Nach einer solchen Konfigurationsänderung müssen Sie den OpenLDAP-Server mit der zu Ihrem Betriebssystem passenden Methode neu starten. Alternativ werten OpenLDAP-Versionen seit 2.3 die Konfigurationsdateien im Verzeichnis */etc/openldap/slapd.d* zur Laufzeit aus, erlauben also Konfigurationsänderungen ohne Neustart.

Sobald der Server läuft, können Sie Einträge erzeugen und ihn anderweitig nutzen. Die einfachste Methode besteht darin, die gewünschten Einträge im LDIF-Format in Textdateien zu schreiben und dann mithilfe der OpenLDAP-Kommandozeilen-Tools einzulesen. Das folgende Beispiel legt die LDAP-Wurzel für *lingoworld.de*, die Organisationseinheiten `people` und `developers` sowie den Beispiel-User-Account `sascha` an:

```
dn: dc=lingoworld,dc=de
dc: lingoworld
objectClass: dcObject
objectClass: organizationalUnit
ou: lingoworld.de

dn: ou=people,dc=lingoworld,dc=de
ou: people
objectClass: organizationalUnit

dn: ou=developers,ou=people,dc=lingoworld,dc=de
ou: developers
objectClass: organizationalUnit

dn: uid=sascha,ou=developers,ou=people,dc=lingoworld,dc=de
objectClass: person
objectClass: posixAccount
uid: sascha
cn: Sascha Kersken
uidNumber: 1001
gidNumber: 100
gecos: Sascha Kersken
userPassword: {MD5}GzIxZVzrt6H3g+3fJ9JUyg==
homeDirectory: /home/sascha
loginShell: /bin/bash
```

Das noch nicht besprochene Attribut `gecos` steht für das gleichnamige */etc/passwd*-Feld mit dem ausführlichen Beschreibungstext.

Angenommen, die Datei heißt *data.ldif*. Dann können Sie Folgendes eingeben, um sie zu Ihrem LDAP-Verzeichnis hinzuzufügen:

```
# ldapadd -x -f data.ldif \
-D "cn=manager,dc=lingoworld,dc=de" -W
```

Die Option `-x` bedeutet, dass Klartext-Authentifizierung verwendet werden soll; sie kann weggelassen werden, wenn Sie das `rootdn`-Passwort empfehlungsgemäß verschlüsselt haben. `-f Dateiname` gibt die Datei an, aus der `ldapadd` lesen soll. `-D` gibt den `rootdn` an, und `-W` fordert die Passworteingabe-Aufforderung in der nächsten Zeile an.

Weitere interessante LDAP-Kommandozeilen-Tools sind *ldapmodify*, das einen existierenden Eintrag ändert (`ldapadd` ist eigentlich nur ein *ldapmodify*-Aufruf mit der Option a), sowie *ldapsearch*, das im LDAP-Verzeichnis nach Einträgen sucht.

Geben Sie beispielsweise Folgendes ein, um alle Einträge Ihres Verzeichnisses zu lesen (hier aus Platzgründen mit der Beispielausgabe vor Hinzufügen des User-Eintrags):

```
# ldapsearch -x -D "cn=Manager,dc=lingoworld,dc=de" \
-b "dc=lingoworld,dc=de" "(objectclass=*)"
Enter LDAP Password: # extended LDIF
#
# LDAPv3
# base <dc=lingoworld,dc=de> with scope sub
# filter: (objectClass=*)
# requesting: ALL
#

# lingoworld.de
dn: dc=lingoworld,dc=de
dc: lingoworld
objectClass: dcObject
objectClass: organizationalUnit
ou: lingoworld.de

# people, lingoworld.de
dn: ou=people,dc=lingoworld,dc=de
ou: people
objectClass: organizationalUnit

# developers, people, lingoworld.de
dn: ou=developers,ou=people,dc=lingoworld,dc=de
ou: developers
objectClass: organizationalUnit

# search result
search: 2
result: 0 Success
```

```
# numResponses: 4
# numEntries: 3
```

Die Optionen `-x` und `-D` wurden bereits erläutert. Die Option `-b` gibt den DN der Basis an, unter der gesucht werden soll. `"(objectclass=*)"` ist ein LDAP-Filter. Da jeder LDAP-Eintrag ein `objectClass`-Attribut besitzen muss, trifft dieser Filter auf jeden Knoten des Verzeichnisses zu.

In LDAP-Filtern steht jedes Suchkriterium in Klammern. Das Sternchen (*) kann als Platzhalter für ganze Werte oder Teile von ihnen eingesetzt werden. Neben der Vergleichsoperation `=` können beispielsweise auch `<=` für kleiner oder gleich beziehungsweise `>=` für größer oder gleich zum Einsatz kommen.

Wenn Sie mehrere Kriterien verknüpfen möchten, funktioniert dies wie folgt: `(|(Kriterium 1)(Kriterium 2))` kombiniert die beiden Kriterien per logischem Oder; es genügt also, wenn eines von ihnen zutrifft. `(&(Kriterium 1)(Kriterium 2))` ist dagegen das logische Und, das heißt, beide Kriterien müssen erfüllt sein.

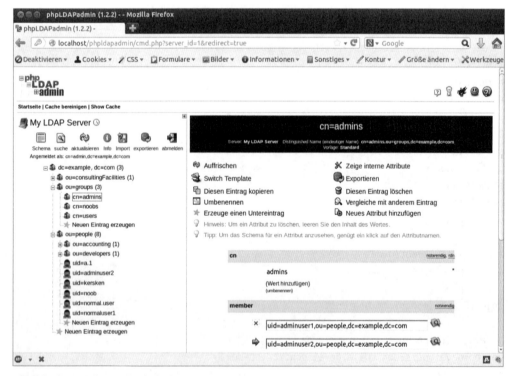

**Abbildung 15.1** phpLDAPadmin im Einsatz

Mehr Komfort als diese Konsolenkommandos bieten grafische LDAP-Clients. Einer der empfehlenswertesten ist *phpLDAPadmin*, der unter *http://phpldapadmin.sourceforge.net* zum Download bereitsteht. Er wird – ähnlich wie das in Kapitel 13, »Datenbanken«, vorgestellte

MySQL-Administrationstool phpMyAdmin – als PHP-Anwendung auf einem Webserver installiert. Sie brauchen das Paket nur in Ihr Webserververzeichnis zu kopieren, die Konfigurationsdatei *conf/config.php* anzupassen (indem Sie zum Beispiel die URL Ihres LDAP-Servers eintragen) und die betreffende URL im Browser zu öffnen. Abbildung 15.1 zeigt einen LDAP-Beispieleintrag in phpLDAPadmin.

### Einsatzbeispiele

LDAP-Verzeichnisse können für unzählige Verwaltungs- und Informationsaufgaben eingesetzt werden. An dieser Stelle lernen Sie zwei von ihnen im Schnellüberblick kennen: den LDAP-basierten System-Log-in unter Linux sowie die LDAP-basierte Authentifizierung gegenüber einem Apache-Webserver.

Die Systemanmeldung über LDAP funktioniert unter Linux über die *PAM*-Schnittstelle (*Pluggable Authentication Modules*). Als Erstes muss die Datei */etc/nsswitch.conf* editiert werden. Sie bestimmt, aus welchen Quellen überhaupt Anmeldedaten gelesen werden. Wichtig sind die folgenden drei Einträge:

```
passwd: files ldap
shadow: files ldap
group:  files ldap
```

Diese Zeilen bestimmen die Herkunft der */etc/passwd*-, */etc/shadow*- und */etc/group*-Daten. `files` sind die jeweiligen lokalen Originaldateien. Dieser Wert sollte niemals entfernt werden, da Sie sonst ausgesperrt sind, sobald der LDAP-Server ausfällt (insbesondere natürlich, wenn dieser auf `localhost` läuft). Vor allem das Verwalterkonto *root* muss stets lokal definiert bleiben.

Anschließend müssen Sie dafür sorgen, dass die Konfigurationsdatei */etc/pam.d/login* Zeilen wie diese enthält:

```
auth     sufficient /lib/security/pam_ldap.so
account  sufficient /lib/security/pam_ldap.so
password sufficient /lib/security/pam_ldap.so use_authtok
```

`auth` besagt, dass die Anmeldung anhand des LDAP-Verzeichnisses überprüft werden soll; `account` liest auch die Benutzerkonteneinstellungen daraus. Die `password`-Zeile sorgt dafür, dass das eingegebene Passwort zum Vergleich an den LDAP-Server weitergereicht wird. Mit `sufficient` wird jeweils festgelegt, dass die LDAP-Überprüfung allein genügt und dass der Zugang nicht mehr von anderen Voraussetzungen abhängt.

Viele Betriebssysteme enthalten eingebaute Hilfsmittel, mit denen Sie die LDAP-basierte Authentifizierung leichter einstellen können. Unter openSUSE können Sie beispielsweise das Konfigurationsprogramm YaST starten, SICHERHEIT UND BENUTZER • BENUTZER ANLEGEN UND BEARBEITEN aufrufen und darin den Punkt OPTIONEN FÜR EXPERTEN • AUTHENTI-

FIZIERUNG UND BENUTZERQUELLEN auswählen. Dort finden Sie den Punkt LDAP, den Sie anklicken können, um alles bequem einzustellen.

Falls Sie den Zugang zu Webverzeichnissen Ihres Apache-Servers über LDAP kontrollieren möchten, müssen Sie in der Datei *httpd.conf* zunächst überprüfen, ob die beiden zugehörigen Module geladen werden:

```
LoadModules ldap_module modules/mod_ldap.so
LoadModules authnz_ldap_module modules/mod_authnz_ldap.so
```

Anschließend können Sie in Apache 2.2 oder neuer eine Konfiguration nach dem folgenden Schema verwenden, um den Schutz eines Verzeichnisses mithilfe eines LDAP-Servers zu überprüfen:

```
<Directory /usr/local/apache2/htdocs/ldap-schutz>
    AuthType basic
    AuthBasicProvider ldap
    AuthName "LDAP-geschütztes Verzeichnis"
    AuthLDAPUrl \
        "ldap://localhost/dc=lingoworld,dc=de?uid?sub"
    AuthLDAPBindDN "cn=Manager,dc=lingoworld,dc=de"
    AuthLDAPBindPassword geheim
    Require valid-user
</Directory>
```

Starten Sie Apache neu, nachdem Sie eine solche Konfiguration erzeugt haben. Beim nächsten Zugriff auf das betreffende Verzeichnis zeigt der Browser einen Log-in-Dialog an. Hier müssen Sie eine gültige UID und das zugehörige Passwort eingeben.

Im Einzelnen bedeuten die verwendeten Konfigurationsdirektiven Folgendes (hier nur ganz kurz, da einige von ihnen bereits im vorangegangenen Kapitel erläutert wurden):

▶ `AuthType basic` – Datenübertragung vom Browser zum Server im Klartext; `mod_authnz_ldap` arbeitet leider noch nicht mit `mod_auth_digest` zusammen.

▶ `AuthBasicProvider ldap` – Als Provider-Modul zur Überprüfung der Anmeldedaten wird `mod_authnz_ldap` ausgewählt.

▶ `AuthName` – steht für den Realm, also den gemeinsamen Namen des Authentifizierungsbereichs.

▶ `AuthLDAPUrl` – die URL des LDAP-Servers. Sie besitzt folgenden Aufbau:

`ldap[s]://Host[:Port] [Host ...]/Basis-DN?Attribut?Tiefe`

Die einzelnen Komponenten bedeuten Folgendes:

– Protokoll, `ldap://` (Klartext) oder `ldaps://` (SSL-verschlüsselt, falls konfiguriert)

- Hostname des LDAP-Servers; wenn er nicht auf Port 389 (`ldap`) beziehungsweise 636 (`ldaps`) läuft, müssen Sie hinter einem Doppelpunkt auch die Portnummer angeben. Optional können Sie zur Ausfallsicherung mehrere Hosts durch Leerzeichen trennen.

- Basis-DN – der DN des LDAP-Knotens, unter dem gesucht werden soll

- zu vergleichendes Attribut; meist `uid` (Standard) oder `cn`

- Suchtiefe; `one` für den Basis-DN selbst oder `sub` für diesen und alle seine Unterbereiche

Weitere Optionen sind möglich. Eine ausführliche Liste finden Sie beispielsweise in der Online-Dokumentation des Apache-Moduls `mod_authnz_ldap` unter *http://httpd.apache.org/docs/2.4/en/mod/mod_authnz_ldap.html*.

▶ `AuthLDAPBindDN` – Wenn Ihr LDAP-Server nicht für anonyme Lesezugriffe konfiguriert ist, müssen Sie mithilfe dieser Direktive den DN eines zugriffsberechtigten Benutzers angeben.

▶ `AuthLDAPBindPassword` – das Passwort des berechtigten LDAP-Users

▶ `Require` – gibt an, welche der im durchsuchten Teil des LDAP-Verzeichnisses vorgefundenen User sich anmelden dürfen. Neben den allgemeinen Apache-Vorgaben `user` `Username`, `group` `Gruppenname` und `valid-user` (alle User aus dem angegebenen Bereich) gibt es einige LDAP-spezifische Werte:

- `ldap-dn` – der DN eines bestimmten Users, zum Beispiel `ldap-dn "uid=sascha, ou= developers, ou=people, dc=lingoworld, dc=de"`

- `ldap-attribute` – ein Attribut mit einem Vergleichswert, etwa `ldap-attribute cell=*` für alle User, für die ein Mobiltelefon eingetragen ist

- `ldap-filter` – ein LDAP-Filter; beispielsweise akzeptiert `ldap-filter "(&(ou= developers)(sn=Schmitz))"` nur User namens *Schmitz* aus der Abteilung `developers`.

## 15.2 Sonstige Server

In diesem Abschnitt wird noch kurz auf zwei andere Netzwerkserverdienste eingegangen: FTP und `xinetd`.

### 15.2.1 »vsftpd«, ein FTP-Server

Die theoretischen Grundlagen des File Transfer Protocols wurden bereits in Kapitel 4, »Netzwerkgrundlagen«, beschrieben. Da es sich um einen der ältesten Internetdienste handelt, gibt es unzählige Implementierungen von FTP-Servern. Leider sind die meisten von ihnen verhältnismäßig unsicher. Schließlich stammt ihr Grundkonzept aus einer Zeit, in der die Universitätsnetze beinahe unter sich waren und in der Regel nicht beabsichtigten, einander Schaden zuzufügen.

Ein moderner FTP-Server ist *vsftpd* (*Very Secure File Transfer Protocol Daemon*). Er ist Bestandteil zahlreicher Linux- und Unix-Distributionen. Falls Ihre nicht dazugehört oder wenn Sie eine neuere Version haben möchten, können Sie ihn unter *http://vsftpd.beasts.org* herunterladen. Wenn Sie ihn starten, ohne die Konfigurationsdatei zu editieren, wird er als Anonymous-FTP-Server ausgeführt, von dem Daten nur heruntergeladen werden können.

Falls Sie ein spezielleres Verhalten benötigen, müssen Sie die Konfigurationsdatei */etc/vsftpd.conf* bearbeiten. Es gibt zahlreiche mögliche Konfigurationsdirektiven. In der Datei finden Sie recht ausführliche Kommentare dazu; noch mehr Informationen erhalten Sie auf der Manpage *vsftpd.conf(5)*.[2] An dieser Stelle sollen nur ein paar Konfigurationsoptionen vorgestellt werden. Die Reihenfolge entspricht derjenigen in der Datei, in der sie zunächst auskommentiert stehen.

- `write_enable=YES|NO`
  Legt fest, ob Schreibzugriffe generell gestattet sind oder nicht. Falls nichts anderes eingestellt wird, gilt dies zunächst einmal nur für lokale Benutzer.

- `ftpd_banner=Text`
  Die Begrüßungsnachricht des Servers. Sie wird in den meisten FTP-Clients angezeigt, sobald ein Benutzer sich anmeldet. Oft enthält sie Informationen zu den Einstellungen und zur »Geschäftspolitik« des FTP-Servers. Beispiel:

  `ftpd_banner=Welcome to the lingoworld.de FTP Server.`

- `local_enable=YES|NO`
  Diese Direktive legt fest, ob sich neben den standardmäßig aktivierten anonymen Log-ins auch benannte User anmelden dürfen. Die Benutzerdaten stammen dabei aus der Datei */etc/passwd* beziehungsweise den diversen PAM-Modulen.

- `chroot_local_user=YES|NO`
  Aktivieren Sie diese Option, um den jeweils angemeldeten Benutzer mithilfe von `chroot(1)` in einen »Dateisystemkäfig« zu sperren. Das Home-Verzeichnis des entsprechenden Users wird damit zur absoluten Wurzel des Dateisystems. Vom Sicherheitsstandpunkt her ist dies sehr zu empfehlen, allerdings funktioniert diese Option nicht, wenn mehrere User einen gemeinsamen Zugriff auf FTP-Verzeichnisse benötigen.

- `anonymous_enable=YES|NO`
  Legt fest, ob der Server anonyme Log-ins erlaubt. Die Voreinstellung ist YES.

Wenn Sie Änderungen an der Konfigurationsdatei vornehmen, müssen Sie den FTP-Server anschließend neu starten. Halten Sie sich dazu – sowie für den automatischen Start des Servers – an die allgemeinen Anleitungen zur Administration von Unix-Programmen auf Unix-Systemen.

---

2 Die Zahl in Klammern steht für die Manual-Sektion. Geben Sie »man 5 vsftpd« ein, um Informationen zur Konfigurationsdatei zu erhalten. Ein einfaches »man vsftpd« ruft dagegen *vsftpd(1)* auf, die Manpage des Servers selbst.

### 15.2.2  »inetd« und »xinetd«

Manche Internetserver werden nicht permanent benötigt, und es wäre deshalb eine gewisse Ressourcenvergeudung, sie permanent als Daemons laufen zu lassen. Die Alternative bietet ein Dienst, der bereits seit der »Internetsteinzeit« für Unix-Systeme zur Verfügung steht: der *Superdaemon* inetd. Er stellt die lauschenden Sockets für verschiedene TCP-Ports oder UDP-Dienste bereit und startet den jeweiligen Server, sobald eine Anfrage für diesen eintrifft. Einige ziemlich primitive Standarddienste kann er sogar selbst zur Verfügung stellen.

Früher war die Verwendung von inetd weitverbreitet. Selbst alte Apache-Versionen besaßen eine Konfigurationsdirektive namens ServerType. Sie konnte die Werte stand-alone oder inetd annehmen, um den Webserver als Daemon zu betreiben beziehungsweise nur bei Bedarf zu starten.

Wegen diverser Designschwächen wurde der inetd inzwischen durch eine Neuimplementierung namens xinetd ersetzt. Da die Anleitungen vieler Server aber immer noch die Verhältnisse für inetd beschreiben, sollten Sie sich trotzdem beide Dienste anschauen.

#### »inetd«

Die Einstellungen für den inetd stehen in seiner Konfigurationsdatei */etc/inetd.conf*. Jeder Eintrag steht in einer einzelnen Zeile und besteht aus diversen durch Whitespace getrennten Feldern. Hier einige Beispiele:

```
echo stream tcp nowait root internal
echo dgram  udp wait    root internal
ftp  stream tcp nowait root /usr/sbin/tcpd in.ftpd -l -a
```

Die Felder haben folgende Bedeutung:

- *Dienstname* – Dies ist der Alias des Ports oder Dienstes gemäß */etc/services*.
- *Socket-Typ* – Wie Sie bereits aus Kapitel 10, »Konzepte der Programmierung«, wissen, sind Sockets die Endpunkte einer Netzwerkverbindung. Es gibt zwei wichtige Arten: stream stellt eine zuverlässige Punkt-zu-Punkt-Verbindung durch die sogenannten *Streaming-Sockets* zur Verfügung, während dgram die *Datagramm-Sockets* zum verbindungslosen Senden einfacher Nachrichten bereitstellt. stream-Sockets gehören in aller Regel zu TCP, dgram-Sockets dagegen zu UDP.
- *Protokoll* – das Transportprotokoll; möglich sind die beiden Werte tcp und udp. Einige Dienste, zum Beispiel echo, können sowohl über TCP als auch über UDP verwendet werden.
- *Nebenläufigkeit* – Das nächste Feld enthält den Wert nowait, wenn der entsprechende Server mehrere Anfragen gleichzeitig verarbeiten kann, oder wait, wenn jeder Verbindungsversuch das Ende der vorherigen Verbindung abwarten muss. Da UDP einzelne Nachrichten sendet, genügt für dieses Protokoll stets wait, während die meisten TCP-Dienste nowait verwenden. Einzelheiten zum Thema TCP-Nebenläufigkeit erfahren Sie in den Abschnitten zur System- und Netzwerkprogrammierung in Kapitel 10, »Konzepte

15 Weitere Internet-Serverdienste

der Programmierung«, sowie im Rahmen der Diskussion über die Apache-MPMs im vorangegangenen Kapitel.

▶ *UID* – die User-ID, unter der der Dienst ausgeführt wird. Die privilegierten Ports 0 bis 1023 dürfen nur vom User *root* geöffnet werden, weshalb dieser Name auch in den Beispielzeilen zu sehen ist.

▶ *Kommando* – Hier ist zu lesen, was passiert, wenn der `inetd` eine TCP-Verbindungsanfrage oder ein UDP-Datagramm für den jeweiligen Port oder Dienst empfängt. Der Wert `internal` bedeutet, dass `inetd` die Anfrage selbst verarbeitet. `tcpd` ist der TCP-Wrapper, ein weiterer Vermittler, der dann seinerseits den eigentlichen Server startet. Die dritte Möglichkeit ist der Pfad eines Serverprogramms.

### »xinetd«

Der `xinetd` wurde als Ersatz für den klassischen `inetd` geschrieben. Seine Konfigurationsdateien besitzen ein aufwendigeres Format, da er auch mehr Möglichkeiten bietet. Er verwendet zunächst eine Datei namens */etc/xinetd.conf* für allgemeine Voreinstellungen. Hier ein Beispiel für die Haupt-Konfigurationsdatei:

```
defaults
{
     log_type        = FILE /var/log/xinetd.log
     log_on_success  = HOST EXIT DURATION
     log_on_failure  = HOST ATTEMPT
#    only_from       = localhost
     instances       = 30
     cps             = 50 10

#    interface       = 127.0.0.1

}
includedir /etc/xinetd.d
```

Zeilen, die mit einem #-Zeichen beginnen, sind Kommentare. Zwei Einstellungen werden auf diese Weise standardmäßig auskommentiert: `only_from` zur Beschränkung von Zugriffen auf die angegebenen Client-Hosts beziehungsweise -Teilnetze sowie `interface` zur Verwendung bestimmter Netzwerkschnittstellen. Per Voreinstellung darf also jeder beliebige Host auf alle Netzwerkschnittstellen zugreifen.

`log_type` legt fest, ob Protokolldaten – wie hier gezeigt – in eine Datei oder ins Syslog geschrieben werden. `log_on_success` bestimmt, welche Daten bei erfolgreichen Zugriffen geloggt werden sollen; im vorliegenden Beispiel Hostname, Verbindungsende und Verbindungsdauer. `log_on_failure` legt fest, welche Daten bei fehlgeschlagenen Zugriffen protokolliert werden – hier der Hostname und der Zugriffsversuch selbst.

876

Die Einstellung `instances` beschränkt die Anzahl gleichzeitig aktiver Serverinstanzen. `cps` (*Clients per Second*) besitzt zwei Werte – die Höchstzahl der Zugriffe pro Sekunde sowie die Wartezeit in Sekunden, falls diese überschritten wird.

Die `includedir`-Zeile bindet alle Dateien unterhalb des Verzeichnisses */etc/xinetd.d* ein; diese enthalten die Einstellungen für die einzelnen Serverdienste. Das folgende Beispiel zeigt die Datei */etc/xinetd.d/daytime*. Es handelt sich um einen in RFC 867 definierten Internetstandarddienst, der jede TCP- oder UDP-Anfrage auf Port 13 mit Datum und Uhrzeit beantwortet. Die UDP-Version besitzt eine eigene Konfigurationsdatei namens */etc/xinetd.d/daytime-udp*. Hier der Inhalt der Datei:

```
service daytime
{
    type        = INTERNAL
    id          = daytime-stream
    socket_type = stream
    protocol    = tcp
    user        = root
    wait        = no
    disable     = yes
    FLAGS       = IPv6 IPv4
}
```

Die Zeilen haben folgende Bedeutung:

▶ `service` – Name des Dienstes gemäß */etc/services*

▶ `type` – Typ des Serverdienstes. `INTERNAL` bedeutet, dass der Dienst von `xinetd` selbst ausgeführt wird. Weitere wichtige Typen sind `RPC` für NFS und NIS, `TCPMUX` für TCP-Multiplexing nach RFC 1078 sowie `UNLISTED` für benutzerdefinierte Serverdienste, deren Portnummern nicht in */etc/services* stehen.

▶ `id` – ID des Dienstes, ein eindeutiger Wert. Bei Diensten wie *daytime*, die sowohl TCP als auch UDP unterstützen, wird deshalb wie hier `stream` beziehungsweise `dgram` zur Unterscheidung angehängt; bei allen anderen Servern genügt der einfache Dienstname.

▶ `socket_type` – Socket-Typ, `stream` oder `dgram`

▶ `protocol` – Transportprotokoll, `tcp` oder `udp`

▶ `user` – User-ID, unter der der Server ausgeführt wird

▶ `wait` – Nebenläufigkeitskonfiguration. Der Wert `no` entspricht dem `inetd`-Parameter `nowait`, während `yes` der Einstellung `wait` entspricht.

▶ `disable` – Falls `yes` eingestellt wird, ist der Dienst standardmäßig deaktiviert. Kommentieren Sie die Zeile mithilfe von # aus, um diesen Server zu testen.

▶ `FLAGS` – Legt fest, mit welchen IP-Versionen der Server zusammenarbeitet; im vorliegenden Beispiel werden beide unterstützt. Der IPv6-Support ist eine der wichtigsten Neuerungen gegenüber `inetd`.

**15** Weitere Internet-Serverdienste

Außer *daytime* kann `xinetd` folgende Dienste selbst ausführen:

▶ *echo* (Port 7) liefert jede an den Server gesendete Nachricht wörtlich wieder zurück. Es handelt sich also um eine Art erweitertes *ping* über höhere Transportprotokolle.

▶ *time* (Port 37) ist ein weiterer Zeitserver. Im Gegensatz zu *daytime* sendet er die Zeitinformation nicht als String, sondern numerisch, sodass Sie dieses Protokoll nicht mit *telnet* testen können – die Zeichenumsetzung des gelieferten 32-Bit-Integers ist nicht im Klartext lesbar.

▶ *chargen* (Port 19) erzeugt einen Endlos-Zeichenstrom. In der Regel wird der von Menschen lesbare Bereich des ASCII-Zeichensatzes in einer Endlosschleife wiederholt. So lässt sich etwa die Zuverlässigkeit einer Netzwerkverbindung überprüfen.

▶ *discard* (Port 9) ist die Netzwerkentsprechung von */dev/null*: Was auch immer Sie an diesen Dienst senden, wird verworfen.

## 15.3 Übungsaufgaben

Im Folgenden ist jeweils genau eine Antwort richtig.

1. Wie wird ein BIND-Nameserver in einer Konfigurationsdatei als primärer Master gekennzeichnet?

   ☐ `master = true;`

   ☐ `type master;`

   ☐ `primary-master;`

   ☐ `type slave false;`

2. Wie kann ein Time-To-Live-Wert von 24 Stunden in einer BIND-Zonendaten-Datei *nicht* angegeben werden?

   ☐ `$TTL 1d`

   ☐ `$TTL 86400`

   ☐ `$TTL 1.0days`

   ☐ `$TTL 23h59m60s`

3. Welches der folgenden Felder gehört nicht zum SOA-Record in einer BIND-Zonendaten-Datei?

   ☐ MNAME

   ☐ Refresh

   ☐ Retry

   ☐ Ignore

4. Wie sieht ein A-Record für den Host *test.lingoworld.de* mit der IP-Adresse 192.168.1.18 in einer BIND-Zonendaten-Datei aus?

- [ ] test.lingoworld.de. IN A 18.1.168.192
- [ ] 192.168.1.18 IN A test.lingoworld.de.
- [ ] test.lingoworld.de. IN A 192.168.1.18
- [ ] 192.168.1.18 test.lingoworld.de. IN A

5. Was bedeutet der folgende CNAME-Record in einer BIND-Zonendaten-Datei?

www IN CNAME webhost.lingoworld.de.

- [ ] Der Webserver heißt intern *www.lingoworld.de*, soll aber unter *webhost.lingoworld.de* erreichbar sein.
- [ ] Der Webserver heißt intern *webhost.lingoworld.de*, soll aber unter *www.lingoworld.de* erreichbar sein.
- [ ] Der Server soll im internen Netzwerk über den Kurznamen *www* erreichbar sein; für das DNS-System hat der Eintrag keine Bewandtnis.
- [ ] Der CNAME-Record enthält einen Syntaxfehler; der Nameserver startet mit diesen Zonendaten nicht.

6. Welche Aufgabe haben MX-Records in Zonendaten?

- [ ] Sie geben die Adressen von Mail-Servern an (Mail Exchange).
- [ ] Sie enthalten die Adressen alternativer Master-Nameserver (Master External).
- [ ] Sie konfigurieren das Reverse Lookup (Hostname zu gegebener IP-Adresse).
- [ ] Im DNS gibt es keine MX-Records; es handelt sich um lokale Einträge in */etc/hosts*.

7. Wie lautet der LDAP-DN für die Domain *testdomain.de*?

- [ ] dc=testdomain,tld=de
- [ ] dn=testdomain,dc=de
- [ ] dc=testdomain,dc=de
- [ ] dc=testdomain.de

8. Wofür steht der LDAP-Knotentyp ou?

- [ ] externe Benutzeranmeldung (outbound user)
- [ ] Abteilung (organizational unit)
- [ ] lokale Benutzer (office user)
- [ ] sonstige Daten (other unit)

9. Wie lautet das LDAP-Attribut für den Nachnamen einer Person?

- [ ] ln (last name)
- [ ] lastName

**15** Weitere Internet-Serverdienste

- ☐ sn (surname)
- ☐ familyName

10. Welches LDAP-Attribut wird für die E-Mail-Adresse eines Benutzers verwendet?

- ☐ email
- ☐ mail
- ☐ em
- ☐ electronicMail

11. Mit welchem OpenLDAP-Konsolenbefehl können Sie eine LDIF-Datei zum LDAP-Server hinzufügen?

- ☐ addldif
- ☐ ldifadd
- ☐ ldapadd
- ☐ slapcreate

12. Wie muss die Suchmaske für ldapsearch beschaffen sein, wenn Einträge gefunden werden sollen, die in einer der Abteilungen research oder development arbeiten, deren Nachname mit M beginnt und deren E-Mail-Adresse mit @t-online.de endet?

- ☐ ((ou=development|ou=research)&(sn=M*)&(mail=*t-online.de))
- ☐ (&(|(ou=development)(ou=research))(sn=M*)(mail=*t-online.de))
- ☐ &(|(ou=development)(ou=research))(sn=M*)(mail=t-online.de))
- ☐ (|(ou=development)(ou=research)&((sn=M*)(mail=*t-online.de)))

13. Wie erlauben Sie beim FTP-Server vsftpd anonyme Log-ins?

- ☐ Sie sind standardmäßig aktiv; man braucht nichts zu tun.
- ☐ login_required=NO
- ☐ anonymous_enable=YES
- ☐ Anonyme Log-ins sind aus Sicherheitsgründen nicht möglich.

# Kapitel 16
# XML

*More matter, with less art.*
*– William Shakespeare*

*XML*, die *Extensible Markup Language* (auf Deutsch: *erweiterbare Auszeichnungssprache*), ist kein bestimmtes Dokumentformat, sondern eine Metasprache zur Definition beliebiger Auszeichnungssprachen. Diese Sprachen können Textdokumente, Vektorgrafiken, multimediale Präsentationen, Datenbanken oder andere Arten von strukturierten Daten beschreiben. XML wurde vom World Wide Web Consortium (W3C) entworfen und standardisiert. Es handelt sich um eine schlanke, moderne und an Internetbedürfnisse angepasste Weiterentwicklung der klassischen Metasprache *SGML* (*Standard Generalized Markup Language*), die Ende der 60er-Jahre des letzten Jahrhunderts erfunden und in den 80er-Jahren entscheidend weiterentwickelt wurde.

Die XML-Spezifikation selbst enthält nur wenige formale Regeln für den Aufbau von Dokumenten. Wenn Sie sich an diese (im weiteren Verlauf näher erläuterten) Regeln halten, erzeugen Sie ein *wohlgeformtes* XML-Dokument. Darüber hinaus besteht die Möglichkeit, Standards für XML-Dokumentformate zu definieren und Dokumente von diesen Standards abhängig zu machen. Dokumente, die auf solchen Formatdefinitionen basieren, sind nicht nur wohlgeformt, sondern auch *gültig* (oder *valide*). Die klassische, bereits in SGML bekannte Form für solche Dokumentklassen ist die *Document Type Definition* oder *DTD*. Moderne Alternativen, die zum einen leistungsfähiger sind und zum anderen selbst in reinem XML verfasst werden, sind *XML Schema* und *RELAX NG* (siehe *http://www.relaxng.org*).

Grundsätzlich bietet die Verwendung klartextbasierter Dokumentformate eine Reihe von Vorteilen gegenüber Binärdateien:

▶ Sämtliche Konfigurations- und Strukturinformationen sind für Menschen lesbar und können notfalls auch manuell geändert werden.

▶ Die Dokumente lassen sich auf jedem beliebigen Computersystem in einem einfachen Texteditor öffnen und eventuell bearbeiten. Der reine Textinhalt erschließt sich auch Anwendern, die die verwendeten Auszeichnungsbefehle nicht verstehen.

▶ Der Austausch von Dokumenten mit anderen Anwendungen, neuen Versionen einer Anwendung oder Programmiersprachen ist erheblich einfacher als bei Binärformaten.

Es gibt nur einen entscheidenden Nachteil gegenüber Binärdateiformaten: Textbasierte Formate benötigen mehr Speicherplatz. Das ist aber in der heutigen Zeit kein so großes Problem mehr wie früher, und außerdem lassen sich Formate wie XML recht effizient komprimieren.

Die interessanteste Frage ist daher, was XML gegenüber anderen textbasierten Auszeichnungssprachen auszeichnet. Zunächst haben fast alle textbasierten Formate außer XML spezielle Aufgaben: Beispielsweise dient *LaTeX* dem Erstellen von Vorlagen für den professionellen Satz; *PostScript* beschreibt dagegen fertig formatierte Ausgabeseiten für High-End-Drucker und -Belichter. Diese beiden Formate werden in Kapitel 17, »Weitere Datei- und Datenformate«, angesprochen. Darüber hinaus besitzen Unix-Serveranwendungen und viele andere Programme jeweils ein eigenes ASCII-basiertes Konfigurationsdateiformat. In Kapitel 14, »Server für Webanwendungen«, werden zum Beispiel die Konfigurationsdateien des Webservers Apache erläutert.

XML ist dagegen eine *universelle* Sprache; es spielt keine Rolle, ob Sie Ihre Musik-CD-Sammlung, Ihre Doktorarbeit oder Ihre Geschäftsdaten in einem XML-Dokument speichern. Wichtig ist allerdings, zu verstehen, dass XML immer nur die Struktur und den Aufbau der Daten beschreibt. Das Layout der Druck- oder Webversion von Textinhalten muss durch eine externe Stil- oder Formatierungssprache beschrieben werden, beispielsweise durch das im weiteren Verlauf des Kapitels beschriebene *XSLT*. Auch die Aufbereitung und Darstellung von Datendokumenten sind nicht im XML-Format selbst festgelegt, sondern werden durch Programmierung oder durch ein spezielles Anwendungsprogramm durchgeführt.

Übrigens werden in der Praxis gar nicht so oft neue Dokumentformate für eigene Anwendungen entwickelt. Der überwiegende Anteil der Anwendungen von XML beruht auf dem Einsatz vorhandener XML-basierter Sprachen. Beispiele sind hier etwa die Webseiten-Auszeichnungssprache *XHTML*, das Vektorgrafikformat *SVG* (*Scalable Vector Graphics*) oder die beliebte Handbuch- und Dokumentationssprache *DocBook*. HTML und XHTML werden in Kapitel 18, »Webseitenerstellung mit HTML und CSS«, näher erläutert.

Eine wichtige Frage wurde bisher noch nicht angesprochen: Wie werden XML-Dokumente editiert und abgespeichert? Darauf gibt es keine allgemeingültige Antwort. Prinzipiell handelt es sich bei XML-Dokumenten um Textdateien, Sie können sie also mit Ihrem bevorzugten Texteditor eingeben. Wichtig ist nur, dass der gewählte Editor den Zeichensatz unterstützt, den das XML-Dokument verwendet.

Neben den einfachen Texteditoren werden inzwischen unzählige spezielle XML-Editoren angeboten, sowohl Open-Source-Lösungen als auch kommerzielle Programme. Bekannte kommerzielle Editoren sind beispielsweise *XMLSpy* für Windows von der österreichischen Firma Altova (*www.xmlspy.com*) oder der Java-basierte *Oxygen XML-Editor* (*www.oxygenxml.com*). Zu den Open-Source-Lösungen gehört zum Beispiel der ebenfalls in Java geschriebene Editor *Xerlin* (*www.xerlin.org*).

Ein guter XML-Editor bietet neben dem direkten Bearbeiten der XML-Codes die Möglichkeit, XML-Dokumente in einer Baumansicht oder anderweitig visuell zu editieren. Außerdem sollten zusätzliche Formate wie DTDs, XML Schema, XSLT etc. unterstützt werden.

Neben reinen XML-Editoren unterstützen auch alle guten modernen Entwicklungsumgebungen das Erstellen und Bearbeiten von XML-Dokumenten, sowohl Open-Source-Produkte wie Netbeans oder Eclipse als auch kommerzielle wie IntelliJ IDEA.

Abgesehen davon verwenden viele Anwendungsprogramme XML-basierte Datenformate, beispielsweise LibreOffice/OpenOffice.org oder neuere Versionen der Microsoft-Office-Programme (bei beiden ist die Office-Arbeitsdatei ein ZIP-Archiv, in dem sich verschiedene XML-Dokumente und eventuell weitere Ressourcen wie Bilddateien befinden). Dennoch käme wohl kaum jemand auf die Idee, diese Dokumente von Hand mithilfe eines Text- oder XML-Editors zu bearbeiten.[1] Ebenso gibt es spezielle Editoren für besondere XML-Formate wie XHTML oder SVG. Letzteres lässt sich beispielsweise leicht aus Adobe Illustrator exportieren.

Gespeichert werden XML-Dokumente entweder als Datei mit der Endung *.xml*, wenn es sich um allgemeine XML-Dokumente handelt, oder mit einer speziellen Dateierweiterung, falls ein besonderes XML-Format verwendet wird. Zum Beispiel werden XHTML-Dokumente üblicherweise mit der Endung *.html* oder *.htm* gespeichert; SVG-Dateien besitzen dagegen die Erweiterung *.svg*.

Der für Webserver und E-Mail-Anwendungen wichtige MIME-Type allgemeiner XML-Dokumente ist `text/xml` oder `application/xml`, wobei Letzterer speziell dann empfohlen wird, wenn das Dokument nicht ohne Weiteres von Menschen gelesen werden kann. Spezielle Formate haben entweder einen ganz eigenen Typ wie `text/html` oder eine Kombination wie `image/svg+xml`. Beachten Sie, dass ein SVG-Dokument zwar formal noch immer ein Textdokument ist, aber den Verwendungszweck eines Bildes erfüllt – deshalb der Haupttyp `image`.

## 16.1  Der Aufbau von XML-Dokumenten

Jedes XML-Dokument besteht aus einer Hierarchie ineinander verschachtelter Steueranweisungen, die als *Elemente* oder *Tags* bezeichnet werden, und kann zusätzlich einfachen Text enthalten. Die XML-Tags werden in spitze Klammern gesetzt, also zwischen ein <-Zeichen und ein >-Zeichen. Sie können ein oder mehrere Attribute in der Form `attribut="wert"` enthalten. Jedes Tag wird unter Angabe seiner Bezeichnung geöffnet (zum Beispiel `<test>`) und weiter unten im Dokument durch eine Wiederholung mit vorangestelltem Slash (/) wieder geschlossen (etwa `</test>`). Wahrscheinlich haben Sie eine solche Syntax schon einmal gesehen, wenn Sie sich den Quellcode von HTML-Dokumenten angeschaut haben, die ähnlich (oder im Fall von XHTML gleich) aufgebaut sind.

---

1  Ein unbestreitbarer Vorteil besteht aber natürlich darin, dass es relativ leicht ist, Programme zu schreiben, die diese Formate generieren.

## 16.1.1 Die grundlegenden Bestandteile von XML-Dokumenten

Hier sehen Sie ein einfaches XML-Dokument, in dem eine Übersicht über diverse Comics geboten wird:

```
<?xml version="1.0" encoding="utf-8" standalone="yes"?>
<comics>
  <comic language="en-US">
    <publisher>Marvel</publisher>
    <series>The Amazing Spider-Man</series>
    <format>Comic Book</format>
    <issue>663</issue>
    <title>The Return Of Anti-Venom</title>
    <subtitle>Part One: The Ghost of Jean DeWolff</subtitle>
    <authors>
      <author role="Writer">Dan Slott</author>
      <author role="Pencils">Giuseppe Camuncoli</author>
    </authors>
    <price currency="USD">3.99</price>
  </comic>
  <comic language="en-US">
    <publisher>Marvel</publisher>
    <series>Ultimate Spider-Man</series>
    <format>Trade Paperback</format>
    <issue original="1-13">1</issue>
    <title>Ultimate Spider-Man</title>
    <subtitle>Ultimate Collection</subtitle>
    <authors>
      <author role="Writer">Brian Michael Bendis</author>
      <author role="Pencils">Mark Bagley</author>
    </authors>
    <price currency="USD">24.99</price>
  </comic>
  <comic language="en-US">
    <publisher>DC Comics</publisher>
    <series>Action Comics</series>
    <format>Comic Book</format>
    <issue>901</issue>
    <title>Reign Of The Doomsdays</title>
    <subtitle>Part 1</subtitle>
    <authors>
      <author role="Writer">Paul Cornell</author>
      <author role="Artist">Kenneth Rocafort</author>
```

```
      <author role="Artist">Jesus Merino</author>
    </authors>
    <price currency="USD">2.99</price>
  </comic>
  <comic language="en-US">
    <publisher>Bongo Comics</publisher>
    <series>Simpsons Comics</series>
    <format>Comic Book</format>
    <issue>178</issue>
    <title>The Thingama-Bob From Outer Space</title>
    <authors>
      <author role="Writer">Eric Rogers</author>
      <author role="Pencils">John Costanza</author>
    </authors>
    <price currency="USD">2.99</price>
  </comic>
</comics>
```

Jedes XML-Dokument beginnt mit einer `xml`-Steueranweisung, die die verwendete XML-Version (1.0 oder – seit 2006 – auch 1.1) und den Zeichensatz des Dokuments angibt:

```
<?xml version="1.0" encoding="utf-8" standalone="yes"?>
```

Die hier verwendete Zeichencodierung `utf-8` ist eine spezielle Schreibweise des Unicode-Zeichensatzes: Die ASCII-Zeichen 0 bis 127 benötigen nur ein Byte, alle anderen Unicode-Zeichen dagegen zwei bis vier. Selbstverständlich können Sie auch andere Zeichensätze angeben, zum Beispiel `iso-8859-1` für den traditionellen USA-/Westeuropa-Standardzeichensatz oder `gb2312` für Chinesisch (VR China). Dazu muss der verwendete Zeichensatz allerdings von Ihrem Text- oder XML-Editor unterstützt werden.

Das Attribut `standalone` gibt an, ob sich das Dokument auf ein externes Formatdokument wie eine DTD oder ein XML Schema bezieht. Der Wert `yes` besagt, dass das Dokument selbstständig ist und nicht von einer solchen Standardisierung abhängt. Ein solches Dokument muss wohlgeformt sein, aber es ist nicht valide, da es keine Spezifikation gibt, gegen die seine Gültigkeit geprüft werden könnte.

*Steueranweisungen* (auch *PI, Processing Instructions*) können in XML-Dokumenten an beliebiger Stelle vorkommen. Es handelt sich um Anweisungen für interpretierende Geräte oder Programme, die mit dem Dokument selbst nichts zu tun haben.

### XML-Elemente

Es ist wichtig, dass *genau ein* Tag, das Wurzelelement, das gesamte Dokument umschließt. Das Wurzelelement des vorliegenden Dokuments sieht folgendermaßen aus:

```
<comics>
  <!-- umschlossener Inhalt -->
</comics>
```

Innerhalb des Wurzelelements sind weitere Elemente mit ihren Unterelementen und Textinhalten verschachtelt. Das Wichtigste ist dabei, dass Sie auf die korrekte Reihenfolge bei der Verschachtelung achten müssen. Eine Schreibweise wie die folgende ist nicht gestattet:

`<author><name>Bendis</author></name>`

Richtig muss es folgendermaßen lauten:

`<author><name>Bendis</name></author>`

Die hierarchische Gliederung von XML-Dokumenten ergibt eine Art Baumdiagramm. Das Wurzelelement bildet logischerweise die Wurzel, die verschachtelten Elemente sind die Äste und Zweige und die Textinhalte die Blätter. Abbildung 16.1 zeigt einen Ausschnitt des Comic-Dokuments in Form eines solchen Diagramms.

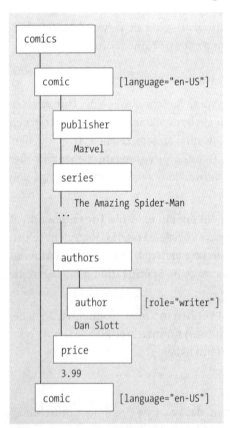

**Abbildung 16.1** Darstellung eines XML-Dokuments in Form einer Baumstruktur

Die *Namen* von Tags und den im weiteren Verlauf besprochenen Attributen dürfen aus Buchstaben und Ziffern sowie aus den folgenden Sonderzeichen bestehen: _ (Unterstrich), - (Bindestrich) und . (Punkt). Das erste Zeichen darf keine Ziffer sein. Es wird zwischen Groß- und Kleinschreibung unterschieden.

Jedes XML-Tag, das geöffnet wurde, muss auch wieder geschlossen werden. Erst das öffnende und das schließende Tag zusammen ergeben das eigentliche Element. Geschlossen wird ein Tag durch die Wiederholung seines Namens mit vorangestelltem Slash (/). In der Regel steht zwischen den beiden Tags Inhalt, der aus tiefer verschachtelten Tags oder aus einfachem Text bestehen kann. Mitunter kommt es jedoch vor, dass ein Element leer ist, also keinen weiteren Inhalt enthält.

Zum Beispiel könnte die Comic-Liste für jeden Comic ein zusätzliches Element enthalten, das auf den Dateinamen und den MIME-Type einer Abbildung des Covers verweist. Für diese Angaben würden sich Attribute (siehe nächster Abschnitt) besonders gut eignen:

```
...
<title>The Thingama-Bob From Outer Space</title>
<cover file="simpsons_178.png" type="image/png">
</cover>
...
```

Da alle erforderlichen Informationen über das Cover-Bild bereits in den Attributen stehen, benötigt das Element `cover` keinen verschachtelten Inhalt. Falls Sie bereits Kenntnisse in HTML haben, könnten Ihnen die dort verwendeten »Einfach-Tags« wie der Zeilenumbruch `<br>` vertraut sein. In XML ist eine solche Ausnahme nicht zulässig, die Schreibweise stammt noch aus SGML. Als »Entschädigung« bietet XML allerdings eine kurz gefasste Schreibweise für leere Elemente an. Das `cover`-Element könnten Sie entsprechend dieser Syntax auch folgendermaßen schreiben:

```
<cover file="simpsons_178.png" type="image/png" />
```

Der Slash am Ende des Tags ersetzt also das vollständige schließende Tag. Das Leerzeichen vor dem End-Slash ist nach der eigentlichen XML-Syntax nicht erforderlich, aber aus alten Zeiten, in denen Browser noch nicht unbedingt XHTML verstanden, weit verbreitet. Der zuvor erwähnte Zeilenumbruch wird in der voll kompatiblen Fassung also so geschrieben:

```
<br />
```

Genaueres über klassisches HTML im Unterschied zu XHTML und dem neuen HTML5 erfahren Sie in Kapitel 18, »Webseitenerstellung mit HTML und CSS«.

### Attribute

Das Element `comic` enthält jeweils ein Attribut namens `language` und gegebenenfalls `isbn`. Attribute stehen nur beim öffnenden Tag und werden beim schließenden niemals wiederholt. Die Form ist stets `attributname="attributwert"` oder `attributname='attributwert'`. Die doppelten oder einfachen Anführungszeichen sind zwingend erforderlich. Zwischen dem Attributnamen, dem Gleichheitszeichen und dem öffnenden Anführungszeichen ist kein Abstand erlaubt, während mehrere Attribute durch Whitespace voneinander getrennt werden, genau wie Tag-Name und Attribut.

Allgemein werden Attribute häufig verwendet, um Ordnungskriterien oder Metainformationen für Elemente anzugeben. Allerdings ergäbe sich kein Unterschied im Informationsgehalt des Dokuments, wenn Sie anstelle von

```
<comic language="en-US">
    ...
</comic>
```

die folgende Schreibweise wählen würden:

```
<comic>
    <language>en-US</language>
    ...
</comic>
```

Beachten Sie jedoch, dass Attribute immer nur für Informationen geeignet sind, die nur einmal pro Element vorkommen. Es ist nämlich nicht zulässig, zwei Attribute gleichen Namens in ein und demselben Tag zu verwenden. Außerdem ist ein Attribut naturgemäß nicht für mehrgliedrige Angaben geeignet, die eigentlich verschachtelt werden müssen.

Das folgende Beispiel zeigt einen extrem schlechten Stil bei der Verwendung von Attributen, da es vor allem die erste Regel missachtet:

```
<comic language="en-US" author1="Brian Michael Bendis" author2="Mark Bagley">
    ...
</comic>
```

Was machen Sie aber, wenn ein Comic zehn Autoren hat (bei Sammelbänden ist das keine Seltenheit)?

Noch übler ist die folgende Schreibweise, die beide Regeln ignoriert:

```
<comic language="en-US" author-lastname1="Bendis"
author-firstname1="Brian Michael" author-lastname2="Bagley"
author-firstname2="Mark">
    ...
</comic>
```

Diese beiden schlechten Beispiele sollten Sie so schnell wie möglich wieder vergessen; sie sind zwar formal zulässig, stilistisch aber vollkommen indiskutabel.

### Entity-Referenzen

In Abschnitt 16.4, »Grundlagen der XML-Programmierung«, kommt ein XML-Dokument zum Einsatz, das verschiedene XML-Fachbücher beschreibt. Eines der Bücher hat die Verlagsangabe O&apos;Reilly – &apos; ersetzt in einem XML-Dokument den Apostroph.

Einige Zeichen sind in XML-Dokumenten nicht zulässig, sondern müssen durch spezielle Escape-Sequenzen ersetzt werden, die als *Entity-Referenzen* bezeichnet werden. Eine Entity-Referenz beginnt mit einem &-Zeichen, darauf folgen ein spezieller Code und am Ende ein Semikolon. Tabelle 16.1 zeigt die fünf Zeichen, die nicht gestattet sind, und die passenden Entity-Referenzen.

| Zeichen | Entity-Referenz | Bedeutung |
|---------|-----------------|-----------|
| < | &lt; | *less than* (kleiner als) |
| > | &gt; | *greater than* (größer als) |
| & | &amp; | Ampersand (»and per se and«) |
| ' | &apos; | Apostroph |
| " | &quot; | *quotation mark* (Anführungszeichen) |

**Tabelle 16.1** Die fünf Standard-Entity-Referenzen in XML

Alle diese Zeichen haben im XML-Code eine spezielle Bedeutung: < und > umschließen die Tags. Die Werte von Attributen stehen in Anführungszeichen oder wahlweise in einfachen Anführungszeichen (Apostrophen). Das &-Zeichen schließlich leitet eben die Entity-Referenzen ein.

Neben diesen vorgefertigten Entity-Referenzen können Sie in XML auch beliebige Unicode-Zeichen numerisch angeben. Die Syntax ist entweder &#Dezimalcode; oder &#xHexadezimalcode;. Beispielsweise erzeugen Sie ein Registered-Trademark-Zeichen ® durch die Zeichenfolge &#174; (dezimal) oder &#xAE; (hexadezimal).

Schließlich können Sie eigene Entitys definieren und in Ihren Dokumenten Referenzen darauf verwenden. Dies ermöglicht Ihnen den schnellen Zugriff auf häufig benötigte Sonderzeichen oder sogar XML-Codeblöcke. Die Definition von Entitys wird innerhalb von DTDs durchgeführt, die in Abschnitt 16.2, »DTDs und XML Schema«, behandelt werden.

### CDATA-Abschnitte

Der normale Text in XML-Dokumenten besteht aus sogenannten *PCDATA*-Abschnitten. *PCDATA* steht für *parsed character data*. Dies bedeutet, dass einige Sonderzeichen innerhalb des Textes gemäß ihrer speziellen XML-Bedeutung behandelt werden – es sei denn, Sie verwenden die im vorangegangenen Abschnitt vorgestellten Entity-Referenzen.

In einigen Fällen können Entity-Referenzen sehr störend sein. Stellen Sie sich zum Beispiel eine XML-Version des vorliegenden Kapitels vor. Diese müsste in normalen Textabschnitten die Entity-Referenzen verwenden.

Der folgende Code ist die XML-Entsprechung eines Ausschnitts aus dem letzten Abschnitt:

```
<para>
  Das <code>cover</code>-Element könnten Sie entsprechend dieser
  Syntax auch folgendermaßen schreiben:
</para>
<codeblock>
  &lt;cover file=&quot;simpsons_178.png&quot;
  type=&quot;image/png&quot; /&gt;
</codeblock>
<para>
  Der Slash am Ende des Tags ersetzt also das vollständige
  schließende Tag.
</para>
```

Das XML-Codebeispiel zwischen den Tags `<codeblock>` und `</codeblock>` ist durch die Häufung von Entity-Referenzen absolut unleserlich. Um solche Probleme zu vermeiden, haben sich die XML-Entwickler ein spezielles Format für solche Textblöcke ausgedacht, die sogenannten *CDATA*-Abschnitte. Diese Abkürzung bedeutet *character data*. Innerhalb dieser speziellen Bereiche sind alle Sonderzeichen erlaubt und werden nicht als XML interpretiert.

Ein CDATA-Abschnitt wird durch die Sequenz `<![CDATA[` eingeleitet und durch `]]>` abgeschlossen. Mithilfe eines CDATA-Abschnitts wird das Beispiel oben sofort viel lesbarer:

```
<para>
  Das <code>cover</code>-Element könnten Sie entsprechend dieser
  Syntax auch folgendermaßen schreiben:
</para>
<codeblock>
<![CDATA[
  <cover file="simpsons_178.png"
  type="image/png" />
]]>
</codeblock>
<para>
  Der Slash am Ende des Tags ersetzt also das vollständige
  schließende Tag.
</para>
```

Es versteht sich von selbst, dass die Zeichenfolge `]]>` innerhalb eines CDATA-Blocks unzulässig ist – schließlich beendet sie ebendiesen Block. Genau deshalb wurde eine so unwahrscheinliche Zeichensequenz gewählt.

**Kommentare**

Zu guter Letzt können XML-Dokumente auch noch *Kommentare* enthalten. Ein Kommentar wird naturgemäß ignoriert;[2] er dient Ihrer eigenen Übersicht im Dokument oder kann zusätzliche Erläuterungen enthalten. Ein Kommentar wird durch die Zeichenfolge <!-- eingeleitet und endet mit -->. Er kann sich über beliebig viele Zeilen erstrecken. In den Beispielen zuvor wurden Kommentare bereits als Auslassungsmarkierung oder für Erläuterungen verwendet.

Hier ein Beispiel für einen XML-Block mit einem Kommentar:

```
<authors>
  <author role="Writer">Brian Michael Bendis</author>
  <author role="Pencils">Mark Bagley</author>
  <!-- An dieser Stelle fehlen Inks, Colors und Letters -->
</authors>
```

Wenn Sie Kommentare nutzen, um einen unerwünschten Bereich Ihres XML-Dokuments vorübergehend zu deaktivieren, müssen Sie darauf achten, dass der Block selbst keine Kommentare enthält, denn beim ersten Auftreten der Sequenz --> ist alles Weitere kein Kommentar mehr, und das nächste --> gilt wegen des alleinstehenden, nicht als Entity-Sequenz geschriebenen > sogar als Fehler.

### 16.1.2 Wohlgeformtheit

Jedes XML-Dokument muss eine Reihe formaler Regeln erfüllen, um *wohlgeformt* zu sein. XML-Dateien, die diesen Regeln nicht genügen, werden von XML-Parsern in Anwendungen und Programmiersprachen nicht verarbeitet, sondern erzeugen Fehlermeldungen. In diesem Abschnitt werden die Regeln für die Wohlgeformtheit noch einmal explizit erläutert. Zwar wurden sie bereits am Rande erwähnt, sind aber wichtig genug, um genauer erklärt zu werden.

Hier sehen Sie zunächst eine kurze Liste aller Regeln für die Wohlgeformtheit:

▶ Ein XML-Dokument benötigt genau ein *Wurzelelement*: Ein bestimmtes Element muss alle anderen Elemente und Textinhalte umschließen.

▶ Alle Elemente müssen korrekt ineinander verschachtelt werden; das zuletzt geöffnete Element wird als Erstes wieder geschlossen.

▶ Jedes Element besteht aus einem öffnenden und einem schließenden Tag; »Einfach-Tags« wie in klassischem HTML gibt es nicht. Für leere Tags existiert die spezielle Kurzfassung mit dem End-Slash.

▶ Attribute haben die Form `name="wert"`. Der Wert muss stets in Anführungszeichen stehen.

---

2 Die im letzten Abschnitt dieses Kapitels vorgestellten XML-Parser zur Programmierung XML-basierter Anwendungen können allerdings bei Bedarf auf Kommentare reagieren.

- Die Namen von Elementen und Attributen dürfen nur Buchstaben, Ziffern, Unterstriche, Bindestriche und Punkte enthalten. Es wird zwischen Groß- und Kleinschreibung unterschieden. Das erste Zeichen darf keine Ziffer sein.

- Bestimmte Zeichen sind in XML-Dokumenten nicht zulässig: <, >, &, " und ' müssen durch die Entity-Referenzen &lt;, &gt;, &amp;, &quot; beziehungsweise &apos; ersetzt werden. Die Definition weiterer Entity-Referenzen ist zulässig, aber sie dürfen nicht undefiniert verwendet werden.

- CDATA-Blöcke ermöglichen die beliebige Verwendung der Sonderzeichen, die normalerweise durch Entity-Referenzen ersetzt werden müssen. Ein CDATA-Abschnitt steht zwischen <![CDATA[ und ]]>.

Die meisten dieser Regeln wurden eingangs bereits ausführlich genug erläutert. Im Folgenden wird allerdings noch einmal die Bedeutung des Wurzelelements und der korrekten Verschachtelung von Tags hervorgehoben.

### Wurzelelemente

Die Forderung nach einem Wurzelelement bedeutet, dass Code wie der folgende kein vollständiges XML-Dokument bildet:

```
<comic>
  <series>Fantastic Four</series>
</comic>

<comic>
  <series>Detective Comics</series>
</comics>
```

Dies ist bestenfalls ein Dokumentfragment. Manche XML-fähigen Anwendungen sind in der Lage, mit solchen Fragmenten umzugehen. Sie dürfen sich allerdings niemals darauf verlassen. Wenn Sie es mit einem Fragment zu tun haben, aber sicherstellen möchten, dass Ihr Parser es verarbeiten kann, können Sie das Fragment einfach komplett mit einem zusätzlichen Wurzelelement umschließen.

Korrekt als vollständiges XML-Element wäre folgende Fassung:

```
<comics>
  <comic>
    <series>Fantastic Four</series>
  </comic>
  <comic>
    <series>Detective Comics</series>
  </comic>
</comics>
```

Das Element comics ist das Wurzelelement des gesamten Dokuments: Die Tags <comics> und </comics> umschließen alle anderen Inhalte.

Bei vielen vordefinierten XML-basierten Dokumentformaten ist das Wurzelelement ein Hinweis auf das Format selbst. Beispielsweise lautet das Wurzelelement eines XHTML-Dokuments html. Der gesamte Inhalt von HTML-Dokumenten wird also von den Tags <html> und </html> umschlossen.

### Korrekte Verschachtelung

Wie bereits erwähnt, muss die korrekte Verschachtelungsreihenfolge von XML-Elementen beachtet werden. Tags werden von außen nach innen geöffnet und in umgekehrter Reihenfolge wieder geschlossen. Das zuletzt geöffnete Tag wird demnach zuerst geschlossen.

Diese Regel ist im Grunde leicht zu merken und einzuhalten. Vielleicht verwirrt es Sie aber in dem Fall, dass zwei Tags unmittelbar hintereinander geöffnet werden, die Sie später auch wieder gleichzeitig schließen möchten.

Stellen Sie sich beispielsweise vor, Sie hätten für die Formatierung eines Textdokuments zwei Elemente namens fett und kursiv definiert und wollten nun einige Wörter fett *und* kursiv darstellen. In diesem Fall könnte es leicht passieren, dass Sie denken: Diese Wörter sollen fett und kursiv sein. Wenig später denken Sie sich: Dieses Wort soll allerdings nicht mehr fett und nicht mehr kursiv sein. Dieser Sprachgebrauch würde die folgende Formulierung in XML nahelegen:

```
Dieser Text ist <fett><kursiv>fett und kursiv</fett></kursiv>
und dieser nicht mehr.
```

Allerdings ist dieses Konstrukt absolut verboten. Die richtige Syntax lautet natürlich folgendermaßen:

```
Dieser Text ist <fett><kursiv>fett und kursiv</kursiv></fett>
und dieser nicht mehr.
```

Gute XML- oder HTML-Editoren weisen im Übrigen schon während der Eingabe darauf hin, dass Sie eine falsche Verschachtelung verwendet haben, oder sie erstellen das schließende Tag automatisch, sobald Sie das öffnende hingeschrieben haben.

## 16.2 DTDs und XML Schema

Bereits in der Einleitung wurde erwähnt, dass XML-Dokumente neben der Wohlgeformtheit zusätzlich von einem Standard abhängen können. Ein solcher Standard enthält Regeln, die bestimmen, welche Elemente und Attribute erforderlich oder zulässig sind und in welcher Reihenfolge sie stehen müssen oder dürfen. Die traditionelle Methode, um einem XML-

Dokument derartige Beschränkungen aufzuerlegen, ist die *Document Type Definition*. Dieses Format wurde bereits für SGML entworfen und mit einigen notwendigen Änderungen und Ergänzungen für XML übernommen. Eine neuere rein XML-basierte Alternative, die obendrein mehr Möglichkeiten bietet, ist *XML Schema*. Beide Sprachen werden in diesem Abschnitt behandelt.

### 16.2.1 Document Type Definitions (DTDs)

Eine *Document Type Definition* (DTD), die einen bestimmten XML-Dateityp definiert, steht in der Regel in einer externen Datei mit der Endung *.dtd*. Um ein XML-Dokument an die Regeln dieser DTD zu binden, müssen Sie noch vor dem Wurzelelement eine `<!DOCTYPE>`-Deklaration hineinschreiben. Hier wird die URL – oder allgemeiner: die ID – der verwendeten DTD angegeben. Es kann sich dabei um eine SYSTEM-ID handeln, die stets eine URL benötigt, oder um eine PUBLIC-ID, die sich auf eine öffentlich standardisierte DTD bezieht.

Angenommen, es existiert eine DTD für das XML-Dokument aus dem vorangegangenen Abschnitt, die sich im gleichen Verzeichnis befindet wie das Dokument. Die passende `<!DOCTYPE>`-Angabe verwendet in diesem Fall eine SYSTEM-ID und lautet folgendermaßen:

```
<!DOCTYPE comics SYSTEM "comics.dtd">
```

Genauso gut kann diese DTD in einem anderen Verzeichnis im Dateisystem oder sogar auf einem anderen Server im Internet liegen. Die DTD-Datei *comics.dtd* liegt unter anderem unter *http://buecher.lingoworld.de/fachinfo/listings/16/common/comics.dtd*. Wenn Sie sich auf diese URL beziehen möchten (immer mit der Gefahr, dass sie geändert oder entfernt werden könnte), funktioniert dies folgendermaßen:

```
<!DOCTYPE comics SYSTEM
 "http://buecher.lingoworld.de/fachinfo/listings/16/common/comics.dtd">
```

Eine PUBLIC-ID verwendet dagegen ein standardisiertes Format, um die DTD unabhängig von ihrer konkreten URL zu kennzeichnen. Eine Anwendung, die ein Dokument auf der Grundlage dieser DTD validiert (ihre Gültigkeit überprüft), muss allerdings eine eingebaute Version der DTD enthalten oder wissen, wie sie diese online finden kann. Deshalb werden in der Praxis nur wenige öffentliche DTDs häufig verwendet. Das folgende Beispiel zeigt einen Verweis auf die XHTML-DTD des W3C:

```
<!DOCTYPE html PUBLIC "-//W3C//DTD XHTML 1.0 Strict//EN">
```

Um sicherzustellen, dass die DTD auf jeden Fall gefunden wird, wenn der Validator sie benötigt, wird in der Praxis meist zusätzlich eine URL angegeben:

```
<!DOCTYPE html PUBLIC "-//W3C//DTD XHTML 1.0 Strict//EN"
 "http://www.w3.org/TR/xhtml1/DTD/xhtml1-strict.dtd">
```

## Definition einer DTD

DTDs beschreiben, welche Elemente und Attribute in welcher Reihenfolge in einem Dokument zulässig sind und welche Daten sie jeweils enthalten dürfen.

Ein Element wird mithilfe einer `<!ELEMENT>`-Deklaration angegeben. Formal sieht diese Deklaration folgendermaßen aus:

```
<!ELEMENT elementname (elementinhalt)>
```

Der Elementinhalt kann aus einer Liste verschachtelter Elemente bestehen oder auf einfachen Textinhalt hinweisen. Enthält ein Element verschachtelte Tags, dann werden für diese wiederum `<!ELEMENT>`-Definitionen angegeben.

Die zulässigen Attribute für ein Element werden dagegen in eine `<!ATTLIST>`-Angabe geschrieben. Die formale Schreibweise ist folgende:

```
<!ATTLIST elementname attr1 TYP #REQUIRED
                      attr2 TYP #IMPLIED
                      ...>
```

Der häufigste `TYP` für Attribute ist `CDATA`, also die Angabe beliebiger Zeichen. `#REQUIRED` oder `#IMPLIED` geben an, ob das Attribut erforderlich ist oder nicht. Ein Attribut mit der Angabe `#REQUIRED` muss angegeben werden, `#IMPLIED` definiert dagegen ein optionales Attribut. Eine dritte zulässige Angabe ist `#FIXED`, was für ein vorgegebenes Attribut steht: Wird es nicht angegeben, ist es dennoch automatisch mit seinem Standardwert vertreten; wenn Sie es explizit angeben, muss es dagegen den vorgegebenen Wert besitzen.

Übrigens können Sie auch für jedes Attribut eine eigene `<!ATTLIST>`-Definition schreiben. In keinem der beiden Fälle ist die Reihenfolge der Attribute innerhalb des Elements verbindlich.

Hier sehen Sie eine vollständige DTD für das eingangs vorgestellte Dokument *comics.dtd*. Die zusätzlich erläuterte Erweiterung um ein `cover`-Element für eine Abbildung des Comic-Covers ist bereits enthalten:

```
<!ELEMENT comics (comic+)>
  <!ELEMENT comic (publisher, format, issue, title, subtitle?,
  cover?, authors, price)>
  <!ATTLIST comic language CDATA #REQUIRED
                  isbn CDATA #IMPLIED>
    <!ELEMENT publisher (#PCDATA)>
    <!ELEMENT format (#PCDATA)>
    <!ELEMENT issue (#PCDATA)>
    <!ATTLIST issue original CDATA #IMPLIED>
    <!ELEMENT title (#PCDATA)>
    <!ELEMENT subtitle (#PCDATA)>
```

```
<!ATTLIST cover file CDATA #REQUIRED
                type  CDATA #REQUIRED>
<!ELEMENT authors (author+)>
  <!ELEMENT author (#PCDATA)>
  <!ATTLIST author role #REQUIRED>
<!ELEMENT price (#PCDATA)>
<!ATTLIST price currency CDATA #REQUIRED>
```

Übrigens ist die Reihenfolge, in der Sie die Deklarationen in der DTD vornehmen, vollkommen gleichgültig. Allerdings kommen Sie leicht durcheinander, wenn Sie sich nicht dauerhaft an eine selbst gewählte Reihenfolge halten. Eine empfehlenswerte Reihenfolge, die auch im vorliegenden Beispiel verwendet wird und in vielen gut geschriebenen DTDs anzutreffen ist, funktioniert nach den folgenden Regeln:

- Als Erstes wird das Wurzelelement deklariert.
- Falls das Wurzelelement Attribute besitzt, folgt als Nächstes seine `<!ATTLIST>`-Deklaration.
- Anschließend werden nacheinander alle unterhalb des Wurzelelements zulässigen Elemente in der angegebenen Reihenfolge deklariert.
- Nach jedem Element folgt – falls vorhanden – seine `<!ATTLIST>`-Angabe; anschließend werden wiederum alle in diesem Element zulässigen Elemente durch ihre `<!ELEMENT>`-Angaben deklariert.

Auf diese Weise enthält die DTD ein genaues Abbild der Verschachtelung der durch sie beschriebenen XML-Dokumente. Dies können Sie zusätzlich durch Einrückungen verdeutlichen.

Die meisten Elemente in der gezeigten DTD enthalten im Übrigen keine weiter verschachtelten Elemente mehr, sondern das Inhaltsmodell (#PCDATA), also beliebigen Text. Das Element cover besitzt dagegen die spezielle Angabe EMPTY – es handelt sich um ein leeres Tag, das keine weiteren Inhalte aufweisen darf. Wie bereits erläutert, muss es später im Dokument nicht umständlich als `<cover ...></cover>` geschrieben, sondern kann durch `<cover .../>` abgekürzt werden.

### Elemente deklarieren

Im letzten Abschnitt haben Sie die `<!ELEMENT>`-Deklaration schon grundsätzlich kennengelernt. Die häufigsten Formen dieser Deklaration sind die Aufzählung der zulässigen Elemente oder #PCDATA für einfachen Text.

Die umfangreichste Liste von Elementen in der Beispiel-DTD enthält die Angabe für das Element comic:

```
<!ELEMENT comic (publisher, format, issue, title, subtitle?,
  cover?, authors, price)>
```

In dieser Schreibweise bedeutet die Definition, dass innerhalb des Elements comic alle angegebenen Elemente in der vorgegebenen Reihenfolge vorkommen müssen. Wie hier noch genauer erläutert werden wird, bedeutet das ? hinter subtitle und cover, dass diese Elemente optional sind.

Anstelle einer festgelegten Reihenfolge können Sie auch eine Liste von Alternativen angeben. Das folgende Beispiel zeigt ein Element namens anschrift, das entweder das Element postfach oder strasse enthalten kann:

```
<!ELEMENT anschrift (postfach | strasse)>
```

Die beiden folgenden Alternativen sind gültige Verwendungen des Elements anschrift:

```
<anschrift>
  <postfach>1234567</postfach>
</anschrift>

<anschrift>
  <strasse>Alte Straße 12</strasse>
</anschrift>
```

Solche Angaben lassen sich durch Klammern auch verschachteln. Diese verbesserte Version von anschrift verlangt entweder ein Postfach oder eine Straße und eine Hausnummer:

```
<!ELEMENT anschrift (postfach | (strasse, hausnr))>
```

Sie können sogar Alternativen und Pflichtangaben beliebig mischen, wie die folgende vollständige Fassung einer Anschrift zeigt:

```
<!ELEMENT anschrift (name, (postfach | (strasse, hausnr)), plz, ort)>
```

Eine Anschrift besteht also aus einem Namen, gefolgt von einem Postfach oder einer Straße und Hausnummer, anschließend kommt die Postleitzahl und zum Schluss der Ort. Die beiden folgenden Anschriften haben dieses Format:

```
<anschrift>
  <name>Rheinwerk Verlag</name>
  <strasse>Rheinwerkallee</strasse>
  <hausnr>4</hausnr>
  <plz>53227</plz>
  <ort>Bonn</ort>
</anschrift>

<anschrift>
  <name>MICROGRAFX (Deutschland) GmbH</name>
  <postfach>14 18</postfach>
```

```
    <plz>85704</plz>
    <ort>Unterschleißheim</ort>
</anschrift>
```

Alternativen können auch helfen, wenn Ihnen die Reihenfolge bestimmter Elemente egal ist. Die folgende Variante der comic-Deklaration stellt es frei, die Reihenfolge von format und issue beliebig zu vertauschen:

```
<!ELEMENT comic (publisher, ((format, issue) | (issue, format)),
  title, subtitle?, cover?, authors, price)>
```

Zu viele verschiedene Reihenfolgen können Sie also nicht zulassen, weil die Liste sonst erheblich zu lang würde.

Sie können einer Liste von Alternativen auch #PCDATA voranstellen, um anstelle der möglichen Tags auch beliebigen Text zuzulassen. Beispielsweise könnte eine Anschrift neben einem Postfach oder einer Straße-Hausnummer-Folge auch einen anderen Zusatz enthalten, der als einfacher Text ausgedrückt wird:

```
<!ELEMENT anschrift (name, (#PCDATA | postfach | (strasse, hausnr)),
plz, ort)>
```

Auf diese Weise könnten Sie auch anders formulierte Anschriften, wie man sie manchmal in ländlichen Gegenden findet (zum Beispiel »Gutshof Erlenbach« oder Ähnliches), ohne Probleme angeben.

Jedes Element und jede Gruppe von Inhalten kann in einem XML-Dokument auch mehrmals vorkommen. Zu diesem Zweck bietet die DTD-Sprache verschiedene Modifikatoren an, die Sie hinter ein Element oder einen geklammerten Ausdruck setzen können, um seine Häufigkeit anzugeben:

▶ ? – Der Inhalt darf einmal oder keinmal vorkommen.

▶ + – Der Inhalt muss mindestens einmal vorkommen.

▶ * – Der Inhalt darf beliebig oft vorkommen.

Beispielsweise können Personen nicht nur einen Vornamen haben, sondern auch mehrere. Um diese Vornamen voneinander zu trennen, könnten Sie das Element author in der comics-DTD folgendermaßen verfeinern:

```
<!ELEMENT author (lastname, firstname+)>
```

Dadurch könnten Sie den Autor Brian Michael Bendis folgendermaßen angeben:

```
<author>
  <lastname>Bendis</lastname>
  <firstname>Brian</firstname>
```

```
    <firstname>Michael</firstname>
</author>
```

Auch die Angabe ? für ein- oder keinmal kann sehr nützlich sein. Bei dem `comic`-Beispiel ist es etwa angebracht, Cover-Bild und Untertitel optional zu setzen, weil sie für manche Comics vielleicht nicht verfügbar sind:

```
<!ELEMENT comic (publisher, ((format, issue) | (issue, format)),
   title, subtitle?, cover?, authors, price)>
```

Das Gleiche gilt für die Angabe von Postleitzahl oder Straße und Hausnummer bei Anschriften: Große Postempfänger besitzen manchmal ihre eigene Postleitzahl, die eine weitere Angabe überflüssig macht. Die ultimative Fassung des Elements `anschrift` sieht demnach so aus:

```
<!ELEMENT anschrift (name, (#PCDATA | postfach |
(strasse, hausnr))?, plz, ort)>
```

Der Modifikator * für beliebig oft (auch keinmal) könnte beispielsweise nützlich sein, um die Adels- oder akademischen Titel einer Person anzugeben. Die folgende Definition berücksichtigt so gut wie alle Eventualitäten bei der Angabe von Personennamen:

```
<!ELEMENT person (anrede, titel*, vorname+, name, geburtsname?)>
```

Eine Person kann nach diesem Schema beliebig viele Titel tragen, einen oder mehrere Vornamen führen und einen vom aktuellen Namen abweichenden Geburtsnamen haben oder auch nicht. Die folgenden Beispiele genügen diesem Modell:

```
<person>
  <anrede>Herr</anrede>
  <titel>Dr.</titel>
  <vorname>Klaus</vorname>
  <vorname>Peter</vorname>
  <name>Schmitz</name>
</person>

<person>
  <anrede>Frau</anrede>
  <titel>Prof.</titel>
  <titel>Dr.</titel>
  <vorname>Annette</vorname>
  <name>Schmitz</name>
  <geburtsname>Müller</geburtsname>
</person>
```

Die folgende kleine DTD definiert ein Format für einfache Textdokumente mit wenigen Auszeichnungsmöglichkeiten:

```
<!ELEMENT dokument ((ueberschrift?, absatz+)+)>
  <!ELEMENT ueberschrift (#PCDATA)>
  <!ELEMENT absatz ((#PCDATA | fett | kursiv)+)>
    <!ELEMENT fett (#PCDATA)>
    <!ELEMENT kursiv (#PCDATA)>
```

Ein Dokument kann laut dieser DTD einen oder mehrere Blöcke enthalten, die aus einer oder keiner Überschrift und einem oder mehreren Absätzen bestehen. Eine Überschrift enthält nur einfachen Text. Ein Absatz dagegen kann einen oder mehrere Teile enthalten, die aus einfachem Text, einem fetten oder einem kursiven Bereich bestehen. Die fetten oder kursiven Bereiche enthalten wiederum einfachen Text.

Das folgende kurze Beispiel zeigt ein Dokument, das sich an diese DTD hält:

```
<dokument>
  <ueberschrift>XML</ueberschrift>
  <absatz>
    <fett>XML</fett> ist ein vom <kursiv>W3C</kursiv>
    definiertes Metaformat für die Definition von
    <kursiv>Auszeichnungssprachen</kursiv>.
  </absatz>
  <absatz>
    Inzwischen gibt es Unmengen von Formaten, die
    auf XML basieren, beispielsweise <fett>XHTML</fett>,
    <fett>SVG</fett> oder <fett>RSS</fett>.
  </absatz>
</dokument>
```

Wenn Sie das Dokument mit geeigneten Mitteln – die in diesem Kapitel noch vorgestellt werden – verarbeiten, könnte es in einem fertigen Layout zum Beispiel folgendermaßen aussehen:

---

**XML**

*XML* ist ein vom *W3C* definiertes Metaformat für die Definition von *Auszeichnungssprachen*.

Inzwischen gibt es Unmengen von Formaten, die auf XML basieren, beispielsweise **XHTML**, **SVG** oder **RSS**.

---

### Attribute definieren

Formal ein wenig einfacher, aber inhaltlich dafür komplexer als bei den Elementen sind die DTD-Regeln für die Definition von Attributen. Wie eingangs beschrieben, werden Attribute mithilfe einer `<!ATTLIST>`-Deklaration angegeben. Beispielsweise befindet sich in der comics-DTD die folgende Attributliste für das Element cover:

```
<!ATTLIST cover file CDATA #REQUIRED
          type CDATA #REQUIRED>
```

Jede Attributangabe besteht aus dem Attributnamen (hier file und type), dem Attributtyp (im Beispiel CDATA für einen beliebigen Textinhalt) und der Angabe, ob das Attribut erforderlich ist (in diesem Fall #REQUIRED für erforderlich).

Alternativ könnten Sie die beiden Attribute des Elements cover auch folgendermaßen angeben:

```
<!ATTLIST cover file CDATA #REQUIRED>
<!ATTLIST cover type CDATA #REQUIRED>
```

Es ist mit keiner der beiden Definitionsmethoden möglich, eine bestimmte Reihenfolge der Attribute eines Elements festzulegen. Wegen der besonderen Bedeutung der Attribute als nähere Bestimmungen eines Elements wäre dies auch gar nicht wünschenswert. Es spielt überhaupt keine Rolle, ob zuerst der Dateiname oder zuerst der MIME-Type einer Comic-Cover-Abbildung angegeben wird; beide sind erforderlich, um das Bild in einer eventuellen Anwendung korrekt darstellen zu können.

Was Attributangaben besonders komplex macht, ist die Tatsache, dass es zehn verschiedene Attributtypen gibt. Der häufigste von allen ist CDATA für einen beliebigen Text-String. Fast genauso häufig wird der spezielle Inhaltstyp *Aufzählung* verwendet. Für diesen Typ wird kein spezielles Schlüsselwort angegeben, sondern lediglich eine in Klammern stehende, durch |-Zeichen getrennte Liste von Alternativen.

Beispielsweise definiert die folgende `<!ATTLIST>` die Attribute eines Elements namens farbe, das die Intensität einer der drei RGB-Grundfarben rot, gruen oder blau angibt:

```
<!ATTLIST farbe ton       (rot|gruen|blau) #REQUIRED
          intensitaet CDATA          #REQUIRED>
```

Trotz der vielen verschiedenen Attributtypen gibt es keine vernünftige Möglichkeit, die Intensität auf eine ganze Zahl zwischen 0 und 255 einzuschränken – es sei denn, Sie haben Lust, anstelle von CDATA die vollständige Liste (0 | 1 | 2 | ... | 254 | 255) einzugeben. Absolut unmöglich ist im Übrigen die Beschränkung auf einen bestimmten Datentyp wie *ganze Zahl*, *Datum/Uhrzeit* oder Ähnliches. Für solche Feinheiten ist das im weiteren Verlauf des Kapitels vorgestellte XML Schema geeigneter.

Was die verschiedenen Attributtypen dagegen zu bieten haben, sehen Sie übersichtlich in Tabelle 16.2.

Die meisten dieser Attributtypen werden Sie in eigenen DTDs wahrscheinlich niemals verwenden. Die allermeisten Aufgaben können Sie mit CDATA und Aufzählungen erledigen. Falls

Sie XML für datenbankähnliche Aufgaben einsetzen, werden Sie wahrscheinlich auch ID und IDREF beziehungsweise IDREFS nützlich finden.

| Typ | Erläuterung | Beispiele |
|---|---|---|
| CDATA | beliebiger Text | "Hallo", "25" |
| (Aufzählung) | Liste möglicher Alternativen wie (rot \| gruen \| blau) | "kreuz" aus ("kreuz" \| "pik" \| "herz" \| "karo") |
| NMTOKEN | Darf nur die Zeichen enthalten, die in XML-Tag-Namen erlaubt sind. Ermöglicht eine stärkere Inhaltskontrolle als CDATA. | "13.05.2011", "hallo", "funny-names" |
| NMTOKENS | Liste mehrerer NMTOKEN-Werte. XML-Parser behandeln Leerzeichen als Trennzeichen für mehrere Einzelwerte. | "kueche diele bad" (Parser bildet die Einzelwerte kueche, diele und bad) |
| ID | Werte wie bei NMTOKEN; jeder Wert muss jedoch im gesamten XML-Dokument einmalig sein. Dies ist nützlich für eindeutige Schlüssel. | "isbn3898421376", "B12345" (Leider ist eine reine Zahl verboten, weil sie kein gültiger XML-Name ist.) |
| IDREF | Bezug auf ein Attribut vom Typ ID eines anderen Elements. Dient der Definition von Bezügen wie in relationalen Datenbanken. | (siehe ID) |
| IDREFS | eine durch Leerzeichen getrennte Liste mehrerer IDs, auf die Bezug genommen wird | "isbn3898421376 isbn3898423557" |
| ENTITY | Verweist auf ein innerhalb der DTD definiertes Entity (Standard-Entitys wie lt oder quot sind nicht zulässig). | (Entitys werden im Abschnitt »Entitys« noch genauer erläutert.) |
| ENTITIES | eine durch Leerzeichen getrennte Liste mehrerer ENTITY-Werte | |

**Tabelle 16.2** Die zulässigen Attributtypen zur Verwendung in DTDs

| Typ | Erläuterung | Beispiele |
|---|---|---|
| NOTATION | der Wert eines speziellen DTD-Konstrukts vom Typ `<!NOTATION>`, das die Abkürzung von SYSTEM- oder PUBLIC-IDs ermöglicht | "gif", bezogen auf:<br>`<!NOTATION gif SYSTEM "image/gif">`<br>`<!NOTATION jpg SYSTEM "image/jpeg">`<br>`<!NOTATION png SYSTEM "image/png">`<br>`<!ATTLIST bild typ NOTATION(gif \| jpg \| png)>` |

**Tabelle 16.2** Die zulässigen Attributtypen zur Verwendung in DTDs (Forts.)

Die letzte Angabe innerhalb einer Attributdefinition gibt an, ob das Attribut erforderlich ist oder nicht, und besagt, ob es einen Standardwert für dieses Attribut gibt. Die vier möglichen Werte sind folgende:

▸ `#REQUIRED` – Das Attribut muss auf jeden Fall angegeben werden; es gibt keinen Standardwert.

▸ `#IMPLIED` – Das Attribut kann weggelassen werden; einen Standardwert gibt es auch hier nicht.

▸ `#FIXED` – Das Attribut hat stets den hinter `#FIXED` angegebenen Standardwert. Wird es nicht angegeben, dann wird es vom Parser trotzdem mit dem Standardwert ausgewertet. Falls es explizit angegeben wird, muss es dagegen genau den Standardwert aufweisen.

▸ Literal – Wenn Sie anstelle eines der drei Schlüsselwörter nur einen Standardwert in Anführungszeichen angeben, hat das Attribut diesen Standardwert, wenn Sie es weglassen. Geben Sie es dagegen explizit an, erhält es den entsprechenden Wert.

Die folgende kleine DTD definiert einen einfachen Farbverlauf aus zwei RGB-Farben. Das leere Element `rgb` besitzt verschiedene Attribute, um den Rot-/Grün-/Blau-Wert und die Deckkraft (`alpha`) zu definieren:

```
<!ELEMENT verlauf (rgb, rgb)>
  <!ELEMENT rgb EMPTY>
  <!ATTLIST rgb rot   CDATA "255"
                gruen CDATA "255"
                blau  CDATA "255"
                alpha CDATA "100">
```

Die Standard-RGB-Farbe ist demnach Weiß mit einer Deckkraft von 100 %. Einen Verlauf von Schwarz nach Weiß, beide mit 100 % Deckkraft, können Sie also mit minimalem Aufwand folgendermaßen definieren:

```
<verlauf>
  <rgb rot="0" gruen="0" blau="0" />
  <rgb />
</verlauf>
```

Ein XML-Parser, der die DTD verarbeitet und diese Elemente liest, ergänzt sie automatisch zu folgender Langform:

```
<verlauf>
  <rgb rot="0" gruen="0" blau="0" alpha="100" />
  <rgb rot="255" gruen="255" blau="255" alpha="100" />
</verlauf>
```

### Entitys

*Entitys* bieten vor allem die Möglichkeit, häufig vorkommende XML-Blöcke abzukürzen und Zeichen darzustellen, die im aktuellen Zeichensatz des XML-Dokuments nicht vorhanden sind. Im XML-Dokument werden die in der DTD definierten Entitys durch *Entity-Referenzen* angegeben. Die fünf fest in XML eingebauten Entity-Referenzen wurden bereits in Abschnitt 16.1.1, »Die grundlegenden Bestandteile von XML-Dokumenten«, erläutert.

Weitere Entitys können Sie auf einfache Art und Weise innerhalb einer DTD definieren. Das folgende Entity definiert eine Copyright-Zeile:

```
<!ENTITY copymsg "Copyright 2017 by Rheinwerk Verlag">
```

Wenn Sie an irgendeiner Stelle eines XML-Dokuments, das von dieser DTD abhängt, die Entity-Referenz &copymsg; verwenden, wird sie automatisch durch den String "Copyright 2017 by Rheinwerk Verlag" ersetzt. Entitys können aber nicht nur reinen Text enthalten, sondern auch XML-Auszeichnungen. Das folgende Beispiel kürzt einen vollständigen Comic gemäß der bereits vorgestellten Comic-DTD auf das Entity &comic; herunter:

```
<!ENTITY comic '
  <comic language="en-US">
    <publisher>Marvel</publisher>
    <series>The Amazing Spider-Man</series>
    <format>Comic Book</format>
    <issue>663</issue>
    <title>The Return Of Anti-Venom</title>
    <subtitle>Part One: The Ghost of Jean DeWolff</subtitle>
    <authors>
      <author role="Writer">Dan Slott</author>
      <author role="Pencils">Giuseppe Camuncoli</author>
    </authors>
```

```
    <price currency="USD">3.99</price>
  </comic>
'>
```

Beachten Sie in diesem Beispiel die einfachen Anführungszeichen, in denen der Code für den Comic steht. Sie ermöglichen es, dass Sie die doppelten Anführungszeichen der enthaltenen Attributwerte einfach stehen lassen können.

Längere Entitys müssen Sie nicht innerhalb der DTD selbst definieren, sondern können sie in eine externe XML-Datei schreiben. Auf diese Datei wird dann in der Entity-Deklaration mithilfe einer SYSTEM-ID verwiesen:

```
<!ENTITY comic2 SYSTEM "comic2.xml">
```

Damit die Entity-Referenz &comic2; aufgelöst werden kann, muss im Verzeichnis, in dem sich die DTD befindet, eine formal korrekte XML-Datei namens *comic2.xml* vorliegen.

### 16.2.2 Namensräume

Eine besondere Eigenschaft von XML-Dokumenten besteht darin, dass Sie mehrere Dokumenttypen miteinander vermischen können. Zu diesem Zweck wurden die *Namensräume* (*Namespaces*) eingeführt, die die Unterscheidung von Elementen aus verschiedenen DTDs zulassen.

Der *Standardnamensraum* eines Dokuments zeichnet sich dadurch aus, dass Sie seine Elemente ohne spezielles Präfix verwenden können. Werden weitere Namensräume eingebunden, wird deren Elementen ein Namensraumpräfix vorangestellt, das durch einen Doppelpunkt vom eigentlichen Elementnamen getrennt wird.

Angenommen, Sie fügen in die Comic-Datei ein neues Element namens summary ein, das eine kurze Inhaltsangabe im HTML-Format enthält. Zu diesem Zweck können Sie den verwendeten HTML-Tags das Namensraumpräfix html voranstellen, um sie von den Elementen des Standardnamensraums zu unterscheiden. Hier ein kurzes Beispiel dazu:

```
<comic language="en-US">
  <publisher>Marvel</publisher>
  <series>Ultimate Spider-Man</series>
  <format>Trade Paperback</format>
  <issue original="1-13">1</issue>
  <title>Ultimate Spider-Man</title>
  <subtitle>Ultimate Collection</subtitle>
  <authors>
    <author role="Writer">Brian Michael Bendis</author>
    <author role="Pencils">Mark Bagley</author>
  </authors>
```

```
    <summary>
      <html:p>
        Der erste Band der Sammelausgabe von
        <html:i>Ultimate Spider-Man</html:i> beschreibt, wie
        der Schüler <html:b>Peter Parker</html:b> zum Superhelden
        <html:b>Spider-Man</html:b> wird und seine ersten Abenteuer
        erlebt.
      </html:p>
    </summary>
    <price currency="USD">24.99</price>
  </comic>
```

Die im Element summary verwendeten HTML-Auszeichnungen definieren einen Absatz, Fett- und Kursivschrift. Sie werden in Kapitel 18, »Webseitenerstellung mit HTML und CSS«, genauer erläutert.

Namensräume werden mithilfe von xmlns-Angaben innerhalb eines Elements in das Dokument eingebunden. In der Regel stehen sie im Wurzelelement. Der Standardnamensraum wird einfach als xmlns bezeichnet, während zusätzliche Namensräume mit xmlns:namensraum angegeben werden. Das folgende Beispiel bindet das comics-Format als Standardnamensraum und das HTML-Format als Erweiterung ein:

```
<comics xmlns="http://buecher.lingoworld.de/fachinfo/listings/16/common/comics"
        xmlns:html="http://www.w3.org/1999/xhtml">
```

Unter den angegebenen URLs muss sich kein spezielles Dokument befinden, das den Namensraum definiert – allerdings ist es üblich, dort eine kurze Beschreibung des Namensraums im HTML-Format abzulegen. Wichtig ist nur, dass verschiedene Namensraumangaben auch unterschiedliche URLs verwenden.

### 16.2.3 XML Schema

*XML Schema* bietet eine alternative Möglichkeit, Standards für XML-Dokumente einzurichten. Gegenüber DTDs besitzt dieses Format vor allem zwei Vorteile:

▶ Die zulässigen Inhalte für Elemente und Attribute können wesentlich genauer angegeben werden.

▶ Das Format ist selbst XML-basiert, verwendet also keine separate Syntax wie DTDs, sondern besteht aus wohlgeformten XML-Dokumenten.

Eine Schema-Definition steht in einer Datei mit der Endung *.xsd*. Die meisten aktuellen XML-Parser unterstützen ein Schema als Alternative zu einer DTD für die Validierung von Dokumenten.

Hier ein einfaches Schema für Adresslisten-Dokumente auf der Basis des zuvor definierten Adressbeispiels:

```
<?xml version="1.0"?>
<xs:schema xmlns:xs="http://www.w3.org/2001/XMLSchema">
  <xs:element name="adressliste">
    <xs:complexType>
      <xs:element name="person" minOccurs="1"
      maxOccurs="unbounded">
        <xs:complexType>
          <xs:sequence>
            <xs:element name="anrede"
            type="xs:string" />
            <xs:element name="titel" type="xs:string"
            minOccurs="0" />
            <xs:element name="vorname" type="xs:string"
            maxOccurs="unbounded" />
            <xs:element name="name" type="xs:string" />
            <xs:element name="anschrift">
              <xs:complexType>
                <xs:choice>
                  <xs:element name="strasse"
                  type="xs:string" />
                  <xs:element name="plz"
                  type="xs:string" />
                </xs:choice>
              </xs:complexType>
            </xs:element>
          </xs:sequence>
        </xs:complexType>
      </xs:element>
    </xs:complexType>
  </xs:element>
</xs:schema>
```

Grundsätzlich wird jedes Element mithilfe einer `<xs:element>`-Deklaration angegeben. Elemente, die nur einfachen Textinhalt und keine verschachtelten Elemente oder Attribute besitzen, benötigen im Schema das Attribut `type`, das den zulässigen Typ des Inhalts angibt. Einige zulässige Typen sind `"xs:string"` für beliebigen Text, `"xs:integer"` für ganze Zahlen oder `"xs:language"` für eine ISO-Sprachangabe wie en (Englisch) oder de (Deutsch). Diese und andere Inhaltstypen können sowohl für Elemente als auch für Attribute verwendet werden.

Elemente, die verschachtelte Elemente, gemischten Inhalt oder Attribute enthalten dürfen, benötigen zur Angabe dieser Komponenten einen `<xs:complexType>`-Block. Für verschachtelte Elemente steht innerhalb dieses Blocks entweder ein einzelnes Element, eine durch einen `<xs:sequence>`-Abschnitt umschlossene Liste aufeinanderfolgender Elemente oder eine durch `<xs:choice>` umhüllte Aufzählung von Alternativen.

Attribute – die im zuvor gezeigten Beispiel nicht vorkommen – werden übrigens folgendermaßen deklariert:

```
<xs:attribute name="isbn" type="xs:integer" />
```

Angenommen, Sie möchten ein Element buchtitel deklarieren, dessen Inhalt einfacher Text ist und das ein Attribut namens isbn enthält. Da Elemente mit Attributen immer einen `<xs:complexType>`-Block benötigen, in dem ihr Inhalt definiert wird, können Sie nicht mehr einfach type="xs:string" schreiben. Stattdessen sieht die Definition nun so aus:

```
<xs:element name="buchtitel">
  <xs:complexType>
    <xs:simpleContent>
      <xs:extension base="xs:string">
        <xs:attribute name="isbn" type="xs:string" />
      </xs:extension>
    </xs:simpleContent>
  </xs:complexType>
</xs:element>
```

Der `<xs:simpleContent>`-Block gibt an, dass das Element trotz des `<xs:complexType>` nur einfachen Inhalt und keine verschachtelten Tags enthält. `<xs:extension>` gibt den Inhaltstyp des Elements selbst an (hier "xs:string"), während die hineinverschachtelten `<xs:attribute>`-Elemente die Attribute und ihre Datentypen definieren.

Interessant ist schließlich noch die Möglichkeit, über minOccurs und maxOccurs die minimale und die maximale Anzahl von Elementen eines Typs anzugeben. Beide haben den Standardwert 1; ein Element ohne weitere Angaben muss genau einmal vorkommen. Ein spezieller Wert für maxOccurs ist "unbounded". Das entsprechende Element darf unbegrenzt oft vorkommen.

Das folgende kurze Beispiel genügt dem in diesem Abschnitt definierten Schema und zeigt außerdem, wie Sie die Verwendung des Schemas im XML-Dokument angeben:[3]

```
<?xml version="1.0"?>
<adressliste xmlns:xsi="http://www.w3.org/2001/XMLSchema-
instance" xsi:noNamespaceSchemaLocation="adressen.xsd">
```

---

3  Die hier sehr verkürzt behandelte Schema-Spezifikation wird noch erheblich komplexer, wenn Namensräume ins Spiel kommen. xsi:noNamespaceSchemaLocation bindet nur Schema-Definitionen ein, die keine speziellen Namensräume deklarieren.

```
<person>
  <anrede>Herr</anrede>
  <titel>Doktor</titel>
  <vorname>Dieter</vorname>
  <name>Heinze</name>
  <anschrift>
    <strasse>Alte Straße 34</strasse>
  </anschrift>
</person>
<person>
  <anrede>Frau</anrede>
  <vorname>Maria</vorname>
  <vorname>Theresia</vorname>
  <name>Huber</name>
  <anschrift>
    <postfach>1234567</postfach>
  </anschrift>
</person>
</adressliste>
```

Über dieses kurze Beispiel hinaus ist XML Schema eine sehr umfangreiche Sprache, die sehr detaillierte Definitionen für Dokumentformate ermöglicht. Der in diesem Abschnitt gewährte kleine Einblick hat hoffentlich gezeigt, dass die Möglichkeiten von Schema weit über DTDs hinausgehen.

## 16.3   XSLT

Wenn Sie dem Kapitel bis hierhin gefolgt sind, wird Ihnen aufgefallen sein, dass Sie zwar eine Reihe verschiedener XML-Dokumente und XML-Fragmente gesehen haben, aber noch keinen Screenshot oder eine andere Darstellung eines fertig verarbeiteten Dokuments. Das liegt daran, dass XML einzig und allein die Struktur eines Dokuments beschreibt. Für das Layout sind separate Formatierungsangaben zuständig, die meist in der *Extensible Stylesheet Language* (XSL) verfasst werden.

XSL besteht aus zwei verschiedenen Komponenten: Die in diesem Abschnitt behandelten *XSL-Transformations* (XSLT) beschreiben die Umwandlung (Transformation) beliebiger XML-Dokumente in andere Formate wie HTML oder PDF, während *XSL Formatting Objects* (XSL-FO) eine eigene Sprache zur Definition von Formatierungen und Stilen bilden. Eine dritte Alternative für die Formatierung bieten die am häufigsten für HTML-Dokumente eingesetzten *Cascading Style Sheets* (CSS), die in Kapitel 18, »Webseitenerstellung mit HTML und CSS«, erläutert werden.

Ein XSLT-Dokument beschreibt, welche Elemente und Attribute eines XML-Eingabedokuments in welche Bestandteile eines Ausgabedokuments umgesetzt werden. Um die einzelnen Komponenten des Eingabedokuments zu identifizieren, verwendet XSLT eine Sprache namens *XPath*, die den Zugriff auf die Baumstruktur jedes XML-Dokuments ermöglicht. Der Namensbestandteil *path* ist nicht ganz zufällig gewählt, denn die Ausdrücke zum Auffinden der verschiedenen Knoten des XML-Baums ähneln Pfaden im Dateisystem, einschließlich dem / zur Trennung übergeordneter von untergeordneten Knoten sowie Konstrukten wie .., um im Baum nach oben zu wandern.

Um XSLT einsetzen zu können, benötigen Sie eine spezielle Anwendung namens *XSLT-Prozessor*. Dieses Programm nimmt ein XSLT-Stylesheet und ein XML-Dokument entgegen und erzeugt gemäß den Regeln des Stylesheets das gewünschte Ausgabedokument.

Einer der bekanntesten XSLT-Prozessoren ist *Apache Xalan*, den Sie unter *xml.apache.org/xalan* herunterladen können. Es handelt sich um eine Java-Anwendung, die Sie von der Kommandozeile aus folgendermaßen aufrufen:

```
$ java org.apache.xalan.xslt.Process -IN comics.xml -XSL comics2htm.xsl OUT comics.html
```

Der Kommandozeilenparameter -IN gibt, wie Sie wahrscheinlich richtig vermutet haben, das Eingabedokument an, -XSL bezeichnet die XSLT-Stylesheet-Datei mit der Endung *.xsl* und -OUT die Ausgabedatei.

Die häufigste Umwandlung – und die einzige, die in diesem kurzen Abschnitt demonstriert wird – ist diejenige von allgemeinem XML nach HTML.

### 16.3.1 Ein einfaches Beispiel

Hier ein kurzes XSLT-Stylesheet, das die zu Beginn dieses Kapitels vorgestellte Datei *comics.xml* in ein einfaches HTML-Dokument umwandelt:

```
<?xml version="1.0" encoding="utf-8"?>
<xsl:stylesheet version="1.0"
    xmlns:xsl="http://www.w3.org/1999/XSL/Transform">
  <xsl:template match="comics">
    <html>
      <head>
        <title>Comics</title>
      </head>
      <body>
        <h1>Comics</h1>
        <xsl:for-each select="./comic">
          <xsl:call-template name="output-comic">
            <xsl:with-param name="content" select="." />
          </xsl:call-template>
```

```
        </xsl:for-each>
      </body>
    </html>
  </xsl:template>

  <xsl:template name="output-comic">
    <xsl:param name="content" />
    <h2>
      <xsl:value-of select="$content/series/text()" />
      #<xsl:value-of select="$content/issue/text()" />
    </h2>
    <h3>
      <xsl:value-of select="$content/title/text()" />
      <xsl:if test="$content/subtitle">
        <br />
        <xsl:value-of select="$content/subtitle/text()" />
      </xsl:if>
      <xsl:if test="$content/issue/@original">
        <br />
        (sammelt Originalausgaben
        <xsl:value-of select="$content/issue/@original" />
        )
      </xsl:if>
    </h3>
    <p>
      <b>Verlag:</b>
      <xsl:value-of select="$content/publisher/text()" />
      <br />
      <b>Format:</b>
      <xsl:value-of select="$content/format/text()" />
      <br />
      <b>Autoren:</b>
      <xsl:for-each select="$content/authors/author">
        <xsl:if test="position() > 1">, </xsl:if>
        <xsl:value-of select="./text()" />
        (<xsl:value-of select="./@role" />)
      </xsl:for-each>
      <br />
      <b>Preis:</b>
      <xsl:choose>
        <xsl:when test="$content/price/@currency = 'USD'">
          <xsl:variable name="rawprice" select="$content/price/text() div 1.1" />
          <xsl:value-of select="round($rawprice * 100) div 100" /> EUR
```

```
            </xsl:when>
            <xsl:otherwise>
              <xsl:value-of select="$content/price/text()" />
              <xsl:value-of select="$content/price/@currency" />
            </xsl:otherwise>
          </xsl:choose>
        </p>
      </xsl:template>
</xsl:stylesheet>
```

Wenn Sie das Stylesheet über den zuvor gezeigten Xalan-Aufruf oder mithilfe eines anderen XSLT-Prozessors verwenden und die entstandene HTML-Datei im Browser öffnen, erhalten Sie ein Ergebnis wie in Abbildung 16.2.

**Abbildung 16.2** Das mithilfe von XSLT erzeugte HTML-Dokument im Browser

Falls Sie mit HTML-Code noch nichts anfangen können, lesen Sie zunächst Kapitel 18, »Webseitenerstellung mit HTML und CSS«. Ansonsten sollten Sie sich den Quellcode des XSLT-Beispiels genauer anschauen. Wie Sie sehen, wird die gesamte Struktur des HTML-Dokuments einfach aufgeschrieben, umschlossen und unterbrochen von XSLT-Angaben, die die Inhalte bestimmter Elemente aus *comics.xml* an den passenden Stellen einfügen.

### 16.3.2 Wichtige XSLT- und XPath-Elemente

Hier eine Aufzählung besonders wichtiger XSLT-Elemente; einige von ihnen wurden im vorangegangenen Beispiel verwendet:

▶ `xsl:stylesheet` ist das Wurzelelement des gesamten XSLT-Stylesheets.

▶ `xsl:template` erwartet als Inhalt des Attributs `match` den Namen eines XML-Elements aus dem Dokument, dessen Inhalte verarbeitet werden sollen. Bevor Sie die erste Zeile des Ausgabedokuments schreiben, sollten Sie mithilfe von `xsl:template` das Wurzelelement des Eingabedokuments auswählen; zu diesem Zweck bietet XSLT die Kurzfassung `match="/"` an. Alternativ können Sie auch einen anderen XPath-Ausdruck benutzen, um nur die für Sie relevanten Teile des Ursprungsdokuments zu verarbeiten.

Daneben existiert auch die Schreibweise `<xsl:template name="Name"> ... </template>`. So benannte Templates werden mithilfe der Anweisung `<xsl:call-template name="Name" />` aufgerufen. Dabei lassen sich sogar Parameter übergeben, beispielsweise XPath-Ausdrücke, um ein benanntes Template auf verschiedene Teile des XML-Baums anzuwenden. Dazu muss die Template-Definition gleich am Anfang ein oder mehrere Elemente in der Form `<xsl:param name="Parmetername" />` enthalten. Optional kann mithilfe des Attributs `select="..."` oder als verschachtelter Inhalt ein Standardwert angegeben werden. In den `xsl:call-template`-Aufruf werden dann die zugehörigen Wertzuweisungen verschachtelt; sie besitzen folgende Schreibweise: `<xsl:with-param name="Parametername" select="XPath-Ausdruck" />` beziehungsweise `<xsl:with-param name="Parametername">[PCDATA oder beliebiges XML/XSLT für den Wert]</xsl:with-param>`. In XPath-Ausdrücken werden Parameter als `$Parametername` referenziert.

▶ `xsl:for-each` funktioniert ähnlich wie `xsl:template match="..."`. Allerdings durchläuft es sämtliche Elemente des unter `select` angegebenen XPath-Ausdrucks in einer Schleife.

▶ `xsl:value-of` liest den Textinhalt eines Elements beziehungsweise eines beliebigen XPath-Ausdrucks, in dessen Ziel PCDATA oder CDATA enthalten ist; um ganz sicherzugehen, sollten Sie wie im Beispiel die Funktion `text()` verwenden, um den Inhalt der enthaltenen Textknoten auszuwählen. Um ein Attribut anstelle eines Elements auszuwählen, müssen Sie diesem innerhalb des XPath-Ausdrucks ein `@` voranstellen.

Falls ein Textinhalt als Wert eines Attributs übernommen werden soll, kann der betreffende XPath-Ausdruck auch in geschweiften Klammern in die Anführungszeichen dieses Attributwerts geschrieben werden. Angenommen, Sie möchten den Wert eines Attributs namens `link` in einen HTML-Hyperlink übernehmen, während das Attribut `caption` die Link-Beschriftung bilden soll. Dies funktioniert wie folgt:

```
<a href="{@link}"><xsl:value-of select="@caption"/></a>
```

Alternativ lassen sich auch `<xsl:attribute>`-Knoten zur Konstruktion von Attributen verwenden; der folgende Code ist daher äquivalent:

```
<a>
  <xsl:attribute name="href">
    <xsl:value-of select="@link"/>
  </xsl:attribute>
  <xsl:value-of select="@caption"/>
</a>
```

► `xsl:copy-of` kopiert dagegen nicht nur reinen Text, sondern auch den XML-Teilbaum des Elements, das mithilfe von `select` ausgewählt wurde.

► `xsl:if` ermöglicht es, Teile Ihres XSLT-Codes von Bedingungen abhängig zu machen. Das Attribut `test="..."` prüft dabei einen beliebigen Ausdruck. Falls Sie lediglich einen XPath-Ausdruck ohne Vergleichsoperation angeben, wird dessen Existenz überprüft. Ansonsten können Sie auch mithilfe verschiedener Operatoren und Funktionen Werte vergleichen.

Der gängigste Vergleichsoperator ist =, der Gleichheit überprüft; ansonsten stehen != (ungleich), &lt; (kleiner als), &gt; (größer als), &lt;= (kleiner oder gleich) und &gt;= (größer oder gleich) zur Verfügung – da < und > besondere Bedeutungen haben, müssen für die entsprechenden Operatoren die zugehörigen Entity-Referenzen verwendet werden. Das folgende Beispiel wählt den Textinhalt eines Elements namens `artikel` nur dann aus, wenn sein Attribut `preis` einen niedrigeren Wert als 100 hat:

```
<xsl:if test="artikel/@preis &lt; 100">
  <xsl:value-of select="artikel"/>
</xsl:if>
```

Beachten Sie, dass der Inhalt von `test` im `xsl:if`-Element die aktuelle XPath-Position nicht ändert; dies ist bei `match` in `xsl:template` und `select` in `xsl:for-each` anders. Deshalb muss innerhalb des `if`-Tags auch `artikel` und nicht etwa das aktuelle Element (abgekürzt .) ausgewählt werden.

► `xsl:choose` funktioniert ähnlich wie `xsl:if`. Es stellt jedoch eine Art `if/else`-Funktionalität zur Verfügung: Sie können mehrere aufeinanderfolgende `xsl:when`-Blöcke verwenden, die geprüft werden, bis einer der `test`-Ausdrücke zutrifft. Wenn keiner zutrifft, wird der Inhalt des optionalen `xsl:otherwise`-Blocks beachtet.

► `xsl:variable` speichert den Wert eines XPath-Ausdrucks zwischen. Trotz des Namens *Variable* kann ein einmal abgelegter Wert nachträglich nicht mehr geändert werden. Auf die definierte Variable wird in XPath-Ausdrücken, genau wie auf Parameter, mit vorangestelltem Dollarzeichen (`$Variablenname`) zugegriffen.

Einige XPath-Ausdrücke sollten Sie für die erfolgreiche Arbeit mit XSLT übrigens auch noch kennen. Hier die wichtigsten im Überblick:

► Das jeweils aktive Element (Kontextelement), das beispielsweise mithilfe von `xsl:template` oder `xsl:for-each` ausgewählt wurde, hat einen einfachen Punkt (.) als Namen.

▶ Direkte Kindelemente des Kontextelements können einfach mit ihrem Namen angesprochen werden. Angenommen, Sie haben die Struktur `<autor><name/></autor>` und das Kontextelement ist `<autor>`, dann genügt `name` für den Zugriff auf den Kindknoten `name`. `./name` ist allerdings auch zulässig.

▶ In verschachtelten Strukturen werden die Elemente durch / voneinander getrennt. Wird beispielsweise die Struktur `<buch><autor><name/></autor></buch>` verarbeitet und das Kontextelement ist `<buch>`, dann können Sie mit `autor/name` auf den Knoten `<name>` zugreifen.

▶ Auf das jeweils übergeordnete Element können Sie mit `..` zugreifen. Angenommen, das Kontextelement ist `<name />` in dem Konstrukt `<autor><name /><vorname /></autor>`. Dann erreichen Sie das Elternelement `autor` mit `..` und das Geschwisterelement `vorname` mit `../vorname`.

▶ Wenn Sie im gesamten Baum nach Elementen mit bestimmten Namen oder Eigenschaften suchen möchten, können Sie dem XPath-Ausdruck // voranstellen. `//autor` liefert beispielsweise alle Elemente mit dem Namen `autor`; das Ergebnis kann etwa mittels `xsl:for-each` durchlaufen werden.

▶ Ein * greift auf alle direkten Kinder des gewählten Knotens zu. Nützlich ist dies vor allem für `xsl:for-each`-Konstrukte. Mithilfe der XPath-Funktion `local-name(.)` können Sie dann innerhalb der Schleife herausfinden, um welche Art von Element es sich jeweils handelt. Auf diese Weise können Sie etwa mit `xsl:if` überprüfen, welches Element gerade verarbeitet wird.

▶ Attribute werden, wie bereits erwähnt, durch ein vorangestelltes @ von Elementen unterschieden. In der Struktur `<buch isbn="..."/>` greift `@isbn` (oder `buch/@isbn`, falls `<buch>` nicht das Kontextelement ist) beispielsweise auf den Wert des Attributs `isbn` zu.

▶ Eckige Klammern innerhalb eines XPath-Ausdrucks ermöglichen das Setzen von Bedingungen. Betrachten Sie dazu die folgende Struktur:

```
<buch>
  <uebersetzer sprache="de">...</uebersetzer>
  <uebersetzer sprache="fr">...</uebersetzer>
</buch>
```

Wenn das Kontextelement `<buch>` ist und Sie nur die Übersetzer für die Sprache Deutsch herausgreifen möchten, lautet der passende XPath-Ausdruck `uebersetzer[@sprache = 'de']`.

Neben den eigentlichen XPath-Ausdrücken kommen in dem Beispiel noch einige XSLT-Funktionen und -Operationen zum Einsatz:

▶ `text()` wurde bereits angesprochen – es handelt sich um den PCDATA- oder CDATA-Textinhalt des angesprochenen Knotens und seiner Unterknoten.

▶ `position()` liefert die aktuelle Position in einer `xsl:for-each`-Schleife. Beachten Sie, dass die Zählung bei 1 beginnt, nicht bei 0 wie in den meisten Programmiersprachen. Hier wird die Funktion verwendet, um vor jedem Autorennamen außer dem ersten ein Komma einzufügen.

▶ `round()` rundet einen numerischen Wert auf eine Ganzzahl. Um zwei Nachkommastellen zu erhalten, wird der Betrag im vorliegenden Beispiel zunächst mit 100 multipliziert, dann gerundet und anschließend wieder durch 100 dividiert.

▶ `div` ist keine Funktion, sondern ein Operator – er wird für die Division verwendet, weil / bereits als XPath-Pfadtrennzeichen zum Einsatz kommt.

## 16.4 Grundlagen der XML-Programmierung

Da XML innerhalb weniger Jahre zu einem der wichtigsten Datenformate geworden ist, wird es von fast allen Programmiersprachen unterstützt. Das wichtigste Instrument der XML-Programmierung ist ein *XML-Parser*, der die einzelnen Komponenten von XML-Dokumenten voneinander trennt und ihre Wohlgeformtheit überprüft. Die Ausgabe eines solchen Parsers kann anschließend durch ein selbst geschriebenes Programm verarbeitet werden.

Wie man einen XML-Parser selbst schreiben könnte, soll an dieser Stelle nicht erörtert werden. Da es für die meisten Programmiersprachen unzählige fertige Parser gibt, müssen Sie sich das nicht antun.

In diesem Abschnitt werden die beiden gängigsten klassischen XML-Programmiermodelle beschrieben. Die verwendete Programmiersprache ist Java, obwohl beide Modelle auch von anderen Sprachen wie Python, PHP oder dem .NET Framework unterstützt werden. Das erste Modell ist das ereignisbasierte *SAX* (*Simple API for XML*), das zweite das baumbasierte *DOM* (*Document Object Model*). Anschließend lernen Sie mit dem Python-Modul `xml.etree` noch eine moderne sprachspezifische Implementierung eines XML-Prozessors kennen.

Falls Sie SAX und DOM in Java-Programmen verwenden möchten, benötigen Sie zuerst einen Parser, der diese Modelle unterstützt und die Parsing-Ergebnisse an Ihr Programm weitergibt. Sehr empfehlenswert ist der Parser *Apache Xerces*, den Sie unter *http://xml.apache.org/xerces2-j/index.html* herunterladen können. Wenn Sie ihn für eine andere Programmiersprache als Java benötigen, können Sie sich selbst unter *xml.apache.org* umsehen. Die aktuelle Version von Xerces für Java ist zurzeit 2.11.0. Sein Vorteil ist, dass er sowohl DOM als auch SAX unterstützt und die notwendigen Java-Klassen für beide enthält.

Um Xerces und die XML-Klassen aus Ihrem Java-Programm heraus zu verwenden, müssen Sie den Pfad der Datei *xercesImpl.jar* (bei älteren Versionen *xerces.jar*) in Ihren Java-Classpath aufnehmen. Wie die Umgebungsvariable `CLASSPATH` manipuliert wird, erfahren Sie in Kapitel 9, »Grundlagen der Programmierung«.

Zur Demonstration der XML-Programmierung kommt ein weiteres XML-Dokument zum Einsatz; es handelt sich um die XML-Darstellung einer Liste von Büchern über XML. Ihr Aufbau ähnelt der Comic-Liste:

16.4   Grundlagen der XML-Programmierung

```xml
<?xml version="1.0" encoding="utf-8" standalone="yes"?>
<xml-buecher>
  <buch isbn="978-3898426947">
    <autor>
      <name>Bongers</name>
      <vorname>Frank</vorname>
    </autor>
    <titel>XSLT 2.0 und XPath 2.0</titel>
    <auflage>2</auflage>
    <ort>Bonn</ort>
    <jahr>2008</jahr>
    <verlag>Galileo Computing</verlag>
  </buch>
  <buch isbn="978-3836213677">
    <autor>
      <name>Vonhoegen</name>
      <vorname>Helmut</vorname>
    </autor>
    <titel>Einstieg in XML</titel>
    <auflage>5</auflage>
    <ort>Bonn</ort>
    <jahr>2009</jahr>
    <verlag>Galileo Computing</verlag>
  </buch>
  <buch isbn="978-3897213395">
    <autor>
      <name>Harold</name>
      <vorname>Eliotte Rusty</vorname>
    </autor>
    <autor>
      <name>Means</name>
      <vorname>W. Scott</vorname>
    </autor>
    <titel>XML in a Nutshell</titel>
    <auflage>3</auflage>
    <ort>Köln</ort>
    <jahr>2005</jahr>
    <verlag>O'Reilly</verlag>
  </buch>
  <!-- und viele weitere Bücher -->
</xml-buecher>
```

## 16.4.1 SAX

Wie bereits erwähnt, ist die Simple API for XML ein *ereignisbasiertes* Programmiermodell für XML-Anwendungen. Der Parser verarbeitet ein XML-Dokument und ruft für bestimmte Ereignisse, die Sie festlegen können, Ihre Verarbeitungsfunktionen auf. Das Callback-Verfahren, bei dem Sie eigene Methoden bereitstellen, die von außen aufgerufen werden, wurde bereits in Kapitel 10, »Konzepte der Programmierung«, erläutert.

Um SAX zu verwenden, müssen Sie zunächst eine Reihe von Klassen importieren. Die schnellste und einfachste Importanweisung ist folgende:

```
import org.xml.sax.*;
```

Als Nächstes müssen Sie eine Instanz Ihres bevorzugten SAX-Parsers anlegen. Das folgende Beispiel erzeugt eine Instanz des Xerces-SAX-Parsers:

```
public String pclass =
    "org.apache.xerces.parsers.SAXParser";
public XMLReader parser =
    XMLReaderFactory.createXMLReader (pclass);
```

XMLReader ist ein Interface, das einen SAX-fähigen Parser beschreibt. Der Vorteil gegenüber einer konkreten Klasse liegt auf der Hand: Wenn Sie von Xerces auf einen anderen Parser umsteigen müssen oder wollen, brauchen Sie nur den Wert der Variablen pclass zu ändern; alles andere bleibt bestehen. Aus demselben Grund wird kein Konstruktor aufgerufen, sondern eine Methode einer Factory-Klasse.

Damit der Parser etwas zu tun hat, müssen Sie ihm nun ein XML-Dokument vorsetzen. Dies geschieht mithilfe einer InputSource-Instanz. Wenn Sie die Datei *xml-buecher.xml* im aktuellen Verzeichnis als Eingabedokument verwenden möchten, sieht der entsprechende Code folgendermaßen aus:

```
InputSource source =
    new InputSource(new java.io.FileInputStream(
        new java.io.File("xml-buecher.xml")));
source.setSystemId("xml-buecher.xml");
```

Der InputSource-Konstruktor erwartet die Übergabe von InputStream, der im vorliegenden Fall aus einer lokalen Datei gebildet wird. Die Methode setSystemId() des InputSource-Objekts stellt die XML-Datei auch gleich als SYSTEM-ID ein, damit relative Pfadangaben innerhalb des XML-Codes korrekt aufgelöst werden.

Nachdem Sie nun den Parser und das XML-Eingabedokument eingerichtet haben, können Sie die Methode parse() aufrufen, um das Dokument tatsächlich zu verarbeiten:

```
parser.parse(source);
```

## 16.4 Grundlagen der XML-Programmierung

Damit nun aber die vom Parser gemeldeten Ereignisse wie Beginn und Ende eines Elements oder das Auftreten eines Attributs von Ihrem Programm verarbeitet werden können, müssen Sie es als *Handler* für die jeweiligen Ereignisse registrieren. Der wichtigste Handler für SAX-Ereignisse ist `org.xml.sax.ContentHandler`, der sich um XML-Ereignisse wie Elemente und Attribute kümmert.

Die drei anderen möglichen Handler werden hier nicht weiter besprochen. Es handelt sich um `org.xml.sax.EntityResolver`, der – wie der Name vermuten lässt – Entity-Referenzen auflöst, `ErrorHandler` zur Bearbeitung von Parsing-Fehlern und `DTDHandler` zur Validierung des Dokuments anhand einer DTD.

Um Ihr eigenes Programm als `ContentHandler` zu registrieren, muss es dieses Interface und alle seine Methoden implementieren, ob Sie die Funktionalität dieser Methoden nun benötigen oder nicht. Diese spezielle Eigenschaft von Java-Interfaces wird in Kapitel 10, »Konzepte der Programmierung«, näher erläutert. Außerdem muss eine Instanz der Klasse vorliegen, die als Handler registriert wird. Sie müssen diese Instanz mithilfe der Methode `setContentHandler()` der `XMLReader`-Instanz angeben. Alternativ können Sie auch eine separate Klasse schreiben, eine Instanz davon erzeugen und als Handler registrieren. Schematisch sieht diese Registrierung, die noch vor dem `parse()`-Aufruf stehen muss, folgendermaßen aus:

```
parser.setContentHandler(handler);
```

In Tabelle 16.3 sehen Sie eine Liste aller Callback-Methoden, die Sie für einen `ContentHandler` implementieren müssen. Beachten Sie dabei, dass Sie keine dieser Methoden jemals selbst aufrufen werden. Stattdessen werden sie nacheinander vom XML-Parser aufgerufen, wenn er die betreffenden Komponenten eines XML-Dokuments antrifft.

| SAX-Callback-Methode | Erläuterung |
|---|---|
| `public void setDocumentLocator (Locator locator)` | Wird zu Beginn des Parsings aufgerufen und richtet den `Locator` ein, der jeweils auf die Position im XML-Dokument verweist, an der sich der Parser gerade befindet. |
| `public void startDocument() throws SAXException` | Wird beim eigentlichen Beginn des Parsing-Prozesses aufgerufen. |
| `public void endDocument() throws SAXException` | Wird stets am Ende der Verarbeitung aufgerufen, sowohl wenn das Dokument fertig verarbeitet ist als auch bei einem Abbruch durch einen Fehler. |
| `public void startPrefixMapping (String prefix, String uri) throws SAXException` | Wird vor dem Start eines Elements aufgerufen, das ein Namensraumpräfix besitzt. |

**Tabelle 16.3** Alle Callback-Methoden von ContentHandler

| SAX-Callback-Methode | Erläuterung |
|---|---|
| `public void endPrefixMapping (String prefix) throws SAXException` | Wird nach dem Abschluss eines Elements mit Namensraumpräfix aufgerufen. |
| `public void startElement(String namespaceURI, String localName, String qName, Attributes attrs) throws SAXException` | Eines der wichtigsten SAX-Callbacks. Es wird bei jedem Antreffen eines öffnenden Tags aufgerufen und liefert den Namensraum-URI, den einfachen Elementnamen, den Qualified Name (Name mit Namensraumpräfix) und eine Aufzählung der Attribute. |
| `public void endElement(String namespaceURI, String localName, String qName) throws SAXException` | Wird bei jedem Antreffen eines schließenden Tags aufgerufen. Folgerichtig liefert die Methode dieselben Elementinformationen wie `startElement()`, außer den Attributen. |
| `public void characters(char ch[], int start, int length) throws SAXException` | Gibt einfachen Text aus dem Dokument als Array aus einzelnen Zeichen zurück. Zur Kontrolle werden die Nummer des Startzeichens und die Länge mit angegeben, da keine Garantie besteht, dass ein ganzer Textabschnitt auf einmal zurückgegeben wird. |
| `public void ignorableWhitespace (char ch[], int start, int length) throws SAXException` | Gibt ignorierbaren Whitespace als Array von Zeichen zurück. Wird nur aufgerufen, wenn das Dokument sich auf eine DTD oder ein Schema bezieht, deren Inhaltsdefinitionen Whitespace übrig lassen. Andernfalls wird Whitespace von `characters()` behandelt. |
| `public void processingInstruction (String target, String data) throws SAXException` | Reagiert auf Steueranweisungen im Dokument, allerdings nicht auf die `<?xml?>`-Steueranweisung am Dokumentbeginn. Sonstige Steueranweisungen sind für Befehle an XML-Anweisungen vorgesehen. |
| `public void skippedEntity (String name) throws SAXException` | Reicht alle Entity-Referenzen an den `ContentHandler` durch, die nicht vom Parser aufgelöst werden können. |

**Tabelle 16.3** Alle Callback-Methoden von ContentHandler (Forts.)

Die Beispielanwendung in Listing 16.1 macht etwas recht Nützliches mit der XML-Bücherliste: Sie schreibt die meisten Informationen aus dem XML-Dokument über JDBC in eine Datenbanktabelle in der MySQL-Datenbank buchliste, die über MySQL Connector/J (siehe Kapitel 13, »Datenbanken«) angebunden ist. Explizit weggelassen werden nur die Autoren: Ein Buch kann mehrere Autoren haben, und derselbe Autor kann mehrere Bücher schreiben;

**16.4   Grundlagen der XML-Programmierung**

dafür benötigt ein sauberes relationales Datenbankmodell mehrere Tabellen. Diese Komplexität wäre für ein einfaches Beispiel fehl am Platze.

```java
import org.xml.sax.*;
import org.xml.sax.helpers.*;
import java.sql.*;
import java.io.*;
public class XMLBuecherDB implements ContentHandler {

   Connection conn;      // Die Datenbankverbindung
   Statement st;         // Ein SQL-Statement-Objekt
   public String isbn;   // ISBN des aktuellen Buches
   public String info;   // Aktuell verarbeitete Info
   public boolean relevant;
                         // zurzeit relevantes Element?
   public String rtext;  // Text => Datenfeld
   public static void main(String args[])
   {
      XMLBuecherDB buecherdb = new XMLBuecherDB();
      System.out.println("Willkommen!");
      try {
         buecherdb.makeDB(buecherdb);
      }
      catch(Exception e) {
         System.out.println("Ein Fehler ist aufgetreten");
         e.printStackTrace(System.err);
      }
   }


   public void makeDB(XMLBuecherDB bdb) throws Exception {
      // MySQL/ConnectorJ-Treiber laden
      try {
         Class.forName("com.mysql.jdbc.Driver").newInstance();
      }
      catch(ClassNotFoundException e) {
         System.out.println("MySQL-JDBC-Treiber nicht gefunden.");
         return;
      }

      // Verbindung zum MySQL-Server herstellen.
      // Die Datenbank "buchliste" muss existieren.
      // Die beiden leeren Strings müssen Sie mit
      // einem Benutzernamen und einem Passwort
```

```java
// eines Benutzers auffüllen, der in dieser
// Datenbank Tabellen erstellen darf!
conn = DriverManager.getConnection("jdbc:mysql://localhost/buchliste", "", "");
st = conn.createStatement();
// Datenbanktabelle BUECHER löschen, falls sie bereits existiert
st.execute("DROP TABLE IF EXISTS buecher");
// Tabelle BUECHER neu anlegen
st.execute("CREATE TABLE BUECHER(ISBN CHAR(11) PRIMARY KEY, TITEL
VARCHAR(30), JAHR INT, ORT VARCHAR(30), VERLAG VARCHAR(30))");
// SAX-Parser erzeugen
String pclass = "org.apache.xerces.parsers.SAXParser";
XMLReader parser = XMLReaderFactory.createXMLReader(pclass);

// XML-Input-Source erzeugen
InputSource source = new InputSource(new java.io.FileInputStream
                    (new java.io.File("xml-buecher.xml")));
source.setSystemId("xml-buecher.xml");

// Eine Instanz des Programms selbst als
// ContentHandler registrieren

parser.setContentHandler(bdb);
info = "";

// Parsing beginnen
parser.parse(source);
}

/* Implementierung der ContentHandler-Klassen */
public void setDocumentLocator(Locator locator) {
   // Wird nicht benötigt
}

public void startDocument() throws SAXException {
   // Wird nicht benötigt
}


public void endDocument() throws SAXException {
   // Wird nicht benötigt
}

public void startPrefixMapping(String prefix, String uri) throws
```

## 16.4 Grundlagen der XML-Programmierung

```java
SAXException {
   // Wird nicht benötigt
}

public void endPrefixMapping(String prefix) throws SAXException {
   // Wird nicht benötigt
}

public void startElement(String namespaceURI, String localName, String
qName, Attributes attrs) throws SAXException {
   String abfr;  // Hilfsvariable für SQL-Abfragen
   if (localName.equals "buch")) {
      // ISBN ermitteln => in neuen Datensatz
      isbn = attrs.getValue("isbn");
      System.out.println("Buch: ISBN " + isbn);
      try {
         abfr = "INSERT INTO BUECHER (ISBN) VALUES (\"" + isbn + "\")";
         System.out.println("   [SQL: " + abfr + "]");
         st.execute(abfr);
      } catch(Exception e) {
         System.out.println("Konnte Datensatz " + isbn +
         " nicht anlegen.");
      }
      relevant = false;
   } else if (localName.equals("titel") || localName.equals("jahr") ||
      localName.equals("ort") || localName.equals("verlag")) {
      // Namen des alten u. neuen Elements speichern
      relevant = true;
      info = localName;
      rtext = "";
   } else {
      // Unwichtiges Element
      relevant = false;
   }
}

public void endElement(String namespaceURI, String localName, String
qName) throws SAXException {
   String abfr;  // Hilfsvariable für SQL-Abfragen
   if (relevant) {
      // Whitespace am Anfang entfernen
      while (rtext.charAt(0) == ' ') {
         rtext = rtext.substring(1, rtext.length());
```

923

```
        }
        // Whitespace am Ende entfernen
        while (rtext.charAt(rtext.length() -1) ==
                ' ') {
            rtext = rtext.substring(0,
                    rtext.length() - 1);
        }
        System.out.println("------Element: " + info);
        // Bisherigen Text => aktuelles Feld
        try {
            abfr = "UPDATE BUECHER SET " + info +
                    "=\"" + rtext + "\"
                    WHERE ISBN=\"" + isbn + "\"";
            System.out.println("   [SQL: " + abfr +
                            "]");
            st.execute(abfr);
        } catch(Exception e) {
            System.out.println("   !!  Konnte " +
                        info + ": " + rtext +
                        " nicht einfuegen!");
        }
        rtext = "";
        relevant = false;
    }
}

public void characters(char ch[], int start, int length)
throws SAXException {
    if (relevant) {
        // Aktuelle Zeichen hinzufügen
        String ntext = new String(ch, start, length);
        rtext += ntext;
    }
}

public void ignorableWhitespace(char ch[], int start, int length)
throws SAXException {
    // Wird nicht benötigt
}

public void processingInstruction(String target, String data)
throws SAXException {
    // Wird nicht benötigt
```

```
    }

    public void skippedEntity(String name) throws SAXException {
        // Wird nicht benötigt
    }
}
```

**Listing 16.1** Eine XML-Struktur wird mit SAX ausgelesen und in eine MySQL-Datenbank geschrieben.

Die Komplexität des Beispiels ergibt sich insbesondere daraus, dass die einzelnen Bestandteile des XML-Dokuments, die für die Datenbank relevant sind, in verschiedenen Methoden des Programms gefunden werden: `startElement()` leitet den Beginn des jeweiligen Elements ein und beginnt damit die Sammlung der nachfolgenden Zeichen in `characters()`, um das entsprechende Feld der Datenbank mit Inhalt zu füllen. Bei `endElement()` ist der entsprechende Text vollständig und wird in die Datenbank geschrieben. Da sich vor und hinter dem eigentlichen Inhalt Whitespace befinden kann, wird dieser zunächst zeichenweise entfernt.

Auch die etwas seltsame Aufgabenverteilung zwischen der Methode `main()` und dem eigentlichen »Arbeitstier« `makeDB()` ist sicherlich erklärungsbedürftig: Die globale Variable `info`, die den Namen des aktuellen Elements speichert, könnte nicht in der statischen Methode `main()` verwendet werden. Umgekehrt kann das Programm selbst nicht statisch sein, weil der registrierte `ContentHandler` eine Instanz sein muss. Deshalb wird in `main()` eine Instanz von `XML-BuecherDB` selbst erzeugt und an `makeDB()` übergeben, da `main()` wiederum nicht auf ein globales `XMLBuecherDB`-Objekt zugreifen dürfte.

### 16.4.2 DOM

Das *Document Object Model* (DOM) wurde vom W3C standardisiert und kann von vielen verschiedenen Programmiersprachen aus verwendet werden. Beispielsweise wird in Kapitel 20, »JavaScript und Ajax«, die Anwendung von DOM in einem Browser zur Manipulation von HTML-Dokumenten besprochen.

In diesem kurzen Abschnitt wird dagegen gezeigt, wie Sie DOM in einem Java-Programm einsetzen können. Der große Unterschied zu SAX besteht darin, dass DOM beim Parsing zunächst ein vollständiges Baummodell des XML-Dokuments errichtet, das Sie anschließend in aller Ruhe durchqueren und modifizieren können. Die Äste, Zweige und Blätter des Baums entsprechen den Elementen, Attributen und Textinhalten eines XML-Dokuments.

Um DOM in einem Java-Programm zu verwenden, benötigen Sie zunächst einen DOM-fähigen Parser. Auch in diesem Fall ist Apache Xerces eine gute Wahl. Zu Beginn Ihres Programms müssen Sie die Parser-Klasse und die DOM-Klassen importieren:

```
import org.w3c.dom.*;
import org.apache.xerces.parsers.DOMParser;
```

Um ein XML-Dokument durch den *DOMParser* zu schicken, können Sie folgendermaßen verfahren:

```
DOMParser parser = new DOMParser();
String xmlFile = "meinedatei.xml";
parser.parse(xmlFile);
```

Anschließend kann der gesamte XML-Dokumentbaum vom Parser entgegengenommen werden. Er befindet sich in einem Document-Objekt:

```
Document doc = parser.getDocument();
```

Das Objekt doc besteht aus einer Reihe ineinander verschachtelter Knoten; dies sind Objekte vom Typ Node. Am sinnvollsten lassen sie sich in einer rekursiven Prozedur durchwandern:

```
recurseNode(doc);
```

Die entsprechende Prozedur recurseNode() kann beispielsweise folgendermaßen aussehen:

```
public void recurseNode(Node knoten) {
    int typ = node.getNodeType(); // Knotentyp
    switch (typ) {
        // Je nach Knotentyp reagieren;
        // bei Knoten mit Kindknoten recurseNode()
        // rekursiv aufrufen
    }
}
```

Erfreulicherweise brauchen Sie sich die verschiedenen Knotentypen nicht numerisch zu merken, sondern können auf eine Reihe symbolischer Konstanten zurückgreifen, die das Interface Node exportiert. Tabelle 16.4 enthält eine Übersicht über die verfügbaren Knotentypen.

| Knotentyp | Bedeutung |
|---|---|
| Node.ELEMENT_NODE | ein XML-Element |
| Node.TEXT_NODE | einfacher Text |
| Node.CDATA_SECTION_NODE | ein CDATA-Abschnitt |
| Node.COMMENT_NODE | ein XML-Kommentar |
| Node.PROCESSING_INSTRUCTION_NODE | eine Steueranweisung |

**Tabelle 16.4** Die verfügbaren DOM-Knotentypen

| Knotentyp | Bedeutung |
|---|---|
| Node.ENTITY_REFERENCE_NODE | eine Entity-Referenz |
| Node.DOCUMENT_TYPE_NODE | eine DOCTYPE-Deklaration |

**Tabelle 16.4** Die verfügbaren DOM-Knotentypen (Forts.)

Die Rekursion über die Kindknoten eines Objekts ist übrigens auch keine schwierige Angelegenheit: Ein Aufruf der Methode getChildNodes() eines Knotens gibt eine Liste aller direkten Kindobjekte zurück. Diese Liste können Sie mithilfe einer einfachen for-Schleife bearbeiten:

```
public void recurseNode(Node knoten) {
    // aktuellen Knoten verarbeiten ...
    // Rekursion über seine "Kinder":
    NodeList kinder = knoten.getChildNodes();
    if (nodes != null) {
        for (int i = 0; i < kinder.getLength(); i++) {
            recurseNode(kinder.item(i));
        }
    }
}
```

Mit DOM lassen sich Unmengen sinnvoller Anwendungen schreiben. Einige Beispiele finden Sie in Kapitel 20, »JavaScript und Ajax«, für die in Webbrowsern eingebaute DOM-Variante.

### 16.4.3 Das Python-Modul »xml.etree«

In Python gibt es eine moderne Implementierung eines XML-Prozessors, die auf die Besonderheiten der Sprache Rücksicht nimmt, sodass Sie den XML-Baum leicht mit Bordmitteln von Python verarbeiten können. Beachten Sie, dass wie bei DOM der gesamte XML-Baum in den Arbeitsspeicher geladen wird, sodass sich das Verfahren nur für XML-Dokumente bis zu einer bestimmten Größe eignet. Es handelt sich um die Klasse ElementTree aus dem Modul xml.etree, die Sie wie folgt importieren können:

```
>>> from xml.etree import ElementTree
```

Anschließend können Sie eine XML-Datei wie folgt parsen, um auf ihre Bestandteile zuzugreifen:

```
>>> doc = ElementTree.parse(dateipfad)
```

Angenommen, Sie möchten das Einführungsbeispiel aus diesem Kapitel parsen, das in der Datei *comics.xml* im aktuellen Verzeichnis liegt. Dann lautet der Befehl so:

```
>>> doc = ElementTree.parse('comics.xml')
```

Um den XML-Baum zu untersuchen, müssen Sie als Nächstes das Wurzelelement extrahieren; das funktioniert wie folgt:

```
>>> root = doc.getroot()
```

Alternativ zum Parsen einer externen Datei können Sie das XML auch aus einem String lesen. Dazu dient die statische ElementTree-Methode fromstring(). In diesem Fall erhalten Sie das Wurzelelement in einem Schritt. Dazu ein Beispiel:

```
>>> root = ElementTree.fromstring("""<?xml version="1.0" encoding="utf-8"
standalone="yes"?>
>>> <comics>...</comics>""")
```

In beiden Fällen sollte root nun das Wurzelelement des Comics-Dokuments enthalten:

```
>>> root
<Element 'comics' at 0x10073c458>
```

Die Kindelemente erhalten Sie, wenn Sie das Element als Liste benutzen, also beispielsweise mit dem Indexoperator darauf zugreifen:

```
>>> root[0]
<Element 'comic' at 0x1018b01d8>
```

Wie bei Listen üblich erhalten Sie die Anzahl der direkten Kindknoten mithilfe der Funktion len():

```
>>> len(root)
4
```

Jedes Element hat einige öffentliche Attribute, mit denen Sie auf seine anderen Bestandteile zugreifen können: element.text liefert den PCDATA-Inhalt des Elements (und nicht seiner Unterelemente). Mit element.tag erhalten Sie den Tag-Namen, und element.attrib ist ein Dictionary der XML-Attribute, in dem die Schlüssel die Attributnamen und die Werte ihre Inhalte darstellen. Hier einige Beispiele:

```
>>> root[0][1].text
'The Amazing Spider-Man'
>>> root[0][1].tag
'series'
>>> root[0].attrib
{'language': 'en-US'}
>>> root[0].attrib['language']
'en-US'
```

Wie jedes Dictionary können Sie element.attrib mithilfe des Operators in auf das Vorhandensein eines bestimmten Attributs überprüfen:

```
>>> 'foo' in root[0].attrib
False
>>> 'language' in root[0].attrib
True
```

Natürlich können Sie auch über die Kindelemente und Attribute eines Elements iterieren. Das folgende Beispielprogramm erledigt dies rekursiv für das gesamte Comics-XML-Dokument:

```
from xml.etree import ElementTree
import re

def elementinfo(element, indent = ""):
    print("{}Tag: {}".format(indent, element.tag))
    if re.search("\S", element.text):
        print("{}Text: {}".format(indent, element.text))
    if len(element.attrib) > 0:
        for key in element.attrib:
            print("{}Attribute '{}': '{}'".format(indent, key, element.attrib[key]))
    print()
    if len(element) > 0:
        for child in element:
            elementinfo(child, indent + "    ")

doc = ElementTree.parse('comics.xml')
root = doc.getroot()
elementinfo(root)
```

Wenn Sie die Python-Einführung in Kapitel 9, »Grundlagen der Programmierung«, und die Erläuterungen in diesem Abschnitt gelesen haben, dürften Sie keine Schwierigkeiten haben, dieses Skript zu verstehen. Der Beginn der Ausgabe sieht so aus:

```
$ python3 xmlwalker.py

Tag: comics

    Tag: comic
    Attribute 'language': 'en-US'

        Tag: publisher
        Text: Marvel

        Tag: series
        Text: The Amazing Spider-Man
```

Wenn Sie nicht den gesamten XML-Baum durchwandern, sondern gezielt nach bestimmten Elementen suchen möchten, gibt es noch die Methoden `element.find()` und `element.find-all()`. Das Argument ist jeweils ein String mit einem XPath-Ausdruck (siehe Abschnitt 16.3, »XSLT«). Mit `find()` erhalten Sie den ersten Treffer für den XPath-Ausdruck, während `find-all()` eine Liste aller Treffer zurückliefert.

Das folgende Beispiel sucht im gesamten XML-Baum nach dem ersten Element mit dem Namen `author` und gibt dessen Text aus:

```
>>> root.find(".//author").text
'Dan Slott'
```

Beachten Sie den Punkt am Anfang des XPath-Ausdrucks: `ElementTree` unterstützt keine absoluten XPath-Ausdrücke wie `//author`, aber der vorangestellte Punkt (aktuelles Element) macht den Ausdruck formal relativ.

Hier noch ein Beispiel, das die Textinhalte aller `title`-Elemente in einer Schleife ausgibt:

```
>>> titles = root.findall(".//title")
>>> for title in titles:
...     print(title.text)
...
The Return Of Anti-Venom
Ultimate Spider-Man
Reign Of The Doomsdays
The Thingama-Bob From Outer Space
```

## 16.5  Übungsaufgaben

### 16.5.1  Praktische Übungen

1. Schreiben Sie eine XML-DTD oder ein XML Schema für die Verwaltung von Musikalben mit folgenden Elementen, Attributen und Textinhalten:

   – Wurzelelement `albums`

   – darunter beliebig viele Elemente vom Typ `album` mit dem Attribut `media` (mögliche Werte: `"CD"`, `"Vinyl"` oder `"Digital"`)

   – innerhalb von `album` genau ein Element `title` mit einem PCDATA-Wert, der den Titel des Albums enthält

   – innerhalb von `album` ein optionales Element `artist`, dessen PCDATA-Wert der Name des/der Interpreten ist, falls es sich um ein ganzes Album derselben Interpreten handelt

   – innerhalb von `album` genau ein Element `tracklist`

– innerhalb von `tracklist` beliebig viele Elemente vom Typ `track` mit dem Attribut `duration` (Wert: Spieldauer in mm:ss – Minuten, Sekunden – also ein beliebiger String) und einem PCDATA-Wert, der dem Titel des Tracks entspricht

– innerhalb von `track` ein optionales Element `artist` mit derselben Spezifikation wie oben, falls es sich um ein Sampler- oder Compilation-Album mit Tracks verschiedener Künstler handelt

2. Schreiben Sie ein XML-Dokument, das der DTD oder dem Schema aus Aufgabe 1 genügt.

3. Erstellen Sie ein XSLT-Skript, das die Alben-Liste sinnvoll als HTML ausgibt (Näheres zu HTML erfahren Sie im übernächsten Kapitel).

4. Implementieren Sie in Java oder Python ein Programm, das die Alben-Liste in lesbarer Form auf der Konsole ausgibt.

### 16.5.2 Kontrollfragen

Im Folgenden ist jeweils genau eine Antwort richtig.

1. Welche der folgenden Aussagen über XML-Dokumente ist falsch?

   ☐ XML-Dokumente sind Textdateien.

   ☐ Zur Bearbeitung von XML-Dateien ist ein spezieller XML-Editor erforderlich.

   ☐ XML-Dokumente beschreiben die Struktur von Daten und Inhalten.

   ☐ Es gibt zahlreiche Dateiformate wie SVG, XHTML oder DocBook, die spezielle XML-Dateien sind.

2. Was bedeutet in der `xml`-Steueranweisung `<?xml version="1.0" encoding="utf-8" standalone="yes"?>` das Attribut `standalone="yes"`?

   ☐ Das XML-Dokument ist nicht per Link mit anderen Dateien verknüpft.

   ☐ Das Dokument kann mit einem anderen Editor als demjenigen bearbeitet werden, mit dem es erstellt wurde.

   ☐ Das Dokument befindet sich allein in seinem Verzeichnis.

   ☐ Das Dokument unterliegt keiner Spezifikation durch eine DTD oder ein XML Schema.

3. Warum ist das folgende Listing kein gültiges XML-Dokument?

   `<?xml version="1.0"?> <person> <vorname>Peter</vorname> <name>Schmitz</name> </person> <person> <vorname>Lisa</vorname> <name>Müller</name> </person>`

   ☐ Die Elemente müssen durch Zeilenumbrüche voneinander getrennt werden.

   ☐ `<person>` ist kein gültiges XML-Tag.

   ☐ Es gibt kein Wurzelelement.

   ☐ Die `xml`-Steueranweisung muss ein `encoding`-Attribut enthalten.

4. Welches der folgenden Zeichen ist in Namen von XML-Elementen und -Attributen nicht zulässig?

☐ der Unterstrich (_)

☐ das Und-Zeichen (&)

☐ der Punkt (.)

☐ das Minuszeichen (-)

5. Welche Abkürzung ist in XML für das leere Tag-Paar `<marke></marke>` zulässig?

☐ `<marke />`

☐ `<marke>`

☐ `</marke/>`

☐ `<\marke>`

6. Welches der Attribute im folgenden XML-Tag hat ein unzulässiges Format:
`<pkw marke="VW" typ='Golf' farbe="grün metallic" kilometerstand=32768> ... </pkw>` ?

☐ `marke="VW"`

☐ `typ='Golf'`

☐ `farbe="grün metallic"`

☐ `kilometerstand=32768`

7. Welche der folgenden Entity-Referenzen gehört nicht zum automatisch definierten Grundbestand von XML?

☐ `&amp;` für &

☐ `&quest;` für ?

☐ `&quot;` für "

☐ `&lt;` für <

8. Wie wird in XML-Dokumenten ein CDATA-Abschnitt umschlossen?

☐ `<!CDATA ... >`

☐ `<cdata> ... </cdata>`

☐ `<![CDATA[ ... ]]>`

☐ `<?cdata value="..."?>`

9. Welche Bedeutung hat ein CDATA-Abschnitt im XML-Dokument?

☐ »Comment Data« – es handelt sich um einen Kommentar.

☐ »Character Data« – beliebige Zeichenkette, in der potenzielle XML-Bestandteile nicht als solche ausgewertet werden

☐ »Composed Data« – zusammengesetzte Daten aus mehreren XML-Dokumenten

☐ »Code Data« – ausführbarer Code in einer Skriptsprache wie (je nach Plattform) JavaScript oder VBScript

16.5 Übungsaufgaben

10. Wie wird ein XML-Dokument an die Regeln einer DTD gebunden?

☐ per `<!DOCTYPE>`-Deklaration

☐ durch ein `<dtd>`-Tag

☐ durch ein `xml-dtd`-Attribut im Wurzelelement

☐ Die DTD muss im gleichen Verzeichnis liegen und – abgesehen von der Dateiendung *.dtd* – so heißen wie das XML-Dokument.

11. Was ist der Unterschied zwischen einer SYSTEM-ID und einer PUBLIC-ID für DTDs?

☐ Eine SYSTEM-ID ist ein lokaler Pfad, eine PUBLIC-ID eine öffentliche URL.

☐ Eine SYSTEM-ID ist eine Pfadangabe, eine PUBLIC-ID nur eine eindeutige Kennzeichnung.

☐ Eine SYSTEM-ID ist für alle XML-DTDs geeignet, eine PUBLIC-ID nur für HTML-DTDs.

☐ Eine SYSTEM-ID ist für Editoren gedacht, eine PUBLIC-ID für Validatoren.

12. Wie wird in einer XML-DTD ein Element namens `anschrift` eingebettet, das nacheinander die Elemente `name`, `str`, `hausnr`, `plz` und `ort` enthält?

☐ `<!ELEMENT anschrift (name, str, hausnr, plz, ort)>`

☐ `<element>anschrift <sub>name</sub> <sub>str</sub> <sub>hausnr</sub> <sub>plz</sub> <sub>ort</sub> </element>`

☐ `<!ELEMENT anschrift <!ELEMENT name str hausnr plz ort>>`

☐ `<element>anschrift (name, str, hausnr, plz, ort)</element>`

13. Welche Angabe in einer DTD besagt, dass ein Element Textdaten enthält, in denen Entity-Referenzen aufgelöst werden?

☐ `#CDATA`

☐ `#DATA`

☐ `#PCDATA`

☐ `#TEXT`

14. Wie wird in einer DTD angegeben, dass ein Element die Elemente `strasse` oder `postfach` enthalten kann?

☐ `strasse OR postfach`

☐ `strasse | postfach`

☐ `strasse / postfach`

☐ `<sub>strasse</sub> <altsub>postfach</altsub>`

15. Wie wird in einer DTD angegeben, dass das Element `autor` mindestens einmal vorkommen soll?

☐ `autor{1}`

☐ `autor*`

933

☐ autor?

☐ autor+

16. Wie wird in einer DTD-Attributdefinition angegeben, dass ein Attribut erforderlich ist?

☐ #IMPLIED

☐ #REQUIRED

☐ #FIXED

☐ #MUSTHAVE

17. Wie wird der Bezug auf den Standardnamensraum (beispielsweise: *http://myxml.com/mynamespace*) in einem XML-Dokument angegeben?

☐ Attribut xmlns="http://myxml.com/mynamespace" im Wurzelelement

☐ Element <xmlns href="http://myxml.com/mynamespace" /> direkt unterhalb des Wurzelelements

☐ Steueranweisung <?namespace "http://myxml.com/mynamespace"?>

☐ Attribut namespace="http://myxml.com/mynamespace" in der xml-Steueranweisung

18. Was ist die korrekte XML-Syntax für die Verwendung des Tags fax aus dem externen Namensraum xmlns:tele?

☐ <tele name="fax"> ... </tele>

☐ <tele:fax> ... </tele:fax>

☐ <fax namespace="tele"> ... </fax>

☐ <tele><fax> ... </fax></tele>

19. Was ist keine Besonderheit von XML Schema gegenüber DTDs?

☐ Die zulässigen Inhalte von Elementen und Attributen lassen sich in XML Schema genauer definieren.

☐ XML-Schema-Dokumente sind selbst wohlgeformte XML-Dokumente.

☐ In einem XML Schema lässt sich numerisch genau angeben, wie oft ein Element vorkommen soll.

☐ In einem XML Schema können nicht nur Elemente, sondern auch Attribute definiert werden.

20. Mit welchem Element in einem XML Schema lassen sich die in ein XML-Element verschachtelten Attribute oder Elemente definieren?

☐ <xs:sequence> ... </xs:sequence>

☐ <xs:complexType> ... </xs:complexType>

☐ <xs:simpleContent> ... </xs:simpleContent>

☐ <xs:attribute> ... </xs:attribute>

21. Was definiert die Angabe `<xs:choice>` ... `</xs:choice>` in einem XML Schema?

☐ einige unterschiedliche konstante Werte, die ein Attribut annehmen kann

☐ ein Auswahlfeld in einem XML-Formular

☐ eine Gruppe von Elementen, von denen eines an einer bestimmten Stelle im Dokument stehen kann

☐ eine Auswahl verschiedener optionaler Attribute

22. Wie lässt sich in einem XML-Dokument das XML-Schema-Dokument *buchliste.xsd* einbinden, das keine zusätzlichen Namensräume definiert?

☐ Attribute im Wurzelement: `xmlns:xsi="http://www.w3.org/2001/XMLSchema-instance"` `xsi:noNamespaceSchemaLocation="buchliste.xsd"`

☐ DOCTYPE-Header: `<!DOCTYPE XML SYSTEM "buchliste.xsd">`

☐ Angabe `schema="buchliste.xsd"` in der `xml`-Steueranweisung

☐ Schema-Steueranweisung: `<?schema xsi:noNamespaceSchemaLocation="buchliste.xsd"?>`

23. Welches der folgenden Formate dient nicht dazu, anzugeben, wie der Inhalt eines XML-Dokuments angezeigt werden soll?

☐ CSS

☐ XPath

☐ XSL-FO

☐ XSLT

24. Welches Element eines XSLT-Dokuments greift nur auf den Textinhalt eines XML-Elements zu?

☐ `xsl:template`

☐ `xsl:for-each`

☐ `xsl:stylesheet`

☐ `xsl:value-of`

# Kapitel 17
# Weitere Datei- und Datenformate

*Es gibt keine größere Illusion als die Meinung, Sprache sei ein Mittel
der Kommunikation zwischen Menschen.*
*– Elias Canetti*

XML ist eine hervorragende Erfindung, und so hat es sich zu einem der wichtigsten Datenaustauschformate entwickelt. Dennoch gibt es zahlreiche Anwendungsfälle, in denen es teils aus historischen, teils aus praktischen Gründen nicht die richtige Wahl ist. Deshalb werden in diesem Kapitel einige andere Formate vorgestellt.

Die Wahl des richtigen Dateiformats ist unerlässlich, um effizient mit bestimmten Anwendungen zu arbeiten und um jeweils kompatible Daten für den weiteren Workflow zu erzeugen. Deshalb werden in diesem Kapitel die wichtigsten Charakteristika verschiedener Formate für Text, formatierten Text, Grafiken, Bilder und Multimedia-Daten behandelt.

Beachten Sie, dass dieses Kapitel die Datei- und Datenformate ausschließlich aus Anwendersicht beschreibt. Sie erfahren hier also nicht, wie Sie als Programmierer bestimmte Dateiformate lesen, schreiben und interpretieren können. Es ist aber ohnehin eine eher schlechte Idee, dies im Produktiveinsatz durch eigene Programme zu tun (zur Übung ist es dagegen ideal). Zu immer mehr Formaten gibt es fertige Bibliotheken für die einzelnen Programmiersprachen.

## 17.1 Textdateien und Zeichensätze

Die einfachste Dateisorte sind einfache Textdateien, in denen jedes Zeichen sich selbst repräsentiert, in denen also keine binären Steuercodes vorkommen. Reine Textdateien werden trotzdem nicht nur zur Speicherung von Texten in menschlichen Sprachen verwendet. Es existieren auch viele textbasierte Formate, in denen Steuerungs-, Formatierungs- und Strukturbefehle im Klartext gespeichert werden, sodass sie von Menschen gelesen und geändert werden können. Wichtige Beispiele sind XML, HTML, die Satzsprache LaTeX, die Druckseitenbeschreibungssprache PostScript und nicht zuletzt die zahlreichen proprietären Konfigurationsdateien für Betriebssysteme und Anwendungen. Dies macht einen großen Teil der Bedeutung von Textdateien aus.

Sie haben in Kapitel 7, »Linux«, erfahren, wie Textdateien mithilfe verschiedener System-Tools und Editoren verarbeitet werden können. In Kapitel 9, »Grundlagen der Programmierung«, wurde die programmierte Verarbeitung von Textdateien bereits kurz behandelt. Aber bisher wurde noch nicht genau darauf eingegangen, was wirklich in einer Textdatei gespeichert wird.

Formal betrachtet, handelt es sich bei einer Textdatei um eine Abfolge von Speicherblöcken, in denen verschiedene Bit-Muster für die unterschiedlichen Zeichen stehen. Wie breit der einzelne Speicherblock ist, hängt dabei vom verwendeten Zeichensatz ab. Beispielsweise wird der verbreitete ASCII-Zeichensatz mit seinen Erweiterungen in der Regel in Dateien und Datenstrukturen mit 8 Bit pro Zeichen gespeichert; für Unicode stehen Varianten mit 16 oder 32 Bit oder sogar mit variabler Bit-Breite zur Verfügung.

Der ursprüngliche *ASCII*-Zeichensatz (*American Standard Code for Information Interchange*) wurde in den 60er-Jahren des 20. Jahrhunderts entwickelt. Er entstand durch das einfache Durchnummerieren sämtlicher Zeichen und Funktionen, die eine US-amerikanische Schreibmaschine erzeugen kann. Es gibt also nicht nur ASCII-Codierungen für Buchstaben, Ziffern und einige Sonderzeichen, sondern auch für typische Schreibmaschinenfunktionen wie den Zeilenvorschub (*Line Feed*), den Wagenrücklauf (*Carriage Return*) oder sogar die Glocke (*Bell*), deren Ton das baldige Zeilenende anzeigt. Diese Steuerzeichen werden von den verschiedenen Terminals, Shells oder Texteditoren unterschiedlich genutzt.

Der ASCII-Code selbst ist nur 7 Bit breit, enthält also 128 Zeichen. Da er in der Regel in 8 Bit großen Einheiten gespeichert wird, bleibt das erste Bit echter ASCII-Zeichen 0. Der verfügbare Platz von weiteren 128 Zeichen, die bei einer Speicherung in ganzen Bytes übrig bleibt, wurde zuerst von IBM als »erweiterter ASCII-Code« genutzt. In der Folge wurden die verschiedensten Zeichensätze entwickelt, die die ersten 128 Zeichen mit ASCII gemeinsam haben und die restlichen 128 für eigene Erweiterungen nutzen. Eine gängige standardisierte Fassung ist der *ANSI*-Zeichensatz, der beispielsweise in den Windows-Versionen der meisten lateinisch schreibenden europäischen Sprachen zum Einsatz kommt. Er enthält die wichtigsten west- und mitteleuropäischen Sonderzeichen wie etwa deutsche Umlaute oder französische Buchstaben mit Akzent. ANSI steht für *American National Standards Institute*, es handelt sich um das US-Pendant zum deutschen DIN oder zur internationalen ISO.

### 17.1.1 Das Problem des Zeilenumbruchs

Das einzige Sonderzeichen, das in jeder Textdatei geduldet wird und eine universelle Bedeutung besitzt, ist der Zeilenumbruch. Er entsteht bei der manuellen Eingabe durch das Drücken der Eingabetaste (⏎). Ärgerlicherweise wird er selbst in ASCII-Textdateien für die verschiedenen Plattformen durch unterschiedliche Zeichen dargestellt:

▶ Unix-Varianten wie Linux, FreeBSD und Solaris verwenden ein einzelnes *Line Feed* (LF, ASCII-Code 10).

▶ Das klassische Mac OS bis Version 9 benutzte ein einzelnes *Carriage Return* (CR, ASCII-Code 13). Allerdings verwendet das moderne macOS standardmäßig das LF, da es sich um ein Unix handelt; einige Texteditoren bieten allerdings noch optionale Unterstützung für das veraltete Format.

▶ Windows und MS-DOS verwenden eine Kombination aus beiden Zeichen: ein CR, gefolgt von einem LF (in der Regel als CRLF bezeichnet). Diese Zeichenfolge wird übrigens auch in der Netzwerkkommunikation von vielen klartextbasierten Protokollen eingesetzt (siehe Kapitel 4, »Netzwerkgrundlagen«).

Die Verwendung unterschiedlicher Zeichen für Zeilenumbrüche führt immer wieder zu Problemen bei der Konvertierung oder beim Öffnen von Textdateien, die unter einem anderen Betriebssystem gespeichert wurden. Beispielsweise sehen Sie unter Windows nur kleine Quadrate anstelle der Zeilenumbrüche, wenn Sie eine Mac- oder Unix-Textdatei öffnen.

Dieses Problem lässt sich durch intelligente Editoren in den Griff bekommen, beispielsweise erkennt TextPad für Windows (Demoversion unter *www.textpad.com*) die Fremdformate automatisch und stellt die Dateien intern um. Auch der in macOS eingebaute GUI-Texteditor TextEdit kann sich auf Windows-Zeilenendungen einstellen.

Unter Linux sind spezielle Konverterprogramme für die Konsole verfügbar: `dos2unix Dateiname` konvertiert die angegebene Datei mit Windows-Zeilenumbrüchen auf Unix-Umbrüche; `unix2dos Dateiname` erledigt die umgekehrte Aufgabe. Für Mac- und Windows-Benutzer ist zusätzlich das Programm ASCon-A nützlich, weil es nicht nur die Zeilenendungen in beide Richtungen konvertiert, sondern auch gleich die Umlaute und andere diakritische Zeichen dem jeweiligen Zeichensatz anpasst. Die Software kann für beide Plattformen kostenlos unter der URL *http://www.medienwerkstatt-online.de/products/ascona/ascona.html* heruntergeladen werden.

Wenn Sie innerhalb von Anwendungsprogrammen mit Text arbeiten, haben Sie übrigens kein Problem mit Zeilenumbrüchen: Textverarbeitungsprogramme wie Microsoft Word oder OpenOffice.org speichern auch die enthaltenen Texte in ihrem eigenen Format, in dem die Zeilenumbrüche speziell geschützt werden. Dabei spielt es auch keine Rolle, ob das jeweilige Programm ein binäres oder ein XML-basiertes Dateiformat verwendet.

Auch Programmiersprachen beschäftigen sich mit dem Problem der unterschiedlichen Zeilenumbrüche. Wenn Sie in den Sprachen, die in diesem Buch näher behandelt werden, also C, Java und Python, die Escape-Sequenz \n ausgeben, gilt sie als logischer Zeilenumbruch, es wird also hinter den Kulissen das jeweils passende Zeichen oder die korrekte Zeichenfolge erzeugt. Dennoch steht \n eigentlich für das LF, also das Zeichen mit dem ASCII-Code 10, während \r das CR (ASCII-Code 13) repräsentiert.

### 17.1.2 Zeichensätze

In diesem Abschnitt werden die Grundlagen einiger Zeichensätze behandelt – vom einfachen ASCII- bis zum komplexen Unicode-Zeichensatz.

## ASCII

Der *ASCII*-Zeichensatz (gesprochen »äskie«) ist der wichtigste und grundlegendste aller Computerzeichensätze. Viele klassische Konsolen- oder Netzwerkanwendungen verarbeiten keine Zeichen über reines ASCII hinaus; Bezeichner in traditionellen Programmiersprachen wie C dürfen ebenfalls nur aus ASCII-Zeichen bestehen.

Der ASCII-Zeichensatz geht auf einen ANSI-Vorschlag von 1963 zurück und wurde im Wesentlichen bei IBM ausgearbeitet, vor allem von *Robert Bemer* (*www.bobbemer.com*), der unter anderem auch einen entscheidenden Beitrag zur Entwicklung der Programmiersprache COBOL geleistet hat. 1968 wurde der ASCII-Code standardisiert.

|   | 0 | 1 | 2 | 3 | 4 | 5 | 6 | 7 | 8 | 9 | A | B | C | D | E | F |
|---|---|---|---|---|---|---|---|---|---|---|---|---|---|---|---|---|
| 0 | NUL | SOH | STX | ETX | EOT | ENQ | ACK | BEL | BS | HAT | LF | VT | FF | CR | SO | SI |
| 1 | DLE | DC1 | DC2 | DC3 | DC4 | NAK | SYN | ETB | CAN | EM | SUB | ESC | FS | GS | RS | US |
| 2 | SP | ! | » | # | $ | % | & | ' | ( | ) | * | + | , | - | . | / |
| 3 | 0 | 1 | 2 | 3 | 4 | 5 | 6 | 7 | 8 | 9 | : | ; | < | = | > | ? |
| 4 | @ | A | B | C | D | E | F | G | H | I | J | K | L | M | N | O |
| 5 | P | Q | R | S | T | U | V | W | X | Y | Z | [ | \ | ] | ^ | _ |
| 6 | ` | a | b | c | D | e | F | g | h | I | j | k | l | m | n | o |
| 7 | p | q | r | s | T | u | V | w | x | Y | z | { | | | } | ~ | DEL |

**Tabelle 17.1** Der ASCII-Zeichensatz

Tabelle 17.1 zeigt zunächst den gesamten ASCII-Zeichensatz. Die Nummerierung ist hexadezimal; in der jeweiligen Zeile ist die hohe (Sechzehner-)Stelle eines Codes zu sehen, in der Spalte die niedrige (Einer-)Stelle. Das Zeichen 'A' besitzt also zum Beispiel den Code 41 (dezimal 65).

Die Zeichen 0 bis 31 (hexadezimal 00 bis 1F) sind Steuerzeichen, die mit ihren traditionellen Kurznamen verzeichnet wurden. Beispielsweise ist 0A (dezimal 10) das bereits erwähnte Line Feed, 0D (13) ist das Carriage Return, und 00 (das Zeichen '\0') wird vor allem als Abschlussmarkierung für C-Strings verwendet.

Wie Sie sehen, haben die Entwickler sich bemüht, bestimmte Zeichenklassen an charakteristischen Stellen unterzubringen. Außerdem kommen die Ziffern und die beiden Sätze von Buchstaben in ihrer natürlichen Reihenfolge vor: Die Ziffernzeichen '0' bis '9' befinden sich an den Positionen 48 bis 57 (hexadezimal 30 bis 39), die Großbuchstaben 'A' bis 'Z' an 65 bis 90 (hexadezimal 41 bis 5A) und die Kleinbuchstaben 'a' bis 'z' an 97 bis 122 (hexadezimal 61 bis 7A).

### ASCII-Erweiterungen

In den 80er-Jahren war es so gut wie selbstverständlich, auf einem Home- oder Personal Computer keine deutschen Umlaute und sonstigen Sonderzeichen zur Verfügung zu haben: ASCII ist nur für englische Texte geeignet, alle anderen Sprachen mussten ihre Sonderzeichen umschreiben (ae für ä etc.) oder spezielle diakritische Kennzeichnungen einfach weglassen (zum Beispiel im Französischen ohne Akzente).

Da Computer jedoch ab einem bestimmten Zeitpunkt im großen Stil Einzug in Firmen und Behörden hielten und die Schreibmaschine als Korrespondenzwerkzeug zunehmend ablösten, war dieser Zustand irgendwann nicht mehr erträglich: Deutscher Text ohne Umlaute und ähnliche falsche Schreibweisen anderer Sprachen sind viel schlechter lesbar als richtig geschriebener Text. Da niemand seinen Kunden auf Dauer solche Notlösungen in Geschäftsbriefen zumuten wollte, mussten die fehlenden Zeichen integriert werden.

Erfreulicherweise verwenden alle heutigen Computer Bytes, die 8 Bit groß sind (das war in der Frühzeit der Computergeschichte nicht immer selbstverständlich; der eingangs genannte ASCII-Entwickler Bob Bemer war übrigens einer derjenigen, die sich dafür eingesetzt hatten). Aus diesem Grund war es weitverbreitete Praxis, jedes einzelne, eigentlich nur 7 Bit breite ASCII-Zeichen in einem 8 Bit großen Block zu speichern. In einem Byte war also Platz für weitere 128 Zeichen, die man irgendwie ausnutzen konnte.

IBM war das erste Unternehmen, das einen solchen Zeichensatz einführte. Der sogenannte *erweiterte ASCII-Zeichensatz* enthielt die wichtigsten diakritischen Zeichen west- und mitteleuropäischer Sprachen sowie eine Reihe von geraden und gewinkelten Linien und anderen Grafikzeichen, um konsolenbasierte Benutzeroberflächen realisieren zu können. Dieser Zeichensatz wurde beispielsweise in leicht abgewandelter Form von MS-DOS verwendet.

Andere Hersteller erfanden ihre eigenen erweiterten Zeichensätze. Zum Beispiel entschied sich Apple für eine Eigenentwicklung, in der die 128 Zeichen über ASCII anders belegt wurden. Deswegen können Sie bis heute eine deutsche Mac-Textdatei nur mit Fehlern unter Windows lesen und umgekehrt.

Apropos Windows: Microsoft entschloss sich, für Windows nicht den erweiterten ASCII-Zeichensatz von IBM oder die MS-DOS-Variante davon zu verwenden, sondern den inzwischen standardisierten *ANSI*-Zeichensatz: Da Windows eine grafische Benutzeroberfläche war, wurden die verschiedenen Grafikzeichen nicht mehr gebraucht, um Fenster oder Menüs zu zeichnen. Den frei gewordenen Platz benutzt der ANSI-Zeichensatz für mehr internationale diakritische Zeichen. Das ist der Grund dafür, warum ein Konsolenprogramm, das Sie in einem Windows-Editor schreiben, anstelle deutscher Umlaute seltsame Sonderzeichen anzeigt. Die von DOS übernommene Windows-Konsole verwendet nach wie vor den alten MS-DOS-Zeichensatz!

Als Computer sich in immer mehr Ländern zu verbreiten begannen, fiel unangenehm auf, dass die ANSI-Zeichen noch nicht einmal für alle lateinisch geschriebenen Sprachen geeignet waren. Beispielsweise benutzen Sprachen wie Tschechisch oder Türkisch einige besondere Zeichen, um spezielle Laute zu kennzeichnen.

Die Betriebssystemhersteller begegneten diesem Problem, indem sie für jedes Land, in dem das entsprechende System verkauft wurde, einen angepassten Zeichensatz oder eine sogenannte *Codepage* erstellten, um die Besonderheiten der jeweiligen Sprache darstellen zu können. Neben den verschiedenen Varianten der lateinischen Schrift wurden so auch andere Buchstabenalphabete realisiert, beispielsweise Kyrillisch, Griechisch, Hebräisch oder Arabisch. Für die beiden Letztgenannten musste natürlich zusätzlich das Problem gelöst werden, dass sie von rechts nach links geschrieben werden. Für sich allein genommen, ist das noch nicht einmal schwierig, vielmehr bereitet die Mischung mit englischem Text (also der umgekehrten Schreibrichtung), der für die Programmierung und Ähnliches eingesetzt wird, Kopfzerbrechen.

Mit den betriebssystemabhängigen Lösungen waren einige Jahre lang fast alle recht zufrieden. Anwendungsprogramme, die für Mac OS und Windows verfügbar waren, verwendeten ohnehin ihre eigenen inneren Mechanismen für den Erhalt des korrekten Zeichensatzes. Zum Problem wurden diese Insellösungen erst, als sich das Internet immer schneller ausbreitete. Deshalb wurde für plattformübergreifende Kompatibilität ein international gültiger Standard für Zeichensätze geschaffen: ISO 8859. Die wichtigsten ISO-8859-Zeichensätze werden in Tabelle 17.2 gezeigt.

| ISO-Zeichensatz | Alternativer Name | Beschreibung |
| --- | --- | --- |
| ISO 8859-1 | ISO Latin-1 | Entspricht weitgehend dem ANSI-Zeichensatz. Unterstützt die Sprachen von USA und Westeuropa. |
| ISO 8859-2 | ISO Latin-2 | Unterstützt zusätzlich einige slawische Sprachen. |
| ISO 8859-3 | ISO Latin-3 | Unterstützt Esperanto, Maltesisch und Türkisch. |
| ISO 8859-4 | ISO Latin-4 | Dient der Unterstützung der baltischen Sprachen (Estnisch, Lettisch und Litauisch). |
| ISO 8859-5 | – | Kyrillisch |
| ISO 8859-6 | – | Arabisch |
| ISO 8859-7 | – | Griechisch |
| ISO 8859-8 | – | Hebräisch |
| ISO 8859-9 | ISO Latin-5 | Wie Latin-1; ersetzt aber isländische durch türkische Zeichen. Wird für Türkisch häufiger verwendet als Latin-3. |
| ISO 8859-10 | ISO Latin-6 | Unterstützt Grönländisch und Lappisch. |
| ISO 8859-15 | ISO Latin-9 | ISO-Latin-1, um das Eurozeichen (€) erweitert |

**Tabelle 17.2** Die wichtigsten standardisierten ASCII-Erweiterungszeichensätze

Beachten Sie, dass es noch weitaus mehr angepasste Zeichensätze gibt als die hier dargestellten. Nicht »totzukriegen« sind beispielsweise die traditionellen Mac-Zeichensätze.

### Unicode

Um das ganze Problem der Schriften ein für alle Mal in den Griff zu bekommen, wurde schließlich das *Unicode*-System erfunden. Hier wurde von vornherein mehr Speicherplatz für das einzelne Zeichen eingeplant, um mehr unterschiedliche Zeichen darstellen zu können. Die ursprünglichen Unicode-Versionen verwendeten 16 Bit pro Zeichen, um bis zu 65.536 Zeichen darstellen zu können; seit Unicode 3.1 gibt es auch spezielle Varianten mit drei oder vier Byte, um noch erheblich mehr Zeichen in Unicode unterzubringen.

Das größte Problem, das Unicode mit sich bringt, ist, dass das System bisher noch nicht von allen Betriebssystemen, Programmiersprachen, APIs und Anwendungen verwendet wird. Um dieses Problem zu verringern, wurde Unicode so konstruiert, dass die untersten 256 Zeichen genau dem Zeichensatz ISO-Latin-1 entsprechen.

Die spezielle Unicode-Codierung UTF-8 kann ASCII-Zeichen sogar einfach in einem Byte darstellen und verwendet spezielle Codes zur Darstellung höherer Zeichen. Auf diese Weise ist UTF-8 mit ASCII abwärtskompatibel. Auf den meisten Linux-Systemen ist UTF-8 inzwischen die Standardcodierung, und auch auf anderen Systemen verbreitet sie sich glücklicherweise immer weiter.

Die ursprüngliche Teilmenge von Unicode, die 16 Bit breite Zeichen verwendet, wird als *Basic Multilingual Pane* (BMP) bezeichnet. Es handelt sich um die wichtigsten Zeichen lebender Sprachen, mathematische Sonderzeichen sowie grundlegende Piktogramme, Schmuckelemente und andere Symbole (*Dingbats*). In Tabelle 17.3 sehen Sie eine Übersicht über einige wichtige Codebereiche des BMP-Bereichs von Unicode. Die Codes von Unicode-Zeichen werden üblicherweise im Hexadezimalcode mit vorangestelltem U+ geschrieben; beim BMP-Bereich werden vier Hexadezimalstellen verwendet, ansonsten je nach Bedarf mehr.

| Hexadezimal | Dezimal | Codebereich |
|---|---|---|
| U+0000–U+007F | 0–127 | ASCII |
| U+0080–U+00FF | 128–255 | ISO Latin-1 |
| U+0100–U+017F | 256–383 | Latin Extended A (spezielle diakritische Zeichen) |
| U+0180–U+024F | 384–591 | Latin Extended B (spezielle, eigentlich nicht lateinische Zeichen, die in einigen Sprachen verwendet werden) |

**Tabelle 17.3** Einige wichtige Codebereiche im Unicode-Block BMP

| Hexadezimal | Dezimal | Codebereich |
|---|---|---|
| U+0370–U+03FF | 880–1023 | Griechisch |
| U+0400–U+04FF | 1024–1279 | Kyrillisch |
| U+0590–U+05FF | 1424–1535 | Hebräisch |
| U+0600–U+06FF | 1536–1791 | Arabisch |
| U+0900–U+097F | 2304–2431 | Devanagari (Schrift der meisten indischen Sprachen) |
| U+2200–U+22FF | 8704–8959 | mathematische Symbole |
| U+3040–U+309F | 12352–12447 | Hiragana (japanische Silbenschrift) |
| U+30A0–U+30FF | 12448–12543 | Katakana (japanische Silbenschrift) |
| U+4E00–U+9FA5 | 19968–40869 | CJK Unified Ideographs (chinesische Zeichen, die zum Teil auch für Japanisch und Koreanisch verwendet werden) |

**Tabelle 17.3** Einige wichtige Codebereiche im Unicode-Block BMP (Forts.)

Eine Übersicht über alle Zeichenbereiche von Unicode erhalten Sie auf der Website des Unicode-Konsortiums: *http://www.unicode.org*. Dort finden Sie außerdem PDF-Dokumente zum Download, in denen jedes einzelne Zeichen zu sehen ist.

Unicode wird inzwischen von den meisten Betriebssystemen unterstützt. Den Anfang machte Windows NT 4.0, das 1996 auf den Markt kam und den damaligen 16-Bit-Unicode als festgelegtes Textformat verwendete (intern ist dies bei allen NT-Nachfolgern noch immer der Fall). Inzwischen sind auch neuere Unix- und Linux-Versionen mit Unicode-Unterstützung ausgestattet.

Bei den Programmiersprachen machte Java den Anfang: Die Sprache verwendete von Anfang an Unicode in verschiedenen Codierungen. Der Java-Datentyp char (einzelnes Zeichen) besitzt eine Breite von 16 Bit und ist somit groß genug, um ein BMP-Unicode-Zeichen aufzunehmen. In C wurde dazu nachträglich der 16 Bit breite Datentyp wchar_t eingeführt. Volle Unicode-Unterstützung (UTF-8) war das entscheidende neue Merkmal von Python 3 gegenüber älteren Versionen.

Auch immer mehr Anwendungsprogramme unterstützen Unicode. Wichtig ist dies besonders für Layout- und Textverarbeitungsprogramme. Die Unicode-Verwendung in Anwendungsprogrammen geht oft einher mit der Unterstützung des neuen *OpenType*-Schriftformats.

### Schrift- und Tastatureinstellungen

Die in den vorangegangenen Abschnitten besprochene theoretische Unterstützung verschiedener lokaler Zeichensätze oder des Unicode-Systems nutzt in der Praxis natürlich nur dann etwas, wenn auf dem verwendeten Rechner entsprechende Schriften installiert sind und die Tastaturbelegung so geändert werden kann, dass die speziellen Zeichen anderer Schriftsysteme über die Tastatur eingegeben werden können.

Die reine Anzeige fremder Schriften ist besonders für Webseiten wichtig. Folgerichtig bieten Webbrowser wie der Microsoft Internet Explorer ein relativ einfaches System zum Umstellen der Zeichencodierung und zum Nachladen verschiedenster Zeichensätze an. Diese Darstellung anderer Zeichensätze ermöglicht aber noch lange nicht deren Eingabe!

Die meisten aktuellen Betriebssysteme bieten eine einfache Möglichkeit, das Tastaturlayout auf viele verschiedene Schriften umzustellen und entsprechende Zeichensätze zu installieren. Unter Windows 10 und seinen Vorgängerversionen seit XP nehmen Sie die Einstellung der auswählbaren Tastaturlayouts beispielsweise folgendermaßen vor:

1. Wählen Sie START • SYSTEMSTEUERUNG • REGIONS- UND SPRACHEINSTELLUNGEN.

2. Wechseln Sie auf die Registerkarte SPRACHEN. Über den Button DETAILS nehmen Sie die eigentlichen Einstellungen für Tastatur-Eingabeschemata vor.

3. Mit HINZUFÜGEN können Sie zahlreiche Sprachen und Eingabeschemata installieren.

4. Nachdem Sie die Auswahl bestätigt haben, steht Ihnen in der Taskleiste ein Umschalter zur Verfügung, mit dessen Hilfe Sie die verschiedenen Sprachen und Gebietsschemata nach den Länderkürzeln aussuchen können. Moderne Anwendungen wie Word oder InDesign suchen beim Umschalten in der Regel auch gleich eine Schrift aus, die die benötigten Zeichen darstellen kann. Auch das Umschalten der Schreibrichtung für verschiedene Sprachen funktioniert normalerweise problemlos.

Unter macOS steht Ihnen ein sehr ähnliches Verfahren zur Verfügung; hier finden Sie die erforderlichen Einstellungen unter SYSTEMEINSTELLUNGEN • TASTATUR • EINGABEQUELLEN.

Nun müssen Sie nur noch herausfinden, mit welcher Taste welches Zeichen einer Sprache produziert wird. Bei lateinisch geschriebenen Sprachen kann die Belegung geringfügig (Z und Y sowie einige Satzzeichen vertauscht bei englischer Tastaturbelegung), aber auch erheblich von der deutschen abweichen (zum Beispiel AZERTY anstelle von QWERTZ bei französischem Tastaturlayout). Für nicht lateinische Schriften gelten dagegen völlig andere Regeln: Fremde Buchstabenschriften (Griechisch, Arabisch etc.) sind natürlich »irgendwie« auf die Tasten der Tastatur verteilt.

Viel komplexer wird es dagegen bei den ostasiatischen Silbenschriften: In der Regel werden chinesische oder japanische Zeichen anhand einer Lateinumschrift eingegeben, Sie können sich das passende Zeichen daraufhin aus einer Liste aussuchen. Bestimmte Zeichen erkennt ein solches Eingabesystem sogar bereits aus dem Kontext richtig.

**Ein Beispiel: Chinesisch schreiben auf lateinischen Tastaturen**

In Abbildung 17.1 sehen Sie ein Beispiel für die Eingabe chinesischer Schriftzeichen unter Windows (in allen Versionen seit Windows XP). Die chinesische Sprache kennt viele Tausend Silbenzeichen, aber nur verhältnismäßig wenige unterschiedliche Sprechsilben. Erschwerend kommt hinzu, dass es vier verschieden gesprochene bedeutungsunterscheidende Betonungen gibt, die bei den üblichen Eingabesystemen nicht mit eingegeben werden.

**Abbildung 17.1** Eingabe chinesischer Zeichen unter Windows

In dem Beispiel sind die vereinfachten chinesischen Schriftzeichen zu sehen, die in der Volksrepublik aufgrund einer Schriftreform eingeführt wurden (Taiwan verwendet dagegen bis heute die noch komplexeren traditionellen Schriftzeichen). Die Lateinumschrift wurde ebenfalls vereinheitlicht; die chinesische Regierung hat vor Jahren ein verbindliches System namens *Hanyu Pinyin* eingeführt. Dies ersetzt die zum Teil abenteuerlichen Versuche portugiesischer Jesuitenpater und englischer Seefahrer; statt »Peking« heißt es beispielsweise korrekt »Beijing«.

Um die in Abbildung 17.1 gezeigten Zeichen zu produzieren, müssen Sie die folgenden Silben eingeben: »NI HAO MA« (das Leerzeichen schließt jeweils die Eingabe einer Silbe ab). Da dieser Satz »Wie geht es dir?« bedeutet und sehr häufig vorkommt, hat das System auf Anhieb die korrekten Zeichen ausgewählt. Wird ein Zeichen dagegen falsch erkannt, können Sie einmal auf die linke Pfeiltaste drücken, um die im Bild gezeigte Auswahlleiste zu erhalten. Bei den meisten Silben besteht sie aus mehreren Abschnitten, die Sie durch die Pfeil-Buttons rechts erreichen können. Unter macOS ist der Mechanismus sehr ähnlich.

### 17.1.3 Textbasierte Dateiformate

Viele wichtige Dateiformate, die in reinem Text geschrieben werden, lernen Sie in anderen Kapiteln dieses Buches kennen: Im vorangegangenen Kapitel wurde beispielsweise bereits ausführlich die allgemeine Auszeichnungssprache XML behandelt; in Kapitel 18, »Webseitenerstellung mit HTML und CSS«, kommt die Webseitenbeschreibungssprache HTML an die Reihe. Auch die verschiedenen Programmiersprachen und diverse Arten von Konfigurationsdateien lassen sich letzten Endes als Textdateiformate bezeichnen.

An dieser Stelle werden deshalb nur zwei Beispiele für textbasierte Formate angeführt: die Satzsprache *LaTeX* und die Druckseitenbeschreibungssprache *PostScript*. Ein drittes Beispiel ist das von Microsoft definierte *Rich Text Format* (RTF), das als rudimentäres Austauschformat für formatierten Text zwischen verschiedenen Anwendungen eingesetzt werden kann.

**LaTeX**

Die WYSIWYG-Dokumentenverarbeitung im Bereich des Textsatzes war nicht zu allen Zeiten selbstverständlich. Fotosatzmaschinen und frühe computerbasierte Satz- und Layoutsysteme verwendeten angepasste Spezialsprachen, um das Layout und den Textinhalt von Druckdokumenten zu beschreiben.

Eine der bekanntesten Textsatzsprachen wurde in den 80er-Jahren von Donald E. Knuth[1] entworfen. Hauptberuflich war er ein sehr bekannter Informatikprofessor – sein Hauptwerk ist das bisher dreibändige (der vierte Band erscheint zurzeit in kleineren Teilen), auf sieben Bände ausgelegte »The Art of Computer Programming«. 1982 gab er das Manuskript des ersten Bandes beim Verlag ab und war enttäuscht über den schlechten Satz, der dabei herauskam. Dies veranlasste ihn, mit der Arbeit an seinem eigenen Textsatzsystem zu beginnen, genannt TeX (gesprochen »Tech« – mit »ch« wie in »Blech«).

Zusammen mit TeX entwickelte Knuth ein weiteres Programm namens *METAFONT* zur Definition vektorbasierter elektronischer Schriften. Die wichtigsten Ideen von METAFONT führten später zur Entwicklung der Adobe-PostScript-Schriften. In TeX gesetzte Dokumente bestechen durch ihre hohe Qualität, die nicht einmal von professionellen Layoutprogrammen wie InDesign oder QuarkXPress erreicht wird, sondern höchstens von der Kunst des manuellen Bleisatzes. Außerdem ist kein anderes Programm in der Lage, in ähnlicher Perfektion mathematische Formeln zu setzen.

Andererseits ist TeX schwer zu benutzen; es müssen Unmengen von Konfigurationsanweisungen geschrieben werden, bevor das eigentliche Dokument gesetzt werden kann. Aus diesem Grund fügten andere Entwickler eine Makrosammlung namens *LaTeX* hinzu, die viele der Konfigurationsarbeiten durch Zusammenfassung erleichtert, sodass Autoren sich mehr auf den eigentlichen Text konzentrieren können als auf die Satzsprache.

Eine richtige Einführung in LaTeX würde an dieser Stelle erheblich zu weit führen; deshalb soll ein kurzes Beispieldokument genügen:

```
\begin{document}
\textbf{\Large LaTeX}
LaTeX ist eine Makrosammlung, die auf der Satzsprache TeX von
\emph{D. E. Knuth}\
footnote{Der Autor der bekannten Art Of Computer Programming.} basiert.
LaTeX bietet eine Reihe von Vorteilen:
\begin{itemize}
\item
gestochen scharfen Textsatz
\item
mathematische Formeln in Perfektion
\item
```

---

1  Der Name wird »K-nooth« (englisch) ausgesprochen.

```
Listen, Tabellen und Abbildungen ohne Probleme
\end{itemize}
\end{document}
```

Wie Sie sehen, werden Formatierungsbefehle mit **\befehl** eingeleitet; die Inhalte, die ein Befehl umschließt, stehen in geschweiften Klammern. Der hier gezeigte Beispielcode würde etwa folgende Ausgabe erzeugen:

**LaTeX**

LaTeX ist eine Makrosammlung, die auf der Satzsprache TeX von *D. E. Knuth* basiert. LaTeX bietet eine Reihe von Vorteilen:

▸ gestochen scharfen Textsatz

▸ mathematische Formeln in Perfektion

▸ Listen, Tabellen und Abbildungen ohne Probleme

Ein solches Dokument erhält die Dateiendung *.tex* und wird vom eigentlichen LaTeX-Programm in eine DVI-Datei (*Device-Independent Print File*) umgewandelt, die über das Programm dvips in PostScript konvertiert werden kann. Die freie PostScript-Implementierung GhostScript ermöglicht schließlich die Vorschau und Ausgabe des Dokuments. Auf einem Unix-System gäben Sie dazu beispielsweise folgende Befehle ein:

```
$ latex latexinfo.tex
$ dvips latexinfo.dvi
$ gs latexinfo.ps
```

Die meisten modernen LaTeX-Distributionen bieten sogar die Möglichkeit, direkt in einem Schritt aus LaTeX-Dokumenten das modernere PDF-Format zu generieren. Das funktioniert so:

```
$ pdflatex latexinfo.tex
```

### PostScript

Die von Adobe eingeführte Druckseitenbeschreibungssprache *PostScript* wurde für die millimetergenaue Platzierung von Text, Vektorgrafik und Bildern erfunden, die für die Ausgabe auf Laserdruckern und Belichtern erforderlich ist. Die Sprache verfügt über eingebaute Funktionen zur Formatierung von Text und zur Anfertigung von Vektorzeichnungen; Pixelbilder werden dagegen mit der PostScript-Datei verknüpft.

Es handelt sich zwar um ein textbasiertes Format, aber in aller Regel gibt es niemand von Hand ein. PostScript-Dokumente werden fast immer von entsprechenden Druckertreibern erzeugt. Eine PPD (*PostScript Printer Description*, Druckerbeschreibungsdatei) wird dabei verwendet, um die speziellen Fähigkeiten des verwendeten Druckers wie Auflösung, Farbfähigkeit und eingebaute Schriften zu bestimmen. Aus diesen Gründen würde es auch keinen Sinn ergeben, hier PostScript-Code darzustellen.

Wenn Sie ein PostScript-Dokument als Datei speichern möchten, müssen Sie Ihren Druckertreiber anweisen, die Druckdaten an die Datei statt an den Drucker selbst zu senden.

Eine spezielle Variante von PostScript ist das EPS-Format (*Encapsulated PostScript*). Es wird eher zu den Bilddateiformaten gerechnet, da es von den meisten Grafik- und Bildbearbeitungsprogrammen exportiert und geöffnet werden kann. EPS-Dateien sind die bevorzugte Methode, um Vektorgrafiken oder gemischte Pixel-Vektor-Grafiken in Layoutdokumente zu importieren. Gegenüber dem klassischen PostScript-Format weist EPS die folgenden Besonderheiten auf:

▸ Die Konturen von Schriftarten können ähnlich wie bei PDF mit in das Dokument verpackt werden.

▸ Pixelbilder werden nicht verknüpft, sondern ihr Datenbestand wird grundsätzlich in das EPS eingebettet.

▸ EPS-Dokumente sind auf eine einzige Seite beschränkt, während PostScript beliebig viele Seiten einnehmen kann.

## 17.2 Binäre Dateiformate

Einen grundsätzlich anderen Weg als die bisher besprochenen textbasierten Dateiformate gehen die *Binärformate*. Es handelt sich dabei um Dateien mit numerischen Inhalten, wobei ohne Kenntnis der Spezifikation des jeweiligen Dateiformats nicht erkennbar ist, ob die gespeicherten Zahlen an bestimmten Stellen für Befehle oder für Nutzdaten stehen. Viele Formate nehmen trotzdem eine klare Trennung vor: Sie schreiben die Verwaltungsinformationen zu Beginn der Datei in einen Header und hängen die Nutzdaten hinten an. Auf diese Weise wird einem Programm, das eine solche Datei öffnet, zuerst mitgeteilt, wie es mit den Daten verfahren soll, bevor diese Daten selbst gelesen werden.

Falls Sie Binärdateien in einem Texteditor öffnen, bekommen Sie ein einziges Chaos seltsamer Sonderzeichen zu sehen, weil die Binärdaten irrtümlich als Zeichen eines Zeichensatzes interpretiert werden. Sollten Sie eine Binärdatei aus dem Texteditor heraus speichern, geht sie ziemlich sicher kaputt – der Editor wird versuchen, seine für Textdokumente gedachte Zeilenumbruchlogik auf die Binärdaten anzuwenden, wodurch sich die Bytes des Dokuments wahrscheinlich verschieben.

Wenn Sie eine Binärdatei überhaupt manuell und nicht mit dem zuständigen Programm öffnen möchten, können Sie das nur mit einem *Hexadezimal-Editor* (kurz Hex-Editor) tun, der die einzelnen Bytes des Dokuments als Hexwerte und manchmal zusätzlich als Text anzeigt. Abbildung 17.2 zeigt den Anfang einer TIFF-Bilddatei im Hex-Modus des Windows-Editors TextPad.

# 17   Weitere Datei- und Datenformate

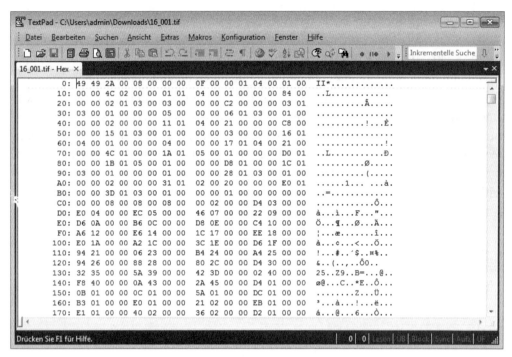

**Abbildung 17.2** Der Beginn einer TIFF-Bilddatei in einem Hex-Editor

Dass die Zeichendarstellung der Binärwerte rechts neben den Hexadezimalkolonnen zum Teil lesbaren Text enthält, ist übrigens kein Widerspruch zu der Aussage, dass Binärdokumente nur numerische Werte enthalten: Zufälligerweise wird Text, der im Dokument selbst oder – wie hier – für Verwaltungszwecke eingesetzt wird, numerisch in einem bestimmten Zeichencode abgelegt. Dies ist eine von vielen Varianten zur Speicherung von Text innerhalb von Binärdokumenten, die eben auch vielerlei andere Arten von Daten enthalten können.

Beachten Sie, dass Binärdaten als solche plattformabhängig sind. Es bestehen zwei verschiedene große Probleme:

▶ Verschiedene Plattformen verwenden unterschiedliche Wortbreiten wie 16, 32 oder 64 Bit.

▶ Es gibt zwei verschiedene Reihenfolgen für die Darstellung von Werten, die mehrere Bytes breit sind: Sogenannte *Big Endian*-Architekturen wie Motorola 68K oder PowerPC speichern das hochwertigste Byte vorn, während *Little Endian*[2]-Systeme wie Intel und

---

2 Die Bezeichnungen *Little Endian* und *Big Endian* stammen aus dem Roman »Gullivers Reisen« von Jonathan Swift. Mit diesen Begriffen parodiert er den jahrhundertelangen Zwist zwischen der katholischen und der anglikanischen Kirche in Großbritannien als blutigen Kampf zwischen Volksgruppen, die ihre Frühstückseier am spitzen beziehungsweise am runden Ende köpfen.

hiermit kompatible Systeme oder die alten VAX-Maschinen das niederwertigste Byte nach vorn stellen.

Dies lässt sich einfacher an einem Beispiel erläutern: Angenommen, der Wert 2005 (dezimal) soll als 32-Bit-Integer ohne Vorzeichen abgespeichert werden. Bei einer Big-Endian-Architektur hätten die vier Byte von links nach rechts die Werte 00, 00, 07, D5 (hexadezimal). Eine Little-Endian-Architektur würde dagegen nacheinander die Werte D5, 07, 00, 00 abspeichern. Stellen Sie sich die Missverständnisse vor, die sich daraus ergeben können!

Deshalb verwenden konkrete Binärdateiformate einfach ein bestimmtes festes Format und kümmern sich nicht um die zugrunde liegende Rechnerarchitektur. Von einem Programm, das ein solches Format lesen soll, muss also erwartet werden, dass es die Byte-Reihenfolge des Formats korrekt umsetzt.

Eine interessante Variante ergibt sich übrigens bei TIFF-Bildern: Hier können Sie selbst wählen, ob die Bilddaten im Big-Endian- oder im Little-Endian-Format gespeichert werden sollen; in Photoshop heißt die Auswahl IBM PC (Little Endian) oder MACINTOSH (Big Endian). Da das gewählte Format an einer festen Stelle im Dokument selbst vermerkt wird, kann jedes TIFF-fähige Programm mit beiden Varianten umgehen, sodass sich aus heutiger Sicht kein Unterschied ergibt.

---

### Datenkomprimierung

Eine bei Binärdateien häufig verwendete Option ist die *Datenkomprimierung*. Es handelt sich um mathematische Verfahren, die für eine Verringerung der Datenmenge sorgen sollen. Dies ist nützlich, weil komprimierte Daten weniger Platz auf Datenträgern belegen und schneller über das Internet übertragen werden können. Grundsätzlich lassen sich zwei Kompressionsverfahren voneinander unterscheiden:

▶ Die *verlustfreie Komprimierung* rechnet die vorhandenen Daten durch geeignete mathematische Verfahren um, sodass sie weniger Speicherplatz beanspruchen, aber wieder genau in ihren ursprünglichen Zustand zurückgerechnet werden können.

Verlustfreie Verfahren werden beispielsweise für Archivformate wie ZIP oder StuffIt verwendet, aber auch für manche Bilddateien.

Das einfachste verlustfreie Kompressionsverfahren ist *RLE* (*Run Length Encoding* oder auf Deutsch Lauflängencodierung). Bei dieser Methode werden aufeinanderfolgende identische Bytes durch deren Wert und die Anzahl ihres Vorkommens abgekürzt.

Eine Weiterentwicklung von RLE stellt das *LZW*-Verfahren dar, benannt nach seinen Entwicklern Lempel, Ziv und Welch. Es wird unter anderem zur Komprimierung der Bildformate GIF und TIFF verwendet und funktioniert folgendermaßen: In der Datei wird nach wiederkehrenden Datenmustern gesucht. Diese Muster werden durchnummeriert und nur einmal abgespeichert. An den entsprechenden Stellen, an denen sie eigentlich vor-

**17** Weitere Datei- und Datenformate

kommen sollten, steht nur noch ein Verweis auf die entsprechende Nummer und gegebenenfalls wiederum eine Anzahl.

Wie man sich leicht vorstellen kann, sind RLE und LZW besonders effizient, wenn ein Bild aus großen einfarbigen Flächen besteht.

▶ Eine grundsätzlich andere Methode ist die *verlustbehaftete Komprimierung*. Sie reduziert die Datenmenge, indem sie tatsächliche Daten aus der ursprünglichen Datei weglässt. Einfache verlustbehaftete Kompressionsmethoden wie die alte ADPCM-Komprimierung für Sound reduzieren die Datenmenge einfach ohne Unterschied durch Mittelwertbildung. Derartige Datenverluste fallen natürlich oft als extrem störend auf.

Moderne verlustbehaftete Kompressionsverfahren sind dagegen aus der Fragestellung entstanden, auf welche Teile der Daten man am ehesten verzichten kann, ohne dass der Verlust allzu sehr ins Gewicht fällt. Dies führte zu Entwicklungen wie JPEG für die Komprimierung von Fotos, bei dem die meisten Farbtöne verworfen werden, weil Helligkeitsunterschiede stärker wahrgenommen werden. Ein anderes Beispiel ist MP3 für die Audiokomprimierung, das bevorzugt diejenigen Töne herausfiltert, die die meisten Menschen nicht oder nur unterschwellig hören.

### 17.2.1 Bilddateiformate

In diesem Abschnitt finden Sie kurze Beschreibungen der wichtigsten Bilddateiformate. Zu Beginn zeigt Tabelle 17.4 eine kurze Übersicht über die Fähigkeiten der Formate; im Anschluss daran werden sie im Text näher erläutert.

Die Bedeutung der einzelnen Begriffe in der Tabelle wie *Farbtiefe* oder *Farbmodi* können Sie in Kapitel 1, »Einführung«, nachlesen.

| Format | Farbtiefe | Farbmodi | Komprimierung | Weitere Daten |
|---|---|---|---|---|
| Photoshop (.*psd*) | beliebig | alle | eigene, verlustfrei (optional) | alle, die Photoshop bietet |
| Photoshop 2.x (.*psd*) | beliebig | alle | – | keine Ebenen! |
| TIFF (.*tif*) | beliebig | alle | LZW, verlustfrei | Alphakanäle, Pfade |
| Encapsulated PostScript (.*eps*) | beliebig | alle | – | Vektordaten, Text, Schriften |
| JPEG (.*jpg*) | bis 24 Bit | RGB, CMYK, Graustufen | eigene, mit Verlust | Pfade |

**Tabelle 17.4** Übersicht über wichtige Bilddateiformate

| Format | Farbtiefe | Farbmodi | Komprimierung | Weitere Daten |
|--------|-----------|----------|---------------|---------------|
| GIF (.gif) | 8 Bit | indizierte Farben, Graustufen | LZW, verlustfrei | absolute Transparenz, Animation |
| PNG (.png) | 8, 24 oder 32 Bit | indizierte Farben, RGB | eigene, verlustfrei | bei 32 Bit Alphakanal |
| BMP (.bmp) | beliebig | RGB, Graustufen, indizierte Farben | RLE (ähnlich LZW) | Alphakanäle |
| PICT (.pct) | beliebig | RGB, Graustufen, indizierte Farben | JPEG möglich | Vektordaten |

**Tabelle 17.4** Übersicht über wichtige Bilddateiformate (Forts.)

### Das Photoshop-Format

Der große Vorteil des Photoshop-Dateiformats *PSD* (für *Photoshop Document*) besteht darin, dass dieses Format sämtliche Daten des Adobe-Programms Photoshop speichern kann, schließlich handelt es sich um das eigene Format dieser Anwendung.

Wenn Sie mit Photoshop arbeiten, sollten Sie stets eine Arbeitskopie Ihrer bearbeiteten Bilder im Photoshop-Format behalten, weil kein anderes Dateiformat alle Bilddaten mitspeichert.

Der einzige Nachteil des PSD-Formats (neben seiner recht stolzen Dateigröße) ist die kaum vorhandene Unterstützung durch andere Programme. PSD-Dateien können ansonsten weder als Teil von Layouts an Druckereien weitergegeben noch auf Webseiten dargestellt werden. Sie benötigen stets Dateien in anderen Formaten für diese Einsatzzwecke.

Die spezielle Variante Photoshop 2.0, die von einigen älteren Fremdanwendungen als Importformat eingesetzt werden kann, unterstützt nicht einmal die in Photoshop heutzutage fundamentalen Ebenen.

### Das TIFF-Format

Das *Tagged Image File Format* (TIFF; Dateiendung *.tif*) ist das Standardformat für die Einbettung hochauflösender Pixelbilder in Layoutdokumente in der Druckvorstufe. Der Name bedeutet so viel wie »Bilddateiformat mit Marken«, wobei diese Marken (*Tags*) für spezielle Kennzeichnungen von Bildteilen und -inhalten stehen.

TIFF besitzt eine Reihe bedeutender Besonderheiten:

▶ Eine TIFF-Datei kann beliebig viele Farbkanäle enthalten. Diese können entweder für den Vierfarbdruck und zusätzliche Sonderfarben verwendet werden oder dienen in bestimmten Anwendungen als Alphakanäle, die die Transparenz bestimmen.

17    Weitere Datei- und Datenformate

▶ In TIFF-Dateien können Sie neben den normalen Pixeldaten auch Vektorpfade speichern. Besonders wichtig sind in diesem Zusammenhang die Beschneidungspfade, die transparente Bereiche für Layoutprogramme definieren.

▶ Die LZW-Komprimierung ist optional. Sie muss nicht verwendet werden; einige ältere Programme sind damit inkompatibel. Normalerweise ist LZW auf 8 Bit (256 Farben) beschränkt. Da TIFF die Farbkanäle einzeln speichert, gilt diese Beschränkung hier nur pro Kanal, sodass Sie insgesamt eine beliebige Farbtiefe damit erreichen können.

▶ In neueren TIFF-Varianten können Sie anstelle der LZW-Komprimierung auch eine ZIP- oder JPEG-Komprimierung wählen; ZIP komprimiert etwas stärker als LZW, während die verlustbehaftete JPEG-Komprimierung speziell für Fotos geeignet ist.

▶ In neueren Photoshop-Versionen wird eine TIFF-Version unterstützt, die Photoshop-Ebenen speichern kann. Diese werden einfach als zusätzliche Kanäle mit entsprechenden erweiterten Informationen angelegt und können von den meisten anderen Programmen außer Photoshop nicht gelesen werden; allerdings steht die »flache« Sicht auf das gesamte Bild immer zur Verfügung.

### Die »Internetformate« GIF, JPEG und PNG

Die drei Formate GIF, JPEG und PNG können für die Präsentation von Bildern auf Webseiten eingesetzt werden. In diesem Abschnitt finden Sie die wichtigsten Informationen darüber.

Das Dateiformat *GIF* (*Graphics Interchange Format*) wurde ab 1987 im Auftrag des Online-Dienstes CompuServe entwickelt. GIF-Bilder verwenden grundsätzlich die LZW-Komprimierung; sie ist nicht abschaltbar wie beim TIFF-Format. GIF besitzt die folgenden besonderen Eigenschaften:

▶ Die Farbtiefe beträgt höchstens 8 Bit; maximal können also 256 Farben dargestellt werden. Jedes GIF kann allerdings seine eigene Farbpalette besitzen, die entweder aus den Farben des ursprünglichen Bildes berechnet oder an eine Standardpalette angepasst werden kann.

▶ Seit der 1989 entwickelten erweiterten Fassung GIF 89a unterstützt das Format auch Transparenz, allerdings lediglich eine »Alles-oder-nichts«-Variante davon: Bestimmte Pixel können als unsichtbar definiert werden.

▶ Eine GIF-Datei ist eigentlich ein Container für beliebig viele Bilder. Der GIF-Header kann Anweisungen enthalten, wie lange jedes dieser Bilder gezeigt werden soll, und ermöglicht auf diese Weise die GIF-Animation. Animierte GIFs sind das Standardformat für Werbebanner auf Webseiten.

▶ GIF-Bilder können *interlaced* abgespeichert werden. In diesem Fall werden sie stufen- statt zeilenweise aufgebaut.

Besonders gut geeignet ist GIF für flächige Grafiken mit wenigen Farben (Logos, Schmuckelemente, eigene Aufzählungszeichen etc.); nicht empfehlenswert ist das Format dagegen für Fotos.

Das Dateiformat *JPEG* ist nach der *Joint Photographic Expert Group* benannt, einer Experten-kommission, die sich Anfang der 90er-Jahre über die effiziente Komprimierung von Fotos Gedanken machte. Das Dateiformat selbst heißt eigentlich *JFIF* (*JPEG File Interchange Format*), benutzt aber üblicherweise die Dateiendung *.jpg*.

Das JPEG-Kompressionsverfahren basiert auf der Erkenntnis, dass Helligkeitsunterschiede erheblich stärker wahrgenommen werden als Farbtondifferenzen. Deshalb wird in einem quadratischen Bereich die Helligkeit jedes Pixels gespeichert, allerdings nur der Durch-schnittswert der Farbtöne dieser Pixel. Bei starker Vergrößerung ist daher eine Art »Schach-brettmuster« zu erkennen. Sie können bei JPEG-Bildern den Kompressionsfaktor frei wählen; je nach Anwendung werden 10 bis 100 verschiedene Stufen angeboten. Je stärker die Komprimierung, desto kleiner wird die resultierende Datei, aber es geht auch mehr Informa-tion verloren.

Besonders gut geeignet ist JPEG für die Komprimierung von Fotos und anderen Halbtonbil-dern. Aus diesem Grund ist JPEG beispielsweise das eingebaute Dateiformat der meisten Digitalkameras. Für flächige Grafiken ist das Format dagegen gar nicht geeignet, bei diesen kommt es an diagonalen oder kurvenförmigen Kontrastübergängen zu hässlichen Fehlern, den sogenannten *JPEG-Artefakten*.

Beachten Sie, dass Sie ein Bild nicht mehrmals hintereinander im JPEG-Format speichern dürfen, denn bei jeder Speicherung kommt es zu erneutem Verlust. Speichern Sie deshalb für eine zukünftige Nachbearbeitung stets eine Kopie in einem verlustfreien Format.

Das *PNG*-Format (*Portable Network Graphics*; gesprochen »ping«) wurde als möglicher Nach-folger von GIF entwickelt – besonders weil die freie Verwendung von GIF bis Juli 2004 durch ein Patent auf das LZW-Verfahren bedroht wurde. PNG vereint in gewisser Weise die besten Eigenschaften von GIF und JPEG: Wie GIF komprimiert es ohne Verlust (wenn auch etwas weniger effizient als LZW), aber mit bis zu 32 Bit Farbtiefe. Neben der vollen Foto-Farbtiefe von JPEG unterstützt es zusätzlich echte Alpha-Transparenz, also den stufenlosen Übergang der Deckkraft.

Trotz dieser unbestreitbaren Vorteile hat sich das PNG-Format bisher noch nicht allgemein durchsetzen können. Ein großer Nachteil ist sicherlich, dass es, anders als GIF und JPEG, noch nicht von allen Webbrowsern unterstützt wird.

### Die Systemformate: BMP und PICT

Windows und macOS können natürlich schon seit ihren frühesten Anfangstagen mit digita-len Bildern umgehen. Allerdings war es früher absolut nicht selbstverständlich, Bilder in plattformunabhängigen Formaten zu speichern. Microsoft und Apple entwickelten also unabhängige Lösungen.

Das *BMP*-Format (der Name steht einfach für *Bitmap*) existiert in zwei leicht unterschied-lichen Varianten, die Sie beispielsweise beim Speichern in Photoshop auswählen können: Es gibt eine Fassung für Microsoft Windows und eine modifizierte, die für das IBM-System

OS/2 entwickelt wurde. Die beiden Arten von BMP-Dateien unterscheiden sich nur bezüglich einiger Header-Informationen, aber die meisten Programme kommen mit der Windows-Variante besser zurecht.

BMP-Bilder können Farbtiefen von 8 bis 32 Bit enthalten. Bei 8 Bit wird genau wie beim GIF-Format eine indizierte Farbpalette angelegt. Bei 32 Bit dient der vierte Kanal als Alphakanal, der in manchen Anwendungsprogrammen den Transparenzgrad jedes Pixels bestimmen kann.

Optional beherrschen BMP-Bilder eine verlustfreie Komprimierung namens *RLE* (*Run Length Encoding*), die der LZW-Komprimierung stark ähnelt. Nicht RLE-komprimierte BMPs, die sich noch an einige weitere Vorgaben halten, werden auch als *DIB* (*Device Independent Bitmap*, also geräteunabhängiges Bitmap) bezeichnet.

Für die Speicherung von Bitmaps auf Macintosh-Rechnern wurde von Apple das *PICT-Format* entworfen (der Name steht einfach für *Picture*). Es ähnelt dem BMP-Format bezüglich der erlaubten Farbmodi und Farbtiefen. Dennoch gibt es zwei wichtige Besonderheiten: Die optional verfügbare Komprimierung benutzt das JPEG-Format, und PICT-Dateien können Vektordaten enthalten. In macOS wurde PICT inzwischen vollständig von PNG abgelöst, beispielsweise für Screenshots.

### 17.2.2  Multimedia-Dateiformate

In diesem Abschnitt wird auf Audio- und Videodateiformate eingegangen. Einzelheiten zur Verwendung dieser Formate gehen über den Umfang dieses Buches hinaus; an dieser Stelle werden daher nur ihre wichtigsten Eigenschaften und Unterschiede dargestellt.

#### Audiodateiformate

Die traditionellen Audiodateiformate sind das von Apple entworfene *AIFF* (*Audio Interchange File Format*) und Microsofts *WAV*-Format (steht einfach für *Wave*, also Schallwelle). Beide sind einander, abgesehen von ihrem etwas unterschiedlichen Header-Aufbau, sehr ähnlich. Die Dateiendungen sind *.aif* oder *.aiff* sowie *.wav*.

Beide Dateiformate sind letztlich Hüllformate für Audiodaten, die in unterschiedlichen komprimierten oder unkomprimierten Formaten abgespeichert wurden. Für die Beschreibung der Komprimierungen sind sogenannte *Codecs* erforderlich (Codec ist die Abkürzung für *Coder/Decoder*). Eine Sounddatei kann auf einem bestimmten Rechner nur dann abgespielt werden, wenn dort ein entsprechender Codec installiert ist. Sowohl der Apple QuickTime Player als auch der Microsoft Windows Media Player, die wichtigsten Abspielprogramme für solche Audiodateien, können viele Codecs bei Bedarf aus dem Internet nachladen, oftmals sogar automatisch.

Die grundlegende Speicherung der Audiodaten in den ursprünglichen Versionen dieser beiden Dateiformate erfolgte übrigens unkomprimiert in einem Audio-CD-kompatiblen Format; im Grunde wurde lediglich der Datei-Header vor die Daten eines CD-Audiotracks gesetzt.

Die ersten verfügbaren Kompressionsverfahren für Sound waren die *ADPCM*-Verfahren (*Adaptive Differential Pulse Code Modulation*). Die Qualität dieser Formate ließ allerdings zu wünschen übrig, weil sie im Wesentlichen nach einem starren mathematischen Modell Originalinformationen entfernten.

Das erste am Hören selbst orientierte Audiokompressionsformat war das von der Fraunhofer Gesellschaft entwickelte MPEG 1 Audio Layer 3, also eigentlich ein Format für Soundtracks in MPEG-Videodateien. Besser bekannt ist dieses Format unter seinem Kurznamen *MP3*. Die MP3-Komprimierung filtert vornehmlich diejenigen Tonbestandteile heraus, die das menschliche Ohr in der Regel nicht wahrnimmt. Bei einer Datenrate von 128 KBit/s gelingt eine Komprimierung auf etwa ein Zehntel der Audio-CD-Datenmenge ohne nennenswerten Verlust.

MP3 kann übrigens sowohl als Codec für WAV- oder AIFF-Dateien verwendet werden als auch – was erheblich häufiger vorkommt – als eigenständiges Dateiformat mit der Endung *.mp3*. Letzteres ist das Format, das beispielsweise von tragbaren MP3-Playern eingesetzt wird.

Nach dem Vorbild von MP3 wurden inzwischen einige modernere Audiokompressionsverfahren entwickelt, beispielsweise Ogg Vorbis oder MP4. Sie führen vor allem bei sehr starken Kompressionsraten, also bei Datenraten von 64 KBit/s oder weniger, zu besseren Ergebnissen als MP3.

### Videodateiformate

Es gibt drei wichtige Videodateiformate: *Apple QuickTime*, *Microsoft AVI* und die unabhängigen *MPEG*-Formate. Genau wie bei den Audiodateien dienen QuickTime und AVI (*Video for Windows*) der Speicherung unterschiedlich codierter Video- und Audiospuren, für die wiederum die bereits genannten Codecs verwendet werden. Es gibt zahllose Video-Codecs, die natürlich vom jeweiligen Videoschnittprogramm sowie von der verwendeten Abspielsoftware unterstützt werden müssen. Beispiele sind etwa der Klassiker Cinepak von Radius Software oder Sorenson Video, das unter anderem innerhalb von Adobe Flash für die Videokomprimierung verwendet wird. Ein sehr moderner Codec, der häufig für die Speicherung von Spielfilmen auf beschreibbaren CDs oder die Bereitstellung von Videos im Internet eingesetzt wird, ist *DivX* (oder dessen Open-Source-Implementierung Xvid), das eine sehr hohe Kompressionsrate bei guter Qualität erzielt.

Im Wesentlichen verwenden alle Video-Codecs eine Kombination aus zwei Kompressionsverfahren: Erstens werden die einzelnen Bilder (*Frames*) JPEG-komprimiert, und zwar umso stärker, je schneller die Bildwechsel innerhalb einer Sequenz sind. Zweitens werden zwischen zwei aufeinanderfolgenden Frames nur die Unterschiede gespeichert.

*QuickTime*-Filme (Dateiendung unter Windows *.mov* oder *.qt*) werden vornehmlich mit dem QuickTime-Player von Apple abgespielt, der sowohl für macOS als auch für Windows verfügbar ist. *AVI*-Videos (Dateierweiterung *.avi*) werden dagegen meist mit dem – ebenfalls für beide Plattformen erhältlichen – Windows Media Player abgespielt. Inzwischen können beide Player aber auch das jeweilige Konkurrenzformat sowie diverse MPEG-Formate abspielen; auch für Linux und andere Unix-Varianten steht entsprechende Software zur Verfügung. AVI kann mit mehr verschiedenen Codecs umgehen, während QuickTime neben Audio und Video zusätzliche Datenspuren unterstützt, beispielsweise für Adobe Flash mitsamt Interaktivität.

Die *MPEG*-Formate der *Motion Picture Expert Group* wurden vor allem für Picture Discs und DVDs entwickelt und zunächst nicht für den Einsatz als Computerdateien. Verfügbar sind die Formate MPEG-1, MPEG-2 und MPEG-4. MPEG-1 wurde für frühere Picture Discs und manchmal für Videodateien eingesetzt; MPEG-2 ist die Basis für Video-DVDs. Erst MPEG-4 wurde ausdrücklich als Online- und Mobilgeräte-Videoformat entwickelt. Das zuvor erwähnte DivX basiert auf einer modifizierten MPEG-4-Version.

Alle MPEG-Versionen bestechen durch ihre vergleichsweise hohe Darstellungsqualität und effiziente Komprimierung. Sie können MPEG-Dateien übrigens leicht mit dem QuickTime-Player oder dem Windows Media Player abspielen; sämtliche innerhalb von MPEG-Filmen verwendeten Audio- und Video-Codecs werden von den aktuellen Versionen dieser Player unterstützt.

### 17.2.3  Archivdateien verwenden

Ein wichtiges Anwendungsgebiet der Datenkomprimierung sind die allgegenwärtigen *Archivdateien*. Diese begegnen Ihnen täglich beim Download von Software und anderen Inhalten. Es geht um eine Methode, mehrere Dateien in eine gemeinsame Containerdatei zu verpacken und nach Möglichkeit auch zu komprimieren.

Unter Windows dominiert das *PKZIP*-Format (meist kurz *ZIP* genannt), das Dateisammlungen in einem Arbeitsschritt archiviert und komprimiert; die Dateiendung ist *.zip*. Dafür stehen genügend intuitive grafische Tools wie WinZip oder diverse Freeware-Alternativen zur Verfügung. Seit XP kann Windows diese Dateien als sogenannte *ZIP-komprimierte Ordner* auch ohne Drittanbietersoftware erstellen und öffnen.

Das ZIP-Format wird übrigens auch für viele andere Dateitypen verwendet. OpenOffice.org-Dateien und Microsoft-Office-2007-Dateien sind beispielsweise gezippte Sammlungen von XML-Dateien. Auch JAR-Dateien, die zur Verbreitung von Java-Softwareprojekten und Java-Bibliotheken genutzt werden, sind ZIP-Dateien. Solche Formate verwenden zur Unterscheidung jeweils eigene Dateiendungen sowie spezielle Verzeichnisstrukturen; aber sobald Sie sie in *.zip* umbenennen, können Sie sie mit jedem handelsüblichen ZIP-Tool öffnen und in sie hineinschauen.

Auf Unix-artigen Systemen wird dagegen meist eine Kombination verwendet: das Archivprogramm *tar* (das nicht selbst komprimieren kann) und eines von mehreren externen Kompressionsprogrammen (die zumindest früher nicht selbst archivieren konnten).

tar ist die Abkürzung für *tape archive*. Da klassische Magnetbänder nur sequenziell beschrieben und gelesen werden können, ist es nützlich, alle zu sichernden Dateien zunächst in eine einzige große Hülldatei zu schreiben.

Wenn Sie tar auf zwei kurze Textdateien anwenden und sich das Ergebnis anzeigen lassen, können Sie sehen, wie es intern funktioniert. Erstellen Sie zunächst die beiden Textdateien:

```
$ cat >text1
Ich bin Text 1.
```
`Strg` + `D`
```
$ cat >text2
Ich bin Text 2.
```
`Strg` + `D`

Als Nächstes sollen die beiden Dateien in einem TAR-Archiv gesammelt werden. Die Option zum Speichern heißt -c (Langform --create). Falls Sie Dateien an ein bestehendes Archiv anhängen möchten, wird stattdessen -r (--append) verwendet. Zusätzlich wird die Option -f Archivdatei benötigt, weil die Ausgabe in einer Datei und nicht auf einem Bandlaufwerk landen soll. Meistens wird auch noch -v (--verbose) verwendet; dieser Parameter listet die verarbeiteten Dateien auf. Das folgende Beispiel speichert die beiden Textdateien in einem Archiv namens *texte.tar*:

```
$ tar cvf texte.tar text1 text2
text1
text2
```

Nun können Sie sich das erzeugte Archiv anzeigen lassen. Da die einzelnen Felder innerhalb von TAR-Archiven durch Nullzeichen (ASCII 0 oder Escape-Sequenz \0) getrennt werden, sollten Sie geeignete Mittel verwenden, um diese durch Leerzeichen, Tabs, Zeilenumbrüche oder andere Zeichen Ihrer Wahl zu ersetzen. Das folgende kleine Python-Skript liest die Datei zeilenweise ein, ersetzt eine beliebig lange Folge von Null-Zeichen durch je einen Zeilenumbruch und gibt das Ergebnis aus:

```
import re

file = open("texte.tar", "r")
for line in file:
    print(re.sub("\0+", "\n", line))
```

Wenn Sie das Skript ausführen, erhalten Sie eine Ausgabe wie diese:

```
$ python tarprinter.py
text1
000644
```

```
000765
000024
00000000020 12552414067 014034
 0
ustar
00saschakersken
staff
000000
000000
Ich bin Text 1.


text2
000644
000765
000024
00000000020 12552414100 014021
 0
ustar
00saschakersken
staff
000000
000000
Ich bin Text 2.
```

Wie Sie sehen, enthält jeder Dateieintrag im Archiv vor dem eigentlichen Inhalt den Dateinamen, verschiedene Informationsfelder (unter anderem die Dateirechte, hier 0644), Benutzer
und Gruppe.

Wenn Sie ein solches Archiv wieder entpacken möchten, wird anstelle von -c die Option -x
(extract) eingesetzt. Hier die dafür erforderliche Eingabe, um *texte.tar* wieder zu entpacken:

```
$ tar xvf texte.tar
texte1
texte2
```

Wenn Sie ein fertiges TAR-Archiv komprimieren möchten, haben Sie unter anderem die
Wahl zwischen den Kompressionsformaten *GNU zip*, das weiter verbreitet und damit kompatibler ist, und *bzip2*, das effizienter komprimiert. Wenn Sie *texte.tar gzip*-komprimieren
möchten, geben Sie Folgendes ein:

```
$ gzip texte.tar
```

Das Ergebnis ist eine Datei namens *texte.tar.gz*; die ursprüngliche TAR-Datei wird gelöscht. Zum Entpacken dient folgende Eingabe:

```
$ gunzip texte.tar.gz
```

Dies ersetzt umgekehrt die komprimierte Datei durch die entpackte Version *texte.tar*.

Für die *bzip2*-Komprimierung wird dagegen dieses Kommando verwendet:

```
$ bzip2 texte.tar
```

Der entsprechende Befehl zum Entpacken lautet:

```
$ bunzip2 texte.tar.bz2
```

Die moderne GNU-Version von tar, die beispielsweise in allen aktuellen Linux-Distributionen enthalten ist, kann die *gzip*- oder *bzip2*-Komprimierung beziehungsweise -Dekomprimierung als zusätzlichen Arbeitsschritt gleich mit übernehmen. Dazu wird zusätzlich die Option -z (GNU zip) beziehungsweise -j (bzip2) verwendet. Den Archivdateinamen sollten Sie in diesem Fall gleich mit der zusätzlichen Endung für das gewählte Kompressionsformat versehen. Das folgende Beispiel erstellt aus text1 und text2 das komprimierte GNU-zip-Archiv *texte.tar.gz*:

```
$ tar czvf texte.tar.gz text1 text2
text1
text2
```

Dekomprimiert und entpackt wird die neue Datei wie folgt:

```
$ tar xzvf texte.tar.gz
```

Falls Sie stattdessen eine bz2-Komprimierung wünschen, lauten die beiden Eingaben so:

```
$ tar cjvf texte.tar.bz2 text1 text2
$ tar xjvf texte.tar.bz2
```

Auch zum Komprimieren und Entpacken von ZIP-Dateien bieten moderne Unix-Varianten Kommandozeilen-Tools.

```
zip Archivdatei Dateimuster ...
```

verpackt die angegebenen Dateien und Ordnerstrukturen in die gewünschte Archivdatei. Mit

```
unzip Archivdatei
```

können Sie sie wieder entpacken.

17   Weitere Datei- und Datenformate

## 17.3   Übungsaufgaben

Im Folgenden ist jeweils genau eine Antwort richtig:

1. Welches Zeichen oder welche Zeichenfolge verwenden Unix-Textdateien als Zeilen-umbruch?
   - ☐ CR (ASCII-Code 13)
   - ☐ LF+CR (ASCII-Codes 10+13)
   - ☐ LF (ASCII-Code 10)
   - ☐ CR+LF (ASCII-Codes 13+10)

2. Welchen ASCII-Code besitzt die Ziffer 0?
   - ☐ 48 (0x30)
   - ☐ 64 (0x40)
   - ☐ 32 (0x20)
   - ☐ 0 (0x00)

3. Wie viele Zeichen enthält der eigentliche ASCII-Code?
   - ☐ 256
   - ☐ 64
   - ☐ 128
   - ☐ 65.536

4. Was unterscheidet die beiden ASCII-Erweiterungen ISO-8859-1 und ISO-8859-15?
   - ☐ ISO-8859-15 enthält das Eurozeichen (€).
   - ☐ ISO-8859-15 ist Unicode-kompatibel, ISO-8859-1 nicht.
   - ☐ ISO-8859-1 ist für Deutsch (Deutschland) geeignet, ISO-8859-15 für Deutsch (Schweiz).
   - ☐ Es gibt keinen Unterschied; beide bezeichnen denselben Zeichensatz.

5. Wie nennt man die Teilmenge von Unicode, die 16 Bit breite Zeichen verwendet?
   - ☐ TIFF
   - ☐ BMP
   - ☐ PICT
   - ☐ GIF

6. Wie heißt die zu ASCII abwärts kompatible Unicode-Schreibweise?
   - ☐ ISO-Latin-1
   - ☐ Latin Extended A
   - ☐ wchar_t
   - ☐ UTF-8

7. Welche Besonderheit hat die Unicode-Variante UTF-8?

☐ Alle Zeichen können in 8 Bit untergebracht werden.

☐ Es handelt sich nur um eine abgespeckte Auswahl des vollständigen Unicode.

☐ Reine ASCII-Zeichen belegen 8 Bit, sodass UTF-8 zu ASCII abwärtskompatibel ist.

☐ UTF-8 ist eine 2008 eingeführte Neuimplementierung von Unicode.

8. Welches Betriebssystem war das erste, das Unicode unterstützte?

☐ Windows 95

☐ Windows NT 4.0

☐ Linux

☐ Sun Solaris

9. Welche verbreitete Programmiersprache verwendete als Erste Unicode als Standard?

☐ C++

☐ C#

☐ Java

☐ Python

10. Welche LaTeX-Steueranweisung leitet ein Listenelement ein?

☐ `\listitem`

☐ `\begin{item}`

☐ `\item`

☐ `\itemize`

11. Was ist keine Besonderheit des EPS-Formats gegenüber normalem PostScript?

☐ EPS ist auf eine einzelne Seite beschränkt.

☐ Der Datenbestand von Bitmaps wird in das EPS-Dokument eingebettet.

☐ Die Konturen von Schriftarten lassen sich in das EPS-Dokument integrieren.

☐ Das EPS-Dokument kann Text, Bitmaps und Vektorgrafik enthalten.

12. Warum sollte eine Datei in einem Binärformat nicht aus einem Texteditor heraus gespeichert werden?

☐ Die in der Binärdatei enthaltenen Text-Strings würden zerstört.

☐ Durch die Zeilenumbruchlogik des Texteditors könnten die Bytes der Binärdatei verrutschen und ihre Bedeutung verlieren.

☐ Die Zeichensätze könnten nicht übereinstimmen.

☐ Ein Texteditor kann die Binärdatei gar nicht erst öffnen.

13. Welches der folgenden Datenkomprimierungsverfahren ist verlustfrei?

☐ MPEG

☐ JPEG

☐ MP3

☐ LZW

14. Welches der folgenden Bilddateiformate kann Alphakanäle speichern?

☐ TIFF

☐ JPEG

☐ GIF

☐ EPS

15. Welches der folgenden Bilddateiformate ist nicht für den Online-Einsatz gedacht?

☐ PNG

☐ BMP

☐ GIF

☐ JPEG

16. Was ist kein Merkmal der JPEG-Komprimierung?

☐ Die Kompressionsstärke kann eingestellt werden.

☐ Die Komprimierung erfolgt durch Weglassen von Farbinformationen.

☐ Die Komprimierung erfolgt verlustfrei.

☐ Die JPEG-Komprimierung eignet sich besonders gut für Farbfotos.

17. Welche optionale Komprimierung unterstützt das BMP-Format?

☐ keine

☐ RLE

☐ LZW

☐ JPEG

18. Welches der folgenden Bilddateiformate ist das klassische Mac-Systemformat?

☐ BMP

☐ TIFF

☐ JPEG

☐ PICT

19. Welche der folgenden Aussagen über das WAV-Audioformat trifft zu?

☐ Das Format wird nur unter Windows unterstützt.

☐ WAV unterstützt keinerlei Komprimierung.

☐ Eine WAV-Datei kann mit unterschiedlichen Codecs komprimierte Daten enthalten.

☐ WAV-Dateien sind kleiner als MP3-Dateien.

20. Welche Audiokomprimierung klingt bei niedrigen Datenraten besser als MP3?

   ☐ MPEG-7

   ☐ Ogg Vorbis

   ☐ ADPCM

   ☐ AIFF

21. Welches der folgenden Formate ist kein Videodateiformat?

   ☐ Sun AU

   ☐ MPEG

   ☐ QuickTime

   ☐ AVI

22. Welches Videoformat wird auf Video-DVDs verwendet?

   ☐ MPEG-4

   ☐ MPEG-2

   ☐ QuickTime

   ☐ DivX

# Kapitel 18
# Webseitenerstellung mit HTML und CSS

*The web is more a social creation than a technical one. I designed it for a social effect – to help people work together – and not as a technical toy. The ultimate goal of the Web is to support and improve our weblike existence in the world. We clump into families, associations, and companies. We develop trust across the miles and distrust around the corner.[1]*
*– Tim Berners-Lee*

In den letzten Jahren wurden viele Anwendungsprogramme für einzelne Systemplattformen durch Netzwerkanwendungen ersetzt, deren Benutzeroberfläche in praktisch jedem beliebigen Webbrowser funktioniert. Die Vorteile liegen auf der Hand:

▶ Webanwendungen sind nicht auf ein bestimmtes Betriebssystem angewiesen.

▶ Sie können ohne spezifische Clientsoftware (bis auf den Browser) auf jedem Rechner im Internet oder Intranet ausgeführt werden.

▶ In letzter Zeit nimmt die Bedeutung von Smartphones und Tablets immer weiter zu. Während die typischen Apps für diese Geräte für jede Plattform – zum Beispiel iOS, Android oder Windows Phone – einzeln erstellt werden müssen, funktionieren HTML-basierte Websites auf jedem von ihnen. Viele Websites stellen inzwischen spezielle Layouts für Mobilgeräte bereit oder bieten sogenannte *Responsive Layouts*, die sich automatisch dem jeweiligen Client (und der aktuellen Fenstergröße) anpassen.

Die bedeutendsten Nachteile sind, dass Webanwendungen meistens langsamer sind als Desktop-Programme oder -Clients und dass ihre Benutzung schwerfälliger ist. In der Regel werden die Daten aus Benutzeraktionen nämlich jedes Mal an den Server gesendet, wo ein völlig neues Dokument generiert wird. Der erste Nachteil wird durch die allmählich steigenden Netzwerkbandbreiten ausgeglichen. Zum Ausgleich des zweiten gibt es Lösungen wie Ajax, die das Nachladen und Austauschen von Teilinhalten erlauben.

---

1  »Das Web ist eher eine soziale Erfindung als eine technische. Ich habe es aufgrund seines sozialen Nutzens entwickelt – um den Menschen bei der Zusammenarbeit zu helfen – und nicht als technisches Spielzeug. Der eigentliche Zweck des Webs besteht darin, unsere webähnliche Existenz in der Welt zu unterstützen und zu verbessern. Wir bilden Gruppen in Familien, Organisationen und Firmen. Wir entwickeln Vertrauen über Meilen hinweg und Misstrauen um die Ecke.«

18 Webseitenerstellung mit HTML und CSS

In diesem Kapitel und den beiden folgenden lernen Sie vier zentrale Aspekte der Entwicklung von Webanwendungen kennen:

▸ Darstellung der Struktur von Webseiten mit HTML beziehungsweise XHTML. Zusammen mit CSS bildet diese Komponente die Benutzeroberfläche einer Webanwendung.

▸ Festlegung von Layout und Design mithilfe von Cascading Style Sheets (CSS). Somit hilft CSS bei einer klaren Trennung von Struktur und Gestaltung.

▸ Im nächsten Kapitel geht es um serverseitige Webanwendungen mit PHP und MySQL. Dynamische Inhalte und Interaktion werden möglich, wenn eine serverseitige Sprache Dokumente aus Vorlagen, Datenbankinhalten und Benutzereingaben verknüpft.

▸ Kapitel 20, »JavaScript und Ajax«, beschreibt clientseitige Dynamik mit der Skriptsprache JavaScript und der Ajax-Technik. Während serverseitige Anwendungen zwar dynamische Inhalte einbinden, aber zum Schluss statische Seiten daraus generieren, ermöglichen die hier vorgestellten Techniken auch nachträgliche interaktive Änderungen der Webseiten im Browser.

## 18.1   HTML und XHTML

Die Struktur von Webseiten wird durch die Auszeichnungssprache *HTML* dargestellt. Der Name steht für *Hypertext Markup Language* (Auszeichnungssprache für Hypertext, also Text mit integrierten Strukturinformationen und Querverweisen). HTML-Code sieht im Wesentlichen genauso aus wie das in Kapitel 16, »XML«, vorgestellte XML – die gemeinsame Wurzel von XML und HTML ist die Auszeichnungssprache SGML. Das klassische HTML ist eine bestimmte SGML-DTD; es sind also nur ganz bestimmte Tags in einer vorgegebenen Anordnung erlaubt.

Da in herkömmlichem HTML eine Reihe von Freiheiten gestattet ist, die in XML nicht mehr gelten, hat das W3C (*World Wide Web Consortium*) 1999 eine neuere HTML-Variante namens *XHTML* eingeführt, die von XML abgeleitet ist und für die dieselben Regeln gelten wie für alle anderen XML-Dokumente. Allerdings sind alle bisher verfügbaren Browser tolerant genug, die gelockerte Syntax der alten HTML-Versionen weiterhin zuzulassen.

Eine neuere Version, deren Entwicklung unter dem Namen XHTML 2.0 begonnen worden war, wird inzwischen zugunsten von HTML5 nicht mehr weiterentwickelt. HTML5 (*http://dev.w3.org/html5/spec/Overview.html*) bietet diverse Erweiterungen und kann sowohl in klassischer HTML- als auch in XHTML-Schreibweise notiert werden.

---

**Webseiten erstellen und testen**

Alle Webbrowser sind in der Lage, neben HTTP-URLs auch lokale HTML-Dokumente zu öffnen. Sie können die Dateien also in einem beliebigen Text- oder HTML-Editor schreiben und dann etwa in ein Browserfenster ziehen oder über den Befehl DATEI • ÖFFNEN des Browsers testen. Der Internet Explorer zeigt bei diesem Vorgehen allerdings eine Warnung vor »aktiven Inhalten« an, und auch sonst ist diese Vorgehensweise nicht empfehlenswert.

Spätestens wenn Sie serverseitige Technologien einsetzen, müssen Sie ohnehin einen Entwicklungs-Webserver aufsetzen und die Seiten über *http://localhost* testen. Deshalb sollten Sie spätestens jetzt der Anleitung in Kapitel 14, »Server für Webanwendungen«, folgen und den Webserver Apache installieren.

Unabhängig davon, ob Sie Ihre Webseiten als lokale Dateien oder über einen eigenen Webserver ausprobieren, ist es in jedem Fall ratsam, sie in mehreren Browsern zu testen. Insbesondere fortgeschrittene CSS-Konzepte werden nämlich noch immer unterschiedlich interpretiert. Der Mindestsatz zu testender Browser besteht aus Microsoft Edge und Internet Explorer (mindestens Version 11 oder eventuell auch 10) sowie aktuellen Versionen von Mozilla Firefox und Google Chrome; wenn Sie zusätzlich Apple Safari und Opera zur Verfügung haben, sollten Sie auch diese in Betracht ziehen.

Da es in der Regel nicht möglich ist, mehrere Versionen desselben Browsers auf ein und demselben System zu testen, bietet sich die Verwendung virtueller Maschinen dafür an, etwa unter VMware oder VirtualBox.

Immer wichtiger werden auch die verschiedenen mobilen Browser wie die spezielle Safari-Version für iOS und der Android-Browser (eine Spezialversion von Google Chrome). Die in Kapitel 11, »Mobile Development«, angesprochenen Entwicklungsumgebungen Xcode für iOS und Android Studio enthalten Emulatoren für verschiedene Geräte, auf denen Sie auch die Browser testen können.

### 18.1.1 Die Grundstruktur von HTML-Dokumenten

Im Wesentlichen besteht ein HTML-Dokument neben dem eigentlichen Text aus Elementen in Form von Tags. Ein Tag wird von spitzen Klammern (< und >) umschlossen. Jedes Element besteht aus einem öffnenden und einem schließenden Tag und kann weitere Inhalte umschließen – entweder weitere Tags oder einfachen Text. Das schließende Tag wird dabei durch einen / vor dem Tag-Namen gekennzeichnet. <html> und </html> umschließen beispielsweise das gesamte Dokument, während <p> und </p> einen Textabsatz enthalten.

Einige HTML-Tags besitzen darüber hinaus einen oder mehrere durch Leerzeichen getrennte *Parameter* oder *Attribute*, die (nur beim öffnenden Tag) in der Form Attribut="Wert" angegeben werden und die Einzelheiten des Tags näher bestimmen. Hier ein Beispiel:

```
<p class="teaser"> ... </p>
```

Zwischen dem öffnenden und dem schließenden Tag befindet sich in diesem Beispiel ein Textabsatz, dem eine Klasse namens teaser zugewiesen wird. Klassennamen können frei gewählt werden. Sie dienen als zusätzliches Strukturelement, das heißt um Elemente mit unterschiedlichen inhaltlichen Aufgaben voneinander zu unterscheiden. Außerdem kön-

18  Webseitenerstellung mit HTML und CSS

nen alle Elemente, die einer bestimmten Klasse angehören, mit demselben CSS versehen werden, um ihre Formatierung festzulegen.

Genau wie bei XML gibt es für Elemente, die keinen weiteren Inhalt umschließen, eine Kurz-schreibweise mit dem End-Slash. Ein Zeilenumbruch kann beispielsweise entweder als `<br></br>` oder einfach als `<br />` geschrieben werden.[2] Das klassische HTML kennt auch die »Einfach-Tag«-Schreibweise `<br>`, die jedoch nicht XML-konform ist und daher vermieden werden sollte; wenngleich HTML5 prinzipiell auch die klassische Variante zulässt, ist das kein Grund, sie zu benutzen – XML-kompatible Dokumente sind logischer aufgebaut und können einfacher von Software verarbeitet werden.

Grundsätzlich besteht eine HTML-Seite aus einem *Head* (Kopf), der den *Titel* der Seite und andere Metainformationen enthält, und dem *Body* (Körper), in dem der eigentliche Inhalt des Dokuments steht.

Daraus ergibt sich der folgende grundlegende Aufbau einer HTML-Seite:

```
<html>
  <head>
    <title> Titel des Dokuments </title>
  </head>
  <body>
    Der sichtbare Inhalt
  </body>
</html>
```

Einrückungen und Zeilenumbrüche sind nicht nötig, machen Ihren HTML-Code aber lesbarer. Im Einzelnen bedeuten die diversen Bestandteile des Dokuments Folgendes:

▶ `<html>` und `</html>` bilden das Wurzelelement des Dokuments und teilen dem Browser mit, dass es sich um HTML-Code handelt.

▶ `<head>` und `</head>` umschließen den Dokumentkopf.

▶ `<title>` und `</title>` enthalten den Dokumenttitel.

▶ `<body>` und `</body>` umschließen den eigentlichen sichtbaren Inhalt des Dokuments. Der Inhalt selbst besteht aus Text und weiteren ineinander verschachtelten HTML-Tags.

Im Head *muss* das Element `<title>` vorkommen, alle anderen Head-Angaben sind freiwillig. Der Titel des Dokuments ist ein wichtiges Strukturelement, das an folgenden Stellen angezeigt wird:

▶ In der Titelleiste eines Browserfensters erscheint er zusammen mit dem Namen des Browsers selbst.

---

2  Das Leerzeichen zwischen dem Tag-Namen und dem Slash ist keine XHTML-Vorschrift, sorgt aber dafür, dass auch sehr alte Browser diese Form akzeptieren.

- Er steht in der Liste der Favoriten, Bookmarks oder Lesezeichen Ihres Browsers, wenn Sie die Seite dort ablegen.

- In den Ergebnislisten von Suchmaschinen wird der Titel als anklickbarer Link für eine Fundstelle verwendet.

Ein geeigneter Titel sollte den Namen der Website oder des Anbieters sowie den Namen der einzelnen Seite enthalten. Hier einige gute Beispiele:

- HTML-Kurs – die erste Webseite

- Rheinwerk Verlag, Buch – Apache 2.4

- Müller GmbH: Produkte

Ein vollwertiges HTML-Dokument benötigt eine `<!DOCTYPE>`-Steueranweisung (Steueranweisungen werden in Kapitel 16, »XML«, näher beschrieben). Ein HTML-Validator, der die formale Korrektheit Ihrer Dokumente prüfen kann, benötigt diese Angaben. Das gesamte Grundgerüst sieht daher so aus:

```
<!DOCTYPE html>
<html>
  <head>
    <title> Hier steht der Titel </title>
  </head>
  <body>
    Hier folgt der Inhalt
  </body>
</html>
```

Wie Sie sehen, lautet der Doctype für HTML5 ganz einfach:

```
<!DOCTYPE html>
```

Bei XHTML und anderen älteren HTML-Spezifikationen ist es dagegen komplizierter. Hier ein Beispiel für XHTML 1.0:

```
<!DOCTYPE html PUBLIC "-//W3C//DTD XHTML 1.0 Strict//EN"
    "http://www.w3.org/TR/xhtml1/DTD/xhtml1-strict.dtd">
```

XHTML benötigt noch eine XML-Namespace-Angabe beim Wurzelelement `<html>`:

```
<html xmlns="http://www.w3.org/1999/xhtml"> ... </html>
```

Zum Schluss sollten Sie noch beachten, dass die Tags und ihre Attribute in der XHTML-Schreibweise kleingeschrieben werden müssen, während die Groß- und Kleinschreibung im klassischen HTML keine Rolle spielt.

**18** Webseitenerstellung mit HTML und CSS

### 18.1.2 Textstrukturierung und Textformatierung

Bei der Textformatierung in HTML ist zu beachten, dass der Browser sich grundsätzlich nicht für Textformatierungen im Quelltext interessiert. Ob Sie ein Leerzeichen oder zehn setzen, ob Sie einen Zeilenumbruch erzeugen oder nicht: Der Browser setzt den gesamten Fließtext einfach hintereinander. Er erzeugt nur dann automatische Zeilenumbrüche, wenn der rechte Fensterrand erreicht wird.

Wollen Sie dagegen explizit einen Zeilenumbruch erzeugen, müssen Sie das folgende HTML-Tag verwenden:

```
<br />
```

Beachten Sie jedoch, dass Sie auf keinen Fall die Zeilenlänge von Fließtext bestimmen dürfen, indem Sie hinter jede Zeile ein `<br />` setzen. Sie riskieren sonst, dass sich bei einer anderen Browserfenster-Größe erzwungene und automatische Zeilenumbrüche abwechseln und auf diese Weise den Zeilenfall völlig zerstören. Sie dürfen feste Zeilenumbrüche also nur an Stellen verwenden, an denen tatsächlich eine neue Zeile beginnen soll, beispielsweise für einfache Aufzählungen, Sinnabschnitte oder Gedichtzeilen.

#### Sonderzeichen

Ein weiteres Problem ist die Darstellung der Umlaute und anderer Sonderzeichen: Um weltweit kompatibel zu sein, verwendete HTML zunächst nur reinen ASCII-Code, also die 128 international identischen Zeichen. Es gibt zwei Möglichkeiten, dies zu ändern.

Sie können zum einen im Head den Zeichensatz angeben, der im Dokument verwendet wird. Dazu dient ein sogenanntes `<meta>`-Tag, das Konfigurationsinformationen in Form von Name-Wert-Paaren enthält (mehr darüber erfahren Sie im weiteren Verlauf des Kapitels). Um beispielsweise `iso-latin-1` – den Standardzeichensatz für die USA und Westeuropa – einzustellen, lautet das entsprechende Tag folgendermaßen:

```
<meta http-equiv="content-type"
content="text/html;charset=iso-8859-1" />
```

Die bevorzugte Schreibweise in HTML5 ist kürzer; hier ein entsprechendes Beispiel für den Zeichensatz UTF-8:

```
<meta charset="utf-8"/>
```

In der Praxis bietet sich die Verwendung von UTF-8 gegenüber sprach- und/oder plattformspezifischen Zeichensätzen an. Beachten Sie aber, dass auch der von Ihnen verwendete Text- oder HTML-Editor diesen Zeichensatz unterstützen und darauf eingestellt werden muss, um alle Sonderzeichen so eingeben zu können, wie sie letztlich auf der fertigen Webseite erscheinen sollen.

Alternativ (oder zusätzlich) können Sie die deutschen Umlaute und viele andere Sonderzeichen durch *Entity-Referenzen* erzeugen. Dies sind spezielle Zeichenfolgen im HTML-Code, die durch den Browser automatisch ersetzt werden. Jede Sonderzeichendefinition beginnt mit einem &-Zeichen und endet mit einem Semikolon. Dazwischen befindet sich ein Kürzel, das jeweils das Sonderzeichen beschreibt. Diese Sonderzeichen müssen ohne Abstand in den Fließtext eingebunden werden, damit sie normal im Wort erscheinen.

Es gibt auch einige Zeichen, die Sie als Entity-Referenzen schreiben müssen, weil sie in XHTML eine spezielle Bedeutung haben. Es handelt sich um dieselben fünf Zeichen, die in Kapitel 16 bereits für XML genannt wurden.

Tabelle 18.1 zeigt einen Überblick über die gängigsten Sonderzeichencodierungen.

| Zeichen | Codierung | Erläuterungen |
|---------|-----------|---------------|
| **Klassische SGML/XML-Entity-Referenzen (Pflicht)** | | |
| < | &lt; | *less than* (kleiner als) |
| > | &gt; | *greater than* (größer als) |
| " | &quot; | »quotation mark« (Anführungszeichen) |
| ' | &apos; | Apostroph |
| & | &amp; | Ampersand (*and per se and*) |
| **Umlaute und andere diakritische Zeichen** | | |
| ä | &auml; | a-Umlaut |
| ö | &ouml; | o-Umlaut |
| ü | &uuml; | u-Umlaut |
| Ä | &Auml; | A-Umlaut |
| Ö | &Ouml; | O-Umlaut |
| Ü | &Uuml; | U-Umlaut |
| ß | &szlig; | SZ-Ligatur |
| é | &eacute; | e mit Akut |
| è | &egrave; | e mit Gravis |
| ê | &ecirc; | e mit Zirkumflex |
| à | &aacute; | a mit Akut |

**Tabelle 18.1** Die wichtigsten HTML-Umlaute und -Sonderzeichen

| Zeichen | Codierung | Erläuterungen |
|---------|-----------|---------------|
| ç | &ccedil; | c mit Cedille |
| ø | &oslash; | o mit / (Slash) |
| œ | &oelig; | o-e-Ligatur |
| æ | &aelig; | a-e-Ligatur |
| ñ | &ntilde; | n mit Tilde |
| **Weitere Sonderzeichen** | | |
| € | &euro; | Euro |
| £ | &pound; | Pfund Sterling |
| ¥ | &yen; | Yen |
| ¡ | &iexcl; | umgekehrtes Ausrufezeichen (*inverse exclamation mark*) |
| ¿ | &iquest; | umgekehrtes Fragezeichen (*inverse question mark*) |
| © | &copy; | Copyright |
| ® | &reg; | registriertes Warenzeichen |
| | &sect; | Abschnitt (*section*) |
| » | &bdquo; | Anführungszeichen 99 unten (Deutsch Anfang) |
| « | &ldquo; | Anführungszeichen 66 oben (Deutsch Ende; Englisch Anfang) |
| « | &rdquo; | Anführungszeichen 99 oben (Englisch Ende) |
| « | &laquo; | Anführungszeichen links gewinkelt (*left angular quote* – Deutsch Ende; Französisch Anfang) |
| » | &raquo; | Anführungszeichen rechts gewinkelt (*right angular quote* – Deutsch Anfang; Französisch Ende) |

**Tabelle 18.1** Die wichtigsten HTML-Umlaute und -Sonderzeichen (Forts.)

Ein weiteres wichtiges Sonderzeichen konnte leider nicht in der Tabelle untergebracht werden, da es für sich allein vollkommen unsichtbar ist: Das Zeichen   steht für *Non-breaking Space* (nicht umbrechendes Leerzeichen) und erfüllt zwei wichtige Aufgaben:

▶ Da der Browser Wörter und andere Elemente, die im HTML-Code durch beliebig viel White-space (Leerzeichen, Zeilenumbrüche, Tabulatoren) voneinander getrennt sind, stets durch genau ein Leerzeichen trennt, kann das ` ` zur Erzeugung mehrerer aufeinan-derfolgender Leerzeichen verwendet werden. Beispiel: `Viel      Platz`.

▶ Wenn Sie Wörter oder andere Inhalte in derselben Zeile zusammenhalten möchten, kön-nen Sie mit diesem Zeichen den Abstand dazwischen erzeugen, da es – seinem Namen entsprechend – den Zeilenumbruch verhindert. Um etwa »Windows 10« zusammenzu-halten, müssten Sie im HTML-Code `Windows 10` schreiben.

Mit heutigen Betriebssystemen und Browsern ist es nicht länger erforderlich, Umlaute und andere gängige diakritische Zeichen und Sonderzeichen als Entity-Referenzen zu schreiben. Die Verwendung von UTF-8 und die Angabe dieses Zeichensatzes per Meta-Tag genügen in der Regel.

### Absätze und Überschriften

Zur Kennzeichnung von Absätzen wird das folgende HTML-Tag eingesetzt:

```
<p> ... </p>
```

Das `p` steht für *paragraph* (Absatz). Falls Sie sich entschließen, Ihren Text durch Absätze zu gliedern, sollten Sie dies im gesamten Dokument tun – oder es ganz lassen; wie immer kann Inkonsistenz zu unvorhergesehenen Problemen führen.

Neben der Einteilung von Texten in Sinnabschnitte besitzen Absätze eine weitere Fähigkeit: Über das Attribut `align` können Sie die Textausrichtung bestimmen (obwohl dies in moder-nen HTML-Dokumenten häufiger mithilfe des im nächsten Abschnitt beschriebenen CSS geschieht).

```
<p align="left"> ... </p>
```

erzeugt einen linksbündigen Absatz; das ist allerdings Standard und wird deshalb in der Regel nicht angegeben. Anders sieht es aus, wenn Sie einen Zeichensatz mit der Laufrichtung von rechts nach links verwenden, beispielsweise für Arabisch. In diesem Fall wäre der Stan-dard die rechtsbündige Ausrichtung.

```
<p align="center"> ... </p>
```

erzeugt einen zentrierten Absatz. Mit

```
<p align="right"> ... </p>
```

wird ein rechtsbündiger Absatz angelegt. Zu guter Letzt existiert noch folgende Einstellung:

```
<p align="justify"> ... </p>
```

Dies erzeugt einen Absatz mit Blocksatz. Für Bildschirmlayouts ist dies in der Regel nicht ratsam, zumal Blocksatz ohne eine leistungsfähige automatische Silbentrennung nicht besonders ästhetisch wirkt.

Einen Sonderfall der Absätze bilden die *Überschriften*. Sie können in HTML in sechs verschiedenen Hierarchiestufen verwendet werden:

```
<h1>...</h1>
<h2>...</h2>
   ...
<h6>...</h6>
```

Das h steht für *headline* (Überschrift). Browser stellen die verschiedenen Stufen in der Regel durch unterschiedliche Schriftgrößen dar. In einem Dokument wird normalerweise genau eine <h1>-Überschrift als Hauptüberschrift verwendet, die weitere Gliederung des Inhalts erfolgt meist durch <h2> bis <h4>. Noch weiter gehende Unterteilungen sind eher selten und können ein Zeichen dafür sein, dass Sie die Inhalte besser auf mehrere Einzeldokumente verteilen sollten.

Beachten Sie, dass Sie die <h...>-Tags auf keinen Fall für die allgemeine Einstellung der Schriftgröße verwenden dürfen: Zum einen sind Überschriften eigenständige Absätze, zum anderen werden sie standardmäßig fett dargestellt.

Auch Überschriften kennen das Attribut align mit denselben Werten wie Absätze.

Als Letztes gibt es noch die spezielle Formatierung <pre>. Sie erzeugt im engeren Sinne keine Absätze, sondern vorformatierten Text (pre steht für *preformatted*). Text zwischen diesen beiden Tags wird mitsamt allen Leerzeichen und Zeilenumbrüchen aus dem HTML-Code dargestellt – interessant ist dies zum Beispiel, um Programmquelltexte auf Webseiten zu veröffentlichen, da diese auf eine sauber eingerückte Darstellung angewiesen sind. Hier ein kleines Beispiel:

```
<pre>
public class HelloWorld {
   public static void main(String args[])
   {
      system.out.println ("Hello, World!");
   }
}
</pre>
```

Auch zur Darstellung von ASCII-Art – kleinen Zeichnungen, die nur aus ASCII-Zeichen bestehen – ist vorformatierter Text geeignet. Wunderschöne Beispiele finden Sie etwa unter *www.ascii-art.de*; hier folgt dagegen mein eigenes bescheidenes Werk:

```
<pre>
    o 0
   o  ___
  ||__|o| _____ _____ _____
  |      |-\__THE__/-\__WEB__/-\_TRAIN_/
  /00-00\  0   0    0   0    0   0
</pre>
```

### Neue Dokumentstrukturelemente in HTML5

Zur besseren Strukturierung von Dokumenten führt HTML5 einige neue Tags ein, die die Dokumentstruktur betreffen. Da Browser, die diese nicht verstehen, sie einfach ignorieren, können Sie sie im Grunde bedenkenlos einsetzen. Es handelt sich um folgende Elemente:

- `<section>` ... `</section>` umschließt einen Sinnabschnitt, der typischerweise aus einer Überschrift und einem oder mehreren Absätzen besteht.
- `<article>` ... `</article>` ist eine logische Informationseinheit, die sich klar von anderen solchen Einheiten abgrenzen lässt – beispielsweise einer von mehreren gleichzeitigen Blogeinträgen.
- `<aside>` ... `</aside>` beschreibt eine Nebeninformation, etwas, was man in einem Buch oder einer Zeitschrift beispielsweise in einem separaten Kasten darstellen würde.
- `<hgroup>` ... `</hgroup>` ist der Eröffnungstext (Header) eines Abschnitts.
- `<header>` ... `</header>` stellt den Kopf des Dokumentinhalts dar, der üblicherweise das Logo und den Namen der Organisation oder Website sowie die Hauptnavigation enthält.
- `<footer>` ... `</footer>` ist entsprechend der Dokumentfuß, typischerweise mit Copyright-Informationen und ein paar Service-Links (Impressum, FAQ, Kontakt etc.).
- `<nav>` ... `</nav>` ist für Navigationsbereiche gedacht.
- `<figure>` ... `</figure>` ist die strukturelle Auszeichnung für eine Abbildung, eine Grafik oder auch ein Video samt Beschriftung. Das Einbinden von Bildern wird in Abschnitt 18.1.5, »Bilder in Webseiten einbetten«, beschrieben. Die Beschriftung steht innerhalb des figure-Blocks zwischen `<figcaption>` und `</figcaption>`.

### Zeichenformatierung

Innerhalb der Absätze können Sie auch einzelne Wörter, Zeichen oder beliebige Passagen besonders formatieren. Die Tags, die dafür zur Verfügung stehen, sind ausdrücklich nicht absatzbildend, sollten aber gerade deshalb auch nur innerhalb eines Absatzes und nicht über mehrere hinweg verwendet werden.

Aufgrund der Entwicklungsgeschichte von HTML gibt es zwei Arten von Tags zur Auszeichnung von Zeichen: die älteren *Struktur-Tags*, die die Bedeutung bestimmter Zeichen beschreiben, und die neueren *Layout-Tags*, die das Aussehen von Zeichen bestimmen. Beide werden immer seltener verwendet, weil sie mehr und mehr durch die konsequenter durchdachten Cascading Style Sheets ersetzt werden. Wenn überhaupt, spielen heute sogar eher die Struktur-Tags wieder eine größere Rolle; ihre konkrete Darstellung wird dabei durch CSS festgelegt.

*Zeichenformatierungs-Tags* können beliebig ineinander verschachtelt werden, wichtig ist natürlich die korrekte Reihenfolge: Wie überall in HTML und XML muss das zuletzt geöffnete Tag als Erstes wieder geschlossen werden. Beispielsweise können Sie Text folgendermaßen fett und kursiv setzen:

```
<b><i>fett und kursiv</i></b>
```

Tabelle 18.2 zeigt eine Übersicht über alle Zeichenformatierungs-Tags.

| Tag | Wirkung | Beispiel |
|---|---|---|
| **Layout-Tags** | | |
| `<i>...</i>` | kursiv (*italic*) | *kursiv* |
| `<b>...</b>` | fett (*bold*) | **fett** |
| `<u>...</u>` | unterstrichen (*underlined*) | <u>unterstrichen</u> |
| `<strike>...</strike>` | durchgestrichen (*strike through*) | ~~durchgestrichen~~ |
| `<sup>...</sup>` | hochgestellt (*superscript*) | normal $^{hochgestellt}$ |
| `<sub>...</sub>` | tiefgestellt (*subscript*) | normal $_{tiefgestellt}$ |
| `<tt>...</tt>` | Festbreitenschrift (*teletype*) | `Festbreitenschrift` |
| **Struktur-Tags** | | |
| `<em>...</em>` | betont (*emphasis*); wird meist kursiv dargestellt | *betont* |
| `<strong>...</strong>` | stark hervorgehoben; wird meist fett dargestellt | **stark betont** |
| `<code>...</code>` | Quellcode – zur Darstellung von Programmierbeispielen etc.; meist durch Festbreitenschrift dargestellt | `Code` |
| `<address>...</address>` | Adressangaben; meist kursiv dargestellt | *Rheinwerkallee 4, 53227 Bonn* |

**Tabelle 18.2** Die wichtigsten Tags zur Zeichenformatierung

Die Auszeichnung `<u>...</u>` für unterstrichenen Text sollten Sie vermeiden – die meisten Benutzer würden vermuten, dass es sich um einen Hyperlink handelt, und sich ärgern, wenn er sich nicht anklicken lässt.

Hoch- und tiefgestellter Text eignet sich besonders für mathematische und technische Belange. Beispielsweise können Sie mithilfe des folgenden HTML-Codes den »Satz des Pythagoras« darstellen:

```
a<sup>2</sup>+b<sup>2</sup>=c<sup>2</sup>
```

Dies ergibt die folgende Ausgabe im Browser:

$a^2 + b^2 = c^2$

### 18.1.3   Listen und Aufzählungen

Listen und Aufzählungen sind ein gutes Mittel zum Ordnen von Informationen. Da HTML ursprünglich für die wissenschaftliche Dokumentation erfunden wurde, ist es nicht weiter verwunderlich, dass einige Möglichkeiten zur Erstellung solcher Listen angeboten werden.

#### Nicht nummerierte Aufzählungen

Eine nicht nummerierte Aufzählung oder *bullet list* wird von folgenden Tags umschlossen:

```
<ul>...</ul>
```

ul steht dabei für *unordered list* (englisch für unsortierte Liste).

Innerhalb dieses Bereichs werden die einzelnen Listenpunkte durch <li>-Tags (*list item*, Listenpunkt) umschlossen:

```
<li>Einzelinformation</li>
```

Das Attribut type kann sowohl beim <ul>- als auch beim einzelnen <li>-Tag stehen und gibt den gewünschten Stil der Aufzählungszeichen an. Die folgenden Werte sind möglich:

▶ disc – ein gefüllter runder Punkt

▶ circle – ein Kreis, also ein innen hohler runder Punkt

▶ square – ein kleines Quadrat

Wenn Sie das Attribut weglassen, werden verschachtelte Listen je nach Ebene nacheinander mit den drei Arten von Aufzählungszeichen versehen.

Der folgende Codeabschnitt erzeugt eine Aufzählung mit vier Unterpunkten:

```
<h3>Bei XHTML zu beachten:</h3>
<ul>
  <li>XML-Header verwenden</li>
  <li>Jedes Tag schlie&szlig;en</li>
  <li>Alle Tags kleinschreiben</li>
```

18 Webseitenerstellung mit HTML und CSS

```
  <li>Attributwerte immer in Anf&uuml;hrungszeichen</li>
</ul>
```

Ein Beispiel, wie so etwas im Browser aussieht, finden Sie bei den verschachtelten Listen in Abbildung 18.1.

Es ist übrigens weitverbreitete Praxis, Aufzählungen für die Navigationsbereiche auf einer Webseite zu verwenden, da diese strukturell Listen von Hyperlinks sind. Mithilfe von CSS lässt sich dabei die übliche Listendarstellung im Browser modifizieren, um horizontale oder vertikale Navigationsleisten ohne Aufzählungszeichen darzustellen.

### Nummerierte Listen

```
<ol>...</ol>
```

bezeichnet eine nummerierte Liste (*ordered list*). Auch in dieser Liste wird ein Listenpunkt durch `<li>` angegeben.

Das `<ol>`-Tag kennt den Parameter `type`, der die Art der verwendeten Aufzählung angibt. Dabei sind folgende Werte möglich:

▶ `"1"` – arabische Ziffern (Standard)

▶ `"A"` – Großbuchstaben

▶ `"a"` – Kleinbuchstaben

▶ `"I"` – römische Zahlen

▶ `"i"` – kleingeschriebene römische Zahlen, also i, ii, iii, iv etc.

Das Attribut `start` bezeichnet den Wert, mit dem die Nummerierung beginnt. Unabhängig vom jeweiligen `type` muss der Wert numerisch angegeben werden.

Soll etwa eine alphabetische Liste mit D. beginnen, schreiben Sie den folgenden HTML-Code:

```
<ol type="A" start=4> ... </ol>
```

### Verschachtelte Listen

Nummerierte und nicht nummerierte Listen können beliebig ineinander verschachtelt werden. Dabei wird die untergeordnete Liste jeweils in das übergeordnete `<li>` hineinverschachtelt. Der folgende Codeabschnitt erzeugt eine nummerierte Hauptliste, in die unter zwei der drei Hauptpunkte nicht nummerierte Aufzählungen verschachtelt sind:

```
<h3>Was Sie f&uuml;r das Surfen im Web ben&ouml;tigen</h3>
<ol>
  <li>Eine DF&Uuml;-Verbindung
    <ul>
      <li>DSL</li>
```

```
        <li>ISDN</li>
        <li>Modem</li>
     </ul>
  </li>
  <li>Einen Account bei einem Provider</li>
  <li>Einen Browser
     <ul>
        <li>Firefox</li>
        <li>Internet Explorer</li>
        <li>sonstige ...</li>
     </ul>
  </li>
</ol>
```

Abbildung 18.1 zeigt, wie diese Liste im Browser dargestellt wird.

**Abbildung 18.1** Darstellung der verschachtelten Liste im Browser, hier Apple Safari

**Definitionslisten**

`<dl> ... </dl>`

bezeichnet eine sogenannte *Definitionsliste* (*definition list*), auch *Glossarliste* genannt. In einer solchen Liste wechseln sich ausgerückte Begriffe und ihre eingerückten Definitionen ab. Ein zu definierender Begriff steht zwischen den folgenden Tags:

`<dt> ... </dt>`

dt bedeutet *definition title*. Die anschließende Definition steht zwischen diesen Tags (Abkürzung für *definition data*):

```
<dd> ... </dd>
```

Der folgende Code zeigt ein Beispiel:

```
<h3>Websprachen</h3>
<dl>
  <dt>HTML</dt>
  <dd>Klassische Auszeichnungssprache f&uuml;r Webseiten</dd>
  <dt>XHTML</dt>
  <dd>Moderne, XML-basierte Variante von HTML</dd>
  <dt>JavaScript</dt>
  <dd>Skriptsprache zur dynamischen Manipulation von Webseiten-Inhalten</dd>
</dl>
```

In Abbildung 18.2 ist die Umsetzung des Beispiels im Browser zu sehen.

**Abbildung 18.2** Darstellung der Definitionsliste im Browser (diesmal Firefox)

### 18.1.4 Hyperlinks

*Hyperlinks* sind die wichtigsten Elemente von HTML-Dokumenten. Erst durch diese Verknüpfungen entsteht echter *Hypertext*, also eine Struktur verknüpfter Dokumente. Sie können sowohl auf andere Dokumente innerhalb Ihrer eigenen Website als auch auf fremde Websites und andere Arten von Internetressourcen wie FTP-Download-Verzeichnisse, Newsgroups oder E-Mail-Adressen verweisen.

Grundsätzlich wird ein Hyperlink durch das folgende Tag gesetzt:

```
<a href="URL_des_neuen_Dokuments">Anklickbarer Text</a>
```

### Lokale Hyperlinks

Innerhalb derselben Website werden meist *relative URLs* eingesetzt. Sie geben den Pfad der verknüpften Ressource relativ zum aktuellen Dokument an. Zwei Punkte als Verzeichnisname (..) bedeuten dabei, dass das jeweils übergeordnete Verzeichnis angesprochen werden soll. Näheres über die Logik von Unix-Verzeichnishierarchien erfahren Sie in Kapitel 7, »Linux«; das grundlegende Konzept der URL wurde bereits in Kapitel 4, »Netzwerkgrundlagen«, erläutert.

Hier sehen Sie ein Beispiel für Dokumente, die in einer Verzeichnishierarchie auf einem Webserver verteilt sind:

```
/      (Dokumentenwurzel der Website)
|
+-- index.html
|
+-- about.html
|
+-- [kontakt]
|    |
|    +-- mail.html
|
+-- [neu]
     |
     +-- news.html
```

Im obersten Verzeichnis befindet sich die Startseite, in diesem Fall heißt sie *index.html*. Welche Namen für Startseiten akzeptiert werden, müssen Sie im Webserver einstellen (siehe Kapitel 14, »Server für Webanwendungen«) oder mit Ihrem Hosting-Provider abklären. Eine definierte Startseite für eine Website wird benötigt, damit Besucher einfach den Domainnamen oder einen Verzeichnisnamen aufrufen können, ohne ein bestimmtes Dokument anzufordern.

Um zum Beispiel einen Hyperlink von der Datei *index.html* im Wurzelverzeichnis auf die Datei *about.html* im gleichen Verzeichnis zu erzeugen, gilt folgende Syntax (der Link-Text sei hier »Über uns«):

```
<a href="about.html">&Uuml;ber uns</a>
```

Eine Datei in einem untergeordneten Verzeichnis wird wie folgt verlinkt (hier ein Link von *index.html* auf *mail.html* im Unterverzeichnis *kontakt* mit dem Link-Text »E-Mail«):

```
<a href="kontakt/mail.html">&Uuml;ber uns</a>
```

Ein Link von der Datei *mail.html* zurück zu *index.html* verwendet die Schreibweise .. für das übergeordnete Verzeichnis (hier mit dem Link-Text »Homepage«):

```
<a href="../index.htm">Homepage</a>
```

18    Webseitenerstellung mit HTML und CSS

Ein Link von *mail.html* auf *news.html* im Verzeichnis *neu* (mit dem Link-Text »Neueste Nachrichten«) lautet schließlich:

```
<a href="../neu/news.html">Neueste Nachrichten</a>
```

### Hyperlinks auf andere Websites und Internetdienste

Bei Hyperlinks auf andere Server im Internet müssen Sie eine vollständige URL angeben. Als Beispiel sehen Sie hier einen Hyperlink auf die Website des Rheinwerk Verlags:

```
<a href="http://www.rheinwerk-verlag.de">Rheinwerk Verlag</a>
```

Natürlich kann ein Hyperlink nicht nur allgemein auf eine Website, sondern auch auf ein bestimmtes Dokument auf einem anderen Webserver verweisen, wenn Sie dessen URL kennen. Beispielsweise zeigt folgender Link auf die erste Seite der Präsentation von Christian Ullenbooms Klassiker »Java ist auch eine Insel« beim Rheinwerk Verlag:

```
<a href="https://www.rheinwerk-verlag.de/java-ist-auch-eine-insel_3606/">Java ist
  auch eine Insel</a>
```

Bedenken Sie, dass nicht alle Webmaster sorgfältig mit den Adressen einzelner Dokumente umgehen – sie können sich häufig ändern, sodass ein solcher Link plötzlich ins Leere zeigt und einen unangenehmen *Fehler 404* (Dokument nicht gefunden) produziert. Falls Sie auf Ihren Websites also Linklisten betreiben, sollten Sie diese regelmäßig überprüfen; hilfreich ist auch eine Feedback-Möglichkeit für User (»defekten Link melden«). Umgekehrt sollten Sie die Adressen der einzelnen Dokumente Ihrer eigenen Sites auch dann nach Möglichkeit nicht ändern (oder unter den alten URLs zumindest Hinweise und Weiterleitungen speichern), wenn Sie wesentliche Änderungen an Design oder Inhalten vornehmen – es ist für andere genauso ärgerlich, wenn ein Link auf eines Ihrer Dokumente plötzlich nicht mehr funktioniert.

Bei einer Datei, die Sie über einen Hyperlink ansprechen, muss es sich nicht unbedingt um ein HTML-Dokument handeln. Sie können etwa andere Arten von Dokumenten verlinken, mit denen Browser üblicherweise zurechtkommen, beispielsweise GIF- oder JPEG-Bilder, MP3-Audiodateien oder PDF-Dokumente. Falls der Browser mit einem Dateityp nichts anfangen kann, fragt er nach, ob er die Datei dem Betriebssystem zum Öffnen mit einem geeigneten Programm übergeben oder ob er sie auf die Festplatte speichern soll.

Genauso funktioniert übrigens ein einfacher Download-Link: Es handelt sich einfach um einen Hyperlink auf eine Datei, die ein Browser nicht selbst anzeigen kann, etwa ein ausführbares Programm oder eine ZIP-komprimierte Datei.

Abgesehen davon, können Sie nicht nur Links auf andere Websites einrichten, sondern auch auf Ressourcen, die über andere Protokolle angesprochen werden. Voraussetzung ist natürlich, dass es sich um Protokolle handelt, mit denen die Browser der meisten Benutzer umgehen können oder für die ein Protokollhilfsprogramm definiert ist, das Ressourcen dieses Typs verarbeitet. Sehr verbreitet sind beispielsweise Download-Links auf Anonymous-FTP-Server, die fast jeder Browser beherrscht und mit deren Hilfe Downloads schneller und effizienter funktionieren als über HTTP. Sehen Sie sich zum Beispiel den folgenden Link an:

```
<a href="ftp://ftp.uni-koeln.de/fedora/15/Fedora/i386/iso/">
Fedora Linux 15, ISO Images</a>
```

Es handelt sich um das Verzeichnis mit den ISO-Images von Fedora Linux 15, und zwar im Fedora-Mirror-Verzeichnis des Rechenzentrums der Uni Köln.

---

**Downloads erzwingen**

Wenn Sie Dokumente zum Download anbieten möchten, obwohl der Browser sie eigentlich selbst anzeigen kann – einschließlich Textdateien oder JPEG-Bildern –, können Sie sie in Archive (ZIP, GNU zip oder Ähnliche) verpacken. Eine Alternative besteht in einer Änderung der Webserverkonfiguration für das entsprechende Verzeichnis: Es geht darum, für die fraglichen Dokumente den MIME-Type `application/octet-stream` (allgemeine Binärdatei) zu erzwingen.

Kopieren Sie die gewünschten Dateien in ein separates Verzeichnis innerhalb der Website (im Beispiel *downloads* unterhalb der Apache-DocumentRoot). Anschließend müssen Sie in der Konfigurationsdatei *httpd.conf* einen <Directory>-Container wie diesen einrichten (Einzelheiten siehe Kapitel 14, »Server für Webanwendungen«):

```
<Directory /usr/local/apache2/htdocs/downloads>
    ForceType application/octet-stream
</Directory>
```

In gemietetem Webspace müssen Sie dagegen eine *.htaccess*-Datei in das Download-Verzeichnis selbst kopieren, die nur die `ForceType`-Direktive enthält. Für den entsprechenden Konfigurationskontext muss die `AllowOverride`-Option `FileInfo` gesetzt sein. Außerdem müssen Sie sicherstellen, dass sich in dem entsprechenden Verzeichnis und allen Unterverzeichnissen ausschließlich solche Download-Dateien befinden.

Ein Browser, der auf eine Datei aus diesem Verzeichnis stößt, zeigt diese nun nicht mehr an, sondern bietet sie wie beschrieben zum Download an. Schwierigkeiten macht nur noch der Microsoft Internet Explorer, der gern »schlauer als der MIME-Type« ist und versucht, den Dateityp selbst zu erkennen.

---

Eine andere Variante ist ein Hyperlink auf eine E-Mail-Adresse. Wenn dieser Link angeklickt wird, öffnet der Browser automatisch ein Mailfenster im bevorzugten E-Mail-Programm des Anwenders, in dem die angegebene Adresse bereits als Empfänger eingetragen ist. Dazu dient das »Pseudoprotokoll« `mailto`:

```
<a href="mailto:ich@mein-provider.de">Senden Sie mir eine Mail</a>
```

Sie können sogar den Betreff der neu zu erzeugenden E-Mail angeben:

```
<a href="mailto:ich@mein-provider.de?subject=Feedback">Geben Sie mir Feedback!</a>
```

Dieser Link erzeugt wiederum ein Mailfenster für eine neue E-Mail, in das sowohl der Empfänger als auch der Betreff bereits eingetragen sind.

### Seiteninterne Hyperlinks

Bei sehr umfangreichen Seiten, deren Länge sich über mehrere Bildschirmhöhen erstreckt, bietet es sich an, einzelne Passagen der Seite per Hyperlink erreichbar zu machen. Zu diesem Zweck werden sogenannte *Anker* oder *Textmarken* gesetzt, die einen bestimmten Punkt im Dokument als Ziel für einen Hyperlink definieren. Beim Anklicken eines Links, der auf einen Anker verweist, wird der Inhalt des Browserfensters automatisch so gescrollt, dass sich die entsprechende Stelle am oberen Rand befindet.

Die Syntax für einen Ankerpunkt lautet folgendermaßen:

```
<a name="name_des_ankers"></a>
```

Gemäß HTML-Spezifikation ist dieses Tag leer. Dennoch werden in manchen HTML-Referenzen Inhalte wie Text oder Überschriften dazwischengesetzt, wovon dringend abzuraten ist. In jedem Fall sollten Sie das Tag *nicht* mit dem XML-End-Slash schließen, sondern das </a> explizit hinschreiben. Auch ältere Browser erwarten, dass es geschlossen wird, verstehen aber die XML-Kompaktschreibweise nicht.

Ein Hyperlink auf einen solchen Ankerpunkt erfolgt innerhalb derselben Datei mithilfe der folgenden Syntax:

```
<a href="#name_des_ankers">Zum Ankerpunkt</a>
```

Sie können auch aus einer anderen Datei heraus direkt auf die entsprechende Dokumentstelle zugreifen:

```
<a href="Dateiname#name_des_ankers">Zum Ankerpunkt</a>
```

Es versteht sich von selbst, dass Dateinamen in Websites aus diesem Grund kein #-Zeichen enthalten dürfen!

Auf sehr vielen Websites ist es gängige Praxis, ganz oben auf jede Seite unmittelbar nach dem <body>-Tag einen Anker zu setzen – beispielsweise folgendermaßen:

```
<a name="oben"></a>
```

Am unteren Rand des Dokuments befindet sich dann entsprechend ein Hyperlink, um wieder ganz nach oben zu gelangen:

```
<a href="#oben">nach oben</a>
```

Dies bietet sich insbesondere dann an, wenn sich die Hauptnavigation jeweils ganz oben in den Dokumenten befindet.

Statt zu einem Anker können Sie auch zu jedem beliebigen HTML-Element verlinken, dem Sie ein eindeutiges id-Attribut zugeordnet haben. Beispiel:

```
<p id="einleitung"> ... </p>
...
<a href="#einleitung">Zur Einleitung</a>
```

### 18.1.5   Bilder in Webseiten einbetten

Ein Bild ist stets eine externe Datei, die erst zum Zeitpunkt des Ladens dynamisch vom Browser eingebettet wird. Bilder können in den komprimierten Dateiformaten GIF, JPEG oder PNG vorliegen. Der genaue Unterschied zwischen ihnen wurde in Kapitel 17, »Weitere Datei- und Datenformate«, erläutert. Hier sei noch einmal erwähnt, dass JPEGs besser für Fotos und andere halbtonreiche Bilder geeignet sind, während sich die beiden anderen Formate eher für flächige Grafiken mit wenigen Farben eignen. Ein 24-Bit-PNG komprimiert zwar auch Fotos verlustfrei und mit allen Farben, benötigt aber mitunter deutlich mehr Speicherplatz als ein JPEG mit moderatem Komprimierungsfaktor.

Grundsätzlich wird ein Bild mithilfe des folgenden Tags in eine Webseite eingebettet:

```
<img src="URL_des_Bildes" />
```

Für die Angabe der URLs von lokalen oder auf anderen Servern liegenden Bildern gelten die Regeln, die zuvor bereits für Hyperlinks erläutert wurden.

Für Suchmaschinen, sehbehinderte Benutzer oder reine Textbrowser ist es praktisch, dass sich für jedes Bild ein Alternativtext angeben lässt:

```
<img src="URL" alt="Text" />
```

In manchen Browsern wird dieser Text auch als Tooltip angezeigt, wenn Sie mit der Maus über das Bild fahren – dazu ist allerdings das Attribut title besser geeignet, das Sie auch für beliebige andere Tags zu diesem Zweck verwenden können.

Geben Sie im Tag stets die Originalgröße des Bildes an. Die Syntax für die entsprechenden Attribute sieht so aus:

```
<img src="URL" height="Höhe_in_Pixeln"
width="Breite_in_Pixeln" />
```

Der vorher geladene Text kann so bereits dargestellt werden, da klar ist, wie er positioniert werden soll. Eine Skalierung des Bildes über die Attribute height und width ist hingegen wegen der resultierenden Qualität nicht zu empfehlen – wenn auch grundsätzlich möglich.

Stattdessen sollte das Bild in einem Bildbearbeitungsprogramm von vornherein auf die gewünschte Größe gebracht werden.

Über den `align`-Parameter können Bilder positioniert werden:

```
<img src="URL" align="left" />
```

setzt das Bild an den linken Rand des Fensters; der Text umfließt rechts den rechteckigen Umriss des Bildes.

```
<img src="URL" align="right" />
```

platziert das Bild am rechten Rand; der Text umfließt links den Umriss des Bildes.

Bei diesen beiden Formatierungen können Sie das Umfließen jederzeit beenden und weiteren Text unter dem Bild weiterführen, indem Sie ein `<br />` mit dem speziellen Attribut `clear` einfügen:

▶ `<br clear="left" />` beendet nur linksseitiges Umfließen,

▶ `<br clear="right" />` hebt rechtsseitiges Umfließen auf, und

▶ `<br clear="all" />` beendet beides.

Gängiger als das eigenständige `clear`-Attribut ist heute die entsprechende CSS-Formatangabe, die in Abschnitt 18.2 beschrieben wird.

Die `align`-Attributwerte `"top"`, `"middle"` und `"bottom"` setzen das Bild in den normalen Fluss einer Textzeile, wobei der Text entsprechend an die Oberkante des Bildes, auf die Mittellinie oder an die Unterkante gesetzt wird.

Mithilfe der Attribute `hspace="Anzahl_Pixel"` und `vspace="Anzahl_Pixel"` (*horizontal space* beziehungsweise *vertical space*) können Sie den Abstand des Bildes nach links und rechts beziehungsweise nach oben und unten festlegen.

### Bilder als Hyperlinks

Wenn Sie ein Bild als Hyperlink definieren möchten, erreichen Sie dies folgendermaßen:

```
<a href="URL"><img src="Bild-URL" /></a>
```

Dabei wird in manchen Browsern standardmäßig ein rechteckiger Rahmen in der aktuellen Hyperlink-Farbe um das Bild gezogen. Durch die Angabe von

```
<img src="Bild-URL" border="0" />
```

lässt sich dies vermeiden.

### Image Maps

Anstatt ein ganzes Bild zu einem durchgehenden Hyperlink zu machen, besteht auch die Möglichkeit, einzelne Bereiche des Bildes anklickbar zu machen und jeweils individuell auf einen Klick in die jeweiligen Regionen zu reagieren. Grundsätzlich werden zwei Arten dieser sogenannten *Image Maps* unterschieden: die nur noch selten verwendeten *serverseitigen Image Maps* sowie die *clientseitigen Image Maps*.

Bei einer serverseitigen Image Map wird einfach das Attribut `ismap="ismap"`[3] in das `<img>`-Tag gesetzt. Das Bild wird als normaler Hyperlink auf ein serverseitiges Skript verwendet, das in der Lage ist, die übertragenen Mauskoordinaten des Bildes zu verarbeiten. Beispielsweise übergibt der folgende Link die Koordinaten an das PHP-Skript *coords.php* im aktuellen Verzeichnis:

```
<a href="coords.php"><img src="test.jpg" ismap="ismap" width="200" height="200" />
</a>
```

Die Koordinaten werden beim Aufruf einfach an die URL angehängt. Es wird also anstelle von */coords.php* die URL */coords.php?100,100* aufgerufen, wenn der Benutzer genau in die Bildmitte klickt.

Das folgende kleine PHP-Skript gibt die übergebenen Koordinaten einfach aus:

```php
<?php

list($x, $y) = explode(',', $_SERVER['QUERY_STRING']);
echo "Koordinaten: x=$x, y=$y";
```

Details über PHP erfahren Sie im nächsten Kapitel. Bessere Dienste als ein selbst geschriebenes Skript leistet übrigens das Apache-Standardmodul `mod_imagemap`. Genau wie die clientseitigen Image Maps ermöglicht es die Definition von Bereichen mit verschiedenen Formen. Genauere Informationen dazu finden Sie unter *http://httpd.apache.org/docs/2.4/en/mod/mod_imagemap.html* (Beschreibung des Moduls in der Apache-Dokumentation).

Bei einer clientseitigen Image Map wird ein Bild mit beliebig vielen anklickbaren Bereichen, sogenannten *Hot Spots*, versehen, die jeweils getrennt als Hyperlinks angezeigt werden sollen. Eine solche Image Map wird durch die Angabe des Attributs `usemap="#Map-Name"` erzeugt. Mit diesem Map-Namen muss eine `<map>`-Definition übereinstimmen, die die einzelnen Hot Spots definiert. Das Bild selbst muss (und sollte) dabei kein Hyperlink sein. Eine solche Map-Definition sieht zum Beispiel folgendermaßen aus:

```
<img src="probe.gif" width="400" height="400" alt="Map-Bild" usemap="#mymap" />
<map name="mymap">
  <area shape="rect" coords="10, 10, 100, 100"
  href="rechteck.htm" alt="Rechteckiger Bereich" />
  <area shape="circle" coords="300, 300, 50"
```

---

3 XHTML-Attribute wie `ismap="ismap"`, in denen Name und Wert identisch sind, sind der XML-konforme Ersatz für klassische HTML-Attribute, die ganz ohne Wertangabe eine Bedeutung hatten.

```
      href="kreis.htm" alt="Kreisf&ouml;rmiger Bereich" />
    <area shape="poly" coords="150, 150, 200, 10, 250, 150"
      href="polygon.htm" alt="Polygonförmiger Bereich" />
</map>
```

Die einzelnen `<area>`-Tags definieren die anklickbaren Bereiche. Das Attribut shape gibt die Form des jeweiligen Bereichs an:

▶ shape="rect" legt mithilfe des Attributs coords die linke obere und die rechte untere Ecke eines Rechtecks (in Pixeln) fest.

▶ shape="circle" (Kreis) verlangt als coords die Angabe des Mittelpunkts (x- und y-Koordinate) und den Radius in Pixeln.

▶ shape="poly" (Polygon) erwartet eine Reihe aufeinanderfolgender x- und y-Koordinaten.

href definiert wie bei einem Hyperlink die Adresse, auf die ein Mausklick in diesen Bereich verzweigen soll. alt erzeugt wie gehabt Alternativtexte und manchmal Tooltips.

### 18.1.6 Tabellen

Eines der wichtigsten Gestaltungsmittel für Webseiten sind HTML-Tabellen. Sie wurden früher nicht nur für die tabellarische Anordnung von Informationen verwendet, sondern vor allem zur Verteilung beliebiger Inhalte im Dokument. Eine moderne Alternative, die sich inzwischen weitgehend durchgesetzt hat, bilden die im nächsten Abschnitt behandelten Layer.

Eine Tabelle steht im HTML-Dokument zwischen den beiden folgenden Tags:

```
<table> ... </table>
```

Tabellen bestehen aus mehreren Zeilen, die in einzelne Zellen aufgeteilt werden; der eigentliche Inhalt darf nur innerhalb der einzelnen Zellen stehen:

```
<table>
  <tr>
    <td>
      <!-- Hier steht der Zellinhalt -->
    </td>
    <!-- eventuell weitere Zellen -->
  </tr>
  <!-- eventuell weitere Zeilen -->
</table>
```

Die Zeilen mit den `<!-- ... -->`-Bereichen sind übrigens HTML-Kommentare. Sie können sich über beliebig viele Zeilen erstrecken. Bedenken Sie, dass sie zwar vom Browser ignoriert werden, dass aber jeder Benutzer den Quellcode einer Webseite einsehen und damit auch die Kommentare lesen kann.

Zwischen `<tr>` und `</tr>` (Abkürzung für *table row*, Tabellenzeile) steht eine einzelne Zeile, die aus einer beliebigen Anzahl von Zellen bestehen kann. Natürlich sollten alle Zeilen einer Tabelle in der Regel gleich viele Zellen besitzen, anderweitig sind keine Spalten definiert. Dennoch sorgt der Browser dafür, dass untereinanderliegende Zellen mit der gleichen Breite gezeichnet werden.

Die einzelne Tabellenzelle steht innerhalb der Tags `<td>` ... `</td>` (td bedeutet *table data*). Nur zwischen diesen beiden Tags dürfen die eigentlichen Tabelleninhalte stehen. Für *Überschriftzellen* mit Spalten- oder Zeilenüberschriften existiert auch das spezielle Tag `<th>` ... `</th>` (*table heading*), das an den entsprechenden Stellen anstelle der `<td>`-Tags gesetzt werden kann und den Text der Zelle in der Regel fett und zentriert setzt.

Zu guter Letzt existiert noch das optionale Tag `<caption>` ... `</caption>`, das nicht in eine Zeile oder Zelle gesetzt wird, sondern unmittelbar hinter das öffnende `<table>`-Tag. Es handelt sich um ein Tag zur Beschriftung der Tabelle. Sein einziges Attribut `align` kann die Werte `"top"` (über der Tabelle, der Standardwert) oder `"bottom"` (unter der Tabelle) annehmen.

Der folgende Codeausschnitt zeigt ein vollständiges Beispiel:

```
<table border="2">
  <caption>Bestandteile von HTML-Tabellen</caption>
  <tr>
    <th>Element</th>
    <th>Erl&auml;uterung</th>
  </tr>
  <tr>
    <th>table</th>
    <td>Die eigentliche Tabelle</td>
  </tr>
  <tr>
    <th>tr</th>
    <td>Tabellenzeile</td>
  </tr>
  <tr>
    <th>td</th>
    <td>Tabellenzelle</td>
  </tr>
</table>
```

Abbildung 18.3 zeigt, wie diese Tabelle im Browser dargestellt wird.

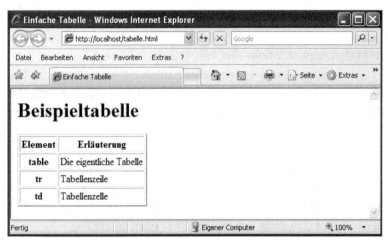

**Abbildung 18.3** Ausgabe des Tabellenbeispiels, zur Abwechslung im Microsoft Internet Explorer

Das im <table>-Tag verwendete Attribut border sorgt dafür, dass ein sichtbarer Tabellenrahmen gezeichnet wird – hier mit einer Breite von zwei Pixeln.

**Tabellen-Attribute**

Es gibt verschiedene Attribute, die die einzelnen Tabellenbestandteile auf verschiedene Art und Weise einrichten. Zunächst werden hier die Attribute des <table>-Tags behandelt:

- align="left"|"right"|"center" richtet die Tabelle im Fenster aus. Bei "left" und "right" wird sie wie ein entsprechend formatiertes Bild von Text umflossen; "center" setzt sie absatzbildend in die Fenstermitte. Wenn Sie gar kein align angeben, wird die Tabelle absatzbildend nach links gesetzt.

- width="..."|"...%" gibt die Breite der Tabelle in Pixeln beziehungsweise in Prozent der Fenster- beziehungsweise Umgebungsbreite an. Der Wert wird ignoriert, falls die Inhalte der Tabelle nicht in die angegebene Breite hineinpassen.

- height="..."|"...%" gibt die Höhe der Tabelle in Pixeln beziehungsweise in Prozent der Fensterhöhe an. Auch dieser Wert wird ignoriert, falls die Inhalte der Tabelle sonst nicht passen.[4]

- border="..." setzt die Breite des Tabellenrahmens in Pixeln. Beachten Sie, dass in modernen Browsern ohne Angabe des border-Parameters eine Tabelle ohne Rand erzeugt wird. Da dies bei älteren Browsern jedoch nicht so sein muss, sollte für eine unsichtbare Layouttabelle immer ausdrücklich border="0" gesetzt werden.

- cellpadding="..." gibt die Entfernung des jeweiligen Zellinhalts zum Zellrand in Pixeln an.

---

[4] Wenn Sie auf Höhenangaben angewiesen sind, müssen Sie Ihren HTML-Dokumenten einen HTML-4.0-Doctype zuweisen. Mindestens der Internet Explorer ignoriert diese Werte bei XHTML-Dokumenten.

► `cellspacing="..."` gibt die Breite der Zellränder in Pixeln an.

► `bgcolor="#..."` setzt die Hintergrundfarbe der Tabelle.

► `background="..."` platziert ein Hintergrundbild mit der angegebenen URL in der Tabelle.

### Zellenparameter

Das `<td>`-Tag unterstützt eine ganze Reihe von Attributen, die hier zum großen Teil aufgelistet werden.

► `align="center"|"right"|"left"|"justify"` richtet den Inhalt der Zelle horizontal aus (zentriert, rechtsbündig, linksbündig, Blocksatz). Standard ist die linksbündige Ausrichtung.

► `valign="middle"|"top"|"bottom"` richtet den Zellinhalt vertikal aus (mittig, oben, unten). Standard ist die mittige Ausrichtung.

► `colspan="..."` gibt an, dass sich diese Zelle über die angegebene Anzahl von Spalten der Tabelle erstrecken soll; natürlich gibt es dann in der entsprechenden Zeile der Tabelle weniger Zellen.

► `rowspan="..."` bestimmt, dass sich die Zelle über die angegebene Anzahl von Zeilen der Tabelle erstrecken soll. Die Definition erfolgt in der obersten Zeile, in der die Zelle beginnt; in allen betroffenen Zeilen braucht die betreffende Zelle nicht mehr definiert zu werden.

► `width="..."|"...%"` setzt die Zellbreite in Pixeln beziehungsweise relativ zur gesamten Tabelle. Wird die Breite jeder Zelle in Pixeln angegeben, sollte eine Angabe der Tabellenbreite unterbleiben. Es genügt übrigens, wenn Sie diese Angaben einmal in den Zellen der obersten Zeile vornehmen (alternativ verstehen neuere Browser auch die im nächsten Abschnitt vorgestellten `<colgroup>`-Tags).

Generell muss zu `width`-Angaben noch gesagt werden, dass die Breitenangabe ignoriert wird, falls der Inhalt einer Zelle in der jeweiligen Spalte zu breit ist, um in der gewünschten Zellbreite angezeigt zu werden.

► `height="..."|"...%"` stellt die Höhe der Zelle in Pixeln beziehungsweise in Prozent der Tabellenhöhe ein. Auch hier wird die vollständige Darstellung des Inhalts gegenüber der Höhenangabe bevorzugt.

► `nowrap="nowrap"` – außerhalb von XHTML auch ohne Wertangabe – verhindert Zeilenumbrüche innerhalb einer Zelle. Es funktioniert in fast jedem Browser, gilt aber als veraltet und wird durch eine entsprechende Stylesheet-Angabe ersetzt.

Inhalt einer Zelle können beliebige Elemente sein, die HTML unterstützt, also Texte, Bilder und Hyperlinks. Natürlich kann ein `<td> ... </td>` auch wieder eine weitere Tabelle enthalten.

### Zusatz-Features

Eine moderne Möglichkeit der Tabellenformatierung ist die Aufteilung in Tabellenkopf, Tabellenkörper und Tabellenfuß. Diese Bereiche erfüllen zwei wichtige Zwecke: Erstens werden Kopf und Fuß beim Ausdrucken längerer Tabellen auf jeder Druckseite wiederholt, zweitens können sie mit den im Folgenden gezeigten Anzeigeoptionen für die Gitternetzlinien kombiniert werden.

Der Kopf steht zwischen `<thead>` und `</thead>`; `<tbody>` und `</tbody>` umrahmen den Körper; der Fuß wird zwischen `<tfoot>` und `</tfoot>` gesetzt. Jede dieser Gruppen kann im Prinzip beliebig viele Tabellenzeilen enthalten, in der Regel werden Kopf und Fuß jedoch recht kurz sein.

Im `<table>`-Tag können Sie über das neue Attribut `rules` steuern, welche Gitternetzlinien zwischen Zellen gezeichnet werden sollen und welche nicht. Grundvoraussetzung dafür, dass überhaupt sichtbare Linien angezeigt werden, ist die Anwesenheit des Attributs `border` mit einem Wert, der größer als 0 ist. Die möglichen Werte für `rules` sind folgende:

- `rules="none"` – Es sind keine Linien zu sehen (`border` zeigt nur noch den Außenrahmen an).
- `rules="rows"` – Es werden nur Zeilen-, aber keine Spaltentrennlinien gezeichnet.
- `rules="cols"` – Es werden Spalten-, aber keine Zeilentrennlinien gezeichnet.
- `rules="groups"` – Um die drei zuvor erläuterten Bereiche `thead`, `tbody` und `tfoot` wird jeweils ein eigener Rahmen gezeichnet.
- `rules="all"` – Alle Gitternetzlinien werden gezeichnet; dies ist der Standardfall.

Mithilfe des `<table>`-Attributs `frame` können Sie angeben, welche Teile des Außenrahmens angezeigt werden sollen:

- `frame="none"` – Es wird kein Außenrahmen gezeichnet; `border` zeigt nur noch die inneren Gitternetzlinien gemäß `rules`-Definition an.
- `frame="above"` – Es wird nur oben ein Rand gezeichnet.
- `frame="below"` – Der Rand wird nur unten gesetzt.
- `frame="lhs"` – Es wird nur ein linker Rand gezeichnet (`lhs` steht für *left hand side*).
- `frame="rhs"` – Nur rechts wird eine Rahmenlinie gesetzt (*right hand side*).
- `frame="hsides"` – Beide horizontalen Randlinien werden gezeichnet, das heißt oben und unten.
- `frame="vsides"` – Es werden nur die vertikalen Linien angezeigt, also links und rechts.
- `frame="box"` – Alle Randlinien werden gezeichnet; dies ist der Standardfall.

Wenn Sie die Breitenangaben für Tabellenzellen (und damit -spalten) übersichtlicher gestalten möchten, können Sie für neuere Browser zu Beginn der Tabellendefinition einen `<colgroup>`-Bereich (*column group*, steht für Spaltengruppe) einrichten.

Innerhalb des Containers `<colgroup>` ... `</colgroup>` wird für jede einzelne Spalte ein leeres `<col>`-Tag gesetzt, das die Breite der entsprechenden Spalte definiert. Diese Breitenangabe erfolgt wie gewohnt über das Attribut `width` und kann drei verschiedene Arten von Werten ausdrücken: Eine einfache Zahl (zum Beispiel `width="200"`) bezeichnet den angegebenen Wert in Pixeln, eine Zahl mit Prozentzeichen (etwa `"30%"`) ist der angegebene Prozentsatz der Tabellenbreite, und eine Zahl mit angehängtem Sternchen (`"3*"`) gibt anteilige Breiten wie etwa in einem Cocktailrezept an (»1 Teil Rum, 3 Teile Cola«).

Das `<colgroup>`-Tag kann auch das optionale Attribut `span` enthalten, das die Anzahl der Spalten angibt. In diesem Fall steht auch die `width`-Angabe (in Pixeln) direkt in diesem Tag und gilt als Einheitsbreite für alle Spalten.

Hier ein kleines Beispiel:

```
<table border="2">
  <colgroup>
    <col width="100" />
    <col width="300" />
  </colgroup>
  <tr>
    <td>100 Pixel breit</td>
    <td>300 Pixel breit</td>
  </tr>
</table>
```

Die Tabelle besteht nur aus einer Zeile mit zwei Zellen; die linke ist 100 Pixel breit, die rechte 300 Pixel. Aus Sicherheitsgründen sollten Sie die entsprechenden Werte für ältere Browser auch noch einmal in die `<td>`-Tags schreiben.

Hier sehen Sie den Code für eine Tabelle, in der die drei Tabellenbereiche mit unterschiedlichen Rahmenoptionen definiert werden – der Inhalt stammt aus der »guten alten Zeit« der Tabellenlayouts und ist nur noch von historischem Interesse; Farbzuweisungen für Tabellenbereiche sollten grundsätzlich mithilfe von CSS zugwiesen werden:

```
<!DOCTYPE html PUBLIC "-//W3C//DTD XHTML 1.0 Strict//EN"
    "http://www.w3.org/TR/xhtml1/DTD/xhtml1-strict.dtd">
<html xmlns="http://www.w3.org/1999/xhtml">
  <head>
    <title>HTML-Tabelle 3</title>
  </head>
  <body>
    <table border="2" rules="groups" cellpadding="5">
      <thead>
        <tr>
          <th rowspan="2" valign="bottom">Tabellen-
          Feature</th>
          <th colspan="3">Unterst&uuml;tzt von:</th>
        </tr>
```

```html
    <tr>
      <th>Internet Explorer ab 4.0</th>
      <th>Netscape 4.0</th>
      <th>Netscape ab 6.0</th>
    </tr>
  </thead>
  <tbody>
    <tr>
      <td>bordercolor</td>
      <td>ja</td>
      <td>ja</td>
      <td>ja</td>
    </tr>
    <tr>
      <td>bordercolorlight, bordercolordark</td>
      <td>ja</td>
      <td>nein</td>
      <td>nein</td>
    </tr>
    <tr>
      <td>thead, tbody, tfoot</td>
      <td>ja</td>
      <td>nein</td>
      <td>ja</td>
    </tr>
  </tbody>
  <tfoot>
    <tr>
      <td colspan="4" align="center">Alle Angaben
        ohne Gew&auml;hr.</td>
    </tr>
  </tfoot>
 </table>
 <body>
</html>
```

### 18.1.7 Formulare

Suchmaschinen, Bestellseiten oder Webforen bestehen aus diversen Eingabeelementen wie Textfeldern oder Auswahlbuttons. Der übergeordnete Container für eine Gruppe solcher interaktiven Elemente ist das *HTML-Formular*. Seine Definition enthält eine URL, an die sämtliche eingegebenen Daten versandt werden. Formulare bilden also das Frontend webbasierter Anwendungen.

Jedes Formular steht zwischen den folgenden Tags:

```
<form action="URL" method="Versandmethode">
  <!-- beliebiges HTML mit Formularelementen -->
</form>
```

Als *Action-URL* wird meist die Adresse eines Serverskripts angegeben. Eine verbreitete Technik für solche Skripte, die Skriptsprache PHP, wird in Kapitel 19, »Webserveranwendungen«, beschrieben.

Theoretisch ist auch die Angabe einer E-Mail-Adresse möglich. Genau wie bei einem E-Mail-Hyperlink wird dazu eine Pseudo-URL nach dem Muster `"mailto:E-Mail-Adresse"` eingesetzt. Das Problem dieser Variante besteht jedoch darin, dass neuere Versionen des Internet Explorers und einige andere Browser diese Aufforderung falsch verstehen und ein leeres Mailfenster öffnen, wenn das Formular abgeschickt wird. Das führt zu der Konsequenz, dass auch der Versand per E-Mail nur dann wirklich zuverlässig klappt, wenn er durch ein Serverskript vorgenommen wird.

Das Attribut `method` gibt an, über welche HTTP-Methode die Daten versendet werden sollen (siehe auch Kapitel 14, »Server für Webanwendungen«): `"post"` versendet sie separat im Body der HTTP-Anfrage. `"get"` hingegen hängt die Formulardaten direkt an die URL an, in der Form *url?daten*. Beispielsweise verwenden Suchanfragen an Suchmaschinen oft diese Form, sodass zum Beispiel die URL einer Suche nach dem Begriff »xhtml« bei Google (in minimaler Form) folgendermaßen aussieht:

```
http://www.google.de/search?q=xhtml
```

Der Parameter `q=xhtml` wird also an das Programm `search` übermittelt. Hinter den Kulissen befragt dieses Programm daraufhin Googles Datenbank, nimmt die Ergebnisse entgegen und generiert wiederum eine HTML-Seite daraus, die es an den Browser des Anfragenden zurücksendet.

Ein Vorteil der Methode GET besteht darin, dass Sie die URL in der Bookmark-Verwaltung Ihres Browsers ablegen können. Allerdings ist sie nicht für größere Datenmengen geeignet, da die Maximallänge für URLs etwa 2.000 Zeichen beträgt.

Das schwerwiegendste Problem von GET-Anfragen besteht darin, dass Browser oder Proxyserver sie im Cache speichern können. Daher kann es vorkommen, dass die vermeintliche Bestätigung einer Serveraktion in Wirklichkeit aus einem Cache stammt. Formulare, die serverseitige Änderungen bewirken sollen (zum Beispiel Bestellungen oder Schreibzugriffe auf eine Datenbank), müssen daher immer POST verwenden.[5]

---

[5] Falls es aus irgendeinem Grund unbedingt GET sein muss, besteht eine Notlösung darin, einen Parameter mit wechselndem Zufallswert oder Datum und Uhrzeit an die URL anzuhängen. Da ein Cache die gesamte URL betrachtet, kommt er in diesem Fall nicht auf die Idee, dass das gewünschte Dokument bereits vorliegen könnte. Ein Beispiel finden Sie in Kapitel 20, »JavaScript und Ajax«.

Ein weiteres (optionales) Attribut ist `enctype`; es gibt den MIME-Type der übertragenen Formulardaten an. Der Standardwert ist `"application/x-www-form-urlencoded"`; dieses Format ersetzt in den Formulardaten alle Zeichen, die in URLs nicht gestattet sind oder in Formulardaten eine Sonderbedeutung haben, durch passende Escape-Sequenzen: Leerzeichen werden zu +-Zeichen; die meisten Satzzeichen und alle Nicht-ASCII-Zeichen werden durch ein %-Zeichen und ihren zweistelligen hexadezimalen Code im Zeichensatz ersetzt. Falls Sie den Datei-Upload über ein Formular ermöglichen möchten, müssen Sie den Typ `"multipart/form-data"` und die Versandmethode `"post"` wählen.

### Formularelemente

Innerhalb des Containers `<form>` ... `</form>` können Sie eine Reihe unterschiedlicher Eingabeelemente definieren. Die meisten von ihnen verwenden das `<input>`-Tag:

```
<input type="Elementtyp" name="Elementname"
value="Wert" />
```

`type` gibt an, um welche Art von Eingabeelement es sich überhaupt handelt – beispielsweise ein Textfeld (`type="text"`) oder einen Absenden-Button (`type="submit"`). `name` und `value` bilden ein Name-Wert-Paar, das als `Name=Wert` mit den Formulardaten versandt wird. Je nach konkretem Eingabeelement kommt das eine oder andere Spezialattribut hinzu.

► `<input type="radio" name="..." value="..." />` definiert einen sogenannten *Radiobutton*. Der Name stammt daher, dass dieser Button sich so verhält wie die Knöpfe an alten Radios: Wird einer von ihnen gedrückt, springt der zuvor ausgewählte automatisch heraus. Mit Radiobuttons können Sie dem Benutzer die Auswahl einer einzigen Option aus mehreren Alternativen ermöglichen. `name` bezeichnet dabei den Namen der Gruppe, zu der der Radiobutton gehört. `value` ist der Inhalt, der als Auswahl für diese Gruppe in den Formulardaten erscheinen soll. Der Text, mit dem der Button beschriftet werden soll, wird einfach hinter das Tag gesetzt.

► `<input type="checkbox" name="..." value="..." />` definiert eine *Checkbox*, mit der Benutzer mehrere Optionen an- und wieder abwählen können. Der optionale Parameter `checked="checked"` kann bei Checkboxen und Radiobuttons stehen und hat zur Folge, dass die entsprechende Option innerhalb ihrer Gruppe bereits ausgewählt ist.

► `<input type="text" name="..." size="..." maxlength="..." />` bietet ein Feld zur Texteingabe an; optional gibt `size` die Breite in Zeichen und `maxlength` die maximale Eingabelänge an. Der ebenfalls optionale Parameter `value="..."` sorgt dafür, dass der betreffende Text bereits voreingetragen im Textfeld steht.

► `<input type="password" name="..." size="..." maxlength="..." />` funktioniert im Prinzip genau wie ein Textfeld – mit dem Unterschied, dass die Eingabe als **** angezeigt wird.

► `<input type="submit" value="..." />` stellt einen Button zur Verfügung, der durch Mausklick den Inhalt des Formulars an die URL versendet, die im `<form>`-Tag angegeben wurde.

value hat hier eine etwas andere Bedeutung: Es enthält den Text, mit dem der Button beschriftet wird.

- `<input type="reset" value="..." />` setzt alle Einträge, die der Benutzer im Formular vorgenommen hat, auf den Ursprungszustand zurück. `value` enthält wiederum die Beschriftung des Buttons.

- `<input type="button" value="..." />` stellt eine allgemeine Schaltfläche zur Verfügung, deren Aussehen einem Absende- oder Löschen-Button entspricht. In Zusammenarbeit mit JavaScript (siehe Kapitel 20, »JavaScript und Ajax«) kann sie ein benutzerdefiniertes Ereignis auslösen.

  Eine alternative Schreibweise für Buttons ist `<button type="...">Beschriftung</button>`. Als `type` können Sie hier `"submit"`, `"reset"` oder das allgemeine `"button"` eintragen.

- `<input type="hidden" name="..." value="..." />` ist im engeren Sinne kein Eingabefeld, denn es wird vom Browser nicht angezeigt, und Benutzer können keine Eingabe vornehmen. Es handelt sich um eine festgelegte Angabe, die zusammen mit den vom Benutzer eingegebenen Formulardaten übertragen wird. Nützlich sind Hidden-Felder etwa für Ordnungszwecke (welches Formular wurde eigentlich versandt?) oder für Zwischenwerte, die von serverseitigen Programmen generiert wurden und wieder mit den Daten verschickt werden müssen, um vom nächsten Skript aus darauf zurückzugreifen.

- `<input type="file" name="..." />` bietet die Möglichkeit, den Pfad einer lokalen Datei einzutippen oder über einen mitgelieferten Button interaktiv auszuwählen. Wenn das Empfängerskript über eine entsprechende Einrichtung verfügt, wird die angegebene Datei zusammen mit den anderen Formulardaten hochgeladen. In Kapitel 19, »Webserveranwendungen«, finden Sie ein entsprechendes PHP-Skript mit weiteren Hinweisen. Beachten Sie, dass der Formulardatentyp über das `<form>`-Attribut `enctype` auf `"multipart/form-data"` gesetzt werden muss, damit es funktioniert.

Neben den diversen `<input>`-Varianten gibt es weitere Formularelemente, die über eigenständige Tags gebildet werden.

Außer Checkboxen und Radiobuttons kann ein Formular auch Menüs enthalten, aus denen der Benutzer auswählen kann. Diese Menüs haben in HTML folgende Syntax:

```
<select name="..." size="...">
  <option value="..."> 1. Auswahlmöglichkeit </option>
  <option value="..."> 2. Auswahlmöglichkeit </option>
  <!-- bei Bedarf weitere Optionen -->
</select>
```

Diese Struktur stellt ein Menü zur Verfügung, das die verschiedenen Auswahlmöglichkeiten enthält. Die zusätzliche Option `multiple="multiple"` bei `<select>` ermöglicht die Auswahl mehrerer Felder – allerdings muss dabei die Taste Strg beziehungsweise Cmd (Mac) festgehalten werden, worauf Sie die Benutzer hinweisen sollten.

`name` enthält wiederum den Namen, mit dem der übertragene Wert in den Formulardaten versehen wird. `size` gibt die Anzahl der sichtbaren Zeilen an; wird diese von der Anzahl der Optionen überschritten, erscheint automatisch ein Rollbalken. Der von den meisten Autoren verwendete Sonderfall `size="1"` erzeugt ein relativ elegantes Pulldown-Menü.

Das `<option>`-Tag bestimmt durch das Attribut `value` wiederum den zu übertragenden Wert für die Formulardaten. Darüber hinaus kennt es den zusätzlichen Parameter `selected= "selected"`, der innerhalb eines Select-Menüs nur auf ein einziges `<option>`-Tag angewandt werden sollte und dafür sorgt, dass die entsprechende Option vorausgewählt ist.

Die Texteingabe in ein Formular ist auch mehrzeilig möglich, und zwar über das folgende Tag:

```
<textarea name="..." rows="..." cols="..."></textarea>
```

Dieses Tag stellt ein Eingabefeld mit der durch `cols` angegebenen Breite und der mithilfe von `rows` eingestellten Höhe zur Verfügung. Sollte zwischen dem öffnenden und dem schließenden Tag Text stehen, erscheint er als vorgefertigter Eintrag im Feld. Auch wenn Sie keinen Text hineinschreiben, sollten Sie das Tag explizit schließen und nicht per XML-End-Slash, weil ältere Browser diesen nicht verstehen und in diesem Fall einfach den Rest des Dokuments in das Textfeld schreiben.

Der optionale Parameter `wrap` gibt die Art des Zeilenumbruchs an, der verwendet werden soll:

▶ `wrap="none"` setzt keine automatischen Zeilenumbrüche; Benutzer können beliebig in derselben Zeile weiterschreiben (Standard bei älteren Browsern; funktioniert bei moderneren oft gar nicht mehr).

▶ `wrap="virtual"` bricht am rechten Feldrand um, jedoch nur in der Darstellung; der gespeicherte Text enthält keine Zeilenumbrüche (Standard bei den meisten aktuellen Browsern).

▶ `wrap="physical"` setzt dagegen Zeilenumbrüche in den eigentlichen Text, wenn er am rechten Feldrand umbrochen wird.

Das folgende Beispiel verwendet fast alle zuvor gezeigten Formularelemente für *den* Klassiker – ein Pizza-Bestellformular:

```
<html>
  <head>
    <title>Pizza bestellen</title>
  </head>
  <body>
    <h1>Pizza-Service online</h1>
    <p>Konfigurieren Sie Ihre Pizza!</p>
    <form action="#" method="GET">
```

```
<table border="0" cellpadding="4">
  <tr>
    <td colspan="3">W&auml;hlen Sie die
    Gr&ouml;&szlig;e Ihrer Pizza:</td>
  </tr>
  <tr>
    <td><input type="radio" name="psize"
    value="s" />Mini (18 cm)<br />
    Grundpreis: 3 &euro;</td>
    <td><input type="radio" name="psize"
    value="m" />Standard (24 cm)<br />
    Grundpreis: 5 &euro;</td>
    <td><input type="radio" name="psize"
    value="l" />Family (32 cm)<br />
    Grundpreis: 7 &euro;</td>
  </tr>
  <tr>
    <td colspan="3">Jede Pizza ist mit K&auml;se
      und Tomaten belegt.<br />
    W&auml;hlen Sie hier weitere Bel&auml;ge (je
    1,- &euro;)</td>
  </tr>
  <tr>
    <td><input type="checkbox" name="belag"
    value="spi" />Spinat</td>
    <td><input type="checkbox" name="belag"
    value="pil" />Pilze</td>
    <td><input type="checkbox" name="belag"
    value="pap" />Paprika</td>
  </tr>
  <tr>
    <td><input type="checkbox" name="belag"
    value="sal" />Salami</td>
    <td><input type="checkbox" name="belag"
    value="sch" />Schinken</td>
    <td><input type="checkbox" name="belag"
    value="thu" />Thunfisch</td>
  </tr>
  <tr>
    <td><input type="checkbox" name="belag"
    value="zwi" />Zwiebeln</td>
```

```
          <td><input type="checkbox" name="belag"
          value="xka" />Extra K&auml;se</td>
          <td><input type="checkbox" name="belag"
          value="xto" />Extra Tomaten</td>
        </tr>
        <tr>
          <td colspan="3">Sind Sie bereits Kunde?</td>
        </tr>
        <tr>
          <td>Ihr Username:</td>
          <td colspan="2"><input type="text" name="kunde"
          size="20" maxlength="10" /></td>
        </tr>
        <tr>
          <td>Ihr Passwort:</td>
          <td colspan="2"><input type="password"
          name="pass" size="20" maxlength="8" /></td>
        </tr>
        <tr>
          <td colspan="3">Oder sind Sie neu?
          <a href="neukunde.htm">Hier klicken</a></td>
        </tr>
        <tr>
          <td colspan="3">Weitere Sonderw&uuml;nsche,
          Bemerkungen, Anregungen?<br />
          <textarea name="bemerk" cols="50" rows="7"
          wrap="virtual"></textarea></td>
        </tr>
        <tr>
          <td>Die Bestellung:</td>
          <td>
            <input type="submit" value="Abschicken" />
          </td>
          <td>
            <input type="reset" value="Verwerfen" />
          </td>
        </tr>
      </table>
    </form>
  </body>
</html>
```

**Neue Eingabetypen in HTML5**

In HTML5 gibt es einige neue type-Werte für das <input>-Element. Sie stellen spezielle Einga-
behilfen für bestimmte Inhaltstypen dar und können diese Inhalte auf Wunsch auch validie-
ren. Auf Geräten mit Software-Touchscreen-Tastaturen wie dem iPhone sorgen sie gegebenenfalls auch dafür, dass spezielle Tastaturvarianten angezeigt werden. Im Einzelnen gibt
es folgende neue Typen:

► tel – Eingabe einer Telefonnummer

► search – ein Suchfeld. Sobald Sie anfangen zu tippen, wird innerhalb des Eingabefeldes
ein kleiner Löschen-Button angezeigt, mit dem Sie die gesamte Eingabe wieder löschen
können.

► url – Eingabe einer voll qualifizierten URL, die mit *http://* oder anderen Schemata beginnt

► email – Eingabe einer E-Mail-Adresse

► datetime – Eingabe von Datum und Uhrzeit. Die volle Funktionalität – nämlich die automatische Anzeige eines kleinen Datepickers – wird bisher nur von Opera unterstützt. Das
gilt auch für die Feldtypen date und datetime-local.

► date – Eingabe eines Datums

► month – Eingabe eines Monats

► week – Eingabe einer Kalenderwoche

► time – Eingabe einer Uhrzeit

► datetime-local – Eingabe von Datum und Uhrzeit im Sprachformat von Browser und
Betriebssystem

► number – Eingabe einer Zahl. Mit den zusätzlichen Attributen min, max und step lassen sich
der kleinste und der größte zulässige Wert sowie die Schrittweite angeben. Browser, die
dies unterstützen, zeigen am rechten Rand des Eingabefeldes kleine Pfeil-Buttons an, mit
denen sich die zulässigen Werte durchblättern lassen. Das bereits bekannte Attribut value
gibt den anfänglichen Standardwert an.

► range – ebenfalls zur Eingabe einer Zahl. Browser, die range zur Verfügung stellen, zeigen
einen Schieberegler an, dessen Wertebereich und Schrittweite über die bereits bei number
genannten Attribute min, max und step gesteuert werden.

► color – Eingabe eines HTML-Farbwerts. Opera zeigt in diesem Fall automatisch den Farb-
wähler des Betriebssystems an.

Wenn Sie das Formular abschicken, validiert der Browser automatisch diejenigen speziellen
Felder, die er kennt. Entspricht eine Eingabe nicht dem zulässigen Wertebereich, wird das
Feld entsprechend gekennzeichnet, und der Versand wird zurückgehalten.

Zusätzlich zu den neuen Typen stellt HTML5 für alle <input>-Elemente einige weitere Attribute zur Verfügung. Die wichtigsten sind:

**18** Webseitenerstellung mit HTML und CSS

- placeholder="Wert" – Solange der Benutzer nichts eingegeben hat, wird der placeholder-Wert als abgeschwächter Text angezeigt. Sobald das Element den Eingabefokus erhält, verschwindet dieser Text.

- autofocus (ohne Wert; XHTML-Schreibweise autofocus="autofocus") setzt den Eingabefokus beim Laden des Dokuments automatisch auf das Element, für das dieses Attribut gesetzt ist.

- required (ohne Wert; XHTML: required="required") besagt, dass der Benutzer etwas eingeben muss. Dies wird bei der Validierung beachtet.

Da Browser Eingabeelemente, deren Typ sie nicht kennen, als einfache Texteingabefelder darstellen, können Sie alle diese Elemente gefahrlos verwenden. In denjenigen Browsern, die einen Teil der Spezifikation bereits unterstützen, bringen sie dann entsprechenden Zusatznutzen.

### 18.1.8 Einbetten von Multimedia-Dateien

Moderne Browser können verschiedene Zusatzkomponenten enthalten, sogenannte *Plugins* (Firefox und andere Mozilla-Derivate, Chrome, Edge und Safari) beziehungsweise *ActiveX Controls* (der langsam aussterbende Internet Explorer). Dadurch unterstützt der Browser zusätzlich zu den Standardelementen verschiedene andere Dateiformate.

Sie können zum Beispiel Sounds oder Digitalvideos abspielen lassen. Zu den bekanntesten Plug-in-Dateien gehören die Formate Flash und Shockwave von Adobe (vormals Macromedia).

Mozilla-Browser verwenden zum Einbetten von Plug-in-Dateien traditionell das Tag <embed>; sofern ein entsprechender Player bereits installiert ist, versteht auch der Internet Explorer diese Schreibweise. Der folgende Code bettet die MP3-Sound-Datei *musik.mp3* in das Dokument ein und spielt sie nach dem Laden automatisch ab:

```
<embed src="musik.mp3" width="200" height="100" autostart="true"
type="audio/mp3"></embed>
```

width und height bestimmen bei einem Sound die Anzeigegröße der verwendeten Player-Komponente; an dieser Stelle werden einige Buttons wie Play, Stop oder Lautstärkeregelung angezeigt. Das genaue Aussehen ist nicht vorhersagbar, es hängt vom verwendeten Player ab; beispielsweise sehen der QuickTime Player und der Windows Media Player recht unterschiedlich aus. Alternativ können Sie mit hidden="true" dafür sorgen, dass gar keine Regler angezeigt werden. Das optionale Attribut loop="true" spielt den Sound in einer Schleife ab.

Für Digitalvideo (QuickTime, Video for Windows, MPEG etc.) stehen im Prinzip dieselben Optionen zur Verfügung; naturgemäß sind die Attribute width und height hier wichtiger als bei Sound. Die MIME-Types für die wichtigsten Plug-in-Formate finden Sie in Tabelle 18.3.

| Format | Dateiendung | MIME-Type |
|---|---|---|
| MP3-Sound | .mp3 | audio/mp3 **oder** audio/mpeg |
| WAVE-Sound | .wav | audio/wav |
| AIFF-Sound | .aif, .aiff | audio/aiff |
| Sun-AU-Sound | .au | audio/au |
| MPEG-Video | .mpg, .mpeg | video/mpeg |
| QuickTime-Video | .mov, .qt | video/quicktime |
| Video for Windows | .avi | video/avi |
| Adobe Flash | .swf | application/x-shockwave-flash |
| Adobe Director (Shockwave) | .dcr | application/x-director |

**Tabelle 18.3** Die wichtigsten MIME-Types für Multimedia-Plug-in-Formate

Je nach eingebettetem Dateiformat werden weitere Attribute unterstützt. Beim Einbetten von Adobe-Flash-Filmen werden besonders viele Optionen angeboten.

**Die HTML5-Tags <audio> und <video>**

HTML5 stellt zwei neue Tags zur Wiedergabe von Audio und Video zur Verfügung, die einfach <audio> beziehungsweise <video> heißen. Das wichtigste Attribut ist src; es gibt die URL der einzubettenden Datei an. Zusätzlich können Sie das Attribut controls verwenden, wenn der Browser Steuerelemente wie Play, Pause etc. darstellen soll. In XHTML-Schreibweise heißt es entsprechend controls="controls". Wenn Sie dieses Attribut weglassen, kann das Medienelement nur durch eigenes JavaScript gesteuert werden.

Das folgende Beispiel bettet das Video *html5.mp4* aus dem aktuellen Verzeichnis ein und stellt Browser-Steuerelemente dar:

```
<video src="html5.mp4" controls="controls" />
```

### 18.1.9 Meta-Tags und Suchmaschinen

Im Head eines HTML-Dokuments können Sie neben dem Titel – übrigens der wichtigsten Information für Suchmaschinen – eine Reihe zusätzlicher Informationen unterbringen, von denen einige für den Browser und andere für Suchmaschinen gedacht sind. Die meisten dieser Informationen stehen in sogenannten <meta>-Tags. Der Aufbau dieser Tags ist folgender:

```
<meta name="..." content="..." />
```

oder:

```
<meta http-equiv="..." content="..." />
```

Die Attribute name beziehungsweise http-equiv geben den Namen oder die Kategorie einer zu definierenden Information an, content enthält ihren Wert. Der Unterschied zwischen der name- und der http-equiv-Variante besteht darin, dass eine http-equiv-Information (*HTTP equivalent*) einem HTTP-Header-Feld entspricht. In der Regel handelt es sich um wichtige Verarbeitungsoptionen für den Browser. Eine der wichtigsten Informationen dieses Typs gibt den MIME-Type und den Zeichensatz der Webseite an und überschreibt den Standardwert, den der Webserver liefert – hier mit dem Standard-Westeuropa-Zeichensatz latin-1:

```
<meta http-equiv="content-type" content="text/html; charset=iso-8859-1" />
```

Andere Zeichensätze sind beispielsweise die mit ASCII abwärtskompatible Unicode-Variante utf-8, iso-8859-9 für türkischen Text oder iso-8859-7 für Griechisch. Näheres über Zeichensätze und verwandte Themen finden Sie in Kapitel 17, »Weitere Datei- und Datenformate«. HTML5 erlaubt für den Zeichensatz die folgende Kurzfassung (hier mit dem Beispielzeichensatz UTF-8):

```
<meta charset="utf-8" />
```

Eine weitere häufig verwendete Variante ist das automatische erneute Laden der aktuellen Seite beziehungsweise die Weiterleitung auf eine andere. Dazu wird folgendes Tag gesetzt:

```
<meta http-equiv="refresh" content="10" />
```

Unter content wird die Anzahl der Sekunden angegeben, nach der die Seite erneut geladen werden soll. Nützlich ist dies bei Dokumenten, deren Inhalte häufig durch serverseitige Informationen aktualisiert werden, beispielsweise Sportergebnisse oder Börsenkurse.

Die folgende Variante lädt anstelle der bisherigen Seite nach fünf Sekunden das Dokument *test.htm*:

```
<meta http-equiv="refresh" content="5;url=test.htm" />
```

Dies ist beispielsweise nützlich, wenn die eigene Website auf eine neue Adresse umgezogen ist, die bekannt gemacht werden soll.

### Suchmaschinen-Informationen

Zunächst einmal müssen Sie wissen, welche Informationen Suchmaschinen überhaupt auswerten. Die wichtigste Angabe ist, wie bereits erwähnt, der zuvor beschriebene Dokumenttitel:

```
<title>...</title>
```

Außerdem sind einige Meta-Tags sehr wichtig:

```
<meta name="description" content="Kurze Beschreibung der Website/einzelnen Seite" />
```

Der Text sollte jeweils einen kurzen Hinweis auf die gesamte Website und anschließend eine Beschreibung des jeweiligen Dokuments enthalten. Die meisten Suchmaschinen werten etwa 150 bis 200 Zeichen aus.

Mit dem folgenden Meta-Tag können Sie eine Reihe relevanter Schlüsselwörter angeben, die vor allem als Suchbegriffe für die Website dienen sollen:

```
<meta name="keywords" content="..." />
```

Ein ungefährer Richtwert sind etwa 20 bis 50 Schlüsselwörter. Wichtig ist, dass die meisten Suchmaschinen keine Wiederholungen dulden. Ab der dritten Wiederholung werden Sie womöglich sogar aus der Datenbank einer Suchmaschine entfernt.

Die Begriffe *Künstler, Künstlerin, Künstlerbedarf* stellen beispielsweise keine Wiederholung dar. Verboten wäre dagegen die Liste *Künstler, künstler, KÜNSTLER*. Sie sollten die Schreibweise *Künstler* wählen, denn bei vielen Suchmaschinen funktioniert die Suchbegriffseingabe nach dem folgenden Schema: Kleinschreibung findet alle Varianten, gemischte Groß-/Kleinschreibung findet genau die eingegebene Variante; bei anderen spielen Groß- und Kleinschreibung dagegen gar keine Rolle.

Sie sollten die folgenden Arten von Schlüsselwörtern verwenden:

▶ Angaben über das Tätigkeitsfeld, den Zweck oder das Interessengebiet der Website

▶ geografische Angaben wie Gemeinde oder Bundesland

▶ Namen wichtiger Personen

Vermeiden sollten Sie dagegen die folgenden Arten von Wörtern:

▶ allgemeine Wörter, Füll- und Flickwörter

▶ Wörter, die zwar viele Hits bringen, aber nichts mit der eigenen Website zu tun haben

▶ Markennamen, insbesondere der Konkurrenz – sie können zu rechtlichen Problemen führen (natürlich kann und sollte der eigene Markenname genannt werden!).

Der in älteren Dokumentationen oft empfohlene Text in Hintergrundfarbe ist für viele Suchmaschinen ebenfalls ein guter Grund zum Ignorieren. Auch die schnelle automatische Weiterleitung über mehrere Pseudo-Tunnelseiten hinweg, die vermeintlich das Unterbringen von mehr relevantem Text ermöglicht, wird oft nicht toleriert.

Das Meta-Tag `robots` steuert den Zugriff von Suchmaschinen auf die aktuelle Seite sowie die Beachtung von Hyperlinks:

```
<meta name="robots" content="[no]index, [no]follow" />
```

`index` bedeutet, dass die aktuelle Seite indiziert werden soll, während `noindex` die Seite igno-riert. `follow` folgt automatisch den Hyperlinks auf der aktuellen Seite, `nofollow` folgt den Links nicht.

Bei normalen Websites sollte auf jeder öffentlichen Einzelseite `index`, `follow` verwendet wer-den. Auf der Startseite von Frame-Websites sollte dagegen `index`, `nofollow` stehen, damit die Einzelseiten nicht indiziert werden. Dynamisch erzeugte Seiten, etwa für Suchergebnisse, werden idealerweise mit `noindex` ausgestattet.

Das `robots`-Meta-Tag wird nicht von allen Suchmaschinen unterstützt. Zusätzlich sollte im obersten Verzeichnis der Site die Textdatei *robots.txt* liegen, die folgende Angaben enthalten kann:

- ▶ `User-agent` ist der Name, mit dem sich die Suchmaschinensoftware beim Server meldet. In der Regel wird `User-agent: *` verwendet, was für alle Suchmaschinen steht.
- ▶ `Disallow: /verzeichnis` bedeutet, dass alle Dateien und Unterverzeichnisse unterhalb von `/verzeichnis` für Suchmaschinen gesperrt sind.

Zu guter Letzt sollten Sie daran denken, dass selbst die besten Meta-Tags nicht gegen inhalts-reichen und gut strukturierten Text ankommen. Bild- oder multimedialastige Seiten haben es im Ranking der Suchmaschinen relativ schwer.

### Anmeldung bei Suchmaschinen

Nachdem Sie die genannten Informationen eingetragen haben, müssen Sie sich bei den ein-zelnen Suchmaschinen anmelden. Dabei ist zwischen echten Suchmaschinen wie Google und redaktionell betreuten Katalogen wie Yahoo! oder web.de zu unterscheiden.

Bei den echten Suchmaschinen gibt es irgendwo einen Link wie *Seite anmelden* oder Ähnli-ches. Sie müssen hier lediglich die URL der Website und eventuell eine E-Mail-Adresse für Rückfragen eingeben. In den nächsten Tagen nach der Anmeldung besucht die Suchma-schine die Website und indiziert sie gemäß dem `robots`-Meta-Tag und der Datei *robots.txt*.

Bei den Katalogen müssen Sie in der Regel ein umfangreiches Formular ausfüllen. Der Kata-logbetreiber entscheidet daraufhin selbst, ob die Site aufgenommen wird oder nicht.

## 18.2 Cascading Style Sheets (CSS)

*Cascading Style Sheets* (CSS) sind kein integraler Bestandteil von HTML, gehören aber zu den Neuerungen, die das W3C bereits seit der HTML-4.0-Spezifikation empfiehlt und fördert. Durch Stylesheets wird die Struktur eines HTML-Dokuments vollständig von seinem Layout getrennt. Dies macht die Dokumente einerseits erheblich übersichtlicher, weil die unzähli-gen layoutorientierten Tags entfallen, und ermöglicht zum anderen die saubere Definition des Layouts an zentraler Stelle.

**18.2 Cascading Style Sheets (CSS)**

Konkret geht es darum, Stilvorlagen für das Aussehen beliebiger HTML-Elemente zu definieren. Das bedeutet, dass Sie mithilfe von CSS sehr konkret in das Layout einer Webseite oder einer ganzen Website eingreifen können, indem Sie etwa festlegen, dass alle Überschriften vom Typ <h1> ... </h1> rot, zentriert und in kursiver 36-Punkt-Helvetica erscheinen sollen.

Die Arbeit mit Stylesheets hat folgende Vorteile:

► Die Erzeugung eines immer wiederkehrenden einheitlichen Layouts wird erheblich vereinfacht – einmal festgelegt, können bestimmte Formatierungen automatisch wiederholt werden.

► Es ist durch den Gebrauch von Stylesheets erstmals möglich, Elemente auf einer Webseite pixelgenau zu platzieren – im Extremfall sogar übereinander. Auf diese Weise können Sie beispielsweise Text mit Schatten oder Text auf einem Bild realisieren.

► In Zusammenarbeit mit JavaScript können Elemente, die CSS zur Stilfestlegung verwenden, dynamisch in ihren Eigenschaften verändert werden. In diesem Zusammenhang spricht man traditionell von *DHTML (Dynamic HTML)*. Das W3C empfiehlt dazu die Verwendung eines allgemeinen Objektmodells, das alle Elemente des Browsers und des HTML-Dokuments standardisiert (*Document Object Model*).

### 18.2.1 Platzieren von Stylesheets

Stylesheet-Angaben können an verschiedenen Stellen im Dokument oder in einer eigenen Datei stehen. Sie haben folgendes Schema:

```
selektor {
    attribut: wert;
    attribut: wert
}
```

Der *Selektor* gibt an, welches Objekt oder welche Gruppe von Objekten durch diese Stylesheet-Angabe formatiert werden soll. Es werden vier Arten von Selektoren verwendet:

► *Element*. Hier wird der Name eines HTML-Tags angegeben, und zwar ohne seine Klammern. Beispiele: h1 oder td. Jedes Auftreten des Tags wird automatisch mit den angegebenen Formaten versehen.

Möglich ist auch eine durch Kommata getrennte Liste mehrerer HTML-Tags, für die gemeinsame Einstellungen gelten sollen. Es ist auch kein Problem, differierende Einstellungen noch einmal separat für jedes dieser Tags vorzunehmen.

► *Klasse*. Der Name einer Klasse beginnt mit einem Punkt. Ein HTML-Tag kann mit dem speziellen Attribut class="klassenname" versehen werden, damit es zusätzlich zu seinem normalen Stil diese speziellen Einstellungen erhält. Sie können sowohl eine Klasse für ein bestimmtes HTML-Tag einrichten (etwa h2.blau), die entsprechend nur für diese Art von Elementen verwendet werden kann, oder aber eine allgemeine Klasse wie .zitat, die Sie jedem beliebigen Tag zuweisen können.

Allgemeine CSS-Klassen werden häufig im Zusammenhang mit zwei besonderen Tags verwendet: `<div> ... </div>` ist ein absatzbildendes Element, genauer gesagt, sogar eine frei schwebende, beliebig positionierbare Ebene (*DHTML-Layer*). `<span> ... </span>` kann dagegen beliebige Elemente innerhalb eines Absatzes umfassen und ihnen auf diese Weise Stylesheet-Formate zuweisen.

▶ *Unabhängiger Stil.* Ein unabhängiger Stil wird einem einzelnen Element im Dokument zugewiesen. Sein Name beginnt mit einer Raute (#); das gewünschte Element erhält diesen Stil über das Universalattribut `id="stilname"` (hier ohne Raute). Am häufigsten werden unabhängige Stile verwendet, um über das Tag `<div>` DHTML-Layer zu erzeugen. In diesem Fall darf eine solche `id`-Definition nur für ein einziges Element im Dokument verwendet werden.

▶ *Pseudoformate.* Diese Sonderform der Stylesheet-Angabe definiert die verschiedenen Stadien von Hyperlinks oder verschiedene Bereiche von Absätzen. Die Schreibweise für jeden der Hyperlink-Selektoren ist `a:zustand`, wobei der Zustand einen der folgenden Werte annehmen kann:

    – `a` legt die Voreinstellung für alle Zustände eines Hyperlinks fest. Hier sollten Sie zunächst diejenigen Aspekte vorgeben, die der Link über alle Zustände hinweg beibehält.

    – `a:link` ist der Zustand eines noch nie besuchten Hyperlinks.

    – `a:visited` beschreibt bereits besuchte Hyperlinks (gemäß Browser-History).

    – `a:hover` bezeichnet einen Hyperlink, der gerade vom Mauszeiger berührt wird; dieser Zustand ermöglicht einen Rollover-Effekt für Hyperlinks.

    – `a:active` ist der aktuell angeklickte Hyperlink.

Der CSS-Code kann an folgenden Stellen definiert werden:

▶ In einem `<style> ... </style>`-Bereich im Head des Dokuments. Konkret sieht eine solche Angabe folgendermaßen aus:

```
<style type="text/css">
<!--

    /* Konkrete CSS-Angaben */

-->
</style>
```

Die Verschachtelung der eigentlichen Stylesheet-Angaben in einen HTML-Kommentar ist üblich und verhindert, dass alte CSS-unfähige Browser diese Angaben im Body der Seite ausgeben. Innerhalb solcher CSS-Blöcke und in externen CSS-Dateien können Sie Kommentare im C-Stil verwenden, wie zuvor gezeigt:

```
/* Kommentar */
```

▶ In einer externen Datei, einer Textdatei mit der Dateiendung *.css*. Eine solche Datei darf nur CSS und keinerlei HTML enthalten, auch keine `<style>`-Tags. Eingebunden wird sie im Head eines HTML-Dokuments, und zwar folgendermaßen:

```
<link rel="stylesheet" href="format.css" />
```

Eine moderne Alternative für das Einbinden externer CSS-Dateien, die allerdings leider nicht von allen Browsern unterstützt wird, ist die Verwendung einer XML-Steueranweisung. Diese kann nicht nur in HTML-Dokumenten, sondern in beliebigen XML-Dokumenten stehen und ein Stylesheet einbinden, das das Aussehen der diversen XML-Elemente definiert:

```
<?xml-stylesheet type="text/css" href="format.css"?>
```

Die Verwendung externer Stylesheet-Dateien ist besonders vorteilhaft, um einer umfangreichen Website ein einheitliches Layout zuzuweisen, das darüber hinaus an einer zentralen Stelle geändert werden kann.

▶ Innerhalb eines einzelnen HTML-Tags. Dazu dient das spezielle HTML-Attribut `style="..."`. Beispiel:

```
<p style="...">
<!-- Absatz mit spezieller Formatierung -->
</p>
<p>
<!-- Hier gilt wieder das normale Absatzformat -->
</p>
```

## 18.2.2 Stylesheet-Wertangaben

Bevor die einzelnen Attribute beschrieben werden, sollten Sie sich einen Überblick über die Arten von Werten verschaffen, die Attribute überhaupt annehmen können. Sie unterscheiden sich zum Teil erheblich von den Werten, die Sie traditionellen HTML-Attributen zuweisen können: Zum einen haben Sie oft viel mehr Auswahlmöglichkeiten, zum anderen sind die Angaben in der Regel konkreter und eindeutiger.

### Wertangaben im Überblick

▶ *Festgelegte Werte.* Viele Attribute kennen eine Reihe unterschiedlicher konkreter Angaben. Beispielsweise erhält das Attribut `font-family` eine Liste bevorzugter Schriftarten. Ein anderes Beispiel ist die Eigenschaft `text-align`, die die Textausrichtung angibt. Sie kann die festgelegten Werte `left`, `right`, `center` oder `justify` annehmen.

▶ *Numerische Werte.* Die Angabe numerischer Werte erfordert eine Zahl und eine angehängte Maßeinheit ohne trennendes Leerzeichen. Tabelle 18.4 zeigt die möglichen Maßeinheiten.

**18  Webseitenerstellung mit HTML und CSS**

| Maßeinheit | Bedeutung | Hinweise |
|---|---|---|
| px | Pixel | die häufigste und wichtigste Maßeinheit |
| pt | Punkt | Der DTP-Punkt, 1/72 Zoll. Wird gern für die Schriftgröße verwendet. |
| mm | Millimeter | Diese Angaben sind von der Bildschirmgröße und Bildschirmauflösung abhängig. Gebrochene Werte werden mit einem Punkt (und nicht mit einem Komma) getrennt: 2.5 cm – nicht 2,5 cm. |
| cm | Zentimeter | |
| in | Inch (1" = 2,54 cm) | |
| em | Breite des M | Entspricht dem Geviert, also der Höhe der aktuellen Schriftart. Praktisch als relative Angabe für die Schriftgröße – etwa 1.2em für eine Schrift, die 1,2-mal so groß ist wie die Standardgröße. |
| ex | Breite des x | Wird manchmal als relative Angabe für Wort- oder Zeichenabstände verwendet. |
| % | Prozent | Im Allgemeinen relativ zum umgebenden Element (Tabellenzelle, Browserfenster). Bei Schriftangaben relativ zur Schriftgröße. |

**Tabelle 18.4**  Maßeinheiten für numerische Stylesheet-Werte

**Farben**

Auch Farben werden in modernen Webseiten mithilfe von CSS angegeben. Da HTML den Aufbau von Dokumenten für die Bildschirmdarstellung beschreibt, werden Farben grundsätzlich im RGB-Format codiert. Jede Farbe kann hier als eine additive Mischung aus rotem, grünem und blauem Licht angesehen werden.

Eine HTML-Farbangabe enthält für jede der drei Primärfarben (Rot, Grün, Blau) einen eigenen Wert zwischen 0 und 255. Jeder dieser drei Werte wird als zweistellige Hexadezimalzahl angegeben. Vor dem hexadezimalen Farbcode steht grundsätzlich ein #-Zeichen. Tabelle 18.5 zeigt einige Beispiele.

| Rotwert | Grünwert | Blauwert | HTML-Farbcode | Farbe |
|---|---|---|---|---|
| 0 | 0 | 0 | #000000 | Schwarz |
| 255 | 0 | 0 | #FF0000 | Rot |
| 0 | 255 | 0 | #00FF00 | Grün |

**Tabelle 18.5**  Beispiele für HTML-Farbcodes

1012

18.2  Cascading Style Sheets (CSS)

| Rotwert | Grünwert | Blauwert | HTML-Farbcode | Farbe |
|---|---|---|---|---|
| 0 | 0 | 255 | #0000FF | Blau |
| 255 | 255 | 0 | #FFFF00 | Gelb |
| 255 | 0 | 255 | #FF00FF | Magenta |
| 0 | 255 | 255 | #00FFFF | Cyan |
| 255 | 255 | 255 | #FFFFFF | Weiß |

**Tabelle 18.5**  Beispiele für HTML-Farbcodes (Forts.)

Früher war es aus Kompatibilitätsgründen empfehlenswert, nicht alle 16,7 Millionen theoretisch möglichen Farben zu verwenden, sondern eine eingeschränkte Palette aus genau 216 Farben, die einst von Netscape als *Web-safe Colors* (websichere Farben) definiert wurde. Sie besteht aus denjenigen Farbcodes, bei denen alle drei Komponenten (Rot, Grün und Blau) durch 51 dezimal beziehungsweise 33 hexadezimal teilbar sind, also einen der Werte 00, 33, 66, 99, CC oder FF aufweisen.

Speziell für CSS ist auch eine Kurzfassung aus nur drei Hexadezimalziffern möglich, bei der automatisch derselbe Wert für die Sechzehner- und die Einerstelle eingesetzt wird. #FF0 ist also beispielsweise eine Kurzfassung für #FFFF00 (Gelb).

Eine andere Darstellungsmöglichkeit ist rgb(rotwert, grünwert, blauwert). Die drei Werte können dabei dezimal zwischen 0 und 255 oder in Prozent angegeben werden.

### 18.2.3  Stylesheet-Eigenschaften

In diesem Abschnitt werden die wichtigsten Stylesheet-Attribute aufgelistet und erläutert. Wichtig ist, dass nicht alle Formatangaben bei jedem HTML-Tag zulässig sind. Bei den meisten Attributen ist relativ offensichtlich, für welche Tags sie geeignet sind; bei anderen finden Sie entsprechende Hinweise.

#### Textformatierung und Typografie

Die folgenden Attribute beschreiben die verschiedenen Aspekte der typografischen Auszeichnung. Sie sind bei fast jedem beliebigen Tag zulässig.

▶ font-family

Eine durch Komma getrennte Liste von Schriftarten. Der Browser verwendet die erste Schrift aus der Liste, die im System verfügbar ist. Am Ende der Liste sollte deswegen stets eine der drei allgemeinen Angaben serif (Serifenschrift), sans-serif (serifenlos) oder mono (Festbreitenschrift) stehen. Beispiel:

```
font-family: Verdana, Arial, Helvetica, sans-serif
```

1013

18    Webseitenerstellung mit HTML und CSS

▶ `font-size`
Die Angabe der Schriftgröße, meist in Punkt (12pt) oder Pixel (20px). Die Pixel-Angabe ist zu bevorzugen. Sie wird plattformübergreifend identisch interpretiert, während Windows und macOS unterschiedliche Vorstellungen von der Abbildung der Punktangabe auf dem Monitor haben.

Alternativ können Sie Schriftgrößen auch in Prozent angeben. Dies macht sie relativ zueinander skalierbar und unterstützt auf diese Weise Benutzer mit schlechterem Sehvermögen. Setzen Sie den Fließtext auf 100% und Überschriften entsprechend größer. Äquivalent zu prozentualen Angaben können Sie auch `em` verwenden, etwa `0.8em` anstelle von 80%.

▶ `font-style`
Dient dazu, Schrift kursiv zu setzen. Die festgelegten Werte sind folgende: `normal`, `italic` (kursiv), `oblique` (elektronisch schräg gestellt, also kein separater Kursivschnitt).

▶ `font-weight`
Gibt an, wie fett die Schrift dargestellt werden soll. Mögliche Werte sind entweder die festgelegten Angaben `normal`, `bold` (fett) und `extra-bold` (besonders fett) oder glatte numerische Hunderterschritte von 100 (*extra light*) bis 900 (*black*, also ultrafett). Die meisten verfügbaren Schriften definieren allerdings keineswegs neun verschiedene Stufen, sondern nur zwei bis drei.

▶ `text-decoration`
Gibt an, dass der Text mit Linien versehen, das heißt unterstrichen werden soll und Ähnliches: `none` (keine Linie), `underline` (unterstrichen), `overline` (Linie darüber) oder `line-through` (durchgestrichen). Beachten Sie auch hier wieder, dass Text, der kein Link ist, nicht unterstrichen werden sollte.

▶ `letter-spacing`
Gibt den Zeichenabstand oder die Laufweite des Textes an. Der Standardwert ist `0pt`; positive Werte erzeugen gesperrten Text, negative verengen die Laufweite.

### Absatz- und Bereichsformatierung

Die folgenden CSS-Attribute sind zur Formatierung aller absatzbildenden Elemente geeignet, beispielsweise für `<p>`-Elemente, aber auch für Tabellenzellen und ähnliche Tags.

▶ `text-align`
Gibt die Textausrichtung mit den möglichen Werten `left` (linksbündig), `right` (rechtsbündig), `center` (zentriert) oder `justify` (Blocksatz) an.

▶ `text-indent`
Gibt den Einzug an, also die Einrückung der ersten Zeile eines Bereichs. Der Wert ist numerisch. Positive Werte erzeugen einen eingerückten Einzug, während negative für einen hängenden Einzug sorgen. Für Letzteres ist allerdings eine zusätzliche Verschiebung des linken Innenrands mithilfe von `margin-left` erforderlich.

▶ `line-height`

Bestimmt die Zeilenhöhe durch einen numerischen Wert. Der Standardwert ist etwas größer als die aktuelle Schriftgröße; ein höherer Wert erzeugt einen größeren Zeilenabstand.

▶ `vertical-align`

Dies ist die vertikale Ausrichtung des Elements; sie entspricht dem bekannten `valign` bei Tabellenzellen.

▶ `display`

Diese spezielle Angabe ist bei HTML im Grunde überflüssig, da für HTML-Tags klar ist, ob sie absatzbildend sind oder nicht. Wenn Sie CSS dagegen für allgemeine XML-Dokumente einsetzen, ist dieses Format sehr wichtig. Mögliche Werte sind `block`, wenn ein Element absatzbildend sein soll (Vorbild: `<div>`), oder `inline` für ein innerhalb einer Zeile stehendes Element (wie `<span>`).

### Rahmen und Linien

Die folgenden CSS-Attribute regeln die Abstände und Rahmeneinstellungen beliebiger Elemente. Beachten Sie, dass sich Inline-Elemente wie `<span>...</span>` oder `<em>...</em>` hier anders verhalten als Block-Elemente wie `<p>...</p>` oder `<div>...</div>`, da Erstere im Fließtext platziert werden, während Letztere ihre eigenen Zeilen bilden.

▶ `margin-top`, `margin-bottom`, `margin-left`, `margin-right`

Diese vier Attribute bestimmen den Abstand des Bereichs zur Umgebung nach oben, unten, links und rechts. Der Wert ist numerisch. Alternativ gibt `margin` einen identischen Abstand auf allen vier Seiten an, wenn Sie nur einen Wert verwenden, oder Sie können vier durch Leerzeichen getrennte Einzelwerte angeben, die im Uhrzeigersinn (oben, rechts, unten, links) interpretiert werden.

▶ `padding-top`, `padding-bottom`, `padding-left`, `padding-right`

Diese Attribute geben den inneren Abstand eines Elements zu seinem Rand an. Auch hier ermöglicht ein einfaches `padding` eine einheitliche Angabe oder vier Einzelwerte für alle Seiten. Der Unterschied zu den `margin`-Einstellungen zeigt sich, wenn eine sichtbare Rahmenlinie verwendet wird: `padding` setzt den inneren Raum bis zu diesem Rahmen, während `margin` den Außenabstand des Rahmens zur Umgebung festlegt.

▶ `border-top`, `border-bottom`, `border-left`, `border-right`

Die Werte für diese Attribute sind eine durch Leerzeichen getrennte Liste von Linienattributen für den äußeren Rand auf der angegebenen Seite eines beliebigen Elements. Stattdessen können Sie mit `border` einen einheitlichen Rahmen auf allen vier Seiten festlegen.

Der erste Wert ist die Linienstärke mit den möglichen Werten `thin` (dünn), `medium` (mittel), `thick` (dick) oder einem beliebigen numerischen Wert. Alternativ kann dieser Wert in Stylesheets auch separat als `border-width` (beziehungsweise `border-top-width` etc.) angegeben werden.

Es folgt die Angabe des Linienstils. Möglich sind die folgenden Werte: `solid` (einfache durchgezogene Linie), `dotted` (gepunktet), `dashed` (gestrichelt), `double` (doppelter Rahmen) sowie die verschiedenen Reliefeffekte groove, ridge, inset und outset. Diese Angabe können Sie auch einzeln über das Attribut border-style setzen oder Angaben für die Rahmen auf den einzelnen Seiten machen, beispielsweise border-left-style.

Schließlich wird die Linienfarbe eingestellt. Hier ist jede beliebige HTML- oder CSS-Farbangabe möglich. Sie lässt sich auch als Einzelwert über border-color oder pro Seite durch Attribute wie border-left-color festlegen.

Hier zwei Beispiele, um das Ganze zu verdeutlichen:

```
border: medium solid #FF0000;
```

Auf allen vier Seiten sollen durchgezogene Randlinien mittlerer Dicke in Rot gesetzt werden.

```
border-top: 4 dashed #0000FF;
border-bottom: 4 dashed #0000FF;
border-left-width: 2;
border-left-style: dotted;
border-left-color: #009900
```

Diese verschiedenen Einstellungen sorgen (unter Nichtberücksichtigung des guten Geschmacks) dafür, dass oben und unten 4 Pixel dicke, gestrichelte blaue Randlinien erscheinen, während sich links eine nur 2 Pixel starke, gepunktete grüne Linie befindet.

### Farben und Bilder

Fast jedem Tag, zumindest jedem mit Textinhalt, können mithilfe der folgenden Angaben Text- und Hintergrundfarbe oder ein Hintergrundbild zugewiesen werden.

- color
  Stellt die Vordergrund- beziehungsweise Textfarbe ein.

- background-color
  Definiert die Hintergrundfarbe. Jedes beliebige Element kann individuell eingefärbt werden, sowohl absatzbildende Tags als auch Textauszeichnungselemente.

- background-image
  Legt ein Hintergrundbild für das Element fest. Der Wert ist die URL des Bildes im Format url('Pfadangabe').

- background-attachment
  Bestimmt, ob das Hintergrundbild fixiert oder mit der Seite gescrollt wird. Die entsprechenden Werte lauten fixed oder scroll, wobei Letzteres Standard ist.

- background-repeat
  Dieses Attribut bestimmt, ob und in welche Richtung ein Hintergrundbild gekachelt werden soll. Die zulässigen Werte sind repeat (in beide Richtungen kacheln), repeat-x (nur horizontal wiederholen), repeat-y (nur vertikal) oder no-repeat (keine Wiederholung, nur Einzelbild).

### 18.2.4 Layer erzeugen und positionieren

Eine zusätzliche Aufgabe von CSS besteht in der Definition von Eigenschaften für sogenannte *Dynamic-HTML-Layer*. Es handelt sich um unabhängige Ebenen, die frei über der eigentlichen Webseite »schweben« und beliebig positioniert werden können. Inzwischen werden sie auch als Ersatz oder Ergänzung von Tabellen zur Erstellung des Layouts eingesetzt. Nachdem ein Layer erstellt wurde, können seine CSS-Eigenschaften wie Position oder Sichtbarkeit mithilfe der Skriptsprache JavaScript nachträglich geändert werden (siehe Kapitel 20, »JavaScript und Ajax«).

Technisch gesehen, wird ein Layer durch ein `<div>`-Tag gebildet, das dafür ein `id`-Attribut mit einem eindeutigen Namen und die CSS-Eigenschaft `position` benötigt. Praktischerweise kann das `id`-Attribut auch gleich zur Definition der Stylesheet-Formatierung für den Layer über eine unabhängige Stildefinition verwendet werden.

Für Layer werden die folgenden speziellen Formate definiert:

▶ `position`
Abgesehen davon, dass ein `<div>` ohne diese Angabe kein Layer, sondern lediglich eine Art Container ist, legt das Attribut über seinen Wert die Art der Positionsangaben für den Layer fest: Der Wert `absolute` bedeutet, dass die Positionsangaben in Pixeln erfolgen, während `relative` sie in Prozent des Browserfensters angibt.

▶ `left`
Die x-Position des Layers, das heißt sein Abstand vom linken Seitenrand. Der Wert wird je nach `position`-Festlegung in Pixeln (zum Beispiel 100px) oder in Prozent (beispielsweise 30%) angegeben.

▶ `top`
Diese Eigenschaft gibt entsprechend die y-Position des Layers an, also den Abstand vom oberen Rand.

▶ Alternativ können auch `right` und `bottom` (der Abstand vom rechten beziehungsweise unteren Rand) verwendet werden.

▶ `z-index`
Dieses Attribut gibt die »Stapelreihenfolge« von Layern an: Je höher der Wert, desto weiter liegt der Layer im Vordergrund. Falls `z-index` weggelassen wird, werden die Layer des Dokuments einfach in der Reihenfolge gestapelt, in der sie im HTML-Code definiert werden.

▶ `float:left|right`
`float` bestimmt, dass ein Element von Text oder anderen Elementen umflossen werden soll. `right` beziehungsweise `left` gibt dabei die Richtung an – `float:left` bedeutet, dass das Element links von anderen steht und am rechten Rand umflossen wird, bei `float:right` ist es umgekehrt. `float` dient als Grundlage moderner Weblayouts, weil es dafür sorgt, dass Elemente mit einer festgelegten Breite sauber nebeneinander angeordnet werden können.

18 Webseitenerstellung mit HTML und CSS

▶ clear:left|right|both

clear ist gewissermaßen das Gegenstück zu float: Es sorgt dafür, dass ein vorheriges Floating aufgehoben wird und das Element wieder seinen eigenen Absatz bildet. In der Regel wird ein leeres `<div>` mit der passenden clear-Eigenschaft verwendet, bevor weitere float-basierte Elemente eine neue Zeile bilden.

**Layer-Beispiele**

Auf dem Bild *test.jpg*, das sich 100 Pixel vom oberen und 100 Pixel vom linken Rand entfernt befindet, soll der Text *Hallo* erscheinen.

Dazu werden zunächst in einem `<style>`-Block im Head die folgenden unabhängigen Formate definiert:

```
#bild {
    position: absolute;
    top: 100px;
    left: 100px;
    z-index: 1
}
#text {
    position: absolute;
    top: 110px;
    left: 110px;
    z-index: 2;
    font-size: 18pt;
    color: #FFFF00
}
```

Anschließend werden im Body des HTML-Dokuments die beiden Layer definiert:

```
<div id="bild"><img src="test.jpg" width="200" height="200" alt="Bild mit
Text darauf" /></div>
<div id="text">Hallo</div>
```

Das nächste Beispiel versieht einen Text mit einem Schlagschatten; der Text wird einmal in Dunkelgrau und einmal in einer anderen Farbe leicht verschoben übereinandergesetzt.

Als Erstes erfolgt wieder die Stylesheet-Definition im Head:

```
#schrift {
    position: absolute;
    top: 10px;
    left: 10px;
    z-index: 2;
    color: #FF0000;
    font-family: Arial, Helvetica, sans-serif;
```

```
    font-size: 24pt;
    font-weight: bold
}

#schatten {
    position: absolute;
    top: 14px;
    left: 7px;
    z-index: 1;
    color: #333333;
    font-family: Arial, Helvetica, sans-serif;
    font-size: 24pt;
    font-weight: bold
}
```

Diese Definitionen können nun folgendermaßen für Layer verwendet werden:

```
<div id="schrift">Wenn wir &uuml;ber den Schatten streiten,<br />
&uuml;bersehen wir das Wesentliche.<br />
-- Aesop</div>
<div id="schatten"> Wenn wir &uuml;ber den Schatten streiten,<br />
&uuml;bersehen wir das Wesentliche.<br />
-- Aesop </div>
```

Abbildung 18.4 zeigt die Darstellung beider Layer-Beispiele im gleichen HTML-Dokument. Dazu wurden lediglich die `z-index`-Werte angepasst, um vier verschiedene »Stufen« zu erhalten.

**Abbildung 18.4** Die beiden CSS-Layer-Beispiele in Aktion

**Ein komplettes Webseiten-Layout mit CSS**

Wie bereits erwähnt, wird CSS seit Langem nicht mehr nur für das Styling der einzelnen Text- und sonstigen Inhaltselemente verwendet, sondern auch für das Layout der Seite selbst. Im Folgenden sehen Sie ein einfaches Beispiel für ein solches CSS-Seitenlayout. Schematisch ist es so aufgebaut wie in Abbildung 18.5 gezeigt.

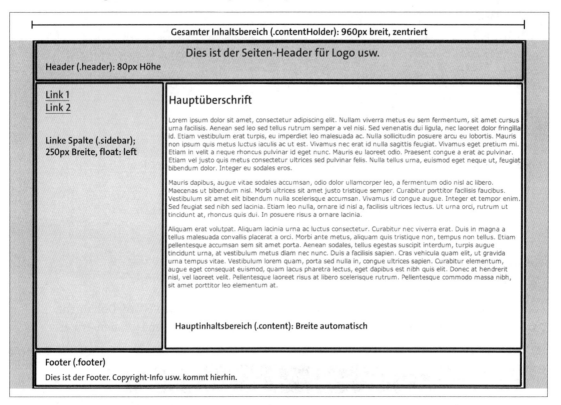

**Abbildung 18.5** Schematischer Aufbau des Webseiten-Layouts

Sämtlicher Inhalt befindet sich in einem Layer mit der CSS-Klasse `contentHolder`. Die Klasse ist auf der Seite zentriert und besitzt eine Breite von 960 Pixeln, was im CSS-Code wie folgt erreicht wird:

```
.contentHolder {
  width: 960px;
  margin-left: auto;
  margin-right: auto;
  background-color: #fff;
}
```

Wie Sie sehen, kommt für die Hintergrundfarbe Weiß die CSS-Kurzschreibweise `#fff` anstelle von `#ffffff` zum Einsatz.

Innerhalb des Inhaltsbereichs befinden sich vier Unterelemente, alle ebenfalls vom Typ `div`: der Header, die Sidebar für die Hauptnavigation, der Hauptinhaltsbereich und der Footer.

Der Header besitzt eine Höhe von 80 Pixeln, der Inhalt wird darin zentriert, und die Schriftgröße beträgt das 1,5-Fache der Basisgröße:

```
.header {
  height: 80px;
  text-align: center;
  font-size: 1.5em;
  background-color: #66f;
}
```

Die Sidebar erhält die Angabe `float: left`, damit der Hauptinhaltsbereich rechts daneben angeordnet wird. Die Breite wird auf 250 Pixel festgelegt und die Höhe auf mindestens 500 Pixel, damit die Seite auch bei wenig Inhalt ihre Form behält:

```
.sidebar {
  width: 250px;
  min-height: 500px;
  height: auto;
  margin-right: 10px;
  padding-left: 5px;
  float: left;
  font-size: 1.5em;
  background-color: #ccc;
}
```

Innerhalb der Sidebar wird eine ungeordnete Liste für die Navigationslinks verwendet – die bevorzugte semantische Darstellung von Navigationsleisten.[6] Mithilfe von passendem CSS wird die Standardlistendarstellung unterdrückt; `margin` und `padding` mit dem Wert 0 verhindern die übliche Einrückung, und `list-style-type: none` schaltet die Ausgabe von Aufzählungszeichen aus:

```
.sidebar ul {
  margin: 0;
  padding: 0;
  list-style-type: none;
}
```

Hier das gesamte HTML5-Dokument mit eingebettetem CSS:

---

6 Für horizontale Navigationsleisten können ebenfalls Listen zum Einsatz kommen – in diesem Fall werden die li-Elemente einfach mit float-Angaben formatiert.

```html
<!DOCTYPE html>
<html>
<head>
  <title>CSS-Beispiellayout</title>
  <meta charset="utf-8" />
  <style type="text/css">
  body {
    font-family: Verdana, Arial, Helvetica, sans-serif;
    font-size: 12px;
    background-color: #6f6;
  }
  .contentHolder {
    width: 960px;
    margin-left: auto;
    margin-right: auto;
    background-color: #fff;
  }
  .header {
    height: 80px;
    text-align: center;
    font-size: 1.5em;
    background-color: #66f;
  }
  .sidebar {
    width: 250px;
    min-height: 500px;
    height: auto;
    margin-right: 10px;
    padding-left: 5px;
    float: left;
    font-size: 1.5em;
    background-color: #ccc;
  }
  .sidebar ul {
    margin: 0;
    padding: 0;
    list-style-type: none;
  }
  .content {
    min-height: 500px;
    height: auto;
    padding-right: 10px;
  }
```

```
  .clear {
    clear: both;
  }
  </style>
</head>
<body>
  <div class="contentHolder">
    <div class="header">
      <div>Dies ist der Seiten-Header für Logo etc.</div>
    </div>
    <div class="sidebar">
      <ul>
        <li><a href="#">Link 1</a></li>
        <li><a href="#">Link 2</a></li>
    </div>
    <div class="content">
      <h1>Hauptüberschrift</h1>
      <p>Lorem ipsum …</p>
      <!-- restlicher Inhalt -->
    </div>
    <div class="clear"> </div>
    <div class="footer">
      <p>Dies ist der Footer. Copyright-Info etc. kommt hier hin.</p>
    </div>
  </div>
</body>
</html>
```

Wenn Sie dieses oder ein ähnliches Layout für eine ganze Website verwenden möchten, sollten Sie den CSS-Code in eine externe CSS-Datei auslagern.

In der Praxis können Sie anstelle eines solchen Eigenbaus auch vorgefertigte CSS-Frameworks wie YAML (*Yet Another Multicolumn Layout, http://www.yaml.de*) oder Twitter Bootstrap (*http://getbootstrap.com*) herunterladen und Ihr Layout darauf aufbauen.

### 18.2.5 Die wichtigsten Neuerungen in CSS3

Im Zusammenhang mit HTML5 wird auch an einer neuen CSS-Spezifikation namens *CSS3* gearbeitet. Genau wie die neue HTML-Version wird es bisher noch von keinem Browser voll unterstützt. Folgende Browserversionen unterstützen zumindest einen Teil:

▶ Mozilla Firefox seit Version 4

▶ Apple Safari seit Version 5

18   Webseitenerstellung mit HTML und CSS

- ► Microsoft Internet Explorer seit Version 10
- ► Microsoft Edge
- ► Opera seit Version 11
- ► Google Chrome

**Abgerundete Rahmen**

Die wahrscheinlich bekannteste Eigenschaft von CSS3 ist die Möglichkeit, Box-Elemente mit abgerundeten Ecken zu erstellen. Zuständig ist dafür die Eigenschaft `border-radius`. Die folgende CSS-Definition versieht `div`-Elemente mit der Klasse `round` mit einem Eckenradius von 10 Pixeln:

```
div.round {
  border-radius: 10px;
  padding: 5px;
  background-color: #FF0000;
  color: #FFFFFF
}
```

Wie Sie diese Definition auf ein `div` anwenden können, dürfte klar sein:

```
<div class="round">Dies ist ein div mit runden Ecken (in bestimmten
Browsern).</div>
```

**Web Fonts**

Eine weitere interessante Möglichkeit ist die Verwendung von Web Fonts, also das Mitliefern von Schriftartdateien. Dies war bereits Bestandteil der CSS2-Spezifikation, wurde jedoch mangels Browserunterstützung in Version 2.1 zunächst wieder entfernt. Zunächst muss die entsprechende True-Type- oder Open-Type-Schriftdatei mithilfe einer `@font-face`-Angabe eingebunden werden:

```
@font-face {font-family: Schriftname; src: url('Pfad-der-Schriftartdatei')}
```

Das folgende Beispiel bindet die Open-Type-Schrift Birch ein:

```
@font-face {font-family: Birch; src: url('BirchStd.otf')}
```

Wenn Sie Dateien für verschiedene Schnitte der Schrift – zum Beispiel fett oder kursiv – besitzen, können Sie diese unter Angabe der entsprechenden Eigenschaften separat laden. Das folgende Beispiel bindet die Bold-Variante ein:

```
@font-face {
  font-family: Birch;
  font-weight: bold;
```

1024

```
    src: url('BirchBold.otf')
}
```

Anschließend kann die so definierte Schrift wie üblich über die Eigenschaft `font-family` verwendet werden. Das folgende Beispiel wendet sie auf Elemente mit der Klasse `specialtype` an:

```
.specialtype { font-family: Birch }
```

Da nicht alle Browser Web Fonts unterstützen, sollten Sie wie üblich eine oder mehrere Standardschriften als Ersatz angeben. Beispiel:

```
.specialtype { font-family: Birch, Times New Roman, Times, serif }
```

Beachten Sie, dass Schriften urheberrechtlich geschützt sein können; solange sie nicht mit Ihrem Betriebssystem oder mit gekaufter Anwendungssoftware geliefert wurden, sollten Sie auf jeden Fall prüfen, ob diese frei verwendet werden dürfen.

### Sonstige neue CSS3-Eigenschaften

Einige weitere interessante neue Eigenschaften sind beispielsweise:

- `border-image` und `border-corner-image` ermöglichen das Festlegen von Bildern, die als Rahmen beziehungsweise Ecken verwendet werden.
- `opacity` (mit einem Float-Wert zwischen 0.0 und 1.0) gibt die Deckkraft an, mit der Elemente angezeigt werden sollen, wobei 0.0 für unsichtbar und 1.0 für voll deckend steht.
- `column-count` und `column-width` ermöglichen mehrspaltige Layouts in Blockelementen, wobei `column-count` die Anzahl der Spalten und `column-width` deren Breite angibt.
- `box-shadow` ermöglicht es, Boxen einen Schlagschatten hinzuzufügen.

Für manche der neuen Eigenschaften gibt es – auch für etwas ältere Browserversionen – browserspezifische Varianten, die mit dem Präfix `-moz` für Mozilla-Browser (Firefox & Co.) beziehungsweise `-webkit` für Webkit-basierte Browser (Chrome, Safari und andere) beginnen. Möchten Sie beispielsweise ein Rahmenbild in möglichst vielen Browsern anzeigen, dann können Sie Folgendes schreiben:

```
.decoratedBorder {
  border-image: url('border.png');
  -moz-border-image: url('border.png');
  -webkit-border-image: url('border.png')
}
```

### Neue Selektoren

Eine andere Neuerung in CSS3 betrifft Selektoren. Hier gibt es unter anderem die folgenden neuen Varianten:

▶ `Element1` ~ `Element2` trifft nur auf Elemente vom Typ `Element2` zu, wenn diesen ein `Element1` vorausgeht. Beispielsweise könnten Sie mit h1 ~ p spezielle Einstellungen für den ersten Absatz nach der Hauptüberschrift vornehmen.

▶ `Element1` > `Element2` trifft nur zu, wenn `Element2` ein direktes Kindelement von `Element1` ist, während die schon länger verfügbare Schreibweise `Element1` `Element2` nur besagt, dass `Element1` unter den Vorfahren von `Element2` vorkommen muss. div > img würde beispielsweise auf `<div><img/></div>` zutreffen, nicht aber auf `<div><p><img/> </p></div>`.

▶ `Element[Attribut]` findet alle Elemente des angegebenen Typs, bei denen das genannte Attribut gesetzt ist. Bei diesem und den folgenden Selektoren ist auch die Variante [Attribut...] möglich, wobei beliebige Elemente auf das gewünschte Attribut überprüft werden.

▶ `Element[Attribut=String]` wählt Elemente des entsprechenden Typs aus, bei denen das angegebene Attribut exakt den Wert String hat.

▶ `Element[Attribut^=String]` trifft nur auf Elemente des angegebenen Typs zu, die ein Attribut besitzen, dessen Wert mit dem angegebenen String beginnt. div[class^=box] würde beispielsweise auf `<div class="box_top" />` zutreffen, nicht aber auf `<div class= "top_box" />`.

▶ `Element[Attribut$=String]` funktioniert ähnlich, hier muss jedoch das Ende des Attributwerts dem String entsprechen.

▶ `Element[Attribut*=String]` schließlich trifft zu, wenn der String an irgendeiner Stelle im Attributwert vorkommt.

Eine weitere Gruppe von Selektoren behandelt die Position eines Elements innerhalb seines Elternelements:

▶ `Element:first-child` wählt das erste Kindelement des angegebenen Elements aus.

▶ `Element:last-child` dient entsprechend der Auswahl des letzten Kindelements.

▶ `Element:nth-child(n)` ermöglicht den Zugriff auf ein bestimmtes Kindelement – beispielsweise :nth-child(3) für das dritte oder :nth-child(3n) für jedes dritte.

Die Möglichkeit, bei :nth-child dynamische Werte angeben zu können, ermöglicht unter anderem Layouts mit einer bestimmten Spaltenzahl. Das folgende Beispiel stellt je drei `<div>`-Elemente mit fester Breite nebeneinander dar und setzt das nächste in eine neue Zeile:

```
div {
  width: 250px;
  margin-right: 20px;
  float: left;
}
div:nth-child(3n+1) {
  clear: left;
}
```

## Media Queries und Responsive Design

Mithilfe von *Media Queries* können Sie festlegen, dass bestimmte CSS-Angaben nur für bestimmte Ausgabemedien gelten sollen. Grundlegende Angaben über den Medientyp sind älter als CSS3; es war also schon recht lange möglich, etwa getrennte Stylesheets für die Bildschirm- und die Druckausgabe zu schreiben. Beispiel:

```
@media screen {
  /* CSS-Angaben für die Bildschirmausgabe */
}
@media print {
  /* CSS-Angaben für die Druckausgabe */
}
```

Neu in CSS3 sind dagegen komplexere Ausdrücke, die nicht nur die Angabe des Mediums ermöglichen, sondern auch Faktoren wie Farbe oder Schwarz-Weiß (insbesondere bei Druckern wichtig) sowie Display- beziehungsweise Fenstergröße. Letzteres ist Dreh- und Angelpunkt des sogenannten *Responsive Webdesigns*, bei dem keine separate Website für Mobilgeräte mehr erstellt wird. Stattdessen werden Media Queries für verschiedene Fensterbreiten verwendet, um Elemente ein- oder auszublenden und unterschiedlich zu formatieren.

Hier ein Beispiel, das div-Elemente innerhalb eines Bereichs mit der Klasse main-content je nach Display-Breite in einer oder zwei Spalten darstellt:

```
.content div {
  width: 250px;
}

@media screen and (min-width: 600px) {
  .content div {
    float: left;
    margin-right: 20px;
  }
  .content div:nth-child(2n+1) {
    clear: left;
  }
}
```

Wie Sie sehen, wird zunächst eine allgemeine Eigenschaft für div-Elemente innerhalb eines Elements mit der Klasse content festgelegt. Anschließend folgt eine Media Query, die nur gilt, wenn das Anzeigemedium der Bildschirm ist und die Mindestfensterbreite 600 Pixel beträgt. In diesem Fall wird jedes zweite div-Element mit einem float und einem clear versehen. Neben min-width können Sie beispielsweise auch die Eigenschaft max-width für eine Höchstbreite auswerten.

18 Webseitenerstellung mit HTML und CSS

Wenn Sie entsprechendes HTML erzeugen und die Seite in den Browser laden, werden Sie schon beim Breiter- und Schmälerziehen des Browserfensters bemerken, wie das Layout zwischen ein- und zweispaltigem Layout hin- und herwechselt.

In der Praxis müssen Sie auf einem Mobilgerät natürlich noch andere Besonderheiten beachten, die sich durch die Bedienung über einen Touchscreen im Gegensatz zur Maus- oder Trackpad-Steuerung auf einem herkömmlichen Computer ergeben. Beispielsweise funktionieren Mouseover-Effekte bei Touchscreen-Steuerung nicht.

## 18.3 Übungsaufgaben

Im Folgenden ist jeweils genau eine Antwort richtig.

1. Welche der folgenden Aussagen über den Head eines HTML-Dokuments ist zutreffend?

   ☐ Der Head enthält die Überschrift des Dokuments.

   ☐ Der Head enthält technische Informationen über das Dokument, aber nicht den sichtbaren Inhalt.

   ☐ Der Head besteht nur aus dem Titel des Dokuments.

   ☐ Der Head ist ein optionaler Bestandteil des Dokuments.

2. In welchem Teil des HTML-Dokuments können Bilder dargestellt werden?

   ☐ nur im Head

   ☐ im Head und im Body

   ☐ nur im Body

   ☐ bei klassischen HTML-Dokumenten nur im Body, bei XHTML auch im Head

3. Wo wird der Titel eines HTML-Dokuments normalerweise nicht angezeigt?

   ☐ in der Favoritenliste

   ☐ in der Titelleiste des Browserfensters

   ☐ als anklickbarer Link auf das entsprechende Dokument in einer Suchmaschine

   ☐ in der Statusleiste des Browserfensters, wenn ein Link auf dieses Dokument berührt wird

4. Welche der folgenden Regeln gilt für alle HTML-Dokumente, nicht nur für XHTML-Dokumente?

   ☐ Alle Tags müssen kleingeschrieben werden.

   ☐ Alle Attributwerte müssen einen Wert enthalten.

   ☐ Bevor der Body beginnt, muss der Head geschlossen werden.

   ☐ Jedes Tag, das geöffnet wird, muss auch wieder geschlossen werden.

## 18.3   Übungsaufgaben

5. Wie wird in einem HTML-Dokument ein Zeilenumbruch gesetzt?

   ☐ durch die Entity-Referenz `&break;`

   ☐ durch das Tag `<br />`

   ☐ Zeilenumbrüche im HTML-Code werden vom Browser übernommen.

   ☐ durch das Tag `<p>`

6. Welche Entity-Referenz steht in einem HTML-Dokument für das Zeichen `<`?

   ☐ `&less;`

   ☐ `&lt;`

   ☐ `&lessthan;`

   ☐ `&ltn;`

7. Welches HTML-Attribut sorgt bei einem Absatz oder einer Überschrift für Blocksatz?

   ☐ `justify="true"`

   ☐ `justification="on"`

   ☐ `align="justify"`

   ☐ Blocksatz ist in HTML nicht möglich.

8. Welches Tag gibt die Hauptüberschrift eines HTML-Dokuments an?

   ☐ `<htop> ... </htop>`

   ☐ `<p type="head" level="top"> ... </p>`

   ☐ `<h1> ... </h1>`

   ☐ `<mainhead> ... </mainhead>`

9. Was bewirkt das HTML-Tag `<pre> ... </pre>`?

   ☐ Es umfasst eine Definition in einer Definitionsliste.

   ☐ Sämtliche Leerzeichen und Zeilenumbrüche aus dem HTML-Code werden im Browser angezeigt.

   ☐ Es wird eine größere Schriftgröße verwendet.

   ☐ Es stellt einen Link auf die zuvor besuchte Seite (*previous*) dar.

10. Welches der folgenden HTML-Tags dient nicht der visuellen, sondern der logischen Auszeichnung?

    ☐ `<em> ... </em>`

    ☐ `<b> ... </b>`

    ☐ `<sub> ... </sub>`

    ☐ `<tt> ... </tt>`

11. Welches Tag ermöglicht die Unterstreichung von Text?

    ☐ `<underline> ... </underline>`

    ☐ `<font emphasis="underline"> ... </font>`

1029

18    Webseitenerstellung mit HTML und CSS

☐  `<u> ... </u>`

☐  Nur Hyperlinks werden automatisch unterstrichen, ansonsten ist Unterstreichung nicht möglich.

12. Welches der folgenden HTML-Tags bezeichnet eine nicht nummerierte Aufzählung?

☐  `<ol> ... </ol>`

☐  `<list> ... </list>`

☐  `<ul> ... </ul>`

☐  `<dl> ... </dl>`

13. Welchen der folgenden Typen von Aufzählungszeichen gibt es für nicht nummerierte Listen nicht?

☐  `disc`

☐  `circle`

☐  `square`

☐  `bullet`

14. Wie werden bei einer nummerierten HTML-Liste römische Zahlen als Aufzählungstyp angegeben?

☐  `type="I"`

☐  `numbers="roman"`

☐  `type="I,II,III"`

☐  `numbers="latin"`

15. Welches Tag gibt in einer Definitionsliste den zu definierenden Begriff an?

☐  `<dl> ... </dl>`

☐  `<dt> ... </dt>`

☐  `<dd> ... </dd>`

☐  `<li> ... </li>`

16. Welche der folgenden HTML-Farbangaben ist Gelb?

☐  `#FF00FF`

☐  `#99FF00`

☐  `#CC0066`

☐  `#FFFF00`

17. Welche Farben gehören zur Webpalette?

☐  nur reines Schwarz, Weiß, Rot, Grün, Blau, Cyan, Magenta und Gelb

☐  Farben, bei denen alle drei Einzelkomponenten durch 51 teilbar sind

☐  alle Farben der Windows-Systempalette

☐  alle Farben der RGB-Palette

1030

18.3 Übungsaufgaben

18. Wie lautet der korrekte Code für einen Hyperlink auf das Dokument *test.htm* im aktuellen Verzeichnis mit dem Link-Text *Test*?

☐ `<link url="test.htm" caption="Test" />`

☐ `<a href="test.htm">Test</a>`

☐ `<a name="Test" link="test.htm"></a>`

☐ `<link target="test.htm">Test</link>`

19. Die aktuelle Seite befindet sich im Verzeichnis "aktuell". Wie lautet die korrekte relative URL für einen Link auf *info.htm* im Verzeichnis *demo*, das sich wie *aktuell* im Wurzelverzeichnis der Site befindet?

☐ */demo/info.htm*

☐ *../aktuell/demo/info.htm*

☐ *aktuell/demo/info.htm*

☐ *../demo/info.htm*

20. Eine Webseite enthält einen Link auf die URL *www.google.de*. Warum funktioniert er nicht wie erwartet?

☐ Da die Protokollangabe *http://* fehlt, fordert der Browser eine Datei namens *www.google.de* im aktuellen Verzeichnis an.

☐ Links können nie auf die Homepage einer Website verweisen, sondern müssen ein konkretes Dokument anfordern – hier etwa *www.google.de/search*.

☐ Ein Hyperlink kann nicht auf eine externe Website verweisen, dazu ist JavaScript erforderlich.

☐ Externe Hyperlinks benötigen den Zusatz `external`.

21. Welche URL ermöglicht einen Hyperlink für eine Mail an *user@site.com*?

☐ *mail://user@site.com*

☐ *mailto:user@site.com*

☐ *smtp://user@site.com*

☐ *post:user@site.com*

22. Wie wird an einer bestimmten Stelle eines Dokuments ein Anker namens »mitte« angelegt, der Ziel eines Hyperlinks sein kann?

☐ `<a name="mitte"></a>`

☐ `<anchor>#mitte</anchor>`

☐ `<a href="mitte"></a>`

☐ `<mark name="#mitte" />`

23. Welches der folgenden Bilddateiformate wird neben GIF und JPEG noch in Browsern angezeigt?

☐ PSD

☐ TIFF

18   Webseitenerstellung mit HTML und CSS

☐ PNG

☐ EPS

24. Mit welchem der folgenden Befehle wird das Bild *foto.jpg*, das sich im selben Ordner befindet wie das HTML-Dokument, eingebettet?

☐ `<image>foto.jpg</image>`

☐ `<img src="foto.jpg" />`

☐ `<embed src="foto.jpg" />`

☐ `<object classid="clsid:BB2E617C-0920-11d1-9A0B-00C04FC2D6C1"><param name="image" value="foto.jpg"></object>`

25. Welches Attribut gibt einen Alternativtext an, der angezeigt wird, wenn das Bild nicht gezeigt werden kann?

☐ `alt`

☐ `text`

☐ `caption`

☐ `substitute`

26. Was bewirkt die Angabe `align="left"` bei einem Bild?

☐ Das Bild steht für sich allein am linken Fensterrand; der Text geht erst darunter weiter.

☐ Das Bild steht am linken Fensterrand, an seinem Fuß steht eine einzelne Textzeile.

☐ Das Bild steht am linken Fensterrand; sein Begrenzungsrechteck wird vom Text umflossen.

☐ Nur links neben dem Bild befindet sich Text.

27. Welches Tag beendet jegliches Umfließen von Bildern oder Tabellen?

☐ `<stop />`

☐ `<p float="stop">`

☐ das schließende Tag `</float>`

☐ `<br clear="all" />`

28. Wie wird ein Bild zur Server-Side Image Map?

☐ mit dem Tag `<map>` ... `</map>`

☐ mit dem Attribut `ismap`

☐ mit dem Attribut `usemap`

☐ Wenn es sich um eine Server-Side Image Map handelt, sind im HTML-Dokument keine besonderen Angaben erforderlich.

29. Welchen Wert kann das Attribut `shape` bei einer Client-Side Image Map nicht annehmen?

☐ `rect`

☐ `poly`

☐ circle

☐ oval

30. Was ist der Unterschied zwischen `<th>` ... `</th>` und `<td>` ... `</td>`?

☐ `<th>` ... `</th>` gibt es gar nicht.

☐ `<td>` ... `</td>` ist eine Tabellenzelle, `<th>` ... `</th>` eine Tabellenzeile (die mehrere Zellen enthält).

☐ `<th>` ... `</th>` ist eine spezielle Überschriftzelle.

☐ `<th>` ... `</th>` ist eine Zelle mit einer festgelegten Breite.

31. Mit welchem HTML-Tag lässt sich eine Tabellenbeschriftung erstellen?

☐ `<caption>` ... `</caption>`

☐ `<description />`

☐ `<tinfo>` ... `</tinfo>`

☐ `<subline />`

32. Welche vertikale Ausrichtung besitzt der Inhalt einer Tabellenzelle standardmäßig?

☐ oben

☐ mittig

☐ unten

☐ Es hängt von der Position der Zelle in der Tabelle ab.

33. Welches Tabellenattribut gibt den Abstand zwischen Zellinhalt und Zellrand an?

☐ cellpadding

☐ border

☐ cellspacing

☐ Dieser Abstand lässt sich nur über CSS einstellen.

34. Was bewirkt das Tabellenzellenattribut colspan?

☐ Es stellt die Pixelbreite der Zelle ein.

☐ Es gibt die Anzahl der Textspalten innerhalb der Zelle an.

☐ Es verbindet mehrere nebeneinanderliegende Zellen.

☐ Es stellt die prozentuale Breite der Zelle ein.

35. Welchen Tabellenabschnitt kennt HTML nicht?

☐ `<thead>` ... `</thead>`

☐ `<tmid>` ... `</tmid>`

☐ `<tbody>` ... `</tbody>`

☐ `<tfoot>` ... `</tfoot>`

36. Welche Angabe zur individuellen Anzeige von Trennlinien innerhalb der Tabelle gibt es nicht?

☐ rules="cols"

☐ rules="groups"

☐ rules="cells"

☐ rules="all"

37. Welches Attribut sorgt dafür, dass die Tabelle nur auf der linken Seite einen Rand hat?

☐ frame="left"

☐ frame="lhs"

☐ border="left"

☐ noborder="top, right, bottom"

38. Welche Bedeutung hat das Attribut action im <form>-Tag?

☐ Es definiert die Beschriftung des Absenden-Buttons.

☐ Es bestimmt die Formularart.

☐ Es ermöglicht das automatische Absenden des Formulars.

☐ Es legt die URL fest, an die das Formular versandt wird.

39. Wie werden die Daten versandt, wenn ein Formular die Versandmethode GET verwendet?

☐ als separater Datenblock im Body des HTTP-Requests

☐ als Anhang an die URL hinter einem ?

☐ GET versendet keine Formulardaten, sondern empfängt sie.

☐ Diese Versandmethode gibt es nicht; es gibt nur POST und PUT.

40. Welchen MIME-Type (Attribut enctype) benötigt ein Formular, das ein Datei-Upload-Feld enthält?

☐ multipart/form-data

☐ application/x-www-form-urlencoded

☐ text/upload

☐ form/fileupload

41. Welches der folgenden Formularelemente kann nicht per <input>-Tag erzeugt werden?

☐ Passwortfeld

☐ Radiobutton

☐ Auswahlmenü

☐ Absenden-Button

42. Welche Bedeutung hat das Attribut value bei einem Textfeld in einem Formular?

☐ Beschriftung des Textfeldes

☐ vorgegebener Inhalt des Textfeldes

☐ Textfelder haben kein `value`-Attribut.

☐ automatischer Inhalt, der durch einen Doppelklick eingefügt wird

43. Welches der folgenden Tags im Head gibt an, dass nach zehn Sekunden das Dokument *seite2.html* geladen werden soll?

☐ `<refresh wait="10000" href="seite2.html" />`

☐ `<reload wait="10" page="seite2.html" />`

☐ `<meta name="redirect" value="seite2.html?wait=10000" />`

☐ `<meta http-equiv="refresh" content="10;url=seite2.html" />`

44. Welches der folgenden Meta-Tags definiert keine spezifischen Informationen für Suchmaschinen?

☐ `keywords`

☐ `content-type`

☐ `description`

☐ `robots`

45. Welche der folgenden CSS-Definitionen kann es nicht geben?

☐ `h1 {...}`

☐ `h1,h2 {...}`

☐ `h2.box {...}`

☐ `h1:info {...}`

46. Welches der folgenden Schlüsselwörter bezeichnet in CSS keinen Zustand eines Hyperlinks?

☐ `hover`

☐ `clicked`

☐ `visited`

☐ `active`

47. Wie wird in CSS ein Kommentar gesetzt?

☐ `#Kommentar`

☐ `// Kommentar`

☐ `/* Kommentar */`

☐ `<!-- Kommentar -->`

48. Wie wird die externe Stylesheet-Datei *center.css* eingebettet?

☐ `<style type="text/css" src="center.css" />`

☐ `<a style="center.css"></a>`

☐ `<css url="center.css"></css>`

☐ `<link rel="stylesheet" href="center.css" />`

18    Webseitenerstellung mit HTML und CSS

49. Welche der folgenden Maßeinheiten ist in Stylesheets nicht zulässig?

☐  dd (Didot)

☐  px (Pixel)

☐  em (Geviert)

☐  in (Inch)

50. Welches CSS-Format gibt an, wie fett die Schrift sein soll?

☐  font-style

☐  text-decoration

☐  font-weight

☐  font-size

51. Welche CSS-Angabe definiert einen sichtbaren Rahmen um ein Element?

☐  margin

☐  border

☐  padding

☐  display

52. Welche Aufgabe hat das CSS-Format background-repeat?

☐  Die Hintergrundfarbe der vorangegangenen Seite soll wiederverwendet werden.

☐  Es soll die Hintergrundfarbe des übergeordneten Elements übernommen werden.

☐  Die Tabelle soll dasselbe Hintergrundbild erhalten wie das Dokument.

☐  Es gibt an, ob und in welche Richtung(en) das Hintergrundbild gekachelt wird.

# Kapitel 19
# Webserveranwendungen

*PHP is about as exciting as your toothbrush. You use it every day, it does the job, it is a simple tool, so what? Who would want to read about toothbrushes?[1]*
*— Rasmus Lerdorf*

Das Grundprinzip von Webserveranwendungen ist immer dasselbe: Wenn ein Benutzer eine bestimmte URL anfordert, die auf einen Teil einer solchen Anwendung verweist, liefert der Webserver nicht einfach ein fertiges Dokument aus. Stattdessen startet er irgendeine Art von Programm, das aus einer Vorlage und variablen Daten »on the Fly« eine Webseite erstellt, und liefert diese dynamisch erzeugte Seite an den Browser des Besuchers aus.

Bei dem Programm, das der Webserver aufruft, handelt es sich je nach verwendeter Serverlösung um ein externes Programm, das separat gestartet wird, oder aber um ein Modul des Webservers selbst. Letzteres ist erheblich effizienter – der Webserver kann die Anfrage selbst bearbeiten und muss kein separates Programm starten. Bedenken Sie, dass bei einem externen Programm für jeden Aufruf ein neuer Prozess gestartet wird, was bei vielen zeitgleichen Benutzern zu erheblichen Engpässen führen kann.

In diesem Kapitel wird zuerst die beliebte Webserver-Programmiersprache PHP vorgestellt. Da größere Webanwendungen so gut wie immer auf einer Datenbank basieren, wird zusätzlich die Zusammenarbeit mit dem Datenbankserver MySQL beschrieben. Im zweiten Abschnitt wird – ebenfalls mit PHP – eine REST-API implementiert, also ein moderner Webservice.

## 19.1 PHP

Die Sprache *PHP* ist eines der beliebtesten Werkzeuge zur Erstellung dynamischer Webinhalte für kleine und mittlere Websites. Der Name dieser 1995 von Rasmus Lerdorf unter der ursprünglichen Bezeichnung *Personal Homepage Tools* entwickelten Server-Skriptsprache steht inzwischen für das rekursive Akronym *PHP: Hypertext Preprocessor*.

Die Sprache ist für viele verschiedene Plattformen wie Windows und etliche Unix-Varianten verfügbar. Besonders verbreitet ist die Kombination aus dem Betriebssystem Linux, dem

---

1 »PHP ist ungefähr so aufregend wie deine Zahnbürste. Du benutzt sie jeden Tag, sie tut ihren Dienst, sie ist ein einfaches Werkzeug, also was soll's? Wer würde etwas über Zahnbürsten lesen wollen?«

Webserver Apache, der freien Datenbank MySQL und der Programmiersprache PHP (manchmal auch Perl oder Python) – kurz ein *LAMP-System*. Unter dem Betriebssystem Windows wird dieselbe Softwarekombination *WAMP* genannt. Wie Sie PHP in Ihrem Apache-Webserver installieren, wird in Kapitel 14, »Server für Webanwendungen«, beschrieben.

### 19.1.1 Sprachgrundlagen

Der PHP-Interpreter akzeptiert gewöhnliche HTML-Dateien, in denen speziell markierte PHP-Abschnitte verarbeitet und durch ihre Ausgabe ersetzt werden. Sie müssen also kein HTML ausgeben, sondern können PHP-Anweisungen an die passende Stelle des HTML-Dokuments schreiben. In größeren Anwendungen ist es allerdings sehr zu empfehlen, Logik und Ausgabe voneinander zu trennen. Solche Konstrukte sollten daher höchstens in reinen Ausgabedateien verwendet werden – wenn nicht ohnehin ein eigenständiges Template-System zum Einsatz kommt, das für die Ausgabe selbst kein PHP verwendet.

Der PHP-Code wird in einen Bereich hineingeschrieben, der folgendermaßen gekennzeichnet wird:

```
<?php
  // PHP-Anweisungen
?>
```

Ein solcher Bereich kann an einer beliebigen Stelle im HTML-Dokument stehen, sogar innerhalb von HTML-Tags oder ihren Attributwerten. Außerdem können sich HTML- und PHP-Blöcke an einer beliebigen Stelle und selbst innerhalb derselben Zeile abwechseln. Konstrukte wie das folgende sind ohne Weiteres möglich und in den besagten Ausgabedateien mitunter praktisch:

```
<?php if ($punkte > 100) { ?>
  <h2>Herzlichen Glückwunsch!</h2>
<?php } else { ?>
  <h2>Sie sollten noch üben!</h2>
<?php } ?>
```

Dieses Beispiel gibt die Überschrift »Herzlichen Glückwunsch!« aus, falls die Variable $punkte einen höheren Wert als 100 hat, ansonsten den Text »Sie sollten noch üben!«. Die folgende Schreibweise ist synonym, aber für eine reine Ausgabedatei unhandlicher:

```
<?php

  if ($punkte > 100) {
    echo "<h2>Herzlichen Glückwunsch!</h2>";
  } else {
```

```
    echo "<h2>Sie sollten noch üben!</h2>";
  }

?>
```

Das schließende PHP-Tag ?> können Sie übrigens beim letzten (oder einzigen) PHP-Block in einer Datei weglassen. Bei PHP-Dateien, die ausschließlich Programmlogik enthalten, ist dies sogar empfehlenswert. Whitespace hinter dem schließenden Tag könnte nämlich als Ausgabeinhalt interpretiert werden, sodass Mechanismen wie Weiterleitungen oder Cookies, die auf HTTP-Headern basieren, dann unter Umständen nicht mehr funktionieren.

Der Sprachkern von PHP wurde stark von Programmiersprachen wie C und Perl inspiriert. PHP war ursprünglich eine prozedurale Sprache, wurde aber in neueren Versionen um objektorientierte Merkmale erweitert.

Wie die meisten anderen Skriptsprachen ist PHP nicht typisiert, eine Variable kann also nacheinander Werte beliebiger Datentypen annehmen. Grundlegende Kontrollstrukturen wie Fallunterscheidungen und Schleifen funktionieren genau wie in C und in allen davon abgeleiteten Sprachen.

*Variablenbezeichner* beginnen grundsätzlich mit einem $-Zeichen. Anders als in Sprachen wie Perl gibt es keine besonderen Zeichen, die Arrays oder Hashes kennzeichnen (diese sind in PHP ohnehin dasselbe; ein Array kann sowohl Zahlen als auch andere Objekte als Indizes und Schlüssel verwenden). Hinter dem $ können Buchstaben, Ziffern und Unterstriche folgen; das erste Zeichen darf allerdings keine Ziffer sein. Es wird zwischen Groß- und Kleinschreibung unterschieden.

*Funktions- und Klassennamen* kommen dagegen ohne Dollarzeichen aus, abgesehen davon, werden Groß- und Kleinschreibung weder bei selbst definierten noch bei eingebauten Funktions- und Klassennamen unterschieden. Allerdings wäre es sehr schlechter Programmierstil, dies auszunutzen. Üblicherweise sollten Sie Variablen- und Funktionsbezeichner mit kleinem und Klassennamen mit großem Anfangsbuchstaben schreiben. Bestehen die Bezeichner aus mehreren Wörtern, sollten Sie *CamelCase* (Binnenmajuskeln für jedes neue Wort) verwenden und keine Unterstriche (also beispielsweise $myVariable anstelle von $my_variable).

### Variablendefinition und -verwendung

Eine Variable wird in PHP durch die erste Wertzuweisung (Initialisierung) erzeugt. Wertzuweisungen sehen genauso aus wie in den meisten anderen Programmiersprachen:

```
$test = 9;
$text = "hallo";
```

In dem Moment, in dem einer Variablen zum ersten Mal ein Wert zugewiesen wird, existiert sie. Eine Deklaration im eigentlichen Sinn gibt es nicht.

Variablen haben in PHP auch keinen festgelegten Datentyp. Sie können einer Variablen nacheinander verschiedene Arten von Werten zuweisen, zum Beispiel:

```
$a = 5;     // Ganzzahl
$a = 3.78;  // Fließkommazahl
$a = "hi";  // String
```

Mitunter werden die Werte von Variablen in einem neuen Zusammenhang automatisch anders interpretiert. Hier sehen Sie zwei Beispiele:

```
$b = "67";       // String, wegen Anführungszeichen
$c = $b + 9;     // Ergebnis: 76
$a = 22;         // Ganzzahl
$b = $a . "33";  // "2233"
```

Der Verkettungsoperator für Strings ist in PHP der Punkt (.) und nicht das in Java und JavaScript verwendete Pluszeichen, das häufig wegen der Verwechslung mit der numerischen Addition Ärger bereitet. Die meisten anderen Operatoren entsprechen ihrer Verwendung in C, Java und ähnlichen Sprachen. Genaueres über deren Operatoren erfahren Sie in Kapitel 9, »Grundlagen der Programmierung«.

Variablen gelten in PHP ab dem Zeitpunkt ihrer Wertzuweisung im gesamten Dokument. Es gibt keine untergeordneten Gültigkeitsbereiche innerhalb von Blöcken wie Fallunterscheidungen oder Schleifen. Die Ausnahme bilden Variablen, die innerhalb der im weiteren Verlauf des Kapitels behandelten Funktionen definiert werden. Sie sind lokal und gelten nur innerhalb der jeweiligen Funktion.

Ein wertvoller Helfer bei der Entwicklung von PHP-Skripten ist die Funktion var_dump($ausdruck, $ausdruck ...). Sie gibt die Datentypen und Inhalte von Variablen und anderen Ausdrücken in einer für Menschen lesbaren Form aus, selbst wenn es sich um boolesche Werte, Arrays oder sogar Objekte handelt. Hier ein Beispiel:

```
$a = "Hallo";   // String
$b = 42;        // Integer
$c = TRUE;      // boolescher Wert
$d = [1, 2, 3]; // Array - siehe nächsten Abschnitt
var_dump($a, $b, $c, $d);
```

Die Ausgabe lautet wie folgt:

```
string(5) "Hallo"
int(42)
bool(true)
array(3) {
  [0]=>
  int(1)
```

```
  [1]=>
  int(2)
  [2]=>
  int(3)
}
```

### Arrays

Wie in den meisten anderen Programmiersprachen gibt es auch in PHP die Möglichkeit, *Arrays* zu bilden. Ein Array ist eine Variable, die eine Liste von Werten enthält, auf die über einen *Index* zugegriffen werden kann. PHP unterscheidet nicht grundsätzlich zwischen einem gewöhnlichen Array mit numerischen Indizes und einem Hash, bei dem die Indizes Strings (oder andere Objekte) sind. In jedem Array können beide Indexarten gleichzeitig existieren.

Um ein klassisches Array mit numerischen Indizes zu erzeugen, genügt es, einem einzelnen Element dieses Arrays einen Wert zuzuweisen:

```
$monate[0] = "Januar";
```

Mithilfe der eingebauten Funktion `array()` können Sie auch gleich ein numerisches Array mit mehreren Elementen erzeugen:

```
$jahreszeiten = array(
  "Fruehling",
  "Sommer",
  "Herbst",
  "Winter"
);
```

Seit PHP 5.4 ist alternativ auch die folgende Schreibweise erlaubt, die heute bevorzugt eingesetzt werden sollte:

```
$jahreszeiten = [
  "Fruehling",
  "Sommer",
  "Herbst",
  "Winter"
];
```

Besonders interessant ist im Übrigen die Tatsache, dass Sie leere eckige Klammern anstelle eines konkreten Indexes verwenden können, um ein Element am Ende des Arrays anzufügen:

```
$wochentage[] = "Sonntag";
$wochentage[] = "Montag";
//etc.
```

Über die Funktion `array_push($array, $wert1, $wert2, ...)` können Sie aber auch eine Liste mehrerer Elemente am Ende des Arrays einfügen. Umgekehrt liefert die Funktion `array_pop($array)` das letzte Element des Arrays zurück und entfernt es aus dem Array.

Um einen Hash oder ein assoziatives Array zu erzeugen, können Sie ebenfalls mit der Zuweisung des Werts für ein einzelnes Element beginnen:

```
$monate['jan'] = "Januar";
```

Möchten Sie die Werte mehrerer Elemente gleichzeitig zuweisen, funktioniert dies mithilfe der folgenden Form der Funktion `array()`:

```
$wochentage = array(
  'So' => "Sonntag",
  'Mo' => "Montag",
  'Di' => "Dienstag",
  'Mi' => "Mittwoch",
  'Do' => "Donnerstag",
  'Fr' => "Freitag",
  'Sa' => "Samstag"
);
```

Die modernere und kürzere Schreibweise wäre entsprechend:

```
$wochentage = [
  'So' => "Sonntag",
  'Mo' => "Montag",
  'Di' => "Dienstag",
  'Mi' => "Mittwoch",
  'Do' => "Donnerstag",
  'Fr' => "Freitag",
  'Sa' => "Samstag"
];
```

Die Verwendung einfacher Anführungszeichen für die Indizes und doppelter für die Werte ist nicht vorgeschrieben, aber eine gängige Konvention. Innerhalb doppelter Anführungszeichen werden Variablen und alle üblichen Escape-Sequenzen ausgewertet, innerhalb von einfachen aber nicht (lediglich \' für ein einzelnes Anführungszeichen als solches und \\ für einen Backslash werden erkannt):

```
$geld = 100;
echo "Ich habe $geld $.";
  // Ausgabe: Ich habe 100 $.
echo 'Ich habe auch $geld $.';
  // Ausgabe: Ich habe auch $geld $.
```

Die Funktion count($array) – ein gültiges Synonym ist sizeof($array) – liefert die Anzahl der Elemente im Array zurück. Auf diese Weise können Sie alle Elemente eines numerischen Arrays in einer Schleife ausgeben, zum Beispiel folgendermaßen:

```php
$zimmer = [
  "Wohnzimmer",
  "Schlafzimmer",
  "Kinderzimmer",
  "Arbeitszimmer"
];
$zahl = count($zimmer);
for ($i = 0; $i < $zahl; $i++) {
  echo $zimmer [$i]."<br />";
}
```

Dieses kleine Beispiel gibt untereinander die Bezeichnungen der vier Zimmer aus. Bei Hashes sollten Sie dagegen eine andere Methode verwenden, die Elemente aufzuzählen: Die Funktion each($array) gibt bei jedem Aufruf das nächste Schlüssel-Wert-Paar zurück. Dieses Paar können Sie mithilfe von list() einer Liste aus zwei Variablen zuweisen. Das Ganze funktioniert so:

```php
$rechner = [
  'cpu' => "Intel Core i7",
  'ram' => "8192 MB DDR3 RAM",
  'hdd' => "Maxtor 500 GB",
  'dvd' => "16xDVD / 52xCD"
];
reset($rechner);  // Sicherheitshalber auf Anfang
while (list($key, $val) = each ($rechner)) {
  echo "$key: <b>$val</b><br />";
}
```

Noch klarer und einfacher sind foreach-Schleifen, die für die beiden Arrays folgendermaßen aussehen:

```php
foreach ($zimmer as $z) {
  echo "$z<br />";
}
foreach ($rechner as $key => $val) {
  echo "$key: <b>$val</b><br />";
}
```

Interessant ist, dass die Elemente eines PHP-Arrays stets eine von den Schlüsseln oder Indizes unabhängige, festgelegte Reihenfolge haben – nämlich diejenige, in der die Elemente hinzugefügt wurden. Betrachten Sie etwa folgendes Beispiel:

```
$a = [];
$a[3] = "Wert auf 3";
$a[1] = "Wert auf 1";
var_dump($a);
```

In den meisten Programmiersprachen ergäbe dies ein Array mit vier Elementen, bei dem die Indizes 0 und 2 leere Elemente (NULL oder dergleichen) enthalten, in der Reihenfolge [NULL, "Wert auf 1", NULL, "Wert auf 3"]. In PHP sieht das Ganze dagegen anders aus, wie die Ausgabe von var_dump() zeigt:

```
array(2) {
  [3]=>
  string(10) "Wert auf 3"
  [1]=>
  string(10) "Wert auf 1"
}
```

Für foreach() wird intern ein Zeiger oder Cursor verwendet, der auf das aktuelle Element in der inneren Reihenfolge zeigt. Sie können die entsprechenden Funktionen auch manuell von außen aufrufen, wie das folgende Beispiel zeigt:

```
<?php

$person = [
  'name' => "Schmitz",
  'vorname' => "Heinz",
  'stadt' => "Köln",
  'beruf' => "Sachbearbeiter"
];
reset($person);
do {
  printf("%s: %s\n", key($person), current($person));
} while (next($person));
```

Die Funktionen, die hier im Einzelnen zum Einsatz kommen, sind folgende:

▶ reset($array) setzt den Zeiger auf das erste Element zurück.

▶ key($array) liefert den Schlüssel an der aktuellen Position des Zeigers zurück.

▶ current($array) liefert den Wert an der aktuellen Position des Zeigers zurück.

▶ next($array) rückt den Zeiger um eine Position weiter und liefert den dortigen Schlüssel zurück oder FALSE, falls kein weiteres Element mehr vorhanden ist. Deshalb kann next() im Beispiel als Bedingung für die do/while-Schleife verwendet werden.

Die Ausgabe des Beispiels sieht so aus:

```
name: Schmitz
vorname: Heinz
stadt: Köln
beruf: Sachbearbeiter
```

Diese internen Details sind wichtig, wenn Sie eine eigene Klasse so aufbereiten möchten, dass ihre Objekte mit `foreach()` iterierbar sind. Wie dies funktioniert, erfahren Sie im Abschnitt »Interfaces der Standard PHP Library (SPL)« in Abschnitt 19.1.2.

Interessant ist auch noch die Funktion `explode()`. Sie funktioniert nach folgendem Schema:

```
$array = explode($trennString, $string);
```

Die Funktion zerlegt den String `$string` an den Stellen, an denen `$trennString` vorkommt, in die einzelnen Elemente des Arrays `$array`. Zum Beispiel:

```
$string = "a,b,c,d";
$array = explode(",", $string);
/* $array[0] ist "a"
   $array[1] ist "b"
   $array[2] ist "c"
   $array[3] ist "d" */
```

Wenn Sie anstelle eines einfachen Strings einen regulären Ausdruck als Trennzeichen angeben möchten, müssen Sie die Anweisung `preg_split($regexp, $array)` anstelle von `explode()` verwenden. Näheres zur Verwendung regulärer Ausdrücke in PHP lesen Sie im nächsten Abschnitt.

Die umgekehrte Aufgabe erledigt die Funktion `implode()`, die die Elemente eines Arrays – getrennt durch die angegebene Zeichenfolge – zu einem String zusammenfasst:

```
$string = implode($trennString, $array);
```

Hier sehen Sie ein Beispiel:

```
$array = ["So", "Mo", "Di", "Mi", "Do", "Fr", "Sa"];
$string = implode(", ", $array);
// $string ist "So, Mo, Di, Mi, Do, Fr, Sa";
```

Auch mehrdimensionale Arrays sind kein Problem. Das folgende Beispiel definiert die Variable `$jahr` als Aufzählung der Jahreszeiten mit ihren Monaten:

```
$jahr = [
  'fruehling' => ["März", "April", "Mai"],
  'sommer' => ["Juni", "Juli", "August"],
```

```
  'herbst' => ["September", "Oktober", "November"],
  'winter' => ["Dezember", "Januar", "Februar"]
];
```

Wenn Sie nun beispielsweise auf den zweiten Monat im Sommer zugreifen möchten, können Sie die Schreibweise `$jahr['sommer'][1]` verwenden – die Rückgabe lautet natürlich »Juli«.

Da Arrays eines der wichtigsten Elemente von PHP sind, gibt es zahllose Funktionen, um diese zu verarbeiten. Hier nur einige wichtige im Überblick:

▶ `array_push($array, $wert1, $wert2, ...)` hängt einen oder mehrere Werte am Ende des Arrays an. Wenn Sie nur einen Wert anhängen möchten, ist die Schreibweise mit den leeren eckigen Klammern allerdings bequemer.

▶ `array_pop($array)` entfernt das letzte Element des Arrays und liefert es als Wert zurück.

▶ `array_unshift($array, $wert1, $wert2, ...)` fügt einen oder mehrere Werte am Anfang des Arrays ein.

▶ `array_shift($array)` entfernt das erste Element aus dem Array und liefert es als Wert zurück.

▶ `sort($array)` sortiert das Array. Dabei wird das Original-Array sortiert und nicht etwa eine sortierte Fassung zurückgegeben. Es gibt zahlreiche Varianten der Sortierfunktion wie `rsort()` für absteigendes Sortieren, `ksort()` für Sortieren nach Schlüsseln anstelle von Werten oder sogar `usort()`, das mithilfe einer benutzerdefinierten Funktion sortiert. Betrachten Sie für Letzteres das folgende Beispiel:

```php
<?php

$personen = [
  ['name' => "Freeman", 'vorname' => "Morgan"],
  ['name' => "Freeman", 'vorname' => "Martin"],
  ['name' => "Cumberbatch", 'vorname' => "Benedict"],
  ['name' => "Dormer", 'vorname' => "Natalie"],
  ['name' => "Clarke", 'vorname' => "Emilia"],
  ['name' => "Jackman", 'vorname' => "Hugh"]
];
usort($personen, function($a, $b) {
  if ($a['name'] < $b['name']) {
    return -1;
  }
  if ($a['name'] > $b['name']) {
    return 1;
  }
  if ($a['vorname'] < $b['vorname']) {
```

```php
      return -1;
    }
    if ($a['vorname'] > $b['vorname']) {
      return 1;
    }
    return 0;
  });
foreach ($personen as $person) {
  printf("%s %s\n", $person['vorname'], $person['name']);
}
```

Wie Sie sehen, enthält das zu sortierende Array wiederum Arrays, die die Namen und Vornamen diverser Schauspielerinnen und Schauspieler enthalten, jeweils mit entsprechend benannten Schlüsseln. Das Array soll nun aufsteigend nach Nachnamen sortiert werden, und wenn die Nachnamen identisch sind, hilfsweise nach Vornamen. Dazu wird eine anonyme Funktion definiert, die zwei Argumente (zu vergleichende Werte) entgegennimmt, hier – wie meist üblich – als $a und $b bezeichnet. Sie soll −1 zurückgeben, wenn $a vor $b einsortiert werden soll, 1 für die umgekehrte Reihenfolge und 0, wenn die Werte identisch sind.

Die Schreibweise mit der verschachtelten anonymen Funktion ist erst seit PHP 5.3 zulässig, davor konnte man entweder den Namen einer Funktion als String angeben oder ein Array in der Form array($objekt, "methodenname") für die Verwendung in Klassen; beides ist alternativ immer noch möglich. Näheres über Funktionen sowie Klassen und Methoden erfahren Sie später in diesem Kapitel, und die Verwendung solcher Callbacks wird in Abschnitt 19.1.3, »Include-Dateien, Autoloader und Namespaces«, näher beschrieben.

Die Ausgabe des Beispiels sieht so aus:

```
Emilia Clarke
Benedict Cumberbatch
Natalie Dormer
Martin Freeman
Morgan Freeman
Hugh Jackman
```

▶ shuffle($array) erledigt das Gegenteil von sort() – das Array wird zufällig durchgemischt. Dazu hier ebenfalls ein kleines Beispiel, das ein 32er-Kartenspiel zunächst ungemischt und dann gemischt ausgibt:

```php
<?php

$kartendeck = array();

$farben = ['♣', '♠', '♡', '♢'];
```

```php
$werte = ['7', '8', '9', '10', 'B', 'D', 'K', 'A'];

foreach ($farben as $farbe) {
  foreach ($werte as $wert) {
    $kartendeck[] = "$farbe$wert";
  }
}

echo implode(" ", $kartendeck);
echo "\n\n";
shuffle($kartendeck);
echo implode(" ", $kartendeck);
echo "\n";
```

Die Sonderzeichen für die Kartenfarben können Sie unter macOS in den meisten Programmen über den Menüpunkt BEARBEITEN • EMOJIS UND SYMBOLE einfügen; auf Windows-Systemen ist die Zeichentabelle (*charmap.exe*) zuständig.

Hier der Vollständigkeit halber noch eine mögliche Ausgabe des Beispiels (natürlich werden die Karten jedes Mal anders gemischt):

```
♣7 ♣8 ♣9 ♣10 ♣B ♣D ♣K ♣A ♠7 ♠8 ♠9 ♠10 ♠B ♠D ♠K ♠A
♡7 ♡8 ♡9 ♡10 ♡B ♡D ♡K ♡A ♢7 ♢8 ♢9 ♢10 ♢B ♢D ♢K ♢A

♠8 ♣B ♢9 ♠A ♣8 ♢8 ♢7 ♣10 ♡A ♣A ♡8 ♣9 ♡10 ♢A ♠10 ♣D
♡7 ♣7 ♠B ♢D ♢K ♣K ♡9 ♠K ♢10 ♡D ♠7 ♡K ♠9 ♡B ♢B ♠D
```

### Perl-kompatible reguläre Ausdrücke

PHP besitzt traditionell mehrere Implementierungen regulärer Ausdrücke. Die leistungsfähigste von ihnen besteht aus Funktionen, deren Namen mit preg_ beginnen – es handelt sich um Perl-kompatible reguläre Ausdrücke (PCRE), also eine weitgehende Übernahme der besonders umfangreichen Regex-Bibliothek der Programmiersprache Perl. Die anderen Implementierungen gelten inzwischen als veraltet und sollten nicht mehr verwendet werden.

Die Funktion preg_match($regexp, $string) überprüft, ob der reguläre Ausdruck $regexp auf den String $string passt. Das folgende Beispiel gibt eine Meldung aus, falls $eingabe nicht komplett aus Ziffern besteht:

```php
if (preg_match('/\D/', $eingabe)) {
  echo "Dies ist keine Zahl!";
}
```

Innerhalb der String-Anführungszeichen steht der reguläre Ausdruck zwischen zwei // (Slashes) oder wahlweise zwischen anderen Trennzeichen wie ~~ oder Klammerpaaren. Runde Klammern haben den Vorteil, dass sie sich konsistent für den gesamten regulären Ausdruck als auch für Gruppierungen innerhalb desselben verwenden lassen. Hinter dem schließenden Trennzeichen können Modifikatoren stehen. Der wichtigste ist i, um Unterschiede zwischen Groß- und Kleinschreibung zu ignorieren. Das folgende Beispiel sucht nach »PHP« in beliebiger Schreibweise:

```php
if (preg_match('(php)i', $eingabe)) {
   echo("PHP gefunden!");
} else {
   echo("PHP nicht vorhanden!");
}
```

`preg_replace($regexp, $ersatz, $string[, $limit])` ersetzt den regulären Ausdruck `$regexp` in `$string` durch den Ersatztext `$ersatz`. Normalerweise wird jedes Vorkommen von `$regexp` ersetzt; der optionale Parameter `$limit` gibt die maximale Anzahl von Ersetzungen an. Die folgende Anweisung ersetzt in `$eingabe` jedes Vorkommen von »Perl« in beliebiger Schreibweise durch »PHP«:

```php
$eingabe = preg_replace('(perl)i', 'PHP', $eingabe);
```

Mithilfe von $n (mit n-Werten zwischen 0 und 99) können Sie sich im Ersatztext auf geklammerte Ausdrücke aus dem regulären Ausdruck beziehen. Das folgende Beispiel fügt an üblichen Stellen einer alten zehnstelligen ISBN Bindestriche ein:

```php
$isbn = preg_replace(
   '{(\d)(\d{5})(\d{3})(\d)}',
   "$1-$2-$3-$4",
   $isbn
);
```

Aus 3836214202 (einer unformatierten ISBN) würde so beispielsweise 3-83621-420-2.

### Kommentare

PHP unterstützt drei Arten von Kommentaren, um es Programmierern leicht zu machen, die verschiedene Sprachen beherrschen. Als Erstes wird der einzeilige Kommentar im C++-Stil unterstützt:

```php
// einzeiliger Kommentar
```

Dabei wird der Rest der Zeile ignoriert. Auch der mehrzeilige Kommentar im C-Stil ist erlaubt:

```php
/* mehr-
   zeiliger
   Kommentar */
```

Hier werden alle betroffenen Zeilen ignoriert. Eine spezielle Variante dieses Kommentars ist der sogenannte *Docblock-Kommentar*, der von einem Dokumentationsgenerator wie PHP-Documentor oder der empfehlenswerteren Neuentwicklung phpdox ausgewertet wird:

```
/**
 * Dokumentation ...
 * Mehr Dokumentation ...
 */
```

Docblock-Kommentare werden vor Klassen, Methoden, Funktionen oder Attribute geschrieben, und für jedes dieser Elemente gibt es eine Reihe von Annotationen, die mit einem @-Zeichen beginnen und spezielle Aspekte des jeweiligen Elements beschreiben. Hier zum Beispiel der Docblock-Header einer Methode oder Funktion mit einem Parameter und einem Rückgabewert:

```
/**
 * Return the square of the argument
 *
 * @param integer $value
 * @return integer
 */
function square($value) {
  return $value * $value;
}
```

Schließlich ist noch der einzeilige Kommentar im Stil von Python und den Unix-Shell-Sprachen zulässig:

```
# einzeiliger Kommentar
```

### Funktionen

Eine PHP-Funktion ist ein benannter Codeblock, der mit seinem Namen aufgerufen wird. Ständig wiederkehrende Anweisungsfolgen in Funktionen zu verpacken schafft Übersicht und schont Ressourcen, da eine Funktion innerhalb eines Skripts nur einmal kompiliert wird. Sie sollten Funktionen in einem PHP-Block zu Beginn Ihres Dokuments unterbringen oder sie in einer externen Include-Datei (wird in Abschnitt 19.1.3, »Include-Dateien, Autoloader und Namespaces«, beschrieben) speichern. Die allgemeine Syntax ist einfach:

```
function funktionsname() {
  // Anweisungen ...
}
```

Nach Ausführung der letzten Anweisung wird die Kontrolle an die aufrufende Stelle zurückgegeben. Wie bereits erwähnt, können Funktionen lokale Variablen enthalten: Jede Variable, die in einer Funktion verwendet wird, ist lokal – sogar dann, wenn im globalen Code eine gleichnamige Variable existiert. Betrachten Sie etwa den Wert der beiden Variablen namens $a im folgenden Beispiel:

```
function a_aendern() {
  $a = 9;   // lokales $a hat den Wert 9.
}


$a = 7;  // globales $a hat den Wert 7.
a_aendern();
// $a hat hier immer noch den Wert 7.
```

Möchten Sie innerhalb einer Funktion auf eine globale Variable zugreifen, müssen Sie am Anfang der Funktion ausdrücklich das Schlüsselwort global verwenden. Hier sehen Sie das zuvor gezeigte Beispiel noch einmal, allerdings wird innerhalb der Funktion auf die globale Variable $a zugegriffen:

```
function a_aendern() {
  global $a;
  $a = 9;   // globales $a hat nun den Wert 9.
}


$a = 7;  // globales $a hat den Wert 7.
a_aendern();
// $a hat jetzt den Wert 9.
```

Eine Funktion kann Parameter entgegennehmen. Zu diesem Zweck müssen Sie bei der Definition die Namen der gewünschten Parametervariablen in den Klammern des Funktionskopfes angeben:

```
function topCell($inhalt) {
  echo "<td valign=\"top\">$inhalt</td>";
}
```

Diese Funktion gibt den übergebenen Wert, der in der Parametervariablen $inhalt gespeichert wird, als Tabellenzelle mit der häufig verwendeten vertikalen Ausrichtung oben aus. Parametervariablen haben innerhalb der Funktion dieselbe Bedeutung wie lokale Variablen – der Standardfall beim Funktionsaufruf ist in PHP der *Call by Value*, das heißt die Übergabe eines Werts ohne Rückbezug auf die aufrufende Stelle. Betrachten Sie dazu das folgende Beispiel:

```
function halbieren($wert) {
  $wert /= 2;
}
```

```
$zahl = 9;  // $zahl hat den Wert 9.
halbieren ($zahl);
// $zahl hat weiterhin den Wert 9.
```

Dies gilt jedoch nur für einfache Datentypen; beim Einsatz von objektorientiertem PHP sind die übergebenen Objekte stets Referenzen und keine Kopien. Das folgende kurze Beispiel definiert zunächst eine Klasse namens Test mit einem öffentlichen Attribut $value, das den Anfangswert 41 erhält. Anschließend wird außerhalb der Klasse eine globale Funktion namens modifyValue() definiert, die das Attribut $value eines übergebenen Objekts um 1 erhöht. Schließlich wird Test instanziiert, modifyValue() wird mit der neuen Instanz als Argument aufgerufen, und der Wert des Attributs wird ausgegeben:

```
<?php
class Test {
  public $value = 41;
}

function modifyValue($test) {
  $test->value++;
}

$test = new Test();
modifyValue($test);
echo $test->value."\n";
```

Sie brauchen das Beispiel nicht im Browser aufzurufen, sondern können es auch mit

> **php Dateiname**

auf der Konsole starten. Diese Verwendung von PHP wird als *CLI* (*Command Line Interface*) bezeichnet; beachten Sie, dass es dafür eigene Konfigurationsdateien gibt, die Sie gegebenenfalls zusätzlich zu denjenigen für PHP im Webserver ändern müssen.

In jedem Fall lautet die Ausgabe 42, da die Instanz $test als Referenz übergeben wird. Näheres zur objektorientierten Programmierung in PHP erfahren Sie in Abschnitt 19.1.2, »Klassen und Objekte«.

Falls Sie für einfache Datentypen einen *Call by Reference* benötigen, also den Wert der Variablen verändern möchten, mit der die Funktion aufgerufen wird, müssen Sie der entsprechenden Parametervariablen bei der Funktionsdefinition ein &-Zeichen voranstellen. Wenn Sie die Funktion halbieren() folgendermaßen umschreiben, wird $zahl also tatsächlich halbiert:

```
function halbieren(&$wert) {
  $wert /= 2;
```

```
}
```

```
$zahl = 10;  // $zahl hat den Wert 10.
halbieren($zahl);
// $zahl hat nun selbst den Wert 5.
```

Beachten Sie bei einem Call by Reference, dass Sie der Funktion eine Variable übergeben müssen. Ein literaler Wert ist nicht gestattet und erzeugt eine Fehlermeldung.

Sie können Funktionsparametern Standardwerte zuweisen, um sie optional zu machen. Beim Aufruf können diese dann von rechts an weggelassen werden. Hier eine Variante der Tabellenzellen-Ausgabe, bei der Sie sich die vertikale Ausrichtung aussuchen können; 'top' ist Standard:

```
function tableCell($inhalt, $valign = 'top') {
  echo ("<td valign=\"$valign\">$inhalt</td>");
}
```

Eine oben ausgerichtete Zelle können Sie dabei ohne Angabe des zweiten Arguments erzeugen:

```
tableCell("Oben ausgerichtet");
```

Es schadet aber auch nichts, den Wert "top" dennoch anzugeben:

```
tableCell("Explizit oben ausgerichtet", "top");
```

Eine Funktion kann auch einen Wert zurückgeben, sodass Sie das Ergebnis an der aufrufenden Stelle in einem Ausdruck einsetzen können. Dafür ist die Anweisung return zuständig. Sie verlässt die Funktion sofort und gibt den entsprechenden Wert zurück. Hier ein Beispiel:

```
function verdoppeln($wert) {
   return $wert * 2;
}
```

Wenn Sie diese Funktion aufrufen, wird der Wert des übergebenen Arguments verdoppelt. Der fertig berechnete Ausdruck wird anschließend zurückgegeben. Sie können einen Aufruf dieser Funktion in einem beliebigen Ausdruck verwenden. Bevor dieser Ausdruck ausgewertet wird, erfolgt die Ausführung der Funktion, und es wird mit dem zurückgegebenen Wert weitergerechnet. Beispiel:

```
echo verdoppeln($zahl);
```

Diese Anweisung gibt den doppelten Wert der Variablen $zahl aus.

Die folgende Funktion zieht die n-te Wurzel aus einer Zahl. Wird der zweite Parameter weggelassen, wählt sie die Quadratwurzel (zweite Wurzel) als Standard:

```
function wurzel($zahl, $n = 2) {
  return pow($zahl, 1 / $n);
}
```

Probieren Sie die Funktion aus, indem Sie zum Beispiel die zweite und die dritte Wurzel aus 64 ziehen:

```
$w = wurzel(64);       // ergibt 8
$w = wurzel(64, 3);    // ergibt 4
```

Beachten Sie, dass eine Funktion mehrere return-Anweisungen enthalten kann, die von Fallentscheidungen abhängen. Sie benötigen noch nicht einmal else-Blöcke für solche if-Anweisungen, weil return die Ausführung der Funktion unmittelbar beendet. Die folgende Funktion macht sich das zunutze, um einen übergebenen Ausdruck daraufhin zu überprüfen, ob er ein Integer zwischen 1 und 4 ist:[2]

```
function antworttest($antwort) {
  if (!is_int($antwort)) {
    return FALSE;
  }
  if ($antwort < 1 || $antwort > 4) {
    return FALSE;
  }
  // An dieser Stelle kann $antwort nur OK sein.
  return TRUE;
}
```

In dem Beispiel wird als Erstes überprüft, ob $antwort überhaupt ein Integer ist – falls nicht, wird sofort FALSE zurückgegeben. Anschließend wird getestet, ob $antwort außerhalb des zulässigen Bereichs liegt – in diesem Fall erfolgt ebenfalls die Rückgabe von FALSE. Wenn keine der beiden if-Abfragen zutrifft, wird automatisch TRUE zurückgegeben.

Die verwendete eingebaute Funktion is_int() liefert übrigens true zurück, wenn es sich bei dem übergebenen Wert um einen Integer handelt, andernfalls false. In PHP steht eine Reihe solcher Funktionen zur Verfügung, um die Datentypen von Ausdrücken zu testen, beispielsweise is_string(), is_float(), is_numeric(), is_array(), is_object() oder is_null(), die das übergebene Argument daraufhin überprüfen, ob es ein String, eine Fließkommazahl, eine allgemeine Zahl, ein Array, ein Objekt (Instanz einer Klasse) oder NULL (leeres Element) ist.

Die verwandte Funktion empty() liefert TRUE zurück, wenn das untersuchte Element ein leerer String, die Zahl 0, ein leeres Array, FALSE oder NULL ist.

---

2 Wichtig: Benutzereingaben aus Webformularen sind grundsätzlich Strings, und eine Prüfung mit is_int() liefert FALSE zurück. Allerdings können Sie mit is_numeric() überprüfen, ob die Eingabe Zahlen enthält.

Eine ähnliche Aufgabe erfüllen die Funktionen isset() und isunset(), die überprüfen, ob eine Variable überhaupt jemals definiert wurde. Mithilfe der Anweisung unset() können Sie PHP sogar anweisen, eine Variable oder auch ein Element eines Arrays (anhand seines Indexes) vollständig zu vergessen.

### 19.1.2 Klassen und Objekte

Auch wenn PHP ursprünglich als prozedurale Skriptsprache entwickelt wurde, unterstützt sie seit der Version 4 eine einfache Art der Objektorientierung, die in PHP 5 – und nochmals in Version 5.3 – erheblich erweitert wurde. Sie können Klassen mit Eigenschaften, Methoden und Konstruktoren definieren und voneinander ableiten. Wenn Sie mit diesen Grundbegriffen der Objektorientierung nichts anfangen können, lesen Sie bitte Abschnitt 9.2, »Java«.

Das folgende Beispiel definiert eine Klasse namens Hyperlink, die einen HTML-Hyperlink kapselt, erzeugt zwei Objekte dieser Klasse und gibt deren Inhalt aus:

```
<?php

class Hyperlink {
  private $href = '';

  private $caption = '';

  public function __construct($href, $caption = '') {
    $this->href = $href;
    $this->caption = $caption;
  }

  public function __toString() {
    $caption = ($this->caption != '') ? $this->caption : $this->href;
    return sprintf(
      '<a href="%1$s" title="%2$s">%2$s</a>',
      $this->href,
      htmlspecialchars($caption)
    );
  }
}

$linkWithCaption = new Hyperlink(
  'http://www.rheinwerk-verlag.de',
  'Rheinwerk Verlag'
);
```

```
$linkWithoutCaption = new Hyperlink('http://www.heise.de');

printf("%s\n%s\n", $linkWithCaption, $linkWithoutCaption);
```

Wie Sie in diesem Beispiel sehen, wird eine Klasse mit dem Schlüsselwort `class` deklariert. Die Methoden sind einfache Funktionen, die in den Block der Klasse hineinverschachtelt werden; die Veröffentlichungsstufe `public` gibt dabei an, dass die Methoden von außen sichtbar sind. Ein Objekt einer Klasse wird über den Operator `new` erzeugt und ruft, falls vorhanden, den Konstruktor der Klasse auf (mehr darüber erfahren Sie im Folgenden). Der Zugriff auf Methoden und Attribute eines Objekts erfolgt mithilfe des Operators `->`.

Das Beispiel erzeugt die folgende HTML-Ausgabe:

```
<a href="http://www.rheinwerk-verlag.de" title="Rheinwerk Verlag">Rheinwerk Verlag
</a>
<a href="http://www.heise.de" title="http://www.heise.de">http://www.heise.de</a>
```

Eine Besonderheit in der gezeigten Klasse bildet die Methode `__toString()`. Es handelt sich um eine sogenannte *magische Methode*; sie wird automatisch aufgerufen, wenn die Instanz in einem String-Kontext verwendet wird – hier beispielsweise in der Ausgabe mithilfe von `printf()`. Der Konstruktor ist übrigens ebenfalls eine magische Methode; im weiteren Verlauf des Kapitels werden Sie noch weitere kennenlernen.

Beachten Sie in der Methode `__toString()` noch die beiden folgenden Besonderheiten:

▶ Es wird eine erweiterte Form von `sprintf()` verwendet, um die Ausgabe zu formatieren. Da die Link-Beschriftung `$caption` (explizite Beschriftung oder, falls sie leer ist, der Link selbst) zweimal benötigt wird – einmal für das Attribut `title` und einmal für die Textausgabe –, wird bei den jeweiligen Platzhaltern die Position angegeben: `%1$s` ist das erste Ersetzungselement (durch das `s` als String formatiert) und `%2$s` das zweite. Denken Sie daran, dass Sie das Dollarzeichen in doppelten Anführungszeichen escapen müssten – also beispielsweise %1$s anstelle von %1$s.

▶ Die Link-Beschriftung wird mithilfe von `htmlspecialchars()` escapet – das heißt, eventuell enthaltene HTML-Sonderzeichen werden durch ungefährliche Entity-Referenzen ersetzt; konkret < durch &lt;, > durch &gt;, & durch &amp; und " durch &quot;. Natürlich bedeutet dies, dass die Link-Beschriftung hier kein verschachteltes HTML enthalten könnte. Wann immer Benutzereingaben oder andere dynamische Inhalte in einem HTML-Kontext ausgegeben werden, sollten Sie diese jedoch in jedem Fall escapen. Alternativ können Sie auch mithilfe von `strip_tags($string)` die enthaltenen HTML-Tags entfernen. Die Funktion nimmt einen optionalen zweiten Parameter an, der die erlaubten HTML-Tags enthält – als String in einem Format wie beispielsweise `"<a><b><i>"`.

Als Attribute einer Klasse gelten automatisch alle Variablen, die in der Klasse, aber nicht innerhalb einer Methode definiert werden. Die Deklaration erfolgt entweder mit einer der

Veröffentlichungsstufen `public`, `protected` oder `private` oder mit dem Schlüsselwort `var` (veraltet). Aus einer Methode heraus wird das Schlüsselwort `$this` verwendet, um auf Attribute zuzugreifen. Im zuvor gezeigten Beispiel sind `$href` und `$caption` die beiden privaten Attribute. Das folgende Beispiel zeigt den Umgang mit einem Attribut genauer:

```php
class Test {
  private $value = 0;

  public function setValue($value) {
    $this->value = $value;
  }

  public function getValue() {
    return $this->value;
  }
}

$object = new Test();
$obj->setValue(2);
echo $obj->getValue();
```

Zunächst wird das private Attribut `$value` deklariert und mit dem Wert 0 initialisiert. Die öffentliche Methode `setValue()` ändert sie auf einen von außen angegebenen Wert. `getValue()` gibt den Inhalt von `$value` dagegen zurück. Achten Sie darauf, dass Sie den Variablennamen hinter `$this` und dem Zugriffsoperator `->` nicht mit einem weiteren Dollarzeichen versehen.

Falls Sie einen expliziten Konstruktor definieren möchten: Es handelt sich um eine Funktion mit dem speziellen Namen `__construct()` – mit zwei Unterstrichen. Innerhalb des Konstruktors werden typischerweise Initialisierungsarbeiten vorgenommen, die zu Beginn des Lebenszyklus eines Objekts erforderlich sind. Insbesondere können die übergebenen Parameter als Anfangswerte für die Attribute des Objekts gesetzt werden.

Das folgende Beispiel definiert drei Klassen namens `Table`, `Row` und `Cell`; sie definieren HTML-Tabellen sowie deren Zeilen und Zellen. Zwei der drei Klassen besitzen explizite Konstruktoren:

```php
<?php

class Table {
  private static $allowedAttributes = array(
    'title', 'style', 'border', 'cellpadding', 'cellspacing'
  );
```

```php
    private $attributes = array();

    private $rows = array();

    public function __construct($attributes = array()) {
      if (!empty($attributes)) {
        foreach ($attributes as $name => $value) {
          $this->addAttribute($name, $value);
        }
      }
    }

    public function addAttribute($name, $value) {
      if (in_array($name, self::$allowedAttributes)) {
        $this->attributes[$name] = $value;
      }
    }

    public function addRow(Row $row) {
      $this->rows[] = $row;
    }

    public function __toString() {
      $result = '<table';
      foreach ($this->attributes as $name => $value) {
        $result .= sprintf(
          ' %s="%s"',
          $name,
          htmlspecialchars($value)
        );
      }
      $result .= ">\n";
      foreach ($this->rows as $row) {
        $result .= $row->__toString()."\n";
      }
      $result .= "</table>\n";
      return $result;
    }
}

class Row {
  private $cells = array();
```

```php
    public function addCell(Cell $cell) {
      $this->cells[] = $cell;
    }

    public function __toString() {
      $result = "<tr>\n";
      foreach ($this->cells as $cell) {
        $result .= $cell->__toString()."\n";
      }
      $result .= "</tr>";
      return $result;
    }
  }

  class Cell {
    private static $allowedAttributes = array(
      'title', 'style', 'align', 'valign'
    );

    private $type = 'td';

    private $attributes = array();

    private $contents = '';

    public function __construct($contents, $type = 'td',
        $attributes = array()) {
      $this->contents = $contents;
      if ($type == 'th') {
        $this->type = 'th';
      }

      if (!empty($attributes)) {
        foreach ($attributes as $name => $value) {
          $this->addAttribute($name, $value);
        }
      }
    }

    public function addAttribute($name, $value) {
      if (in_array($name, self::$allowedAttributes)) {
        $this->attributes[$name] = $value;
      }
```

```php
    }

    public function __toString() {
      $result = '<'.$this->type;
      foreach ($this->attributes as $name => $value) {
        $result .= sprintf(
          ' %s="%s"',
          $name,
          htmlspecialchars($value)
        );
      }
      $result .= '>';
      $result .= $this->contents;
      $result .= sprintf("</%s>", $this->type);
      return $result;
    }
}

$table = new Table(array('border' => 2, 'cellpadding' => 4));
$row = new Row();
$row->addCell(new Cell('Zeile 1, Zelle 1'));
$row->addCell(new Cell('Zeile 1, Zelle 2'));
$table->addRow($row);
$row = new Row();
$row->addCell(new Cell('Zeile 2, Zelle 1'));
$row->addCell(new Cell('Zeile 2, Zelle 2'));
$table->addRow($row);
echo $table;
```

Zum Testen können Sie alle Klassen und den globalen Code in eine einzelne Datei schreiben. In realen Projekten empfiehlt es sich dagegen, jede Klasse in einer eigenen Datei zu speichern, die den Klassennamen trägt. In diesem Fall müssen die jeweils verwendeten Klassen mithilfe von Include-Anweisungen oder per Autoloader geladen werden (Näheres dazu erfahren Sie später).

Wie Sie sehen, beginnt das Beispiel mit der Klasse Table. Diese besitzt die Instanzattribute $attributes für die Attribute des <table>-Tags und $rows für die in der Tabelle enthaltenen Zeilen, also <tr>-Elemente.

Zusätzlich ist das statische Attribut $allowedAttributes enthalten, das die Liste der zulässigen Attribute enthält. Statische Attribute oder Klassenvariablen werden durch das Schlüsselwort static gekennzeichnet, und sie gehören nicht zu einzelnen Instanzen, sondern besitzen für die gesamte Klasse denselben Wert. Der Zugriff erfolgt innerhalb der Klasse mithilfe von self::$attribut und von außen – falls das Attribut public ist – mit

`Klasse::$attribut`. Statische Methoden können übrigens auf dieselbe Weise definiert und angesprochen werden.

Der Konstruktor von `Table` nimmt optional ein assoziatives Array mit Attributen entgegen. Diese werden – falls vorhanden – mithilfe der öffentlichen Methode `addAttribute()` hinzugefügt. Diese überprüft zunächst anhand von `self::$allowedAttributes`, ob ein Attribut mit dem angegebenen Namen zulässig ist, und fügt es in diesem Fall der Liste der Attribute hinzu.

Die Methode `addRow()` wird verwendet, um eine Tabellenzeile hinzuzufügen. Interessant ist hier die Angabe des Klassennamens `Row` vor dem eigentlichen Parameter. Es handelt sich um einen sogenannten *Type Hint*; wenn ein Argument übergeben wird, das keine Instanz von `Row` ist, führt dies zu einem Fatal Error. Type Hints sind seit PHP 5.1 verfügbar, und zwar für Klassen und Arrays (Schlüsselwort `array`). Wird einem solchen Parameter der Standardwert `NULL` zugewiesen, ist dieser Wert zusätzlich erlaubt. In Version 5.4 wurden auch Type Hints für einfache Datentypen wie Integer, String etc. eingeführt.

Auch hier wird die Methode `__toString()` verwendet, um die fertige Tabelle als String zurückzugeben. Bei der Ausgabe der Attribute wird nur der Wert escapet, der Name dagegen nicht, weil dieser bereits durch `addAttribute()` gefiltert wurde. Zum Hinzufügen der Zeilen wird wiederum deren `__toString()`-Methode aufgerufen.

Die Klasse `Row` ist wesentlich weniger umfangreich als `Table`, weil hier beispielsweise keine Attribute vorgehalten werden. Instanzen der Klasse enthalten ein Array von Zellen, die mithilfe von `addCell()` hinzugefügt werden können, und `__toString()` erledigt die Ausgabe unter Zuhilfenahme der gleichnamigen Methode in `Cell`.

`Cell` schließlich besitzt wieder Attribute, einen String mit dem Zellinhalt und schließlich das Attribut `$type`, das den Zelltyp (`<td>` oder `<tr>`) kapselt. Der Konstruktor nimmt den Inhalt, den Typ und ein Array mit Attributen entgegen. Die Parameter `$type` und `$attributes` sind optional und können von rechts an weggelassen werden. Beachten Sie, dass Zellen in dieser Implementierung keinen verschachtelten HTML-Code enthalten können, da der Inhalt mithilfe von `htmlspecialchars()` escapet wird.

Zum Schluss wird eine Instanz der Klasse `Table` erzeugt, und es werden Zeilen und Zellen hinzugefügt. Die Ausgabe erfolgt durch ein einfaches `echo $table`, da `__toString()` in diesem Fall wieder automatisch aufgerufen wird. Die HTML-Ausgabe des Beispiels sieht folgendermaßen aus:

```
<table border="2" cellpadding="4">
<tr>
<td>Zeile 1, Zelle 1</td>
<td>Zeile 1, Zelle 2</td>
</tr>
<tr>
<td>Zeile 2, Zelle 1</td>
```

```
<td>Zeile 2, Zelle 2</td>
</tr>
</table>
```

**Vererbung**

Die Vererbung funktioniert in PHP, ähnlich wie in Java, mithilfe des Schlüsselworts extends. Das folgende Beispiel leitet die Klassen Table, Row und Cell von der neuen Klasse HtmlTag ab, die die gemeinsame Funktionalität wie beispielsweise die Verwaltung der Attribute bereitstellt:

```php
<?php

class HtmlTag {
  protected static $allowedAttributes = array('title');

  protected $tagName = '';

  protected $attributes = array();

  protected $content = '';

  public function __construct($tagName, $attributes = array(),
      $content = '') {
    $this->tagName = $tagName;
    if (!empty($attributes)) {
      foreach ($attributes as $name => $value) {
        $this->addAttribute($name, $value);
      }
    }
    $this->content = $content;
  }

  public function addAttribute($name, $value) {
    if (in_array($name, self::$allowedAttributes)) {
      $this->attributes[$name] = $value;
    }
  }

  public function __toString() {
    $result = sprintf('<%s', htmlspecialchars($this->tagName));
    foreach ($this->attributes as $name => $value) {
      $result .= sprintf(
        ' %s="%s"',
```

```php
        htmlspecialchars($name),
        htmlspecialchars($value)
      );
    }
    if (!empty($this->content)) {
      $result .= ">\n";
      $result .= $this->content;
      $result .= sprintf("</%s>\n", htmlspecialchars($this->tagName));
    } else {
      $result .= " />\n";
    }
    return $result;
  }
}

class Table extends HtmlTag {
  private $rows = array();

  public function __construct($attributes = array()) {
    parent::__construct('table', $attributes);
    self::$allowedAttributes = array(
      'title', 'style', 'border', 'cellpadding', 'cellspacing'
    );
  }

  public function addRow(Row $row) {
    $this->rows[] = $row;
  }

  public function __toString() {
    foreach ($this->rows as $row) {
      $this->content .= $row->__toString();
    }

    return parent::__toString();
  }
}

class Row extends HtmlTag {
  private $cells = array();

  public function __construct($attributes = array()) {
    parent::__construct('tr', $attributes);
  }
```

```php
  public function addCell(Cell $cell) {
    $this->cells[] = $cell;
  }

  public function __toString() {
    foreach ($this->cells as $cell) {
      $this->content .= $cell->__toString();
    }
    return parent::__toString();
  }
}

class Cell extends HtmlTag {
  public function __construct($content, $type = 'td',
      $attributes = array()) {
    if ($type != 'td' && $type != 'th') {
      $type = 'td';
    }
    parent::__construct($type, $attributes, $content);
    self::$allowedAttributes = array(
      'title', 'style', 'align', 'valign'
    );
  }
}

$table = new Table(array('border' => 1, 'cellpadding' => 4));
$table->addAttribute('style', 'background-color: #ff0;');
$row1 = new Row();
$row1->addCell(new Cell('Hello World!'));
$row1->addCell(new Cell('New Table'));
$table->addRow($row1);
$row2 = new Row();
$row2->addCell(new Cell('Top content', 'td', array('valign' => 'top')));

$row2->addCell(new Cell('Normal content'));
$table->addRow($row2);
echo $table;
```

Die Attribute von HtmlTag sind als protected deklariert, damit der Zugriff von den abgeleiteten Klassen aus möglich bleibt. Das Überschreiben der Inhalte in den statischen Attributen ist übrigens nicht durch erneute Deklaration möglich, sondern muss – wie in den Klassen Table und Cell gezeigt –im Konstruktor erfolgen. Der Konstruktor der Elternklasse wird nicht automatisch aufgerufen, sondern muss implizit in der Form parent::__construct()

aufgerufen werden, falls er benötigt wird. Entsprechend werden Methoden der Elternklasse mit `parent::methode()` angesprochen.

Die HTML-Ausgabe des Beispiels sieht so aus:

```
<table style="background-color: #ff0;">
<tr>
<td>
Hello World!</td>
<td>
New Table</td>
</tr>
<tr>
<td valign="top">
Top content</td>
<td>
Normal content</td>
</tr>
</table>
```

### Magische Methoden

Zuvor wurde bereits die magische Methode `__toString()` gezeigt, die automatisch aufgerufen wird, wenn Sie eine Instanz im String-Kontext verwenden. PHP kennt noch andere magische Methoden. Hier die wichtigsten im Überblick:

▶ `__get($name)` wird aufgerufen, wenn ein Lesezugriff auf ein nicht vorhandenes öffentliches Attribut einer Instanz erfolgt, also `$instanz->attribut`. Innerhalb der Methode können Sie anhand des in `$name` stehenden Attributnamens entscheiden, was Sie zurückgeben möchten – sogar die nachträgliche Initialisierung von Attributen ist auf diese Weise möglich.

▶ `__set($name, $value)` kommt entsprechend beim Schreibzugriff auf ein nicht vorhandenes Attribut zum Tragen, das heißt bei einer Wertzuweisung der Form `$instanz >attribut = $value`. Dabei steht der Attributname in `$name` und der Wert in `$value`.

▶ `__isset($name)` wird aufgerufen, wenn Sie `isset()` auf ein nicht vorhandenes Attribut aufrufen, also `isset($instanz->attribut)`.

▶ `__unset($name)` schließlich kommt bei einem `unset()`-Aufruf auf ein nicht definiertes Attribut zum Einsatz, das heißt bei `unset($instanz->attribut)`.

▶ `__call($name, $arguments)` wird beim Zugriff auf eine nicht definierte Methode einer Instanz aufgerufen. Der Methodenname steht dabei in `$name`, während sämtliche Argumente im Array `$arguments` gesammelt werden.

Hier eine kurze Beispielklasse, die alle diese magischen Methoden implementiert, und etwas Hauptprogrammcode, der die Methoden testet:

**19** Webserveranwendungen

```php
<?php

class Magics {
  private $data = array();

  public function __get($name) {
    printf("Attribut '%s' angefordert.\n", $name);
    return $this->data[$name];
  }

  public function __set($name, $value) {
    printf("Attribut '%s' wird auf Wert '%s' gesetzt.\n", $name, $value);
    $this->data[$name] = $value;
  }

  public function __isset($name) {
    printf("Ist Attribut '%s' gesetzt?\n", $name);
    return isset($this->data[$name]);
  }

  public function __unset($name) {
    printf("Attribut '%s' wird vergessen.\n", $name);
    unset($this->data[$name]);
  }

  public function __call($name, $arguments) {
    printf("Aufruf der Methode %s() mit folgenden Argumenten:\n", $name);
    foreach ($arguments as $argument) {
      printf("- %s\n", $argument);
    }
  }
}

$magics = new Magics();
// __get
$magics->testAttribute = 42;
// __set
printf("%d\n", $magics->testAttribute);
// __isset
var_dump(isset($magics->testAttribute));
// __unset
unset($magics->testAttribute);
// Noch einmal __isset
var_dump(isset($magics->testAttribute));
```

```
// __call
$magics->testMethod("Argument 1", "Argument 2", "Argument 3");
```

Das Programm ist für die Ausführung auf der Kommandozeile konzipiert – ansonsten sollten Sie die Zeilenumbrüche durch <br /> anstelle von \n darstellen – und gibt dort Folgendes aus:

```
Attribut 'testAttribute' wird auf Wert '42' gesetzt.
Attribut 'testAttribute' angefordert.
42
Ist Attribut 'testAttribute' gesetzt?
bool(true)
Attribut 'testAttribute' wird vergessen.
Ist Attribut 'testAttribute' gesetzt?
bool(false)
Aufruf der Methode testMethod() mit folgenden Argumenten:
- Argument 1
- Argument 2
- Argument 3
```

Wie Sie sehen, verwendet die Klasse Magics das Array-Attribut $data, um die durch __set() gesetzten Werte zu speichern, wobei die verwendeten Attributnamen als Schlüssel verwendet werden. Die anderen Attribut-Methoden greifen ebenfalls auf dieses Array zu, um den Wert zu einem Schlüssel zurückzuliefern (__get), einen bestimmten Schlüssel zu entfernen (__unset) beziehungsweise zu überprüfen, ob der Schlüssel existiert (__isset). Alle magischen Methoden nehmen eine Debug-Ausgabe vor, damit Sie sehen, dass sie aufgerufen werden. __call() enthält sogar nur diese Debug-Ausgabe und erfüllt in dieser Implementierung keinen praktischen Nutzen.

### Interfaces der Standard PHP Library (SPL)

Die *Standard PHP Library* (SPL) ist eine mit PHP 5 eingeführte und im Laufe der Unterversionen erweiterte Bibliothek zur Lösung alltäglicher Programmieraufgaben. Die SPL gehört zum automatisch vorhandenen Sprachkern von PHP und braucht nicht importiert zu werden. Sie definiert diverse Konstanten, Klassen, Interfaces und Funktionen, die Sie benutzen können. In diesem Unterabschnitt werden drei einfache Interfaces vorgestellt, die sogar schon vor der formalen Definition der SPL in PHP vorhanden waren, aber die Grundlage für viele SPL-Funktionen bilden:

▶ ArrayAccess ermöglicht es Ihnen, Klassen so zu schreiben, dass man auf ihre Instanzen wie auf Arrays zugreifen kann, nämlich mit dem Indexoperator [].

▶ Iterator liefert die nötigen Hilfsmittel, um die »Array-Elemente« einer Instanz der Klasse mit foreach() iterieren zu können.

▶ Countable schließlich dient dem Zählen der Array-Elemente mit count().

## 19 Webserveranwendungen

Ein Interface funktioniert in PHP genauso wie in Java: Es deklariert eine Reihe von Methodensignaturen, und Klassen, die ein Interface implementieren, müssen die entsprechenden Methoden enthalten. Dafür wird – ebenfalls wie in Java – das Schlüsselwort `implements` verwendet.

Tabelle 19.1 enthält eine Übersicht über alle Methoden, die Sie für die einzelnen Interfaces implementieren müssen.

| Interface | Methode | Aufgabe |
|---|---|---|
| ArrayAccess | offsetSet($key, $value) | den Wert $value für den Schlüssel $key setzen; wird bei Schreibzugriffen mit Indexoperator aufgerufen |
| | offsetGet($key) | den Wert für den Schlüssel $key zurückliefern; wird bei Lesezugriffen mit Indexoperator aufgerufen |
| | offsetExists($key) | TRUE zurückliefern, wenn der Schlüssel $key existiert, ansonsten FALSE; wird bei isset() auf Elemente mit Indexoperator aufgerufen |
| | offsetUnset($key) | den Wert für den Schlüssel $key löschen; wird bei unset() auf Elemente mit Indexoperator aufgerufen |
| Countable | count() | die Anzahl der Array-Elemente; wird bei count() auf das Objekt aufgerufen |
| Iterator | rewind() | den internen Array-Zeiger auf die Anfangsposition setzen; wird bei reset() oder am Anfang von foreach() aufgerufen |
| | current() | den Wert für die aktuelle Position des Zeigers zurückliefern |
| | key() | den Schlüssel an der Position des Zeigers zurückliefern |
| | next() | den Zeiger um eine Position vorrücken und den Wert für diese Position zurückliefern |
| | valid() | TRUE zurückliefern, wenn sich an der aktuellen Zeigerposition ein Wert befindet, ansonsten FALSE |

**Tabelle 19.1** Die Methoden der Interfaces »ArrayAccess«, »Countable« und »Iterator«

Hier ein Beispiel, das die drei Interfaces implementiert und ein privates Array-Attribut für die Datenhaltung verwendet:

```php
<?php

class LikeAnArray implements ArrayAccess, Countable, Iterator {
  private $data = array();

  // ArrayAccess-Methoden

  public function offsetSet($offset, $value) {
    $this->data[$offset] = $value;
  }

  public function offsetGet($offset) {
    return $this->data[$offset];
  }

  public function offsetExists($offset) {
    return isset($this->data[$offset]);
  }

  public function offsetUnset($offset) {
    unset($this->data[$offset]);
  }

  // Countable-Methode

  public function count() {
    return count($this->data);
  }

  // Iterator-Methoden

  public function rewind() {
    reset($this->data);
  }

  public function current() {
    return current($this->data);
  }

  public function key() {
```

```
    return key($this->data);
  }

  public function next() {
    return next($this->data);
  }

  public function valid() {
    return $this->current() !== FALSE;
  }
}

$arr = new LikeAnArray();
$arr['beispielschluessel1'] = 'Wert 1';
$arr['beispielschluessel2'] = 'Wert 2';
printf("Es gibt %d Elemente:\n", count($arr));
foreach ($arr as $key => $value) {
  printf("- %s: %s\n", $key, $value);
}
```

Nach den Erläuterungen der einzelnen Methoden in der Tabelle müsste der Code eigentlich selbsterklärend sein. Hinter der eigentlichen Klassendefinition steht wieder ein wenig Beispielcode, der die Verwendung der Klasse demonstriert. Seine Ausgabe lautet:

```
Es gibt 2 Elemente:
- beispielschluessel1: Wert 1
- beispielschluessel2: Wert 2
```

### 19.1.3   Include-Dateien, Autoloader und Namespaces

Damit die Objektorientierung ihren Hauptnutzen entfalten kann, nämlich den der einfachen Wiederverwendbarkeit von Code, sollten Sie die Klassendefinitionen in externe Dateien schreiben, die Sie zur Laufzeit importieren können. Eine externe Datei wird mithilfe der Anweisungen require() oder include() importiert. Der Unterschied besteht darin, dass require() für unkonditionale Includes am Dateibeginn eingesetzt wird, include() dagegen für konditionale innerhalb von Funktionen oder Methoden.

Bei größeren PHP-Projekten empfiehlt es sich, include_once() beziehungsweise require_once() anstelle des einfachen include() oder require() zu verwenden – diese Variante sorgt dafür, dass jede benötigte Datei nur einmal inkludiert wird, was Speicher und Rechenzeit spart.

Der Pfad wird durch die zuerst vom Interpreter aufgerufene Datei festgelegt; zusätzlich werden die Verzeichnisse des in der Konfigurationsdatei *php.ini* festgelegten include_path durchsucht. Es ist daher keineswegs sichergestellt, dass der Import ohne Pfadangabe funktioniert, nur weil sich zwei Dateien im selben Verzeichnis befinden. Deshalb sollten Sie dem Pfad in einem solchen Fall die Pseudokonstante __DIR__ voranstellen, die für das Verzeichnis der aktuellen Datei steht.[3]

Das folgende Beispiel importiert die Datei *Table.php*, die sich im selben Verzeichnis befindet wie die aktuelle Datei:

```
require_once(__DIR__.'/Table.php');
```

Obwohl es in PHP keine Pflicht ist wie in Java, ist es auch hier empfehlenswert, Klassen- und Dateinamen übereinstimmen zu lassen. Üblicherweise wird ein mehrgliedriger CamelCase-Klassenname dabei in entsprechenden Unterverzeichnissen gespeichert. Angenommen, die Klasse Table hieße OutputHtmlTable. Dann wäre es eine gute Idee, sie innerhalb des Projektverzeichnisses als *Output/Html/Table.php* zu speichern.

Wenn Sie solche Namenskonventionen einhalten, können Sie einen *Autoloader* schreiben, der die benötigten Klassen automatisch lädt, sobald sie gebraucht werden. Es handelt sich dabei um eine magische Funktion[4] namens __autoload(); die Datei, in der sie steht, muss ihrerseits natürlich durch ein manuelles Include geladen werden. Für die hier behandelte Namenskonvention könnte die Funktion so aussehen, wenn sie im obersten Verzeichnis der Webanwendung steht, das heißt noch über dem Verzeichnis *Output*:

```
function __autoload($className) {
  $classPath = preg_replace('(([A-Z]))', '/$1', $className);
  require_once(__DIR__.$classPath.'.php');
}
```

Hier werden alle Großbuchstaben mithilfe von preg_replace() durch Slashes gefolgt von dem jeweiligen Großbuchstaben ersetzt.

Seit PHP 5.3 sind *Namespaces* verfügbar. Ein Namespace oder Namensraum dient der logischen Unterteilung von Klassenbezeichnern; das Konzept ähnelt beispielsweise den Packages in Java. Mit Namespaces könnten Sie die Klasse Output\Html\Table nennen, das heißt, sie läge im Unter-Namespace Html des Namespaces Output. Dazu muss der Namespace als erste Anweisung im Skript deklariert werden:

---

3  __DIR__ wurde erst in der PHP-Version 5.3 neu eingeführt; in älteren Versionen können Sie stattdessen dirname(__FILE__) schreiben – die Funktion dirname() gibt den Verzeichnisteil eines Pfades zurück, und __FILE__ ist der absolute Pfad der aktuellen Datei. Beachten Sie, dass __DIR__ und __FILE__ vorn und hinten mit je zwei Unterstrichen geschrieben werden.

4  Im Unterschied zu __get() und Ähnliches handelt es sich nicht um eine magische Methode, weil __autoload() nicht innerhalb einer Klasse deklariert wird.

**19  Webserveranwendungen**

```php
<?php
namespace Output\Html;

class Table {
  // ...
}
```

Der Autoloader müsste dann wie folgt angepasst werden:

```php
function __autoload($className) {
  $classPath = str_replace('\\', '/', $className);
  require_once(__DIR__.$classPath.'.php');
}
```

Hier genügt das einfache `str_replace()` anstelle von `preg_replace()`, weil lediglich die Backslashes durch Slashes ersetzt werden.

Die SPL enthält eine Funktion namens `spl_autoload_register()`, mit der Sie beliebig viele Autoloader-Funktionen registrieren können. Diese werden als Callbacks angegeben, also in einer der folgenden Formen:

▸ `spl_autoload_register("funktionsname")` für eine alleinstehende Funktion außerhalb einer Klasse,

▸ `spl_autoload_register($objekt, "funktionsname")` für eine Methode eines gegebenen Objekts (einschließlich `$this` für das aktuelle Objekt),

▸ `spl_autoload_register("klassenname", "funktionsname")` für eine statische Methode der angegebenen Klasse oder

▸ `spl_autoload_register(function($klassanname) { ... })` als eingebettete anonyme Funktion, verfügbar seit PHP 5.3.

Der Aufbau der Autoloader-Funktion entspricht dem von `__autoload()`, das heißt, es wird der angeforderte Klassenname als Argument übergeben, und die Funktion soll die passende Datei inkludieren.

Hinter dem Callback können zwei optionale Boolean-Argumente folgen, die standardmäßig FALSE sind:

▸ Wenn Sie das Argument `$throw` auf TRUE setzen, löst `spl_autoload_register()` eine Exception aus, die Sie mit `try/catch` abfangen können, falls die angegebene Funktion nicht registriert werden kann (dies funktioniert in PHP im Wesentlichen wie in Java; Details dazu finden Sie in Kapitel 9, »Grundlagen der Programmierung«).

▸ Das zweite Argument, `$prepend`, sorgt dafür, dass die neu registrierte Funktion Vorrang vor den bisher registrierten haben soll – standardmäßig ist dies umgekehrt, sodass PHP die Funktionen in der Reihenfolge ihrer Registrierung durchprobiert, bis die gewünschte Klasse gefunden wird.

### 19.1.4 Webspezifische Funktionen

Die Hauptaufgabe von PHP ist das Erstellen dynamischer Webanwendungen. Zu diesem Zweck wird eine Reihe spezieller Funktionen und Fähigkeiten angeboten. Dazu gehören das Auslesen von Formulardaten, das Erzeugen und Lesen von Cookies oder auch das Session-Tracking. Letzteres steuert eine Funktionalität bei, die HTTP von Haus aus nicht besitzt: Es ermöglicht das Verfolgen der Aktivitäten eines Benutzers über mehrere besuchte Seiten hinweg. Dies ist wichtig für Warenkorbsysteme oder andere Anwendungen, bei denen eine Reihe aufeinanderfolgender Aktivitäten registriert werden muss.

**Formulardaten auslesen**

HTML-Formulare wurden im vorangegangenen Kapitel vorgestellt. In PHP stehen empfangene Formulardaten je nach Methode in einem der beiden Arrays $_GET oder $_POST zur Verfügung. Ein name=wert-Paar aus dem Formular wird dabei als $_GET['name'] beziehungsweise $_POST['name'] angesprochen.

Betrachten Sie als Beispiel das folgende kurze Formular:

```
<form action="auswert.php" method="get">
  Name: <input type="text" name="user" /><br />
  E-Mail: <input type="text" name="mail" /><br />
  <input type="submit" value="Abschicken" />
</form>
```

Klickt ein Benutzer den Button ABSCHICKEN an, wird das PHP-Skript *auswert.php* aufgerufen. Da die HTTP-Methode GET ausgewählt wurde, befinden sich die Formulardaten in dem Array $_GET. Der folgende Codeblock liest sie und gibt sie anschließend aus:

```
$user = $_GET['user'];
$mail = $_GET['mail'];
echo ("Hallo $user.<br />");
echo ("Bestätigung geht an $mail.");
```

Sicherer ist es, wenn Sie zuerst überprüfen, ob die gewünschten Formularfelder überhaupt Daten enthalten. Prüfen Sie dazu zunächst mit isset(), ob ein erwartetes Feld überhaupt gesetzt ist, und anschließend, ob es einen Wert besitzt. Dazu können Sie beispielsweise folgende praktische Funktion verwenden:

```
function readParam($field, $default = '') {
  // Variable zunächst auf Default-Wert setzen
  $var = $default;
  if (isset($_POST[$field]) && $_POST[$field] != '') {
    $var = $_POST[$field];
  } elseif (isset($_GET[$field]) && $_GET[$field] != '') {
```

```
    $var = $_GET[$field];
  }
  // Ermittelten Wert zurückgeben
  return $var;
}
```

Die Funktion erwartet als Parameter den Namen des auszulesenden Feldes sowie optional einen Default-Wert, der geliefert wird, falls das Feld nicht verfügbar oder leer ist. Die beiden Felder aus dem zuvor gezeigten Formularbeispiel lassen sich mithilfe dieser Funktion folgendermaßen lesen:

```
// User auslesen, Standardwert "Anonymous"
$user = readParam("user", "Anonymous");
// E-Mail auslesen, Standardwert "" (automatisch)
$mail = readParam ("mail");
```

Schreiben Sie diese Funktion einfach in einen PHP-Block am Beginn jeder Datei, die Formulardaten auslesen muss, oder speichern Sie sie in einer Include-Datei. Bei einer modernen objektorientierten Anwendung können Sie sie als Methode in die Basisklasse Ihres Frameworks einbauen.

Bei der HTTP-Methode POST und einigen anderen befinden sich die Formulardaten im Body der HTTP-Anfrage (siehe Kapitel 14, »Server für Webanwendungen«). Sie werden nur im Array $_POST bereitgestellt, wenn der Body einen der MIME-Types application/x-www-form-urlencoded (Standardformular) oder multipart/form-data (Formular mit eventuellen Datei-Uploads) hat. Andernfalls handelt es sich um Daten wie XML, reinen Text oder dergleichen, und solche Daten werden am einfachsten folgendermaßen eingelesen:

```
$data = file_get_contents("php://input");
```

Die Funktion file_get_contents() öffnet eine Ressource zum Lesen, liest ihren gesamten Inhalt in einem Durchgang ein und schließt die Ressource dann wieder. Als Ressource können Sie sowohl einen lokalen Dateipfad auf dem Server als auch eine lesbare URL verwenden; php://input ist dabei eine spezielle URL.

### Datei-Uploads

Bereits im vorangegangenen Kapitel haben Sie das spezielle HTML-Formularfeld kennengelernt, das Benutzern den Versand einer lokalen Datei mit dem Formular ermöglicht. Es handelt sich um ein <input>-Element mit dem Attribut type="file". Damit der Upload funktionieren kann, muss das Formular mit der HTTP-Methode POST und der speziellen MIME-Codierung multipart/form-data versandt werden. PHP verarbeitet optional ein zusätzliches Formularfeld mit der Bezeichnung MAX_FILE_SIZE, das die maximal zulässige Dateigröße in Bytes enthält und meist als Hidden-Formularfeld gesetzt wird. Sollte der angegebene Wert größer sein als die *php.ini*-Einstellung `upload_max_filesize` (siehe Kapitel 14, »Server für Webanwendungen«), wird er ignoriert.

Das folgende Beispiel definiert ein Formular für den Versand einer GIF-Bilddatei (dies wird erst auf dem Server geklärt!) von maximal 400 Kilobyte Größe:

```
<form action="bildupload.php" method="post" enctype="multipart/form-data">
  <input type="hidden" name="MAX_FILE_SIZE" value="409600" />
  Bitte eine GIF-Bilddatei wählen:<br />
  <input type="file" name="bild" />
  <br />
  <input type="submit" value="Abschicken" />
</form>
```

Die Datei lässt sich in PHP über das globale Array `$_FILES` auslesen; der Index ist der Feldname. Das entsprechende Array-Element ist wiederum ein Array mit folgenden Elementen:

- ▶ `tmp_name`: der temporäre Dateiname, unter dem der Server die hochgeladene Datei gespeichert hat
- ▶ `type`: der MIME-Type der Datei (aus der Dateiendung oder aus dem `Content-Type`-Header des Formularabschnitts ermittelt)
- ▶ `size`: Größe der Datei oder 0 bei einem Fehler
- ▶ `name`: ursprünglicher Pfad und Dateiname der Datei auf dem Clientrechner
- ▶ `error`: Fehlercode bei einem Upload-Fehler. Die symbolischen Konstanten entsprechen dabei den in Klammern angegebenen numerischen Werten:
  - `UPLOAD_ERR_OK` (0): Es ist kein Fehler aufgetreten.
  - `UPLOAD_ERR_INI_SIZE` (1): Datei ist größer als die in *php.ini* angegebene Höchstgrenze `upload_max_filesize`.
  - `UPLOAD_ERR_FORM_SIZE` (2): Datei ist größer als die mit dem Formular übertragene Höchstgrenze `MAX_FILE_SIZE`.
  - `UPLOAD_ERR_PARTIAL` (3): Die Datei wurde nur zum Teil hochgeladen.
  - `UPLOAD_ERR_NO_FILE` (4): Es wurde gar keine Datei hochgeladen.

Das folgende PHP-Fragment kopiert die hochgeladene Datei unter dem Namen *bild.gif* in das Verzeichnis des Skripts selbst, falls es sich um eine Bilddatei vom Typ GIF handelt:

```
if (is_uploaded_file($_FILES['bild']['tmp_name'])) {
  if ($_FILES['bild']['type'] == 'image/gif') {
    move_uploaded_file (
      $_FILES['bild']['tmp_name'],
      __DIR__.'/bild.gif'
    );
```

```
    } else {
        echo "Falscher Dateityp!<br />";
    }
} else {
  echo "Upload-Fehler (Datei zu gro&szlig;)?<br />";
}
```

Beachten Sie, dass das Verzeichnis, in das Sie hochgeladene Dateien kopieren, für den User des Webservers beschreibbar sein muss.

### Sessions

Eines der interessantesten Web-Features von PHP ist das *Session-Tracking*. HTTP ist ein zustandsloses Protokoll, das heißt, jede Clientanfrage steht für sich allein. Für größere Webanwendungen, die sich über viele Seiten erstrecken, wird deshalb ein Verfahren zur Datenweitergabe an nachfolgende Anfragen benötigt. PHP stellt sehr praktische Funktionen zur Verwaltung von Session-Daten bereit.

Beachten Sie, dass Sie Session-Befehle in einen PHP-Block zu Beginn Ihres Skripts setzen müssen: Session-Daten werden als Cookies übertragen, wenn der Client dies zulässt, ansonsten über eine Session-ID im Query-String. Beides erfordert, dass das eigentliche geparste Dokument noch nicht begonnen hat, sodass mit dem ersten Zeichen Ihres Skripts die Sequenz <?php einsetzen muss.

Jedes Skript, das auf Session-Daten zugreifen soll, muss zunächst folgende Anweisung enthalten:

```
session_start();
```

Anschließend können Sie das spezielle Array $_SESSION mit Name-Wert-Paaren bestücken oder Werte von einer zuvor besuchten Seite daraus lesen. Aus dem soeben erwähnten Grund muss das Lesen vor dem Schreibzugriff erfolgen:

```
// Stückzahl auslesen
$stueckzahl = $_SESSION['stueck'];
// GET-Formularfeld zahlungsart auslesen
$zahlungsart = $_GET['zahlungsart'];
// Zur zukünftigen Verwendung in Session speichern
$_SESSION['zahlungsart'] = $zahlungsart;
```

### Cookies

Für die meisten Anwendungen sollten Sie die Verwendung von Session-Daten derjenigen von Cookies vorziehen. Der einzige Nachteil von Sessions besteht darin, dass die Daten beim nächsten Besuch eines Benutzers nicht mehr zur Verfügung stehen. Dies lässt sich oft durch eine persönliche Anmeldung und die Speicherung der Daten in einer Datenbank beheben.

Dennoch gibt es Fälle, in denen Cookies praktischer sind. Es ist für einen Besucher unter Umständen nützlich, Einstellungen, die er auf einer Seite vorgenommen hat, beim nächsten Besuch wieder vorzufinden. Sie sollten allerdings niemals eine Webanwendung programmieren, die von Cookies abhängt: Aufgrund des Missbrauchs, der häufig zu Werbe- und User-Tracking-Zwecken mit Cookies getrieben wird, schalten viele Benutzer Cookies generell ab.

In PHP wird ein Cookie mithilfe der folgenden Funktion gesetzt:

```
setcookie($name, $wert[, $verfallsdatum[, $pfad [, $domain[, $secure[, $httponly]]]]])
```

Hier eine Übersicht über die Parameter:

▶ `$name`: der Name des Cookies, über den es später wieder abgefragt werden kann

▶ `$wert`: der Wert, den Sie für den entsprechenden Namen festlegen möchten

▶ `$verfallsdatum`: der Verfallszeitpunkt für das Cookie in Sekunden seit EPOCH. Sie können einfach `time()` + `$sekundenzahl` verwenden, da die Funktion `time()` den aktuellen Zeitpunkt in diesem Format liefert. Lassen Sie diesen Wert weg, erzeugen Sie automatisch ein Session-Cookie, das nur während der aktuellen Clientsitzung gilt.

▶ `$pfad`: der URL-Pfad, unter dem das Cookie zur Verfügung steht. Wenn Sie den Wert nicht angeben, ist das Cookie nur in dem Verzeichnis verfügbar, in dem Sie es gesetzt haben (also das Verzeichnis der ersten PHP-Datei, die durch die HTTP-Anfrage aufgerufen wurde).

▶ `$domain`: die Domain, unter der das Cookie gültig ist. Standardwert ist der vollständige Hostname, von dem das Cookie gesetzt wurde. Haben Sie aber beispielsweise die Subdomains *www.example.com* und *cgi.example.com*, sollten Sie den Wert *.example.com* setzen, damit das Cookie für beide Domains gilt.

▶ `$secure`: Wenn Sie diesen Wert auf TRUE setzen, wird das Cookie nur über eine gesicherte HTTPS-Verbindung übertragen.

▶ `$httponly` (seit PHP 5.2.0): Der Wert TRUE sorgt dafür, dass das Cookie nur über eine HTTP(S)-Verbindung ausgelesen und verändert werden kann und beispielsweise nicht per JavaScript. Dies erschwert Cross-Site-Scripting-Attacken (XSS).

Wie bereits erwähnt, werden Cookies als HTTP-Header gesetzt. Deshalb muss dieser Befehl – genau wie die Session-Anweisungen – vor jeglichem HTML-Code in der PHP-Datei stehen. Die folgende Anweisung setzt ein sieben Tage gültiges Cookie namens `lastvisit`, dessen Wert die aktuelle Uhrzeit ist:

```
setcookie("lastvisit", time(), time() + 7 * 24 * 60 * 60);
```

Die Cookies, die der Client bei der Anfrage mitgeschickt hat, können Sie aus dem globalen Array `$_COOKIE` lesen. Dieses Beispiel liest das Cookie `lastvisit` und speichert seinen Wert in einer gleichnamigen Variablen:

```
$lastvisit = $_COOKIE['lastvisit'];
```

Diese Variable lässt sich im weiteren Verlauf des Skripts etwa so verwenden:

```
$lastvisitformat = date("d.m.Y, H:i", $lastvisit);
echo "Ihr letzter Besuch: $lastvisitformat <br />";
```

Die Funktion `date($format, $timestamp)` erzeugt formatierte Datumsangaben. Die Zeitangabe ist ein Unix-Timestamp, also ein Integer, der die Sekunden seit EPOCH (01.01.1970, 00:00 Uhr UTC) zählt. Im Format-String können unter anderem folgende Komponenten vorkommen:

▶ `j` ist der Tag im Monat.

▶ `d` steht ebenfalls für den Tag, gibt ihn allerdings zweistellig an (aus 9 wird etwa `09`).

▶ `w` gibt den Wochentag als Zahlenwert an, wobei 0 für Sonntag steht, 1 für Montag, bis 6 für Samstag.

▶ `n` ist der numerisch angegebene Monat.

▶ `m` ist noch einmal die Nummer des Monats, aber zweistellig.

▶ `y` gibt das zweistellige Jahr an.

▶ `Y` bedeutet ebenfalls das Jahr, allerdings vierstellig.

▶ `G` ist die Stunde im 24-Stunden-Format.

▶ `H` ist ebenfalls die Stunde im 24-Stunden-Format, jedoch mit erzwungener Zweistelligkeit.

▶ `i` gibt die Minuten zweistellig an.

▶ `s` steht für die zweistelligen Sekunden.

### 19.1.5 Zugriff auf MySQL-Datenbanken

Es gibt zwei verschiedene PHP-Schnittstellen für den Zugriff auf MySQL-Datenbanken: die MySQL-spezifische Schnittstelle `mysqli` und die Abstraktionsschicht *PHP Data Objects* (PDO). Eine ältere Schnittstelle namens `mysql` gilt seit PHP 7 als veraltet. `mysqli` und PDO existieren seit PHP 5 und arbeiten nur mit MySQL ab Version 4.1 zusammen. Diese Einführung beschränkt sich auf `mysqli`.

### Eine Testdatenbank

Die folgenden einfachen MySQL-Beispiele beziehen sich alle auf eine kleine Datenbank namens *programming_languages*, in der eine einzige Tabelle mit dem Namen *languages* enthalten ist. Die Felder dieser Datenbanktabelle sehen Sie in Tabelle 19.2. Damit die Beispiele nicht allzu umfangreich werden, ist die Tabelle sehr einfach gehalten.

| Feldbezeichnung | Datentyp |
|---|---|
| *language_id* | `int, auto_increment` (Primärschlüssel) |
| *language_name* | `varchar(30)` |
| *language_architecture* | `enum('imperative', 'oop', 'other')` |
| *language_implementation* | `enum('compiler', 'interpreter', 'VM', 'mixed')` |
| *language_system* | `set('Unix', 'Windows', 'other')` |
| *language_description* | `varchar(255)` |
| *language_year* | `year` |

**Tabelle 19.2** Struktur der Beispieldatenbanktabelle »programming_languages«

Sie können diese Tabelle mit phpMyAdmin oder einem anderen grafischen Datenbankverwaltungstool anlegen. Alternativ öffnen Sie die `mysql`-Konsole (siehe Kapitel 13, »Datenbanken«) und tippen nacheinander folgende SQL-Befehle ein (die Ausgabe des Clients wurde hier weggelassen):

```
mysql> create database programming_languages;
mysql> use programming_languages
mysql> create table languages (
    -> language_id int auto_increment,
    -> language_name varchar(30),
    -> language_architecture enum('imperative', 'oop',
    -> 'other'),
    -> language_implementation enum('compiler', 'interpreter',
    -> 'VM', 'other'),
    -> language_system set('Unix', 'Windows', 'sonstige'),
    -> language_description varchar(255),
    -> language_year year,
    -> primary key(language_id),
    -> index(language_name)
    -> );
```

`create database` und `create table` sind SQL-Standardbefehle zum Erzeugen einer neuen Datenbank beziehungsweise Tabelle; `use <Datenbank>` ist dagegen ein interner Befehl des MySQL-Clients, der zur Auswahl der gewünschten Datenbank verwendet wird.

Als Nächstes benötigt die Datenbank einige Beispielinhalte. Sie können entweder die Werte aus Tabelle 19.3 übernehmen oder Ihre eigenen benutzen.

| Name | Arch. | Impl. | System | Description | Year |
|------|-------|-------|--------|-------------|------|
| C | imperative | compiler | Unix, Windows | älteste weitverbreitete Sprache; Syntax in vielen Sprachen verbreitet | 1970 |
| C++ | oop | compiler | Unix, Windows | Weiterentwicklung von C mit OOP-Fähigkeiten | 1983 |
| Java | oop | VM | Unix, Windows | OOP-Sprache mit Multi-Plattform-VM | 1995 |
| C# | oop | mixed | Windows | Sprache für die CLR des .NET Frameworks | 2000 |
| Python | oop | interpreter | Unix, Windows | Multiparadigmen-Skriptsprache mit vielen bequemen Modulen | 1991 |
| Perl | imperativ | interpreter | Unix, Windows | Skriptsprache für Admin- und Textbearbeitungsaufgaben; neuere Versionen bieten (umständliche) OOP. | 1987 |
| Ruby | oop | interpreter | Unix, Windows | Skriptsprache mit fast allen Perl-Features sowie sauberer, moderner OOP-Implementierung | 1993 |

**Tabelle 19.3** Beispieldatensätze für die Datenbanktabelle »languages«

Verwenden Sie am besten einen grafischen Client, um die Beispielwerte einzugeben. Manuelle INSERT-Abfragen gemäß der Anleitung in Kapitel 13, »Datenbanken«, sind ebenfalls möglich, aber recht aufwendig und fehlerträchtig. Alternativ können Sie auch die Datei *mklanguages.sql* aus der Listing-Sammlung zu diesem Buch (*http://buecher.lingoworld.de/fachinfo/listings*) ausführen. Dies funktioniert im MySQL-Kommandozeilen-Client beispielsweise folgendermaßen:

```
mysql> source mklanguages.sql
```

### Die »mysqli«-Schnittstelle

Die Datenbankschnittstelle mysqli kann sowohl prozedural als auch objektorientiert verwendet werden. Wenn Sie die prozedurale Schreibweise verwenden, entsprechen ihre Funktionen weitgehend der klassischen Schnittstelle mysql, die, wie erwähnt, bald nicht mehr unterstützt wird. Nicht nur aus diesem Grund sollten Sie den objektorientierten Zugriff bevorzugen; hier wird für jede Verbindung ein eigenes mysqli-Objekt erzeugt, dessen Methoden und Eigenschaften Sie für die Datenbankoperationen einsetzen können.

Als Erstes muss eine Datenbankverbindung hergestellt und die Standarddatenbank ausgewählt werden. Dies funktioniert bei der objektorientierten mysqli-Schreibweise im Rahmen der Instanziierung:

```
$conn = new mysqli($host, $user, $password, $database);
```

Die vier Parameter sind also Hostname (oder IP-Adresse) des MySQL-Servers, Benutzername, Passwort und Standarddatenbank. Hier ein Beispiel:

```
$conn = new mysqli (
  "localhost",
  "dbuser",
  "geheim",
  "programming_languages"
);
```

Nach dem Verbindungsversuch (und jeder anderen Datenbankoperation) ist es ratsam, zu überprüfen, ob ein Fehler aufgetreten ist. Dazu können Sie testen, ob das öffentliche Attribut errno des mysqli-Objekts einen anderen Wert als 0 hat. Falls dies der Fall ist, steht im Attribut error eine Fehlermeldung im Textformat:

```
if ($conn->errno != 0) {
  printf("MySQL-Fehler %d: %s", $conn->errno, $conn->error);
}
```

Mithilfe der Methode query() können Sie SQL-Abfragen an die Datenbank senden. Hier als Beispiel eine Auswahlabfrage, die alle Programmiersprachen auswählt, deren Name mit C beginnt:

```
$result = $conn->query(
  "SELECT language_name, language_architecture,
          language_implementation,
          language_system, language_description,
          language_year
     FROM languages
    WHERE language_name LIKE 'C%'"
);
```

Der Rückgabewert der Methode query() ist ein Objekt der Klasse mysqli_result. Es stellt verschiedene Methoden bereit, um die Ergebnisse einer Auswahlabfrage – meist zeilenweise – zu ermitteln:

- `$result->fetch_row()` liefert einen Ergebnisdatensatz als numerisches Array zurück; intern wird ein Cursor vorgerückt, der auf das nächste Ergebnis zeigt.

- `$result->fetch_assoc()` liefert dagegen ein assoziatives Array, wobei die Spaltennamen aus der Abfrage als Schlüssel dienen.

- `$result->fetch_array()` liefert standardmäßig ein Array, in dem die Werte doppelt vorhanden sind, sowohl mit numerischen Indizes als auch mit assoziativen Schlüsseln. Optional können Sie eine der folgenden Konstanten als Argument angeben, um das Ergebnis zu beeinflussen: `MYSQLI_BOTH` (Standardverhalten), `MYSQLI_NUM` (nur numerisches Array) oder `MYSQLI_ASSOC` (nur assoziatives Array).

Wenn der Cursor nach dem letzten Datensatz im Ergebnis keine weitere Zeile mehr vorfindet, liefern diese Methoden `FALSE` zurück. Dadurch lassen sie sich hervorragend als Bedingung einer `while`-Schleife einsetzen. Das folgende Beispiel liest die Datensätze der obigen Abfrage mithilfe der Methode `fetch_assoc()` und gibt sie in einer HTML-Tabelle aus:

```
echo("<table border=\"2\">");
echo("<tr><th>Sprache</th>");
echo("<th>Architektur</th>");
echo("<th>Implementierung</th>");
echo("<th>Systeme</th>");
echo("<th>Kurzinfo</th>");
echo("<th>Erscheinungsjahr</th></tr>");

while ($row = $result->fetch_assoc()) {
  printf("<tr><td>%s</td>", $row['language_name']);
  printf("<td>%s</td>", $row['language_architecture']);
  printf("<td>%s</td>", $row['language_implementation']);
  printf("<td>%s</td>", $row['language_system']);
  printf("<td>%s</td>", $row['language_description']);
  printf("<td>%s</td></tr>", $row['language_year']);
}
echo("</table>");
```

Auch Änderungsabfragen werden mit der Methode `query()` durchgeführt, aber im Gegensatz zu Auswahlabfragen erhalten Sie hier kein brauchbares Ergebnis zurück. Stattdessen können Sie das öffentliche Attribut `affected_rows` des `mysqli`-Objekts untersuchen, um die Anzahl der betroffenen Datensätze zu ermitteln. Im Fall einer Einfügeabfrage mit `auto_increment`-Primärschlüssel können Sie auch das Attribut `insert_id` verwenden, um den zuletzt eingefügten `auto_increment`-Wert zu ermitteln. Das folgende Beispiel fügt einen neuen Datensatz in die Tabelle ein und überprüft, ob das Ganze funktioniert hat:

```
$name = "PHP";
$archiecture = "oop";
```

```php
$implementation = "Interpreter";
$system = "Unix,Windows";
$description = "Objektorientierte Web-Skriptsprache";
$year = 1995;
$conn->query
    ("INSERT INTO languages (language_name, language_architecture,
                            language_implementation,
                            language_system, language_description,
                            language_year)
                    VALUES ('$name', '$architecture',
                            '$implementation', '$system', '$description',
                            '$year')");
// Hat es funktioniert?
if ($conn->affected_rows == 1) {
  echo ("Sprache erfolgreich hinzugefügt.<br />");
} else {
  echo ("Sprache konnte nicht eingefügt werden.<br />");
}
```

Wenn Sie eine `mysqli`-Verbindung nicht länger benötigen, sollten Sie sie zu guter Letzt folgendermaßen schließen:

```php
$conn->close();
```

### Eine Klasse für vereinfachte Datenbankzugriffe

Bisher wurde gezeigt, wie Sie jede Abfrage manuell durchführen. Für Projekte ab einer gewissen Größe ist dies nicht mehr empfehlenswert. Stattdessen sollten Sie entweder eines der bestehenden PHP-Frameworks wie Zend oder Symfony nutzen oder aber eine eigene Klasse oder Klassenbibliothek für den Datenbankzugriff und andere wiederkehrende Aufgaben schreiben. Die folgende Klasse kapselt eine `mysqli`-Datenbankverbindung und stellt einige bequeme Methoden zur Verfügung:[5]

```php
<?php
/*
* Database access class
*
* @package Database
*/

require_once(__DIR__.'/config.inc.php');
```

---

5  Die Dokumentationskommentare sind hier in Englisch, da dies in größeren Programmierteams üblicher ist als Deutsch.

**19  Webserveranwendungen**

```php
/**
 * Database access class
 *
 * @package Database
 */
class Database {
  /**
   * mysqli database connection
   * @var mysqli
   */
  private $con = NULL;

  /**
   * Set the mysqli database connection object to be used
   *
   * (Applying the Dependency Injection design pattern)
   *
   * @param mysqli $con
   */
  public function setCon($con) {
    $this->con = $con;
  }

  /**
   * Get (and, if necessary, initialize) the mysqli connection object
   *
   * (Applying the Lazy Initialization design pattern)
   *
   * @throws RuntimeException
   * @return mysqli
   */
  public function getCon() {
    if (!is_object($this->con)) {
      $this->con = new mysqli(HOST, USER, PASSWORD, DATABASE);
      if (!is_object($this->con)) {
        throw new RuntimeException("No database connection!!!");
      }
      if (defined("INIT_QUERY")) {
        $this->query(INIT_QUERY);
      }
    }
```

1084

```php
    return $this->con;
  }

  /**
   * Create a condition to be applied to a WHERE clause
   *
   * @param array $filter
   * @return string
   */
  public function getCondition($filter) {
    $result = '';
    $con = $this->getCon();
    $fieldFirstRun = TRUE;
    foreach ($filter as $field => $value) {
      if (!$fieldFirstRun) {
        $result .= " AND";
      } else {
        $fieldFirstRun = FALSE;
      }
      $result .= sprintf(" %s", $con->real_escape_string($field));
      if (is_array($value)) {
        $result .= " IN (";
        $valFirstRun = TRUE;
        foreach ($value as $val) {
          if (!$valFirstRun) {
            $result .= ", ";
          } else {
            $valFirstRun = FALSE;
          }
          $result .= sprintf("'%s'", $con->real_escape_string($val));
        }
        $result .= ")";
      } elseif (strstr($value, '%') || strstr($value, '_')) {
        $result .= sprintf(
          " LIKE '%s'",
          $con->real_escape_string(
            str_replace('%', '%%', $value)
          )
        );
      } else {
        $result .= sprintf(" = '%s'", $con->real_escape_string($value));
      }
    }
```

```php
    return $result;
}

/**
 * Perform a database query
 *
 * @param string $sql sprintf()-style format string
 * @param array $params parameters for the format string optional,
 * default empty array
 * @return mysqli_result
 */
public function query($sql, $params = array()) {
  $con = $this->getCon();
  if (!is_array($params)) {
    $params = array($params);
  }
  foreach ($params as $key => $param) {
    $params[$key] = $con->real_escape_string($param);
  }    return $con->query(vsprintf($sql, $params));
}

/**
 * Perform an insert query
 *
 * @param string $table
 * @param array $values associative array ($field => $value)
 * @return mixed last insert ID or affected rows
 */
public function insertQuery($table, $values) {
  $con = $this->getCon();
  $sql = "INSERT INTO %s (";
  $firstRun = TRUE;
  foreach (array_keys($values) as $field) {
    if (!$firstRun) {
      $sql .= ", ";
    } else {
      $firstRun = FALSE;
    }
    $sql .= $con->real_escape_string($field);
  }
  $sql .= ") VALUES (";
  $firstRun = TRUE;
```

```php
  foreach ($values as $value) {
    if (!$firstRun) {
      $sql .= ", ";
    } else {
      $firstRun = FALSE;
    }
    $sql .= sprintf("'%s'", $con->real_escape_string($value));
  }
  $sql .= ")";
  $this->query($sql, array($table));
  return $con->insert_id ? $con->insert_id : $con->affected_rows;
}

/**
 * Perform an update query
 *
 * @param string $table
 * @param array $values associative array (field => value)
 * @param string $condition sprintf()-style pattern
 * (to be appended to WHERE... if not empty)
 * @param array $params arguments for the sprintf()-style pattern
 * @throws InvalidArgumentException
 * @return integer number of affected rows
 */
public function updateQuery($table, $values, $condition = '',
    $params = array()) {
  if (empty($values) || !is_array($values)) {
    throw new InvalidArgumentException(
      "At least one value for update needed!"
    );
  }
  $con = $this->getCon();
  $sql = sprintf("UPDATE %s SET ", $con->real_escape_string($table));
  $firstRun = TRUE;
  foreach ($values as $field => $value) {
    if ($firstRun) {
      $firstRun = FALSE;
    } else {
      $sql .= ", ";
    }
    $sql .= sprintf(
      "%s = '%s'",
```

```php
          $con->real_escape_string($field),
          $con->real_escape_string($value)
        );
      }
      if (trim($condition) != '') {
        if (!is_array($params)) {
          $params = array($params);
        }
        foreach ($params as $key => $param) {
          $params[$key] = $con->real_escape_string($param);
        }
        $sql .= sprintf(" WHERE %s", vsprintf($condition, $params));
      }
      $con->query($sql);
      return $con->affected_rows;
    }

    /**
     * Perform real_escape_string() on connection
     *
     * @param string $string
     * @return string
     */
    public function escape($string) {
      $con = $this->getCon();
      return $con->real_escape_string($string);
    }

    /**
     * Get the number of affected rows for previous query
     *
     * @return integer
     */
    public function getAffectedRows() {
      $con = $this->getCon();
      return $con->affected_rows;
    }

    /**
     * Get the last inserted auto_increment id
     *
     * @return integer
```

```
  */
  public function getLastInsertId() {
    $con = $this->getCon();
    return $con->insert_id;
  }
}
```

Wie Sie sehen, wird zunächst eine Konfigurationsdatei inkludiert, die die Verbindungsparameter in Form von Konstanten definiert. Diese Datei sieht beispielsweise so aus:

```
<?php
define('HOST', 'localhost');
define('DATABASE', 'mydatabase');
define('USER', 'dbuser');
define('PASSWORD', 'dbpassword');
define('INIT_QUERY', 'SET NAMES utf8'); // Sämtliche DB-Kommunikation in UTF-8
```

Lesen Sie sich den Quellcode der Klasse in Ruhe durch; in den Kommentaren wird vieles erläutert. Wenn Sie die Klasse in Ihrem Projekt verwenden möchten, stehen Ihnen folgende Methoden zur Verfügung:

▶ getCondition(array $filter) erzeugt eine durch AND-Verknüpfungen verbundene Abfolge von Prüfungen, die als WHERE-Bedingung verwendet werden können. In dem Array sind die Schlüssel Tabellenfelder, die auf die angegebenen Werte geprüft werden sollen. Dabei entscheidet die Methode selbst, ob =, LIKE oder IN verwendet wird – je nachdem, ob der Vergleichswert ein einfacher String ist, LIKE-Platzhalter enthält oder ein Array ist. Im Fall von LIKE werden einzelne Prozentzeichen mit str_replace() durch doppelte ersetzt, damit vsprintf() sie nicht als Formatplatzhalter missversteht.

▶ query(string $sql, array $params) führt eine Abfrage durch. Das erste Argument ist ein sprintf()-Platzhalter, der zweite ein optionales Array mit denjenigen Werten, die aus Sicherheitsgründen escapet werden sollten. Hier sind besonders Benutzereingaben betroffen.

▶ insertQuery(string $sql, array $values) versucht, einen neuen Datensatz einzufügen, wobei $values ein assoziatives Array ist, in dem die Schlüssel die Feldnamen und die Werte die einzufügenden Feldwerte sind.

▶ updateQuery(string $table, array $values, string $condition, array $params) führt eine UPDATE-Abfrage durch. $table ist die betroffene Tabelle, $values enthält die Namen und Werte der zu ändernden Spalten, und $condition und $params beschreiben die optionale Bedingung – diese Parameter funktionieren wie bei der Methode query().

▶ escape($string) ruft die mysqli-Methode real_escape_string() auf den angegebenen String auf, die potenziell gefährliche Zeichen im String escapet, bevor dieser in einer Abfrage verwendet wird.

**19** Webserveranwendungen

- getAffectedRows() liefert die Anzahl der bei der letzten Änderungsabfrage geänderten Datensätze zurück.

- getLastInsertId() gibt die zuletzt eingefügte Auto-Increment-ID zurück.

Beachten Sie die Art und Weise, wie das mysqli-Objekt von außen gesetzt werden kann und nur dann instanziiert wird, wenn es nicht zuvor gesetzt oder eben instanziiert wurde. Ein solches Getter-Setter-Paar implementiert die beiden Entwurfsmuster *Dependency Injection* und *Lazy Initialization*. Sie werden verwendet, um die Implementierung einer Abhängigkeit jederzeit austauschen zu können, vor allem aber für Unit-Tests, um echte abhängige Objekte durch Simulationen zu ersetzen, die sogenannten *Mock-Objekte*.

### 19.1.6 Unit-Tests mit PHPUnit

In Kapitel 12, »Software-Engineering«, wurde bereits auf die Bedeutung und die allgemeinen Grundlagen des Unit-Testings hingewiesen. Für PHP steht dazu insbesondere das Test-Framework PHPUnit von Sebastian Bergmann zur Verfügung.

Installieren Sie PHPUnit zunächst anhand der Anleitung auf der Projektwebsite *www. phpunit.de*. Danach können Sie Tests schreiben, um das Funktionieren Ihrer Klassen und Methoden sicherzustellen. Unit-Tests werden von der Klasse PHPUnit_Framework_TestCase abgeleitet, die per require_once() eingebunden werden muss. Alle öffentlichen Methoden, deren Name mit test beginnt, werden beim Ausführen des Tests aufgerufen.

Innerhalb von Testmethoden werden *Assertions* verwendet. Dies sind spezielle Methoden, deren Name mit assert anfängt. Im Allgemeinen steht innerhalb der Assertion als erstes Argument der erwartete Wert, während weitere Argumente einen von der getesteten Methode zurückgegebenen Wert, ein Attribut oder Ähnliches enthalten. Schlägt eine Assertion fehl, gibt PHPUnit für die entsprechende Methode ein F (für *failure*) und eine Fehlermeldung aus; tritt ein richtiger PHP-Fehler auf, ist die Ausgabe sogar E wie *error*. Andernfalls wird ein Punkt (.) ausgegeben.

Betrachten Sie als Beispiel noch einmal die Klasse HtmlTag, die im Abschnitt »Vererbung« in Abschnitt 19.1.2 behandelt wurde. Zur Verwendung von Unit-Tests sollte ein PHP-Projekt mit folgender Verzeichnisstruktur erstellt werden:

```
+ [Wurzelverzeichnis der Anwendung]
|
+---+ [source]
|   |
|   +---+ [lib]
|       |
|       +---+ [Html]
|           |
|           +---+ Tag.php
```

```
     |
     +---+ [tests]
     |   |
     |   +---+ [lib]
     |       |
     |       +---+ [Html]
     |            |
     |            +---+ TagTest.php
     |
     +---+ index.php (und weitere Ausgabeseiten)
```

Wie Sie sehen, befindet sich unter *tests* dieselbe Verzeichnisstruktur wie unter *source*. Auf diese Weise ist stets völlig klar, welcher Unit-Test sich auf welche Klasse bezieht. Hier also der Unit-Test für die Klasse HtmlTag:

```php
<?php

require_once('/usr/lib/php/PHPUnit/Framework/TestCase.php');
require_once(__DIR__.'/../../../source/lib/Html/Tag.php');

class HtmlTagTest extends PHPUnit_Framework_TestCase {
  /**
   * @covers HtmlTag::__construct
   */
  public function testConstruct() {
    $tag = new HtmlTag('p', array('title' => 'Test'), 'Test text');
    $this->assertAttributeEquals('p', 'tagName', $tag);
    $this->assertAttributeEquals(
      array('title' => 'Test'), 'attributes', $tag);
    $this->assertAttributeEquals('Test text', 'content', $tag);
  }

  /**
   * @covers HtmlTag::addAttribute
   */
  public function testAddAttribute() {
    $tag = new HtmlTag('p');
    $tag->addAttribute('title', 'Test Title');
    $this->assertAttributeEquals(
      array('title' => 'Test Title'), 'attributes', $tag);
  }
```

```
    /**
     * @covers HtmlTag::__toString
     */
    public function testToString() {
      $tag = new HtmlTag('p', array('title' => 'Test'), 'Test text');
      $expected = '<p title="Test">
Test text</p>
';
      $this->assertEquals($expected, $tag->__toString());
    }
}
```

Den Pfad von `PHPUnit_Framework_TestCase` müssen Sie auf Ihrem System eventuell anpassen. Danach können Sie den Unit-Test ausführen, indem Sie Folgendes auf der Konsole eingeben:

```
> phpunit HtmlTest.php
```

Wenn Sie alles korrekt abgespeichert haben, müssten drei Punkte herauskommen, die besagen, dass alle drei Methoden erfolgreich getestet wurden.

In diesem Beispiel kommen zwei Assertions zur Anwendung: `assertEquals($expected, $actual)` gilt als erfüllt, wenn der erwartete Wert `$expected` und der tatsächliche `$actual` übereinstimmen. `assertAttributeEquals($expected, $attribute, $instance)` funktioniert im Prinzip genauso, vergleicht jedoch den erwarteten Wert mit dem angegebenen Attribut der Instanz. Durch Reflexion ist dabei sogar der Zugriff auf `private`- oder `protected`-Attribute möglich.

Die `@covers`-PHPDoc-Annotations über den Testmethoden werden übrigens für den sogenannten *Coverage-Report* verwendet: Wenn auf dem Entwicklungssystem die Debug-Erweiterung XDebug installiert ist, können Sie sich anzeigen lassen, welche Teile der Klassen von Unit-Tests abgedeckt sind und wie der prozentuale Anteil ist. Das Ziel sollten 100 % sein, aber die sind nicht immer zu erreichen. Um einen Coverage-Report zu generieren, rufen Sie PHPUnit wie folgt auf:

```
$ phpunit --coverage-html reportDirectory FileOrDirectory
```

Dies führt die Unit-Tests in der Datei oder dem Verzeichnis `FileOrDirectory` aus und schreibt den Coverage-Report in das Verzeichnis `reportDirectory`, das bei Bedarf neu angelegt wird. Anschließend können Sie die in dem Verzeichnis enthaltene Datei *index.html* in einem Browser öffnen. Abbildung 19.1 zeigt einen Coverage-Report für die im nächsten Abschnitt getestete Klasse *Database.php*. Getestete Codezeilen werden darin grün angezeigt, ungetestete rot, und es wird eine Statistik für alle beteiligten Klassen, Methoden und Codezeilen angezeigt.

## 19.1 PHP

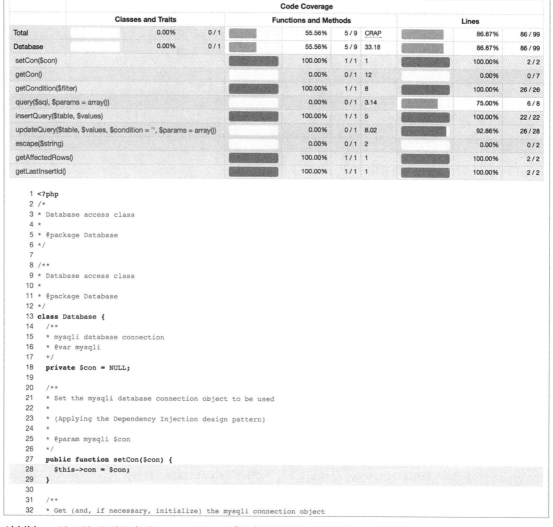

**Abbildung 19.1** Ein PHPUnit-Coverage-Report für die Unit-Tests der Klasse »Database«

### Mock-Objekte verwenden

Wenn eine Klasse andere Objekte als Abhängigkeiten enthält, sollten diese Objekte bei einem reinen Unit-Test nicht mitgetestet werden, denn Ziel des Unit-Tests ist das Testen möglichst kleiner eigenständiger Codeeinheiten. Um diese Abhängigkeiten nicht mittesten zu müssen, werden sie, wenn möglich, durch eigene Objekte ersetzt, die sich ganz nach Wunsch verhalten – die sogenannten *Mock-Objekte*. Als Beispiel sehen Sie hier einen Unit-Test für die Datenbank-Abstraktionsklasse Database, der ein Mock-Objekt für die eigentliche Datenbankverbindung verwendet:

## 19 Webserveranwendungen

```php
<?php

require_once('/usr/lib/php/PHPUnit/Framework/TestCase.php');
require_once(__DIR__.'/../../source/lib/Database.php');

class DatabaseTest extends PHPUnit_Framework_TestCase {
  /**
   * @covers Database::setCon
   */
  public function testSetCon() {
   $db = new Database();
   $con = $this->getMock('GenericDb');
   $db->setCon($con);
   $this->assertAttributeSame($con, 'con', $db);
  }

  /**
   * @covers Database::getCon
   */
  public function testGetCon() {
     $this->markTestSkipped('Real database connection cannot be tested.');
  }

  /**
   * @covers Database::getCondition
   */
  public function testGetCondition() {
    $db = new Database();
    $con = $this->getMock('GenericDb', array('real_escape_string'));
    $con
      ->expects($this->atLeastOnce())
      ->method('real_escape_string')
      ->will(
         $this->onConsecutiveCalls(
           $this->returnValue('field1'),
           $this->returnValue(1),
           $this->returnValue(2),
           $this->returnValue('field2'),
           $this->returnValue('test%'),
           $this->returnValue('field3'),
           $this->returnValue('test')
         )
      );
```

```php
    $db->setCon($con);
    $expected = " field1 IN ('1', '2') AND field2 LIKE 'test%%' AND field3 = 'test'";
    $this->assertEquals(
      $expected,
      $db->getCondition(
        array('field1' => array(1, 2), 'field2' => 'test%', 'field3' => 'test')
      )
    );
}

/**
 * @covers Database::query
 */
public function testQuery() {
  $db = new Database();
  $con = $this->getMock('GenericDb', array('real_escape_string', 'query'));
  $result = $this->getMock('GenericDbResult');
  $con
    ->expects($this->atLeastOnce())
    ->method('real_escape_string')
    ->will(
        $this->onConsecutiveCalls(
          $this->returnValue('table'),
          $this->returnValue(1)
        )
      );
  $con
    ->expects($this->once())
    ->method('query')
    ->will($this->returnValue($result));
  $db->setCon($con);
  $this->assertEquals(
    $result,
    $db->query('SELECT test FROM %s WHERE field = %d', array('table', 1))
  );
}

/**
 * @covers Database::insertQuery
 */
public function testInsertQuery() {
  $db = new Database();
  $con = $this->getMock('GenericDb', array('real_escape_string', 'query'));
```

```php
$con
  ->expects($this->atLeastOnce())
  ->method('real_escape_string')
  ->will(
      $this->onConsecutiveCalls(
          $this->returnValue('table'),
          $this->returnValue('name'),
          $this->returnValue('SampleName'),
          $this->returnValue('value'),
          $this->returnValue('SampleValue')
      )
  );
$con->insert_id = 7;
$db->setCon($con);
$this->assertEquals(
  7,
  $db->insertQuery(
    'table',
    array('name' => 'SampleName', 'value' => 'SampleValue')
  )
);
}

/**
 * @covers Database::updateQuery
 */
public function testUpdateQuery() {
  $db = new Database();
  $con = $this->getMock('GenericDb', array('real_escape_string', 'query'));
  $con
    ->expects($this->atLeastOnce())
    ->method('real_escape_string')
    ->will(
        $this->onConsecutiveCalls(
            $this->returnValue('table'),
            $this->returnValue('name'),
            $this->returnValue('SampleName'),
            $this->returnValue('value'),
            $this->returnValue('SampleValue'),
            $this->returnValue(1)
        )
    );
  $con->affected_rows = 1;
  $db->setCon($con);
```

```php
      $this->assertEquals(
        1,
        $db->updateQuery(
          'table',
          array('name' => 'SampleName', 'value' => 'SampleValue'),
          'id = %d',
          array(1)
        )
      );
  }

  /**
   * @covers Database::updateQuery
   */
  public function testUpdateQueryExpectingException() {
    $db = new Database();
    try {
      $db->updateQuery('test', array());
      $this->fail('Expected InvalidArgumentException not thrown.');
    } catch (InvalidArgumentException $e) { }
  }

  /**
   * @covers Database::getAffectedRows
   */
  public function testGetAffectedRows() {
    $db = new Database();
    $con = $this->getMock('GenericDb');
    $con->affected_rows = 2;
    $db->setCon($con);
    $this->assertEquals(2, $db->getAffectedRows());
  }

  /**
   * @covers Database::getLastInsertId
   */
  public function testGetLastInsertId() {
    $db = new Database();
    $con = $this->getMock('GenericDb');
    $con->insert_id = 3;
    $db->setCon($con);
    $this->assertEquals(3, $db->getLastInsertId());
  }
}
```

Mock-Objekte werden mit der PHPUnit-Methode `getMock(string $classname, array $methods)` erstellt. Zusätzlich kann mit `expects()` festgelegt werden, was bei welchem Methodenaufruf auf das jeweilige Mock-Objekt herauskommen soll. Als Argument von `expects()` wird die erwartete Anzahl der Aufrufe der Methode angegeben:

- `$this->once()` erwartet genau einen Aufruf.
- `$this->atLeastOnce()` benötigt mindestens einen Aufruf.
- `$this->any()` erlaubt beliebig viele Aufrufe, einschließlich keinen.
- `$this->exactly($anzahl)` besteht auf genau `$anzahl` Aufrufen.

Mit `will($this->returnValue($value))` geben Sie an, dass die Methode beim Aufruf den Wert `$value` zurückgeben soll. Die Variante `will($this->onConsecutiveCalls())` wird verwendet, wenn mehrere aufeinanderfolgende Aufrufe unterschiedliche Werte zurückgeben sollen.

Beachten Sie, dass hier eine Fantasieklasse namens `GenericDb` als Vorlage für die Mock-Objekte verwendet wird und nicht `mysqli`. Das liegt daran, dass `getMock()` nur mit sehr großem Aufwand das Umgehen des Konstruktors der Originalklasse erlaubt.

In neuere PHPUnit-Versionen ist eine Klasse namens `MockBuilder` eingebaut, die in dieser Hinsicht erheblich flexibler ist. Sie können sie (schematisch) wie folgt verwenden:

```
$mockObject = $this
  ->getMockBuilder($className)
  ->setMethods(array($method1, $method2...))
  ->disableOriginalConstructor()
  ->getMock();
```

Mit `setMethods()` legen Sie die Methoden fest, die das Mock-Objekt bereitstellen soll. Falls das Mock-Objekt nach einer lesbaren echten Klasse modelliert wird, können Sie diesen Aufruf weglassen. Die zusätzliche Methode `getOriginalConstructor()` ermöglicht es Ihnen, einen Aufruf des Konstruktors der Originalklasse zu umgehen, wenn Sie dessen Abhängigkeiten nicht erfüllen können oder wollen. Natürlich kann auch diese Zeile weggelassen werden, wenn der Originalkonstruktor keine Argumente verlangt oder Sie einen Mock einer nicht existierenden Klasse erzeugen.

Mit der `MockBuilder`-Variante ist es übrigens kein Problem mehr, die echte Klasse `mysqli` als Vorlage für das Mock-Objekt zu verwenden, denn der Schwierigkeiten bereitende Konstruktor lässt sich nun leicht ausblenden. Dafür brauchen Sie in diesem Fall nicht mehr die Methoden anzugeben, die das Mock-Objekt bereitstellen soll. Der Aufruf für alle Datenbank-Mock-Objekte sieht dadurch also wie folgt aus:

```
$con = $this
  ->getMockBuilder('mysqli')
  ->disableOriginalConstructor()
  ->getMock();
```

**19.2  Eine REST-API implementieren**

Wie gerade dieses etwas längere Beispiel zeigt, sind Unit-Tests unter anderem auch Teil der Dokumentation – denn Sie sehen hier ganz genau, wie die Klasse verwendet wird.

## 19.2  Eine REST-API implementieren

Immer mehr Webanwendungen werden in Form von Webservices bereitgestellt. Der große Vorteil ist, dass diese alle Arten von Clients bedienen können – von klassischen Websites mit serverseitiger Programmiersprache und HTML über moderne JavaScript-Frameworks bis hin zu Mobile Apps für iOS, Android und Windows Phone.

Der überwiegende Teil dieser Webservices wird heutzutage nach dem *REST*-Schema erstellt. REST ist eine Abkürzung für *REpresentational State Transfer*; es handelt sich um eine konsequente Nutzung der verschiedenen HTTP-Zugriffsmethoden. Dabei werden typischerweise die sogenannten *CRUD*-Funktionen für Ressourcen bereitgestellt (*Create*, *Read*, *Update*, *Delete*); auf der Serverseite werden diese Ressourcen oft als Datensätze in relationalen Datenbanken gespeichert. Die einzelnen HTTP-Methoden haben dabei folgende Aufgaben:

- ▶ GET wird zum Lesen verwendet, liefert also die auf dem Server gespeicherten Informationen über die gewünschten Ressourcen zurück.
- ▶ POST dient dem Neuanlegen von Ressourcen; der Body der Anfrage enthält die zu speichernden Daten.
- ▶ PUT wird zum Ändern bereits vorhandener Ressourcen verwendet; auch hier enthält der Body die entsprechenden Daten.
- ▶ DELETE schließlich löscht die angeforderte Ressource.

Anstelle von *Webservice* ist im Zusammenhang mit REST häufiger von einer *API* (*Application Programming Interface*) die Rede; diese Terminologie wird hier übernommen.

In diesem Abschnitt wird mit PHP eine REST-API entwickelt, die den CRUD-Zugriff auf die in Abschnitt 19.1.5, »Zugriff auf MySQL-Datenbanken«, entwickelte Tabelle mit Informationen über Programmiersprachen ermöglicht. Im nächsten Kapitel erfahren Sie, wie Sie mit JavaScript auf die API zugreifen können, und bereits in Kapitel 11, »Mobile Development«, wurde sie zum Servergegenstück für eine iOS-App.

### 19.2.1  Die API im Überblick

Jede vernünftige REST-API muss dokumentiert werden, damit Entwickler von Clients wissen, welche Zugriffe möglich sind. Hier also zunächst die Entwicklerdokumentation für die neu zu erstellende API.

Die einzige unterstützte Ressource ist *Language*, denn die API basiert nur auf einer Datenbanktabelle. Tabelle 19.4 enthält alle zulässigen Zugriffsmethoden und Pfade.

**19**   Webserveranwendungen

| HTTP-Methode | Pfad | Erläuterung |
|---|---|---|
| GET | /Language/ | Liefert die Liste aller Programmiersprachen. |
| GET | /Language/?search=str | Liefert eine Liste der Sprachen, in deren Namen der String str vorkommt. |
| GET | /Language/ID | Liefert die Programmiersprache mit der angegebenen numerischen ID. |
| POST | /Language/ | Erzeugt eine neue Programmiersprache mit den im Body angegebenen Daten. |
| PUT | /Language/ID | Ersetzt die Daten der Sprache mit der angegebenen ID durch diejenigen im Body. |
| DELETE | /Language/ID | Löscht die Sprache mit der angegebenen ID. |

**Tabelle 19.4** Überblick über die Methoden der REST-API

Das Datenaustauschformat der API ist XML – die Ausgaben der GET-Anfragen erfolgen in dieser Sprache, und in den Bodys der POST- und PUT-Anfragen wird sie ebenfalls erwartet. XML ist eines der beiden am häufigsten verwendeten Datenaustauschformate für REST-APIs; das andere ist das im nächsten Kapitel vorgestellte JSON.

Eine Liste von Sprachen, wie sie von GET /Language/ zurückgegeben wird, sieht so aus:

```
<?xml version="1.0" encoding="utf-8" standalone="yes"?>
<languages>
  <language id="1">
    <id>1</id>
   <name>C</name>
    <architecture>imperative</architecture>
    <implementation>compiler</implementation>
    <system>Unix,Windows,other</system>
    <description>älteste weitverbreitete Sprache; Syntax in vielen
    Sprachen verbreitet</description>
    <year>1970</year>
  </language>
  <!-- Weitere Sprachen -->
</languages>
```

Eine einzelne Sprache, wie sie etwa von GET /Language/3 zurückgegeben wird, hat folgendes Format:

```
<?xml version="1.0" encoding="utf-8" standalone="yes"?>
<language>
```

1100

```
<id>3</id>
<name>Python</name>
<architecture>oop</architecture>
<implementation>interpreter</implementation>
<system>Unix,Windows,other</system>
<description>Multiparadigmen-Skriptsprache</description>
<year>1991</year>
</language>
```

Dasselbe Format wird auch bei POST und PUT erwartet, wobei Sie nur diejenigen Elemente angeben müssen, die Sie hinzufügen beziehungsweise ersetzen möchten. Falls Sie also beispielsweise nur die Beschreibung von Python ändern möchten, senden Sie eine PUT-Anfrage an den URL-Pfad /Language/3 und fügen folgendes XML-Dokument in den Body ein:

```
<?xml version="1.0" encoding="utf-8" standalone="yes"?>
<language>
  <description>Moderne Multiparadigmen-Skriptsprache mit objektorientierten
  und funktionalen Aspekten</description>
</language>
```

Alle Schreibzugriffe, also PUT, POST und DELETE, benötigen eine Autorisierung in Form der URL-Parameter user und key, deren Inhalte in der Konfigurationsdatei der API festgelegt werden. Beim Key wird dabei der MD5-Hash (einfache Einwegverschlüsselung) gespeichert – keine Software mit Netzwerkanbindung sollte Passwörter oder Schlüssel jemals im Klartext speichern, um Crackern auch bei einem eventuell erfolgreichen Angriff keine brauchbaren Daten an die Hand zu geben.

Eine DELETE-Anfrage für eine Sprache mit der ID 25 sieht also vollständig so aus (die Platzhalter USERNAME und KEY müssen natürlich durch die korrekten Werte ersetzt werden):

```
DELETE /Language/25?user=USERNAME&key=KEY
```

In der Praxis erfolgt die Autorisierung oder Authentifizierung von REST-APIs über aufwendigere Verfahren wie *OAuth2*. Diese haben zwei Vorteile:

▶ Sie sind standardisiert, sodass die meisten Sprachen über Bibliotheken dafür verfügen.

▶ Der Inhalt der Anfrage selbst wird in die Berechnung des jeweiligen Schlüssels eingerechnet, sodass dieser Inhalt nicht durch Angreifer verfälscht werden kann.

Nach erfolgreichen Änderungsanfragen erhalten Sie den HTTP-Status 200 (OK) und eine kurze XML-Erfolgsmeldung; bei der soeben gezeigten PUT-Anfrage beispielsweise diese:

```
<?xml version="1.0" encoding="utf-8" standalone="yes"?>
<success>Language successfully modified.</success>
```

## 19 Webserveranwendungen

Fehlermeldungen haben Status-Werte wie 404 (Not found) oder 400 (Bad request) **und einen XML-Body wie beispielsweise diesen:**

```
<?xml version="1.0" encoding="utf-8" standalone="yes"?>
<error>The requested resource could not be found.</error>
```

### 19.2.2  Die Grundarchitektur der API

Die REST-API besteht aus verschiedenen Dateien mit folgenden Aufgaben (Ausgabe des Unix-Befehls `tree -a` mit zusätzlich eingefügten Erläuterungen):

```
.
+-- .htaccess          Apache-Konfiguration: immer index.php laden
+-- config.inc.php     Konfiguration für Database.php und Autorisierung
+-- index.php          Hauptprogrammdatei, lädt Autoloader und Application
+-- Autoloader.php     enthält die Autoleader-Methode für die API
+-- Application.php    Hauptanwendungsklasse; Methode run() bearbeitet Anfragen
+-- Api.php            Basisklasse für API-Ressourcen
+-- Language.php       API-Ressource "Language"
+-- Database.php       Datenbank-Basisklasse (bereits beschrieben)
+-- Dba.php            Helferklasse, die DB-Feldnamen auf lesefreundliche Art abbildet
+-- Language
|   +-- Dba.php        DB-Abfragen und lesefreundliche Felder für Language
+-- Xml.php            Helferklasse zur XML-Verarbeitung und -Erzeugung
```

Die Klassen sind so gestaltet, dass sich API-Anfragen für weitere Ressourcen leicht hinzufügen lassen. Im Prinzip brauchen Sie dafür nur eine Datei namens *Ressourcenname.php* mit einer von `Api` abgeleiteten Klasse, die die konkreten Anfragen verarbeitet, und eine von `Dba` abgeleitete Klasse, sinnvollerweise wie hier mit dem Pfad *Ressourcenname/Dba.php*, die konkrete Datenbankabfragen für Ihre Ressource enthält und die internen Feldnamen der Datenbanktabelle auf lese- und schreibfreundliche Art für die API abbildet.

Nach dem ersten Überblick hier eine ausführlichere Beschreibung der Aufgaben aller Dateien:

▸ *.htaccess* enthält nur eine einzige Apache-Direktive, die dafür sorgt, dass alle Anfragen – ungeachtet ihres konkreten Pfades – von *index.php* behandelt werden. Sie sollten die API in einem eigenen Virtual Host mit separatem Hostnamen oder separatem TCP-Port betreiben und können diese Zeile auch in den Konfigurationskontext dieses Virtual Hosts kopieren. Informationen über die Einrichtung und Konfiguration von Apache erhalten Sie in Kapitel 14, »Server für Webanwendungen«.

▸ Falls Sie die API mit einem anderen Webserver als Apache ausführen möchten, müssen Sie eine adäquate Konfiguration für diesen verwenden.

- *config.inc.php* enthält die Konfiguration für die Datenbank-Basisklasse `Database`, die in diesem Kapitel bereits gezeigt wurde, sowie die Autorisierungsdaten für Schreibzugriffe.

- *index.php* ist die erste Datei, die beim Eintreffen einer Anfrage aufgerufen wird. Sie importiert die Konfigurationsdatei, initialisiert den Autoloader und ruft anschließend die Methode `run()` der Klasse `Application` auf, die die eigentliche Arbeit erledigt.

- *Autoloader.php* enthält die statische Methode `autoload()`, die in *index.php* mithilfe von `spl_autoload_register()` registriert wird. Die Methode ergänzt Großbuchstaben im Klassennamen durch einen / vor diesen Großbuchstaben und verwendet das Ergebnis mit der Endung *.php* als den zu importierenden Dateinamen.

- *Application.php* enthält die Methode `run()`, mit der die eigentliche Verarbeitung der Anfrage durchgeführt wird. Dazu wird der Anfragepfad an /-Zeichen zerlegt; das erste Element wird als Klassenname instanziiert, und die restlichen werden an die zuständige Methode übergeben, die dem Namen der HTTP-Methode entspricht. Die Anfrage `GET` `/Language` würde also dazu führen, dass eine Instanz der Klasse `Language` erzeugt und die Methode `get()` dieser Instanz aufgerufen wird. In einer robusten Anwendung für die reale Welt müsste natürlich überprüft werden, ob die Klasse und die Methode überhaupt existieren, aber dies unterbleibt hier.

- *Api.php* ist die Basisklasse für API-Ressourcen-Klassen. Sie enthält Implementierungen der vier Anfragemethoden `get()`, `post()`, `put()` und `delete()`, die hier jedoch alle mit `503` `Not implemented` antworten. Der Vorteil dieser Vorgehensweise ist, dass diese Methoden automatisch die passende Antwort geben, wenn eine Ressourcenklasse nicht alle vier Methoden benötigt. Daneben enthält die Klasse einige Methoden für gängige HTTP-Statusmeldungen wie `notFound()`. Diese sind als `protected` gekennzeichnet, damit eine abgeleitete Klasse darauf zugreifen und sie bei Bedarf als Ergebnis ihrer öffentlichen Methoden zurückgeben kann.

- *Language.php* ist die konkrete API-Klasse für die Ressource `Language`; sie ist von `Api` abgeleitet, um die grundlegenden Funktionalitäten zu übernehmen. Hier sind alle vier Zugriffsmethoden implementiert, außerdem diverse Helfermethoden. Die Klasse verwendet eine Instanz von `LanguageDba` für die Zugriffe auf die Datenbanktabelle mit den Programmiersprachen.

- *Database.php* wurde bereits im vorangegangenen Abschnitt ausführlich beschrieben; es handelt sich um eine Klasse für bequemere MySQL-Datenbankabfragen.

- *Dba.php* ist die Basisklasse für konkrete Datenbankzugriffsklassen (DataBase Access) von Ressourcen. Sie enthält ein (hier leeres) Array namens `$fields`, das die internen Feldnamen der Tabellen, im Fall von Language etwa `language_description`, XML-freundlichere Namen wie `description` zuordnet. Die enthaltenen Methoden `recordToResult()` und `resultToRecord()` nehmen die entsprechenden Umwandlungen vor. Die Klasse ist von `Database` abgeleitet, um den DBA-Klassen der Ressourcen die grundlegende Datenbankfunktionalität zur Verfügung zu stellen.

► *Language/Dba.php* enthält die wiederum von `Dba` abgeleitete Klasse `LanguageDba`, die die konkreten Datenbankoperationen für die Programmiersprachen-Tabelle bereitstellt. Dabei wandeln die lesenden Methoden die Feldnamen aus der Tabelle in die öffentlichen Kurznamen um, während `create()` und `update()` den umgekehrten Weg gehen.

► *Xml.php* stellt verschiedene Methoden zur Erzeugung und Verarbeitung von XML bereit. Zum Parsen von XML-Code aus Anfrage-Bodys verwendet die Klasse die PHP-XML-API `SimpleXML`, deren Ansatz dem in Kapitel 16, »XML«, vorgestellten Python-Zugriff auf XML-Dokumente ähnelt.

### 19.2.3   Der komplette Quellcode

In diesem Abschnitt finden Sie den Quellcode jeder Datei der API zusammen mit einigen Erläuterungen. Mit Ausnahme von *Language/Dba.php* liegen alle im selben Verzeichnis, das als DocumentRoot eines Virtual Hosts verwendet werden kann, um die API über den Webserver zugänglich zu machen.

**Die Apache-Konfigurationsdatei ».htaccess«**

Diese Datei enthält nur eine einzige Zeile:

```
FallbackResource /index.php
```

Die Direktive `FallbackResource` sorgt dafür, dass alle Anfragen für nicht existierende Dateien an die angegebene Ressource weitergeleitet werden. Der führende / bedeutet, dass sich die Datei in der DocumentRoot des aktuellen Virtual Hosts befindet.

**Die Konfigurationsdatei »config.inc.php«**

Der Datenbankteil dieser Datei wurde bereits im vorangegangenen Abschnitt gezeigt. Er enthält die Datenbank-Zugriffsparameter, die Sie natürlich an Ihre eigene Datenbank anpassen müssen. Die Konstante `INIT_QUERY` sollten Sie dagegen beibehalten, da sämtliche Kommunikation zwischen der API und ihren Clients den UTF-8-Zeichensatz verwendet, was auch die Datenbank tun sollte.

Die Konstanten `AUTH_USER` und `AUTH_KEY` sind die Werte, die bei Schreibanfragen in den Query-String-Parametern `user` beziehungsweise `key` mitgeliefert werden müssen. Der Key ist dabei, wie bereits erwähnt, ein MD5-Hash des eigentlichen Werts; im folgenden Beispiel handelt es sich um den Hash des Strings `"my-key"`. Wenn Sie die Werte aus dem Beispiel übernehmen, müssen Sie an `POST`-, `PUT`- und `DELETE`-Anfragen also den Query-String `?user=apiuser&key=my-key` anhängen.[6] In PHP stehen diese Parameter übrigens auch dann im Array `$_GET`

---

6  Falls Sie die API – oder Ihre eigene davon abgeleitete Version – auf einem öffentlich zugänglichen Webserver bereitstellen sollten, ist es natürlich ratsam, Ihre eigenen Werte zu verwenden, denn dieses Buch hat eine gewisse Verbreitung.

zur Verfügung, wenn die Anfragemethode gar nicht GET ist, denn $_GET enthält grundsätzlich nur Query-String-Parameter.

Hier ein Beispiel für den Inhalt der Datei:

```php
<?php
// Datenbank
define('HOST', 'localhost');
define('DATABASE', 'mydatabase');
define('USER', 'dbuser');
define('PASSWORD', 'geheim');
define('INIT_QUERY', 'SET NAMES UTF8');

// Autorisierung
define('AUTH_USER', 'apiuser');
define('AUTH_KEY', '515780610702189dabd912e9c9ef6f38');
```

### Das »Hauptprogramm« »index.php«

Wie bereits erwähnt, sorgt die *.htaccess*-Datei dafür, dass bei jeder Anfrage diese Datei aufgerufen wird. Sie hat folgenden Inhalt:

```php
<?php

require_once(__DIR__.'/config.inc.php');
require_once(__DIR__.'/Autoloader.php');

spl_autoload_register(array('Autoloader', 'autoload'));

$application = new Application();
$application->run();
```

Zunächst werden also die Konfigurationsdatei und die Autoloader-Klasse inkludiert. Dass die Konfigurationsdatei nochmals in *Database.php* eingebunden wird, spielt keine Rolle, denn die verwendete Anweisung require_once() sorgt dafür, dass sie in jedem Fall nur einmal hinzugefügt wird.

### Die Autoloader-Klasse »Autoloader.php«

Die Klasse Autoloader enthält lediglich die statische Methode autoload(); der Quellcode sieht so aus:

```php
<?php

class Autoloader {
  public static function autoload($classname) {
```

```
$filename = preg_replace('(([A-Z]))', '/\\1', $classname);
if (substr($filename, 0, 1) != '/') {
  $filename = '/'.$filename;
}
$filename .= '.php';
include_once(__DIR__.$filename);
  }
}
```

Das Verfahren wurde im Prinzip bereits erläutert. Mithilfe von `preg_replace()` wird zunächst vor jedem Großbuchstaben ein / eingefügt, da Großbuchstaben in der Logik dieses Autoloaders Unterverzeichnisse einleiten. Wenn der Pfad danach nicht mit / beginnt (weil er nicht mit einem Großbuchstaben begann), wird dieses Zeichen davor eingefügt. Anschließend wird die Dateiendung *.php* angehängt, und die so gekennzeichnete Datei im aktuellen Verzeichnis `__DIR__` wird geladen.

### Die Haupt-Anwendungsklasse »Application.php«

Diese Klasse definiert die Hauptmethode der Anwendung mit dem Namen `run()`. Sie wird von *index.php* auf einer neuen Instanz von `Application` aufgerufen. Hier zunächst der Quellcode:

```php
<?php

class Application {
  public function run() {
    $path = strtok($_SERVER['REQUEST_URI'], '?');
    $elements = preg_split('(/)', $path);
    while (empty($elements[0])) {
      array_shift($elements);
    }
    $classname = array_shift($elements);
    $instance = new $classname();
    $method = strtolower($_SERVER['REQUEST_METHOD']);
    $result = $instance->$method($elements);
    header(
      sprintf(
        "HTTP/1.1 %d %s",
        $instance->statusCode(),
        $instance->statusMessage()
      )
    );
    header(sprintf("Content-type: %s", $instance->contentType()));
    header(sprintf("Content-length: %d", strlen($result)));
```

```
    echo $result;
  }
}
```

Der echte Pfad der Anfrage wird aus der Servervariablen REQUEST_URI gelesen. Dieser wird mit strtok() vor einem eventuellen Fragezeichen, das einen Query-String einleitet, abgeschnitten, und dann mithilfe von preg_split() an /-Zeichen in ein Array zerlegt. Eventuell leere Elemente, die durch einen führenden / entstehen, werden mit array_shift() vom Anfang des Arrays entfernt.

Das erste Element des Arrays wird als Klassenname interpretiert; es wird ebenfalls aus dem Array entfernt, und eine Instanz dieser Klasse wird erzeugt:

```
$classname = array_shift($elements);
$instance = new $classname();
```

Anschließend wird die mit strtolower() in Kleinbuchstaben umgewandelte HTTP-Methode als Methode der neuen Instanz aufgerufen; der Rest des Arrays wird als Argument übergeben. Das Ergebnis des Methodenaufrufs ist der Body der HTTP-Antwort:

```
$method = strtolower($_SERVER['REQUEST_METHOD']);
$result = $instance->$method($elements);
```

Die Anfrage GET /Language/7 würde also beispielsweise in folgenden Code umgewandelt:

```
$instance = new Language();
$instance->get(array(7));
```

Wie bereits erwähnt, fehlt an dieser Stelle eine vernünftige Fehlerbehandlung; es sollte überprüft werden, ob die angesprochene Klasse und die gewünschte Methode überhaupt existieren.

Zum Schluss erfolgt die HTTP-Ausgabe: der Status, der MIME-Type und die Länge des Bodys werden über die Funktion header() ausgegeben, und als Letztes folgt der Body mit echo.

### Die API-Basisklasse »Api.php«

Diese Klasse stellt die Grundfunktionalität bereit, die jede API-Ressourcen-Klasse erben sollte. Der Code lautet wie folgt:

```
<?php

class Api {
  protected $xml = NULL;
  protected $contentType = "text/xml";
  protected $statusCode = 200;
```

```php
    protected $statusMessage = "OK";

    public function get($elements) {
      return $this->notImplemented();
    }

    public function post($elements) {
      return $this->notImplemented();
    }

    public function put($elements) {
      return $this->notImplented();
    }

    public function delete($elements) {
      return $this->notImplemented();
    }

    public function contentType($type = NULL) {
      if ($type !== NULL) {
        $this->contentType = $type;
      }
      return $this->contentType;
    }

    public function statusCode($code = NULL) {
      if ($code !== NULL) {
        $this->statusCode = $code;
      }
      return $this->statusCode;
    }

    public function statusMessage($message = NULL) {
      if ($message !== NULL) {
        $this->statusMessage = $message;
      }
      return $this->statusMessage;
    }

    protected function notFound() {
      $this->statusCode(404);
      $this->statusMessage('Not found');
      return $this
```

```php
        ->xml()
        ->getElement(
            'The requested resource could not be found.',
            'error'
        );
}

protected function badRequest($message = '') {
  $this->statusCode(400);
  $this->statusMessage('Bad request');
  return $this
    ->xml()
    ->getElement(
        empty($message) ? 'This request is formally incorrect.' : $message,
        'error'
      );
}

protected function notImplemented() {
  $this->statusCode(501);
  $this->statusMessage('Not implemented');
  return $this
    ->xml()
    ->getElement(
        'This request method is not implemented.',
        'error'
      );
}

protected function forbidden() {
  $this->statusCode(403);
  $this->statusMessage('Forbidden');
  return $this
    ->xml()
    ->getElement(
        'You are not allowed to access this resource.',
        'error'
      );
}

protected function checkAuthorization() {
  $result = FALSE;
  if (defined('AUTH_USER') && defined('AUTH_KEY')) {
```

**19   Webserveranwendungen**

```php
    if (isset($_GET['user']) && $_GET['user'] == AUTH_USER &&
        isset($_GET['key']) && md5($_GET['key']) == AUTH_KEY) {
      $result = TRUE;
    }
  }
  return $result;
}


public function xml($xml = NULL) {
  if ($xml !== NULL) {
    $this->xml = $xml;
  } elseif ($this->xml === NULL) {
    $this->xml = new Xml();
  }
  return $this->xml;
  }
}
```

Die Klasse beginnt mit der Deklaration einiger Attribute. Sie haben die Sichtbarkeitsstufe protected, damit sie auch in abgeleiteten Klassen zur Verfügung stehen. $xml ist eine Instanz der Helferklasse Xml, die jeweils bei Bedarf initialisiert wird. $contentType, $statusCode und $statusMessage sind Felder für die verschiedenen HTTP-Header, die über verschiedene Methoden gesetzt und ausgelesen werden können.

Es folgen die öffentlichen Methoden get(), post(), put() und delete() für die gleichnamigen HTTP-Anfragemethoden. In dieser Basisklasse liefern sie alle den Status 501 Not implemented zurück; in abgeleiteten Ressourcenklassen brauchen Sie also nur diejenigen zu überschreiben, die Sie tatsächlich benötigen.

Die Methoden contentType(), statusCode() und statusMessage() sind kombinierte Getter und Setter für die entsprechenden Attribute: Wenn das optionale Argument gesetzt ist, werden die Attribute auf den angegebenen Wert gesetzt, und er wird in jedem Fall zurückgegeben. Die Methode xml() am Ende der Klasse funktioniert ähnlich, initialisiert die Instanz jedoch zusätzlich mit new Xml(), falls sie nicht übergeben wird und noch nicht existiert. Die Möglichkeit, das Xml-Objekt von außen zu setzen, ist vor allem für Unit-Tests interessant, denn so können Sie der Api-Instanz anstelle des Originals ein Mock-Objekt übergeben.

Die protected-Methoden notFound(), badRequest(), notImplemented() und forbidden() können Sie in Ihren Ressourcen-Klassen aufrufen, um die entsprechenden Fehlermeldungen an Clients zurückzuliefern. Die HTTP-Methoden in der vorliegenden Klasse zeigen am Beispiel von notImplemented(), wie dies funktioniert. Alle vier Methoden erzeugen den Body mithilfe der Xml-Methode getElement(), die einen einzelnen String in das angegebene XML-Tag verschachtelt (hier jeweils <error>...</error>). Im Fall von badRequest() können Sie die Originalfehlermeldung optional überschreiben, um dem Client genauer mitzuteilen, was mit

1110

seiner Anfrage nicht stimmt. Neben der Rückgabe der jeweils passenden XML-Fehlermeldung setzen die Methoden auch Statuscode und -meldung entsprechend.

Die Methode checkAuthorization() prüft schließlich, ob der API-User berechtigt ist, eine bestimmte Anfrage durchzuführen. Dazu müssen die Konstanten AUTH_USER und AUTH_KEY in der Konfigurationsdatei gesetzt sein. Sie werden mit den Werten der Query-String-Parameter user beziehungsweise key verglichen, wobei von Letzterem der MD5-Hash gebildet wird. Nur bei einer Übereinstimmung liefert die Methode das Ergebnis TRUE zurück, das heißt, der User ist autorisiert.

Wenn Sie checkAuthorization() in einer Methode einer von Api abgeleiteten Ressourcenklasse verwenden möchten, funktioniert dies beispielsweise so:

```php
public function post($elements) {
  if (!$this->checkAuthorization()) {
    return $this->forbidden();
  }
  // Hier ist der Client autorisiert: POST-Anfrage weiterverarbeiten
}
```

**Die API-Ressourcenklasse »Language.php«**

Die Klasse Language wird von der soeben beschriebenen Klasse Api abgeleitet. Ihr PHP-Code sieht so aus:

```php
<?php

class Language extends Api {
  private $dba = NULL;

  public function get($elements) {
    if (isset($elements[0]) && !empty($elements[0])) {
      return $this->getOne($elements[0]);
    }
    return $this->getAll();
  }

  public function post($elements) {
    if (!$this->checkAuthorization()) {
      return $this->forbidden();
    }
    $raw = file_get_contents('php://input');
    if (!empty($raw)) {
      $data = $this->dba()->parse($raw);
      $id = $this->dba()->create($data);
      if ($id) {
```

```php
        return $this
          ->xml()
          ->getElement(
              sprintf('Created new language with ID %d.', $id),
              'success'
          );
    } else {
      return $this->badRequest("Could not create a new record; database error.");
    }
  }
}
  return $this->badRequest("You provided no data to insert.");
}

public function put($elements) {
  if (!$this->checkAuthorization()) {
    return $this->forbidden();
  }
  if (isset($elements[0])) {
    $id = $elements[0];
    $raw = file_get_contents('php://input');
    if (!empty($raw)) {
      $data = $this->dba()->parse($raw);
      $success = $this->dba()->update($id, $data);
      if ($success) {
        return $this
          ->xml()
          ->getElement(
              'Language successfully modified.',
              'success'
          );
      }
    }
  }
  return $this->badRequest();
}

public function delete($elements) {
  if (!$this->checkAuthorization()) {
    return $this->forbidden();
  }
  if (isset($elements[0])) {
    $id = $elements[0];
    $success = $this->dba()->delete($id);
    if ($success) {
```

```
          return $this
            ->xml()
            ->getElement(
                'Language successfully deleted.',
                'success'
              );
      }
    }
    return $this->badRequest();
  }


  protected function getOne($id) {
    $language = $this->dba()->getById($id);
    if (!empty($language)) {
      return $this->xml()->getRecord($language, 'language');
    }
    return $this->notFound();
  }


  protected function getAll() {
    if (isset($_GET['search'])) {
      $data = $this->dba()->getBySearch($_GET['search']);
    } else {
      $data = $this->dba()->getAll();
    }
    if (!empty($data)) {
      return $this->xml()->getRecords($data, 'languages', 'language');
    }
    return $this->notFound();
  }


  public function dba($dba = NULL) {
    if ($dba !== NULL) {
      $this->dba = $dba;
    } elseif ($this->dba === NULL) {
      $this->dba = new LanguageDba();
    }
    return $this->dba;
  }
}
```

Die Klasse deklariert zunächst ein privates Attribut namens $dba. Es handelt sich um eine Instanz der Klasse LanguageDba für die Datenbankzugriffe, die genau wie die Xml-Instanz in der Elternklasse über eine kombinierte Getter- und Setter-Methode namens dba() initialisiert wird.

Ansonsten werden im Wesentlichen die Methoden für die verschiedenen HTTP-Zugriffsarten definiert. get() überprüft dabei zunächst, ob der Pfad hinter Language/ ein weiteres Element enthielt – dies wird als ID interpretiert und über die interne Helfermethode getOne() ausgelesen. Andernfalls wird der Rückgabewert von getAll() zurückgeliefert.

Die Methode getOne() ruft ihrerseits die Methode getById() der DBA-Klasse auf. Wenn diese ein Ergebnis zurückliefert, bedeutet dies, dass der Datensatz gefunden wurde; er wird mithilfe der Xml-Methode getRecord() zu XML mit dem Wurzelelement <language>...</language> verarbeitet und zurückgegeben. Andernfalls wird notFound() aufgerufen, um dem Client den Fehlerstatus 404 Not found zu präsentieren.

getAll() funktioniert ähnlich, prüft aber vor dem eigentlichen Datenbankzugriff, ob der URL-Parameter search gesetzt ist. Ist dies der Fall, dann wird der Wert dieses Parameters an die DBA-Methode getBySearch() übergeben, die nur Datensätze zurückliefert, in denen language_name den angegebenen String enthält. Andernfalls werden mit der DBA-Methode getAll() alle Datensätze ausgelesen. Wenn ein Ergebnis vorhanden ist, wird es mit getRecords() aus der Klasse Xml in das Ausgabeformat umgewandelt und zurückgegeben, ansonsten gibt es wieder eine 404-Fehlermeldung.

Die Methoden post(), put() und delete() überprüfen zunächst nach dem bereits gezeigten Schema, ob der Client ordnungsgemäß autorisiert ist. Ist dies nicht der Fall, wird *403 Forbidden* zurückgeliefert. Wenn die Autorisierung erfolgreich war, lesen post() und put() den Inhalt von *php://input* aus, um den Body der Anfrage zu erhalten. Ist dieser leer, wird badRequest() mit einer spezifischen Fehlermeldung zurückgegeben. Ansonsten parst die Methode parse() der Klasse LanguageDba das übergebene XML, und es wird mit den Methoden create() beziehungsweise update() derselben Klasse in die Datenbank geschrieben. Im Erfolgsfall wird 200 OK mit einer spezifischen XML-Erfolgsmeldung zurückgegeben, ansonsten badRequest().

delete() funktioniert so ähnlich wie die beiden anderen Schreibmethoden, überprüft aber keinen Anfrage-Body, sondern nur die ID des zu löschenden Datensatzes aus dem Pfad.

### Die grundlegende Datenbank-Klasse »Database.php«

Der Quellcode dieser Datei wurde in diesem Kapitel bereits abgedruckt, und zwar im Abschnitt »Eine Klasse für vereinfachte Datenbankzugriffe« in Abschnitt 19.1.5. Blättern Sie dorthin, falls Sie den Code noch nicht gelesen oder abgetippt haben.

### Die allgemeine Datenbank-Zugriffsklasse »Dba.php«

Diese Klasse ist die Elternklasse für spezifische Datenbank-Zugriffsklassen der API-Ressourcen. Sie ist von Database abgeleitet und stellt die Umwandlung der internen Datenbank- in die öffentlichen API-Feldnamen und umgekehrt bereit. Hier der Inhalt:

## 19.2 Eine REST-API implementieren

```php
<?php

class Dba extends Database {
  protected $fields = array();

  protected function recordToResult($record, $fields = NULL) {
    if ($fields === NULL) {
      $fields = $this->fields;
    }
    $result = array();
    if (is_array($record)) {
      foreach ($record as $field => $value) {
        if (isset($fields[$field])) {
          $result[$fields[$field]] = $value;
        } else {
          $result[$field] = $value;
        }
      }
    }
    return $result;
  }

  protected function resultToRecord($result) {
    return $this->recordToResult($result, array_flip($this->fields));
  }
}
```

Das in dieser Klasse zunächst leere Attribut $fields ordnet die Feldnamen der Datenbank den öffentlichen XML-Elementnamen der API zu; als Schlüssel werden die Datenbank-Feldnamen erwartet und als Werte die XML-Elemente. Die Methode recordToResult() wandelt Datenbank-Datensätze in Ergebnis-Arrays um; wenn ein Feld nicht vorhanden ist, wird der Originalfeldname beibehalten. Optional kann die Methode eine Liste von Feldern als Argument entgegennehmen – das macht sich die Umkehrfunktion resultToRecord() zunutze, indem sie Schlüssel und Werte mittels array_flip() umkehrt und wiederum recordToResult() aufruft.

Ausgewachsene Web-Frameworks verwenden oft mehr Automatisierung für Datenbankzugriffe bis hin zu sogenannten *ORM*-Schnittstellen (*Object-Relational Mapping*), die eine Datenbanktabelle mehr oder weniger automatisch einer Klasse zuordnen. Dies ist bequem, geht aber mitunter auf Kosten der Datenbank-Performance.

### Die Datenbank-Zugriffsklasse »Language/Dba.php«

Diese Klasse stellt die spezifischen Datenbank-Zugriffsmethoden für die Tabelle languages bereit. Sie ist von Dba abgeleitet und enthält das folgende PHP:

```php
<?php

class LanguageDba extends Dba {
  private $xml = NULL;

  protected $fields = array(
    'language_id' => 'id',
    'language_name' => 'name',
    'language_architecture' => 'architecture',
    'language_implementation' => 'implementation',
    'language_system' => 'system',
    'language_description' => 'description',
    'language_year' => 'year'
  );

  public function getAll() {
    $sql = "SELECT language_id, language_name, language_architecture,
                   language_implementation, language_system,
                   language_description, language_year
            FROM languages
            ORDER BY language_name";
    $result = array();
    $query = $this->query($sql);
    while ($row = $query->fetch_assoc()) {
      $result[$row['language_id']] = $this->recordToResult($row);
    }
    return $result;
  }

  public function getById($id) {
    $sql = "SELECT language_id, language_name, language_architecture,
                   language_implementation, language_system,
                   language_description, language_year
            FROM languages
            WHERE language_id = %d";
    $query = $this->query($sql, $id);
    return $this->recordToResult($query->fetch_assoc());
  }

  public function getBySearch($search) {
    $condition = $this->getCondition(array('language_name' => '%'.$search.'%'));
    $sql = "SELECT language_id, language_name, language_architecture,
                   language_implementation, language_system,
```

```
                      language_description, language_year
                 FROM languages
               WHERE ".$condition;
    $result = array();
    $query = $this->query($sql);
    while ($row = $query->fetch_assoc()) {
      $result[$row['language_id']] = $this->recordToResult($row);
    }
    return $result;
  }

  public function create($data) {
    return $this->insertQuery('languages', $this->resultToRecord($data));
  }

  public function update($id, $data) {
    return $this->updateQuery(
      'languages',
      $this->resultToRecord($data),
      'language_id = %d',
      $id
    );
  }

  public function delete($id) {
    $sql = "DELETE FROM languages WHERE language_id = %d";
    $this->query($sql, $id);
    return $this->getAffectedRows();
  }

  public function parse($rawXml) {
    return $this->xml()->parse($rawXml, $this->fields);
  }

  public function xml($xml = NULL) {
    if ($xml !== NULL) {
      $this->xml = $xml;
    } else {
      $this->xml = new Xml();
    }
    return $this->xml;
  }
}
```

## 19   Webserveranwendungen

Auch diese Klasse verwendet eine Instanz der Klasse Xml, um einen Aufruf der Methode parse() an diese durchzureichen. Da die gleichnamige Methode von Xml eine Liste der Felder benötigt, ist es sinnvoll, diesen Umweg zu gehen.

Die Felderliste $fields lässt im Fall dieser Klasse bei den XML-Elementnamen das Präfix language_ der Tabellenfelder weg.

Die Methoden getAll(), getById() und getBySearch() erzeugen SQL-SELECT-Anfragen, um die gewünschten Datensätze auszulesen. getAll() benötigt keine Parameter, da stets alle Datensätze ausgelesen werden. Bei getById() wird die übergebene ID als einfacher Parameter einer WHERE-Bedingung verwendet. getBySearch() konstruiert die Suchbedingung zunächst mithilfe der Database-Methode getCondition(), da diese die entsprechende Sonderbehandlung für LIKE-Platzhalter bietet.

Die Methoden getAll() und getBySearch() können mehrere Datensätze zurückliefern, sodass das Ergebnis von query() jeweils in einer Schleife aufgerufen wird; getById() gibt dagegen höchstens einen Datensatz zurück. In jedem Fall wird für alle Datensätze recordToResult() aufgerufen, um die Feldnamen zu ersetzen.

Die Schreibmethoden sind recht kurz. Insbesondere create() und update() reichen die Daten nach einem Aufruf von resultToRecord() einfach an die Database-Methoden insertQuery() beziehungsweise updateQuery() durch. delete() sendet eine spezifisch erzeugte Abfrage an die Datenbank und gibt die Anzahl der betroffenen Datensätze zurück.

### Die XML-Helferklasse »Xml.php«

Diese Klasse enthält Methoden zum Erzeugen und Parsen von XML. Dies ist ihr Quellcode:

```
class Xml {
  public function getRecords($records, $root = 'result', $line = 'record') {
    $result = '<?xml version="1.0" encoding="utf-8" standalone="yes"?>';
    $result .= sprintf('<%s>', $root);
    foreach ($records as $id => $record) {
      $result .= sprintf('<%s id="%d">', $line, $id);
      foreach ($record as $field => $value) {
        $result .= sprintf(
          '<%1$s>%2$s</%1$s>',
          htmlspecialchars($field),
          htmlspecialchars($value)
        );
      }
      $result .= sprintf('</%s>', $line);
    }
    $result .= sprintf('</%s>', $root);
    return $result;
  }
```

1118

```php
public function getRecord($record, $line = 'record') {
  $result = '<?xml version="1.0" encoding="utf-8" standalone="yes"?>';
  $result .= sprintf('<%s>', $line);
  foreach ($record as $field => $value) {
    $result .= sprintf(
      '<%1$s>%2$s</%1$s>',
      htmlspecialchars($field),
      htmlspecialchars($value)
    );
  }
  $result .= sprintf('</%s>', $line);
  return $result;
}


public function getElement($text, $element = 'message') {
  $result = '<?xml version="1.0" encoding="utf-8" standalone="yes"?>';
  $result .= sprintf(
    '<%1$s>%2$s</%1$s>',
    htmlspecialchars($element),
    htmlspecialchars($text)
  );
  return $result;
}


public function parse($xml, $fields) {
  $result = array();
  $record = new SimpleXMLElement($xml);
  foreach ($fields as $field) {
    if ($record->{$field} != NULL && !empty((string)$record->{$field})) {
      $result[$field] = (string)$record->{$field};
    }
  }
  return $result;
}
}
```

Die Methoden getRecords(), getRecord() und getElement() wandeln ein verschachteltes Array, ein einfaches Array beziehungsweise einen String in XML-Code um. Bei getRecords() können optional der Name des Wurzelelements und des Elements für jeden einzelnen Datensatz angegeben werden. getRecord() und getElement() nehmen nur einen Elementnamen entgegen, jeweils für das Wurzelelement.

parse() dürfte die interessanteste Methode der Klasse sein: Sie verwendet die PHP-Schnittstelle SimpleXML, um das vom Client übergebene XML zu parsen. Neben dem XML-String erwartet sie eine Liste von Feldern, die als Elemente unterhalb des Wurzelelements gesucht werden. Zunächst wird mit `new SimpleXMLElement($xml)` ein SimpleXML-Baum-Objekt erzeugt. Anschließend wird mit `foreach` über die Felderliste iteriert. Wenn ein XML-Element mit dem gesuchten Feldnamen vorhanden ist – es handelt sich bei SimpleXML um ein öffentliches Attribut dieses Namens –, dann wird der Textinhalt des Elements unter dem entsprechenden Schlüssel zum Ergebnis-Array hinzugefügt. Den Textinhalt erhalten Sie in SimpleXML, indem Sie das gewünschte Element mit `(string)$element` in einen String umwandeln.

### 19.2.4   Die API testen

Eine REST-API können Sie nicht testen wie eine gewöhnliche Webanwendung, die im Browser angezeigt und über Links und Formulare bedient wird. Am besten ist es, parallel zur API einen Client zu programmieren. Dieser ermöglicht zum einen das Testen der API und ist zum anderen eine Referenzimplementierung eines Clients, die Sie nach Fertigstellung der API an Entwickler verteilen können, die Ihre API benutzen sollen.

In den nächsten beiden Kapiteln werden verschiedene Clients für diese API entwickelt, aber zunächst wird hier eine einfachere Möglichkeit vorgestellt. Es handelt sich um die Verwendung des generischen REST-Clients *Postman*, der als kostenlose Erweiterung für den Browser Google Chrome verfügbar ist.

Um Postman zu installieren, wählen Sie im Menü von Chrome zunächst FENSTER • ERWEITERUNGEN. Klicken Sie dann auf den Link MEHR ERWEITERUNGEN HERUNTERLADEN. Geben Sie in das Suchfeld links oben »postman« ein, und klicken Sie im Suchtreffer POSTMAN – ANGEBOTEN VON WWW.GETPOSTMAN.COM auf die Schaltfläche HINZUFÜGEN. Nach der Installation steht Postman im Bereich APPS des Browsers zur Verfügung.

Abbildung 19.2 zeigt den Postman bei der Anzeige der Anfrage GET /Language/, die die Liste aller Programmiersprachen liefert. Die Bedienung ist denkbar einfach:

▶ Im Hauptbereich (rechts) können Sie links oben zunächst die HTTP-Methode wählen; neben den vier klassischen REST-Methoden stehen auch alle anderen Methoden zur Verfügung.

▶ Rechts neben der Methode wird die URL eingegeben, an die die Anfrage geschickt werden soll – in diesem Fall muss sie vollständig sein, also etwa *http://localhost/Language/*.

▶ Wenn Sie einen Query-String benötigen, können Sie ihn einfach durch ein Fragezeichen getrennt hinter die Basis-URL schreiben oder aber auf PARAMS klicken, um die Felder und Werte in eine bequeme Tabelle einzugeben.

▶ Für den Body einer POST- oder PUT-Anfrage wechseln Sie auf die Registerkarte BODY. Wählen Sie für das Format des Bodys den Radiobutton RAW; im Pulldown-Menü TEXT rechts daneben können Sie auch den passenden Typ XML auswählen. Ob Sie den konkreten MIME-Type TEXT/XML oder APPLICATION/XML wählen, ist für die vorliegende API egal, aber andere REST-APIs bestehen möglicherweise auf einen der beiden.

▶ Wenn Ihre Anfrage fertig konfiguriert ist, klicken Sie auf SEND, um sie abzuschicken. Das Ergebnis wird im unteren Bereich angezeigt; eventuell müssen Sie vorher zurück auf die Registerkarte AUTHORIZATION wechseln.

▶ Die linke Spalte enthält die HISTORY aller bereits gesendeten Anfragen. Wenn Sie eine von ihnen anklicken, können Sie diese im rechten Bereich ganz nach Wunsch modifizieren und schließlich erneut abschicken.

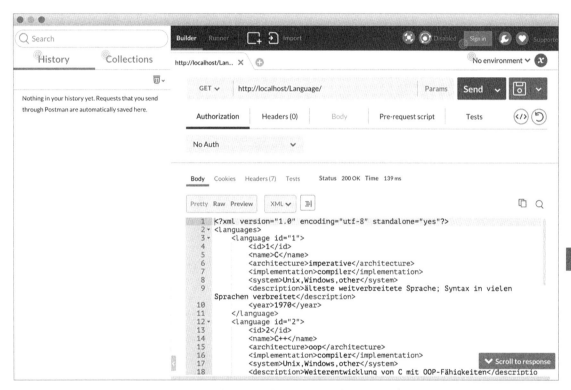

**Abbildung 19.2** Der REST-Client Postman beim Ausführen der Anfrage »GET /Language«

## 19.3 Übungsaufgaben

1. Schreiben Sie ein PHP-Skript, das einen beliebigen String an den Stellen, an denen die Satzzeichen Punkt (.), Ausrufezeichen (!) oder Fragezeichen (?), gefolgt von einem Leerzeichen oder dem Zeilenende, vorkommen, in ein Array zerlegt, also einzelne Sätze daraus macht. Anschließend sollen diese Sätze mittels usort() nach der Länge sortiert und ausgegeben werden (kürzester zuerst).

## 19 Webserveranwendungen

2. Finden Sie die Syntax- und Logikfehler in der folgenden PHP-Funktionsdefinition, möglichst ohne sie auszuführen:

```php
function add($a = 5, $b) {
  $a += $b;
  return $a;
  if $b < 10 {
    return 0;
  }
}
```

3. Leiten Sie die Klassen Html, Head, Title, Meta, Body, Hn (<h1> bis <h6> mit zusätzlichem Parameter für die Hierarchiestufe) und P zur Ausgabe der gleichnamigen HTML-Tags von der Klasse HtmlTag in diesem Kapitel ab, und geben Sie mithilfe dieser Klassen das folgende HTML-Dokument aus:

```html
<html>
  <head>
    <title>HTML-Ausgabe durch PHP-Klassen</title>
    <meta http-equiv="Content-type" content="text/html; charset=utf-8" />
    <meta name="description" content="Von PHP generiertes HTML" />
  </head>
  <body>
    <h1>HTML-Ausgabe</h1>
    <p>Dieses Dokument wird mithilfe von PHP-Klassen ausgegeben.</p>
    <h2>HtmlTag</h2>
    <p>Dies ist die Elternklasse aller HTML-Tags.</p>
    <h2>Html, Head, Body, P etc.</h2>
    <p>Diese Klassen sind von HtmlTag oder voneinander abgeleitet.</p>
    <p align="right">Aus: "IT-Handbuch für Fachinformatiker"</p>
  </body>
</html>
```

4. Schreiben Sie ein PHP-Skript, das das Pizzabestellformular aus dem vorangegangenen Kapitel ausgibt, dessen Daten nach dem Abschicken entgegennimmt und eine Meldung wie »Ihre Bestellung wurde entgegengenommen« zusammen mit dem Gesamtpreis der Bestellung ausgibt. Die Grundpreise für die Größen und der Preis pro Zutat (der Einfachheit immer derselbe) sollen im Skript als Variablen festgelegt werden, damit sie bei Bedarf geändert werden können.

5. Ergänzen Sie die Beispieldatenbank mit den Programmiersprachen um eine Tabelle authors mit den Feldern author_id, author_firstname und author_lastname sowie eine Tabelle languages_authors, mit der die m:n-Beziehung zwischen den Programmiersprachen und ihren Erfindern hergestellt wird (Felder la_author_id und la_language_id). Finden Sie (zum Beispiel aus der Wikipedia) heraus, wer die verschiedenen Sprachen

erfunden hat, und fügen Sie diese Informationen in die Datenbank ein. Schreiben Sie anschließend ein PHP-Skript, das eine JOIN-Abfrage auf die Tabellen ausführt und die Sprachen sowie ihre Autoren in einer HTML-Tabelle ausgibt.

6. Fügen Sie PHPDoc-Kommentare zu allen Klassen der REST-API hinzu.

7. Schreiben Sie Unit-Tests für alle Klassen und Methoden der REST-API, soweit sie testbar sind; Mock-Objekte können Sie dabei über die kombinierten Getter/Setter-Methoden wie dba() oder xml() einfügen.

8. Erweitern Sie die REST-API um eine weitere Ressource namens Author (Klassendateien *Author.php* und *Author/Dba.php*). Diese soll Informationen über Programmiersprachen-erfinder für die Tabelle aus Aufgabe 5 verwalten. Erweitern Sie die Language-Klassen anschließend so, dass sie Informationen über die Erfinder einer Sprache als verschachtel-tes XML in folgendem Format ausgeben:

```
<authors>
  <author>
    <firstname>Vorname</firstname>
    <lastname>Nachname</lastname>
  </author>
  <!-- evtl. weitere Autoren -->
</authors>
```

Zusätzlich wird eine Ressource namens LanguageAuthor benötigt, mit der die Informatio-nen für die Tabelle language_authors in numerischer Form jeweils einzeln eingesetzt und gelöscht, aber nicht geändert oder ausgelesen werden können (Sie brauchen hier also nur post() und delete() zu implementieren, während get() und put() von der Klasse Api geerbt werden und mit 501 Not implemented antworten).

9. Wenn Sie das nächste Kapitel, »JavaScript und Ajax«, durchgearbeitet und JSON kennen-gelernt haben (oder bereits kennen), erweitern Sie die API so, dass sie zusätzlich dieses Datenaustauschformat beherrscht: Der Accept-Header der Clientanfrage soll application/json anfordern, wenn JSON als Ausgabeformat erwünscht ist; ansonsten wird wie bisher XML geliefert. Entsprechend soll der Body einer POST- oder PUT-Anfrage als JSON ausgewer-tet werden, wenn der Anfrage-Header Content-type den Wert application/json hat, und sonst XML.

# Kapitel 20
# JavaScript und Ajax

*Gott sei's gedankt, in der nächsten Welt wird es keinen Kaffee geben. Denn es gibt nichts Schlimmeres, als auf Kaffee zu warten, wenn er noch nicht da ist. – Immanuel Kant*

Im vorangegangenen Kapitel haben Sie zwei verschiedene Konzepte zur Entwicklung von Anwendungen auf der Webserverseite kennengelernt. Sie können aus beliebigen Datenquellen zusammengesetzt werden; meistens basieren sie heutzutage auf Datenbanken. Online-Einkäufe, umfangreiche Enzyklopädien in Form von Wikis, die jeder einfach im Browser ändern kann, soziale Netzwerke oder Diskussionsforen zu beliebigen Themen sind auf diese Weise kein Problem.

Alle serverseitigen Webprogrammiersprachen und -Frameworks haben jedoch einen Schwachpunkt gemeinsam: Obwohl sie auf dynamische Daten zurückgreifen, erzeugen sie statische HTML-Dokumente, die vom Browser unveränderlich angezeigt werden. Das muss nicht sein: Die unter dem Schlagwort *Web 2.0* (zugegebenermaßen ein schwammiger Marketingbegriff) zusammengefassten Anwendungen stellen lebendige, ohne Seiten-Reloads im Browser änderbare Seiten bereit.

In diesem Kapitel lernen Sie die wichtigste Technologie zum Erstellen solcher Anwendungen kennen: *JavaScript* zum Verändern des Browserinhalts mitsamt der Ajax-Technologie, die im Hintergrund Daten vom Server nachlädt. Danach wird die moderne JavaScript-Bibliothek *jQuery* behandelt; mit ihr wird unter anderem ein Ajax-Client für die REST-API aus dem vorangegangenen Kapitel entwickelt.

Anders als die im letzten Kapitel vorgestellten Webanwendungen wird JavaScript traditionell clientseitig ausgeführt, genauer gesagt: im Webbrowser. Dies eröffnet neue Möglichkeiten, da Sie nicht mehr nur statische Seiten und Formulare anbieten können, sondern »lebendige« Websites mit direkter Interaktivität. Die in Abschnitt 20.3 vorgestellte Ajax-Technologie ermöglicht sogar die Durchführung zusätzlicher HTTP-Anfragen zur Änderung einzelner Seitenbereiche – auf diese Weise werden browserbasierte Anwendungen möglich, die sich wie Desktop-Programme bedienen lassen.

JavaScript wurde 1995 von Netscape unter dem ursprünglichen Namen *LiveScript* entwickelt. Mit Beginn der Sun-Netscape-Allianz wurde sie dann – angesichts des großen Erfolgs von Suns Programmiersprache *Java* – in JavaScript umbenannt.

**20   JavaScript und Ajax**

Diese Namensähnlichkeit führt allerdings immer wieder zu Missverständnissen: JavaScript ist nicht Java und hat auch nicht allzu viel damit zu tun. Zwar stammt auch bei JavaScript die grundlegende Syntax aus der C-Tradition, aber mehr Gemeinsamkeiten gibt es eben nicht. Während Java eine vollständige Programmiersprache zur Entwicklung eigenständiger Anwendungen ist, handelt es sich bei JavaScript um eine Skriptsprache, die nur in bestimmten Umgebungen läuft – insbesondere in Webbrowsern.

## 20.1   Grundlagen

In diesem Abschnitt werden zunächst einige allgemeine Grundlagen von JavaScript erläutert: die Einbindung ins HTML-Dokument, diverse Sprachelemente, Datum und Uhrzeit, Formularverarbeitung etc.

### 20.1.1   JavaScript im HTML-Dokument

JavaScript-Anweisungen werden in der Regel unmittelbar in HTML-Dokumente hineingeschrieben. Sie stehen zwischen den speziellen HTML-Tags `<script>` und `</script>`. Das HTML-Tag `<script>` muss für die Verwendung von JavaScript durch spezielle Attribute angepasst werden, weil es auch noch andere – allerdings selten genutzte – Browser-Skriptsprachen gibt:

```
<script type="text/javascript" language="JavaScript">
```

Dabei ist die unterschiedliche Schreibweise von JavaScript in den beiden Attributen verbindlich. In neueren Browsern ist die `type`-Angabe übrigens Pflicht, während das Attribut `language` inzwischen optional ist. Wenn Sie jedoch immer beide verwenden, sind Sie stets auf der sicheren Seite.

Im Übrigen ist es erlaubt – und üblich –, den eigentlichen JavaScript-Code folgendermaßen zwischen HTML-Kommentare zu setzen:

```
<script type="text/javascript" language="JavaScript">
<!--
    // Hier steht der eigentliche Code
// -->
</script>
```

Dadurch wird verhindert, dass ganz alte Browser, die kein JavaScript verstehen, den Code als normalen Text ausgeben. Beachten Sie den einzeiligen JavaScript-Kommentar `//` vor dem Ende des HTML-Kommentars `-->`. Diese Schreibweise ist notwendig, weil sonst versucht würde, die Zeichenfolge `-->` als JavaScript zu interpretieren, was eine Fehlermeldung ergibt. Außerdem darf in der ersten Kommentarzeile `<!--` kein JavaScript-Code stehen, da er sonst ignoriert würde.

Ob ein solcher Skriptblock im Head oder im Body einer HTML-Seite steht, ist vom jeweiligen Einzelfall abhängig: Allgemeine Initialisierungen und Funktionsdefinitionen stehen im Head, dagegen steht Code, der etwas in das HTML-Dokument selbst ausgibt, an der entsprechenden Stelle im Body. Aus Performancegründen wird empfohlen, so viel JavaScript-Code wie möglich ans Ende des Dokuments zu setzen, also in einen oder mehrere `<script>`-Blöcke vor dem schließenden Body-Tag.

Wenn Sie bestimmte JavaScript-Codeblöcke in mehreren Dateien benötigen, können Sie sie auch in externe JavaScript-Dateien auslagern und an der passenden Stelle im Dokument importieren. Eine solche Datei erhält die Dateiendung *.js* und darf nur JavaScript-Code enthalten, kein HTML. Eingebunden werden diese Dateien mithilfe der folgenden Variante des `<script>`-Tags:

```
<script type="text/javascript" src="extern.js">
</script>
```

Anstelle von `extern.js` müssen Sie die korrekte URL der verknüpften Datei angeben. Innerhalb dieses speziellen Skriptblocks selbst darf kein JavaScript-Code stehen. Dennoch ist in diesem Fall davon abzuraten, das leere Tag durch den XML-End-Slash abzuschließen, weil ältere Browser damit nicht zurechtkommen und auf dem expliziten `</script>` bestehen.

### Erstes Beispiel: Ausgabe ins Dokument

Das folgende erste Beispiel gibt an einer bestimmten Stelle im Dokument das unvermeidliche »Hallo Welt!« aus:

```
<html>
<head>
<title>Das erste JavaScript</title>
</head>
<body>
<h1>JavaScript spricht:</h1>
<script language="JavaScript" type="text/javascript">
<!--
    document.write("Hallo Welt!");
// -->
</script>
```

Natürlich ist dieses Beispiel vollkommen unnütz; die Ausgabe von statischem Text können Sie auch mit reinen HTML-Mitteln erledigen. Die Methode `document.write()` ist auch eher zur Ausgabe der Werte dynamischer Ausdrücke geeignet als für String-Literale. Beispielsweise führen die beiden folgenden Anweisungen zu unterschiedlichen Ausgaben:

```
document.write("3 + 5");  // Ausgabe: 3 + 5
document.write(3 + 5);    // Ausgabe: 8
```

Abgesehen davon, ist das Textformat des Dokuments bekanntermaßen HTML. Deshalb kann `document.write()` nicht nur reinen Text ausgeben, sondern auch HTML-Tags enthalten, die einfach vom Browser interpretiert werden.

Beispielsweise ergibt die Anweisung

```
document.write("<h1>Hallo, Welt!</h1>");
```

die Ausgabe »Hallo, Welt!« als Hauptüberschrift.

Ein kleines Problem dabei ist, dass viele HTML-Tags Attribute besitzen, deren Werte in Anführungszeichen stehen. Mitten in einem String, der aufgrund der Logik von `document.write()` ohnehin in Anführungszeichen steht, funktioniert das nicht:

```
document.write("<span style='color: #FF0000'>Rot</span>");
```

führt zu einer Fehlermeldung: Der erste String ist bei dem Anführungszeichen vor #FF0000 zu Ende; was danach kommt, versteht JavaScript nicht. Wie in anderen Programmiersprachen schafft auch hier die Escape-Sequenz \" Abhilfe:

```
document.write("<span style=\"color: #FF0000\">Rot!</span>");
```

### Einfache Interaktivität

Hier noch eine Erweiterung des ersten Beispiels: Der Browser soll den Benutzer zuerst nach dessen Namen fragen und anschließend beispielsweise Folgendes ausgeben:

```
Hallo, Welt!
Hallo, Peter!
```

Zur Eingabe des Namens wird die Methode `prompt()` verwendet. Es handelt sich um eine Methode des aktuellen Browserfenster-Objekts `window`, das in der Regel nicht explizit erwähnt wird. Seine Eigenschaften und Methoden sehen daher wie globale Elemente aus.

`prompt()` gibt ein Dialogfeld mit einer Eingabeaufforderung, einem Textfeld und einem OK- sowie einem ABBRECHEN-Button aus. Die Eingabe des Benutzers in das Textfeld ist der Rückgabewert dieser Methode – sie wartet, bis einer der Buttons OK oder ABBRECHEN gedrückt wurde. und gibt dann einen Wert zurück. Bei OK ist es die Eingabe, bei ABBRECHEN die leere Referenz `null`.

Beispiel:

```
var eingabe = prompt("Bitte etwas eingeben!", "");
```

Dies öffnet ein Dialogfeld mit dem Aufforderungstext »Bitte etwas eingeben!« und einem leeren Vorgabewert – das Texteingabefeld ist also »ab Werk« leer. (Wenn Sie das zweite Argument ganz weglassen, geben bestimmte Internet-Explorer-Versionen im Textfeld ein lästiges »Undefined« aus.)

Nachdem das Dialogfeld abgearbeitet ist, besitzt der Ausdruck

```
prompt("Bitte etwas eingeben!", "")
```

einen bestimmten Wert. Dieser Wert wird, wie zuvor zu sehen, der Variablen eingabe zugewiesen. Diese Variable wird – erkennbar an dem (optionalen) Schlüsselwort var – gerade erst neu deklariert.

Das Skript zur persönlichen Begrüßung des Benutzers sieht so aus:

```
<script language="JavaScript" type="text/javascript">
<!--
   var eingabe =
        prompt("Bitte Ihren Namen eingeben!", "");
   document.write("<h1>Hallo, Welt!<br>");
   document.write("Hallo, " + eingabe + "!</h1>");
//-->
</script>
```

Neu ist hier die Zeile

```
document.write("Hallo, " + eingabe + "!</h1>");
```

### Besonderheiten der Typkonvertierung

Die Verkettung von Strings per +-Operator funktioniert genau wie in Java. Die Probleme mit der automatischen Typkonvertierung sind in JavaScript allerdings noch größer, weil Variablen standardmäßig nicht typisiert sind. Der folgende kleine Addierer verdeutlicht das Problem:

In zwei prompt()-Felder werden zwei Zahlen eingegeben. Anschließend werden diese Zahlen addiert; das Ergebnis wird im Dokument in der Form Zahl1 + Zahl2 = Ergebnis ausgegeben.

Der naheliegende Ansatz

```
var z1 = prompt("Bitte die erste Zahl!", "");
var z2 = prompt("Bitte die zweite Zahl!", "");
document.write(z1 + " + " + z2 + " = " + z1 + z2);
```

funktioniert nicht: Da der Browser erst einmal angefangen hat, Strings zu verketten, macht er damit auch bei z1 + z2 weiter – Sie erhalten ein Ergebnis wie 9 + 7 = 97.

Auch die Formulierung

```
// ... Eingabe wie gehabt
document.write(z1 + " + " + z2 + " = " + (z1 + z2));
```

schlägt fehl. Und noch nicht einmal dies hier funktioniert:

```
// ... Eingabe
var ergebnis = z1 + z2;
document.write(z1 + " + " + z2 + " = " + ergebnis);
```

Das Problem des zweiten und dritten Ansatzes ist, dass Benutzereingaben zunächst immer als Strings betrachtet werden. Deshalb nutzen weder die Klammern noch die separate Variable; die Eingaben haben stets die Werte "9" und "7" anstelle von 9 und 7.

Demzufolge müssen z1 und z2 zuerst explizit in Zahlen umgewandelt werden. Dies geschieht mithilfe der globalen Methoden parseInt() oder parseFloat().

parseInt() versucht, aus dem Parameterwert einen Integer zu ermitteln. Die Methode beginnt ganz links und arbeitet sich Zeichen für Zeichen vor. Bei der ersten Nichtziffer bricht sie ab:

```
parseInt("3")            // Ergebnis: 3
parseInt("4.99999")      // Ergebnis: 4
parseInt("5Freunde")     // Ergebnis: 5
parseInt("Pik7")         // Ergebnis: NaN
```

NaN steht für *Not a Number* – keine Zahl, wo eine erwartet wurde.

parseFloat() versucht dasselbe mit Fließkommazahlen. Hier ist neben den Ziffern genau ein Dezimalpunkt (.) zulässig:

```
parseFloat("2")          // Ergebnis: 2.0
parseFloat("3.99999")    // Ergebnis: 3.99999
parseFloat("4.1.29")     // Ergebnis: 4.1
parseFloat("5.0Freunde") // Ergebnis: 5.0
```

Die Lösung für die Addierer-Aufgabe lautet daher folgendermaßen:

```
var z1 = prompt("Bitte die erste Zahl!", "");
var z2 = prompt("Bitte die zweite Zahl!", "");
var ergebnis = parseFloat(z1) + parseFloat(z2);
document.write(z1 + " + " + z2 + " = " + ergebnis);

/* Alternative für die letzten beiden Zeilen:
   document.write(z1 + " + " + z2 + " = "
     + (parseFloat(z1) + parseFloat(z2)));    */
```

Falls Sie nicht addieren, sondern subtrahieren, multiplizieren oder dividieren möchten, brauchen Sie die explizite Typkonvertierung übrigens nicht durchzuführen. Da es diese Operationen nur für Zahlen gibt, werden die Eingaben automatisch umgewandelt.

**20.1 Grundlagen**

**String-Vergleiche**

Ein wichtiger Unterschied zu anderen Programmiersprachen bezüglich der Operatoren besteht darin, dass Sie in JavaScript die Vergleichsoperatoren nicht nur auf numerische Werte, sondern auch auf Strings anwenden können. Die Frage ist natürlich, wann ein String beispielsweise »kleiner« als ein anderer ist.

Die Regeln dafür sind recht einfach: Verglichen wird das erste Zeichen zweier Strings, das sich voneinander unterscheidet – bei »Japan« und »JavaScript« also beispielsweise das dritte. »Kleiner« ist dabei derjenige String, bei dem das verglichene Zeichen weiter vorn im Zeichensatz steht; also gilt "Japan" < "JavaScript". Bei ASCII sind beispielsweise alle Großbuchstaben »kleiner als« jeder Kleinbuchstabe.

Außerdem ist ein kürzeres Wort immer »kleiner als« ein längeres, dessen Beginn das kürzere ist: "Java" < "JavaScript".

### 20.1.2 Formulare und Event Handler

Die Ein- und Ausgabe über prompt()-Boxen und das Schreiben in das Dokument sind zwar zum Erlernen von Operatoren und Ausdrücken hilfreich, entsprechen aber ansonsten nicht der üblichen Arbeit mit JavaScript. prompt() sollte nur für Test- und Debugging-Zwecke eingesetzt werden, genau wie seine beiden Kollegen alert() (nur Ausgabe in einer Box mit OK-Button) und confirm() (Ausgabe mit Auswahl zwischen OK- und ABBRECHEN-Button), die true beziehungsweise false zurückgeben.

Im »richtigen Leben« werden in der Regel HTML-Formulare zur Ein- und Ausgabe verwendet.

Das einzige Problem besteht darin, dass Skripte aus Formularen heraus explizit aktiviert werden müssen. Die bisherigen Beispiele mit den prompt()-Boxen liefen automatisch beim Dokumentaufruf ab, ein Formular steht dagegen die ganze Zeit auf der Seite zur Verfügung, und Benutzer müssen entscheiden können, wann sie das entsprechende Skript aufrufen möchten. Dazu werden sogenannte *Event Handler* (etwa »Ereignisverarbeiter«) verwendet: Formal gesehen, handelt es sich bei ihnen um HTML-Attribute, die jedoch den speziellen Zweck haben, JavaScript-Code auszuführen, der ihren Parameterwert bildet.

**Erstes Beispiel**

Hier zunächst ein kleines Beispieldokument, das beides verwendet:

```
<!DOCTYPE html>
<html>
  <head>
    <title>Erster Formulartest - Event Handler im HTML-Attribut</title>
    <meta charset="utf-8"/>
  </head>
```

```
<body>
  <h1>Der Gruß-o-Mat</h1>
  <form name="formular">
    Dein Name.:
    <input type="text" name="user" size="40" />
    <input type="button" value="OK"
    onclick="document.formular.gruss.value = 'Hallo '
    + document.formular.user.value + '!';" />
    <br />
    <input type="text" name="gruss" size="60"
    readonly="readonly" />
  </form>
</body>
</html>
```

Dazu sind einige Erläuterungen erforderlich:

▶ Diejenigen Formularelemente, auf die JavaScript zugreift, erhalten bequemerweise jeweils einen Namen (das Attribut name). Das Formular selbst heißt formular; die beiden Textfelder heißen user für die Eingabe (verwenden Sie bitte niemals name, da dieses Wort in JavaScript eine feste Bedeutung besitzt) und gruss für die Ausgabe.

▶ Das Ausgabefeld gruss besitzt die spezielle Eigenschaft *schreibgeschützt*, die durch das Attribut readonly="readonly" eingerichtet wird. Die klassische Schreibweise ist readonly ohne Parameterwert. Da das vorliegende HTML-Dokument jedoch in XHTML geschrieben ist, wird formal ein Wert für das Attribut benötigt.

▶ Der Button (das <input>-Tag mit dem Attribut type="button", also allgemeiner Button) besitzt einen Event Handler. onclick="..." führt die als Wert übergebenen JavaScript-Anweisungen aus, sobald der Button angeklickt wird, in dem der Event Handler steht. Formal gesehen, ist onclick (und jeder andere Event Handler) ein HTML-Attribut, deshalb gelten die entsprechenden Regeln: Zwischen onclick, dem Gleichheitszeichen und dem beginnenden Anführungszeichen darf kein Leerzeichen stehen. Innerhalb der Anführungszeichen des Attributwerts gilt dagegen die JavaScript-Syntax – mit einer Ausnahme: Es dürfen nur einfache Anführungszeichen (') verwendet werden! Ein doppeltes Anführungszeichen würde sonst vom Browser als Ende des HTML-Attributs erkannt. Auch \" funktioniert nicht, weil HTML diese Schreibweise nicht kennt.

▶ Die eigentliche JavaScript-Anweisung, also der Wert des Attributs onclick, ist folgende:

```
document.formular.gruss.value =
'Hallo ' + document.formular.user.value + '!';
```

Es wird auf das Unterobjekt gruss (das Textfeld) des Unterobjekts formular (das Formular) des Dokumentobjekts zugegriffen, und zwar auf dessen Eigenschaft value – es handelt sich um den Wert oder – genauer – den Inhalt des Textfeldes. Auf dieselbe Weise erfolgt der Zugriff auf den Wert oder Inhalt des Textfeldes user, das heißt auf die Benutzereingabe. Durch die Wertzuweisung wird der passende Gruß in das Ausgabefeld geschrieben.

Die interessante Frage ist, ob sich so ein Event Handler nicht auch mit reinem JavaScript schreiben lässt, statt den recht unleserlichen und im Code schwer aufzufindenden Umweg über ein HTML-Attribut zu gehen. Früher war dies nicht ohne Weiteres möglich, da der Internet Explorer eine andere Syntax für JavaScript-basierte Event Handler verwendete als andere Browser. Dies gilt nun jedoch nur noch für historische, weitgehend irrelevante Versionen, sodass man statt des HTML-Attributs folgende Schreibweise einsetzen kann:

```
document.addEventListener(event, funktion);
```

Die Syntax für *JavaScript-Funktionen* ist der im vorangegangenen Kapitel beschriebenen PHP-Funktionssyntax ähnlich: Auf das Schlüsselwort function folgt der Bezeichner der Funktion, anschließend steht in Klammern die (möglicherweise leere) Parameterliste; optionale Standardwerte dürfen in JavaScript allerdings nicht angegeben werden. Den Rumpf der Funktion bildet schließlich ein Block, also ein Bereich in geschweiften Klammern.

---

**Funktionen als Objekte**

Funktionen sind in JavaScript eine spezielle Form von Objekten. Sie können in einzelnen Variablen, Arrays oder Objekten gespeichert und sogar von anderen Funktionen als Rückgabewert geliefert werden. Im Grunde ist eine Funktionsdefinition wie

```
function test() {
  // ...
}
```

nur eine Kurzfassung für

```
var test = function() {
  //
};
```

Das Konstrukt function(...) {...} wird dabei als anonyme Funktion bezeichnet und spielt beispielsweise in JavaScript-Frameworks wie jQuery eine Rolle.

---

Als event wird ein String mit dem gewünschten Event-Namen ohne das *on* des HTML-Attributs angegeben, also beispielsweise 'click' für einen Mausklick-Handler. Die Funktion kann beispielsweise als Referenz auf eine woanders mit Namen definierte Funktion angegeben werden:

```
document.addEventListener('click', clickHandler);
```

Hier das gesamte HTML-Dokument mit einem Event Handler in diesem Stil:

```
<!DOCTYPE html>
<html>
  <head>
    <title>Erster Formulartest - Event Handler mit benannter Funktion</title>
    <meta charset="utf-8"/>
  </head>
  <body>
    <h1>Der Gruß-o-Mat</h1>
    <form name="formular">
      Dein Name:
      <input type="text" name="user" size="40" />
      <input type="button" name="okButton" value="OK"
      <br />
      <input type="text" name="gruss" size="60"
      readonly="readonly" />
    </form>
  </body>
  <script type="text/javascript">
    var clickHandler = function() {
      document.formular.gruss.value = 'Hallo '
        + document.formular.user.value + '!';
    };
    document.formular.okButton.addEventListener(
      'click',
      clickHandler
    );
  </script>
</html>
```

Eine weitere Möglichkeit besteht darin, die gewünschte Funktionalität an Ort und Stelle in eine anonyme Funktion zu schreiben. Dies ist immer dann eine gute Wahl, wenn Sie die in der Funktion gekapselten Aufgaben nicht mehrmals auf der Seite benötigen. Schematisch sieht dieser Ansatz wie folgt aus:

```
document.addEventListener(
  'click',
  function() {
    // Durch das Event ausgelöste Anweisungen
  }
);
```

Hier sehen Sie das komplette HTML-Dokument noch ein drittes Mal mit einer anonymen Funktion als Event Handler:

```
<!DOCTYPE html>
<html>
  <head>
    <title>Erster Formulartest - Event Handler in anonymer Funktion</title>
    <meta charset="utf-8"/>
  </head>
  <body>
    <h1>Der Gruß-o-Mat</h1>
    <form name="formular">
      Dein Name:
      <input type="text" name="user" size="40" />
      <input type="button" name="okButton" value="OK" />
      <br />
      <input type="text" name="gruss" size="60"
      readonly="readonly" />
    </form>
  </body>
  <script type="text/javascript">
    document.formular.okButton.addEventListener(
      'click',
      function() {
        document.formular.gruss.value = 'Hallo '
          + document.formular.user.value + '!';
      }
    );
  </script>
</html>
```

**Zugriff auf Formulare und ihre Elemente**

Grundsätzlich befinden sich alle Formulare einer Seite, das heißt alle `<form>... </form>`-Bereiche, in einem Objekt-Array namens `document.forms[]`: Das erste Formular auf einer Seite ist `document.forms[0]`, das zweite `document.forms[1]` etc.

Wird einem Formular (wie im Beispiel zuvor) ein Name zugewiesen, erfolgt der Zugriff komfortabler: Das Formular kann entweder einfach als

`document.Formularname`

angesprochen werden – dazu muss der Formularname aber auf jeden Fall den formalen Regeln für JavaScript-Bezeichner entsprechen –, oder aber es wird mithilfe von

`document.forms["Formularname"]`

der Name (anstelle der Nummer) als String-Index verwendet. Natürlich bleibt auch nach einer Namensvergabe der Zugriff über die Nummer möglich.

Auf dieselbe Weise werden alle Elemente eines Formulars als `document.Formular.elements[]` in einem Array zusammengefasst. Elemente sind alle Textfelder, Textbereiche, Auswahlfelder, Radiobutton-Gruppen, Checkbox-Gruppen, Buttons und Hidden-Felder in derjenigen Reihenfolge, in der sie im HTML-Dokument definiert wurden.

Falls ein Element einen Namen besitzt (das Attribut `name`), kann dieser wieder als Objektbezeichner (`document.Formular.Elementname`) oder als Hash-Index (`document.Formular.elements["Elementname"]`) verwendet werden.

Nehmen Sie zum Beispiel an, das erste Formular in einem HTML-Dokument sähe folgendermaßen aus:

```
<form name="test">
  <input type="text" name="eingabe" />
  <input type="button" value="OK" />
</form>
```

Dann kann der Zugriff auf das Textfeld `eingabe` auf unterschiedliche Weise erfolgen:

```
document.forms[0].elements[0]
document.forms[0].elements["eingabe"]
document.forms[0].eingabe

document.forms["test"].elements[0]
document.forms["test"].elements["eingabe"]
document.forms["test"].eingabe

document.test.elements[0]
document.test.elements["eingabe"]
document.test.eingabe
```

Sie können also den numerischen Zugriff, die Objektnamen und die Hash-Indizes beliebig mischen.

Alternativ stehen Ihnen für Formulare und ihre Elemente, genau wie für den Rest des HTML-Dokuments, alle Zugriffsmöglichkeiten des im nächsten Abschnitt besprochenen *Document Object Model* zur Verfügung.

---

### Arrays und Objekte

Echte Arrays haben in JavaScript immer numerische Indizes. Formal betrachtet, ist eine Sammlung mit String-Indizes kein Array, sondern ein (anonymes) Objekt. Ein solches können Sie wie folgt erzeugen:

```
var myObject = {
  'Feldname1': 'Wert1',
  'Feldname2': 'Wert2'
```

```
   ...
};
```

Auf die Felder können Sie anschließend mit myObject['Feldname1'] oder myObject.Feld-name1 zugreifen; Letzteres funktioniert nur, wenn der gewählte Feldname ein gültiger Bezeichner ist, also nur Buchstaben, Ziffern und Unterstriche enthält.

Sie können auf einzelne Felder auch den Wertzuweisungsoperator = anwenden, um ein neues Feld hinzuzufügen oder ein bestehendes zu ändern. Beispiele:

```
myObject['Feldname2'] = "Geänderter Wert";
myObject['Feldname3'] = "Neuer Wert";
```

Natürlich brauchen die Werte keine Strings zu sein, sondern können genauso gut Zahlen, boolesche Wahrheitswerte, Arrays, weitere Objekte oder sogar anonyme Funktionen sein.

### Kleiner Rechner mit einem Formular

Da es ziemlich wartungsunfreundlich und unübersichtlich wäre, größere Codemengen direkt in einen Event Handler zu schreiben, ist es empfehlenswert, stattdessen in einem Skript im Head des Dokuments Funktionen zu definieren und diese dann über die Event Handler aufzurufen.

Im Folgenden wird ein kleiner formularbasierter Taschenrechner vorgestellt. Sie können zwei Zahlen eingeben und durch Anklicken der gewünschten Operation das Ergebnis ermitteln.

Für das Rechner-Beispiel wird zunächst in einem <script>-Block am Ende des Bodys das folgende Skript definiert:

```
<script type="text/javascript">
function rechnen(op) {
  // Eingaben lesen
  var z1 = document.rechner.z1.value;
  var z2 = document.rechner.z2.value;
  // Sind es keine Zahlen?
  if (z1 != parseFloat(z1) || z2 != parseFloat(z2)) {
    // Mindestens eine ist keine Zahl!
    document.rechner.erg.value = "Keine Zahl!";
    // Rücksprung aus der Funktion heraus
    return;
  }
  // Wenn wir HIER sind, waren es Zahlen!
  var erg;
  switch (op) {
    case "+":
      erg = parseFloat(z1) + parseFloat(z2);
```

```
            break;
        case "-":
            erg = z1 - z2;
            break;
        case "*":
            erg = z1 * z2;
            break;
        case "/":
            if (z2 == 0)
                erg = "0 VERBOTEN!";
            else
                erg = z1 / z2;
            break;
        default:
            erg = "KANN NICHT SEIN!";
    }
    document.rechner.erg.value = erg;
}
document.rechner.plusButton.addEventListener(
  'click',
  function() {
    rechnen('+');
  }
);
document.rechner.minusButton.addEventListener(
  'click',
  function() {
    rechnen('-');
  }
);
document.rechner.multiplyButton.addEventListener(
  'click',
  function() {
    rechnen('*');
  }
);
document.rechner.divideButton.addEventListener(
  'click',
  function() {
    rechnen('/');
  }
);
</script>
```

Das Formular mit den Eingabefeldern und den Buttons zum Aufrufen dieser Funktion oberhalb des Skripts im Body sieht dann so aus:

```
<form name="rechner">
  1. Zahl:
  <input type="text" name="z1" size="20" />
  2. Zahl:
  <input type="text" name="z2" size="20" />
  <br />
  <input type="button" value=" + " name="plusButton" />
  <input type="button" value=" - " name="minusButton" />
  <input type="button" value=" * " name="multiplyButton" />
  <input type="button" value=" / " name="divideButton" />
  <br />
  <input type="text" name="erg" size="40"
  readonly="true" />
</form>
```

### Formularauswertung

Es ist eine praktische Angelegenheit, HTML-Formulare schon vor dem Absenden direkt im Browser per JavaScript ein wenig auf Plausibilität zu überprüfen: Sind alle Pflichtfelder ausgefüllt? Haben bestimmte Felder Werte, die gewisse formale Kriterien erfüllen (zum Beispiel Postleitzahlen oder E-Mail-Adressen)? Die wichtigsten Möglichkeiten bieten die eingebauten String-Methoden sowie reguläre Ausdrücke. Beide werden im Folgenden vorgestellt.

Jeder String-Ausdruck kann in JavaScript als Objekt betrachtet werden, und eine Reihe von Methoden kann zum Zugriff auf dieses Objekt angewandt werden:

▶ Die Eigenschaft `String.length` gibt die Länge eines Strings in Zeichen an. Beispiele:

```
"JavaScript".length  // liefert 10
"".length            // liefert 0
```

▶ `String.charAt (Pos)` liefert das Zeichen eines Strings an der Position Nummer Pos. Die erste Position ist 0, die letzte ist `String.length` − 1. Beispiel:

```
"JavaScript".charAt(4)  // liefert "S"
```

▶ `String.substring (Anf_Pos, End_Pos)` gibt den Teil-String eines Strings an, beginnend mit dem Zeichen an der Position Anf_Pos (ab 0) bis vor das Zeichen End_Pos: Die Angabe End_Pos gibt das erste Zeichen an, das nicht mehr vorkommen soll (»bis ausschließlich …«). Beispiele:

```
"JavaScript macht Spass".substring(11, 16)
   // liefert "macht"
"Java aber noch mehr!".substring(0, 5)
```

```
                    // liefert "Java"
var text = "Hallo, liebe Welt!";
text.substring(text.length - 4, text.length)
                    // liefert "Welt!"
```

- String.indexOf (Teil-String) gibt die erste Position (ab 0) an, an der Teil-String in einem String beginnt, oder –1, wenn Teil-String gar nicht im String vorkommt. Beispiele:

```
"javascript".indexOf("ja")           // liefert 0
"javascript".indexOf("nein")         // liefert -1
"in den Rhein hinein".indexOf("ein") // liefert 9
```

- String.lastIndexOf (Teil-String) gibt die letzte Position (ab 0) an, an der Teil-String im String beginnt, oder –1, wenn Teil-String nicht im String vorkommt. Beispiele:

```
"in den Rhein hinein".lastIndexOf("in")  // 17
"javascript".lastIndexOf("no")           // -1
```

Hier zwei Beispiele zur Untersuchung von Eingaben mit diesen Methoden:

1. Untersuchung einer E-Mail-Adresse

   Die Variable mail sei der Inhalt eines Texteingabefeldes. Der Inhalt soll daraufhin überprüft werden, ob es sich formal um eine E-Mail-Adresse handeln kann. Der folgende Codeblock führt entsprechende Tests durch:

```
// Annahme: E-Mail ist gültig:
var mailOK = true;
// E-Mail-Adresse vorhanden?
if (!mail) {
    mailOK = false;
}
// "@"-Zeichen überhaupt vorhanden?
if (mail.indexOf("@") == -1) {
    mailOK = false;
}
// "@"-Zeichen am ANFANG oder am ENDE?

if (mail.indexOf("@") == 0 ||
        mail.lastIndexOf("@") == mail.length - 1) {
    mailOK = false;
}
// MEHR als ein "@"-Zeichen?
if (mail.indexOf("@") != mail.lastIndexOf("@")) {
    mailOK = false;
}
```

```
if (!mailOK) {
    alert("E-Mail-Adresse ungültig!");
}
```

2. Untersuchung einer Postleitzahl

Die Variable plz soll daraufhin untersucht werden, ob sie eine gültige deutsche Postleitzahl enthält (fünf Stellen, nur Ziffern):

```
// Annahme: PLZ gültig!
var plzOK = true;
// PLZ zu lang oder zu kurz?
if (plz.length != 5) {
    plzOK = false;
} else {
    for (i = 0; i < 5; i++) {
        if (plz.charAt(i) < "0" || plz.charAt(i) > "9") {
            plzOK = false;
        }
    }
}
if (!plzOK) {
    alert("Postleitzahl inakzeptabel!");
}
```

Eine benutzerfreundliche Erweiterung kann übrigens darin bestehen, den Cursor bei der Formularüberprüfung automatisch in das Textfeld zu setzen, in dem der erste Fehler gefunden wurde. Schematisch funktioniert das folgendermaßen:

```
document.Formular.Element.focus();
```

Hier die konkrete Schreibweise für ein Feld namens kunde im Formular bestell:

```
document.bestell.kunde.focus();
```

Die Syntax für reguläre Ausdrücke in JavaScript wurde aus Perl übernommen (siehe Kapitel 10, »Konzepte der Programmierung«). Ihre Verwendung funktioniert allerdings anders.

RegExp-Konstrukte stehen in JavaScript nicht in Anführungszeichen, sondern zwischen zwei /-Zeichen:

```
/RegExp/
```

Als Erstes sehen Sie hier die einfachste JavaScript-Form für den Einsatz regulärer Ausdrücke: Die Methode

```
String.match(/RegExp/)
```

gibt true zurück, wenn der String dem Muster RegExp entspricht, ansonsten false.

Auf diese Weise lässt sich zum Beispiel die Postleitzahl viel schneller und einfacher überprüfen:

```
var plz = document.bestell.plz.value;
if (!plz.match(/^\d{5}$/)  {
    alert("Dies ist keine gueltige PLZ!");
}
```

Der reguläre Ausdruck /^\d{5}$/ trifft auf genau fünf beliebige Ziffern zu, beschreibt also
eine deutsche Postleitzahl.

Auch der Test der E-Mail-Adresse beschränkt sich nun auf die folgende Kurzfassung:

```
if (!mail.match(/^[^\@]+\@[^\@]+$/)) {
    alert("E-Mail-Adresse ungueltig!");
}
```

Selbst für Namen ließe sich eine Art Plausibilitätskontrolle durchführen: Der Ausdruck
/[^\s]+\s+[^\s]+/ verlangt mindestens zwei Blöcke von Zeichen (»Nichtleerzeichen«), die
durch mindestens ein Whitespace-Element voneinander getrennt sind.

Für die Auswertung einer Namenseingabe mit der Bezeichnung kunde könnte folgender
Code verwendet werden:

```
if (!kunde.match(/[^\s]+\s+[^\s]+/)) {
    alert("Bitte VOR- und NACHNAMEN angeben!");
}
```

Um die Verwendung regulärer Ausdrücke in JavaScript zu verdeutlichen, folgen noch einige
praktische Beispiele.

In Webforen, Gästebüchern oder ähnlichen Anwendungen besteht theoretisch die Möglichkeit, HTML-Code einzugeben und damit den Browsern der anderen Benutzer unterzuschie-
ben. Im Extremfall schreibt jemand so etwas wie:

```
<script language="JavaScript" type="text/javascript">
window.location.href="http://meinewerbung.com";
</script>
```

Durch diesen Code erfolgt sofort ein Sprung zur angegebenen Seite (solche »automatischen
Hyperlinks« werden im Abschnitt »Automatische Hyperlinks – History und Location« in
Abschnitt 20.1.5 erläutert); das Forum/Gästebuch ist damit ausgeschaltet!

Insofern ist es für solche Anwendungen wünschenswert, gar keine HTML-Tags zuzulassen
oder sie zumindest auf harmlose Textformatierungs-Tags zu beschränken.

Finden lassen sich HTML-Tags in Strings relativ leicht durch den folgenden Ausdruck:

```
/<[^>]+>/
```

Das Problem ist, dass in einer Zeile mehrere HTML-Tags vorkommen können – dieser Ausdruck findet nur das erste von ihnen. Darüber hinaus genügt das Finden allein noch nicht, um den schädlichen Code durch harmlosen zu ersetzen.

Für Letzteres wird anstelle der Methode `String.match()` die Methode `String.replace()` verwendet, die einen regulären Ausdruck findet und an dessen Stelle einen beliebigen String setzt. Beispielsweise ersetzt

```
eingabe = eingabe.replace(/<[^>]+>/, "");
```

den ersten `<>`-Ausdruck im String `eingabe` durch gar nichts.

Das zweite Problem – das Finden und Ersetzen aller derartigen Ausdrücke im String und nicht bloß des ersten – funktioniert wie in Perl mithilfe des Modifizierers /g (für *global*). Die korrekte Form der Anweisung lautet also allgemein so:

```
String.replace(/RegExp1/g, String2);
```

Im HTML-Tag-Beispiel müssen Sie also Folgendes schreiben:

```
eingabe = eingabe.replace(/<[^>]+>/g, "");
```

Wie in anderen Sprachen können bestimmte Teile der durch reguläre Ausdrücke gefundenen Treffer im Ersetzungsstring verwendet werden: Jeder Teil eines regulären Ausdrucks, der in runde Klammern gesetzt wird, wird bei einem Treffer in einer automatischen Eigenschaft namens $1 bis $9 abgelegt – es sind mit anderen Worten neun Speicherplätze möglich.

Es handelt sich um Eigenschaften des globalen Objekts `RegExp`, sie werden also als `RegExp.$1` bis `RegExp.$9` angesprochen. Sie können im Ersetzungsstring durch das übliche + verkettet werden. Leider stehen sie ausgerechnet in der Methode `replace()` nicht zur Verfügung; stattdessen müssen Sie ein `RegExp`-Objekt konstruieren und dessen Methode `exec()` ausführen. Hier ein kleines Beispiel:

In der Variablen `kunde` stehen Vor- und Nachname eines Kunden in der Form »Larry Wall«. Diese beiden Bestandteile sollen vertauscht und somit in »Wall, Larry« geändert werden. Dies funktioniert folgendermaßen:

```
var muster = /([^\s]+)\s+([^\s]+)/;
muster.exec(kunde);
kunde = RegExp.$2 + ", " + RegExp.$1;
```

`([^\s]+)` beschreibt ein oder mehrere Nichtleerzeichen, die durch die runden Klammern in `RegExp.$1` gespeichert werden. `\s+` steht für beliebig viel Whitespace; darauf folgt der zweite Klammerausdruck `([^\s]+)`, der wiederum ein oder mehrere Nichtleerzeichen beschreibt und in `RegExp.$2` abgelegt wird.

**20   JavaScript und Ajax**

### 20.1.3   Datums- und Uhrzeit-Funktionen

Für viele Anwendungen ist es wichtig, mit Datum und Uhrzeit zu operieren. Erinnern Sie sich beispielsweise noch an die Jahr-2000-Countdowns auf jeder zweiten Website? Die meisten von ihnen wurden damals in JavaScript realisiert.

Der Schlüssel zu Datum und Uhrzeit in JavaScript ist die Klasse Date. Sie definiert die Eigenschaften und Methoden für *Datumsobjekte*. Ein Datumsobjekt kapselt eine Zeitangabe sowie eine Reihe von Methoden, um diverse Aspekte von Datum und Uhrzeit zu extrahieren. Wie Sie sich bei einer Sprache aus dem erweiterten Unix-Umfeld sicher denken können, werden Zeitangaben auch in JavaScript POSIX-konform als verstrichene Zeitspanne seit dem idealisierten Unix-Erfindungsdatum EPOCH (01.01.1970, 00:00 Uhr UTC) gespeichert.

Ein Datumsobjekt wird über den folgenden Konstruktoraufruf erstellt:

```
RefVar = new Date();
```

In RefVar wird ein Verweis auf ein neu erstelltes Date-Objekt gespeichert, das die aktuelle Systemzeit enthält.

Hier ein Beispiel:

```
var jetzt = new Date();
// in 'jetzt' befindet sich nun die akt. Systemzeit
```

Alternativ können Sie dem Konstruktor auch explizit eine Datums- und Uhrzeitangabe übergeben, um einen bestimmten Zeitpunkt zu codieren. Die Syntax für diese Zeitangabe ist folgende:

```
RefVar = new Date("Monat Tag, Jahr Std:Min:Sek");
```

Hier ein Beispiel:

```
var gestern = new Date("06 10, 2016 21:31:00");
```

Eine weitere mögliche Schreibweise verwendet anstelle des Strings die einzelnen Zeitangaben als Liste numerischer Argumente:

```
RefVar = new Date (Jahr, Monat, Tag, Stunden, Minuten, Sekunden);
```

Konkretes Beispiel:

```
var letztesJahr = new Date (2016, 6, 10, 21, 31, 0);
```

Wenn Sie keine konkrete Uhrzeit benötigen, können Sie die drei letzten Parameter auch weglassen; in diesem Fall wird einfach 00:00 Uhr eingetragen.

1144

**Datums- und Uhrzeit-Methoden**

Nachdem das Datumsobjekt erstellt wurde, besteht die Möglichkeit, mithilfe einer Reihe von Methoden die einzelnen Felder des Datums und der Uhrzeit zu extrahieren (im Folgenden wird wieder das Beispiel `jetzt` für das Datumsobjekt verwendet):

▶ `jetzt.getYear()` gibt das »kurze« (zweistellige) Jahr zurück. Die Verwendung dieser Methode ist nicht empfehlenswert: Beim Internet Explorer gibt sie für die Jahre bis 1999 die Werte 00 bis 99 zurück und für die Jahre danach die vierstellige Jahresangabe 2000 etc. Bei Mozilla-Browsern geht es dagegen einfach weiter: 1999 ergibt 99, 2000 ergibt 100, 2001 führt zu dem Wert 101 etc.

▶ `jetzt.getFullYear()` gibt das vierstellige (und überall identische) Jahr zurück.

▶ `jetzt.getMonth()` ist der numerische Monat. Er zählt allerdings anders als im normalen Kalender ab 0 (Januar hat den Wert 0, Februar den Wert 1, und es geht weiter bis zum Dezember mit dem Wert 11). Auf diese Weise kann der Wert leicht auf ein Array mit Monatsnamen angewandt werden.

▶ `jetzt.getDate()` liefert den Tag im Monat von 1 bis 31.

▶ `jetzt.getDay()` gibt den Wochentag in numerischer Form zurück: 0 steht für Sonntag, 1 für Montag und schließlich 6 für Samstag.

▶ `jetzt.getHours()` gibt die Stunde zwischen 0 und 23 zurück.

▶ `jetzt.getMinutes()` liefert die Minute zwischen 0 und 59.

▶ `jetzt.getSeconds()` gibt die Sekunde zwischen 0 und 59 zurück.

Jede dieser Methoden besitzt auch noch eine Variante mit eingeschobenem UTC, beispielsweise `getUTCHours()` oder `getUTCSeconds()`. Während die normalen Versionen die Bestandteile von Datum und Uhrzeit in der Ortszeit zurückgeben, liefern die UTC-Varianten die Bestandteile der ortsunabhängigen Universalzeit (GMT ohne Sommerzeit).

Zu jeder get*-Methode gibt es auch eine entsprechende set*-Methode[1], mit deren Hilfe Sie die einzelnen im Date-Objekt gespeicherten Werte nachträglich ändern können. Selbstverständlich ändert dies nicht die tatsächliche Systemzeit.

Einige weitere Methoden ermöglichen die Ausgabe von Datum und Uhrzeit als vollständigen String:

▶ `jetzt.toString()` gibt Datum und Uhrzeit als String zurück.

▶ `jetzt.toTimeString()` liefert nur die Uhrzeit als String.

▶ `jetzt.toUTCString()` gibt UTC-Datum und UTC-Uhrzeit als String zurück.

▶ `jetzt.toUTCTimeString()` gibt nur die UTC-Uhrzeit als String zurück.

---

1  Aus naheliegenden Gründen gibt es keine `setDay()`-Methode, schließlich hängt der Wochentag vom Datum ab.

▶ `jetzt.toLocaleString()` gibt Datum und Uhrzeit in der Schreibweise als String zurück, die der aktuellen Ländereinstellung des Browsers/Betriebssystems entspricht.

▶ `jetzt.toLocaleTimeString()` liefert nur die Uhrzeit in lokaler Schreibweise.

---

**Objektorientiertes JavaScript**

Wenn Sie selbst klassenähnliche Elemente bereitstellen möchten, die sich mithilfe des Operators new instanziieren lassen, definieren Sie die »Klasse« traditionellerweise als Funktion, in der die Attribute als `this.attributname` definiert werden. Hier beispielsweise eine solche Funktion namens Auto mit einem Attribut namens kmStand:

```
var Auto = function() {
  this.kmStand = 0;
}
```

Eine Methode wird an das Attribut prototype der Klassenfunktion angehängt. Das folgende Beispiel definiert die Methode fahren(), die den Kilometerstand um die übergebene Anzahl von Kilometern erhöht:

```
Auto.prototype.fahren = function(km) {
  this.kmStand += km;
}
```

Anschließend können Sie Instanzen Ihrer Klasse erzeugen, ihre Methoden aufrufen und ihre (immer öffentlichen) Attribute abfragen:

```
var auto = new Auto();
auto.fahren(30);
auto.fahren(50);
console.log(auto.kmStand);   // Das Ergebnis müsste 80 sein
```

---

### Timeout – die JavaScript-»Stoppuhr«

Die window-Methode `setTimeout()` ermöglicht es, einzustellen, dass bestimmte Anweisungen nach Ablauf einer festgelegten Zeitspanne ausgeführt werden sollen. Auf diese Weise lässt sich beispielsweise eine automatisch laufende Uhr in einem Textfeld realisieren.

Die allgemeine Form sieht so aus:

```
setTimeout(Anw_String, Millisec);
```

Der Anw_String enthält die auszuführenden Anweisungen in Form eines Strings. Millisec gibt die Wartezeit in Millisekunden an, nach deren Verstreichen die Anweisungen ausgeführt werden sollen.

`setTimeout()` gibt eine Referenz auf das Timeout zurück, das Sie einer Variablen zuweisen können. Auf diese Weise können Sie es mithilfe der Methode clearTimeout() bei Bedarf vorzeitig abschalten.

In diesem kleinen Beispiel wird ein Timeout gesetzt, das nach einer Sekunde die Funktion `wecken()` aufruft:

```
var stoppuhr = setTimeout("wecken();", 1000);
```

Falls Sie es sich anders überlegen und den einprogrammierten Aufruf von `wecken()` wieder löschen möchten, geht das folgendermaßen:

```
clearTimeout(stoppuhr);
```

Mit `setTimeout()` und `clearTimeout()` sind die Methoden `setInterval()` und `clearInterval()` eng verwandt. Die Methode `setInterval()` weist dieselbe Syntax auf wie `setTimeout()`. Allerdings ruft sie die Anweisungen im String nicht nur einmal nach Verstreichen der Wartezeit auf, sondern in regelmäßigen Abständen, die durch die Zeitangabe geregelt werden. Entsprechend ist `clearInterval()` für das Löschen einer solchen automatischen Wiederholung zuständig.

### 20.1.4    Manipulation von Bildern

Ein Bildobjekt im HTML-Dokument kann mithilfe von klassischem JavaScript nicht geändert werden: Die Position, die Anzeigegröße auf der Seite und der visuelle Inhalt eines bestimmten Bildes sind vordefiniert. Es besteht jedoch die Möglichkeit, an der Position, an der ein Bild angezeigt wird, nachträglich ein anderes anzuzeigen. Für JavaScript ist ein Bildobjekt eine Anzeigeposition für Bilder im Dokument; die wichtigste Eigenschaft – die Quell-URL `src` – kann nachträglich geändert werden.

Alle Bilder im Dokument befinden sich in dem Array `document.images[]`. Jedes Bild kann entsprechend durch seine Position im Dokument angesprochen werden:

```
document.images[0]  // erstes Bild im Dokument
document.images[7]  // achtes Bild im Dokument etc.
```

Alternativ ist es möglich, einem Bild einen Namen zu geben. Dafür müssen Sie zu dem HTML-Tag `<img>` das Attribut `name="Bildname"` hinzufügen. Wie bei Formularen entstehen dadurch zwei weitere Zugriffsmöglichkeiten:

▶ der Bildname als Objektbezeichner: `document.Bildname`

▶ der Bildname als Hash-Index: `document.images["Bildname"]`

Die Eigenschaft eines Bildes, die geändert wird, um ein anderes Bild an die entsprechende Stelle zu setzen, ist `Bildobjekt.src` – der neue Wert muss eine gültige URL sein.

### Beispiel: Austauschen eines Bildes auf Knopfdruck

Auf einer Seite wird das 100 × 40 Pixel große Bild *vorher.gif* angezeigt. Bei Klick auf einen danebenstehenden Link wird es durch das Bild *nachher.gif* ersetzt.

Die einfachste Art, einen Hyperlink mit dem Aufruf von JavaScript zu beauftragen, besteht in der Verwendung einer "javascript:"-Pseudo-URL:

Es wird also nicht das (ebenfalls funktionierende)

```
<a href="#" onclick="tuWas();">Los!</a>
```

verwendet, sondern die einfachere Form:

```
<a href="javascript:tuWas();">Los!</a>
```

Der fertige HTML-Code im Body sieht folgendermaßen aus:

```
<img src="vorher.gif" name="bild" width="100" height="40"
alt="Das Wechselbild" />
<a href="javascript:wechsel();">&Auml;ndern!</a>
```

Die im Head definierte Funktion wechsel lautet so:

```
function wechsel() {
    document.images[0].src = "nachher.gif";
}
```

Die eigentliche Bildwechselanweisung

```
document.images[0].src = "nachher.gif";
```

funktioniert in dieser Schreibweise allerdings nur dann, wenn es sich bei dem auszutauschenden Bild um das erste auf der Seite handelt. Sicherer sind die Schreibweisen

```
document.bild.src = "nachher.gif";
```

oder

```
document.images["bild"].src = "nachher.gif";
```

Wie Sie zuvor im HTML-Code sehen, wurde dem Bild das name-Attribut mit dem Wert "bild" zugewiesen.

Um daraus ein einfaches Rollover zu basteln, können Sie den separaten Hyperlink weglassen und stattdessen das Bild selbst als Link verwenden. Die beiden Event Handler onmouseover und onmouseout sorgen dafür, dass ein Link für Mausberührungen empfindlich wird.

Diese beiden Event Handler rufen die selbst definierten Funktionen rollover() und rollout() auf:

```
function rollover() {
    document.bild.src = "nachher.gif";
}
```

```
function rollout() {
   document.bild.src = "vorher.gif";
}
```

Im HTML-Body werden folgender Link- und Bildcode notiert:

```
<a href="#" onmouseover="rollover();" onmouseout="rollout();"><img
src="vorher.gif" name="bild" width="100" height="40" alt="Rollover-Bild"
border="0" /></a>
```

**Vorausladen von Bildern**

Ein großes Problem bei der bisherigen Rollover-Lösung besteht darin, dass das Austauschbild erst dann geladen wird, wenn der Mauszeiger das ursprüngliche Bild berührt, sodass sich eine zu große Verzögerung ergibt.

Die Lösung besteht darin, dass Bilder mithilfe von JavaScript vorausgeladen werden können. Sie können also geladen werden, obwohl sie nicht im HTML-Code eines Dokuments angefordert werden.

Zu diesem Zweck werden unabhängige Bildobjekte (Image-Objekte) eingesetzt. Wie Bilder auf einer Seite besitzen diese Objekte die Eigenschaft src, die Quell-URL. Sobald diese zugewiesen wird, beginnt der Browser im Hintergrund mit dem Laden des entsprechenden Bildes. Wird es dann später durch Rollover angefordert, befindet es sich bereits im Browser-Cache.

Ein Image-Objekt wird folgendermaßen erzeugt:

```
RefVar = new Image();
```

Anschließend wird eine Bilddatei in das Image-Objekt geladen:

```
RefVar.src = "Bild_URL";
```

Für das erste Rollover-Beispiel müsste also über den Funktionen der folgende globale Code ergänzt werden:

```
var ladebild = new Image();
ladebild.src = "nachher.gif";
```

Alternativ kann dieser Code auch in einer separaten Funktion stehen, die durch den Event Handler onload aufgerufen wird. Dieser wird dem Body-Tag zugeordnet und führt das entsprechende JavaScript aus, sobald das gesamte Dokument geladen ist:

```
<body onload="// JavaScript-Code">
   ...
</body>
```

Um diesen Event Handler durch reines JavaScript zu ersetzen, wird folgendes Konstrukt verwendet:

```
document.addEventListener(
  'DOMContentLoaded',
  funktionsreferenz
);
```

### 20.1.5 Browser- und Fensteroptionen

Neben den bereits behandelten Aspekten des HTML-Dokuments sind auch Browserfenster mit verschiedenen Unterobjekten, Eigenschaften und Methoden ausgestattet. Außerdem existiert eine Reihe anderer Objekte, die beispielsweise den verwendeten Webbrowser oder die Bildschirmeigenschaften beschreiben. Diese Objekte werden in diesem Abschnitt behandelt.

#### Browser-Eigenschaften

Es ist in vielen Skripten erforderlich, verschiedene Varianten von Anweisungen für unterschiedliche Webbrowser, Versionen und Rechnerplattformen zu verwenden. Damit Sie solche sogenannten *Browserweichen* schreiben können, müssen Sie zunächst ermitteln, in welchem Browser das Skript gerade läuft.

Der Browser wird über das globale Objekt `navigator` angesprochen. Es besitzt drei Eigenschaften, die nur gelesen, aber nicht geändert werden können:

▶ `navigator.appName` ist der Name des Browsers. Mögliche Werte sind etwa `Microsoft Internet Explorer` oder `Mozilla`.

▶ `navigator.appVersion` liefert Informationen über die Version des Browsers (Versionsnummer, Plattform, Betriebssystem etc.). Der Wert beginnt grundsätzlich mit der Versionsnummer und kann deshalb mithilfe von `parseInt()` oder auch `parseFloat()` bearbeitet werden, um die Hauptversion beziehungsweise Unterversion zu ermitteln.

Firefox 53.0 unter macOS liefert beispielsweise das Ergebnis `5.0 (Macintosh)`, während Safari 10 auf demselben System den Wert `5.0 (Macintosh; Intel Mac OS X 10_12_4) AppleWebKit/603.1.30 (KHTML, like Gecko) Version/10.1 Safari/603.1.30` zurückgibt. Sie müssen also die Werte dieser Eigenschaften genauer untersuchen, um alle Informationen zu erhalten, und die angezeigte Versionsnummer (in beiden Fällen 5.0) hat nichts mit der tatsächlichen Versionsnummer des Browsers zu tun, sondern ist eher eine Art Generationsangabe.

▶ `navigator.userAgent` gibt schließlich den Wert aus, den der Browser bei HTTP-Anfragen an Webserver in der Option `User-Agent` versendet. Dieser Wert ist erst recht mit Vorsicht zu genießen: Erstens »tarnen« sich viele seltener verwendete Browser wie Opera gern als Internet Explorer, zweitens kann der Inhalt selbst je nach Browser ziemlich seltsam sein: Microsoft Edge unter Windows 10 gibt beispielsweise den Wert `Mozilla/5.0 (Windows NT 10.0; Win64; x64) AppleWebKit/537.36 (KHTML, like Gecko) Chrome/42.0.2311.135 Safari/`

537.36 Edge/12.9600 an, während Google Chrome 58.0 sich unter macOS als `Mozilla/5.0 (Macintosh; Intel Mac OS X 10_12_4) AppleWebKit/537.36 (KHTML, like Gecko) Chrome/ 58.0.3029.81 Safari/537.36` meldet.

Dass viele Browser intern *Mozilla* heißen, hat historische Gründe: Der Drache Mozilla war das Maskottchen der ursprünglichen NCSA-Mosaic-Entwickler. Dieser Browser ist der gemeinsame Vorfahr von Netscape, Internet Explorer und dem heutigen Mozilla beziehungsweise Firefox.

Um nun beispielsweise im Internet Explorer anderen Code auszuführen als in anderen Browsern, können Sie die folgende Browserweiche verwenden:

```
if (navigator.appName.indexOf("Microsoft") >= 0) {
  // Internet-Explorer-Anweisungen
} else {
  // Nicht-MSIE-Anweisungen
}
```

Das nächste – historische – Beispiel läuft nur in Browsern ab der Versionsnummer 4.0, die bei den beiden Klassikern Internet Explorer und Netscape erhebliche Neuerungen einführte:

```
if (parseInt(navigator.appVersion) >= 4) {
  // Anweisungen für 4er-Browser
} else {
  alert("Leider ist Ihr Browser zu alt!");
}
```

Schließlich können Sie folgendermaßen unterscheiden, ob das Skript unter Windows, auf dem Mac oder einer anderen Plattform läuft:

```
if (navigator.appVersion.match(/win/i)) {
  // Windows-Anweisungen
} else if (navigator.appVersion.match(/mac/i)) {
  // OS-X-Anweisungen
} else {
  // Anweisungen für andere Systeme
}
```

Mitunter ist es weniger interessant, die aktuelle Browserversion selbst zu ermitteln, als zu überprüfen, ob der Browser ein bestimmtes Feature unterstützt.

### Automatische Hyperlinks – History und Location

Das Browserfenster-Unterobjekt `history` enthält eine Liste der bisher besuchten Seiten, bildet also den Verlauf oder die History des Browsers ab.

Mithilfe der Methoden dieses Objekts können Sie die Funktionalität der Vorwärts- und Rückwärts-Buttons des Browsers nachbilden:

- `history.back()` springt zur vorher besuchten Seite zurück.
- `history.forward()` bewegt sich um eine Seite vorwärts.
- `history.go(Seitenzahl)` bewegt sich in der History um die angegebene Anzahl von Seiten vorwärts (positive Werte) oder rückwärts (negative Werte).

Noch interessanter ist das `window`-Unterobjekt `location`, dessen Eigenschaft `href` verwendet werden kann, um eine neue Seite in das Browserfenster zu laden. Das Verfahren dient mit anderen Worten als automatischer Hyperlink.

Beispielsweise lädt die folgende Anweisung die Website von Google in das aktuelle Fenster:

```
location.href = "http://www.google.de";
```

Für die URL, die der Eigenschaft zugewiesen wird, gelten natürlich dieselben Regeln wie bei gewöhnlichen HTML-Hyperlinks.

### Neue Browserfenster öffnen

Sehr viele Websites öffnen bestimmte Inhalte in neuen, speziell angepassten Browserfenstern. Beispiele sind etwa die nervigen Werbe-Pop-ups, aber auch Spiele oder Präsentationen, die sich so den passenden Rahmen für ihre Wirkung schaffen.

Beachten Sie vor dem eventuellen Einsatz dieses Features, dass die meisten modernen Browser ab Werk einen Pop-up-Blocker enthalten, der das Öffnen solcher Fenster unterdrückt.

Allgemein wird ein neues Fenster mithilfe einer Anweisung der folgenden Form geöffnet:

```
RefVar = open(URL, TargetName, FeatureListe);
```

`URL` ist ein String, der die URL des Dokuments angibt, das in dieses neue Fenster hineingeladen werden soll. Es gelten dieselben Regeln wie für HTML-Hyperlinks. Falls Sie explizit ein leeres Browserfenster erzeugen möchten, dessen Inhalt dynamisch per JavaScript erstellt wird, ist die passende URL der leere String `""`.

`TargetName`, ebenfalls ein String, weist dem neuen Fenster einen Namen zu, der durch das `target`-Attribut eines Hyperlinks angesprochen werden kann. Beachten Sie, dass die Angabe eines solchen Target-Namens nicht im Zusammenhang mit der URL `""` für leere Fenster funktioniert. Falls Sie also die URL leer lassen, sollte auch der Target-Name der leere String sein.

Die `FeatureListe` ist ebenfalls ein String. Sie enthält eine durch Komma getrennte Liste von `Eigenschaft=Wert`-Paaren, die bestimmte Einstellungen für das Fenster vornehmen. Beachten Sie dabei, dass die Liste keinerlei Whitespace enthalten darf.

Die wichtigsten einstellbaren Eigenschaften sind folgende:

▶ menubar – Menüleiste ein- oder ausblenden (Mögliche Werte sind hier, wie bei den folgenden Eigenschaften, 1 oder yes für das Einblenden und 0 oder no zum Ausblenden.)

▶ toolbars – Symbolleiste(n) ein- oder ausblenden

▶ location – Adressleiste ein- oder ausblenden

▶ directories – allgemeine Link-Leiste(n) ein- oder ausblenden

▶ status – die Statusleiste ein- oder ausblenden

▶ scrollbars – Rollbalken ein- oder ausblenden

▶ width – Fensterbreite in Pixeln

Beim Internet Explorer gibt diese Eigenschaft die nutzbare (innere) Fensterbreite an, bei anderen Browsern dagegen die Gesamtfensterbreite.

▶ innerWidth – innere Breite des Fensters (nicht im Internet Explorer)

▶ height – Höhe in Pixeln; zwischen den Browsern besteht derselbe Unterschied wie bei der Breite.

▶ innerHeight – innere Höhe des Fensters (nicht im Internet Explorer)

▶ resizable – Die Größe des Fensters kann durch den Benutzer geändert werden/nicht geändert werden.

▶ screenX – Der linke Rand des Fensters soll den in Pixeln angegebenen Abstand vom linken Bildschirmrand haben.

▶ screenY – Der obere Rand des Fensters soll den angegebenen Abstand vom oberen Bildschirmrand haben.

Leider ist die Angabe von screenX und screenY nicht sehr sicher. Besser ist es, das Fenster nachträglich mithilfe der Methode moveTo(xPos, yPos) an die gewünschte Position zu verschieben.

Hier sehen Sie einige Beispiele für spezielle Fenster:

▶ Das Dokument *test.html* soll in ein 300 × 300 Pixel großes Fenster geladen werden. Das Fenster soll völlig ohne Bedienleisten, aber mit Rollbalken nach Bedarf ausgestattet sein:

```
var fenster=open("test.html", "",
"menubar=0,toolbars=0,location=0,directories=0,
status=0,width=300,height=300");
```

Hier wird die scrollbars-Angabe ganz weggelassen, deshalb zeigt das Fenster das Standardverhalten: Rollbalken werden nur dann angezeigt, wenn sie benötigt werden.

▶ Es soll ein neues leeres Browserfenster geöffnet werden. Seine innere Größe soll in jedem Browser 200 × 200 Pixel betragen, und es soll nie Rollbalken enthalten:

```
// Internet Explorer?
var msie = (navigator.appName.indexOf("Microsoft") >= 0) ? true : false;
```

```
// Fenster-Feature-Liste basteln:
var features=
    "menubar=0,toolbars=0,location=0,directories=0,
    status=0,scrollbars=0,";
if (msie) {
  features += "width=200,height=200";
} else {
  features += "innerWidth=200,innerHeight=200";
  var fenster = open("", "", features);
}
```

▶ Es soll in ein neues leeres Fenster hineingeschrieben werden:

```
fenster.document.open();
fenster.document.write("Text und <i>HTML</i>!");
```

Am Ende der Ausgabe sollte Folgendes stehen:

```
fenster.document.close();
```

document.open() und document.close() entsprechen etwa <body> und </body> in statischen HTML-Dokumenten.

Nach document.open() können Sie auch noch einige Eigenschaften des neuen Dokumentobjekts einstellen; beispielsweise die Hintergrundfarbe:

```
fenster.document.bgColor = "#FF0000";
```

Beachten Sie, dass der Zugriff über document.open() und document.close() in einigen älteren Browsern nicht funktioniert. Eine allgemeinere und bessere Variante, die in allen Browsern läuft, verzichtet auf die document.open()- und document.close()-Anweisungen und übergibt dem neuen Fenster stattdessen ein vollständiges, neu erzeugtes HTML-Dokument:

```
var username = document.frm.user.value;
var fenster = open("", "",
    "menubar=0,toolbars=0,location=0,directories=0,
    status=0,width=320,height=240");

fenster.document.write("<html><head><title>
    Das neue Fenster!</title></head>\n");
fenster.document.write("<body bgcolor=\"#FF0000\" text=\"#FFFFFF\">");
fenster.document.write("<h1>Hallo, " + username + "!</h1>");
fenster.document.write("</body></html>");
```

Im Zusammenhang mit separaten Browserfenstern ist noch das globale Objekt screen interessant: Seine Eigenschaften width und height liefern die aktuelle Bildschirmbreite und -höhe in Pixeln, während `availWidth` und `availHeight` die Bildschirmmaße abzüglich fester Elemente wie der Windows-Taskleiste oder der Mac-Menüleiste angeben.

Die folgende Funktion nimmt eine URL sowie die gewünschte Höhe und Breite entgegen und öffnet die URL in einem Browserfenster ohne Bedienelemente, das genau in die Bildschirmmitte gesetzt wird:

```
function customWin(url, w, h) {
    var screenw = screen.width;
    var screenh = screen.height;
    var xpos = (screenw - w) / 2;
    var ypos = (screenh - h) / 2;
    var mywin = open(url, "",
        "menubar=0,toolbars=0,location=0,directories=0,
        status=0,width=" + w + ",height=" + h);
    mywin.moveTo(xpos, ypos);
    return mywin;
}
```

Die Funktion gibt eine Referenz auf das neu geöffnete Fenster zurück, damit die aufrufende Stelle weitere Methoden dieses Fensters aufrufen kann.

Der folgende Aufruf verwendet die Funktion, um die Datei *spiel.html* in einem 480 × 360 Pixel großen Fenster anzuzeigen:

```
var spielwin = customWin("spiel.html", 480, 320);
```

Neben `open()` sollten Sie auch einige Methoden von Fensterobjekten kennen. Die wichtigsten sind folgende:

▶ `moveTo(x, y)` – verschiebt das Fenster an die angegebene Position auf dem Bildschirm (gemessen an seiner linken oberen Ecke).

▶ `moveBy(dx, dy)` – verschiebt das Fenster um die angegebene Anzahl von Pixeln. Positive Werte verschieben es nach rechts beziehungsweise unten, negative Werte nach links oder nach oben.

▶ `resizeTo(w, h)` – ändert die Fenstergröße nachträglich auf `w` Pixel Breite und `h` Pixel Höhe.

▶ `resizeBy(dw, dh)` – verändert die Breite und die Höhe des Fensters um die jeweils angegebene Pixelanzahl.

▶ `focus()` – stellt das angesprochene Fenster in den Vordergrund und aktiviert es.

▶ `close()` – schließt das Fenster.

Andere `window`-Methoden haben Sie im Verlauf dieses Kapitels bereits kennengelernt, beispielsweise `alert()` oder `setTimeout()`.

## 20.2 Das Document Object Model (DOM)

Als 1998 die 4er-Versionen der beiden damals wichtigsten Browser eingeführt wurden, war das Schlagwort *Dynamic HTML* (DHTML) eine der Lieblingsvokabeln aller Webdesigner. Für einen Begriff, der gar keine einheitliche Technologie beschrieb, war das bemerkenswert: Die Bezeichnung *DHTML* entstand vor fast zwanzig Jahren in den Marketingabteilungen von Microsoft und Netscape. Es handelt sich um die Zusammenarbeit zwischen Stylesheets zur Formatierung von HTML-Inhalten und neueren JavaScript-Fähigkeiten.

Insbesondere wurden in den 4er-Browsern zum ersten Mal sogenannte *Objektmodelle* eingeführt, die es ermöglichen, einen Großteil der Elemente in HTML-Dokumenten anzusprechen und auch nach dem Laden des Dokuments noch dynamisch zu verändern. Die diversen proprietären Modelle sind glücklicherweise veraltet; praxisrelevant ist inzwischen nur noch das *Document Object Model* (DOM) des W3C. Es ermöglicht konsequent die nachträgliche Änderung jedes beliebigen Elements eines HTML-Dokuments, indem es das Dokument als hierarchisch verschachtelte Baumstruktur versteht. Das DOM ist nicht nur für JavaScript und HTML gedacht, sondern wurde in vielen verschiedenen Programmiersprachen für den Zugriff auf XML-Dokumente aller Art implementiert. In Kapitel 16, »XML«, wird beispielsweise die Verwendung des DOM in Java angesprochen.

DOM wird von folgenden Browsern interpretiert: Internet Explorer ab 5.0, Microsoft Edge, Firefox ab 1.0, Netscape ab 6.0, Mozilla und Opera ab 6.0, Safari ab 1.0 und Chrome in allen Versionen.

### 20.2.1 W3C-DOM im Überblick

Mithilfe von DOM können Sie auf jedes einzelne Element einer Webseite zugreifen. Dazu wird das Objekt als Baummodell aus verschiedenen Arten von *Knoten* betrachtet. Jeder Knoten kann beliebig viele *Kindknoten* besitzen. Jeder Knoten besitzt einen der in Tabelle 20.1 gezeigten Knotentypen, der über seine Eigenschaft nodeType abgefragt werden kann:

| Knotentyp | Bedeutung |
|-----------|-----------|
| 1 | Element (HTML-Tag) |
| 2 | Attribut (funktioniert so nicht!) |
| 3 | einfacher Text |
| 8 | HTML-Kommentar |
| 9 | das Dokument selbst |

**Tabelle 20.1** DOM-Knotentypen für HTML-Dokumente

Es existieren verschiedene Möglichkeiten, um auf einen Knoten vom Typ HTML-Tag zuzugreifen:

- Die Methode

```
document.getElementById(ID-String)
```

liefert eine Referenz auf das Tag zurück, dem über das Attribut id eine spezielle ID zugewiesen wurde. Beispielsweise können Sie auf einen Absatz, der so definiert wurde:

```
<p id="test">Spezieller Absatz, Marke test</p>
```

mithilfe dieser DOM-Methode zugreifen:

```
document.getElementById("test")
```

- Mithilfe der Methode

```
document.getElementsByTagName(Tag-String)
```

erhalten Sie eine Referenz auf ein Array aller Elemente, die dem angegebenen HTML-Tag entsprechen. Beispielsweise entspricht der folgende Ausdruck dem dritten <p>-Tag einer Seite:

```
document.getElementsByTagName("p")[2]
```

- Noch mehr können die neueren Methoden

```
document.querySelector(CSS-Selektor)
```

beziehungsweise

```
document.querySelectorAll(CSS-Selektor)
```

Hier können Sie einen beliebigen CSS-Selektor angeben (siehe voriges Kapitel), um Elemente anhand dieser flexiblen Konstrukte auszuwählen. Der Unterschied zwischen den beiden besteht darin, dass querySelector() das erste passende Element zurückliefert, während der Rückgabewert von querySelectorAll() ein Array aller passenden Elemente ist.

Hier einige Beispiele:

```
document.querySelector("p")                  // erstes Element vom Typ p
document.querySelector("p#intro")            // Das p-Element mit id="intro"
document.querySelector("p.teaser")           // erstes p mit class="teaser"
document.querySelector("[align]")            // erstes Element mit align-Attribut
document.querySelector("[align='center']")   // erstes Element mit align="center"
document.querySelectorAll("p.teaser")        // alle p mit class="teaser"
document.querySelectorAll("p:firstchild")    // das erste Kind jedes p-Elements
```

Auf Text- und Kommentarknoten können Sie nicht direkt zugreifen. Sie sind stets Kindknoten der umschließenden HTML-Tags. Auf die Kindknoten eines Elements sowie auf seinen

**20  JavaScript und Ajax**

Elternknoten und seine »Geschwister« können Sie mithilfe der in Tabelle 20.2 gezeigten Eigenschaften zugreifen:

| Eigenschaft | Bedeutung |
|---|---|
| Knoten.firstChild | Liefert das erste Kindelement von Knoten. |
| Knoten.childNodes[] | ein Array aller Kindknoten von Knoten |
| Knoten.lastChild | Liefert den letzten Kindknoten von Knoten. |
| Knoten.parentNode | Liefert den übergeordneten Knoten. |
| Knoten.nextSibling | Liefert den nächsten »Geschwisterknoten«, also den nachfolgenden Kindknoten desselben Elternknotens. |
| Knoten.previousSibling | Liefert den vorangegangenen »Geschwisterknoten«. |
| Knoten.hasChildNodes() | Diese Methode liefert true, wenn Knoten Kindelemente besitzt, ansonsten false. |

**Tabelle 20.2**  Zugriff auf DOM-Kindknoten

HTML-Tag-Knoten besitzen die Eigenschaft nodeName, die den Namen des eigentlichen HTML-Tags enthält. Text- und Kommentarknoten weisen dagegen die Eigenschaft nodeValue auf, die den Textinhalt enthält. nodeValue liefert möglicherweise etwas anderes zurück, als Sie erwarten. Betrachten Sie beispielsweise den folgenden Auszug aus dem Body eines HTML-Dokuments:

```
<p id="test">Dies ist der <i>alte</i> Text.</p>
<script language="JavaScript" type="text/javascript">
<!--
   alert(document.getElementById("test")
          .firstChild.nodeValue);
//-->
</script>
```

Die alert()-Anweisung greift zunächst über die Methode getElementById() auf den Absatz mit der ID test zu. Anschließend liest sie per nodeValue den Textinhalt des ersten Kindknotens (firstChild) des aktuellen Elements. Vielleicht überrascht es Sie, zu hören, dass das Ergebnis *nicht* so lautet:

```
Dies ist der alte Text
```

Vielmehr bekommen Sie lediglich Folgendes zu sehen:

```
Dies ist der
```

Der Text »Dies ist der« bildet den ersten Kindknoten des Absatzes, das HTML-Tag `<i>...</i>` ist der zweite und der restliche »Text« der letzte.

Das nächste Beispiel verwendet einige dieser Methoden und Eigenschaften zur Anzeige der aktuellen Uhrzeit im Fließtext eines Absatzes. Der Absatz selbst wird so definiert:

```
<p id="uhr">Uhrzeit</p>
```

Im Head steht folgende Funktion, die im `<body>`-Tag im Event Handler `onload` aufgerufen werden sollte:

```
function zeit () {
    var jetzt = new Date();
    var std = jetzt.getHours();
    var min = jetzt.getMinutes();
    var sek = jetzt.getSeconds();
    var zeitangabe = std < 10 ? "0" : "";
    zeitangabe += std + ":";
    zeitangabe += min < 10 ? "0" : "";
    zeitangabe += min + ":";
    zeitangabe += sek < 10 ? "0" : "";
    zeitangabe += sek;
    document.getElementById("uhr").firstChild.nodeValue = "Es ist " +
        zeitangabe + " Uhr";
    setTimeout ("zeit();", 1000);
}
```

Das Thema Datums- und Uhrzeitanzeige wurde bereits in diesem Kapitel behandelt. Neu ist hier lediglich die Zeile

```
document.getElementById("uhr").firstChild.
    nodeValue = "Es ist " + zeitangabe + " Uhr";
```

Über `getElementById()` wird der Absatz mit der ID `uhr` angesprochen. Dessen erster Kindknoten `firstChild` ist der Absatztext, der mithilfe einer Wertzuweisung an seine Eigenschaft `nodeValue` geändert wird.

### 20.2.2 Eine DOM-Baum-Anzeige

Das folgende Beispiel durchwandert rekursiv den DOM-Baum des aktuellen Dokuments und gibt in einem separaten Fenster Informationen über alle Knoten aus, die es dabei findet. Abbildung 20.1 zeigt das Skript bei der Arbeit.

# 20 JavaScript und Ajax

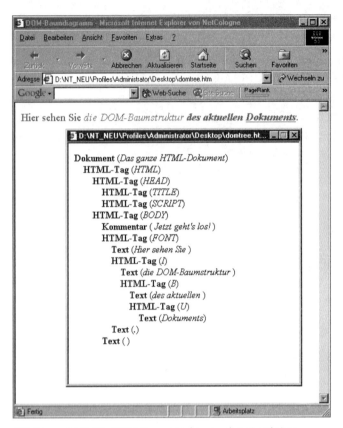

**Abbildung 20.1** Die DOM-Baumstrukturanalyse in Aktion

Hier zunächst der Quellcode des gesamten HTML-Dokuments:

```
<html>
  <head>
    <title>DOM-Baumdiagramm</title>
    <script language="JavaScript" type="text/javascript">
    <!--
        var infofenster;

        function initDOMTree() {
           infofenster = open("", "", "width=400,height=400");
           showDOMTree(document, 0);
        }

        function showDOMTree(knoten, indentation) {
           var typ = knoten.nodeType;
           var typtext, info;
           switch (typ) {
```

```
                case 1:
                    typtext = "HTML-Tag";
                    info = knoten.nodeName;
                    break;
                case 3:
                    typtext = "Text";
                    info = knoten.nodeValue;
                    break;
                case 8:
                    typtext = "Kommentar";
                    info = knoten.nodeValue;
                    break;
                case 9:
                    typtext = "Dokument";
                    info = "Das ganze HTML-Dokument";
                    break;
                default:
                    typtext = "Anderer Typ";
                    info = "XML-Dokument?";
            }
            // Einrücken
            for (var i = 0; i < indentation; i++) {
                infofenster.document.write("    ");
            }
            infofenster.document.write("<b>" + typtext
                + "</b> (<i>" + info + "</i>)<br />");
            // Kinder rekursiv bearbeiten
            if (knoten.hasChildNodes()) {
                for (var j = 0; j < knoten.childNodes.length; j++) {
                    showDOMTree(knoten.childNodes[j], indentation + 1);
                }
            }
        }
    }
    //-->
    </script>
  </head>

  <body onload="initDOMTree();">
    <!-- Jetzt geht's los! -->
    <font size="4" color="#FF0000">Hier sehen Sie
    <i>die DOM-Baumstruktur <b>des aktuellen
   <u>Dokuments</u></b></i>.</font>
  </body>
</html>
```

Im Grunde verwendet das Skript nur Funktionen, die bereits besprochen wurden, und benötigt deshalb nicht viele Erläuterungen.

Für die eigentliche Rekursion wird mithilfe der Methode `knoten.hasChildNodes()` überprüft, ob überhaupt Kindknoten vorhanden sind. Ist dies der Fall, werden sie in einer Schleife über alle Elemente des Arrays `knoten.childNodes[]` durchlaufen. Für jedes Kindelement wird wiederum die Funktion selbst aufgerufen; dabei wird der um 1 erhöhte Wert der Variablen `indentation` übergeben, um jeweils die korrekte Einrückung vorzunehmen.

Beachten Sie zuletzt, dass die explizite Deklaration der Schleifenzähler `i` und `j` mithilfe von `var` hier absolut notwendig ist, weil sie ansonsten als globale Variablen betrachtet würden und so bei der Rekursion die falschen Werte hätten.

### 20.2.3 DOM-Anwendung in der Praxis

Das wichtigste Anwendungsgebiet von DOM ist es, nachträglich Veränderungen an Struktur und Inhalt des Dokuments vorzunehmen. Am häufigsten wird es verwendet, um die Positionierung und andere per Stylesheet definierte Eigenschaften von *Layern* zu ändern. Die bereits in Kapitel 18, »Webseitenerstellung mit HTML und CSS«, vorgestellten Layer sind frei schwebende `<div>`-Elemente, die über das CSS-Attribut `position` an eine bestimmte Stelle gesetzt werden. Die festgelegte Position kann nachträglich geändert werden, um Animationen zu erzeugen. Abgesehen davon, können Sie auch jede andere CSS-Eigenschaft ändern, beispielsweise Farben, Schriftformatierungen, die generelle Sichtbarkeit oder die Stapelreihenfolge.

Über die DOM-Eigenschaft `style` können Sie auf die Stylesheet-Formatierungen von Layern (und beliebigen anderen HTML-Elementen) zugreifen und diese dynamisch ändern. Dabei besitzt `style` jeweils Untereigenschaften, deren Namen mit den Original-CSS-Attributen übereinstimmen. So können Sie etwa über `top` und `left` die Position eines absolut positionierten Layers ändern oder mithilfe von `color` die Schriftfarbe modifizieren. Die einzige Besonderheit gilt für diejenigen Attribute, deren CSS-Name einen Bindestrich enthält: Anstelle dieses Sonderzeichens wird in üblicher JavaScript-Bezeichner-Konvention der darauffolgende Buchstabe großgeschrieben – aus `background-color` wird beispielsweise `backgroundColor`; `text-align` wird zu `textAlign`.

Die Werte für die jeweiligen Stileigenschaften sind Strings, deren Inhalt auf dieselbe Weise festgelegt wird wie bei Stylesheet-Angaben. Betrachten Sie zum Beispiel den folgenden Absatz:

```
<p id="info">Der Hintergrund dieses Absatzes kann gelb werden!</p>
```

Mithilfe der folgenden JavaScript-Anweisung können Sie den Hintergrund wie versprochen gelb einfärben:

```
document.getElementById("info").style.backgroundColor = "#FFFF00";
```

Interessant ist in diesem Zusammenhang, dass neuere Browser Event Handler wie onmouse-over oder onmouseout für beinahe jedes Element unterstützen. So ist es zum Beispiel inzwischen weitverbreitet, in umfangreichen Tabellen die Zeile oder Zelle, in der sich der Cursor gerade befindet, durch Änderung der Hintergrundfarbe hervorzuheben. Die folgende Funktion kann durch einen solchen Handler aufgerufen werden, um die Farbänderung durchzuführen:

```
function betonen(id, farbe) {
    document.getElementById(id).style.backgroundColor = farbe;
}
```

Hier sehen Sie eine Tabellenzeile, die bei Mausberührung mithilfe dieser Funktion ihre eigene Hintergrundfarbe ändert:

```
<tr id="zeile" style="background-color: #FFFF00"
onmouseover="betonen('zeile', '#FFFF99');"
onmouseout="betonen('zeile', '#FFFF00');">
  <td>DOM</td>
  <td>IE 4.0-Objektmodell</td>
  <td>Netscape-Objektmodell</td>
</tr>
```

Alternativ können Sie die Event Handler wieder direkt ins JavaScript schreiben, das heißt die onmouseover- und onmouseout-Attribute entfernen und stattdessen folgenden JavaScript-Code am Ende des Bodys verwenden:

```
document.getElementById('zeile').addEventListener(
  'mouseover',
  function() {
    this.style.backgroundColor = '#FFFF99';
  }
);
document.getElementById('zeile').addEventListener(
  'mouseout',
  function() {
    this.style.backgroundColor = '#FFFF00';
  }
);
```

Die Manipulation der Eigenschaften von Layer-Objekten funktioniert im Prinzip genauso. Denken Sie daran, dass ein <div>-Element nur dann zum echten Layer wird, wenn es durch das CSS-Attribut position auf eine feste Position gesetzt wird. Da sich HTML-Tag-Knoten am leichtesten über ihre ID ansprechen lassen, liegt es nahe, die CSS-Formatierung für den Layer

20 JavaScript und Ajax

in einer unabhängigen Stilangabe vorzunehmen, die dem Layer dann gleichzeitig mit seiner ID zugewiesen wird.

Das folgende Beispiel lässt nach einer Wartezeit von drei Sekunden nach dem Laden einen Layer mit einem Bild von links in den sichtbaren Bereich des Fensters fahren; anschließend bleibt er fünf Sekunden stehen und wird schließlich ausgeblendet. Auf immer mehr Websites ist heute Werbung nach diesem Schema zu sehen. Hier das Listing:

```html
<html>
  <head>
    <title>Aufdringliche Werbung</title>
    <style type="text/css">
    <!--
        #werbung {
            position: absolute;
            top: 100px;
            left: -200px
        }
    -->
    </style>

  </head>
  <body>
    <div id="werbung"><img src="werbung.gif"
    width="198" height="198"></div>
    ... beliebiger Inhalt ...
    <script language="JavaScript" type="text/javascript">
    <!--
        // Aktuelle Position
        var x = -200;

        function werbungZeigen() {
            x += 5;
            document.getElementById("werbung").style.left = x + "px";
            if (x >= 100)

                setTimeout("werbungSchliessen ();", 5000);
            else
                setTimeout("werbungZeigen ();", 50);
        }

        function werbungSchliessen() {
            document.getElementById("werbung").style.visibility = "hidden";
        }
```

1164

```
        setTimeout("werbungZeigen();", 3000);
    //-->
    </script>
  </body>
</html>
```

### 20.2.4 Dokumentinhalte verändern und austauschen

Die Struktur des DOM-Baums, den ein HTML-Dokument bildet, kann beliebig manipuliert werden, um Inhalte vollständig durch andere auszutauschen. Zu diesem Zweck sind Knotenobjekte mit einer Reihe von Methoden ausgestattet, die entsprechende Manipulationen ermöglichen. Tabelle 20.3 zeigt dazu eine Übersicht.

| Methode | Knotentyp(en) | Bedeutung |
| --- | --- | --- |
| createElement(Tagname) | document | Erzeugt einen neuen HTML-Tag-Knoten vom angegebenen Typ. |
| createTextNode (Text) | document | Erzeugt einen neuen Textknoten mit dem angegebenen Inhalt. |
| hasAttribute (Name) | element (HTML-Tag) | true, wenn das Tag das genannte Attribut besitzt |
| getAttribute (Name) | element | Gibt das Attribut mit dem angegebenen Namen zurück. |
| setAttribute (Name, Wert) | element | Setzt das mit Name bezeichnete Attribut auf Wert. |
| removeAttribute (Name) | element | Entfernt das genannte Attribut. |
| appendChild (Knoten) | alle | Hängt Knoten als letztes neues Kind an. |
| removeChild (Knoten) | alle | Entfernt den angegebenen Kindknoten. |
| replaceChild (neuKnoten, altKnoten) | alle | Ersetzt altKnoten durch neuKnoten. |

**Tabelle 20.3** Die wichtigsten Methoden zur Manipulation von Knoten

Das folgende Listing tauscht den Inhalt eines vollständigen Absatzes aus, der aus mehreren Text- und Elementknoten besteht:

**20   JavaScript und Ajax**

```html
<html>
  <head>
    <title>Eine Geschichte in zwei Teilen</title>
      <script language="JavaScript"
      type="text/javascript">
      <!--
        function weiter() {
            var k1 = document.createTextNode("Hier folgt der zweite Teil des ");
            var k2 = document.createElement("b");
            var k2a = document.createTextNode("kurzen");
            k2.appendChild(k2a);
            var k3 = document.createTextNode(" Textes.");
            document.getElementById("story").replaceChild(k1,
              document.getElementById("story").firstChild);
            document.getElementById("story").appendChild(k2);
            document.getElementById("story").appendChild(k3);
        }
      //-->
      </script>
  </head>
  <body>
    <div id="story"><p>Dies ist ein <i>kurzer</i>
    Text. Er besteht aus zwei Teilen. Den zweiten Teil
    k&ouml;nnen Sie durch Klick auf den Link "Weiter" lesen.</p></div>
    <p><a href="javascript:weiter();">Weiter</a></p>
  </body>
</html>
```

Da von Anfang an bekannt ist, dass der komplette Inhalt des `<div>`-Elements mit der ID story ausgetauscht werden soll, wurde dieser insgesamt zwischen die Tags `<p>` und `</p>` gepackt. Eine mögliche Alternative bestünde darin, sämtliche Kindknoten von story mithilfe einer Schleife zu entfernen:

```
while (document.getElementById("story").hasChildNodes()) {
   document.getElementById("story").removeChild
       (document.getElementById("story").firstChild);
}
```

In der vorliegenden Lösung werden zunächst die Knoten für den Ersatztext von Grund auf neu erzeugt: die beiden Textknoten k1 und k3 sowie der dazwischenliegende Elementknoten k2 vom Typ "b" (das HTML-Tag `<b>`) und sein Text. Anschließend wird der bisher einzige Kindknoten von story, das `<p>`-Element, mithilfe von replaceChild() durch k1 ersetzt; die beiden folgenden Knoten k2 und k3 werden durch appendChild() angefügt.

**1166**

Praktisch gesehen, wird in diesem Beispiel der Text »Dies ist ein *kurzer* Text. Er besteht aus zwei Teilen.« durch den neuen Inhalt »Hier folgt der zweite Teil des *kurzen* Textes.« ausgetauscht.

### 20.2.5 »data«-Attribute verwenden

Eine moderne und beliebte Möglichkeit, DOM-Selektoren bereitzustellen und Daten aus dem HTML-Code an JavaScript zu übergeben, ist die Verwendung der mit HTML5 eingeführten data-Attribute. Es handelt sich um gewöhnliche HTML-Attribute, deren Name mit data-beginnt und beliebige weitere durch Bindestriche getrennte Wörter enthalten kann.

Ein wichtiger Vorteil dieser Vorgehensweise ist eine saubere Trennung von CSS-Styling, das die üblichen id- und class-Attribute als Selektoren verwendet, von eigenen JavaScript-spezifischen Selektoren.

Hier ein Beispiel:

```
<p data-identifier="paragraph1" data-visible="true">...</p>
```

Um ein data-Attribut als Selektor zu verwenden, wird wie üblich document.querySelector() oder document.querySelectorAll() eingesetzt. Das folgende Beispiel wählt alle Elemente aus, bei denen das Attribut data-identifier vorhanden ist:

```
var identifiedParagraphs = document.querySelectorAll('[data-identifier']);
```

Genauso gut können Sie wie gehabt nach einem spezifischen Wert Ausschau halten; hier ein Beispiel für data-identifier mit dem Wert "paragraph1":

```
var p1 = document.querySelector('[data-identifier="paragraph1"]');
```

Für das Auslesen von Daten aus Data-Attributen bietet sich neben der DOM-Funktion get-Attribute() die spezielle Eigenschaft dataset an. Es handelt sich um ein Objekt, in dem die Namen der data-Attribute ohne das Präfix data die Schlüssel bilden. Beispielsweise können Sie wie folgt den Wert von data-visible aus der soeben definierten Variablen p1 auslesen:

```
var visible = p1.dataset.visible;   // Alternative: p1.dataset['visible']
```

Beachten Sie in diesem Zusammenhang, dass weitere Bindestriche (oder andere Sonderzeichen) im Namen des data-Attributs wegfallen, wenn Sie es als Schlüssel für dataset verwenden. Das data-Attribut data-further-information würde also mithilfe von dataset.furtherInformation ausgelesen.

Wenn Sie ein data-Attribut mit Konfigurationsdaten füllen möchten, können Sie dies im JSON-Format tun, das im nächsten Abschnitt genauer beschrieben wird. Es handelt sich um einen String, der verschachtelte JavaScript-Arrays oder -Objekte enthalten kann. Wichtig ist in diesem Zusammenhang, dass Sie den Attributwert mit einfachen Anführungszeichen umschließen müssen, da innerhalb des JSON-Codes nur doppelte erlaubt sind. Beispiel:

```
<div data-id="mainContent"
    data-config='{"fontSize": "14px", "color": "#ff0000"}'>...</div>
```

Verwenden können Sie diese Daten anschließend wie folgt:

```
var main = document.querySelector('[data-id = "mainContent"]');
var config = JSON.parse(main.dataset.config);
console.log(config.fontSize, config.color);
```

## 20.3 Ajax

Mithilfe der im vorangegangenen Abschnitt vorgestellten DOM-Technik können Sie Inhalte bestehender HTML-Seiten nach Belieben umbauen, ohne diese neu laden zu müssen. Die *Ajax-Technik* kombiniert dies mit Anfragen an Webserver, die keine ganze Seite neu laden, sondern textbasierte oder XML-basierte Inhalte anfordern. Diese können Sie dann mithilfe von DOM an beliebigen Stellen Ihrer Seite einfügen. Der Vorteil liegt auf der Hand: Anstatt bei jeder Serverinteraktion die komplette Seite neu laden zu müssen (obwohl sich oft nur ein sehr geringer Teil derselben ändert), können Sie einzelne Stellen gezielt mit aktualisierten Daten modifizieren. Das Ziel sind dabei Webanwendungen, die sich so geschmeidig wie Desktop-Anwendungen präsentieren, anstatt zwischendurch immer wieder leere Seiten und eine Warte-Uhr anzuzeigen.

Der Schöpfer des Begriffs *Ajax*, der Webdesigner *Jesse James Garret*, behauptet, der Name sei *kein* Akronym für *Asynchronous JavaScript And XML* – und doch beschreibt diese Langform recht genau, um was es dabei geht:

▶ Asynchrone HTTP-Anfragen – Sie finden hinter den Kulissen statt, während die Besucher auf der Seite weiterlesen, ein Formular ausfüllen oder ähnliche Tätigkeiten durchführen. Eine Callback-Funktion liest die Serverantwort, sobald sie vorliegt.

▶ JavaScript – das benötigte HTTP-Anfrageobjekt gehört (unter verschiedenen Namen) zur JavaScript-Bibliothek aller aktuellen Browser.

▶ XML – die Antwort des Webservers kann (muss aber nicht) verschachteltes XML sein, das Sie ebenso per DOM verarbeiten können wie die Webseite selbst.

### 20.3.1 Die erste Ajax-Anwendung

Als erste kleine Testanwendung soll jeder Klick auf einen Link ein zufälliges Zitat eines PHP-Skripts anfordern. Dieses Zitat wird an einer bestimmten Stelle der – ansonsten gleichbleibenden – Seite eingetragen.

### Ein Ajax-Anfrageobjekt erzeugen

Damit Ihre JavaScript-Anwendungen eigenständige HTTP-Anfragen durchführen können, benötigen Sie zuerst ein Anfrageobjekt. Ist dieses Objekt erst einmal erstellt, sind seine Eigenschaften und Methoden immer dieselben. Zuvor gibt es aber zunächst das Problem, dass die zu instanziierende Klasse je nach Browser drei verschiedene Namen besitzen kann – einen für Firefox, Safari, Chrome etc. und zwei andere für unterschiedlich aktuelle Internet-Explorer-Versionen.

Der folgende Codeblock verwendet try/catch-Blöcke, um die jeweils passende Klasse automatisch zu wählen oder eine Fehlermeldung auszugeben, falls Ajax-Anwendungen im vorliegenden Browser gar nicht möglich sind:

```
var anfrage = null;
try {
  anfrage = new XMLHttpRequest();
} catch (err_ff) {
  try {
    anfrage = new ActiveXObject("Msxml2.XMLHTTP");
  } catch (err_ms1) {
    try {
      anfrage = new ActiveXObject("Microsoft.XMLHTTP");
    } catch (err_all) {
      anfrage = null;
    }
  }
}
if (anfrage == null) {
  alert("Sie verwenden einen nicht Ajax-fähigen Browser.");
}
```

In den meisten Fällen ist es am praktischsten, diesen Code statisch (außerhalb einer Funktion) in einen JavaScript-Block im Head der Seite zu setzen. Die Alternative wäre eine entsprechende Funktion in einer JS-Datei, die ein fertiges Anfrageobjekt zurückgibt.

### Die Ajax-Anfrage vorbereiten und versenden

Um eine Ajax-Anfrage abzuschicken, werden die Methoden open() und send() des Anfrageobjekts verwendet. open() benötigt drei Argumente:

▶ Die Anfragemethode, "POST" oder "GET" – beachten Sie für den Unterschied die Diskussion in Kapitel 18, »Webseitenerstellung mit HTML und CSS«.

▶ Die Anfrage-URL – in aller Regel die URL eines serverseitigen Skripts. Beachten Sie, dass das entsprechende Skript kein vollständiges HTML-Dokument als Antwort erzeugen soll, sondern lediglich den relevanten Datenanteil. Mögliche Formate sind einfacher Text, diverse XML-Formate oder JSON (siehe Abschnitt 20.3.2, »Datenaustauschformate: XML und JSON«).

▶ Asynchronität der Anfrage (`true` oder `false`) – Wenn Sie diesen letzten Parameter auf `true` setzen, wird die Anfrage asynchron versandt, sodass Sie weiterarbeiten können, während der Browser auf die Antwort wartet. `false` versendet sie dagegen synchron, und Sie müssen auf die Antwort warten wie auf das Neuladen einer ganzen Seite. Letzteres scheint zwar dem Sinn von Ajax zu widersprechen, ist aber in manchen Fällen nützlich, etwa um ein Formular nach der vollständigen Eingabe komplett zu überprüfen.

Für das Zitate-Beispiel muss als Erstes die URL definiert werden, an die die Anfrage gesendet wird. Das PHP-Skript soll *zitat.php* heißen und im selben Webserververzeichnis liegen wie die HTML/JavaScript-Datei selbst. Ein zuvor bereits angesprochenes Problem ist, dass manche Browser die Antwort auf eine `GET`-Anfrage im Cache speichern, sodass der Inhalt ab dem zweiten Aufruf nicht mehr geändert wird. Die folgende Zeile hängt die aktuelle Zeit (in Sekunden seit EPOCH) als Dummy-Parameter an die eigentliche URL an, sodass, formaljuristisch gesehen, jedes Mal eine neue URL entsteht:

```
var url = "zitat.php?dummy=" + new Date().getTime();
```

Der `open()`-Aufruf selbst sieht daraufhin so aus:

```
anfrage.open ("GET", url, true);
```

Es wird also die Anfragemethode `GET` verwendet, und der Parameter `true` macht die Anfrage asynchron.

Als Nächstes müssen Sie die Eigenschaft `onreadystatechange` des Anfrageobjekts setzen. Ihr Wert ist der Name einer Callback-Funktion (siehe Kapitel 10, »Konzepte der Programmierung«), die bei jeder Änderung des Bereitschaftszustands (Eigenschaft `readyState`) Ihres Anfrageobjekts aufgerufen wird. Es gibt insgesamt fünf Bereitschaftszustände, die anzeigen, wie weit die Bearbeitung der Anfrage bereits fortgeschritten ist:

▶ 0 – Anfrage wird nicht bearbeitet.

▶ 1 – Verbindung wurde aufgebaut.

▶ 2 – Anfrage wurde vollständig versandt.

▶ 3 – Empfang der Antwort beginnt.

▶ 4 – Antwort liegt vollständig vor.

Bei etwa 99 % aller Ajax-Anwendungen kümmert sich die Callback-Funktion aus nachvollziehbaren Gründen nur um den Zustand 4.

Die (als Nächstes besprochene) Callback-Funktion für das Zitate-Beispiel heißt `hole-Zitat()`, sodass die betreffende Zeile so aussieht:

```
anfrage.onreadystatechange = holeZitat;
```

Beachten Sie, dass hinter dem Funktionsnamen des Callbacks an dieser Stelle keine Parameterklammern stehen dürfen.

Zum Schluss wird die Anfrage versendet. Die Methode send() besitzt ein Argument, das den Body der HTTP-Anfrage repräsentiert. Da GET-Anfragen im Gegensatz zu POST keinen Body haben, ist der Wert im vorliegenden Fall null:

```
anfrage.send(null);
```

Alle genannten Codezeilen stehen in einer Funktion namens tauscheZitat(), die per Klick auf den folgenden Hyperlink aufgerufen wird:

```
<a href="#" onclick="tauscheZitat();">Zitat wechseln</a>
```

Die gesamte Funktion tauscheZitat() sieht somit wie folgt aus:

```
function tauscheZitat() {
  // URL mit Zeit als Cache-Schutz kombinieren
  var url = "zitat.php?dummy=" + new Date().getTime();
  // Anfrage eröffnen: Methode GET, URL, asynchron
  anfrage.open("GET", url, true);
  // Callback-Funktion für Zustandswechsel festlegen
  anfrage.onreadystatechange = holeZitat;
  // Anfrage senden (mit leerem Body, da GET)
  anfrage.send(null);
}
```

### Die Serverantwort verarbeiten

Wie bereits erwähnt, wird die Callback-Funktion holeZitat() bei jedem Wechsel des Bereitschaftszustands aufgerufen. Daher muss sie zuerst überprüfen, ob die Anfrage fertig bearbeitet wurde (readyState 4). Dies reicht allerdings nicht als Kriterium für eine qualifizierte Antwort – zusätzlich muss der HTTP-Statuscode (Eigenschaft status des Anfrageobjekts) anzeigen, dass sie brauchbar ist. Wie Sie bereits aus Kapitel 19, »Webserveranwendungen«, wissen, lautet der Statuscode für eine gültige Ressource 200. Das Auslesen der Antwort wird mit anderen Worten durch folgende Prüfung umschlossen:

```
if (anfrage.readyState == 4) {
  if (anfrage.status == 200) {
    // Antworttext auslesen und eintragen
    // ...
  } else {
    alert("Fehlerhafte Serverantwort: " + anfrage.status);
  }
}
```

Wie Sie sehen, wird für den Fall, dass der Status nicht 200 ist, eine Fehlermeldung ausgegeben. Bei einem anderen readyState als 4 geschieht dagegen gar nichts, weil alle anderen Bereitschaftszustände irrelevant sind.

Nun fehlen noch die Zeilen zum Auslesen der eigentlichen Serverantwort und zum Ändern des Zitatblocks auf der Webseite. Da die Antwort kein XML, sondern reiner Text ist, können Sie sie fix und fertig aus der Eigenschaft responseText des Anfrageobjekts auslesen:

```
var antwort = anfrage.responseText;
```

Das Zitat steht im HTML-Dokument in einem <div> namens zitat; anfangs enthält es nur ein geschütztes Leerzeichen:

```
<div id="zitat" style="color: #FF0000"> </div>
```

Um das aus dem PHP-Skript gelesene Zitat an dieser Stelle einzutragen, genügt es, den einzigen (und damit unter anderem ersten) Kindknoten dieses <div>-Elements auf den Wert der Variablenantwort zu setzen:

```
document.getElementById("zitat").firstChild.nodeValue = antwort;
```

Hier noch einmal die gesamte Funktion holeZitat():

```
function holeZitat() {
  // Nur aktiv werden, wenn Bereitschaftszustand 4
  if (anfrage.readyState == 4) {
    // Gültige Antwort (Status 200)?
    if (anfrage.status == 200) {
      // Text der Serverantwort auslesen
      var antwort = anfrage.responseText;
      // Zitat in das Dokument einfügen
      document.getElementById("zitat").firstChild.nodeValue = antwort;
    } else {
      // Ungültige Antwort
      alert("Fehlerhafte Serverantwort: " + anfrage.status);
    }
  }
}
```

### Das PHP-Skript

Selbstverständlich können Sie jede beliebige serverseitige Technologie verwenden, um die Skripte oder Programme zu schreiben, die die Antworten auf die Ajax-Anfragen liefern. In diesem Buch wird PHP verwendet, weil diese Sprache bereits im vorangegangenen Kapitel eingeführt wurde. Das folgende kurze Skript müssten Sie daher auch problemlos verstehen.

Die einzige Besonderheit besteht darin, dass seine Ausgabe kein vollständiges HTML-Dokument, sondern nur das reine, jeweils ausgewählte Zufallszitat ist:

```php
<?php

  // Array mit allen Zitaten erzeugen
  $zitate = array (
    "\"To be is to do.\" -- Socrates",
    "\"To do is to be.\" -- Sartre",
    "\"Do be do be do.\" -- Sinatra"
  );

  // Ein zufälliges Zitat auswählen
  $zitat = $zitate[array_rand($zitate)];

  // Das Zitat ausgeben
  echo $zitat;

?>
```

Speichern Sie dieses Skript unter dem Namen zitat.php in einem Site-Verzeichnis Ihres Webservers. Im gleichen Verzeichnis wird auch die im Folgenden vollständig abgedruckte HTML-/JavaScript-Datei gespeichert.

### Die vollständige Ajax-HTML-Datei

Der Vollständigkeit halber wird hier noch einmal die gesamte HTML-Datei mit dem ausführlich kommentierten Ajax-JavaScript-Code abgedruckt. Speichern Sie diese Datei im gleichen Verzeichnis wie das PHP-Skript. Anschließend können Sie sie über Ihren lokalen Webserver im Browser aufrufen. Sobald Sie den Link ZITAT WECHSELN anklicken, wird ein anderes Zitat nachgeladen (da es nur drei verschiedene gibt, bemerken Sie das allerdings möglicherweise nicht jedes Mal; in der Praxis würde man besser ein Zufallszitat aus einer Datenbank laden).

```html
<html>
<head>
<title>Kleiner Ajax-Test</title>
<script language="JavaScript" type="text/javascript">
<!--
  // Ajax-Anfrageobjekt erzeugen
  // Zunächst die Referenzvariable deklarieren
  var anfrage = null;
  try {
    // Klasse für Firefox, Opera & Co.
    anfrage = new XMLHttpRequest();
```

```
      } catch (err_ff) {
        try {
          // Klasse für neuere IEs
          anfrage = new ActiveXObject("Msxml2.XMLHTTP");
        } catch (err_ms1) {
          try {
            // Klasse für ältere IEs
            anfrage = new ActiveXObject("Microsoft.XMLHTTP");
          } catch (err_all) {
            // Inkompatibler Browser -- keine Klasse passt
            anfrage = null;
          }
        }
      }
      if (anfrage == null) {
        // Fehlermeldung, falls kein Anfrageobjekt erzeugt
        alert("Sie verwenden einen nicht Ajax-fähigen Browser.");
      }

      // tauscheZitat(): Wird bei Klick auf einen Link
      // aufgerufen; lädt neues Zitat per Ajax-Anfrage  function tauscheZitat() {
        // URL mit Zeit als Cache-Schutz kombinieren
        var url = "zitat.php?dummy=" + new Date().getTime();
        // Anfrage eröffnen: Methode GET, URL, asynchron
        anfrage.open ("GET", url, true);
        // Callback-Funktion für Zustandswechsel festlegen
        anfrage.onreadystatechange = holeZitat;
        // Anfrage senden (mit leerem Body, da GET)
        anfrage.send(null);
      }

      // holeZitat(): Callback-Funktion, die nach
      // Ajax-Anfrage die Serverantwort ausliest und anzeigt
      function holeZitat() {
        // Nur aktiv werden, wenn Bereitschaftszustand 4
        if (anfrage.readyState == 4) {
          // Gültige Antwort (Status 200)?
          if (anfrage.status == 200) {
            // Text der Serverantwort auslesen
            var antwort = anfrage.responseText;
            // Zitat in das Dokument einfügen
            document.getElementById("zitat").firstChild.nodeValue = antwort;
```

```
      } else {
        // Ungültige Antwort
        alert("Fehlerhafte Serverantwort: " + anfrage.status);
      }
    }
  }
//-->
</script>
</head>
<body>
Hier steht ein dynamisch austauschbares Zufallszitat:
<div id="zitat" style="color: #FF0000"> </div>
<a href="#" onclick="tauscheZitat();">Zitat wechseln</a>
</body>
</html>
```

### 20.3.2  Datenaustauschformate: XML und JSON

Das Beispiel mit den Zitaten zeigte bereits den Ablauf einer asynchronen Anfrage und die Zusammenarbeit mit einem serverseitigen Skript, das kein komplettes Dokument zurückliefert, sondern nur Einzelinhalte zum Austauschen. Es handelte sich allerdings nur um einfachen Text – was übrigens trotz des x im Namen Ajax recht häufig vorkommt. Falls das Serverskript aber mehrere Daten liefern soll, brauchen Sie irgendein Format, um diese zu organisieren.

Natürlich steht es Ihnen frei, einen String mit beliebigen Trennzeichen zusammenzubasteln und dann per JavaScript »zu Fuß« zu parsen. Üblich ist das aber nicht und empfehlenswert auch nicht; die meisten Entwickler verwenden eines der folgenden beiden Formate:

▶ *XML* – diese Auszeichnungssprache haben Sie bereits in Kapitel 16, »XML«, kennengelernt. Falls das Format der Daten XML ist, stehen sie in der Eigenschaft responseXML des Ajax-Anfrageobjekts bereit. Ihr Inhalt ist ein DOM-Baum, den Sie nach den bekannten Regeln zerlegen können.

▶ *JSON (JavaScript Object Notation)* – Die Daten werden als beliebig tief verschachteltes JavaScript-Array oder -Objekt geliefert. Da es sich nicht um XML handelt, werden sie aus der Eigenschaft responseText gelesen und anschließend per JSON.parse() von einem String in ein JavaScript-Objekt umgewandelt. Für die meisten Serversprachen gibt es Bibliotheken, die JSON-Daten aus den nativen Datenformaten dieser Sprachen erzeugen. Im weiteren Verlauf des Kapitels lernen Sie beispielsweise die JSON-Funktionen von PHP kennen.

Ob Sie sich letztlich für XML, für JSON oder doch für ein eigenes Format entscheiden, ist Geschmackssache. Es folgt ein etwas umfangreicheres Praxisbeispiel, das mit beiden Standardformaten gezeigt wird.

### 20.3.3 Größeres Beispiel: eine interaktive Länderliste

Eine der ersten Ajax-Anwendungen, die einem größeren Publikum bekannt wurden, heißt *Google Suggest*. Bereits während der Eingabe eines Suchbegriffs werden Vorschläge eingeblendet, sortiert nach der Anzahl der Suchtreffer. Die hier beschriebene Beispielanwendung verwendet eine ähnliche Technik, um eine Liste aller Staaten der Welt nach jedem Tastendruck anhand der bisherigen Eingabe zu filtern. Zusätzlich erscheint jeder Name als Hyperlink. Bei einem Rollover mit der Maus wird an der Mausposition ein Layer eingeblendet, der die dynamisch vom Server nachgeladene Hauptstadt anzeigt.

Die Länderliste liegt in einer MySQL-Datenbanktabelle namens *laender*, die sich wiederum innerhalb einer Datenbank namens *welt* befindet und folgendes Schema aufweist:

```
id    | name            | hauptstadt
------+-----------------+-----------------
L1    | Afghanistan     | Kabul
L2    | Ägypten         | Kairo
...   | ...             | ...
L194  | Zypern          | Nikosia
```

Die *id* ist absichtlich keine Zahl, sondern ein jeweils mit L beginnender String, denn aus der Liste soll ein assoziatives und kein numerisches Array erstellt werden. Diese Daten werden in einem PHP-Skript aus der Datenbank gelesen und anschließend an das JavaScript geschickt – in der ersten Fassung im XML-Format und danach als JSON-Objekt. An dieser Stelle betreibt die Clientseite der Anwendung ihr eigenes »Caching«: Die gesamte Liste wird nur einmal heruntergeladen und in einem Array gespeichert.

Die Erzeugung des Ajax-Anfrageobjekts wird in eine Datei namens *ajax.js* ausgelagert und ist identisch mit dem Code aus dem vorangegangenen Beispiel. Das gilt im Grunde für jede Ajax-Anfrage – es sei denn, Sie brauchen einmal mehrere Anfrageobjekte; in diesem Fall können Sie eine Funktion schreiben, die nach dem gezeigten Schema ein solches Objekt erzeugt und zurückgibt, und sie danach beliebig oft aufrufen.

#### Das PHP-Skript

Das kurze PHP-Skript *laender.php*, das die Daten im XML-Format liefert, sieht wie folgt aus:

```php
<?php

    // Datenbankparameter (anpassen)
    $host = "localhost";
    $user = "dbuser";
    $pass = "Ihr Passwort";
    $db = "welt";
```

```
// Datenbankverbindung (mysqli)
$conn = new mysqli($host, $user, $pass, $db);

// Dokumentbeginn: XML-PI, öffnendes <laender>-Tag
$laender = "<?xml version=\"1.0\" encoding=\"iso-8859-1\" ?>";
$laender .= "<laender>";

// SQL-Abfrage
$sql = "SELECT id, name FROM laender ORDER BY name ASC";
$query = $conn->query ($sql);

// Daten aus der Datenbank lesen
while (list ($id, $land) = $query->fetch_row()) {
  // als <land>-Element in den XML-Code schreiben
  $eintrag = "<land><id>$id</id><name>$land</name></land>";
  $laender .= $eintrag;
}

// Schließendes </laender>-Tag
$laender .= "</laender>";

// MIME-Type und Dokument ausgeben
header ("Content-type: text/xml");
echo ($laender);

?>
```

Hier passiert bisher noch nichts Unbekanntes. Natürlich gibt es auch für PHP geeignete Bibliotheken, die aus einem DOM-Baum sauberen XML-Code erzeugen können. Die vorliegende XML-Struktur ist allerdings sehr einfach, sodass es genügt, sie als String aufzubauen. Die Ausgabe ist das folgende XML-Dokument:

```
<?xml version="1.0" encoding="iso-8859-1" ?>
<laender>
<land><id>L1</id><name>Afghanistan</name></land>
<land><id>L2</id><name>Ägypten</name></land>
...
<land><id>L194</id><name>Zypern</name></land>
```

### Das JavaScript zur Verarbeitung der Länderdaten

Der JavaScript-Code für die eigentliche Anwendung wurde ebenfalls ausgelagert, und zwar in die Datei *laender.js*. Ihre Methode liesStaaten(), die durch den Event Handler onload des

**20**    JavaScript und Ajax

HTML-Dokuments aufgerufen wird, sorgt für die Anfrage an *laender.php*. Hier der Rumpf dieser Methode:

```
var url = "laender.php";
anfrage.open("GET", url, false);
anfrage.onreadystatechange = holeListe;
anfrage.send(null);
```

Das dritte Argument von open() lautet diesmal false – es handelt sich also um eine synchrone Anfrage, die blockiert, bis die Antwort vorliegt (genauer gesagt, bis zum Wechsel von readyState). Dieses Verfahren bietet sich hier an, weil die Anwendung erst nutzbar ist, nachdem die Länderliste geladen wurde.

Für das Einlesen der Länderliste ist die Funktion holeListe() zuständig. Nachdem sie wie üblich sichergestellt hat, dass der readyState 4 und der status 200 ist, liest sie das Ergebnis aus der Eigenschaft responseXML des Anfrageobjekts:

```
var laenderXML = anfrage.responseXML;
```

Es handelt sich, wie bereits erwähnt, um einen DOM-Baum. Aus diesem werden mithilfe bereits bekannter DOM-Methoden die ID-Name-Paare ausgelesen und in ein verschachteltes Array gepackt (die Array-Variable staaten wurde zuvor als global angelegt):

```
var laenderXML = anfrage.responseXML;
var laender = laenderXML.getElementsByTagName("land");
for (i = 0; i < laender.length; i++) {
  var id = laender[i].getElementsByTagName("id")[0].firstChild.nodeValue;
  var land = laender[i].getElementsByTagName("name")[0].firstChild.nodeValue;
  var eintrag = new Array(id, land);
  staaten.push(eintrag);
}
```

Anschließend wird die Methode filterListe() aufgerufen. Sie zeigt alle Elemente der Liste an, die dem aktuellen Filterkriterium entsprechen. Dies ist zu Beginn der leere String, sodass alle Staaten angezeigt werden. Die HTML-Seite enthält ein Textfeld, das nach jedem Tastendruck ebenfalls filterListe() aufruft:

```
<input type="text" name="eingabe" onkeyup="filterListe();" />
```

Den Code von filterListe() sehen Sie im Folgenden im Komplett-Listing. Die wesentlichen Arbeitsschritte sind das Löschen der bisherigen Anzeige durch Aufruf von loeschListe() und die Untersuchung aller Elemente des Arrays staaten in einer Schleife, wobei alle zum aktuellen Filter passenden Ländernamen ausgegeben werden. Dabei werden auch die Event Handler onmouseup und onmousedown erzeugt.

1178

Sobald ein Ländername mit der Maus berührt wird, aktiviert dies die Funktion `zeigeHaupt-stadt()`. Diese speichert zunächst die Position für den anzuzeigenden Tooltip: die aktuelle Mausposition, um je 10 Pixel nach rechts und nach unten verschoben. Das Auslesen der Mauskoordinaten funktioniert im Internet Explorer anders als in Mozilla-Browsern:[2]

```
mausX = document.all ? window.event.offsetX + 10 : e.pageX + 10;
mausY = document.all ? window.event.offsetY + 10 : e.pageY + 10;
```

Anschließend wird die ID für die Datenbankabfrage aus der URL des berührten Links gelesen:

```
var id = this.toString();
id = id.substring(id.indexOf("#") + 1);
```

Die ID wird per asynchroner GET-Anfrage an das Skript *hauptstadt.php* gesendet. Es besteht aus folgenden Zeilen:

```php
<?php

  // (Datenbankparameter)
  // ...

  // Datenbankverbindung
  $conn = new mysqli ($host, $root, $pass, $db);

  // ID aus der URL ermitteln
  $id = $_GET['id'];

  // SQL-Abfrage senden
  $sql = "SELECT name, hauptstadt FROM laender WHERE id=\"$id\"";
  $query = $conn->query ($sql);

  // Land und Hauptstadt lesen
  list ($land, $hauptstadt) = $query->fetch_row();

  // Datentyp und -inhalt ausgeben
  header ("Content-type: text/plain;charset=iso-8859-1");
  echo ("$land: $hauptstadt");

?>
```

---

2  `document.all` ist ein früher DOM-Vorfahr des Internet Explorers und wird hier nur verwendet, um diesen Browser von allen anderen zu unterscheiden. Microsofts neuer Browser Edge kennt dieses Objekt natürlich nicht, verwendet aber ohnehin Apples WebKit-Browser-Engine und versteht daher die anderen Attributnamen.

Wie Sie sehen, besteht die Antwort aus einem String in der Form »Land: Hauptstadt«. Sobald die Antwort eintrifft, wird die JavaScript-Callback-Methode holeHauptstadt() aktiv. Sie blendet den Tooltip mit dem neuen Text an der zuvor berechneten Position ein.

Hier der gesamte Code des Skripts *laender.js*:

```
// Array für die Staaten vorbereiten
var staaten = new Array();

// Globale Variablen für Mauspositionen
var mausX = null;
var mausY = null;
// Wartezustand
var warten = true;

// loescheListe(): Bisherige Anzeige löschen
function loescheListe() {
  liste = document.getElementById("laenderliste");
  while (liste.hasChildNodes()) {
    liste.removeChild(liste.firstChild);
  }
}

//loescheFilter(): Eingabefeld leeren; alles ausgeben
function loescheFilter() {
  document.filter.eingabe.value = "";
  document.filter.eingabe.focus();
  filterListe();
}

// liesStaaten(): Ajax-Anfrage zu Beginn, um die Liste
// aller Staaten auszulesen
function liesStaaten() {
  // URL des PHP-Skripts für die Staatenliste
  var url = "laender.php";  // Anfrage eröffnen: Methode GET, URL, synchron(!)
  anfrage.open("GET", url, false);
  anfrage.onreadystatechange = holeListe;
  anfrage.send(null);
}

// holeListe(): Liste der Staaten abholen und anzeigen
function holeListe() {
  // Antwort angekommen?
```

```
  if (anfrage.readyState == 4) {
    // Antwort akzeptabel?
    if (anfrage.status == 200) {
      warten = false;
      // Antwort speichern
      var laenderXML = anfrage.responseXML;
      // Über alle <land>-Tags im DOM-Baum iterieren
      var laender = laenderXML.getElementsByTagName("land");
      for (i = 0; i < laender.length; i++) {
        var id = laender[i].getElementsByTagName("id")[0].firstChild.nodeValue;
        var land = laender[i].getElementsByTagName("name")[0].firstChild.nodeValue;
        var eintrag = new Array(id, land);
        staaten.push(eintrag);
      }
      // Anzeige löschen
      loescheListe();
      // Alle Staaten eintragen (leerer Filter!)
      filterListe();
    } else {
      alert("Staatenliste nicht verfuegbar!");
    }
  }}

// zeigeHauptstadt(): Ajax-Anfrage zum Anzeigen der
// Hauptstadt
function zeigeHauptstadt(e) {
  if (warten) {
    return;
  }
  mausX = document.all ? window.event.offsetX + 10 : e.pageX + 10;
  mausY = document.all ? window.event.offsetY + 10 : e.pageY + 10;
  var id = this.toString();
  id = id.substring(id.indexOf("#") + 1);
  var url = "hauptstadt.php?id=" + id;
  anfrage.open("GET", url, true);
  anfrage.onreadystatechange = holeHauptstadt;
  anfrage.send(null);
}

// holeHauptstadt(): Hauptstadt abholen und anzeigen
function holeHauptstadt() {
  if (anfrage.readyState == 4 && anfrage.status == 200) {
```

```
        var hs = anfrage.responseText;
        var dieBox = document.getElementById("hauptstadt");
        dieBox.firstChild.nodeValue = hs;
        dieBox.style["visibility"] = "visible";
        dieBox.style["left"] = mausX + "px";
        dieBox.style["top"] = mausY + "px";
    }
}


// versteckeHauptstadt(): HS-Ebene verstecken
function versteckeHauptstadt() {
  var dieBox = document.getElementById("hauptstadt");
  dieBox.style["visibility"] = "hidden";
}


// filterListe(): Liste anhand der Texteingabe filtern
function filterListe() {
  // Bisherigen Text entfernen
  loescheListe();
  // Suchfilter lesen
  var fText = document.filter.eingabe.value;
  // Alle Staaten eintragen, auf die der Filter passt
  for (i in staaten) {
    var eintrag = staaten[i];
    var id = eintrag[0];
    var land = eintrag[1];
    if (land.toLowerCase().indexOf(fText.toLowerCase()) >= 0) {
      var aNode = document.createElement("a");
      var href = document.createAttribute("href");
      href.nodeValue = "#" + id;
      aNode.setAttributeNode(href);
      aNode.onmouseover = zeigeHauptstadt;
      aNode.onmouseout = versteckeHauptstadt;
      var tNode = document.createTextNode(land);
      var bNode = document.createElement("br");
      aNode.appendChild(tNode);
      liste.appendChild(aNode);
      liste.appendChild(bNode);
    }
  }
}
```

Aus Gründen der Vollständigkeit sehen Sie hier noch die eigentliche Seite, *laenderfilter.html*:

```
<html>
<head>
<title>Ajax-Länderfilter</title>
<meta http-equiv="Content-type" content="text/html; charset=iso-8859-1"/>
<script language="JavaScript" type="text/javascript" src="ajax.js">
</script>
<script language="JavaScript" type="text/javascript" src="laender.js">
</script>
</head>
<body onload="liesStaaten();">
<h1>Alle Staaten der Erde</h1>
<form name="filter">
Suchfilter:
<input type="text" name="eingabe" onkeyup="filterListe();" />
<input type="button" value="Zur&uuml;cksetzen" onclick="loescheFilter();" />
</form>
<div id="laenderliste">
Bitte warten ...
</div>
<span id="hauptstadt" style="position: absolute; top: 0px; left: 0px;
visibility:hidden; background-color: #00FFFF"> </span>
</body>
</html>
```

Abbildung 20.2 zeigt das Skript im Einsatz.

**Abbildung 20.2** Der Ajax-Länderfilter nach Eingabe von »de«

## 20 JavaScript und Ajax

### JSON-Version

Die JSON-Version der Länderliste wird zunächst als verschachteltes PHP-Array erzeugt. Anschließend kommt die Funktion json_encode()[3] zum Einsatz, um ein äquivalentes JavaScript-Konstrukt zu erzeugen. Unglücklicherweise kann diese Funktion nur mit UTF-8-Zeichen umgehen, sodass Sie die ISO-Latin-1-Strings aus der Datenbank zunächst umwandeln müssen; dies erledigt die PHP-Funktion utf8_encode(). Hier der vollständige Quellcode von *laender.php* in der geänderten Fassung:

```php
<?php

  // (Datenbankparameter)
  // ...

  // Datenbankverbindung
  $conn = new mysqli($host, $root, $pass, $db);

  $laender = array();

  // Datenbankabfrage
  $sql = "SELECT id, name FROM laender
          ORDER BY name ASC";
  $query = $conn->query ($sql);

  while (list ($id, $land) = $query->fetch_row()) {
    // Daten in UTF-8 konvertieren und in Array packen
    $eintrag = array(utf8_encode($id),
              utf8_encode($land));
    array_push($laender, $eintrag);
  }

  // JSON-Code erzeugen
  $ausgabe = json_encode($laender);

  // Ausgabe
  header ("Content-type: text/plain; charset=utf-8");
  echo ($ausgabe);

?>
```

Die erzeugten Daten haben das folgende Format:

```
[["L1","Afghanistan"],["L2","Ägypten"],...,["L194","Zypern"]]
```

---

3 Seit PHP 5.2.0 sind die JSON-Funktionen fest eingebaut; für ältere Versionen stehen sie als PECL-Erweiterung zur Verfügung.

**1184**

Es handelt sich also bereits um das fertige JavaScript-Array. Dies vereinfacht die Funktion `holeListe()` enorm; sie kann sich den DOM-Aufwand sparen und braucht das Array nur noch mithilfe von `JSON.parse()` auszupacken:

```
staaten = JSON.parse(anfrage.responseText);
```

Beachten Sie zuletzt, dass auch bei der zugehörigen Variante von *hauptstadt.php* die UTF-8-Konvertierung erfolgen muss. Außerdem braucht diese Fassung von *laenderfilter.html* einen HTTP-Header oder ein Meta-Tag für diesen Zeichensatz. Sie können beide Versionen mit allen zugehörigen Skripten auf der Website zum Buch herunterladen.

Die wichtigsten Ajax-Aufgaben, etwa die Erzeugung des Anfrageobjekts und die Manipulation von DOM-Bäumen, sind immer gleich. Deshalb können Sie sich die Arbeit erleichtern, indem Sie eines der vielen frei verfügbaren Ajax-Frameworks verwenden. Diese automatisieren diese Aufgaben mit unterschiedlichen Schwerpunkten. Im folgenden Abschnitt lernen Sie jQuery kennen, eines der beliebtesten Frameworks.

## 20.4  jQuery

Eine der praktischsten JavaScript- und Ajax-Bibliotheken ist *jQuery*. Der Zugriff auf beliebige DOM-Elemente erfordert viel weniger Schreibarbeit als bei selbst geschriebenem JavaScript, zahlreiche praktische Funktionen sind bereits eingebaut, und zudem gibt es diverse Plug-ins für zusätzliche Funktionen.

Sie können jQuery von der offiziellen Website des Projekts, *www.jquery.com*, herunterladen. Dort finden Sie außerdem eine sehr ausführliche Dokumentation mit vielen Beispielen.

Die gesamte Bibliotheksdatei (zurzeit *jquery-3.2.1.js*) ist lediglich etwa 242 KByte groß, und es gibt sogar eine (durch Weglassen von Whitespace und einbuchstabigen Bezeichnern) minimalisierte Variante namens *jquery-3.2.1.min.js*, die mit ungefähr 82 KByte auskommt.

jQuery 2 ist übrigens nicht abwärtskompatibel zu den 1er-Releases. Für das Schreiben von neuem jQuery-Code ist das überhaupt kein Problem, denn die wenigen Konstrukte, die aus jQuery 2.x entfernt wurden, wurden nicht häufig verwendet und können leicht durch andere ersetzt werden. Beachten Sie aber, dass Sie für ältere Drittanbieter-Bibliotheken, die auf jQuery aufbauen, möglicherweise die ältere Version benötigen. Innerhalb des Hauptversionszweigs sollten Sie aber immer das neueste Release verwenden.

### 20.4.1  jQuery im Überblick

Um jQuery zu verwenden, müssen Sie zunächst die Bibliothek laden; mit der aktuellen Version funktioniert dies wie folgt:

```
<script type="text/javascript" src="jquery-3.2.1.js"></script>
```

Während der Entwicklung von jQuery-Projekten sollten Sie die unkomprimierte Version verwenden, um aussagekräftige Fehlermeldungen zu erhalten. Im Produktiveinsatz können Sie dann die komprimierte Fassung einsetzen, um das Laden nochmals zu beschleunigen:

```
<script type="text/javascript" src="jquery-3.2.1.min.js"></script>
```

Der Zugriff auf die jQuery-Funktionalität erfolgt über eine globale Funktion namens `jQuery`, für die auch die praktische Abkürzung `$` zur Verfügung steht.

### Selektoren

Der Zugriff auf Elemente im DOM-Baum erfolgt über sogenannte *jQuery-Selektoren*. Im Prinzip handelt es sich um CSS-Selektoren, die als Strings geschrieben und mit `$()` zu jQuery-Objekten gemacht werden, ähnlich wie bei `document.querySelector()` in Standard-JavaScript. Alle CSS3-Selektoren sind dabei zulässig. Hier einige wichtige im Überblick:

▸ `$('Element')` gilt für alle Elemente mit dem angegebenen Namen, entspricht also dem Array, das `document.getElementsByTagName()` zurückliefert. Beispiel: `$('p')` wählt alle Absätze im Dokument aus.

▸ `$('Element:first')`, `$('Element:last')` und `$('Element:eq(Index)')` greifen auf das erste, letzte beziehungsweise numerisch angegebene Element zurück, wobei der Index für `:eq` wie üblich bei 0 beginnt. Beispiel: `$('form:eq(0)')` steht für das erste Formular auf der Seite.

▸ `$('Element > Kindelement')` wählt direkte Kindelemente des angegebenen Elements aus; `$('Element Nachfahre')` kann auch auf beliebig tief unter dem Element verschachtelte Elemente zugreifen. In beiden Fällen sind beliebig tiefe Hierarchien möglich. Beispiel: `$('form input')` liefert alle `<input>`-Elemente unterhalb aller `<form>`-Elemente.

▸ `$('#id')` greift auf das Element mit dem angegebenen `id`-Attribut zu, genau wie `document.getElementById()`. Beispiel: `$('#eingabe')`.

▸ `$('.Klasse')` wählt alle Elemente mit dem genannten `class`-Attribut aus. Beispiel: `$('.message')`.

▸ `$('[Attribut]')` beziehungsweise `$('Element[Attribut]')` wählt alle Elemente aus, die das angegebene Attribut besitzen. Mit `$('[Attribut=Wert]')` lässt sich dies auf einen bestimmten Wert des Attributs eingrenzen. Beispiel: `$('p[align=right]')` liefert alle Absätze mit dem Attribut `align="right"`.

### Funktionen

Mit den Elementen, die über diese (und viele andere) Selektoren ausgewählt wurden, lassen sich zahlreiche Operationen durchführen. Hier nur einige wichtige:

▸ `Selektor.hide()` und `Selektor.show()` verstecken die gewählten Elemente beziehungsweise zeigen sie wieder an.

- `Selektor.text('neuer Text')` ändert den in den gewählten Elementen ausgewählten Text in den angegebenen Wert. Beispiel: `$('a#next').text('Nächste Seite')` setzt den Text des Links mit der ID `next` auf »Nächste Seite«.

- `Selektor.html('HTML-String')` ersetzt den Inhalt der ausgewählten Elemente durch den angegebenen HTML-Code. Beispiel: `$('#info').html('<p class="info">Dies ist eine Information</p>')` ersetzt den HTML-Inhalt des Elements mit der ID `info` durch den angegebenen Absatz.

  Den HTML-Code müssen Sie dabei übrigens nicht als String erzeugen, sondern es gibt noch eine elegantere Methode: Sie können der jQuery-Funktion `$()` ein öffnendes und schließendes HTML-Tag als String übergeben, gegebenenfalls dessen Attribute als anonymes Objekt und den Inhalt mit `append()` einfügen. Dies kann beliebig tief verschachtelt werden. Hier das oben genannte Beispiel in dieser Schreibweise:

  `$('#info').html($('<p/>', {'class': 'info'}).append('Dies ist eine Information');`

- `Selektor.append('HTML-String')` und `Selektor.prepend('HTML-String')` fügen nach beziehungsweise vor dem Inhalt der ausgewählten Elemente beliebiges HTML ein. Beispiel: `$('#info').append('<p>Mehr Informationen</p>')` erweitert den Inhalt des Elements mit der ID `info`.

- `Selektor.css('Eigenschaft', 'Wert')` setzt die gewünschte CSS-Eigenschaft auf den gewählten Wert. Mit `Selektor.css({'Eigenschaft': 'Wert', ...})` lassen sich auch beliebig viele Eigenschaften ändern. Beispiel: `$('td.info').css('{'color': '#FF0000', 'font-weight': 'bold'})` setzt den Text in `<td>`-Elementen der Klasse `info` rot und fett.

- `Selektor.addClass('Klasse')` und `Selektor.removeClass('Klasse')` bieten eine schnellere Möglichkeit, CSS-Eigenschaften zu ändern: Die angegebene CSS-Klassendefinition wird hinzugefügt beziehungsweise entfernt. `Selektor.toggleClass('Klasse')` ist mitunter noch praktischer: Es fügt die angegebene Klasse hinzu, falls sie noch nicht gesetzt ist, oder entfernt sie, falls sie bereits vorhanden ist. Für alle diese Funktionen können Sie auch mehrere Klassennamen durch Leerzeichen trennen.

Sie können übrigens beliebig viele jQuery-Funktionen miteinander verketten. Das folgende Beispiel fügt einem Element mit der ID `message` die CSS-Klasse `highlight` und einen Textinhalt hinzu und zeigt es dann an:

```
$('#message')
  .html('Wichtige Information')
  .addClass('highlight')
  .show();
```

Die Möglichkeit, vor dem jeweiligen Punkt einen Zeilenumbruch einzufügen, macht den Code oft lesbarer und sollte genutzt werden.

**20  JavaScript und Ajax**

### Event Handler

Für *Event Handler* bietet jQuery ebenfalls einen praktischen Ersatz; Sie brauchen dafür keinen JavaScript-Code mehr in HTML-Attribute zu schreiben, was Ihre Webseiten erheblich übersichtlicher macht. Im Allgemeinen wird einem Ereignis für einen Selektor eine anonyme Funktion zugewiesen; die allgemeine Form sieht also folgendermaßen aus:

```
Selektor.Event(function() {
 // Ereignisbehandlung
})
```

Wichtige Events sind unter anderem:

▶ click – Anklicken des ausgewählten Elements

▶ focus – Das gewählte Element erhält den Eingabefokus.

▶ blur – Das Element verliert den Eingabefokus.

▶ change – Der Elementinhalt wird geändert.

▶ hover – Das Element wird mit der Maus berührt. hover nimmt zwei durch Komma getrennte anonyme Funktionen entgegen, die erste für die Mausberührung und die zweite für das Verlassen.

▶ keydown und keyup – Eine Taste wird gedrückt beziehungsweise losgelassen.

Das folgende Beispiel fügt <tr>-Elementen, das heißt Tabellenzeilen, beim Berühren die CSS-Klasse betonung hinzu und entfernt sie beim Verlassen wieder – ideal, damit User sich in umfangreichen Tabellen besser zurechtfinden können:

```
$('tr').hover(
  function() {
    $(this).addClass('betonung');
  },
  function() {
    $(this).removeClass('betonung');
  }
);
```

### Ajax

Auch *Ajax-Anfragen* lassen sich mit jQuery sehr leicht durchführen. Mithilfe der Funktion $.ajax(Optionen) wird die Ajax-Anfrage gesendet. Die verschiedenen Option:Wert-Paare stellen unter anderem die Parameter der Anfrage und die Callback-Funktion bereit. Die wichtigsten Parameter sind dabei folgende:

▶ url: die URL der Ajax-Anfrage

▶ type: die HTTP-Versandmethode, zum Beispiel 'GET' oder 'POST'

1188

- async: asynchrone Anfrage, `true` oder `false`

- data: zu sendende Daten, beispielsweise im JSON- oder XML-Format

- success: durchzuführende Aktionen bei Erfolg der Ajax-Anfrage, meist als anonyme Funktion

- error: durchzuführende Aktionen bei einem Fehlschlag der Ajax-Anfrage, ebenfalls als anonyme Funktion

Das folgende Beispiel sendet eine asynchrone `GET`-Anfrage an ein PHP-Skript namens *ajaxhelper.php*, geht davon aus, dass das Ergebnis reiner Text ist, und schreibt diesen in ein Element mit der ID `message`:

```
$.ajax(
  type: 'GET',
  url: 'ajaxhelper.php',
  async: true,
  success: function(msg) {
    $('#message').text(msg);
  }
);
```

Falls das Ergebnis XML ist, können Sie es mithilfe der zuvor beschriebenen jQuery-Selektoren durchsuchen und beispielsweise über `text()` den enthaltenen Text auslesen. Dazu wird der Name der XML-Ergebnisvariablen durch Komma getrennt hinter den eigentlichen Selektor geschrieben. Das folgende Beispiel liest den Text für das Element mit der ID `message` aus einem XML-Element namens `<message>`:

```
$.ajax(
  type: 'GET',
  url: 'ajaxhelper.php',
  async: true,
  success: function(xmlResponse) {
    $('#message').text($('message', xmlResponse).text());
  }
);
```

### 20.4.2 Ein REST-Client mit jQuery

Besser als in der kurzen Einführung können Sie die Funktionsweise und die Vorteile von jQuery an einem konkreten Projekt kennenlernen. In diesem Abschnitt wird deshalb mithilfe der Bibliothek ein Client für die REST-API aus dem vorangegangenen Kapitel entwickelt; dabei werden zusätzliche jQuery-Konstrukte erläutert.

**Die HTML-Datei »index.html«**

In der HTML-Datei für die Anwendung sind zunächst zwei leere `<div>`-Container enthalten, die über ihre id-Attribute von jQuery identifiziert und mit Inhalt gefüllt werden:

- `editor` dient als Bereich für ein Formular, in dem neue oder zu ändernde Sprachen bearbeitet werden können.
- `output` ist die Ausgabefläche für die Liste der Sprachen.

Zudem gibt es ein Filterformular, das mithilfe von jQuery zu einer Suggest-Suche beziehungsweise -Filterung in den Programmiersprachennamen gemacht werden soll. Ein JavaScript-Link, der die Funktion `edit()` mit der ID 0 aufruft, dient dem Hinzufügen einer Sprache.

Schließlich werden noch die beiden JavaScript-Dateien *jquery-3.2.1.min.js* und *client.js* eingebunden; bei beiden wird davon ausgegangen, dass sie sich im selben Verzeichnis befinden wie die HTML-Datei.

Hier der vollständige Quellcode der HTML-Datei; sie enthält noch etwas CSS-Code, der insbesondere der Einfärbung der verschiedenen Bereiche dient:

```
<!DOCTYPE html>
<html>
<head>
<title>Programmiersprachen</title>
<meta http-equiv="Content-type" content="text/html; charset=utf-8" />
<style type="text/css">
#output div {
  margin-bottom: 0.5em;
  padding: 0.3em;
}
#editor {
  margin-bottom: 0.5em;
  padding: 0.3em;
}
.even {
  background-color: #ccc;
}
.odd {
  background-color: #fff;
}
.neutral {
  background-color: #ff6;
}
.success {
  background-color: #6f6;
```

```
}
.error {
  background-color: #f66;
}
</style>
</head>
<body>
<h1>Programmiersprachen</h1>
<div id="filter">
<form>
Filter:
<input type="text" id="search" />
<input type="button" id="reset" value="Zurücksetzen" />
</form>
</div>
<a href="javascript:edit(0)">Sprache hinzufügen</a>
<div id="editor" class="neutral">
</div>
<div id="output"> </div>
<script type="text/javascript" src="jquery-3.2.1.min.js"></script>
<script type="text/javascript" src="client.js"></script>
</body>
</html>
```

### Die JavaScript-Datei »client.js«

Diese Datei enthält den gesamten spezifischen JavaScript-Code der Anwendung. Sie setzt voraus, dass jQuery bereits geladen wurde; dies geschieht, wie bereits gezeigt, im HTML-Dokument. Der gesamte Funktionsumfang ist in folgenden jQuery-Event-Handler eingekapselt, damit er erst nach dem Laden des Dokuments aktiviert wird:

```
$(document).ready(function() {
  // Sämtlicher Code des Clients
}
```

Zunächst werden darin einige grundlegende Konfigurationsvariablen definiert:

```
var baseUrl = "http://localhost";
var apiUser = 'apiuser';
var apiKey = 'private-api-key';
```

Die baseUrl ist die DocumentRoot der API beziehungsweise ihres Virtual Hosts. Setzen Sie sie auf einen Wert, der zu Ihrem System passt, aber bedenken Sie, dass Ajax-Anfragen nicht ohne Weiteres über Domaingrenzen hinweg geschickt werden können. Der Client kann also beispielsweise auf einem anderen Virtual Host auf derselben Maschine liegen oder auch ein-

**20  JavaScript und Ajax**

fach in einem Unterverzeichnis des API-VHosts. apiUser und apiKey sind die Zugriffsparameter für Schreibzugriffe.

Anschließend wird eine Liste der API-Feldnamen mit ihrer Zuordnung zu deutschen Namen für das Frontend als anonymes Objekt angelegt:

```
var fieldMap = {
  'id': 'ID',
  'name': 'Name',
  'architecture': 'Architektur',
  'implementation': 'Implementierung',
  'system': 'Betriebssysteme',
  'description': 'Kurzbeschreibung',
  'year': 'Entstehungsjahr'
};
```

Außerdem werden noch zwei Variablen zur Zwischenspeicherung von Daten definiert; languages speichert das XML der geladenen Programmiersprachen-Informationen, und currentId merkt sich die ID der Sprache, die gerade bearbeitet wird:

```
var languages = null;
var currentId = 0;
```

Die benannte Funktion loadList() sendet eine GET-Anfrage an die API und bereitet die Antwort als HTML auf, das im Container mit der ID output angezeigt wird:

```
function loadList(searchTerm) {
  var ajaxUrl = baseUrl + "/Language/";
  if (searchTerm != '') {
    ajaxUrl += '?search=' + escape(searchTerm);
  }
  $.ajax({
    url: ajaxUrl,
    type: "GET",
    dataType: "xml",
    success: function(xml) {
      languages = xml;
      $('#output').empty();
      var even = true;
      $(xml).find("language").each(function() {
        var paragraph = $('<div/>', {class : even ? 'even' : 'odd' });
        even = !even;
        var id = null;
        $(this).children().each(function() {
          var element = this.tagName;
          if (element == 'id') {
```

```
            id = $(this).text();
          }
          paragraph.append(
             $('<b/>').append(fieldMap[this.tagName])
          ).append(": " + $(this).text()
          ).append('<br/>');
        });
        paragraph.append($('<a/>', {href : 'javascript:edit(' + id + ')'})
          .append("Bearbeiten"));
        paragraph.append(' | ');
        paragraph.append($('<a/>', {href: 'javascript:remove(' + id + ')'})
          .append("Löschen"));
        $('#output').append(paragraph);
      });
    },
    error: function() {
      $('#output').html('Keine Sprachen gefunden.');
    }
  });
}
```

Wenn das Argument searchTerm nicht leer ist, wird es als Query-String-Parameter namens search an die URL angehängt. Anschließend wird die Ajax-Anfrage abgeschickt.

Im Erfolgsfall wird jede Sprache in ein <div> geschrieben. Diese Container erhalten alternierend die CSS-Klassen 'even' und 'odd', um ihre Hintergründe zur besseren Übersichtlichkeit abwechselnd (grau und weiß) einzufärben. Zwei verschachtelte anonyme Funktionen iterieren mit each über die Sprachen beziehungsweise die einzelnen Felder einer Sprache; Letztere werden mithilfe von $(this).children(), also den Kindknoten des jeweiligen <language>-Elements, gefunden.

Beachten Sie den Unterschied zwischen $(this).text() und this.tagName: this ist das aktuelle Element für den jeweiligen Durchlauf der each-Funktion. Wenn Sie auf eine traditionelle DOM-Eigenschaft, wie hier tagName, zugreifen möchten, wird das einfache this verwendet. Um dagegen eine jQuery-Methode wie text() darauf aufzurufen, müssen Sie this zunächst mit dem jQuery-Funktionsaufruf $() umschließen, um ein jQuery-Objekt daraus zu machen.

Zum Schluss werden noch die beiden Hyperlinks mit den Beschriftungen BEARBEITEN und LÖSCHEN hinzugefügt; sie verweisen auf JavaScript-URLs, die die Funktionen edit() beziehungsweise remove() aufrufen, jeweils mit der aus dem XML ermittelten ID als Argument. Der Name delete ist übrigens ein existierender JavaScript-Bezeichner, sodass hier stattdessen remove() gewählt wurde.

Sollte die Ajax-Anfrage fehlschlagen, etwa weil keine Sprachen für den aktuellen Namensfilter gefunden wurden, wird eine einfache Textmeldung ausgegeben.

**20   JavaScript und Ajax**

Die nächsten beiden Funktionen werden als Eigenschaften des window-Objekts definiert, damit sie außerhalb der $(document).ready()-Funktion zur Verfügung stehen. Anders können sie nicht per JavaScript aufgerufen werden. Die Alternative bestünde darin, die Links mit click-Handlern zu versehen; dies wird im weiteren Verlauf des Codes für die verschiedenen Buttons demonstriert. Den Anfang macht die Funktion edit(), die aufgerufen wird, wenn der User auf den Link BEARBEITEN klickt:

```javascript
window.edit = function(id) {
  $('#editor')
    .removeClass('success error')
    .addClass('neutral');
  currentId = id;
  if (id > 0) {
    var language = $(languages).find('language[id="' + id + '"]');
    var languageName = language.find('name').text();
  }
  var form = $('<form/>');
  if (id > 0) {
    form.append($('<h2/>').append('"' + languageName + '" bearbeiten'));
  } else {
    form.append($('<h2/>').append('Sprache hinzufügen'));
  }
  for (var key in fieldMap) {
    var content = id > 0 ? language.find(key).text() : '';
    if (key != 'id') {
      form.append(fieldMap[key] + ": ")
        .append($('<input/>', {'type' : 'text', 'name' : key, value : content}))
        .append('<br/>');
    }
  }
  form.append($('<input/>', {
    'id': 'save',
    'type': 'button',
    'value': 'Speichern',
    'click': function() {
      var xml = $('<language/>');
      for (var key in fieldMap) {
        if (key != 'id') {
          xml.append($('<' + key + '/>')
            .append($('#editor').find('form')
            .find('input[name="' + key + '"]').val()));
        }
      }
      var ajaxUrl = '';
      var method = '';
```

1194

```
      if (id > 0) {
        ajaxUrl = baseUrl + '/Language/' + currentId
          + '?user=' + apiUser + '&key=' + apiKey;
        method = 'PUT';
      } else {
        ajaxUrl = baseUrl + '/Language/?user=' + apiUser + '&key=' + apiKey;
        method = 'POST';
      }
      var xmlString = '<?xml version="1.0" encoding="utf-8" standalone="yes"?>'
        + $(xml)[0].outerHTML;
      $.ajax({
        url: ajaxUrl,
        type: method,
        dataType: 'xml',
        data: xmlString,
        success: function() {
          $('#editor')
            .html('Sprache gespeichert.')
            .removeClass('neutral')
            .addClass('success');
          loadList('');
        },
        error: function() {
          $('#editor')
            .html('Konnte Sprache nicht speichern.')
            .removeClass('neutral')
            .addClass('error');
        }
      });
    }})));
  form.append($('<input/>', {
    'id': 'close',
    'type': 'button',
    'value': 'Schließen',
    'click': function() {
      $('#editor').hide();
  }})));
  $('#editor')
    .html(form)
    .show();
  window.scrollTo(0, 0);
};
```

Beachten Sie zunächst, dass die Funktion an mehreren Stellen zwischen den ID-Werten 0 oder größer als 0 unterscheidet. Auf diese Weise kann sie sowohl für das Bearbeiten bestehender als auch für das Hinzufügen neuer Sprachen verwendet werden. Die eigentlich nicht existierende ID 0 dient dem Hinzufügen; bei diesem Wert erhält das Editor-`<div>` die Überschrift SPRACHE HINZUFÜGEN, die bisherigen Daten der Sprache werden nicht aus dem XML der letzten Anfrage extrahiert (denn es sind ja noch keine vorhanden), die URL erhält keine ID und die HTTP-Methode ist POST anstelle von PUT. Bei einer ID über 0 werden Formular und Ajax-Anfrage dagegen zum Ändern einer bestehenden Sprache vorbereitet.

Zuerst wird aus allen Feldern in keyMap außer ID ein Formular generiert. Wenn die ID größer als 0 ist, werden die vorhandenen Daten der entsprechenden Sprache als value-Attribute in die Eingabefelder eingetragen. Dann wird das Formular um die beiden Buttons SPEICHERN und SCHLIESSEN erweitert. Beide enthalten den bei einem Klick auszuführenden Code in einer anonymen Event-Handler-Funktion für die Eigenschaft click. Bei SPEICHERN wird aus den Formulareingaben zunächst das XML-Dokument als DOM-Baum aufgebaut; die Schlüssel aus der keyMap (außer id) werden dabei als XML-Tags und als Formular-Feldnamen verwendet.

Beim Versenden der Ajax-Anfrage muss der XML-DOM-Baum in einen String umgewandelt werden. Dies sieht etwas kompliziert aus: $(xml)[0].outerHTML heißt der Aufruf. Da die jQuery-Repräsentation eines DOM-Objekts durchaus auch ein XML- oder HTML-Fragment mit mehreren Elementen sein kann, muss mit dem Indexoperator [0] das erste (und im vorliegenden Fall einzige) dieser Elemente ausgewählt werden. Die Verwendung von outerHTML anstelle von html() oder gar innerHTML sorgt dafür, dass das äußere Element `<language>` beibehalten wird und nicht nur dessen Inhalt. Die XML-Steueranweisung wird einfach als String vor das umgewandelte DOM gesetzt. Erfolg beziehungsweise Fehler beim Ajax-Versand ersetzen den Inhalt des Editors durch entsprechende Meldungen mit unterschiedlichen Hintergrundfarben. Bei Erfolg wird außerdem erneut loadList() aufgerufen, um die durchgeführte Änderung in der Liste zu aktualisieren.

Der Button SCHLIESSEN erledigt bei einem Klick nur eine Aufgabe: Er sorgt dafür, dass das Editor-`<div>` mit hide() ausgeblendet wird.

Am Ende der Funktion wird der Editor dagegen mit show() angezeigt, und window.scrollTo(0, 0) scrollt nach ganz oben links, damit der Editor auch dann sofort sichtbar ist, wenn Sie eine Sprache weit unten in der Liste ändern möchten.

Die Funktion window.remove() ist wesentlich kürzer als edit():

```
window.remove = function(id) {
  var really = confirm("Sprache " + id + " wirklich löschen?");
  if (!really) {
    return;
  }
  var ajaxUrl = baseUrl + '/Language/' + id + '?user=' + apiUser + '&key=' + apiKey;
  $.ajax({
    url: ajaxUrl,
    type: 'DELETE',
```

```
      dataType: 'xml',
      success: function() {
        $('#editor')
          .html("Sprache erfolgreich gelöscht.")
          .removeClass('neutral')
          .addClass('success')
          .show();
        loadList('');
        window.scrollTo(0, 0);
      },
      error: function() {
        $('#editor')
          .html("Konnte Sprache nicht löschen.")
          .removeClass('neutral')
          .addClass('error')
          .show();
        window.scrollTo(0, 0);
      }
  });
};
```

Wie zu erwarten, sendet die Funktion einen DELETE-Request für die gewünschte Sprache an die API und zeigt den Erfolg beziehungsweise Misserfolg der Aktion an; bei Erfolg wird zudem wieder die Liste neu geladen. Zunächst wird jedoch mittels confirm() gefragt, ob die Sprache tatsächlich gelöscht werden soll – falls nicht, wird die Funktion sofort mit return verlassen.

Als Nächstes folgen einige Event-Handler-Funktionen:

```
$('#reset').click(function() {
  $('#search').val('');
  $('#search').focus();
  loadList('');
});


$('#search').keyup(function() {
  loadList($(this).val());
});


$(window).keydown(function(event) {
  if (event.keyCode == 13) {
    event.preventDefault();
    return false;
  }
});
```

Die Klick-Funktion für den Button ZURÜCKSETZEN leert das Filter-Texteingabefeld, setzt den Fokus darauf und lädt die vollständige Liste mit einem leeren String als Filter neu. Der keyup-Handler für das Eingabefeld mit der ID search sorgt dafür, dass die Liste nach jeder Zeicheneingabe aktualisiert wird; es handelt sich um eine Suggest-Suche, wie sie im ausführlichen Ajax-Beispiel in diesem Kapitel beschrieben wurde. Das allgemeine keydown für window fängt schließlich jeden Druck der ⏎-Taste ab, denn diese würde ansonsten das jeweilige Formular versenden und die Seite so neu laden. Wie bei guten Ajax-Anwendungen üblich, findet in der gesamten Lebenszeit dieses Clients kein einziger vollständiger Seiten-Reload statt.

Ganz zum Schluss wird der Anfangszustand der Ausgabe hergestellt: Der Editor wird mit hide() ausgeblendet, und loadList() mit einem leeren String lädt erstmals die vollständige Liste:

```
$('#editor').hide();
loadList('');
```

In Abbildung 20.3 sehen Sie den Client mit Filterung nach dem Buchstaben P und geöffnetem Editorbereich.

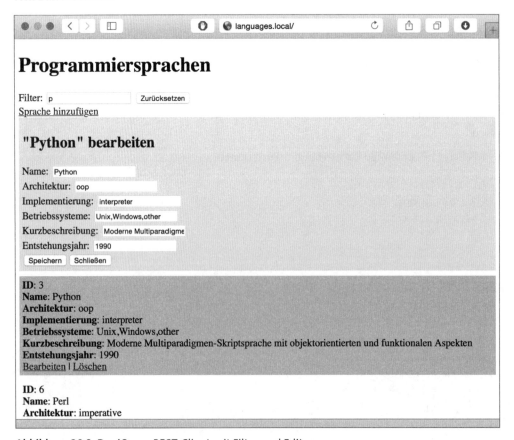

**Abbildung 20.3** Der jQuery-REST-Client mit Filter und Editor

## 20.5 Übungsaufgaben

1. Schreiben Sie ein Skript, das in einem `<div>` mit der ID "zeit" die aktuelle Uhrzeit anzeigt und laufend aktualisiert. Sobald die Uhrzeit angeklickt wird, soll sie durch Wochentag und Datum ersetzt werden, beim nächsten Klick wieder durch die Uhrzeit etc.

2. Schreiben Sie die Länder- und Hauptstädte-Ausgabe aus Abschnitt 20.3, »Ajax«, mit jQuery neu; dabei können Sie sich am REST-Client-Beispiel aus dem letzten Abschnitt orientieren.

3. Nachdem Sie die REST-API im vorangegangenen Kapitel um optionales JSON anstelle von XML erweitert haben, schreiben Sie eine alternative Version des Clients, der JSON verwendet.

4. Erstellen Sie eine erweiterte Version des REST-Clients, die auch die Autoren/Erfinder und deren Zuordnung zu den Programmiersprachen verarbeiten kann. Versuchen Sie dabei, so viel Code wie möglich wiederverwendbar zu machen, indem Sie ihn in benannte Funktionen mit sinnvollen Parametern auslagern. Für die reine Anzeige und Bearbeitung der Autoren ist es eventuell einfacher, eine zweite HTML-Seite zu verwenden und beide Seiten miteinander zu verlinken.

# Kapitel 21
## Computer- und Netzwerksicherheit

*Well, there's egg and bacon; egg sausage and bacon; egg and spam; egg bacon and spam; egg bacon sausage and spam; spam bacon sausage and spam; spam egg spam spam bacon and spam; spam sausage spam spam bacon spam tomato and spam.*[1]
– *Monty Python's Flying Circus*

Wer Computer einsetzt, besonders mit Verbindung zum Internet, ist vielfältigen und täglich anwachsenden Bedrohungen ausgesetzt. Angriffe durch Viren oder E-Mail-Würmer, staatliche und privatwirtschaftliche Schnüffelei oder gar gezielte Angriffe durch Cracker können zu gravierenden Schäden bis hin zu völligem Datenverlust oder Diebstahl führen. Dieses Kapitel ergänzt die gezielten Sicherheitstipps zu einzelnen Themen, die Sie bisher an Ort und Stelle erhalten haben, und stellt allgemeinere Konzepte und Lösungen vor.

Beachten Sie jedoch zunächst Folgendes: Wenn Sie hundertprozentige Sicherheit möchten, dann müssen Sie auf jegliche Netzwerkteilnahme völlig verzichten und dürfen niemals fremde Datenträger benutzen! Eigentlich müssten Sie sogar Ihre gesamte Software, vom Betriebssystem über Compiler und Treiber bis hin zu den Anwendungen, selbst schreiben.[2] Mit anderen Worten: IT-Sicherheit kann in der realen Welt immer nur ein Kompromiss sein. Der Aufwand der Absicherung und die Wichtigkeit der zu schützenden Daten müssen in einem vernünftigen Verhältnis zueinander stehen.

Wichtig ist auch, dass Sie sich intensiv mit den technischen Grundlagen von Computersystemen und Netzwerken beschäftigen müssen, bevor Sie sich ernsthaft um die Sicherheit kümmern können. Natürlich sollten auch – und gerade – Anfänger die hier gesammelten Sicherheitstipps umsetzen, aber Verantwortung für die Absicherung Dritter sollte nur übernehmen, wer sich wirklich auskennt.

Im Einzelnen werden in diesem Kapitel folgende Themen behandelt:

▶ *PC-Gefahren.* Hier geht es um die alltäglichen Bedrohungen von Desktop-Rechnern, Laptops und Netbooks durch *Malware* – Sammelbegriff für Viren, Würmer, Trojaner, Spyware etc. Zugleich werden wichtige Gegenmaßnahmen beschrieben.

---

1 Dieser Sketch hat dazu geführt, dass »Spam« (eine bekannte amerikanische Dosenfleischmarke) zum Synonym für unerwünschte Werbe-E-Mails wurde.

2 Natürlich auch nur unter der Voraussetzung, dass Sie sich hervorragend mit Sicherheitsthemen auskennen. Und im Übrigen kommen viele Sicherheitslücken durch Unachtsamkeit der Programmierer, also durch Bugs, zustande.

21 Computer- und Netzwerksicherheit

▶ *Netzwerk- und Serversicherheit.* Hier werden serverrelevante Themen wie Sicherheitslücken und Exploits, Rootkits, Cross-Site-Scripting (XSS) oder SQL-Injection – und natürlich mögliche Gegenmaßnahmen – angesprochen. Daneben erhalten Sie eine Einführung in den Einsatz von Kryptografie.

Über das ganze Buch verteilt finden Sie weitere Sicherheitshinweise, die sich jeweils auf die einzelnen Themen beziehen.

## 21.1  PC-Gefahren

Sobald Sie eine Netzwerk- oder Internetverbindung herstellen, lauern zahlreiche potenzielle Gefahren für handelsübliche Desktop-Rechner, Laptops und sogar für Smartphones oder Tablets: Tag und Nacht durchforsten automatisierte Skripte die Netze der großen Provider und suchen nach Schwachstellen in Programmen und Sicherheitseinstellungen. E-Mails mit gefährlichen Anhängen verbreiten sich exponentiell, indem sie sich aus den Adressbüchern bekannter E-Mail-Programme bedienen. Regierungen und Konzerne wollen (aus unterschiedlichen Gründen) möglichst lückenlos über Ihre Gewohnheiten Bescheid wissen. Und nicht zuletzt können alle heruntergeladenen Daten und jeder externe Datenträger Viren enthalten, die schlimmstenfalls Ihre eigenen gesammelten Daten vernichten, Ihre per Homebanking zugänglichen Konten leerräumen oder Ihre Online-Identität stehlen.

Diese etwas drastische Einleitung soll Ihnen nicht etwa Angst machen, sondern Sie für viele verschiedene Gefahren auf einmal sensibilisieren. Es gibt zwar kein Allheilmittel gegen die hier angesprochenen Probleme, aber doch eine größere Palette vernünftiger und nicht zu aufwendiger oder einschränkender Maßnahmen. Die bedeutendsten Bedrohungen und mögliche Lösungsansätze werden im Folgenden vorgestellt.

### 21.1.1  Viren und Würmer

Ein *Computervirus* ist ein Programm oder Skript mit schädigender Wirkung. Die Bezeichnung *Virus* ist angebracht, weil diese Programme die Fähigkeit besitzen, sich selbst zu vervielfältigen. Inzwischen gibt es mehrere Hunderttausend solcher Schädlinge. Ein Virus im engeren Sinne manipuliert den Binärcode eines ausführbaren Programms. Seine Schadenswirkung und Weiterverbreitung entfalten sich durch die Ausführung dieser Programme. Noch verbreiteter sind inzwischen *Würmer*, die sich per E-Mail, über Instant-Messaging-Dienste oder soziale Netzwerke und allgemein über offene Netzwerkverbindungen verbreiten.

Weitaus die meisten Viren und Würmer gibt es für Windows – kein Wunder, schließlich ist es das verbreitetste Betriebssystem. Das ist kein Grund, sich über diese Plattform lustig zu machen; inzwischen sind auch einige Viren für Linux und macOS bekannt geworden. Seltenere Unix-Varianten sind dagegen durch die exotische Plattform, die oft sogar auf Nicht-Standard-Hardware läuft, und durch ihren geringen Verbreitungsgrad relativ effektiv geschützt.

1202

## Klassische Viren

Echte Viren bestehen aus mehreren der folgenden Teile, manchmal auch aus allen:

▶ Der *Vermehrungsteil* enthält die Befehle für die Verbreitung des Virus.

▶ Der *Erkennungsteil* überprüft, ob der Computer bereits von demselben Virus befallen ist, und wirkt in diesem Fall nicht weiter.

▶ Der *Schadensteil* wird manchmal auch als *Payload* (auf Deutsch: *Nutzlast*) bezeichnet. Er kann beliebigen Schaden am befallenen System anrichten, von unerwünschten Meldungen und Tönen über gelöschte Dateien bis hin zu formatierten Datenträgern.

▶ Der *Bedingungsteil* kann dafür sorgen, dass der Virus nur unter bestimmten Umständen aktiv wird, etwa zu einem speziellen Datum oder nach Eingabe eines festgelegten Wortes.

▶ Der *Tarnungsteil* schließlich versucht, den Virus vor dem Benutzer oder sogar vor Antivirenprogrammen zu verbergen.

Der Begriff *Virus* wurde 1981 geprägt. Viren waren zunächst rein akademische Forschungsprojekte, die dem Studium von Sicherheitsproblemen dienten. Erst 1982 wurde der erste »In the wild«-Virus entdeckt; seitdem vervielfacht sich die Anzahl der bekannten Viren Jahr für Jahr. Verbreitungswege und Tarnmechanismen wurden dabei immer ausgefeilter. Im gleichen Maße mussten die Antivirenprogramme aufgerüstet werden. Inzwischen ist nur noch dann einigermaßen Verlass auf sie, wenn die enthaltenen Virendefinitionen regelmäßig aktualisiert werden und wenn heuristische Erkennungsmechanismen, das heißt wahrscheinlichkeitsbasierte Annäherungen, verwendet werden.

Hier zunächst ein Überblick über die wichtigsten Virentypen. Beachten Sie, dass viele Viren zu mehreren dieser Arten gleichzeitig gehören können:

▶ *Bootsektorviren*, bekannt seit 1986, befallen den *Master Boot Record* von Datenträgern. Bereits das einfache Lesen einer infizierten Diskette kann den Virus auslösen und die Festplatte befallen. Von nun an wird der Virus bei jedem Bootvorgang ausgeführt. Die meisten Bootsektorviren sind speicherresident; sie bleiben also aktiv, bis der Computer wieder heruntergefahren wird. In diesem Zeitraum infizieren sie jede eingelegte Diskette. Mit dem Aussterben der Disketten in den letzten Jahren schien die Bedeutung dieser Viren zurückzugehen; inzwischen gibt es jedoch neue Wellen, die besonders die Bootsektoren von USB-Sticks befallen (siehe zum Beispiel *http://it.slashdot.org/article.pl?sid=08/04/03/ 1946228*).

▶ *Dateiviren* gibt es ebenfalls seit 1986. Sie befallen ausführbare Programme und werden beim Start dieser Programme ausgeführt. Sobald sie im Speicher sind, versuchen sie, weitere Programme zu infizieren.

▶ *Makroviren* benötigen nicht einmal ausführbare Programme, sondern befallen die Dateien bestimmter Anwendungsprogramme, die über eine Skript- oder Makrosprache programmierbar sind. Am häufigsten sind Microsoft-Office-Dokumente betroffen, weil sie sehr weit verbreitet sind und weil die Makrosprache VBA (*Visual Basic for Applications*) mächtige Befehle zur Steuerung von Windows und Office enthält. Zudem befallen die meisten Office-Makroviren sofort die Standardvorlagedateien und infizieren so jedes neu erstellte Dokument. Bis zum Aufkommen zahlreicher E-Mail-Würmer um 1999 war dies die häufigste Virenart.

- *Stealth-Viren* (sogenannte *Tarnkappen-Viren*) verfügen über einen besonders wirkungsvollen Tarnungsteil. Sie manipulieren Verzeichniseinträge, ändern die Wirkung von System befehlen oder manipulieren sogar Antivirenprogramme, um ihre Existenz zu verbergen. Zahlreiche neuere Bootsektor- und Dateiviren gehören zu dieser Kategorie.

- *Polymorphe Viren* sind noch gefährlicher als Stealth-Viren. Eingebaute Algorithmen zur Verschlüsselung und Selbstmodifikation sorgen nämlich dafür, dass jede Kopie des Virus eine neue Gestalt annimmt. Klassische Virensuchverfahren sind gegen diese Bedrohung völlig machtlos.

### Würmer

Im Gegensatz zu Viren hängen sich Würmer nicht an Dateien oder Bootsektoren an, sondern verbreiten sich über Netzwerke. Ein Großteil von ihnen wird über ausführbare E-Mail-Attachments in Gang gesetzt, andere nutzen schlecht geschützte oder fehlerhaft implementierte Netzwerkfreigaben zur Verbreitung. Der *Morris*-Wurm von 1988 ist zwar der bekannteste Klassiker, aber die zweifelhafte Ehre, der erste Wurm gewesen zu sein, gebührt dem 1987 entstandenen *Tannenbaum*-Wurm. Er zeichnete einen Tannenbaum auf den Bildschirm und versandte sich an sämtliche auf dem Rechner gefundenen E-Mail-Adressen.

Für die bekannten E-Mail-Würmer ist fast immer die Mitwirkung des Computerbenutzers erforderlich: Erst wenn dieser – von Neugier und Unkenntnis getrieben – den Dateianhang einer befallenen Mail öffnet, wird der Schädling in Gang gesetzt. Einmal gestartet, versendet sich ein solcher Mail-Wurm an alle im Adressbuch und in lokalen Dateien gefundenen E-Mail-Adressen. Die meisten E-Mail-Würmer enthalten zudem gefährliche Schadensroutinen. Der erste neuere Wurm, nach seiner Betreffzeile *ILOVEYOU* genannt, ersetzte beispielsweise sämtliche JPEG- und MP3-Dateien auf dem Rechner durch Kopien seiner selbst.

Die meisten E-Mail-Würmer benutzen eine doppelte Dateiendung für ihre gefährliche Fracht: Vor Endungen wie *.vbs* (*Visual Basic Script*), durch die sie ausführbar werden, wird eine Erweiterung wie *.jpg* oder *.txt* gesetzt. Da Windows und macOS die Endungen bekannter Dateitypen standardmäßig ausblenden, werden diese Dateien für harmlose Bilder oder Texte gehalten, sodass es leicht zu einem fatalen Doppelklick kommt.

Bisher haben es glücklicherweise nur wenige Mail-Würmer geschafft, durch bloßes Anzeigen der Nachricht aktiviert zu werden. Eine dieser unrühmlichen Ausnahmen war *Nimda* von 2001 – ein überaus aggressiver und gefährlicher Wurm, der sich nicht nur über E-Mails verbreitete, sondern auch über diverse Sicherheitslücken im Microsoft Internet Information Server und im Internet Explorer.

Überhaupt nutzen die meisten aktuellen Würmer akute Sicherheitsprobleme der Software von Microsoft beziehungsweise von Programmen für Windows aus. Neben Windows selbst sind besonders E-Mail-Programme, Browser und Media-Player betroffen. Bezeichnenderweise handelt es sich also um Programme, die tief in das System integriert sind, weil sie zu dessen automatisch vorinstalliertem Lieferumfang gehören, oder die besonders weit verbreitet sind.

Neben den E-Mail-Würmern gibt es auch solche, die Instant-Messaging-Dienste befallen. Auch Social-Media-Sites wie Facebook oder der Messaging-Webdienst *Twitter* waren bereits Ziel spezieller Würmer (siehe beispielsweise *http://news.cnet.com/8301-1009_3-10217681-83.html*).

### Gegenmaßnahmen

Um sich vor Viren und Würmern zu schützen, sollten Sie eine Reihe kombinierter Sicherheitsmaßnahmen ergreifen. Nur eine sorgfältige Beachtung der folgenden Punkte kann Sie einigermaßen vor Schäden bewahren.

▶ *Verwenden Sie Antivirensoftware.* Es ist unabdingbar, dass auf jedem Computer – insbesondere solchen mit Netzwerk- oder Internetzugang – ein aktuelles Antivirenprogramm installiert wird. Geeignete Produkte sind etwa Norton Antivirus von Symantec sowie die Programme von McAfee, Kaspersky oder G-DATA. Der Hersteller ist dabei gar nicht so wichtig; viel bedeutender sind die folgenden drei Punkte:

– Die Virendefinitionen müssen regelmäßig, am besten täglich, aktualisiert werden. Verantwortungsvolle Antivirenprogramme erledigen dies automatisch, sobald eine Internetverbindung hergestellt wird.

– Das Programm sollte über eine Wächterkomponente verfügen, die ständig im Hintergrund aktiv ist und den Zugriff auf sämtliche Datenträger und Dateien überwacht.

– Die Wächterfunktion sollte sich auch auf E-Mails ausweiten lassen. Da die meisten Antivirenprogramme dies durch einen lokalen Mail-Proxy realisieren, verlangsamt diese Maßnahme den E-Mail-Empfang. Die zusätzliche Sicherheit sollte Ihnen dieses kleine Opfer wert sein!

▶ *Installieren Sie regelmäßig alle Updates und Patches.* Fehlerfreie Software gibt es nicht. Vielmehr kommt es darauf an, dass bekannt gewordene Sicherheitslücken möglichst schnell geschlossen werden. Aufgrund der aktiven Communitys und des Viele-Augen-Prinzips klappt dies in der Welt der freien Software meist rascher und zuverlässiger als bei kommerziellen Programmen, bei denen Sie den Launen des Herstellers ausgeliefert sind – beispielsweise weil ein dringend erforderlicher Bugfix aus geschäftspolitischen Gründen manchmal erst mit der nächsten kostenpflichtigen Vollversion geliefert wird.

Umso wichtiger ist es, dass Sie zumindest jeden erhältlichen Sicherheitspatch sofort installieren. Zu diesem Zweck sollten Sie regelmäßig zuverlässige IT-News wie *heise.de* oder *golem.de* verfolgen. Automatische Upgrade-Funktionen sind dagegen eher mit Vorsicht zu genießen. Es ist bereits vorgekommen, dass gerade diese Schnittstellen zur Installation von Malware missbraucht wurden. Erst recht sollten Sie *niemals* ein angebliches Sicherheitsupdate installieren, das per E-Mail gesendet oder verlinkt wird. In den meisten Fällen handelt es sich dabei um eine Phishing-Attacke (siehe »Phishing-Attacken« in Abschnitt 21.1.3, »Weitere Schädlinge«).

▶ *Verwenden Sie eine Firewall.* Da viele Bedrohungen von offenen Netzwerkschnittstellen ausgehen, lohnt es sich, diese zu kontrollieren und so weit wie möglich dicht zu machen. Windows 10, 8 und 7, Windows Vista und Windows XP ab Service Pack 2 enthalten bereits eine einigermaßen zufriedenstellende Desktop-Firewall; bei noch älteren Windows-Varianten können Sie beispielsweise die kostenlose *Comodo Firewall Pro* installieren (Download zum Beispiel unter *www.chip.de/downloads/Comodo-Internet-Security_28397713.html*).

▶ *Sichern Sie wichtige Daten regelmäßig.* Irgendwann erfolgt möglicherweise ein besonders heftiger Angriff, der allen Vorsichtsmaßnahmen trotzt und tatsächlich Daten vernichtet. Deshalb ist es überaus wichtig, dass Sie regelmäßig – am besten täglich – alle wichtigen Daten sichern. Wenn Sie externe Festplatten, USB-Sticks, wiederbeschreibbare CDs oder DVDs dafür verwenden, verursacht dies nicht einmal laufende Kosten. Bequemerweise lässt sich Brennsoftware zudem so einstellen, dass sie beim Abmelden alle Daten aus den angegebenen Ordnern auf einen Datenträger brennt und anschließend den Rechner herunterfährt.

Datensicherung ist nicht nur im unmittelbaren Hinblick auf die Sicherheit wichtig, sondern schützt auch vor Datenverlust aus anderen Gründen, beispielsweise durch Hardwareschäden.

▶ *Öffnen Sie niemals unerwartete E-Mail-Anhänge.* Neuere E-Mail-Würmer sind polymorph: Sie generieren bei jedem automatischen Versand neue Betreffzeilen und Texte. Zuweilen bedienen sie sich dabei sogar vorhandener Mails, sodass sie immer schlechter von harmlosen, absichtlich versandten Nachrichten zu unterscheiden sind. Wenn Ihnen jemand ein Attachment schickt, sollten Sie sich stets vergewissern, dass es bewusst und mit Absicht versandt wurde.

▶ *Arbeiten Sie im Alltag nicht mit Administratorrechten.* Bei der Installation von Unix-Systemen ist es weitverbreitet, dass auf die besondere Bedeutung des Root-Benutzerkontos hingewiesen wird (oder dass es standardmäßig gar nicht eingerichtet wird, wie etwa bei Ubuntu oder macOS). Gleichzeitig wird oft angeboten, einen ersten Standardbenutzer einzurichten. Unter Windows ist der automatisch beim Systemstart angemeldete Benutzer dagegen uneingeschränkter Administrator. Dies birgt enorme Risiken. Sie sollten dringend ein Benutzerkonto mit eingeschränkten Rechten einrichten und sich nur dann als Administrator anmelden, wenn Sie Systemverwaltungsaufgaben zu erledigen haben.

Leider wird diese Empfehlung durch manche Programme torpediert, die mit Standardbenutzerrechten nicht funktionieren. In diesem Fall sollten Sie versuchen, die benötigten Rechte einzeln zu setzen; immerhin erlaubt Windows hier relativ feine Abstufungen. Wenn es gar nicht anders geht, sollten Sie sogar erwägen, auf eine andere Software auszuweichen. Außerdem ist es ratsam, diesen Punkt bei Ihrer nächsten Kauf- oder Einführungsentscheidung zu berücksichtigen.

Seit Windows Vista wurde die Sicherheit hier ein wenig verbessert: Wenn Aktionen tatsächlich Administratorrechte benötigen, werden Sie deutlich darauf hingewiesen und müssen dies noch einmal ausdrücklich bestätigen.

▶ *Wechseln Sie Browser und E-Mail-Client.* Viele Angriffe betreffen nicht die gesamte Windows-Plattform, sondern nur die mitgelieferte Standardsoftware. Besonders häufig werden Sicherheitslücken im Browser Internet Explorer und in E-Mail-Clients wie Microsoft Mail oder dem alten Outlook Express ausgenutzt, weil diese am häufigsten eingesetzt werden. Die einfache Antwort: Steigen Sie um! Es gibt genügend Alternativen. Ein relativ schneller, standardkonformer Browser ist beispielsweise Mozilla Firefox; aus derselben Open-Source-Gemeinde stammt auch der Mailer Thunderbird. Beide importieren bequem Konten, Favoriten und Einstellungen der Microsoft-Tools. Andere mögliche Browser sind beispielsweise Google Chrome oder Apple Safari.

Der (kostenlose) Browsercheck unter *http://www.heise.de/security/dienste/browsercheck/* ermöglicht Ihnen die gezielte Überprüfung Ihres Browsers auf bekannte Schwachstellen.

▶ *Schalten Sie Flash ab, verwenden Sie Ad-Blocker und schränken Sie JavaScript ein.* Adobe Flash war einst ein beliebtes Programm zur Erstellung multimedialer Websites, die über ein spezielles Plug-in, den Flash Player, im Browser angezeigt werden können. Außerdem war Flash jahrelang Standard für Webvideo und -audio. In letzter Zeit wurden zahllose Sicherheitslücken im Player gefunden, und Adobe kommt kaum mit Updates hinterher. Der immer weiter fortschreitende Umstieg auf HTML5-Video und -Interaktion macht Flash auch immer überflüssiger. Wenn Sie es nicht für eine bestimmte Webanwendung ganz dringend brauchen, deinstallieren Sie das Plug-in.

Ein Ad-Blocker-Plug-in wie Adblock Edge verhindert nicht nur das Laden unerwünschter Werbung und schont so Netzwerkvolumen, sondern kann auch vor Malware schützen, die sich in Werbung von zweifelhafter Herkunft versteckt. Besonders effektiv ist auch das Browser-Plug-in NoScript, das zunächst sämtliches JavaScript auf jeder Webseite einschaltet und das Sie dann nach Herkunfts-URLs geordnet einzeln oder dauerhaft aktivieren können.

▶ *Passen Sie die Sicherheitseinstellungen Ihres Browsers an.* Ob Sie nun bei den genannten Microsoft-Produkten bleiben oder die Software wechseln – setzen Sie sich stets genau mit den Einstellungsmöglichkeiten auseinander.

▶ *Blenden Sie die Dateiendungen ein.* Es ist vollkommen unverständlich, warum Microsoft die Erweiterungen bekannter Dateitypen seit Windows 95 ausblendet. Öffnen Sie EXTRAS • ORDNEROPTIONEN eines beliebigen Verzeichnisses, und deaktivieren Sie die Option ERWEITERUNGEN BEI BEKANNTEN DATEITYPEN AUSBLENDEN (Windows 10 bis hinunter zu Vista). Bei älteren Windows-Versionen heißt der Eintrag anders und befindet sich unter dem Menüpunkt ANSICHT.

## 21 Computer- und Netzwerksicherheit

### 21.1.2 Trojaner und Backdoors

Eine weitere Bedrohung von Desktop-Rechnern entsteht durch Programme, die im Geheimen unerwünschte Funktionen ausführen. Das reicht von der relativ harmlosen, meist anonymen Auswertung von Daten für die gezielte Einblendung von Werbebannern über den Missbrauch fremder PCs als Virenschleudern oder Spam-Relays bis hin zu ausgewachsenen Backdoors, über die Angreifer auf Ihrem Rechner fast so arbeiten können, als säßen sie davor.

In vielen Fällen haben Sie es sogar selbst zu verantworten, wenn Sie so einen ungebetenen Gast auf Ihren Computer einladen. Oft erhalten Sie ihn nämlich durch Download und Installation eines angeblich nützlichen oder unterhaltsamen Programms. Daher stammt auch die Bezeichnung *Trojaner* – die Kurzform für trojanisches Pferd –, also eine harmlos wirkende Hülle mit schädlichen Inhalten.[3]

Seltener gelingt es Crackern, derartigen Code bereits durch den bloßen Besuch bestimmter Websites auszuführen, indem sie gezielt Sicherheitslücken in der Scripting- oder Plug-in-Engine des Browsers ausnutzen. Installieren Sie regelmäßig Updates und Patches, und führen Sie von Zeit zu Zeit den zuvor erwähnten Browsercheck aus, um die Anfälligkeit Ihres Browsers gegenüber solchen Angriffen zu testen.

Backdoors sind die gefährlichsten Schädlinge, die durch Trojaner installiert werden können. Dabei können diese Programme selbst eigentlich recht nützlich sein: Bekannte Backdoors wie SubSeven, Back Orifice oder WinGate wurden als *Remote Administration Tools* geschrieben, die den damals unter Windows herrschenden Mangel an standardisierten Fernwartungsschnittstellen wie Telnet oder SSH wettmachen sollten. Administratoren könnten diese Tools also ganz bewusst auf PCs in ihrem Netzwerk installieren, um die Rechner bequem und zeitsparend verwalten zu können.

Gefährlich wurden diese Programme erst, als verantwortungslose oder böswillige Menschen auf die Idee kamen, sie durch Trojaner zu verbreiten. Da die meisten Backdoors eine Komponente enthalten, die einen Rechner über die dynamisch zugewiesene IP-Adresse hinaus eindeutig kennzeichnet, kann der Cracker vom Installationszeitpunkt an auf Ihrem Rechner beliebig ein- und ausgehen, sobald dieser mit dem Internet verbunden ist.

Für den Schutz vor Trojanern gelten ähnliche Regeln wie die eingangs bei den Viren und Würmern genannten. Aktuelle Antivirenprogramme enthalten unter anderem Erkennungsregeln für bekannte Trojaner und Backdoor-Installationsprogramme. Im Übrigen können die im weiteren Verlauf angesprochenen Firewalls Anhaltspunkte liefern, da sie verdächtige Netzwerkaktivitäten melden oder sogar unterbinden können.

Für Verunsicherung sorgte in den letzten Jahren der Begriff des sogenannten *Bundestrojaners*: Deutsche Politiker haben beschlossen, dem Bundeskriminalamt und anderen Behör-

---

3 Der »Trojaner« sind eigentlich Sie selbst – schließlich holen Sie das Pferd in Ihr »digitales Troja«; anschließend schlüpfen die versteckten Krieger (hier: Schadensroutinen) heraus und greifen an.

den die Erlaubnis zu erteilen, heimlich die Inhalte der PCs von Terror- oder Schwerverbrechens-Verdächtigen zu durchsuchen. Der verharmlosende Begriff *Online-Durchsuchung* verschleiert dabei den wichtigsten Unterschied zu einer Hausdurchsuchung: Die »Durchsuchung« findet heimlich statt, ohne dass der Verdächtige darüber in Kenntnis gesetzt wird. Das Problem ist jedenfalls, dass diese Maßnahme – wie auch immer sie nun genannt oder begründet wird – die Integrität von IT-Systemen kompromittiert, was eben nicht nur Terror- oder Verbrechens-Verdächtigungen nachhaltigen Schaden zufügt, sondern uns allen.

Im Sommer 2013 wurde bekannt, dass die Geheimdienste von USA und Großbritannien (und wahrscheinlich auch anderen Ländern) das Internet und alle seine Nutzer umfassend überwachen, indem sie jegliche Kommunikation anzapfen, speichern und auswerten. Was viele IT-Experten schon lange vermutet hatten, wurde dabei zur traurigen Gewissheit: Große Unternehmen wie Apple, Google, Microsoft, Facebook etc. gewähren den Diensten heimlich, aber ganz offiziell Zugriff auf ihre Systeme, oft, weil sie gesetzlich dazu gezwungen werden. Vier Jahre später wurde so gut wie nichts an diesen Zuständen geändert – im Gegenteil: Die Politik versucht immer noch regelmäßig, mehr Überwachungsbefugnisse einzuführen – spätestens seit den Anschlägen vom 11. September 2001 eine so regelmäßige wie lästige Gewohnheit.

### 21.1.3 Weitere Schädlinge

Neben den besonders gefährlichen Viren, Würmern und Trojanern existieren einige weitere Varianten von Malware mit unterschiedlichem Gefährdungspotenzial: Spam oder Hoaxes nerven vor allem, nehmen aber auch unnötig Zeit und Netzwerkbandbreite in Anspruch; Spy- und Adware spähen Ihre Surfgewohnheiten und andere Daten aus. Es folgt hier eine (nicht vollständige) Auflistung alltäglicher Plagegeister und möglicher Gegenmaßnahmen.

**Spy- und Adware**

Viele kostenlose Tools und Programme sind werbefinanzierte *Adware* – als Gegenleistung dafür, dass Sie nichts bezahlen, müssen Sie sich Werbeinblendungen gefallen lassen. Das hört sich zunächst nach einem fairen Geschäft an; bei einigen seriösen Anbietern (wie etwa bei älteren Versionen des Browsers Opera) ist es dies auch in der Tat. Unfair wird es erst, wenn das Programm Ihr Surfverhalten oder Ihre lokalen Dateien durchsucht, um die Werbung anhand der vorgefundenen Informationen an Ihre Bedürfnisse und Ihren Geschmack anzupassen. Im Webbrowser lässt sich dieses erweiterte *User Tracking* einfach ausschalten, indem Sie die Annahme von Cookies verweigern – insbesondere von solchen, die nicht von der aktuellen Domain selbst stammen. Bei allen anderen Arten von Software können Sie dagegen nicht wissen, auf welche Weise die Bespitzelung durchgeführt wird und wie weit sie geht.

Noch viel ärgerlicher sind Anwendungsprogramme, die regelmäßig »nach Hause telefonieren« – viele von ihnen suchen nämlich nicht nur nach Online-Updates, sondern informieren ihren Hersteller auch gleich über diverse Aspekte Ihres Systems und der vorgefundenen Softwarebasis.

Eine Variante dieses Verfahrens ist die von Microsoft seit Windows XP eingeführte und von immer mehr Softwarefirmen übernommene Unart der *Aktivierung* – Sie können die Software nur noch nutzen, wenn Sie sie über Internet oder Telefon freischalten. Falls Sie Programme mit Aktivierungszwang benötigen (einige in diesem Buch behandelte gehören leider dazu), dann sollten Sie auf jeden Fall die telefonische Variante wählen. Bei der schnelleren und bequemeren Internetaktivierung können Sie sich über den Inhalt der verschlüsselten Daten, die das Aktivierungstool versendet, nicht sicher sein; beim Telefon sind es auf jeden Fall weniger Informationen.

Das empfehlenswerte kostenlose Windows-Programm *Spybot Search & Destroy* bekämpft recht zuverlässig viele verschiedene Arten von Spy- und Adware. Neben einschlägigen Softwarekomponenten werden beispielsweise auch bestimmte Registry-Einträge oder Tracking-Cookies entfernt. Sie können das Tool unter *http://www.safer-networking.org/de* herunterladen. Sie sollten es regelmäßig laufen lassen und seine Spyware-Definitionen stets aktualisieren.

### Phishing-Attacken

Als *Phishing* wird das Erschleichen von Passwörtern und anderen Zugangsdaten durch Überlistung von Benutzern verstanden. Die bekannteste Variante sind *Phishing-Mails*: Eine pompös aufgemachte HTML-E-Mail mit gefälschter Adresse, die genau dem Corporate Design einer bekannten Website wie eBay, Amazon oder T-Online entspricht, fordert Sie auf, einen Link anzuklicken und Ihre Zugangsdaten einzugeben. Wird eine solche E-Mail über bekannte Spam-Kanäle versendet, ist es sehr wahrscheinlich, dass sie Hunderttausende echter Kunden der betreffenden Unternehmen erreicht.

Eine zweite Möglichkeit besteht darin, Websites mit unscheinbaren Änderungen am Domainnamen einzurichten und Anwender durch Links auf diese Seiten zu locken. Bei oberflächlicher Ansicht bemerkt man einen vertauschten Buchstaben (»voiksbank«) oder zusätzliche Anhänge (»www.ebay.com.a19837847586.com«) manchmal nicht.

Noch perfider ist ein Bild mit integrierter Image Map (siehe Kapitel 18, »Webseitenerstellung mit HTML und CSS«): Die Statuszeile des E-Mail-Programms zeigt die URL des äußeren Hyperlinks an, während ein rechteckiger Image-Map-Bereich, der das gesamte Bild abdeckt, auf eine ganz andere Adresse verweist. Am besten deaktivieren Sie die automatische Anzeige von Bildern im E-Mail-Client ganz, oder Sie verzichten sogar vollständig auf die Auswertung von HTML-Mails.

Einige Ratschläge können Ihnen helfen, nicht auf Phishing-Attacken hereinzufallen:

▶ Geben Sie persönliche Daten oder Anmeldeinformationen *niemals* in ein Formular ein, das per E-Mail versandt oder verlinkt wurde.

▶ Banken, Versicherungen oder E-Commerce-Plattformen fragen Sie nie nach Ihren Zugangsdaten – es sei denn, Sie besuchen absichtlich deren Websites und möchten Transaktionen durchführen, für die eine Anmeldung erforderlich ist.

▶ Brechen Sie Vorgänge stets ab, wenn Sie sich unsicher fühlen, und fragen Sie gegebenenfalls telefonisch beim (vermeintlichen) Betreiber der entsprechenden Website nach – aber natürlich nicht über eine Telefonnummer, die in der Mail selbst steht! Besonders stutzig sollten Sie werden, wenn sensible Webtransaktionen über HTTP statt über verschlüsseltes HTTPS durchgeführt werden (auch ohne Phishing eine sehr schlechte Idee!). Auch wenn das Verschlüsselungszertifikat abgelaufen ist oder von einem unbekannten Aussteller stammt (der Browser meldet beides), sollten Sie nicht fortfahren.

### Spam & Co. – die Nervensägen

Wenn Sie E-Mail benutzen, erhalten wahrscheinlich auch Sie jeden Tag Angebote für »todsicher steigende« Aktien, Geschäftsbeziehungen mit nigerianischen Exilprinzen, gefälschte Rolex-Uhren, Hypotheken mit niedrigen Zinsen, die Aufwertung diverser Körperteile, billige OEM-Software und natürlich Pornografie. Die Rede ist von *Spam*, Junk- oder Trash-Mail oder auch *Unsolicited Commercial Email* (UCE).

Der direkte Schaden durch Spam-Mails kommt vor allem durch die Verstopfung von Mailservern und die massenhafte Verschwendung von Netzwerkbandbreite zustande. Indirekt (und für Endbenutzer viel gravierender) schaden solche unerwünschten Zusendungen vor allem durch den Zeitaufwand, den ihre Beseitigung verursacht. Ärgerlich ist zudem, dass der gesamte Nutzen von E-Mails durch diese Belästigung allgemein nachlässt. Inzwischen wird allgemein von 90 % (!) Spam-Anteil im gesamten E-Mail-Aufkommen ausgegangen.

Zunächst einmal ist eines sehr wichtig: Folgen Sie *niemals* einem in der Spam-Mail enthaltenen Link! Es handelt sich entweder um den Versuch, Ihnen Viren und Trojaner unterzujubeln, oder jemand verdient durch die Einblendung einiger Hundert Pop-up-Werbebanner Geld an Ihnen.

Auch den in vielen Spam-Nachrichten enthaltenen angeblichen »Abbestell«- oder »Blacklist«-Link sollten Sie keinesfalls anklicken: Er dient dem Spammer ausschließlich als Hinweis darauf, dass Ihre E-Mail-Adresse tatsächlich aktiv ist – Sie haben die Mail offensichtlich erhalten und darauf reagiert. Solche Adressen sind besonders begehrt und werden auf dem Spam-Markt zu etwas höheren Preisen gehandelt als »unbestätigte« Empfänger.[4]

Aus demselben Grund sollten Sie selbst im Zorn davon absehen, auf Spam zu antworten.[5] Häufig sind die Absenderadressen ohnehin gefälscht, und falls nicht, bestätigen Sie wieder

---

[4] Noch selbstverständlicher sollte sein, dass Sie im Leben nicht daran denken, die angeblich angebotenen Produkte zu bestellen! Besonders hartnäckigen Spammern gelingt es tatsächlich, einige Menschen zur Überweisung von Geld zu überreden.

[5] Obwohl das Ergebnis äußerst unterhaltsam sein kann. Vgl. etwa *https://www.ted.com/talks/ james_veitch_this_is_what_happens_when_you_reply_to_spam_email*.

einmal, dass Ihre Adresse existiert. Darüber hinaus verschlimmern Sie die Verschwendung von Netzwerkbandbreite, die durch Spam ohnehin entsteht.

Die allgemein gültige Regel lautet daher: *Löschen Sie Spam immer sofort!* Unternehmen Sie nichts anderes.

Natürlich ist es praktisch, wenn Ihnen ein Programm beim Aussortieren der Spam-Mails behilflich ist; ein Allheilmittel gibt es aber nicht. Die einzige Möglichkeit besteht darin, »lernende« Spam-Filter einzusetzen. Solchen Programmen können Sie anhand Ihres täglichen Mailaufkommens den Unterschied zwischen »Ham« (erwünschte Mails) und »Spam« beibringen. Manche E-Mail-Clients (zum Beispiel Thunderbird oder das mit macOS gelieferte Apple Mail) enthalten bereits ab Werk ein solches Modul. Ansonsten gibt es zahlreiche Zusatzlösungen von Drittanbietern.

Eines der vielversprechendsten Projekte ist die seit Version 3.0 unter dem Dach der Apache Software Foundation entwickelte Open-Source-Software *SpamAssassin*. Das umfangreiche, durch verschiedene Module erweiterbare Perl-Programm verwendet eine Mischung aus Regeln und statistischen Methoden sowie der zuvor genannten Lernfähigkeit.

SpamAssassin lässt sich auf Unix-Systemen einfach als Filter verwenden, bevor Sie Ihre E-Mails mit Ihrem Standard-E-Mail-Client entgegennehmen. Als Spam erkannte Nachrichten werden nicht etwa gelöscht, sondern von SpamAssassin mit zusätzlichen Headern (XSpam-*) versehen. In den meisten Clients lassen sich Regeln festlegen, die die E-Mails nach diesen Headern sortieren oder gar automatisch löschen.

Noch praktischer ist es, den SpamAssassin oder andere Anti-Spam-Software gleich vor den lokalen Mailserver zu schalten, um alle Nachrichten zu kennzeichnen, bevor sie an die User verteilt werden. Entsprechende Lösungen lassen sich sehr flexibel gestalten, da SpamAssassin neben Anwendungsprogrammen auch einige Perl-Module enthält, die sich in eigenen Skripten nutzen lassen. Beachten Sie aber, dass gesetzliche Einschränkungen dieses Vorgehen bei öffentlich oder kommerziell genutzten Servern ohne Zustimmung der User beziehungsweise Kunden verbieten könnten. Sie können diese nützliche Software unter *http://www.spamassassin.org* herunterladen. Eine ausführliche Dokumentation und einige Zusatz-Tools finden Sie dort ebenfalls.

Inzwischen gibt es übrigens auch viele Provider, die ihren Kunden optional einen Spam-Filter auf den Mailservern anbieten.

Fast ebenso nervig wie Spam sind die zahlreichen Hoaxes und Kettenbriefe, die von besorgten oder vermeintlich wohlmeinenden Usern freiwillig an alle Bekannten und Geschäftspartner versandt werden. Inzwischen scheint die Häufigkeit dieses Phänomens glücklicherweise nachzulassen.

Ein *Hoax* (Scherz) warnt vor angeblich äußerst gefährlichen Viren oder Sicherheitsproblemen. Es werden haltlose Behauptungen aufgestellt, etwa dass der genannte Virus mehrere völlig verschiedene Betriebssysteme befallen oder gar Hardware zerstören könne. Oft werden solche »Nachrichten« mit großen Namen geschmückt: »Microsoft, IBM und AOL warnen vor einem neuen, überaus gefährlichen Virus ...«

Auch solche Nachrichten dürfen Sie ausschließlich löschen. Falls der unmittelbare Versender Ihnen persönlich bekannt ist, weisen Sie ihn darauf hin, dass auch er solche Mails in Zukunft nicht mehr weiterleiten, sondern kommentarlos vernichten soll. Nicht zuletzt sind diese »manuellen Würmer« ein gefundenes Fressen für Spammer: Durch die zigfache Weiterleitung an möglichst viele Personen sind solche Mails oft randvoll mit aktuellen, funktionierenden E-Mail-Adressen.

Eine weitere Seuche sind die unsäglichen *Kettenmails*, eine moderne Form der früher populären – und schon damals nervtötenden – Kettenbriefe. Viele Kettenmails enthalten irrwitzige Versprechungen (»Wenn du diese Mail an fünf Bekannte verschickst, geht dein größter Wunsch in Erfüllung.«) oder Drohungen (»Wenn du sie nicht weiterschickst, wirst du nackt, allein und ohne Geld qualvoll an einer unendlich schmerzhaften Krankheit verenden.«). Geben Sie die einzige passende Antwort darauf: Löschen Sie diesen Unfug!

Weisen Sie Bekannte, die Ihnen solche Mails senden, darauf hin, dass sie sinnlos Bandbreite verschwenden und möglicherweise sogar mit den Gefühlen von Menschen spielen. Egal, ob esoterischer Mumpitz, religiöse, finanzielle oder amouröse Heilsversprechungen oder die Hilfe durch einen Cent pro weitergeleiteter E-Mail, die ein armes, unglückliches Kind in der Dritten Welt angeblich erhält: Sie *wissen* doch ganz genau, dass das alles gar nicht stimmen kann!

Inzwischen findet sich dergleichen auch häufig in Facebook und anderen sozialen Netzwerken. Auch hier gilt: löschen, den Absender auf das eigene Desinteresse hinweisen und im Wiederholungsfall blockieren.

Gerade in sozialen Netzwerken geht das Ganze sogar immer stärker vom technischen in den politisch-sozialen Bereich über: *Fake News* sind in aller Munde und offenbar in der Lage, Wahlen zu beeinflussen; das Wort des Jahres 2016 war in Deutschland *postfaktisch* und im Vereinigten Königreich entsprechend *post-truth*. Die US-Regierungsvertreterin Kellyanne Conway sprach von *alternative facts*, als ihre Regierung beim Lügen ertappt wurde. Auch heißt es, dass die Regierungen mancher Länder bezahlte Trolle beschäftigen, die massenhaft die Kommentarbereiche zu bestimmten Meldungen stürmen. Zahlenmäßig noch größeren Schaden können *Social Bots* anrichten, also Software, die sich als User eines sozialen Netzwerks ausgibt und massenhaft Kommentare postet.

Wichtige Helfer beim Aufdecken verbreiteter Internet-Falschmeldungen sind die Websites *www.mimikama.at* (Verein zur Aufklärung über Internetmissbrauch) und *hoaxmap.org*, wo die angeblichen Orte von Gerüchten und Falschmeldungen auf Google Maps markiert werden.

## 21 Computer- und Netzwerksicherheit

## 21.2 Netzwerk- und Serversicherheit

Wie Sie bereits im ersten Abschnitt gesehen haben, birgt der Transport von Daten über öffentliche Netze vielfältige Gefahren. Hier werden einige Maßnahmen vorgestellt, die diese Gefahren vermindern; völlig abstellen lassen sie sich nie, solange Sie mit dem Netzwerk verbunden sind.

### 21.2.1 Servergefahren

Beachten Sie, dass die im ersten Abschnitt für Desktop-PCs genannten Gefahren prinzipiell auch Serverrechner treffen können. In diesem Abschnitt geht es dagegen um Gefahren, die es vornehmlich auf Serverdienste und -anwendungen, aber auch auf deren Benutzer abgesehen haben.

▶ *Exploits*. Die Basis der meisten Angriffe auf Server ist die Ausnutzung (Exploit) bekannter Sicherheitslücken in Programmen. Solche Anfälligkeiten, beispielsweise für Overflows oder für die illegale Eingabe von Programmcode, kommen immer wieder vor. Die meisten Entdecker nutzen diese Lücken glücklicherweise nicht aus, sondern informieren den Hersteller der Software sowie bekannte Sicherheits-Mailinglisten wie *Bugtraq*. Bei Open-Source-Programmen steht oft innerhalb weniger Tage ein Patch zur Verfügung, der die Sicherheitslücke schließt; bei kommerzieller Software kann es mitunter einige Wochen dauern oder gar erst in der nächsten Hauptversion behoben werden. Wichtig ist, dass Sie verfügbare Patches oder Upgrades immer sofort installieren. Falls Sie für einen Server verantwortlich sind, sollten Sie Bugtraq (*http://www.securityfocus.com*), den Heise-Sicherheits-Newsletter (*http://www.heisec.de*) und andere Sicherheitsinformationen abonnieren.

▶ *DoS-Attacken*. Eine der häufigsten Arten von Angriffen auf Server sind die sogenannten *Denial-of-Service-Attacken* (DoS). Dabei wird der Serverdienst durch Überlastung zum Absturz gebracht. DoS benötigt nicht unbedingt Sicherheitslücken, sondern sendet oft technisch korrekte (aber viel zu viele) Anfragen an den Server. Gerade das macht es schwer, den Angriff abzuwehren. Viele prominente Websites wie Amazon, Yahoo! oder *heise.de* waren schon betroffen. Solange der Angriff aus einer einzigen Quelle stammt, lässt er sich bereits am Router herausfiltern. Häufiger verwenden DoS-Attacken aber *gespoofte* (gefälschte) Absender-IP-Adressen oder greifen gar von vielen Hunderten durch Trojaner gesteuerten PCs gleichzeitig an – dies wird als *Distributed Denial of Service* (DDoS) bezeichnet.

▶ *Crackerangriffe*. Einige Angriffe auf Server erfolgen mit dem Ziel, die Kontrolle zu übernehmen und den Server für eigene Zwecke zu missbrauchen, beispielsweise als Spam-Relay oder Lagerstätte für illegale Inhalte. Beachten Sie, dass Sie technisch und vor allem rechtlich für Ihren Server verantwortlich sind. Die Entschuldigung, dass mehrere Hundert Hollywood-Blockbuster oder widerliche Nazi-Propaganda durch einen Angriff dort gelandet seien, zählt vor Gericht möglicherweise nicht. Wenn Sie also einen öffentlichen Server betreiben, sind Sie in der Pflicht, sich intensiv um dessen Sicherheit zu kümmern – regelmäßig Updates und Patches installieren, Passwörter ändern, Log-Dateien untersuchen etc.

▶ *Rootkits.* Bei der gefährlichsten Variante eines Crackerangriffs wird ein sogenanntes *Rootkit* installiert. Es ersetzt gezielt Systemdateien und Systemprogramme durch manipulierte Versionen, um den Angriff zu verschleiern. Beispielsweise könnte eine Rootkit-Version von ps (siehe Kapitel 7, »Linux«) einen laufenden Backdoor-Prozess ausblenden. Die beste Chance, Rootkits zu erkennen, besteht in der Installation eines *Intrusion Detection Systems.*

▶ *Webattacken.* Besonders verbreitet sind Angriffsversuche auf Webtransaktionen. Da sie im Klartext ablaufen, ist es relativ leicht, Session-IDs, Formulardaten oder Anmeldeinformationen auszuspionieren und einzusetzen. Ein Beispiel ist das sogenannte *Cross-Site-Scripting* (XSS). Es verwendet einfache Tricks wie zum Beispiel Forenbeiträge, um mit JavaScript angereicherte Hyperlinks zu verbreiten, die nicht nur eine bestimmte URL anfordern, sondern dieser gleichzeitig spezielle Daten zusenden, die dazu führen, dass der Angreifer aus dem Besuch des Opfers auf der entsprechenden Website Informationen abgreifen kann.

▶ Eine Weiterentwicklung des XSS-Szenarios sind *Man-in-the-Middle-Attacken* wie etwa das *Session-Hijacking.* Sie machen sich einen gravierenden Sicherheitsmangel vieler Websites zunutze, die auf Verschlüsselung verzichten, nachdem sich ein Benutzer einmal gegenüber dem Webserver identifiziert hat. Gelingt es einem Angreifer, die URL einer Clientanfrage aus einer solchen Session zu stehlen, kann er die nächste Anfrage unter der angeblichen Identität des ursprünglichen Users senden und erhält so möglicherweise private Informationen. Im schlimmsten Fall handelt es sich bei der angegriffenen Site um das Homebanking-Interface eines Geldinstituts.[6]

▶ Weitverbreitet sind Angriffe auf *CGI-Skripte* und *Webanwendungen.* Dies liegt nahe, da diese oft überaus schlampig und ohne Sicherheitsbewusstsein programmiert werden. Wenn es genügt, an eine Formulareingabe ein Semikolon und einen Shell-Befehl anzuhängen, um den Server anzugreifen, dann läuft etwas schief. Für Webanwendungen gilt daher noch mehr als für alle anderen Computerprogramme: Misstrauen Sie jeder Benutzereingabe, und überprüfen Sie sie gründlich. Hinzu kommen natürlich auch hier Exploits; Webserver und Sprachen-Interpreter sind (wie jede Software) nicht fehlerfrei.

▶ *SQL-Injection.* Sehr viele Webanwendungen setzen auf eine relationale Datenbank auf – in Kapitel 19, »Webserveranwendungen«, wurde das beliebte Beispiel PHP/MySQL vorgestellt. Da Eingaben aus Webformularen besonders häufig für SQL-Abfragen eingesetzt

---

6 Einer Bank, die solche hochsensiblen Transaktionen auf so unsichere Art und Weise handhabt, sollten Sie als Kunde allerdings sofort den Rücken kehren. Schließlich würden Sie auch keinen Schuhkarton anstelle eines stählernen Schließfachs mieten.

werden, kann es leicht passieren, dass Angreifer versuchen, diese Abfragen ein wenig zu verlängern.

Stellen Sie sich zum Beispiel vor, ein Formular enthielte das folgende Feld:

```
Suche nach: <input type="text" name="such" />
```

Ein PHP-Skript verwendet den Wert aus diesem Feld folgendermaßen:

```
$such = $_GET['such'];
$result = $mysqlConnection->query("select * from info where
    beschreibung like '%$such%';");
```

Jemand gibt in das Feld such Folgendes ein:

```
test%'; delete from info;--
```

Die SQL-Abfrage wird also folgendermaßen ergänzt:

```
select * from info
where beschreibung like '% test%';
delete from info;-- %';
```

Der Inhalt der Tabelle info wird vollständig gelöscht; der »Müll« hinter dem Semikolon nach info wird durch die Kommentarzeichen -- ignoriert. Natürlich können Angreifer den Quellcode des PHP-Skripts nicht sehen und wissen daher zum Beispiel nicht, wie die Datenbanken und Tabellen heißen – außer natürlich dann, wenn auf dem Server standardisierte Software läuft (etwa bestimmte Content-Management-Systeme oder Webshops). In der Praxis werden solche Angriffsversuche aber auch nicht manuell in die Formulare eingetippt, sondern durch automatisierte Skripte ausgeführt.

Auch hier gilt, dass Sie Formulareingaben dringend genau untersuchen und säubern müssen, bevor Sie Ihre Datenbank damit »füttern«. Auch das Escaping aller dynamischen Elemente von Datenexperten – im PHP/MySQL-Umfeld beispielsweise mithilfe von $mysqli->real_escape_string($eingabe) – ist hilfreich.

### 21.2.2 Wichtige Gegenmaßnahmen

Es ist wichtig, Serverrechner mithilfe diverser Schutzmaßnahmen gegen Angriffe abzusichern. Die folgende Liste enthält einige der wichtigsten dieser Maßnahmen.

▶ *Firewalls.* Selbstverständlich können Sie einen Server, dessen Aufgabe die Bereitstellung von Dienstleistungen über ein Netzwerk ist, nicht vollständig hinter einer Firewall verbergen. Vielmehr sollten Sie über eine intelligente Verteilung der betroffenen Rechner im Netzwerk nachdenken. Möglicherweise können Sie Proxy-Dienste verwenden, um eine Firewall zwischen dem eigentlichen Server und Backend-Servern, etwa für Anwendungen oder Datenbanken, zu überbrücken.

Falls Sie Linux verwenden, ist die Firewall in Form des mächtigen Paketfilters *iptables* bereits im Kernel enthalten; für andere Systeme gibt es vergleichbare Lösungen. Beachten Sie aber, dass ein Paketfilter auf einem einzelnen Host gerade in einem Unternehmensnetzwerk kein hinreichender Ersatz für eine *Application Gateway Firewall* darstellt, die sämtlichen Netzwerktraffic filtern kann. Diese kann auf einem einzelnen Rechner im Netzwerk installiert werden, über den der gesamte Traffic umgeleitet wird. Ein solcher Rechner wird als *Bastion-Host* bezeichnet. Noch sicherer ist eine *DMZ* (demilitarisierte Zone). Es handelt sich um ein separates Netzwerk, das dem eigentlichen Firmennetzwerk vorgeschaltet wird und auf jeder Seite einen Paketfilter und eine Application Gateway Firewall enthält. Der Zugriff aus dem Firmennetzwerk erfolgt ausschließlich über autorisierte Proxys. Auch alle für das Internet relevanten Server wie Webserver, Mailserver oder VPN-Server befinden sich innerhalb der DMZ.

Auch Windows enthält eine eingebaute Software-Firewall, die sich über START • SYSTEMSTEUERUNG • WINDOWS-FIREWALL grafisch konfigurieren lässt.

► *Intrusion Detection Systems* (IDS). Angriffe oder Angriffsversuche sind nicht immer leicht zu erkennen. Am besten ist es, Sie installieren eine Software, die unerwünschte Änderungen erkennt und Alarm gibt. Eine gute Wahl für Linux ist beispielsweise das Open-Source-Programm *tripwire*. Sie können es unter *http://sourceforge.net/projects/tripwire/* herunterladen. Genau genommen, ist *tripwire* kein »richtiges« IDS, sondern ein allgemeiner, frei konfigurierbarer Warndienst, der bei Änderungen am System Alarm schlägt.

Ein anderes empfehlenswertes und weitverbreitetes Open-Source-IDS ist *Snort*. Es handelt sich um ein echtes *Network Intrusion Detection System* (NIDS). Download-Links und weitere Informationen finden Sie unter *http://www.snort.org*. Auf der Website *http://www.datanerds.net/~mike/snort.html* wird übrigens auch eine (allerdings extrem veraltete!) Win32-Version angeboten.

Beachten Sie, dass Sie ein IDS unbedingt installieren müssen, bevor der betreffende Rechner erstmals an das Netzwerk oder ans Internet angeschlossen wird, denn Rootkits sind beispielsweise nur dann erkennbar, wenn die Änderung des betreffenden Binärprogramms *nachträglich* stattfindet.

► *chroot-Umgebung*. Auf Unix-Systemen gibt es eine interessante Sicherheitsmaßnahme für Serverdienste: Sie können Programme in einen chroot-»Käfig« sperren. Das bedeutet, dass der Software vorgegaukelt wird, ihr lokales Unterverzeichnis sei das Wurzelverzeichnis des Dateisystems. Beachten Sie allerdings, dass auch dies keine absolute Sicherheit gewährleistet – es gibt immer wieder Sicherheitslücken in den eingesperrten Programmen oder in den chroot-Implementierungen, die es einem Angreifer ermöglichen, der chroot-Umgebung zu entkommen.

Die Einrichtung einer solchen Umgebung ist vor allem deshalb nicht ganz einfach, weil Sie herausfinden müssen, welche Verzeichnisse und Dateien das Programm außer seinem eigenen Installationsumfang benötigt, um ausgeführt werden zu können. Die genaue

Konfiguration hängt stark vom jeweiligen Serverdienst und von Ihrem konkreten System ab. Auf der Website zum Buch finden Sie einige Links mit Anleitungen.

Ein ähnlicher, wenn auch ebenfalls nicht absolut sicherer Schutz besteht darin, verschiedene Dienste in unterschiedlichen virtuellen Maschinen oder Containern (mit Docker oder ähnlicher Software) abgeschottet voneinander auszuführen.

► *Cracker-Tools.* Im ersten Moment hört es sich vielleicht merkwürdig an, aber eine der besten Schutzmaßnahmen vor Angriffen besteht darin, die Werkzeuge der potenziellen Angreifer zu benutzen, um Sicherheitslücken zu erkennen und nach Möglichkeit zu schließen. Eines der wertvollsten Tools in dieser Sparte ist *Nessus.* Dieses freie Programm funktioniert unter zahlreichen Unix-Varianten und Windows. Sie können es unter *http:// www.nessus.org* herunterladen.

Hier muss auf ein weiteres politisches Problem hingewiesen werden: Seit August 2007 ist § 202c StGB in Kraft, der die Herstellung und Verbreitung solcher Tools unter Strafe stellt, wenn sie der Vorbereitung eines Einbruchs in EDV-Anlagen dienen. Es gibt noch keine Gerichtsurteile dazu, sodass noch offen ist, ob und wie sehr dieser Paragraf Administratoren bei ihrer täglichen Arbeit behindern wird. Auf dem LinuxTag in Berlin im Mai 2007 verteilte allerdings selbst das *Bundesamt für Sicherheit in der Informationstechnik* (BSI) CDs mit den zuvor genannten Tools. Inzwischen ist der »Hackerparagraf« seit zehn Jahren in Kraft, aber bisher gab es nur sehr wenige Gerichtsprozesse auf dessen Grundlage.

► *Geschulte Mitarbeiter.* Die beste technische Sicherheitsmaßnahme nützt nichts, wenn die User nicht darüber Bescheid wissen. Menschliches Versagen ist immer die größte Sicherheitslücke. Einige der erfolgreichsten Cracker haben nicht nur durch ausgeklügelte technische Maßnahmen Zugriff auf geschützte Systeme erlangt, sondern vor allem durch *Social Engineering* – siehe beispielsweise das Buch »Die Kunst der Täuschung« von Kevin Mitnick, einem verurteilten Cracker.

Beispielsweise ist der vernünftige Umgang mit Passwörtern weithin unbekannt. Beachten Sie deshalb besonders die folgenden Punkte, und weisen Sie auch Ihre Kollegen darauf hin:

– Passwörter dürfen niemals sinnvolle Wörter sein, sondern müssen möglichst wirre Kombinationen aus Groß- und Kleinbuchstaben, Ziffern und Sonderzeichen sein.

– Passwörter müssen regelmäßig gewechselt werden. Wenn Ihr Betriebssystem oder Ihre sonstige Software eine Möglichkeit bietet, die Benutzer nach einer bestimmten Zeit zur Änderung zu zwingen, sollten Sie diese Möglichkeit nutzen.

– Ein Passwort wird niemals aufgeschrieben! Ein sicheres Passwort, das man sich dennoch leicht merken kann, ergibt sich am einfachsten aus den Anfangsbuchstaben eines möglichst sinnlosen Satzes; einige Zeichen sollten allerdings keine Buchstaben sein. Ein Beispiel finden Sie in Kapitel 7, »Linux«.

## 21.2 Netzwerk- und Serversicherheit

– Administratoren, Mitarbeiter von Internetprovidern, Polizisten oder Staatsbeamte fragen niemals nach dem Passwort.[7] Wer auch immer Sie also danach fragt, ist ein Betrüger.

– Passwörter sind erst der Anfang – die vorgestellten Maßnahmen zur Passwortsicherheit sind wichtig. Für sich allein sind sie aber noch lange keine ausreichende Absicherung. Das sollten sowohl Sie als auch die restlichen Benutzer wissen.

### Praxisbeispiel Netfilter/iptables – die Linux-Kernel-Firewall

Das Programm *netfilter* ist ein unmittelbar in den Linux-Kernel eingebauter Netzwerkpaketfilter. Konfiguriert wird er über das Tool *iptables*, das seit dem Linux-Kernel 2.4 verfügbar ist. Der Kernel 2.2 enthielt einen Vorläufer von netfilter, dessen weniger leistungsfähiges Frontend *ipchains* hieß. netfilter analysiert IP-Datagramme, bevor sie an die Empfängeranwendungen ausgeliefert werden; falls nötig, werden die Pakete umgeleitet, modifiziert oder sogar gelöscht.

Es gibt eine spezielle Variante für IPv6 namens *ip6tables* und noch einige andere Varianten für spezielle Anwendungszwecke. Die Entwickler arbeiten zurzeit an einem Nachfolger namens *nftables*, der alle Einzel-Tools vereinen soll.

Die iptables-Regeln modifizieren eine oder mehrere der folgenden fünf vordefinierten *Chains* (Ketten):

▶ PREROUTING – Pakete, die soeben von der Netzwerkschnittstelle in Empfang genommen wurden

▶ INPUT – eingehende Pakete, bevor sie an die Empfängeranwendung ausgeliefert werden

▶ OUTPUT – ausgehende Pakete, die soeben von einer Netzwerkanwendung erzeugt wurden

▶ POSTROUTING – Pakete, die gerade über die Netzwerkschnittstelle gesendet werden sollen

▶ FORWARD – Pakete, die nicht für den lokalen Rechner bestimmt sind, sondern die dieser per IP-Forwarding (Routing) weiterleitet

Die Filterregeln werden in verschiedene Tabellen geschrieben. Drei sind automatisch vorkonfiguriert:

▶ nat (*Network Address Translation*) – ermöglicht die Änderung von IP-Adressen und/oder Ports, um Pakete aus dem internen in ein externes Netzwerk umzuleiten oder umgekehrt. Die zulässigen Chains sind OUTPUT, POSTROUTING und PREROUTING.

▶ filter – Diese Tabelle bestimmt die Regeln für erlaubte und verbotene Datenpakete. Bei eingehenden Paketen dient sie dem Schutz vor möglichen Angriffen oder Spionage; bei ausgehenden schützt sie vor Trojanern und anderer Spyware sowie vor Anwendungen,

---

7 Zumindest in Deutschland ist dies der Fall. Es gibt Pläne der US-Regierung, Einreisende nach ihren Social-Media-Passwörtern fragen zu wollen, und im Vereinigten Königreich ist es strafbar, Passwörter und Schlüssel nicht an Sicherheitsbehörden herauszugeben.

die »nach Hause telefonieren« möchten (Letzteres kommt bei Open-Source-Programmen natürlich seltener vor als bei kommerziellen). Auch auf Routing-Pakete, die der Rechner nur durchreicht, können filter-Regeln angewendet werden. Die Tabelle kann demzufolge für die Chains INPUT, OUTPUT und FORWARD eingesetzt werden und stellt die eigentliche Firewall-Funktionalität bereit.

▸ mangle – Über diese Tabelle können Sie Datenpaket-Header beliebig modifizieren. Sie kann mit allen fünf Chains zusammenarbeiten.

Jede Regel kann ein *Match* (Kriterium) besitzen, um ihre Gültigkeit auf bestimmte Pakete zu beschränken.

Zuletzt besitzen alle Regeln ein *Target* (Ziel). Fünf von ihnen sind vordefiniert:

▸ ACCEPT – Das Datenpaket wird akzeptiert, also an den nächsten Verarbeitungsschritt weitergereicht (dort könnte es gegebenenfalls durch eine weitere Regel modifiziert werden).

▸ DROP – Das Paket wird ersatzlos verworfen.

▸ REJECT – Auch dieses Target verwirft das Paket, versendet aber zusätzlich eine Ablehnungsmitteilung an den Absender.

▸ QUEUE – Das Paket wird aus dem Kernel in den Userspace weitergereicht, wo es von einer spezialisierten Anwendung weiterverarbeitet werden kann.

▸ RETURN – Das Paket wird in der ursprünglichen aufrufenden Chain weiterverarbeitet; dieses Target entspricht einem Rücksprung aus einem Unterprogramm und eignet sich somit für benutzerdefinierte Regeln, die an bestimmten Stellen eingeschoben werden.

Hier einige der wichtigsten Kommandozeilenparameter des Tools iptables:

▸ -t table oder --table table – Auswahl der Tabelle. -t filter verwendet zum Beispiel die Tabelle filter.

▸ -A chain oder --append chain – die Regel wird an die angegebene Chain angehängt. Beispiel: -A PREROUTING.

▸ -I chain [Regelnummer] oder --insert chain [Regelnummer] – fügt eine neue Regel vor der angegebenen ein oder an den Anfang der Chain, wenn keine Nummer angegeben wird. Dies ist wichtig, da manche Regeln eine bestimmte Reihenfolge benötigen.

▸ -R chain Regelnummer oder --replace chain Regelnummer – ersetzt die angegebene Regel durch die mitgelieferte neue Regel.

▸ -D chain Regelnummer oder --delete chain Regelnummer – löscht die Regel mit der betreffenden Nummer aus der Chain.

▸ -j Target – hier wird das Target angegeben, entweder eines der zuvor genannten Standardziele oder ein benutzerdefiniertes. Dieser Parameter legt also fest, was mit Paketen geschieht, auf die die Regel zutrifft. -j DROP beispielsweise verwirft die betreffenden Pakete.

- ▶ -s [!]Quelladresse[/Maske], alternativ --src oder --source – Quelladresse oder Quell-adressbereich eines Pakets. Ein Ausrufezeichen steht für alle Pakete, die nicht aus der angegebenen Quelle stammen. -s 192.168.1.0/24 legt zum Beispiel eine Regel für Pakete fest, die aus dem angegebenen Netz stammen; s !192.168.1.0/24 gilt dagegen für alle Pakete außer denjenigen aus dem benannten Netz.

- ▶ -d [!]Zieladresse[/Maske], alternativ --dst oder --destination – Regeln für Datenpakete mit einer bestimmten Zieladresse oder einem Zieladressbereich. Ein Ausrufezeichen negiert die Angabe auch bei dieser Option. -d 192.168.1.18 gilt beispielsweise für alle Pakete, die an diese IP-Adresse gesendet werden sollen.

- ▶ -p [!]Protokoll oder --protocol [!]Protokoll – Regeln für Pakete, die das angegebene Transportprotokoll verwenden beziehungsweise (mit Ausrufezeichen) nicht verwenden. Zulässig sind alle Werte aus der Datei /etc/protocols, entweder numerisch oder anhand ihres Namens. Wichtige Protokolle sind zum Beispiel tcp, udp und icmp (ping).

- ▶ --source-port Portnummer oder --sport Portnummer – Quellport (TCP) oder Quell-Dienst-nummer (UDP) von Paketen, zum Beispiel --sport 25 oder --sport smtp für Pakete, die von einem SMTP-Server stammen; je nach Chain ist ein lokaler oder ein Remote-Mailserver gemeint. Alle Dienstnummern von 0 bis 65.535 und alle Namen aus /etc/services sind zulässig.

- ▶ --destination-port Portnummer oder --dport Portnummer – Zielport des Pakets; dport 22 oder --dport ssh gilt zum Beispiel für Pakete, die an einen SSH-Server gesendet werden.

- ▶ -i Schnittstelle – Regel für eingehende Pakete, die über die angegebene Netzwerk-schnittstelle ankommen. Beispiel: -i eth0 gilt für die erste Ethernet-Karte.

- ▶ -o Schnittstelle – Regel für Pakete, die über eine bestimmte ausgehende Schnittstelle gesendet werden. Beispiel: -o ippp0 betrifft nur Pakete für die erste (und meist einzige) ISDN-Schnittstelle.

- ▶ -L [chain] oder --list [chain] – gibt eine Liste aller Regeln für die angegebene Chain aus. Wird keine Chain genannt, erhalten Sie eine vollständige Liste aller netfilter-Regeln.

- ▶ -h oder --help – Ausgabe der Hilfe mit den hier genannten und allen anderen Optionen

Zum Schluss sehen Sie hier noch einige Beispiele für konkrete Filterregeln:

- ▶ `# iptables -t filter -I INPUT -p tcp \`
`-s 196.12.21.0/24 -j DROP`
Eingehende Pakete aus dem Netzwerk 196.12.21.0/24 sollen verworfen werden. Auf diese Weise lassen sich beispielsweise die Adressen bekannter Verbreiter von Malware kom-plett sperren. Es ist wichtig, diese Regel mithilfe von -I an den Anfang der INPUT-Chain zu stellen, um Regeln zuvorzukommen, die einfach sämtliche eingehenden TCP-Pakete durchlassen.

- ▶ `# iptables -t filter -I INPUT -p ICMP -j DROP`
Verhindert alle ICMP-Zugriffe, das heißt die Überprüfung Ihres Rechners mit *ping*. Es gibt ein DoS-Angriffsszenario mit fehlerhaft formatierten ICMP-Paketen, den sogenannten

*Ping of Death*, deshalb wird diese Regel manchmal verwendet. Der Nachteil ist natürlich, dass Sie Ihre eigenen Rechner dann auch nicht mehr mit *ping* testen können. Verwenden Sie in der Praxis also so etwas wie

```
# iptables -t filter -I INPUT -s!192.168.1.0/24 \
-p ICMP DROP
```

um ping-Pakete zu verwerfen, die nicht aus Ihrem Netz stammen.

- ► `# iptables -t filter -O OUTPUT -d 192.168.0.22 -j DROP`
  Diese Regel lehnt alle Pakete ab, die an eine bestimmte Zieladresse gesendet werden. Auf diese Weise könnten Sie ein Programm daran hindern, Verbindung zum Server oder zum Netzwerk seines Herstellers aufzunehmen.

- ► `# iptables -t nat -A POSTROUTING -o eth0 -j SNAT \`
  `--to 196.23.17.41`
  Source-NAT: Die IP-Adresse aller Pakete, die über die Schnittstelle *eth0* gesendet werden, erhält einen anderen (externen) Wert.

- ► `# iptables -t nat -A POSTROUTING -o dsl0 -j MASQUERADE`
  IP-Masquerading, eine besondere Form des Source-NAT, überschreibt die lokale IP-Adresse mit der dynamisch zugewiesenen. Dies ermöglicht zum Beispiel die gemeinsame Nutzung eines DSL-Anschlusses durch mehrere Rechner im lokalen Netzwerk.

- ► `# iptables -t nat -A PREROUTING -i eth0 -j DNAT \`
  `--to 192.168.1.22`
  Destination-NAT, das Gegenteil von Source-NAT, ändert die IP-Adresse eingehender Pakete in einen lokalen Wert.

### 21.2.3 Kryptografie

Die Verschlüsselung von Nachrichten als Strategie zum Überleben in einer oft feindlichen Umwelt ist jahrtausendealt. Politische, wirtschaftliche oder militärische Informationen mussten geheim gehalten werden. Da das Internet ein allgemein nutzbares Kommunikationsnetz ist, wurde die Kryptografie für beinahe jeden interessant.

Die Codes früherer Zeiten waren eher einfach: Bekannt ist zum Beispiel der *Cäsar-Code*, bei dem jeder Buchstabe im Alphabet durch lineare Verschiebung durch einen anderen ersetzt wird. Der »Schlüssel« ist hier die Anzahl der Stellen, um die die Buchstaben verschoben werden. Tabelle 21.1 zeigt das bekannte Beispiel *ROT13*, das Buchstaben um 13 Stellen verschiebt.

| A | B | C | D | E | F | G | H | I | J | K | L | M | N | O | P | Q | R | S | T | U | V | W | X | Y | Z |
|---|---|---|---|---|---|---|---|---|---|---|---|---|---|---|---|---|---|---|---|---|---|---|---|---|---|
| N | O | P | Q | R | S | T | U | V | W | X | Y | Z | A | B | C | D | E | F | G | H | I | J | K | L | M |

**Tabelle 21.1** Cäsar-Code oder ROTn: Verschiebung der Buchstaben um n Stellen, hier das Beispiel ROT13

Mithilfe der Tabelle dürfte es Ihnen keine Schwierigkeiten bereiten, den folgenden Satz zu lesen: »Irefpuyhrffryhat ybnag fvpu, qraa avpug nyyf trug wrqra rgjnf na«. Das Praktische an den 13 Stellen ist, dass das Alphabet genau halbiert wird, sodass Verschlüsselung und Entschlüsselung derselbe Vorgang sind. Das folgende sehr kurze Python-Skript leistet entsprechend beides:

```
import codecs

message = input("Nachricht: ")
print(codecs.encode(message, "rot-13"))
```

Natürlich ist ROT13 in den Augen der Kryptoanalyse (der Wissenschaft von der Entschlüsselung) ein »Witz«. Der schnellste Ansatz ist eine Häufigkeitsanalyse (welcher Buchstabe kommt in einer Sprache am häufigsten vor?) – je länger der Text, desto schneller führt sie zum Ziel.

Durch die moderne Mathematik und vor allem die Einführung der Computertechnik wurden erheblich komplexere Verschlüsselungsverfahren geschaffen, die sich nicht mehr ohne Weiteres – zum Teil sogar gar nicht – knacken lassen. Das wichtigste Merkmal für eine gute Verschlüsselung ist allerdings eine ausreichende Schlüssellänge. Das ausgeklügeltste Verfahren nutzt nichts, wenn sich der Schlüsselraum, also die Gesamtheit aller möglichen Schlüssel, in wenigen Minuten durch einen Brute-Force-Angriff durchprobieren lässt.

Zunächst sollten Sie einige Grundbegriffe kennen, die im Zusammenhang mit der modernen Kryptografie im IT-Bereich häufig verwendet werden:

▶ *Symmetrische Verschlüsselung.* Bei dieser klassischen Form der Verschlüsselung wird zur Verschlüsselung und zur Entschlüsselung derselbe Schlüssel verwendet. Damit dies sicher ist, muss der Schlüssel selbst vor Außenstehenden verborgen werden. Für Internetverbindungen ist dieses Verfahren deshalb nicht geeignet.

▶ *Asymmetrische Verschlüsselung.* Diese Form der Kryptografie wird auch als *Public-Key-Verfahren* bezeichnet. Für die Verschlüsselung wird ein anderer Schlüssel verwendet als zur Entschlüsselung. Einer der beiden Schlüssel ist öffentlich (*Public Key*), der andere geheim (*Private Key*). Jeder, der an einem solchen Verschlüsselungsverfahren teilnehmen möchte, kann seinen öffentlichen Schlüssel verteilen. Wer diesem Teilnehmer eine Nachricht senden möchte, kann sie mit dessen öffentlichem Schlüssel verschlüsseln. Der andere Teilnehmer kann sie daraufhin mit seinem privaten Schlüssel dechiffrieren. Genau dieses Verfahren liegt Internet-Kryptografielösungen wie SSL oder PGP zugrunde.

▶ *Einwegverschlüsselung.* Bei dieser besonderen Form der Verschlüsselung ist die Dechiffrierung nicht vorgesehen und (sofern der Algorithmus korrekt arbeitet) auch nicht möglich. Einwegverschlüsselung wird beispielsweise für Passwörter verwendet: Anstatt das Passwort für den Vergleich mit der Benutzereingabe zu entschlüsseln (was ein erhebliches Sicherheitsrisiko wäre), wird die Eingabe nach demselben Verfahren chiffriert wie das verschlüsselt gespeicherte Passwort.

21    Computer- und Netzwerksicherheit

▶ *Digitale Signatur.* Eine Signatur wird benutzt, um die Identität eines Absenders zu gewährleisten. Damit dies wirklich sichergestellt ist, muss die Signatur von einer vertrauenswür-
digen Zertifizierungsstelle beglaubigt werden. Anschließend kann der Anbieter Inhalte
mit seinem privaten Schlüssel signieren; mit seinem öffentlichen Schlüssel können Empfänger die Identität des Anbieters überprüfen.

▶ *Message-Digest.* Ein *Message-Digest-Algorithmus* (auch *Message Authentication Code* oder
kurz *MAC* genannt) berechnet aus einem recht langen Inhalt eine möglichst kurze Zeichenfolge, die die Eindeutigkeit des ursprünglichen Inhalts gewährleistet. Eine Änderung
des Inhalts sollte zuverlässig auch den Digest-Wert verändern. Dies gewährleistet die Integrität von Inhalten wie E-Mails, Webseiten oder Downloads.

Es gibt im Computer- und Netzwerkbereich zahlreiche Einsatzmöglichkeiten für Kryptografie. Hier nur einige der wichtigsten:

▶ *E-Mail-Verschlüsselung.* Die Verschlüsselung von E-Mail-Nachrichten mithilfe von *PGP*
(*Pretty Good Privacy*) oder dessen Open-Source-Variante *GnuPG* ist eines der beliebtesten
Einsatzgebiete für Kryptografie. Es handelt sich um ein Public-Key-Verfahren. Wenn ich
jemandem eine verschlüsselte Nachricht senden möchte, kann ich sie mit seinem öffent-
lichen Schlüssel verschlüsseln, der allgemein verfügbar sein darf. Der Empfänger kann die
Mail dann ausschließlich mit seinem privaten Schlüssel entschlüsseln. In moderne E-Mail-
Clients lässt sich PGP oder GnuPG leicht integrieren, sodass es auf Knopfdruck zur Verfügung steht.

▶ *SSL/TLS für Webseiten.* Sicherheitsrelevante Webtransaktionen sollten nicht im Klartext
durchgeführt werden, sondern ebenfalls verschlüsselt ablaufen. Dazu wird *gesichertes
HTTP* (HTTPS) *über SSL* oder das modernere *TLS* verwendet. Neben der Verschlüsselung
wird die Identität des Anbieters garantiert. Er muss ein digitales Zertifikat verwenden, das
idealerweise von einer anerkannten *Zertifizierungsstelle* (englisch: *Certification Authority*,
kurz CA) beglaubigt wurde.

▶ *SSH* (*Secure Shell*). Die Fernadministration von Unix-Servern ist eine angenehme und oft
zeitsparende Angelegenheit. Dazu wird traditionellerweise das Protokoll und Programm
*telnet* verwendet. Dieses ist allerdings extrem unsicher, weil sämtliche Daten im Klartext
übertragen werden. SSH ist eine verschlüsselte Lösung für dieses Problem. Um mit einem
SSH-Server zu kommunizieren, benötigen Sie ein entsprechendes Client-Terminal. Auf
Unix-Rechnern ist dafür in der Regel das Programm *ssh* vorinstalliert. Für Windows gibt es
etwa das Programm *PuTTY* (Download bspw. unter *http://www.chiark.greenend.org.uk/
~sgtatham/putty/download.html*).

▶ *VPN* (*Virtual Private Networks*). Verteilte IT-Infrastrukturen mit mehreren, weit voneinander entfernten Standorten sind ein Problem: Eine dedizierte Standleitung zwischen ihnen
ist oft zu teuer, und das Internet ist dagegen zu unsicher und verlangt lästige Einschränkungen durch die mangelnden Fähigkeiten der verfügbaren Protokolle. Die Lösung heißt

1224

VPN: Ein voll ausgestattetes, frei konfigurierbares Netzwerk wird über das Internet »getunnelt«. Verschlüsselung ist übrigens kein integrierter Bestandteil eines VPN, sondern muss von den verwendeten Protokollen selbst geleistet werden.

## 21.3  Übungsaufgaben

Im Folgenden ist jeweils genau eine Antwort richtig.

1. Was ist kein Computerviren-Typ?
   - ☐ Bootsektorvirus
   - ☐ Makrovirus
   - ☐ Retrovirus
   - ☐ Stealth-Virus

2. Über welchen der folgenden Kanäle werden Würmer (bisher) im Allgemeinen nicht verbreitet?
   - ☐ E-Mail
   - ☐ Bluetooth
   - ☐ soziale Netzwerke
   - ☐ Instant Messenger

3. Was ist ein trojanisches Pferd?
   - ☐ ein besonders heimtückischer Virus
   - ☐ ein Simulationsspiel, in dem antike Schlachten nachgestellt werden
   - ☐ eine Software, die heimlich etwas anderes tut, als sie öffentlich behauptet
   - ☐ ein Schadprogramm, das ausschließlich per E-Mail verbreitet wird

4. Welche Art der Schadsoftware spielt eine immer kleinere Rolle, weil Wählleitungszugänge ins Internet durch DSL ersetzt werden?
   - ☐ Spam
   - ☐ Backdoors
   - ☐ Spyware
   - ☐ Dialer

5. Wie nennt man gefälschte E-Mails, die User dazu bringen sollen, persönliche Daten für bekannte Portale auf betrügerischen Websites einzugeben?
   - ☐ Phishing
   - ☐ Phreaking
   - ☐ Phoning
   - ☐ Pharming

## 21 Computer- und Netzwerksicherheit

6. Was sollten Sie mit Spam-Mails auf jeden Fall tun?

   ☐ dem Absender höflich antworten, dass Sie keine weitere Belästigung wünschen

   ☐ den »Unsubscribe«-Link in der Spam-Mail anklicken

   ☐ die Spam-Mail löschen

   ☐ eine Beschwerde bei der Bundesnetzagentur einreichen

7. Was ist eine DoS-Attacke?

   ☐ ein nur noch historisches Szenario, bei dem das Betriebssystem MS-DOS angegriffen wird

   ☐ das Stilllegen oder Ausbremsen eines Internetdienstes durch konzentrierte, massenhafte Anfragen

   ☐ das Abfangen von E-Mails, die für jemand anderen bestimmt sind

   ☐ die heimliche Installation eines 0900-Dialers

8. Was kann recht effektiv durch die regelmäßige Installation von Updates eingedämmt werden?

   ☐ Exploits

   ☐ Viren

   ☐ Cross-Site-Scripting

   ☐ SQL-Injection

9. Was ist ein Rootkit?

   ☐ eine Sammlung von Tools für den Unix-Administrator

   ☐ die Wurzel des Unix-Dateisystems

   ☐ heimtückische Ersatzprogramme für System-Tools

   ☐ eine Entwicklungsumgebung für Schadsoftware

10. Was ist keine Aufgabe einer Firewall?

    ☐ unerwünschte Datenpakete abzuweisen

    ☐ bestimmte Datenpakete durchzulassen

    ☐ Brandschutz im Rechenzentrum

    ☐ das lokale Netzwerk und das Internet teilweise voneinander zu trennen

11. Welche der folgenden ist keine iptables-Chain?

    ☐ PREROUTING

    ☐ OUTPUT

    ☐ POSTROUTING

    ☐ MIDROUTING

# Anhang

A  Glossar ................................................................................... 1229

B  Zweisprachige Wortliste.......................................................... 1241

C  Kommentiertes Literatur- und Linkverzeichnis......................... 1247

# Anhang A
# Glossar

*Auch wenn ein Zwerg riesige Mengen von Informationen täglich
in sich aufnimmt, so bleibt er doch nur ein riesiger Zwerg.
– Dr. Ernst R. Hauschka*

Damit es nicht zu riesig wird, enthält das Glossar keine allgemeinen, sondern nur unbekanntere Fachbegriffe, die so knapp wie möglich erläutert werden.

**Access Point**  Zentraler Verteilerknoten in einem → Wireless LAN.

**Active Directory**  LDAP-basierter → Verzeichnisdienst; wichtiger Bestandteil der Microsoft-Betriebssysteme Windows 2000 Server und Windows Server 2003.

**ADSL**  → DSL

**Adware**  Für Endanwender kostenlose Software, die durch die Einblendung von Werbebannern finanziert wird. Kann zum Problem werden, wenn durch Ausspionieren des Users ermittelt wird, welche Banner geeignet sind. → Spyware

**AGP**  Accelerated Graphics Port; spezieller Steckplatz für die Grafikkarte auf dem Mainboard. Wurde weitgehend durch PCI Express ersetzt.

**Algorithmus**  Schritt-für-Schritt-Beschreibung einer Problemlösung aus der Mathematik oder Informatik.

**ALU**  Arithmetic-Logical Unit; die Recheneinheit eines Mikroprozessors.

**Android**  Linux-basiertes Betriebssystem für Smartphones, Tablets und andere Mobilgeräte von Google.

**Android Studio**  Von Google kostenlos bereitgestellte → Entwicklungsumgebung für Android-Apps.

**ANSI**  American National Standards Institute, legt Normen und Industriestandards in den USA fest und entspricht somit der DIN in Deutschland. Im Computerbereich sind beispielsweise der ANSI-C-Standard und der ANSI-Zeichensatz, die erste standardisierte 8-Bit-Erweiterung von ASCII, relevant.

**Anwendungsserver**  → Application Server

**API**  Application Programming Interface; Schnittstelle, über die Programmierer auf die Funktionen eines Betriebssystems oder einer Anwendung zugreifen können. Auch → Webservices werden als API bezeichnet, da sie webbasierte Programmierschnittstellen sind.

**App**  Kurzform von Application; Anwendungsprogramm für ein Mobilgerät. Unter macOS und Windows werden auch mitgelieferte und nachinstallierbare Programme als Apps bezeichnet, da sie über einen Webstore installiert werden können.

**Application Server**  Serversoftware, die eine Umgebung für verteilte Anwendungen bereitstellt.

**ARP**  Address Resolution Protocol; Protokoll der TCP/IP-Familie zur Umsetzung der IP-Adressen in die Hardwareadressen von Ethernet-Karten.

**ARPA**  Auch *DARPA*: Defense Advanced Research Projects Agency. Agentur des US-Verteidigungsministeriums, die Forschungsprojekte koordiniert und finanziert. Das 1969 von dieser Institution ins Leben gerufene ARPANET war der Vorläufer des Internets.

**Array**  Variable, die mehrere über einen Index ansprechbare Werte enthalten kann. Üblicherweise ist der Index numerisch; bei String- oder Objekt-Indizes spricht man von einem *assoziativen Array* oder *Hash*.

**ASCII** Erster weitverbreiteter, standardisierter Computerzeichensatz mit 7 Bit Datenbreite (128 Zeichen), ausreichend für alle Buchstaben der englischen Sprache sowie Ziffern, Satzzeichen, einige Sonderzeichen und Spezialfunktionen.

**ASCII-/Binärmodus** Unterschiedliche Datenübertragungsverfahren: Beim ASCII-Modus werden Zeilenumbrüche in das passende Format für die jeweilige Plattform umgewandelt, beim Binärmodus bleiben die Daten absolut intakt.

**ASP.NET** Microsoft-Technologie für vorlagenbasierte Websites mit dynamischen Inhalten; Teil des .NET-Frameworks.

**Assembler** Die Maschinensprache des jeweiligen Prozessors, dargestellt in Form von Kürzeln (Mnemonics), die von Menschen gelesen werden können. Außerdem die Bezeichnung für ein Programm, das diese Schreibweise in die eigentliche Maschinensprache umwandelt.

**AT-Befehlssatz** Auch *Hayes-Befehlssatz*; Satz ASCII-basierter Steuerbefehle für fast alle Modems, die alle mit der Zeichenfolge AT beginnen.

**Ausdruck** Beliebige Verknüpfung aus Konstanten, Variablen und Operatoren in einer Programmiersprache, die letztlich einen konkreten Wert ergibt.

**Aussage** Logischer Satz, der entweder wahr oder falsch sein kann. In der Mathematik eine Gleichung oder Ungleichung.

**Autonomes System (AS)** Begriff aus der Routing-Technik: zusammengesetzte Einheit aus Netzwerken, für die derselbe Betreiber verantwortlich ist. Innerhalb eines AS werden interne Routing-Protokolle eingesetzt, über mehrere AS hinweg externe.

**AWT** Abstract Windowing Toolkit; Klassenbibliothek zur Programmierung von Grafik- und GUI-Anwendungen in Java. Wird inzwischen durch die Swing- und Java2D-APIs ergänzt.

**Backdoor** Unerwünschte Schnittstelle, über die ein Angreifer auf einem fremden Rechner Operationen durchführen kann. Meist durch → Trojaner installiert.

**Berechenbarkeit** Kriterium eines Problems, für das eine Lösung gesucht wird: Nur zur Lösung berechenbarer Probleme kann ein Algorithmus erstellt werden.

**Berkeley Socket API** Programmierumgebung für TCP/IP-Netzwerkanwendungen. Ursprünglich eine C-Bibliothek unter BSD-Unix, inzwischen aber unter vielen Betriebssystemen und Programmiersprachen verfügbar.

**Bezeichner** Name einer Variablen, Funktion, Klasse oder Methode. Je nach Programmiersprache gelten unterschiedliche Konventionen für Bezeichner.

**BGP** Border Gateway Protocol; sehr häufig verwendetes externes Routing-Protokoll.

**Big-Endian-Architektur** Spezielle Hardwarearchitektur: Bei Zahlen, die mehrere Bytes breit sind, wird das höchstwertige Byte am Ende gespeichert. Gegenteil: → Little-Endian-Architektur.

**Binäre Suche** Schnelle Suche in einer bereits sortierten Datenmenge durch fortgesetztes Halbieren.

**Binary Coded Decimals (BCD)** Speicherung von Dezimalzahlen im binären Format: Je 4 Bit werden für die Zahlen von 0 bis 9 verwendet.

**BIOS** Basic Input/Output System; ROM-Baustein mit der Firmware des Personal Computers, die die wichtigsten Hardwarekomponenten überprüft und den Start des Betriebssystems einleitet.

**Blue Book** Erweiterter Standard für die Mixed-Mode-CD (CD mit Audio- und Daten-Tracks).

**Boolesche Algebra** Von George Boole entwickelte Algebra der binären Logik, die die verschiedenen logischen Operationen formal beschreibt.

**Bridge** Erweiterung eines Netzwerk-Hubs, die eine Verbindung zwischen zwei verschiedenen Verkabelungsstandards bereitstellt. Beispiel: ein 10/100-Base-T-Hub mit zusätzlichem BNC-Anschluss für 10 Base 2.

**Brute-Force-Attacke** »Rohe Gewalt«: Versuch, ein Passwort oder einen sonstigen Code durch einfaches Durchprobieren aller Kombinationsmöglichkeiten zu knacken.

**BSD** Berkeley System Distribution; eine der beiden grundsätzlichen Unix-Entwicklungslinien. Entstand durch die Weiterentwicklung des ursprünglichen Unix an der University of California, Berkeley.

**Bus Mastering** Moderne Technologie für den direkten Austausch von Daten zwischen Arbeitsspeicher und Peripherie; entlastet die CPU.

**C** Imperative Programmiersprache, die 1971 geschaffen wurde, um das Betriebssystem Unix plattformübergreifend zu implementieren.

**C++** In den 80er-Jahren entwickelte objektorientierte Erweiterung von C.

**C#** Neu entwickelte Programmiersprache von Microsoft für die Entwicklung von .NET-Anwendungen; ähnelt in vielerlei Hinsicht → Java.

**C-Standardbibliothek** Plattformübergreifend standardisierte Bibliothek von C-Funktionen. Da fast alle Betriebssysteme in C programmiert wurden, ist die Standardbibliothek der Grund dafür, dass vieles unter verschiedenen Systemen sehr ähnlich funktioniert.

**Callback-Methode** Methode, die geschrieben wird, weil bekannt ist, dass ein externes Programm oder ein Objekt einer API eine Methode mit dem entsprechenden Namen aufrufen wird.

**CAPTCHA** (Completely Automated Public Turing test to tell Computers and Humans Apart) Praktische Nutzanwendung eines → Turing-Tests, bei dem Benutzer eine verzerrt in einem Bild dargestellte Zeichenfolge eingeben sollen, um zu beweisen, dass sie Menschen sind. Wird häufig zur Vermeidung von Spam in Webforen oder ähnlichen Sites eingesetzt. Für sehbehinderte Benutzer gibt es als Alternative Audio-Captchas, bei denen die Zeichenfolge akustisch vorgetragen wird.

**CGI** Common Gateway Interface; Standard für den Datenaustausch zwischen einem Programm, das Webseiten aus dynamischen Daten generiert, und einem Browser. Insbesondere Konventionen für die Verarbeitung von Formulardaten. Heute meist durch FastCGI ersetzt, bei dem die Verarbeitungsprozesse auf Vorrat erzeugt werden.

**Child-Prozess** Ein Prozess, der durch den Unix-Systemaufruf `fork()` von einem anderen abgeleitet wurde.

**CIDR-Adressierung** Classless Inter-Domain Routing; Standard für die IP-Adressierung, die die Trennung zwischen Netzwerk- und Hostteil der Adresse an einer beliebigen Stelle ermöglicht.

**Cloud Computing** Moderner Service von Hostern, der die flexible, oft stundenweise Anmietung von Storage, Anwendungsservern, Datenbanken etc. ermöglicht, oft mit einer API zur automatisierten Einrichtung und Kommunikation. Daneben gibt es Consumer-Cloud-Lösungen, die über Websites gesteuert werden und ins Betriebssystem integriert sind.

**Cocoa** API für die Entwicklung grafischer OS-X-Anwendungen, genauer gesagt, für die moderne grafische Oberfläche Aqua.

**Cookies** Informationen im Textformat, die ein Browser im Auftrag eines Webservers speichert und ihm beim nächsten Besuch wieder zurückgibt. Dienen der Speicherung von Konfigurationsdaten über eine Sitzung hinweg.

**CSMA/CA** Carrier Sense Multiple Access with Collision Avoidance. Netzzugangsverfahren, bei dem mehrere Stationen auf dasselbe Übertragungsmedium zugreifen. Vor dem eigentlichen Senden erfolgt eine Sendeankündigung, um Datenkollisionen zu vermeiden. Wird zum Beispiel für Wireless LAN verwendet.

**CSMA/CD** Carrier Sense Multiple Access with Collision Detection. Netzzugangsverfahren, vor allem für Ethernet; vergleichbar mit CSMA/CA. Allerdings kann es zu Datenkollisionen kommen, weil eine Station einfach sendet, sobald das Medium frei ist.

**CSS** Cascading Style Sheets; spezielle Sprache für die Formatierung von Inhalten auf Webseiten.

**CUPS** Common Unix Printing System; Druckumgebung für den standardisierten Druckerzugriff unter verschiedenen Unix-Systemen.

**Daemon** Im Hintergrund laufender Unix-Prozess, der eine beliebige Dienstleistung zur Verfügung stellt, meist einen Serverdienst.

**DARPA** → ARPA

**Datagramm** IP-Datenpaket.

**Deadlock** Unauflösbare Verklemmung zweier Prozesse, die beim Wettstreit (Race Condition) um eine Ressource in einen Zustand geraten, in dem sie sich gegenseitig am Weiterkommen hindern.

**Default Gateway** Router, der nicht für die Verbindung zu einem speziellen Netzwerk verantwortlich ist, sondern für all diejenigen Verbindungen, für die kein anderer Router konfiguriert ist.

**Defragmentierung** Aufräumen der Fragmentierung einer Festplatte: Im Laufe der Zeit liegen immer weniger Dateien als geschlossene Einheit auf dem Datenträger, sondern werden auf freie Zuordnungseinheiten verteilt. Dies verlangsamt den Plattenzugriff beträchtlich.

**Deklaration** Formale Definition einer Variablen oder Funktion; in manchen Programmiersprachen erforderlich.

**De-Morgan-Theorem** Sagt aus, dass die Verneinung des logischen Und der Verneinung und Oder-Verknüpfung der einzelnen Operanden entspricht und

1231

umgekehrt. Also (A ∧ B) = A ∨ B beziehungsweise (A ∨ B) = A ∧ B

**Denial-of-Service-Angriff** Attacke auf einen Server, die diesen so stark mit (oft fehlerhaften) Anfragen überlastet, dass er nicht mehr in der Lage ist, seinen eigentlichen Dienst zu versehen.

**Deployment** Inbetriebnahme einer Enterprise-Anwendung, eines Webservices oder anderer verteilter Dienste.

**DHCP** Dynamic Host Configuration Protocol; ermöglicht es Hosts, ihre IP-Konfiguration beim Booten von einem zentralen Server zu laden.

**DHTML** Dynamic HTML; Kombination aus HTML, CSS und JavaScript, die die dynamische Änderung von Elementen einer Webseite ermöglicht.

**DIN** Deutsches Institut für Normung; zentrale Autorität für Normen und Industriestandards in Deutschland. Bekannt sind beispielsweise die DIN-Papierformate oder das DIN-66001-Flussdiagramm.

**Disc-at-once** Technik, bei der der gesamte Brennvorgang einer Audio-CD ohne Unterbrechung durchgeführt wird. Einige ältere Audio-CD-Player bestehen auf solche CDs. Gegenbegriff: → Track-at-once.

**DMA-Kanal** Direct Memory Access ist eine ältere Technik für den direkten Datenaustausch zwischen RAM und Peripherie (→ Bus Mastering).

**DNS** Domain Name System; hierarchisches Namenssystem für Internet-Hosts; definiert Namen wie *www.rheinwerk-verlag.de*.

**DOM** Document Object Model; API für den Zugriff auf die Baumstruktur eines XML- oder HTML-Dokuments. Definiert vom W3C und in vielen Programmiersprachen realisiert.

**DoubleWord (DWord)** Allgemeine Bezeichnung für 32 Bit (4 Byte oder 2 Words).

**DSL** Digital Subscriber Line; Internetzugang über serielle Leitungen mit hoher Geschwindigkeit dank hochfrequenter Signale. ADSL (Asymmetric DSL) bietet eine hohe Download-, aber eine niedrige Upload-Datenrate (eher für Privatkunden geeignet), während bei SDSL (Symmetric DSL) beide Geschwindigkeiten gleich sind.

**DTD** Document Type Definition; eine Vorlage für ein spezielles SGML- oder XML-Dokumentformat.

**Eclipse** Freie, integrierte → Entwicklungsumgebung (IDE). Ursprünglich für Java entworfen, aber durch

Plug-ins für beliebige Sprachen und Umgebungen erweiterbar.

**ECMA** European Computer Manufacturers Association; Gremium zur Standardisierung von Sprachen, Formaten oder Schnittstellen im IT-Bereich. Bekannt ist etwa ECMA-262 oder ECMAScript, der standardisierte Sprachkern von JavaScript und ActionScript.

**EIDE** Enhanced Integrated Device Electronics; klassischer Standardanschluss für interne Laufwerke. Heute meist in Form von → S-ATA verwendet.

**Eingabeaufforderung** Auch *Prompt*; Zeichen zur Eingabebereitschaft in einer Konsole. Je nach Betriebssystem und konkreter Shell unterschiedlich aufgebaut. Die Windows-Shell als solche wird ebenfalls Eingabeaufforderung genannt.

**Endlicher Automat** → Turing-Maschine

**Enterprise-Anwendung** Verteilte Client-Server-Anwendung zur Ausführung verschiedener Geschäftsprozesse.

**Enterprise Java Beans** Verteiltes Komponentenmodell für die Zusammenarbeit mit entfernten Java-Anwendungen.

**Entwicklungsumgebung** Auch IDE; Programm zur komfortablen Softwareentwicklung mit Autovervollständigung, Syntax-Highlighting, automatischem Refactoring etc.

**Escape-Sequenz** Spezielle Schreibweise eines nicht darstellbaren Zeichens in einem String. In C und verwandten Sprachen zum Beispiel durch ein Backslash realisiert: \n ist ein Zeilenumbruch, \" ein Anführungszeichen innerhalb normaler Anführungszeichen etc.

**Ethernet** Standard für lokale Netzwerke, der das CSMA/CD-Verfahren verwendet. Hardwaretechnisch über verschiedene Kabeltypen realisiert, vor allem Twisted-Pair- oder Koaxialkabel.

**Extreme Programming (XP)** Agiler Softwareentwicklungsprozess, bei dem die Tätigkeit des Programmierens im Mittelpunkt steht. Typische Merkmale sind das Programmieren in Paaren, der Verzicht auf umfangreiche Entwürfe sowie sehr kurze Release-Zyklen.

**FAT** File Allocation Table, Dateizuordnungstabelle. Sammelname für verschiedene Windows-Dateisysteme (FAT 16, FAT 32).

**FIFO** First In, First Out; Speichermodell der Queue (Warteschlange). Daten werden am einen Ende hineingeschoben und am anderen herausgeholt.

**Firewall** Hard- oder Softwarefilter, der zwischen zwei Netzwerken (zum Beispiel einem lokalen Netzwerk und dem Internet) arbeitet, um Datenpakete nach einstellbaren Kriterien wie Adressen, Ports oder Inhalten auszufiltern.

**FireWire** Auch *IEEE 1394*; schnelle serielle Leitung (400 MBit/s); wird für den digitalen Videoschnitt, aber auch immer häufiger für den Anschluss externer Laufwerke verwendet.

**Fließkommazahl** Auch *Gleitkommazahl*. Im wissenschaftlichen Format (Exponentialschreibweise) gespeicherte Zahl, bei der der Exponent die (variable) Position des Kommas bestimmt.

**Framework** Eine Klassenbibliothek oder Sammlung von Klassenbibliotheken zur Programmierung bestimmter Anwendungen, etwa → .NET für Windows oder → Ruby on Rails für Ruby-basierte Webanwendungen.

**FTP** File Transfer Protocol; Protokoll für die Übertragung von Dateien über ein TCP/IP-Netzwerk.

**Funktion** In der Mathematik eine Vorschrift, die für einen Eingabewert x einen bestimmten Ausgabewert f(x) berechnet. In einem Computerprogramm ein in sich geschlossener Block von Anweisungen, der mit seinem Namen und eventuellen Parametern aufgerufen wird und einen Wert zurückgeben kann.

**GAN** Global Area Network; Netzwerk, das über Kontinente hinwegreicht. Das größte GAN ist das Internet.

**Grafische Benutzeroberfläche** Auch *GUI* (Graphical User Interface). Mit der Maus bedienbare Benutzerschnittstelle eines Betriebssystems, bei der Befehle durch Anklicken von Symbolen oder per Drag & Drop erteilt werden.

**Green Book** Standard für die CDi (CD-interactive), einen frühen Multimedia-Versuch von Philips.

**Handshake** Aushandlung der Leitungsmodalitäten zwischen zwei Modems. Drei-Wege-Handshake: Beginn einer TCP-Verbindung.

**HTTP** Hypertext Transfer Protocol. TCP/IP-Anwendungsprotokoll zur Übertragung von Webseiten vom Server an den Browser.

**Hybrid-CD** CD-ROM mit einer Datenpartition für Windows (ISO 9660) und einer weiteren für Mac OS (HFS).

**Hypertext** Text mit eingebauten automatischen Querverweisen, die durch Anklicken ein anderes Dokument öffnen oder an eine andere Stelle blättern.

**I/O-Basisadresse** Systemressource; die Speicheradresse, über die die CPU mit einem bestimmten Gerät kommuniziert.

**IANA** Internet Assigned Numbers Association; zentrale Autorität für die Vergabe von IP-Adressen.

**ICMP** Internet Control Message Protocol. Einfaches Protokoll, das IP-Datagramme zu Testzwecken an entfernte Rechner versendet, um Verbindungen zu überprüfen. Mit diesem Protokoll arbeitet das Dienstprogramm *ping*.

**IDE** Integrated Development Environment; → Entwicklungsumgebung.

**IEEE** Institute of Electrical and Electronics Engineers; internationale Vereinigung von Elektronik-Ingenieuren, die bestimmte Standards beschließt. Bekannt sind etwa IEEE 802, eine Sammlung von Netzwerkstandards, oder IEEE 1394, der FireWire-Anschluss.

**IMAP** Internet Message Access Protocol; modernes Protokoll für den Betrieb von E-Mail-Postfächern. In einem IMAP-Postfach können die Nachrichten beliebig in Ordner sortiert und gelagert werden.

**Integer** Ganze Zahl.

**Intrusion Detection System** Software zur Erkennung böswilliger Angriffe oder Angriffsversuche.

**iOS** Apples Betriebssystem für iPhones und iPads.

**IP (Internet Protocol)** Das Vermittlungsprotokoll der TCP/IP-Familie. Übernimmt die Adressierung der Hosts und die Übertragung der Daten über verschiedene Netzwerke hinweg. Die klassische Version, IPv4, verwendet 32 Bit lange Adressen; da diese knapp zu werden drohen, wird inzwischen auch IPv6 mit 128-Bit-Adressen eingesetzt.

**IrDA** InfraRed Data Association. Standard für die Infrarotdatenübertragung zwischen dem Computer und externen Peripheriegeräten.

**IRQ** Interrupt Request; Systemressource: Nummer eines Kommunikationskanals zur Ansteuerung von Peripheriegeräten.

**ISA** Industry Standard Architecture; historischer Steckplatz für Erweiterungskarten auf dem Main-

1233

## A   Glossar

board. Nur 16 Bit breit und mit 8,33 MHz Taktrate ausgestattet.

**ISDN**   Integrated Services Digital Network; europäischer Standard für digitale Telefonie. Ein ISDN-Anschluss bietet zwei separate Kanäle für Telefongespräche, Faxe oder Datenübertragung mit je 64 KBit/s (B-Kanäle) sowie einen separaten Kanal für Verwaltungsdaten (D-Kanal).

**ISO**   International Organization for Standardization; erlässt internationale Normen und Industriestandards. Im IT-Bereich sind etwa die ISO-8859-Zeichensätze oder das CD-ROM-Dateiformat ISO 9660 relevant.

**Java**   Objektorientierte Programmiersprache von Sun Microsystems mit dem Vorteil, dass einmal kompilierte Programme dank einer leicht portierbaren Ausführungseinheit, der virtuellen Java-Maschine (JVM), auf vielen verschiedenen Plattformen laufen.

**JavaScript**   Skriptsprache, die die dynamische, interaktive Modifikation von Webseiten im Browser ermöglicht.

**JDBC**   Java-Schnittstelle für die Datenbankprogrammierung; es sind Treiber für viele verschiedene Datenbanksysteme verfügbar.

**JFC**   Java Foundation Classes; Klassenbibliothek zur Programmierung von Grafik- und GUI-Anwendungen.

**Joliet**   Erweiterung des ISO-9660-Dateiformats für die Verwendung langer Windows-Dateinamen.

**JSON**   JavaScript Object Notation; verbreitetes Datenaustauschformat für Webservices u. Ä.

**JUnit**   Ein → Framework für → Unit-Tests in Java.

**KDE**   K Desktop Environment; Desktop-Arbeitsumgebung für Unix-Systeme.

**Koaxialkabel**   Kabeltyp, bei dem eine innere leitende Schicht von einer Isolationsschicht und einer weiteren leitenden Schicht umgeben ist. Bekannt als Antennenkabel; wird auch in der Netzwerktechnik eingesetzt.

**Kommandozeile**   Benutzerschnittstelle im Dialogbetrieb: Ein Benutzer gibt Befehle in Textform ein, die sofort ausgeführt werden.

**Komplexität**   Angabe der Größenordnung für die Laufzeit eines Algorithmus.

**Konsole**   → Kommandozeile

**LAMP-System**   Webserversystem, auf dem eine Kombination aus dem Betriebssystem Linux, dem Webserver Apache, der Datenbank MySQL und der Skriptsprache PHP beziehungsweise Perl oder Python laufen.

**LAN**   Local Area Network; lokales Netzwerk.

**LaTeX**   System für den professionellen Textsatz, besonders für wissenschaftliche Publikationen. Basiert auf dem Satzprogramm TeX von Donald E. Knuth.

**LCD**   Liquid Crystal Display; elektronisches Anzeigesystem auf der Basis von Flüssigkristallen.

**LDAP**   Lightweight Directory Access Protocol; verbreiteter Standard für → Verzeichnisdienste.

**LED-Drucker**   Vereinfachte Form des Laserdruckers, bei der die Belichtung durch eine Reihe von Leuchtdioden durchgeführt wird.

**LIFO**   Last In, First Out; Speichermodell des Stacks (Stapel). Daten werden »oben« aufgelegt und wieder heruntergeholt.

**Lineare Suche**   Suchverfahren, das in einer unsortierten Liste ein Element nach dem anderen mit dem gesuchten Wert vergleicht.

**Literal**   »Wörtlich« gemeinte Konstante in einem Computerprogramm.

**Little-Endian-Architektur**   Spezielle Hardwarearchitektur: Bei Zahlen, die mehrere Bytes breit sind, wird das höchstwertige Byte am Anfang gespeichert. Gegenteil: → Big-Endian-Architektur.

**Login**   Benutzeranmeldung, zum Beispiel an einem Unix-System.

**MAC-Adresse**   Hardwareadresse einer Ethernet-Karte und anderer Netzwerkgeräte.

**MAN**   Metropolitan Area Network; Netzwerk, das ein komplettes Stadtgebiet umfasst.

**MIDI**   Musical Instruments' Digital Interface; Standard für die Kommunikation mit digitalen Musikinstrumenten (Synthesizern).

**MIME**   Multipurpose Internet Mail Extension; Standard für die Angabe von Datentypen, der ursprünglich für E-Mail-Attachments entwickelt wurde, aber auch im Web eine wichtige Rolle spielt.

**MMU**   Memory Management Unit; Teil der CPU, der für die Speicherverwaltung zuständig ist.

**Mounten**   Einbinden eines Datenträgers in das Dateisystem beziehungsweise einen Verzeichnisbaum.

**MP3** MPEG 1 Audio Layer 3; Format für die Audio-komprimierung, das auf hörphysiologischen Messungen basiert und so vornehmlich Bereiche weglässt, die von den meisten Menschen nicht gehört werden.

**MPEG** Motion Picture Expert Group; diverse Formate zur effizienten Speicherung von Digitalvideo mit hoher Qualität.

**MTU** Maximum Transmission Unit; maximale Größe für IP-Datenpakete über eine bestimmte Leitung.

**Multiparadigmen-Sprache** Programmiersprache, die verschiedene Programmiermodelle unterstützt (zum Beispiel objektorientiert, funktional und imperativ).

**NAT** Network Address Translation; Umsetzung privater IP-Adressen in öffentliche zum Übergang in öffentliche Netze.

**.NET** Ein → Framework von Microsoft, das zahlreiche Schnittstellen zur Anwendungs- und Webentwicklung bereitstellt. Die Laufzeitbibliothek CLR (Common Language Runtime) erlaubt die .NET-Programmierung in zahlreichen Sprachen wie C#, Visual Basic, C++, aber auch Python oder Ruby.

**Netbeans** → Entwicklungsumgebung für Java und andere Programmiersprachen; Open Source.

**NFS** Network File System; bevorzugtes Netzwerk-Dateisystem unter Unix.

**NNTP** Network News Transport Protocol; Protokoll für die Übertragung von Newsgroup-Daten.

**Normalisierung** Herstellung der Normalform einer relationalen Datenbank, in der es keine Redundanzen und Inkonsistenzen gibt.

**NoSQL-Datenbank** Meist nichtrelationale, dokumentenbasierte Datenbank, die auf SQL verzichtet und stattdessen oft als → Webservice angelegt ist. Eines der bekanntesten Beispiele ist CouchDB.

**Nyquist-Theorem** Auch *Shannon-Theorem*; besagt, dass für die Darstellung von Daten einer bestimmten Frequenz mindestens die doppelte Trägerfrequenz (Sampling-Rate) erforderlich ist.

**O-Notation** Gesprochen oft »big O notation«. Darstellungsform für die Komplexität von Algorithmen: Eine Funktion f(N) besitzt die Komplexitätsklasse O(g(N)), wenn sich f(N) für große N der Funktion g(N) annähert.

**Objektorientierung** Modernes Programmierverfahren, bei dem Datenstrukturen und Funktionen eine Einheit bilden (Kapselung).

**ODBC** Open Database Connectivity; Microsoft-Datenbankschnittstelle, die in die Windows-Betriebssysteme integriert ist.

**Orange Book** Standard für die beschreibbare und die wiederbeschreibbare CD (CD-R beziehungsweise CD-RW).

**OSI-Referenzmodell** Standardmodell für die Netzwerkkommunikation mit sieben Schichten (Funktionsebenen).

**OSPF** Open Shortest Path First; Routing-Protokoll.

**Parent-Prozess** Unix-Prozess, aus dem ein anderer durch den Systemaufruf fork() abgeleitet wird.

**Partitionierung** Unterteilung der Festplatte in mehrere Abteilungen, die sich wie separate Datenträger verhalten.

**PCI** Peripheral Component Interface; aktueller Anschluss für Einsteckkarten auf dem Mainboard mit 32 Bit und 33 MHz.

**PCMCIA** Personal Computer Memory Card International Association; historischer Anschluss für Memory-Cards und Erweiterungsmodule an Notebooks.

**PDF** Portable Document Format; Dateiformat von Adobe, das in der Druckvorstufe immer häufiger als PostScript-Ersatz verwendet wird. Auch im Web werden oft PDFs zum Download angeboten. Wichtigster Vorteil: Alle im Dokument verwendeten Schriften werden mit in die Datei gepackt.

**Perl** Practical Extraction and Report Language; Skriptsprache aus dem Unix-Bereich, die vor allem von Systemadministratoren und für die CGI-Programmierung verwendet wird.

**PGP** Pretty Good Privacy; beliebtes Tool zur Verschlüsselung und digitalen Signatur von E-Mails.

**Phishing** Diebstahl von persönlichen Daten, Anmeldeinformationen und Passwörtern mithilfe gefälschter E-Mails oder Websites.

**PHP** Rekursives Akronym für PHP: Hypertext Preprocessor; verbreitete Sprache für serverseitige Webanwendungen.

**PHPUnit** Ein → Framework für → Unit-Tests in PHP.

**Pipe** Verknüpfung der Ausgabe eines Programms mit der Eingabe eines anderen.

# A   Glossar

**Plug & Play**   Automatische Konfiguration von Hardware: Geräte werden beim Anschließen automatisch erkannt.

**POP3**   Post Office Protocol, Version 3. Häufigstes Protokoll für E-Mail-Postfächer.

**POSIX**   Standardisierung der Eigenschaften, die ein Unix-System besitzen muss.

**PostScript**   Druckseitenbeschreibungssprache von Adobe; wird von hochwertigen Druckern und Belichtern direkt verstanden.

**PPP**   Point-to-Point Protocol; Verfahren für den Netzwerkzugriff über eine serielle Stand- oder Wählleitung.

**Prädikatenlogik**   Mathematisch-formale Schreibweise der Aussagelogik; begründet 1879 von Gottlob Frege.

**Primärschlüssel**   Eindeutiges Identifikationsmerkmal eines Datensatzes in einer relationalen Datenbank.

**Prompt**   → Eingabeaufforderung

**Prozess**   Aufgabe, die von einem Betriebssystem gleichzeitig mit anderen Aufgaben durchgeführt wird. Jedem Prozess stehen aus seiner eigenen Sicht die vollständigen, ungeteilten Systemressourcen zur Verfügung; das System betreibt Prozessmanagement, um zwischen ihnen umzuschalten.

**Punkt (Point)**   Maßeinheit für die Schriftgröße. Heute ist in der Regel der DTP-Punkt (1/72 Inch) gemeint, obwohl es eine Reihe leicht abweichender Einheiten gibt, die ebenfalls Punkt heißen.

**Python**   → Multiparadigmen-Skriptsprache mit sparsamer Syntax.

**Queue**   → FIFO

**QuickSort**   Schnelles Sortierverfahren, das durch rekursive »Teile-und-herrsche«-Aufrufe funktioniert.

**Race Condition**   Wettstreit mehrerer Prozesse um eine Systemressource.

**RAID**   Redundant Array of Independent (oder Inexpensive) Disks. Logischer Zusammenschluss mehrerer Festplatten zur Steigerung der Geschwindigkeit oder der Sicherheit.

**Rails**   → Ruby on Rails

**RDBMS**   Relational Database Management System. Programm zur Verwaltung relationaler Datenbanken.

**Register**   Rechenzelle der CPU.

**Registermaschine**   Automaten- oder Rechnersimulation, die das Von-Neumann-Modell realisiert.

**Reguläre Ausdrücke**   In verschiedenen Programmiersprachen und Anwendungen verfügbares Verfahren für Mustervergleiche zum Suchen und Ersetzen.

**Rekursion**   Problemlösung durch ineinander verschachtelte Aufrufe derselben Funktion.

**Relationale Datenbank**   Datenbank, die aus mehreren miteinander verknüpften Tabellen besteht.

**REST**   (REpresentional State Transfer) Moderne Lösung für → Webservices, bei der die Aktionen jeweils durch die passenden HTTP-Methoden ausgelöst werden (zum Beispiel GET zum Lesen und DELETE zum Löschen).

**RFC**   Request For Comments; Dokument zur öffentlichen Darstellung von Internetprotokollen und -standards.

**RIP**   Routing Information Protocol; wichtiges internes Routing-Protokoll unter Unix.

**RISC**   Reduced Instruction Set Computing; CPU-Architektur, die durch einen stark verkleinerten Befehlssatz effizienter arbeitet.

**RMI**   Remote Method Invocation. Aufruf von Methoden entfernter Java-Klassen für Enterprise-Anwendungen.

**Router**   Rechner, der eine Verbindung zwischen zwei verschiedenen Netzwerken vermittelt.

**Ruby**   Konsequent objektorientierte Skriptsprache.

**Ruby on Rails**   Ruby-basiertes → Framework für Webanwendungen.

**S-ATA**   Serial ATA; serieller Nachfolger von → EIDE.

**Samba**   SMB-Server für Unix-Systeme; gewissermaßen eine freie Windows-Server-Implementierung.

**Sampling**   Digitalisierung von Audio durch regelmäßige Messungen pro Sekunde.

**SAS**   Serial Attached SCSI; serielle Variante von → SCSI.

**SAX**   Simple API for XML; ereignisbasierte Parsing-API für XML-Dokumente in verschiedenen Programmiersprachen.

**Schaltalgebra**   → Boolesche Algebra

**Schichtenmodell**   Modell der Netzwerkkommunikation oder sonstigen Datenübertragung, das verschiedene Funktionsebenen unterscheidet – beim OSI-Referenzmodell zum Beispiel sieben.

1236

**SCSI** Small Computer System Interface; ein paralleler Anschluss für interne und externe Peripherie, besonders wichtig für Festplatten in Serversystemen. Heute meist als → SAS verwendet.

**SDSL** → DSL

**SGML** Standard Generalized Markup Language; klassische Meta-Sprache zur Formulierung beliebiger Auszeichnungssprachen wie etwa das herkömmliche HTML.

**Shannon-Theorem** → Nyquist-Theorem

**Shell** → Kommandozeile

**Signal** Unix-Mechanismus zur Benachrichtigung von Prozessen. Wird über den Systemaufruf kill() übermittelt.

**SOAP** Simple Object Access Protocol; Kommunikationsprotokoll für Webservices.

**Socket** Ein Endpunkt der TCP/IP-Datenkommunikation.

**Solaris** Unix-kompatibles Betriebssystem von Sun Microsystems.

**Spyware** Software, die Informationen über den Rechner, das System und die installierte Software an ihren Hersteller oder an Angreifer weitergibt. Wird manchmal für zielgruppengerechte Werbung eingesetzt (→ Adware).

**SQL** Structured Query Language; Standardabfragesprache für relationale Datenbanken.

**SSD** Solid State Disk; mechanikfreier Festplattenersatz. Nach außen besitzt das Gerät einen Festplattenanschluss (zum Beispiel → S-ATA für internen oder → USB für externen Gebrauch); im Inneren arbeitet Flash-EPROM-Speicher, wie er für USB-Sticks oder Digitalkamera-Speicherkarten eingesetzt wird.

**SSH** Secure Shell; Sichere Variante von → Telnet, deren Daten über eine verschlüsselte Verbindung übertragen werden.

**Stack** → LIFO

**Stack Overflow** Programmabsturz durch Überfüllung des System-Stacks, also des Stapelspeichers für Rücksprungadressen.

**String** Zeichenkette, also ein Textblock in einem Computerprogramm.

**Subnet Mask** Bit-Maske, die angibt, welche Bits einer IP-Adresse das Netzwerk und welche den Host darstellen.

**Subnetting** Unterteilung eines IP-Netzes einer herkömmlichen Klasse in mehrere Teilnetze.

**Supernetting** Verbindung mehrerer IP-Netze einer herkömmlichen Klasse zu einem Gesamtnetz.

**SVG** Streaming Vector Graphics; XML-basiertes Format für animierte, interaktive Vektorgrafik im Web.

**Swift** Neue Programmiersprache von Apple zur Entwicklung von iOS- und OS-X-Anwendungen in → Xcode.

**Symbolische Konstante** Platzhalter in einem Computerprogramm, der für einen konstanten Wert steht, beispielsweise für einen Umrechnungsfaktor.

**Syslog** Einrichtung des Betriebssystems Unix für die automatische Protokollierung von Fehlern und sonstigen Ereignissen.

**System V** Das klassische AT&T-Unix.

**Systemaufruf** Aufruf einer Funktion, die der Kernel des Betriebssystems bereitstellt.

**Systemvariable** Auch *Umgebungsvariable*; eine systemweit gültige Variable, in der eine Einstellung des Betriebssystems gespeichert ist.

**Task Scheduler** Prozess im Kernel eines Betriebssystems, der die Rechenzeit an die unterschiedlichen Prozesse verteilt.

**TCP** Transmission Control Protocol; zuverlässiges Transportprotokoll der Internetprotokollfamilie.

**TCP/IP** Transmission Control Protocol/Internet Protocol; die Internetprotokollfamilie, benannt nach ihrem wichtigsten Transportprotokoll und ihrem Vermittlungsprotokoll.

**Telnet** Terminal-Emulation in einem TCP/IP-Netzwerk. In zweiter Linie auch der Name eines Programms, das die interaktive Konsolenkommunikation mit dem Telnet-Protokoll und anderen textbasierten TCP-Anwendungsprotokollen ermöglicht.

**Terminal** Endgerät eines Rechners seit den 60er-Jahren: Ein- und Ausgabeeinheit; zunächst umgebauter Fernschreiber, später mit Monitor ausgestattet. Heute gibt es fast nur noch virtuelle Terminals, also Programme, die eine Terminal-Umgebung bereitstellen.

**Terminator** Abschlusswiderstand, beispielsweise bei SCSI oder bei koaxial-basiertem Ethernet.

**Test-driven Development** Softwareentwicklungs-methode, bei der stets zuerst ein automatischer Test (→ Unit-Test) geschrieben wird; neuer Code wird nur hinzugefügt, wenn der Test scheitert.

**TFT** Thin Flat Transistor; hochwertigstes Verfahren zur Steuerung von LCD-Displays: Jedes einzelne Flüssigkristall wird durch einen eigenen Transistor angesteuert.

**Thread** Leichtgewichtige Alternative zu einem → Prozess; meist laufen innerhalb eines Pro-zesses mehrere Threads. Besonderheit: Ein Thread teilt sich einen Speicherbereich und alle Ressourcen mit den anderen Threads seiner Gruppe.

**Timesharing** Verfahren für den gleichzeitigen Be-trieb mehrerer Terminals an einem Computer.

**Token-Passing** Netzzugangsverfahren, bei dem ein »Rederecht« in Form eines speziellen Datenmusters herumgereicht wird.

**Token-Ring-Netzwerk** LAN-Standard von IBM; ring-förmiges Netzwerk, das nach dem Token-Passing-Verfahren arbeitet.

**Top-Level-Domain** Oberste Ordnungseinheit von Domainnamen im Internet. Man unterscheidet Länder-Top-Level-Domains (ccTLDs) wie *.de* für Deutschland oder *.uk* für Großbritannien und gene-rische TLDs wie *.com* oder *.org*.

**Track-at-once** Technik, bei der der Brennvorgang einer Audio-CD Track für Track einzeln durchge-führt wird. Gegenbegriff: → Disc-at-once.

**Trojaner** Eigentlich »trojanisches Pferd«; angeblich nützliches Programm, das hinter den Kulissen Scha-den anrichtet, indem es zum Beispiel eine → Back-door oder → Spyware installiert.

**TrueType** Vektorbasiertes Format für Schriften, ent-wickelt von Microsoft und Apple. TrueType-Fonts können gleichermaßen auf Bildschirm und Drucker ausgegeben werden.

**TTL** Time-to-Live; Anzahl der Router, die ein IP-Da-tagramm passieren kann: Jeder Router zieht 1 von diesem Wert ab; bei 0 wird das Paket verworfen. Dies verhindert, dass unzustellbare Datagramme ewig im Netz kreisen.

**Turing-Maschine** Auch *endlicher Automat*; Automa-tenmodell nach Alan Turing: eine Maschine aus einem Endlosband mit Feldern, die je ein Zeichen eines bestimmten Zeichenvorrats aufnehmen kön-nen. Jeder Arbeitsschritt liest das Zeichen unter dem Schreib-/Lesekopf, kann ein neues schreiben und das Band um einen Schritt bewegen. Je nach gelese-nem Zeichen und vorherigem Zustand wechselt die Maschine in einen anderen ihrer endlich vielen Zu-stände.

**Turing-Test** Von Alan Turing ersonnener Test: Ein Mensch kommuniziert über die Tastatur mit zwei Gesprächspartnern, von denen der eine ein Mensch und der andere ein Computer ist. Wenn er sie nicht voneinander unterscheiden kann, gilt der Computer als künstliche Intelligenz. Nutzanwendung eines ähnlichen Verfahrens ist das → CAPTCHA.

**Turing-Vollständigkeit** Eigenschaft einer Program-miersprache oder einer Maschine, die sämtliche von einer Turing-Maschine lösbaren (und damit sämtli-che berechenbaren Probleme überhaupt) lösen kann.

**UDDI** Universal Description, Discovery and Integra-tion. Registrierungsdienst für → SOAP-Webservices.

**UDP** User Datagram Protocol; schnelles, verbin-dungsloses Transportprotokoll der Internetproto-kollfamilie.

**UML** Unified Modeling Language; Technologie zur Modellierung von Enterprise-Anwendungen durch Diagramme, die nicht nur Programmabläufe, son-dern auch Geschäftsprozesse abbilden.

**Unicode** Neu entwickelter Computerzeichensatz mit dem Ziel, die Zeichen sämtlicher Schriftsysteme der Welt zu standardisieren. Die Zeichenbreite be-trägt je nach Bereich 1 bis 4 Byte.

**Unified Process** Softwareentwicklungsprozess, der im Zusammenhang mit der → UML entstand. Itera-tiver Prozess (mehrere Release-Zyklen bis zum ferti-gen Produkt), der sich ausgehend von Anwendungs-fällen (Use Cases) vor allem auf die Architektur der Software konzentriert.

**Unit-Test** Auch *Klassentest*; automatisierter Soft-waretest, mit dem sich die ordnungsgemäße Funkti-onalität von Klassen und Programmen leicht über-prüfen lässt. Inzwischen existiert für fast jede Sprache ein xUnit-Framework (zum Beispiel JUnit für Java, rUnit für Ruby oder PHPUnit für PHP).

**URL** Uniform Resource Locator; eindeutige Adresse eines Dokuments im Internet. Besteht aus dem Zu-griffsverfahren (Protokoll), dem Hostnamen und dem Dateipfad.

**USB** Universal Serial Bus; moderne serielle Schnitt-stelle für externe Peripheriegeräte.

# A Glossar

**Usenet** Die klassische Hierarchie der Internet-Newsgroups.

**UTF-8** Spezielle Schreibweise für Unicode-Zeichen, in der ASCII-Zeichen mit einem Byte auskommen, während alle anderen Zeichen 2 bis 4 Byte belegen.

**Vererbung** Fachbegriff der Objektorientierung: Weitergabe der Eigenschaften einer Klasse an eine abgeleitete Klasse.

**Verteilte Anwendung** → Enterprise-Anwendung

**Verzeichnisdienst** Verteilter Informationsdienst, der der Verbreitung von Informationen über Ressourcen und der zentralen Verwaltung von Zugriffsrechten dient. Beispiele: OpenLDAP, Active Directory, NIS (Network Information Service).

**Virus** Selbstreproduzierender Code, der sich zum Beispiel an Dateien (Dateivirus) oder Anwendungsskripten (Makrovirus) anhängt; enthält oft gefährliche Schadensroutinen.

**VLSM** Variable Length Subnet Mask; asymmetrische Aufteilung eines IP-Netzes in Teilnetze unterschiedlicher Größe.

**Von-Neumann-Rechner** Rechnermodell nach John von Neumann, dem im Wesentlichen alle heutigen Computer genügen.

**VPN** Virtual Private Network; Tunnelung eines privaten Netzwerks über das Internet, um die Kosten für eine dedizierte Standleitung zu sparen.

**W3C** World Wide Web Consortium; Zusammenschluss von Herstellern und Einzelpersonen, die die Standards für World Wide Web, HTML und verwandte Technologien festlegen.

**WAN** Wide Area Network; Netzwerk, dessen Bereich ein größeres, überregionales Gebiet umfasst. Manchmal auch einfach der allgemeine Gegenbegriff zum → LAN (lokales Netzwerk).

**Webservice** Verteilte Anwendung, die World-Wide-Web-Technologien zur Kommunikation verwendet. Zur Kommunikation werden u. a. → REST oder → SOAP eingesetzt; die Nutzdaten sind oft → XML oder → JSON.

**White Book** Standard für die Video-CD (nicht DVD).

**Win32** Sammelbezeichnung für alle 32-Bit-Windows-Betriebssysteme von Microsoft: Windows 95, 98 und Me sowie die NT-Familie mit Windows NT bis Windows 10 und Server 2003 bis 2016.

**Win32 API** Systemschnittstelle zur Programmierung von Windows-Anwendungen.

**Wireless LAN (WLAN)** Standard für drahtlose Funknetze nach IEEE 802.11.

**Wohlgeformtheit** Eigenschaft von XML-Dokumenten, in denen die Elemente korrekt verschachtelt sind und andere Standards eingehalten werden.

**Word** Allgemeine Bezeichnung für 16 Bit (2 Byte).

**Wortbreite** Eigenschaft eines Prozessors oder einer Datenleitung; gibt an, wie viele Bits parallel verarbeitet oder transportiert werden können.

**WSDL** Web Service Definition Language. XML-basierte Sprache zur Beschreibung von Webservices.

**Wurm** Schädlicher Code, der sich über diverse Netzwerkprotokolle verbreitet; am häufigsten per E-Mail.

**WYSIWYG** What You See Is What You Get; Arbeitsweise des Desktop-Publishings: Ein Dokument wird am Bildschirm so erstellt, wie es später im Druck aussehen wird.

**X Window** Der X Window Server oder X-Server stellt die grundlegende Funktionalität für den Betrieb grafischer Benutzeroberflächen unter Unix bereit.

**Xcode** Von Apple kostenlos herausgegebene → Entwicklungsumgebung zur Entwicklung von Apps für macOS und iOS.

**XHTML** XML-basierte Neudefinition von HTML.

**XML** eXtensible Markup Language; auf → SGML aufbauende Meta-Sprache für die Definition beliebiger Auszeichnungssprachen mit spezieller Optimierung für den Netzwerk- und Internetgebrauch.

**XML Schema** XML-basierte Sprache für die Definition von Dokumentformaten; mächtiger als DTDs.

**XPath** XML-Technologie zur Angabe von Pfaden, die dem Auffinden von Objekten in XML-Dokumenten dienen. Wird beispielsweise für → XSLT verwendet.

**XSL-FO** eXtensible Stylesheet Language, Formatting Objects. Definition spezieller Layoutanweisungen für die visuelle Darstellung von XML-Dokumenten.

**XSLT** eXtensible Stylesheet Language Transformation. Satz spezieller Anweisungen für die Umwandlung von XML-Dokumenten in andere Formate wie HTML oder PDF.

**Zeiger** Referenz auf eine Variable oder Funktion oder allgemein auf eine Speicheradresse.

# Anhang B
# Zweisprachige Wortliste

*Das Englische ist eine einfache, aber schwere Sprache.*
*Es besteht aus lauter Fremdwörtern, die falsch ausgesprochen werden.*
*– Kurt Tucholsky*

## B.1  Englisch-Deutsch

| Englisch | Deutsch |
| --- | --- |
| accessor | Akzessor |
| attribute | Attribut |
| batch processing | Stapelverarbeitung |
| buffer | Puffer |
| cache | Zwischenspeicher |
| class | Klasse |
| class variable | Klassenvariable |
| color depth | Farbtiefe |
| combined head | Schreib-/Lesekopf |
| concurrency | Nebenläufigkeit |
| constant | Konstante |
| coredump | Hauptspeicherauszug |
| CPU (central processing unit) | Prozessor, auch Hauptprozessor |
| data | Daten |
| data packet | Datenpaket |
| database | Datenbank |
| design pattern | Entwurfsmuster |

## B   Zweisprachige Wortliste

| Englisch | Deutsch |
| --- | --- |
| equation | Gleichung |
| expression | Ausdruck |
| field | Datenfeld |
| floppy disk | Diskette |
| floppy disk drive | Diskettenlaufwerk |
| gate | Gatter |
| hard disk | Festplatte |
| inequation | Ungleichung |
| inheritance | Vererbung |
| inkjet printer | Tintenstrahldrucker |
| input | Eingabe |
| instance | Instanz |
| instance variable | Instanzvariable |
| instruction | Befehl |
| interface | Schnittstelle |
| internal memory | Arbeitsspeicher |
| kernel | Systemkern |
| literal | Literal (wörtliche Konstante) |
| many-to-many relationship | Viele-zu-viele-Beziehung |
| memory | Speicher |
| method | Methode |
| object | Objekt |
| one-to-many relationship | Eins-zu-viele-Beziehung |
| one-to-one relationship | 1:1-Beziehung |
| operating system | Betriebssystem |

| Englisch | Deutsch |
| --- | --- |
| operation | Operation |
| output | Ausgabe |
| packet switching | Paketvermittlung |
| primary storage | Arbeitsspeicher |
| printer | Drucker |
| property | Eigenschaft |
| protocol | Protokoll |
| queue | Warteschlange |
| race condition | Wettkampfsituation |
| random access memory (RAM) | Speicher mit wahlfreiem Zugriff |
| record | Datensatz |
| relational operator | Vergleichsoperator |
| resolution | Auflösung |
| rule of three | Dreisatz |
| set | Menge |
| stack | Stapel |
| stack overflow | Stapelüberlauf |
| standard input | Standardeingabe |
| standard output | Standardausgabe |
| statement | Anweisung |
| static variable | statische Variable |
| WiFi | WLAN |
| wireless | drahtlos |
| word length | Wortbreite |
| write-read head | Schreib-/Lesekopf |

## B.2 Deutsch-Englisch

| Deutsch | Englisch |
| --- | --- |
| Akzessor | accessor |
| Anweisung | statement |
| Arbeitsspeicher | internal memory |
| | primary storage |
| Attribut | attribute |
| Auflösung | resolution |
| Ausdruck | expression |
| Ausgabe | output |
| Befehl | instruction |
| Betriebssystem | operating system |
| Daten | data |
| Datenbank | database |
| Datenfeld | field |
| Datenpaket | data packet |
| Datensatz | record |
| Diskette | floppy disk |
| Diskettenlaufwerk | floppy disk drive |
| drahtlos | wireless |
| Dreisatz | rule of three |
| Drucker | printer |
| Eigenschaft | property |
| Eingabe | input |
| Eins-zu-eins-Beziehung | one-to-one relationship |
| Eins-zu-viele-Beziehung | one-to-many relationship |
| Entwurfsmuster | design pattern |

| Deutsch | Englisch |
|---|---|
| Farbtiefe | color depth |
| Festplatte | hard disk |
| Gatter | gate |
| Gleichung | equation |
| Hauptprozessor | CPU (central processing unit) |
| Hauptspeicherauszug | coredump |
| Instanz | instance |
| Instanzvariable | instance variable |
| Interface | interface |
| Klasse | class |
| Klassenvariable | class variable |
| Konstante | constant |
| Literal | literal |
| Menge | set |
| Methode | method |
| Nebenläufigkeit | concurrency |
| Objekt | object |
| Operation | operation |
| Paketvermittlung | packet switching |
| Protokoll | protocol |
| Prozessor | CPU (central processing unit) |
| Puffer | buffer |
| Schnittstelle | interface |
| Schreib-/Lesekopf | combined head |
| | write-read head |
| Speicher | memory |

## B   Zweisprachige Wortliste

| Deutsch | Englisch |
| --- | --- |
| Standardausgabe | standard output |
| Standardeingabe | standard input |
| Stapel | stack |
| Stapelüberlauf | stack overflow |
| Stapelverarbeitung | batch processing |
| statische Variable | static variable |
| Systemkern | kernel |
| Tintenstrahldrucker | inkjet printer |
| Ungleichung | inequation |
| Vererbung | inheritance |
| Vergleichsoperator | relational operator |
| Viele-zu-viele-Beziehung | many-to-many relationship |
| Warteschlange | queue |
| Wettkampfsituation | race condition |
| WLAN | WiFi |
| Wortbreite | word length |
| Zwischenspeicher | cache |

# Anhang C
# Kommentiertes Literatur- und Linkverzeichnis

*Auch eine Fülle von Büchern ersetzt den guten Lehrer nicht.*
*– Chinesisches Sprichwort*

In dieser Aufzählung finden Sie einige ausgewählte weiterführende Bücher und Webressourcen zu jedem Thema dieses Buches. Ich habe überwiegend nur solche Quellen aufgenommen, die ich selbst gelesen habe oder als Nachschlagewerk verwende. Die Liste ist zunächst einmal nach den Kapiteln dieses Buches gegliedert; die Reihenfolge innerhalb dieser Abschnitte entspricht weitgehend der Themenanordnung in den Kapiteln selbst.

Unter *http://buecher.lingoworld.de/fachinfo/tipps.php* finden Sie jeweils die aktualisierte Fassung dieser Liste. Praktischerweise enthält die Seite auch Bestell-Links, über die Sie jedes Buch bei Amazon beziehungsweise beim Rheinwerk Verlag bestellen können.

## C.1    Allgemeine Einführungen und Überblicke

▸ Gumm, Heinz-Peter; Sommer, Manfred et al.: *Einführung in die Informatik*, 10. Auflage. München 2013, Oldenbourg Verlag.

Eine gründliche Einführung in eine Vielzahl von Themen der modernen Informatik, die stets mit gutem Praxisbezug präsentiert werden. Es gibt eine ausführlichere Neuauflage in zwei Bänden von 2016/2017.

▸ Hübscher, Heinrich et al.: *IT-Handbuch IT-Systemelektroniker/-in, Fachinformatiker/-in*, 10. Auflage. Braunschweig 2017, Westermann.

Sammlung von Kurzinformationen und Tabellen zu den wichtigsten Ausbildungsinhalten der IT-Berufe.

**Webressourcen**

▸ Anwendungsentwickler-Podcast

*fachinformatiker-anwendungsentwicklung.net*

Der sehr engagierte Ausbilder Stefan Macke betreibt unter dieser URL einen Podcast und ein Blog für alle, die gerade eine IT-Ausbildung (Schwerpunkt Fachinformatiker Anwen-

## C Kommentiertes Literatur- und Linkverzeichnis

dungsentwicklung) absolvieren. Unter anderem gab es dort im Podcast einen Buchclub, in dem jedes Kapitel der Vorauflage des vorliegenden Buchs durchgearbeitet wurde.

## C.2   Mathematische und technische Grundlagen

▶ Teschl, Gerald; Teschl, Susanne: *Mathematik für Informatiker* (in zwei Bänden). 4. Auflage. München 2013, Springer.

Sehr stark praxisorientierte und gut verständliche Lehrbücher, die die für Informatiker relevanten Themen der Mathematik an Beispielen aus der Welt der Computer darstellen.

▶ Knuth, Donald E.: *The Art of Computer Programming*. 3. Auflage. Reading 2011, Addison-Wesley. Bisher vier Bände: 1. »Fundamental Algorithms«, 2. »Seminumerical Algorithms«, 3. »Sorting and Searching«, 4A. »Combinatorial Algorithms«.

Sehr gründliche Betrachtung verschiedener Algorithmen aus dem Blickwinkel der Mathematik und Theorie sowie als Programmierbeispiele für einen Modellprozessor. Band 1 führt dieses Modell ein und zeigt die Implementierung diverser Grundlagen, Band 2 beschäftigt sich ausführlich mit den Themen Zufallsgeneratoren und Arithmetik, Band 3 behandelt schließlich Such- und Sortieralgorithmen. Der lang erwartete Band 4A, »Combinatorial Algorithms«, ist inzwischen erschienen.

## C.3   Hardware

▶ Tanenbaum, Andrew S.: *Computerarchitektur*, 5. Auflage. München 2005, Pearson Studium.

Dieser Band behandelt ausführlich und fundiert die theoretische Seite der Hardware und der Rechnerarchitektur, indem er nacheinander die verschiedenen Ebenen dieses Aufbaus betrachtet.

### Webressourcen

▶ Tom's Hardware Guide

*http://www.tomshardware.de*

Einkaufsberatung, Praxistests, Tipps und Lexikon zu aktueller PC-Hardware.

## C.4   Netzwerktechnik

▶ Tanenbaum, Andrew S.; Wetherall, David J.: *Computernetzwerke*, 5. Auflage. München 2012, Pearson Studium.

Eine wissenschaftlich orientierte, umfassende Übersicht über verschiedenste Aspekte der Netzwerktechnik und -theorie.

- Anderson, Al; Benedetti, Ryan: *Netzwerke von Kopf bis Fuß*, 2. Auflage. Köln 2009, O'Reilly Verlag.

  Die Buchreihe »von Kopf bis Fuß« (im Original »Head first«) verwendet Hilfsmittel wie Cartoons, Lückentexte und Rätsel, um ein Thema nach den neuesten Erkenntnissen der Kognitionsforschung in die Gehirne der Leser zu laden. In diesem Band aus der Reihe geht es um die verschiedenen Aspekte der Computernetze.

- Schemberg, Axel; Linten, Martin; Surendorf, Kai: *PC-Netzwerke*, 7. Auflage. Bonn 2016, Rheinwerk Verlag.

  Das Buch beschreibt alle wesentlichen Aspekte der praktischen Vernetzung von Personal Computern und ihrer Anwendung. Einen Schwerpunkt bildet zum Beispiel die Einrichtung des freien Linux-Routers fli4l.

### Webressourcen

- RFC Index

  *http://www.ietf.org/rfc.html*

  RFC-Dokumente sind die autoritative Quelle für alle Internet- und TCP/IP-Standards.

- Network Lab

  *http://www.nwlab.net*

  Portal mit Praxisinformationen zur Computervernetzung.

## C.5 Betriebssystemgrundlagen

- Tanenbaum, Andrew S.: *Moderne Betriebssysteme*, 3. Auflage. München 2009, Pearson Studium.

  In diesem Buch wird zunächst in zahlreichen interessanten Kapiteln die gesamte Theorie der Betriebssystemtechnik geschildert: Prozess- und Speichermanagement, Gerätetreiber, Dateisysteme etc. Anschließend werden die beiden konkreten Beispiele Linux und Windows genauer untersucht. Hinweis: Viele Leser raten von der deutschen Übersetzung ab; leider ist das englische Original, »Modern Operating Systems«, meist noch teurer.

## C.6 Windows

- Fritz, Michael et al.: *Windows 10 Pro – Das umfassende Handbuch*. Bonn 2016, Rheinwerk Verlag.

  Ein sehr ausführliches Handbuch zu Windows 10.

- Frisch, Aeleen; Klein, Helge; Engelke, Olaf: *Windows Befehle für Server 2012 & Windows 8 – kurz und gut*, 3. Auflage. Köln 2013, O'Reilly Verlag.

  Eine praktische Kurzreferenz aller wichtigen Windows-Konsolenbefehle.

**Webressourcen**

▶ WinTotal

*http://www.wintotal.de*

Portal mit Praxisinformationen zu Microsoft Windows.

▶ Windows Server 2012 R2 – Das umfassende Handbuch.

*http://openbook.rheinwerk-verlag.de/windows_server_2012r2/*

Der HTML-Volltext des Buches *Windows Server 2012 R2* von Ulrich B. Boddenberg, 4. Auflage. Bonn 2014, Rheinwerk Verlag. Wie alle Rheinwerk-Openbooks kann das Buch online gelesen oder vollständig heruntergeladen werden. Der Band beschreibt die Einrichtung eines Windows-Server-2012-R2-basierten Windows-Netzwerks mit Active Directory, Exchange Server, Office und mehr.

## C.7  Linux

▶ Kofler, Michael: *Linux. Das umfassende Handbuch*, Bonn 2015, Rheinwerk Verlag.

Michael Kofler, einer der vielseitigsten deutschsprachigen EDV-Buchautoren, widmet sich auch in der neuen Auflage seines bekannten Standardwerks allen relevanten Themen zur erfolgreichen Inbetriebnahme und Anwendung eines Linux-Systems.

▶ Siever, Ellen et al.: *Linux in a Nutshell*, 6. Auflage. Sebastopol 2009, O'Reilly Media.

Kompakte Referenz zu allen wichtigen Befehlen und Tools des Betriebssystems Linux.

**Webressourcen**

▶ Ubuntu GNU/Linux

*http://openbook.rheinwerk-verlag.de/ubuntu*

Volltext des Buches *Ubuntu GNU/Linux* von Marcus Fischer, 7. Auflage. Bonn 2012, Rheinwerk Verlag (vormals Galileo Press). Das Buch beschreibt den Einsatz der beliebten Linux-Distribution Ubuntu. Es ist natürlich auch gedruckt erhältlich.

## C.8  macOS

▶ Pogue, David: *macOS Sierra – The Missing Manual*. Sebastopol 2017, O'Reilly Media.

Auf sympathische, humorvolle Art und Weise beschreibt das Allround-Talent David Pogue (Broadway-Regisseur, Komponist, Magier und Journalist) alle wesentlichen Aspekte der macOS-Version 10.2 Sierra. Die von Pogue herausgegebene Reihe »The Missing Manual« hat es sich zur Aufgabe gemacht, die gedruckten Handbücher zu ersetzen, die heute bei der meisten Software fehlen.

## C.9   Grundlagen der Programmierung

▶ Wolf, Jürgen: *C von A bis Z*, 3. Auflage. Bonn 2009, Rheinwerk Verlag.

Ein sehr ausführliches Buch, das die Theorie und Praxis der C-Programmierung für Linux/ Unix und für Windows gründlich erklärt.

▶ Kernighan, Brian W.; Ritchie, Dennis M.: *Programmieren in C. ANSI-C*. München 1990, Hanser.

Dass der »K&R« kein Buch ist, das die tagesaktuellen Features der modernsten Compilergeneration behandelt, merken Sie bereits am Erscheinungsjahr. Es handelt sich hier stattdessen um die Übersicht und Referenz der Programmiersprache C von ihren Entwicklern selbst. Das Buch ist technisch sehr exakt und außerdem sehr kompakt: Mancher Nebensatz hat so viel Gehalt wie drei Absätze in anderen Werken.

▶ Tondo, Clovis L.; Gimpel, Scott E.: *Das C-Lösungsbuch*. München 1990, Hanser.

Jeder Absatz im »K&R«-Buch endet mit mehreren weiterführenden Übungsaufgaben. In diesem Buch wird zu jeder Aufgabe eine ausführlich kommentierte Lösung präsentiert.

▶ Ullenboom, Christian: *Java ist auch eine Insel*, 12. Auflage. Bonn 2016, Rheinwerk Verlag.

Umfassender, methodischer und praxisorientierter Überblick über fast alle Aspekte der Programmierung mit dem Java SDK.

▶ Ernesti, Johannes; Kaiser, Peter: *Python 3 – Das umfassende Handbuch*, 4. Auflage. Bonn 2015, Rheinwerk Verlag.

Sehr gründliche Einführung und Referenz zu allen wichtigen Aspekten der Skriptsprache Python.

### Webressource

▶ Stack Overflow
*www.stackoverflow.com*
Die Programmierer-Ressource schlechthin: praktisch jede Frage, die Entwickler aller Sprachen und Technologien haben könnten, wurde hier bereits beantwortet. Ein Voting-System sorgt dafür, dass gute und sinnvolle Antworten zuerst angezeigt werden.

## C.10   Konzepte der Programmierung

▶ Friedl, Jeffrey E. F.: *Reguläre Ausdrücke*, 3. Auflage. Köln 2007, O'Reilly Verlag.

Eine ausführliche Referenz zur Anwendung regulärer Ausdrücke in verschiedenen Programmiersprachen mit zahlreichen Praxisbeispielen.

▶ Wolf, Jürgen; Wolf, Klaus-Jürgen: *Linux-Unix-Programmierung*, 4. Auflage. Bonn 2016, Rheinwerk Verlag.

Dieses Buch enthält fast alles über die System- und Anwendungsprogrammierung auf Linux- und Unix-Systemen.

## C Kommentiertes Literatur- und Linkverzeichnis

### C.11 Mobile Development

▶ Rodewig, Klaus M.; Wagner, Clemens: *Apps programmieren für iPhone und iPad – Das umfassende Handbuch*, 3. Auflage. Bonn 2014, Rheinwerk Verlag (vormals Galileo Press).

Das Buch enthält wirklich alles, was es über die Entwicklung von iOS-Apps zu wissen gibt. Es konzentriert sich noch auf Objective-C, enthält aber eine Kurzeinführung in Swift, mit der sich die Anleitungen aus dem Rest des Buches auch mit der neuen Sprache umsetzen lassen.

▶ Kofler, Michael: *Swift 3*. Bonn 2017, Rheinwerk Verlag.

Wenn Michael Kofler, der Autor des berühmten Linux-Handbuchs, sich der neuesten Version von Apples Programmiersprache annimmt, kann man bedenkenlos zugreifen. Gründlich und didaktisch hervorragend wie immer.

▶ Künneth, Thomas: *Android 7 – Apps entwickeln mit Android Studio*. Bonn 2017, Rheinwerk Verlag.

Ein verständlich geschriebenes, ausführliches Handbuch zur App-Entwicklung mit Android Studio.

### C.12 Software-Engineering

▶ Kecher, Christoph; Salvanos, Alexander: *UML 2.5 – Das umfassende Handbuch*, 5. Auflage. Bonn 2015, Rheinwerk Verlag.

Sehr gründlich und kompetent erläutert dieses Handbuch sämtliche Diagrammtypen der Unified Modeling Language anhand praktischer Beispiele.

▶ Beck, Kent: *Extreme Programming – das Manifest*. München 2003, Addison-Wesley.

Dieser schmale Band bietet einen kompakten Überblick über die Motivation und die Arbeitsmethoden des Extreme Programming.

▶ Gamma, Erich; Helm, Richard; Johnson, Ralph E.; Vlissides, John: *Design Patterns*. Reading 1997, Addison-Wesley.

Der Klassiker zum Thema Entwurfsmuster – nach einem verständlichen Einstieg in den Umgang mit Entwurfsmustern wird ein Katalog von 23 zeitlosen und überaus nützlichen Mustern präsentiert, die wohl jeder Entwickler eines Tages benötigen wird.

▶ Freeman, Elizabeth; Freeman, Eric; Sierra, Kathy: *Entwurfsmuster von Kopf bis Fuß*, 2. Auflage. Köln 2015, O'Reilly Verlag.

Dieses Buch beschäftigt sich nach dem Schema der modernen »Von-Kopf-bis-Fuß«-Reihe mit Design Patterns.

▶ Geirhos, Matthias: *Entwurfsmuster*. Bonn 2015, Rheinwerk Verlag.

Die ausgewählten Entwurfsmuster werden praxisorientiert und gründlich erläutert; die Erkenntnisse sind für praktisch jede objektorientierte Programmiersprache geeignet.

▶ Fowler, Martin: *Refactoring*. Reading 1999, Addison-Wesley.

Dieses Buch lehrt die Kunst der Umstrukturierung in vorhandenem Code. Auf diese Weise können Sie Schritt für Schritt schlechtes Codedesign verbessern und historischen Ballast aus Programmen abwerfen.

▶ Beck, Kent: *Test Driven Development by Example*. Reading 2002, Addison-Wesley.

An durchgehenden, praxisnahen Beispielen demonstriert Kent Beck die Vorteile der »Test first«-Strategie mit xUnit-Frameworks. Nach dem Schema »Red – Green – Refactor« wird zuerst ein Unit-Test geschrieben, der fehlschlagen muss. Anschließend wird Code hinzugefügt, der den Test erfüllt. Schließlich werden durch Refactoring Duplikate und Ungenauigkeiten entfernt. Das Ergebnis: Sie gelangen in überschaubaren Schritten zu stabilen, funktionierenden Programmen.

▶ Spinellis, Diomidis: *Code Reading*. Reading 2003, Addison-Wesley.

Das Kommunikationsmittel von Open-Source-Entwicklern ist der Quellcode selbst. Wer Open-Source-Projekte verstehen und möglicherweise dazu beitragen möchte, muss den Code lesen können. Das heißt, in Tausenden oder gar Millionen Zeilen das Wesentliche zu finden. An realen Beispielen wie NetBSD oder Apache werden verschiedene Strategien vermittelt, die möglichst schnell und sicher zum Ziel führen.

**Webressourcen**

▶ Version Control with Subversion

*http://svnbook.red-bean.com*

Versionskontrolle ist eine wichtige Aufgabe des Software-Engineerings, die insbesondere für die Zusammenarbeit mehrerer Entwickler unerlässlich ist. Subversion ist ein modernes Versionskontrollsystem; auf dieser Website finden Sie das offizielle Handbuch seiner Entwickler, das auch als gedrucktes Buch bei O'Reilly erschienen ist.

## C.13  Datenbanken

▶ Kemper, Alfons; Eickler, Andre: *Datenbanksysteme. Eine Einführung*, 9. Auflage. München 2013, Oldenbourg Verlag.

Eine komplette Übersicht über die theoretischen Grundlagen verschiedener Datenbanksysteme. Neben den üblichen relationalen Datenbanken werden beispielsweise auch objektorientierte und XML-Datenbanken ausführlich behandelt.

▶ Pröll, Stefan; Zangerle, Eva; Gassler, Wolfgang: *MySQL – Das umfassende Handbuch*, 3. Auflage. Bonn 2015, Rheinwerk Verlag.

Umfangreiches Handbuch zu Administration, Datenbankdesign, SQL-Abfragen, Sicherheit und weiteren Aspekten von MySQL 5.7.

**C** Kommentiertes Literatur- und Linkverzeichnis

▶ Kersken, Sascha: *Praktischer Einstieg in MySQL mit PHP*, 2. Auflage. Köln 2007, O'Reilly Verlag.

Neben einem gründlichen Einstieg in Datenbankdesign und -verwaltung mit MySQL führt dieses Buch anhand eines Praxisbeispiels in die Programmierung datenbankbasierter Webanwendungen mit PHP 5 ein. Die Druckausgabe ist vergriffen (und aufgrund ihres Erscheinungsdatums veraltet), aber Sie können das Buch als Openbook im PDF-Format unter *http://www.oreilly.de/german/freebooks/einmysql2ger/* kostenlos herunterladen.

## C.14  Server für Webanwendungen

▶ Kersken, Sascha: *Apache 2.4*, 4. Auflage. Bonn 2012, Rheinwerk Verlag (vormals Galileo Press).

Umfassende Anleitung zur Installation, Konfiguration, Programmierung und praktischen Anwendung des Apache-Webservers in der aktuellen Version 2.4.

▶ Ford, Andrew; Kersken, Sascha: *Apache 2 – kurz & gut*, 2. Auflage. Köln 2007, O'Reilly Verlag.

Eine praktische Kompaktreferenz zum Apache-Webserver.

▶ Liebel, Oliver: *Skalierbare Container-Infrastrukturen*. Bonn 2017, Rheinwerk Verlag.

Softwarecontainer sind innerhalb kurzer Zeit zum unverzichtbaren Bestandteil von IT-Infrastrukturen geworden. Das Buch stellt verschiedene Lösungen für den Umgang mit Containern und ihrer automatisierten Verwaltung vor.

## C.15  Weitere Internet-Serverdienste

▶ Liu, Cricket: *DNS & BIND Kochbuch*. Köln 2003, O'Reilly Verlag.

Kompakte Sammlung praktischer Anleitungen zur Konfiguration des DNS-Servers BIND. Leider nur noch gebraucht oder als E-Book verfügbar.

▶ Liebel, Oliver; Ungar, John M.: *OpenLDAP 2.4*, 2. Auflage. Bonn 2009, Rheinwerk Verlag (vormals Galileo Press).

Praxisorientiertes Handbuch zum Verzeichnisdienst OpenLDAP; beschreibt neben der Einrichtung und Verwaltung des Verzeichnisses auch den Einsatz in Zusammenarbeit mit anderen Serverdiensten. Leider nicht mehr lieferbar.

## C.16  XML

▶ Vonhoegen, Helmut: *Einstieg in XML*, 8. Auflage. Bonn 2015, Rheinwerk Verlag.

Eine gute und methodische Einführung in das XML-Format und die praktische Arbeit mit XML-Dokumenten.

## C.17   Webseitenerstellung mit HTML und CSS

▶ Wolf, Jürgen: *HTML5 und CSS3 – Das umfassende Handbuch*, 2. Auflage. Bonn 2016, Rheinwerk Verlag.

Äußerst umfangreiches Handbuch zu allen wichtigen Aspekten von HTML5 und CSS3, einschließlich JavaScript und jQuery.

▶ Laborenz, Kai: *CSS – Das umfassende Handbuch*, 3. Auflage. Bonn 2016, Rheinwerk Verlag.

Eine gelungene Einführung und Übersicht über die Gestaltung von Webseiten mit Cascading Style Sheets.

**Webressourcen**

▶ SelfHTML

*http://de.selfhtml.org*

SelfHTML ist eine ausführliche Anleitung und Referenz zu HTML, CSS, JavaScript und weiteren Webthemen. Die Site wurde vor vielen Jahren von Stefan Münz begonnen und wird mittlerweile von einer mehrköpfigen Redaktion gepflegt.

## C.18   Webserveranwendungen

▶ Wenz, Christian; Hauser, Tobias: *PHP 7 und MySQL – Das umfassende Handbuch*. Bonn 2016, Rheinwerk Verlag.

Das bewährte Autorenteam Wenz und Hauser beschreibt in diesem Buch alles Wissenswerte zur Entwicklung leistungsfähiger Webanwendungen mit der aktuellen PHP-Version. Ich hatte das große Vergnügen, das Buch als Fachgutachter zu begleiten.

## C.19   JavaScript und Ajax

▶ Ackermann, Philip: *JavaScript – Das umfassende Handbuch*. Bonn 2016, Rheinwerk Verlag.

Das Buch beschreibt sehr gründlich alle Aspekte der Entwicklung mit aktuellen JavaScript-Techniken. Genau wie bei »PHP 7 und MySQL« war ich als Gutachter beteiligt.

▶ Ackermann, Philip: *Professionell entwickeln mit JavaScript: Design, Patterns, Praxistipps*. Bonn 2015, Rheinwerk Verlag.

Dieses Buch betrachtet JavaScript unter dem Aspekt der modernen Softwareentwicklung, was zu robusteren und sichereren Webanwendungen führt.

▶ Bongers, Frank; Vollendorf, Maximilian: *jQuery – Das Praxishandbuch*, 3. Auflage. Bonn 2013, Rheinwerk Verlag (vormals Galileo Press).

In diesem Buch wird das JavaScript-Framework jQuery ausführlich und mit vielen Beispielen beschrieben.

- Springer, Sebastian: *Node.js – Das umfassende Handbuch*, 2. Auflage. Bonn 2016, Rheinwerk Verlag.

  Node.js ist ein Framework für serverseitiges JavaScript, das zur Implementierung sehr performanter Webservices und anderer Netzwerkdienste genutzt werden kann. Das Buch erläutert die Funktionsweise von Node.js sehr anschaulich.

## C.20 Computer- und Netzwerksicherheit

- Eckert, Claudia: *IT-Sicherheit*, 9. Auflage. München 2014, De Gruyter Oldenbourg.

  Umfangreiches, eher akademisch orientiertes Lehrbuch zu vielen wichtigen Themen der Computer- und Netzwerksicherheit. Hier geht es mehr darum, die Thematik von Grund auf zu verstehen, als um praktische Anleitungen, die schnell veralten.

### Webressourcen

- Sicherheit im Internet

  *http://www.oreilly.de/german/freebooks/sii3ger*

  Volltext des Buches *Sicherheit im Internet* von Krzysztof Janowicz, 3. Auflage. Köln 2007, O'Reilly Verlag. Eine praktische Anleitung zum Schutz von Browser, E-Mail-Client & Co. Für den Praxiseinsatz etwas veraltet, aber die Grundprinzipien sind nach wie vor gültig.

# Index

^, Operator
  *C* 478
  *in RegExp* 613, 615
__call(), magische PHP-
  Methode 1065
__get(), magische PHP-
  Methode 1065
__init__(), Python-Methode 558
__isset(), magische PHP-
  Methode 1065
__name__, Python-
  Konstante 577
__set(), magische PHP-
  Methode 1065
__str__(), Python-Methode 559
__toString(), magische PHP-
  Methode 1056
--, Operator 480
-, Operator 478, 491
!, Operator 478
!=, Operator 479
?, Operator 480
  *RegExp* 613
.bashrc, Unix-
  Konfigurationsdatei 377
.NET 1235
.NET Framework 51
@font-face (CSS3) 1024
*, Operator 478
  *RegExp* 613
/, Operator 478
//, Java-Kommentar 504
/etc/exports, NFS-
  Konfigurationsdatei 438
/etc/passwd, Unix-
  Konfigurationsdatei 373
/etc/profile, Unix-
  Konfigurationsdatei 377
/etc/shadow, Unix-
  Konfigurationsdatei 375
&, Dereferenzierungs-
  operator 489
&, Operator, C 478
&&, Operator
  *C* 478
#define, Präprozessor-
  Direktive 497

#endif, Präprozessor-
  Direktive 497
#ifdef, Präprozessor-
  Direktive 497
#ifndef, Präprozessor-
  Direktive 497
#include, C-Präprozessor-
  Direktive 471
#include, Präprozessor-
  Direktive 495
%, Operator 478
+, Operator 478
  *JavaScript-String-Verket-*
    *tung* 1129
  *RegExp* 613
  *String-Verkettung, Java*
    503, 504
  *String-Verkettung,*
    *Python* 522
++, Operator 480
< 479
<= 479
<a>, HTML-Tag 982
<address>, HTML-Tag 978
<area>, HTML-Tag 989
<article>, HTML5-Tag 977
<aside>, HTML5-Tag 977
<audio>, HTML5-Tag 1005
<b>, HTML-Tag 978
<body>, HTML-Tag 970
<br>, HTML-Tag 972
<caption>, HTML-Tag 991
<code>, HTML-Tag 978
<col>, HTML-Tag 994
<colgroup>, HTML-Tag 994
<dl>, HTML-Tag 981
<dt>, HTML-Tag 981
<em>, HTML-Tag 978
<embed>, HTML-Tag 1004
<figcaption>, HTML5-Tag 977
<figure>, HTML5-Tag 977
<footer>, HTML5-Tag 977
<form>, HTML-Tag 997
<h1> bis <h6>, HTML-Tags 976
<head>, HTML-Tag 970
<header>, HTML5-Tag 977
<hgroup>, HTML5-Tag 977

<html>, HTML-Tag 970
<i>, HTML-Tag 978
<img>, HTML-Tag 987
<input>, HTML-Tag 998
  *neue Typen in HTML5* 1003
<li>, HTML-Tag 979
<map>, HTML-Tag 989
<meta>, HTML-Tag 972, 1005
<nav>, HTML5-Tag 977
<ol>, HTML-Tag 980
<option>, HTML-Tag 999
<p>, HTML-Tag 975
<pre>, HTML-Tag 976
<script>, HTML-Tag 1126
<section>, HTML5-Tag 977
<select>, HTML-Tag 999
<strike>, HTML-Tag 978
<strong>, HTML-Tag 978
<style>, HTML-Tag 1010
<sub>, HTML-Tag 978
<sup>, HTML-Tag 978
<table>, HTML-Tag 990
<tbody>, HTML-Tag 994
<td>, HTML-Tag 991
<textarea>, HTML-Tag 1000
<tfoot>, HTML-Tag 994
<th>, HTML-Tag 991
<thead>, HTML-Tag 994
<title>, HTML-Tag 970
<tr>, HTML-Tag 991
<tt>, HTML-Tag 978
<u>, HTML-Tag 978
<ul>, HTML-Tag 979
<video>, HTML5-Tag 1005
=, Operator 479
==, Operator 479
>, Operator 479
>=, Operator 479
|, Operator 478
  *in RegExp* 615
||, Operator 478
~, Operator 479
$, Operator in RegExp 615
$, PHP-Variable 1039
$0, Unix-Systemvariable 376
1:1-Beziehung, RDBMS 750
1:n-Beziehung, RDBMS 750

1257

1000BaseFL, Ethernet-Standard 211
1000BaseTX, Ethernet-Standard 211
100BaseT, Ethernet-Standard 211
10Base2, Ethernet-Standard 208
10Base5, Ethernet-Standard 208
10BaseT, Ethernet-Standard 211
16-Bit-Anwendung unter Win32 327
3D Now! (CPU-Befehlserweiterung) 127
3D-Drucker 169
3G (Mobilfunk) 222
4G (Mobilfunk) 222
8.3 (MS-DOS-Dateinamensschema) 316

## A

AAAA-Record (DNS) 863
Abakus 35
Abfrage, RDBMS
  *Änderungsabfrage* 765
  *Auswahlabfrage* 752, 765
  *Einfügeabfrage* 765
  *Löschabfrage* 765
Abfrage, RDBMS, SQL 753
Abgeleitete Klasse 507
Absatz
  *HTML* 975
Absoluter Pfad 312, 315
Abstract Factory, Entwurfsmuster 729
Abstrakte Klasse, Java 510
ACCEPT, iptables-Regel 1220
accept(), Python-Methode 643
Access Point (WLAN) 214, 1229
Access, Datenbank 756
ACID (Transaktionen) 775
ActionListener 660
actionPerformed(), AWT-Methode 660
Active Directory 363, 1229
Active Directory Federation Services 363
Ada, Programmiersprache 36
Adapter, Entwurfsmuster 729
Ad-Blocker 1207
add(), Java-Methode 512

add(), Python-Methode 542
addAll(), Java-Methode 512
addClass(), jQuery-Funktion 1187
Addierer (Schaltung) 88
Addiermaschine 35
Addierwerk (Schaltung) 89
Addition, Operator 478
Administrator, Windows-Benutzer 353
Administratorendokumentation 715
Administratorrechte 1206
Adobe Flash 1207
Adobe PostScript 169, 948
Adressbus 122
  *Wortbreite* 124
Adressierung, Speicher 80
ADSL 220
  *anschließen* 221
ADSL2(+) 221
Advanced Data Guarding (RAID) 153
Adware 1209, 1229
affected_rows, PHP-mysqli-Attribut 1082
Aggregatfunktion, SQL 771
Agile Softwareentwicklung 718
AGP 142, 1229
AI → Künstliche Intelligenz
AIFF, Audiodateiformat 956
AIX, Betriebssystem 291
Ajax 1168
  *Antwort verarbeiten* 1171
  *Aspekte* 1168
  *Bibliotheken für* 1185
  *DOM-Einsatz für* 1172
  *JSON* 1175, 1184
  *komplexes Beispiel* 1176
  *mit jQuery* 1188
  *Objekt erzeugen* 1169
  *onreadystatechange, Eigenschaft* 1170
  *open(), Methode* 1169
  *PHP-Skript (Serverantwort)* 1172
  *readyState, Eigenschaft* 1170
  *responseText, Eigenschaft* 1172
  *responseXML, Eigenschaft* 1175, 1178

Ajax (Forts.)
  *send(), Methode* 1171
  *Serverantwort* 1172
  *XML* 1175, 1176, 1178
  *XMLHttpRequest* 1169
Akteur (UML) 722
Aktivitätsdiagramm (UML) 726
Akustikkoppler 184
Al Chwarismi (arab. Mathematiker) 34
Algebra
  *boolesche* 61, 93
  *Definition* 92
  *lineare* 92
  *relationale* 749
  *zur Algorithmendarstellung* 92
Algorithmus 34, 92, 589, 1229
  *algebraische Darstellung* 92
  *anschaulich-sprachliche Darstellung* 93
  *Berechenbarkeit* 94
  *binäre Suche* 598
  *BubbleSort* 592
  *Diagrammdarstellung* 93
  *entwickeln* 589
  *größter gemeinsamer Teiler (GGT)* 590
  *Komplexität* 95
  *lineare Suche* 95, 597
  *O-Notation der Komplexität* 95
  *Permutationen* 96
  *Pseudocode-Darstellung* 93
  *QuickSort* 595
  *Sortier-* 592
  *Such-* 597
Alias (Mac-Verknüpfung) 457
Alias (Unix-Shell) 412
Alias, Apache-Direktive 823
alias, Unix-Befehl 412
Allen, Paul 292
Allow, Apache-Direktive 823
AllowOverride, Apache-Direktive 824
ALOHANet 207
Alpha, Prozessor 125, 127
ALRM, Signal 305
Altair 8800, früher Mikrocomputer 41
ALU 121, 1229
  *FPU* 122

Amazon Web Services 851
AMD 121
Amiga 43
Amigos, drei 720
Amplitude, Audio 55
Analog, Unterschied zu
digital 52
Analyse, Software-
Engineering 709
*Lastenheft* 710
*objektorientierte Analyse* 710
*Pflichtenheft* 711
*strukturierte Analyse* 710
Analytical Engine 36
and, Python-Operator 532
Änderungsabfrage 765
Android 693
*Apps entwickeln* 694
*Button, Klasse* 699
*EditText, Klasse* 699
*findByViewId(), Methode* 700
*Grundlagen* 693
*Layout von Apps* 696
*TextView, Klasse* 699
*XML-Layout* 696
Android (Smartphone-OS) 45
Android Studio 694
*Layout* 696
*Projekt einrichten* 695
AND-Schaltung 87
*Aufbau mit Transistoren* 87
*mit einfachen Mitteln*
*nachbauen* 85
AND-Verknüpfung 63
Anführungszeichen in PHP 1042
Angewandte Informatik 26
Animation
*Doble Buffering* 654
*Java, AWT* 654
Annotations, PHPUnit 1092
ANSI 1229
*C-Standard* 492
ANSI-C 469
ANSI-Zeichensatz 941
Antivirenprogramm 1205
Anweisung in C 473
Anweisungsblock 482
Anwenderdokumentation 715
Anwendung
*DDN-Modell-Schicht* 191
*OSI-Schicht* 189

Anwendungsfall 716
Anwendungsfalldiagramm
(UML) 722
Anwendungsserver 203
*verteilte Anwendung* 203
Apache
*Installation, Windows* 821
*Xalan* 910
*Xerces* 916
Apache CouchDB 793
Apache HTTP Server 814
*Alias, Direktive* 823
*Allow, Direktive* 823
*AllowOverride, Direktive* 824
*apachectl,*
*Hilfsprogramm* 820
*AuthBasicProvider,*
*Direktive* 824
*AuthDigestProvider,*
*Direktive* 824
*Authentifizierung* 834
*AuthName, Direktive* 824
*AuthType, Direktive* 825
*AuthUserFile, Direktive* 825
*Deny, Direktive* 825
*Directory, Direktive* 826
*DirectoryIndex, Direktive* 826
*Direktive* 822
*DocumentRoot, Direktive* 826
*FallbackResource,*
*Direktive* 827
*Grundlagen* 815
*htpasswd,*
*Hilfsprogramm* 825
*IfModule, Direktive* 827
*Installation* 818
*Konfiguration* 821
*Konfigurationsbeispiele* 832
*Listen, Direktive* 827
*LoadModule, Direktive* 827
*Location, Direktive* 828
*mod_alias, Modul* 823,
829, 830
*mod_auth_basic, Modul* 824
*mod_auth_digest, Modul* 824
*mod_authn_file, Modul* 825
*mod_authz_host, Modul* 823,
825, 829
*mod_dir, Modul* 826
*mod_so, Modul* 827
*Modul dynamisch laden* 827

Apache HTTP Server (Forts.)
*Module* 816
*NameVirtualHost,*
*Direktive* 828
*Neuerungen in 2.4* 823, 826,
829, 830
*Options, Direktive* 828
*Order, Direktive* 829
*Redirect,*
*Apache-Direktive* 829
*Require, Direktive* 823, 830
*RequireAll, Direktive* 830
*RequireAny, Direktive* 830
*RequireNone, Direktive* 830
*Satisfy, Direktive* 830
*ScriptAlias, Direktive* 830
*ServerAdmin, Direktive* 830
*ServerName, Direktive* 831
*ServerRoot, Direktive* 831
*ServerSignature, Direktive* 831
*ServerTokens, Direktive* 831
*SSL-Konfiguration* 835
*Startseite festlegen* 826
*VirtualHost, Direktive* 831
*virtueller Host* 828, 832, 833
apachectl, Apache-
Hilfsprogramm 820
APFS, macOS-Dateisystem 461
API 1229
append(), jQuery-Funktion 1187
append(), Python-Methode
536, 599
append(), Swift-Methode 679
appendleft(), Python-
Methode 599
Apple
*iPad* 45
*iPhone* 45
*Macintosh* 293
*macOS* 447
*QuickTime* 450
Apple File System 461
Apple II 42, 291
Apple Macintosh 43
Apple-Menü
*macOS* 452
*wichtige Befehle* 453
Apple-Menü (macOS) 453
Applet, Java 498, 648
Application Gateway Fire-
wall 1217

1259

Application Server 203, 1229
Apps
  *Android* 694
  *iOS* 683
apt, Linux-Paketmanager 407
Aqua, macOS-Oberfläche
  291, 450
Arabische Zahlen 35
Arbeitskopie (Versions-
  kontrolle) 739
Arbeitsspeicher 120
  *des virtuellen Prozessors* 101
Arbeitsverzeichnis 312
  *anzeigen, Unix* 392
  *wechseln, Unix* 392
  *wechseln, Windows* 339
Archivdatei 958
  *bzip2* 960
  *GNU zip* 960
  *tar* 407, 959
  *ZIP* 958
A-Record (DNS) 861
ArgoUML, Tool 721
Argumente, benannte
  (Python) 552
argv, Python 580
Arithmetic-Logical Unit → ALU
Arithmetische Operatoren,
  Python 530
Arithmetischer Operator
  *C* 478
  *SQL* 771
Arithmetisch-logische Einheit
  → ALU
ARP 1229
  *TCP/IP-Netzzugang* 225
ARPA 181, 1229
ARPANET 181
  *Anwendungen* 182
  *MilNet* 183
  *technische Grundidee* 182
  *ursprüngliche Aufgabe* 182
Array 489, 1229
  *C* 489
  *Deklaration, C* 490
  *mehrdimensionales,*
    *PHP* 1045
  *PHP* 1041
  *zur C-String-Darstellung* 491
array_flip(), PHP-Funktion 1115
array_pop(), PHP-Funktion 1046

array_push(),
  PHP-Funktion 1046
array_shift(),
  PHP-Funktion 1046
array_unshift(),
  PHP-Funktion 1046
Array, JavaScript 1136
Array, Swift-Datentyp 679
ArrayAccess, PHP-Interface 1067
ArrayList, Java-Klasse 512
Artificial Intelligence → Künst-
  liche Intelligenz
AS, SQL-Klausel 771
ASCII 1230
  *Zeichensatz* 56
ASCII-Art 976
ASCII-Code 940
  *Erweiterungen* 941
  *IBM-Erweiterung* 941
  *Steuerzeichen* 940
  *Tabelle* 940
ASCII-Modus 1230
ASP.NET 1230
Assembler 46, 1230
  *Mnemonics* 46
  *Nicht-x86* 130
  *praktische Anwendung* 47
  *x86-Beispiele* 129
assertAttributeEquals(), PHPUnit-
  Methode 1092
assertEquals(), PHPUnit-
  Methode 1092
Assertion, PHPUnit 1090
Asymmetrische
  Verschlüsselung 1223
AT&T 49, 290
  *Unix System V* 290
AT&T Bell Laboratories 49
Atari 42, 292
Atari 800XL 42, 292
Atari ST 43
AT-Befehlssatz 1230
Athlon, Prozessor 121, 127
Atomar, Information in
  RDBMS 753
Attachment (E-Mail) 270
attrib, Python-XML-
  Methode 928
attrib, Windows-Befehl 340
Attribut
  *HTML* 969

Attribut (Forts.)
  *statisches (PHP)* 1060
  *XML* 883, 887
Attribut (Objektorien-
  tierung) 499
Attribut (Windows-Datei) 316
Attribute, Python 559
Attribute, Swift 681
Audio, zeit- und wert-
  diskretes 55
Audio-CD 156
  *über Soundkarte ab-*
    *spielen* 170
Audiodateiformat 956
  *AIFF* 956
  *MP3* 957
  *MP4* 957
  *Ogg Vorbis* 957
  *WAV* 956
Audiodaten 55
  *Sampling* 55
  *Sampling-Rate* 55
  *Sampling-Tiefe* 55
  *Tonkanal* 55
Auflichtscanner 162
Auflösung
  *Bild* 54
  *Digitalkamera* 163
  *Grafikkarte* 164
Aufzählung
  *HTML* 979
Aufzählungszeichen
  *HTML* 979
Ausbildung 27
  *Fachinformatiker* 28
  *Informatikkaufmann* 29
  *IT-Systemelektroniker* 29
  *IT-Systemkaufmann* 29
  *Prüfung* 30
  *Studienfächer* 32
Ausdruck 1230
  *Bedingung* 482
  *C* 476
Ausgabe
  *in Datei, C* 493
  *Konsole, C* 492
Ausgabeeinheit 117
Ausgabegerät 147, 164
  *Drucker* 167
  *Grafikkarte* 164
  *Monitor* 165

Ausgabesteuerung durch das
  Betriebssystem 287
Ausgabeumleitung
  *in Unix-Shells* 386
  *Windows* 338
Auslagerungsdatei 309
Ausnahme
  *auslösen* 519
  *FileNotFoundException,*
    *Java* 519
  *IOException, Java* 519
  *Java* 502, 519
  *Java, IOException* 502
  *Java, NumberFormatExcep-*
    *tion* 514
Ausnahmen, Python 568
Aussage 60, 1230
  *falsche* 60
  *mathematische* 60
  *wahre* 60
Aussageformen 61
Aussagenlogik 59
Auswahlabfrage 752, 765
AuthBasicProvider, Apache-
  Direktive 824
AuthDigestProvider, Apache-
  Direktive 824
Authentifizierung (Apache) 834
Authentifizierung (MySQL) 777
AuthName, Apache-Direk-
  tive 824
AuthType, Apache-Direktive 825
AuthUserFile, Apache-Direk-
  tive 825
AUTO_INCREMENT, SQL-
  Feldoption 769
Autoloader, PHP 1071
Automatentheorie 26, 91
  *Registermaschine* 100
  *Turing-Maschine* 98
Automatisch starten
  *Programm unter Unix* 404
  *System V Init* 404
Automatische Variable 476
Autonomes System 1230
Autonomes System (AS),
  Routing 247
Autorisierung, REST-API 1101
Average Case (Komplexität) 95
AVI, Videodateiformat 958
AWT 1230

AWT, Java 648
  *Ereignisbehandlung* 648

# B

Babbage, Charles 36
Back Orifice, Backdoor 1208
Backdoor 1208
Backend 203
background-attachment, CSS-
  Angabe 1016
background-color, CSS-
  Angabe 1016
background-image, CSS-
  Angabe 1016
background-repeat, CSS-
  Angabe 1016
Backlog, Scrum 719
Backup 1206
Banana Ware 734
Band, der Turing-Maschine 98
Barrierefreiheit, Windows 353
Base, OpenOffice.org-Daten-
  bank 756
bash
  *.bashrc, Konfigurations-*
    *datei* 377
  */etc/profile, Unix-*
    *Konfigurationsdatei* 377
  *alias-Befehl* 412
bash (Bourne Again Shell) 377
Basic Input/Output System
  → BIOS
Basic Service Set (WLAN) 214
BASIC, Programmiersprache
  41, 48
Basis bei Stellenwertsyste-
  men 74
Bastion-Host 1217
Batch Processing → Stapelverar-
  beitung
Batch-Datei, Windows 340
Baum, Datenstruktur 602
  *Binärbaum* 602
Baumtopologie, Netzwerk 198
BCD → Binary Coded Decimal
Beck, Kent 717
Bedingter Sprung 128
Befehl
  *Dateiverwaltung, Unix* 389
  *des virtuellen Prozessors* 103

Befehl (Forts.)
  *Systemverwaltung, Unix* 397
  *Textmanipulation, Unix* 393
  *Unix* 389
  *Windows-Konsole* 339
Befehlstabelle 122
  *der CPU* 122
Befehlszeiger (CPU-Register) 122
Behavioral Pattern → Verhaltens-
  muster
Bell Laboratories 290
Bemer, Robert 940
Benannte Argumente,
  Python 552
Benutzer
  *Administrator, Windows* 353
  *entfernen, Linux* 400
  *Gruppe hinzufügen, Unix* 400
  *hinzufügen, Linux* 400
  *Home-Verzeichnis* 312, 315
  *Passwort ändern, Unix* 401
  *root (Unix)* 305, 373
  *Verwaltung, macOS* 460
  *Verwaltung, Windows* 353
  *Zugriffsrechte* 313
Benutzermodus 298, 304
Benutzeroberfläche 288
  *grafische* 288, 293, 303
  *Konsole* 288, 302
Benutzerrechte, ändern,
  Unix 392
Berechenbarkeit 26, 1230
  *von Algorithmen* 94
Berechenbarkeit, Halte-
  problem 94
Berkeley Socket API 638, 1230
Berkeley, Universität 290,
  415, 638
  *Unix-Version* 290
Berners-Lee, Tim 184
Beschaffungsmanagement 707
Beschreibbare DVD 160
Besitzer, wechseln
  (Datei, Unix) 393
Best Case (Komplexität) 95
Betriebssystem
  *Aufbau* 296
  *Aufgaben* 287
  *Ausgabesteuerung* 287
  *Benutzermodus* 298
  *Benutzeroberfläche* 288

1261

## Index

Betriebssystem (Forts.)
*Bibliothek* 301
*booten* 298
*BSD-Unix* 290
*CP/M* 292
*Darwin* 291, 450
*Dateiverwaltung* 288
*Dialogverarbeitung* 289
*Eingabesteuerung* 287
*FreeBSD* 291
*Gerätetreiber* 299
*Geschichte* 288
*herunterfahren, Unix* 402
*HP UX* 291
*IBM AIX* 291
*iOS* 449
*ITS (Incompatible Timesharing System)* 289
*Kernel* 297
*Kernelmodus* 298
*Konsole* 302
*Linux* 291, 294
*macOS* 291, 447
*Minix* 294
*MS-DOS* 292
*MULTICS* 290
*Multitasking* 299, 303
*Neustart (Unix)* 402
*OS/2* 293
*Prozessmanagement* 287
*Shell* 302
*Speichermanagement* 287
*Stapelverarbeitung* 289
*Sun Solaris* 291
*Systemaufruf* 130, 298, 301
*Systemprogramm* 300
*Task Scheduler* 298
*Thread* 297, 307
*Timesharing* 289
*Unicode-Unterstützung* 944
*Unix* 49, 290
*Unix System V* 290
*Verwaltungsbefehle, Unix* 397
*Virtualisierung* 843
*VMS* 293
*Win32 API* 302
*Windows* 323
*Windows Me* 294, 323
*Windows NT* 293, 324
*Windows Server* 324
*Windows Vista* 294, 324

Betriebssystem (Forts.)
*Windows XP* 293, 324
*Windows 10* 294, 324
*Windows 2000* 294, 324
*Windows 7* 294, 324
*Windows 8* 294, 324
*Windows 8.1* 294
*Windows 95* 293, 323
*Windows 98* 294, 323
*Windows, Versionsübersicht* 324
*Zeichensatzeinstellung* 945
Bewegungsdaten 746
Bezeichner 1230
  *C* 474
  *in PHP* 1039
Bezeichner, Python 527
BGP 1230
  *Routing-Protokoll* 249
Bibliothek des Betriebssystems 301
Big Data 45
Big-Endian-Architektur 1230
Big-Endian-Plattform 950
BIGINT, SQL-Datentyp 767
Bild in HTML einbetten 987
Bilddateiformat 952
  *BMP* 955
  *GIF* 954
  *JPEG* 955
  *Photoshop* 953
  *PICT* 956
  *PNG* 955
  *PSD* 953
  *TIFF* 953
Bilddaten
  *Auflösung* 54
  *digitale* 54
  *Farbkanal* 54
  *Farbtiefe* 54
Bilddatenbank 747
Bildwiederholrate (Monitor) 166
bin, Unix-Verzeichnis 312
Binärbaum, Datenstruktur 602
  *C* 602
  *Java* 604
Binärdaten 53, 74
Binäre Suche 598, 1230
  *Java* 598
Binärer Operator 480
Binärmodus 1230

Binary Coded Decimal 84, 1230
BINARY, SQL-Feldoption 769
BIND, DNS-Serversoftware 259
bind(), Python-Methode 641, 642
BIND-Nameserver 857
  *AAAA-Record* 863
  *A-Record* 861
  *CNAME-Record* 862
  *Installation* 858
  *IPv6-Unterstützung* 863
  *Konfiguration* 858
  *MX-Record* 863
  *NS-Record* 863
  *PTR-Record* 861
  *PTR-Record (IPv6)* 863
  *Reverse-Lookup-Zone* 859
  *SOA-Record* 861
  *Zonendaten-Datei* 860
  *Zonendefinition* 859
Biocomputer 45
Bioinformatik 33
BIOS 120, 132, 1230
  *Aufgaben* 134
  *Betriebssystem starten* 134
  *Bootreihenfolge* 136
  *CMOS löschen* 135
  *CMOS-RAM* 135
  *eingebaute Routinen* 134
  *POST* 134
  *POST beschleunigen* 136
  *Power Management einstellen* 136
  *Setup* 135
BIOS-Setup 135
  *Einstellungen zurücksetzen* 136
  *Einstellungsmöglichkeiten* 135
Bit 79
Bit-Komplement, Operator 479
Bitmap-Grafik 54
Bit-Operator 478
  *Vergleich mit logischen Operatoren* 64
Bit-Operatoren, Python 530
Bit-Übertragung, OSI-Schicht 187
Bit-Verschiebung
  *links* 479
  *rechts* 479

Bitweises exklusives Oder, Operator 478
Bitweises Oder, Operator 478
Bitweises Und, Operator 478
BLOB, SQL-Datentyp 768
Block, Anweisungen 482
Blockgerät (Block Device) 300
Blocksatz
*in HTML* 976
Blue Book (Mixed-Mode-CD) 156, 1230
Bluetooth 146
*macOS* 454
blur, jQuery-Event-Handler 1188
Blu-ray-Disc 160
BMP, Bilddateiformat 955
body, HTML 970
Booch, Grady 720
bool, Python-Datentyp 526
Bool, Swift-Datentyp 679
Boole, George 61
boolean, Java-Datentyp 503
Boolesche Algebra 61, 93, 1230
*Java-Datentyp* 503
Booten 298
*BSD-Startskript* 406
*macOS-Startvolume* 459
*System V Init* 404
Bootreihenfolge, einstellen 136
Bootsektor 150
Bootsektorvirus 1203
border, CSS-Angabe 1015
border-image (CSS3) 1025
BorderLayout 660
border-radius (CSS3) 1024
Bourne Again Shell (bash) 377
Bourne Shell 376
box-shadow (CSS3) 1025
Boyce-Codd-Normalform, RDBMS 754
Branch Prediction → Sprung-vorhersage (Prozessor)
break, C-Anweisung 484
break, Schleife abbrechen 596
Bridge 210, 1230
Bridge, Entwurfsmuster 729
Broadcast, IP-Protokoll 227
Brute-Force-Attacke 375, 1230
BSD 1230
BSD-Startskript 406

BSD-Unix 290
*FreeBSD* 291
BubbleSort, Algorithmus 592
*Java* 593
*Python* 592
Buffer im Emacs-Editor 424
BufferedReader
*Java-Klasse* 502, 519
BufferedReader, Java-Klasse, read-Line(), Methode 502
Bugtracker 740
*git* 740
*Mantis* 740
*Redmine* 740
Builder, Entwurfsmuster 729
Bundestrojaner → Online-Durch-suchung
Buntes Buch (CD-Standards) 156
bunzip2, Unix-Befehl 961
BURN-Proof-Technologie 157
Bus 137
*Bluetooth* 146
*Definition* 120
*der CPU* 122
*drahtloser* 146
*EIDE* 142
*FireWire* 145
*Funkschnittstelle* 146
*Hot Plugging* 145
*Infrarot* 146
*IrDA* 146
*Kartensteckplatz* 141
*Laufwerksanschluss* 142
*Light Peak* 145
*paralleler* 146
*PS/2* 145
*RS-232* 145
*SCSI* 143
*serieller* 145
*Thunderbolt* 145
*USB* 144
*USB-C* 145
Bus Mastering 141, 1230
Bustopologie, Netzwerk 197
Button, Android-Klasse 699
Button, AWT-Klasse 658
Byron, Ada → Lovelace, Ada
Byte 80
byte, Java-Datentyp 503
bzip2, Komprimierung 407
bzip2, Unix-Befehl 961

# C

C, Programmiersprache 49, 51, 290, 469, 1230
*-, Operator* 491
*&, Dereferenzierungs-operator* 489
*#define, Präprozessor-Direktive* 497
*#endif, Präprozessor-Direktive* 497
*#ifdef, Präprozessor-Direktive* 497
*#ifndef, Präprozessor-Direktive* 497
*#include, Präprozessor-Direktive* 471, 495
*ANSI-C* 469
*ANSI-Standard* 492
*Anweisung* 472, 473
*Anweisungsblock* 482
*arithmetischer Operator* 478
*Array* 489
*Ausdrücke* 476
*Bezeichner* 474
*Binärbaum* 602
*Bit-Operatoren* 478
*break-Anweisung* 484
*char* 475
*Compiler* 469
*Datentypen* 475
*Datentypkonvertierung* 477
*Datum und Uhrzeit* 494
*difftime()-Funktion* 495
*double* 475
*else* 482
*Escape-Sequenz* 472
*EXIT_FAILURE, Konstante* 472
*EXIT_SUCCESS, Konstante* 472
*Exponentialschreibweise* 477
*Fallunterscheidungen* 482
*fgets()-Funktion* 494
*Fließkommadatentypen* 475
*Fließkommaliteral* 477
*float* 475
*Flusskontrolle* 479
*fopen()-Funktion* 493
*for()-Schleife* 486
*fork()-Funktion* 629
*fprintf()-Funktion* 493

1263

## Index

C, Programmiersprache (Forts.)
*fscanf()-Funktion* 494
*fsync(), Funktion* 633
*Funktionen* 487
*Funktionsaufruf* 473, 487
*Funktionsparameter* 487
*Funktionsrückgabewert* 472
*ganzzahlige Datentypen* 475
*Geschichte* 469
*getchar()* 493
*gets()-Funktion* 472, 493
*globale Variable* 476
*Header-Datei* 492, 495
*Hexadezimalzahl* 477
*int* 475
*int, Funktionsdatentyp* 471
*Integer-Literal* 477
*Kommandozeilenpara-*
  *meter* 488
*Kommentar* 474
*kompilieren* 470
*Kontrollstruktur* 474, 481
*Liste* 599
*Literal* 476
*localtime()-Funktion* 495
*logischer Operator* 478
*lokale Variable* 476
*long* 475
*main()-Funktion* 471, 487
*malloc()-Funktion* 601
*mem.h* 601
*NULL* 494
*Oktalzahl* 477
*Operator* 477
*perror(), Funktion* 633
*Pipe verwenden* 630
*pipe(), Funktion* 631
*Präprozessor* 495
*printf()-Funktion* 472, 493
*puts()-Funktion* 472, 492
*read(), Funktion* 631
*return-Anweisung* 472, 487
*scanf()-Funktion* 484, 493
*Schleife* 485
*short* 475
*sleep(), Funktion* 633
*Speicher reservieren* 601
*sprintf()-Funktion* 493
*Standardbibliothek* 301, 492
*static-Deklaration* 476
*statische Variable* 476

C, Programmiersprache (Forts.)
*stddef.h* 476
*stdio.h* 471, 492
*stdlib.h* 471
*strcat(), Funktion* 494
*strcmp()-Funktion* 494
*strcpy()-Funktion* 494
*strftime()-Funktion* 495
*string.h* 494
*String-Literal* 477
*struct* 491
*Struktur* 491
*switch/case* 484
*Syntax* 473
*sys/types.h* 629
*time_t, Datentyp* 494
*time.h* 494
*time()-Funktion* 494
*unistd.h, Header-Datei* 631
*Variable* 475
*Variable, Gültigkeits-*
  *bereich* 476
*Variablendeklaration* 471,
  473, 475
*Vergleichsoperator* 479
*void, Funktionsdatentyp* 487
*Vorzeichen in Datentypen* 475
*wchar_t* 476
*Wertzuweisung* 474
*while()-Schleife* 485
*Whitespace, Umgang mit* 474
*write(), Funktion* 631
*Zeichen-Literal* 477
*Zeiger* 488
C#, Programmiersprache 51,
  1231
C64 42, 292
Cache 123
  *bei Festplatten* 154
  *Level 1* 123
  *Level 2* 123
Call by Reference 489
  *PHP* 1052
Call by Value 489
Callback, PHP 1072
Callback-Methode 636, 1231
Canvas, AWT-Klasse 649
CAPTCHA 1231
Carbon, Mac-OS-X-API 450
Carry-in, Logikschaltung 88
Carry-out, Logikschaltung 88

Cäsar-Code 1222
Cascading Style Sheets → CSS
case-Befehl in Shell-Skripten 410
CASE-Tools 721
cat, Unix-Befehl 394
catch(), Java 502
CAV → Konstante Winkel-
  geschwindigkeit
CCD
  *bei der Digitalkamera* 163
  *beim Scanner* 162
C-Compiler 469
  *GCC* 469
CD
  *beschreibbare* 157
  *Brennsoftware* 157
  *BURN-Proof-Technologie* 157
  *Datenformate* 158
  *Disc-at-once* 157
  *Hybrid-CD* 158
  *ISO-9660-Format* 158
  *Joliet-Format* 158
  *Lead-in-Area* 157
  *Lead-out-Area* 157
  *Multisession* 157
  *Track-at-once* 157
cd, Unix-Befehl 392
cd, Windows-Befehl 339
CD-Brennsoftware 157
CDE, Window-Manager 431
CDi 156
CD-R 157
CD-ROM 155
  *Geschwindigkeit* 156
CD-RW 157
CD-Standard 156
  *Blue Book* 156
  *Green Book* 156
  *Orange Book* 156
  *Red Book* 156
  *White Book* 156
  *Yellow Book* 156
CD-Text 156
Central Processing Unit → Pro-
  zessor
Centronics-Anschluss 146
CGI 1231
  *Sicherheitsprobleme* 1215
Chain (iptables) 1219
Chain of Responsibility,
  Entwurfsmuster 730

change, jQuery-Event-
Handler 1188
char, C-Datentyp 475
CHAR, SQL-Datentyp 768
Character Devices 300
Character, Swift-Datentyp 679
charAt(), Java-Methode 504
Chatbot Eliza 97
Checkout (Versionskon-
trolle) 739
chgrp, Unix-Befehl 393
Child-Prozess 305, 1231
Chip 37
Chipsatz 120
chmod, Unix-Befehl 392
Chomsky, Noam 52
chown, Unix-Befehl 393
chroot-Umgebung 1217
CHS (Festplattenadressie-
rung) 149
CIDR, IP-Adressierung 230
CIDR-Adressierung 1231
Circuit Switching 180
CISC-Prozessor 126
*Beispiele* 127
class, Java-Schlüsselwort 501
class, Python-Schlüsselwort 558
class, Swift-Schlüsselwort 681
CLASSPATH,
Umgebungsvariable 499
clear, CSS-Angabe 1018
Clear-CMOS-Jumper 135
click, jQuery-Event-
Handler 1188
Client
*bei Entwurfsmustern* 729
*Netzwerk* 199
Clojure, Programmiersprache 52
close(), PHP-mysqli-
Methode 1083
Cloud Computing 851, 1231
*für Privatanwender* 852
Cluster (Dateisystem) 310
CLV → Konstante lineare Ge-
schwindigkeit
Cmd.exe
*WinNT-Shell* 337
Cmdlet, PowerShell 341
CMOS-RAM 135
*löschen* 135
CMYK-Farbe 54

cn, LDAP-Attribut 866
CNAME-Record (DNS) 862
Cobol, Programmiersprache 48
Cocoa 1231
Cocoa, macOS-API 450
Code-Review 714
Collections, Java 511
collections, Python-Modul 599
Color, AWT-Klasse 651
color, CSS-Angabe 1016
column-count (CSS3) 1025
column-width (CSS3) 1025
Command, Entwurfsmuster 730
COMMAND.COM, MS-DOS-
Shell 337
Commit (Transaktionen) 756
COMMIT, SQL-Anweisung 775
Commodore 42, 292
Commodore Amiga 43
Compact Disc 155
compareTo(), Java-Methode 504
compile(), Python-Regex-
Methode 616
Compiler 47, 130
*Java* 500
complex, Python-Datentyp 525
Composite, Entwurfsmuster 730
Computer Science → Informatik
Computer, Definition 33
Computersystem, schematischer
Aufbau 115
Computervirus → Virus
connect(), Python-Methode 642
Connection, JDBC-Klasse 790
Constant Angular Velocity
→ Konstante Winkelgeschwin-
digkeit
Constant Linear Velocity → Kons-
tante lineare Geschwindigkeit
Container → Software-Container
contains(), Java-Methode 512
containsAll(), Java-Methode 512
ContentHandler,
SAX-Interface 919
Cookie 1231
*in PHP* 1076
Coprozessor → Koprozessor
copy, Windows-Befehl 340
Cosinuskurve zeichnen,
AWT 652

CouchDB 793
*Futon, Administrations-
oberfläche* 794
*Mango, Abfragesprache* 794
COUNT, SQL-Funktion 772
count(), PHP-Funktion 1043
count(), PHP-Methode 1068
Countable, PHP-Interface 1067
Coverage-Report, PHPUnit 1092
cp, Unix-Befehl 390
CP/M, Betriebssystem 292
C-Programmiersprache, char,
Datentyp 471
CPU 119
*alte Bedeutung* 121
*Dualcore* 120
CPU → Prozessor
CR, Mac-Zeilenumbruch 938
crack (Passwort-Knackpro-
gramm) 374
Crackerangriff 1214
Cracker-Tools 1218
CREATE DATABASE,
SQL-Befehl 765
CREATE TABLE, SQL-Befehl 765
CREATE USER, MySQL-
Anweisung 778
CreateProcess(), Windows-
Systemaufruf 306
Creational Patterns → Erzeu-
gungsmuster
Creator ID, HFS 461
CRLF, Windows-Zeilenum-
bruch 939
Cronjob 413
Crosslink-Ethernet-Kabel 210
Cross-Site-Scripting 1215
CRT → Röhrenmonitor
csh (C-Shell) 377
C-Shell 377
CSMA/CA 1231
CSMA/CA,
Netzzugangsverfahren 214
CSMA/CD 1231
CSMA/CD,
Netzzugangsverfahren 207
CSS 1008, 1231
*<style>, HTML-Tag* 1010
*Absatzformatierung* 1014
*Abstand vom linken
Rand* 1017

1265

CSS (Forts.)
*Abstand vom oberen Rand* 1017
*Anzeigeart* 1015
*Aufgabe* 1009
*Ausrichtung* 1014
*Außenrand* 1015
*background-attachment* 1016
*background-color* 1016
*background-image* 1016
*background-repeat* 1016
*Bild* 1016
*border* 1015
*clear* 1018
*color* 1016
*display* 1015
*Einzug* 1014
*Element (Tag) formatieren* 1009
*externe Datei* 1011
*Farbangabe* 1012
*Farbe* 1016
*feste Werte* 1011
*fett* 1014
*float* 1017
*font-family* 1013
*font-size* 1014
*font-style* 1014
*font-weight* 1014
*Format dynamisch ändern, DOM* 1162
*Frameworks* 1023
*für XML-Dokumente* 909
*Hintergrund befestigen* 1016
*Hintergrund kacheln* 1016
*Hintergrundbild* 1016
*Hintergrundfarbe* 1016
*Innenabstand* 1015
*Klasse* 1009
*kursiv* 1014
*Laufweite* 1014
*Layer* 1017
*Layer, Beispiele* 1018
*left* 1017
*letter-spacing* 1014
*line-height* 1015
*Linie* 1015
*margin* 1015
*numerische Werte* 1011
*padding* 1015

CSS (Forts.)
*position* 1017
*Positionsart* 1017
*Pseudoformat* 1010
*Rahmen* 1015
*Schriftart* 1013
*Schriftgröße* 1014
*Selektor* 1009
*Stapelreihenfolge* 1017
*Struktur* 1009
*style, HTML-Attribut* 1011
*text-align* 1014
*text-decoration* 1014
*Textfarbe* 1016
*Textformatierung* 1013
*text-indent* 1014
*top* 1017
*unabhängiger Stil* 1010
*unterstrichen* 1014
*vertical-align* 1015
*vertikale Ausrichtung* 1015
*Vorteile* 1009
*Webseiten-Layout mit* 1020
*Wertangaben* 1011
*Zeilenhöhe* 1015
*z-index* 1017
css(), jQuery-Funktion 1187
CSS3 1023
*border-image* 1025
*border-radius* 1024
*box-shadow* 1025
*browserspezifische Eigenschaften* 1025
*column-count* 1025
*column-width* 1025
*first-child, Selektor* 1026
*last-child, Selektor* 1026
*Media Queries* 1027
*neue Selektoren* 1025
*nth-child, Selektor* 1026
*opacity* 1025
*Responsive Webdesign* 1027
*Web Fonts* 1024
C-Standardbibliothek 301, 492, 1231
CUPS 1231
CUPS, Unix-Drucksystem 439
*Scheduler* 439
*starten* 439
current(), PHP-Funktion 1044

current(), PHP-Methode 1068
Cutler, David 293
CygWin 469

## D

Daemon 401, 1231
DARPA 181
Darstellung, OSI-Schicht 189
Darwin, Betriebssystem 291, 450
Data Fork, HFS 461
data-Attribute, JavaScript 1167
Database Management System
→ DBMS
Datagramm 1231
Datagramm-Socket 639
Date, JavaScript-Klasse 1144
DATE, SQL-Datentyp 767
date, Unix-Befehl 399
*Formatierung* 399
Datei 288
*Attribute ändern* 340
*Ausgabe in, C* 493
*Besitzer wechseln, Unix* 393
*Eingabe aus, C* 494
*Gruppe wechseln, Unix* 393
*kopieren unter Windows* 334, 340
*kopieren, macOS* 457
*kopieren, Unix* 390
*löschen unter Unix* 391
*löschen unter Windows* 340
*öffnen, C* 493
*schließen, C* 493
*String lesen aus, C* 494
*umbenennen unter Windows* 340
*umbenennen, macOS* 457
*umbenennen, Unix* 390
*verarbeiten, Java* 518
*verschieben unter Windows* 334, 340
*verschieben, macOS* 457
*verschieben, Unix* 390
*Verwaltung* 310
*Zugriff mit Python* 553
*Zugriffsrechte ändern* 392
Dateiattribut 316
*Windows, ändern* 340
Dateierweiterung 316
*Anzeige einschalten* 316

Dateiformat 937
  AIFF 956
  Audio 956
  AVI 958
  Bild 952
  binäres 949
  BMP 955
  GIF 954
  JPEG 955
  MP3 957
  MP4 957
  MPEG 958
  Ogg Vorbis 957
  PICT 956
  PNG 955
  PostScript 948
  QuickTime 957
  Text 937
  textbasiertes 946
  TIFF 953
  Video 957
  WAV 956
Datei-Iterator, Python 553
Datei-Modi, Python 554
Dateiname
  Endung 390
  Endung sichtbar machen 316
  Erweiterung 316, 390
  Groß- und Klein-
    schreibung 313
  MS-DOS 316
  Unix-Platzhalter 389
  unter Unix 313, 389
  unter Windows 316
Dateiserver 200
Dateisystem 310
  Benutzerrechte 313
  CD 158
  erzeugen, Unix 398
  ext3 398
  FAT12 328
  FAT16 328
  FAT32 329
  Fehlerprüfung (Unix) 398
  HFS 460
  HFS+ 460
  inode 313
  Journaling-Funktion 398
  Link 313
  Linux 311
  macOS 460

Dateisystem (Forts.)
  mounten 313
  mounten, Unix 397
  NTFS 329
  Unix 311
  Unix-Pfadangabe 312
  Unix-Verzeichnisbaum 311
  virtuelles 311
  Windows 314, 328
  Windows-Pfadangabe 315
  Zuordnungseinheit 310
Dateiverwaltung 288, 310
  unter Unix 389
Dateivirus 1203
Dateizeiger, Python 553
Daten
  Bewegungsdaten 746
  Ordnungsdaten 746
  Rechendaten 746
  Stammdaten 745
Datenanalyse 710
Datenbank 745
  1:1-Beziehung 750
  1:n-Beziehung 750
  Abfrage, objektorientierte 759
  Access 756
  atomare Information 753
  Auswahlabfrage 752
  Bild- 747
  Boyce-Codd-Normalform 754
  CouchDB 793
  Datenarten 745
  Datenfeld 748
  Datensatz 748
  dokumentenbasierte 793
  Einzeltabellen- 746
  Einzeltabellen-, Definition 747
  Einzeltabellen-, Grenzen 749
  Entity 748
  erzeugen, SQL 765
  FileMaker 756
  Filterung 748
  freier Server 756
  Fremdschlüssel 750
  Funktionen 748
  Grenzen der RDBMS 757
  IBM DB2 756
  Index 750
  Join-Abhängigkeit 755
  kommerzieller Server 756
  Konsistenz 749

Datenbank (Forts.)
  löschen, SQL 766
  m:n-Beziehung 750
  Microsoft SQL Server 756
  MongoDB 794
  Multimedia- 747
  MySQL 760
  Normalform 753
  Normalisierung 753
  NoSQL 747, 793
  objektorientierte 746, 757
  ODBC 789
  ODL 758
  OpenOffice.org Base 756
  OQL 759
  Oracle 756
  PostgreSQL 756
  Primärschlüssel 749
  Programmierung 789
  Relation 749
  relationale 746, 749
  Schlüssel 749
  sortieren 748
  SQL 753, 764
  suchen in 748
  Tabelle erzeugen, SQL 765
  Tabelle löschen, SQL 766
  Transaktion 756, 774
  Typen 746
  Volltextdatenbank 747
  XML 747
Datenbus 122
  Wortbreite 124
Datenfeld 748
Datenfernübertragung → DFÜ
Datenformat 937
  Text 937
Datenkollision 207
Datenkomprimierung 951
Datenpaket 180
  Frame 206
Datensatz 748
Datensicherung 1206
Datenstruktur 92, 589, 598
  Baum 602
  Queue 599
  Stack 599
Datenträger
  magnetischer 148
  magneto-optischer 148
  optischer 148

Datenträgeraustausch 185
Datentyp
    *boolean, Java* 503
    *ganzzahliger, C* 475
    *in der PowerShell* 346
    *in Java* 503
    *testen, PHP* 1054
    *Umwandlung, C* 477
    *Variable, C* 475
Datentypen, Swift 678
Datenübertragung
    *Geschwindigkeits-*
        *messung* 139
    *Paketvermittlung* 180
    *parallele* 137
    *Schaltkreisvermittlung* 180
    *serielle* 137
Datenverarbeitung
    *elektrische* 25
    *elektronische* 25
    *manuelle* 25
    *mechanische* 25
datetime, Python-Klasse 583
datetime, Python-Modul 583
DATETIME, SQL-Datentyp 767
Datum und Uhrzeit
    *C* 494
    *date-Befehl, Unix* 399
    *Differenz berechnen* 495
    *EPOCH* 302
    *ermitteln, C* 494
    *formatieren (Unix)* 399
    *formatieren, C* 495
    *JavaScript* 1144
    *SQL* 767
Datum und Uhrzeit, Python 583
DB2, RDBMS 756
DBMS (Database Management
    System) 745
dc-Knoten (LDAP) 864
DDN-Schichtenmodell 189
    *Anwendungsschicht* 191
    *Host-zu-Host-*
        *Transportschicht* 191
    *Internetschicht* 190
    *Netzzugangsschicht* 190
DDR-RAM 132
de Icaza, Miguel 431
De Marco, Tom 710
Deadlock 307, 1231
Debian GNU/Linux 370

DEC → Digital Equipment Corpo-
    ration (DEC)
DE-CIX 247
Decorator, Entwurfsmuster 730
def, Python-Schlüsselwort
    558, 560
Default Gateway 1231
DEFAULT, SQL-Feldoption 769
default, switch/case-
    Vorgabewert 485
Defragmentierung 1231
Defragmentierung
    (Festplatten) 150
Deklaration 1231
Deklarative
    Programmiersprache 52
del, Windows-Befehl 340
DELETE, SQL-Abfrage 774
Demilitarisierte Zone → DMZ
De-Morgan-Theorem 65, 1231
Denial of Service 1214, 1232
    *Netzwerkangriff* 360
Deny, Apache-Direktive 825
Dependency Injection,
    Entwurfsmuster 1090
Deployment 1232
deque, Python-Klasse 599
Design Pattern → Entwurfs-
    muster
Desktop-PC 117
dev, Unix-Verzeichnis 312
Dezimalsystem 75
    *in duales System umrech-*
        *nen* 77
    *in hexadezimales System*
        *umrechnen* 78
DFÜ 216
    *Akustikkoppler* 184
    *Mailbox* 184
    *Online-Dienst* 184
    *PPP-Protokoll* 216
    *Praxis* 216
    *über ISDN* 220
DHCP 250, 1232
DHCP-Server, Windows Server
    2016 363
DHTML 1156, 1232
DHTML-Layer manipulieren,
    DOM 1163
Diagrammtypen (UML) 720
Dialogverarbeitung 289

Diascanner 163
Dictionary, Python-Daten-
    typ 542
Dictionary, Swift-Datentyp 679
diff, Unix-Befehl 397
Differential Engine 36
Differenzmenge 72
difftime(), C-Funktion 495
Digital Equipment Corporation
    (DEC) 39
Digital Versatile Disc → DVD
Digital, Unterschied zu
    analog 52
Digitale Signatur 1224
Digitalisierung 54
Digitalkamera 163
    *Auflösung* 163
Dijkstra, Edsger W. 248, 703
DIMM-Modul (RAM) 131
DIN 1232
dir, Windows-Befehl 339
Directory, Apache-Direktive 826
DirectoryIndex, Apache-
    Direktive 826
Disc-at-once 157, 1232
Disjunktion, logische 64
Diskettenlaufwerk 154
Diskrete Menge 54
display, CSS-Angabe 1015
Division, Operator 478
DMA-Kanal 141, 1232
DMA-Kanal, Direct Memory
    Access 141
DMZ 1217
dn, LDAP-Attribut 866
DNA-Computer 45
DNS 1232
    *BIND, Serversoftware* 259
    *Master- und Slave-*
        *Nameserver* 261
    *Zone* 259
DNS (Domain Name
    System) 258
DNS-Server, Windows Server
    2016 363
do/while()-Schleife 486
DocBook 882
Dock
    *Dock-Menü, macOS* 455
    *macOS* 452, 455

docker exec, Container-
Ausführungsbefehl 850
docker ps, Container-
Listenbefehl 850
docker run, Container-
Startbefehl 849
Docker, Software-Container
844, 848
*Container-Konfiguration* 851
*Einsatzgebiete* 849
*Installation* 849
*Kommandozeilentool* 849
Dockerfile 851
DOCTYPE-Angabe, XML 894
Document Object Model → DOM
Document Type Definition
→ DTD
document.forms,
JavaScript 1135
document.images,
JavaScript 1147
document.write(), JavaScript-
Methode 1127
DocumentRoot, Apache-
Direktive 826
DoD-Schichtenmodell 189
Dokumentation 715
*Administratorendokumen-*
*tation* 715
*Anwenderdokumentation* 715
*Entwicklerdokumen-*
*tation* 715
Dokumentation, Python 576
Dokumentstruktur
*HTML* 970
DOM 925, 1232
*Ajax-Einsatz von* 1172
*Baumstruktur anzeigen, Java-*
*Script-Anwendung* 1159
*CSS-Format ändern* 1162
*Document Object* 926
*Dokumenthierarchie*
*ändern* 1165
*DOMParser* 926
*für XML* 925
*getChildNodes(), Methode* 927
*in JavaScript* 1156
*jQuery-Selektor* 1186
*Kindknoten* 927
*Klasse importieren* 925
*Knoteneigenschaften* 1158

DOM (Forts.)
*Knotentyp* 926
*Parser* 925
*praktische Anwendung,*
*JavaScript* 1162
*Textknoten* 1158
Domain Name System (DNS)
*BIND-Nameserver* 857
*Round-Robin-Verfahren* 862
Domain Name System → DNS
Domainname
*Schema* 259
DOMParser, Java-Klasse 926
DOS 292
DoS → Denial of Service
Double Buffering,
Animationstechnik 654
double, C-Datentyp 475
DOUBLE, SQL-Datentyp 767
Double, Swift-Datentyp 678
DoubleWord (DWord) 1232
DoubleWord, 32 Bit 80
Download
*HTML-Hyperlink* 984
Drag & Drop 300
Drahtlose Schnittstelle 146
Drahtloses Netzwerk 211
*Arten* 212
*Gründe für den Einsatz* 212
*Wireless LAN* 212
Drain, Stromausgang des
Transistors 86
DRAM 131
drawLine(), AWT-Methode 651
drawOval(), AWT-Methode 651
drawPolygon(), AWT-
Methode 651
drawRect(), AWT-Methode 651
drawString, AWT-Methode 653
Drei Amigos 720
Dreisatz 72
Drei-Wege-Handshake, TCP 254
DROP DATABASE, SQL-
Befehl 766
DROP TABLE, SQL-Befehl 766
DROP USER, MySQL-Anwei-
sung 781
DROP, iptables-Regel 1220
Drucker 167
*3D-Drucker* 169
*GDI-Drucker* 169

Drucker (Forts.)
*im Netzwerk freigeben,*
*Windows* 362
*Kugelkopfdrucker* 167
*Laserdrucker* 168
*LED-Drucker* 168
*Matrixdrucker* 167
*Nadeldrucker* 167
*Schriftarten* 169
*Thermosublimations-*
*drucker* 169
*Thermotransferdrucker* 169
*Tintenstrahldrucker* 168
*Treiber* 169
*Typenraddrucker* 167
Druckserver 200
DSL 220, 1232
*ADSL* 220
*ADSL2(+)* 221
*anschließen* 221
*einrichten, macOS* 463
*SDSL* 220
*über Fernsehkabel* 221
*über Satellit* 221
DSSS, WLAN-Technik 213
DTD 894, 1232
*Alternativen angeben* 897
*Attributdeklaration* 900
*Attributnotwendigkeit* 903
*Attributtyp* 901
*definieren* 895
*Elementdeklaration* 896
*Entity deklarieren* 904
*Entitys aus externen Da-*
*teien* 904
*externe Entity-Deklara-*
*tion* 905
*Häufigkeitsangabe* 898
*Klammern* 897
du, Unix-Befehl 398
Dualcore-Prozessor 120
Dualsystem 53, 75
*in dezimales System*
*umrechnen* 77
*in hexadezimales System*
*umrechnen* 79
*in oktales System um-*
*rechnen* 78
Dualzahl mit Vorzeichen
speichern 82
Dualzahlen, Python 524

Durchlichtscanner 162
DVD 159
  *beschreibbare* 160
DVD+R 160
DVD+RW 160
DVD-R 160
DVD-RAM 160
DVD-ROM 159
  *Dateiformat* 160
  *Geschwindigkeit* 159
DVD-RW 160
DVI, Dateiformat 948
dvips, Dienstprogramm 948
DWord → DoubleWord, 32 Bit
Dynamic HTML → DHTML
Dynamic RAM → DRAM

## E

each(), PHP-Funktion 1043
echo, Unix-Befehl 393
Echte Obermenge 70
Echte Teilmenge 69
ECMA 1232
EDGE 222
EditTex, Android-Klasse 699
EDO-RAM 131
EDV → Elektronische Daten-
  verarbeitung
EEPROM 133
Effizienz der CPU 126
EIDE 142, 1232
  *anschließen* 143
  *im Vergleich zu SCSI* 143
Eigenschaft (Objektorien-
  tierung) 499
Eigenschaften, Python 559
Ein-/Ausgabe 288
  *C* 492
  *Datei, Java* 518
  *Dialogverarbeitung* 289
  *Fehler* 502
  *Java* 501
  *Lochkarte* 288
  *Stapelverarbeitung* 289
  *Terminal* 289
  *Timesharing* 289
Ein-/Ausgabe, Python 551
Einfügeabfrage 765
Eingabe
  *aus Datei, C* 494

Eingabe (Forts.)
  *Konsole, C* 493
  *String, C* 493
  *Zeichen, C* 493
Eingabeaufforderung 1232
  *Unix* 376
  *Windows* 339
Eingabeaufforderung → Konsole
Eingabeeinheit 117
Eingabegerät 147, 161
  *Digitalkamera* 163
  *Maus* 162
  *Scanner* 162
  *Tastatur* 161
Eingabesteuerung durch das
  Betriebssystem 287
Eingabeumleitung
  *in Unix-Shells* 386
  *Windows* 338
Eingabevervollständigung
  *Unix* 380
  *Windows-Eingabeauffor-
    derung* 337
Einrückung, Python 523
Einsteckkarte 141
  *einbauen* 141
Einwegverschlüsselung 1223
Einzeltabellendatenbank 746
  *Definition* 747
  *Filterung* 748
  *Funktionen* 748
  *Grenzen* 749
  *sortieren* 748
  *suchen in* 748
Elektrische Datenverar-
  beitung 25
Elektrisches Gerät 37
Elektrizität 37
Elektromechanik 37
Elektronenröhre 37
Elektronik 37
Elektronische
  Datenverarbeitung 25
Elektronisches Gerät 37
Element
  *einer Menge* 69
  *XML* 883, 885
ElementTree, Python-Klasse 927
elif, Python-Anweisung 547
Eliza, Chatbot 97
else, C 482

else, Python-Anweisung 546
  *bei while* 549
Elternklasse 507
Elternklasse, Python 567
Emacs, Texteditor 423
  *Befehlseingabe* 424
  *Befehlsschreibweise* 424
  *Buffer* 424
  *erweiterte Funktionen* 426
  *Fenster wechseln* 424
  *Modi* 425
  *Navigation* 425
  *speichern* 426
  *Suchfunktionen* 425
  *Text ersetzen* 425
  *Text löschen* 425
  *Text markieren* 425
E-Mail
  *Attachment* 270
  *Entwicklung* 183
  *Hoax* 1212
  *HTML-Hyperlink auf* 985
  *IMAP-Protokoll* 272
  *Kettenmail* 1213
  *MIME-Format* 268
  *Multipart-Nachricht* 270
  *POP3-Protokoll* 271
  *RFC-822-Nachricht* 268
  *SMTP-Protokoll* 267
  *Spam* 1211
  *Verschlüsselung* 1224
E-Mail-Protokoll 266
E-Mail-Server 201
Embedded System 120
end(), Java-Regex-Methode 625
Endlicher Automat 98
Endlosschleife 596
End-to-End-Test → Frontend-Test
Endung (Dateiname, Unix) 390
Endung (Dateiname) 316
Engelbart, Douglas 292
ENIAC, Röhrenrechner 37
Enterprise Java Beans 1232
Enterprise-Anwendung 1232
Enterprise-Anwendung → Ver-
  teilte Anwendung
Entity
  *Datenbank* 748
Entity-Referenz
  *HTML* 973
  *XML* 889, 904

Entry, Java-Map-Klasse 517
entrySet(), Java-Map-
Methode 517
Entwicklerdokumentation 715
Entwicklungsprozess, Soft-
ware 716
*agiler Entwicklungspro-*
*zess* 718
*Extreme Programming* 717
*Scrum* 718
*Unified Process* 716
Entwurf, Software-
Engineering 712
*Schnittstelle* 713
*Stand-alone-System* 712
*verteiltes System* 713
Entwurfsmuster 726
*Absicht* 728
*Abstract Factory* 729
*Adapter* 729
*Alias* 728
*Beispiel Singleton* 732
*Bestandteile* 727
*Beteiligte* 728
*Bridge* 729
*Builder* 729
*Chain of Responsibility* 730
*Client* 729
*Codebeispiele* 728
*Command* 730
*Composite* 730
*Decorator* 730
*Dependency Injection* 1090
*Einordnung* 727
*Einsatzbeispiele* 728
*Erzeugungsmuster* 727
*Facade* 730
*Factory Method* 729
*Flyweight* 730
*Implementierung* 728
*Interpreter* 730
*Iterator* 731
*Katalog* 729
*Konsequenzen* 727, 728
*Lazy Initialization* 1090
*Lösung* 727
*Mediator* 731
*Memento* 731
*Motivation* 728
*MVC* 727
*Name* 727

Entwurfsmuster (Forts.)
*Observer* 731
*Problem* 727
*Protoype* 729
*Proxy* 730
*Querverweis* 728
*Singleton* 729
*Singleton (als Beispiel)* 732
*State* 731
*Strategy* 731
*Struktur* 728
*Strukturmuster* 727
*Template Method* 731
*Verhaltensmuster* 727
*Verwendungszweck* 728
*Visitor* 731
*Zusammenspiel* 728
enum, Java 516
*iterieren über Konstanten* 518
*Methoden* 517
*Unterschiede zu Klassen* 517
*values(), Methode* 518
ENUM, SQL-Datentyp 768
enumerate(), Python-
Funktion 580
Environment → Umgebung
EPOCH 302
EPROM 133
EPS, Dateiformat 949
*Unterschiede zu Post-*
*Script* 949
equals(), Java-Methode 504
Ereignis, AWT 648
Ereignisbehandlung 648
*Java, AWT* 660
Erlang, Programmiersprache 52
errno, PHP-mysqli-
Attribut 1081
error, PHP-mysqli-Attribut 1081
Erweiterte Partition 152
Erweiterung (Dateiname,
Unix) 390
Erweiterung (Dateiname) 316
Erzeugungsmuster 727
Escape-Sequenz 396, 1232
*C* 472
*in RegExp* 614
Escaping in PHP 1056
Escaping, Python 526
etc, Unix-Verzeichnis 312

Ethernet 206, 1232
*1000BaseFL-Standard* 211
*1000BaseTX-Standard* 211
*100BaseT-Standard* 211
*10Base2-Standard* 208
*10Base5-Standard* 208
*10BaseT-Standard* 211
*Bridge* 210
*Crosslink-Kabel* 210
*CSMA/CD-Verfahren* 207
*Entwicklung* 41
*Hardware* 208
*Hardwareadresse* 206
*Hub* 210
*Koaxialkabel* 208
*MAC-Adresse* 206
*Switch* 210
*Thicknet Coaxial* 208
*Thinnet Coaxial* 208
*Twisted-Pair-Kabel* 209
*Vorläufer ALOHANet* 207
Ettrich, Matthias 431
Euklidische Geometrie 92
EVA-Prinzip 116
Event Handler
*jQuery* 1188
Event Handling 648
Exabyte 81
except, Python-Schlüssel-
wort 568
Exception
*auslösen* 519
*IOException* 519
*Java* 519
Exception, Java 502
*IOException* 502
*NumberFormatException* 514
Exceptions
*FileNotFoundException* 519
Exceptions, Python 568
executeQuery(), JDBC-
Methode 791
EXIT_FAILURE, C-Konstante 472
EXIT_SUCCESS, C-Konstante 472
exit, Unix-Befehl 381
Exklusiv-Oder 65
expects(), PHPUnit-
Methode 1098
explode(), PHP-Funktion 1045
Exploit 1214

1271

Explorer
*Ordneransicht, Windows* 335
Explorer, Windows-
Dateimanager 334
Exponentialschreibweise 83
*C* 477
Exponentielle Komplexität 96
ext3, Linux-Dateisystem 398
Extended Service Set
(WLAN) 215
extends, Java-Vererbung 508
extends, PHP-Schlüssel-
wort 1062
Extensible Markup Language
→ XML
Extreme Programming 717
*Eigenschaften* 718
*Programmieren in Paaren* 718
*Test-first-Verfahren* 718, 737

## F

Facade, Entwurfsmuster 730
Fachinformatiker 28
*Anwendungsentwicklung* 28
*Projektarbeit* 704
*Prüfung* 30
*Systemintegration* 28
facsimileTelephoneNumber,
LDAP-Attribut 866
Factory Method,
Entwurfsmuster 729
Fake News 1213
Fakultät 594
FallbackResource, Apache-
Direktive 827
Fallunterscheidung
*Bedingung* 482
*C* 482
*in Shell-Skripten* 409
*Python* 545
*switch/case, C* 484
Fallunterscheidungs-
operator 480
Falsche Aussage 60
false
*Java* 503
False, Python-Literal 526
Farbaddition 54
Farbe in HTML 1012

Farbkanal, Bild 54
Farblaserdrucker 168
Farbsubtraktion 54
Farbtiefe
*Grafikkarte* 164
Farbtiefe, Bild 54
Fast Ethernet 211
FAT 1232
FAT12, Dateisystem 328
FAT16, Dateisystem 328
FAT32, Dateisystem 329
FAT-Dateisystem
*FAT12* 328
*FAT16* 328
*FAT32* 329
Fedora, Linux-Distribution 370
Fehler
*Laufzeitfehler* 472
*Syntaxfehler* 472
Fenster
*programmieren* 658
Fensterbedienung
*macOS* 452
*Windows* 331
Festkommazahl 83
Festplatte 149
*alternative SSD* 154
*Anschlüsse* 142
*belegten Platz ermitteln*
*(Unix)* 398
*Cache* 154
*CHS-Adressierung* 149
*Defragmentierung* 150
*EIDE* 142
*formatieren, Unix* 398
*Geschwindigkeit* 153
*konstante Winkelgeschwin-*
*digkeit* 154
*LBA-Adressierung* 149
*mittlere Zugriffszeit* 154
*Partitionierung* 149
*Partitionstabelle* 150
*RAID* 152
*SCSI* 143
Festplattengröße 81
Festwertspeicher → ROM
fetch_array(), PHP-mysqli_result-
Methode 1082
fetch_assoc(), PHP-mysqli_result-
Methode 1082

fetch_row(), PHP-mysqli_result-
Methode 1082
fg, Unix-Befehl 378
fgets(), C-Funktion 494
FHSS, WLAN-Technik 213
FIFO → First In, First Out
File cursor, Python 553
File Type ID, HFS 461
FileMaker, Datenbank 756
FileNotFoundException,
Java 519
Fileserver 200
fillOval(), AWT-Methode 651
fillRect(), AWT-Methode 651
filter, iptables-Tabelle 1219
find(), Java-Regex-Methode 624
find(), Python-XML-
Methode 930
findall(), Python-Regex-
Methode 618
findall(), Python-XML-
Methode 930
findByViewId(), Android-
Methode 700
Finder
*macOS* 452, 455
*Ordneransichten, macOS* 455
finditer(), Python-Funktion 583
finger, Unix-Dienstpro-
gramm 374
Firewall 1206, 1216
*iptables* 1217, 1219
*netfilter (Linux)* 1219
FireWire 145, 1233
First In, First Out 599, 1233, 1236
first-child, CSS3-Selektor 1026
Flachbettscanner 162
Flag des virtuellen Pro-
zessors 104
Flash Player 1207
Flash-EEPROM 133
Fließkommaliteral 477
Fließkommazahl 83
*Exponentialschreibweise* 83
*Exponentialschreibweise,*
*C* 477
Fließkommazahlen, Python 525
Flip-Flop (Schaltung) 90
float
*Python* 525
float, C-Datentyp 475

float, CSS-Angabe 1017
FLOAT, SQL-Datentyp 767
Float, Swift-Datentyp 678
Floating Point Number → Fließkommazahl
Floating Point Unit → FPU
FLOPS (CPU-Geschwindigkeit) 126
FLUSH PRIVILEGES, MySQL-Anweisung 782
FLUSH TABLES, MySQL-Anweisung 783
Flussdiagramm 93
Flusskontrolle 479
Flyweight, Entwurfsmuster 730
FM-Synthese (MIDI) 170
focus, jQuery-Event-Handler 1188
font-family, CSS-Angabe 1013
font-size, CSS-Angabe 1014
font-style, CSS-Angabe 1014
font-weight, CSS-Angabe 1014
fopen(), C-Funktion 493
for, Python-Anweisung 549
    als Ausdruck 550
for, Swift-Schlüsselwort 680
for()-Schleife 486
for-Befehl
    in Shell-Skripten 410
fork(), C-Funktion 629
fork(), Python-Funktion 630
fork(), Unix-Systemaufruf 304
Formale Logik 59
format(), Python-String-Methode 555
Formatieren von Datenträgern, Unix 398
Formatierte String-Literale, Python 557
Formatierung von Strings, Python 555
Fortran, Programmiersprache 48
FORWARD, iptables-Chain 1219
Foto-Multiplier (Trommelscanner) 163
FP-RAM 131
fprintf(), C-Funktion 493
FPU 122
Frame, AWT-Klasse 649, 658
Frame, Datenpaket 206

Framework 1233
FreeBSD 291
Frege, Gottlob 59
Freie Software 295
Fremdschlüssel RDBMS 750
Frequency Hopping 213
Frequenz, Audio 55
fromstring(), Python-XML-Methode 928
Front Side Bus 125
Frontend 203
Frontend-Test 714
frozenset, Python-Datentyp 542
FSB → Front Side Bus
fscanf(), C-Funktion 494
fsck, Unix-Befehl 398
fsync(), C-Funktion 633
FTP 264, 1233
    ASCII-/Binärmodus 266
    Befehle 265
    Clients 264
    HTML-Hyperlink auf 985
FULLTEXT, SQL-Schlüsselwort 769
func, Swift-Schlüsselwort 681
function, JavaScript-Schlüsselwort 1133
function, PHP-Schlüsselwort 1050
Funkschnittstelle 146
Funktion 49, 1233
    Argument 487
    aufrufen 487
    C 487
    Call by Reference 489
    Call by Value 489
    iterative 595
    Parameter 487
    rekursive 594
    Rückgabewert 487
    Rückgabewert, C 472
    SQL 771
Funktion, jQuery 1186
Funktionale
    Programmiersprache 52
Funktionen, Lambda-(Python) 563
Funktionen, Python 551
Funktionsaufruf
    C 473

Funktionsdefinition, Python 560
Fußgesteuerte Schleife 486
Futon, CouchDB-Administration 794
fvwm2, Window-Manager 431

## G

Galaxy Tab 45
Gamma, Erich 727
GAN 1233
GAN, globales Netz 196
Gantt-Diagramm 709
Ganze Zahl 70
Garret, Jesse James 1168
Gate (Gatter) → Logikschaltung
Gate, Steuerungseingang des Transistors 86
Gates, Bill 41, 292
Gatter → Logikschaltung
GCC, C-Compiler 469
    starten 470
gcc-Befehl 470
    Unix-Besonderheiten 470
Generics, Java 515
Gentoo, Linux-Distribution 370
Geoblocking 358
Geometrie, euklidische 92
Gerät
    elektrisches 37
    elektronisches 37
Gerätedatei 311, 312
Gerätetreiber 47, 287, 299
    Blockgerät 300
    für Drucker 169
    installieren, Windows 353
    Netzwerk, Windows 356
    Zeichengerät 300
GET, HTTP-Methode
    zum HTML-Formularversand 997
get(), Java-Map-Methode 517
get(), Java-Methode 512
Get-Alias, PowerShell-Cmdlet 341
getchar(), C-Funktion 493
Get-ChildItem, PowerShell-Cmdlet 341
Get-Command, PowerShell-Cmdlet 341

getDate(), JavaScript-
Methode 1145
getDay(), JavaScript-
Methode 1145
getElementById(), JavaScript-
Methode 1157
getElementsByTagName(), Java-
Script-Methode 1157
getFullYear(), JavaScript-
Methode 1145
gethostbyname(), System-
aufruf 640
getHours(), JavaScript-
Methode 1145
getKey(), Java-Methode 517
getMinutes(), JavaScript-
Methode 1145
getMock(), PHPUnit-
Methode 1098
getMockBuilder(), PHPUnit-
Methode 1098
getprotobyname(),
Systemaufruf 639
getroot(), Python-XML-
Methode 928
gets(), C-Funktion 472, 493
getSeconds(), JavaScript-
Methode 1145
getservbyname(), System-
aufruf 640
getValue(), Java-Methode 517
getYear(), JavaScript-
Methode 1145
GGT (größter gemeinsamer
Teiler) 590
GhostScript 948
GID (Group-ID, Unix) 374
GID (Group-ID)
*von Prozessen* 305
gidNumber, LDAP-Attribut 866
GIF, Bilddateiformat 954
Gigabit-Ethernet 211
Gigabyte 81
git, Versionskontrollsystem 739
*als Bugtracker* 740
givenName, LDAP-Attribut 866
Gleichheit 67
Gleichheit, Operator 479
Gleichung 60
*lineare* 61, 73
*Lösung* 61
*quadratische* 74

Gleichungssytem 73
Gleitkommazahl → Fließkomma-
zahl
Global Area Network 196
global, PHP-Variablenmodifi-
kation 1051
Globale Variable
*C* 476
GNOME
*GtK+-Bibliothek* 431
GNOME Terminal 375
GNOME, Desktop 303, 431, 433
*Desk Guide* 434
*GNOME-Menü* 435
*Kontrollzentrum* 435
*Panel* 435
*Verknüpfung erstellen* 435
GNU Emacs, Texteditor 423
GNU General Public License 295
GNU zip, Komprimierung 407
GNU/Linux 369
GNU-Projekt 295
Google
*Android (Smartphone-OS)* 45
Google Android 693
Gosling, James 497
GPL 295
GPRS 222
Grafikkarte 164
*AGP* 165
*Auflösung* 164
*Farbtiefe* 164
*Geschwindigkeit* 165
*mit mehreren Monitoren* 165
*PCI* 165
*RAMDAC* 165
Grafische Benutzeroberfläche
288, 293, 303, 1233
*Aqua, macOS* 450
*Drag & Drop* 300
*Ereignis* 647
*Fensteranwendung* 658
*GNOME* 303, 431, 433
*GtK+, Programmierumge-
bung* 433
*JFC* 648
*KDE* 303, 431, 432
*Menü programmieren* 658
*Nachricht* 647
*Programmierung* 647

Grafische Benutzeroberfläche
(Forts.)
*Qt, Programmierumge-
bung* 433
*Quartz, Grafikbibliothek* 450
*Terminal-Fenster* 375
*Unix* 429, 431
*Widget* 647
*Window-Manager* 303
*Windows* 330
*Windows XP* 330
*Windows 95* 330
*Windows 98* 330
*X Window* 303, 429
GRANT, MySQL-Anweisung 779
Graphics, AWT-Klasse 648
Graphics2D, Java2D-Klasse 648
Green Book (CDi) 156, 1233
grep, Unix-Befehl 395
*Muster* 396
GridLayout 659
Groß- und Kleinschreibung
*Unix-Dateiname* 313
Größer als, Operator 479
größer als, Operator 67
Größer oder gleich,
Operator 479
Großrechner 39
Größter gemeinsamer Teiler 590
group(), Java-Regex-
Methode 625
group(), Python-Regex-
Methode 617
group(), Python-Regexp-
Methode 582
groupadd, Unix-Befehl 400
groupCount(), Java-Regex-
Methode 625
Group-ID
*von Prozessen* 305
Group-ID (Unix) 374
groups(), Python-Regex-
Methode 618
Grüner Balken (Unit-Test) 736
Gruppe
*hinzufügen, Linux* 400
*wechseln (Datei, Unix)* 393
Gruppenrichtlinienobjekt,
Windows 354
GSM-Mobilfunk 222
GtK+, Grafikbibliothek 431, 433

GUI → Grafische Benutzeroberfläche
Gültigkeitsbereich
*Variable, C* 476
*Variable, Java* 503
gunzip, Unix-Befehl 961
gzip, Dateikomprimierung 407
gzip, Unix-Befehl 960

# H

Halbaddierer (Schaltung) 88
Halbleiter 38
Halteproblem (Berechenbar-
keit) 94
Handshake 1233
Handshake, Modemkommuni-
kation 218
Hard Link 313
Hardware
*Ausgabegerät* 147, 164
*BIOS* 120
*Bus* 120, 137
*Bus Mastering* 141
*Chipsatz* 120
*Digitalkamera* 163
*DMA-Kanal* 141
*Drucker* 167
*Eingabegerät* 147, 161
*Grafikkarte* 164
*I/O-Basisadresse* 140
*IRQ* 139
*konfigurieren, Windows* 353
*Massenspeicher* 147
*Maus* 162
*Monitor* 165
*Netzwerk* 204
*Onboard-Peripherie* 121
*Peripherie* 146
*Plug & Play* 141
*Prozessor* 119
*RAM* 120, 131
*Ressourcen* 139
*ROM-Speicher* 120
*Scanner* 162
*schematischer Aufbau* 115
*Schnittstelle* 120
*Soundkarte* 170
*Steuerung durch*
*Betriebssystem* 287
*Tastatur* 161
*Zentraleinheit* 119

Hardware-Interrupt 129
Harvard Mark I 37
Harvard Mark II 37
hasattr(), Python-Funktion 578
Hash, PHP 1042
HashMap, Java-Klasse 516
HashSet, Java-Klasse 514
Hauptplatine → Mainboard
Hauptprogramm
*main() als* 51
*Python* 577
Hauptspeicher 117
Hayes, Modem-Befehlssatz 217
Hayes-Befehlssatz 1230
HD DVD 160
head, HTML 970
head, Unix-Befehl 394
Header (HTTP) 809
Header-Datei, C 492, 495
Hello World 471
Helm, Richard 727
help, Windows-Befehl 302
Here Document, Python 525
Herunterfahren
*Betriebssystem, Unix* 402
Hewlett-Packard, HP UX,
Betriebssystem 291
Hexadezimalsystem 76
*in dezimales System*
*umrechnen* 78
*in duales System um-*
*rechnen* 79
Hexadezimalzahl
*C* 477
Hexadezimalzahl, Python 524
Hex-Editor 46, 949
HFS, Dateisystem 460
*Data Fork* 461
*Resource Fork* 461
HFS+, Dateisystem 460
hide(), jQuery-Funktion 1186
HIER-Dokument, in Unix-
Shell 387
Hintergrund (Prozess) 377
History
*Unix-Shell* 380
*Windows-Eingabeauffor-*
*derung* 337
Hoax 1212
Hollerith, Hermann 38
home, Unix-Verzeichnis 312

Homecomputer 42, 292
homeDirectory, LDAP-
Attribut 866
Home-Verzeichnis 312, 315
Host (Netzwerk) 191
Host-zu-Host-Transport, DDN-
Modell-Schicht 191
Hot Plugging 145
Hot Spot 989
hover, jQuery-Event-
Handler 1188
HP UX, Betriebssystem 291
HPGL (Druckersprache) 169
HR/DSSS, WLAN-Technik 213
HSPA (HSDPA/HSUPA) 222
HTML
*<a>-Tag* 982
*<address>-Tag* 978
*<area>-Tag* 989
*<b>-Tag* 978
*<body>-Tag* 970
*<br>-Tag* 972
*<caption>-Tag* 991
*<code>-Tag* 978
*<col>-Tag* 994
*<colgroup>-Tag* 994
*<dl>-Tag* 981
*<dt>-Tag* 981
*<em>-Tag* 978
*<embed>-Tag* 1004
*<form>-Tag* 997
*<head>-Tag* 970
*<html>-Tag* 970
*<i>-Tag* 978
*<img>-Tag* 987
*<input>-Tag* 998
*<li>-Tag* 979
*<map>-Tag* 989
*<meta>, Tag* 1005
*<meta>-Tag* 972
*<ol>-Tag* 980
*<option>-Tag* 999
*<p>-Tag* 975
*<pre>-Tag* 976
*<script>-Tag* 1126
*<select>-Tag* 999
*<strike>-Tag* 978
*<strong>-Tag* 978
*<style>-Tag* 1010
*<sub>-Tag* 978
*<sup>-Tag* 978

## Index

HTML (Forts.)
*<table>-Tag* 990
*<tbody>-Tag* 994
*<td>-Tag* 991
*<textarea>-Tag* 1000
*<tfoot>-Tag* 994
*<th>-Tag* 991
*<thead>-Tag* 994
*<title>-Tag* 970
*<tr>-Tag* 991
*<tt>-Tag* 978
*<u>-Tag* 978
*<ul>-Tag* 979
*Absatz* 975
*Absatzausrichtung* 975
*Absenden-Button* 998
*Adressangabe* 978
*Anker* 986
*Attribut* 969
*Aufzählung* 979
*Aufzählungszeichen
   wählen* 979
*Auswahlmenü* 999
*Beschreibung für
   Suchmaschinen* 1007
*Bild als Hyperlink* 988
*Bild einbetten* 987
*Blocksatz* 976
*Body* 970
*Button* 999
*Checkbox* 998
*clientseitige Image Map* 989
*CSS* 1008
*Datei-Formularfeld* 999
*Definitionsliste* 981
*Dokumentkopf* 970
*Dokumentkörper* 970
*Dokumentstruktur* 970
*Dokumenttitel* 970
*Download-Hyperlink* 984
*E-Mail-Hyperlink* 985
*Entity-Referenz* 973
*Farben* 1012
*Festbreitenschrift* 978
*fett* 978
*Formular* 996
*Formular, Auswahlmenü* 999
*Formular, Button* 999
*Formular, Checkbox* 998
*Formular, Datei-Upload-Feld*
   999

HTML (Forts.)
*Formular, Hidden-Feld* 999
*Formular, Löschen-
   Button* 999
*Formular, Passwortfeld* 998
*Formular, Radiobutton* 998
*Formular, Reset-Button* 999
*Formular, Schaltfläche* 999
*Formular, Submit-Button* 998
*Formular, Textbereich* 1000
*Formular, Textfeld* 998
*Formular, Versand-
   methode* 997
*Formulardaten-
   Codierung* 998
*Formulare, Absenden-
   Button* 998
*Formularelemente* 998
*Formular-URL* 997
*FTP-Hyperlink* 985
*geeignete Titel* 971
*geschütztes Leerzeichen* 974
*GET, Formularversand-
   methode* 997
*Glossarliste* 981
*h1 bis h6, Tags* 976
*Head* 970
*Hidden-Formularfeld* 999
*hochgestellter Text* 978
*Hyperlink* 982
*Hyperlink ins Web* 984
*Image Map, clientseitige* 989
*Image Map, serverseitige* 989
*Kommentar* 990
*kursiv* 978
*Layer* 1017
*Layout-Tags* 977
*Link* 982
*Liste* 979
*Löschen-Button* 999
*Meta-Tag* 1005
*MIME-Types* 1004
*Multimedia einbetten* 1004
*neue Strukturelemente in
   HTML5* 977
*nicht nummerierte Liste* 979
*nummerierte Liste* 980
*Nummerierungsart
   wählen* 980
*Passwortfeld* 998
*Pfadangaben in Links* 983

HTML (Forts.)
*Plug-in-Formate ein-
   betten* 1004
*POST, Formularversand-
   methode* 997
*Quellcode darstellen* 978
*Radiobutton* 998
*Refresh* 1006
*Reset-Button* 999
*robots.txt-Datei* 1008
*Schaltfläche* 999
*Schlüsselwörter für
   Suchmaschinen* 1007
*Seite neu laden* 1006
*seiteninterner Link* 986
*Server-Side Image Map* 989
*Sonderzeichen* 972
*Struktur-Tags* 977
*Style Sheets* 1008
*style-Attribut* 1011
*Submit-Button* 998
*Suchmaschinen-
   Informationen* 1006
*Tabelle* 990
*Tabelle ausrichten* 992
*Tabelle, Gitternetzlinien
   steuern* 994
*Tabelle, Rahmenlinien
   steuern* 994
*Tabellen-Attribute* 992
*Tabellenbereiche* 994
*Tabellenbeschriftung* 991
*Tabellenbreite* 992
*Tabellenhöhe* 992
*Tabellenrahmen* 992
*Tabellen-Spaltenbreite* 994
*Tabellenzeile* 991
*Tabellen-Zellabstand* 992
*Tabellenzelle* 991
*Tabellenzellen verbinden* 993
*Tabellenzellen-Attribute* 993
*Tabellenzellen-Ausrich-
   tung* 993
*Tag* 969
*Tag-Verschachtelung* 978
*Text betonen* 978
*Text durchstreichen* 978
*Text stark betonen* 978
*Textbereich* 1000
*Textfeld* 998
*Textformatierung* 972

1276

HTML (Forts.)
*Textmarke* 986
*tiefgestellter Text* 978
*Überschrift* 976
*unterstrichen* 978
*verschachtelte Liste* 980
*vorformatierter Text* 976
*Webpalette* 1013
*XHTML* 968
*XHTML-Besonderheiten* 971
*Zeichenformatierung* 977
*Zeichensatz angeben* 972
*Zeilenumbruch* 972
html(), jQuery-Funktion 1187
HTML5 968
*<article>-Tag* 977
*<audio>-Tag* 1005
*<figcaption>-Tag* 977
*<figure>-Tag* 977
*<footer>-Tag* 977
*<header>-Tag* 977
*<hgroup>-Tag* 977
*<nav>-Tag* 977
*<section>-Tag* 977
*<video>-Tag* 1005
*Audio* 1005
*data-Attribute* 1167
*neue Formulareingabe-*
*typen* 1003
*Strukturelemente* 977
*Video* 1005
HTML5, <aside>-Tag 977
HTML-Formular 996
*per JavaScript modifi-*
*zieren* 1135
*überprüfen per Java-*
*Script* 1139
*URL* 997
htmlspecialchars(), PHP-
Funktion 1056
htpasswd, Apache-
Hilfsprogramm 825
HTTP 275, 801, 1233
*Anfrage* 803
*Antwort* 804
*Cookie (PHP)* 1076
*Header* 809
*Kommunikationsablauf* 802
*Methoden* 802
*Session-Tracking (PHP)* 1076
*Statuscodes* 805

HTTP-Server 202
Hub 210
HUP, Signal 305
Hybrid-CD 158, 1233
Hyperlink in HTML 982
Hypertext 184, 1233
Hypertext Transfer Protocol
→ HTTP
Hyper-V 845

# I

I/O → Ein-/Ausgabe
I/O-Basisadresse 140, 1233
I/O-Kanäle 386
IaaS (Infrastructure as a
Service) 851
IANA 228, 1233
IBM 42, 292
*AIX, Betriebssystem* 291
*DB2* 756
*OS/2, Betriebssystem* 293
IBM-PC 42, 292
IC 37
ICMP 1233
ICMP-Protokoll 252
id(), Python-Funktion 528
Identität, Python 528
IEEE 1233
IEEE 1394 1233
IEEE 1394 → FireWire
IEEE 802.11 → Wireless LAN
IEEE, Netzzugangsverfahren
802.x 205
if, Python-Anweisung 545
*als Ausdruck* 547
if, Swift-Schlüsselwort 680
if() in C 482
if-Befehl
*in Shell-Skripten* 409
ifconfig, Unix-Befehl 435
IfModule, Apache-Direktive 827
Image Map
*clientseitige, in HTML* 989
*serverseitige, in HTML* 989
Image, AWT-Klasse 654
*Bilddatei laden* 654
Image, JavaScript-Klasse 1149
Imaginäre Zahl 71
IMAP 272, 1233
Immutable, Python 528

Imperative Programmier-
sprache 49
Implementierung, Software-
Engineering 713
implode(), PHP-Funktion 1045
import, Java-Anweisung 501
import, Python-Schlüssel-
wort 579
in, Python-Operator 533
include_once(), PHP-
Funktion 1070
include(), PHP-Funktion 1070
Index im RDBMS 750
INDEX, SQL-Schlüsselwort 769
indexOf(), Java-Methode 504
Indexoperator, Python 535
inetOrgPerson, LDAP-
Objektklasse 865
Informatik 26
*angewandte* 26
*Bioinformatik* 33
*Medieninformatik* 33
*medizinische* 33
*praktische* 26
*Studium* 32
*technische* 26
*theoretische* 26
*Wirtschaftsinformatik* 33
Informatikkaufmann 29
Information
*analoge* 52
*digitale* 53
Informationstechnischer
Assistent 30
Infrarotanschluss 146
Infrastructure as a Service 851
init(), Swift-Konstruktor 682
init-Prozess 304
Inner Join, SQL 772
*durch WHERE ausdrücken* 772
INNER JOIN, SQL-Klausel 772
InnoDB, MySQL-Tabellen-
typ 775
InnoDB-Tabelle (MySQL) 756
inode 313
INPUT, iptables-Chain 1219
input(), Python-Funktion 552
Input/Output → Ein-/Ausgabe
InputStreamReader, Java-
Klasse 502

insert_id, PHP-mysqli-
   Attribut 1082
INSERT, SQL-Abfrage 773
Instanz 499
   erzeugen, Java 503
Instanz erzeugen, Python 559
Instruction Table → Befehls-
   tabelle
int
   C-Datentyp 475
   Funktionsdatentyp, C 471
   Python-Datentyp 524
INT, Signal 402
INT, SQL-Datentyp 767
Int, Swift-Datentyp 678
Integer 1233
   Java-Klasse 592
Integer-Literal 477
Integrationsmanagement 707
Integrationstest 714
Integrierter Schaltkreis 37
Intel 40, 121
Intel-Assembler 129
Interaktive Shell (Python) 521
Interator, Java 512
Interface
   Java 509
   Runnable, Java 510
   Serializable, Java 510
Internet
   Anwendungsprotokoll 262
   Dateiübertragung 264
   Denial-of-Service-Angriff 360
   Dokumentation 183
   Geschichte 181
   offizielle Einführung 183
   RFC 183
   Standards 183
   Transportprotokolle 252
   Vorläufer ARPANET 181
   Zugang per Modem 217
   Zugang über DSL 220
   Zugang über ISDN 218
Internet, DDN-Modell-
   Schicht 190
Internetschichtenmodell 189
   Anwendungsschicht 191
   Host-zu-Host-
      Transportschicht 191
   Internetschicht 190
   Netzzugangsschicht 190

Interpreter 41, 48
Interpreter, Entwurfs-
   muster 730
Inter-Prozess-Kommunika-
   tion 306
   Semaphore 306
   System V IPC 306
   über Pipes 306
   über Signale 306
Interrupt Request → IRQ
Interrupt, Hardware- 129
Intrusion Detection
   Systems 1217
   Network-IDS 1217
   Snort 1217
IOException, Java 502, 519
iOS 674
   Apps mit Swift 683
   Objective-C 676
   Swift 676
   Überblick 674
   View Controller für Apps 686
   Xcode 675
iOS, Mobilbetriebssystem 449
iPad 45, 674
IP-Adresse
   Broadcast-Adresse 227
   CIDR-Adressierung 230
   CIDR-Berechnungen 232
   für Sockets 640
   IPv6 238
   Klassen 226
   Konzept 226
   link local 229
   Loopback 229
   Netzwerkadresse 227
   private 229
   spezielle 229
   Subnet Mask 230
   Subnetting 231
   Supernetting 231
   Teilnetzmaske 230
   VLSM 235
   zuweisen, Linux 436
   zuweisen, macOS 462
IPC → Inter-Prozess-Kommuni-
   kation
iPhone 45, 674
IP-Masquerading 251
IP-Protokoll
   Adressverteilung 228
   Datagramme 236

IP-Protokoll (Forts.)
   Default Gateway 243
   Header 236
   IPv6 238
   Maximum Transmission Unit
      (MTU) 238
   Multicasting 228
   Network Address Translation
      (NAT) 250
   Paketfragmentierung 238
   Router 243
   Routing 242
   Routing-Protokolle 246
   spezielle Adressen 229
   TTL 246
IP-Routing
   Beispiele 244
   Routing-Tabelle 245
iptables 1217, 1219
   Beispiele 1221
   Chain 1219
   Kommandozeilen-
      optionen 1220
   Regeln 1220
   Tabelle 1219
IPv4-Adressverteilung 228
IPv6 238
   Adressaufbau 239
   Datagramm-Header 240
   Migration (Umstieg) 242
   Motivation 239
   Tunnelung 242
   Unterstützung durch
      BIND 863
IrDA 146, 1233
IRQ 139, 1233
   reservierter 140
IS A-Beziehung, OOP 724
is_array(), PHP-Funktion 1054
is_float(), PHP-Funktion 1054
is_int(), PHP-Funktion 1054
is_null(), PHP-Funktion 1054
is_numeric(), PHP-
   Funktion 1054
is_string(), PHP-Funktion 1054
is, Python-Operator 533
ISA 142, 1233
isdir(), Python-Funktion 581
ISDN 218, 1234
   anschließen 219
   Kanäle 219

isfile(), Python-Funktion  581
ISO  1234
ISO 9660 (CD-ROM-Format)  158
ISO-8859-Zeichensätze  942
isoweekday(), Python-
  Methode  584
isset(), PHP-Funktion  1055
Issue-Tracker  740
Itanium, Prozessor  125
IT-Ausbildung  27
  *Fachinformatiker*  28
  *Informatikkaufmann*  29
  *IT-Systemelektroniker*  29
  *IT-Systemkaufmann*  29
  *Projektarbeit*  704
  *Prüfung*  30
  *Studienfächer*  32
IT-Berufe
  *Ausbildungsgänge*  27
Iteration  595
Iterator, Datei (Python)  553
Iterator, Entwurfsmuster  731
Iterator, PHP-Interface  1067
Iterator, Python  549
Iterator, Swift  680
ITS, Betriebssystem  289
IT-Sicherheit  1201
IT-Systemelektroniker  29
IT-Systemkaufmann  29

# J

Jacobson, Ivar  720
Java Collections Framework  511
Java EE  498
Java Foundation Classes  648
Java ME  498
Java SDK  498
  *Enterprise Edition*  498
  *Micro Edition (Java ME)*  498
  *Standard Edition*  498
Java Virtual Machine (JVM)  498
java, Programm  501
Java, Programmiersprache  51,
  497, 637, 1234
  *abstrakte Klasse*  510
  *ActionListener*  660
  *add(), Methode*  512
  *addAll(), Methode*  512
  *Android SDK*  694
  *Animation, AWT*  654

Java, Programmiersprache
(Forts.)
  *Applet*  498, 648
  *ArrayList, Klasse*  512
  *Ausnahme*  502, 519
  *Ausnahme auslösen*  519
  *AWT*  648
  *Biddatei laden*  654
  *Binärbaum*  604
  *binäre Suche*  598
  *boolean-Datentyp*  503
  *BorderLayout*  660
  *BubbleSort*  593
  *BufferedReader*  502, 519
  *Button*  658
  *byte-Datentyp*  503
  *Callback-Methode*  636
  *Canvas*  649
  *catch()*  502
  *charAt()-Methode*  504
  *class-Deklaration*  501
  *CLASSPATH*  499
  *Collection*  511
  *Color*  651
  *compareTo()-Methode*  504
  *Connection, JDBC-Klasse*  790
  *contains(), Methode*  512
  *containsAll(), Methode*  512
  *Datei verarbeiten*  518
  *Datenbankverbindung
    herstellen*  790
  *Datentyp*  503
  *drawLine()-Methode*  651
  *drawOval()-Methode*  651
  *drawPolygon()-Methode*  651
  *drawRect()-Methode*  651
  *drawString()-Methode*  653
  *Eigenschaft*  499
  *Ein- und Ausgabe*  501
  *Einsatzgebiete*  498
  *end(), Regex-Methode*  625
  *Entry, Map-Klasse*  517
  *entrySet(), Map-Methode*  517
  *enum*  516
  *equals()-Methode*  504
  *Ereignisbehandlung*  660
  *Exception*  502, 519
  *executeQuery()-Methode*  791
  *extends*  508
  *false*  503
  *fehlender Zeiger*  504

Java, Programmiersprache
(Forts.)
  *FileNotFoundException*  519
  *fillOval()-Methode*  651
  *fillRect()-Methode*  651
  *find(), Regex-Methode*  624
  *Frame*  649, 658
  *Generics*  515
  *get(), Map-Methode*  517
  *get(), Methode*  512
  *getKey(), Methode*  517
  *getValue(), Methode*  517
  *Graphics2D, Klasse*  648
  *Graphics-Klasse*  648
  *GridLayout*  659
  *group(), Regex-Methode*  625
  *groupCount(), Regex-
    Methode*  625
  *Gültigkeitsbereich für
    Variablen*  503
  *HashMap, Klasse*  516
  *HashSet, Klasse*  514
  *Image-Klasse*  654
  *import-Anweisung*  501
  *indexOf()-Methode*  504
  *InputStreamReader*  502
  *Installation*  498
  *Instanz*  499
  *Instanz erzeugen*  503
  *Integer-Klasse*  592
  *Interface*  509
  *IOException*  502, 519
  *Iterator*  512
  *java.awt.\**  648
  *java.awt.event.\**  648
  *java.lang.\**  505
  *java.sql.\**  790
  *java.util.\**  519
  *Java2D*  648
  *javax.swing.\**  648
  *javax.swing.event.\**  648
  *javax.swing.table.\**  648
  *JDBC-Datenbankschnitt-
    stelle*  789
  *JDBC-ODBC-Bridge*  790
  *JDBC-Treiber laden*  790
  *JFC*  648
  *JFrame*  649
  *Kapselung*  499
  *Klasse*  499
  *Kommentar*  504

Java, Programmiersprache
(Forts.)

kompilieren 500
Konstruktor 506
Label 658
lastIndexOf()-Methode 504
LayoutManager 659
length()-Methode 504
lineare Suche 597
List, Interface 512
Liste 601
Listener 660
main()-Methode 502, 649
Map, Interface 516
Map.Entry, Klasse 517
Matcher, Klasse 611
Matcher, Regex-Klasse 624
Math-Klasse 505
Menu 658
MenuBar 658
MenuItem 658
Methode 499
MouseListener 661
MouseMotionListener 661
Namensräume 501
new 503
NumberFormatException 514
Object-Klasse 505
Objekt 499
Objektorientierung 499, 505
org.xml.sax.* 918
Package java.io.* 501
paint()-Methode 649
Panel 649, 658
parseInt()-Methode 592
Pattern, Klasse 611
Pattern, Regex-Klasse 623
print() 502
printf(), Methode 517
println() 502
private (Kapselung) 506
Programm starten 501
protected 508
public (Kapselung) 502, 506
put(), Map-Methode 517
readLine()-Methode 502
regex, Package 611
Regex-Flags 624
reguläre Ausdrücke 611, 623
remove(), Methode 512
removeAll(), Methode 512

Java, Programmiersprache
(Forts.)

repaint()-Methode 657
replaceAll(), Regex-
    Methode 626
replaceFirst(), Regex-
    Methode 626
ResultSet, JDBC-Klasse 791
run()-Methode 634
Runnable-Interface 510, 634
SAX 918
SDK 498
SDK, Enterprise Edition 498
SDK, Micro Edition
    (Java ME) 498
SDK, Standard Edition 498
Serializable Interface 510
Set, Interface 514
set(), Methode 512
setColor()-Methode 651
setLayout() 659
setVisible()-Methode 649
size(), Methode 512
SortedMap, Klasse 517
split(), Regex-Methode 627
start(), Regex-Methode 625
start()-Methode 634
Statement, JDBC-Klasse 791
static 502
String 502
String-Methoden 504
Strings vergleichen 504
String-Verkettung 503, 504
substring()-Methode 504
super 509
Swing 648
TextArea 658
TextField 658
this 506
Thread 510, 634
Thread, Klasse 634
throws-Klausel 519
true 503
try 502
try/catch-Block 502
Überladung 506
Umwandlung von SQL-
    Datentypen 792
Unterschiede zu C 503
Unterstützung durch
    macOS 450

Java, Programmiersprache
(Forts.)

update()-Methode 657
Variablendeklaration 503
Vererbung 507
virtuelle Maschine 498
WindowListener 661
java.applet.*, Package 648
java.awt.*, Package 648
java.awt.event.*, Package 648
java.awt.Graphics, Klasse 648
java.io.*, Package 501
java.lang.*, Package 505
java.sql.*, Package 790
java.util.*, Package 519
Java2D-API 648
Java-Applet 648
JavaScript 1125, 1234
+, Operator 1129
Ajax 1168
angepasstes Browserfenster
    öffnen 1152
Array 1136
Ausgabe ins Dokument 1127
automatisierter Hyper-
    link 1152
Bilder austauschen 1147
Bilder vorausladen 1149
Bildschirmgröße 1154
Browserweiche 1150
charAt(), String-Methode 1139
CSS-Format ändern,
    DOM 1162
data-Attribute 1167
Date, Klasse 1144
document.forms, Formu-
    lare 1135
document.images 1147
document.write(),
    Methode 1127
Dokumenthierarchie ändern,
    DOM 1165
DOM, Objektmodell 1156
DOM-Baumstruktur an-
    zeigen 1159
DOM-Knoteneigen-
    schaften 1158
DOM-Textknoten 1158
Event Handler 1131
externe Datei einbinden 1127
Fenstereigenschaften 1152

**JavaScript (Forts.)**
*Fenster-Methoden* 1155
*Formular überprüfen* 1139
*Formular, Fokus setzen* 1141
*Formularzugriff* 1135
*function, Schlüsselwort* 1133
*Funktion* 1133
*Funktion als Objekt* 1133
*Geschichte* 1125
*getDate(), Methode* 1145
*getDay(), Methode* 1145
*getElementById(), DOM-Methode* 1157
*getElementsByTagName(), DOM-Methode* 1157
*getFullYear(), Methode* 1145
*getHours(), Methode* 1145
*getMinutes(), Methode* 1145
*getSeconds(), Methode* 1145
*getYear(), Methode* 1145
*history-Objekt* 1151
*Image, Klasse* 1149
*in der Browser-History blättern* 1151
*in HTML einbetten* 1126
*indexOf(), String-Methode* 1140
*jQuery* 1185
*JSON* 1175, 1184
*lastIndexOf(), String-Methode* 1140
*length, String-Eigenschaft* 1139
*location-Objekt* 1152
*navigator-Objekt* 1150
*Objekt* 1136
*Objektorientierung* 1146
*onreadystatechange, Ajax-Eigenschaft* 1170
*open(), Ajax-Methode* 1169
*open(), window-Methode* 1152
*parseFloat(), Methode* 1130
*parseInt(), Methode* 1130
*prompt()-Methode* 1128
*querySelector(), DOM-Methode* 1157
*querySelectorAll(), DOM-Methode* 1157
*readyState, Ajax-Eigenschaft* 1170

**JavaScript (Forts.)**
*regulärer Ausdruck* 1141
*responseText, Ajax-Eigenschaft* 1172
*responseXML, Ajax-Eigenschaft* 1175, 1178
*Rollover-Effekt* 1148
*screen-Objekt* 1154
*send(), Ajax-Methode* 1171
*setTimeout(), Methode* 1146
*String, Klasse* 1139
*String-Vergleich* 1131
*String-Verkettung* 1129
*substring, String-Methode* 1139
*Timeout* 1146
javax.swing.*, Package 648
javax.swing.event.*, Package 648
javax.swing.table.*, Package 648
Jaz-Laufwerk 155
JDBC 1234
JDBC, Java-Datenbankschnittstelle 789
JDBC-ODBC-Bridge 790
JDK 498
JFC 1234
JFC (Java Foundation Classes) 648
JFrame, Swing-Klasse 649
Jobs, Steve 42, 291, 292
Johnson, Ralph 727
Join, SQL 772
Join-Abhängigkeit, RDBMS 755
Joliet 1234
Joliet (CD-Format) 158
*Unterstützung auf dem Mac* 158
Journaling-Dateisystem 398
Joy, Bill 415, 497
JPEG, Bilddateiformat 955
jQuery 1185
*addClass(), Funktion* 1187
*Ajax-Anfrage* 1188
*append(), Funktion* 1187
*blur, Event Handler* 1188
*change, Event Handler* 1188
*click, Event Handler* 1188
*css(), Funktion* 1187
*einbinden* 1185
*Event Handler* 1188
*focus, Event Handler* 1188

**jQuery (Forts.)**
*Funktion* 1186
*hide(), Funktion* 1186
*hover, Event Handler* 1188
*html(), Funktion* 1187
*keydown, Event Handler* 1188
*keyup, Event Handler* 1188
*prepend(), Funktion* 1187
*removeClass(), Funktion* 1187
*REST-Client* 1189
*Selektor* 1186
*show(), Funktion* 1186
*text(), Funktion* 1187
*toggleClass(), Funktion* 1187
json_encode, PHP-Funktion 1184
JSON, Ajax-Datenaustauschformat 1175, 1184
JUnit 734
*Beispiele* 734
*grafische Oberfläche* 736

# K

Kabelanschluss als Internetzugang 221
Kapselung 51, 499
Kartensteckplatz
*AGP* 142
*ISA* 142
*PCI* 142
*PCMCIA* 142
KDE 1234
*Konsole (Terminal-Fenster)* 375
*Qt-Bibliothek* 431
KDE, Desktop 303, 431, 432
*Kontrollzentrum* 433
*Panel* 433
*Verknüpfung erstellen* 433
Kernel 297
*Mach-Mikrokernel* 298, 449
*Mikrokernel* 297
*monolithischer* 297
*selbst kompilieren, Linux* 407
*Systemaufruf* 298, 301
*Task Scheduler* 298
Kernelmodus 298, 304
Kernighan, Brian 49, 290, 469
Kettenmail 1213
key(), PHP-Funktion 1044

key(), PHP-Methode  1068
keydown, jQuery-Event-
Handler  1188
keyup, jQuery-Event-
Handler  1188
Keyword Arguments,
Python  561
KI → Künstliche Intelligenz
Kildall, Gary  292
KILL, Signal  305, 402
kill, Unix-Befehl  402
kill(), Unix-Systemaufruf  305
Kilobyte  81
Kindklasse  507
Klammer, Operatoren-Rangfolge
verändern  481
Klammern in RegExp  615
Klasse  51, 499
*abgeleitete*  507
*abstrakte*  510
*Instanz erzeugen, Java*  503
Klassen
*Elternklasse*  507
Klassen, Swift  681
Klassenbibliothek, Python  580
Klassendefinition, Python  558
Klassendiagramm (UML)  723
Klassenmethode, PHP  1061
Klassentest → Unit-Test
Klassenvariable
*PHP*  1060
Kleinbildscanner  163
Kleincomputer  39
Kleiner als, Operator  67, 479
Kleiner oder gleich,
Operator  479
Knoppix, Linux-Distri-
bution  370
Knuth, Donald E.  947
Koaxialkabel  1234
KOffice, KDE-Office-Paket  432
Kommandozeile  1234
Kommandozeile → Konsole
Kommandozeilenargumente,
Python  580
Kommandozeilenparameter,
C  488
Kommentar
*C*  474
*in HTML*  990
*Java*  504
*PHP*  1049

Kommentare in XML  891
Kommentare, Python  523
Kommunikation zwischen
Prozessen  306
Kommunikationsmanage-
ment  707
Kommunikationssteuerung, OSI-
Schicht  188
Kompakt-Desktop-Rechner  117
Komplexe Zahl  71
Komplexe Zahlen, Python  525
Komplexität  1234
*exponentielle*  96
*logarithmische*  96
*O-Notation*  95
*polynomielle*  96
*quadratische*  96
*von Algorithmen*  95
Komplexitätsklasse  95
Komprimierung  951
*bzip2*  407
*gzip*  407
*verlustbehaftete*  952
*verlustfreie*  951
Konditionaler Ausdruck,
Python  547
Konfigurationsdatei
*.bashrc (Unix)*  377
*/etc/profile (Unix)*  377
Konjunktion, logische  63
Konqueror, KDE-Browser  432
Konsole  288, 302
*Ausgabe, C*  492
*Ausgabeumleitung (Unix)*  386
*Befehl, Windows*  339
*Eingabe, C*  493
*Eingabeaufforderung,
Unix*  376
*Eingabeaufforderung,
Windows*  339
*Eingabeumleitung (Unix)*  386
*Eingabevervollständi-
gung*  380
*Pipe*  387
*praktische Verwendung
(Unix)*  371
*starten unter Windows*  339
*Windows*  337
Konsole (KDE-Terminal-
Fenster)  375

Konstante lineare
Geschwindigkeit  157
Konstante
Winkelgeschwindigkeit  154
Konstante, symbolische
497, 1237
Konstanten, Swift  678
Konstruktor
*Java*  506
*überladen, Java*  506
Konstruktor, Python  558
Konstruktor, Swift  682
Konstruktoraufruf, Python  559
Kontextmenü, macOS  457
Kontrollstruktur  481
*Fallunterscheidung*  482
*in C*  474
*in der PowerShell*  345
*Schleife*  485
Kontrollstrukturen, Python  545
Kontrollstrukturen, Swift  680
Kooperatives Multitasking  299
Kopfgesteuerte Schleife  486
Kopieren
*Datei, macOS*  457
*Datei, Unix*  390
*Datei, unter Windows*  334
*Datei, Windows-Konsole*  340
Koprozessor  122
Korn Shell (ksh)  377
Kostenmanagement  707
Kritischer Pfad, Netzplan  709
Kryptoanalyse  1223
Kryptografie  1222
*asymmetrische
Verschlüsselung*  1223
*Cäsar-Code*  1222
*digitale Signatur*  1224
*Einwegverschlüsselung*  1223
*Grundbegriffe*  1222
*Message-Digest*  1224
*ROT13*  1222
*SSH*  1224
*SSL/TLS*  1224
*symmetrische
Verschlüsselung*  1223
ksh (Korn Shell)  377
Kugelkopfdrucker  167
Künstliche Intelligenz  45

# Index

## L

l, LDAP-Attribut 866
Label, AWT-Klasse 658
Lamarr, Hedy 213
lambda, Python-Schlüssel-
 wort 563
Lambda-Funktionen,
 Python 563
LAMP-System 1038, 1234
LAN 196, 1234
 *technische Lösungen* 197
 *Wireless* 211
Laptop 118
Laserdrucker 168
 *Farbe* 168
Last In, First Out 599
last-child, CSS3-Selektor 1026
Lastenheft 710
lastIndexOf(), Java-Methode 504
Lasttest 715
LaTeX 1234
LaTeX, Satzsprache 947
 *Beispieldokument* 947
Laufwerk
 *Anschlüsse* 142
 *magnetisches* 148
 *magneto-optisches* 148
 *optisches* 148
Laufzeit 48
Laufzeitbibliothek, C 492
Laufzeitfehler 472
Lauschendes Socket 643
LayoutManager, AWT 659
 *BorderLayout* 660
 *GridLayout* 659
Lazy Initialization,
 Entwurfsmuster 1090
LBA (Festplattenadressie-
 rung) 149
LCD 1234
LCD-Monitor 166
 *Funktionsprinzip* 166
 *TFT* 166
 *Vorteile* 167
LDAP 864, 1234
 *Active Directory* 864
 *Benutzerkonten abbilden*
  *in* 865
 *cn, Attribut* 866
 *dc-Knoten* 864

LDAP (Forts.)
 *dn, Attribut* 866
 *facsimileTelephoneNumber,*
  *Attribut* 866
 *gidNumber, Attribut* 866
 *givenName, Attribut* 866
 *Grundlagen* 864
 *homeDirectory, Attribut* 866
 *inetOrgPerson, Objekt-*
  *klasse* 865
 *l, Attribut* 866
 *loginShell, Attribut* 866
 *mail, Attribut* 866
 *o, Attribut* 866
 *objectClass* 865
 *objectClass, Attribut* 866
 *OpenLDAP* 864
 *Organisationseinheit* 865
 *ou-Knoten* 865
 *people, Organisationsein-*
  *heit* 865
 *person, Objektklasse* 865
 *posixAccount, Objekt-*
  *klasse* 865
 *Schema* 864
 *sn, Attribut* 866
 *telephoneNumber,*
  *Attribut* 866
 *uid, Attribut* 866
 *uidNumber, Attribut* 866
 *userPasssword, Attribut* 866
 *verschiedene Server für* 864
 *Wurzel* 864
Lead-in-Area (CD) 157
Lead-out-Area (CD) 157
LED-Drucker 168, 1234
Leere Menge 71
left, CSS-Angabe 1017
Leibniz, Gottfried Wilhelm 35
Leichtgewichtiger
 Entwicklungsprozess 718
len(), Python-Funktion 545
length(), Java-Methode 504
Lerdorf, Rasmus 1037
less, Unix-Befehl 395
let, Swift-Schlüsselwort 678
letter-spacing, CSS-Angabe 1014
Level-1-Cache 123
Level-2-Cache 123
LF, Unix-Zeilenumbruch 938
Lichtfarben, RGB 54

Lichtwellenleiter 45
LIFO 1234
LIFO → Last In, First Out
Light Peak 145
Lightweight Directory Access
 Protocol → LDAP
LIKE, SQL-Klausel 770
Lineare Algebra 92
Lineare Geschwindigkeit,
 konstante 157
Lineare Gleichung 61
Lineare Komplexität 95
Lineare Suche 95, 1234
 *Java* 597
line-height, CSS-Angabe 1015
Linux 291, 294
 *.bashrc, Konfigurations-*
  *datei* 377
 */etc/passwd-Datei* 373
 */etc/profile, Konfigurations-*
  *datei* 377
 */etc/shadow, Datei* 375
 *$0, Systemvariable* 376
 *alias-Befehl* 412
 *als Server einrichten* 437
 *apt, Paketmanager* 407
 *Arbeitsverzeichnis an-*
  *zeigen* 392
 *auf NFS-Freigaben zugrei-*
  *fen* 438
 *auf Windows-Server zugrei-*
  *fen* 441
 *bash* 377
 *Befehle regelmäßig ausführen*
  413
 *Begriff* 369
 *Benutzerrechte* 313
 *Bourne Shell* 376
 *bunzip2-Befehl* 961
 *bzip2-Befehl* 961
 *bzip2-Komprimierung* 407
 *cat-Befehl* 394
 *cd-Befehl* 392
 *chgrp-Befehl* 393
 *Child-Prozess* 305
 *chmod-Befehl* 392
 *chown-Befehl* 393
 *cp-Befehl* 390
 *Cronjob* 413
 *C-Shell* 377
 *CUPS, Drucksystem* 439

**1283**

Linux (Forts.)

*Daemon* 401
*date-Befehl* 399
*Datei kopieren* 390
*Datei löschen* 391
*Datei umbenennen* 390
*Datei verschieben* 390
*Dateibefehle* 389
*Dateibesitzer wechseln* 393
*Dateiendung* 390
*Dateigruppe wechseln* 393
*Dateiname* 313, 389
*Dateinamen-Platzhalter* 389
*Dateisysteme* 311
*Datum und Uhrzeit än-
   dern* 399
*Datum und Uhrzeit
   formatieren* 399
*Debian-Distribution* 370
*diff-Befehl* 397
*Distributionen* 295
*du-Befehl* 398
*echo-Befehl* 393
*Emacs, Texteditor* 423
*Escape-Sequenz* 396
*exit-Befehl* 381
*fg-Befehl* 378
*finger, Dienstprogramm* 374
*fork(), Systemaufruf* 304
*fsck-Befehl* 398
*Gentoo-Distribution* 370
*Gerätedatei* 311, 312
*GNOME* 303, 431, 433
*GNU-Projekt* 295
*grafische Benutzerober-
   fläche* 429
*grep-Befehl* 395
*groupadd-Befehl* 400
*Group-ID* 305, 374
*gunzip-Befehl* 961
*gzip-Befehl* 960
*gzip-Komprimierung* 407
*Hard Link* 313
*Hardwareplattformen* 294
*head-Befehl* 394
*HIER-Dokument* 387
*Home-Verzeichnis* 312
*ifconfig-Befehl* 435
*init-Prozess* 304
*inode* 313
*Installation von Software* 406

Linux (Forts.)

*IP-Adresse zuweisen* 436
*KDE* 303, 431, 432
*Kernel kompilieren* 407
*Kernelmodul laden* 407
*Kernelversionen* 369
*kill(), Systemaufruf* 305
*kill-Befehl* 402
*Knoppix-Distribution* 370
*Korn Shell* 377
*less-Befehl* 395
*Link (Dateisystem)* 313
*logger-Befehl* 404
*Login* 371
*ls-Befehl* 391
*mail-Befehl* 414
*make-Befehl* 407
*man-Befehl* 302
*mkdir-Befehl* 392
*mkfs-Befehl* 398
*modprobe-Befehl* 407
*more-Befehl* 395
*mount-Befehl* 397
*mv-Befehl* 390
*MySQL-Installation* 760
*netfilter, Kernel-Firewall* 1219
*Netzwerkkonfiguration* 435
*Neustart* 402
*NFS* 438
*openSUSE-Distribution* 369
*Pager* 395
*Paketmanager* 406
*Parent-Prozess* 305
*passwd-Befehl* 401
*Passwort ändern* 401
*patch-Befehl* 397
*PATH, Umgebungs-
   variable* 379
*pause(), Systemaufruf* 305
*Pfadangabe* 312
*Pipe* 387
*Programm automatisch
   starten* 404
*Prozessmodell* 304
*Prozessverwaltung* 401
*ps-Befehl* 306, 401
*pstree-Befehl* 402
*pwd-Befehl* 392
*Red-Hat-Distribution* 370
*regulären Ausdruck
   suchen* 395

Linux (Forts.)

*rm-Befehl* 391
*rmdir-Befehl* 392
*root, Benutzer* 305, 373
*route-Befehl* 436
*rpm, Paketmanager* 406
*Runlevel* 405
*Samba-Server* 440
*SaX, openSUSE-X-
   Konfigurationspro-
   gramm* 430
*Shell* 303, 371
*Shell-Ausgabeumleitung* 386
*Shell-Eingabeumleitung* 386
*Shell-Eingabevervollstän-
   digung* 380
*Shell-History* 380
*Shell-Skript* 408
*shutdown-Befehl* 402
*Software installieren* 406
*Stand-alone-Shell* 377
*Standardrouter ein-
   richten* 436
*startx-Befehl* 430
*su-Befehl* 381
*Swap-Partition* 309
*Symbolic Link* 313
*Syslog* 402, 403
*System herunterfahren* 402
*System V Init* 404
*Systemprogramme* 294, 389
*tail-Befehl* 394
*tar-Befehl* 407, 959
*tar-Datei* 407
*Textbefehl* 393
*Textdatei anzeigen* 394
*Textdateien vergleichen* 397
*Texteditor* 415
*top-Befehl* 402
*Ubuntu-Distribution* 370
*Umgebung* 377
*Umgebungsvariable
   setzen* 379
*umount-Befehl* 398
*unalias-Befehl* 413
*unzip-Befehl* 961
*useradd-Befehl* 400
*userdel-Befehl* 400
*User-ID* 305, 374
*Versionen* 369
*Verwaltungsbefehle* 397

Linux (Forts.)
*Verzeichnis anlegen* 392
*Verzeichnis löschen* 392
*Verzeichnis wechseln* 392
*Verzeichnisbaum* 311
*Verzeichnisbefehle* 389
*Verzeichnisinhalt anzeigen* 391
*vi, Editor* 415
*virtuelles Terminal* 375
*wc-Befehl* 397
*Window-Manager* 303
*Wörter zählen* 397
*X Window* 303, 429
*Xconfigurator, X-Konfigurationsprogramm* 430
*zip-Befehl* 961
*Zugriffsrechte* 313
LISP, Programmiersprache 52, 429
List Comprehensions, Python 550
List, Java-Interface 512
listdir(), Python-Funktion 581
Liste
*C* 599
*HTML* 979
*Java* 601
Listen, Apache-Direktive 827
Listen, Python 534
listen(), Python-Methode 643
Listener, AWT-Ereignisbehandlung 660
Literal 476, 1234
*Fließkommazahlen* 477
*Integer* 477
*String* 477
*Zeichen* 477
Literale, Python 524
Little-Endian-Architektur 1234
Little-Endian-Plattform 950
LOAD DATA INFILE, MySQL-Anweisung 784
LoadModule, Apache-Direktive 827
Local Area Network 196
localtime(), C-Funktion 495
Location, Apache-Direktive 828
Lochkarte 38, 288
Logarithmische Komplexität 96
Log-Datei, MySQL 786

logger, Unix-Befehl 404
Logical Link Control (LLC) 188
Logik
*AND* 63
*Aussage* 60
*Aussageformen* 61
*Aussagenlogik* 59
*Definition* 59
*Disjunktion* 64
*formale* 59
*Gleichung* 60
*Konjunktion* 63
*lügende Kreter* 94
*mathematische Aussage* 60
*Operator, C* 478
*OR* 63
*Prädikatenlogik* 52, 59
*Schlussfolgerung* 62
*Term* 60
*Umkehrschluss* 62
*Ungleichung* 60
*Verknüpfung* 61
*wahre und falsche Aussagen* 60
*Widerspruch* 94
*XOR* 65
Logikschaltkreis → Logikschaltung
Logikschaltung 84
*Addierwerk* 89
*AND/OR-Aufbau durch Transistoren* 87
*Carry-in* 88
*Carry-out* 88
*Flip-Flop* 90
*Gattersymbole* 87
*Halbaddierer* 88
*mit einfachen Mitteln nachbauen* 85
*Multiplexer* 88
*NAND-Schaltung* 86
*NOR-Schaltung* 86
*NOT-Schaltung* 86
*RS-Flip-Flop* 90
*Speicherzelle* 90
*Übertrag* 88
*Volladdierer* 88
*XOR-Schaltung* 88
Login 1234
Log-in (Unix-Anmeldung) 371
loginShell, LDAP-Attribut 866

Logische Operatoren, Python 532
Logische Partition 152
Logische Programmiersprache 52
Logische Schlussfolgerung 62
Logische Verknüpfung 61
*in Programmiersprachen* 67
Logischer Operator
*C* 478
*Vergleich mit Bit-Operatoren* 64
Logisches Laufwerk → Logische Partition
Logisches Nicht, Operator 478
Logisches Oder, Operator 478
Logisches Und, Operator 478
Logo, Programmiersprache 52
Logos 59
Lokale Variable in C 476
Lokales Netz, Entwicklung 41
Lokalisierung, macOS 460
long, C-Datentyp 475
LONGBLOB, SQL-Datentyp 768
LONGTEXT, SQL-Datentyp 768
Loopback, IP-Protokoll 229
Löschabfrage 765
Löschen
*Datei, Windows-Konsole* 340
*Dateien, Unix* 391
*Verzeichnis, Windows* 340
Lösung einer Gleichung oder Ungleichung 61
Lösungsmenge 61
Lovelace, Ada 36
ls, Unix-Befehl 391
LS-120-Laufwerk 155
LTE 222
LVALUE 479

# M

m:n-Beziehung, RDBMS 750
Mac 43
Mac OS X
*Carbon* 450
*Classic-Umgebung* 450
Mac OS X → macOS
MAC-Adresse 206, 1234
Machine Learning → Maschinelles Lernen

1285

# Index

Mach-Mikrokernel 298
Macintosh 43, 293
  *Leonardo, ISDN-Leonardo,*
    *Mac-ISDN-DFÜ* 220
  *macOS* 447
  *Serversysteme* 463
macOS 291, 447
  *Alias* 457
  *als Server einrichten* 463
  *Anwendungsmenü* 453
  *APFS* 461
  *APIs* 450
  *Apple File System* 461
  *Apple-Menü* 452, 453
  *Aqua* 291, 450
  *Aqua, praktische Anwen-*
    *dung* 451
  *Aqua-Fenster* 452
  *Benutzerverwaltung* 460
  *Bluetooth* 454
  *Cocoa* 450
  *Darwin* 450
  *Data Fork* 461
  *Datei kopieren* 457
  *Datei umbenennen* 457
  *Datei verschieben* 457
  *Dateisysteme* 460
  *Desktop* 452
  *Dock* 452, 455
  *DSL einrichten* 463
  *File Sharing* 463
  *Finder* 452, 455
  *Geschichte* 447
  *HFS+-Dateisystem* 460
  *HFS-Dateisystem* 460
  *IP-Adresse zuweisen* 462
  *Java* 450
  *Konfiguration* 459
  *Kontextmenü* 457
  *Landeseinstellungen* 460
  *Menüleiste* 452, 453
  *Mission Control* 457
  *Monitor, System-*
    *einstellungen* 460
  *Netzwerkkonfiguration* 461
  *OpenGL, 3D-Grafikbiblio-*
    *thek* 450
  *Ordneransichten* 455
  *Papierkorb* 455
  *Quartz, Grafikbibliothek* 450
  *QuickTime* 450

macOS (Forts.)
  *Resource Fork* 461
  *Server nutzen* 464
  *Spotlight* 454
  *Startvolume einstellen* 459
  *Systemeinstellungen* 459
  *Terminal starten* 451
  *Unix-Komponenten* 451
  *Windows File Sharing* 463
  *WLAN, Schnellzugriff* 454
Magische Methode (PHP)
  1056, 1065
Magische Methoden,
  Python 565
Magnetband 148
Magnetbandspeicher 40
Magnetischer Datenträger 148
  *Magnetband* 148
  *Magnetscheibe* 148
Magneto-optischer Daten-
  träger 148
Magnetscheibe 148
mail, LDAP-Attribut 866
mail, Unix-Befehl 414
Mailserver 201
mailto, HTML-Hyperlink 985
main(), AWT-Methode 649
main(), C-Funktion 51, 471, 487
  *Kommandozeilenpara-*
    *meter* 488
main(), Java-Methode 502
Mainboard 119
  *Chipsatz* 120
  *Kartensteckplatz* 141
  *Onboard-Peripherie* 121
Mainframe 39
make, Unix-Befehl 407
Makefile 407
Makrovirus 1203
malloc(), C-Funktion 601
MAN 1234
MAN, Stadtnetz 196
man, Unix-Befehl 302
mangle, iptables-Tabelle 1220
Mango, CouchDB-
  Abfragesprache 794
Man-in-the-Middle-Angriff 1215
Mantis, Bugtracker 740
Manuelle Datenverarbeitung 25
Map, Java-Interface 516
Map.Entry, Java-Klasse 517

Marconi, Guglielmo 212
margin, CSS-Angabe 1015
MariaDB, Datenbank 760
Mark I, Röhrenrechner 37
Mark II, Röhrenrechner 37
Maschinelles Lernen 45
Maschinenbefehl 129
Maschinensprache 46
Massenspeicher 147
  *CD-ROM* 155
  *Diskettenlaufwerk* 154
  *DVD* 159
  *Festplatte* 149
  *Jaz-Laufwerk* 155
  *LS-120* 155
  *magnetischer* 148
  *magneto-optischer* 148
  *optischer* 148
  *Übersicht* 147
  *Wechseldatenträger* 154
  *ZIP-Laufwerk* 155
Master Boot Record 150
Master-Nameserver 261
match(), Python-Regex-
  Methode 616
Matcher, Java-Klasse 611
Matcher, Java-Regex-Klasse 624
Match-Objekt, Python 582
Math, Java-Klasse 505
Mathematische Aussage 60
Mathematische Funktion,
  Undefiniertheitsstelle 94
Mathematische Variable 61
Mathematischer Term 60
Matrixdrucker 167
Maus 162
MAX, SQL-Funktion 771
Maximum Transmission Unit
  (MTU) 238
MBR → Master Boot Record
md → mkdir, Windows-Befehl
MDI, Windows-Anwen-
  dungen 332
Mechanische
  Datenverarbeitung 25
Media Access Control (MAC) 188
Media Queries, CSS3 1027
Median, QuickSort 595
Mediator, Entwurfsmuster 731
Medieninformatik 33

1286

MEDIUMBLOB, SQL-Datentyp 768
MEDIUMINT, SQL-Datentyp 767
MEDIUMTEXT, SQL-Datentyp 768
Medizinische Informatik 33
Megabyte 81
Megapixel (Digitalkamera) 163
Mehrfachvererbung 509
Mehrfachvererbung, Python 567
Mehrspaltenlayout (CSS3) 1025
mem.h, C-Bibliothek 601
Memento, Entwurfsmuster 731
Memory Management Unit → MMU
Mena, Federico 431
Menge
  diskrete 54
  leere 71
Menge, Python-Datentyp 539
Mengen (unveränderliche), Python 542
Mengenoperation 68
  Differenzmenge 72
  echte Obermenge 70
  echte Teilmenge 69
  Element 69
  leere Menge 71
  Obermenge 70
  Schnittmenge 71
  Teilmenge 69
  Vereinigungsmenge 72
  Verknüpfung 71
Mengenoperatoren, Python 540
Menu, AWT-Klasse 658
MenuBar, AWT-Klasse 658
MenuItem, AWT-Klasse 658
Menüleiste (macOS) 453
Merging (Versionskontrolle) 739
Message-Digest 1224
Message-Passing 648
METAFONT, TeX-Zeichensätze 947
Methode 499
  Callback 636
  statische (PHP) 1061
  überladen 506
Methoden, Python 551
Methoden, Python (magische) 565

Methoden, Swift 681
Methodendefinition, Python 558, 560
Metro, Windows-8-Benutzeroberfläche 327
Metropolitan Area Network 196
Microsoft 41, 292
  BizTalk Server 364
  Exchange Server 364
  Management Console (MMC) 354
  MS-DOS 292
  SQL Server 364, 756
  Systems Management Server 364
  Windows 293, 323
  Windows Me 294
  Windows NT 293
  Windows Phone 45
  Windows XP 293
  Windows 2000 294
  Windows 95 293
  Windows 98 294
  Windows, Versionsübersicht 324
Microsoft Azure 851
Microsoft Hyper-V 845
Microsoft Virtual PC 845
MIDI 170, 1234
  FM-Synthese 170
  Wavetable-Synthese 170
Mikrokernel 297
  Mach 298, 449
Mikroprozessor 119
Mikroprozessor → Prozessor
MilNet 183
MIME 1234
  E-Mail-Nachricht 268
MIME-Multipart-Nachricht 270
MIME-Nachrichtenheader 268
MIME-Type 269
  HTML-Plug-in-Formate 1004
  XML-Dokument 883
MIN, SQL-Funktion 771
Minicomputer 39
Minix, Lehrbetriebssystem 294
MIPS (CPU-Geschwindigkeit) 126
MIPS, Prozessor 127
Mirroring (RAID) 153
Mission Control, macOS 457

MITS 41
Mixed-Mode-CD 156
mkdir, Unix-Befehl 392
mkdir, Windows-Befehl 339
mkfs, Unix-Befehl 398
MMC (Microsoft Management Console) 354
MMU 124, 308, 1234
  Seitentabelle 309
MMX (CPU-Befehlserweiterung) 127
Mnemonic 46, 102, 1230
Mobile Datenübertragung
  3G und 4G 222
  EDGE 222
  GPRS 222
  HSPA (HSDPA/HSUPA) 222
  LTE 222
  Tethering 223
  UMTS 222
Mobilfunk, Internetzugang über 222
Mock-Objekt (Unit-Tests) 1093
mod_alias, Apache-Modul 823, 829, 830
mod_auth_basic, Apache-Modul 824
mod_auth_digest, Apache-Modul 824
mod_authn_file, Apache-Modul 825
mod_authz_host, Apache-Modul 823, 825, 829
mod_dir, Apache-Modul 826
mod_so, Apache-Modul 827
Modelio, UML-Tool 721
Modem 217
  AT-Befehlssatz 217
  Handshake 218
  Hayes-Befehlssatz 217
  Pulswahl 218
  Tonwahl 218
modprobe, Linux-Befehl 407
Modularisierung, Programme 49, 487
Modularität, von Unix 290
Module, Python 579
Modulo, Operator 478
Molenaar, Bram 415
MongoDB 794

1287

Monitor 165
  *Bildwiederholrate* 166
  *Konfiguration,* 460
  *LCD* 166
  *mehrere verwenden* 165
  *Röhrenmonitor* 166
  *Zeilenfrequenz* 166
Monolithischer Kernel 297
Moore, Gordon 124
Mooresches Gesetz 124
more, Unix-Befehl 395
MosTek 43
MosTek 6502, Prozessor 125
Motherboard → Mainboard
Motorola 68000,
  Prozessorfamilie 125
mount, Unix-Befehl 397
Mounten 1234
  *Dateisystem* 313
  *Dateisystem, Unix* 397
  *NFS-Freigabe* 438
MouseListener 661
MouseMotionListener 661
MOV-Befehl
  *beim virtuellen Prozessor* 103
  *x86-Assembler* 129
move, Windows-Befehl 340
MP3, Audiodateiformat
  957, 1235
MP4, Audiodateiformat 957
MPEG 1235
  *Videodateiformat* 958
MS Access, Datenbank 756
MS-DOS 292
  *Kommandozeile* 337
MS-DOS-Anwendung
  *unter Win32* 327
MTU 238, 1235
Multi Document Interface →
  MDI, Windows-Anwendungen
Multicasting, IP-Protokoll 228
MULTICS 290
Multimedia-Datenbank 747
Multiparadigmen-
  Programmiersprache 52
Multiparadigmen-Sprache 520
Multipart-E-Mail 270
Multiplexer (Schaltung) 88
Multiplikation, Operator 478
Multiplikator
  *bei Rambus-RAM* 132
  *der Taktfrequenz* 125

Multisession-CD 157
Multitasking 299, 303
  *kooperatives* 299
  *präemptives* 299
  *Unterstützung durch CPU* 122
Mutable, Python 528
mv, Unix-Befehl 390
MVC-Entwurfsmuster 727
MX-Record, BIND-Name-
  server 863
my.cnf, MySQL-Konfigurations-
  datei 785
MyISAM, MySQL-Tabellen-
  typ 775
MyISAM-Tabelle (MySQL) 756
MySQL 760
  *Authentifizierung* 777
  *Backup* 782
  *Backups automatisieren* 783
  *Benutzerrechte* 779
  *Benutzerverwaltung* 777
  *CREATE USER, Anweisung* 778
  *Datentypen* 767
  *DROP USER, Anweisung* 781
  *Export* 782
  *Export in Textdateien* 784
  *FLUSH PRIVILEGES,*
    *Anweisung* 782
  *FLUSH TABLES,*
    *Anweisung* 783
  *GRANT, Anweisung* 779
  *Import* 782
  *Import aus Textdateien* 784
  *InnoDB-Tabelle* 756
  *Installation, Unix* 760
  *Installation, Windows* 762
  *JDBC-Anbindung* 790
  *Konfiguration, Windows* 762
  *Konfigurationsdateien* 785
  *LOAD DATA INFILE,*
    *Anweisung* 784
  *Log-Datei lesen* 786
  *Log-Dateien* 786
  *MariaDB, alternative*
    *Implementierung* 760
  *my.cnf* 785
  *MyISAM-Tabelle* 756
  *MySQL Administrator* 761
  *MySQL Query Browser* 761
  *mysqladmin, Hilfspro-*
    *gramm* 776

MySQL (Forts.)
  *mysqlbinlog, Hilfspro-*
    *gramm* 786
  *mysqldump, Hilfspro-*
    *gramm* 782
  *mysql-Kommandozeilen-*
    *Client* 763
  *PHP-Zugriff auf* 1078
  *Replikation* 787
  *REVOKE, Anweisung* 781
  *SET PASSWORD,*
    *Anweisung* 779
  *Sicherheitshinweise, Unix* 761
  *Sicherheitshinweise,*
    *Windows* 763
  *Tabellentyp* 775
  *Testdatenbank* 1078
  *Transaktion* 756, 775
MySQL Connector/J, JDBC-
  Schnittstelle 790
MySQL Grant Table 761
mysqladmin, Hilfspro-
  gramm 776
mysqlbinlog, Hilfspro-
  gramm 786
mysql-Client, nicht interaktiver
  Betrieb 783
mysqldump, Hilfspro-
  gramm 782
MYSQLI_ASSOC, PHP-
  Konstante 1082
MYSQLI_BOTH, PHP-
  Konstante 1082
MYSQLI_NUM, PHP-
  Konstante 1082
mysqli_result, PHP-Klasse
  *fetch_array(), Methode* 1082
  *fetch_assoc(), Methode* 1082
  *fetch_row(), Methode* 1082
mysqli, PHP-Datenbankschnitt-
  stelle 1080
mysqli, PHP-Klasse 1081
  *affected_rows, Attribut* 1082
  *close(), Methode* 1083
  *errno, Attribut* 1081
  *error, Attribut* 1081
  *insert_id, Attribut* 1082
  *query(), Methode* 1081
  *Verbindung herstellen* 1081
mysqli::real_escape_string(),
  PHP-Methode 1089

# Index

## N

Nachrichtenübermittlung 648
Nadeldrucker 167
Namensraum, XML 905
Namensräume, Java 501
Nameserver
  *BIND* 857
  *Master* 261
  *Slave* 261
Namespace, PHP 1071
NameVirtualHost, Apache-
  Direktive 828
Nassi-Shneiderman-
  Struktogramm 93
NAT 1235
NAT, IP-Protokoll 250
  *IP-Masquerading* 251
nat, iptables-Tabelle 1219
Natürliche Zahl 70
navigator, JavaScript-
  Objekt 1150
Nebenläufigkeit 628
Nessus 1218
.NET 1235
.NET Framework 51
Netbook 118
netfilter, Linux-Kernel-Fire-
  wall 1219
Netscape-Palette 1013
netstat, TCP/IP-
  Dienstprogramm 360
  *Routing-Tabellen an-
    zeigen* 245
Network Address Translation
  (NAT) 250
Network File System → NFS
Netzplan 707
  *kritischer Pfad* 709
Netzwerk 179
  *Anwendungsgebiete* 180
  *Client-Server* 198
  *drahtloses* 211
  *Drucker freigeben,
    Windows* 362
  *Ethernet* 206
  *Funktionsebene* 186
  *GAN (Global Area Net-
    work)* 196
  *Geschichte* 181
  *Hardware* 179, 204

Netzwerk (Forts.)
  *IEEE-802-Standard* 205
  *Klassifizierung* 195
  *Konfiguration, Linux* 435
  *Konfiguration, macOS* 461
  *Konfiguration, Windows* 356
  *LAN (Local Area Network)* 196
  *Logical Link Control* 188
  *lokales, Entwicklung* 41
  *MAN (Metropolitan Area
    Network)* 196
  *Media Access Control* 188
  *Netzwerkprogram-
    mierung* 637
  *OSI-Referenzmodell* 186
  *OSI-Schicht* 188
  *Peer-to-Peer* 198
  *Protokoll* 180, 224
  *Reichweite* 196
  *TCP/IP-Protokoll* 224
  *Topologie* 197
  *Verkabelung* 179
  *WAN (Wide Area Net-
    work)* 196
  *Zentralisierungsgrad* 198
  *Zugang per Modem* 217
  *Zugang über DSL* 220
  *Zugang über ISDN* 218
Netzwerkclient, Definition 199
Netzwerke
  *Denial-of-Service-Angriff* 360
  *Schichtenmodell* 186
Netzwerkhardware 204
  *Ethernet* 208
  *ISDN-Adapter* 219
  *Modem* 217
Netzwerkprogrammierung 637
  *Berkeley Socket API* 638
  *Socket* 638
Netzwerkprotokoll 180
Netzwerkserver
  *Definition* 199
Netzwerktopologie 197
  *Baum* 198
  *Bus* 197
  *logische* 198
  *physikalische* 198
  *Ring* 197
  *Stern* 197
Netzzugang, DDN-Modell-
  Schicht 190

Netzzugangsverfahren
  *CSMA/CA* 214
  *CSMA/CD* 207
  *IEEE-802-Standard* 205
Neumann, John von 37, 117
Neuronales Netz 45
Neustart, Betriebssystem,
  Unix 402
new, Java-Anweisung 503
Newsgroup 273
  *Hierarchie* 274
  *NNTP-Protokoll* 273
NeXT 447
next(), PHP-Funktion 1044
next(), PHP-Methode 1068
NFS 438, 1235
  */etc/exports,
    Konfigurationsdatei* 438
  *auf andere Server zu-
    greifen* 438
  *Verzeichnis freigeben* 438
NNTP 273, 1235
  *Header* 273
None, Python-Literal 526
Normalform, RDBMS 753
Normalisierung 1235
Normalisierung, RDBMS 753
NOR-Schaltung 86
NoSQL-Datenbank 747,
  793, 1235
not, Python-Operator 532
Notebook 118
NOT-Schaltung 86
Novell NetWare 186
now(), Python-Methode 584
NSFNet 183
nslookup, TCP/IP-
  Dienstprogramm 361
NS-Record (DNS) 863
NTBA (ISDN-Endgerät) 219
NTFS, Dateisystem 329
nth-child, CSS3-Selektor 1026
Null
  *im Stellenwertsystem* 35
NULL, leerer C-Zeiger 494
NULL, SQL-Feldoption 769
Null-terminierter String 491
NumberFormatException,
  Java 514
Numerische Literale,
  Python 524
Nyquist-Theorem 1235, 1237

**1289**

# O

o, LDAP-Attribut 866
OAuth2 1101
Obermenge 70
  echte 70
Object Database Management
  Group → ODMG
Object Definition Language
  → ODL
Object Management Group
  (OMG) 720
Object Query Language → OQL
Object, Java-Klasse 505
objectClass (LDAP) 865
objectClass, LDAP-Attribut 866
Objective-C 676
Objective-C, Programmier-
  sprache 450
Object-Relational Mapping 1115
Objekt 51, 499
Objekt, JavaScript 1136
Objektorientierte Analyse 710
Objektorientierte Datenbank
  746, 757
  Abfrage 759
  ODL 758
  OQL 759
Objektorientiertes Datenbank-
  verwaltungssystem
  → OODBMS
Objektorientiertes
  JavaScript 1146
Objektorientierung 51,
  499, 1235
  Attribut 499
  Eigenschaft 499
  Elternklasse 507
  Ereignis 647
  im Software-Engineering 703
  Instanz 499
  Instanz erzeugen, Java 503
  Interface, Java 509
  IS A-Beziehung 724
  Java 505
  Kapselung 51, 499
  Kindklasse 507
  Klasse 51, 499
  Konstruktor 506
  Methode 499
  Nachricht 647

Objektorientierung (Forts.)
  Objekt 499
  PHP 1055
  Python 557
  Überladung 506
  Vererbung 51, 507
Objektorientierung, Python
  Vererbung 566
Observer, Entwurfsmuster 731
ODBC 1235
ODBC, Microsoft-
  Datenbankschnittstelle 789
Oder-Schaltung → OR-Schaltung
Oder-Verknüpfung → OR-Ver-
  knüpfung
ODL 758
ODMG 758
OFDM, WLAN-Technik 213
offsetExists(), PHP-
  Methode 1068
offsetGet(), PHP-Methode 1068
offsetSet(), PHP-Methode 1068
offsetUnset(), PHP-
  Methode 1068
Ogg Vorbis, Audiodatei-
  format 957
Oktalsystem 76
  in duales System um-
  rechnen 78
Oktalzahl, C 477
Oktalzahlen, Python 524
OMG → Object Management
  Group
Onboard-Hardware 121
Online-Dienst 184
Online-Durchsuchung 1208
O-Notation 1235
O-Notation (Komplexität) 95
onreadystatechange, Ajax-
  Eigenschaft 1170
OODBMS 758
OOP → Objektorientierung
opacity (CSS3) 1025
Open Database Connectivity →
  ODBC, Microsoft-Datenbank-
  schnittstelle
open(), Ajax-Methode 1169
open(), Python-Funktion 553
OpenGL, 3D-Grafikbiblio-
  thek 450

OpenOffice.org Base, Datenbank 756
OpenSSH 263
openSUSE, Linux-Distri-
  bution 369
Operator 479
  -- 480
  $\wedge$, C 478
  $\wedge$, RegExp 613, 615
  -, C 491
  ! 478
  != 479
  ? 480
  ?, RegExp 613
  *, RegExp 613
  & 489
  &, C 478
  &&, C 478
  +, Java-String-Verkettung 503,
  504
  +, Python-String-Verkettung
  522
  +, RegExp 613
  ++ 480
  <= 479
  = 479
  == 479
  >= 479
  | 478
  |, RegExp 615
  || 478
  ~ 479
  $, RegExp 615
  arithmetischer 478
  binärer 480
  Bit-Komplement 479
  Bit-Verschiebung, links 479
  Bit-Verschiebung, rechts 479
  bitweiser 478
  bitweises exklusives Oder 478
  Fallunterscheidungs- 480
  Gleichheit 479
  größer oder gleich 479
  in C 477
  in der PowerShell 342
  kleiner als 479
  kleiner oder gleich 479
  logischer 478
  logisches Oder 478
  logisches Und 478
  Menge 68

Operator (Forts.)
*PHP* 1040
*Post-Dekrement* 480
*Post-Inkrement* 480
*Prä-Dekrement* 480
*Prä-Inkrement* 480
*Rangfolge* 481
*Rangfolge durch Klammern
ändern* 481
*String-Verkettung, Java*
503, 504
*String-Verkettung,
Python* 522
*ternär* 480
*unär* 480
*Ungleichheit* 479
*Vergleichs-* 66, 479
*Wertzuweisung* 479
Operatoren
- 478
* 478
/ 478
% 478
+ 478
*Addition* 478
*bitweises Oder* 478
*bitweises Und* 478
*Division* 478
*größer als* 479
*logisches Nicht* 478
*Modulo* 478
*Multiplikation* 478
*Subtraktion* 478
Operatoren, Python 529
Operatoren, Swift 679
Operatoren-Rangfolge,
Python 534
opt, Unix-Verzeichnis 312
Option
*bei Systemprogrammen* 378
Options, Apache-Direktive 828
Optischer Datenträger 148
OQL 759
or, Python-Operator 532
Oracle, Datenbank 756
Orange Book 1235
Orange Book (CD-R, CD-RW) 156
ORDER BY, SQL-Klausel 772
Order, Apache-Direktive 829
Ordnungsdaten 746

org.w3c.dom.*, Java-Package 925
org.xml.sax.*, Java-Package 918
Organisationseinheit
(LDAP) 865
ORM (Object-Relational
Mapping) 1115
OR-Schaltung 87
*Aufbau mit Transistoren* 87
*mit einfachen Mitteln
nachbauen* 85
OR-Verknüpfung 63
OS X
*Objective-C* 676
*Swift* 676
*Xcode* 675
OS X → macOS
os, Python-Modul 581
os.path, Python-Modul 581
OS/2, Betriebssystem 293
OSI-Referenzmodell 186, 1235
*Anwendungsschicht* 189
*Bit-Übertragungsschicht* 187
*Darstellungsschicht* 189
*Kommunikationssteuerungs-
schicht* 188
*Netzwerkschicht* 188
*Präsentationsschicht* 189
*Sicherungsschicht* 187
*Sitzungsschicht* 188
*Transportschicht* 188
*Vergleich mit der Praxis* 189
*Vergleich zum Internetschich-
tenmodell* 189
OSPF 1235
OSPF, Routing-Protokoll 248
ou-Knoten (LDAP) 865
OUTPUT, iptables-Chain 1219
Outsourcing (Computer-
technik) 185
Overclocking → Übertakten

# P

Paar, Extreme Program-
ming 718
PaaS (Platform as a Service) 851
Packet Switching 180
padding, CSS-Angabe 1015
Page Fault (Speicher) 309
Page File (Auslagerungs-
datei) 309

Pager (seitenweise anzeigen,
Unix) 395
Paging (Speicher) 123, 308
paint(), AWT-Methode 649
Paketfilter
*iptables* 1219
*netfilter* 1219
Paketmanager, Linux 406
Paketvermittlung 180
Panel, AWT-Klasse 649, 658
Papierkorb, macOS 455
Parallele Datenübertragung 137
Parallelport 146
Parallels Desktop 845
Parameter bei
Systemprogrammen 378
Parameter-Standardwerte,
Python 560
PARC, XEROX-
Forschungszentrum 292
parent, PHP-Schlüsselwort 1064
Parent-Prozess 305, 1235
Parity-Bit → Prüf-Bit
parse(), Python-XML-
Methode 927
parseFloat(), JavaScript-
Methode 1130
parseInt(), Java-Methode 592
parseInt(), JavaScript-
Methode 1130
Partition
*erweiterte* 152
*logische* 152
*primäre* 150
Partitionierung 1235
*praktische Durchführung* 152
Partitionierung (Festplatte) 149
Partitionstabelle 150
Partitionstypen 151
Pascal, Blaise 35
Pascal, Programmiersprache 49
passwd, Unix-Befehl 401
Passwort 1218
*Brute-Force-Attacke* 375
*crack (Knackprogramm)* 374
*Erzeugungstipps* 374
Passwort, ändern, Unix 401
Patch, Sicherheit 1205
patch, Unix-Befehl 397
path (os), Python-Modul 581

1291

path, Umgebungsvariable
  *Windows* 338
PATH, Umgebungsvariable
  (Unix) 379
Pattern, Java-Klasse 611
Pattern, Java-Regex-Klasse 623
pause(), Unix-Systemaufruf 305
PC 42
  *Aufbau* 118
  *Desktop* 117
  *Geschichte* 291
  *Kompaktrechner* 117
  *Laptop* 118
  *Netbook* 118
  *Notebook* 118
  *Varianten* 117
  *Zentraleinheit* 119
PC-Card → PCMCIA-Anschluss
PCDATA, Text in XML 889
PCI 142, 1235
PCMCIA-Anschluss 142
PC-Netzwerk, Entwicklung 186
PDA (Personal Digital Assis-
  tent) 45
PDF 1235
PDP, Kleincomputerserie von
  DEC 290
PDP, Kleinrechnerserie von DEC
  39, 49
Pentium, Prozessorfamilie
  121, 127
people, LDAP-Organisations-
  einheit 865
Peripherie
  *Ausgabegerät* 164
  *Digitalkamera* 163
  *Drucker* 167
  *Eingabegerät* 161
  *Einsteckkarte* 141
  *Grafikkarte* 164
  *Maus* 162
  *Monitor* 165
  *Scanner* 162
  *Tastatur* 161
  *Übersicht* 146
Perl, Programmiersprache 1235
Permutation, Algorithmus 96
perror(), C-Funktion 633
person, LDAP-Objektklasse 865
Personal Computer → PC

Personal Digital Assistant
  (PDA) 45
Petabyte 81
Pfad
  *absoluter* 312, 315
  *in HTML-Hyperlink* 983
  *relativer* 312, 315
  *unter Unix* 312
  *unter Windows* 315
PGP 1224, 1235
Phishing 1210, 1235
PHP 1037, 1235
  *__call(), magische Methode*
    1065
  *__get(), magische Methode*
    1065
  *__isset(), magische Methode*
    1065
  *__set(), magische Methode*
    1065
  *__toString(), magische*
    *Methode* 1056
  *$, Variablenbeginn* 1039
  *affected_rows, mysqli-*
    *Attribut* 1082
  *Ajax-Antwort durch* 1172
  *Anführungszeichen* 1042
  *Array* 1041
  *Array als Hash* 1042
  *array_flip(), Funktion* 1115
  *array_pop()-Funktion* 1046
  *array_push()-Funktion* 1046
  *array_shift()-Funktion* 1046
  *array_unshift()-Funk-*
    *tion* 1046
  *Array, mehrdimensio-*
    *nales* 1045
  *ArrayAccess, Interface* 1067
  *Attribut, statisches* 1060
  *Autoloader* 1071
  *Bezeichner* 1039
  *Call by Reference* 1052
  *Callback* 1072
  *close(), mysqli-Methode* 1083
  *Cookie* 1076
  *count(), Methode* 1068
  *count()-Funktion* 1043
  *Countable, Interface* 1067
  *current(), Funktion* 1044
  *current(), Methode* 1068
  *Datei-Upload* 1074

PHP (Forts.)
  *Datenbank-Escaping* 1089
  *Datenbankzugriff* 1078
  *Datentyp testen* 1054
  *Debugging* 1040
  *Docblock-Kommentar* 1050
  *Dokumentaufbau* 1038
  *each()-Funktion* 1043
  *Elternklasse ansprechen* 1064
  *errno, mysqli-Attribut* 1081
  *error, mysqli-Attribut* 1081
  *Escaping der Ausgabe* 1056
  *explode()-Funktion* 1045
  *extends, Schlüsselwort* 1062
  *fetch_array(), mysqli_result-*
    *Methode* 1082
  *fetch_assoc(), mysqli_result-*
    *Methode* 1082
  *fetch_row(), mysqli_result-*
    *Methode* 1082
  *function, Schlüsselwort* 1050
  *Funktion* 1050
  *Funktionsparameter* 1051
  *Funktionswertrückgabe* 1053
  *global* 1051
  *globale Variable* 1051
  *htmlspecialchars(),*
    *Funktion* 1056
  *implode()-Funktion* 1045
  *include_once()-Funktion* 1070
  *include()-Funktion* 1070
  *Include-Datei* 1070
  *insert_id, mysqli-*
    *Attribut* 1082
  *Installation* 837
  *is_array()-Funktion* 1054
  *is_float()-Funktion* 1054
  *is_int()-Funktion* 1054
  *is_null()-Funktion* 1054
  *is_numeric()-Funktion* 1054
  *is_string()-Funktion* 1054
  *isset()-Funktion* 1055
  *Iterator, Interface* 1067
  *json_encode(), Funktion* 1184
  *key(), Funktion* 1044
  *key(), Methode* 1068
  *Kommentar* 1049
  *Konstruktor* 1057
  *magische Methode* 1056, 1065
  *mehrdimensionales*
    *Array* 1045

PHP (Forts.)
  *Mock-Objekt für Unit-Tests* 1093
  *MYSQLI_ASSOC, Konstante* 1082
  *MYSQLI_BOTH, Konstante* 1082
  *MYSQLI_NUM, Konstante* 1082
  *mysqli, Datenbankschnittstelle* 1080
  *mysqli, Klasse* 1081
  *Namespace* 1071
  *next(), Funktion* 1044
  *next(), Methode* 1068
  *Objektorientierung* 1055
  *offsetExists (), Methode* 1068
  *offsetGet(), Methode* 1068
  *offsetSet(), Methode* 1068
  *offsetUnset(), Methode* 1068
  *Operator* 1040
  *parent, Schlüsselwort* 1064
  *php.ini, Konfigurationsdatei* 840
  *preg_match()-Funktion* 1048
  *preg_replace()-Funktion* 1049
  *preg_split()-Funktion* 1045
  *query(), mysqli-Methode* 1081
  *Referenz* 1052
  *regulärer Ausdruck* 1048
  *require_once()-Funktion* 1070
  *reset(), Funktion* 1044
  *REST-API implementieren* 1099
  *return-Anweisung* 1053
  *rewind(), Methode* 1068
  *rsort()-Funktion* 1046
  *Session* 1076
  *shuffle()-Funktion* 1047
  *SimpleXML* 1120
  *SimpleXMLElement, Klasse* 1120
  *sizeof()-Funktion* 1043
  *sort()-Funktion* 1046
  *SPL* 1067
  *spl_autoload_register(), Funktion* 1072
  *Sprachgrundlagen* 1039
  *Standard PHP Library* 1067
  *static, Schlüsselwort* 1060

PHP (Forts.)
  *statische Methode* 1061
  *str_replace(), Funktion* 1072
  *String zerlegen* 1045
  *strip_tags(), Funktion* 1056
  *strtok(), Funktion* 1107
  *strtolower(), Funktion* 1107
  *Type Hint* 1061
  *Unit-Test* 1090
  *unset()-Funktion* 1055
  *usort()-Funktion* 1046
  *valid(), Methode* 1068
  *var_dump(), Funktion* 1040
  *Variable* 1039
  *Vererbung* 1062
  *webspezifische Funktionen* 1073
php.ini, Konfigurationsdatei 840
PHPDocumentor 1050
phpdox 1050
PHPUnit 1235
  *Annotations* 1092
  *assertAttributeEquals(), Methode* 1092
  *assertEquals(), Methode* 1092
  *Assertion* 1090
  *Coverage-Report* 1092
  *expects(), Methode* 1098
  *getMock(), Methode* 1098
  *getMockBuilder(), Methode* 1098
  *Mock-Objekt* 1093
PHPUnit, Test-Framework 1090
PICT, Bilddateiformat 956
PID (Prozess-ID) 304
ping, TCP/IP-Dienstprogramm 358
  *Ergebnisse auswerten* 359
Pipe 1235
  *Anwendung* 630
  *C* 630
  *in Programmiersprachen* 628
  *in Unix-Shell* 387
  *Windows* 338
  *zur Inter-Prozess-Kommunikation* 306
pipe(), C-Funktion 631
Pipeline (CPU-Warteschlange) 127
Pixelgrafik 54

PKZIP-Dateien → ZIP-Datei
Plankalkül, Programmiersprache 36
Planung, Software-Engineering 706
Platform as a Service 851
Platzhalter
  *in Unix-Dateinamen* 389
  *Windows-Dateiname* 338
Playground (Xcode) 676
Plug & Play 141, 1236
PNG, Bilddateiformat 955
Point 1236
Polymorpher Virus 1204
Polynomielle Komplexität 96
pop(), Python-Methode 599
POP3 271, 1236
  *Befehle* 272
  *Sitzung* 271
popleft(), Python-Methode 599
Port, TCP 255
Port, UDP 257
Portbasiertes Virtual LAN 210
position, CSS-Angabe 1017
Positionsargumente, Python 561
POSIX 1236
posixAccount, LDAP-Objektklasse 865
POSIX-Standard 291
POST 134
POST (BIOS-Selbsttest) 134
POST, HTTP-Methode zum HTML-Formularversand 997
Post-Dekrement 480
Postfaktisch 1213
PostgreSQL 756
Post-Inkrement 480
Postman, REST-Client 1120
POSTROUTING, iptables-chain 1219
PostScript 169, 948, 1236
  *EPS* 949
  *PPD* 948
Post-truth 1213
Power Management 136
Power-on Self Test → POST
PowerPC, Prozessor 125
PowerShell 340
  *Benutzereingabe* 346
  *Cmdlets* 341

PowerShell (Forts.)
  *Datentypen* 346
  *Fallentscheidung* 346
  *Get-Alias, Cmdlet* 341
  *Get-ChildItem, Cmdlet* 341
  *Get-Command, Cmdlet* 341
  *Kontrollstruktur* 345
  *Operator* 342
  *Read-Host, Cmdlet* 346
  *Schleife* 347
  *Skriptdatei* 349
  *Variable* 344
  *Write-Host, Cmdlet* 345
PPD, Druckerbeschreibungs-
  datei 948
PPP 1236
PPP-Protokoll, DFÜ 216
Prä-Dekrement 480
Prädikatenlogik 52, 59, 1236
Präemptives Multitasking 299
Prä-Inkrement 480
Praktische Informatik 26
Präprozessor, C 495
  *#define* 497
  *#endif* 497
  *#ifdef* 497
  *#ifndef* 497
  *#include* 471, 495
Präsentation, OSI-Schicht 189
preg_match(), PHP-
  Funktion 1048
preg_replace(), PHP-
  Funktion 1049
preg_split(), PHP-Funktion 1045
prepend(), jQuery-
  Funktion 1187
PREROUTING, iptables-
  Chain 1219
Primäre Partition 150
Primärschlüssel 749, 1236
  *einrichten, SQL* 769
PRIMARY KEY, SQL-Feld-
  option 769
print(), Java-Methode 502
print(), Python-Funktion 551
print(), Swift-Funktion 680
printf(), C-Funktion 472, 493
  *Formatangabe* 472
printf(), Java-Methode 517
println(), Java-Methode 502
Printserver 200

private, Java-Kapselung 506
Problemorientierte
  Programmiersprache 47
Programmablaufplan 93
Programmfehler 472
Programmgesteuerter
  Rechenautomat 33
Programmiersprache 46
  *Ada* 36
  *Algorithmus* 589
  *Anweisungsblock* 482
  *Assembler* 46
  *BASIC* 48
  *Baum, Datenstruktur* 602
  *binäre Suche* 598
  *C* 49, 290, 469
  *C#* 51
  *C++* 51
  *Clojure* 52
  *Cobol* 48
  *Compiler* 47, 130
  *Datenstruktur* 589, 598
  *deklarative* 52
  *Erlang* 52
  *Fortran* 48
  *Funktion* 49
  *funktionale* 52
  *GUI-Programmierung* 647
  *imperative* 49
  *Interpreter* 48
  *Iteration* 595
  *Java* 51, 497
  *Kontrollstrukturen, C* 481
  *lineare Suche* 597
  *LISP* 52, 429
  *logische* 52
  *Logo* 52
  *Maschinensprache* 46
  *mit Datenbanken*
    *arbeiten* 789
  *Modularisierung* 49, 487
  *Multiparadigmen-* 52
  *Objective-C* 450
  *objektorientierte* 51
  *Objektorientierung* 499
  *Pascal* 49
  *PHP* 1037
  *Pipe* 628
  *Plankalkül* 36
  *problemorientierte* 47
  *Prolog* 52

Programmiersprache (Forts.)
  *prozedurale* 49
  *Rekursion* 594
  *Ruby* 52
  *Scala* 52
  *Skriptsprachen* 48
  *Smalltalk* 51
  *Sortieralgorithmus* 592
  *Strukturierung* 49, 487
  *Suchalgorithmus* 597
  *Swift* 450
  *Systemaufruf* 130, 628
  *Thread* 634
  *Turing-Vollständigkeit* 100
  *Unicode-Unterstützung* 944
Programmiersprachen,
  Prozedur 49
Programmstrukturierung 49
Projektmanagement 706
  *Netzplan* 707
Prolog, Programmiersprache 52
PROM 133
Prompt 1236
  *Unix* 376
prompt(), JavaScript-
  Methode 1128
protected, Java-Kapselung 508
Prototype, Entwurfsmuster 729
Proxy, Entwurfsmuster 730
Prozedur 49
Prozedurale Programmier-
  sprache 49
Prozess 1236
  *als Baum anzeigen, Unix* 402
  *Benutzermodus* 304
  *Child-Prozess* 305
  *Deadlock* 307
  *Definition* 304
  *duplizierter* 629
  *im Benutzermodus* 298
  *in den Hintergrund stellen* 377
  *init* 304
  *Kernelmodus* 298, 304
  *Kommunikation* 306
  *Management durch*
    *Betriebssystem* 287
  *Multitasking* 303
  *Parent-Prozess* 305
  *Prozess-ID (PID)* 304
  *Race Condition* 307
  *Signalverarbeitung* 305

**Prozess (Forts.)**
Threads als Alternative 307
unter Unix 304
Unterstützung durch CPU
122, 128
Verwaltung durch
Betriebssystem 303
Verwaltung, Unix 401
Windows 306
Prozessanalyse 710
Prozess-ID 304
Prozessmanagement 287
Prozessor 37, 119
3D Now! 127
Adressbus-Wortbreite 124
Alpha 125, 127
als Bauteil 121
ALU 121
AMD 121
Arbeitsweise 128
Architektur 126
Athlon 121, 127
Aufbau 121
bedingter Sprung 128
Befehlstabelle 122
Befehlszeiger 122
Bestandteile 121
Bus 122
Cache 123
CISC 126
Datenbus-Wortbreite 124
der Grafikkarte 164
Effizienz 126
FLOPS 126
Intel 121
Itanium 125
Maschinenbefehle 129
MIPS 127
MIPS (Geschwindigkeits-
angabe) 126
MMX 127
mooresches Gesetz 124
MosTek 6502 125
Motorola-68000-Familie 125
Pentium-Familie 121, 127
Pipeline 127
PowerPC 125
Prozesse 128
Register 122
Registerwortbreite 124
RISC 127

**Prozessor (Forts.)**
Sprungbefehl 128
Stack 128
Steuerbus-Wortbreite 124
Steuerwerk 122
Sun SPARC 127
Taktfrequenz 125
übertakten 125
unbedingter Sprung 128
Unterprogramm-Aufruf 128
virtueller 100
Wortbreite 124
Wortbreiten-Vergleich 125
Z80 125
Prozessorarchitektur 126
Prozessverwaltung 303
Prüf-Bit 138
Prüfung, IT-Berufe 30
ps, Unix-Befehl 306, 401
PS/2-Anschluss 145
PSD, Bilddateiformat 953
Pseudocode, zur
Algorithmendarstellung 93
pstree, Unix-Befehl 402
PTR-Record (DNS) 861
IPv6 863
public, Java-Kapselung 502, 506
Public-Key-Verschlüsse-
lung 1223
Pulswahlverfahren 218
Punkt 1236
put(), Java-Map-Methode 517
puts(), C-Funktion 472, 492
pwd, Unix-Befehl 392
pydoc, Python-Hilfspro-
gramm 576
Python 520
\_\_init\_\_(), Methode 558
\_\_name\_\_, Konstante 577
\_\_str\_\_(), Methode 559
accept()-Funktion 643
add(), Methode 542
and, Operator 532
append(), Methode 536, 599
appendleft(), Methode 599
Argumente, beliebig viele 562
Argumente, benannte 552
Argumente, Positons- 561
Argumente, Schlüssel-
wort- 561
argv 580

**Python (Forts.)**
arithmetische Operatoren 530
attrib, XML-Methode 928
Attribute 559
Ausnahmen 568
benannte Argumente 552
Bezeichner 527
bind(), socket-Methode
641, 642
Bit-Operatoren 530
bool, Datentyp 526
BubbleSort 592
class, Schlüsselwort 558
collections, Modul 599
compile(), Regex-Methode 616
complex 525
connect(), socket-
Methode 642
Datei-Iterator 553
Datei-Modi 554
Dateizeiger 553
Dateizugriff 553
datetime, Klasse 583
datetime, Modul 583
Datum und Uhrzeit 583
def, Schlüsselwort 558, 560
deque, Klasse 599
Dictionary, Datentyp 542
Dokumentationskommen-
tare 576
Dualzahlen 524
Eigenschaften 559
Ein-/Ausgabe 551
Einführungsbeispiel 521
Einrückungsregeln 523
ElementTree, Klasse 927
elif, Anweisung 547
else, Anweisung 546
else, Anweisung (while) 549
Elternklasse ansprechen 567
enumerate(), Funktion 580
Escaping, Strings 526
except, Schlüsselwort 568
Exceptions 568
Fallentscheidungen 545
False, Literal 526
file cursor 553
find(), XML-Methode 930
findall(), Regex-Methode 618
findall(), XML-Methode 930
finditer(), Funktion 583

**1295**

Python (Forts.)

*Fließkommazahlen* 525
*float, Datentyp* 525
*for, Anweisung* 549
*for, Anweisung
    (Ausdruck)* 550
*fork(), Funktion* 630
*format(), String-Methode* 555
*formatierte String-
    Literale* 557
*Formatierung von Strings* 555
*fromstring(), XML-
    Methode* 928
*frozenset, Datentyp* 542
*Funktionen* 551
*Funktionen, Lambda-* 563
*Funktionsdefinition* 560
*ganze Zahlen* 524
*Geschichte* 520
*gethostbyname(), socket-
    Funktion* 640
*getprotobyname(), socket-
    Funktion* 639
*getroot(), XML-Methode* 928
*getservbyname(), socket-
    Funktion* 640
*group(), Regex-Methode* 617
*group(), Regexp-Methode* 582
*groups(), Regex-Methode* 618
*Grundelemente* 522
*hasattr(), Funktion* 578
*Hauptprogramm* 577
*Here Document* 525
*Hexadezimalzahlen* 524
*id(), Funktion* 528
*Identität* 528
*if, Anweisung* 545
*if-Anweisung als Aus-
    druck* 547
*immutable* 528
*import, Schlüsselwort* 579
*in, Operator* 533
*Indexoperator* 535
*input(), Funktion* 552
*Instanz erzeugen* 559
*int, Datentyp* 524
*interaktive Shell* 521
*is, Operator* 533
*isdir(), Funktion* 581
*isfile(), Funktion* 581
*isoweekday(), Methode* 584

Python (Forts.)

*Iterator* 549
*Iterator (Datei)* 553
*Klassenbibliothek* 580
*Klassendefinition* 558
*Kommandozeilen-
    argumente* 580
*Kommentare* 523
*Kommentare, Dokumenta-
    tions-* 576
*komplexe Zahlen* 525
*konditionaler Ausdruck* 547
*Konstruktor* 558
*Konstruktoraufruf* 559
*Kontrollstrukturen* 545
*lambda, Schlüsselwort* 563
*Lambda-Funktionen* 563
*Lambda-Funktionen zum
    Sortieren* 564
*len(), Funktion* 545
*List Comprehensions* 550
*listdir(), Funktion* 581
*Listen* 534
*Listen sortieren* 564
*listen(), socket-Methode* 643
*Literale* 524
*logische Operatoren* 532
*magische Methoden* 565
*match(), Regex-Methode* 616
*Match-Objekte* 582
*Mehrfachvererbung* 567
*Menge, Datentyp* 539
*Mengen, unveränderliche* 542
*Mengenoperatoren* 540
*Methoden* 551
*Methoden, magische* 565
*Methodendefinition* 558, 560
*Module* 579
*mutable* 528
*None, Literal* 526
*not, Operator* 532
*now(), Methode* 584
*numerische Literale* 524
*Objektorientierung* 557
*Oktalzahlen* 524
*open(), Funktion* 553
*Operatoren* 529
*Operatoren, Rangfolge* 534
*or, Operator* 532
*os, Modul* 581
*os.path, Modul* 581

Python (Forts.)

*Parameter-Standard-
    werte* 560
*parse(), XML-Methode* 927
*path (os), Modul* 581
*pop(), Methode* 599
*popleft(), Methode* 599
*Positionsargumente* 561
*print(), Funktion* 551
*pydoc, Hilfsprogramm* 576
*Queue* 599
*raise, Schlüsselwort* 569
*range(), Funktion* 544
*re, Modul* 582, 610, 616
*read(), Datei-Methode* 553
*recv(), socket-Methode* 642
*recvfrom(), socket-
    Methode* 641
*Regex-Flags* 619
*reguläre Ausdrücke* 582,
    610, 615
*remove(), Methode* 542
*return, Schlüsselwort* 559, 563
*Schleifen* 548
*Schlüsselwortargumente* 561
*search(), Funktion* 582
*search(), Regex-Methode* 616
*seek(), Datei-Methode* 553
*self, Methoden-Parameter* 560
*send(), socket-Methode* 642
*sendto(), socket-Methode* 640
*set, Klasse* 539
*Shell, interaktive* 521
*Slice-Operator* 535
*socket, Modul* 638
*socket(), Funktion* 639
*sort(), Methode* 565
*sorted(), Funktion* 564
*Sortieren von Listen* 564
*span(), Regex-Methode* 617
*span(), Regexp-Methode* 583
*Stack* 599
*Standardbibliothek* 580
*start(), Regex-Methode* 617
*str(), Funktion* 559
*strftime(), Methode* 584
*String-Escaping* 526
*String-Formatierung* 555
*Strings* 525
*Strings als Zeichenlisten* 544
*String-Verkettung* 522

Python (Forts.)
*strip(), String-Methode* 554
*sub(), Regex-Methode* 622
*super(), Funktion* 567
*Syntax* 522
*sys, Modul* 580
*tag, XML-Attribut* 928
*text, XML-Attribut* 928
*time, Modul* 583
*timedelta, Klasse* 585
*today(), Methode* 584
*True, Literal* 526
*try, Schlüsselwort* 568
*Tupel, Datentyp* 538
*tuple(), Funktion* 538
*type(), Funktion* 524
*TypeError, Klasse* 569
*Uhrzeit* 583
*unveränderliche Mengen* 542
*unveränderliche Objekte* 528
*Variablen* 527
*veränderliche Objekte* 528
*Vererbung* 566
*Vererbung, Mehrfach-* 567
*Vergleichsoperatoren* 531
*Version 1.0* 520
*Version 2.0* 520
*Version 3.0* 520
*Verzeichnisse lesen* 581
*Vgl. mit anderen Sprachen* 52
*walk(), Funktion* 582
*weekday(), Methode* 584
*Wertrückgabe* 559, 563
*Wertzuweisung* 531
*while, Anweisung* 548
*write(), Datei-Methode* 554
*XML verarbeiten* 927
*xml.etree, Modul* 927
*Zahlen* 524
*ZeroDivisionError, Klasse* 568

## Q

QBit 45
Qt, Grafikbibliothek 431, 433
Quadratische Gleichung 74
Quadratische Komplexität 96
Qualitätsmanagement 707
Quantencomputer 45
Quantifizierer (RegExp) 613
Quartz, Grafikbibliothek 450

query(), PHP-mysqli-
Methode 1081
querySelector(), JavaScript-
Methode 1157
querySelectorAll(), JavaScript-
Methode 1157
Query-String 803
Queue 1236
Queue, Datenstruktur 599
*Python* 599
QUEUE, iptables-Regel 1220
QuickEdit-Modus, Windows-
Eingabeaufforderung 338
QuickSort 1236
QuickSort, Algorithmus 595
*Funktionsprinzip* 595
*Median* 595
QuickTime, Multimedia-
Technologie 450
QuickTime, Videodatei-
format 957

## R

Race Condition 307, 1236
Rackspace Cloud Services 851
RAID 152, 1236
*Advanced Data Guarding* 153
*Levels* 153
*Mirroring* 153
*Stripe Set* 153
*Stripe Set mit Parity* 153
RAID 0 153
RAID 01 153
RAID 1 153
RAID 10 153
RAID 5 153
RAID 6 153
Rails 1236
raise, Python-Schlüsselwort 569
RAM 120, 130
*als Bauteil* 131
*Auslagerungsdatei* 309
*Bedeutung in der
Speicherhierarchie* 123
*CMOS* 135
*DDR-RAM* 132
*der Grafikkarte* 164
*DIMM-Module* 131
*dynamic* 131
*EDO* 131

RAM (Forts.)
*einbauen* 131
*empfohlene Menge* 132
*FP* 131
*Paging* 308
*Rambus* 132
*RD-RAM* 132
*RIMM-Modul* 132
*SD-RAM* 132
*Segmentierung* 308
*Seitenfehler* 309
*SIMM-Modul* 131
*static* 131
*Verwaltung durch das
Betriebssystem* 308
*virtuelle Adressierung* 308
Rambus-RAM 132
RAMDAC (Grafikkarte) 165
Random Access Memory → RAM
range(), Python-Funktion 544
Rangfolge
*durch Klammern ändern* 481
*Operatoren* 481
Rational Unified Process 716
Rationale Zahl 70
rd → rmdir, Windows-Befehl
RDBMS 1236
RDBMS → Relationale Datenbank
RD-RAM 132
re, Python-Modul 582, 610, 616
read(), C-Funktion 631
read(), Python-Datei-
Methode 553
Read-Host, PowerShell-
Cmdlet 346
readLine(), Java-Methode 502
Read-only Memory → ROM
readyState, Ajax-Eigen-
schaft 1170
REAL, SQL-Datentyp 767
Rechenautomat 33
Rechenbefehl des virtuellen
Prozessors 103
Rechendaten 746
Rechenmaschine,
mechanische 36
Rechentafel 35
Rechenwerk 117
Record → Datensatz
recv(), Python-Methode 642

recvfrom(), Python-
Methode  641
Red Book (Audio-CD)  156
Red, Green, Refactor (TDD)  737
Redirect, Apache-Direktive  829
Redmine, Bugtracker  740
Reelle Zahl  70
regedit, Windows-
Dienstprogramm  355
regex, Java-Package  611
RegExp → Regulärer Ausdruck
Regionale Einstellungen,
macOS  460
Register  1236
*der CPU*  122
*des virtuellen Prozessors*  101
*Wortbreite*  124
Register (Schaltung)  91
Registermaschine  100, 1236
Registrierdatenbank → Registry,
Windows
Registry, Windows  355
Reguläre Ausdrücke, Java  611
Reguläre Ausdrücke, Python
582, 610
Regulärer Ausdruck  610, 1236
*alternative Textteile*  615
*alternative Zeichen*  613
*beliebig viele Zeichen*  613
*ein oder mehr Zeichen*  613
*ersetzen*  622, 626
*Escape-Sequenz*  614
*Flags in Java*  624
*Flags in Python*  619
*grep*  395
*Groß-/Kleinschreibung*
*ignorieren*  619, 624
*in PHP*  1048
*Java*  623
*JavaScript*  1141
*Klammern*  615
*Leerzeichen*  614
*mehrzeilige Verarbeitung*
619, 624
*Muster*  612
*optionale Zeichen*  613
*Python*  615
*Quantifizierer*  613
*Sonderzeichen*  614
*Teilausdruck*  615
*Whitespace*  614

Regulärer Ausdruck (Forts.)
*Wortgrenze*  615
*Wortzeichen*  614
*Zeichen ausschließen*  613
*Zeichenanzahl*  614
*Zeichengruppe*  613
*Zeichenklasse*  613
*Zeilenanfang*  615
*Zeilenende*  615
*Ziffer*  614
REJECT, iptables-Regel  1220
Rekursion  594, 1236
Relais  36
Relation im RDBMS  749
Relationale Algebra  749
Relationale Datenbank  746,
749, 1236
*1:1-Beziehung*  750
*1:n-Beziehung*  750
*Access*  756
*Änderungsabfrage*  765
*Arten*  756
*atomare Information*  753
*Auswahlabfrage*  752, 765
*Boyce-Codd-Normalform*  754
*Desktop-Datenbank*  756
*Einfügeabfrage*  765
*FileMaker*  756
*freier Server*  756
*Fremdschlüssel*  750
*Grenzen*  757
*Index*  750
*Java-Programmierung*  789
*JDBC*  789
*kommerzieller Server*  756
*Konsistenz*  749
*Löschabfrage*  765
*m:n-Beziehung*  750
*MySQL*  760
*Normalform*  753
*Normalisierung*  753
*ODBC*  789
*OpenOffice.org Base*  756
*PostgreSQL*  756
*Primärschlüssel*  749
*Primärschlüssel einrichten,*
*SQL*  769
*Programmierung*  789
*Relation*  749
*Schlüssel*  749
*SQL*  753, 764

Relationale Datenbank (Forts.)
*Tabelle erzeugen, SQL*  765
*Tabelle löschen, SQL*  766
Relationale Datenbank, Join-
Abhängigkeit  755
Relativer Pfad  312, 315
remove(), Java-Methode  512
remove(), Python-Methode  542
removeAll(), Java-Methode  512
removeClass(), jQuery-
Funktion  1187
rename, Windows-Befehl  340
repaint(), AWT-Methode  657
replaceAll(), Java-Regex-
Methode  626
replaceFirst(), Java-Regex-
Methode  626
Replikation
*MySQL*  787
Repository  739
Request For Comments → RFC
require_once(), PHP-
Funktion  1070
Require, Apache-Direktive
823, 830
RequireAll, Apache-
Direktive  830
RequireAny, Apache-
Direktive  830
RequireNone, Apache-
Direktive  830
reset(), PHP-Funktion  1044
Resource Fork, HFS  461
*Creator ID*  461
*File Type ID*  461
responseText, Ajax-Eigen-
schaft  1172
responseXML, Ajax-Eigen-
schaft  1175, 1178
Responsive Webdesign
673, 1027
Ressource
*Hardware-*  139
*Plug & Play*  141
*Zuweisung*  141
Ressourcenmanagement  707
REST  1236
REST-API  1099
*Autorisierung*  1101
*Client*  1120
*Datenaustauschformat*  1100

REST-API (Forts.)
 *Grundwissen* 1099
 *jQuery-Client* 1189
 *OAuth2* 1101
 *Postman* 1120
 *testen* 1120
 *XML* 1100
ResultSet, JDBC-Klasse 791
return, C-Anweisung 472, 487
RETURN, iptables-Regel 1220
return, Python-Schlüsselwort
 559, 563
REVOKE, MySQL-
 Anweisung 781
rewind(), PHP-Methode 1068
RFC 183, 1236
 *1034 und 1035, DNS* 258
 *1300* 183
 *1723, RIP-2* 248
 *1738, URL* 275
 *1918, private IP-Adressen* 229
 *2045 bis 2049, MIME* 268
 *2060, IMAP* 273
 *2131 und 2123, DHCP* 250
 *2178, OSPF* 248
 *2324, HTCPCP* 183
 *2460, IPv6* 239
 *2616, HTTP* 275
 *2821, SMTP (Neufassung)* 267
 *2822, Textnachricht* 268
 *3330, Spezial-IP-Adressen* 229
 *768, UDP* 252
 *791, IP-Protokoll* 226
 *793, TCP* 252
 *821, SMTP* 267
 *822, Textnachricht* 268
 *854, Telnet* 263
 *959, FTP* 264
 *977, NNTP* 273
RGB-Farbe 54
Rhapsody (Mac OS X) 447
RIMM-Modul (RAM) 132
Ringtopologie, Netzwerk 197
RIP 1236
RIP, Routing-Protokoll 247
RISC 1236
RISC-Prozessor 127
 *Beispiele* 127
Risikomanagement 707
Ritchie, Dennis 49, 290, 469
rm, Unix-Befehl 391

rmdir, Unix-Befehl 392
rmdir, Windows-Befehl 340
RMI (Remote Method Invo-
 cation) 1236
robots.txt, Suchmaschinen-
 info 1008
Röhrenmonitor 166
Röhrenrechner 37
Rollback (Transaktionen) 756
ROLLBACK, SQL-Anweisung 775
Rollover-Effekt, JavaScript 1148
ROM 120, 133
 *Bauarten* 133
 *Bedeutung* 120
 *bei 8-Bit-Home-*
 *computern* 120
 *BIOS* 133
Römische Zahl 74
root, Benutzer 305
 *Home-Verzeichnis* 312
 *temporär arbeiten als* 381
root, Unix-Benutzer 373
root, Unix-Verzeichnis 312
Rootkit 1215
Rossum, Guido van 520
ROT13 1222
Roter Balken (Unit-Test) 736
Round-Robin-DNS 862
route, Unix-Befehl 436
Router 1236
Router, IP-Protokoll 243
Routing
 *autonomes System* 247
 *DE-CIX* 247
 *IP-Protokoll* 242
Routing-Protokoll 246
 *BGP* 249
 *OSPF* 248
 *RIP* 247
Routing-Tabelle 245
 *anzeigen* 245
rpm, Linux-Paketmanager 406
RS-232 145
RS-Flip-Flop 90
rsort(), PHP-Funktion 1046
Ruby 1236
Ruby on Rails 1236
Ruby, Programmiersprache 52
Rumbaugh, James 720
run(), Java-Methode 634
Runlevel (Unix) 405

Runnable, Interface 634
Runnable, Java-Interface 510

## S

SaaS (Software as a Service) 851
Samba 440, 1236
 *als Client für Windows-*
 *Server* 441
 *Drucker freigeben* 441
 *globale Parameter* 440
 *Konfiguration* 440
 *smb.conf, Konfigurations-*
 *datei* 440
 *starten* 440
 *Verzeichnis freigeben* 441
 *Windows-Freigabeart* 441
Sampling 1236
Sampling, Audio 55
Sampling-Rate 55
Sampling-Tiefe, Audio 55
Samsung Galaxy Tab 45
SAS (Serial Attached SCSI) 144
sash (Stand-alone-Shell) 377
Satellit, DSL-Verbindung 221
Satisfy, Apache-Direktive 830
SAX 1236
 *Beispielprogramm* 925
 *ContentHandler, Inter-*
 *face* 919
 *ContentHandler-Callback* 919
 *ContentHandler-Methode* 919
 *Dokument parsen* 918
 *DTDHandler, Interface* 919
 *EntityResolver, Interface* 919
 *ErrorHandler, Interface* 919
 *Event Handler* 919
 *InputSource, Klasse* 918
 *Parser-Instanz erzeugen* 918
 *XMLReader-Interface* 918
SAX (Simple API for XML) 918
SaX (X-Server-Konfigurations-
 programm) 430
sbin, Unix-Verzeichnis 312
Scala, Programmiersprache 52
scanf(), C-Funktion 484, 493
Scanner 162
 *Auflichtscanner* 162
 *Diascanner* 163
 *Durchlichtscanner* 162
 *Flachbettscanner* 162

**1299**

Scanner (Forts.)
  *Kleinbildscanner* 163
  *Trommelscanner* 163
Schaltalgebra 26, 84
Schaltkreisvermittlung 180
Schaltung, Register 91
Schema (LDAP) 864
Schichtenmodell 186, 1236
  *Alltagsbeispiel* 192
  *Mail-Beispiel* 194
  *OSI-Referenzmodell* 186
  *Praxis* 192
  *TCP/IP* 189
Schleife
  *C* 485
  *do/while()* 486
  *Endlosschleife* 596
  *for()* 486
  *fußgesteuerte* 486
  *in der PowerShell* 347
  *in Shell-Skripten* 410
  *kopfgesteuerte* 486
  *mit break abbrechen* 596
  *Python* 548
Schleifenrumpf 485
Schleifenzähler, Variable 486
Schlüssel im RDBMS 749
Schlüsselwortargumente,
  Python 561
Schlussfolgerung
  *logische* 62
  *Umkehrschluss* 62
Schnittmenge 71
Schnittstelle
  *Hardware* 120
  *Softwareentwurf* 713
Schreib-/Lesekopf der Turing-
  Maschine 98
Schriftart im Drucker 169
screen, JavaScript-Objekt 1154
ScriptAlias, Apache-
  Direktive 830
Scrum 718
  *Backlog* 719
  *Rollen* 719
  *Sprint* 719
SCSI 143, 1237
  *anschließen* 143
  *ID* 144
  *serielles* 144
  *Terminator* 144

SCSI-ID 144
SDI, Windows-Anwen-
  dungen 332
SD-RAM 132
SDSL 220
search(), Python-Funktion 582
search(), Python-Regex-
  Methode 616
Sedezimalsystem → Hexadezi-
  malsystem
seek(), Python-Datei-
  Methode 553
Segmentierung (Speicher) 308
Seite (Speicher) 308
Seitenfehler (Speicher) 309
Seitentabelle (Speicher) 309
SELECT, SQL-Abfrage 769
Selektor
  *jQuery* 1186
Selektor, jQuery 1186
Selenium, Frontend-
  Testwerkzeug 714
self, Python-Methoden-
  Parameter 560
Semaphor 306
Semikolon, Abschluss von
  Anweisungen 472
send(), Ajax-Methode 1171
send(), Python-Methode 642
sendto(), Python-Methode 640
Sequenzdiagramm (UML) 725
Serial Attached SCSI 144
Serialisierung 510
Serializable, Java-Interface 510
Serielle Datenübertragung 137
  *Bedeutung* 139
  *Kontroll-Bit* 138
  *Leitungskonventionen* 138
  *Prüf-Bit* 138
  *Start-Bit* 138
  *Stopp-Bit* 138
Server, Netzwerk 199
Server, Windows-
  Betriebssysteme 324
ServerAdmin, Apache-
  Direktive 830
Serverdienst
  *Anwendungsserver* 203
  *Application Server* 203
  *Dateiserver* 200
  *Druckserver* 200

Serverdienst (Forts.)
  *einrichten, Linux* 437
  *einrichten, macOS* 463
  *einrichten, Unix* 437
  *einrichten, Windows* 361
  *Fileserver* 200
  *HTTP-Server* 202
  *Mailserver* 201
  *Printserver* 200
  *Samba* 440
  *Übersicht* 199
  *Webserver* 202
Servergefahren 1214
ServerName, Apache-
  Direktive 831
ServerRoot, Apache-
  Direktive 831
ServerSignature, Apache-
  Direktive 831
Serversystem
  *Macintosh* 463
ServerTokens, Apache-
  Direktive 831
Session
  *PHP* 1076
Session-Hijacking 1215
SET PASSWORD, MySQL-
  Anweisung 779
Set, Java-Interface 514
set, Python-Klasse 539
SET, SQL-Befehl 774
SET, SQL-Datentyp 768
set(), Java-Methode 512
setColor(), AWT-Methode 651
setLayout(), AWT-Methode 659
setTimeout(), JavaScript-
  Methode 1146
setVisible(), AWT-Methode 649
SGML 1237
  *HTML-DTD* 968
  *XML als moderne Version* 881
sh (Bourne Shell) 376
Shannon-Theorem 1237
Share Level Security, Samba 441
Share Level Security, Windows-
  Freigabeart 362
Shebang bei Shell-Skripten 409
Shell 302, 1237
  */etc/profile, Unix-*
    *Konfigurationsdatei* 377
  *Ausgabeumleitung (Unix)* 386

Shell (Forts.)
*bash* 377
*Befehl als root ausführen* 381
*Befehl, Windows* 339
*Bourne Shell* 376
*Cmd.exe, WinNT* 337
*COMMAND.COM,*
*MS-DOS* 337
*C-Shell* 377
*Eingabeaufforderung,*
*Unix* 376
*Eingabeumleitung (Unix)* 386
*Eingabevervollstän-*
*digung* 380
*ermitteln, welche läuft* 376
*Escape-Sequenz* 396
*HIER-Dokument* 387
*History* 380
*Korn Shell* 377
*Pipe* 387
*Prozess in den Hintergrund*
*stellen* 377
*Shell-Skript* 408
*Stand-alone-Shell* 377
*Umgebung* 377
*Umgebungsvariable* 377
*Unix* 303
*unter macOS* 451
*Windows* 337
Shell, interaktive (Python) 521
Shell-Skript 408
*Beispiel* 411
*case-Befehl* 410
*Fallunterscheidung* 409
*for-Befehl* 410
*if-Befehl* 409
*Schleife* 410
*Shebang* 409
*Variable* 410
*while-Befehl* 410
short, C-Datentyp 475
show(), jQuery-Funktion 1186
shuffle(), PHP-Funktion 1047
shutdown, Unix-Befehl 402
Sicherheit 1201
*Ad-Blocker* 1207
*Administratorrechte* 1206
*Adware* 1209
*Backdoor* 1208
*Backup* 1206
*CGI* 1215

Sicherheit (Forts.)
*chroot-Umgebung* 1217
*Crackerangriff* 1214
*Cracker-Tools* 1218
*Cross-Site-Scripting*
*(XSS)* 1215
*Exploit* 1214
*Firewall* 1206, 1216
*Flash Player* 1207
*Hoax* 1212
*Intrusion Detection*
*System* 1217
*keine absolute* 1201
*Kettenmail* 1213
*Kryptografie* 1222
*Man-in-the-Middle-*
*Angriff* 1215
*menschliches Versagen* 1218
*MySQL, Unix* 761
*MySQL, Windows* 763
*Passwort* 1218
*Patch installieren* 1205
*PC-Gefahren* 1202
*Phishing* 1210
*Rootkit* 1215
*Servergefahren* 1214
*Session-Highjacking* 1215
*Social Engineering* 1218
*Spam* 1211
*Spyware* 1209
*SQL-Injection* 1215
*Virtualisierung* 1218
*Virus* 1202
*Webanwendungen* 1215
*Wurm* 1204
Sicherung, OSI-Schicht 187
SIGALRM, Signal 305
SIGHUP, Signal 305
SIGINT, Signal 402
SIGKILL, Signal 305, 402
Signal 1237
*an Prozesse senden, Unix* 402
*SIGALRM* 305
*SIGHUP* 305
*SIGINT* 402
*SIGKILL* 305, 402
*SIGTERM* 305, 402
*Verarbeitung durch Pro-*
*zess* 305
*zur Inter-Prozess-*
*Kommunikation* 306

Signatur, digitale 1224
signed, C-Datentyp 475
SIGTERM, Signal 305, 402
Silicon Valley 39
Silizium 39
SIMM-Modul (RAM) 131
Simple API for XML → SAX
SimpleXML, PHP-Schnitt-
stelle 1120
SimpleXMLElement, PHP-
Klasse 1120
Simulation eines Prozessors 100
Sinclair ZX Spectrum 292
Sinclair ZX81 42, 292
Sinclair, Clive 42
Single Document Interface → SDI,
Windows-Anwendungen
Singleton, Entwurfsmuster
729, 732
*Implementierung (Java)* 733
Sinuskurve zeichnen, AWT 652
Sitzung, OSI-Schicht 188
size(), Java-Methode 512
sizeof(), PHP-Funktion 1043
Skriptsprache 48
Slave-Nameserver 261
sleep(), C-Funktion 633
Slice-Operator, Python 535
Slot, Prozessor 121
SMALLINT, SQL-Datentyp 767
Smalltalk 704
Smalltalk, Programmier-
sprache 51
Smartphone 45
smbclient, Samba-Dienst 441
SMTP 267
*Befehle* 268
*Sitzung* 267
sn, LDAP-Attribut 866
Snort 1217
SOAP 1237
SOA-Record (DNS) 861
Social Bots 1213
Social Engineering 1218
Sockel
*für Prozessoren* 121
Socket 638, 1237
*accept(), Methode* 643
*Adresse* 640
*bind(), Methode* 641, 642
*connect(), Methode* 642

**1301**

Socket (Forts.)
*Datagramme senden und*
*empfangen* 640
*Domain* 639
*erzeugen* 638
*IP-Adresse* 640
*lauschendes* 643
*listen(), Methode* 643
*Protokoll* 639
*recv(), Methode* 642
*recvfrom(), Methode* 641
*send(), Methode* 642
*sendto(), Methode* 640
*TCP* 641
*TCP-Client* 641
*TCP-Port* 640
*TCP-Server* 642
*Typ* 639
*UDP* 640
*Verbindung aufnehmen* 643
socket, Python-Modul 638
socket(), Python-Funktion 639
Software
*freie* 295
*installieren unter Unix* 407
Software as a Service 851
Software-Container 844
*Docker* 844, 848
Software-Engineering 703
*agiler Entwicklungspro-*
*zess* 718
*Analyse* 709
*CASE-Tools* 721
*Code-Review* 714
*Dokumentation* 715
*Entwicklungsprozess* 716
*Entwicklungszyklus* 704
*Entwurfsmuster* 726
*Entwurfsphase* 712
*Extreme Programming* 717
*Frontend-Test* 714
*Implementierungsphase* 713
*in der IT-Ausbildung* 704
*Integrationstest* 714
*Lastenheft* 710
*objektorientierte Analyse* 710
*Objektorientierung* 703
*Pflichtenheft* 711
*Planungsphase* 706
*Projektmanagement* 706
*Projektphasen* 705

Software-Engineering (Forts.)
*Schnittstelle* 713
*Scrum* 718
*Spiralmodell* 705
*strukturierte Analyse* 710
*Test-first-Verfahren* 718, 737
*Testphase* 714
*UML* 720
*Unified Process* 716
*Unit-Test* 714, 734
*Wasserfallmodell* 705
Softwareentwicklung → Soft-
ware-Engineering
Softwarekrise 703
Softwaretechnik → Software-
Engineering
Solaris 1237
Solaris, Betriebssystem 291
Solid State Disk (SSD) 154, 1237
sort(), PHP-Funktion 1046
sort(), Python-Methode 565
sorted(), Python-Funktion 564
SortedMap, Java-Klasse 517
Sortieralgorithmus 592
*BubbleSort* 592
*QuickSort* 595
Soundkarte 170
*Anschlüsse* 170
*Audio-CD abspielen* 170
*MIDI* 170
*SP-DIF-Anschluss* 170
Source, Stromeingang des
Transistors 86
Spam 1211
SpamAssassin 1212
span(), Python-Regex-
Methode 617
span(), Python-Regexp-
Methode 583
SP-DIF-Anschluss 170
Special File → Gerätedatei
Spectrum, Homecomputer 292
Speicher
*Management durch*
*Betriebssystem* 287
*RAM* 120
*reservieren, C* 601
*ROM* 120
*virtueller* 123, 308
Speicheradressierung 80
Speichermanagement 287

Speicherseite 308
Speicherverwaltung 308
*x86-System* 309
Speicherzelle (Schaltung) 90
Spiralmodell 705
SPL (Standard PHP Library) 1067
spl_autoload_register(), PHP-
Funktion 1072
split(), Java-Regex-Methode 627
Spotlight (macOS) 454
Sprache (Umgangssprache), zur
Algorithmendarstellung 93
Sprint, Scrum 719
sprintf(), C-Funktion 493
Sprungbefehl
*bedingter* 128
*beim virtuellen Prozessor* 104
*der CPU* 128
*unbedingter* 128
Sprungvorhersage
(Prozessor) 124
Spyware 1209
SQL 753, 764, 1237
*Aggregatfunktion* 771
*Änderungsabfrage* 765, 774
*arithmetische Operatoren* 771
*AS-Klausel* 771
*Auswahlabfrage* 765, 769
*AUTO_INCREMENT,*
*Feldoption* 769
*BIGINT, Datentyp* 767
*BINARY, Feldoption* 769
*BLOB, Datentyp* 768
*CHAR, Datentyp* 768
*COMMIT, Anweisung* 775
*COUNT-Funktion* 772
*CREATE DATABASE,*
*Befehl* 765
*CREATE TABLE, Befehl* 765
*DATE, Datentyp* 767
*Datentypen* 767
*Datentypen in Java* 792
*Datentypen, Aufzählung* 768
*Datentypen, Binärobjekte* 768
*Datentypen, Datum und*
*Uhrzeit* 767
*Datentypen, Fließkomma* 767
*Datentypen, ganzzahlige* 767
*Datentypen, Text* 768
*DATETIME, Datentyp* 767
*DEFAULT, Feldoption* 769

## Index

SQL (Forts.)
DELETE-Abfrage 774
DOUBLE, Datentyp 767
DROP DATABASE, Befehl 766
DROP TABLE, Befehl 766
Einfügeabfrage 765, 773
ENUM, Datentyp 768
Felder mit Nullen füllen 769
Feldoptionen 769
Feldwert einmalig
machen 769
FLOAT, Datentyp 767
Funktionen 771
Index erstellen 769
Inner Join 772
Inner Join durch WHERE
ausdrücken 772
INNER JOIN-Klausel 772
INSERT-Abfrage 773
INT, Datentyp 767
Join 772
LIKE-Klausel 770
LONGBLOB, Datentyp 768
LONGTEXT, Datentyp 768
Löschabfrage 765, 774
MAX-Funktion 771
MEDIUMBLOB, Datentyp 768
MEDIUMINT, Datentyp 767
MEDIUMTEXT, Datentyp 768
MIN-Funktion 771
Mustervergleich 770
NULL, Feldoption 769
ORDER BY-Klausel 772
Primärschlüssel ein-
richten 769
PRIMARY KEY, Feldoption 769
REAL, Datentyp 767
ROLLBACK, Anweisung 775
SELECT-Abfrage 769
SET, Datentyp 768
SET-Befehl 774
SMALLINT, Datentyp 767
sortieren 772
Standardwert angeben 769
START TRANSACTION,
Anweisung 775
SUM-Funktion 771
TEXT, Datentyp 768
TIME, Datentyp 767
TIMESTAMP, Datentyp 767
TINYBLOB, Datentyp 768

SQL (Forts.)
TINYINT, Datentyp 767
TINYTEXT, Datentyp 768
Transaktion beginnen 775
UNSIGNED, Feldoption 769
UPDATE-Abfrage 774
VARCHAR, Datentyp 768
Vergleichsoperatoren 771
Volltextindex 769
WHERE-Klausel 770
YEAR, Datentyp 767
ZEROFILL, Feldoption 769
SQL Server, Microsoft 756
SQL-Injection 1215
SRAM 131
SSD 1237
SSD (Solid State Disk) 154
SSH 1224, 1237
SSH (Secure Shell) 263
OpenSSH 263
SSL 835, 1224
Staatlich geprüfter Techniker (FS)
Informatik 30
Stack
der CPU 122, 128
des virtuellen Prozessors 105
Java-Klasse 519
Stack Overflow 129, 1237
Stack Pointer → Stack-Zeiger
Stack, Datenstruktur 599
Python 599
Stack-Zeiger 122, 128
Stallman, Richard 295
Stammdaten 745
Stand-alone-Shell (sash) 377
Standard PHP Library (SPL) 1067
Standardausgabe (stdout) 386
Standardausgabe, Java 502
Standardbibliothek, Python 580
Standardeingabe (stdin) 386
Standardfehlerausgabe 637
Standardfehlerausgabe
(stderr) 386
Stapelverarbeitung 289
START TRANSACTION, SQL-
Anweisung 775
start(), Java-Regex-Methode 625
start(), Python-Regex-
Methode 617
Start-Bit 138
Startmenü (Windows) 333

Startvolume, macOS-
Einstellung 459
startx, X Window starten 430
State, Entwurfsmuster 731
Statement, JDBC-Klasse 791
static
Java-Methoden 502
Variableneigenschaft, C 476
Static RAM → SRAM
static, PHP-Schlüsselwort 1060
Statische Methode, PHP 1061
Statische Variable 476
Statisches Attribut, PHP 1060
stddef.h, C-Bibliothek 476
stderr 637
stderr, Standardfehler-
ausgabe 386
stdin, Standardeingabe 386
stdio.h, C-Bibliothek 492
stdio.h, C-Header-Datei 471
stdlib.h, C-Header-Datei 471
stdout, Standardausgabe 386
Stealth-Virus 1204
Stellenwertsystem 35, 74
Basis 74
Sterntopologie, Netzwerk 197
Steueranweisung, XML 885
Steuerbus 122
Wortbreite 124
Steuerwerk 117
der CPU 122
Stopp-Bit 138
str_replace(), PHP-
Funktion 1072
str(), Python-Funktion 559
Strategy, Entwurfsmuster 731
strcat(), C-Funktion 494
strcmp(), C-Funktion 494
strcpy(), C-Funktion 494
Stream-Socket 639
strftime(), C-Funktion 495
strftime(), Python-Methode 584
String 471, 1237
aufteilen, Java 504
aus Datei lesen, C 494
Darstellung in C 491
Darstellung, C 471
Eingabe, C 493
einlesen, C 472
einzelne Zeichen lesen,
Java 504

1303

**Index**

String (Forts.)
*Funktionen in C*  494
*in GUI schreiben*  653
*in JavaScript*  1139
*Java*  502
*kopieren, C*  494
*Länge ermitteln, Java*  504
*null-terminierter*  491
*Operationen in Java*  504
*Position ermitteln, Java*  504
*vergleichen, C*  494
*vergleichen, JavaScript*  1131
*verketten, C*  494
*verketten, Java*  503, 504
*verketten, JavaScript*  1129
*verketten, Python*  522
*zerlegen, PHP*  1045
String, Java-Datentyp  502
String, Swift-Datentyp  679
string.h, C-Bibliothek  494
String-Escaping, Python  526
String-Formatierung,
Python  555
String-Literal  477
Strings, Python  525
*als Zeichenlisten*  544
strip_tags(), PHP-Funktion  1056
strip(), Python-String-
Methode  554
Stripe Set (RAID)  153
Stripe Set mit Parity (RAID)  153
Stroustrup, Bjarne  51
strtok(), PHP-Funktion  1107
strtolower(), PHP-Funktion  1107
struct, C  491
Structural Pattern → Struktur-
muster
Structured Query Language
→ SQL
Struktur in C  491
Strukturierte Analyse  710
Strukturierung
*Programme*  487
*von Programmen*  49
Strukturmuster  727
Studiengänge
*Informatik*  32
Style Sheets → CSS
su, Unix-Befehl  381
sub(), Python-Regex-
Methode  622

Subnet Mask  1237
Subnet Mask, IP-Adresse  230
Subnetting  1237
Subnetting, IP-Netze teilen  231
SubSeven, Backdoor  1208
substring(), Java-Methode  504
Subtraktion, Operator  478
Subversion,
Versionskontrollsystem  739
Suchalgorithmus  597
*binäre Suche*  598
*lineare Suche*  597
Suche
*binäre*  598, 1230
*lineare*  95, 1234
*nach Permutationen*  96
Suchmaschine
*Anmeldung bei*  1008
*HTML aufbereiten für*  1006
*robots.txt-Datei*  1008
SUM, SQL-Funktion  771
Sun Microsystems
*Java*  497
*Solaris, Betriebssystem*  291
Sun SPARC, Prozessor  127
super, Java  509
super(), Python-Funktion  567
Supernetting  1237
Supernetting, IP-Netze
zusammenfassen  231
Superuser  305, 373
SVG  1237
SVG (Scalable Vector
Graphics)  882
Swap-Partition  309
Swapping (Speicher)  123
Swift  676
*append(), Methode*  679
*Array, Datentyp*  679
*Attribute*  681
*Bool, Datentyp*  679
*Character, Datentyp*  679
*class, Schlüsselwort*  681
*Datentypen*  678
*Dictionary, Datentyp*  679
*Double, Datentyp*  678
*Float, Datentyp*  678
*for, Schlüsselwort*  680
*func, Schlüsselwort*  681
*if, Schlüsselwort*  680
*Int, Datentyp*  678

Swift (Forts.)
*iOS-Apps*  683
*Iterator*  680
*Klasse*  681
*Konstante*  678
*Konstruktor*  682
*Kontrollstruktur*  680
*let, Schlüsselwort*  678
*Methode*  681
*Operator*  679
*print(), Funktion*  680
*String, Datentyp*  679
*switch, Schlüsselwort*  680
*UInt, Datentyp*  678
*UITableViewController,
Klasse*  689
*var, Schlüsselwort*  677
*Variable*  677
*Vererbung*  682
*View Controller*  686
*while, Schlüsselwort*  680
*XMLParser, Klasse*  689
Swift, init(), Konstruktor  682
Swift, Programmiersprache  450
Swing, Java  648
*Ereignisbehandlung*  648
*Tabellen*  648
Switch  210
switch, Swift-Schlüsselwort  680
switch/case-Fallunterschei-
dung  484
*default-Wert*  485
Symbolic Link  313
Symbolische Konstante
497, 1237
Symmetrische Verschlüsse-
lung  1223
Syntax, Python  522
Syntaxfehler  472
sys, Python-Modul  580
sys/types.h, C-Bibliothek  629
Syslog  403, 1237
Syslog, Unix  402
System V  1237
System V Init  404
System V IPC  306
System V, Unix  290
System, autonomes  1230
System.err, Java  637
System.out, Java  502
Systemanalyse  710

Systemaufruf 130, 298,
301, 1237
*CreateProcess()* 306
*fork()* 304
*kill()* 305
*pause()* 305
*programmieren* 628
*Unix* 301
*Win32 API* 302
Systembefehl
*Unix* 389
*Unix-Dateimanipulation* 389
*Unix-Systemverwaltung* 397
*Unix-Textmanipulation* 393
Systemkonfiguration
*macOS* 459
*Windows* 352
Systemprogramm 300
*Linux* 294
*Optionen* 378
*Parameter* 378
*Unix* 389
*Unix-Dateimanipulation* 389
*Unix-Systemverwaltung* 397
*Unix-Textmanipulation* 393
Systemsteuerung, Windows 352
Systemvariable 1237
*PATH (Unix)* 379
*setzen (Unix)* 379
Systray
*Windows* 334

## T

Tabelle
*erzeugen, SQL* 765
*HTML* 990
*löschen, SQL* 766
Tabelle (iptables) 1219
Tablet-PC 45
Tag
*HTML* 969
*Name, XML* 887
*verschachteltes, XML* 886
*XML* 883, 885
tag, Python-XML-Attribut 928
Tagged Virtual LAN 211
tail, Unix-Befehl 394
Taktfrequenz
*der CPU* 125
*des Mainboards* 125

Taktfrequenz (Forts.)
*Multiplikator* 125
*praktische Bedeutung* 126
Tanenbaum, Andrew 297
tar, Unix-Befehl 407, 959
TAR-Datei 407
Task Scheduler 298, 1237
Taskleiste, Windows 333
*Systray* 334
Tastatur 161
*Zeichensatzeinstellung* 945
Tastenkürzel, Windows-
Eingabeaufforderung 337
TCP 253, 1237
*Drei-Wege-Handshake* 254
*Funktionsweise* 253
*im Vergleich zu UDP* 252
*Paket-Header* 253
*Port* 255
*Urgent Data* 255
*Verbindungsaufbau* 254
TCP/IP 224, 1237
*Adressierung* 226
*Anwendungsprotokolle* 262
*ARP, Netzzugang* 225
*DHCP* 250
*Dienstprogramme* 358
*DNS* 258
*Domain Name System* 258
*FTP, Anwendungsproto-
koll* 264
*HTTP, Anwendungsproto-
koll* 275
*ICMP-Protokoll* 252
*IMAP, Anwendungsproto-
koll* 272
*Loopback-Interface* 229
*Nameserver* 258
*Netzzugang* 225
*NNTP, Anwendungsproto-
koll* 273
*POP3, Anwendungsproto-
koll* 271
*Routing* 242
*Routing-Protokoll* 246
*SMTP, Anwendungsproto-
koll* 267
*Telnet, Anwendungsproto-
koll* 263
*Transportprotokoll* 252

TCP/IP-Dienstprogramm 358
*netstat* 360
*nslookup* 361
*ping* 358
*tracert* 359
TCP/IP-Schichtenmodell 189
TCP-Client-Socket 641
TCP-Header 253
TCP-Port 255
*für Sockets* 640
*Well-known Port* 255
TCP-Server-Socket 642
tcsh (erweiterte C-Shell) 377
TDD → Test-driven Development
Technische Informatik 26
Teilerfremd 590
Teilmenge 69
*echte* 69
Teilnetzmaske, IP-Adresse 230
Telefongespräch als
Schichtenmodell 192
Telefonleitung, Pulswahl 218
Telefonverbindung 180
telephoneNumber, LDAP-
Attribut 866
Telnet 263, 1237
Template Method,
Entwurfsmuster 731
Terabyte 81
Term 60
TERM, Signal 305, 402
Terminal 39, 289, 1237
*unter grafischer Ober-
fläche* 375
*virtuelles* 375
Terminator 1237
*SCSI* 144
Terminator (Unix-Terminal-
Fenster) 375
Ternärer Operator 480
Test, Software-Engineering 714
*Code-Review* 714
*Frontend-Test* 714
*Integrationstest* 714
*Lasttest* 715
*Selenium* 714
*Unit-Test* 714, 734
Test-driven Development
737, 1238
Test-first-Verfahren 718, 737

Testgetriebene Entwicklung
→ Test-driven Development
Tethering 223
TeX, Textsatzsystem 947
Text
*ausgeben (Unix)* 393
*Datei anzeigen, Windows-
Konsole* 340
*Dateien vergleichen, Unix* 397
*Dateiinhalt anzeigen
(Unix)* 394
*Editoren, Unix* 415
*Emacs, Editor* 423
*Manipulationsbefehle,
Unix* 393
*vi, Editor* 415
*Wörter zählen, Unix* 397
text, Python-XML-Attribut 928
TEXT, SQL-Datentyp 768
text(), jQuery-Funktion 1187
text-align, CSS-Angabe 1014
TextArea, AWT-Klasse 658
Textdatei
*anzeigen, Windows-
Konsole* 340
*Inhalt anzeigen (Unix)* 394
Textdateiformat, Vorteile 881
text-decoration, CSS-An-
gabe 1014
Texteditor
*Emacs* 423
*für XML verwenden* 882
*unter Unix* 415
*vi* 415
*vim* 415
TextField, AWT-Klasse 658
text-indent, CSS-Angabe 1014
TextView, Android-Klasse 699
TFT 1238
TFT-Monitor 166
Theoretische Informatik 26
Thermosublimations-
drucker 169
Thermotransferdrucker 169
Thicknet Coaxial, Ethernet 208
Thinnet Coaxial, Ethernet 208
this, Java 506
Thompson, Ken 290
Thread 297, 307, 1238
*in Programmiersprachen* 634
*Java* 510, 634

Thread (Forts.)
*run()* 634
*Runnable-Interface* 634
Thread, Java-Klasse 634
throws-Klausel, Java 519
Thunderbolt 145
Ticket-System 740
TIFF, Bilddateiformat 953
time_t, C-Datentyp 494
time, Python-Modul 583
TIME, SQL-Datentyp 767
time.t, C-Bibliothek 494
time(), C-Funktion 494
timedelta, Python-Klasse 585
Timesharing 289, 1238
TIMESTAMP, SQL-Datentyp 767
Tintenstrahldrucker 168
*Bubble-Technik* 168
*Piezo-Technik* 168
TINYBLOB, SQL-Datentyp 768
TINYINT, SQL-Datentyp 767
TINYTEXT, SQL-Datentyp 768
Titel, HTML-Dokument 970
TLS → SSL
today(), Python-Methode 584
toggleClass(), jQuery-Funk-
tion 1187
Token-Passing 1238
Token-Ring-Netzwerk 1238
Tomlinson, Ray 183
Tonkanal, Audio 55
Tonwahlverfahren 218
top, CSS-Angabe 1017
top, Unix-Befehl 402
Top-Level-Domain 1238
*generic* 259
*Länder* 259
Topologie (Netzwerk) 197
Torvalds, Linus 291, 294, 739
tracert, TCP/IP-Dienst-
programm 359
Track-at-once 157, 1238
Transaktion (Datenbank) 774
*Commit* 775
*in MySQL* 775
*Rollback* 775
Transaktion (RDBMS) 756
*in MySQL* 756
Transistor 37, 38, 86
*TFT* 166
Transistorrechner 37

Transport, OSI-Schicht 188
Treiber → Gerätetreiber
Triode 38
tripwire 1217
Trojaner → Trojanisches Pferd
Trojanisches Pferd 1208
Trolltech 433
Trommelscanner 163
*Foto-Multiplier* 163
true, Java 503
True, Python-Literal 526
TrueType 1238
try, Java 502
try, Python-Schlüsselwort 568
try/catch-Block, Java 502
TTL 1238
TTL, IP-Datagramm 246
Tupel, Python-Datentyp 538
tuple(), Python-Funktion 538
Turing, Alan 96, 1238
Turing-Maschine 98, 1238
*Band* 98
*Beispiele* 98, 100
*einfaches Beispiel* 98
*komplexeres Beispiel* 100
*Schreib-/Lesekopf* 98
*Zeichenvorrat* 98
*Zustände* 98
Turing-Test 97, 1238
Turing-Vollständigkeit
100, 1238
Turnschuhnetzwerk 185
Twisted-Pair-Kabel 209
*Kategorien* 209
Twitter Bootstrap, CSS-
Framework 1023
Type Hint (PHP) 1061
type, Windows-Befehl 340
type(), Python-Funktion 524
Typecasting, C 477
TypeError, Python-Klasse 569
Typenraddrucker 167

# U

Überladung 506
Übertakten 125
Übertrag (Logikschaltung) 88
Ubuntu Linux 370
UDDI 1238
UDF 158, 160

1306

UDP  256, 1238
  *Anwendungsbeispiel*  256
  *im Vergleich zu TCP*  252
  *Paket-Header*  256
  *Port*  257
UDP-Header  256
UDP-Port  257
Uhrzeit, Python  583
UID (User-ID)
  *Unix*  374
  *von Prozessen*  305
uid, LDAP-Attribut  866
uidNumber, LDAP-Attribut  866
UInt, Swift-Datentyp  678
UITableViewController, Swift-
  Klasse  689
Umbenennen
  *Datei, macOS*  457
  *Datei, Unix*  390
Umfangsmanagement  707
Umgebung, Unix  377
Umgebungsvariable  377
  *CLASSPATH*  499
  *PATH (Unix)*  379
  *setzen (Unix)*  379
  *setzen unter Windows*  339
Umkehrschluss  62
UML  93, 720, 1238
  *Akteur*  722
  *Aktivitätsdiagramm*  726
  *Anwendungsfalldia-*
    *gramm*  722
  *ArgoUML, Tool*  721
  *Diagrammtyp*  720
  *Klassendiagramm*  723
  *Modelio, Tool*  721
  *praktischer Einsatz*  721
  *Sequenzdiagramm*  725
  *Version 2.0*  720
umount, Unix-Befehl  398
Umrechnung
  *dezimal nach dual*  77
  *dezimal nach hexadezimal*  78
  *dual nach dezimal*  77
  *dual nach hexadezimal*  79
  *dual nach oktal*  78
  *hexadezimal nach dezimal*  78
  *hexadezimal nach dual*  79
  *oktal nach dual*  78
  *Zahlensysteme*  77
UMTS  222

unalias, Unix-Befehl  413
Unärer Operator  480
Unbedingter Sprung  128
Undefiniertheitsstelle
  (Funktion)  94
Und-Schaltung → AND-Schaltung
Und-Verknüpfung → AND-Ver-
  knüpfung
Ungleichheit  67
Ungleichheit, Operator  479
Ungleichung  60
  *Lösung*  61
Unicode  943, 1238
  *BMP-Teilmenge*  943
  *Tabelle wichtiger*
    *Teilzeichensätze*  943
  *Unterstützung durch*
    *Software*  944
  *UTF-8-Codierung*  943
Unicode, Zeichensatz  56
Unified Modeling Language
  → UML
Unified Process  716
  *Aktivitäten*  716
  *Anwendungsfall*  716
  *Artefakt*  717
  *Phasen*  717
  *Rollen*  716
  *Vorgehen*  717
UNIQUE, SQL-Schlüsselwort  769
unistd.h, C-Header-Datei  631
Unit-Tests  714, 734
  *grüner Balken*  736
  *JUnit-Framework*  734
  *Mock-Objekt*  1093
  *Motivation*  734
  *PHP*  1090
  *roter Balken*  736
Universal Disk Format → UDF
University of California,
  Berkeley  290, 415, 638
Unix  49, 290
  *.bashrc, Konfigurations-*
    *datei*  377
  */etc/passwd-Datei*  373
  */etc/profile,*
    *Konfigurationsdatei*  377
  */etc/shadow, Datei*  375
  *$0, Systemvariable*  376
  *alias-Befehl*  412
  *als Server einrichten*  437

Unix (Forts.)
  *Arbeitsverzeichnis an-*
    *zeigen*  392
  *auf NFS-Freigabe zu-*
    *greifen*  438
  *auf Windows-Server zu-*
    *greifen*  441
  *bash*  377
  *Befehle regelmäßig aus-*
    *führen*  413
  *Benutzerrechte*  313
  *Berkeley System Distribution*
    *(BSD)*  290
  *Bourne Shell*  376
  *BSD*  290
  *BSD-Startskript*  406
  *bunzip2-Befehl*  961
  *bzip2-Befehl*  961
  *bzip2-Komprimierung*  407
  *cat-Befehl*  394
  *cd-Befehl*  392
  *chgrp-Befehl*  393
  *Child-Prozess*  305
  *chmod-Befehl*  392
  *chown-Befehl*  393
  *cp-Befehl*  390
  *Cronjob*  413
  *C-Shell*  377
  *CUPS, Drucksystem*  439
  *Daemon*  401
  *Darwin*  291
  *date-Befehl*  399
  *Datei kopieren*  390
  *Datei löschen*  391
  *Datei umbenennen*  390
  *Datei verschieben*  390
  *Dateibefehle*  389
  *Dateibesitzer wechseln*  393
  *Dateiendung*  390
  *Dateigruppe wechseln*  393
  *Dateiname*  313, 389
  *Dateinamen-Platzhalter*  389
  *Dateisysteme*  311
  *Datum und Uhrzeit*
    *ändern*  399
  *Datum und Uhrzeit*
    *formatieren*  399
  *diff-Befehl*  397
  *du-Befehl*  398
  *echo-Befehl*  393
  *Emacs, Texteditor*  423

Unix (Forts.)
*Escape-Sequenz* 396
*exit-Befehl* 381
*fg-Befehl* 378
*finger, Dienstprogramm* 374
*fork(), Systemaufruf* 304
*fsck-Befehl* 398
*Gerätedatei* 311, 312
*GNOME* 303, 431, 433
*grafische Benutzerober-
   fläche* 429
*grep-Befehl* 395
*groupadd-Befehl* 400
*Group-ID* 305, 374
*gunzip-Befehl* 961
*gzip-Befehl* 960
*gzip-Komprimierung* 407
*Hard Link* 313
*head-Befehl* 394
*HIER-Dokument* 387
*Home-Verzeichnis* 312
*HP UX* 291
*IBM AIX* 291
*ifconfig-Befehl* 435
*init-Prozess* 304
*inode* 313
*Installation von Software* 407
*IP-Adresse zuweisen* 436
*KDE* 303, 431, 432
*kill(), Systemaufruf* 305
*kill-Befehl* 402
*Korn Shell* 377
*less-Befehl* 395
*Link (Dateisystem)* 313
*Linux* 291, 294
*logger-Befehl* 404
*Login* 371
*ls-Befehl* 391
*macOS* 291, 451
*mail-Befehl* 414
*make-Befehl* 407
*man-Befehl* 302
*Minix* 294
*mkdir-Befehl* 392
*mkfs-Befehl* 398
*Modularität* 290
*more-Befehl* 395
*mount-Befehl* 397
*mv-Befehl* 390
*MySQL-Installation* 760
*Netzwerkkonfiguration* 435

Unix (Forts.)
*Neustart* 402
*NFS* 438
*Pager* 395
*Parent-Prozess* 305
*passwd-Befehl* 401
*Passwort ändern* 401
*patch-Befehl* 397
*PATH, Umgebungsvari-
   able* 379
*pause(), Systemaufruf* 305
*Pfadangabe* 312
*Pipe* 387
*POSIX-Standard* 291
*Programm automatisch
   starten* 404
*Prozessmodell* 304
*Prozessverwaltung* 401
*ps-Befehl* 306, 401
*pstree-Befehl* 402
*pwd-Befehl* 392
*regulären Ausdruck
   suchen* 395
*rm-Befehl* 391
*rmdir-Befehl* 392
*root, Benutzer* 305, 373
*route-Befehl* 436
*Runlevel* 405
*Samba-Server* 440
*Shell* 303, 371
*Shell-Ausgabeumleitung* 386
*Shell-Eingabeumleitung* 386
*Shell-Eingabevervollständi-
   gung* 380
*Shell-History* 380
*Shell-Skript* 408
*shutdown-Befehl* 402
*Software installieren* 407
*Stand-alone-Shell* 377
*Standardrouter ein-
   richten* 436
*startx-Befehl* 430
*su-Befehl* 381
*Sun Solaris* 291
*Swap-Partition* 309
*Symbolic Link* 313
*Syslog* 402, 403
*System herunterfahren* 402
*System V* 290
*System V Init* 404
*Systemaufruf* 301

Unix (Forts.)
*Systemprogramme* 389
*tail-Befehl* 394
*tar-Befehl* 407, 959
*TAR-Datei* 407
*Textbefehl* 393
*Textdatei anzeigen* 394
*Textdateien vergleichen* 397
*Texteditor* 415
*top-Befehl* 402
*Umgebung* 377
*Umgebungsvariable
   setzen* 379
*umount-Befehl* 398
*unalias-Befehl* 413
*unzip-Befehl* 961
*useradd-Befehl* 400
*userdel-Befehl* 400
*User-ID* 305, 374
*Verwaltungsbefehl* 397
*Verzeichnis anlegen* 392
*Verzeichnis löschen* 392
*Verzeichnis wechseln* 392
*Verzeichnisbaum* 311
*Verzeichnisbefehl* 389
*Verzeichnisinhalt an-
   zeigen* 391
*vi, Editor* 415
*virtuelles Terminal* 375
*wc-Befehl* 397
*Window-Manager* 303
*Wörter zählen* 397
*X Window* 303, 429
*zip-Befehl* 961
*Zugriffsrechte* 313
Unix-Benutzerkonto
   *in LDAP abbilden* 865
unset(), PHP-Funktion 1055
unsigned, C-Datentyp 475
UNSIGNED, SQL-Feldoption 769
Unterprogramm
   *Aufruf durch CPU* 128
Unveränderliche Mengen,
   Python 542
Unveränderliche Objekte,
   Python 528
unzip, Unix-Befehl 961
UPDATE, SQL-Abfrage 774
update(), AWT-Methode 657
Urgent Data (TCP) 255
URL 275, 1238
   *Query-String* 803

USB 144, 1238
USB-C 145
USB-Stick 154
Use Case → Anwendungsfall
Usenet 273, 1239
User Level Security, Samba 441
User Level Security, Windows-Freigabeart 362
useradd, Unix-Befehl 400
userdel, Unix-Befehl 400
User-ID (Unix) 374
User-ID von Prozessen 305
userPasssword, LDAP-Attribut 866
Users, OS-X-Verzeichnis 312
usort(), PHP-Funktion 1046
usr, Unix-Verzeichnis 312
UTF-8 1239
UTF-8, Unicode-Codierung 943

# V

V.24-Schnittstelle 145
Vagrant 845
valid(), PHP-Methode 1068
van Rossum, Guido 520
var_dump(), PHP-Funktion 1040
var, Swift-Schlüsselwort 677
var, Unix-Verzeichnis 312
VARCHAR, SQL-Datentyp 768
Variable
  *automatische (lokale)* 476
  *Datentypen, C* 475
  *Deklaration, C* 471, 473, 475
  *Deklaration, Java* 503
  *globale* 476
  *Gültigkeitsbereich, C* 476
  *in C* 475
  *in der PowerShell* 344
  *in Programmiersprachen* 68
  *in Shell-Skripten* 410
  *lokale* 476
  *mathematische* 61
  *PHP* 1039
  *Python* 527
  *Schleifenzähler* 486
  *statische* 476
  *Substitution, Shell-Skript* 411
  *Swift* 677
  *Typecasting* 477
Variablensubstitution
  *in Shell-Skripten* 411

VAX, Minicomputer-Serie von DEC 39
Vektorgrafik 54
Vektorrechnung 92
Veränderliche Objekte, Python 528
Vereinigungsmenge 72
Vererbung 51, 507, 1239
  *Interface, Java* 509
  *PHP* 1062
Vererbung, Python 566
Vererbung, Swift 682
Vergleichsoperation 66
  *beim virtuellen Prozessor* 104
  *Umkehrung* 67
Vergleichsoperator 479
Vergleichsoperatoren, Python 531
Vergleichsoperatoren, SQL 771
Verhaltensmuster 727
Verknüpfung, logische 61
Verschieben
  *Datei, macOS* 457
  *Datei, Unix* 390
  *Datei, unter Windows* 334
Verschlüsselung 1222
  *asymmetrische* 1223
  *Einweg-* 1223
  *symmetrische* 1223
Versionskontrolle 739
  *Arbeitskopie* 739
  *Checkout* 739
  *git* 739
  *Merging* 739
  *Repository* 739
  *Subversion* 739
Verteilte Anwendung 203
  *Backend* 203
  *Frontend* 203
vertical-align, CSS 1015
Verzeichnis
  *anlegen, Unix* 392
  *anlegen, Windows* 339
  *Arbeitsverzeichnis anzeigen, Unix* 392
  *Inhalt anzeigen, Unix* 391
  *lesen, Python* 581
  *löschen, Unix* 392
  *löschen, Windows* 340
  *wechseln, Unix* 392
  *wechseln, Windows* 339

Verzeichnisdienst 1239
  *Active Directory* 363
  *LDAP* 864
vi, Texteditor 415
  *Befehlsmodus* 415
  *Dateibefehl* 417
  *Editiermodus* 415
  *Navigation* 416
  *Suchfunktionen* 416
  *Text kopieren* 417
  *Text löschen* 417
Videodateiformat 957
  *AVI* 958
  *MPEG* 958
  *QuickTime* 957
Video-DVD
  *auf dem PC abspielen* 159
  *Region-Code* 159
View Controller, Swift 686
Vim, Texteditor 415
Virtual LAN 210
  *portbasiert* 210
  *tagged* 211
Virtual PC 845
Virtual Private Network → VPN
VirtualBox 845
  *Guest Additions* 848
  *herunterfahren* 848
  *Snapshot* 848
  *Überblick* 845
  *virtuelle Maschine einrichten* 845
VirtualHost, Apache-Direktive 831
Virtualisierung 843
  *als Sicherheitsmaßnahme* 1218
  *Docker* 844, 848
  *Microsoft Hyper-V* 845
  *Microsoft Virtual PC* 845
  *Parallels Desktop* 845
  *Software-Container* 844
  *Vagrant* 845
  *VirtualBox* 845
  *VMware* 844
  *Xen* 845
Virtuelle Maschine einrichten (VirtualBox) 845
Virtuelle Maschine, Java 498
Virtueller Host (Apache) 828, 832, 833

1309

Virtueller Prozessor 100
*Arbeitsspeicher* 101
*Aufbau* 101
*Befehle* 103
*Beispielprogramme* 106
*Flag* 104
*Rechenbefehl* 103
*Register* 101
*Sprungbefehl* 104
*Stack* 105
*Vergleichsoperation* 104
Virtueller Speicher 123, 308
Virus 47, 1202
*Antivirenprogramm* 1205
*Aufbau* 1203
*Bootsektor* 1203
*Dateivirus* 1203
*Makrovirus* 1203
*polymorpher* 1204
*Schutzmaßnahmen* 1205
*Stealth-* 1204
Visitor, Entwurfsmuster 731
Vista → Windows Vista
VLAN 210
VLAN → Virtual LAN
Vlissides, John 727
VLSM 1239
VLSM, variables IP-Teilnetz 235
VMS, Betriebssystem 293
VMware 844
void, Datentyp, Zeiger auf 601
void, Funktionsdatentyp, C 487
Volladdierer (Schaltung) 88
Volltextdatenbank 747
von Neumann, John 37, 117
Von-Neumann-Rechner 100,
117, 1239
VPN 1224

## W

W3C, DOM 925
Wahre Aussage 60
Wahrheitswertetabelle 63
*NAND-Verknüpfung* 86
*XOR-Verknüpfung* 66
walk(), Python-Funktion 582
WAMP-System 1038
WAN 196, 1239
*technische Lösungen* 196
Warnock, John 42

Wasserfallmodell 705
WAV, Audiodateiformat 956
Wavetable-Synthese (MIDI) 170
wc, Unix-Befehl 397
wchar_t, C-Datentyp 476
Wearable Computer 45
Web 2.0 1125
Web Fonts (CSS3) 1024
Webanwendung
*Ajax* 1168
*Grundprinzip* 1037
*Sicherheitsprobleme* 1215
Webbrowser
*KDE Konqueror* 432
Web-safe Colors 1013
Webseiten, CSS-Layout für 1020
Webserver 202
*Programmierung* 1037
Webserver (Apache) 814
Webservice 1239
Websichere Farben 1013
Website, robots.txt-Datei 1008
Wechseldatenträger 154
*CD-ROM* 155
*Diskettenlaufwerk* 154
*DVD* 159
*Jaz-Laufwerk* 155
*LS-120* 155
*ZIP-Laufwerk* 155
weekday(), Python-Methode 584
Weizenbaum, Joseph 97
Well-known Ports 255
*Tabelle einiger wichtiger* 257
WEP (Wired Equivalent
Privacy) 215
Wertdiskret 55
Wertetabelle, NOR-Verknüp-
fung 86
Wertrückgabe, Python 559, 563
Wertzuweisung
*C* 474
*Operator* 479
Wertzuweisung, Python 531
What You See Is What You Get
→ WYSIWYG
WHERE-Klausel, SQL 770
while, Python-Anweisung 548
while, Swift-Schlüsselwort 680
while()-Schleife 485
while-Befehl in Shell-
Skripten 410

White Book (Video-CD)
156, 1239
Whitespace
*in C-Programmen* 474
*in RegExp* 614
Wide Area Network 196
Widerspruch, logischer 94
Widget 647
WiFi Protected Access 216
WiFi → Wireless LAN
Wildcard
*in Unix-Dateinamen* 389
*Windows-Dateiname* 338
Win32 1239
*Umgang mit 16-Bit-*
*Anwendungen* 327
Win32 API 302, 1239
WindowListener, AWT-
Klasse 661
Window-Manager 431
*CDE* 431
*fvwm2* 431
Windows 293, 323
*16-Bit-Versionen* 323
*2000* 294, 324
*2000 Server* 324
*95* 293, 323
*98* 294, 323
*Active Directory* 363
*Active Directory Federation*
*Services* 363
*als Server einrichten* 361
*Anzeige-Konfiguration* 352
*Apache-Installation* 821
*attrib-Befehl* 340
*auf Netzwerkrechner*
*zugreifen* 362
*Ausgabeumleitung* 338
*Barrierefreiheit* 353
*Batch-Datei* 340
*Benutzerverwaltung* 353
*cd-Befehl* 339
*copy-Befehl* 340
*CreateProcess(), Systemauf-*
*ruf* 306
*CygWin* 469
*Datei kopieren* 334
*Datei löschen, Konsole* 340
*Datei umbenennen* 340
*Datei verschieben* 334, 340
*Dateiattribut* 316

**Windows (Forts.)**
*Dateiattribute ändern* 340
*Dateiname* 316
*Dateinamen-Platzhalter* 338
*Dateisysteme* 314, 328
*del-Befehl* 340
*dir-Befehl* 339
*Drucker freigeben* 362
*durch Unix-Server*
  *bedienen* 440
*Eingabeaufforderung* 339
*Eingabeumleitung* 338
*Entwicklung* 323
*Explorer* 334
*Fenster* 331
*Freigabeart* 362
*Gruppenrichtlinienobjekt* 354
*Hardwarekonfiguration* 353
*help-Befehl* 302
*Home-Verzeichnis* 315
*Konsole* 337
*Konsole starten* 339
*Konsolenbefehl* 339
*MDI-Anwendung* 332
*Me* 294, 323
*Microsoft Management Con-*
  *sole (MMC)* 354
*mkdir-Befehl* 339
*MMC (Microsoft Management*
  *Console)* 354
*move-Befehl* 340
*MySQL-Installation* 762
*Netzwerkdrucker nutzen* 362
*Netzwerkkonfiguration* 356
*Netzwerktreiber* 356
*NT* 293, 324
*NT Server* 324
*NT-Familie* 324
*Oberfläche* 330
*Ordner freigeben* 362
*Ordneransicht* 335
*path, Umgebungsvariable* 338
*Pfadangabe* 315
*Pipe* 338
*Prompt* 339
*Prozessmodell* 306
*regedit, Dienstprogramm* 355
*Registry* 355
*rename-Befehl* 340
*rmdir-Befehl* 340
*SDI-Anwendung* 332

**Windows (Forts.)**
*Server 2003* 324
*Server 2008* 324
*Server 2012* 324, 363
*Server 2016* 324
*Serverpakete* 364
*Serversystem* 363
*Serverversionen* 324
*Share Level Security* 362
*Startmenü* 333
*Systemkonfiguration* 352
*Systemsteuerung* 352
*Systray* 334
*Taskleiste* 333
*Textdatei anzeigen,*
  *Konsole* 340
*type-Befehl* 340
*Umgebungsvariable*
  *setzen* 339
*User Level Security* 362
*Versionsübersicht* 324
*Verzeichnis anlegen* 339
*Verzeichnis löschen* 340
*Verzeichnis wechseln* 339
*Verzeichnisinhalt,*
  *Konsole* 339
*Vista* 294
*Win32 API* 302
*XP* 293
Windows Firewall 358
Windows Me 294, 323
Windows NT 293, 324
*Server* 324
*Shell* 337
Windows Phone 45
Windows PowerShell → Power-
  Shell
Windows Server 2003 324
Windows Server 2008 324
Windows Server 2012 324, 363
Windows Server 2016 324, 363
*als DHCP-Server* 363
*als DNS-Server* 363
*als Webserver* 363
*Serverrollen* 363
*Varianten* 364
Windows Vista 294, 324
Windows XP 293, 324
*Oberfläche* 330
*Shell* 337

Windows 10 294, 324
*Editionen* 327
*Startmenü* 327
Windows 10 Education 328
Windows 10 Enterprise 327
Windows 10 Enterprise LTSB 327
Windows 10 Home 327
Windows 10 IoT Core 328
Windows 10 Mobile 328
Windows 10 Mobile Enter-
  prise 328
Windows 10 Pro 327
Windows 2000 294, 324
*Server* 324
*Shell* 337
Windows 2000 Server 363
Windows 7 294, 324
Windows 8 294, 324, 327
*Metro* 327
Windows 8.1 294, 327
Windows 95 293, 323
*Oberfläche* 330
Windows 98 294, 323
*Oberfläche* 330
Windows-Eingabeauffor-
  derung 337
*Eingabevervollstän-*
  *digung* 337
*History* 337
*QuickEdit-Modus* 338
*Tastenkürzel* 337
Windows-N-Editionen 328
WinGate, Backdoor 1208
Winkelgeschwindigkeit,
  konstante 154
WinTel-PC 42
Wired Equivalent Privacy 215
Wireless LAN 211, 212
*Access Point* 214
*Basic Service Set (BSS)* 214
*CSMA/CA-Verfahren* 214
*Extended Service Set (ESS)* 215
*Frequency Hopping* 213
*Frequenzbereiche* 213
*Hardware* 214
*Sicherheit* 215
*Übertragungstechnik* 213
*WiFi Protected Access*
  *(WPA)* 216
*Wired Equivalent Privacy* 215
Wirth, Niklaus 49

1311

Wirtschaftsinformatik 33
WLAN (macOS) 454
WLAN → Wireless LAN
Wohlgeformtheit 1239
Wohlgeformtheit, XML-
  Dokument 891
Word, 16 Bit 80
Working Copy (Versionskon-
  trolle) 739
World Wide Web 274
  *Geschichte* 184
  *HTTP-Protokoll* 275
  *Komponenten* 184
  *URL* 275
Worst Case (Komplexität) 95
Wortbreite 40, 80, 1239
  *der CPU* 124
  *verschiedener CPUs* 125
Wörter zählen (Textdateien,
  Unix) 397
Wozniak, Steve 42, 291
WPA 216
write(), C-Funktion 631
write(), Python-Datei-
  Methode 554
Write-Host, PowerShell-
  Cmdlet 345
WSDL 1239
Wurm 1204
  *Schutzmaßnahmen* 1205
WYSIWYG 41, 1239

# X

X Window 303, 429, 1239
  *Konfiguration* 430
  *SaX, openSUSE-X-Konfigura-
    tionsprogramm* 430
  *starten* 430
  *Xconfigurator, Fedora-
    Konfigurationspro-
    gramm* 430
X11R7 430
x86-Assembler, Beispiele 129
Xalan, XSLT-Prozessor 910
Xcode 675
  *iOS-Apps* 683
  *Playground* 676
  *Projekt erstellen* 683
Xconfigurator (X-Server-Konfigu-
  rationsprogramm) 430

Xen 845
Xerces, XML-Parser 916
XEROX PARC 292
Xerox PARC 41
XFree86 430
XHTML 968, 1239
  *Besonderheiten* 971
XML 881, 1239
  *Ajax-Datenaustausch durch*
    1175, 1176, 1178
  *Android-Layout* 696
  *Attribut* 883, 887
  *Attribut, falsche Ver-
    wendung* 888
  *Attribut, Verwendung* 888
  *Attributdeklaration (DTD)* 900
  *Beispieldokument* 884, 917
  *CDATA-Block* 889, 890
  *CSS verwenden* 909
  *Dateiendung* 883
  *Datenbank* 747
  *DocBook* 882
  *DOCTYPE-Angabe* 894
  *Dokument parsen, SAX* 918
  *Dokumenteingabe* 882
  *Dokumentfragment* 892
  *Dokumentstruktur* 883
  *DTD* 894
  *DTD definieren* 895
  *DTD, Attribut deklarieren* 900
  *DTD, Element deklarieren* 896
  *DTD, Entity deklarieren* 904
  *Editor* 882
  *Element* 883
  *Element (Tag)* 885
  *Elementdeklaration
    (DTD)* 896
  *Entity deklarieren (DTD)* 904
  *Entity-Referenz* 889, 904
  *Entity-Referenz,
    numerische* 889
  *Entity-Referenzen ver-
    meiden* 890
  *Hierarchie* 886
  *in Datenbank schreiben,
    Beispielprogramm* 925
  *Kommentar* 891
  *leeres Tag* 887
  *leeres Tag, Kurzfassung* 887
  *mehrere Namensräume* 905
  *MIME-Type* 883

XML (Forts.)
  *Namensraum* 905
  *Namensräume, mehrere im
    Dokument* 905
  *Parser* 916
  *Parser, Xerces* 916
  *PCDATA* 889
  *Processing Instruction
    (PI)* 885
  *Programmierung* 916
  *Programmierung, SAX* 918
  *PUBLIC-ID* 894
  *Python-Verarbeitung von* 927
  *REST-API* 1100
  *SAX* 918
  *Schema* 906
  *Schema-Beispiel* 907
  *SGML-Erbe* 881
  *Sonderzeichen* 889
  *spezielle Editoren* 882
  *Stand-alone-Dokument* 885
  *Standardnamensraum* 905
  *Steueranweisung* 885
  *SVG* 882
  *Swift-Verarbeitung* 689
  *SYSTEM-ID* 894
  *Tag* 883
  *Tag-Name* 887
  *Tag-Verschachtelung* 886
  *Universalität* 882
  *verschachteltes Tag* 886, 893
  *Verschachtelungsfehler* 893
  *wichtige Dokumentfor-
    mate* 882
  *Wohlgeformtheit* 891
  *Wurzelelement* 892
  *Xerces, Parser* 916
  *XHTML* 882
  *xmlns-Angabe* 906
  *xml-Steueranweisung* 885
  *XPath* 910, 1239
  *XSL-FO* 909
  *XSLT* 909
  *Zeichensatz* 885
XML Schema 906, 1239
  *Attribut deklarieren* 908
  *Element deklarieren* 907
  *verschachteltes Element* 908
xml.etree, Python-Modul 927
XML-Datenbank 747
XML-Editor 882

1312

# Index

XMLHttpRequest 1169
XMLParser, Swift-Klasse 689
XMLReader, Java-Interface 918
XOR-Schaltung 88
XOR-Verknüpfung 65
XP → Extreme Programming
XPath 910, 1239
   *Überblick* 914
X-Server 303, 429
   *Konfiguration* 430
   *über das Netzwerk betreiben* 263
XSL Formatting Objects → XSL-FO
XSL-FO 909, 1239
XSLT 909, 1239
   *div, Operator* 916
   *Funktion* 915
   *position(), Funktion* 915
   *Prozessor* 910
   *round(), Funktion* 916
   *text(), Funktion* 915
   *wichtige Elemente* 913
   *Wurzelelement* 913
   *Xalan, Prozessor* 910
   *XPath* 910
   *XPath-Ausdruck* 914
   *xsl:attribute, Tag* 913
   *xsl:call-template, Tag* 913
   *xsl:choose, Tag* 914
   *xsl:copy-of, Tag* 914
   *xsl:for-each, Tag* 913
   *xsl:if, Tag* 914
   *xsl:otherwise, Tag* 914
   *xsl:param, Tag* 913
   *xsl:stylesheet, Tag* 913
   *xsl:template, Tag* 913
   *xsl:value-of, Tag* 913
   *xsl:variable, Tag* 914
   *xsl:when, Tag* 914
   *xsl:with-param, Tag* 913
XSLT-Prozessor 910
XSS → Cross-Site-Scripting

## Y

YAML, CSS-Framework 1023
YEAR, SQL-Datentyp 767
Yellow Book (CD-ROM) 156

## Z

Z3, erster funktionierender
   Computer 36
Z80, Prozessor 125
Zahl
   *Festkomma-* 83
   *Fließkomma-* 83
   *ganze* 70
   *imaginäre* 71
   *komplexe* 71
   *natürliche* 70
   *rationale* 70
   *reelle* 70
   *römische* 74
Zahlen, Python 524
Zahlenmengen
   *ganze Zahlen* 70
   *imaginäre Zahlen* 71
   *komplexe Zahlen* 71
   *natürliche Zahlen* 70
   *rationale Zahlen* 70
   *reelle Zahlen* 70
Zahlensysteme 74
   *Dezimalsystem* 75
   *Dualsystem* 75
   *Hexadezimalsystem* 76
   *Oktalsystem* 76
   *römische Zahlen* 74
   *Schreibweise* 79
   *Umrechnung* 77
Zeichen
   *alternatives, in RegExp* 613
   *aus String lesen, Java* 504
   *ausschließen, in RegExp* 613
   *beliebig viele, in RegExp* 613
   *Darstellung, C* 476
   *eines oder mehr, in RegExp* 613
   *Eingabe, C* 493
   *genaue Anzahl, in RegExp* 614
   *Gruppe in RegExp* 613
   *optionales, in RegExp* 613
   *Wortbestandteil in RegExp* 614
Zeichengerät (Char Device) 300
Zeichenkette → String

Zeichenklasse (RegExp) 613
Zeichen-Literal 477
Zeichensatz 56, 939
   *ANSI* 941
   *ASCII* 56
   *Codepage* 942
   *Eingabe chinesischer Zeichen* 946
   *in HTML angeben* 972
   *Unicode* 56, 943
   *XML* 885
Zeichenvorrat der Turing-
   Maschine 98
Zeiger 488, 1239
   *auf beliebigen Datentyp* 601
   *auf nichts (NULL)* 494
   *fehlender in Java* 504
   *für Call by Reference* 489
Zeilenfrequenz (Monitor) 166
Zeilenumbruch
   *auf verschiedenen Plattformen* 938
   *HTML* 972
   *konvertieren* 939
Zeitdiskret 55
Zeitmanagement 707
   *Netzplan* 707
Zentraleinheit 119
   *alte Bedeutung* 121
ZeroDivisionError, Python-
   Klasse 568
ZEROFILL, SQL-Feldoption 769
Ziffer in RegExp 614
z-index, CSS-Angabe 1017
zip, Unix-Befehl 961
ZIP-Datei 958
ZIP-Laufwerk 155
Zugriffsrechte 313
   *ändern, Unix* 392
Zuordnungseinheit (Dateisystem) 310
Zuse, Konrad 36
Zustand der Turing-Maschine 98
Zweierkomplement 82
ZX81 42

■ Theorie und Praxis: von der MAC-Adresse bis zum Router

■ TCP/IP, IPv4, IPv6, (W)LAN, VPN, VLAN, VoIP u. v. m.

■ Konfiguration, Planung, Aufbau und sicherer Betrieb von Netzwerken; inkl. OpenWRT

Harald Zisler

## Computer-Netzwerke

### Grundlagen, Funktionsweise, Anwendung

Der Netzwerk-Begleiter für Studium, Ausbildung und Beruf in 4. Auflage! Hier finden Sie das Grundlagenwissen der modernen Netzwerk-Technik. Zusammen mit vielen Praxistipps erfahren Sie alles über das OSI-Modell, VLANs, VPN, VoIP und Funknetze sowie einzelne Netzzugangsszenarien wie ISDN, DSL, Glasfaser oder Serverhosting von A bis Z. Harald Zisler bietet Ihnen mit diesem bewährten Praxisbuch einen schnellen, zuverlässigen und unkomplizierten Zugang zu Computer-Netzwerken.

449 Seiten, broschiert, 24,90 Euro
ISBN 978-3-8362-4322-3
www.rheinwerk-verlag.de/4224

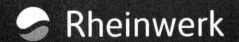

»Wer sich umfassend über das Kult-Betriebssystem informieren will, kommt um dieses Buch nicht herum.«

iX – Magazin für professionelle Informationstechnik

Ab Ende September 2017

Michael Kofler

## Linux
**Das umfassende Handbuch**

Das Linux-Standardwerk von Michael Kofler in der 15. Auflage! Mit diesem bewährten Buch bleiben keine Linux-Fragen offen. Von der Installation und den unterschiedlichen grafischen Benutzeroberflächen über die Arbeit im Terminal, der Konfiguration und Administration des Systems bis hin zum sicheren Einsatz als Server – hier werden Sie fündig, ob Linux-Neuling oder erfahrener Linuxer. Das Werk begleitet Sie zuverlässig bei der Arbeit mit den verschiedenen Linux-Distributionen, erläutert Ihnen die Gemeinsamkeiten und Unterschiede und führt Sie Schritt für Schritt zu den von Ihnen gewünschten Ergebnissen.

1.435 Seiten, gebunden, 49,90 Euro
ISBN 978-3-8362-5854-8
www.rheinwerk-verlag.de/4465

**Jetzt bei uns im Rheinwerk-Shop: Buch, E-Book und Bundle**

- Programmieren mit der Java Platform, Standard Edition 9
- Java von A bis Z: Einführung, Praxis, Referenz
- Von Klassen und Objekten zu Datenstrukturen und Algorithmen

Ab Ende September 2017

Christian Ullenboom

## Java ist auch eine Insel
### Einführung, Ausbildung, Praxis

Die »Insel« ist die erste Wahl, wenn es um aktuelles und praktisches Java-Wissen geht. Java-Einsteiger, Studenten und Umsteiger profitieren von diesem Lehrwerk. Neben der Behandlung der Sprachgrundlagen von Java gibt es kompakte Einführungen in Spezialthemen. So erfahren Sie einiges über Threads, Algorithmen, GUIs, XML und Java. Dieses Buch gehört in das Regal eines jeden Java-Programmierers.

1.300 Seiten, gebunden, 49,90 Euro
ISBN 978-3-8362-5869-2
www.rheinwerk-verlag.de/4468

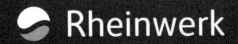

- Alle HTML5-APIs im Überblick – inkl. HTML 5.1
- Grundlegende Einführung in JavaScript, jQuery und Ajax
- Dynamische 2D- und 3D-Grafiken, Video, Audio, YAML, Bootstrap, Responsive Webdesign

Jürgen Wolf

## HTML5 und CSS3

**Das umfassende Handbuch**

Wollen Sie faszinierende Websites mit HTML5 und CSS3 gestalten? Jürgen Wolf gibt Ihnen eine grundlegende und umfangreiche Einführung in die Arbeit mit HTML5, CSS3 und JavaScript. Das Buch ist ein praxisnahes Lern- und Nachschlagewerk für jeden, der HTML und CSS mit den neuen Features von HTML5 und CSS3 erlernen möchte: Video, Audio, 2D-Grafiken, lokaler Speicher, abgerundete Ecken, Schatten, Transparenz, beliebige Schriften, Geolocation, neue Farbangaben, Drag & Drop u. v. m.

1.264 Seiten, gebunden, 44,90 Euro
ISBN 978-3-8362-4158-8
www.rheinwerk-verlag.de/4129

**Immer gut informiert: Bestellen Sie unseren Newsletter!**

- Grundlagen verstehen, spannende Projekte realisieren

- Schnittstellen des Pi, Steuerung mit Pyhton, Schaltungsaufbau

- Gertboard, PiFace und andere Erweiterungen

Ab Ende Juli 2017

Michael Kofler, Charly Kühnast, Christoph Scherbeck

## Raspberry Pi
**Das umfassende Handbuch**

Aktuell zu Raspberry Pi 3 und Zero W sowie allen Vorgängerversionen erwartet Sie hier Bastelwissen in seiner umfassendsten Form. Ob Sie Linux mit dem RasPi lernen, Grundlagen und fortgeschrittene Techniken der Elektronik oder der Programmierung mit Python intensiv kennenlernen oder Ihr Wissen direkt in spannenden, ambitionierten Bastelprojekten anwenden möchten: Mit diesem Buch ist einfach mehr für Sie drin! Michael Kofler, Charly Kühnast und Christoph Scherbeck vermitteln das erforderliche Wissen leicht nachvollziehbar und werden Sie mit zahlreichen Praxistipps, Witz und kreativen Versuchsaufbauten begeistern!

1.088 Seiten, gebunden, in Farbe, 39,90 Euro
ISBN 978-3-8362-5859-3
www.rheinwerk-verlag.de/4466

»Ein kompaktes Lehrbuch, das die
Grundlagen der Elektronik anschaulich
an Beispielen und Projekten näherbringt.«

MagPi

»Wissen, Tipps, Codes, spannende
Projekte: Was willst du mehr?«

audimax – Die Hochschulzeitschrift

Christoph Scherbeck, Daniel Kampert

## Elektronik verstehen mit Raspberry Pi
**Der praktische Einstieg**

Physikunterricht war gestern: Mit diesem Buch lernen Sie die Grundlagen der Elektronik direkt an Ihrem Raspberry Pi kennen! Von Strom und Spannung über Transistoren und Motoren bis hin zum Lesen von Schaltplänen – da bleibt kein Wunsch offen. Natürlich alles mit Hilfe von spannenden Beispielprojekten zum Selberbasteln! Aktuell zum Raspberry Pi 3 und allen Vorgängerversionen

361 Seiten, broschiert, in Farbe, 29,90 Euro
ISBN 978-3-8362-2869-5
www.rheinwerk-verlag.de/3602

**Das gesamte Buchprogramm: www.rheinwerk-verlag.de**